D1724289

A II - 32 - 3,454

Hier finden Sie die Formulare (ohne Anmerkungen) zum Download:

http://ch.beck.de/BeckFormB_IT-R

Geben Sie bitte in das dafür vorgesehene Eingabefeld diesen persönlichen Freischaltcode ein:

9C5F-3EC4-E250

Bei Fragen stehen wir Ihnen gerne zur Verfügung. Sie erreichen uns per E-Mail unter hotline@beck.de.

Beck'sches Formularbuch
IT-Recht

Beck'sches Formularbuch IT-Recht

Herausgegeben von

Dr. Wolfgang Weitnauer, M. C. L.

Rechtsanwalt in München

und

Tilman Mueller-Stöfen, LL.M.

Rechtsanwalt in Hamburg

Bearbeitet von:

Dr. Astrid Auer-Reinsdorff, Rechtsanwältin und Fachanwältin für Informationstechnologierecht in Berlin und Lissabon; *Dr. Caroline Cichon*, LL. M., Rechtsanwältin, Fachanwältin für Urheber- und Medienrecht sowie für gewerblichen Rechtsschutz in München und Kalifornien (U.S.A.); *Dr. Timo Ehmann*, Rechtsanwalt in München; *Dr. Uwe A. Henkenborg*, Rechtsanwalt in München; *Dr. Christiane Hoffbauer*, Rechtsanwältin in Düsseldorf; *Dr. Joachim Huber*, Rechtsanwalt und Fachanwalt für Arbeitsrecht in München; *Prof. Dr. Ralf Imhof*, Of Counsel in Hamburg, Professor an der Brunswick European Law School; *Dr. Ulla Kelp*, LL.M., Rechtsanwältin, Fachanwältin für gewerblichen Rechtsschutz und Arbeitsrecht in Düsseldorf; *Dr. Patrick J. Missling*, LL. M., Rechtsanwalt in München; *Dr. Flemming Moos*, Rechtsanwalt und Fachanwalt für Informationstechnologierecht in Hamburg; *Tilman Mueller-Stöfen*, LL.M., Rechtsanwalt in Hamburg; *Dr. Alexander Raif*, Rechtsanwalt und Fachanwalt für Arbeitsrecht in Berlin; *Prof. Dr. Hans-Eric Rasmussen-Bonne*, LL. M., Rechtsanwalt in Berlin, Honorarprofessor an der TU Dresden; *Dr. Einar Recknagel*, Rechtsanwalt und Fachanwalt für Bank- und Kapitalmarktrecht in Hamburg; *Haike Ritter*, LL.M., Rechtsanwältin in Hamburg; *Dr. Sven Schilf*, Rechtsanwalt in Berlin; *Dr. Barbara Sommer*, Rechtsanwältin in Mannheim; *Prof. Dr. Fabian Stancke*, Professor an der Brunswick European Law School; *Ferdinand von Stumm*, Rechtsanwalt in München; *Dr. Felix Wittern*, Rechtsanwalt und Fachanwalt für Informationstechnologie in Hamburg; *Dr. Antje Zimmerlich*, Senior Legal Counsel in München

4., überarbeitete und erweiterte Auflage 2017

C.H.BECK

Zitiervorschläge:
BeckFormB IT-R/*Bearbeite*r Form. A.1 (Formularzitat)
BeckFormB IT-R/*Bearbeiter* Form. A.1 Anm. 1 (Anmerkungszitat)

www.beck.de

ISBN 978 3 406 69303 8

© 2017 Verlag C. H. Beck oHG
Wilhelmstraße 9, 80801 München
Satz: Reemers Publishing Services GmbH, Krefeld
Druck: Beltz Bad Langensalza GmbH
Neustädter Straße 1–4, 99947 Bad Langensalza

Gedruckt auf säurefreiem, alterungsbeständigem Papier
(hergestellt aus chlorfrei gebleichtem Zellstoff)

Vorwort zur 4. Auflage

5 Jahre sind seit der 3. Auflage dieses Formularbuchs vergangen, Zeit, die eine Aktualisierung und zusätzliche Formulare dringend erforderlich machte. Geänderte Geschäftsmodelle und technologische Entwicklungen haben neue Schwerpunkte im IT-Recht gesetzt, während Gesetzgeber und Gerichte zahlreiche IT-rechtliche Rahmenbedingungen angepasst haben. Cloud Computing, Mobile Apps, agile Softwareentwicklung und BYOD sind nur einige Themen, die in der IT-rechtlichen Praxis hohe Bedeutung gewonnen haben und deshalb Gegenstand neuer Formulare sind. Gesetzesänderungen wie die Umsetzung der Verbraucherrechterichtlinie und Grundsatzentscheidungen der europäischen und deutschen Gerichte, darunter die UsedSoft-Entscheidungen des EuGH und BGH sowie die Safe-Harbor-Entscheidung des EuGH, veranlassten zu teilweise grundlegenden Aktualisierungen der in den letzten Auflagen enthaltenen Formulare. In den Anmerkungen finden sich zudem Hinweise auf die ab dem 25.5.2018 anzuwendende Datenschutzgrundverordnung (DSGVO). Die nationalen Begleitgesetze und Rechtsprechung zur DSGVO bleiben jedoch abzuwarten. Einige der älteren Formulare sind von geschäftlichen Weiterentwicklungen überholt worden. Auf sie konnte verzichtet werden. Gewonnen hat das Werk in Rechtsanwalt Mueller-Stöfen einen weiteren Herausgeber, wodurch die Lasten der Herausgeberschaft auf mehrere Schultern verteilt werden konnten mit dem Ziel, die Qualität des Werks zu steigern. In Anbetracht der Internationalität des IT-Rechts wurden überdies grundlegende Vertragsmuster zweisprachig deutsch/englisch verfasst. All dies soll dazu beitragen, die Hilfestellung, die dieses Werk Praktikern bei der rechtlichen Umsetzung von IT-Projekten und IT-bezogenen Transaktionen geben soll, zu verbessern. Dies alles wäre nicht möglich gewesen ohne den Einsatz der Autoren, die ihre praktischen Erfahrungen und ihre Expertise in dieses Formularbuch eingebracht haben. Ihnen allen sei an dieser Stelle nochmals ganz besonders gedankt für alle Mühe der Überarbeitung und Neugestaltung. Den Lesern und Nutzern dieses Werks wünschen wir viel Gewinn und Nutzen durch das Studium der diversen Muster und der reichhaltigen Anmerkungen.

München/Hamburg im Februar 2017

Dr. Wolfgang Weitnauer und
Tilman Mueller-Stöfen

Inhaltsverzeichnis

D. Providerverträge

E. Domainverträge (DENIC)

F. Websiteverträge

G. Datenschutz, IT-Sicherheit und Cloud-Computing

H. Erwerb von Nutzungsrechten/Content-Einkauf

I. Werbe- und Vermarktungsverträge

J. Fernabsatz von Waren und Dienstleistungen

K. Electronic Banking und Online Banking

L. Arbeitsrecht

Verzeichnis der Bearbeiter

Dr. Astrid Auer-Reinsdorff   A. 1. – 3.
AUER & COMPANY – LAW & MORE
Berlin und Lissabon

Dr. Caroline Cichon, LL. M.   F. 1. – 2.; H.
RECHTSANWALTSKANZLEI
DR. CAROLINE CICHON
München und Kalifornien (U.S.A.)

Dr. Timo Ehmann   G. 5
WEITNAUER RECHTSANWÄLTE
München

Dr. Uwe A. Henkenborg   E.
SGP
RECHTSANWÄLTE
München

Dr. Christiane Hoffbauer   I. 8. – 10.
ORTH KLUTH RECHTSANWÄLTE
Düsseldorf

Dr. Joachim Huber   L. 1., 2.
KANZLEI DR. HUBER & DR. OLSEN
München

Prof. Dr. Ralf Imhof   A. 4.; B. 1. – 5., 7., 8.; C. 4., 5.; D.
SCHULZ NOACK BÄRWINKEL
BRUNSWICK EUROPEAN
LAW SCHOOL
Hamburg und Wolfenbüttel

Dr. Ulla Kelp, LL.M.   I. 8. – 10.
ORTH KLUTH RECHTSANWÄLTE
Düsseldorf

Dr. Patrick J. Missling, LL. M.   C. 6.; G. 1. – 4., 6.; I. 1. – 4., L. 3.
München

Dr. Flemming Moos   I. 5., 6.
OSBORNE CLARKE
Hamburg

Tilman Mueller-Stöfen, LL.M.   B. 6., 9.
WEITNAUER RECHTSANWÄLTE
Hamburg

Dr. Alexander Raif WEITNAUER RECHTSANWÄLTE Berlin	L. 4., 5., 6.
Prof. Dr. Hans-Eric Rasmussen-Bonne, LL. M. PARTNERSCHAFT MBH Berlin	J. 3.
Dr. Einar Recknagel SCHULZ NOACK BÄRWINKEL Hamburg	K. 2.
Haike Ritter, LL.M. DR. BURSCHBERG & PARTNER Hamburg	C. 1. – 3.; J. 4.; L. 7.
Dr. Sven Schilf WEITNAUER RECHTSANWÄLTE Berlin	C. 7., 8.
Dr. Barbara Sommer WEITNAUER RECHTSANWÄLTE Mannheim	J. 1. – 2.
Prof. Dr. Fabian Stancke BRUNSWICK EUROPEAN LAW SCHOOL Wolfenbüttel	K. 1., 3.
Ferdinand von Stumm WEITNAUER RECHTSANWÄLTE München	F. 3., 4.; J. 1. – 2.
Dr. Felix Wittern FIELDFISHER Hamburg	K. 1., 3.
Dr. Antje Zimmerlich CAPGEMINI DEUTSCHLAND München	I. 7.

Abkürzungs- und Literaturverzeichnis

aA	andere(r) Ansicht
aaO	am angegebenen Ort
ABl.	Amtsblatt
Abs.	Absatz
abw.	abweichend
AcP	Archiv für die civilistische Praxis (Zeitschrift)
ACTS	Advanced Communication Technologies
ADR	Alternative Dispute Resolution
ADSL	Asymetrische Digital Subscribet Line
AEUV	Vertrag über die Arbeitsweise der Europäischen Union vom 9. Mai 2008
aE	am Ende
ÄndG	Änderungsgesetz
ÄndVO	Änderungsverordnung
aF	alte Fassung
AfP	Archiv für Presserecht (Zeitschrift)
AfOD	Anschluss für Online-Dienstanbieter
AG	Amtsgericht, Aktiengesellschaft
AGB	Allgemeine Geschäftsbedingungen
AGF	Arbeitsgemeinschaft für Fernsehforschung
AktG	Aktiengesetz
ALM	Arbeitsgemeinschaft der Landesmedienanstalten in der Bundesrepublik Deutschland
allg.	allgemein
AllMBl.	Allgemeines Ministerialblatt (Zeitschrift)
Alt.	Alternative
aM	andere(r) Meinung
amtl.	amtlich
Anh.	Anhang
Anl.	Anlage
Anm.	Anmerkung(en)
AnwBl.	Anwaltsblatt (Zeitschrift)
Anz.	Anzeiger
AO	Anzeigenordnung
AOL	America Online
AöR	Archiv des öffentlichen Rechts (Zeitschrift)
ArbG	Arbeitsgericht
ArbGG	Arbeitsgerichtsgesetz
ARCHIE	Archiv-Server-Dienst
ArchPF	Archiv für Post- und Fernmeldewesen (Zeitschrift)
ArchPT	Archiv für Post- und Telekommunikation (Zeitschrift)
Art.	Artikel
ASCII	American Standard Code for Information Interchange
ASP	Application Service Providing
AT	Allgemeiner Teil

Auer-Reinsdorff/	
Brandenburg	Urheberrecht und Multimedia, 1. Aufl. 2003
Auer-Reinsdorff/Conrad ..	Handbuch IT- und Datenschutzrecht, 2. Aufl. 2016
Auernhammer	Bundesdatenschutzgesetz, 4. Aufl. 2014
Aufl.	Auflage
ausf.	ausführlich
Ausg.	Ausgabe
AWG	Außenwirtschaftsgesetz
AWV	Arbeitsgemeinschaft für wirtschaftliche Verwaltungen e.V.
BAFin	Bundesanstalt für Finanzdienstleistungsaufsicht
BAG	Bundesarbeitsgericht
BAGE	Entscheidungen des Bundesarbeitsgerichts
Bähler/Which/Schneider/	Internet-Domainnames, 1996
Widmer	
BAKred	Bundesaufsicht für das Kreditwesen
BAnz.	Bundesanzeiger
BAPT	Bundesamt für Post und Telekommunikation
Bartenbach	Patentlizenz- und Know-how-Vertrag, 7. Aufl. 2013
Bartsch/Lutterbeck	Neues Recht für neue Medien, 1998
Baumbach/Hopt	Handelsgesetzbuch, 37. Aufl. 2016
Baumbach/Lauterbach/	
Albers/Hartmann	Zivilprozessordnung, 74. Aufl. 2016
BaWü., bawü	Baden-Württemberg, baden-württembergisch
Bay., bay	bayern, bayrisch
Bayer/Maas/Wasert	Recht im E-Business, 2001
BayGVBl.	Bayerisches Gesetz und Verwaltungsblatt
BayOBlG	Bayerisches Oberstes Landesgericht
BayVBl.	Bayerische Verwaltungsblätter (Zeitschrift)
BayVerfGH	Bayerische Verfassungsgerichtshof
BayVGH	Bayerischer Verwaltungsgerichtshof
BAWe.	Bundesaufsichtsamt für den Wertpapierhandel
BB	Der Betriebs-Berater (Zeitschrift)
BBankG	Bundesbankgesetz
Bd., Bde.	Band, Bände
BDB	Bundesverband Deutscher Banken
BDI	Bundesverband der Deutschen Industrie
BDSG	Bundesdatenschutzgesetz
Bearb.	Bearbeiter
Bechtold/Bosch	Kartellgesetz: GWB, Kommentar, 8. Aufl. 2015
Bechtold/Bosch/Brinker ...	EU-Kartellrecht, 3. Aufl. 2014
BeckOK	Beck'scher Online-Kommentar
Beil.	Beilage
bej.	bejahend
Bek.	Bekanntmachung
Bem.	Bemerkung
Benkard	Patentgesetz, Gebrauchsmustergesetz, 11. Aufl. 2015
ber.	berichtigt
Berl., berl	Berlin, berliner
bes.	besonders
Beschl.	Beschluss
betr.	betreffend
BetrVG	Betriebsverfassungsgesetz
BfD	Bundesbeauftragter für den Datenschutz
BFH	Bundesfinanzhof

BFHE	Sammlung der Entscheidungen und Gutachten des Bundesfinanzhofes
BGB	Bürgerliches Gesetzbuch
BGB-InfoV	BGB-Informationspflichtenverordnung
BGBl. I (II, III)	Bundesgesetzblatt Teil I (II, III)
BGH	Bundesgerichtshof
BGH LM	Nachschlagewerk des Bundesgerichtshofs, Lindenmaier/Möhring ua (Hrsg.)
BGHR	BGH-Rechtsprechung, hrsg. von den Richtern des Bundesgerichtshofs, Köln, 1987 ff. (Losebl.)
BGHSt.	Entscheidungen des Bundesgerichtshofs in Strafsachen
BGHZ	Entscheidungen des Bundesgerichtshofs in Zivilsachen
BHO	Bundeshaushaltsordnung
Bisges	Handbuch Urheberrecht, 2016
BITKOM	Bundesverband Informationswirtschaft, Telekommunikation und neue Medien e. V.
BKA	Bundeskriminalamt
BKartA	Bundeskartellamt
Bl.	Blatt
BMBF	Bundesminister(ium) für Bildung, Wissenschaft, Forschung und Technologie
BMF	Bundesministerium für Finanzen
BMFT	Bundesministerium für Forschung und Technologie
BMI	Bundesministerium des Innern
BMJ	Bundesministerium der Justiz
BMWi/BMWA	Bundesministerium für Wirtschaft und Arbeit
BND	Bundesnachrichtendienst
Boehme-Neßler	CyberLaw, 2001
Boemke/Kaufmann	Der Telearbeitsvertrag (Heidelberger Musterverträge: H.100), 2000
Börner/Heitmann/Senpiel/Zöllkau/Strunk	Der Internet Rechtsberater, 2. Aufl. 2002
Börner/Klett	Leitfaden IT-Recht, 1. Aufl. 2004
Boos/Fischer/Schulte-Mattler	Kreditwesengesetz, 5. Aufl. 2016
BORA	Berufsordnung für Rechtsanwälte
Borges	Verträge im elektronischen Geschäftsverkehr, 2003
BPjS.	Bundesprüfstelle für jugendgefährdende Schriften
BR.	Bundesrat
Bräutigam/Bräutigam/Ferstl	IT-Outsourcing, 3. Aufl. 2013
Brandb., brand.	Brandenburg, brandenburgisch
BRAO	Bundesrechtsanwaltsordnung
Braun	Die Zulässigkeit von Service Level Agreements – am Beispiel der Verfügbarkeitsklausel, 2006
BR-Drs.	Bundesrats-Drucksache
BReg	Bundesregierung
Brem., brem.	Bremen, bremisch
BRFG	Gesetz über die Errichtung von Rundfunkanstalten (Bundesrundfunkgesetz) v. 29.11.1960
BR-Prot.	Bundesratsprotokoll (Stenografische Berichte der Verhandlungen des Bundesrats)
Brückner	Online-Banking, 2002
BSG	Bundessozialgericht
BStBl.	Bundessteuerblatt

BT	Besonderer Teil, British Telecom
BT-Drs.	Bundestags-Drucksache
BT-Prot.	Bundestags-Protokoll (Stenografische Berichte der Verhandlungen des Deutschen Bundestags)
Btx	Bildschirmtext
Btx-StV	Btx-Staatsvertrag
BuB	Bankrecht und Bankpraxis (Zeitschrift)
Buchst.	Buchstabe
Bücking	Namens- und Kennzeichenrecht im Internet (Domainrecht), 1999
Bull.	Bulletin
Bunte	AGB Banken AGB-Sparkassen Sonderbedingungen, 4. Aufl. 2015
BVerfG	Bundesverfassungsgericht
BVerfGE	Entscheidungen (Amtliche Sammlung) des Bundesverfassungsgerichts
BVerwG	Bundesverwaltungsgericht
BVerwGE	Entscheidungen (Amtliche Sammlung) des Bundesverwaltungsgerichts
BW, bw	Baden-Württemberg, baden-württembergisch
BWVPr.	Baden-Württembergische Verwaltungspraxis (Zeitschrift)
BZR	Bundeszentralregisterauszug
BZT	Bundesamt für Zulassung in der Telekommunikation (Saarbrücken)
bzw.	beziehungsweise
ca.	circa
Canaris	Bankvertragsrecht, 3. Aufl. 1988
CD	Compact Disk
CD-I	CD Interaktiv
CDP	Customer-driven Pricing
CD-ROM	Compact Disc-Read Only Memory
CEN	Comitté Européen de la Normalisation
CENELEC	Comitté Européen de la Normalisation Electrotechnique
CEPT	Conférence Européenne des Postes et Télécommunications
CERN	Conseil européen pour la recherche nucléaire
CERT	Computer Emergency Response Teams
CFV	Carrier Festverbindungen
CI	Common Interface
Cichon	Internetverträge, 2. Aufl. 2005
CIS	Common Information System
Claussen	Bank- und Börsenrecht, 5. Aufl. 2014
CM	Computer Magazin (Zeitschrift)
CMI	Copyright Management Information
CMMV	Clearing-Stelle Multimedia der Verwertungsgesellschaften für Urheber- und Leistungsschutzrechte
CPA	Certified Public Accountants
CPI	Code de la Propriété Intellectuelle
CPU	Central Processing Unit
CR	Computer und Recht (Zeitschrift)
c't	Magazin für Computertechnik (Zeitschrift)
CW	Computerwoche (Zeitschrift)
Däubler/Klebe/Wedde/ Weichert	Bundesdatenschutzgesetz, 5. Aufl. 2016
DAV	Deutscher Anwaltverein
DB	Der Betrieb (Zeitschrift)

DBP	Deutsche Bundespost
Deister/Meyer-Spasche	Anwaltsstrategien im Software-Recht, 2010
DENIC	Deutsches Network Information Center e. G.
ders.	derselbe
DES	Data Encryption Standard
DFG	Deutsche Forschungsgemeinschaft
DFN	Deutsches Forschungsnetz
DFÜ	Datenfernübertragung
DGAP	Deutsche Gesellschaft für Ad hoc Publizität
DRGI	Deutsche Gesellschaft für Information und Rechte e. V.
dh	das heißt
dies.	dieselbe/n
DIG	Dienste der Informationsgesellschaft
DIHT	Deutscher Industrie- und Handelstag
DIN	Deutsches Institut für Normung
DIN-Mitt.	DIN-Mitteilungen (Zentralorgan der deutschen Normung)
Diss.	Dissertation
DIW-V	Vierteljahreshefte des Deutschen Instituts zur Wirtschaftsforschung (Zeitschrift)
DJT	Deutscher Juristentag
DLM	Direktorenkonferenz der Landesmedienanstalten
DMCA	Digital Millenium Copyright Act
DMMV	Deutscher Multimediaverband
DNotZ	Deutsche Notarzeitschrift (Zeitschrift)
DNS	Domain Name System
DÖV	Die öffentliche Verwaltung (Zeitschrift)
DOI	Digital Object Identifier
DPO	Direct Public Offering
DPMA	Deutsches Patent- und Markenamt
Dreier/Schulze	Urheberrechtsgesetz, 5. Aufl. 2015
DRiZ	Deutsche Richterzeitung (Zeitschrift)
DSB	Datenschutzberater (Zeitschrift)
DSL	Digital Subscriper Line
DStZ	Deutsche Steuer-Zeitung (Zeitschrift)
DtZ	Deutsch-Deutsche Rechts-Zeitschrift (Zeitschrift)
DuD	Datenschutz und Datensicherung (Zeitschrift)
DuR	Demokratie und Recht (Zeitschrift)
DVB	Digital Video Broadcasting
DVBl.	Deutsches Verwaltungsblatt (Zeitschrift)
DVD	Digital Versatile Disk; Deutsche Vereinigung für den Datenschutz
DVO	Durchführungsverordnung
DVR	Datenverarbeitung im Recht (Zeitschrift)
DZWiR	Deutsche Zeitschrift für Wirtschaftsrecht (Zeitschrift)
E	Entscheidung, Entscheidungssammlung
Eberle/Rudolf/ Wasserburg	Mainzer Rechtshandbuch der Neuen Medien, 1. Aufl. 2003
ECRL	E-Commerce-Richtlinie
EDV	Elektronische Datenverarbeitung
EFTA	Europeen Free Trade Association
EG	Europäische Gemeinschaft(en)
EGBGB	Einführungsgesetz zum Bürgerlichen Gesetzbuch
EGG	Gesetz über den elektronischen Geschäftsverkehr
EGMR	Entscheidungen des Europäischen Gerichtshofs für Menschenrechte

Eichhorn	Internetrecht, 2007
Einf., einf.	Einführung, einführend
Einl.	Einleitung
EKM	Expertenkommission Neue Medien, Baden-Württemberg
E-Mail	Electronic Mail
Emmerich	Kartellrecht, 13. Aufl. 2014
Ende/Klein	Grundzüge des Vertriebsrechts im Internet, 2001
endg.	endgültig
Entsch.	Entscheidung
Entw.	Entwurf
entspr.	entsprechend
EPA	Europäisches Patentamt
EP	Europäisches Parlament
Erbs/Kohlhaas	Strafrechtliche Nebengesetze, 211. Aufl. 2016
EPO	European Patent Office
ErfK	Erfurter Kommentar zum Arbeitsrecht, 16. Aufl. 2016
erg.	ergänzt
ErgBd.	Ergänzungsband
Erl.	Erlass, Erläuterung
Ernst	Hacker, Cracker und Computerviren, 1. Aufl. 2004
ERVG	Gesetz über den elektronischen Rechtsverkehr
EStG	Einkommensteuergesetz
ETA	Electronics Transaction Act
et al.	und andere
etc	et cetera
ETSI	Europäisches Standardisierungsinstitut der Telekommunikation
EU	Europäische Union
EuG	Europäisches Gericht Erster Instanz
EUGH	Gerichtshof der Europäischen Gemeinschaften
EUGHE	Sammlung der Rechtsprechung des Gerichtshofes der Europäischen Gemeinschaften
EUGRZ	Europäische Grundrechte-Zeitschrift (Zeitschrift)
EuGVVO	Europäisches Gerichtsstands- und Vollstreckungsübereinkommen (früher EuGVÜ)
EuGVÜ	Europäisches Übereinkommen über die gerichtliche Zuständigkeit und die Vollstreckung gerichtlicher Entscheidungen in Zivil- und Handelssachen (nunmehr EuGVVO)
EuR	Europarecht (Zeitschrift)
EUV	Vertrag über die Europäische Union (Maastricht-Vertrag) v. 7.2.1992
EuZRP	Europäisches Zivilprozessrecht
EuZVR	Europäisches Zivilverfahrensrecht
EuZW	Europäische Zeitschrift für Wirtschaftsrecht (Zeitschrift)
eV	eingetragener Verein
evtl.	eventuell
EVZ	Europäische Verbraucherzentrale
EWR	Europäischer Wirtschaftsraum
EWS	Europäisches Wirtschafts- und Steuerrecht (Zeitschrift), Europäisches Währungssystem, Europäische Wissenschaftsstiftung
f., ff.	folgende
FCC	Federal Communications Commission
Fezer	Markenrecht, 4. Aufl. 2009
Fezer/Büscher/Obergfell	UWG, 3. Aufl. 2016

FernAbsG	Fernabsatzgesetz
Fischer	Strafgesetzbuch und Nebengesetze, 63. Aufl. 2016
FS	Festschrift
FSC	Foreign Sales Corporation
FSM	Freiwillige Selbstkontrolle der Multimedia-Diensteanbieter
FTC	Federal Trade Commission
FTEG	Gesetz über Funkanlagen und Telekommunikationsende-einrichtungen
FÜV	Fernmeldeüberwachungs-Verordnung
FuR	Film und Recht (Zeitschrift)
Fn.	Fußnote
G	Gesetz
GABl.	Gemeinsames Amtsblatt
Gassen	Elektronische Marktplätze, 1. Aufl. 2006
GATT	General Agreement on Tarifs and Trade; Allgemeines Zoll- und Handelsabkommen
GBDe	Global Business Dialogue on eCommerce
GBl.	Gesetzblatt, Gesetzblätter
GD	Generaldirektion
gem.	gemäß
GEMA	Gesellschaft für musikalische Aufführungrechte und me-chanische Vervielfältigungsrechte
GemO	Gemeindeordnung
GewArch	Gemeindearchiv (Zeitschrift)
GewO	Gewerbeordnung
GEZ	Gebühreneinzugszentrale
GG	Grundgesetz
ggf.	gegebenenfalls
GI	Gesellschaft für Informatik
GjSM	Gesetz über die Verbreitung jugendgefährdender Schriften und Medieninhalte
Gloy/Loschelder/ Erdmann	Handbuch des Wettbewerbsrechts, 4. Aufl. 2010
GmbHG	Gesetz betreffend die Gesellschaft mit beschränkter Haftung
GMBl.	Gemeinsames Ministerialblatt
Gola/Schomerus	Bundesdatenschutzgesetz, 12. Aufl. 2015
Gola/Wronka/Pötters	Handbuch Arbeitnehmerdatenschutz, 7. Aufl. 2016
Gounalakis	Rechtshandbuch Electronic Business, 2003
Götting/Nordemann	UWG, 3. Aufl. 2016
Götting/Schertz/Seitz	Handbuch des Persönlichkeitsrechts, 2008
Gramlich/Kröger/ Schreibauer	Rechtshandbuch B2B-Plattformen, 2003
grdl.	grundlegend
grds.	grundsätzlich
GK-UWG	UWG-Großkommentar, Loseblattsammlung
GRUR	Gewerblicher Rechtsschutz und Urheberrecht (Zeitschrift)
GRUR Int.	Gewerblicher Rechtsschutz und Urheberrecht, Internationa-ler Teil (Zeitschrift)
GS	Gesetzessammlung, Gedächtnisschrift
GSG	Gerätesicherheitsgesetz
gTLD	generic Top Level Domains
GVBl., GV	Gesetz und Verordnungsblatt
GVG	Gerichtsverfassungsgesetz
GVO	Gruppenfreistellungsverordnung
GWB	Gesetz gegen Wettbewerbsbeschränkungen (Kartellgesetz)

Härting	Internetrecht, 5. Aufl. 2014
Hamann/Weidert	E-Commerce und Recht, 2002
Hamb., hamb.	Hamburg, hamburgisch
Hasselblatt	Münchener Anwaltshandbuch Gewerblicher Rechtsschutz, 4. Aufl. 2012
Hauschka/Moosmayer/ Lösler	Corporate Compliance, 3. Aufl. 2016
Heckmann	juris-Praxiskommentar Internetrecht, 4. Aufl. 2014
Hellner/Steuer	Bankrecht und Bankpraxis (BuB), Loseblattsammlung
Henn	Patent- und Know-how-Lizenzvertrag, 5. Aufl. 2003
Heun	Handbuch zum Telekommunikationsrecht, 2. Aufl. 2007
Heussen	Handbuch Vertragsverhandlung und Vertragsmanagement, 4. Aufl. 2014
hL	herrschende Lehre
hM	herrschende Meinung
Hoeren	Grundzüge des Internetrechts, 2. Aufl. 2002
ders. KommunikationsR	Internet- und Kommunikationsrecht, 2. Aufl. 2012
ders. IT-VertragsR	IT-Vertragsrecht, 2. Aufl. 2012
Hoeren/Sieber/Holznagel	Handbuch Multimedia-Recht (Loseblatt)
Hoffmann-Becking/ Rawert	Beck'sches Formularbuch Bürgerliches, Handels- und Wirtschaftsrecht, 12. Aufl. 2016
Holznagel/Enaux/ Nienhaus	Telekommunikationsrecht, 2. Aufl. 2006
Hopt	Vertrags- und Formularbuch, 4. Aufl. 2013
Hrsg.	Herausgeber
Hs.	Halbsatz
HTML	Hypertext Markup Language
HTTP	Hypertext Transport Protocol
Huber/Dingeldey	Handbuch Domain-Names, 2004
IAHC	International Ad Hoc Commitee
IANA	Internet Assigned Numbers Authority (nunmehr ICANN)
IC	Interconnection
ICANN	Internet Corporation for Assigned Names and Numbers
ICC	International Chamber of Commerce
ICRA	Internet Content Rating Association
idF	in der Fassung
IDNO	Individual Domain Name Holder
idR	in der Regel
iE	im Erscheinen, im Ergebnis
ieS	im engeren Sinne
IETF	Internet Engineering Task Force
IFV	Internationaler Fernmeldevertrag
Ingerl/Rohnke	Markengesetz, 3. Aufl. 2010
insbes.	insbesondere
InterNIC	Internet Network Information Center
IOSCO	International Organization of Securities Commissions
IP	Internet Protocol
IPR	Internationales Privatrecht, Intellectual Property Rights
iRd	im Rahmen des
iRv	im Rahmen von
IRC	Internet Relay Chat
iS	im Sinne
iSd	im Sinne des
iSv	im Sinne von
ISDN	Integrated Services Digital Network

LAN	Local Area Network
Landmann/Rohmer	Kommentar zur Gewerbeordnung, 72. Auflage 2016
Langenbucher	Aktien- und Kapitalmarktrecht, 3. Aufl. 2015
Lediger	Der Onlineauftritt in der rechtlichen Praxis, 1. Aufl. 2003
Lehmann/Meents	Handbuch des Fachanwalts Informationstechnologierecht, 2. Aufl. 2011
Lfg.	Lieferung
LG	Landgericht
Lit./lit.	Buchstabe/littera
Loewenheim	Handbuch des Urheberrechts, 2. Aufl. 2010
ders./Koch	Praxis des Online-Rechts, 2001
Loock-Wagner	Das Internet und sein Recht, 2000
Lorenz	Die Anbieterkennzeichnung im Internet, 2007
LS/Ls.	Leitsatz
m.	mit
MAH IT-R	Münchner Anwaltshandbuch IT-Recht, 3. Aufl. 2013
Mat.	Materialien
MarkG	Markengesetz
Marly	Praxishandbuch Softwarerecht, 6. Aufl. 2014
MB	Mega-Byte
MBl.	Ministerialblatt
MCPS	Mechanical Copyright Protection Society
MDR	Monatsschrift des Deutschen Rechts (Zeitschrift)
MdB	Mitglied des Bundestags
MedG	Mediengesetz
Meckl.-Vorp.	Mecklenburg-Vorpommern
MHB/MHP	Multimedia-Home-Standard Plattform (auch MHP)
MIME	Multipurpose Internet Mail Extensions
MinBl.	Ministerialblatt
Mio.	Million
MMR	MultiMedia und Recht (Zeitschrift)
MODEM	Modulator/Demodulator
MR	Medien und Recht (Zeitschrift)
Möhring/Nicolini	Urheberrechtsgesetz, 3. Aufl. 2014
Moritz/Dreier	Handbuch zum E-Commerce, 2. Aufl. 2005
Mot.	Motive
MP	Media Perspektiven (Zeitschrift)
Mrd.	Milliarde
MSN	Microsoft Network
MTA	Message Transfer Agent
MTS	Message Transfer System
Müller/Bohne	Providerverträge, 2005
MüKoBGB	Münchener Kommentar zum Bürgerlichen Gesetzbuch, 7. Aufl. 2016 ff.
MüKoHGB	Münchener Kommentar zum Handelsgesetzbuch, 4. Aufl. 2016 ff.
MüKoZPO	Münchener Kommentar zur Zivilprozessordnung, 5. Aufl. 2016 ff.
mwN	mit weiteren Nachweisen
MWSt.	Mehrwertsteuer
NCDNH	Non-Commercial Domain Name Holder
Nds., nds.	Niedersachsen, niedersächsisch
NdsGVBl.	Niedersächsisches Gesetz- und Verordnungsblatt
NE	Netzebene
nF	neue Fassung, neue Folge

NIC	Network Information Center
NJW	Neue Juristische Wochenschrift (Zeitschrift)
NJW-CoR	NJW-Computerreport (Zeitschrift)
NJW-RR	NJW-Rechtsprechungsreport (Zeitschrift)
Nr.	Nummer(n)
NW, nw	Nordrhein-Westfalen, nordrhein-westfälisch
Nw.	Nachweis
nv	nicht veröffentlicht
NVwZ	Neue Zeitschrift für Verwaltungsrecht (Zeitschrift)
NVwZ-RR	NVwZ-Rechtsprechungsreport (Zeitschrift)
NWVBl.	Nordrhein-Westfälische Verwaltungsblätter (Zeitschrift)
NZA	Neue Zeitschrift für Arbeits- und Sozialrecht (Zeitschrift)
NZV	Netzzugangsverordnung
o.	oben
ÖVD	Öffentliche Verwaltung und Datenverarbeitung (Zeitschrift)
OFV-N	Online-Vorleistungsflatrate für Netzbetreiber
og	oben genannt
OHIM	Office for Harmonization of the International Market
OLG	Oberlandesgericht
OMC	s. WTO
OMPI	s. WTO
OVG	Oberverwaltungsgericht
OWiG	Gesetz über Ordnungswidrigkeiten
PAngV	Preisangabenverordnung
Pagenberg/Beier	Lizenzverträge, 6. Aufl. 2008
Palandt	Bürgerliches Gesetzbuch, 75. Aufl. 2016
PatG	Patentgesetz
PC	Personal Computer
PCMCIA	Personal-Computer Memory Card International Association
PDA	Personal Digital Assistent
PIN	Persönliche Identifikationsnummer
pma	post mortem auctoris
PDF	Portable Document Format
Ohly/Sosnitza	Gesetz gegen den unlauteren Wettbewerb, 7. Aufl. 2016
PVÜ	revidiertes Pariser Verbandsübereinkommen
RAM	Random Access Memory
Rath	Das Recht der Internet-Suchmaschinen, 2005
RdErl.	Runderlass
RDV	Recht der Datenverarbeitung (Zeitschrift)
Redeker	IT-Recht, 5. Aufl. 2012
RefE	Referentenentwurf
RegE	Regierungsentwurf
Reinhard/Pohl/Capellaro	IT-Sicherheit und Recht, 2007
RGZ	Entscheidungen des Reichsgerichts in Zivilsachen
Rh.-Pf., rh.-pf.	Rheinland-Pfalz, rheinland-pfälzisch
RiA	Recht im Amt (Zeitschrift)
RL	Richtlinien
RLeS	Richtlinie für elektronische Signaturen
Rn.	Randnummer
ROM	Read Only Memory
RomI-VO	Verordnung (EG) Nr 593/2008 des Europäischen Parlaments und des Rates vom 17. Juni 2008 über das auf vertragliche Schuldverhältnisse anzuwendende Recht (Rom I)
Rossenhövel	Online-Guide: Online-Recht, 2000

Steinmassl/Borck/ *Trautmann/Pohle*	M-Business, 1. Aufl. 2004
StGB	Strafgesetzbuch
StGH	Strafgerichtshof
StPO	Strafprozessordnung
str.	streitig, strittig
StrÄndG	Strafrechtsänderungsgesetz
Strömer	Das ICANN-Schiedsverfahren, 1. Aufl. 2002
ders. OnlineR	Onlinerecht, 4. Aufl. 2006
stRspr	ständige Rechtsprechung
StV	Strafverteidiger (Zeitschrift), Staatsvertrag
s. u.	siehe unten
SVDS	Spitzenverband der Deutschen Softwareindustrie
TA	Technikfolgenabschätzung, Technische Anleitung
TAB	Büro für Technikfolgenabschätzung
Taeger/Gabel	Kommentar zum BDSG und den einschlägigen Vorschriften des TMG und TKG, 2010
TAN	Transaktionsnummer
TC	Technical Committee
TCA	Telecommunikations Act
TCP	Tariffed Components Price
TCP/IP	Transmission Control Protocol/Internet Protocol
TDDSG	Teledienstedatenschutzgesetz
TDF	Transborder Data Flow
TDG	Teledienstegesetz
TDSV	Telekommunikations-Datenschutzverordnung
teilw.	teilweise
TEntgV	Telekommunikations-Entregulierungsverordnung
Thomas/Putzo	Zivilprozessordnung, 37. Aufl. 2016
TICOC	T-Interconnerct Online Connect
TK	Telekommunikation
TKG	Telekommunikationsgesetz
TKG-Komm	Beck'scher TKG-Kommentar, 4. Aufl. 2013
TKLM	Technische Kommission der Landesmedienanstalten
TKO	Telekommunikationsordnung
TKÜV	Telekommunikationsüberwachungsverordnung
TKV	Telekommunikations-Kundenschutzverordnung
TKZulV	Telekommunikationszulassungsverordnung
TLD	Toplevel Domain Name
TNB	Teilnehmernetzbetreiber
TRIPS	Trade-Related Aspects of Intellectual Property Rights (Agreement on −)
TR FÜV	Technische Richtlinie zur Beschreibung der Anforderungen an die Umsetzung gesetzlicher Maßnahmen zur Überwachung der Telekommunikation
TSP	Trusted Service Provider
TT-GVO	Verordnung (EG) Nr. 772/2004 der Kommission vom 27. April 2004über die Anwendung von Artikel 81 Absatz 3 EG-Vertrag auf Gruppen von Technologietransfer-Vereinbarungen
Ulmer/Brander/Hensen	AGB-Recht, 12. Aufl. 2016
Ulbrich/Lejeune	Der internationale Softwarevertrag, 2. Aufl. 2006
Urt.	Urteil
ua	unter anderem

uÄ	und Ähnliches
UFITA	Archiv für Urheber-, Film, Funk- und Theaterrecht (Zeitschrift)
UNCITRAL	United Nation Commission on International Trade Law
UrhG	Gesetz über Urheberrechte und verwandte Schutzrechte (Urheberrechtsgesetz)
URL	Uniform Resource Locator
USIM	User Service Indentify Module
usw	und so weiter
uU	unter Umständen
UWG	Gesetz gegen den unlauteren Wettbewerb
v.	vom
va	vor allem
VA	Verwaltungsakt
Vahrenwald	Recht in Online und Multimedia (Loseblatt)
Var.	Variante
Verf.	Verfasser
VerfGH	Verfassungsgerichtshof
Verh.	Verhandlungen
VerwA.	Verwaltungsarchiv (Zeitschrift)
V-GVO	Verordnung (EU) Nr. 330/2010 der Kommission vom 20. April 2010 über die Anwendung von Artikel 101 Absatz 3 des Vertrags über die Arbeitsweise der Europäischen Union auf Gruppen von vertikalen Vereinbarungen und abgestimmten Verhaltensweisen
VG	Verwaltungsgericht, Verwertungsgesellschaft
VGH	Verwaltungsgerichtshof
vgl.	vergleiche
VG WORT	Verwertungsgesellschaft Wort, vereinigt mit der Verwertungsgesellschaft Wissenschaft
VO	Verordnung
Vol.	Volume (Band)
Vorb.	Vorbemerkung
VoIP	Voice over Internet Protocol
VR	Verwaltungsrundschau (Zeitschrift), Virtual Reality
VuR	Verbraucher und Recht (Zeitschrift)
VwGO	Verwaltungsgerichtsordnung
VwV	Verwaltungsvorschrift
VwVfG	Verwaltungsverfahrensgesetz
Wandtke/Bullinger	Praxiskommentar zum Urheberrecht, 4. Aufl. 2014
WCT	WIPO Copyright Treaty
von Westphalen/Thüsing	Vertragsrecht und AGB-Klauselwerke, 38. Aufl. 2016
WiB	Wissenschaftliche Beratung (Zeitschrift)
WID	Works Information Database
Wien	Internetrecht, 2. Aufl. 2009
WIN	Wissenschafts-Netz
WIPO	World Intellectual Property Organization (Weltorganisation für geistiges Eigentum, Genf, franz. Abk. L'OMPI)
WIPR	World Intellectual Property Report
WiR	Wirtschaftsrecht
wistra	Zeitschrift für Wirtschaft, Steuer, Strafrecht (Zeitschrift)
WiVerw.	Wirtschaft und Verwaltung, Vierteljahresbeilage zum Gewerbearchiv (Zeitschrift)
WM	Wertpapiermitteilungen(Zeitschrift)
Wolf/Lindacher/Pfeiffer	AGB-Recht, Kommentar, 6. Aufl. 2013

WpHG	Wertpapierhandelsgesetz
WTO	World Trade Organization
Wülfing/Dieckert	Praxishandbuch Multimediarecht, 2002
WWW	World Wide Web
WZG	Warenzeichengesetz
z.	zum, zur
ZAP	Zeitschrift für die Anwaltspraxis
zB	zum Beispiel
ZD	Zeitschrift für Datenschutzrecht
Zerdickel ua	Die Internet-Ökonomie, 3. Aufl. 2001
Ziff.	Ziffer
ZIP	Zeitschrift für Wirtschaftsrecht (Zeitschrift)
Zit./zit.	Zitat, zitiert
ZKDSG	Zugangskontrolldiensteschutzgesetz
Zöller	ZPO, 31. Aufl. 2016
ZPÜ	Zentralstelle für private Überspielungsrechte
ZPO	Zivilprozessordnung
ZRP	Zeitschrift für Rechtspolitik
zT	zum Teil
zugl.	zugleich
ZUM	Zeitschrift für Urheber- und Medienrecht (Zeitschrift), früher: Film und Recht
zust.	zustimmend
zutr.	Zutreffend

A. Hardwareverträge

1. Hardwarekauf Rahmenvertrag

Kaufvertrag

zwischen

......

– nachfolgend „Lieferant" genannt –

und

......

– nachfolgend „Kunde" genannt –

Präambel

Der Lieferant ist Hersteller von Personalcomputern (PC) in verschiedenen Ausführungen und mit unterschiedlichen Leistungsparametern (iF: Hardware). Der Kunde ist ein Anwendungsunternehmen,[1] welches für die Ausstattung seiner Büroarbeitsplätze Hardware beim Lieferanten unter dieser Rahmenvereinbarung[2] beziehen wird.

§ 1 Vertragsgegenstand

(1) Der Kunde kauft beim Lieferanten Hardware wie in Anl. 1 – Bestellkontingente: a) Bestellumfang Erstabnahme, b) Spezifikation Hardware auf Abruf mit Mindestabnahmemenge sowie c) Spezifikation Hardware auf Abruf näher bezeichnet.[3] Einzelheiten zum Kaufvertragsgegenstand im Rahmen der Erstabnahme regelt die Anl. 1a). Für den Abruf der Hardware nach den Bestellkontingenten entsprechend der Anl. 1b) und c) ergeben sich Lieferdetails und Abrufmengen aus dem Abrufschein gem. dem Muster in Anl. 2 – Musterbestellschein.

(2) Vom Hardwarelieferumfang ist jeweils eine Kurzanleitung zur Aufstellung und Installation der Hardware in Papierform (Anl. 3 – Musterkurzanleitung) sowie ein Benutzerhandbuch in elektronischer Form umfasst. Die Bereitstellung des Benutzerhandbuchs und etwaiger weiterer Dokumentationen kann auf einem Downloadportal erfolgen, welches erlaubt, die hinterlegten Daten dauerhaft auf andere Datenträger herunterzuladen und den Dateiinhalt auszudrucken. Dem Kunden ist es gestattet, eine beliebige Anzahl von Vervielfältigungen für die Nutzung der Hardware im Rahmen seiner Unternehmenstätigkeit anzufertigen bzw. anfertigen zu lassen.[4]

(3) Die Hardware wird mit der Betriebssystemsoftware und Standardtreibern gem. Anl. 4 – Betriebssystemsoftware und Standardtreiber – vorinstalliert ausgeliefert. Der Lieferant sichert zu, hinreichende Nutzungsrechte an der jeweiligen Betriebssystemsoftware sowie an den Standardtreibern erworben zu haben, um dem Kunden einfache, nicht übertragbare, zeitlich und räumlich unbeschränkte Nutzungsrechte hieran in Verbindung mit der ausgelieferten Hardware einzuräumen.[5]

(4) Der Lieferant hält für den Kunden in einem online abrufbaren geschützten Verzeichnis eine Inventarliste vor, welche mindestens Angaben zur Spezifikation der jeweils ausgelie-

ferten Hardware, Zeitpunkt der Ablieferung ggf. der Rücknahme wegen Mängeln, Garantiedaten, Lizenzdaten einschließlich Pflegevereinbarung sowie Zugehörigkeit zu den Bestellkontingenten nach Anl. 1a) bis c) umfasst wie in Anl. 5 dargestellt. Diese Inventarliste muss die Möglichkeit des Exportes in ein normales Anwendungsformat für Tabellenkalkulation und eine ERP-Software vorsehen.[6]

(5) Aufstellen, Installation, Einweisung, Schulung, Pflege der Betriebssystemsoftware sowie der Standardtreiber sowie Wartung und Instandsetzung der Hardware sind nicht Gegenstand dieser Vereinbarung. Der Lieferant bietet diese Leistungen auf Anforderung des Kunden mit gesonderter Vereinbarung an.[7]

(6) Änderungen an den Spezifikationen können sich aus geänderten Anforderungen des Kunden oder aber geänderten Produktstandards ergeben. Jede Partei kann die Anpassung der Spezifikationen binnen angemessener Frist verlangen. Der jeweils anderen Vertragspartei ist eine angemessene und ausreichende Frist zur Prüfung des Änderungsverlangens zu gewähren. Erhebt die jeweils andere Partei auch nicht binnen einer weiteren angemessenen Nachfrist begründete Einwände gegen das Änderungsverlangen so sind die Änderungen zu sonst unveränderten Konditionen vereinbart und werden Vertragsbestandteil.[8]

§ 2 Lieferung, Gefahrübergang

(1) Die Lieferung der Hardware erfolgt auf Gefahr und Kosten des Lieferanten an die Standorte des Kunden gemäß Anl. 6. Der Warenbegleitschein hat die Angaben gem. Anl. 7 – Muster Warenbegleitschein zu umfassen. Die Liefergegenstände sind seitens des Lieferanten gegen Beschädigungen und Verlust auf dem Transport zu versichern.

(2) An andere Anschriften als die in Anl. 6 genannten Standorte, erfolgt eine Lieferung nur dann, wenn im Abrufschein der abweichende Lieferort bereits angegeben ist. Der Kunde hat in diesem Fall die Kosten des Transportes und der Transportversicherung dem Lieferanten zu erstatten. Die Gefahr geht mit Übergabe an den Spediteur über.[9]

(3) Der Lieferant stellt auf Anforderung des Kunden an dessen Standorten Hardware in einem Vor-Ort-Kleinlager zum Abruf zur Verfügung. Die Gefahr an diesen Liefergegenständen geht mit dortiger Ablieferung und nicht erst mit Abruf aus dem Kleinlager über. Sollte binnen sechs Monaten jeweils ab Einlagerung/Ablieferung kein Abruf erfolgt sein, holt der Lieferant auf Anforderung des Kunden auf seine Kosten und seine Gefahr den eingelagerten Bestand ab, andernfalls gelten die Liefergegenstände als abgerufen. Eine Rücknahme erfolgt nur in äußerlich unbeschädigter und ungeöffneter Originalverpackung.[10]

(4) Ab Abruf beim Lieferanten erfolgt die Lieferung binnen der jeweils in den Anl. 1b) und 1c) vereinbarten Lieferfristen aus den jeweiligen mindestens verfügbaren Liefermengen. Überschreitet der einzelne Abruf bzw. überschreiten mehrere Abrufe innerhalb von sieben Arbeitstagen die Mindestverfügbarkeitsmengen, gibt der Lieferant an, wann er die fehlenden Liefergegenstände nachliefern kann, oder bietet ggf. gegen Aufpreis innerhalb der Lieferfristen lieferbare vergleichbare Hardware alternativ an.

(5) Überschreitet der Lieferant die vereinbarten Lieferfristen bei Lieferungen aus den mindestens verfügbaren Liefermengen um mehr als einen Tag, so ist für jeden Tag der Überschreitung der Lieferfrist eine Vertragsstrafe in Höhe von 2 % des Nettowarenwertes zu leisten, maximal aber 10 %. Der Kunde kann mit Ablauf des zweiten Tages der Überschreitung der Lieferfrist Ersatzbeschaffung veranlassen und die Annahme der verspäteten Lieferung verweigern. Der Lieferant hat dem Kunden den angemessenen Mehraufwand der Ersatzbeschaffung auf Nachweis zu erstatten.[11]

§ 3 Pflichten des Kunden

(1) Der Kunde ist verpflichtet, zum Abruf von Liefergegenständen die vereinbarten Formulare zu verwenden. Verzögerungen oder Falschlieferungen, die sich durch unvollständige oder unrichtige Angaben in den Abrufformularen ergeben, gehen zu Lasten des Kunden.

(2) Der Kunde hat dafür Sorge zu tragen, dass montags bis freitags in der Zeit von 8:00 bis 18:00 Uhr Warenannahmebereitschaft besteht. Der Kunde hat ferner die Lieferungen unverzüglich auf äußerlich sichtbare Beschädigungen zu untersuchen und diese ggf. gegenüber dem Frachtführer zu rügen sowie die Annahme zu verweigern.

(3) Der Kunde wird die Liefergegenstände jeweils unverzüglich auspacken, aufstellen und in die Systemumgebung wie nach Spezifikation vereinbart einbauen, um die Funktionsfähigkeit zu testen. Hierbei festgestellte Mängel sind unverzüglich zu rügen auch soweit sie die Kurzanleitung betreffen. Macht der Kunde keine Mängel geltend, so gelten die Liefergegenstände als bei Ablieferung mangelfrei, soweit der später geltend gemachte Mangel bei Durchführung der vereinbarten Untersuchung erkennbar gewesen wäre.[12]

§ 4 Vergütung, Eigentumsvorbehalt, Verzug

(1) Die Vergütung ergibt sich aus der Preisliste Anl. 7.

(2) Die Parteien vereinbaren, jeweils im März des Folgejahres anhand der abgenommenen Liefergegenstände die Preise und ggf. Rabattstaffeln zu verhandeln. Die Partei, welche eine Anpassung der Preise wünscht, hat zu Preisanpassungsgesprächen aufzufordern, andernfalls gelten die Preise unverändert fort.

(3) Die Vergütung ist jeweils binnen 14 Kalendertagen ab Zugang der prüffähigen Rechnung zur Zahlung fällig. Die Rechnungsstellung erfolgt jeweils zum 14. und 28. des Monats über die zurückliegenden Lieferungen. Die Rechnungsstellung kann elektronisch erfolgen.

(4) Gerät der Kunde mit der Zahlung der Vergütung in Verzug, so ist ab dem ersten Tag des Verzuges die offene Forderung mit 9 Prozentpunkten über dem Basiszinssatz zu verzinsen. Gerät der Kunde mit mehr als zwei Halbmonatsabrechnungen in Verzug, kann der Lieferant die Lieferung weiterer Liefergegenstände davon abhängig machen, dass der Kunde den Bestand im Vor-Ort-Kleinlager und jeweils die neu abgerufenen Liefergegenstände im Voraus bezahlt.

(5) Der Lieferant behält sich das Eigentum an den Liefergegenständen bis zur vollständigen Bezahlung vor.[13]

(6) Aufrechnung und Zurückbehaltungsrechte sind ausgeschlossen, es sei denn die zugrunde liegende Gegenforderung ist anerkannt oder rechtskräftig festgestellt.

§ 5 Mängelhaftung

(1) Der Auswahl der Liefergegenstände gem. Anl. 1a) und der Spezifikationen gemäß Anl. 1b) und c) liegen die Anforderungen zugrunde, welche der Kunde durch einen Dritten für seine Unternehmung und seine Anwendungszwecke – Anl. 8 Anforderungen – ermittelt hat. Der Lieferant leistet Gewähr dafür, dass die Liefergegenstände mit den festgelegten Spezifikationen geeignet sind, die Anforderungen und Verwendungszwecke nach Anl. 8 des Kunden zu erfüllen. Der Lieferant leistet weiter Gewähr dafür, dass die Liefergegenstände den üblichen Verwendungszweck erfüllen. Die Liefergegenstände sind fabrikneu und originalverpackt und enthalten keine überarbeiteten Komponenten zB aus Retouren mangelhafter Liefergegenstände.[14]

(2) Der Lieferant gewährleistet, dass er Inhaber der erforderlichen Rechte ist, dem Kunden die Liefergegenstände einschließlich vorinstallierter Systemsoftware und Standardtreibern zur vertragsgemäßen Nutzung zu überlassen. Wird der Kunde wegen der Verletzung Rechter Dritte in Anspruch genommen, so hat der Lieferant den Kunden mit Auskünften und Unterlagen bei der Abwehr zu unterstützen, ggf. erforderliche Erklärungen gegenüber dem Dritten abzugeben sowie dem Kunden die Kosten der erforderlichen Rechtsberatung und Vertretung nach Angemessenheit zu erstatten.

(3) Mängelhaftungsansprüche bestehen nicht, soweit der Lieferant nachweist, dass Veränderungen an der Hardware durch den Kunden oder der Einsatz der Liefergegenstände in einer anderen als der vereinbarten technischen Umgebung oder die nicht nur vorübergehende Nichteinhaltung der sonstigen Anforderungen an den Aufstellungsort der Hardware, zB Raumtemperatur, Belüftung etc ursächlich für den aufgetretenen Mangel sind.[15]

(4) Ansprüche wegen Mängelhaftung verjähren binnen eines Jahres nach Ablieferung beim Kunden oder im Vor-Ort-Kleinlager.

(5) Mängel sind mittels des hierfür seitens des Lieferanten bereit gestellten Ticketsystems in Textform zu melden. Bei Nichtverfügbarkeit des Ticketsystems erfolgt die Meldung von Mängeln mittels des Störungsmeldungsformulars Anl. 9 in Textform. Der Lieferant wird eingehende Mängelmeldungen jeweils binnen angemessener Frist bearbeiten, es sei denn die Parteien haben mit gesonderter Wartungsvereinbarung Service Level vereinbart. Verzögerungen, welche sich durch Lücken und Ungenauigkeiten in der Fehlerbeschreibung ergeben, hat der Lieferant nicht zu vertreten. Der Kunde ist für die Sicherung der Daten und Programme vor Beginn der Mangelbeseitigungsarbeiten verantwortlich. Bei Datenverlust hat der Lieferant nur den Aufwand zu tragen, der dadurch entsteht, dass er aus einer Datensicherung die zerstörten Daten und durch das Einspielen eines Images des Liefergegenstandes den gesicherten Programmstand wiederherstellt.

(6) Der Kunde hat dem Lieferanten mindestens zweimal unter angemessener Fristsetzung Gelegenheit zu geben, den Mangel zu analysieren und zu beheben. Der Lieferant hat dabei die Wahl, ob er in einem ersten Schritt eine telefonische oder Fehlerbehebung per Fernwartung versucht. Die Parteien schließen für die Fernwartung eine gesonderte Vereinbarung zur Verarbeitung von Daten im Auftrag nach § 11 Abs. 5 BDSG bzw. der Nachfolgeregelungen nach Wirksamwerden der Regelungen der Datenschutzgrundverordnung und etwaiger nachfolgender Regelungen zum BDSG ab.

(7) Der Kunde hat dem Lieferanten während der Geschäftszeiten und nach vorheriger Absprache auch außerhalb der Geschäftszeiten Zugang zu den Geschäftsräumlichkeiten vor Ort nach seinen Sicherheits- und Zutrittsregelungen zum Zwecke der Mangelbeseitigung zu ermöglichen. Der Lieferant hat ferner die Wahl, ob er den Mangel durch Nachbesserung oder Austausch des entsprechenden Liefergegenstandes beseitigt.

§ 6 Haftung

(1) Der Lieferant haftet unbeschränkt, soweit die Schadensursache auf Vorsatz oder grober Fahrlässigkeit beruht. Ferner haftet der Lieferant für die leicht fahrlässige Verletzung von wesentlichen Vertragspflichten, deren Verletzung das Erreichen des Vertragszwecks gefährdet, oder für die Vernachlässigung von Vertragspflichten, deren Erfüllung die ordnungsgemäße Durchführung des Vertrages überhaupt erst ermöglicht und auf deren Einhaltung der Kunde regelmäßig vertrauen darf. In diesem Fall haftet der Lieferant jedoch nur für den vorhersehbaren, vertragstypischen Schaden. Die Vertragsparteien gehen bei Vertragsschluss davon aus, dass dieser vertragstypische Schaden sich auf maximal das Dreifache des jeweiligen Warenwertes beläuft, wobei sich Schadenersatz für Datenverlust auf den

Aufwand nach § 5 Abs. 5 beschränkt. Der Lieferant haftet nicht für die leicht fahrlässige Verletzung anderer als der in den vorstehenden Sätzen genannten Pflichten.

(2) Die vorstehenden Haftungsbeschränkungen gelten nicht bei Verletzung von Leben, Körper und Gesundheit, für einen Mangel nach Übernahme einer Garantie für die Beschaffenheit und/oder Haltbarkeit der Liefergegenstände und bei arglistig verschwiegenen Mängeln.

(3) Die Haftung nach dem Produkthaftungsgesetz bleibt unberührt.

(4) Etwaige Ansprüche aus Herstellergarantien bleiben unberührt. Der Lieferant ist nicht zur Geltendmachung von Garantieansprüchen gegenüber dem Hersteller verpflichtet, soweit ihn keine eigene Verpflichtung hierzu aus einer gesonderten Garantie- und/oder Wartungsvereinbarung trifft.

(5) Soweit die Haftung des Lieferanten ausgeschlossen oder beschränkt ist, gilt dies auch für die persönliche Haftung von Arbeitnehmern, Vertretern und Erfüllungsgehilfen.

§ 7 Schlussbestimmungen

(1) Für den Fall, dass eine der Bestimmungen des Vertrages unwirksam oder nichtig ist oder wird, so gelten die weiteren Bestimmungen fort. Die unwirksame oder nichtige Bestimmung wird durch eine Regelung ersetzt, welche dem wirtschaftlich von den Parteien Gewollten am nächsten kommt und dabei die berechtigten Interessen beider Vertragsparteien angemessen berücksichtigt. Entsprechendes gilt für Regelungslücken.

(2) Die Parteien vereinbaren, bei allen Meinungsverschiedenheiten aus oder im Zusammenhang mit diesem Vertrag, Vertragserweiterungen oder -ergänzungen, die sie nicht untereinander klären können, die Schlichtungsstelle der Deutschen Gesellschaft für Recht und Informatik eV (DGRI) unter der auf der Webseite der DGRI eV unter http://www.dgri.de/ angegebenen Adresse der Schlichtungsstelle anzurufen, um den Streit nach deren Schlichtungsordnung in der zum Zeitpunkt der Einleitung des Schlichtungsverfahrens gültigen Fassung ganz oder teilweise, vorläufig oder endgültig zu erledigen. Die Verjährung für alle Ansprüche aus dem schlichtungsgegenständlichen Lebenssachverhalt ist ab dem Schlichtungsantrag bis zum Ende des Schlichtungsverfahrens gehemmt. § 203 BGB gilt entsprechend.

(3) Nebenabreden zu diesem Vertrag bestehen nicht. Änderungen und Ergänzungen dieses Vertrages bedürfen zumindest der Textform.

(4) Es gilt deutsches Recht unter Ausschluss des UN-Kaufrechts. Die Vertragssprache ist Deutsch.

(5) Gerichtsstand für alle Streitigkeiten aus und im Zusammenhang mit dieser Vereinbarung ist der Sitz der Hauptniederlassung des Kunden.

§ 8 Anlagenverzeichnis

Anl. 1a): Bestellumfang Erstabnahme

Anl. 1b): Spezifikation Hardware auf Abruf mit Mindestabnahmemenge

Anl. 1c): Spezifikation Hardware auf Abruf

Anl. 2: Bestell-/Abrufschein (Muster)

Anl. 3: Kurzanleitung (Muster)

Anl. 4: Betriebssystemsoftware und Standardtreiber

Anl. 5: Inventarliste (Muster)

Anl. 6: Standorte des Kunden

Anl. 7: Preisliste

Anl. 8: Anforderungen, Verwendungszwecke

Anl. 9: Störungsmeldeformular (Muster)

. . . .

(Ort, Datum)   (Ort, Datum)

. . . .

– Kunde –   – Lieferant –

Anmerkungen

1. Das Muster geht davon aus, dass zwischen dem Lieferanten und dem Kunden ein Know How Gefälle besteht, dh der Lieferant ist spezialisierter Hersteller und der Kunde ist ein reines Anwendungsunternehmen im Unterschied zu einem Unternehmen, dass Hardware beschafft, um diese ergänzt, aufgearbeitet oÄ weiter zu veräußern bzw. in derselben Branche tätig ist. Die Feststellung des jeweiligen Know Hows im Hinblick auf den Kaufgegenstand, hier der Hardware, kann im Rahmen des Sachmangelbegriffs eine Rolle spielen. Aus Sicht des Lieferanten ist bereits in der Präambel darauf zu achten, dass keine werbeartigen Aussagen zu seiner Leistungsfähigkeit und zu den Produkten gemacht werden, um nicht unnötig dann berechtigte Annahmen des Kunden in der Präambel festzuschreiben, welche im Rahmen der Feststellung eines Sachmangels maßgeblich werden können.

2. Hier wird beispielhaft ein Rahmenvertrag mit einer gewissen Mindestvertragslaufzeit vorgestellt, welcher den Kunden zum Erwerb weiterer Hardware berechtigt, ggf. hierzu auch mit Mindestabnahmemengen verpflichtet. Zugleich ist aber der Lieferant zur Lieferung verpflichtet. Beim Abschluss eines Rahmenvertrages sind etwaige kartellrechtliche Besonderheiten zu berücksichtigen (vgl. Auer–Reinsdorff/Conrad/*Conrad* § 39 Kartellrechtliche Bezüge sowie *Wiesemann/Kast* § 24 Vertrieb von Software). Im Anwendungsbereich des Vergaberechts sind dieselben Standards einzuhalten, wie in einer Einzelbeauftragung. Auch eine spätere Ausweitung der Bezugsberechtigten eines Rahmenvertrages ist im Anwendungsbereich des Vergaberechts nicht gestattet (vgl. Auer–Reinsdorff/Conrad/*Bischof* § 40 Rn. 128 ff.; *Portz* BWGZ 2016, 52).

3. Der Rahmenvertrag sieht verschiedene Lieferverpflichtungen vor: erstens den festen Bestellumfang der Erstlieferung, zweitens eine Spezifikation, zu welcher eine Mindestabnahmeverpflichtung bezogen auf einen bestimmten Zeitabschnitt zum Beispiel jährlich vorgesehen ist und drittens eine Spezifikation, zu der keine Mindestabnahmeverpflichtung besteht. Bei den drei verschiedenen Bezugsverpflichtungen ergeben sich ggf. unterschiedliche Lieferzeiten sowie Preis- und Rabattstaffeln. Hier sieht § 4 (2) vor, dass die Parteien beispielhaft jährlich die Preise und Rabatte verhandeln. Die Rabattierung kann sich aber auch zB als ein Nachlass in Höhe eines festen Prozentsatzes auf die Listenpreise ergeben.

4. Teil der Lieferverpflichtung ist die Bereitstellung einer Dokumentation (vgl. BGH Urt. v. 4.11.1992 – VIII ZR 165/91, NJW 1993, 461; BGH Urt. v. 4.12.1996 – VIII ZR 306/95, NJW-RR 1997, 690; Auer-Reinsdorff/Conrad/*Stadler/Kast* § 15 Rn. 44–46). Die Parteien sollten möglichst konkret vereinbaren, welchen Inhalt diese Dokumentation und Aufstell- und Bedienanleitungen haben. Für den Lieferanten gilt als Ablieferung nur die

Bereitstellung der Hardware inklusive der Dokumentation. Den Kunden treffen Prüf- und Rügepflichten auch hinsichtlich der Dokumentation. Für den Kunden ist es zudem vorteilhaft, eine klare Regelung hierzu getroffen zu haben, um seine Mitarbeiter zuverlässig mit den erforderlichen Detailinformationen ausstatten zu können. Wegen des ggf. gegebenen urheberrechtlichen Schutzes der Inhalte der Dokumentationen und Anleitungen sollte aufgenommen sein, dass der Kunde diese beliebig oft ggf. auch in beliebigen Formaten bzw. Nutzungsarten intern vervielfältigen und bereit stellen darf.

5. Aus den Lizenzbedingungen kann sich zum Beispiel die Anforderung ergeben, den Umfang der Nutzungsrechtseinräumung insbesondere hinsichtlich des räumlichen Nutzungsumfangs abweichend zu regeln. Auch in zeitlicher Hinsicht kann die Nutzungsrechtseinräumung je nach Lizenzmodell abhängig sein von der Aufrechterhaltung einer Pflegevereinbarung (Software Assurance) mit dem Lieferanten oder dem Softwarehersteller. Hier sollte der Kunde prüfen, inwiefern die Beendigung der Zusammenarbeit mit dem Lieferanten dazu führt, dass er Rechte nacherwerben oder der Lieferant Rechte übertragen müsste. Der Lieferant hätte bei der Zusicherung unbefristeter Rechtseinräumung zwar dem Kunden den Nachlizenzierungsaufwand zu erstatten, der Kunde hat dies aber zunächst zu verauslagen, um hinreichend lizenzierte Software auf der Hardware vorhalten und nutzen zu können. Der Kunde hat generell zu prüfen, ob er bei einer beabsichtigten Weiterveräußerung der Hardware als gebrauchte Hardware die Software löschen müsste und/oder Lizenzen für den Käufer nacherwerben könnte (vgl. OLG Frankfurt aM Urt. v. 18.5.2010 – 11 U 69/09, MMR 2010, 621; *Billing* FormularBibliothek Vertragsgestaltung, 2. Aufl. 2012, Teil 1 § 2 Rn. 278–294; Auer-Reinsdorff/Conrad/ *Stadler/Kast* § 15 Rn. 41; *Hunzinger/Kubach* CR 2016, 213).

6. Ein solches Inventarverzeichnis erleichtert dem Kunden die Verwaltung seines Bestandes und des steuerlichen Anlagevermögens.

7. Diese Leistungen sind hier nicht Gegenstand der vertraglichen Verpflichtung, um den kaufvertraglichen Charakter zu wahren. Die zeitgleiche Vereinbarung solcher Leistungen kann je nach Gestaltung zur Annahme eines werkvertraglich zu typisierenden Leistungsumfangs führen (vgl. BGH Urt. v. 2.11.1995 – X ZR 93/93, BeckRS 1995, 31061296). Zur Gestaltung → Form. A. 4.

8. Der Kunde hat ggf. ein Interesse daran, in seinem Unternehmen bzw. an seinen Standorten Hardware mit identischen Spezifikationen vorzuhalten, um den Wartungs- und Anpassungsaufwand durch Standardisierung gering zu halten und die Austauschbarkeit von Arbeitsplätzen sicher zu stellen. Über eine längere Laufzeit wird der Lieferant weder dieselben Hardwaretypen noch überhaupt Hardware mit identischer Spezifikation vorhalten oder liefern können. Es sollte eine Regelung gefunden werden, wie sich die Parteien über Änderungen der Spezifikation verständigen, welche sich entweder daraus ergeben können, dass die Lieferfähigkeit des Lieferanten enden wird oder der Kunde veränderte Anforderungen für den Einsatz in seinem Unternehmen feststellt.

9. Regelmäßig trägt der Lieferant nach § 2 (1) die Gefahr der Verschlechterung oder des Untergangs bis zur Ablieferung beim Kunden. Hier ist vereinbart, dass dies nur an die definierten Standorte des Kunden gelten soll. Fordert der Kunde die Lieferung an andere Orte an, so hat er die Gefahr zu tragen, wobei hier aber vereinbart ist, dass der Lieferant auf Kosten des Kunden für die hinreichende Versicherung zu sorgen hat.

10. Das Muster sieht vor, dass der Lieferant zur sofortigen Bereitstellung neuer Geräte an den Standorten des Kunden ein Kleinlager vor Ort einrichtet. Da die Geräte dort ja bereits abgeliefert sind, sollte der Vertrag eine Regelung enthalten, wann die Gefahr übergeht, wann die Prüf- und Rügefristen nach § 377 HGB laufen und wann und wie ggf.

nicht abgeforderte Geräte zurückzugeben sind, um dem Lieferanten die anderweitige Verwertung als neu mit unbeschädigter Originalverpackung zu ermöglichen.

11. Hier verpflichtet sich der Kunde zum Beispiel zur Abnahme von Mindestmengen nach Anl. 1b), weshalb der Lieferant ihm kurze Lieferfristen zu gewähren hat. Dem Kunden steht umgehend die Möglichkeit zu, sich anderweitig Ersatz zu beschaffen, wenn der Lieferant die jeweils vereinbarten Lieferfristen überschreitet. Der Kunde wird dann von der Abnahmeverpflichtung und der Vergütungspflicht frei. Der Lieferant hat dem Kunden den Aufwand und die Differenz zum Mehrpreis zu erstatten.

12. Diese Regelung formuliert die Prüf- und Rügepflichten nach § 377 HGB aus, um den Kunden auf den Umfang der Prüfpflichten sowie an unterbliebene Mängelrügen anknüpfende Rechtsfolgen hinzuweisen. In anderen Konstellationen kann der Lieferant anders als im hier formulierten Muster nicht mit dem Hersteller identisch sein. In diesen Fällen ist der Lieferant selbst Kunde des Herstellers, wobei aber ggf. die Lieferung direkt vom Hersteller an den Kunden erfolgt. Hier ist es wichtig, dass der Lieferant klar stellt, dass der Kunde für ihn die Prüf- und Rügepflichten mit wahrnimmt, um dem Lieferanten die Möglichkeit zu eröffnen, seine Rechte gegenüber dem Hersteller oder auch Spediteur geltend zu machen.

13. Der hier formulierte Eigentumsvorbehalt ist nur ein einfacher Eigentumsvorbehalt. Denkbar sind die Ergänzung der Regelung als verlängerter Eigentumsvorbehalt sowie die Klarstellung, auf welche Zahlungsverpflichtungen sich der jeweilige Eigentumsvorbehalt bezieht. Der Eigentumsvorbehalt kann erlöschen bei Erfüllung der aus der jeweiligen Lieferung folgenden Zahlungsverpflichtungen bzw. aller bis dahin offenen Forderungen oder sich aus dem Kontokorrentverhältnis fortschreiben.

14. Diese Regelung definiert den Sachmangel des § 434 BGB näher aus. Außerdem ist klargestellt, dass der Lieferant weder vorvertraglich noch im Rahmen einer gesonderten Beratungsvereinbarung den Kunden bei der Anforderungsfeststellung beraten hat. Für den Lieferanten bestehen bei der Beratung erhebliche Risiken, wenn der Kunde die Anforderungen nicht hinreichend ermittelt hat, aber vereinbart wird, dass die empfohlene Hardware der vertraglich vereinbarten und der üblichen Verwendungsabsicht und -art entspricht (vgl. Auer-Reinsdorff/Conrad/*Stadler/Kast* § 15 Rn. 14 ff.).

15. Zugunsten des Kunden ist hier vorgesehen, dass der Lieferant im Rahmen der Geltendmachung von Mängelansprüchen die Beweislast trägt, dass Änderungen der Hardware gegenüber der abgelieferten Hardware ursächlich für den Mangel sind. Dies umfasst auch die Beweislast für den Grad der Ursächlichkeit. Oftmals wird der Lieferant diese Beweislast auf den Kunden in dem Sinne abwälzen, dass der Kunde zu beweisen hat, dass Änderungen wie auch zum Beispiel das Öffnen des Gehäuses und das damit verbundene Brechen des Herstellersiegels nicht ursächlich waren für den Mangel. Interessengerecht ist ggf. eine Regelung, welche dem Kunden die Kosten des Mehraufwandes auferlegt, die bei Änderungen seitens des Kunden an den Geräten zur Feststellung des Mangels und seiner Ursachen entstehen. Die mangelhafte Dokumentation von Mängelbeseitigungen im Wege der Ersatzvornahme kann ebenfalls zur Beweislastumkehr zu Lasten des Kunden führen (vgl. BGH Urt. v. 23.10.2008 – VII ZR 64/07, NJW 2009, 360).

2. Hardwaremiete

Mietvertrag

zwischen

. . . . . .

– nachfolgend „Vermieter" genannt –

und

. . . . . .

– nachfolgend „Mieter" genannt –

Vertragsnummer:[1] . . . . . .

Präambel

Der Vermieter bietet verschiedene Modelle der Miete von Hardwarekomponenten im Bereich der Telefon- und EDV-Systeme und von EDV-Arbeitsplätzen an. Der Mieter ist ein Anwendungsunternehmen, welches für die Ausstattung eines neuen Standortes IT- und TK-Hardware einschließlich der jeweiligen Betriebssystem- und Standardanwendungssoftware anmietet.[2]

§ 1 Vertragsgegenstand

(1) Der Vermieter überlässt dem Mieter ausschließlich neue, den Originalherstellerangaben entsprechende Hardware einschließlich Betriebssystemsoftware (iF: „Mietsache")[3] wie in Anlage 1 beschrieben bis zur Beendigung dieses Mietvertrages.

(2) Die Hardware wird jeweils einschließlich einer Kurzbedienungsanleitung zur Anleitung beim Aufstellen und Anschließen[4] (Muster Anl. 2) in Papierform in Deutsch, Englisch und Französisch bereitgestellt. Für die Dauer dieses Mietvertrages verpflichtet sich der Vermieter zur Aufrechterhaltung des Hilfeportals unter der Url www. . . . . .com, auf welchem die Nutzer weitergehende Informationen zur Bedienung und zu Fehlerquellen sowie in Form von FAQ-Listen Unterstützung bei Fehlern erhalten.

§ 2 Bereitstellung

(1) Die Mietsachen werden vorinstalliert mit der Betriebssystemsoftware, Standardtreibern und der Anwendungssoftware gemäß Anl. 3 – Betriebssystemsoftware und Standardtreiber – bereitgestellt.[5]

(2) Die Lieferung der Mietsachen erfolgt auf Gefahr und Kosten des Vermieters an den Standort des Mieters gemäß Anl. 4 Arbeitsplätze am Aufstellort.[6]

(3) Der Mieter hat dem Vermieter gem. Anl. 5 Zeitplan der Anlieferung und Bereitstellung im betriebsbereiten Zustand Zugang zu den Räumlichkeiten am Aufstellort und den Arbeitsplätzen zu gewähren. Der Mieter hat die räumlichen und technischen Voraussetzungen für die Installation gem. Anl. 6 Installationsvoraussetzungen jeweils rechtzeitig herzustellen. Der Vermieter hat bei Zutritt zu den Räumlichkeiten die Sicherheits- und Zutrittsrichtlinien[7] des Mieters sowie etwaige diesbezügliche Weisungen im Einzelfall zu befolgen.

(4) Der Vermieter hat seine Erfüllungsgehilfen auf die Geheimhaltung von Informationen über die Räumlichkeiten, Lage, Aufstellorte und Arbeitsplätze zu verpflichten und auf Anforderung die entsprechenden Geheimhaltungsvereinbarungen nachzuweisen. Ferner hat der Vermieter seine Erfüllungsgehilfen nach § 5 BDSG und etwaigen Nachfolgeregelungen nach Wirksamwerden der Datenschutzgrundverordnung auf das Datengeheimnis zu verpflichten.

§ 3 Installation, Betriebsbereitschaft

(1) Der Vermieter stellt die Mietsachen an den Arbeitsplätzen des Aufstellortes auf und schließt diese an das Strom- und Datennetz an.

(2) Der Vermieter stellt die Betriebsbereitschaft der Mietsachen einschließlich der System- und der Anwendungssoftware her und richtet die Benutzer nach dem Rechteregime des Mieters Anl. 7 soweit die Informationen seitens des Mieters bei der Bereitstellung vorliegen individuell ein.

(3) Einweisung und Schulung sind seitens des Vermieters nicht geschuldet.[8]

(4) Der Vermieter zeigt die Betriebsbereitschaft der einzelnen Arbeitsplätze am Aufstellort nach dem Zeitplan Anl. 5 an und übergibt pro Arbeitsplatz eine Konfigurations- und Installationsdokumentation in Textform an den seitens des Mieters benannten Ansprechpartner. Der Mieter prüft die generelle Betriebsbereitschaft und Vollständigkeit der Installation und Konfiguration und bestätigt die betriebsbereite Bereitstellung.[9]

§ 4 Nutzungsrechtseinräumung

(1) Der Vermieter sichert zu, hinreichende Nutzungsrechte an der jeweiligen Betriebssystemsoftware sowie an den Standardtreibern und der Anwendungssoftware erworben zu haben, um dem Mieter einfache, nicht übertragbare, zeitlich und räumlich auf die Dauer des Mietvertrages beschränkte Nutzungsrechte hieran in Verbindung mit der jeweiligen Mietsache einzuräumen.

(2) Der Mieter verpflichtet sich zur Einhaltung der Nutzungs- und Lizenzbedingungen des Herstellers der Betriebssystemsoftware und der Anwendungssoftware wie sie Anl. 8 dieses Vertrages sind.[10] Insbesondere ist es dem Mieter nicht gestattet, die Seriennummern der Lizenzen der mit den Mietsachen zur Nutzung bereit gestellten Software zur Aktivierung von Software in Verbindung mit anderer Hardware zu nutzen und eigene Sicherungskopien anzufertigen. Der Vermieter stellt dem Mieter Sicherungskopien der mit bereitgestellten Software jeweils gesondert und als Image für die vereinbarte Standardkonfiguration einmal anfänglich und bei jeder Konfigurationsänderung als Image zur Verfügung.[11]

§ 5 Mietzins, Verzug

(1) Der vom Mieter monatlich zu zahlende Mietzins für die Mietsachen ergibt sich aus Anl. 9 und umfasst die Überlassung der Mietsachen für die Mietzeit sowie deren Instandsetzung und Instandhaltung sowie Verbrauchsmaterialien soweit sich dies aus Anl. 1 ergibt.[12]

(2) Der Mietzins ist jeweils zum 5. Werktag eines Monats im Voraus fällig, bankspesenfrei zu zahlen und versteht sich zuzüglich der jeweils geltenden gesetzlichen Mehrwertsteuer.

(3) Die Verpflichtung zur Zahlung des Mietzinses beginnt mit dem Fälligkeitszeitpunkt im Monat nach Abschluss der betriebsbereiten Bereitstellung aller Mietsachen. Hat der

Vermieter eine (teilweise) nicht rechtzeitige betriebsbereite Bereitstellung gem. Zeitplan Anl. 5 nicht zu vertreten, schuldet der Mieter den Mietzins ab dem nach Anl. 5 geplanten Datum des Abschlusses der betriebsbereiten Bereitstellung der Mietsachen.[13]

(4) Dem Vermieter ist die folgende UStID DE NUMMER ... zugeteilt bzw. wird beim Finanzamt ... [Ort] unter der ... [Umsatzsteuernummer] geführt.

(5) Der Vermieter stellt dem Mieter auf Anforderung monatliche Mietzinsrechnungen aus. Der Mieter ist mit der elektronischen Rechnungsstellung einverstanden.

(6) Der Mietzins ist für die Dauer von drei Jahren ab dem Monat der ersten Fälligkeit fest vereinbart. Die Parteien gehen derzeit davon aus, dass die durchschnittliche Lebensdauer der Mietsachen drei Jahre beträgt. Die Parteien werden zu Beginn des dritten Mietjahres die Verhandlungen über den Abschluss eines Anschlussmietvertrages über neue Hardware beginnen und/oder eine Preis- und Konditionenanpassung für die weitere Überlassung der gebrauchten Hardware vereinbaren.[14]

(7) Gerät der Mieter mit der Zahlung des Mietzinses in Verzug, so ist ab dem ersten Tag des Verzuges die offene Mietzinsforderung mit 9 Prozentpunkten über dem Basiszinssatz zu verzinsen. Gerät der Mieter mit einer Monatsmiete mehr als einen Monat in Verzug, kann der Vermieter die vierteiljährliche Vorauszahlung des vereinbarten Mietzinses verlangen. Gerät der Mieter mit mehr als drei Monatsmieten in Verzug, kann der Vermieter dem Mieter unter Androhung der fristlosen Kündigung eine letzte Nachfrist von zwei weiteren Wochen setzen und bei Nichtzahlung des rückständigen Mietzinses nachfolgend den Mietvertrag fristlos kündigen.[15] Die fristlose Kündigung wird mit einer Frist von 14 Tagen nach Zugang wirksam, um dem Mieter die Möglichkeit der Abwendung der Vertragsbeendigung durch Zahlung der rückständigen Mietzinsen zu eröffnen.

(8) Aufrechnung und Zurückbehaltungsrechte sind ausgeschlossen, es sei denn die zugrunde liegende Gegenforderung ist anerkannt oder rechtskräftig festgestellt.[16] Dem Mieter steht an der überlassenen Hardware dann ein Zurückbehaltungsrecht zu, wenn er binnen 14 Arbeitstagen auf den Zugang der fristlosen Kündigung alle rückständigen Mietzinsen gezahlt hat.

§ 6 Pflichten des Mieters

(1) Der Mieter hat die Mietsachen mit der Sorgfalt eines ordentlichen Kaufmannes, die er in eigenen Dingen anzuwenden pflegt, zu behandeln. Der Mieter hat für die hinreichende Einweisung und Schulung oder auf andere Art und Weise dafür zu sorgen, dass seine Erfüllungsgehilfen die Mietsachen dem üblichen Einsatz entsprechend einsetzen und bedienen.

(2) Der Vermieter kennzeichnet die Mietsachen durch zumutbare Etikettierung als sein Eigentum. Weder diese Kennzeichnung noch Herstellerhinweise, Seriennummern, Siegel, Softwarelizenzhinweise etc. dürfen vom Mieter ohne vorherige Zustimmung des Vermieters entfernt oder verändert werden.[17]

(3) Der Mieter hat dem Vermieter zum Zwecke von Instandsetzungs- und Instandhaltungsarbeiten sowie Pflegeleistungen, welche am Aufstellort zu erfolgen haben, nach Maßgabe seiner Sicherheits- und Zutrittsrichtlinien Zugriff auf die Mietsachen zu gewähren.

(4) Der Mieter hat Mängel sowie Beschädigungen der Mietsachen unverzüglich dem Vermieter mittels des elektronischen Ticket-Systems oder über die Servicehotline anzuzeigen.

(5) Der Mieter verpflichtet sich, die Mietsachen angemessen gegen Beschädigungen, Zerstörung und Entwendung zu versichern und den Abschluss sowie den Bestand der Elektronikversicherung[18] auf Anforderung dem Vermieter nachzuweisen.

(6) Der Mieter ist verpflichtet, eine Änderung des Aufstellortes nur mit vorheriger Zustimmung des Vermieters durchzuführen. Bei bloßen Veränderungen der Lage der Arbeitsplätze am Aufstellort hat der Mieter diese nur in der Konfigurations- und Installationsdokumentation der Mietsachen fortzuschreiben.

§ 7 Aufrechterhaltung der Gebrauchstauglichkeit

(1) Der Vermieter hat die Mietsachen über die gesamte Dauer der Mietzeit in dem zum vertraglich vereinbarten Gebrauch geeigneten Zustand zu erhalten. Er hat zu diesem Zweck die erforderlichen Instandhaltungs- und Instandsetzungsmaßnahmen selbst oder durch von ihm beauftragte Dritte durchführen zu lassen. Der Vermieter teilt dem Mieter die zeitlichen Intervalle für routinemäßige Durchsichten der Mietsachen mit und kündigt diese jeweils rechtzeitig gesondert an. Der Vermieter hat auf die Belange des Mieters im Hinblick auf einen möglichst ungestörten Betriebsablauf Rücksicht zu nehmen. Geplante Wartungsarbeiten an den Mietsachen sollen regelmäßig am [Tag] in der Zeit von [hh: mm] bis [hh:mm] stattfinden.[19]

(2) Der Vermieter hält ein elektronisches Ticket-System bereit, über welches der Mieter Störungen oder Beeinträchtigungen der Gebrauchstauglichkeit („Mängel") der Mietsachen melden kann. Parallel betreibt der Vermieter eine Servicehotline. Der Vermieter wird eingehende Mängelmeldungen jeweils binnen angemessener Frist bearbeiten, es sei denn die Parteien haben mit gesonderter Wartungsvereinbarung Service Level[20] vereinbart. Verzögerungen, welche sich durch Lücken und Ungenauigkeiten in der Fehlerbeschreibung ergeben, hat der Vermieter nicht zu vertreten.

(3) Die Beseitigung von Mängeln erfolgt regelmäßig durch Nachbesserung, also telefonischer Unterstützung bei der Mängelumgehung oder Reparatur am Aufstellort. Der Vermieter hat dabei die Wahl, ob er in einem ersten Schritt eine telefonische oder Fehlerbehebung per Fernwartung versucht. Die Parteien schließen für die Fernwartung eine gesonderte Vereinbarung zur Verarbeitung von Daten im Auftrag[21] ab. Schlägt die Nachbesserung auch am Aufstellort zum Beispiel durch den Austausch einzelner Komponenten der betreffenden Mietsache fehl, kann der Vermieter die Mietsache zum Zwecke der Nacherfüllung in sein Servicecenter verbringen.

(4) Der Vermieter ist jeweils zur Wiederherstellung der vertraglich vereinbarten Gebrauchstauglichkeit binnen angemessener Frist verpflichtet. Schlägt die Nachbesserung fehl oder wäre sie für den Vermieter unwirtschaftlich, so kann er vom Mieter Zustimmung zur Bereitstellung einer neuen Mietsache gleicher Art, Güte, Konfiguration und individueller Einstellung verlangen. Der Vermieter ist in diesem Fall verpflichtet, den Mieter bei der Übernahme der Daten zu unterstützen.[22]

(5) Der Mieter hat dafür Sorge zu tragen, dass eine angemessene Back-up Routine eingerichtet ist und eine Datensicherung vor Beginn der Wartungs- oder Nachbesserungsarbeiten auch in Form des Hardwareaustausches erfolgt. Bei Datenverlust im Rahmen der Wartungs- oder Nachbesserungsarbeiten hat der Vermieter nur den Aufwand zu tragen, der dadurch entsteht, dass er aus einer Datensicherung die zerstörten Daten und durch das Einspielen eines Images des Liefergegenstandes den gesicherten Programmstand wiederherstellt.[23] Verbringt der Vermieter die Mietsache zum Zwecke der Reparatur in sein Servicecenter, hat er zuvor mit dem Mieter abzustimmen, ob die auf der Hardware gespeicherten Daten zunächst gelöscht werden.

(6) Der Vermieter schreibt die Installations- und Konfigurationsdokumentation zu den Mietsachen jeweils fort. Der Mieter hat den Mehraufwand[24] zu tragen, welcher dadurch entsteht, dass er Änderungen an der Mietsache entweder nicht dokumentiert oder vorgenommen hat, ohne dass diese generell oder im Wege der Ersatzvornahme dem Mieter gestattet waren oder im Einzelfall mit Zustimmung des Vermieters umgesetzt wurden, oder aber dass die Mietsache ohne vorherige Zustimmung an einen anderen Aufstellort verbracht wurde.

(7) Wenn der Vermieter die Einschränkung der Gebrauchstauglichkeit auch nicht auf eine zweite angemessene Fristsetzung hin beseitigt, ist der Mieter nach seiner Wahl zur Beseitigung des Mangels oder zur Kündigung des Mietvertrages in Bezug auf die mangelhafte Mietsache berechtigt.[25] Zur Kündigung des gesamten Mietvertrages ist der Mieter nur dann berechtigt, wenn eine wesentliche Anzahl der Mietsachen nicht zum vertraglich vereinbarten Gebrauch bereit steht.

(8) Dem Mieter stehen die gesetzlichen Ansprüche wegen Mangelhaftigkeit der Mietsache/n mit der Maßgabe der vorstehenden Vereinbarungen zu.

§ 8 Haftung

(1) Der Vermieter haftet unbeschränkt, soweit die Schadensursache auf Vorsatz oder grober Fahrlässigkeit beruht. Ferner haftet der Vermieter für die leicht fahrlässige Verletzung von wesentlichen Pflichten, deren Verletzung die Erreichung des Vertragszwecks gefährdet, oder für die Verletzung von Pflichten, deren Erfüllung die ordnungsgemäße Durchführung des Vertrages überhaupt erst ermöglicht und auf deren Einhaltung der Mieter regelmäßig vertrauen darf. In diesem Fall haftet der Vermieter jedoch nur für den vorhersehbaren, vertragstypischen Schaden. Die Vertragsparteien gehen bei Vertragsschluss davon aus, dass sich dieser vertragstypische Schaden auf maximal xx,xx EUR beläuft. Der Vermieter haftet nicht für die leicht fahrlässige Verletzung anderer als der in den vorstehenden Sätzen genannten Pflichten.

(2) Die vorstehenden Haftungsbeschränkungen gelten nicht bei Verletzung von Leben, Körper und Gesundheit, für einen Mangel nach Übernahme einer Garantie für die Beschaffenheit der Mietsachen und bei arglistig verschwiegenen Mängeln.

(3) Die Haftung nach dem Produkthaftungsgesetz bleibt unberührt.

(4) Soweit die Haftung des Vermieters ausgeschlossen oder beschränkt ist, gilt dies auch für die persönliche Haftung von Arbeitnehmern, Vertretern und Erfüllungsgehilfen.

§ 9 Dauer und Beendigung

(1) Das Mietverhältnis beginnt mit Unterzeichnung dieses Vertrages und hat eine Mindestvertragslaufzeit von 36 Monaten, wobei diese sich ab dem Monat nach Abschluss der Bereitstellung iSd § 2 berechnet. Danach verlängert sich das Mietverhältnis jeweils um ein Jahr, wenn es nicht gekündigt wurde.

(2) Das Mietverhältnis kann von jeder Partei mit einer Frist von sechs Monaten erstmals zum Ablauf der Mindestvertragslaufzeit und nachfolgend zum Ende des jeweiligen Vertragsjahres gekündigt werden. Das Recht zur außerordentlichen Kündigung aus wichtigem Grund bleibt unberührt.

(3) Kündigungen sind nur in Schriftform wirksam. Die Kündigung vorab in Textform wahrt die Kündigungsfrist.[26]

§ 10 Rückgabe

(1) Zum Ende der Mietzeit hat der Mieter dem Vermieter die Mietsachen einschließlich der Handbücher sowie bereit gestellter Anschlusskabel und sonstigem Zubehör entsprechend der Bereitstellungsdokumentation zurückzugeben.

(2) Der Mieter hat binnen angemessener Frist, regelmäßig einen Monat nach Mietvertragsende, von eigenen Dateien oder Software auf den Mietsachen Sicherheitskopien zu fertigen.[27]

(3) Der Mieter schuldet die Rückgabe am Aufstellort nach Sicherung gemäß Abs. 2. Der Vermieter hat die Mietsachen auf seine Kosten und seine Gefahr an den Arbeitsplätzen am Aufstellort abzubauen (einschließlich des Löschens von Dateien und Programmen des Mieters) einzupacken und abzutransportieren.

(4) Die Parteien fertigen vor dem Abbau der Mietsachen jeweils eine Zustandsdokumentation, welche etwaige Beschädigungen, übermäßige Abnutzung oder andere Besonderheiten festhält. Die Dokumentation umfasst die Abbildung der Mietsachen.

§ 11 Schlussbestimmungen

(1) Für den Fall, dass eine der Bestimmungen des Vertrages unwirksam oder nichtig ist oder wird, so gelten die weiteren Bestimmungen fort. Die unwirksame oder nichtige Bestimmung wird durch eine Regelung ersetzt, welche dem wirtschaftlich von den Parteien Gewolltem am nächsten kommt und dabei die berechtigten Interessen beider Vertragsparteien angemessen berücksichtigt. Entsprechendes gilt für Regelungslücken.

(2) Die Parteien vereinbaren, bei allen Meinungsverschiedenheiten aus oder im Zusammenhang mit diesem Vertrag, Vertragserweiterungen oder -ergänzungen, die sie nicht untereinander klären können, die Schlichtungsstelle der Deutschen Gesellschaft für Recht und Informatik eV (DGRI) unter der auf der Webseite der DGRI eV unter http://www.dgri.de/ angegebenen Adresse der Schlichtungsstelle anzurufen, um den Streit nach deren Schlichtungsordnung in der zum Zeitpunkt der Einleitung des Schlichtungsverfahrens gültigen Fassung ganz oder teilweise, vorläufig oder endgültig zu erledigen. Die Verjährung für alle Ansprüche aus dem schlichtungsgegenständlichen Lebenssachverhalt ist ab dem Schlichtungsantrag bis zum Ende des Schlichtungsverfahrens gehemmt. § 203 BGB gilt entsprechend.

(3) Nebenabreden zu diesem Vertrag bestehen nicht. Änderungen und Ergänzungen dieses Vertrages bedürfen der Textform.

(4) Gerichtsstand für alle Streitigkeiten aus und im Zusammenhang mit dieser Vereinbarung ist der Sitz der Hauptniederlassung des Mieters.

§ 12 Anlagenverzeichnis

Anl. 1: Mietschein/e

Anl. 2: Kurzbedienungsanleitung (Muster)

Anl. 3: Betriebssystemsoftware und Standardtreiber

Anl. 4: Aufstellort

Anl. 5: Zeitplan

Anl. 6: Installationsvoraussetzungen

Anl. 7: Nutzerprofile

Anl. 8: Lizenzbestimmungen

Anl. 9: Mietzins

. . . .
(Ort, Datum)   (Ort, Datum)

. . . .
– Mieter –   – Vermieter –

Anmerkungen

1. Das Muster sieht hier eine **Vertragsnummer** vor, um bei den monatlich wieder-kehrenden Mietzinszahlungen eine eindeutige Zuordnung der geleisteten Zahlungen im Rahmen des Vorsteuerabzugs darzustellen. Der Mietvertrag dient als Rechnung, sofern er mindestens neben den Angaben zum Vermieter, eine Vertragsnummer, die Umsatzsteuer-angaben (s. § 5 (4)), das Datum des Vertragsschlusses sowie den Mietzins (s. Anl. 9) als Nettobetrag mit dem Hinweis auf den gesetzlichen Steuersatz und bezogen auf den jeweiligen Rechnungszeitraum ausweist. Das Muster sieht zu § 5 (5) vor, dass der Mieter vom Vermieter auch monatlich Rechnungslegung verlangen kann.

2. Das Muster geht von einem Mietvertrag über eine **Vielzahl von Mietsachen** (Tele-kommunikations- und/oder IT-Hardware) einschließlich Betriebssystem-, Standardsoft-ware und Standardtreibern aus. Die Überlassung der Software auf Dauer wird in diesem Muster nicht weiter thematisiert. Insofern sei verwiesen auf → Form. B. 4. Ferner werden hier keine Details eines möglichen Service Level Agreements dargestellt, sondern es wird im Wesentlichen auf das gesetzliche (Mängel-)Haftungsregime zurückgegriffen. Insofern kann zur Bereitstellung einer Service Level Vereinbarung auf → Form. D. 5 zurück-gegriffen werden oder das Muster eines Hardwarewartungsvertrages → Form. A. 4.

3. Die einzelnen Mietsachen lassen sich besser in einer **Anlage zum Vertrag** auflisten und beschreiben. Die Anlage zur Beschreibung der Mietsachen wird oftmals als Miet-schein bezeichnet. Der Hinweis auf die Zur-Verfügung-Stellung der Mietsachen als neue, den Originalherstellerangaben entsprechende Hardware stellt klar, dass weder individuell für den Mieter zusammengestellte Hardware, noch die Bereitstellung von Hardware mit aufgearbeiteten Gebrauchtteilen Gegenstand des Mietvertrages sind. Der Mieter kann bei neuer Originalhardware erwarten, dass keine Hardware als equivalent to new, also nur neuwertig, bereitgestellt wird (vgl. BGH Urt.v. 5.4.1995 – I ZR 59/93, NJW 1995, 3124; OLG Düsseldorf Urt. v. 25.3.1993 – 6 U 119/92, NJW 1993, 3142).

4. Für die gebrauchstaugliche Bereitstellung von Hardwarekomponenten bedarf es regelmäßig der Bereitstellung mindestens einer Kurzaufstell-, -installations- und –bedie-nungsanleitung (vgl. BGH NJW 1989, 3222; BGH NJW 2000, 1415). Es ist ratsam, die Art sowie den Umfang der Basisinformationen zur Hardware im Vertrag zu beschreiben. Im vorliegenden Muster ist die ausdrückliche Erwähnung besonders geboten, da der Vermieter hier nach §§ 2 und 3 die Bereitstellung, Installation und Herbeiführung der Betriebsbereitschaft schuldet und der Mieter die Grundinformationen bei ordentlicher Erfüllung seitens des Vermieters zur erfolgreichen Inbetriebnahme an sich selbst nicht benötigt, nur bei Standortveränderungen.

5. Der Hardwaremietvertrag sollte genaue Regelungen dazu umfassen, wo, wie und ggf. wann die Hardware bereitgestellt wird und wer für die Installation, also den technischen Anschluss, sowie die Herbeiführung der Betriebsbereitschaft verantwortlich ist (Auer-Reinsdorff/Conrad/*Stadler/Kast* § 15 Rn. 60). Der Vermieter hat ein Interesse an der baldigen Herstellung der Betriebsbereitschaft, da die Pflicht zur Mietzinszahlung bei Mietverträgen regelmäßig erst mit Herbeiführung der Betriebsbereitschaft beginnt. Die Betriebsbereitschaft definiert zum Beispiel BVB-IT Miete als die uneingeschränkte Einsatzfähigkeit der Geräte oder Anlagen (vgl. http://www.cio.bund.de/DE/IT-Beschaffung/ EVB-IT-und-BVB/Noch_geltende_BVB/noch_geltende_bvb_node.html). Wie in diesem Muster kann zur reinen Bereitstellung auch die Installation von Standardsoftware sowie die nutzerindividuelle Konfiguration hinzukommen, um die Betriebsbereitschaft herbeizuführen. Insofern kann der EVB-IT Systemlieferungsvertrag (vgl. http://www.cio.bund. de/DE/IT-Beschaffung/EVB-IT-und-BVB/Aktuelle_EVB-IT/aktuelle_evb_it_node. html#doc2148996bodyText1) beispielhaft für einen umfassenden Begriff der Betriebsbereitschaft angeführt werden. Hier sind die Aufstellung, die Installation, das Customizing und die Integration der Systemkomponenten an sich als auch die Beistellungen wie Strom- und Netzinfrastruktur, Kühlung und Belüftung geschuldet.

6. Die Festlegung des oder der Aufstellorte als die Orte, an denen die Hardware aufzustellen, zu installieren und im weiteren Verlauf zu warten ist, ist aus mehreren Gründen relevant. Erstens ist damit klar gestellt, an welchem Ort die Ablieferung mit Gefahrübergang erfolgt. Zweitens setzt die Kalkulation des Vermieters im Rahmen der Instandhaltungs-, Instandsetzungs- und sonstigen Serviceleistungen auf die Erreichbarkeit und die Entfernung zu seinen Servicecentern auf. Die Entfernung beeinflusst drittens die Reaktionszeiten, welche der Vermieter im Rahmen etwaiger Service Level zusagen kann. Ist auch mobile Hardware Gegenstand der Mietvereinbarung, sind entsprechend angepasste Regelungen aufzunehmen. Wie bei üblicherweise nur stationär eingesetzter Hardware wird ein Ort der Ablieferung und der Feststellung der Betriebsbereitschaft (s. §§ 2 (2), 3 (4)) vereinbart. Darüber hinaus werden die Orte vereinbart, an welchen der Mieter die mobilen Geräte zu Wartungszwecken abliefern kann, ferner ob der Vermieter die mobilen Geräte auf seine Gefahr und seine Kosten am Sitz des Vermieters abholt oder dort wartet und wieder betriebsbereit bereit stellt.

7. Der Mieter hat den Mitarbeitern oder Erfüllungsgehilfen Zugang und Zutritt zum Aufstellort und den Arbeitsplätzen zu gewähren, wenn Gegenstand des Mietvertrages auch die Installation und betriebsbereite Bereitstellung ist. Da der Vermieter gelegentlich durch die Herstellung des betriebsbereiten Zustandes Kenntnis von Betriebsgeheimnissen und/oder datenschutzrechtlich geschützten Daten erlangen kann, kann der Mieter vom Vermieter die Einhaltung seiner Sicherheits- und Zutrittsrichtlinien verlangen. Im Zweifel hat der Vermieter im Hinblick auf das Interesse des Mieters an Geheimhaltung und Gewährleistung der Betriebssicherheit Weisungen des Mieters zu befolgen. Dies führt im Einzelfall zum Annahmeverzug des Mieters.

8. Gegenstand des Mietvertrages kann auch die Einweisung und Schulung der Mitarbeiter sein. Je nach Ausgestaltung der Vereinbarung kann die erfolgte Einweisung und Schulung Voraussetzung für die Annahme der erfolgreichen Herstellung der Betriebsbereitschaft sein. Das Muster sieht vor, dass eine Einweisung und Schulung nicht geschuldet ist. Konsequenz ist, dass der Mieter nach § 6 (1) selbst für die Einweisung oder Schulung oder auf anderer Art und Weise dafür Sorge zu tragen hat, dass seine Mitarbeiter und Erfüllungsgehilfen hinreichende Bedienerkenntnisse haben, die Mietsachen bestimmungsgemäß bzw. entsprechend der vertraglich vereinbarten Nutzung einzusetzen und sorgfältig zu nutzen. In Fällen der Beschädigung der Mietsachen über die übliche Abnutzung durch die vereinbarte Nutzung hinaus hat sich der Mieter andernfalls ggf. zu entlasten, wenn er nicht nachweisen kann, dass die Nutzer hinreichend eingewiesen und/oder geschult waren. Soll Schulung geschuldet sein, ist anzuraten die Art, den Umfang sowie die Themen der Schulung ggf. nach Abteilungen oder Nutzergruppen des

Mieters differenziert auszugestalten. Ferner sollte im Rahmen des Zeitplanes der Aufwand für die Einweisung und Schulung berücksichtigt werden.

9. Besonders bei Mietverträgen mit einer Vielzahl von Hardwarekomponenten sollte in einer elektronisch geführten Inventarliste mit Änderungsdokumentation der Bestand, dessen Konfigurationen und Aufstellorte geführt werden. Dies erleichtert erstens das Auffinden im Servicefall vor Ort sowie die Fehlersuche. Für den Vermieter bietet dies zweitens den Vorteil, Abweichungen von der vereinbarten Konfiguration und/oder Änderungen, welche nach den vertraglichen Vereinbarungen entweder generell nicht vom Mieter durchgeführt werden können oder aber nur mit vorheriger Zustimmung, festzustellen. Für den Vermieter bedeuten Änderungen hinsichtlich des Aufstellortes und/oder der Installation sowie Konfiguration insbesondere bei der Wartung und Serviceleistung ggf. Mehraufwand (vgl. § 7 (2), (6), § 6 (6)).

10. Dieses Muster stellt keine Detailregelungen für die Überlassung von Software auf Zeit dar, dazu → Form. B. 4. Hier ist lediglich der pauschal gehaltene Hinweis aufgenommen, dass der Mieter die Lizenzbedingungen des Herstellers einzuhalten hat. Dies soll insoweit gelten, als der Vermieter nicht ohnehin nach § 4 (1) zuzusichern hat, dass er Inhaber hinreichender Nutzungsrechte ist, um dem Mieter für die Dauer des Mietvertrages einfache Nutzungsrechte jeweils in Verbindung mit den Mietsachen einzuräumen. Die Lizenzbedingungen wären als Allgemeine Geschäfts-/Nutzungsbedingungen zu betrachten. Der Mietvertrag hat klar zu stellen, ob der Vermieter neben der Wartung der Hardware auch die Pflege der Software schuldet oder ob er diese nur zusammen mit der Hardware bereit stellt und der Mieter andernfalls auf den Abschluss einer Pflegevereinbarung entweder mit dem Vermieter oder aber mit dem Hersteller verwiesen ist. Zur Herstellung von verbesserter Transparenz kann es geboten sein, einzelne wesentliche Bestimmungen des Lizenzvertrages im Mietvertrag auszuführen.

11. Im Sinne der Risikovorsorge und der möglichst weitgehenden Absicherung vor Situationen der Nichtverfügbarkeit oder Beeinträchtigung der Hard- und Software sollte der Mieter auf die Bereitstellung einer Sicherungskopie sowie ggf. eines Images der Installation und Konfiguration bestehen. Der Mieter hat deren Verwendungsmöglichkeit zu prüfen. Der Vermieter sollte überdies verpflichtet sein, im Rahmen der Fortschreibung der Dokumentation erforderlichenfalls aktualisierte Sicherungskopien und Images bereit zu stellen. Auf dieser Basis ist es dem Mieter ggf. auch erleichtert möglich, im Wege der Ersatzvornahme iSv § 5 (7) neue Hardware-Komponenten zu beschaffen, einzubauen und nach Aufspielen und Einrichten der Software in Betrieb zu nehmen. Ferner sollte wie bei einem gesonderten Softwareüberlassungsvertrag geprüft werden, ob für die bereit gestellte Lösung Software Escrow-Vereinbarungen erforderlich und getroffen sind → Form. B. 8. (vgl. IT Grundschutzhandbuch, Bundesamt für Sicherheit in der Informationstechnik, www.bsi.bund.de).

12. Die Vereinbarungen zum Mietzins im Vertrag müssen die jeweilige Periode enthalten, für welche der Mietzins, welcher mittels einer Anlage dargestellt werden kann, zu entrichten ist. Die Darstellung der für die einzelnen Mietsachen zu entrichtenden Mietzinsen in einer Anlage erleichtert die administrative Handhabung bei Erweiterung oder Teilkündigung der Mietsachen. Ferner sollte hier klar gestellt sein, welche Leistungsteile der Mietzins abdeckt. Hauptleistungspflicht des Mietvertrages über Sachen ist auch deren Instandhaltung und Instandsetzung zur Aufrechterhaltung der vereinbarten Gebrauchstauglichkeit für die Dauer der Mietzeit ohne gesonderten Wartungsvertrag und Vergütung. Davon zu unterscheiden ist die Qualität der hierzu angebotenen Serviceleistungen, welche über die mietvertraglichen Verpflichtungen hinausgehen und zum Beispiel in Form von Service Level Vereinbarungen zu Reaktions-, Beseitigungs-, Service- und Hotlinezeiten sowie zum Vorhalten von Ersatzteilen oder Austauschgeräten getroffen werden.

13. Der Mietvertrag kommt meist vor der Bereitstellung der Mietsache zu Stande, weshalb klar zu stellen ist, ab wann die Vergütungspflicht beginnt. Dies ist im Muster derart vereinbart, dass der Mietzins insgesamt erst zu entrichten ist, wenn alle Mietsachen, so wie sie dem initialen Mietvertragsumfang entsprechen, bereitgestellt sind. Dies ist zB bei Mietrahmenverträgen, unter denen über die Vertragsdauer weitere Mietsachen hinzukommen, anders dahingehend zu regeln, dass die Mietzinszahlungen jeweils nach Bereitstellung beginnen und ggf. an die verbleibende Mindestvertragslaufzeit des Rahmenvertrages anzupassen sind. Auch bei einer sukzessiven Bereitstellung der Mietsachen kann nach Teilbereitstellungen die Mietzinszahlungspflicht teilweise beginnen. Dies hat zum Vertragsende je nach Situation den Vorteil, dass die Ablöse der auslaufenden Mietsachen ebenso sukzessive bei versetzen Endzeitpunkten der Mietverträge erfolgen oder eben den Nachteil, dass die gesamte Ablöse zum ersten Zeitpunkt des Auslaufens eines Teils der Mietverträge bereits anderweitig zu beauftragen und zu bezahlen sein kann. Wichtig ist, den Zeitpunkt des Beginns der Mietzinszahlungsverpflichtung klar zu regeln. Hier ist die Regelung derart gestaltet, dass es auf die Bestätigung der Betriebsbereitschaft seitens des Mieters nach § 3 (4) nicht ankommt, die Vergütungspflicht aber spätestens mit Vorliegen dieser Bestätigung beginnt. Ist der Mieter in Annahmeverzug geraten, ist der Mietzins bereits ab diesem Zeitpunkt zu entrichten.

14. Da die Hardware Grundlage der Betriebsfähigkeit des Mieters ist, sollte der Mietvertrag eine Mindestvertragslaufzeit haben, welche in etwa der erwarteten Lebensdauer der Mietsachen entspricht. Eine wesentlich längere Mietvertragsdauer würde ggf. dazu führen, dass der Mieter mit veralteter und damit anfälliger Hardware arbeitet. Der Vermieter wird typischerweise Hardware(-komponenten) nur dann völlig austauschen, wenn andernfalls das Abdecken des Wartungsumfanges nicht mehr wirtschaftlich sinnvoll ist. Der Austausch der Hardware bedeutet für den Mieter ebenso internen Aufwand durch das Erfordernis der Datenübertragung etc. Unabhängig davon, ob der Mietvertrag dazu eine Regelung enthält, sollte der Mieter rechtzeitig vor Auslaufen der Mietvereinbarung mit Dritten und/oder dem Vermieter in Verhandlungen über einen Neuabschluss eines Mietvertrages über neue Mietsachen treten. Der Mieter hat dabei die Vorlaufzeiten, Roll-out-Zeiten sowie Ferien und Jahresabschlusszeiten zu berücksichtigen, welche zum Betriebsrisiko werden können. Je nach Kritikalität der Hardware sollte in den Vertrag wie bei einem Vertrag über Outsourcing eine Regelung zum Exit Management aufgenommen werden, welche den Mieter erforderlichenfalls zur längeren Nutzung der Hardware berechtigt (vgl. Auer-Reinsdorff/Conrad/*Thalhofer* § 19 Rn. 154 ff.). Der Vermieter wird bei verlängerter Bereitstellung von Mietsachen, welche bereits die für die steuerliche Abschreibung maßgebliche Lebensdauer überschritten haben, trotz des ggf. aus dem Mietzins direkt zufließenden höheren Gewinns wegen des erhöhten Ausfallrisikos ein Interesse haben, die Mietsachen zügig auszutauschen. Hier kann entweder zudem bereits ein prozentualer Abschlag auf eine längere Mietzeit vereinbart werden oder aber die Anpassung nach SV-Gutachten.

15. Die Regelung bei Zahlungsverzug ist hier so ausgestaltet, dass sie für den Mieter mehrere Stufen der Warnung umfasst. Damit wird dem Interesse des Mieters an durchgängiger Verfügbarkeit der Hardware Rechnung getragen. Dem Vermieter ist zugleich die Möglichkeit eingeräumt durch das Verlangen der weitergehenden Vorauszahlung mehr Zahlungssicherheit zu schaffen. Als Variante kann der Mietvertrag auch wie bei einem Wohnungsraummietvertrag eine Verpflichtung zur Leistung einer Mietsicherheit vorsehen. Die hiesige Regelung sieht als Auffanglösung vor, bei bereits ausgesprochener fristloser Kündigung den Bestand des Mietvertrags und damit die Nutzung der Hardware für den Mieter sicher zu stellen.

16. Diese Regelung bedeutet für den Mieter, dass er wegen Minderungsansprüchen weder aufrechnen, noch Zurückbehaltungsrechte geltend machen kann. Die Regelung kann durchaus im Interesse des Mieters ergänzt werden um zB folgende weitere Öffnung

„. . . . . oder die geltend gemachten Ansprüche beruhen auf der Einschränkung der geschuldeten Gebrauchsüberlassung oder der Mangelhaftigkeit der seitens des Vermieters geschuldeten Serviceleistungen.". Zugleich stellt die hier gefundene Formulierung klar, dass der Mieter bei Ausspruch der fristlosen Kündigung deren Wirksamwerden durch Zahlung des rückständigen Mietzinses abwenden kann und dann ein Zurückbehaltungsrecht an der Hardware hat.

17. Mit der Kennzeichnung ist im Falle der Insolvenz des Mieters oder aber Vollstreckungsmaßnahmen gegen diesen erkennbar, dass die Eigentumsposition des Vermieters zu beachten und ggf. zu klären ist. Das Muster enthält keinen Vorschlag, wie der Mieter für den Fall der Insolvenz des Vermieters abgesichert werden kann (Auer-Reinsdorff/Conrad/*Stadler/Kast* § 15 Rn. 59). Dies kann ggf. durch die Ergänzung um ein Vorkaufsrecht oder die Ausgestaltung des Vertrages in einen Miet-/Kaufvertrag erfolgen. Die Verpflichtung, Kennzeichnungen der Hardware unverändert zu belassen, ist hier so ausgestaltet, dass die Gestaltung für den Mieter zumutbar sein muss. Der Mieter kann Siegel brechen oder Etikettierungen im Rahmen der Ersatzvornahme nach § 7 (7) erforderlichenfalls entfernen.

18. Die Parteien sollten sich ggf. über Umfang, Art und Leistungsinhalte der Versicherung abstimmen und klären, dass deren Leistungen im Rahmen zum Beispiel der Überlassung zur Reparatur in den Servicecentern nahtlos greifen. Die Regelung stellt mindestens klar, dass der Mieter für die Versicherung am Aufstellort verantwortlich ist, bei mobiler Hardware ist zusätzlich der Außeneinsatz abzusichern.

19. Das Muster sieht nur Basisregelungen für Arbeiten im Zusammenhang mit der Aufrechterhaltung der Gebrauchstauglichkeit vor. Üblicherweise werden Details hierzu in einem gesonderten Service Level Agreement vereinbart. Die Regelungen müssen einen praktikablen Weg finden, dass der Vermieter die Servicearbeiten durchführen kann, aber zugleich keine unzumutbaren Einschränkungen des Einsatzes der Hardware beim Mieter eintreten → Form. A. 4.

20. Der Vermieter schuldet die Abarbeitung von Mangelmeldungen ohne weitere Vereinbarung in Relation zur Schwere der Beeinträchtigung in jeweils angemessener Zeitspanne kostenlos als Hauptleistungspflicht des Mietvertrages. Für Servicezusagen in festen Zeit- und Reaktions- sowie Beseitigungsvorgaben kann der Vermieter ein gesondertes Service-/Wartungsentgelt verlangen, ohne dass dies dem gesetzlichen Leitbild des Mietvertrages zuwiderliefe. Das Service Level Agreement kann neben den Servicedetails auch Pönalen, also Vertragsstrafen bzw. feste Minderungssätze, vorsehen, wenn der Vermieter die Servicezusagen nicht einhält → Form. A. 4.

21. Nach § 11 Abs. 5 BDSG erfordert die Vereinbarung von Fernwartung den Abschluss einer Vereinbarung über die Verarbeitung von Daten im Auftrag nach den Anforderungen des § 11 Abs. 1–4 iVm § 9 und Anlage BDSG (vgl. Auer-Reinsdorff/Conrad/*Stadler/Kast* § 15 Rn. 107, 115).

22. Untypisch für den Mietvertrag ist an sich die Bereitstellung einer anderen Sache, welche die Mietsache ersetzt. Es empfiehlt sich eine Regelung aufzunehmen, in welchen Fällen der Vermieter bei Mangelhaftigkeit der Mietsache als Mangelbeseitigung eine der Mietsache entsprechende Sache zum Gebrauch bereitstellen kann. Für den Mieter bedeutet der Austausch der Sache, dass Daten und Einstellungen zu sichern und zu übertragen sind. Diesen Aufwand hat der Vermieter mitzutragen, wenn ihm die Mangelbeseitigung in Form der Bereitstellung eines Ersatzgerätes ermöglicht wird.

23. In vielen Fällen kann bei Mietverträgen der vorliegenden Art nicht unbedingt von einem Know How Gefälle zwischen Vermieter und Mieter ausgegangen werden, welches den Vermieter zum Hinweis auf Datensicherungsanforderungen verpflichten würde. Eine Klarstellung, dass der Vermieter hierfür im Rahmen der Servicearbeiten keine Sorge zu tragen hat, sollte dennoch vorsorglich erfolgen. Dies eröffnet auch die Möglichkeit im Rahmen des Service Level Agreement abweichende Regelung aufzunehmen und die Prüfung zum Beispiel der Datensicherung vor Beginn der Servicearbeiten als Teil der kostenpflichtigen Dienstleistungen zu definieren. Ein völliger Ausschluss der Haftung bei Datenverlust ist nicht interessengerecht. Der Vermieter hat bei Verlust der Daten im Rahmen der Wartung und des Services den Aufwand zu tragen, welcher dadurch entsteht, dass die Daten aus der vorhandenen Datensicherung rückgespielt werden. Ist die Datensicherung nicht vorhanden und hatte der Vermieter keine diesbezüglichen Pflichten bei der Herstellung des Back-up oder Prüfung vor Beginn der Servicearbeiten, soll der Vermieter den Aufwand zu ersetzen haben, welcher entstanden wäre, wenn die Datensicherung vorhanden gewesen wäre. Praktisch bedeutet dies, dass die letzte dann vorhandene Datensicherung einzuspielen ist, der Mieter aber den Aufwand selbst zu tragen hat, welcher dadurch entsteht, dass er nicht hinreichend vor dem Serviceeingriff gesichert hat.

24. Der Vermieter stellt hier bei betriebsbereiter Bereitstellung der Mietsachen eine Erstdokumentation zur Verfügung, welche über die Dauer des Mietvertrages von beiden Seiten mit Änderungsdokumentation gepflegt werden sollte. In der Praxis finden sich oftmals Regelungen, wonach der Mieter Mängelansprüche gänzlich verlieren soll, wenn er ohne Zustimmung der Vermieters Änderungen vorgenommen hat. Dies ist nicht interessengerecht, da zum Beispiel die Änderung des Aufstellungsortes keinen Einfluss auf die Art des Mangels hat, sondern nur auf den Aufwand, welchen der Vermieter zu betreiben hat, den Service durchzuführen. Die hier vorgeschlagene Regelung erlegt dem Mieter die Kostentragung für Mehraufwand auf, welcher dadurch entsteht, dass er Änderungen entweder nicht dokumentiert oder aber ohne Zustimmung des Vermieters durchgeführt hat. Für den Vermieter kann auch Mehraufwand allein dadurch entstehen, dass er festzustellen hat, dass der gerügte Mangel auf eine Änderung seitens des Mieters zurückzuführen ist.

25. Für den Mieter ist die fristlose Kündigung des Mietvertrages oftmals keine adäquate Lösung, da er auf die Hardware nicht verzichten kann. Das Muster sieht daher vor, dass der Mieter zwischen fristloser Kündigung und Ersatzvornahme wählen kann. Die Regelung könnte ergänzt werden durch das Exit Management, welches im Rahmen der geschuldeten Rückgabe zum Vertragsende für den Mieter eine Zeitspanne vorsieht, in welcher der Mieter die Geräte weiter nutzen kann bis zur Ablösung durch neue, anderweitig beschaffte Geräte. Der Vermieter sollte im Sinne seiner Schadensminimierungspflicht ohnehin bei einer fristlosen Kündigung des Mieters eine solche übergangsweise Nutzung ggf. dulden. Die Parteien können auch eine weitere Regelung aufnehmen, welche den Vermieter zur Abtretung seiner Ansprüche gegen den Hersteller der Geräte einschließlich etwaiger selbstständiger Haltbarkeits- und/oder Beschaffenheitsgarantien verpflichtet.

26. Für die Kündigung bleibt weiterhin die Schriftform die der Wirkung angemessene Form. Der Hinweis, dass der Versand der Kündigung vorab per Fax die Frist wahrt, wenn denn die schriftliche Kündigung alsbald nachgesandt wird, dient der Überstellung, ist aber wegen § 308 Nr. 13b BGB nicht mehr erforderlich.

27. Zum Mietzeitende hat der Mieter einmal sicher zu stellen, dass er die Daten für sich und das Überspielen auf neue Geräte hinreichend (oft) gesichert hat. Ferner sind die technischen Maßnahmen zu ergreifen, dass die Daten des Mieters von den Geräten gelöscht sind. Dies ergibt sich einmal aus der Rückgabepflicht dem Vermieter gegenüber, ist aber auch aus Gründen des Datenschutzes und der Geheimhaltung nötig. Zum Mietvertragsende kann auch eine Option vorgesehen werden, dass der Mieter die Hardware im Wege des Kaufvertrages erwirbt. Oder es kann der Mietvertrag von Anfang an als Mietkauf (vgl. Auer-Reinsdorff/Conrad/*Stadler/Kast* § 15 Rn. 58) ausgestaltet sein. Hierbei ist darauf zu achten, dass die Hardware beim Mietkäufer korrekt in dessen Anlagebestand buchhalterisch aufgenommen wird (vgl. Bunjes/*Leonard* UStG § 3 Rn. 76–81). Der Vermieter und Verkäufer wird die Überlassung auf Dauer mit Übergang des Eigentums jeweils unter Ausschluss weitergehender Gewährleistungspflichten für die gebrauchte Hardware regeln. Ferner ist bei der Vertragsgestaltung darauf zu achten, dass die mitgelieferten Softwarelizenzen mit übertragen werden dürfen.

3. Hardwareleasing

Leasingvertrag

zwischen

......

– nachfolgend „Leasinggeber/LG" –

......

und

– nachfolgend „Leasingnehmer/LN" –

Vertragsnummer:[1] ......

Präambel

Der LG bietet das Leasing von EDV-Hardwarekomponenten an. Der LN ist ein Anwendungsunternehmen, welches für die Neuausstattung seines Hauptstandortes von LG beschaffte und bereitgestellte Hardware einsetzen wird.

§ 1 Vertragsgegenstand

(1) Der LG überlässt dem LN ausschließlich neue den Originalherstellerangaben entsprechende Hardware (iF: „Leasinggegenstände") wie in Anl. 1 beschrieben für die Dauer der Leasingzeit. Die Leasinggegenstände kauft der LG entsprechend der Auswahl[2] des LN bei dem Lieferanten L nach deutschem Handelskaufrecht.[3]

(2) Die Hardware wird jeweils einschließlich der vom Hersteller und/oder L mitzuliefernden Kurzbedienungsanleitung[4] (Muster Anl. 2) in Papierform in Deutsch, Englisch und Französisch bereitgestellt. Daneben unterhält L derzeit ein Hilfeportal unter der Url www.professionelle-hardware.com, auf welchem die Nutzer weitergehende Informationen zur Bedienung und Fehlerquellen sowie in Form von FAQ-Listen Unterstützung bei Fehlern, Fehlfunktionen und Bedienerfragen erhalten. Der LG ist nicht verpflichtet, mit L die Bereitstellung des Hilfeportals für die gesamte Leasingzeit zu vereinbaren. Es handelt sich ausschließlich um eine zusätzliche Hilfestellung für die Nutzer der vertragsgegenständlichen Hardware nach den Nutzungsbedingungen des L.[5]

(3) Der LN hat die Option, die Leasinggegenstände zum Ende der Leasingzeit zu kaufen. Die Option ist mit einer Frist von sechs Monaten zum Ende der jeweiligen Vertragslaufzeit auszuüben. Einzelheiten und insbesondere der Berechnungsweg des zum Ende der Leasingzeit festzustellenden Kaufpreises ergeben sich aus Anl. 3.[6]

§ 2 Bereitstellung

(1) Die Leasinggegenstände werden vorinstalliert mit der Betriebssystemsoftware und den Standardtreibern bereitgestellt. Die Lieferung der Leasinggegenstände erfolgt auf Gefahr und Kosten des LG an den Standort des LN.[7]

(2) Die Anlieferung erfolgt am [tt.mm.jjjj].[8]

§ 3 Übernahme, Installation, Betriebsbereitschaft

(1) Der LN ist verpflichtet, die Leasinggegenstände bei Anlieferung seitens des L zum vereinbarten Lieferzeitpunkt abzunehmen und bei Beschädigungen an den Verpackungen oder anderen offensichtlichen Fehlern die Annahme (teilweise) zu verweigern. Dem L gegenüber hat der LN die Vollständigkeit ggf. mit Einnahmen zu quittieren.

(2) Der LN hat ferner die Leasinggegenstände entsprechend der kaufmännischen Prüf- und Rügepflichten nach § 377 HGB zu untersuchen und etwaige Mängel gegenüber dem L zu rügen. Der LN hat den LG unverzüglich über etwaig festgestellte Mängel zu unterrichten. Der LN hat ferner unverzüglich den Übernahmeschein ggf. unter Mangel- anzeige an den L zu senden sowie dem LG als Zweitschrift zur Verfügung zu stellen.

(3) Aufstellen, Installation, Einweisen und Schulung sind seitens des LG nicht geschuldet.

(4) Der LN prüft unverzüglich die Betriebsbereitschaft und bestätigt diese gegenüber dem LG.[9]

§ 4 Nutzungsrechtseinräumung

(1) Der LG hat sich seitens des LN zusichern lassen, mit der Hardware hinreichende Nutzungsrechte an der jeweiligen Betriebssystemsoftware verbunden zu haben, um dem LN einfache, nicht übertragbare, zeitlich und räumlich auf die Dauer des Leasingver- trages beschränkte Nutzungsrechte hieran in Verbindung mit dem jeweiligen Leasing- gegenstand einzuräumen.[10]

(2) Der LN verpflichtet sich zur Einhaltung der Nutzungs- und Lizenzbedingungen des Herstellers der Betriebssystemsoftware wie sie Anl. 4 dieses Vertrages sind.[11] Insbeson- dere ist es dem LN nicht gestattet, die Seriennummern der Lizenzen der mit den Leasing- gegenständen zur Nutzung bereit gestellten Software zur Aktivierung von Software in Verbindung mit anderer Hardware zu nutzen und eigene Sicherungskopien anzufertigen.

§ 5 Gebrauchstauglichkeit der Leasinggegenstände

(1) Der LN trägt ab rügeloser Annahme der abgelieferten Leasinggegenstände die Gefahr des zufälligen Untergangs, Verlusts oder der Beschädigung der Leasinggegenstände.

(2) Der LN ist zum Abschluss einer angemessenen Elektronikversicherung verpflichtet und hat dies auf Anforderung des LG nachzuweisen. Der LG kann die Abtretung der Ansprüche im Versicherungsfall verlangen, sofern er entweder aus der Versicherungs- leistung dem LN gleichwertige Leasinggegenstände zum Ersatz bereit stellt oder aber den LN aus der Zahlungsverpflichtung aus dem Leasingvertrag ab dem Zeitpunkt des Verlustes oder der im Rahmen der Versicherungsleistungen ersatzfähigen Beschädigung des Leasinggegenstandes entlässt.

(3) Der LG stellt dem LN zur Kennzeichnung der Leasinggegenstände als sein Eigentum zumutbare Etikettierungen zur Verfügung. Der LN hat die Etikettierungen anzubringen und zu dokumentieren. Weder diese Kennzeichnung noch Herstellerhinweise, Serien-

nummern, Siegel, Softwarelizenzhinweise etc. dürfen vom LN ohne vorherige Zustimmung des LG entfernt noch verändert werden.

(4) Der LN hat selbst und auf eigene Kosten Maßnahmen der Instandsetzung und Instandhaltung zu beauftragen und auf Aufforderung dem LG nachzuweisen. Der LN hat dem LG unverzüglich anzuzeigen, sofern ein Leasinggegenstand zerstört oder abhandengekommen oder seine Funktionsfähigkeit nur mit unverhältnismäßigem Aufwand wieder herstellbar ist.

(5) Der LG tritt dem LN die ihm aus dem Kaufvertrag gegenüber dem L gewährten Mängelhaftungsansprüche[12] ab Ablieferung unwiderruflich ab. Die Vereinbarungen des LG mit dem L zu Mängelhaftungsansprüchen sowie deren Geltendmachung bei dem L ergeben sich aus Anl. 5. Der LG weist dem LN nach, dass er den L über die Abtretung der Mängelhaftungsansprüche in der Form des Kaufvertragsschlusses unter Bezugnahme auf den Ablieferungszeitpunkt informiert hat.

(6) Der LN hat gegenüber dem LG keine Ansprüche aus Mängelhaftung und/oder auf Aufrechterhaltung der Gebrauchstauglichkeit der Leasinggegenstände mit Wirksamwerden der Abtretung der Ansprüche gegenüber dem L nach Abs. 5. Der LN hat Mängel gegenüber dem L anzuzeigen und den LG jeweils unverzüglich zu informieren.

(7) Der LN kann ein Zurückbehaltungsrecht hinsichtlich der Leasingraten geltend machen, wenn sich der L trotz zweifacher angemessener Fristsetzung weigert, nachzubessern. Bevor der LN Klage auf Nachbesserung oder Minderung erhebt oder den Rücktritt wegen Mangelhaftigkeit gegenüber dem L erklärt, hat er dem LG Gelegenheit zu geben, mit dem L eine Einigung über die gerügten Mängel und deren Beseitigung zu erzielen. Teilt der LG dem LN das Scheitern dieses Einigungsversuches mit, so hat der LN entweder unverzüglich Klage gegenüber dem L wegen der gerügten Mängel zu erheben oder die zurückbehaltenen Leasingbeträge unverzüglich nachzuentrichten.

§ 6 Leasingraten, Verzug

(1) Die vom LN zu zahlenden Leasingraten ergeben sich aus Anl. 6.

(2) Die Verpflichtung zur Zahlung der Leasingraten beginnt mit der Übernahme. Übermittelt der LN den Übernahmeschein nicht oder nicht unverzüglich gem. § 3 Abs. 2, gilt als Zeitpunkt der Übernahme und damit Beginn der Zahlungsverpflichtung der Zeitpunkt der Ablieferung der Leasinggegenstände.

(3) Die Leasingrate ist jeweils zum 5. Werktag eines Monats im Voraus fällig und bankspesenfrei zu zahlen. Die Leasingraten verstehen sich zuzüglich der jeweils geltenden gesetzlichen Mehrwertsteuer.

(4) Der LG hat die UStID DE NUMMER bzw. wird beim Finanzamt [Ort] unter der [Umsatzsteuernummer] geführt.

(5) Der LG stellt dem LN auf Anforderung monatliche Leasingrechnungen aus. Der LN ist mit der elektronischen Rechnungslegung einverstanden.

(6) Die Leasingraten sind für die Dauer von vier Jahren ab dem Monat der ersten Fälligkeit fest vereinbart.

(7) Gerät der LN mit der Zahlung der Leasingraten in Verzug, so ist ab dem ersten Tages des Verzuges die zur Zahlung offene Leasingrate mit 9 Prozentpunkten über dem Basiszinssatz zu verzinsen. Gerät der LN mit mehr als einer Leasingrate in Verzug, kann der LG neben der Zahlung der fälligen Leasingraten Vorauszahlung der Leasingraten jeweils für drei Monate verlangen. Gerät der LN mit dieser Vorauszahlung in Verzug,

kann der LG dem LN eine letzte Nachfrist von zwei Wochen setzen und den Leasing-vertrag bei Nichtzahlung der rückständigen Leasingraten sowie der überfälligen Voraus-zahlungen binnen dieser Frist fristlos kündigen.

(8) Die Aufrechnung ist ausgeschlossen, es sei denn die zugrunde liegende Gegenforde-rung ist anerkannt oder rechtkräftig festgestellt. Hat der LN zu Unrecht nach § 5 Abs. 7 die Leasingraten (teilweise) zurückbehalten, so hat er diese nach Rechtskraft der Ent-scheidung zzgl. Zinsen in Höhe von 9 Prozentpunkten über dem Basiszinssatz ab Zugang der Mitteilung des LG, dass außergerichtliche Einigungsversuche mit L gescheitert sind, nachzuentrichten.

§ 7 Haftung

(1) Der LG haftet unbeschränkt, soweit die Schadensursache auf Vorsatz oder grober Fahrlässigkeit beruht. Ferner haftet der LG für die leicht fahrlässige Verletzung von wesentlichen Pflichten, deren Verletzung die Erreichung des Vertragszwecks gefährdet, oder für die Verletzung von Pflichten, deren Erfüllung die ordnungsgemäße Durchfüh-rung des Vertrages überhaupt erst ermöglicht und auf deren Einhaltung der LG regelmä-ßig vertrauen darf. In diesem Fall haftet der LG jedoch nur für den vorhersehbaren, vertragstypischen Schaden. Die Vertragsparteien gehen bei Vertragsschluss davon aus, dass dieser vertragstypische Schaden sich auf max. ... EUR beläuft. Der LG haftet nicht für die leicht fahrlässige Verletzung anderer als der in den vorstehenden Sätzen genannten Pflichten.

(2) Die vorstehenden Haftungsbeschränkungen gelten nicht bei Verletzung von Leben, Körper und Gesundheit, für einen Mangel nach Übernahme einer Garantie für die Beschaffenheit der Leasinggegenstände und bei arglistig verschwiegenen Mängeln.

(3) Die Haftung nach dem Produkthaftungsgesetz oder etwaige Garantien des L und/oder des Herstellers bleiben unberührt.

(4) Soweit die Haftung des LGs ausgeschlossen oder beschränkt ist, gilt dies auch für die persönliche Haftung von Arbeitnehmern, Vertretern und Erfüllungsgehilfen.

§ 8 Dauer und Beendigung

(1) Der Leasingvertrag beginnt mit Unterzeichnung dieses Vertrages und hat eine feste Laufzeit von 48 Monaten, wobei diese sich ab dem Zeitpunkt der Übernahme oder Ablieferung nach § 3 Abs. 2 berechnet.

(2) Der Leasingvertrag kann von keiner Partei vor Ende der festen Vertragsdauer ordentlich gekündigt werden. Das Recht zur außerordentlichen Kündigung aus wichti-gem Grund bleibt unberührt.

§ 9 Rückgabe/Übertragung

(1) Zum Ende der Leasingzeit hat der LN dem LG die Mietsachen einschließlich der Handbücher sowie bereit gestellter Anschlusskabel und sonstigem Zubehör entsprechend der Bereitstellungsdokumentation zurückzugeben.

(2) Der LN hat rechtzeitig vor Vertragsende, von eigenen gespeicherten Dateien oder installierter Software auf den Leasinggegenständen Sicherheitskopien zu fertigen und die Leasinggegenstände von eigenen Daten und Programmen vor der Rückgabe zu berei-nigen. Der LN schuldet die Rückgabe am Aufstellort.

(3) Die LN fertigt vor dem Abbau der Leasinggegenstände jeweils eine Zustandsdokumentation, welche etwaige Beschädigungen, übermäßige Abnutzung oder andere Besonderheiten festhält. Die Dokumentation umfasst die Abbildung der Leasinggegenstände.

§ 10 Schlussbestimmungen

(1) Für den Fall, dass eine der Bestimmungen des Vertrages unwirksam oder nichtig ist oder wird, so gelten die weiteren Bestimmungen fort. Die unwirksame oder nichtige Bestimmung wird durch eine Regelung ersetze, welche dem wirtschaftlich von den Parteien gewollten am nächsten kommt und dabei die berechtigten Interessen beider Vertragsparteien angemessen berücksichtigt. Entsprechendes gilt für Regelungslücken.

(2) Die Parteien vereinbaren, bei allen Meinungsverschiedenheiten aus oder im Zusammenhang mit diesem Vertrag, Vertragserweiterungen oder -ergänzungen, die sie nicht untereinander klären können, die Schlichtungsstelle der Deutschen Gesellschaft für Recht und Informatik eV (DGRI) unter der auf der Webseite der DGRI eV unter http://www.dgri.de/angegebenen Adresse der Schlichtungsstelle anzurufen, um den Streit nach deren Schlichtungsordnung in der zum Zeitpunkt der Einleitung des Schlichtungsverfahrens gültigen Fassung ganz oder teilweise, vorläufig oder endgültig zu erledigen. Die Verjährung für alle Ansprüche aus dem schlichtungsgegenständlichen Lebenssachverhalt ist ab dem Schlichtungsantrag bis zum Ende des Schlichtungsverfahrens gehemmt. § 203 BGB gilt entsprechend.

(3) Gerichtsstand für alle Streitigkeiten aus und im Zusammenhang mit dieser Vereinbarung ist der Sitz der Hauptniederlassung des LN.

§ 11 Vertragsbestandteile und Anlagenverzeichnis

Bestandteil dieses Vertrages sind die nachfolgend bezeichneten Anlagen. Bei Widersprüchen zwischen diesem Vertrag und seinen weiteren Anlagen, dem Bestellschein sowie den Allgemeinen Verkaufsbedingungen des Lieferanten haben die Bedingungen dieses Leasingvertrages vor den Einzelheiten des Bestellscheins sowie den Allgemeinen Verkaufsbedingungen des L Vorrang. Etwaigen Einkaufs- und sonstigen Bedingungen des LN zur Beschaffung wird widersprochen, auch wenn deren Einbeziehung beim Abschluss des Leasingvertrages nicht ausdrücklich zurückgewiesen wurde.

Anl. 1: Liste der Leasinggegenstände

Anl. 2: Kurzbedienungsanleitung (Muster)

Anl. 3: Restwertberechnung

Anl. 4: Betriebssystemsoftware und Standardtreiber

Anl. 5: Mängelhaftungsvereinbarungen mit dem Lieferanten

Anl. 6: Leasingraten

. . . .

(Ort, Datum)   (Ort, Datum)

. . . .

Leasingnehmer   Leasinggeber

Anmerkungen

1. Das Muster sieht hier wie das Muster des Mietvertrages → Form. A. 2 zu Ziff. I. eine Vertragsnummer vor, → Form. A. 2 Anm. 1. Die Vertragsnummer dient darüber hinaus immer der eindeutigen Zuordnung der Leasinggegenstände, was zur Darstellung der Eigentumsverhältnisse und der steuerlichen Nachvollziehbarkeit erforderlich ist (vgl. *Adolph/Richter* IRZ 2016, 57)

2. Das Muster geht davon aus, dass der Leasinggeber die vertraglichen Details mit dem Lieferanten verhandelt, der Leasingnehmer also beim Leasinggeber seinen Bedarf angibt. Oftmals ist die Vorgehensweise aber so, dass der Leasingnehmer bei einem Lieferanten seiner Wahl die benötigten Komponenten auswählt, die vertraglichen Regelungen verhandelt und der Leasinggeber das Angebot des Lieferanten annimmt. Die Situation kann auch so sein, dass der Leasingnehmer bereits einen Kaufvertrag mit dem Lieferanten über die späteren Leasinggegenstände geschlossen hat und sich dann zum Leasing entschließt. In einem solchen Fall muss der Vertrag um eine Regelung ergänzt werden, mit welcher der Leasinggeber den Eintritt in die Rechte und Pflichten aus dem zugrunde liegenden Beschaffungsvertrag erklärt, was zuvor mit dem Lieferanten abzustimmen ist.

Sofern der Leasinggeber nicht selbst Anbieter und Lieferant der Leasinggegenstände ist, stellt sich die Frage, welche Ansprüche der Leasingnehmer im Falle der (vorvertraglichen) Verletzung der Beratungspflichten des Lieferanten hat. In diesen Fällen hat der Lieferant den späteren Leasingnehmer bei der Auswahl der Komponenten beraten. Eine falsche Beratung führt ggf. aber dazu, dass die Leasinggegenstände nicht mangelhaft sind, da sie der vereinbarten und üblichen Beschaffenheit entsprechen und sich für die gewöhnliche und nach dem Vertrag vorausgesetzte Verwendung eignen. Im Interesse des Leasingnehmers ist es bei enger Zusammenarbeit des Leasinggebers und des Lieferanten, dass im Vertrag das Zustandekommen aufgrund der Empfehlung und Beratung des Lieferanten hervorgehoben wird (vgl. Auer-Reinsdorff/Conrad/*Stadler/Kast* § 15 Rn. 95; OLG Hamburg Urt. v. 20.10.1987 – 9 U 111/86, NJW-RR 1988, 438).

3. Die Klarstellung, dass der zugrundeliegende Beschaffungsvertrag nach deutschem Recht ggf. ohne das UN-Kaufrecht abgeschlossen ist, ist zu empfehlen, wenn sonst nahe liegt, dass der Lieferant eine Rechtswahl in fremdes Recht treffen würde. Dem Leasingnehmer stehen typischerweise beim Leasingvertrag mit dem Leasinggeber, welcher nicht selbst Lieferant betreffender Komponenten ist, nur abgetretene Ansprüche auf Mängelhaftung aus dem Kaufvertrag zu. Diese Ansprüche ergeben sich aus den Bedingungen des Beschaffungsvertrages einschließlich einer ggf. vorliegenden Rechtswahl und Verweisung auf fremdes Recht.

4. Für die gebrauchstaugliche Bereitstellung von Hardwarekomponenten bedarf es regelmäßig der Bereitstellung mindestens einer Kurzaufstell-, -installations- und -bedienungsanleitung. Es ist ratsam, die Art sowie den Umfang der Basisinformationen zur Hardware im Vertrag zu beschreiben. Dies erfolgt hier typischerweise durch den Verweis auf die seitens des Lieferanten bzw. des Herstellers standardmäßig bereit gestellten Unterlagen, Informationen und Hilfestellungen.

5. Der Leasinggeber nach diesem Muster ist nicht selbst Lieferant der Hardware, daher verweist das Muster zu Details über die Leasinggegenstände sowie Support auf die Informationen des Lieferanten. Will der Leasingnehmer von den hier beschriebenen Online-Hilfen Gebrauch machen, hat er sich dort zu registrieren und die weiteren Nutzungsbedingungen zu akzeptieren. Dies führt hier aber nicht zu einer Einschränkung der Mängelhaftungsansprüche an sich oder die Festlegung der Art und Weise ihrer

Geltendmachung. Der Leasinggeber hat nach § 5 Abs. 5 seine Mängelhaftungsansprüche gegenüber dem Lieferanten an den Leasingnehmer abgetreten. Umfang und weitere Bedingungen ergeben sich abschließend aus der Anl. 5, auf welche § 5 Abs. 5 verweist.

6. Das Muster eröffnet dem Leasingnehmer die Möglichkeit, die Leasinggegenstände über das Ende der Leasingzeit hinaus zu nutzen. Je nach Art der Leasinggegenstände und deren Einsatz wird der Restwert sich auch auf null belaufen. Die Ausübung der Option bietet für den Leasinggeber den Vorteil, sich Kosten der Rücknahme und angemessenen Entsorgung einschließlich der Datenlöschung sparen zu können.

7. Der Leasinggeber hat darauf zu achten, dass er eine korrespondierende Gefahrübergangsregelung mit dem Lieferanten vereinbart.

8. Das Muster sieht vor, dass die Leasinggegenstände an einem bestimmten Datum zu liefern sind. Dies kann selbstverständlich auch als sukzessive Bereitstellung vereinbart sein. Für diesen Fall ist die Laufzeitregelung des § 8 anzupassen.

9. Das leasingtypische Dreiecksverhältnis bedingt, dass einmal der Leasingnehmer Rechte aus dem Kaufvertrag gegenüber dem Lieferanten aus abgetretenem Recht geltend machen kann. Zugleich hat der Leasinggeber aber ein Interesse daran, die sich bei der Entgegennahme ergebenden Pflichten an den Leasingnehmer weiter zu geben. Bei dem zugrundeliegenden Beschaffungsvertrag handelt es sich um einen Handelskauf, weshalb die Prüf- und Rügepflichten nach § 377 HGB wahr zu nehmen sind. Die Liefergegenstände werden regelmäßig beim Leasingnehmer direkt abgeliefert. Typischerweise übernimmt daher der Leasingnehmer die Prüfung und ggf. Rüge oder auch Zurückweisung wegen offensichtlicher Beschädigungen bereits der Verpackungen und die Anzeige von Transportschäden.

Der Leasinggeber schuldet nach § 5 des Musters nicht die Aufrechterhaltung der Gebrauchstauglichkeit für die Vertragslaufzeit. Mit der Übermittlung des Übernahmescheins beginnt nach § 7 Abs. 1 die Leasingzeit und damit die Verpflichtung zur Zahlung des Leasingzinses.

Die Verpflichtung des Leasingnehmers zur Bestätigung der Betriebsbereitschaft bedingt, dass dieser die Leasinggegenstände unverzüglich betriebsbereit aufstellt und installiert und nicht offensichtliche Mängel ebenso zeitnah festgestellt werden.

10. Dieses Muster stellt keine Detailregelungen für die Überlassung von Software auf Zeit dar, dazu → Form. B. 4. Der Leasinggeber leitet hier Nutzungsrechte an der Betriebssystemsoftware vom Lieferanten ab. Hierbei ist darauf zu achten, dass die Nutzungsrechtseinräumung seitens des Lieferanten auch die Weiterübertragung im unternehmerischen Verkehr umfasst. Die Bereitstellung der Betriebssystemsoftware kann auch durch den Leasingnehmer selbst, den Lieferanten direkt an den Leasingnehmer oder einen Dritten erfolgen.

11. Im Sinne der Risikovorsorge und der möglichst weitgehenden Absicherung vor Situationen der Nichtverfügbarkeit oder Beeinträchtigung der Hard- und Software sollte der Leasingnehmer auf der Bereitstellung einer Sicherungskopie sowie ggf. eines Images der Installation und Konfiguration bestehen. Der Leasingnehmer hat deren Verwendungsmöglichkeit sowie das Erfordernis einer Escrow-Vereinbarung zu prüfen.

12. Dies ist die Leasing-typische Abtretungskonstruktion (vgl. Auer-Reinsdorff/Conrad/*Stadler/Kast* § 15 Rn. 88; Dauner-Lieb/*Langen* BGB Schuldrecht, *Reinking* BGB Anh. § 535/580a), wonach der Leasinggeber nur dann von den vertragstypisch gegebenen Verpflichtungen zur Aufrechterhaltung der Gebrauchstauglichkeit frei wird, wenn die vorbehaltlose, unmittelbare und unbedingte Abtretung der Mängelhaftungsansprüche gegenüber dem Lieferanten erfolgt. Die Musterformulierung sieht deshalb vor, dass die

Abtretung auf den Zeitpunkt der Ablieferung erfolgt, um die Anforderung der Unmittelbarkeit zu erfüllen. Dem Leasingnehmer stehen bereits alle Rechte zu, welche sich auch im Rahmen der (teilweisen) Zurückweisung einer Ablieferung ergeben.

Das Muster sieht vor, dass der Leasingnehmer von der Verpflichtung die Leasingraten zu zahlen frei wird, wenn der Lieferant Mängelansprüche anerkennt. Für den Fall der Ablehnung der geltend gemachten Mängelansprüche seitens des Lieferanten hat sich der Leasinggeber verpflichtet, bei dem Lieferanten nochmals eine einvernehmliche Lösung zu versuchen. Eine solche Regelung kann aufgenommen werden und ist am ehesten dann zielführend, wenn Leasinggeber und Lieferant laufend zusammenarbeiten und daher das Finanzierungsleasing auf Vermittlung des Lieferanten zustande kam. Scheitern außergerichtliche Einigungsversuche zu den Mängelansprüchen, hat der Leasingnehmer seine weiteren Rechte aus den abgetretenen Rechten wahrzunehmen und ggf. gerichtlich zu verfolgen. Hier enthalten Leasingverträge meist eine Regelung dahingehend, dass der Leasingnehmer von der Zahlung der Leasingraten im Falle des Rücktritts frei wird, sobald die Rückabwicklung gerichtlich geltend gemacht wird. In diesem Fall ist der Leasingnehmer seitens des Leasinggebers ermächtigt, die Rückzahlungsansprüche zu dessen Gunsten geltend zu machen. Der Ausgleich des Leasingaufschlags erfolgt im Innenverhältnis zwischen Leasingnehmer und Leasinggeber. Die Verjährung des Anspruchs des Leasinggebers auf Zahlung der weiteren Leasingraten ist für die Dauer des Rückabwicklungsprozesses gehemmt (BGH Urt. v. 16.9.2015 – VIII ZR 119/14, NJW 2016, 397).

4. Hardwarewartung

Hardwarewartungsvertrag

Zwischen

· · · · · ·

– nachfolgend „Auftragnehmer" genannt –

und

· · · · · ·

– nachfolgend „Auftraggeber" genannt –

wird folgender Vertrag zur Wartung von Hardware[1] geschlossen:

§ 1 Begriffsbestimmungen

Die in diesem Vertrag verwendeten Begriffe haben folgende Bedeutung:[2]

Anlage	ist – insgesamt oder in Teilen – die Einheit, Maschine, Betriebsmittel oder System, auf die sich die nach diesem Vertrag zu erbringenden Leistungen beziehen.
Instandhaltung	ist die Kombination aller technischen und verwaltenden Maßnahmen in Bezug auf die Anlage gemäß den Leistungsversprechen des Auftragnehmers nach diesem Vertrag.

Inspektion	meint die Feststellung und Beurteilung des Istzustandes einer Maschine/Anlage einschließlich der Bestimmung der Ursachen der Abnutzung und dem Ableiten der notwendigen Konsequenzen für eine künftige Nutzung.
Wartung	erfasst Maßnahmen, um den Abbau des Abnutzungsvorrats der Anlage zu verzögern („vorbeugende Wartung"), insbesondere durch Einstellungen (zB Justieren) oder durch Austausch von Filtern, Dichtungen und Schmierstoffen, Reinigen etc.
Instandsetzung	ist jede Maßnahme zur Rückführung einer Anlage in den vereinbarten Zustand, insbesondere durch Austausch von Teilen einschließlich Verschleißteilen.
Vereinbarter Zustand	ist die Soll-Funktionalität der Anlage gemäß dem Anhang „Beschreibung Anlage".
Mangel	ist das Ergebnis jeder erfolgsbezogenen Leistung des Auftragnehmers, die von dem nach diesem Vertrag Geschuldeten zum Nachteil des Auftraggebers abweicht.
Störung	ist der Zustand der Anlage, der unabhängig von den Gründen die Nutzung der vorhandenen Funktionen der Anlage verhindert, beeinträchtigt oder gefährdet.
Verbrauchsmaterialien	sind dadurch gekennzeichnet, dass ihr Fehlen die Funktionsfähigkeit der Anlage an sich nicht entfallen lässt (zB durch die Anlage zu verarbeitende Materialien).
Verschleißteile	sind Materialien, die bestimmungsgemäß zum periodischen Austausch vorgesehen sind, insbesondere . . . . . .
Betriebszeiten	sind arbeitstäglich (Montag – Freitag unter Ausnahme gesetzlicher Feiertage am Sitz des Auftragnehmers [und/oder des Auftraggebers], einschließlich . . . . . .) zwischen 8:00 Uhr und 18:00 Uhr

§ 2. Vertragsgegenstand

(1) Gegenstand dieses Vertrages ist die Instandhaltung der von den Parteien in dem Anhang „Beschreibung Anlage" näher bezeichneten Anlage durch den Auftragnehmer.

(2) Die Einzelheiten der Leistungsverpflichtungen[3] ergeben sich vorrangig aus den Anhängen. Soweit danach nichts anderes vereinbart ist, gelten die nachfolgenden Bestimmungen.

(3) Ziel der Instandhaltung ist die Aufrechterhaltung des vereinbarten Zustands der Anlage. Eine Verantwortlichkeit für ein bestimmtes Betriebsergebnis oder eine bestimmte Verfügbarkeit der Anlage übernimmt der Auftragnehmer nicht.

(4) Der Auftragnehmer erbringt die Leistungen nach den anerkannten Regeln der Technik[4] unter Berücksichtigung der ihm bekannten Richtlinien des Herstellers der Anlage. Vereinbaren die Parteien eine bestimmte Ausführungsart der Leistungen, insbesondere durch Bezugnahme auf technische Richtlinien (zB DIN, EN, VDI, VDMA uÄ), bestimmen diese Leistungsbeschreibungen im Verhältnis der Parteien zueinander insoweit die anerkannten Regeln der Technik. Dementsprechend ist der Auftragnehmer nicht verpflichtet, den Auftraggeber über Abweichungen der Vereinbarungen von den anerkannten Regeln der Technik hinzuweisen.

(5) Dieser Vertrag entbindet den Auftraggeber nicht von Kontrollen und Maßnahmen, die Gesetze oder andere Vorschriften ihm auferlegen, es sei denn, dies ist ausdrücklich unter Bezugnahme auf das betreffende Gesetz und andere Vorschriften zum Gegenstand der vom Auftragnehmer zu erbringenden Leistungen gemacht worden.

§ 3 Hotline

(1) Der Auftragnehmer wird den Auftraggeber telefonisch oder auf anderen Fernkommunikationswegen hinsichtlich der Anwendung der Anlage sowie bei deren Störungen unterstützen.

(2) Die Hotline steht dem Auftraggeber während der Betriebszeiten zur Verfügung. Während dieser Zeit wird der Auftragnehmer auch vom Auftraggeber per E-Mail eingehende Störungsmeldungen und Anfragen beantworten. In Einzelfällen können die Parteien eine Erbringung von Leistungen der Störungsbehandlung außerhalb dieser Zeiten gegen gesonderte Vergütung vereinbaren.

(3) Störungen der Anlage wird der Auftraggeber möglichst detailliert unter Beschreibung der Symptome, der Einsatzbedingungen, vorausgegangener Anweisungen an die Anlage sowie etwaiger relevanter Drittmaschinen oder -anlagen schildern. Der Auftraggeber soll sich dazu des vom Auftragnehmer bereitgestellten Ticketsystems (Anh. „Ticketsystem") bedienen. Jede Meldung hat unverzüglich nach Entdeckung der Störung zu erfolgen.

§ 4 Inspektion

Die Inspektionsleistungen werden nach Wahl des Auftragnehmers durchgeführt. Der Auftragnehmer kann insoweit bestimmen, wann und auf welche Weise er die Inspektion durchführt, wenn nicht in dem Anhang „Inspektions- und Wartungsplan" etwas anderes vereinbart wurde. Ohne anderweitige Vereinbarung dürfen Inspektionen nur innerhalb der Betriebszeiten des Auftraggebers durchgeführt werden und sind mit einer Frist von . . . . . . anzukündigen.

§ 5 Wartung

(1) Die Wartungsleistungen sind insbesondere im Anhang „Inspektions- und Wartungsplan" spezifiziert und richten sich im Übrigen nach den Vereinbarungen dieses Vertrages. Sie werden durch den Auftragnehmer in eigener Verantwortung durchgeführt. Der Auftragnehmer kann insoweit bestimmen, wann und auf welche Weise er die Wartung durchführt, wenn nicht in dem Anhang „Inspektions- und Wartungsplan" etwas anderes vereinbart wurde. Ohne anderweitige Vereinbarung dürfen Wartungen nur innerhalb der Betriebszeiten durchgeführt werden und sind mit einer Frist von . . . . . . anzukündigen.

(2) Voraussetzung für das Erbringen der Wartungsleistungen ist, dass der Auftraggeber die Anlage in einem den vereinbarten, hilfsweise den anerkannten Regeln entsprechenden gewarteten Zustand einsetzt, es sei denn dies wäre für den Auftraggeber nicht zumutbar, etwa weil der Auftragnehmer die dafür nach diesem Vertrag geschuldeten Leistungen nicht erbracht hat.[5] Ist der Auftraggeber wegen Unzumutbarkeit nicht verpflichtet, die Anlage in einem gewarteten Zustand einzusetzen, ohne dass dies dem Auftragnehmer zuzurechnen ist, ruhen die Verpflichtungen des Auftragnehmers zur Wartung. Aufgrund gesonderter Vereinbarung kann der Auftragnehmer die Verpflichtung übernehmen, den anerkannten Regeln entsprechenden gewarteten Zustand herzustellen.

(3) Die Wartung umfasst auch die kostenpflichtige Beseitigung kleinerer Schäden der Anlage (sog. kleine Instandsetzung), soweit dies ohne wesentlichen Zeit- und Material-

aufwand möglich ist, dh bei einem Wartungs- und Instandsetzungstermin nicht mehr als
. . . . . . Stunden und . . . . . . EUR Materialkosten.

§ 6 Instandsetzung/Störungsbeseitigung

(1) Um gemeldete Störungen zu beseitigen oder vorbeugend außerhalb der Wartung Störungen der Anlage zu vermeiden, wird der Auftragnehmer die Anlage innerhalb angemessener Frist nach Maßgabe der nachfolgenden Bestimmungen instand setzen. Ziel der Instandsetzung ist die Herstellung des vereinbarten Zustands.[6]

(2) Die Leistungen zur Instandsetzung bedürfen einer gesonderten Beauftragung, für die, wenn nichts anderes vereinbart wird, die Bestimmungen dieser Bedingungen gelten.

(3) Störungen werden wie folgt klassifiziert:

Priorität	Klassifizierung	Beschreibung	Reaktionszeit (R)	Entstörungs- zeit (E)
I.	dringend; der Betriebsablauf ist unterbrochen	die Anlage ist nicht lauffähig, es kommt zu . . . . . . (möglichst genaue Beschreibung)	R = 60 Min.	E = 360 Min.
II.	hoch; der Betriebsablauf ist beeinträchtigt	Die Funktionsweise der Anlage ist beeinträchtigt oder es kommt zu Fehlfunktionen, insbesondere: (möglichst genaue Beschreibung)	R = 360 Min.	E = 720 Min.
III.	niedrig; der Betriebsablauf ist nicht beeinträchtigt	Ein Arbeiten mit der Maschine/Anlage ist möglich, wenn auch nicht durchgängig innerhalb der Soll-Funktionalität; Fehlfunktionen können umgangen werden (Beispiele)	R = 1 Tag	E = 4 Tage

(4) Die Pflichten des Auftragnehmers bestimmen sich nach der objektiv gegebenen Prioritätsstufe. Störungen sind vom Auftraggeber unter Angabe der nach seiner Einschätzung gegebenen Priorität über die Hotline (§ 3) zu melden. Der Auftragnehmer wird dem Auftraggeber eine Einschätzung zu der für die Mängelbeseitigung voraussichtlich benötigten Zeit geben. Erreicht die Störung eine höhere Prioritätsstufe, so hat der

Auftraggeber dies dem Auftragnehmer unverzüglich mitzuteilen. Die Zeiten berechnen sich vom Zugang der Störungsmeldung des Auftraggebers beim Auftragnehmer an und laufen nur während der Betriebszeiten ab.

(5) Die zur Instandsetzung erforderlichen Leistungen erbringt der Auftragnehmer nach seiner Wahl. Der Auftragnehmer kann auftretende Störungen unter Berücksichtigung der Priorisierung insbesondere durch eine der folgenden Maßnahmen beseitigen:

a) Vorübergehende Bereitstellung einer alternativen Anlage,

b) Störungsbeseitigung über einen Remote-Zugriff (s. hierzu Anh. „Remote-Zugriff") auf die Anlage des Auftraggebers,

c) Vorschlag an den Auftraggeber zur vorübergehenden Umgehung der Störung,

d) Für den Fall, dass die vorbezeichneten Maßnahmen nicht möglich oder nicht Erfolg versprechend sind, durch Störungsbeseitigung an der Anlage direkt. Muss die Anlage davon zur Instandsetzung an einen anderen Ort verbracht werden, hat der Auftraggeber die Kosten zu tragen, sofern er die Instandsetzung aus diesem Grund nicht ablehnt.

(6) Der Auftragnehmer verpflichtet sich, bei Eingang einer ordnungsgemäßen Störungsmeldung des Auftraggebers spätestens innerhalb der festgelegten Reaktionszeiten Maßnahmen zur Beseitigung der Störung einzuleiten. Die Arbeiten zur Störungsbeseitigung erfolgen im Rahmen der Möglichkeiten des Auftragnehmers unter Beachtung seiner vertraglichen Pflichten. Eine Garantie zur Beseitigung der Störung übernimmt der Auftragnehmer nicht, er wird sich aber bemühen, die Störung innerhalb der vereinbarten Entstörungszeit zu beheben. Sobald für den Auftragnehmer erkennbar ist, dass die Entstörungszeit nicht eigehalten werden kann, wird er dies dem Auftraggeber mitteilen.

(7) Bei Störungen der Priorität III kann die Behebung im Falle einer Umgehungsmöglichkeit durch den Auftragnehmer auch auf den nächst geeigneten Zeitpunkt verschoben werden, zu dem der Auftragnehmer gemäß seiner Planung andere Instandhaltungsleistungen vornehmen wird, mit denen die Störung beseitigt werden kann.

(8) Wünscht der Auftraggeber vor der Ausführung der Instandsetzung einen Kostenvoranschlag, so hat er dies dem Auftragnehmer mitzuteilen. Wenn nicht anders vereinbart, ist ein Kostenvoranschlag unverbindlich. Der Kostenvoranschlag ist zu vergüten. Ist bei Ausführung der Arbeiten erkennbar, dass der Kostenvoranschlag um mehr als 10 % überschritten wird, hat der Auftragnehmer dies anzuzeigen und darf die Leistungen – außer in dringenden Fällen – nur nach Zustimmung durch den Auftraggeber ausführen.

§ 7 Austausch von Teilen

Es dürfen nur neue Originalersatzteile oder gleichwertige Teile verwendet werden. Ausgebaute Teile werden Eigentum des Auftragnehmers; ihr Wert ist auf das Entgelt anzurechnen.[7]

§ 8 Remote-Zugriff/Monitoring

(1) Der Auftraggeber gewährt dem Auftragnehmer nach Maßgabe der Festlegungen in dem Anhang „Remote-Zugriff" die telekommunikative Anbindung an die Anlage.[8] In dem Anhang werden insbesondere die technischen Angaben zu den Zugangsvoraussetzungen, Datenformaten und -protokollen und Sicherheitsanforderungen festgelegt.

(2) Die Parteien werden einen Übergabepunkt vereinbaren, bis zu dem der Auftraggeber die Zuständigkeit für die Gewährleistung der Kommunikationsmöglichkeit hat. Jenseits dieses Übergabepunktes hat keine Partei für die erfolgreiche Übermittlung von Daten einzustehen.

Imhof

(3) Der Remote-Zugriff kann neben dem Monitoring auch zur Beseitigung von Störungen und Mängeln verwendet werden. Sollte eine Störungs- oder Mangelbeseitigung per Remote-Zugriff nicht möglich sein, weil dieser Zugriff durch den Auftraggeber nicht hergestellt war, und als Folge ein Vorort-Einsatz erforderlich werden, so berechnet der Auftragnehmer die dafür angefallenen Kosten gem. Ziff. 17 nach Aufwand.

(4) Für die Einhaltung der datenschutzrechtlichen Bestimmungen zur Zulässigkeit der Fernwartung ist der Auftraggeber nach § 11 Abs. 5 BDSG verantwortlich.

§ 9 Transport und Versicherung

(1) Wenn nicht anders schriftlich vereinbart, wird ein auf Wunsch des Auftraggebers durchgeführter An- und Abtransport der Anlage – einschließlich einer etwaigen Verpackung und Verladung – auf Kosten des Auftraggebers durchgeführt. Der Auftraggeber trägt die Gefahr des vom Auftragnehmer nicht verschuldeten Untergangs und der Beschädigung der Anlage.

(2) Auf Wunsch des Auftraggebers und auf dessen Kosten wird der Transport nach Möglichkeit gegen die versicherbaren Transportgefahren, zB Diebstahl, Bruch, Feuer, versichert.

(3) Während der Instandsetzung beim Auftragnehmer besteht kein Versicherungsschutz. Der Auftraggeber hat nach seiner Wahl für Feuer-, Leitungswasser-, Sturm- und Maschinenbruchversicherung zu sorgen.

§ 10 Wartungsbuch

Der Auftragnehmer dokumentiert jede Leistung in einem Wartungsbuch. Dort werden jeweils Art, Gegenstand, Beginn und Dauer aller Instandhaltungsarbeiten, der Materialverbrauch (Austauschteile, Hilfsmittel und -stoffe etc), Änderungen der Anlage/Maschine sowie evtl. Vorkommnisse erfasst. Bei Instandsetzungsarbeiten werden außerdem die genauen Zeitpunkte der Störungsmeldungen und der Wiederherstellung der Betriebsbereitschaft angegeben und die aufgetretenen Störungen und Störungsursachen beschrieben. Das Wartungsbuch kann elektronisch geführt werden. Dem Auftraggeber ist auf Verlangen eine Kopie zur Verfügung zu stellen.

§ 11 Nicht geschuldete Leistungen

(1) Nach diesem Vertrag besteht ohne zusätzliche Vereinbarung kein Anspruch auf folgende Leistungen:[9] . . . . . .

(2) Die Aufzählung ist nicht abschließend. Aus der fehlenden Nennung von Leistungen kann nicht geschlossen werden, dass diese Leistungen Gegenstand der vertraglichen Pflichten des Auftragnehmers sind.

§ 12 Mitwirkungsleistungen und -pflichten des Auftraggebers

(1) Voraussetzung für die Erbringung der Leistungen nach diesem Vertrag ist, dass der Auftraggeber die Anlage nicht ohne Absprache mit dem Auftragnehmer an einem andern als dem bei Abschluss dieses Vertrages maßgeblichen Ort verbringt und nicht unter anderen Einsatzbedingungen betreibt.[10]

(2) Der Auftraggeber wird den Auftragnehmer in jeder Hinsicht bei der Erfüllung der Leistungen nach diesem Vertrag unterstützen. Insbesondere wird der Auftraggeber im Interesse einer effizienten Mängelbeseitigung und -behandlung unverzüglich nach Vertragsschluss zwei verantwortliche Mitarbeiter sowie entsprechende Stellvertreter mit

vertieften Kenntnissen bezüglich der instand zu haltenden Anlage als Ansprechpartner für den Auftragnehmer einsetzen und dem Auftragnehmer benennen.

(3) Diese Mitarbeiter bündeln und koordinieren Meldungen und Anfragen seitens des Auftraggebers. Sie werden vor einer Weitergabe die Meldungen und Anfragen zunächst aufgrund ihrer eigenen Sachkunde prüfen, ob und wie sie die Störung eigenständig behandeln können. Können sie die auftretende Störung nicht beseitigen, leiten sie die Meldungen und Anfragen über die Hotline an den Auftragnehmer weiter. Andere Mitarbeiter des Auftraggebers sind zu Meldungen und Anfragen an den Auftragnehmer nicht berechtigt. Die benannten Mitarbeiter unterstützen den Auftragnehmer auch während der Störungs- und Mangelbeseitigungsarbeiten beispielsweise durch das Außerbetriebnehmen der Anlage, das Bereitstellen von Strom-, Wasser- und Abwasseranschlüsse etc.

(4) Der Auftraggeber wird bei dem Betrieb der Anlage/Maschine die Betriebsanleitung des Herstellers und dessen Empfehlungen beachten. Auffälligkeiten an der Anlage wird der Auftraggeber unaufgefordert dem Auftragnehmer mitteilen.

(5) Der Auftraggeber übernimmt es als eigene Pflicht (nachfolgend spezifizieren), ...

(6) Mitwirkungsleistungen erbringt der Auftraggeber auf eigene Kosten.

§ 13 Untersuchungs- und Rügepflicht

(1) Der Auftraggeber wird die Leistungen des Auftragnehmers einschließlich der etwaig geänderten oder ergänzten Dokumentation unverzüglich nach Überlassung untersuchen, insbesondere im Hinblick auf deren Vollständigkeit sowie grundlegenden Funktions- und Betriebsfähigkeit.[11]

(2) Mängel, die hierbei festgestellt werden, müssen dem Auftragnehmer unverzüglich schriftlich mitgeteilt werden. Die Mangelrüge hat eine möglichst detaillierte und konkrete Beschreibung der Mängel zu enthalten.

(3) Mängel, die im Rahmen der beschriebenen ordnungsgemäßen Untersuchung nicht feststellbar waren, müssen wiederum unverzüglich nach Entdeckung schriftlich mitgeteilt werden. Auch diese Mängelrüge muss eine möglichst detaillierte und konkrete Beschreibung der Mängel enthalten.

(4) Unterlässt der Auftraggeber die unverzügliche Mängelrüge, so ist er von der Geltendmachung von Nacherfüllungsansprüchen ausgeschlossen. Schadensersatz kann der Auftraggeber in diesen Fällen nur insoweit verlangen, wie der Schaden nicht auf der verspäteten Rüge beruht.

§ 14 Abnahme

(1) Die Leistungen des Auftragnehmers sind nach ihrer Vollendung vom Auftraggeber abzunehmen. Hierzu soll grundsätzlich das vom Auftragnehmer bereitgestellte Formular – Anhang „Abnahmeprotokoll" – Verwendung finden. Der Auftraggeber trägt dafür Sorge, dass das Abnahmeprotokoll nur von Mitarbeitern unterzeichnet wird, die dazu bevollmächtigt sind.

(2) Ergeben sich die Leistungszeiten nicht aus dem Inspektions- und Wartungsplan, wird der Auftragnehmer die Vollendung der Leistung dem Auftraggeber anzeigen.

(3) Wegen unwesentlicher Mängel darf der Auftraggeber die Abnahme nicht verweigern.

(4) Erfolgt keine ausdrückliche oder durch schlüssiges Handeln zum Ausdruck gebrachte Abnahme oder Verweigerung der Abnahme und hat der Auftraggeber die Leistung oder

einen Teil der Leistung in Benutzung genommen, so gilt die Abnahme nach Ablauf von 14 Tagen nach Beginn der Benutzung als erfolgt, wenn nichts anderes vereinbart ist.[12]

§ 15 Termine

(1) Verbindliche Termine zur Leistungserbringung müssen schriftlich vereinbart und als verbindlich bezeichnet werden.[13]

(2) Leistungsverzögerungen aufgrund höherer Gewalt (zB Streik, Aussperrung, behördliche Anordnungen, allgemeine Störungen der Telekommunikation usw) und Umständen im Verantwortungsbereich des Auftraggebers (zB nicht rechtzeitige Erbringung von Mitwirkungsleistungen, Verzögerungen durch dem Auftraggeber zuzurechnende Dritte etc) hat der Auftragnehmer nicht zu vertreten und berechtigen ihn, das Erbringen der betroffenen Leistungen um die Dauer der Behinderung zzgl. einer angemessenen Anlaufzeit hinauszuschieben. Der Auftragnehmer wird dem Auftraggeber Leistungsverzögerungen aufgrund höherer Gewalt anzeigen.

§ 16 Schutzrechte

(1) Der Auftraggeber prüft anhand der ihm verfügbaren Informationen (Herstellerinformationen, Bedienungsanleitung etc), ob Schutzrechte an der Anlage (Patente, Gebrauchs- und Geschmacksmuster uÄ) und etwaige damit verbundene Beschränkungen der Tätigkeit an der Anlage (zB Auswechseln von Verschleißteilen, Verbrauchsmaterialien uÄ) bestehen. Gibt es aus Sicht des Auftraggebers Anhaltspunkte für solche Schutzrechte oder Beschränkungen, wird er hierüber den Auftragnehmer informieren.[14]

(2) Wird der Auftragnehmer von Dritten wegen einer Schutzrechtsverletzung infolge der Erfüllung seiner Pflichten aus diesem Vertrag in Anspruch genommen und konnte der Auftragnehmer diese Inanspruchnahme durch im Verhältnis zum Auftraggeber zumutbare Maßnahmen nicht vermeiden, stellt ihn der Auftraggeber von dieser Inanspruchnahme frei. Die Art und Weise der Freistellung bestimmt der Auftraggeber und Berücksichtigung der berechtigten Interessen des Auftragnehmers.

§ 17 Eigentumsvorbehalt und Pfandrecht

(1) Die vom Auftragnehmer an den Auftraggeber gelieferten Sachen (Ersatzteile, Austauschteile, Filter, Zubehör uÄ) bleiben bis zur vollständigen Bezahlung aller Forderungen aus diesem Vertrag Eigentum des Auftragnehmers.

(2) Auftragnehmer und Auftraggeber vereinbaren, dass dem Auftragnehmer an dem Auftraggeber gehörenden und zur Instandsetzung oder Wartung in seinen Besitz gelangenden Sachen ein Pfandrecht zusteht. Das Pfandrecht kann auch wegen Forderungen aus früher durchgeführten Arbeiten, Ersatzteillieferungen und sonstigen Leistungen geltend gemacht werden, soweit sie mit der Anlage in Zusammenhang stehen. Für sonstige Ansprüche aus der Geschäftsverbindung gilt das Pfandrecht nur, soweit diese unbestritten oder rechtskräftig sind.

§ 18 Vergütung

(1) Das Entgelt bestimmt sich nach den Festlegungen in dem Anhang „Vergütung" und ergänzend nach den folgenden Bestimmungen.

(2) Soweit nicht anders vereinbart, werden die Leistungen für Hotline, Inspektion und Wartung pauschal abgerechnet. Die Entgeltpauschale ist jährlich im Voraus spätestens jeweils bis zum 3. Werktag eines Kalenderjahres zu entrichten. Bei unterjährigem Vertragsbeginn besteht die Zahlungspflicht zeitanteilig.

(3) Leistungen zur Instandsetzung werden stets nach Aufwand abgerechnet. Ebenfalls vom Auftraggeber nach Aufwand zu vergüten sind Leistungen zur Inspektion und Wartung, soweit sie auf einem nicht ordnungsgemäßen Gebrauch, insbesondere der Nichtbeachtung von Betriebsanleitungen und –hinweisen des Herstellers und Auftragnehmers, oder der nicht unverzüglichen Meldung von Störungen beruhen. Eine Pflicht, Störungen zu melden, wird hierdurch nicht begründet.

(4) Ersatzteile, Verschleißteile und Materialien wie Schmierstoffe, Filter, Reinigungsmittel etc. werden nach Aufwand gesondert in Rechnung gestellt.

(5) Der Auftraggeber trägt gegen Nachweis sämtliche Auslagen wie Reise- und Übernachtungskosten, Spesen und im Rahmen der Vertragsdurchführung anfallende Entgeltforderungen Dritter. Reise- und Wegezeiten sind zu vergüten. Fahrtkosten werden zu . . . . . . Euro je gefahrenem Kilometer abgerechnet. Ist die Anfahrt von mehreren Standorten möglich, wählt der Auftraggeber die zur Erfüllung des Vertrages zweckmäßigste Anfahrt, gegebenenfalls auch vom am weitesten entfernten Standort. Für im Rahmen der Nacherfüllung anfallende Aufwendungen erfolgt keine Berechnung.

(6) Für die Abrechnung nach Aufwand gilt die im Zeitpunkt der Vereinbarung der Leistungserbringung jeweils gültige Preisliste des Auftragnehmers.

(7) Leistungen des Auftragnehmers sind im Übrigen auch ohne Vereinbarung einer Vergütung stets zu vergüten, soweit nicht ausnahmsweise ausdrücklich die unentgeltliche Leistungserbringung vereinbart wurde. Haben die Parteien keine Vereinbarung über die Vergütung einer Leistung getroffen, deren Erbringung der Auftraggeber danach nur gegen eine Vergütung erwarten durfte, so hat der Auftraggeber die für diese Leistung übliche Vergütung zu entrichten. Im Zweifel gelten die vom Auftragnehmer in diesem Vertrag, hilfsweise die in seinen allgemeinen Preislisten ausgewiesenen Vergütungssätze als üblich.

(8) Der Auftragnehmer kann die Entgelte nach billigem Ermessen (§ 315 BGB) ändern und wird den Auftraggeber über solche Änderungen jeweils innerhalb angemessener Frist vor deren Wirksamwerden unterrichten. Eine Erhöhung ist nur bis zu einem Vomhundertsatz von 3 % je Kalenderjahr möglich, frühestens jedoch mit Wirkung zum Ablauf des ersten vollständigen Kalenderjahres der Vertragslaufzeit.

(9) Mängel beseitigt der Auftragnehmer unentgeltlich. Soweit eine vom Auftraggeber gemeldete Störung auf einem nach § 20 zu beseitigenden Mangel beruht, besteht keine Kostentragungspflicht des Auftraggebers für die im Rahmen der Entstörung erbrachte Mängelbeseitigung.

(10) Zahlungen sind, soweit nicht anders vereinbart, unverzüglich nach Zugang der Rechnung zu leisten. Alle vertraglich vereinbarten Vergütungen verstehen sich zzgl. der gesetzlichen Umsatzsteuer.

§ 19 Fristsetzungen/Notfallplanung/Rücktritt

(1) Hat der Auftraggeber dem Auftragnehmer zur Erfüllung einer Pflicht eine Frist gesetzt, so hat sich der Auftraggeber auf Wunsch des Auftragnehmers nach Ablauf der Frist unverzüglich dazu zu erklären, ob die Frist seiner Ansicht nach erfolglos verstrichen ist und ferner dazu, welche Rechte er infolge der Fristversäumnis gegenüber dem Auftragnehmer geltend machen wird, soweit dies nicht schon geschehen ist.

(2) Zur Begrenzung von Nachteilen übernimmt es der Auftraggeber, eine Planung für den Fall vorzuhalten, dass die Anlage nicht bestimmungsgemäß eingesetzt werden (Business Continuity Planning) und nach Eintritt eines solchen Falles wieder in Betrieb genommen

werden kann (Desaster Recovery Planning). Der Auftragnehmer wird den Auftraggeber auf dessen Wunsch gegen gesondertes Entgelt bei der Erstellung entsprechender Pläne unterstützen.[15]

(3) Wegen Pflichtverletzungen, die der Auftragnehmer nicht zu vertreten hat und die nicht in einem Mangel der Kaufsache oder des Werkes bestehen, kann sich der Auftraggeber nicht vom Vertrag lösen. Nach Beginn des Leistungsaustauschs ist der Rücktritt vom Vertrag ausgeschlossen. An die Stelle des Rücktrittsrechts tritt das Recht zur Kündigung aus wichtigem Grund.

§ 20 Nacherfüllung

(1) Für die nach diesem Vertrag übernommenen Leistungen steht der Auftragnehmer im Rahmen der gesetzlichen Nacherfüllungsverpflichtung wie folgt ein.

(2) Die Nacherfüllung erfolgt unentgeltlich. Leistungsort für die Nacherfüllung ist der Sitz des Auftragnehmers, es sei denn, die Erbringung der Nacherfüllungsleistung am Sitz des Auftragnehmers ist unmöglich oder erfordert einen Aufwand, insbesondere hinsichtlich der Transportkosten, der in einem groben Missverhältnis zu dem Interesse des Auftraggebers an der Nacherfüllung steht. Hilfsweise ist der Leistungsort für die Nacherfüllung der Ort, an dem sich die Anlage bei Vornahme der Leistung, auf die sich die Nacherfüllung bezieht, befand.

(3) Nacherfüllungsansprüche verjähren in zwölf Monaten; in den Fällen von Vorsatz bleibt es bei der gesetzlichen Frist.[16]

(4) Baut der Auftragnehmer im Rahmen seiner Leistungserbringung ein mangelhaftes Teil ein, so umfasst die Nacherfüllung auch den unentgeltlichen Ausbau des mangelhaften und den unentgeltlichen Einbau des mangelfreien Teils.

(5) Baut der Auftragnehmer im Rahmen der Nacherfüllung ein neues Teil ein, so beginnt hierdurch die Verjährungsfrist nicht neu zu laufen. Der Neubeginn der Verjährungsfrist durch Anerkennung eines Anspruchs bleibt hiervon unberührt.

(6) Der Auftraggeber wird vor der Geltendmachung von Nacherfüllungsansprüchen mit der gebotenen Sorgfalt prüfen, ob ein der Nacherfüllung unterliegender Mangel gegeben ist. Sofern ein behaupteter Mangel nicht der Verpflichtung zur Nacherfüllung unterfällt (Scheinmangel), kann der Auftragnehmer den Auftraggeber mit den für Verifizierung und Fehlerbehebung erbrachten Leistungen des Auftragnehmers zu den jeweils gültigen Vergütungssätzen des Auftragnehmers zuzüglich der angefallenen Auslagen belastet werden, es sei denn, der Auftraggeber hätte den Scheinmangel auch bei Anstrengung der gebotenen Sorgfalt nicht erkennen können.

(7) Schadensersatz wird nur für unmittelbare Mängelschäden an der Anlage oder Maschine selbst geleistet. Mangelfolgeschäden an Sachen außerhalb der Anlage oder Maschine sind von der Haftung ausgenommen. Die Schadensersatzhaftung im Übrigen richtet sich nach § 21.

§ 21 Haftung

(1) Der Auftragnehmer haftet verschuldensabhängig nur bei Vorsatz, grober Fahrlässigkeit sowie der fahrlässigen Verletzung wesentlicher Vertragspflichten, deren Erfüllung die ordnungsgemäße Durchführung des Vertrags überhaupt erst ermöglicht und auf deren Einhaltung der Vertragspartner regelmäßig vertrauen darf, sowie bei Schäden aus der Verletzung des Lebens, des Körpers oder der Gesundheit. Im Übrigen ist die Haftung des Auftragnehmers je Schadensfall begrenzt auf . . . . . . EUR, insgesamt auf . . . . . . EUR.

(2) Die Haftung für Verzug ist zudem begrenzt auf 10 % des vereinbarten Entgelts. Bei Dauerschuldverhältnissen ist Maßstab die Vergütung für ein Vertragsjahr.

(3) Die vorstehenden Regelungen gelten auch zugunsten der gesetzlichen Vertreter, Mitarbeiter und Erfüllungsgehilfen des Auftragnehmers.

§ 22 Geheimhaltung

(1) Die Parteien verpflichten sich, über alle ihnen im Rahmen der Vorbereitung, Durchführung und Erfüllung dieses Vertrages zur Kenntnis gelangten vertraulichen Vorgänge, insbesondere Geschäfts- oder Betriebsgeheimnisse des anderen Vertragsteils Stillschweigen zu bewahren und diese weder weiterzugeben noch auf sonstige Art zu verwerten.

(2) Diese Geheimhaltungsverpflichtung bleibt auch nach Beendigung dieses Vertrages bestehen.

§ 23 Änderung der Vertragsbedingungen

(1) Der Auftragnehmer ist berechtigt, diese Vertragsbedingungen wie folgt zu ändern oder zu ergänzen. Er wird dem Auftraggeber die Änderungen oder Ergänzungen spätestens sechs Wochen vor ihrem Wirksamwerden schriftlich ankündigen. Ist der Auftraggeber mit den Änderungen oder Ergänzungen der Vertragsbedingungen nicht einverstanden, so kann er mit einer Frist von einer Woche zum Zeitpunkt des beabsichtigten Wirksamwerdens der Änderungen oder Ergänzungen widersprechen. Der Widerspruch bedarf der Schriftform. Widerspricht der Auftraggeber nicht, so gelten die Änderungen oder Ergänzungen der Vertragsbedingungen als von ihm genehmigt. Der Auftragnehmer wird den Auftraggeber mit der Mitteilung der Änderungen oder Ergänzungen der Vertragsbedingungen auf die vorgesehene Bedeutung seines Verhaltens besonders hinweisen.

(2) Ändern sich gesetzliche oder sonstwie Auftraggeber und Auftragnehmer bindende Vorschriften, die keine Wirksamkeitshindernisse sind, so ist dies ohne Auswirkung auf die Leistungspflichten der Parteien. Eine Vertragsanpassung kann nicht verlangt werden; sie obliegt der freien Entscheidung der Vertragsparteien.

§ 24 Vertragsdauer, Kündigung

(1) Soweit nicht anders geregelt, läuft dieser Vertrag auf . . . . . . Monate fest und kann danach von beiden Parteien mit einer Frist von sechs Monaten zum Ende eines jeden Kalenderjahres schriftlich gekündigt werden.

(2) Hiervon unberührt bleibt das Recht beider Parteien zur Kündigung des Vertrages aus wichtigem Grund.

(3) Das jederzeitige ordentliche Kündigungsrecht des Auftraggebers aus § 649 BGB ist ausgeschlossen.[17]

§ 25 Schlussbestimmungen

(1) Allgemeine Geschäftsbedingungen des Auftraggebers finden auf die nach diesem Vertrag auszutauschenden Leistungen keine Anwendung. Dies gilt auch dann, wenn solchen Bedingungen nicht ausdrücklich widersprochen wird.

(2) Der Auftraggeber kann gegenüber den Vergütungsansprüchen des Auftragnehmers nach diesem Vertrag nur mit rechtskräftig festgestellten oder vom Auftragnehmer anerkannten Forderungen aufrechnen. Die Geltendmachung von Zurückbehaltungsrechten an der geschuldeten Vergütung ist ebenfalls nur auf der Grundlage von rechtskräftig

festgestellten oder vom Auftragnehmer anerkannten Forderungen zulässig, die zudem auf demselben Vertragsverhältnis beruhen müssen.

(3) Jegliche Änderungen und Ergänzungen dieses Vertrages bedürfen der Schriftform. Dies gilt auch für die Aufhebung dieser Schriftformklausel.

(4) Sollten einzelne Regelungen dieses Vertrages unwirksam sein oder werden, so berührt dies nicht die Wirksamkeit der verbleibenden Bestimmungen. Die Parteien verpflichten sich, anstelle der unwirksamen Regelung eine wirksame Bestimmung zu vereinbaren, die dem wirtschaftlichen Zweck der unwirksamen Regelung am nächsten kommt. Entsprechendes gilt für den Fall einer Regelungslücke.

(5) Soweit nicht anders vereinbart, ist Erfüllungsort und ausschließlicher Gerichtsstand der Sitz des Auftragnehmers. Es gilt das Recht der Bundesrepublik Deutschland unter Ausschluss des UN-Kaufrechts.

Anhänge:

Beschreibung Anlage

Inspektions- und Wartungsplan

Ticketsystem

Remote-Zugriff

Abnahmeprotokoll

Vergütung

Anmerkungen

1. Sachverhalt. Hardwarewartung spielt in der Informationstechnik im Allgemeinen bei Datenspeichern (Festplatten), Netzwerktechnik und der Energieversorgung (insbesondere die unterbrechungsfreie Stromversorgung) eine Rolle. Von besonderer Bedeutung ist sie beim Betrieb von Rechenzentren. Neben den zuvor genannten Bereichen kommen hier noch die Wartung von Kühlsystemen, der Brandschutz und die Zugangskontrolle hinzu.

Das Formular behandelt nur die Wartung von Hardware-Komponenten, nicht aber den Betrieb beispielsweise eines Rechenzentrums insgesamt. Es ist nicht auf eine bestimmte Hardware-Komponente ausgerichtet und muss daher entsprechend an die technischen Bedürfnisse angepasst werden.

Gegenüber der Software-Pflege (→ Form. B. 8) unterscheidet sich Hardware-Wartung vor allem dadurch, dass **Hardware** der **Abnutzung unterliegt**. Daher kommt der bei der Software naturgemäß fehlenden vorbeugenden Wartung zum Erhalt der Nutzungsmöglichkeit bei Hardware eine besondere Bedeutung zu.

Das Formular ist auftragnehmerfreundlich, kann aber leicht an die Interessen der Auftraggeber angepasst werden.

2. Begrifflichkeiten. In der IT werden viele Begriffe verwendet, die keinen klaren Inhalt haben. Daher empfiehlt sich, diese Begriffe für den jeweiligen Vertrag zu definieren. Das beginnt bereits mit der Frage, ob der Vertrag selbst als Wartungs- oder Instandhaltungsvertrag bezeichnet werden soll. Die DIN 31051 definiert Begriffe der Instandhaltung. Nach der Norm ist die Instandhaltung der Oberbegriff für die Inspektion, Wartung, Instandsetzung und Verbesserung. In der Praxis werden diese Leistungen aber häufig unter dem Begriff der Wartung zusammengefasst.

3. Leistungsbeschreibung. Bei allen Verträgen ist die Leistungsbeschreibung ein **wesentlicher Grundpfeiler** der Qualität des Vertrages. Die Leistungsbeschreibung gibt das Soll vor und ist damit Maßstab für die ordnungsgemäße Erfüllung der vom Auftragnehmer übernommenen Pflichten. In der Praxis finden sich leider sehr häufig nur unzureichende Beschreibungen der zu erbringenden Leistung. Soweit möglich sollte daher auf technische Normen zurückgegriffen werden, die konkretere Ausführungen zu der zu erbringenden Leistung enthalten. Unbrauchbar sind insoweit Verweise auf Normen wie DIN 31051 oder DIN 27000, die keine Leistungen, sondern Begriffe oder Prozesse beschreiben. Unzureichend ist auch eine Leistungsbeschreibung, die keine Parameter nennt, die eine Kontrolle ermöglichen, wie etwa „Spannungsabfall prüfen".

Wenn in der Leistungsbeschreibung auf technische Richtlinien Bezug genommen wird, müssen diese **Richtlinien dem Vertragspartner übergeben** werden, sofern er sie nicht bereits kennt oder kennen muss. Da die Richtlinien regelmäßig urheberrechtlich geschützt sind, sind sie nicht frei verfügbar, sondern müssen gegen zum Teil nicht unerhebliche Entgelte erworben werden. Der Verweis in AGB auf solche geschützten technischen Richtlinien ist eine unangemessene Benachteiligung des Vertragspartners, wenn dieser sich den Vertragsinhalt nicht einfach erschließen kann, sondern erst durch den Zukauf von Informationen.

4. Anerkannte Regeln der Technik. Die Rechtsprechung geht bei Leistungsverpflichtungen regelmäßig davon aus, dass der Unternehmer jedenfalls stillschweigend verspricht, die Leistungen nach den anerkannten Regeln der Technik zu erbringen (dazu *Sass*, Technische Regeln und das Werkvertragsrecht, NZBau 2014, 137). Das sind die Regeln, die sich nach der Meinung der Mehrheit der maßgeblichen Fachleute in der Praxis bewährt haben (vgl. OLG Hamm Urt. v. 17.2.1998 – 7 U 5–96, NJW-RR 1998, 668 [669]; *Seibel* NJW 2013, 3000) und deren Beachtung dementsprechend zu üblichen Standards führt (BGH Urt. v. 14.5.1998 – VII ZR 184–97, NJW 1998, 2814 [2815]).

Technische Richtlinien wie DIN-, VDE-, VDI- und ähnliche Regelwerke stellen keine verbindlichen Vorgaben für die Regeln oder den Stand der Technik dar, sondern versuchen als privatrechtliche Empfehlungen diese wiederzugeben (BGH Urt. v. 14.6.2007 – VII ZR 45/06, NJW 2007, 2983 Rn. 32). Hält sich der Unternehmer an diese Richtlinien, wird widerleglich vermutet, dass sein Werk den anerkannten Regeln bzw. dem Stand der Technik entspricht (BGH Urt. v. 24.5.2013 – V ZR 182/12, NJW 2013, 2271 Rn. 25). Will ein Unternehmer von den anerkannten Regeln der Technik abweichen, darf der Auftraggeber über den Hinweis auf das Regelwerk hinaus eine entsprechende Aufklärung erwarten, die ihm mit aller Klarheit verdeutlicht, dass die Mindestanforderungen der technischen Norm nicht mehr den anerkannten Regeln der Technik entsprechen (BGH Urt. v. 4.6.2009 – VII ZR 54/07, NJW 2009, 2439 Rn 15).

In der Praxis stellt sich das Problem, dass der Unternehmer häufig nicht weiß, welches die anerkannten Regeln der Technik sind, zumal technische Richtlinien insoweit nicht maßgeblich sind. Das Formular versucht dies durch die Vereinbarung zu lösen, dass im Verhältnis der Parteien zueinander die in Bezug genommenen technischen Regelwerke die anerkannten Regeln der Technik wiedergeben. Das läuft allerdings der Intention der Rechtsprechung zuwider, den Kunden über für ihn nachteilige Abweichungen von den anerkannten Regeln zu informieren und dürfte daher AGB-rechtlich bedenklich sein.

5. Wartung. Die vorbeugenden Wartungsleistungen werden nach diesem Formular gegen eine Entgeltpauschale erbracht. Die Kalkulation basiert dabei regelmäßig auf der Annahme, dass alle vorgesehenen Wartungsleistungen durchgeführt werden. Ist es nicht der Fall, kann die Folgewartung unter Umständen mit einem unerwarteten Mehraufwand verbunden werden. Dementsprechend hat der Kunde die Obliegenheit, die Anlage in einem wartungsfähigen Zustand zu halten.

6. Instandsetzung. Bei der Instandsetzung geht es um die Wiederherstellung der Soll-Funktionalität. Da die Aufwände hierfür im Voraus nicht pauschal kalkulierbar sind, erfolgt die Abrechnung nach Aufwand und bedarf einer gesonderten Beauftragung. Um eine zeitnahe Leistung des Auftragnehmers zu erreichen, sind **Reaktionszeiten** vorgesehen. Das Einhalten der Reaktionszeiten sagt jedoch nichts darüber aus, wie lange die Störungsbeseitigung dauert.

Instandsetzungsleistungen sind eine Hauptleistungspflicht nach dem Vertrag und führen bei einer pflichtwidrige Umsetzung zu entsprechenden Nacherfüllungsansprüchen.

Die Regelung in Ziff. 6 ähnelt der in → Form. D. 5. Auf die Anmerkungen dort sei verwiesen → Form. D. 5 Anm. 8.

7. Teiletausch. Dem Teiletausch wird in der Praxis kaum Beachtung geschenkt. Der Auftragnehmer darf die der Anlage entnommenen Teile selbstverständlich nur mitnehmen, wenn der Auftraggeber hiermit einverstanden ist. Soll der Auftragnehmer die Teile nicht geschenkt erhalten, ist allerdings eine Vergütung zu vereinbaren. Die Leistung des Auftraggebers ist dann umsatzsteuerpflichtig, er selber ist Verkäufer. Kann der Wert des ausgetauschten Alt-Teils pauschaliert werden, vereinfacht das die Kalkulation.

8. Remote-Zugriff. Häufig kann der Auftragnehmer auf die Maschinen und Anlagen über ein Kommunikationsnetz zugreifen. Aus Auftraggebersicht stellen sich dann vor allem Sicherheitsfragen, aber auch Fragen des Datenschutzes und der Mitbestimmung. Werden die Anlagen von Mitarbeitern bedient und diese Bedienung protokolliert, liegen **personenbezogene Daten** vor und die Protokollierung erlaubt eine Überwachung, die der **Mitbestimmung** nach § 87 Nr. 6 BetrVG unterliegt.

9. Nicht geschuldete Leistungen. Bei der Vereinbarung einer pauschalen Vergütung stellt es ein Kalkulationsrisiko für den Auftragnehmer dar, wenn die zu erbringenden Leistungen nicht eindeutig definiert sind. Möglicherweise bestehen Erwartungen des Kunden, die der Auftragnehmer zu der pauschalierten Vergütung nicht berücksichtigen will. Daher empfiehlt es sich, mit solchen Erwartungen verbundene Leistungen aus der vertraglichen Leistungspflicht auszuschließen.

10. Mitwirkungsleistungen. Eine Kehrseite zu den in § 11 behandelten ausgeschlossenen Leistungen stellen die Mitwirkungsleistungen des Auftraggebers dar. Die Leistungen, die der Auftragnehmer zu der vereinbarten Pauschale nicht erbringen will oder kann können als Mitwirkungsleistungen dem Auftraggeber auferlegt werden. Das betrifft beispielsweise das Reinigen der Maschine vor einer Wartungsleistung oder das Spannungsfreischalten einer Anlage, das nur durch entsprechend befähigte Personen erfolgen darf.

Da Mitwirkungsleistungen rechtlich Obliegenheiten sind und aus ihrer Nichtbeachtung keine Schadensersatzansprüche resultieren, sollte im Einzelfall überlegt werden, diese Leistungen zu eigenen Pflichten des Kunden zu machen.

Aus Kundensicht spielt die Beachtung der **unternehmensinternen Sicherheitsanforderungen** durch Fremddienstleister eine große Rolle. In Einkaufsbedingungen kann hierzu als Mitwirkungsleistungen des Auftragnehmers vereinbart werden:

Der Auftragnehmer verpflichtet sich, dafür zu sorgen, dass die Hausordnung und die Sicherheitsbestimmungen des Auftraggebers durch seine Mitarbeiter eingehalten werden. Der Auftraggeber

wird seine Mitarbeiter darauf hinweisen, dass sie sich beim Betreten und Verlassen des Geländes des Auftraggebers den üblichen Kontrollen zu unterwerfen haben.

11. **Untersuchungs- und Rügepflichten.** Das Gesetz sieht für den Auftraggeber in einem Werkvertrag keine Untersuchungs- und Rügeobliegenheiten vor. Dementsprechend ist das verbreitete Auferlegen entsprechender Pflichten gesetzesfremd und AGB-rechtlich bedenklich.

12. **Abnahmefiktion.** Die im Rahmen des Vertrags erbrachten Leistungen des Auftragnehmers unterliegen dem Werkvertragsrecht. Damit ist die Abnahme Voraussetzung für die Fälligkeit der Vergütung dieser Leistungen durch den Auftraggeber. Nicht selten verweigern Auftraggeber die Abnahme, obwohl sie gesetzlich dazu verpflichtet sind. Für den Auftragnehmer besteht dann kaum eine Möglichkeit, die Vergütung ohne ein gerichtliches Verfahren zu erlangen. Die in § 14 Abs. 4 verwendete Abnahmefiktion ist AGB-rechtlich unwirksam.

13. **Termine.** → Form. B. 3 Anm. 10.

14. **Schutzrechte.** Anlagen können ganz oder hinsichtlich einzelner Teile insbesondere patentrechtlich geschützt sein. Damit stellt sich die Frage, ob Wartungs- und Instandsetzungsleistungen Dritter einen Eingriff in die geschützte Position des Patentrechtsinhabers darstellen. In dem Austausch eines Verschleißteils, das während der zu erwartenden Lebensdauer einer Maschine ersetzt wird, liegt **regelmäßig keine patentrechtlich relevante Neuherstellung.** Im Einzelfall kann dies aber anders sein (BGH Urt. v. 4.5.2004 – X ZR 48/03, GRUR 2004, 758- Flügelradzähler; BGH Urt. v. 27.2.2007 – X ZR 38/06, GRUR 2007, 769 – Pipettensystem).

Der Dienstleister, der damit rechnen muss, an einer patentgeschützten Anlage zu arbeiten, sollte sich entsprechend vom Auftraggeber instruieren lassen.

15. **Notfallplanung.** Der Ausfall der IT bedeutet für jedes Unternehmen ein großes Risiko. In vielen Fällen ist ein Unternehmen bereits nach 2–3 Tagen ohne IT von der Insolvenz bedroht. Das bedeutet auf der anderen Seite für den Auftragnehmer ein hohes Schadensersatzrisiko, wenn der IT-Ausfall auf eine von ihm zu vertretende Pflichtverletzung zurückzuführen ist. Es ist im Interesse beider Vertragsparteien für den möglichen Ausfall der IT Vorsorge zu treffen. In der Praxis wird diese nachvollziehbare Idee jedoch viel zu wenig gelebt.

16. **Nacherfüllung.** Aus der nicht vertragsgemäßen Durchführung der werkvertraglichen Leistungen stehen dem Auftraggeber Nacherfüllungsansprüche zu. Im unternehmerischen Verkehr ist es aus § 309 Nr. 8b ff. BGB ersichtlich zulässig, die Verjährung bestimmter Nacherfüllungsansprüche auf ein Jahr zu verkürzen. Davon wird in diesem Formular Gebrauch gemacht. Die von den Nacherfüllungsansprüchen zu trennenden Schadensersatzansprüche dürfen allerdings in AGB nicht verkürzt werden.

17. **Auftraggeberkündigung.** Nach § 649 BGB ist der Auftraggeber jederzeit berechtigt, das Vertragsverhältnis zu kündigen mit der Folge einer Vergütungspflicht für die nicht mehr erbrachten Leistungen. Darüber, welche Aufwände sich der Auftragnehmer als Ersparnis anrechnen lassen muss, wird infolge einer solchen Kündigung häufig gestritten. Um diesen Streit zu vermeiden, schließt das Formular das ordentliche Kündigungsrecht nach § 649 BGB aus.

B. Softwareverträge

Überlassung auf Dauer

1. Kauf von Software

Kaufvertrag

zwischen

. . . . . .

— nachfolgend „Verkäuferin" genannt —

und

. . . . . .

— nachfolgend „Käuferin" genannt —

§ 1 Vertragsgegenstand

(1) Gegenstand des Vertrages[1] ist die dauerhafte Überlassung der Software . . . . . .[2] einschließlich Dokumentation und die Einräumung von 20 Netzwerklizenzen zur Nutzung der Software.

(2) Als Dokumentation liefert die Verkäuferin eine Installationsanleitung und eine Online-Hilfe, die es erlaubt, Erläuterungen zu den Funktionalitäten während des Betriebs der Software abzurufen und auszudrucken.[3]

§ 2 Vergütung

(1) Die Software wird der Käuferin auf Dauer überlassen. Der Kaufpreis beträgt . . . . . .[4]

(2) Der Preis der Netzwerklizenz beträgt je Nutzer . . . . . . EUR, entsprechend . . . . . . EUR für 20 Lizenzen.

(3) Die Preise verstehen sich zzgl. Umsatzsteuer.

§ 3 Übergabe und Installation

(1) Die Software wird der Käuferin auf einer DVD übergeben.

(2) Die Installation der Software erfolgt durch die Käuferin.[5]

(3) Eine Schulung zur Nutzung der Software kann von der Käuferin gegen eine gesonderte Vergütung beauftragt werden.[6]

§ 4 Nutzungsrechte

(1) Die Käuferin ist dauerhaft berechtigt, die Software zur Nutzung auf einem Rechner zu vervielfältigen.[7] Zu den nur für das Gebiet der Bundesrepublik Deutschland gestatteten

Vervielfältigungshandlungen gehören die Installation auf einen Datenträger des Rechners, das im Rahmen der Regelung des Abs. 2 auch mehrfache Übertragen der Software ganz oder in Teilen von diesem Datenträger in den Arbeitsspeicher und in der Folge in die CPU und die Grafikkarte des Rechners umfasst. Die Software darf nur auf einem Rechner zurzeit installiert sein.

(2) Darüber hinaus räumt die Verkäuferin der Käuferin das einfache Recht ein, auf die auf einem Rechner gemäß Abs. 1 laufende Software von bis zu 20 verschiedenen Rechnern aus gleichzeitig über ein Kommunikationsnetzwerk zuzugreifen.[8] Auf die Software dürfen nur benannte Nutzer zugreifen. Die Käuferin benennt 20 Personen, die die Software über das Netzwerk nutzen dürfen.[9] Andere als die benannten Personen dürfen die Software nicht nutzen. Die Käuferin ist aber berechtigt, benannte Personen durch andere zu ersetzen, wenn sie die Änderung zuvor der Verkäuferin anzeigt. Die Einräumung weiterer Zugriffsrechte ist gegen Entgelt möglich.

(3) Die Rechteeinräumung erfolgt zum einen aufschiebend bedingt auf den Zeitpunkt der vollständigen Kaufpreiszahlung. Bis zu diesem Zeitpunkt willigt die Verkäuferin in die Nutzung der Software gemäß den vorstehenden Regelungen ein. Zum anderen werden die vorstehenden Rechte für den Fall des Eintritts der Bedingung nach S. 1 unter der auflösenden Bedingung eingeräumt, dass die Verkäuferin die Software im Wege der Nacherfüllung oder aus Kulanz ergänzt oder ersetzt.[10] Ergänzt oder ersetzt die Verkäuferin die überlassene Software, so stehen der Käuferin die gleichen Rechte an dieser nachträglich überlassenen Software zu, wie an der ergänzten oder ersetzten.[11]. Bis zu der Installation der zusätzlich überlassenen Software duldet die Verkäuferin die Nutzung der Vorversion in dem beschriebenen Umfang. Die Käuferin ist verpflichtet, überzählige Software dauerhaft zu deinstallieren, diese Deinstallation schriftlich zu bestätigen und etwaig hierzu vorhandene Original-Datenträger einschließlich Sicherungskopien an die Verkäuferin zurückzugeben.

(4) DIE KÄUFERIN KANN DIE SOFTWARE NUR NUTZEN, WENN SIE DIE SOFTWARE BINNEN 30 TAGEN NACH DER INSTALLATION ÜBER DAS INTERNET AKTIVIERT UND DABEI EIN BENUTZERKONTO EINRICHTET. DAS BENUTZERKONTO IST AN DIE KÄUFERIN GEBUNDEN UND KANN OHNE ZUSTIMMUNG DER VERKÄUFERIN NICHT ÜBERTRAGEN WERDEN. DIE VERKÄUFERIN WIRD DIE ZUSTIMMUNG ERTEILEN, WENN DIES WEDER IHRE WIRTSCHAFTLICHEN NOCH RECHTLICHEN INTERESSEN UNBILLIG BEEINTRÄCHTIGT.[12]

(5) Die Käuferin darf die Software und die ihr zur Nutzung eingeräumten Rechte ohne vorherige Zustimmung der Verkäuferin an Dritte weder veräußern, noch verschenken oder verleihen, noch vermieten oder verleasen.[13] Die Befugnis zum Einsatz der Software in einem Netzwerk umfasst nicht das Recht, die Software anderen Unternehmen zur Nutzung zu überlassen.[14]

(6) Die Käuferin ist nicht berechtigt, die vorhandenen Schutzmechanismen der Software gegen eine unberechtigte Nutzung zu entfernen oder zu umgehen, es sei denn, dies ist erforderlich, um die störungsfreie Nutzung zu erreichen. Urhebervermerke, Seriennummern sowie sonstige der Softwareidentifikation dienende Merkmale dürfen ebenfalls nicht entfernt oder verändert werden. Gleiches gilt für eine Unterdrückung der Bildschirmanzeige entsprechender Merkmale.

(7) Die Käuferin darf nach § 69d Abs. 2 UrhG eine Sicherungskopie erstellen. Die Kopie ist als solche zu kennzeichnen. Kann die Käuferin nachweisen, dass die Originalversion

nicht mehr auffindbar ist oder unbrauchbar wurde, tritt die Sicherungskopie an die Stelle des Originals.[15]

(8) Die in diesem § 4 enthaltenen Regelungen binden die Parteien auch schuldrechtlich.[16]

§ 5 Schutzrechtsverletzungen

(1) Die Verkäuferin stellt die Käuferin für das Inland auf eigene Kosten von allen Ansprüchen Dritter aus von der Verkäuferin zu vertretenden Schutzrechtsverletzungen frei. Die Käuferin wird die Verkäuferin unverzüglich über die geltend gemachten Ansprüche Dritter informieren. Informiert sie die Verkäuferin nicht unverzüglich über die geltend gemachten Ansprüche, erlischt dieser Freistellungsanspruch.[17]

(2) Im Falle von Schutzrechtsverletzungen darf die Verkäuferin – unbeschadet etwaiger Schadensersatzansprüche der Käuferin – nach eigener Wahl und auf eigene Kosten hinsichtlich der betroffenen Leistung

(a) nach vorheriger Absprache mit der Käuferin Änderungen vornehmen, die unter Wahrung von deren Interessen gewährleisten, dass eine Schutzrechtsverletzung nicht mehr vorliegt oder
(b) für die Käuferin die erforderlichen Nutzungsrechte erwerben.

§ 6 Eigentumsvorbehalt

(1) Die Verkäuferin behält sich das Eigentum an den Datenträgern bis zum Eingang aller Zahlungen aus dem Kaufvertrag vor.[18]

(2) Bei Zahlungsverzug mit der Kaufpreisforderung ist die Verkäuferin berechtigt, die verkaufte Software zurückzunehmen, solange der Zahlungsverzug anhält und die verzugbegründende Nichtleistung nicht unverhältnismäßig gering ist. In der Zurücknahme liegt keine Erklärung des Rücktritts vom Vertrag.[19]

§ 7 Allgemeine Leistungsstörungen

(1) Setzt die Käuferin eine Frist zur Leistung oder Nacherfüllung, so kann sie den erfolglosen Ablauf dieser Frist nur dann dazu nutzen, vom Vertrag zurückzutreten oder Schadensersatz statt der Leistung geltend zu machen, wenn sie der Verkäuferin bei der Fristsetzung mitgeteilt hat, dass sie deren Leistung nach erfolglosem Ablauf der Frist nicht mehr in Anspruch nehmen will. Hat die Käuferin statt der Fristsetzung eine Abmahnung auszusprechen, so hat sie auch hier zugleich mit der Abmahnung mitzuteilen, dass sie die Leistung der Verkäuferin nach ausbleibendem Erfolg der Abmahnung nicht mehr in Anspruch nehmen will.[20]

(2) Die Käuferin kann wegen einer nicht in einem Mangel der gekauften Gegenstände bestehenden Pflichtverletzung nur zurücktreten, wenn die Verkäuferin diese Pflichtverletzung zu vertreten hat.[21]

(3) Die Käuferin übernimmt es als selbständige Verpflichtung, der Verkäuferin zu ermöglichen, während eines Zeitraums von vier Jahren nach Vertragsschluss die Einhaltung der Bedingungen dieses Vertrages durch die Käuferin am Einsatzort der Software zu überprüfen und sie bei dieser Überprüfung nach Kräften zu unterstützen. Die Überprüfung erfolgt nach Ankündigung während der üblichen Geschäftszeiten der Käuferin. Die Ankündigung hat mit einer Frist von wenigstens sieben Tagen zu erfolgen. Die

Verkäuferin wird sich bemühen, den Geschäftsbetrieb der Käuferin so wenig wie möglich zu beeinträchtigen.[22]

§ 8 Sach- und Rechtsmängelhaftung

(1) Technische Daten, Spezifikationen und Leistungsangaben in öffentlichen Äußerungen, insbesondere in Werbemitteln sind keine Beschaffenheitsangaben. Die Funktionalität von Software richtet sich nach der Beschreibung in der Benutzerdokumentation, die auf der Web-Seite der Verkäuferin eingesehen werden kann, und den ergänzend hierzu getroffenen Vereinbarungen.[23]

(2) Nacherfüllungsansprüche verjähren in zwölf Monaten, ausgenommen bei Vorsatz.[24]

(3) Die Durchsetzung von Mängelhaftungsansprüchen ist davon abhängig, dass Mängel innerhalb von einer Woche nach ihrem erstmaligen Erkennen schriftlich gemeldet werden.[25]

(4) Die Nacherfüllung erfolgt nach Wahl der Verkäuferin durch Beseitigung des Mangels oder die Lieferung eines mangelfreien Gegenstandes. Die Lieferung kann auch so erfolgen, dass die Verkäuferin der Käuferin eine neuere Softwareversion zur Verfügung stellt, die mehr als alle nach diesem Vertrag geschuldeten Beschaffenheiten aufweist und die Käuferin hinsichtlich der Nutzung der Software gegenüber der nach diesem Vertrag geschuldeten Beschaffenheit nicht unzumutbar beeinträchtigt.[26]

(5) Solange die Käuferin die nach diesem Vertrag fällige Vergütung noch nicht vollständig gezahlt hat und sie kein berechtigtes Interesse am Zurückbehalt der rückständigen Vergütung hat, ist die Verkäuferin berechtigt, die Nacherfüllung zu verweigern.[27]

(6) Die Verkäuferin haftet nicht in den Fällen, in denen die Käuferin Änderungen an den von der Verkäuferin erbrachten Leistungen vorgenommen hat, es sei denn, dass diese Änderungen ohne Einfluss auf die Entstehung des Mangels waren.[28]

(7) Die Käuferin wird die Verkäuferin bei der Mangelfeststellung und -beseitigung unterstützen und unverzüglich Einsicht in die Unterlagen gewähren, aus denen sich die näheren Umstände des Auftretens des Mangels ergeben.

(8) Die Käuferin wird vor der Geltendmachung von Nacherfüllungsansprüchen mit der gebotenen Sorgfalt prüfen, ob ein der Nacherfüllung unterliegender Mangel gegeben ist. Sie wird dazu insbesondere die Hinweise im Bedienerhandbuch beachten. Sofern ein behaupteter Mangel nicht der Verpflichtung zur Nacherfüllung unterfällt (Scheinmangel), kann die Käuferin mit den für Verifizierung und Fehlerbehebung erbrachten Leistungen der Verkäuferin zu den jeweils gültigen Vergütungssätzen der Verkäuferin zuzüglich der angefallenen Auslagen belastet werden, es sei denn, die Käuferin hätte den Scheinmangel auch bei Anstrengung der gebotenen Sorgfalt nicht erkennen können.[29]

(9) Erfüllungsort für die Nacherfüllung ist der Sitz der Verkäuferin. Die Nacherfüllung kann durch telekommunikative Übermittlung von Software erfolgen, es sei denn, die telekommunikative Übermittlung ist der Käuferin, beispielsweise aus Gründen der IT-Sicherheit, nicht zuzumuten.[30]

§ 9 Haftung im Übrigen

(1) Die Verkäuferin haftet für Vorsatz und grobe Fahrlässigkeit. Für leichte Fahrlässigkeit haftet sie nur bei Verletzung einer wesentlichen Vertragspflicht (Kardinalpflicht), deren Erfüllung die ordnungsgemäße Durchführung des Vertrags überhaupt erst ermöglicht und auf deren Einhaltung die Käuferin regelmäßig vertrauen darf, sowie bei Schäden aus der Verletzung des Lebens, des Körpers oder der Gesundheit.[31]

(2) Die Verkäuferin schuldet die branchenübliche Sorgfalt. Bei der Feststellung, ob die Verkäuferin ein Verschulden trifft, ist zu berücksichtigen, dass Software technisch nicht fehlerfrei erstellt werden kann.[32]

(3) Die Haftung ist im Falle leichter Fahrlässigkeit summenmäßig beschränkt auf die Höhe des vorhersehbaren Schadens, mit dessen Entstehung typischerweise gerechnet werden muss; maximal ist diese Haftung jedoch beschränkt auf EUR . . . . . . pro Schadensfall und insgesamt auf . . . . . . EUR.[33]

(4) Für den Verlust von Daten und/oder Programmen haftet die Verkäuferin insoweit nicht, als der Schaden darauf beruht, dass es die Käuferin unterlassen hat, Datensicherungen durchzuführen und dadurch sicherzustellen, dass verlorengegangene Daten mit vertretbarem Aufwand wiederhergestellt werden können.

(5) Die vorstehenden Regelungen gelten auch zugunsten der Erfüllungsgehilfen der Verkäuferin.

§ 10 Schlussbestimmungen

(1) Allgemeine Geschäftsbedingungen der Parteien im Übrigen finden auf diesen Vertrag keine Anwendung. Dies gilt auch dann, wenn solchen Bedingungen nicht ausdrücklich widersprochen wird.

(2) Sollten einzelne Bestimmungen dieses Vertrages ganz oder teilweise unwirksam sein oder werden, wird die Wirksamkeit der übrigen Bestimmungen hierdurch nicht berührt. Die Parteien vereinbaren bereits jetzt[34] für diesen Fall, dass die ungültige Bestimmung durch eine wirksame Bestimmung ersetzt wird, die dem wirtschaftlichen Zweck der ungültigen Bestimmung möglichst nahe kommt. Entsprechendes gilt für etwaige Lücken der Vereinbarung.

(3) Die Parteien werden im Falle einer sich aus diesem Vertrag ergebenden Streitigkeit vor Durchführung eines Gerichtsverfahrens (Klage) eine Schlichtung gemäß der Schlichtungsordnung der Hamburger Schlichtungsstelle für IT-Streitigkeiten in der zum Zeitpunkt der Einleitung eines Schlichtungsverfahrens gültigen Fassung durchführen. Das Schlichtungsverfahren soll dazu dienen, den Streit ganz oder teilweise, vorläufig oder endgültig beizulegen. Kommt eine Einigung vor der Schlichtungsstelle nicht zustande, ist der Rechtsweg zu den ordentlichen Gerichten eröffnet.[35]

(4) Die Abtretung von Forderungen, die nicht Geldforderungen sind, ist nur mit vorheriger schriftlicher Zustimmung der anderen Vertragspartei zulässig. Die Zustimmung darf nicht unbillig verweigert werden.

(5) Ein Zurückbehaltungsrecht kann nur wegen Gegenansprüchen aus dem jeweiligen Vertragsverhältnis geltend gemacht werden.

(6) Die Vertragsparteien können nur mit Forderungen aufrechnen, die rechtskräftig festgestellt oder unbestritten sind.

(7) Nebenabreden zu diesem Vertrag bestehen nicht. Änderungen und Ergänzungen dieses Vertrages bedürfen der Schriftform. Auf dieses Formerfordernis kann nur durch schriftliche Vereinbarung verzichtet werden.

(8) Es gilt das Recht der Bundesrepublik Deutschland unter Ausschluss des UN-Kaufrechts.[36]

(9) Ausschließlicher Gerichtsstand für alle Rechtsstreitigkeiten aus oder im Zusammenhang mit diesem Vertrag ist der Sitz der Verkäuferin. Die Verkäuferin ist aber auch berechtigt, am allgemeinen Gerichtsstand des Kunden zu klagen

· · · · · ·   · · · · · ·
(Ort, Datum)   (Ort, Datum)

· · · · · ·   · · · · · ·
– Käuferin –   – Verkäuferin –

Anmerkungen

1. Formular. Das Formular ist aus der Sicht des Verkäufers als typischem Verwender von Überlassungsverträgen in dessen Interesse gestaltet. Das Formular behandelt die Überlassung von Standard-Software an Unternehmen. Für die Überlassung an Verbraucher sind insbesondere die strengeren AGB-rechtlichen Vorgaben, die fehlende Rügepflicht nach § 377 HGB und die Vorschriften über den Verbrauchsgüterkauf nach §§ 474 ff. BGB zu beachten.

Wie stets bei Vertragsbedingungen, die für eine Vielzahl von Fällen vorformuliert sind, ist auch hier zu berücksichtigen, dass die meisten Klauseln, die den Verwender vom Gesetz abweichend besser stellen, mit der Sanktion des § 307 I BGB belegt sind. Das von der Rechtsprechung streng gehandhabte **AGB-Recht** führt so in weiten Teilen zu einer Aufhebung der Privatautonomie. Das betrifft auch viele der in diesem Formular vorgeschlagenen Klauseln. Das Formular sucht die weit gehende gläubigerfreundliche und als nicht interessengerecht empfundene Haftung des Gesetzes einzuschränken. Der Weg, eine wirksame **Individualvereinbarung** zu treffen, ist in der Praxis regelmäßig versperrt, weil die von der Rechtsprechung hierzu aufgestellten Hürden kaum zu überwinden sind (instruktiv OLG Köln Urt. v. 17.8.2010 – 3 U 69/09, BeckRS 2011, 23934). Dem Verwender bleibt daher nur, bei der grundsätzlich kontrollfreien **Leistungsbeschreibung** anzusetzen, um sein Pflichtenprogramm so zu definieren, dass es weitgehend beherrschbar wird, und darauf zu setzen, dass sein Vertragspartner die unangemessene Benachteiligung durch die von der gesetzlichen Leitlinie abweichenden Klauseln nicht bemerkt oder deren gerichtliche Überprüfung scheut.

2. Kaufgegenstand. Die Überlassung von Standard-Software auf Dauer ist nach weit überwiegender Ansicht dem Kaufrecht zuzuordnen. Ob bei der Überlassung der Software der Kauf einer Sache, eines Rechts oder eines sonstigen Gegenstands im Vordergrund steht, ist allerdings heftig umstritten (zum Streitstand *Marly* Rn. 696 ff.). Der BGH hat unter der Geltung des alten Schuldrechts den Softwareerwerb nach den Vorschriften über den Sachkauf beurteilt, wobei jedoch diese Auffassung vor allem dadurch geprägt war, dass die Alternative die Anwendung der Vorschriften über den Rechtskauf war, die eine wesentlich strengere Haftung des Verkäufers bedeutete und dementsprechend von der Rechtsprechung als nicht angemessen angesehen wurde. Nach dem geltenden Recht ist das Haftungsregime für die Überlassung von Sachen, Rechten oder sonstigen Gegenständen nach § 453 BGB im Grundsatz gleich. Dementsprechend kann für die Vertragspraxis dahingestellt bleiben, was bei dem Erwerb von Software den eigentlichen Gegenstand des Kaufs darstellt. In einer mietrechtlich geprägten Entscheidung hat der BGH allerdings auch unter der Geltung des neuen Schuldrechts an seiner Auffassung festgehalten, dass **Software**, da sie stets einer Verkörperung bedarf, **als Sache** zu betrachten sei (BGH Urt. v. 15.11.2006 – XII ZR 120/04, MMR 2007, 243 [244] mwN; hierzu kritisch *Redeker* Rn. 278 ff.). Für die schuldrechtliche Behandlung der Überlassung von Standard-Software auf Dauer sind die kaufrechtlichen Regeln auch angemessen.

3. Dokumentation. Nach vorherrschender Ansicht gehört die Überlassung einer Benutzerdokumentation zu den Hauptleistungspflichten des Verkäufers (BGH Urt. v.

4.11.1992 – VIII ZR 165/91, NJW 1993, 461 [462]). Wird die **Benutzerdokumentation** überhaupt nicht geliefert, liegt nach neuem Schuldrecht wegen § 434 Abs. 3 BGB nunmehr aber nicht wie früher vom BGH angenommen Nichterfüllung, sondern eine mangelhafte Leistung vor (*Marly* Rn. 1551; MüKoBGB/*Westermann* § 434 Rn. 74; aA *Redeker* Rn. 312). Es ist streitig, ob ohne weitere Vereinbarung zur mangelfreien Lieferung einer Benutzerdokumentation die **Überlassung eines gedruckten Handbuchs** erforderlich ist oder eine so genannte Online-Hilfe, die eine Unterstützung nur während der Nutzung des Programms aus diesem heraus ermöglicht, ausreichend ist. Das Formular sieht eine Online-Hilfe als vereinbarte Beschaffenheit vor. Weitere Fragen betreffen die Möglichkeit zum Ausdrucken von Online-Hilfen und die Wahl der Sprache. Wie stets kommt es auf den Einzelfall an, insbesondere, an welche Zielgruppe sich die Software richtet und ob sie z. B. selbsterklärend ist. Für Software-Entwickler kommt eine Anleitung in englischer Sprache eher in Betracht als für Verbraucher. Wenn die Software selbsterklärend ist, braucht die Dokumentation nicht in einem gedruckten Handbuch zur Verfügung stehen (vgl. *Marly* Rn. 1556 f.). Neben der Benutzeranleitung ist eine **Installationsanleitung** erforderlich, sofern sich die Software nicht ohne weiteres selbst installiert. Ob das Fehlen einer Installationsanleitung nach § 434 Abs. 2 S. 2 BGB nicht zur Mangelhaftigkeit führt, wenn dem Anwender die Installation auch ohne Anleitung gelingt, ist zweifelhaft, da die Software ja durchaus auch noch erneut oder auf anderen Rechnern installiert werden können soll und sich dann wiederum die Frage der Installation stellt (Auer-Reinsdorff/Conrad/*Conrad*/*Witzel* § 18 Rn. 291).

4. Bestimmbares Entgelt. In der Praxis finden sich oft Kaufverträge, in denen die Vergütung bei der Überlassung auf Dauer (auch) nutzungsabhängig, zB nach Transaktionen, gestaltet wird. Diese Mischform von Überlassung gegen Einmalentgelt und nutzungsabhängiger Vergütung führt zu rechtlich nicht auflösbaren Problemen, wenn der Vertragstyp des Kaufvertrages Anwendung finden soll. Soweit sich dann kein bestimmbares Entgelt ergibt, fehlt dem Kaufvertrag ein vertragswesentlicher Bestandteil. In der Folge ist der Vertrag mangels Einigung unwirksam.

5. Installation. Bei dem Erwerb von Standardsoftware ist die Installation als Nebenleistung regelmäßig nicht geschuldet (MAH IT-R/*von dem Bussche*/*Schelinski* Teil 1 Rn 180). Die Klausel stellt dies klar.

6. Schulung. Auch die Schulung ist vom Verkäufer nicht geschuldet und muss separat vereinbart werden. In der Praxis bietet der Verkäufer gelegentlich eine Schulung an und unterlässt dafür die Erstellung einer ausreichenden Benutzerdokumentation. Dadurch wird die Software aber für den Käufer nicht dauerhaft nutzbar, weil Mitarbeiter wechseln können und die Schulungsinhalte mit der Zeit in Vergessenheit geraten.

7. Nutzungsrechte. Die urheberrechtlichen Beziehungen zwischen Rechtsinhaber und Software-Anwender sind noch in vielen Bereichen ungeklärt. Die Vertragspraxis ist oft von dem Gedanken geprägt, dass zur Benutzung von Software stets eine **Lizenz** erforderlich ist. Dabei wird unter Lizenz ein Dauerrechtsverhältnis verstanden, dessen Aufrechterhaltung erforderlich ist, um dem Anwender die Berechtigung zur Nutzung der Software zu vermitteln. Getrieben wird das Hervorheben der Lizenzierung durch die Sorge der Softwarehersteller, sie könnten durch einen Kaufvertrag Rechtspositionen endgültig aufgeben. Dementsprechend häufig ist in Softwareüberlassungsverträgen die unzutreffende Klausel zu finden „Die Software wird lizenziert, nicht verkauft."
Für die Überlassung von Standardsoftware zur Nutzung auf einem Rechner durch einen Anwender zurzeit ist es richtiger Weise so, dass es **keiner urheberrechtlichen Vereinbarung** zwischen Rechtsinhaber und Softwareanwender **bedarf**. Dies folgt aus § 69d Abs. 1 UrhG, der in Zusammenhang mit dem Erschöpfungsgrundsatz die Nutzung von Software ähnlich dem allgemeinen Grundsatz des **urheberrechtsfreien Werkgenusses**

bei auf Dauer in den Geschäftsverkehr gebrachten Vervielfältigungsstücken auch dann gestattet, wenn zwischen Anwender und Rechtsinhaber keinerlei urhebervertragsrechtliche Beziehungen bestehen (BGH Urt. v. 11.12.2014 – I ZR 8/13, GRUR 2015, 722 Rn. 60; Wandtke/Bullinger/*Grützmacher* § UrhG 69d Rn. 27; Bisges/*Imhof* Kap. 5 Rn. 354 ff.). Dieser Werkgenuss kann dem Anwender bei dem Erwerb der Software auch nicht durch entgegenstehende Vereinbarungen genommen werden. Insofern enthält § 69d Abs. 1 UrhG einen vertraglich nicht abdingbaren zwingenden Kern, der Verwendungshandlungen betrifft, die für die vertragsgemäße Verwendung des Programms unerlässlich sind (BGH Urt. v. 24.10.2002 – I ZR 3/00, NJW 2003, 2014 [2016] – CPU Klausel). Vertragsrechtlich wäre danach eine Nutzungsgestattung für den Einsatz auf einem Rechner zuzeit nicht erforderlich.

Oft werden die Nutzungsrechte in Überlassungsverträgen in einer Weise beschränkt, die mit urheberrechtlicher Wirkung wegen der nicht beliebigen **Aufspaltbarkeit von Nutzungsrechten** nur sehr eingeschränkt möglich ist (Bisges/*Imhof* Kap. 5 Rn. 333). Da kaum Rechtsprechung zu dieser Thematik vorliegt, sind in diesem Bereich noch viele Fragen ungeklärt. Zentral für die Beschränkung der Nutzung ist das Vervielfältigungsrecht. Nahezu jede Nutzung einer Software geht mit einer Vervielfältigung einher. Dementsprechend müssen zur Gestattung der Nutzung immer auch die **Vervielfältigungs-Nutzungsarten genannt werden** (Details bei Bisges/*Imhof* Kap. 5 Rn. 201 ff.). Die nachfolgenden, in Verträgen häufig anzutreffenden Nutzungsbeschränkungen, sind urheberrechtlich bedenklich (vgl. hierzu auch Wandtke/Bullinger/*Grützmacher* UrhG § 69d Rn. 34 ff.):

- **OEM-Klauseln** sind nach dem erstmaligen Inverkehrbringen aufgrund der Erschöpfung des Verbreitungsrechts nicht durchsetzbar, weil unabhängig davon, ob eine eigene Nutzungsart „OEM-Vertrieb" überhaupt anzuerkennen ist, die Erschöpfungswirkung umfassend ist und auch diese Nutzungsart erfasst (BGH Urt. v. 24.10.2002 – I ZR 3/00, NJW 2000, 3571 (3573)).

- **Konzernklauseln**, Branchenbeschränkungen oder ähnliche Klauseln sind bei der (auch unentgeltlichen) Überlassung auf Dauer nicht wirksam, weil solche Nutzungsformen nicht technisch und wirtschaftlich eigenständig und damit klar abgrenzbar sind (a.A Loewenheim/Lehmann/*Lehmann* § 76 Rn. 28). Sie scheiden zur Begründung eines Nutzungsrechts aus. Das gilt gleichermaßen für **Studierenden**- oder Lehrenden- wie für Sharewareversionen (vgl. auch Wandtke/Bullinger/*Grützmacher* UrhG § 69a Rn. 61 und § 69c Rn. 88). Sofern die Überlassung unentgeltlich oder nur gegen eine Aufwandsentschädigung erfolgt, liegt bei einer schuldrechtlichen Bindung des Erwerbers keine unangemessene Benachteiligung gemäß § 307 BGB vor. Der Anbieter kann bei unentgeltlich überlassener Software dann zwar urheberrechtlich die Verbreitung wegen § 69d Nr. 3 UrhG nicht verbieten. Der Erwerber verletzt aber die schuldrechtlich wirkende Verpflichtung, die Software nicht weiter zu geben und macht sich dementsprechend schadensersatzpflichtig. Im Übrigen → Form. B. 3 Anm. 22.

- Beschränkungen des Vertriebs von **Updates**, weil auch hier der Erschöpfungsgrundsatz entgegensteht (OLG München Urt. v. 12.2.1998 – 29 U 5911–97, NJW 1998, 1649).

- **Demo- und Testversionen** sollen eine eigenständige Nutzungsart darstellen können (so KG Urt. v. 23.5.2000 – 5 U 9674/98, ZUM 2000, 1089; MAH IT-R/*Wiebe* Teil 3 Rn. 64). Aber auch hier ist die technische Eigenständigkeit fraglich, wenn sich die Software funktional nicht von der vertriebenen Software unterscheidet. Unterscheidet sie sich, ist eine gesonderte rechtliche Behandlung möglich. Zulässig ist jedenfalls eine zeitlich beschränkte Überlassung im Wege der Leihe, bei der nach Ablauf der Befristung die Nutzungsbefugnis entfällt.

- **CPU-Klauseln**, dh die Beschränkung der Verwendung der Software auf einem oder mehreren bestimmten Rechnern (BGH Urt. v. 24.10.2002 – I ZR 3/00, NJW 2003, 2014 – CPU-Klausel).

- Beschränkungen auf die private oder **nicht-kommerzielle Nutzung** dürften ebenfalls unwirksam sein, weil eine Aufspaltung des Nutzungsrechts an der fehlenden technischen Eigenständigkeit und damit Abgrenzbarkeit scheitert (so auch MAH IT-R/ *Wiebe* Teil 3 Rn. 63).

Zulässig ist dagegen, soweit keine entgegenstehende Erschöpfung eintritt, die Beschränkung auf die Nutzung in bestimmten Ländern.

Die häufig anzutreffende Vereinbarung von Nutzungsbedingungen direkt zwischen dem Softwarehersteller und dem Anwender im Zusammenhang mit der Installation von Software (EULA = End User Licence Agreement) ist regelmäßig unwirksam. Der Erwerber der Software gibt mit der Installation bei einem entgegenstehenden Willen auch dann keine bindende, auf Abschluss einer Lizenzvereinbarung gerichtete Willenserklärung ab, wenn er durch Anklicken eines Feldes sein Einverständnis mit dem Vertrag erklärt (Bisges/*Imhof* Kap. 5 Rn. 301).

8. Netzwerk. Auch die urheberrechtliche Relevanz der Nutzung von Software im Netzwerkbetrieb ist noch weit gehend ungeklärt (einen Überblick über gängige Modelle gibt *Hoppen* CR 2007, 129 (132 f.)). Hier stellt sich die Frage, ob der bestimmungsgemäße Gebrauch der Software nach § 69 d Abs. 1 UrhG das Einräumen von Nutzungsrechten für den Netzwerkbetrieb entbehrlich macht, wenn die Software bei ihrem erstmaligen Inverkehrbringen für diesen Netzwerkbetrieb bestimmt war. Problematisch dabei ist, wie dies bestimmt wird. (hierzu BGH Urt. v. 11.12.2014 – I ZR 8/13, GRUR 2015, 772 Rn. 62; Wandtke/Bullinger/*Grützmacher* UrhG § 69d Rn. 7).

War die Software nicht für den Netzwerkbetrieb bestimmt, so ist jedenfalls eine Gestattung dann erforderlich, wenn die Software vom Server auf den Client kopiert wird, weil dann eine urheberrechtsrelevante Vervielfältigung nach § 69c Nr. 1 UrhG erfolgt. Gleiches gilt, wenn ohne Vervielfältigung eine öffentliche Wiedergabe nach § 69c Nr. 4 UrhG gegeben ist. Ist auch das nicht der Fall, weil etwa die Mitarbeiter in einem Unternehmen nicht zur Öffentlichkeit zählen, wäre eine Erlaubnis des Rechtsinhabers zum Netzwerkbetrieb nur unter der Annahme eines entsprechenden unbenannten Nutzungsrechts erforderlich. Ein solches **unbenanntes Verwertungsrecht** für den Netzwerkbetrieb wird zum Teil abgelehnt (Dreier/Schulze/*Dreier* § 69c Rn. 35). Richtigerweise bedarf die Nutzung von Software in Netzwerken aber auch dann der Zustimmung des Rechtsinhabers, wenn keine der in § 69c UrhG genannten Nutzungsarten betroffen ist. Es handelt sich insoweit um ein unbenanntes Verwertungsrecht (Bisges/*Imhof* Kap. 5 Rn. 234; Wandtke/Bullinger/*Grützmacher* UrhG § 69d Rn. 10).

9. Named User. Die in diesem Formular verwendete Klausel gestattet es dem Käufer, die Software von 20 Arbeitsplätzen aus gleichzeitig zu nutzen. Die Beschränkung auf benannte Nutzer („named User") ist im Gegensatz zu einer so genannten floating licence für mehrere Nutzer („concurrent user") urheberrechtlich unwirksam, da keine eigenständige Nutzungsart gegeben ist (Bisges/*Imhof* Kap. 5 Rn. 339). Kaufrechtlich ungewöhnlich ist die Änderungsmöglichkeit der benannten Nutzer, insoweit erhält der Vertrag eine über den reinen Leistungsaustausch hinausgehende zeitliche Dimension. Da die Lebenszyklen von Software regelmäßig überschaubar sind, hält sich die administrative Belastung der Parteien in Grenzen.

10. Aufschiebende Rechteeinräumung. Ein Eigentumsvorbehalt im eigentlichen Sinne zur Sicherung der Kaufpreisforderung des Verkäufers scheidet bei Software aus. Als Ersatz für den Eigentumsvorbehalt kommt das aufschiebend bedingte Übertragen der Nutzungsrechte bis zur vollständigen Kaufpreiszahlung und bis zu diesem Zeitpunkt das **Zurückbehalten der Nutzungsrechte** (Schricker/Loewenheim/*Schricker* UrhG Vorb. §§ 28 ff. Rn. 55; aA *Redeker* Rn. 544) in Betracht. Das Nichteinräumen von Nutzungsrechten kann jedoch keine Wirkung erzeugen, wenn § 69d Abs. 1 UrhG Anwendung findet, da der Rechtsinhaber dem Anwender die einfache Nutzung der Software nicht untersagen kann, wenn dadurch in den zwingenden Kern der Benutzerbefugnisse eingegriffen wird (Schricker/Loewenheim/*Schricker* UrhG § 69d Rn. 13). Damit hat diese Klausel lediglich Appellfunktion.

Für den Fall der Überlassung weiterer Software zu Beseitigung von Mängeln sieht das Formular eine **auflösende Rechtseinräumung** vor. Bei Standardsoftware haften Mängel jeder gleichen Softwareversion an. Eine individuelle Nacherfüllung wird dann ersetzt durch das Überlassen von Patches oder auch vollständigen Softwareversionen, die den Mangel nicht mehr aufweisen. Damit der Nutzer nicht berechtigt ist, die ersetzte und die neue Version zu nutzen, räumt das Formular ihm die Rechte auflösend bedingt nur für die jüngste Version ein.

11. Nutzungsrechte bei Nacherfüllung. Die Beseitigung von Mängeln bedeutet regelmäßig auch eine Änderung der Software. Damit der Käufer die Software nach der Mängelbeseitigung im gleichen Umfang wie zuvor nutzen kann, räumt ihm der Verkäufer die dazu erforderlichen Rechte ein. Aus Käufersicht wäre eine genauere Bezeichnung zur Vermeidung von Zweifelsfällen sinnvoll, etwa, dass auch heruntergeladene Softwareteile genauso verbreitet werden können, wie die auf dem überlassenen Datenträger verkörperte Software.

12. Programmsperre. Das Interesse der Rechteinhaber, einen Zweitmarkt für Software zu verhindern, lässt sich urheberrechtlich nur schwer umsetzen. Die Erschöpfung des Verbreitungsrechts gem. § 69c Nr. 3 UrhG entzieht dem Rechteinhaber die Befugnis, über die Weitergabe der von ihm in den Verkehr gebrachten Software zu entscheiden. Der BGH hat in seiner Entscheidung „Half-Life 2" (BGH Urt. v. 11.2.2010 – I ZR 178/08, MMR 2010, 771) eine Möglichkeit aufgezeigt, von der auch in diesem Formular Gebrauch gemacht wird. Ist das Programm nur mit einem online zu unterhaltenden Benutzerkonto verwendbar, so verstößt eine solche Vereinbarung jedenfalls aus AGB-rechtlicher Sicht nicht gegen den Grundsatz der Erschöpfung des Verbreitungsrechts.

Das Urheberrecht vermittelt keinen Anspruch auf eine Nutzungsmöglichkeit. Dieser Entscheidung des BGH ist zuzustimmen. Die Frage der Verbreitung – und auch der Mindestnutzungsrechte – hat nichts mit der Frage des Umfangs der Nutzung zu tun. Ist die Software nicht so nutzbar, wie der Nutzer dies erwarten durfte, kann er nur schuldrechtlich gegen den Überlassenden vorgehen. Nur Ausnahmsweise kommt eine deliktische Haftung in Betracht (BGH Urt. v. 15.9.1999 – I ZR 98/97, NJW-RR 2000, 393 – Programmsperre). Allerdings kann die so in der Nutzung beschränkte Software leicht als mangelhaft angesehen werden, wenn die Programmsperre nicht als übliche Beschaffenheit gilt. Der Verkäufer muss dann darauf achten, diese Beschaffenheit der Software wirksam mit dem Käufer zu vereinbaren (vgl. auch MAH IT-R/*von dem Bussche*/*Schelinski* Teil 1 Rn. 181). Das Formular trägt dem durch den Hinweis Rechnung. Dem Einwand, die Klausel sei nach § 305c I BGB überraschend, kann durch einen deutlich gestalteten Hinweis, etwa den Druck in Großbuchstaben, bei Vertragsschluss Rechnung getragen werden.

13. Weitergabeverbot. Eine solche oder ähnliche Klauseln finden sich in vielen Softwareüberlassungsverträgen. Sie sind AGB-rechtlich unwirksam, soweit durch sie der **Erschöpfungsgrundsatz** des § 69c Nr. 3 UrhG umgangen würde. Sie sind rechtlich auch weitgehend entbehrlich, weil sich das Weiterlizenzierungsverbot schon aus § 34 Abs. 1 UrhG ergibt. Hat der Rechtsinhaber die Software einmal in den Verkehr gebracht, so kann er ihren weiteren Vertrieb urheberrechtlich nicht kontrollieren (*Redeker* Rn. 55 ff.). Die Erschöpfung des Verbreitungsrechts erfasst auch die Leihe (Schricker/Loewenheim/

Loewenheim UrhG § 69c Rn. 40), nicht jedoch die Vermietung der Software. Damit weicht die Klausel hinsichtlich der Leihe von der gesetzlichen Leitlinie ab.

Die oft zu findende Formulierung, dass die Weitergabe der Software der Zustimmung des Rechtsinhabers bedarf, knüpft an § 34 Abs. 1 UrhG an. Soweit bei der Weitergabe der Software wegen § 69d Abs. 1 UrhG jedoch keine Nutzungsrechte übertragen werden müssen, läuft das Zustimmungserfordernis leer (Dreier/Schulze/*Dreier* UrhG § 69d Rn. 2; vgl. auch OLG Frankfurt Urt. v. 25.6.1996 – 11 U 4/96, NJW-RR 1997, 494; aA OLG München Urt. v. 3.7.2008 – 6 U 2759/07, MMR 2008, 601). Der Rechtsinhaber, der die rechtliche Kontrolle über die Weitergabe der Software behalten will, muss diese vermieten (zu Programmsperren → Anm. 12).

14. Mindestnutzungsrechte. Der Einsatz von Software in Netzwerken unterliegt als gestattungspflichtige Nutzung dem Zustimmungsvorbehalt des Rechteinhabers. Dies gilt sowohl für die öffentliche Wiedergabe wie für den nicht-öffentlichen Einsatz in Netzen. Damit aus der in diesem Formular vorgesehenen Berechtigung zum Einsatz in einem Netzwerk nicht geschlossen werden kann, dass auch die öffentliche Wiedergabe nach § 69c Nr. 4 UrhG gestattet ist, stellt die Klausel dies klar.

15. Sicherungskopie. Nach § 69d Abs. 2 UrhG darf der berechtigte Nutzer eine Sicherungskopie erstellen. Ob das Gesetz damit die Anzahl der Kopien festlegen will, ist umstritten (Dreier/Schulze/*Dreier* UrhG § 69d Rn. 17). Das Formular gestattet dem Nutzer nur eine einzige Kopie, was bei einer häufigen Sicherung von Datenbeständen durchaus problematisch ist, wenn diese Sicherungen als Vervielfältigung im Sinne des § 69c Nr. 1 UrhG gelten. Welche Befugnisse sich an die erstellte Kopie knüpfen, ist weitgehend unklar. Richtig dürfte sein, dass die Kopie das Original ersetzen soll, um die Nutzung nicht von dessen Besitz und Lesbarkeit abhängig zu machen (anders EuGH Urt. v. 12.10.2016 – C-166/15, MMR 2017, 19). Insoweit geht die Klausel hierüber hinaus, wenn sie dem Käufer das Risiko auferlegt, die Nichtverwendbarkeit des Originals nachweisen zu müssen.

16. Schuldrechtliche Bindung. Aufgrund der zur Zeit noch bestehenden vielen offenen Fragen im Urhebervertragsrecht für Software kann der Verwender des Formulars nicht davon ausgehen, dass die von ihm beabsichtigte urheberrechtliche Nutzungsregelung Wirksamkeit entfaltet. Um Auslegungsproblemen vorzubeugen stellt das Formular klar, dass jedenfalls eine schuldrechtliche Bindung der Parteien bestehen soll. Hierbei bleibt jedoch zu bedenken, inwieweit eine schuldrechtliche Bindung angesichts eines Abweichens von der gesetzlichen Leitlinie des Urheberrechts der Inhaltskontrolle nach § 307 BGB standhält. Zudem hat die schuldrechtliche Bindung den Nachteil, dass sie nicht gegenüber Dritten wirkt.

17. Freistellung. Gewerbliche Käufer erwarten in Kaufverträgen eine Freistellung von Ansprüchen, die Dritte aufgrund einer bestehenden oder vermeintlichen Urheberrechtsposition geltend machen. Dazu finden sich in der Praxis häufig verschuldensunabhängige Freistellungsklauseln, selbst in AGB der Verkäufer (sa für Lizenzverträge im Allgemeinen *Castendyk* ZUM 2007, 169 [175]). Für eine solche Garantiehaftung besteht aber kein Anlass. Schutzrechtsverletzungen sind seit der Schuldrechtsreform als Mängel des Kaufgegenstandes zu behandeln. Der Verkäufer haftet für Rechte Dritter die diese dem Käufer entgegenhalten können nach den §§ 437 ff. BGB. Die hier verwendete Formulierung beschränkt die Haftung auf vom Verkäufer zu vertretende Umstände und bleibt damit hinter der gesetzlichen Leitlinie der – mit Ausnahme des Schadensersatzes – verschuldensunabhängigen Haftung zurück. Im Verkehr zwischen Unternehmen dürfte diese Klausel als Allgemeine Geschäftsbedingung nach §§ 307 Abs. 2, 309 Nr. 8 lit. a, 310 Abs. 1 S. 2 BGB unwirksam sein. Die vielfach in Einkaufsbedingungen anzutreffende Garantie des Verkäufers für die Freiheit von Rechtsmängeln geht wiederum zu Lasten des Verkäufers über die gesetzliche Leitlinie hinaus und führt zur Unwirksamkeit nach § 307 II BGB (BGH Urt. v. 5.10.2005 – VIII ZR 16/05, NJW 2006, 47 Rn. 28). Unwirksam dürfte auch die Beschränkung der Haftung auf Schutzrechtsverletzungen im Inland sein, weil das Gesetz eine solche Beschränkung nicht vorsieht, sondern allenfalls über die Tatbestandsvoraussetzungen (Verschulden, erheblicher Mangel) und das Verbreitungsrecht steuert. Da aber die Haftung für Schutzrechtsverletzungen auch im EWR-Ausland nicht genau beurteilt werden kann, ist dies zumindest der Versuch, eine Regelung zu treffen, die vom Vertragspartner möglicherweise als wirksam akzeptiert wird. Bei grenzüberschreitenden Verträgen stellt Art. 42 des UN-Kaufrechtsabkommens den Verkäufer besser als das nationale Recht, weswegen dann überlegt werden soll, das UN-Kaufrecht nicht auszuschließen.

18. Eigentumsvorbehalt. Ein Eigentumsvorbehalt ist nur an eigentumsfähigen Sachen möglich. Auch wenn über die Sacheigenschaft von Software gestritten wird, behauptet niemand, dass Software als Sache dem Eigentumsbegriff des § 903 BGB unterfällt. Ein Eigentumsvorbehalt an Software ist daher nicht möglich. Hinsichtlich der Datenträger kann das Eigentum dagegen vorbehalten werden (OLG Düsseldorf Urt. v. 21.8.1998 – 22 U 8–98, NJW-RR 1999, 851 [852]) mit der Folge, dass bei Nichterfüllung der Zahlungspflichten der Datenträger zurückgefordert werden kann. Konsequenterweise muss dann auch die Berechtigung zur Nutzung der Software aus § 69d Abs. 1 UrhG entfallen. Wurden dagegen Nutzungsrechte eingeräumt, wirkt sich die Rücknahme der Datenträger hierauf nicht aus. Daher ist eine auflösend bedingte Einräumung solcher Rechte vorgesehen (hierzu LG München I Urt. v. 19.5.2004 – 21 O 6123/04, GRUR-RR 2004, 350 [351]).

19. Rücknahme ohne Rücktritt. Diese Regelung ist § 455 BGB vor der Schuldrechtsreform nachgebildet und ändert § 449 Abs. 2 BGB zugunsten des Verkäufers. Wird eine solche Klausel gegenüber Verbrauchern verwendet, ist sie unwirksam (BGH Urt. v. 19.12.2007 – XII ZR 61/05, NJW-RR 2008, 818 [821]). Aber auch gegenüber Unternehmen dürfte in einer solchen Regelung eine unangemessene Benachteiligung des Käufers begründet sein, weil das Ziel der Rücknahme ist, den Einsatz der Software beim Käufer zu unterbinden, was diesen hart treffen würde. Der Verkäufer ist über die Rücktrittsregeln ausreichend geschützt (BGH Urt. v. 19.12.2007 – XII ZR 61/05, NJW-RR 2008, 818 [822]; aA MüKoBGB/*Westermann* § 449 Rn. 38).

20. Fristsetzung bei Leistungsstörungen. Während in der Zeit vor der Schuldrechtsreform bei Nichterfüllung mit der Fristsetzung eine Ablehnungsandrohung ausgesprochen werden musste und der Schuldner danach Klarheit hatte, dass der Gläubiger nach erfolglosem Fristablauf keine Erfüllung mehr verlangen kann, fordert das Gesetz heute keine solche Androhung mehr. Der Schuldner muss sich nun erfüllungsbereit halten, zugleich aber auch riskieren, bei Verfolgung der Erfüllung die Frist nicht wahren zu können und dann mit den Nichterfüllungsansprüchen konfrontiert zu werden. Die hier verwandte Regelung soll dem Schuldner Klarheit verschaffen, dürfte aber ebenfalls AGB-rechtlich unwirksam sein.

21. Rücktritt bei Verschulden. Diese Regelung soll die strenge verschuldensunabhängige Haftung mildern, indem sie den Rücktritt außerhalb der Haftung für Mängel auf Pflichtverletzungen beschränkt, die der Schuldner zu vertreten hat. Im Umkehrschluss zu § 309 Nr. 8 lit. a BGB sollte dies zulässig sein.

22. Lizenz-Audit. Sofern der Verkäufer technisch nicht sicherstellen kann, dass der Käufer die Software nur im zugelassenen Umfang einsetzt, ist er an der Möglichkeit zur Überprüfung des rechtmäßigen Einsatzes interessiert. Da dies mittels hoheitlicher Gewalt nur in beschränktem Umfang und nur bedingt effektiv möglich ist, lassen sich manche Anbieter vertraglich ein Kontrollrecht einräumen, was vor allem aus Gründen des Datenschutzes und der Gefahr der Offenbarung von Betriebs- und Geschäftsgeheimnissen AGB-rechtlich unwirksam sein dürfte (dazu *Hoeren* CR 2008, 409 gegen *Moos* CR 2006, 797). Zudem stellt das Recht zur Auditierung einen im Kaufrecht nicht vorgesehenen dauernden Anspruch dar. Die Übernahme einer solchen Auditierungspflicht ist dementsprechend auch nach § 305c Abs. 1 BGB als überraschende Klausel anzusehen.

23. Beschaffenheit. Satz 1 hat, soweit keine von öffentlichen Äußerungen abweichende Beschaffenheitsvereinbarung erfolgt, lediglich Appellfunktion. Der zweite Satz ist üblich, um die Beschaffenheit der Software zu beschreiben. Um einer Inhaltskontrolle standzuhalten muss die Benutzerdokumentation als Maßstab der Beschaffenheitsvereinbarung dem Erwerber bei Vertragsschluss zugänglich sein, was in der Praxis regelmäßig nicht der Fall sein dürfte. Hier wird die Kenntnisnahmemöglichkeit über einen Zugriff auf die Dokumentation über das Internet sichergestellt. Eine Grenze der Beschaffenheitsvereinbarung in AGB dürfte aber die Funktionstauglichkeit zum üblichen Gebrauch sein. Ein Ausschluss von Funktionalitäten, die der Nutzer erwartet, dürfte, wie im Werkvertragsrecht (vgl. BGH Urt. v. 7.3.2013 –VII ZR 134/12, NJW 2013, 1226 Rn. 15), nur bei ausdrücklichem Hinweis zulässig sein.

24. Verjährungsverkürzung. Die Regelung des § 202 BGB wird in Verträgen häufig nicht beachtet. Im Weiteren ist zu beachten, dass die Verkürzung der Verjährung die Haftung des Verkäufers entgegen § 307 Abs. 2 und §§ 309 Nr. 7, 310 Abs. 1 S. 2 BGB beschränkt (BGH Urt. v. 15.11.2006 – VIII ZR 3/06, NJW 2007, 674 Rn. 21). (BeckOK BGB/*Henrich* § 202 Rn. 1). Man wird hier allerdings differenzieren müssen zwischen der Verjährung der Nacherfüllungsansprüche und der Verjährung des Schadensersatzanspruchs aus § 280 BGB wegen einer Schlecht- oder Nichterfüllung der Nacherfüllungsansprüche.

25. Fristgebundene Mängelmeldung. Diese Klausel hielte einer AGB-Kontrolle nicht stand, wäre aber in Individualverträgen m.E. wirksam. Von Gesetzes wegen greift § 377 HGB bei einem Verkauf an Unternehmen.

26. Nacherfüllung. Nach § 439 Abs. 1 BGB kann der Käufer wählen, welche Art der Nacherfüllung er verlangt. Im unternehmerischen Verkehr sollte es zulässig sein, die Wahl dem Verkäufer zuzuweisen (Palandt/*Weidenkaff* BGB § 439 Rn. 3). Bei der Überlassung von Software wäre ein Wahlrecht des Kunden auch nicht sinnvoll, wenn der Verkäufer lediglich Distributor ist und urheberrechtlich und technisch nicht in der Lage ist, die Software zu ändern und damit Nachbesserungsleistungen vorzunehmen.

27. Zurückbehaltungsrecht bei Nacherfüllung. Dem Verkäufer stehen schon nach §§ 320, 273 BGB Leistungsverweigerungsrechte zu. Die Klausel macht dies dem Käufer nur noch einmal deutlich. Die Verknüpfung der Nacherfüllung mit der Zahlung des vollständigen Kaufpreises würde gegen § 309 Nr. 8 lit. b dd BGB verstoßen.

28. Änderungen der Software durch den Käufer. Unter AGB-rechtlichen Gesichtspunkten begegnet diese übliche Klausel Bedenken, weil sie die Nacherfüllungsverpflichtung des Verkäufers generell entfallen lässt, sofern der Käufer irgendeine Änderung an der Software vorgenommen hat. Nur für den Fall, dass der Käufer nachweisen kann, dass diese Änderung ohne Auswirkungen auf den geltend gemachten Mangel ist, lebt die Mängelhaftung des Verkäufers wieder auf.

29. Scheinmangel. Diese Regelung greift die Ansicht des BGH auf, wonach die fahrlässige Inanspruchnahme von nicht geschuldeten Nacherfüllungsleistungen den Käufer zum Ersatz des dem Verkäufer hieraus entstandenen Schadens verpflichtet (BGH Urt. v. 23.1.2008 – VIII ZR 246/06, NJW 2008, 1147 [1148]). Die Klausel konkretisiert den Ersatzanspruch auf die für die Leistung entfallene übliche Vergütung. AGB-rechtlich ist zu beachten, dass der Einsatz eigener Leute nicht immer einen auszugleichenden Vermögensnachteil darstellt und der Käufer insofern unangemessen benachteiligt werden kann.

30. Erfüllungsort, Nacherfüllung. Für die Nacherfüllung bei Verbrauchsgüterkaufverträgen hat der BGH entschieden, dass der Erfüllungsort bei Fehlen einer vertraglichen Regelung nach § 269 I BGB jeweils im Einzelfall bestimmt werden muss (BGH Urt. v. 13.4.2011 – VIII ZR 220/10, NJW 2011, 2278 Rn. 29). Ob dies auch für den Kaufvertrag zwischen Unternehmen gilt, wo bisher auf den Ort abgestellt wurde, an dem sich die Sache bestimmungsgemäß befindet, ist offen. Dementsprechend ist auch unklar, wie der BGH eine Vereinbarung über den Erfüllungsort unter AGB-rechtlichen Gesichtspunkten bewerten würde (vgl. BeckOK BGB/*Roth-Faust* § 439 BGB Rn. 13). Das Formular sieht vor, dass Erfüllungsort regelmäßig der Sitz des Verkäufers ist, soweit die berechtigten Interessen des Käufers nicht etwas anderes verlangen.

31. Haftungsbeschränkung. Eine wirksame Beschränkung der Haftung in AGB ist nicht möglich (vgl. *Redeker* Rn. 462 ff.).

32. Fehlerfreie Software. In vielen Verträgen findet sich der Hinweis, dass Software nicht fehlerfrei sein kann. So richtig dies technisch gesehen ist, so wenig ergibt sich daraus die von den Verwendern dieser Klausel beabsichtigte Rechtsfolge einer Haftungserleichterung. Für die Mängelhaftung kommt es zunächst nicht darauf an, ob sich ein Fehler vermeiden ließ, sondern, dass die vereinbarte oder vorausgesetzte Beschaffenheit nicht gegeben ist. Auch wenn dem Verkäufer der Fehler nicht zuzurechnen ist, stehen dem Käufer neben dem Nacherfüllungsanspruch die verschuldensunabhängigen Mängelhaftungsrechte der Minderung und – bei nicht nur unbedeutenden Mängeln – des Rücktritts zu. Ob er den Mangel zu vertreten hat, richtet sich nach der getroffenen Vereinbarung oder dem Inhalt des Schuldverhältnisses. Im Allgemeinen ergeben sich aus dem Schuldverhältnis selbst nur ausnahmsweise Haftungsbeschränkungen (Palandt/ *Heinrichs* BGB § 276 Rn. 45). Es muss aber schon bei der Bestimmung der Sorgfaltsanforderungen auf die aus der Komplexität von Software folgenden Schwierigkeiten, fehlerfrei zu programmieren, Rücksicht genommen werden. Dies versucht die Klausel umzusetzen.

33. Haftungsbeschränkung. In AGB sind relevante Haftungserleichterungen auch über eine summenmäßige Beschränkung nicht zu erreichen. Der Schuldner muss stets auf den vertragstypischen Schaden haften. Atypische Schäden sind selten. Auch die hier vorgenommene Haftungsbeschränkung hielte einer Klauselkontrolle nicht stand.

34. Salvatorische Klausel. Salvatorische Klauseln zielen darauf, die Regelung des § 139 BGB zu verdrängen, wonach Verträge im Zweifel insgesamt nichtig sind, wenn auch nur ein Teil des Vertrages unwirksam ist. In AGB sind solche Regelungen wegen § 306 Abs. 1 BGB jedoch unnötig und, wenn sie über die gesetzliche Regelung in § 306 Abs. 2 BGB hinausgehen, auch unwirksam (MüKoBGB/*Basedow* § 306 Rn. 29). Salvatorische Klauseln wirken daher nur als Individualvereinbarung oder für Individualvereinbarungen.

35. Schlichtung. Auch wenn die Neigung von Vertragspartnern, im Streitfall die Hilfe einer Schlichtungsstelle in Anspruch zu nehmen gering ist, sollte mit Blick auf die Unwägbarkeiten eines Verfahrens vor den ordentlichen Gerichten eine solche Möglichkeit stets in Betracht gezogen werden. Alternativ zu der Einschaltung einer Schlichtungsstelle wäre auch ein den Streit endgültig beilegendes Schiedsverfahren denkbar. Neben der hier genannten Schlichtungsstelle wäre die DGRI eine weitere Anlaufstelle (www.dgri.de).

36. UN-Kaufrecht. UN-Kaufrecht ist nur auf die Lieferung von Waren anwendbar, nach hM zählt dazu aber auch die Überlassung von Software auf Dauer, jedenfalls dann, wenn die Überlassung körperlich, d.h. auf einem Datenträger erfolgt (MüKoBGB/ *Westermann* CISG Art. 1 Rn. 6).

2. Anpassung von Standard-Software

Software-Anpassungsvertrag

zwischen

......

– nachfolgend „Auftraggeber" genannt –

und

......

– nachfolgend „Auftragnehmer" genannt –

§ 1 Vertragsgegenstand

Gegenstand des Vertrages[1] ist die Anpassung der vom Auftraggeber mit separatem Vertrag vom ...... erworbenen ERP-Software ...... (nachfolgend kurz „Software" genannt) durch den Auftragnehmer an die Bedürfnisse des Auftraggebers, die im Zusammenwirken mit ihm ermittelt werden.

§ 2 Leistungen

(1) Der Auftragnehmer wird im Rahmen dieses Vertrages folgende Leistungen erbringen[2]

a) Bestimmen des Einsatzzieles der Software (Leistungsabschnitt 1),
b) Feststellen des Anpassungsbedarfs der Software/und oder der betrieblichen Abläufe zum Erreichen des Einsatzzieles und Erstellen eines Pflichtenhefts (Leistungsabschnitt 2),[3]
c) Anpassung der Software (Leistungsabschnitt 3)
d) Implementierung der Software in die IT-Umgebung des Auftraggebers und Konfiguration (Leistungsabschnitt 4)
e) Parametrisierung der Software (Leistungsabschnitt 5)[4]
f) Testen der Software (Leistungsabschnitt 6)
g) die Einweisung in die Software und die Schulung für ausgewählte Nutzer (Leistungsabschnitt 7).

(2) Der Auftragnehmer wird den Auftraggeber im Rahmen der zu erbringenden Leistungen beraten, wie das Einsatzziel unter Berücksichtigung des vereinbarten Budgets erreicht werden kann. Dabei hat die Anpassung der Software an die bestehenden und gegebenenfalls modifizierten Betriebsabläufe Vorrang. Sollte das Einsatzziel der Software statt durch Anpassung der Software auch durch eine Änderung der Betriebsabläufe erreichbar sein, so besteht die Obliegenheit des Auftraggebers, die Betriebsabläufe in seinem Unternehmen im Rahmen des Zumutbaren anzupassen. Dabei wird der Auftraggeber auch das vom Software-Hersteller entwickelte Referenzmodell in Betracht ziehen. Erfolgt diese Anpassung nicht, stellt die Nichterfüllung der in Absatz 1 beschriebenen Leistungen insoweit keine Verletzung der Pflichten des Auftragnehmers dar.[5]

(3) Alle Leistungen des Auftragnehmers sind so zu dokumentieren, dass der Auftraggeber in der Lage ist, Art und Umfang der Leistungen und deren Auswirkungen auf den Einsatz der Software nachzuvollziehen.

(4) Für die zu erbringenden Leistungen gilt die als Anlage „Zeitplan" diesem Vertrag angehängte Darstellung der Abfolge der zu erbringenden Leistungen.

§ 3 Abnahmen

(1) Die in § 2 genannten Leistungen werden abschnittsweise erbracht und abgenommen. Nach Fertigstellung der für den einzelnen Abschnitt beschriebenen Leistungen teilt der Auftragnehmer dies dem Auftraggeber mit, der dann prüft, ob die Leistung im Wesentlichen vertragsgemäß erbracht wurde.

(2) Wurden die Leistungen im Wesentlichen vertragsgemäß erbracht, hat der Auftraggeber die Teilleistungen abzunehmen.

(3) Erachtet der Auftraggeber die erbrachten Leistungen nicht als im Wesentlichen vertragsgemäß, so hat er seine Beanstandungen dem Auftragnehmer unverzüglich mitzuteilen.

(4) Beanstandet der Auftraggeber Leistungen fristgemäß, wird der Auftragnehmer hierzu unverzüglich Stellung nehmen. Die Parteien werden dann versuchen, eine Einigung über das weitere Vorgehen herbeizuführen.

(5) Nach Durchführung des Leistungsabschnitts 7 erfolgt die Gesamtabnahme, die nicht wegen Mängeln verweigert werden darf, die schon während der Teilabnahme zu erkennen waren.[6]

§ 4 Zusammenarbeit

(1) Die Parteien arbeiten vertrauensvoll zusammen. Erkennt eine Vertragspartei, dass Angaben und Anforderungen, gleich ob eigene oder solche der anderen Vertragspartei, fehlerhaft, unvollständig, nicht eindeutig oder nicht durchführbar sind, hat sie dies und die ihr erkennbaren Folgen der anderen Partei unverzüglich mitzuteilen. Die Parteien werden dann nach einer interessengerechten Lösung suchen und anstreben, diese, gegebenenfalls nach den Bestimmungen über Leistungsänderungen, zu erreichen.

(2) Der Auftraggeber unterstützt den Auftragnehmer bei der Erfüllung seiner vertraglich geschuldeten Leistungen. Dazu gehört insbesondere das rechtzeitige Zurverfügungstellen von Informationen, von fachkundigen Mitarbeitern, von Kommunikationsmitteln und -anschlüssen sowie von Hard- und Software und das Zugänglichmachen von Räumlichkeiten, soweit dies erforderlich ist. Der Auftraggeber wird den Auftragnehmer hinsichtlich zu beachtender Umstände bei Arbeiten des Auftragnehmers in den Räumlichkeiten und an den technischen Einrichtungen des Auftraggebers eingehend instruieren. Mitwirkungshandlungen nimmt der Auftraggeber auf seine Kosten vor.

(3) Der Auftraggeber wird des Weiteren zur Aufrechterhaltung seines Geschäftsbetriebs angemessene Vorkehrungen für den Fall treffen, dass die vom Auftragnehmer zu erbringenden Leistungen kurzfristig nicht zur Verfügung stehen.[7]

(4) Der Auftraggeber übernimmt es als eigenständige Pflicht, folgende Mitwirkungsleistungen zu erbringen: . . . . . .[8]

§ 5 Projektleitung

(1) Die Projektleitung[9] und -verantwortung liegen beim Auftragnehmer.

(2) Die Vertragsparteien nennen einander Ansprechpartner und deren Stellvertreter, die die Erfüllung der vertraglichen Pflichten für die sie benennende Vertragspartei verantwortlich und sachverständig leiten.

(3) Der Ansprechpartner des Auftragnehmers ist Leiter des Projektes und demgemäß für alle während des Projektes auftretenden Fragen sowie für das Einfordern und die Entgegennahme aller vom Auftraggeber geschuldeten Informationen und sonstigen Mitwirkungshandlungen zuständig. Der Projektleiter hat dem Auftraggeber stets und unverzüglich alle das Projekt betreffenden Informationen zu erteilen und Entscheidungen zu treffen. Der Projektleiter kontrolliert regelmäßig die Einhaltung des Zeitrahmens und des Inhalts des Projektauftrages sowie die Qualität der geleisteten Arbeit.

(4) Veränderungen in den benannten Personen haben die Parteien sich jeweils unverzüglich mitzuteilen. Bis zum Zugang einer solchen Mitteilung gelten die zuvor benannten Ansprechpartner und/oder deren Stellvertreter als berechtigt, im Rahmen ihrer bisherigen Vertretungsmacht Erklärungen abzugeben und entgegenzunehmen.

(5) Die Ansprechpartner verständigen sich in regelmäßigen Abständen über Fortschritte und Hindernisse bei der Vertragsdurchführung, um gegebenenfalls lenkend in die Durchführung des Vertrages eingreifen zu können.

(6) Als Eskalationsgremium wird ein Lenkungsausschuss aus verantwortlichen Mitgliedern des Auftraggebers sowie aus Mitgliedern der Geschäftsleitung des Auftragnehmers gebildet, der regelmäßig einmal monatlich zusammentritt und von den Ansprechpartnern über den Projektstand informiert wird. Zusätzlich ist der Lenkungsausschuss vom Auftragnehmer oder dem Auftraggeber unverzüglich einzuberufen, wenn die Einhaltung des Zeitrahmens und des Inhalts des Projektauftrages in nicht nur unerheblicher Weise gefährdet ist oder wenn über die Erweiterung des Projektauftrages um Zusatzfunktionen zu entscheiden ist und die Entscheidungen zusätzliche Zeit und Ressourcen erfordern. Der Lenkungsausschuss tritt bei Anrufung baldmöglich zusammen und hat seine Entscheidungen innerhalb der Sitzung zu treffen.

(7) Vereinbarte Änderungen der Leistungen sind vom Projektleiter zu dokumentieren und vom Auftraggeber zu bestätigen. Die Dokumentation soll schriftlich erfolgen.

§ 6 Termine

(1) Termine zur Leistungserbringung dürfen auf Seiten des Auftragnehmers nur durch den Ansprechpartner oder die Geschäftsführung zugesagt werden.[10]

(2) Termine sind schriftlich festzulegen. Von dieser Verpflichtung kann nur bei Wahrung der Schriftform abgewichen werden.[11]

(3) Der Auftragnehmer wird dem Auftraggeber Leistungsverzögerungen anzeigen. Leistungsverzögerungen aufgrund höherer Gewalt (zB Streik, Aussperrung, behördliche Anordnungen, allgemeine Störungen der Telekommunikation usw) und Umständen im Verantwortungsbereich des Auftraggebers (zB nicht rechtzeitige Erbringung von Mitwirkungsleistungen, Verzögerungen durch dem Auftraggeber zuzurechnende Dritte etc) hat der Auftragnehmer nicht zu vertreten und berechtigen den Auftragnehmer, das Erbringen der betroffenen Leistungen um die Dauer der Behinderung zzgl. einer angemessenen Anlaufzeit hinauszuschieben.

§ 7 Leistungsänderungen

(1) Will der Auftraggeber den vertraglich bestimmten Umfang der vom Auftragnehmer zu erbringenden Leistungen ändern, so wird er diesen Änderungswunsch schriftlich gegenüber dem Auftragnehmer äußern.[12] Das weitere Verfahren richtet sich nach den nachfolgenden Bestimmungen. Bei Änderungswünschen, die rasch geprüft und voraussichtlich innerhalb von 8 Arbeitsstunden umgesetzt werden können, kann der Auftragnehmer von dem Verfahren nach den Abs. 2 bis 5 absehen und die Leistungen direkt ausführen. Der

Auftraggeber ist berechtigt, seinen Änderungswunsch jederzeit zurückzuziehen; das einge-leitete Änderungsverfahren endet dann.

(2) Der Auftragnehmer prüft, welche Auswirkungen die gewünschte Änderung insbeson-dere hinsichtlich Vergütung, Mehraufwänden und Terminen haben wird. Erkennt der Auftragnehmer, dass aktuell zu erbringende Leistungen aufgrund der Prüfung nicht oder nur verzögert ausgeführt werden sollten, so teilt er dies dem Auftraggeber mit und weist ihn darauf hin, dass der Änderungswunsch weiterhin nur geprüft werden kann, wenn die betroffenen Leistungen um zunächst unbestimmte Zeit verschoben werden. Erklärt der Auftraggeber sein Einverständnis mit dieser Verschiebung, führt der Auftragnehmer die Prüfung des Änderungswunsches durch.

(3) Nach Prüfung des Änderungswunsches wird der Auftragnehmer dem Auftraggeber die Auswirkungen des Änderungswunsches auf die getroffenen Vereinbarungen darlegen. Die Darlegung enthält entweder einen detaillierten Vorschlag für die Umsetzung des Ände-rungswunsches oder Angaben dazu, warum der Änderungswunsch nicht umsetzbar ist.

(4) Die Vertragsparteien werden sich über den Inhalt eines Vorschlags für die Umsetzung des Änderungswunsches unverzüglich abstimmen und das Ergebnis einer erfolgreichen Abstimmung dem Text der Vereinbarung, auf die sich die Änderung bezieht, als Nach-tragsvereinbarung beifügen.

(5) Kommt eine Einigung nicht zustande oder endet das Änderungsverfahren aus einem anderen Grund, so verbleibt es beim ursprünglichen Leistungsumfang. Gleiches gilt für den Fall, dass der Auftraggeber mit einer Verschiebung der Leistungen zur weiteren Durchführung der Prüfung nach Abs. 2 nicht einverstanden ist.

(6) Die von dem Änderungsverfahren betroffenen Termine werden unter Berücksichti-gung der Dauer der Prüfung, der Dauer der Abstimmung über den Änderungsvorschlag und gegebenenfalls der Dauer der auszuführenden Änderungswünsche zuzüglich einer angemessenen Anlauffrist soweit erforderlich verschoben. Der Auftragnehmer wird dem Auftraggeber die neuen Termine mitteilen.

(7) Der Auftraggeber hat die durch das Änderungsverlangen entstehenden Aufwände zu tragen. Hierzu zählen insbesondere die Prüfung des Änderungswunsches, das Erstellen eines Änderungsvorschlags und etwaige Stillstandszeiten. Die Aufwände werden für den Fall, dass zwischen den Parteien eine Vereinbarung über Tagessätze getroffen wurde, nach diesen, im Übrigen nach der üblichen Vergütung des Auftragnehmers berechnet.

(8) Der Auftragnehmer ist berechtigt, die nach dem Vertrag zu erbringenden Leistungen zu ändern oder von ihnen abzuweichen, wenn die Änderung oder Abweichung unter Berück-sichtigung der Interessen des Auftragnehmers für den Auftraggeber zumutbar ist.[13]

§ 8 Übergabe

Der Auftragnehmer übergibt dem Auftraggeber die Ergebnisse der einzelnen Leistungs-abschnitte. Das beinhaltet insbesondere die erstellte Software einschließlich Benutzerdo-kumentation und falls erforderlich Installationsanleitung, die Daten der Parametrisierung und die Schulungsunterlagen auf einem geeigneten Datenträger.[14]

§ 9 Vergütung

(1) Für die Vergütung der vom Auftraggeber zu erbringenden Leistungen gilt die in der Anlage „Vergütung" vorgesehene Regelung. Soweit dort nichts anderes geregelt ist, erfolgt die Leistungserbringung nach Aufwand zu den in der Anlage „Vergütung" genannten

Vergütungssätzen. Vom Auftragnehmer erstellte Kostenvoranschläge oder Budgetplanungen sind unverbindlich. Werden Leistungen zu Festpreisen zugesagt, berechtigen Aufwandsmehrungen und –minderungen keine Partei, eine Anpassung zu verlangen.

(2) Von den zur Wahl stehenden Möglichkeiten, die Leistungen nach § 2 zu erbringen hat der Auftragnehmer die kostengünstigere Möglichkeit zu wählen. Die in § 2 Absatz 2 beschriebene Vorgehensweise ist dabei stets zu beachten.

(3) Die nach der Anlage „Vergütung" für die einzelnen Leistungsabschnitte zu zahlenden Vergütungen werden als Teilleistungen erbracht.[15]

(4) Der Auftraggeber trägt gegen Nachweis sämtliche Auslagen wie Reise- und Übernachtungskosten, Spesen und im Rahmen der Vertragsdurchführung anfallende Entgeltforderungen Dritter. Reisezeiten sind zu vergüten.

(5) Zahlungen sind 14 Tage nach Zugang der Rechnung zu leisten. Alle vertraglich vereinbarten Vergütungen verstehen sich zzgl. der gesetzlichen Umsatzsteuer.

§ 10 Nutzungsrechte

(1) Der Auftragnehmer räumt dem Auftraggeber an der nach diesem Vertrag überlassenen, von ihm oder in seinem Auftrag erstellten Software die Nutzungsrechte ein, die er dem Auftraggeber auch nach dem Softwareüberlassungsvertrag eingeräumt hat.[16]

(2) Der Auftraggeber ist berechtigt, die vorstehenden Rechte an den Anpassungsleistungen ohne weitere Zustimmung durch den Auftragnehmer ganz oder teilweise auf Dritte zu übertragen.

(3) Ein Anspruch auf Übergabe des der überlassenen Software zugrundeliegenden Quellcodes ergibt sich aus der vorstehenden Rechteeinräumung nicht. Die Herausgabe von Quellcode ist in einer eigenständigen Vereinbarung zu regeln.[17]

(4) Die Übertragung der Nutzungsrechte erfolgt erst in dem Zeitpunkt der vollständigen Vergütungszahlung durch den Auftraggeber. Bis zur vollständigen Vergütungszahlung duldet der Auftragnehmer die Nutzung der Software durch den Auftraggeber widerruflich Der Auftragnehmer kann den Einsatz solcher Software, mit deren Vergütungszahlung sich der Auftraggeber in Verzug befindet, für die Dauer des Verzuges widerrufen.[18]

§ 11 Schutzrechtsverletzungen

(1) Der Auftragnehmer stellt sicher, dass er für die Arbeiten an der Software über die erforderlichen Berechtigungen verfügt. Er stellt den Auftraggeber auf eigene Kosten von allen berechtigten Ansprüchen Dritter frei.

(2) Im Falle von Schutzrechtsverletzungen darf der Auftragnehmer – unbeschadet etwaiger Schadensersatzansprüche des Auftraggebers – nach eigener Wahl und auf eigene Kosten hinsichtlich der betroffenen Leistung

(a) nach vorheriger Absprache mit dem Auftraggeber Änderungen vornehmen, die gewährleisten, dass eine Schutzrechtsverletzung nicht mehr vorliegt oder
(b) für den Auftraggeber die erforderlichen Nutzungsrechte erwerben.

§ 12 Rügeobliegenheit

(1) Der Auftraggeber hat die Software einschließlich der Dokumentation unverzüglich nach der Ablieferung durch den Auftragnehmer, soweit dies nach ordnungsmäßigem Geschäftsgange tunlich ist, zu untersuchen und, wenn sich ein Mangel zeigt, dem Auftragnehmer unverzüglich Anzeige zu machen.[19]

(2) Unterlässt der Auftraggeber die Anzeige, so gilt die Software einschließlich der Dokumentation als genehmigt, es sei denn, dass es sich um einen Mangel handelt, der bei der Untersuchung nicht erkennbar war.

(3) Zeigt sich später ein solcher Mangel, so muss die Anzeige unverzüglich nach der Entdeckung gemacht werden; anderenfalls gilt die Software einschließlich der Dokumentation auch in Ansehung dieses Mangels als genehmigt.

(4) Zur Erhaltung der Rechte des Auftraggebers genügt die rechtzeitige Absendung der Anzeige.

(5) Hat der Auftragnehmer den Mangel arglistig verschwiegen, so kann er sich auf die vorstehenden Vorschriften nicht berufen.

§ 13 Leistungsstörungen

(1) Setzt der Auftraggeber dem Auftragnehmer eine Frist zur Leistung oder Nacherfüllung, so kann er den erfolglosen Ablauf dieser Frist nur dann dazu nutzen vom Vertrag zurückzutreten oder Schadensersatz statt der Leistung geltend zu machen, wenn er dem Auftragnehmer bei der Fristsetzung mitgeteilt hat, dass er die Leistung des Auftragnehmers nach erfolglosem Ablauf der Frist nicht mehr in Anspruch nehmen will. Hat der Auftraggeber statt der Fristsetzung eine Abmahnung auszusprechen, so hat er auch hier zugleich mit der Abmahnung dem Auftragnehmer mitzuteilen, dass er die Leistung nach ausbleibendem Erfolg der Abmahnung nicht mehr in Anspruch nehmen will.[20]

(2) Der Auftraggeber kann wegen einer nicht in einem Mangel einer Kaufsache oder eines Werks bestehenden Pflichtverletzung nur zurücktreten, wenn der Auftragnehmer diese Pflichtverletzung zu vertreten hat.[21]

(3) Tritt der Auftraggeber wegen der Verletzung einer Pflicht, die sich auf eine abgrenzbare Leistung bezieht, die von anderen zu erbringenden Leistungen unter Berücksichtigung der berechtigten Interessen des Auftraggebers unabhängig erbracht werden kann, zurück, so werden die anderen Leistungen von diesem Rücktritt nicht erfasst.

(4) Wird der Vertrag über die Überlassung der anzupassenden Software rückabgewickelt, endet auch dieser Vertrag. Hat der Auftragnehmer die Rückabwicklung nicht zu vertreten, kann er die vereinbarte Vergütung auch für die noch nicht oder nicht vollständig erbrachten Leistungsabschnitte verlangen. Er muss sich jedoch dasjenige anrechnen lassen, was er infolge der vorzeitigen Beendigung des Vertrages an Aufwendungen erspart oder durch anderweitige Verwendung seiner Arbeitskraft erwirbt oder zu erwerben böswillig unterlässt.[22]

§ 14 Sach- und Rechtsmängelhaftung

(1) Die Software hat die nach dem Pflichtenheft geschuldete Beschaffenheit.

(2) Mängelansprüche verjähren in zwölf Monaten,[23] es sei denn, der Mangel wurde arglistig verschwiegen. Die Verjährung beginnt mit der Gesamtabnahme oder deren endgültiger Verweigerung.

(3) Die Nacherfüllung hat unabhängig von der Anzahl der Versuche innerhalb einer angemessenen Frist zu erfolgen.

(4) Die Durchsetzung von Mängelhaftungsansprüchen ist davon abhängig, dass Mängel innerhalb von zwei Wochen nach ihrem erstmaligen Erkennen schriftlich gemeldet werden und reproduzierbar sind.[24]

(5) Der Auftragnehmer kann die Nacherfüllung verweigern, solange der Auftraggeber die für die Anpassungsleistungen geschuldete Vergütung noch nicht vollständig gezahlt hat und der Auftraggeber kein berechtigtes Interesse am Zurückbehalt der rückständigen Vergütung hat.

(6) Der Auftragnehmer haftet nicht in den Fällen, in denen der Auftraggeber Änderungen an der vom Auftragnehmer erbrachten Leistungen vorgenommen hat, es sei denn, dass diese Änderungen ohne Einfluss auf die Entstehung des Mangels waren.

(7) Der Auftraggeber wird den Auftragnehmer bei der Mangelfeststellung und -beseitigung unterstützen und unverzüglich Einsicht in die Unterlagen gewähren, aus denen sich die näheren Umstände des Auftretens des Mangels ergeben.

(8) Sofern ein behaupteter Mangel nach entsprechender Untersuchung nicht einer Mängelhaftungsverpflichtung des Auftragnehmers zuzuordnen ist und der Auftraggeber dies hätte erkennen können, kann der Auftraggeber mit den für Verifizierung und Fehlerbehebung entstandenen Aufwendungen des Auftragnehmers zu den jeweils gültigen Vergütungssätzen belastet werden.[25]

§ 15 Haftung

(1) Der Auftragnehmer haftet für Vorsatz und grobe Fahrlässigkeit. Für leichte Fahrlässigkeit haftet der Auftragnehmer nur bei Verletzung einer wesentlichen Vertragspflicht, deren Erfüllung die ordnungsgemäße Durchführung des Vertrags überhaupt erst ermöglicht und auf deren Einhaltung der Vertragspartner regelmäßig vertrauen darf sowie bei Schäden aus der Verletzung des Lebens, des Körpers oder der Gesundheit.[26]

(2) Bei der Erstellung und Pflege von Software schuldet der Auftragnehmer die branchenübliche Sorgfalt. Bei der Feststellung, ob den Auftragnehmer ein Verschulden trifft, ist zu berücksichtigen, dass Software technisch nicht fehlerfrei erstellt werden kann.

(3) Die Haftung ist im Falle leichter Fahrlässigkeit summenmäßig beschränkt auf die Höhe des vorhersehbaren Schadens, mit dessen Entstehung typischerweise gerechnet werden muss; maximal ist diese Haftung jedoch beschränkt auf . . . . . . EUR pro Schadensfall und insgesamt auf . . . . . . EUR aus dem Vertragsverhältnis.

(4) Für den Verlust von Daten und/oder Programmen haftet der Auftragnehmer insoweit nicht, als der Schaden darauf beruht, dass es der Auftraggeber unterlassen hat, Datensicherungen durchzuführen und dadurch sicherzustellen, dass verlorengegangene Daten mit vertretbarem Aufwand wiederhergestellt werden können.

(5) Die vorstehenden Regelungen gelten auch zugunsten der Erfüllungsgehilfen des Auftragnehmers.

§ 16 Abwerbungsverbot

Der Auftraggeber verpflichtet sich, während der Dauer der Zusammenarbeit der Parteien und für einen Zeitraum von einem Jahr danach keine Mitarbeiter vom Auftragnehmer abzuwerben oder ohne Zustimmung des Auftragnehmers anzustellen. Für jeden Fall der schuldhaften Zuwiderhandlung verpflichtet sich der Auftraggeber, eine vom Auftragnehmer der Höhe nach festzusetzende und im Streitfall vom zuständigen Gericht zu überprüfende Vertragsstrafe zu zahlen.[27]

§ 17 Geheimhaltung, Presseerklärung

(1) Die der anderen Vertragspartei übergebenen Unterlagen, mitgeteilten Kenntnisse und Erfahrungen dürfen ausschließlich für die Zwecke dieses Vertrages verwendet und

Dritten nicht zugänglich gemacht werden, sofern sie nicht ihrer Bestimmung nach Dritten zugänglich gemacht werden sollen oder dem Dritten bereits bekannt sind. Dritte sind nicht die zur Durchführung des Vertragsverhältnisses hinzugezogenen Hilfspersonen wie Freie Mitarbeiter, Subunternehmer etc.

(2) Darüber hinaus vereinbaren die Vertragsparteien, Vertraulichkeit über den Inhalt dieses Vertrages und über die bei dessen Abwicklung gewonnenen Erkenntnisse zu wahren.

(3) Die Geheimhaltungsverpflichtung gilt auch über die Beendigung des Vertragsverhältnisses hinaus.

(4) Wenn eine Vertragspartei dies verlangt, sind die von ihr übergebenen Unterlagen wie Strategiepapiere, Briefingdokumente etc. nach Beendigung des Vertragsverhältnisses an sie herauszugeben, soweit die andere Vertragspartei kein berechtigtes Interesse an diesen Unterlagen geltend machen kann.

(5) Presseerklärungen, Auskünfte etc., in denen eine Vertragspartei auf die andere Bezug nimmt, sind nur nach vorheriger schriftlicher Abstimmung zulässig.

§ 18 Schlichtung

Die Parteien verpflichten sich, im Falle einer sich aus diesem Vertrag ergebenden Streitigkeit vor Durchführung eines streitigen Verfahrens (Klage) eine Schlichtung gemäß der Schlichtungsordnung der Hamburger Schlichtungsstelle für IT-Streitigkeiten in der zum Zeitpunkt der Einleitung eines Schlichtungsverfahrens gültigen Fassung durchzuführen. Das Schlichtungsverfahren soll dazu dienen, den Streit ganz oder teilweise, vorläufig oder endgültig beizulegen.

§ 19 Abtretung, Zurückbehaltungsrecht und Aufrechnung

(1) Die Abtretung von Forderungen, die nicht Geldforderungen sind, ist nur mit vorheriger schriftlicher Zustimmung der anderen Vertragspartei zulässig. Die Zustimmung darf nicht unbillig verweigert werden.

(2) Ein Zurückbehaltungsrecht kann nur wegen Gegenansprüchen aus dem jeweiligen Vertragsverhältnis geltend gemacht werden.

(3) Die Vertragsparteien können nur mit Forderungen aufrechnen, die rechtskräftig festgestellt oder unbestritten sind.

(4) Der Auftragnehmer darf den Auftraggeber auf seiner Web-Site oder in anderen Medien als Referenzauftraggeber nennen. Der Auftragnehmer darf ferner die erbrachten Leistungen zu Demonstrationszwecken öffentlich wiedergeben oder auf sie hinweisen, es sei denn, der Auftraggeber kann ein entgegenstehendes berechtigtes Interesse geltend machen.

§ 20 Schlussbestimmungen

(1) Alle Änderungen und Ergänzungen vertraglicher Vereinbarungen müssen zu Nachweiszwecken schriftlich niedergelegt werden. Kündigungen haben schriftlich zu erfolgen. Meldungen, die schriftlich zu erfolgen haben, können auch per E-Mail erfolgen.

(2) Sollten einzelne Bestimmungen der Parteivereinbarungen ganz oder teilweise unwirksam sein oder werden, wird die Wirksamkeit der übrigen Bestimmungen hierdurch nicht berührt. Die Parteien verpflichten sich für diesen Fall, die ungültige Bestimmung durch eine wirksame Bestimmung zu ersetzen, die dem wirtschaftlichen Zweck der ungültigen

Bestimmung möglichst nahe kommt. Entsprechendes gilt für etwaige Lücken der Vereinbarungen.

(3) Es gilt das Recht der Bundesrepublik Deutschland unter Ausschluss des UN-Kaufrechts.[28]

(4) Ausschließlicher Gerichtsstand für alle Rechtsstreitigkeiten aus oder im Zusammenhang mit diesem Vertrag ist . . . . . . Der Auftragnehmer ist aber auch berechtigt, am allgemeinen Gerichtsstand des Auftraggebers zu klagen.

. . . .

(Ort, Datum)   (Ort, Datum)

. . . .

– Auftraggeber –   – Auftragnehmer –

Anlagen:

Anlage „Zeitplan"

Anlage „Vergütung"

Anmerkungen

1. **Softwareanpassung.** Es liegt in der Natur der Sache, dass Standardsoftware die Bedürfnisse der Anwender nur in begrenztem Umfang befriedigen kann. Erfüllt eine Standardsoftware nicht alle Anforderungen des Anwenders, so kann dieses Defizit durch eine individuelle Anpassung der Software im Wege der Änderungs- und Ergänzungsprogrammierung beseitigt werden. Ein verbreiteter Anwendungsfall für individuelle Software-Anpassungen sind ERP-Anwendungen, wie auch in diesem Fallbeispiel. Hier kann beispielsweise die Erweiterung oder Modifikation der Software-Funktionen vom Auftraggeber gewünscht sein, aber auch die Herstellung von Schnittstellen zu anderen Programmen.

Die Arbeiten zur Anpassung der Software können entweder bei der Überlassung der Software oder, wie hier, separat vereinbart werden. Werden die Anpassungsleistungen von dem gleichen Unternehmen erbracht, das auch die anzupassende Software überlässt, stellt sich die Frage, ob die Leistungen **Nebenleistungen zum Überlassungsvertrag** sind, die an der vertragstypologischen Einordnung des Rechtsverhältnisses nichts ändern oder ob sie ein derartiges Gewicht haben, dass das Vertragsverhältnis insgesamt wegen der Erfolgsbezogenheit der Anpassungsleistungen werkvertraglich zu werten ist (*Redeker* Rn. 297d; für die Anwendung von Werkvertragsrecht auf die Überlassung und Anpassung OLG Hamm Urt. v. 26.2.2014 – I-12 U 112/13, NJW-RR 2014, 878; OLG Köln Urt. v. 22.6.1988 – 13 U 113/87, NJW 1988, 2477. Das LG Landshut hat eine bloße Nebenpflicht ohne prägenden Charakter angenommen: LG Landshut Urt. v. 20.8.2003 – HKO 2392/02, CR 2004, 19). Das Formular behandelt die hier relevante Anpassung von Standard-Software als **Werkvertrag** (s. dazu auch BGH Urt. v. 25.3.2010 – VII ZR 224/ 08, NJW 2010, 2200 Rn. 14 und die Anm. von *Bartsch* in CR 2010, 777). Das wirft zwar anders als bei der Software-Erstellung keine Fragen zur Anwendung des Kaufrechts über § 651 BGB auf, da hier keine Sache geliefert wird. Die damit eng zusammenhängende Frage ist jedoch, ob es sich bei der Anpassung um Leistungen an einer Sache handelt mit der Folge der zweijährigen **Verjährungsfrist** aus § 634a Abs. 1 Nr. 1 BGB (OLG Hamm Urt. v. 26.2.2014 – I-12 U 112/13, NJW-RR 2014, 878) oder ob über Nr. 3 der Vorschrift die regelmäßige Verjährungsfrist Anwendung findet. Sieht man den

Grund für die Unterscheidung zwischen Nr. 1 und Nr. 3 in der im letztgenannten Fall schwerer zu erkennenden Mangelhaftigkeit (MüKoBGB/*Busche* § 634a Rn. 32), ist dieser Umstand bei Software nicht gegeben. Softwaremängel zeigen sich in relativ kurzer Zeit und die Frage, ob sie schon bei Überlassung/Abnahme vorlagen, ist ebenfalls schnell zu klären.

Neben der Veränderung von (in der Regel) Standard-Software zur Anpassung an die Bedürfnisse des Nutzers findet sich auch die bloße Einstellung der Software (Parametrisierung). Beides, Änderung der Software und Parametrisierung, wird auch als „Customizing" bezeichnet. Wie stets bei Begrifflichkeiten hängt die rechtliche Würdigung hiervon nicht ab. Die Parametrisierung ist auf die Herbeiführung eines Erfolges gerichtet und somit ebenfalls werkvertraglich einzuordnen.

Auch wenn über die Anpassung der Software ein separates Vertragswerk erstellt wird, bildet der Anpassungsvertrag regelmäßig eine **rechtliche Einheit** mit dem Überlassungsvertrag mit der Folge, dass bei Beendigung bzw. Rückabwicklung des Überlassungsvertrages dies auch Wirkungen auf den – dann sinnlos gewordenen – Anpassungsvertrag hat.

Das Formular folgt im Wesentlichen dem zur Erstellung von Software, so dass bei Gelegenheit auf die Anmerkungen dort verwiesen wird. Verwender ist der Auftragnehmer.

2. Leistungsabschnitte. Wie bei dem Vertrag zur Erstellung von Software (→ Form. B. 3.) wird auch hier die Leistung in Abschnitten erbracht, um über die abschnittsweise Kontrolle der Leistungen eine bessere Steuerung des Anpassungs-Projekts zu erreichen.

3. Beratungsleistungen. Die Leistungsphasen 1 und 2 betreffen Beratungsleistungen, die für sich genommen reinen Dienstleistungscharakter haben dürften, im Gesamtgefüge aber die werkvertragliche Prägung des Vertrages nur dann beeinflussen können, wenn sie ein entsprechendes Gewicht haben.

4. Erfolgsbezogene Leistungen. Die Leistungsabschnitte 3 bis 5 prägen den Vertrag und führen wegen ihrer Erfolgsbezogenheit zur werkvertraglichen Einordnung.

5. Anpassung von Geschäftsprozessen. Die Anpassung von Standardsoftware ist nur dann wirtschaftlich, wenn der Aufwand wesentlich hinter der Erstellung von Individualsoftware zurückbleibt. Bildet die Standardsoftware Geschäftsprozesse ab oder ist sie in solche eingebunden, kann es zu einem Konflikt zwischen den Vorstellungen des Softwareanbieters über die Umsetzung der Geschäftsprozesse kommen, die die Software behandelt, und der tatsächlichen Organisation dieser Prozesse im Unternehmen des Anwenders. Unter Umständen ist es dann günstiger, Geschäftsprozesse des Anwenders dem Ideal der Standardsoftware anzupassen. Das Formular trägt dem Rechnung und gibt dem Auftraggeber als Obliegenheit auf, diese Anpassung seiner Geschäftsprozesse an die Software vorzunehmen. Eine Pflicht hierzu besteht zwar nicht, dem Auftragnehmer kann bei einer Nichtbefolgung dieser Obliegenheit dann jedoch nicht der Vorwurf der Nichterfüllung seiner vertraglichen Pflichten gemacht werden.

6. Teilabnahmen. Teilabnahmen sind aus § 641 Abs. 1 S. 2 BGB ersichtlich zulässig. Ob dies auch in AGB gilt, ist umstritten. Soweit dabei auf die Verjährung abgestellt wird, löst das Formular dieses Problem dadurch, dass die Verjährung an die Gesamtabnahme anknüpft. Damit haben die Teilabnahmen nicht die im Gesetz für die Abnahme vorgesehene Wirkung. Die hier geregelten Teilabnahmen sollen jedenfalls wie technische Abnahmen wirken, die zu der für die Abnahme nach § 640 BGB geltenden Beweislastverteilung führen (MüKoBGB/*Busche* § 640 Rn. 23). Auch sollen sie insbesondere die Fälligkeit der Vergütung auslösen. Da es sich bei den Leistungsabschnitten um separat zu prüfende Leistungen handelt, ist diese Regelung der Teilabnahmewirkung keine unangemessene Benachteiligung des Auftraggebers.

7. Notfallplanung. → Form. B. 3 Anm. 10.

8. Mitwirkungspflichten. → Form. B. 3 Anm. 11.

9. Projektleitung. → Form. B. 3 Anm. 9.

10. Termine. → Form. B. 3 Anm. 13.

11. Schriftform. → Form. B. 3 Anm. 13.

12. Change Management. → Form. B. 3 Anm. 16.

13. Leistungsänderungsrecht. Diese Klausel gibt den Wortlaut des § 308 Nr. 4 BGB wieder, ist aber nach der Rechtsprechung zu unbestimmt, um ein Änderungsrecht AGB-konform auszugestalten. Voraussetzung für die Wirksamkeit, jedenfalls im Verkehr mit Verbrauchern, ist, dass für die Änderung ein triftiger Grund vorliegt und die Klausel die triftigen Gründe für das einseitige Leistungsbestimmungsrecht nennt, so dass für den anderen Vertragsteil zumindest ein gewisses Maß an Kalkulierbarkeit der möglichen Leistungsänderungen besteht (BGH Urt. v. 11.10.2007 – III ZR 63/07, NJW-RR 2008, 134 [135] mwN).

14. Übergabe. Die Übergabe der Software wird in der Praxis oft versäumt, zum Teil deswegen, weil nur die Integration der Anpassungsleistungen in die Standardsoftware zu der gewünschten Lauffähigkeit führt und der Auftraggeber mit dem die Standardsoftware bloß ergänzenden Code nichts anfangen kann.

15. Vergütungsteilleistungen. Nach der hier vertretenen Auffassung zu den vereinbarten Teilabnahmen muss die Teilleistung Erfüllungswirkung haben, soweit sich aus der Gesamtschau nichts anderes ergibt. Stattdessen können aber auch Abschlagszahlungen vereinbart werden:

„Die nach der Anlage „Vergütung" für die einzelnen Leistungsabschnitte zu zahlenden Vergütungen werden als Abschlagszahlungen erbracht. Der Auftraggeber rechnet über die erbrachten Leistungen nach der Gesamtabnahme vollständig ab."

16. Nutzungsrechtabgleich. Der Auftragnehmer muss gewährleisten, dass der Auftraggeber mit der umgearbeiteten Software genauso verfahren kann, wie mit dem Ausgangsprodukt, der von ihm erworbenen Standardsoftware. Dazu muss er dem Auftraggeber die diesem an der Standardsoftware zustehenden Rechte auch für die Bearbeitungen einräumen und wegen § 23 UrhG auch die Zustimmung erteilen dürfen, die Software ebenso zu verwerten (vgl. Schricker/Loewenheim/*Loewenheim* UrhG § 69c Rn. 20).

Der Auftragnehmer als Hersteller der Software sollte über die für die Anpassungen seiner Software nötigen Rechte verfügen. In der Praxis ist das häufig aber nicht der Fall, weil die Software unter Mitwirkung freier Mitarbeiter erstellt wurde und in den Verträgen, keine Rechteklauseln vereinbart wurden, die den Anforderungen von § 31 Abs. 5 UrhG entsprechen (sa *Karger* CR 2001, 357 [366]) und der AGB-Kontrolle nach § 307 BGB standhalten.

Hat der Auftragnehmer die Software nicht überlassen, ist auf die Rechtevereinbarung besonderes Augenmerk zu legen. Eine bloße Übernahme der „Lizenzbedingungen" reicht oft nicht, weil solche Regelungen nicht den strengen Anforderungen des Urheber- und AGB-Rechts genügen.

17. Quellcode. Hat der Auftraggeber – ausnahmsweise – für die Standardsoftware den Quellcode oder zumindest ein Bearbeitungsrecht erhalten, ist die Übergabe des Quellcodes für die individuellen Anpassungen angezeigt.

18. Aufschiebend bedingte Nutzungsrechtsübertragung. → Form. B. 3 Anm. 26.

19. Rügeobliegenheit. Zur Rügeobliegenheit bei Werkverträgen → Form. B. 3 Anm. 28.

20. Fristsetzung. → Form. B. 1. Anm. 20.

21. Verschuldensabhängiger Rücktritt. → Form. B. 1. Anm. 21.

22. Rechtliche Einheit. Hat der die Anpassungen vornehmende Unternehmer auch die Standardsoftware überlassen, würde sich die Einheit des Rechtsgeschäfts regelmäßig schon nach allgemeinen Erwägungen ergeben. Auch bei personenverschiedenen Vertragspartnern ist eine solche Rechtseinheit nicht ausgeschlossen (Palandt/*Heinrichs* BGB § 139 Rn. 5).

23. Verjährung. Hier wird die bereits in Anm. 1 angesprochene Frage relevant, ob die Anpassung der Software auf einen Erfolg gerichtet ist, der in der Änderung einer Sache besteht. Dann käme § 634a Abs. 1 Nr. 1 BGB zur Anwendung, der aus § 309 Nr. 8 lit. b ff. BGB ersichtlich auch in AGB disponibel ist. Da die regelmäßige Verjährungsfrist vor allem dann gelten soll, wenn Mängel nicht bald erkannt werden können, dies aber bei Software nicht der Fall ist, ist der Anwendung von § 634a Abs. 1 Nr. 1 BGB der Vorzug zu geben (OLG Hamm Urt. v. 26.2.2014 – I-12 U 112/13, NJW-RR 2014, 878).

24. Geltendmachung von Mängeln. Diese Klausel benachteiligt den Auftraggeber in AGB unangemessen.

25. Aufwandsersatz bei Scheinmängeln. Vgl. BGH Urt. v. 23.1.2008 – VIII ZR 246/06, NJW 2008, 1147 [1148].

26. Haftung. Eine wirksame Beschränkung der Haftung in AGB ist nicht möglich (vgl. *Redeker* Rn. 462 ff.).

27. Die Klausel verstößt grundsätzlich gegen die Wertung des § 75f HGB und ist daher auch hinsichtlich der Vertragsstrafe rechtlich nicht durchsetzbar. Nicht nur Einstellungsverbote, sondern auch Vereinbarungen zwischen Unternehmern, sich nicht gegenseitig Arbeitskräfte abzuwerben, stellen gerichtlich nicht durchsetzbare Sperrabreden im Sinne von § 75 f HGB dar. Derartige Abwerbeverbote fallen jedoch dann nicht in den Anwendungsbereich des § 75 f HGB, wenn sie nur Nebenbestimmungen der Vereinbarung sind und einem besonderen Vertrauensverhältnis der Parteien oder einer besonderen Schutzbedürftigkeit einer der beiden Seiten Rechnung tragen (BGH Urt. v. 30.4.2014 – I ZR 245/12, NJW 2014, 3442). Das dürfte bei einer bloßen Softwareanpassung nicht der Fall sein.

28. UN-Kaufrecht. → Form. B. 1. Anm. 36.

3. Erstellung von Individual-Software

Software-Erstellungsvertrag

zwischen

......

– nachfolgend „Auftraggeber" genannt –

und

......

– nachfolgend „Auftragnehmer" genannt –

§ 1 Vertragsgegenstand

Gegenstand des Vertrages ist die entgeltliche Erstellung von Software durch den Auftragnehmer zur dauerhaften Überlassung an den Auftraggeber auf der Grundlage eines Pflichtenhefts, das der Auftragnehmer für den Auftraggeber ebenfalls noch erstellen wird, einschließlich der dazu erforderlichen Beratungsleistungen.[1]

§ 2 Leistungen

(1) Die Parteien vereinbaren eine abschnittsweise Erbringung von Leistungen mit der Maßgabe, dass die Verpflichtung zur Leistungserbringung nach jedem abgeschlossenen Leistungsabschnitt enden kann.[2]

(2) Der Auftragnehmer wird im Rahmen dieses Vertrages abschnittsweise folgende Leistungen erbringen

(a) das Erarbeiten und Dokumentieren eines Konzepts zur Beschreibung der Möglichkeiten der Realisierung der Software (Leistungsabschnitt 1),[3]
(b) das Erstellen eines Pflichtenhefts als detaillierte Arbeitsgrundlage für den Auftragnehmer zur Erstellung der Software (Leistungsabschnitt 2),[4]
(c) die Erstellung der Software und die Erstellung der Benutzerdokumentation einschließlich Installationsanweisung (Leistungsabschnitt 3),[5]
(d) die Installation der Software einschließlich der vereinbarten Parametrisierung (Leistungsabschnitt 4)[6] sowie
(e) die Einweisung in die Software und die Schulung für ausgewählte Nutzer (Leistungsabschnitt 5)[7]

(3) Nach der Fertigstellung eines Leistungsabschnitts wird der Auftragnehmer den Auftraggeber hierüber informieren und ihm die Leistungsergebnisse zur Prüfung und Freigabe zugänglich machen. Die Verpflichtung zur Erbringung der Leistungen des folgenden Leistungsabschnitts ist davon abhängig, dass keine Kündigung erfolgt, weder nach § 649 BGB noch aus wichtigem Grund, und auch der in § 8 Abs. 1 vorgesehene Beendigungsgrund nicht eingreift.

§ 3 Projektleitung

(1) Die Projektleitung und -verantwortung liegen beim Auftragnehmer.[8]

(2) Die Vertragsparteien nennen einander Ansprechpartner und deren Stellvertreter, die die Erfüllung der vertraglichen Pflichten für die sie benennende Vertragspartei verantwortlich und sachverständig leiten.

(3) Der Ansprechpartner des Auftragnehmers ist Leiter des Projektes und demgemäß für alle während des Projektes auftretenden Fragen sowie für das Einfordern und die Entgegennahme aller vom Auftraggeber geschuldeten Informationen und sonstigen Mitwirkungshandlungen zuständig. Der Projektleiter hat dem Auftraggeber stets und unverzüglich alle das Projekt betreffenden Informationen zu erteilen und Entscheidungen zu treffen. Der Projektleiter kontrolliert regelmäßig die Einhaltung des Zeitrahmens und des Inhalts des Projektauftrages sowie die Qualität der geleisteten Arbeit.

(4) Veränderungen in den benannten Personen haben die Parteien sich jeweils unverzüglich mitzuteilen. Bis zum Zugang einer solchen Mitteilung gelten die zuvor benannten Ansprechpartner und/oder deren Stellvertreter als berechtigt, im Rahmen ihrer bisherigen Vertretungsmacht Erklärungen abzugeben und entgegenzunehmen.

(5) Die Ansprechpartner verständigen sich in regelmäßigen Abständen über Fortschritte und Hindernisse bei der Vertragsdurchführung, um gegebenenfalls lenkend in die Durchführung des Vertrages eingreifen zu können.

(6) Als Eskalationsgremium wird ein Lenkungsausschuss aus verantwortlichen Mitgliedern des Auftraggebers sowie aus Mitgliedern der Geschäftsleitung des Auftragnehmers gebildet, der regelmäßig einmal monatlich zusammentritt und von den Ansprechpartnern über den Projektstand informiert wird. Zusätzlich ist der Lenkungsausschuss vom Auftragnehmer oder dem Auftraggeber unverzüglich einzuberufen, wenn die Einhaltung des Zeitrahmens und des Inhalts des Projektauftrages in nicht nur unerheblicher Weise gefährdet ist oder wenn über die Erweiterung des Projektauftrages zu entscheiden ist und die Entscheidungen zusätzliche Zeit und Ressourcen erfordern. Der Lenkungsausschuss tritt bei Anrufung baldmöglich zusammen und soll seine Entscheidungen innerhalb der Sitzung treffen.

(7) Vereinbarte Änderungen der Leistungen sind vom Projektleiter zu dokumentieren und vom Auftraggeber schriftlich zu bestätigen. Die Dokumentation soll schriftlich erfolgen.

§ 4 Zusammenarbeit

(1) Die Parteien arbeiten vertrauensvoll zusammen. Erkennt eine Vertragspartei, dass Angaben und Anforderungen, gleich ob eigene oder solche der anderen Vertragspartei, fehlerhaft, unvollständig, nicht eindeutig oder nicht durchführbar sind, hat sie dies und die ihr erkennbaren Folgen der anderen Partei unverzüglich mitzuteilen. Die Parteien werden dann nach einer interessengerechten Lösung suchen und anstreben, diese, gegebenenfalls nach den Bestimmungen über Leistungsänderungen, zu erreichen.

(2) Der Auftraggeber unterstützt den Auftragnehmer bei der Erfüllung seiner vertraglich geschuldeten Leistungen. Dazu gehört insbesondere das rechtzeitige Zurverfügungstellen von Informationen, von fachkundigen Mitarbeitern, von Kommunikationsmitteln und -anschlüssen sowie von Hard- und Software und das Zugänglichmachen von Räumlichkeiten, soweit dies erforderlich ist. Der Auftraggeber wird den Auftragnehmer hinsichtlich zu beachtender Umstände bei Arbeiten des Auftragnehmers in den Räumlichkeiten und an den technischen Einrichtungen des Auftraggebers eingehend instruieren. Mitwirkungshandlungen nimmt der Auftraggeber auf seine Kosten vor.

(3) Der Auftraggeber wird des Weiteren zur Aufrechterhaltung seines Geschäftsbetriebs angemessene Vorkehrungen für den Fall treffen, dass die vom Auftragnehmer zu erbringenden und für den Betriebsablauf beim Auftraggeber bedeutenden Leistungen kurzfristig nicht zur Verfügung stehen.[9]

(4) Der Auftraggeber übernimmt es als eigenständige Pflicht, folgende Mitwirkungsleistungen zu erbringen: . . . . . .[10]

§ 5 Zeitplan

(1) Für die zu erbringenden Leistungen gilt die als Anlage „Zeitplan" diesem Vertrag angehängte Darstellung der Abfolge der zu erbringenden Leistungen.[11]

(2) Termine zur Leistungserbringung können im Übrigen auf Seiten des Auftragnehmers nur durch den Ansprechpartner oder die Geschäftsführung zugesagt werden. Termine sind schriftlich festzulegen. Von dieser Verpflichtung kann nur bei Wahrung der Schriftform abgewichen werden.[12]

(3) Der Auftragnehmer wird dem Auftraggeber Leistungsverzögerungen anzeigen. Leistungsverzögerungen aufgrund höherer Gewalt (zB Streik, Aussperrung, behördliche An-

ordnungen, allgemeine Störungen der Telekommunikation usw.) und Umständen im Einflussbereich des Auftraggebers (zB nicht rechtzeitige Erbringung von Mitwirkungsleistungen, Verzögerungen durch dem Auftraggeber zuzurechnende Dritte etc) hat der Auftragnehmer nicht zu vertreten. Sie berechtigen ihn, das Erbringen der betroffenen Leistungen um die Dauer der Behinderung zzgl. einer angemessenen Anlaufzeit hinauszuschieben.

§ 6 Freigaben

(1) Nach der Meldung der Fertigstellung der auf einen Abschnitt bezogenen Leistungen und deren Zugänglichmachen erfolgt eine unverzügliche Prüfung durch den Auftraggeber, ob die Leistungen im Wesentlichen vertragsgemäß erbracht wurden.[13] Diese Prüfung kann auf Wunsch des Auftragnehmers mit einem Test gemäß § 10 verbunden werden. Wurden die Leistungen im Wesentlichen vertragsgemäß erbracht, hat der Auftraggeber die Leistungen unverzüglich freizugeben.

(2) Erachtet der Auftraggeber die erbrachten Leistungen nicht als im Wesentlichen vertragsgemäß, so hat er seine Beanstandungen dem Auftragnehmer unverzüglich, spätestens aber binnen zwei Wochen nach Zugänglichmachen der Leistungen mitzuteilen.

(3) Erhebt der Auftraggeber innerhalb der zwei Wochen keine Beanstandungen, gilt die Freigabe als stillschweigend erteilt. Der Auftragnehmer wird den Auftraggeber mit der Meldung der Fertigstellung auf diese Bedeutung seines Verhaltens besonders hinweisen.

(4) Beanstandet der Auftraggeber Leistungen fristgemäß, wird der Auftragnehmer hierzu unverzüglich gegenüber dem Auftraggeber Stellung nehmen. Die Parteien werden dann versuchen, eine Einigung über das weitere Vorgehen herbeizuführen. Der Auftragnehmer ist nur verpflichtet weiterhin tätig zu werden, wenn die Einigung binnen einer weiteren Frist von zwei Wochen erzielt wird. Scheitert ein Einvernehmen, wird der Vertrag beendet, es sei denn, der Auftraggeber erklärt sich mit der Fortführung unter Vorbehalt der ihm wegen der Beanstandungen zustehenden Rechte einverstanden.[14]

§ 7 Änderungswünsche des Auftraggebers

(1) Will der Auftraggeber den vertraglich bestimmten Umfang der vom Auftragnehmer zu erbringenden Leistungen ändern, so wird er diesen Änderungswunsch schriftlich gegenüber dem Auftragnehmer äußern.[15] Das weitere Verfahren richtet sich nach den nachfolgenden Bestimmungen. Bei Änderungswünschen, die rasch geprüft und voraussichtlich innerhalb von 8 Arbeitsstunden umgesetzt werden können, kann der Auftragnehmer von dem Verfahren nach den Abs. 2 bis 5 absehen und die Leistungen direkt ausführen. Der Auftraggeber ist berechtigt, seinen Änderungswunsch jederzeit zurückzuziehen; das eingeleitete Änderungsverfahren endet dann.

(2) Der Auftragnehmer prüft, welche Auswirkungen die gewünschte Änderung insbesondere hinsichtlich Vergütung und Terminen haben wird. Erkennt der Auftragnehmer, dass aktuell zu erbringende Leistungen aufgrund der Prüfung nicht oder nur verzögert ausgeführt werden können, so teilt er dies dem Auftraggeber mit und weist ihn darauf hin, dass der Änderungswunsch weiterhin nur geprüft werden kann, wenn die betroffenen Leistungen um zunächst unbestimmte Zeit verschoben werden. Erklärt der Auftraggeber sein Einverständnis mit dieser Verschiebung, führt der Auftragnehmer die Prüfung des Änderungswunsches durch.

(3) Nach Prüfung des Änderungswunsches wird der Auftragnehmer dem Auftraggeber die Auswirkungen des Änderungswunsches auf die getroffenen Vereinbarungen darlegen. Die Darlegung enthält entweder einen detaillierten Vorschlag für die Umsetzung des Änderungswunsches oder Angaben dazu, warum der Änderungswunsch nicht umsetzbar ist.

(4) Die Vertragsparteien werden sich über den Inhalt eines Vorschlags für die Umsetzung des Änderungswunsches unverzüglich abstimmen und das Ergebnis einer erfolgreichen Abstimmung dem Text der Vereinbarung, auf die sich die Änderung bezieht als Nachtragsvereinbarung beifügen.

(5) Kommt eine Einigung nicht zustande oder endet das Änderungsverfahren aus einem anderen Grund, so verbleibt es beim ursprünglichen Leistungsumfang. Gleiches gilt für den Fall, dass der Auftraggeber mit einer Verschiebung der Leistungen zur weiteren Durchführung der Prüfung nach Absatz 2 nicht einverstanden ist.

(6) Die von dem Änderungsverfahren betroffenen Termine werden unter Berücksichtigung der Dauer der Prüfung, der Dauer der Abstimmung über den Änderungsvorschlag und gegebenenfalls der Dauer der auszuführenden Änderungswünsche zuzüglich einer angemessenen Anlauffrist soweit erforderlich verschoben. Der Auftragnehmer wird dem Auftraggeber die neuen Termine mitteilen.

(7) Der Auftraggeber hat die durch das Änderungsverlangen entstehenden Aufwände zu tragen. Hierzu zählen insbesondere die Prüfung des Änderungswunsches, das Erstellen eines Änderungsvorschlags und etwaige Stillstandszeiten. Die Aufwände werden für den Fall, dass zwischen den Parteien eine Vereinbarung über Tagessätze getroffen wurde, nach diesen, im Übrigen nach der üblichen Vergütung des Auftragnehmers berechnet.

§ 8 Änderungsvorschläge des Auftragnehmers

(1) Der Auftragnehmer kann dem Auftraggeber für nachfolgende Leistungsabschnitte einen Vorschlag zur Änderung der Leistungen, des Zeitplans und der bisher vereinbarten Vergütung unterbreiten.[16] Soweit nichts anderes vereinbart wird, ist der Auftragnehmer nur verpflichtet weiterhin tätig zu werden, wenn über diesen Vorschlag binnen einer Frist von zwei Wochen nach Unterbreitung des Vorschlags Einvernehmen erzielt wird. Scheitert ein Einvernehmen und zieht der Auftragnehmer seinen Änderungsvorschlag nicht gemäß Abs. 2 zurück, wird der Vertrag beendet.

(2) Ist der Auftraggeber mit dem Änderungsvorschlag nicht einverstanden, kann der Auftragnehmer die Beendigung des Vertrages verhindern, wenn er dem Auftraggeber unverzüglich, spätestens aber drei Arbeitstage nach Ablauf der in Absatz 1 genannten oder anderweitig vereinbarten Frist mitteilt, dass er die Leistungen auf der bisherigen Vertragsgrundlage erbringen wird. Etwaige Leistungstermine verlängern sich um den vom Auftragnehmer nach diesem Absatz in Anspruch genommenen Zeitraum.

(3) Die Rechte der Beteiligten aus § 649 BGB bleiben im Übrigen unberührt.

§ 9 Übergabe

(1) Der Auftragnehmer übergibt dem Auftraggeber die Ergebnisse der abgeschlossenen Leistungsabschnitte.

(2) Die erstellte Software wird vom Auftragnehmer nach Freigabe des Leistungsabschnitts 4 auf dem dort vereinbarten IT-System lauffähig installiert und parametrisiert.

(3) Mit der Installation der Software übergibt der Auftragnehmer dem Auftraggeber auch den dokumentierten Quellcode.[17]

§ 10 Test

(1) Auf Wunsch des Auftragnehmers übernimmt es der Auftraggeber als selbständige Pflicht, bei der Überprüfung der vom Auftragnehmer erbrachten Leistungen auf ihre Vertragsgemäßheit unentgeltlich mitzuwirken (Test).[18]

(2) Der Auftragnehmer wird mit dem Auftraggeber rechtzeitig vor der Durchführung des Tests das Testverfahren, den Ort, die Zeit sowie die bei dem Test vom Auftraggeber zu erbringenden Mitwirkungshandlungen abstimmen.

(3) Im Rahmen des Tests wird ein schriftliches Testprotokoll erstellt, in dem der Ort, die Zeit, die technischen Umstände des Tests, das Testergebnis sowie die Teilnehmer an dem Test festgehalten werden. Der Auftraggeber wird die Leistungen auf ihre Vertragsgemäßheit prüfen und für ihn erkennbare nachteilige Abweichungen von der vertraglich vereinbarten Beschaffenheit in das Protokoll aufnehmen lassen.

(4) Gibt der Auftraggeber von ihm im Rahmen des Tests erkannte oder infolge grober Fahrlässigkeit nicht erkannte nachteilige Abweichungen der Leistungen von der vereinbarten Beschaffenheit nicht zu Protokoll, so gelten die Leistungen hinsichtlich dieser nicht gemeldeten Abweichungen als vertragsgemäß erbracht. Für den Fall, dass der Auftraggeber seiner Pflicht zur Teilnahme an dem Test nicht oder nicht vollständig nachkommt, gelten die Leistungen als vertragsgemäß erbracht, soweit keine Abweichungen vorliegen, die bei einer pflichtgemäßen Teilnahme erkennbar gewesen wären.[19] Der Auftragnehmer wird den Auftraggeber mit der Mitteilung nach Abs. 2 auf diese Bedeutung seines Verhaltens hinweisen. Soweit der Auftragnehmer Beschaffenheitsabweichungen arglistig verschwiegen hat, kann er sich auf die Regelungen dieses Absatzes nicht berufen.

(5) Eine etwaig bestehende weitere Obliegenheit des Auftraggebers, auf erkannte Mängel hinzuweisen, bleibt unberührt.

§ 11 Vergütung

(1) Für die Vergütung der vom Auftragnehmer zu erbringenden Leistungen gilt die in der Anlage „Vergütung" vorgesehene Regelung.[20] Soweit dort nichts anderes geregelt ist, erfolgt die Leistungserbringung nach Aufwand zu den in der Anlage genannten Vergütungssätzen. Werden Leistungen zu Festpreisen zugesagt, berechtigen Aufwandsmehrungen und -minderungen keine Partei, eine Anpassung zu verlangen. Vom Auftragnehmer erstellte Kostenvoranschläge oder Budgetplanungen sind unverbindlich.

(2) Endet das Vertragsverhältnis aus anderen Gründen als durch Kündigung nach § 649 BGB, besteht kein Anspruch auf die Vergütung für vereinbarte Leistungen in nachfolgenden Leistungsabschnitten. Schadensersatzansprüche bleiben hiervon unberührt.

(3) Der Auftraggeber trägt gegen Nachweis sämtliche Auslagen wie Reise- und Übernachtungskosten, Spesen und im Rahmen der Vertragsdurchführung anfallende Entgeltforderungen Dritter. Reisezeiten sind zu vergüten.

(4) Haben die Parteien keine Vereinbarung über die Vergütung einer Leistung des Auftragnehmers getroffen, deren Erbringung der Auftraggeber den Umständen nach nur gegen eine Vergütung erwarten durfte, so hat der Auftraggeber die für diese Leistung übliche Vergütung zu entrichten. Im Zweifel gelten die vom Auftragnehmer für seine Leistungen verlangten Vergütungssätze als üblich.[21]

(5) Die einen Leistungsabschnitt betreffende Vergütung ist, wenn nichts anderes in den Anlagen vereinbart wurde, mit Freigabe eines Leistungsabschnitts zur Zahlung fällig.[22] Zahlungen sind 14 Tage nach Zugang der Rechnung zu leisten. Alle vertraglich vereinbarten Vergütungen verstehen sich zzgl. der gesetzlichen Umsatzsteuer.

§ 12 Nutzungsrechte

(1) Der Auftragnehmer räumt dem Auftraggeber am Pflichtenheft und der nach diesem Vertrag vom Auftragnehmer erstellten Software, einschließlich der von ihm erstellten

Dokumentation, auch für alle zukünftigen Nutzungsarten, räumlich, zeitlich und inhaltlich unbeschränkte und übertragbare ausschließliche Nutzungsrechte ein.[23] Dazu zählen insbesondere

a) das Recht zur dauerhaften oder vorübergehenden Vervielfältigung, ganz oder teilweise, mit jedem Mittel und in jeder Form, beispielsweise zur dauerhaften und/oder flüchtigen Speicherung auf elektrischen, elektromagnetischen, optischen Speichermedien, wie jeder Art von Festplatten einschließlich SSD, RAM, CPU, Video- und Grafikkarten, blu-ray discs, DVD, CD-ROM, Speicherkarten jeder Art, USB-Sticks, auf mobilen Endgeräten etc. sowie über alle Kommunikationswege, insbesondere im Rahmen des Cloud-Computings oder des Angebots an die Öffentlichkeit und zur Übertragung in eine andere Programmiersprache;

b) das Recht zur umfassenden Umarbeitung (Übersetzung, Bearbeitung und Arrangement) der Leistungen, auch zur Anpassung von Software an geänderte Einsatzbedingungen, beispielsweise zum Einsatz in mobilen Endgeräten wie Smartphones, Smartwatches etc, zur Übertragung in eine andere Programmiersprache, zum Erstellen von Schnittstellen sowie zur Weiterentwicklung der Software und Verbindung der Leistungen des Auftragnehmers mit Leistungen anderer, zum Löschen der Leistungen und zur Verwertung des Ergebnisses dieser Umarbeitungen in jeglicher Form entsprechend den in dieser Vereinbarung genannten Befugnissen;

c) das Recht zur Verbreitung der Software und von Vervielfältigungsstücken hiervon in jeder Form und mit jedem Mittel, einschließlich des Rechts zur Vermietung, zum Leasing und zur Leihe, gleich, ob die Verbreitung in körperlicher oder körperloser Form erfolgt, insbesondere zur Übertragung der Software über drahtgebundene und drahtlose Netze (zB zum Download, in Client-Server-Umgebungen oder im Wege des Application-Service-Providing bzw. als Software as a Service uÄ sowie über das Internet, unternehmenseigene Intranets oder andere Netze);

d) das Recht zur drahtgebundenen oder drahtlosen öffentlichen Wiedergabe einschließlich der öffentlichen Zugänglichmachung in der Weise, dass die Software Mitgliedern der Öffentlichkeit von Orten und zu Zeiten ihrer Wahl zugänglich ist, insbesondere als Angebot zur Fernübertragung (Downloads);[22]

e) das Recht, die Software sonstwie zugänglich zu machen, zB durch den Einsatz in Netzwerken, ohne dass eine Verbreitung erfolgt oder diese öffentlich ist (etwa in Client-Server Umgebungen, beim Application Service Providing uÄ);

f) das Recht, die Nutzung der Software in jeder zulässigen Weise zu beschränken, sei es für die private Nutzung, die nichtkommerzielle Nutzung, die Nutzung in Unternehmen, in Unternehmensverbünden (Konzernen), in Branchen, mit bestimmter oder bestimmbarer Hardware (zB als OEM-Software, gebunden an eine CPU oder Ähnliches), nutzerbezogen („Named User"), als Open Source Software, als Testversion, Update, Upgrade uÄ.

(2) Der Auftraggeber ist berechtigt, die vorstehenden Rechte ohne weitere Zustimmung durch den Auftragnehmer ganz oder teilweise, befristet oder unbefristet, bedingt oder unbedingt, auf Dritte zu übertragen oder einfache Rechte hiervon abzuspalten und Dritten einzuräumen.

(3) Die vorstehende Einräumung von Rechten gilt sowohl für den erstellten oder umgearbeiteten Quellcode, Schnittstellen wie für jedwede Form von Software, gleich ob selbständig ablauffähig oder nicht, die dazugehörige Dokumentation und etwaige schutzfähige Benutzeroberflächen, Grafiken, Ein- und Ausgabemasken und Ähnliches. Sie gilt nicht für die in der Anlage „Standardsoftware" aufgeführten Softwarebestandteile.[24] Die dem Auftraggeber an diesen Softwareteilen zustehenden Rechte ergeben sich aus der vorgenannten Anlage.

(4) Für etwaig von der Rechteeinräumung nach dieser Vereinbarung nicht erfasste Nutzungsarten räumt der Auftragnehmer eine Option zum Erwerb dieser Rechte zu angemessenen Bedingungen ein und stellt die Ausübbarkeit der Option sicher. Die Bedingungen der Optionsausübung sind vom Auftraggeber nach billigem Ermessen (§ 315 Abs. 3 BGB) zu bestimmen und im Streitfall vom zuständigen Landgericht zu überprüfen.

(5) Die eingeräumten Rechte gelten nur zur Nutzung im Konzern (§ 15 AktG) des Auftraggebers.[25]

(6) Der Auftragnehmer sichert dem Auftraggeber unter Ausnahme der in der Anlage „Standardsoftware" aufgeführten, nicht vom Auftragnehmer erstellten Software einschließlich Dokumentation den Bestand der eingeräumten Rechte zu. Er sichert des Weiteren zu, dass an dieser Software nebst Benutzerdokumentation keine weiteren Schutzrechte bestehen, die der vorstehend beschriebenen Nutzungsmöglichkeit entgegenstehen.

(7) Die vorstehenden Regelungen binden die Parteien auch schuldrechtlich, insbesondere für den Fall, dass keine urheberrechtliche Position geschaffen oder in der vorbenannten Weise übertragen werden kann.

(8) Der Auftragnehmer ist verpflichtet, dem Auftraggeber den der überlassenen Software zugrundeliegenden Quellcode zu übergeben. Das gilt nicht für die in der Anlage „Standardsoftware" bezeichnete Software.

(9) Die Übertragung der Nutzungsrechte erfolgt für die in Absatz 1 genannten Werke nach deren Erstellung und Übergabe an den Auftraggeber und erst in dem Zeitpunkt der vollständigen Vergütungszahlung für die das Werk betreffenden Leistungsabschnitte durch den Auftraggeber. Bis zur vollständigen Vergütungszahlung duldet der Auftragnehmer die Nutzung der Software durch den Auftraggeber widerruflich.[26] Der Auftragnehmer kann den Einsatz solcher Software, mit deren Vergütungszahlung sich der Auftraggeber in Verzug befindet, für die Dauer des Verzuges widerrufen. Für die in der Anlage „Standardsoftware" genannte Software, die nicht vom Auftragnehmer erstellt wurde, gelten die dort genannten Regeln für die Rechteübertragung.

§ 13 Schutzrechtsverletzungen

(1) Der Auftragnehmer stellt auf eigene Kosten den Auftraggeber für das Inland von allen Ansprüchen Dritter aus vom Auftragnehmer zu vertretenden Schutzrechtsverletzungen frei.[27] Der Auftraggeber wird den Auftragnehmer unverzüglich über die geltend gemachten Ansprüche Dritter informieren. Informiert der Auftraggeber den Auftragnehmer nicht unverzüglich über die geltend gemachten Ansprüche, erlischt der Freistellungsanspruch.

(2) Im Falle von Schutzrechtsverletzungen darf der Auftragnehmer – unbeschadet etwaiger Schadenersatzansprüche des Auftraggebers – nach eigener Wahl und auf eigene Kosten hinsichtlich der betroffenen Leistung

(a) nach vorheriger Absprache mit dem Auftraggeber Änderungen vornehmen, die gewährleisten, dass eine Schutzrechtsverletzung nicht mehr vorliegt oder
(b) für den Auftraggeber die erforderlichen Nutzungsrechte erwerben.

§ 14 Rügeobliegenheit

(1) Der Auftraggeber hat die Software einschließlich der Dokumentation, sofern kein Test gemäß § 10 durchgeführt wird, unverzüglich nach der Ablieferung durch den Auftrag-

nehmer, soweit dies nach ordnungsmäßigem Geschäftsgange tunlich ist, zu untersuchen und, wenn sich ein Mangel zeigt, dem Auftragnehmer unverzüglich Anzeige zu machen.[28]

(2) Unterlässt der Auftraggeber die Anzeige, so gilt die Software einschließlich der Dokumentation als genehmigt, es sei denn, dass es sich um einen Mangel handelt, der bei der Untersuchung nicht erkennbar war.

(3) Zeigt sich, unabhängig von einem Test gemäß § 10, später ein solcher Mangel, so muss die Anzeige unverzüglich nach der Entdeckung gemacht werden; anderenfalls gilt die Software einschließlich der Dokumentation auch in Ansehung dieses Mangels als genehmigt.

(4) Zur Erhaltung der Rechte des Auftraggebers genügt die rechtzeitige Absendung der Anzeige.

(5) Hat der Auftragnehmer den Mangel arglistig verschwiegen, so kann er sich auf die vorstehenden Vorschriften nicht berufen.

§ 15 Rücktritt

(1) Der Auftraggeber kann wegen einer nicht in einem Mangel einer Kaufsache oder eines Werks bestehenden Pflichtverletzung nur zurücktreten, wenn der Auftragnehmer diese Pflichtverletzung zu vertreten hat.[29]

(2) Tritt der Auftraggeber wegen der Verletzung einer Pflicht, die sich auf eine abgrenzbare Leistung bezieht, die von anderen zu erbringenden Leistungen unter Berücksichtigung der berechtigten Interessen des Auftraggebers unabhängig erbracht werden kann, zurück, so werden die anderen Leistungen von diesem Rücktritt nicht erfasst.

§ 16 Sach- und Rechtsmängelhaftung

(1) Die Software und die Benutzerdokumentation haben die nach dem Pflichtenheft geschuldete Beschaffenheit. Das Pflichtenheft beschreibt die Funktionalität der Software abschließend.[30]

(2) Nacherfüllungsansprüche verjähren in zwölf Monaten; das gilt nicht bei Vorsatz.[31]

(3) Die Durchsetzung von Mängelhaftungsansprüchen ist davon abhängig, dass Mängel innerhalb von zwei Wochen nach ihrem erstmaligen Erkennen schriftlich gemeldet werden und reproduzierbar sind.[32]

(4) Solange der Auftraggeber die nach diesem Vertrag fällige Vergütung noch nicht vollständig gezahlt hat und er kein berechtigtes Interesse am Zurückbehalt der rückständigen Vergütung hat, ist der Auftragnehmer berechtigt, die Nacherfüllung zu verweigern.

(5) Der Auftragnehmer haftet nicht in den Fällen, in denen der Auftraggeber Änderungen an der vom Auftragnehmer erbrachten Leistung vorgenommen hat, es sei denn, dass diese Änderungen ohne Einfluss auf die Entstehung des Mangels waren.[33]

(6) Der Auftraggeber wird den Auftragnehmer bei der Mangelfeststellung und -beseitigung unterstützen und unverzüglich Einsicht in die Unterlagen gewähren, aus denen sich die näheren Umstände des Auftretens des Mangels ergeben.

(7) Der Auftraggeber wird vor der Geltendmachung von Nacherfüllungsansprüchen mit der gebotenen Sorgfalt prüfen, ob ein der Nacherfüllung unterliegender Mangel gegeben ist. Sofern ein behaupteter Mangel nicht der Verpflichtung zur Nacherfüllung unterfällt (Scheinmangel), kann der Auftraggeber mit den für Verifizierung und Fehlerbehebung

erbrachten Leistungen des Auftragnehmers zu den jeweils gültigen Vergütungssätzen des Auftragnehmers zuzüglich der angefallenen Auslagen belastet werden, es sei denn, der Auftraggeber hätte den Scheinmangel auch bei Anstrengung der gebotenen Sorgfalt nicht erkennen können.[34]

(8) Erfüllungsort für die Nacherfüllung ist der Sitz des Auftragnehmers.[35] Die Nacherfüllung kann durch telekommunikative Übermittlung von Software erfolgen, es sei denn, die telekommunikative Übermittlung ist dem Auftraggeber, beispielsweise aus Gründen der IT-Sicherheit, nicht zuzumuten.

§ 17 Allgemeine Haftung

(1) Der Auftragnehmer haftet[36] für Vorsatz und grobe Fahrlässigkeit. Für leichte Fahrlässigkeit haftet der Auftragnehmer nur bei Verletzung einer wesentlichen Vertragspflicht, deren Erfüllung die ordnungsgemäße Durchführung des Vertrags überhaupt erst ermöglicht und auf deren Einhaltung der Vertragspartner regelmäßig vertrauen darf sowie bei Schäden aus der Verletzung des Lebens, des Körpers oder der Gesundheit.

(2) Bei der Erstellung der Software schuldet der Auftragnehmer die branchenübliche Sorgfalt. Bei der Feststellung, ob den Auftragnehmer ein Verschulden trifft, ist zu berücksichtigen, dass Software technisch nicht fehlerfrei erstellt werden kann.

(3) Die Haftung ist im Falle leichter Fahrlässigkeit summenmäßig beschränkt auf die Höhe des vorhersehbaren Schadens, mit dessen Entstehung typischerweise gerechnet werden muss; maximal ist diese Haftung jedoch beschränkt auf . . . . . . EUR pro Schadensfall und insgesamt auf . . . . . . EUR .

(4) Für den Verlust von Daten und/oder Programmen haftet der Auftragnehmer insoweit nicht, als der Schaden darauf beruht, dass es der Auftraggeber unterlassen hat, Datensicherungen durchzuführen und dadurch sicherzustellen, dass verlorengegangene Daten mit vertretbarem Aufwand wiederhergestellt werden können.

(5) Die vorstehenden Regelungen gelten auch zugunsten der Erfüllungsgehilfen des Auftragnehmers.

§ 18 Abwerbungsverbot

Der Auftraggeber verpflichtet sich, während der Dauer der Zusammenarbeit der Parteien und für einen Zeitraum von einem Jahr danach keine Mitarbeiter vom Auftragnehmer abzuwerben oder ohne Zustimmung des Auftragnehmers anzustellen. Für jeden Fall der schuldhaften Zuwiderhandlung verpflichtet sich der Auftraggeber, eine vom Auftragnehmer der Höhe nach festzusetzende und im Streitfall vom zuständigen Gericht zu überprüfende Vertragsstrafe zu zahlen.

§ 19 Geheimhaltung, Mitteilungen

(1) Die der anderen Vertragspartei übergebenen Unterlagen, mitgeteilten Kenntnisse und Erfahrungen dürfen ausschließlich für die Zwecke dieses Vertrages verwendet und Dritten nicht zugänglich gemacht werden, sofern sie nicht ihrer Bestimmung nach Dritten zugänglich gemacht werden sollen oder dem Dritten bereits bekannt sind. Dritte sind nicht die zur Durchführung des Vertragsverhältnisses hinzugezogenen Hilfspersonen wie Freie Mitarbeiter, Subunternehmer etc.[37]

(2) Darüber hinaus vereinbaren die Vertragsparteien, Vertraulichkeit über den Inhalt dieses Vertrages und über die bei dessen Abwicklung gewonnenen Erkenntnisse zu wahren.

(3) Die Geheimhaltungsverpflichtung gilt auch über die Beendigung des Vertragsverhältnisses hinaus. Den eingeschalteten Hilfspersonen ist eine entsprechende Geheimhaltungspflicht aufzuerlegen.

(4) Wenn eine Vertragspartei dies verlangt, sind die von ihr übergebenen Unterlagen wie Strategiepapiere, Briefingdokumente etc. nach Beendigung des Vertragsverhältnisses an sie herauszugeben, soweit die andere Vertragspartei kein berechtigtes Interesse an diesen Unterlagen geltend machen kann.

(5) Presseerklärungen, Auskünfte etc, in denen eine Vertragspartei auf die andere Bezug nimmt, sind nur nach vorheriger schriftlicher Abstimmung zulässig.

(6) Der Auftragnehmer darf den Auftraggeber auf seiner Web-Site oder in anderen Medien als Referenzauftraggeber nennen. Der Auftragnehmer darf ferner die erbrachten und vom Auftraggeber im Rahmen seines Geschäftsbetriebs allgemein angebotenen Leistungen zu Demonstrationszwecken öffentlich wiedergeben oder auf sie hinweisen, es sei denn, der Auftraggeber kann ein entgegenstehendes berechtigtes Interesse geltend machen.

§ 20 Schlichtung

Die Parteien verpflichten sich, im Falle einer sich aus diesem Vertrag ergebenden Streitigkeit vor Durchführung eines streitigen Verfahrens (Klage) eine Schlichtung gemäß der Schlichtungsordnung der Hamburger Schlichtungsstelle für IT-Streitigkeiten in der zum Zeitpunkt der Einleitung eines Schlichtungsverfahrens gültigen Fassung durchzuführen. Das Schlichtungsverfahren soll dazu dienen, den Streit ganz oder teilweise, vorläufig oder endgültig beizulegen.

§ 21 Abtretung, Zurückbehaltungsrecht und Aufrechnung

(1) Die Abtretung von Forderungen, die nicht Geldforderungen sind, ist nur mit vorheriger schriftlicher Zustimmung der anderen Vertragspartei zulässig. Die Zustimmung darf nicht unbillig verweigert werden.

(2) Ein Zurückbehaltungsrecht kann nur wegen Gegenansprüchen aus dem jeweiligen Vertragsverhältnis geltend gemacht werden.

(3) Die Vertragsparteien können nur mit Forderungen aufrechnen, die rechtskräftig festgestellt oder unbestritten sind.

§ 22 Schlussbestimmungen

(1) Allgemeine Geschäftsbedingungen der Parteien im Übrigen finden für diesen Vertrag keine Anwendung. Dies gilt auch dann, wenn solchen Bedingungen nicht ausdrücklich widersprochen wird.

(2) Alle Änderungen und Ergänzungen vertraglicher Vereinbarungen müssen zu Nachweiszwecken schriftlich niedergelegt werden. Kündigungen haben schriftlich zu erfolgen. Meldungen, die schriftlich zu erfolgen haben, können auch per E-Mail erfolgen. Maßgeblich für die Wahrung der in diesem Vertrag genannten Fristen ist der Zugang der Erklärung, soweit nicht ausdrücklich etwas anderes bestimmt ist. Ist nach diesem Vertrag Schriftform vorgesehen, so bedeutet dies papiergebundene Dokumentation der Erklärungen, die durch die Unterschrift eines Berechtigten abgeschlossen wird. Elektronische Nachrichten wahren die Schriftform nicht.

(3) Sollten einzelne Bestimmungen der Parteivereinbarungen ganz oder teilweise unwirksam sein oder werden, wird die Wirksamkeit der übrigen Bestimmungen hierdurch nicht

berührt. Die Parteien verpflichten sich für diesen Fall, die ungültige Bestimmung durch eine wirksame Bestimmung zu ersetzen, die dem wirtschaftlichen Zweck der ungültigen Bestimmung möglichst nahe kommt. Entsprechendes gilt für etwaige Lücken der Vereinbarungen.

(4) Es gilt das Recht der Bundesrepublik Deutschland unter Ausschluss des UN-Kaufrechts.[38]

(5) Ausschließlicher Gerichtsstand für alle Rechtsstreitigkeiten aus oder im Zusammenhang mit diesem Vertrag ist . . . . . . Der Auftragnehmer ist aber auch berechtigt, am allgemeinen Gerichtsstand des Auftraggebers zu klagen.

Anlagen:

Anlage „Zeitplan"

Anlage „Vergütung"

Anlage „Standardsoftware"

. . . .

(Ort, Datum)   (Ort, Datum)

. . . .

– Auftraggeber –   – Auftragnehmer –

Anmerkungen

1. **Vertragstypus.** Die Erstellung von Software aufgrund eines Vertrages wird überwiegend als werkvertragliches Rechtsverhältnis eingeordnet. Das Softwarehaus als Auftragnehmer verpflichtet sich, einen Erfolg, die Erstellung einer Software mit bestimmten Funktionen, herbeizuführen. Eines der zentralen Probleme der rechtlichen Würdigung der Rechtsbeziehungen zwischen Auftraggeber und Auftragnehmer ist, ob es sich bei dem geschlossenen Werkvertrag um einen **Werklieferungsvertrag** handelt mit der Folge, dass nach § 651 BGB auf das Vertragsverhältnis Kaufrecht mit den in der Vorschrift genannten Modifikationen Anwendung findet. Die Frage ist anhand des Gesetzes und der zugrundeliegenden Materialien nicht sicher zu beantworten (Auer-Reinsdorff/Conrad/ *Conrad/Schneider* § 10 Rn. 31 ff.). Der **BGH** hat bisher nicht eindeutig zu dieser Problematik Stellung genommen. Der 7. Zivilsenat hat in einer baurechtlichen Frage die Anwendung des § 651 BGB auch bei Werklieferungsverträgen mit planerischen Vorleistungen bejaht. Er hat die Wertungswidersprüche erkannt, die in dem Verweis auf das Kaufrecht liegen. Die Anwendung von Kaufrecht auf im Kern erfolgsbezogene Verträge ist vom Gesetzgeber in der Meinung akzeptiert worden, Kauf- und Werkvertragsrecht unterschieden sich nicht wesentlich. Auch wenn dies anders gesehen werden könne, ändere dies nach Ansicht des Senats aber nichts an der Entscheidung des Gesetzgebers (BGH Urt. v. 23.7.2009 – VII ZR 151/08, MMR 2010 Rn. 16 ff.). Dagegen hat der der 3. Zivilrechtssenat für einen „Internet-System-Vertrag" ausgeführt, die Programmierung einer Web-Seite dürfte im Regelfall als **Werkvertrag**, unter Umständen aber auch als Werklieferungsvertrag angesehen werden (BGH Urt. v. 4.3.2010 – III ZR 79/09, MMR 2010, 398 Rn. 21; für Werkvertrag, aber erkennbar ohne Auseinandersetzung mit der Problematik OLG München Urt. v. 23.12.2009 – 20 U 3515/09, MMR 2010, 649 [650]). Da es sich hier um ein obiter dictum des BGH-Senates handelt, ist die Streitfrage höchstrichterlich weiterhin ungeklärt, wenn auch für den 3. Senat eine Präferenz zum Werkvertrag zu erkennen sein mag (vgl. *Fritzemeyer* NJW 2011, 2918 [2920]).

Auch aus der bisherigen Rechtsprechung des BGH zum Schuldrecht vor 2002 lässt sich eine Zuordnung des Softwareerstellungsvertrages zum Kaufrecht über die Regelung des § 651 BGB nicht zwingend ableiten. Zwar hat der BGH regelmäßig entschieden, dass Software eine Sache sei (BGH Urt. v. 15.11.2006 – XII ZR 120/04, NJW 2007, 2394 Rn. 16 mwN). Diese Aussage ist aber vor allem auch vor dem Hintergrund der rechtlichen Situation vor 2002 zu sehen, für die der Sachkauf die praktikablere Lösung gegenüber dem Rechtskauf oder gänzlich anderen Konstruktionen wie Pacht oder Lizenz war. Software lässt sich in die überkommenen Vertragstypen des BGB nicht bruchlos einfügen. Sie passt nicht zu dem Bekannten, auch wenn Software seit nunmehr über 30 Jahren Gegenstand des Rechtsverkehrs ist. Der vom BGH zur Begründung der Sacheigenschaft herangezogene Vergleich mit einem Buch macht dies deutlich. Denn auch wenn die Veräußerung des Buches als einer Sache kaufrechtlich zu beurteilen ist, so vertritt niemand, dass der Auftrag an einen Autor, ein Buch zu schreiben, zwar dem Werkvertragsrecht unterliegt, jedoch über § 651 BGB Kaufrecht zur Anwendung käme (vgl. MüKoBGB/*Busche* § 631 Rn. 247; BeckOK BGB/*Voit* § 631 Rn. 11 – Stw. „Autorenvertrag"). Auch braucht der Leser wegen des urheberrechtsfreien Werkgenusses keine Lizenz zum Lesen, wohl aber der Softwarenutzer eine Berechtigung zur Vervielfältigung im Rahmen der Programm-Anwendung (Bisges/*Imhof* Kap. 5 Rn. 201). Andererseits kann auch die Einräumung von Rechten nicht ausschlaggebend für die Einordnung sein, da bei Software im Normalfall auch ohne Rechteeinräumung aufgrund des § 69d UrhG eine Nutzung der Software zulässig ist, obwohl hierfür Vervielfältigungen nach § 69c Nr. 1 UrhG erforderlich sind. Im Ergebnis muss es Aufgabe des Gesetzes sein, die Interessen der Vertragsparteien zum Ausgleich zu bringen, was für die Softwareerstellung zur Folge hat, dass Softwareerstellungsverträge keine Werklieferungsverträge sein können. Denn das Kaufrecht als statisches Austauschverhältnis wird den dynamischen Prozessen bei der Erstellung von Software nicht gerecht; es hält keine adäquaten Regelungen hierzu bereit.

Solange nicht geklärt ist, unter welchen Umständen ein Werklieferungsvertrag vorliegt, ist es Aufgabe des Vertrages, dieses Dilemma zu lösen. Das kann bei **Individualverträgen**, die Software-Erstellungsverträge häufig und dann inhaltlich überwiegend – aber, was oft übersehen wird, wohl nie durchgängig – sein werden, gelingen. In dem hier relevanten Bereich der AGB ist eine stimmige Lösung aus Sicht des Softwarehauses als typischem Verwender von Bedingungen zur Erstellung der Software jedoch nur schwer möglich. Werden die Bedingungen nach dem kaufrechtlichen Leitbild gestaltet und entscheidet sich das erkennende Gericht für die Anwendbarkeit von Werkvertragsrecht, können insbesondere die Regelungen zur Verjährung und Fälligkeit der Vergütung einer Inhaltskontrolle nicht standhalten. Umgekehrt besteht die Gefahr, dass bei einer Orientierung des Vertragsinhalts am Werkvertragsrecht und der Anwendung von Kaufrecht im Prozess einige wichtige Regelungen wie etwa die §§ 632, 637 nicht zur Anwendung kommen und der Kunde, uU ungewollt, insbesondere bei der Verjährung schlechter gestellt wird (zu den Unterschieden zwischen den auf Werklieferungsverträge und Werkverträge anwendbaren Vorschriften s. *Marly* Rn. 684).

Die Einordnung des Vertrages als Werkvertrag kann es unterstützen, wenn die planerischen Leistungen bei der Erstellung der Software hervorgehoben werden, weil dann die Sachqualität der Software zurücktreten kann (Auer-Reinsdorff/Conrad/*Conrad*/*Schneider* § 11 Rn. 20).

Dieses Formular versucht die Gratwanderung, den Vertrag am Typus des Werkvertrages auszurichten und hierzu Regelungen aufzunehmen, die bei einer Anwendung des Werkvertragsrechts entbehrlich wären, jedoch bei kaufrechtlicher Betrachtung ohne Berücksichtigung im Vertrag nicht zur Anwendung kämen. Da der Ersteller der Software bei diesem Formular der Verwender ist, ist der Bereich, in dem bei einer kaufrechtlichen Betrachtung über § 651 S. 3 BGB eine unangemessene Benachteiligung des Auftraggebers vorliegen könnte, gering. Das Risiko liegt hinsichtlich der oben genannten Unterschiede auf Seiten des Auftragnehmers.

Anders als vielfach in der Praxis anzutreffende auftraggeberfreundliche Verträge, ist dieses Formular von der Idee getragen, dass die Erstellung von Software mit derart vielen Unwägbarkeiten verbunden ist, dass eine Verpflichtung hierzu ohne das Vorliegen eines Pflichtenheftes nicht angemessen ist. In der Folge gibt es **keine Pflicht, alle Leistungen bis zur Lauffähigkeit der Software zu erbringen** (zu einer alternativen Gestaltung s. → Anm. 2 am Ende). Jede Vertragspartei kann bei Erlangen besserer Erkenntnisse im Projektverlauf aus dem Vertrag aussteigen. Der Vertrag gewinnt hierdurch eine Nähe zum agilen Projektmanagement (dazu → Form. C. 4) und unterscheidet sich so deutlich von klassischen Erstellungsverträgen, wie dem in → Form. C. 5.

2. Leistungsabschnitte. Die von dem Auftragnehmer zu erbringenden Leistungen werden hier, wie üblich, in Abschnitte unterteilt. Die Leistungserbringung erfolgt sukzessive (**Wasserfall-Methode**). Das ist vor allem für die Fortschrittskontrolle im Projekt hilfreich, da bei einem Abweichen vom Plan rechtzeitig gegengesteuert werden kann. In der Praxis der Software-Entwicklung verdrängen aber zunehmend andere Methoden das Wasserfall-Modell, beispielsweise das agile Projektmanagement → Form. C. 4. Für den Projekterfolg aus rechtlicher Sicht zu beachten ist, dass die Wasserfall-Methode in der Entwicklungs-Praxis unterlaufen und die vertraglichen Vorgaben nicht beachtet werden (vgl. Schneider/*Schneider* Teil H Rn. 38a). Es ist Aufgabe des Projektleiters, hier gegenzusteuern, um rechtliche Nachteile zu vermeiden

Anders als in der Praxis üblich sieht das Formular vor, dass die **Zusammenarbeit** nach Abschluss eines Leistungsabschnitts aus verschiedenen Gründen **beendet werden kann**. In der Praxis erfolgt die Beauftragung häufig für alle Leistungsabschnitte bis zur Installation der Software unter Vereinbarung eines Festpreises. Hintergrund ist oft die Sorge des Auftraggebers, das ihm zur Verfügung stehende Budget anders nicht einhalten zu können. Auch wenn diese Sorge durchaus berechtigt ist, ist der Festpreisauftrag bei der Erstellung von Software im Ansatz verfehlt. Dies liegt an der dynamischen Natur von Projekten, deren Abläufe bei Vertragsschluss in der Regel nicht hinreichend prognostiziert werden können. Feste Vergütungen können letztlich dazu führen, dass der Auftragnehmer für die zu erbringenden Leistungen nicht ausreichend entgolten wird, was zu Nachverhandlungen, wesentlich häufiger aber zu Einbußen bei der Leistung führt, um das Projekt aus Sicht des Auftragnehmers nicht defizitär enden zu lassen. Wenn das Projekt sorgfältig aufgesetzt wird, zahlt der Auftraggeber nur das, was der Auftragnehmer verdient.

Für die vertragstypologische Einordnung des Vertragsverhältnisses folgt aus der leistungsabschnittsbezogenen Verpflichtung nichts Besonderes. Zwar wäre der erste Abschnitt der Erstellung eines Konzepts durchaus den dienstvertraglichen Regelungen zu unterwerfen. Aber auch hier steht letztlich ein Erfolg, nämlich das Konzept für eine den Interessen des Auftraggebers entsprechende Software, im Mittelpunkt. Angesichts der Neigung der Gerichte, Leistungen bei der Softwareerstellung werkvertraglich zu qualifizieren, sollte, gerade in AGB, aus Gründen der Vorsicht durchgängig von einer werk(lieferungs)vertraglichen Einordnung ausgegangen werden (vgl. auch LG Köln Urt. v. 16.7.2003 – 90 O 68/01, CR 2003, 724).

Alternative: Um der gängigen, aber für den Auftragnehmer nicht interessengerechten Praxis Rechnung zu tragen und eine **durchgehend verbindliche Erbringung aller Leistungsabschnitte** zu einem festen Preis zu vereinbaren, kann das Formular leicht abgeändert (oder die Variante in → Form. C. 5 benutzt) werden.

Die Regelungen in § 2 Abs. 1 und Abs. 3 S. 2 entfallen. In § 4 Abs. 4 sind nur die ersten beiden Sätze beizubehalten.

§ 8 kann so gefasst werden:

„Der Auftragnehmer ist berechtigt, die versprochene Leistung zu ändern oder von ihr abzuweichen, wenn dies unter Berücksichtigung seiner Interessen dem Auftraggeber zumutbar ist."

Diese Regelung lehnt sich an § 308 Nr. 4 BGB an, ist allerdings inhaltlich zu unbestimmt, um einer Inhaltskontrolle standzuhalten. Der Hinweis auf den fehlenden Vergütungsanspruch bei vorzeitiger Beendigung in § 11 Abs. 2 ist zu streichen. Nach Abschluss des Leistungsabschnitts 4 sollte ein End-Test/eine End-Abnahme durchgeführt werden.

3. Konzeption. Das Konzept an sich stellt eine Beratungsleistung dar, die noch nicht notwendig werkvertraglich zu werten ist, in der Praxis aber häufig so bewertet werden dürfte (so zB LG Köln Urt. v. 16.7.2003 – 90 O 68/01, CR 2003, 724 zu einem Sicherheitskonzept). Werden die nach diesem Vertrag vorgesehenen Leistungen insgesamt erbracht, ist der Anteil des Konzepts im Verhältnis zu den übrigen nach diesem Vertrag zu erbringenden Leistungen jedoch so gering, dass auch eine dienstvertragliche Einordnung an der Gesamtwürdigung des Vertrages als einem Werkvertrag nichts ändern würde. Der Grundlagen und Inhalt der Konzeption sind im Einzelfall festzulegen.

4. Pflichtenheft. Der Begriff des Pflichtenheftes wird oft mit unterschiedlicher Bedeutung verwendet. Nach der DIN 69901-5 ist das Pflichtenheft ein vom Auftragnehmer erarbeitetes Realisierungsvorhaben auf der Basis des vom Auftraggeber vorgegebenen Lastenheftes. In der Praxis wird aber das Pflichtenheft häufig in dem vorgenannten Sinne eines Lastenheftes verstanden, als – wie in der DIN 699901-5 beschrieben – vom Auftraggeber festgelegte Gesamtheit der Forderungen an die Lieferungen und Leistungen eines Auftragnehmers. Im Eigentlichen geht es um die Frage, wer festlegen muss, welche Aufgaben bei der Softwareerstellung zu erledigen sind (Schneider/v. Westphalen/ *Schneider* Kap. C Rn. 29 ff. und 261 ff.). Grundsätzlich ist es Aufgabe des Auftraggebers, das Pflichtenheft zu liefern, weil sich darin seine fachlichen Anforderungen wiederfinden (*Redeker* Rn. 302a). Da die Auftraggeber die Erstellung des Pflichtenhefts häufig als Aufgabe des Softwarehauses sehen, jedenfalls nicht willens oder in der Lage sind, das Pflichtenheft selbst zu erstellen, übertragen sie diese Aufgabe gerne dem Auftragnehmer, der sie häufig ebenso gerne annimmt, ohne dabei allerdings eine klare Vorstellung über die Anforderungen eines Pflichtenhefts aus Kundensicht zu haben. Zu knappe, gelegentlich sogar nur dreiseitige Pflichtenhefte sind dann als Ergebnis nichts Ungewöhnliches. Ist das Pflichtenheft lückenhaft, schuldet der Auftragnehmer eine Softwarelösung, die unter Berücksichtigung des vertraglichen Zwecks dem Stand der Technik bei einem mittleren Ausführungsstandard entspricht (BGH Urt. v. 16.12.2003 – X ZR 129/01, NJW-RR 2004, 782 [783]; Urt. v. 24.9.1991 – X ZR 85/90, NJW-RR 1992, 556 [557]; OLG Düsseldorf Urt. v. 18.7.1997 – 22 U 3–97, NJW-RR 1998, 345). Das hilft den Beteiligten aber nur bedingt, weil die Entscheidung über die Anforderungen an die Software dann einem Dritten, dem vom Gericht bestellten Sachverständigen, überlassen wird, dessen Einschätzung zu den Anforderungen an das Pflichtenheft kaum zu prognostizieren ist. Auf die Vollständigkeit und Richtigkeit des Pflichtenhefts sollte daher ein Hauptaugenmerk gerichtet sein. Übersehen wird bei der Ausgestaltung eines Pflichtenprogramms für die Softwareerstellung oft, dass nicht nur zu beschreiben ist, was der Auftragnehmer tun bzw. was die Software können soll, sondern auch, was nicht geschuldet ist. Diese Abgrenzung ist wichtig dafür, bei dem Auftraggeber keine unausgesprochenen Erwartungen aufrecht zu erhalten, die später, nach der Realisierung der Software, enttäuscht werden und zum Streit darüber führen, ob die Leistung vertragsgemäß war. Der BGH hat die Berechtigung unausgesprochener Erwartungen durch seine Rechtsprechung zur Funktionstauglichkeit eines Werkes zusätzlich zu den getroffenen Abreden befeuert (→ Anm. 30).

Die Erstellung eines Pflichtenheftes ist vertragstypologisch dem Werkvertragsrecht zuzuordnen (*Redeker* Rn. 311).

5. Dokumentationen. Für den Einsatz der Software von größter Bedeutung ist die Benutzerdokumentation. Oft scheitert die Einführung einer Software nicht an deren mangelnder Qualität, sondern an der fehlenden Akzeptanz der Anwender. Bei einem Wechsel der Software ist die neue Software meistens anders aufgebaut und erscheint anders als die bisher verwendete. Wenn dann nicht sichergestellt ist, dass die Anwender durch die Benutzerdokumentation leicht in die Lage versetzt werden, die Software zu bedienen, kann dies zu der Entscheidung des Auftraggebers führen, den Vertrag rückabzuwickeln. Rechtlich lässt sich dies mit der mangelhaften Dokumentation leicht begründen. Die häufig unvollständige und schwer verständliche Anleitung ist ein einfacher Ansatz zur Darlegung der Nichterfüllung der Auftragnehmerpflichten (beispielhafte Mängel einer Dokumentation bei *Redeker* Rn. 312 f. und *Marly* Rn. 1550 ff.)

6. Installation. Auch ohne ausdrückliche Vereinbarung kann die Installation der individuell erstellten Software ein sich aus dem Vertragszweck ergebende Nebenpflicht des Auftragnehmers sein (*Redeker* Rn. 537; anders wohl BGH Urt. v. 22.12.1999 – VIII ZR 299/98, NJW 2000, 1415 [1417], allerdings für den Kauf von Standardsoftware). Gleiches gilt für die Parametrisierung der Software, die die Einstellung der Software im Rahmen der vom Hersteller vorgegebenen Möglichkeiten beinhaltet.

7. Einweisung und Schulung. Ob die Einweisung und Schulung auch ohne gesonderte Vereinbarung zu den vertraglichen Nebenpflichten des Softwareherstellers gehören, ist eine Frage der Auslegung im Einzelfall (auch hierzu BGH Urt. v. 22.12.1999 – VIII ZR 299/98, NJW 2000, 1415 [1417]). Das Formular sieht diese Leistungen als Bestandteil des Vertrages vor.

8. Projektleitung. Die Durchführung des Vertrages kann nur dann gelingen, wenn die Erbringung der Leistungen fachgerecht und entsprechend den Vereinbarungen geleitet wird. Diese Aufgabe trifft regelmäßig den Projektleiter. Projektleiter kann ein externer Berater sein, der Projektsteuerungsaufgaben übernimmt, oder ein Mitarbeiter des Auftraggebers oder Auftragnehmers. Typischerweise wird das Projekt durch den Auftragnehmer geleitet, der über die größere Sachkenntnis hierfür verfügt. Möglich ist aber auch, dass jede Vertragspartei einen Projektleiter benennt. In diesem Fall fehlt es an der einheitlichen Leitung. Das Formular sieht die Projektleitung als Aufgabe des Auftragnehmers an. Für ihn ergibt sich hierdurch im Rahmen des Werkvertrages keine zusätzliche Belastung, da ihm bereits aus der Natur des Vertrages heraus obliegt, den Erfolg nach seinem fachkundigen Dafürhalten herbeizuführen (Zum Projektmanagement s. *Schneider/v. Westphalen* Kap. C Rn. 1 ff.).

9. Business Continuity Planning. Die Zusammenarbeit der Parteien bei der Erstellung von Individualsoftware bedeutet für den Auftraggeber das Risiko, ob die Software zur vereinbarten Zeit und in der vereinbarten Qualität zur Verfügung gestellt wird. Kommt es zu Leistungsstörungen, so kann dies erhebliche Auswirkungen auf den Betriebsablauf und in der Folge auch Vermögenseinbußen für den Auftraggeber haben. Es ist daher im Interesse beider Vertragsparteien, diese Risiken zu minimieren. Ein oftmals wenig beachteter Weg hierzu ist, eine Notfallplanung zu erstellen, um den Betriebsablauf ungemindert oder jedenfalls mit geringerer Beeinträchtigung als ohne die Notfallplanung aufrechterhalten zu können. Für den Auftragnehmer bedeutet dies die Aussicht, bei einer von ihm nicht zu vertretenden Leistungsstörung einen gegenüber dem nicht geminderten Risiko reduzierten Schadensersatz leisten zu müssen. Auch wenn der bloße Hinweis hierauf in AGB kaum eine Pflicht des Auftraggebers zur Notfallplanung begründen kann, kann er doch Anlass für die Parteien sein, diese – für die Geschäftsleitung schon gesellschaftsrechtlich begründete – Obliegenheit (dazu *Nolte/Becker* BB 2008, 23 [24]) detaillierter auszugestalten und unter Umständen auch in eine eigene Pflicht des Auftraggebers zu wandeln.

10. Mitwirkungspflichten. Der Auftraggeber hat bei der Durchführung des Werkvertrages regelmäßig Mitwirkungsleistungen als Obliegenheiten auszuführen. Die Verletzung der Mitwirkungsobliegenheit führt regelmäßig nicht zu einer Schadensersatzpflicht des Auftraggebers. Muss der Auftragnehmer befürchten, dass er bei mangelnder Mitwirkung des Auftraggebers einen Vermögensnachteil erleidet, so sollte er die relevanten Mitwirkungsleistungen als echte, durchsetzbare Pflichten des Auftraggebers ausgestalten. Eine nicht nur pauschale, sondern die Mitwirkungsleistungen einzeln aufzählende Regelungen kann auch in Allgemeinen Geschäftsbedingungen eine wirksame Verpflichtung des Auftraggebers begründen (Schneider/v. Westphalen/*Redeker* Kap. D Rn. 228 f.).

11. Zeitplan. Die Einhaltung von Terminen ist aus Auftraggebersicht wesentlich für den Erfolg des Projekts. Da bei der Erstellung von Software oftmals ein erheblicher Zeitdruck herrscht und die Softwarehersteller ihre Möglichkeiten, die zeitlichen Erwartungen des Auftraggebers zu erfüllen überschätzen, leiden viele Projekte daran, dass die bei Vertragsschluss bei dem Auftraggeber vorhandenen Erwartungen zum Zeitpunkt der Fertigstellung der Software nicht erfüllt werden können. Eine sorgfältige Projektplanung hat daher auch die Ausarbeitung eines detaillierten Zeitplans zu beinhalten, um Streit über die termingerechte Erfüllung der Leistungspflichten zu vermeiden.

Ohne Zeitplan ist die Leistung nach § 271 BGB sofort fällig. Da bei einem Werkvertrag das Werk regelmäßig erst noch zu erstellen ist, ist die Erstellungsfrist bei der Frage der Fälligkeit zu berücksichtigen. Nach der Rechtsprechung des BGH zum Werkvertragsrecht hat der Unternehmer im Zweifel nach Vertragsschluss mit der Herstellung alsbald zu beginnen und sie in angemessener Zeit zügig zu Ende zu führen hat, wobei die für die Herstellung notwendige Zeit in Rechnung zu stellen ist. Darlegungs- und beweispflichtig dafür, dass die Leistung nicht sofort verlangt werden kann, ist der Schuldner, hier also der Softwarehersteller (BGH Urt. v. 21.10.2003 – X ZR 218/01, NJW-RR 2004, 209 [210]).

12. Termine. Das Nichteinhalten von Terminen ist in Projekten ein häufiger Ansatz für den Auftraggeber, aus dem Vertrag auszusteigen. Gerade aus Auftragnehmersicht ist es daher wichtig zu verhindern, dass Termine vereinbart werden, ohne dass dies mit der Projektplanung abgestimmt ist. In der Praxis geschieht es jedoch häufig, dass Termine auf Zuruf unter Umgehung der Projektleitung vereinbart werden. Wenn Mitarbeiter der Fachabteilungen ohne Kenntnis der Projektverantwortlichen Terminzusagen machen, sind diese zwar nur wirksam, wenn der jeweilige Mitarbeiter auch über eine ausreichende Vertretungsbefugnis verfügt. Oft greifen aber die Grundsätze der Anscheins- oder Duldungsvollmacht, so dass letztlich auch unbefugt gemachte Zusagen dem jeweiligen Vertragspartner zuzurechnen sind. Dieser Gefahr kann man in AGB kaum begegnen, weil die Terminzusagen als Individualabreden nach § 305b BGB den Allgemeinen Geschäftsbedingungen vorgehen. Allerdings sollte die hier vorgeschlagene Klausel für die Frage, ob überhaupt ein entsprechender Rechtsschein vorliegt, Berücksichtigung finden. Die im Weiteren vorgesehene Verpflichtung, Termine schriftlich festzulegen und hiervon nur schriftlich abweichen zu können, ist bei Vorliegen einer Individualvereinbarung regelmäßig unwirksam, wenn die Schriftformklausel nicht selbst eine Individualvereinbarung darstellt (BeckOK BGB/*Schmidt* § 305b Rn. 19).

13. Freigabe. Soweit die Leistungen als Werkleistungen anzusehen sind, entspricht die Freigabe einer (Teil)Abnahme gem. § 640 BGB. Oft wird statt des Begriffs der Freigabe auch von Meilensteinen oder Milestones gesprochen. Für alle Begriffe gilt, dass ihr Inhalt nicht eindeutig ist, andererseits der Begriff der Abnahme dann nicht passt, wenn es sich nicht um eine Werkleistung handelt oder nur eine Teilabnahme gemeint ist, die in AGB nur unter engen Voraussetzungen vereinbart werden kann (vgl. Schneider/*Schneider* Kap. H Rn. 426 ff.). Wegen der noch bestehenden Unsicherheit über die Rechtsnatur von

Erstellungsleistungen sollte der Auftragnehmer bemüht sein, die Freigabe mit einem Test nach § 10 des Vertrages zu verbinden. Das Test-Prozedere umschreibt ein Abnahmeverfahren, wie es in Werkverträgen üblich ist.

14. Freigabeverweigerung. Die Freigabe durch den Auftraggeber verpflichtet den Auftragnehmer, die für den nachfolgenden Leistungsabschnitt vorgesehenen Leistungen zu erbringen, sofern sich aus dem Vertrag und dem Gesetz im Übrigen nichts anderes ergibt. Wie (wohl auch) die Abnahme ist auch die Freigabe nach diesem Vertrag eine Willenserklärung. Gibt der Auftraggeber sie nicht ab, wird sie in Abs. 3 fingiert. Soweit es sich bei den Freigaben um (Teil)Abnahmen handelt, sind die für Abnahmefiktionen in AGB bestehenden Grenzen zu beachten. Angesichts der Regelung des § 640 Abs. 1 S. 3 BGB sind Fiktionen, die nicht die im Wesentlichen vertragsgemäße Leistung zur Voraussetzung haben unwirksam (Graf v. Westphalen/*Hoeren* IT-Verträge Rn. 141; sa OLG Hamm Urt. v. 12.12.1988 – 31 U 104/87, NJW1989, 1041). Wirksam wäre eine Übernahme der Fiktion aus § 640 Abs. 1 S. 3 BGB, die jedoch für den Auftragnehmer den Nachteil hat, dass sie nur greift, wenn er die Vertragsgemäßheit seiner Leistungen beweisen kann, was einem zügigen Fortgang des Projektes entgegenstehen dürfte.

Erfolgt keine Freigabe, ist die Fortführung des Leistungsaustauschs zunächst nicht sinnvoll, weil der Auftragnehmer auf der Grundlage einer vom Auftraggeber als nicht vertragsgemäß angesehenen Leistung weiter arbeitet und dadurch auch die Folgeleistung vom Auftraggeber als nicht vertragsgemäß beanstandet werden könnte. Die Parteien sollen daher ein Einvernehmen erzielen. Gelingt dies nicht, soll der Vertrag enden, wenn nicht der Auftraggeber die Freigabe unter Vorbehalt erklärt. Der Auftragnehmer ist gut beraten, die Beanstandungen des Auftraggebers ernst zu nehmen und zu prüfen. Anderenfalls droht ein Scheitern des Projekts mit für den Auftragnehmer als der strengen BGB-Haftung unterworfenem Schuldner regelmäßig gravierenden Folgen.

15. Leistungsänderungen durch den Auftraggeber. Ein einseitiges Leistungsbestimmungsrecht des Auftraggebers besteht nach dem Werkvertragsrecht nicht, vielmehr ist der Unternehmer frei darin zu entscheiden, wie er den versprochenen Erfolg herbeiführen will. Selbstverständlich ist auch der Unternehmer nicht in der Lage, die von ihm versprochenen Leistungen im Ergebnis abzuändern. Aufgrund der Komplexität der Erstellung von Individualsoftware ist jedoch bei jedem Projekt das Bedürfnis nach einer Änderung der vertraglich bestimmten Leistungen gegeben. Damit die an der Änderung interessierte Partei nicht doch über das unbestimmte Rechtsinstitut von Treu und Glauben prozessual eine Verpflichtung des Vertragspartners zur Änderung seiner Leistungen durchsetzen kann, sehen die Verträge regelmäßig Bestimmungen zur Leistungsänderung vor. Die Regelungen zur Vertragsänderung (Change-Management) leiden in der Praxis jedoch darunter, dass sie letztlich von einem Einvernehmen der Parteien abhängig sind, sollen sie nicht an der Inhaltskontrolle nach § 307 BGB scheitern oder für eine der Vertragsparteien schlichtweg inakzeptabel sein.

Für Änderungswünsche des Auftragnehmers ist die Regelung in § 8 des Formulars vorgesehen. Sollte diese Bestimmung nicht gewünscht oder durchsetzbar sein, kann § 7 neutral als Leistungsänderungsregelung für beide Parteien formuliert werden.

16. Leistungsänderungen durch den Auftragnehmer. Das Konzept des Vertrages beruht auf einer abschnittsweisen Leistungserbringung, bei der keine Partei verpflichtet ist, für zukünftige Abschnitte Leistungen zu erbringen. Insofern unterscheidet es sich von klassischen Projektverträgen nach der Wasserfallmethode, bei denen die Verpflichtung zur Erstellung der Software bereits mit Vertragsschluss festgeschrieben wird. Um neu gewonnene Erkenntnisse in das Projekt einfließen zu lassen und insbesondere auch das Kostenrisiko des Auftragnehmers zu begrenzen regelt der Vertrag in diesem Sinne, dass der Auftragnehmer eine Änderung des bereits vorgesehenen Leistungsinhalts vorschlagen kann und dann, wenn der Auftraggeber diesem Vorschlag nicht zustimmt, der Vertrag endet. Diese Regelung ist für den Auftragnehmer erkennbar vorteilhaft, weil er es so in der Hand hat, durch entsprechende Ausgestaltung eines Angebotes für den weiteren Leistungsabschnitt eine Fortführung des Vertrages zu verhindern. Der **Auftraggeber** wird interessiert sein, diese **Regelung aus dem Vertrag zu nehmen.** Dann würde die Fortführung der Leistungen sich in erster Linie nach den Bestimmungen in § 4 richten, subsidiär bleibt die Möglichkeit, eine Change Management nach § 7 für beide Parteien auszugestalten. Dem Auftragnehmer soll es möglich sein, bei einer fehlenden Zustimmung des Auftraggebers an dem ursprünglich vereinbarten Leistungsinhalt festzuhalten.

17. Übergabe Quellcode. Die Erstellung der Software umfasst ohne Vereinbarung nicht in jedem Fall zwingend auch die Übergabe des Quellcodes. Dieses Formular schließt die Überlassung des Quellcodes in die Pflichten des Auftragnehmers ein. Fehlt eine ausdrückliche Bestimmung, ist nach den Umständen des Einzelfalls zu beurteilen, ob der Auftragnehmer, der sich zur Erstellung eines Datenverarbeitungsprogramms verpflichtet hat, dem Auftraggeber auch den Quellcode des Programms überlassen muss. Neben der Höhe des vereinbarten Werklohns kann dabei insbesondere dem Umstand Bedeutung zukommen, ob das Programm zur Vermarktung durch den Besteller erstellt wird und dieser zur Wartung und Fortentwicklung des Programms des Zugriffs auf den Quellcode bedarf (BGH Urt. v. 16.12.2003 – X ZR 129/01, NJW-RR 2004, 782). Der Ausschluss der Übergabe des Quellcodes wäre danach problematisch, wenn – wie hier nach § 12 Abs. 1 lit. b – dem Auftraggeber das Recht zur Änderung der Software eingeräumt würde. Denn die Änderung ist ihm nur möglich, wenn er den Quellcode hat. Das Formular sieht dementsprechend die Herausgabeverpflichtung des Auftragnehmers vor.

18. Test. Die Durchführung eines Tests vor Inbetriebnahme der Software dient beiden Parteien. Sie können prüfen, ob die Software den Vereinbarungen entspricht und dadurch die mit dem operativen Einsatz verbundenen Risiken minimieren. Wichtig ist, ein möglichst praxisgerechtes Testszenario zu entwickeln. Das ist bei Vertragsschluss nur selten möglich und wird in der Folge dann oftmals vergessen (sa *Müller-Hengstenberg/ Kirn* CR 2008, 755). Hier kann der Auftragnehmer dem Auftraggeber vorgeben, wie der Test ablaufen soll. Zugleich ersetzt der Test das beim Werkvertrag erforderliche Abnahmeverfahren. Wegen der Unklarheit, ob der Vertrag dem Werk- oder Kaufrecht unterliegt, ist der Test nicht zwingend vorgeschrieben, sondern wird nach Wahl des Auftragnehmers durchgeführt. Im Ergebnis soll der Test jedoch die gleiche Wirkung haben wie ein Abnahmeverfahren.

19. Abnahmefiktion. In AGB ist eine Abnahmefiktion, die keine Rücksicht auf etwaige Mängel des Werks nimmt, grundsätzlich unwirksam. Das Gesetz sieht in § 640 Abs. 1 S. 3 BGB zwar eine Fiktion nach fruchtloser Fristsetzung vor. Voraussetzung ist allerdings, dass das Werk im Wesentlichen vertragsgemäß erstellt wurde (BeckOK BGB/ *Voit* § 640 Rn. 31). Das ist der gesetzliche Maßstab. Wenn nun infolge der Fiktion eine fiktive Abnahme trotz Mängeln möglich wäre, wäre die Klausel auch im unternehmerischen Verkehr unwirksam. Die Klausel fingiert daher die Abnahme vorbehaltlich der Mängel, die erkennbar gewesen wären.

20. Vergütung. Die Vergütungsregelung soll dem Interesse des Auftraggebers nach Kalkulationssicherheit Rechnung tragen, ohne dem Auftragnehmer zu viel Risiko zuzumuten. Dem Vertrag liegt in der Anlage „Vergütung" ein Kostenplan zugrunde, der vom Auftragnehmer angepasst werden kann. Ergibt sich für den Auftraggeber, dass die Kosten inakzeptabel sind, kann er den Vertrag beenden, ohne weitere Zahlungen leisten zu müssen, wenn nicht der Auftragnehmer seine Bereitschaft erklärt, zu den ursprünglichen Konditionen weiter zu arbeiten.

21. Vergütung ohne ausdrückliche Abrede. Diese Regelung gibt die Bestimmungen der §§ 632 BGB und 354 HGB wieder und hat Bedeutung vor allem dann, wenn der Vertrag dem Kaufrecht zugeordnet wird. Für das Kaufrecht fehlt eine entsprechende Bestimmung, § 354 HGB ist nicht anwendbar.

22. Fälligkeit. Die Einordnung des Vertrages zum Kauf- oder Werkvertragsrecht hat insbesondere Auswirkungen auf die Fälligkeit der Vergütung. Bei einem Werkvertrag löst die Abnahme nach § 641 BGB die Fälligkeit aus, beim Kaufvertrag schon die Übergabe des Kaufgegenstandes. Diese Fälligkeitsregelungen lassen sich in AGB auch nicht abweichend gestalten. Das Formular sieht eine abschnittsweise Zahlung vor. Das halte ich für gerechtfertigt, wenn der Vertrag nicht von Beginn an auf die vollständige Leistungserbringung über alle Leistungsabschnitte gerichtet ist. Der Besteller wird auch nicht unangemessen benachteiligt, weil er nach jedem Leistungsabschnitt eine Gegenleistung zu der von ihm zu entrichtenden Vergütung erhält. Sollte die Klausel AGB-rechtlich beanstandet werden, kann sich der Auftragnehmer auf § 632a Abs. 1 BGB stützen und Abschlagszahlungen verlangen.

Bei Abänderung des Formulars mit der Folge einer Beauftragung für alle Leistungsabschnitte ohne die vorzeitige Möglichkeit zur Beendigung stellen Freigaben als Teilabnahmen eine Abweichung von der gesetzlichen Leitlinie dar, die AGB-rechtlich zu einer unangemessenen Benachteiligung des Auftraggebers führt. Hier sollten in der Anlage „Vergütung" Individualabreden zu den Fälligkeiten getroffen werden.

23. Nutzungsrechte. Der Auftraggeber ist regelmäßig daran interessiert, das umfassende Nutzungsrecht an der Software zu erhalten. Ob dieses Interesse befriedigt werden kann, wenn die umfassende Rechtseinräumung nach dem Vertragszweck nicht erforderlich ist, ist fraglich. Nach der Rechtsprechung des BGH dürfte eine – in von Anwendern formulierten Softwareverträgen praktisch verbreitete – **pauschale Rechtseinräumung** (zB „Der Softwarehersteller überträgt dem Auftraggeber das räumlich, zeitlich und inhaltlich unbeschränkte Nutzungsrecht") unwirksam sein und der Nutzer nach § 31 Abs. 5 UrhG nur die Rechte erhalten, die nach dem Zweck des Vertrages erforderlich sind (BGH Urt. v. 27.9.1995 – I ZR 215/93, NJW 1995, 3252 [3253] – Pauschale Rechtseinräumung). Die Nutzungsarten müssen nach § 31 Abs. 5 UrhG ausdrücklich einzeln bezeichnet werden (Bisges/*Imhof* Kap. 5 Rn. 333 ff.). Aus der Sorge, Lücken zu lassen, werden **Buy-out-Klauseln** gestaltet, die jede erdenkliche Nutzungsart aufführen. Wenn sich der Vertragspartner aber auf diese Weise zwar differenziert nach Nutzungsart, im Ergebnis aber lückenlos und damit wiederum pauschal die Rechte für alle Nutzungsarten einräumen lässt, ist indes das Ergebnis kein anderes als bei einer pauschalen Rechteeinräumung, wie sie Gegenstand der BGH-Entscheidung war. Insofern ist fraglich, ob nicht auch dann die Grundsätze, die der BGH der Zweckübertragungsregel beigemessen hat, Geltung haben.

Relevant wird hier auch, ob Nutzungsrechteklauseln der **Inhaltskontrolle** nach § 307 BGB unterliegen. Die Unangemessenheit vor allem von Buy-out-Klauseln kann darin erblickt werden, dass sie den Bezug zu dem Vertragszweck aufgeben und dem Rechteinhaber ohne sachliche Begründung weit überwiegend oder ganz die Nutzungsrechte nehmen. Gegen eine Inhaltskontrolle wird eingewandt, dass die Übertragung von Rechten den Leistungsgegenstand betrifft, der kontrollfrei ist und § 31 V UrhG auch keine Leitbildfunktion habe (dazu BGH Urt. v 31.5.2012 – I ZR 73/10, GRUR 2012, 1031; vgl. auch Dreier/Schulze/*Schulze* UrhG § 31 Rn. 114 ff.; *Wille* ZUM 2011, 206); vgl. ergänzend auch → Form. B. 1 Anm. 7.

Die Miturheberschaft führt regelmäßig zu besonderen Problemen, wenn – wie üblich – die Miturheber keine gleichlaufenden Rechte einräumen (dazu Bisges/*Imhof* Kap. 5 Rn. 315 ff.). Der Lösungsansatz muss zunächst eine rechtswirksame Regelung der Nutzungsrechteinräumung sein. Da das aus vielerlei Gründen schwierig ist, könnte in Individualverträgen zwischen Auftragnehmer und Miturheber sowie Auftragnehmer und Auftraggeber der nachfolgend beschriebene Weg vereinbart werden:

> Für den Fall einer miturheberschaftlichen Beteiligung aufgrund einer Tätigkeit eines Urhebers für den Auftragnehmer gestattet der Auftragnehmer aufgrund bestehender Vereinbarung mit dem jeweiligen Miturheber dem Auftraggeber, die dem Miturheber aus dieser Beteiligung erwachsenen Rechte zur Änderung und Verwertung, insbesondere nach Maßgabe des Absatzes 1, geltend zu machen. Der Auftraggeber kann danach als Vertreter des Miturhebers auch für den Miturheber auf dessen Anteil zugunsten anderer Miturheber verzichten. Zudem ist der Auftraggeber in der Folge berechtigt, im Namen des Miturhebers etwaige zur Verwertung von dessen Leistungen erforderliche und im Einzelfall nicht eingeräumte Rechte sich nachträglich einzuräumen. Dazu ist der Auftraggeber vom Verbot des Insichgeschäfts (§ 181 BGB) befreit.

24. Ausgenommene Softwarebestandteile. Regelmäßig enthält auch im Auftrag erstellte Software Teile, die schon einmal anderweitig verwendet wurden oder noch verwendet werden sollen. An diesen Bestandteilen kann oder will der Auftragnehmer dem Auftraggeber keine derart umfangreichen Rechte einräumen wie an der individuell erstellten Software. Das gilt insbesondere dann, wenn der Auftraggeber ausschließliche Rechte beansprucht. Damit eine differenzierte Rechteeinräumung wirksam ist, müssen die Softwarebestandteile bestimmbar bezeichnet werden. Eine Regelung, wonach „an der Standardsoftware" besondere Rechte eingeräumt werden, leistet dies nicht. Daher sind in diesem Formular die Softwarebestandteile in einer Anlage zu beschreiben.

Ein aus rechtlicher Sicht m.E. nicht zufriedenstellend lösbares Problem ist die Überlassung von **Open-Source-Software.** Zum einen stellt sich hier für den Auftragnehmer die Frage, ob er überhaupt den Auftraggeber in die Lage versetzen kann, die versprochenen oder auch nur benötigten Rechte zu erhalten. Auch wenn der Auftragnehmer keine Rechte überträgt, sondern der Auftraggeber selbst mit dem Lizenzgeber der Open-Source-Software eine Vereinbarung trifft, kann der Auftragnehmer nicht sicher sein, dass auch die nach der Lizenzvereinbarung intendierten Rechte beim Auftraggeber ankommen. Das kann etwa daran scheitern, dass der vorgebliche Lizenzgeber gar keine Verfügungsbefugnis hat oder die Lizenzvereinbarung nach deutschem Recht defizitär ist, etwa unter AGB-rechtlichen Gesichtspunkten (mit Recht kritisch zu der Idee der Open-Source-Software *Marly* Rn. 943 ff.). Im Ergebnis könnte dies die Mängelhaftung des Auftragnehmers auslösen.

Zum anderen besteht die Gefahr, dass bei dem Einbinden von Open-Source-Software der „**Copy-Left-Effekt**" bestimmter Lizenzwerke greift und der Auftragnehmer seine gesamte Software unter das Regelwerk der Open-Source-Lizenzen stellen muss, will er nicht Gefahr laufen, die Berechtigung zur Verwendung der Open-Source-Komponenten zu verlieren (dazu *Jaeger/Metzger* Rn. 5 f. und 25 ff.).

Mangels ausreichender Rechtsprechung lässt sich für die Praxis nicht sicher sagen, unter welchen Bedingungen das Überlassen von Software, die nur unter besonderen Open-Source-Lizenzbedingungen verwendet werden darf, möglich ist. Andererseits ist es für viele Softwarehäuser schon aus Kostengründen nicht möglich, auf den Einsatz von Open-Source-Software zu verzichten. Jedenfalls gegenüber dem Auftraggeber kann eine Haftung nur vermieden werden, indem ihm die Risiken der Nutzung von Open-Source-Software aufgezeigt werden und so die Beschaffenheit der Leistung beschrieben wird. Praktisch würde dies aber zu einem erheblichen Wettbewerbsnachteil des Auftragnehmers führen, weil solche Aufklärungen weitgehend unüblich sind.

25. Konzernklausel. Diese Konzern-Klausel ist zwar eine weit verbreitete Regelung, urheberrechtlich aber wohl unwirksam. Denn die Nutzung im Konzern ist keine technisch und wirtschaftliche eigenständige und damit klar abgrenzbare Nutzungsform (zur Wirksamkeit einer lediglich schuldrechtlichen Bindung OLG Düsseldorf Urt. v. 7.6.2006

– I-20 U 112/05, CR 2006, 656). In der Folge kann hieran kein abspaltbares Nutzungs-recht begründet werden (aA Loewenheim/*Lehmann* § 76 Rn. 28). Die Erschöpfung des Verbreitungsrechts stünde allerdings einem Weitergabeverbot, auch über den Konzern hinaus, entgegen. Da die konzernangehörigen Gesellschaften selbständige Rechtssubjekte sind, findet eine Verbreitung statt. Ein Konzernprivileg gibt es insoweit nicht.

26. Aufschiebend bedingte Nutzungsrechtseinräumung. Der Rechtsinhaber kann die Nutzung der Software durch den Anwender nach § 29 Abs. 2 UrhG auch lediglich dulden (Schricker/Loewenheim/*Schricker* UrhG Vorb. §§ 28 ff. Rn. 55). Soweit der Anwender dann nicht durch § 69 d Abs. 1 UrhG geschützt ist, kann der Rechtsinhaber aus § 97 UrhG gegen den unberechtigten Nutzer vorgehen.

27. Schutzrechtsverletzungen. → Form. B. 1 Anm. 17.

28. Rüge. Eine Rügeobliegenheit besteht nach § 377, 381 Abs. 2 HGB für den Auftraggeber nur, wenn es sich um einen Werklieferungsvertrag handelte. Findet Werk-vertragsrecht Anwendung, hat der Auftraggeber Mängel nur im Rahmen des § 640 Abs. 2 BGB zu rügen.

29. Leistungsstörungen. → Form. B. 1 Anm. 20, 21.

30. Funktionstauglichkeit. Ein Werk ist nach Ansicht des BGH nur dann vertrags-gerecht, wenn der Auftragnehmer im Rahmen der getroffenen Vereinbarungen ein funk-tionstaugliches und zweckentsprechendes Werk geschaffen hat, selbst wenn eine be-stimmte Ausführungsart vereinbart wurde (BGH Urt. v. 11.11.1999 – VII ZR 403/98, NJW-RR 2000, 465 [466]). Der vertraglich geschuldete Erfolg bestimmt sich nicht allein nach der zu seiner Erreichung vereinbarten Leistung oder Ausführungsart, sondern auch danach, welche Funktion das Werk nach dem Willen der Parteien erfüllen soll (BGH Urt. v. 8.11.2007 – VII ZR 183/05, NJW 2008, 511 Rn. 15). Für die Praxis liegt das Problem darin, dass die Frage der Funktionstauglichkeit in der Regel Auslegungssache ist, weil die Parteien zwar die Beschaffenheit vereinbaren, zur „Funktionstauglichkeit" jedoch nichts sagen. Die Funktionstauglichkeit ist damit eine Allzweckwaffe, mit der sich Regelungen zur Leistungspflicht des Auftragnehmers aushebeln lassen. Die in § 16 Abs. 1 S. 2 des Formulars enthaltene Regelung wird hieran nichts ändern, weil sie der AGB-Kontrolle unterliegt und mit dem Argument mangelnder Transparenz angegriffen werden kann. Letztlich bleibt dem Auftragnehmer angesichts der strengen – aber zunächst nur bau-rechtlichen – Rechtsprechung nur, die (berechtigten) Erwartungen des Auftraggebers zu bestimmen und ihn darauf hinzuweisen, inwieweit diese Erwartungen durch seine – des Auftragnehmers -- Leistungen erfüllt werden können (kritisch zu dem Konstrukt der Funktionstauglichkeit *Markus* NZBau 2010, 604).

31. Verjährung. Hier zeigt sich die Problematik der Zuordnung des Erstellungsver-trages zum Kauf- oder Werkvertragsrecht deutlich. Die Verkürzung der Mängelhaftungs-frist in AGB auf 1 Jahr wird im Kauf- und Werkvertragsrecht wegen § 309 Nr. 8b ff. BGB als unproblematisch angesehen, wenn Gegenstand des Vertrages eine bewegliche Sache ist (Palandt/*Weidenkaff* BGB § 438 Rn. 4; Palandt/*Sprau* BGB § 634a Rn. 26). Sieht man Software dagegen nicht als Sache an, gilt § 634 a Abs. 1 Nr. 3 BGB mit der Folge einer mindestens dreijährigen, wegen § 199 Abs. 1 BGB regelmäßig aber wesentlich länger wirkenden Verjährungsfrist. Eine Verkürzung dieser Frist auf ein Jahr ab dem Zeitpunkt der Übergabe/Abnahme dürfte einer Inhaltskontrolle kaum standhalten (vgl. hierzu Palandt/*Heinrichs* BGB § 202 Rn. 12 f.).

32. Ausschlussfrist. Eine Rügeobliegenheit besteht nach § 377, 381 Abs. 2 HGB für den Auftraggeber nur, wenn es sich um einen Werklieferungsvertrag handelte. Findet Werkvertragsrecht Anwendung, schließt die Klausel den Auftraggeber in AGB-Recht widriger Weise von der Geltendmachung von Mängeln nach zwei Wochen aus und unterläuft so die Verjährungsregeln.

33. Beweislastverteilung. Auch diese durchaus übliche Klausel ist AGB-rechtlich bedenklich, weil die Beweislast in AGB nicht zum Nachteil des Vertragspartners verteilt werden kann. Das Risiko einer verweigerten Mängelbeseitigung trägt in vollem Umfang der für den Mangel verantwortliche Auftragnehmer (BGH Urt. v. 2.9.2010 – VII ZR 110/09NJW 2010, 3649 Rn. 23).

34. Scheinmangel. Vgl. BGH Urt. v. 23.1.2008 – VIII ZR 246/06, NJW 2008, 1147 (1148).

35. Erfüllungsort. → Form. B. 1. Anm. 30.

36. Allgemeine Haftung. → Form. B. 1. Anm. 31

37. Geheimhaltung. Zur Geheimhaltung vgl. *Roth* ITRB 2011, 115.

38. UN-Kaufrecht. Dem UN-Kaufrecht unterfallen grundsätzlich auch die Werklieferungsverträge nach § 651 BGB (MüKoBGB/*H. P. Westermann* CISG Art. 3 Rn. 3). Verneint man einen Werklieferungsvertrag und damit die Anwendbarkeit von Kaufrecht, findet das UN-Kaufrechtsabkommen bereits keine Anwendung, so dass es eines Ausschlusses nicht bedürfte (Für Software verneinend MAH IT-R/*Stögmüller* Teil 6 Rn. 445).

Überlassung auf Zeit

4. Mietvertrag über Software

Software-Mietvertrag

zwischen

. . . . . .

– nachfolgend „Vermieter" genannt –

und

. . . . . .

– nachfolgend „Mieter" genannt –

§ 1 Vertragsgegenstand

(1) Gegenstand des Vertrages ist die entgeltliche Überlassung des Computerprogramms . . . . . . einschließlich Dokumentation, nachfolgend kurz als Software bezeichnet, auf beschränkte Zeit.[1]

(2) Als Dokumentation liefert der Vermieter eine Installationsanleitung und eine Online-Hilfe, die es erlaubt, Erläuterungen zu den Funktionalitäten während des Betriebs der Software abzurufen und auszudrucken.[2]

(3) Die Installation der Software ist von dem Vermieter nicht geschuldet.

§ 2 Vergütung

(1) Der Mieter zahlt für die Überlassung der Software eine monatliche Grundmiete in Höhe von . . . . . . EUR. Wird die Software nicht für einen vollen Kalendermonat überlassen, berechnet sich die Miete zeitanteilig.

(2) Zusätzlich zu der Grundmiete zahlt der Mieter eine transaktionsabhängige Miete nach folgender Staffel:

Transaktionen je Kalendermonat	Transaktions-Gruppe	Kosten je Transaktion
bis einschließlich 10.000	I	0,10 EUR
von 10.001 bis einschließlich 50.000	II	0,08 EUR
ab 50.001	III	0,07 EUR

Die Gesamtkosten errechnen sich aus der Addition der für die jeweilige Transaktionsgruppe angefallenen Kosten zuzüglich der Grundmiete nach Absatz 1. Die Transaktionen werden von der Software monatsweise protokolliert und zur Authentifizierung elektronisch signiert. Die Protokolldatei einschließlich Signatur ist spätestens zum Ende eines jeden Monats an den Vermieter zu übermitteln, sofern keine Anbindung an ein Kommunikationsnetz gegeben ist, über das die Übermittlung automatisch abgewickelt werden kann.

(3) Der Vermieter kann die Grundmiete und die Kosten je Transaktion nach billigem Ermessen (§ 315 III BGB) durch Mitteilung an den Mieter mit Zugang spätestens sechs Wochen vor Ablauf eines Vertragsjahres mit Wirkung für die folgenden Vertragsjahre anpassen.[3]

(4) Alle Entgelte verstehen sich zzgl. der gesetzlichen Umsatzsteuer.

(5) Die Abrechnung der Miete erfolgt monatlich. Zur Abrechnung weist die Software zu Beginn eines jeden Kalendermonats die für den vorangegangenen Monat angefallenen Transaktionen je Gruppe aus. Der Mieter wird hieraus die jeweils zu entrichtende Miete berechnen und diese dem Vermieter bis spätestens zum 15. eines Monats zahlen.

§ 3 Rechteeinräumung/Nutzungssperre

(1) Der Mieter ist für die Laufzeit des Vertrages berechtigt, die Software zur Nutzung auf einem Rechner zu vervielfältigen. Zu den nur für das Gebiet der Bundesrepublik Deutschland gestatteten Vervielfältigungshandlungen gehören die Installation auf einen Datenträger des Rechners, das Übertragen der Software ganz oder in Teilen von diesem Datenträger in den Arbeitsspeicher und in der Folge in die CPU und Grafikkarte des Rechners.[4]

(2) Der Einsatz der überlassenen Software ist nur auf dem Rechner zulässig, auf dem die Software erstmalig installiert und freigeschaltet wurde. Eine erneute Installation der Software, gleich aus welchem Grund, auch auf dem Ursprungsrechner, erfordert eine Freischaltung durch die Vermieterin. ERFOLGT KEINE FREISCHALTUNG, IST DIE NUTZUNG DER SOFTWARE AB DEM 21. TAG DER INSTALLATION GESPERRT.[5]

(3) Der Mieter darf die Software an Dritte weder veräußern, noch verschenken oder verleihen, noch weitervermieten und verleasen.

(4) Der Mieter ist nicht berechtigt, die vorhandenen Schutzmechanismen des Programms gegen eine unberechtigte Nutzung zu entfernen oder zu umgehen, es sei denn dies ist erforderlich, um die störungsfreie Programmnutzung zu erreichen.

§ 4 Schutzrechtsverletzungen

(1) Der Vermieter stellt den Mieter auf eigene Kosten von allen Ansprüchen Dritter aus vom Vermieter zu vertretenden Schutzrechtsverletzungen frei.[6] Der Mieter wird den Vermieter unverzüglich über die geltend gemachten Ansprüche Dritter informieren. Informiert er den Vermieter nicht unverzüglich über die geltend gemachten Ansprüche, erlischt dieser Freistellungsanspruch.

(2) Im Falle von Schutzrechtsverletzungen darf der Vermieter – unbeschadet etwaiger Schadensersatzansprüche des Mieters – nach eigener Wahl und auf eigene Kosten hinsichtlich der betroffenen Leistung

(a) nach vorheriger Absprache mit dem Mieter Änderungen vornehmen, die unter Wahrung von dessen Interessen gewährleisten, dass eine Schutzrechtsverletzung nicht mehr vorliegt oder
(b) für den Mieter die erforderlichen Nutzungsrechte erwerben.

§ 5 Laufzeit/Rückgabe

(1) Die Überlassung der Software erfolgt zunächst für eine feste Laufzeit von 36 Monaten. Danach kann der Vertrag mit einer Frist von 6 Monaten zum Ende eines Kalenderjahres schriftlich gekündigt werden.

(2) Die Kündigung aus wichtigem Grund bleibt unberührt.

(3) Nach Beendigung des Vertrages hat der Mieter die vom Vermieter erhaltenen Datenträger und erstellten Sicherungskopien herauszugeben oder zu vernichten, die Software zu deinstallieren und etwaig verbleibende erkennbare Softwarereste aus dem IT-System zu löschen. Auf Wunsch des Vermieters hat der Mieter die Erfüllung der vorgenannten Pflichten schriftlich zu bestätigen.

§ 6 Sach- und Rechtsmängelhaftung

(1) Technische Daten, Spezifikationen und Leistungsangaben in öffentlichen Äußerungen, insbesondere in Werbemitteln sind keine Beschaffenheitsangaben. Die Funktionalität der Software richtet sich zunächst nach der Beschreibung in der Benutzerdokumentation und den ergänzend hierzu getroffenen Vereinbarungen. Im Übrigen muss sich die Software für die nach diesem Vertrag vorausgesetzte Verwendung eignen und ansonsten eine Beschaffenheit aufweisen, die bei Software der gleichen Art üblich ist.[7]

(2) Der Vermieter wird die Software in einem zum vertragsgemäßen Gebrauch geeigneten Zustand überlassen und erhalten. Die Pflicht zur Erhaltung beinhaltet nicht die Anpassung der Software an veränderte Einsatzbedingungen und technische und funktionale Entwicklungen, wie Veränderungen der IT-Umgebung, insbesondere Änderung der Hardware oder des Betriebssystems, Anpassung an den Funktionsumfang konkurrierender Produkte oder Herstellung der Kompatibilität zu neuen Datenformaten.[8]

(3) Die verschuldensunabhängige Schadensersatzhaftung für Mängel, die bereits bei Vertragsschluss vorhanden waren, ist ausgeschlossen.[9]

(4) Der Mieter wird den Vermieter bei der Mangelfeststellung und -beseitigung unterstützen und unverzüglich Einsicht in die Unterlagen gewähren, aus denen sich die näheren Umstände des Auftretens des Mangels ergeben.

§ 7 Haftung im Übrigen

(1) Der Vermieter haftet für Vorsatz und grobe Fahrlässigkeit. Für leichte Fahrlässigkeit haftet er nur bei Verletzung einer wesentlichen Vertragspflicht (Kardinalpflicht), deren Erfüllung die ordnungsgemäße Durchführung des Vertrags überhaupt erst ermöglicht und auf deren Einhaltung der Mieter regelmäßig vertrauen darf, sowie bei Schäden aus der Verletzung des Lebens, des Körpers oder der Gesundheit.

(2) Der Vermieter schuldet die branchenübliche Sorgfalt. Bei der Feststellung, ob den Vermieter ein Verschulden trifft, ist zu berücksichtigen, dass Software technisch nicht fehlerfrei erstellt werden kann.

(3) Die Haftung ist im Falle leichter Fahrlässigkeit summenmäßig beschränkt auf die Höhe des vorhersehbaren Schadens, mit dessen Entstehung typischerweise gerechnet werden muss; maximal ist diese Haftung jedoch beschränkt auf . . . . . . EUR pro Schadensfall und insgesamt auf . . . . . . EUR aus dem Vertragsverhältnis.[10]

(4) Für den Verlust von Daten und/oder Programmen haftet der Vermieter insoweit nicht, als der Schaden darauf beruht, dass es der Mieter unterlassen hat, Datensicherungen durchzuführen und dadurch sicherzustellen, dass verlorengegangene Daten mit vertretbarem Aufwand wiederhergestellt werden können.

(5) Die vorstehenden Regelungen gelten auch zugunsten der Erfüllungsgehilfen des Vermieters.

§ 8 Übergabe und Installation

(1) Die Software wird dem Mieter auf einer DVD übergeben.

(2) Die Installation der Software erfolgt durch den Mieter.[11]

(3) Eine Schulung zur Nutzung der Software kann von dem Mieter gegen eine gesonderte Vergütung beauftragt werden.

§ 9 Schlussbestimmungen

(1) Sollten einzelne Bestimmungen dieses Vertrages ganz oder teilweise unwirksam sein oder werden, wird die Wirksamkeit der übrigen Bestimmungen hierdurch nicht berührt. Die Parteien vereinbaren bereits jetzt für diesen Fall, dass die ungültige Bestimmung durch eine wirksame Bestimmung ersetzt wird, die dem wirtschaftlichen Zweck der ungültigen Bestimmung möglichst nahe kommt. Entsprechendes gilt für etwaige Lücken der Vereinbarung.

(2) Die Parteien werden im Falle einer sich aus diesem Vertrag ergebenden Streitigkeit vor Durchführung eines Gerichtsverfahrens (Klage) eine Schlichtung gemäß der Schlichtungsordnung der Hamburger Schlichtungsstelle für IT-Streitigkeiten in der zum Zeitpunkt der Einleitung eines Schlichtungsverfahrens gültigen Fassung durchführen. Das Schlichtungsverfahren soll dazu dienen, den Streit ganz oder teilweise, vorläufig oder endgültig beizulegen. Kommt eine Einigung vor der Schlichtungsstelle nicht zustande, ist der Rechtsweg zu den ordentlichen Gerichten eröffnet.

(3) Die Abtretung von Forderungen, die nicht Geldforderungen sind ist nur mit vorheriger schriftlicher Zustimmung der anderen Vertragspartei zulässig. Die Zustimmung darf nicht unbillig verweigert werden.

(4) Ein Zurückbehaltungsrecht kann nur wegen Gegenansprüchen aus dem jeweiligen Vertragsverhältnis geltend gemacht werden.

(5) Die Vertragsparteien können nur mit Forderungen aufrechnen, die rechtskräftig festgestellt oder unbestritten sind.

(6) Nebenabreden zu diesem Vertrag bestehen nicht. Allgemeine Geschäftsbedingungen der Parteien im Übrigen finden für diesen Vertrag keine Anwendung. Dies gilt auch dann, wenn solchen Bedingungen nicht ausdrücklich widersprochen wird. Änderungen und Ergänzungen dieses Vertrages bedürfen der Schriftform. Auf dieses Formerfordernis kann nur durch schriftliche Vereinbarung verzichtet werden.

(7) Es gilt das Recht der Bundesrepublik Deutschland.

(8) Ausschließlicher Gerichtsstand für alle Rechtsstreitigkeiten aus oder im Zusammenhang mit diesem Vertrag ist der Sitz des Vermieters. Der Vermieter ist aber auch berechtigt, am allgemeinen Gerichtsstand des Mieters zu klagen

. . . .

(Ort, Datum)   (Ort, Datum)

. . . .

– Mieter –   – Vermieter –

Anmerkungen

1. **Rechtsnatur der Überlassung auf Zeit.** Es ist umstritten, ob die Überlassung von Software auf Zeit überhaupt dem Mietrecht unterfällt. Denn nach § 535 BGB verlangt die Miete das Überlassen einer Sache, so dass diejenigen, die Software nicht als Sache im Sinne des § 90 BGB betrachten eine mietrechtliche Einordnung verneinen müssten. Dementsprechend wird vertreten, dass **Pachtrecht** Anwendung findet (*Heydn* CR 2010, 765 [773]; für „Nähe" zur Pacht BGH Urt. v. 3.6.1981 – VIII ZR 153/80, NJW 1981, 2684), was wegen der weitgehenden Verweisung auf das Mietrecht regelmäßig zu gleichen Ergebnissen führen wird. Problematisch bei der Annahme von Pacht ist jedoch, dass die Überlassung der Software nicht notwendig mit einer Gestattung zur Fruchtziehung verbunden ist. Eine Virenschutzsoftware etwa wirft keine Früchte ab, sondern dient lediglich der komfortableren Nutzung der IT (zu dem ähnlichen Problem der Geschäftsraumpacht MüKoBGB/*Harke* § 581 Rn. 11). Die bloße Einräumung eines Nutzungsrechts reicht für die Annahme einer Fruchtziehung noch nicht aus. Der BGH hat die zeitweise Überlassung von Software zuletzt dem Mietrecht zugeordnet (BGH Urt. v. 15.11.2006 – XII ZR 120/04, MMR 2007, 243 [244]).

Gelegentlich wird der Vertrag zur Überlassung von Software auf Zeit auch als **Lizenzvertrag** bezeichnet. Das ist insofern ungenau, als das BGB den Begriff der Lizenz nicht kennt. Wohl wird er dagegen in neueren urheberrechtlichen Vorschriften verwendet. Letztlich ist abseits der Begrifflichkeiten wichtig, dass das urheberrechtliche und das schuldrechtliche Verhältnis zwischen Vermieter und Mieter unterschieden werden. Aus dem urheberrechtlichen Begriff der Lizenz ist für das Schuldrecht unmittelbar nichts zu gewinnen.

Das Formular sieht den Einsatz der Software auf der Hardware des Mieters vor. Andere Mietmodelle ermöglichen die Nutzung von Software, die auf der Hardware des Vermieters läuft, wobei die Begriffe nicht eindeutig belegt sind. Das gilt etwa für das Application Service Providing (hierzu → Form. D. 4), das davon kaum zu trennende „Software as Service" (SaaS) und auch das begrifflich unscharfe „Cloud Computing" → Form. G. 6.

2. Benutzerdokumentation. Das Fehlen einer Benutzerdokumentation und einer Installationsanleitung würde wie bei der Überlassung auf Dauer einen Mangel darstellen.

3. Vergütung. Das Formular sieht eine nutzungsabhängige Vergütung vor. Die Intensität der Nutzung bestimmt die Miete. Das Amortisationsinteresse des Vermieters bedingt eine nutzungsunabhängige Grundmiete, die auch dann zu zahlen ist, wenn keine Nutzung erfolgt. Anderenfalls hätte es der Mieter in der Hand, sich durch Nichtnutzung seiner vertraglichen Hauptleistungspflicht zu entziehen, ohne den Vertrag kündigen zu müssen oder zu können.

Besondere Regeln zur Anpassung der Miete enthält das BGB für Sachen, die keine Räume oder Grundstücke sind, nicht. Es gelten daher die allgemeinen Grundsätze, wonach eine Mieterhöhung vereinbart werden muss, dies aber auch schon vorab geschehen kann. Wie stets in Allgemeinen Geschäftsbedingungen sind die strengen Anforderungen der Rechtsprechung an die Transparenz der Erhöhungsklausel und die Wahrung der Leistungsäquivalenz zu beachten (→ Form. B. 8 Anm. 24). Die hier vorgeschlagene Klausel hält diesen Anforderungen nicht stand. Unbedenklich wäre eine Staffelung der Miete unter genauer Angabe der Erhöhungsschritte, was jedoch in der Praxis kaum vorkommt. Letztlich hat der Vermieter bei der Softwaremiete aber die Möglichkeit, Preiserhöhungen im Verhandlungswege durchzusetzen und bei einem Scheitern der Verhandlungen den Vertrag – notfalls – zu kündigen.

4. Nutzungsrechte. Der Vermieter von Software muss anders als derjenige, der Software auf Dauer überlässt nicht damit rechnen, dass der Nutzer die Software auf rechtmäßige Weise weiter gibt. Eine Erschöpfung des Verbreitungsrechts findet bei der mietweisen Überlassung von Software nicht statt. Dementsprechend brauchen keine – wenn auch in der Regel nur deklaratorischen – Weitergabevorbehalte vereinbart werden.

Auch bei der Überlassung von Software auf Zeit bedarf der Mieter zum Ablaufenlassen der Software auf einem Rechner im Rahmen der Mindestnutzung keiner besonderen Gestattung → Form. B. 1 Anm. 7. Wegen § 69d Abs. 1 UrhG reicht es, wenn er berechtigter Nutzer ist, wobei die Berechtigung nicht aus einer urheberrechtlichen Gestattung zur Nutzung folgen muss, weil sonst die Regelung leerlaufen würde (zum Kreis der Berechtigten vgl. Schricker/Loewenheim/*Loewenheim* UrhG § 69d Rn. 4). Erst nach Ablauf der Mietdauer entfällt das Nutzungsrecht des Mieters.

5. CPU-Klausel. Zwar ist die Weitergabe von Software rechtlich nicht zulässig, da sie aber faktisch möglich ist, kann auch der Vermieter von Software bestrebt sein, eine Weitergabesperre einzurichten. Geschieht dies durch eine so genannte CPU-Bindung, ist die Vereinbarung einer solchen Sperre jedenfalls AGB-rechtlich nicht zu beanstanden. Die Bindung an einen bestimmten Rechner kann über die Identifikation von dessen CPU erfolgen. CPU haben regelmäßig Identifikationsnummern, die sie individualisierbar machen mit der Folge, dass das Programm erkennen kann, wenn es in einem System mit einer anderen CPU läuft. Das ist zum einen für die Kontrolle der Weitergabe der Software sinnvoll und zum anderen dann, wenn die Miete nach der Nutzungsintensität berechnet wird. Eine leistungsfähigere CPU soll dann eine höhere Vergütung auslösen. Der BGH hält zwar die urheberrechtliche Wirksamkeit der Bindung an eine CPU für fraglich, sieht aber jedenfalls eine schuldrechtliche Abrede mit diesem Inhalt als AGB-rechtlich wirksam an (BGH Urt. v. 24.10.2002 – I ZR 3/00, NJW 2003, 2014 [2016] – CPU Klausel). Der deutlich gestaltete Hinweis auf die Programmsperre soll dem Anwender den Einwand nehmen, die Klausel sei überraschend oder die Frist, nach der die Sperre eintritt, sei unangemessen kurz.

Denkbar ist auch, die Rechte bei einer rechtswidrigen Nutzung der Software entfallen zu lassen. Ob eine solche auflösende Bedingung wirksam ist, ist allerdings umstritten. In einem die GPL Version 2 betreffenden Fall hat das LG München folgende Regelung für wirksam gehalten: „Jeder anderweitige Versuch der Vervielfältigung, Modifizierung, Weiterlizenzierung und Verbreitung ist nichtig und beendet automatisch Ihre Rechte unter dieser Lizenz" (LG München I Urt. v. 19.5.2004 – 21 O 6123/04, GRUR-RR

2004, 350 (351)). Zu beachten ist aber, dass diese Regelung im Anwendungsbereich des § 69d UrhG keine Wirkungen entfalten kann. Betroffen könnten dann nur Nutzungsarten sein, die über den abredefesten zwingenden Kern von Nutzungsbefugnissen hinausgehen. Aus Gründen der Transparenz sollte dies in den Nutzungsbedingungen deutlich gemacht werden.

6. Schutzrechtsverletzungen. → Form. B. 1. Anm. 17.

7. Beschaffenheitsvereinbarung. → Form. B. 1. Anm. 23. Zwar gibt es im Mietrecht keine dem § 434 Abs. 1 S. 3 BGB entsprechende Regelung, einem Vertrauensschutz des Mieters gegenüber solchen Bekanntmachungen soll hier aber entgegengewirkt werden.

8. Gewährleistungsausschluss. Der Mietvertrag ist dadurch gekennzeichnet, dass der Vermieter während der Vertragslaufzeit verpflichtet ist, die Mietsache in einem gebrauchstauglichen Zustand zu erhalten. Für Software beinhaltet das insbesondere die Pflicht, die üblicherweise im Rahmen von Pflegeverträgen entgeltlich erbrachten Leistungen zur Mängelbeseitigung und unter Umständen auch zur Anpassung an geänderte Umstände aufgrund des Mietvertrages unentgeltlich zu erbringen. Der Abschluss eines die Mängelbeseitigung beinhaltenden Pflegevertrages in rechtlicher Einheit mit dem Mietvertrag führt zu den bekannten AGB-rechtlichen Problemen (→ Form. B. 8 Anm. 2), weil die Einheit der Verträge dem hier maßgeblichen Leitbild des Mietvertrages widerspricht. Bietet der Pflegevertrag dagegen lediglich Leistungen an, die vom Vermieter von Gesetzes wegen nicht geschuldet sind, so kommt es zu keiner unangemessenen Benachteiligung aufgrund der Rechtseinheit beider Verträge (MAH IT-R/*von dem Bussche/Schelinski* Teil 1 Rn. 311). Soll der Pflegevertrag darüber hinaus gehen und lässt sich eine eindeutige Abgrenzung zwischen der Mängelhaftung nach dem Mietvertrag und den entgeltlichen Leistungen aus dem Pflegevertrag nicht treffen, wird in der Praxis der Mietvertrag um die Pflegeleistungen erweitert und die Software zu einem Entgelt vermietet, das der Summe aus dem ursprünglich beabsichtigten Pflegevertrag und der Miete entspricht. Es liegt dann keine rechtliche Einheit, sondern von Anfang an nur ein Vertrag vor. AGB-rechtlich dürfte das nicht zu beanstanden sein.

Der zweite Satz der Klausel soll klarstellen, dass eine Weiterentwicklung der Software nicht geschuldet ist. Inwieweit diese Leistung von der gesetzlichen Erhaltungspflicht umfasst ist, ist fraglich, der Zusatz soll insoweit für Klarheit sorgen. Dem Interesse an einer Weiterentwicklung der Software und der Aufrechterhaltung der Gebrauchstauglichkeit kann durch den parallelen Abschluss eines Pflegevertrages Rechnung getragen werden.

Ob und in welchem Umfang eine Beschränkung der Pflichten des Vermieters zum Erhalt der Gebrauchstauglichkeit von Software AGB-rechtlich zulässig ist, ist nicht klar. Rechtsprechung hierzu fehlt.

9. Anfängliche verschuldensunabhängige Haftung. Die verschuldensunabhängige Haftung für anfängliche Mängel kann auch in AGB ausgeschlossen werden, s. dazu BGH Beschl. v. 4.10.1990 – XII ZR 46/90, NJW-RR 1991, 74.

10. Haftung. Eine wirksame Beschränkung der Haftung in AGB ist nicht möglich (vgl. *Redeker* Rn. 462 ff.).

11. Installation. Auch hier ist zu prüfen, ob der Mieter dazu ohne Weiteres in der Lage ist. Wenn nicht, sollte dies in die Anforderungen an die Lauffähigkeit der Software aufgenommen und dem Mieter leicht erkennbar mitgeteilt werden.

5. Software-Leasingvertrag

Die . . . . . . (Firma, Sitz, Vertretungsverhältnisse),

– nachfolgend „Leasingnehmer" genannt –

beabsichtigt, Software und deren Dokumentation – nachfolgend Leasinggegenstand genannt – auf beschränkte Zeit zu nutzen und dies durch den Leasinggeber finanzieren zu lassen. Dazu beantragt der Leasingnehmer bei

. . . . . . (Firma, Sitz, Vertretungsverhältnisse)

– nachfolgend „Leasinggeber" genannt –

den Abschluss eines Leasingvertrages[1] zu den folgenden Bedingungen unter Einschluss der Allgemeinen Leasingbedingungen (ALB).

Gegenstand des Leasing, ggf. in der Anlage Leasinggegenstand zu präzisieren:

Leasinggegenstand	Lieferant	Voraussichtl. Lieferdatum	Standort	Netto-Anschaffungspreis
1.				
2.				
3.				

Kosten des Leasing:

Der Netto-Gesamtanschaffungspreis beträgt . . . . . . EUR. Hierauf wird der Leasingnehmer eine Leasingsonderrate von . . . . . . Euro netto leisten. Die Netto-Leasingraten berechnen sich somit auf der Grundlage eines Betrages von . . . . . . EUR.

Der Vertrag wird für eine Laufzeit von . . . . . . Monaten abgeschlossen und kann während dieser Zeit nur aus wichtigem Grund gekündigt werden. Für den Leasinggegenstand beträgt die maßgebliche AfA-Dauer . . . . . . Monate.

Die voraussichtliche laufende Netto-Leasingrate beträgt vorbehaltlich einer Änderung nach § . . . . . . ALB . . . . . . EUR. Die Vertragsdauer berechnet sich ab dem Zeitpunkt der Übernahme des Leasinggegenstandes gemäß § 5 ALB.

Der Leasingnehmer wird den Leasinggeber mit der anliegenden Einzugsermächtigung widerruflich ermächtigen, die fälligen Leasingraten per Lastschrift einzuziehen.

Der Leasinggeber wird die im Rahmen der Begründung und gegebenenfalls Durchführung des Vertrages anfallenden Daten, die auch personenbezogen sein können, gem. § 28 BDSG verwenden. Der Leasinggeber wird die Daten an die . . . . . . Financial Services AG und/oder an andere Kreditinstitute zu Refinanzierungszwecken übermitteln, wenn dies zur Begründung, Durchführung oder Beendigung des Leasingvertrages erforderlich ist.

. . . .

(Ort, Datum)   (Ort, Datum)

. . . .

– Leasingnehmer –   – Leasinggeber –

Anlagen:

Leasinggegenstand

Einziehungsermächtigung (→ Form. N. 7)

Nutzungsrechte

Allgemeine Leasingbedingungen (ALB)

§ 1 Vertragsschluss und -beginn

(1) Der Leasingnehmer ist an sein Angebot auf Abschluss eines Leasingvertrages mit dem Leasinggeber sechs Wochen ab Absendung gebunden.[2] Mit Zugang der Annahmeerklärung kommt der Vertrag zustande.

(2) Vertragsbeginn ist der Zeitpunkt der Übernahme des Leasinggegenstandes durch den Leasingnehmer gem. § 5.

§ 2 Leasinggegenstand

(1) Der Leasinggeber überlässt dem Leasingnehmer entgeltlich die im Leasingvertrag als Leasinggegenstand näher bezeichnete Software einschließlich Dokumentation auf beschränkte Zeit.[1]

(2) Die Installation der Software ist von dem Leasinggeber nicht geschuldet und erfolgt auf Gefahr und Kosten des Leasingnehmers.

§ 3 Objektauswahl

(1) Die Auswahl des Leasinggegenstandes und des Lieferanten obliegt allein dem Leasingnehmer. Der Leasingnehmer handelt die Vertragsbedingungen über den Erwerb, die Lieferung und sonstige Leistungen selbständig mit dem Lieferanten aus und beauftragt den Leasinggeber, den Vertrag zu den ausgehandelten Bedingungen, die er dem Leasinggeber umfassend mitteilt, im eigenen Namen und für eigene Rechnung abzuschließen. Von dem Vertrag, den Anlagen und den dazu geltenden Bedingungen wird der Leasingnehmer eine Kopie für seine Unterlagen anfertigen. Der Leasingnehmer wird den Leasinggeber über etwaige Nebenabreden zu dem Vertrag mit dem Lieferanten oder über einseitige Zusagen, Ratschläge oder Auskünfte des Lieferanten umfassend informieren.[3]

(2) Der Leasingnehmer ist nicht berechtigt, den Leasinggeber gegenüber dem Lieferanten zu vertreten. Die Funktionalität des Leasinggegenstandes und dessen Eignung für die Zwecke des Leasingnehmers sind ebenso wie sonstige Leistungen des Lieferanten nicht Gegenstand dieses Vertrages. Ebenso wenig ist der Lieferant berechtigt, den Leasinggeber gegenüber dem Leasingnehmer zu vertreten.

(3) Sofern der Leasingnehmer bereits einen Vertrag mit dem Lieferanten geschlossen hat, bevollmächtigt er den Leasinggeber, namens des Leasingnehmers mit dem Lieferanten eine Vereinbarung zu treffen, kraft deren entweder der Leasinggeber an Stelle des Leasingnehmers in den Vertrag mit dem Lieferanten eintritt oder der Vertrag zwischen Leasingnehmer und Lieferant aufgehoben und zwischen Lieferant und Leasinggeber zu gleichen Bedingungen neu abgeschlossen wird. Der Leasingnehmer wird hierzu den Leasinggeber vorab entsprechend der Regelung in Abs. 1 über die Umstände des Vertragsschlusses und über den Vertragsinhalt informieren. Ein Anspruch des Leasingnehmers auf Eintritt des Leasinggebers in den Vertrag mit dem Lieferanten besteht nicht. Erklärt sich der Lieferant mit einem Parteiwechsel nicht einverstanden, wird der Leasing-

geber das Angebot des Leasingnehmers nicht annehmen und ihm auf Wunsch einen Vorschlag zu einem Sale-and-Lease-back-Verfahren unterbreiten.[4]

(4) Für den Fall, dass der Leasingnehmer bereits einen Vertrag mit dem Lieferanten geschlossen hat, in den der Leasinggeber eintritt, überträgt er an den Leasinggeber aufschiebend bedingt auf den Zeitpunkt des Eintritts des Leasinggebers in einen zwischen dem Lieferanten und dem Leasingnehmer über das Leasinggut geschlossenen Vertrag alle ihm an dem Leasinggut zustehenden Rechte (Nutzungsrechte, Eigentum, Anwartschaftsrecht uÄ). Der Leasinggeber nimmt diese Übertragung an. Ist zur Rechtsübertragung die Zustimmung Dritter erforderlich, wird der Leasingnehmer den Leasinggeber hierauf hinweisen und versuchen, die Zustimmung des Dritten einzuholen. Verweigert der Dritte die Zustimmung, wird der Leasingnehmer dies dem Leasinggeber mitteilen. Scheitert die Rechteübertragung, ist der Leasinggeber nach seiner Wahl berechtigt, von diesem Vertrag zurückzutreten oder vom Leasingnehmer so gestellt zu werden, wie wenn der Dritte zugestimmt hätte. Ansprüche des Leasinggebers im Übrigen werden hierdurch nicht berührt.[5]

(5) Ferner wird der Leasingnehmer für den Fall, dass er bereits einen Vertrag mit dem Lieferanten geschlossen hat, in den der Leasinggeber eintritt, etwaige erforderliche Bestellungen veranlassen. Bereits erbrachte Anzahlungen oder andere Erfüllungsleistungen des Leasingnehmers wirken insoweit zugunsten des Leasinggebers.

§ 4 Gefahrtragung

(1) Der Leasingnehmer trägt die Gefahr des zufälligen Untergangs des Leasingguts.[6] Der Leasinggeber tritt dem Leasingnehmer die ihm gegen den Lieferanten und Dritte zustehenden Ansprüche im Zusammenhang mit der Lieferung an den Leasingnehmer ab. Der Leasingnehmer nimmt die Abtretung an. Ansprüche des Leasingnehmers gegen den Leasinggeber wegen der Nicht- oder Schlechtlieferung sind ausgeschlossen.

(2) Geht der Leasinggegenstand aufgrund eines nicht vom Leasinggeber zu vertretenden Umstands unter, kommt er abhanden, wird gebrauchsuntauglich oder verschlechtert sich in sonstiger Weise, bleibt der Leasingnehmer zur Entrichtung der vereinbarten Entgelte verpflichtet. Der Leasingnehmer wird den Leasinggeber unverzüglich über den Eintritt der vorgenannten Umstände schriftlich unterrichten.

§ 5 Übernahme des Leasinggegenstandes

(1) Der Leasingnehmer wird den Leasinggegenstand nach der Installation der Software mit der gebotenen Sorgfalt auf Mängelfreiheit und Funktionstüchtigkeit untersuchen. Ergeben sich hierbei keine Beanstandungen, wird der Leasingnehmer dem Leasinggeber die Installation der Software und deren Betriebsbereitschaft schriftlich bestätigen (Übernahmebestätigung).[7] Mit Zugang der Erklärung wird der Leasinggeber eine etwaige, von der Erklärung der Betriebsbereitschaft abhängige Zahlung an den Lieferanten leisten.

(2) Soweit die vom Lieferanten zu erbringende Leistung nach § 640 BGB abzunehmen ist, tritt an die Stelle der Untersuchung nach Abs. 1 die Abnahme. Der Leasingnehmer erklärt nach sorgfältiger Prüfung und Feststellung des Vorliegens der Abnahmevoraussetzungen die Abnahme in Vertretung des Leasinggebers. Liegen die Abnahmevoraussetzungen nicht vor, verweigert der Leasingnehmer namens des Leasinggebers die Abnahme. Die Erklärungen zur Abnahme oder Nichtabnahme sind dem Leasinggeber unverzüglich zur Kenntnis zu bringen.

(3) Der Leasingnehmer wird die Untersuchungen nach den vorstehenden Absätzen auch dann durchführen, wenn der Lieferant Nacherfüllungsleistungen erbringt, sei es, dass er

die Software oder deren Einsatzbedingungen ändert (Nachbesserung) oder die Software neu installiert (Neulieferung).

(4) Mit Bestätigung der Übernahme nach Abs. 1, der die Abnahme nach Abs. 2 entspricht, vermittelt der Leasingnehmer dem Leasinggeber den Besitz an dem Leasinggegenstand.[8]

§ 6 Zahlungsbedingungen

(1) Die von dem Leasingnehmer zu entrichtende Leasingrate bestimmt sich nach dem Gesamtanschaffungspreis im Zeitpunkt des Vertragsbeginns. Ändert sich der in dem Angebot des Leasingnehmers ausgewiesene Gesamtanschaffungspreis bis zur Übernahmebestätigung oder später, so ändern sich die vom Leasingnehmer zu entrichtenden Leasingraten entsprechend.[9]

(2) Die Kalkulation der im Angebot ausgewiesenen Leasingraten basiert auf den Refinanzierungsbedingungen im Zeitpunkt der Erstellung des Angebots. Ändern sich diese Refinanzierungsbedingungen bis zum Zeitpunkt des Vertragsbeginns, ist der Leasinggeber berechtigt und auf Verlangen des Leasingnehmers verpflichtet, die Leasingraten entsprechend anzupassen.[10]

(3) Eine Anpassung der Leasingraten ist auch dann zulässig und erforderlich, wenn sich nach Vertragsschluss die für den Leasingvertrag maßgeblichen abgabenrechtlichen Vorschriften oder die Praxis der Finanzverwaltung zur Behandlung von Leasinggeschäften mit Auswirkungen auf das Vertragsverhältnis ändern.[11]

(4) Über die Höhe seiner Zahlungsverpflichtungen erhält der Leasingnehmer mit Vertragsbeginn ein Abrechnungsschreiben. Die nach diesem Vertrag zu leistenden laufenden Entgelte hat der Leasingnehmer jeweils zum Ersten eines Kalendermonats im Voraus zu zahlen. Die erste Rate ist zum Vertragsbeginn zur Zahlung fällig. Ist eine Leasingsonderzahlung vereinbart, so erhöht diese die erste Leasingrate.

(5) Der Leasingnehmer trägt alle Kosten, Gebühren, Beiträge, Steuern und sonstigen Abgaben, die im Zusammenhang mit der Überlassung und Nutzung des Leasinggegenstandes bei Abschluss des Vertrages oder während dessen Durchführung anfallen.

(6) Alle Entgelte sind Netto-Entgelte und verstehen sich zzgl. der gesetzlichen Umsatzsteuer.

§ 7 Rechteeinräumung

(1) Der Leasingnehmer hat zur Nutzung der Software während der Laufzeit dieses Vertrages das einfache Recht, die Software bestimmungsgemäß ablaufen zu lassen.[12] Abweichende Regelungen sind in der Anlage „Nutzungsrechte" festgehalten.

(2) Der Leasingnehmer darf die Software an Dritte weder veräußern, noch verschenken oder verleihen, noch weitervermieten.

(3) Der Leasingnehmer ist nicht berechtigt, die vorhandenen Schutzmechanismen des Programms gegen eine unberechtigte Nutzung zu entfernen oder zu umgehen, es sei denn dies ist erforderlich, um die störungsfreie Programmnutzung zu erreichen. Urheber- und markenrechtliche Kennzeichen dürfen nicht verändert oder entfernt werden. Bei Erstellen einer Sicherheitskopie hat der Leasingnehmer dafür Sorge zu tragen, dass die vom Softwarehersteller angebrachten Kennzeichnungen soweit möglich auch auf der Kopie angebracht werden.

§ 8 Pflege des Leasinggegenstandes

(1) Der Leasingnehmer hat die Software auf seine Kosten in einem mangelfreien und gebrauchstauglichen Zustand zu erhalten.[13] Um dies zu erreichen wird er für die Dauer dieses Leasingvertrages einen Pflegevertrag mit einem geeigneten Unternehmen abschließen, das insbesondere berechtigt und in der Lage ist, den Leasinggegenstand zu ändern. Weitere Änderungen an dem Leasinggegenstand, auch einen Wechsel des Einsatzortes, wird der Leasingnehmer nur in Abstimmung mit dem Leasinggeber vornehmen.

(2) Wird der Leasinggegenstand funktional erweitert (Upgrades, Release- oder Versionswechsel), ist der Leasingnehmer berechtigt, diese Erweiterungen bei der Rückgabe zurückzuhalten, sofern dies technisch möglich ist, ohne die Funktionalität der Software jedenfalls in dem Umfang zu beeinträchtigen, in dem sie zum Zeitpunkt der Übernahme war und sofern nicht etwas anderes mit dem Leasinggeber vereinbart wurde. Macht der Leasingnehmer von diesem Recht keinen Gebrauch, so gehen die Erweiterungen und die hieran dem Leasingnehmer zustehenden Rechte ohne Anspruch auf Entschädigung in die Rechtszuständigkeit des Leasinggebers entsprechend der Regelung in § 3 Abs. 4 über. Die Übertragung erfolgt unbedingt.

§ 9 Sach- und Rechtsmängelhaftung

(1) Ansprüche gegen den Leasinggeber wegen Sach- und Rechtsmängeln nach Lieferung des Leasingguts sind ausgeschlossen.[14] Ausgeschlossen sind auch die Haftung aus Nebenpflichtverletzungen des Lieferanten (Aufklärungs-, Beratungs-, Hinweis und sonstige Rücksichtnahmepflichten) und ferner die verschuldensunabhängige Schadensersatzhaftung für Mängel, die bereits bei Vertragsschluss vorhanden waren.[15]

(2) Zum Ausgleich für den Ausschluss der Mängelhaftung gegenüber dem Leasinggeber tritt der Leasinggeber dem Leasingnehmer alle Rechte aufgrund der nicht mangelfreien Erfüllung der Lieferantenpflichten gegen den Lieferanten aus dem über das Leasinggut geschlossenen Vertrag einschließlich Rechten aus Nebenpflichtverletzungen ab und ermächtigt den Leasingnehmer, diese Rechte im eigenen Namen geltend zu machen. Der Leasingnehmer nimmt die Abtretung an.[16]

(3) Nicht zu den abgetretenen Rechten gehören Ansprüche, die aus der Geltendmachung von Gestaltungsrechten (Minderung und Rücktritt) folgen. Dazu gehören beispielsweise Ansprüche auf Rückgewähr von Leistungen bei Rückabwicklung des Vertrages mit dem Lieferanten und die Rückgewähr von Überzahlungen infolge einer Minderung. Ansprüche auf Ersatz von Schäden, die der Leasinggeber erlitten hat, werden ebenfalls nicht abgetreten.

(4) Der Leasingnehmer wird alle abgetretenen Rechte nur im eigenen Namen und auf eigene Kosten geltend machen oder ausüben. Über die Geltendmachung und Durchsetzung der Rechte wird der Leasingnehmer den Leasinggeber unterrichten und unterrichtet halten.

(5) Der Leasingnehmer hat dafür Sorge zu tragen, dass bei einer Nacherfüllung durch den Lieferanten die Rechtsposition des Leasinggebers hinsichtlich des Leasinggegenstandes nicht verschlechtert wird. Dazu wird der Leasingnehmer veranlassen, dass das Eigentum und eigentumsähnliche Rechte an im Rahmen der Nacherfüllung gelieferten Sachen von dem Lieferanten auf den Leasinggeber übertragen werden. Die Übergabe der Sachen wird ersetzt durch die Lieferung der Sachen an den Leasingnehmer und die Vermittlung des Besitzes seitens des Leasingnehmers an den Leasinggeber. Nutzungsrechte sind ebenfalls vom Lieferanten an den Leasinggeber zu übertragen. Etwaige von dem Lieferanten an den

Leasingnehmer übertragene Rechtspositionen werden entsprechend § 3 Abs. 4 mit Erwerb durch den Leasingnehmer auf den Leasinggeber übertragen.

(6) Der Leasingnehmer wird den Leasinggeber über alle Maßnahmen der Nacherfüllung detailliert unterrichten und unterrichtet halten. Anzugeben sind dabei insbesondere Art des Mangels und Zeitpunkt seines Auftretens, Zeitpunkt der Information des Lieferanten, Reaktion des Lieferanten und die Angabe, ob der Mangel aus Sicht des Leasingnehmers beseitigt wurde.

(7) Tritt der Leasingnehmer wirksam von dem zwischen Leasinggeber und Lieferanten geschlossenen Vertrag zurück, wird auch dieser Leasingvertrag nach den Regelungen der §§ 346 ff. BGB rückabgewickelt. Wirksam ist der Rücktritt gegenüber dem Lieferanten, wenn der Lieferant zur Rückabwicklung bereit ist oder hierzu rechtskräftig verurteilt wird.[17]

(8) Lehnt der Lieferant einen vom Leasingnehmer geltend gemachten Anspruch auf Nacherfüllung, die Minderung des Kaufpreises oder die Rückabwicklung des Kaufvertrags ab, ist der Leasingnehmer zur Zurückbehaltung der nach dem Zeitpunkt der Ablehnung fälligen Leasingraten berechtigt, sofern er innerhalb von sechs Wochen nach der Ablehnung Klage erhebt. Bei nicht fristgerechter Klageerhebung greift das Zurückbehaltungsrecht ab dem Tag der Klageerhebung. Bei Erfolglosigkeit des Klagebegehrens entfällt das Zurückbehaltungsrecht rückwirkend.[18]

§ 10 Haftung des Leasinggebers im Übrigen

(1) Der Leasinggeber haftet für Vorsatz und grobe Fahrlässigkeit. Für leichte Fahrlässigkeit haftet er nur bei Verletzung einer wesentlichen Vertragspflicht (Kardinalpflicht), deren Erfüllung die ordnungsgemäße Durchführung des Vertrags überhaupt erst ermöglicht und auf deren Einhaltung der Leasingnehmer regelmäßig vertrauen darf, sowie bei Schäden aus der Verletzung des Lebens, des Körpers oder der Gesundheit.[19]

(2) Die Haftung ist im Falle leichter Fahrlässigkeit summenmäßig beschränkt auf die Höhe des vorhersehbaren Schadens, mit dessen Entstehung typischerweise gerechnet werden muss; maximal ist diese Haftung jedoch beschränkt auf 350.000,– EUR aus dem Vertragsverhältnis.

(3) Für den Verlust von Daten und/oder Programmen haftet der Leasinggeber insoweit nicht, als der Schaden darauf beruht, dass es der Leasingnehmer unterlassen hat, Datensicherungen durchzuführen und dadurch sicherzustellen, dass verlorengegangene Daten oder Programme mit vertretbarem Aufwand wiederhergestellt werden können.

(4) Die vorstehenden Regelungen gelten auch zugunsten der Erfüllungsgehilfen des Leasinggebers.

§ 11 Versicherung

(1) Der Leasingnehmer versichert den Leasinggegenstand während der gesamten Vertragsdauer auf seine Kosten gegen Risiken des Untergangs, Verlustes, Einbruchs, Diebstahls, Feuers sowie gegen alle sonstigen vergleichbaren Risiken.[20] Der Versicherungsschutz soll mindestens eine Elektronikversicherung umfassen.

(2) Die Versicherung des Leasinggegenstands muss mindestens zu dem Wert erfolgen, der dem vom Leasinggeber an den Lieferanten gezahlten Kaufpreis entspricht. Die Versicherung ist anzupassen, wenn der Wert des Leasinggegenstands durch Maßnahmen nach § 9 gesteigert wird. Der Leasingnehmer hat dem Leasinggeber die Versicherung vor Überlassung des Leasinggegenstands und auch später auf Anfordern des Leasinggebers nachzuweisen.

(3) Der Leasingnehmer tritt alle Rechte aus der Versicherung des Leasinggegenstands gegen die in Abs. 1 genannten Risiken und eventuelle Rechte gegen Schädiger des Leasingguts und deren Versicherer an den Leasinggeber zur Sicherung der Forderungen aus diesem Leasingvertrag ab. Der Leasinggeber nimmt die Abtretung an.

(4) Unabhängig von der Abtretung ist der Leasingnehmer ermächtigt und verpflichtet, die abgetretenen Ansprüche gegen den oder die Versicherer und Schädiger auf eigene Kosten geltend zu machen und den Schadensfall abzuwickeln. Dabei hat der Leasingnehmer in jedem Fall Zahlung an den Leasinggeber zu verlangen. Der Leasinggeber ist über die Einzelheiten des Schadensfalls und dessen Abwicklung zu unterrichten und unterrichtet zu halten.

(5) Leisten Versicherer an den Leasinggeber, so werden diese Leistungen zur Wiederherstellung des Leasinggegenstands verwendet oder auf die Zahlungspflicht des Leasingnehmers angerechnet.

§ 12 Laufzeit, Beendigung aus wichtigem Grund, Rückgabe

(1) Der Vertrag ist während der Laufzeit nur aus wichtigem Grund kündbar.

(2) Für den Leasinggeber ist ein wichtiger Grund[21] insbesondere dann gegeben, wenn der Leasingnehmer

a) mit einem Betrag von mindestens zwei Leasingraten oder einer anderen vereinbarten Zahlung in Verzug ist,
b) seine vertraglichen Pflichten in erheblichem Umfang verletzt und der Leasinggeber ihn bereits zur Erfüllung der Pflichten abgemahnt hat;
c) falsche Angaben über seine Vermögensverhältnisse gemacht hat und hierdurch die wirtschaftlichen Interessen des Leasinggebers erheblich beeinträchtigt werden, das Recht zur Anfechtung wegen arglistiger Täuschung bleibt hierdurch unberührt,
d) bei einem erheblichen Wertverlust bestellter Sicherheiten nicht kurzfristig für angemessene Ergänzung oder Ersetzung sorgen kann,
e) eine geschuldete Sicherheit nicht erbringt,
f) seinen Sitz in das EU-Ausland verlegt
g) oder dessen Gesellschafter die Liquidation des Betriebs beschließen,
h) in eine Situation gerät, die es wahrscheinlich macht, dass der Leasingnehmer seinen vertraglichen Pflichten regelmäßig nicht mehr nachkommen kann.

(3) Im Falle einer vom Leasingnehmer zu vertretenden Kündigung aus wichtigem Grund ist der Leasinggeber so zustellen, wie er ohne die Kündigung bei ordnungsgemäßem Ablauf des Vertrages wirtschaftlich stehen würde. Dies umfasst auch den Ersatz der Leasingraten, die bei Fortführung des Vertrages noch angefallen wären zuzüglich einer anfallenden Vorfälligkeitsentschädigung. Grundlage für die Berechnung eines vom Leasinggeber zu ersetzenden Schadens ist die Vollamortisationspflicht des Leasingnehmers.[22]

(4) Von den nach Abs. 3 berechneten Beträgen sind eine angemessene Zinsgutschrift sowie ein eventueller Verwertungserlös für den Leasinggegenstand, verringert um die angefallenen Kosten der Verwertung abzuziehen.

(5) Das Kündigungsrecht der Erben nach § 580 BGB wegen Rechtsnachfolge ist ausgeschlossen.

(6) Nach Beendigung des Vertrages hat der Leasingnehmer die vom Leasinggeber erhaltenen Datenträger, einschließlich der nach § 8 herauszugebenden Erweiterungen (Patches, Updates etc) und erstellten Sicherungskopien an den Leasinggeber oder einen von diesem benannten Dritten herauszugeben, die Software zu deinstallieren und etwaig

verbleibende erkennbare Softwarereste aus dem IT-System zu löschen. Auf Wunsch des Leasinggebers hat der Leasingnehmer die Erfüllung der vorgenannten Pflichten schriftlich zu bestätigen.

(7) Der Leasingnehmer hat die eventuell anfallenden Verwertungskosten und die bis zur Verwertung angefallenen Kosten zu tragen. Kommt der Leasingnehmer der Rückgabepflicht nicht nach, hat er für die Dauer der Vorenthaltung als Entschädigung die vereinbarte Leasingrate zu zahlen. Für diese Zeit gelten die Pflichten des Leasingnehmers aus diesem Vertrag fort, ohne dass hierdurch ein neues Vertragsverhältnis begründet würde. Etwaig anfallende Lizenzkosten, die Dritte gegenüber dem Leasinggeber wegen der Nichtrückgabe geltend machen, sind vom Leasingnehmer zu tragen, soweit sie nicht mit den Entschädigungsleistungen abgegolten sind.

§ 13 Offenlegung

Der Leasinggeber kann von dem Leasingnehmer während der Vertragslaufzeit jederzeit die Offenlegung seiner Vermögensverhältnisse verlangen. Gleiches gilt für die Vorlage der Jahresabschlüsse, Handels- und Steuerbilanzen, etwaiger Zwischenabschlüsse und Vermögensstatus sowie Konzernabschlüsse.[23]

§ 14 Schlussbestimmungen

(1) Allgemeine Geschäftsbedingungen der Parteien im Übrigen finden für diesen Vertrag keine Anwendung. Dies gilt auch dann, wenn solchen Bedingungen nicht ausdrücklich widersprochen wird.

(2) Sollten einzelne Bestimmungen dieses Vertrages ganz oder teilweise unwirksam sein oder werden, wird die Wirksamkeit der übrigen Bestimmungen hierdurch nicht berührt. Die Parteien vereinbaren bereits jetzt für diesen Fall, dass die ungültige Bestimmung durch eine wirksame Bestimmung ersetzt wird, die dem wirtschaftlichen Zweck der ungültigen Bestimmung möglichst nahe kommt. Entsprechendes gilt für etwaige Lücken der Vereinbarung.

(3) Die Parteien werden im Falle einer sich aus diesem Vertrag ergebenden Streitigkeit vor Durchführung eines Gerichtsverfahrens (Klage) eine Schlichtung gemäß der Schlichtungsordnung der Hamburger Schlichtungsstelle für IT-Streitigkeiten in der zum Zeitpunkt der Einleitung eines Schlichtungsverfahrens gültigen Fassung durchführen. Das Schlichtungsverfahren soll dazu dienen, den Streit ganz oder teilweise, vorläufig oder endgültig beizulegen. Kommt eine Einigung vor der Schlichtungsstelle nicht zustande, ist der Rechtsweg zu den ordentlichen Gerichten eröffnet.

(4) Die Abtretung von Forderungen gegen den Leasinggeber, die nicht Geldforderungen sind, ist nur mit dessen vorheriger schriftlicher Zustimmung zulässig. Die Zustimmung darf nicht unbillig verweigert werden.

(5) Die Vertragsparteien können nur mit Forderungen aufrechnen, die rechtskräftig festgestellt oder unbestritten sind.

(6) Nebenabreden zu diesem Vertrag bestehen nicht. Änderungen und Ergänzungen dieses Vertrages bedürfen der Schriftform. Auf dieses Formerfordernis kann nur durch schriftliche Vereinbarung verzichtet werden.

(7) Es gilt das Recht der Bundesrepublik Deutschland unter Ausschluss des UN-Kaufrechts.[24]

(8) Ausschließlicher Gerichtsstand für alle Rechtsstreitigkeiten aus oder im Zusammenhang mit diesem Vertrag ist der Sitz des Leasinggebers. Der Leasinggeber ist aber auch berechtigt, am allgemeinen Gerichtsstand des Leasingnehmers zu klagen.

Anmerkungen

1. Rechtsnatur des Leasing. Beim Leasing erhält der Leasingnehmer das Leasinggut auf Zeit vom Leasinggeber überlassen (sa *Marly* Rn. 758 ff.). Das Leasinggut sucht sich der Leasingnehmer regelmäßig bei einem Dritten, dem Lieferanten, aus. Der Lieferant schließt in der Folge einen Vertrag mit dem Leasinggeber, der das Leasinggut dann durch den Lieferanten an den Leasingnehmer überlässt. Möglich ist auch, dass der Leasingnehmer zuerst den Beschaffungsvertrag mit dem Lieferanten schließt und dann den Leasinggeber bittet, das Geschäft im Rahmen des Leasing zu finanzieren.

Zwischen dem Lieferanten und dem Leasinggeber bestehen regelmäßig kaufrechtliche Beziehungen, während zwischen dem Leasinggeber und dem Leasingnehmer ein Dauerschuldverhältnis vorliegt, dass im Eigentlichen ein Mietverhältnis ist und entsprechend überwiegend **mietrechtlich** behandelt wird (BGH Urt. v. 29.10.2008 – VIII ZR 258/07, NJW 2009, 575 Rn. 31). In der Praxis hat sich herausgebildet und wurde von der Rechtsprechung als zulässig akzeptiert, dass der Leasinggeber **nicht die Gewährleistungspflichten übernimmt,** die für den Vermieter typisch sind. Der Leasingnehmer hat keinerlei Ansprüche auf Erhalt oder Wiederherstellung der Gebrauchstauglichkeit des Leasinggutes.

Rechtfertigung für die Haftungsfreizeichnung ist die besondere Situation des Leasinggebers, der weder die für die Auswahl des Leasinggutes maßgebenden Bedürfnisse des Leasingnehmers noch die Voraussetzungen für eine vertragsgemäße Leistung des Lieferanten kennt und deshalb das Vorliegen eines Mangels schlechter beurteilen kann als der Leasingnehmer und der Lieferant. Da § 309 Nr. 8b BGB auf Miet- und damit auch Leasingverträge keine Anwendung findet, ist ein solcher Ausschluss AGB-rechtlich an § 307 BGB zu messen.

Voraussetzung für die wirksame Freizeichnung von der mietrechtlichen Gewährleistung in AGB ist, dass der Leasingnehmer – entsprechend der typischen Interessenlage beim Leasingvertrag gemäß der gewählten Vertragsgestaltung – nicht völlig rechtlos gestellt wird, sondern **Sachmängelansprüche aus dem Beschaffungsvertrag** unmittelbar gegenüber dem Verkäufer der Leasingsache geltend machen kann (BGH Urt. v. 23.2.1977 – VIII ZR 124/75, NJW 1977, 848). Dabei ist den Interessen des Leasingnehmers nur dann ausreichend Rechnung getragen, wenn ihm die kaufrechtlichen Gewährleistungsrechte unbedingt und vorbehaltlos übertragen werden. Diese vom BGH zum Leasing seit dessen Verbreitung in den Siebziger Jahren entwickelten Grundsätze gelten auch nach 2002 unter dem neuen Schuldrecht (BGH Urt. v. 16.6.2010 – VIII ZR 317/09, NJW 2010, 2798 Rn. 24; *Redeker* Rn. 618).

Fehlt die für das Leasing typische Dreiecksbeziehung zwischen Leasingnehmer, Leasinggeber und Lieferant, ist die Privilegierung des Leasinggebers nicht gerechtfertigt und es bleibt bei den Gewährleistungsregeln des Mietrechts (MüKoBGB/*Koch* Finanzierungsleasing Rn. 122). Dies kommt insbesondere dann vor, wenn der Hersteller selbst Leasinggeber ist oder das Leasinggut vom Leasingnehmer erwirbt (Sale-and-lease-back-Verfahren).

Das Leasing kommt in verschiedenen Modifikationen vor, wobei das **Finanzierungsleasing** am verbreitetsten ist. Hierbei nutzt der Leasingnehmer das Leasinggut in einem Umfang, dass der Aufwand des Leasinggebers durch die Leasingraten amortisiert wird. Gegenstand eines Leasingvertrages kann auch das Erbringen von Dienstleistungen durch den Lieferanten sein. Diese können vom Leasinggeber mitfinanziert werden. Finanziert der Leasinggeber ein **Softwareprojekt,** stellen sich für die Vertragsgestaltung vor allem Fragen hinsichtlich der Vorsorge des Leasinggebers vor einem Scheitern des Projekts, sofern der

Leasinggeber bereits Zahlungen an den Lieferanten geleistet hat. (hierzu BGH Urt. v. 29.10.2008 – VIII ZR 258/07, NJW 2009, 575 mAnm *Koch* LMK 2009, 273510).

Die Gestaltung der Leasingverhältnisse wird wesentlich auch von **steuerrechtlichen Erwägungen** getrieben (hierzu MüKoBGB/*Koch* Finanzierungsleasing Rn. 16 ff.). Der Leasingnehmer kann die Leasingraten als sofort wirksame Betriebsausgaben geltend machen, während er bei einem Erwerb des Leasinggutes nur die Abschreibung gemäß der gewöhnlichen Nutzungsdauer hätte. Zudem wird in der Praxis regelmäßig eine Sonderleistung des Leasingnehmers zu Beginn des Leasingverhältnisses vereinbart, die ebenfalls sofort Gewinn mindernd wirkt Die Einzelheiten der steuerrechtlichen Behandlung des Leasing hat die Finanzverwaltung in den verschiedenen Leasingerlassen festgehalten. Bei einem Finanzierungsleasing mit Vollamortisation ist Voraussetzung dafür, dass das Leasinggut dem Betrieb des Leasinggebers zugerechnet wird und nicht beim Leasingnehmer zu aktivieren ist, dass die Laufzeit höchstens 90 % der betriebsgewöhnlichen Nutzungsdauer beträgt.

Für das Leasing von Software ergeben sich **Besonderheiten** insofern, dass der Leasinggeber darauf achten muss, über die erforderlichen Rechte für die zeitweise Überlassung der Software an den Leasingnehmer zu verfügen. Auch kann die Verwertung der Software nach Beendigung des Leasingvertrages problematisch sein, wenn es dem Leasinggeber nicht gestattet ist, die Software einem Dritten auf Dauer zu überlassen.

Das Formular behandelt ein klassisches Finanzierungsleasing, bei dem die Leasingraten die Aufwendungen des Leasinggebers voll amortisieren sollen. Die Laufzeit ist fest, so dass eine ordentliche Kündigung ausgeschlossen ist. Zur Prüfung der steuerrechtlichen Grundlagen sind die gewöhnliche Abschreibungsdauer und die Kalkulationsgrundlagen für die Amortisation anzugeben. Vertragspartner des Leasinggebers ist ein Unternehmen. Ein Leasing durch Verbraucher ist im IT-Bereich unüblich. Verwender des Formulars ist der Leasinggeber.

2. Bindung an Angebot. Vor dem Abschluss des Leasingvertrages wird der Leasinggeber regelmäßig die Refinanzierung prüfen und deren Konditionen in die Kalkulation der Leasingraten einfließen lassen. Zudem ist die Kreditwürdigkeit des Leasingnehmers zu überprüfen. Um die hierfür erforderliche Zeit zu haben wird der Leasingnehmer entsprechend lange an sein Angebot auf Abschluss des Leasingvertrages gebunden. Nach diesem Formular kommt der Vertrag mit Zugang der Annahmeerklärung zu Stande. Möglich ist aber auch, den Vertragsschluss etwas vorzuverlegen und auf den Zugang der Annahmeerklärung gemäß § 151 BGB zu verzichten (so BGH Urt. v. 14.7.2004 – XII ZR 68/02, NJW 2004 [2963] zu einem mietrechtlichen Fall).

3. Lieferant als Erfüllungsgehilfe. Die h. M. sieht den im Rahmen des Abschlusses des Leasingvertrages tätig werdenden Lieferanten regelmäßig als Verhandlungs- bzw. Erfüllungsgehilfen des Leasinggebers an (MüKoBGB/*Koch* Finanzierungsleasing Rn. 50). Insofern muss sich der Leasinggeber eine Pflichtverletzung des Lieferanten entgegenhalten lassen (vgl. BGH Urt. v. 3.7.1985 – VIII ZR 102/84, NJW 1985, 2258). Dies gilt aber nur für Pflichtverletzungen im Rahmen der Abwicklung des Leasinggeschäfts, nicht dagegen für solche Pflichtverletzungen, die bei Gelegenheit der Durchführung des Leasinggeschäfts begangen werden (BGH Urt. v. 18.9.2013 – VIII ZR 281/12, NJW-RR 2014, 622 Rn. 18 ff.). Zudem muss der Lieferant mit Wissen und Wollen des Leasinggebers beteiligt sein. Ist der Leasinggeber bei Anbahnung des Kaufvertrags nicht in Erscheinung getreten, so ist ihm das Verhalten des Lieferanten nicht zurechenbar (BGH Urt. v. 15.6.2011 – VIII ZR 279/10, NJW 2011, 2877).

Ein Ausschluss der Haftung für die Pflichtverletzungen des Lieferanten ist in AGB nicht möglich (BGH Urt. v. 3.7.1985 – VIII ZR 102/84, NJW 1985, 2258). Die Klausel versucht daher den Leasingnehmer in die Pflicht zu nehmen und gibt ihm auf, den Leasinggeber darüber aufzuklären, welche Zusagen, Ratschläge oder Hinweise der Lieferant bei Abschluss des Vertrages oder in dessen Vorfeld gemacht oder gegeben hat.

Verletzt er diese Pflicht, kann dies einen Schadensersatzanspruch des Leasinggebers gegen den Leasingnehmer begründen.

4. Parteieintritt. Es kommt vor, dass der Leasingnehmer das Leasinggut bereits erworben hat und erst anschließend die Finanzierung der Beschaffung über einen Leasingvertrag anstrebt. Für diesen Fall sieht das Formular vor, dass der Leasinggeber an Stelle des Leasingnehmers in den Beschaffungsvertrag mit dem Lieferanten eintritt. Bei einem zweiseitigen Vertrag über den Parteieintritt des Lieferanten ist dessen Zustimmung erforderlich. Nach dem Formular erhält der Leasingnehmer die Vollmacht, einen dreiseitigen Vertrag über den Parteiwechsel zwischen ihm selbst, dem Lieferanten und dem Leasinggeber, den der Leasingnehmer vertritt, zu schließen. Sollte der Lieferant ausnahmsweise hiermit nicht einverstanden sein, bleibt nur, dass der Leasingnehmer das Leasinggut auf den Leasinggeber überträgt und dieser es dann dem Leasingnehmer im Rahmen des Leasingvertrages zur Nutzung überlässt. Bei dieser Sale-and-lease-back-Konstruktion ist zu beachten, dass der Leasinggeber sich nicht von der mietrechtlichen Haftung freizeichnen kann. Zudem ist zu regeln, dass der Leasingnehmer aus der Übertragung des Leasinggutes an den Leasinggeber nicht haftet.

Der Leasingnehmer kann sich gegen das Nichtzustandekommen des Leasingvertrages absichern, indem er den Vertrag mit dem Lieferanten unter die aufschiebende Bedingung des Leasingvertragsschlusses stellt (MüKoBGB/*Koch* Finanzierungsleasing Rn. 41).

5. Rechteübertragung. Für den Fall, dass der Leasingnehmer den Beschaffungsvertrag mit dem Lieferanten bereits beschlossen hat, ist es denkbar, dass der Leasingnehmer schon Rechtspositionen erlangt hat, die unabhängig von dem schuldrechtlichen Beschaffungsvertrag auf den Leasinggeber übertragen werden müssen. Der Leasinggeber hat darauf zu achten, dass Anwartschafts- und Eigentumsrechte nicht mit Rechten Dritter, zB dem Pfandrecht des Vermieters, belastet sind.

6. Gefahrtragung. Typisch für die Gestaltung von Leasingverträgen ist, dass nicht nur der Leasinggeber aus der mietrechtlichen Gewährleistung entlassen ist, sondern der Leasingnehmer darüber hinaus auch, wie im Kaufrecht, die Gefahr des zufälligen Untergangs des Leasinggutes ab Empfangnahme trägt (BGH Urt. v. 8.10.1975 – VIII ZR 81/74, NJW 1977, 195 [196]; OLG Koblenz Hinweisbeschluss v. 26.2.2015 3 – U 812/14, MMR 2015, 512 Rn. 22). Sollten aus dem Umstand, der die Gefahr zulasten des Leasingnehmers realisiert, Ersatzansprüche des Leasinggebers resultieren, werden diese durch die Klausel auf den Leasingnehmer übertragen. Der Leasingnehmer ist wegen der übernommenen Gefahr weiterhin zur Entrichtung der Leasingraten verpflichtet. Eine unangemessene Benachteiligung liegt hierin nicht, da sich der Leasingnehmer gegen den Verlust des Leasingguts versichern kann (MüKoBGB/*Koch* Finanzierungsleasing Rn. 88) und nach diesem Formular auch muss.

Da Software ohne größere Materialkosten ersetzt werden kann, ist es aber durchaus denkbar, dass der Lieferant – gerade als Hersteller – die Software noch einmal liefert, auch wenn er hierzu nicht verpflichtet ist.

7. Übernahmebestätigung. Mit der Übernahmebestätigung erklärt der Leasingnehmer gegenüber dem Leasinggeber, dass der Lieferant ordnungsgemäß geliefert hat und die Leasingsache dem Leasingnehmer zur Nutzung zur Verfügung steht (sa *Marly* Rn. 781 ff.). Die Übernahmebestätigung ist eine Quittung im Sinne des § 368 BGB, zu deren Erteilung – da kein Rechtsgeschäft – keine Vertretungsmacht erforderlich ist (MüKoBGB/*Wenzel* § 368 Rn. 2). Sie bürdet dem Leasingnehmer die Beweislast für die von ihm behauptete Unrichtigkeit der Erklärung auf (BGH Urt. v. 1.7.1987 – VIII ZR 117/86, NJW-RR 1988, 176). Die Übernahmebestätigung löst für den Leasingnehmer nach den üblichen Vertragsgestaltungen insbesondere die Pflicht zur Entrichtung der Leasingraten aus. Da sie eine Erklärung gegenüber dem Leasinggeber ist, folgt aus ihr unmittelbar nichts für das Rechtsverhältnis zum

Lieferanten (BGH Urt. v. 27.6.1990 – VIII ZR 72/89, NJW-RR 1990, 1462 [1465]); zu angeblichen mittelbaren Wirkungen vgl. OLG Brandenburg Urt. v. 4.6.2008 – 4 U 167/07, CR 2008, 763 [765]). Jedenfalls ist sie dann nicht als Annahmeerklärung gegenüber dem Lieferanten auszulegen, wenn zum Zeitpunkt der Übernahmeerklärung das Werk nicht bzw. nicht vollständig funktionstüchtig ist. Dann hat die Übernahmeerklärung des Bestellers allein den Zweck, die körperliche Übergabe der Software im einwandfreien Zustand zu dokumentieren (BGH Urt. v. 5.6.2014 – VII ZR 276/13, MMR 2014, 591 Rn. 22).

Inhalt einer Übernahmebestätigung könnte sein:
- Angaben zu Leasinggeber und –nehmer
- Angaben zum Lieferanten, Datum des Vertragsschlusses, ggf. Vertragsnummer oÄ und Datum der Lieferung (bzw., wenn vereinbart, Datum der Installation)
- Angaben zum Leasinggut, Vollständigkeit der Lieferung, ggf. Seriennummer oÄ.
- Bei reinen Werkverträgen (zu Werklieferungsverträgen bei der Softwareerstellung → Form. B. 3 Anm. 1) die Abnahmeerklärung namens des Leasinggebers
- Hinweis an den Leasingnehmer, dass die Unterzeichnung erst nach tatsächlicher Übernahme des Leasingguts erfolgen darf
- Hinweis, dass die Erklärung von einem vertretungsberechtigten Mitarbeiter unterzeichnet werden muss (entbehrlich, wenn keine Willenserklärungen abzugeben sind)
- Erklärung des Leasingnehmers, dass keine Nebenabreden mit dem Lieferanten getroffen wurden

8. Besitzmittlungsverhältnis. Sofern der Leasingnehmer Eigentumsrechte oder Anwartschaftsrechte auf den Leasinggeber übertragen muss, ist hierzu mangels Übergabe die Begründung eines Besitzmittlungsverhältnisses gemäß § 930 BGB erforderlich.

9. Änderung des Anschaffungspreises. Die Änderung des Anschaffungspreises ist AGB-rechtlich zulässig, weil der Beschaffungsvorgang vom Leasingnehmer ausgelöst wird. Ob dies allerdings noch nach der Übernahmebestätigung („oder später") gilt, ist fraglich (*von Westphalen* Leasing Rn. 84, aA MüKoBGB/*Koch* Finanzierungsleasing Rn. 47). Die Unwirksamkeit dürfte aber nur die Klauselbestandteile „oder später" erfassen.

10. Refinanzierungskonditionen. Ändern sich die Konditionen der Refinanzierung, ist es im Interesse des Leasinggebers, etwaige Verschlechterungen der Konditionen an den Leasingnehmer weiterzugeben. Dies ist AGB-rechtlich dann wirksam, wenn die Konditionen für den Leasingnehmer transparent sind, so dass er die Veränderungen nachvollziehen kann (*von Westphalen* Leasing Rn. 84) und ihm auch die Möglichkeit eingeräumt wird, an einer Verbesserung der Konditionen zu partizipieren.

11. Steuerliche Änderungen. In die Kalkulation der Leasingraten hat der Leasinggeber die steuerlichen Vorgaben zur Aktivierung und Abschreibung des Leasingsgutes einbezogen. Ändern sich diese Vorgaben, soll dies auch Auswirkungen auf die vom Leasingnehmer zu entrichtenden Leasingraten haben. Ob die Unsicherheit der Beständigkeit steuerlicher Regelungen auf den Leasingnehmer verlagert werden kann, ist durchaus fraglich. Die Klausel dürfte auch im unternehmerischen Verkehr nach § 307 Abs. 2 BGB unangemessen sein.

12. Rechteeinräumung. Für die Einräumung von Nutzungsrechten ist das Verhältnis zwischen Leasinggeber und Rechtsinhaber sowie zwischen Leasinggeber und Leasingnehmer zu unterscheiden. Beim Leasing gilt nichts anderes als bei der Vermietung von Software auch. Das Leasing ist urheberrechtlich die entgeltliche Überlassung der Software auf Zeit und entspricht damit der Miete (Bisges/*Imhof* Kap. 5 Rn. 229). Der Leasinggeber bedarf daher der zur Vermietung erforderlichen Rechte. Ist dies nicht oder nicht wirksam vereinbart, kann nach § 31 V UrhG von einer Einräumung ausgegangen werden, wenn dem Rechtsinhaber bekannt ist, dass die Software verleast werden soll (OLG Hamm Urt. v.

28.11.2012 – 12 U 115/12, NJW-RR 2013, 1136 [1138]; Wandtke/Bullinger/*Grützmacher* UrhG § 69a Rn. 69). Das Formular geht von dem einfachen Fall aus, dass die Software auf einem Rechner beim Leasingnehmer ablaufen soll. Dementsprechend bedarf es im Verhältnis zwischen Leasinggeber und –nehmer keiner besonderen Einräumung von Nutzungsrechten. Diese folgen bereits kraft Gesetzes aus § 69d Abs. 1 UrhG (→ Form. B. 1. Anm. 7).

Anders wäre dies, wenn die Nutzung im Rahmen einer Mehrplatzlizenz in einem Netzwerk erfolgen soll, dann wäre eine Netzwerklizenz erforderlich (→ Form. B. 1. Anm. 8), oder die Überlassung öffentlich im Sinne des § 69c Nr. 4 UrhG erfolgt. Dann muss der Leasinggeber berechtigt sein, entsprechende Netzwerkberechtigungen an den Leasingnehmer weiterzugeben oder im letztgenannten Fall selbst berechtigt sein, die Software öffentlich zugänglich zu machen. Ob zu dem Recht der öffentlichen Widergabe auch das Vermietrecht erforderlich ist, wenn die Software online zur Nutzung überlassen wird, ist umstritten (vgl. Wandtke/Bullinger/*Grützmacher* UrhG § 69c Rn. 44). Für alle Fälle der zusätzlichen Rechteinräumung sind individuelle Regeln in der Anlage „Nutzungsrechte" zu treffen.

13. Pflege. Da der Leasinggeber nicht verpflichtet ist, die Gebrauchstauglichkeit des Leasinggutes zu erhalten, andererseits die Software auf lange Sicht ohne Pflegemaßnahmen veraltet, wird der Leasingnehmer verpflichtet, die Software auf eigene Kosten pflegen zu lassen. Ob das AGB-rechtlich zulässig ist, ist fraglich, wenn die Software für die Dauer des Leasingvertrages voraussichtlich auch ohne Pflegevertrag nutzbar bleibt. Zudem ist die bloße Verpflichtung, einen Pflegevertrag abzuschließen, intransparent (vgl. OLG Düsseldorf Urt. v. 15.12.2011 – 10 U 96/11, NJOZ 2012, 1871). Andererseits entspricht es dem Interesse des Leasingnehmers, zur Kompensation der fehlenden Gewährleistungsrechte einen Dienstleister zu haben, der Mängel der Software beseitigt und die Software gebrauchstauglich hält. Das Interesse des Leasinggebers, den Leasingnehmer zum Abschluss eines Pflegevertrages zu verpflichten liegt darin, dass der Leasinggeber bei Beendigung des Leasingvertrages eine auf dem aktuellen Stand befindliche Software zurück erhalten möchte, um sie bestmöglich verwerten zu können (für AGB-rechtliche Zulässigkeit MüKoBGB/*Koch* Finanzierungsleasing Rn. 95; *von Westphalen* Leasing Rn. 175). Auch hier ist aber zu bedenken, ob darin nicht eine unangemessene Benachteiligung des Leasingnehmers liegt, der über die von ihm zu tragenden Kosten des Pflegevertrages zu einer Vermögensmehrung beim Leasinggeber beiträgt. Um dem Rechnung zu tragen sieht das Formular in § 8 Abs. 2 vor, dass der Leasingnehmer ein Recht zum Zurückhalten von im Rahmen des Pflegevertrages eingespielten Updates etc. hat. In der Praxis dürfte es aber nicht möglich sein, die ursprünglich überlassene Software und die infolge des Pflegevertrages eingespielten Änderungen und Erweiterungen voneinander abzugrenzen und den Wert des Vermögenszuwachses beim Leasinggeber zu bemessen.

Bei Beendigung des Leasingvertrages ist jedenfalls dafür Sorge zu tragen, dass der Leasinggeber nicht nur die Software auf den entsprechenden Datenträgern zurückerhält, sondern auch die zur Nutzung der Software erforderlichen Rechte erhält.

14. Mängelhaftung. Kennzeichen des Leasingvertrages bei Einschaltung eines Lieferanten ist der Ausschluss der Mängelhaftung seitens des Leasinggebers. Die Rechtsprechung hat dies damit begründet, dass der Leasingnehmer eine größere Nähe zum Beschaffungsvertrag hat und es dem Leasinggeber nicht zuzumuten ist, für den vom Leasingnehmer ausgewählten Lieferanten und das ebenfalls vom Leasingnehmer ausgewählte Leasinggut die Mängelhaftung zu übernehmen. Im Gegenzug muss der Leasinggeber jedoch die ihm aus dem Beschaffungsvertrag gegenüber dem Lieferanten zustehenden Mängelrechte vollständig und vorbehaltslos abtreten (vgl. OLG Koblenz Hinweisbeschl. v. 26.2.2015 3 – U 812/14, MMR 2015, 512 Rn. 22).

15. Haftung für Lieferanten. Der Lieferant ist Erfüllungsgehilfe des Leasinggebers hinsichtlich der Überlassung der Leasingsache. Pflichtverletzungen des Lieferanten muss sich der Leasinggeber grundsätzlich entgegenhalten lassen (→ Anm. 3). Der Ausschluss der Haftung für vom Lieferanten als Erfüllungsgehilfen zu vertretende Pflichtverletzungen ist nach § 309 Nr. 7 lit. b BGB iVm §§ 307 Abs. 2, 310 Abs. 1 S. 2 BGB auch im unternehmerischen Verkehr unwirksam (BGH Urt. v. 3.7.1985 – VIII ZR 102/84, NJW 1985, 2258). Die verschuldensunabhängige Haftung des Vermieters für anfängliche Mängel kann dagegen auch in AGB ausgeschlossen werden (BGH Beschl. v. 4.10.1990 – XII ZR 46/90, NJW-RR 1991, 74).

16. Abgrenzung zu sonstigen Rechten. Der Leasingnehmer muss zum Ausgleich für die fehlende Mängelhaftung des Leasinggebers die dem Leasinggeber gegenüber dem Lieferanten zustehenden Mängelhaftungsansprüche erhalten. Das sind die Ansprüche auf Nacherfüllung einschließlich der bei Nichterfüllung ihm zustehenden Gestaltungsrechte (vgl. zur Zulässigkeit MüKoBGB/*Koch* Finanzierungsleasing Rn. 101). Alle weiteren Rechte sollen dagegen beim Leasinggeber verbleiben. Die aus der Geltendmachung der Gestaltungsrechte folgenden Ansprüche, insbesondere auf Rückgewähr der vom Leasinggeber an den Lieferanten erbrachten Leistungen, werden daher nach der Klausel nicht übertragen. Gleiches gilt für Ansprüche auf Ersatz von Schäden, die der Leasinggeber erlitten hat. Ist die Abtretung unzureichend, folgt daraus eine unangemessene Benachteiligung des Leasingnehmers mit der weit reichenden Folge der Unwirksamkeit der Gewährleistungsbeschränkung des Leasinggebers (*v. Westphalen* Leasing Rn. 139).

17. Rücktritt. Erklärt der Leasingnehmer wirksam den Rücktritt vom Beschaffungsvertrag, so entfällt nach früherer herrschender Ansicht die Geschäftsgrundlage für den Leasingvertrag, der dann bereicherungsrechtlich rückabgewickelt werden musste. Am Wegfall der Geschäftsgrundlage hat sich durch die Schuldrechtsreform nicht geändert (BGH Urt. v. 16.6.2010 – VIII ZR 317/09, NJW 2010, 2798 Rn. 24). Nach der Schuldrechtsreform eröffnet § 313 Abs. 3 BGB nun den Rücktritt oder bei Dauerschuldverhältnissen die Kündigung. Es ist streitig, welche Rechtsfolge für den Leasingvertrag angemessen ist. Das Formular folgt der Ansicht, dass die Kündigung nicht interessengerecht ist und verweist auf die §§ 346 ff. BGB. (sa MüKoBGB/*Koch* Finanzierungsleasing Rn. 112; *v. Westphalen* Leasing Rn. 131–133).

18. Zurückbehaltungsrecht. Akzeptiert der Lieferant den Rücktritt des Leasingnehmers nicht, stellt sich die Frage, welche Wirkungen dies für den Leasingvertrag hat. Auch hierbei ist der Leasingnehmer nicht ohne weiteres berechtigt, die ihm vermeintlich zustehenden, aber vom Lieferanten nicht anerkannten Rechte im Wege eines Leistungsverweigerungsrechts dem Leasinggeber entgegenzuhalten. Üblich und zulässig ist es, dass der Leasinggeber sich die Verweigerung des Lieferanten erst dann entgegenhalten lassen muss, wenn der Leasingnehmer gegen den Lieferanten Klage zur Geltendmachung seiner Rechte erhebt (BGH Urt. v. 16.6.2010 – VIII ZR 317/09, NJW 2010, 2798 Rn. 24 ff.).

19. Haftung. Der Leasinggeber unterliegt bei der Beschränkung seiner Haftung für andere Pflichtverletzungen als solche, die die Mangelhaftigkeit des Leasingguts begründen, den allgemeinen Haftungsregeln, die wegen der AGB-rechtlichen Beschränkungen nur durch Individualvereinbarung wirksam modifiziert werden können. Eine wirksame Beschränkung der Haftung in AGB ist nicht möglich (vgl. *Redeker* Rn. 462 ff.; *Marly* Rn. 1859 f.).

20. Versicherung. Die herrschende Ansicht anerkennt das Interesse des Leasinggebers, den Leasingnehmer zu verpflichten, das Leasinggut gegen die Risiken des Untergangs Verlustes oder sonstiger Gefahren zu versichern (BGH Urt. v. 31.10.2007 – VIII ZR 278/05, NJW 2008, 989 [991]; MüKoBGB/*Koch* Finanzierungsleasing Rn. 92 ff.). Entweder wird der Leasinggeber unmittelbar Begünstigter aus dem Versicherungsverhältnis oder der Leasingnehmer wird, wie hier, verpflichtet, die ihm aus dem Versicherungsverhältnis entstehenden Kompensationsansprüche an den Leasinggeber abzutreten.

21. Wichtiger Grund. Dauerschuldverhältnisse wie der Leasingvertrag können durch ordentliche Kündigung ohne Begründung oder bei Vorliegen eines wichtigen Grundes auch außerordentlich beendet werden. Da das Verhältnis nach diesem Formular auf bestimmte Zeit läuft, ist es nur aus wichtigem Grund kündbar. In Abs. 2 hat der Leasinggeber wichtige Gründe definiert. Fraglich ist allerdings, ob ein wichtiger Grund vertraglich bestimmt werden kann oder sich allein im Einzelfall aufgrund der Umstände ergibt.

22. Schadensersatz. Der Umstand, der den Leasinggeber berechtigt, den Vertrag aus wichtigem Grund zu kündigen, ist allein noch nicht ausreichend, um ihm einen Schadensersatzanspruch gegen den Leasingnehmer zu vermitteln. Dies ist nur dann möglich, wenn der wichtige Grund vom Leasingnehmer zu vertreten ist (MüKoBGB/ *Koch* Finanzierungsleasing Rn. 141). Insofern enthält die Regelung in Abs. 3 lediglich eine Klarstellung.

23. Offenlegung. Der Leasingnehmer hat seine Vermögensverhältnisse dem Leasinggeber offen zulegen, damit dieser gegebenenfalls Maßnahmen zur Sicherung seiner Forderungen aus dem Leasingvertrag gegen den Leasingnehmer einleiten kann.

24. UN-Kaufrecht. Ob das UN-Kaufrecht auf Leasingverhältnisse überhaupt anwendbar ist, ist streitig (vgl. MüKoBGB/*Westermann* CISG Art. 1 Rn. 6).

Vertrieb

6. Vertragshändlervertrag Software – Software Reseller Agreement

Zwischen	Between
. . . . .	. . . . .
– nachstehend „Hersteller" genannt –	– hereinafter referred to as „Manufacturer"–
und	and
. . . . .	. . . . .
– nachstehend „Vertragshändler" genannt –	– hereinafter referred to as „Reseller" –
wird folgender Vertrag geschlossen:	the following agreement (hereinafter referred to as „Agreement") is concluded:

§ 1 Vertragsgegenstand[1]	**Section 1 Subject Matter of Agreement**
(1) Die Parteien beabsichtigen, die in Anlage 1 genannten Softwareprogramme des Herstellers und zukünftige Versionen dieser Softwareprogramme (nachstehend „Vertragsprodukte" genannt) in dem in Anlage 2 bestimmten Gebiet (nachstehend „Vertragsgebiet" genannt) über den Vertragshändler an Endkunden zu vermarkten und zu vertreiben. Der Vertragshändler wird Endkunden bei der Installation und	(1) The Parties intend to market and sell the Manufacturer's software programs specified in Annex 1 hereto and future versions of these software programs (hereinafter referred to as „Contractual Products") in the territory specified in Annex 2 hereto (hereinafter referred to as „Contractual Territory") through the Reseller to the end users. The Reseller shall provide end users with support for installation and use of the Contractual

Anwendung der Vertragsprodukte nach Maßgabe dieses Vertrags unterstützen.[2]

(2) Neue Versionen der Softwareprogramme, die die Vertragsprodukte verbessern oder erweitern, werden mit ihrer Freigabe durch den Hersteller Vertragsprodukte im Sinne dieses Vertrags. Der Hersteller wird diese neuen Versionen in der Regel als Update oder Upgrade kennzeichnen.[3] Darüber hinaus gehende Änderungen, Ergänzungen und Einschränkungen des Bestands der Vertragsprodukte, insbesondere die Aufnahme neuer Vertragsprodukte, die mit den bereits vorhandenen Vertragsprodukten im Zusammenhang stehen, sowie die Abkündigung einzelner Vertragsprodukte, sind dem Hersteller im Rahmen seiner allgemeinen Produktpolitik erlaubt. Soweit dem Hersteller zumutbar, wird er dem Vertragshändler die Abkündigung eines Vertragsprodukts 3 Monate vor Wirksamwerden der Änderung schriftlich mitteilen.[4] Bestellungen, die der Hersteller bereits angenommen hat, bleiben von einer Änderung des Bestands der Vertragsprodukte unberührt.

§ 2 Autorisierung

(1) Der Hersteller gewährt dem Vertragshändler das nicht-ausschließliche Recht, die Vertragsprodukte im Vertragsgebiet[5] durch Überlassung gegen ein einmaliges Entgelt an Endkunden zu vertreiben.[6] Gegenstand der Überlassung sind die Nutzungsrechte an den Vertragsprodukten, die der Hersteller dem Endkunden nach Maßgabe seiner Lizenzbestimmungen einräumt.[7] Der Hersteller behält sich vor, die Vertragsprodukte über weitere Vertriebsmittler, einschließlich andere Vertragshändler, Handelsvertreter, OEM-Partner, Systemintegratoren und Online-Vertrieb, im Vertragsgebiet zu verbreiten.[8] Soweit durch Direktverkäufe des Herstellers an Kunden im Vertragsgebiet, die dem Hersteller nicht vertraglich vorbehalten sind, der Absatz des Vertragshändlers im Einzelfall beeinträchtigt wird, kann der Vertragshändler vom Hersteller einen angemessenen Ausgleich verlangen.

Products in accordance with this Agreement.[2]

(2) New versions of the software programs that enhance or supplement the Contractual Products shall become Contractual Products within the meaning of this Agreement upon their release. As a rule the Manufacturer shall label these new versions as updates or upgrades.[3] Within the framework of its general product policy, the Manufacturer is allowed to make additional changes, supplements or restrictions to the inventory of Contractual Products, especially to include new Contractual Products that relate to already existing Contractual Products as well as to discontinue individual Contractual Products. To the extent it is reasonable for the Manufacturer to do so, it shall notify the Reseller of the discontinuation of a contractual product in writing 3 months before the change takes effect.[4] Orders that the Manufacturer has already accepted shall remain unaffected by any change in inventory of the Contractual Products.

Section 2 Authorization

(1) The Manufacturer grants the Reseller a non-exclusive right to distribute the Contractual Products to end users in the Contractual Territory[5] through supplying Contractual Products for use by end users in consideration of a one-time fee.[6] Object of the supply are the rights of use to the Contractual Products that the Manufacturer grants to the end user in accordance with its licensing provisions.[7] The Manufacturer reserves the right to distribute the Contractual Products in the Contractual Territory via other channel partners, including other resellers, sales agents, OEM partners, system integrators and online sales.[8] If the Manufacturer's direct sales to customers in the Contractual Territory, which are not contractually reserved for the Manufacturer, compromises the Reseller's sales in an individual case, the

Reseller may demand appropriate compensation from the Manufacturer.

Alternative (Alleinvertriebsrecht):
Der Hersteller gewährt dem Vertragshändler das ausschließliche Recht, die Vertragsprodukte im Vertragsgebiet durch Überlassung gegen ein einmaliges Entgelt an Endkunden zu vertreiben. Gegenstand der Überlassung sind die Nutzungsrechte an den Vertragsprodukten, die der Hersteller dem Endkunden nach Maßgabe seiner Lizenzbestimmungen einräumt. Der Hersteller wird die Vertragsprodukte nicht direkt im Vertragsgebiet vertreiben und keinem weiteren Vertragshändler oder sonstigen Vertriebsmittler im Vertragsgebiet das Recht einräumen, die Vertragsprodukte zu verbreiten.[9]

(2) Der Vertragshändler ist berechtigt, sich als autorisierter Vertragshändler des Herstellers zu bezeichnen und das in Anlage 3 abgebildete Logo zu verwenden.

§ 3 Pflichten des Vertragshändlers

(1) Der Vertragshändler wird den Absatz der Vertragsprodukte im Vertragsgebiet durch Verkauf an Neukunden und Intensivierung des Geschäfts mit bestehenden Kunden nachhaltig fördern.

(2) Der Vertragshändler wird die Vertragsprodukte im Vertragsgebiet intensiv bewerben, einschließlich der Werbung in Fachzeitschriften sowie auf seiner Website. Soweit in diesem Vertrag nicht anders bestimmt, wird der Vertragshändler die Werbematerialien auf eigene Kosten herstellen. Eine Werbung für Vertragsprodukte, die den Gestaltungsrichtlinien des Herstellers widerspricht, bedarf der vorherigen schriftlichen Zustimmung des Herstellers.

(3) Der Vertragshändler wird im Vertragsgebiet ständig vorführbereite Demo-Installationen der Vertragsprodukte in ansprechender Präsentation unterhalten. Die Demo-Versionen bleiben im Eigentum des Herstellers. Stellt der Hersteller den Vertrieb eines Vertragsprodukts gemäß § 1 (2) dieses Vertrags ein, wird der Vertragshänd-

Alternative version (sole right of distribution):
The Manufacturer grants the Reseller the exclusive right to distribute the Contractual Products to end users in the Contractual Territory through supplying Contractual Products for use by end users in consideration of a one-time fee. Object of the supply are the rights to use the Contractual Products, which the Manufacturer grants the end user in accordance with its licensing provisions. The Manufacturer shall not sell the Contractual Products directly in the Contractual Territory and shall not grant the right to distribute the Contractual Products to any other reseller or other channel partner in the Contractual Territory.[9]

(2) The Reseller is entitled to identify itself as a Manufacturer authorized Reseller and to use the logo illustrated in Annex 3 hereto.

Section 3 Reseller Obligations

(1) The Reseller shall sustainably promote sales of the Contractual Products in the Contractual Territory through sales to new customers and by intensifying business with existing customers.

(2) The Reseller shall intensively advertise the Contractual Products in the Contractual Territory, including advertisements in trade journals as well as on its website. Unless set forth otherwise in this Agreement, the Reseller shall produce advertising material at its own expense. Any advertising for the Contractual Products that conflicts with the Manufacturer's design guidelines shall require the Manufacturer's prior written consent.

(3) The Reseller shall consistently maintain demo installations in the Contractual Territory that are ready for demonstration in an attractive presentation. The demo versions shall remain the property of the Manufacturer. Should the Manufacturer discontinue the sale of a contractual product pursu-

ler die betreffende Demo-Version unverzüglich an den Hersteller herausgeben.

(4) Der Vertragshändler wird Mitarbeiter beschäftigen, die darin geschult sind, die Vertragsprodukte zu vermarkten, vorzuführen und zu vertreiben sowie Endanwender bei der Installation, Pflege und Anwendung der Vertragsprodukte zu unterstützen.

(5) Der Vertragshändler wird jährlich einen Geschäftsplan erstellen und umsetzen. Der Geschäftsplan ist mit dem Hersteller abzustimmen und enthält insbesondere einen Marketingplan und die zwischen dem Hersteller und dem Vertragshändler vereinbarten vierteljährlichen und jährlichen Zielvorgaben für den Einkauf von Vertragsprodukten (Mindestabnahme). Der Vertragshändler wird dem Hersteller einen vollständigen Entwurf des Geschäftsplans spätestens 2 Monate vor Ablauf eines Vertragsjahres für das folgende Vertragsjahr übermitteln. Die Parteien werden sich bis zum Ablauf des Vertragsjahres über etwaige Änderungen oder Ergänzungen des Geschäftsplans für das folgende Vertragsjahr abstimmen. Der bis zum Ablauf des ersten Vertragsjahres geltende Geschäftsplan hängt diesem Vertrag als Anlage 4 an.

(6) Der Vertragshändler wird die in dem Geschäftsplan festgelegten vierteljährlichen und jährlichen Zielvorgaben erfüllen.[10]

(7) Der Vertragshändler wird auf Anfrage von Endanwendern im Vertragsgebiet die Vertragsprodukte bei diesen installieren. Soweit für das Vertragsprodukt vorgesehen und vom Endanwender gewünscht, schließt die Installation die Konfigurierung und Parametrisierung der Vertragsprodukte ein. Der Vertragshändler wird den Endanwendern im Vertragsgebiet darüber hinaus eine Einweisung in die Nutzung der Vertragsprodukte anbieten.

(8) Der Vertragshändler wird die Vertragsprodukte unverändert mit sämtlichen vom Hersteller gelieferten Verpackungen, Dokumentationen, Kennzeichnungen, ein-

ant to Sec. 1 (2) of this Agreement, the Reseller shall return without undue delay the demo version concerned to the Manufacturer.

(4) The Reseller shall hire employees that are skilled in marketing, demonstrating and selling the Contractual Products and support end users with the installation, care and use of the Contractual Products.

(5) The Reseller shall prepare and implement an annual business plan. The business plan must be coordinated with the Manufacturer and shall in particular include a marketing plan and the quarterly and annual purchasing targets for Contractual Products (minimum quantities) agreed upon between the Manufacturer and the Reseller. The Reseller shall send the Manufacturer a complete draft of the business plan for the following contractual year no later than 2 months before the end of a contractual year. Prior to the end of the contractual year, the parties shall agree on any changes or supplements to the business plan for the following year. The business plan applicable until the end of the first contractual year is attached to this Agreement as Annex 4.

(6) The Reseller shall meet the quarterly and annual targets stipulated in the business plan.[10]

(7) At the request of end users in the Contractual Territory, the Reseller shall install the Contractual Products for these end users. To the extent provided for the Contractual Product and requested by the end user, installation shall include the configuration and parametrization of the Contractual Products. In addition, the Reseller shall offer to end users in the Contractual Territory training on how to use the Contractual Products.

(8) The Reseller shall deliver the Contractual Products to its customers without modification and with all the packaging, documentation, labelling sup-

schließlich Hinweisen auf geistiges Eigentum und Seriennummern, und für den Endanwender vorgesehenen Materialien, insbesondere Lizenzvereinbarungen, an seine Kunden liefern.

(9) Der Vertragshändler wird dem Hersteller innerhalb von fünf Werktagen nach Ablauf eines Kalendermonats über seine Marketing- und Vertriebstätigkeiten im vorangegangenen Kalendermonat schriftlich berichten. Der Bericht informiert für den Berichtsmonat über die vom Vertragshändler durchgeführten Marketing-Maßnahmen und die von ihm getätigten Verkäufe oder Rücknahmen von Vertragsprodukten unter Angabe von Namen und Anschriften der Käufer sowie Seriennummern der verkauften oder zurückgegebenen Vertragsprodukte.[11] Der Bericht enthält darüber hinaus Informationen über Besonderheiten beim technischen Support, die von Endanwendern im Zusammenhang mit den Vertragsprodukten geäußerten Wünsche und Anforderungen zu Funktionen und sonstigen Eigenschaften der Vertragsprodukte sowie die Marktlage im Vertragsgebiet, einschließlich der wesentlichen Aktivitäten der Wettbewerber des Herstellers.

(10) Während der Laufzeit des Vertrags sind der Hersteller und seine Bevollmächtigten unter Einhaltung einer Ankündigungsfrist von zehn Werktagen berechtigt, die den Verkauf der Vertragsprodukte betreffenden Geschäftsunterlagen zu prüfen und Kopien davon anzufertigen. Die Prüfung erfolgt in den Geschäftsräumen des Vertragshändlers zu dessen üblichen Geschäftszeiten. Soweit sie ergibt, dass der Vertragshändler Pflichten aus diesem Vertrag schuldhaft verletzt hat, gehen die Kosten der Prüfung zu Lasten des Vertragshändlers.

(11) Der Vertragshändler wird die Lizenzbedingungen der Vertragsprodukte, die ihm vom Hersteller zu Zwecken der Demonstration, Evaluierung oder des Eigenbedarfs zur Verfügung gestellt werden, einhalten. Der zum Zeitpunkt der Unterzeichnung dieses Vertrags geltende Standard-Lizenzvertrag des Herstellers hängt

plied by the Manufacturer, including notices relating to intellectual property rights and serial numbers, and materials intended for the end user, in particular license agreements.

(9) Within five business days after the end of a calendar month, the Reseller shall provide to the Manufacturer a written report on its marketing and sales activities carried out in the preceding calendar month. The report shall provide information for such month on the marketing measures implemented by the Reseller and the sales made by Reseller or returns of Contractual Products, indicating the buyers' names and addresses as well as serial numbers of the Contractual Products sold or returned.[11] The report shall also include information on special features or events concerning technical support, wishes expressed by end users in connection with the Contractual Products and requests regarding functions and other features of the Contractual Products, as well as the market situation in the Contractual Territory, including material activities of the Manufacturer's competitors.

(10) For the duration of the Agreement the Manufacturer and its authorized agents are entitled, subject to a period of notice of ten business days, to examine the business documents concerning the sales of the Contractual Products and to make copies thereof. The examination shall take place at the Reseller's business premises during its regular business hours. Should it arise that the Reseller has culpably violated duties arising from this Agreement, the Reseller shall bear the costs of the examination.

(11) The Reseller shall comply with the licensing terms and conditions of the Contractual Products that the Manufacturer has made available to the Reseller for purposes of demonstration, evaluation or the Reseller's own use. The Manufacturer's standard license agreement that applies at the time this Agree-

als Anlage 5 diesem Vertrag an. Treffen dieser Vertrag und der Lizenzvertrag unterschiedliche Regelungen zu einem gleichen Regelungsgegenstand, geht die Regelung dieses Vertrags vor.

(12) Der Vertragshändler wird vor Abschluss eines Kaufvertrags über ein Vertragsprodukt dem Erwerber den jeweils geltenden Lizenzvertrag des Herstellers zur Kenntnis geben und deutlich auf dessen Geltung hinweisen.[12]

(13) Der Vertragshändler wird einen etwaigen Kopierschutz der Vertragsprodukte nicht beseitigen oder umgehen und zu einer solchen Tat auch nicht Anstiftung oder Beihilfe leisten.[13] Hiervon ausgenommen ist eine Vervielfältigung, wenn und soweit sie unerlässlich ist, um die erforderlichen Informationen zur Herstellung der Interoperabilität des Vertragsprodukts mit anderen Computerprogrammen zu erhalten, sofern nicht die zur Herstellung der Interoperabilität erforderlichen Informationen dem Vertragshändler oder Endanwender ohne weiteres zugänglich gemacht worden sind.

(14) Der Vertragshändler wird die Vertragsprodukte nicht unter Verstoß gegen die Produktpolitik des Herstellers zu Updates, Upgrades, Crossgrades, Studentenversionen, Schulversionen, Händlerversionen, Testversionen, Mehrplatzversionen, OEM-Versionen, Softwarepaketen („Bundles") oder eine vergleichbare Produktpolitik vertreiben.[14] Der Vertragshändler ist verpflichtet, sich vor dem Verkauf eines Vertragsprodukts darüber zu vergewissern, ob der Käufer zum Erwerb und zur Nutzung der betreffenden Version nach Maßgabe des Lizenzvertrags des Herstellers und dessen Produktpolitik berechtigt ist.

(15) Der Vertragshändler wird den Hersteller bei Maßnahmen gegen eine Verletzung von Rechten an den Vertragsprodukten angemessen unterstützen.

(16) Der Vertragshändler wird die auf den Vertrieb, die Vermarktung und die Unter-

ment is signed is attached to this Agreement as Annex 5. Should this Agreement and the license agreement stipulate different provisions regarding the same subject matter, this provision of this Agreement shall prevail.

(12) Prior to concluding a contract of sale for a Contractual Product, the Reseller shall make available to the purchaser the then applicable Manufacturer license agreement and shall clearly state that it applies.[12]

(13) The Reseller shall not remove or circumvent any copy protection of the Contractual Products and shall not aid or abet in taking any such action.[13] This shall not apply if such action is indispensable in order to obtain information necessary to achieve interoperability of the Contractual Product with an independently created computer program, unless the information required for creating the interoperability has been made readily accessible to the Reseller or the end user.

(14) The Reseller shall not sell the Contractual Products contrary to the Manufacturer's product policy relating to updates, upgrades, crossgrades, student versions, education versions, test versions, multi-user versions, OEM versions, software packages („bundles") or any comparable product policy.[14] Prior to selling a Contractual Product, the Reseller is obligated to ensure that the buyer is entitled to purchase and use the version is question in accordance with the Manufacturer's license agreement and its product policy.

(15) The Reseller shall provide the Manufacturer with appropriate support in the event of measures against a violation of rights to the Contractual Product.

(16) The Reseller shall comply with the statutory provisions applicable to the

stützung der Vertragsprodukte anwendbaren gesetzlichen Vorschriften einhalten. Er wird insbesondere nicht gegen Kartellrecht verstoßen und alle erforderlichen Maßnahmen ergreifen, um Korruption sowie Verstöße gegen die Regeln des lauteren Wettbewerbs zu vermeiden.

§ 4 Pflichten des Herstellers

(1) Der Hersteller wird vom Vertragshändler bestellte Vertragsprodukte vorbehaltlich seiner Liefermöglichkeiten an den Vertragshändler liefern.[15] Der Hersteller ist zur Lieferung eines Vertragsprodukts nicht verpflichtet, soweit Dritte an dem Vertragsprodukt Rechte geltend gemacht haben, Vorlieferanten Lieferungen, die die Lieferung des Vertragsprodukts voraussetzen, eingestellt oder beschränkt haben, das Vertragsprodukt zum Zeitpunkt des Zugangs der Bestellung aus dem Bestand der Vertragsprodukte gem. § 1 (2) dieses Vertrags entfernt wurde oder unter Berücksichtigung der Interessen des Vertragshändlers ein anderer sachlicher Grund zur Ablehnung einer Bestellung oder Lieferung vorliegt.

(2) Der Hersteller wird dem Vertragshändler Demo-Versionen der Vertragsprodukte, Produktbeschreibungen, Informationen über Verkaufsstrategien sowie Werbematerialien, Gestaltungsrichtlinien und sonstige Informationen und Unterlagen zur Verfügung stellen, die der Vertragshändler benötigt, um die Vertragsprodukte ordnungsgemäß vermarkten, vertreiben und warten zu können. Sämtliche Unterlagen verbleiben im Eigentum des Herstellers, soweit sie nicht mit Zustimmung des Herstellers an Dritte weitergegeben werden.

(3) Der Hersteller wird regelmäßig Schulungen anbieten, in denen Mitarbeiter des Vertragshändlers in der Anwendung, dem Verkauf und der Wartung der Vertragsprodukte unterrichtet werden. Der Hersteller ist in der Gestaltung der Schulungen frei. Er kann nach eigener Wahl Schulungen in Schulungsräumen veranstalten oder Online-Schulungen durchführen.

sale, marketing and support of Contractual Products. In particular it shall not violate antitrust laws and shall take all necessary measures to avoid corruption and violations against the rules of fair competition.

Section 4 Manufacturer Obligations

(1) The Manufacturer shall supply the Contractual Products ordered by the Reseller to the Reseller subject to the Contractual Products' availability.[15] The Manufacturer is not obligated to deliver a Contractual Product if third parties have asserted rights to the Contractual Product, preliminary suppliers have discontinued or restricted deliveries that preceded the delivery of the Contractual Product, the Contractual Product has been removed from the inventory of Contractual Products pursuant to Sec. 1 (2) of this Agreement at the time the order was received or there is, taking into account the Reseller's interests, another objective reason to refuse an order or delivery.

(2) The Manufacturer shall provide the Reseller with demo versions of the Contractual Products, product descriptions, information on sales strategies as well as advertising material, design guidelines and other information and documents that the Reseller requires in order to be able to adequately market, distribute and maintain the Contractual Products. All documents shall remain the property of the Manufacturer unless it is passed on to third parties with the Manufacturer's consent.

(3) The Manufacturer shall offer training at regular intervals in which the Reseller's employees will be instructed in the application, sale and maintenance of the Contractual Products. The Manufacturer is free to structure the trainings at its discretion. At its option it may hold training sessions in classrooms or conduct online-training. The Reseller

Der Vertragshändler trägt die Reisekosten seiner Mitarbeiter.

Zusätzlich bei geschlossenem selektiven Vertriebssystem:
(4) Der Hersteller wird die Vertragsprodukte im Vertragsgebiet nicht an Distributoren und Händler verkaufen, die er nicht zum Vertrieb der Vertragsprodukte im Vertragsgebiet zugelassen hat.[16]

shall bear the travel costs of its employees.

Additional text for a closed selective distribution system:
(4) The Manufacturer shall not sell the Contractual Products in the Contractual Territory to distributors or resellers that it has not authorized to distribute the Contractual Products in the Contractual Territory.[16]

§ 5 Vertriebsbeschränkungen[17]

(1) Der Vertragshändler wird die Vertragsprodukte ausschließlich vom Hersteller beziehen.[18]

Alternativ (bei geschlossenem selektiven Vertriebssystem):
Der Vertragshändler wird die Vertragsprodukte ausschließlich vom Hersteller oder von Distributoren oder Händlern beziehen, die der Hersteller zum Vertrieb der Vertragsprodukte zugelassen hat.[19]

(2) Der Vertragshändler wird die Vertragsprodukte nicht aktiv an Distributoren oder Händler vertreiben.[20]

Alternativ (bei geschlossenem selektiven Vertriebssystem):
Der Vertragshändler wird die Vertragsprodukte nicht an Distributoren und Händler vertreiben, die der Hersteller nicht zum Vertrieb der Vertragsprodukte zugelassen hat.[21]

(3) Alternative 1:
Liegt das Vertragsgebiet (ganz oder teilweise) im Gebiet der EU oder des EWR oder ist eine Gebiets- oder Kundenkreisbeschränkung aus anderem Grund geeignet, den Handel zwischen Mitgliedsstaaten zu beeinträchtigen:

Der Vertragshändler ist berechtigt, die Vertragsprodukte im Vertragsgebiet sowie im Gebiet für Europäischen Union und der anderen Vertragsstaaten des Abkommens über den Europäischen Wirtschaftsraum (nachfolgend „EWR") nach Maßgabe dieses Vertrags zu verkaufen. Hiervon ausgenommen ist der aktive Verkauf in Gebiete oder an Kundengruppen,

Section 5 Restrictions on Distribution[17]

(1) The Reseller shall procure the Contractual Products exclusively from the Manufacturer.[18]

Alternative text (for a „closed" selective distribution system):
The Reseller shall procure the Contractual Products exclusively from the Manufacturer or from distributors or dealers, which the Manufacturer has authorized to sell the Contractual Products.[19]

(2) The Reseller shall not actively sell the Contractual Products to distributors or dealers.[20]

Alternative text (for a „closed" selective distribution system):
The Reseller shall not actively sell the Contractual Products to distributors or dealers that the Manufacturer has not authorized to sell the Contractual Products.[21]

(3) Alternative text 1:
If the Contractual Territory is located (completely or partially) within the territory of the EU or the EEA or a territorial or customer restriction is for some other reason likely to restrict trade between member states:

The Reseller is entitled to sell the Contractual Products in the Contractual Territory as well as in the territory of the European Union and the other member states of the Agreement on the European Economic Area (hereinafter „EEA") in accordance with this Agreement. Excluded herefrom are active sales into territories or to customer groups

die der Hersteller sich selbst vorbehalten oder einem anderen Abnehmer zugewiesen hat.[22]Diese Gebiete und Kundengruppen sind in Anlage 6 genannt. Dem Vertragshändler ist der aktive Verkauf der Vertragsprodukte in diese Gebiete und an diese Kundengruppen untersagt. Verkäufe der Vertragsprodukte durch Kunden des Vertragshändlers werden dadurch nicht beschränkt. Darüber hinaus wird der Vertragshändler die Vertragsprodukte nicht außerhalb des EWR verkaufen; das Recht des Vertragshändlers zum Verkauf in von dem Vertragsgebiet umfasste Gebiete außerhalb des EWR bleibt hiervon unberührt.

that the Manufacturer has reserved for itself or has allocated to another buyer.[22]These territories and customer groups are listed in Annex 6 hereto. The Reseller is prohibited from actively selling the Contractual Products into these territories and to these customer groups. This shall not limit sales of the Contractual Products by customers of the Reseller. Moreover, the Reseller shall not sell the Contractual Products outside of the EEA; the Reseller's right to sell into territories covered by the Contractual Territory outside of the EEA shall remain unaffected herefrom.

Alternative 2:
Liegt das Vertragsgebiet im Gebiet außerhalb der EU und des EWR und ist eine Gebiets – oder Kundenkreisbeschränkung auch nicht aus anderem Grund geeignet, den Handel zwischen Mitgliedsstaaten zu beeinträchtigen:

Alternative text 2:
If the Contractual Territory is located in a territory outside of the EU and the EEA and a territorial or customer restriction is not likely for any reason to restrict trade between member states:

Der Vertragshändler wird die Vertragsprodukte nicht außerhalb des Vertragsgebiets verkaufen. Darüber hinaus ist dem Vertragshändler der Vertrieb an Kundengruppen untersagt, die der Hersteller sich selbst vorbehalten oder einem anderen Abnehmer zugewiesen hat. Diese Kundengruppen sind in Anlage 6 genannt.

The Reseller shall not sell the Contractual Products outside of the Contractual Territory. In addition, the Reseller is prohibited from selling to customer groups that the Manufacturer has reserved for itself or allocated to another buyer. These customer groups are listed in Annex 6 hereto.

(4) Alternative 1:
Liegt das Vertragsgebiet (ganz oder teilweise) im Gebiet der EU oder des EWR oder ist ein Wettbewerbsverbot aus einem anderen Grund geeignet, den Handel zwischen Mitgliedsstaaten zu beeinträchtigen:

(4) Alternative text 1:
If the Contractual Territory is located (completely or partially) within the territory of the EU or the EEA or a restraint on competition is for some other reason likely to restrict trade between member states:

Der Vertragshändler wird bis zur Beendigung dieses Vertrags, jedoch nicht länger als 5 Jahre ab Vertragsbeginn, keine Produkte, die mit den Vertragsprodukten im Wettbewerb stehen, herstellen, beziehen oder verkaufen.[23]Die Parteien werden frühestens 6 Monate vor Ablauf der Fünfjahresfrist über eine Verlängerung dieses Wettbewerbsverbots um bis zu 5 weitere Jahre verhandeln.

Until expiration or termination of this Agreement, however no longer than 5 years as of the Agreement's effective date, the Reseller shall not manufacture, procure or sell any products that compete with the Contractual Products.[23]At the earliest 6 months prior to expiration of the five-year term, the parties shall negotiate an extension of this non-competition clause for a period of up to an additional 5 years term.

Alternative 2:
Liegt das Vertragsgebiet im Gebiet außerhalb der EU und des EWR und ist ein Wettbewerbverbot auch nicht aus anderem Grund geeignet, den Handel zwischen Mitgliedsstaaten zu beeinträchtigen: Der Vertragshändler wird bis zur Beendigung dieses Vertrags keine Produkte, die mit den Vertragsprodukten im Wettbewerb stehen, herstellen, beziehen oder verkaufen.

§ 6 Aufträge und Auftragsabwicklung

(1) Bestellungen des Vertragshändlers erfolgen schriftlich oder in elektronischer Form an die vom Hersteller angegebene Adresse. Ein Vertrag über den Kauf der Vertragsprodukte (nachstehend „Einzelvertrag" genannt) kommt mit schriftlicher Bestätigung des Auftrags durch den Hersteller, spätestens mit Lieferung der in der Bestellung genannten Vertragsprodukte zustande.

(2) Jeder Einzelvertrag unterliegt den Bedingungen dieses Vertrags. Entgegenstehende oder zusätzliche Vertragsbedingungen einer Partei gelten nur, wenn die andere Partei deren Geltung schriftlich zustimmt.

§ 7 Lieferbedingungen; Lizenzschlüssel

(1) Der Hersteller liefert die Vertragsprodukte entweder auf einem Datenträger oder stellt die Vertragsprodukte zum Download auf einem vom Hersteller benannten Server zur Verfügung.

(2) Bei Lieferung eines Datenträgers liefert der Hersteller die Vertragsprodukte FCA ..... (Incoterms 2010).[24]

(3) Werden Vertragsprodukte durch Download geliefert, trägt der Vertragshändler die Telekommunikations-, Provider- und sonstigen Kosten, die durch den Internetzugriff entstehen. Beim Download geht die Gefahr mit dem Übergang des letzten zu den Dateien der Software gehörenden Datenpakets über den Data Port des Servers des Herstellers auf den Vertragshändler über. Soweit für die Einfuhr in das Vertragsgebiet erforderlich, wird der Vertragshändler auf eigene Kosten eine Einfuhrgenehmigung oder an-

Alternative text 2:
If the Contractual Territory is located outside the EU or the EEA and a restraint on competition is not likely for any other reason to restrict trade between member states:
Until expiration or termination of this Agreement the Reseller shall not manufacture, procure or sell any products that compete with the Contractual Products.

Section 6 Orders and Order Processing

(1) The Reseller's orders shall be submitted in writing or electronically to the address given by the Manufacturer. An agreement on the purchase of Contractual Products comes into effect by the Manufacturer's written confirmation of the Reseller's order, but no later than upon delivery of the Contractual Products designated in the order.

(2) Every Individual Contract is subject to the terms and conditions of this Agreement. Conflicting or additional contractual terms and conditions of one party may only apply if the other party consents to the application thereof in writing.

Section 7 Delivery Terms; License Key

(1) The Manufacturer shall either deliver the Contractual Products on a data carrier or make the Contractual Products available for download on a server designated by the Manufacturer.

(2) If delivered on a data carrier, the Manufacturer shall deliver the Contractual Products FCA ..... (Incoterms 2010).[24]

(3) If Contractual Products are delivered via download, the Reseller shall bear the telecommunication costs, provider costs and other costs incurred through Internet access. When downloading, the risk passes to the Reseller when the last data packet belonging to the software files is transferred via the data port of the Manufacturer's server. If required for import into the Contractual Territory, the Reseller shall obtain an import license or other official authorization at its own expense

dere behördliche Genehmigung beschaffen und alle Zollformalitäten erledigen.

(4) Die Nutzung der Vertragsprodukte kann die Vergabe eines an die Hardware-konstellation des Anwenders gebundenen Lizenzschlüssels voraussetzen.[25] Ein Lizenzschlüssel wird von dem Hersteller vergeben. Der Vertragshändler wird seine Kunden vor Verkauf des Vertragsprodukts hierauf hinweisen.

§ 8 Preise und Rabatte

(1) Der Hersteller verkauft die Vertragsprodukte zu seinen zum Zeitpunkt des Zustandekommens des Einzelvertrags geltenden Listenpreisen. Die im Zeitpunkt des Abschlusses des vorliegenden Vertrags geltenden Listenpreise des Herstellers ergeben sich aus der als Anlage 7 angehängten Preisliste. Der Hersteller ist berechtigt, die Listenpreise im Rahmen seiner allgemeinen Preispolitik zu ändern. Er wird eine geänderte Preisliste dem Vertragshändler spätestens 2 Wochen vor deren Inkrafttreten zur Verfügung stellen. Eine Preiserhöhung gilt nicht für Bestellungen des Vertragshändlers, die vor Inkrafttreten einer geänderten Preisliste beim Hersteller eingegangen sind.[26]

(2) Der Vertragshändler erhält die in Anlage 8 bestimmten Preisnachlässe nach Maßgabe der darin aufgeführten Bedingungen.[27]

(3) Die Listenpreise des Herstellers verstehen sich ohne Umsatzsteuer.

(4) Kaufpreiszahlungen erfolgen innerhalb von 30 Tagen ab Rechnungseingang.

(5) Befindet sich der Vertragshändler mit einer Kaufpreiszahlung in Verzug, ist der Hersteller berechtigt, bis zum Eingang des Kaufpreises noch ausstehende Lieferungen nur gegen Vorauszahlung zu erbringen und die Vergabe eines Lizenzschlüssels für die Vertragsprodukte, mit deren Zahlung der Vertragshändler in Verzug ist, zurückzuhalten.[28] Die Geltendmachung weiterer Rechte aufgrund Zahlungsverzugs bleibt hiervon unberührt.

and take care of all formalities relating to customs.

(4) Use of the Contractual Products may require the issuance of a license key linked to the user's hardware environment.[25] Such license key shall be issued by the Manufacturer. The Reseller shall point this out to the customer prior to purchase of the Contractual Product.

Section 8 Prices and Discounts

(1) The Manufacturer shall sell the Contractual Products at its list prices which are applicable when the respective Individual Contract comes into effect. The Manufacturer's list prices applicable at the effective date of this Agreement are set forth in the price list attached as Annex 7 hereto. The Manufacturer is entitled to modify the list prices within the framework of its general pricing policy; it shall provide the Reseller with an amended price list no later than 2 weeks before said prices take effect. A price increase shall not apply to orders placed by the Reseller that the Manufacturer received before an amended price list takes effect.[26]

(2) Subject to the terms and conditions set forth in Annex 8 hereto, the Reseller shall be eligible for the discounts specified therein.

(3) The Manufacturer's list prices do not include value added tax.

(4) Payment of the purchase price shall be made within 30 days after receipt of invoice.

(5) If the Reseller is in default with payment of the purchase price, the Manufacturer is entitled to make outstanding deliveries only against payment in advance and to withhold issuing a license key for the Contractual Products for the payment of which the Reseller is in default.[28] The assertion of further rights due to default of payment shall remain unaffected herefrom.

§ 9 Wartung

(1) Wartungsverträge über die Vertragsprodukte werden zwischen dem Hersteller und dem Endkunden geschlossen. Der Vertragshändler vermittelt die zum jeweiligen Zeitpunkt geltenden Wartungsverträge zwischen dem Hersteller und Anwendern der Vertragsprodukte im Vertragsgebiet.[29] Der im Zeitpunkt des Abschlusses dieses Vertrags geltende Wartungsvertrag hängt als Anlage 9 an.

(2) Der Vertragshändler leistet für den Hersteller First Level Support.[30] Hierzu tritt der Vertragshändler als erster Ansprechpartner des Endkunden auf und erbringt möglichst selbständig folgende Leistungen:

(a) Telefonsupport und Websupport während der im Wartungsvertrag bestimmten Support-Zeiten;

(b) Priorisierung der Supportanfragen gemäß Klassifizierung im Wartungsvertrag;

(c) Bearbeitung von Supportanfragen innerhalb der im Wartungsvertrag bestimmten Reaktionszeiten oder, soweit der Vertragshändler zur Bearbeitung der Supportanfragen trotz ordnungsgemäßer Qualifikation nicht in der Lage ist, Weiterleitung der Supportanfrage an den Hersteller (Second Level Support);

(d) Auslieferung von Weiterentwicklungen und sonstigen Lösungen (Updates, Patches, Workarounds etc.), die der Hersteller dem Endkunden gemäß Wartungsvertrag zur Verfügung stellt.

Der Hersteller leistet Second Level Support. Hierzu erbringt der Hersteller folgende Leistungen:

(a) Zugang zu einer Wissensdatenbank des Herstellers;

Section 9 Maintenance

(1) Maintenance contracts on the Contractual Products shall be concluded between the Manufacturer and the end user. The Reseller shall facilitate the conclusion of the then applicable maintenance contracts between the Manufacturer and the users of Contractual Products in the Contractual Territory.[29] The maintenance contract applicable at the effective date of this Agreement is attached as Annex 9 hereto.

(2) The Reseller shall provide first level support for the Manufacturer.[30] To this end the Reseller shall act as the end user's first contact and shall independently provide the following services:

a) Telephone and web support during the support times specified in the maintenance contract;

b) Prioritization of support inquiries according to the priority levels set forth in the maintenance contract;

c) Processing of support inquiries within the response times specified in the maintenance contract or, if the Reseller is not in the position to process the support inquiries despite being properly qualified, forwarding of the support request to the Manufacturer (second level support);

d) Delivery of enhancements and other solutions (updates, patches, workarounds, etc.) that the Manufacturer provides to the end user in accordance with the maintenance contract.

The Manufacturer provides second level support. To this end the Manufacturer shall provide the following services:

a) Access to a knowledge database of the Manufacturer;

(b) Telefonische Supporthotline und Websupport zu den üblichen Geschäftszeiten des Herstellers;

(c) Lieferung von Updates, Patches oder Workarounds, die der Hersteller nach eigenem Ermessen zur Lösung eines Softwarefehlers entwickelt und zur Auslieferung an Endkunden freigegeben hat.

(3) Bei Abschluss bzw. Verlängerung eines Wartungsvertrags wird der Vertragshändler die vom Endkunden zu leistenden Wartungsgebühren abzüglich etwaiger vom Hersteller oder Vertragshändler dem Endkunden eingeräumten Rabatte für Rechnung des Herstellers im eigenen Namen einziehen.[31] Die Höhe der Wartungsgebühren ergibt sich aus der bei Abschluss des Wartungsvertrags bzw. am ersten Tag der Verlängerung des Wartungsvertrags geltenden Preisliste des Herstellers. Die im Zeitpunkt des Abschlusses dieses Vertragshändlervertrags geltende Preisliste hängt diesem Vertrag als Anlage 7 an. Der Hersteller ist berechtigt, die Wartungsgebühren im Rahmen seiner allgemeinen Preispolitik zu ändern.

(4) Der Vertragshändler wird den Eingang von Wartungsgebühren dem Hersteller unter Angabe des Endkunden, des Wartungsvertrags und der Höhe des eingegangenen Betrags unverzüglich mitteilen und innerhalb von 30 Tagen ab Zahlungseingang den eingegangenen Betrag abzüglich der auf diesen Betrag anfallenden Provision und Vergütung für die Leistung von First Level Support an den Hersteller zahlen. Die Provision und Vergütung des Vertragshändlers ergeben sich aus Anlage 10 dieses Vertrags. Bei der Berechnung der von dem Vertragshändler an den Hersteller zu entrichtenden Zahlung bleibt ein etwaiger Preisnachlass, den der Vertragshändler dem Endkunden selbst einräumt, unberücksichtigt.

b) Telephone support hotline and web support during the Manufacturer's regular business hours;

c) Delivery of updates, patches or workarounds which the Manufacturer has, at its sole discretion, developed to solve software bugs and released for delivery to end users.

(3) Upon conclusion or extension of a maintenance contract the Reseller shall collect the maintenance fees in its own name for the Manufacturer's account to be paid by the end user less any discounts the Manufacturer or Reseller have granted to the end user.[31] The amount of maintenance fees is set forth in the Manufacturer's price list applicable on the effective date of the maintenance contract or, respectively, on the effective date of the extension of the maintenance contract. The price list in effect at the effective date of this Agreement is attached to this Agreement as Annex 7. The Manufacturer is entitled to change the maintenance fee within the framework of its general pricing policy.

(4) The Reseller shall notify the Manufacturer without undue delay of any receipt of maintenance fees, indicating the end user, the maintenance contract and the amount received, and shall pay the received sum within 30 days as of receipt of payment less the commission charged on this amount and remuneration for providing first level support to the Manufacturer. The Reseller's commission and remuneration are specified in Annex 10 of this Agreement. Any discount the Reseller itself has given to the end user is not taken into account when calculating the Reseller's payment to the Manufacturer.

§ 10 Sach- und Rechtsmängel

(1) Offensichtliche Mängel sind dem Hersteller unverzüglich, spätestens aber binnen 14 Tagen nach Empfang der Vertragsprodukte schriftlich anzuzeigen.[32] Versteckte Mängel sind dem Hersteller unverzüglich, spätestens aber binnen 10 Tagen nach Entdeckung des Mangels schriftlich anzuzeigen.

(2) Bei Mängeln kann der Hersteller zunächst nacherfüllen.[33] Die Nacherfüllung erfolgt nach Wahl des Herstellers durch die Beseitigung des Mangels oder die Lieferung eines mangelfreien Produkts. Als Nacherfüllung gilt auch eine Lieferung von Updates oder Upgrades, die den Mangel nicht enthalten, oder eines Patches, der den Mangel beseitigt.

(3) Schlägt die Nacherfüllung fehl, kann der Vertragshändler nach seiner Wahl den Kaufpreis mindern oder, soweit nicht der Mangel die vertragsgemäße Nutzung des Vertragsprodukts nur unerheblich beeinträchtigt, vom Vertrag über das mangelhafte Vertragsprodukt zurücktreten.[34] Von einem Fehlschlagen der Nachbesserung ist erst auszugehen, wenn der Vertragshändler dem Hersteller hinreichende Gelegenheit zur Nachbesserung innerhalb einer angemessenen Frist eingeräumt hat, ohne dass der geschuldete Erfolg erzielt wurde. Die Bereitstellung einer provisorischen Lösung, die den Mangel umgeht (Workaround), ist bei Bemessung der Frist zu berücksichtigen.

(4) Der Hersteller haftet nicht, soweit die Nutzung der Vertragsprodukte aufgrund unsachgemäßer Installation, Bedienung oder Wartung beeinträchtigt ist. Insbesondere ausgeschlossen ist eine Haftung für Beeinträchtigungen, die darauf zurückzuführen sind, dass die Vertragsprodukte unter Anwendungsbedingungen genutzt werden, die nicht der Hard- und Softwareumgebung entsprechen, die in der dem Produkt beiliegenden Dokumentation oder durch andere Mitteilungen des Herstellers spezifiziert sind.[35]

Section 10 Defects in rem and Title

(1) Obvious defects must be reported without undue delay to the Manufacturer in writing no later than 14 days after receipt of the Contractual Products.[32] Hidden defects must be reported to the Manufacturer in writing without undue delay, but no later than 10 days after the defect has been detected.

(2) In the event of defects the Manufacturer may initially provide subsequent performance.[33] Subsequent performance is carried out at the Manufacturer's discretion by removal of the defect or delivery of a defect-free product. A delivery of updates or upgrades that do not contain the defect, or of a patch that removes the defect may also be considered as subsequent performance.

(3) Should subsequent performance fail, the Reseller may at its discretion reduce the purchase price or, unless the defect only negligibly affects the contractual use of the contractual product, may withdraw from the Agreement relating to the defective contractual product.[34] It may not be assumed that subsequent performance has failed until the Reseller has given the Manufacturer sufficient opportunity to provide subsequent performance within an appropriate term without having achieved the result owed. The provision of a provisional solution that circumvents the defect (workaround) must be taken into consideration when setting the time limit.

(4) The Manufacturer shall not be held liable if use of the Contractual Products is impaired due to improper installation, service or maintenance. In particular, any liability shall be excluded for impairments caused by using the Contractual Products under conditions of use that do not correspond to the hardware and software environment, which are specified in the documentation enclosed with the product or specified by other Manufacturer notices.[35]

(5) Mängelansprüche für Vertragsprodukte verjähren in 12 Monaten ab Ablieferung des Vertragsprodukts. Hiervon ausgenommen sind Schadensersatzansprüche sowie Mängelansprüche bei arglistigem Verschweigen eines Mangels.[36]

(6) Schadensersatzansprüche wegen Mängeln stehen dem Vertragshändler nur zu, soweit die Haftung des Herstellers nicht gemäß § 12 dieses Vertrags ausgeschlossen oder beschränkt ist.

Zusätzlich (Falls die Vertragsprodukte für Verbraucher bestimmt sind):

(7) Soweit der Endkunde ein Vertragsprodukt zu einem Zweck kauft, der weder seiner gewerblichen noch seiner selbstständigen beruflichen Tätigkeit zugerechnet werden kann, ist der Vertragshändler berechtigt, den Hersteller gemäß der gesetzlichen Regelung im Wege des Lieferantenregresses (§ 478 BGB) in Anspruch zu nehmen. Liegt ein berechtigter Fall des Lieferantenregresses vor, gelten die in diesem Vertrag enthaltenen Einschränkungen der Mängelhaftung nicht.[37]

§ 11 Verletzung von Schutzrechten Dritter[38]

Erfährt der Vertragshändler von der Behauptung eines Dritten, dass die Nutzung eines Vertragsprodukts dessen Schutzrechte oder die anderer Dritter verletzt, wird er den Hersteller hiervon unverzüglich informieren. Der Hersteller wird, soweit möglich, auf seine Kosten die Verteidigung gegen Ansprüche, die aufgrund der behaupteten Schutzrechtsverletzung zur geltend gemacht werden, übernehmen und etwaige Verhandlungen über die Beilegung des Rechtsstreits führen. Der Vertragshändler wird den Hersteller dabei, soweit zumutbar und für die Verteidigung und Vergleichsgespräche förderlich, unterstützen. Die Rechtsmängelhaftung des Herstellers bleibt hiervon unberührt.

(5) Claims for defects for Contractual Products shall be statute barred after 12 months as of delivery of the Contractual Products. This does not apply to claims for damages and claims for defects in the case of fraudulent concealment of a defect.[36]

(6) The Reseller is only entitled to assert claims for damages due to defects if the Manufacturer's liability is not excluded or limited pursuant to Sec. 12 of this Agreement.

Additional text (if the Contractual Products are intended for consumers):

(7) If the end user purchases a Contractual Product for a purpose that cannot be attributed to its commercial or independent professional activity, the Reseller is entitled to assert claims against the Manufacturer by way of recourse against the supplier (Sec. 478 BGB, [German Civil Code]). If there is a justified case of recourse against the supplier, the limitations of liability for defects set forth in this Agreement shall not apply.[37]

Section 11 Infringement of Third Party Property Rights[38]

Should the Reseller learn from a third party claim that use of the Contractual Products infringes its intellectual property rights or of another third party, it shall inform the Manufacturer thereof without undue delay. To the extent possible, the Manufacturer shall, at its expense, assume the defense against claims asserted on the basis of the alleged intellectual property right infringement and shall conduct any negotiations relating to resolving the legal dispute. The Reseller shall support the Manufacturer in such proceedings, to the extent it is reasonable and appropriate to facilitate the defense and settlement discussions. This shall not affect the Manufacturer's liability for defects in title.

§ 12 Haftung[39]

(1) Mit Ausnahme der Haftung nach dem Produkthaftungsgesetz und aufgrund einer Verletzung des Lebens, des Körpers oder der Gesundheit ist die Haftung des Herstellers wie folgt beschränkt oder ausgeschlossen.

(2) Bei Fahrlässigkeit beschränkt sich die Haftung des Herstellers auf den Ersatz des typischen vorhersehbaren Schadens. Bei einfacher Fahrlässigkeit haftet der Hersteller jedoch nur, wenn er eine Pflicht verletzt hat, deren Erfüllung eine ordnungsgemäße Durchführung des Vertrags, insbesondere einen unter Berücksichtigung der Interessen beider Parteien wirtschaftlich angemessenen Vertrieb der Vertragsprodukte im Vertragsgebiet, überhaupt erst ermöglicht und auf deren Einhaltung der Vertragshändler vertrauen darf.

§ 13 Vertraulichkeit; Herausgabe oder Vernichtung von Unterlagen

(1) Jede Vertragspartei wird Informationen und Unterlagen, die sie von der anderen Vertragspartei im Zusammenhang mit der Durchführung dieses Vertrags erhält, vertraulich behandeln. Innerhalb des eigenen Unternehmens dürfen Informationen und Unterlagen der anderen Partei nur dem Personal zur Kenntnis gebracht oder zugänglich gemacht werden, welches die Informationen und Unterlagen zur Erfüllung dieses Vertrags oder eines auf Grundlage dieses Vertrags abgeschlossenen Einzelvertrags benötigt und selbst vertraglich zur Vertraulichkeit verpflichtet wurde. Jede Vertragspartei wird Informationen oder Unterlagen der anderen Vertragspartei ohne deren vorherige schriftliche Zustimmung nicht an Dritte weitergeben. Liegt eine solche Zustimmung vor, ist der Dritte vor Weitergabe schriftlich zur Vertraulichkeit entsprechend der Bestimmungen dieses § 13 zu verpflichten.

(2) Ausgenommen von der Verpflichtung zur Vertraulichkeit gem. vorstehend Absatz 1 sind Informationen oder Unterlagen, die allgemein bekannt sind.

Section 12 Liability

(1) With the exception of liability according to Product Liability Law and due to death, physical injury or harm to health, the Manufacturer's liability is limited or excluded as follows.

(2) In the event of negligence, the Manufacturer's liability is limited to reimbursement of typically foreseeable damages. However, in case of slight negligence the Manufacturer shall only be held liable if it has breached a duty, the fulfillment of which is necessary to adequately perform this Agreement, in particular, if taking account of both parties' interests, a duty the fulfillment of which is necessary to allow an economically appropriate distribution of the Contractual Products in the Contractual Territory and on the fulfillment of which the Reseller may rely.

Section 13 Confidentiality; Return or Destruction of Documents

(1) Each contractual party shall hold confidential all information and documents it receives from the other contractual party in connection with the performance of this Agreement. Internally, information and documents of the other party may only be disclosed or made accessible to staff members who need to know this information and require the documents to perform this Agreement or an Individual Contract concluded on the basis of this Agreement and who have themselves been contractually obligated to maintain confidentiality. Neither contractual party shall pass on information or documents of the other contractual party to third parties without the such other contractual party's prior written consent. If such consent has been granted, the third party must be obligated in writing to maintain confidentiality in accordance with the provisions of this Sec. 13.

(2) Information and documents that are part of the public domain are excluded from the obligation to maintain confi-

dentiality according to foregoing paragraph 1.

(3) Jede Vertragspartei ist verpflichtet, jederzeit auf Verlangen der anderen Vertragspartei deren Unterlagen, die sie in Zusammenhang mit der Durchführung dieses Vertrags erhalten hat, herauszugeben, oder die Vernichtung dieser Unterlagen nachzuweisen.

(3) Each contractual party shall return the documents of the other contractual party that it has received in connection with the performance of this Agreement at any time at the latter's request, or to prove that such documents have been destroyed.

§ 14 Vertragslaufzeit; Vertragsbeendigung

Section 14 Contractual period; Termination of Agreement

(1) Dieser Vertrag tritt am . . . . . in Kraft und läuft bis zum . . . . . . Er verlängert sich jeweils um ein Jahr, wenn er nicht mit einer Kündigungsfrist von drei Monaten zum Ende der Vertragslaufzeit gekündigt wird.[40]

(1) This Agreement enters into full force and effect on . . . . . and shall remain in force until . . . . . . It shall be automatically renewed for successive periods of one year each, unless terminated by either party upon three month notice prior to the expiration of this Agreement.[40]

(2) Das Recht zur außerordentlichen Kündigung aus wichtigem Grund bleibt unberührt.[41] Ein wichtiger Grund zur außerordentlichen Kündigung liegt für eine Vertragspartei insbesondere vor,

(2) The right to an extraordinary termination for good cause shall remain unaffected.[41] Good cause for an extraordinary termination is given for a contractual party in particular

(a) wenn die andere Vertragspartei eine Pflicht in erheblichem Umfang schuldhaft verletzt und diese Verletzung nicht innerhalb einer von der kündigenden Vertragspartei gesetzten angemessenen Frist abstellt; oder

a) if the other contractual party has culpably violated a duty to a significant degree and does not cure such violation within an appropriate term set by the terminating contractual party; or

(b) die andere Vertragspartei zahlungsunfähig ist.

b) the other contractual party is unable to pay.

Der Hersteller ist darüber hinaus berechtigt, den Vertrag aus wichtigem Grund zu kündigen, wenn

Furthermore the Manufacturer is entitled to terminate the Agreement for good cause if

(a) ein Insolvenzverfahren über das Vermögen des Vertragshändlers eröffnet wird oder

a) insolvency proceedings have been opened with respect to the Reseller's assets or

(b) eine Mehrheitsbeteiligung oder ein wesentlicher Teil der die Vermarktung und den Vertrieb der Vertragsprodukte betreffenden Vermögensgegenstände des Vertragshändlers an einen Wettbewerber des Herstellers übertragen werden.

b) a majority holding or a significant part of the Reseller's assets relating to the marketing and sale of Contractual Products have been transferred to a competitor of the Manufacturer.

(3) Eine Kündigung und eine einer Kündigung vorausgehende Fristsetzung bedürfen der Schriftform.

(4) Ab Zugang einer Kündigung ist der Hersteller zur Annahme von Bestellungen nur insoweit verpflichtet, als der Vertragshändler den Abschluss eines Kaufvertrags über das Vertragsprodukt mit einem Kunden des Vertragshändlers nachweist und der Vertragshändlervertrag bei Eingang der Bestellung noch nicht beendet ist.[42]

(5) Einzelverträge zwischen dem Hersteller und dem Vertragshändler bleiben von einer Kündigung und Beendigung dieses Vertrags unberührt.

(6) Bei Beendigung des Vertrags wird der Vertragshändler die Demo-Versionen der Vertragsprodukte, Marketingmaterialien des Herstellers und sonstige vom Hersteller im Zusammenhang mit der Durchführung des Vertrags überlassene Materialien und Unterlagen an den Hersteller zurückgeben. Soweit sich Kopien der Materialien und Unterlagen auf Datenverarbeitungsanlagen des Vertragshändlers, einschließlich der in seinem Auftrag betriebenen Datenverarbeitungsanlagen, befinden, wird der Vertragshändler diese Materialien und Unterlagen löschen oder löschen lassen und dem Hersteller die Löschung schriftlich bestätigen.

(7) Bei Beendigung des Vertrags erlischt das Recht des Vertragshändlers, sich als Vertragshändler des Herstellers zu bezeichnen und das in Anlage 3 abgebildete Logo zu verwenden.

(8) Der Hersteller ist ab Zugang der Kündigung berechtigt, First Level Support unter Ausschluss des Vertragshändlers selbst zu erbringen oder einem Dritten zu übertragen. Die Parteien werden die Kunden des Vertragshändlers über die Änderungen im First Level Support gemeinsam informieren.[43]

(9) Der Vertragshändler hat keinen Anspruch auf eine nachvertragliche Vergütung für Verträge mit Dritten, die nach

(3) Notice of termination and the setting of a notice period preceding any notice of termination must be made in writing.

(4) As per receipt of a notice of termination the Manufacturer is only obligated to accept orders to the extent that the Reseller proves the conclusion of a purchase agreement for the Contractual Products with a customer of the Reseller and this Agreement has not yet expired or terminated at the time the order is received.[42]

(5) Individual Contracts between the Manufacturer and the Reseller shall remain unaffected by any notice of termination and termination or expiration of this Agreement.

(6) Upon termination or expiration of the Agreement the Reseller shall return to the Manufacturer the demo versions of the Contractual Products, the Manufacturer's marketing materials and any other materials and documents provided by the Manufacturer in connection with the performance of the Agreement. If there are copies of the materials and documents on the Reseller's data processing systems, including the data processing systems operated on his behalf, the Reseller shall delete these materials and documents or have them deleted, and shall confirm the deletion in writing to the Manufacturer.

(7) Upon expiration or termination of the Agreement the Reseller's right to identify itself as the Manufacturer's authorized reseller and to use the logo illustrated in Annex 3 hereto shall expire.

(8) As of receipt of the notice of termination the Manufacturer is entitled to provide first level support itself under exclusion of the Reseller or transfer performance of such support to a third party. The parties shall jointly inform the Reseller's customers on the changes in first level support.[43]

(9) The Reseller does not have any claim to a postcontractual remuneration for contracts with third parties that enter

Beendigung des Vertrags zustande kommen.[44]

(10) Ausgleichsansprüche des Vertragshändlers analog § 89b HGB aufgrund des Verkaufs von Vertragsprodukten sind ausgeschlossen, soweit das Vertragsgebiet außerhalb des Gebiets der Europäischen Union und des Europäischen Wirtschaftsraums liegt.[45]

§ 15 Allgemeines

(1) Dieser Vertrag, einschließlich seiner Anlagen, beinhaltet sämtliche Vereinbarungen der Parteien zum Vertragsgegenstand. Änderungen und Ergänzungen dieses Vertrags bedürfen der Schriftform; dies gilt auch für eine Aufhebung des Schriftformerfordernisses.

(2) Sollten Teile dieses Vertrags ganz oder teilweise unwirksam sein oder werden, so berührt dies die Wirksamkeit der übrigen Regelungen nicht. Die Parteien verpflichten sich vielmehr, die unwirksame Regelung durch eine wirksame Regelung zu ersetzen, die dem wirtschaftlich Gewollten am nächsten kommt.

(3) Dieser Vertrag wurde auf Deutsch und Englisch abgefasst. Bei Abweichungen zwischen der deutschen und der englischen Version, gilt die englische Version.

(4) Es gilt deutsches Recht, mit Ausnahme von dessen Regelungen über das anzuwendende Recht, die zur Anwendung einer anderen Rechtsordnung führen würden.[46] Die Geltung des CISG („UN-Kaufrecht") wird ausgeschlossen. Gerichtsstand für alle Streitigkeiten aus diesem Vertrag ist der Sitz des Herstellers. Der Hersteller ist jedoch berechtigt, an jedem anderen gesetzlichen Gerichtsstand zu klagen.

. . . . .

(Ort, Datum)

into effect after expiration or termination of the Agreement.[44]

(10) The Reseller's claims for compensation analogous to Sec. 89b HGB [German Commercial Code] on the basis of the sale of Contractual Products is excluded, if the Contractual Territory is located outside the territory of the European Union and the European Economic Area.[45]

Section 15 General provisions

(1) This Agreement, including its annexes, contains all agreements between the parties relating to the object of the Agreement. Amendments and supplements to this Agreement must be made in writing; this also applies for a waiver of the written form requirement.

(2) Should portions of this Agreement be or become invalid in part or in their entirety, this shall not affect the validity of the remaining provisions. The Parties rather shall undertake to replace the invalid provision with a valid provision that comes closest to the desired economic intent.

(3) This Agreement had been drafted in both the German and English languages. In the event of any discrepancy between the German and English language versions, the German language version shall prevail.

(4) This Agreement is construed in accordance with and governed by German law, with the exception of its provisions on the applicable law which would lead to the application of another law.[46] The application of CISG („UN Sales Convention") is excluded. The Manufacturer's registered place of business shall be the place of jurisdiction for all disputes arising from this Agreement. However, the Manufacturer is entitled to file a suit at any other legal place of jurisdiction.

. . . . .

(Place, Date)

· · · · ·   · · · · ·

– Hersteller –   – Manufacturer –

– Vertragshändler –   – Reseller –

Anlagen:	Annexes:
Anlage 1 Vertragsprodukte	Annex 1 Contractual Products
Anlage 2 Vertragsgebiet	Annex 2 Contractual Territory
Anlage 3 Logo	Annex 3 Logo
Anlage 4 Geschäftsplan	Annex 4 Business Plan
Anlage 5 Lizenzvertrag	Annex 5 Licensing Agreement
Anlage 6 Gebiets- und Kundenkreis-beschränkungen	Annex 6 Territorial and Customer Group Restrictions
Anlage 7 Preisliste	Annex 7 Price List
Anlage 8 Boni und Rabatte	Annex 8 Discounts and Rebates
Anlage 9 Wartungsvertrag	Annex 9 Maintenance Contract
Anlage 10 Provision und Vergütung (Wartung)	Annex 10 Commission and Remuneration (Maintenance)

Anmerkungen

1. Sachverhalt. Als Vertragshändlervertrag gilt nach ständiger Rechtsprechung ein auf Dauer gerichteter Rahmenvertrag eigener Art, durch den sich der Vertragshändler verpflichtet, Waren des Herstellers oder Lieferanten im eigenen Namen und auf eigene Rechnung zu vertreiben, und durch den der Vertragshändler in die Verkaufsorganisation des Herstellers bzw. Lieferanten eingegliedert wird (BGH Urt. v. 21.10.1970 – VIII ZR 255/68, BGHZ 54, 338 (340 f.) = NJW 1971, 29; BGH Urt. v. 9.10.2002 – VIII ZR 95/01, NJW-RR 2003, 98). Der Formularvertrag regelt den einstufigen Vertrieb proprietärer Software über einen Vertragshändler an Endkunden in einem definierten Vertragsgebiet. Das Formular geht von einem nicht-ausschließlichen Vertrieb des Vertragshändlers in einem offenen Vertriebssystem aus und bietet alternativ Klauseln an, die sich bei Einräumung eines Alleinvertriebsrechts oder für ein geschlossenes selektives Vertriebssystem verwenden lassen.

Softwarehersteller mit internationalen Vertriebsaktivitäten in Europa sind meist bemüht, in mehreren Staaten ein flächendeckend einheitliches Vertriebssystem mit möglichst einem Standardvertriebsvertrag einzurichten. Eine national ausgerichtete Vertriebspolitik ist im vertriebsrechtlich hochgradig harmonisierten EWR nur beschränkt möglich und erschwert zudem das Vertriebsmanagement beträchtlich.

Das Formular regelt den einheitlichen Vertrieb der Produkte des Herstellers über Vertragshändler in Deutschland und im europäischen Ausland. Weiter wird vorausgesetzt, dass der Anwendungsbereich der V-GVO auf wettbewerbsrechtliche Beschränkungen des Vertragshändlers eröffnet ist, insbesondere die Marktanteilsschwellen aus Art. 3 V-GVO nicht überschritten werden (zu den Marktanteilsschwellen der V-GVO s. *Schultze/Pautke/Wagener* Rn. 479 ff. sowie *Bechtold/Bosch/Brinker* V-GVO Art. 3 Rn. 1 ff.; → Anm. 17).

Die AGB-rechtliche Wirksamkeit formularvertraglicher Klauseln in Vertragshändlerverträgen ist Gegenstand einer Vielzahl höchstrichterlicher Urteile (BGH Urt. v. 21.12.1983 – VIII ZR 195/82, BGHZ 89, 206 = NJW 1984, 1182 – Ford; BGH Urt. v. 26.11.1984 – VIII

ZR 214/83, BGHZ 93, 29 = NJW 1985, 623 – Opel; BGH Urt. v. 25.5.1988 – VIII ZR 360/86, NJW-RR 1988, 1077 – Peugeot; BGH Urt. v. 12.1.1994 – VIII ZR 165/92, BGHZ 124, 351 = NJW 1994, 1060 – Daihatsu; BGH Urt. v. 6.10.1999 – VIII ZR 125/98, BGHZ 142, 358 = NJW 2000, 515 – Kawasaki; BGH Urt. v. 13.7.2004 – KZR 10/03, GRUR 2005, 62 = WRP 2004, 1378 – Citroën; BGH Urt. v. 20.7.2005 – VIII ZR 121/04, BGHZ 164, 11 = NJW-RR 2005, 1496 – Honda). Bei Abwägung der beiderseitigen Belange stehen typischerweise die unternehmerische Entscheidungsfreiheit und ein daraus abgeleitetes Dispositionsinteresse des Herstellers dem Gewinnerwartungs- und Investitionsschutz des Händlers gegenüber. Besondere Beachtung findet dabei die sich aus der engen Bindung des Vertragshändlers an den Vertrieb der vertragsgegenständlichen Produkte ergebende Treuepflicht des Herstellers (zur Treuepflicht s. *Ulmer*, Der Vertragshändler, 1969, 411 ff. [431 ff.]; Schultze/Wauschkuhn/Spenner/Dau/Kübler/*Dau* Rn. 225 ff.).

Ein wesentlicher Schwerpunkt der AGB-rechtlichen Inhaltskontrolle von Vertragshändlerverträgen liegt in der Beurteilung von Änderungsvorbehalten, die sich ein Hersteller im Interesse einer Flexibilität seiner Geschäftspolitik einräumen lässt. Nach ständiger Rechtsprechung sind derartige Änderungsvorbehalte in formularmäßigen Vertragshändlerverträgen nur wirksam, wenn sie durch schwerwiegende Gründe gerechtfertigt sind, Voraussetzungen und Umfang der Änderungsrechte tatbestandlich hinreichend konkretisiert sind und die Änderungsgründe in ihren Voraussetzungen und Folgen die Interessen des Vertragshändlers angemessen berücksichtigen (BGH Urt. v. 12.1.1994 – VIII ZR 165/92, BGHZ 124, 351 [362 f.] = NJW 1994, 1060 [1063] – Daihatsu; BGH Urt. v. 6.10.1999 – VIII ZR 125/98, BGHZ 142, 358 [381] = NJW 2000, 515 [521] – Kawasaki; BGH Urt. v. 20.7.2005 – VIII ZR 121/04, BGHZ 164, 11 [26 f.] = NJW-RR 2005, 1496 [1501] – Honda).

2. Vertrieb und Kundendienstleistungen. Die Tätigkeiten eines Vertragshändlers lassen sich grob einteilen in einerseits Vertriebs- und Marketingmaßnahmen und andererseits Leistungen im Zusammenhang mit der Einrichtung (insbesondere Installation, Systemintegration sowie kundenspezifische Anpassungen), Pflege und Anwendung der Vertragssoftware. Der Erwerb und laufende Betrieb vieler Softwareprogramme sind beratungsintensiv. Softwarehersteller verfügen regelmäßig nicht über genügend Ressourcen, um lokale Kundendienstleistungen ohne Unterstützung von Vertriebsmittlern erbringen zu können. Bei der Vertragsgestaltung sollte daher besonderes Augenmerk auf die über die übliche Absatzförderung hinaus gehenden Mehrwertdienste („Value Added Services") gerichtet werden.

3. Neue Versionen. Die Version einer Software kann den Inhalt der erlaubten Nutzung allgemein umschreiben (kommerzielle Version, Demo-Version, Studentenversion, Händlerversion etc) und ein bestimmtes Entwicklungsstadium einer Software mit allen dazugehörigen Komponenten bezeichnen. Als Updates gelten gemeinhin neue Versionen, in denen lediglich Fehler der Vorgängerversionen beseitigt werden, und die häufig für einen Inhaber der Vorgängerversion ohne zusätzliche Vergütung oder gegen ein nur geringes Entgelt erhältlich sind. Upgrades sind in der Regel deutlich veränderte und um zusätzliche Funktionen ergänzte Versionen, die auch für den Inhaber einer Vorgängerversion nur zu einem vollen oder jedenfalls erheblichen Preis erworben werden können. In der Praxis werden die Begriffe jedoch nicht stets entsprechend verstanden. Eine abweichende Terminologie des Herstellers sollte im Vertrag erläutert und verwendet werden.

4. Änderung der Vertragsprodukte. Der Hersteller hat ein berechtigtes Interesse an einer flexiblen Produktpolitik. Eine Bestimmung, die dem Hersteller das Recht zur einseitigen Änderung des Bestands der Vertragsprodukte einräumt, hält einer AGB-rechtlichen Inhaltskontrolle grundsätzlich stand, wenn sie unter dem Vorbehalt einer Änderung im Rahmen der allgemeinen Produktpolitik des Herstellers steht (BGH Urt. v. 26.11.1984

– VIII ZR 214/83, BGHZ 93, 29 [49 ff.] = NJW 1985, 623 [627 f.] – Opel; Schultze/
Wauschkuhn/Spenner/Dau/Kübler/*Spenner* Rn. 126 ff.; Ulmer/Brandner/Hensen/*Schäfer*
Teil 2 [57] Rn. 7, 22). Bindende Bestellungen des Vertragshändlers müssen jedoch auch
bei zwischenzeitlicher Abkündigung der bestellten Vertragsprodukte ausgeführt werden.
Andernfalls würde dem Vertragshändler gegenüber seinen Kunden eine nicht zumutbare
Deckungslücke drohen (BGH Urt. v. 26.11.1984 – VIII ZR 214/83, BGHZ 93, 29 [49] =
NJW 1985, 623 [627] – Opel).

Ein Hersteller ist grundsätzlich nicht verpflichtet, seinen Vertragshändler vorab innerhalb bestimmter Frist von Änderungen im Produktbestand zu informieren (BGH Urt. v.
26.11.1984 – VIII ZR 214/83, BGHZ 93, 29 [51 f.] = NJW 1985, 623 [628] – Opel;
Schultze/Wauschkuhn/Spenner/Dau/Kübler/*Spenner* Rn. 136). Beim Vertrieb von Softwareprogrammen besteht jedoch ein gewichtiges Interesse des Vertragshändlers an seiner
frühzeitigen Benachrichtigung über Änderungen des Produktportfolios. So kann die
Herausnahme eines Softwareprogramms aus dem Bestand der Vertragsprodukte die
Wartung des abgekündigten Programms sowie dessen Kompatibilität mit neueren Hard-
und Softwarekomponenten erheblich erschweren oder einschränken. Dem steht regelmäßig kein hinreichend schutzwürdiges Interesse des Herstellers gegenüber. Insbesondere
verfängt nicht das im KFZ-Vertrieb geltende Argument, dass dem Hersteller das Risiko
eines Rückgangs im Verkauf eines auslaufenden Modells nicht zumutbar ist (so begründet in BGH Urt. v. 26.11.1984 – VIII ZR 214/83, BGHZ 93, 29 [51] = NJW 1985, 623
[628] – Opel). Soweit ein Softwarehersteller ablaufende Produkte überhaupt in nennens-
wertem Umfang vorproduziert, wären seine Verluste infolge nutzlos aufgewandter Pro-
duktionskosten dennoch vergleichsweise gering. Der Gefahr von Gewinneinbußen kann
der Hersteller durch das Versprechen entgegentreten, dem Vertragshändler bzw. Endkunden die Nachfolgeversion in Form eines Updates, Upgrades oder Crossgrades bei
deren Erscheinen kostenfrei oder gegen einen angemessenen Aufpreis zu liefern. In Ausnahmefällen, so etwa, wenn eine Inanspruchnahme durch Dritte aufgrund behaupteter
Schutzrechtsverletzungen durch den Vertrieb des Produkts konkret droht, ist dem Hersteller eine Ankündigungsfrist dagegen nicht zuzumuten.

5. Marktverantwortungsgebiet. Die Beschränkung auf ein Vertragsgebiet definiert ein
geographisch begrenztes Marktverantwortungsgebiet, auf das der Vertragshändler seine
Vertriebs- und Marketingtätigkeiten konzentriert. Eine strikte Gebietsbeschränkung ergibt sich hieraus nicht (zu Gebietsbeschränkungen → Anm. 22).

Ein einseitiger Vorbehalt des Herstellers, das Vertragsgebiet während der Vertragslaufzeit zu ändern, insbesondere das Marktverantwortungsgebiet zu verkleinern, ist aufgrund
der damit einhergehenden Beeinträchtigung der Erwerbsmöglichkeiten des Vertragshändlers nur in engen Grenzen zulässig (zum Vorbehalt einer Änderung des Vertragsgebiets in
einem Vertragshändlervertrag mit dem einzigen Händler eines Vertragsgebiets ohne
Gebietsschutz s. BGH Urt. v. 21.12.1983 – VIII ZR 195/82, BGHZ 89, 206 = NJW
1984, 1182 – Ford; für einen Alleinvertriebsvertrag s. BGH Urt. v. 6.10.1999 – VIII ZR
125/98, BGHZ 142, 358 [364 ff.] = NJW 2000, 515 [516] – Kawasaki).

6. Softwareüberlassung. Der Formularvertrag regelt die beim Vertrieb von Standardsoftware typische Überlassung der Softwareprogramme gegen Einmalentgelt. Die Softwareüberlassung kann, wie für kommerzielle Vollversionen üblich, dauerhaft oder –
wie regelmäßig im Falle von Teststellungen, ASP-Anwendungen oder Cloud Computing
– zeitlich befristet sein. Eine dauerhafte Softwareüberlassung gegen Einmalentgelt wird
überwiegend als Kaufvertrag oder zumindest kaufähnlicher Vertrag, eine Softwareüberlassung auf Zeit dagegen als Miet- oder Leasingvertrag qualifiziert (BGH Urt. v.
4.11.1987 – VIII ZR 314/86, BGHZ 102, 135 [139 ff.] = NJW 1988, 406 [407 f.]; BGH
Urt. v. 15.11.2006 – XII ZR 120/04, NJW 2007, 2394; zum Streitstand der vertragstypologischen Einordnung von Softwareüberlassungsverträgen s. *Marly* Rn. 696 ff.).

7. **Nutzungsrechte als Gegenstand der Überlassung.** Zur Überlassung urheberrechtlich geschützter Software an den Anwender bedarf es der Einräumung der für die Benutzung des Programms erforderlichen Nutzungsrechte (BGH Urt. v. 15.11.2006 – XII ZR 120/ 04, NJW 2007, 2394 [2395]; OLG Stuttgart Urt. v. vom 3.11.2011 – 2 U 49/11, GRUR-RR 2012, 243; CR 2012, 299 [300 f.] mAnm *C. Schmidt*). Softwarehersteller sind meist darum bemüht, Nutzungsrechte des Endanwenders im Einzelnen zu definieren und zur Durchsetzung von Nutzungsbeschränkungen eine vertragliche Bindung zum Endanwender herzustellen. Zu diesem Zweck werden Softwarelizenzverträge des Herstellers an Endanwender geliefert oder auf andere Weise zugänglich gemacht (→ Anm. 12). Meist bleibt jedoch fraglich, ob der Lizenzvertrag wirksam zustande kommt (zur Einbeziehung von Lizenzbedingungen des Softwareherstellers s. Martinek/Semler/Flohr/*Chrocziel* § 48 Rn. 24 ff.; Schneider/*Schneider* Kap. N Rn. 32 ff.; → Anm. 12).

Der Hersteller gibt jedoch ungeachtet des Zustandekommens seines Softwarelizenz-vertrags die bestimmungsgemäße Benutzung der Softwareprogramme, wie etwa die Benutzung als entweder Einzelplatz- oder Netzwerkversion, maßgeblich vor. Aus Handlungen, die zu einer derartigen Benutzung erforderlich sind, ergibt sich ein zwingender Kern von Mindestrechten des Anwenders (§ 69d Abs. 1 UrhG; s. BGH Urt. v. 17.7.2013 – I ZR 129/08, NJW 2014, 777 Rn. 32 – UsedSoft II; Schricker/Loewenheim/*Loewenheim* § 69d Rn. 7 ff.; *Marly* Rn. 232; *Grützmacher* CR 2011, 485). Dagegen sind darüber hinaus gehende Nutzungshandlungen grundsätzlich nur mit Zustimmung des Rechtein-habers erlaubt (§ 69c UrhG), wenn auch vertragliche Beschränkungen einer vom Berechtigten eingeräumten Nutzung an urheberrechtlichen Grenzen (so §§ 69d Abs. 2 und 3, 69e UrhG), AGB-Recht, kartellrechtlichen Normen (so insbesondere die Missbrauchs-tatbestände des Art. 102 AEU-Vertrag bzw. der §§ 19 ff. GWB) sowie am Erschöpfungs-grundsatz (§§ 17 Abs. 2, 69c Nr. 3 S. 2 UrhG; s. hierzu BGH Urt. v. 11.12.2014 – I ZR 8/ 13, GRUR 2015, 772 Rn. 62 – UsedSoft III) zu messen sind (vgl. Dreier/Schulze/*Dreier* § 69c Rn. 30 ff.).

8. **Nicht-ausschließliches Vertriebsrecht.** Die Einräumung eines nicht-ausschließlichen Vertriebsrechts erlaubt dem Hersteller grundsätzlich, im Vertragsgebiet weitere Vertriebsmittler zuzulassen und die Vertragsprodukte auch selbst direkt an Endkunden zu vertreiben.

Ist der Vertragshändler weitgehend in die Vertriebsorganisation des Herstellers eingegliedert und von dessen Weisungen und Entscheidungen abhängig – so häufig bei Zuweisung eines Marktverantwortungsgebiets – folgert die Rechtsprechung aus der Treuepflicht des Herstellers, dass diesem ein paralleler Direktverkauf nur gegen einen angemessenen Ausgleich erlaubt ist (BGH Urt. v. 12.1.1994 – VIII ZR 165/92, BGHZ 124, 351 [353 ff.] = NJW 1994, 1060 [1061] – Daihatsu; BGH Urt. v. 20.7.2005 – VIII ZR 121/04, BGHZ 164, 11 [15 ff.] = NJW-RR 2005, 1496 [1498] – Honda; OLG Düsseldorf Urt. v. 21.6.2013 – 16 U 172/12, BeckRS 2013, 13370). Der Hersteller schuldet jedoch keinen Ausgleich für Direktverkäufe an Kunden, die er sich selbst vorbehalten hat (vgl. § 5 (3) des Formularvertrags). Denn aus Geschäften mit diesen Kunden darf der Vertragshändler von vornherein keinen Gewinn erwarten.

Dagegen lässt der BGH einen vertraglichen Vorbehalt, weitere Vertriebsmittler im Marktverantwortungsgebiet des Vertragshändlers einzusetzen, auch ohne Vereinbarung eines Ausgleichs gelten, soweit nach dem Gesamtinhalt des Vertrags davon auszugehen ist, dass das Vertriebsmodell des Herstellers gerade nicht vorsieht, dem Händler ein alleiniges Betätigungsfeld zu überlassen (BGH Urt. v. 25.5.1988 – VIII ZR 360/86, NJW-RR 1988, 1077 [1080] – Peugeot). Der Vertragshändler ist insoweit durch allgemeine vertrags- und kartellrechtliche Grenzen (§ 242 BGB, § 20 GWB, Art. 102 AEU-Vertrag) hinreichend geschützt (BGH Urt. v. 26.11.1984 – VIII ZR 214/83, BGHZ 93, 29 (52 ff.) = NJW 1985, 623 [628 f.] – Opel).

9. **Alleinvertriebsrecht.** Ein Alleinvertriebsrecht des Vertragshändlers sollte ausdrücklich geregelt werden. Fehlt es an einer solchen Parteivereinbarung, ist anzunehmen, dass dem Vertragshändler ein nicht-ausschließliches Vertriebsrecht zusteht (BGH Urt. v. 12.1.1994 – VIII ZR 165/92, BGHZ 124, 351 [354] = NJW 1994, 1060 [1061] – Daihatsu). Dabei ist zu regeln, ob der Vertragshändler die Vertragsprodukte nur unter Ausschluss anderer Vertriebsmittler oder auch unter Ausschluss des Herstellers vertreiben darf. Wird das Alleinvertriebsrecht nicht näher definiert, ist davon auszugehen, dass dem Hersteller ein paralleler Direktvertrieb untersagt ist (vgl. BGH Urt. v. 10.2.1993 – VIII ZR 47/92, NJW-RR 1993, 678 [681 f.]; Schultze/Wauschkuhn/Spenner/Dau/Kübler/ *Spenner* Rn. 89 ff.).

10. **Mindestabnahme.** Die Festsetzung von Mindestabsatzmengen und Bezugspflichten lassen sich in formularmäßigen Vertragshändlerverträgen AGB-rechtlich wirksam vereinbaren (BGH Urt. v. 13.7.2004 – KZR 10/03, GRUR 2005, 62 = WRP 2004, 1378 [1383] – Citroën).

Im Anwendungsbereich der V-GVO begründen Mindestabnahmepflichten ein Wettbewerbsverbot, wenn sie den Anbieter veranlassen, mehr als 80 % seines Bedarfs – berechnet gem. Art. 1 (1) d) V-GVO – auf dem relevanten Markt bei dem Hersteller zu decken. Ergibt sich ein solches Wettbewerbsverbot, sind Mindestabnahmepflichten nur gruppenfreigestellt, wenn sie auf maximal 5 Jahre befristet werden (Art. 5 (1) a) V-GVO; vgl. Leitlinien V-GVO Tz. 129 ff.; *Schultze/Pautke/Wagener* Rn. 176, 195 ff.; → Anm. 23). Die im Formularvertrag geregelte Mindestabnahmepflicht ist freigestellt, da § 3 (5) des Vertrags ihre jährliche Neufestsetzung vorsieht.

11. **Informationen über Endanwender.** Auch beim indirekten Softwarevertrieb ist eine detaillierte Kenntnis des Herstellers von der Identität des Endanwenders und der vom jeweiligen Endanwender verwendeten Programme (Seriennummern) üblich und meist von erheblicher praktischer Bedeutung. Die Daten dienen dem Hersteller etwa zur Verfolgung von Schutzrechtsverletzungen, zur Durchsetzung seiner Lizenzpolitik (Vergabe von Codes für Produktaktivierungen oder Prüfung der Bezugsberechtigung für bestimmte Versionen, so zB für Studentenversionen oder Updates bzw. Upgrades) oder zur unmittelbaren Unterstützung des Endanwenders im Rahmen von Softwarewartung und Support. Mit der Verpflichtung zur Überlassung von Kundendaten ist für den Hersteller allerdings der erhebliche Nachteil verbunden, dass damit eine wesentliche Voraussetzung für eine analoge Anwendung des § 89b HGB bei Vertragsende erfüllt wird (→ Anm. 45).

12. **Lizenzvertrag.** Um den Endanwender durch einen Softwarelizenzvertrag direkt an sich zu binden, verwenden Hersteller von Standardsoftware neben den zunehmend weniger verbreiteten „Shrinkwrap"-Verträgen meist sogenannte „Clickwrap-" bzw. „Enter" oder „Return"-Verträge, bei denen der Kunde im Verlauf der Softwareinstallation die Lizenzbedingungen des Herstellers durch Betätigen der „Enter-" bzw. „Returntaste" anerkennen soll (zu den Erscheinungsformen der Herstellerlizenzverträge für Standardsoftware s. *Marly* Rn. 1014 ff.). Bedenken gegen ein Zustandekommen solcher Verträge ergeben sich aus der Frage, ob sie aufgrund Rechtsgeschäfts bzw. – in Verträgen mit Verbrauchern – nach § 305 Abs. 2 BGB wirksam einbezogen sind (*Marly* Rn. 1018 ff.; Schneider/*Schneider* Kap. J Rn. 4 ff.; → Anm. 7). Gibt der Vertragshändler den Endanwender vor Abschluss des zwischen ihnen verhandelten Vertrags den jeweils geltenden Lizenzvertrag des Herstellers zur Kenntnis und weist ihn dabei deutlich auf dessen Geltung hin, werden die Voraussetzungen für eine Einbeziehung geschaffen (vgl. *Marly* Rn. 1035, der bei schriftlichem Hinweis zu einer gesonderten, nur auf diesen Hinweis bezogenen Unterschrift des Anwenders rät).

13. **Programmsperren.** Kopierschutzmechanismen wie eine softwareseitige Programmsperre oder ein Hardwarelock („Dongle") sind gegen ihre unerlaubte Beseitigung oder Umgehung urheberrechtlich geschützt (§ 69f Abs. 2 UrhG) und demnach jedenfalls insoweit zulässig, als sie dem urheberrechtlichen Schutz der Software dienen (*Grützmacher* ITRB 2015, 120 [121 ff.]). Eine nach § 69e UrhG berechtigte Dekompilierung kann hierdurch jedoch nicht eingeschränkt oder ausgeschlossen werden. Dagegen darf eine Programmsperre trotz § 69d Abs. 2 UrhG ohne Zustimmung des Rechteinhabers nicht zur Herstellung einer Sicherungskopie beseitigt oder umgangen werden (Schricker/Loewenheim/*Loewenheim* § 69 f. Rn. 12; *Marly* Rn. 1615; a.A *Kreutzer* CR 2006, 804 [808]).

14. Lizenz- und Produktpolitik. Standardsoftware wird üblicherweise in unterschiedlichen Versionen, für die der Hersteller jeweils eigene Nutzungsbeschränkungen und Preise bestimmt, angeboten. Dem daraus folgendem Interesse des Herstellers an einer dinglichen Wirkung von Nutzungsbeschränkungen in Bezug auf ein mit seiner Zustimmung in Verkehr gebrachtes Vervielfältigungsstück gegenüber nachfolgenden Vertriebsstufen sowie Endanwendern steht die zum Schutz der Verkehrsfähigkeit geltende Erschöpfung des Verbreitungsrechts (§§ 17 Abs. 2, 69c Nr. 3 S. 2 UrhG) entgegen. Eine dinglich wirkende Begrenzung des Verbreitungsrechts an Softwareprogrammen setzt voraus, dass die abgespaltene Absatzform eine übliche, technisch und wirtschaftlich eigenständige und damit klar abgrenzbare Nutzungsform darstellt. Eine einer dinglichen Beschränkung des Verbreitungsrechts entsprechende dinglich wirkende Beschränkung der Erschöpfung lehnt der BGH jedoch ab (BGH Urt. v. 6.7.2000 – I ZR 244/97, BGHZ 145, 7 [10 ff.] = GRUR 2001, 153 [154] – OEM Version; s. hierzu *Marly* Rn. 1102 ff.; kritisch Wandtke/Bullinger/*Grützmacher* § 69c Rn. 91). Ob sich der Softwarevertrieb überhaupt dinglich wirksam auf einen OEM-Vertrieb begrenzen lässt, konnte der BGH in der Entscheidung OEM Version daher ausdrücklich offen lassen (BGH Urt. v. 6.7.2000 – I ZR 244/97, BGHZ 145, 7 [13 f.] = GRUR 2001, 153 [154] – OEM Version; entsprechend, wenn auch nicht ausdrücklich, für Ausbildungsversionen BGH Urt. v. 11.12.2014 – I ZR 8/13, GRUR 2015, 772 – UsedSoft III).

Die dingliche Wirkung von Update- und Upgradeklauseln ist ebenso fraglich (bejahend OLG Frankfurt Urt. v. 18.5.2000 – 6 U 63/99, NJW-CoR 2000, 368 = CR 2000, 581; verneinend LG München I Urt. v. 25.4.1997 – 19 U 201–96, NJW-RR 1998, 1592 = CR 1998, 141; OLG München Urt. v. 12.2.1998 – 29 U 5911–97, NJW 1998, 1649 = CR 1998, 265 m. krit. Anm. *Erben/Zahrnt*; Schricker/Loewenheim/*Loewenheim* § 69c Rn. 30; *Marly* Rn. 1105).

Die Wirkungen der Erschöpfung treten nach der Rechtsprechung auch ein, wenn die Software zur zeitlich unbegrenzten Nutzung mit Zustimmung des Rechtsinhabers nicht auf einem Datenträger, sondern per Download geliefert wird, vorausgesetzt, der Rechtsinhaber hatte die Möglichkeit, beim Erstverkauf der Kopie eine angemessene Vergütung zu erzielen. Die Berechtigung des Nacherwerbers, die Software zu nutzen, soll nach der Rechtsprechung zudem voraussetzen, dass der Veräußerer keine Kopie des Programms zurückbehält (EuGH 3.7.2012 – C- 128/11, NJW 2012, 2565; BGH Urt. v. 17.7.2013 – I ZR 129/08, NJW 2014, 777 – UsedSoft II). Unter entsprechenden Bedingungen nimmt die Rechtsprechung eine Erschöpfung beim Vertrieb durch Bekanntgabe eines zum Herunterladen des Programms erforderlichen Produktschlüssels an (BGH Urt. v. 19.3.2015 – I ZR 4/14, NJW 2015, 3576 – Green-IT).

Der BGH folgert aus einer Erschöpfung auch die Möglichkeit der Aufspaltung von Volumenlizenzen, nicht dagegen die Aufspaltung einer Netzwerklizenz in mehrere Lizenzen (BGH Urt. v. 11.12.2014 – I ZR 8/13, GRUR 2015, 772 Rn. 44 f. – UsedSoft III).

Dem Hersteller bleibt es jedoch im Rahmen des kartell- und AGB-rechtlich Zulässigen unbenommen, den Vertragshändler vertraglich zu binden und ihn zu verpflichten, bestimmte Nutzungsbeschränkungen an dessen Käufer weiterzugeben (BGH Urt. v. 6.7.2000 – I ZR 244/97, BGHZ 145, 7 [15] = GRUR 2001, 153 [155] – OEM Version).

15. Lieferpflicht des Herstellers. Abgesehen von kartellrechtlichen Grenzen (Art. 102 AEU-Vertrag, § 20 GWB) kann ein Hersteller die Belieferung des Vertragshändlers grundsätzlich unter den Vorbehalt der Liefermöglichkeit stellen (BGH Urt. v. 12.1.1994 – VIII ZR 165/92, BGHZ 124, 351 [357 ff.] = NJW 1994, 1060 [1062] – Daihatsu). Er darf Bestellungen und Lieferungen dagegen nicht willkürlich oder unter Missachtung der berechtigten Belange des Vertragshändlers ablehnen (Küstner/Thume/*Thume* Teil II Kap. 5 Rn. 1 ff.). Die Anforderungen an eine Lieferverweigerung sind dabei umso höher, je stärker der Händler auf den Bezug der Produkte angewiesen ist, um einen angemessenen Gewinn zu erzielen und seine Vertragspflichten zu erfüllen (zur Lieferpflicht des Herstellers bei Mindestabnahmepflicht und Alleinbezugsverpflichtung des Vertragshändlers s. BGH Urt. v. 13.1.1972 – VII ZR 81/70, BGHZ 58, 60 = NJW 1972, 477).

16. Lieferbeschränkung des Herstellers im selektiven Vertriebssystem. Die kartellrechtliche Freistellung eines geschlossenen selektiven Vertriebssystems setzt die Verpflichtung des Herstellers voraus, im Systemgebiet ausschließlich an Händler zu verkaufen, die die Selektionskriterien erfüllen (s. Definition selektiver Vertriebssysteme in Art. 1 (1) e) V-GVO und Art. 1 (1) o TT-GVO; *Schultze/Pautke/Wagener* Rn. 219; Küstner/Thume/*Thume* Teil II Kap. 4 Rn. 35).

17. Anwendung der V-GVO. Einem Vertragshändler auferlegte Vertikalbeschränkungen sind, soweit sie eine spürbare Wettbewerbsbeschränkung bezwecken oder bewirken und geeignet sind, den Handel zwischen Mitgliedsstaaten zu beeinträchtigen, nach Art. 101 Abs. 1 AEU-Vertrag verboten. Auf Vereinbarungen, die gemäß einer Gruppenfreistellungsverordnung der Kommission freigestellt sind, findet das Verbot jedoch keine Anwendung. Dem liegt die Annahme zugrunde, dass gruppenfreigestellte Vereinbarungen die Voraussetzungen des Art. 101 Abs. 3 AEU-Vertrag erfüllen (*Schultze/Pautke/Wagener* Rn. 219).

Auf den Vertrieb von Software ist die V-GVO anwendbar (Art. 2 (3) V-GVO; Leitlinien V-GVO Tz. 31 ff.). Anders als für ihre Vorgängerversion ist für die am 1.5.2014 in Kraft getretene TT-GVO klargestellt, dass sie auf den Softwarevertrieb unabhängig vom technischen Vertriebsverfahren keine Anwendung findet. Dem Softwarevertrieb fehlt die für eine Technologietransfer-Vereinbarung im Sinne der TT-GVO vorausgesetzte Produktionsbezogenheit (Art. 1 (1) c) TT-GVO; Leitlinien TT-GVO Tz. 62).

Der räumliche Anwendungsbereich der V-GVO schließt die EFTA-Staaten Norwegen, Island und Liechtenstein ein. Art. 53 und 54 des EWR-Abkommens (ABl. EG 1994 L 1/3) entsprechen inhaltlich den Art. 101 und 102 AEU-Vertrag. Die V-GVO ist mit einer Anpassung in das EWR-Abkommen aufgenommen worden (Beschl. Nr. 77/2010 v. 11.6.2010, ABl. 2010 L 244, 35). Die Bestimmungen der Verordnung gelten in Norwegen, Island und Liechtenstein demnach unmittelbar. In der Schweiz lehnt sich die Vertikalbekanntmachung der Wettbewerbskommission (Bekanntmachung über die wettbewerbliche Behandlung vertikaler Abreden, Beschl. der Wettbewerbskommission v. 28.6.2010, Bundesblatt Nr. 29, 5078) eng an die V-GVO an. Es bleibt dennoch im Einzelfall nach Schweizer Recht zu prüfen, inwieweit eine vertikale Beschränkung für die Schweiz vereinbart werden kann. Entsprechend sind auch vertikale Beschränkungen in sonstigen Vertragsgebieten außerhalb des EWR nach nationalem Recht zu beurteilen.

Vertikalbeschränkungen unterliegen im Anwendungsbereich des deutschen Kartellrechts dem Verbot des § 1 GWB. Ihre Freistellung vom Kartellverbot regelt § 2 GWB. Die europäischen Gruppenfreistellungsverordnungen finden über die dynamische Verweisung in § 2 Abs. 2 GWB auch auf Vereinbarungen mit rein nationaler Auswirkung Anwendung.

18. Direktbezugsverpflichtung. Eine Verpflichtung des Vertragshändlers, die konkreten Vertragsprodukte ausschließlich vom Hersteller, also nicht von dessen Vertriebsmittlern oder sonstigen Dritten zu beziehen, ist gemäß Art. 2 Abs. 1 V-GVO grundsätzlich freigestellt (vgl. *Schultze/Pautke/Wagener* Rn. 181).

19. Bezugsverpflichtung im selektiven Vertriebssystem. Bezugsbindungen an den Hersteller wirken sich als Beschränkung von Querlieferungen aus. Im geschlossenen selektivem Vertriebssystem begründen sie daher eine Kernbeschränkung nach Art. 4 d) V-GVO (vgl. BGH Urt. v. 13.7.2004 – KZR 10/03, GRUR 2005, 62 = WRP 2004, 1378 (1382) – Citroën).

20. Verbot von Quer- und Rücklieferungen. Dem Vertragshändlervertrag liegt ein einstufiges Vertriebsmodell im Vertragsgebiet zu Grunde. Das Verbot des aktiven Verkaufs an Händler der gleichen Vertriebsstufe (Querlieferungen) bzw. an Händler einer höheren Vertriebsstufe (zB an Großhändler außerhalb des Vertragsgebiets, Rücklieferungen) ist als Ausnahme zur verbotenen Kundenkreisbeschränkung grundsätzlich zulässig, soweit der Hersteller den Vertrieb an Vertriebsmittler anderen Abnehmern oder sich selbst vorbehält (Art. 4 b) i) V-GVO; *Bechtold/Bosch/Brinker* VO 330/2010 Art. 4 Rn. 16; *Loewenheim/Meessen/Riesenkampff* Vert-GVO Art. 4 Rn. 279 ff.).

21. Lieferbeschränkung des Vertragshändlers im selektiven Vertriebssystem. Die einem Händler auferlegte Beschränkung des aktiven und passiven Vertriebs an Händler außerhalb des Systems ist für ein selektives Vertriebssystem konstitutiv (vgl. Definition „selektive Vertriebssysteme" in Art. 1 (1) e) V-GVO). Die Beschränkung ist, soweit ein geschlossener selektiver Vertriebsvertrag im Einzelfall überhaupt von Art. 101 Abs. 1 AEU-Vertrag erfasst ist (hierzu *Schultze/Pautke/Wagener* Rn. 213 f.), daher freigestellt (Art. 4 b) (iii) V-GVO). Lieferungen an andere Mitglieder des gleichen Vertriebssystems können dagegen grundsätzlich nicht untersagt werden (Art. 4 d) V-GVO; vgl. aber Leitlinien V-GVO Tz. 63 zur möglichen Freistellung der Beschränkung von Großhändlerverkäufen an Einzelhändler in andere Gebiete nach Art. 101 Abs. 3 AEU-Vertrag).

22. Gebiets- und Kundenkreisbeschränkungen. Im räumlichen Anwendungsbereich von Art. 101 AEU-Vertrag und Art. 53 EWR-Abkommen sind Verträge, die Gebiets- und Kundenkreisbeschränkungen enthalten, nicht durch die V-GVO freigestellt. Hiervon ausgenommen sind Verträge, die eine Beschränkung des aktiven Verkaufs in Gebiete oder an Kundengruppen vorsehen, die der Anbieter sich selbst vorbehalten oder ausschließlich einem anderen Abnehmer zugewiesen hat, sofern dadurch der Verkauf durch die Kunden des Abnehmers nicht beschränkt wird (Art. 4 b) i) V-GVO).

Die im Formular vorgeschlagene Alternative bestimmt Gebiets- und Kundenkreisbeschränkungen außerhalb des räumlichen Anwendungsbereichs von Art. 101 AEU-Vertrag und Art. 53 EWR-Abkommen. Ob die Klausel mit dem Kartellrecht des jeweiligen Vertragsgebiets vereinbar ist, bleibt im Einzelfall zu prüfen.

23. Wettbewerbsverbot. Im Anwendungsbereich der V-GVO lassen sich Wettbewerbsverbote für eine Dauer von mehr als 5 Jahren grundsätzlich nicht vereinbaren (Art. 5 (1) a) V-GVO mit Ausnahmeregelung in Art. 5 (2) V-GVO). Nachvertragliche Wettbewerbsverbote sind grundsätzlich verboten (Art. 5 (1) b) V-GVO mit Ausnahmeregelung in Art. 5 (3) V-GVO).

Die im Formular vorgeschlagene Alternative nennt beispielhaft ein Wettbewerbsverbot außerhalb des räumlichen Anwendungsbereichs von Art. 101 AEU-Vertrag und Art. 53 EWR-Abkommen. Ob die Klausel mit dem Kartellrecht des jeweiligen Vertragsgebiets vereinbar ist, bleibt im Einzelfall zu prüfen.

24. Lieferbedingungen. Die mit der Softwarelieferung verbundenen Pflichten, Kosten und Gefahren lassen sich beim Vertrieb der Software auf Datenträgern durch eine Klausel der Incoterms 2010 bestimmen (vgl. *Baumbach/Hopt* Incoterms Einl. Rn. 10; *Piltz* IHR 2011, 1 [3]). Dagegen passen die Incoterms 2010 nicht für die Lieferung durch Softwaredownload. Incoterms unterliegen der AGB-Kontrolle (*Baumbach/Hopt*

Incoterms Einl. Rn. 14 f.). Für die im Formularvertrag gewählte Lieferbedingung FCA Incoterms 2010 ist der Lieferort genau zu bezeichnen, da dort die Gefahr auf den Vertragshändler übergeht.

25. Produktaktivierung. Zum Schutz gegen ihre unrechtmäßige Nutzung lässt sich Standardsoftware häufig nur mit einer vom Hersteller kontrollierten Aktivierung installieren. Hierzu ermittelt der Hersteller aus der Kennung des jeweiligen Softwareprogramms sowie einer Kennung der Hardware des Anwenders einen individuellen Code. So lässt sich Software technisch nur in der berechneten Hardwarekonstellation des Anwenders nutzen. Die Vergabe des Codes knüpfen einige Hersteller an eine Registrierung des Anwenders.

Die Zulässigkeit derartiger Aktivierungs- und Registrierungspflichten ist insbesondere unter urheber- und AGB-rechtlichen Gesichtspunkten umstritten (s. *Marly* Rn. 1771 ff.). Die Rechtsprechung erlaubt derartige Schutzmechanismen auch in Hinblick darauf, dass Nutzungsbeschränkungen des Zweiterwerbers der betreffenden Software die mit der urheberrechtlichen Erschöpfung beabsichtigte Verkehrsfähigkeit der erworbenen Kopie faktisch einschränken (EuGH 3.7.2012 – C- 128/11, NJW 2012, 2565 Rn. 79 UsedSoft; BGH Urt. v. 11.2.2010 – I ZR 178/08, NJW 2010, 2661 Rn. 21 f. = CR 2010, 565 mAnm *Menz/Neubauer* – Half-Life 2).

Die Verpflichtung des Vertragshändlers, den Endkunden auf die Aktivierungspflicht hinzuweisen, soll einen Sachmangel infolge der Aktivierungspflicht ausschließen (zur Frage, inwieweit eine Produktaktivierung einen Sachmangel der Software darstellt, vgl. *Marly* Rn. 1793 ff.; *Grützmacher* ITRB 2015, 141 [142 f.]).

26. Preisänderung. Die Listenpreise des Herstellers unterstehen weitgehend seiner unternehmerischen Dispositionsfreiheit. Da sich Preisänderungen unmittelbar auf die Handelspanne des Händlers auswirken, darf eine Preiserhöhung jedoch nicht willkürlich erfolgen. Nach Abschluss eines einzelnen Kaufvertrags ist ein einseitiges Preisänderungsrecht des Herstellers nur in engen Grenzen zulässig (BGH Urt. v. 20.7.2005 – VIII ZR 121/04, BGHZ 164, 11 [25 ff.] = NJW-RR 2005, 1496 [1500 f.] – Honda).

27. Preisnachlässe. Die Marge des Vertragshändlers ergibt sich wesentlich aus den ihm gewährten Preisnachlass. Softwarehersteller unterscheiden üblicherweise zwischen Preisnachlässen, die ohne weitere Voraussetzung den Einkaufspreis mindern (Rabatte) und solchen, die bestimmte Leistungen oder Erfolge des Vertragshändlers voraussetzen. Dies können beispielsweise Erfolgsprämien für das Erreichen bestimmter Ziele (zB Umsatzbonus) oder Nachlässe sein, die der Hersteller als Werbekostenzuschuss nach Durchführung und zur Unterstützung einer vorab abgesprochenen Marketingmaßnahme des Vertragshändlers leistet.

Preisnachlässe, die als Äquivalent für die Erfüllung einer Vertragspflicht des Vertragshändlers gewährt werden, gelten als Hauptleistungsversprechen des Herstellers. Sie können daher nicht unangemessenen Bedingungen unterstellt werden. Insbesondere darf die Versagung des Preisnachlasses aufgrund Nichteintritts der Bedingung zum Gewicht des Vertragsverstoßes und seinen Folgen nicht außer Verhältnis stehen (BGH Urt. v. 12.1.1994 – VIII ZR 165/92, BGHZ 124, 351 = NJW 1994, 1060 [1064] – Daihatsu). Dagegen lassen sich die Voraussetzungen für die Gewährung von Preisnachlässen, welche nicht die Erfüllung einer Vertragspflicht des Vertragshändlers abgelten, grundsätzlich frei bestimmen (BGH Urt. v. 12.1.1994 – VIII ZR 165/92, BGHZ 124, 351 [364 ff.] = NJW 1994, 1060 [1064 f.] – Daihatsu). Nach Auffassung des BGH spricht für das Vorliegen eines solchen Preisnachlasses eine Vertragsklausel, die diesen ausdrücklich als zusätzliche und freiwillige Leistung kennzeichnet (BGH Urt. v. 6.10.1999 – VIII ZR 125/98, BGHZ 142, 358 [380] = NJW 2000, 515 [520 f.] – Kawasaki; kritisch Schultze/Wauschkuhn/Spenner/Dau/*Dau* Rn. 372).

Preisnachlässe für händlertypische Leistungen, die von einem Handelsvertreter üblicherweise nicht erbracht werden, bleiben bei der Berechnung des Ausgleichsanspruchs eines Vertragshändlers unberücksichtigt (Baumbach/Hopt/*Hopt* § 84 Rn. 12). Je nach Gestaltung der Preisnachlässe kann es daher sinnvoll sein, im Vertragshändlervertrag derartige händlerspezifische Preisnachlässe separat zu nennen.

28. Sicherung der Kaufpreiszahlung. Eigentumsvorbehalte und andere Sicherungsklauseln ergeben bei Einräumung einfacher Nutzungsrechte an Softwareprogrammen wenig Sinn (vgl. *Redeker* ITRB 2005, 70). Dagegen begründet eine Klausel, die es dem Hersteller erlaubt, den zur Installation der Software erforderlichen Lizenzschlüssel bis zur vollständigen Kaufpreiszahlung zurückzuhalten, ein effektives Sicherungsmittel. Deren AGB-rechtliche Wirksamkeit ist allerdings fraglich, soweit sie – wie vorliegend – auch im Fall des Verzugs mit nur geringen Beträgen gelten soll (vgl. zur Sperre im Telekommunikationsbereich § 45k TKG, der eine Schwelle von 75 EUR vorsieht).

29. Wartungsvertrag. Den Anwendern von Softwareprogrammen werden regelmäßig Wartungsverträge angeboten. Die in diesen Verträgen bestimmte Hauptleistung des Herstellers bzw. Vertriebsmittlers wird in der Praxis unterschiedlich bezeichnet, so wahlweise als Softwarewartung, Softwarepflege, Maintenance, Support oder Subscription.

Für die Softwarewartung haben sich unterschiedliche Vertragskonstellationen herausgebildet:
- Teilweise bestehen Wartungsverträge zwischen den Vertragspartnern in der Lieferkette. In einem einstufigen Vertriebsmodell würde danach der Hersteller mit dem Vertragshändler und dieser mit dem Endkunden jeweils einen Wartungsvertrag abschließen. Dabei sollten die Wartungsverträge inhaltlich kongruent sein. Andernfalls kann dem Vertragshändler bei Leistungsstörungen ein Rückgriff in der Lieferkette abgeschnitten sein. Die Gefahr von Deckungslücken zu Lasten des Vertragshändlers ergibt sich besonders im internationalen Rechtsverkehr, wenn der Wartungsvertrag zwischen Hersteller und Vertragshändler einer anderen Rechtsordnung unterliegt als derjenige zwischen Vertragshändler und Endkunden.
- Ein weiteres, in der Praxis verbreitetes und hier zugrunde gelegtes Modell sieht einen selbständigen Wartungsvertrag zwischen Hersteller und Endkunden vor, der von den Vertriebspartnern des Herstellers entlang der Vertriebskette vermittelt wird. Mit dieser Gestaltung vermeidet der Vertragshändler das Risiko einer Deckungslücke. Für den Hersteller ergibt sich der Vorteil einer engeren Kundenbindung. Zudem kann der Hersteller nach Beendigung des Vertragshändlervertrags die Fortführung der Softwarewartung sicherstellen, ohne dass der Wartungsvertrag des Kunden übertragen werden müsste.

Der Hersteller muss bei dieser Gestaltung allerdings in Kauf nehmen, dass § 89b HGB für die vom Vertragshändler vermittelten Wartungsverträge unmittelbar anwendbar ist. Bestehen dagegen direkte Wartungsverträge in der Lieferkette, kommt lediglich ein Ausgleichsanspruch des Vertragshändlers infolge des Vertriebs der Vertragsprodukte nach § 89b HGB analog in Betracht (→ Anm. 45). Inwieweit jedoch der Hersteller damit besser stehen würde, ist im Hinblick auf die Rechtsprechung des BGH, wonach – mit Wartungsverträgen vergleichbar – zu erwartende Reparaturaufträge ausgleichspflichtige Folgeaufträge darstellen (BGH Urt. v. 17.11.2010 – VIII ZR 322/09 Rn. 14, NJW 2011, 1143 [1144] mAnm *Möller*), fraglich.

30. First und Second Level Support. Die vorgeschlagene Regelung sieht vor, dass der Vertragshändler First Level Support als Beauftragter (Subunternehmer) des Herstellers übernimmt. Soweit die Wartung die Beseitigung von Mängeln zum Gegenstand hat, erfüllt der Vertragshändler bis Ablauf der Verjährung der Mängelansprüche seines Kunden neben seinen Pflichten als Beauftragter des Herstellers in der Regel auch seine

Pflicht zur Nacherfüllung aus §§ 437 Nr. 1, 439 BGB (zur Kollision von Wartung und Mängelhaftung s. *Marly* Rn. 1078 ff. → Form B. 5. Anm. 2)

First-Level-Support dient insbesondere als Anlaufstelle für alle eingehenden Anfragen auf Grund des Wartungsvertrags. Der Vertragshändler erfasst und bearbeitet die Anfragen möglichst selbstständig. Dabei wird er durch Second Level Support des Herstellers unterstützt.

31. Wartungsgebühren und Vergütung. Das Vertragsformular regelt die Einziehung der Wartungsgebühren durch den Vertragshändler. Das Delkredererisiko trägt der Hersteller. Der Vertragshändler erhält für die Vermittlung des Vertrags eine Provision und für die Leistung von First Level Support eine Vergütung. Provision und Vergütung berechnen sich jeweils als bestimmter Prozentsatz der in der Preisliste festgelegten Wartungsgebühren. Der Vertragshändler leitet die eingegangen Wartungsgebühren nach Kürzung um die vereinbarten Prozentsätze an den Hersteller weiter.

Der Vertragshändler unterliegt keiner Preisbindung. Er kann dem Endkunden einen eigenen Preisnachlass gewähren, der jedoch seine Provision entsprechend mindert (s. § 9 (4) S. 3 Formularvertrag). Eine Preisbindung wäre in Bezug auf die vom Vertragshändler zu vermittelnden Wartungsverträge dem Anwendungsbereich des Art. 101 Abs. 1 AEU-Vertrag entzogen, wenn der Vertragshändler insoweit die Kriterien eines sog. echten Handelsvertreters erfüllt (s. hierzu EuGH 16.12.1975 – 40/73, Slg. 1975, 1663 Rn. 478 ff., 538 ff. – Suiker Unie; Leitlinien V-GVO Tz. 12 ff.; *Bechtold/Bosch/Brinker* AEUV Art. 101 Rn. 60 ff.; *Schultze/Pautke/Wagener* Rn. 273 ff.). Vorliegend dürfte eine Bindung des Vertragshändlers an vom Hersteller vorgegebene Wartungsgebühren von Art. 101 Abs. 1 AEU-Vertrag erfasst sein und demnach eine Kernbeschränkung nach Art. 4 a) V-GVO begründen (vgl. die Kriterien der Vertikalleitlinien in Tz. 12 ff. insbesondere Beispiele 16 e), f) und g). Für die Anwendbarkeit des § 1 GWB gelten die gleichen Grundsätze (zum Verhältnis zwischen Art. 101 AEU-Vertrag und § 1 GWB s. *Bechtold/Bosch* § 1 Rn. 4).

32. Mängelrüge. Beim beiderseitigen Handelsgeschäft über den Verkauf von Standardsoftware gelten die in § 377 HGB geregelten Untersuchungs- und Rügepflichten. Standardsoftware ist im Sinne von § 377 Abs. 1 HGB abgeliefert, wenn sie in einer ihre Untersuchung ermöglichenden Weise in den Machtbereich des Käufers gelangt ist. Dagegen beginnt die Ablieferung nicht erst mit Installation oder Einweisung des Personals, es sei denn, der Verkäufer hat derartige Zusatzleistungen vertraglich übernommen (BGH Urt. v. 22.12.1999 – VIII ZR 299/98, BGHZ 143, 307 [310 ff.] = NJW 2000, 1415 [1416 f.]).

Die Untersuchungsfrist des § 377 Abs. 1 HGB ist je nach Umfang und Komplexität der Untersuchung zu bemessen (Baumbach/Hopt/*Hopt* § 377 Rn. 23). Von einer angemessenen Untersuchungsfrist kann in AGB allenfalls geringfügig abgewichen werden (vgl. BGH Urt. v. 10.10.1991 – III ZR 141/90, BGHZ 115, 324 [326 f.] = NJW 1992, 575 [576 f.]; MüKoHGB/*Grunewald* § 377 Rn. 123, 130; *Marly* Rn. 1939). Die hier vorgeschlagene Frist von 14 Tagen dürfte für zahlreiche Standardsoftwareprogramme ausreichen, kann jedoch im Einzelfall auch unzulässig kurz sein.

Die Vereinbarung der Schriftform ist dagegen unproblematisch (vgl. MüKoHGB/ *Grunewald* § 377 Rn. 120).

33. Nacherfüllung. Das Wahlrecht des Käufers zwischen Nachlieferung und Nachbesserung (§ 439 Abs. 1 BGB) kann abbedungen werden (Palandt/*Grüneberg* BGB § 309 Rn. 68).

Ein Patch ist eine Softwarekomponente, die im ablauffähigen Softwareprogramm zur Korrektur einer oder mehrerer fehlerhafter Funktionen des Programms installiert wird. Der Begriff wird jedoch – wie auch die Begriffe Updates und Upgrades (→ Anm. 3) – nicht stets einheitlich verwandt. Die AGB-rechtliche Zulässigkeit einer Bestimmung, wonach Upgrades, Updates oder Patches in jedem Fall eine Nacherfüllung darstellen, ist daher fraglich (vgl. Schneider/*Schneider* Kap. D Rn. 572; *Redeker* Rn. 552 ff.).

34. Fehlschlagen der Nacherfüllung. In AGB lässt sich die Entbehrlichkeit der Fristsetzung (§§ 440, 281 Abs. 2, 323 Abs. 2 BGB) abbedingen und eine Fristsetzung zur Nacherfüllung als Voraussetzung für Rücktritt und Schadensersatz wirksam vereinbaren (Palandt/*Weidenkaff* BGB § 440 Rn. 4).

Ein Workaround kann Nacherfüllung sein, wenn er die vertragsgemäße Nutzung der Software nicht einschränkt. In der Regel bietet der Workaround jedoch nur die Umgehung eines Fehlers durch zusätzliche Befehle. Damit ist der Mangel nicht vollständig beseitigt. Dem Käufer steht jedoch eine Übergangslösung zur Verfügung, die eine Verlängerung der Nachbesserungsfrist rechtfertigt (vgl. Schneider/*Schneider* Kap. D. Rn. 645).

35. Ausschluss der Mängelhaftung. In AGB lässt sich die Haftung für einen bestimmten Mängelbereich (zB unerhebliche Mängel) nicht ausschließen. Wirksam ist dagegen ein Ausschluss der Haftung für Beeinträchtigungen aufgrund falscher Anwendung des Produkts (BGH Urt. v. 20.10.1992 – X ZR 74/91, NJW 1993, 657 [658]).

36. Verjährungsfrist. In Verträgen zwischen Unternehmen kann die Verjährungsfrist aus § 437 Abs. 1 Nr. 3 BGB auf 1 Jahr verkürzt werden (Palandt/*Grüneberg* BGB § 309 Rn. 84).

Von der Verkürzung der Verjährungsfrist auszunehmen sind Schadensersatzansprüche (BGH Urt. v. 29.5.2013 – VIII ZR 174/12, NJW 2013, 2584; BGH Urt. v. 19.6.2013 – VIII ZR 183/12, NJW 2014, 211). Aus § 202 BGB folgt, dass auch die Verjährung für Ansprüche aufgrund arglistig verschwiegener Mängel nicht verkürzt werden kann (BGH Urt. v. 16.12.2009 – VIII ZR 38/09, NJW 2010, 858 [859]).

37. Lieferantenregress. Sind die Vertragsprodukte zum Weiterverkauf an Verbraucher iSd § 13 BGB vorgesehen, gelten die Bestimmungen über den Lieferantenregress (§§ 478, 479 BGB). Diese lassen sich zum Nachteil des Händlers nur bei Einräumung eines gleichwertigen Ausgleichs abbedingen (§ 478 Abs. 4 BGB; zur AGB-rechtlichen Gestaltung der Mängelhaftung beim Lieferantenregress s. Ulmer/Brandner/Hensen/*Christensen* Teil 2 [26] Rn. 11).

38. Schutzrechte Dritter. Die Bedingungen zur Mängelhaftung (§ 10) gelten für Sach- und Rechtsmängel gleichermaßen. § 11 regelt zusätzlich die Mitwirkung des Herstellers bei einer Verteidigung gegen Ansprüche, die gegen den Vertragshändler aufgrund (bestehender oder vermeintlicher) gewerblicher Schutzrechte oder Urheberrechte Dritter an einem Vertragsprodukt geltend gemacht werden.

39. Haftung. Für formularmäßige Haftungsbegrenzungen in Softwarevertriebsverträgen gelten keine Besonderheiten. Ein Ausschluss der Haftung für Vorsatz ist unzulässig (§ 276 Abs. 3 BGB). Die Verbote des § 309 Nr. 7 BGB gelten weitgehend auch im Unternehmerverkehr (BGH Urt. v. 19.9.2007 – VIII ZR 141/06, BGHZ 174, 1 [4] = NJW 2007, 3774 [3775]). Eine Haftungsfreizeichnung ist im Übrigen an § 307 BGB zu messen. Bei Verträgen zwischen Unternehmen tendiert die Rechtsprechung dazu, eine Begrenzung der Haftung für Fahrlässigkeit auf typische bei Geschäften der fraglichen Art entstehende Schäden zu gestatten (BGH Urt. v. 15.9.2005 – I ZR 58/03, NJW-RR 2006, 267 [269]; Palandt/*Grüneberg* BGB § 309 Rn. 56) und einen Haftungsausschluss bei einer leicht fahrlässigen Verletzung nicht wesentlicher Vertragspflichten zuzulassen, soweit die Freizeichnungsklausel derartige Vertragspflichten hinreichend transparent beschreibt (BGH Urt. v. 20.7.2005 – VIII ZR 121/04, BGHZ 164, 11 [35 ff.] = NJW-RR 2005, 1496 [1505] – Honda).

40. Vertragsdauer. Verträge, die jeweils auf bestimmte Dauer abgeschlossen und dann, ohne erneut ausgehandelt zu sein, mit gleichlautendem Inhalt jeweils für einen bestimmten weiteren Zeitraum verlängert werden, bilden Kettenverträge, die gemeinsam einen auf unbestimmte Zeit eingegangenen Vertrag ergeben (BGH Urt. v. 17.7.2002 – VIII ZR 59/01, NJW-RR 2002, 1554 [1555 f.]; BGH Urt. v. 9.10.2002 – VIII ZR 95/01, NJW-RR 2003, 98; OLG Schleswig, Urt. v. 2.5.2013 – 5 U 49/12, BeckRS 2013, 12655).

Mangels gesetzlicher Bestimmungen über Fristen einer ordentlichen Kündigung von Vertragshändlerverträgen orientiert sich die Rechtsprechung an den Kündigungsfristen für Handelsvertreterverträge aus § 89 Abs. 1 HGB (BGH Urt. v. 9.10.2002 – VIII ZR 95/ 01, BGH NJW-RR 2003, 98; BGH Urt. v. 24.6.2009 – VIII ZR 150/08, BGHZ 181, 346 [352] = NJW 2009, 3646 [3647]). Für die AGB-rechtliche Inhaltskontrolle von Kündigungsfristen in Vertragshändlerverträgen bietet § 89 Abs. 1 HGB jedoch nur wenig verlässliche Anhaltspunkte. Vielmehr ist unter besonderer Berücksichtigung des Interesses des Vertragshändlers an einer Amortisation seiner Investitionen in den Vertrieb der Vertragsprodukte jeweils im Einzelfall zu bestimmen, ob eine Kündigungsfrist den Vertragshändler unangemessen benachteiligt. Ihm ist dabei eine angemessene Auslauf- und Umstellungsfrist einzuräumen. Je weitreichender ein Vertragshändler in das Vertriebssystem des Herstellers unter Ausschluss oder Beschränkung des Vertriebs von Wettbewerbsprodukten integriert ist, desto länger ist die Kündigungsfrist zu bemessen (vgl. Martinek/Semler/Habermeier/Flohr/*Flohr* § 26 Rn. 26 ff.). Die vorliegend bestimmte Kündigungsfrist von drei Monaten ist kurz und könnte im Einzelfall der AGB-rechtlichen Inhaltskontrolle nicht standhalten. Eine unzulässige Kündigung lässt sich regelmäßig in eine Kündigung zum nächstmöglichen Zeitpunkt umdeuten (§ 140 BGB).

41. Außerordentliche Kündigung. Ein Vertragshändlervertrag kann von jeder Partei in analoger Anwendung des § 89a HGB aus wichtigem Grund ohne Einhaltung einer Kündigungsfrist gekündigt werden (BGH Urt. v. 29.6.2011 – VIII ZR 212/08, NJW 2011, 3361). In AGB lassen sich Kündigungsgründe vereinbaren, soweit sie derart erheblich sind, dass sie das Vertrauensverhältnis zwischen den Parteien grundlegend beschädigen können. Dennoch beurteilt sich die Wirksamkeit einer Kündigung aus einem solchen Kündigungsgrund im Einzelfall unter Berücksichtigung der durch die vertragliche Kündigungsklausel von den Parteien getroffenen Wertung danach, ob der geltend gemachte Vorfall so schwerwiegend ist, dass dem Kündigenden die Fortsetzung des Vertrags nicht weiter zugemutet werden kann (BGH Urt. v. 10.11.2010 – VIII ZR 327/ 09, NJW 2011, 608 = BB 2011, 528 mAnm *Ayad*).

Wird das Insolvenzverfahren über das Vermögen des Herstellers eröffnet, erlischt der Vertragshändlervertrag automatisch nach § 116 InsO. Im Falle der Insolvenz des Vertragshändlers greift § 116 InsO dagegen nicht. Der Formularvertrag räumt dem Hersteller für diesen Fall ausdrücklich ein außerordentliches Kündigungsrecht ein.

42. Bestellungen nach Kündigung. Der Vertragshändler muss nach Kündigung die Vertragsprodukte bis Vertragsende wie vertraglich vorgesehen vertreiben können. Ein Weiterverkauf von Lagerware nach Vertragsende ist vom Hersteller regelmäßig nicht gewünscht. Die hier verwendete Klausel trägt den gegenüberstehenden Belangen angemessen Rechnung, soweit nicht der Vertragshändler auf ein Warenlager angewiesen ist. Die Klausel passt demnach bei Lieferungen per Softwaredownload oder beim Verkauf von Datenträgern, die der Hersteller nach Bestellung durch einen Endkunden rechtzeitig liefern kann. Ist dagegen der Vertragshändler auf ein Warenlager angewiesen, lässt sich eine Beschränkung des Umfangs der Lagerbestände auf ein notwendiges Maß vereinbaren (vgl. Schultze/Wauschkuhn/Spenner/Dau/Kübler/*Wauschkuhn* Rn. 669 f.).

43. Wartungsvertrag. Bei Beendigung eines softwarespezifischen Vertragshändlervertrags möchte regelmäßig der Vertragshändler von seinen Wartungspflichten entbunden werden und der Hersteller die Wartung selbst übernehmen oder einem Dritten übertragen. Mit dem hier vorgeschlagenen Wartungsmodell (s. § 9 Formularvertrag) kann der First Level Support durch den Hersteller oder einen vom Hersteller beauftragten Dritten ohne Weiteres übernommen werden (→ Anm. 29). Besteht dagegen ein Wartungsvertrag zwischen Vertragshändler und Endkunden, lässt sich eine Regelung in den Vertragshändlervertrag aufnehmen, wonach sich die Parteien um die Zustimmung des Wartungskunden zu einer Vertragsübernahme bemühen werden.

44. **Nachvertraglicher Vergütungsanspruch.** Es wird vertreten, dass ein Vertragshändler unter bestimmten Voraussetzungen berechtigt ist, nachvertragliche Vergütungsansprüche analog § 87 Abs. 3 HGB geltend zu machen (str., vgl. Martinek/Semler/Habermeier/Flohr/*van der Moolen* § 28 Rn. 1 ff.; Küstner/Thume/*Thume* Teil II Kap. 8 Rn. 27). Die Formularbestimmung schließt einen nachvertraglichen Vergütungsanspruch vorsorglich aus.

45. **Ausgleichsanspruch.** § 89b HGB findet auf die Vermittlung von Wartungsverträgen gem. § 9 des Formularvertrags unmittelbar Anwendung (→ Anm. 29). Für den Verkauf der Vertragsprodukte kommt dagegen nur eine analoge Anwendung des § 89b HGB in Betracht. Die Rechtsprechung gewährt einem Vertragshändler einen Ausgleichsanspruch analog § 89b HGB, wenn

• das Rechtsverhältnis zwischen ihm und dem Unternehmer so ausgestaltet ist, dass es sich nicht in einer bloßen Verkäufer-Käufer-Beziehung erschöpft, sondern der Vertragshändler so in die Absatzorganisation des Herstellers oder Lieferanten eingegliedert war, dass er wirtschaftlich in erheblichem Umfang einem Handelsvertreter vergleichbare Aufgaben zu erfüllen hatte,

• und der Vertragshändler vertraglich verpflichtet ist, dem Hersteller oder Lieferanten seine Kundendaten zu übertragen, so dass sich dieser bei Vertragsende die Vorteile des Kundenstamms sofort und ohne Weiteres nutzbar machen kann (BGH Urt. v. 13.6.2007 – VIII ZR 352/04, NJW-RR 2007, 1327 [1328]; BGH Urt. v. 6.10.2010 – VIII ZR 209/07, NJW 2011, 848; BGH Urt. v. 5.2.2015 – VII ZR 315/13, NJW 2015, 1300) die von der Vorinstanz festgestellte analoge Anwendung des § 89b HGB bei Beendigung eines Distributorvertrags, der den Vertrieb von Softwareprodukten zum Gegenstand hatte, bestätigend BGH Urt. v. 1.10.2008 – VIII ZR 13/05, NJW-RR 2009, 824 = CR 2009, 83 [84]).

In zahlreichen Softwarevertriebssystemen übernehmen Vertragshändler über die allgemeine Vertriebsförderungspflicht hinaus weitgehende Pflichten im Zusammenhang mit der Vermarktung der Software und Unterstützung der Anwender. Daraus ergibt sich üblicherweise seine dem Handelsvertreter entsprechende Einbindung in die Absatzorganisation des Herstellers, die sich auch vorliegend aus mehreren Bestimmungen des Formularvertrags ableiten lässt. Hierzu gehören die Zuweisung eines Marktverantwortungsgebiets, die Werbung nach Gestaltungsrichtlinien des Herstellers, die Schulung von Mitarbeitern, Mindestabnahmepflichten, Vorführung, Installation und Support, weitgehende Berichtspflichten sowie das Wettbewerbsverbot.

Eine analoge Anwendung des § 89b HGB auf Vertragshändlerverträge über Softwareprodukte kann dennoch vermieden werden, indem der Vertragshändler zur Überlassung von Kundendaten nicht verpflichtet wird. Dabei ist zu beachten, dass die Rechtsprechung nur geringe Anforderungen an das Kriterium der Überlassung von Kundendaten stellt (s. dazu Schultze/Wauschkuhn/Spenner/Dau/Kübler/*Wauschkuhn* Rn. 788 ff.). Eine Pflicht zu einer solchen Überlassung ergibt sich in Softwarevertriebsverträgen häufig unmittelbar aus Berichtspflichten (so im Formularvertrag § 3 (5)). Sie kann sich auch daraus ergeben, dass der Vertragshändler Lizenz- oder Wartungsverträge, in denen die Endkunden benannt sind, an den Vertragshändler übersenden oder eine Softwareaktivierung unter Angabe von Kundendaten bzw. eine Registrierung der Lizenznehmer unterstützen muss.

Ein Ausgleichsanspruch steht dem Vertragshändler aber auch dann nicht zu, wenn der Hersteller oder Lieferant nach den vertraglichen Vereinbarungen verpflichtet ist, die ihm vom Vertragshändler überlassenen Kundendaten bei Beendigung des Vertrags zu sperren, ihre Nutzung einzustellen und auf Verlangen des Vertragshändlers zu löschen (BGH Urt. v. 5.2.2015 – VII ZR 315/13, NJW 2015, 1300).

Sind die Analogievoraussetzungen erfüllt, ist der Ausgleichsanspruch des Vertragshändlers in entsprechender Anwendung des § 89b Abs. 4 S. 1 HGB zwingendes Recht (BGH Urt. v. 6.2.1985 – I ZR 175/82, NJW 1985, 3076 [3077]; BGH Urt. v. 25.2.2016 – VII ZR 102/15, GWR 2016, 164 = ZIP 2016, 1169). Für Vertriebsgebiete außerhalb des EWR lässt sich der Ausgleichsanspruch jedoch ausschließen (§ 92c Abs. 1 HGB). Dies gilt auch dann, wenn das Recht am Ort der Niederlassung des Vertriebsmittlers einen Ausgleichsanspruch zwingend vorsieht (OLG München Urt. v. 11.1.2002 – 23 U 4416/01, NJW-RR 2003, 471). Nach Auffassung des BGH gilt dagegen das Ausschlussverbot bei einem deutschen Recht unterliegenden Vertragshändlervertrag auch für die Tätigkeit des Vertragshändlers in Vertragsgebieten des EU- oder EWR-Auslands (BGH Urt. v. 25.2.2016 – VII ZR 102/15, GWR 2016, 164 = ZIP 2016, 1169).

46. Rechtswahl. Die Parteien können das anwendbare Recht grundsätzlich frei wählen (Art. 3 Rom I-VO). Ohne Rechtswahl ist das Recht anzuwenden, in dem der Vertragshändler seinen gewöhnlichen Aufenthalt hat (Art. 4 f) Rom I-VO; zur Rechtswahl in Vertriebsverträgen s. Martinek/Semler/Habermeier/Flohr/*Lakkis* § 57).

Pflege und Hinterlegung

7. Software-Pflegevertrag

Software-Pflegevertrag

zwischen

. . . . .,,

– nachfolgend „Auftraggeber" genannt –

und

. . . . .,,

– nachfolgend „Auftragnehmer" genannt –

Präambel

Die Parteien haben am . . . . . einen Vertrag über die Überlassung der Software . . . . . (nachfolgend „die Software") durch den Auftragnehmer an den Auftraggeber geschlossen (nachfolgend „Überlassungsvertrag").

Die Software ist ein Change-Management-System, das den Anwender bei der Aufnahme, Bündelung, Bearbeitung und dem Workflow-Management von Änderungsanforderungen an IT-Systeme oder auch an fachliche Systeme unterstützt. Einzelheiten zum Leistungsumfang der Software ergeben sich aus der diesem Vertrag als Anlage 1 anliegenden Beschreibung.

Zur Pflege der Software vereinbaren die Parteien das Folgende:

§ 1 Vertragsgegenstand

(1) Gegenstand dieses Vertrages ist die Pflege der in Anlage 1 beschriebenen Software in den dort bezeichneten Modulen durch den Auftragnehmer.[1] Der Auftragnehmer erbringt außerhalb seiner Nacherfüllungsverpflichtungen aufgrund des Überlassungsvertrages[2] folgende Leistungen

a) die Beseitigung von Fehlern (§ 2),
b) die Weiterentwicklung der Software (§ 3) sowie
c) das Vorhalten einer Hotline (§ 4).

(2) Der Auftragnehmer erbringt die vorgenannten Leistungen ab Vertragsschluss, jedoch nicht vor dem Zeitpunkt, zu dem der Auftraggeber den operativen Einsatz der Software gemeldet hat.

§ 2 Fehlerbeseitigung

(1) Ziel der Fehlerbeseitigung ist die Herstellung oder Aufrechterhaltung der in dem Softwareüberlassungsvertrag vereinbarten und durch Nachträge fortgeschriebenen Funktionalität der Software. Ein Fehler liegt dementsprechend vor, wenn die Software in der für sie vertraglich vorgesehenen Systemumgebung und bei bestimmungsgemäßer Anwendung die vorbezeichnete Funktionalität nicht aufweist und sich dies mehr als nur unwesentlich auswirkt.[3]

(2) Der Auftragnehmer wird vom Auftraggeber mitgeteilte Fehler an der Software jeweils innerhalb angemessener Frist nach Maßgabe der nachfolgenden Bestimmungen beseitigen. Angemessen ist die Frist, innerhalb der der Auftragnehmer unter Berücksichtigung seiner Auftragslage und der Verfügbarkeit geeigneter Mitarbeiter ohne schuldhaftes Zögern die gemeldeten Fehler analysieren und beseitigen kann.[4]

(3) Die Art und Weise der Fehlerbeseitigung erfolgt nach Wahl des Auftragnehmers und regelmäßig durch Überlassung von Software, die die in der Anlage 1 bezeichnete Software ändert und/oder ergänzt inklusive der Überlassung einer Dokumentation der geänderten und/oder ergänzten Funktionen in einer vom Auftragnehmer zu wählenden Form, die auch im Wege einer Online-Hilfe erfolgen kann.[5]

(4) Der Auftragnehmer erbringt die Leistungen zur Fehlerbeseitigung im Rahmen der branchenüblichen Sorgfalt. Eine Garantie zur Beseitigung der Fehler überhaupt oder innerhalb einer bestimmten Zeit übernimmt der Auftragnehmer nicht. Es besteht auch keine Verpflichtung, eine bestimmte Verfügbarkeit der Software sicherzustellen.[6]

(5) Fehler sind vom Auftraggeber unter Angabe der nach seiner Einschätzung gegebenen Priorität über das vom Auftragnehmer eingerichtete Ticket-System (Anlage 2) zu melden. Erreicht der Fehler eine höhere Prioritätsstufe, so hat der Auftraggeber dies dem Auftragnehmer unverzüglich mitzuteilen. Die Fehlermeldung soll neben der Einschätzung der Priorität folgende Informationen (falls vom System nicht vorgegeben) beinhalten:

a) Kunde;
b) in welchem Modul trat der Fehler auf;
c) die Arbeitsschritte, im Zuge derer der Fehler aufgetreten ist bzw. die den Fehler verursacht haben;
d) die Beschreibung des Fehlers mittels Screenshots, Protokollen oder ähnlicher Hinweise;
e) Tag und Uhrzeit der Fehlerfeststellung;
f) Angabe zur Reproduzierbarkeit (Ja/Nein).

(6) Die Fehlersymptome werden wie folgt klassifiziert:[7]

Priorität	Klassifizierung	Beschreibung	Reaktionszeit (R)
I.	dringend; der Betriebsablauf ist unterbrochen	die Anwendung ist nicht lauffähig, es kommt zu Programmabstürzen das Drucken und Auswählen und/oder die Übergabe von Daten kann nicht gestartet werden Daten werden nicht oder nicht richtig und vollständig gespeichert oder gelesen	R = 60 min
II.	hoch; der Betriebsablauf ist beeinträchtigt	Die Funktionsweise der Anwendung ist beeinträchtigt oder es kommt zu Fehlfunktionen, insbesondere: Meldungen sind unverständlich oder stehen nicht im richtigen Kontext zur aufgerufenen Funktion Funktionalitäten zeigen nicht die zu erwartenden Ergebnisse Das Antwortzeitverhalten verhindert eine übliche Nutzung der Software	R = 360 min
III.	niedrig; der Betriebsablauf ist nicht beeinträchtigt	Ein Arbeiten mit der Software ist möglich, wenn auch nicht durchgängig innerhalb der vereinbarten Parameter Bedienerfreundlichkeit ist verbesserungsbedürftig Fehlfunktionen können umgangen werden	R = 2 Tage

(7) Der Auftragnehmer wird dem Auftraggeber auf dessen Wunsch nach Meldung eines Fehlers eine unverbindliche Einschätzung zu der für die Fehlerbeseitigung voraussichtlich benötigten Zeit geben.

(8) Die Reaktionszeit läuft vom Eingang der Fehlermeldung des Auftraggebers beim Auftragnehmer an. Maßgeblich für den Eingang ist die Angabe im Ticket-System. Die Reaktionszeit läuft während der Betriebszeiten des Auftragnehmers von 8:00 Uhr bis 18:00 Uhr ab und ist gewahrt, wenn der Auftragnehmer innerhalb des Laufes der Reaktionszeit Maßnahmen zur Fehlerbehebung einleitet.[8]

(9) Der Auftragnehmer ist berechtigt, jedoch nicht verpflichtet, Fehler auch außerhalb seiner Geschäftszeiten zu beheben; dies jedoch nur, wenn der Auftraggeber hierzu seine Mitwirkung in ausreichendem Umfang zusichert und die für diese Leistungen anfallenden Zusatzentgelte trägt.

(10) Der Auftragnehmer kann auftretende Fehler unter Berücksichtigung der vorgenommenen Priorisierung nach eigener Wahl durch folgende Maßnahmen beseitigen:

a) Bereitstellung von Software auf Datenträgern oder online, die vom Auftraggeber selbst zu installieren ist. Dies umfasst regelmäßig die Überlassung von Softwarebestandteilen („Patches"), unter Umständen aber auch die Überlassung der vollständigen Software, bei der eine Neuinstallation erforderlich wird;[9]

b) Fehlerbeseitigung über einen Remote-Zugriff (gemäß Anlage 3) auf die Systeme des Auftraggebers, durch den die Software selbst geändert oder in den Einstellungen geändert werden kann;[10]

c) Vorschlag an den Auftraggeber zur Umgehung der Fehler oder zur Fehlerbeseitigung;[11]

d) für den Fall, dass die vorbezeichneten Maßnahmen nicht möglich oder nicht Erfolg versprechend sind, durch Fehlerbeseitigung vor Ort.

(11) Bei Fehlern der Priorität III kann die Behebung durch Zurverfügungstellung einer Software auf den nächst geeigneten Zeitpunkt verschoben werden, zu dem der Auftraggeber gemäß seiner Planung andere Erweiterungen und/oder Änderungen zur Verfügung stellen wird. Liegt dieser Zeitpunkt mehr als drei Monate in der Zukunft, wird der Auftragnehmer dem Auftraggeber dies mitteilen.[12]

(12) Eine Verletzung der Pflichten des Auftragnehmers aus diesem § 2 wegen Nichteinhaltung der Reaktionszeit bestimmt sich unabhängig von der Einschätzung des Auftraggebers nach der objektiv gegebenen Priorität.[13]

§ 3 Weiterentwicklungen

(1) Der Auftraggeber ist bestrebt, die Software ständig weiter zu entwickeln. Die Weiterentwicklung der Software kann zu einer Erweiterung und/oder Änderung der Software führen mit der Folge, dass neue Funktionalitäten zur Verfügung stehen, bestehende Funktionalitäten im Ablauf und/oder der Benutzerführung optimiert oder die Datenverwaltung an den Stand der Technik angepasst wird.

(2) Weiterentwicklungen der Software wird der Auftragnehmer dem Auftraggeber in Abhängigkeit vom Umfang der Weiterentwicklung zum Teil ohne weitere Zahlungsverpflichtungen zur Verfügung stellen. Umfangreichere Weiterentwicklungen sind kostenpflichtig. Auf eine bestimmte Weiterentwicklung besteht kein Anspruch.[14]

§ 4 Hotline

(1) Der Auftragnehmer wird den Auftraggeber telefonisch oder auf anderen Fernkommunikationswegen hinsichtlich der Anwendung der Software sowie bei Fehlern der Software beraten und unterstützen.[15]

(2) Die Hotline steht dem Auftraggeber arbeitstäglich (Montag – Freitag unter Ausnahme gesetzlicher Feiertage am Sitz des Auftragnehmers) zwischen 8:00 Uhr und 18:00 Uhr zur Verfügung. Während dieser Zeit wird der Auftragnehmer auch vom Auftraggeber per E-Mail eingehende Fehlermeldungen und Anfragen beantworten. In Einzelfällen können die Parteien auch eine Erbringung von Leistungen der Fehlerbehandlung außerhalb dieser Zeiten gegen gesonderte Vergütung vereinbaren.

§ 5 Nicht geschuldete Leistungen

(1) Nach diesem Pflegevertrag besteht, vorbehaltlich abweichender Vereinbarungen im Einzelfall, kein Anspruch[16] auf folgende Leistungen:

a) Die Anpassung der Software an Stände, die bei anderen Nutzern im Einsatz sind oder vom Auftragnehmer vertrieben werden.

b) Die Anpassung der Software an eine geänderte Hard- oder Softwareumgebung einschließlich der Anpassung an veränderte Betriebssysteme.

c) Die Anpassung der Software an gesetzliche oder sonstwie hoheitliche Anforderungen.

d) Die Beseitigung von Fehlern aus dem Risikobereich des Auftraggebers, insbesondere Fehler, die verursacht wurden, durch unsachgemäße Bedienung oder Veränderung der Software, durch Versuchung von Softwarekomponenten mit Computerviren, Verwendung ungeeigneter Datenträger, anomale, nicht dem vertraglich Vereinbarten entsprechende Betriebsbedingungen, fehlerhafte Hardware, Ausfall der Stromversorgung oder datenführender Leitungen, Fehler aufgrund mangelnder Informationssicherheit, ungeeigneter Umweltbedingungen am Ort des Softwarebetriebs und höherer Gewalt sowie

e) die Behebung von Fehlern, die aus Anpassungen der Software oder von Teilen hiervon (insbes. Reports, Kennzahlen, Validierungen) durch den Auftraggeber oder auf seine Veranlassung durch Dritte entstanden sind.

f) Die Installation der im Rahmen dieses Vertrages gelieferten Software.

g) Die über die geschuldete Fehlerbeseitigung hinausgehende Beratung.

h) Die Einweisung und Schulung der Software-Anwender.

(2) Die Aufzählung ist nicht abschließend. Aus der fehlenden Nennung von Leistungen kann nicht geschlossen werden, dass diese Leistungen Gegenstand der vertraglichen Pflichten des Auftragnehmers sind. Die Rechte des Auftraggebers aufgrund der nach diesem Vertrag vom Auftragnehmer geschuldeten Haftung für Leistungsstörungen bleiben unberührt.

(3) Der Auftragnehmer erklärt sich bereit, Leistungen, die nach diesem Vertrag nicht geschuldet sind, auf der Grundlage einer separaten Vereinbarung zu erbringen.

§ 6 Mitwirkungsleistungen des Auftraggebers

(1) Voraussetzung für die Erbringung der Pflegeleistungen nach diesem Vertrag, insbesondere für die Fehlerbeseitigung und -behandlung sowie die Anwendungsunterstützung durch den Auftragnehmer ist, dass der Auftraggeber die Software auf dem aktuellen Stand einsetzt. Eine Obliegenheit zum Einsatz des aktuellen Softwarestandes besteht nicht, wenn dies für den Auftraggeber nicht zumutbar ist, beispielsweise weil die jeweils neueste Softwareversion fehlerhaft ist und dadurch der Betriebsablauf beim Auftraggeber beeinträchtigt wird. Der Auftraggeber hat den Auftragnehmer über die nach seiner Ansicht bestehende Unzumutbarkeit unter Angabe der Gründe unverzüglich schriftlich zu unterrichten. Ist der Auftraggeber nicht verpflichtet, den aktuellen Stand der Software einzusetzen, ruhen die Verpflichtungen des Auftragnehmers aus § 2 und § 3. Gleichzeitig ruht die Verpflichtung des Auftraggebers zur Entrichtung der Pflegegebühr zeitanteilig. Stellt der Auftragnehmer einen Zustand her, nach dem es dem Auftraggeber zumutbar ist den neuesten Stand der Software einzusetzen und holt er die ausgesetzten Leistungen nach, hat auch der Auftraggeber die Vergütung nachzuentrichten.[17]

(2) Weitere Voraussetzung für die Erbringung der Pflegeleistungen ist, dass der Auftraggeber die Software nicht ohne Absprache mit dem Auftragnehmer an einem anderen als dem bei Abschluss dieses Pflegevertrages maßgeblichen Ort und in einer anderen als der maßgeblichen Systemumgebung betreibt.

(3) Der Auftraggeber wird den Auftragnehmer in jeder Hinsicht bei der Erfüllung der Pflegeleistungen nach diesem Vertrag unterstützen. Insbesondere wird der Auftraggeber im Interesse einer effizienten Fehlerbeseitigung und -behandlung unverzüglich nach Vertragsschluss zwei verantwortliche Mitarbeiter (sog. Key-User) sowie entsprechende Stellvertreter mit vertieften Kenntnissen (Administratorenkenntnissen) bezüglich der zu pflegenden Software als Ansprechpartner für den Auftragnehmer einsetzen und dem Auftragnehmer benennen.[18]

(4) Die Key-User bündeln und koordinieren Meldungen und Anfragen seitens des Auftraggebers. Sie werden vor einer Weitergabe die Meldungen und Anfragen zunächst aufgrund ihrer eigenen Sachkunde prüfen, wie sie den betroffenen Nutzern weiter helfen können. Können sie die auftretenden Probleme nicht lösen, leiten sie die Meldungen und Anfragen über die Hotline an den Auftragnehmer weiter. Sie sind berechtigt, dem

Auftragnehmer Aufträge auch zur Erbringung von nach diesem Vertrag nicht geschuldeten Leistungen zu erteilen.[19] Andere Mitarbeiter des Auftraggebers sind zu Meldungen
und Anfragen an den Auftragnehmer nicht berechtigt.

(5) Die Key-User unterstützen den Auftragnehmer auch während der Fehlerbeseitigungs-
arbeiten beispielsweise durch die Übermittlung von Testfällen und/oder Testdaten, das
Bereitstellen von Fehlerprotokollen, Screen-Shots etc.

(6) Soweit der Auftragnehmer verpflichtet ist, Leistungen zu erbringen, zu deren Durchführung er im Wege der Datenfernübertragung auf das IT-System des Auftraggebers
zugreifen muss, hat der Auftraggeber den entsprechenden Zugriff auf die Software über
ein Kommunikationsnetz (zB Internet) zu ermöglichen. Sollte eine Fehlerbeseitigung per
Datenfernübertragung nicht möglich sein, weil dieser Zugriff nicht sichergestellt war, und
als Folge ein Vorort-Einsatz erforderlich werden, so berechnet der Auftragnehmer diesen
gemäß der jeweils aktuellen Preisliste zuzüglich Fahrtkosten und sonstige Spesen. Der
Zugriff per Datenfernübertragung erfolgt gemäß den Festlegungen in Anlage 2 über eine
gegen den unbefugten Zugriff Dritter geschützte Verbindung.[20]

(7) Stellt sich heraus, dass ein vom Auftraggeber gemeldeter Mangel tatsächlich nicht
besteht oder nicht auf die Software zurückzuführen ist (Scheinmangel), so trägt der
Auftraggeber die im Zuge der Fehleranalyse und sonstigen Bearbeitung beim Auftragnehmer entstandenen Kosten gemäß dessen jeweils aktueller Preisliste für Dienstleistungen, es sei denn, der Auftraggeber konnte das Vorliegen eines solchen Scheinmangels
auch bei Anstrengung der erforderlichen Sorgfalt nicht erkennen.[21]

§ 7 Untersuchungs- und Rügepflicht

(1) Der Auftraggeber wird die Pflegeleistungen einschließlich der etwaig geänderten oder
ergänzten Dokumentation unverzüglich nach Überlassung untersuchen, insbesondere im
Hinblick auf die Vollständigkeit sowie Funktionsfähigkeit grundlegender Programmfunk-
tionen.

(2) Mängel, die hierbei festgestellt werden, müssen dem Auftragnehmer unverzüglich
schriftlich mitgeteilt werden.[22] Die Mangelrüge hat eine möglichst detaillierte und konkrete Beschreibung der Mängel zu enthalten.

(3) Mängel, die im Rahmen der beschriebenen ordnungsgemäßen Untersuchung nicht
feststellbar waren, müssen wiederum unverzüglich nach Entdeckung schriftlich mitgeteilt
werden. Auch diese Mängelrüge muss eine möglichst detaillierte und konkrete Beschreibung der Mängel enthalten.

§ 8 Vergütung

(1) Die Pflegepauschale für die Pflegeleistungen gemäß §§ 2 bis 4 beträgt pro Kalenderjahr 18 % vom Nettokaufpreis der in Anlage 1 beschriebenen Software zuzüglich der
jeweils gültigen gesetzlichen Umsatzsteuer. Dies gilt unabhängig davon, ob und wie oft
Pflegeleistungen nach den §§ 2 bis 4 in Anspruch genommen werden.[23]

(2) Die Pflegepauschale wird jährlich im Voraus entrichtet.[24]

(3) Der Auftraggeber wird die auf der Grundlage dieses Vertrages zu zahlenden Entgelte
nach billigem Ermessen der Entwicklung der Kosten anpassen, die für die Preisberechnung maßgeblich sind. Eine Preiserhöhung kommt in Betracht und eine Preisermäßigung
ist vorzunehmen, wenn sich zB die Kosten für die Beschaffung von Hard- und Software
sowie Energie, die Nutzung von Kommunikationsnetzen oder die Lohnkosten erhöhen
oder absenken oder sonstige Änderungen der wirtschaftlichen oder rechtlichen Rahmen-

bedingungen zu einer veränderten Kostensituation führen. Steigerungen bei einer Kostenart, zB den Lohnkosten, dürfen nur in dem Umfang für eine Preiserhöhung herangezogen
werden, in dem kein Ausgleich durch etwaig rückläufige Kosten in anderen Bereichen,
etwa bei den Kosten für Hard- und Software, erfolgt. Bei Kostensenkungen, zB der
Hardwarekosten, sind vom Auftragnehmer die Preise zu ermäßigen, soweit diese Kostensenkungen nicht durch Steigerungen in anderen Bereichen ganz oder teilweise ausgeglichen werden. Der Auftragnehmer wird bei der Ausübung seines billigen Ermessens die
jeweiligen Zeitpunkte einer Preisänderung so wählen, dass Kostensenkungen nicht nach
für den Auftraggeber ungünstigeren Maßstäben Rechnung getragen werden als Kostenerhöhungen, also Kostensenkungen mindestens in gleichem Umfang preiswirksam werden wie Kostenerhöhungen. Der Auftragnehmer wird den Auftraggeber über Entgeltänderungen spätestens sechs Wochen vor Inkrafttreten der Änderungen in Textform
informieren.[25]

§ 9 Mängelhaftung

(1) Sachmängel, die während der Laufzeit dieses Vertrages vom Auftraggeber an den
Auftragnehmer gemeldet werden, beseitigt der Auftragnehmer unentgeltlich.[26]

(2) Überlässt der Auftragnehmer dem Auftraggeber im Rahmen der Fehlerbeseitigung
nach § 2 oder der Weiterentwicklung nach § 3 Software, so hat der Auftraggeber hinsichtlich der Softwareanteile, die zu einer Änderung und Ergänzung der bisher eingesetzten
Software führen, die Rechte nach diesem § 9 und den ergänzend geltenden gesetzlichen
Vorschriften. Soweit die überlassene Software identisch mit der bereits eingesetzten Software ist, bleibt es für die bereits vorhandenen Softwareteile bei den zuvor bestehenden
Rechten und dem dazu bestehenden Verjährungslauf.[27]

(3) Im Falle der vom Auftragnehmer zu vertretenden Verletzung von Schutzrechten
Dritter durch die von ihm im Rahmen dieses Vertrages bereitgestellten Leistungen kann
der Auftragnehmer nach eigener Wahl entweder auf seine Kosten ein für die vertraglich
vereinbarte Nutzung ausreichendes Nutzungsrecht zugunsten des Auftraggebers erwerben oder die betreffende Leistung ohne oder nur mit für den Auftraggeber zumutbaren
Auswirkungen auf deren Funktionen so ändern oder neu erbringen, dass keine Schutzrechte Dritter mehr verletzt werden. Für die Geltendmachung von Schadensersatz- oder
Aufwendungsansprüchen gilt § 10 dieses Vertrages.

(4) Nacherfüllungsansprüche verjähren innerhalb von 12 Monaten, ausgenommen in den
Fällen von Vorsatz.[28]

§ 10 Allgemeine Haftung

(1) Der Auftragnehmer haftet verschuldensabhängig nur bei Vorsatz, grober Fahrlässigkeit sowie der fahrlässigen Verletzung wesentlicher Vertragspflichten, deren Erfüllung die
ordnungsgemäße Durchführung des Vertrags überhaupt erst ermöglicht und auf deren
Einhaltung der Vertragspartner regelmäßig vertrauen darf. Im Falle einfacher Fahrlässigkeit ist die Haftung des Auftragnehmers je Schadensfall begrenzt auf den vorhersehbaren,
vertragstypischen Schaden, maximal jedoch auf denjenigen Betrag, der nach diesem
Vertrag pro Vertragsjahr als Pflegepauschale zu bezahlen ist.[29]

(2) Für den Verlust von Daten oder Programmen haftet der Auftragnehmer insoweit nicht,
als der Schaden darauf beruht, dass der Auftraggeber es unterlassen hat, regelmäßige
Datensicherungen durchzuführen und dadurch sicherzustellen, dass verlorengegangene
Daten oder Programme mit vertretbarem Aufwand wiederhergestellt werden können.

(3) Soweit der Auftragnehmer dem Auftraggeber im Rahmen dieses Vertrages Hard- oder Software auf Zeit überlässt, ist eine verschuldensunabhängige Haftung für Mängel, die bereits bei Vertragsschluss vorhanden waren, ausgeschlossen.

(4) Die vorstehenden Regelungen gelten auch zugunsten der gesetzlichen Vertreter, Mitarbeiter und Erfüllungsgehilfen des Auftragnehmers.

§ 11 Nutzungsrechte

(1) Stellt der Auftragnehmer dem Auftraggeber nach diesem Vertrag im Rahmen der Pflege Software auf Dauer zur Verfügung, räumt er dem Auftraggeber hieran Nutzungsrechte in dem Umfang ein, wie sie vom Auftragnehmer an der ursprünglich überlassenen und in Anlage 1 bezeichneten Software von ihm eingeräumt wurden.[30]

(2) Für selbstständig lauffähige Software erhält der Auftraggeber die Rechte nach Absatz 1 auflösend bedingt auf den Zeitpunkt der Überlassung weiterer Softwarestände. Mit der Überlassung jeder weiteren lauffähigen Software im Rahmen dieses Pflegevertrages erlöschen die Rechte an der zuvor überlassenen Version. Bis zu der Installation der überlassenen Software duldet der Auftragnehmer die Nutzung der Vorversion in dem in Absatz 1 beschriebenen Umfang.

(3) Der Auftraggeber darf durch Leistungen nach diesem Vertrag überzählig gewordene Software nicht weiter benutzen und ist verpflichtet, sie dauerhaft zu deinstallieren, diese Deinstallation schriftlich zu bestätigen und etwaig hierzu vorhandene Original-Datenträger einschließlich Sicherungskopien an den Auftraggeber zurückzugeben.

(4) Die Regelungen der Absätze 1 bis 3 gelten auch für Leistungen, die vom Auftragnehmer im Rahmen der Nacherfüllung oder aus Kulanz erbracht werden.

§ 12 Geheimhaltung und Datenschutz

(1) Die Parteien verpflichten sich, über alle ihnen im Rahmen der Vorbereitung, Durchführung und Erfüllung dieses Vertrages zur Kenntnis gelangten vertraulichen Vorgänge, insbesondere Geschäfts- oder Betriebsgeheimnisse des anderen Vertragsteils Stillschweigen zu bewahren und diese weder weiterzugeben noch auf sonstige Art zu verwerten. Dies gilt gegenüber jeglichen unbefugten Dritten, dh auch gegenüber unbefugten Mitarbeitern sowohl eigenen wie denen des Vertragspartners, sofern die Weitergabe von Informationen nicht zur ordnungsgemäßen Erfüllung der vertraglichen Verpflichtungen des Auftragnehmers erforderlich ist. In Zweifelsfällen ist die betroffene Vertragspartei verpflichtet, den Vertragspartner vor einer solchen Weitergabe um Zustimmung zu bitten. Diese Geheimhaltungsverpflichtung bleibt auch nach Beendigung dieses Vertrages bestehen.

(2) Der Auftragnehmer wird seine Mitarbeiter und sonstige Erfüllungsgehilfen entsprechend § 5 BDSG auf das Datengeheimnis verpflichten. Für die Einhaltung der datenschutzrechtlichen Bestimmungen wegen der Möglichkeit des Zugriffs auf personenbezogene Daten durch den Auftragnehmer ist der Auftraggeber nach § 11 Abs. 5 BDSG verantwortlich.[31]

§ 13 Vertragsdauer, Kündigung

(1) Dieser Software-Pflegevertrag wird auf unbestimmte Zeit geschlossen und kann von beiden Parteien mit einer Frist von sechs Monaten zum Ende eines jeden Kalenderjahres schriftlich gekündigt werden. Die Kündigung nach § 649 BGB ist ausgeschlossen.[32]

(2) Hiervon unberührt bleibt das Recht beider Parteien zur Kündigung des Vertrages aus wichtigem Grund. Ein wichtiger Grund liegt insbesondere vor, wenn im Falle der Eröffnung des Insolvenzverfahrens über das Vermögen des Auftragnehmers der Insolvenzverwalter den Eintritt in diesen Vertrag verweigert.

(3) Eine Rückabwicklung, Aufhebung oder ähnliche Umgestaltung (Beendigungszeitpunkt) des Software-Überlassungsvertrages über die in Anlage 1 bezeichnete Software lässt den Bestand dieses Vertrages zunächst unberührt. In einem solchen Fall endet der Vertrag zu dem nächstmöglichen Zeitpunkt, zu dem sich die Partei, die die Erklärung zur Beendigung des Überlassungsvertrages abgegeben hat, durch ordentliche Kündigung von dem Vertrag lösen könnte. Für die von dem Beendigungszeitpunkt an verbleibende Laufzeit dieses Pflegevertrages schuldet der Auftraggeber eine pauschal um 60 % geminderte Pflegegebühr, soweit keine Pflegeleistungen mehr erbracht werden können. Das Recht zur Kündigung aus wichtigem Grund bleibt unberührt. Die Beendigung des Überlassungsvertrages gilt nicht schon allein als wichtiger Grund.[33]

§ 14 Schlussbestimmungen

(1) Allgemeine Geschäftsbedingungen der Parteien im Übrigen finden auf diesen Vertrag keine Anwendung. Dies gilt auch dann, wenn solchen Bedingungen nicht ausdrücklich widersprochen wird.

(2) Der Auftraggeber kann gegenüber den Vergütungsansprüchen des Auftragnehmers nach diesem Vertrag nur mit rechtskräftig festgestellten oder von dem Auftragnehmer anerkannten Forderungen aufrechnen. Die Geltendmachung von Zurückbehaltungsrechten wegen der geschuldeten Vergütung kann auch wegen der unberechtigten Nichterfüllung der Pflichten des Auftraggebers aus dem Vertragsverhältnis zur Überlassung der Software geltend gemacht werden.

(3) Die Parteien werden im Falle einer sich aus diesem Vertrag ergebenden Streitigkeit vor Durchführung eines Gerichtsverfahrens (Klage) eine Schlichtung gemäß der Schlichtungsordnung der Hamburger Schlichtungsstelle für IT-Streitigkeiten in der zum Zeitpunkt der Einleitung eines Schlichtungsverfahrens gültigen Fassung durchführen. Das Schlichtungsverfahren soll dazu dienen, den Streit ganz oder teilweise, vorläufig oder endgültig beizulegen. Kommt eine Einigung vor der Schlichtungsstelle nicht zustande, ist der Rechtsweg zu den ordentlichen Gerichten eröffnet.

(4) Jegliche Änderungen und Ergänzungen dieses Vertrages bedürfen der Schriftform. Dies gilt auch für die Aufhebung dieser Schriftformklausel.

(5) Sollten einzelne Regelungen dieses Vertrages unwirksam sein oder werden, so berührt dies nicht die Wirksamkeit der verbleibenden Bestimmungen. Die Parteien verpflichten sich, anstelle der unwirksamen Regelung eine wirksame Bestimmung zu vereinbaren, die dem wirtschaftlichen Zweck der unwirksamen Regelung am nächsten kommt.

(6) Erfüllungsort für alle Leistungen des Auftragnehmers aus diesem Vertrag ist dessen Sitz, sei denn, die Erfüllung hat aus der Natur der Sache heraus an einem anderen Ort zu erfolgen.[34] Ausschließlicher Gerichtsstand ist der Sitz des Auftragnehmers.

(7) Es gilt das Recht der Bundesrepublik Deutschland unter Ausschluss des UN-Kaufrechts.[35] Bei einer mehrsprachigen Version dieses Vertrages ist für die rechtlichen Wirkungen allein der deutsche Text maßgeblich.

. . . .

(Ort, Datum)   (Ort, Datum)

. . . .

– Auftraggeber –   – Auftragnehmer –

Anlagen:

Anlage 1 Software

Anlage 2 Ticket-System

Anlage 3 Remote-Zugriff

Anmerkungen

1. Interessenlage. Das Interesse des Softwareanwenders an einer möglichst langfristigen Nutzung der Software bedingt eine fortlaufende Anpassung der Software an die aktuellen Einsatzanforderungen. Daneben besteht ein Bedürfnis des Anwenders, Funktionsdefizite, die durch technischen oder rechtlichen Wandel entstehen oder erst nach Ablauf der Verjährungsfrist für die Mängelrechte erkannt werden, zu beseitigen und auch die Sicherheit der Software dem sich rasch verändernden Stand der Technik anzupassen. Dem wird durch den Abschluss eines Pflegevertrages Rechnung getragen, der regelmäßig zeitgleich mit dem Überlassungsvertrag abgeschlossen wird. Bei der Überlassung von Standardsoftware erfolgt die Pflegeleistung häufig nicht individuell, sondern gegenüber allen Nutzern gleichartig, insbesondere durch wiederholte Aktualisierung der Software. Das bringt dem Auftragnehmer erhebliche Kostenvorteile.

In der Praxis hat sich **kein einheitlicher Typus** des Pflegevertrages herausgebildet. Es wird eine Vielzahl von Leistungen in unterschiedlichster Zusammenstellung angeboten (*Marly* Rn. 1065). Einige Verträge enthalten kein bestimmtes oder auch nur bestimmbares Pflichtenprogramm des Auftragnehmers, sondern haben mehr prospektiven Charakter und verlieren sich im Ungefähren. Der Auftragnehmer stellt in solchen Verträgen Leistungen in Aussicht und bietet an, aufgrund einer noch abzuschließenden Vereinbarung – möglicherweise – tätig zu werden. Dieses Muster enthält demgegenüber eine recht weit gehende Verpflichtung des Auftragnehmers zur Mängelbeseitigung und kommt damit den Interessen des Auftraggebers entgegen. Verwender dieses Formulars ist der Auftragnehmer, der zugleich auch Anbieter der zu pflegenden Software ist. Das Formular kann ebenso für **Drittanbieter** („Third Party Maintenance") verwendet werden, sofern sie dem Hersteller der Software vergleichbar rechtlich und technisch in der Lage sind, die Software zu ändern. Wegen dieser Hürden kommen solche Fallgestaltungen jedoch für die Pflege von Software praktisch kaum vor und haben eher Bedeutung bei der Anwendungsunterstützung („User Help Desk" oÄ).

Vertragstypologisch ist der Vertrag ein gemischt-typischer Vertrag mit Schwerpunkt im Werkvertragsrecht (*Marly* Rn. 1071; BGH Urt. v. 4.3.2010 – III ZR 79/09, MMR 2010, 398 Rn. 23). Die Bemühungen mancher Anbieter, den Pflegevertrag dienstvertraglich zu prägen, führten – ihre oft nicht gegebene Wirksamkeit angenommen – lediglich dazu, dass der Auftraggeber keine Ansprüche auf die Beseitigung von Mängeln erhält, sondern ihm nur Unterstützung bei der Fehlersuche angeboten und die Aussicht auf Mängelbeseitigung im Rahmen einer gesonderten Vereinbarung (die dann letztlich werkvertraglich einzuordnen ist) eröffnet wird (vgl. auch BGH Urt. v. 4.3.2010 – III ZR 79/09, MMR 2010, 398 Rn. 23).

2. Kollision mit Mängelhaftung aus Überlassungsvertrag. In der Literatur wird darüber diskutiert, ob der Abschluss eines Pflegevertrages in der Rechtseinheit mit dem Überlassungsvertrag eine unangemessene Benachteiligung im Sinne des § 307 BGB darstellt, wenn der Pflegevertrag entgeltliche Leistungen umfasst, die der Auftraggeber nach dem Überlassungsvertrag aufgrund der gesetzlich vorgesehenen Mängelhaftungsverpflichtung des Auftragnehmers unentgeltlich in Anspruch nehmen könnte (Auer-Reinsdorff/Conrad/*Conrad/ Schneider* § 14 Rn. 36; *Schneider* CR 2011, 626; *Redeker* Rn. 643 ff.). Richtig ist hieran, dass § 439 Abs. 2 und § 309 Nr. 8 lit. a cc BGB die Mängelhaftung für den Käufer kostenfrei ausgestalten. Auch die für die zusammenfassende Betrachtung von Kauf- und Pflegevertrag erforderliche Rechtseinheit dürfte jedenfalls bei einem gleichzeitigen Abschluss der Verträge gegeben sein. Um eine im schlimmsten Fall wegen Wegfall eines wesentlichen Vertragsbestandteils – der Vergütung – drohende Unwirksamkeit des Pflegevertrages zu vermeiden, werden viele, letztlich aber unter AGB-Gesichtspunkten untaugliche Regelungen vorgeschlagen (hierzu *Marly* Rn. 1078 ff.). Ich meine, dass es sich hier letztlich um ein **Scheinproblem** handelt, da die Kollision der beiden Verträge leicht dadurch behoben werden kann, dass aufgrund der Leistungsbeschreibung im Pflegevertrag die vom Auftragnehmer nach dem Überlassungsvertrag unentgeltlich zu erbringenden Leistungen zur Mängelbeseitigung im Rahmen der Pflege nicht geschuldet sind (in diesem Sinne wohl schon *Runte* ITRB 2003, 253 [256]). Rein praktisch ergibt sich dies schon daraus, dass in den Pflegeverträgen durchweg eine Vergütung von jährlich circa 15 bis 18 % bezogen auf die Kosten des Softwareerwerbs vereinbart wird. Diese Vergütung ist marktüblich, ohne dass die Pflegeleistungen ganz oder zumindest überwiegend identisch wären. In der Folge kann die Entgeltlichkeit der nach dem Pflegevertrag erbrachten Mängelbeseitigungsleistungen kein Maßstab für die Unangemessenheit der Regelung sein. Wenn für das gleiche Entgelt (15 bis 18 % der Lizenzkosten) unterschiedlich viel geleistet wird, ist eine Reduzierung des Entgelts kein Anhalt für die angemessene Behandlung des Auftraggebers, wenn ihm stattdessen nur (zB) 50 % der Lizenzkosten abverlangt werden. Oder andersherum gewendet, wenn es möglich sein soll, die Kollision dadurch zu vermeiden, dass das auf Mängelbeseitigungsleistungen entfallende Entgelt aus dem Pflegevertrag herausgerechnet wird, dann muss es auch möglich sein, die entsprechenden Leistungen gar nicht erst Vertragsgegenstand werden zu lassen. Aber auch rechtlich liegt keine Kollision vor, wenn, wie hier, die nach dem Überlassungsvertrag unentgeltlich geschuldeten Mängelbeseitigungsarbeiten von dem Pflegevertrag gar nicht erst erfasst werden. Dass hierin eine Umgehung nach § 306a BGB liegt, ist nicht ersichtlich. Eine Kontrollüberlegung macht dies deutlich. Würde der Auftraggeber für die Pflegeleistungen einen anderen Anbieter in Anspruch nehmen und dieser die gleiche marktübliche Vergütung verlangen wie der Verkäufer der Software, so liegt hierin keine unangemessene Benachteiligung. Nimmt der Anbieter der Pflegeleistungen die Beseitigung der Mängel, die bereits bei Gefahrübergang vorhanden waren aus dem Pflegevertrag heraus, kann nichts anderes gelten.

3. Fehlerbeseitigung. Das Formular verwendet den Begriff des Fehlers für die vertragliche Hauptleistungspflicht im Unterschied zum Begriff des Mangels, der einen Nacherfüllungsanspruch auslöst. Gelegentlich wird statt Fehler in dem hier verwendeten Sinne auch der Begriff der Störung verwendet. Die Beseitigung von Softwarefehlern befriedigt eines der Hauptinteressen des Anwenders. Während der Mängelhaftungsfrist des Überlassungsvertrages besteht ein Anspruch auf unentgeltliche Beseitigung von Mängeln aus dem Überlassungsvertrag. Anders als in anderen technischen Bereichen hat der Anwender bei Software auch keine Schwierigkeiten, das Vorliegen eines Mangels bereits im Zeitpunkt des Gefahrübergangs nachzuweisen, da sich Software durch Zeitablauf nicht ändert. Im Gegensatz zu Hardware → Form. A. 5 unterliegt Software auch keiner Abnutzung, so dass die (vorbeugende) Wartung im Sinne der DIN 31051 entfällt.

Die Beseitigung von Fehlern ist in Pflegeverträgen eine **entgeltliche Hauptleistungspflicht** des Auftragnehmers. In der Folge kann zur Beantwortung der Frage, was einen solchen zu beseitigenden Fehler ausmacht, nicht auf den gesetzlichen Mangelbegriff des § 633 BGB abgestellt werden. Diese Mängelhaftung erfasst das Ob und Wie der Leistungsdurchführung, nicht aber, was überhaupt zu leisten ist. Dementsprechend **muss der Fehlerbegriff vertraglich definiert werden.**

In dem Formular verpflichtet sich der Auftragnehmer zur Beseitigung von Fehlern, die die definierte Funktionalität der Software beeinträchtigen. Abweichend von der gesetzlichen Mängelhaftung hat der Anwender hier keinen Anspruch auf Fehlerbeseitigung, wenn sich der Fehler nur unwesentlich auswirkt. Von der Mängelhaftung des Überlassungsvertrages ist der Pflegevertrag strikt zu unterscheiden.

4. Pflichtenprogramm. Die Verpflichtung zur Beseitigung von Fehlern belastet den Auftragnehmer mit dem Risiko, nicht einschätzen zu können, wie schnell er dieser Pflicht während der Laufzeit des Vertrages nachkommen kann. Eine verbindliche Frist zur Fehlerbeseitigung kann der Auftraggeber aus dem genannten Grund nicht erwarten. Aber auch die Verpflichtung überhaupt, Fehler zu beseitigen, stellt ein Haftungsrisiko dar. Um das Risiko beherrschen zu können, sieht das Formular vor, Fehler nur in der definierten Frist beseitigen zu müssen.

5. Benutzerdokumentation. Für die Änderung der Software durch Pflegeleistungen gilt nichts anderes als für die ursprüngliche Überlassung von Software. Der Anwender muss in die Lage versetzt werden, die Software nutzen zu können. Dazu benötigt er eine Benutzerdokumentation.

6. Keine Garantiehaftung. Eine Garantiehaftung kann nur durch Vereinbarung entstehen. Um etwaigen unausgesprochenen Erwartungen des Auftraggebers entgegenzutreten wird hier klargestellt, dass eine Garantiehaftung nicht übernommen wird und der Auftragnehmer insbesondere auch nicht für eine bestimmte Verfügbarkeit der Software einsteht.

7. Fehlerklassifizierung. Es ist üblich, die Fehler zu klassifizieren, um insbesondere die Reaktionsgeschwindigkeit auf Fehlermeldungen situationsbezogen abstimmen zu können. Je schwerwiegender der Fehler ist, desto schneller soll der Auftraggeber eine Reaktion seines Vertragspartners erwarten dürfen. Oft werden die Fehlerklassen nur unzureichend definiert. Um Streit über die Erfüllung der vertraglichen Pflichten zu vermeiden sollten die ein Eingreifen auslösenden Umstände möglichst genau umschrieben werden, gegebenenfalls in einer Anlage und mit Beispielen.

8. Reaktion. Die Klausel legt dem Auftragnehmer keine übermäßigen Pflichten zur Wahrung der Reaktionszeit auf. Die Maßnahmen zur Beseitigung der Fehler müssen eingeleitet sein, was bereits dann der Fall ist, wenn mit der Fehleranalyse begonnen wird. Das wird für den Auftraggeber regelmäßig schwer zu überprüfen sein. Ein prüfbarer Vor-Ort-Einsatz dagegen ist bei Software häufig nicht erforderlich und würde lediglich Zusatzkosten auslösen. Je nach Art der zu pflegenden Software kann aus Auftraggebersicht allerdings eine überprüfbare Leistung verlangt werden, wie etwa das Auslesen eines Fehlerprotokolls oder sonstige Ferndiagnose. Die vorzunehmenden Handlungen und die Folgen bei Nichterfüllung können im Einzelnen weiter beschrieben werden. Für die Entgegennahme einer Meldung könnte vereinbart werden, dass zB 75 % aller Anrufe innerhalb von max. 60 Sek. innerhalb der Betriebszeiten entgegengenommen werden. Im Ergebnis erhalten die Parteien dann ein mehr oder minder komplexes Service-Level-Agreement (dazu auch *Schreibauer/Taraschka* CR 2003, 557).

Der von dem Fehler betroffene Auftraggeber erwartet eine schnelle Reaktion. Da er die Komplexität der zu beseitigenden Fehler nicht abschätzen kann, ist es sinnvoll, ihm einen **Hinweis zur Dauer der Fehlerbeseitigung** zu geben. Ob das Vierfache der vorgesehenen Reaktionszeit angemessen ist, ist eine Frage des Einzelfalls.

9. Patches. Liegt der Fehler in der Programmierung begründet, muss die Software geändert werden, was regelmäßig durch das Einspielen neuer Softwareteile („Patches") geschieht. Die Installation der Patches obliegt nach diesem Muster dem Auftraggeber. Erfordert die Installation Maßnahmen, die von dem Anwender nicht ohne weiteres erwartet werden können, muss eine Installationsanleitung mitgeliefert werden.

Je nach Art der zu pflegenden Software empfiehlt es sich, die Patches zuvor in eine **Testumgebung** einzuspielen und anhand von Testfällen auf ihre Geeignetheit für den operativen Betrieb zu prüfen. Allerdings verzögert sich dadurch die Mängelbehebung, was wiederum Eingang in die Bestimmung der Service-Levels finden muss.

10. Fernzugriff. Der Fernzugriff auf das IT-System hat unter Berücksichtigung der Sicherheitsinteressen des Anwenders zu erfolgen. Es sollte aus der Sicht des Anwenders insbesondere sichergestellt werden, dass der Zugriff des Auftragnehmers von einer eindeutigen Identifikation abhängig gemacht wird, um bei nachfolgenden Problemen die Verantwortlichkeit klären zu können. Die Details sind im Anhang zu klären. In manchen Unternehmen ist aus Sicherheitsgründen ein Fernzugriff nicht gestattet. Für diese Fälle ist das Formular anzupassen, insbesondere sind dann die Reaktionszeiten auf die Möglichkeiten einer fehlenden Online-Datenübermittlung abzustimmen. Zum Datenschutz und zur Mitbestimmung → Form. B. 8 Anm. 20.

11. Umgehung. Im Bereich der Mängelhaftung wäre die Umgehung eines Mangels keine Mängelbeseitigung, bei der Beseitigung von Fehlern als Hauptleistungspflicht spricht rechtlich nichts gegen eine solche Regelung. Der Auftraggeber sollte prüfen, ob er diese in Pflegeverträgen verbreitete Klausel akzeptiert. Häufig wird die Regelung auch so gefasst, dass die Fehlerumgehung nur eine vorübergehende Abhilfe darstellt, bis der Mangel durch eine Änderung der Software oder von sonstigen Einstellungen behoben wird.

12. Gelegentliche Fehlerbehebung. Nicht drängende Fehler werden üblicherweise bei Gelegenheit der Überlassung einer Funktionserweiterung oÄ beseitigt. Um dem Transparenzgebot Rechnung zu tragen sieht die Klausel vor, dass dann, wenn der Auftragnehmer diesen Zeitpunkt für die kommenden drei Monate nicht absehen kann, er den Auftraggeber hierauf hinweist.

13. Klassifizierung und Pflichtverletzung. Nach diesem Formular gibt der Auftraggeber die Priorität vor. Es ist damit zu rechnen, dass der Auftraggeber einen Fehler eher als schwerwiegender einschätzen wird als dies tatsächlich der Fall ist. Um dem entgegenzuwirken knüpft das Formular die Pflichtverletzung an die Einhaltung aus der objektiv gegebenen Störung folgenden Reaktionszeit. Die Beweislast liegt dafür beim Auftraggeber.

14. Weiterentwicklung. Eine konkrete Zusage zu einer bestimmten Weiterentwicklung der Software kann der Auftragnehmer bei einem unbefristet laufenden Pflegevertrag nicht machen. Daher wird die Weiterentwicklung nur in Aussicht gestellt, was keine ausreichende Grundlage für den Auftraggeber ist, eine konkrete Weiterentwicklung zu verlangen.

Es ist eine Frage der Kalkulation, ob der Auftragnehmer die weiterentwickelte Software („Update", „Upgrade", „Release" oder gar „Version") unentgeltlich im Rahmen des Pflegevertrages oder nur gegen eine zusätzliche Vergütung überlässt. Überlässt der Auftragnehmer eine weiterentwickelte Variante der Software, so ist dies mangels Erfolgsbezogenheit kaufvertraglich einzuordnen mit der Folge einer entsprechenden Mängelhaftung für die gesamte Software (hierzu *Schneider* CR 2011, 626 [631]). Das erscheint mir nicht angemessen, wenn die Software nur teilweise erneuert ist und das zu zahlende Entgelt hinter den Kosten für einen Neuerwerb zurückbleibt. Die Mängelhaftungsregeln sehen daher hierzu eine Beschränkung vor, die den Auftraggeber nicht unangemessen benachteiligen sollte.

15. Hotline. Die im Rahmen der Hotline angebotenen Leistungen sind überwiegend dienstvertraglicher Natur, können im Einzelfall aber auch die Übernahme einer Erfolgspflicht rechtfertigen mit der Folge, dass dann Werkvertragsrecht gilt.

16. Ausgeschlossene Leistungen. Da die im Rahmen des Pflegevertrages zu erbringenden Leistungen in manchen Teilen schwer bestimmbar sind, empfiehlt es sich, eine Bestimmtheit jedenfalls insoweit herbeizuführen, dass die Leistungen aufgeführt werden, die nach dem Vertrag nicht geschuldet sind.

17. Einsatz des neuesten Software-Standes. Unter AGB-rechtlichen Gesichtspunkten ist die unbedingte Verpflichtung zum **Einsatz der jeweils neuesten Version unangemessen**, weil der Auftraggeber so gezwungen würde, auch mangelhafte oder teure neue Versionen einzusetzen, um die Pflegeleistungen zu erhalten. Auf der anderen Seite hat der Softwareanbieter das Interesse, die Arbeitsbelastung dadurch gering zu halten, dass er seine Pflegeleistungen auf einen ihm im Wesentlichen bekannten Stand der Software bei den Anwendern ausrichtet. Die hierdurch eintretenden Kostenvorteile kann er an seine Kunden weitergeben. Das gilt vor allem für die Pflege von Standardsoftware, hat aber auch für Individualsoftware Bedeutung, wenn es der Kunde unterlassen hat, neuere Softwarestände einzuspielen. Am Ende geht es darum, den Auftraggeber davor zu bewahren, zur Zahlung verpflichtet zu sein, ohne eine Gegenleistung zu erhalten, weil er die von ihm geforderte Mitwirkungsleistung (neueste Software) nicht erbringt.

Das Formular sieht zur Wahrung der Angemessenheit der Bestimmung vor, dass der Auftraggeber den neuesten Softwarestand nicht einzusetzen braucht, wenn ihm dies nicht zumutbar ist. Um ihn nicht weiter zu benachteiligen ordnet der Vertrag in der Folge das Ruhen der Pflege- und Entgeltverpflichtung an mit der Maßgabe, dass die Leistungen nachzuholen sind, wobei der Auftragnehmer grundsätzlich vorleistungspflichtig ist.

18. Key-User. Es ist sinnvoll, die Kommunikation zwischen den Vertragsparteien so zu kanalisieren, dass Meldungen über Fehler nur durch – möglichst – fachkundige Mitarbeiter vorgenommen werden. Denn oftmals liegt keine funktionalen Fehler der Software, sondern schlicht eine Fehlbedienung vor. Solche Fehler können durch das regelmäßig beim Anwender vorhandene Wissen erfahrener Mitarbeiter leicht ohne Unterstützung des Auftragnehmers beseitigt werden. Diese Form der Problemlösung zunächst durch erfahrene Mitarbeiter des Kunden selbst wird zum Teil auch als First Level Support bezeichnet, wobei die Begrifflichkeiten im IT-Bereich schillernd sind und daher zurückhaltend verwendet werden sollten.

19. Vollmacht. In der Praxis wird kaum darauf geachtet, ob derjenige, der einen Auftrag erteilt, auch die dafür erforderliche Vertretungsmacht hat. Greifen die Grundsätze über die Rechtsscheinvollmachten nicht, bleibt die Erklärung des Mitarbeiters ohne Wirkung für oder gegen den scheinbar Vertretenen. Dass die Key-User die dem Auftragnehmer zustehenden Rechte aus dem Vertrag wahrnehmen können, ergibt sich bereits aus den vertraglichen Regelungen selbst. Darüber hinaus kann es aber erforderlich sein, auch Zusatzleistungen zu vereinbaren, die durch die Pflegepauschale nicht gedeckt sind. Zur Erteilung dieser Zusatzaufträge sollen die Key-User nach der Klausel auch ermächtigt sein. AGB-rechtlich werden regelmäßig nur Vollmachtserteilungen behandelt, die der Verwender sich oder Dritten zu Lasten des Vertragspartners einräumen lässt (vgl. *Lindacher/Pfeiffer* Klauseln V 475 ff.). Hier geht es aber um den Fall, dass der Vertragspartner seinen Mitarbeitern eine (Außen-)Vollmacht erteilt, damit sie ihre arbeitsrechtlichen Pflichten wahrnehmen können. Das sollte AGB-rechtlich zulässig sein, zumal bei einer fehlenden Vollmacht zwar eine Inanspruchnahme des Mitarbeiters nach § 179 BGB in Frage kommt, der Mitarbeiter aber – Vorsatz ausgenommen – einen arbeitsrechtlichen Freistellungsanspruch gegen seinen Arbeitgeber geltend machen kann. Letztlich trifft das Handeln des Key-Users somit in den typischen Fällen stets den Auftraggeber.

20. Fernzugriff. Viele Fehler lassen sich im Wege der Datenfernübertragung analysieren und auch beseitigen. Das hat den Vorteil, dass der Aufwand gering gehalten werden kann, weil die Service-Mitarbeiter des Auftragnehmers nicht jedes Mal am Ort des

Einsatzes der Software erscheinen müssen. Für den Auftraggeber stellt der Zugriff auf sein IT-System allerdings ein Sicherheitsrisiko dar, dem ein entsprechendes Haftungsrisiko seitens des Auftragnehmers entspricht. Der Auftraggeber sollte daher prüfen, ob er dieses Risiko eingehen will oder überhaupt darf (sa *Schultze-Melling* CR 2005, 73). Die Details eines Fernzugriffs müssen in der Anlage geregelt werden.

21. Scheinmangel. → Form. B. 1 Anm. 29

22. Rüge. → Form. B. 3. Anm. 29.

23. Kostenpauschale. In der Praxis ist eine pauschale Vereinbarung der Pflegekosten (rechtsterminologisch fehlerhaft „Gebühr" genannt) in Höhe von ca. 15 bis 18 % üblich. Dieser Prozentsatz findet erstaunlicherweise durchgängig unabhängig von den vereinbarten Leistungen Verwendung. Oft wird versucht, den Maßstab für die Berechnung der Pflegepauschale ebenfalls anzupassen. Dies etwa dann, wenn Erweiterungen der Software zu einem erhöhten Nutzwert führen. Dann sollen „Updates", „Upgrades" oder ähnliches den Bezugswert für die Pauschale erhöhen. In solchen Fällen ist auf eine ausreichend transparente Regelung zu achten, um Streit darüber zu vermeiden, nach welcher Bezugsgröße die Pflegepauschale zu berechnen ist.

24. Vorauszahlungspflicht. Die Pflicht zur Vorauszahlung der Pflegekosten für den Zeitraum eines Jahres ist in Pflegeverträgen verbreitet. Das ist zwar AGB-rechtlich bedenklich, weil hierdurch von der Regelung des § 641 BGB abgewichen wird und dem Auftraggeber im Übrigen das Zurückbehaltungsrecht verkürzt wird. Die praktischen Konsequenzen sind wegen des Dauerschuldcharakters der Softwarepflege aber gering. Die Zahlung der Kosten im Voraus ist auch weithin akzeptiert. Der Auftragnehmer muss aber beachten, dass er bei einer Nichtleistung der Vorauszahlung kein Leistungsverweigerungsrecht hat, weil er nach der gesetzlichen Regelung grundsätzlich vorleistungspflichtig ist (BGH Urt. v. 4.3.2010 – III ZR 79/09, MMR 2010, 398 Rn. 11 – Internet-System-Vertrag).

25. Preisanpassung. Im Zuge der neueren Rechtsprechung des BGH zur Wirksamkeit von Preisanpassungsklauseln in AGB ist die Angemessenheit vieler verbreiteter Klauseln fraglich. Auch wenn unter Transparenzgesichtspunkten der Gedanke, dass Preisanpassungsklauseln für den Vertragspartner des Verwenders nachvollziehbar sein müssen, richtig ist und die Klauseln nicht dem Interesse der Gewinnoptimierung dienen sollen, ist doch die Einhaltung dieser Vorgaben praktisch kaum möglich. Die hier verwendete Klausel entspricht einer vom BGH für angemessen erachteten (BGH Urt. v. 25.11.2015 – VIII ZR 360/14, NJW 2016, 936 und → Form. D. 4 Anm. 21), ist aber in der Praxis sperrig umzusetzen.

26. Nacherfüllung. Für Softwarepflegeverträge wurde die Problematik, ob während der Laufzeit eines Vertrages zur Pflege von Software überhaupt Nacherfüllungsansprüche bestehen können, solange bereits die Primärpflicht des Auftragnehmers dauerhaft auf die Herstellung des geschuldeten Erfolgs gerichtet ist, erstmalig von Bartsch aufgeworfen (*Bartsch* NJW 2002, 1526 [1529]; ihm folgend LG Bonn Urt. v. 19.12.2003 – 10 O 387/01, CR 2004, 414). Die Haftung des Auftragnehmers richtet sich dann nach dem allgemeinen Leistungsstörungsrecht (aA Schneider/v. Westphalen/*Peter* Kap. G Rn. 407 ff.).

27. Verjährung. Nach dem zu Anm. 24 Gesagten betrifft dies die Nacherfüllungs- und Sekundäransprüche, die am Ende der Vertragslaufzeit nicht mehr der Primärleistungspflicht unterfallen.

28. → Form. B. 1 Anm. 24

29. Haftungsbeschränkung. Eine wirksame Beschränkung der Haftung in AGB ist nicht möglich (vgl. *Redeker* Rn. 462 ff.; *Marly* Rn. 1884 ff.).

30. Nutzungsrechte. Um den Auftraggeber urheberrechtlich nicht schlechter zu stellen, müssen ihm an der durch die Pflegeleistungen veränderten Software die gleichen urheberrechtlichen Befugnisse eingeräumt werden wie er sie an der Ausgangssoftware hatte. Wird die Pflege durch ein von dem Rechtsinhaber verschiedenes Unternehmen erbracht, sollte der Auftragnehmer zusichern, dass er über die erforderlichen Befugnisse verfügt.

Häufig erhält der Nutzer im Rahmen der Pflege vollständige Softwareversionen. Es muss dann geregelt werden, dass er neben der neuen Version nicht auch noch die alte benutzen kann. Daher erhält der Auftraggeber nur auflösend bedingte Nutzungsrechte (dazu Bisges/*Imhof* Kap. 5 Rn. 210) und verpflichtet sich, die ersetzte Software zu deinstallieren und nicht mehr zu benutzen;.→ Form. B. 1 Anm. 7

31. Datenschutz und Mitbestimmung. Wird die Software von Mitarbeitern benutzt und diese Nutzung protokolliert, liegen **personenbezogene Daten** vor, für die § 11 Abs. 5 BDSG den Auftraggeber wie bei einer Auftragsdatenverarbeitung in die Pflicht nimmt (Auer-Reinsdorff/Conrad/*Conrad*/*Schneider* § 14 Rn 110 ff.). Dafür genügt, dass die Kenntnisnahmemöglichkeit der Daten nicht ausgeschlossen ist, sie muss nicht unbedingt Gegenstand der Leistungspflichten sein. Regelmäßig erlaubt die Protokollierung auch eine Überwachung, die der **Mitbestimmung** nach § 87 Nr. 6 BetrVG unterliegt.

32. Freie Kündigung. Das Recht des Auftraggebers zur freien Kündigung nach § 649 BGB gilt auch bei Werkverträgen in Form von Dauerschuldverhältnissen (BGH Urt. v. 27.1.2011 – VII ZR 133/10, NJW 2011, 915 Rn. 10). Auftraggeber übersehen dazu manchmal, dass die Kündigung zwar das Vertragsverhältnis beendet, die Vergütungspflicht jedoch fortbestehen lässt. Die Ersparungen, die sich der Auftragnehmer anrechnen lassen muss, tendieren im Bereich der Softwarepflege gegen Null, so dass der Auftraggeber weiterhin verpflichtet bleibt, fast die gesamte Vergütung bis zur nächsten ordentlichen Kündigungsmöglichkeit zu entrichten. Andererseits verbleibt die Kündigung nach § 649 BGB hinsichtlich der Frage des Ersparten streitträchtig. Der Auftragnehmer kann daher ein Interesse haben, dem Auftraggeber diese Kündigungsmöglichkeit zu nehmen. Der BGH hat allerdings offen gelassen, ob ein solcher Ausschluss formularmäßig vereinbart werden kann (BGH Urt. v. 27.1.2011 – VII ZR 133/10, NJW 2011, 915 Rn. 16).

33. Ausschluss der Rückabwicklung mit Überlassungsvertrag. Werden Überlassungs- und Pflegevertrag zugleich zwischen den gleichen Parteien abgeschlossen, liegt regelmäßig eine rechtliche Einheit dieser Verträge vor, so dass sie auch ihr rechtliches Schicksal bei einer Rückabwicklung eines Vertrages teilen. Der Pflegevertrag wird nur wegen des Überlassungsvertrages abgeschlossen, so dass – jedenfalls hinsichtlich der Aufrechterhaltung des Pflegevertrages – beide Verträge miteinander stehen und fallen (vgl. zu diesem Kriterium Palandt/*Heinrichs* BGB § 139 Rn. 5 mwN). Da maßgeblich der **Einheitlichkeitswille der Parteien** ist (vgl. BGH Urt. v. 7.3.1990 – VIII ZR 56/89, NJW 1990, 3011 [3012]), stellt das Formular klar, dass dieser Einheitlichkeitswille nicht gegeben sein soll. Das ist AGB-rechtlich zwar problematisch, da es letztlich auf die Umstände des Einzelfalls und die Auslegung des von den Parteien beim Vertragsschluss Gewollten ankommt, aber in diese Auslegung ist auch die hier verwendete Klausel einzubeziehen. Der Auftragnehmer will sich die aus dem Pflegevertrag zu beziehende Vergütung auch dann erhalten, wenn der Überlassungsvertrag beendet wird. Da er sich durch den Wegfall des Leistungsgegenstandes Aufwendungen erspart, ist dies anzurechnen, was in Form einer Pauschalierung erfolgt. In AGB kann auch die Regelung des § 649 BGB übernommen werden, was im Einzelfall zwar einen höheren Aufwand bedeutet (mit dem nach den Grundsätzen zu § 649 BGB der Auftraggeber zunächst belastet ist), aber die Problematik der Angemessenheit der Regelung reduziert. Darauf, ob der Auftragnehmer die Rückabwicklung des Überlassungsvertrages zu vertreten hat, sollte es für die Klauselgestaltung nicht ankommen, weil dieser Aspekt über einen etwaigen Schadensersatzanspruch des Auftraggebers aus dem Überlassungsvertrag kompensiert wird. Die zu entrichtende Pflegepauschale wäre dann – ganz oder teilweise – ein Schadensposten, der der Entgeltzahlungspflicht entgegengehalten werden könnte.

34. Erfüllungsort. → Form. B. 1. Anm. 30.

35. UN-Kaufrecht. → Form. B. 1. Anm. 36.

8. Quell-Code-Hinterlegung (Software Escrow)

Vertrag

zwischen

. . . . .

– nachfolgend „Auftraggeber" genannt –,

. . . . .

– nachfolgend „Auftragnehmer" genannt –

und

. . . . .

– nachfolgend „Treuhänder" genannt –

Präambel

Auftraggeber und Auftragnehmer haben einen Vertrag zur Überlassung der Software XY und hierzu einen Pflegevertrag geschlossen. Mit der nachfolgend geregelten Hinterlegung des Quellcodes soll dem Interesse des Auftraggebers Rechnung getragen werden, die aus dem Quellcode abgeleitete Software in den in diesem Vertrag bezeichneten Fällen auch ohne die Mitwirkung des Auftragnehmers aus dem Pflegevertrag anhand des Quellcodes ändern zu können. Zugleich soll das Interesse des Auftragnehmers an der Geheimhaltung des Quellcodes berücksichtigt werden, so dass eine endgültige Verwendung des Quellcodes nur dann erfolgen soll, wenn der Auftragnehmer nicht mehr in der Lage ist, den Pflegevertrag störungsfrei zu erfüllen.

Zum Ausgleich dieser Interessen sind Auftraggeber und Auftragnehmer nach Maßgabe dieses Vertrages übereingekommen, den Quellcode der Software einschließlich Zubehör und Dokumentation in verschlüsselter Form dem Auftraggeber zu übergeben, ihm die Rechte hieran zu übertragen und den Schlüssel hierzu an einen Treuhänder auszuhändigen mit der Auflage, nur unter den in diesem Vertrag bestimmten Umständen den Schlüssel an den Auftraggeber herauszugeben.[1]

§ 1 Hinterlegung

(1) Der Auftragnehmer übergibt dem Auftraggeber die nachfolgend beschriebenen Gegenstände (nachfolgend „Hinterlegungsgegenstände" genannt) auf einer blu-ray disc oder einem anderen üblichen und geeigneten Datenträger:

a) den verschlüsselten Quellcode der zu überlassenden Software, einschließlich der Schnittstellen sowie die im Quellcode selbst implementierte Dokumentation

b) die genaue schriftliche Bezeichnung aller Software-Tools, die für die Bearbeitung des Quellcodes (Entwicklungsumgebung) und seine Übertragung in eine maschinenlesbare Form (Objectcode) erforderlich sind. Soweit diese Tools im Zeitpunkt der Hinterlegung nicht von dritten Anbietern erworben werden können, hinterlegt der Auftragnehmer auch die Tools selbst nebst Benutzeranleitung[2]

c) die verschlüsselten Namen und Anschriften der an der Entwicklung des Quellcodes beteiligten Entwickler[3]

d) ein Programm zur Entschlüsselung der Inhalte oder die Bezeichnung des Programms zum Erwerb durch den Auftraggeber.

(2) Der Quellcode ist vom Auftragnehmer so zu dokumentieren, dass ein fachkundiger Dritter in der Lage ist, den Quellcode in der gewöhnlichen Zeit zu ändern, um die Software wie gewünscht anzupassen.[4]

(3) Die Hinterlegungsgegenstände sind in den Formaten . . . . . zu hinterlegen. Der Datenträger ist dem Auftraggeber mit der zu überlassenden Software, falls dies aus technischen Gründen noch nicht möglich ist jedenfalls unverzüglich danach, zu übergeben.

(4) Der Auftragnehmer wird die Hinterlegungsgegenstände nach jeder Änderung des Quellcodes unverzüglich erneuern. Bei unwesentlichen Änderungen ist es ausreichend, wenn die Hinterlegung einmal jährlich erfolgt, sofern der Auftragnehmer dem Auftraggeber die Änderungen schriftlich benennt.[5]

(5) Der Auftraggeber wird die Hinterlegungsgegenstände mit der in eigenen Angelegenheiten üblichen Sorgfalt aufbewahren.[6] Sollten die Hinterlegungsgegenstände aus dem Besitz des Auftraggebers geraten, wird er den Auftragnehmer hierüber unverzüglich informieren. In diesem Fall kann der Auftraggeber vom Auftragnehmer gegen Entrichtung der für die Leistungen des Auftragnehmers üblichen Vergütung[7] die erneute Überlassung der Hinterlegungsgegenstände nach Maßgabe dieses Vertrages verlangen. Im Übrigen wird der Auftraggeber gegenüber den weiteren Parteien die ihm obliegenden Mitwirkungshandlungen vornehmen, damit sie ihren aus diesem Vertrag folgenden Pflichten nachkommen können.

§ 2 Verschlüsselung

(1) Zur Wahrung der Vertraulichkeit erfolgt das Speichern der Daten nach Wahl des Auftragnehmers verschlüsselt.[8] Die verschlüsselten Daten lassen sich mit Hilfe des in § 1 Abs. 1 lit. d genannten Programms unter Verwendung des dazugehörigen Schlüssels entschlüsseln.

(2) Den Schlüssel wird der Auftragnehmer an den Treuhänder zur Verwahrung übergeben.[9]

(3) Der Auftraggeber hat gegen den Auftragnehmer keinen Anspruch auf Übergabe des Schlüssels. Gegen den Treuhänder besteht der Anspruch nur in den in diesem Vertrag genannten Fällen.

(4) Der Auftragnehmer ist jederzeit berechtigt, auf seine Kosten den Austausch der hinterlegten Hinterlegungsgegenstände mit der Begründung zu verlangen, dass die Sicherheit der Verschlüsselung nicht dem Stand der Technik entspricht. Bei jeder neuen Verschlüsselung hat der Auftragnehmer vor Rücknahme der hinterlegten Hinterlegungsgegenstände dem Treuhänder den zugehörigen Schlüssel zu übergeben; der Treuhänder bestätigt den Erhalt des Schlüssels gegenüber dem Auftraggeber.

(5) Der Auftraggeber hat dem Auftragnehmer die Hinterlegungsgegenstände zurückzugeben, die durch die neu verschlüsselten Hinterlegungsgegenstände ersetzt werden. Die Herausgabe der zurückzugebenden Hinterlegungsgegenstände wird über den Treuhänder abgewickelt. Widerspricht der Auftraggeber der Herausgabe, darf der Treuhänder die zu ersetzenden Hinterlegungsgegenstände erst nach Durchführung einer vom Auftraggeber einzuleitenden Überprüfung der neuen Hinterlegungsgegenstände, spätestens aber nach Ablauf von sechs Monaten seit Zugang der Mitteilung an den Auftraggeber, herausgeben.[10]

§ 3 Rechteübertragung

(1) Mit der Übergabe der in § 1 bezeichneten Hinterlegungsgegenstände geht das Eigentum hieran an den Auftraggeber über.[11]

(2) Ebenso überträgt der Auftragnehmer dem Auftraggeber das einfache, nicht übertragbare und nicht-ausschließliche Recht, den übergebenen Quellcode nebst Dokumentation und die weiteren hinterlegten und urheberrechtlich geschützten Hinterlegungsgegenstände nach Maßgabe dieses Vertrages zu nutzen. Das umfasst das Recht,[12]

a) den Quellcode in den ablauffähigen Objectcode zu übersetzen, zu bearbeiten, zu arrangieren und sonst wie umzuarbeiten, insbesondere über Änderungen des Quellcodes Fehler der Software zu beseitigen und die Software weiter zu entwickeln, Schnittstellen herzustellen und die Software nach dem Stand der Technik an geänderte Systemumgebungen anzupassen,

b) den Quellcode und die Ergebnisse der Umarbeitung zu vervielfältigen sowie

c) den aus dem Quellcode abgeleiteten Objectcode umzuarbeiten.

(3) Die Rechte zur Verbreitung und zur öffentlichen Wiedergabe stehen dem Auftraggeber an dem Quellcode nicht zu. Einzelheiten zur Rechteübertragung können in der Anlage „Nutzungsrechte" geregelt werden.[13]

(4) An der aus dem Quellcode gemäß diesem Vertrag berechtigt abgeleiteten Software räumt der Auftragnehmer schon jetzt unwiderruflich die Rechte ein, die dem Auftraggeber nach dem Überlassungsvertrag zustehen sollen.[14]

§ 4 Aufgaben des Treuhänders

(1) Der Treuhänder übernimmt die Verwahrung des ihm nach § 2 Abs. 2 übergebenen Schlüssels. Er ist nur verpflichtet, den Schlüssel an den Auftraggeber auf dessen Verlangen in den nachfolgenden genannten Fällen herauszugeben. Weitergehende Pflichten, insbesondere zur Überprüfung der übergebenen Gegenstände auf deren Vertragsgemäßheit, der Beratung oder Information, auch zur Tauglichkeit des Verschlüsselungsverfahrens oder der Möglichkeit zur Entschlüsselung überhaupt bestehen nicht, soweit sie nicht in diesem Vertrag ausdrücklich benannt sind.

(2) Der Treuhänder hat den Schlüssel in den nachfolgenden Fällen an den Auftraggeber zu übergeben:[15]

a) Seit Abschluss des Pflegevertrages sind 10 Jahre vergangen.[16]

b) Der Auftragnehmer hat den Pflegevertrag ordentlich gekündigt oder der Insolvenzverwalter hat nach Eröffnung des Insolvenzverfahrens über das Vermögen des Auftragnehmers die Erfüllung des Pflegevertrages abgelehnt.[17]

c) Der Auftraggeber hat den Pflegevertrag und/oder diesen Vertrag aus wichtigem Grund gekündigt.[18]

d) Die Gesellschaft des Auftragnehmers wird liquidiert. Maßgebend ist der Liquidationsbeschluss.[19]

e) Der Auftragnehmer hat dem Herausgabeverlangen des Auftraggebers schriftlich zugestimmt.

(3) Der Auftragnehmer weist den Treuhänder unwiderruflich an, den Schlüssel in den in Absatz 2 genannten Fällen herauszugeben.

(4) Kommt der Schlüssel dem Treuhänder abhanden, so kann er nach schriftlicher Versicherung, dass ihm der Verbleib des Schlüssels unbekannt ist, nach Wahl des Auftragnehmers die Übergabe eines Duplikats oder die Hinterlegung unter Verwendung eines neuen Schlüssels und dessen Übergabe verlangen. Die Kosten hierfür trägt der Treuhänder. Trifft ihn an dem Verlust kein Verschulden, hat ihn der Auftraggeber von diesen Kosten freizustellen.

(5) Ein Anspruch des Auftragnehmers auf Rückgabe des Schlüssels ist ausgeschlossen. Der Auftragnehmer verzichtet daher auf jeglichen Rückgewähranspruch, unabhängig von seiner Rechtsnatur. Der Treuhänder nimmt diesen Verzicht an.

(6) Der Treuhänder ist gegenüber keiner Vertragspartei weisungsgebunden.

(7) Der Auftraggeber ist berechtigt, die Vertragsgemäßheit der übergebenen Hinterlegungsgegenstände vor ihrer Verschlüsselung durch einen zur Verschwiegenheit verpflichteten Sachverständigen überprüfen zu lassen. Der Sachverständige hat seine Verschwiegenheitsverpflichtung auch dem Auftragnehmer gegenüber zu bestätigen.

(8) Der Treuhänder wirkt bei der Überprüfung der Hinterlegungsgegenstände organisatorisch mit. Er hat den Auftragnehmer hinzuzuziehen, der ohne Anspruch auf ein Entgelt alle erforderlichen und zumutbaren Anstrengungen unternimmt, um die Arbeit des Sachverständigen zu unterstützen. Der Sachverständige berichtet allein dem Treuhänder. Der Treuhänder darf dem Auftraggeber lediglich das Ergebnis der Untersuchungen des Sachverständigen mitteilen. An der Untersuchung selbst darf der Auftraggeber nicht, auch nicht mittelbar durch Dritte, teilnehmen. Den Auftrag an den Sachverständigen erteilt der Treuhänder als Vertreter des Auftraggebers, der dementsprechend auch die Kosten der Untersuchung durch den Sachverständigen und die der Mitwirkung durch den Treuhänder bis zu einem Höchstbetrag von . . . . . trägt.[20]

(9) Entfällt die Pflicht zur Herausgabe des Schlüssels, vernichtet der Treuhänder den ihm übergebenen Schlüssel oder gibt ihn an den Auftragnehmer zurück. Vernichtet der Treuhänder den Schlüssel, so hat er schriftlich zu versichern, dass er den Schlüssel vernichtet hat. Des Weiteren hat er zu versichern, dass von ihm oder mit seiner Kenntnis keine Kopien des Schlüssels gefertigt wurden.

§ 5 Kosten

(1) Das Entgelt für die erstmalige Einräumung der in § 3 genannten Rechte ist in der Vergütung für die zu überlassende Software enthalten. Weitere Rechtsübertragungen aufgrund von Pflegeleistungen sind durch die Entgelte für diese Leistungen abgegolten.

(2) Die Kosten des Treuhänders trägt der Auftraggeber. Der Treuhänder erhält für seine Tätigkeit eine Vergütung in Höhe von . . . . . jährlich, gegebenenfalls zeitanteilig, bis zur Beendigung dieses Vertrages.

§ 6 Haftung

(1) Der Treuhänder haftet im Falle einer nicht vorsätzlichen Verletzung seiner vertraglichen Pflichten der Höhe nach beschränkt auf einen Betrag von EUR . . . . . .

(2) Die Haftung der Parteien zueinander für die leicht fahrlässige Verletzung von Neben-pflichten, d h Pflichten, deren Erfüllung die ordnungsgemäße Durchführung des Vertrags nicht erst ermöglicht, ist ausgeschlossen.

§ 7 Geheimhaltung[21]

(1) Die vom Auftragnehmer übergebenen Unterlagen und mitgeteilten Informationen, insbesondere der Quellcode und dessen Dokumentation, dürfen ausschließlich für die Zwecke dieses Vertrages verwendet und Dritten nicht zugänglich gemacht werden, sofern sie nicht ihrer Bestimmung nach Dritten zugänglich gemacht werden sollen oder dem Dritten bereits bekannt sind. Dritte sind nicht die zur Durchführung des Vertragsverhält-nisses hinzugezogenen Hilfspersonen wie Freie Mitarbeiter, Subunternehmer etc.

(2) Darüber hinaus vereinbaren die Vertragsparteien, Vertraulichkeit über den Inhalt dieses Vertrages und über die bei dessen Abwicklung gewonnenen Erkenntnisse zu wahren.

(3) Die Geheimhaltungsverpflichtung gilt auch über die Beendigung des Vertragsverhält-nisses hinaus. Den eingeschalteten Hilfspersonen ist eine diesem § 7 entsprechende Ge-heimhaltungspflicht aufzuerlegen.

§ 8 Vertragsstrafe

(1) Stellt sich heraus, dass der Auftragnehmer die nach § 1 zu übergebenden Daten nicht vereinbarungsgemäß übergeben hat oder die Daten nicht wie vereinbart zu entschlüsseln sind und hat der Aufragnehmer dies zu vertreten, so hat der Auftragnehmer dem Auftraggeber unter Ausschluss der Einrede des Fortsetzungszusammenhangs eine nach billigem Ermessen (§ 315 Abs. 3 BGB) vom Auftraggeber festzusetzende und im Streitfall vom zuständigen Gericht zu überprüfende Vertragsstrafe zu zahlen.

(2) Entschlüsselt der Auftraggeber die Hinterlegungsgegenstände schuldhaft anders als durch Einsatz des abredegemäß erhaltenen Schlüssels, verwirkt er gegenüber dem Auf-tragnehmer eine vom Auftragnehmer im Einzelfall nach billigem Ermessen (§ 315 Abs. 3 BGB) festzusetzende und auf Antrag vom Auftraggeber gerichtlich zu überprüfende Ver-tragsstrafe. Ebenso verwirkt der Auftraggeber die vorgenannte Vertragsstrafe, wenn er schuldhaft unberechtigt die Herausgabe des Schlüssels nach § 4 verlangt. Das Gleiche gilt für den Fall, dass der Auftraggeber schuldhaft seine ihm nach diesem Vertrag zustehen-den urheberrechtlichen Nutzungsbefugnisse überschreitet.

(3) Verletzt der Auftraggeber oder eine von ihm hinzugezogene Hilfsperson schuldhaft eine der Geheimhaltungspflichten nach § 7 dieses Vertrages, verwirkt er gegenüber dem Auftragnehmer eine vom Auftragnehmer im Einzelfall nach billigem Ermessen (§ 315 Abs. 3 BGB) festzusetzende und auf Antrag vom Auftraggeber gerichtlich zu überprü-fende Vertragsstrafe.

§ 9 Beendigung des Vertrages

Dieser Vertrag gilt befristet auf einen Zeitraum von zehn Jahren, gerechnet vom Zeit-punkt des Abschlusses des Pflegevertrages. Der Auftraggeber ist jedoch berechtigt, diesen Vertrag jederzeit ordentlich unter Verzicht auf die ihm nach diesem Vertrag gegenüber den übrigen Parteien eingeräumten Rechte zu kündigen. Der Auftragnehmer nimmt den Verzicht schon jetzt an.

§ 10 Schlichtung

Die Parteien verpflichten sich, im Falle einer sich aus diesem Vertrag ergebenden Streitig-keit vor Durchführung eines streitigen Verfahrens (Klage) eine Schlichtung gemäß der

Schlichtungsordnung der Hamburger Schlichtungsstelle für IT-Streitigkeiten in der zum Zeitpunkt der Einleitung eines Schlichtungsverfahrens gültigen Fassung durchzuführen. Das Schlichtungsverfahren soll dazu dienen, den Streit ganz oder teilweise, vorläufig oder endgültig beizulegen.

§ 11 Abtretungsausschluss

Die Abtretung von Forderungen aus diesem Vertrag ist, unter Ausnahme von Geldforderungen, ausgeschlossen.

§ 12 Salvatorische Klausel

(1) Sollten einzelne Bestimmungen der Parteivereinbarungen ganz oder teilweise unwirksam sein oder werden, wird die Wirksamkeit der übrigen Bestimmungen hierdurch nicht berührt. Die Parteien verpflichten sich für diesen Fall, die ungültige Bestimmung durch eine wirksame Bestimmung ersetzen, die dem wirtschaftlichen Zweck der ungültigen Bestimmung möglichst nahe kommt. Entsprechendes gilt für etwaige Lücken der Vereinbarungen.

(2) Sollte insbesondere die Rechteeinräumung an den Auftraggeber als nicht wirksam angesehen werden, so vereinbaren die Parteien, dass die Rechte auf den Treuhänder übertragen sind mit der Maßgabe, dass dieser die Rechte schon jetzt auf den Auftraggeber überträgt, sofern die Voraussetzungen gegeben sind, unter denen er nach diesem Vertrag den Schlüssel an den Auftraggeber herauszugeben hat. Der Auftraggeber nimmt diese Rechteeinräumung an.

§ 13 Gerichtsstand

Der Gerichtsstand ist der Sitz des Treuhänders.[22]

§ 14 Schlussbestimmungen

(1) Alle Änderungen und Ergänzungen vertraglicher Vereinbarungen müssen zu Nachweiszwecken schriftlich niedergelegt werden. Kündigungen haben schriftlich zu erfolgen.

(2) Es gilt das Recht der Bundesrepublik Deutschland unter Ausschluss des UN-Kaufrechts.

(3) Bei einer mehrsprachigen Version dieses Vertrages ist für die rechtlichen Wirkungen allein der deutsche Text maßgeblich.

Anlage:

Nutzungsrechte

. . . .

(Ort, Datum)   (Ort, Datum)   (Ort, Datum)

. . . .

– Auftraggeber –   – Auftragnehmer –   – Treuhänder –

Anmerkungen

1. Interessenlage. Wenn der Erwerb von Software mit hohen Investitionen verbunden ist, sind die Erwerber daran interessiert, die Software möglichst langfristig einsetzen zu können. Die Verwirklichung dieses Interesses ist davon abhängig, dass der Software-Anbieter bereit und in der Lage ist, die Software zukünftig zu pflegen, sie insbesondere an veränderte Umstände anzupassen. Der Software-Anwender ist insoweit vom Anbieter abhängig, weil ein Ausweichen auf andere nur möglich wäre, wenn diese **Zugang zum Quellcode** und die Rechte zu dessen Änderung gemäß § 69c Nr. 2 UrhG hätten. Da der Quellcode jedoch das in der Software steckende Know-how offenbart, sind die Software-hersteller nicht bereit, den Quellcode ohne erhebliche Gegenleistung anderen zugänglich zu machen. Diesen Interessenkonflikt zwischen der Erhaltung der Nutzungsfähigkeit der Software auch unabhängig vom Software-Anbieter und dem Geheimhaltungsinteresse des Software-Herstellers versucht man durch eine Vereinbarung zu lösen, die die Herausgabe des Quellcodes in definierten Fällen regelt, in denen der Softwarehersteller kein schutz-würdiges Interesse an dem Zurückhalten des Quellcodes mehr hat.

In der Praxis gibt es verschiedene **Möglichkeiten**, die bedingte Herausgabe des Quell-codes zu regeln. Neben der Hinterlegung des Quellcodes bei Dritten, insbesondere hierauf spezialisierten Escrow Agents, wird die Hinterlegung beim Software-Anwender prakti-ziert.

Die Praxis der Hinterlegungsvereinbarungen offenbart eine Reihe von Defiziten, die ihren Grund auch in der fraglichen Wirkung solcher Hinterlegungen haben dürften. Häufig wird im Überlassungsvertrag zwar die Hinterlegung vereinbart. Diese Regeln beschränken sich aber oft auf die Kundgabe des Willens der Hinterlegung. Eine detaillierte Regelung, was von wem und wie zu hinterlegen ist, fehlt. Der wichtige Punkt der **Definition des Herausgabefalls** wird zwar regelmäßig behandelt, oft aber in einer für die Praxis untauglichen Weise, da auf Wertungen abgestellt wird, die am Ende von einem Dritten, in der Regel das erkennende Gericht, vorgenommen werden müssen. Das führt zu Konflikten, beispielsweise wenn auf eine Pflichtverletzung oder außer-ordentliche Kündigung abgestellt wird. Die Umsetzung der beabsichtigten Hinterlegung erfolgt oft auch nicht mehr.

Die Hinterlegung bei Escrow Agents ist verhältnismäßig kostspielig. Daher wird in diesem Formular die günstigere Hinterlegung beim Anwender gewählt. Dem Geheimhal-tungsinteresse des Software-Herstellers wird dadurch Rechnung getragen, dass der Quell-code verschlüsselt wird und der Schlüssel einem Treuhänder mit der Maßgabe übergeben wird, ihn dem Anwender nur in den definierten Fällen zur Verfügung zu stellen.

Die **Alternative** der Hinterlegung bei einem hierauf spezialisierten Unternehmen lässt sich durch Abwandlung der Vertragsformulars leicht erreichen, indem nicht der Auftrag-geber die Hinterlegungsgegenstände erhält, sondern der Treuhänder. Er kann dann zugleich die Rechte treuhänderisch übertragen erhalten, und zwar mit der Befugnis sie an den Auftraggeber weiter zu übertragen. Alternativ können die Rechte aber auch bereits bei Vertragsschluss aufschiebend bedingt an den Auftraggeber übertragen werden. Bedingungseintritt ist dann mit Vorliegen eines der in § 4 Abs. 2 genannten Heraus-gabegründe gegeben. Um die Bedingung nicht an § 119 InsO scheitern zu lassen, sind die Vorgaben des BGH hierzu zu beachten (BGH Urt. v. 17.11.2005 – IX ZR 162/04, NJW 2006, 915).

Ein wesentliches Interesse des Softwarenutzers kann jedoch durch keine Gestaltung befriedigt werden. Gerade für den Fall der **Insolvenz des Softwarehauses** möchte der Nutzer die Sicherheit, die Software weiterhin einsetzen zu können. Da er in keiner der gebräuchlichen Hinterlegungsformen den freien Zugriff auf den Quellcode erhält, besteht stets noch eine direkte oder – über Treuhänder – mittelbare Verbindung zum Software-haus. Dies kann im Insolvenzfall der Insolvenzverwalter nutzen, um entweder über eine Nichtfortführung der Vereinbarungen gem. § 103 InsO einen Anspruch des Nutzers auf Herausgabe des Quellcodes zu Fall zu bringen oder die Übertragung des Codes auf den Nutzer über die insolvenzrechtliche Anfechtung wegen einer **Gläubigerbenachteiligung** zu vereiteln (hierzu *Grützmacher* CR 2006, 289). Dem Urteil des BGH (Urt. v. 17.11.2005 –

IX ZR 162/04, NJW 2006, 915) zur Insolvenzfestigkeit einer aufschiebend bedingten Verfügung kann nicht entnommen werden, ob die Übertragung des Quellcodes für den Fall der Insolvenz auch insoweit Bestand hat (kritisch auch Schneider/v. Westphalen/ *Schneider* L 149; *Marly* Rn 1829 f.).

Da die Herausgabe des Quellcodes aber gerade dann relevant wird, wenn der Ersteller des Quellcodes in der Krise ist, d.h. vor allem eine Insolvenz droht, ist angesichts der vielen noch nicht geklärten Rechtsfragen eine rechtliche Auseinandersetzung um die Berechtigung zur Herausgabe wahrscheinlich. Der Insolvenzverwalter hat an der Rückgabe des Quellcodes selbst kein Interesse, wohl aber daran, die Rechtsunsicherheit des Nutzers, ob er den Quellcode einsetzen kann, dazu zu verwenden, im Rahmen einer entgeltlichen Vereinbarung die rechtlichen Zweifel zu beseitigen. Der Anwender zahlt dann am Ende doppelt, zunächst für die Hinterlegung des Quellcodes und schließlich dafür, dass der Insolvenzverwalter nicht gegen die Überlassung des Codes vorgeht. Die aus den dann drohenden Rechtsstreitigkeiten folgende Rechtsunsicherheit muss bei der Gestaltung des rechtlichen Rahmens beachtet werden. Eine weniger problematische, dafür aber kostspieligere Alternative ist der **Erwerb des Quellcodes** durch den Nutzer mit der Folge, dass eine Hinterlegung oder andere Sicherung nicht erforderlich ist. Gerade bei individuell erstellter Software kann dem Auftraggeber bereits aufgrund seiner schutzwürdigen Interessen ein Herausgabeanspruch zustehen (BGH Urt. v. 16.12.2003 – X ZR 129/01, NJW-RR 2004, 782).

Der Vertrag ist dreiseitig ausgestaltet. Die Vertragspartner sind der Softwareanbieter, der Softwareanwender und der Treuhänder. Verwender der Bedingungen ist der Auftragnehmer.

2. Entwicklungstools. Der Quellcode allein ist für den Softwareanwender regelmäßig ohne Wert. Neben der Erläuterung des Quellcodes im Rahmen einer Dokumentation muss gewährleistet werden, dass der Quellcode auch bearbeitet und schließlich in die ablauffähige Form (Objectcode) übersetzt werden kann. Das Formular geht davon aus, dass der Anwender die erforderlichen Software-Tools am Markt erwirbt und nur falls dies nicht möglich sein sollte, vom Auftragnehmer erhält. Welche Gegenstände der Auftraggeber für die Bearbeitung des Quellcodes benötigt, ist stets eine Frage des Einzelfalls und daher individuell zu regeln.

3. Entwickler. Zwar kann der Nutzer, wenn er den Quellcode besitzt, Dienstleister mit der Änderung des Codes beauftragen. Wegen dessen Komplexität ist für Entwickler, die mit der Programmstruktur und Programmierweise nicht vertraut sind, jedoch eine langwierige und damit kostenträchtige Einarbeitung erforderlich. Der Auftraggeber kann diese Kosten sparen, wenn er die schon ursprünglich mit der Programmierung der Software befassten Entwickler beauftragen kann. In der Praxis dürfte dies nicht schwierig sein, wenn der Auftragnehmer in ein Insolvenzverfahren gerät, weil dann dessen Beschäftigte bereitwillig neue Aufträge annehmen werden. Etwaige Beschäftigungsverbote sind allenfalls im Rahmen des insolvenzrechtlich überhaupt noch Durchsetzbaren zu beachten. Um die Entwickler notfalls direkt ansprechen zu können, kann vereinbart werden, deren Namen zugleich mit der Übergabe des Schlüssels und damit des Zugangs zum Quellcode herauszugeben. Eine solche Vereinbarung ist allerdings nicht nur praktisch schwer gegen den Auftragnehmer durchzusetzen (*Meyer* RNotZ 2011, 385 [387]). Es können auch **datenschutzrechtliche Gründe** dagegen stehen, wenn man die Übermittlung der Daten nicht als durch § 28 Abs. 1 Nr. 2 BDSG gerechtfertigt sieht.

4. Dokumentation. Für den Softwareanwender ist es wichtig, dass er dann, wenn er den Quellcode selber ändern möchte, das ohne größeren zusätzlichen Zeitaufwand und weitere Kosten umsetzen kann. Inwieweit dies realisierbar ist, hängt von der Dokumentation des Quellcodes ab. Da die Dokumentation des Quellcodes häufig eine Schwachstelle in der Leistungserbringung des Softwareanbieters darstellt, sollte der Software-anwender schon im Vorfeld der Zusammenarbeit die Dokumentation durch einen zur Verschwiegenheit verpflichteten Sachverständigen stichprobenartig prüfen lassen. Alle rechtliche Absicherung nützt letztlich nichts, wenn sich die Ansprüche gegen den Softwareanbieter auf geeignete Dokumentation uÄ mangels Leistungsfähigkeit, zB infolge dessen Insolvenz, nicht durchsetzen lassen.

5. Erneute Hinterlegung. Die Hinterlegung des Quellcodes hat für den Software-anwender nur dann einen Nutzen, wenn der hinterlegte Quellcode der vom Anwender eingesetzten Software entspricht. Um die Kosten niedrig zu halten sieht das Formular vor, dass nicht schon bei jeder, auch nur unwesentlichen Änderung eine neue Hinterlegung des Quellcodes erfolgt. Im Einzelfall kann aber auch dies ratsam sein.

6. Sorgfältige Verwahrung. Der Verlust der Hinterlegungsgegenstände kann zu einer erheblichen wirtschaftlichen Einbuße des Softwareanbieters führen, wenn ein Dritter in den Besitz der Hinterlegungsgegenstände gelangt und diese entschlüsseln kann. Das Formular legt daher dem Auftraggeber die Pflicht auf, die ihm übergebenen Hinterlegungsgegenstände zu verwahren. Die Haftung wird ihm dadurch erleichtert, dass er nur für die Sorgfalt in eigenen Angelegenheiten einzustehen hat. Diese Haftungsbeschränkung zu Lasten des Verwenders ist AGB-rechtlich wirksam.

7. Kosten bei Verlust. Um einen Streit über die Üblichkeit der Vergütung zu vermeiden, sollte der Softwareanbieter die ihm voraussichtlich entstehenden Kosten benennen.

8. Verschlüsselung. Die Wahl des Verschlüsselungsverfahrens ist eine Obliegenheit des Softwareanbieters. Für dieses Formular ist es ohne Bedeutung, ob der Anbieter ein am Markt verfügbares Verschlüsselungsverfahren verwendet oder eine eigene Anwendung nutzt.

9. Treuhänder. Die Einschaltung eines Treuhänders sollte beim Auftragnehmer eine größere Akzeptanz finden als die Übergabe des Schlüssels in einem versiegelten Umschlag oder ähnlichem Behälter an den Auftraggeber. Der Treuhänder wird hier im Rahmen einer fremdnützigen Treuhand sowohl für den Auftragnehmer wie den Auftraggeber tätig (sa *Grützmacher* CR 2006, 289 [295]).

10. Austausch bei Neuverschlüsselung. Durch die fortschreitende Leistungsfähigkeit der Computer wird jedes Verschlüsselungsverfahren mit der Zeit angreifbarer. Zur Sicherung seines Geheimhaltungsinteresses muss es dem Auftragnehmer gestattet sein, ein besseres als das bisher eingesetzte Verschlüsselungsverfahren zu verwenden. Damit der Auftragnehmer die Möglichkeit zum Austausch der hinterlegten Hinterlegungsgegenstände nicht dazu nutzt, den Quellcode zurückzunehmen ohne ihn erneut zu hinterlegen, wird dem Auftraggeber die Möglichkeit gegeben, den neu hinterlegten Code zu verifizieren.

11. Eigentumsübertragung. Das Konzept dieses Formulars ist, dem Auftraggeber alle Rechte an dem Quellcode zu übertragen und ihn damit zum Vollrechtsinhaber zu machen. Neben den in dem nachfolgenden Absatz geregelten Nutzungsrechten gehört hierzu auch das Eigentumsrecht an den ihm übergebenen Sachen.

12. Umarbeitungs- und Vervielfältigungsrecht. Der Quellcode ist nach § 69a UrhG geschützt (Dreier/Schulze/*Dreier* UrhG § 69a Rn. 19; Bisges/*Imhof* Kap. 5 Rn. 110). Der Quellcode nützt dem Auftraggeber nur dann, wenn er berechtigt ist, ihn zu ändern und gegebenenfalls in den ablauffähigen Objektcode zu übersetzen. Dazu benötigt er das Recht zur Umarbeitung nach § 69c Nr. 2 UrhG. Unter Umständen ist es auch erforderlich, mehrere Entwickler an dem Quellcode arbeiten zu lassen. Dann muss der Quellcode insgesamt oder in Teilen vervielfältigt werden. Dementsprechend ist dem Auftraggeber ein Vervielfältigungsrecht einzuräumen. Zu beachten ist auch, dass nicht nur die Änderung des Quellcodes eine urheberrechtlich relevante Handlung ist, sondern in der Folge auch die Änderung des Objectcodes. Auch wenn Letzteres aus Ersterem zwingend folgt und daher bereits nach § 31 Abs. 5 UrhG bei entsprechender Berechtigung zur Quellcode-Bearbeitung gestattet sein sollte, sieht das Formular hierfür eine ausdrückliche Rechtseinräumung vor.

13. **Verbreitungsrecht.** Das Interesse des Softwareanbieters an der Geheimhaltung des Quellcodes kann dieser urheberrechtlich nicht dadurch schützen, dass er dem Anwender das Verbreitungsrecht vorenthält. Nach § 69d Nr. 3 UrhG erschöpft sich dieses Recht mit dem erstmaligen Inverkehrbringen. Das ist hier die Übergabe des Quellcodes an den Auftraggeber. Soweit bei einem Download keine Erschöpfung eintritt, kann dieser Weg gewählt werden, um dem Auftraggeber die Verbreitung urheberrechtlich zu untersagen. Der Auftraggeber würde dann die verschlüsselte Software von einem Server laden und speichern.

14. **Rechte an der übersetzten Software.** Die Berechtigung, den Quellcode ändern und hieraus die ablauffähige Software übersetzen zu dürfen, sagt noch nichts über die Befugnis hinsichtlich der übersetzten Software aus. Ohne besondere Abrede stünden dem Anwender jedenfalls die Rechte nach § 69d UrhG zu. Das Interesse des Softwareanwenders wird jedoch nur dann befriedigt, wenn er an der kompilierten Software die gleichen Rechte hat wie sie ihm ursprünglich im Überlassungsvertrag eingeräumt wurden.

15. **Übergabepflicht des Treuhänders.** Die Regelung über die Herausgabe des verwendungsfähigen Quellcodes ist ein wesentlicher Kern einer jeden Hinterlegungsvereinbarung. Für die Handhabbarkeit des Vertrages muss darauf geachtet werden, die Fälle so zu definieren, dass der Nachweis der Voraussetzungen möglichst leicht gelingt und zur Glaubhaftmachung im Rahmen des einstweiligen Rechtsschutzes oder als Beweismittel in einem Hauptsacheverfahren taugt. Es entspricht nicht dem Interesse des Auftraggebers als Gläubiger des Herausgabeanspruchs Kriterien zu wählen, die einer Bewertung bedürfen. Das Abstellen auf Pflichtverletzungen ist daher nicht geeignet. Auch das in § 4 Abs. 2 lit. d verwendete Kriterium der Kündigung aus wichtigem Grund gewährleistet nicht die gewünschte Klarheit. Es sollte gegebenenfalls modifiziert oder gestrichen werden (→ Anm. 18). Das Formular löst den Interessenkonflikt in § 8 Abs. 2 auf der Folgenseite, indem der Auftraggeber bei einem schuldhaft unberechtigten Herausgabeverlangen eine Vertragsstrafe verwirkt.

16. **Herausgabegrund zeitlich begrenzte Geheimhaltung.** Die Übertragung der Rechte an dem Quellcode soll als Vollrechtsübertragung und endgültig erfolgen. Dazu ist es erforderlich, dass der Auftraggeber in überschaubarer Zeit auf den Quellcode zugreifen kann. Das Formular sieht hierfür eine Befristung vor, nach deren Ablauf jedenfalls der Zugriff auf den Quellcode ermöglicht wird. Anderenfalls wäre die Rechtsübertragung an den Auftraggeber praktisch nur bedingt und damit insolvenzrechtlich fragwürdig. Dementsprechend endet der Vertrag nach § 9 auch nach 10 Jahren.
Die Frist ist auf den Einzelfall anzupassen. Wenn es die Interessen des Auftragnehmers erfordern, kann die unbedingte Übertragung des Quellcodes auch aus dem Formular ausgenommen werden. Die Entscheidung des BGH zur Insolvenzfestigkeit aufschiebend bedingter Rechtsübertragungen (BGH Urt. v. 17.11.2005 – IX ZR 162/04, NJW 2006, 915) lässt diese Variante für den Auftraggeber nicht zwingend nachteilig erscheinen.

17. **Herausgabegrund Kündigung des Pflegevertrages durch den Auftragnehmer.** Für den Auftragnehmer stellt diese Regelung eine Erschwernis der ordentlichen Kündigung dar. Mit der Beendigung des Pflegevertrages verliert er den Quellcode an den Auftraggeber. Dieser Effekt ist für den Auftraggeber dementsprechend vorteilhaft, weil er den Auftragnehmer mit Blick auf die Pflege an den Auftraggeber bindet.

18. **Herausgabegrund Kündigung des Pflegevertrages durch den Auftraggeber.** Der Pflegevertrag ist so gestaltet, dass ein Fall der Kündigung aus wichtigem Grund durch den Auftraggeber die Eröffnung des Insolvenzverfahrens über das Vermögen des Auftragnehmers ist. Damit knüpft der Hinterlegungsvertrag für die Pflicht zur Übergabe des Schlüssels nicht zwingend an die Insolvenz des Auftragnehmers an, ein Kriterium, das der BGH in seiner Entscheidung zur aufschiebend bedingten Übertragung von Nutzungsrechten als wesentlich für die Wirksamkeit im Falle der Kündigung aufgrund der Insolvenz angesehen hat (BGH Urt. v. 17.11.2005 – IX ZR 162/04, NJW 2006, 915 Rn. 26). Es steht dem Auftraggeber frei, den Pflegevertrag trotz der Eröffnung des Insolvenzverfahrens nicht zu kündigen, etwa weil eine positive Fortbestehensprognose gegeben ist. Problematisch ist allerdings das Abstellen auf die Kündigung aus wichtigem Grund, weil die bloße Erklärung der Kündigung nicht reicht und das Vorliegen eines vom Kündigenden behaupteten wichtigen Grundes fraglich sein kann. Aus Sicht des Auftragnehmers kann das Formular um die Verpflichtung zur Leistung von Sicherheit in bestimmter Höhe ergänzt werden. Stellt sich später durch rechtskräftiges Urteil heraus, dass die Kündigung unberechtigt war, ist die Sicherheit an den Auftragnehmer zu leisten.

Sollte die Fortführung des Hinterlegungsvertrages wegen eines Fehlverhaltens des Auftragnehmers für den Auftraggeber nicht zumutbar sein, steht ihm das Recht zur Kündigung aus wichtigem Grund zu und in der Folge ist es sinnvoll, ihm dann den Zugriff auf den Quellcode zu ermöglichen.

19. **Herausgabegrund Liquidation.** Die Liquidation der Gesellschaft des Auftragnehmers kann entweder aufgrund eines Gesellschafterbeschlusses oder infolge der Nichteröffnung des Insolvenzverfahrens mangels Masse erfolgen. Im zuletzt genannten Fall wird die Gesellschaft in der Praxis regelmäßig unmittelbar aus dem Handelsregister gelöscht. Zwar bedeutet die Liquidation nicht zwingend, dass die Gesellschaft die eingegangenen Verpflichtungen nicht mehr erfüllen kann. Regelmäßig dürfte es jedoch an der Motivation der Verpflichteten fehlen, insbesondere den Pflegevertrag weiter zu erfüllen. Dies ist Anlass genug, dem Auftraggeber die Möglichkeit zu eröffnen, auf den Quellcode zuzugreifen.

20. **Überprüfung.** Die Hinterlegung des Quellcodes ist nur dann sinnvoll, wenn sie vereinbarungsgemäß erfolgt. Aufgrund des Geheimhaltungsinteresses des Softwareanbieters muss eine direkte Einsichtnahme des Auftraggebers vor dem Zeitpunkt, zu dem er den dauernden Zugriff auf den Quellcode erhalten soll, ausgeschlossen sein. Andererseits muss es dem Auftraggeber ermöglicht werden, die Vertragsgemäßheit der Hinterlegung zu kontrollieren. Hierzu dient die **Einschaltung eines** zur Verschwiegenheit verpflichteten **Sachverständigen.** Da die Kosten des Sachverständigen durch den Auftraggeber zu tragen sind, soll der Vertrag zur Durchführung der Kontrolle direkt zwischen den beiden geschlossen werden. Im Einzelfall sollten ihm weitere Pflichten zur Prüfung des Vertrages und Regelung der Organisationsabläufe auferlegt werden.

21. **Geheimhaltung.** Der Auftragnehmer übergibt den Quellcode dem Auftraggeber nur zur Verwendung im Rahmen des Vertrages. Mit einer Weitergabe oder Bekanntgabe des Quellcodes an Dritte, die nicht zur Pflege der Software eingesetzt sind, würde der Auftraggeber seine Befugnisse überschreiten und ist insoweit auch nicht schutzbedürftig. Dementsprechend enthält die Klausel eine Geheimhaltungsvereinbarung, die durch eine Vertragsstraferegelung in § 8 Abs. 3 abgesichert ist. Daneben können noch die Strafvorschriften der § 17 Abs. 2 Nr. 1 UWG (*Redeker* Rn. 199) und § 18 Abs. 1 UWG (*Redeker* Rn. 200) sowie § 202a (hierzu MüKoStGB/*Graf* § 202a Rn. 68) erfüllt sein. Zwar stehen dem Auftraggeber die Rechte an den Hinterlegungsgegenständen zu, es handelt sich aber ohne das Vorliegen eines Herausgabegrundes immer noch um ein Betriebsgeheimnis des Auftragnehmers.

22. Gerichtsstand. Für den Fall einer gerichtlichen Auseinandersetzung soll der Treuhänder nicht damit belastet werden, zu einem anderen Gericht als dem für seinen Geschäftssitz zuständigen zu reisen. Überdies dürfte es sich empfehlen, dass der Treuhänder seinen Sitz in einer räumlichen Nähe zu den hinterlegten Gegenständen hat, so dass die Gerichtsstandsklausel zu keinen Nachteilen für die übrigen Beteiligten führen dürfte.

Übertragung von Software

9. Softwareübertragungsvereinbarung – Software Transfer Agreement (Native Mobile Apps)

Zwischen	The following agreement (hereinafter referred to as „Agreement") is concluded by and between
. . . . . .	. . . . . .
– nachstehend „Verkäufer" genannt –	– hereinafter referred to as the „Seller" –
und	and
. . . . . .	. . . . . .
– nachstehend „Käufer" genannt – wird folgender Vertrag geschlossen:	– hereinafter referred to as the „Buyer" – :

§ 1 Vertragsgegenstand[1, 2]

(1) Der Verkäufer verkauft nach Maßgabe der folgenden Bestimmungen an den Käufer die

- in Anlage 1 genannten Apps zur Anwendung auf den in Anlage 1 benannten Plattformen, Geräten und Betriebssystemen (nachfolgend insgesamt *„Apps"* genannt),

- in Anlage 2 aufgeführten Websites (nachfolgend *„Websites"* genannt),

- in Anlage 2 aufgeführten Softwareprogramme und Inhalte der mit den Apps und Websites verbundenen Backend Server (nachfolgend *„Backend"* genannt),

- in Anlage 2 aufgeführten gewerblichen Schutzrechte, Domains, Benutzerkonten (Accounts) und Kundendaten sowie das zu den Apps, den Websites und dem Backend gehörende Know-how.

Section 1 Subject Matter of the Agreement[1, 2]

(1) Subject to the terms and conditions set forth in this Agreement, the Seller sells to the Buyer the

- applications stipulated in Appendix 1 hereto for use on the platforms, devices and operating systems stipulated in Appendix 1 hereto (hereinafter referred to collectively as *„Apps"*),

- websites listed in Appendix 2 hereto (hereinafter referred to as *„Websites"*),

- software programs and contents of the back-end server affiliated with the Apps and Websites, as specified in Appendix 2 hereto, (hereinafter referred to as the *„Backend"*),

- intellectual property rights, domains, user accounts and customer data listed in Appendix 2, as well as the know-how belonging to the Apps, Websites and Backend.

Die vorgenannten Vermögensgegenstände werden nachfolgend insgesamt „*Verkaufte Vermögensgegenstände*" genannt.

Die zu den Verkauften Vermögensgegenständen gehörenden Softwareprogramme, insbesondere die Apps sowie die zu den Websites und zum Backend gehörenden Softwareprogramme (nachfolgend insgesamt „*Software*" oder, einzeln und insgesamt, auch „*Softwareprogramme*" genannt) umfassen deren Quellcode und kompilierte ausführbare Versionen sowie die dazu gehörigen Mediendateien, einschließlich der Benutzeroberflächen.

(2) Die Parteien sind sich einig, dass die Rechte an den Verkauften Vermögensgegenständen soweit wie möglich vom Verkäufer an den Käufer übertragen werden sollen. Die Übertragung der Rechte erfolgt mit Wirkung zum . . . . ., 00:00 Uhr (nachfolgend „*Vollzugstag*" genannt) und soll den Käufer in die Lage versetzen, wie bisher der Verkäufer die Software weiterzuentwickeln und zu pflegen sowie die Apps zu vermarkten und zu vertreiben.

(3) Der Käufer übernimmt zum Vollzugstag nach Maßgabe der folgenden Bestimmungen die in Anlage 3 aufgeführten Verträge.

(4) Der Verkäufer wird den Käufer bei der Integration der Apps in den Geschäftsbetrieb des Käufers nach Maßgabe der folgenden Bestimmungen unterstützen.

§ 2 Rechtseinräumung[3]

(1) Der Verkäufer überträgt an den Käufer mit Wirkung zum Vollzugstag alle übertragungsfähigen Inhaberrechte und Nutzungsrechte an den Verkauften Vermögensgegenständen (nachfolgend insgesamt „*Schutzrechte*" genannt).

(2) Auf Verlangen des Käufers wird der Verkäufer den Käufer bei der Anmeldung und Eintragung von Schutzrechten sowie bei der Umschreibung von Anmeldungen oder Eintragungen dieser Schutzrechte unterstützen, soweit eine solche Unterstützung für eine Anmeldung und Eintragung von Schutzrechten im Namen des

The aforementioned assets are hereinafter referred to collectively as the „*Sold Assets*".

The software programs belonging to the Sold Assets, in particular the Apps as well as the software programs belonging to the Websites and the Backend (hereinafter referred to collectively as „*Software*" or, individually and collectively, also referred to as „*Software Programs*") comprise their source code and compiled executable versions as well as the associated media files, including the user interfaces.

(2) The Parties agree that the rights to the Sold Assets should be transferred from the Seller to the Buyer to the most possible extent. The transfer of the rights is made effective as of . . . . ., 00:00 o'clock (hereinafter referred to as the „*Closing Date*") and shall place the Buyer in the position previously held by the Seller to further develop and maintain the Software and to market and distribute the Apps.

(3) The Buyer assumes the contracts listed in Appendix 3 hereto as of the Closing Date pursuant to the following provisions.

(4) The Seller will, pursuant to the following provisions, support the Buyer with integrating the Apps into the Buyer's business operations.

Section 2 Granting of Rights[3]

(1) Effective as of the Closing Date, the Seller transfers to the Buyer all transferable ownership rights and usage rights to the Sold Assets (hereinafter referred to collectively as „*Property Rights*").

(2) At the request of the Buyer, the Seller will support the Buyer with the application and registration of Property Rights and with the transfer of applications and registrations of these Property Rights if such support is necessary or suitable for an application and registration of Property Rights in the Buyer's name. If and

Käufers erforderlich oder geeignet ist. Wenn und soweit die Verkauften Vermögensgegenstände bestehende Schutzrechtsanmeldungen und -eintragungen umfassen, wirkt der Verkäufer bei der Anfertigung der für eine Umschreibung erforderlichen Urkunden mit.

(3) Wenn und soweit die Inhaberrechte an der Software oder anderen Werken, die an den Käufer übertragen werden sollen, nicht als solche übertragbar sind (insbesondere im Fall von Urheberrechten), räumt der Verkäufer dem Käufer an diesen Werken mit Wirkung zum Vollzugstag jeweils ein – vorbehaltlich nachstehend Abs. 5 – ausschließliches, unwiderrufliches und inhaltlich, zeitlich und örtlich unbeschränktes Nutzungsrecht für alle Nutzungsarten ein. Zu den Nutzungsrechten an der Software gehören insbesondere das unwiderrufliche und inhaltlich, zeitlich sowie örtlich unbeschränkte Recht, die Software – ganz oder teilweise, dauerhaft oder vorübergehend – zu beliebigen (eigenen oder fremden) Zwecken auf sämtliche Arten zu nutzen und zu verwerten, insbesondere sie mit jedem Mittel und in jeder Form zu vervielfältigen durch Laden, Anzeigen, Ablaufen lassen, Übertragen oder Speichern zum Zwecke der Ausführung und der Verarbeitung darin enthaltener Datenbestände, sowie die Software zu verbreiten, vorzuführen und als Service oder in anderer Form zugänglich zu machen. Umfasst ist auch das Recht, die Werke zu ändern, zu übersetzen, zu bearbeiten oder auf andere Weise umzuarbeiten, weiterzuentwickeln und zu pflegen und die hierdurch geschaffenen Ergebnisse in der gleichen Weise zu nutzen und zu verwerten. Die Rechtseinräumung gemäß dieses Abs. 3 bezieht sich auf alle bekannten Nutzungsarten sowie alle Nutzungsarten, die gegenwärtig noch unbekannt sind, wobei die gesetzlich insoweit unverzichtbaren Rechte hiervon unberührt bleiben.[4, 5]

(4) Der Käufer ist ohne gesonderte Zustimmung in jedem Einzelfall befugt, die vorgenannten Rechte ganz oder teilweise, dauerhaft oder vorübergehend, auf Dritte

to the extent the Sold Assets include existing Property Right applications and registrations, the Seller shall assist with the preparation of the documents necessary for a transfer.

(3) If and to the extent the ownership rights to the Software or other works, which should be transferred to the Buyer, are not transferable (as in particular in the case of copyrights), in each case the Seller grants to the Buyer – subject to subsection 5 below – an exclusive and irrevocable usage right, unrestricted with respect to substance, time or territory for all types of use, to these works effective as of the Closing Date. The usage rights to the Software include in particular the irrevocable right, unrestricted with respect to substance, time or territory, to use and exploit the Software – in whole or in part, permanently or temporarily – for any (own or external) purposes in any and all manners, in particular to copy the Software using any medium and in any form through loading, displaying, running, transferring or saving for purposes of execution and the processing of the data sets contained therein, as well as to distribute or demonstrate the Software or to make it available as a service or in other form. This includes the right to change, translate, process or otherwise adapt, further develop and maintain the works and to use and exploit the results created thereby in an equal manner. The granting of rights pursuant to this subsection 3 relates to all known types of use and all types of use that are currently still unknown, whereby the statutorily non-assignable rights remain unaffected hereby.[4, 5]

(4) The Buyer is authorized, without separate approval in each specific instance, to transfer the aforementioned rights to third parties, or to grant usage rights to

zu übertragen oder Dritten Nutzungsrechte einzuräumen.

(5) Der Verkäufer räumt dem Käufer abweichend von den vorstehenden Abs. 1–4 an den in Anlage 2 unter Verweis auf dieser Abs. 5 ausdrücklich gekennzeichneten Verkauften Vermögensgegenständen ein nicht-ausschließliches, übertragbares, unwiderrufliches und inhaltlich, zeitlich und örtlich unbeschränktes Nutzungsrecht für alle Nutzungsarten ein. § 2 Abs. 3 S. 2 und 4 gelten entsprechend.

(6) Der Käufer nimmt die Rechtseinräumungen gem. den Abs. 1–5 an.

§ 3 Übergabe der Software; Dokumentationen[6]

(1) Der Verkäufer übergibt dem Käufer die Software, indem er dem Käufer zum Vollzugstag die Software mit aktuellen Entwicklerdokumentationen sowie einer Versionsverwaltung (einschließlich Protokollierung der Versionshistorie) auf einem dem Käufer zugänglichen Repository zum Download zur Verfügung stellt. Der Verkäufer wird dem Käufer die hierzu erforderlichen Zugangsdaten, insbesondere Benutzerkennwort und Passwort, zur Verfügung stellen.[6]

(2) Der Quellcode der Softwareprogramme muss so beschrieben und dokumentiert sein, dass ein geübter Programmierer mit zumutbarem Aufwand in der Lage ist, den Quellcode zu verstehen, zu bearbeiten und weiterzuentwickeln und eine ausführbare Version der bearbeiteten und weiterentwickelten Softwareprogramme zur Anwendung sämtlicher Funktionen des Backends, der Websites und der Apps auf allen Plattformen, Geräten und Betriebssystemen zu erstellen, mit denen die jeweiligen Softwareprogramme nach diesem Vertrag kompatibel sind.[7]

(3) Der Verkäufer ist für einen Zeitraum von 2 Jahren ab dem Vollzugstag berechtigt, eine Kopie des an den Käufer übertragenen Quellcodes der Software zu nutzen, um (i) den Käufer gem. § 10 Abs. 2, 3 bei der Integration der Apps in den eige-

third parties, in whole or in part, permanently or temporarily.

(5) As an exception to subsections 1–4 above, the Seller grants to the Buyer a non-exclusive, transferable, irrevocable usage right, unrestricted with respect to substance, time or territory to the Sold Assets expressly designated in Appendix 2 with reference to this subsection 5. Section 2 subsection 3 sentences 2 and 4 apply correspondingly.

(6) The Buyer accepts the grants of rights in accordance with subsections 1–5 above.

Section 3 Delivery of the Software; Documentation[6]

(1) The Seller transfers the Software to the Buyer, in that the Seller provides the Software to the Buyer as of the Closing Date with current developer documentation and a version management (including a record of the version history) on a repository accessible to the Buyer for download. The Seller will provide the Buyer with the access data necessary for this, in particular, user ID and password.[6]

(2) The source code of the Software Programs must be described and documented such that an experienced programmer is able to understand, process and further develop the source code with reasonable effort, and to create an executable version of the processed and further developed Software Programs for the use of all functions of the Backend, Websites and Apps on all platforms, devices and operating systems with which the respective Software Programs are compatible pursuant to this Agreement.[7]

(3) For a period of two (2) years as of the Closing Date, the Seller is authorized to use a copy of the source code of the Software transferred to the Buyer in order to (i) support the Buyer with the integration of Apps into its own business opera-

nen Geschäftsbetrieb zu unterstützen und (ii) im Fall von Mängelansprüchen aus Kaufverträgen über die Apps Nachbesserung leisten zu können. Darüber hinaus ist dem Verkäufer jede Nutzung des Quellcodes untersagt. Nach Ablauf von 2 Jahren ab dem Vollzugstag wird der Verkäufer den in seinem Besitz stehenden Quellcode unverzüglich löschen und dem Käufer die Löschung schriftlich bestätigen.

§ 4 Eintritt in Verträge[8]

(1) Der Käufer tritt am Vollzugstag im Wege der Vertragsübernahme in alle in Anlage 3 aufgeführten Verträge (nachfolgend „App-Bezogene Verträge") ein.

(2) Ab Abschluss dieses Vertrags darf der Verkäufer die App-Bezogenen Verträge nur mit Zustimmung des Käufers kündigen, einvernehmlich beenden oder inhaltlich ändern.

(3) Soweit die Zustimmung eines Vertragspartners zur Vertragsübernahme bei Unterzeichnung dieses Vertrags nicht vorliegt, werden sich die Vertragsparteien unverzüglich nach Unterzeichnung dieses Vertrags um diese Zustimmung nach besten Kräften bemühen. Die Parteien werden hierzu alle für die Übertragung notwendigen Handlungen vornehmen und sämtliche für die Übertragung notwendigen Erklärungen gegenüber dem Vertragspartner oder Dritten abgeben.

(4) Sofern und solange eine Vertragsübernahme nicht eingetreten ist, werden sich die Vertragsparteien im Innenverhältnis so verhalten und behandeln lassen, als ob der Eintritt in die Vertragsverhältnisse zum Vollzugstag wirksam vollzogen worden wäre. In diesem Fall bleibt der Verkäufer im Außenverhältnis Partei des betreffenden Vertragsverhältnisses. Er wird im Innenverhältnis jedoch ausschließlich für Rechnung und auf Weisung des Käufers tätig.

(5) Der Verkäufer tritt bereits jetzt mit Wirkung zum Vollzugstag sämtliche Rechte aus den App-Bezogenen Verträgen, die dem Käufer gemäß § 4 Abs. 1

tions pursuant to section 10 subsections 2 and 3, and (ii) be able to remedy deficiencies in the event of claims for defects from purchase contracts for the Apps. Beyond that, the Seller is prohibited from any use of the source code. After the expiration of two (2) years as of the Closing Date, the Seller will delete the source code in its possession without delay and confirm the deletion to the Buyer.

Section 4 Assignment of Contracts[8]

(1) On the Closing Date the Buyer enters into all contracts listed in Appendix 3 hereto (hereinafter „App-related Contracts") by way of assignment of contracts.

(2) As of the conclusion of this Agreement the Seller may only terminate, mutually terminate or amend the content of the App-related Contracts with the approval of the Buyer.

(3) If the approval of a contracting party regarding the transfer of contract is lacking upon the signing of this Agreement, the contracting parties shall make their best efforts to obtain such approval without delay after the signing of this Agreement. To that end, the parties will take all actions necessary for the transfer and submit all declarations necessary for the transfer vis-à-vis the contracting party or third parties.

(4) If and as long as an assignment of contracts has not occurred, the contracting parties will act and behave in relation inter se as if the entry into the contractual relationships had been effectively completed as of the Closing Date. In that event, the Seller remains a party to the contractual relationship in question with respect to third parties. However, the Seller will act externally solely on behalf of and on the instructions of the Buyer.

(5) The Seller herewith assigns to the Buyer all rights arising from the App-related Contracts to which the Buyer is entitled pursuant to section 4 subsection

zustehen, an den Käufer ab. Der Käufer nimmt die Abtretung hiermit an. Mit Wirkung zum Vollzugstag wird der Käufer den Verkäufer von allen Verbindlichkeiten und vertraglichen Verpflichtungen aus den App-Bezogenen Verträgen freistellen.

§ 5 Übertragung der Anbieterkonten[9]

(1) Der Verkäufer überträgt an den Käufer zum Vollzugstag die für den Verkäufer registrierten Anbieterkonten der Apps auf entsprechende Anbieterkonten des Käufers. Die hiervon betroffenen Ausgangskonten des Verkäufers und die Zielkonten des Käufers sind in Anlage 4 genannt. Um die Übertragung zu vollziehen, werden die Vertragsparteien sämtliche Maßnahmen treffen, die nach den Richtlinien der Plattformbetreiber für die Übertragung der Anbieterkonten erforderlich sind. Jede Vertragspartei trägt die ihr vom Plattformbetreiber auferlegten Gebühren selbst.

(2) Mit Wirkung vom Vollzugstag bis zur vollständigen Übertragung der Anbieterkonten ist der Verkäufer bei Verkäufen der Apps von den Ausgangskonten im Innenverhältnis für Rechnung und auf Weisung des Käufers tätig. § 4 Abs. 5 gilt entsprechend. Zahlungen, die der Verkäufer seit dem Vollzugstag aus Verkäufen der Apps erhält, wird der Verkäufer unverzüglich an den Käufer weiterleiten.

§ 6 Übertragung von Benutzerkonten[10]

(1) Zur Übertragung der in Anlage 2 aufgeführten Benutzerkonten übermittelt der Verkäufer dem Käufer am Vollzugstag sämtliche dazu gehörigen Zugangsdaten.

(2) Soweit die Übertragung eines Benutzerkontos nur mit Zustimmung des Plattform-Betreibers möglich ist, werden sich die Vertragsparteien unverzüglich nach Unterzeichnung dieses Vertrags um diese Zustimmung nach besten Kräften bemühen.

(3) Um die Übertragung zu vollziehen, werden die Vertragsparteien sämtliche Maßnahmen treffen, die nach den Richtlinien der Plattformbetreiber für die Übertragung von Benutzerkonten erforderlich sind. Jede

1, effective as of the Closing Date. The Buyer herewith accepts such assignment. Effective as of the Closing Date, the Buyer releases the Seller from all liabilities and contractual obligations arising from the App-related Contracts.

Section 5 Transfer of Provider Accounts[9]

(1) The Seller transfers to the Buyer as of the Closing Date the provider accounts of the Apps registered for the Seller to the respective provider accounts of the Buyer. The Seller's source accounts affected hereby and the Buyer's target accounts are stipulated in Appendix 4 hereto. The contracting parties will take all actions necessary for transferring the provider accounts in accordance with the guidelines of the platform operators in order to complete the transfer. Each contracting party will bear the fees imposed on it by the platform operator itself.

(2) Effective as of the Closing Date until the complete transfer of the provider accounts, in relation *inter se* the Seller acts on behalf of and on the instructions of the Buyer with respect to sales of the Apps from the source accounts. Section 4 paragraph 5 applies correspondingly. The Seller will forward payments it receives from sales of the Apps as of the Closing Date to the Buyer without undue delay.

Section 6 Transfer of User Accounts[10]

(1) For the transfer of the user accounts listed in Appendix 2, the Seller shall convey to Buyer all of the associated access data on the Closing Date.

(2) If the transfer of a user account is possible only with the approval of the platform operator, the contracting parties will use their best efforts to obtain this approval immediately after the signing of this Agreement.

(3) The contracting parties will take all measures necessary for transferring user accounts pursuant to the platform operator's guidelines in order to complete the transfer. Each contracting party will bear

Vertragspartei trägt die ihr vom Plattformbetreiber auferlegten Gebühren selbst.

(4) Soweit eine Übertragung eines Benutzerkontos nicht möglich oder aus anderem Grund nicht vollzogen worden ist, wird der Verkäufer auf Verlangen des Käufers die Inhalte des Benutzerkontos auf einem ausschließlich dem Käufer vorbehaltenen Serverplatz zum Download durch den Käufer zur Verfügung stellen. Bestehen an einzelnen Inhalten Rechte Dritter, ist der Verkäufer hierzu nur dann und insoweit verpflichtet, als er damit die Rechte Dritter nicht verletzt. Das Herausgabeverlangen des Käufers ist gegenüber dem Verkäufer schriftlich innerhalb eines Jahres ab dem Vollzugstag zu erklären. Der Verkäufer wird dem Käufer die Zugangsdaten für den Download schriftlich mitteilen und die Inhalte für 4 Wochen ab Eingang der Mitteilung beim Käufer zum Download bereithalten.

§ 7 Übertragung von Websites und Backend

(1) Die Übertragung der zu den Websites und dem Backend gehörenden Software bestimmt sich nach vorstehendem § 3. Darüber hinaus wird der Verkäufer dem Käufer am Vollzugstag die sonstigen Bestandteile der Websites und des Backends, insbesondere HTML-Quelltext und sämtliche Inhalte, auf einem vom Käufer benannten Repository zum Download zugänglich machen. Der Verkäufer wird dem Käufer die hierzu erforderlichen Zugangsdaten, insbesondere Benutzerkennwort und Passwort, zur Verfügung stellen.

(2) Der Verkäufer wird dem Käufer darüber hinaus am Vollzugstag die für den Zugang zur Website und zum Backend erforderlichen Daten, insbesondere Benutzerkennwort und Passwort, zur Verfügung stellen. Der Verkäufer wird nach dem Vollzugstag auf die Website und das Backend nicht zugreifen, soweit nicht der Käufer dem Zugriff zustimmt. Zugriffe des Verkäufers, die für eine Erfüllung von Pflichten des Verkäufers zur Unterstützung des Käufers bei der Integration der Apps in dessen Geschäftsbetrieb gem. nachstehend § 10 Abs. 2, 3 erforderlich sind, gelten als zulässig.

any fees imposed on it by the platform operator itself.

(4) If a transfer of a user account is not possible or has not been completed for other reasons, at the request of the Buyer, the Seller will make the contents of the user account available for download by the Seller on a server space reserved exclusively for the Buyer. In the event that third parties own certain content, such obligation only applies, if, and to the extent that, Seller's making available of content does not infringe upon third party rights. The Buyer's surrender request to the Seller must be made in writing within one year as of the Closing Date. The Seller will report the access data to the Buyer in writing and maintain the content for four (4) weeks as of the Buyer's receipt of the report.

Section 7 Transfer of Websites and Backend

(1) The transfer of the Software belonging to the Websites and Backend is governed by section 3 above. In addition, on the Closing Date the Seller will make available the other components of the Websites and the Backend, in particular HTML source code and all content for download on a repository designated by the Buyer. The Seller will provide the Buyer with the access data necessary for this, in particular, user ID and password.

(2) In addition, the Seller will provide the Buyer with the data necessary for accessing the Website and the Backend, in particular user ID and password, on the Closing Date. As of the Closing Date the Seller will not access the Website or the Backend unless the Buyer approves such access. Access by the Seller which is necessary for satisfying the Seller's duties with respect to supporting the Buyer with the integration of the Apps into its business operations pursuant to section 10 subsections 2, 3 below, is considered permitted.

§ 8 Informationen und Dokumente[11]

(1) Der Verkäufer übermittelt dem Käufer zum Vollzugstag die zu den Verkauften Vermögensgegenständen gehörenden Unterlagen und Informationen, die dem Käufer eine möglichst reibungslose Weiterentwicklung und Pflege der Software sowie Fortführung der Vermarktung und des Vertriebs der Apps ermöglichen, insbesondere die folgenden:

• Entwurfsmaterialien, einschließlich Pflichtenheft, Flussdiagramme, Ablaufdiagramme und Architekturbeschreibungen der Software;

• Anmelde- und Eintragungsurkunden der verkauften Schutzrechte und Domains sowie die wesentliche Korrespondenz und Verträge mit Behörden und Dritten, die diese Schutzrechte und Domains betreffen;

• Listen der Käufer (Kunden des Stores) der Apps sowie Markt- und Kundeninformationen, insbesondere Dokumente und Informationen zu Marktforschung und Kundenanalysen („Customer Intelligence") sowie Kundenbewertungen und -feedback, einschließlich der Geltendmachung von Gewährleistungsansprüchen;

• Bilddateien aller die Apps kennzeichnenden Marken und Logos.

(2) Gelangt der Verkäufer erst nach dem Vollzugstag in den Besitz von in vorstehend § 8 Abs. 1 bezeichneten Unterlagen oder Informationen, wird er diese unverzüglich an den Käufer herausgeben.

§ 9 Kaufpreiszahlung[12]

Für die Übertragung der Verkauften Vermögensgegenstände und die sonstigen von dem Verkäufer nach diesem Vertrag zu erbringenden Leistungen zahlt der Käufer an den Verkäufer einen Betrag von . . . . . . EUR zuzüglich gesetzlicher Umsatzsteuer (Festpreis). Einen Teilbetrag des Festpreises von . . . . . . EUR zuzüglich Umsatz-

Section 8 Information and Documents[11]

(1) On the Closing Date, the Seller shall convey to the Buyer the documentation and information belonging to the Sold Assets, which enables the Buyer to further develop and maintain the Software, and to continue the marketing and sale of the Apps as smoothly as possible; this includes the following in particular:

• Draft materials, including functional specifications, flowcharts, process diagrams and architecture descriptions of the Software;

• Application and registration certificates for the Property Rights and domains sold, as well as the significant correspondence and contracts with governmental authorities and third parties related to these Property Rights and domains;

• Lists of the purchasers (store customers) of the Apps and market and customer data, in particular, documents and information on market research and customer analysis (customer intelligence) and customer ratings and feedback, including the assertion of warranty claims;

• Image files of all trademarks and logos characterizing the Apps.

(2) If the Seller comes into possession of documents or information described in section 8 subsection 1 above only after the Closing Date, the Seller will turn such documents or information over to the Buyer without delay.

Section 9 Payment of Purchase Price[12]

The Buyer shall pay to the Seller an amount of EUR . . . . . . plus statutory value added tax (fixed price) for the transfer of the Sold Assets and the other services to be provided by the Seller pursuant to this Agreement. The Buyer shall pay a partial amount of the fixed price of EUR . . . . . . plus value added on the Closing

steuer zahlt der Käufer am Vollzugstag. Der restliche Teilbetrag von . . . . . . EUR zuzüglich Umsatzsteuer ist 6 Monate nach dem Vollzugstag zur Zahlung fällig. Der Käufer wird die Zahlungen per elektronischer Überweisung an das folgende Konto des Verkäufers leisten: . . . . . .

§ 10 Verpflichtungen des Verkäufers

(1) Der Verkäufer wird ab Unterzeichnung dieses Vertrags (nachfolgend „*Unterzeichnungsstichtag*" genannt) mit der Sorgfalt eines ordentlichen Geschäftsmanns und im Einklang mit bisheriger Übung die Software pflegen sowie die Apps vermarkten und vertreiben.

(2) Der Verkäufer wird unmittelbar nach dem Vollzugstag für Mitarbeiter des Käufers einen fünftägigen Workshop geben. Der Workshop wird im Betrieb des Käufers stattfinden. Ziel des Workshops ist es, den Käufer in die Lage zu versetzen, die Software eigenständig weiterzuentwickeln und zu pflegen sowie die Apps eigenständig zu vermarkten und zu vertreiben. Der Workshop schließt eine Beschreibung des Codes der Software durch Entwickler des Verkäufers und einen gemeinsamen Codereview ein.[13]

(3) Der Verkäufer wird dem Käufer für 6 Monate ab dem Vollzugstag für Supportanfragen zur Entwicklung und Anwendung der Software zu den üblichen Geschäftszeiten zur Verfügung stehen. In der Regel soll deren Anzahl 5 Supportanfragen in der Woche nicht übersteigen.

§ 11 Garantien[14]

Der Verkäufer garantiert dem Käufer in Form eines selbständigen Garantieversprechens gemäß § 311 Abs. 1 BGB nach Maßgabe der in diesem Vertrag bestimmten Beschränkungen, insbesondere den in § 12 festgelegten Rechtsfolgen, dass die nachfolgend gemachten Aussagen zum Unterzeichnungsstichtag und, soweit nicht nachfolgend anders bestimmt, zum Vollzugstag, vollständig und richtig sind. Der Verkäufer und der Käufer sind sich darüber einig, dass die aufgeführten Garantien

Date. The remaining amount of EUR . . . . . . plus value added tax is due and payable six (6) months after the Closing Date. The Buyer will make the payment by electronic bank transfer to the following account of the Seller: . . . . . .

Section 10 Seller's Obligations

(1) From the signing of this Agreement (hereinafter referred to as the „*Signing Date*"), the Seller will maintain the Software as well as market and distribute the Apps with the diligence of a prudent businessman and in keeping with previous practice.

(2) Immediately after the Closing Date, the Seller will provide to the Buyer's employees a five-day workshop. The workshop will take place at the Buyer's business premises. The goal of the workshop is to place the Buyer in a position to further develop and maintain the Software independently and to market and distribute the Apps independently. The workshop shall include a description of the Software code by the Seller's developers and a joint code review.[13]

(3) For six (6) months as of the Closing Date, the Seller will be available during normal business hours for support questions regarding the development and application of the Software. As a rule, the number of support questions should not exceed five (5) per week.

Section 11 Warranties[14]

The Seller warrants to the Buyer in the form of an independent indemnity contract pursuant to section 311 paragraph 1 German Civil Code (*Bürgerliches Gesetzbuch*, „BGB") in accordance with the restrictions specified in this Agreement, in particular the legal remedies consequences stipulated in section 12, that the following statements are complete and accurate as of the Signing Date and, unless stipulated hereinafter to the contrary, as of the Closing Date. The Seller and the Buyer agree that the warranties listed do not represent

keine Beschaffenheitsgarantien im Sinne der §§ 443, 444 BGB darstellen.

(1) Dem Verkäufer steht an den Apps das unwiderrufliche, ausschließliche, übertragbare, inhaltlich, zeitlich und örtlich unbeschränkte Nutzungsrecht für alle Nutzungsarten mit dem Recht zur beliebigen Veränderung zu.[15]

(2) Der Verkäufer ist Inhaber aller übertragungsfähigen Inhaberrechte der zu den Verkauften Vermögensgegenständen gehörenden Schutzrechte, insbesondere der in Anlage 2 aufgeführten Inhaberrechte an Schutzrechtsregistrierungen und -anmeldungen sowie Werktitel und sonstigen geschäftlichen Bezeichnungen.[15]

(3) Der Verkäufer hat zu den Verkauften Vermögensgegenständen gehörende Diensterfindungen seiner aktuellen und ehemaligen Arbeitnehmer unbeschränkt in Anspruch genommen.[15]

(4) Soweit in Anlage 11.4 nicht anders offengelegt, steht dem Verkäufer das unwiderrufliche, ausschließliche, übertragbare sowie inhaltlich, zeitlich und örtlich unbeschränkte Nutzungsrecht für alle Nutzungsarten mit dem Recht zur beliebigen Veränderung an (i) den Inhalten, HTML Quelltexten und Software-Quellcodes der Websites und des Backends sowie (ii) den Inhalten von Benutzerkonten zu.[15]

(5) Der Verkäufer ist berechtigt, an den Käufer sämtliche von den Verkauften Vermögensgegenständen umfasste Informationen, Inhalte und Materialien ohne Verletzung einer gesetzlichen oder vertraglichen Pflicht gegenüber Dritten zu übermitteln.[15]

(6) Mit Ausnahme der in Anlage 11.6 beschriebenen Lizenzen und Sachverhalte und der nicht übertragbaren Urheberpersönlichkeitsrechte bestehen keine Rechte Dritter an den Verkauften Vermögensgegenständen.

(7) Die Ausübung der zu den Verkauften Vermögensgegenständen gehörenden Schutzrechte verstößt nicht gegen Rechte Dritter. Mit Ausnahme der in Anlage 11.7

any guarantee of a quality within the meaning of sections 443, 444 BGB.

(1) The Seller has the irrevocable, exclusive, transferable usage right to the Apps, unrestricted with respect to substance, time or territory for all types of use, including the right to make any changes.[15]

(2) The Seller is the owner of all transferable ownership rights of the Property Rights belonging to the Sold Assets, in particular the ownership rights to Property Rights registrations and applications listed in Appendix 2 as well as work titles and other business names.[15]

(3) The Seller has made an unrestricted claim to the inventions of its current and former employees belonging to the Sold Assets.[15]

(4) Unless otherwise disclosed in Appendix 11.4 hereto, the Seller has the irrevocable, exclusive, transferable usage right, unrestricted with respect to substance, time or territory for all types of use, including the right to make any changes, to (i) the contents, HTML source texts and software source codes of the Websites and the Backend and (ii) the contents of user accounts.[15]

(5) The Seller is authorized to convey to the Buyer all of the information, content and materials comprising the Sold Assets without breaching a statutory or contractual duty vis-à-vis third parties.[15]

(6) With the exception of the licenses and circumstances described in Appendix 11.6 hereto and the non-transferable moral rights, there are no third-party rights to the Sold Assets.

(7) The exercise of the Property Rights belonging to the Sold Assets does not violate third-party rights. With the exception of the circumstances described in

beschriebenen Sachverhalte sind zum Unterzeichnungsstichtag keine derartigen Verstöße geltend gemacht oder behauptet worden und sind nach Kenntnis des Verkäufers am Unterzeichnungsstichtag auch keine derartigen Verstöße zu erwarten.

(8) Die Verkauften Vermögensgegenstände umfassen sämtliche Immaterialgüterrechte, deren Ausübung für die Weiterentwicklung und Pflege der Software sowie die Fortführung der Vermarktung und des Vertriebs der Apps erforderlich sind. Der Käufer wird mit der Übertragung der Verkauften Vermögensgegenstände und Übernahme der in Anlage 3 aufgeführten Verträge in die Lage versetzt, wie bisher der Verkäufer, die Software weiterzuentwickeln und zu pflegen sowie die Apps zu vermarkten und zu vertreiben.

(9) Anlage 11.9 nennt alle Softwareentwickler, die Teile der Software mit Ausnahme der in Anlage 11.10 aufgeführten Softwareprogramme Dritter programmiert haben.[16]

(10) Anlage 11.10 nennt sämtliche Softwareprogramme, die in der Software enthalten sind und nicht von dem Verkäufer, seinen Arbeitnehmern oder seinen Dienstleistern entwickelt wurden.

(11) Anlage 11.11 nennt alle Assemblierer, Kompilierer, Interpretierer, Linker und sonstige Programme, die der Verkäufer zur Umwandlung des Quellcodes der Software in ausführbare Versionen verwendet.

(12) Mit Ausnahme der in Anlage 11.12 genannten Softwareprogramme enthält die Software keine Softwareprogramme, die unter einem Lizenzvertrag stehen, der von der Open Source Initiative (OSI) als Open Source Lizenz anerkannt wird, oder der, ohne von der OSI als Open Source Lizenz anerkannt zu sein, für eine Verbreitung des Softwareprogramms zur Bedingung macht, dass der Quellcode (einschließlich seiner Bearbeitungen) des Softwareprogramms offen gelegt wird.[17]

(13) Mit Ausnahme der in Anlage 11.13 beschriebenen Sachverhalte wurde der Quellcode der Software und das mit der

Appendix 11.7 hereto, as of the Signing Date no such violations have been asserted or alleged, and to the best knowledge of the Seller as of the Signing Date, no such violations are to be expected.

(8) The Sold Assets comprise all intangible property rights the exercise of which is necessary for the further development and maintenance of the Software as well as for the continuation of the marketing and distribution of the Apps. With the transfer of the Sold Assets and the assumption of the contracts listed in Appendix 3 hereto, the Buyer will be placed in the Seller's previous position to further develop and maintain the Software and to market and distribute the Apps.

(9) Appendix 11.9 hereto identifies all software developers who have programmed parts of the Software with the exception of the third-party software programs listed in Appendix 11.10 hereto.[16]

(10) Appendix 11.10 hereto identifies all Software Programs that are contained within the Software and that were not developed by the Seller, its employees or its service providers.

(11) Appendix 11.11 hereto identifies all assemblers, compilers, interpreters, linkers and other programs used by the Seller to convert the source codes of the Software into executable versions.

(12) With the exception of the Software Programs stipulated in Appendix 11.12 hereto, the Software does not contain any Software Programs that are under a license recognized by the Open Source Initiative (OSI) as an open source license, or under a license agreement not recognized by the OSI as an open source license that requires that the source code (including its derivative) of the Software Program be disclosed as a condition for distribution of the Software Program.[17]

(13) With the exception of the circumstances described in Appendix 11.13 hereto, neither the source code of the Software

Entwicklung, der Vermarktung und dem Vertrieb der Software verbundene Know-how keinem Dritten ganz oder teilweise offen gelegt, zugänglich gemacht oder übergeben und keinem Dritten ein Recht zur Nutzung dieses Quellcodes und Know-how oder Teilen davon eingeräumt.

(14) Der Verkäufer hat bei der Entwicklung der Software stets die zur Geheimhaltung der Softwareentwicklung industrieüblichen Sicherheitsmaßnahmen getroffen und umgesetzt, insbesondere den Zugang zur Entwicklerplattform durch ausreichende Passwörter gesichert und die an der Entwicklung beteiligten Arbeitnehmer und Dienstleister in schriftlichen Vereinbarungen zur strengen Geheimhaltung verpflichtet.

(15) Der Verkäufer wird auch nach dem Unterzeichnungsstichtag und Vollzugstag den Quellcode der Software, das mit der Software verbundene Know-how und sämtliche sonstige Betriebs- und Geschäftsgeheimnisse zu den Verkauften Vermögensgegenständen sowie zu der Entwicklung der Software und der Vermarktung und dem Vertrieb der Apps streng geheim halten.

(16) Der Quellcode der Software ist im Quellcode so beschrieben und dokumentiert, dass ein geübter Programmierer mit zumutbarem Aufwand in der Lage ist, den Quellcode zu verstehen, zu bearbeiten und weiterzuentwickeln und eine ausführbare Version des bearbeiteten und weiterentwickelten Programms zur Anwendung sämtlicher Funktionen des Backends, der Website und der Apps auf allen Plattformen, Geräten und Betriebssystemen zu erstellen, mit denen die betreffenden Softwareprogramme nach diesem Vertrag kompatibel sind.

(17) Die Software ist frei von Mängeln. Die Softwareprogramme erfüllen die in Anlage 1 sowie die in den Entwurfsmaterialien, Benutzerdokumentation und sonstigen Dokumentationen, Unterlagen und Verlautbarungen des Verkäufers beschriebenen Funktionen und lassen sich

nor the know-how related to the development, marketing and distribution of the Software has been disclosed, made accessible, or transferred, in whole or in part, and no third party has been granted a right to the use of this source code or know-how or parts thereof.

(14) When developing the Software, the Seller has taken and implemented all security measures standard to the industry to ensure the confidentiality of the software development, in particular, secured access to the developer platform through adequate passwords, and put the employees and service providers involved in the development under strict confidentiality obligations in writing.

(15) The Seller will also maintain strict confidentiality after the Signing Date and Closing Date with respect to the source code of the Software, the know-how related to the Software, and all other business and trade secrets about the Sold Assets as well as about the development of the Software and the marketing and distribution of the Apps.

(16) The source code of the Software is described and documented in the source code such that an experienced programmer is able, with reasonable effort, to understand, process and further develop the source code, and to create an executable version of the processed and further developed program for the use of all functions of the Backend, the Websites and the Apps on all platforms, devices and operating systems with which the Software Programs in question are compatible pursuant to this Agreement.

(17) The Software is free from defects. The Software Programs fulfill the functions described in Appendix 1 as well as those described in the preparatory design materials, user documentation and other documentation, supporting documents and pronouncements of the Seller and

auf allen für die betreffenden Software-programme in Anlage 1 und 2 aufgeführten Plattformen, Geräten und Betriebssystemen entsprechend anwenden.[18]

(18) Die Entwicklung der Software ist nicht ganz oder teilweise mit öffentlichen Fördermitteln finanziert worden.[19]

(19) Sämtliche bis zum Vollzugstag fällig gewordenen Amtsgebühren der Anmeldungen und Eintragungen der Schutzrechte, einschließlich aller bis zum Vollzugstag fällig gewordener Verlängerungsgebühren, sind ausgeglichen.

(20) Mit Ausnahme der in Anlage 11.20 genannten Verfahren sind keine gerichtlichen oder behördlichen Verfahren anhängig, die Verkaufte Vermögensgegenstände betreffen.

(21) Kein Plattformbetreiber hat je einen Widerruf der Zulassung oder eine Deaktivierung der Apps angedroht oder die Zulassung einer App in Frage gestellt. Die Laufzeit der Verträge mit den Plattformbetreibern beträgt noch mindestens 2 Monate ab Vollzugstag. Dem Verkäufer sind keine Umstände bekannt, die einer Verlängerung der Verträge bei Entrichtung der üblichen Verlängerungsgebühr entgegenstehen könnten.[20]

(22) Der Verkäufer hat seine Pflichten aus den in Anlage 3 aufgeführten Verträgen erfüllt und stets alle Nutzungsbedingungen und Lizenzbedingungen der Anbieterkonten der Apps sowie der in Anlage 2 aufgeführten Benutzerkonten eingehalten.

(23) Die Inhalte und die Nutzung der in Anlage 2 aufgeführten Websites und Benutzerkonten verstoßen nicht gegen Rechte Dritter.

§ 12 Rechtsfolgen von Garantieverletzungen[21]

(1) Ist eine der vorstehend unter § 11 gewährten Garantien ganz oder teilweise unzutreffend, unvollständig oder unrichtig, hat der Verkäufer den Käufer so zu stellen, wie er stünde, wenn die Garantie richtig gewesen oder die Verhaltenspflicht

can be used accordingly on all platforms, devices and operating systems listed for the respective Software Programs in Appendices 1 and 2 hereto.[18]

(18) The development of the Software was not financed in whole or in part with governmental financial funding.[19]

(19) All official fees for applications and registrations of Property Rights payable up to the Closing Date, including all extension fees becoming due prior to the Closing Date, have been settled.

(20) With the exception of the proceedings identified in Appendix 11.20 herein, there are no judicial or official proceedings pending that concern the Sold Assets.

(21) No platform operator has threatened to revoke the approval of or to deactivate the Apps or question the approval of an App. The term of the contracts with the platform operators is still at least two (2) months as of the Closing Date. The Seller is not aware of any circumstances that could preclude an extension of the contracts upon payment of the normal extension fee.[20]

(22) The Seller has satisfied its duties arising from the contracts listed in Appendix 3 hereto and always adhered to all conditions of use and license terms and conditions of the provider accounts of the Apps as well as of the user accounts listed in Appendix 2 hereto.

(23) The content and the use of the Websites and user accounts listed in Appendix 2 hereto do not violate third-party rights.

Section 12 Legal Remedies in case of Breaches of Warranty[21]

(1) If one of the above warranties granted under section 11 is inapplicable, incomplete, or incorrect, in whole or in part, the Seller shall place the Buyer in the position the Buyer would have had if the warranty had been correct or the duty as to conduct

eingehalten worden wäre (Naturalrestitution). Ist eine Naturalrestitution nicht möglich oder hat der Verkäufer die Naturalrestitution nicht innerhalb angemessener Frist nach schriftlicher Benachrichtigung über die Verletzung des Garantieversprechens durch den Käufer geleistet, kann der Käufer Schadensersatz in Geld verlangen. Dies gilt unabhängig von einem Verschulden des Verkäufers. § 280 Abs. 1 S. 2 BGB findet keine Anwendung.

(2) §§ 249- 254 BGB finden Anwendung, soweit in diesem Vertrag nicht ausdrücklich anders bestimmt.

(3) Die Haftung des Verkäufers besteht ungeachtet einer Kenntnis oder eines Kennenmüssens auf Seiten des Käufers. § 442 BGB und § 377 HGB finden keine Anwendung.

(4) Dieser § 12 regelt die Rechte der Käuferin wegen einer Verletzung der in § 11 genannten Garantien abschließend.

§ 13 Wettbewerbsverbot[22]

Der Verkäufer verpflichtet sich, für einen Zeitraum von 3 Jahren ab Vollzugstag keine Anwendungssoftware, Mobile Apps, Web Apps oder andere Softwareprogramme zu entwickeln, zu vermarkten oder zu vertreiben, die mit den Apps im Wettbewerb stehen, und dies auch für die mit dem Verkäufer verbundenen Unternehmen sicherzustellen.

§ 14 Verschiedenes

(1) Dieser Vertrag, einschließlich seiner Anlagen, beinhaltet sämtliche Vereinbarungen der Parteien zum Vertragsgegenstand. Änderungen und Ergänzungen dieses Vertrags bedürfen der Schriftform; dies gilt auch für eine Aufhebung des Schriftformerfordernisses.

(2) Sollten Teile dieses Vertrags ganz oder teilweise unwirksam sein oder werden, so berührt dies die Wirksamkeit der übrigen Regelungen nicht. Die Parteien verpflichten sich vielmehr, die unwirksame Regelung

had been adhered to (restitution in kind). If a restitution in kind is not possible or the Seller has not made the restitution in kind within a reasonable time limit following written notification of the breach of the warranty by the Buyer, the Buyer can demand monetary damages. This applies irrespective of the fault of the Seller. Section 280 paragraph 1 sentence 2 BGB shall not apply.

(2) Sections 249 to 254 BGB apply unless expressly stipulated otherwise in this Agreement.

(3) The liability of the Seller exists notwithstanding knowledge on the part of the Buyer and regardless of whether the Buyer should have known. Section 442 BGB and section 377 German Commercial Code (*Handelsgesetzbuch*, „HGB") shall not apply.

(4) This section 12 conclusively governs the rights of the Buyer due to a breach of the warranties stipulated in section 11.

Section 13 Non Competition[22]

For a period of three (3) years as of the Closing Date, the Seller undertakes not to develop, market or distribute any application software, mobile apps, web apps or other software programs that compete with the Apps, and to also ensure the same for the companies affiliated with the Seller.

Section 14 Miscellaneous

(1) This Agreement, including its annexes, contains all agreements between the parties relating to the object of the Agreement. Amendments and supplements to this Agreement must be made in writing; this also applies for a waiver of the written form requirement.

(2) Should portions of this greement be or become invalid in part or in their entirety, this shall not affect the validity of the remaining provisions. The parties rather shall undertake to replace the invalid pro-

durch eine solche zu ersetzen, die dem wirtschaftlich Gewollten am nächsten kommt.

(3) Dieser Vertrag wurde auf Deutsch und Englisch abgefasst. Bei Abweichungen zwischen der deutschen und der englischen Version, gilt die deutsche Version.

(4) Es gilt deutsches Recht, mit Ausnahme von dessen Regelungen über die Rechtswahl, die zur Anwendung einer anderen Rechtsordnung führen würden. Die Geltung des CISG („UN-Kaufrecht") wird ausgeschlossen. Gerichtsstand für alle Streitigkeiten aus diesem Vertrag ist der Sitz des Käufers. Der Käufer ist jedoch berechtigt, an jedem anderen gesetzlichen Gerichtsstand zu klagen.

. . . . . .

(Unterschriften der Beteiligten)

Anlagen:

Anlage 1 Produktbeschreibung

Anlage 2 Verkaufte Vermögensgegenstände

Anlage 3 App-Bezogene Verträge

Anlage 4 Anbieterkonten

Anlage 11.4 Rechte an Websites und Social Media Konten

Anlage 11.6 Rechte Dritter

Anlage 11.7 Verstöße gegen Rechte Dritter

Anlage 11.9 Softwareentwickler

Anlage 11.10 Drittsoftware

Anlage 11.11 Programme zur Codeumwandlung

Anlage 11.12 Open Source Software

Anlage 11.13 Dritte mit Kenntnis des Quellcodes

Anlage 11.20 Anhängige Verfahren

vision with such a provision that comes closest to the desired economic intent.

(3) This Agreement had been drafted in both the German and English languages. In the event of any discrepancy between the German and English language versions, the German language version shall prevail.

(4) This Agreement is construed in accordance with and governed by German law, with the exception of its provisions on the applicable law which would lead to the application of another law. The application of CISG („UN Sales Convention") is excluded. The Buyer's registered place of business shall be the place of jurisdiction for all disputes arising from this Agreement. However, the Buyer is entitled to file a suit at any other legal place of jurisdiction.

. . . . . .

(Signatures of the parties)

Appendices:

Appendix 1 Product Description

Appendix 2 Sold Assets

Appendix 3 App-related Contracts

Appendix 4 Provider Accounts

Appendix 11.4 Rights to Websites and Social Media Accounts

Appendix 11.6 Third-party Rights

Appendix 11.7 Violations of Third-party Rights

Appendix 11.9 Software Developers

Appendix 11.10 Third-party Software

Appendix 11.11 Programs for Code Conversion

Appendix 11.12 Open Source Software

Appendix 11.13 Third Parties with Knowledge of the Source Code

Appendix 11.20 Pending Proceedings

Anmerkungen

1. Sachverhalt. Gegenstand des Vertrags ist der Verkauf und die vollständige Übertragung proprietärer Softwareprogramme, hier am Beispiel von nativen Mobile Apps, die bereits bei Vertragsschluss vom Verkäufer vermarktet und vertrieben werden. Der Käufer soll in den Stand versetzt werden, die Software nach ihrer Übertragung wie zuvor der Verkäufer weiterzuentwickeln, zu pflegen, zu vermarkten und zu vertreiben. Hierzu bedarf es neben der Übertragung der Rechte an der Software regelmäßig der Übertragung weiterer Schutzrechte und Immaterialgüter sowie der Übernahme von Verträgen.

Das Formular geht davon aus, dass die Mobile Apps mit Websites, Social Media Sites und Benutzerkonten des Verkäufers verlinkt sind, die Inhalte zu den Apps enthalten und von dem Verkäufer für die Entwicklung und Softwarepflege oder zu Marketing- und Vertriebszwecken genutzt werden.

Die Anwendung mobiler Apps ist oft erst durch eine Verbindung der Apps zu einem Backend-Server möglich, auf dem Funktionalitäten der Apps und die mit den Apps abgerufenen Daten gehostet sind. Die Softwareprogramme und Inhalte auf den Backend-Servern können deutlich umfangreicher als die der Apps selbst sein und mithin den wesentlichen Teil einer App-Anwendung ausmachen. Dieser Vertrag geht daher auch von einem Kauf der auf dem Backend-Server gehosteten Software und Inhalte aus.

Vertragstypologisch begründet der Verkauf von Schutzrechten und Immaterialgütern nach herrschender Ansicht einen Rechtskauf bzw. einen Kauf sonstiger Gegenstände gem. § 453 Abs. 1 BGB (Palandt/*Weidenkaff* BGB § 453 Rn. 3 ff.; zu Fragen der Vertragstypologie beim Verkauf immaterieller Güter s. *Haberstumpf* NJOZ 2015, 793).

Das Formular regelt keinen Unternehmenskauf. Es wird insbesondere vorausgesetzt, dass Entwicklung, Vermarktung und Vertrieb der verkauften Apps keinen Betrieb oder Betriebsteil iSd § 613a BGB, kein Handelsgeschäft iSd §§ 22 ff. HGB und kein Unternehmen oder Betrieb iSd § 75 AO bilden.

Dennoch weist der vorliegende Sachverhalt insoweit erhebliche Parallelen zu einem Kauf eines mit Schutzrechten ausgestatteten Unternehmens im Sinne eines Asset Deals auf, als dieser ebenso – wenn auch nicht allein – den Kauf einer Gesamtheit von Rechten zum Gegenstand hat. Eine weitere Gemeinsamkeit besteht darin, dass die Vertragsparteien in beiden Fällen idR beabsichtigen, den Käufer in die Stellung des Schutzrechtsinhabers vollständig eintreten zu lassen. Diese Zielsetzung markiert einen grundlegenden Unterschied zu einem Lizenzvertrag, der dadurch gekennzeichnet ist, dass der Lizenzgeber das Immaterialgut nicht aufgibt (zum Begriff des Lizenzvertrags *Marly* Rn. 232).

Vor dem Kauf sollte eine Due Diligence, insbesondere eine sorgfältige Prüfung des Bestands, der Belastung und der Übertragbarkeit der zu erwerbenden Schutzrechte durchgeführt werden (zur immaterialgüterrechtlichen Due Diligence s. Hettler/Stratz/Hörtnagel/*Hug/Gaugenrieder* § 7 Rn. 7 ff.).

2. Kaufgegenstand. Gem. § 1 Abs. 1 werden die Apps mit den dazugehörigen Schutzrechten und Immaterialgütern verkauft. Die verkauften Vermögensgegenstände sind in den Anlagen umfassend und genau zu bezeichnen. Dabei ist auf eine genaue Bezeichnung und Abgrenzung der zu den Apps gehörenden Linkbibliotheken zu achten. Linkbibliotheken sind häufig Open Source Software oder proprietäre Software Dritter, an denen der Verkäufer Rechte nur beschränkt oder bedingt übertragen kann. Selbst entwickelte Linkbibliotheken wird der Verkäufer dann nicht an den Käufer übertragen wollen, wenn er sie auch für andere Entwicklungen nutzt.

Zur Beschreibung der Apps sowie der auf dem Backend-Server und, wenn hiervon separat, auch Website-Server gehosteten Software gehört eine Systemdokumentation, die insbesondere Code und Funktionen der Software sowie die mit den Softwareprogrammen verarbeiteten Daten und erzeugten Ergebnisse beschreibt. Da native Apps für bestimmte geschlossene Zielplattformen programmiert werden (hierzu Baumgartner/Ewald/*Ewald* Rn. 13 ff.), sind auch die einzelnen Plattform-Versionen zu benennen. Ebenso sollte klargestellt werden, auf welchen Geräten (neben Smartphones ggf. Desktop-PCs, Laptops, Tablets, Smartwatches etc) die Apps verwendet werden können. Dabei ist auf eine genaue Bezeichnung der Versionsnummern von Betriebssystemen bzw. Programmierschnittstellen und Geräten zu achten, mit denen die Apps zum Zeitpunkt des Vollzugstags kompatibel sind.

Zu den Rechten an der Software können neben den urheberrechtlichen Nutzungsrechten im Einzelfall auch Patentrechte gehören. Patentgeschützte Apps sind jedoch selten, da Computerprogramme als solche nach deutschem Recht nicht patentfähig sind (§ 1 Abs. 3 Nr. 3 PatentG; entsprechend auch Art. 52 Abs. 2 EPÜ). Löst das Programm ein technisches Problem mit technischen Mitteln, kommt ein Patentschutz jedoch in Betracht (s. Auer-Reinsdorff/Conrad/*Baldus* § 5 Rn. 103 ff.; *Marly* Rn. 418 ff.).

Zu den Apps gehören in der Regel Kennzeichenrechte. Für eine im geschäftlichen Verkehr benutzte Bezeichnung einer App kommt neben einem Markenschutz nach § 4 MarkenG in der Regel der Schutz als Werktitel iSd § 5 Abs. 3 MarkenG in Frage. Die Rechtsprechung lässt einen Titelschutz für im geschäftlichen Verkehr benutzte Bezeichnungen von Mobile Apps ausdrücklich zu. Voraussetzung für den Titelschutz ist die Unterscheidungskraft der Bezeichnung (BGH Urt. v. 28.1.2016 – I ZR 202/14, BeckRS 2016, 12491; Auer-Reinsdorff/Conrad/*Kremer* § 28 Rn. 44).

Wesentlich ist die Übertragung der Anbieterkonten, die der Verkäufer bei den Plattformbetreibern hält (→ Anm. 9). Weiter in Betracht kommen die Übertragung der mit der App verlinkten Websites und Social Media Accounts sowie die Übertragung weiterer Benutzerkonten (→ Anm. 10).

Darüber hinaus sind mit Apps regelmäßig Immaterialgüter verknüpft, die keine Rechte darstellen und dennoch Kaufgegenstand sein können. So zB das mit Entwicklung, Pflege, Vermarktung und Vertrieb der Apps verbundene Know-how sowie nicht geschützte Inhalte oder Kundenlisten (zu Immaterialgütern als Kaufgegenstand s. MüKoBGB/*Westermann* § 433 Rn. 15 f.; *Haberstumpf*, NJOZ 2015, 793).

Zu § 1 Abs. 3 → Anm. 8
Zu § 1 Abs. 4 → Anm. 13

3. Rechtseinräumung. § 2 regelt eine möglichst weitgehende Übertragung von Inhaber- und Nutzungsrechten an den verkauften Vermögensgegenständen. Neben den Rechten an der Software gehören dazu gewerbliche Schutzrechte (zB Marken oder Patente) und sonstige urheberrechtliche Nutzungsrechte an Inhalten (zB auf dem Backend-Server und dem Website-Server abgelegte Mediendateien sowie Inhalte aus Social Media Accounts).

Das Bestehen und der Umfang der Rechte, die Rechtsinhaberschaft, die Übertragbarkeit der Rechte sowie die Anforderungen an die Übertragung bestimmen sich dabei nach dem Recht des Landes, für dessen Gebiet Schutz beansprucht wird (Schutzlandprinzip). Die durch Auslegung des Übertragungsvertrags zu klärende Reichweite der übertragenen Rechte beurteilen sich dagegen nach dem Vertragsstatut (für die Übertragung urheberrechtlicher Nutzungsrechte s. BGH Urt. v. 24.9.2014 – I ZR 35/11 Rn. 24, 41; NJW 2015, 1690 [1691, 1693]; Schricker/Loewenheim/*Katzenberger* Vorb. §§ 120 ff. Rn. 147 ff.).

4. Einräumung urheberrechtlicher Nutzungsrechte. Nach deutschem Recht sind Urheberrechte grundsätzlich nicht übertragbar (§ 29 Abs. 1 UrhG). § 2 Abs. 3 regelt daher die umfassende Übertragung aller urheberrechtlichen Nutzungsrechte an den zu den Vermögensgegenständen gehörenden urheberrechtlich geschützten Werken, insbesondere den Apps. Bei pauschaler Einräumung sämtlicher Nutzungsrechte wird jedoch der Umfang der Rechtseinräumung auf die Nutzungsarten und -rechte zurückgeführt, die dem zugrunde gelegten Vertragszweck entsprechen. Diese aus der Zweckübertragungslehre bzw. § 31

Abs. 5 UrhG abgeleitete Rechtsprechung gilt auch bei eindeutigem Vertragswortlaut (BGH Urt. v. 27.9.1995 – I ZR 215/93; BGHZ 131, 8 = NJW 1995, 3252 [3253]). Ob sich durch eine – kaum praktikable – vollständige Aufzählung aller Nutzungsarten und –rechte die Anwendung des § 31 Abs. 5 UrhG vermeiden lässt, ist fraglich (s. Wandtke/Bullinger/ *Wandtke/Grunert* § 31 Rn. 41 ff.). Der von den Parteien beabsichtigte Vertragszweck sollte daher im Vertragswortlaut deutlich zum Ausdruck kommen (s. § 1 Abs. 2).

Unter Abs. 5 fallen die Nutzungsrechte, die der Verkäufer nicht ausschließlich einräumen kann oder möchte. Dies können bspw. Rechte an Linkbibliotheken (→ Anm. 2) oder urheberrechtlich geschützte Inhalte Dritter aus Social Media Konten sein.

Zur urheberrechtlichen Schutzfähigkeit von Websites s. Auer-Reinsdorff/Conrad/Schöttle/*Eckhardt* § 25 Rn. 9 ff.; speziell zur Schutzfähigkeit des HTML-Quellcodes s. *Nebel/ Stiemerling* CR 2016, 61 [66 f.]).

5. Unbekannte Nutzungsarten. Bei der Einräumung von Rechten an unbekannten Nutzungsarten verbleibt dem Urheber das Recht auf Widerruf gem. § 31a Abs. 1 S. 3 UrhG.

6. Übergabe der Software. Für die Übergabe der Software ist im Formular der Download aus einem Repository bestimmt. Der Käufer wird regelmäßig an der Übergabe des gesamten zur Software gehörenden Repository einschließlich vollständiger Versionshistorie interessiert sein. Dagegen stehen datenschutzrechtliche Bedenken in Hinblick auf darin enthaltene personenbezogene Daten der an der Entwicklung beteiligten Programmierer sowie das Interesse des Verkäufers, sein im Repository hinterlegtes Know-know zu schützen.

7. Dokumentation. Für die Weiterentwicklung der Software und deren Pflege ist eine genaue Kenntnis des Käufers vom Quellcode unabdingbar. Der Käufer wird sich im Regelfall bereits in der Due Diligence ein Bild vom Code und seiner Dokumentation machen, woraus sich weitere Materialien und Unterlagen ergeben können, die der Verkäufer zu übergeben hat (s. § 8).

Eine reine Benutzerdokumentation existiert für Mobile Apps meist nicht, da diese in der Regel auf eine intuitive Benutzerführung ohne Dokumentation ausgelegt sind. Soweit dennoch eine Benutzerdokumentation vorliegt, sollte auch diese übertragen werden.

8. Überleitung von Verträgen. Der Käufer der Apps wird idR daran interessiert sein, von dem Verkäufer die Verträge zu übernehmen, die erforderlich sind, um eine möglichst reibungslose Fortführung des mit den Apps verbundenen Geschäfts zu ermöglichen. Dazu können Verträge mit Technologieanbietern (zB Plattformanbieter für Programmierwerkzeuge, Shop-Analyse oder Kundensupport) und – bei Übertragung einer Website – mit Host-Providern und Domain-Providern gehören. Bei einem Verkauf von Domains übernimmt der Käufer die Verträge mit den Registrierungsstellen. Zum Verkauf einer bei der DENIC registrierten Domain → Form. E. 5.

Eine Vertragsübernahme bedarf der Zustimmung des Vertragspartners (Palandt/*Grüneberg* BGB § 398 Rn. 42).

Die zu übernehmenden Verträge müssen mindestens bestimmbar sein. Das Formular geht davon aus, dass Arbeitsverhältnisse nicht vertraglich übernommen werden und zudem die Voraussetzungen für einen Übergang von Arbeitsverhältnissen nach § 613a BGB nicht vorliegen (→ Anm. 1).

Das Formular sieht keine Übertragung von Verträgen mit Plattformbetreibern oder Anwendern vor. Die Verträge mit den Plattformbetreibern wird der Käufer im Regelfall bereits eingegangen sein oder mit der Übertragung der Anbieterkonten (s. § 5) eingehen (zu den Vertragsbeziehungen zwischen Plattformbetreibern und Anbietern s. Baumgartner/Ewald/*Ewald* Rn. 93ff). Ob Anwender der Apps Verträge mit den Betreibern oder den Anbietern eingehen, ist wegen der intransparenten Vertragsstrukturen und –bedingungen der Plattformen fraglich (s. dazu. Baumgartner/Ewald/*Ewald* Rn. 41ff; *Marly* Rn. 1170 ff.; Auer-Reinsdorff/Conrad/*Kremer* § 28 Rn. 15 ff.).

Ungeachtet dessen kann der Verkäufer an einer Übernahme seiner Pflichten aus Mängelhaftung (gleich ob gegenüber Plattformbetreiber oder Anwender) insbesondere dann interessiert sein, wenn ihm nach Vollzug der Quellcode nicht mehr zur Verfügung steht und er daher Nachbesserungsverlangen seines Vertragspartners nicht mehr ohne Unterstützung des Käufers nachkommen kann. Vorliegend wird dem Verkäufer die Nutzung des Quellcodes zu Zwecken der Nachbesserung erlaubt (s. § 3 Abs. 3).

Für den Käufer ist zu beachten, dass er mit Vertragsübernahme auch Verpflichtungen übernimmt, die dem Zeitraum vor Vollzug zuzuordnen sind. Gegen dieses Risiko schützt die Verkäufergarantie aus § 11 Abs. 2.

9. Übertragung von Anbieterkonten. Anbieterkonten ermöglichen dem Kontoinhaber die Veröffentlichung und den Vertrieb der Apps. In der Terminologie der Plattformbetreiber werden sie teilweise als Entwicklerkonto bezeichnet (so bei Google Play), ohne dass der Anbieter zwingend auch Entwickler der Apps ist. Die Anbieterkonten sind webbasierte Tools, mit denen Apps für den Verkauf eingereicht und verwaltet werden können. Sie sammeln aus Vertriebssicht maßgebliche Daten und Inhalte, einschließlich Nutzerdaten, Downloadstatistiken sowie Bewertungen und Rezensionen. Die Übernahme der Anbieterkonten ist daher für den Käufer gerade bei gut eingeführten Apps von entscheidender Bedeutung.

Die Plattformbetreiber ermöglichen den Anbietern die Übertragung der Anbieterkonten an Dritte und versprechen, dass mit den Apps alle Daten und Inhalte der Konten übertragen werden (s. zB für iOS Apps https://developer.apple.com/library/ios/documentation/LanguagesUtilities/Conceptual/iTunesConnect_Guide_DE/Chapters/TransferringAndDeletingApps.html, zuletzt abgerufen am 16.8.2016, für Android-Apps auf Google Play https://support.google.com/googleplay/android-developer/answer/6230247?hl=de, zuletzt abgerufen am 16.8.2016). Darauf verlassen sollten sich die Vertragsparteien jedoch nicht. Es ist ratsam, sich bei den betroffenen Plattformbetreibern vorab zu vergewissern, ob sämtliche Daten und Inhalte der Konten tatsächlich übertragen werden. Zur Übertragung von Kundendaten (→ Anm. 11). Soweit sich eine Übertragung aller kritischen Daten de facto nicht durchsetzen lässt, könnten sich die Parteien mit einer treuhänderischen Verwaltung des Kontos durch den Verkäufer behelfen.

Die Übertragung von Anbieterkonten dauert im Regelfall einige Tage. Währenddessen ist das Anbieterkonto zwar gesperrt, Kunden der Plattform können die Apps jedoch auch in dieser Zeit erwerben. Gem. § 5 Abs. 2 verkauft daher der Verkäufer die Apps bis zur vollständigen Übertragung auf Rechnung des Käufers.

10. Übertragung sonstiger Benutzerkonten. Für die Entwicklung und Vermarktung von Apps unterhält der Anbieter meist verschiedene Benutzerkonten, insbesondere auf Plattformen von Technologieanbietern (→ Anm. 8) sowie Social Media Plattformen. Eine Übertragung von Benutzerkonten (Accounts) sozialer Netzwerke lassen die Betreiber jedoch regelmäßig nicht zu. Die Nutzungsbedingungen untersagen meist die Weitergabe von Zugangsdaten und Übertragung des Accounts (so zB Ziff. 4.8, 4.9 der Nutzungsbedingungen von Facebook, abrufbar unter: https://de-de.facebook.com/legal/terms?locale=de_DE, zuletzt abgerufen am 16.8.2016; entsprechende Bestimmungen enthalten die Nutzungsbedingungen von YouTube und Twitter). Ist eine Übertragung nicht möglich, bliebe den Vertragsparteien die eine treuhänderische Verwaltung des Accounts durch den Verkäufer oder Neueinrichtung des Accounts durch den Käufer nach dessen Aufgabe durch den Verkäufer. In jedem Fall ist sicherzustellen, dass dem Käufer die Rechte an den Inhalten übertragen werden und bei der Übertragung Datenschutzrechte Dritter gewahrt bleiben. Die Übermittlung personenbezogener Daten, die in sozialen Netzwerken allgemein zugänglich sind, ist nach BDSG datenschutzrechtlich grundsätzlich erlaubt (§ 28 Abs. 1 Nr. 3 BDSG).

11. Übertragung von Informationen und Dokumenten. Entwurfsmaterialien wie ein vollständiges Pflichtenheft oder Ablaufdiagramme der Software liegen häufig nicht oder nur eingeschränkt vor. Im Einzelfall wird aber der Käufer interessiert sein, ein Ablaufdiagramm oder vergleichbares Dokument zu erhalten. Dies ließe sich vom Verkäufer je nach Absprache auch anlässlich des Kaufs erstellen.

Die Daten der Anwender werden in der Regel mit der Übertragung des Anbieterkontos übermittelt (→ Anm. 9). Die datenschutzrechtliche Zulässigkeit ergibt sich aus § 28 Abs. 1 Nr. 2 BDSG bzw., bei Inkrafttreten der DSGVO am 25.5.2018, aus Art. 6 Abs. 1 lit. f DSGVO (str., s. zur Zulässigkeit einer vergleichbaren Übermittlung von Kundendaten beim Asset Deal *Nebel* CR 2016, 417; Plath/*Plath* § 28 Rn. 68).

12. Kaufpreiszahlung. Ein fester Kaufpreis bietet sich an, wenn der Verkäufer mit den Apps dauerhaft stabile Erträge erwirtschaftet hat und keine außergewöhnlichen Unsicherheiten für das zukünftige Geschäft zu erwarten sind. Alternativ lässt sich der Kaufpreis ganz oder teilweise variabel bestimmen (Earn-Out), etwa durch eine Regelung, die dem Verkäufer statt eines festen Kaufpreises für einen bestimmten Zeitraum einen Anteil an den vom Käufer mit dem Vertrieb der Apps erzielten Nettoverkaufserlösen gewährt.

Aus steuerlichen Gründen ist eine Aufteilung des Kaufpreises auf die einzelnen Vermögensgegenstände zu erwägen. Es ist häufig im Interesse des Erwerbers, den Kaufpreis kurzfristig abzuschreiben. Eine von den Vertragsparteien vereinbarte Kaufpreisallokation wird von den Finanzbehörden idR eher akzeptiert als eine solche, die vom Käufer einseitig vorgenommen wird. Planmäßig abschreiben lässt sich insbesondere der den Apps zugewiesene Kaufpreis (zur Einordnung von Software als immaterielles Wirtschaftsgut des Anlagevermögens s. BFH Urt. v. 18.5.2011 – X R 26/09 = NJW 2011, 3679). Zu den abschreibungsfähigen immateriellen Wirtschaftsgütern können zudem gewerbliche Schutzrechte, der Kundenstamm und ein Wettbewerbsverbot zählen. Zur Frage der Aktivierung von Kosten der Implementierung und Schulung als Anschaffungskosten iSd § 255 Abs. 1 HGB s. Ziff. 6.2 der IDW Stellungnahme zur Rechnungslegung: Bilanzierung entgeltlich erworbener Software beim Anwender (IDW RS HFA 11).

Das Formular geht davon aus, dass der Verkauf der Vermögensgegenstände keine Geschäftsveräußerung iSd § 1 Abs. 1 lit. a UStG begründet und daher nicht umsatzsteuerbefreit ist.

13. Integration. Der Käufer wird im Regelfall die Unterstützung des Verkäufers benötigen, um sich das zur Fortführung der Entwicklung der Software sowie des Marketings und des Vertriebs der Apps erforderliche Wissen anzueignen. Gegenstand, Umfang und Konditionen einer solchen Unterstützung sind in hohem Maße einzelfallabhängig. Gerade im Falle komplexer Anwendungen kann auch der separate Abschluss eines IT-Servicevertrags ratsam sein.

14. Haftungsregime. Die im Formular bestimmte Haftung des Verkäufers entspricht dem typischen Haftungsregime eines Unternehmenskaufvertrags. Die Garantien sind als selbständige Garantieversprechen iSd § 311 Abs. 1 BGB ausgestaltet.

Die Garantien sind käuferfreundlich formuliert. Der Verkäufer wird angesichts der aus den Garantien folgenden verschuldensunabhängigen Haftung daran interessiert sein, die Garantien zu beschränken, so bspw. durch zeitliche Einschränkungen und sog. Qualifier, die den Garantiefall an eine Kenntnis des Verkäufers, ein Wesentlichkeitsmerkmal oder andere Kriterien knüpfen (s. zur Garantiehaftung beim Unternehmenskaufvertrag Hettler/Stratz/Hörtnagel/*Lips* § 3 Rn. 207 ff.).

15. Title-Garantien. § 11 Abs. 1–7 regeln die sog. *Title*-Garantien, wobei zwischen Rechten an den Apps (Abs. 1), Inhaberrechten und Erfindungen (Abs. 2, 3) und Rechten an dem Backend, Websites und Social Media Konten (Abs. 4) differenziert wird. In der Anlage 11.4 sind insbesondere Immaterialgüter, die keine Rechte darstellen (zB urheberrechtlich nicht geschützte Inhalte), von der Garantie auszunehmen. Diese Immaterialgüter sind von Abs. 5 erfasst.

16. Softwareentwickler. § 11 Abs. 9 soll den Verkäufer gegen eine unerwartete Inanspruchnahme durch bei Vertragsschluss nicht bekannte und in der Due Diligence nicht berücksichtigte Softwareentwickler (oder seiner Lizenznehmer) schützen.

17. Open Source Software. Insbesondere aufgrund des der Open Source Software eigenen Copyleft-Effekts, sollte der Käufer schon bei der Due Diligence ein besonderes Augenmerk auf die Verwendung von Open Source Software legen (zum Copyleft-Effekt s. *Marly* Rn. 955; die von der OSI anerkannten Open Source Lizenzen finden sich unter: https://opensource.org/licenses/alphabetical, zuletzt abgerufen am 16.8.2016).

18. Mängel. Einen Ansatzpunkt für die Bestimmung eines Mangels gibt die Produktbeschreibung in Anlage 1. Es liegt insbesondere im Interesse des Käufers, dass darin die Leistungsmerkmale der Apps im Einzelnen aufgeführt werden. Beim Kauf von Software wird der Verkäufer typischerweise bestimmte Mängel von der Garantieerklärung ausnehmen wollen. Anknüpfen ließe sich dabei an den Begriff der Unerheblichkeit iSd § 323 Abs. 5 S. 2 BGB, wonach bei kauf- und werkvertraglicher Mängelhaftung der Rücktritt (§§ 437 Nr. 2, 634 Nr. 3 BGB) im Falle unerheblicher Mängel ausgeschlossen ist. In der Praxis lassen sich unerhebliche Mängel eines Softwareprogramms allerdings nur schwer abgrenzen. Eine Spezifizierung unerheblicher Mängel wäre bei entsprechender Einschränkung der Garantie daher ratsam. Dabei ist auf Verkäuferseite das der selbständigen Garantie immanente Risiko einer verschuldensunabhängigen Haftung zu bedenken. Der Käufer muss dagegen berücksichtigen, dass mit der Garantiehaftung für Mängel idR die gesetzliche Mängelhaftung ausgeschlossen wird und demnach von der Garantiehaftung ausgenommene Mängel keiner Mängelhaftung unterliegen (s. § 12 Abs. 4).

19. Fördermittel. Der Käufer sollte sorgsam darauf achten, dass Rechte an der Software nicht infolge einer öffentlichen Förderung der App-Entwicklung beschränkt sind. So sichert etwa Ziff. 13.2 der Nebenbestimmungen für Zuwendungen auf Kostenbasis des Bundesministeriums für Bildung und Forschung an Unternehmen der gewerblichen Wirtschaft für Forschungs- und Entwicklungsvorhaben (NKBF 98) dem Zuwendungsgeber in Fällen eines besonderen öffentlichen Interesses ein nicht ausschließliches, übertragbares Nutzungsrecht an den Ergebnissen und den urheberrechtlich geschützten Teilen der Ergebnisse.

20. Rückruf. § 11 Abs. 21 soll den Käufer gegen das Risiko schützen, dass Plattformbetreiber die Zulassung der Apps widerrufen oder die Apps im Store deaktivieren. Die Plattformbetreiber behalten sich derartige Maßnahmen nach eigenem Ermessen vor (s. zB Ziff. 5.3 Apple Developer Program License Agreement, Stand 10.6.2016, Ziff. 7.2 Google Play – Vereinbarung für den Entwicklervertrieb, Stand 2.7.2016, abrufbar unter: https://play.google.com/intl/ALL_de/about/developer-distribution-agreement.html, zuletzt abgerufen am 16.8.2016) und üben sie auch aus (s. zB Süddeutsche Zeitung v. 8.8.2016, S. 9 zur Sperrung der Kunstmarkt-App Magnus im Apple Store). Der Käufer hat auch darauf zu achten, dass zur Aufrechterhaltung der Anbieterkonten erforderliche Verlängerungsgebühren entrichtet wurden.

21. Rechtsfolgen von Garantieverletzungen. Die Vereinbarung von Haftungsbeschränkungen bildet ein Gegengewicht zur selbständigen Garantiehaftung des Verkäufers. Da die Garantien als selbständige Garantien, nicht dagegen als Beschaffenheitsgarantien ausgestaltet sind (s. § 11), steht § 444 BGB einer Haftungsbeschränkung und abschließenden vertraglichen Regelung der Rechtsfolgen bei Garantieverletzungen nicht entgegen. Die Rechtsfolgenklausel ist käuferfreundlich. Aus Sicht des Verkäufer wären zusätzliche Haftungsbeschränkungen zu erwägen, so zB eine engere Definition des Schadensbegriffs, die Verkürzung der gesetzlichen Verjährung, Freigrenzen und Freibeträge sowie Haftungshöchstsummen (s. hierzu Hettler/Stratz/Hörtnagel/*Lips* § 3 Rn. 232 ff.).

22. Wettbewerbsverbot. Die Zulässigkeit von Wettbewerbsverboten ist aufgrund deren grundsätzlich wettbewerbsbeschränkender Natur an den kartellrechtlichen Grenzen des Art. 101 AEUV bzw. § 1 GWB zu messen. Tatbestandsausnahmen zu Art. 101 Abs. 1 AEUV werden von Gerichten und der Kommission anerkannt, wenn sie für die Durchführung einer kartellrechtlich unbedenklichen Hauptvereinbarung funktionsnotwendig sind (*Bechthold/Bosch/Brinker* AEUV Art. 101 Rn. 128). Im Zusammenhang mit Unternehmenskaufverträgen sieht die Kommission daher im Grundsatz Wettbewerbsverbote zu Lasten des Verkäufers von bis zu 3 Jahren als gerechtfertigt an (Bekanntmachung der Kommission über die Einschränkungen des Wettbewerbs, die mit der Durchführung von Unternehmenszusammenschlüssen unmittelbar verbunden und für diese notwendig sind, 2005/C 56/03 Tz. 20). Im Falle des Verkaufs eines auf dem Markt befindlichen Softwareprogramms mit allen dazugehörigen Rechten und Know-how kann sich eine entsprechende Notwendigkeit für ein Wettbewerbsverbot ergeben.

C. IT-Projekte, Forschung und Entwicklung

1. Beratungsvertrag – Consultancy Contract

Beratungsvertrag[1, 2, 3]

Zwischen

. . . . .

– „IT-Dienstleister" –

und dem

. . . . .

– „Kunde" –

§ 1 Ausgangssituation[4]

. . . . .[5]

§ 2 Vertragsgegenstand

(1) Leistungsbeschreibung

Gegenstand dieses Vertrages ist die Durchführung der nachfolgend beschriebenen Beratungs- und Unterstützungsleistungen auf dienstvertraglicher Basis:

„Unterstützung bei der Implementierung der Software . . . . ."[6]

(2) Aufwände

Nach derzeitigem Kenntnisstand werden die beschriebenen Dienstleistungen im nachfolgend dargestellten Umfang erbracht:

. . . . .[7]

(3) Termine

Vorgesehener Leistungsbeginn ist der . . . . ., voraussichtliches Leistungsende ist die Kalenderwoche . . . . ./Jahr.[8]

alternativ:

Vorgesehener Leistungsbeginn ist der . . . . ., das Projekt hat voraussichtlich eine Laufzeit von . . . . . Wochen/Monaten.

Consultancy Contract[1, 2, 3]

Between

. . . . .

– „Contractor" –

and

. . . . .

– „Client" –

§ 1 Initial Situation[4]

. . . . .[5]

§ 2 Subject Matter of the Contract

(1) Service Description

The subject matter of this contract is the performance of the consultancy and support services described below on the basis of a service agreement:

„Support with the implementation of . . . . ."[6]

(2) Scope of the Service

Based on the information currently available, the services described will be provided in the scope set out below:

. . . . .[7]

(3) Deadlines

The provision of services is scheduled to commence on . . . . ., and is expected to end in the calendar week . . . . ./year.[8]

alternative:

The expected begin of services is . . . . ., the project is assumed to last for . . . . . weeks/months.

(4) Einsatzort

Genereller Einsatzort für die Projekt-durchführung sind die Geschäftsräume des Kunden in . . . . . [Sitz/Niederlassung des Kunden].[9] Projektarbeiten, die keine lokale Präsenz beim Kunden erfordern, können in den Räumlichkeiten des IT-Dienstleisters durchgeführt werden.

(5) Qualitätsmanagement

Der IT-Dienstleister bietet seinen Kunden besondere Qualitätssicherung hinsichtlich der fachkompetenten Durchführung von Management-, Organisations- und Sys-tementwicklungsprojekten . . . . .[10]

§ 3 Mitarbeitereinsatz

Der IT-Dienstleister setzt zur Durchführung der in diesem Vertrag festgelegten Dienst-leistungen voraussichtlich folgende Berater ein:

N. N.[11, 12]

Die Benennung von Mitarbeitern des IT-Dienstleisters entspricht dem Kenntnis- und Planungsstand zum Zeitpunkt der Ausfertigung dieses Dokumentes. Sollte im Bedarfsfall ein Mitarbeiteraustausch erforderlich werden, wird der IT-Dienst-leister auf vergleichbare Qualifikation achten. Die Namensnennung ist vertrau-lich und hat keine Arbeitnehmerüberlas-sung zur Folge. Das eingesetzte Personal unterliegt nicht den Weisungen des Kun-den, unabhängig vom Leistungsort.

§ 4 Ansprechpartner

Folgende Ansprechpartner/innen sind für dieses Projekt vorgesehen:

Für den IT-Dienstleister[13]

Name Telefon Email Mobilnummer

Projektverantwortliche/r

Vertreter/in

Kundenverantwortliche/r

Vertreter/in

---

(4) Place of Performance

The general work location for the imple-mentation of the project will be the Client's business premises in . . . . . [Client's head/branch office].[9] Project work which does not require the presence of staff of the Contractor on the Client's premises may be performed at the offices of Contractor.

(5) Rules and Standards

The Contractor offers the Client special high-class security concerning the compe-tent realization of management develop-ment projects, organization development projects and system development projects . . . . .[10]

§ 3 Staff

The Contractor expects to deploy the fol-lowing consultants to perform the services defined in this contract:

N. N.[11, 12]

The designation of staff is based on the state of knowledge and the stage of plan-ning at the time this Agreement is issued. Should staff replacement be required, the Contractor will make sure that the replace-ment staff will have comparable qualifi-cations. The naming of staff is confiden-tial and does not result in the supply of temporary staff (*Arbeitnehmerüberlas-sung*). The staff deployed is not bound by the Client's instructions independent on the place of delivery.

§ 4 Contact Persons

The designated contact person is:

For the Contractor :[13]

Name First Name Telephone Email Cell-phone

Project Manager

Stand-in

Account Manager

Stand-in

Der Kunde benennt einen Ansprechpartner, der zur Klärung von Fragen zur Verfügung steht und berechtigt ist, verbindliche Auskünfte zu geben und Entscheidungen zu treffen:[14]

The Client will designate a contact person in due time by the commencement of the project who will be available to clarify any issues and will be authorized to provide binding information and to make decisions:[14]

Name Vorname Telefon Email Mobilnummer

Name First Name Telephone Email Cellphone

Ansprechpartner/in

Authorized Contact Person

Vertreter/in

Stand-in

Projektleiter/in

Project Manager

Vertreter/in

Stand-in

§ 5 Mitwirkungsleistungen des Kunden.

(1) Allgemeine Mitwirkungsleistungen

§ 5 Cooperation by the Client

(1) General Cooperation by the Client

Die Verantwortung für die Projektorganisation und -planung sowie für das Projektberichtswesen obliegt dem Kunden. Der Projektleiter des Kunden trägt die Gesamtverantwortung für die fach-, termin- und budgetgerechte Realisierung des Projekts.[15]

The project organisation and planning as well as the project reporting are the Client's responsibility. The Client's project manager has overall responsibility for the competent implementation of the project within the deadlines and the budget.[15]

Der Projektverantwortliche des IT-Dienstleisters wird den Projektleiter des Kunden hierbei unterstützen. Er ist ferner für die Leitung des Projektteams der vom IT-Dienstleister eingesetzten Erfüllungsgehilfen in fachlicher und disziplinarischer Hinsicht zuständig, unabhängig vom Leistungsort.

The person in charge of the project designated by the Contractor will support the Client's project manager in this regard. He/she will in addition be responsible for leading the project team of the consultants deployed by the Contractor in technical and disciplinary terms, irrespective of the place of performance.

Der Kunde stellt sicher, dass alle für die Erbringung der vereinbarten Leistung notwendigen Mitwirkungsleistungen rechtzeitig, vollständig und für den IT-Dienstleister kostenfrei[16] erbracht werden.

The Client will ensure that all cooperation services required for the provision of the services agreed will be provided in due time, in full and free of charge[16] for the Contractor.

Sämtliche vom Kunden zu erbringenden Leistungen sind Voraussetzung für die vertragsgemäße Leistungserbringung des IT-Dienstleisters.[17] Erfüllt der Kunde diese Leistungen nicht oder nicht rechtzeitig, so gehen sich daraus ergebende Entgelterhöhungen oder Terminverschiebungen zu seinen Lasten.

All services to be provided by the Client are a precondition for the contractual provision of services by the Contractor.[17] If the Client fails to provide such services, any increased fees or delays resulting therefrom will be at the Client's expense.

(2) Infrastrukturelle Mitwirkungsleistungen[18]

Der Kunde stellt für den IT-Dienstleister, soweit erforderlich, den Zugang zu seinen Kommunikations- und Datenverarbeitungssystemen sicher.[19] Der Zugang erfolgt über Arbeitsplätze beim Kunden und, soweit erforderlich, über eine Remote-Anbindung[20] für den IT-Dienstleister.

Der Kunde stellt für die Leistungserbringung adäquate Büroräume mit folgender Ausstattung zur Verfügung:

• Telefon mit Wahlmöglichkeit im Inland

• Zugang zum Netz des IT-Dienstleisters über einen DSL-Anschluss oder . . . . . .

• Whiteboard und/oder Flipchart

• Zugang zu Kopierern, Druckern, Fax und Besprechungsräumen.

3. Besondere Mitwirkungsleistungen . . . . .[21]

§ 6 Vergütung

(1) Honorar

Die Dienstleistungen werden zu nachfolgenden Konditionen vereinbart:

Euro . . . . . je Beratungstag[22]

Der Beratungstag umfasst durchschnittlich acht Stunden. Beratungstage, die in geringerem oder höherem Umfang erbracht werden, werden anteilig auf Stundenbasis[23] abgerechnet.

Ein entsprechender Status über durchgeführte Leistungen mit den dafür verbrauchten Beratungsaufwänden wird durch den IT-Dienstleister geführt und kann vom Kunden jederzeit eingesehen werden.

(2) Nebenkosten

EUR . . . . . je Beratungstag/je Woche/je . . . . . .[24]

Reisekosten und Aufwand für vom Kunden veranlasste Reisen außerhalb des ver-

(2) Cooperation in Terms of Infrastructure by the Client[18]

The Client will ensure access by the Contractor to the Client's communication and data processing systems, to the extent required.[19] These systems will be accessed from workstations on the Client's premises and, to the extent required, via remote access[20] by the Contractor.

For the performance of the agreed services, the Client will make available suitable offices with the following equipment:

• telephone activated for domestic calls

• access to the Contractor's network via ISDN or DSL or . . . . . .

• Whiteboard and/or Flipchart

• access to copying machines, printers, fax machines and conference rooms.

3. Special Cooperation by the Client . . . . .[21]

§ 6 Remuneration

(1) Fee

The services are rendered on the conditions set out below:

Euro . . . . . daily rate[22]

A consultancy day comprises eight hours on average. Any time worked on a consultancy day below or above this average working time will be charged on a pro rata basis at an hourly rate.[23]

The Contractor will maintain records on the relevant status of services performed (including consultancy fees incurred in this context), which may be inspected by the Client at any time.

(2) Ancillary Costs

EUR . . . . . daily rate/weekly rate/ . . . . . .[24]

In addition, travel costs as well as expenses for travels requested by the Client

einbarten Leistungsortes werden dem IT-Dienstleister zusätzlich erstattet bzw. vergütet.[25]

(3) Voraussichtlicher Gesamtaufwand

Aus den unverbindlichen Aufwandsschätzungen gem. § 2 (2) und den vorgenannten Konditionen ergibt sich ein voraussichtlicher[26] Gesamtaufwand in Höhe von

Euro . . . . . (in Worten: . . . . . EUR).[27]

Sollte der IT-Dienstleister im Laufe der Leistungsdurchführung feststellen, dass die geschätzten Aufwände vermutlich überschritten werden, wird er den Kunden darüber unterrichten. Der Kunde wird unverzüglich über das weitere Vorgehen entscheiden und den IT-Dienstleister darüber schriftlich informieren.

4. Zahlungsbedingungen

Soweit nicht ausdrücklich anders ausgewiesen, verstehen sich alle Preisangaben zuzüglich der jeweils gültigen Umsatzsteuer.[28]

Die erbrachten Leistungen werden monatlich nachträglich in Rechnung gestellt. Die Rechnungen sind nach Zugang zur Zahlung fällig und sofort zahlbar ohne Abzug.[29]

§ 7 Sonstige Rahmenbedingungen

(1) Haftung[30]

Der IT-Dienstleister haftet im Falle von Arglist, Vorsatz oder grober Fahrlässigkeit[31] nach Maßgabe der gesetzlichen Bestimmungen. Schäden, die durch leichte Fahrlässigkeit entstanden sind, werden nur ersetzt, wenn es sich dabei um die Verletzung einer wesentlichen Pflicht[32] handelt. In Fällen einer leicht fahrlässigen Verletzung einer wesentlichen Pflicht ist die Haftung der Höhe nach beschränkt auf den bei vergleichbaren Aufträgen dieser Art typischen Schaden, der bei Beauftragung oder spätestens bei der Begehung der Pflichtverletzung vorhersehbar war,

outside the place of performance agreed will also be refunded or remunerated to the Contractor.[25]

(3) Estimated Total Scope of Services

Based on the non-binding estimates of the scope of services specified in § 2 (2) and the above conditions, the total scope of services is estimated[26] to equal an amount of

Euro . . . . . (in words: . . . . . EUR).[27]

Should the Contractor notice during the performance of the services that the estimated scope of services will probably be exceeded, it will notify the Client thereof. The Client will decide without delay on how to proceed and will inform the Contractor thereof in writing.

4. Payment Terms

Unless expressly stated otherwise, all prices are quoted exclusive of the currently applicable VAT.[28]

The services provided will be invoiced on a monthly basis in arrears. Invoices are due for payment and payable without any deduction within ten calendar days from date of invoice. Invoices are due for payment and payable without any deduction immediately after receipt.[29]

§ 7 Other General Conditions

(1) Liability[30]

The Contractor will be liable for fraudulent intent, willful misconduct or gross negligence in accordance with the statutory provisions.[31] Any damage caused by slight negligence will be compensated only if a material duty (material contractual obligation (Kardinalpflicht) or material accessory obligation) is breached.[32] In cases of a slightly negligent breach of a material duty, the liability will be limited in terms of amount to the damage typical of comparable orders of this kind foreseeable at the time the order is placed or at the latest at the time the duty is breached,

maximal jedoch auf die Höhe des Auftragswertes.

Schadenersatzansprüche nach dem Produkthaftungsgesetz und für Schäden aus der Verletzung des Lebens, des Körpers oder der Gesundheit bleiben durch die vorstehenden Haftungsbeschränkungen unberührt.[33]

Die Haftung für einen eventuellen Datenverlust[34] oder -beschädigung ist auf den Aufwand beschränkt, der bei ordnungsgemäßer Datensicherung erforderlich wäre, um die Daten aus dem gesicherten Datenmaterial wiederherzustellen.
Die vorstehenden Haftungsbeschränkungen gelten auch zugunsten von eventuell eingebundenen gesetzlichen Vertretern und Erfüllungsgehilfen des IT-Dienstleisters.

(2) Leistungsübergabe

Der IT-Dienstleister wird etwaige Begleitergebnisse der Leistung, wie beispielsweise Arbeitspapiere oder -präsentationen, dem Kunden laufend, spätestens jedoch zum Ende der vereinbarten Leistungszeit, übergeben.

(3) Nutzungsrechte[35]

Mit vollständiger Zahlung der vereinbarten Vergütung erhält der Kunde an den vom IT-Dienstleister erbrachten Begleitergebnissen der Dienstleistung das einfache, zeitlich und räumlich unbegrenzte Recht, die Arbeitsergebnisse für interne[36] Anwendungen und Zwecke einzusetzen, zu vervielfältigen, zu bearbeiten sowie mit anderen Programmen oder Materialien zu verbinden. Nicht erfasst von der Übertragung der Nutzungsrechte ist die Übertragung an Konzernunternehmen des Kunden. Für die Dauer der Nutzung bis zur vollständigen Zahlung überträgt der IT-Dienstleister die einfachen Nutzungsrechte widerruflich unter der Maßgabe der vollständigen Zahlung.[37]

Die vom IT-Dienstleister in diesem Dokument verwendeten Informationen und Bilder sind urheberrechtlich geschützt. Sämtliche Rechte bleiben vorbehalten.[38]

but will not exceed the amount of the order value.

Claims for damages under the German Product Liability Act (Produkthaftungsgesetz) and for damages based on injuries affecting a person's life, body or health will remain unaffected by the above limitations of liability.[33]

The liability for any potential loss of[34] or damage to, data will be limited to the expenses of proper data backup.
The above limitations of liability will also apply in favour of any statutory representatives and vicarious agents (Erfüllungsgehilfen) of the Contractor who might be involved.

(2) Handover of Services

The Contractor will hand over to the Client any potential accompanying results (e.g. working papers, slides) on an ongoing basis, but not later than at the end of the provision of services.

(3) Rights of Use[35]

Upon payment in full of the remuneration agreed, the Client acquires the non-exclusive right, unlimited in time and territorial scope, to use the accompanying results of the services provided by the Contractor for internal[36] applications and purposes and to reproduce, to edit and to combine such work results with other programs or materials. This does not comprise the assignment of rights of use for group enterprises of the Client. For the duration of this project the Contractor assigns the mentioned rights of use subject to the entire payment.[37]

The information and pictures used by the Contractor in this Agreement are protected by copyright.[38] All rights reserved.

(4) Sorgfaltspflicht

Der IT-Dienstleister führt sämtliche Beratungsleistungen mit großer Sorgfalt nach den Grundsätzen ordnungsgemäßer Berufsausübung durch, die der Entwicklung der Branche und den Bedürfnissen des Kunden in bester Weise gerecht werden.[39]

(5) Vertraulichkeit

Die Vertragspartner werden wesentliche und nicht allgemein bekannte Angelegenheiten des anderen vertraulich behandeln. Hardware, Software, Modelle und Unterlagen (zB Berichte, Zeichnungen, Skizzen, Muster etc), die sich die Vertragspartner gegenseitig zur Verfügung stellen, dürfen nur für den vertraglich vorgesehenen Gebrauch eingesetzt werden. Eine darüber hinausgehende Vervielfältigung oder Überlassung an Dritte ist nicht gestattet. Die vertragliche Vertraulichkeitsvereinbarung ist nachvertraglich auf zwei Jahre befristet.[40]

Die Vertragspartner haben die zur Erfüllung der Vertragsinhalte überlassenen Unterlagen im jeweils gegenseitigen Interesse sorgfältig aufzubewahren. Diese Unterlagen sind bei Vertragsende herauszugeben. Ein Zurückbehaltungsrecht an diesen Unterlagen ist ausgeschlossen, es sei denn, der Gegenanspruch ist unbestritten oder rechtskräftig festgestellt.

Die Vertragspartner werden personenbezogene Daten des jeweils anderen Vertragspartners unter Einhaltung der Bestimmungen der Datenschutzgesetze und nur für vertraglich vereinbarte Zwecke verarbeiten und nutzen. Sie werden diese Daten insbesondere gegen unbefugten Zugriff sichern und sie nur mit Zustimmung des anderen Vertragspartners bzw. der betroffenen Personen an Dritte weitergeben. Soweit es zur Auftragsdurchführung erforderlich ist, dass der Kunde dem IT-Dienstleister Zugang zu personenbezogenen Daten gewährt, muss das eingesetzte Personal ebenfalls über seine datenschutzrechtlichen Verpflichtungen unterrichtet und gemäß

(4) Duty of Care

The Contractor will perform all work/services with great care in accordance with the accepted professional standards which reflect the development of the industry and meet the Client's requirements in the best possible way.[39]

(5) Confidentiality

The Parties will treat as confidential any essential and not commonly known matters regarding the respective other party. Any hardware, software, models and documents (e.g. reports, drawings, sketches, samples, etc.) which the contracting parties provide to each other may only be used for the purposes contemplated by the contract. Any reproduction or provision to third parties beyond the scope of the above is not permitted. The contractual confidentiality arrangement is limited for two years after the end of this Agreement.[40]

Each contracting party must carefully store, in mutual interest any documents provided to it for the purpose of performing the contractual provisions. These documents must be returned upon termination of the contract. A right to retain such documents is excluded, unless the counterclaim is undisputed or has been recognised by declaratory judgement (rechtskräftig festgestellt).

The Parties will process and use personal data of the respective other contracting party in accordance with the provisions of data protection laws and exclusively for the contractually agreed purposes. They will in particular protect such data against access by unauthorised persons and disclose such data to third parties only with the consent of the respective other contracting party or the persons concerned. To the extent it is required for the performance of the order that the Client grants the Contractor access to personal data, it is pointed out that the staff deployed has to be instructed on their obligations under, and are bound

den datenschutzrechtlichen Bestimmungen verpflichtet werden.[41]

§ 8 Schlussbestimmungen

(1) Schriftform

Dieser Vertrag regelt den Leistungsgegenstand abschließend. Nebenabreden bestehen nicht. Änderungen und Ergänzungen dieses Vertrages bedürfen der Schriftform. Dies gilt auch für die Aufhebung dieses Schriftformerfordernisses.

(2) Recht, Gerichtsstand

Es gilt das Recht der Bundesrepublik Deutschland. Als Gerichtsstand wird der Sitz des IT-Dienstleisters vereinbart.[42]

(3) Vertragsschluss

Dieses Vertragsangebot gilt als rechtzeitig angenommen, wenn der Kunde innerhalb [Frist einfügen] die Annahme dieses Vertrages erklärt. Textform ist hierfür ausreichend.[43]

Sollte es nicht zu einem schriftlichen Vertragsabschluss kommen, der IT-Dienstleister aber bereits in Kenntnis des Kunden mit Vorarbeiten begonnen haben, steht dem IT-Dienstleister dafür eine angemessene Vergütung zu.

Abweichende Vertrags-/Bestellbedingungen des Kunden finden keine Anwendung. Dies gilt auch dann, wenn der IT-Dienstleister diesen Bedingungen nicht ausdrücklich widerspricht. Erfordern die internen Organisationsrichtlinien des Kunden neben der schriftlichen Vereinbarung, dass der Kunde zusätzlich noch eine eigene Bestellung generiert, so wird er dafür Sorge tragen, dass der Inhalt der Bestellung nicht von dem vorliegenden Vertragsangebot abweicht.

(4) Salvatorische Klausel

Sollte eine Bestimmung dieses Vertrages nichtig oder anfechtbar oder aus einem sonstigen Grunde unwirksam sein oder werden, so bleibt der Vertrag im Übrigen wirksam. In einem solchen Fall gilt statt der nichtigen, anfechtbaren oder unwirksamen Bestimmung eine solche als

by the provisions of, data protection laws.[41]

§ 8 Final Provisions

(1) Written Form

This Agreement conclusively governs the subject-matter. No ancillary agreements have been made. Any amendments and supplements to this contract must be made in writing. This also applies to any waiver of this requirement of written form.

(2) Applicable Law, Place of Jurisdiction

The laws of the Federal Republic of Germany apply. Place of jurisdiction is the Contractor's place of business.[42]

(3) Conclusion of Contract

The Agreement is deemed accepted in due time if the Client declares acceptance of this contract offer within a period of [insert days]. The Client's fax signature will be deemed sufficient for this purpose.[43]

If no written contract is concluded, but the Contractor has already commenced preliminary work with the Client being aware of this, the Contractor will be entitled to an adequate remuneration for such work.

The application of any deviating contractual conditions and/or order conditions of the Client is excluded. This also applies if Contractor does not expressly object to such conditions. If the Client's internal organisational guidelines require in addition to the written agreement the generation of a separate order, the Client will ensure that the content of such order corresponds to the content of this Agreement.

(4) Severability Clause

Should any provision of this Agreement be or become void or voidable or invalid for any other reason, this will not affect the remaining provisions of this Agreement. In such event, the contracting parties agree that the void, voidable or invalid provision is replaced by a provision

vereinbart, die ihrem angestrebten Zweck möglichst nahe kommt und einen entsprechenden wirtschaftlichen Erfolg gewährleistet. § 139 BGB findet keine Anwendung.[44]	which comes as close as possible to the purpose pursued by the void, voidable or invalid provision and ensures a corresponding economic result. § 139 BGB does not apply.[44]
. . . . .	. . . . .
(Ort, Datum)	(Place, Date)
. . . . .	. . . . .
– IT-Dienstleister –	– Contractor –
. . . . .	. . . . .
(Ort, Datum)	(Place, Date)
. . . . .	. . . . .
– Kunde –	– Client –

Anmerkungen

1. Bei diesem Vertragsmuster handelt es sich um eine Vorlage ausschließlich für die Vereinbarung von Dienstleistungen. Sollten auch Werkleistungen vereinbart werden, wird auf die weiteren Vertragsmuster „Vertrag zur Anpassung von Standardsoftware" und „Gutachten" verwiesen.

Das Vertragsmuster ist so konzipiert, dass beide Vertragsparteien Unternehmer sind. Verbraucherschutzaspekte sind daher nicht berücksichtigt.

2. Die Abgrenzung zwischen Werkleistungen und Dienstleistungen erfolgt nach verschiedenen Indizien. Indizien für den Dienstvertrag: Der Kunde wünscht eine Beratung, auf einen bestimmten Erfolg kommt es nicht an. Der Kunde wünscht Unterstützungsleistungen bei einem Projekt, für dessen Erfolg er selbst einsteht. Der Kunde wünscht Schulungen (→ Form. C. 2. „Schulungsvertrag"). Der Kunde wünscht einen Know-how-Transfer. Typisch für einen Dienstvertrag ist auch die Vereinbarung einer bestimmten Dauer, eines bestimmten aufwandbezogenen Honorars (im Gegensatz zum Festpreis, der zwar möglich, aber sehr selten ist). Die Erbringung einer Dienstleistung im Bereich der IT-Projekte ist nur unter Mitwirkung des Kunden möglich.

Indizien für den Werkvertrag: Dem Kunden kommt es auf den Erfolg des Projektes an, dh der IT-Dienstleister muss für diesen einstehen. Der Kunde wünscht daher auch die Vereinbarung bestimmter Eigenschaften einer Sache. Beispiele: Gutachten, Konzepterstellung, Programmierung, Softwareanpassung (→ Form. B. 2. „Vertrag zur Anpassung von Standardsoftware"), Implementierung, Datentransfer etc. Die Fälligkeit der Vergütung hängt vom Erfolgseintritt ab. Vereinbarung von Abnahmeregelungen. Fristenregelung für den Erfolgseintritt. Der Erfolgseintritt hängt uU auch von der Mitwirkung des Kunden ab.

3. Im gesamten Dokument werden Damen und Herren angesprochen. Die ausschließliche Verwendung der männlichen Sprachform erfolgt aufgrund der besseren Lesbarkeit.

4. Dieser Einstieg könnte auch als Präambel bezeichnet werden.

5. Hier soll aufgeführt werden: Welche Situation wird beim Kunden vorgefunden? Was will der Kunde mit seinem Auftrag erreichen? Was ist zu tun, damit das Ziel erreicht wird? Die hier gemachten Angaben grenzen die Geschäftsgrundlage für den Vertrag ab. Ggf. sollte daher ein Verweis auf Unterlagen (Ausschreibungsunterlagen, Leistungsbeschreibung, Pflichtenheft etc.) und bzw. oder auf persönliche Gespräche (zwischen A + B, mit Datum, am besten mit Protokoll) erfolgen, wenn dies zur Klarstellung nützlich ist. Die Ausgangssituation ist mit größtmöglichster Detailgenauigkeit aufzunehmen, da hier oft auch Planungsgrundlagen definiert werden, die Ansatzpunkte dafür bieten können, ob ggf. eine Vertragsänderung (→ Anm. 7) erforderlich wird oder nicht.

6. Hier ist die vereinbarte Dienstleistung zu beschreiben (Umfang und Durchführung). Aus der Formulierung sollte wegen der unterschiedlichen Rechtsfolgen deutlich hervorgehen, dass es sich um die Vereinbarung von Dienstleistungen handelt und nicht um die Erstellung eines Werks. Insofern sind bei der Formulierung Begriffe wie „unterstützen bei . . . . . ." oder „beraten bei . . . . . ." zu verwenden. Eine Abnahme von Leistungsergebnissen durch den Kunden ist nicht zu vereinbaren, da sonst ein starker Anhaltspunkt für das Vorliegen eines Werkvertrages gesetzt wird. Ebenso sollte auf die Formulierung von Teilergebnissen oder Milestones verzichtet werden.

7. Hier erfolgt die Darstellung des unverbindlich geschätzten Arbeitsaufwandes in Beratungstagen. Bei der Formulierung sollten „ca." oder „voraussichtlich" verwendet werden. Die Darstellung des geschätzten Aufwandes ist insofern wichtig, als typischerweise eine Vergütung des getätigten Aufwandes vereinbart wird. Der Kunde soll daher einen Ansatzpunkt erhalten, in welcher Größenordnung sich die Vergütung bewegt. Um aber nicht auf den Tag genau festgelegt zu sein, erfolgt die gewisse Unverbindlichkeit nach „derzeitigem Kenntnisstand". Für den Fall, dass der IT-Dienstleister einige wenige Tage mehr an Aufwand benötigt, sind diese hiervon erfasst (nicht jedoch, wenn bei der Vergütung eine Obergrenze vereinbart wird). Wenn sich der Kenntnisstand während der Vertragsdurchführung ändert, kann der IT-Dienstleister uU eine entsprechende Vertragsanpassung beim Kunden erbitten, damit die Projektdurchführung sinnvoll bleibt.

8. Der Vorteil der Terminierung von Leistungsbeginn und Leistungsende ohne Benennung exakter Daten liegt für den IT-Dienstleister darin, dass er nicht ohne weitere Handlungen des Kunden in Verzug gerät. Hier ist im Einzelfall aufgrund der Projektsituation mit dem Kunden zu verhandeln, wie exakt die Terminbestimmung zu sein hat. Ggf. sollte eine Relation zu anderen Ereignissen aufgenommen werden, um bei Terminverschiebungen nicht auch den Vertrag ändern zu müssen.

9. Hier ist der Einsatzort einzufügen. Es empfiehlt sich die Aufnahme des Ortes insbesondere wegen der Festlegung der Nebenkosten. Sind diese inklusive vereinbart, bezieht sich dies (nach dem hier vorliegenden Muster) auf den vertraglich vereinbarten Leistungsort. Gibt es hinsichtlich der Vereinbarung Unklarheiten, gehen diese zu Lasten des Verwenders dieses Vertrages.

10. Hier kann ggf. die Zertifizierung vorgestellt werden, so vorhanden. Dies kann aber auch außerhalb des Vertrages als Marketingpapier erfolgen. Das hätte den Vorteil, dass diese nicht Vertragsbestandteil würde und so ein etwaiger Entfall oder andersartige Zertifizierung nicht als Wegfall einer Geschäftsgrundlage gedeutet werden könnte.

11. Häufig erwartet der Kunde die Benennung der eingesetzten Erfüllungsgehilfen. Da das Versprechen eines bestimmten Erfüllungsgehilfen zur Arbeitnehmerüberlassung führen kann, diese jedoch eine Genehmigung voraussetzt und auch einen anderen Vertragstypus bedingt, muss die Benennung unbedingt abgeschwächt werden. Wenn möglich, sollte überhaupt nur das relevante Skill-Profil aufgenommen und auf die namentliche Aufführung eines Erfüllungsgehilfen verzichtet werden.

12. Üblich ist hier die Aufnahme bestimmter Kategorien von Erfüllungsgehilfen, Skill-Profile, ggf. Rollen sowie die Anzahl der einzusetzenden Erfüllungsgehilfen. An dieser Stelle könnte auch eine Gewichtung der verschiedenen Einsätze der geplanten Erfüllungsgehilfen erfolgen.

13. Es ist üblich, hier die aktuellen Kontaktdaten der Ansprechpartner auf der Seite des IT-Dienstleisters festzuhalten und ggf. auch eine Person für den Vertretungsfall zu benennen. Dies vermeidet während der Projektdurchführung Irritationen hinsichtlich der Verbindlichkeit von Aussagen bzw. Zusagen der Projektmitarbeiter des IT-Dienstleisters.

14. Es ist üblich, hier die aktuellen Kontaktdaten der Ansprechpartner auf der Kundenseite festzuhalten und ggf. auch eine Person für den Vertretungsfall zu benennen. Dies vermeidet während der Projektdurchführung Irritationen hinsichtlich der Verbindlichkeit von Aussagen bzw. Zusagen der Projektmitarbeiter des Kunden.

15. Dies ist im Übrigen ein klares Indiz für den Charakter eines Vertrages über Dienstleistungen, → Anm. 2.

16. Wichtig ist die Vereinbarung von Mitwirkungsleistungen im infrastrukturellen Bereich, andernfalls kann der Kunde beispielsweise jedes Telefonat von seinen Apparaten oder jede Kopie in Rechnung stellen. Neben der Tatsache, dass dies die ursprüngliche Kalkulation eines Projektes uU erheblich gefährden kann, ist mit erheblichem administrativem Aufwand zu rechnen. Wenn möglich, sollten für die Mitwirkungsleistungen auch Termine benannt werden bzw. bestimmbare Ereignisse, wie beispielsweise „bei Projektbeginn".

17. Folge dieser Vereinbarung: Erbringt der Kunde die Mitwirkungsleistungen nicht, so kann er den IT-Dienstleister mit dessen Leistungserbringung nicht in Verzug setzen.

18. Nach dem gegenseitigen Projektverständnis sollten diese Randerscheinungen eigentlich selbstverständlich sein. Dennoch hat die Praxis gezeigt, dass es hier insbesondere beim Umfang der infrastrukturellen Mitwirkungsleistungen erheblich unterschiedliche Ansichten von IT-Dienstleistern und Kunden gibt. Insofern empfiehlt sich stets auch die Aufnahme solcher Regelungen in den Vertrag.

19. Nur so kann der IT-Dienstleister den Kunden effektiv beraten. Wenn dies jedoch nicht vereinbart wird, ist der Kunde nicht verpflichtet, die Leistungen konkret in dieser Form zu erbringen. Wenn der IT-Dienstleister durch die genaue Regelung in die Lage versetzt wird, die konkreten Mitwirkungsleistungen zunächst beim Kunden einzufordern, darf er für die Zeit der fehlenden Mitwirkungsleistungen auch seine Tätigkeit ruhen lassen. Er kann daher selbst nicht durch fehlende Mitwirkungsleistungen des Kunden in Verzug geraten.

20. Wenn eine Remote-Anbindung machbar und sinnvoll ist, sollte dies mit aufgenommen werden. Ggf. sind hier Richtlinien des Kunden zu benennen, die die Regelungen für einen Remote-Zugriff definieren.

21. Hier sollten, so detailliert wie möglich, die besonderen Mitwirkungsleistungen des Kunden inkl. Leistungs- und Lieferterminen definiert werden (zB besondere Tools und Arbeitsmaterialien, Inanspruchnahme von Mitarbeitern, Zugang zu besonderen Informationen, ...). Sollten diese Angaben bereits im Rahmen der Leistungsdarstellung erfolgt sein, ist hier ein entsprechender Verweis anzubringen. Dopplungen sind grundsätzlich zu vermeiden. Widersprüche bei Dopplungen führen dann zu Auslegungsproblemen. Wenn zum Zeitpunkt des Vertragsschlusses bereits die Quantität der Inanspruchnahme von Kundenmitarbeitern bezifferbar ist, sollte dies ebenfalls mit aufgeführt werden, da hier in der Praxis immer wieder Reibungspunkte auftreten.

22. Darstellung der Tages-/Stundensätze. Denkbar ist auch eine Vergütungsregelung nach Aufwand mit einer Obergrenze. Alle Sätze sind hier ohne Umsatzsteuer anzugeben, da es sich um ein Vertragsmuster für Unternehmer handelt. Bei öffentlichen Auftraggebern ist hier ggf. anders zu verfahren. Dies wird sich regelmäßig aus etwaigen Ausschreibungsunterlagen ergeben.

23. Pro rata temporis-Regelung. Denkbar sind hier auch Vereinbarungen, die eine Deckelung bei acht Beratungsstunden am Tag vorsehen, damit Projektkosten nicht aus dem Ruder laufen. Dies sollte im Vorfeld des Vertragsschlusses mit dem Kunden eingehend besprochen werden. Dabei gilt es zu bedenken, dass es in einigen Beratungsprojekten zu bestimmten Stoßzeiten zu Mehraufwand kommen kann. Ggf. lässt sich eine Vereinbarung dahingehend treffen, dass an anderen Tagen weniger Beratungsstunden geleistet werden können, um den Durchschnitt zu erhalten. Ferner sind hierbei ggf. arbeitsrechtliche Vorgaben zu berücksichtigen.

24. Darstellung der Nebenkosten zzgl. Umsatzsteuer. Hier haben die Vertragsparteien die Wahl: Reisekosten können inklusive im vereinbarten Honorar sein, sie können aber auch als Pauschalen vergütet oder nach tatsächlichem Aufwand abgerechnet werden. Die Abrechnung nach tatsächlichem Aufwand erfordert auf beiden Seiten administrativen Aufwand, der bei der Vereinbarung eines inklusiven Honorars oder einer Nebenkostenpauschale minimiert wird.

25. Dieser Vorbehalt der Vergütung von Reisezeiten – nicht also die Erstattung von Kosten, sondern die Vergütung des investierten Zeitaufwandes für eine Reise – ist insbesondere bei der Vereinbarung eines inklusiven Honorars oder einer Reisekostenpauschale erforderlich. Regelmäßig wird der IT-Dienstleister seinen Mitarbeitern die Reisezeit ebenfalls zu vergüten haben, sodass hier für eine Deckung dieser Kosten Sorge getragen werden kann.

26. Aufgrund der Unverbindlichkeit der Aufwandsschätzung kann der Gesamtaufwand natürlich nicht verbindlich angegeben werden.

27. Bei der Wiedergabe des Gesamtbetrages in Worten zeigen sich evtl. Tipp- oder Rechenfehler schnell und können so uU vor dem Versand an den Kunden behoben werden.

28. Der Vorteil dieser Art der Vereinbarung der gesetzlichen Umsatzsteuer liegt auch darin, dass etwaige Änderungen des Umsatzsteuersatzes während der Vertragslaufzeit unproblematisch umgesetzt werden können.

29. Häufig haben Kunden in ihren Allgemeinen Geschäftsbedingungen Zahlungsziele vorgegeben, die von den gesetzlichen Zahlungszielen erheblich abweichen. Da mit diesem Vertrag diese Allgemeinen Geschäftsbedingungen ausgeschlossen werden, sollte eine Klarstellung hinsichtlich der gewünschten Zahlungsbedingungen erfolgen.

30. Es kann nur die vertragliche Haftung ausgeschlossen werden, für deliktische Haftung ist dies nicht möglich.

31. In Formularverträgen kann die Haftung für grobe Fahrlässigkeit oder Vorsatz gemäß § 309 Ziff. 7 lit. b BGB nicht wirksam ausgeschlossen werden.

32. Die vollständige Freizeichnung für leichte Fahrlässigkeit ist – in Formularverträgen – unzulässig, sofern eine sog. Kardinalpflicht oder wesentliche Nebenpflicht verletzt wird. Sie darf aber der Höhe nach beschränkt werden. Bei welchen Pflichten es sich um wesentliche Vertragspflichten handelt, muss hier durch den Verwender konkretisiert und transparent gemacht werden, § 307 Abs. 1 BGB. Dies kann beispielsweise durch die Aufzählung der wesentlichen Pflichten erfolgen, soll die Haftung für diese Pflichten wirksam beschränkt werden; denn der Kunde kann nicht wissen, bei welchen Pflichten es sich um solche wesentlichen Pflichten handelt. Für die Haftung für leichte Fahrlässigkeit von Nebenpflichten erfolgt demnach ein vollständiger Haftungsausschluss.

33. Es ist erforderlich, diese Schäden hier ausdrücklich zu benennen, damit nicht der Eindruck entsteht, diese Ansprüche seien ebenfalls nach Absatz 1 ausgeschlossen oder beschränkt. Damit wäre die gesamte Klausel nichtig.

34. Es empfiehlt sich die Aufnahme dieser Regelung, da im Rahmen von IT-Beratungsprojekten häufig die Verwendung von beim Kunden vorhandenen Daten erforderlich ist. Für den Fall, dass während der Vertragsdurchführung Datenverluste oder Datenbeschädigungen entstehen, ist hier mit einer erheblichen Haftung des IT-Dienstleisters zu rechnen, so dass er sich im weitest möglichen Umfang gegen diese Haftung absichert. Nicht im Vertragsmuster erfasst ist die Regelung zur Auftragsdatenverarbeitung. Diese ist im Bedarfsfalle separat nach der Vorlage in § 11 Bundesdatenschutzgesetz Art. 28 ff. EU-DSGVO abzuschließen.

35. Es entstehen keine Nutzungsrechte an Dienstleistungen. Gleichwohl gibt es Nebenprodukte oder –ergebnisse bei Dienstleistungen, wie beispielsweise Arbeitspapiere oder Präsentationen. In der Praxis hat sich gezeigt, dass Kunden gern klarstellen möchten, dass diese Begleitergebnisse bei ihnen verbleiben. Aus diesem Grund ist die Regelung der Nutzungsrechte in diesen Dienstleistungsvertrag eingeflossen. Dabei muss sich der IT-Dienstleister vor Abschluss des Vertrages im Klaren darüber sein, in welchem Umfang er evtl. diese Begleitergebnisse weiterhin verwenden kann oder will. Es kommt dann darauf an, inwieweit der Kunde hier individuelle Beratungsleistungen mit den entsprechenden Begleitergebnissen erhält, sodass er den Verbleib der ausschließlichen Rechte erwarten darf oder inwieweit er auf standardisierten Leistungen des IT-Dienstleisters aufsetzen kann. Im Falle von standardisierten Begleitergebnissen sollten demnach einfache Nutzungsrechte übertragen werden, an individuellen Begleitergebnissen könnten auch ausschließliche Nutzungsrechte übertragen werden. Im Muster wird davon ausgegangen, dass dem Kunden lediglich die einfachen Nutzungsrechte gewährt werden sollen.

36. Mit der Beschränkung auf die interne Verwendung im Unternehmen des Kunden kann der IT-Dienstleister ausschließen, dass der Kunde die von ihm erbrachten Arbeitsergebnisse gewerblich weiterverwertet. Grundsätzlich sollte hierbei auch bedacht werden, ob beispielsweise eine Übertragung an Konzernunternehmen von der internen Nutzung umfasst ist. Im Zweifel sollte dies ausdrücklich mitgeregelt oder ausgeschlossen werden. Hier ist zunächst der Ausschluss vorgesehen, damit die Einbeziehung von Konzernunternehmen auch ausdrücklich wirtschaftlich bewertet werden kann.

37. Problematisch ist die Regelung der Übertragung der Nutzungsrechte bei Bezahlung für den Fall, dass der Kunde die Arbeitsergebnisse schon nutzen möchte oder auch nutzen muss und die Bezahlung aber noch aussteht. Für diesen Fall sollte eine widerrufliche Nutzungsrechteübertragung vereinbart werden, die den IT-Dienstleister in die Lage versetzt, die Übertragung der Nutzungsrechte zu widerrufen, sollte beispielsweise der Vertrag gekündigt werden und aus diesem Grunde keine vollständige Zahlung der vereinbarten Vergütung erfolgen.

38. Der Verwender dieses Vertrages sollte diesen Schutz auf das Urheberrecht aufnehmen, da insbesondere bei der Darstellung der Ausgangssituation oder bei der Darstellung des Vertragsinhaltes häufig umfangreiche Grafiken verwendet werden, die der Kunde nicht ohne Weiteres weiter verwenden sollen darf.

39. Die Aufnahme dieser Klausel ist der Tatsache geschuldet, dass häufig Kunden die Leistungen „nach dem Stand der Technik" verlangen. Was aber tatsächlich der „Stand der Technik" ist, dürfte im Streitfall schwer nachzuweisen sein. Insoweit ist dies das Angebot an den Kunden, die Leistungen bestmöglich zu erbringen, ohne aber hier eine konkrete Messlatte einzufügen. Es sollte ferner darauf geachtet werden, dass sich die Maßstäbe nicht während der Vertragsdurchführung ändern können, es sollte also eine Vereinbarung erfolgen, die den Vertragsschluss in Bezug nimmt. Gerade bei längerfristigen Beratungsprojekten könnte dies sonst zu Problemen in der Durchführung führen. Abhilfe kann geschaffen werden, indem die Vertragsparteien einvernehmliche Vertragsänderungen vereinbaren.

40. Aus Risikomanagementgründen empfiehlt es sich, die Geltung der Vertraulichkeit nachvertraglich zu beschränken. Mit der Dauer von zwei Jahren ist vielen Projekten gedient. Ggf. ist projektbedingt ein längerer Zeitraum anzusetzen.

41. Die eigenen Erfüllungsgehilfen sind insoweit zu instruieren und zu verpflichten. Es empfiehlt sich, auch für den Nachweis gegenüber dem Kunden Sorge zu tragen, damit dieser auf Anforderung vorgelegt werden kann. Es sollte dabei bedacht werden, dass Mitarbeiter von IT-Dienstleistern häufig bereits über ihre Arbeitsverträge verpflichtet sind, die Arbeitsverträge aber selbstverständlich nicht den Kunden zum Nachweis vorgelegt werden dürfen. Insofern empfiehlt sich ein separater Nachweis, der dann auch regelmäßig erneuert werden kann.

42. Für den Fall, dass der Kunde kein Unternehmer sein sollte, ist die Vereinbarung des Gerichtsstandes unwirksam.

43. Die Vereinbarung der Textform nach § 126b BGB, also Fax oder Email, dient der Beschleunigung. Wenn diese Ausnahme bezüglich der Abweichung von der Schriftform zur Textform hier nicht schriftlich gemacht würde, wäre die Annahme des Vertrages per Fax nach der eigenen Formgebung in § 8(1) nicht formwirksam.

44. Der Ausschluss von § 139 BGB verhindert, dass aufgrund von Teilnichtigkeiten einzelner Bestimmungen das gesamte Rechtsgeschäft ungültig wird.

2. Schulungsvertrag – Training Contract

Zwischen	Between
. . . . .	. . . . .
– „Kunde" genannt –	– herein after also called „Client"–
und	and
. . . . .	. . . . .
– „Schulungsunternehmen" genannt –	– herein after also called „Training Company"–
wird folgender Schulungsvertrag[1, 2, 3, 4] geschlossen:	the following training contract[1, 2, 3, 4] – herein after also called the „Agreement"– is agreed upon:

§ 1 Leistungsbeschreibung

(1) Schulung

Das Schulungsunternehmen übernimmt gegenüber dem Kunden die Konzeption und die Durchführung der folgenden Schulung:

– „Schulungen der Anwender für die Software . . . . . Version . . . . .“

Die maximale Teilnehmerzahl beträgt . . . . .[5]

Als Trainer/Trainerin wird . . . . . eingesetzt.

Die Zielgruppe der Schulung ist: . . . . .[6]

(2) Schulungsziel

Das Schulungsunternehmen erarbeitet das Schulungsziel und die Lerninhalte.[7]

Die Schulungsziele und Lerninhalte, denen der Kunde zugestimmt hat, werden diesem Vertrag als Anl. 1 beigefügt und werden somit wesentlicher Bestandteil dieses Vertrages.

(3) Methodik und Didaktik

Das Schulungsunternehmen wird nach Absprache mit dem Kunden die Methodik und Didaktik für die Schulung entwickeln. Das Schulungsunternehmen wird insbesondere die Grundlagen der Erwachsenenpädagogik bei der Schulung berücksichtigen.

(4) Erfolgssicherung

Die Erfolgssicherung[8] und -dokumentation wird nach Rücksprache mit dem Kunden durch das Schulungsunternehmen über Lerntransfermaßnahmen und schriftliche Auswertungen vorgenommen.

(5) Organisation

Die Schulungsorganisation ist Aufgabe des Schulungsunternehmens.[9]

§ 2 Weisungsfreiheit und Ansprechpartner

(1) Weisungsfreiheit

Das Schulungsunternehmen unterliegt im Hinblick auf die Durchführung seiner Tä-

§ 1 Subject Matter of the Contract

(1) Training

The Training Company undertakes to make a concept and to carry out the following training:

– „Training of key users of Software . . . . . Version . . . . .“

The maximum entry of participants will be . . . . .[5]

It is planned to assign . . . . .as trainer.

The target group of this Training are: . . . . .[6]

(2) Aim of the Training

The Training Company will work out the aim of the training and the training contents.[7]

Training aims and contents which have been approved by the Client will be attached as Appendix 1 to this Agreement and will be an integral part of this Agreement.

(3) Methodology and Didactics

The Training Company will according to the agreement with the Client develop methodology and didactics for the Training. The Training Company will especially take into consideration the adult education methodology.

(4) Success of Securing

After consultation with the Client securing of success[8] and documentation will be achieved by the Training Company through measures of transfer and through written evaluation.

(5) Organisation

The Training Company will organize the Training.[9]

§ 2 Freedom of Directives and Contact

(1) Freedom of Directives

The Training Company is free to conduct its obligations and organization of wor-

tigkeiten und der Gestaltung der Arbeitszeit keinen Weisungen des Kunden.

(2) Ansprechpartner[10]

Ansprechpartner des Schulungsunternehmens ist Herr/Frau . . . . . [mit Kontaktdaten]

Ansprechpartner des Kunden ist der Schulungsbeauftragte des Kunden Herr/Frau . . . . . [mit Kontaktdaten]

§ 3 Arbeitsunterlagen, Schutz- und Nutzungsrechte

(1) Schulungsunterlagen

Die Erstellung der Schulungsunterlagen ist Aufgabe des Schulungsunternehmens und Teil der Schulungsleistung. Der Kunde hat ein Mitspracherecht bei der inhaltlichen und grafischen Gestaltung der Unterlagen.

(2) Druckvorlagen

Druckvorlagen zur Herstellung schriftlicher Lern- und Lehrmittel hat das Schulungsunternehmen spätestens vier Wochen vor Schulungsbeginn dem Kunden vorzulegen. Die Vervielfältigung nimmt der Kunde auf eigene Kosten vor.[11]

(3) Nutzungsrechte

Das Schulungsunternehmen räumt dem Kunden das nicht ausschließliche, jedoch inhaltlich, räumlich und zeitlich unbeschränkte Nutzungsrecht an allen vom Schulungsunternehmen im Rahmen dieses Vertrages gefertigten schutzfähigen Werken (Entwürfe, Texte, Gestaltungsvorschläge, Schulungsmaterialien und -unterlagen sowie Teilnehmermappen) ein, wobei dem Kunden Änderungen des Werks und des Titels gestattet sind.

(4) Schutzrechte Dritter

Das Schulungsunternehmen gewährleistet, dass Rechte Dritter, zB am Vertragsgegenstand, nicht bestehen und/oder verletzt werden.

king hours without directions of the Client.

(2) Contact[10]

Contact of the Training Company is Mr/Ms . . . . . [provide contact data]

Contact of the Client is the training coordinator of the Client Mr/Ms . . . . . . [provide contact data]

§ 3 Training Material, Rights of Use, Property Rights of Third Parties

(1) Training Material

The Training Company will provide the drawing up of the training material which is part of the training obligation. The Training Company grants the Client a say in content and graphic design of the training material.

(2) Printing Template

The Training Company will provide printing templates for the production of handouts four (4) weeks before the training at the latest. The Client will duplicate the training material at its own cost.[11]

(3) Right of Use

Upon payment in full of the remuneration agreed, the Client acquires the non-exclusive right, unlimited in time and territorial scope, to use the work results (drafts, texts, design suggestions, training documents and –material) as well as handouts provided by the Training Company for internal applications and purposes and to reproduce, to edit and to combine such work results with other programs or materials.

(4) Property Rights of Third Parties

Training Company guarantees that the services to be performed by it on the basis of this Agreement are free from any third-party property rights excluding or restricting their contractual use.

§ 4 Termine

(1) Dauer

Die Schulung erstreckt sich über . . . . . Tage.

(2) Termine:

<Titel>

<Datum>

<Uhrzeit>

<Ort>[12]

(3) Mitteilungspflicht

Das Schulungsunternehmen verpflichtet sich zur Einhaltung vereinbarter Termine. Sollten sich beim Schulungsunternehmen Verzögerungen ergeben oder bereits voraussehen lassen, so wird es den Kunden unverzüglich über Umfang und Dauer der sich ergebenden oder voraussichtlichen Verzögerungen unterrichten.[13]

(4) Maßnahmen

Das Schulungsunternehmen muss für diesen Fall die ihm geeignet erscheinenden Maßnahmen in Abstimmung mit dem Kunden ergreifen, um seine Aufgaben termingerecht zu realisieren.

(5) Verzug

Sollte die Schulung dennoch nicht oder nur teilweise zu den vereinbarten Terminen durchgeführt werden und das Schulungsunternehmen in Verzug geraten sein, ist der Kunde berechtigt, die von dem in § 3 Abs. 3 genannten Nutzungsrecht erfassten Werke sowie den Kunden betreffende Aufzeichnungen und Unterlagen heraus zu verlangen und die Schulung selbst durchzuführen oder durch einen Dritten durchführen zu lassen bzw. einen Ersatzauftrag zu erteilen. Durch diese Maßnahmen entstehende Mehrkosten hat das Schulungsunternehmen zu tragen. Sollten derartige Ersatzmaßnahmen nicht möglich sein, wird der Kunde die betreffende Schulung absagen und das Schulungsunternehmen mit den durch die Absage entstandenen Kosten, insbesondere Hotel-

§ 4 Appointment

(1) Duration

The actual training will be carried out during . . . . . days.

(2) Appointments:

<Title>

<Date>

<Time>

<Place>[12]

(3) Indication of Delay

The Training Company shall meet any deadline agreed upon. Should the Training Company be aware of any possible delay it shall inform the Client immediately, in particular about type and scope of the expected delay.[13]

(4) Measure

The Training Company shall immediately take measures which it believes to be suitable and which are agreed upon by the Client to perform its tasks in time.

(5) Delay

In case the Training Company fails or fails in part to render the agreed training dates and the Training Company such is in breach of this Agreement, the Client may demand the training material which is covered by § 3 (3) as well as notes and documents concerning the Client. The Client may perform the training himself or have a third party execute the training. The Training Company has to bear all additional costs occurred through these measures. Should such substitute performance not be possible the Client shall cancel the concerned training and charge the Training Company with any costs that have occurred in confidence of the training such as travel costs or hotel bills. The Client reserves the right to assert any further claims for damages.

kosten, belasten. Darüber hinaus behält sich der Kunde vor, weitergehende Schadenersatzansprüche geltend zu machen.

(6) Höhere Gewalt

Kann das Schulungsunternehmen wegen höherer Gewalt, Krankheit, Unfall oder einer sonstigen von ihm nicht verschuldeten Verhinderung die Schulung nicht zu den vereinbarten Terminen abhalten, so ist es verpflichtet, den Kunden unverzüglich zu informieren. Das Schulungsunternehmen und der Kunde werden das weitere Vorgehen gemeinsam regeln. Schadenersatzansprüche des Kunden sind in diesem Fall ausgeschlossen, es sei denn, das Schulungsunternehmen hat den Kunden nicht unverzüglich informiert.

§ 5 Vergütung und Zahlung

(1) Honorar

Das Schulungsunternehmen erhält für die Schulungsmaßnahme ein Honorar in Höhe von EUR . . . . . pro Tag[14] zzgl. Umsatzsteuer in der jeweils geltenden Höhe. Mit der Vergütung sind sämtliche Leistungen gemäß den §§ 1 und 4 dieses Vertrags abgegolten.

(2) Zahlungsziel

Die Zahlung erfolgt binnen 30 Tagen nach Rechnungsdatum.[15]

(3) Nebenkosten

Das Schulungsunternehmen erhält Auslagenersatz für Verpflegung, Unterkunft und Fahrten entsprechend der mit dem Kunden abgesprochenen Sätze.[16] Reisen auf Rechnung des Kunden bedürfen der gegenseitigen Abstimmung.

(4) Sonstige Kosten

Sonstige Kosten, die dem Schulungsunternehmen im Zusammenhang mit der Tätigkeit entstehen, sind mit dem Pauschalhonorar abgegolten.

§ 6 Stornierung

(1) Der Schulungsauftrag kann vom Kunden kostenfrei sechs Wochen vor Veranstaltungsbeginn storniert werden.[17]

(6) Force Majeure

In case the Training Company is unable to render its trainings due to force majeure, disease, accident or other hindrances through no fault of its own on the agreed dates, the Training Company is obliged to immediately inform the Client. Both will agree on concerted action. Remedies are excluded in such cases, unless the Training Company failed to inform the Client immediately.

§ 5 Remuneration

(1) Fee

The Client is obliged to pay a training fee. The training is rendered on the conditions set out below:
EUR . . . . ./daily rate[14]excl. VAT.
The fee covers all services stated in §§ 1 and 4.

(2) Payment Terms

Invoices are due for payment and payable without any deduction within thirty calendar days from date of invoice.[15]

(3) Ancillary Costs

The Training Company receives reimbursement for catering, lodging and travelling according to the agreed rates.[16] Travelling on Client's cost needs advance coordination.

(4) Incidental Costs

Any other incidental costs occuring during the contract phase for the Client are compensated by the initial fee.

§ 6 Cancellation

(1) The Client may cancel the training up to six weeks before the scheduled date free of charge.[17]

(2) Stellt sich nach Ablauf dieser Frist heraus, dass der Kunde den vereinbarten Schulungstermin – gleichgültig aus welchem Grund – nicht wahrnehmen kann, bemüht sich der Kunde, in Absprache mit dem Schulungsunternehmen einen Alternativtermin anzubieten.

(3) Können sich die Parteien auf keinen Alternativtermin einigen, sind bei einer Absage

– weniger als sechs bis drei Wochen vor dem vereinbarten Schulungstermin 50 %

– weniger als drei Wochen vor dem vereinbarten Schulungstermin 75 %

des Nettohonorars zzgl. Umsatzsteuer vom Kunden an das Schulungsunternehmen zu zahlen.

(4) Mit den vorstehend genannten Zahlungen sind alle Ansprüche des Schulungsunternehmens auf Vergütung abgegolten.[18]

§ 7 Kündigung

(1) Keine ordentliche Kündigung

Außer der Stornierung in § 6 ist der Vertrag nicht ordentlich kündbar.

(2) Außerordentliche Kündigung

Der Vertrag kann von beiden Parteien aus wichtigem Grund fristlos gekündigt werden.

§ 8 Verträge mit freien Mitarbeitern oder anderen Unternehmen bzw. Institutionen

(1) Einsatz Dritter

Sollte im Zusammenhang mit den Leistungen gemäß § 1 dieses Vertrages der Abschluss von Verträgen mit freien Mitarbeitern, anderen Unternehmen oder Institutionen für das Schulungsunternehmen notwendig sein, so hat das Schulungsunternehmen die vorherige schriftliche Zustimmung des Kunden einzuholen.

(2) Keine Vertretung

Stimmt der Kunde dem Abschluss derartiger Verträge zu, schließt das Schulungsunternehmen diese im eigenen Namen ab. Es wird ausdrücklich festgelegt, dass das

(2) If it occurs after the deadline that the Client is unable to attend the scheduled training – regardless of reason – the Client will offer an alternative date in agreement with the Training Company.

(3) In case the Parties to this Agreement are unable to find an alternative date for the training, the fee is due as follows:

– less than six but more than three weeks before the agreed training date 50 %

– Less than three weeks before the agreed training date 75 %

of the net-fee plus VAT.

(4) With the aforementioned payments all claims of the Training Company are satisfied.[18]

§ 7 Termination

(1) No Regular Termination

Except for the cancellation in § 6, the Agreement cannot be terminated.

(2) Termination for Good Cause

The right of termination for good cause shall remain unaffected.

§ 8 Contracts with Freelancers or other Enterprises/Institutions

(1) Assingment of Third Parties

If the Training Company plans to assign its services according to § 1 to third parties such as freelancers or other institutions it shall seek the prior written approval of the Client.

(2) No Representation

Upon approval of such assignment the Training Company signs the contracts with the third party acting in its own name. It is explicitly agreed that the Trai-

Schulungsunternehmen insoweit nicht als Bevollmächtigter, im Auftrage oder in Vertretung des Kunden handelt. Das Schulungsunternehmen wird daher den Kunden auch von jedweder Inanspruchnahme freihalten.

ning Company shall not bind the Client as an authorized representative, as an agent or on behalf of the Client. Therefore, the Training Company holds harmless the Client from any claims.

§ 9 Geheimhaltung

(1) Das Schulungsunternehmen verpflichtet sich, über alle bei der Durchführung dieses Vertrages und im Zusammenhang hiermit gewonnenen Erkenntnisse und Ergebnisse Stillschweigen zu bewahren. Das Gleiche gilt für alle dem Schulungsunternehmen zur Kenntnis gelangenden geschäftlichen Angelegenheiten und Vorgänge des Kunden, insbesondere Geschäfts- und Betriebsgeheimnisse. Diese Verpflichtungen bestehen auch gegenüber Mitarbeitern des Kunden[19] oder sonstigen Dritten, die zur Durchführung der Schulung hinzugezogen werden, es sei denn, die vorgenannten Personen sind aufgrund ihrer dienstlichen Stellung und/oder ausdrücklich zur Kenntniserlangung berufen oder befugt.

(2) Die Geheimhaltungsverpflichtung umfasst ebenfalls die Existenz sowie den Inhalt des vorliegenden Vertrags.

(3) Die Geheimhaltungspflicht gilt nicht für solche Unterlagen, Kenntnisse, Ergebnisse und Informationen, für die das Schulungsunternehmen nachweist, dass sie aus einem Grund allgemein bekannt geworden sind, den das Schulungsunternehmen nicht zu vertreten hat.

(4) Die Geheimhaltungspflicht besteht auch über das Vertragsende hinaus fort.[20]

(5) Das Schulungsunternehmen wird diese Verpflichtungen an die Personen, Unternehmen bzw. Institutionen weitergeben, mit denen es gemäß § 8 Verträge schließt.

§ 9 Confidentiality

(1) The Training Company will treat strictly confidential any and all information which becomes known to it during the performance of this Agreement. The same applies with regard to all business matters and affairs of the Client, in particular business and trade secrets. This obligation applies also towards Client's staff[19] or otherwise included third parties that might be consulted for the performance of the Agreement, unless the aforementioned persons are qualified and authorized due to their official position and/or explicitly appointed to gain knowledge.

(2) This confidentiality obligation also applies to the existance and the contents of this Agreement.

(3) The obligation to maintain confidentiality does not apply for such material, know-how, results and information, of which the Training Company can prove that it came into public knowledge without a breach of its obligation.

(4) The obligation to maintain confidentiality shall survive the end of this Agreement.[20]

(5) The Training Company shall oblige any person, enterprise or institution as a third party that will be contracted under § 8 of this Agreement to the same confidentiality.

(Optional: § 10 Konkurrenzklausel[21]

Im Interesse der Vermeidung von Konfliktsituationen verpflichtet sich das Schulungsunternehmen, während der Vertragsdauer weder Schulungen für ein

(Optional: § 10 Non Competition Clause[21]

To avoid any conflict of interests the Training Company shall during the performance of this Agreement not perform any training for Client's direct competi-

Unternehmen, das mit dem Kunden im direkten Wettbewerb steht, durchzuführen, noch dessen Aufsichts- oder Beratungsgremien anzugehören.)

§ 11 Schlussbestimmungen

(1) Schriftform

Dieser Vertrag regelt den Leistungsgegenstand abschließend. Nebenabreden bestehen nicht. Änderungen und Ergänzungen dieses Vertrages bedürfen der Schriftform. Dies gilt auch für die Aufhebung dieses Schriftformerfordernisses.

(2) Recht, Gerichtsstand

Es gilt das Recht der Bundesrepublik Deutschland. Als Gerichtsstand wird der Sitz des Kunden[22] vereinbart.

(3) Salvatorische Klausel

Sollte eine Bestimmung dieses Vertrages nichtig oder anfechtbar oder aus einem sonstigen Grunde unwirksam sein oder werden, so bleibt der Vertrag im Übrigen wirksam. In einem solchen Fall gilt statt der nichtigen, anfechtbaren oder unwirksamen Bestimmung eine solche als vereinbart, die ihrem angestrebten Zweck möglichst nahe kommt und einen entsprechenden wirtschaftlichen Erfolg gewährleistet. § 139 BGB findet keine Anwendung.[23]

. . . . .

(Ort, Datum)

. . . . .

– Kunde –

. . . . .

(Ort, Datum)

. . . . .

– Schulungsunternehmen –

tors nor shall it be part of their supervisory or advisory boards.)

§ 11 Final Provisions

(1) Written Form

This Agreement conclusively governs the subject-matter. No ancillary agreements have been made. Any amendments and supplements to this offer as well as to the contract concluded on its basis must be made in writing. This also applies to any waiver of this requirement of written form.

(2) Applicable Law, Place of Jurisdiction

The laws of the Federal Republic of Germany apply. Place of jurisdiction is the Client's place of business.[22]

(3) Severability Clause

Should any provision of this Agreement be or become void or voidable or invalid for any other reason, this will not affect the remaining provisions of this Agreement. In such event, the contracting parties agree that the void, voidable or invalid provision is replaced by a provision which comes as close as possible to the purpose pursued by the void, voidable or invalid provision and ensures a corresponding economic result. § 139 BGB does not apply.[23]

. . . . .

(Place, Date)

. . . . .

– Client –

. . . . .

(Place, Date)

. . . . .

– Training Company –

Anmerkungen

1. Bei diesem Vertragsmuster handelt es sich um eine Vorlage, die einerseits auf die Vereinbarung von Dienstleistungen ausgerichtet ist, nämlich soweit es die Schulungsleistung selbst betrifft. Andererseits sollen auch Werkleistungen vereinbart werden, nämlich im Hinblick auf die zu erstellenden Schulungsunterlagen.
Das Vertragsmuster ist so konzipiert, dass beide Vertragsparteien Unternehmer sind. Verbraucherschutzaspekte sind daher nicht berücksichtigt.

2. Die Abgrenzung zwischen Werkleistungen und Dienstleistungen erfolgt nach verschiedenen Indizien. Indizien für den Dienstvertrag: Der Kunde wünscht eine Beratung, auf einen bestimmten Erfolg kommt es nicht an. Der Kunde wünscht Unterstützungsleistungen bei einem Projekt, für dessen Erfolg er selbst einsteht. Der Kunde wünscht Schulungen. Der Kunde wünscht einen Know-how-Transfer. Typisch für einen Dienstvertrag ist auch die Vereinbarung einer bestimmten Dauer, eines bestimmten aufwandbezogenen Honorars (im Gegensatz zum Festpreis, der zwar möglich, aber sehr selten ist). Die Erbringung einer Dienstleistung im Bereich der IT-Projekte ist nur unter Mitwirkung des Kunden möglich.
Indizien für den Werkvertrag: Dem Kunden kommt es auf den Erfolg des Projektes an, dh der IT-Dienstleister muss für diesen einstehen. Der Kunde wünscht daher auch die Vereinbarung bestimmter Eigenschaften einer Sache. Beispiele: Gutachten, Konzepterstellung, Programmierung, Softwareanpassung (s. Mustervertrag „Customizing"), Implementierung, Datentransfer etc. Die Fälligkeit der Vergütung hängt vom Erfolgseintritt ab. Vereinbarung von Abnahmeregelungen. Fristenregelung für den Erfolgseintritt. Der Erfolgseintritt hängt uU auch von der Mitwirkung des Kunden ab.

3. Im gesamten Dokument werden Damen und Herren angesprochen. Die ausschließliche Verwendung der männlichen Sprachform erfolgt aufgrund der besseren Lesbarkeit.

4. Das Vertragsmuster ist so angelegt, dass das Schulungsunternehmen ausschließlich Mitarbeiter eines Kunden schult.

5. Die Teilnehmerzahl sollte aus didaktischen Gründen sowie aus Gründen der Vergütung festgelegt werden. Ggf. sind Lehrmittel/-geräte erforderlich, die nur in begrenzter Anzahl zur Verfügung stehen, sodass ein Überschuss an Teilnehmern den Lernerfolg hindern würde.

6. Wenn die Vertragsparteien auch die Zielgruppe im Vertrag festlegen, ist eine bessere Kontrolle der erbrachten Schulungsleistungen möglich. Ferner ermöglicht dies dem Schulungsunternehmen eine bessere Vorbereitung auf die Schulungsmaßnahme.

7. Für den Fall, dass dieser Vertrag vereinbart wird, bevor die Schulungsziele eindeutig festgelegt sind, bietet sich eine solche offene Formulierung an. Wenn und soweit die Schulungsziele und Lerninhalte zum Zeitpunkt des Vertragsabschlusses genau feststehen, sollten sie an dieser Stelle im Vertrag mit aufgenommen werden, ggf. unter Verweis auf eine Anlage, wenn der Umfang dies erfordert.

8. Die Verwendung des Begriffes „Erfolg" darf nicht darüber hinwegtäuschen, dass es sich bei den reinen Schulungsleistungen im Sinne der Stoffvermittlung nicht um einen Werkvertrag handelt, sondern um einen Dienstleistungsvertrag (anderes gilt für die Erstellung der Unterlagen, → Anm. 1). Hier soll dem Schulungsunternehmen eine Qualitätskontrolle auferlegt werden. Auch wenn das Schulungsunternehmen natürlich für die Schulung selbst einzustehen hat und vom Kunden vorher den Kenntnisstand der Kundenmitarbeiter übermittelt bekommen hat, kann es nicht dafür einstehen müssen, dass jeder einzelne Mitarbeiter des Kunden das Lernziel auch erreicht.

9. Dies ist ein Vorschlag. Es ist auch denkbar, dass die Schulung in den Räumlichkeiten des Kunden stattfindet und der Kunde die Organisation der Schulung übernimmt. Dann sollte genau festgelegt werden, welche Vorkehrungen der Kunde für die Durchführung der Maßnahme treffen soll: Welcher Raum wird benötigt? Welche technischen Hilfsmittel werden benötigt? Sind für den Zugang weitergehende Voraussetzungen zu erfüllen? Wie erfolgt die Pausenverpflegung?

10. Da in diesem Vertragsmuster die Abstimmung von Lernzielen, Schulungsunterlagen etc. vorgesehen ist, sollte auch ein Ansprechpartner für die Vertragsdurchführung angegeben werden, evtl. sogar Personen für den Vertretungsfall, damit ein reibungsloser Ablauf gewährleistet werden kann.

11. Dies ist ebenfalls ein Vorschlag: Der Kunde hat so die Möglichkeit, Einfluss zu nehmen auf etwaige Corporate-Identity-Vorgaben, die bei der Vervielfältigung der Schulungsunterlagen durch das Schulungsunternehmen unter Umständen nicht ordentlich gewährleistet würden. Es ist aber auch denkbar, dass das Schulungsunternehmen die Vervielfältigung der Schulungsunterlagen übernimmt.

12. Hier muss der Ort angegeben werden, etwa die Räume des Kunden oder die Räumlichkeiten des Schulungsunternehmens, evtl. aber auch externe Schulungsräume.

13. Dies ist wichtig, damit der Kunde für seine Mitarbeiter die Reisen zum Schulungsort zeitlich noch buchen kann.

14. Das Vertragsmuster basiert auf der Annahme, dass das Schulungsunternehmen ausschließlich Mitarbeiter eines Kunden schult. Sollte der Vertrag anderweitig verwendet werden, so sollte die Vergütung je Teilnehmer an der Schulung vereinbart werden (→ Anm. 4).

15. Denkbar ist hier auch eine Regelung, die eine Anzahlung seitens des Kunden regelt. Daran sollte insbesondere gedacht werden, wenn das Schulungsunternehmen mit vertraglich vereinbarten Leistungen in Vorleistung tritt, etwa der Produktion von Schulungsunterlagen.

16. Darstellung der Nebenkosten zzgl. Umsatzsteuer. Hier haben die Vertragsparteien die Wahl: Reisekosten können inklusive im vereinbarten Honorar sein, sie können aber auch als Pauschalen vergütet oder nach tatsächlichem Aufwand abgerechnet werden. Die Abrechnung nach tatsächlichem Aufwand erfordert auf beiden Seiten administrativen Aufwand, der bei der Vereinbarung eines inklusiven Honorars oder einer Nebenkostenpauschale minimiert wird.

17. Hier ist keine Form angegeben, die Stornierung muss also nicht schriftlich erfolgen. Es ist somit auch die Stornierung per Textform nach § 126b BGB (zB Fax oder E-Mail) möglich. Die Auswahl der Form bleibt den Vertragsparteien überlassen. Der Kunde sollte jedoch bedenken, dass er insbesondere aufgrund der gestaffelten Vertragsstrafen ggf. den Zeitpunkt seiner Stornierung nachweisen können sollte. Daher sollte die Stornierung nicht nur mündlich erfolgen. Die Vertragsparteien können auch für die Stornierung das Schriftformerfordernis auswählen.

18. Dem Schulungsunternehmen ist damit der Nachweis eines weitergehenden Schadens genommen.

19. Es ist denkbar, dass das Schulungsunternehmen im Rahmen der Vorbereitung der Schulungsmaßnahme Einblicke in die geschäftlichen Angelegenheiten des Kunden erhält,

die den Mitarbeitern des Kunden nicht offengelegt wurden. Daher wird er hiermit verpflichtet, auch gegenüber diesen Mitarbeitern Stillschweigen zu bewahren. Im Zweifel hat das Schulungsunternehmen sich darüber Klarheit zu verschaffen, wem gegenüber bestimmte Informationen offengelegt werden dürfen und wem gegenüber nicht.

20. Hier ist eine unbefristete Geheimhaltungspflicht gewählt worden. Denkbar sind auch Geheimhaltungspflichten, deren Ende auf einen bestimmten Zeitraum nach dem Vertragsende datiert ist, wie etwa „fünf Jahre nach Vertragsende".

21. Bei dieser Klausel handelt es sich ebenfalls um einen Vorschlag. Es muss zwischen den Interessen des Kunden und denen des Schulungsunternehmens abgewogen werden. Wenn der Kunde ein Teil der einschlägigen Zielgruppe ist und der Geschäftszweck des Schulungsunternehmens auf diese Weise gefährdet wird, dann ist eine solch weitgehende Einschränkung unangemessen und damit in der Folge auch nicht wirksam vereinbar.

22. Für den Fall, dass der Kunde kein Unternehmer sein sollte, ist diese Regelung unwirksam.

23. Der Ausschluss von § 139 BGB verhindert, dass das gesamte Rechtsgeschäft ungültig wird.

3. Gutachtenvertrag – Contract on Consultant Recommendation/ Expert Opinion

<table>
<tr><td>Gutachtenvertrag[1, 2, 3]</td><td>Contract on Consultant Recommendation/Expert Opinion[1, 2, 3]</td></tr>
<tr><td>zwischen</td><td>between</td></tr>
<tr><td>. . . . .</td><td>. . . . .</td></tr>
<tr><td>– „IT – Dienstleister" –</td><td>– „Contractor" –</td></tr>
<tr><td>und</td><td>and</td></tr>
<tr><td>. . . . .</td><td>. . . . .</td></tr>
<tr><td>– „Kunde" –</td><td>– „Client" –</td></tr>
<tr><td>§ 1 Ausgangssituation[4]</td><td>§ 1 Initial Situation[4]</td></tr>
<tr><td>. . . . .[5]</td><td>. . . . .[5]</td></tr>
<tr><td>§ 2 Vertragsgegenstand</td><td>§ 2 Subject Matter of the Contract</td></tr>
</table>

Gegenstand dieses Vertrages ist die Erstellung des Gutachtens „Bewertung des Einsatzes der Software . . . . . in der Abteilung Einkauf des Kunden" (*alternativ: die Erstellung einer Studie mit dem Thema „. . . . ."*).[6]

Die Vorgehensweise des IT-Dienstleisters und der konkrete Leistungsumfang sind nachfolgend unter § 3 sowie die erforder-

The subject matter of this contract is the preparation of the expert opinion /the survey entitled „Evaluation of the deployment of software . . . . . in the ‚section supply' of the Client" (*alternative: the drawing of a study with the following topic „. . . . ."*)[6]

The procedure followed by the Contractor and the precise scope of work/ services are described in § 3 below; the

lichen Mitwirkungsleistungen des Kunden unter § 4 beschrieben.

§ 3 Projektdurchführung

(1) Vorgehensweise

Der IT-Dienstleister geht bei der Erstellung des Gutachtens (*oder: der Studie*) wie folgt vor:[7]

– Datenaufnahme der beim Kunden vorhandenen Geschäftsvorfälle

– Bewertung der bislang verwendeten Software

– . . . . .

(2) Abgrenzungen

Der IT-Dienstleister berücksichtigt dabei nicht . . . . .[8]

(3) Projektablaufplanung[9]

Kickoff Workshop: . . . . .

Datenaufnahme: KW . . . . . – KW . . . . .

Auswertung der aufgenommenen Daten: KW . . . . . – KW . . . . .

. . . . .

Übergabe des Gutachtens/der Studie: . . . . .

(4) Leistungsort

Genereller Leistungsort für die Projektdurchführung sind die Geschäftsräume des Kunden in . . . . . [Sitz/Niederlassung des Kunden].[10] Projektarbeiten, die keine lokale Präsenz beim Kunden erfordern, können in den Räumlichkeiten des IT-Dienstleisters durchgeführt werden.

(5) Qualitätsmanagement

Der IT-Dienstleister bietet seinen Kunden besondere Qualitätssicherheit hinsichtlich der fachkompetenten Durchführung von Management-, Organisations- und Systementwicklungsprojekten . . . . . .[11]

required cooperation services by the Client are described in § 4 below.

§ 3 Project Implementation

(1) Procedure

The Contractor provides for the following procedure when preparing the expert opinion/the survey:[7]

– Data collection of Client's business transactions

– Evaluation of Software „XY"

– . . . . .

(2) Delimitations

However, the Contractor will not take into consideration . . . . .[8]

(3) Project Schedule[9]

Kickoff Workshop: . . . . .

Data collection: calendar week . . . . . – calendar week . . . . .

Analysis of collected data: calendar week . . . . . – calendar week . . . . .

. . . . .

Handing over of the expert opinion /the survey: . . . . .

(4) Place of Performance

The general work location for the implementation of the project will be the Client's business premises in . . . . . [Client's head/branch office].[10] Project work which does not require the presence of staff of the Contractor on the Client's premises may be performed at the offices of Contractor.

(5) Rules and Standards

The Contractor offers the Client special high-class security concerning the competent realization of management development projects, organization development projects and system development projects . . . . . .[11]

§ 4 Mitwirkungsleistungen des Kunden

(1) Allgemeine Mitwirkungsleistungen des Kunden

Der Kunde stellt sicher, dass alle für die Erbringung der vereinbarten Leistung notwendigen Mitwirkungsleistungen rechtzeitig, vollständig und für den IT-Dienstleister kostenfrei[12] erbracht werden.

Sämtliche vom Kunden zu erbringenden Leistungen sind Voraussetzung für die vertragsgemäße Leistungserbringung des IT-Dienstleisters.[13] Erfüllt der Kunde diese Leistungen nicht, so gehen sich daraus ergebende Entgelterhöhungen oder Terminverschiebungen zu seinen Lasten.

(2) Infrastrukturelle Mitwirkungsleistungen des Kunden[14]

Der Kunde stellt für den IT-Dienstleister, soweit erforderlich, den Zugang zu seinen Kommunikations- und Datenverarbeitungssystemen sicher.[15] Der Zugang erfolgt über Arbeitsplätze beim Kunden und, soweit erforderlich, über eine Remote-Anbindung[16] für den IT-Dienstleister.

Der Kunde stellt für die Leistungserbringung adäquate Büroräume mit folgender Ausstattung zur Verfügung:

• Telefon mit Freischaltung für Inlandsgespräche

• Zugang zum IT-Dienstleister Netz über einen DSL-Anschluss

• Whiteboard und/oder Flipchart

• Zugang zu Kopierern, Druckern, Fax und Besprechungsräumen.

(3) Besondere Mitwirkungsleistungen des Kunden

. . . . .[17]

§ 4 Cooperation by the Client

(1) General Cooperation by the Client

The principal will ensure that all cooperation services required for the performance of the work/services agreed will be provided in due time, in full and free of charge for the Contractor.[12]

All services to be provided by the Client are a precondition for the contractual performance of work/services by the Contractor.[13] If the Client fails to provide such services, any increased fees or delays resulting therefrom will be at the Client's expense.

(2) Cooperation in Terms of Infrastructure by the Client[14]

The Client will ensure access by the Contractor to the Client's communication and data processing systems, to the extent required.[15] These systems will be accessed from workstations on the Client's premises and, to the extent required, via remote access[16] by the Contractor.

For the performance of the work/services, the Client will make available suitable offices with the following equipment:

• telephone activated for domestic calls

• access to the Contractor's network via DSL

• Whiteboard and/or Flipchart

• access to copying machines, printers, fax machines and conference rooms.

(3) Special Cooperation by the Client

. . . . .[17]

§ 5 Ansprechpartner

Folgende Ansprechpartner/innen sind für dieses Projekt vorgesehen:

Für den IT-Dienstleister[18]

Name Vorname Telefon Email Mobilnummer

Projektverantwortliche/r

Vertreter/in

Kundenverantwortliche/r

Vertreter/in

Der Kunde benennt einen Ansprechpartner, der zur Klärung von Fragen zur Verfügung steht und berechtigt ist, verbindliche Auskünfte zu geben und Entscheidungen zu treffen:[19]

Name Vorname Telefon Email Mobilnummer

Ansprechpartner/in

Vertreter/in

Projektleiter/in

Vertreter/in

§ 6 Projektorganisation

Die für das Projekt vorgesehene Organisation wird wie folgt beschrieben: . . . . .[20]

§ 7 Leistungsübergabe

Der IT-Dienstleister übergibt dem Kunden das Gutachten/die Studie „N.N." einfach auf einem USB-Stick im pdf-Format in deutscher Sprache.[21]

Die Abnahme[22] des Gutachtens/der Studie wird im Rahmen der Übergabe/Abschlusspräsentation erteilt, wenn keine wesentlichen Mängel vorliegen. Einen Anhaltspunkt für das Vorliegen von Mängeln bietet die nachfolgende Kategorisierung:

§ 5 Contact Persons

The designated contact person is:

For the Contractor:[18]

Name First Name Telephone Email Cellphone

Project Manager

Stand-in

Account Manager

Stand-in

The Client will designate a contact person in due time by the commencement of the project who will be available to clarify any issues and will be authorized to provide binding information and to make decisions:[19]

Name First Name Telephone Email Cellphone

Authorized Contact Person

Stand-in

Project Manager

Stand-in

§ 6 Project Organization

The project organization is described as follows:
. . . . .[20]

§ 7 Handover of Work/Services

The Contractor will hand over the expert opinion/the survey „N.N" to the Client on an USB-Stick as a pdf-document in English.[21]

The acceptance[22] of the expert opinion/the survey will be declared in text form (i.e. fax or e-mail) at the time of the handover/ final presentation, unless there are any material defects. The following classification provides an indication in this regard:

Fehlerkategorie	Beschreibung	Beispiel	Defect Class	Description	Example
Wesentliche Mängel	Größere Teile/Abschnitte sind fehlerhaft/unbrauchbar. Sie enthalten zu wesentlichen Inhalten fehlerhafte Aussagen.	Wesentliche Aspekte des Themas wurden nicht wie vereinbart betrachtet. Der Inhalt weist sachliche Fehler oder Widersprüche in wesentlichen Aussagen auf.	Material Defects	Major parts/sections are incorrect /useless. They contain incorrect statements relating to material issues.	Material aspects of the subject-matter were not examined as agreed. The content is incorrect in factual terms or contains contradictions in material statements.
Unwesentliche Mängel	Das Dokument enthält in Einzelpunkten nachzubessernde bzw. zu ergänzende Aussagen. Die Gesamtaussage wird dadurch jedoch nicht beeinträchtigt.	Fehlende Detaillierung/Darstellung von Einzelsachverhalten. Schreibfehler oder sonstige formale Fehler.	Immaterial Defects	The document contains statements to be corrected subsequently or supplemented with regard to individual issues. However, the overall conclusion is not affected by this.	Lack of details/presentation of individual facts. Typing errors or other formal errors.

Nach der Abnahme sind etwaige Mängelansprüche ausgeschlossen, wenn der Mangel auf einer fehlerhaften oder unzureichenden Weisung oder Mitwirkung des Kunden oder wenn der auftretende Mangel auf einer unsachgemäßen Anwendung oder Veränderung der Leistung durch den Kunden beruht.

Die Verjährungsfrist für Mängel und daraus resultierende Schadenersatzansprüche beträgt ab der Abnahme ein Jahr, soweit der Mangel nicht arglistig verschwiegen wurde.[23]

After acceptance, any claims for defects are excluded if the defect is due to an incorrect or insufficient instruction or co-operation on the part of the Client or if the defect occurring is due to the improper use or change of the work/services by the Client.

Any claims due to liability for defects and claims for damages hereunder will become statute-barred after one year as long as they have not been fraudulently concealed.[23]

§ 8 Vergütung

(1) Festpreis[24]

Die Vergütung für die vereinbarte Leistung beträgt

EUR . . . . . (in Worten: EUR . . . . .).[25]

(2) Zahlungsplan[26]

Abschlagszahlungen auf den Festpreis werden wie folgt fällig:

– 20 % Abschlagszahlung bei Auftragserteilung in Höhe von EUR . . . . .

– 10 % Abschlagszahlung bei Erreichen des Meilensteines . . . . . in Höhe von EUR . . . . .

– . . . . .

– 10 % Schlusszahlung bei Abnahme in Höhe von EUR . . . . .

(3) Zusatzleistungen[27]

Die Vergütung für zwischen den Vertragspartnern schriftlich vereinbarte und nicht im Festpreis vereinbarte zusätzliche Leistungen beträgt

EUR . . . . . (in Worten: EUR . . . . .) pro Beratungstag. Ein Beratungstag umfasst durchschnittlich acht Stunden.

(4) Zahlungsbedingungen[28]

Rechnungen sind nach Zugang zur Zahlung fällig und sofort zahlbar ohne Abzug.

Soweit nicht ausdrücklich anders ausgewiesen, verstehen sich alle Preisangaben zuzüglich der jeweils gültigen Umsatzsteuer.

Wird innerhalb des Berechnungszeitraumes der Umsatzsteuersatz geändert, gelten die Zeiträume mit den jeweils geltenden Umsatzsteuersätzen als getrennte Berechnungszeiträume.

§ 8 Remuneration

(1) Fixed Price[24]

The remuneration for the work/services amounts to

EUR . . . . . (in words: EUR . . . . .).[25]

(2) Payment Schedule[26]

Down payments on the fixed price are agreed upon as follows:

– 20 % down payment by completion of this Agreement. This amounts to EUR . . . . .

– 10 % down payment by achieving milestone . . . . This amounts to EUR . . . . .

– . . . . .

– 10 % final payment upon acceptance. This amounts to EUR . . . . .

(3) Additional Work/Services[27]

The remuneration for additional work/services agreed between the contracting parties in writing respectivly necessary work/services caused by the Client and not included in the fixed price amounts to

EUR . . . . . (in words: EUR . . . . .) per consultancy day. A consultancy day comprises eight hours on average.

(4) Payment Terms[28]

Invoices are due for payment and payable without any deduction immediately after receipt.

Unless expressly stated otherwise, all prices are quoted exclusive of the currently applicable VAT.

If the VAT rate changes during the invoicing period, the periods in which different VAT rates apply will be considered as separate invoicing periods.

§ 9 Sonstige Rahmenbedingungen

(1) Change-Request-Verfahren

Die Vertragspartner gehen davon aus, dass es im Laufe der Vertragsdurchführung notwendig werden kann, Leistungsänderungen oder -ergänzungen vorzunehmen.

Der IT-Dienstleister ist grundsätzlich bereit, Änderungs- bzw. Ergänzungswünschen des Kunden nachzukommen. Die Meldung erfolgt auf dem Formular „Change Request", das als Anlage 1 beispielhaft beigefügt wird.

Soweit sich hierdurch der Aufwand erhöht oder Termine beeinflusst werden, hat der IT-Dienstleister Anspruch auf eine angemessene Erhöhung der Vergütung bzw. Verschiebung der Termine. Soweit sich dadurch der Aufwand verringert, kann der Kunde eine Kürzung der Vergütung verlangen. Jedoch steht dem IT-Dienstleister eine angemessene Entschädigung für den Anteil der ursprünglich vereinbarten Vergütung zu, der bei der Vertragsdurchführung endgültig entfällt.

Änderungen und/oder Ergänzungen sind von dem antragstellenden Vertragspartner schriftlich zu verlangen. Entscheidungen hierzu sind innerhalb von zehn Kalendertagen[29] nach Antragseingang zu übermitteln. Change-Requests, die nicht in der vereinbarten Frist bearbeitet, entschieden und den Beteiligten mitgeteilt wurden, gelten als abgelehnt und werden damit nicht Vertragsgegenstand.

Der IT-Dienstleister behält sich vor, die Prüfung eines Change-Requests abzulehnen, wenn durch die Prüfung eine Gefährdung des geplanten Projektverlaufes eintreten kann. Der IT-Dienstleister wird den Aufwand für die Prüfung angemessen in Rechnung stellen.

Die Vergütung für die Ausführung des Change-Requests basiert, wenn nicht anders vereinbart, auf der in § 8 Abs. 3 (Zusatzleistungen) festgelegten Vergütung.

§ 9 Other General Conditions

(1) Change-Request-Procedures

The contracting parties assume that changes and additions to work/services may be required during the performance of the contract.

The Contractor is generally willing to comply with the Client's requests for changes or additions. Therefore, the Parties will use the form „Change Request", which is attached as Appendix 1 to this Agreement.

To the extent this increases the expenses or affects deadlines, the Contractor will be entitled to an adequate increase in remuneration or a postponement of deadlines. To the extent this reduces the expenses, the Client will be entitled to request a reduction in remuneration. However, the Contractor will be entitled to an adequate compensation for that portion of the remuneration originally agreed which definitely cannot be charged in the context of the performance of the contract.

Any requests for changes and /or additions must be made in writing by the requesting contracting party. Decisions in this regard are to be communicated within ten calendar days[29] after receipt of the request. Change requests which have not been processed, decided on and communicated to the parties involved within the period agreed will be deemed denied and will thus not become the subject-matter of the contract.

The Contractor reserves the right to refuse the examination of a change request if this may jeopardize the planned progress of the project. The Contractor will adequately invoice the expenses incurred by the examination of a change request.

The remuneration for the execution of a change request is based on the remuneration agreed in § 8 (3) (additional work/ services), unless agreed upon otherwise.

(2) Haftung[30]

Der IT-Dienstleister haftet im Falle von Arglist, Vorsatz oder grober Fahrlässigkeit nach Maßgabe der gesetzlichen Bestimmungen.[31] Schäden, die durch leichte Fahrlässigkeit entstanden sind, werden nur ersetzt, wenn es sich dabei um die Verletzung einer wesentlichen Pflicht handelt.[32] In Fällen einer leicht fahrlässigen Verletzung einer wesentlichen Pflicht ist die Haftung der Höhe nach beschränkt auf den bei vergleichbaren Aufträgen dieser Art typischen Schaden, der bei Beauftragung oder spätestens bei der Begehung der Pflichtverletzung vorhersehbar war, maximal jedoch auf die Höhe des Auftragswertes.

Schadenersatzansprüche nach dem Produkthaftungsgesetz und für Schäden aus der Verletzung des Lebens, des Körpers oder der Gesundheit bleiben durch die vorstehenden Haftungsbeschränkungen unberührt.[33]

Die Haftung für einen eventuellen Datenverlust[34] oder -beschädigung ist auf den Aufwand beschränkt, der bei ordnungsgemäßer Datensicherung erforderlich wäre, um die Daten aus dem gesicherten Datenmaterial wiederherzustellen. Die vorstehenden Haftungsbeschränkungen gelten auch zugunsten von eventuell eingebundenen gesetzlichen Vertretern und Erfüllungsgehilfen des IT-Dienstleisters.

(3) Nutzungsrechte[35]

Mit vollständiger Zahlung der vereinbarten Vergütung erhält der Kunde an den vom IT-Dienstleister erbrachten Arbeitsergebnissen das ausschließliche,[36] zeitlich und räumlich unbegrenzte Recht, die Arbeitsergebnisse für interne[37] Anwendungen und Zwecke einzusetzen, zu vervielfältigen, zu bearbeiten sowie mit anderen Programmen oder Materialien zu verbinden. Nicht erfasst von der Übertragung der Nutzungsrechte ist die Übertragung an Konzernunternehmen des Kunden. Für die Dauer der Nutzung bis zur vollständigen Zahlung überträgt der IT-Dienstleister die einfachen Nutzungsrechte widerruflich unter der Maßgabe der vollständigen Zahlung.[38]

(2) Liability[30]

The Contractor will be liable for fraudulent intent, willful misconduct or gross negligence in accordance with the statutory provisions.[31] Any damage caused by slight negligence will be compensated only if a material duty (material contractual obligation (Kardinalpflicht) or material accessory obligation) is breached.[32] In cases of a slightly negligent breach of a material duty, the liability will be limited in terms of amount to the damage typical of comparable orders of this kind foreseeable at the time the order is placed or at the latest at the time the duty is breached, but will not exceed the amount of the order value.

Claims for damages under the German Product Liability Act (Produkthaftungsgesetz) and for damages based on injuries affecting a person's life, body or health will remain unaffected by the above limitations of liability.[33]

The liability for any potential loss of[34] or damage to, data will be limited to the expenses of proper data backup. The above limitations of liability will also apply in favour of any statutory representatives and vicarious agents (Erfüllungsgehilfen) of the Contractor who might be involved.

(3) Rights of Use[35]

Upon payment in full of the remuneration agreed, the Client acquires the exclusive[36] right, unlimited in time and territorial scope, to use the work results provided by the Contractor for internal[37] applications and purposes and to reproduce, to edit and to combine such work results with other programs or materials. This does not comprise the assignment of rights of use for group enterprises of the Client. For the duration of this project the Contractor assigns the mentioned rights of use subject to the entire payment.[38]

Der IT-Dienstleister behält das Recht, die Arbeitsergebnisse zu archivieren und das bei der Erarbeitung erworbene Knowhow uneingeschränkt weiter zu nutzen, zB auch darauf aufbauend neue Arbeitsergebnisse zu entwickeln sowie diese neuen Arbeitsergebnisse, welche den an den Kunden ausgelieferten Arbeitsergebnissen ähnlich sein können, Dritten zu überlassen.

The Contractor keeps the right to archive results and to use the know-how acquired during the project without limitation, e.g. to develop new results built on such know-how as well as assign such results to third parties even if they are similar to the Client's result.

Die vom IT-Dienstleister in diesem Dokument verwendeten Informationen und Bilder sind urheberrechtlich geschützt. Sämtliche Rechte bleiben vorbehalten.[39]

The information and pictures used by the Contractor in this Agreement are protected by copyright.[39] All rights reserved.

(4) Sorgfaltspflicht[40]

(4) Duty of Care[40]

Der IT-Dienstleister führt sämtliche Leistungen mit großer Sorgfalt nach den Grundsätzen ordnungsgemäßer Berufsausübung durch, die der Entwicklung der Branche und den Bedürfnissen des Kunden in bester Weise gerecht werden.

The Contractor will perform all work/ services with great care in accordance with the accepted professional standards which reflect the development of the industry and meet the Client's requirements in the best possible way.

(5) Vertraulichkeit

(5) Confidentiality

Die Vertragspartner werden wesentliche und nicht allgemein bekannte Angelegenheiten des anderen vertraulich behandeln. Hardware, Software, Modelle und Unterlagen (zB Berichte, Zeichnungen, Skizzen, Muster etc), die sich die Vertragspartner gegenseitig zur Verfügung stellen, dürfen nur für den vertraglich vorgesehenen Gebrauch eingesetzt werden. Eine darüber hinausgehende Vervielfältigung oder Überlassung an Dritte ist nicht gestattet. Die vertragliche Vertraulichkeitsvereinbarung ist nachvertraglich auf zwei Jahre befristet.[41]

The Parties will treat as confidential any essential and not commonly known matters regarding the respective other party. Any hardware, software, models and documents (e.g. reports, drawings, sketches, samples, etc) which the contracting parties provide to each other may only be used for the purposes contemplated by the contract. Any reproduction or provision to third parties beyond the scope of the above is not permitted. The contractual confidentiality arrangement is limited for two years after the end of this Agreement.[41]

Die Vertragspartner haben die zur Erfüllung der Vertragsinhalte überlassenen Unterlagen im jeweils gegenseitigen Interesse sorgfältig aufzubewahren. Diese Unterlagen sind bei Vertragsende herauszugeben. Ein Zurückbehaltungsrecht an diesen Unterlagen ist ausgeschlossen, es sei denn, der Gegenanspruch ist unbestritten oder rechtskräftig festgestellt.

Each contracting party must carefully store, in mutual interest any documents provided to it for the purpose of performing the contractual provisions. These documents must be returned upon termination of the contract. A right to retain such documents is excluded, unless the counterclaim is undisputed or has been recognised by declaratory judgement (rechtskräftig festgestellt).

Die Vertragspartner werden personenbezogene Daten des jeweils anderen Vertragspartners unter Einhaltung der Bestimmun-

The Parties will process and use personal data of the respective other contracting party in accordance with the provisions

gen der Datenschutzgesetze und nur für vertraglich vereinbarte Zwecke verarbeiten und nutzen. Sie werden diese Daten insbesondere gegen unbefugten Zugriff sichern und sie nur mit Zustimmung des anderen Vertragspartners bzw. der betroffenen Personen an Dritte weitergeben. Soweit es zur Auftragsdurchführung erforderlich ist, dass der Kunde dem IT-Dienstleister Zugang zu personenbezogenen Daten gewährt, müssen die eingesetzten Erfüllungsgehilfen ebenfalls über ihre datenschutzrechtlichen Verpflichtungen unterrichtet und gemäß den datenschutzrechtlichen Bestimmungen verpflichtet werden.[42]

of data protection laws and exclusively for the contractually agreed purposes. They will in particular protect such data against access by unauthorised persons and disclose such data to third parties only with the consent of the respective other contracting party or the persons concerned. To the extent it is required for the performance of the order that the Client grants the Contractor access to personal data, it is pointed out that the staff deployed has to be instructed on their obligations under, and are bound by the provisions of, data protection laws.[42]

(6) Mitarbeiter[43]

Der IT-Dienstleister benennt gegebenenfalls Mitarbeiter zur Leistungserbringung. Die Benennung von Mitarbeitern entspricht dem Kenntnis- und Planungsstand zum Zeitpunkt der Ausfertigung dieses Vertrages. Sollte im Bedarfsfall ein Mitarbeiteraustausch erforderlich werden, wird der IT-Dienstleister auf vergleichbare Qualifikation achten. Die Namensnennung ist vertraulich und hat keine Arbeitnehmerüberlassung zur Folge. Das eingesetzte Personal unterliegt nicht den Weisungen des Kunden, unabhängig vom Leistungsort.

(6) Staff[43]

The Contractor will designate staff for the performance of work/services, if appropriate. The designation of staff is based on the state of knowledge and the stage of planning at the time this Agreement is issued. Should staff replacement be required, the Contractor will make sure that the replacement staff will have comparable qualifications. The naming of the staff is confidential and does not result in the supply of temporary staff (Arbeitnehmerüberlassung). The staff deployed is not bound by the Client's instructions independent on the place of delivery.

§ 10 Schlussbestimmungen

(1) Schriftform

Dieser Vertrag regelt den Leistungsgegenstand abschließend. Nebenabreden bestehen nicht. Änderungen und Ergänzungen dieses Vertrages bedürfen der Schriftform. Dies gilt auch für die Aufhebung dieses Schriftformerfordernisses.

§ 10 Final Provisions

(1) Written Form

This Agreement conclusively governs the subject-matter. No ancillary agreements have been made. Any amendments and supplements to this offer as well as to the contract concluded on its basis must be made in writing. This also applies to any waiver of this requirement of written form.

(2) Recht, Gerichtsstand

Es gilt das Recht der Bundesrepublik Deutschland. Als Gerichtsstand wird der Sitz des IT-Dienstleisters vereinbart.[44]

(2) Applicable Law, Place of Jurisdiction

The laws of the Federal Republic of Germany apply. Place of jurisdiction is the Contractor's place of business.[44]

(3) Vertragsschluss

Dieses Vertragsangebot gilt als rechtzeitig angenommen, wenn der Kunde innerhalb … [Frist einfügen] die Annahme dieses

(3) Conclusion of Contract

The Agreement is deemed accepted in due time if the Client declares acceptance of this contract offer within a period of … [insert

Vertrages erklärt. Die Faxunterschrift des Kunden ist hierfür ausreichend.[45]

Sollte es nicht zu einem schriftlichen Vertragsabschluss kommen, der IT-Dienstleister aber bereits in Kenntnis des Kunden mit Vorarbeiten begonnen haben, steht dem IT-Dienstleister dafür eine angemessene Vergütung zu.

Abweichende Vertrags-/Bestellbedingungen des Kunden finden keine Anwendung. Dies gilt auch dann, wenn der IT-Dienstleister diesen Bedingungen nicht ausdrücklich widerspricht. Erfordern die internen Organisationsrichtlinien des Kunden neben der schriftlichen Vereinbarung, dass der Kunde zusätzlich noch eine eigene Bestellung generiert, so wird er dafür Sorge tragen, dass der Inhalt der Bestellung nicht von dem vorliegenden Vertrag abweicht.

days]. The Client's fax signature will be deemed sufficient for this purpose.[45]

If no written contract is concluded, but the Contractor has already commenced preliminary work with the Client being aware of this, the Contractor will be entitled to an adequate remuneration for such work.

The application of any deviating contractual conditions and/or order conditions of the Client is excluded. This also applies if Contractor does not expressly object to such conditions. If the Client's internal organisational guidelines require in addition to the written agreement the generation of a separate order, the Client will ensure that the content of such order corresponds to the content of this Agreement.

(4) Salvatorische Klausel

Sollte eine Bestimmung dieses Vertrages nichtig oder anfechtbar oder aus einem sonstigen Grunde unwirksam sein oder werden, so bleibt der Vertrag im Übrigen wirksam. In einem solchen Fall gilt statt der nichtigen, anfechtbaren oder unwirksamen Bestimmung eine solche als vereinbart, die ihrem angestrebten Zweck möglichst nahe kommt und einen entsprechenden wirtschaftlichen Erfolg gewährleistet. § 139 BGB findet keine Anwendung.[46]

(4) Severability Clause

Should any provision of this Agreement be or become void or voidable or invalid for any other reason, this will not affect the remaining provisions of this Agreement. In such event, the contracting parties agree that the void, voidable or invalid provision is replaced by a provision which comes as close as possible to the purpose pursued by the void, voidable or invalid provision and ensures a corresponding economic result. § 139 BGB does not apply.[46]

. . . . .

(Ort, Datum)

. . . . .

– IT-Dienstleister –

. . . . .

(Place, Date)

. . . . .

– Contractor –

. . . . .

(Ort, Datum)

. . . . .

– Kunde –

. . . . .

(Place, Date)

. . . . .

– Client –

Anlage 1 – Change Request Formular	Appendix 1 – Change Request Form
Change Request:	Change Request:
Projekt:	Project: . . . . .
Verfasser des CR:	Author of CR: . . . . .
Lfd. CR-Nr.:	Current CR-No.: . . . . .
Datum:	Date: . . . . .
Unterschrift:	Signature: . . . . .
(IT-Dienstleister oder Kunde)	(Contractor or Client)
Gewünschte Änderung und Begründung:	Desired modification with statement of reasons:
Betroffene Vertragsteile:	Affected part of the Agreement:
Identifikator/Funktion: Typ: Bemerkung:	Identificaton/Function: Type: Remarks:
Folgen bei Durchführung:	Consequences of realisation:
Kosten:	Cost: . . . . .
Termine:	Deadline: . . . . .
Qualität:	Quality: . . . . .
Sonstiges:	Various: . . . . .
Folgen bei Nichtdurchführung:	Consequences of non-realisation:
Kosten:	Cost: . . . . .
Termine:	Deadline: . . . . .
Qualität:	Quality: . . . . .
Sonstiges:	Various: . . . . .
Alternativlösungen: ja nein (wenn ja, ... auf Beiblatt erläutern)	Alternative solutions: yes no (if yes, please . . . . explain on extra sheet)
Entscheidung der Berechtigten:	decision of authorized person:
genehmigt:	approved:
zur Wiedervorlage bis:	resubmission on:
abgelehnt:	refused:
Aktion:	Action to be taken:
zurückgezogen:	withdrawn:
Begründung:	Statement of reasons:

Bemerkungen:	Remarks:
Berechtigter:	Authorized person:
Berechtigter:	Authorized person:
Datum, Unterschrift IT-Dienst-leister	Date, Signature Contactor
Datum, Unterschrift Kunde	Date, Signature Client

Realisierung:	Realisation:

vorgesehener Realisie-rungstermin:	. . . . .	expected date for Realisation:	. . . . .
erledigt am:	. . . . .	completion date:	. . . . .
Prüfung der Änderung erwünscht:	ja . . . . . nein	Examination of change desired:	yes . . . . . no . . . . .
Prüfung der Änderung erfolgt:	ja . . . . . nein	Examination of change completed:	yes . . . . . no . . . . .

Datum, Unterschrift PL	Date, signature Project Manager

Anmerkungen

1. Dieser Mustervertrag findet Anwendung, wenn der Kunde beabsichtigt, einen Auftrag über die Erstellung eines Gutachtens zu erteilen. Er ist auch anwendbar für die Erstellung einer Studie. Das Vertragsmuster ist so konzipiert, dass beide Vertragsparteien Unternehmer sind. Verbraucherschutzaspekte sind daher nicht berücksichtigt.

2. Die Abgrenzung zwischen Werkleistungen und Dienstleistungen erfolgt nach verschiedenen Indizien. Indizien für den Dienstvertrag: Der Kunde wünscht eine Beratung, auf einen bestimmten Erfolg kommt es nicht an. Der Kunde wünscht Unterstützungsleistungen bei einem Projekt, für dessen Erfolg er selbst einsteht (→ Form. C. 1). Der Kunde wünscht Schulungen (→ Form. C. 2). Der Kunde wünscht einen Know-how-Transfer. Typisch für einen Dienstvertrag ist auch die Vereinbarung einer bestimmten Dauer, eines bestimmten aufwandbezogenen Honorars (im Gegensatz zum Festpreis, der zwar möglich, aber sehr selten ist). Die Erbringung einer Dienstleistung im Bereich der IT-Projekte ist nur unter Mitwirkung des Kunden möglich.

Indizien für den Werkvertrag: Dem Kunden kommt es auf den Erfolg des Projektes an, dh der IT-Dienstleister muss für diesen einstehen. Der Kunde wünscht daher auch die Vereinbarung bestimmter Eigenschaften einer Sache. Beispiele: Konzepterstellung, Programmierung, Softwareanpassung (→ Form. B. 2), Implementierung, Datentransfer etc. Die Fälligkeit der Vergütung hängt vom Erfolgseintritt ab. Vereinbarung von Abnahmeregelungen. Fristenregelung für den Erfolgseintritt. Der Erfolgseintritt hängt uU auch von der Mitwirkung des Kunden ab. Der Vertrag über die Erstellung eines Gutachtens ist typischerweise ein Werkvertrag.

3. Im gesamten Vertragsmuster werden Damen und Herren angesprochen. Die ausschließliche Verwendung der männlichen Sprachform erfolgt aufgrund der besseren Lesbarkeit.

4. Dies könnte auch als Präambel bezeichnet werden.

5. Hier soll aufgeführt werden: Welche Situation wird beim Kunden vorgefunden? Was will der Kunde mit seinem Auftrag erreichen? Was ist zu tun, damit das Ziel erreicht wird?
Die hier gemachten Angaben grenzen die Geschäftsgrundlage für den Vertrag ab. Ggf. sollte daher ein Verweis auf Unterlagen (Ausschreibungsunterlagen, Leistungsbeschreibung, Pflichtenheft etc.) und bzw. oder auf persönliche Gespräche (zwischen A + B, mit Datum, mit Protokoll) erfolgen, wenn dies zur Klarstellung nützlich ist. Die Ausgangssituation ist mit größtmöglicher Detailgenauigkeit aufzunehmen, da hier oft auch Planungsgrundlagen definiert werden, die Ansatzpunkte dafür bieten können, ob ein Change-Request (s. § 9 Abs. 1) erforderlich wird oder nicht.

6. Hier ist die offerierte Werkleistung, nämlich beispielsweise „Das Erstellen eines Gutachtens mit dem Thema ‚Die Bewertung des Einsatzes der Software . . . . . in der Abteilung Einkauf des Kunden.'", kurz und allgemein darzustellen. Der konkret geschuldete Leistungsumfang ist dann im Rahmen des § 3 Projektdurchführung detailliert darzulegen.

7. Hier ist die Vorgehensweise und insbesondere der konkret geschuldete Leistungsumfang detailliert darzulegen.

8. Hier sind eventuell Annahmen und Abgrenzungen aufzunehmen, um den Leistungsgegenstand klarer zu umgrenzen.

9. Darstellung des zeitlichen Projektablaufes, zB Projektbeginn, Meilensteine, Abnahmetermine (Bereitstellung zur Abnahme) oder Arbeitspakete gemäß vorgeschlagenem Vorgehensmodell.

10. Hier ist der Einsatzort einzufügen. Es empfiehlt sich die Aufnahme des Ortes insbesondere wegen der Festlegung zu den Nebenkosten. Sind diese inklusiv vereinbart, wie im vorliegenden Muster, bezieht sich dies auf den vertraglich vereinbarten Leistungsort. Gibt es hinsichtlich der Vereinbarung Unklarheiten, gehen diese zu Lasten des Verwenders dieses Vertrages.

11. Hier ggf. die Zertifizierung vorstellen, so vorhanden, denn die Zertifizierung ist ein wichtiges Wettbewerbsmerkmal. Dies kann aber auch außerhalb des Vertrages als Marketingpapier erfolgen. Das hätte den Vorteil, dass diese nicht Vertragsbestandteil würde und so ein etwaiger Entfall oder andersartige Zertifizierung nicht als Wegfall einer Geschäftsgrundlage gedeutet werden könnte.

12. Wichtig ist die Vereinbarung von Mitwirkungsleistungen im infrastrukturellen Bereich, andernfalls kann der Kunde jedes Telefonat von seinen Apparaten in Rechnung stellen. Neben der Tatsache, dass dies die ursprüngliche Kalkulation eines Projektes uU erheblich gefährden kann, ist mit erheblichem administrativem Aufwand zu rechnen. Wenn möglich, sollten daher hier auch Termine benannt werden bzw. bestimmbare Ereignisse, wie beispielsweise „bei Projektbeginn".

13. Folge dieser Vereinbarung: Erbringt der Kunde die Mitwirkungsleistungen nicht, so kann er den IT-Dienstleister mit dessen Leistungserbringung nicht in Verzug setzen.

14. Nach dem gegenseitigen Projektverständnis sollten diese Randerscheinungen eigentlich selbstverständlich sein. Dennoch hat die Praxis gezeigt, dass es hier insbesondere beim Umfang der infrastrukturellen Mitwirkungsleistungen erheblich unterschiedliche Ansichten von IT-Dienstleistern und Kunden gibt. Insofern empfiehlt sich stets auch die Aufnahme solcher Regelungen in den Vertrag.

15. Nur so kann der IT-Dienstleister den Kunden effektiv beraten. Wenn dies jedoch nicht vereinbart wird, ist der Kunde nicht verpflichtet, die Leistungen konkret in dieser Form zu erbringen. Wenn der IT-Dienstleister durch die genaue Regelung in die Lage versetzt wird, die konkreten Mitwirkungsleistungen zunächst beim Kunden einzufordern, darf er für die Zeit der fehlenden Mitwirkungsleistungen auch seine Tätigkeit ruhen lassen. Er kann daher selbst nicht durch fehlende Mitwirkungsleistungen des Kunden in Verzug geraten.

16. Wenn eine Remote-Anbindung machbar und sinnvoll ist, sollte dies mit aufgenommen werden. Ggf. sind hier Richtlinien des Kunden zu benennen, die die Regelungen für einen Remote-Zugriff definieren.

17. Hier sollten, so detailliert wie möglich, die besonderen Mitwirkungsleistungen des Kunden inkl. Leistungs- und Lieferterminen definiert werden (zB besondere Tools und Arbeitsmaterialien, Inanspruchnahme von Mitarbeitern, Zugang zu besonderen Informationen, ...). Sollten diese Angaben bereits im Rahmen der Leistungsdarstellung erfolgt sein, ist hier ein entsprechender Verweis anzubringen. Dopplungen sind grundsätzlich zu vermeiden. Widersprüche bei Dopplungen führen dann zu Auslegungsproblemen. Wenn zum Zeitpunkt des Vertragsschlusses bereits die Quantität der Inanspruchnahme von Kundenmitarbeitern bezifferbar ist, sollte dies ebenfalls mit aufgeführt werden, da hier in der Praxis immer wieder Reibungspunkte auftreten.

18. Es ist üblich, hier die aktuellen Kontaktdaten der Ansprechpartner auf der Seite des IT-Dienstleisters festzuhalten und ggf. auch eine Person für den Vertretungsfall zu benennen. Dies vermeidet während der Projektdurchführung Irritationen hinsichtlich der Verbindlichkeit von Aussagen bzw. Zusagen der Projektmitarbeiter des IT-Dienstleisters.

19. Es ist üblich, hier die aktuellen Kontaktdaten der Ansprechpartner auf der Kundenseite festzuhalten und ggf. auch eine Person für den Vertretungsfall zu benennen. Dies vermeidet während der Projektdurchführung Irritationen hinsichtlich der Verbindlichkeit von Aussagen bzw. Zusagen der Projektmitarbeiter des Kunden.

20. Diese Klausel ist optional. Sie richtet sich nach Umfang und Größe des Projektes. Wenn und soweit ein größerer Umfang gegeben sein sollte, dann ist es hilfreich, Lenkungsgremien und Eskalationsstufen einzurichten, die gleichermaßen mit Kundenmitarbeitern und Vertretern des IT-Dienstleisters besetzt sind. Dies gewährleistet eine zeitnahe Kommunikation und somit die Möglichkeit, auftretende Probleme schnell zu behandeln.

21. Hier ist anzugeben, in welcher Form, wann, wem, welche Dokumente (sonstiges Speichermedium), in welcher Sprache übergeben werden. Erwartet der Kunde weitere Sprachen, so wird dies bereits bei den Vertragsverhandlungen offenbar und der IT-Dienstleister kann entsprechend kalkulieren. Wenn und soweit aus der Struktur des Kunden erkennbar hätte sein können, dass für ihn weitere Sprachen der Dokumentation relevant sein könnten, so muss sich der IT-Dienstleister dies uU zurechnen lassen und Übersetzungen auf seine Kosten anfertigen, die in der ursprünglichen Kalkulation möglicherweise nicht berücksichtigt waren.

22. Die Abnahme ist gemäß § 640 Abs. 1 S. 1 BGB eine wesentliche Mitwirkungspflicht des Kunden (s. auch Palandt/*Sprau* BGB § 640 Rn. 8).

23. Die Frist richtet sich nach § 309 Ziff. 8 lit. b ff. BGB. Zwar gelten die §§ 308, 309 BGB für Unternehmer gemäß § 310 Abs. 1 BGB nicht, jedoch hat der BGH entschieden, dass ein Klauselverbot nach § 309 BGB ein Indiz dafür ist, dass die Verwendung auch gegenüber einem Unternehmer zu einer unangemessenen Benachteiligung führt, es sei denn, die besonderen Bedürfnisse des unternehmerischen Geschäftsverkehrs lassen diese als angemessen erscheinen (BGH NJW 2007, 3774). Da eine abweichende Beurteilung hier nicht einschlägig erscheint, sollte die Klausel also auch für Unternehmer den Rahmen des § 309 BGB nicht über- bzw. unterschreiten.

24. Nur wenn der Kunde dies ausdrücklich wünscht, muss hier eine Aufgliederung in kalkulatorische Beratungstage und Nebenkosten vorgenommen werden. Dies kann insbesondere bei öffentlichen Ausschreibungen verlangt werden. Im Übrigen ist der IT-Dienstleister bei Werkverträgen nicht zur Offenlegung der Kalkulation seines Festpreises verpflichtet.

25. Der Festpreis ist ohne Umsatzsteuer anzugeben, es sei denn, der Kunde besteht auf einer anderen Darstellung. In diesem Fall ist der Preis inklusive Umsatzsteuer zusätzlich anzugeben. Begründet ist dies bei Projekten insbesondere dann, wenn diese über einen längeren Zeitraum angelegt sind und eine Änderung des gesetzlichen Umsatzsteuersatzes denkbar ist. Bei öffentlichen Auftraggebern kann eine andere Darstellung erforderlich werden, dies sollte sich aus den Ausschreibungsunterlagen ergeben.

26. Gemäß § 632a BGB hat der Unternehmer, hier der IT-Dienstleister, einen Anspruch auf Abschlagszahlungen für abgeschlossene Teile des Werks. Um spätere Unstimmigkeiten zu vermeiden, sollten diese Teilleistungen im Zahlungsplan aufgeführt werden. Hier ist folglich der Zahlungsplan mit Bezug auf den Projektablaufplan aufzuführen. Alternativ können auch konkrete Daten angegeben werden, allerdings müssten diese bei einer Verschiebung der Projekttermine jedes Mal entsprechend angepasst werden. Die Schlusszahlung erfolgt mit der Abnahme der Werkleistung.

27. Es ist denkbar, dass während der Projektdurchführung der Kunde weitere Leistungen beauftragen will, die in unmittelbarer Nähe zum Vertragsgegenstand stehen, aber vom Festpreis nicht abgedeckt sind. Es empfiehlt sich daher eine vorherige Vereinbarung über die Vergütung für solche Tätigkeiten, damit während der Projektdurchführung kein Zeitverlust für Abstimmungen in diesem Bereich auftritt. Insoweit wird insbesondere beim Change-Request-Verfahren auf diesen Passus verwiesen.

28. Häufig haben Kunden in ihren Allgemeinen Geschäftsbedingungen Zahlungsziele vorgegeben, die von den gesetzlichen Zahlungszielen erheblich abweichen. Da mit diesem Vertrag diese Allgemeinen Geschäftsbedingungen ausgeschlossen werden, sollte eine Klarstellung hinsichtlich der gewünschten Zahlungsbedingungen erfolgen.

29. Hier ist eine dem Projektablauf angemessene Frist auszuwählen.

30. Es kann nur die vertragliche Haftung ausgeschlossen werden, für deliktische Haftung ist dies nicht möglich.

31. In Formularverträgen kann die Haftung für grobe Fahrlässigkeit oder Vorsatz gemäß § 309 Ziff. 7 lit. b BGB nicht wirksam ausgeschlossen werden.

32. Die vollständige Freizeichnung für leichte Fahrlässigkeit ist – in Formularverträgen – unzulässig, sofern eine sog. Kardinalpflicht oder wesentliche Nebenpflicht verletzt wird. Sie darf aber der Höhe nach beschränkt werden. Bei welchen Pflichten es sich um wesentliche Vertragspflichten handelt, muss hier durch den Verwender konkretisiert und transparent gemacht werden, § 307 Abs. 1 BGB. Dies kann beispielsweise durch die Aufzählung der wesentlichen Pflichten erfolgen, soll die Haftung für diese Pflichten wirksam beschränkt werden; denn der Kunde kann nicht wissen, bei welchen Pflichten es sich um solche wesentlichen Pflichten handelt. Für die Haftung für leichte Fahrlässigkeit von Nebenpflichten erfolgt demnach ein vollständiger Haftungsausschluss.

33. Es ist erforderlich, diese Schäden hier ausdrücklich zu benennen, damit nicht der Eindruck entsteht, diese Ansprüche seien ebenfalls nach Absatz 1 ausgeschlossen. Damit wäre die gesamte Klausel nichtig.

34. Es empfiehlt sich die Aufnahme dieser Regelung, da im Rahmen von IT-Projekten häufig die Verwendung von beim Kunden vorhandenen Daten erforderlich ist. Für den Fall, dass während der Vertragsdurchführung Datenverlust oder Datenbeschädigungen entstehen, ist hier mit einer erheblichen Haftung des IT-Dienstleisters zu rechnen, so dass er sich im weitest möglichen Umfang gegen diese Haftung absichern sollte.

35. Auf die Vereinbarung der Nutzungsrechte sollte ein großes Augenmerk gelegt werden. Insbesondere kann auch über räumliche Beschränkungen der Leistungsergebnisse nachgedacht werden.

36. Die Übertragung des ausschließlichen Nutzungsrechts ist durchaus möglich und in diesem Fall auch sinnvoll: Der IT-Dienstleister kann dasselbe Arbeitsergebnis, also das Gutachten, ohnehin nicht in dieser Form für Dritte verwenden. Wenn Ergebnisse auch anderweitig Verwendung durch den IT-Dienstleister finden können, dann darf er nur die einfachen Nutzungsrechte an dem Ergebnis seiner Leistungen übertragen. Unabhängig von der Übertragung der Nutzungsrechte am Arbeitsergebnis ist die weitere Verwendung der zugrundeliegenden Methoden und Vorgehensweisen zulässig.

37. Mit der Beschränkung auf die interne Verwendung im Unternehmen des Kunden kann der IT-Dienstleister ausschließen, dass der Kunde die von ihm erbrachten Arbeitsergebnisse gewerblich weiterverwertet. Grundsätzlich sollte hierbei auch bedacht werden, ob beispielsweise eine Übertragung an Konzernunternehmen von der internen Nutzung umfasst ist. Im Zweifel sollte dies ausdrücklich mitgeregelt oder ausgeschlossen werden. Hier ist zunächst der Ausschluss vorgesehen, damit die Einbeziehung von Konzernunternehmen auch ausdrücklich wirtschaftlich bewertet werden kann.

38. Problematisch ist die Regelung der Übertragung der Nutzungsrechte bei Bezahlung für den Fall, dass der Kunde die Arbeitsergebnisse schon nutzen möchte oder auch nutzen muss und die Bezahlung aber noch aussteht. Für diesen Fall sollte eine widerrufliche Nutzungsrechteübertragung vereinbart werden, die den IT-Dienstleister in die Lage versetzt, die Übertragung der Nutzungsrechte zu widerrufen, sollte beispielsweise der Vertrag gekündigt werden und aus diesem Grunde keine vollständige Zahlung der vereinbarten Vergütung erfolgen.

39. Der Verwender dieses Vertrages sollte diesen Schutz auf das Urheberrecht aufnehmen, da insbesondere bei der Darstellung der Ausgangssituation oder bei der Darstellung des Vertragsinhaltes häufig umfangreiche Grafiken verwendet werden, die der Kunde nicht ohne Weiteres weiter verwenden darf.

40. Die Aufnahme dieser Klausel ist der Tatsache geschuldet, dass häufig Kunden die Leistungen „nach dem Stand der Technik" verlangen. Was aber tatsächlich der „Stand der Technik" ist, dürfte im Streitfall schwer nachzuweisen sein. Insoweit ist dies das Angebot an den Kunden, die Leistungen bestmöglich zu erbringen, ohne aber hier eine konkrete Messlatte einzufügen. Es sollte ferner darauf geachtet werden, dass sich die Maßstäbe nicht während der Vertragsdurchführung ändern können, es sollte also eine Vereinbarung erfolgen, die den Vertragsschluss in Bezug nimmt. Gerade bei längerfristigen Beratungsprojekten könnte dies sonst zu Problemen in der Durchführung führen. Abhilfe kann geschaffen werden, indem die Vertragsparteien einvernehmliche Vertragsänderungen vereinbaren.

41. Aus Risikomanagementgründen empfiehlt es sich, die Geltung der Vertraulichkeit nachvertraglich zu beschränken. Mit der Dauer von zwei Jahren ist vielen Projekten gedient. Ggf. ist projektbedingt ein längerer Zeitraum anzusetzen.

42. Die eigenen Erfüllungsgehilfen sind insoweit zu instruieren und zu verpflichten. Es empfiehlt sich, auch für den Nachweis gegenüber dem Kunden Sorge zu tragen, damit dieser auf Anforderung vorgelegt werden kann. Es sollte dabei bedacht werden, dass Mitarbeiter von IT-Dienstleistern häufig bereits über ihre Arbeitsverträge verpflichtet sind, die Arbeitsverträge aber selbstverständlich nicht den Kunden zum Nachweis vorgelegt werden dürfen. Insofern empfiehlt sich ein separater Nachweis, der dann auch immer mal wieder erneuert werden kann.

43. Häufig erwartet der Kunde die Benennung der eingesetzten Erfüllungsgehilfen. Dies ist bei Werkverträgen nicht vorgesehen. Da zudem das Versprechen eines bestimmten Erfüllungsgehilfen zur Arbeitnehmerüberlassung führen kann, die eine Genehmigung voraussetzt und auch einen anderen Vertragstypus bedingt, muss die Benennung unbedingt abgeschwächt werden.

44. Für den Fall, dass der Kunde kein Unternehmer sein sollte, ist die Vereinbarung des Gerichtsstandes unwirksam.

45. Die Vereinbarung der Textform nach § 126b BGB, also Fax oder Email, dient der Beschleunigung. Wenn diese Ausnahme hier nicht schriftlich gemacht würde, wäre die Annahme des Vertrages per Fax nach der eigenen Formgebung in § 10 Abs. 1 nicht formwirksam.

46. Der Ausschluss von § 139 BGB verhindert, dass das gesamte Rechtsgeschäft ungültig wird.

4. Agile Softwareprogrammierung

Softwareprogrammierungsvertrag

zwischen

......

— nachfolgend „Auftraggeber" genannt —

und

......

— nachfolgend „Auftragnehmer" genannt —

Präambel

Die Leistungen des Auftragnehmers werden im Rahmen eines agilen Projektmanagements organisiert. Die Erstellung der Software ist dabei gekennzeichnet durch die Komplexität der Software und in der Folge durch eine geringe Planbarkeit der zu erbringenden Leistungen sowie des Fertigstellungstermins und der anfallenden Kosten. Ziel eines agilen Projektmanagements ist die Beherrschung der Komplexität der Softwareerstellung durch eine weitgehende Selbstorganisation des Entwicklerteams ohne eine konkrete Vorgabe der zu erbringenden Leistungen und deren Kosten durch den Auftraggeber. In einer Vielzahl überschaubarer Entwicklungsschritte wird im Projektverlauf in Abstimmung der Vertragsparteien die zu Projektbeginn nur grob definierte Software erstellt. Die Zusammenarbeit zwischen Auftraggeber und Auftragnehmer erfolgt für das hier geregelte Software-Projekt nach den im Folgenden näher definierten Scrum-Prinzipien.[1]

§ 1 Vertragsgegenstand

Gegenstand des Vertrages ist die entgeltliche Erstellung von Software durch den Auftragnehmer zur dauerhaften Überlassung an den Auftraggeber im Wege des agilen Projektmanagements.[2]

§ 2 Begriffe und Rollen

Diesem Vertrag liegen folgende Begrifflichkeiten[3] zugrunde:

a) **Das Backlog Item** ist ein Teileintrag in das Product Backlog.
b) **Entwicklungsteam** ist die Gesamtheit der an dem Projekt auf Auftragnehmerseite zur Erstellung eines Product Increments beteiligten Personen.
c) **Der Product Backlog** enthält die Liste der Anforderungen an das zu implementierende Produkt.
d) **Ein Product Increment** ist das im Wesentlichen vertragsgemäße Ergebnis eines Sprints. Es soll einen funktionierenden Stand der Software enthalten.
e) **Product Owner** ist die vom Auftraggeber benannte Person, die die Interessen des Auftraggebers im Projekt wahrnimmt und für diesen bindende Erklärungen abgeben und entgegennehmen darf.
f) **Produkt** ist die Software einschließlich der Backlog-Einträge, der Benutzerdokumentation sowie der Installationsanweisung.
g) **Produkt Vision** ist die Umschreibung des Ziels, das mit dem Projekt verfolgt werden soll und dem Scrum-Team als grobe Orientierung bei seiner Arbeit dienen kann.
h) **Scrum Master** ist die für den Scrum-Prozess verantwortliche Person, die es dem Entwicklungs-Team durch Schaffung entsprechender Rahmenbedingungen ermöglicht, selbstorganisiert zu arbeiten. Der Scrum Master wird vom Auftragnehmer gestellt.
i) **Das Scrum-Team** besteht aus dem Entwicklungsteam, dem Scrum Master und dem Product Owner.
j) **Sprint** ist ein Zyklus, in dem die Software weiterentwickelt wird und an dessen Ende regelmäßig ein lauffähiger Softwarestand steht.
k) **Der Sprint Backlog** beinhaltet die Aufgaben, die in einem Sprint zu erfüllen sind. Ein Sprint Backlog ist ein Teil des Product Backlogs.
l) **Die User Story** beschreibt aus der Nutzersicht die Funktionalität der Software in modularen Bezügen und spezifiziert den Sprint Backlog.

§ 3 Grundlagen

Der Auftragnehmer wird folgende Anforderungen[4] bei der Erstellung der Software beachten:

a) Produktvision[5]
b) Grundlegende Regeln der Abnahme (Anlage . . . . . .)
c) Konzerndatenschutzrichtlinie (Anlage . . . . . .)
d) Technische Konzern-Richtlinien zur Informationssicherheit (Anlage . . . . . .)
e) Beschreibung der Entwicklungs-, Test- und Systemumgebung (Anlage . . . . . .)
f) Beschreibung der Schnittstellen, Protokolle und Formate (Anlage . . . . . .)

§ 4 Leistungen

(1) Der Auftragnehmer wird im Rahmen dieses Vertrages folgende Leistungen erbringen:

a) die Vorbereitung des Projekts gemeinsam mit dem Auftraggeber, insbesondere die Entwicklung einer Produktvision, die nach Erstellung Bestandteil dieses Vertrages wird,
b) die Erstellung des Produkts,

c) die Installation der Software einschließlich der vereinbarten Parametrisierung sowie
d) die Einweisung in die Software und die Schulung für ausgewählte Nutzer.

(2) Die Parteien verpflichten sich, zur Erstellung der in der Produktvision (Anlage . . . . . .) in groben Zügen umrissenen Software das agile Scrum-Projektmanagement nach Schwaber/ Sutherland zu beachten, insbesondere mit den in diesem Vertrag spezifizierten Merkmalen.

§ 5 Zeitplan

(1) Die Parteien streben die Fertigstellung der Software zum . . . . . [Datum] an.[6] Ergibt sich aus der Projektdurchführung das Erfordernis einer späteren Fertigstellung, verschiebt sich der Termin entsprechend. Der Scrum Master wird den Project Owner rechtzeitig über erforderliche Terminverschiebungen informieren.

(2) Termine zur Leistungserbringung können im Übrigen auf Seiten des Auftragnehmers nur durch den Ansprechpartner oder die Geschäftsführung zugesagt werden. Termine sind schriftlich festzulegen. Von dieser Verpflichtung kann nur bei Wahrung der Schriftform abgewichen werden.[7]

(3) Leistungsverzögerungen aufgrund höherer Gewalt (zB Streik, Aussperrung, behördliche Anordnungen, allgemeine Störungen der Telekommunikation usw) und Umständen im Einflussbereich des Auftraggebers (zB nicht rechtzeitige Erbringung von Mitwirkungsleistungen, Verzögerungen durch dem Auftraggeber zuzurechnende Dritte etc) hat der Auftragnehmer nicht zu vertreten und berechtigen ihn, das Erbringen der betroffenen Leistungen um die Dauer der Behinderung zzgl. einer angemessenen Anlaufzeit hinauszuschieben.

§ 6 Entwicklungsteam

(1) Die Mitglieder des Entwicklungsteams[8] arbeiten selbstorganisiert und weisungsunabhängig.

(2) Das Entwicklungsteam kann für jeden Sprint neu zusammengesetzt werden. Die Entscheidung über die Zusammensetzung des Teams liegt beim Scrum Master.

(3) Das Entwicklungsteam entscheidet unter Beachtung der Priorisierung im Product Backlog über die User Story, die im Rahmen eines Sprints umgesetzt werden soll und definiert den Sprint Backlog.

(4) Es beschreibt die Einträge im Product Backlog und schätzt den für die Umsetzung der Einträge anfallenden Aufwand. Eine detaillierte Beschreibung ist nur bei den Einträgen erforderlich, die eine hohe Priorität haben.

(5) Das Entwicklungsteam prüft, ob der Sprint Backlog anforderungskonform umgesetzt wurde (Definition of Done). Ergeben sich Defizite, wird das Entwicklungsteam Lösungen erarbeiten und gegebenenfalls mit dem Product Owner abstimmen. Nach jedem Sprint findet eine Sprint Retrospektive statt, deren Ergebnisse in die weitere Projektdurchführung eingehen.

§ 7 Product Owner

(1) Der Product Owner gibt die User Story vor und verwaltet und verantwortet das Product Backlog. Er organisiert die transparente Formulierung der Einträge im Product Backlog. Dabei achtet er auf die gewünschte Fertigstellungsreihenfolge der Einträge.

(2) Der Product Owner nimmt nach Möglichkeit an den Meetings des Scrum-Teams teil. Ihm obliegt die aktive und regelmäßige Kontrolle der geleisteten Arbeit und die Kommunikation des Projektverlaufs gegenüber dem Auftraggeber.

(3) Der Product Owner ist berechtigt, Sprints abzubrechen.

§ 8 Scrum Master

(1) Der Scrum Master ist für die Sicherstellung des Scrum-Rahmens verantwortlich; er organisiert den Entwicklungsprozess, um ein effizientes Arbeiten des Entwicklungsteams zu ermöglichen.

(2) Der Scrum Master organisiert und moderiert die Meetings des Entwicklungsteams.

§ 9 Product Backlog

(1) In das Product Backlog sind alle Anforderungen an die Software wie beispielsweise Funktionen, Verbesserungsvorschläge, Fehlerbehebungen aufzunehmen. Die Einträge basieren regelmäßig auf den User Stories und werden vom Product Owner in Abstimmung mit dem Entwicklungsteam vorgenommen. Jeder Eintrag in das Product Backlog ist mit einer Priorität zu belegen und das Product Backlog entsprechend dieser Priorisierung zu sortieren. Bei mehreren zu bearbeitenden Anforderungen erfolgt die Priorisierung durch den Product Owner.

(2) Die mit der höchsten Priorität versehenen Einträge sind detailliert zu beschreiben. Gegebenenfalls sind sie in kleinere Einheiten aufzuteilen.

(3) Einträge im Product Backlog dürfen nur mit Zustimmung des Product Owner entfernt werden.

§ 10 Sprint und Sprint Backlog

(1) Ein Sprint soll zu einem Product Increment führen. Vor Beginn eines Sprints findet ein Sprint Planning Meeting des Scrum-Teams und etwaig weiterer einzubeziehender Personen statt. Grundlage für das Sprint Planning Meeting sind die in dem Product Backlog enthaltenen Einträge, die aufgrund ihrer Priorität oder anderen sachlichen Gründen insgesamt oder in Teilen in dem jeweiligen Sprint umgesetzt werden sollen. Das Sprint Planning Meeting soll gewährleisten, dass bis zum Ende des Sprints ein möglichst lauffähiges Produktinkrement fertiggestellt werden kann, das die Anforderungen des Sprint Backlog für den jeweiligen Sprint erfüllt.

(2) In dem Sprint Planning Meeting entscheidet das Entwicklungsteam, welche Leistungen in dem anstehenden Sprint erbracht werden sollen. Die im Sprint umzusetzenden Anforderungen werden im Sprint Planning Meeting weiter spezifiziert. Die Spezifizierung soll neben einer detaillierten Leistungsbeschreibung und Aufwandschätzung insbesondere auch Testszenarien enthalten. Die ausgearbeiteten Beschreibungen werden zu Beginn eines Sprints in das Sprint Backlog übertragen.

(3) Die Ergebnisse des Sprint Planning Meeting sind dem Product Owner unverzüglich bekannt zu geben. Das geschieht regelmäßig in einem Sprint Review Meeting.

(4) Der in dem Sprint Planning Meeting erstellte Sprint Backlog ist von dem Product Owner zur Durchführung freizugeben. Der freigegebene Sprint Backlog wird als Leistungsbeschreibung Vertragsbestandteil. Nimmt der Product Owner nicht an dem Sprint Planning Meeting teil, wird der Sprint Backlog Vertragsbestandteil, wenn der Product Owner dem Ergebnis nicht unverzüglich nach Bekanntgabe widerspricht.[9]

(5) Änderungen an freigegebenen Eintragungen im Sprint Backlog sind nur mit Zustimmung des Product Owner zulässig.

§ 11 Product Increment

Ein Product Increment wird in einem Zeitraum von maximal vier Wochen erstellt. Dazu ist durch den Auftragnehmer sicherzustellen, dass die Product Increments zuerst erstellt werden, die für eine zügige Fertigstellung des Produkts notwendig sind. Für die Priorisierung sind Risiken und Geschäftswert des Product Increment hinsichtlich der Fertigstellung zu berücksichtigen.

§ 12 Leistungsbeschreibung

Die in den Sprint Backlogs und Product Backlogs enthaltenen Anforderungen an das Produkt spezifizieren[10] die nach § 4 Abs. 1 Buchst. a zu erbringenden Leistungen. Bei Widersprüchen zwischen den Backlogs gehen die jüngeren Backlogs den älteren vor.

§ 13 Freigabe

(1) Nach jedem Sprint erfolgt eine unverzügliche Prüfung durch den Product Owner, ob die Leistungen im Wesentlichen vertragsgemäß erbracht wurden. Diese Prüfung kann auf Wunsch des Product Owner mit einem Test gemäß § 14 verbunden werden. Wurden die Leistungen im Wesentlichen vertragsgemäß erbracht, hat der Product Owner die Leistungen unverzüglich freizugeben.

(2) Erachtet der Product Owner die erbrachten Leistungen nicht als im Wesentlichen vertragsgemäß, so hat er seine Beanstandungen dem Auftragnehmer unverzüglich mitzuteilen. Erhebt der Auftraggeber nicht unverzüglich Beanstandungen, gilt die Freigabe als stillschweigend erteilt.

(3) Beanstandet der Product Owner Leistungen fristgemäß, wird der Auftragnehmer die Beanstandungen in dem nächsten geeigneten Sprint berücksichtigen.[11]

§ 14 Test

(1) Auf Wunsch des Auftragnehmers übernimmt es der Auftraggeber als selbständige Pflicht, bei der Überprüfung der vom Auftragnehmer abschließend erbrachten Leistungen auf ihre Vertragsgemäßheit unentgeltlich mitzuwirken (Test).[12]

(2) Der Auftragnehmer wird mit dem Auftraggeber rechtzeitig vor der Durchführung des Tests das Testverfahren, den Ort, die Zeit sowie die bei dem Test vom Auftraggeber zu erbringenden Mitwirkungshandlungen abstimmen.

(3) Im Rahmen des Tests wird ein schriftliches Testprotokoll erstellt, in dem der Ort, die Zeit, die technischen Umstände des Tests, das Testergebnis sowie die Teilnehmer an dem Test festgehalten werden. Der Auftraggeber wird im Rahmen des Tests die Leistungen auf ihre Vertragsgemäßheit prüfen und für ihn erkennbare nachteilige Abweichungen von der vertraglich vereinbarten Beschaffenheit in das Protokoll aufnehmen lassen.

(4) Gibt der Auftraggeber von ihm im Rahmen des Tests erkannte oder infolge grober Fahrlässigkeit nicht erkannte nachteilige Abweichungen der Leistungen von der vereinbarten Beschaffenheit nicht zu Protokoll, so gelten die Leistungen hinsichtlich dieser nicht gemeldeten Abweichungen als vertragsgemäß erbracht. Für den Fall, dass der Auftraggeber seiner Pflicht zur Teilnahme an dem Test nicht oder nicht vollständig nachkommt, gelten die Leistungen als vertragsgemäß erbracht, soweit keine Abweichungen vorliegen, die bei einer pflichtgemäßen Teilnahme erkennbar gewesen wären.[13] Der Auftragnehmer wird den Auftraggeber vor Beginn des Tests auf diese Bedeutung seines Verhaltens hinweisen. Soweit der Auftragnehmer Beschaffenheitsabweichungen arglistig verschwiegen hat, kann er sich auf die Regelungen dieses Absatzes nicht berufen.

(5) Eine etwaig bestehende weitere Obliegenheit des Auftraggebers, auf erkannte Mängel hinzuweisen, bleibt unberührt.

§ 15 Übergabe

(1) Der Auftragnehmer übergibt dem Auftraggeber die Ergebnisse der abgeschlossenen Leistungsabschnitte.

(2) Die erstellte Software wird vom Auftragnehmer auf dem vereinbarten IT-System lauffähig installiert und parametrisiert.

§ 16 Nutzungsrechte

(1) Der Auftragnehmer räumt dem Auftraggeber am Produkt, auch für alle zukünftigen Nutzungsarten, räumlich, zeitlich und inhaltlich unbeschränkte und übertragbare ausschließliche Nutzungsrechte[14] ein. Dazu zählen insbesondere

a) das Recht zur dauerhaften oder vorübergehenden Vervielfältigung, ganz oder teilweise, mit jedem Mittel und in jeder Form, beispielsweise zur dauerhaften und/oder flüchtigen Speicherung auf elektrischen, elektromagnetischen, optischen Speichermedien, wie jeder Art von Festplatten, RAM, DVD, CD-ROM, Speicherkarten, USB-Sticks, per Datenfernübertragung in Rechenzentren etc.
b) das Recht zur Verbreitung der Software und von Vervielfältigungsstücken hiervon in jeder Form und mit jedem Mittel, einschließlich des Rechts zur Vermietung und zur Leihe, gleich, ob die Verbreitung in körperlicher oder unkörperlicher Form erfolgt, insbesondere zur Übertragung der Software über drahtgebundene und drahtlose Netze (zB zum Download, in Client-Server-Umgebungen oder im Wege des Application-Service-Providing, Software as a Service oder Cloud Computing)
c) das Recht zur drahtgebundenen oder drahtlosen öffentlichen Wiedergabe einschließlich der öffentlichen Zugänglichmachung in der Weise, dass die Software Mitgliedern der Öffentlichkeit von Orten und zu Zeiten ihrer Wahl zugänglich ist.

(2) Der Auftraggeber ist berechtigt, die vorstehenden Rechte ohne weitere Zustimmung durch den Auftragnehmer ganz oder teilweise auf Dritte zu übertragen oder einfache Rechte hiervon abzuspalten und Dritten einzuräumen.

(3) Die vorstehende Rechteeinräumung nach den Abs. 1 bis 3 gilt nicht für die in der Anlage „Standardsoftware" aufgeführten Softwarebestandteile. Die dem Auftraggeber an diesen Softwareteilen zustehenden Rechte ergeben sich aus der vorgenannten Anlage.

(4) Der Auftragnehmer sichert dem Auftraggeber unter Ausnahme der in der Anlage „Standardsoftware" aufgeführten, nicht vom Auftragnehmer erstellten Software einschließlich Dokumentation den Bestand der eingeräumten Rechte zu. Er sichert des Weiteren zu, dass an der Software nebst Benutzerdokumentation keine weiteren Schutzrechte bestehen, die der vorstehend beschriebenen Nutzungsmöglichkeit entgegenstehen.

(5) Der Auftragnehmer hat dem Auftraggeber den der nach diesem Vertrag erstellten Software – unter Ausnahme der Standardsoftware – zugrundeliegenden Quellcode herauszugeben.

(6) Die Übertragung der Nutzungsrechte erfolgt für die in Abs. 1 genannten Werke nach deren Erstellung und Übergabe an den Auftraggeber und erst in dem Zeitpunkt der vollständigen Vergütungszahlung für die das Werk betreffenden Leistungsabschnitte durch den Auftraggeber. Bis zur vollständigen Vergütungszahlung duldet der Auftragnehmer die Nutzung der Software durch den Auftraggeber widerruflich. Der Auftragnehmer kann den Einsatz solcher Software, mit deren Vergütungszahlung sich der Auftrag-

geber in Verzug befindet, für die Dauer des Verzuges widerrufen. Für die in der Anlage „Standardsoftware" genannte Software, die nicht vom Auftragnehmer erstellt wurde, gelten die dort genannten Regeln zum Zeitpunkt der Rechteübertragung.

§ 17 Schutzrechtsverletzungen

(1) Der Auftragnehmer stellt auf eigene Kosten den Auftraggeber für das Inland von allen Ansprüchen Dritter aus vom Auftragnehmer zu vertretenden Schutzrechtsverletzungen frei. Der Auftraggeber wird den Auftragnehmer unverzüglich über die geltend gemachten Ansprüche Dritter informieren. Informiert der Auftraggeber den Auftragnehmer nicht unverzüglich über die geltend gemachten Ansprüche, erlischt der Freistellungsanspruch.

(2) Im Falle von Schutzrechtsverletzungen darf der Auftragnehmer – unbeschadet etwaiger Schadenersatzansprüche des Auftraggebers – nach eigener Wahl und auf eigene Kosten hinsichtlich der betroffenen Leistung

a) nach vorheriger Absprache mit dem Auftraggeber Änderungen vornehmen, die gewährleisten, dass eine Schutzrechtsverletzung nicht mehr vorliegt oder
b) für den Auftraggeber die erforderlichen Nutzungsrechte erwerben.

§ 18 Rügeobliegenheit

(1) Der Auftraggeber hat die Software einschließlich der Dokumentation, sofern kein Test gemäß § 14 durchgeführt wird, unverzüglich nach der Ablieferung durch den Auftragnehmer, soweit dies nach ordnungsmäßigem Geschäftsgange tunlich ist, zu untersuchen und, wenn sich ein Mangel zeigt, dem Auftragnehmer unverzüglich Anzeige zu machen.

(2) Unterlässt der Auftraggeber die Anzeige, so gilt die Software einschließlich der Dokumentation als genehmigt, es sei denn, dass es sich um einen Mangel handelt, der bei der Untersuchung nicht erkennbar war.

(3) Zeigt sich, unabhängig von einem Test gemäß § 14, später ein solcher Mangel, so muss die Anzeige unverzüglich nach der Entdeckung gemacht werden; anderenfalls gilt die Software einschließlich der Dokumentation auch in Ansehung dieses Mangels als genehmigt.

(4) Zur Erhaltung der Rechte des Auftraggebers genügt die rechtzeitige Absendung der Anzeige.

(5) Hat der Auftragnehmer den Mangel arglistig verschwiegen, so kann er sich auf die vorstehenden Vorschriften nicht berufen.

§ 19 Rücktritt/Kündigung

(1) Der Auftraggeber kann wegen einer nicht in einem Mangel einer Kaufsache oder eines Werks bestehenden Pflichtverletzung nur zurücktreten, wenn der Auftragnehmer diese Pflichtverletzung zu vertreten hat.

(2) Tritt der Auftraggeber wegen der Verletzung einer Pflicht, die sich auf eine abgrenzbare Leistung bezieht, die von anderen zu erbringenden Leistungen unter Berücksichtigung der berechtigten Interessen des Auftraggebers unabhängig erbracht werden kann, zurück, so werden die anderen Leistungen von diesem Rücktritt nicht erfasst.

(3) Der Auftraggeber hat das Recht, das Vertragsverhältnis jederzeit durch Kündigung zu beenden. Die Regelung des § 649 BGB findet auf das Vertragsverhältnis keine Anwendung. Das Recht zur Kündigung aus wichtigem Grund bleibt unberührt.[15]

§ 20 Sach- und Rechtsmängelhaftung

(1) Die Software und die Benutzerdokumentation haben die nach den Backlogs gemäß § 12 vereinbarte Beschaffenheit, im Übrigen die für die gewöhnliche Verwendung geeignete, die bei Leistungen der gleichen Art üblich ist und die der Auftraggeber nach der Art der Leistung erwarten kann.

(2) Nacherfüllungsansprüche verjähren in zwölf Monaten; in den Fällen von Vorsatz bleibt es bei der gesetzlichen Frist.[16]

(3) Die Durchsetzung von Nacherfüllungsansprüchen ist davon abhängig, dass Mängel innerhalb von zwei Wochen nach ihrem erstmaligen Erkennen schriftlich gemeldet werden und reproduzierbar sind.

(4) Solange der Auftraggeber die nach diesem Vertrag fällige Vergütung noch nicht vollständig gezahlt hat und er kein berechtigtes Interesse am Zurückbehalt der rückständigen Vergütung hat, ist der Auftragnehmer berechtigt, die Nacherfüllung zu verweigern.

(5) Der Auftragnehmer haftet nicht in den Fällen, in denen der Auftraggeber Änderungen an den vom Auftragnehmer erbrachten Leistungen vorgenommen hat, es sei denn, dass diese Änderungen ohne Einfluss auf die Entstehung des Mangels waren.

(6) Der Auftraggeber wird den Auftragnehmer bei der Mangelfeststellung und -beseitigung unterstützen und unverzüglich Einsicht in die Unterlagen gewähren, aus denen sich die näheren Umstände des Auftretens des Mangels ergeben.

(7) Der Auftraggeber wird vor der Geltendmachung von Nacherfüllungsansprüchen mit der gebotenen Sorgfalt prüfen, ob ein der Nacherfüllung unterliegender Mangel gegeben ist. Sofern ein behaupteter Mangel nicht der Verpflichtung zur Nacherfüllung unterfällt (Scheinmangel), kann der Auftraggeber mit den für Verifizierung und Fehlerbehebung erbrachten Leistungen des Auftragnehmers zu den jeweils gültigen Vergütungssätzen des Auftragnehmers zuzüglich der angefallenen Auslagen belastet werden, es sei denn, der Auftraggeber hätte den Scheinmangel auch bei Anstrengung der gebotenen Sorgfalt nicht erkennen können.

(8) Erfüllungsort für die Nacherfüllung ist der Sitz des Auftragnehmers. Die Nacherfüllung kann durch telekommunikative Übermittlung von Software erfolgen, es sei denn, die telekommunikative Übermittlung ist dem Auftraggeber, beispielsweise aus Gründen der IT-Sicherheit, nicht zuzumuten.

§ 21 Allgemeine Haftung

(1) Der Auftragnehmer haftet für Vorsatz und grobe Fahrlässigkeit. Für leichte Fahrlässigkeit haftet der Auftragnehmer nur bei Verletzung einer wesentlichen Vertragspflicht, deren Erfüllung die ordnungsgemäße Durchführung des Vertrags überhaupt erst ermöglicht und auf deren Einhaltung der Vertragspartner regelmäßig vertrauen darf sowie bei Schäden aus der Verletzung des Lebens, des Körpers oder der Gesundheit.

(2) Bei der Erstellung der Software schuldet der Auftragnehmer die branchenübliche Sorgfalt. Bei der Feststellung, ob den Auftragnehmer ein Verschulden trifft, ist zu berücksichtigen, dass Software technisch nicht fehlerfrei erstellt werden kann.

(3) Die Haftung ist im Falle leichter Fahrlässigkeit summenmäßig beschränkt auf die Höhe des vorhersehbaren Schadens, mit dessen Entstehung typischerweise gerechnet werden muss; maximal ist diese Haftung jedoch beschränkt auf . . . . . . EUR pro Schadensfall und insgesamt auf . . . . . . EUR.

(4) Für den Verlust von Daten und/oder Programmen haftet der Auftragnehmer insoweit nicht als der Schaden darauf beruht, dass es der Auftraggeber unterlassen hat, Datensicherungen durchzuführen und dadurch sicherzustellen, dass verlorengegangene Daten mit vertretbarem Aufwand wiederhergestellt werden können.

(5) Die vorstehenden Regelungen gelten auch zugunsten der Erfüllungsgehilfen des Auftragnehmers.

§ 22 Vergütung

(1) Für die Vergütung[17] der vom Auftraggeber zu erbringenden Leistungen gilt die in der Anlage „Vergütung" vorgesehene Regelung. Soweit dort nichts anderes geregelt ist, erfolgt die Leistungserbringung nach Aufwand zu den in der Anlage genannten Vergütungssätzen. Werden Leistungen zu Festpreisen zugesagt, berechtigen Aufwandsmehrungen und -minderungen keine Partei, eine Anpassung zu verlangen. Vom Auftragnehmer erstellte Kostenvoranschläge oder Budgetplanungen sind unverbindlich.

(2) Die einen Leistungsabschnitt betreffende Vergütung ist, wenn nichts anderes in den Anlagen vereinbart wurde, mit Freigabe eines Leistungsabschnitts zur Zahlung fällig. Die geleisteten Zahlungen sind Abschlagszahlungen auf die Gesamtvergütung, die nach erfolgreicher Durchführung eines Tests der vollständig erbrachten Leistung gemäß § 14 fällig wird.

(3) Endet das Vertragsverhältnis durch Kündigung, wird die Vergütung für die erbrachten Leistungen mit dem Wirksamwerden der Kündigung fällig. Es besteht in diesen Fällen jedoch kein Anspruch auf die Vergütung für ursprünglich vorgesehene Leistungen in nachfolgenden Leistungsabschnitten. Schadensersatzansprüche bleiben hiervon unberührt.

(4) Der Auftraggeber trägt gegen Nachweis sämtliche Auslagen wie Reise- und Übernachtungskosten, Spesen und im Rahmen der Vertragsdurchführung anfallende Entgeltforderungen Dritter. Reisezeiten sind zu vergüten.

(5) Haben die Parteien keine Vereinbarung über die Vergütung einer Leistung des Auftragnehmers getroffen, deren Erbringung der Auftraggeber den Umständen nach nur gegen eine Vergütung erwarten durfte, so hat der Auftraggeber die für diese Leistung übliche Vergütung zu entrichten. Im Zweifel gelten die vom Auftragnehmer für seine Leistungen verlangten Vergütungssätze als üblich.

(6) Zahlungen sind 14 Tage nach Zugang der Rechnung zu leisten. Alle vertraglich vereinbarten Vergütungen verstehen sich zzgl. der gesetzlichen Umsatzsteuer.

§ 23 Abwerbungsverbot

Der Auftraggeber verpflichtet sich, während der Dauer der Zusammenarbeit der Parteien und für einen Zeitraum von einem Jahr danach keine Mitarbeiter vom Auftragnehmer abzuwerben oder ohne Zustimmung des Auftragnehmers anzustellen. Für jeden Fall der schuldhaften Zuwiderhandlung verpflichtet sich der Auftraggeber, eine vom Auftragnehmer der Höhe nach festzusetzende und im Streitfall vom zuständigen Gericht zu überprüfende Vertragsstrafe zu zahlen.

§ 24 Geheimhaltung, Mitteilungen

(1) Die der anderen Vertragspartei übergebenen Unterlagen, mitgeteilten Kenntnisse und Erfahrungen dürfen ausschließlich für die Zwecke dieses Vertrages verwendet und Dritten nicht zugänglich gemacht werden, sofern sie nicht ihrer Bestimmung nach Dritten

zugänglich gemacht werden sollen oder dem Dritten bereits bekannt sind. Dritte sind nicht die zur Durchführung des Vertragsverhältnisses hinzugezogenen Hilfspersonen wie Freie Mitarbeiter, Subunternehmer etc.

(2) Darüber hinaus vereinbaren die Vertragsparteien, Vertraulichkeit über den Inhalt dieses Vertrages und über die bei dessen Abwicklung gewonnenen Erkenntnisse zu wahren.

(3) Die Geheimhaltungsverpflichtung gilt auch über die Beendigung des Vertragsverhältnisses hinaus. Den eingeschalteten Hilfspersonen ist eine entsprechende Geheimhaltungspflicht aufzuerlegen.

(4) Wenn eine Vertragspartei dies verlangt, sind die von ihr übergebenen Unterlagen wie Strategiepapiere, Briefingdokumente etc nach Beendigung des Vertragsverhältnisses an sie herauszugeben, soweit die andere Vertragspartei kein berechtigtes Interesse an diesen Unterlagen geltend machen kann.

(5) Presseerklärungen, Auskünfte etc., in denen eine Vertragspartei auf die andere Bezug nimmt, sind nur nach vorheriger schriftlicher Abstimmung zulässig.

(6) Der Auftragnehmer darf den Auftraggeber auf seiner Web-Site oder in anderen Medien als Referenzauftraggeber nennen. Der Auftragnehmer darf ferner die erbrachten und vom Auftraggeber im Rahmen seines Geschäftsbetriebs allgemein angebotenen Leistungen zu Demonstrationszwecken öffentlich wiedergeben oder auf sie hinweisen, es sei denn, der Auftraggeber kann ein entgegenstehendes berechtigtes Interesse geltend machen.

§ 25 Schlichtung

Die Parteien verpflichten sich, im Falle einer sich aus diesem Vertrag ergebenden Streitigkeit vor Durchführung eines streitigen Verfahrens (Klage) eine Schlichtung gemäß der Schlichtungsordnung der Hamburger Schlichtungsstelle für IT-Streitigkeiten in der zum Zeitpunkt der Einleitung eines Schlichtungsverfahrens gültigen Fassung durchzuführen. Das Schlichtungsverfahren soll dazu dienen, den Streit ganz oder teilweise, vorläufig oder endgültig beizulegen.

§ 26 Abtretung, Zurückbehaltungsrecht und Aufrechnung

(1) Die Abtretung von Forderungen, die nicht Geldforderungen sind, ist nur mit vorheriger schriftlicher Zustimmung der anderen Vertragspartei zulässig. Die Zustimmung darf nicht unbillig verweigert werden.

(2) Ein Zurückbehaltungsrecht kann nur wegen Gegenansprüchen aus dem jeweiligen Vertragsverhältnis geltend gemacht werden.

(3) Die Vertragsparteien können nur mit Forderungen aufrechnen, die rechtskräftig festgestellt oder unbestritten sind.

§ 27 Schlussbestimmungen

(1) Allgemeine Geschäftsbedingungen der Parteien im Übrigen finden für diesen Vertrag keine Anwendung. Dies gilt auch dann, wenn solchen Bedingungen nicht ausdrücklich widersprochen wird.

(2) Alle Änderungen und Ergänzungen vertraglicher Vereinbarungen müssen zu Nachweiszwecken schriftlich niedergelegt werden. Kündigungen haben schriftlich zu erfolgen. Meldungen, die schriftlich zu erfolgen haben, können auch per E-Mail erfolgen. Maß-

geblich für die Wahrung der in diesem Vertrag genannten Fristen ist der Zugang der Erklärung, soweit nicht ausdrücklich etwas anderes bestimmt ist.

(3) Ist nach diesem Vertrag Schriftform vorgesehen, so bedeutet dies papiergebundene Dokumentation der Informationen und Erklärungen, die durch die Unterschrift eines Berechtigten abgeschlossen wird. Elektronische Nachrichten wahren die Schriftform nicht.

(4) Sollten einzelne Bestimmungen der Parteivereinbarungen ganz oder teilweise unwirksam sein oder werden, wird die Wirksamkeit der übrigen Bestimmungen hierdurch nicht berührt. Die Parteien verpflichten sich für diesen Fall, die ungültige Bestimmung durch eine wirksame Bestimmung zu ersetzen, die dem wirtschaftlichen Zweck der ungültigen Bestimmung möglichst nahe kommt. Entsprechendes gilt für etwaige Lücken der Vereinbarungen.

(5) Es gilt das Recht der Bundesrepublik Deutschland unter Ausschluss des UN-Kaufrechts.

(6) Ausschließlicher Gerichtsstand für alle Rechtsstreitigkeiten aus oder im Zusammenhang mit diesem Vertrag ist . . . . . . Der Auftragnehmer ist aber auch berechtigt, am allgemeinen Gerichtsstand des Auftraggebers zu klagen.

(7) Bei einer mehrsprachigen Version dieses Vertrages ist für die rechtlichen Wirkungen allein der deutsche Text maßgeblich.

Anlagen: . . . . . .

Vergütung

Standardsoftware

. . . . .

. . . . . .	. . . . . .
(Ort, Datum)	(Ort, Datum)
. . . . . .	. . . . . .
– Auftraggeber –	– Auftragnehmer –

Anmerkungen

1. Kennzeichen Agiler Projekte. Die Nutzung agiler Projektmanagement-Verfahren erfreut sich für die Softwareerstellung seit längerem großer Beliebtheit. Hauptgrund hierfür ist, dass agile Verfahren gerade darauf basieren, keine bei Projektstart bereits detailliert bestehenden Anforderungen umzusetzen, sondern sich an das Ergebnis heranzutasten. Dem kommt entgegen, dass gerade bei Softwareprojekten bei Projektstart kaum einigermaßen klar definiert werden kann, wie die Software am Ende aussehen soll. Insbesondere Komplexität von Software und im Projektverlauf erlangte neue Erkenntnisse über wünschenswerte Funktionalitäten erschweren eine umfassende Planung. Das klassische Wasserfallmodell → Form. C. 5, bei dem die Software in einem linearen Verfahren erstellt wird, funktioniert nur unter in der Praxis selten gegebenen Idealbedingungen. Eine Mischform zwischen der Idee des agilen Projektmanagements und der reinen Wasserfallmethodik findet sich in → Form. B. 3.

Der Gegenentwurf zum Wasserfallmodell ist das agile Projektmanagement. Dessen Kennzeichen ist ein iteratives, also schrittweises Vorgehen. Zu Beginn des Projektes gibt es nur eine grobe Vorstellung über die Funktionalitäten der Software und die Art und Weise, wie die Software erstellt werden soll. Im agilen Projektmanagement wird großer Wert auf die **Unabhängigkeit der Softwareentwickler** gelegt. Diese sollen selbstbestimmt organisieren, wie sie die Software erstellen. Die Wünsche des Auftraggebers werden regelmäßig in Besprechungen des Entwicklungsteams mit einem Vertreter des Auftraggebers, dem Product Owner, herausgearbeitet.

Das **schrittweise Vorgehen** soll helfen, die Komplexität des Projektes zu beherrschen, indem die in einem Schritt erworbenen Erfahrungen in dem nächsten Schritt berücksichtigt und etwaige Probleme so kurzfristig erkannt und behoben werden können. Das bedingt, dass die in einem Arbeitsschritt zu erbringenden Leistungen einen überschaubaren Umfang haben. Daher wird die Dauer der Arbeitsschritte auf in der Regel maximal 30 Tage begrenzt.

Für das agile Projektmanagement gibt es keine einheitliche Vorgehensweise. Vielmehr existieren viele Ausprägungen dieser Idee, wovon die verbreitetste unter der Bezeichnung „**Scrum**" bekannt ist. Eine anschauliche Darstellung der Funktionsweise von „Scrum" findet sich bei Goll/Hommel, Mit Scrum zum gewünschten System, 2015 sowie unter http://www.scrumguides.org/docs/scrumguide/v1/Scrum-Guide-DE.pdf#zoom=100.

Im agilen Rahmenwerk Scrum werden die Arbeitsschritte im Projekt als „**Sprints**" bezeichnet. Neben dem Project Owner, der regelmäßig die Interessen des Kunden vertritt, und dem Entwicklungsteam gibt es den Scrum Master, der dafür sorgen soll, dass das Team nach den Scrum Regeln arbeiten kann.

Wegen der Vielzahl an Erscheinungsformen des agilen Projektmanagements kommt es für die Vertragsgestaltung stets auf den Einzelfall des Verständnisses der Projektbeteiligten an.

2. Vertragstyp. Die vertragsrechtliche Behandlung agiler Projekte ist noch in der Diskussion, Rechtsprechung gibt es soweit ersichtlich nicht. Diskutiert wird vor allem, ob die vertragliche Regelung dem Werk- oder Dienstvertragsrecht unterliegt. Für das Dienstvertragsrecht spricht, dass bei Vertragsschluss ein herbeizuführender Erfolg noch nicht definiert ist (*Hengstler* ITRB 2012, 113). Für das **Werkvertragsrecht** spricht, dass am Ende des Projekts eine lauffähige Software stehen soll, für deren Mangelfreiheit der Auftraggeber die entsprechenden Nacherfüllungsansprüche erwarten darf. Stellt man auf die Beherrschbarkeit des Risikos ab (vgl. BGH Urt. v. 16.7.2002 – X ZR 27/01, NJW 2002, 3323), dass am Ende des Projekts eine ablauffähige Software steht, spricht Vieles für die Geltung des Werkvertragsrechts (vgl. *Redeker* Rn. 311e; *Fuchs/Meierhöfer/Morsbach/Pahlow* MMR 2012, 427; *Müller* HMD Praxis der Wirtschaftsinformatik 2016, 213 [217 f.]). Fehlt bei einem Vertrag zu Erstellung von Software eine Absprache über die Beschaffenheit der Software, steht dies der Annahme eines Werkvertrags nicht entgegen (BGH Urt. v. 24.9.1991 – X ZR 85/90, NJW-RR 1992, 556; Urt. v. 16.12.2003 – X ZR 129/01, NJW-RR 2004, 782 [783]). Auch die Rolle des Product Owner, der typischerweise die Interessen des Auftraggebers vertritt, führt nicht zwangsläufig zum Dienstvertrag. Zwar ist beim agilen Projektmanagement der Teamgedanke wichtig und soll sich der Auftraggeber auch aktiv einbringen. Die dazu gelegentlich vertretene Ansicht, es liege ein gesellschaftsvertragliches Verhältnis vor, verkennt jedoch, dass es sich bei der Softwareerstellung um ein klassisches Leistungsaustauschverhältnis handelt. Auch die Annahme von Mischformen aus Dienst- und Werkvertrag (so *Frank* CR 2011, 138) überzeugt nicht, weil der Schwerpunkt nicht auf dem Rahmen der Projektorganisation, sondern auf der Erstellung der Software liegt.

Letztlich bleibt es dabei, dass dem Kunden oft das Know-how fehlt, um tatsächlich effektiv Einfluss zu nehmen. Die Verantwortung für das Gelingen des Projekts liegt regelmäßig beim Auftragnehmer, was die Anwendung des Werkvertragsrechts rechtfertigt. Dabei hat das Vertragsverhältnis eine Nähe zu Dauerschuldverhältnissen, weil bei

Vertragsschluss nicht klar ist, welche Bemühungen der Auftragnehmer schuldet. Er kann im Rahmen der Sprints immer wieder zu Leistungen verpflichtet werden, so lange das Vertragsverhältnis besteht. Da die vom Auftragnehmer zu schaffenden Inkremente nach dem Scrum-Selbstverständnis lauffähig sein sollen, ist schon nach kurzer Zeit eine nutzbare Software erstellt. Letztlich liegt es beim Kunden zu entscheiden, wann die Software seinen Vorstellungen genügt und wie viele Schritte dafür in dem Projekt gegangen werden sollen, bis die Zusammenarbeit beendet wird.

Soweit die in diesem Formular enthaltenen Bestimmungen inhaltsgleich zu denen des Formulars → Form. B. 3 sind, sind auch die dort enthaltenen Anmerkungen zu beachten.

3. Definitionen. Wie stets, wenn in Verträgen Begriffe verwendet werden, deren Bedeutungsumfang unklar ist, empfiehlt sich die Definition dieser Begriffe. Das ist nicht nur sinnvoll für das gemeinsame Verständnis der Vertragsparteien, sondern auch für eine spätere Auslegung im Gerichtsverfahren.

Die hier definierten Begriffe sind nur beispielhaft. Wegen der hohen Varianz der anzutreffenden Projektmethoden können weitere Begriffsdefinitionen sinnvoll sein. Auch mag das hier wiedergegebene Verständnis von Scrum je nach Vertragspartner anders ausfallen und bereits so eine **andere Definition erforderlich** machen.

4. Grundlagen. Der Nachteil des agilen Projektmanagements, dass anfänglich keine Spezifikation der Software vorhanden ist und auch nicht vor der eigentlichen Programmierung schon geschaffen werden soll, kann abgemildert werden durch das Abstellen auf grundlegende, in jedem Fall verbindliche Regelungen, wie etwa zum Datenschutz (zB Privacy by Default-Regeln), zur IT-Sicherheit, dem Abstellen auf technische Richtlinien etc.

5. Produktvision. Die Produktvision ist kein klassischer Bestandteil des Scrum Rahmenwerks, sie wird aber in vielen Projekten verwendet, um eine kurze Umschreibung des Projektziels zu geben. Da gerade keine Spezifikation gewollt ist, wird der Umfang oft stark begrenzt, zum Teil auf eine Seite. Die Produktvision wird zwischen den Vertragsparteien abgestimmt.

6. Zeitplan. Die Festlegung eines Fertigstellungszeitpunktes widerspricht dem Verständnis des agilen Projektmanagements, das gerade darauf basiert, am Projektanfang keine Angaben zu Verlauf und Dauer machen zu können. Dennoch ist es überlegenswert, zumindest den Versuch zu wagen, die Dauer wenigstens mit fortschreitendem Projektverlauf präziser prognostizieren zu können.

7. Terminabsprachen. → Form. B. 3 Anm. 10

8. Entwicklungsteam. Ein Grundanliegen der Scrum-Methodik ist die **Unabhängigkeit des Entwicklungsteams**, das sich selbst organisiert und nur dem Scrum-Regelwerk verbunden ist. Keine Person einer Rolle soll einer Person einer anderen Rolle sagen dürfen, was sie zu tun hat. Gegenüber dem Entwicklungsteam wären somit sowohl der Scrum Master als auch der Product Owner nicht weisungsbefugt. Das wird in dem Vertragswerk grundsätzlich beachtet, lässt sich in der Praxis jedoch kaum durchsetzen, wenn der Auftragnehmer seine Pflichten gegenüber dem Kunden hinsichtlich Qualität und Dauer erfüllen will. Dem Auftragnehmer steht jedenfalls materiell das arbeitsrechtliche Direktionsrecht zu.

9. Freigabe. Der Auftraggeber hat über den Product Owner die Möglichkeit, außer in Diskussionen in Meetings und der Priorisierung von Backlog-Einträgen durch Freigaben Einfluss auf das Projekt zu nehmen. Zudem hat er das Recht, einen Sprint auch abbrechen zu können.

10. **Leistungsbeschreibung.** In Scrum ist eine Leistungsbeschreibung nicht vorgesehen. Die Software entsteht im iterativen Prozess. Für die Mängelhaftung fehlte es dann aber an einem vereinbarten Soll und es wäre auf § 633 Abs. 2 S. 2 Nr. 2 BGB abzustellen. Um das zu vermeiden, werden die Backlog-Einträge als Soll genommen, auch wenn sie nicht selten unzureichend spezifisch sind.

11. **Teilabnahme.** Die Freigabe am Ende eines Sprints kann als Teilabnahme ausgestaltet werden, was allerdings AGB-rechtlichen Bedenken begegnet (vgl. Schneider/*Schneider* Kap. H Rn. 426 ff.). Das Formular überlässt es der Entscheidung des Product Owner, ob ein Test, der nach den Regelungen des Vertrages abnahmeähnliche Wirkungen hat, durchgeführt wird. Abseits von denkbaren Nacherfüllungsansprüchen erfolgt eine Beseitigung von Mängeln jedenfalls in einem nachfolgenden Sprint.

12. **Test.** Bei der Erstellung von Software besteht mangels klarer Stellungnahme des BGH weiterhin die Unsicherheit, ob die Regelung des § 651 BGB greift und ein **Werklieferungsvertrag** (→ Form. B. 3 Anm. 1) vorliegt, der im Wesentlichen nach kaufrechtlichen Bestimmungen zu behandeln ist. Dagegen könnte sprechen, dass bei agilen Projekten gerade keine Vorplanung besteht, sondern die Planung wegen der vielen Einzelschritte während des Projekts in viel stärkerer Weise als herkömmlich erfolgt (*Fuchs/Meierhöfer/Morsbach/Pahlow* MMR 2012, 427 [432]). Es erscheint aber sehr fraglich, ob die Planungsleistung in agilen Projekten so dominiert, dass sie den Schwerpunkt des Vertrags bildet. Gerade zu Beginn solcher Projekte steht häufig eine Explorationsphase, in der die Richtung des weiteren Vorgehens gesucht wird. Ein großer Planungsanteil im Sinne der BGH-Rechtsprechung sollte aber nur dann angenommen werden, wenn der Plan eher konsistent als erratisch ist. Der Scrum Guide sieht für einen Sprint ein Sprint Planning von maximal 8 Stunden bezogen auf einen Monat Entwicklungszeit und einen Daily Scrum von 15 Minuten Planungsphase täglich vor (Scrum Guide, S. 9 f.). Damit bleibt die Unsicherheit des Verweises ins Kaufrecht.

13. **Abnahmefiktion.** In AGB ist eine Abnahmefiktion, die keine Rücksicht auf etwaige Mängel des Werks nimmt, grundsätzlich unwirksam. Das Gesetz sieht in § 640 Abs. 1 S. 3 BGB zwar eine Fiktion nach fruchtloser Fristsetzung vor. Voraussetzung ist allerdings, dass das Werk im Wesentlichen vertragsgemäß erstellt wurde (BeckOK BGB/*Voit* § 640 Rn. 31). Das ist der gesetzliche Maßstab. Wenn nun infolge der Fiktion eine fiktive Abnahme trotz Mängeln möglich wäre, wäre die Klausel auch im unternehmerischen Verkehr unwirksam. Die Klausel fingiert daher die Abnahme vorbehaltlich der Mängel, die erkennbar gewesen wären.

14. **Nutzungsrechte.** Bei agilen Projekten gilt hinsichtlich der Nutzungsrechte grundsätzlich nichts anderes als bei klassischen Projekten. Es ist zwar denkbar, dass eine intensive Einbindung des Product Owner in die Entwicklung zu einer Miturheberschaft führen kann. Da aber Ideen nicht geschützt sind, dürfte eine relevante Schöpfungsleistung eher die Ausnahme sein. Für den Fall einer Miturheberschafft muss eine entsprechende Vereinbarung auch mit dem Product Owner getroffen werden, weil die Miturheber nach § 8 II UrhG nur insgesamt befugt sind, das Werk zu verwerten (dazu Bisges/*Imhof* Kap. 5 Rn. 315 ff.).

15. **Kündigung.** Das Vertragsverhältnis wird solange bestehen, wie der Auftraggeber der Ansicht ist, dass noch Leistungen erbracht werden sollen. Da der in dem agilen Projekt zu erreichende Erfolg nicht schon bei Vertragsschluss feststeht, muss der Auftraggeber durch ordentliche Kündigung entscheiden, wann der Auftragnehmer ausreichend geleistet hat. Insoweit besteht ein **Dauerschuldverhältnis**, das regelmäßig durch Kündigung endet. Der im BGB geregelte Werkvertrag ist zwar nicht als Dauerschuldverhältnis angelegt. In der Praxis finden sich jedoch häufig Ausprägungen von werkvertraglichen Dauerschuldverhältnissen, wie etwa im Bereich der Wartung von Maschinen und Anlagen oder der Softwarepflege. Die Regelung des § 649 BGB soll dabei keine Anwendung finden. Dem Auftragnehmer steht nach dem Formular kein ordentliches Kündigungsrecht zu.

16. Verjährungsfrist. → Form. B. 3 Anm. 10.

17. Vergütung. Es entspricht dem Wesen des agilen Projektmanagements, dass ein Festpreis nicht sicher kalkuliert werden kann. Der Projektmanagementidee angemessen wäre daher eine aufwandsbezogene Vergütung.

5. Mobile App-Erstellung

Mobile App-Erstellungsvertrag

zwischen

. . . . . .

– nachfolgend „Auftraggeber" genannt –

und

. . . . . .

– nachfolgend „Auftragnehmer" genannt –

§ 1 Vertragsgegenstand

Gegenstand des Vertrages ist die entgeltliche Erstellung einer Software für mobile Endgeräte (nachfolgend „App" genannt)" durch den Auftragnehmer zur dauerhaften Überlassung an den Auftraggeber.[1]

§ 2 Leistungen

(1) Der Auftragnehmer wird im Rahmen dieses Vertrages folgende Leistungen erbringen

a) die Erstellung der App und
b) die Erstellung der Benutzerdokumentation.

(2) Die App wird zum Einsatz in folgenden Betriebssystemumgebungen erstellt:

a) Google Android ab der Version 4.0

b) Apple iOS ab der Version 5.1.1

c) Microsoft Windows 10 Mobile

. . . . . .

und jede bis zur Abnahme erschienene spätere Version.

(3) Der Auftragnehmer beachtet bei der Erstellung der App die folgenden Anforderungen, die in der Anlage „Spezifikation" genauer festgelegt sind und während der Vertragsdurchführung weiter fortgeschrieben werden können:

a) Anforderungen des Betreibers der Plattformen Google Play Store, Apple iTunes AppStore, Microsoft Windows Store . . . . . ., über die der Vertrieb der App erfolgt;[2]

b) Automatisierte Fehlerberichte;[3]

c) Abbilden der gesamten/gemäß Anlage Spezifikation eingeschränkten Funktionalität der unter der URL . . . . . . betriebenen Web-Seite des Auftraggebers;[4]

d) Datenschutzhinweise für den Nutzer;[5]

e) Gewährleistung der Datensicherheit unter Beachtung des Standes der Technik, so dass kein unerlaubter Zugriff auf die App möglich ist und diese gegen Verletzungen des Schutzes personenbezogener Daten und gegen Störungen, auch soweit sie durch äußere Angriffe bedingt sind, gesichert ist;[6]

f) Hinweise zur Nutzung der App;

g) Impressum nach § 5 TMG;

h) Möglichkeit von In-App-Rechtsgeschäften, Zahlmöglichkeiten hierfür und Gestaltung der Hinweise für diese Geschäfte.[7]

§ 3 Zeitplan

(1) Die Leistungen sind bis zum . . . . . . abnahmebereit zu erbringen.

(2) Der Auftragnehmer wird dem Auftraggeber Leistungsverzögerungen anzeigen. Leistungsverzögerungen aufgrund höherer Gewalt (zB Streik, Aussperrung, behördliche Anordnungen, allgemeine Störungen der Telekommunikation usw.) und Umständen im Einflussbereich des Auftraggebers (zB nicht rechtzeitige Erbringung von Mitwirkungsleistungen, Verzögerungen durch dem Auftraggeber zuzurechnende Dritte etc) hat der Auftragnehmer nicht zu vertreten und berechtigen ihn, das Erbringen der betroffenen Leistungen um die Dauer der Behinderung zzgl. einer angemessenen Anlaufzeit hinauszuschieben.

§ 4 Zusammenarbeit

(1) Die Parteien arbeiten vertrauensvoll zusammen. Erkennt eine Vertragspartei, dass Angaben und Anforderungen, gleich ob eigene oder solche der anderen Vertragspartei, fehlerhaft, unvollständig, nicht eindeutig oder nicht durchführbar sind, hat sie dies und die ihr erkennbaren Folgen der anderen Partei unverzüglich mitzuteilen. Die Parteien werden dann nach einer interessengerechten Lösung suchen und anstreben, diese, gegebenenfalls nach den Bestimmungen über Leistungsänderungen, zu erreichen.

(2) Der Auftraggeber unterstützt den Auftragnehmer bei der Erfüllung seiner vertraglich geschuldeten Leistungen und erbringt alle zur Vertragsdurchführung erforderlichen Mitwirkungshandlungen unaufgefordert und auf eigene Kosten. Dazu gehört insbesondere die Vorgabe der zu beachtenden rechtlichen Anforderungen hinsichtlich der Information und Belehrung des Nutzers der App.

(3) Es wird ein Lenkungsausschuss aus verantwortlichen Mitgliedern des Auftraggebers und des Auftragnehmers gebildet. Der Lenkungsausschuss legt einen Turnus für seine Sitzungen fest, in denen der Auftragnehmer insbesondere über den Projektstand informiert. Der Lenkungsausschuss ist unverzüglich einzuberufen, wenn die Einhaltung des Zeitrahmens und des Inhalts des Projektauftrages in nicht nur unerheblicher Weise gefährdet ist oder wenn über die Erweiterung des Projektauftrages zu entscheiden ist und die Entscheidungen zusätzliche Zeit und Ressourcen erfordern. Der Lenkungsausschuss tritt bei Anrufung baldmöglichst zusammen und soll seine Entscheidungen innerhalb der Sitzung treffen.

§ 5 Änderungswünsche des Auftraggebers

(1) Will der Auftraggeber den vertraglich bestimmten Umfang der vom Auftragnehmer zu erbringenden Leistungen ändern, so wird er diesen Änderungswunsch schriftlich gegen-

über dem Auftragnehmer äußern. Das weitere Verfahren richtet sich nach den nachfolgenden Bestimmungen. Bei Änderungswünschen, die rasch geprüft und voraussichtlich innerhalb von X Arbeitsstunden umgesetzt werden können, kann der Auftragnehmer von dem Verfahren nach den Abs. 2 bis 5 absehen und die Leistungen direkt ausführen. Der Auftraggeber ist berechtigt, seinen Änderungswunsch jederzeit zurückzuziehen; das eingeleitete Änderungsverfahren endet dann.

(2) Der Auftragnehmer prüft, welche Auswirkungen die gewünschte Änderung insbesondere hinsichtlich Vergütung und Terminen haben wird. Erkennt der Auftragnehmer, dass aktuell zu erbringende Leistungen aufgrund der Prüfung nicht oder nur verzögert ausgeführt werden können, so teilt er dies dem Auftraggeber mit und weist ihn darauf hin, dass der Änderungswunsch weiterhin nur geprüft werden kann, wenn die betroffenen Leistungen um zunächst unbestimmte Zeit verschoben werden. Erklärt der Auftraggeber sein Einverständnis mit dieser Verschiebung, führt der Auftragnehmer die Prüfung des Änderungswunsches durch.

(3) Nach Prüfung des Änderungswunsches wird der Auftragnehmer dem Auftraggeber die Auswirkungen des Änderungswunsches auf die getroffenen Vereinbarungen darlegen. Die Darlegung enthält entweder einen detaillierten Vorschlag für die Umsetzung des Änderungswunsches oder Angaben dazu, warum der Änderungswunsch nicht umsetzbar ist.

(4) Die Vertragsparteien werden sich über den Inhalt eines Vorschlags für die Umsetzung des Änderungswunsches unverzüglich abstimmen und das Ergebnis einer erfolgreichen Abstimmung dem Text der Vereinbarung, auf die sich die Änderung bezieht als Nachtragsvereinbarung beifügen.

(5) Kommt eine Einigung nicht zustande oder endet das Änderungsverfahren aus einem anderen Grund, so verbleibt es beim ursprünglichen Leistungsumfang. Gleiches gilt für den Fall, dass der Auftraggeber mit einer Verschiebung der Leistungen zur weiteren Durchführung der Prüfung nach Abs. 2 nicht einverstanden ist.

(6) Die von dem Änderungsverfahren betroffenen Termine werden vorbehaltlich einer abweichenden Einigung unter Berücksichtigung der Dauer der Prüfung, der Dauer der Abstimmung über den Änderungsvorschlag und gegebenenfalls der Dauer der auszuführenden Änderungswünsche zuzüglich einer angemessenen Anlauffrist soweit erforderlich verschoben. Der Auftragnehmer wird dem Auftraggeber die neuen Termine mitteilen.

(7) Der Auftraggeber hat die durch das Änderungsverlangen entstehenden Aufwände zu tragen. Hierzu zählen insbesondere die Prüfung des Änderungswunsches, das Erstellen eines Änderungsvorschlags und etwaige Stillstandszeiten. Die Aufwände werden für den Fall, dass zwischen den Parteien eine Vereinbarung über Tagessätze getroffen wurde, nach diesen, im Übrigen nach der üblichen Vergütung des Auftragnehmers berechnet.

§ 6 Abnahme

(1) Zur transparenten Durchführung der Abnahme wird der Auftragnehmer mit dem Auftraggeber rechtzeitig ein Abnahmeverfahren vereinbaren. In der Vereinbarung sollen die Parteien Regelungen zu den durchzuführenden Tests einschließlich der Testumgebung, dem Ort, der Zeit sowie die bei dem Test vom Auftraggeber zu erbringenden Mitwirkungshandlungen abstimmen.

(2) Im Rahmen der Abnahme wird ein schriftliches Abnahmeprotokoll erstellt, in dem der Ort, die Zeit, die technischen Umstände der Abnahmetests, die Testergebnisse sowie die Teilnehmer des Abnahmeverfahrens festgehalten werden. Der Auftraggeber wird die Leistungen des Auftragnehmers auf ihre Vertragsgemäßheit prüfen und für ihn erkenn-

bare nachteilige Abweichungen von dem vertraglich Vereinbarten in das Protokoll aufnehmen lassen.

(3) Gibt der Auftraggeber von ihm im Rahmen der Abnahme erkannte oder infolge grober Fahrlässigkeit nicht erkannte nachteilige Abweichungen der Leistungen von dem Vereinbarten nicht zu Protokoll, so gelten die Leistungen hinsichtlich dieser nicht gemeldeten Abweichungen als vertragsgemäß erbracht. Für den Fall, dass der Auftraggeber seiner Pflicht zur Teilnahme an der Abnahme nicht oder nicht vollständig nachkommt, gelten die Leistungen als vertragsgemäß erbracht, soweit keine Abweichungen vorliegen, die bei einer pflichtgemäßen Teilnahme erkennbar gewesen wären.[8] Der Auftragnehmer wird den Auftraggeber mit der Mitteilung der Abnahmefähigkeit der Leistungen auf diese Bedeutung seines Verhaltens hinweisen. Soweit der Auftragnehmer Beschaffenheitsabweichungen arglistig verschwiegen hat, kann er sich auf die Regelungen dieses Absatzes nicht berufen.

(4) Eine etwaig bestehende weitere Obliegenheit des Auftraggebers, auf erkannte Mängel hinzuweisen, bleibt unberührt.

§ 7 Vergütung

(1) Für die Vergütung der vom Auftragnehmer zu erbringenden Leistungen gilt die in der Anlage „Vergütung" vorgesehene Regelung. Soweit dort nichts anderes geregelt ist, erfolgt die Leistungserbringung nach Aufwand zu den in der Anlage genannten Vergütungssätzen. Werden Leistungen zu Festpreisen zugesagt, berechtigen Aufwandsmehrungen und -minderungen keine Partei, eine Anpassung zu verlangen. Vom Auftragnehmer erstellte Kostenvoranschläge oder Budgetplanungen sind unverbindlich.

(2) Der Auftraggeber trägt gegen Nachweis sämtliche Auslagen wie Reise- und Übernachtungskosten, Spesen und im Rahmen der Vertragsdurchführung anfallende Entgeltforderungen Dritter. Reisezeiten sind zu vergüten.

(3) Alle vertraglich vereinbarten Vergütungen verstehen sich zzgl. der gesetzlichen Umsatzsteuer.

§ 8 Nutzungsrechte

(1) Der Auftragnehmer räumt dem Auftraggeber an der nach diesem Vertrag vom Auftragnehmer erstellten App, einschließlich der vom Auftragnehmer erstellten Dokumentation, auch für alle zukünftigen Nutzungsarten, räumlich, zeitlich und inhaltlich unbeschränkte und übertragbare ausschließliche Nutzungsrechte ein.[9] Dazu zählen insbesondere

(a) das Recht zur dauerhaften oder vorübergehenden Vervielfältigung, ganz oder teilweise, mit jedem Mittel und in jeder Form, beispielsweise zur dauerhaften und/oder flüchtigen Speicherung auf elektrischen, elektromagnetischen, optischen Speichermedien, wie jeder Art von Festplatten, RAM, blu-ray discs, DVD, CD-ROM, Speicherkarten, in mobilen Endgeräten, USB-Sticks etc sowie über alle Kommunikationswege, insbesondere im Rahmen des Cloud-Computings oder des Angebots an die Öffentlichkeit;

(b) das Recht zur umfassenden Umarbeitung (Übersetzung, Bearbeitung und Arrangement) der Leistungen, auch zur Anpassung der App an geänderte Einsatzbedingungen, zum Erstellen von Schnittstellen sowie zur Weiterentwicklung der App und Verbindung der Leistungen des Auftragnehmers mit Leistungen anderer, zum Löschen der Leistungen und zur Verwertung des Ergebnisses dieser Umarbeitungen in jeglicher Form entsprechend den in dieser Vereinbarung genannten Befugnissen;

(c) das Recht zur Verbreitung der App und von Vervielfältigungsstücken hiervon in jeder Form und mit jedem Mittel, einschließlich des Rechts zur Vermietung, zum Leasing und zur Leihe, gleich, ob die Verbreitung in körperlicher oder körperloser Form erfolgt, insbesondere zur Übertragung der App über drahtgebundene und drahtlose Netze (zB zum Download, insbesondere über Vertriebsplattformen von App-Anbietern, in Client-Server-Umgebungen oder im Wege des Application-Service-Providing bzw. als Software as a Service uÄ sowie über das Internet, unternehmenseigene Intranets oder andere Netze);

(d) das Recht zur drahtgebundenen oder drahtlosen öffentlichen Wiedergabe einschließlich der öffentlichen Zugänglichmachung in der Weise, dass die App Mitgliedern der Öffentlichkeit von Orten und zu Zeiten ihrer Wahl zugänglich ist, insbesondere als Angebot zur Fernübertragung (Downloads);

(e) das Recht, die App sonst wie zugänglich zu machen, zB durch den Einsatz in Netzwerken, ohne dass eine Verbreitung erfolgt oder diese öffentlich ist (etwa in Client-Server Umgebungen, beim Application Service Providing uÄ);

(f) das Recht, die Nutzung der App in jeder zulässigen Weise zu beschränken, sei es für die private Nutzung, die nichtkommerzielle Nutzung, die Nutzung in Unternehmen, in Unternehmensverbünden (Konzernen), in Branchen, mit bestimmter oder bestimmbarer Hardware (zB als OEM-Software, gebunden an eine CPU oder Ähnliches), nutzerbezogen („Named User") als Open Source Software, als Testversion, als Vor-Version, Update, Upgrade uÄ.

(2) Der Auftraggeber ist berechtigt, die vorstehenden Rechte ohne weitere Zustimmung durch die Auftragnehmerin ganz oder teilweise, befristet oder unbefristet, bedingt oder unbedingt, auf Dritte zu übertragen oder einfache Rechte hiervon abzuspalten und Dritten einzuräumen.

(3) Die vorstehende Einräumung von Rechten gilt sowohl für den erstellten oder umgearbeiteten Quellcode, Schnittstellen wie für jedwede Form von Software, gleich ob selbständig ablauffähig oder nicht, die dazugehörige Dokumentation und etwaige schutzfähige Benutzeroberflächen, Grafiken, Ein- und Ausgabemasken und Ähnliches.

(4) Für etwaig von der Rechteeinräumung nach dieser Vereinbarung nicht erfasste Nutzungsarten räumt der Auftragnehmer eine Option zum Erwerb dieser Rechte zu angemessenen Bedingungen ein und stellt die Ausübbarkeit der Option sicher. Die Bedingungen der Optionsausübung sind vom Auftraggeber nach billigem Ermessen (§ 315 Abs. 3 BGB) zu bestimmen und im Streitfall vom zuständigen Landgericht zu überprüfen.

(5) Die vorstehenden Regelungen binden die Parteien auch schuldrechtlich, insbesondere für den Fall, dass keine urheberrechtliche Position geschaffen oder in der vorbenannten Weise übertragen werden kann.

(6) Die vorstehende Rechteeinräumung nach den Abs. 1 bis 3 gilt nicht für die in der Anlage „Standardsoftware" aufgeführten App-Bestandteile. Die dem Auftraggeber an diesen App-Teilen zustehenden Rechte ergeben sich aus der vorgenannten Anlage.

(7) Der Auftragnehmer hat nach Erfüllung der Zahlungsverpflichtungen durch den Auftraggeber diesem den der App zugrundeliegenden Quellcode zu übergeben.

(8) Bindet der Auftragnehmer von ihm beschaffte oder erstellte geschützte Werke wie Fotos, Grafiken, Sound, Texte, Videos, Fremdsoftware, auch Open Source Software, usw. in die App ein, stellt er sicher, dass der Auftraggeber hieran die gleichen Rechte wie in den Abs. 1 bis 3 beschrieben erhält. Ist das nicht möglich, wird der Auftragnehmer vor einer Einbindung die Zustimmung des Auftraggebers einholen.

§ 9 Schutzrechtsverletzungen

(1) Der Auftragnehmer stellt auf eigene Kosten den Auftraggeber von allen Ansprüchen Dritter aus vom Auftragnehmer zu vertretenden Schutzrechtsverletzungen einschließlicher etwaiger Kosten der Rechtsverfolgung frei. Der Auftraggeber wird den Auftragnehmer unverzüglich über die geltend gemachten Ansprüche Dritter informieren. Informiert der Auftraggeber den Auftragnehmer nicht unverzüglich über die geltend gemachten Ansprüche, erlischt der Freistellungsanspruch.

(2) Im Falle von Schutzrechtsverletzungen darf der Auftragnehmer – unbeschadet etwaiger Schadenersatzansprüche des Auftraggebers – nach eigener Wahl und auf eigene Kosten hinsichtlich der betroffenen Leistung

a) nach vorheriger Absprache mit dem Auftraggeber Änderungen vornehmen, die gewährleisten, dass eine Schutzrechtsverletzung nicht mehr vorliegt oder
b) für den Auftraggeber die erforderlichen Nutzungsrechte erwerben.

§ 10 Sach- und Rechtsmängelhaftung

(1) Nacherfüllungsansprüche verjähren in zwölf Monaten.[10]

(2) Die Durchsetzung von Mängelhaftungsansprüchen ist davon abhängig, dass Mängel innerhalb von zwei Wochen nach ihrem erstmaligen Erkennen schriftlich gemeldet werden und reproduzierbar sind.[11]

(3) Solange der Auftraggeber die nach diesem Vertrag fällige Vergütung noch nicht vollständig gezahlt hat und er kein berechtigtes Interesse am Zurückbehalt der rückständigen Vergütung hat, ist der Auftragnehmer berechtigt, die Nacherfüllung zu verweigern.

(4) Der Auftraggeber wird den Auftragnehmer bei der Mängelfeststellung und -beseitigung unterstützen und unverzüglich Einsicht in die Unterlagen gewähren, aus denen sich die näheren Umstände des Auftretens des Mangels ergeben.

(5) Erfüllungsort für die Nacherfüllung ist der Sitz des Auftragnehmers. Die Nacherfüllung kann durch telekommunikative Übermittlung von Software erfolgen, es sei denn, die telekommunikative Übermittlung ist dem Auftraggeber, beispielsweise aus Gründen der IT-Sicherheit, nicht zuzumuten.

§ 11 Allgemeine Haftung

(1) Der Auftragnehmer haftet für Vorsatz und grobe Fahrlässigkeit. Für leichte Fahrlässigkeit haftet der Auftragnehmer nur bei Verletzung einer wesentlichen Vertragspflicht, deren Erfüllung die ordnungsgemäße Durchführung des Vertrags überhaupt erst ermöglicht und auf deren Einhaltung der Vertragspartner regelmäßig vertrauen darf sowie bei Schäden aus der Verletzung des Lebens, des Körpers oder der Gesundheit.[12]

(2) Bei der Erstellung der App schuldet der Auftragnehmer die branchenübliche Sorgfalt. Bei der Feststellung, ob den Auftragnehmer ein Verschulden trifft, ist zu berücksichtigen, dass Software technisch nicht fehlerfrei erstellt werden kann.

(3) Die Haftung ist im Falle leichter Fahrlässigkeit summenmäßig beschränkt auf die Höhe des vorhersehbaren Schadens, mit dessen Entstehung typischerweise gerechnet werden muss; maximal ist diese Haftung jedoch beschränkt auf . . . . . . EUR pro Schadensfall und insgesamt auf . . . . . . EUR.

(4) Für den Verlust von Daten und/oder Programmen haftet der Auftragnehmer insoweit nicht, als der Schaden darauf beruht, dass es der Auftraggeber unterlassen hat, Daten-

sicherungen durchzuführen und dadurch sicherzustellen, dass verlorengegangene Daten mit vertretbarem Aufwand wiederhergestellt werden können.[13]

(5) Die vorstehenden Regelungen gelten auch zugunsten der Erfüllungsgehilfen des Auftragnehmers.

§ 12 Geheimhaltung, Mitteilungen

(1) Die der anderen Vertragspartei übergebenen Unterlagen, mitgeteilten Kenntnisse und Erfahrungen dürfen ausschließlich für die Zwecke dieses Vertrages verwendet und Dritten nicht zugänglich gemacht werden, sofern sie nicht ihrer Bestimmung nach Dritten zugänglich gemacht werden sollen oder dem Dritten bereits bekannt sind. Dritte sind nicht die zur Durchführung des Vertragsverhältnisses hinzugezogenen Hilfspersonen wie Freie Mitarbeiter, Subunternehmer etc.

(2) Darüber hinaus vereinbaren die Vertragsparteien, Vertraulichkeit über den Inhalt dieses Vertrages und über die bei dessen Abwicklung gewonnenen Erkenntnisse zu wahren.

(3) Die Geheimhaltungsverpflichtung gilt auch über die Beendigung des Vertragsverhältnisses hinaus. Den eingeschalteten Hilfspersonen ist eine entsprechende Geheimhaltungspflicht aufzuerlegen.

(4) Wenn eine Vertragspartei dies verlangt, sind die von ihr übergebenen Unterlagen wie Strategiepapiere, Briefingdokumente etc. nach Beendigung des Vertragsverhältnisses an sie herauszugeben, soweit die andere Vertragspartei kein berechtigtes Interesse an diesen Unterlagen geltend machen kann.

(5) Presseerklärungen, Auskünfte etc, in denen eine Vertragspartei auf die andere Bezug nimmt, sind nur nach vorheriger schriftlicher Abstimmung zulässig.

(6) Der Auftragnehmer darf den Auftraggeber auf seiner Website oder in anderen Medien als Referenzauftraggeber nennen. Der Auftragnehmer darf ferner die erbrachten Leistungen zu Demonstrationszwecken öffentlich wiedergeben oder auf sie hinweisen, es sei denn, der Auftraggeber kann ein entgegenstehendes berechtigtes Interesse geltend machen.

§ 13 Abtretung, Zurückbehaltungsrecht und Aufrechnung

(1) Die Abtretung von Forderungen, die nicht Geldforderungen sind, ist nur mit vorheriger schriftlicher Zustimmung der anderen Vertragspartei zulässig. Die Zustimmung darf nicht unbillig verweigert werden.

(2) Ein Zurückbehaltungsrecht kann nur wegen Gegenansprüchen aus dem jeweiligen Vertragsverhältnis geltend gemacht werden.

(3) Die Vertragsparteien können nur mit Forderungen aufrechnen, die rechtskräftig festgestellt oder unbestritten sind.

§ 14 Schlussbestimmungen

(1) Allgemeine Geschäftsbedingungen der Parteien im Übrigen finden für diesen Vertrag keine Anwendung. Dies gilt auch dann, wenn solchen Bedingungen nicht ausdrücklich widersprochen wird.

(2) Alle Änderungen und Ergänzungen vertraglicher Vereinbarungen müssen zu Nachweiszwecken schriftlich niedergelegt werden. Kündigungen haben schriftlich zu erfolgen. Meldungen, die schriftlich zu erfolgen haben, können auch per E-Mail erfolgen. Maß-

geblich für die Wahrung der in diesem Vertrag genannten Fristen ist der Zugang der Erklärung, soweit nicht ausdrücklich etwas anderes bestimmt ist.

(3) Ist nach diesem Vertrag Schriftform vorgesehen, so bedeutet dies papiergebundene Dokumentation der Informationen und Erklärungen, die durch die Unterschrift eines Berechtigten abgeschlossen wird. Elektronische Nachrichten wahren die Schriftform nicht.

(4) Sollten einzelne Bestimmungen der Parteivereinbarungen ganz oder teilweise unwirksam sein oder werden, wird die Wirksamkeit der übrigen Bestimmungen hierdurch nicht berührt. Die Parteien verpflichten sich für diesen Fall, die ungültige Bestimmung durch eine wirksame Bestimmung zu ersetzen, die dem wirtschaftlichen Zweck der ungültigen Bestimmung möglichst nahe kommt. Entsprechendes gilt für etwaige Lücken der Vereinbarungen.

(5) Es gilt das Recht der Bundesrepublik Deutschland unter Ausschluss des UN-Kaufrechts.

(6) Ausschließlicher Gerichtsstand für alle Rechtsstreitigkeiten aus oder im Zusammenhang mit diesem Vertrag ist . . . . . . Der Auftragnehmer ist aber auch berechtigt, am allgemeinen Gerichtsstand des Auftraggebers zu klagen.

Anlagen:

Anlage „Spezifikation"

Anlage „Vergütung"

Anlage „Standardsoftware"

. . . .

(Ort, Datum)   (Ort, Datum)

. . . .

– Auftraggeber –   – Auftragnehmer –

Anmerkungen

1. **Besonderheiten der App-Programmierung.** Der Begriff App umschreibt vorwiegend Software, die auf mobilen Geräten wie Smartphones, Tablets, aber auch Laptops läuft. Da es sich um Software handelt, gilt für die vertragsrechtliche Seite der Erstellung von Apps grundsätzlich nichts anderes als für die klassischen Erscheinungsformen der Software (zu den rechtlichen Aspekten grundlegend: Baumgartner/Ewald, Apps und Recht; *Solmecke/Taeger/Feldmann*, Mobile Apps; Auer-Reinsdorff/Conrad/*Kremer* § 28 Rn. 2 ff.). Vertragstypologisch liegt auch hier ein Werkvertrag vor, möglicherweise in Form eines Werklieferungsvertrages → Form. B. 3 Anm. 1. Mobile Apps sind wegen ihres vergleichsweise geringen Umfangs von einigen Megabyte funktional überschaubarer als App für Desktopsysteme, was grundsätzlich auch das Projektmanagement vereinfacht. Damit bieten sich neben der hier zugrunde gelegten klassischen Wasserfallmethode auch die modifizierte Variante zur Wasserfallmethode (→ Form. B. 3) sowie die Variante zum agilen Projektmanagement in → Form. C. 4 an.

Vertragsrechtlich unterscheidet sich die Erstellung von Apps von herkömmlicher Software vor allem dadurch, dass die **Verbreitung** regelmäßig **über die Plattformen** („Stores") **der Betriebssystemanbieter** wie Google, Apple, Amazon oder Microsoft erfolgt. Der Verwerter der App hat hier nur einen geringen Einfluss auf die Modalitäten des Absatzes der App und steht grundsätzlich einer **weltweiten Kundschaft** gegenüber. Daraus folgt die

Pflicht zur **Beachtung von Schutzrechten**, insbesondere im Bereich des Marken-, aber auch des Urheberrechts sowie der jeweiligen nationalen **Datenschutzbestimmungen**. Die Vertragsparteien müssen daher im eigenen Interesse jeweils sorgfältig darauf achten, Markennamen (vgl. *Reinholz/Golznur* CR 2016, 382) im zulässigen Kontext einzusetzen und auch Programmierleistungen Dritter nur zu verwenden, wenn dies in den Ländern, in denen die App abgesetzt wird, zulässig ist. Bei der Benennung der App ist daran zu denken, dass App-Bezeichnungen auch Titelschutz beanspruchen können und dementsprechend eine etwaige Kollision geprüft werden muss (dazu BGH Urt. v. 28.1.2016 – I ZR 202/14, K&R 2016, 515).

Soll die App an einen unbestimmten Personenkreis vertrieben werden, erreicht der Anbieter über die Stores der Plattformbetreiber die meisten Nutzer. Unklar ist dabei das Verhältnis der Beteiligten. Der Anbieter (im Formular der Auftraggeber) hat keinen Einfluss auf die Vertragsbedingungen des Plattformbetreibers zum Nutzer. Ob überhaupt ein **Vertrag zwischen Nutzer und dem Anbieter der App** zustande kommt, ist unklar (Baumgartner/Ewald/*Ewald* Rn. 119). Eine Kompensation durch eine nach dem Erwerb abgeschlossene Vereinbarung (End User Licence Agreement – EULA) ist regelmäßig nicht möglich und rechtlich zweifelhaft (Bisges/*Imhof* Kap. 5 Rn. 301; Auer-Reinsdorff/Conrad/*Kremer*, § 28 Rn. 18). Kritisch wäre eine Konditionenbindung jedenfalls kartellrechtlich durch marktbeherrschende Unternehmen wie Google, Apple etc. (sa Auer-Reinsdorff/Conrad/*Conrad* § 39 Rn. 431 ff.). Die Vertragsbedingungen zwischen Plattformbetreiber und Anbieter sind – natürlich – zugunsten des Betreibers ausgestaltet (dazu *Kremer* CR 2011, 769 [772]).

Einfacher gestaltet es sich, wenn der **Anbieter** die **App selbst vertreibt**, was bei firmeninternen Anwendungen ein geeignetes Mittel ist, um insbesondere die zuvor geschilderten Rechtsfragen zu minimieren (Auer-Reinsdorff/Conrad/*Kremer* § 68).

Vertraglich zu behandeln sind auch die **Vorgaben** der Plattformbetreiber **zu technischer Gestaltung, Inhalt und Funktionsweise der App** (Baumgartner/Ewald/*Ewald* Rn. 108 ff. und 132 ff.). Die Vorgaben der Anbieter wechseln regelmäßig, so dass ein **Pflegevertrag** mit kurzen Reaktionszeiten sinnvoll ist (*Kremer* CR 2011, 769 [775]). Wichtig ist hierbei auch eine ständige Beobachtung von Fehlermeldungen der App und der Bewertung der App auf den Plattformen.

2. **Vorgaben der Stores.** Die Betriebssystem-Anbieter als Betreiber der Vertriebsplattformen machen regelmäßig Vorgaben zu den App-Eigenschaften, die die Anbieter beachten müssen, um ihre Apps über die Stores vertreiben zu können. Der Auftragnehmer als das fachkundige Unternehmen wird verpflichtet, die technischen Vorgaben zu beachten. Die Verantwortung für die rechtliche Zulässigkeit der Umsetzung, beispielsweise hinsichtlich der Preisgestaltung, Informationspflichten und Datenschutz dürfte jedoch beim Auftraggeber liegen und als Rechtsdienstleistung nicht auf den Auftragnehmer überwälzt werden.

3. **Fehlerberichte.** Die über Stores vertriebenen Apps werden von den Nutzern regelmäßig bewertet. Weist die App Mängel auf, wirkt sich dies schnell auf die Bewertung aus, so dass der Anbieter genauso schnell wie der Nutzer von zumindest technischen Fehlern Kenntnis erhalten sollte. Dazu enthalten viele Apps automatisierte Benachrichtigungen, die auch in Abhängigkeit von der datenschutzrechtlichen Bewertung oft nur mit vorheriger genereller oder im Einzelfall zu erteilender Zustimmung des Nutzers versandt werden.

4. **Ersatz für Web-Auftritt.** Viele Apps bilden häufig die Funktionen des Web-Auftritts des Anbieters nach, um so trotz bereits für mobile Geräte angepasster Web-Seiten eine auf das Endgerät optimierte Nutzung zu ermöglichen (zB Banken, Autovermieter, Shop-

Betreiber etc). Beschränkt sich die Funktionalität der App hierauf, ist damit im Wesentlichen bereits der Maßstab für den vom Auftragnehmer herbeizuführenden Erfolg gelegt.

5. Datenschutz. Mit der App-Nutzung ist regelmäßig die Verwendung personenbezogener Daten durch den Anbieter verbunden. Bei Telemediendiensten, um die es sich bei Apps oft handelt, muss eine Erklärung nach § 13 Abs. 1 TMG erfolgen, sofern deutsches Recht anwendbar ist (Auer-Reinsdorff/Conrad/*Kremer* § 28 Rn. 58).

6. Technische Sicherheit. Beinhaltet die App einen Telemediendienst, muss nach § 13 Abs. 7 TMG durch technische und organisatorische Maßnahmen die Datensicherheit hergestellt werden.

7. In-App-Rechtsgeschäfte. Anbieter zunächst kostenfrei vertriebener Apps erzielen ihren Ertrag über In-App-Käufe oder ähnliche Rechtsgeschäfte (dazu Auer-Reinsdorff/Conrad/*Kremer* § 28 Rn. 36 ff.). Die für solche Rechtsgeschäfte anwendbaren Vorschriften insbesondere zu Informationen und Belehrungen, wie beispielsweise den fernabsatzrechtlichen Vorgaben, sind dabei zu beachten. Auch hier ist der Auftraggeber für die Instruktion des Auftragnehmers hinsichtlich der rechtlichen Anforderungen verantwortlich.

8. Abnahmefiktion. → Form. C. 4 Anm. 13

9. Nutzungsrechte. Bei den Nutzungsrechten ist über das für herkömmliche Software Relevante an den möglicherweise weltweiten Einsatz der App zu denken. Dabei spielen nicht nur die rein urheberrechtlichen, sondern auch die jeweiligen rechtsgeschäftlichen Vorschriften eine Rolle. So kann – theoretisch – insbesondere der Einsatz von Open Source Software Probleme bereiten (dazu Bisges/*Imhof* Kap. 5 Rn 326; *Kremer* CR 2011, 769 [775]), weil die Auslegung der Open Source Lizenzen national unterschiedlich geprägt ist (vgl. auch *Jaeger/Metzger* Rn. 371 ff.).

Wäre der Einsatz von Mobile Apps eine **neue und damit** früher **unbekannte Nutzungsart** (so Baumgartner/Ewald/*Baumgartner* Rn. 410 und Solmecke/Taeger/Feldmann/*Solmecke* Kap. 6 Rn. 26), dürfte zB im Rahmen der App-Erstellung bereits vorhandene und zugunsten des Auftraggebers lizenzierte Software nach § 69c Nr. 2 UrhG ohne zusätzliche Rechtseinräumung nicht für den Einsatz als App umgearbeitet werden. Probleme können sich auch bei der Verwendung sonstiger geschützter Leistungen wie Grafiken, Texten oder Sounds ergeben. Überzeugender ist jedoch, in Apps keine neue Nutzungsart zu sehen. Denn eine nach der Verkehrsauffassung, technisch und wirtschaftlich eigenständige und damit klar abgrenzbare Nutzungsform des Werkes (BGH Urt. v. 12.12.1991 – I ZR 165/89, GRUR 2001, 153 [154] – OEM-Software) ist gegenüber klassischer Software gerade nicht gegeben. Apps für das Betriebssystem Windows 10 lassen sich nicht nur auf dem Smartphone, sondern auch auf herkömmlichen Geräten einsetzen. Damit ist bereits die technische Eigenständigkeit fraglich.

10. Verjährung. → Form. B. 3 Anm. 30

11. Rügepflicht. Eine Rügeobliegenheit trifft den Auftraggeber gesetzlich nur bei Annahme eines Werklieferungsvertrages (→ Anm. 1) aus §§ 377, 381 Abs. 2 HGB. Wertete man das Vertragsverhältnis als reinen Werkvertrag, widerspräche diese Klausel der gesetzlichen Leitlinie und wäre AGB-rechtlich bedenklich. Aber auch in einem Werklieferungsvertrag begegnet die Klausel Bedenken, weil sie anders als das Gesetz eine – allerdings großzügig bemessene – starre Frist enthält.

12. Haftung. → Form. B. 1 Anm. 31

13. Datensicherung. Es stellt eine Obliegenheit des Auftraggebers dar, seine Daten gegen Verlust zu sichern. Eine Verletzung dieser Obliegenheit kann nach § 254 Abs. 1

BGB zu einer Beschränkung des Ersatzanspruchs führen (OLG Karlsruhe Urt. v. 7.11.1995 – 3 U 15/95, NJW 1996, 200 [202]; BGH Urt. v. 9.12.2008 – VI ZR 173/07, NJW 2009, 1066: jeweils ca. 30 % Mitverschulden bei vollständigem Datenverlust bei Produktivsystemen).

6. Software OEM-Vertrag

Software OEM-Vertrag

zwischen . . . . . .

– nachstehend „Lizenzgeber" genannt –

und . . . . . .

– nachstehend „Lizenznehmer" genannt –

wird folgender Vertrag geschlossen:

§ 1 Vertragsgegenstand[1, 2]

(1) Gegenstand dieses Vertrags ist die Einräumung von Nutzungs- und Verwertungsrechten am Software-Produkt *FileorganizerAssist* (nachfolgend als „LIZENZ-SOFTWARE" bezeichnet) und Updates hiervon, soweit diese Einräumung für die gewerbliche Verwertung mittels Vertrieb und zur Programmpflege erforderlich ist. Ferner enthält dieser Vertrag die Details der Zusammenarbeit der Vertragsparteien in Zusammenhang mit dieser Verwertung.

(2) Der Lizenznehmer vertreibt die LIZENZ-SOFTWARE als Teil seiner eigenen Produkte, namentlich eines Notebooks . . . . . . (Typenbezeichnung und Spezifikationen), Tablets . . . . . . (Typenbezeichnung und Spezifikationen) und PC . . . . . . (Typenbezeichnung und Spezifikationen)(nachfolgend insgesamt als „HARDWARE" bezeichnet), gegebenenfalls mit zugehöriger Systemsoftware, dergestalt, dass LIZENZ-SOFTWARE und HARDWARE nur zusammen vertrieben werden.

(3) Die LIZENZ-SOFTWARE verfügt über folgende Spezifikationen:

. . . . . .

. . . . . .

. . . . . .

und wird wie folgt zusammen mit der HARDWARE verknüpft:

. . . . . .

. . . . . .

. . . . . .

wobei den Kunden des Lizenznehmers jeweils eine Sicherungs-CD (Recovery-CD) mitgeliefert wird, wie näher in Anlage 1 beschrieben.

Die LIZENZ-SOFTWARE ist eine eigene Entwicklung des Lizenzgebers. Alle Rechte an dieser verbleiben beim Lizenzgeber, soweit dieser Vertrag nicht ausdrücklich etwas anderes bestimmt.

Hardware-Voraussetzungen für den Einsatz der LIZENZ-SOFTWARE sind:

– Prozessor: . . . . . .
– Benötigtes RAM: . . . . . .
– Systemsoftware: . . . . . .

wie näher in Anlage 2 beschrieben.

(4) Der Lizenznehmer hat die LIZENZ-SOFTWARE vorgeführt erhalten. Hiernach ist der Lizenznehmer zum Schluss gekommen, dass für die LIZENZ-SOFTWARE ein Markt besteht und er die LIZENZ-SOFTWARE als Teil seiner eigenen HARDWARE erfolgreich vertreiben kann.

(5) Den Parteien ist bekannt, dass an der LIZENZ-SOFTWARE Schutzrechte, insbesondere Urheber- und Markenrechte sowie leistungs- und wettbewerbsrechtliche Schutzrechte bestehen bzw. bestehen können, die sowohl gegenüber dem Vertragspartner als auch gegenüber Dritten wirken. Die Parteien werden in jedem Fall die sich aus diesen Rechten ergebenden Verpflichtungen einhalten bzw. beachten.

§ 2 Einräumung von Lizenzrechten[3]

(1) Der Lizenznehmer ist berechtigt, die LIZENZ-SOFTWARE für eigene Rechnung in seine HARDWARE einzufügen und zusammen mit seiner HARDWARE in dem in Anlage 3 bestimmten Gebiet (nachfolgend als „Vertragsgebiet" bezeichnet) nach den Bestimmungen dieses Vertrags selbst oder mittels Händler zu vertreiben.

(2) Unabhängig davon, ob der Lizenznehmer die HARDWARE selbst oder mittels Händler vertreibt, hat er sicherzustellen, dass der Endkunde vor Abschluss des Kaufvertrags über die HARDWARE die jeweils gültigen Lizenzbestimmungen des Lizenzgebers (End User License Agreement – kurz „EULA") zur Kenntnis nehmen kann und deutlich auf deren Geltung hingewiesen wird, um insbesondere zu gewährleisten, dass

(a) vom Kunden jede weitergehende Verwertung der LIZENZ-SOFTWARE nur mit vorheriger schriftlicher Zustimmung des Lizenzgebers durchgeführt wird;

(b) der Kunde die LIZENZ-SOFTWARE auf Hardware anderen Typs als der in § 1 Ziff. 2 bezeichneten HARDWARE nur aufgrund vorheriger schriftlicher Zustimmung des Lizenzgebers nutzen wird;

(c) der Kunde eine Programmkopie nur zu Sicherungszwecken erstellt;[4]

(d) der Kunde jede Form des Dekompilierens, Disassemblierens oder jede sonstige Form des Reverse-Engineerings unterlässt, soweit sie nach dem geltenden Urheberrecht zustimmungsabhängig ist; und[5]

(e) der Kunde Änderungen oder Erweiterungen oder sonstige Eingriffe in die LIZENZ-SOFTWARE unterlässt.

(3) Die zum Zeitpunkt der Unterzeichnung dieses Vertrags geltenden Bestimmungen des EULA sind in Anlage 4 enthalten.

(4) Der Lizenznehmer stellt den Lizenzgeber von sämtlichen Verlusten, Kosten, Auslagen oder Ansprüchen Dritter frei, soweit und sofern diese aufgrund eines Verstoßes des Lizenznehmers gegen die Bestimmung des § 2 Ziff. 2 entstehen.

(5) Dem Lizenznehmer wird das nichtausschließliche Recht eingeräumt, die LIZENZ-SOFTWARE unter Verwendung der Markenbezeichnung des Lizenzgebers für eigene Rechnung in seine HARDWARE einzufügen, mit anderen Programmen (insbesondere

Systemsoftware) zu verbinden und im Vertragsgebiet selbst oder mittels Händler zu vertreiben sowie für diese vertragsgemäßen Zwecke zu vervielfältigen.

(6) Die LIZENZ-SOFTWARE darf vom Lizenznehmer auf anderer als der in § 1 Ziff. 2 bezeichneten HARDWARE nicht vertrieben und eingesetzt werden. Der Lizenznehmer hat vertraglich sicherzustellen, dass auch seine Kunden die entsprechende Bindung einhalten. Ebenso ist jede sonstige Weitergabe oder Übertragung mittels Datenfernübertragung außerhalb des Vertriebszwecks seitens des Lizenznehmers und außerhalb der Anwendung seitens des Kunden unzulässig.[6]

(7) Jedes Nutzungsrecht darf nur für ein Exemplar der LIZENZ-SOFWARE jeweils auf einem Exemplar der HARDWARE (mit Bezeichnung der Seriennummer) ausgeübt werden. Das Nutzungsrecht bezieht sich nur auf dasjenige HARDWARE-Exemplar, auf dem die LIZENZ-SOFTWARE entsprechend dem Nutzungsvertrag mit dem Endkunden installiert wurde.

(8) Das dem Lizenznehmer gemäß § 2 Ziff. 1 eingeräumte Lizenzrecht ist ein firmenbezogenes, nicht ausschließliches, räumlich auf das Vertragsgebiet begrenztes und zeitlich nicht begrenztes, nicht übertragbares Recht, das allein auf die LIZENZ-SOFTWARE im Sinne von § 2 Ziff. 1 bezogen ist. Alle Eigentumsrechte des Lizenzgebers und von dessen Lizenzgebern an der LIZENZ-SOFTWARE bleiben unberührt.[7]

(9) Der Lizenzgeber wird dem Lizenznehmer spätestens fünf Tage nach Unterzeichnung dieses Vertrags eine Master-CD-ROM der LIZENZ-SOFTWARE in Objektcode-Version übergeben. Die Master-CD-ROM bleibt Eigentum des Lizenzgebers.

(10) Ebenso erhält der Lizenznehmer von dem Lizenzgeber sog. Echtheitszertifikate („Certificate of Authenticity", nachfolgend als „CoA" bezeichnet). Die CoA sind vom Lizenznehmer sorgfältig aufzubewahren und vor Auslieferung eines jeden HARDWARE-Exemplars auf das entsprechende HARDWARE-Exemplar aufzubringen nach Maßgabe der in Anlage 5 enthaltenen Bestimmungen. Die Anzahl der dem Lizenznehmer übersandten CoA wird auf . . . . . . Stück begrenzt („Grundstock"), wobei der Lizenznehmer nach Bedarf weitere CoA erhält, spätestens nachdem . . . . . . % des Grundstocks aufgebraucht ist. Näheres ist in Anlage 5 geregelt.[8]

(11) Ferner übergibt der Lizenzgeber eine vollständige Benutzerdokumentation für die LIZENZ-SOFTWARE.

(12) Der Lizenznehmer ist berechtigt, die im Rahmen des Vertriebs erforderlichen Maßnahmen für Werbung und Marketing durchzuführen. Der Lizenznehmer wird den Markt für die HARDWARE mit der LIZENZ-SOFTWARE nach besten Kräften erschließen, bearbeiten und die dazu notwendige Organisation einschließlich qualifiziertem Vertriebspersonal und Schulung unterhalten. Der Lizenznehmer wird die LIZENZ-SOFTWARE nur unter der vereinbarten Produktbezeichnung *FileorganizerAssist/*. . . . . . [Marke] vorstellen und vertreiben sowie ohne vorherige Zustimmung des Lizenzgebers keine über Produktbeschreibungen und Dokumentation hinausgehenden Beschaffenheitsgarantien abgeben. Die Teilnahme an einschlägigen Fachmessen gehört zu den vom Lizenznehmer durchzuführenden marktüblichen Werbemaßnahmen. Die Kosten hierfür trägt der Lizenznehmer.[9]

(13) Das Kopieren der LIZENZ-SOFTWARE ist nur zu Vertriebszwecken gestattet. Das Erstellen von Kopien der LIZENZ-SOFTWARE außerhalb dieses Zwecks, etwa zur Eigennutzung, bedarf der ausdrücklichen vorherigen Zustimmung des Lizenzgebers und ist gesondert lizenzvergütungspflichtig. Das gilt auch für das etwaige Erstellen und Vertreiben von Rezensionsexemplaren. Diese Verpflichtung gilt auch für Tochterunternehmen, Beteiligungsfirmen, dritte Vertragsfirmen oder Mitarbeiter des Lizenznehmers.

§ 3 Schutzrechte und Schutzrechtsverletzungen

(1) Der Lizenzgeber erklärt, dass er hinsichtlich aller Leistungsmerkmale der LIZENZ-SOFTWARE das alleinige Verfügungsrecht besitzt.

(2) Der Lizenzgeber garantiert hiermit, dass die gegenständliche Software bereits veröffentlicht ist.[10]

(3) Der Lizenznehmer ist verpflichtet, auf allen von ihm erstellten Exemplaren der LIZENZ-SOFTWARE, den zugehörigen Unterlagen, Datenträgern, Dokumentation, Handbüchern, etc den Urheberrechtsvermerk, den Namen der LIZENZ-SOFTWARE sowie Markenbezeichnungen anzubringen, wie in Anlage 6 näher bestimmt.[11]

(4) Der Lizenznehmer ist berechtigt, für die Zwecke und die Dauer des Vertrags den Namen und das in Anlage 7 wiedergegebene Unternehmenskennzeichen des Lizenzgebers sowie für den Lizenzgeber eingetragene Marken, soweit und sofern sie in Anlage 7 enthalten sind, im Rahmen der Werbung gemäß den Vorgaben des Lizenzgebers zu verwenden.

(5) Für den Fall, dass dem Lizenzgeber bekannt werden sollte, dass an irgendwelchen Bestandteilen der LIZENZ-SOFTWARE Rechte Dritter bestehen, hat er den Lizenznehmer hierauf unverzüglich hinzuweisen.

§ 4 Vertriebs- und Kundenbetreuungsverpflichtung des Lizenznehmers, Pflegevertrag

(1) Der Lizenznehmer ist verpflichtet, das Lizenzrecht auszuüben. Er wird mit dem Vertrieb spätestens am . . . . . . beginnen. Kommt der Lizenznehmer dieser Verpflichtung nicht nach, ist der Lizenzgeber nach vorheriger Fristsetzung und Androhung berechtigt, den Vertrag fristlos zu kündigen oder Schadenersatz wegen Nichterfüllung zu verlangen.[12]

(2) Die Parteien sind sich einig, dass eine erfolgreiche Vermarktung der LIZENZ-SOFT-WARE voraussetzt, dass der Kunde sowohl bei seiner Kaufentscheidung als auch in der Betriebsphase fachkundig betreut wird. Die Parteien werden daher durch geeignete Schulungsmaßnahmen – wie näher in Anlage 8 geregelt – sicherstellen, dass der Lizenznehmer fundierte Kenntnisse über die LIZENZ-SOFTWARE hat.[13]

(3) Der Lizenznehmer ist berechtigt und verpflichtet, auf Verlangen des Endkunden mitgeteilte Störungen oder Fehler bei dem Kunden oder am Sitz des Lizenznehmers zu beseitigen. Zu diesem Zweck wird der Lizenznehmer ausreichend qualifizierte Mitarbeiter an den Wochentagen Montag bis Freitag von 9:00 bis 18:00 Uhr abstellen (ausgenommen sind gesetzliche Feiertage am Standort des Lizenznehmers), damit Störungen und Fehler im Detail aufgenommen und analysiert werden können. Der Lizenznehmer wird dem Kunden spätestens innerhalb von 62 Stunden ab Mitteilungseingang einen Vorschlag zur Behebung des Störungs-/Fehlerzustandes unterbreiten.

(4) Im Falle von Störungen/Fehlern, die vom Lizenznehmer nicht beseitigt werden können, wird der Lizenzgeber dem Lizenznehmer im Rahmen des Möglichen angemessene Hilfestellung leisten. Übersteigt der Aufwand des Lizenzgebers hierbei . . . . . . Stunden, ist er berechtigt, für jeden darüberhinausgehenden Aufwand gegenüber dem Lizenznehmer zu einem Stundensatz von EUR . . . . . . zzgl. MwSt. abzurechnen.

(5) Die Pflege der Masterkopie der LIZENZ-SOFTWARE wird vom Lizenzgeber auf Wunsch des Lizenznehmers auf Basis eines gesondert abzuschließenden Rahmenpflegevertrages übernommen.[14]

(6) Der Lizenznehmer ist berechtigt, seinen Kunden für die LIZENZ-SOFTWARE entsprechende Pflegeverträge auf Grundlage der beim Lizenzgeber üblichen Bedingungen

und Preisen zu vermitteln. Der Lizenznehmer erhält für jede derartige Vermittlung eine Provision in Höhe von . . . . . . % des Neupreises der Jahresvergütung der vereinbarten Programmpflege. Die aktuell gültigen Bestimmungen des Pflegevertrags ergeben sich aus Anlage 9.

Im Fall der Beendigung des Lizenzvertrags, sei es durch Ablauf oder Kündigung, ist der Lizenzgeber verpflichtet, für zu dem Zeitpunkt des Vertragsendes vorhandene Kunden während eines Zeitraumes von . . . . . . Jahren weiter Pflegeleistungen an der LIZENZ-SOFTWARE vorzuhalten und regelmäßig zu erbringen.[15]

§ 5 Lizenzgebühr, Abrechnung, Buchprüfung

(1) Für die Rechtseinräumung nach diesem Vertrag erhält der Lizenzgeber eine nicht rückzahlbare, jedoch vollständig verrechenbare Vorauszahlung auf die laufenden Lizenzgebühren in Höhe von EUR . . . . . . zzgl. MwSt.

(2) Der Lizenznehmer zahlt an den Lizenzgeber eine Lizenzgebühr in Höhe von EUR . . . . . . zzgl. MwSt. pro Stück HARDWARE, die vom Lizenznehmer geliefert wird.[16]

(3) Der Lizenznehmer wird über die gelieferten Stückzahlen der HARDWARE zum Ende eines jeden Vierteljahres abrechnen und zu diesem Zwecke hierüber vierteljährlich berichten, wobei die Abnehmer nach den Sprachräumen aufzuschlüsseln sind, erstmals zum . . . . . . Die laufenden Lizenzgebühren sind jeweils am . . . . . . zur Zahlung fällig. Zahlungen haben für den Lizenzgeber kostenfrei auf ein von ihm benanntes Konto zu erfolgen.[17]

(4) Auf Aufforderung wird der Lizenznehmer in geeigneter Weise gegenüber dem Lizenzgeber die maßgeblichen Abrechnungsdaten belegen. Der Lizenzgeber ist berechtigt, die Buchführung und Geschäftsunterlagen des Lizenznehmers zur Überprüfung der Lizenzabrechnung jederzeit durch einen zur Verschwiegenheit verpflichteten Angehörigen der steuerberatenden und wirtschaftsprüfenden Berufe (nachfolgend als „Buchprüfer" bezeichnet) einsehen und prüfen zu lassen. Eine Liste aller geschlossenen Nutzungsverträge ist dem Buchprüfer vom Lizenznehmer vorzulegen. Hieraus müssen auch Namen und Anschrift der jeweiligen Kunden, die Lizenznummer, Bezeichnung und Seriennummer der HARDWARE sowie Installations- und Lieferdatum zu entnehmen sein. Festgestellte Abrechnungsfehler sind sofort nach Erhalt des Prüfberichts auszugleichen. Die Kosten der jeweiligen Buchprüfung trägt der Lizenzgeber, bei Aufdeckung von Unrichtigkeiten zu Lasten des Lizenzgebers von mehr als EUR . . . . . . der Lizenznehmer. Für den Fall, dass der Lizenznehmer die Überprüfung durch den Lizenzgeber verweigert, ist dieser nach Fristsetzung und Androhung berechtigt, den Vertrag fristlos zu kündigen.[18]

§ 6 Mängelhaftung[19]

(1) Der Lizenzgeber leistet dem Lizenznehmer Gewähr bezüglich auftretender und in dokumentierter, nachprüfbarer Form mitgeteilter Mängel, wenn und soweit die vertraglich vorausgesetzte oder gewöhnliche Verwendung beeinträchtigt wird. Der Lizenzgeber wird in diesem Fall nach eigener Wahl den Mangel kostenfrei beseitigen im Wege der Nachbesserung, Ersatzlieferung oder Ersatzleistung.

(2) Sollte die Beseitigung des Mangels in angemessener Frist nicht erfolgen können, ist der Lizenznehmer berechtigt, unter den gesetzlichen Voraussetzungen nach seiner Wahl vom Vertrag zurückzutreten oder zu mindern und Schadens- oder Aufwendungsersatz zu verlangen. Die Mangelbeseitigung kann auch durch Übergabe einer neuen Programmversion oder eines work-around erfolgen. Sofern der Mangel die Funktionalität nicht oder nur unerheblich beeinträchtigt, kann der Lizenzgeber unter Ausschluss weiterer

Mängelansprüche den Mangel durch Lieferung einer neuen Version oder eines Updates im Rahmen seiner Versions- und Update-Planung beheben.

(3) Die in § 6 Ziff. 1 enthaltene Verpflichtung des Lizenzgebers entfällt, wenn und soweit der mitgeteilte Fehler auf Änderungen oder Ergänzungen der LIZENZ-SOFTWARE oder auf deren unsachgemäße Behandlung oder Installation seitens des Lizenznehmers und/oder dessen Kunden oder Dritter zurückzuführen ist.

(4) Mängelansprüche hinsichtlich der gegenständlichen Software verjähren in 12 Monaten ab Übergabe. Hiervon ausgenommen sind Schadenersatzansprüche sowie Mängelansprüche bei arglistigem Verschweigen eines Mangels.

§ 7 Haftung[20]

(1) Mit Ausnahme der Haftung nach dem Produkthaftungsgesetz und aufgrund einer Verletzung des Lebens, des Körpers oder der Gesundheit ist die Haftung des Lizenzgebers beschränkt oder ausgeschlossen wie nachfolgend bestimmt.

(2) Die Haftung des Lizenzgebers ist bei Fahrlässigkeit auf den Ersatz des typischen vorhersehbaren Schadens beschränkt. Bei einfacher Fahrlässigkeit haftet der Lizenzgeber jedoch nur, wenn er eine Pflicht verletzt, deren Erfüllung eine ordnungsgemäße Durchführung des Vertrags, insbesondere einen unter Berücksichtigung der Interessen beider Parteien wirtschaftlich angemessenen Vertrieb der LIZENZ-SOFTWARE im Vertragsgebiet, überhaupt erst ermöglicht und auf deren Einhaltung der Lizenznehmer vertrauen darf.

§ 8 Geheimhaltungsverpflichtung[21]

(1) Die Parteien verpflichten sich, alle Informationen und Unterlagen, die sie von der anderen Partei im Zusammenhang mit der Durchführung dieses Vertrags erhalten, vertraulich zu behandeln und nur für vertraglich vereinbarte Zwecke zu verwenden. Informationen und Unterlagen der anderen Partei dürfen nur solchen Mitarbeitern zur Kenntnis gebracht oder zugänglich gemacht werden, welche die Informationen und Unterlagen zur Erfüllung des Vertrags benötigen und selbst vertraglich zur Vertraulichkeit verpflichtet wurden. Eine Weitergabe von Informationen und Unterlagen der anderen Partei an Dritte bedarf der vorherigen schriftlichen Zustimmung der anderen Partei.

(2) Die Rechte und Pflichten nach § 8 Ziff. 1 werden von der Beendigung dieses Vertrags nicht berührt.

(3) Die Verpflichtung zur Vertraulichkeit nach § 8 Ziff. 1 und 2 erstreckt sich nicht auf Informationen oder Unterlagen, die allgemein bekannt sind.

§ 9 Informationspflicht, Verteidigungspflicht[22]

(1) Die Parteien werden sich gegenseitig unverzüglich von jeder Behauptung über Verletzungen der Schutzrechte unterrichten. Sie werden ferner nach vorheriger Abstimmung alle Maßnahmen ergreifen, um eine Verletzung der Schutzrechte durch Dritte zu verhindern.

(2) Der Lizenzgeber ist verpflichtet, bestehende Schutzrechte an der LIZENZ-SOFT-WARE gegen Angriffe durch Dritte zu verteidigen.

(3) Der Lizenznehmer ist verpflichtet, bestehende Schutzrechte an der HARDWARE gegen Angriffe durch Dritte zu verteidigen.

§ 10 Vertragsdauer, Kündigung, Herausgabe oder Vernichtung von Unterlagen

(1) Dieser Vertrag tritt am . . . . . . in Kraft und gilt zunächst für die Dauer von . . . . . .
Wird er nicht mit einer Frist von sechs Monaten vor seinem Ablauf von einem Vertragsteil schriftlich gekündigt, so verlängert er sich jeweils um ein weiteres Jahr.

(2) Unberührt bleibt das Recht jeder Partei, den Vertrag aus wichtigem Grunde fristlos zu kündigen. Zur fristlosen Kündigung ist der Lizenzgeber insbesondere berechtigt, wenn der Lizenznehmer fällige Zahlungen trotz Mahnung und Nachfristsetzung nicht leistet oder die vertraglichen Bestimmungen über die Nutzung der LIZENZ-SOFTWARE verletzt. Eine fristlose Kündigung setzt im Falle einer vertraglichen Pflichtverletzung voraus, dass der andere Teil schriftlich abgemahnt und aufgefordert wird, den vermeintlichen Grund zur fristlosen Kündigung in angemessener Zeit zu beseitigen.

(3) Der Lizenzgeber ist ferner berechtigt, den Vertrag aus wichtigem Grund fristlos zu kündigen, wenn

– ein Insolvenzverfahren über das Vermögen des Lizenznehmers eröffnet wird, oder
– eine Mehrheitsbeteiligung des Lizenznehmers an einen Wettbewerber des Lizenzgebers übertragen wird.

(4) Jede Kündigung bedarf der Schriftform.

(5) Der Lizenznehmer wird nach Ende des Vertrags dem Lizenzgeber sämtliche Unterlagen in Bezug auf die LIZENZ-SOFTWARE, insbesondere die Master-CD-ROM (§ 2 Ziff. 9) und nicht gebrauchte Echtheitszertifikate (§ 2 Ziff. 10) zurückgeben oder auf Verlangen vernichten und die Vernichtung dieser Unterlagen nachweisen und sämtliche Werbemaßnahmen für die LIZENZ-SOFTWARE sowie die Verwendung des Namens und der Marken des Lizenzgebers einstellen.

(6) Vom Tage der Vertragsbeendigung an ist es dem Lizenznehmer nicht mehr gestattet, Exemplare der LIZENZ-SOFTWARE zu vervielfältigen und/oder zu vertreiben. Laufende Verträge mit Dritten bleiben jedoch unberührt.

§ 11 Anwendbares Recht, Erfüllungsort, Gerichtsstand

(1) Auf vorliegenden Vertrag findet deutsches Recht Anwendung unter Ausschluss des UN-Kaufrechts.[23]

(2) Erfüllungsort ist der Sitz des Lizenzgebers, dh . . . . . .

(3) Für Streitigkeiten aus diesem Vertrag ist Gerichtsstand der Sitz des Lizenzgebers. Dieser ist jedoch berechtigt, an jedem anderen gesetzlichen Gerichtsstand zu klagen.

§ 12 Sonstiges

(1) Dieser Vertrag, einschließlich seiner Anlagen, beinhaltet sämtliche Vereinbarungen der Parteien zum Vertragsgegenstand. Änderungen, Ergänzungen und Zusätze dieses Vertrags haben nur Gültigkeit, wenn sie zwischen den Vertragsparteien schriftlich vereinbart werden. Dies gilt auch für die Abänderung dieser Vertragsbestimmung.

(2) Keine Vertragspartei kann Rechte oder Pflichten aus diesem Vertrag ohne vorherige schriftliche Zustimmung an Dritte abtreten oder auf Dritte übertragen.

(3) Sollte eine Bestimmung dieses Vertrags unwirksam sein oder werden, so berührt dies die Wirksamkeit des Vertrags im Übrigen nicht. Die unwirksame Bestimmung gilt als durch eine wirksame Regelung ersetzt, die dem wirtschaftlichen Zweck der unwirksamen Bestimmung am nächsten kommt. Entsprechendes gilt im Fall einer Vertragslücke.

· · · · · ·   · · · · · ·

(Ort, Datum)   (Ort, Datum)

· · · · · ·   · · · · · ·

– Lizenzgeber –   – Lizenznehmer –

Anlagen:

Anlage 1 LIZENZ-SOFTWARE und deren Verknüpfung mit der HARDWARE

Anlage 2 Hardware- und Systemvoraussetzungen

Anlage 3 Vertragsgebiet

Anlage 4 EULA (End User License Agreement)

Anlage 5 Echtheitszertifikat (CoA)

Anlage 6 Urheberrechtsvermerk, Logo, etc

Anlage 7 Unternehmenskennzeichen und Marken

Anlage 8 Schulungsmaßnahmen

Anlage 9 Softwarepflegevertrag

Anmerkungen

1. Sachverhalt. Das Vertragsformular behandelt die Lizenzierung von **OEM-Software**. OEM ist die Abkürzung für „Original Equipment Manufacturer". Charakteristisch für OEM-Software ist der Umstand, dass das sie nicht separat, sondern als integrierter Bestandteil einer anderen Software oder zusammen mit einer bestimmten Hardware in den Verkehr gebracht wird. Wird die OEM-Software – wie im vorliegenden Vertragsformular vorgesehen – zusammen mit der Hardware eines entsprechenden Herstellers vertrieben, spricht man vom **Bundling** (to bundle (Englisch): in Bündel zusammenbinden). Dabei wird die Hardware im Rahmen der Erstausstattung neuer Computer zusammen mit der Software ausgeliefert, die entweder bereits auf der Hardware aufgespielt ist oder auf einem Datenträger enthalten ist, der dem Kunden zur Installation der OEM-Software mitgeliefert wird. Dem Kunden wird ferner regelmäßig noch eine Sicherungs-CD (Recovery-CD) mitgeliefert, damit er bei Datenverlust die Software erneut installieren kann. Der Hardware-Hersteller erhält die Software zu einem günstigeren Preis als bei einem separaten Vertrieb derselben verlangt würde. Gleichzeitig verbleiben an der OEM-Version der Software die Kennzeichen ihres Herstellers (Firmenbezeichnung, Firmenlogo, etc). Von der OEM-Version bei Software ist der **OEM-Vertrieb bei Hardware** zu unterscheiden. Dort erlaubt der Hardware-Hersteller seinem Abnehmer, dem Zwischenhändler, die Hardware unter dem Zeichen bzw. der Marke des Abnehmers zu vertreiben (Auer-Reinsdorff/Conrad/*Wiesemann*/*Kast* § 24 Rn. 219 f.).

Das Vertragsformular regelt den Vertrieb von Software des Lizenzgebers durch einen Computerhardware-Hersteller (Lizenznehmer) oder dessen Vertriebspartner in Form des Bundling. Der Softwarehersteller (Lizenzgeber) wird dabei regelmäßig darauf achten, dass der Endkunde durch einen Softwarelizenzvertrag (End User License Agreement – kurz „EULA") direkt an ihn gebunden wird (→ Anm. 3). Maßgeblich für die Frage, nach welchem Vertragstyp des BGB sich das Kausalgeschäft der Nutzungseinräumung richtet, ist der **Vertragszweck**. Dabei soll bei Überlassung von Standardsoftware gegen Einmalentgelt Kaufrecht Anwendung finden, sofern die Software ohne wesentliche Einschränkung zur freien Verfügung überlassen wird (Auer-Reinsdorff/ Conrad/*Kast* § 12 Rn. 41 ff. mwN). Hier ist der Vertragszweck darauf gerichtet, den Kunden des Lizenznehmers bzw. seiner Vertriebspartner die Nutzung der Software auf Dauer zu ermöglichen, wobei die Besonderheit darin besteht, dass die Kunden die Software zusammen mit der Hardware erhalten. Da die Software für eine Vielzahl von Anwendern gedacht ist, handelt es sich im vorliegenden Fall um **Standardsoftware** und nicht um **Individualsoftware**. Letztere ist dadurch gekennzeichnet, dass sie gesondert für den Auftraggeber entwickelt wird, um spezielle Anwendungen zu ermöglichen. Die Masterkopie der Software wird zwar dem Lizenznehmer im konkreten Fall nur zeitlich befristet überlassen, allerdings mit dem Zweck, davon Vervielfältigungstücke anzufertigen, die zusammen mit der Hardware vertrieben werden. Die Software darf und soll daher – wie die Hardware – an Dritte (Kunden des Lizenznehmers bzw. seiner Vertriebspartner) zur Benutzung auf Dauer überlassen werden. Ferner ist die Vergütung im vorliegenden Beispielsfall nicht an eine zeitliche Begrenzung der Nutzung der Software gekoppelt, weshalb das Kriterium des Einmalentgelts bejaht werden kann. Auch wird die Software trotz Bundling ohne wesentliche Einschränkung zur freien Verfügung überlassen. Daher ist auf den Vertrag grundsätzlich Kaufrecht anzuwenden.

Angesichts des Umstands, dass der Lizenznehmer für den Vertrieb der Software des Lizenzgebers sorgt, kommt die entsprechende Anwendung des § 89b HGB (Ausgleichsanspruch des Handelsvertreters) in Betracht. Dies setzt allerdings voraus, dass der Vertriebsmittler (Lizenznehmer) so in die Absatzorganisation des Softwareherstellers eingegliedert ist, dass er wirtschaftlich in erheblichem Umfang die sonst einem Handelsvertreter zukommenden Aufgaben zu erfüllen hat und dem Softwarehersteller seine Kundendaten überlassen muss, so dass sich dieser bei Vertragsende die Vorteile des Kundenstamms sofort und ohne weiteres nutzbar machen kann (BGH Urt. v. 6.10.2010 – VIII ZR 209/07, NJW 2011, 848 Rn. 17; BGH Urt. v. 5.2.2015 – VII ZR 315/13, NJW 2015, 1300).

2. Vertragsgegenstand. Es empfiehlt sich, dem Lizenzvertrag einen Abschnitt voranzustellen, in dem kurz und prägnant der Sachverhalt, der dem Vertragsschluss zu Grunde liegt, festgehalten wird. Hierdurch können Schwierigkeiten bei der späteren Vertragsauslegung vermieden werden. Der Gegenstand des Vertrags sollte vollständig und eindeutig identifiziert werden. Im Formular ist vorgesehen, dass die technischen Spezifikationen der Software aufgeführt werden. Sofern diese einen größeren Umfang einnehmen, empfiehlt es sich aus Praktikabilitätsgründen, diese in einer Anlage zu dem Vertrag zusammenzufassen. Entsprechendes gilt für die technischen Voraussetzungen für den Einsatz der Software. Ferner ist festgehalten, dass die Software dem Lizenznehmer vorgeführt wurde und dass dieser von einem erfolgreichen Vertrieb der Software in Verbindung mit seinen Produkten überzeugt ist. Hierdurch sind spätere Einwände gegen die Marktfähigkeit der Software praktisch ausgeschlossen.

3. Einräumung von Lizenzrechten. Der Softwarehersteller, der seine Software dem Lizenznehmer zu einem günstigeren Preis überlässt, hat ein Interesse daran, dass seine Software nur zusammen mit der Hardware veräußert wird. Deshalb verbietet er dem Lizenznehmer, die Software auf anderer als der § 1 Ziff. 2 bezeichneten Hardware zu vertreiben und einzusetzen. Ferner wird er dazu verpflichtet, vertraglich sicherzustellen, dass auch seine Kunden die entsprechende Bindung einhalten. Computerprogramme (Software) sind als individuelle geistige Werkschöpfungen nach § 69a Abs. 3 UrhG urheberrechtlich geschützt. Angesichts der urheberrechtlichen **Zweckübertragungslehre** des § 31 Abs. 5 UrhG werden nur diejenigen Rechte übertragen, welche entweder vertraglich ausdrücklich bestimmt sind, nach dem Zweck des zugrunde liegenden Vertrags erforderlich sind oder deren Einräumung der Branchenübung entspricht. Nach § 69d Abs. 1 UrhG, der als Ausprägung des Zweckübertragungsgrundsatzes angesehen wird (vgl. Spindler/Schuster/*Wiebe* UrhG § 69d Rn. 4), bedarf es im Hinblick auf das Vervielfältigungsrecht (§ 69c Nr. 1 UrhG) und Bearbeitungsrecht (§ 69c Nr. 2 UrhG) für die zur Verwendung der Software notwendigen Nutzungshandlungen durch den Anwender keiner Zustimmung des Lizenzgebers. Nach § 69a Abs. 4 UrhG iVm § 31 Abs. 1 S. 2 UrhG kann der Urheber das Nutzungsrecht als einfaches oder ausschließliches Recht sowie räumlich, zeitlich oder inhaltlich beschränkt einräumen. Nutzungsbeschränkungen können mit urheberrechtlich-dinglicher Wirkung nur für solche Vertriebsformen wirksam abgesichert werden, die als eigenständige Nutzungsarten zu betrachten sind. Ob der beschränkte Vertrieb von OEM-Softwareversionen auf ein Bundling mit Hardware als eigenständige Nutzungsart anzusehen ist (bejahend OLG Frankfurt a. M. Urt. v. 18.5.2000 – 6 U 63/99, CR 2000, 581 [582]; KG Berlin Urt. v. 17.6.1997 – 5 U 7145/96, CR 1998, 137 [138]; LG München Urt. v. 25.4.1997 – 19 U 201–96, CR 1998, 141 [141]; ablehnend Schricker/Loewenheim/*Loewenheim* § 69c Rn. 29), hat der BGH in der OEM-Entscheidung offen gelassen und stattdessen das Interesse der Allgemeinheit betont, Werkstücke verkehrsfähig zu halten (BGH Urt. v. 6.7.2000 – I ZR 244/97 (KG), NJW 2000, 3571 [3573] – OEM-Version). Im Hinblick auf den urheberrechtlichen **Erschöpfungsgrundsatz** ist nämlich zu berücksichtigen, dass wenn ein Werkstück einmal vom Urheber oder dem Berechtigten rechtmäßig im Gebiet der EU oder des EWR in Verkehr gebracht worden ist, sich das Verbreitungsrecht an diesem Werkstück erschöpft. Bereits mit der ersten Veräußerung durch ihn oder mit seiner Zustimmung erfolgten Veräußerung gibt der Rechtsinhaber die Herrschaft über das Vervielfältigungsstück auf. Folglich kann der Vertrieb vom Berechtigten nicht mehr kontrolliert werden, weil das Verbreitungsrecht erschöpft ist (BGH Urt. v. 6.7.2000 – I ZR 244/97 (KG), NJW 2000, 3571 [3573] – OEM-Version). Die Erschöpfung des Verbreitungsrechts tritt unabhängig davon ein, ob der Verkauf eine **körperliche** Kopie (materieller Datenträger wie zB CD-ROM oder DVD) oder eine **nichtkörperliche Kopie** (zB Herunterladen von einer Internetseite) des Computerprogramms betrifft, weil beide Veräußerungsformen wirtschaftlich gesehen vergleichbar sind (EuGH Urt. v. 3.7.2012 – C-128/11, GRUR 2012, 904 Rn. 61 – UsedSoft/Oracle; BGH Urt. v. 17.7.2013 – I ZR 129/08, GRUR 2014, 264 Rn. 45 f. – UsedSoft II; BGH Urt. v. 11.12.2014 – I ZR 8/13, GRUR 2015, 772 Rn. 33 – UsedSoft III).

Dem Urheber (Softwarehersteller) bleibt es unbenommen, wie im Formular vorgesehen, seinen Vertragspartner vertraglich zu binden und ihn zu verpflichten, die Verwendungsbeschränkungen an seine jeweiligen Kunden weiterzugeben. Im Ergebnis ist daher das sog **Unbundling**, dh die Trennung von OEM-Software und Hardware, nur dann nicht möglich, wenn dies vertraglich zwischen den entsprechenden Parteien ausdrücklich und wirksam ausgeschlossen ist. Eine dingliche Wirkung gegenüber Dritten, die keine Vertragsparteien sind und somit keiner entsprechenden schuldrechtlichen Verpflichtung unterliegen, entfaltet das Unbundling-Verbot freilich nicht. Ferner sind gegebenenfalls kartellrechtliche Aspekte zu prüfen. Zur **kartellrechtlichen Zulässigkeit** von OEM-Klauseln siehe Auer-Reinsdorff/Conrad/*Conrad* § 39 Rn. 388.

Im Hinblick darauf, dass die Rspr. die Hürden für den **Handel mit „gebrauchter"** **Software** in den letzten Jahren kontinuierlich erleichtert hat, ist allgemein betrachtet zu erwarten, dass die Softwarehersteller zu ihrem eigenen Schutz vermehrt Lizenzmodelle in Gestalt zeitlich befristeter Lizenzen (fixed term licenses) anstatt zeitlich unbefristete Lizenzen (perpetual licenses) anbieten. Während letztgenannte Lizenzformen als Softwareüberlassung auf Dauer regelmäßig dem Kaufrecht und als Veräußerung somit dem Erschöpfungstatbestand unterliegen (vgl. §§ 17 Abs. 2, 69c Nr. 3 S. 2 UrhG), richtet sich das Vertragsverhältnis bei einer Softwareüberlassung auf Zeit in der Regel nach Mietrecht, das ein Weitergabeverbot der Mietsache als zulässig erachtet und folglich auch in AGB wirksam vereinbart werden kann, da es der gesetzlichen Regelung des § 540 Abs. 1 S. 1 BGB entspricht. Vor diesem Hintergrund dürfte sich auch der bisherige Siegeszug des Cloud Computing, bei welchem die zeitweise Überlassung von Software- und Hardware-

Ressourcen gegen Entgelt im Vordergrund steht und das somit i.d.R. dem Mietrecht unterliegt, erklären lassen, unabhängig von den Vorteilen seiner Technologie und seines Geschäftsmodells in der Praxis (zu den Aspekten des Cloud Computing → Form. G. 6).

4. Sicherungskopie. Der berechtigte Nutzer darf nach § 69d Abs. 2 UrhG eine Sicherungskopie erstellen. Dieses Recht kann gem. § 69g Abs. 2 UrhG vertraglich nicht abbedungen werden. Streitig ist, ob das Gesetz damit die Anzahl der Kopien festlegen will oder ob es mehr als eine Sicherungskopie zulässt. In der Praxis dürfte die Notwendigkeit einer einzigen Sicherungskopie ohnehin die Regel sein, allerdings lässt sich vertreten, dass die Vorschrift des § 69d Abs. 2 UrhG hinsichtlich der Anzahl der Sicherungskopie nicht als Zahlwort, sondern als unbestimmter Artikel verstanden werden kann mit der Folge, dass erforderlichenfalls mehr als eine Sicherungskopie zulässig ist (Spindler/Schuster/*Wiebe* UrhG § 69d Rn. 25). Der Formularvertrag sieht vor, dass der Kunde nur eine Kopie anfertigen darf. Dies ist in jedem Fall ausreichend, zumal dem Nutzer hier bereits eine Sicherungs-CD (Recovery-CD) mitgeliefert wird.

5. Dekompilierungsrecht. Zu beachten ist, dass ein vollständiger Ausschluss des Dekompilierungsrechts nicht zulässig ist. Gem. § 69g Abs. 2 UrhG kann das Recht zur Dekompilierung in dem von § 69e UrhG beschriebenen Umfang vertraglich nicht wirksam eingeschränkt werden.

6. Bundling. Im Rahmen des kartell- und AGB-rechtlich Zulässigen kann der Softwarehersteller seinen Vertragspartner (Lizenznehmer) vertraglich binden und ihn verpflichten, bestimmte Nutzungsbeschränkungen an seine Kunden weiterzugeben (BGH Urt. v. 6.7.2000 – I ZR 244/97 (KG), NJW 2000, 3571 [3573] – OEM-Version). Der Lizenznehmer sollte dabei sorgfältig darauf achten, dass die Bedingungen des Lizenzvertrags eins-zu-eins an seine Kunden weitergegeben werden, um eine Kongruenz der Verträge sicherzustellen. Die vertragliche Nutzungsbeschränkung, wonach die Software nur auf der Hardware des Lizenznehmers vertrieben und eingesetzt werden darf, kann wohl im Rahmen einer Individualvereinbarung wirksam vereinbart werden. Allerdings dürfte die Beschränkung im Hinblick auf die Abweichung vom gesetzlichen Leitbild des § 69c Nr. 3 S. 2 UrhG (Erschöpfungsprinzip) in AGB unwirksam sein (vgl. § 307 Abs. 2 Nr. 1 BGB).

7. Einfache Lizenz. Im Unterschied zur quasi-dinglichen Rechtswirkung einer ausschließlichen Lizenz gewährt die einfache Lizenz lediglich eine schuldrechtlich wirkende Benutzungserlaubnis gegen den Lizenzgeber (*Benkard/Ullmann* PatG § 15 Rn. 99 f.). Da dem Lizenzgeber daran gelegen ist, seine Software auch mit Hilfe anderer Hardware-Hersteller zu vertreiben, räumt er dem Lizenznehmer eine einfache Lizenz und keine exklusive Lizenz ein.

8. Echtheitszertifikate. Ein Echtheitszertifikat (englisch **Certificate of Authenticity**) ist ein Siegel oder Aufkleber, das die Echtheit der Software des Lizenzgebers belegen soll. Software-Echtheitszertifikate enthalten regelmäßig das Firmenlogo (Marke) des Softwareherstellers und eine Lizenznummer, die beweisen sollen, dass es sich um ein Originalprogramm handelt. Soweit das Verbreitungsrecht des Urhebers erschöpft ist, ist konsequenterweise grundsätzlich auch das Recht des Markeninhabers erschöpft, seine Marke für seine Produkte zu benutzen (vgl. BGH Urt. v. 17.7.2013 – I ZR 129/08, GRUR 2014, 264 Rn. 50 – UsedSoft II; BGH Urt. v. 11.12.2014 – I ZR 8/13, GRUR 2015, 772 Rn. 75 – UsedSoft III). Dies gilt dann nicht, wenn berechtigte Gründe vorliegen, die es rechtfertigen, dass sich der Markeninhaber dem weiteren Vertrieb nach § 24 Abs. 2 MarkenG bzw. § 13 Abs. 2 GMV widersetzt. Solche berechtigten Gründe hat der BGH hinsichtlich des Vertriebs von OEM-Softwareversionen des Softwareherstellers MICROSOFT angenommen, bei dem ein Gebrauchtsoftwarehändler ohne Zustimmung von MICROSOFT Sicherungs-CDs (Recovery-CDs), die zuvor im Rahmen eines Bundling-Lizenzvertriebsvertrags entstanden waren, mit Echtheitszertifikaten von MICROSOFT versah und in Verkehr brachte. Das Gericht argumentiert, dass eine Verbindung von Zertifikat und Datenträger, die nur dem Markeninhaber zustehe, den unzutreffenden Eindruck erwecke, die in der Verknüpfung zum Ausdruck kommende Herkunftsgarantie sei dem Softwarehersteller zuzurechnen. Im Ergebnis bejaht der BGH eine Markenrechtsverletzung und verbietet dem Softwarehändler den Vertrieb der Sicherungs-CDs, weil eine Erschöpfung des Markenrechts des Softwareherstellers nach § 24 Abs. 2 MarkenG nicht eingetreten sei (BGH Urt. v. 6.10.2011 – I ZR 6/10, GRUR 2012, 392 Rn. 19, 25 – Echtheitszertifikat).

9. Werbung und Marketing. Vor dem Hintergrund, dass die Vergütung des Lizenzgebers von der Anzahl der vertriebenen mit der Software gebundenen Hardware-Exemplaren abhängt (→ Anm. 16), hat der Lizenzgeber ein Interesse daran, dass der Lizenznehmer die erforderlichen Maßnahmen für Werbung und Marketing durchführt, wozu auch die Teilnahme an einschlägigen Fachmessen gehört. Da die Software mit den Kennzeichen (Firmenbezeichnung, Firmenlogo, etc) des Lizenzgebers versehen ist, sieht der Formualvertrag auch die entsprechende Gestattung zugunsten des Lizenznehmers vor, Werbe- und Marketingmaßnahmen durchzuführen.

10. Veröffentlichung. Der Urheber hat nach § 12 Abs. 1 UrhG das alleinige Recht, darüber zu bestimmen, ob und wie sein Werk veröffentlicht wird. Ein Werk ist veröffentlicht, wenn es mit Zustimmung des Berechtigten der Öffentlichkeit zugänglich gemacht worden ist (§ 6 Abs. 1 UrhG). § 12 Abs. 1 betrifft nur das Erstveröffentlichungsrecht, unabhängig davon, in welcher Form die erste Zugänglichmachung des Werks vorgenommen wurde (Spindler/Schuster/*Wiebe* UrhG § 12 Rn. 2). Ist also ein Werk bereits veröffentlicht, so ist das Veröffentlichungsrecht verbraucht und steht einer Verwertung nicht entgegen. Im Vertragsformular erklärt der Lizenzgeber in Form einer Garantie, dass die Software bereits veröffentlicht ist, sodass der Lizenznehmer hierdurch ausreichend abgesichert ist.

11. Urheberrechtsvermerk. Der Schutz des Urheberrechts entsteht kraft Gesetzes und bedarf keines besonderen Anmeldeverfahrens. Das Urheberrecht entsteht, sobald das Werk, im vorliegenden Fall die Software, vorliegt. Ein Urheberrechtsvermerk oder Copyright-Hinweis © bedarf es hierzu nicht. Es empfiehlt sich aber dennoch, den Urheberrechtsvermerk anzubringen, weil er im Verkehr auf einen Schutzrechtsinhaber hinweist, weshalb mögliche Nachahmer von Verletzungshandlungen abgehalten werden können.

12. Ausübungspflicht. Im Interesse des Lizenzgebers, dessen Vergütung von der Anzahl der durch den Lizenznehmer vertriebenen Softwareexemplare abhängt (→ Anm. 16), sieht das Vertragsformular die Pflicht des Lizenznehmers vor, das Lizenzrecht auszuüben. Kommt der Lizenznehmer seiner Ausübungspflicht nicht nach, ist der Lizenzgeber berechtigt, den Vertrag zu kündigen oder Schadenersatz wegen Nichterfüllung zu verlangen. Hierfür muss er den Lizenznehmer zuvor in Verzug setzen und ihm eine angemessene Frist zur Nachholung der Leistung einräumen (§§ 323, 324 BGB und §§ 280, 281, 282, 283 BGB).

13. Schulung und Kundenbetreuung. Im vorliegenden Formularvertrag vereinbaren die Parteien, Schulungen für Mitarbeiter des Lizenznehmers durchzuführen, damit diese die Kunden fachkundig beraten und betreuen können. Eine solche fachgerechte Kundenbetreuung inklusive Kunden-Hotline liegt im Interesse des Lizenzgebers, weil dieser nach der Anzahl der ausgelieferten Software vergütet wird und die Software mit seinen Kennzeichen versehen ist.

14. Softwarepflegevertrag mit dem Lizenznehmer. Es ist üblich, im Rahmen von kaufrechtlich einzuordnenden Softwareüberlassungsverträgen einen Softwarepflegevertrag (auch als Wartungsvertrag, Maintenance oder Support bezeichnet) abzuschließen, damit der Lizenznehmer insbesondere nach Ablauf der Gewährleistungsfrist im Hinblick auf etwaige Softwaremängel abgesichert ist.

15. Vermittlung Softwarepflegevertrag mit dem Kunden. Die Softwarewartung, die regelmäßig den Kunden von Softwareprogrammen angeboten werden, kann entweder zwischen den Vertragsparteien innerhalb der Lieferkette oder, wie hier vorgesehen, zwischen Softwarehersteller und Endkunden unter Vermittlung des Lizenznehmers vereinbart werden. In dieser Konstellation ist der Softwarehersteller allerdings verpflichtet, dem Lizenznehmer eine übliche Vermittlungsprovision (vgl. § 87 HGB) sowie nach Ende des Vertrags gegebenenfalls einen Ausgleichsanspruch gem. § 89b HGB analog zu gewähren (vgl. Auer-Reinsdorff/Conrad/*Wiesemann*/*Kast* § 24 Rn. 93 ff.).

16. Lizenzgebühr. Der Inhalt der Lizenzgebührklausel hängt von der gewählten Berechnungsart der Lizenzgebühr ab. Üblicherweise werden entweder Umsatzlizenz, Stücklizenz oder Pauschallizenz vereinbart. Hier handelt es sich um eine Stücklizenz. Die Vergütung des Lizenzgebers hängt somit von der Anzahl der vertriebenen mit der Software gebundenen Hardware-Exemplaren ab. Da der Lizenzgeber im Vorfeld regelmäßig erhebliche Entwicklungskosten für die Software tragen musste, erscheint es angemessen, bei Abschluss des Vertrags eine nicht rückzahlbare, jedoch verrechenbare Vorauszahlung auf die laufenden Lizenzgebühren zu verlangen.

17. Lizenzabrechnung und Zahlung. Die Zahlung der Lizenzgebühr durch den Lizenznehmer ist Hauptpflicht. Als korrespondierende Nebenpflicht trifft den Lizenznehmer die Pflicht, über die Lizenzgebühr abzurechnen. Hierdurch ist der Lizenzgeber in der Lage, die Zahlungen des Lizenznehmers inhaltlich zu überprüfen. Ferner sind der Abrechnungszeitraum und die Fälligkeit der Lizenzgebühr zu regeln. Je grösser die wirtschaftliche Bedeutung der Einnahmen aus Lizenzgebühren für den Lizenzgeber ist, desto kürzer wird der Abrechnungszeitraum ausfallen. Hält der Lizenznehmer die vertraglich vereinbarte Frist zur Zahlung der Lizenzgebühr nicht ein, kann der Lizenzgeber die gesetzlichen Verzugszinsen in Höhe von 9 Prozentpunkten pa über dem Basiszinssatz verlangen (§§ 286 Abs. 1, 288 Abs. 2 BGB), da vorliegend an dem Rechtsgeschäft kein Verbraucher beteiligt ist. Für den Fall, dass ein möglicher Zinsschaden erwartbar höher liegt als der gesetzliche Zinssatz, ist ein hiervon abweichender, erhöhter Zinssatz bei verspäteter Zahlung zu vereinbaren. Unabhängig davon hat der Lizenzgeber gegen den Lizenznehmer im Verzugsfall gem. § 288 Abs. 5 S. 1 BGB zusätzlich Anspruch auf Zahlung einer Pauschale iHv 40 EUR.

18. Buchprüfung. Der Umfang der Rechnungslegung hängt von der vertraglich vereinbarten Art der Lizenzvergütung (hier Stücklizenz) ab. Soweit nicht anders vereinbart, hat der Lizenzgeber die Kosten einer Buchprüfung zu tragen. Dies gilt auch dann, wenn Unregelmäßigkeiten zu Lasten des Lizenzgebers aufgedeckt werden (*Stumpf*/*Groß* Rn. 144; aA *Reimer* PatG § 9 Rn. 56). Im Formular ist vorgesehen, dass die Kostentragungspflicht auf den Lizenznehmer übergeht, wenn die festgestellte Differenz zu Lasten des Lizenzgebers einen bestimmten Betrag übersteigt.

19. Mängelhaftung. Bei Abfassung von Gewährleistungsregelungen ist auf eine angemessene Risikoverteilung zu achten. Im vorliegenden Fall wird angenommen, dass der Lizenznehmer im Vorfeld des Vertragsschlusses eingehend die technische Leistungsfähigkeit einschließlich der Kompatibilität der Software des Lizenzgebers überprüft hat, weshalb die bei beiderseitigem Handelsgeschäft über den Vertrieb von Standardsoftware anwendbare Untersuchungs- und Rügepflicht gem. § 377 HGB seitens des Lizenznehmers innerhalb verhältnismäßig kurzer Frist auszuüben wäre.

Nach § 439 Abs. 1 BGB steht das Wahlrecht bezüglich der Art der Nacherfüllung grundsätzlich dem Käufer (Lizenznehmer) zu. Hiervon kann im Verkehr zwischen Unternehmern abgewichen werden, wie sich im Umkehrschluss aus § 475 Abs. 1 BGB ergibt.

Ob die Lieferung von Updates eine Nachbesserung oder eine Neulieferung darstellt, wird nicht einheitlich beantwortet. Es empfiehlt sich daher, die Lieferung von Updates ausdrücklich als Nachbesserung zuzulassen. Bei nicht schwerwiegenden Mängeln erscheint es angemessen, die Update-Planung des Softwareherstellers zu berücksichtigen, um zu verhindern, dass der Lizenznehmer vom Vertrag zurücktritt oder Minderung verlangt, wenn der Lizenzgeber innerhalb der Mängelbeseitigungsfrist mangels entsprechender Updates solche nicht zur Verfügung stellt.

In Allgemeinen Geschäftsbedingungen gegenüber Unternehmern ist eine Verkürzung der Verjährung auf maximal 12 Monate zulässig (§ 310 Abs. 1 BGB iVm § 309 Nr. 8 lit. b ff. BGB). Zu beachten ist, dass nach § 202 Abs. 1 BGB die Verjährung bei Vorsatz nicht im Voraus verkürzt werden kann. Auch Schadenersatzansprüche sind von einer Verjährungserleichterung auszunehmen, soweit deren Ausschluss und Begrenzung gegen § 307 Abs. 2 BGB und §§ 309 Nr. 7, 310 Abs. 1 S. 2 BGB verstößt (→ Anm. 20).

20. Haftung. Ein Ausschluss der Haftung für Vorsatz ist nach § 276 Abs. 3 BGB nicht zulässig. In Allgemeinen Geschäftsbedingungen kann die Haftung für grobe Fahrlässigkeit gem. § 309 Ziff. 7 lit. b BGB, der über §§ 310 Abs. 1, 307 BGB auch bei Verträgen zwischen Unternehmern anwendbar ist, nicht wirksam ausgeschlossen werden. Nach ständiger Rechtsprechung des BGH darf die Haftung für vertragswesentliche Pflichten gem. § 307 Abs. 2 Nr. 2 BGB auch für einfache Fahrlässigkeit nicht ausgeschlossen werden. Zu beachten ist ferner, dass in Allgemeinen Geschäftsbedingungen Haftungserleichterungen über eine summenmäßige Beschränkung nicht wirksam sind. Im Verkehr zwischen Unternehmern ist jedoch eine Haftungsbeschränkung auf den vertragstypischen, vorhersehbaren Schaden zulässig (BGH Urt. v. 15.9.2005 – I ZR 58/03, NJW-RR 2006, 267 [269]; Palandt/*Grüneberg* BGB § 309 Rn. 48 f.). Im Hinblick auf das Transparenzgebot des § 307 Abs. 1 S. 2 BGB sollte der Begriff der vertragswesentlichen Pflichten im Vertragstext konkretisiert werden (vgl. BGH Urt. v. 20.7.2005 – VIII ZR 121/04, NJW-RR 2005, 1496 [1505] – Honda; Urt. v. 18.7.2012 – VIII ZR 337/11, NJW 2013, 291; Palandt/*Grüneberg* BGB § 309 Rn. 53).

21. Geheimhaltung. Im Vertragsmuster verpflichten sich sowohl der Lizenzgeber als auch der Lizenznehmer, Informationen über den jeweils anderen Vertragspartner geheim zu halten. Dies erscheint angezeigt, weil es im Zusammenhang mit der Durchführung des Vertrags zum Austausch von Informationen in den Bereichen Technik, Herstellungs- und Vertriebsstrategie, Know-how, etc kommen kann. Der Geheimhaltungsverpflichtung gegenüber Dritten und deren Mitarbeitern kann gegebenenfalls durch Vereinbarung einer Vertragsstrafe größerer Nachdruck verliehen werden.

22. Informations- und Verteidigungspflicht. Eine Verletzung der mit der Software im Zusammenhang stehenden Schutzrechte durch Dritte kann sowohl für den Lizenzgeber als auch für den Lizenznehmer zu erheblichen Nachteilen führen. Eine Aufrechterhaltungs- und Verteidigungspflicht der Schutzrechte liegt somit im beiderseitigen Interesse. Entsprechendes gilt auch im Fall einer Verletzung von Schutzrechten hinsichtlich der Hardware des Lizenznehmers.

23. Anwendbares Recht. Die Parteien können gemäß Art. 3 Abs. 1 Rom I-VO (für Verträge, die vor dem Inkrafttreten der Rom I-VO am 17.12.2009 geschlossen wurden, finden Art. 27 ff. EGBGB Anwendung) das anwendbare Vertragsrecht grundsätzlich frei wählen. Sofern die Parteien insoweit keine Vereinbarung getroffen haben, richtet sich das anwendbare Recht nach dem Sitz des Lizenznehmers, weil dieser die relevante vertrags-charakteristische Leistung erbringt (Art. 4 Abs. 2 Rom I-VO).

Das UN-Kaufrecht oder auf Englisch „United Nations Convention on Contracts for the International Sale of Goods" (CISG) ist auf die Lieferung von Waren (Kaufverträge einschließlich Werklieferungsverträge) anwendbar. Dazu zählt nach hM auch die dauerhafte Überlassung von Standardsoftware, unabhängig davon, ob die Software auf Datenträger oder online übermittelt wird (MüKoBGB/*Westermann* CISG Art. 1 Rn. 6). Hingegen fällt die zeitlich befristete Überlassung von Software nicht unter das CISG. Im vorliegenden Fall überlässt der Lizenzgeber die Masterkopie der Software dem Lizenznehmer zwar nur befristet, dieser soll aber davon Vervielfältigungstücke der Software zusammen auf seiner Hardware vertreiben. Es liegt daher ein Fall einer dauerhaften Überlassung von Standardsoftware vor, weshalb das UN-Kaufrecht anwendbar wäre, wenn es nicht ausgeschlossen werden würde, wobei dies freilich voraussetzen würde, dass der Anwendungsbereich des Art. 1 CISG überhaupt eröffnet ist, weil die Parteien ihre Niederlassung in verschiedenen Vertragsstaaten des UN-Übereinkommens haben.

7. F & E Vertrag (Konsortialvertrag) – Research and Development Agreement

Forschungs- und Entwicklungsvertrag	Research and Development Agreement
zum Vorhaben „Automatisierte, betriebs-stättenübergreifende Steuerung von Industrieprozessen über cyber-physische Systeme"	Regarding the Project „automated and site spanning coordination of industrial procedures through cyber-physical systems"
zwischen	between
der . . . . . . AG, vertreten durch . . . . . ., ...	. . . . . .AG, represented by . . . . . ., ...
und	and
der . . . . . . GmbH vertreten durch . . . . . ., ...	. . . . . . GmbH, represented by . . . . . .,
und	and
der Technischen Universität . . . . ., vertreten durch . . . . . ., ...	Technische Universität . . . . . ., represented by . . . . . ., ...
nachstehend insgesamt „VERTRAGS-PARTNER" genannt	hereinafter jointly referred to as the PARTIES -

Präambel

Die VERTRAGSPARTNER vereinbaren, im Rahmen des von dem Bundesministerium für Wirtschaft und Energie (BMWi) geförderten Verbundprojekts „automatisierte, betriebsstättenübergreifende Steuerung von Industrieprozessen über cyberphysische Systeme" („VORHABEN") nach Maßgabe dieses Vertrages zusammenzuarbeiten.[1, 2, 3]

§ 1 Definitionen

(1) „ARBEITSERGEBNISSE"[4] sind alle bei der Durchführung der Arbeiten nach diesem Vertrag entstandenen Ergebnisse, insbesondere Know-how,[5] Erfindungen, urheberrechtlich geschützte Ergebnisse, geschützteund nicht geschützte COMPUTERPROGRAMME sowie Dokumentationen, Berichte und Unterlagen, auch soweit sie von Dritten ausgeführt werden.

(2) „AUSSERVERTRAGLICHE ERGEBNISSE"[6] sind alle außerhalb der Durchführung der Arbeiten nach diesem Vertrag entstandenen Ergebnisse, insbesondere Know-how, Erfindungen, SCHUTZRECHTE, Urheberrechte sowie geschützte und nicht geschützte COMPUTERPROGRAMME, soweit diese in das VORHABEN eingebracht wurden.

(3) „COMPUTERPROGRAMME" umfassen alle logisch strukturierten Abfolgen von auf Computern ausführbaren Anweisungen sowie hergestellte Daten, die von den Anweisungen interpretiert werden können, und zwar sowohl im Quellcode wie auch im Objektcode, einschließlich aller diesbezüglichen Dokumentationen, insbesondere Entwürfen.

(4) „OPEN SOURCE SOFTWARE" ist jede Software, die lizenzgebührenfrei lizenziert wird (dh die Forderung von Lizenzzahlungen für die Inanspruchnahme von Lizenzrechten ist verboten, wogegen die Übernahme der beim Lizenzgeber angefallenen Kosten erlaubt ist) und unter einer Lizenz oder anderen vertraglichen Regelung („OFFENE LIZENZBEDINGUNGEN") steht, beispielsweise den un-

Recitals

The Parties hereby agree to cooperate according to the terms and conditions set forth herein with respect to the collaborative research project „automated and site spanning coordination of industrial procedures through cyber-physical systems" ("PROJECT") funded by the Federal Ministry for Economic Affairs and Energy (BMWi).

§ 1 Definitions

(1) "WORK RESULTS" shall mean any and all results stemming from the works to be done according to this Agreement, including but not limited to know-how, inventions, works protected by copyright, protected and non-protected COMPUTER PROGRAMS, as well as documentation, reports and documents, including those made by third parties.

(2) "EXTRACONTRACTUAL WORK RESULTS" shall mean any and all results arising outside the scope of the works to be done according to this Agreement, including but not limited to know-how, inventions, industrial property rights, copyrights and protected and non-protected COMPUTER PROGRAMS, as far as they contributed to this PROJECT.

(3) "COMPUTER PROGRAMS" shall mean all logically structured sequences of instructions to be executed by the instructions as well as data produced to be interpreted by the instructions, including the respective source code and object code and any and all respective documentation, in particular designs.

(4) "OPEN SOURCE SOFTWARE" shall mean any and all software which is licensed without requiring payment of license fees (i. e. claims for the payment of license fees for the use of licensed rights is prohibited whereas it is allowed to pay the costs incurred on the side of the Licensor) and which is under a license or any other kind of contractual regulation ("OPEN LICENSE TERMS"), e.g. those listed un-

ter dem folgenden Link - https://open-source.org/licenses/alphabetical – genannten, sofern diese als Bedingung für die Verbreitung solcher Software und/oder jeder anderen mit dieser verbundenen, von dieser abgeleiteten oder zusammen mit dieser vertriebenen Software („DERIVATIVE SOFTWARE") zumindest eine der nachfolgenden Voraussetzungen enthält:

a) dass der Quellcode solcher Software und/oder jeder DERIVATIVEN SOFTWARE Dritten frei zugänglich gemacht wird und/oder

b) dass Daten, die im Rahmen diese PROJEKTS bereitgestellt werden frei zugänglich gemacht werden und/oder

c) dass Dritten erlaubt wird, abgeleitete Erzeugnisse aus solcher Software und/oder jeder DERIVATIVEN SOFTWARE zu erstellen.

(5) „SCHUTZFÄHIG" bedeutet einem gewerblichen Schutzrecht zugänglich und/oder urheberrechtlich geschützt.

(6) „SCHUTZRECHTE" sind Patente, Gebrauchsmuster und andere eintragungsfähige Schutzrechte, jeweils einschließlich der entsprechenden Anmeldungen. Die entsprechenden Anmeldungen sind jedoch nur dann vom Begriff der SCHUTZRECHTE umfasst, soweit die zugrunde liegenden Erfindungen nach dem jeweils geltenden Recht anmeldefähig sind. Der Begriff SCHUTZRECHTE umfasst nicht Urheberrechte oder andere Schutzrechte, die ohne Eintragung oder Registrierung entstehen und wirksam werden.

(7) „VERBUNDENE UNTERNEHMEN"[7] bezeichnet

a) Unternehmen, in denen ein VERTRAGSPARTNER unmittelbar oder mittelbar

i. die Befugnis hat, mehr als die Hälfte der Stimmrechte auszuüben,
ii. die Befugnis hat, mehr als die Hälfte der Mitglieder des Aufsichts- oder Leitungsorgans oder der zur gesetzlichen

der the following link – https://opensource.org/licenses/alphabetical – provided that at least one of the following conditions for the distribution of such software and/or any other software connected with, derivated from, or distributed with this software ("DERIVATIVE SOFTWARE") is satisfied:

(a) that the source code of such software and/or each DERIVATIVE SOFTWARE is made freely available to third parties; and/or

(b) that data to be generated in the context of this PROJECT are made freely available and/or

(c) that third parties are allowed to create derivative works resulting from such software and/or any and all DERVIATIVE SOFTWARE.

(5) "PROTECTABLE" shall mean to be able to be the subject of a protection right and/or copyright protection.

(6) "PROTECTION RIGHTS" are patents, utility models and other registrable protection rights, including any and all applications with respect to such rights. However, these applications shall exclusively be deemed to be covered by the term PROTECTION RIGHTS, as far as the underlying inventions qualify for the PROTECTION RIGHT applied for under the applicable law. The term PROTECTION RIGHT does not include copyrights or any other protection rights which come into existence and which are valid without any registration.

(7) "CONNECTED UNDERTAKINGS" means

a) undertakings in which a PARTY directly or indirectly:

i. has the power to exercise more than half the voting rights;
ii. has the power to appoint more than half the members of the supervisory board, board of management or bodies le-

Vertretung berufenen Organe zu bestellen oder

iii. das Recht hat, die Geschäfte des Unternehmens zu führen;

b) Unternehmen, die hinsichtlich eines VERTRAGSPARTNERS unmittelbar oder mittelbar die unter Buchstabe a) aufgeführten Rechte oder Befugnisse haben;

c) Unternehmen, in denen ein unter Buchstabe b) genanntes Unternehmen unmittelbar oder mittelbar die unter Buchstabe a) aufgeführten Rechte oder Befugnisse hat;

d) Unternehmen, hinsichtlich derer ein VERTRAGSPARTNER zusammen mit einem oder mehreren der unter den Buchstaben a), b) und c) genannten Unternehmen oder in denen zwei oder mehr der zuletzt genannten Unternehmen zusammen die unter Buchstabe a) aufgeführten Rechte oder Befugnisse hat bzw. haben;

e) Unternehmen, in denen die folgenden VERTRAGSPARTNER zusammen die unter Buchstabe a) aufgeführten Rechte oder Befugnisse haben:

i. VERTRAGSPARTNER oder jeweils mit diesen verbundene Unternehmen im Sinne der Buchstaben a) bis d) oder
ii. einer oder mehrere VERTRAGSPART-NER oder eines oder mehrere der mit ihnen verbundenen Unternehmen im Sinne der Buchstaben a) bis d) und ein oder mehrere dritte Parteien.

(8) „VERTRAULICHE INFORMATIO-NEN" sind Informationen und Daten, gleich welcher Art und Verkörperung, insbesondere technischer und wirtschaftlicher Art, Absichten, Erfahrungen, Erkenntnisse, Konstruktionen und Unterlagen, die den VERTRAGSPARTNERN aufgrund der Zusammenarbeit gemäß diesem Vertrag bekannt werden.[8]

§ 2 Gegenstand der Zusammenarbeit

Der Gegenstand der Zusammenarbeit umfasst

(1) Definition und Festlegung von aufeinander abgestimmten Arbeitsprogrammen und Teilaufgaben, wie sie in der

gally representing the undertaking; or

iii. has the right to manage the undertaking's affairs;

b) undertakings which directly or indirectly have, over a PARTY, the rights or powers listed in point a);

c) undertakings in which an undertaking referred to in point b) has, directly or indirectly, the rights or powers listed in point a);

d) undertakings in which a PARTY together with one or more of the undertakings referred to in points a), b) or c), or in which two or more of the latter undertakings, jointly have the rights or powers listed in point a);

e) undertakings in which the rights or the powers listed in point a) are jointly held by:

i. PARTIES or their respective connected undertakings referred to in points a) to d); or
ii. one or more of the PARTIES or one or more of their connected undertakings referred to in points a) to d) and one or more third parties.

(8) "CONFIDENTIAL INFORMATI-ON" shall mean any and all information and data, regardless of its kind and embodiment, particularly technical and commercial information, intentions, experiences, discoveries, constructions and documents, that are revealed to the PARTIES in connection with their cooperation under this Agreement.

§ 2 Subject Matter of Cooperation

The subject matter of the cooperation includes

(1) Definition and determination of seamlessly synchronized working programs and partial tasks as provided for in the

Beschreibung des VORHABENS festgelegt sind. Die Beschreibung des VORHABENS vom . . . . . . ist Vertragsbestandteil;

(2) Durchführung der Zusammenarbeit im Rahmen des VORHABENS;

(3) Informationsaustausch im Rahmen der durch die VERTRAGSPARTNER einzeln oder gemeinsam durchzuführenden Teilaufgaben durch

a) Austausch von Zwischen- und Schlussberichten;

b) Durchsprache der ARBEITSERGEBNISSE wenigstens alle zwei Monate;

c) Abstimmung hinsichtlich der Aktualisierung von Arbeitsprogrammen und Teilaufgaben.

§ 3 Durchführung der Zusammenarbeit

(1) Jeder VERTRAGSPARTNER ist für die Durchführung und Abrechnung der von ihm im Rahmen des VORHABENS gegenüber dem BMWi übernommenen FuE-Aufgaben selbst verantwortlich und benennt hierfür einen Projektleiter (mit Adresse, Rufnummer, Telefax, E-Mail-Adresse), der für die Durchführung der übernommenen Aufgaben zuständig ist sowie mindestens einen Vertreter. Der Projektleiter ist verpflichtet, an den von dem KOORDINATOR zu organisierenden Besprechungen teilzunehmen. Die VERTRAGSPARTNER verpflichten sich, den Projektleiter mit der für die im Rahmen des ordnungsgemäßen Verlaufs des VORHABENS üblicherweise zu treffenden Entscheidungen für und gegen den von ihm vertretenen VERTRAGSPARTNER erforderlichen Vollmacht auszustatten.[9]

(2) Die Koordination der Zusammenarbeit im Rahmen des VORHABENS sowie die Abstimmung mit dem BMWi obliegt der . . . . . AG („KOORDINATOR"). Dazu gehören insbesondere die abgestimmte Ergebnisdarstellung und das einheitliche Berichtswesen gegenüber dem BMWi anstelle von Berichten einzelner VERTRAGSPARTNER; diese werden die entsprechenden Berichte dem KOOR-

description of the PROJECT. The description of the PROJECT of . . . . . . shall constitute an integral element of this Agreement;

(2) Performance of the cooperation with respect to the PROJECT;

(3) Exchange of information during the realization of partial tasks to be performed by the PARTIES either solely or jointly by

a) the exchange of interim and final reports;

b) discussion of the WORKING RESULTS at least every two months;

c) internal coordination of the actualization of working programs and partial tasks.

§ 3 Realization of the Cooperation

(1) Each PARTY is solely responsible for the performance and the billing of the R&D-tasks assumed by it in connection with the PROJECT with respect to the Federal Minstry for Economic Affairs and Energy and will appoint a project manager (including address, phone number, fax and e-mail) who shall be responsible for the performance of the tasks assumed and at least one substitute. The project manager shall participate in the meetings to be organized by the COORDINATOR. The PARTIES shall grant the project manager the necessary power of attorney authorizing him to take the decisions in the name and on behalf of the PARTY represented by him in the ordinary course of the PROJECT.

(2) The coordination of the cooperation within the scope of the PROJECT as well as the coordination with the Federal Ministry for Economic Affairs and Energy shall be performed by . . . . . . AG ("COORDINATOR"). The tasks assumed thereby include, but are not limited to, the coordinated presentation of results and the ensurance of a uniform reporting system with respect to the Federal Ministry for

DINATOR jeweils rechtzeitig zur Verfügung stellen. Treten Abweichungen vom Arbeitsprogramm bei einem oder mehreren VERTRAGSPARTNERN auf, soll der KOORDINATOR die übrigen VERTRAGSPARTNER möglichst frühzeitig darauf aufmerksam machen und Maßnahmen zur Überwindung eingetretener Schwierigkeiten vorschlagen.

(3) Der KOORDINATOR bereitet die zur Durchführung des VORHABENS notwendigen Besprechungen aller VERTRAGSPARTNER vor, lädt hierzu mit einer Frist von zwei Wochen unter Beifügung der Tagesordnung ein, führt den Vorsitz bei den Arbeitssitzungen und ist für die Erstellung und den Versand der Sitzungsprotokolle verantwortlich.

(4) Der KOORDINATOR ist bei wesentlichen Fragestellungen berechtigt, die Anwesenheit von Vertretern der geschäftsführenden Organe der VERTRAGSPARTNER zu verlangen. Er ist darüber hinaus berechtigt, die Ladungsfrist in dringenden Fällen auf zwei Tage abzukürzen. Das Recht der VERTRAGSPARTNER, jederzeit unter Vorsitz des KOORDINATORS mit Zustimmung aller VERTRAGSPARTNER unter Verzicht auf Frist und Form eine Besprechung abzuhalten, bleibt unberührt.

(5) Der KOORDINATOR ist nicht berechtigt, rechtsverbindliche Erklärungen für die anderen VERTRAGSPARTNER abzugeben oder entgegenzunehmen oder Zahlungen an die anderen VERTRAGSPARTNER in Empfang zu nehmen.

§ 4 Finanzierung

Jeder VERTRAGSPARTNER trägt die bei ihm im Rahmen der Projektdurchführung entstehenden Kosten (unter Verwendung der BMWi-Zuwendung) selbst.

§ 5 ARBEITSERGEBNISSE

(1) Inhaber der Rechte an den ARBEITSERGEBNISSEN ist der VERTRAGSPARTNER, der die jeweiligen ARBEITSERGEBNISSE erzielt hat. Der Inhaber ist zur freien Nutzung seiner ARBEITS-

Economic Affairs and Energy instead of individual reports by each of the PARTIES; the latter will submit their respective reports timely to the COORDINATOR. In case of deviations with respect to the working program agreed upon, the COORDINATOR shall inform the other PARTIES as soon as possible thereof and suggest measures to overcome the occurred difficulties.

(3) The COORDINATOR shall prepare the meetings of all PARTIES required to ensure the realization of the PROJECT, shall invite the PARTIES by giving two weeks written notice accompanied with the agenda, shall chair the meetings and shall be responsible for the preparation and the distribution of the meeting records.

(4) The COORDINATOR is entitled to require the participation of a member of each PARTY's management body in meetings concerning issues of essential importance for the PROJECT. The COORDINATOR is also entitled to invite the PARTIES by giving a two days written notice in case of urgent matters. The PARTIES' right to hold a meeting chaired by the COORDINATOR at any time by waiving, subject to each Party's consent, any and all formal requirements, remains unaffected

(5) The COORDINATOR shall neither be entitled to act on behalf of the other PARTIES nor to accept payments in the name and on behalf of other PARTIES.

§ 4 Financing

Each PARTY shall bear its own costs incurred by its participation in the PROJECT (by using the funds granted by the Federal Ministry for Economic Affairs and Energy).

§ 5 WORK RESULTS

(1) The PARTY being the originator of the WORK RESULTS achieved shall be the owner of the rights in and to such WORK RESULTS. The owner is entitled to use its WORK RESULTS without any

ERGEBNISSE berechtigt. Dies schließt das Recht mit ein, im eigenen Namen und auf eigene Kosten SCHUTZRECHTE anzumelden.[10]

(2) An Erfindungen sowie an darauf angemeldeten oder erteilten SCHUTZRECHTEN räumen sich die VERTRAGSPARTNER ein auf die Dauer und Zwecke des VORHABENS beschränktes, unentgeltliches, nicht ausschließliches Nutzungsrecht ein.[11]

(3) An schutzfähigen ARBEITSERGEBNISSEN (mit Ausnahme von Erfindungen sowie an darauf angemeldeten oder erteilten SCHUTZRECHTEN), insbesondere an urheberrechtlich geschützten ARBEITSERGEBNISSEN und an ARBEITSERGEBNISSEN, die COMPUTERPROGRAMME sind,[12] räumt jeder VERTRAGSPARTNER den anderen VERTRAGSPARTNERN ein ausschließlich auf die Dauer und Zwecke des Vorhabens beschränktes, unentgeltliches nichtausschließliches Recht ein, die ARBEITSERGEBNISSE zu nutzen und/oder nachzubilden, soweit der nutzende VERTRAGSPARTNER darlegen kann, dass dies zur Nutzung eigener ARBEITSERGEBNISSE unerlässlich[13] ist.

Bei urheberrechtlich geschützten ARBEITSERGEBNISSEN umfasst dieses Recht alle Nutzungsarten, insbesondere auch das Recht zur Bearbeitung und zur Umarbeitung und schließt Handlungen nach § 69c Nr. 1 und 2 UrhG ein.

Vorbehaltlich entgegenstehender zwingender gesetzlicher Normen des anwendbaren Rechts und anderslautender, gesondert zu treffender schriftlicher Vereinbarung zwischen den VERTRAGSPARTNERN umfassen die Nutzungsrechte an COMPUTERPROGRAMMEN gemäß diesem Vertrag keine Berechtigung a) zur Dekompilierung oder zum Reverse Engineering und b) zur Nutzung von Computerprogrammen im Quellcode.

limitation. This includes the owner's right to file for PROTECTION RIGHTS in his own name and at his own costs.

(2) With respect to inventions and any and all PROTECTION RIGHTS, regardless if being applied for or already granted, the PARTIES hereby grant to each other a non-exclusive, royalty-free right of use which shall be limited by the duration and purpose of this PROJECT.

(3) With respect to WORK RESULTS being eligible for legal protection (with exception of inventions and respective PROTECTION RIGHTS being applied for or granted), in particular with respect to WORK RESULTS being protected by copyrights and WORK RESULTS which are COMPUTER PROGRAMS, each PARTY grants to the other PARTIES a non-exclusive, royalty-free right of use which shall be limited by the duration and purpose of this PROJECT. This right of use includes the using PARTY's right to use and/or to reproduce such WORK RESULT provided that the using PARTY can show that the use of the other PARTY's WORK RESULTS is indispensable for the use of its own WORK RESULTS.

In case of copyrighted WORK RESULTS the aforementioned right of use includes all types of use, in particular the right to adapt and to arrange, and includes the right to perform actions according to § 69c No. 1 and 2 UrhG (German Copyright Act).

Subject to any mandatory provisions of the applicable law and any written agreements to the contrary to be concluded between the PARTIES separately, the right of use granted with respect to COMPUTER PROGRAMS under this Agreement does not include a) the right to decompile or to reverse engineer; b) to use COMPUTER PROGRAMS in its source code.

(4) Mitgeteilte, nicht schutzfähige AR-BEITSERGEBNISSE anderer VER-TRAGSPARTNER darf jeder VER-TRAGSPARTNER für die Dauer und Zwecke des VORHABENS und unter Beachtung der Geheimhaltungsbestimmungen nutzen.

§ 6 Gemeinsame Erfindungen als ARBEITSERGEBNISSE

(1) An gemeinsamen Erfindungen, dh Erfindungen, an denen Mitarbeiter mehrerer VERTRAGSPARTNER beteiligt sind und bei denen die Erfindungsanteile nicht getrennt nach VERTRAGSPARTNERN zum Rechtsschutz angemeldet werden können, steht den beteiligten VER-TRAGSPARTNERN das Recht auf das SCHUTZRECHT gemeinschaftlich zu. Soweit im Einzelfall nichts anderes schriftlich vereinbart ist, darf jeder der an der Erfindung beteiligten VERTRAGSPART-NER die gemeinsame Erfindung nutzen und nicht ausschließliche, nicht unterlizenzierbare Lizenzen an der Erfindung und an darauf erteilten SCHUTZRECH-TEN an Dritte vergeben, ohne dass ein Ausgleich, insbesondere ein finanzieller Ausgleich, zwischen den betroffenen VERTRAGSPARTNERN stattfindet. Die Rechte der übrigen VERTRAGSPART-NER richten sich nach § 5 Abs. 2.

(2) Über die Bearbeitung von gemeinschaftlichen Erfindungen, insbesondere deren Anmeldung zum SCHUTZRECHT, werden sich die betroffenen VERTRAGS-PARTNER von Fall zu Fall verständigen.

(3) Ist nur einer der betroffenen VER-TRAGSPARTNER an der Anmeldung oder Aufrechterhaltung eines SCHUTZ-RECHTS auf die gemeinsame Erfindung oder an der Anmeldung oder Aufrechterhaltung des SCHUTZRECHTS in bestimmten Ländern interessiert, so kann dieser VERTRAGSPARTNER die betreffende Anmeldung auf seinen Namen und seine Kosten unter Benennung der Erfinder vornehmen und aufrechterhalten. Die entstehenden SCHUTZRECHTE stehen in diesem Fall allein dem anmeldenden VERTRAGSPARTNER zu. Der nicht an

(4) Non-protectable WORK RESULTS of other PARTIES which are communicated may be used by the other PARTIES during the term and for the purposes of this PROJECT provided that the confidentiality obligations hereunder are complied with.

§ 6 Joint inventions as WORK RESULTS

(1) In case of joint inventions, i.e. inventions which are made by employees of several PARTIES and which cannot be separated according to each PARTY's contribution to the invention, thereby enabling each PARTY to apply for legal protection of its own contribution to the invention, the contributing PARTIES shall jointly own the right to obtain a PROTECTION RIGHT. Subject to any agreement to the contrary, each of the PARTIES having contributed to the joint invention is entitled to use the joint invention and to grant non-exclusive, non-sublicensable licenses with respect to the invention and any respective PRO-TECTION RIGHT granted thereon to third parties without incurring any obligation to provide compensation, in particular financial compensation, to the other PARTIES. The rights of further PARTIES are determined by § 5 para. 2.

(2) The handling of joint inventions, including but not limited to, the application for PROTECTION RIGHTS, shall be agreed upon between the PARTIES on a case to case basis.

(3) In case only one PARTY is interested in the application for or the maintenance of a PROTECTION RIGHT based on the joint invention or in the application for or the maintenance of a PROTECTION RIGHT with respect to certain countries, the concerned PARTY is entitled to file and to maintain the respective application in its own name and at its own costs stating the inventors. The resulting PRO-TECTION RIGHTS shall be solely owned by the filing PARTY. The PARTY not being interested in the filing and the maintenance of the PROTECTION

der Anmeldung und Aufrechterhaltung des SCHUTZRECHTS interessierte VERTRAGSPARTNER behält ein Recht zur unentgeltlichen Nutzung der Gemeinschaftserfindung und des darauf angemeldeten oder erteilten SCHUTZRECHTS, er darf dieses Recht jedoch außerhalb des Rahmens von § 5 Abs. 2 nicht lizenzieren.

Verzichtet ein VERTRAGSPARTNER auf die prioritätsbegründende Anmeldung eines ihm gemäß § 6 Abs. 1 zustehenden Schutzrechtsanteils im In- und/oder Ausland, wird er seinen Anteil oder die Anmeldung darauf den anderen an der gemeinsamen Erfindung beteiligten VERTRAGSPARTNERN zur Übertragung auf diese zu marktüblichen Bedingungen anbieten; über die Einzelheiten der Übertragung werden die betroffenen VERTRAGSPARTNER eine gesonderte Vereinbarung treffen.

(4) Vorbehaltlich § 7 ist jeder VERTRAGSPARTNER berechtigt, die ihm nach diesem § 6 eingeräumten oder einzuräumenden Rechte an VERBUNDENE UNTERNEHMEN in dem ihm eingeräumten Umfang unter Auferlegung der Verpflichtungen über die Vertraulichkeit gegenüber Dritten solange unterzulizenzieren wie diese Unternehmen die Voraussetzungen eines VERBUNDENEN UNTERNEHMENS erfüllen. Des Weiteren ist der VERTRAGSPARTNER berechtigt, die genannten Rechte an Nachbaufirmen (Unternehmen, die auf der Grundlage einer Lizenz des VERTRAGSPARTNERS oder unter Benutzung von dessen Marken oder sonstigen Kennzeichen Produkte herstellen) unterzulizenzieren. Dieses Recht schließt das Recht ein, bei Dritten fertigen und entwickeln zu lassen. Ausgenommen hiervon ist das Recht, Unterlizenzen mit dem Hauptzweck des Generierens von Lizenzeinnahmen zu vergeben und die ARBEITSERGEBNISSE sowie die darauf angemeldeten oder erteilten SCHUTZRECHTE zum Gegenstand von Patentlizenzaustauschverträgen zu machen.

RIGHT keeps the right to use the joint invention and any and all PROTECTION RIGHTS granted thereon for free; however, it shall not license this right outside the scope of § 5 para. 2 of this Agreement.

If one PARTY waives its right to file an application for its part of a PROTECTION RIGHT establishing priority according to § 6 para. 1 domestically and/or abroad, it shall offer the other PARTIES having contributed to the joint invention its contribution or the application based thereon for assignment according to arm's length conditions. Further details as to the assignment shall be dealt with in a separate agreement between the concerned PARTIES.

(4) Notwithstanding § 7, each of the PARTIES shall be entitled to sublicense the rights granted or to be granted to it under this § 6 to CONNECTED UNDERTAKINGS to the extent granted to it and by imposing the obligations of confidentiality applicable to it with respect to third parties as long as the requirement of a CONNECTED UNDERTAKING is satisfied. Furthermore, the PARTY is entitled to sublicense the aforementioned rights to companies manufacturing products based on a license granted by the PARTY or on its trademarks or further marks. This right includes the right to produce and to develop through third parties. However, the PARTY shall not be entitled to grant sublicenses with the main purpose to incentivate license fees and to turn the WORK RESULTS and the PROTECTION RIGHTS applied for or granted into the subject matter of cross licensing agreements.

§ 7 ARBEITSERGEBNISSE und
Dritterwerber

Wenn ein VERTRAGSPARTNER einen Betriebsteil oder ein VERBUNDENES UNTERNEHMEN veräußert, verpflichten sich die anderen VERTRAGSPARTNER dem Erwerber des Betriebsteils oder dem veräußerten VERBUNDENEN UNTERNEHMEN auf deren schriftliches Verlangen hin an den ARBEITSERGEBNISSEN die Rechte in den in den § 5 Abs. 2 bis einschließlich § 5 Abs. 4 sowie § 6 dem jeweiligen VERTRAGSPARTNER eingeräumten Umfang zu angemessenen, nicht diskriminierenden finanziellen und sonstigen Konditionen einzuräumen.

§ 8 Vermarktung von ARBEITS-ERGEBNISSEN[14]

Für Zwecke außerhalb des VORHABENS, insbesondere zu Zwecken der Vermarktung der Ergebnisse des Verbundvorhabens nach dessen Abschluss, werden sich die VERTRAGSPARTNER, soweit nicht ein Fall des § 6 vorliegt, auf Verlangen gegenseitig an Erfindungen sowie an darauf angemeldeten oder erteilten SCHUTZRECHTEN ein nichtausschließliches, entgeltliches Nutzungsrecht einräumen, soweit dies für die Nutzung eigener ARBEITSERGEBNISSE unerlässlich ist.

Die räumliche und inhaltliche Reichweite des Nutzungsrechts gemäß Satz 1 ist zwischen den VERTRAGSPARTNERN zu vereinbaren. Gleiches gilt für die Höhe der Lizenzgebühren.

Bei der Bemessung der Höhe der Lizenzgebühren sind die Beiträge der betroffenen VERTRAGSPARTNER im VORHABEN, insbesondere deren Auswirkungen auf die Erfindung sowie eine evtl. Mitfinanzierung preismindernd zu berücksichtigen. Im Vergleich zu außenstehenden Dritten ist den VERTRAGSPARTNERN in jedem Fall ein signifikanter Abzug zu gewähren, der im Einzelfall auch zu einem Wegfall des Entgelts führen kann.

§ 7 WORK RESULTS and Acquirer

If a PARTY sells a part of its business or a CONNECTED UNDERTAKING, the other PARTIES shall be obliged to grant to the acquirer of that part of the PARTY's business or the CONNECTED UNDERTAKING upon respective request in writing the rights according to and to the extent set forth in § 5 para. 2 to § 5 para. 4 and § 6 of this Agreement at reasonable, non-discriminating financial and other conditions.

§ 8 Commercialization of WORK RESULTS

For purposes outside the scope of the PROJECT, in particular for the purpose of the commercialization of the WORK RESULTS after its termination, the PARTIES shall grant to each other upon respective request of one of the other PARTIES, provided that § 6 does not apply, a non-exclusive, payable right of use on inventions and PROTECTION RIGHTS applied for or granted as far as such right of use is indispensable for the use of its own WORK RESULTS.

The content and the territorial scope of the right of use according to sentence 1 has to be agreed upon between the PARTIES. The same applies to the royalties to be paid.

When determining the amount of royalties to be paid, the contributions of the concerned PARTIES to the PROJECT, in particular its effects on the invention and an eventual co-financing shall be taken into account as price-reducing factors compared to third parties not being part of this PROJECT. The arm's length principle shall in any case be applied as the basis for a significant reduction which might even lead to a complete waiver of royalties.

§ 9 AUSSERVERTRAGLICHE ERGEBNISSE[15]

(1) Die VERTRAGSPARTNER räumen sich, soweit sie hierzu berechtigt sind, an eingebrachten AUSSERVERTRAGLI-CHEN ERGEBNISSEN, die für die Durchführung des VORHABENS erforderlich sind, auf Wunsch ein auf die Dauer und die Zwecke des VORHABENS beschränktes unentgeltliches, nicht ausschließliches Nutzungsrecht ein. Für Zwecke außerhalb des VORHABENS oder über die Dauer des VORHABENS hinaus werden sich die VERTRAGSPARTNER Nutzungsrechte zu angemessenen, marktüblichen und im Nutzungsfall schriftlich zu vereinbarenden Bedingungen einräumen, soweit dies zur Nutzung eigener ARBEITSERGEBNISSE unerlässlich ist.

COMPUTERPROGRAMME werden in maschinenlesbarer Form überlassen.

(2) Jeder VERTRAGSPARTNER ist berechtigt, die ihm nach § 9 Abs. 1 eingeräumten oder einzuräumenden Rechte an VERBUNDENE UNTERNEHMEN (i) in dem ihm eingeräumten Umfang (ii) unter Auferlegung der Verpflichtungen über die Vertraulichkeit solange unterzulizenzieren (iii) wie diese Unternehmen die Voraussetzungen eines VERBUNDENEN UNTERNEHMENS erfüllen.

(3) Wenn ein VERTRAGSPARTNER einen Betriebsteil oder ein VERBUNDENES UNTERNEHMEN veräußert, verpflichten sich die anderen VERTRAGSPARTNER dem Erwerber des Betriebsteils oder dem veräußerten VERBUNDENEN UNTERNEHMEN auf deren schriftliches Verlangen hin an den AUSSERVERTRAGLI-CHEN ERGEBNISSEN Rechte in den in den § 9. Abs. 1 und § 9 Abs. 2 festgelegten Umfang zu angemessenen, marktüblichen und nicht diskriminierenden finanziellen und sonstigen Konditionen einzuräumen.

§ 9 EXTRACONTRACTUAL WORK RESULTS

(1) The PARTIES hereby grant to each other, as far as they are entitled to do so, with respect to EXTRACONTRACTUAL WORK RESULTS having been made part of the PROJECT and being necessary for the realization of the PROJECT, upon respective request a non-exclusive, royalty-free right of use, being limited by the purpose and the term of the PROJECT. For purposes outside the scope of this PRO-JECT or exceeding the term of this PRO-JECT, the PARTIES shall grant each other rights of use being subject to reasonable arm's length conditions to be agreed upon in writing provided that such right of use is indispensable for the requesting PARTY's use of its own WORK RESULTS.

COMPUTER PROGRAMS shall be made available in machine-readable form.

(2) Each PARTY is entitled to sublicense the rights granted or to be granted to it under § 9 para. 1 to CONNECTED UN-DERTAKINGS provided that the sublicensing PARTY does (i) not exceed the limits of the rights to be sublicensed; (ii) that it passes on the obligations of confidentiality being applicable to the sublicensed right; and (iii) that the sublicensee fulfills the criteria of a CONNECTED UNDERTAKING.

(3) If a PARTY sells a part of its business or a CONNECTED UNDERTAKING, the other PARTIES shall be obliged to grant to the acquirer of that part of the business or the CONNECTED UNDER-TAKING upon respective request in writing the rights of use with respect to EXTRACONTRACTUAL WORK RE-SULTS to the extent set forth in § 9 para. 1 and § 9 para. 2 and in accordance with reasonable, non-discriminating financial and further conditions.

§ 10 OPEN SOURCE SOFTWARE

Jeder VERTRAGSPARTNER ist berechtigt, im Rahmen des VORHABENS OPEN SOURCE SOFTWARE einzusetzen, sofern

(1) zwischen ARBEITSERGEBNISSEN eines oder mehrerer VERTRAGSPARTNER die COMPUTERPROGRAMME sind, und der OPEN SOURCE SOFTWARE keine Verknüpfung derart geschaffen wird, dass die ARBEITSERGEBNISSE selbst zum Gegenstand der für OPEN SOURCE SOFTWARE gültigen Lizenzbedingungen werden und

(2) zumindest eine der nachfolgenden Voraussetzungen erfüllt ist:

a) Die OPEN SOURCE SOFTWARE wird weder direkt noch indirekt (zB durch Verlinkung) Teil der ARBEITSERGEBNISSE, und/oder

b) der Einsatz der OPEN SOURCE SOFTWARE ist bereits in der Beschreibung des VORHABENS aufgeführt, und/oder

c) alle VERTRAGSPARTNER haben dem Einsatz der OPEN SOURCE SOFTWARE schriftlich zugestimmt.

§ 11 Unteraufträge

(1) Die Vergabe von Unteraufträgen durch einen VERTRAGSPARTNER ist nicht an die Zustimmung der anderen VERTRAGSPARTNER gebunden. Über die Vergabe von gesamtprojektbezogenen Unteraufträgen ist durch Konsortialbeschluss zu entscheiden. Dies gilt nicht für Unteraufträge für die gesamtprojektbezogenen Leistungen:

a) Serverinfrastruktur/Hosting,
b) Juristische Beratung,
c) Transfermaßnahmen, auf die sich die VERTRAGSPARTNER bereits vor Vertragsschluss geeinigt haben.

(2) Die Finanzierung solcher gesamtprojektbezogenen Unteraufträge wird in gesonderten Vereinbarungen geregelt.

(3) Die VERTRAGSPARTNER haben sicherzustellen, dass sie den anderen VER-

§ 10 OPEN SOURCE SOFTWARE

Each PARTY is entitled to apply OPEN SOURCE SOFTWARE for the realization of the PROJECT if

(1) WORK RESULTS which are COMPUTER PROGRAMS made by one or more PARTIES and the OPEN SOURCE SOFTWARE are not integrated in a manner leading to the applicability of the License terms covering the OPEN SOURCE SOFTWARE to a PARTY's WORK RESULTS and

(2) at least one of the following conditions is satisfied:

a) The OPEN SOURCE SOFTWARE does neither directly nor indirectly (e.g. through a link) become a part of the WORK RESULTS and/or

b) the use of OPEN SOURCE SOFTWARE is already mentioned in the description of the PROJECT; and/or

c) all PARTIES have previously consented to the use of OPEN SOURCE SOFTWARE in writing

§ 11 Subcontracts

(1) Each PARTY may subcontract third Parties without the consent of any of the other PARTIES. Any subcontracting referring to the entire PROJECT requires a decision of the consortium with the exception of such subcontracts concerning the following services related to the entire PROJECT:

a) Server infrastructure/hosting,
b) legal services;
c) Any and all measures of transfer agreed upon between the PARTIES before the conclusion of this Agreement.

(2) The financing of such subcontracts related to the entire PROJECT shall be agreed upon in separate agreements.

(3) The PARTIES shall ensure that they are able to grant the rights to be granted

TRAGSPARTNERN die nach diesem Vertrag vereinbarten Rechte auch an den ARBEITSERGEBNISSEN und an verwendeten AUSSERVERTRAGLICHEN ERGEBNISSEN ihrer Auftragnehmer einräumen können. Zu den ARBEITS-ERGEBNISSEN der gesamtprojektbezogenen Unteraufträge ist allen VERTRAGSPARTNERN ein unentgeltlicher Zugang zu gewähren. Die Vorschriften über die Geheimhaltung nach § 12 dieses Vertrages bleiben unberührt.

to the other PARTIES under this AGREEMENT to these other PARTIES also with respect to the WORK RESULTS and the EXTRACONTRACTUAL WORK RESULTS of their subcontractors. The WORK RESULTS resulting from subcontracts referring to the entire project shall be accessible for all PARTIES without any costs. The obligations of confidentiality according to § 12 of this Agreement remain unaffected.

§ 12 Geheimhaltung[16]

(1) Die VERTRAGSPARTNER verpflichten sich, die ARBEITSERGEBNISSE und AUSSERVERTRAGLICHE ERGEBNISSE der anderen VERTRAGSPARTNER sowie alle VERTRAULICHEN INFORMATIONEN Dritten gegenüber – für einen Zeitraum von fünf Jahren über die Dauer des Vertrages hinaus – vertraulich zu behandeln, Dritten nicht zugänglich zu machen und vor dem Zugriff Dritter zu schützen. Nicht als Dritte gelten VERBUNDENE UNTERNEHMEN, soweit diese zu einer entsprechenden Geheimhaltung verpflichtet sind.

(2) Diese Verpflichtung gilt nicht für VERTRAULICHE INFORMATIONEN, die (i) einem VERTRAGSPARTNER bereits vor ihrer Mitteilung im Rahmen dieses Vertrages bekannt waren, (ii) von ihm oder einem mit ihm VERBUNDENEN UNTERNEHMEN nachweislich unabhängig erarbeitet oder anderweitig rechtmäßig erlangt wurden (iii) oder die allgemein bekannt sind oder ohne Verstoß gegen diesen Vertrag allgemein bekannt werden.

(3) Die VERTRAGSPARTNER werden in geeigneter Form dafür sorgen, dass auch die von ihnen bei der Durchführung dieses Vertrages hinzugezogenen Mitarbeiter, freien Mitarbeiter und Unterauftragnehmer die vorstehende Vertraulichkeit wahren.

(4) Unbeschadet der Regelungen dieses § 12 ist jeder VERTRAGSPARTNER berechtigt, VERTRAULICHE INFOR-

§ 12 Confidentiality

(1) The PARTIES shall keep confidential, not make accessible to and protect against the unauthorized access of third parties the WORK RESULTS and the EXTRA-CONTRACTUAL WORK RESULTS and any and all further CONFIDENTIAL INFORMATION during a period of five years following the term of this Agreement. CONNECTED UNDERTAKINGS shall not be treated as third parties as long as they are under a respective obligation of confidentiality.

(2) This obligation shall not apply to CONFIDENTIAL INFORMATION that (i) is already known to another PARTY before its communication under this Agreement, (ii) another PARTY or its CONNECTED UNDERTAKINGS can prove to be the result of independent research and development activities or any other lawful acquisition or (iii) which are already or become publicly known without any breach of this duty of confidentiality.

(3) The PARTIES shall take the necessary measures to ensure that its employees, freelancers and subcontractors involved in the implementation of this Agreement also comply with the aforementioned duty of confidentiality.

(4) Notwithstanding the obligations set forth by this § 12, each PARTY shall be entitled to reveal CONFIDENTIAL IN-

MATIONEN eines anderen VERTRAGS-PARTNERS Dritten insoweit zu offenbaren, als dass die Offenbarung für die Nutzung der dem empfangenden VERTRAGSPARTNER im Rahmen dieses Vertrags eingeräumten Rechte erforderlich ist, vorausgesetzt dass sich der empfangende Dritte schriftlich zu einer Geheimhaltung, die mindestens den Regelungen dieses § 12 entspricht, verpflichtet hat.

§ 13 Veröffentlichungen[17]

(1) Jeder VERTRAGSPARTNER bleibt berechtigt, seine ARBEITSERGEBNISSE zu veröffentlichen. Die VERTRAGSPARTNER werden beabsichtigte Veröffentlichungen für einen Zeitraum von 5 Jahren über die Dauer des Vertrages hinaus den anderen VERTRAGSPARTNERN vorher zur Wahrung berechtigter Interessen vorlegen.

(2) Veröffentlichungen wissenschaftlich-technischer Details auf dem Gebiet einer Erfindung werden die VERTRAGSPARTNER nicht vornehmen, sofern dies dem Erwirken eines SCHUTZRECHTS schädlich sein könnte.[18]

(3) Veröffentlichungen über ARBEITSERGEBNISSE, die auf mehrere VERTRAGSPARTNER zurückzuführen sind oder Veröffentlichungen, die ARBEITSERGEBNISSE und VERTRAULICHE INFORMATIONEN anderer VERTRAGSPARTNER enthalten, können für einen Zeitraum von 5 Jahren über die Dauer des Vertrages hinaus nur nach Abstimmung und im gegenseitigen Einvernehmen vorgenommen werden. Die Zustimmung darf nicht unbillig verweigert werden. Sofern nicht innerhalb von 4 Wochen nach Vorlage der geplanten Veröffentlichung widersprochen wird, gilt die Zustimmung als erteilt.

(4) Den VERTRAGSPARTNERN ist bekannt, dass im Rahmen des VORHABENS Dissertationen, Bachelor- und Masterarbeiten sowie sonstige Arbeiten zur Erlangung eines akademischen Grades erstellt werden. Die VERTRAGSPARTNER werden darauf hinwirken, dass diese Arbeiten nach Maß-

§ 13 Publications

FORMATION of another PARTY provided that the revelation is necessary to make use of the rights granted to the receiving PARTY under this Agreement; and that the receiving third party is under a duty of confidentiality corresponding at least to the obligations set forth in this § 12.

(1) Each PARTY shall be entitled to publish its WORK RESULTS. The PARTIES shall submit works intended for publication to the other PARTIES during a period of 5 years exceeding the term of this Agreement in order to allow the other PARTIES to preserve their reasonable interests.

(2) The PARTIES shall refrain from publishing scientific-technical details within the scope of an invention provided that such publication can endanger the granting of a PROTECTION RIGHT.

(3) During a period of five years exceeding the term of this Agreement, publications relating to WORK RESULTS based on the contributions of several PARTIES or publications that contain CONFIDENTIAL INFORMATION of other PARTIES require the mutual information and consent of all concerned PARTIES. The consent shall not be withheld unreasonably. The required approval shall be deemed to be granted if no declaration to the contrary is made within four weeks following the presentation of the work to be published.

(4) The PARTIES are aware that doctoral, bachelor and master theses and other kinds of academic works to achieve an academic degree are to be prepared within the context of this PROJECT. The PARTIES shall take the necessary measures to ensure that these works can be finalized

gabe der jeweiligen Prüfungsordnung abgeschlossen werden können. Die Regelungen dieses § 13 müssen jedoch eingehalten werden.

(5) Die Vorschriften über die Geheimhaltung nach § 12 dieses Vertrags bleiben unberührt.

§ 14 Mängelhaftung

(1) Die VERTRAGSPARTNER werden die ihnen gemäß diesem Vertrag obliegenden Verpflichtungen entsprechend dem aktuellen Stand ihrer wissenschaftlichen und technischen Kenntnisse und Erfahrungen mit der in ihren eigenen Angelegenheiten üblichen Sorgfalt erfüllen.

(2) Die Haftung der VERTRAGSPARTNER für Sach- und Rechtsmängel ist, sofern die VERTRAGSPARTNER die ihnen gemäß diesem Vertrag obliegenden Verpflichtungen entsprechend § 14 Abs. 1 erfüllen und soweit gesetzlich zulässig, ausgeschlossen.[19] Werden einem VERTRAGSPARTNER Rechte Dritter bekannt, die der Nutzung der ARBEITSERGEBNISSE und/oder AUSSERVERTRAGLICHER ERGEBNISSE entgegenstehen, wird der betreffende VERTRAGSPARTNER dies den übrigen VERTRAGSPARTNERN unverzüglich schriftlich mitteilen. Alle VERTRAGSPARTNER werden sich nach besten Kräften bemühen, die von ihnen nach diesem Vertrag übernommenen Aufgaben so zu erfüllen, dass Rechte Dritter nicht verletzt werden.

§ 15 Sonstige Haftung

(1) Die VERTRAGSPARTNER haften einander uneingeschränkt für Vorsatz und grobe Fahrlässigkeit.

(2) Die Haftung für leichte Fahrlässigkeit, ist, außer in Fällen (i) der Verletzung des Lebens, des Körpers oder der Gesundheit sowie (ii) bei Verletzung der Geheimhaltungsverpflichtungen gemäß § 12, ausgeschlossen.[20]

(3) Die Haftungsbeschränkungen gelten auch zugunsten der jeweiligen gesetzlichen Vertreter, Erfüllungsgehilfen und Verrichtungsgehilfen.

according to the applicable examination rules. However, the rules contained in this § 13 must be respected in any case.

(5) The obligation of confidentiality according to § 12 remains unaffected.

§ 14 Liability for defects

(1) The PARTIES shall perform the obligations assumed under this Agreement according to their actual state of their scientific and technical knowledge and experiences and in accordance with the degree of care applied by them in their own matters.

(2) The liability of each PARTY for defects in material and law is excluded as far as permitted by law and provided that the PARTIES comply with their obligations according to § 14 para. 1 of this Agreement. If one PARTY becomes aware of third party rights preventing the use of WORK RESULTS and/or EXTRACONTRACTUAL WORK RESULTS, the respective PARTY shall inform the other PARTIES immediately in writing. Each of the PARTIES shall take any and all measures aimed to ensure that it can perform the obligations assumed by it under this Agreement without infringing the rights of third parties.

§ 15 Further Liability

(1) The PARTIES can entirely be held liable to one another for willful and grossly negligent behavior.

(2) Any and all liability resulting from slight negligence is excluded except in (i) cases of damages to life, body or health and (ii) in case of a breach of the confidentiality duty according to § 12.

(3) The aforementioned limitations of liability also apply to the legal representatives, and performing and vicarious agents of the concerned PARTY.

§ 16 Kündigung

(1) Jeder VERTRAGSPARTNER ist berechtigt, diesen Vertrag mit sofortiger Wirkung zu kündigen, falls (i) seine Förderung erheblich verringert, eingestellt oder rückgängig gemacht wird, gleich ob der VERTRAGSPARTNER die Reduzierung, Einstellung oder Rückgängigmachung verursacht hat oder ob diese vom Zuwendungsgeber veranlasst wird oder (ii) er seine Tätigkeiten auf einem Gebiet des VORHABENS einstellt. Die Kündigung hinsichtlich einzelner Arbeitspakete ist ausgeschlossen.

Das Recht zur Kündigung aus wichtigem Grund bleibt unberührt.

(2) Mit Wirksamkeit der Kündigung enden im Verhältnis zwischen dem kündigenden VERTRAGSPARTNER einerseits und den übrigen VERTRAGSPARTNERN andererseits die Verpflichtungen zur Erbringung von Forschungs- und Entwicklungsarbeiten nach diesem Vertrag. Die übrigen Verpflichtungen und Rechte der VERTRAGSPARTNER beschränken sich auf die bis zum Wirksamwerden der Kündigung durchgeführten Forschungs- und Entwicklungsarbeiten (insbesondere auf die bis zur Kündigung entstandenen bzw. mitgeteilten ARBEITSERGEBNISSE). Die bis zu diesem Zeitpunkt entstandenen und eingeräumten Rechte der VERTRAGSPARTNER werden durch die Kündigung nicht berührt.

(3) Die übrigen VERTRAGSPARTNER setzen die Zusammenarbeit nach diesem Vertrag fort. Sie werden sich über eine gegebenenfalls notwendige Anpassung der Zuordnung von Arbeiten abstimmen.

(4) Kündigungen erfolgen gegenüber allen VERTRAGSPARTNERN durch schriftliche Mitteilung in Form von eigenhändig unterzeichneten Erklärungen.

§ 17 Dispute Board

(1) Die VERTRAGSPARTNER vereinbaren hiermit die Einrichtung eines kombinierten Dispute Board[21] („Combined Dispute Board; „CDB") gemäß den Rege-

§ 16 Termination

(1) Each PARTY is entitled to terminate this Agreement with immediate effect in case (i) its financial support is reduced significantly, stopped or revoked, regardless of whether the PARTY or the granting authority is responsible for the reduction, the stop or the revocation or (ii) whether the activities with respect to the PROJECT are shut down. The termination of partial tasks is not admissible.

The right to terminate this Agreement for cause remains unaffected.

(2) Upon the valid termination of this Agreement, the mutual obligations between the PARTY having terminated the Agreement on the one side and the remaining PARTIES on the other side to perform research and development activities shall be deemed to have ceased. The remaining obligations and claims of the PARTIES are limited to the research and development activities performed until the effective date of the termination, in particular to the WORK RESULTS communicated until the termination. The rights incurred and granted to the other PARTIES until the effective date of the termination remain unaffected.

(3) The remaining PARTIES shall continue their cooperation under this Agreement. They shall agree upon the eventually necessary modification of the allocation of tasks.

(4) Terminations have to be made with respect to all PARTIES by written and personally signed notice.

§ 17 Dispute Board

(1) The PARTIES hereby agree to establish a Combined Dispute Board ("CDB") in accordance with the Dispute Board Rules of the International Chamber of

lungen der Internationalen Handelskammer („REGELN“), die hiermit zum Vertragsbestandteil gemacht werden. Das CDB besteht aus [drei][22] entsprechend den vorgenannten Regeln zu berufenden Mitgliedern [alternativ: in dieser Vereinbarung benannten].[23]

(2) Alle Streitigkeiten aus oder im Zusammenhang mit der vorliegenden Vereinbarung sind zunächst dem CDB entsprechend den REGELN vorzulegen. Das CDB spricht hinsichtlich aller ihm vorgelegten Streitigkeiten eine Empfehlung aus, sofern nicht (i) die VERTRAGSPARTNER einvernehmlich eine Entscheidung verlangen oder (ii) es aufgrund des Antrages eines VERTRAGSPARTNERS entscheidet, eine Entscheidung zu erlassen.[25] *(Optional: Das CDB hat jede Entscheidung der ICC zur Prüfung gemäß Art. 23 der REGELN vorzulegen.)*[24]

(3) Kommt ein zur Befolgung einer Empfehlung oder Entscheidung gemäß den Regeln verpflichteter VERTRAGSPARTNER dieser nicht nach, können die übrigen VERTRAGSPARTNER die Nichtbefolgung zum Gegenstand eines Schiedsverfahrens gemäß § 18 machen, ohne zuvor erneut das CDB anrufen zu müssen.[26] Dem VERTRAGSPARTNER, der trotz einer entsprechenden Verpflichtung gemäß den REGELN einer Empfehlung oder Entscheidung nicht unverzüglich nachgekommen ist, ist es verwehrt, die den Gegenstand der Empfehlung oder Entscheidung bildenden Fragen zur Rechtfertigung ihrer Nichtbefolgung der Empfehlung oder Entscheidung anzuführen.

(4) Teilt ein VERTRAGSPARTNER (i) den anderen VERTRAGSPARTNERN und dem CDB schriftlich sein fehlendes Einverständnis mit einer Entscheidung des CDB gemäß den Regeln mit, oder (ii) erlässt das CDB die Empfehlung oder Entscheidung nicht binnen der in den Regeln vorgesehenen Fristen oder (iii) wird das CDB vor dem Erlass einer Empfehlung oder Entscheidung aufgelöst, ist die Streitigkeit durch ein Schiedsverfahren gemäß § 18 zu entscheiden.

Commerce ("RULES"), which are incorporated herein by reference. The CDB shall have [three] members appointed pursuant to the Rules [alternatively: appointed in this Agreement].

(2) All disputes arising out of or in connection with the present Contract shall be submitted, in the first instance, to the CDB in accordance with the RULES. For any given dispute, the CDB shall issue a Recommendation, unless (i) the PARTIES agree that it shall render a decision or (ii) it decides to do so upon the request of a PARTY and in accordance with the RULES. *(Optional: The CDB shall submit each Decision to the ICC for review in accordance with Article 23 of the RULES.)*

(3) If any PARTY fails to comply with a Recommendation or a Decision, when required to do so pursuant to the RULES, the other PARTIES may refer the failure itself, without having to refer it to the CDB first, to arbitration in accordance with § 18. A PARTY that has failed to comply with a Recommendation or a Decision, when required to do so pursuant to the Rules, shall not raise any issue as to the merits of the Recommendation or the Decision as a defence to its failure to comply without delay with the Recommendation or the Decision.

(4) If any PARTY (i) sends a written notice to the other PARTIES and the CDB expressing its dissatisfaction with a Recommendation or a Decision, as provided in the RULES, or (ii) if the CDB does not issue the Recommendation or the Decision within the time limit provided in the Rules, (iii) or if the CDB is disbanded pursuant to the Rules prior to issuing the Recommendation or the Decision, the dispute shall be finally settled by arbitration in accordance with § 18.

(5) Das Recht eines jeden VERTRAGS-PARTNERS zur jederzeitigen Inanspruchnahme vorläufigen und/oder sichernden Rechtsschutzes vor Gerichten und/oder Schiedsgerichten bzw. Eilschiedsrichtern, bleibt unberührt.[27]

§ 18 Schiedsklausel[28]

§ 19 Sonstiges

(1) Rechte und Pflichten aus diesem Vertrag dürfen ohne vorherige schriftliche Zustimmung der VERTRAGSPARTNER nicht auf Dritte übertragen werden.
Einer Zustimmung bedarf es nicht bei Übertragung dieses Vertrags

a) auf ein VERBUNDENES UNTERNEHMEN,

b) auf einen Dritten im Rahmen einer Übertragung eines Betriebes oder Betriebsteils, der Arbeiten im Rahmen des VORHABENS durchführt oder in dessen Interesse diese Arbeiten durchgeführt werden.

(2) Änderungen und Ergänzungen dieses Vertrages bedürfen der Schriftform. Auf dieses Formerfordernis kann nur schriftlich verzichtet werden.[29]

(3) Der Vertrag tritt mit Unterzeichnung durch alle VERTRAGSPARTNER in Kraft. Die Laufzeit dieses Vertrages entspricht der Zeitdauer des VORHABENS. Die Bestimmungen der §§ 5, 6, 7, 8, 9, 12, 13, 14, 15, 18 und 19 gelten auch nach Beendigung dieses Vertrags weiter.

(4) Die Pflichten der VERTRAGSPARTNER und die Rechte des Zuwendungsgebers aus Zuwendungsbescheiden des BMWi bleiben von diesem Vertrag unberührt.

(5) Sollten Bestimmungen dieses Vertrages ganz oder teilweise unwirksam oder nicht durchführbar sein oder werden, so wird die Wirksamkeit der übrigen Bestimmungen hierdurch nicht berührt. Anstelle der unwirksamen oder undurchführbaren Bestimmung soll eine Regelung gelten, die, soweit rechtlich möglich, dem am Nächsten kommt, was die VERTRAGSPARTNER gewollt haben oder nach dem Sinn und Zweck gewollt hätten, sofern sie bei Vertragsabschluss diesen Punkt bedacht hätten.[30]

---

(5) Each PARTY's right to request provisional and/or protective measures from any court and/or arbitral tribunal, including emergency arbitrators remains unaffected.

§ 18 Arbitration

§ 19 General Provisions

(1) The claims and obligations resulting from this Agreement shall not be assigned without the previous written approval of the other PARTIES.
No consent is required in case this Agreement is assigned

a) to a CONNECTED UNDERTAKING,

b) to a third party in the course of a transfer of the business or a part of it which executes services within the scope of the PROJECT or in whose interest these services are carried out.

(2) Any and all amendments to this Agreement need to be made in writing. This form requirement may only be waived in writing.

(3) This Agreement enters into force upon its signature by all PARTIES. The term of the Agreement shall correspond to the term of this PROJECT. The §§ 5, 6, 7, 8, 9, 12, 13, 14, 15, 18 and 19 shall survive the expiration of this Agreement.

(4) The obligations of the PARTIES and the rights of the granting authority resulting from the grants issued by the Ministry of Economy and Energy remain unaffected.

(5) In case specific clauses of this Agreement are invalid, the validity of the remaining conditions shall remain unaffected. The invalid clause shall be deemed to be substituted by a valid clause which, as far as legally possible, corresponds to the underlying commercial intention of the PARTIES or which they would have had if they had been aware of the invalidity at the time of the conclusion of the Agreement.

Anmerkungen

1. Sachverhalt. Diesem Vertrag liegt ein öffentlich gefördertes Forschungsvorhaben zugrunde, zu dessen Realisierung sich zwei privatwirtschaftliche Unternehmen und eine Hochschule zusammengefunden haben („Verbundprojekt"). Gegenstand der Forschung ist die cloud-basierte automatisierte Koordinierung industrieller Fertigungsprozesse mehrerer Betriebsstätten über das Internet. Aufgrund eines entsprechenden Antrages ist den beteiligten Vertragspartnern die begehrte Förderung gewährt worden. Hierdurch wird ein öffentlich-rechtlich geprägtes Rechtsverhältnis zwischen den einzelnen Antragstellern gegenüber dem Zuwendungsgeber (hier dem BMWi) begründet. Freilich wird die Koordinierung und Abwicklung des Fördervorhabens häufig einem sog. Projektträger übertragen. Dieses Rechtsverhältnis unterliegt den Bedingungen der Zuwendungsbescheide sowie weiteren Bestimmungen, die den Ablauf des Vorhabens und insbesondere die Verwendung der Fördermittel regeln (zB die Allgemeinen Nebenbestimmungen für Zuwendungen zur Projektförderung, ANBest-P). Dieser Vertrag regelt demgegenüber das Rechtsverhältnis der Antragsteller bzw. Zuwendungsempfänger untereinander und dient dazu, die Verteilung der im Rahmen des geförderten Vorhabens zu erbringenden Leistungen zu koordinieren und insbesondere dazu, die Inhaberschaft an den zu erzielenden Arbeitsergebnissen festzulegen.

2. Rechtsrahmen. Forschungs- und Entwicklungsverträge unterfallen, sofern es nicht primär um die Lizenzierung zur Ermöglichung der Herstellung von Vertragsprodukten geht, der VO (EU) Nr. 1217/2010 der Kommission v. 14.12.2010 über die Anwendung von Art. 101 Abs. 3 des Vertrags über die Arbeitsweise der Europäischen Union auf bestimmte Gruppen von Vereinbarungen über Forschung und Entwicklung (F&E GVO 1217/2010). Der Sache nach handelt es sich um eine sog. Gruppenfreistellungsverordnung, durch die bestimmte vertragsrechtliche Vereinbarungen von der Anwendung des Verbots gem. Art. 101 Abs. 1 AEUV ausgenommen werden, sofern bestimmte Voraussetzungen erfüllt sind. So darf insbesondere nicht gegen Kernbeschränkungen verstoßen werden. Beispiele hierfür sind in der genannten Verordnung die Beschränkung der Freiheit der Parteien, Forschung und Entwicklung außerhalb des die Vereinbarung betreffenden Bereichs zu betreiben sowie Vereinbarungen, die darauf abzielen, das Recht der Parteien zu beschränken, nach Abschluss des vertragsgegenständlichen Vorhabens in einem damit zusammenhängenden Bereich Forschung und Entwicklung zu betreiben, Art. 5 lit. a der Verordnung. Zu den darüber hinaus zu erfüllenden Freistellungsvoraussetzungen gehört insbesondere die interne Gewährung freien Zugangs zu den Ergebnissen der gemeinsamen Forschungs- und Entwicklungstätigkeit der Vertragspartner, s. Art. 3 Abs. 2 bis 5 der Verordnung.

Keine Anwendung auf Vereinbarungen der vorliegenden Art findet die VO (EU) Nr. 316/2014 der Kommission v. 21.3.2014 über die Anwendung von Artikel 101 Abs. 3 des Vertrags über die Arbeitsweise der Europäischen Union auf Gruppen von Technologietransfer-Vereinbarungen (Technologie-GVO 316/2014). Diese bezieht sich auf Vertragsgestaltungen, in denen die Lizenzierung geistigen Eigentums mit dem Ziel im Vordergrund steht, einem anderen die Produktion des in dem geistigen Eigentum verkörperten Produkts zu ermöglichen. Dies gilt auch wenn für die Produktion weitere Forschung erforderlich ist (MüKoEuWettbR/*Röhling*/*Nagel* GVO Nr. 316/2014 Einl. Rn. 102).

3. Allgemeine Geschäftsbedingungen/Inhaltskontrolle. Das vorliegende Muster gibt den typischen Inhalt einer Forschungs- und Entwicklungsvereinbarung zwischen mehreren Konsortialpartnern wieder. Die darin enthaltenen Bestimmungen können für eine Vielzahl von Verträgen gleicher Art genutzt werden und stellen daher Allgemeine Geschäftsbedingungen (AGB) im Sinne von § 305 Abs. 1 BGB dar. Da die Vertragsparteien typischerweise Unternehmer sowie juristische Personen öffentlichen Rechts sein werden, finden die der Inhaltskontrolle von AGB dienenden Vorschriften des § 305 Abs. 2 und 3, des § 308 Nr. 1, 2 bis 8 und des § 309 BGB keine Anwendung, wohl aber § 307 BGB, in dessen Rahmen die Wertungen der §§ 308 und 309 BGB zu berücksichtigen sind.

Eine Möglichkeit, auch bei Inlandssachverhalten der vielgescholtenen Neigung der Rechtsprechung, die Bestimmungen der §§ 308, 309 BGB über § 307 BGB auch auf den Rechtsverkehr zwischen Unternehmen zu erstrecken, zu entgehen, besteht darin, im Rahmen einer Schiedsvereinbarung eine Rechtswahlvereinbarung gem. § 1051 Abs. 1 ZPO zu treffen. Zu den Einzelheiten → Form. C. 8.

4. „Arbeitsergebnisse". Der Begriff „Arbeitsergebnisse" wie er hier verwandt wird, entspricht dem Gehalt des ebenfalls üblichen Begriffs „Foreground IP" (IP „Intellectual Property"). Er dient der Bezeichnung des auf Grundlage der Projektausführung zu erarbeitenden Know-hows und der ggf. entsprechenden Schutzrechte.

5. „Know-how". Die für Forschungs- und Entwicklungsvereinbarungen maßgebliche F&E GVO 1217/2010 definiert den Begriff „Know-how" in Art. 1 Abs. 1 lit. i als „Gesamtheit nicht patentgeschützter praktischer Kenntnisse, die durch Erfahrung und Erprobung gewonnen wurden und die geheim, wesentlich und identifiziert sind". Die danach zu erfüllenden Kriterien der Geheimheit, Wesentlichkeit und Identifizierbarkeit implizieren einen eingeschränkten Anwendungsbereich, so dass es ggf. ratsam ist, den Begriff gesondert zu definieren und dabei einen weiteren Anwendungsbereich festzulegen. sa die Definition des Geschäftsgeheimnisses in Art. 2 Abs. 1 des Vorschlages für eine Richtlinie des Europäischen Parlaments und des Rates über den Schutz vertraulichen Know-hows und vertraulicher Geschäftsinformationen (Geschäftsgeheimnisse) vor rechtswidrigem Erwerb sowie rechtswidriger Nutzung und Offenlegung (COM/2013/0813 final – 2013/0402 (COD)): Geschäftsgeheimnisse sind danach „Informationen, die alle nachstehenden Kriterien erfüllen:

a) sie sind in dem Sinne geheim, dass sie weder in ihrer Gesamtheit noch in der genauen Anordnung und Zusammensetzung ihrer Bestandteile den Personenkreisen, die üblicherweise mit dieser Art von Informationen umgehen, allgemein bekannt oder ohne weiteres zugänglich sind;

b) sie sind von kommerziellem Wert, weil sie geheim sind;

c) sie sind Gegenstand von den Umständen entsprechenden angemessenen Geheimhaltungsmaßnahmen der Person, die die rechtmäßige Kontrolle über die Informationen besitzt".

Im Unterschied zum deutschen Wettbewerbsrecht, das lediglich einen „Geheimhaltungswillen" verlangt (MüKoLR/*Brammsen* UWG § 17 Rn. 19 ff.), der nicht unbedingt manifestiert werden muss, sind – jedenfalls aufgrund des Richtlinienvorschlags – künftig „Geheimhaltungsmaßnahmen" vonnöten, um in den Genuss des Schutzes von Know-how zu gelangen.

6. „Außervertragliche Ergebnisse". Der Begriff „Außervertragliche Ergebnisse" wie er hier verwandt wird, entspricht dem Gehalt des ebenfalls üblichen Begriffs „Background IP" (IP „Intellectual Property"). Er zielt auf bei Projektbeginn bestehendes Know-how und Schutzrechte ab.

7. „Verbundene Unternehmen". Die hier verwandte Definition entstammt der F&E GVO 1217/2010.

8. „Vertrauliche Informationen". Es empfiehlt sich, an die Vertraulichkeit keine höheren Anforderungen, insbesondere nicht das Erfordernis einer Kennzeichnung bestimmten Materials als „vertraulich" zu stellen, um nicht die Interaktion unnötig zu erschweren und dem Risiko einer versehentlichen Freigabe an sich vertraulichen Materials durch unbeabsichtigtes Unterlassen der Kennzeichnung als „vertraulich" vorzubeugen.

9. Projektleiter. Die hier vorgeschlagene Regelung zielt auf einen mit rechtgeschäftlicher Vollmacht ausgestatteten Projektleiter ab, was der Abwicklung des Projekts gegenüber den anderen Vertragspartnern förderlich ist. Den jeweiligen Vollmachtgebern bleibt es unbenommen, die Vollmacht im Innenverhältnis zu beschränken.

10. Nichtangriffsklausel. In der Praxis finden sich im Zusammenhang mit Ausschlussklauseln der vorstehenden Art gleichzeitig sog. Nichtangriffsklauseln, durch die sich die Vertragspartner wechselseitig verpflichten, die zugunsten der jeweils anderen Vertragspartner bestehenden Schutzrechte nicht anzugreifen. Derartige Nichtangriffsklauseln galten unter früherem deutschen Recht als kartellrechtlich zulässig, gehören aber gemäß Art. 6 lit. a F&E GVO 1217/2010 zu den nicht freistellungsfähigen kartellrechtlichen Beschränkungen.

11. Arbeitsergebnisse – abgestufte Regelung. § 5 des vorliegenden Musters stellt zunächst klar, dass die Rechte am jeweiligen Arbeitsergebnis bei dem dafür verantwortlichen Vertragspartner liegen. Gleichzeitig räumen sich die Vertragspartner wechselseitig ein nicht ausschließliches, unentgeltliches Nutzungsrecht ein, um die Erreichung der Ziele des geförderten Vorhabens zu gewährleisten. Dabei wird zwischen Arbeitsergebnissen, die Gegenstand registrierbarer Schutzrechte (zB Patente) und solchen, die lediglich Gegenstand nicht registrierbarer Schutzrechte (zB Urheberrecht) sein können, unterschieden. Dies ist aus Gründen der Klarheit, insbesondere bei komplexen Vorhaben wie dem vorliegenden, zu empfehlen. Wichtig ist jedoch die Begrenzung eines solchen Nutzungsrechts auf die Dauer und die Zwecke des Vorhabens, um den unkontrollierten Abfluss und die Verwertung entsprechender Arbeitsergebnisse über das Vorhaben hinaus zu verhindern.

12. Trennung nach Arten von Schutzrechten. Registergebundene und nicht registergebundene Schutzrechte sollten zweckmäßigerweise unterschieden werden. Während registergebundene Schutzrechte erst mit ihrer Eintragung zur Entstehung gelangen und nicht zwingend an den Schöpfer gebunden sind, ist das beispielsweise für Computerprogramme relevante Urheberrecht als nicht registergebundenes Schutzrecht hinsichtlich seiner Entstehung und seines Bestandes an keinerlei Eintragung gebunden und kann vom Urheber nicht als solches übertragen werden. Stattdessen können nur Nutzungsrechte eingeräumt werden, § 29 UrhG. Dies hat weitreichende Auswirkungen auf die Vertragsgestaltung; zu den Einzelheiten s. Mohnkopf/Moser/*Schilf*, Wissensmanagement für Schutzrechte und ihre Bewertung, Berlin 2014, 103 (119).

13. Unerlässlichkeit der Nutzung. Gemäß Art. 3 Abs. 3 S. 1 F&E GVO 1217/2010 muss in Forschungs- und Entwicklungsvereinbarungen, die nur gemeinsame Forschung und Entwicklung oder Auftragsforschung und -entwicklung vorsehen, festgelegt werden, dass jeder Partei der Zugang zum vorhandenen Know-how der anderen Partei gewährt wird, sofern dieses für die Verwertung der Ergebnisse durch die Partei unerlässlich ist.

14. Vermarktung von Arbeitsergebnissen. Für die Vermarktung von Arbeitsergebnissen, also den unmittelbar aus dem Vorhaben resultierenden Ergebnissen, wird ein Anspruch der Vertragspartner untereinander auf Einräumung eines nicht-ausschließlichen, entgeltlichen Nutzungsrechts festgeschrieben, sofern dies zur Nutzung eigener Ergebnisse der das Nutzungsrecht in Anspruch nehmenden Vertragspartner erforderlich ist. Hinsichtlich der Entgeltlichkeit ist zu beachten, dass diese aufgrund des im Idealfall wechselseitigen Austausches im Rahmen des Vorhabens und der damit sich einstellenden Synergieeffekte bei der Erzielung der Arbeitsergebnisse ganz entfallen können. Diese

„Privilegierung" der Verbundpartner untereinander spiegelt die gemeinschaftlich zu erzielende Leistung wider und ist auch unter kartellrechtlichen Gesichtspunkten gemäß Art. 3 Abs. 2 F&E GVO 1217/2010 nicht nur zulässig, sondern vielmehr kartellrechtliche Freistellungsvoraussetzung. Gemäß der vorzitierten Vorschrift haben sich die Vertragspartner einer Forschungs- und Entwicklungsvereinbarung Zugang zu den Arbeitsergebnissen zu gewähren, können aber ein Entgelt verlangen, sofern dies nicht effektiv zur Zugangsvereitelung führt.

15. **Vermarktung außervertraglicher Ergebnisse.** Der wechselseitige Anspruch auf die Nutzungsgewährung außervertraglicher Arbeitsergebnisse ergibt sich aus Art. 3 Abs. 3 F&E GVO 1217/2010. Voraussetzung ist wiederum, dass die fremden außervertraglichen Arbeitsergebnisse zur Nutzung der eigenen Arbeitsergebnisse benötigt werden. Die Vereinbarung einer Vergütung ist auch insoweit zulässig. Vorliegend erscheint es angemessen, hierfür ein marktübliches Nutzungsentgelt zu verlangen.

16. **Geheimhaltung.** Die Pflicht zur Geheimhaltung gehört zu den Kernpflichten eines jeden Forschungs- und Entwicklungsvertrages, → Anm. 19

17. **Veröffentlichungen.** Die Befugnis, Veröffentlichungen im Hinblick auf das Vorhaben tätigen zu dürfen, ist insbesondere den an einem Verbundprojekt teilnehmenden Universitäten ein wichtiges Anliegen. Insofern muss ein Ausgleich zwischen berechtigten Geheimhaltungsinteressen der Beteiligten einerseits und dem Veröffentlichungsrecht der Universität erfolgen.

18. **Schädliche Vorveröffentlichung.** Die Veröffentlichung an sich patentfähiger Entwicklungen kann sich neuheitsschädlich auswirken und zur Nichterteilung eines Patents führen, s. § 3 Abs. 1 S. 2 PatG.

19. **Gewährleistungsausschluss.** Der völlige Ausschluss von Gewährleistungsansprüchen durch Allgemeine Geschäftsbedingungen ist auch im unternehmerischen Verkehr gemäß § 307 Abs. 1 BGB regelmäßig unzulässig. Zur Unwirksamkeit führt grundsätzlich auch die einschränkende Formulierung „soweit gesetzlich zulässig", die einen Verstoß gegen das Verständlichkeitsgebot darstellt (BGH Beschl. v. 5.3.2013 – VIII ZR 137/12, NJW 2013, 1668). Bei dem vorliegenden Sachverhalt ist jedoch im Rahmen der bei Anwendung von § 307 Abs. 1 BGB gebotenen Berücksichtigung der „branchentypischen Interessen der Vertragschließenden" (s. BGH Urt. v. 14.5.2014 – VIII ZR 114/13, NJW 2014, 2708 [2712 f.] Rn. 43) zu beachten, dass kein Leistungsaustausch im Sinne eines Kaufvertrages den Gegenstand des Vertrages bildet, sondern vielmehr die Erbringung und Zurverfügungstellung von Forschungs- und Entwicklungsleistungen geschuldet ist, denen stets das Risiko des Scheiterns innewohnt. Insofern kann argumentiert werden, dass die Annahme wechselseitiger Gewährleistungsansprüche zwischen den Parteien eines Forschungs- und Entwicklungsvertrages dem Grundgedanken eines solchen Vertrages widerspricht. Zum Ausschluss der AGB-Kontrolle: → Anm. 3 und → Form. C. 8

20. **Weitere Haftungsbeschränkungen.** Die Formulierung des § 15 Abs. 1 ergibt sich aus § 276 Abs. 3 BGB, § 277 BGB sowie § 309 Nr. 7 lit. b BGB, diejenige in § 15 Abs. 2, soweit auf die Verletzung von Leben, Körper Gesundheit Bezug genommen wird, aus § 309 Nr. 7 lit. a BGB. Bei der Bezugnahme auf den Bruch der Geheimhaltungspflicht handelt es sich der Sache nach um die Regelung eines Falles der Verletzung von vertraglichen Kardinalpflichten.

21. „**Dispute Boards**". Bei der Einrichtung von Dispute Boards handelt es sich um eine zu den Alternativen Streitbeilegungsmethoden („ADR") gehörende Maßnahme, die vor allem bei Bauvorhaben verbreitet ist, sich aber auch für komplexe IT-Projekte eignet. Der Grundgedanke ist, dass ein projektbegleitendes Streitbeilegungsgremium geschaffen wird, dass – je nach Parteivereinbarung – entweder informell, durch Empfehlungen, zur Streitschlichtung beiträgt, oder aber zur verbindlichen Entscheidung befugt ist. Im ersten Fall spricht man von „Dispute Review Boards", im letztgenannten Fall von „Dispute Adjudication Boards". Eine solche Entscheidung stellt allerdings – anders als ein Schiedsspruch – keinen vollstreckbaren Titel dar. Der Vorteil derartiger Dispute Boards ist der, dass sich anbahnende Konflikte schnell und ohne das eigentliche Projekt zu verzögern, gelöst werden können. Bei dem vorliegenden Muster handelt es sich in der englischsprachigen Fassung um die sprachlich und inhaltlich an das übrige Vertragsmuster angepasste Musterklausel der Internationalen Handelskammer in Paris (ICC) mit der Besonderheit, dass das Dispute Board sowohl berechtigt ist, Empfehlungen auszusprechen, wie auch verbindliche Entscheidungen zu fällen, wenn die Voraussetzungen hierfür erfüllt sind. Bei der deutschen Fassung handelt es sich um eine Übersetzung des Autors.

Für den Gebrauch der ICC Dispute Board Rules ist es nicht erforderlich, dass das Verfahren auch von dem International Centre for ADR der ICC administriert wird. Das Centre kann jedoch wichtige Unterstützungsleistungen erbringen, wie etwa die Benennung von Mitgliedern des Dispute Boards oder die Kontrolle einer Entscheidung des Dispute Boards.

Für den deutschsprachigen Raum hält die Deutsche Institution für Schiedsgerichtsbarkeit e.V. (DIS) eine „Verfahrensordnung für Adjudikation" bereit (www.disarb.org).

22. Mitglieder des „Dispute Boards". Die Parteien können die Anzahl und die Art der Benennung der Mitglieder des Dispute Boards vertraglich festlegen. Wird die Anzahl der Mitglieder nicht festgelegt, gilt ein Dispute Board mit drei Mitgliedern als vereinbart. Die Parteien bestimmen gemeinsam zwei Mitglieder, die dann das dritte Mitglied bestimmen (Art. 7 Abs. 4 ICC Dispute Board Rules). Schlägt die gemeinschaftliche Benennung fehl, werden die ersten beiden Mitglieder auf Antrag einer Partei von dem International Centre for ADR der ICC benannt werden.

Mit den Mitgliedern des CBD ist ein Vertrag über die Erbringung ihrer Tätigkeit zu schließen. Ein Muster findet sich in den ICC Dispute Board Rules („Model Dispute Board Member Agreement").

23. Bestellung der Mitglieder des „Dispute Boards". In der ICC Standardklausel lautet dieser Satz: „The CDB shall have [one/three/X] member[s] appointed in this Contract or appointed pursuant to the Rules". Da vorliegend in dem Vertrag keine Mitglieder benannt werden, wurde der Satz wie oben ersichtlich umformuliert.

24. Überprüfung durch die ICC. Die Parteien können bestimmen, dass die ICC die Entscheidung des CDB überprüfen soll. Hierfür fallen gesonderte Kosten an.

25. „Combined Dispute Board". Das hier verwandte Muster sieht ein kombiniertes „Dispute Board" vor, so dass das Dispute Board grundsätzlich Empfehlungen ausspricht, im Einzelfall aber auch verbindliche Entscheidungen treffen kann. Die Parteien können auch eine der beiden Varianten alleine verwenden. Dies muss anhand des Einzelfalles entschieden werden.

26. Verknüpfung mit Gerichtsstands-/Schiedsklausel. Jegliche Form vor- bzw. außergerichtlicher Streitbeilegung muss mit dem nachfolgenden Gerichts- oder Schiedsverfahren so verknüpft werden, dass jede Partei einfachen und schnellen Zugang zu einem dieser Verfahren erhält. Sind die Voraussetzungen für die Inanspruchnahme (schieds-)gerichtlicher Verfahren unklar geregelt, besteht die Gefahr, dass die Parteien in der vorgerichtlichen Streitbeilegung „gefangen" bleiben, da die Vereinbarung vor(-schieds-)gerichtlicher Streitbeilegungsmechanismen als Zulässigkeitsvoraussetzung eines nachfolgenden Schiedsverfahrens bzw. Gerichtsprozesses verstanden werden kann.

27. Einstweiliger Rechtsschutz. Die Ausführungen unter → Anm. 26 gelten sinngemäß auch für Maßnahmen des einstweiligen Rechtsschutzes. Diese Regelung zum einstweiligen Rechtsschutz/Eilschiedsrichter ist nicht Bestandteil des ICC Dispute Board – Musterklausel.

28. Schiedsklausel. → Form. C. 8

29. Schriftformklausel. Es handelt sich um eine sog. doppelte Schriftformklausel, die gemäß § 307 BGB als AGB im Regelfall unwirksam ist, von dem BGH aber „jedenfalls" im kaufmännischen Verkehr als Individualabrede für zulässig erachtet wird, BGH Urt. v. 17.9.2009 – I ZR 43/07, GRUR-Prax 2010, 128 – Der Name der Rose.

30. „Salvatorische Klausel". § 19 Abs. 5 vereint eine sog. Erhaltungsklausel mit einer sog. Ersetzungsklausel. Erstere stellt klar, dass eine unwirksame Klausel nicht die Nichtigkeit des gesamten Vertrages zur Folge hat; letztere zielt auf eine ergänzende Vertragsauslegung ab. Die Erhaltungsklausel führt allerdings nicht automatisch zur Aufrechterhaltung des Vertrages im Übrigen. Vielmehr muss das Gericht nach wie vor im Rahmen von § 139 BGB den hypothetischen Parteiwillen ermitteln und klären, ob auf dieser Grundlage die Fortsetzung des Vertrages gewollt war (Palandt/*Ellenberger* BGB § 139 Rn. 17, 14). Wirkung hat die Erhaltungsklausel aber insoweit, als sie der Partei die Darlegungs- und Beweislast aufbürdet, die sich auf die Gesamtnichtigkeit des Vertrages beruft (BGH Urt. v. 24.9.2002 – KZR 10/01, NJW 2003, 347). Die Ersetzungsklausel knüpft an den mutmaßlichen Parteiwillen an, scheitert allerdings im Falle unwirksamer AGB an dem Verbot der geltungserhaltenden Reduktion (§ 306 BGB). Die vorstehenden Grundsätze finden auch im Falle kartell- und beihilferechtswidriger Regelungen Anwendung, führen jedoch nicht insbesondere dann nicht zur Aufrechterhaltung bzw. Ergänzung des Vertrages, wenn wesentliche Vertragsinhalte, insbesondere die *essentialia negotii*, von der Nichtigkeit betroffen sind (BGH Urt. v. 8.5.2007 – KZR 14/04, GRUR Int. 2007, 93 – Kfz-Vertragshändler III; BGH Urt. v. 5.12.2012 – I ZR 92/11, ZfBR 2013, 592; s. speziell zur Nichtigkeitsfolge kartellrechtswidriger Vereinbarungen ausführlich MüKoEuWettbR/*Säcker/Jaecks* AEUV Art 101 Rn. 639 ff.).

8. Schiedsverfahrensabrede in IT-Projektverträgen – Arbitration Clause

Schiedsklausel[1, 2, 3]

Arbitration[1, 2, 3]

(1) Alle Streitigkeiten, die sich aus oder im Zusammenhang mit dem vorliegenden Vertrag,[4] einschließlich solcher über sein Zustandekommen, seine Gültigkeit, seine Bindungswirkung, seine Auslegung, Erfüllung, Bruch oder Beendigung sowie außervertragliche Ansprüche,[5] ergeben, werden nach der Schiedsgerichtsordnung der Internationalen Handelskammer (ICC) von einem oder mehreren[6] gemäß dieser Ordnung ernannten Schiedsrichtern endgültig entschieden. Der Ort des Schiedsverfahrens ist Berlin, Deutschland[7] und die Sprache des Schiedsverfahrens ist Englisch.

(1) All disputes arising out of or in connection with the present contract,[4] including, without limitation, its formation, validity, binding effect, interpretation, performance, breach or termination, as well as non-contractual claims,[5] shall be finally settled under the Rules of Arbitration of the International Chamber of Commerce (ICC) by one or more[6] arbitrators appointed in accordance with the said Rules. The place of arbitration shall be Berlin, Germany,[7] and the language of arbitration shall be English.

(2) Die Streitigkeiten sind auf Grundlage der UNIDROIT Principles of International Commercial Contracts (2010)[8] und im Übrigen, hinsichtlich solcher Fragen, die nicht zum Regelungsgegenstand der Principles gehören, auf Grundlage des Rechts der Bundesrepublik Deutschland zu entscheiden.[9]

(3) Unbeschadet der vorstehenden Schiedsvereinbarung und ohne die Befugnis des Schiedsgerichts zum Erlass von Maßnahmen des einstweiligen Rechtsschutzes, insbesondere zum Erlass von Unterlassungsverfügungen sowie von Maßnahmen zum Schutz des Eigentums und dem Erhalt verderblicher Waren zu beschränken, ist jede der Parteien berechtigt, den Erlass derartiger Maßnahmen bei jedem zuständigen Gericht zu beantragen.[10]

(4) Jede der Parteien verpflichtet sich für jeden Fall der Nichtbeachtung etwaiger von einem Eilschiedsrichter gemäß der Schiedsgerichtsordnung der Internationalen Handelskammer (ICC)[11] sowie dem vorstehenden Abs. 3 erlassenen Maßnahmen zur Zahlung eines pauschalierten Schadensersatzes von jeweils EUR 10.000,00 sofern nicht die zur Zulassung verpflichtete Partei einen niedrigeren Schaden oder das Nichterstehen eines Schadens nachweist.[12] Das Recht der anderen Partei zur Geltendmachung weiterer Schäden bleibt unberührt.

(5) Soweit ein Schiedsverfahren von einer Partei gegen die andere im Zusammenhang mit dieser Vereinbarung oder einer der in diesem Vertrag geregelten Transaktionen eingeleitet wird, hat die – ganz oder teilweise – unterliegende Partei ihre eigenen Kosten sowie die angemessenen Kosten der anwaltlichen Vertretung und weiterer Kosten der obsiegenden Partei entsprechend dem Umfang ihres Unterliegens zu tragen.[13]

(6) Die Bestimmungen dieser Vorschrift gelten nach Kündigung oder Beendigung dieses Vertrages fort.

(2) The dispute shall be decided in accordance with the UNIDROIT Principles of International Commercial Contracts (2010)[8] and, with respect to issues not covered by such Principles, by the laws of the Federal Republic of Germany.[9]

(3) Notwithstanding the above arbitration clause, without limiting the competence of the Arbitral Tribunal to take interim measures, including, without limitation, injunctive relief and measures for the protection or conservation of property and disposition of perishable goods, each Party shall be entitled to request such interim measures from any court of competent jurisdiction.[10]

(4) Each Party shall be obliged to pay to the other Party EUR 10,000.00[11] per occurrence as liquidated damages in case it does not comply with an order issued by an Emergency Arbitrator according to the Rules of Arbitration of the International Chamber of Commerce (ICC) and para. 3 of this Art. X unless the Party required to perform payment proves a lower damage or the absence of any damage.[12] The other Party's right to claim further damages remains unaffected.

(5) In the event that arbitration proceedings are commenced by one Party against the other Party in connection with this Agreement or the transactions contemplated hereunder, the Party which does not prevail, in whole or in part, in such proceedings shall bear, to the extent it has not prevailed, its own expenses and the reasonable attorneys' fees and other costs incurred by the prevailing Party in such proceedings.[13]

(6) The provisions of this section shall survive the termination or expiration of this Agreement.

Anmerkungen

1. **Schiedsverfahren.** Bei einem Schiedsverfahren handelt es sich um ein auf einer privatautonomen Vereinbarung basierendes gerichtsförmiges Verfahren mit dem Ziel der Herbeiführung einer vollstreckbaren Entscheidung (Schiedsspruch; zur Abgrenzung von Schlichtungsverfahren, insbesondere der Mediation: *Schack*, Internationales Zivilverfahrensrecht, 6. Aufl. 2014, Rn. 1257 ff.). Die Verfahrensführung erfolgt nicht durch einen staatlich legitimierten Amtsträger, sondern durch Personen, die von den Parteien entsprechend der jeweils anwendbaren Verfahrensordnung bestimmt werden. Neben der Person des oder der Schiedsrichter können die Parteien auch den Ablauf des Schiedsverfahrens in den Grenzen des § 1042 ZPO bestimmen. Üblich ist jedoch die Bezugnahme auf eine von einer auf die Durchführung derartiger Verfahren spezialisierten Organisation zur Verfügung gestellte Verfahrensordnung wie der Internationalen Handelskammer in Paris (ICC), deren Musterklausel die Grundlage der hier dargestellten Regelung bildet (s. http://www.iccwbo.org/products-and-services/arbitration-and-adr/arbitration/standard-icc-arbitration-clauses/; zuletzt aufgerufen am 4.11.2016), wobei zu beachten ist, dass am 1.3.2017 die neue ICC-Schiedsverfahrensordnung mit Regelungen zur beschleunigten Durchführung von Verfahren, deren Streitwert 2 Mio. US$ nicht übersteigt, in Kraft tritt. Soll das beschleunigte Verfahren ausgeschlossen werden, ist eine entsprechende Regelung in ab dem 1.3.2017 abzuschließende Schiedsvereinbarungen aufzunehmen (Art. 30 Abs. 3 lit. b ICC-SchO idF ab 1.3.2017). Für Schiedsverfahren zu Fragen des geistigen Eigentums bietet die World Intellectual Property Organization (WIPO) ebenfalls eine eigene Schiedsverfahrensordnung mit entsprechenden Musterklauseln, deren ausführliche Bezeichnung der von der Schiedsvereinbarung erfassten Streitgegenstände Eingang in das vorliegende Muster gefunden hat (s. http://www.wipo.int/amc/en/clauses/arbitration/; zuletzt aufgerufen am 4.11.2016). Die danach geführten Verfahren werden von dem WIPO Arbitration and Mediation Center administriert.

Schiedsverfahren unterliegen nicht, wie Verfahren vor staatlichen Gerichten, dem Grundsatz der Öffentlichkeit und gelten als effizienter, da es keine Berufungs- oder Revisionsinstanz gibt. Darüber hinaus ist die Vollstreckbarkeit von Schiedssprüchen im Ausland häufig einfacher, da mit dem New Yorker UN-Übereinkommen über die Anerkennung und Vollstreckung ausländischer Schiedssprüche von 1958, das derzeit 156 Mitgliedstaaten aufweist, eine Pflicht der Mitgliedstaaten zur Anerkennung und Vollstreckung von Schiedssprüchen besteht, die nur in besonderen, eng umrissenen Ausnahmefällen versagt werden kann.

Für Streitigkeiten über IT/IP-bezogene Vereinbarungen empfiehlt sich der Abschluss von Schiedsvereinbarungen, da für Schiedsverfahren der vor staatlichen Gerichten geltende Grundsatz der Öffentlichkeit nicht gilt, sodass vertrauliche Inhalte im Schiedsverfahren besser geschützt werden können. Es empfiehlt sich dennoch, zusätzlich immer auch eine Geheimhaltungsvereinbarung zu treffen.

Die vorliegende Musterklausel besteht aus 6 Absätzen, die eine inhaltlich zusammengehörige Regelung darstellen, deren Bezeichnung aber vom Nutzer selbst entsprechend der im jeweiligen Vertrag gewählten Bezifferungsweise vorzunehmen ist.

2. Schiedsvereinbarung. Die Schiedsvereinbarung ist der Oberbegriff der ZPO für alle Vereinbarungen, aufgrund derer die Parteien die Zuständigkeit eines Schiedsgerichts vereinbaren, § 1029 ZPO. Bei Schiedsvereinbarungen, die Bestandteil eines Vertrages sind, spricht man von Schiedsklauseln, bei selbständigen, vom Hauptvertrag redaktionell getrennten Vereinbarungen von Schiedsabreden, § 1029 Abs. 2 ZPO. In rechtlicher Hinsicht ist die Schiedsvereinbarung von dem Vertrag, auf den sie sich bezieht, hinsichtlich des anwendbaren Rechts, des Zustandekommens und der Wirksamkeit sowie der Auslegung und Durchsetzung, getrennt zu betrachten (Trennungsprinzip). Ein unwirksamer Hauptvertrag beeinträchtigt deshalb nicht zwingend die in ihm enthaltene Schiedsklausel.

3. Schiedsvereinbarung – Form. Die für das deutsche Recht maßgeblichen Anforderungen an eine formwirksame Schiedsvereinbarung ergeben sich aus § 1031 ZPO. Danach muss die Schiedsvereinbarung entweder in einem von den Parteien unterzeichneten Dokument oder in zwischen ihnen gewechselten Schreiben, Fernkopien, Telegrammen oder anderen Formen der Nachrichtenübermittlung enthalten sein, die einen Nachweis der Vereinbarung sicherstellen (§ 1031 Abs. 1 ZPO). § 1031 Abs. 2 ZPO stellt klar, dass die Formvoraussetzungen des Absatz 1 auch erfüllt sind, wenn die Schiedsvereinbarung in einem von der einen Partei der anderen Partei oder von einem Dritten beiden Parteien übermittelten Dokument enthalten ist und der Inhalt des Dokuments im Falle eines nicht rechtzeitig erfolgten Widerspruchs nach der Verkehrssitte als Vertragsinhalt angesehen wird. § 1031 Abs. 3 ZPO regelt die Bezugnahme auf die in einem externen Dokument, beispielsweise Allgemeinen Geschäftsbedingungen, enthaltene Schiedsklausel. Danach begründet diese Bezugnahme eine Schiedsvereinbarung dann, wenn die Schiedsklausel durch die Bezugnahme zum Vertragsbestandteil gemacht wird. Für Schiedsvereinbarungen mit Verbrauchern gelten strengere Formvorschriften, s. § 1031 Abs. 5 ZPO. Ein etwaiger Formmangel ist durch rügelose Einlassung heilbar, § 1031 Abs. 6 ZPO.

Auf internationaler Ebene verlangt Art. II Abs. 2 New Yorker UN-Übereinkommen über die Anerkennung und Vollstreckung ausländischer Schiedssprüche von 1958 den Abschluss einer Schiedsvereinbarung durch eine wie folgt definierte schriftliche Vereinbarung: „Unter einer schriftlichen Vereinbarung ist eine Schiedsklausel in einem Vertrag oder eine Schiedsabrede zu verstehen, sofern der Vertrag oder die Schiedsabrede von den Parteien unterzeichnet oder in Briefen oder Telegrammen enthalten ist, die sie gewechselt haben". Soweit das Recht der Mitgliedstaaten gegenüber Art. II Abs. 2 des New Yorker UN-Übereinkommens geringere Formerfordernisse aufstellt, geht das jeweilige nationale Recht Art. II Abs. 2 des New Yorker UN-Übereinkommens gemäß dessen Art. VII Abs. 1 vor.

Vorsicht ist geboten bei dem Abschluss von Schiedsvereinbarungen mit ausländischen Partnern, die nicht die Partei selbst bzw. deren gesetzliche Vertreter, sondern rechtsgeschäftliche Vertreter unterzeichnen. Einige Staaten sehen für derartige Fälle vor, dass es einer besonderen Vollmacht bedarf, deren Formerfordernisse uU diejenigen der eigentlichen Schiedsvereinbarung noch übersteigen. Beispiel hierfür ist § 1008 des österreichischen ABGB, dessen Anwendungsbereich von der österreichischen Rechtsprechung auch auf den Abschluss von Schiedsvereinbarungen erstreckt wird, so dass für den Abschluss einer formwirksamen Schiedsvereinbarung durch einen rechtsgeschäftlichen Vertreter auch die Vorlage einer hierfür erteilten, vom Vertretenen eigenhändig unterzeichneten Vollmacht verlangt wird. Für den unternehmerischen Bereich soll allerdings gemäß § 54 Abs. 1 des österreichischen UGB die Befugnis zum Abschluss einer Schiedsvereinbarung von der (nicht formgebundenen, s. OGH Wien Urt. v. 23.2.2016 – 4 Ob 185/15g, JusGuide 2016/17/14797) kaufmännischen Handlungsvollmacht erfasst sein. Zum Ganzen siehe *Koller* ecolex 2011, 878 – 881.

4. Schiedsvereinbarung – Schiedsfähigkeit. Zu den materiellen Wirksamkeitsvoraussetzungen einer Schiedsvereinbarung gehört, dass die Parteien zum einen nach dem auf sie anwendbaren Recht dazu befähigt sind, derartige Vereinbarungen abzuschließen (subjektive Schiedsfähigkeit) und zum anderen der Gegenstand der Auseinandersetzung zugleich Gegenstand eines Schiedsverfahrens sein kann (objektive Schiedsfähigkeit). Im deutschen Recht dürfen lediglich Streitigkeiten über Wohnraum (§ 1030 Abs. 2 ZPO) sowie individualvertragliche Arbeitsrechtsstreitigkeiten nicht vor Schiedsgerichten ausgetragen werden (fehlende objektive Schiedsfähigkeit). Gesellschaftsrechtliche Streitigkeiten sind grundsätzlich schiedsfähig, doch muss die darauf gerichtete Schiedsklausel in besonderer Weise ausgestaltet werden (BGH Urt. v. 6.4.2009 – II ZR 255/08, BGHZ 180, 221). Die vorliegende Klausel eignet sich nicht für gesellschaftsrechtliche Streitigkeiten. Eine für gesellschaftsrechtliche Streitigkeiten ausgestaltete Musterklausel (DIS-Musterklausel für gesellschaftsrechtliche Streitigkeiten 09) hält die Deutsche Institution für Schiedsgerichtsbarkeit e. V. (DIS) auf ihrer Internetpräsenz unter www.disarb.org zum

Abruf bereit. Im Übrigen sind alle vermögensrechtlichen Ansprüche schiedsfähig sowie nichtvermögensrechtliche Ansprüche, soweit darüber ein Vergleich geschlossen werden kann, § 1030 Abs. 1 ZPO. Hierzu werden auch Streitigkeiten über den Bestand eines Patents gezählt (*Schack*, Internationales Zivilverfahrensrecht, 6. Aufl. 2014, Rn. 1325). Die subjektive Schiedsfähigkeit ist im 10. Buch der ZPO nicht geregelt. Abzustellen ist insoweit auf die Rechts- und Geschäftsfähigkeit. Das deutsche Recht ordnet in § 37h WpHG die Unwirksamkeit von Schiedsvereinbarungen über künftige Rechtsstreitigkeiten aus Wertpapierdienstleistungen, Wertpapiernebendienstleistungen oder Finanztermingeschäften an, sofern nicht beide Vertragsteile Kaufleute oder juristische Personen des öffentlichen Rechts sind, BGH Urt. v. 9.3.2010 – XI ZR 93/09, BGHZ 184, 365.

5. Entscheidungsbefugnis. Der Umstand, dass Schiedsgerichte ihre Zuständigkeit von einer Parteivereinbarung ableiten, lässt es ratsam erscheinen, den Umfang und die Grenzen der dem Schiedsgericht eingeräumten Entscheidungsbefugnisse so exakt wie möglich zu umreißen, um eine spätere Aufhebung bzw. Versagung der Anerkennung und Vollstreckung des Schiedsspruchs zu vermeiden, § 1059 Abs. 2 Buchst. c ZPO und 1061 Abs. 1 ZPO in Verbindung mit Art. V Abs. 1 Buchst. c des New Yorker UN-Übereinkommens über die Anerkennung und Vollstreckung ausländischer Schiedssprüche von 1958. Gerade die Schiedsfähigkeit außervertraglicher Ansprüche kann fraglich sein, wenn sie nicht explizit aufgeführt werden, wie dies in der Standardschiedsklausel der Schiedsordnung der World Intellectual Property Organization geschehen ist, deren Aufzählung von Verfahrensgegenständen hier übernommen wurde. → Anm. 1.

6. Schiedsrichter. Wenn nicht anders vereinbart, bestimmt bei Anwendung der Schiedsgerichtsordnung der Internationalen Handelskammer (nachfolgend ICC-SchO) der ICC-Gerichtshof (International Court of Arbitration), ob das Verfahren von einem Einzelschiedsrichter oder einem aus drei Schiedsrichtern bestehenden Schiedsgericht geführt wird, Art. 12 Abs. 2 ICC-SchO.

7. Ort des Schiedsverfahrens. Der Ort des Schiedsverfahrens entscheidet aus deutscher Sicht über die Anwendbarkeit des deutschen staatlichen Schiedsverfahrensrechts auf das Schiedsverfahren, §§ 1043 Abs. 1, 1025 Abs. 1 ZPO. Deutschland folgt damit dem sog. Sitzstaatsprinzip. Das Recht des Sitzstaates entscheidet darüber, in welchem Umfang die Parteien das Schiedsverfahren privatautonom gestalten können. § 1042 Abs. 4 ZPO regelt das Verhältnis von staatlichem Recht, Parteivereinbarung und ggf. für anwendbar bestimmter Verfahrensordnung (etwa der ICC). Darüber hinaus regelt das staatliche Verfahrensrecht die Bedingungen für gerichtliche Unterstützungsmaßnahmen (§ 1050 ZPO) und insbesondere die Aufhebung von Schiedssprüchen, § 1059 ZPO.

8. Anwendbare „Rechtsvorschriften". Für Schiedsgerichte mit Sitz in Deutschland richtet sich die Bestimmung des anwendbaren Rechts nach § 1051 ZPO (Folgerung aus dem Sitzstaatsprinzip; zum zwingenden Charakter des § 1051 ZPO gegenüber den in den von den Parteien bestimmten Verfahrensordnungen enthaltenen Kollisionsvorschriften *Schilf* RIW 2013, 678 [682]). Vereinzelt wird eine Verdrängung des § 1051 ZPO durch das in europäischen Verordnungen, insbesondere der Rom I-VO und der Rom-II VO sowie Richtlinien, enthaltene Kollisionsrecht angenommen, überwiegend aber abgelehnt (gegen eine Bindung an die Rom-I und Rom-II VO ua *Nueber* SchiedsVZ 2014, 186 [189 f.]; *Schmidt-Ahrendts/Höttler* SchiedsVZ 2011, 267 [269 f.] sowie *Schilf* RIW 2013, 678; dafür aber insbesondere *Mankowski* RIW 2011, 42; *ders.* in FS Schütze, 2015, 369 sowie *McGuire* SchiedsVZ 2011, 257 [262 f.]).

Weiterhin ist zu beachten, dass § 1051 ZPO seinem Anwendungsbereich nach nicht auf das Vertragsstatut beschränkt ist, also nicht allein das auf Verträge anwendbare Recht regelt (*Kronke* RIW 1998, 262; Zöller/*Geimer* ZPO § 1051 Rn. 2; *Schilf* RIW 2013, 678).

§ 1051 Abs. 1 erlaubt sowohl die Wahl staatlichen Rechts wie auch nichtstaatlicher Regelwerke, die mit dem Begriff „Rechtsvorschriften" erfasst werden. Vorbild war Art. 28 Abs. 1 S. 1 des UNCITRAL-Modellgesetzes für die internationale Handelsschieds-gerichtsbarkeit. Bei den UNIDROIT Principles for International Commercial Contracts 2010 handelt es sich um ein anerkanntes Beispiel für derartige „Rechtsvorschriften" im Sinne von § 1051 Abs. 1 ZPO. Es handelt sich um ein von dem Internationalen Institut für die Vereinheitlichung des Privatrechts in Rom (UNIDROIT) auf breiter rechtsvergleichender Grundlage und in Ansehung des Wiener Übereinkommens von 1980 über Verträge über den Internationalen Warenkauf für internationale Handelsverträge ausgearbeitetes Regelwerk, das allgemeine vertragsrechtliche Bestimmungen in der Art eines Allgemeinen Teils eines internationalen Schuldvertragsrechts enthält, so zB zum Zustandekommen, zur Wirksamkeit und zur Nichterfüllung eines Vertrages, aber auch zu dessen Nichterfüllung, Beendigung, Schadensersatz etc. Die Regelungen zeichnet aus, dass sie speziell auf internationale Transaktionen zugeschnitten sind und jeweils kurze Kommentierungen enthalten, die die einheitliche Auslegung und Anwendung sicherstellen sollen. Die Wahl solcher Regelwerke als anwendbares Recht, § 1051 Abs. 1 ZPO („Rechtsvorschriften"), führt zum Ausschluss der zwingenden Bestimmungen staatlichen Rechts. Diese Rechtswahlfreiheit wird man den Parteien auch dann zubilligen müssen, wenn sich die Schiedsvereinbarung auf eine rein inländische Transaktion bezieht, da § 1051 Abs. 3 ZPO es den Parteien sogar erlaubt, das Schiedsgericht nach Billigkeit entscheiden zu lassen, es also von jeglicher Rechtsbindung freizustellen. Die Rom I-VO und die Rom II-VO gelten nicht für Schiedsgerichte. Auf diese Weise lässt sich insbesondere die Geltung der Bestimmungen des BGB über Allgemeine Geschäftsbedingungen und deren Inhaltskontrolle ausschließen (str., dafür: *Pfeiffer* NJW 2012, 1169 [1174]; *Ostendorf* SchiedsVZ 2010, 234 [241 f.]; ablehnend und für Anwendung von Art. 3 Abs. 3 Rom I-VO auf kollisionsrechtliche Rechtswahl bei Inlandssachverhalten im Rahmen von Schiedsverfahren: Zöller/*Geimer* ZPO § 1051, Rn. 3). Die Geltung des *ordre public* bleibt indes unberührt, wobei der Ausschluss der AGB-Bestimmungen allein keinen Ordre public-Verstoß begründet, *Pfeiffer* NJW 2012, 1169 .

9. Ergänzend anwendbares Recht. Für den Fall, dass bestimmte Rechtsfragen von den UNIDROIT Principles nicht beantwortet werden, empfiehlt sich eine ergänzende Bezugnahme auf nationales Recht.

10. Einstweiliger Rechtsschutz. Nach deutschem Verständnis können die Parteien für die Beantragung vorläufiger und sichernder Maßnahmen sowohl staatliche Gerichte als auch das Schiedsgericht anrufen, § 1033 ZPO. Die Gefahr kollidierender Entscheidungen im vorläufigen Rechtsschutz staatlicher Gerichte und eines Schiedsgerichts in derselben Streitigkeit verhindert § 1041 Abs. 2 ZPO: Danach ist es Sache des staatlichen Gerichts, eine von einem Schiedsgericht erlassene Maßnahme des einstweiligen Rechtsschutzes zur Vollstreckung zuzulassen; wurde bereits ein entsprechender Antrag bei einem staatlichen Gericht gestellt, ist die Zulassung zu versagen. Derart großzügig sind nicht alle Staaten, weshalb sich die Aufnahme dieser Regelung über die konkurrierende Zuständigkeit staatlicher Gerichte und privater Schiedsgerichte in Sachen des einstweiligen Rechtsschutzes empfiehlt.

11. Eilschiedsrichter. Die Gewährung einstweiligen Rechtsschutzes durch Schiedsgerichte erweist sich uU dann als nachteilig, wenn das Schiedsgericht noch nicht konstituiert ist. Die für die Konstituierung benötigte Zeit wird unter Dringlichkeitsgesichtspunkten in Verfahren des einstweiligen Rechtsschutzes oft nicht vorhanden sein. Um dieses Manko auszugleichen, sieht die ICC-SchO vor, dass die Parteien schon vor Konstituierung des Schiedsgerichts die Gewährung vorläufigen Rechtsschutzes durch einen Eilschiedsrichter beantragen können, Art. 29 ICC-SchO. Dieser ist nicht mit dem noch zu konstituierenden Schiedsgericht personenidentisch. Seine Entscheidung bindet das spätere Schiedsgericht nicht und kann nachträglich vom Schiedsgericht abgeändert werden, Art. 29 Abs. 3 ICC-SchO. Die Parteien sind verpflichtet, sich an die Entscheidung des Eilschiedsrichters, die in Form eines Beschlusses ergeht, zu befolgen, Art. 29 Abs. 2 ICC-SchO. Wird anstelle des Eilschiedsrichterverfahrens ein anderes, dem Schiedsverfahren vorgeschaltetes funktionsäquivalentes Verfahren vereinbart, ist der Antrag auf Einleitung eines Eilschiedsrichterverfahrens unzulässig, Art. 29 Abs. 6 Buchst. c ICC-SchO. Einstweiliger Rechtsschutz durch staatliche Gerichte, wie in Abs. 3 des vorliegenden Musters vorgesehen, gilt nicht als ein solches anderes Verfahren, Art. 29 Abs. 7 S. 1 ICC-SchO.

12. Schadensersatz. Der Vollzug von Eilschiedsrichterentscheidungen, die in Form von Beschlüssen ergehen, erfolgt nach wohl überwiegender Ansicht auf Grundlage von § 1041 ZPO jedenfalls hinsichtlich der von Schiedsgerichten mit Sitz im Inland erlassenen Maßnahmen. Wenngleich § 1041 ZPO das Eilschiedsrichterverfahren nicht erwähnt, widerspräche es dem Interesse der Parteien an einer vollstreckbaren Entscheidung, Maßnahmen des Eilschiedsrichters vom Anwendungsbereich des § 1041 ZPO auszuschließen. Bei Maßnahmen von Schiedsgerichten mit Sitz im Ausland ist die Anwendbarkeit von § 1041 ZPO umstritten (befürwortend: MüKoZPO/*Adolphsen* UNÜ Art. V Rn. 58; *Horn* SchiedsVZ 2016, 27 mwN; ablehnend ua *Musielak/Voit* ZPO § 1041 Rn. 6 sowie § 1061 Rn. 3); verneint man sie, kommt lediglich die Vollstreckung über § 1061 Abs. 1 in Verbindung mit den Bestimmungen des New Yorker UN-Übereinkommens über die Anerkennung und Vollstreckung ausländischer Schiedssprüche von 1958 in Betracht. Danach ist die Anerkennung und Vollstreckbarkeit von Eilschiedsrichterentscheidungen fraglich, wenn man zugleich die Verbindlichkeit der Entscheidung fordert (*Musielak/Voit* ZPO § 1061 Rn. 3), die der Eilschiedsrichterentscheidung jedoch wegen Art. 29 Abs. 3 ICC-SchO fehlt. Angesichts dieser Unsicherheiten kann es empfehlenswert sein, die Motivation zur Befolgung einer Eilschiedsrichterentscheidung dadurch zu erhöhen, dass für den Fall der Nichtbefolgung die Zahlung eines pauschalierten Schadensersatzes bzw. einer Vertragsstrafe vereinbart wird. Grundlage ist die Schiedsvereinbarung, die die Parteien zur Befolgung der Eilschiedsrichterentscheidung verpflichtet, Art. 29 Abs. 2 S. 2 ICC-SchO, so dass deren Nichtbefolgung einen Vertragsbruch darstellt und dem Grunde nach einen Schadensersatzanspruch begründet.

13. Siehe Art. 37 Abs. 4, 5 ICC-SchO zur Kostenverteilung.

D. Providerverträge

Providerverträge

1. Access-Vertrag

Access-Vertrag

zwischen

· · · · ·

– nachstehend „Provider" genannt –

und

· · · · ·

– nachstehend „Kunde" genannt –

wird folgender Vertrag geschlossen:

§ 1 Leistungen des Providers

(1) Der Provider unterstützt den Kunden beim Zugang zum Internet, um Informationen abrufen und weitergeben zu können, sowie zum Austausch von E-Mails. Dazu übernimmt er für den Kunden die Vermittlung von Daten aus und zu Teilnetzen des Internet über das von ihm betriebene Datennetz. Die technischen Einzelheiten der Leistungen des Providers und deren Voraussetzungen ergeben sich aus den Technischen Spezifikationen, die Bestandteil dieses Vertrages sind.[1]

(2) Die Leistungen des Providers beschränken sich allein auf die Vermittlung der vom Kunden initiierten Datenkommunikation zwischen dem Anschluss des Kunden und dem Übergabepunkt des Providers an das Internet. Eine Einflussnahme auf den Datenverkehr außerhalb des eigenen Kommunikationsnetzes ist dem Provider nicht möglich. Eine erfolgreiche Weiterleitung von Informationen von oder zu dem vom Kunden angesprochenen Zielrechner ist insoweit nicht geschuldet.[2]

§ 2 E-Mail-Service

(1) Der Provider erbringt für den Kunden auf der Grundlage der Leistungen nach § 1 E-Mail-Dienste. Diese Dienste umfassen das Empfangen, Speichern und Übermitteln von an den Kunden gerichteten E-Mails, sowie das Empfangen, Speichern und Übermitteln von E-Mails, die der Kunde an von ihm benannte Empfänger versenden möchte. Einzelheiten zum Leistungsumfang sind in den Technischen Spezifikationen geregelt.

(2) Die Pflichten des Providers hinsichtlich der Weiterleitung von E-Mails beschränken sich auf die Entgegennahme der vom Kunden zu übermittelnden E-Mails und, falls die Adresse des Empfängers nicht zum Kommunikationsnetz des Providers gehört, die Übergabe dieser Mails an das Internet an einem vom Provider bereitgehaltenen Übergabepunkt zum Internet. Entsprechend besteht die Leistung hinsichtlich der an den Kunden

gerichteten E-Mails aus der Entgegennahme der E-Mails am Übergabepunkt des providereigenen Kommunikationsnetzes zum Internet und dem Bereithalten der empfangenen E-Mails zum Abruf durch den Kunden.[3]

(3) Der maximale für den Kunden bereitgestellte Speicherplatz beträgt 2 Gigabyte (GB). Wird durch eine eingehende E-Mail dieser Speicherplatz überschritten, ist der Provider berechtigt, diese E-Mail zurückzuweisen. Der Kunde wird über diese Zurückweisung nicht unterrichtet.[4]

(4) Der Provider kann die Annahme einer E-Mail zum Versand zurückweisen, wenn die E-Mail eine Größe von mehr als 10 Megabyte (MB) hat. Bei Mails, die an mehr als 500 Adressaten versandt werden sollen, ist zuvor die Freigabe durch den Provider einzuholen.[5]

(5) Der Provider leitet sowohl ein-, als auch ausgehende E-Mails ohne Überprüfung auf Viren, so genannte Trojaner oder ähnliche Schadsoftware weiter.[6]

(6) Die Verpflichtung des Providers zur Speicherung eingegangener E-Mails ist auf die Dauer des Vertragsverhältnisses begrenzt. ZWEI WOCHEN NACH BEENDIGUNG DES VERTRAGSVERHÄLTNISSES WIRD DER PROVIDER DIE FÜR DEN KUNDEN GESPEICHERTEN E-MAILS OHNE WEITERE MITTEILUNG LÖSCHEN.[7]

(7) Der Kunde hat das Recht, die ihn betreffenden personenbezogenen Daten in einem strukturierten, gängigen und maschinenlesbaren Format zu erhalten. Soweit dies technisch machbar und rechtlich zulässig ist, hat der Kunde auch das Recht, vom Provider die Übermittlung der Daten an Dritte zu verlangen. Erbringt der Provider diese Leistung, hat der Kunde das dafür in der jeweils aktuellen Preisliste vorgesehene Entgelt zu entrichten.[8]

§ 3 Verfügbarkeit

(1) Der Provider erbringt die Leistungen nach § 1 und § 2 mit einer Verfügbarkeit von 99 %. Die Verfügbarkeit berechnet sich auf der Grundlage der im Vertragszeitraum auf den jeweiligen Kalendermonat entfallenden Zeit abzüglich der vereinbarten Wartungszeiten. Der Provider ist berechtigt, in der Zeit von 3:00–6:00 Uhr morgens für insgesamt fünf Stunden im Kalendermonat Wartungsarbeiten durchzuführen. Während der Wartungsarbeiten können die vorgenannten Leistungen nicht oder nur eingeschränkt zur Verfügung stehen.[9]

(2) Der Provider ist berechtigt, die Leistungen zu beschränken oder ganz oder teilweise einzustellen, soweit dies aus rechtlichen Gründen, etwa aufgrund behördlicher Anordnung oder – ohne Begründung einer Rechtspflicht hierzu – zur Vermeidung von Nachteilen für den Kunden erforderlich ist.

§ 4 Bereitstellung der Leistungen/Sperre

(1) Der Provider stellt die Leistungen dem Kunden ab Zugang der Zugangscodes zur Verfügung.[10]

(2) Für die Autorisierung der Inanspruchnahme der Leistungen erhält der Kunde eine Benutzerkennung und ein veränderbares Passwort. Der Kunde ist verpflichtet, das Passwort in regelmäßigen Abständen, mindestens jedoch einmal jährlich, zu ändern. Das Passwort muss eine Mindestlänge von 8 Zeichen aufweisen und mindestens einen Buchstaben, eine Ziffer sowie ein Sonderzeichen enthalten. Der Kunde hat das Passwort geheim zu halten und dafür Sorge zu tragen, dass es Dritten nicht zugänglich ist.

(3) Wird das Passwort dreimal in Folge unrichtig eingegeben, so wird der Zugang zum Schutz vor Missbräuchen gesperrt. Der Kunde wird hierüber informiert. Er erhält dann

vom Provider ein neues Passwort zugeteilt. Der Provider ist in diesem Fall berechtigt, nicht nur das Passwort, sondern auch die Benutzerkennung neu zu vergeben.[11]

(4) Der Provider ist berechtigt, den Zugang zu den bereitgestellten Leistungen ganz oder teilweise zu sperren, wenn der Kunde seine Pflichten gemäß § 6 Abs. 2 verletzt.

(5) Im Falle einer Sperre ist der Kunde weiterhin zur Zahlung der Entgelte verpflichtet. Das Recht zur Kündigung, auch aus wichtigem Grund, bleibt von der Sperre unberührt. Eine Entsperrung des jeweiligen Dienstes erfolgt zu den in der Preisliste genannten Preisen.

§ 5 Reseller-Ausschluss

Der Kunde darf die vom Provider zur Verfügung gestellten Leistungen Dritten nicht zur alleinigen oder gewerblichen Nutzung überlassen.[12]

§ 6 Mitwirkungsleistungen des Kunden

(1) Der Kunde übernimmt es, sich mit einem geeigneten Endgerät die Voraussetzungen zu schaffen, Daten mit dem Provider auszutauschen. Insbesondere wird er regelmäßig die vom Provider aktualisierten Updates auf seine zur Kommunikation genutzten Endgeräte (zB Computer, Tablet, Smartphone) herunterladen, da anderenfalls die vereinbarten Leistungen nicht oder nur eingeschränkt über diese Geräte genutzt werden können. Die Einzelheiten der erforderlichen Mitwirkungsleistungen des Kunden ergeben sich aus den Technischen Spezifikationen.

(2) Der Kunde verpflichtet sich, die Leistungen des Providers nicht missbräuchlich zu nutzen. Er wird insbesondere keine Inhalte übertragen oder zugänglich machen, die Urheberrechte verletzen, Persönlichkeitsrechte beeinträchtigen und Straftatbestände verwirklichen.[13] Der Kunde stellt den Provider im Falle eines schuldhaften Pflichtverstoßes von jeglicher Inanspruchnahme durch Dritte einschließlich der durch die Inanspruchnahme ausgelösten Kosten frei.

§ 7 Entgelte

(1) Der Kunde ist zur Zahlung der Rechnungsbeträge verpflichtet, die sich aufgrund der Erbringung von Leistungen durch den Provider aufgrund der im Zeitpunkt des Vertragsschlusses gültigen Preisliste ergeben. Monatlich zu entrichtende Entgelte sind im Voraus, bei einer zeitanteiligen Nutzung entsprechend anteilig, zu entrichten. Der Kunde wird dem Provider eine Einzugsermächtigung erteilen.

(2) Die Verpflichtung des Kunden zur Zahlung der Entgelte für Leistungen, die der Provider im Rahmen dieses Vertragsverhältnisses erbracht hat, besteht nicht, soweit der Kunde nachweist, dass ihm die Nutzung nicht zuzurechnen ist.[14]

(3) Einen Einzelverbindungsnachweis kann der Kunde nicht verlangen.[15]

(4) Die rechtlich unverbindliche Abrechnung der Leistungen wird dem Kunden jeweils im Online-Portal des Providers zum Abruf bereitgestellt. Alternativ hat der Kunde die Möglichkeit, sich die Abrechnungen kostenpflichtig in Papierform übersenden zu lassen. Der Kunde hat Einwendungen gegen die Abrechnung der vom Provider erbrachten Leistungen innerhalb von acht Wochen nach Zugang der Rechnung schriftlich bei der auf der Rechnung angegebenen Stelle zu erheben. Nach Ablauf der vorgenannten Frist gilt die Abrechnung als vom Kunden genehmigt. Der Provider wird den Kunden mit Übersendung der Rechnung auf die Bedeutung seines Verhaltens besonders hinweisen.[16]

(5) Der Provider wird die auf der Grundlage dieses Vertrages zu zahlenden Entgelte nach billigem Ermessen der Entwicklung der Kosten anpassen, die für die Preisberechnung

maßgeblich sind. Eine Preiserhöhung kommt in Betracht und eine Preisermäßigung ist vorzunehmen, wenn sich zB die Kosten für die Beschaffung von Hard- und Software sowie Energie, die Nutzung von Kommunikationsnetzen oder die Lohnkosten erhöhen oder absenken oder sonstige Änderungen der wirtschaftlichen oder rechtlichen Rahmenbedingungen zu einer veränderten Kostensituation führen. Steigerungen bei einer Kostenart, zB den Lohnkosten, dürfen nur in dem Umfang für eine Preiserhöhung herangezogen werden, in dem kein Ausgleich durch etwaig rückläufige Kosten in anderen Bereichen, etwa bei den Kosten für Hard- und Software, erfolgt. Bei Kostensenkungen, zB der Hardwarekosten, sind vom Provider die Preise zu ermäßigen, soweit diese Kostensenkungen nicht durch Steigerungen in anderen Bereichen ganz oder teilweise ausgeglichen werden. Der Provider wird bei der Ausübung seines billigen Ermessens die jeweiligen Zeitpunkte einer Preisänderung so wählen, dass Kostensenkungen nicht nach für den Kunden ungünstigeren Maßstäben Rechnung getragen werden als Kostenerhöhungen, also Kostensenkungen mindestens in gleichem Umfang preiswirksam werden wie Kostenerhöhungen. Der Provider wird den Kunden über Entgeltänderungen spätestens sechs Wochen vor Inkrafttreten der Änderungen in Textform informieren. Ist der Kunde mit der Änderung der Preisliste nicht einverstanden, so kann er dieses Vertragsverhältnis außerordentlich zum Zeitpunkt des beabsichtigten Wirksamwerdens der Änderung der Entgelte kündigen. Kündigt der Kunde das Vertragsverhältnis zum Zeitpunkt des Wirksamwerdens der Entgeltänderung nicht, so gilt die Entgeltänderung als von ihm genehmigt. Der Provider wird den Kunden mit der Mitteilung der Entgeltänderung auf die vorgesehene Bedeutung seines Verhaltens besonders hinweisen.[17]

(6) Die Erbringung der Leistungen durch den Provider ist daran gebunden, dass der Kunde seinen Zahlungsverpflichtungen rechtzeitig nachkommt. Kommt der Kunde für zwei aufeinanderfolgende Monate mit der Entrichtung eines nicht unerheblichen Teils der geschuldeten Vergütung in Verzug, so kann der Provider das Vertragsverhältnis aus wichtigem Grund ohne Einhaltung einer Kündigungsfrist kündigen.[18]

§ 8 Hotline

(1) Der Provider stellt seinen Kunden zur Unterstützung in technischen Fragen eine Hotline zur Verfügung, die über E-Mail, Fax oder Telefon zu erreichen ist. Die Kontaktdaten kann der Kunde den Technischen Spezifikationen entnehmen.

(2) Die Hotline dient der Unterstützung des Kunden in allen mit der Inanspruchnahme der Leistung des Providers zusammenhängenden Angelegenheiten, insbesondere der Störungsmeldung.

(3) Kundenanfragen an die Hotline werden in der Reihenfolge ihres Einganges bearbeitet.

§ 9 Haftung

(1) Die Haftung des Providers für Schäden aufgrund der Nutzung von Telekommunikationsdienstleistungen für die Öffentlichkeit richtet sich nach den Regelungen des Telekommunikationsgesetzes.

(2) Außerhalb des Anwendungsbereichs von Abs. 1 richtet sich die Haftung nach den folgenden Bestimmungen. Der Provider haftet für Vorsatz und grobe Fahrlässigkeit. Für leichte Fahrlässigkeit haftet der Provider nur bei Verletzung einer wesentlichen Vertragspflicht, deren Erfüllung die ordnungsgemäße Durchführung des Vertrags überhaupt erst ermöglicht und auf deren Einhaltung der Kunde regelmäßig vertrauen darf sowie bei Schäden aus der Verletzung des Lebens, des Körpers oder der Gesundheit. Der Provider haftet dabei nur für vorhersehbare Schäden, mit deren Entstehung typischerweise gerechnet werden muss. Die Haftung ist im Falle leichter Fahrlässigkeit der Höhe nach

beschränkt auf 25.000,– EUR. Für den Verlust von Daten und/oder Programmen haftet der Provider insoweit nicht, als der Schaden darauf beruht, dass es der Kunde unterlassen hat, Datensicherungen durchzuführen und dadurch sicherzustellen, dass verloren gegangene Daten mit vertretbarem Aufwand wiederhergestellt werden können.[19]

§ 10 Änderung der Vertragsbedingungen

Soweit nicht bereits anderweitig speziell geregelt, ist der Provider berechtigt, diese Vertragsbedingungen wie folgt zu ändern oder zu ergänzen. Der Provider wird dem Kunden die Änderungen oder Ergänzungen spätestens sechs Wochen vor ihrem Wirksamwerden in Textform ankündigen. Ist der Kunde mit den Änderungen oder Ergänzungen der Vertragsbedingungen nicht einverstanden, so kann er den Änderungen mit einer Frist von einer Woche zum Zeitpunkt des beabsichtigten Wirksamwerdens der Änderungen oder Ergänzungen widersprechen. Der Widerspruch bedarf der Textform. Widerspricht der Kunde nicht, so gelten die Änderungen oder Ergänzungen der Vertragsbedingungen als von ihm genehmigt. Der Provider wird den Kunden mit der Mitteilung der Änderungen oder Ergänzungen der Vertragsbedingungen auf die vorgesehene Bedeutung seines Verhaltens besonders hinweisen.[20]

§ 11 Vertragslaufzeit

(1) Das Vertragsverhältnis ist zum Ablauf von 24 Monaten nach Vertragsschluss für jede Vertragspartei mit einer Frist von einem Monat erstmalig kündbar. Wird das Vertragsverhältnis nicht gekündigt, verlängert es sich jeweils um ein Jahr, wenn es nicht zum Ablauf der Verlängerungszeitraumes mit einer Frist von einem Monat gekündigt wird.[21]

(2) Die Kündigung durch den Kunden hat unter Angabe der Kundennummer zu erfolgen.

(3) Das Recht zur Kündigung aus wichtigem Grund bleibt unberührt.

(4) Jede Kündigung bedarf der Schriftform.[22]

§ 12 Datenschutz

(1) Der Provider wird die zur Durchführung dieses Vertrages erforderlichen Daten erheben, verarbeiten und nutzen. Zu diesen Daten gehören Name, Alter und Anschrift einschließlich Rufnummer und E-Mail-Adresse des Kunden sowie im Falle der Erteilung einer Einzugsermächtigung auch die Angaben zu seiner Bankverbindung als Bestandsdaten. Ferner werden Daten über Beginn und Ende der Inanspruchnahme der Leistungen sowie der Eingabe der Zugangscodes zur Erfassung der Nutzung verwendet. Diese Nutzungsdaten werden nach vollständiger Erfüllung der Zahlungsverpflichtungen des Kunden gelöscht. Die Daten werden ausschließlich in dem Rechenzentrum des Providers in . . . . . . verarbeitet.[23]

(2) Der Kunde stellt sicher, dass er bei der Nutzung der E-Mail-Leistungen nach diesem Vertrag personenbezogene Daten nur dann verarbeitet, wenn er hierzu berechtigt ist. Lösen Dritte aufgrund gesetzlicher Rechte Leistungen des Providers aus, die dieser regelmäßig nur gegen Entgelt erbringt (Übertragung von Daten etc), hat der Kunde diese Kosten gegenüber dem Provider zu tragen.[24]

§ 13 Schlussbestimmungen

(1) Allgemeine Geschäftsbedingungen der Parteien im Übrigen finden für diesen Vertrag keine Anwendung. Dies gilt auch dann, wenn solchen Bedingungen nicht ausdrücklich widersprochen wird.

(2) Die Abtretung von Forderungen ist nur mit vorheriger schriftlicher Zustimmung der anderen Vertragspartei zulässig. Die Zustimmung darf nicht unbillig verweigert werden. Die Regelung des § 354a HGB bleibt hiervon unberührt.

(3) Ein Zurückbehaltungsrecht kann nur wegen Gegenansprüchen aus dem jeweiligen Vertragsverhältnis geltend gemacht werden.

(4) Überlässt der Provider dem Kunden Geräte wie Router o.ä. zur Nutzung, die im Eigentum des Providers verbleiben, kann sich der Provider von einer Rücknahmepflicht durch Übertragung des Eigentums an den Kunden befreien. Der Kunde stimmt der Eigentumsübertragung unter der Bedingung einer entsprechenden Erklärung des Providers bereits jetzt zu.

(5) Die Vertragsparteien können nur mit Forderungen aufrechnen, die rechtskräftig festgestellt oder unbestritten sind.

(6) Alle Änderungen und Ergänzungen vertraglicher Vereinbarungen bedürfen der Schriftform, ebenso die Aufhebung des Schriftformerfordernisses, soweit dieser Vertrag nicht die Textform vorsieht.

(7) Sollten einzelne Bestimmungen der Parteivereinbarungen ganz oder teilweise unwirksam sein oder werden, wird die Wirksamkeit der übrigen Bestimmungen hierdurch nicht berührt. Die Parteien verpflichten sich für diesen Fall, die ungültige Bestimmung durch eine wirksame Bestimmung zu ersetzen, die dem wirtschaftlichen Zweck der ungültigen Bestimmung möglichst nahe kommt. Entsprechendes gilt für etwaige Lücken der Vereinbarungen.

(8) Es gilt das Recht der Bundesrepublik Deutschland. Bei einer mehrsprachigen Version dieses Vertrages ist für die rechtlichen Wirkungen allein der deutsche Text maßgeblich.

(9) Gerichtsstand ist . . . . .[25]

. . . .

(Ort, Datum)   (Ort, Datum)

. . . .

– Provider –   – Kunde –

Anmerkungen

1. Internet-Access-Vertrag. Der Provider bietet dem Kunden, der regelmäßig Verbraucher ist, an, sich fallweise über eine Festnetzverbindung in das Datennetz des Providers einzuwählen, um ihm über diese Schnittstelle den Zugang zum Internet zu ermöglichen. Für die Herstellung der Festnetzverbindung muss sich der Kunde der Dienste eines dritten Anbieters bedienen. Der Provider hat keine marktbeherrschende Stellung und ist auch nicht verpflichtet, Universaldienstleistungen nach dem TKG zu erbringen. Verwender der Bedingungen ist der Provider. Das Vertragsmuster ist eher **anbieterfreundlich** ausgestaltet.

Ziel eines Internet-Access-Vertrages ist es, dem Kunden zu ermöglichen, über das Internet zu kommunizieren, sei es durch den Abruf von Informationen von einer Web-Seite aus dem Internet-Dienst World Wide Web, mittels elektronischer Post (E-Mail), per FTP-Download oder durch Zugriff auf einen anderen Rechner über den Telnet-Dienst (sehr instruktiv hierzu Hoeren/Sieber/Holznagel/*Sieber* Teil 1 Technische Grundlagen). Das Bereithalten von Inhalten zum Abruf ist dagegen nicht Gegenstand der Leistungen des Internet-Access-Provider-Vertrages, sondern wird im Web-Hosting-Vertrag geregelt (→ Form. D. 2). Auch wenn das Internet regelmäßig mit dem World Wide Web gleichgestellt wird, ist das Zugänglichmachen von Web-Sites also nur ein Dienst unter mehreren, die über das Internet erbracht werden können. Rechtlich ergeben sich hieraus aber keine Unterschiede hinsichtlich der Regelung der Access-Leistungen, also der Schaffung eines Internet-Zugangs.

Der Vertrag über den Internet-Access ist ein **Dienstvertrag**, weil der Provider nur die Bereithaltung des Anschlusses und das Bemühen um die Herstellung der Verbindung zum Internet schuldet (BGH Urt. v. 4.3.2010 – III ZR 79/09, MMR 2010, 398 Rn. 18; einschränkend BGH Urt. v. 7.3.2013 – III ZR 231/12, MMR 2013, 398 Rn. 18). Bei der **rechtlichen Gestaltung von Internet-Access-Verträgen** ist zu berücksichtigen, dass das Internet kein geschlossenes Kommunikationsnetz ist, das von einem Betreiber beherrscht wird, sondern vielmehr einen Verbund von mehr oder minder leistungsfähigen Teilnetzen darstellt. Es gibt somit eine Vielzahl von Betreibern von Teilnetzen, die, wenn überhaupt, nur in einem sehr beschränkten Umfang vertraglich mit anderen Teilnetzbetreibern verbunden sind (vgl. *Petri/Göckel* CR 2002, 329). Dies ist relevant, weil der an der Datenübermittlung beteiligte Netzbetreiber technisch keinen Einfluss auf den Weg der Datenübertragung nehmen kann. Das folgt aus der Struktur des Internets als Netz der Netze, die es mit sich bringt, dass der Weg, den die Inhalte in Form von Datenpaketen nehmen, im Voraus nicht bestimmt werden kann. In allen am Kommunikationsvorgang beteiligten Teilnetzen wird selbstständig entschieden, an welches weitere Teilnetz das Datenpaket weitergeleitet wird. Eine Orientierung der Datenübermittlung insgesamt am kürzesten oder schnellsten Übertragungsweg erfolgt nicht. Zur Herstellung der technischen Sicherheit und aus Gründen des Datenschutzes bieten Provider aber zunehmend die regional begrenzte Weiterleitung von Informationen an.

Da die technischen Grundlagen dem Kunden häufig unbekannt sind, sollten vor allem in Hinblick auf § 307 Abs. 3 S. 2 BGB, die **Leistungspflichten des Providers** klar und verständlich beschrieben werden (vgl. zum Transparenzgebot auch für Leistungsbeschreibungen Palandt/*Heinrichs* BGB § 307 Rn. 55). Es dabei darauf zu achten, die Leistungsbeschreibung nicht so abzufassen, dass der Provider Leistungsrisiken übernimmt, die seiner Steuerung entzogen sind. Das Vertragsmuster geht bei der Beschreibung der vom Provider zu erbringenden Leistungen daher nur auf den Bereich ein, auf den der Provider selbst Einfluss nehmen kann, weil er diesen Bereich beherrschen kann. Das ist hinsichtlich der Übermittlung von Daten über das Internet das von dem Internet-Access-Provider betriebene Teilnetz. Andere Netzbetreiber können allerdings Erfüllungsgehilfen des Providers sein (OLG Düsseldorf Urt. v. 14.7.2009 – I-20 U 108/08, MMR 2010, 265), so dass der Provider auch für deren Fehlverhalten gegenüber dem Kunden einstehen muss.

Weil die Qualität der Leistungserbringung bezüglich des eigenen Datennetzes insbesondere von der Leistungsfähigkeit der vom Provider eingesetzten technischen Komponenten abhängt, sollte zur Verdeutlichung der konkret bestehenden Leistungspflichten eine weiter detaillierte Beschreibung des Leistungsvermögens, beispielsweise hinsichtlich der Bandbreite, des Datendurchsatzes, der Paketgeschwindigkeit etc. getroffen werden (vgl. *Petri/Göckel* CR 2002, 329 [333]). Diese technischen Einzelheiten werden für dieses Vertragsmuster vom Provider in der weiteren Leistungsbeschreibung, den „Technischen Spezifikationen" dargestellt, die Vertragsbestandteil ist.

Leistungen zum Internet-Access bewegen sich in einem **Spannungsfeld verschiedener gesetzlicher Bestimmungen.** Access Provider haben gegenüber ihren Kunden die Vorschriften des Telekommunikationsrechts zu beachten. Sofern der Provider nicht lediglich gewerbliche Leistungen für einen abgegrenzten Benutzerkreis erbringt, sondern für beliebige natürliche oder juristische Personen, hat er insbesondere die gesetzlichen Rahmenbedingungen für Anbieter von Telekommunikationsdienstleistungen für die Öffentlichkeit zu beachten.

Von erheblicher Bedeutung für alle Provider, die öffentlich zugängliche Telekommunikationsdienstleistungen erbringen, sind die Kundenschutzvorschriften in den §§ 43a ff. TKG. Von diesen Vorschriften kann, soweit nicht im Gesetz ausdrücklich zugelassen, nicht zu Lasten des Kunden abgewichen werden. Zu beachten ist auch § 43a Abs. 1 TKG, der wesentliche Informationspflichten enthält.

Bei der Anwendung der Vorschriften des Telekommunikationsrechts ist zu beachten, dass sie nur für die entsprechenden Telekommunikationsdienstleistungen des Providers gelten. Andere Leistungen unterliegen dieser Kontrolle nicht, sondern haben sich gegebenenfalls der Inhaltskontrolle des AGB-Rechts zu unterwerfen.

Neben dem Telekommunikationsrecht finden auf die Leistungen des Providers auch die Bestimmungen des **TMG** Anwendung, das die Nutzung von Telemediendiensten regelt. Bedeutung hat das TMG für den Access-Provider als Diensteanbieter jedoch nur hinsichtlich der Haftungsprivilegierung der §§ 8 und 9 TMG bei der Zugänglichmachung von Inhalten anderer Anbieter. Der Internet-Access-Provider erbringt nach der Gesetzesbegründung zum TMG Telemediendienste im Sinne von § 1 Abs. 1 TMG (*Hoeren* NJW 2007, 801 [802]). E-Mail-Dienste stellen ebenfalls einen Telemediendienst dar, da sie über die reine Übermittlung der Daten hinausgehen, sofern die E-Mails vom Provider zwischengespeichert und für entsprechende Programme abrufbereit vorgehalten werden (*Bender/Kahlen* MMR 2006, 590 [591]; Spindler/Schuster/*Ricke* TMG § 1 Rn. 11).

Für den **Datenschutz** folgt daraus, dass für die im Rahmen der reinen Internet-Access-Leistungen anfallenden personenbezogenen Daten nicht allein die §§ 91 ff. TKG gelten, sondern auch das TMG als bereichsspezifische Regelung zum BDSG. Allerdings werden die Vorschriften des TMG zum 25.5.2018 durch die Regelungen der **Datenschutzgrundverordnung** abgelöst. Die §§ 91 ff. TKG gelten weiter, soweit sie auf der Richtlinie 2002/58/EG vom 12.7.2002 beruhen (*Buchner* DuD 2016, 155 [161]).

2. Datenverkehr in anderen Netzen. Diese Regelung dient der Klarstellung, dass dem Provider eine Einflussnahme auf den Datenverkehr außerhalb des eigenen Kommunikationsnetzes nicht möglich ist und dementsprechend ein Erfolg der Datenübermittlung nicht geschuldet wird.

3. Leistungspflichten beim E-Mail-Dienst. In der Praxis ist mit der Gewährung des Internetzugangs auch die Zurverfügungstellung einer oder mehrerer E-Mail-Adressen verbunden. Das Empfangen und Versenden von E-Mails ist einer der am häufigsten genutzten Internet-Dienste. Der E-Mail-Dienst ist ein Telemediendienst, dem eine Übermittlung mittels Telekommunikation zugrunde liegt (→ Anm. 1). Obwohl der E-Mail-Dienst technisch ein Teil-Dienst des Internets ist, damit den gleichen technischen Rahmenbedingungen unterliegt wie der Zugriff auf das World Wide Web und dementsprechend die für alle Internet-Dienste allgemein geltende Risikozuordnung gilt, dass der Provider grundsätzlich nur für die übernommenen Leistungspflichten in seinem Teilnetz einzustehen hat, stellt das Vertragsmuster vorsorglich noch einmal die in § 1 Abs. 2 schon dargelegten Grundsätze gegenüber dem Kunden klar, dass der Provider auch bei diesem Dienst nicht dafür einstehen kann, dass die E-Mails außerhalb seines Leistungsbereichs vollständig weitergeleitet werden und den Empfänger erreichen. Übernimmt der Provider wie in dem diesem Formular zugrundeliegenden Fall die Datenübertragung, stellt die Leistung auch eine Datenübertragung nach dem TKG dar. Setzt der der Mail-Anbieter voraus, dass ein Dritter die Telekommunikationsleistungen erbringt, handelt es sich bei dem Mail-Angebot – ähnlich wie bei Skype – nicht um einen Telekommunikationsdienst (aA VG Köln Urt. v. 11.11.2015 – 21 K 450/15, MMR 2016, 141 (nicht rechtskräftig), dazu BeckOKStPO/*Bär* TKG § 113a Rn. 1; ablehnend *Schuster* CR 2016, 173).

4. **Speicherplatz für E-Mails.** In der Regel werden E-Mails nicht direkt an den Kunden weitergeleitet, sondern auf einem Mail-Server des Providers zum Abruf durch den

Kunden bereitgehalten. Da auf diesem Mail-Server nicht unbegrenzt Speicherkapazität zur Verfügung steht, wird in der Klausel der maximal zur Verfügung stehende Speicherplatz definiert. Der Provider ist berechtigt, jedoch nicht verpflichtet, E-Mails, die diesen Speicherplatz über die vereinbarten 2 GB hinaus belegen würden, zurückzuweisen. Auf eine Benachrichtigung über die Zurückweisung hat der Kunde keinen Anspruch. Diese Benachrichtigung wäre auch schwer umzusetzen, da ja der Speicherplatz gerade nicht mehr ausreichend ist. Der Absender der Mail wird in solchen Fällen informiert, dass die Mail nicht angenommen werden konnte.

5. Begrenzung des E-Mail-Versands. Auch für den Versand von E-Mails gilt, dass die Größe der zu versendenden E-Mails beschränkt ist. Der Provider muss darauf achten, dass seine E-Mail-Kapazitäten möglichst gleichmäßig allen Kunden zur Verfügung stehen. Dementsprechend ist eine übermäßige Inanspruchnahme der Mail-Kapazitäten des Providers durch nur einen oder wenige Kunden auszuschließen. Gerade E-Mails, die an eine Vielzahl von Empfängern versandt werden, können zu einer erheblichen Belastung des Mail-Servers führen. Der Vertrag sieht vor, dass bei Mails, die an mehr als 500 Adressaten versandt werden, die Kapazitäten zuvor mit dem Provider abzustimmen sind. Eine Umgehung dieser Regelung durch Aufteilung der E-Mails in kleinere Einheiten kann durch eine absolute Begrenzung der je zu definierendem Zeitabschnitt zu versendenden E-Mails begrenzt werden. Dies bedarf aber einer Einzelfall-Regelung.

6. Virenschutz. Es gehört nicht zu den Pflichten des Providers, ein- oder ausgehende E-Mails auf Viren, Trojaner o. ä. zu überprüfen, da die Verseuchung der E-Mails z. B. mit Viren nicht aus dem Verantwortungsbereich des Providers stammt, der die E-Mails lediglich durchleitet. Zudem wäre es aus Gründen des Datenschutzes und des Fernmeldegeheimnisses problematisch, die Mails der Kunden ohne deren ausreichende Einwilligung zu scannen (*Hoeren* NJW 2004, 3513 [3516])

7. Löschen von Mails. E-Mails stellen in der Regel personenbezogene Daten dar. Mit Beendigung des Vertragsverhältnisses erlischt das Recht des Providers, diese personenbezogenen Daten zu speichern. Dementsprechend weist die Klausel den Kunden darauf hin, dass die vorhandenen E-Mails nach Beendigung des Vertragsverhältnisses gelöscht werden. Um nicht überraschend im Sinne des § 305c BGB zu sein, ist der Passus in Großbuchstaben gedruckt.

8. Datenportabilität. Durch diese Regelung wird hinsichtlich der Kosten Art. 20 DS-GVO Rechnung getragen, dessen Anwendungsbereich noch relativ unklar ist (sa *Jülicher/Röttgen/v. Schönfeld* ZD 2016, 358). S. ergänzend dazu auch § 12 Abs. 2 des Formulars.

9. Verfügbarkeit. Aufgrund der technischen Rahmenbedingungen kann der Provider die von ihm versprochenen Leistungen nicht ununterbrochen erbringen. Wartungsarbeiten und nicht zu vermeidende technische Defekte bedingen eine nicht immer steuerbare Unterbrechung der Leistungserbringung. Zu beachten ist auch, dass der Provider dem Rechner seines Kunden eine IP-Adresse zuordnen muss, um ihn für die Kommunikation mit anderen Rechnern, Servern etc. bestimmbar zu machen. Da Provider nur den ihnen von der Vergabestelle zugewiesenen Adressraum, ein beschränktes Kontingent an IP-Adressen, nutzen können, kann es vorkommen, dass ein Kunde bei seiner Einwahl mangels zur Verfügung stehender IP-Adresse abgewiesen werden muss. Die Leistung ist dann solange nicht verfügbar, bis eine IP-Adresse durch einen anderen Kunden frei gegeben wurde. Diese eingeschränkte Verfügbarkeit der Leistungen muss auch rechtlich abgebildet werden, um dem Kunden deutlich zu machen, welche Erwartungen er hinsichtlich der Leistungsfähigkeit des Providers berechtigterweise haben kann. Das Vertragsmuster folgt hierzu der verbreiteten Regelung, die vom Provider versprochene Verfügbarkeit in einem Prozentsatz anzugeben. Die Verfügbarkeit soll die Leistungspflicht des Providers definieren und im Rahmen einer Prognose sicherstellen, dass er auch bei Anwendung der üblichen Anstrengungen durch die unvermeidbaren Leistungsstörungen keinen Ansprüchen des Kunden ausgesetzt wird, solange er sich bei der Leistungserbringung nur im Rahmen der geschuldeten Verfügbarkeit hält.

Verfügbarkeitsklauseln bewegen sich damit auf einem schmalen Grat zwischen inhaltlicher Beschreibung der geschuldeten Primärleistung und Beschränkung der dem Kunden zustehenden Leistungsstörungsansprüche (hierzu LG Karlsruhe Urt. v. 12.1.2007 – 13 O 180/04 KfH I, CR 2007, 396; *Rössel* ITRB 2007, 106). Bei der Definition ist jedenfalls darauf zu achten, dass die Bestimmung klar und verständlich ist, weil anderenfalls ein Verstoß gegen das AGB-rechtliche **Transparenzgebot** vorliegen kann. Da die Verfügbarkeit prozentual angegeben ist, muss zugleich definiert werden, an welchem Maßstab sich die Verfügbarkeit ausrichtet. Selbst bei einer relativ hohen Verfügbarkeit von 98,5 % ergeben sich erhebliche Unterschiede je nachdem, ob der Bezugszeitraum ein Tag, ein Monat oder ein Jahr ist. In manchen Klauseln wird eine Verfügbarkeit festgelegt in der Annahme, dass Leistungshindernisse, die vom Provider nicht zu vertreten sind, die Verfügbarkeit nicht beeinträchtigen. Der Kunde würde in diesem Fall keine Verfügbarkeit von 98,5 % erhalten, sondern von 98,5 % abzüglich der nicht vom Provider zu vertretenden Leistungshindernisse. Eine solche Intention muss dem Kunden jedoch erkenntlich sein, um nicht als intransparent zu gelten (vgl. hierzu auch OLG Köln Urt. v. 14.4.2000 – 6 U 135/99, MMR 2000, 755 [757] als Vorinstanz zu BGH Urt. v. 12.12.2000 – XI ZR 138/00, MMR 2001, 225).

10. **Zugang der Zugangscodes.** Hier wird klargestellt, dass eine Leistungsverpflichtung des Providers gegenüber dem Kunden erst ab Zugang der Zugangscodes besteht. Dies ist dann sinnvoll, wenn der Anbieter sich vor der Leistungserbringung noch von der Identität seines Vertragspartners überzeugen möchte, etwa wenn der Vertrag über das Internet angebahnt oder bereits geschlossen wird. Er hat dann die Möglichkeit, zuvor das Post-Ident-Verfahren zu nutzen oder die Identität des Kunden per Einschreiben mit Rückschein plausibel nachzuvollziehen.

11. **Nachweis der Leistungsinanspruchnahme.** Der Provider ist gegenüber seinem Kunden beweispflichtig dafür, dass der Kunde die von dem Provider in Rechnung gestellten Leistungen auch in Anspruch genommen hat. Allein anhand der im Rahmen der Datenkommunikation anfallenden Informationen ist eine eindeutige Zuordnung der Leistungsinanspruchnahme zum Kunden nicht möglich. Die Daten lassen den Veranlasser der Leistungsinanspruchnahme und etwaige Manipulationen nicht erkennen. Damit dem Provider der Nachweis erleichtert wird, erhält der Kunde eine Benutzerkennung und ein ausschließlich ihm zugeordnetes Passwort. Das Verfahren ist dem für Bargeldverfügungen unter Verwendung der – vormaligen – EC-Karte und einer Geheimnummer nachempfunden. Nach der Rechtsprechung zum EC-Kartenverfahren besteht ein Anscheinsbeweis dahingehend, dass der EC-Karteninhaber die Verfügung vorgenommen hat oder die Geheimnummer unsorgfältig aufbewahrt hat, wenn unter Verwendung der EC-Karte die richtige Geheimnummer eingesetzt wurde (BGH Urt. v. 5.10.2004 – XI ZR 210/03, NJW 2004, 3623 mwN). Entsprechend soll angenommen werden können, dass der Kunde die Providerleistung in Anspruch genommen hat, wenn bei der Inanspruchnahme der Leistung die richtige Benutzerkennung und das dazugehörige Passwort verwendet wurden. Voraussetzung hierfür ist jedoch, dass Benutzerkennung und Passwort nicht leicht zu erraten sind und der Kunde verpflichtet wird, die Zugangsdaten geheim zu halten und keinem Dritten zugänglich zu machen. Danach ist auch die Weitergabe an zB Familienangehörige ausgeschlossen. Hintergrund hierfür ist, dass bei einer Gestattung der Weitergabe die Verantwortungssphären verschwimmen. Folgt man der Rechtsprechung zum EC-Karten-Missbrauch, so würde bei einer Berechtigung zur Weitergabe der Daten an

Familienangehörige der Anscheinsbeweis der Leistungsinanspruchnahme durch den Kunden verwässert.

Um die Erratbarkeit des Passwortes zu erschweren, wurde für das Passwort eine Mindestlänge von 8 Zeichen festgelegt. Dabei muss mindestens ein Zeichen ein Buchstabe, eine Ziffer, sowie ein Sonderzeichen sein. Auch ist der Kunde verpflichtet, das Passwort mindestens einmal jährlich zu ändern. Nach dem Rechtsgedanken des § 45i Abs. 4 TKG obliegt es dem Kunden nachzuweisen, dass eine Internetverbindung von ihm nicht veranlasst wurde. Gibt der Kunde das Passwort dreimal in Folge unrichtig ein, so wird der Zugang gesperrt. Die Sperrung des Zugangs verfolgt den Zweck, das Passwort vor einem Erraten zu schützen.

12. Resale. Nach § 44a TKG genießt der Provider gegenüber Endkunden ein Haftungsprivileg (→ Anm. 19). Dieses Haftungsprivileg gilt jedoch dann nicht, wenn der Kunde des Providers kein Endnutzer ist. Damit der Provider sein Haftungsrisiko steuern kann, sieht die Klausel vor, dass der Kunde nicht als Leistungsmittler auftreten darf.

13. Mitwirkungsleistungen. Um Störungen bei der Leistungserbringung zu minimieren, ist der Kunde verpflichtet, bestimmte Mitwirkungsleistungen zu erbringen. Diese Mitwirkungsleistungen beziehen sich in erster Linie auf die Verwendung geeigneter Hard- und Software. Die Klausel verweist daher auf die Technischen Spezifikationen. Daneben übernimmt es der Kunde, den Internet-Zugang und die E-Mail-Funktion nicht rechtswidrig zu nutzen. Der **Access-Provider kann** nach der jüngeren BGH-Rechtsprechung bei einer rechtswidrigen Nutzung durch den Kunden **als Störer** darauf **in Anspruch genommen werden**, den Zugang zu Internetseiten zu unterbinden, auf denen urheberrechtlich geschützte Werke rechtswidrig öffentlich zugänglich gemacht werden. In die im Rahmen der Zumutbarkeitsprüfung vorzunehmende Abwägung sind die betroffenen unionsrechtlichen und nationalen Grundrechte des Eigentumsschutzes der Urheberrechtsinhaber, der Berufsfreiheit der TK-Unternehmen und der Informationsfreiheit und der informationellen Selbstbestimmung der Internetnutzer einzubeziehen. Eine Störerhaftung kommt indes nur in Betracht, wenn der Rechteinhaber zunächst zumutbare Anstrengungen unternommen hat, gegen diejenigen Beteiligten vorzugehen, die – wie der Betreiber der Internetseite – die Rechtsverletzung selbst begangen haben oder – wie der Host-Provider – zur Rechtsverletzung durch die Erbringung von Dienstleistungen beigetragen haben. Nur wenn die Inanspruchnahme dieser Beteiligten scheitert oder ihr jede Erfolgsaussicht fehlt und deshalb andernfalls eine Rechtsschutzlücke entstünde, ist die Inanspruchnahme des Zugangsvermittlers als Störer zumutbar (BGH Urt. v. 26.11.2015 – I ZR 174/14, MMR 2016, 180). Zu einer allgemeinen Überwachung der Kunden-Aktivitäten ist der Provider nicht berechtigt und dementsprechend auch nicht verpflichtet (EuGH Urt. v. 24.11.2011 – C-70/10, ZUM 2012, 29). Dem Provider können **Kosten** entstehen, wenn er wegen der Mitwirkung als Störung auf Unterlassung oder Auskunft in Anspruch genommen wird. In § 101 Abs. 2 S. 3 UrhG hat der Provider zwar einen Kostenerstattungsanspruch gegen den ihn auf Auskunft in Anspruch nehmenden Verletzten. Der Umfang des Anspruchs ist aber streitig (vgl. Schricker/Loewenheim/*Wimmers* UrhG § 101 Rn. 71). Auch mag der Anspruch nicht immer durchsetzbar sein. Ob der Provider ihm entstandene Kosten ohne entsprechende Vereinbarung in jedem Fall von seinem Kunden erstattet verlangen kann, ist fraglich. Ein Schadensersatzanspruch gegen den Kunden setzt Verschulden voraus, das nicht immer gegeben ist oder nachgewiesen werden kann. Die Mitwirkungsleistung ist daher in dem Formular als Pflicht ausgestaltet, um einen Schadensersatzanspruch überhaupt begründen zu können. Zudem ist eine vertragliche Kostenübernahme vorgesehen, die allerdings AGB-rechtlichen Bedenken hinsichtlich der Transparenz begegnen dürfte. Der Verwender sollte prüfen, ob ein bestimmter Kostenbeitrag eingefügt werden kann.

14. Nachweis der Befreiung von der Entgeltpflicht. Erbringt der Provider nach Übermittlung der richtigen Zugangsdaten Leistungen, so gilt der Beweis des ersten Anscheins, dass die Leistungen vom Kunden in Anspruch genommen wurden, da er allein über diese Zugangsdaten verfügen darf (→ Anm. 11). Korrespondierend hierzu trifft ihn die Vergütungspflicht für die vom Provider nach Übermittlung der Zugangsdaten erbrachten Leistungen. Für Telekommunikationsdienstleistungen enthält § 45i Abs. 4 TKG eine Sonderregelung über die Pflichten beim Nachweis der Entgelthöhe. Die Inanspruchnahme der Leistungen durch Dritte hat der Vertragspartner nur zu vergüten, wenn sie ihm zurechenbar sind (vgl. BGH Urt. v. 16.3.2006 – III ZR 152/05, NJW 2006, 1971 – Haftung für Telefonkosten aus R-Gesprächen Dritter).

15. Einzelverbindungsnachweis. Nach § 45e TKG hat der Kunde generell einen Anspruch auf einen Einzelverbindungsnachweis, um die Teilbeträge der Rechnung nachprüfen zu können. Ist mit dem Anbieter ein Pauschaltarif vereinbart, läuft diese Nachprüfung mangels Teilbeträgen ins Leere. Auf Pauschaltarife ist § 45e TKG daher allgemein nicht anwendbar (so wohl auch BeckOK TKG/*Ditscheid/Rudloff* TKG § 45e Rn. 39).

16. Abrechnungen. Der Provider darf dem Kunden eine Online-Abrechnung zur Verfügung stellen, wenn alternativ die Möglichkeit der Übersendung in Papierform – auch in einem anderen Tarif – gegeben ist (BGH Urt. v. 16.7.2009 – III ZR 299/08, NJW 2009, 3227 [3228] Rn. 21). Nach § 45i Abs. 1 TKG muss der Vertragspartner mindestens acht Wochen ab Zugang der Rechnung Einwendungen geltend machen können.

17. Entgeltänderung. Nachdem die Regelungen der § 28 Abs. 2 TKV und § 23 Abs. 2 Nr. 1a AGBG entfallen sind, haben sich Änderungen des Vertragsinhalts nun allgemein an den §§ 305 ff. BGB zu orientieren. Im Zuge seiner Rechtsprechung zu Preisanpassungen, insbesondere bei Energieversorgern, hat der BGH Leitlinien für die Anpassung von Entgelten in AGB aufgestellt, die es dem Verwender schwer oder sogar unmöglich machen, eine Änderungsklausel zu gestalten, die der Inhaltskontrolle standhält Das Formular verwendet eine Klausel, die der BGH im Rahmen eines Strombezugsvertrages für wirksam erachtet hat (BGH Urt. v. 25.11.2015 – VIII ZR 360/14, NJW 2016, 936).

18. Kündigung wegen Zahlungsverzugs. Diese Bestimmung ist § 543 Abs. 2 Nr. 3a BGB nachempfunden. Wenn die Vergütung für die Inanspruchnahme der Providerleistungen nutzungsabhängig berechnet wird, kann für die Bestimmung des außerordentlichen Kündigungsrechts nicht auf einen bestimmten Betrag, sondern allein darauf abgestellt werden, dass das Entgelt in Höhe eines zumindest nicht unerheblichen Teils der geschuldeten Vergütung nicht gezahlt wurde. Erbringt der Provider seine Leistungen im Rahmen einer Flatrate, so kann auch vereinbart werden, dass die Kündigung dann möglich ist, wenn der Kunde in einem Zeitraum, der sich über mehr als 2 Termine erstreckt, mit der Entrichtung der Vergütung in Höhe eines Betrages in Verzug ist, der die Vergütung für 2 Monate erreicht (§ 543 Abs. 2 Nr. 3b BGB). Diese Regelungen sollten als gesetzliche Leitbilder für die Miete als typisches Dauerschuldverhältnis auch in anderen Dauerschuldverhältnissen einer AGB-Kontrolle standhalten.

Die Grenzen des § 45k TKG sind für den Internet-Zugang nicht zu beachten, weil hier kein Telefondienst erbracht wird (BeckOK TKG/Ditscheid/*Rudloff* § 45k Rn. 8).

19. Haftungsbeschränkung. Die Rechtsnatur des Access -Provider-Vertrags ist umstritten, Vieles spricht für eine differenzierte Betrachtung, die an den Datenverkehr anknüpft und zwischen dem Herrschaftsbereich des Providers und dem Datenverkehr in fremden Nutzen unterscheidet. Dann könnte dem Provider für den von ihm beherrschten Bereich eine Erfolgspflicht auferlegt werden, womit in der Folge Werkvertragsrecht zur Anwendung käme. Der BGH folgt der hM und seiner Rechtsprechung zur Sprachtelefonie bei den Festnetz- und Mobilfunkverträgen und sieht den Access-Vertrag als Dienstvertrag an (BGH Urt. v. 23.3.2005 – III ZR 338/04, NJW 2005, 2076). Das hat für den Provider den Vorteil, dass er keiner Mängelhaftung unterliegt. Für die Erbringung seiner Leistungen gilt das allgemeine Leistungsstörungsrecht. Für daraus resultierende Haftungsfälle versucht die Klausel eine Privilegierung des Providers zu erreichen.

Die Haftungsklausel unterteilt sich in die Wiedergabe der Haftungsprivilegierung des Providers nach § 44a TKG und eine Haftungsbeschränkung für die von ihm im Übrigen verschuldeten Pflichtverletzungen, die nicht im Zusammenhang mit einer Telekommunikationsdienstleistung für die Öffentlichkeit stehen. Insoweit orientiert sie sich eng an den Vorgaben des AGB-Rechts.

Für Anbieter von Telekommunikationsleistungen für die Öffentlichkeit enthält § 44a TKG eine **gesetzliche Haftungsprivilegierung** für Vermögensschäden hinsichtlich der Haftung der Höhe nach. Erbringen sie ihre Leistungen dem Endnutzer gegenüber, so haften sie ihm nur auf 12.500,– EUR. Gegenüber der Gesamtheit der Geschädigten ist die Haftung auf zehn Millionen EUR je schadenverursachendes Ereignis beschränkt. Das Haftungsprivileg besteht kraft Gesetzes und braucht daher nicht vertraglich wiederholt zu werden (BeckOK TKG/*Ditscheid/Rudloff* § 44a Rn. 5). Die Privilegierung entfällt gegenüber dem Endkunden dann, wenn der Schaden vorsätzlich verursacht wurde. Innerhalb seines Anwendungsbereiches enthält § 44a TKG eine abschließende Regelung und kann wegen § 47b TKG nicht zu Lasten des Kunden erweitert werden. Eine Individualvereinbarung ist nach § 44a S. 5 TKG nur mit Endkunden zulässig, die keine Verbraucher sind (BeckOK TKG/*Ditscheid/Rudloff* § 44a Rn. 12.).

Da § 44a TKG **nur Vermögensschäden** erfasst und hinsichtlich seines Anwendungsbereiches auf Pflichtverletzungen aus der Erbringung von Telekommunikationsdienstleistungen für die Öffentlichkeit reduziert ist, muss zusätzlich eine Regelung für andere Pflichtverletzungen und für Nicht-Vermögensschäden getroffen werden. Eine solche Haftungsklausel hat jedoch klarzustellen, dass sie nicht für die von § 44a TKG erfassten Telekommunikationsleistungen gilt. Anderenfalls könnte in einer Allgemeingültigkeit beanspruchenden Haftungsklausel eine gegen § 47b TKG verstoßende unzulässige Haftungsbeschränkung gesehen werden, die die Klausel insgesamt unwirksam werden ließe und für den nicht von § 47b TKG erfassten Bereich zu einer unbeschränkten Haftung führen würde. Das Vertragsmuster enthält daher sowohl die Haftungsbegrenzung nach § 44a TKG als auch eine darüber hinausgehende Haftungsbeschränkung. Diese Klausel berücksichtigt auch § 309 Nr. 7a BGB, obwohl bei den nach dem Vertrag zu erbringenden Leistungen eine Schädigung des Lebens, des Körpers oder der Gesundheit nur schwer denkbar ist. Andererseits könnte die Nichterwähung dieser Schäden im Umkehrschluss zu der Annahme verleiten, dass die Haftung für diese Schäden im Rahmen der Klausel ausgeschlossen ist, was wegen eines Verstoßes gegen die genannte AGB-rechtliche Vorschrift zur Unwirksamkeit der gesamten Haftungsbeschränkungsklausel führen könnte (vgl. *Spindler*, Vertragsrecht der Internet-Provider, IV Rn. 347). Die Begrenzung der Haftung der Höhe nach ist – wie regelmäßig – AGB-rechtlich unwirksam, mangels wirksamer Alternative aber dann sinnvoll, wenn der Vertragspartner die Klausel für wirksam hält.

Die weitere Haftungsprivilegierung des Access-Providers nach §§ 8 und 9 TMG hat für das Verhältnis zwischen Provider und Kunden keine Bedeutung. Sie regelt allein die Haftung des Access-Providers gegenüber Dritten.

20. Änderung von AGB. Die Änderung Allgemeiner Geschäftsbedingungen richtet sich nach Wegfall des § 28 TKV nun auch für Anbieter von Telekommunikationsdienstleistungen für die Öffentlichkeit allein nach § 305 BGB. Eine Ausnahme besteht nach § 305a Nr. 2b BGB nur noch für Call-by-Call-Verfahren, Mehrwert- oder Informationsdienste, die „in einem Mal" erbracht werden und eine vorherige Einbeziehung der AGB in zumutbarer Weise verhindern. Die Klausel enthält eine Fiktion, nach der der Kunde sich mit der Änderung der Bedingungen einverstanden erklärt, wenn er nicht rechtzeitig widersprochen hat. Nach § 308 Nr. 5a BGB muss dem Kunden hierbei die Möglichkeit zur Abgabe einer ausdrücklichen Erklärung innerhalb einer angemessenen Frist gegeben werden. Die in Allgemeinen Geschäftsbedingungen oft anzutreffende Regelung, wonach der Kunde verpflichtet ist zu kündigen, reicht hierzu nicht aus. Der Kunde kann nicht gezwungen werden, das Vertragsverhältnis zu lösen, weil der Provider andere Vertragsbedingungen durchsetzen möchte. Daher bleibt dem Provider als AGB-konforme Möglichkeit nur, bei einem Widerspruch des Kunden seinerseits den Vertrag zu kündigen. Einen wichtigen Grund zur Kündigung mit sofortiger Wirkung gibt der Widerspruch des Kunden jedoch im Regelfall nicht. Anders kann dies sein, wenn der Provider seine Leistungen aufgrund veränderter Rahmenbedingungen ändern muss, etwa wegen der Einführung einer neuen Technik, die es dem Kunden unmöglich machen würde, die Dienste des Providers weiterhin in Anspruch zu nehmen. Steht er hier vor der Wahl, seine Leistungen nicht mehr auf dem Stand der Technik erbringen zu können oder bei einer Änderung der technischen Rahmenbedingungen die vertraglich geschuldeten Leistungen seinem Kunden nicht mehr anbieten zu können, muss ein solches Kündigungsrecht, ggf. mit einer angemessenen Auslauffrist, gegeben sein.

21. Laufzeit. Nach § 43b TKG darf bei Verträgen mit Verbrauchern die Höchstlaufzeit 24 Monate nicht überschreiten (sa § 309 Nr. 9 BGB). Anbieter öffentlich zugänglicher TK-Dienste müssen Verbrauchern ermöglichen, den Vertrag für maximal 12 Monate abzuschließen.

22. Schriftform. In AGB ist die Vereinbarung der Schriftform für Kündigungen nach § 309 Nr. 13 BGB gegenüber Verbrauchern regelmäßig nicht zulässig, es muss die Wahrung der Textform genügen. Es spricht einiges dafür, die Entscheidung des BGH zur Unangemessenheit des Schriftformerfordernisses bei ausschließlich elektronischer Kommunikation zwischen den Vertragsparteien (BGH Urt. v. 14.7.2016 – III ZR 387/15, BeckRS 2016, 13946) auch auf den unternehmerischen Rechtsverkehr zu übertragen.

23. Datenschutz. Nach § 93 TKG hat der Telekommunikations-Diensteanbieter seinem Kunden bei Vertragsabschluss in allgemein verständlicher Form Kenntnis von den grundlegenden Verarbeitungstatbeständen seiner personenbezogenen Daten zu verschaffen und ihn auf die zulässigen Wahl- und Gestaltungsmöglichkeiten hinzuweisen. Erbringt der Provider auch einen Telemediendienst, so hat er darüber hinaus gemäß § 13 TMG den Kunden zu Beginn des Nutzungsvorgangs über die Verwendung seiner Daten zu unterrichten. Da der Provider hinsichtlich des reinen Internet-Access nach § 1 Abs. 1 TMG keinen Telemediendienst erbringt, gilt in diesem Bereich zwar allein die Vorschrift des § 93 TKG. Für die nach dem Vertragsmuster vorgesehenen E-Mail-Leistungen sind jedoch auch die Vorschriften des TMG zu beachten, soweit die E-Mail-Leistungen über die Erbringung von Telekommunikationsleistungen hinausgehen. Die beiden Regelungen sind nicht deckungsgleich. Da die Unterrichtung nach § 93 TKG bei Vertragsschluss erfolgen muss, nach § 13 TMG jedoch zu Beginn des Nutzungsvorgangs selbst, kommt eine umfassende Unterrichtung in den Allgemeinen Geschäftsbedingungen nur dann in Frage, wenn die Inhalte der Unterrichtung nach dem TMG von vornherein immer gleich bleiben. Ändern sich dagegen die Inhalte der Unterrichtung für die Inanspruchnahme der E-Mail-Dienste, so hat die entsprechende Mitteilung zu Beginn des Nutzungsvorgangs zu erfolgen, wobei wegen der Schwierigkeit, den Kunden bei der Nutzung des Dienstes zu erreichen, die Abrufmöglichkeit auf der Web-Site des Providers ausreichen muss. Das Vertragsmuster geht davon aus, dass der Kunde die Möglichkeit hat, die Informationen zu den Telemediendiensten jederzeit auf der Web-Site des Anbieters abzurufen.

Für die weitere Verwendung der Bestandsdaten ist zu beachten, dass der Diensteanbieter nach § 95 Abs. 2 TKG die Bestandsdaten seiner Kunden nur zur Beratung der Kunden, zur Werbung und zur Marktforschung verarbeiten und nutzen darf, soweit dies für diese Zwecke erforderlich ist und der Kunde eingewilligt hat. Einer Einwilligung bedürfen im Übrigen auch alle weiteren Nutzungen, insbesondere zur Erstellung von Nutzungsprofilen. Da eine Einwilligung in eine solche Verwendung von Daten den Anforderungen des § 4a BDSG genügen muss, ist sie durch eine formularmäßige Aufnahme in die Geschäftsbedingungen allein nicht ausreichend erklärt.

IP-Adressen stellen **personenbezogene Daten** dar. Die für den Aufbau der Verbindungen anfallenden Daten sind aber auch dann nicht sofort zu löschen, wenn die Abrechnung – wie üblich – über eine Pauschale erfolgt (EuGH Urt. v. 19.10.2016 – C-582/14, ZD 2017, 24; BGH Urt. v. 13.1.2011 – III ZR 146/10, MMR 2011, 341).

24. → Anm. 8

25. Gerichtsstand. Gegenüber Verbrauchern ist im Hinblick auf § 38 ZPO und das Recht der Allgemeinen Geschäftsbedingungen eine von der gesetzlichen Regelung zum Nachteil des Verbrauchers abweichende Vereinbarung wirksam nicht möglich (vgl. Palandt/*Heinrichs* BGB § 307 Rn. 107).

Service-Providerverträge

2. Hosting

Hosting-Vertrag

zwischen

. . . . .

– nachfolgend „Provider" genannt –

und

. . . . .

– nachfolgend „Kunde" genannt –

wird folgender Vertrag[1] geschlossen:

§ 1 Leistungen

(1) Der Provider erbringt Leistungen zur Zugänglichmachung von Inhalten über das Internet. Hierzu stellt der Provider dem Kunden Systemressourcen auf einem virtuellen Server zur Verfügung. Der Kunde kann auf diesem Server Inhalte bis zu einem Umfang von 2 TB gemäß der technischen Spezifikation (Anlage 1), die Vertragsbestandteil ist, ablegen.[2]

(2) Auf dem Server werden die Inhalte unter der vom Kunden zur Verfügung zu stellenden Internet-Adresse zum Abruf über das Internet bereitgehalten.[3] Die Leistungen des Providers bei der Übermittlung von Daten beschränken sich allein auf die Datenkommunikation zwischen dem vom Provider betriebenen Übergabepunkt des eigenen Datenkommunikationsnetzes an das Internet und dem für den Kunden bereitgestellten

Server. Eine Einflussnahme auf den Datenverkehr außerhalb des eigenen Kommunikationsnetzes ist dem Provider nicht möglich. Eine erfolgreiche Weiterleitung von Informationen von oder zu dem die Inhalte abfragenden Rechner ist daher insoweit nicht geschuldet.[4]

(3) Der Provider erbringt die vorgenannten Leistungen mit einer Gesamtverfügbarkeit von 98,5 %. Die Verfügbarkeit berechnet sich auf der Grundlage der im Vertragszeitraum auf den jeweiligen Kalendermonat entfallenden Zeit abzüglich der nachfolgend definierten Wartungszeiten. Der Provider ist berechtigt, dienstags und donnerstags in der Zeit von 3:00–6:00 Uhr morgens für insgesamt 10 Stunden im Kalendermonat Wartungsarbeiten durchzuführen. Während der Wartungsarbeiten stehen die vorgenannten Leistungen nicht zur Verfügung.[5]

(4) Die Inhalte des für den Kunden bestimmten Speicherplatzes werden vom Provider arbeitstäglich gesichert. Die Datensicherung erfolgt rollierend in der Weise, dass die für einen Wochentag gesicherten Daten bei der für den nachfolgenden gleichen Wochentag erfolgenden Datensicherung überschrieben werden. Nach dem gleichen Prinzip erfolgt eine wöchentliche Datensicherung, bei der die Daten ebenfalls rollierend nach Ablauf von vier Wochen überschrieben werden. Die Sicherung erfolgt stets für den gesamten Serverinhalt und umfasst unter Umständen auch die Daten weiterer Kunden. Der Kunde hat daher keinen Anspruch auf Herausgabe eines der Sicherungsmedien, sondern lediglich auf Rückübertragung der gesicherten Inhalte auf den Server.[6]

(5) Der Provider ist berechtigt, die zur Erbringung der Leistungen eingesetzte Hard- und Software an den jeweiligen Stand der Technik anzupassen. Ergeben sich aufgrund einer solchen Anpassung zusätzliche Anforderungen an die vom Kunden auf dem Server abgelegten Inhalte, um das Erbringen der Leistungen des Providers zu gewährleisten, so wird der Provider dem Kunden diese zusätzlichen Anforderungen mitteilen. Der Kunde wird unverzüglich nach Zugang der Mitteilung darüber entscheiden, ob die zusätzlichen Anforderungen erfüllt werden sollen und bis wann dies geschehen wird. Erklärt der Kunde nicht bis spätestens vier Wochen vor dem Umstellungszeitpunkt, dass er seine Inhalte rechtzeitig zur Umstellung, das heißt spätestens drei Werktage vor dem Umstellungszeitpunkt, an die zusätzlichen Anforderungen anpassen wird, hat der Provider das Recht, das Vertragsverhältnis mit Wirkung zum Umstellungszeitpunkt zu kündigen.[7]

(6) Hat der Provider dem Kunden statische IP-Adressen zur Verfügung gestellt, kann der Provider die dem Kunden zugewiesenen IP-Adressen ändern, wenn dies aus technischen oder rechtlichen Gründen erforderlich werden sollte. Der Kunde wird unverzüglich über die anstehende Änderung informiert.

§ 2 Mitwirkungspflichten des Kunden

(1) Der Kunde verpflichtet sich, auf dem zur Verfügung gestellten Speicherplatz keine rechtswidrigen, die Gesetze, behördlichen Auflagen oder Rechte Dritter verletzenden Inhalte abzulegen. Er wird dafür Sorge tragen, dass die von ihm gewählte Internet-Adresse, unter der die Inhalte über das Internet abgefragt werden können, ebenfalls nicht Gesetze, behördliche Auflagen oder Rechte Dritter verletzt. Der Kunde wird ferner darauf achten, dass von ihm installierte Programme, Skripte oÄ den Betrieb des Servers oder des Kommunikationsnetzes des Providers oder die Sicherheit und Integrität anderer auf den Servern des Providers abgelegten Daten nicht gefährden. Der Kunde stellt den Provider von jeglicher Inanspruchnahme durch Dritte einschließlich der durch die Inanspruchnahme ausgelösten Kosten frei.[8]

(2) Im Falle eines unmittelbar drohenden oder eingetretenen Verstoßes gegen die vorstehenden Verpflichtungen sowie bei der Geltendmachung nicht offensichtlich unbegrün-

deter Ansprüche Dritter gegen den Provider auf Unterlassen der vollständigen oder teilweisen Darbietung der auf dem Server abgelegten Inhalte über das Internet ist der Provider berechtigt, unter Berücksichtigung auch der berechtigten Interessen des Kunden die Anbindung dieser Inhalte an das Internet ganz oder teilweise mit sofortiger Wirkung vorübergehend einzustellen.[9] Der Provider wird den Kunden über diese Maßnahme unverzüglich informieren.

(3) Gefährden oder beeinträchtigen vom Kunden installierte Programme, Skripte oÄ den Betrieb des Servers oder des Kommunikationsnetzes des Providers oder die Sicherheit und Integrität anderer auf den Servern des Providers abgelegter Daten, so kann der Provider diese Programme, Skripte etc. deaktivieren oder deinstallieren. Falls die Beseitigung der Gefährdung oder Beeinträchtigung dies erfordert, ist der Provider auch berechtigt, die Anbindung der auf dem Server abgelegten Inhalte an das Internet zu unterbrechen. Der Provider wird den Kunden über diese Maßnahme unverzüglich informieren.[10]

(4) Für den Zugriff auf den für den Kunden bestimmten Speicherplatz erhält der Kunde eine Benutzerkennung und ein veränderbares Passwort. Der Kunde ist verpflichtet, das Passwort in regelmäßigen Abständen, mindestens jedoch einmal jährlich, zu ändern. Das Passwort muss eine Mindestlänge von 8 Zeichen aufweisen und mindestens einen Buchstaben, eine Ziffer sowie ein Sonderzeichen enthalten. Der Kunde darf das Passwort nur an solche Personen weitergeben, die von ihm berechtigt wurden, auf den Speicherplatz Zugriff zu nehmen. Wird das Passwort dreimal in Folge unrichtig eingegeben, so wird der Zugriff auf den Speicherplatz zum Schutz vor Missbräuchen gesperrt. Der Kunde wird hierüber informiert. Er erhält dann vom Provider ein neues Passwort zugeteilt. Der Provider ist in diesem Fall berechtigt, nicht nur das Passwort, sondern auch die Benutzerkennung neu zu vergeben.[11]

(5) Die von dem Kunden auf dem für ihn bestimmten Speicherplatz abgelegten Inhalte können urheber- und datenschutzrechtlich geschützt sein. Der Kunde räumt dem Provider das Recht ein, die von ihm auf dem Server abgelegten Inhalte bei Abfragen über das Internet zugänglich machen zu dürfen, insbesondere sie hierzu zu vervielfältigen und zu übermitteln sowie sie zum Zwecke der Datensicherung vervielfältigen zu können.[12] Der Kunde prüft in eigener Verantwortung, ob die Nutzung personenbezogener Daten durch ihn datenschutzrechtlichen Anforderungen genügt.[13]

§ 3 Reseller-Ausschluss

Der Kunde darf die vom Provider zur Verfügung gestellten Leistungen Dritten nicht zur gewerblichen Nutzung überlassen.[14]

§ 4 Vergütung

(1) Die Vergütung der vom Provider erbrachten Leistungen richtet sich nach der im Zeitpunkt des Vertragsschlusses gültigen Preisliste.

(2) Der Kunde hat Einwendungen gegen die Abrechnung der vom Provider erbrachten Leistungen innerhalb von acht Wochen nach Zugang der Rechnung schriftlich bei der auf der Rechnung angegebenen Stelle zu erheben. Nach Ablauf der vorgenannten Frist gilt die Abrechnung als vom Kunden genehmigt. Der Provider wird den Kunden mit Übersendung der Rechnung auf die Bedeutung seines Verhaltens besonders hinweisen.[15]

(3) Der Provider ist berechtigt, die seinen Leistungen zugrunde liegende Preisliste zu ändern. Der Provider wird den Kunden über Änderungen in der Preisliste spätestens sechs Wochen vor Inkrafttreten der Änderungen in Textform informieren. Ist der Kunde mit der Änderung der Preisliste nicht einverstanden, so kann er dieses Vertragsverhältnis

außerordentlich zum Zeitpunkt des beabsichtigten Wirksamwerdens der Änderung der Preisliste kündigen. Die Kündigung bedarf der Textform. Kündigt der Kunde das Vertragsverhältnis zum Zeitpunkt des Wirksamwerdens der Preisänderung nicht, so gilt die Preisänderung als von ihm genehmigt. Der Provider wird den Kunden mit der Mitteilung der Preisänderung auf die vorgesehene Bedeutung seines Verhaltens besonders hinweisen.[16]

(4) Die Erbringung der Leistungen durch den Provider ist daran gebunden, dass der Kunde seinen Zahlungsverpflichtungen rechtzeitig nachkommt. Kommt der Kunde für zwei aufeinanderfolgende Monate mit der Entrichtung eines nicht unerheblichen Teils der geschuldeten Vergütung in Verzug, so kann der Provider das Vertragsverhältnis aus wichtigem Grund ohne Einhaltung einer Kündigungsfrist kündigen.[17]

§ 5 Vertragslaufzeit

(1) Dieser Vertrag läuft unbefristet und kann nach Ablauf eines Jahres jederzeit schriftlich mit einer Frist von 30 Tagen zum Ende eines Kalenderquartals gekündigt werden.

(2) Die Kündigung aus wichtigem Grund bleibt unberührt.

(3) Nach Beendigung des Vertragsverhältnisses stellt der Provider dem Kunden die auf dem für den Kunden bestimmten Speicherplatz abgelegten Inhalte auf einem Datenträger oder per Datenfernübertragung für einen Zeitraum von vier Wochen zum Abruf zur Verfügung. Etwaige Zurückbehaltungsrechte des Providers bleiben unberührt.[18]

§ 6 Mängelhaftung

(1) Ist die vertragsgemäße Nutzung der Leistungen nach § 1 aufgehoben, so ist der Kunde für die Zeit, in der die Nutzung aufgehoben ist, von der Entrichtung des Entgelts für die beeinträchtigte Leistung befreit. Für die Zeit, während der die Tauglichkeit zum vertragsgemäßen Betrieb gemindert ist, hat der Kunde nur ein angemessen herabgesetztes Entgelt zu entrichten.[19]

(2) Mängel werden kostenlos beseitigt. Aufgetretene Mängel und Fehler sind dem Provider unmittelbar nach ihrer Feststellung in schriftlicher oder elektronischer Form nachvollziehbar mitzuteilen.

(3) Für Mängel, die bereits bei Überlassung des Speicherplatzes an den Kunden vorhanden waren, haftet der Provider nur, wenn er diese Mängel zu vertreten hat.[20]

§ 7 Haftung

(1) Die Haftung des Providers für Schäden aufgrund der Nutzung von Telekommunikationsdienstleistungen für die Öffentlichkeit richtet sich nach den Regelungen des Telekommunikationsgesetzes.

(2) Außerhalb des Anwendungsbereichs von Abs. 1 richtet sich die Haftung nach den folgenden Bestimmungen. Der Provider haftet für Vorsatz und grobe Fahrlässigkeit. Für leichte Fahrlässigkeit haftet der Provider nur bei Verletzung einer wesentlichen Vertragspflicht, deren Erfüllung die ordnungsgemäße Durchführung des Vertrags überhaupt erst ermöglicht und auf deren Einhaltung der Kunde regelmäßig vertrauen darf sowie bei Schäden aus der Verletzung des Lebens, des Körpers oder der Gesundheit. Der Provider haftet dabei nur für vorhersehbare Schäden, mit deren Entstehung typischerweise gerechnet werden muss. Die Haftung ist im Falle leichter Fahrlässigkeit der Höhe nach beschränkt auf 25.000,– EUR. Für den Verlust von Daten und/oder Programmen haftet der Provider insoweit nicht, als der Schaden darauf beruht, dass es der Kunde unterlassen

hat, Datensicherungen durchzuführen und dadurch sicherzustellen, dass verloren gegangene Daten mit vertretbarem Aufwand wiederhergestellt werden können.[21]

§ 8 Änderung der Vertragsbedingungen

Soweit nicht bereits anderweitig speziell geregelt, ist der Provider berechtigt, diese Vertragsbedingungen wie folgt zu ändern oder zu ergänzen. Der Provider wird dem Kunden die Änderungen oder Ergänzungen spätestens sechs Wochen vor ihrem Wirksamwerden in Textform ankündigen. Ist der Kunde mit den Änderungen oder Ergänzungen der Vertragsbedingungen nicht einverstanden, so kann er den Änderungen mit einer Frist von einer Woche zum Zeitpunkt des beabsichtigten Wirksamwerdens der Änderungen oder Ergänzungen widersprechen. Der Widerspruch bedarf der Textform. Widerspricht der Kunde nicht, so gelten die Änderungen oder Ergänzungen der Vertragsbedingungen als von ihm genehmigt. Der Provider wird den Kunden mit der Mitteilung der Änderungen oder Ergänzungen der Vertragsbedingungen auf die vorgesehene Bedeutung seines Verhaltens besonders hinweisen.[22]

§ 9 Daten und Datenschutz

(1) Der Kunde hat das jederzeitige Recht, die von ihm im Rahmen des Vertrages beim Provider gespeicherten Daten in einem strukturierten, gängigen und maschinenlesbaren Format zu erhalten. Soweit dies technisch machbar und rechtlich zulässig ist, hat der Kunde auch das Recht, vom Provider die Übermittlung der Daten an Dritte zu verlangen. Erbringt der Provider eine dieser Leistungen, hat der Kunde das dafür in der jeweils aktuellen Preisliste vorgesehene Entgelt zu entrichten.

(2) Verarbeitet der Kunde im Rahmen dieses Vertragsverhältnisses personenbezogene Daten, so ist er für die Einhaltung der datenschutzrechtlichen Vorschriften verantwortlich. Der Provider wird die vom Kunden übermittelten Daten nur im Rahmen der Weisungen des Kunden verarbeiten. Sofern er der Ansicht ist, dass eine Weisung des Kunden gegen datenschutzrechtliche Vorschriften verstößt, wird er den Kunden hierauf unverzüglich hinweisen. Einzelheiten der Auftragsdatenverarbeitung sind in einer gesonderten Vereinbarung zur Auftragsdatenverarbeitung zu regeln.

(3) Der Provider bietet dem Kunden die verschlüsselte Übermittlung der Daten an. Die Umsetzung der Verschlüsselung ist in der technischen Spezifikation (Anlage 1) geregelt.

(4) Der Provider hat seine Mitarbeiter gem. § 5 BDSG auf das Datengeheimnis verpflichtet.

§ 10 Schlussbestimmungen

(1) Die Abtretung von Forderungen ist nur mit vorheriger schriftlicher Zustimmung der anderen Vertragspartei zulässig. Die Zustimmung darf nicht unbillig verweigert werden. Die Regelung des § 354a HGB bleibt hiervon unberührt.

(2) Ein Zurückbehaltungsrecht kann nur wegen Gegenansprüchen aus dem jeweiligen Vertragsverhältnis geltend gemacht werden.

(3) Die Vertragsparteien können nur mit Forderungen aufrechnen, die rechtskräftig festgestellt oder unbestritten sind.

(4) Abweichende Bedingungen des Kunden werden nicht anerkannt, es sei denn, der Provider stimmt ihrer Geltung zu. Alle Änderungen, Ergänzungen und Kündigungen vertraglicher Vereinbarungen bedürfen der Schriftform, ebenso die Aufhebung des Schriftformerfordernisses, soweit dieser Vertrag nicht die Textform vorsieht.

(5) Sollten einzelne Bestimmungen der Parteivereinbarungen ganz oder teilweise unwirksam sein oder werden, wird die Wirksamkeit der übrigen Bestimmungen hierdurch nicht berührt. Die Parteien verpflichten sich für diesen Fall, die ungültige Bestimmung durch eine wirksame Bestimmung zu ersetzen, die dem wirtschaftlichen Zweck der ungültigen Bestimmung möglichst nahe kommt. Entsprechendes gilt für etwaige Lücken der Vereinbarungen.

(6) Es gilt das Recht der Bundesrepublik Deutschland. Bei einer mehrsprachigen Version dieses Vertrages ist für die rechtlichen Wirkungen allein der deutsche Text maßgeblich.

(7) Gerichtsstand ist . . . . .[23]

. . . .

(Ort, Datum)   (Ort, Datum)

. . . .

– Provider –   – Kunde –

Anmerkungen

1. Sachverhalt. Verwender der Bedingungen ist der Provider, der Leistungen zur Zugänglichmachung der Web-Site des Kunden über das Internet erbringt. Software-Anwendungen laufen über die Web-Site nicht ab (zum Cloud Computing → Form. G. 6), eine Datenbank ist ebenfalls nicht hinterlegt. Der Provider verfügt über eine eigene Schnittstelle zum Internet. Der Vertrag ist eher providerfreundlich.

2. Hosting. Das Hosting erfasst das Anbieten von Inhalten zum Abruf über das Internet. Technisch gliedert es sich in zwei grundlegende Leistungen des Providers. Zum einen hat der Provider dem Kunden auf einem Server Speicherplatz zur Verfügung zu stellen, damit der Kunde die Inhalte, die er über das Internet zum Abruf bereithalten möchte, dort ablegen kann. Zum anderen hat der Provider diese Inhalte dann so an das Internet anzubinden, dass Nutzer eines Internet-Zugangs sie über das Internet abfragen können. Dazu ist eine Anbindung des Servers an das Internet erforderlich. Bei der Art der Inhalte sind verschiedene Fallgestaltungen denkbar, die sich nicht nur in ihren technischen Anforderungen unterscheiden, sondern auch Auswirkungen auf die Vertragsgestaltung haben können. Der Kunde kann lediglich eine Informationsseite über das Internet zugänglich machen wollen, wozu das Ablegen der Inhalte auf einem Server ausreichend ist. Der Kunde kann aber auch eine Anbindung seiner Web-Site an eine Datenbank wünschen, beispielsweise ein Warenwirtschaftssystem, um dem Besucher der Web-Site Auskunft über die Liefermöglichkeiten geben zu können. Die zum Warenwirtschaftssystem gehörende Datenbank kann dabei sowohl auf einem Datenbank-Server des Providers abgelegt sein als auch in der DV-Anlage des Kunden. Insbesondere im letzteren Fall sind dann weitere Regelungen zur Herstellung und Aufrechterhaltung der Datenverbindung zwischen dem Provider und dem Kunden hinsichtlich des Zugriffs auf die Kunden-Datenbank erforderlich. Es ist auch denkbar, dass der Kunde den Besuchern seiner Web-Site Software zur Nutzung zur Verfügung stellt. In diesem Fall hat der Provider einen Application-Server bereitzustellen, der die Software enthält und an den Web-Server angebunden ist. Während in dieser Konstellation das Verhältnis des Kunden zu den Nutzern der Software auf der Grundlage des ASP-Vertrages (→ Form. D. 4) geregelt werden kann, haben Provider und Kunde keine Regelungen zur Nutzung der Software zu treffen, sondern vor allem die vom Provider zu erbringenden Service-Leistungen zu bestimmen. Hierzu kann das Vertragsmuster zum SLA → Form. D. 5 herangezogen werden.

Das Vertragsmuster geht von dem grundlegenden Fall aus, dass eine einfache Web-Site an das Internet angebunden wird und dementsprechend nur ein Server zur Verfügung gestellt werden muss. Bei Web-Sites mit einem nur geringen Umfang erfolgt das Speichern auf einem sogenannten virtuellen Server. Hier erhält der Kunde keinen eigenen Server zugewiesen, sondern muss sich den Speicherplatz mit anderen Kunden auf einem Server teilen. Bei größeren Websites oder wenn dem Kunden daran gelegen ist, ausschließlichen Zugriff auf den Server zu haben, kann dem Kunden auch ein dedizierter, ausschließlich für ihn bereitgestellter Server zur Verfügung gestellt werden. Eine entsprechende Klausel könnte dann lauten:

> **Der Provider erbringt Leistungen zur Zugänglichmachung von Inhalten über das Internet. Hierzu stellt der Provider dem Kunden Systemressourcen auf einem dedizierten, ausschließlich für den Kunden bereitgestellten Server zur Verfügung. Der Kunde kann auf diesem Server Inhalte bis zu einem Umfang von . . . . . MB gemäß der technischen Spezifikation (Anlage 1), die Vertragsbestandteil ist, ablegen.**

Welche Inhalte auf dem Server abgelegt werden können, hängt von dessen technischen Eigenschaften ab. Die näheren Einzelheiten hierzu sind in der Technischen Spezifikation, die Vertragsbestandteil ist, geregelt.

Dem Hosting ähnlich ist das Housing → Form. D. 3, bei dem der Provider dem Kunden nicht Speicherplatz zur Verfügung stellt, sondern der Kunde den Server als eigene Leistung beistellt und der Provider lediglich die Aufgabe hat, diesen Server unterzubringen und an das Internet anzuschließen. In dem letzten Punkt entspricht der Housing-Vertrag somit vollständig dem Hosting-Vertrag. Abweichend zu regeln ist beim Housing jedoch, wer die Wartung des Servers und die Pflege der Betriebssoftware übernimmt. Dies kann der Provider sein, aber auch der Kunde selbst kann im Wege der Fernwartung, gegebenenfalls durch dritte IT-Dienstleister, auf den Server zugreifen, um die Lauffähigkeit der Web-Site aufrechtzuerhalten. Zu regeln ist beim Housing, ob den Provider hinsichtlich des Servers besondere Obhutspflichten treffen, und wann der Kunde direkten Zugang zum Server erhält. Da das Housing mietrechtlich zu qualifizieren ist, ist das Vermieterpfandrecht zu beachten und gegebenenfalls auszuschließen.

3. **Internet-Adresse.** Damit die Inhalte über das Internet aufgefunden werden können, muss ihnen eine eindeutige Internet-Adresse, in der Regel im Rahmen eines sogenannten Domain-Namens, zugeordnet werden. Soweit die Inhalte nicht unter einer Sub-Domain des Providers angeboten werden, hat der Kunde die Internet-Adresse zur Verfügung zu stellen.

4. **Verantwortungsbereich des Providers.** Die Hosting-Leistungen des Providers ähneln denen des Access-Providers, soweit sie das Übermitteln von Informationen, nämlich der Anfragen von Inhalten durch Internet-Nutzer und der Übermittlung dieser Inhalte an die Nutzer betreffen. Wie schon beim Internet-Access kann daher auch der Hosting-Provider nur Einfluss auf die Datenübertragung innerhalb des von ihm betriebenen Kommunikationsnetzes nehmen, für die er ebenfalls den Regeln des Telekommunikationsrechts unterworfen ist, da auch er Telekommunikationsdienstleistungen für die Öffentlichkeit erbringt (vgl. Spindler/*Schuppert* Vertragsrecht der Internet-Provider, Teil V Rn. 225; aA *Wilmer* NJW 2008, 1845 [1846]). Insofern gilt hierfür das zum Internet-Access-Vertrag Gesagte entsprechend (→ Form. D. 1 Anm. 1). Andere Provider, die entweder den Zugang zum Internet überhaupt eröffnen (Access-Provider) oder ihre Netze für die Übermittlung der Inhalte zur Verfügung stellen, sind somit keine Erfüllungsgehilfen des Hosting-Providers, soweit sich dessen Leistungen auf das eigene Kommunikationsnetz beschränken. Verfügt der Hosting-Provider jedoch über keinen eigenen Anschluss an das Internet, muss er sich seinerseits eines Access-Providers bedienen, der dann allerdings im Verhältnis zu seinem Kunden Erfüllungsgehilfe ist.

5. **Verfügbarkeit.** Für die Verfügbarkeitsregelung gilt das Gleiche wie schon beim Internet-Access-Vertrag. Dass der Provider im Gegensatz zum Internet-Access im Wesentlichen zwei Leistungen erbringt, nämlich das Zurverfügungstellen von Speicherplatz und das Anbinden dieses Speicherplatzes an das Internet, ist für die Frage der Verfügbarkeit für den Kunden von untergeordnetem Interesse, da beide Leistungen kumulativ erbracht werden müssen, um den Leistungserfolg herbeizuführen. Daher definiert der Vertrag für die Leistungen des Providers eine Gesamtverfügbarkeit.

6. **Datensicherung.** Der Provider übernimmt es als Nebenpflicht, die Serverinhalte regelmäßig zu sichern. Bei dem dem Vertragsmuster zugrunde liegenden Fall der Zurverfügungstellung von Speicherplatz auf einem virtuellen Server erfolgt die Datensicherung stets für den gesamten Serverinhalt. Die Sicherung der einzelnen virtuellen Server wäre zu aufwändig. Daher wird vereinbart, dass der Kunde lediglich Anspruch auf Rücksicherung der gespeicherten Inhalte auf den Server hat. Eine Übermittlung der gesicherten Dateninhalte an ihn ist ausgeschlossen. Mit der Sicherung der Daten können insbesondere datenschutzrechtliche und urheberrechtliche Belange Dritter berührt werden. So stellt die Datensicherung in jedem Falle eine Vervielfältigung des Inhalts des Speicherplatzes dar, die, soweit nicht hinsichtlich etwaiger Software nach dem § 69d Abs. 2 UrhG gedeckt, einer urheberrechtlichen Gestattung bedarf. Der Mustervertrag enthält in § 2 Abs. 5 eine Rechteklausel zugunsten des Providers.

7. **Hard- und Softwareanpassungen.** Das Anbieten von Hosting-Leistungen durch Zurverfügungstellen von Speicherplatz auf virtuellen Servern ist ein Massengeschäft, das die gleichförmige Behandlung aller Kunden voraussetzt. Aufgrund der regelmäßigen Weiterentwicklung der Software, insbesondere der Serversoftware und Betriebssysteme ist es für den Provider erforderlich, die Software und ggf. auch Hardware an den jeweiligen Stand der Technik anzupassen. Diese Anpassung kann unter Umständen zur Folge haben, dass die vom Kunden auf dem Server abgelegten Inhalte mit den neuen Hard- und Softwarebedingungen nicht kompatibel sind. Der Provider wäre in diesem Fall vor die Wahl gestellt, die Anpassung nicht vorzunehmen, um die Inhalte des Kunden weiterhin an das Internet anbinden zu können oder den Vertrag mit dem Kunden zum nächsten ordentlichen Kündigungszeitpunkt zu kündigen, um dann die Anpassung ohne eine Verletzung seiner Leistungspflichten gegenüber dem Kunden vornehmen zu können. Bei der Zurverfügungstellung von Speicherplatz auf einem virtuellen Server gegenüber einer Vielzahl verschiedener Vertragsverhältnisse ist dieser Weg jedoch nicht praktikabel. Das Vertragsmuster sieht daher vor, dass der Provider seinen Kunden mitteilen kann, dass die weitere Anbindung der von ihnen auf dem Server abgelegten Inhalte an das Internet nach einer Änderung der Hard- und Softwareumgebung nur bei Erfüllen zusätzlicher Anforderungen möglich ist. Der Kunde hat dann bis spätestens vier Wochen vor dem vom Provider geplanten Umstellungszeitpunkt mitzuteilen, dass er seine Inhalte rechtzeitig zur Umstellung an die zusätzlichen Anforderungen anpassen wird. Erklärt er dies nicht, steht fest, dass der Provider gegenüber seinem Kunden die geschuldete Leistung nicht erbringen kann. Für diesen Fall gewährt ihm der Vertrag ein Sonderkündigungsrecht. Erklärt der Kunde zwar, die Umstellung vornehmen zu wollen, setzt er die Umstellung dann jedoch nicht um, so verletzt er damit eine Obliegenheit. Kann der Provider anschließend im Rahmen der geänderten Hard- und Softwarebedingungen die geschuldete Leistung aufgrund der unterbliebenen Mitwirkungspflicht des Kunden nicht erbringen, so hat er dies nicht zu vertreten.

8. Zulässigkeit der Inhalte und Adressen. Dem Provider obliegt gemäß § 7 Abs. 2 S. 1 TMG grundsätzlich keine Prüfungspflicht hinsichtlich der Zulässigkeit der von dem Kunden auf dem Speicherplatz abgelegten Inhalte.

Für die von dem Kunden verwendeten Internet-Adressen gelten diese Haftungsgrundsätze nach dem Wortlaut von § 7 TMG jedoch nicht, da die Internet-Adresse nicht zu den gespeicherten oder übermittelten Informationen gehört (vgl. LG München Urt. v. 27.2.2002 – 1 HK O 16598/01, MMR 2002, 690 [691]). Andererseits ist auch abseits der Haftung gegenüber Dritten keine umfassende Prüfungspflicht des Providers hinsichtlich der Zulässigkeit der Nutzung der Internet-Adresse durch den Kunden anzunehmen. Im Verhältnis zum Kunden gehört dies nicht zu den Nebenpflichten des Providers, dessen Leistungen nach dem Hosting-Vertrag unberührt von der vom Kunden konkret gewählten Adressbezeichnung bleiben. Gegenüber Dritten kommt allein eine allgemeine Störerhaftung in Betracht. Die Regelung in § 2 Abs. 1 sind in diesem Zusammenhang in erster Linie klarstellender Natur, da sich die Haftung des Providers wegen rechtsverletzender Inhalte oder Adressbezeichnungen außerhalb der vertraglichen Beziehungen zum Kunden regelt und dem Provider gegen den Kunden jedenfalls ein Rückgriffsrecht bei einer Inanspruchnahme wegen einer Pflichtverletzung des Kunden zusteht.

9. Sperrung der Inhalte. Legt der Kunde auf dem Server rechtswidrige Inhalte ab, so ist es trotz der weitgehenden Privilegierung des Providers nach den §§ 7 ff. TMG (BGH Urt. v. 1.3.2016 – VI ZR 34/15, NJW 2016, 2106) nicht auszuschließen, dass der Provider von Dritten auf Unterlassen der Anbindung dieser Inhalte an das Internet in Anspruch genommen wird (→ Anm. 4). Eine Verpflichtung zur Löschung des beanstandeten Eintrags besteht, wenn auf der Grundlage der Stellungnahme des für die Web-Seite Verantwortlichen und einer etwaigen Replik des Betroffenen unter Berücksichtigung etwa zu verlangender Nachweise von einer rechtswidrigen Verletzung des Persönlichkeitsrechts auszugehen ist (BGH Urt. v. 1.3.2016 – VI ZR 34/15, NJW 2016, 2106 Rn. 24). Die **Privilegierung der Haftung** nach dem TMG greift auch nicht, wenn es sich um eigene oder „zu eigen" gemachte Inhalte handelt (dazu BGH Urt. v. 12.11.2009 – I ZR 166/07, MMR 2010, 556 – marions-kochbuch.de). Der Provider soll sich jedoch nicht in jedem Fall in eine Auseinandersetzung mit Dritten hineinziehen lassen müssen. Daher gibt die Klausel dem Provider das Recht, die Inhalte ganz oder teilweise mit sofortiger Wirkung, jedoch nicht endgültig, sondern nur vorübergehend bis zur Beseitigung der Störung nicht mehr zum Abruf über das Internet bereithalten zu müssen. Der Provider soll auch nicht verpflichtet sein, den Eintritt eines Verstoßes abwarten zu müssen, sondern vielmehr berechtigt sein, auch präventiv tätig werden zu können, sofern ein Verstoß unmittelbar droht. Sofern die erhobenen Ansprüche nicht offensichtlich unbegründet sind, soll ihm ebenfalls gestattet sein, die Anbindung der Inhalte an das Internet einzustellen. Um diese weitgehenden Berechtigungen, die Inhalte des Kunden auch bereits bei der drohenden Gefahr einer Inanspruchnahme AGB-konform zu gestalten, legt die Klausel dem Provider Prüfungspflichten dahingehend auf, dass der Verstoß zumindest unmittelbar drohen muss und geltend gemachte Ansprüche nicht offensichtlich unbegründet sind. Zusätzlich hat er die Sperrung der Inhalte gegen die berechtigten Interessen seines Kunden abzuwägen.

10. Gefährdung des Betriebs. Die Regelung gibt eine aus § 241 Abs. 2 BGB folgende Nebenpflicht des Kunden wieder, alles zu unterlassen, was zu einer Beeinträchtigung der Rechtsgüter des Providers führen kann.

11. Zugangscodes. Die Leistung des Providers gegenüber dem Kunden besteht darin, die von dem Kunden bereitgestellten Inhalte über das Internet zum Abruf zugänglich zu machen. Da der Kunde ein vehementes Interesse daran hat, dass die Inhalte nicht ohne seine Zustimmung geändert werden, obliegt dem Provider die Nebenpflicht, die auf dem Server abgelegten Inhalte vor einem Zugriff Dritter zu schützen. Für den Kunden ist dieser technische Schutz auch gegenüber Dritten wichtig, da er für die von ihm auf dem Server abgelegten Inhalte gemäß § 7 Abs. 1 TMG umfassend nach den allgemeinen Gesetzen verantwortlich ist. Eine Manipulation Dritter an den Inhalten muss sich der Kunde zwar nicht entgegenhalten lassen. Es kann für ihn aber schwer sein, diese Manipulation überhaupt nachzuweisen und damit beispielsweise seiner Beweislast nach § 280 Abs. 1 S. 2 BGB zu entsprechen.

Der Provider hat den Zugriffsschutz technisch so einzurichten, dass er nicht leicht zu überwinden ist. Um die Berechtigung eines Zugriffs festzustellen, sieht der Vertrag vor, dass der Kunde, der regelmäßig selbst oder durch eine von ihm beauftragte Multimedia-Agentur per Datenfernübertragung über den Internet-Dienst FTP (File-Transport-Protocol) auf den Speicherplatz zugreifen wird, sich durch die Angabe seiner Benutzerkennung und ein besonders definiertes Passwort autorisiert. Zwar hat der Zugangscode in diesem Fall nicht die Bedeutung, dem Provider den Nachweis der Inanspruchnahme seiner Leistungen durch den Kunden zu erleichtern. Die der entsprechenden Regelung im Internet-Access-Vertrag zugrunde liegende Wertung, dass die Eingabe der richtigen Benutzerkennung und des zutreffenden Passwortes den Anscheinsbeweis begründet, dass der Zugriff durch den Kunden erfolgte, gelten jedoch auch hier. Im Übrigen ist daher auf die Ausführungen zum Internet-Access-Vertrag zu verweisen (→ Form. D. 1 Anm. 10).

12. **Berechtigung zur Inhalteübermittlung und -sicherung.** Die Vertragsdurchführung erfordert es, dass der Provider die Daten über sein Kommunikationsnetz zum Übergabepunkt an das Internet übermittelt. Ferner hat er es übernommen, die Server-Inhalte zu Sicherungszwecken zu speichern. Beide Leistungen können die zugunsten Dritter bestehenden Schutzrechte, insbesondere im urheberrechtlichen Bereich berühren.

Das Zugänglichmachen der Server-Inhalte bedeutet regelmäßig eine **Vervielfältigung der Inhalte,** zumindest, wenn der Besucher der Web-Site diese Inhalte speichert. Auch wenn die Vervielfältigung nicht durch den Provider, sondern durch den abfragenden Internet-Nutzer erfolgt, wirkt der Provider doch zwangsläufig hieran mit und muss sich dies unter Umständen vom Berechtigten entgegenhalten lassen (BGH Urt. v. 21.4.1988 – I ZR 210/86, GRUR 1988, 604 [606] – Kopierwerk). Die Übermittlung der Inhalte ist beispielsweise dann problematisch, wenn der Kunde seine Web-Site durch eine Multimedia-Agentur erstellen ließ, die auf die Leistungen Dritter (Programmierer, Bilder, Texte etc) zurückgegriffen und dabei nicht alle für den Kunden zur Durchführung des Hosting-Vertrages erforderlichen Rechte eingeholt hat. Da ein gutgläubiger Erwerb von Nutzungsrechten nicht möglich ist, fehlt es dem Kunden in diesem Fall an der Rechtsmacht, die erforderlichen Rechte zur Übermittlung auch dem Provider einzuräumen. Hinsichtlich der Sicherung der Inhalte auf dem für den Kunden bestimmten Speicherplatz gilt Entsprechendes, da die Sicherung in jedem Falle eine Vervielfältigung des Speicherinhaltes darstellt und auch unter Umständen dazu führt, dass die auf dem Speicherplatz des Servers abgelegten Inhalte in der Sicherungskopie länger erhalten bleiben, als dies auf dem Server selbst der Fall ist. Letzteres kann unter datenschutzrechtlichen Aspekten problematisch sein. Ein Rückgriff des Kunden auf eine gesetzliche Ermächtigung scheidet in der Regel aus. Zwar enthält § 69d Abs. 2 UrhG eine gesetzliche Berechtigung des Kunden zur Erstellung einer Sicherungskopie. Diese Norm ist jedoch nur auf Computerprogramme anwendbar (zur Berechtigung des Software-Benutzers nach § 69d UrhG eine Sicherungskopie durch Dritte erstellen zu lassen vgl. Schricker/Loewenheim/*Loewenheim* UrhG § 69d Rn. 17). Auch können Teile der Website als Computerprogramme angesehen werden, soweit die Website jedoch aus Texten, Bildern etc. besteht, scheidet § 69a Abs. 1 UrhG aus. Schließlich greifen auch die in § 53 UrhG genannten Privilegierungen für die Vervielfältigung zum eigenen Gebrauch beim Web-Hosting nicht ein. Der Kunde bedarf daher zur Erstellung von Sicherungskopien einer entsprechenden Berechtigung durch den Rechteinhaber, sofern er die urheberrechtlich geschützten Inhalte nicht selbst geschaffen hat.

Bei einer **Rechtsverletzung** richtet sich die Haftung des Providers gegenüber dem dritten Rechteinhaber zwar nach § 10 TMG, wodurch er gegenüber der Haftung nach den allgemeinen Vorschriften unter Umständen privilegiert wird. Auch obliegt ihm gemäß § 7 Abs. 2 TMG keine selbstständige Prüfungspflicht, ob seine Handlungen eine Verletzung der Rechte Dritter darstellen (→ Anm. 4). Ob dies aber auch für Sicherungskopien der Server-Inhalte gilt, ist fraglich. Er wird auch hinsichtlich der Übermittlung der Inhalte spätestens dann mit der Haftung konfrontiert, wenn er gemäß § 10 TMG Kenntnis von der rechtswidrigen Handlung oder der Information erhalten hat und nicht unverzüglich tätig geworden ist, um die Information zu entfernen oder den Zugang zu ihr zu sperren. In diesem Fall der eigenen Haftung ist er auf einen Rückgriff gegen den eigentlich Verantwortlichen, seinen Kunden, angewiesen. Hierzu soll die Klausel des Vertragsmusters die vertragliche **Pflicht des Kunden zur Rechteeinräumung** dokumentieren und so sein Verschulden für den Fall untermauern, dass er dieser Verpflichtung nicht nachgekommen ist. Zwar würde sich die Haftung als Nebenpflichtverletzung auch ohne eine ausdrückliche Aufnahme ergeben. Der Kunde kann sich so aber nur schwer darauf berufen, er habe nicht gewusst, dass er die entsprechenden Rechte hätte einräumen müssen. Der Nachweis, dass ihn kein Verschulden trifft (§ 280 Abs. 1 S. 2 BGB), dürfte ihm dann kaum gelingen. Denkbar wäre auch, den Kunden zusichern zu lassen, dass er die entsprechenden Rechte einräumt mit der Folge einer verschuldensunabhängigen Haftung. In AGB wäre dies jedoch eine unangemessene Benachteiligung des Kunden.

13. **Datenschutz.** Nach dem dem Vertrag zugrunde liegenden Sachverhalt werden über die Web-Site selbst von den Nutzern der Seite keine Daten abgefragt. Insofern sind auch keine datenschutzrechtlichen Bestimmungen zu beachten. Personenbezogene Daten können jedoch allein schon durch den Aufruf der Web-Site durch den Nutzer anfallen, indem die dem Nutzer zugeordnete IP-Adresse an den Provider übermittelt wird.

14. **Reseller-Ausschluss.** → Form. D. 1 Anm. 12.

15. **Einwendungen.** → Form. D. 1 Anm. 16.

16. **Preisänderungen.** → Form. D. 1 Anm. 17.

17. **Zurückbehaltungsrecht.** → Form. D. 1 Anm. 18.

18. **Datenübergabe.** Bei Beendigung des Vertragsverhältnisses erhält der Kunde das Recht, die von ihm auf dem Server abgelegten Inhalte zurückzuerhalten. Der Provider kann hier je nach technischer Möglichkeit zwischen einer online-Übermittlung und einer Übergabe auf einem Datenträger wählen. Steht dem Provider ein Zurückbehaltungsrecht zu, wird dieses durch die Regelung nicht berührt.

19. **Mängelhaftung.** Bei der Mängelhaftung ist zu berücksichtigen, dass der Provider im Wesentlichen zwei Leistungen erbringt, nämlich das Zurverfügungstellen von Speicherplatz auf dem Server sowie das Anbinden des Servers an einen Übergabepunkt zum Internet. Hinsichtlich dieser letzten Leistung gilt das zum Internet-Access-Vertrag Gesagte entsprechend. Bezüglich des Zurverfügungstellens von Speicherplatz auf dem Server gilt, dass diese Leistungen dem Mietrecht zuzuordnen sind (BGH Urt. v. 15.11.2006 – XII ZR 120/04, NJW 2007 (2394)). Liegt der Schwerpunkt auf der Abrufbarkeit der Inhalte, liegt es nach Ansicht des BGH nahe, insgesamt einen **Werkvertrag** anzunehmen (so als obiter dictum BGH Urt. v. 4.3.2010 – III ZR 79/09, MMR 2010, 398 Rn. 20). Richtigerweise wird der Hostingvertrag aber durch das Mieten von Speicherplatz geprägt (ebenso Leupold/Glossner/*Bussche/Schelinski* Teil 1 Rn. 340). Nach der Rechtsprechung des BGH zum Access-Providing läge auch kein Werk- sondern ein Dienstvertrag vor (BGH Urt. v. 4.3.2010 – III ZR 79/09, MMR 2010, 398 Rn. 18). Der Kunde erhält als Mieter das Recht, den ihm zugewiesenen Speicherplatz zu nutzen. Soweit dem Kunden nicht ein dedizierter Server, sondern lediglich ein virtueller zur Verfügung gestellt wird, schadet es nicht, dass der Bereich der Daten, die vom Kunden belegt werden, auf der Festplatte des Servers nicht von vornherein bestimmbar ist. Ausschlaggebend ist allein, dass der Kunde den vertraglich geschuldeten Speicherplatz nutzen kann. Insofern handelt es sich um einen gemischten Vertrag, bei dem sich die Mängelhaftung danach bestimmt, welche der zu erbringenden Leistungen mangelbehaftet ist (vgl. Palandt/*Grüneberg* BGB Überbl. v. § 311 Rn. 21 ff.). In der Regel dürfte dies die Überlassung des Speicherplatzes betreffen, so dass Mietrecht zur Anwendung gelangt.

20. Ausschluss der verschuldensunabhängigen Mängelhaftung. Hinsichtlich der mietweise erfolgenden Überlassung des Speicherplatzes wird die nach § 536a Abs. 1 BGB verschuldensunabhängige Haftung des Providers für Mängel der Mietsache, die bereits zur Zeit der Überlassung an den Kunden vorlagen, ausgeschlossen (vgl. BGH Beschl. v. 4.10.1990 – XII ZR 46/90, NJW-RR 1991, 74). Das ist für den Provider vor allem hinsichtlich der Mängel der zu überlassenden Software von Bedeutung, wenn es sich um Fremdsoftware handelt. Wird die Software nach Vertragsschluss geändert, zB durch Updates, so kommt hierfür wegen des eindeutigen Wortlautes des § 536a BGB nur eine verschuldensabhängige Haftung in Betracht.

21. Haftung. Die Haftungsklausel entspricht der des Internet-Access-Vertrages → Form. D. 1 Anm. 20. Hinsichtlich der vom Provider erbrachten Leistung zur Datenübermittlung gilt die Haftungsprivilegierung durch § 44a TKG.

22. Änderung der Vertragsbedingungen. → Form. D. 1 Anm. 20.

23. Gerichtsstand. → Form. D. 1 Anm. 25.

3. Housing

Housingvertrag

zwischen

· · · · ·

– nachfolgend „Provider" genannt –

und

· · · · ·

– nachfolgend „Kunde" genannt –

wird folgender Vertrag geschlossen:

§ 1 Leistungen

(1) Der Provider stellt dem Kunden geeigneten Platz in einem Server-Rack zur Unterbringung eines Servers sowie weiterer geeigneter Geräte des Kunden (nachfolgend zusammenfassend als IT-System bezeichnet) zur Verfügung und unterstützt den Kunden bei dessen Installation. Die Bestandteile des IT-Systems sind in der Anlage zu diesem Vertrag aufgeführt.[1]

(2) Ferner erbringt der Provider Leistungen zur Kühlung und zur Anbindung der auf Komponenten des IT-Systems abgelegten Inhalte an das Internet. Er übernimmt dazu

die Anbindung der vom Kunden zur Verfügung zu stellenden Internet-Adresse an das IT-System.[2]

(3) Die Leistungen des Providers bei der Übermittlung von Daten beschränken sich allein auf die Datenkommunikation zwischen dem vom Provider betriebenen Übergabepunkt des eigenen Datenkommunikationsnetzes an das Internet und dem vom Kunden übergebenen IT-System. Eine Einflussnahme auf den Datenverkehr außerhalb des eigenen Kommunikationsnetzes ist dem Provider nicht möglich. Eine erfolgreiche Weiterleitung von Informationen von oder zu dem die Inhalte abfragenden Rechner ist daher insoweit nicht geschuldet.[3]

(4) Der Provider erbringt die vorgenannten Leistungen zur Anbindung der auf dem IT-System abgelegten Inhalte an das Internet mit einer Verfügbarkeit von 99,5 %. Die Verfügbarkeit berechnet sich auf der Grundlage der im Vertragszeitraum auf den jeweiligen Kalendermonat entfallenden Zeit abzüglich der Wartungszeiten. Der Provider ist berechtigt, dienstags und donnerstags in der Zeit von 3:00–6:00 Uhr morgens für insgesamt 10 Stunden im Kalendermonat Wartungsarbeiten durchzuführen. Während der Wartungsarbeiten stehen die vorgenannten Leistungen nicht zur Verfügung.[4]

(5) Leistungen zum Betrieb und zur Wartung des IT-Systems übernimmt der Provider nicht. Der Provider stellt jedoch eine unterbrechungsfreie Stromversorgung zum Auffangen von Spannungsspitzen zur Verfügung.[5]

(6) Der Kunde und von ihm autorisierte Personen haben nach vorheriger Absprache mit dem Provider Zugang zu dem IT-System.[6]

(7) Der Provider übernimmt für den Kunden die Sicherung der Serverinhalte. Die Inhalte werden vom Provider arbeitstäglich auf Sicherungsgeräte und -medien, die vom Kunden zur Verfügung zu stellen sind, gesichert. Die Datensicherung erfolgt rollierend in der Weise, dass die für einen Wochentag gesicherten Daten bei der für den nachfolgenden gleichen Wochentag erfolgenden Datensicherung überschrieben werden. Nach dem gleichen Prinzip erfolgt eine wöchentliche Datensicherung, bei der die Daten ebenfalls rollierend nach Ablauf von vier Wochen überschrieben werden. Der Provider unterstützt den Kunden oder Dritte auf Anforderung bei der Rücksicherung der Daten.[7]

(8) Den Provider treffen keine Obhutspflichten. Er wird dem Kunden aber unverzüglich anzeigen, wenn Umstände eingetreten sind oder einzutreten drohen, die eine Beschädigung des IT-Systems erwarten lassen.[8]

§ 2 Mitwirkungspflichten des Kunden

(1) Der Kunde wird keine Geräte unterbringen, die – auch über die enthaltene Software – die Datensicherheit und den Datenfluss im Kommunikationsnetz des Providers nachteilig beeinträchtigen können. Der Kunde ist zur pfleglichen Behandlung der Server-Racks verpflichtet. Er wird bei Arbeiten vor Ort hinreichend qualifiziertes Personal einsetzen und die mitgeteilten Nutzungsbedingungen (Anlage 2) beachten.[9] Gefährden vom Kunden installierte Programme, Skripte oÄ den Betrieb des Kommunikationsnetzes des Providers oder die Sicherheit und Integrität anderer Geräte, so kann der Provider unter Berücksichtigung auch der berechtigten Interessen des Kunden die Anbindung des IT-Systems an das Kommunikationsnetz ganz oder teilweise mit sofortiger Wirkung vorübergehend einstellen.[10]

(2) Der Kunde wird dafür Sorge tragen, dass die von ihm gewählte Internet-Adresse, unter der die Inhalte über das Internet abgefragt werden können, nicht Gesetze, behördliche Auflagen oder Rechte Dritter verletzt. Die von dem Kunden auf dem IT-System abgelegten Inhalte stellen für den Provider fremde Inhalte dar, zu denen er den Zugang

zur Nutzung vermittelt. Der Kunde prüft in eigener Verantwortung die rechtliche Zulässigkeit des Zugänglichmachens dieser Inhalte über das Internet. Der Kunde stellt den Provider von jeglicher von ihm zu vertretenden Inanspruchnahme durch Dritte einschließlich der durch die Inanspruchnahme ausgelösten Kosten frei.[11]

(3) Im Falle der Geltendmachung nicht offensichtlich unbegründeter Ansprüche Dritter gegen den Provider auf Unterlassen der vollständigen oder teilweisen Anbindung der auf dem Server abgelegten Inhalte an das Internet ist der Provider berechtigt, unter Berücksichtigung auch der berechtigten Interessen des Kunden die Anbindung dieser Inhalte ganz oder teilweise mit sofortiger Wirkung vorübergehend einzustellen. Der Provider wird den Kunden über diese Maßnahme unverzüglich informieren.[12]

§ 3 Reseller-Ausschluss/Zurücknahmerecht

(1) Der Kunde darf den vom Provider zur Verfügung gestellten Raum zur Unterbringung des Servers Dritten nicht überlassen.[13]

(2) Der Kunde kann das übergebene IT-System jederzeit zurücknehmen. Der Bestand des Vertragsverhältnisses wird hierdurch nicht berührt; die Entgeltzahlungspflicht des Kunden bleibt bis zur Beendigung des Vertragsverhältnisses bestehen. Ein Pfandrecht nach § 562 BGB und ein sonstiges Zurückbehaltungsrecht stehen dem Provider nicht zu.[14]

§ 4 Vergütung

(1) Die Vergütung der vom Provider erbrachten Leistungen richtet sich nach der im Zeitpunkt des Vertragsschlusses gültigen Preisliste.

(2) Der Kunde hat Einwendungen gegen die Abrechnung der vom Provider erbrachten Leistungen innerhalb von acht Wochen nach Zugang der Rechnung schriftlich bei der auf der Rechnung angegebenen Stelle zu erheben. Nach Ablauf der vorgenannten Frist gilt die Abrechnung als vom Kunden genehmigt. Der Provider wird den Kunden mit Übersendung der Rechnung auf die Bedeutung seines Verhaltens besonders hinweisen.[15]

(3) Der Provider ist berechtigt, die seinen Leistungen zugrunde liegende Preisliste zu ändern. Der Provider wird den Kunden über Änderungen in der Preisliste spätestens sechs Wochen vor Inkrafttreten der Änderungen in Textform informieren. Ist der Kunde mit der Änderung der Preisliste nicht einverstanden, so kann er dieses Vertragsverhältnis außerordentlich zum Zeitpunkt des beabsichtigten Wirksamwerdens der Änderung der Preisliste kündigen. Die Kündigung bedarf der Textform. Kündigt der Kunde das Vertragsverhältnis zum Zeitpunkt des Wirksamwerdens der Preisänderung nicht, so gilt die Preisänderung als von ihm genehmigt. Der Provider wird den Kunden mit der Mitteilung der Preisänderung auf die vorgesehene Bedeutung seines Verhaltens besonders hinweisen.[16]

(4) Die Erbringung der Leistungen durch den Provider ist daran gebunden, dass der Kunde seinen Zahlungsverpflichtungen rechtzeitig nachkommt. Kommt der Kunde für zwei aufeinanderfolgende Monate mit der Entrichtung eines nicht unerheblichen Teils der geschuldeten Vergütung in Verzug, so kann der Provider das Vertragsverhältnis aus wichtigem Grund ohne Einhaltung einer Kündigungsfrist kündigen.[17]

§ 5 Vertragslaufzeit

(1) Dieser Vertrag läuft unbefristet und kann nach Ablauf eines Jahres jederzeit schriftlich[18] mit einer Frist von 30 Tagen zum Ende eines Kalenderquartals gekündigt werden.

(2) Die Kündigung aus wichtigem Grund bleibt unberührt.

(3) Nach Beendigung des Vertragsverhältnisses nimmt der Kunde das IT-System unverzüglich zurück.

§ 6 Mängelhaftung

(1) Erbringt der Provider die nach diesem Vertrag geschuldeten Leistungen zur Datenübermittlung mangelhaft, so ist der Kunde berechtigt, Nacherfüllung zu verlangen.

(2) Ist die Nacherfüllung nicht möglich, weil die Leistung beispielsweise nicht nachgeholt werden kann oder schlägt die Nacherfüllung fehl, so ist der Kunde berechtigt, Schadenersatz oder Ersatz seiner vergeblichen Aufwendungen zu verlangen sowie die Vergütung zu mindern und, wenn dem Kunden unter Berücksichtigung aller Umstände des Einzelfalls und unter Abwägung der beiderseitigen Interessen die Fortsetzung des Vertragsverhältnisses bis zum Ablauf der Kündigungsfrist nicht zugemutet werden kann, das Vertragsverhältnis aus wichtigem Grund ohne Einhaltung einer Kündigungsfrist zu kündigen.[19]

(3) Für Mängel, die bereits bei Überlassung des Platzes im Server-Rack vorhanden waren, haftet der Provider nur, wenn er diese Mängel zu vertreten hat.[20]

(4) Der Kunde hat dem Provider Mängel unverzüglich anzuzeigen. Die Mängelansprüche verjähren in einem Jahr.[21]

§ 7 Haftung

(1) Die Haftung des Providers für Schäden aufgrund der Nutzung von Telekommunikationsdienstleistungen für die Öffentlichkeit richtet sich nach den Regelungen des Telekommunikationsgesetzes.

(2) Außerhalb des Anwendungsbereichs von Abs. 1 richtet sich die Haftung nach den folgenden Bestimmungen. Der Provider haftet für Vorsatz und grobe Fahrlässigkeit. Für leichte Fahrlässigkeit haftet der Provider nur bei Verletzung einer wesentlichen Vertragspflicht, deren Erfüllung die ordnungsgemäße Durchführung des Vertrags überhaupt erst ermöglicht und auf deren Einhaltung der Kunde regelmäßig vertrauen darf, sowie bei Schäden aus der Verletzung des Lebens, des Körpers oder der Gesundheit. Der Provider haftet dabei nur für vorhersehbare Schäden, mit deren Entstehung typischerweise gerechnet werden muss. Die Haftung ist im Falle leichter Fahrlässigkeit der Höhe nach beschränkt auf 25.000,– EUR. Für den Verlust von Daten und/oder Programmen haftet der Provider insoweit nicht, als der Schaden darauf beruht, dass es der Kunde unterlassen hat, Datensicherungen durchzuführen und dadurch sicherzustellen, dass verloren gegangene Daten mit vertretbarem Aufwand wiederhergestellt werden können.[22]

§ 8 Änderung der Vertragsbedingungen

Soweit nicht bereits anderweitig speziell geregelt, ist der Provider berechtigt, diese Vertragsbedingungen zu ändern oder zu ergänzen. Der Provider wird dem Kunden die Änderungen oder Ergänzungen spätestens sechs Wochen vor ihrem Wirksamwerden in Textform ankündigen. Ist der Kunde mit den Änderungen oder Ergänzungen der Vertragsbedingungen nicht einverstanden, so kann er den Änderungen mit einer Frist von einer Woche zum Zeitpunkt des beabsichtigten Wirksamwerdens der Änderungen oder Ergänzungen widersprechen. Der Widerspruch bedarf der Textform. Widerspricht der Kunde nicht, so gelten die Änderungen oder Ergänzungen der Vertragsbedingungen als von ihm genehmigt. Der Provider wird den Kunden mit der Mitteilung der Änderungen oder Ergänzungen der Vertragsbedingungen auf die vorgesehene Bedeutung seines Verhaltens besonders hinweisen.[23]

§ 9 Schlussbestimmungen

(1) Die Abtretung von Forderungen ist nur mit vorheriger schriftlicher Zustimmung der anderen Vertragspartei zulässig. Die Zustimmung darf nicht unbillig verweigert werden. Die Regelung des § 354a HGB bleibt hiervon unberührt.

(2) Ein Zurückbehaltungsrecht kann nur wegen Gegenansprüchen aus dem jeweiligen Vertragsverhältnis geltend gemacht werden.

(3) Die Vertragsparteien können nur mit Forderungen aufrechnen, die rechtskräftig festgestellt oder unbestritten sind.

(4) Alle Änderungen, Ergänzungen und Kündigungen vertraglicher Vereinbarungen bedürfen der Schriftform, ebenso die Aufhebung des Schriftformerfordernisses, soweit dieser Vertrag nicht die Textform vorsieht.

(5) Sollten einzelne Bestimmungen der Parteivereinbarungen ganz oder teilweise unwirksam sein oder werden, wird die Wirksamkeit der übrigen Bestimmungen hierdurch nicht berührt. Die Parteien verpflichten sich für diesen Fall, die ungültige Bestimmung durch eine wirksame Bestimmung zu ersetzen, die dem wirtschaftlichen Zweck der ungültigen Bestimmung möglichst nahe kommt. Entsprechendes gilt für etwaige Lücken der Vereinbarungen.

(6) Es gilt das Recht der Bundesrepublik Deutschland. Bei einer mehrsprachigen Version dieses Vertrages ist für die rechtlichen Wirkungen allein der deutsche Text maßgeblich.

(7) Gerichtsstand ist . . . . .

Anlagen:

Anlage 1: Bestandteile des IT-Systems

Anlage 2: Nutzungsbedingungen

. . . .

(Ort, Datum)   (Ort, Datum)

. . . .

– Provider –   – Kunde –

Anmerkungen

1. **Sachverhalt Housing.** Der Provider stellt seinem Kunden, einer Multimedia-Agentur, Platz in einem Server-Rack zur Unterbringung von im Eigentum des Kunden stehenden Servern sowie der benötigten zusätzlichen Hardware (Firewall, Modem oÄ) zur Verfügung und bindet den Server über sein Kommunikationsnetz an das Internet an. Leistungen zur Wartung und Pflege erbringt der Provider nicht. Der Provider ist Verwender der Bedingungen. Der Vertrag ist eher kundenfreundlich.

Das Housing ähnelt hinsichtlich der vom Provider zu erbringenden Leistungen dem Hosting. Der wesentliche Unterschied zwischen beiden Leistungen liegt darin, dass beim Housing der Kunde des Providers die an das Kommunikationsnetz des Providers anzuschließende Hardware stellt. Dies kann im einfachsten Fall ein Server sein, den der Kunde beim Provider unterbringt. Bei komplexeren Internet-Auftritten können weitere Server, beispielsweise Datenbank- oder Mailserver, sowie zusätzliche Hardware wie Firewalls oder Modems hinzukommen. Sinnvoll ist das Housing von Hardware bei einem Provider dann, wenn der Kunde über das technische Know-how verfügt, die

Hardware selbst mit Inhalten zu bespielen und diese Inhalte selbstständig zu pflegen. Ein typischer Fall ist der dem Vertragsmuster zugrunde liegende Sachverhalt, dass eine Multimedia-Agentur ihren Kunden auch das Hosting der erstellten Web-Sites anbieten möchte, einerseits jedoch nicht über eine Anbindung an das Internet verfügt oder diese Anbindung nur von geringer Leistungsfähigkeit ist, andererseits aber den unmittelbaren Zugriff auf das Serversystem behalten möchte. Hier bietet es sich für sie an, lediglich die Anbindung an das Internet vom Provider einzukaufen und die Betreuung der Hardware vollständig selbst zu übernehmen. Aufgrund des bei der Multimedia-Agentur vorhandenen Know-hows ist die Agentur in der Lage, den außerhalb ihrer Räume beim Provider untergebrachten Server über eine Datenfernverbindung zu betreuen. Ihrem Kunden gegenüber kann sie dann selbst als Hosting-Provider auftreten.

2. Überlassung von Platz in Server-Racks. Server und sonstige Hardware werden in der Regel in einem so genannten Server-Rack untergebracht. Der Housing-Provider übernimmt es, dem Kunden entsprechenden Platz in den bei ihm vorhandenen Server-Racks zur Verfügung zu stellen. Weil der Provider hinsichtlich der Unterbringung der Geräte lediglich ausreichenden Platz in den Server-Racks schuldet, kommt es nur darauf an, dass die vom Kunden dort unterzubringenden Geräte für diese Aufbewahrungsart geeignet sind. Eine Unterscheidung der Geräte nach ihrer Funktionalität oder gar Funktionsfähigkeit ist hinsichtlich der rechtlichen Ausgestaltung des Vertrages nicht erforderlich. Hierfür hat der Provider nicht einzustehen. Die Geräte werden daher im Rahmen des Vertrages zusammenfassend als IT-System bezeichnet. Da sich die Server-Racks in den Räumen des Providers befinden und an dessen Kommunikationsnetz angeschlossen werden sollen, bedarf der Kunde zur Installation des IT-Systems der Unterstützung des Providers.

Die Geräte sollten in einer Anlage zu dem Vertrag möglichst detailliert bezeichnet werden, so dass eine Individualisierung vor allem hinsichtlich der Rückgabe nach Beendigung des Vertrages möglich ist.

3. Anbindung an das Internet. Neben der Überlassung von Platz in einem Server-Rack schuldet der Provider im Rahmen des Housing-Vertrages die Anbindung des IT-Systems an das Internet. Hierzu erbringt er die bereits im Hosting-Vertrag erläuterten Leistungen zur Datenübermittlung in dem von ihm betriebenen Kommunikationsnetz zwischen der Schnittstelle zum Internet und dem IT-System des Kunden; → Form. D. 2 Anm. 2. Zu den telekommunikationsrechtlichen Aspekten → Form. D. 1 Anm. 1, → Form. D. 1 Anm. 2.

4. Verfügbarkeit. → Form. D. 1 Anm. 8.

5. Betrieb und Wartung. Der Housing-Provider schuldet typischerweise nur die Anbindung des IT-Systems an das Internet. Für den Betrieb und die Wartung des IT-Systems → Form. A. 4 ist der Kunde verantwortlich. Er kann sich hierzu der Unterstützung Dritter bedienen oder den Provider mit bestimmten Wartungsaufgaben betrauen. Da nach dem Sachverhalt das IT-System von einer Multimedia-Agentur dem Provider zur Unterbringung übergeben wird und die Agentur über ausreichendes technisches Wissen verfügt, sieht der Vertrag vor, dass hinsichtlich Wartung und Betrieb keine Unterstützungsleistungen durch den Provider erbracht werden. Der Kunde kann über die Anbindung des IT-Systems an das Internet auf das System zugreifen und es selbstständig warten. Einer besonderen Regelung hierzu bedarf es nicht, sofern die entsprechenden Einstellungen bei der Installation des IT-Systems vorgenommen werden, da die Zugangscodes dem Kunden bekannt sind. Vielmehr ist es umgekehrt erforderlich, dem Provider gegebenenfalls eine Zugangsberechtigung einzuräumen, falls er zur Erbringung seiner Unterstützungsleistungen auf das IT-System zugreifen können muss. Treten Hardware-Probleme auf, die nicht im Wege der Fernwartung behoben werden können, ist dem Kunden die Möglichkeit eines direkten Zugriffs auf das IT-System zu gewähren (→ Anm. 6).

Der Provider wird ferner verpflichtet, für eine unterbrechungsfreie Stromversorgung zum Auffangen von Spannungsspitzen (USV) zu sorgen. Die im Stromnetz auftretenden Spannungsschwankungen entziehen sich dem Einflussbereich des Kunden, so dass er hier zur Vorsorge von der Unterstützung durch den Provider abhängig ist. Im Vertrag kann auch geregelt werden, dass im Falle eines Stromausfalles die unterbrechungsfreie Stromversorgung für einen zu definierenden Zeitraum den Ausfall überbrückt. Die Zeitspanne der Überbrückung sollte dabei so lang gewählt werden, dass entweder der Kunde selbst in der Lage ist, den Server ohne Datenverluste herunterzufahren oder der Provider dies in seinem Auftrag erledigen kann.

6. Zugang zum IT-System. Nach dem Vertragsmuster erbringt der Provider keinerlei Unterstützungsleistung hinsichtlich der Wartung und des Betriebs des IT-Systems. Da jedoch jedes System auch hinsichtlich der Hardware gewartet werden muss, muss der Kunde sicherstellen, Arbeiten vor Ort durchführen zu können. Der Vertrag sieht dazu vor, dass der Kunde selbst oder von ihm autorisierte Personen nach vorheriger Absprache mit dem Provider Zugang zu dem IT-System haben. In dem Vertrag könnte auch geregelt werden, dass genaue Zeiten für den jederzeitigen Zugang definiert werden und außerhalb dieser Zeiträume eine Absprache der Parteien erforderlich ist.

7. Datensicherung. Auch beim Housing ist der Kunde darauf angewiesen, dass die Serverinhalte gesichert werden. Die Datensicherung kann hier auf verschiedene Weise erfolgen. Zum einen kann die Datensicherung in den Räumen des Providers vorgenommen werden, wenn dort die geeigneten Geräte vorhanden sind. Oder der Kunde nimmt eine so genannte inkrementelle Sicherung über die ihm zur Verfügung stehende Datenleitung vor. Bei der inkrementellen Sicherung werden nur die Änderungen gegenüber dem letzten Sicherungsstand gesichert, was die Menge der zu übertragenden Daten gegenüber einer Vollsicherung erheblich reduzieren kann. Nach dem Vertragsmuster hat der Kunde das Sicherungssystem – bestehend aus der Hardware und den Sicherungsmedien – selbst zur Verfügung zu stellen. Die Aufgabe des Providers besteht lediglich darin, zu den vereinbarten Zeiten die entsprechenden Sicherungsmedien einzulegen und den Sicherungsvorgang zu starten. Damit erfolgt die Sicherung durch den Kunden und nicht durch den Provider, der hierzu lediglich Hilfsdienste leistet. Entsprechendes gilt für den Fall der Rücksicherung der Daten.

8. Keine Obhutspflichten. Bei der Zurverfügungstellung von Server-Rack-Kapazitäten wird vom Provider nicht primär die Gebrauchsüberlassung der Räumlichkeit, sondern die Unterbringung des IT-Systems geschuldet. Diese Leistungen könnten daher zur Typisierung als Verwahrungs- und Lagervertrag nach §§ 688 ff. BGB bzw. §§ 467 ff. HGB führen (vgl. Palandt/*Weidenkaff* BGB Einf. vor § 535 Rn. 19). Dies könnte bedeuten, dass der Provider auch Obhutspflichten hinsichtlich des übergebenen IT-Systems übernimmt und damit im Vergleich zur bloßen Überlassung von Räumlichkeiten (wie etwa bei einem Schließfach oder einem Garagenstellplatz) verschärft haftet. Die Übernahme der Obhut über das IT-System zählt jedoch nicht zu den charakteristischen Hauptleistungspflichten des Providers. Seine Leistungspflichten beschränken sich vielmehr auf die Anbindung des IT-Systems an das Internet sowie die Zurverfügungstellung des Server-Racks (vgl. zur Abgrenzung auch Palandt/*Sprau* BGB § 688 Rn. 4). Dies stellt § 1 Abs. 8 klar. Der Provider übernimmt es nach dem Vertrag aber als Nebenpflicht, dem Kunden anzuzeigen, wenn Umstände eingetreten sind oder einzutreten drohen, die eine Beschädigung des IT-Systems erwarten lassen.

9. Schutzpflichten des Kunden. In § 2 Abs. 1 wird eine sich bereits im Übrigen aus dem Vertragszweck ergebende Nebenpflicht des Kunden niedergelegt, keine Geräte in dem

Server-Rack unterzubringen, die die Datensicherheit und den Datenfluss im Kommunikationsnetz des Providers nachteilig beeinträchtigen können. Zusätzlich wird klargestellt, dass er bei Arbeiten in den Räumen des Providers qualifiziertes Personal einzusetzen hat und die vom Provider vorgegebenen Nutzungsbedingungen beachten muss.

10. **Leistungsverweigerungsrecht.** → Form. D. 2 Anm. 9.

11. **Inhalteverantwortlichkeit.** Die Haftung des Providers für die vom Kunden auf dem IT-System abgelegten Inhalte richtet sich nach § 8 TMG, da der Housing-Provider nicht wie beim Hosting fremde Inhalte speichert, sondern fremde Informationen in einem Kommunikationsnetz übermittelt. Er haftet für diese Inhalte daher nur dann, wenn er deren Übermittlung veranlasst, den Adressaten der übermittelten Informationen ausgewählt und auch die übermittelten Informationen ausgewählt oder verändert hat. Dies gilt nach § 8 TMG jedoch dann nicht, wenn der Diensteanbieter absichtlich mit einem der Nutzer seines Dienstes zusammenarbeitet, um rechtswidrige Handlungen zu begehen. → Form. D. 2 Anm. 8.

12. **Sperre.** → Form. D. 2 Anm. 9.

13. **Überlassung an Dritte.** Es wird klargestellt, dass der Kunde keinen Anspruch auf Überlassung des ihm vom Provider zur Verfügung gestellten Platzes im Server-Rack an Dritte besitzt. Durch diese Regelung wird auch § 540 BGB abbedungen, so dass der Kunde bei einer Weigerung des Providers, den Server-Rack-Platz einem Dritten zu überlassen, das Vertragsverhältnis nicht kündigen kann.

14. **Jederzeitiges Rücknahmerecht.** Um dem Kunden die schnelle Zurücknahme der übergebenen Gegenstände zu ermöglichen, sieht § 3 Abs. 2 vor, dass der Kunde das IT-System jederzeit zurücknehmen kann, ohne dass hierdurch jedoch der Bestand des Vertragsverhältnisses berührt wird. Eine Beendigung des Vertragsverhältnisses bedarf der Kündigung nach § 5. Ein Vermieterpfandrecht oder sonstiges Zurückbehaltungsrecht steht dem Provider hinsichtlich des IT-Systems nicht zu. Diese Regelung kann für den Kunden dann bedeutend sein, wenn er gegenüber seinem Vertragspartner als Hosting-Provider verpflichtet ist, auf dem IT-System abgelegte Inhalte herauszugeben und die Übernahme dieser Inhalte per Datenfernübertragung nicht möglich oder zu aufwändig ist.

15. **Einwendungen gegen die Abrechnung.** → Form. D. 1 Anm. 16.

16. **Änderungen der Preisliste.** → Form. D. 1 Anm. 17.

17. **Kündigung bei Zahlungsverzug.** → Form. D. 1 Anm. 18.
Rücknahmepflicht des Kunden. Nimmt der Kunde nach Beendigung des Vertragsverhältnisses das IT-System nicht unverzüglich zurück, so kann der Provider, wenn der Kunde in Annahmeverzug ist, das System nach § 383 BGB versteigern lassen und den Erlös hinterlegen.

18. → Form. D. 1 Anm. 22

19. **Mängelhaftung.** Hinsichtlich der Verpflichtung des Providers zur Anbindung des IT-Systems an das Internet gilt das zum Hosting-Vertrag Gesagte entsprechend, → Form. D. 2 Anm. 19.

20. **Ausschluss der verschuldensunabhängigen Haftung.** Die Überlassung des Server-Rack-Platzes ist mietrechtlich zu werten. Insofern gelten die gleichen Vorschriften wie hinsichtlich der Überlassung von Speicherplatz beim Hosting-Vertrag, → Form. D. 2 Anm. 20.

21. Verjährung. → Form. D. 2 Anm. 21.

22. Haftung. Hinsichtlich der Anbindung des IT-Systems an das Internet erbringt der Provider Telekommunikationsdienstleistungen für die Öffentlichkeit. Es gilt das zu Anmerkung → Form. D. 2 Anm. 22 Gesagte entsprechend.

23. Änderung der Vertragsbedingen: → Form. D. 1 Anm. 20.

4. ASP – Application Service Providing-Vertrag

ASP-Vertrag

zwischen

. . . . . .

– nachfolgend „Provider" genannt –

und

. . . . . .

– nachfolgend „Kunde" genannt –

wird folgender Vertrag geschlossen:

§ 1 Vertragsgegenstand[1]

Gegenstand dieses Vertrages ist die Überlassung von Software durch den Provider zur Nutzung durch den Kunden über eine Datenfernverbindung.

§ 2 Anwendungssoftware

(1) Der Provider stellt dem Kunden die Nutzung der in der Anlage „ASP-Systemspezifikation" bezeichneten Client- und Anwendungssoftware in dem dort näher beschriebenen Funktionsumfang und unter den dort ebenfalls genannten Funktionsvoraussetzungen zur Verfügung. Die Anwendungssoftware wird von dem Provider an dem in der Anlage „ASP-Systemspezifikation" vereinbarten Übergabepunkt (Schnittstelle des vom Provider betriebenen Datennetzes zu anderen Netzen) zur Nutzung bereitgestellt. Die Anwendungs-Software verbleibt dabei auf dem Server des Providers. Vom Provider nicht geschuldet ist die Herstellung und Aufrechterhaltung der Datenverbindung zwischen dem IT-System des Kunden und dem vom Provider betriebenen Übergabepunkt.[2]

(2) Außerhalb von Releasewechseln kann der Provider die Anwendungssoftware im Rahmen der technischen Möglichkeiten ändern und in der vom Hersteller jeweils aktuell angebotenen Version einsetzen, wenn die Änderung der Software unter Berücksichtigung der Interessen des Providers für den Kunden zumutbar ist. Der Provider wird den Kunden auf eine Änderung der eingesetzten Software spätestens sechs Wochen vor dem Änderungszeitpunkt hinweisen. Ein Anspruch des Kunden auf den Einsatz einer neueren Version der in der Anlage „ASP-Systemspezifikation" genannten Software besteht jedoch nicht.[3]

(3) Auf Wunsch des Kunden übernimmt der Provider die Planung und Durchführung von Release-Wechseln. Diese Leistung muss im Einzelnen, auch hinsichtlich etwaig zu modifizierender Hardware und Datenbankerweiterungen sowie der Folgen für den Betrieb der

Software und dessen Kosten, zwischen Kunde und Provider vereinbart werden. Die Durchführung eines Release-Wechsels erfolgt aufgrund einer gesondert zu treffenden Vereinbarung.

(4) Der Kunde darf von der in der Anlage „ASP-Systemspezifikation" genannten Anzahl von Arbeitsplätzen gleichzeitig auf die für ihn bereit gehaltene Anwendungssoftware zugreifen. Die Arbeitsplätze müssen die in der Anlage „ASP-Systemspezifikation" angegebenen technischen Mindestvoraussetzungen erfüllen. Die Anbindung der Arbeitsplätze des Kunden erfolgt über eine vom Kunden einzurichtende Datenverbindung gemäß den Angaben in der Anlage „ASP-Systemspezifikation".

(5) Die Anwendungssoftware wird dem Kunden nach dessen Wahl gemäß den Regelungen in der Anlage SLA zur Nutzung zur Verfügung gestellt.

§ 3 Schulung und Hotline

(1) Der Provider führt für den Kunden eine eintägige Schulung (9:00 bis 17:00 Uhr) zur Einführung in die Bedienung der Software durch und stellt eine ausreichende Anzahl von Handbüchern für die Benutzung der Software zur Verfügung. Führt eine Aktualisierung der Software nach Ansicht des Providers zu einem erneuten Schulungsbedarf, so wird der Provider eine zusätzliche, die Neuerungen der Software behandelnde entgeltliche Schulung anbieten.[4]

(2) Der Provider stellt dem Kunden zur Unterstützung in technischen Fragen eine Hotline zur Verfügung, die über E-Mail, Fax oder Telefon zu erreichen ist. Die Hotline dient allein der Unterstützung des Kunden bei der Inanspruchnahme der nach diesem Vertrag geschuldeten Leistungen des Providers. Die Hotline wird auch anderen Kunden zur Verfügung gestellt. Kundenanfragen an die Hotline werden in der Reihenfolge ihres Einganges bearbeitet. Störungsmeldungen sind nicht an die Hotline, sondern gegenüber der in der Anlage „ASP-Systemspezifikation" genannten Störungsstelle abzugeben.[5]

§ 4 Datenspeicherung und -übernahme

(1) Der Kunde hat die Möglichkeit, auf dem für ihn vom Provider eingerichteten virtuellen Datenserver Daten abzulegen, auf die er im Zusammenhang mit der Nutzung der überlassenen Anwendungssoftware zugreifen kann. Der Provider schuldet lediglich die Zurverfügungstellung von Speicherplatz zur Nutzung durch den Kunden. Ihn treffen hinsichtlich der vom Kunden übermittelten und verarbeiteten Daten keine Verwahrungs- oder Obhutspflichten. Für die Beachtung der handels- und steuerrechtlichen Aufbewahrungsfristen ist der Kunde verantwortlich.[6]

(2) Der Umfang des dem Kunden zur Verfügung stehenden Speicherplatzes ist in der Anlage „ASP-Systemspezifikation" definiert. Dort ist auch erläutert, wie die Verarbeitung der Daten erfolgt.[7] Der Kunde kann die Daten im Rahmen einer Datenbankübernahme sowie im Rahmen der laufenden Nutzung der Anwendungssoftware auf dem Datenserver ablegen.[8]

(3) Im Falle der Übernahme der Daten aus einer Datenbank des Kunden hat der Kunde dem Provider die für die Übernahme erforderlichen Angaben zum Datenbankverwaltungssystem einschließlich etwaiger Testdaten in dem in der Anlage „ASP-Systemspezifikation" dargelegten Umfang, gegebenenfalls nach gesonderter Absprache, mindestens vier Wochen vor der beabsichtigten Übernahme der Daten mitzuteilen. Die zu übernehmenden Daten sind dem Provider anschließend auf einem in der Anlage ebenfalls genannten Datenträger oder im Wege der Datenfernübertragung mindestens fünf Arbeitstage vor der beabsichtigten Nutzung der Daten zu überlassen.[9] Der Provider unterstützt

den Kunden bei der Übernahme der Daten zu den hierfür in der bei Vertragsschluss gültigen Preisliste angegebenen Entgelten.[10]

§ 5 Verarbeitung personenbezogener Daten

(1) Verarbeitet der Kunde im Rahmen dieses Vertragsverhältnisses personenbezogene Daten, so ist er für die Einhaltung der datenschutzrechtlichen Vorschriften verantwortlich. Der Provider wird die vom Kunden übermittelten Daten nur im Rahmen der Weisungen des Kunden verarbeiten. Sofern er der Ansicht ist, dass eine Weisung des Kunden gegen datenschutzrechtliche Vorschriften verstößt, wird er den Kunden hierauf unverzüglich hinweisen. Einzelheiten der Auftragsdatenverarbeitung sind in der Anlage „Auftragsdatenverarbeitung" behandelt.[11]

(2) Der Provider bietet dem Kunden die verschlüsselte Übermittlung der Daten an. Die Umsetzung der Verschlüsselung ist in der Anlage „ASP-Systemspezifikation" geregelt.

(3) Der Provider hat seine Mitarbeiter gem. § 5 BDSG auf das Datengeheimnis verpflichtet.

§ 6 Datenherausgabe

(1) Der Provider wird auf Anforderung des Kunden eine Kopie der von ihm auf dem ihm zugewiesenen Speicherplatz abgelegten Daten jederzeit, spätestens jedoch mit Beendigung des Vertragsverhältnisses unverzüglich herausgeben. Die Herausgabe der Daten erfolgt unter Berücksichtigung der Wünsche des Kunden auf einem in der Anlage „ASP-Systemspezifikation" genannten Datenträger oder per Datenfernübertragung in dem Datenformat, in dem die Daten auf dem Datenserver abgelegt sind, abweichend hiervon in einem zwischen Provider und Kunden vereinbarten Datenformat. Verlangt der Kunde die Herausgabe einer Kopie der Daten mehr als einmal in einem Kalenderquartal, so hat er hierfür die in der bei Vertragsschluss gültigen Preisliste festgehaltenen Entgelte zu zahlen.[12]

(2) Ein Zurückbehaltungsrecht sowie das gesetzliche Vermieterpfandrecht (§ 562 BGB) stehen dem Provider hinsichtlich der Daten des Kunden nicht zu.[13]

(3) Der Provider wird die bei ihm vorhandenen Kundendaten 14 Tage nach der im Zusammenhang mit der Vertragsbeendigung erfolgten Übergabe der Daten an den Kunden löschen, sofern der Kunde nicht innerhalb dieser Frist mitteilt, dass die ihm übergebenen Daten nicht lesbar oder nicht vollständig sind. Das Unterbleiben der Mitteilung gilt als Zustimmung zur Löschung der Daten. Der Provider wird den Kunden bei Übermittlung der Daten auf die Bedeutung seines Verhaltens besonders hinweisen.[14]

§ 7 Datensicherung

Der Provider wird eine arbeitstägliche Sicherung der Daten des Kunden auf dem Datenserver durchführen. Die Datensicherung erfolgt rollierend in der Weise, dass die für einen Wochentag gesicherten Daten bei der für den nachfolgenden gleichen Wochentag erfolgenden Datensicherung überschrieben wird. Nach dem gleichen Prinzip erfolgt eine wöchentliche Datensicherung, bei der die Daten ebenfalls rollierend nach Ablauf von vier Wochen überschrieben werden. Die regelmäßigen Zeiten der Datensicherung werden mit dem Kunden abgestimmt.[15]

§ 8 Zugriffsberechtigungen

Der Kunde erhält für jeden der von ihm in Anspruch genommenen Arbeitsplätze eine Zugriffsberechtigung, bestehend aus einem Benutzerkennwort und einem Passwort.

Benutzerkennwort und Passwort dürfen vom Kunden nur den von ihm berechtigten Nutzern mitgeteilt werden und sind im Übrigen geheim zu halten. Die Zugriffsberechtigungen müssen regelmäßig gemäß den Bestimmungen der „ASP-Systemspezifikation" geändert werden.

§ 9 Mitwirkungsleistungen des Kunden

(1) Der Kunde übernimmt es, eine Datenverbindung zwischen den von ihm zur Nutzung vorgesehenen Arbeitsplätzen und dem vom Provider definierten Datenübergabepunkt herzustellen. Der Provider ist berechtigt, den Datenübergabepunkt neu zu definieren, sofern dies erforderlich ist, um eine reibungslose Inanspruchnahme der Leistungen durch den Kunden zu ermöglichen. Der Kunde wird in diesem Fall eine Verbindung zu dem neu definierten Übergabepunkt herstellen.

(2) Die vertragsgemäße Inanspruchnahme der Leistungen des Providers ist davon abhängig, dass die vom Kunden eingesetzte Hard- und Software, einschließlich Arbeitsplatzrechnern, Routern, Datenkommunikationsmitteln etc., den technischen Mindest-Anforderungen an die Nutzung der aktuell angebotenen Software-Version entsprechen und die vom Kunden zur Nutzung der Anwendungssoftware berechtigten Nutzer mit der Bedienung der Software vertraut sind. Der Kunde wird die ihm vom Provider überlassene Client-Software und nachfolgende Updates auf jedem Arbeitsplatzrechner installieren, von dem aus er berechtigterweise auf die Anwendungssoftware zugreifen will.[16] Im Übrigen wird er zur Nutzung der Leistungen des Providers nur solche Hard- und Software einsetzen, die den in der Anlage „ASP-Systemspezifikation" genannten Mindest-Anforderungen entspricht. Die Konfiguration seines IT-Systems ist Aufgabe des Kunden. Der Provider bietet an, ihn hierbei aufgrund einer gesonderten Vereinbarung entgeltlich zu unterstützen.[17]

(3) Der Kunde erhält im Rahmen der Schulung durch den Provider einen Leitfaden für das Verhalten bei einem vollständigen Ausfall der vom Provider zu erbringenden Leistungen oder deren erheblicher, betriebsbehindernder Beeinträchtigung. Der Kunde hat sich mit den Angaben in dem Leitfaden vertraut zu machen und für seinen Betrieb einen Notfallplan unter Berücksichtigung der in dem Leitfaden enthaltenen Angaben zu erstellen. Sollten die Leistungen des Providers vollständig ausfallen oder nur in einer Weise erbracht werden können, die den Betrieb des Kunden wesentlich behindern, so wird der Kunde auf der Grundlage des Leitfadens und des Notfallplans umgehend Maßnahmen zur Aufrechterhaltung seines Betriebes ergreifen. Auf Wunsch des Kunden wird ihn der Provider im Rahmen einer gesonderten Beauftragung bei der Umsetzung von Maßnahmen, die über den Inhalt des Leitfadens und der Schulung hinausgehen, entgeltlich beraten.[18]

§ 10 Rechte

(1) Der Kunde räumt dem Provider das Recht ein, die vom Provider für den Kunden zu speichernden Daten vervielfältigen zu dürfen, soweit dies zur Erbringung der nach diesem Vertrag geschuldeten Leistungen erforderlich ist. Er ist auch berechtigt, die Daten in einem Ausfallrechenzentrum vorzuhalten. Zur Beseitigung von Störungen ist der Provider zudem berechtigt, Änderungen an der Struktur der Daten oder dem Datenformat vorzunehmen.[19]

(2) Der Kunde ist nicht berechtigt, Dritten die Inanspruchnahme der Leistungen des Providers zu gestatten. Dritter ist nicht, wer Erfüllungsgehilfe des Kunden ist und die Leistungen unentgeltlich in Anspruch nimmt, wie beispielsweise Angestellte des Kunden, Freie Mitarbeiter im Rahmen des Auftragsverhältnisses etc.[20]

§ 11 Vergütung

(1) Der Kunde hat für die von ihm gewählten Service-Kategorien die sich aus der bei Vertragsschluss gültigen Preisliste des Providers ergebenden Entgelte zu zahlen.

(2) Der Provider wird die auf der Grundlage dieses Vertrages zu zahlenden Entgelte nach billigem Ermessen der Entwicklung der Kosten anpassen, die für die Preisberechnung maßgeblich sind. Eine Preiserhöhung kommt in Betracht und eine Preisermäßigung ist vorzunehmen, wenn sich zB die Kosten für die Beschaffung von Hard- und Software sowie Energie, die Nutzung von Kommunikationsnetzen oder die Lohnkosten erhöhen oder absenken oder sonstige Änderungen der wirtschaftlichen oder rechtlichen Rahmenbedingungen zu einer veränderten Kostensituation führen. Steigerungen bei einer Kostenart, zB den Lohnkosten, dürfen nur in dem Umfang für eine Preiserhöhung herangezogen werden, in dem kein Ausgleich durch etwaig rückläufige Kosten in anderen Bereichen, etwa bei den Kosten für Hard- und Software, erfolgt. Bei Kostensenkungen, zB der Hardwarekosten, sind vom Provider die Preise zu ermäßigen, soweit diese Kostensenkungen nicht durch Steigerungen in anderen Bereichen ganz oder teilweise ausgeglichen werden. Der Provider wird bei der Ausübung seines billigen Ermessens die jeweiligen Zeitpunkte einer Preisänderung so wählen, dass Kostensenkungen nicht nach für den Kunden ungünstigeren Maßstäben Rechnung getragen werden als Kostenerhöhungen, also Kostensenkungen mindestens in gleichem Umfang preiswirksam werden wie Kostenerhöhungen. Der Provider wird den Kunden über Änderungen in der Preisliste spätestens sechs Wochen vor Inkrafttreten der Änderungen in Textform informieren.[21]

§ 12 Vertragslaufzeit

(1) Der Vertrag läuft zunächst fest für einen Zeitraum von drei Jahren, gerechnet vom Zeitpunkt der Vertragsunterzeichnung. Nach Ablauf dieser Frist läuft der Vertrag auf unbestimmte Zeit, wenn er nicht mit einer Frist von sechs Wochen zum Ablauf des fest vereinbarten Zeitraumes oder danach jeweils zum Kalenderquartalsende gekündigt wird.[22]

(2) Das Recht zur Kündigung aus wichtigem Grund bleibt unberührt.

(3) Jede Kündigung bedarf der Textform.

§ 13 Mängelhaftung

(1) Sind die vom Provider erbrachten Leistungen mangelhaft, weil ihre Tauglichkeit zum vertragsgemäßen Gebrauch nicht nur unerheblich aufgehoben ist, haftet der Provider gemäß den gesetzlichen Vorschriften für Sach- und Rechtsmängel.[23] Für Mängel der Software, die bereits bei deren Überlassung an den Kunden vorhanden waren, haftet der Provider nur, wenn er diese Mängel zu vertreten hat.

(2) Der Kunde hat dem Provider Mängel unverzüglich anzuzeigen.

§ 14 Haftungsmaßstab und -begrenzung

(1) Der Provider haftet für Vorsatz und grobe Fahrlässigkeit nach den gesetzlichen Vorschriften. Für leichte Fahrlässigkeit haftet der Provider nur bei Verletzung einer wesentlichen Vertragspflicht (Kardinalpflicht) sowie bei Schäden aus der Verletzung des Lebens, des Körpers oder der Gesundheit. Der Provider haftet dabei nur für vorhersehbare Schäden, mit deren Entstehung typischerweise gerechnet werden muss.

(2) Die Haftung ist im Falle leichter Fahrlässigkeit summenmäßig beschränkt auf EUR . . . . . .

§ 15 Änderung der Vertragsbedingungen

Soweit nicht bereits anderweitig speziell geregelt, ist der Provider berechtigt, diese Vertragsbedingungen wie folgt zu ändern oder zu ergänzen. Der Provider wird dem Kunden die Änderungen oder Ergänzungen spätestens sechs Wochen vor ihrem Wirksamwerden in Textform ankündigen. Ist der Kunde mit den Änderungen oder Ergänzungen der Vertragsbedingungen nicht einverstanden, so kann er den Änderungen mit einer Frist von einer Woche zum Zeitpunkt des beabsichtigten Wirksamwerdens der Änderungen oder Ergänzungen widersprechen. Der Widerspruch bedarf der Textform. Widerspricht der Kunde nicht, so gelten die Änderungen oder Ergänzungen der Vertragsbedingungen als von ihm genehmigt. Der Provider wird den Kunden mit der Mitteilung der Änderungen oder Ergänzungen der Vertragsbedingungen auf die vorgesehene Bedeutung seines Verhaltens besonders hinweisen.

§ 16 Schlussbestimmungen

(1) Allgemeine Geschäftsbedingungen der Parteien im Übrigen finden auf diesen Vertrag keine Anwendung. Dies gilt auch dann, wenn solchen Bedingungen nicht ausdrücklich widersprochen wird.

(2) Die Abtretung von Forderungen ist nur mit vorheriger schriftlicher Zustimmung der anderen Vertragspartei zulässig. Die Zustimmung darf nicht unbillig verweigert werden. Die Regelung des § 354a HGB bleibt hiervon unberührt.

(3) Ein Zurückbehaltungsrecht kann nur wegen Gegenansprüchen aus dem jeweiligen Vertragsverhältnis geltend gemacht werden.

(4) Die Vertragsparteien können nur mit Forderungen aufrechnen, die rechtskräftig festgestellt oder unbestritten sind.

(5) Alle Änderungen, Ergänzungen und Kündigungen vertraglicher Vereinbarungen bedürfen der Schriftform, ebenso die Aufhebung des Schriftformerfordernisses, soweit dieser Vertrag nicht die Textform vorsieht.

(6) Die Parteien verpflichten sich, über den Inhalt dieser Vereinbarung und über deren Durchführung Stillschweigen zu bewahren.

(7) Sollten einzelne Bestimmungen der Parteivereinbarungen ganz oder teilweise unwirksam sein oder werden, wird die Wirksamkeit der übrigen Bestimmungen hierdurch nicht berührt. Die Parteien verpflichten sich für diesen Fall, die ungültige Bestimmung durch eine wirksame Bestimmung zu ersetzen, die dem wirtschaftlichen Zweck der ungültigen Bestimmung möglichst nahe kommt. Entsprechendes gilt für etwaige Lücken der Vereinbarungen.

(8) Es gilt das Recht der Bundesrepublik Deutschland.

Anlagen:

SLA

ASP-Systemspezifikation

. . . .

(Ort, Datum)   (Ort, Datum)

. . . .

– Provider –   – Kunde –

Anmerkungen

1. Sachverhalt. Der Vertrag regelt formularmäßig die Nutzung der vom Provider angebotenen Software über eine Online-Verbindung, die der Kunde herzustellen hat. Für die Nutzung der Software erhält er eine Client-Software, die er auf den Arbeitsplatz-Rechnern einsetzt, um die Software steuern zu können. Der Kunde verfügt über grundlegende IT-Kenntnisse. Verwender der Bedingungen ist der Provider. Der Vertrag ist eher Provider-freundlich ausgestaltet.

2. Inhalt des ASP. Das Application Service Providing zeichnet sich dadurch aus, dass der Anwender Software nutzt, die nicht vollständig auf seinen Rechnern abläuft, sondern sich auf dem Server des Anbieters befindet. Die zur Nutzung der Software erforderlichen Daten werden per Datenfernübertragung zwischen dem IT-System des Nutzers und dem des Anbieters ausgetauscht. Das Application Service Providing erscheint auf dieser funktionellen Grundlage in verschiedenen Ausprägungen. In seiner reinen Form läuft die vom Kunden zu nutzende Software allein auf dem Application-Server des Providers ab. Der Nutzer selbst verfügt nur über einen so genannten Thin Client. Der Arbeitsplatzrechner des Nutzers (Client) muss in dieser Konstellation lediglich die Steuerungsbefehle des Nutzers sowie die etwaig erforderlichen Daten entgegennehmen oder an den Provider weiterleiten. Um diese Kommunikation zwischen Server des Providers und Client des Anwenders durchführen zu können, reicht im einfachen Fall ein üblicher Internet-Browser aus.

Bei komplexeren Anwendungen ist diese Form der Darstellung jedoch wenig komfortabel, weil die Nutzung der vom ASP-Provider angebotenen Software immer durch den Internet-Browser vermittelt werden müsste und dessen funktionalen Beschränkungen unterliegt. Daher werden oft spezielle Terminal-Anwendungen angeboten, die auf dem Rechner des Kunden eine eigene, dort tatsächlich nicht vorhandene Softwareumgebung simulieren (Emulation). Dies kann so weit gehen, dass auf dem Kunden-Rechner ein Betriebssystem und dessen Anwendungssoftware emuliert werden, ohne dass der Kunde dies bemerkt.

Das Vertragsmuster geht von dieser Konstellation einer Terminal-Emulation aus. Daneben existiert das Application Service Providing noch in der Form, dass vom Server des Providers bestimmte Programmteile an den Rechner des Nutzers übermittelt werden, um dort abzulaufen. Neben dem zusätzlichen technischen Aufwand, die Programmteile immer wieder zu übertragen und nach Abschluss der Nutzung zu löschen, ist bei dieser Variante des Application Service Providing zu beachten, dass durch die Übertragung von Teilen der Software in jedem Fall eine Vervielfältigung der Software-Bestandteile vorgenommen wird, so dass der Anbieter dann hierfür über die entsprechenden Nutzungsrechte verfügen muss.

Die vorstehend beschriebenen Leistungen werden auch unter anderer Bezeichnung angeboten. Weil die Begriffe selbst wenig aussagekräftig sind, lässt sich nicht erkennen, ob beispielsweise Software as a Service (**SaaS**) oder **Cloud-Computing** → Form. G. 6 etwas praktisch und rechtlich substantiell anderes sind als ASP (sa *Schuster/Reichl* CR 2010, 38).

Die hM ordnet die ASP-Leistungen überwiegend dem **Mietrecht** zu (→ Anm. 23, BGH Urt. v. 15.11.2006 – XII ZR 120/04, NJW 2007, 2394; Urt. v. 4.3.2010 – III ZR 79/09, MMR 2010, 398 [399] Rn. 19; Urt. v. 23.6.1992 – X ZR 92/90, NJW-RR 1993, 178; *Leupold/Glossner/von dem Bussche/Schelinski* Teil 1 Rn. 349 ff.; kritisch *Müller-Hengstenberg/Kirn* NJW 2007, 2370. Da der ASP-Vertrag indes kein im Gesetz vertypter

Vertrag ist, ist auch hier für die Vertragsgestaltung von wesentlicher Bedeutung, die nach dem Vertrag zu erbringenden Leistungen möglichst detailliert zu regeln. Dies betrifft insbesondere die Pflichten des Providers. Hierbei ist zu berücksichtigen, dass der Provider die Leistungen in der Regel nie direkt gegenüber dem Kunden erbringt, sondern stets vermittelt über eine Datenfernverbindung. In der Vertragsgestaltung muss darauf geachtet werden, dass dem Provider als Anbieter nur Pflichten in einem Bereich auferlegt werden, den er beherrschen kann. Der Vertrag sieht daher als primäre Leistungsverpflichtung des Providers vor, einen Übergabepunkt in dem von ihm betriebenen Datennetz zur Verfügung zu stellen, an dem der Kunde die an den Provider gerichteten Informationen übergibt und an dem der Provider die von seinem Server an den Rechner des Kunden gerichteten Anweisungen und Inhalte zur Entgegennahme durch den Kunden bereithält. Da die Vorgänge außerhalb des vom Provider betriebenen Datennetzes, das heißt jenseits der von ihm eingerichteten Schnittstelle, von ihm nicht beherrscht werden können, stellt die Regelung klar, dass die Herstellung und Aufrechterhaltung der Datenverbindung zwischen dem IT-System des Kunden und dem vom Provider betriebenen Übergabepunkt von ihm nicht geschuldet ist.

Im Zusammenhang mit dem Application Service Providing wird häufig über die zur Leistungserbringung erforderlichen **urheberrechtlichen Befugnisse** diskutiert. Diese Frage tritt im Verhältnis zwischen Provider und Kunde bei der diesem Vertragsmuster zugrunde liegenden Art der Leistungserbringung in den Hintergrund, da der Provider dem Kunden keine urheberrechtlich geschützten Teile der Anwendungssoftware überlässt. Dementsprechend benötigt er auch kein Recht zur Vervielfältigung der Software gegenüber dem berechtigten Schutzrechtsinhaber (vgl. *Czychowski/Bröcker* MMR 2002, 83).

Diskutiert wird jedoch, ob der Provider ein urheberrechtliches **Vermietrecht** (vgl. und zu der Frage, ob dies die körperliche Überlassung des Werks voraussetzt *Bettinger/Scheffelt* CR 2001, 734; *Koch* ITRB 2001, 40) oder das Recht zur unkörperlichen öffentlichen Wiedergabe benötigt (so *Bettinger/Scheffelt* CR 2001, 735). Soweit man der Auffassung folgt, dass das Vermietrecht der körperlichen Verwertung zuzuordnen ist und daher nur dann benötigt wird, wenn ein Vervielfältigungsstück überlassen wird, scheidet für diesen Vertrag dieses Erfordernis aus (Bisges/*Imhof* Kap. 5 Rn. 221).

Stellt der Provider die Software mehreren zur Nutzung zur Verfügung, die nach § 15 Abs. 3 UrhG zur Öffentlichkeit gehören, ist der Anwendungsbereich des § 69c Nr. 4 eröffnet (Dreier/Schulze/*Dreier* UrhG § 69c Rn. 3). Für diese Fallgestaltung benötigt der Provider die entsprechende Befugnis. Ob die Mitarbeiter eines Unternehmens bereits zur Öffentlichkeit gehören, ist fraglich (dafür OLG München Urt. v. 7.2.2008 – 29 U 3520/07, GRUR-RR 2009, 91). Fraglich ist auch, wer die Software in urheberrechtlich relevanter Weise nutzt, nur das Unternehmen oder auch die Mitarbeiter. Bejaht man Letzteres, dürfte regelmäßig eine öffentliche Wiedergabe im Rahmen des ASP vorliegen. Nur wenn man das ASP als unbenannte Nutzungsart (dafür *Dietrich* ZUM 2010, 567 [570]) einordnet, wäre eine Gestattung des Rechtsinhabers erforderlich. Hierfür besteht aber kein Bedürfnis, da der Rechtsinhaber über § 69c Nr. 4 UrhG ausreichend geschützt ist und Fälle, nach denen bei mehreren Nutzern keine Öffentlichkeit gegeben ist, kaum denkbar sind.

Will der Kunde im Rechenzentrum des Providers eine von ihm erworbene Software betreuen lassen, sind hierfür keine weiteren Rechtseinräumungen erforderlich, wenn der Kunde die Software nicht auf den Provider überträgt. Wenn der Kunde berechtigt ist, die Software auf einem Server im eigenen Unternehmen laufen zu lassen und in bestimmter Weise zu nutzen, kann nichts anderes gelten, wenn er die Software im Rechenzentrum des ASP ablaufen und dort betreuen lässt. Die Nutzungsintensität ist die gleiche. Dass das Rechenzentrum eventuell räumlich weiter entfernt ist, kann urheberrechtlich nicht von Bedeutung sein.

3. Aktualisierung der Software. Der Application Service Providing-Vertrag entfaltet seinen wirtschaftlichen Nutzen für die Beteiligten insbesondere dadurch, dass der Provider eine Leistung vielen Nachfragern anbieten kann. Je mehr Kunden die gleiche Software nutzen, desto günstiger kann der Provider seine Leistungen anbieten. Dies bedingt auf Seiten des Providers, dass er die angebotene Leistung möglichst einheitlich erbringen muss. Bei Software bedeutet dies, dass das Vorhalten unterschiedlicher Software-Versionen für verschiedene Kunden zu vermeiden ist. Die Klausel sieht daher zu Gunsten des Providers die Möglichkeit vor und schließt die Verpflichtung hierzu ausdrücklich aus, die ursprünglich nach dem Vertrag zu überlassende Software zu aktualisieren. Diese Aktualisierung geht unter Umständen mit einer Änderung der Software einher, da neuere Versionen einer Software regelmäßig auch erweiterte oder veränderte Funktionsumfänge aufweisen. Es kommt dann zu einer **Änderung der ursprünglich vereinbarten Leistung**, die auch vertraglich abgebildet werden muss. In Allgemeinen Geschäftsbedingungen kann die Leistungsänderung entweder durch einen Änderungsvorbehalt nach § 308 Nr. 4 BGB oder durch die Fiktion einer Einigung nach § 308 Nr. 5 BGB erreicht werden. Die Klausel des Vertragsmusters wählt den Weg des Änderungsvorbehalts nach § 308 Nr. 4 BGB. Zwar ist der Provider hier damit belastet zu beweisen, dass die Änderung für den Kunden zumutbar ist (vgl. Palandt/*Heinrichs* BGB § 308 Rn. 23). Bei der Fiktion einer Einigung müsste er aber andererseits dem Kunden gemäß § 308 Nr. 5a BGB die Möglichkeit einräumen, eine ausdrückliche Erklärung abgeben zu können. Dann hätte der Kunde aber in jedem Fall die Möglichkeit, der Vertragsänderung zu widersprechen. Der Provider müsste in diesem Falle den Vertrag kündigen, was insbesondere während der fest vereinbarten Vertragslaufzeit nur als außerordentliche Kündigung möglich wäre. Es ist jedoch fraglich, ob die Weigerung des Kunden, auf die neue Software-Version umzusteigen, einen wichtigen Grund zur Kündigung gibt. Eine entsprechende Klausel könnte alternativ so aussehen:

(2) Der Provider wird die zu überlassende Software nach Möglichkeit in der vom Hersteller aktuell angebotenen Version einsetzen. Der Provider wird den Kunden auf eine Änderung der eingesetzten Software spätestens sechs Wochen vor dem Änderungszeitpunkt hinweisen. Aktualisiert der Provider die Software, so hat der Kunde das Recht, der Änderung mit einer Frist von einer Woche zum Änderungszeitpunkt zu widersprechen. Widerspricht der Kunde der Änderung bis zu diesem Zeitpunkt nicht, so gilt dies als Zustimmung zu der Software-Änderung. Widerspricht der Kunde der Änderung, so kann der Provider das Vertragsverhältnis aus wichtigem Grund zum Änderungszeitpunkt kündigen. Der Provider wird den Kunden bei der Mitteilung der Änderungsabsicht auf die Bedeutung seines Verhaltens besonders hinweisen. Ein Anspruch des Kunden auf den Einsatz einer neueren Version der in der Anlage „ASP-Systemspezifikation" genannten Software besteht jedoch nicht.

Bringt der Softwarehersteller ein neues Release heraus, dessen Einsatz mit erheblichen Beschaffungskosten verbunden ist, dürfte der Provider dieses Release regelmäßig nicht zu den ursprünglichen Konditionen anbieten wollen. Da der Kunde dieses Release nicht gemietet hat, ist der Provider dazu auch nicht verpflichtet. Für diese Fälle müssen die Parteien eine gesonderte Regelung treffen, wie dies Abs. 3 vorsieht.

4. Schulung. Der Provider muss den Kunden in die Lage versetzen, die Software benutzen zu können. Hierzu hat er dem Kunden eine ausreichende Anzahl von Handbüchern zur Verfügung zu stellen. Idealerweise sollte für jeden Arbeitsplatz ein Handbuch zur Verfügung stehen. Der Vertrag sieht darüber hinaus vor, dass der Provider für den Kunden eine eintägige Schulung durchführt. Ob eine Schulung erforderlich ist, ist eine Frage des Einzelfalls. Bedingen die Umstände der Leistungserbringung im Wege des Application Service Providings Besonderheiten gegenüber der gewöhnlichen Nutzung von Software, so spricht dies für eine Verpflichtung des Anbieters zur Schulung. Entsprechendes gilt, wenn die Software selbst komplex in der Anwendung ist (vgl. *Marly* Rn. 1293).

5. Hotline. Unabhängig von der vertragsrechtlichen Typisierung der vom Provider zu erbringenden Leistungen ist eine Hotline zur Unterstützung des Kunden vom Provider nicht geschuldet. Sie ist jedoch sinnvoll, wenn die Anwendung der Software aufgrund der Besonderheiten im ASP-Umfeld schwieriger ist, als dies gewöhnlich der Fall ist.

6. Speicherplatz. Die Nutzung der Software geht regelmäßig mit der Verarbeitung von Daten des Kunden einher. Zur Speicherung dieser Daten stellt der Provider dem Kunden Speicherplatz auf einem von ihm betriebenen Datenserver zur Verfügung. Da die Speicherkapazität des Datenservers die Bedürfnisse des Kunden nach Speicherplatz regelmäßig übersteigt, stellt der Provider den Datenserver nicht nur einem Kunden, sondern mehreren Kunden gleichzeitig zur Verfügung. Technisch wird sichergestellt, dass der Kunde nur auf seine Daten zugreifen kann. Insofern steht ihm ein eigener, jedoch nur virtuell für ihn existierender Datenserver zur Verfügung. Wie beim Hosting wird der Speicherplatz vom Kunden gemietet. Über die Vermieterpflichten hinausgehende Verwahrungs- oder Obhutspflichten sollen den Provider nicht treffen. Klargestellt wird auch, dass für die Einhaltung gesetzlicher Aufbewahrungsfristen der Kunde allein verantwortlich ist.

7. Verarbeitung der Daten. Um die Leistungsverpflichtung des Providers zu konkretisieren, ist der von ihm dem Kunden zur Verfügung zu stellende Speicherplatz zu definieren. Nicht nur, um dem Kunden die Leistung des Providers transparent zu machen, sondern auch aus datenschutzrechtlichen Gründen (s. § 5) ist zu erläutern, wie die Verarbeitung der Daten erfolgt.

8. Möglichkeiten der Datenablage. Die Speicherung der Daten auf dem Datenserver kann nur durch den Kunden initiiert werden. Liegen bereits Datenbestände beim Kunden vor, so sind sie auf den Datenserver des Providers zu übertragen. Es ist aber auch denkbar, dass die Daten erst im Zuge der Benutzung der Software anfallen. Sie werden dann über die Arbeitsplatzrechner des Kunden erfasst und an den Datenserver übermittelt und dort abgelegt.

9. Migration. Verfügt der Kunde bereits über Daten, die er auf den Datenserver des Providers übertragen möchte (Migration), bedarf es für die Übertragung zunächst der Einrichtung eines Datenbanksystems auf dem Datenserver des Providers. Der Provider benötigt hierzu unter Umständen genaue Angaben zu Datenstruktur und -formaten, wenn diese nicht bereits durch die Anwendungssoftware zwingend vorgegeben sind. Da die Einrichtung der Datenbank Voraussetzung für die sinnvolle Nutzung der Software ist, sollte ausreichend Zeit für die Daten-Migration eingeräumt werden. Verfügt der Kunde bereits über einen verwendbaren Datenbank-Server, so besteht auch die Möglichkeit, dass er diesen beistellt, dh dem Provider zum Zugriff überlässt. Dann sollte jedoch vereinbart werden, dass die Zurverfügungstellung von Speicherplatz nicht zu den Pflichten des Providers gehört und er lediglich die Anbindung des Datenbank-Servers an den Application-Server übernimmt und dem Kunden Platz für die Unterbringung des Datenbank-Servers vermietet oder kostenlos im Wege der Leihe zur Verfügung stellt.

10. Unterstützung bei der Datenübernahme. Eine Übernahme der Daten auf den Datenserver des Providers ist ohne dessen Unterstützung nicht möglich. Oft wird der Kunde nicht über das nötige Wissen verfügen, um die Übernahme der Datenbank und deren Pflege selbst durchführen zu können. Dann muss er sich hierzu eines dritten Dienstleisters oder des Providers bedienen, falls dieser bereit und in der Lage ist, diese Dienste zu erbringen. Dem Vertragsmuster liegt der Fall zugrunde, dass der Kunde bereits über eine Datenbank verfügt und dementsprechend Kenntnisse in der Pflege der Datenbank hat. Der Provider übernimmt insofern lediglich Unterstützungsleistungen, die Pflege-Last verbleibt jedoch beim Kunden.

11. Datenschutz. Werden Daten verarbeitet, die einer bestimmten oder bestimmbaren natürlichen Person zugeordnet werden können, so sind die Vorschriften des Datenschutzes zu beachten. Nach dem dem Vertragsmuster zugrunde liegenden Sachverhalt werden die Daten vom Kunden auf dem Daten-Server des Providers abgelegt. Da der Provider lediglich die Software überlässt und der Kunde die Datenverarbeitungsprozesse anstößt, die von ihm erfassten Daten also selbst verarbeitet, ist fraglich, ob bei dieser Form des ASP tatsächlich eine **Auftragsdatenverarbeitung** nach § 11 BDSG gegeben ist. (vgl. *v. Sponeck* CR 1992, 594; Gola/Schomerus/*Körffer* BDSG § 11 Rn. 8, die aber dann von Auftragsdatenverarbeitung ausgehen, wenn vom Provider – wie üblich – Sicherungskopien erstellt werden.).

Ein Muster zur Vereinbarung der nach § 11 BDSG erforderlichen Regelungen ist in → Form. G. 3 behandelt und auch durch die GDD online zur Verfügung gestellt (https://www.gdd.de/aktuelles/startseite/news/neues-gdd-muster-zur-auftragsdatenverarbeitung-gemas-a7-11-bdsg [abgerufen August 2016]).

Da die Übertragung der personenbezogenen Daten online erfolgt, hat der Provider die Anforderung von § 9 BDSG hinsichtlich der technischen und organisatorischen Sicherungs-Maßnahmen zu beachten. Dazu gehört insbesondere die geeignete Verschlüsselung der Daten, um Zugriffe Dritter zu verhindern. Die inzwischen geltende Datenschutzgrundverordnung sieht in den Art. 28 ff. Regelungen zur Auftragsdatenverarbeitung für die Zeit ab dem 25.5.2018 vor, die insbesondere den Auftragnehmern gegenüber den Bestimmungen des BDSG strengere Vorgaben machen.

12. Herausgabe der Daten. Die Lauffähigkeit von Software ist oft entscheidend für die Aufrechterhaltung des Betriebes eines Unternehmens. Andererseits ist die Lauffähigkeit einer unternehmensrelevanten Software allein keine zureichende Bedingung für die Aufrechterhaltung des Unternehmensbetriebes. Ohne die erforderlichen Daten ist die Software wertlos. Obwohl die Daten von einem technischen Standpunkt aus betrachtet bei den meisten Providern sicherer sind als beim Kunden selbst, liegt jedoch ein wesentliches Hindernis für die verbreitete Inanspruchnahme von ASP-Leistungen darin begründet, dass sich der Kunde mit der Weitergabe seiner Daten in eine große Abhängigkeit vom Provider begibt. Wesentlich für die Akzeptanz von ASP-Verträgen ist daher die Möglichkeit des Kunden, regelmäßig und unverzüglich an die für ihn wichtigen Daten zu gelangen. Die Klausel sieht deswegen vor, dass der Kunde einen jederzeitigen Anspruch auf unverzügliche Herausgabe seiner Daten hat. Um andererseits ein Regulativ gegen eine zu häufige Inanspruchnahme dieser Herausgabeverpflichtung des Providers einzuführen, steht dem Kunden nach der Klausel die Datenherausgabe nur einmal je Kalenderquartal unentgeltlich zu.

13. Zurückbehaltungsrecht. In Ergänzung der jederzeitigen Herausgabeverpflichtung des Providers wird ausdrücklich festgehalten, dass dem Provider ein Zurückbehaltungsrecht nicht zusteht. Auch das gesetzliche Vermieterpfandrecht gem. §§ 562, 578 BGB ist, unabhängig von der Frage, ob die Daten überhaupt dem Vermieterpfandrecht unterfallen, oder dies allenfalls den Datenträger treffen kann, ausdrücklich ausgeschlossen.

14. Datenlöschung. Oft wird vergessen, die Folgen einer Vertragsbeendigung hinsichtlich der Daten zu regeln. Gerade hinsichtlich der unternehmenswichtigen Daten wäre dann jedoch unklar, ob der Provider auch über das Vertragsende hinaus verpflichtet ist, die Daten aufzubewahren und falls dies bejaht würde, für welchen Zeitraum er dies tun müsste. Datenschutzrechtlich wäre er unter Umständen sogar verpflichtet, nach Beendigung des Vertrages die Daten zu löschen, da dann seine Berechtigung zur Speicherung der Daten entfiele. Die Klausel sieht daher vor, dass der Provider dem Kunden die Daten nach Vertragsbeendigung übergibt und der Kunde verpflichtet ist, es dem Provider innerhalb von 14 Tagen mitzuteilen, falls die Daten nicht lesbar oder nicht vollständig sind. Unterbleibt diese Mitteilung, wird fingiert, dass der Kunde einverstanden mit der Löschung seiner Daten ist. Im Hinblick auf die Anforderung der Rechtsprechung an die Fiktion von Erklärungen in Allgemeinen Geschäftsbedingungen wird der Kunde bei Übermittlung der Daten auf die Bedeutung seines Verhaltens besonders hingewiesen (§ 308 Nr. 5 BGB).

15. Datensicherung. Ob aus der Verpflichtung zur Verfügungsstellung von Speicherplatz als Nebenpflicht die Sicherung der Daten folgt, ist fraglich. Allein schon zur Minimierung eines auf dem Datenverlust beruhenden, vom Provider verschuldeten Schadens ist es für den Provider ratsam, eine regelmäßige Datensicherung anzubieten. Letztlich ist es auch das primäre Interesse des Kunden, die für ihn geschäftswichtigen Daten regelmäßig zu sichern. In welchem Umfang die Datensicherung erfolgen sollte, hängt von den Umständen des Einzelfalls ab, insbesondere von der Art der Datenverwaltung durch die Software.

16. Mitwirkungsleistungen. Die Regelungen geben im Wesentlichen reine Obliegenheiten des Kunden wieder. Kommt er ihnen nicht nach, kann er die vom Provider angebotenen Leistungen nicht in Anspruch nehmen. Die Pflicht des Kunden, auf einen anderen Übergabepunkt auszuweichen, ist für den Fall wichtig, dass der Provider ein Ausfallrechenzentrum vorhält, um im Falle einer schwerwiegenden Störung in dem Ausgangsrechenzentrum zeitnah für Ersatz zu sorgen. Auch der Einsatz einer stets aktuellen Version der Client-Software kann für die störungsfreie Nutzung der Anwendungs-Software ausschlaggebend sein.

17. IT-System des Kunden. Diese Klausel stellt noch einmal klar, dass die Konfiguration des IT-Systems des Kunden in dessen Aufgabenbereich fällt. Aus dem ASP-Vertrag folgen hierzu keinerlei Pflichten des Providers. Andererseits kann die Konfiguration des Kundensystems ausschlaggebend dafür sein, ob der Kunde die Leistungen des Providers überhaupt in Anspruch nehmen kann. Daher wird dem Kunden auferlegt, bestimmte Mindestanforderungen einzuhalten. Da jedoch nicht jeder Kunde in der Lage ist, diese Konfigurations-Arbeiten selbst auszuführen, bietet der Provider hierzu seine Unterstützung an, die jedoch einer gesonderten Vereinbarung bedarf.

18. Notfall-Planung. Ist der Kunde zur Aufrechterhaltung seines Betriebes auf die Lauffähigkeit der Software angewiesen, so kann ein vollständiger Ausfall der Software-Nutzung zu erheblichen Vermögenseinbußen führen. Soweit der Kunde die Software auf einem eigenen IT-System ablaufen lässt, ist die Sicherstellung der Lauffähigkeit der Software eine Obliegenheit, deren Verletzung in den Verantwortungsbereich des Kunden fällt. Beim Application Service Providing liegt jedoch die Verantwortung für die Lauffähigkeit beim Provider. Erleidet der Kunde aufgrund des Ausfalls der Software einen Schaden, so hat der Provider gemäß § 280 Abs. 1 S. 2 BGB nachzuweisen, dass ihn ein Verschulden hieran nicht trifft, sofern der Kunde nur die Pflichtverletzung durch den Provider nachzuweisen vermag. Ein Verschulden auszuschließen ist jedoch gerade bei komplexen IT-Lösungen unter Umständen kaum möglich. Es muss daher das Bestreben des Providers sein, zumindest den möglicherweise entstehenden Schaden weitgehend zu minimieren. Hierzu bietet sich gerade bei ASP-Leistungen an, den Kunden anzuhalten, die Providerleistungen im Notfall in einem gewissen Rahmen ersetzen zu können. Selbst wenn den Kunden insofern auch ohne Abrede eine Obliegenheit zur Schadensminderung treffen mag, ist es sinnvoll, ihm die Kenntnisse und Erfahrungen des Providers zugänglich zu machen, wie der vollständige Ausfall der vom Provider zu erbringenden Leistungen zumindest teilweise aufgefangen oder in der Wirkung abgeschwächt werden kann. Die Möglichkeiten hierzu sind natürlich von der Funktion der eingesetzten Software abhängig. Unter Berücksichtigung der Wahrscheinlichkeit eines Totalausfalls der Providerleistungen und des Risikos der Realisierung eines erheblichen Schadens könnte die Klausel auch dahingehend erweitert werden, dass der Provider gemeinsam mit dem Kunden einen Notfallplan erarbeitet, um im Krisenfall ein auf die individuelle Situation abgestimmtes Notfallszenario zur Verfügung stellen zu können (→ Form. B. 3 Anm. 10).

19. Schutzrechte. Werden im Rahmen der Nutzung der Software Daten auf den Datenserver geschrieben, so sind diese Daten regelmäßig systematisch oder methodisch angeordnet und einzeln mit Hilfe elektronischer Mittel zugänglich. Dementsprechend unterfallen diese Daten dem Datenbankbegriff des § 87a UrhG, wenn die zum Schutz erforderliche Investition vom Datenbankhersteller geleistet wurde. Hersteller dieser Datenbank ist der Kunde des Providers, so dass die ausschließlichen Rechte hinsichtlich dieser Datenbank bei ihm liegen. Der Provider bedarf daher der Gestattung des Kunden zur Vornahme der nach den §§ 87a ff. UrhG geschützten Nutzungshandlungen. Relevant in diesem Zusammenhang ist zunächst das Recht, die Datenbank vervielfältigen zu dürfen. Eine Vervielfältigung ist im Rahmen einer Datensicherung erforderlich sowie dann, wenn der Provider ein Ausfallrechenzentrum vorhält, in dem ebenfalls eine aktuelle Kopie der Datenbank vorhanden sein soll. Auch wenn die Integrität der Datenbank durch die §§ 87a ff. UrhG nicht geschützt wird, sollte vertraglich klargestellt werden, dass der Provider auch berechtigt ist, Änderungen an der Struktur der Daten oder dem Datenformat vorzunehmen, sofern dies zur Beseitigung von Störungen erforderlich ist.

20. Reseller-Ausschluss. Diese Klausel dient dazu, dem Provider die Kontrolle über sein Haftungsrisiko zu erhalten. Der Kunde soll die Leistungen nur für sich selbst in Anspruch nehmen können. Eine gewerbliche Weitergabe der Leistungen ist untersagt. Hinsichtlich der Inanspruchnahme der Softwareleistungen kann der Provider dies jedoch nicht unbedingt mit dinglicher Wirkung durchsetzen. Gegenüber seinem Kunden erbringt er keine urheberrechtlich geschützte Leistung. Der Werkgenuss ist urheberrechtlich frei.

21. Entgelte. Die Regelung der Vergütung für ASP-Leistungen kann auf verschiedenste Art und Weise erfolgen. Denkbar ist eine Abrechnung nach in Anspruch genommener Rechenzeit, nach der Zahl der Transaktionen, dem übertragenen Datenvolumen etc. Dem Vertrag liegt eine Abrechnung auf einer pauschalierten Vergütungsbasis zugrunde. Sofern der Provider verschiedene Leistungen anbietet, wie hier beispielsweise die Überlassung der Anwendungssoftware und die Datenspeicherung, kann es sinnvoll sein, die Entgelte nach den zu erbringenden Leistungen aufzuschlüsseln. Dadurch wird die Berechnung der Minderung des Entgelts im Falle einer Leistungsstörung vereinfacht. Die Minderung kann so exakt an dem Wert der nicht wie geschuldet erbrachten Leistung orientiert werden.
Die AGB-rechtlich besonders problematische einseitige Preisanpassung ist einer vom BGH als wirksam angesehenen Klausel aus einem Energieversorgungsvertrag entnommen (BGH Urt. v. 25.11.2015 – VIII ZR 360/14, NJW 2016, 936).

22. Mindestlaufzeit. ASP-Verträge laufen typischerweise über einen Mindestzeitraum von 3–4 Jahren, um dem Provider eine gesicherte Kalkulationsbasis für die in die Infrastruktur seines Angebotes zu investierenden Kosten zu geben. Unabhängig von der Frage, ob der Provider Miet-, Dienst- oder Werkleistungen erbringt, greift die Beschränkung des § 309 Nr. 9 BGB im Verkehr zwischen Unternehmern nicht ein (Palandt/ *Heinrichs* BGB § 309 Rn. 89). Durch die feste Grundlaufzeit haben die ASP-Verträge eine gewisse Nähe zum Finanzierungsleasing, für das feste Laufzeiten von 3–7 Jahren anerkannt sind (Palandt/*Weidenkaff* BGB Einf. vor § 535 Rn. 39).

23. Mängelhaftung. Auch für den Application Service Providing-Vertrag gilt, dass die Zuordnung der Leistungen zu einem Vertragstyp zunächst von dem Inhalt dieser Leistungen abhängt. Wie andere Rechenzentrumsverträge auch, kann der ASP-Vertrag daher dem Miet-, Dienst- und Werkvertragsrecht zugeordnet werden. Ausschlaggebend für diese Zuordnung sind die vom Provider zu erbringenden Leistungen. Nach dem Vertragsmuster überlässt der Provider für einen genau definierten Zeitraum dem Kunden bestimmte Software zur Nutzung. Zusätzlich erhält der Kunde die Möglichkeit, Daten auf für ihn bestimmtem Speicherplatz abzulegen. Der Kunde ist im Übrigen frei, die Nutzung der Software im Rahmen der technischen Möglichkeiten zu bestimmen. Damit stellt sich der Application Service Providing-Vertrag nach dem vorliegenden Muster als Vertrag zur Überlassung von Software zur Nutzung, mithin als Mietvertrag dar. Auch Software kann Gegenstand eines Mietverhältnisses sein. Die Besitzverschaffung ist hierzu nicht erforderlich (BGH Urt. v. 15.11.2006 – XII ZR 120/04, NJW 2007, 2394; Urt. v. 4.3.2010 – III ZR 79/09, MMR 2010, 398 [399] Rn. 19; Urt. v. 23.6.1992 – X ZR 92/90, NJW-RR 1993, 178; kritisch hierzu *Müller-Hengstenberg/Kirn* NJW 2007, 2370).

Entsprechend der Zuordnung des Application Service Providing-Vertrages zum Mietrecht ist es die Hauptpflicht des Providers als Vermieter, dem Kunden den vertragsgemäßen Gebrauch zu ermöglichen. Der Kunde hat bei nicht vertragsgemäßer Gewährung dieses Gebrauchs die mietrechtlichen Gewährleistungsansprüche. Der vertragsgemäße Gebrauch wird zB durch Verfügbarkeitsvereinbarungen wie in § 2 Abs. 5 und → Form. D. 5 konkretisiert. Steht die Software dem Nutzer nicht vereinbarungsgemäß zur Verfügung, liegt hierin eine Schlechtleistung des Vermieters, die die gesetzlichen Haftungsfolgen auslöst. Da die Leistung wegen Zeitablaufs nicht nachgeholt werden kann, hat der Vermieter bei Verschulden Schadensersatz zu leisten und die Miete mindert sich kraft Gesetzes. Für die Zukunft besteht selbstverständlich der aus dem Vertrag folgende Erfüllungsanspruch.

Die Haftung für Mängel, die bereits bei Überlassung der Software an den Kunden vorhanden waren, wird ausdrücklich ausgeschlossen.

5. Service-Level-Agreement

Zwischen

. . . . .

– nachfolgend „Provider" genannt –

und

. . . . .

– nachfolgend „Kunde" genannt –

wird folgende Vereinbarung getroffen:

§ 1 Regelungsgegenstand

Die nachfolgenden Bestimmungen dieses Service-Level-Agreements (SLA)[1] konkretisieren die vom Provider nach dem Application Service Providing-Vertrag geschuldeten Leistungen.[2]

§ 2 Bezugssystem

Alle Leistungsangaben in diesem Service-Level-Agreement beziehen sich auf die vom Provider geschuldete Qualität der dem Kunden zur Nutzung angebotenen Software am

Übergabepunkt des vom Provider betriebenen Datennetzes gemäß dem Application Service Providing-Vertrag. Beeinträchtigungen im Bereich der Datenübertragung von diesem Übergabepunkt zum Kunden und/oder im Bereich der IT-Anlage des Kunden selbst bleiben außer Betracht.[3]

§ 3 Service Levels

(1) Der Provider erbringt die nachfolgend beschriebenen Services nach Wahl des Kunden gemäß der bei Vertragsschluss gültigen Preisliste.

(2) Der Kunde kann für die Nutzung der Software zwischen den Verfügbarkeiten der Software in den durch die Kategorien A, B, C und D definierten Zeiträumen wählen.

(3) Stellt der Provider die Software nicht im Rahmen der vereinbarten Verfügbarkeit vertragsgemäß zur Verfügung, hat der Kunde Anspruch auf Wiederherstellung der Verfügbarkeit gem. §§ 5 f.

§ 4 Verfügbarkeit

(1) Der Provider bietet die Nutzung der Software am Übergabepunkt mit der nachfolgend beschriebenen Verfügbarkeit an:[4]

Service-Kategorie	Wochentag	Zeitraum
Service-Kategorie A	Abeitstag (Montag bis Freitag ohne bundesweite Feiertage)	7:00 bis 20:00 Uhr
Service-Kategorie B	wie Kategorie A	20:00 bis 24:00 Uhr
Service-Kategorie C	wie Kategorie A	2:00 bis 7:00 Uhr
Service-Kategorie D	Samstag	2:00 bis 24:00 Uhr
Service-Kategorie E	Sonn- und Feiertags	2:00 bis 24:00 Uhr

(2) Außerhalb der vom Kunden beauftragten Zeiträume ist der Provider nicht verpflichtet, die Anwendungssoftware zur Nutzung bereit zu stellen. Ist der von dem Kunden gebuchte Leistungs-Zeitraum abgelaufen, wird der Provider die Anwendung schließen.

(3) Die Verfügbarkeit ist nach folgenden Service-Kategorien definiert:[5]

Service-Kategorie A	97,5 %
Service-Kategorie B	95 %
Service-Kategorie C	93 %
Service-Kategorie D	97,5 %
Service-Kategorie E	93,0 %

(4) Die tatsächlich erreichte Verfügbarkeit berechnet sich auf der Grundlage des auf die jeweilige Service-Kategorie entfallenden Zeitraums auf täglicher Basis. Die Software ist verfügbar, wenn auf sie in dem jeweiligen Zeitraum entsprechend dem dazu vereinbarten prozentualen Anteil gemäß den in der Anlage „ASP-Systemspezifikation" festgehaltenen Qualitäts-Werten zugegriffen werden konnte.[6]

(5) Bei der Berechnung der tatsächlichen Verfügbarkeiten gelten dem Provider nicht zurechenbare Ausfallzeiten als verfügbare Zeiten. Diese unschädlichen Ausfallzeiten sind

- mit dem Kunden abgestimmte Wartungs- oder sonstige Leistungen, durch die ein Zugriff auf die Anwendungssoftware nicht möglich ist;
- unvorhergesehen erforderlich werdende Wartungsarbeiten, wenn diese Arbeiten nicht durch eine Verletzung der Pflichten des Providers zum Erbringen der Services verursacht wurden (höhere Gewalt, insbesondere nicht vorhersehbare Hardwareausfälle, Streiks, Naturereignisse etc);
- Ausfallzeiten aufgrund von Viren- oder Hackerangriffen, soweit der Provider die vereinbarten, mangels Vereinbarung die üblichen Schutzmaßnahmen getroffen hat;
- Ausfallzeiten aufgrund von Vorgaben des Kunden, aufgrund von Nichtverfügbarkeiten der Ausstattung des Kunden oder aufgrund anderer durch den Kunden verursachte Unterbrechungen (zB unterbleibende Mitwirkungsleistungen des Kunden);
- Ausfallzeitverlängerungen, die aufgrund einer Blockierung des Konsolen- bzw. Remote-Zugangs durch den Kunden verursacht wurden;
- Ausfallzeiten aufgrund von Vorgaben des Software-Herstellers;
- Ausfallzeiten für das Einspielen von dringend notwendigen Security Patches;
- Ausfallzeiten aufgrund von Software-Fehlern in Kundenanwendungen oder aufgrund von durch Kundenanwendungen oder -daten ausgelösten Fehlern in der System- und System-nahen Software;
- Ausfallzeiten, die durch Dritte (nicht dem Provider zurechenbare Personen) verursacht werden.

Planmäßige Wartungsarbeiten und Datensicherungen werden täglich in der Zeit von 0:00 bis 2:00 Uhr durchgeführt. In dieser Zeit ist ein Betrieb nicht möglich.

(6) Der Kunde übernimmt es als Obliegenheit, Beeinträchtigungen der Softwarenutzung dem Provider zu melden. Der Provider wird sich bemühen, die Beeinträchtigungen unverzüglich zu beseitigen. Ein Anspruch auf Wiederherstellung der Nutzbarkeit der Software besteht nicht, soweit die vereinbarte Verfügbarkeit gewährleistet ist.

§ 5 Prioritäten

Entsprechen die Leistungen des Providers nicht den nach diesem Service-Level-Agreement festgelegten Werten, so soll der Provider im Falle der Beeinträchtigung sowohl der Verfügbarkeit als auch der Leistungsqualität, zunächst die Verfügbarkeit der Leistungen, dann den geschuldeten Datendurchsatz, das Antwortzeitverhalten, die Paketverzögerung und schließlich die Paketverlustrate wiederherstellen.[7]

§ 6 Störungsmeldung, Wiederherstellung der Leistungen

(1) Der Kunde kann die Nichteinhaltung der Verfügbarkeit als Störung melden.[8] Er wird Meldungen zu Störungen, die nach diesem SLA behandelt werden sollen, nur über die ihm vom Provider bekannt gegebene Störungshotline durch die hierzu geschulten und autorisierten Mitarbeiter abgeben. Meldet der Kunde eine Störung, so wird er dem Provider die Beschreibung der Störung gemäß Abs. 2 angeben. Bei der Meldung der Störung hat der Kunde anzugeben, welche Personen dem Provider als Ansprechpartner beim Kunden für diese Störung zur Verfügung stehen und wie sie telefonisch zu erreichen sind. Die Ansprechpartner sind so zu benennen, dass der Provider sich während der Dauer der Störung zumindest innerhalb der Geschäftszeiten des Kunden stets und unmittelbar an einen der benannten Ansprechpartner wenden kann.

(2) Störungen, die den Regelungen dieses SLA unterliegen, werden wie folgt klassifiziert:

Priorität	Klassifizie-rung	Beschreibung	Reaktionszeit (R)
I.	dringend	• Die geschuldete Verfügbarkeit sinkt in einem Zeitraum von zumindest 15 Minuten auf unter 50 % oder entfällt für einen ununterbrochenen Zeitraum von zumindest 10 Minuten vollständig und/oder • die Qualität der Leistung im Datennetz des Providers unterschreitet für mehr als 90 Minuten im Durchschnitt die nachfolgenden Werte – Antwortzeitverhalten . . . . . – Datendurchsatz (übertragene Datenmenge/Zeit): . . . . . – Paketverzögerung (Zeitbedarf, um eine Nachricht von A nach B zu senden) und Jitter (Varianz der Paketverzögerung) . . . . . – Paketverlustrate	R = 30 min
II.	hoch	• Die Verfügbarkeit sinkt in einem Zeitraum von zumindest 60 Minuten auf unter 50 %	R = 120 min
III.	niedrig	• Die Verfügbarkeit sinkt in einem Zeitraum von zumindest 240 Minuten auf unter 50 %	R = 360 min

Erreicht die Störung eine höhere Prioritätsstufe, so hat der Kunde dies dem Provider unverzüglich mitzuteilen. Die Reaktionszeit berechnet sich vom Eingang der Störungsmeldung des Kunden beim Provider an. Maßgebend für die Zuordnung einer Störung zu einer Störungsklasse ist das Vorliegen der in der Störungs-Beschreibung angegebenen Merkmale.

(4) Der Provider verpflichtet sich, bei Eingang einer ordnungsgemäßen Störungsmeldung des Kunden spätestens innerhalb der festgelegten Reaktionszeiten mit der Analyse und möglichst schon mit der Beseitigung der Störung zu beginnen. Die Arbeiten zur Störungsbeseitigung erfolgen im Rahmen der Möglichkeiten des Providers unter Beachtung seiner vertraglichen Pflichten. Ein Anspruch auf die Beseitigung der Störung innerhalb einer bestimmten Zeit folgt aus der Vereinbarung der Reaktionszeiten nicht.

(5) Eine vom Provider zu behebende Störung liegt nicht vor bei Beeinträchtigungen der Datenübertragung außerhalb des vom Provider betriebenen Datennetzes, zB durch Leitungsausfall oder -störung bei anderen Providern oder Telekommunikationsanbietern, oder einer vertragswidrigen Inanspruchnahme der bereitgestellten Systemkapazitäten, zB durch eine überhöhte Zahl der Zugriffe durch den Kunden.

(6) Die Reaktionszeit für die Wiederherstellung der geschuldeten Leistungen läuft bei Störungen der Priorität III ausschließlich während der Zeiträume, die von den vom Kunden gebuchten Service-Kategorien A, B, C, D oder E erfasst werden.

(7) Die Behandlung von Störungen, die nicht in Abs. 2 definiert sind, richtet sich allein nach dem ASP-Vertrag.

§ 7 Berichte, Geltendmachung der Ansprüche

(1) Der Provider stellt dem Kunden monatlich eine aufbereitete Übersicht über die Einhaltung der vereinbarten Verfügbarkeit und Qualität der Leistung zur Auswertung zur Verfügung. Darüber hinaus kann der Kunde die aktuellen Daten jederzeit online abfragen.[9]

(2) Dem Kunden stehen die Rechte nach § 8 und § 9 nur dann zu, wenn er ihre Geltendmachung unverzüglich, spätestens jedoch innerhalb von zwei Wochen nach Zugang der monatlichen Übersicht über die Einhaltung der vereinbarten Verfügbarkeit und Qualität der Leistung dem Provider schriftlich anzeigt.[10]

§ 8 Vergütungspflicht im Störungsfall

(1) Die nachfolgenden Regelungen ergänzen die gesetzlichen Bestimmungen zur Gewährleistung, ohne sie zu verdrängen. Der Kunde ist jederzeit berechtigt, die ihm zustehenden Rechte wegen der Nichtgewährung der Softwarenutzung und der Pflichtverletzung bei der Durchführung der Service-Leistungen geltend zu machen. Macht er diese Rechte geltend, kann er die nachfolgenden Rechte nur in einem hierüber hinausgehenden Umfang geltend machen.

(2) Für die Zeit, für die eine Störung der Priorität I vorliegt, ist der Kunde von der Entrichtung des für die Überlassung der Software vereinbarten Entgelts befreit.

(3) Für die Zeit, für die eine Störung der Priorität II oder III vorliegt, ist der Kunde von der Entrichtung des Entgeltes für die Überlassung der Software in Höhe von 80 % befreit, es sei denn, er kann nachweisen, dass aufgrund der Mängelhaftungsverpflichtung des Providers eine darüber hinausgehende Befreiung von seiner Vergütungspflicht eingetreten ist.[11]

§ 9 Vertragsstrafe

(1) Der Provider verwirkt eine Vertragsstrafe in Höhe von 5.000,– EUR, wenn er eine Störung der Priorität I nicht innerhalb eines Zeitraumes von 60 min nach Ablauf der Reaktionszeit beseitigt und dies zu vertreten hat.

(2) Ein selbstständiger Anspruch auf die Wiederherstellung der geschuldeten Leistung innerhalb des genannten Zeitraums wird hierdurch ungeachtet des Anspruchs des Kunden auf Mangelbeseitigung nicht begründet. Dementsprechend wirkt sich der bloße Ablauf der Frist auch nicht verzugsbegründend aus.[12]

(3) Die Vertragsstrafe ist auf einen etwaigen Schaden, den der Kunde aus der ihr zugrunde liegenden Pflichtverletzung erleidet, anzurechnen.

§ 10 Kündigung

Treten innerhalb eines Zeitraums von vier Wochen drei Störungen der Priorität I oder acht Störungen der Priorität II auf, so kann der Kunde den ASP-Vertrag mit einer von ihm zu bestimmenden Auslauffrist von bis zu acht Wochen kündigen.[13]

§ 11 Vergütung

Eine gesonderte Vergütung für die Erbringung der Services nach diesem SLA wird nicht erhoben. Hat der Kunde dem Provider jedoch eine Störung gemeldet und stellt sich nach einer Prüfung heraus, dass die Störung nicht innerhalb des Datennetzes des Providers aufgetreten ist, kann der Provider dem Kunden die zur Störungserkennung erbrachten

Leistungen zu den für solche Leistungen geltenden Stundensätzen des Providers in Rechnung stellen, es sei denn, der Kunde hätte auch bei Anstrengung der erforderlichen Sorgfalt nicht erkennen können, dass die Störung nicht innerhalb des Datennetzes des Providers, aufgetreten ist.

. . . .

(Ort, Datum)   (Ort, Datum)

. . . .

– Provider –   – Kunde –

Anmerkungen

1. **Sachverhalt.** Diese Vereinbarung wird **ergänzend zum dem Muster Application Service Providing-Vertrag** getroffen.

2. **Regelungsgegenstand.** Zu den Funktionen eines Service-Level-Agreements vgl. *Schumacher* MMR 2006, 12. Bei diesem Service-Level-Agreement handelt es sich nicht um einen eigenständigen Vertrag, der zusätzlich zu dem Application Service Providing-Vertrag Leistungen definiert. Vielmehr soll die Hauptleistungspflicht des Providers, die Software zur Nutzung über eine Telekommunikationsverbindung zur Verfügung zu stellen, konkretisiert werden. Dazu dienen die Regeln über die Verfügbarkeit der Software. Im Weiteren wird geregelt, welche Pflichten der Provider hat, wenn die Leistung nicht vertragsgemäß erbracht wird und was geschieht, wenn er diese Pflichten nicht erfüllt. Dabei ist aus AGB-rechtlichen Gründen zu unterscheiden zwischen einerseits der gesetzlichen Gewährleistung, die in Einkaufs-AGB kaum zu Lasten des Gewährleistungspflichtigen verschärft werden kann, und andererseits den Vereinbarungen, die entgeltliche Hauptleistungspflichten begründen, beispielsweise eine Wiederherstellung der Leistung nach einer dem Provider gewährleistungsrechtlich nicht zurechenbaren Störung. Soweit es um die Hauptleistungspflichten geht, sind Regelungen in weiterem Umfang AGB-rechtlich unbedenklich. Da das Formular vom Dienstleister verwendet wird, sind Verschärfungen seiner Haftung gegenüber der gesetzlichen Regelung allerdings wirksam.

3. **Bezugssystem.** Die Klausel wiederholt noch einmal zur Klarstellung den Bezugspunkt für die Feststellung der nicht vertragsgemäßen Leistungserbringung. Die Technizität der Leistung bedingt eine möglichst genaue Beschreibung der Leistungsinhalte und Verantwortungsbereiche.

4. **Leistungsstaffelung.** Die von dem Provider im Rahmen des Application Service Providing zu erbringenden Leistungen werden von dem Kunden typischerweise nicht rund um die Uhr in Anspruch genommen. Je umfangreicher sich jedoch der Provider verpflichtet, Leistungen, insbesondere außerhalb der regulären Geschäftszeiten, zu erbringen, desto höher werden die Kosten für den Kunden ausfallen. Um eine flexible Handhabung der Leistungspflichten des Providers und der korrespondierenden Kosten in einem mehrfach zu verwendenden Vertragsmuster gegenüber einer Vielzahl von Kunden zu gewährleisten, sieht der Vertrag vor, dass die Leistungen des Providers in Abhängigkeit von dem Zeitraum, in dem sie zu erbringen sind, kategorisiert werden. Nach dem Vertragsmuster hat der Kunde die Möglichkeit, sich bei der Inanspruchnahme der Leistungen des Providers auf bestimmte Zeiträume zu beschränken. Dem Provider gestattet dies eine flexiblere Gestaltung seiner Leistungsverpflichtungen sowie der Vergütungsregelung. Es ist ihm auch möglich, Leistungen nachts oder an Feiertagen überhaupt nicht anzubieten. Nimmt der Kunde bei einer pauschalen Vergütung nach Zeitabschnitten das Angebot des Providers nicht rund um die Uhr in Anspruch, bestimmt die Klausel, dass die Anwendung nach Ablauf der Service-Zeiten geschlossen wird. Sofern die Möglichkeit dazu besteht, sollte der Kunde rechtzeitig auf das Ablaufen der Service-Zeiten hingewiesen werden, um einer Diskussion über das Bestehen einer Nebenpflicht hierzu zuvorzukommen. Rechnet der Provider bei einem so genannten 24/7-Service rund um die Uhr an sieben Tagen der Woche nach der übertragenen Datenmenge oder der Dauer der tatsächlichen Nutzung ab, entfällt die Notwendigkeit einer Regelung zum Schließen der Anwendung.

5. Verfügbarkeit. Wie bei allen Leistungen, die Dritte erbringen, spielt auch bei dem Application Service Providing-Vertrag die Verfügbarkeit der Leistungen des Providers eine wesentliche Rolle. Der Kunde erwartet gerade bei Anwendungen, die für den Betrieb seines Unternehmens von Bedeutung sind, eine hohe Verfügbarkeit. Das Vertragsmuster regelt die Verfügbarkeit in Abhängigkeit von dem Zeitraum, in dem die Leistung erbracht werden soll. Dies eröffnet dem Provider die Möglichkeit, sein Leistungsvermögen so zu steuern, dass er während der Hauptgeschäftszeiten seines Kunden eine hohe Verfügbarkeit gewährleisten kann und in anderen Zeiträumen, in denen die Leistung nur gelegentlich zur Verfügung stehen muss, die Verfügbarkeit entsprechend herabsetzen kann. Eine exaktere Steuerung der Verfügbarkeit ließe sich noch durch die Einführung zusätzlicher Servicekategorien erreichen.

Ein Klassikerproblem bei Verfügbarkeitsregeln in AGB ist, ob die Regelung als Leistungsbeschreibung nach § 307 Abs. 3 S. 1 als bloße Leistungsbeschreibung kontrollfrei sind oder als Einschränkung des Hauptleistungsanspruchs (97 % Verfügbarkeit statt 100 %) eine Abweichung von der gesetzlichen Regelung darstellen und damit der Kontrolle unterliegen. Nach der Rechtsprechung verbleibt für die der Überprüfung entzogene Leistungsbeschreibung nur der enge Bereich der Leistungsbezeichnungen, ohne deren Vorliegen mangels Bestimmtheit oder Bestimmbarkeit des wesentlichen Vertragsinhalts ein wirksamer Vertrag nicht mehr angenommen werden kann (BGH Urt. v. 21.4.1993 – IV ZR 33/92, NJW-RR 1993, 1049 [1050]); Urt. v. 12.6.2001 – XI ZR 274/00, NJW 2001, 2635). Beim Online-Banking hat der BGH zwar grundsätzlich die Möglichkeit gesehen, zeitliche Beschränkungen kontrollfrei festzulegen (BGH Urt. v. 12.12.2000 – XI ZR 138/00, NJW 2001, 751 [752]), ob damit aber nur die Definition einer Anfangs- und Endzeit oder auch einer relativen Verfügbarkeit erfasst ist, bleibt unklar.

Wie bereits im Internet-Access-Vertrag angesprochen (→ Form. E. 1 Anm. 8), definiert die Verfügbarkeitsregelung richtigerweise die vom Provider geschuldete Leistung und schränkt sie nicht ein. Hält sich die Nichtverfügbarkeit je vereinbartem Zeitraum in den jeweiligen Grenzen, so liegt eine Pflichtverletzung des Providers nicht vor.

Um Wartungen zu ermöglichen, sieht der Vertrag ein Wartungsfenster in der Zeit zwischen 0:00 und 2:00 Uhr vor, in dem die Leistung nicht zur Verfügung steht. In Abhängigkeit vom System und den Wartungsarbeiten kann die Leistung auch eingeschränkt zur Verfügung gestellt werden.

Wesentlich bei dieser Regelung ist, dass es nicht auf die Verfügbarkeit der Softwarenutzung auf dem Arbeitsplatzrechner des Kunden ankommt, sondern vielmehr die Verfügbarkeit der Leistung am Übergabepunkt des Providers maßgebend ist.

6. Leistungsqualität. Für das Leistungsvermögen des ASP-Providers hinsichtlich der von ihm geschuldeten Leistung ist die Verfügbarkeit allein kein ausreichendes Kriterium. Die Leistung kann verfügbar sein, jedoch in ihrer Qualität nicht den berechtigterweise bestehenden Erwartungen des Kunden entsprechen, insbesondere weil die Software zu langsam arbeitet. Die Geschwindigkeit der Software lässt sich technisch definieren. Messgrößen hierfür und damit für die Qualität der Leistung sind das Antwortzeitverhalten, also die Zeit zwischen der Eingabe einer Abfrage und der Ausgabe einer entsprechenden Antwort, der Datendurchsatz (die übertragene Datenmenge pro Zeiteinheit), die Paketverzögerung (der Zeitbedarf, um ein IP-Paket von A nach B zu senden) sowie die Paketverlustrate (die Zahl der IP-Pakete, die pro Zeiteinheit verloren gehen, weil sie nicht rechtzeitig an ihren Bestimmungsort gelangen). Welche Messgrößen zur Bestimmung der Leistungsqualität des Providers heranzuziehen sind, hängt von den Anforderungen des Kunden an die Leistungsfähigkeit des Providers und dem technischen Leistungsvermögen des Providers als Randbedingung ab. Das Vertragsmuster sieht daher vor, diese Angaben in die Anlage „ASP-Systemspezifikation" auszulagern. Auch die Festlegung der Leistungsqualität dient, ebenso wie die Beschreibung der geschuldeten Verfügbarkeit, der Inhaltsbestimmung der Leistung, die einer AGB-rechtlichen Kontrolle – vorbehaltlich ihrer Transparenz – nicht unterliegt.

7. Prioritäten. Ist der Provider bei der Leistungserbringung verpflichtet, mehrere Kriterien zu beachten und zu erfüllen, so kann es sinnvoll sein, eine Reihenfolge festzulegen, welche Leistungsmerkmale im Falle einer Störung durch den Provider vorrangig wiederherzustellen sind. Die in dem SLA genannte Reihenfolge ist hier nur beispielhaft zu verstehen, letztlich hat sie sich an den technischen Gegebenheiten und Erfordernissen des Kunden zu orientieren.

8. Reaktionszeiten. Soweit es in SLA um die Wiederherstellung der Lauffähigkeit von Software geht, werden die Pflichten des Anbieters hierzu regelmäßig durch die Vereinbarung von Reaktions- oder Störungsbeseitigungszeiten festgelegt. Die Reaktionszeiten geben dabei an, innerhalb welcher Zeitspanne der Anbieter auf eine Störungsmeldung hin tätig werden muss. Ein Versprechen, die Störung innerhalb einer bestimmten Zeit zu beseitigen, erfolgt dabei grundsätzlich nicht. Eine solche Zusage wird von den Anbietern regelmäßig nur dann abgegeben, wenn sie die möglichen Störungen und die hierzu erforderlichen Störungsbeseitigungsmaßnahmen vollständig überblicken oder Probleme leicht lösen können. Das ist etwa beim Tausch von Hardware wie Festplatten etc. möglich. Da letzteres stark einzelfallabhängig ist, sieht das Vertragsmuster entsprechend der gängigen Praxis lediglich eine Regelung zu den Reaktionszeiten vor. Die Reaktionszeiten sind in Abs. 2 definiert und in drei Klassen unterteilt. Die Einteilung der Klassen und deren Definition hängt davon ab, auf welches Ziel sich die Leistungen des Anbieters fokussieren.

Die hier gewählte Beschreibung hat den Vorteil, dass sie technisch messbar und dementsprechend nachprüfbar ist. Sie vermeidet dabei wertende Beschreibungen, die häufig in SLA verwendet werden. Solche Beschreibungen, die oft danach unterscheiden, ob es zu unternehmenskritischen Ausfällen, zur Gefährdung von internen Abläufen oder zu lediglich geringen Auswirkungen auf interne Abläufe kommt, bedürfen stets der Auslegung und beinhalten daher eine Unsicherheit hinsichtlich der Klassifizierung der Störung sowohl für den Anbieter wie für den Kunden.

SLA können zu Abgrenzungsproblemen zwischen Primär- und Sekundäransprüchen führen, wenn der Provider über die allgemeine Verpflichtung zur Gewährung des Gebrauchs hinaus dem Kunden Leistungen verspricht. Für Application Service Providing-Verträge enthalten SLA regelmäßig folgende Regelung:
• Definition der Verfügbarkeit,
• Definition der Performance,
• Verpflichtung zum Reporting,
• Leistungen zur Störungsbeseitigung, sowie
• Sanktionen.

Werden diese Vorgaben zur Leistungserbringung vom Provider nicht eingehalten, so sind unterschiedliche Gestaltungsmöglichkeiten in SLA anzutreffen. Zum Teil wird der Provider verpflichtet, innerhalb eines bestimmten Zeitraumes die Störung zu beseitigen. Zum Teil begnügen sich die Verträge damit, die nicht vertragsgemäße Leistungserbringung zu sanktionieren. Dies kann wiederum einfach dadurch erfolgen, dass der Kunde in einem definierten Umfang von seiner Entgeltverpflichtung befreit wird oder Vertragsstrafen verwirkt werden bzw. pauschalierter Schadensersatz zu zahlen ist. Damit der

Kunde überwachen kann, ob sein Vertragspartner die geschuldeten Leistungen auch tatsächlich erbracht hat, wird überdies ein Reporting-Verfahren geregelt, dass es dem Kunden ermöglichen soll, die Beachtung der geschuldeten Leistungs-Werte zu überprüfen.

Diese SLA-Regelungen bilden für den Application Service Providing-Vertrag ein eigenes entgeltliches Leistungsstörungssystem, das nicht an dem Erfüllungs- und Mängelhaftungsrecht der im BGB vertypten Verträge ausgerichtet sein muss. Werden diese Bestimmungen in Allgemeine Geschäftsbedingungen aufgenommen, kann es zu erheblichen Spannungen mit dem AGB-Recht kommen, das die Vertragsfreiheit zu Gunsten einer am Vertragstypus ausgerichteten Regelung beschränkt. Dabei ist zu beachten, dass die SLA rechtlich durchaus als eigenständige Leistung, unabhängig von der Überlassung der Software durch den Provider, bewertet werden können. Während die Software-Überlassung dann dem Mietrecht unterliegen kann, können für die Services die werkvertraglichen Vorschriften eingreifen. Viele in der Praxis verwandte ASP-Verträge sehen vor, dass bei einer Nicht-Gewährung des Gebrauchs zwar die Vergütung gemindert wird, so wie es etwa auch bei der Miete dem gesetzlichen Leitbild entspricht. Jedoch wird bei Fehlschlagen der Störungsbeseitigung die Kündigung erst als letztes Mittel auf einer Eskalationsleiter vorgesehen, die zunächst die Verhängung von Vertragsstrafen oder die Zahlung pauschalierten Schadenersatzes vorsieht. Würden die in den SLA enthaltenen Leistungen, beispielsweise zur Störungsbeseitigung, innerhalb einer bestimmten Frist dem Werkvertragsrecht zugeordnet werden, so könnte sich ein derartiges Eskalationsszenario als Ausschluss des Rücktritts- bzw. Schadensersatzrechtes darstellen. Damit käme die Eskalationsleiter zwangsläufig in Konflikt mit § 309 Nr. 8b BGB.

Das vorliegende Vertragsmuster geht davon aus, dass die in ihm enthaltenen Regelungen der AGB-Kontrolle unterliegen und versucht, den Konflikt zwischen den SLA und dem Application Service Providing-Vertrag dadurch zu vermeiden, dass die Bestimmungen in dem SLA unbeschadet der gesetzlichen Haftung des Providers für Sach- und Rechtsmängel bestehen. Die Rechte des Kunden werden als Mindestinhalt seiner gesetzlichen Mängelhaftungsrechte definiert. Hat der Kunde dem Provider die Störungsmeldung ordnungsgemäß gemeldet, also die in Absatz 1 niedergelegten Anforderungen beachtet, so ist der Provider verpflichtet, innerhalb der festgelegten Reaktionszeit mit der Beseitigung der Störung zu beginnen. Im Verhältnis zur Mängelhaftung kann diese Vereinbarung starrer Reaktionszeiten sowohl zu einer Begünstigung des Kunden als auch zu dessen Benachteiligung führen. Nach dem Mängelhaftungsrecht des Mietrechts ist der Vermieter nach Anzeige des Mangels verpflichtet, den Mangel zu beseitigen und die Gebrauchstauglichkeit der Mietsache wiederherzustellen. Wann er hiermit zu beginnen hat, ist im Gesetz nicht definiert. Abgesehen von der Mietminderung, die kraft Gesetzes eintritt, hängen die Mängelhaftungsansprüche und das Recht des Kunden zur Beendigung des Mietverhältnisses aus wichtigem Grund stets von den Umständen des Einzelfalls ab. Insoweit handelt der Provider, der die Reaktionszeit bis zum Beginn der Störungsbeseitigung voll ausschöpft, auf eigenes Risiko. Da nach dem Vertrag dem Kunden in jedem Fall die gesetzlichen Mängelhaftungsansprüche zustehen, kann der Kunde auch vor Ablauf der Reaktionszeit den Provider beispielsweise in Verzug setzen. Die Vereinbarung einer Reaktionszeit kann dies in AGB nicht zu Lasten des Vertragspartners verhindern.

Hält der Provider die Reaktionszeit, die einer Störung zugeordnet ist, nicht ein, so verletzt er damit eine vertragliche Nebenpflicht. Dadurch kann der Provider durch bloßen Ablauf der Reaktionszeit gemäß § 286 Abs. 2 Nr. 2 BGB ohne Mahnung in Verzug geraten, wenn er nicht innerhalb der Reaktionszeit mit der Störungsbeseitigung begonnen hat.

9. Berichte. Ein wesentlicher Bestandteil eines Service-Level-Agreements ist, dass der Kunde die Möglichkeit hat, die Erfüllung der vereinbarten Services durch den Provider zu überprüfen. Gerade dann, wenn Maßstab für die vertragsgerechte Leistungserbringung nicht die Verfügbarkeit und Leistungsqualität am Arbeitsplatzrechner, sondern am Übergabepunkt des Providers ist, muss der Kunde nachvollziehen können, in welchem Bereich eine Leistungsstörung aufgetreten ist. Hierzu benötigt er die Daten des Providers, die Aufschluss über alle relevanten Leistungsparameter geben. Dadurch wird dem Kunden nicht nur ermöglicht, etwaige konkret an die Nichteinhaltung von Leistungszusagen geknüpfte Ansprüche zu verfolgen. Eine Auswertung der Daten macht dem Kunden auch das abstrakte Gefährdungspotenzial in der Leistungssphäre des Providers deutlich. Er kann erkennen, wenn der Provider seine Leistungen nicht vertragsgemäß erbringt, der Kunde die Auswirkungen aber nicht gespürt hat, weil er zu den bestimmten Zeiten die Leistung des Providers nicht in Anspruch nahm.

Das Vertragsmuster lässt den Provider selbst die Daten über die vertragsgemäße Leistungserbringung dem Kunden übermitteln und erläutern. Das ermöglicht dem Kunden jedoch keine objektive Kontrolle. Er ist darauf angewiesen, den Angaben seines Vertragspartners zu vertrauen. Für den Kunden sicherer ist es, wenn er selbstständig die Verfügbarkeit und Leistungsqualität des Providers überwacht bzw. durch ein hierauf spezialisiertes Unternehmen überwachen lässt.

10. Geltendmachung der Ansprüche. Der Kunde hat Ansprüche, die ihm nach dem SLA zustehen, innerhalb von zwei Wochen nach Zugang der monatlichen Übersicht geltend zu machen. Tut er dies nicht, so wird dies als Zustimmung zur vertragsgemäßen Erbringung der Leistungen durch den Provider fingiert. Die Klausel soll dem Provider rasche Klarheit darüber verschaffen, ob und in welchem Umfang der Kunde Ansprüche gegen ihn geltend macht.

11. Entgeltbefreiung. Für die Zeit, für die der vertragsgemäße Gebrauch der überlassenen Software infolge einer Störung nach § 4 aufgehoben ist, ist der Kunde von der Entrichtung des Entgeltes befreit. Da sich die Störungsregelung des SLA allein auf die Überlassung der Software und nicht auf die Miete des Speicherplatzes für die Kundendaten bezieht, bestimmt § 8 auch nur insofern eine Befreiung von dem vereinbarten Entgelt. Die Regelung geht über die gesetzliche Mängelhaftung hinaus, da sie für die gesamte Zeit einer Störung der Priorität I das Entgelt entfallen lässt, obwohl die Beschreibung dieser Störung nicht voraussetzt, dass die Gebrauchstauglichkeit vollständig entfällt. Für Störungen der Priorität II oder III wird die Minderung des Entgeltes in einer Höhe von 80 % pauschaliert. Dem Kunden steht es jedoch frei nachzuweisen, dass eine höhere Minderung eingetreten ist.

12. Vertragsstrafe. Eine mietrechtlich nicht vorgesehene Sanktion enthält § 7. Danach verwirkt der Provider eine Vertragsstrafe, wenn er bei einer Störung der Priorität I die geschuldete Verfügbarkeit nicht innerhalb eines Zeitraumes von 60 min. nach Ablauf der Reaktionszeit wiederhergestellt und dies auch zu vertreten hat. Die Vertragsstrafe ist also nicht verschuldensunabhängig ausgestaltet. Ihr Sinn ist es, den Provider dazu anzuhalten, eine Störung der Priorität I innerhalb eines Zeitraumes von 60 min. zu beseitigen. Eine Pflicht zur Beseitigung der Störung innerhalb dieses Zeitraumes soll hieraus jedoch nicht folgen. Dies stellt Abs. 2 klar. Der Provider gerät daher jedenfalls nicht allein deswegen in Verzug, weil er diese Zeit erfolglos verstreichen lässt.

13. Sonderkündigungsrecht. Ein weiteres Sanktionsinstrument ist die Vereinbarung eines Sonderkündigungsrechts. Eine zusätzliche Sanktion stellt dies jedoch nur dann dar, wenn dem Kunden nicht bereits aufgrund allgemeiner Regeln ein außerordentliches Kündigungsrecht zusteht.

E. Domainverträge (DENIC)

DENIC-Anträge

1. Domainauftrag

DENIC eG – DENICdirect[1, 2, 3, 4]

Kaiserstraße 75–77

D-60329 Frankfurt am Main

GERMANY

Per Fax an +49 (0)69/27235–238

Kunde . . . . .   Auftrag . . . . .   Datum . . . . .

DOMAINAUFTRAG[5]

Sehr geehrte Damen und Herren,

als ☐ künftige(r) Domaininhaber(in) ☐ Vertreter(in)[6] des/der künftigen Domaininhaber/s/in beauftrage(n) ich/wir hiermit DENICdirect, die Domain . . . . .de[7, 8] mit den folgenden Daten zu registrieren:[9]

Rechnungsanschrift[10]

Name/Firma: . . . . .

Bei Person: Vorname und Familienname

Bei Organisation: vollständige Firmierung mit Rechtsformzusatz

Kontakttyp: ☐ Organisation ☐ Person

Adresse: . . . . .

PLZ: . . . . .

Land: . . . . .

Telefon: . . . . .

Telefax: . . . . .

E-Mail: . . . . .

Domaininhaber[11, 12]

Name/Firma: . . . . .

Bei Person: Vorname und Familienname

Bei Organisation: vollständige Firmierung mit Rechtsformzusatz

Kontakttyp: ☐ Organisation ☐ Person

Adresse: . . . . .

Die Angabe einer Postfachadresse reicht nicht aus.

Stadt: . . . . .

PLZ: . . . . .

Land: . . . . .

Telefon: . . . . .

Telefax: . . . . .

E-Mail: . . . . .

Administrativer Ansprechpartner (admin-c)[13, 14]

Der administrative Ansprechpartner ist die vom Domaininhaber benannte natürliche Person, die als sein Bevollmächtigter berechtigt und verpflichtet ist, sämtliche die Domain betreffenden Angelegenheiten verbindlich zu entscheiden. Sofern der Domaininhaber seinen Sitz nicht in Deutschland hat, muss der administrative Ansprechpartner seinen Sitz in Deutschland haben.

Name   . . . . .

                    Hier darf nur eine natürliche Person eingetragen werden.

Kontakttyp: ☐ Person ☐ Role

Adresse: . . . . .

                    Die Angabe einer Postfachadresse reicht nicht aus

Stadt: . . . . .

PLZ: . . . . .

Land: . . . . .

Telefon: . . . . .

Telefax: . . . . .

E-Mail: . . . . .

Technische Einträge[15]

Auftragstyp: ☐ Nameserver ☐ NSentry ☐ Technik wird nachgeliefert

                    Bei dem Auftragstyp Nameserver müssen der Primary-Nameserver und der Secondary-Nameserver in unterschiedlichen Class-C-Netzen liegen.

Nameserver/NSentry: . . . . .

Nameserver/NSentry: . . . . .

Nameserver/NSentry: . . . . .

Nameserver/NSentry: . . . . .

Nameserver/NSentry: . . . . .

Technischer Ansprechpartner (tech-c)[16]

Name: . . . . .

                    Bei Person: Vorname und Familienname

                    Bei Role: Name der Aufgabenfunktion, Rolle

Beispiel: . . . . .

Kontakttyp: ☐ Person ☐ Role

Adresse: . . . . .

Stadt: . . . . .

PLZ: . . . . .

Land: . . . . .

Telefon: . . . . .

Telefax: . . . . .

E-Mail: . . . . .

Zonenverwalter (zone-c)[17]

Name: . . . . .

     Bei Person: Vorname und Familienname

     Bei Role: Name der Aufgabenfunktion, Rolle

Beispiel: . . . . .

Kontakttyp: ☐ Person ☐ Role

Adresse: . . . . .

Stadt: . . . . .

PLZ: . . . . .

Land: . . . . .

Telefon: . . . . .

Telefax: . . . . .

E-Mail: . . . . .

Die DENIC-Domainbedingungen (abrufbar unter https://www.denic.de/domainbedingungen/), die DENIC-Domainrichtlinien (abrufbar unter https://www.denic.de/domainrichtlinien/) sowie die DENIC-Preisliste (abrufbar unter https://www.denic.de/preisliste/) habe(n) ich/wir gelesen; ich/wir erkenne(n) sie als Bestandteil des Registrierungvertrags an. Insbesondere habe(n) ich/wir den Datenschutzhinweis in § 8 der DENIC-Domainbedingungen zur Kenntnis genommen. Als Vertreter/in des/der Domaininhaber/in habe ich diese Dokumente auch dem/der künftigen Domaininhaber/in zur Kenntnis gebracht.

Anmerkungen

1. Form. Der Interessenverbund Deutsches Network Information Center e. G. ("DENIC") hält für die Erteilung eines Domain-Auftrags mehrere Formulare vor. Grundsätzlich wird die Registrierung einer Domain durch einen Internet Service Provider ("ISP") durchgeführt. Die Domain-Registrierung wird von allen Mitgliedern der DENIC angeboten. Eine aktualisierte Liste findet sich unterhttps://www.denic.de/ueber-denic/mitglieder/liste/. Alternativ kann die Domain bei DENICdirect registriert werden. Die DENIC weist selbst darauf hin, dass die Registrierung einer Domain über einen ISP deutlich billiger sein kann als die Nutzung von DENICdirect und empfiehlt diesen Weg. Die Formulare können telefonisch, per Telefax oder per E-Mail angefordert werden. Das Formular kann von der Website der DENIC (https://www.denic.de) herunter geladen werden. Im Impressum der Website befinden sich auch die Telefon- und Telefaxnummern der DENIC sowie eine Angabe über die E-Mail-Adresse. Der Antrag kann per Telefax oder Brief an die DENIC gerichtet werden. Das hier wiedergegebene Formular entspricht dem Formular der DENIC für den Fall der Versendung per Fax oder Brief.

2. Technischer Hintergrund. Die eindeutige Zieladresse eines an das Internet angeschlossenen Computers ist ein standardisiertes numerisches Adressierungsschema ("IP-Adresse"), dem das Protokoll TCP/IP ("Transmission Control Protocol/Internet Protocol") zugrunde liegt. In den 80er Jahren wurde aufgrund der für die Anwender schwierigen Nutzung der einer Telefonnummer vergleichbaren Zahlenkombinationen mit dem "Domainname System" ("DNS") ein Namenssystem eingerichtet. Die IP-Nummern wurden damit durch einprägsame Zahlen-/Satzzeichen-/Buchstabenkombinationen ersetzt ("Domain"). Diese Domain wird durch Zugriff auf eine entsprechende Datenbank auf einem DNS-Server ("Domain Name System Server") in eine IP-Adresse umgewandelt. Dabei können mehrere Domains auf eine IP-Adresse verweisen. Die Zuordnung der Domains zu einem bestimmten Rechner muss jedoch eindeutig sein. Es ist also nicht möglich, eine Domain verschiedenen IP-Adressen zuzuordnen. Der vollständige Domain-Name besteht aus mehreren durch Punkte voneinander getrennten Ebenen (Domain-Levels). Eine Domain besteht im Wesentlichen aus einer Second-Level-Domain und einer Top-Level-Domain. Die Top-Level-Domain beschreibt den Adresseninhaber seiner Art oder Herkunft nach. Es sind geographische Top-Level-Domains (beispielsweise .de für Deutschland, .at für Österreich und .ch für die Schweiz) von beschreibenden bzw. globalen Top-Level-Domains (beispielsweise .com für kommerzielle Unternehmen, .net für Netzwerkbetreiber, .org für internationale Organisationen) zu unterscheiden (vgl. MAH GewRS/*Jaeger-Lenz* § 28 Rn. 19). Ein Überblick über derzeit noch sämtliche Top-Level-Domains befindet sich bei *Huber/Dingeldey* Kapitel 1 Frage 5. Im Juni 2011 wurde die Öffnung des Internet-Namensraums durch die Einführung neuer Top-Level Domains nach dem Muster .shop, .bank, .firma oder .stadt beschlossen. Seit 2012 können daher nun nahezu beliebige Begriffe für Top-Level-Domains ausgewählt werden. Die Hürden für den Erwerb einer solch neuen Top-Level-Domain wurden jedoch hoch angesetzt (→ Anm. 3). Für die Reservierung einer Second-Level-Domain unter der Top-Level-Domain .de ist die DENIC zuständig (https://www.denic.de).

3. Domainvergabe. Domains unterhalb der regionalen Top-Level-Domains werden von den einzelnen Network Information Centers ("NIC") in den jeweiligen Ländern vergeben. Das Vergabeverfahren wird nach dem Prioritätsgrundsatz "first come – first served" abgewickelt. Das Internet ist durch seine dezentrale Struktur gekennzeichnet. Rechtliche Bindungen zwischen den einzelnen Netzbetreibern existieren ebenso wenig wie eine übergeordnete organisatorische oder finanzielle Verwaltung. In Deutschland werden die Domains von der DENIC vergeben. DENIC leitet die Berechtigung zur Wahrnehmung dieser Funktion von der Internet Assigned Numbers Authority ("IANA") ab. Für die Vergabe von Second-Level-Domains unter den Top-Level-Domains .com, .net und .org sind nach dem Ende des Monopols von Network Solutions, Inc. eine wachsende Anzahl von Unternehmen unter dem Dach der Non-Profit Organisation Internet Corporation of Assigned Names and Numbers ("ICANN") zugelassen. Auch die neuen Top-Level-Domains werden von ICANN vergeben. In einem vorgeschalteten Bewerbungsverfahren prüft ICANN die Bewerber für die Domains genau und hat Ende 2012 mit der Registrierung der neuen Domains begonnen. Allein die Bewerbungsgebühr beträgt 185.000 US Dollar. Bewerben können sich Unternehmen, Organisationen oder Institutionen, nicht jedoch Privatpersonen. Nach erfolgreichem Abschluss des Bewerbungsverfahrens schließen Bewerber und ICANN einen sog. Registry-Vertrag, auf dessen Grundlage dann der Erwerber zur Vergabe von Second-Level-Domains unter der neu erworbenen Top-Level-Domain berechtigt ist. Ein Überblick über die Aufgaben der ICANN befindet sich bei *Huber/Dingeldey* Kapitel 1, 9. Zu den Liberalisierungsbemühungen vgl. *Bücking* GRUR 2002, 27–35.

4. **Deutsches Network Information Center e. G.** Die DENIC ist die Vergabe- und Verwaltungsstelle für die Top-Level-Domain .de. Entsprechend dem Statut der DENIC vom 27.3.1997, zuletzt geändert am 4.11.2010 (https://www.denic.de/ueber-denic/selbstverstaendnis/denic-statut/) ist Sitz der seit Dezember 1996 genossenschaftlich organisierten DENIC Frankfurt am Main. Die Genossenschaft verwaltet und betreibt als Registrierungsstelle Internet-Domains, insbesondere die Top-Level-Domain .de, und nimmt alle damit zusammenhängenden Aufgaben wahr. Dazu gehören beispielsweise die Unterhaltung der entsprechenden Anlagen, die Beratung und Schulung der Mitglieder, die Betreuung und Information der Inhaber registrierter Domains und die Wahrnehmung der genossenschaftlichen Interessen der gesamten deutschen Internetgemeinschaft. Die DENIC verfolgt keine Gewinnerzielungsabsicht. Ihre Einnahmen verwendet sie zur Kostendeckung sowie zur Sicherung ihres Bestehens. Die Mitgliedschaft bei der DENIC kann grundsätzlich erwerben, wer Internet-Domains unterhalb der Top-Level-Domain .de verwaltet. Genossen der DENIC sind überwiegend sog. Internet-Service-Provider ("ISP"), dh Unternehmen oder Institutionen, die den technischen Zugang zum Internet schaffen. Ein Überblick über die jeweiligen aktuellen Mitglieder der DENIC ist abrufbar unter. http://www.denic.de/de/denic/mitgliedschaft/mitgliederliste/index.jsp (Übersicht über Domaindienstleister bei *Schumacher/Ernstschneider/Wiehager* S. 44 f.).

5. **Rechtsnatur des Domainauftrags und der Domainregistrierung.** In der Vergangenheit ist vereinzelt die Auffassung vertreten worden, durch die Registrierung hätten die Inhalteanbieter, die ihren Domain-Namen nicht selbst bei der DENIC registriert haben, diesen durch die Neuregistrierung "erworben", also quasi "gekauft". Die jährliche Pflegegebühr sei nur eine Art Verwaltungsentgelt für die Betreuung der Domain durch die DENIC (vgl. *Cichon* S. 91). Dies trifft nicht zu. Die Rechtsnatur des **Domainregistrierungvertrages** ist umstritten. Jedenfalls erwirbt der Anmelder keine endgültige Berechtigung an der Domain, sondern lediglich ein vorübergehendes Recht daran während der Dauer des Registrierungsvertrages. Am Charakter eines Dauerschuldverhältnisses dürften keine Zweifel bestehen. Gem. § 7 der DENIC-Registrierungsbedingungen wird der Vertrag auf unbestimmte Zeit geschlossen. Streitig ist im Einzelnen, ob es sich um einen Dienstvertrag, einen Werkvertrag, Miete oder Pacht handelt. Da Miete im Gegensatz zur Pacht nur an Sachen möglich ist, scheidet Miete aus (*Cichon* S. 95). Unzweifelhaft dürfte auch sein, dass die DENIC die Übersetzung eines Domain-Namens in die vom Domain-Inhaber benannte IP-Adresse eines vernetzten Rechners schuldet. Auf diese Weise werden die in der Top-Level-Domain .de zusammengeschlossenen Netzwerk-Ressourcen ansprechbar. Man bezeichnet dies als Konnektierung. Ihre Konnektierungspflicht erfüllt die DENIC mit dem Betrieb des primären DNS. Damit schuldet die DENIC nicht nur ein Bemühen zum Erfolg oder eine schlichte Tätigkeit, wie dies im Dienstvertragsrecht vorausgesetzt ist, sondern einen Erfolg. *Cichon* (S. 98) weist allerdings darauf hin, dass der Domain-Inhaber im Rahmen des Registrierungsvertrages nicht nur ein Recht auf den einmaligen Registrierungsvorgang erwirbt, sondern Anspruch auf die dauernde Registrierungshaltung des Domain-Namens zu seinen Gunsten während der gesamten Vertragsdauer hat. Daher ähnelt der Domain-Registrierungsvertrag am ehesten dem Pachtvertrag iSd §§ 581 ff. BGB.

Die **Registrierung und Verwaltung** einer Domain für den Presence Provider zugunsten des späteren Domain-Inhabers umfasst auch die Verlängerung des Registrierungsvertrages nach Ablauf der Registrierungsdauer. Sie ist eine geschäftsbesorgungs-dienstvertragliche Nebenpflicht des Presence-Providing Vertrages zwischen Presence-Provider und Auftraggeber (*Cichon* S. 101).

6. Vertragspartner. Die DENIC-Domainbedingungen sind abrufbar unter http://www. denic.de/de/bedingungen.html. Gem. § 1 Abs. 1 der Domainbedingungen sendet der Auftraggeber den Registrierungsauftrag über einen Internet Service Provider, der DENIC-Mitglied ist, oder unmittelbar an die DENIC. Die DENIC nimmt den Auftrag durch Bestätigung oder Durchführung der Registrierung an. In der DENIC Domainrichtlinie (https://www.denic.de/domainrichtlinien/) wird dies unter Ziff. IV konkretisiert. Danach ist der Domain-Inhaber der Vertragspartner der DENIC und damit der an der Domain materiell Berechtigte. Sofern es sich nicht um eine natürliche Person handelt, ist bei Auftragserteilung die vollständige den gesetzlichen Vorschriften entsprechende Firmierung mit Rechtsformzusatz anzugeben. Wird der Registrierungsauftrag vom künftigen Domain-Inhaber selbst erteilt, wird der Antragsteller als Domain-Inhaber gem. § 3 Abs. 2 der DENIC-Domainbedingungen in ein öffentliches Register ("WHOIS") aufgenommen, das mit dem Internet verbunden ist und in regelmäßigen Abständen zum Herunterladen zur Verfügung gestellt wird. In der Regel wendet sich aber der spätere Domain-Inhaber an einen ISP, der den Domain-Auftrag erteilt. Man könnte als Vertragspartner immer diejenige Person oder Institution betrachten, die bei DENIC den Registrierungsantrag gestellt hat (vgl. *Cichon* S. 91). Aufgrund der Interessenlage der Beteiligten sollte allerdings die Stellung als Vertragspartner nicht davon abhängen, wer die Anmeldung vornimmt (so *Cichon* S. 93). Der ISP ist bei der Anmeldung des Domain-Namens lediglich als Stellvertreter des späteren Domain-Inhabers anzusehen. Der ISP soll – für DENIC erkennbar – keine eigenen Rechte an der Domain erwerben und darüber hinaus in der Erfüllung des Domainregistrierungsvertrages auch weitgehend den Weisungen des späteren Domain-Inhabers unterliegen (*Cichon* S. 91). Vertragspartner ist also stets der Inhaber der Domain, auf den diese registriert wird und nicht der Kontaktpartner der Rechnungsanschrift. Rechte und Pflichten aus dem Domainregistrierungs-Vertrag fallen nicht auseinander. Beachtlich ist, dass einzelne ISP in deren allgemeinen Geschäftsbedingungen festlegen, dass nicht der Auftraggeber, sondern der ISP als Domain-Inhaber eingetragen wird. Besonders häufig war dies bei der Eintragung von kostenlosen Domains der Fall. Fast alle dieser Geschäftskonzepte sind vom Markt verschwunden.

7. Domain-Name. Gem. Ziffer V. der DENIC-Domainrichtlinien kann eine Domain (neben der Top-Level-Domain .de) nur bestehen aus Ziffern (0 bis 9), den lateinischen Buchstaben A bis Z und weiteren ausdrücklich zugelassenen Buchstaben, die in der Anlage zu den Domainrichtlinien aufgeführt sind (https://www.denic.de/domainrichtlinien/), sowie Bindestrichen (-). Sie darf mit einem Bindestrich weder beginnen noch enden und nicht an der dritten und vierten Stelle Bindestriche enthalten. Groß- und Kleinschreibung werden nicht unterschieden. Die Mindestlänge einer Domain beträgt ein, die Höchstlänge 63 Zeichen. Enthält die Domain Buchstaben aus der Anlage zu den DENIC-Domainrichtlinien, ist für die Höchstlänge der Domain gemäß dem Request for Comments 5890 eine besonders kodierte Fassung der Domain (sog. ACE-Form, „A-Label") maßgebend. Der Request of Comments 5890 ist unter http://www.rfc-editor.org/rfc/rfc5890.txt abrufbar. Die Einrichtung eigener Sub-Domains unterhalb der bei der DENIC registrierten Domains ist zulässig.

8. Rechtsnatur und Kennzeichenfunktion der Domain. Kennzeichenrechte (Marken, Unternehmenszeichen, Werktitel) gewähren gem. §§ 14, 15 MarkenG dem Inhaber ein ausschließliches Recht. Technisch dient die Domain lediglich der Identifizierung eines bestimmten Rechners. Aus diesem Grund wurde ursprünglich zum Teil die Ansicht vertreten, das Kennzeichenrecht könne auf Domains keine Anwendung finden (*Kur* CR 1996, 325). Der damit verbundene Vergleich von Domains mit Telefonnummern oder Postleitzahlen, ist ungeeignet. Domainadressen sind frei wähl- und übertragbar. Die Domain-Adresse ist ein Recht sui generis und zwar ein sonstiges Recht im Sinne des § 823 BGB (*Fezer* § 3 Rn. 301). Die ganz herrschende Meinung (vgl. *Fezer* § 3 Rn. 303 f.) stellt heute nicht mehr in Frage, dass Domains über diese Adressfunktion hinaus Namens-, Marken- oder sonstige Kennzeichenrechte verletzen können, da sie bei Vorliegen originärer Unterscheidungskraft Kennzeichnungsfunktion entfalten können. Diese Kennzeichnungsfunktion besteht darin, dem Verkehr über die Domain die Zuordnung zu einem hinter der Internetadresse stehenden Unternehmen zu ermöglichen (LG Mannheim Urt. v. 8.3.1996 – 7 O 60/96, CR 1996, 353 – heidelberg.de; LG Hamburg Urt. v. 1.8.2000 – 312 O 328/00, MMR 2000, 620 [622] – joop.de; OLG Duisburg Urt. v. 17.11.1998 – 20 U 162/97, MMR 1999, 556 – ufa.de; OLG Hamm Urt. v. 13.1.1998 – U 135/97, MMR 1998, 214 – krupp.de; OLG Stuttgart Urt. v. 6.5.1999 – I ZR 199/96, MMR 1999, 543 -steiff.com; LG Lüneberg Urt. v. 29.1.1997 – 3 O 336/96, NJW-CoR 1997, 304 – celle.de). Die Rechtsprechung wendet die kennzeichenrechtlichen Grundsätze, insbesondere die Anspruchsgrundlagen der §§ 14, 15 MarkenG auf die Benutzung kollidierender Domains an. Weitere Rechtsschutzmöglichkeiten stehen Domain-Inhabern beim sog. Domain-Grabbing zu. Die Rechtsprechung wendet in diesen Fällen die §§ 823 Abs. 1 und 826 BGB an. Auch § 4 Nr. 4 UWG kann unter dem Gesichtspunkt der "Behinderung durch Zeichenerwerb" einschlägig sein (Köhler/Bornkamm/*Köhler* UWG § 4 Rn. 4.94). Insbesondere bei generischen Domains kommen ebenfalls wettbewerbsrechtliche Ansprüche in Betracht.

9. **Ungenutzte Domain.** Die Geltendmachung von kennzeichenrechtlichen Ansprüchen gegen eine registrierte, aber nicht genutzte Domain kann problematisch sein. Dieser Fall tritt ein, wenn ein Anmelder eine kollidierende Domain von seinem Provider registrieren lässt, aber über die Domain-Adresse keine Inhalte abgerufen werden können. Regelmäßig erscheint ein Hinweis, dass die Website sich im Aufbau befindet. Nach Ansicht des LG Lüneburg (LG Lüneburg Urt. v. 29.1.1997 – 3 O 336/96, CR 1997, 288 [289] – celle.de) soll die Registrierung einer Domain eine "spätere Benutzung des Namens vorbereiten". Dadurch stehe die Beeinträchtigung "unmittelbar bevor" und könne im Wege der vorbeugenden Unterlassungsklage abgewehrt werden. In der bisherigen Rechtsprechung sind zahlreiche Entscheidungen ergangen, die die Beurteilung der Verwechslungsgefahr ohne Rücksicht auf den Inhalt einer verfügbaren oder geplanten Website oder auf die Tätigkeitsfelder der Beteiligten vorgenommen haben (vgl. OLG Rostock Urt. v. 16.2.2000 – 2 U 5/99, K & R 2000, 303 – mueritz-online.de; LG Düsseldorf Urt. v. 4.4.1997 – 34 O 1991/96, CR 1998, 165 [168] – epson.de). In Fällen, in denen ein Domainname nur reserviert oder ohne verfügbare Homepage lediglich registriert war, stellten die Gerichte zur Beurteilung der Waren- oder Dienstleistungsähnlichkeit häufig auf Geschäftsfelder ab, in denen die am Rechtsstreit beteiligten Unternehmen tätig waren (OLG Frankfurt aM Urt. v. 4.5.2000 – 6 U 81/99, CR 2000, 698 – alcon.de). Diese Ansicht begegnet erheblichen Bedenken (vgl. Schwarz/*Baronikians*/*Joos* 7-G, 2.5.5, Rn. 108). Die Registrierung erfolgt ohne Angabe der Art der Verwendung. Nach ständiger Rechtsprechung setzt der vorbeugende Rechtsschutz indes voraus, dass sich die drohende Verletzungshandlung in tatsächlicher Hinsicht so konkret abzeichnet, dass für das angerufene Gericht eine zuverlässige rechtliche Beurteilung möglich ist (BGH Urt. v. 30.1.1970 – I ZR 48/68, GRUR 1970, 305 – Löscafe). Ohne eine Konkretisierung der beanspruchten Waren- und Dienstleistungen lässt sich die Frage der Verwechslungsgefahr und damit die Möglichkeit einer markenrechtlichen Rechtsverletzung noch nicht hinreichend beurteilen (Schwarz/*Baronikians*/*Joos* 7-G, 2.5.5, Rn. 108). Das OLG Frankfurt aM vertritt die Ansicht, dass die bloße Registrierung einer Domain ohne Bezug zu einem bestimmten Produkt noch keine Erstbegehungsgefahr begründe (OLG Frankfurt aM Beschl. v. 12.4.2000 – 6 W 33/00, CR 2000, 615 [616] – weideglueck.de). Auch der BGH hat inzwischen entschieden, dass die alleinige Registrierung einer Domain, die noch inhaltsleer ist, grundsätzlich keine kennzeichnende Benutzungshandlung darstellt und ohne besondere Umstände des Einzelfalls, die einen konkreten Schluss auf eine Benutzung für Waren- und Dienstleistungen zulassen, eine Erstbegehungsgefahr nicht begründet

(BGH Urt. v. 2.12.2004 – I ZR 207/01, GRUR 2005, 687; BGH Urt. v. 13.3.2008 – I ZR 151/05, GRUR 2008, 912). Handelt es sich bei dem Anmelder um ein Unternehmen, dürfte in Bezug auf bloß registrierte Domains grundsätzlich eine widerlegbare Vermutung bestehen, dass eine Verwendung der Domain in der eigenen Branche und für eigene Waren oder Dienstleistungen erfolgen soll. Dies wird regelmäßig dazu führen, dass bei bestehender Branchennähe oder Produktähnlichkeit eine Begehungsgefahr angenommen werden kann. Im Übrigen wird davon auszugehen sein, dass der verfügbare oder konkret geplante Inhalt der unter der Domain abrufbaren Website oder zumindest das Geschäftsfeld der Beteiligten maßgeblich ist für die Bestimmung der Waren- oder Dienstleistungsähnlichkeit und Branchennähe. Zu beachten ist, dass die bloße Registrierung einer Domain in der Absicht, einen Kennzeicheninhaber an der Nutzung zu hindern und finanzielle Vorteile aus der Überlassung der Domain zu ziehen, regelmäßig als unlauteres Verhalten nach § 4 Nr. 4 UWG oder § 826 BGB zu bewerten ist. Kennzeichen-Inhaber können daher in Fällen von Domain-Grabbing unabhängig vom Bestehen markenrechtlicher Ansprüche gegen Internet-Dienstleister vorgehen.

10. Rechnungsanschrift. Die Rechnungsanschrift ist immer anzugeben, auch wenn sie sich von der Adresse des Domain-Inhabers nicht unterscheidet. Sofern es sich nicht um eine natürliche Person handelt, ist die vollständige, den gesetzlichen Vorschriften entsprechende Firmierung mit Rechtsformzusatz im Namensfeld anzugeben. Ebenso muss die Anschrift mitgeteilt werden.

11. Domain-Inhaber. Der Domain-Inhaber ist der Vertragspartner der DENIC und damit der an der Domain materiell Berechtigte. Sofern es sich nicht um eine natürliche Person handelt, ist die vollständige, den gesetzlichen Vorschriften entsprechende Firmierung mit Rechtsformzusatz im Namensfeld anzugeben. Ebenso muss die Anschrift mitgeteilt werden. Die Angabe einer Postfachadresse reicht nicht aus (https://www.denic.de/domainrichtlinien/). Begrifflich ist zu unterscheiden zwischen registry, registrar und registrant. Die Domainvergabestelle DENIC wird als registry bezeichnet. Sie ist streng zu unterscheiden von den registrars. Dazu zählen die Provider, die im Auftrag des zukünftigen Domain-Inhabers die Anmeldung der Domain bei der jeweiligen Vergabestelle übernehmen. Der Begriff registrant (engl. Synonym: domain owner) bezeichnet im amerikanischen Sprachraum den Domain-Inhaber. Nach erfolgreicher Registrierung ist der Anmelder Inhaber der Domain. Man spricht von Inhaber und nicht von Eigentümer, da es sich bei einem Domain-Namen nicht um eine Sache, sondern um ein Recht handelt (→ Anm. 8). Dem Domaininhaber steht nicht nur das Recht zu, die Domain zu benutzen, er kann sie auch verkaufen (→ Form. E. 5), verpachten (→ Form. E. 6), verschenken und sogar vererben. Der Domain-Inhaber ist vom admin-c (→ Anm. 13, 14) sowie dem tech-c (→ Anm. 15) zu unterscheiden.

12. Ausländischer Domain-Inhaber. Aus Ziff. VIII. der Domainrichtlinien der DENIC lässt sich ableiten, dass der Inhaber einer Domain unter der Top-Level-Domain .de grundsätzlich seinen Sitz in Deutschland haben muss. Andernfalls ist der administrative Ansprechpartner ("admin-c" – zum Begriff → Anm. 13) zugleich dessen Zustellungsbevollmächtigter" iSv § 174 f. ZPO. Admin-c kann grundsätzlich nur eine natürliche Person sein. Dies gilt auch für juristische Personen, die Inhaber einer .de-Domain sind. Der admin-c muss in diesem Fall "seinerseits seinen Sitz in Deutschland haben". Damit wird sichergestellt, dass ausländische Domain-Inhaber stets über einen zustellungsbevollmächtigten inländischen Vertreter verfügen. Sog. Trustee Services vermitteln ausländischen Domain-Anmeldern deutsche Treuhänder – regelmäßig in Deutschland niedergelassene Rechtsanwälte –, die die .de-Domain als admin-c weisungsgebunden verwalten (vgl. zu den Trustee-Services zB http://www.united-domains.de/ausland.html).

13. Admin-c. Nach Ziffer VIII. der Registrierungsrichtlinien der DENIC ist der administrative Ansprechpartner admin-c die vom Domain-Inhaber benannte natürliche Person, die als sein Bevollmächtigter berechtigt und verpflichtet ist, sämtliche die Domain betreffenden Angelegenheit verbindlich zu entscheiden und die damit den Ansprechpartner der DENIC darstellt. Anzugeben sind Name und Adresse des admin-c. Name und Adresse des admin-c werden im Internet im Whois-Register veröffentlicht. Früher herrschte bei einigen Providern die Praxis vor, sich selbst und nicht den Kunden als admin-c der Domain einzutragen. Wird als Domain-Inhaber eine juristische Person eingetragen, muss der admin-c stets eine natürliche Person sein. Bei Privatpersonen sind im Idealfall Domain-Inhaber und admin-c identisch.

14. Haftung des admin-c. Die Rechtsprechung zur Frage der Haftung des admin-c ist uneinheitlich. Ein Teil der Rechtsprechung vertritt die Ansicht, dass neben der Haftung des Domain-Inhabers für Ansprüche wegen der Verletzung von Kennzeichenrechten im Zusammenhang mit einer Domain gegen den admin-c kein Raum besteht (vgl. OLG Düsseldorf Urt. v. 3.2.2009 – I-20 U 1/08, MMR 2009, 336; OLG Köln Urt. v. 15.8.2008. – 6 U 51/08, MMR 2009, 48; LG Dresden Urt. v. 9.3.2007 – 43 O 128/07, MMR 2007, 394; OLG Hamburg Urt. v. 22.5.2007 – 7 U 137/06, MMR 2007, 601). Vgl. zur Verantwortlichkeit der DENIC → Form. E. 2 Anm. 19. Die Gegenansicht sieht in der unmittelbaren Einflussmöglichkeit des admin-c auf den Domain-Namen die Begründung für eine persönliche Verantwortung und bejaht eine Prüfungspflicht des admin-c in der Regel zumindest bei aufdrängenden oder offensichtlichen Rechtsverletzungen oder Hinzutreten besonderer Umstände (OLG Koblenz Urt. v. 23.4.2009 – 6 U 730/08, MMR 2009, 549; OLG München Urt. v. 20.1.2000 – 29 U 5819/99, MMR 2000, 277; OLG Stuttgart Urt. v. 1.9.2003 – 2 W 27/03, MMR 2004, 38 = JurPC Web-Dok. 277/2003 mwN; OLG Stuttgart Urt. v. 24.9.2009 – 2 U 16/09, BeckRS 2013, 15457). Grundsätzlich ist der Inhaber der Domain passivlegitimiert. Nach Ziffer VIII. der Domainrichtlinien der DENIC ist der admin-c lediglich Bevollmächtigter und Ansprechpartner der DENIC Ob er damit selbst als (Mit-)störer zu qualifizieren ist, ist umstritten (vgl. vorgenannte Rechtsprechung; bejahend unter Hinweis auf die analoge Anwendung des Rechtsgedankens des § 986 Abs. 1 BGB: Schwarz/*Baronikians*/*Joos* 7-G, 2.7, Rn. 133 ff.). Ist der Domain-Inhaber – wie praktisch häufig – zB wegen ungenauer Angaben in der WHOIS-Datenbank nicht (exakt) zu ermitteln, soll allerdings der Verletzte seine Ansprüche gegen den admin-c richten können (LG Bremen Urt. v. 13.1.2000 – 12 O 453/99, MMR 2000, 375).

15. Technische Einträge. Der Anmelder kann bei Registrierung über DENICdirect zwischen den Auftragstypen DENICnameserver und DENICsmall wählen. Der Nameserver-Eintrag dient der Registrierung von bis zu fünf Nameservern, an die die Domain delegiert werden soll. Der DENICsmall-Eintrag dient der Registrierung von bis zu fünf NSentry-Einträgen. Beim Auftragstyp Nameserver ist als zusätzliche Angabe der technische Ansprechpartner und Zonenverwalter zu benennen. Beim Auftragstyp DE-NICsmall ist als zusätzliche Angabe ein technischer Ansprechpartner notwendig. Hervorzuheben ist, dass diese Angaben nur für einen verschwindend geringen Teil der Domain-Anmelder relevant sind. Eine Domain kann zwar direkt bei DENICdirect registriert werden. Die Registrierung einer Domain über einen ISP ist aber regelmäßig deutlich billiger als die Nutzung von DENICdirect. Der Provider verfügt regelmäßig über die Technik, die die Erreichbarkeit der konnektierten Domain gewährleistet.

16. Technischer Ansprechpartner. Nach Ziff. IX. der DENIC-Domainrichtlinien betreut der technische Ansprechpartner die Domain in technischer Hinsicht. Für ihn sind Name, Anschrift, Telefon- und Telefaxnummer sowie E-Mail-Adresse anzugeben. Im Regelfall wird hier ein Mitarbeiter des Providers eingetragen, bei dem die Domain gehostet wird. Das OLG Hamburg hatte mangels Erreichbarkeit des Domain-Inhabers und des admin-c in einer Entscheidung sogar den technischen Ansprechpartner als Störer angesehen und im zu entscheidenden Fall eine wettbewerbsrechtliche Haftung bejaht (Urt. v. 4.11.1999 – 3 U 274/98, MMR 2000, 92).

17. **Zonenverwalter.** Nach den DENIC-Domainrichtlinien betreut der Zonenverwalter den oder die eigenen Nameserver des Domain-Inhabers und ist mit Name, Anschrift, Telefon- und Telefaxnummer sowie E-Mail-Adresse anzugeben. Sofern der Domain-Inhaber keine eigenen Nameserver delegiert, ist ein zone-c nicht erforderlich. Im Regelfall ist als zone-c dieselbe Person eingetragen wie als tech-c.

2. Dispute-Antrag

DISPUTE-Antrag[1]

DENIC eG[2]

Rechtsabteilung

Wiesenhüttenplatz 26

60329 Frankfurt

Hiermit beantrage(n) ich/wir die Einrichtung eines DISPUTE-Eintrags[3] für die Domain

. . . . . de[4]

zu Gunsten von

Name: . . . . .

Straße: . . . . .

PLZ/Ort: . . . . .

(DISPUTE-Antragsteller(in)). Sofern ich/wir nicht selbst der/die DISPUTE-Antragsteller (in) sind, versichere/versichern ich/wir, von ihm/ihr zu diesem DISPUTE-Antrag bevollmächtigt zu sei, und bin/sind mir/uns darüber im klaren, dass die DENIC die weitere Bearbeitung von der Vorlage einer Vollmacht abhängig machen kann.

Nach meiner/unserer Auffassung hat der/die DISPUTE-Antragsteller(in) ein Recht an der Domain (beispielsweise aus einer Marke oder einem Namen).[5] Unterlagen zur Glaubhaftmachung dieses Rechts sind in der Anlage beigefügt.[6]

Ich/wir versichere/versichern, dass der/die DISPUTE-Antragsteller(in) deshalb mit dem/der Domaininhaber(in) eine Auseinandersetzung führt bzw. unverzüglich beginnen wird, um die Löschung oder Übertragung der Domain zu erreichen.

Sobald diese Auseinandersetzung ihren Abschluss gefunden hat, werde(n) ich/wir DENIC davon unverzüglich in Kenntnis setzen, damit der DISPUTE-Eintrag aufgehoben werden kann.[7]

Es ist mir/uns klar, dass der DISPUTE-Eintrag auf ein Jahr[8] befristet ist und danach ohne besondere Ankündigung endet, sofern nicht rechtzeitig (iE mindestens vier Wochen vor Ablauf) seine Verlängerung beantragt wird. Ebenso ist mir/uns bekannt, dass DENIC den

DISPUTE-Eintrag vorzeitig aufheben kann,[9] wenn Tatsachen bekannt werden, die seine Aufrechterhaltung als unbegründet erscheinen lassen.

Haftungsfreistellung:[10] Unbeschadet aller darüber hinausgehenden Ansprüche und Rechte stelle (n) ich/wir bzw. stellt der/die DISPUTE-Antragsteller(in) DENIC und das die Domain verwaltende DENIC-Mitglied von allen im Zusammenhang mit dem DISPUTE-Eintrag erhobenen Ansprüchen Dritter einschließlich der Kosten einer etwaigen angemessenen Rechtsverteidigung vollständig und unbedingt frei.[11]

Sofern der/die DISPUTE-Antragsteller(in) infolge einer Löschung der Domain deren Inhaber(in) wird, kommt der Domainvertrag (unbeschadet der Möglichkeit, die Domain durch einen Provider verwalten zu lassen) zwischen DENIC und dem/der DISPUTE-Antragsteller(in) unter Geltung der DENIC-Domainrichtlinien und –bedingungen zustande (abrufbar unter https://www.denic.de/domainrichtlinien/ und https://www.denic.de/domainbedingungen/). In diesem Falle soll

Name: . . . . .

Straße: . . . . .

PLZ/Ort: . . . . .

Telefon: . . . . .

E-Mail: . . . . .

administrativer Ansprechpartner (admin-c) im Sinne von Ziffer VIII. der DENIC-Domainrichtlinien werden.[12]

. . . .

(Ort und Datum)   (Rechtsverbindliche Unterschrift und ggf. Stempel)

Anmerkungen

1. Form. Die DENIC hält für einen DISPUTE-Antrag ein Formular bereit. Das Formular kann telefonisch, per Telefax oder per E-Mail angefordert werden. Das Formular kann von der Website der DENIC (https://www.denic.de) herunter geladen werden. Im Impressum der Website befinden sich auch die Telefon- und Telefaxnummern der DENIC sowie eine Angabe über die E-Mail-Adresse. Das hier wiedergegebene Formular entspricht dem Formular der DENIC.

2. Deutsches Network Information Center e. G. → Form. E. 1 Anm. 4.

3. DISPUTE-Eintrag. Behauptet ein Dritter, bessere Rechte an einer registrierten Domain zu besitzen und unverzüglich mit einer Auseinandersetzung zu beginnen, um die Löschung oder Übertragung der Domain zu erreichen, kann er neben der kennzeichenrechtlichen Auseinandersetzung mit dem Domain-Inhaber einen DISPUTE-Eintrag bei der DENIC einrichten lassen. Der Antrag kann, wie das aktualisierte Formular nun an anderer Stelle klarstellt, auch von einem Bevollmächtigten eingereicht werden. In diesem Fall sollte der Bevollmächtigte seine Vollmacht zusammen mit dem DISPUTE-Antrag einreichen, da die DENIC die Bearbeitung des Antrags von der Vorlage der Vollmacht abhängig macht. Nach Eingang des DISPUTE-Antrags bei der DENIC prüft die DENIC, ob ein Dritter bereits einen DISPUTE-Antrag eingereicht hat. Ist dies der Fall, tritt der spätere DISPUTE-Antrag nicht in Kraft. Der DISPUTE-Eintrag hindert den Domain-Inhaber nicht daran, die Domain weiterhin zu nutzen. Der DISPUTE-Eintrag bewirkt, dass der aktuelle Domain-

Inhaber seine Domain während des Rechtsstreits nicht auf einen Dritten, sondern lediglich auf den Antragsteller übertragen kann. Darüber hinaus führt der Dispute-Eintrag dazu, dass im Fall der Kündigung der Domain-Überlassung durch DENIC oder der Löschung bzw. Kündigung der Domain durch den aktuellen Inhaber derjenige in die Domain-Position nachrückt, der Inhaber des Dispute-Eintrags für die Domain ist. Der Anspruchsteller sollte deswegen seine Position gegenüber dem Domain-Inhaber spätestens zum Zeitpunkt der Geltendmachung von Ansprüchen, die sich auf die Inhaberschaft oder Löschung einer Domain richten, durch einen Dispute-Eintrag absichern.

Diese Vorgehensweise hat folgenden Hintergrund: Der Domain-Inhaber ist im Fall der Verletzung der Namens- oder Kennzeichenrechte Dritter durch die Benutzung der Domain – unabhängig von der Anspruchsgrundlage – grundsätzlich zur Unterlassung bzw. Schadensersatzleistung verpflichtet. Darüber hinaus ist der Domain-Inhaber auch zur Beseitigung des durch die Domainregistrierung und –benutzung entstandenen störenden Zustands verpflichtet. Regelmäßig wird der Verletzte also einen Anspruch auf Freigabe der Domain haben. Der Domain-Inhaber muss eine Verzichtserklärung gegenüber der Vergabestelle DENIC abgeben. Die Löschung der Domain bei der DENIC kann aber dazu führen, dass Dritte die frei gewordene Domain noch vor dem Verletzten registrieren. Gegebenenfalls sind gegen den neuen Domain-Inhaber wiederum rechtliche Schritte erforderlich. Durch die rechtzeitige Stellung des DISPUTE-Eintrags, durch den der Verletzte bei Löschung der Domain automatisch als neuer Domain-Inhaber eingetragen wird, wird dieses Problem beseitigt. In der Vergangenheit wurde teilweise ein Anspruch gegen den Domain-Inhaber auf Übertragung einer rechtsverletzenden Domain bejaht (OLG München Urt. v. 25.3.1999 – 6 U 4557/98, CR 1999, 382 [383] – shell.de). Der Bundesgerichtshof hat dies abgelehnt (BGH Urt. v. 22.11.2001 – I ZR 138/99, NJW 2002, 2031 = JZ 2002, 1052 – shell.de, mAnm *Schricker*). Die Einwilligung des Domain-Inhabers in eine Umschreibung bei der DENIC beseitigt nämlich nicht nur den Störungszustand, sondern führt möglicherweise zu einer Verbesserung der Rechtsposition des Verletzten. Jedenfalls sei die Möglichkeit in Betracht zu ziehen, dass an dem Rechtsstreit nicht beteiligten Dritten ein gleich gutes oder besseres Recht zusteht (BGH Urt. v. 22.11.2001 – I ZR 138/99, NJW 2002, 2031 = JZ 2002, 1052 – shell.de, mAnm *Schricker*). Der DISPUTE-Eintrag bewirkt im Ergebnis – wirtschaftlich betrachtet –, dass bei erfolgreicher Geltendmachung von Unterlassungsansprüchen die Domain auf den Verletzten übertragen wird. Da dem Berechtigten kein Prioritätsverlust droht, kann er mit einem DISPUTE-Eintrag und der späteren Vorlage eines rechtskräftigen Titels erreichen, dass die Domain automatisch auf ihn eingetragen wird. (vgl. Schwarz/*Baronikians/ Joos* 7-G, 2.5).

4. Domainname. → Form. E. 1 Anm. 7. Die Einreichung eines DISPUTE-Antrages ist nur für Domains unter der Top-Level-Domain .de möglich. Für Domains unterhalb der sog. generischen Top-Level-Domains .com, .net und .org bieten Dienstleister gegen Entgelt einen sog. Snapback-Service (näheres bei *Huber/Dingeldey* Kapitel 5, 150). Weitere Informationen lassen sich unter http://www.internic.net abrufen.

5. Rechtsnatur und Kennzeichenfunktion der Domain. Dazu und zu den kennzeichenrechtlichen sowie sonstigen Anspruchsgrundlagen → Form. E. 1 Anm. 8.

6. Glaubhaftmachung. Gem. § 2 Abs. 3 der DENIC-Domainbedingungen muss ein Dritter, der eine Domain mit einem DISPUTE-Eintrag versehen will, glaubhaft machen, dass er ein Recht auf die Domain hat und dieses gegenüber dem Domain-Inhaber geltend macht. Die DENIC prüft die vermeintliche Berechtigung nicht. Sie gewährt den DISPUTE-Eintrag regelmäßig, wenn die genannten formellen Antragsvoraussetzungen gegeben sind. Vorausgesetzt ist allerdings, dass der Antragsteller die DENIC und den ISP von möglichen Ansprüchen des Domain-Inhabers und Dritten freistellt.

7. Verfahren nach Vorlage eines Titels. Nach Vorlage eines rechtskräftigen Titels oder einer unterschriebenen Unterlassungs-/Verpflichtungserklärung des Domain-Inhabers, die zweckmäßigerweise eine Einwilligung in die Löschung der Domain gegenüber der DE-NIC beinhaltet, informiert die DENIC den neuen Domain-Inhaber zeitnah, wenn die Domain für ihn registriert wurde. Die DENIC verwaltet die Domain anschließend für einen Zeitraum von vier Wochen. Innerhalb dieser Zeit ist die Konnektivitäts-Koordination („KK") durch den neuen ISP erforderlich. Der ISP des neuen Domain-Inhabers stellt einen sog. KK-Antrag. Dadurch wird der Umzug der Domain vom alten zum neuen ISP bewirkt. Sollte der neue Domain-Inhaber nicht innerhalb dieser vier Wochen tätig werden, versendet DENICdirekt eine eigene Rechnung (vgl. zum Verfahren bei Übertragung einer Domain *Huber/Dingeldey* Anh. S. 167 ff.).

8. Dauer. Der DISPUTE-Eintrag hat Wirkung für ein Jahr. Die DENIC verlängert auf Antrag den DISPUTE-Eintrag, wenn der Dritte nachweist, dass die Auseinandersetzung noch nicht abgeschlossen ist. In diesem Fall ist das Original des Antrages erneut vorzulegen. Die Fristüberwachung ist Sache des Antragstellers. Ohne rechtzeitige Fristverlängerung durch den Antragsteller wird der DISPUTE-Eintrag ohne Vorankündigung seitens der DENIC aufgehoben. Nach Ablauf der Frist kann die Domain wieder auf Dritte übertragen werden. Der Antragsteller rückt im Falle der Freigabe nicht mehr automatisch als Domain-Inhaber nach.

9. Vorzeitige Aufhebung. Die DENIC behält sich vor, den DISPUTE-Eintrag aufzuheben, sobald Anhaltspunkte dafür vorliegen, dass er unbegründet ist. Zur Aufhebung auf Initiative des Antragstellers → Form. E. 3 Anm. 1. Die DENIC lehnt es unter Hinweis auf die Vielzahl von Domainregistrierungen ab, zu prüfen, ob registrierte Domains Rechte Dritter verletzen (→ Anm. 9). Die Kunden versichern in § 3 Abs. 1 der DENIC-Domainbedingungen, dass sie zur Nutzung der Domain berechtigt sind, insbesondere, dass die Domain keine Rechte Dritter verletzt und nicht gegen allgemeine Gesetze verstößt. Die DENIC ist also im Rahmen der Einrichtung der DISPUTE-Einträge auf die glaubhaft gemachten Angaben der Anmelder angewiesen. Der DISPUTE-Eintrag stellt einen schwerwiegenden Eingriff in das Vertragsverhältnis mit dem Domain-Inhaber und in dessen Dispositionsgewalt über die Domain dar. Der Domain-Inhaber hat nämlich im Rahmen des Registrierungsvertrages nicht nur ein Recht auf den einmaligen Registrierungsvorgang, sondern darüber hinaus während der gesamten Vertragsdauer Anspruch auf die dauernde Registrierungshaltung des Domain-Namens zu seinen Gunsten (s. zu den vertraglichen Pflichten der DENIC → Form. E. 1 Anm. 5; *Cichon* S. 98). Aus diesem Grund lässt sich die DENIC von möglichen Ansprüchen des Domain-Inhabers freistellen. Ebenfalls aus diesem Grund verpflichtet sie die Anmelder, mitzuteilen, wenn die Auseinandersetzung mit dem Domain-Inhaber beendet ist. Es ist nach dem Selbstverständnis der DENIC und aufgrund des Rechtscharakters des Registrierungsvertrages zwingend, dass die DENIC bei Vorliegen von Anhaltspunkten dafür, dass der DISPUTE-Eintrag unbegründet ist, den DISPUTE-Eintrag wieder aufhebt.

10. Verantwortlichkeit der DENIC. Die DENIC wird den DISPUTE-Eintrag einrichten, wenn die DENIC und der ISP von möglichen Ansprüchen des Domain-Inhabers oder Dritter freigestellt wird. Das Formular sieht eine entsprechende Regelung vor. Unabhängig von dieser Regelung war lange Zeit unklar, ob die DENIC wegen Kennzeichenverletzungen durch Second-Level-Domains auf Unterlassung in Anspruch genommen werden kann. Die Frage wurde sowohl unter kartellrechtlichen (§§ 20 Abs. 1, 33 GWB) als auch unter kennzeichenrechtlichen Gesichtspunkten diskutiert. Die DENIC streitet eine Verantwortlichkeit seit jeher ab und verweist auf die große Zahl von Registrierungen, die eine Prüfung, ob die Domain in den Händen des Inhabers Rechte Dritter verletzt, unmöglich macht. Im Ergebnis ist in beiden Fällen darauf abzustellen, welche Prüfungspflichten für die DENIC zumutbar sind (OLG Frankfurt aM Urt. v. 14.9.1999 – 11 U Kart 59/98, CR 1999, 709 – ambiente.

de). Der Auffassung des OLG Frankfurt aM hat sich der BGH angeschlossen. In der Revisionsentscheidung des ambiente.de und des kurt-biedenkopf.de Falles (BGH Urt. v. 17.5.2001 – I ZR 251/99, GRUR 2001, 1038 – ambiente.de; BGH Urt. v. 19.2.2004, I ZR 82/01, GRUR 2004, 619 – kurt biedenkopf.de) hat der BGH festgestellt, dass die DENIC grundsätzlich keine Verpflichtung treffe, bei der Registrierung einer Domain zu prüfen, ob an der einzutragenden Bezeichnung Rechte Dritter bestehen. Selbst wenn sie auf ein angeblich besseres Recht hingewiesen werde, könne die DENIC den Anspruchsteller im allgemeinen auf den Inhaber des beanstandeten Domain-Namens verweisen, mit dem – erforderlicher Weise gerichtlich – zu klären ist, wer die besseren Rechte habe. Lediglich im Falle der Offenkundigkeit eines Rechtsverstoßes, der für die DENIC ohne weiteres festzustellen ist, müsse die DENIC die beanstandete Registrierung ohne weiteres aufheben. In anderen Fällen brauche sie erst tätig zu werden, wenn ein rechtskräftiges Urteil oder eine entsprechende Vereinbarung mit dem Inhaber der Registrierung die bessere Rechtsposition des Anspruchstellers bestätigt.

11. Kosten. Kosten der DENIC sind mit dem DISPUTE-Antrag und -Eintrag derzeit noch nicht verbunden.

12. Domainvertrag. Sofern der DISPUTE-Antragsteller infolge einer erfolgreichen Löschung der Domain im gerichtlichen Verfahren deren Inhaber wird, kommt der Domainvertrag (unbeschadet der Möglichkeit, die Domain durch einen Provider verwalten zu lassen) zwischen DENIC und dem DISPUTE-Antragsteller unter Geltung der DENIC-Domainrichtlinien und –bedingungen zustande. Das stellt das Dispute-Antrags-Formular nun ausdrücklich klar. Aus diesem Grund hat der DISPUTE-Antragsteller mit Einreichung des Antrags vorsorglich einen administrativen Ansprechpartner für die Domain zu benennen.

3. Dispute-Eintrag-Aufhebung

DISPUTE-Eintrag-Aufhebung[1]

DENIC eG[2]

Rechtsabteilung

Kaiserstraße 75–77

60329 Frankfurt

(Telefax: 069/27 235 238)

Zu meinen/unseren Gunsten bzw. zu Gunsten meiner/unserer Mandantschaft besteht ein Dispute-Eintrag[3] für die Domain

. . . . .de

Ich/wir bitte(n) um Aufhebung[4, 5] dieses DISPUTE-Eintrags.

Mir/uns ist bewusst, dass nach Aufhebung des DISPUTE-Eintrags der Domaininhaber wieder frei über die Domain verfügen und sie insbesondere auf Dritte übertragen kann. Auch fällt mir/uns bzw. meiner/unserer Mandantschaft im Falle der Domainfreigabe durch den Inhaber die Domain nicht mehr automatisch zu.[4]

. . . . .

(Unterschrift)

Anmerkungen

1. Form. Die DENIC hält auch für die Aufhebung des DISPUTE-Eintrags auf Initiative des Anmelders ein Formular bereit. (Zur vorzeitigen Aufhebung durch die DENIC → Form. E. 2 Anm. 8). Das Formular kann telefonisch, per Telefax oder per E-Mail angefordert werden. Das Formular kann von der Website der DENIC (https://www.denic.de) herunter geladen werden. Im Impressum der Website befinden sich auch die Telefon- und Telefaxnummern der DENIC sowie eine Angabe über die E-Mail-Adresse. Das hier wiedergegebene Formular entspricht dem Formular der DENIC.

2. Deutsches Network Information Center e. G. → Form. E. 1 Anm. 4.

3. DISPUTE-Eintrag. → Form. E. 2 Anm. 3.

4. Aufhebung des DISPUTE-Eintrags. Der Antragsteller kann den DISPUTE-Eintrag jederzeit ohne Angabe von Gründen wieder aufheben lassen. Er ist dazu verpflichtet, wenn die rechtliche Auseinandersetzung mit dem Inhaber der streitbefangenen Domain nicht mehr andauert. Nach Aufhebung kann die Domain vom Domain-Inhaber wieder auf Dritte übertragen werden. Im Falle der Domainfreigabe rückt der Anmelder nicht mehr automatisch als Inhaber nach.

5. Kosten. Kosten der DENIC sind mit der Aufhebung des DISPUTE-Eintrags nicht verbunden.

4. Close-Antrag

.de-Domain – Löschung[1]

DENIC eG[2]

DENICdirect

Kaiserstraße 75–77

60329 Frankfurt

(Telefax: 069/27 235 238)

Ich/wir bin/sind Inhaber(in) der Domain

. . . . .de[3]

und bitte(n) darum, diese Domain

☐ sofort   ☐ zum Ende der bezahlten Pflegezeit

zu löschen.[4, 5]

Mir/uns ist bewusst, dass ich/wir mit Löschung der Domain meine/unsere Inhaberposition verliere(n) und die Domain wieder zur Registrierung zur Verfügung steht.

. . . . .

(Unterschrift)

Anmerkungen

1. Form. Die DENIC hält auf ihrer Website www.denic.de nur ein Löschungsformular bereit. Es handelt sich dabei um ein Formular für DENICdirect – Kunden. Domaininhaber, deren Domains nicht durch DENICdirect verwaltet werden, müssen sich an ihren Provider wenden, wenn eine Domain gelöscht werden soll.

2. Deutsches Network Information Center e. G. → Form. E. 1 Anm. 4.

3. Domainname. → Form. E. 1 Anm. 7. Bei anderen Top-Level-Domains gibt es keine vergleichbaren Anträge.

4. Löschung und Kündigung. Die Löschung der Domain ist von der Kündigung des Domain-Vertrages zu unterscheiden. Die Löschung bewirkt, dass die Domain zur Registrierung durch Dritte wieder frei wird. Die Kündigung ist in § 7 der DENIC-Registrierungsbedingungen geregelt. Der Vertrag wird auf unbestimmte Zeit geschlossen. Er kann vom Kunden ohne Einhaltung einer Frist jederzeit gekündigt werden. Geleistete Vergütungen erstattet die DENIC nicht. Die Kündigung bedarf der Schriftform.

5. Close-Antrag. Sofern die Domain über einen Internet-Service-Provider beantragt wurde und von diesem auch verwaltet wird, muss die Löschung zwingend ebenfalls bei diesem Provider in Auftrag gegeben werden. Nur in ganz seltenen und dringenden Ausnahmefällen, wenn der Provider sich weigert, die Löschung durchzuführen oder – was häufiger vorkommt – wenn der Provider nicht zügig auf das Löschungsbegehren reagiert und die Löschung dringend erforderlich ist (beispielsweise weil eine Abmahnung droht), besteht die Möglichkeit, die Löschung mittels des wiedergegebenen Formulars durchzuführen. Zwingend erforderlich ist, ausführlich zu erläutern, warum die Löschung eilig ist und was bislang gegenüber dem Provider zur Löschung der Domain unternommen wurde. Das Schreiben muss der DENIC im Original vorgelegt werden. Telefax genügt nicht. Ohne Erläuterungen wird die DENIC nicht tätig.

Überlassung von Domain-Namen

5. Vertrag über den Kauf einer Domain

Domain-Kaufvertrag[1], [2], [3], [4]

zwischen

. . . . .

– nachfolgend „Verkäufer" genannt –

und

. . . . .

– nachfolgend „Käufer" genannt –

§ 1 Vertragsgegenstand[5]

(1) Der Verkäufer ist Inhaber[6] folgender Domain/s:[7, 8]

.....de

.....de

.....de, (nachfolgend „Vertrags-Domains"),

die bei dem Interessenverbund Deutsches Network Information Center e.G. („DENIC")[9] registriert sind. Der Verkäufer ist bei der DENIC als Domain-Inhaber registriert.[10]

(2) Gegenstand dieses Vertrages ist der Verkauf der in Abs. 1 aufgeführten Vertrags-Domains.

(3) Der Verkäufer verkauft hiermit die in Abs. 1 aufgeführten Vertrags-Domains an den Käufer. Der Verkäufer verpflichtet sich zur Übertragung der Vertrags-Domains auf den Käufer. Der Käufer erwirbt die Vertrags-Domains mit allen Rechten und Pflichten.

§ 2 Pflichten des Verkäufers[11]

Der Verkäufer verpflichtet sich, bis spätestens ..... sämtliche für die Übertragung der Vertrags-Domains notwendigen Handlungen vorzunehmen und sämtliche für die Übertragung[12, 13, 14] erforderlichen Erklärungen gegenüber seinem Provider, der DENIC oder Dritten abzugeben.

§ 3 Mitwirkungspflichten des Käufers[15]

Der Käufer verpflichtet sich, bis spätestens ..... sämtliche für die Übertragung der Vertrags-Domains notwendigen Mitwirkungshandlungen vorzunehmen und sämtliche für die Übertragung erforderlichen Erklärungen gegenüber seinem und dem bisherigen Provider des Verkäufers, gegenüber der DENIC oder Dritten abzugeben.

§ 4 Kaufpreis,[16] Nebenkosten

(1) Der Kaufpreis beträgt EUR ..... zuzüglich gesetzlicher MwSt. (in Worten: EUR .....).

(2) Etwaige Nebenkosten[17] gehen zu Lasten des Käufers und sind im Kaufpreis gem. Abs. 1 enthalten. Etwaige Nebenkosten des Providers des Verkäufers trägt der Verkäufer.

§ 5 Fälligkeit der Kaufpreisforderung[18]

(1) Der Käufer leistet eine Anzahlung in Höhe von EUR ....., die mit Abschluss dieses Vertrages fällig ist. Der Restkaufpreis in Höhe von EUR ..... ist 10 Tage nach durchgeführter Eintragung des Käufers als Inhaber der Vertrags-Domains in die öffentliche DENIC-Datenbank[19] („whois") und Update der Inhaberdaten fällig.

(2) Der Käufer überweist die Anzahlung und den Restkaufpreis auf ein vom Verkäufer zu benennendes Konto.

§ 6 Registrierung der Vertrags-Domains

Dem Käufer ist bekannt, dass die DENIC entsprechend ihren Registrierungsrichtlinien die Daten der Nutzungsberechtigten an den Vertrags-Domains unter Angabe ihrer Namen, Adressen und Telefonnummern in die öffentliche DENIC-Datenbank („whois") aufnimmt und dass diese Daten im Rahmen des DENIC-Abfrageservices öffentlich zugänglich sind und weitergegeben werden. Dem Käufer sind die Domainrichtlinien und Domainbedingungen der DENIC bekannt.[20]

§ 7 Gewährleistung[21]

(1) Dem Käufer ist der Registerstand der Vertrags-Domains in der öffentlichen DENIC-Datenbank bekannt.

(2) Der Verkäufer sichert zu, dass er Inhaber der Vertrags-Domains ist.

(3) Der Verkäufer sichert zu, dass er in Bezug auf die Vertrags-Domains keine Abmahnungen wegen kennzeichenrechtlicher Kollisionen erhalten hat. Er sichert ferner zu, dass er auch nicht auf andere Weise Kenntnis von der Geltendmachung von Unterlassungs- oder Schadensersatzansprüchen gegen die Vertrags-Domains wegen kennzeichenrechtlicher Kollisionen erlangt hat.

(4) Von der Richtigkeit der Zusicherungen in Abs. 2 und 3 abgesehen ist jede Gewährleistung für Rechtsmängel ausgeschlossen.

§ 8 Gerichtsstand/anwendbares Recht

(1) Für sämtliche Streitigkeiten aus diesem Vertrag wird die Zuständigkeit des . . . . . vereinbart.

(2) Auf das Vertragsverhältnis findet deutsches Recht Anwendung.

§ 9 Schriftformklausel

(1) Mündliche oder schriftliche Nebenabreden zu diesem Vertrag wurden nicht getroffen.

(2) Änderungen oder Ergänzungen dieses Vertrages bedürfen zu ihrer Wirksamkeit der Schriftform. Dies gilt auch für die Aufhebung dieser Schriftformklausel.

§ 10 Salvatorische Klausel

Sollten einzelne Bestimmungen dieses Vertrages ganz oder teilweise unwirksam oder nichtig sein oder werden, so wird dadurch die Wirksamkeit des Vertrages im Übrigen nicht berührt. Die Parteien verpflichten sich, die unwirksame oder nichtige Bestimmung durch eine andere wirksame Bestimmung zu ersetzen, die dem gewollten wirtschaftlichen Zweck am nächsten kommt. Dasselbe gilt im Fall einer Lücke.

Anmerkungen

1. **Handel mit Domain-Namen, Übertragbarkeit.** Der Handel mit Domain-Namen ist rechtlich grundsätzlich möglich, soweit dabei keine Rechte Dritter verletzt werden. Während für die Fungibilität der Marke erst die Aufgabe der vor Wirksamkeit des MarkenG in § 8 Abs. 1 S. 2 WZG geregelten Bindung der Marke an den Geschäftsbetrieb erforderlich war, bestehen gegen die Übertragbarkeit des Domain-Namens – soweit ersichtlich – keine Bedenken. Eine gesetzliche Regelung besteht freilich nicht. Die ganz herrschende Meinung (vgl. *Fezer* § 3 Rn. 303 f.) stellt heute nicht mehr in Frage, dass Domains über die Adressfunktion hinaus Namens-, Marken- oder sonstige Kennzeichenrechte verletzen können, da sie bei Vorliegen originärer Unterscheidungskraft Kennzeichnungsfunktion entfalten können (→ Form. E. 1 Anm. 8). § 6 Abs. 1 der DENIC-Domainbedingungen (vgl. zur Bedeutung und Funktion der DENIC → Form. D. I Anm. 3 und 4; https://www.denic.de/domainbedingungen/) sieht die Möglichkeit der Übertragung eines Domain-Namens auf einen neuen Inhaber ausdrücklich vor: „Die Domain ist übertragbar" (zum Verfahren → Form. D. I Anm. 7). Die freie Übertragbarkeit der Domain unterscheidet die Domain wesentlich von der Zuteilung einer Telefonnummer. Es besteht ein Markt an handelbaren Domain-Namen als Vermögenswerte (vgl. *Huber/Dingeldey* Kapitel 10, 209–215). Ein Überblick über praktische Fragen des Domain-Handels findet sich bei *Huber/Dingeldey* Kapitel 10.

2. Wahl des Formulars. Bei dem vorliegenden Formular handelt es sich um einen Kaufvertrag über eine oder mehrere Domain-Namen unter der Top-Level Domain .de, die sämtlich bei der DENIC registriert sind. Das Formular kann für sämtliche Fälle der Veräußerung von Domain-Namen außerhalb eines Unternehmenskaufs oder als Teil eines entsprechenden Kaufvertrages verwendet werden. Die Übertragung von Domains, die nicht bei der DENIC registriert sind, weicht vom vorliegenden Formular ab, vgl. dazu *Huber/Dingeldey* Kapitel 12.

3. Form. Der Domain-Kaufvertrag ist – soweit es sich um bei der DENIC – registrierte Domains unter der Top-Level-Domain .de handelt, grundsätzlich formfrei. Bei Einbindung in einen Unternehmenskaufvertrag oder einen Gesellschaftsvertrag oder bei Aufnahme von wettbewerbsbeschränkenden Klauseln kann sich ein Formerfordernis naturgemäß aus besonderen Regelungen ergeben. Zur Vermeidung von Auseinandersetzungen und zur Durchsetzung etwaiger Ansprüche der Vertragsparteien ist die Schriftform in jedem Fall empfehlenswert.

4. Domain-Grabbing. Unter Domain-Grabbing versteht man einen Vorgang, bei dem ein Domain-Name bewusst von Geschäftemachern erworben wird, um ihn gewinnbringend wieder an den Inhaber eines geschützten Kennzeichens oder einer Marke veräußern zu können. Fälle des Domain-Grabbings erfüllen häufig die Voraussetzungen der §§ 823 Abs. 1 und 826 BGB. Unter dem Gesichtspunkt des Behinderungswettbewerbs wird häufig auch §§ 3, 4 Nr. 4 UWG einschlägig sein (vgl. *Baumbach/Hefermehl*/Köhler/Bornkamm/Köhler UWG § 4 Rn. 10.94). Voraussetzung ist allerdings grundsätzlich ein Wettbewerbsverhältnis. Die Rechtsprechung geht mit dem fehlenden Wettbewerbsverhältnis allerdings großzügig um (vgl. OLG Dresden Urt. v. 20.10.1998 – 14 U 3613/97, CR 1999, 589 [592] – cyberspace.de; LG Düsseldorf Urt. v. 4.4.1997 – 34 O 1991/96, GRUR 1998, 159 – epson.de). Das LG Braunschweig (Urt. v. 5.8.1997 – 9 O 188/97, CR 1998, 364 [366] – deta.com) hat die Anwendung des UWG mit einer Analogie zur bösgläubigen Markenanmeldung iSv § 50 Abs. 1 Nr. 4 MarkenG begründet. Insbesondere wenn es dem Verletzer erkennbar darum geht, durch die missbräuchliche Verletzung wirtschaftlich nicht gerechtfertigte Vorteile zu erlangen, sollen diese Grundsätze auf die böswillige Verletzung des Namensrechts durch Anmeldung eines dem Anmeldenden nicht zustehenden Domain-Namens angewendet werden (vgl. Schwarz/*Baronikians*/*Joos* 7-G, 2.6.1). Eine Behinderung im Sinne des § 4 Nr. 4 UWG kann die Anmeldung einer Domain demnach dann sein, wenn die Anmeldung nur darauf gerichtet ist, sich die Domain vom Kennzeicheninhaber ankaufen oder lizenzieren zu lassen (OLG München Urt. v. 2.4.1998 – 6 U 4798/97, NJW-RR 1998, 984; OLG München Urt. v. 23.9.1999 – 29 U 4357/99, GRUR 2000, 518 ff.). Eine Behinderung kommt insofern auch dann in Betracht, wenn das fremde Kennzeichen keine Priorität gegenüber der Domain besitzt. Voraussetzung ist lediglich, dass die Registrierung oder Aufrechterhaltung der Domain nach Lage der Dinge nur den Zweck haben kann, sich durch Verkauf oder Lizenzierung der Domain an Dritte, die wirtschaftlich auf die Nutzung dieser Domain für ihre Marken oder Unternehmenskennzeichen angewiesen sind, zu bereichern (vgl. OLG Frankfurt aM Beschl. v. 12.4.2000 – 6 W 33/00, WRP 2000, 645; Urt. v. 10.5.2001 – 6 U 72/00, MMR 2001, 696; Urt. v. 8.3.2001 – 6 U 31/00, CR 2001, 620; Urt. v. 12.9.2002 – 6 U 128/01, WRP 2002, 1455; LG Düsseldorf Urt. v. 6.7.2001 – 38 O 18/01, MMR 2002, 126) Ein Indiz dafür ist es, wenn der Domain-Inhaber sich eine Vielzahl von Domains registrieren lässt, ohne einen ernsthaften Benutzungswillen zu haben. Der BGH hat jedoch klargestellt, dass dies dann nicht gelten kann, wenn ein dem registrierten Domainnamen entsprechendes Unternehmenskennzeichen erst nach der Registrierung des Domainnamens in Gebrauch genommen wird und für den Domaininhaber zum Registrierungszeitpunkt kein besonderes Interesse eines Unternehmens erkennbar war, gerade einen dieser Geschäftsbezeichnung entsprechenden Domainnamen zu verwenden (vgl. BGH Urt. v. 19.2.2009 – I ZR 135/06, GRUR 2009, 685). Soweit durch den Handel mit Domain-Namen keine Kennzeichnungsrechte oder sonstige Rechte Dritter verletzt werden, ist der Verkauf von Domain-Namen unproblematisch. Der Verkäufer wird deswegen regelmäßig ein Interesse daran haben, seine Haftung soweit wie möglich auszuschließen, damit er nach erfolgter Übertragung nicht mit einer Rückabwicklung des Vertrages oder mit Schadensersatz- oder Regressforderungen des Käufers rechnen muss. Sind derartige Klauseln im Vertrag enthalten, ist auch der Käufer daran interessiert, vor Erwerb der Domain-Namen Recherchen über kennzeichenrechtliche Kollisionen anzustellen.

5. **Vertragsgegenstand Domain-Kauf.** Grundsätzlich ist für jeden Domain-Kauf mit besonderer Sorgfalt darauf zu achten, dass die zu erwerbenden Domain-Namen nicht in Kennzeichenrechte Dritter eingreifen. Zu den Rechtsschutzmöglichkeiten → Form. E. 1 Anm. 8. Schriftform ist nicht erforderlich, aber dringend zu empfehlen. Der Kaufvertrag sollte mindestens Regelungen über den Vertragsgegenstand und den Kaufpreis (→ Anm. 16), gegenseitige Mitwirkungshandlungen (→ Anm. 11, 15) bei der Übertragung sowie die Fälligkeit (→ Anm. 18) der Kaufpreisforderung enthalten. Von besonderer Bedeutung sind Regelungen über die Gewährleistung (→ Anm. 21).

6. **Domain-Inhaber.** Zum Begriff → Form. E. 1 Anm. 11. Verkäufer und Käufer können In- oder Ausländer mit Sitz im In- oder Ausland sein. Aus Ziff. VIII. der Registrierungsrichtlinien der DENIC (https://www.denic.de/domainrichtlinien/) lässt sich aber ableiten, dass der Inhaber einer Domain unter der Top-Level-Domain .de grundsätzlich seinen **Sitz** in Deutschland haben muss. Andernfalls ist der administrative Ansprechpartner („admin-c" – zum Begriff → Form. E. 1 Anm. 13) „zugleich dessen Zustellungsbevollmächtigter" iSv § 174 f. ZPO. Admin-c kann grundsätzlich nur eine natürliche Person sein. Dies gilt auch für juristische Personen, die Inhaber einer .de-Domain sind. Der admin-c muss in diesem Fall „seinerseits seinen Sitz in Deutschland haben" (→ Form. E. 1 Anm. 11, 12).

7. **Domain-Name.** → Form. E. 1 Anm. 7; vgl. zur Rechtsnatur und Kennzeichenfunktion der Domain → Form. E. 1 Anm. 8.

8. **Bezeichnung der Domains.** Die genaue Bezeichnung der Domains ist von besonderer Bedeutung. Mit der Veräußerung der Domain-Namen ist in komplexeren Verträgen häufig die Veräußerung weiterer Inhalte verbunden. Gerade beim Verkauf ganzer Internetprojekte sollte die exakte Auflistung eine Unterscheidung ermöglichen, welche Grafiken, Texte, Datenbanken oder sonstigen Inhalte zusammen mit dem Domain-Namen vom Vertrag erfasst sind.

9. **DENIC.** Die DENIC ist die Vergabe- und Verwaltungsstelle für die Top-Level-Domain .de (zur DENIC → Form. E. 1 Anm. 4).

10. **Registrierung und Whois-Datenbank.** Die Namen und Adressdaten der Domain-Inhaber werden weltweit in sog. Whois-Datenbanken gespeichert. Die Adressdaten sind auf den Websites der jeweiligen Vergabestellen (in Deutschland DENIC) öffentlich einsehbar. Der Inhalt der Whois-Datenbank enthält Informationen über den Inhaber der Domain, den administrativen („admin-c"; zum Begriff → Form. E. 1 Anm. 13; zur Haftung des admin-c → Form. E. 1 Anm. 14) und den technischen Ansprechpartner tech-c (zum Begriff → Form. E. 1 Anm. 15–17). Der Name des Domain-Inhabers steht in der Whois-Datenbank an erster Stelle hinter der Angabe des Domain-Namens („descr:").

11. **Mitwirkungspflichten des Verkäufers.** Vereinbarungen über die Transaktionsabwicklung sind von besonderer Bedeutung. Der Käufer hat regelmäßig ein Interesse daran, dass er erst dann zur Zahlung des Kaufpreises verpflichtet ist, wenn er als Inhaber der Domain-Namen bei der DENIC eingetragen ist. Der Verkäufer wird zuerst den Kaufpreis erhalten wollen, bevor er bereit ist, auf die Domain-Namen zu verzichten und einer Übertragung zuzustimmen. Die Vertragsparteien sollten sich verpflichten, innerhalb einer bestimmten Frist alle für die Übertragung notwendigen Handlungen vorzunehmen. Der Käufer muss bei der DENIC als neuer Domain-Inhaber und (er oder eine von ihm benannte natürliche Person) muss als admin-c eingetragen werden. Seitens des Verkäufers sind dazu insbesondere folgende Mitwirkungshandlungen erforderlich: Der Verkäufer muss den bisherigen Provider über den anstehenden Verkauf der Domains informieren und ihm eine Kündigung (zur Unterscheidung zwischen Vertragslaufzeit und Abrechnungsperiode bei der Kündigung → Anm. 15) mit der Freigabeerteilung für die Vertrags-Domains in Form eines Providerwechselschreibens (→ Anm. 14) zukommen lassen. Der Verkäufer muss sich darüber informieren, wie die Kündigung bei seinem Provider durchgeführt wird. Es existieren unterschiedliche Kündigungsoptionen (beispielsweise Kündigung für Providerwechsel; Kündigung mit Freigabe der Domain sofort; Kündigung mit Freigabe der Domain zum Vertragsende usw). Nach Bestätigung der Kündigung informiert der Verkäufer den Käufer der Vertragsdomains, damit dieser die technische Übernahme in die Wege leiten kann. Der bisherige Provider wird die Domain nach Eingang des Providerwechselschreibens zum Providerwechsel bei der DENIC freigeben. Die Mehrzahl der Provider hält entsprechende Formulare (häufig zum Download auf ihren Websites) bereit.

12. **Domain-Übertragung.** zum Vorgang der Übertragung der Vertrags-Domains → Anm. 11, 15. Genauere Erläuterungen der praktischen Vorgehensweise bei *Huber/Dingeldey* Kapitel 12, 234; *Schumacher/Ernstschneider/Wiehager* S. 162 ff. Grundsätzlich lässt sich die Übertragung der Vertrags-Domains in drei Stufen unterteilen. Auf der ersten Stufe steht die Informierung des aktuellen Providers des Verkäufers der Vertrags-Domains (→ Anm. 11). Als zweiter Schritt ist die technische Übernahme der Vertrags-Domains erforderlich. Die Übernahme wird durch den Provider des Käufers initiiert (→ Anm. 15). Abschließend sind die Inhaberdaten der Domains zu korrigieren.

13. **Inhaberwechselschreiben.** Regelmäßig sind für die Übertragung der Vertrags-Domains (→ Anm. 11 zu den Mitwirkungspflichten des Verkäufers; des Käufers → Anm. 15) ein Inhaberwechselschreiben und ein Providerwechselschreiben (→ Anm. 15) erforderlich. Sinnvollerweise wird das Inhaberwechselschreiben sowohl von dem bisherigen Inhaber bzw. admin-c als auch dem Käufer bzw. dessen admin-c unterschrieben. Wesentlicher Inhalt des Schreibens ist die Regelung, dass „die Domain ab dem . . . . . auf die unten aufgeführten Daten umgeschrieben werden" soll. Die Angaben des bisherigen und des neuen Domain-Inhabers sind anzugeben. Die von den Providern regelmäßig verwendeten Inhaberwechselschreiben, die häufig zum Download auf ihren Websites bereitgehalten werden, enthalten darüber hinaus folgende Formulierung: Dem bisherigen Inhaber ist „bewusst, dass er mit diesem Inhaberwechsel die gesamten Nutzungsrechte an den neuen Inhaber der Domain abtritt". Daneben ist eine Kostenregelung enthalten. Verbleibt die Domain im Rahmen der Übertragung nicht bei dem alten Provider, ist lediglich ein Providerwechselschreiben erforderlich.

14. **Providerwechselschreiben.** Das Schreiben enthält regelmäßig die Formulierung, dass der Domain-Inhaber seinen neuen Provider beauftragt und bevollmächtigt hat, die aufgeführten Domains zu übernehmen. Ferner wird in dem Providerwechselschreiben der alte Provider aufgefordert, dem in Kürze eingehenden KK-Antrag zuzustimmen.

15. Mitwirkungspflichten des Käufers. Das Formular sieht vor, dass der Käufer – ebenso wie der Verkäufer – sämtliche seinerseits erforderlichen Mitwirkungshandlungen bis zu einem bestimmten Zeitpunkt vorzunehmen hat. Der Käufer muss sich zunächst einen Provider suchen, bei dem er sich über den Domaintransfer informiert. Häufig ist dies online möglich. Der Käufer informiert seinen Provider, dass ein Providerwechsel bevorsteht. Häufig ist auf Nachfrage des Providers zu bestätigen, dass der alte Provider informiert ist und einen Providerwechselantrag erwartet. Die Initiierung der Domain-Übernahme wird als Konnektivitäts-Koordination („KK-Antrag") bezeichnet. Der Begriff stammt von der DENIC. Der „Domain-Umzug" beginnt technisch damit, dass der neue Provider den KK-Antrag an die DENIC sendet. Die DENIC sendet den Antrag an den alten Provider des Domain-Verkäufers weiter. Liegt dem alten Provider das Einverständnis des Verkäufers vor (zu den Mitwirkungspflichten des Verkäufers → Anm. 11) erteilt auch der Provider sein Einverständnis zum Wechsel. Der Provider hat die Möglichkeit, den Antrag auf Providerwechsel abzulehnen. In diesem Fall ist die Domain-Übernahme vorerst gescheitert. Der Provider des Verkäufers wird die Freigabe lediglich erteilen, wenn ausstehende Forderungen beglichen wurden und die Kündigung ordnungsgemäß erfolgt ist. Regelmäßig ist in den AGB der Provider vereinbart, dass die Domain jederzeit gekündigt werden kann. Der Entgeltanspruch besteht allerdings für die volle Abrechnungsperiode. Eine anteilige Rückerstattung erfolgt in der Regel nicht. Es ist also zwingend zwischen Vertragslaufzeit und Abrechnungsperiode zu unterscheiden.

16. Kaufpreis/Domainbewertung. Domain-Namen sind Wirtschaftsgüter, deren gesteigerte Bedeutung in der jüngsten Vergangenheit dazu geführt hat, dass kennzeichnungskräftige Domain-Namen einen steigenden Wert entwickelt haben. Dies hat zum einen eine Vielzahl von Domain-Grabbern zum missbräuchlichen Horten von Domain-Namen angeregt (→ Anm. 4). Andererseits ist ein reger legaler Handel mit Domain-Namen entstanden. (Überblick zum Handel mit Domain-Namen sowie Grundregeln für den Domain-Verkauf bei *Schumacher/Ernstschneider/Wihager* S. 147 ff.). Nach Angaben der Domainbörse sedo.de wickelt allein diese Börse etwa 2000 Domain-Transfers pro Monat ab. Spitzenreiter war die Endung .com. Im Bereich der Top-Level-Domain .de ist mit einigen hundert Domain-Transaktionen pro Monat zu rechnen. Nach den von sedo. de veröffentlichten Zahlen liegt der Durchschnittspreis auf dem Domainmarkt für eine Transaktion bei EUR 1.802,00. Für eine .de Domain liegt der Durchschnittspreis bei EUR 1.017,00. Die Preisspannen sind groß. Der Domain-Name „Seo.de" wurde für EUR 48.000,00 verkauft (vgl. auch *Schumacher/Ernstschneider/Wihager* S. 155).

17. Nebenkosten. Im Formular ist vorgesehen, dass Nebenkosten zu Lasten des Käufers gehen und im Kaufpreis enthalten sind. Die gängigen Domain-Kaufverträge sind in diesem Punkt durchaus unterschiedlich gestaltet. Es ist möglich, die Nebenkosten einer Partei vollständig aufzuerlegen. Andererseits kann es durchaus sinnvoll sein, die Nebenkosten derjenigen Vertragspartei aufzuerlegen, in deren Bereich die Kosten entstanden sind. Dies gilt insbesondere für die mit der Domainübertragung regelmäßig einhergehenden Kosten des alten sowie des übernehmenden Providers. Eine alternative Klausel lautet: „Etwaige Nebenkosten des Providers des Verkäufers gehen zu Lasten des Verkäufers. Etwaige Nebenkosten des Providers des Käufers gehen zu Lasten des Käufers". Es erscheint sachgerecht, dem Verkäufer die Kosten seines Providers aufzuerlegen.

18. Fälligkeit der Kaufpreisforderung. Die Regelung der Fälligkeit der Kaufpreisforderung ist von besonderer Bedeutung. Der Verkäufer wird regelmäßig einer Übertragung erst dann zustimmen, wenn er den Kaufpreis erhalten hat. Der Käufer hat ein Interesse daran, dass er erst dann den Kaufpreis zahlen muss, wenn er als Inhaber der

Domain bei der DENIC eingetragen ist. Aufgrund des in → Anm. 12 zur Domainübertragung geschilderten Vorgangs ist nicht auszuschließen, dass die Übertragung der Domain Probleme aufwirft. Der Käufer ist beispielsweise über Zahlungsrückstände des Verkäufers nicht informiert. Der Provider des Verkäufers kann unter Umständen die Freigabe der Vertrags-Domains verweigern. Die Durchsetzung einer Kaufpreisforderung oder ggf. die Rückabwicklung des Domain-Transfers ist naturgemäß nur mit erheblichem Aufwand an Zeit und Kosten möglich. Die in der Praxis verwendeten Verträge sehen deswegen regelmäßig vor, dass der Käufer mit Abschluss des Vertrages eine Anzahlung leistet. Der Restkaufpreis ist nach der Eintragung des Käufers als Inhaber der Vertrags-Domain in die DENIC-Datenbank fällig. Diese Anzahlungs-Regelung hat sich beim Kauf von Marken bewährt. Sichergestellt wird dadurch in gewissem Rahmen auch die Einhaltung der in §§ 2 und 3 vorgesehenen Mitwirkungspflichten. *Schumacher/Ernstschneider/Wihager* S. 145 weisen zutreffend darauf hin, dass durch dieses Verfahren das Risiko allerdings lediglich minimiert wird. Sie schlagen vor, die Transaktionsabwicklung über ein Treuhandkonto eines Rechtsanwalts oder Notars vorzunehmen, der „erst nach Eingang des Kaufpreises die Domain-Transaktion veranlasst und erst nach erfolgreicher Übertragung der Domains das Geld an den Verkäufer auszahlt".

19. Eintragung in die DENIC-Datenbank. Konnte der Domain-Transfer erfolgreich durchgeführt werden, erhält der neue Inhaber in der Regel eine kurze Benachrichtigung seines Providers. Damit ist jedoch nicht in allen Fällen auch ein Update der Inhaberdaten verbunden. Häufig wird das Update der Inhaberdaten automatisch durchgeführt. Einige Provider verlangen für das Update eine Gebühr. Mit dem Update ist beispielsweise die Festlegung von Weiterleitungszielen, Einrichtung von E-Mail-Adressen, Hinterlegung der Website-Inhalte per FTP verbunden. Erst durch ein Update der Inhaberdaten werden die Inhaber- und Verfügungsrechte an der Domain vollständig auf den Käufer übertragen. Es erscheint aus diesem Grund sachgerecht, erst wenn sämtliche Mitwirkungshandlungen erbracht sind und die Transaktion erfolgreich durchgeführt wurde, die Fälligkeit des Restkaufpreises festzulegen.

20. Domainrichtlinien und Domainbedingungen der DENIC. Der Hinweis auf die Richtlinien und Bedingungen der DENIC (https://www.denic.de/domainrichtlinien/; https://www.denic.de/domainbedingungen/) ist schon deshalb sinnvoll, weil diese Richtlinien und Bedingungen für den Käufer ebenso gelten, als hätte er die Registrierung eines Domain-Namens selbst beantragt. Insbesondere die Bedingungen für die Angaben über den Domain-Inhaber, den administrativen („admin-c"; zum Begriff → Form. E. 1 Anm. 13; zur Haftung des admin-c → Form. E. 1 Anm. 14) sowie den technischen Ansprechpartner tech-c (zum Begriff → Form. E. 1 Anm. 15–17) sind einzuhalten.

21. Gewährleistung. (1) Die Regelungen zur Rechtsmängelhaftung sind von hoher Bedeutung. Trotz intensiver Recherchen im Vorfeld einer Domain-Registrierung kann nicht zwingend davon ausgegangen werden, dass durch die Domain-Namen nicht Kennzeichenrechte Dritter verletzt werden. Kennzeichenrechte (Marken, Unternehmenszeichen, Werktitel) gewähren gem. §§ 14, 15 MarkenG dem Inhaber ein ausschließliches Recht. Technisch dient die Domain lediglich der Identifizierung eines bestimmten Rechners. Die ganz herrschende Meinung (vgl. *Fezer* § 3 Rn. 303 f.) stellt heute allerdings nicht mehr in Frage, dass Domains über die Adressfunktion hinaus Namens-, Marken- oder sonstige Kennzeichenrechte verletzen können, wenn sie originär unterscheidungskräftig sind und Kennzeichnungsfunktion entfalten. Stellt sich nach erfolgter Übertragung heraus, dass die Domain-Namen gegen Rechte Dritter verstoßen, ist fraglich, welche Rechte dem Käufer zustehen. Der Käufer hat also ein Interesse daran, sich die Freiheit der Domains von Rechten Dritter zusichern zu lassen. Insofern befindet er sich allerdings in einem Interessenskonflikt mit dem Verkäufer, der naturgemäß seine Haftung soweit wie möglich ausschließen möchte.

(2) Es erscheint nicht sinnvoll, den Verkäufer irgendwelche Zusicherungen dahingehend übernehmen zu lassen, dass die veräußerten Domain-Namen „keine Rechte Dritter verletzen". Auch die eingeschränkte Zusicherung, dass ihm „keine derartigen Rechte bekannt sind", sollte der Verkäufer nicht übernehmen. Es ist schließlich nicht nur im Interesse des Verkäufers, sondern ebenso auch des Käufers, nach entgegenstehenden Rechten zu recherchieren. Der Erwerber ist dazu ebenso wie der Verkäufer in der Lage. Auch intensive Recherchen im Vorfeld eines Domainkaufs beseitigen nicht das bestehende Restrisiko. Die Recherchemöglichkeiten für verwechselbare Domain-Namen sind begrenzt. Insbesondere können sich aufgrund der anerkannten Kennzeichnungsfunktion originär unterscheidungskräftige Domain-Namen in der Funktion einer Geschäftsbezeichnungen gegenüber stehen, die – unabhängig ihrer Eintragung als Marke in das Register des DPMA – gem. § 5 Abs. 1 u. 2 MarkenG geschützt sind. Eine Zusicherung des Verkäufers, ihm seien keine entgegenstehenden Rechte Dritter bekannt, erweist sich bereits als falsch, wenn eine von ihm ermittelte, aber nach sorgfältiger Prüfung für nicht verwechslungsfähig gehaltene Marke später doch von den Gerichten als verwechslungsfähig angesehen wird. Aus diesem Grund wird im Formular seitens des Verkäufers lediglich zugesichert, dass er Inhaber der Vertrags-Domains ist. Den berechtigten Interessen des Käufers wird insoweit entgegengekommen, als der Verkäufer darüber hinaus zusichert, dass ihm zumindest keine Abmahnungen zugegangen sind. Die Geltendmachung von Ansprüchen Dritter aufgrund von Kennzeichenkollisionen ist ihm nicht positiv bekannt.

(3) Über die in (2) beschriebenen Ausnahmen hinaus, sollte die Haftung grundsätzlich ausgeschlossen werden. Bei der Verwendung im Rahmen von Allgemeinen Geschäftsbedingungen sind jedoch die §§ 307 ff. BGB zu beachten. Danach sind Haftungsfreizeichnungen und Erleichterungen nur beschränkt möglich. Insbesondere bei der Verwendung gegenüber Verbrauchern sollten die §§ 309 Nr. 7a und 309 Nr. 7b, bei der Klauselformulierung beachtet werden.

6. Vertrag über die Verpachtung einer Domain

Domain-Pachtvertrag[1, 2]

zwischen

. . . . .

– im folgenden „Verpächter" genannt –

und

. . . . .

– im folgenden „Pächter" genannt –

§ 1 Vertragsgegenstand[3]

(1) Der Verpächter ist Inhaber folgender Domain(s):[4]

. . . . .de

. . . . .de

. . . . .de[5] (nachfolgend „Vertrags-Domains"),

die bei dem Interessenverbund Deutsches Network Information Center e.G. („DENIC")[6] registriert sind. Der Verpächter ist bei der DENIC als Domain-Inhaber der Vertrags-Domains registriert.[7]

(2) Der Pächter beabsichtigt, die Vertrags-Domains für geschäftliche Zwecke zu benutzen. Gegenstand dieses Vertrages ist die Verpachtung der in Abs. 1 aufgeführten Vertrags-Domains.

(3) Der Verpächter verpflichtet sich, dem Pächter entsprechend den nachfolgenden Regelungen das Nutzungsrecht an den Vertrags-Domains zu verschaffen.

§ 2 Pachtzins,[8] Fälligkeit,[9] sonstige Kosten[10]

(1) Der Pachtzins für die Vertrags-Domains beträgt pauschal EUR . . . . . pro Monat für jede registrierte Domain (in Worten: . . . . .), zuzüglich der gesetzlichen Mehrwertsteuer.

(2) Der Pachtzins ist jeweils für . . . . . Monat(e)/Jahr(e) im voraus fällig und jeweils zum . . . . . auf ein vom Verpächter zu benennendes Konto zu überweisen.

(3) Etwaige sonstige Kosten, insbesondere etwaige Gebühren für einen Wechsel des Providers trägt der Pächter.

§ 3 Vertragsbeginn und –dauer,[11] ordentliche Kündigung

(1) Der Domain-Pachtvertrag beginnt am . . . . .

(2) Der Domain-Pachtvertrag wird auf unbestimmte Zeit geschlossen.

(3) Der Domain-Pachtvertrag kann von beiden Vertragsparteien durch schriftliche Erklärung mit einer Frist von . . . . . Monaten zum Monatsende gekündigt werden.

§ 4 Domain-Inhaber, Nutzungsfreigabe, admin-c

(1) Der Verpächter der Vertrags-Domains bleibt als Domain-Inhaber in der öffentlichen DENIC-Datenbank („whois") eingetragen.[12]

(2) Der Pächter ist berechtigt, die Vertrags-Domains von einem anderen Provider verwalten zu lassen.[13] In diesem Fall ist der Verpächter verpflichtet, bis spätestens . . . . . sämtliche für den Providerwechsel notwendigen Mitwirkungshandlungen[14] vorzunehmen und sämtliche für die Übertragung erforderlichen Erklärungen abzugeben. Die Kosten für den Providerwechsel richten sich nach § 2 Abs. 3. Der Pächter erklärt für den Fall der Beendigung[15] des Pachtvertrages bereits jetzt seine Zustimmung zu einem Freigabeantrag des Verpächters.

(3) Der Pächter ist berechtigt, vom Verpächter eine Änderung des administrativen Kontaktes der Vertrags-Domains („admin-c")[16] auf die vom Pächter benannten Daten zu verlangen. In diesem Fall wird die DENIC entsprechend ihren Registrierungsrichtlinien die Daten in die öffentliche DENIC-Datenbank („whois") aufnehmen. Diese Daten sind im Rahmen des DENIC-Abfrageservices öffentlich zugänglich und werden weitergegeben. Dem Pächter sind die Domainrichtlinien und Domainbedingungen[17] der DENIC bekannt. Der Pächter erklärt für den Fall der Beendigung des Pachtvertrages bereits jetzt seine Zustimmung zur Änderung dieser Daten auf die vom Verpächter zu benennenden Daten.

§ 5 Unterverpachtung

Für eine Unterverpachtung ist die vorherige schriftliche Zustimmung des Verpächters erforderlich.

§ 6 Gewährleistung[18]

(1) Der Verpächter sichert zu, dass er Inhaber der Vertrags-Domains ist.

(2) Der Verpächter sichert zu, dass er in Bezug auf die Vertrags-Domains keine Abmahnungen wegen kennzeichenrechtlicher Kollisionen erhalten hat. Er sichert ferner zu, dass er auch nicht auf andere Weise Kenntnis von der Geltendmachung von Unterlassungs- oder Schadensersatzansprüchen gegen die Vertrags-Domains wegen kennzeichenrechtlicher Kollisionen erlangt hat.

(3) Von der Richtigkeit der Zusicherungen in Abs. 2 abgesehen ist jede Gewährleistung für Rechtsmängel ausgeschlossen.

§ 7 Verteidigung der Vertrags-Domains[19]

(1) Der Pächter ist verpflichtet, die Vertrags-Domains während der Laufzeit dieses Vertrages auf eigene Kosten gegen Angriffe und Verletzungen Dritter zu verteidigen. Der Verpächter bleibt daneben berechtigt, auf eigene Kosten die geeigneten Maßnahmen zu ergreifen. Die Parteien werden sich bei festgestellten Angriffen oder Verletzungen Dritter über die einzuleitenden Schritte abstimmen.

(2) Der Pächter ist verpflichtet, den Verpächter unverzüglich zu informieren, falls er feststellt, dass Dritte Kennzeichen benutzen, die möglicherweise mit einer der Vertrags-Domains verwechslungsfähig sind. Dasselbe gilt, falls Dritte den Pächter wegen der Benutzung der Vertrags-Domains auf Unterlassung oder Schadensersatz in Anspruch nehmen.

§ 8 Inhalte,[20] Freistellung

(1) Der Pächter sichert zu, dass er unter den Vertrags-Domains keine Inhalte in das Internet einstellen wird, deren Bereitstellung, Veröffentlichung oder Nutzung gegen geltendes Recht oder Vereinbarungen des Verpächters mit Dritten verstößt oder die diskriminierenden, rassistischen, pornographischen, gewaltverherrlichenden oder radikalen Bezug haben.

(2) Der Pächter stellt den Verpächter von sämtlichen Ansprüchen, die aus der vom Pächter zu vertretenen Verletzung von geltendem Recht bzw. von Rechten Dritter resultieren, frei. Diese Verpflichtung umfasst auch die Freistellung von etwaigen Rechtsverteidigungskosten (zB Gerichts- und Anwaltskosten).

§ 9 Außerordentliche Kündigung

(1) Die Vertragsparteien können diesen Domain-Pachtvertrag aus wichtigem Grund mit sofortiger Wirkung kündigen.

(2) Ein wichtiger Grund liegt insbesondere vor, wenn der Pächter trotz Mahnung und Fristsetzung seiner Verpflichtung zur Zahlung des Pachtzinses gem. § 2 nicht nachkommt.

§ 10 Gerichtsstand/anwendbares Recht

(1) Für sämtliche Streitigkeiten aus diesem Vertrag wird die Zuständigkeit des . . . . . vereinbart.

(2) Auf das Vertragsverhältnis findet deutsches Recht Anwendung.

§ 11 Schriftformklausel

(1) Mündliche oder schriftliche Nebenabreden zu diesem Vertrag wurden nicht getroffen.

(2) Änderungen oder Ergänzungen dieses Vertrages bedürfen zu ihrer Wirksamkeit der Schriftform. Dies gilt auch für die Aufhebung dieser Schriftformklausel.

§ 12 Salvatorische Klausel

Sollten einzelne Bestimmungen dieses Vertrages ganz oder teilweise unwirksam oder nichtig sein oder werden, so wird dadurch die Wirksamkeit des Vertrages im Übrigen nicht berührt. Die Parteien verpflichten sich, die unwirksame oder nichtige Bestimmung durch eine andere wirksame Bestimmung zu ersetzen, die dem gewollten wirtschaftlichen Zweck am nächsten kommt. Dasselbe gilt im Fall einer Lücke.

. . . . .

(Unterschrift Verpächter)

. . . . .

(Unterschrift Pächter)

Anmerkungen

1. Formular, Abgrenzung. Die Domain-Adresse ist ein Recht sui generis, nämlich ein sonstiges Recht im Sinne des § 823 BGB (*Fezer* § 3 Rn. 301). Die Kennzeichenfunktion der Domain wird heute nicht mehr ernsthaft in Frage gestellt (→ Form. E. 1 Anm. 8). In der Internetpraxis werden von Providern häufig sog. „Mietverträge" zur Einräumung von Nutzungsrechten an Domain-Namen verwendet. Miete ist im Gegensatz zur Pacht aber nur an Sachen möglich. Aus diesem Grund scheidet die Miete eines Domain-Namens aus (vgl. *Cichon* S. 95). Beim Domain-Pachtvertrag bleibt der Verpächter Inhaber der Vertrags-Domains. Dem Pächter wird ein Nutzungsrecht eingeräumt. Zu beachten sind im Rahmen der Vertragsgestaltung insbesondere haftungsrechtliche Fragen.

Die Domain-Verpachtung ist vom sog. Domain-Sharing zu unterscheiden. Im Falle des Domain-Sharing teilen sich zwei Domain-Inhaber eine Domain. Das Domain-Sharing ist in Form eines Lizenzvertrages oder durch Mitinhaberschaft an den Vertrags-Domains möglich. Im ersten Fall räumt der Domain-Inhaber als Lizenzgeber einem anderen das Recht ein, die Vertrags-Domain ebenfalls zu benutzen. Auf einer Indexseite kann der Internet-Nutzer sich für eine der in Frage kommenden Websites entscheiden. Die Mitinhaberschaft führt dazu, dass beide Parteien gleichberechtigte Inhaber der Domain sind. Praktische Beispiele existieren für beide Fälle.

2. Wahl des Formulars. Bei dem vorliegenden Formular handelt es sich um einen Pachtvertrag über einen oder mehrere Domain-Namen unter der Top-Level-Domain .de, die sämtlich bei der DENIC registriert sind. Bei dem vorliegenden Formular handelt es sich um einen Vertrag, dessen Vertragsgegenstand allein durch die Gesichtspunkte der Pacht, also die Einräumung der Nutzungsrechte an den Vertrags-Domains, bestimmt wird. Statt der Vereinbarung einer Pacht können die Parteien einen Verkauf der Domains vereinbaren, wenn die Vertrags-Domains nach Ablauf der Pachtzeit bei dem Domain-Inhaber verbleiben sollen. Erfolgt die Verpachtung im Rahmen der Verpachtung eines Betriebes, ist die Veräußerung nicht erforderlich. Der Pächter erlangt im Rahmen der Verpachtung der Vertrags-Domains eine schuldrechtliche Berechtigung. In seine Rechte an den Vertrags-Domains wird folglich weniger stark eingegriffen als bei Veräußerung der Domain-Namen. Bei Ende der Pachtzeit ist allenfalls ein Providerwechsel bzw. eine Korrektur der Angaben über den admin-c erforderlich. Ein vollständiger Rück-Transfer ist nicht notwendig.

Häufig werden in der Praxis Domain-Pachtverträge zwischen Providern und ihren Kunden abgeschlossen. Der Vertragsgegenstand ist dann regelmäßig weiter gefasst als in diesem Formular. Gegenstand solcher Verträge ist dann nicht nur die Verpachtung der Domain-Namen, sondern darüber hinaus auch die Anmeldung der vom Kunden ausgewählten Domains durch den Provider. Der Provider prüft im Auftrag des Kunden, ob die vom Kunden gewünschten Domains bereits vergeben sind. Ist dies nicht der Fall, beantragt der Provider die Registrierung der Domains. Als Domain-Inhaber wird der Provider selbst eingetragen. Nicht Gegenstand solcher Verträge sind regelmäßig die Bereitstellung von Speicherplatz für die Speicherung einer Website des Pächters oder die Verschaffung des Zugangs zum Internet. Im Domain-Beschaffungs-Vertrag ist Vertragsgegenstand ebenfalls die Anmeldung der vom Kunden ausgewählten Domains durch den Provider. Der Provider prüft, ob die vom Kunden ausgewählten Domains vergeben sind. Die rechtliche Struktur der Verträge unter Beteiligung eines Providers, insb. der Domain-Beschaffungs-Verträge ist in der Praxis häufig unklar. Die Abgrenzung zu Domain-Pachtverträgen, zu Access-Providing-Verträgen und Presence-Providing-Verträgen ist häufig schwierig.

3. Vertragsgegenstand. Durch den Pachtvertrag wird der Verpächter gem. § 581 BGB verpflichtet, dem Pächter den Gebrauch des verpachteten Gegenstands und den Genuss der Früchte, soweit sie nach den Regeln einer ordnungsgemäßen Wirtschaft als Ertrag anzusehen sind, während der Pachtzeit zu gewähren. Der Pächter ist verpflichtet, dem Verpächter die vereinbarte Pacht zu entrichten. Der Pachtvertrag ist ein Dauerschuldverhältnis. Die Verpachtung eines Domain-Namens ist gesetzlich nicht geregelt. Dies gilt ebenso für die Verpachtung einer Marke. Die Verpachtung eines Domain-Namens gibt dem Pächter ebenso wie im Fall der Verpachtung einer Marke ein schuldrechtliches Gebrauchsrecht (*Fezer* § 27 Rn. 44). Aufgrund der allg. Regelung der Pacht in § 581 BGB ist die konkludente Ermächtigung des Pächters zur Geltendmachung der Rechte aus dem gepachteten Domain-Namen regelmäßig – selbst ohne entsprechende ausdrückliche Bestimmung – vom Domain-Pachtvertrag erfasst (zum Begriff → Form. E. 1 Anm. 11). Aufgrund des Rechtscharakters der Pacht bleibt der Verpächter Inhaber der Domain-Namen.

Aufgrund der Aufgabe des Prinzips der Bindung der Marke an den Geschäftsbetrieb im MarkenG und der daraus resultierenden Fungibilität der Marke (→ Form. E. 1 Anm. 1) entstehen auch bei unterscheidungskräftigen Domain-Namen bei der Verpachtung an Dritte grundsätzlich – selbst wenn die Domain-Pacht nicht im Zusammenhang mit der Verpachtung eines Unternehmens oder eines Betriebes erfolgt – durch die Verpachtung der Domain-Namen keine rechtlichen Probleme.

4. Domain-Name. → Form. E. 1 Anm. 7; zur Rechtsnatur und Kennzeichenfunktion der Domain → Form. E. 1 Anm. 8.

5. Bezeichnung der Domain-Namen. zur Bedeutung der genauen Bezeichnung der Domain-Namen → Form. E. 1 Anm. 8.

6. DENIC. Die DENIC ist die Vergabe- und Verwaltungsstelle für die Top-Level-Domain .de (zu den Aufgaben der DENIC → Form. E. 1 Anm. 4).

7. Registrierung und Whois-Datenbank. → Form. E. 1 Anm. 10.

8. Pachtzins. Die Angemessenheit der Höhe des Pachtzinses ist schwierig zu ermitteln. *Huber/Dingeldei*, (Kapitel 10, 218) führen aus, dass der „jährliche Pachtzins üblicherweise etwa 1/10 des Wertes des Domain-Namens beträgt" (zum Kaufpreis und zur Domainbewertung → Form. E. 5 Anm. 16).

9. Fälligkeit. Das Formular sieht vor, dass der Pachtzins für den Zeitraum von verschiedenen Monaten oder Jahren im Voraus fällig wird. Hiervon abweichende Regelungen sind möglich.

10. Nebenkosten. Beabsichtigt der Pächter, die Vertrags-Domains von einem anderen Provider verwalten zu lassen, fallen für den Providerwechsel möglicherweise Kosten an. Das Formular sieht vor, dass solche Kosten vom Pächter zu übernehmen sind.

11. Vertragsdauer. Aufgrund des Charakters des Dauerschuldverhältnisses wird eine Domain-Pacht nur dann sinnvoll sein, wenn der Pachtvertrag eine bestimmte Dauer nicht unterschreitet. Das Formular sieht vor, dass der Pachtvertrag auf unbestimmte Zeit abgeschlossen wird. Vorstellbar ist auch eine festgelegte Vertragsdauer. In diesem Fall wird das ordentliche Kündigungsrecht häufig ausgeschlossen sein.

12. Eintragung in der DENIC-Datenbank („Whois"). Aufgrund des Rechtscharakters der Pacht bleibt der Verpächter Inhaber der Domain. Naturgemäß bleibt er deswegen auch als Domain-Inhaber in der öffentlichen DENIC-Datenbank („Whois") eingetragen. Besondere Probleme ergeben sich dann im Falle der Kollision mit anderen Kennzeichenrechten. Obwohl der Verpächter die Vertrags-Domains nicht nutzt, bleibt er als Domain-Inhaber Anspruchsgegner der durch die Benutzung der Vertrags-Domains möglicherweise verletzten Dritten (vgl. zur Haftung des Domain-Inhabers und des admin-c → Form. E. 1 Anm. 9).

13. Providerwechsel. Das Formular sieht vor, dass der Pächter berechtigt ist, einen Providerwechsel durchzuführen. Zum Providerwechsel und zur Domain-Übertragung → Form. E. 5 Anm. 12, 15. Auch im Fall des Providerwechsels findet kein Wechsel des Domain-Inhabers statt. Ohne gesonderte Vereinbarung (vgl. § 4 Abs. 3 des Form.) findet auch ein Wechsel des admin-c nicht statt.

14. Mitwirkungshandlungen des Verpächters im Fall des Providerwechsels. Die Mitwirkungshandlungen sind identisch wie im Fall des Domain-Kaufvertrags. Der Pächter informiert seinen Provider, dass ein Providerwechsel bevorsteht. Zur Übertragung der Domains → Form. E. 5 Anm. 11–13; zum Providerwechselschreiben → Form. E. 5 Anm. 15.

15. Beendigung des Pachtvertrages. Findet ein Providerwechsel statt, ist für den Fall der Beendigung des Pachtvertrages ein erneuter Providerwechsel erforderlich. Das Formular sieht vor, dass für den Fall der Beendigung des Pachtvertrages bereits bei Abschluss des Domain-Pachtvertrags der Pächter seine Zustimmung zu dem Freigabeantrag des Verpächters erteilt.

16. Admin-c. Das Formular sieht vor, dass der Pächter berechtigt ist, vom Verpächter eine Änderung des administrativen Kontaktes zu verlangen. Der admin-c ist nach Ziffer VIII. der Domainrichtlinien der DENIC die vom Domain-Inhaber benannte natürliche Person, die als sein Bevollmächtigter berechtigt und verpflichtet ist, sämtliche die Domain betreffenden Angelegenheiten verbindlich zu entscheiden. Der admin-c ist Ansprechpartner der DENIC. Häufig wird der Domain-Inhaber kein Interesse daran haben, dass Domain-Inhaber und admin-c auseinanderfallen. In diesem Fall enthält der Vertrag eine Klausel, wonach der Verpächter der Domain als Domain-Inhaber und admin-c in der DENIC-Datenbank eingetragen bleibt. Zur Haftung des admin-c → Form. E. 1 Anm. 13.

17. Vergabebestimmung der DENIC. → Form. E. 5 Anm. 20.

18. Gewährleistung. Es erscheint nicht sinnvoll, dem Verpächter eine Gewährleistung dafür aufzuerlegen dass mit den Vertrags-Domains keine Rechte Dritter verletzt werden. Die Beurteilung der Frage der Verwechslungsgefahr ist mit erheblichen Unsicherheiten belastet. Die Zusicherung des Verpächters, ihm seien keine kollidierenden Kennzeichen bekannt, kann sich als falsch erweisen. Es ist nicht nur im Interesse des Verpächters, sondern ebenso auch des Pächters, nach entgegenstehenden Rechten zu recherchieren. Der Pächter ist dazu ebenso wie der Verpächter in der Lage. Hervorzuheben ist, dass der

Verpächter als Domain-Inhaber Anspruchsgegner etwaiger durch die Benutzung der Vertrags-Domains verletzter Dritter bleibt. Ist der Pächter bzw. eine von ihm benannte natürliche Person, als admin-c in die DENIC-Datenbank aufgenommen worden, so soll der admin-c ausnahmsweise, wenn der Domain-Inhaber nicht exakt zu ermitteln ist, haften (→ Form. E. 1 Anm. 14).

19. Verteidigung der Vertrags-Domains. Die im Formular vorgesehene Erhaltungspflicht bildet für die Domain-Namen das Gegenstück zur Regelung der Erhaltungspflichten für das Inventar gem. § 582 Abs. 1 BGB. Vergleichbare Klauseln sind häufig nicht in Domain-Pachtverträgen enthalten. Der Verpächter behält als Domain-Inhaber die Möglichkeit jederzeit selbst zur Erhaltung, Verteidigung und Durchsetzung der Domains vorzugehen. Die in § 7 Abs. 2 vorgesehenen Informationspflichten dienen der Sicherung dieser Möglichkeit des Verpächters. In der Regel wird sich ein durch die Benutzung der Vertrags-Domains Verletzter unmittelbar an den Domain-Inhaber wenden. Aus diesem Grund ist die Frage der Kostentragung in § 7 Abs. 1 des Formulars problematisch. Die Pacht ist ihrer Natur nach zeitlich begrenzt. Die Registrierung einer Domain ist theoretisch zeitlich unbegrenzt möglich. Das bedeutet, dass es gerechtfertigt sein kann, bei kurzer Pachtzeit die Kosten für die Verteidigung der Domains im Fall von Kennzeichenkollisionen beim Verpächter als Inhaber der Domain-Namen zu belassen.

20. Inhalte. Aufgrund der beim Verpächter verbleibenden Domain-Inhaberschaft besteht die Gefahr, dass der Verpächter aufgrund der Inhalte, die der Pächter unter Benutzung der Vertrags-Domains über das Internet einstellt, in aufwendige Rechtsstreitigkeiten verwickelt wird. Das Formular sieht eine entsprechende Zusicherung des Pächters vor. Darüber hinaus stellt der Pächter in § 8 Abs. 2 den Verpächter von Ansprüchen, die aus der vom Pächter zu vertretenden Verletzung von geltendem Recht bzw. von Rechten Dritter resultieren, frei.

7. Vertrag über die gemeinsame Nutzung einer Domain

Domain-Sharing-Vertrag

Zwischen

. . . . .

– im folgenden „Verpflichteter" genannt –

und

. . . . .

– im folgenden „Berechtigter" genannt –

wird folgender Vertrag geschlossen:

§ 1 Vertragsgegenstand[1]

Die Parteien werden die Domain[2]. . . . . .de[3] („Vertrags-Domain") nach Maßgabe der folgenden Bestimmungen und unbeschadet der zum jetzigen Zeitpunkt bestehenden kennzeichenrechtlicher Rechtspositionen gemeinsam nutzen.

§ 2 Inhaberschaft und Aufrechterhaltung der Domain

(1) Der Verpflichtete ist Inhaber der Vertrags-Domain, die bei dem Interessenverbund Deutsches Network Information Center e.G. („DENIC")[4] registriert ist.[5]

(2) Der Verpflichtete ist verpflichtet, den Domain-Vertrag mit der DENIC aufrechtzuerhalten und die anfallenden Gebühren zu entrichten. Die Hälfte der Gebühren ist von dem Berechtigten zu erstatten. Der Verpflichtete kann insoweit vom Berechtigten Freistellung verlangen.

(3) Der Verpflichtete ist verpflichtet, die Vertrags-Domain nicht an Dritte außer an den Berechtigten zu übertragen.[6]

§ 3 Gewährleistung[7]

(1) Der Verpflichtete sichert zu, dass er Inhaber der Vertrags-Domain ist.

(2) Der Verpflichtete sichert zu, dass er in Bezug auf die Vertrags-Domain keine Abmahnungen wegen kennzeichenrechtlicher Kollisionen erhalten hat. Er sichert ferner zu, dass er auch nicht auf andere Weise Kenntnis von der Geltendmachung von Unterlassungs- oder Schadensersatzansprüchen gegen die Vertrags-Domain wegen kennzeichenrechtlicher Kollisionen erlangt hat.

(3) Von der Richtigkeit der Zusicherungen in Abs. 2 abgesehen ist jede Gewährleistung für Rechtsmängel ausgeschlossen.

§ 4 Verteidigung der Vertrags-Domain

Sollte eine der Parteien wegen der Registrierung oder Nutzung der Vertrags-Domain von einem Dritten auf Unterlassung oder Übertragung in Anspruch genommen werden, werden die Parteien die Vertrags-Domain auf der Grundlage ihrer jeweiligen rechtlichen Position verteidigen.[8] Beide Parteien ermächtigen sich insoweit gegenseitig dazu, ihre jeweiligen kennzeichenrechtlichen Positionen geltend zu machen.[9] Die Kosten der Rechtsverteidigung werden, soweit sie nicht von dem Dritten erlangt werden können, hälftig geteilt.

§ 5 Lizenzgebühr[10]

Der Berechtigte zahlt an den Verpflichteten für die Nutzung der Domain eine monatliche Lizenzgebühr in Höhe von EUR . . . . Der Betrag ist monatlich im Voraus fällig.

§ 6 Nutzung der Vertrags-Domain

(1) Die Parteien werden für die Vertrags-Domain eine gemeinsame Index-Seite als Startseite erarbeiten. Die Seite soll übersichtlich gehalten werden und deutlich erkennen lassen, dass es sich um eine gemeinsame Domain unterschiedlicher Unternehmen handelt, von der aus Links auf zwei eigenständige Web-Angebote führen. Beiden Parteien ist auf der Startseite der Vertrags-Domain eine gleichrangige räumliche und gestalterische Berücksichtigung zu verschaffen. Die Einstellung von Bannerwerbung auf die Vertrags-Domain bedarf beidseitiger Zustimmung; Erlöse aus Werbung werden in diesem Fall hälftig geteilt.

(2) Unterhalb der Index-Seite sind beide Parteien in der Gestaltung ihres jeweiligen Webangebotes frei und ausschließlich selbst verantwortlich. Sie werden ihre Webpräsenzen jedoch ausschließlich rechtmäßig und jeweils zur Förderung ihrer gegenwärtigen geschäftlichen Aktivitäten nutzen. Sie werden keine Inhalte einstellen, die die Interessen des jeweils anderen aufgrund der Tatsache gemeinsamer Domainnutzung wesentlich

beeinträchtigen könnte. Von etwaigen Ansprüchen Dritter, die auf Inhalten des jeweils eigenen Angebotes unter Einschluss eigener Inhalte auf der Startseite sowie verlinkter Inhalte beruhen, halten sie sich wechselseitig frei.[11]

(3) Die Aufnahme weiterer Nutzer werden die Parteien nur einvernehmlich ermöglichen.

§ 7 Kennzeichenrechte[12]

(1) Im Verhältnis der beiden Parteien zueinander bleiben die bei Abschluss dieses Vertrages bestehenden jeweiligen kennzeichenrechtlichen Rechtspositionen unverändert. Die Parteien verpflichten sich, einander bei Beendigung dieses Vertrages schuldrechtlich so zu stellen, wie sie bei Vertragsabschluss stehen.

(2) Während der Laufzeit dieses Vertrages gestatten die Parteien einander neben der gemeinsamen Nutzung der Vertrags-Domain die angemessene öffentliche Bekanntgabe ihrer Webadresse.

§ 8 Vertragsbeginn und –dauer, ordentliche Kündigung[13]

(1) Der Domain-Sharing-Vertrag tritt mit der Unterzeichnung in Kraft und wird auf unbestimmte Zeit geschlossen.

(2) Der Domain-Sharing-Vertrag kann von beiden Seiten mit einer Frist von . . . . . Monaten zum Monatsende durch schriftliche Erklärung gekündigt werden.

(3) Der Domain-Sharing-Vertrag endet ohne Kündigung, wenn der Verpflichtete rechtskräftig zur Übertragung der Vertrags-Domain an einen Dritten verurteilt wird. Er endet ferner, wenn eine der Parteien die Inhaberschaft der Vertrags-Domain oder deren Nutzung rechtskräftig untersagt wird oder eine Partei die Benutzung des Kennzeichens oder das Bereithalten eines Internet-Angebotes unter der Vertrags-Domain seit mindestens zwölf Kalendermonaten eingestellt hat; handelt es sich bei dieser Partei um den Verpflichteten, ist dieser zur Übertragung der Vertrags-Domain an den Berechtigten verpflichtet.

§ 9 Außerordentliche Kündigung

(1) Die Vertragsparteien können diesen Domain-Sharing-Vertrag aus wichtigem Grund mit sofortiger Wirkung kündigen.

(2) Ein wichtiger Grund liegt insbesondere vor, wenn der Berechtigte trotz Mahnung und Fristsetzung seiner Verpflichtung zur Zahlung der Nutzungsgebühr gem. § 5 nicht nachkommt.

§ 10 Domain-Inhaber, admin-c, tech-c

(1) Der Verpflichtete bleibt als Domain-Inhaber und admin-c in der öffentlichen DENIC-Datenbank („whois") eingetragen[14]

(2) Der Berechtigte ist berechtigt, vom Verpflichteten eine Änderung des technischen Kontaktes der Vertrags-Domain („tech-c")[15] auf die vom Berechtigten benannten Daten zu verlangen. In diesem Fall wird die DENIC entsprechend ihrer Domain-Richtlinien und – Bedingungen[16] die Daten in die whois-Datenbank aufnehmen. Diese Daten sind im Rahmen des DENIC-Abfrageservices öffentlich zugänglich und werden weitergegeben. Dem Berechtigten sind die Domain-Richtlinien und -Bedingungen der DENIC bekannt. Der Berechtigte erklärt für den Fall der Beendigung des Domain-Sharing-Vertrages bereits jetzt seine Zustimmung zur Änderung dieser Daten auf die vom Verpflichteten zu benennenden Daten.

§ 11 Gerichtsstand/anwendbares Recht

(1) Für sämtliche Streitigkeiten aus diesem Vertrag wird die Zuständigkeit des . . . . . vereinbart.

(2) Auf das Vertragsverhältnis findet deutsches Recht Anwendung.

§ 12 Schriftformklausel

(1) Mündliche oder schriftliche Nebenabreden zu diesem Vertrag wurden nicht getroffen.

(2) Änderungen oder Ergänzungen dieses Vertrages bedürfen zu ihrer Wirksamkeit der Schriftform. Dies gilt auch für die Aufhebung dieser Schriftformklausel.

§ 13 Salvatorische Klausel

Sollten einzelne Bestimmungen dieses Vertrages ganz oder teilweise unwirksam oder nichtig sein oder werden, so wird dadurch die Wirksamkeit des Vertrages im Übrigen nicht berührt. Die Parteien verpflichten sich, die unwirksame oder nichtige Bestimmung durch eine andere wirksame Bestimmung zu ersetzen, die dem gewollten wirtschaftlichen Zweck am nächsten kommt. Dasselbe gilt im Fall einer Lücke.

. . . . .

(Unterschrift Verpflichteter)

. . . . .

(Unterschrift Berechtigter)

Anmerkungen

1. Sachverhalt; Gemeinsame Nutzung. Zwei Inhaltsanbieter möchten ihr Internet-Angebot unter der gleichen Domain präsentieren. Zu dieser Ausgangssituation kann es insbesondere dann kommen, wenn beide Seiten die Domain für sich beanspruchen und die Rechtslage zweifelhaft bleibt. Aber auch bei bestehenden engen Beziehungen, z.B. im Konzern, ist eine gemeinsame Nutzung häufig sinnvoll. Das gleiche gilt für branchenbeschreibende Domains. Unter dem Gesichtspunkt des Interessenausgleichs könnte eine Teilhabe prinzipiell auch gerichtlich durchgesetzt werden (*Viefhues* MMR 2000, 334 [337 ff.], ferner *Linke* CR 2002, 271 [279]; vgl. auch LG Frankfurt aM Urt. 23.3.2001 – 3/12 O 4/01, MMR 2001, 542).

Anstelle der gemeinsamen, gleichgeordneten Nutzung sind alle Abstufungen ungleichgewichtiger Nutzung denkbar, vom bloßen Setzen eines Hyperlinks auf einer im übrigen durch den Domaininhaber frei gestalteten Startseite bis zu einer Gestaltung, in der der Domain-Inhaber weitgehend zurücktritt und dem Vertragspartner die Gestaltung überlässt.

2. Domain-Name. → Form. E. 1 Anm. 7; zur Rechtsnatur und Kennzeichenfunktion der Domain → Form. E. 1 Anm. 8.

3. Bezeichnung der Domain. Zur Bedeutung der genauen Bezeichnung der Domain-Namen → Form. E. 5 Anm. 8

4. DENIC. Die DENIC ist die Vergabe- und Verwaltungsstelle für die Top-Level-Domain .de (zu den Aufgaben der DENIC → Form. E. 1 Anm. 4.

5. Registrierung und Whois-Datenbank. → Form. E. 5 Anm. 10

6. Übertragungsverbot. Der Partner des Domaininhabers muss sich nicht mit dem bloßen Übertragungsverbot begnügen. Als temporäres Sicherungsmittel kommt ein Dispute-Eintrag bei DENIC in Betracht. Häufig bietet sich die Errichtung einer gemeinsamen Gesellschaft bürgerlichen Rechts an. Das Recht zur Nutzung der Domain kann, sofern die zuständige Registratur die Abtretung nicht verboten hat, verpfändet (*Viefhues* Kapitel 6, Rn. 386) oder zum Gegenstand eines Nießbrauchrechts gemacht werden.

7. Gewährleistung des Domain-Inhabers. Bei der hier zugrunde gelegten Fallkonstellation ist eine Haftung des Domain-Inhabers für die Freiheit der Domain von Drittrechten nicht sinnvoll. Die kennzeichenrechtliche Situation bleibt zwischen den Parteien des Rechtsgeschäfts ungeklärt. Ein Entzug der Domain durch Dritte betrifft beide Seiten gleichermaßen. In anderen Fällen, insbesondere bei vermietungsähnlichen Gestaltungen, kann dies anders zu beurteilen sein. → Form. E. 6 Anm. 18.

8. Haftung für Inhalte. Der Hinweis soll klarstellen, dass die gemeinsame Rechtsverteidigung sich nur auf die Domain als solche bezieht, nicht dagegen auf die von jeder Partei in eigener Verantwortung angebotenen Inhalte.

9. Gemeinsame Rechtsverteidigung. Da kennzeichenrechtliche Rechtseinräumungen in der Regel nicht gewollt sind und auch nicht erforderlich erscheinen, begnügt die Regelung sich mit einer Ermächtigung, die sachrechtlich die Ausübung des dem anderen zustehenden Rechts und prozessual eine gewillkürte Prozessstandschaft ermöglichen soll.

10. Entgelt. Ob und in welcher Höhe ein Entgelt für den Inhaber der Domain vereinbart wird, hängt von der Interessenlage ab. Hat der Vertrag den Charakter eines Vergleichs vor dem Hintergrund eines Streits um die Domain, wird in der Regel kein Entgelt gezahlt.

11. Haftungsfreistellung. Die Freistellungsverpflichtung erfolgt vorsorglich, denn die über Links zu erreichenden Inhalte des jeweils anderen Vertragspartners werden bei der hier zugrunde gelegten Gestaltung wohl nicht als eigene Inhalte im Sinne des § 7 Abs. 1 TMG angesehen werden können. Allerdings ist unter Beachtung der aktuellen Rechtsprechung des EuGH (EuGH C-160/15) die Rechtslage in Bezug auf die Haftung für durch „Hyperlinks" verlinkte Inhalte konkretisiert worden, wenn die Website gewerbliche Zwecke, insbesondere eine Gewinnerzielungsabsicht, verfolgt. Hierbei kommt es nach Ansicht des LG Hamburg bisher allein auf die Gewerblichkeit der Website insgesamt an (LG Hamburg Az. 310 O 402/16). Eine Haftung ist somit nur dann gegeben, wenn der Betreiber der Referenzseite sich den verlinkten Inhalt durch Einbettung in sein eigenes Angebot „zu eigen" macht. Dies kann insbesondere bei der Verwendung von Frame-Techniken und beim „Inline-Linking" der Fall sein. Wird der Link dagegen lediglich im Rahmen eines Fundstellennachweises oder – wie hier – nur als technische Weiche eingesetzt, spricht viel für eine bloße Zugangsvermittlung, für die nur unter bestimmten Voraussetzungen gehaftet wird (§ 8 TMG).

12. Kennzeichenrechte. Die Benutzung einer Domain führt regelmäßig zumindest zum Erwerb einer namensrechtlichen Position (vgl. OLG Düsseldorf Urt. 17.11.1998 – 20 U 162/97, NJW-RR 1999, 626 – ufa.de), was bei einer Verwendung einer gemeinsamen Domain durch zwei Nutzer nicht anders zu beurteilen sein wird. Regelmäßig wird von den Parteien jedoch nicht beabsichtigt sein, sich jeweils schon durch die Tatsache gemeinsamer Nutzung der Domain kennzeichenrechtlich in weiterem Umfang zu präjudizieren, als dies unvermeidlich ist, zB bezüglich der prozessualen Möglichkeit wettbewerbsrechtlicher Eilmaßnahmen.

13. Vertragsbeendigung. Die Beendigungsregelungen sind vor allem dann besonders sensibel, wenn das Vertragsverhältnis vor dem Hintergrund eines Streites um die Domain eingegangen worden ist. Im Interesse einer Verfestigung des gemeinsamen Nutzungsverhältnisses kann etwa vorgesehen werden, dass der Kündigende aus der gemeinsamen

Nutzung der Domain ausscheidet und, falls es sich um den Domaininhaber handelt, die Domain an die andere Seite übertragen muss. Sinnvoll kann auch sein, beiden Seiten Optionsrechte mit der Maßgabe zu gewähren, dass zu einem von einer Seite vorgeschlagenen Preis die andere Seite die Domain nach eigener Wahl entweder verkaufen muss oder kaufen kann („Cross-Option"), so dass die Entscheidung über den Verbleib der Domain auf der Grundlage der Wertschätzung beider Parteien fällt.

14. **Eintragung in der DENIC-Datenbank („Whois"), admin-C.** Der Verpflichtete ist naturgemäß als Domain-Inhaber in der öffentlichen DENIC-Datenbank („whois") eingetragen. Besondere Probleme ergeben sich im Falle der Kollision mit anderen Kennzeichenrechten. Als Domain-Inhaber bleibt der Verpflichtete Anspruchsgegner der durch die Benutzung der Vertrags-Domain möglicherweise verletzten Dritten (zur Haftung des Domain-Inhabers und des admin-c → Form. E. 1 Anm. 14). Zum dmin-c → Form. E. 1 Anm. 13.

15. **Technischer Ansprechpartner („Tech-C").** Zum technischen Ansprechpartner („tech-c") → Form. E. 2 Anm. 16. Um ein gegenseitiges Einwirken auf die Vertrags-Domain zu gewährleisten, empfiehlt es sich, den Inhaber der Domain als admin-c und den Berechtigten als technischen Ansprechpartner bei der Registrierungsstelle DENIC eintragen zu lassen.

16. **Domainbedingungen und Domainrichtlinien der DENIC.** Die Domainbedingungen und Domainrichtlinien der DENIC können eingesehen werden unter https://www.denic.de/domainbedingungen/ und unter https://www.denic.de/domainrichtlinien/.

F. Websiteverträge

Herstellung einer Website

1. Webdesign-Vertrag

Zwischen

. . . . . .

                                           – nachstehend „Auftraggeber" genannt –

und

. . . . . .

                                           – nachstehend „Webdesigner" genannt –

wird folgender Vertrag[1] geschlossen:

§ 1 Vertragsgegenstand

Gegenstand dieses Vertrages ist die Entwicklung und Erstellung einer Website für den Auftraggeber, mit welcher dieser im Internet auftreten kann.[2] Die Website setzt sich aus einer Mehrzahl einzelner Webseiten (html-, shtml-, xml-, asp-, php- oder sonstige Datei) zusammen/besteht aus einer einzigen Frontend-Datei in . . . . . .-Code, die mit einer . . . . . .-Applikation verbunden wird, so dass sie dem Nutzer dynamische Inhalte anzeigt, die auf den Inhalten einer . . . . . .-Datenbank basieren.[3] In den Programmcode der Webseite/n werden weitere Elemente (wie Bild-, Ton- oder Videodateien oder interaktive Programmcodes in anderen Programmiersprachen) eingebunden.

§ 2 Entwicklung der Website durch den Webdesigner

(1) Der Webdesigner entwickelt zunächst ein Konzept für die Website, welches die geplante Anzahl und die wesentlichen Elemente jeder einzelnen Webseite sowie ihre Verknüpfung untereinander aufzeigt.[4]

Für das Konzept der Website verpflichtet sich der Webdesigner zur Vorlage von . . . . . . unterschiedlichen Vorschlägen (Konzeptvorschläge), sofern nicht der Auftraggeber vor der Vorlage der vollen Anzahl geschuldeter Konzeptvorschläge bereits einem bestimmten Vorschlag schriftlich zugestimmt hat.[5]

(2) Bei der Entwicklung des Konzepts hat der Webdesigner die Einbindung der folgenden Bestandteile zu berücksichtigen:[6]

(a) mind . . . . . . Webseiten
(b) mind . . . . . . Bilddateien (Fotos, Grafiken)/folgende Bilddateien: . . . . . .
(c) mind . . . . . . Tondateien/folgende Tondateien: . . . . . .
(d) mind . . . . . . Videodateien/folgende Videodateien: . . . . . .
(e) mind. folgende interaktive Elemente: . . . . . . (Shoppingfunktion, Spiele oÄ)
(f) folgende Gestaltungselemente (zB Buttons, Maillinks etc): . . . . . .

(3) Nach Vorlage der geschuldeten Anzahl von Konzeptvorschlägen hat der Auftraggeber den von ihm gewünschten Vorschlag innerhalb von zwei Wochen gegenüber dem Webdesigner schriftlich freizugeben.[7] Erfolgt keine Freigabe und fehlt es an einer Ablehnung bestimmter Merkmale eines der Konzeptvorschläge,[8] so kann der Webdesigner nach Ablauf der Zweiwochenfrist auf der Basis eines nicht gerügten Konzepts mit der Erstellung der Website fortfahren. Lehnt der Auftraggeber den Konzeptvorschlag/die Konzeptvorschläge des Webdesigners in jeweils wesentlich geänderter, den Wünschen des Auftraggebers Rechnung tragender Version mehr als drei Mal[9] ab, so hat der Webdesigner das Recht, den Vertrag zu beenden und die für die Konzeptentwicklungsphase anteilig vereinbarte bzw. eine angemessene anteilige Vergütung zu verlangen.

(4) Nach Freigabe eines Konzeptvorschlags durch den Auftraggeber erstellt der Webdesigner auf dessen Grundlage zunächst einen Prototypen der Website.[10] Dieser Prototyp hat den geplanten Seitenaufbau (Optik und inhaltliche Elemente), die Struktur und die Navigation der einzelnen Webseiten sowie ihre Verknüpfung untereinander anzudeuten. Konkrete Inhalte können mit Blindtext und Platzhaltern angedeutet werden. Für die Freigabe des Prototypen gilt Abs. 3 entsprechend.

§ 3 Erstellung der Website durch den Webdesigner

(1) Nach Freigabe des Konzepts[11] durch den Auftraggeber oder dem rügelosen Verstreichen der Zwei-Wochen-Frist gem. § 1 Abs. 3 S. 2 dieses Vertrages erstellt der Webdesigner die Website entsprechend dem Konzept durch Programmierung des html-, shtml, xml-, asp-, php- oder sonstigen Codes einer jeden einzelnen Webseite, sowie durch Einbindung der vereinbarten Elemente in die Codes der Webseiten und durch Verknüpfung der einzelnen Webseiten untereinander gemäß der vorgesehenen Struktur. Dabei hat er die in § 2 Abs. 2 dieses Vertrages festgelegten Elemente in der im Konzept vorgesehenen Art und Weise in die Website aufzunehmen.[12]

(2) Der Webdesigner hat die programmierten Webseiten wie folgt zu optimieren:

- [13]Browser: Microsoft Internet Explorer (Version . . . . . .), Safari (Version . . . . . .), Firefox (Version . . . . . .), Chrome (Version . . . . . .), Opera (Version . . . . . .)/alle zum Zeitpunkt des Vertragsschlusses gängigen Browserarten. Bildschirmauflösung: . . . . . ., ..., ...
- Mobile Endgeräte:[14]. . . . . ., ..., ... Auflösung: . . . . . ., ..., ...

Die erstellten Seiten haben bei Verwendung der Browserversion, für die sie optimiert wurden, fehlerfrei und ohne Beeinträchtigung der Seitenoptik abrufbar zu sein. Hyperlinks, die auf Unterseiten innerhalb der erstellten Website verweisen, müssen einwandfrei funktionieren. Für sonstige Hyperlinks ist eine Funktionskontrolle im Zeitpunkt ihrer Anlage vorzunehmen. Benötigte Browser-Plugins müssen entweder in der Browserversion, für die die Seite optimiert wurde, standardmäßig enthalten sein oder durch Anklicken von nicht mehr als zwei weiteren Links herunterladbar gemacht werden.

(3)[15] Soweit die Beschaffung von Inhaltselementen der Website (wie Bild-, Ton-, Videodateien, Texte, Logos, interaktive Elemente, Software ua) nicht gem. § 8 Abs. 2 dieses Vertrages Sache des Auftraggebers ist, verpflichtet sich der Webdesigner, diese Elemente vorrangig aus allgemein zugänglichen Datenbanken und nur ersatzweise direkt vom Rechteinhaber,[16] zu beschaffen sowie die betreffenden Nutzungsrechte im Namen und für Rechnung des Auftraggebers zu erwerben.

(4) Der Webdesigner hat die erstellte Website nach Fertigstellung in den Verfügungsbereich des Auftraggebers zu übertragen.[17] Er kann dies durch Heraufladen der Daten auf einen vom Auftraggeber angegebenen und durch Übermittlung der Zugangsdaten

zugänglich gemachten Server, durch Übergabe eines körperlichen Datenträgers oder auf sonstige, dem Auftraggeber zumutbare Weise bewerkstelligen. Auf Wunsch des Auftraggebers ist der Webdesigner verpflichtet, beim Heraufladen der erstellten Website auf einen Webserver telefonisch Hilfestellung zu leisten und an einer Überprüfung der Funktionstüchtigkeit der Website teilzunehmen.

§ 4 Urheberrechtliche Nutzungsrechtseinräumung, Namens- und Kennzeichenrechte

(1) Die an der Gesamt-Website, den einzelnen Unterseiten sowie ggf. eingebundenen Elementen entstehenden Urheberrechte liegen beim Webdesigner.[18] Sämtliche Nutzungsrechte[19] hieran für alle bekannten und unbekannten[20] Nutzungsarten räumt der Webdesigner ausschließlich[21] und ohne inhaltliche, räumliche oder zeitliche Beschränkung vollumfänglich dem Auftraggeber ein. Die Rechtseinräumung ist insbesondere nicht auf Nutzungen im Internet beschränkt, sondern umfasst auch die Verwertung auf andere Arten und Weisen, zB in Rundfunk und Fernsehen, auf CD-ROM, in Printversionen sowie auf alle anderen möglichen Arten.

Die Nutzungsrechte bleiben auch nach Beendigung der Geschäftsbeziehung zwischen dem Auftraggeber und dem Webdesigner bis zum Ende der gesetzlichen Schutzfrist beim Auftraggeber. Die Nutzungsrechtseinräumung gilt auch für Rechte, die auf Grund neuer Gesetzeslage oder aus anderen Gründen nachträglich entstehen.[22] Alle Rechte sind durch den Auftraggeber ganz oder teilweise weiter übertragbar und unterlizenzierbar.[23] Die Rechtseinräumung wird gem. § 158 Abs. 1 BGB jedoch erst wirksam, wenn der Auftraggeber die gem. § 7 dieses Vertrages geschuldete Vergütung samt bisheriger Auslagen vollständig bezahlt hat.[24] Der Webdesigner kann eine Verwertung der Website oder einzelner Elemente vor diesem Zeitpunkt vorläufig erlauben. Ein Übergang der Rechte nach diesem Paragraphen findet dadurch nicht statt.

(2) Im Hinblick auf etwaig von dieser Nutzungsrechtseinräumung nicht erfasste Nutzungsarten räumt der Webdesigner dem Auftraggeber eine Option zu angemessenen Bedingungen sowie ein Eintrittsrecht in jeden Vertrag zwischen dem Webdesigner und einem Dritten in Bezug auf die vertragsgegenständliche Website und alle hierfür geschaffenen Werke zu denselben Bedingungen ein.[25]

(3) Der Auftraggeber ist berechtigt, die vertragsgegenständliche Website auch in Verbindung mit anderen Werken auszuwerten, sie zu bearbeiten, nachträglich zu ändern, zu ergänzen, zu erweitern, ganz oder teilweise auszutauschen oder zu löschen, sie selbst oder durch andere Webdesigner umzugestalten, zu zerlegen, neu zusammenzusetzen oder in andere Sprachen zu übersetzen.[26] Der Webdesigner wird in Bezug auf die Website oder einzelne Webseiten keinen Entstellungsschutz in Anspruch nehmen, außer wenn ein gröblicher Verstoß gegen seine Urheberpersönlichkeitsinteressen vorliegt.[27] Im Zweifel kann der Webdesigner verlangen, dass er im Zusammenhang mit der veränderten Website nicht bzw. nicht mehr genannt wird. In Bezug auf vom Webdesigner geschaffene Elemente der Website, wie zB Texte, Bilder oder interaktive Elemente, nimmt der Webdesigner Entstellungsschutz nur in Fällen gröblichen Verstoßes gegen seine Urheberpersönlichkeitsinteressen in Anspruch, es sei denn, der Auftraggeber hat an ihrer uneingeschränkten Verwertbarkeit kein berechtigtes Interesse.[28]

(4) Der Webdesigner ist nichtausschließlich berechtigt, die vertragsgegenständliche Website jederzeit zu Demonstrationszwecken oder als Referenz für seine Arbeit zu benutzen.[29] Zu diesem Zwecke kann er ua Vervielfältigungen einzelner Teile der Website (zB Thumbnails), insbesondere der Startseite, herstellen, die Website öffentlich zeigen, ausstellen, vorführen, senden oder auf sonstige Weise verwerten. Er muss hierbei jedoch stets auf die Rechte des Auftraggebers Rücksicht nehmen, auf diese an der üblichen Stelle

hinweisen und diesen nennen. Das Recht erstreckt sich auf die vertragsgegenständliche Website in der vom Webdesigner abgelieferten Version sowie auf spätere Versionen, sofern der ursprüngliche Gestaltungsgehalt gegenüber den Veränderungen nicht völlig in den Hintergrund getreten ist. Bei der Nutzung nicht mehr vom Auftraggeber genutzter (inaktueller) Versionen der Website ist auf die berechtigten Interessen des Auftraggebers (zB an einer Entfernung rechtswidriger, anstößiger oder veralteter Inhalte oder an einem völlig veränderten Designkonzept) angemessene Rücksicht zu nehmen; insbesondere kann der Webdesigner verpflichtet sein, nur noch die aktuelle, auch seitens des Auftraggebers öffentlich zugängliche Version der Website zu nutzen, soweit diese noch in erheblichem Umfang Arbeitsergebnisse von ihm enthält.

(5) Der Webdesigner ermächtigt den Auftraggeber als Inhaber der ausschließlichen Nutzungsrechte hiermit unwiderruflich, die ihm übertragenen Rechte gegen Rechtsverletzer jederzeit im eigenen Namen geltend zu machen, insbesondere im eigenen Namen gegen jede unzulässige Verwendung der Website, einzelner Webseiten oder einzelner Elemente vorzugehen. Das Recht des Webdesigners, selbst gegen diese unzulässigen Verwendungen vorzugehen, ist ausgeschlossen.

(6) Der Webdesigner hat Anspruch auf Nennung seines Namens als Urheber in Form eines Vermerks auf jeder von ihm erstellten Webseite.[30] Er darf diesen Copyright-Vermerk selbst anbringen und der Auftraggeber ist nicht dazu berechtigt, ihn ohne Zustimmung des Webdesigners zu entfernen. Bei nachträglichen Veränderungen der Website, die über deren bloße Aktualisierung hinausgehen, hat der Auftraggeber den Copyright-Vermerk entsprechend zu aktualisieren und auf die nachträgliche Veränderung hinzuweisen.

(7) Sämtliche an der Website oder einzelnen ihrer Teile oder durch Benutzung auf der Website entstehende Namens-, Titel- und Kennzeichenrechte liegen beim Auftraggeber.[31]

(8) Der Webdesigner ist verpflichtet, dem Auftraggeber – gegen Zahlung von . . . . . . EUR – den Source-Code bzw. die Projekt-Original-Dateien der von ihm verwendeten Tools auch solcher von ihm programmierter Elemente der Website herauszugeben, bei denen diese aus der fertig gestellten Website nicht ohne weiteres direkt ablesbar oder rekonstruierbar sind.[32]

§ 5 Beschaffung einer Internet-Domain[33]

(1) Der Webdesigner übernimmt die Beschaffung der Internet-Domain(s), unter der die vertragsgegenständliche Website abrufbar gemacht werden soll. Die Domain(s) soll(en) lauten: . . . . . . Der Webdesigner übernimmt keine Gewähr für die Verfügbarkeit der gewünschten Domain oder die Nichtverletzung fremder Rechte (zB Namens-, Marken- oder Titelrechte) durch die Registrierung der gewünschten Domain auf den Auftraggeber.[34] Falls die gewünschte(n) Domain(s) nicht mehr verfügbar sein sollte(n), sind alternativ die Domains . . . . . . zu beschaffen. Gelingt auch dies nicht, so hat der Webdesigner in Absprache mit dem Auftraggeber eine andere, verfügbare Domain zu beschaffen, die der ursprünglich gewünschten Domain möglichst ähnlich ist. Vorschläge für solche Alternativdomains hat der Webdesigner zu machen. Die Einholung von Rechten an von der zuständigen Vergabestelle bereits für Dritte registrierten Domains obliegt dem Webdesigner nicht.

(2) Hat der Webdesigner die Beschaffung der Domain übernommen, so hat er diese auf den Namen und für Rechnung des Auftraggebers zu registrieren[35] und auf Verlangen des Auftraggebers jederzeit die Übertragung auf einen anderen Provider zu veranlassen. Insbesondere bei der Auswahl des Domainnamens und der Registrierungsstelle sowie bei den Verhandlungen über die Konditionen hat der Webdesigner die Vermögensinteressen

des Auftraggebers selbstständig wahrzunehmen und seine Sachkunde im Dienste des Auftraggebers einzusetzen. Über den Stand und Verlauf seiner Unternehmungen in dieser Angelegenheit hat er dem Auftraggeber auf Verlangen jederzeit Auskunft zu geben und Rechenschaft abzulegen.[36]

(3) Sämtliche an der Domain erworbenen Rechte und Namensrechte liegen beim Auftraggeber.[37]

§ 6 Beschaffung von Webserver-Speicherplatz[38]

(1) Der Webdesigner übernimmt die Beschaffung von Webserver-Speicherplatz, auf dem die vertragsgegenständliche Website abgelegt werden soll. Der Webdesigner hat dem Auftraggeber Vorschläge für geeignete Anbieter zu machen und nach Absprache mit dem Auftraggeber den Vertrag abzuschließen.[39]

(2) Hat der Webdesigner die Beschaffung des Webserver-Speicherplatzes übernommen, so hat er dies im Namen und für Rechnung des Auftraggebers zu tun und auf Verlangen des Auftraggebers jederzeit die Berechtigung des Auftraggebers zu bescheinigen. Insbesondere bei der Auswahl des Providers und bei den Vertragsverhandlungen hat der Webdesigner die Vermögensinteressen des Auftraggebers selbstständig wahrzunehmen und seine Sachkunde im Dienste des Auftraggebers einzusetzen. Über den Stand und Verlauf seiner Unternehmungen in dieser Angelegenheit hat er dem Auftraggeber auf Verlangen jederzeit Auskunft zu geben und Rechenschaft abzulegen.[40]

§ 7 Vergütung und Auslagenersatz

(1) Der Webdesigner erhält für seine Leistungen nach diesem Vertrag eine Vergütung in Höhe von insgesamt pauschal . . . . . .[41]

(2) Erbringt der Webdesigner im Einvernehmen mit dem Auftraggeber Leistungen, die über den Umfang seiner vertraglichen Verpflichtung hinausgehen, oder erbringt er Leistungen, die erst auf Grund von Pflicht- oder Obliegenheitsverletzungen des Auftraggebers erforderlich geworden sind, so erhält er hierfür eine zusätzliche Vergütung iHv . . . . .EUR pro Stunde.[42]

(3) Alle Vergütungen verstehen sich zuzüglich der gesetzlichen Mehrwertsteuer, sofern der Webdesigner im Zahlungszeitpunkt der Umsatzsteuerpflicht unterliegt oder auf sie optiert hat und dies dem Auftraggeber jeweils bekannt ist. Entsteht die Umsatzsteuerpflicht oder die Option auf sie nachträglich, so kann die Mehrwertsteuer bis zum Ende des laufenden Kalenderjahres unter Vorlage der Mehrwertsteuerpflicht-Bescheinigung des zuständigen Finanzamtes gegen Rechnungsstellung nachgefordert werden. Danach erlischt die Forderung auf Umsatzsteuer-Erstattung.

(4) Die Parteien vereinbaren Abschlagszahlungen auf die Vergütung iHv monatlich . . . . . . EUR[43] – maximal jedoch in Höhe des anteiligen Wertes der bereits erbrachten Leistungen. Die Abschlagszahlung ist jeweils am ersten eines Monats im Voraus zur Zahlung fällig.

(5) Der Webdesigner hat Anspruch auf Ersatz seiner folgenden Auslagen:[44]

(a) Ausgaben, die der Webdesigner zur Beschaffung von Inhaltselementen durch den Webdesigner gem. §§ 3 Abs. 3, 8 Abs. 3 dieses Vertrages für erforderlich halten durfte (zB Lizenzgebühren);

(b) Ausgaben, die der Webdesigner zur Beschaffung der Internet-Domain(s) gem. § 5 dieses Vertrages für erforderlich halten durfte;

(c) Ausgaben, die der Webdesigner zur Beschaffung von Webserver-Speicherplatz gem. § 6 dieses Vertrages für erforderlich halten durfte;

(d) Ausgaben, die dadurch entstehen, dass der Auftraggeber die nochmalige Änderung von bereits freigegebenen Teilen der Website verlangt, deren Änderung gem. § 11 Abs. 2 dieses Vertrages nicht mehr verlangt werden konnte.

(e) Sonstige Auslagen: . . . . .

§ 8 Mitwirkungspflichten des Auftraggebers

(1) Der Auftraggeber hat dem Webdesigner alle zur Entwicklung des Konzepts (bzw. Prototypen) notwendigen Informationen rechtzeitig mitzuteilen und Wünsche rechtzeitig zu äußern.

(2) Spätestens nach Freigabe des Konzepts (bzw. des Prototypen) hat der Auftraggeber dem Webdesigner alle zur Entwicklung und Erstellung der Website erforderlichen Inhalte in folgender Form zur Verfügung zu stellen:

(a) Texte: . . . . . . (zB scanbare Druckseiten, Word-Dokumente, .rtf)
(b) Bilder, Grafiken (inkl. Logos, ggf. Buttons): . . . . . . (zB .jpg, .gif, .psd, .tif, scanbare Photoabzüge)
(c) Videos: . . . . . . (zB YouTube-Link, Flash, HTML5, windows media, MPG, DVD)
(d) Informationen für interaktive Funktionen: . . . . . .

Für die Beschaffung und den Rechteerwerb an diesen Inhalten ist allein der Auftraggeber verantwortlich.

(3) Der Auftraggeber beauftragt den Webdesigner gem. § 3 Abs. 4 dieses Vertrages mit der Beschaffung der folgenden Inhaltselemente:[45] . . . . . .

Er kann den Webdesigner während der Erstellung mit der Beschaffung weiterer Inhaltselemente beauftragen, die dieser jedoch innerhalb von fünf Arbeitstagen ablehnen kann.

(4) Der Auftraggeber hat dem Webdesigner folgende Informationen spätestens unverzüglich nach Freigabe des Konzepts (bzw. des Prototypen) in folgender Form zur Verfügung zu stellen:

(a) Metatext-Informationen: schriftlich oder per E-Mail;
(b) Vorgaben und Weisungen für die Gestaltung der Website: schriftlich oder per -Mail;
(c) technische Vorgaben (URL, Host, Mailweiterleitung uÄ): schriftlich oder per -Mail;
(d) Sofern der Webdesigner zum Heraufladen der fertigen Website auf einen Webserver berechtigt oder verpflichtet ist, so hat der Auftraggeber so bald als möglich, spätestens jedoch zum Zeitpunkt der Fertigstellung der Website die Zugangsdaten (URL, Benutzername und Passwort) des betreffenden Servers zur Verfügung zu stellen.

§ 9 Aufklärungspflichten/Eintrag in Suchmaschinen

(1) Aufgrund der besonderen Sachkunde des Webdesigners ist dieser dem Auftraggeber zur Aufklärung und Beratung über die Besonderheiten, Möglichkeiten und Verkehrssitten im Internet verpflichtet.[46] Sie erstreckt sich insbesondere auch auf die Frage, ob bestimmte, vom Auftraggeber gewünschte Gestaltungen oder Inhalte überhaupt umgesetzt werden können und der Erfahrung nach dem vom Auftraggeber angestrebten Zweck dienlich sind. Die Aufklärungspflicht erstreckt sich auch auf rechtliche Gegebenheiten, sofern diese innerhalb der beteiligten Verkehrskreise als bekannt vorausgesetzt werden können und der Webdesigner sie kannte.[47]

(2) Der Webdesigner ist verpflichtet, die fertig gestellte Website in die folgenden Suchmaschinen einzutragen bzw. sie im Rahmen des rechtlich Zulässigen auf Auffindbarkeit in den folgenden Suchmaschinen hin zu optimieren:[48] . . . . . .

§ 10 Leistungszeit und Kündigung

(1) Die gem. § 2 Abs. 1 S. 2 geschuldete Anzahl von Konzeptvorschlägen[49] ist dem Auftraggeber bis . . . . . . vorzulegen. Die Nichteinhaltung dieses Termins ist für den Webdesigner unschädlich, wenn und soweit die Verzögerung auf der Verletzung von Pflichten oder Obliegenheiten durch den Auftraggeber beruht.

(2) Die Website soll bis spätestens . . . . . . fertiggestellt und bereit sein, der Öffentlichkeit zugänglich gemacht zu werden. Die Nichteinhaltung dieses Termins ist für den Webdesigner unschädlich, wenn und soweit die Verzögerung auf der Verletzung von Pflichten oder Obliegenheiten durch den Auftraggeber beruht.

(3) Dieser Vertrag kann von beiden Seiten bei erheblichen Pflichtverletzungen des anderen Teils vorzeitig beendet werden, insbesondere wenn der Webdesigner die weitere Erfüllung ablehnt, der Auftraggeber seinen Mitwirkungspflichten gem. § 8 dieses Vertrags nachhaltig nicht nachkommt oder der Auftraggeber fällige Abschlagszahlungen gem. § 7 Abs. 4 dieses Vertrages nicht leistet.[50] Die Beendigung dieses Vertrages setzt eine vorherige Mahnung bzw. Abmahnung und Nachfristsetzung[51] voraus, es sei denn die weitere Vertragserfüllung ist unmöglich oder von der anderen Vertragspartei ernsthaft und endgültig abgelehnt worden.

(4) Der Auftraggeber kann den Vertrag darüber hinaus auch ohne wichtigen Grund jederzeit beenden. Hiervon bleibt der Vergütungsanspruch des Webdesigners jedoch unberührt, abzüglich ersparter Aufwendungen und Einnahmen aus anderweitiger Verwendung des bisherigen Arbeitsergebnisses oder der für den Auftraggeber vorgesehenen Kapazitäten.[52]

(5) Bei wirksamer Beendigung dieses Vertrages durch den Auftraggeber gehen alle Nutzungsrechte an bereits erstellten Webseiten sowie das Eigentum an allen Verkörperungen hiervon gegen Zahlung in Höhe des Wertes der bereits erbrachten Leistungen auf den Auftraggeber über.[53]

§ 11 Abnahme und Zahlung

(1) Nach Fertigstellung der Website und ihrer Übertragung in den Verfügungsbereich des Auftraggebers gem. § 3 Abs. 4 dieses Vertrages ist der Auftraggeber innerhalb von 5 Werktagen zu ihrer schriftlichen Abnahme verpflichtet, sofern sie den vertraglichen Spezifikationen sowie dem freigegebenen Konzept (bzw. Prototypen) entspricht.

(2) Der Webdesigner ist jederzeit berechtigt, dem Auftraggeber Teile der Website zur vorgezogenen Teilabnahme vorzulegen, die der Auftraggeber zu erteilen hat, wenn der Teil in dieser Form einer Beurteilung zugänglich ist und den Spezifikationen sowie dem Konzept (bzw. dem Prototypen) entspricht. Einmal abgenommene Teile der Website können vom Auftraggeber später nicht mehr abgelehnt oder ihre Änderung verlangt werden, soweit nicht Umstände vorliegen, die der Auftraggeber zum Zeitpunkt der Teilabnahme noch nicht erkennen konnte. Umfang und Zeitpunkt der Vergütungspflicht bleibt von einer Teilabnahme unberührt und richtet sich ausschließlich nach den Abs. 1 und 3 dieses Paragraphen sowie nach § 7 dieses Vertrages.

(3) Nach der Gesamt-Abnahme der fertig gestellten Website ist die Gesamtvergütung, abzüglich bereits geleisteter Abschlagszahlungen, dem Auftraggeber in Form einer Schlussrechnung in Rechnung zu stellen. Der offene Betrag ist innerhalb von 10 Arbeitstagen nach Zugang der Rechnung zur Zahlung fällig. Die Vergütung ist auf das Konto Nr., ... bei der . . . . . . (Bank) in . . . . . . (Ort), BLZ . . . . . . einzuzahlen.

(4) Gerät der Auftraggeber mit der Zahlung fälliger Forderungen in Verzug, so hat er Verzugszinsen in Höhe von . . . . . . % pro Jahr zu zahlen, sofern er nicht nachweist, dass der tatsächliche Schaden geringer ist.[54] Die Möglichkeit des Webdesigners zur Geltendmachung weitergehender Ansprüche aus dem Verzug bleibt unberührt.

§ 12 Gewährleistung und Haftung

(1) Für Mängel an der Funktionsfähigkeit der Website (auch im Hinblick auf die in § 3 Abs. 2 spezifizierten Browserversionen) nach dem Stand der Technik haftet der Webdesigner grundsätzlich entsprechend den gesetzlichen Vorschriften der §§ 633 ff. BGB. Der Webdesigner haftet auch dafür, dass die erstellte Website den vertraglichen Spezifikationen und dem Konzept (bzw. dem Prototypen) in der freigegebenen – oder der Freigabe gem. § 2 Abs. 3 S. 2 und § 2 Abs. 4 S. 3 dieses Vertrages gleichgestellten – Form entspricht. Für Rügen bezüglich der künstlerischen Ausgestaltung haftet er nicht.[55]

Nach Meldung eines Mangels in der Funktionstüchtigkeit der Website während der Gewährleistungsfrist wird der Webdesigner bis zu dessen Behebung eine Zwischenlösung bereitstellen, soweit dies möglich und im Hinblick auf die Auswirkungen des Mangels angemessen ist.

(2) Im Falle einfacher Fahrlässigkeit haftet der Webdesigner nur bei Verletzung vertragswesentlicher Pflichten oder von Leben, Körper oder Gesundheit einer Person. Diese Haftungsreduktion gilt auch für das Verschulden eines Erfüllungsgehilfen im Sinne von § 278 BGB. Im Übrigen ist die Haftung im Falle der einfachen Fahrlässigkeit, mit Ausnahme von Lebens-, Körper- oder Gesundheitsverletzungen, auf den Ersatz der vertragstypischen, vorhersehbaren Schäden begrenzt.[56]

(3) Der Webdesigner garantiert, dass die von ihm selbst erstellten oder beschafften Inhalte sowie die Gestaltung und die von ihm eingebrachten Ideen zur Konzeption der Gesamt-Website nicht in rechtswidriger Weise in Urheberrechte Dritter eingreifen.[57] Er stellt den Auftraggeber hiermit von jeglichen Ansprüchen in diesem Zusammenhang frei und ersetzt ihm die angemessenen Kosten der Rechtsverteidigung.[58]

(4) Der Auftraggeber garantiert, dass die von ihm zur Verfügung gestellten Inhalte und Informationen nicht in rechtswidriger Weise in Rechte Dritter eingreifen. Er stellt den Webdesigner hiermit von jeglichen Ansprüchen in diesem Zusammenhang frei und ersetzt ihm die angemessenen Kosten der Rechtsverteidigung.[59]

(5) Für Verletzungen von Wettbewerbsrecht und ähnliche Verstöße, die auf der Konzeption der Gesamt-Website beruhen, haftet der Webdesigner nur, wenn sie durch seine spezielle Ausgestaltung der Website entstanden sind und auf von ihm eingebrachten Ideen beruhen.[60] Für Verstöße, die einem vom Auftraggeber verfolgten Businessmodell inhärent sind, haftet der Webdesigner nicht. Im Übrigen haftet der Webdesigner für Rechtsverstöße nur, wenn er den Rechtsverstoß kannte und daher seine Aufklärungspflichten gem. § 9 dieses Vertrages verletzt hat.[61]

§ 13 Vertraulichkeit, Herausgabe- und Löschungspflichten, Konkurrenzverbot

(1) Der Webdesigner verpflichtet sich, über alle ihm im Rahmen seiner Tätigkeit für den Auftraggeber auf der Grundlage dieses Vertrages bekannt gewordenen Informationen auch nach Ablauf der Vertragsdauer Stillschweigen zu bewahren. Gleiches gilt umgekehrt.[62]

(2) Der Webdesigner verpflichtet sich, nach Fertigstellung der Website und deren Übertragung in den Verfügungsbereich des Auftraggebers alle ihm vom Auftraggeber zur Verfügung gestellten Informationen und Inhalte, die in elektronischer Form vorliegen, zu

löschen, es sei denn, der Auftraggeber beauftragt ihn ausdrücklich mit deren Archivierung; auf vorheriges Verlangen des Auftraggebers hat er diesem zuvor eine Kopie der im Verlangen bezeichneten, bestimmten Informationen oder Inhalte zukommen zu lassen.[63] Informationen und Inhalte, die in verkörperter Form vorliegen, sind an den Auftraggeber zurückzugeben oder auf dessen Verlangen hin oder bei Nichtannahme zu vernichten.[64]

(3) Der Webdesigner verpflichtet sich ferner, während der Dauer dieses Vertrages und bis zu 6 Monate nach dessen vollständiger Erfüllung nicht für einen anderen Auftraggeber tätig zu werden, der mit dem Auftraggeber dieses Vertrages in direktem Konkurrenzverhältnis steht.[65] Ein solches direktes Konkurrenzverhältnis ist nur bei Branchengleichheit gegeben. Hierfür zahlt der Auftraggeber dem Webdesigner eine gesonderte Vergütung in Höhe von . . . . .EUR.[66]

§ 14 Schlussbestimmungen

(1) Dieser Vertrag unterliegt ausschließlich dem Recht der Bundesrepublik Deutschland.

(2) Mündliche Nebenabreden bestehen nicht. Änderungen oder Ergänzungen dieses Vertrages bedürfen zu ihrer Wirksamkeit der Schriftform, auf die auch nicht mündlich verzichtet werden kann.

(3) Sollten einzelne Bestimmungen dieses Vertrages unwirksam sein oder werden, so wird dadurch die Wirksamkeit der übrigen Bestimmungen nicht berührt. Statt der unwirksamen Bestimmung gilt dasjenige, was die Parteien nach dem ursprünglich angestrebten Zweck unter wirtschaftlicher Betrachtungsweise redlicherweise vereinbart hätten. Das Gleiche gilt im Falle des Vorliegens einer Vertragslücke.

(4) Erfüllungsort ist . . . . .Sofern beide Parteien Kaufleute im Sinne des HGB sind, ist Gerichtsstand für alle Streitigkeiten aus diesem Vertrage . . . . .

. . . .

(Ort, Datum)   (Ort, Datum)

. . . .

– Auftraggeber –   – Webdesigner –

Anmerkungen

1. Sachverhalt. Der Begriff Webdesign wird im allgemeinen Sprachgebrauch nicht nur für das künstlerische „Design" von Webseiten verwendet, sondern umfasst auch deren technische Realisierung, zB die html-Programmierung, sowie die konzeptionelle Gestaltung der „UX" (User Experience = Nutzungserlebnis) und des „UI" (User Interface = Bedienelemente). Ein „Webdesign-Vertrag" kann sich daher sowohl nur auf die optische und konzeptionelle Gestaltungsarbeit des eigentlichen Designs als auch mit auf die tatsächliche Erstellung der Website beziehen. Dabei ist der umfassende Website-Erstellungsvertrag weitaus häufiger, auch wenn die Kalkulation von Webdesign-Aufträgen häufig noch zwischen der Gestaltung und Realisierung der Website unterscheidet. Abgeschlossen wird in der Regel dennoch **ein** „Webdesign-Vertrag", der alle diese Leistungsteile umfasst.
Für die Übertragung von Webdesign-Aufgaben gibt es mehrere praktische Gestaltungsformen: man kann sich eigener Arbeitnehmer bedienen oder freiberufliche Webdesigner beauftragen, die wiederum als Agenturen oder Einzelpersonen ihre Dienste am Markt

anbieten. Es kann allein die Website**erstellung** in Auftrag gegeben werden, wobei die laufende Aktualisierung und Pflege im Nachhinein vom Auftraggeber selbst oder anderen Vertragspartnern übernommen werden kann oder bei Websites im Zusammenhang mit Einzelereignissen, zB der Veröffentlichung eines Films, ganz entfallen kann. Es können aber auch Webdesign-„Servicepakete" beauftragt werden, die neben der Erstellung der Webseiten auch ihre laufende Aktualisierung und Pflege beinhalten.

Dieses Formular stellt einen Vertrag mit einem selbstständigen Webdesigner oder einer Agentur über die erstmalige Erstellung einer Website dar, bei der die laufende Aktualisierung und Pflege entweder entfällt oder vom Auftraggeber selbst oder anderen Vertragspartnern übernommen wird. Auf den Abdruck eines Vertragsformulars für angestellte Webdesigner wird verzichtet, da hinsichtlich der webdesignspezifischen Leistungen keine Unterschiede bestehen und lediglich arbeitsrechtliche Spezifika zu beachten sind.

2. Rechtsnatur. Webdesign-Verträge über die Erstellung einer Website sind als Werkverträge einzuordnen, da sie auf die Herstellung eines bestimmten Erfolges, nämlich einer fertigen und verwendungsfähigen Website, bezogen sind (vgl. BGH Urt. v. 4.3.2010 – III ZR 79/09, BGHZ 184, 345 Rn. 21 = NJW 2010, 1449; *Cichon* § 4 Rn. 422 ff.; *Spindler/ M. Schmidt* VIII Rn. 4 f.). Keine grundsätzliche Vergleichbarkeit besteht mit dem Anzeigenvertrag oder dem Vertrag über die Herstellung von Individualsoftware, da das Webdesign sowohl den technischen Bezug der Machbarkeit einer bestimmten Gestaltung im Internet, als auch den konzeptionell-künstlerischen Bezug notwendigerweise mit umfasst, die in den genannten verkehrstypischen Vertragsausprägungen jeweils fehlen (vgl. *Cichon* § 4 Rn. 402 ff.; aA ohne Begr. BGH Urt. v. 4.3.2010 – III ZR 79/09 Rn. 21, BGHZ 184, 345 = NJW 2010, 1449).

3. Begriffliche Abgrenzung. Der Begriff „Website" umfasst einen ganzen Webauftritt, wohingegen der Begriff „Webseite" (o. „Webpage") eine einzelne Unterseite bezeichnet, dh eine Datei, deren Inhalt gleichzeitig auf den Bildschirm geladen wird.

4. Konzept. Aufgrund des werkvertraglichen Charakters des Webdesign-Vertrages muss das herzustellende Werk, also das vom Webdesigner herzustellende „Endprodukt", zunächst genau definiert („spezifiziert") werden. Ähnlich wie bei Softwareprogrammierungsverträgen erfolgt die detaillierte Festlegung des geschuldeten Endprodukts („Spezifikation") auch beim Webdesign meist erst nach Abschluss des Vertrages, da die Konzeption der Website (insbes. in Form der Erarbeitung der „UX" und des „UI") bereits eine wesentliche Leistung ist, die der Webdesigner in aller Regel nicht unbezahlt vornehmen wird.

5. Konzeptvorschläge. Da sich die Konzeption der Website als kreative Leistung zu einem gewissen Grad einer objektiven Bewertung entzieht, ist es zum Schutz der Interessen des Auftraggebers häufig angemessen, vorab eine gewisse Anzahl unterschiedlicher Vorschläge des Webdesigners zu verlangen, so dass der Auftraggeber zumindest eine Auswahl hat. Findet bereits vorher ein Konzeptvorschlag des Webdesigners die Zustimmung des Auftraggebers, so ist die Herstellung der Alternativvorschläge nicht mehr erforderlich, da die Interessen des Auftraggebers dann bereits gewahrt sind. Die Zustimmung sollte jedoch schriftlich erlangt werden, um nachträgliche Beweisschwierigkeiten hinsichtlich der Zustimmung und dem darin enthaltenen Verzicht auf weitere Vorschläge gemäß der vertraglich vereinbarten Vorschlagszahl zu vermeiden.

Bei Niedrigbudget-Produktionen, bei denen der Arbeitsumfang des Webdesigners aus Kostengründen gering gehalten werden soll, oder in Fällen, in denen der Auftraggeber den Stil des Webdesigners bereits kennt (zB von Referenzarbeiten) und ihm vertraut, kann die Verpflichtung zur Vorlage von Alternativkonzepten auch entfallen.

6. Einzubindende Elemente. Der Umfang des herzustellenden Endprodukts kann im Webdesign-Vertrag allerdings bereits vorab anhand bestimmter notwendigerweise einzubindender Elemente grob umrissen werden. Dies ermöglicht beiden Seiten eine zumindest ungefähre Einschätzung des geschuldeten Arbeitsumfanges bzw. zu erwartenden Endprodukts und hilft auf diese Weise, das Potenzial für spätere Meinungsverschiedenheiten zu verringern.

7. Konzeptfreigabe. Ist nur ein einziger Konzeptvorschlag geschuldet, so kann die Freigaberegelung folgendermaßen formuliert werden:

> Nach Vorlage des Konzepts hat der Auftraggeber dieses innerhalb von zwei Wochen gegenüber dem Webdesigner schriftlich freizugeben. Erfolgt keine Freigabe und fehlt es an einer Ablehnung bestimmter Merkmale des Konzeptvorschlages, so kann der Webdesigner auf der Basis des nichtgerügten Konzepts mit der Erstellung der Website fortfahren (→ Anm. 8). Lehnt der Auftraggeber den Konzeptvorschlag des Webdesigners in jeweils wesentlich geänderter, den Wünschen des Auftraggebers Rechnung tragender Version mehr als drei Mal (→ Anm. 9) ab, so hat der Webdesigner das Recht, den Vertrag zu beenden und die für die Konzeptentwicklungsphase anteilig vereinbarte bzw. eine angemessene anteilige Vergütung zu verlangen.

8. Umfang der Substantiierungsobliegenheit. Den Auftraggeber trifft die Obliegenheit, seine Ablehnung der Konzeptvorschläge des Webdesigners insoweit zu substantiieren, als er bestimmte einzelne Merkmale des Konzepts beanstanden muss. Andernfalls ist es dem Webdesigner anhand der Ablehnung nicht möglich, sein Konzept so zu überarbeiten, dass es beim nächsten Mal die Zustimmung des Auftraggebers findet.

Das Fehlen substantiierter Kritik hinsichtlich nur eines einzigen Konzeptvorschlages hat das Recht des Webdesigners zur Folge, auf der Basis dieses Vorschlags fortzufahren. Es ist dem Auftraggeber zuzumuten, genau zu bezeichnen, warum ein Vorschlag für ihn inakzeptabel ist. Lehnt er alle Vorschläge bis auf einen substantiiert ab, einen Vorschlag aber ohne nähere Erklärung, so hat er zumindest gegen diesen einen Vorschlag nichts vorgebracht, was ihm dessen Annahme unzumutbar macht. Es besteht daher kein Grund, diesen Vorschlag nicht anzuerkennen.

9. Anzahl der Ablehnungen. Das Recht des Auftraggebers zu dreimaliger folgenloser Ablehnung bedeutet, dass der Webdesigner bei substantiierter Kritik (→ Anm. 8) bis zu vier Konzeptionsrunden durchlaufen muss, bis er den Vertrag wegen offenbarer Unvereinbarkeit der beiderseitigen Vorstellungen beenden kann. Die Anzahl der geschuldeten Überarbeitungen kann natürlich je nach Interessenlage der Parteien auch anders angesetzt werden, z B wenn auf Grund eines niedrigen Preises der Arbeitsumfang des Webdesigners gering gehalten werden soll.

10. Prototypenerstellung. Die Erstellung eines Prototypen ist nur bei komplexen Websites sinnvoll, da sie eine erhebliche zusätzliche Arbeitsschleife für den Webdesigner verursacht und daher auch kostenmäßig zu einer Verteuerung des Gesamtpaktes führt.

11. Erstellungsmaßstab. Ist zwischen Konzeption und Realisierung der Website eine Prototypenphase gem. § 2 Abs. 4 des Formulars eingeschoben, so dient als Realisierungsmaßstab für die Website der Prototyp. Die Erstellungsverpflichtung ist dann wie folgt zu formulieren:

> Nach Freigabe des Prototypen gem. § 2 Abs. 4 dieses Vertrages erstellt der Webdesigner die Website entsprechend dem Prototypen durch Programmierung des html-, shtml, xml-, asp-, php- oder sonstigen Codes jeder einzelnen Webseite, durch Einbindung der vereinbarten Elemente in die Webseiten und durch Verknüpfung der einzelnen Webseiten untereinander gemäß der vorgesehenen Struktur. Dabei hat er die in § 2 Abs. 2 dieses Vertrages festgelegten Elemente in der im Prototypen vorgesehenen Art und Weise in die Website mit aufzunehmen. (→ Anm. 12)

12. Einbindung von Elementen. Dieser Satz ist nur in den Vertrag mit aufzunehmen, wenn in § 2 Abs. 2 des Vertrages tatsächlich bestimmte einzubindende Elemente spezifiziert wurden.

13. Browser- und Auflösungsoptimierung. Die Optimierung kann für bestimmte oder für alle zum Zeitpunkt des Vertragsschlusses gängigen Browserarten vorgeschrieben werden. Die Optimierung auf eine bestimmte Bildschirmauflösung ist besonders bei grafisch geprägten Webseiten sinnvoll (die beispielsweise mit fixen Bildgrößen arbeiten). Typischerweise ist dies bei der Erstellung durch Agenturen der Fall, die eine separate Grafikabteilung unterhalten.

14. Mobile Endgeräte. In letzter Zeit gewinnt der Abruf von Webseiten auf mobile Endgeräte (Smartphones, Handys mit Webbrowser, etc) zunehmend an Bedeutung. Daher ist bei Vertragsschluss zu entscheiden, ob die zu erstellende Website auch für solche Endgeräte angelegt und optimiert werden soll.

15. Inhaltsbeschaffungspflicht. Diese Klausel ist in den Vertrag aufzunehmen, wenn in § 8 Abs. 3 des Vertrages die Beschaffung bestimmter Inhalte auf den Webdesigner übertragen wird.

16. Beschaffung vom Rechteinhaber. Die Beschaffung von Inhalten direkt von einem Rechteinhaber ist regelmäßig umständlich und wesentlich teurer als die Beschaffung von Inhalten, die in allgemein zugänglichen Datenbanken zu von vornerein festgelegten Bedingungen für die Webnutzung zur Verfügung gestellt werden. Daher ist letztere Beschaffungsmöglichkeit im Formular gegenüber der direkten Rechtebeschaffung als vorrangig ausgestaltet. Je nach Interessenlage des Auftraggebers kann die direkte Rechtebeschaffung aus Gründen der Kostenkontrolle auch von vornerein ganz ausgeschlossen werden. Zur ordnungsgemäßen Rechtebeschaffung an den eingebundenen Inhalten → Anm. 57 und → Anm. 58 zu § 12 „Gewährleistung und Haftung".

17. Ablieferung des Werkes. Die Ablieferung des Werkes ist grundsätzlich auf mehrere Arten und Weisen möglich. Ist der Auftraggeber selbst mit dem Upload von Webseiten nicht vertraut oder möchte er sich die diesbezügliche Arbeit ersparen, so kann der Webdesigner auch direkt zum Heraufladen der Seiten verpflichtet werden (wozu ihm der Auftraggeber allerdings Zugang zu dem entsprechenden Webserver gewähren muss). Dies kann beispielsweise in folgender Form geschehen:

> Der Webdesigner ist verpflichtet, die Website nach Fertigstellung auf den vom Auftraggeber angegebenen und durch Übermittlung der Zugangsdaten zugänglich gemachten Webserver heraufzuladen und dort ihre volle Funktionstüchtigkeit sicherzustellen.

Zur Vermeidung von Rechtsunsicherheit und Abgrenzungsschwierigkeiten hinsichtlich der Anwendbarkeit von Kaufrecht gem. § 651 BGB („Werklieferungsvertrag") auf Webdesignverträge wird teilweise empfohlen, die beim Webdesigner erstellte Website dem Auftraggeber stets auf Datenträger zu übergeben (vgl. *Koch* ITRB 2003, 281 (283)). Dies erscheint jedoch wenig praktikabel und erhöht gerade das Risiko, die – meist ungewollte – Anwendung von Kaufrecht herbeizuführen.

18. Urheberrechte an Webseiten. Die Gestaltung einzelner Webseiten sowie die Gesamtkonzeption der Website können nach fast einhelliger Auffassung urheberrechtlich geschützte „Werke" sein (vgl. OLG Frankfurt aM JurPC Web-Dok. 92/2005 Abs. 23; OLG Düsseldorf Urt. v. 29.6.1999 – 20 U 85/98, CR 2000, 184; *Cichon* Rn. 452 Fn. 418 mwN; *Cichon* ZUM 1998, 897 (902) mwN; *Köhler* ZUM 1999, 548, *Leistner/Bettinger* CR-Beilage 1999, 1; *Leistner* CR 2000, 187; *Koch* NJW-CoR 1997, 298; Schricker/Loewenheim/*Koch* § 78 Rn. 3 ff.; aA *Heutz* MMR 2005, 567, der im Regelfall nur den – wenig praktikablen – Geschmacksmusterschutz für möglich hält). Auch an einzelnen für die Website erstellten Elementen, wie z B Grafiken oder Texten, können Urheberrechte entstehen. Hierbei ist auch keine besondere „Gestaltungshöhe" zu verlangen, auch wenn Webseiten grundsätzlich einem „Gebrauchszweck" dienen (vgl. BGH Urt. v 13.11.2013 – I ZR 143/12 – „Geburtstagszug").

19. Nutzungsrechte. Das Urheberrecht selbst kann nach deutschem Recht unter Lebenden nicht übertragen werden. Möglich ist aber eine Einräumung von Nutzungsrechten, die sogar den Urheber selbst von der Nutzung des Werkes ausschließen können („ausschließliche" Nutzungsrechte). Zugunsten des Auftraggebers ist also die Einräumung solcher Nutzungsrechte an den für die Website geschaffenen Webseiten und darin integrierten Elementen erforderlich (denn Urheber wird stets der persönliche Schöpfer eines Werkes, nicht der wirtschaftliche Auftraggeber). Zwar kann eine Nutzungsrechtseinräumung – entsprechend dem Vertragszweck der Nutzbarkeit der Website durch den Auftraggeber – auch konkludent erfolgen. Der Umfang der eingeräumten Nutzungsrechte ist nach der urheberrechtlichen Zweckübertragungstheorie allerdings im Zweifel eng auszulegen (hierzu Schricker/Loewenheim/*Schricker* § 31 Rn. 74 ff.). Daher ist eine ausdrückliche und möglichst umfassende Nutzungsrechtseinräumung empfehlenswert, um spätere Meinungsverschiedenheiten über den Umfang der Nutzungsrechte des Auftraggebers zu vermeiden.

20. Unbekannte Nutzungsarten. Seit 1.1.2008 ist das früher in § 31 Abs. 4 UrhG enthaltene Verbot der Übertragung von Nutzungsrechten an unbekannten Nutzungsarten aufgehoben und die Übertragung von Nutzungsrechten an unbekannten Nutzungsarten in den §§ 31a und 31b UrhG geregelt. Danach ist eine Übertragung von Nutzungsrechten an unbekannten Nutzungsarten nunmehr in Schriftform möglich, dem Urheber verbleibt jedoch solange ein Recht zum Widerruf dieser Übertragung, bis er sich mit dem Verwerter auf eine Vergütung geeinigt oder während dreier Monate nicht auf eine Mitteilung der geplanten neuen Werknutzung reagiert hat. Diese Regelung dient der Ermöglichung einer umfassenden Verwertung vor allem aufwändig hergestellter (zB Filme, Computerspiele, Gemeinschaftswerke) oder vor langer Zeit geschaffener Werke, auch wenn bestimmte Nutzungsarten erst nachträglich entstehen.

21. Ausschließlichkeit der Rechtseinräumung. Ein ausschließliches Nutzungsrecht schließt auch den Urheber selbst von der weiteren Nutzung seines Werkes aus. Will sich der Webdesigner das Recht zur Weiterverwendung einzelner Elemente oder Gestaltungen der Website vorbehalten, so muss er – gegenüber der hier vorgesehenen „ausschließlichen" Rechtseinräumung – ein „nichtausschließliches" (auch genannt „einfaches") Nutzungsrecht vereinbaren.

22. Noch nicht geschützte Nutzungsarten. Diese Regelung beinhaltet eine antizipierte Einräumung von Nutzungsrechten für bekannte, bislang aber noch nicht gesetzlich geschützte Nutzungsarten. Eine solche Rechtseinräumung war schon immer möglich und üblich, ist allerdings in der Praxis bislang selten relevant geworden.

23. Abtretbarkeit. Die freie Abtretbarkeit der Nutzungsrechte birgt für den Webdesigner den potenziellen Nachteil, dass er den Überblick darüber verlieren kann, wer zur Nutzung der von ihm erstellten Webseiten berechtigt ist. Da der Webdesigner beim Website-Erstellungsvertrag jedoch typischerweise bei Ablieferung des Werkes vollständig bezahlt wird und an der konkreten Website daher kein fortdauerndes Verwertungsinteresse mehr besteht, ist ihm dies zumutbar und interessengerecht.

24. Bedingung vollständiger Zahlung. Die Bedingung vollständiger Zahlung wirkt wie ein „Eigentumsvorbehalt" des Webdesigners, indem sie die dingliche Wirkung der Nutzungsrechtseinräumung bis zur vollständigen Bezahlung der geschuldeten Vergütung aufschiebt. Im Insolvenzverfahren über das Vermögen des Auftraggebers schützt dieser Rechtevorbehalt den Webdesigner wie ein Eigentumsvorbehalt den Warenkreditgeber:

Sie zwingt den Insolvenzverwalter, entweder die Vergütungspflicht als Masseschuld neu einzugehen oder auf die Fertigstellung und Nutzung der Website zu verzichten.

25. Option und Eintrittsrecht bezüglich nicht erfasster Nutzungsarten. Diese Regelung beinhaltet eine Verpflichtung beider Parteien zur Nachverhandlung über von der Rechtseinräumung etwaig nicht erfasste Nutzungsrechte, um dem Verwerter die nötige Sicherheit zu geben, im Hinblick auf die spätere Nutzung seiner Website ausreichende Freiheit zu besitzen. Seit eine antizipierte Rechtseinräumung an noch nicht bekannten Nutzungsarten zulässig ist (→ Anm. 20), ist die Bedeutung dieser Klausel deutlich reduziert. Allerdings verbleibt ihr ein gewisser Restwert als nützlicher „Fallschirm" gegen eine allfällig unbeabsichtigte Nichterfassung einzelner Nutzungsarten.

26. Urheberpersönlichkeitsrecht. Dem Urheber steht gem. §§ 12 ff. UrhG ein umfassendes Persönlichkeitsrecht zu, das ihn insbesondere auch vor entstellenden Veränderungen schützt, § 14 UrhG. Gem. § 23 UrhG ist dem Urheber außerdem das Recht zur Einwilligung in die Veröffentlichung und Verwertung von Bearbeitungen oder sonstigen Umgestaltungen des Werkes vorbehalten. Änderungen, Ergänzungen, Übersetzungen uÄ sind in der Regel entweder Bearbeitungen oder sonstige Umgestaltungen und ihre Verwertung bedarf daher grundsätzlich des Einverständnisses des Urhebers.

27. Verzicht auf Entstellungsschutz. Der Verzicht des Webdesigners auf den Entstellungsschutz hinsichtlich der Website ist durch das gesteigerte Verwertungsinteresse des Auftraggebers gerechtfertigt, auf dessen Initiative, Kosten und Risiko hin der Webdesigner die Website erst erstellt. Allerdings muss ein unverzichtbarer Kern des Urheberpersönlichkeitsrechts stets gewahrt bleiben (vgl. *Dreier/Schulze* § 14 Rn. 41).

28. Eingeschränkter Entstellungsschutz. Auch im Hinblick auf Urheberrechte an speziell für die Website geschaffenen Einzelelementen kann ein gesteigertes Verwertungsinteresse des Auftraggebers bestehen, auf dessen Initiative, Kosten und Risiko das Element immerhin erst erstellt wurde. Allerdings sind solche Elemente typischerweise nicht derart speziell auf die Bedürfnisse des Auftraggebers zugeschnitten, dass ein weitergehendes Verwertungsinteresse des Webdesigners an ihnen grundsätzlich vollständig zurücktreten müsste. Insoweit kann daher ein lediglich eingeschränkter Entstellungsschutz angemessen sein.

29. Demonstrations- und Referenzrecht. Der Webdesigner kann sich das Recht vorbehalten, die von ihm geschaffene Website zur Demonstration seiner Kunst (auch öffentl.) als Referenz zu nutzen, zB auf Messen vorzuführen, in verkleinerter Abbildung auf seiner eigenen Homepage abzubilden, im Rahmen einer Berichterstattung über ihn selbst oder zu ähnlichen Anlässen vorzuführen und abzubilden oÄ. Allerdings sind hierbei die Rechte des Auftraggebers – insbesondere im Hinblick auf § 10 Abs. 3 UrhG – zu wahren, indem er auf der Website an der üblichen Stelle als Rechteinhaber genannt wird (vgl. hierzu zB BGH Urt. v. 18.9.2014 – I ZR 76/13, MMR 2015, 262 – CT-Paradies).

30. Namensnennung. Der Urheber hat gem. § 13 S. 2 UrhG kraft Gesetzes Anspruch auf Nennung seines Namens. Der Urhebervermerk kann – wie hier – auf jede einzelne von ihm erstellte Webseite erstreckt werden. Er kann aber auch auf die Startseite beschränkt oder einen eigenen Copyright-Vermerk verlagert werden, der erst durch Anklicken des Copyright-Vermerks erreichbar ist.

31. Namens-, Titel- und Kennzeichenrechte. Durch die Benutzung einer Bezeichnung für eine Website oder auf einer Website können Namens-, Titel- und Kennzeichenrechte entstehen, die im Gegensatz zu Urheberrechten frei übertragbar sind und auf Grund der Initiative und des wirtschaftlichen Beitrags des Auftraggebers zu ihrer Entstehung diesem zustehen.

32. Source-Code. Der Source-Code von html-Seiten ist häufig durch jedermann einfach im Browser lesbar („view, page source" oÄ). Manche nicht in html umgesetzte Teil-Elemente (zB interaktive Funktionen, die als ausführbare Datei in die Website eingebunden werden, oder serverseitig ausgeführte Funktionen) sind jedoch nicht so leicht allgemein zugänglich. Die Offenlegung der Programmbefehle (Source-Code) bzw. der Projekt-Original-Dateien der von ihm verwendeten Tools solcher Elemente kann dem selbständigen oder freiberuflichen Webdesigner ohne gesonderte Vereinbarung nicht ohne weiteres abverlangt werden. Es empfiehlt sich daher, zugunsten des Auftraggebers eine solche Offenlegung – ggf. gegen ein gesondertes Entgelt – zu vereinbaren, damit er auch diese Elemente nach Beendigung der Zusammenarbeit unproblematisch weiter nutzen kann.

Ist dies nicht gewünscht, so sollte dies ausdrücklich festgehalten werden, etwa wie folgt:

> Der Webdesigner ist nicht verpflichtet, dem Auftraggeber auf Grund dieses Vertrages den Source-Code bzw. die Projekt-Original-Dateien der von ihm verwendeten Tools solcher von ihm programmierter Elemente der Website herauszugeben, bei denen diese aus der fertig gestellten Website nicht ohne weiteres direkt ablesbar oder rekonstruierbar sind.

33. Domain-Beschaffung. Die Beschaffung einer Domain, unter der die zu erstellende Website abrufbar gemacht wird, ist nicht notwendigerweise Bestandteil des Webdesign-Vertrages. Jedoch wird eine solche Geschäftsbesorgung häufig vom Webdesigner übernommen, da er über die entsprechende Sachkunde sowie die erforderlichen Kontakte verfügt.

Soll die Domain-Beschaffung nicht vom Webdesigner vorgenommen werden, so entfällt dieser Paragraph und kann optional ein klarstellender Satz ergänzt werden:

> Die Beschaffung der Internet-Domain, unter der die vertragsgegenständliche Website abrufbar gemacht werden soll, ist nicht Sache des Webdesigners.

34. Haftung für Verletzung fremder Namens-, Marken- oder Titelrechte durch Domainregistrierung. Grundsätzlich stellt schon die Registrierung eines fremden Namens als Domainname einen unbefugten Namensgebrauch dar, gegen den der Namensträger unter dem Aspekt der Namensanmaßung vorgehen kann (vgl. BGH Urt. v. 8.2.2007 – I ZR 59/04 – Grundke). Entsprechendes gilt für die Registrierung fremder Marken oder Titel, wenn die Website u a zum Abruf in dem Territorium bestimmt ist, für die das Schutzrecht gilt. Wird allerdings die Domain auf den Auftraggeber registriert (→ Anm. 35), d h leitet der Webdesigner den Registrierungswunsch nur wie ein Bote an die zuständige Vergabestelle weiter und kümmert sich lediglich um die technische Abwicklung der Registrierung, so bestehen jedenfalls im Innenverhältnis zum Auftraggeber keine Prüfungspflichten des Webdesigners in Bezug auf die rechtliche Zulässigkeit der Domainregistrierung.

35. Registrierung des Domainnamens auf den Auftraggeber. Da schon die Registrierung einer Domain einen Namens- bzw. Markengebrauch darstellt und der Registrierende hierfür seinerseits ein Namens- bzw. Markenrecht benötigt, falls dadurch das Namens- bzw. Markenrecht eines Dritten berührt wird, ist zu empfehlen, die Domain stets sogleich auf den Auftraggeber als „Inhaber/Owner" zu registrieren. Laut BGH (Urt. v. 8.2.2007 – I ZR 59/04, BGHZ 171, 104 = NJW 2007, 2633 – Grundke) kann sich zwar auch ein mittelbarer Vertreter auf ein Namensrecht des Auftraggebers berufen, das setzt aber voraus, dass das Vertretungsverhältnis zuverlässig und einfach überprüfbar ist (zB durch unverzügliche Abrufbarkeit der Homepage des Auftraggebers unter der reservierten Domain oder durch notarielle Beurkundung des Auftrags). Da diese Überprüfbarkeit nicht leicht herstellbar und später nachweisbar ist und der Auftraggeber gegenüber dem Webdesigner ohnehin einen Anspruch auf Herausgabe der Domain hat (→ Anm. 36), ist die unmittelbare Registrierung auf den Auftraggeber vorzuziehen, um eine Inanspruchnahme des Webdesigners wegen Namensanmaßung von vornherein zu verhindern.

36. Wahrung fremder Vermögensinteressen, Auskunft und Rechenschaft. Die Registrierung einer Domain ist eine Geschäftsbesorgungs-Nebenpflicht des Vertrages (hierzu *Cichon* § 4 Rn. 462 ff.), hinsichtlich derer den Webdesigner die Pflicht zur Wahrung der Vermögensinteressen des Auftraggebers, sowie Auskunfts- und Rechenschaftspflichten (§§ 675 Abs. 1, 666 BGB) treffen (MüKoBGB/*Seiler* § 675 Rn. 3 ff.).

37. → Anm. 31.

38. Beschaffung von Webserver-Speicherplatz. Die Beschaffung von Webserver-Speicherplatz, auf dem die vertragsgegenständliche Website abgelegt werden soll, ist ebenfalls nicht notwendigerweise Bestandteil eines Webdesign-Vertrages. Jedoch wird auch eine solche Geschäftsbesorgung häufig vom Webdesigner übernommen, da er die entsprechende Sachkunde sowie die erforderlichen Kontakte besitzt. Soll die Beschaffung von Webserver-Speicherplatz (Webspace) nicht vom Webdesigner vorgenommen werden, entfällt dieser Paragraph. Optional kann ein klarstellender Satz ergänzt werden:

> Die Beschaffung von Webserver-Speicherplatz, auf dem die vertragsgegenständliche Website abgelegt werden soll, ist nicht Sache des Webdesigners.

39. Providerauswahl. Hat der Auftraggeber bereits einen bestimmten Provider ins Auge gefasst, so kann er die Auswahl- und Vorschlagpflicht des Webdesigners auch entsprechend beschränken:

> Als Host-Provider soll die Firma . . . . .beauftragt werden.

40. Wahrung fremder Vermögensinteressen, Auskunft und Rechenschaft. Die Beschaffung von Webserver-Speicherplatz ist eine Geschäftsbesorgungs-Nebenpflicht des Vertrages (hierzu *Cichon* § 4 Rn. 462 ff.), hinsichtlich derer den Webdesigner die Pflicht zur Wahrung der Vermögensinteressen des Auftraggebers, sowie Auskunfts- und Rechenschaftspflichten (§§ 675 Abs. 1, 666 BGB) treffen (MüKoBGB/*Seiler* § 675 Rn. 3 ff.).

41. Vergütung. Im Rahmen von Website-Erstellungsverträgen werden meist Pauschalvergütung oder Stundenvergütungen vereinbart. In seltenen Fällen versucht sich die Vergütung auch am Umfang der erbrachten Leistung zu orientieren. Letzteres ist allerdings schwierig, da Umfang und Komplexität der zu erstellenden Dateien sehr schwer vorherzusagen sind.

Zur Vereinbarung einer Stundenvergütung kann § 7 Abs. 1 etwa wie folgt formuliert werden:

> Der Webdesigner erhält für seine Leistungen nach diesem Vertrag eine Vergütung in Höhe von . . . . . . pro Stunde (abrechenbar pro angefangener halber Stunde).
> Übersteigt die angefallene Vergütung einen Betrag von . . . . „so hat der Webdesigner den Auftraggeber hierüber zu informieren und weitere Anweisungen abzuwarten. Der Auftraggeber ist berechtigt, den Vertrag zu diesem Zeitpunkt zu beenden und das bis dahin entstandene Arbeitsergebnis samt der damit verbundenen urheberrechtlichen Nutzungsrechte gegen Zahlung der bis dahin aufgelaufenen Vergütung zu übernehmen.

Eine leistungsabhängige Vergütung kann etwa in folgender Form vereinbart werden:

> Der Webdesigner erhält für seine Leistungen nach diesem Vertrag eine Vergütung in folgender Höhe:
> (a) Für die Entwicklung des Konzepts: . . . . .
> (b) (Ggf.) Für die Erstellung des Prototypen: . . . . .
> (c) Pro programmierter und eingebundener Webseite: . . . . .

(d) Pro eingebundener Bild-, Ton-, Videodatei/sonstiger Datei: . . . . ..

(e) Pro programmierter interaktiver Funktion: . . . . .

(f) Pro . . . .

Übersteigt die angefallene Vergütung einen Betrag von . . . . .,so hat der Webdesigner den Auftraggeber hierüber zu informieren und weitere Anweisungen abzuwarten. Der Auftraggeber ist berechtigt, den Vertrag zu diesem Zeitpunkt zu beenden und das bis dahin entstandene Arbeitsergebnis samt der damit verbundenen urheberrechtlichen Nutzungsrechte gegen Zahlung der bis dahin aufgelaufenen Vergütung zu übernehmen.

42. Zusatzvergütung. Bei Vereinbarung einer Stundenvergütung in Abs. 1 ist dieser Abs. nur relevant, wenn für Zusatzleistungen ein höherer Stundensatz als gem. Abs. 1 vereinbart wird. Dann ist allerdings klarzustellen, dass der Stundensatz für Zusatzleistungen **anstelle** einer Stundenvergütung gem. Abs. 1 zu zahlen ist, nicht „zusätzlich". Das Formular verwendet die Klarstellung „zusätzlich", weil der Stundensatz für Zusatzleistungen gem. Abs. 2 im Verhältnis zu der dort in Abs. 1 vorgesehenen Monatspauschale kumulativ zu leisten ist.

43. Abschlagszahlung. Bei Pauschal- oder Stundenvergütungen wird der Gesamtbetrag der Entlohnung grundsätzlich erst ganz zum Schluss nach Abnahme der Website und Rechnungsstellung fällig. Da sich die Arbeit an der Website aber über einen beträchtlichen Zeitraum hinziehen kann, hat der Webdesigner uU ein berechtigtes Interesse an einer Vorauszahlung von Teilbeträgen durch den Auftraggeber.

Alternativ sind auch folgende Abschlagsregelungen möglich:

(a) Nach Freigabe des Konzepts oder gleichgestelltem Zeitpunkt gem. § 2 Abs. 3 dieses Vertrages: . . . . . .

(b) (Ggf.) Nach Freigabe des Prototypen gem. § 2 Abs. 4 dieses Vertrages: . . . . . .

(c) Nach Erstellung von . . . . . . (Teilbereiche der Website)

oder

Nach Rechnungsstellung durch den Webdesigner in angemessenen zeitlichen Abständen – höchstens jedoch monatlich . . . . . . – in Höhe von maximal des anteiligen Wertes der bereits erbrachten Leistungen.

44. Auslagenersatz. Besorgt der Webdesigner Geschäfte des Auftraggebers, so steht ihm gemäß §§ 675 Abs. 1, 670 BGB ein Ersatzanspruch hinsichtlich der Aufwendungen zu, die er im Rahmen der Geschäftsbesorgung für erforderlich halten durfte. Dies betrifft insbesondere Aufwendungen des Webdesigners zur Beschaffung von Domains und Webserver-Speicherplatz, aber z.B. auch Aufwendungen im Rahmen der Beschaffung von Inhalten für den Auftraggeber gem. § 8 Abs. 3. Aufwendungen, die dadurch entstehen, dass der Webdesigner die Website auf Wunsch des Auftraggebers nach Freigabe nochmals geändert hat, sind ebenfalls vom Auftraggeber zu tragen. Darüber hinaus kann Auslagenersatz natürlich auch für sonstige Aufwendungen vereinbart werden.

45. Beschaffung von Inhalten durch den Webdesigner. Dieser Absatz ist nur in den Vertrag aufzunehmen, wenn der Webdesigner über die vom Auftraggeber zur Verfügung gestellten Inhalte hinaus weitere Inhaltselemente beschaffen soll (zB Hintergrundmusik, bestimmte Grafiken oÄ).

46. Aufklärungspflichten. Aufklärungspflichten des Webdesigners ergeben sich aus dem Vertrauensverhältnis zwischen den Parteien, das auf der im Vergleich zum Auftraggeber regelmäßig überragenden Sachkunde des Webdesigners beruht (hierzu BGH Urt. v. 7.3.1956 – V ZR 106/54, NJW 1956, 787; BGHZ 20, 164 (169); MüKoBGB/*Soergel* § 631 Rn. 75 ff.).

47. Aufklärungspflicht über rechtliche Gegebenheiten. Die Aufklärungspflicht des Webdesigners für rechtliche Gegebenheiten kann allerdings nicht streng sein, da er regelmäßig Rechtslaie ist. Daher wird in diesem Formular eine Aufklärungspflicht lediglich für allgemein bekannte und dem betreffenden Webdesigner geläufige Rechtnormen vorgeschlagen.

48. Suchmaschineneintrag. Falls der Webdesigner zum Eintrag der fertig gestellten Website in Suchmaschinen oder zur Optimierung der Website (im Rahmen des rechtlich Zulässigen) auf priorisierte Listung in bestimmten Suchmaschinen hin verpflichtet sein soll, ist dieser Absatz in den Vertrag aufzunehmen. Ist dies nicht der Fall, so kann – optional – klarstellend ergänzt werden:

> Der Webdesigner ist nicht verpflichtet, die fertig gestellte Website in Suchmaschinen einzutragen oder auf Auffindbarkeit in bestimmten Suchmaschinen hin zu optimieren.

49. Vorlagefrist für Konzeptvorschläge. Schuldet der Webdesigner lediglich die Vorlage eines einzigen Konzeptvorschlags, so kann die Frist folgendermaßen formuliert werden:

> Das Konzept ist dem Auftraggeber bis . . . . . . vorzulegen.

50. Erhebliche Pflichtverletzungen. Dieser Satz benennt (nicht abschl.) einige Pflichtverletzungen, die von den Parteien als so erheblich angesehen werden, dass sie ein Recht zur vorzeitigen Vertragsbeendigung geben sollen. Das Kündigungsrecht bei unterlassener Mitwirkung ist in § 643 BGB ausdrücklich kodifiziert. Die Liste der Pflichtverletzungen, welche die Auflösbarkeit des Vertrages zur Folge haben sollen, kann von den Parteien weiter ergänzt oder gekürzt werden.

51. Nachfristsetzung. Gem. § 323 Abs. 1 und Abs. 3 BGB (sowie gem. § 643 BGB hinsichtlich unterlassener Mitwirkungshandlungen) ist vor der Beendigung eines Vertrages wegen Pflichtverletzungen eine Nachfristsetzung, oder – falls die Pflicht in einem Unterlassen besteht – eine Abmahnung, erforderlich.

52. Kündigungsrecht des Auftraggebers. Dieser Abs. gibt die gesetzliche Regelung des § 649 BGB wider. Der Unternehmer muss zu dem Anteil an der vereinbarten Vergütung, der auf den noch nicht erbrachten Teil der Werkleistung entfällt, vortragen und darüber hinaus vertragsbezogen darlegen, welche Kosten er insoweit erspart hat (BGH Urt. v. 24.3.2011 – VII ZR 135/10, BeckRS 2011, 08032; BGH Urt. v. 7.11.1996 – VII ZR 82/95, BauR 1997, 304).

53. Aufschiebend bedingter dinglicher Rechtsübergang bei Vertragsbeendigung. Diese Regelung erscheint auf den ersten Blick im Verhältnis zu § 4, der ja ebenfalls eine Rechtseinräumung vorsieht, überflüssig. Die dortige Rechtseinräumung greift jedoch nur, wenn der Vertrag bereits erfüllt und die hierfür vereinbarte Vergütung vollständig bezahlt wurde. Demgegenüber benötigt der Auftraggeber eine Absicherung, auch für den Fall dass der Vertrag (zB wegen einer Insolvenz des Webdesigners, aber auch aus sonstigen Gründen) nicht vollständig durchgeführt wird. Nach der Rechtsprechung des BGH (Urt. v. 17.11.2005 – IX ZR 162/04 = NJW 2006, 915) ist jedenfalls ein aufschiebend bedingter Rechtsübergang für den Fall der Vertragsbeendigung aus wichtigem Grund (auch bei Verweigerung der weiteren Vertragserfüllung durch den Insolvenzverwalter – zB mittels Kündigung wegen Nichterfüllung) insolvenzfest und kann sich ein „Lizenznehmer" auf diese Weise auch im Falle einer Insolvenz des „Lizenzgebers" die notwendigen Verwertungsrechte sichern. Die neue Rechtsprechung des BGH in Sachen „M2Trade" (Urt. v. 19.7.2012 – I ZR 70/10, GRUR 2012, 916) und „Take Five" (Urt. v. 19.7.2012 – I ZR 24/11, GRUR 2012, 914) zur „Insolvenzfestigkeit" von Unterlizenzen ändert an der

Sinnhaftigkeit einer solchen Klausel nichts, denn eine Klarstellung des Schicksals von Hauptlizenzen im Insolvenzfall des Lizenzgebers steht nach wie vor aus.

54. Pauschalierter Verzugszins. Diese Regelung dient der Vereinbarung spezifischer Verzugszinsen als pauschaliertem Schadensersatz, falls ein möglicher Zinsschaden erwartbar höher liegt als der gesetzliche Zinssatz. Sie darf daher in Allgemeinen Geschäftsbedingungen gem. § 309 Nr. 5 BGB den zu erwartenden Schaden nicht übersteigen und den Nachweis eines tatsächlich geringeren Schadens nicht abschneiden. Dies gilt auch, wenn der Auftraggeber ein Unternehmer ist (Palandt/*Heinrichs* BGB § 309 Rn. 32 mwN) Daher sollte der gesetzliche Verzugszinssatz nur überschritten werden, wenn der Auftraggeber tatsächlich zu höheren Zinsen Kredit in Anspruch nimmt. Der zu erwartende Schaden kann sich aber auch unterhalb des gesetzlich fixierten Verzugszinssatzes bewegen. Dann sollte die Regelung zugunsten der Anwendbarkeit des gesetzlichen Verzugszinssatzes iHv 5 % (bei Verbrauchern) bzw. 8 % (bei Unternehmern) über dem Basiszinssatz (§§ 288 Abs. 1 und 2, 247 BGB) entfallen.

55. Fehlerdefinition. Dieser Absatz regelt, was beim Webdesign als Fehler der hergestellten Website anzusehen ist und was nicht. Ein Fehler liegt nur bei technischen Mängeln in der Funktionsfähigkeit der Website sowie bei Nichterfüllung der vertraglichen Spezifikationen vor. Die ästhetische Ausgestaltung entzieht sich einer juristischen Würdigung. Zur Wahrung der Interessen des Auftraggebers an der künstlerisch-kreativen Leistung des Webdesigners dienen das – je nach Ausgestaltung des Vertrages – mehrmalige Ablehnungsrecht des Auftraggebers hinsichtlich des Konzepts, die Mehrzahl von Konzeptvorschlägen sowie die Erstellung eines Prototypen.

56. Haftungsreduktion. Die Haftungsreduktion muss sich im für Allgemeine Geschäftsbedingungen gesetzlich zulässigen Rahmen der §§ 309 Nr. 7 und 307 BGB bewegen. Sie darf daher für grobes Verschulden und Lebens-, Körper- oder Gesundheitsverletzungen die Haftung weder ausschließen noch begrenzen. Zudem ist auch im Falle einfacher Fahrlässigkeit eine höhenmäßige Beschränkung unzulässig, die nicht die vertragstypischen, vorhersehbaren Schäden abdeckt (BGH Urt. v. 11.11.1992 – VIII ZR 238/91, NJW 1993, 335 (336) = WM 1993, 24; BGH Urt. v. 27.9.2000 – VIII ZR 155/99, NJW 2001, 292 (302) =WM 2001, 31; BGH Urt. v. 15.9.2005 – I ZR 58/03, NJW-RR 2006, 267; vgl. *Langer* WM 2006, 1233).

57. Rechtegarantie des Webdesigners. Da bei Rechten kein gutgläubiger Erwerb möglich ist, ist eine Rechtegarantie nötig, um den Auftraggeber vor wirtschaftlichen Schäden zu schützen, die ihm entstehen, wenn der Webdesigner hinsichtlich Teilen der von ihm erstellten Website gar nicht verfügungsberechtigt ist. Allerdings ist das Verletzungsrisiko für den Webdesigner nur im Bereich des Urheberrechts überblick- und beherrschbar, da dort zufällige Doppelschöpfungen (ohne Bezug zum „Erstwerk") keine Verletzung darstellen. In Bezug auf Patente, Gebrauchs- und Geschmacksmuster müsste ein Webdesigner für die Abgabe einer entsprechenden Rechtegarantie auch für die Verletzung ihm völlig unbekannter fremder Schutzrechte haften, was ihn völlig überfordern würde. Eine solche „freedom-to-operate"-Garantie in Bezug auf alle – auch nicht bekannte – gewerbliche Schutzrechte Dritter geben nicht einmal große Forschungsinstitutionen, die einen relativ umfassenden Überblick über den aktuellen Stand der Technik und somit über bestehende Schutzrechte Dritter haben. Als regelmäßig eher dem künstlerischen Bereich (Grafik, Werbung, PR) zuzuordnender Kreativschaffender steht der Webdesigner dem Urheberrecht auch wesentlich näher als gewerblichen Schutzrechten, so dass ihm in diesem Bereich eher zuzumuten ist, darauf zu achten, nicht versehentlich oder absichtlich ihm bekannte vorbestehende Werke Dritter nachzuahmen.

58. Haftungsfreistellung. Da aus einer fehlenden Berechtigung des Webdesigners auch folgen kann, dass der Auftraggeber ein in die Website integriertes Element zwar gutgläubig, aber unberechtigt nutzt und damit selbst zum Rechtsverletzer wird, ist diesbezüglich eine Freistellung nötig. Der Auftraggeber ist als Betreiber der Website regelmäßig Anbieter des entsprechenden Inhalts als „eigene Information" iSv § 7 Abs. 1 TMG und haftet daher dem Rechteinhaber gegenüber für Urheberrechtsverletzungen durch die mit der Einbindung in eine Website verbundene Vervielfältigung und Öffentlich-Zugänglichmachung eines urheberrechtlich geschützten Inhalts. Die Haftung des Inhabers einer Website gegenüber dem Rechteinhaber für die Nutzung urheberrechtlich geschützter Inhalte ist in der Rechtsprechung unbestritten, vgl. zB LG München I Urt. v. 18.9.2008 – 7 O 8506/07, MMR 2009, 137. Die ausdrückliche Erstreckung der Freistellung auch auf die eigenen Kosten der Rechtsverteidigung ist deshalb erforderlich, weil diese Kosten nicht auf Ansprüchen Dritter beruhen, sondern freiwillige Aufwendungen des Auftraggebers darstellen und daher von einer reinen Haftungsfreistellung nicht erfasst wären.

59. Garantie des Auftraggebers. Der Auftraggeber hat umgekehrt ebenso zu garantieren, dass die von ihm gelieferten Inhalte den Webdesigner nicht in eine Haftung verwickeln, weil ihre Einbindung in die Website die Rechte Dritter verletzt.

60. Haftung für das Konzept. Die relativ weitgehende Haftung des Webdesigners nach diesem Formular, die sich auch auf das Konzept erstreckt, rechtfertigt sich aus der typischerweise weit überlegenen Sachkunde des Webdesigners gegenüber dem Auftraggeber hinsichtlich der Frage, was im Web üblich ist und was eventuell problematisch sein könnte. Verstöße, die auf allgemein gängigen Praktiken beruhen, sind durch den Zusatz „wenn sie durch seine spezielle Ausgestaltung der Website entstanden sind" von der Haftung ausgenommen. Ebenso sind Verstöße, die den vom Auftraggeber eingebrachten Ideen entspringen – insbesondere solche, die seinem Businessmodell inhärent sind – ausdrücklich von der Haftung ausgenommen.

61. Haftung für bekannten Rechtsverstoß. Die Haftung des Webdesigners für ihm bekannte Rechtsverstöße ist Ausprägung seiner Aufklärungspflichten gegenüber dem Auftraggeber (→ Anm. 46).

62. Vertraulichkeit. Die Verschwiegenheitspflicht des Auftraggebers kann auch weggelassen und damit eine Vertraulichkeit einseitig zugunsten des Auftraggebers vereinbart werden.

63. Löschung von Inhalten in elektronischer Form. Informationen und Inhalte, die in elektronischer Form vorliegen, sind nach Ablauf des Vertragsverhältnisses vorrangig zu löschen. Nur ausnahmsweise, wenn der Auftraggeber dies vor der Löschung ausdrücklich verlangt und auf bestimmte einzelne Inhalte oder Informationen beschränkt, hat er vor der Löschung eine Kopie herauszugeben.

64. Herausgabe von Inhalten in verkörperter Form. Informationen und Inhalte, die in verkörperter Form vorliegen, können ohne weiteren Aufwand körperlich übergeben werden und sind daher vorrangig an den Auftraggeber herauszugeben. Nur ausnahmsweise, wenn der Auftraggeber dies wünscht oder durch Nichtannahme veranlasst, sind sie stattdessen zu vernichten.

65. Exklusivität. Eine Exklusivität, die dem Webdesigner für einen bestimmten Zeitraum verbietet, für einen Konkurrenten des Auftraggebers tätig zu werden, wird in der Praxis nur sehr selten vereinbart.

66. Karenzentschädigung. Eine Karenzentschädigung für die Exklusivität muss bei freiberuflichen Webdesignern nicht vereinbart werden. Eine gesonderte Vergütung erleichtert jedoch die Durchsetzbarkeit der Exklusivität im Rahmen der Vertragsverhandlungen erfahrungsgemäß erheblich.

Pflege einer Website

2. Metatag-Lizenzvertrag

Zwischen

. . . . . .

— nachstehend „Lizenzgeber" genannt —

und

. . . . . .

— nachstehend „Lizenznehmer" genannt —

wird folgender Vertrag[1] geschlossen:

Vorbemerkung

Der Lizenzgeber ist ein Unternehmen aus der . . . . . .-Branche, das unter der deutschen/europäischen Wortmarke „. . . . . .", eingetragen im Register des DPMA/OAMI unter der Registernummer . . . . . .,[2] Waren an Einzelhändler zum Weiterverkauf vertreibt. Der Lizenznehmer betreibt ein Einzelhandelsunternehmen, das u a auch Waren des Lizenzgebers für den Verkauf an Endverbraucher anbietet. Der Lizenznehmer möchte für sein Warenangebot auch im Internet werben und dazu die Wortmarke des Lizenzgebers in die Metatags seiner Website aufnehmen. Damit ist der Lizenzgeber einverstanden, und zwar nach der Maßgabe folgender Regelung:

§ 1 Lizenzerteilung

(1) Der Lizenzgeber gestattet dem Lizenznehmer, die Wortmarke „. . . . . ." (im folgenden „Marke") als Metatag der Website www. . . . . .de zu verwenden.[3]

(2) Der Lizenzgeber erteilt dem Lizenznehmer insoweit eine nicht-exklusive, einfache Markenlizenz zur Präsentation der folgenden Waren bzw. Dienstleistungen auf dieser Website im Internet: . . . . . .[4] In diesem Zusammenhang darf der Lizenznehmer insbesondere auch anderen Einzelhändlern gestatten, die Wortmarke als Metatag zu verwenden. Der Lizenznehmer ist jedoch nicht berechtigt, Unterlizenzen zu erteilen oder die Wortmarke in Metatags anderer von ihm betriebener Websites zu verwenden.[5]

§ 2 Rechtsmängel

(1) Der Lizenzgeber versichert, dass ihm Rechtsmängel an der Marke nicht bekannt sind.

(2) Der Lizenzgeber ist alleine berechtigt, aber nicht verpflichtet, die Marke während der Vertragsdauer zu verlängern, zu überwachen und gegen Beeinträchtigungen durch Dritte zu verteidigen. und trägt die hierfür etwaig anfallenden Kosten alleine.[6]

(3) Die Vertragsparteien unterrichten sich gegenseitig unverzüglich über mögliche Beeinträchtigungen der Marke durch Dritte.

§ 3 Inanspruchnahme durch Dritte

Der Lizenzgeber unterstützt den Lizenznehmer bei der Inanspruchnahme durch Dritte auf Benutzungsunterlassung[7] sowie bei Schadensersatzforderungen nach besten Kräften. Eine Haftung des Lizenzgebers besteht jedoch nur im Falle seines Verschuldens.

§ 4 Lizenzgebühr[8]

Der Lizenznehmer zahlt dem Lizenzgeber als Vergütung für die eingeräumte Lizenz eine Gebühr in Höhe von . . . . . . EUR pro Monat/Jahr. Die Gebühr ist im Voraus zu entrichten, jeweils bis spätestens zum 2. Arbeitstag des betreffenden Monats/Jahres.

Mit dem Erlöschen der Marke endet auch die Vergütungspflicht des Lizenznehmers automatisch mit Wirkung für die Zukunft. Etwa bereits vorausbezahlte Lizenzgebühren werden zeitanteilig vom Lizenzgeber an den Lizenznehmer rückerstattet.

§ 5 Laufzeit

(1) Der Vertrag tritt am . . . . . . in Kraft und gilt zunächst für ein Jahr. Er verlängert sich um jeweils 6 Monate, sofern er nicht mit einer Frist von 4 Wochen vor Vertragsende schriftlich gekündigt wird.

(2) Das Recht zur fristlosen Kündigung aus wichtigem Grund bleibt unberührt.

§ 6 Schlussbestimmungen

(1) Dieser Vertrag unterliegt ausschließlich dem Recht der Bundesrepublik Deutschland.

(2) Mündliche Nebenabreden bestehen nicht. Änderungen oder Ergänzungen dieses Vertrages bedürfen zu ihrer Wirksamkeit der Schriftform, auf die auch nicht mündlich verzichtet werden kann.

(3) Sollten einzelne Bestimmungen dieses Vertrages unwirksam sein oder werden, so wird dadurch die Wirksamkeit der übrigen Bestimmungen nicht berührt. Statt der unwirksamen Bestimmung gilt dasjenige, was die Parteien nach dem ursprünglich angestrebten Zweck unter wirtschaftlicher Betrachtungsweise redlicherweise vereinbart hätten. Das Gleiche gilt im Falle des Vorliegens einer Vertragslücke.

(4) Erfüllungsort ist der Sitz des Lizenzgebers. Gerichtsstand ist, soweit gesetzlich zulässig, das . . . . . .

. . . .

(Ort, Datum)   (Ort, Datum)

. . . .

– Lizenznehmer –   – Lizenzgeber –

Anmerkungen

1. Sachverhalt. Metatags sind im Quellcode einer Webpage enthaltene Informationen, die vom Content-Provider verwendet werden, um sich die Arbeitsweise von Suchmaschinen, wie zB Google, Yahoo oder Bing zunutze zu machen. Diese Suchmaschinen scannen in regelmäßigen Abständen den Inhalt des gesamten World Wide Web (www) nach Schlagworten und erstellen dabei elektronische Referenzen über sämtliche Erwähnungen des gesuchten Themas. Diese Referenzen sind für den Internet-Nutzer abrufbar, indem er in das Suchfeld der von ihm verwendeten Suchmaschine einen entsprechenden Such-begriff eingibt. Die Suchmaschine übermittelt dem Surfer sodann eine Liste aller in den Referenzdateien gespeicherten Websites, die das betreffende Suchwort beinhalten. Die Treffer werden dem Surfer grundsätzlich in Form einer Liste, geordnet nach abnehmen-der Relevanz, übermittelt, die direkt anklickbare Links zu den einzelnen Websites beinhaltet. Zum Verständnis der Metatag-Problematik ist wichtig zu verstehen, dass die Software der Suchmaschinen zur Erstellung der Referenzdateien in erster Linie den für den Surfer zunächst nicht sichtbaren Quellcode der einzelnen Website nach Informatio-nen über den Inhalt der Website überprüft. Grundlage für diese Verfahrensweise ist die Annahme, dass der Content-Provider den Inhalt seiner Website im Quellcode mit einem oder mehreren zutreffenden Begriffen beschreibt, damit die Erstellung korrekter Refe-renzdateien durch die Suchmaschinen möglich ist. Allerdings können Suchmaschinen die im Quellcode verankerten und für den Surfer unsichtbaren Informationen mittlerweile auch mit dem tatsächlichen Inhalt der betreffenden Website abgleichen und etwaige Diskrepanzen feststellen, die dann zu einer schlechteren Position der betreffenden Seite in der Suchergebnisliste führen können.

2. Registereintragungen. Soweit es sich (wie im Regelfall) um eine eingetragene Marke (und nicht um eine bloße Benutzungsmarke iSv § 4 Nr. 2 MarkenG) handelt, ist es zur eindeutigen Identifizierung des Lizenzgegenstandes sinnvoll, das einschlägige Register und die Registernummer im Vertrag anzugeben.

3. Lizenzbedürftigkeit der Benutzung von Marken in Metatags. Die früher umstrittene Frage, ob der Einsatz von Marken in Metatags zur Beeinflussung der Trefferlisten von Suchmaschinen eine kennzeichenmäßige Benutzung darstelle, wurde vom BGH dahin-gehend entschieden, dass die Verwendung eines fremden Kennzeichens als verstecktes Suchwort (Metatag) im geschäftlichen Verkehr (d h durch den Betreiber einer geschäftli-chen Website) regelmäßig eine kennzeichenmäßige Benutzung darstellt – auch wenn es für die suchenden Internetnutzer nicht per se wahrnehmbar ist (BGH Urt. v. 13.1.2011 – I ZR 46/08, MMR 2011, 608 Rn. 25; BGH Urt. v. 22.1.2009 – I ZR 30/07, GRUR 2009, 500 = MMR 2009, 329 mAnm *Hoeren* Rn. 15 – Beta Layout; BGH Urt. v. 8.2.2007 – I ZR 77/04, GRUR 2007, 784 = MMR 2007, 649 Rn. 18 – AIDOL; BGH Urt. v. 18.5.2006 – I ZR 183/03, BGHZ 168, 28 = MMR 2006, 812 mAnm *Hoeren* = GRUR 2007, 65 = NJW 2007, 153 – Impuls III).

Diese Beurteilung des BGH ist richtig. § 14 Abs. 3 Nr. 5 MarkenG verbietet die Werbung mit Kennzeichen, die mit einem fremden Zeichen identisch oder diesem ähnlich sind. Der Begriff der Werbung ist markenrechtlich weit auszulegen; er umfasst alle Formen der Werbung und somit auch die Wiedergabe in elektronischen Medien zum Zwecke der werblichen Kommunikation. Weiter ist zu berücksichtigen, dass es sich bei den in § 14 Abs. 3 MarkenG genannten Benutzungshandlungen um einen nicht abschlie-ßenden Katalog von Beispielen handelt. Demzufolge ist jede Benutzungshandlung, die im geschäftlichen Verkehr vorgenommen wird, grundsätzlich von der Verbotsnorm des § 14 Abs. 2 MarkenG umfasst, ohne dass es darauf ankäme, ob sie für den Internetnutzer direkt sichtbar ist oder nicht. Die Verwendung von Marken in Metatags berührt insoweit auch die ökonomische Funktion der Marke, indem sie die berechtigte Verbraucher-erwartung erweckt, über eine Suchmaschine mit Links beliefert zu werden, die der Suchanfrage entsprechen.

Auch die „Google-AdWords"-Entscheidung des EuGH (EuGH Urt. v. 23.3.2010 – C-236, 237, 238/08, EuZW 2010, 419) hat nochmals eindeutig klargestellt, dass die Verwendung fremder Marken als „Schlagwörter" für Suchmaschinen – dort in Form der entgeltlich „buchbaren" AdWords – eine zustimmungspflichtige markenmäßige Benutzungshandlung darstellen kann (differenzierte Ansicht hierzu noch BGH Urt. v. 13.1.2011 – I ZR 46/08, MMR 2011, 608 Rn. 26 mAnm *Hoeren*), die allerdings durch die auf Google werbenden Unternehmen ausgeführt wird, nicht durch Google als Plattform.

Nach § 14 Abs. 2 bzw. § 15 Abs. 2 MarkenG ist es untersagt, im geschäftlichen Verkehr Marken bzw. geschäftliche Bezeichnungen (Kennzeichen) zu benutzen, wenn diese mit einem prioritätsälteren Kennzeichen eines Dritten identisch oder ähnlich sind. Die Bestimmung des geschäftlichen Verkehrs iSd §§ 14 Abs. 2, 15 Abs. 2 MarkenG ist relativ unproblematisch, denn dieser Begriff ist weit auszulegen und erfasst grundsätzlich jede wirtschaftliche Betätigung, mit der in Wahrnehmung oder Förderung eigener oder fremder Geschäftsinteressen am Erwerbsleben teilgenommen wird. Demnach ist grundsätzlich vom geschäftlichen Verkehr auszugehen, wenn Wettbewerber des Lizenzgebers Metatags mit dem Zeichen des Lizenzgebers verwenden. Bei rein informativen Websites privater Personen dürfte hingegen in der Regel von fehlendem geschäftlichem Verkehr auszugehen sein.

In den engen Voraussetzungen des § 23 MarkenG ist es einem Dritten allerdings gestattet, die Marke oder eine geschäftliche Bezeichnung im geschäftlichen Verkehr zu verwenden: Er darf den Namen und die Anschrift benutzen (Nr. 1.), ein mit der Marke identisches Zeichen als Angabe über Merkmale und Eigenschaften von Waren und Dienstleistungen benutzen (Nr. 2.) und er darf die Marke als Hinweis auf die Bestimmung einer Ware/Dienstleistungen benutzen (Nr. 3.), sofern die Benutzung nicht gegen die guten Sitten verstößt. All diese Voraussetzungen, dh die Verwendung der Marke als beschreibende Angabe, liegen bei der Verwendung eines Metatags in der Regel nicht vor. Anders kann dies zu bewerten sein, wenn der Websitebetreiber die Marke in seinen Metatags gerade zur Bewerbung der Originalprodukte des Markeninhabers verwendet, die er vertreibt (so die Präambel des hiesigen Formulars), vgl. BGH IBRRS 61 740 – AIDOL. Aus Rechtssicherheitsgründen ist jedoch auch in solchen Fällen der Abschluss eines Metatag-Lizenzvertrages empfehlenswert (ggf. ohne Vergütungspflicht).

4. Einfache Markenlizenz. Die Lizenz wird hier als einfache Markenlizenz gewährt. Danach erhält der Lizenznehmer nur ein schuldrechtliches Benutzungsrecht. Dieses Benutzungsrecht stellt ein relatives Recht dar, das nur dem Lizenzgeber gegenüber wirksam ist, und keine dingliche Wirkung Dritten gegenüber entfaltet.

Grundsätzlich hat die Marke selbst nach § 30 MarkenG dingliche Wirkung mit der Folge, dass die in § 30 Abs. 2 Nr. 1–5 MarkenG erfassten Verletzungen des Lizenzvertrages zugunsten des Lizenzgebers nicht nur schuldrechtliche, sondern auch markenrechtliche Ansprüche auslösen.

Wegen der Verletzung eines Markenrechts kann ein Lizenznehmer (auch einer ausschließlichen Lizenz) nur mit Zustimmung des Markeninhabers aus eigenem Recht Markenverletzungsklage erheben (§ 30 Abs. 3 MarkenG).

Bei der Benutzung im Rahmen von Metatags ist die Erteilung einer nur einfachen Markenlizenz sachgerechter, weil dies dem Lizenzgeber die Möglichkeit belässt, über seine Marke frei zu disponieren.

5. Inhaltliche Beschränkungen der Lizenz. Ebenfalls im Interesse der Dispositionsfreiheit des Lizenzgebers sollte die jeweilige Markenlizenz inhaltlich möglichst eng auf den beabsichtigten Nutzungszweck zugeschnitten werden, denn dann muss der Lizenzgeber vor jeder Erweiterung oder Änderung der Nutzung erneut gefragt – und damit automatisch informiert – werden.

6. Aufrechterhaltung und Verteidigung der Marke. Die im Formular wiedergegebene Regelung entspricht der gesetzlichen Regelung im Falle einfacher Lizenzen und dient daher lediglich der Klarstellung bzw. Information des Lizenznehmers. Auch hier bleibt die Dispositionsfreiheit des Lizenzgebers unbeschnitten, sein Markenrecht zu verteidigen oder gegebenenfalls auch verfallen zu lassen (zB wegen Bekanntwerdens prioritätsälterer Rechte Dritter).

Die Rechte des Lizenznehmers sind hierdurch nicht beeinträchtigt, da seine Lizenzgebührenpflicht mit dem Erlöschen der Marke automatisch ebenfalls endet (s. hierzu § 4 „Lizenzgebühr").

7. **Schutztatbestände.** § 14 Abs. 2 MarkenG bestimmt, unter welchen Voraussetzungen die Unterlassung einer Markenrechtsverletzung durch die Verwendung in Metatags verlangt werden kann. Im Einzelnen handelt es sich um den Identitäts-, Verwechslungs- und Verwässerungsschutz.

In der Regel sind die in den Metatags verwendeten Begriffe mit der fremden Marke identisch. Liegt gleichzeitig Produktidentität vor, besteht hiergegen grundsätzlich ein Unterlassungsanspruch nach § 14 Abs. 2 Nr. 1 MarkenG. Es ist allerdings streitig, ob für die Feststellung der Produktidentität auf die Waren abzustellen ist, welche auf der betreffenden Website beworben werden oder auf die Website selbst als eigenständiges Produkt. Richtigerweise ist grundsätzlich auf die beworbenen Waren/Dienstleistungen abzustellen (so auch BGH Urt. v. 18.5.2006 – I ZR 183/03, MMR 2006, 812 = GRUR 2007, 65 = NJW 2007, 153 – Impuls III), denn bei der Website handelt es sich nur um ein Kommunikationsmittel und nicht um das Produkt selbst.

Der Verwechslungsschutz nach § 14 Abs. 2 Nr. 2 MarkenG setzt eine Verwechslung voraus, die anhand der Merkmale Zeichenähnlichkeit, Produktähnlichkeit und Kennzeichnungskraft zu bewerten ist, wobei diese Merkmale zueinander in Wechselwirkung stehen. Unterstellt, dass bei der Verwendung von Metatags regelmäßig kennzeichnungskräftige Marken verwendet werden, können demnach geringe Anforderungen an die Produktähnlichkeit gestellt werden. Hiergegen kann nicht argumentiert werden, Verwechslungsgefahr bestehe nur beim Anklicken der Website, denn das Vorliegen einer abstrakten Gefahr reicht für die Begründung der Verwechslungsgefahr aus.

Der Verwässerungsschutz nach § 14 Abs. 2 Nr. 3 MarkenG erstreckt sich auf die Verwendung einer Marke, wenn keine Produktidentität vorliegt und der gute Ruf einer Marke ausgebeutet werden soll. Allerdings hat Metatagging nicht zum Ziel, am Image des betreffenden Markeninhabers teilzunehmen, sondern ist darauf ausgerichtet, die technologisch bedingte Gelegenheit zur Präsentation der eigenen Waren/Dienstleistungen auszunutzen.

8. **Lizenzgebühr.** Umfang und Höhe der Lizenzgebühr richtet sich nach der jeweiligen Fallkonstellation. Je zugkräftiger die Marke, die als Metatag verwendet werden soll, und je entfernter die Metatag-Benutzung von den eigenen Interessen des Lizenzgebers, desto höher die Lizenzgebühr. Sie dürfte hingegen umso niedriger ausfallen oder sogar gänzlich entfallen, je höher das Interesse des Lizenzgebers ist, durch Metatags auf die Websites Dritter aufmerksam zu machen, da diese seine Produkte vertreiben.

Durch das automatische Entfallen der Vergütungpflicht mit dem Erlöschen der Marke wird dem Interesse des Lizenznehmers Rechnung getragen, nicht für einen Verzicht des Markeninhabers auf die Durchsetzung eines gar nicht bestehenden Untersagungsanspruchs bezahlen zu müssen. Auch kann im Gegenzug der Lizenzgeber seine Wahlfreiheit, die Marke jederzeit gegebenenfalls auch verfallen zu lassen, unbeeinträchtigt behalten (s. o. unter § 2 „Rechtsmängel").

Impressum

3. Angaben nach § 5 TMG

Diensteanbieter haben für geschäftsmäßige, in der Regel gegen Entgelt angebotene Telemedien folgende Informationen leicht erkennbar, unmittelbar erreichbar und ständig verfügbar zu halten:[1, 2, 3, 4]

1. Name und die Anschrift, unter der sie niedergelassen sind; bei juristischen Personen zusätzlich die Rechtsform und Angabe des Vertretungsberechtigten und, sofern Angaben über das Kapital der Gesellschaft gemacht werden, das Stamm- oder Grundkapital sowie, wenn nicht alle in Geld zu leistenden Einlagen eingezahlt sind, der Gesamtbetrag der ausstehenden Einlagen;
2. Angaben, die eine schnelle elektronische Kontaktaufnahme und unmittelbare Kommunikation ermöglichen, einschließlich der Adresse der elektronischen Post;
3. Soweit der Dienst im Rahmen einer Tätigkeit angeboten oder erbracht wird, die der behördlichen Zulassung bedarf, die Angaben zur zuständigen Aufsichtsbehörde;
4. Angaben zur Registereintragung (Handelsregister, Vereinsregister, Partnerschaftsregister, Genossenschaftsregister) und entsprechende Registernummer;
5. Angaben über Kammer, welcher der Dienstleister angehört, gesetzliche Berufsbezeichnung und Staat, in dem letztere verliehen worden ist, sowie Bezeichnung berufsrechtlicher Regelungen und deren Zugänglichkeit, soweit der Dienst in Ausübung eines Berufes im Sinne von Art. 1 d der Richtlinie 89/48/EWG oder Art. 1 f der Richtlinie 92/51/EWG, zuletzt (in 1997) geändert durch die Richtlinie 97/38/EG, angeboten oder erbracht wird;
6. Umsatzsteueridentifikationsnummer nach § 27a UStG oder Wirtschaftsidentifikationsnummer nach § 139c AO, sofern er eine solche besitzt;
7. Bei Aktiengesellschaft, KGaA und GmbH, die sich in Abwicklung oder Liquidation befinden, Angaben hierüber.
8. Für außergerichtliche Streitbeilegung steht das System nach der Verordnung (EU) Nr. 524/2013 zur Verfügung unter http://ec.europa.eu/consumers/odr.

Anmerkungen

1. Sachverhalt. Um dem Nutzer (Verbraucher) Klarheit zu verschaffen, wer hinter der Internetseite steht, haben Anbieter elektronischer Informations- und Kommunikationsdienstleistungen (zB Online-Angebote) bestimmte Informationen auf ihrer Website zu offenbaren. Der Formulartext gibt im Wesentlichen den Wortlaut des § 5 TMG wieder. „Elektronische Postadresse" ist zu verstehen als E-Mail-Adresse.

2. Allgemeine Informationspflichten. Nach § 5 Telemediengesetz (TMG), zuletzt geändert am 21.7.2016, BGBl. 2016 I 1766, haben Diensteanbieter bei geschäftsmäßigen, in der Regel gegen Entgelt angebotenen Telemedien die dort bestimmten Informationen leicht erkennbar, unmittelbar erreichbar und ständig verfügbar zu halten. „Diensteanbieter" ist jede natürliche oder juristische Person, die eigene oder fremde Telemedien zur Nutzung bereithält oder den Zugang zur Nutzung vermittelt (§ 2 Nr. 1 TMG). Die Informationen haben ständig, unmittelbar erreichbar und eindeutig (etwa durch zu jedem

Zeitpunkt sichtbar und bereitstehenden Link „Impressum" oder „Kontakt" – so entschieden (BGH Urt. v. 20.7.2006 – I ZR 228/03, NJW 2006, 3633) auf der Website zu erscheinen. Es gilt, dass die Wahrnehmung des Textes nicht erschwert sein darf. Wesentlich ist auf das dem Informationsanspruch dienende Element des Impressums zu achten. Die gewählte Schriftgröße darf nicht unleserlich, dh zB zu klein, sein. Das LG Dortmund hat am 16.3.2016 (10 O 81/15, BeckRS 2016 06525) entschieden, dass ein Impressum in Hochkant wettbewerbswidrig sein kann. Das Impressum sollte zudem nicht als Bilddatei eingebunden werden, um die Barrierefreiheit zu gewährleisten.

Verstöße gegen die Informationspflicht können, gestützt auf Wettbewerbsrecht, Anlass für kostenpflichtige Abmahnungen geben und zur Verhängung von Bußgeldern bis zu EUR 50.000,00 führen (§ 16 TMG).

Die Angaben nach § 5 TMG ersetzen **nicht** weitergehende Informationspflichten, die etwa nach dem BGB, dem Art. 246 EGBGB, des Staatsvertrags für Rundfunk und Telemedien oder der Preisangabenverordnung, dem Versicherungsaufsichtsgesetz oder dem Handelsgesetzbuch bestehen.

Empfohlen wird außerdem, die Informationspflichten nach der Verordnung (EU) Nr. 524/2013 über die Online-Streitbeilegung in Verbraucherangelegenheiten (ODR-Verordnung) in das Impressum aufzunehmen und entsprechend mit http://ec.europa.eu/consumers/odr anklickbar zu verlinken.

Die allgemeinen Informationspflichten gelten nicht nur für die eigene Webseite, sondern für jedes Telemedium, welches der Diensteanbieter anbietet. Dazu gehören auch Seiten in sozialen Netzwerken, auf Plattformen, auf denen der Diensteanbieter seine Leistungen anbietet, wie zB Verkaufsplattformen, aber auch E-Mail-Newsletter. Möglich ist, auf das eigene Webseiten-Impressum von den vorgenannten Telemedien zu verlinken. Es dürfen aber für den Nutzer insgesamt nicht mehr als zwei Klicks notwendig sein, um auf die Pflichtinformationen zu gelangen und es muss sich aus dem Webseiten-Impressum ergeben, auf welche Telemedien es sich bezieht (LG Aschaffenburg Urt. v. 19.8.2011 – 2 HK O 54/11, CR 2012, 57–58). Weicht der inhaltlich Verantwortliche für das Telemedium von dem für die Webseite ab, muss insofern eine Klarstellung im Impressum erfolgen und dieser auch genannt werden.

3. Besondere Informationspflichten. a) Am 18.5.2010 trat die Verordnung über Informationspflichten für Dienstleistungserbringer (DL-InfoV), BGBl. 2010 I 267 in Kraft, die zusätzlich zu den für das Impressum geregelten Pflichten nach § 5 TMG noch eine Reihe weiterer Informationspflichten vorschreibt. Sie gilt für Dienstleister, die im Inland ihren Sitz oder eine Niederlassung haben und im Inland, in der Europäischen Union oder im Europäischen Wirtschaftsraum ihre Dienstleistungen erbringen, auch wenn die Dienste via Internet angeboten werden.

Sie gilt für Gewerbetreibende und Freiberufler. Ausgenommen sind Dienstleistungsangebote, die in Art. 2 der Richtlinie 2006/123/EG, ABl. 2006 L 375, 36 vom 27.12.2006 fallen, zB Verkehrsdienstleistungen, Leiharbeitsagenturen, Gesundheitsdienstleistungen oder Finanzdienstleistungen ua.

Die meisten in dieser Richtlinie vorgeschriebenen Informationspflichten sind bereits in § 5 TMG erfasst. Zusätzlich verpflichtend ua ist die Information über
– Allgemeine Geschäftsbedingungen, wenn vorhanden;
– Vertragsklauseln über das auf den Vertrag anwendbare Recht oder den Gerichtsstand, wenn vorhanden;
– Bestehende Garantien, die über die gesetzlichen Gewährleistungsrechte hinaus gehen, wenn vorhanden;
– Wesentliche Merkmale der Dienstleistung, soweit sich diese nicht bereits aus dem Zusammenhang ergeben und
– Angaben zur Berufshaftpflichtversicherung, insbesondere den Namen und die Anschrift des Versicherers und den räumlichen Geltungsbereich, soweit eine solche Versicherung besteht.

Weiterhin müssen unterschiedliche Informationen auf Anfrage bekannt gegeben werden. Hier sind zu nennen:
- Wenn die Dienstleistungen in Ausübung eines reglementierten Berufes erbracht werden, ein Fundstellennachweis auf diese berufsrechtlichen Regelungen und Hinweis, wie diese zugänglich sind;
- Im Falle sog. multidisziplinärer Tätigkeit des Dienstleisters Angaben über die bestehenden beruflichen Gemeinschaften, mit denen er in direkter Verbindung steht und ggf. über die Maßnahmen, die ergriffen wurden, um Interessenkonflikte zu vermeiden;
- Etwaige Verhaltenskodizes einschließlich der Fundstelle, unter der diese elektronisch abgerufen werden können sowie in welchen Sprachen diese vorliegen, soweit sie für den jeweiligen Dienstleister gelten und
- Im Fall, dass der Dienstleister sich einem System angeschlossen hat, das ein Streitschlichtungsverfahren vorsieht, Angaben zum Verfahren, zu dessen Zugang und Informationen über seine Voraussetzung.

Hinsichtlich der Form der Informationsgewährung ist der Dienstleister frei, zu wählen zwischen direkter, unaufgeforderter Mitteilung an den Dienstleistungsempfänger, durch Mitteilung am Ort der Leistungserbringung oder im Moment des Vertragsschlusses, wobei sie leicht zugänglich sein müssen, durch elektronische Zugänglichmachung an eine vom Kunden angegebene Adresse oder durch Mitteilung in allen der dem Dienstleistungsempfänger zur Verfügung gestellten ausführlichen Informationsunterlagen über die jeweils angebotene Dienstleistung.

Verstöße gegen diese Informationspflichten können ebenfalls, gestützt auf Wettbewerbsrecht, Anlass zu Abmahnungen geben. Sie sind über die Ordnungswidrigkeiten nach § 6 DL-InfoV und damit nach den Vorschriften des OWiG zu ahnden.

b) Diensteanbieter mit journalistisch-redaktionell gestalteten Angeboten müssen zudem noch die Vorgaben des § 55 Abs. 2 des Staatsvertrags für Rundfunk und Telemedien (vom 31.8.1991, zuletzt geändert am 4.12.2015, in Kraft getreten am 1.1.2016) erfüllen und müssen einen für den Inhalt Verantwortlichen mit Name und Anschrift benennen, der voll geschäftsfähig ist, unbeschränkt strafrechtlich verfolgt werden kann, seinen Aufenthalt im Inland hat und nicht in Folge eines Richterspruchs die Fähigkeit zur Bekleidung öffentlicher Ämter verloren hat.

4. Nutzungsbedingungen/Disclaimer

(1) Diese Website ist Gegenstand der nachfolgenden Nutzungsbedingungen,[1] die im Verhältnis zwischen Nutzer und Dienstanbieter mit dem Aufruf dieser Website verbindlich vereinbart sind.[2] Soweit spezielle Bedingungen für einzelne Nutzungen dieser Website von den nachfolgenden Nutzungsbedingungen abweichen, wird in der Website an entsprechender Stelle ausdrücklich darauf hingewiesen. Es gelten dann im jeweiligen Einzelfall ergänzend die besonderen Nutzungsbedingungen.[3]

Diese Website beinhaltet Daten und Informationen aller Art, die marken- und/oder urheberrechtlich zugunsten des Diensteanbieters oder im Einzelfall auch zugunsten Dritter geschützt sind.[4] Es ist daher nicht gestattet, die Website im Ganzen oder einzelne Teile davon herunterzuladen, zu vervielfältigen und/oder zu verbreiten.[5] Gestattet ist vor allem die technisch bedingte Vervielfältigung zum Zwecke des Browsing, soweit diese Handlung keinen wirtschaftlichen Zwecken dient,[6] sowie die dauerhafte Vervielfältigung für den eigenen Gebrauch.[7]

(2) Es ist gestattet, einen Link auf diese Website zu setzen, soweit er allein der Querreferenz dient. Der Diensteanbieter[8] behält sich das Recht vor, die Gestattung zu widerrufen.[9] Das Framen dieser Website ist nicht gestattet.[10]

(3) Der Diensteanbieter übernimmt die Haftung für die Inhalte seiner Website gemäß den gesetzlichen Bestimmungen.[11] Eine Gewähr für Richtigkeit und Vollständigkeit der auf der Website befindlichen Information wird nicht übernommen. Verweise und Links auf Websites Dritter bedeuten nicht, dass sich der Diensteanbieter die hinter dem Verweis oder Link liegenden Inhalte zu eigen macht. Die Inhalte begründen keine Verantwortung des Diensteanbieters für die dort bereit gehaltenen Daten und Informationen. Der Diensteanbieter hat keinen Einfluss auf die hinter dem Link liegenden Inhalte. Für rechtswidrige, fehlerhafte oder unvollständige Inhalte und für Schäden, die aufgrund der Nutzung von einem hinter dem Link liegenden Inhalt verursacht worden sind, haftet der Diensteanbieter daher nicht.[12]

(4) Die Nutzung des Internets erfolgt auf eigene Gefahr des Nutzers. Der Diensteanbieter haftet vor allem nicht für den technisch bedingten Ausfall des Internets bzw. des Zugangs zum Internet.[13]

(5) Gerichtsstand ist, wenn der Vertragspartner Kaufmann, juristische Person des öffentlichen Rechts oder öffentlich-rechtliches Sondervermögen ist, am Sitz des Diensteanbieters.[14] Es gilt deutsches Recht unter Ausschluss des UN-Kaufrechts.[15, 16]

(6) Für den Fall, dass der Nutzer Verbraucher (nicht Unternehmer) ist, erfolgt der Hinweis gemäß Art. 14 der VO (EU) Nr. 524/2013 – ODR-Verordnung auf die Möglichkeit außergerichtlicher Streitbeilegung. Details hierzu finden sich in der vorgenannten Verordnung und unter [Link] http://ec.europa.eu/consumers/odr.[17]

(7) Der Diensteanbieter behält sich das Recht vor, diese Nutzungsbedingungen von Zeit zu Zeit zu modifizieren und sie der technischen sowie rechtlichen Entwicklung anzupassen.[18] Der Nutzer – soweit er sich registriert hat – wird auf die Veränderung gesondert hingewiesen. Im Falle der Unwirksamkeit einzelner Regelungen dieser Nutzungsvereinbarung bleibt die Wirksamkeit im Übrigen unberührt.[19]

Anmerkungen

1. Sachverhalt. Ein Diensteanbieter möchte seine Dienste und Inhalte in der Regel zu seinen Konditionen im www zugänglich machen. Die Nutzungsbedingungen und der Disclaimer definieren diese Konditionen. In der Regel befindet sich auf der Homepage ein Link mit dem Hinweis „Disclaimer" oder „Nutzungsbedingungen".

2. Verbindlichkeit der Nutzungsbedingungen und des Disclaimers. Es sind letztlich vom Diensteanbieter einseitig formulierte Bedingungen für die Nutzung der Website. Grundsätzlich kann der Nutzer davon ausgehen, dass Inhalte, die auf dem www zugänglich gemacht werden, im Rahmen der bestehenden gesetzlichen Vorschriften frei genutzt werden können. Sofern der Diensteanbieter davon abweichen bzw. ergänzende Nutzungsbedingungen aufstellen und diese im Verhältnis zum Nutzer verbindlich vereinbaren will, bedarf es eines ausdrücklichen Hinweises auf die Nutzungsbedingungen und den Disclaimer und die Verschaffung der Möglichkeit, in zumutbarer Weise davon Kenntnis nehmen zu können, damit des Nutzers schlüssiges Einverständnis anzunehmen ist (§ 305 Abs. 2 BGB). Es ist dann technisch sicherzustellen, dass unabhängig davon, ob der Nutzer auf die Hauptwebsite (Homepage) trifft oder beispielsweise über Links auf eine Unterseite gelangt, ihm beim Erstkontakt diese Nutzungsbedingungen deutlich erkennbar bekannt gemacht werden.

3. Besondere Nutzungsbedingungen. Angesichts der Vielfältigkeit der Anwendungs-
möglichkeiten von Angeboten auf dem www erscheint es nützlich, wenn nicht zwingend,
auf Bedingungen für spezielle Nutzungen (zB E-Mail, Bulletin-Board-Services) an entsprechender Stelle separat hinzuweisen.

4. Urheberrechte. Geschützt sind Werke der Literatur, Wissenschaft und Kunst. Dazu
gehören insbesondere Schriftwerke und Computerprogramme, Musik, Lichtbild- und
Filmwerke sowie Darstellungen wissenschaftlicher und technischer Art, wie Zeichnungen,
Pläne, Karten, Skizzen, Tabellen und plastische Darstellungen (§§ 1, 2 Abs. 1 UrhG).
Weiter zählen dazu Sammelwerke und Datenbankwerke. Datenbankwerke sind Sammelwerke, deren Elemente systematisch oder methodisch angeordnet und einzeln mit Hilfe
elektronischer Mittel oder auf andere Weise zugänglich sind (§ 4 Abs. 2 UrhG). Werke
sind aber nur dann geschützt, wenn sie eine persönliche geistige Schöpfung darstellen.
Problematisch ist dabei vor allem, welcher Grad an Individualität erforderlich ist, damit
eine persönliche geistige Schöpfung geschützt ist. Grundsätzlich ist davon auszugehen,
dass schon Werke mit geringem schöpferischem Wert (sog. „kleine Münze") urheberrechtlich geschützt sind (amtliche Begründung zu § 2 UrhG, BT-Drs. IV/270, S. 38).
Entsprechend geht der BGH in ständiger Rechtsprechung davon aus, dass schon einfache
geistige und die Grenze zur Individualität gerade eben überschreitende Schöpfungen
urheberrechtlich geschützt sind (BGH Urt. v. 21.11.1991 – I ZR 190/89, GRUR 1992,
382 [385]; BGH Urt. v. 21.6.2001 – I ZR 245/98 GRUR 2002, 153). Bei wissenschaft-
lich-technischen oder wissenschaftlich-rechtlichen Schriftwerken bedarf es aber eines
deutlichen Überragens des täglichen, des handwerksmäßigen, der mechanisch-tech-
nischen Aneinanderreihung des Materials (BGH LM § 2 UrhG Nr. 20 – Anwaltsschrift-
satz; BGHZ 1994, 276 [286] – Inkasso-Programm; BGH LM § 2 UrhG Nr. 33 –
Bedienungsanweisung). Neben den Rechten des Urhebers sind auch die sog. Leistungsschutzrechte zu beachten (§§ 70 bis 87e UrhG). Danach werden Leistungen auch dann
geschützt, wenn sie selbst keine persönlichen geistigen Schöpfungen darstellen. Gesetzlich
geregelt ist dabei der Schutz des Lichtbildners, der ausübenden Künstler, der Tonträgerhersteller, der Filmhersteller, des Sendeunternehmers sowie der Datenbankhersteller. Im
Zusammenhang mit einer Internetpräsentation dürfte vor allem der Schutz des Lichtbildners (§ 72 UrhG) herauszustellen sein. Die Leistung des Lichtbildners besteht zB darin,
Fotografien herzustellen, deren Originalität unterhalb der „kleinen Münze" angesiedelt
ist. Bei Übernahme fremder Werke oder Werkteile kann allerdings der Schutz des
vorbestehenden Werks zurücktreten. So unter dem Gesichtspunkt der freien Nutzung
nach § 24 UrhG (vgl. BGH Urt. v. 1.12.2010 – I ZR 12/08, MMR 2011, 182; BGH Urt.
v. 16.4.2015 – I ZR 225/12, MMR 2015, 824), wobei rein handwirkliches Schaffen dem
Urheberrechtsschutz von vornherein nicht zugänglich ist.

5. Verwertungsrechte. Von den im Urhebergesetz geregelten Verwertungsrechten ist
bei bestimmungsgemäßer Nutzung einer Website in der Regel das Vervielfältigungsrecht
(§ 16 UrhG) betroffen. Bei dem Aufruf einer Website entstehen Vervielfältigungen auf
dem Host-Server, auf dem die Informationen zum Abruf bereit gehalten werden, außerdem Vervielfältigungen auf Servern von Zwischenstationen (beim sog. Routing) auf dem
Weg zum Nutzer, weiter entstehen Vervielfältigungen im Arbeitsspeicher des Computers
eines Nutzers sowie gegebenenfalls Vervielfältigungen auf einem dauerhaften Speichermedium des Nutzers, zB auf der Festplatte, wenn aufgerufene Websites automatisch
gespeichert werden können, damit man auf sie bei späterem Aufruf schneller zugreifen
kann.
Problematisch ist dabei die Frage, ob kurzfristige Speicherungen im Arbeitsspeicher
eines Nutzers eine Vervielfältigung (§ 16 UrhG) darstellen. Das Besondere an diesen
Speicherungen ist, dass sie technisch bedingt sind und die Eigenschaft fehlt, Informationen dauerhaft zu speichern. In dem Moment, in dem der Computer ausgeschaltet wird,

ist in dem Arbeitsspeicher gespeicherte Information unwiederbringlich gelöscht und muss dementsprechend neu geladen werden, falls sie wieder benötigt wird. Grundsätzlich bedarf es für die Annahme einer Vervielfältigung einer körperlichen Fixierung (vgl. Schricker/*Loewenheim* § 16 Rn. 5). Jedoch ist nach § 16 UrhG die Dauer der Speicherung der Vervielfältigung unerheblich, so dass auch Vervielfältigungen im Arbeitsspeicher, die bei Ausschalten des Computers wieder gelöscht werden, von § 16 UrhG erfasst sind (Schricker/*Loewenheim* § 16 Rn. 6).

Das gleiche Problem tritt bei der Frage auf, ob bei Computerprogrammen die Festlegung im Arbeitsspeicher nach § 69c Abs. 1 Nr. UrhG als Vervielfältigung anzusehen ist. Bei Vervielfältigungen von Werken im Zusammenhang mit der Datenübermittlung im www geht die herrschende Meinung davon aus, dass jedenfalls dann eine urheberrechtlich relevante Vervielfältigung vorliegt, wenn eine kurze Speicherung in einem Arbeitsspeicher zu einer gesteigerten Werknutzung führt (vgl. für viele Schricker/*Loewenheim* § 16 Rn. 20). Dies ist nach herrschender Meinung in der Regel der Fall, denn der Inhalt des Arbeitsspeichers kann ohne großen Aufwand dauerhaft abgespeichert und verbreitet werden. Potenziell ist ein Nutzer, der eine Website aufruft, somit ein Verletzer des Vervielfältigungsrechts des Urhebers. Freilich stellt es ein konkludent erklärtes Einverständnis zur Nutzung von Inhalten dar, wenn der Content-Provider seine Inhalte im Internet zum Abruf bereithält. Der Formulartext dient daher insoweit der Klarstellung.

Nach der Richtlinie 2001/29/EG des Europäischen Parlaments und des Rates vom 22.5.2001 zur Harmonisierung bestimmter Aspekte des Urheberrechts und der verwandten Schutzrechte in der Informationsgesellschaft (ABl. 2001 L 167, 10) müssen die Mitgliedsstaaten für Urheber das Recht vorsehen, die unmittelbare oder mittelbare, vorübergehende oder dauerhafte Vervielfältigung auf jede Art und Weise und in jeder Form ganz oder teilweise zu erlauben oder verbieten (Art. 2 der Urheberrichtlinie). Von diesem Vervielfältigungsrecht sind ephemere Zwischenspeicherungen ausgenommen (Art. 5 Abs. 1 der Urheberrichtlinie). Im deutschen Recht wird in Umsetzung des Art. 5 Abs. 1 der Urheberrichtlinie entsprechend in § 44a UrhG geregelt, dass insbesondere solche Vervielfältigungshandlungen zulässig sind, die flüchtig oder begleitend sind und einen integralen und wesentlichen Teil eines technischen Verfahrens darstellen und deren alleiniger Zweck es ist, die Übertragung in einem Netz zwischen Dritten durch den Vermittler oder die rechtmäßige Nutzung eines Werkes oder sonstigen Schutzgegenstandes zu ermöglichen, soweit die Vervielfältigungshandlung keine eigenständige wirtschaftliche Bedeutung hat. Dazu zählen in erster Linie die Vervielfältigungshandlungen, wie sie bei der digitalen Informationsübermittlung im www vorkommen, vor allem ist das Browsing und das Routing erfasst (vgl. Erwägungsgrund Nr. 33 der Urheberrichtlinie, in Deutschland umgesetzt durch Gesetz zur Regelung des Urheberrechts in der Informationsgesellschaft vom 10.9.2003, BGBl. 2003 I 1774).

6. Browsing. Unter „Browsing" wird das Herumstöbern in den Inhalten des Internet mit Hilfe eines „Browsers" (zB von Netscape oder Microsoft) verstanden. Beim Browsing werden die heruntergeladenen Inhalte im Arbeitsspeicher des Computers kurzfristig, für die Dauer der Nutzung, vervielfältigt. Nach der Urheberrichtlinie (→ Anm. 5) sind solche Vervielfältigungen vom Vervielfältigungsrecht auszunehmen, die flüchtige oder begleitende Vervielfältigungen sind, als integraler und wesentlicher Teil eines technischen Verfahrens erfolgen und ausschließlich dem Zweck dienen, entweder die effiziente Übertragung in einem Netz zwischen Dritten durch einen Vermittler oder die rechtmäßige Nutzung eines Werks oder sonstiger Schutzgegenstände zu ermöglichen. Darüber hinaus sollen die Vervielfältigungshandlungen keinen eigenen wirtschaftlichen Wert besitzen (Art. 5 Abs. 1 der Urheberrichtlinie). Unter diesen Voraussetzungen fällt unter die Ausnahme des Vervielfältigungsrechts vor allem auch das „Browsing" sowie das „Cashing", dh die Herstellung einer Vervielfältigung auf einem dauerhaften Datenträger, zB auf der Festplatte zum Zwecke des schnelleren Zugriffs bei Neuaufruf der abgespeicherten Website.

7. Eigener Gebrauch. § 53 UrhG erlaubt ausdrücklich die Herstellung einzelner Vervielfältigungsstücke zum eigenen Gebrauch. Damit ist eine andere Verwertung als die Vervielfältigung ausgeschlossen. Dies wird insbesondere in § 53 Abs. 6 S. 1 UrhG ausdrücklich klargestellt, wonach die zum eigenen Gebrauch hergestellten Vervielfältigungsstücke weder verbreitet noch zur öffentlichen Wiedergabe benutzt werden dürfen. Die begünstigte Herstellung eigener Vervielfältigungsstücke zum eigenen Gebrauch umfasst den privaten Gebrauch (§ 53 Abs. 1 UrhG) sowie den sonstigen eigenen Gebrauch (§ 53 Abs. 2, 3 UrhG). Privater Gebrauch bezieht sich auf die Verwendung des Vervielfältigungsstücks in der Privatsphäre zur Befriedigung rein persönlicher Interessen der eigenen Person und der mit ihr durch ein persönliches Band verbundenen Personen (BGH Urt. v. 14.4.1978 – I ZR 111/76, GRUR 1978, 474 [475] – Vervielfältigungsstücke; sa EuGH Urt. v. 21.10.2010, C-467/08 ECLI: EU:C:2010:620 – Padawan; BVerfG Beschl. v. 7.10.2009 – 1 BvR 3479/08, GRUR 2010, 56). Privater Gebrauch schließt damit den Gebrauch für berufliche oder gewerbliche Zwecke aus.

Der sonstige Eigengebrauch erfasst berufliche und gewerbliche Zwecke, soweit die Vervielfältigungsstücke zur eigenen Verwendung und nicht zur Verwendung durch Dritte bestimmt sind. Sonstiger eigener Gebrauch liegt daher vor allem bei betriebsinternem Gebrauch, zB durch Behörden, Unternehmen und Angehörige der freien Berufe vor. Das Gesetz bestimmt im Einzelnen 4 Zwecke, zu deren Verfolgung die Vervielfältigung zum sonstigen Gebrauch zulässig ist:

1. Zum eigenen wissenschaftlichen Gebrauch, wenn und soweit die Vervielfältigung zu diesem Zweck geboten ist (§ 53 Abs. 2 Nr. 1 UrhG). Letzteres ist zB dann nicht der Fall, wenn der käufliche Erwerb eines Vervielfältigungsstücks problemlos möglich und zumutbar ist.
2. Zur Aufnahme in ein eigenes Archiv, soweit die Vervielfältigung zu diesem Zweck geboten ist und für die Vervielfältigung als Vorlage ein eigenes Werkstück benutzt wird (§ 53 Abs. 2 Nr. 2 UrhG). Dabei stellt ein elektronisches Pressearchiv kein Archiv im Sinne des § 53 Abs. 2 Nr. 2 UrhG dar, da es der Benutzung einer Mehrzahl von Mitarbeitern dient (BGH Urt. v. 10.12.1998 – I ZR 100/96, MMR 1999, 409 [411]; *Spindler* AfP 2006, 406 [411]; *Euler* CR 2008, 64 [67]).
3. Zur Unterrichtung über Tagesfragen, wenn es sich um ein über Funk gesendetes Werk handelt (§ 53 Abs. 2 Nr. 3 UrhG).
4. Im Schulbereich und bei staatlichen Prüfungen an Schulen aller Art. (§ 53 Abs. 3 UrhG).

Das Laden und damit das Vervielfältigen urheberrechtlich geschützter Werke in den Arbeitsspeicher eines Computers sowie auf eine Festplatte sind somit in den Grenzen des privaten Gebrauchs grundsätzlich erlaubt, im Rahmen des sonstigen eigenen Gebrauchs jedoch nur eingeschränkt. Vor allem das Privileg für die Aufnahme in ein eigenes Archiv entfällt, weil sie als Vorlage für die Vervielfältigung ein eigenes körperliches Werkstück voraussetzt. Zulässig ist dagegen das Herunterladen in den Arbeitsspeicher für wissenschaftliche Zwecke sowie für den Schulunterricht oder für staatliche Prüfungen. Für Datenbankwerke und Datenbanken (zu letzteren zählen schon umfangreiche Link-Sammlungen, LG Köln Urt. v. 25.8.1999 – 28 O 527/98, CR 2000, 400 und Sammlungen von Ortsangaben, LG Düsseldorf Beschl. v. 10.8.2001 – 12 O 330/01) gelten Sonderregelungen nach § 53 UrhG in Umsetzung der Richtlinie 96/9/EG vom 11.3.1996. Es kommt nicht auf den Inhalt, sondern nur auf die Auswahl und Anordnung an (BGH Urt. v. 21.11.1991 – I ZR 190/89, BGHZ 116, 136). Es reicht aus, wenn ein technisches System erlaubt, jedes in der Sammlung enthaltene Element aufzufinden (BGH Urt. v. 21.4.2005 – I ZR 1/02, GRUR 2005, 940). Vor allem die Vervielfältigung von Datenbankwerken ist nur für den wissenschaftlichen Gebrauch zulässig, wenn sie keinen gewerblichen Zwecken dient (§ 53 Abs. 5 UrhG). Die Vervielfältigung einer elektronisch zugänglichen Datenbank ist gleichfalls nur zum eigenen wissenschaftlichen Gebrauch gestattet, wenn und soweit die Vervielfältigung zu diesem Zweck geboten ist und der wissenschaftliche Gebrauch nicht zu gewerblichen Zwecken erfolgt (§ 87c Abs. 1 UrhG). Abgesehen von der Vervielfältigung für den Schulgebrauch und zur Verwendung in Verfahren vor Gerichten, einem Schiedsgericht oder einer Behörde sowie für Zwecke der öffentlichen Sicherheit scheidet eine privilegierte Nutzung einer Datenbank aus (§ 87c UrhG). Diese Regeln stimmen mit den Vorgaben der Urheberrichtlinie 2001/2009/EG (→ Anm. 5) überein (Art. 5 Abs. 3 sowie Erwägungsgrund 34 der Urheberrichtlinie).

8. Diensteanbieter. Diensteanbieter ist jede natürliche oder juristische Person, die eigene oder fremde Telemedien zur Nutzung bereithält oder den Zugang zur Nutzung vermittelt (Legaldefinition, § 2 Nr. 1 TMG). Dazu zählen vor allen auch Content Provider, die Dritten Informationen im Internet zum Abruf bereitstellen. Nutzer ist jede natürliche oder juristische Person, die Telemedien in Anspruch nimmt, insbesondere um Informationen zu erlangen oder zugänglich zu machen (Legaldefinition, § 2 Nr. 3 TMG). Nutzer im Sinne des Telemediengesetzes ist somit jeder, der im Internet „surft", dh Informationen auf seinem Computer herunterlädt.

9. Link-Lizenz. Nach der Rechtsprechung des BGH ist die Herstellung eines Links zu einer bestehenden Wesite grundsätzlich zulässig, und zwar auch dann, wenn der Verweis nicht auf die Homepage/Startseite der verlinkten Website führt, sondern direkt auf eine tieferliegende Unterseite (sog. „Deep-Link"), vgl. BGH Urt. v. 17.7.2003 – I ZR 259/00, GRUR 2003, 958 „paperboy". Diese Entscheidung ist inzwischen vom EuGH mit Beschluss vom 21.10.2014 unter Berücksichtigung der Infosoc-Richtlinie 2001/29/EG bestätigt worden (EuGH C-348/13, ZUM 2015, 14). Insoweit besteht Einigkeit darüber, dass derjenige, der Inhalte im WWW zum Abruf bereithält, stillschweigend sein Einverständnis erklärt, dass diese Inhalte auch abgerufen werden. Es wird deshalb grundsätzlich kein Störungszustand dadurch geschaffen, dass dieser Abruf – der direkt und erkennbar von der Website desjenigen erfolgt, der den Inhalt zum Abruf bereithält – durch das Setzen von Verweisen in Form von Links erleichtert wird. Hierin wird eventuell eine Irreführung nach UWG festzustellen sein, wenn der Anbieter den fremden Inhalt als eigenen ausgibt und so eine eigene Entwicklung suggeriert. Wird jedoch deutlich, dass es sich um fremden Inhalt handelt, liegt keine Herkunftstäuschung vor (Hoeren/Sieber/Holznagel/*Boehmke*, 42. EL, 2015). Das gilt allerdings nicht für sog. Inline-Links und für das sog. Framing (→ Anm. 10), bei denen dem Internetnutzer jedenfalls nicht erkennbar gemacht wird, dass der verlinkte Inhalt, der direkt bei Aufruf der verlinkenden Website automatisch von der verlinkten Website abgerufen wird, nicht eigentlich zu der verlinkenden Website gehört (vgl. *Spindler/Schuster/Namyslowska/Micklitz* UWG § 15 Rn. 34).

10. Framing und Inline-Linking. a) Technik. Ein Inline-Link ist eine Variante des Hyperlinks. Hierbei wird als Anker kein hervorgehobener Verweisungstext oder sonstiges als Link erkennbares Element verwendet, sondern es werden vor allem Logos, Graphiken oder andere unmittelbar in einen Webseitentext integrierte Inhalte direkt bei Aufruf der verlinkenden Webpage als scheinbarer Bestandteil dieser von der verlinkten Webpage geladen. Die für die aufgerufene Webpage eigentlich fremde Datei wird dabei in diese integriert, ohne dass dem Nutzer erkennbar würde, dass die fremde Datei nicht zu der aufgerufenen Webpage gehört. Mit einem Inline-Link nicht zu verwechseln ist der sog. Deep-Link. Deep-Links sind Hyperlinks, die direkt auf eine tieferliegende Unterseite der verlinkten Website verweisen, dh die Homepage/Startseite der verlinkten Website wird dabei nicht aufgerufen (s.o.). Framing macht sich die Technik eines Inline-Links zunutze, geht aber über dessen Effekt noch hinaus: In modernen Internetbörsen kann der Bildschirm des surfenden Internetnutzers – sogar für diesen unerkennbar – in beliebig viele, unabhängig voneinander abzurufende Segmente (sog. Frames) aufgeteilt werden. Dabei wird jedem Segment vom Programmierer ein eigener Name und ein eigener Abrufort (URL) zugewiesen, der zwar nicht notwendigerweise fremden Ursprungs sein muss, es aber sein kann. Dies erlaubt es dem Betreiber einer Website, fremde Webpages oder sonstige Dateien von fremden Websites in ein bestimmtes Element einer eigenen Webpage einzubauen, so dass die fremde URL der integrierten Webpage oder Datei dem Internetnutzer nicht angezeigt wird. Auf diese Weise können, je nachdem, wie viele Segmente definiert wurden, mehrere Webpages oder Dateien verschiedener Anbieter gleichzeitig auf dem Bildschirm des Nutzers wiedergegeben werden. Ergebnis des Framings eines Inhalts eines Dritten ist, dass dieser vom Nutzer über den Bildschirm wahrgenommen wird, ohne dass die Verbindung zu der ursprünglich aufgerufenen, framenden Website unterbrochen werden müsste. Dabei kann das Format der framenden Website in Größe und Erscheinung angepasst oder verändert werden.

b) Unzulässige Leistungsübernahme; Irreführung (UWG). Der Einsatz von Framing oder Inline-Links ohne Zustimmung des Webseitenbetreibers, auf dessen Inhalte der Inline-Link bzw. dessen Inhalte geframt werden, ist möglicherweise wegen unmittelbarer Leistungsübernahme nach UWG unzulässig. Zugleich kann ein Fall der Irreführung nach § 5 UWG gegeben sein, da die Quelle der Informationen verdeckt bleibt. Durch die fehlende Erkennbarkeit der genutzten Quelle kann eine konkludente Einwilligung nicht automatisch unterstellt werden. Allerdings folgt aus OLG Celle Beschl. v. 8.3.2012 – 13 W 17/12, MMR 2013, 123, dass der Betreiber einer Website auch im lauterkeitsrechtlichen Kontext damit zu rechnen hat, dass auf seine Seite verwiesen wird und er daher auch mit Framing und Inline-Linking einverstanden ist (vgl. Martinek ua/*Krüger/Peintinger*, Handbuch des Vertriebsrechts, 4. Aufl. 2016, § 26 Rn. 253).

c) Urheberrecht. Nach dem Urteil des BGH vom 9.7.2015 (GRUR 2014, 1196) stellt das Framing, dh die Einbettung eines auf einer Internetseite für alle Internetnutzer frei zugänglichen Werks in eine neue Internetseite, grundsätzlich keine – neue – öffentliche Wiedergabe nach § 15 Abs. 2 und 3 UrhG dar, auch nicht aus dem Gesichtspunkt der sogenannten „unbenannten Verwertungsrechte" und ist ebenso kein erneutes öffentliches Zugänglichmachen nach § 19a UrhG, da dies nicht mehr in der Zugriffssphäre des Vorhaltenden liegt (BGH Beschl. v. 16.5.2013 – I ZR 46/12, GRUR 2013, 818 Rn. 8). Dies gilt ebenso für Inline-Linking. Voraussetzung ist jedoch für beide technische Varianten, dass für die Erstwiedergabe die Zustimmung des Urhebers erteilt wurde. Dies entspricht auch der Rechtsprechung des EuGH, der unter Berücksichtigung der Infosoc-RL 2001/29/EG anmerkt, auf Webseiten im Internet und deren Inhalte könne frei zugegriffen werden, soweit diese „ohne Zugangsbeschränkung" veröffentlicht worden sind, weil kein neues Publikum angesprochen wird (EuGH Urt. v. 13.2.2014 – C-466/12, GRUR 2014, 360 Rn. 25 – 28) und LG Hamburg, Beschluss vom 18.11.2016, Az. 310 O 402/16 unter weitgehender Übernahme des Urteils des EuGH vom 8.9.2016 – C-160/15, NJW 2016, 3149.

11. Providerhaftung. Die im Formular enthaltene Klausel ist allein deklaratorischer Natur. Der Provider von Informationen im Internet unterliegt dem allgemeinen Straf- und Zivilrecht nach Maßgabe des Telemediengesetzes vom 26.2.2007 zuletzt geändert am 21.7.2016, BGBl. 2016 I 1766. Die dort aufgestellten Regeln wirken wie ein Filter und sind vor Anwendung spezieller Haftungsregeln zu prüfen. Bei der Bereithaltung von Informationen im Internet kommt es in erster Linie auf die Haftung für die Rechtmäßigkeit des Inhalts an (etwa in Bezug auf Urheberrechtsverletzungen) und weiter für die Richtigkeit des Inhalts. Dabei gelten spezialgesetzliche Haftungsbestimmungen, vor allem § 97 UrhG für Urheberrechtsverletzungen, §§ 14, 15 MarkenG für Markenrechtsverletzungen und Domain-Fragen, §§ 1, 3 ff. UWG für rechtswidrige Marketingmaßnahmen im Internet sowie § 7 BDSG für Datenschutzverstöße. Daneben kann Haftung nach Maßgabe des Produkthaftungsgesetzes drohen sowie im Rahmen von § 823 Abs. 1 BGB für unerlaubte Handlungen. In diesem Zusammenhang ist allgemein die Haftung des Verlegers bei Printmedien zu beachten, wonach der Herausgeber eines Verlagsprodukts haftet, soweit er in Folge grober Außerachtlassung der Sorgfaltspflicht falsche Informationen verbreitet und dadurch Schaden entsteht (vgl. BGH Urt. v. 8.2.1978 – VIII ZR 20/77, NJW 1978, 997). Im Einzelnen sind auch branchenspezifische Anforderungen zu beachten. So kann es etwa bei medizinischen Informationen schnell zur Verletzung von Körper und Gesundheit kommen, so dass bei der Bereitstellung zB von Gesundheitstipps und medizinischer Werbung ein hohes Haftungsrisiko besteht. Problematisch kann auch zB der Download von Software über das Internet sein. Ein dadurch verursachter Datenverlust kann eine Eigentumsverletzung im Hinblick auf die verlorenen Daten bzw. auf die nicht mehr einwandfrei nutzbare Festplatte des Nutzers begründen.

In den §§ 7 bis 10 TMG stellt der Gesetzgeber klar, dass Diensteanbieter für eigene Informationen nach den allgemeinen Gesetzen haften (§ 7 Abs. 1 TMG), hingegen für fremde Informationen, die sie lediglich übermitteln (§ 8 TMG), oder zur Nutzung bereithalten (§ 10 TMG), nur sehr eingeschränkt verantwortlich sind. Die Haftungsprivilegierung hängt stets davon ab, dass der Diensteanbieter keine Kenntnis von den rechtswidrigen Informationen hatte bzw. weder den Adressaten noch den Inhalt der übermittelten Information bewusst auswählte. Kernfrage ist dabei, ob der Provider sich den Inhalt „zu Eigen gemacht hat" (vgl. *Leopold/Glossner*, IT-Handbuch 2011, S. 207 f.). Ebenfalls für eine automatische, zeitlich begrenzte Zwischenspeicherung, die allein dem Zweck dient, die Übermittlung der fremden Informationen an andere Nutzer auf deren Anfrage effizienter zu gestalten (§ 9 TMG), sind Diensteanbieter unter bestimmten Bedingungen nicht verantwortlich (§ 9 TMG). Durch das Änderungsgesetz vom 21.7.2016 wurde auch klargestellt (Art. 1 Nr. 3 des Gesetzes), dass das Haftungsprivileg des § 8 TMG durch Ergänzung eines Abs. 3 nun auch für Personen gilt, die ein drahtloses lokales Netzwerk, zB WLAN oder WIFI, Dritten frei zur Verfügung stellen.

12. Haftung für Links. Problematisch ist, ob und wenn ja unter welchen Voraussetzungen für Hyperlinks zu haften ist. Dabei ist zunächst zu berücksichtigen, dass der Hyperlink als solcher keine Haftung auslösen kann, weil er nur eine technische Referenz innerhalb eines html-Textes ist. Dessen ungeachtet vermittelt ein Link aber Zugang zu Inhalten, nämlich zu den Inhalten, die hinter dem Link auf der „gelinkten" Seite bereitstehen. Eine Haftungsfreistellung ist nach dem Telemediengesetz nicht zu begründen. Dennoch ist der Provider eines Hyperlinks nicht per se von Haftung bedroht. Nach der Rechtsprechung ist zu unterscheiden, ob der Hyperlink-Provider sich die hinter dem Link liegenden Inhalte zu eigen macht. Ob dies der Fall ist, ist aus dem Kontext des Hyperlinks, gegebenenfalls auch aus dem Design der Website, auf der der Hyperlink liegt, zu analysieren. Ein Sich-zu-eigen-machen kann z.B. dann vorliegen, wenn der Hyperlink-Verwender sich nicht hinreichend von den ehrverletzenden Äußerungen Dritter distanziert (vgl. LG Hamburg Urt. v. 12.5.1998, ZMR 1998, 565; *Spindler* MMR 1998, 3193 [3198]). Das Urteil des LG Hamburg löste eine Flut von selbstformulierten Disclaimern aus, doch kann ein solcher Disclaimer dann nicht vor einer Haftung schützen, wenn der Verwender sich nicht tatsächlich inhaltlich von den rechtswidrigen Inhalten der verlinkten Website distanziert. Wenn aus dem Inhalt der Internetseite hervorgeht, dass sich der Linksetzende mit dem rechtswidrigen Inhalt der verlinkten Website solidarisiert, kann auch ein solcher Disclaimer nicht vor einer Haftung schützen. Vor diesem Hintergrund ist auch die Auswirkung des in diesem Formular vorgestellten Disclaimers (Ziff. 2, 3) zu sehen. Zu beachten ist die mögliche Störerhaftung aus der Prüfungspflichten für den, der Links auf andere Seiten setzt, abgeleitet werden. Der Umfang der Prüfungspflichten richtet sich danach, ob dem den Link-Setzenden eine Prüfung zuzumuten ist, wobei seine Funktion und Aufgabenstellung sowie die Eigenverantwortung dessen, der die rechtsverletzenden Inhalte selbst veröffentlicht hat, zu berücksichtigen sind (vgl. BGH Urt. v. 25.10.2011 –

VI ZR 93/10, MMR2012, 124). Die Prüfungspflicht besteht nicht nur beim erstmaligen Setzen des Hyperlinks, sondern erfordert auch eine regelmäßige Prüfung der verletzten Inhalte (BGH Urt. v. 1.4.2004 – I ZR 317/01, GRUR 2004, 693).

13. Nutzung auf eigene Gefahr. Mit dieser Klausel wird hervorgehoben, dass der Content Provider gegenüber dem Nutzer nicht in der Verantwortung für Leistungsstörungen steht, z. B. beim Netzbetreiber oder beim Access Provider.

14. Gerichtsstand. Die Gerichtsstandsklausel wählt den Gerichtsstand am Sitz des Diensteanbieters. Da die Wahl des Gerichtsstandes in AGB gegenüber Verbrauchern nicht wirksam wäre, wird die Klausel insoweit eingeschränkt.

15. Rechtswahl. Die Rechtswahlklausel ist nicht unproblematisch. Das Internet ist ein weltweites Netzwerk, das Datenfernübertragungen insbesondere auch über Landesgrenzen hinaus ohne Schwierigkeiten ermöglicht. Es ist daher leicht vorstellbar, dass in Deutschland zum Abruf bereitgehaltene Inhalte von einem Nutzer irgendwo auf der Erde abgerufen werden. Dabei ist zu unterscheiden, ob zB allgemeine Persönlichkeitsrechte oder Immaterialgüterrechte betroffen sind, Wettbewerbsverstöße vorliegen oder ob ein „Internet-Delikt" vorliegt, zB die Verseuchung mit Viren und Computer-Hacking etc. Bei der Verletzung von Immaterialgüterrechten (im Internet vor allem die Verletzung von Urheber- und Markenrechten) gilt ausschließlich das Recht des Staates, für dessen Gebiet der Verletzte Schutz in Anspruch nimmt (Recht des Schutzlandes, Territorialitätsprinzip). Die E-Commerce-Richtlinie hat zwar das Herkunftslandprinzip eingeführt, wonach grundsätzlich das Recht des Landes gilt, in dem Telemedien angeboten werden (§ 3 Abs. 1 TMG). Urheberrechte und gewerbliche Schutzrechte sind von dem Herkunftslandprinzip aber ausdrücklich ausgenommen (§ 3 Abs. 4 Nr. 6 TMG). Delikte, die im Internet von einem deutschen Content-Provider begangen werden, unterliegen grundsätzlich dem Recht des Staates, in dem der Ersatzpflichtige gehandelt hat (Art. 40 Abs. 1 S. 1 EGBGB). Dabei kann der Geschädigte aber verlangen, dass anstelle des Rechts des Handlungsortes das Recht des Staates angewandt wird, in dem der Erfolg eingetreten ist (Art. 40 Abs. 1 S. 2 EGBGB). Erfolgsort kann demnach jedes Land der Erde sein, in dem Informationen aus dem www heruntergeladen werden. Entsprechendes gilt bei Wettbewerbsverstößen, allerdings mit der Einschränkung, dass wettbewerbliche Interessen der Konkurrenten nur dort betroffen sein können, wo sie auch tatsächlich aufeinander treffen (vgl. BGHZ 113, 15). Das Deliktstatut gilt weiter auch für Ansprüche aus Verletzung des allgemeinen Persönlichkeitsrechts.

16. Hinweispflicht auf außergerichtliche Streitbeilegung nach ODR-Verordnung. Am 9.1.2016 trat die Verordnung (EU) 524/2013 in Kraft. Nach dieser sind online-Händler verpflichtet, auf die nach der Verordnung bestehende außergerichtliche Streitbeilegungs-Systematik durch leicht zugänglichen Link (so Art. 14 der VO) zu verweisen. Wir haben den Hinweis in den Teil J 1, Anhang „Verbraucherinformation und Widerrufsbelehrung" integriert, empfehlen jedoch dringend, diesen Hinweis auch bereits in den Allgemeinen Nutzungsbedingungen vorzusehen. Ein Unterlassen dieses Hinweises auf die außergerichtliche Streitbeilegung kann nach § 3 UWG in Verbindung mit Anhang 3 zu Unterlassungsansprüchen und so zu Kostenbelastung wegen Abmahnungen anderer Wettbewerber führen (LG Bochum Urt. v. 31.3.2016, BeckRS 2016, 04236).

17. Modifikationsrecht. Allgemeine Geschäftsbedingungen werden nur dann Bestandteil eines Vertrags, wenn der Verwender bei Vertragsschluss auf die Verwendung der allgemeinen Geschäftsbedingungen hinweist und der anderen Vertragspartei die Möglichkeit verschafft wird, in zumutbarer Weise vom Inhalt Kenntnis zu nehmen (§ 305 Abs. 2 BGB). Dabei ist durch deutlich sichtbaren Aushang am Ort des Vertragsschlusses auf die allgemeinen Geschäftsbedingungen hinzuweisen (§ 305 Abs. 2 Nr. 1 BGB). Geht man davon aus, dass bei jedem Seitenaufruf ein erneuter Vertrag über die Nutzung der

Seite geschlossen wird, dann genügt bei Änderungen der AGB, dass durch die Bereitstellung auf der Website die geänderte Fassung anstelle der bisherigen in den Aushang aufgenommen oder auf sie hingewiesen wird. Dennoch empfiehlt es sich bei Stammkunden, die im Zweifel von der unveränderten Maßgeblichkeit der bisherigen AGB ausgehen, einen deutlich sichtbaren Hinweis auf der Homepage anzubringen (vgl. OLG Hamm Urt. v. 8.6.1979 – 11 U 15/79, BB 1979, 1789 für die Änderung von Lotto-Bedingungen). Wenn hingegen davon ausgegangen werden muss, dass mit Stammkunden ein Rahmenvertrag über die Nutzung geschlossen wurde, dann muss bei beabsichtigter Änderung der AGB dem Kunden eine angemessene Frist zur Abgabe einer ausdrücklichen Erklärung (Zustimmung oder Ablehnung) eingeräumt werden und muss der Klauselverwender den Vertragspartner ferner darauf hinweisen, dass nach Ablauf dieser Frist für das Vertragverhältnis die geänderten AGB gelten sollen (§ 308 Nr. 5 BGB) oder, bei Ablehnung, beendet werden muss.

G. Datenschutz, IT-Sicherheit und Cloud-Computing

Datenschutz

1. Unterrichtungs- und Löschungspflichten bei Telemedien

Ihre Daten werden nach den Bestimmungen des TMG (Telemediengesetz) und des BDSG (Bundesdatenschutzgesetz) verwendet.[1] Hiernach dürfen wir insbesondere personenbezogene Daten[2] verwenden, soweit dies zur Vertragsbegründung und Vertragsausgestaltung (Bestandsdaten), Leistungserbringung oder Abrechnung (Nutzungsdaten) erforderlich ist.[3] Bestandsdaten sind Ihr voller Name, Ihr Geburtsdatum, Ihre vollständige Anschrift. Nutzungsdaten sind . . . . . .

Die Nutzungsdaten werden zu Abrechnungszwecken nur gespeichert, wenn Sie einen Einzelverbindungsnachweis verlangen. In diesem Fall werden diese Daten spätestens 80 Tage nach Versendung des Einzelnachweises gelöscht, falls Sie nicht innerhalb dieser Frist Einwendungen erheben oder die Entgeltforderung nicht begleichen.[4]

Eine unbeschränkte Überprüfung der Rechnung innerhalb der gesetzlichen Speicherfristen ist somit nur möglich, wenn Sie die Erstellung eines Einzelverbindungsnachweises beantragen.

Wenn Sie uns diesbezüglich Ihr Einverständnis mitgeteilt haben, dürfen wir Ihre Bestandsdaten auch zur Werbung, Beratung und Marktforschung und zum bedarfsgerechten Gestalten von Telemedien verwenden.[5] Ihr diesbezügliches Einverständnis können Sie jederzeit gegenüber . . . . . . (Name und Anschrift) widerrufen.[6] Haben Sie Ihr Einverständnis nicht erklärt oder widerrufen Sie es, findet eine Datennutzung nach diesem Absatz nicht statt. Unsere Leistungen werden selbstverständlich unabhängig davon erbracht, ob Sie Ihr Einverständnis erteilen oder widerrufen.[7]

Anmerkungen

1. Sachverhalt. Ein Unternehmen, welches Leistungen im Bereich der Telemedien (zum Begriff → Form. G. 2 Anm. 1) erbringt, unterrichtet seine Kunden über die Verarbeitung und Nutzung personenbezogener Daten und beabsichtigt im Falle der Einwilligung des Kunden, diese Daten auch zu Marktforschungszwecken etc. zu verwenden.

2. Personenbezogene Daten. a) Rechtsquellen des Datenschutzes. Seine grundsätzliche Rechtsquelle hat der Datenschutz im Bundesdatenschutzgesetz (BDSG). Für den Bereich der Telemedien gilt seit 1.3.2007 das Telemediengesetz (TMG), das zeitgleich mit dem Staatsvertrag für Rundfunk und Telemedien (RStV) in Kraft getreten ist. Die erforderliche bundesrechtliche Kompetenz für die vornehmlich wirtschaftsbezogenen Regelungen liegt vor dem Hintergrund der Wahrung der Rechts- und Wirtschaftseinheit in Art. 74 Abs. 1 Nr. 11 GG (Recht der Wirtschaft). Das TMG trägt dem Bedürfnis einer Vereinheitlichung der Anforderungen für Telemedien Rechnung, die bisher Gegenstand verschiedener Spezialgesetze waren, wie etwa das Telekommunikationsdatenschutzgesetz (TDSV), das Teledienstegesetz (TDG) und das Teledienstdatenschutzgesetz (TDDSG). Mit Inkrafttreten des

TMG sind das TDG und das TDDSG außer Kraft getreten, wobei jedoch inhaltlich die datenschutzrechtlichen Bestimmungen weitgehend beibehalten wurden (*Rössel* ITRB 2007, 158 (160)). Die bisher erforderliche Abgrenzung zwischen Tele- und Mediendiensten ist allerdings entfallen. Vielmehr ist nunmehr zwischen Telemedien und den Telekommunikationsdiensten zu differenzieren (§ 1 Abs. 1 TMG). Zu den Telemediendiensten gehören insbesondere Internet-Suchmaschinen, Werbe-E-Mails und Onlineangebote mit unmittelbarer Bestellmöglichkeit wie zB Angebot von Daten, News-Groups, Chatrooms, elektronische Presse, Fernseh-/Radiotext, Teleshopping (Spindler/Schuster/*Ricke* TMG § 1 Rn 11). Diensteanbieter ist gem. § 2 Nr. 1 TMG jede natürliche oder juristische Person, die eigene oder fremde Telemedien zur Nutzung bereithält oder den Zugang zur Nutzung vermittelt. Hierzu gehört insbesondere der Anbieter eines Internet-Portals. Nach der Veröffentlichung am 4.5.2016 im ABl. als VO 2016/679/EU steht fest, dass ab dem 25.5.2018 die Vorschriften der EU-Datenschutz-Grundverordnung (DS-GVO) gelten werden (vgl. Art. 99 Abs. 2 DS-GVO), die in allen EU-Mitgliedstaaten ein einheitliches Datenschutzrecht sicherstellen soll. Nach dem Grundsatz des Vorrangs des EU-Rechts über nationales Recht gehen die Regelungen der DS-GVO den Bestimmungen des BDSG und TMG vor, soweit ihr Regelungsbereich betroffen ist.

b) Personenbezogene Daten. Nach § 12 Abs. 1 TMG dürfen personenbezogene Daten vom Diensteanbieter zur Bereitstellung von Telemedien nur erhoben und verwendet werden, soweit das TMG oder eine andere Rechtsvorschrift, die sich ausdrücklich auf Telemedien bezieht, dies erlaubt oder der Betroffene eingewilligt hat. Der Geltungsbereich des TMG umfasst den Schutz personenbezogener Daten bei Telemedien iSd Telemediengesetzes (vgl. § 11 Abs. 1 TMG). Der Begriff der personenbezogenen Daten wird im TMG nicht definiert, iHa den Verweis in § 12 Abs. 3 TMG kann aber auf die Definition in § 3 Abs. 1 BDSG zurückgegriffen werden (Spindler/Schuster/*Spindler/Nink* TMG § 11 Rn. 6). Personenbezogene Daten sind somit Einzelangaben über persönliche oder sachliche Verhältnisse einer bestimmten oder bestimmbaren natürlichen Person (vgl. § 3 Abs. 1 BDSG). Der Begriff Einzelangaben ist weit gefasst und umfasst jede Information. Hierzu gehören bei Telemedien insbesondere IP-Nummern, E-Mail-Adressen, Telekommunikationsanschlüsse, Kundennummern, Nutzungsprofile, Nutzungsberechtigungen, Zugangsberechtigungen, der sog. Clickstream, pseudonyme ebenso wie anonyme Namen oder Bezeichnungen des Nutzers sowie biometrische Merkmale. Weiterhin ist ein Personenbezug erforderlich, insbesondere müssen die Informationen einer einzelnen Person zugeordnet werden können, muss die Person also bestimmbar sein. Hieran fehlt es, wenn sich die Informationen zwar auf einzelne Personen beziehen, diese aber nicht identifizierbar sind (*Gola/Schomerus* BDSG § 3 Rn. 10). Die Bestimmbarkeit richtet sich nach den Kenntnissen, den Mitteln und den Möglichkeiten der verantwortlichen Stelle, dh der Person oder Stelle, welche die personenbezogenen Daten für sich selbst erhebt, verarbeitet oder nutzt oder dies durch andere im Auftrag vornehmen lässt (vgl. § 3 Abs. 7 BDSG). An einem Personenbezug fehlt es, soweit mit den üblicherweise zur Verfügung stehenden Mitteln der Bezug nicht oder nur mit einem unverhältnismäßig hohen Aufwand an Zeit, Kosten und Arbeitskraft möglich ist (*Gola/Schomerus* BDSG § 3 Rn. 10).

c) IP-Adresse. Aufgrund der technischen Funktionsweise des World Wide Web ergeben sich mannigfaltige Möglichkeiten zum Sammeln von User-Daten. Der für das Internet charakteristische Verbindungsaufbau von Rechner zu Rechner mit einer jedem Gerät oder jeder Website zugewiesenen IP-Adresse macht den Empfänger einer Anfrage über diese Adresse identifizierbar. In der Praxis lassen sich zwei Arten von IP-Adressen unterscheiden: Zum einen die *statische IP-Adresse,* welche für längere Dauer an einem bestimmten Anschluss gebunden und in der Regel juristischen Personen zugewiesen ist. Zum anderen die dynamische IP-Adresse, die dem Teilnehmer erst bei Nutzung des Internet zugewiesen wird und für jede Sitzung oder auch während der Sitzung mehrmals wechseln kann und von den Internet-Service-Providern (Access-Provider) zugewiesen wird. Da jede IP-Adresse im Internet nur einmal vergeben wird, ist sie grundsätzlich geeignet, den Nutzer zu bestimmen. Dies ist allerdings dann nicht der Fall, wenn ein Unternehmensmitarbeiter nicht mit seiner persönlichen IP-Adresse, sondern mit der IP-Adresse des zwischengeschalteten Proxy-Servers des Unternehmens surft oder die IP-Adresse nur einen Rückschluss auf den Access Provider erlaubt, aus dessen Pool die IP-Adresse stammt, aber nicht auf den jeweiligen User. Technische Hilfsmittel der Softwareindustrie, wie etwa Cookies, ActiveX, CGI-Script, Java und Javascript, E. T. Programme, Webhancer, Session-IDs in URLs, Web Bugs, Lesezeichen bei Microsoft Internet Explorer, Webtracking, Session-Ticket, Smart-Browsing und Permission Marketing können diese fehlende Verbindung wieder herstellen (vgl. Auer-Reinsdorff/Conrad/*Conrad/Hausen* § 36 Rn. 72; *Köhntopp/Köhntopp* CR 2000, 248 (250 ff.); *Püttmann* K&R 2000, 492 (493)).

Ob IP-Adressen personenbezogene Daten darstellen, wird nicht einheitlich beantwortet. Die hM bejaht diese Frage für Access-Provider, weil diese ohne weiteres die Zuordnung zwischen IP-Adresse und einer natürlichen Person (Anschlussinhaber) herstellen können. Ob dies auch für Telemedien-Diensteanbieter zutrifft, ist umstritten. Es lassen sich hierbei zwei unterschiedliche Ansätze unterscheiden (zum Meinungsstand siehe Auer-Reinsdorff/Conrad/*Conrad/Hausen* § 36 Rn. 80 ff. mwN). Nach der einen Ansicht, die einen „objektiven" oder „absoluten" Ansatz verfolgt, ist ein Nutzer bestimmbar und damit die IP-Adresse ein personenbezogenes Datum, wenn dessen Identifizierung unabhängig von den Möglichkeiten und Mitteln des Internetdiensteanbieters allein durch die Verbindung der dynamischen IP-Adresse mit von einem Dritten (z.B. dem Access-Provider) bereitgestellten Daten möglich ist. Für die Vertreter des „relativen" Ansatzes hingegen genügt die Möglichkeit, sich zum Zweck der endgültigen Identifizierung des Nutzers der Hilfe eines Dritten zu bedienen nicht, um bei einer dynamischen IP-Adresse den Personenbezug zu bejahen. Entscheidend sei, dass derjenige, der Zugang zu dem Datum habe, von diesem mit eigenen Mitteln Gebrauch machen und auf diese Weise jemanden identifizieren könne. Der BGH hat dem EuGH ua die Frage vorgelegt, ob dynamische IP-Adressen personenbezogene Daten sind (BGH NJW 2015, 368). Mit Urteil vom 19.10.2016 – C-582/14 hat der EuGH entschieden, dass dynamische IP-Adressen personenbezogene Daten darstellen können. Da sei dann zu bejahen, wenn der Webseitenbetreiber über rechtliche Mittel verfügt, die es ihm erlauben, den Nutzer anhand von Zusatzinformationen bestimmen zu lassen. Dabei sei unerheblich, ob diese Informationen bei einer datenverarbeitenden Stelle (zB Access-Provider) konzentriert oder auf verschiedene Stellen verteilt sei. Ein Personenbezug sei allerdings dann zu verneinen, wenn der Webseitenbetreiber über keine Mittel verfügt, die von ihm allein oder mit Hilfe Dritter eingesetzt werden können, um die erforderlichen Zusatzinformationen zu erlangen.

3. Datenverarbeitung. a) Erlaubnistatbestände. Gem. § 12 Abs. 1 TMG dürfen personenbezogene Daten von einem Diensteanbieter nur erhoben und verwendet werden, soweit das TMG oder eine andere Rechtsvorschrift, die sich ausdrücklich auf Telemedien bezieht, dies erlaubt oder der Nutzer eingewilligt hat. Damit normiert § 12 Abs. 1 TMG den datenschutzrechtlichen **Grundsatz des Verbots mit Erlaubnisvorbehalt**. Ohne Einwilligung des Nutzers oder ohne Vorliegen eines Erlaubnistatbestands ist eine Erhebung oder Verwendung von personenbezogenen Daten rechtswidrig. Die gesetzlichen Erlaubnistatbestände für die Verarbeitung von Bestandsdaten und Nutzungsdaten sind in §§ 14, 15 TMG geregelt. **Bestandsdaten** sind personenbezogene Daten eines Nutzers, soweit sie für die Begründung, inhaltliche Ausgestaltung oder Änderung eines Vertragsverhältnisses zwischen dem Diensteanbieter und dem Nutzer über die Nutzung von Telemedien erforderlich sind (§ 14 Abs. 1 TMG). Hierzu zählen idR Benutzername, Name der Person, Anschrift, Rufnummer, Geburtsdatum, E-Mail-Adresse, Zahlungsdaten und Angaben über die Art der verwendeten Hard- und Software. Verfassungsrechtliche Bedenken bestehen hinsichtlich § 14 Abs. 2 TMG, der die Auskunftserteilung durch den Diensteanbieter an Behörden erlaubt, soweit dies für Zwecke der Strafverfolgung, zur Erfüllung der gesetzlichen Aufgaben der Geheimdienste oder zur Durchsetzung der Rechte am geistigen Eigentum erforderlich ist. Es besteht Einigkeit, dass es trotz der Formulierung „darf" in § 14 TMG nicht um eine Eingriffsnorm mit Ermessensspielraum handelt (Spindler/Schuster/*Spindler/Nink* TMG § 14 Rn. 6; *Rössel* ITRB 2007, 158 [160]; BT-Drs. 16/3135, 2). Allerdings setzt die Auskunftserteilung keine richterliche Anordnung voraus, sondern stützt die Eingriffsbefugnis lediglich auf das jeweilige Fachgesetz. **Nutzungsdaten** werden definiert als personenbezogene Daten eines Nutzers, die erforderlich sind, um die Inanspruchnahme von Telemedien zu ermöglichen und abzurechnen (§ 15 Abs. 1 S. 1 TMG). Als Nutzungsdaten sind gesetzlich beispielhaft genannt: Merkmale zur Identifikation des Nutzers, Angaben über Beginn und Ende sowie über den Umfang der jeweiligen Nutzung sowie Angaben über die vom Nutzer in Anspruch genommenen Telemedien (§ 15 Abs. 1 S. 2 TMG). Es ist zu beachten, dass Bestands- und Nutzungsdaten nicht immer klar voneinander abgegrenzt werden können, weil sie sich teilweise überschneiden. Merkmale zur Identifikation des Nutzers (Nutzungsdaten) wie etwa statische IP-Adresse, Nutzername und Passwort sind zugleich auch Bestandsdaten, die für die Begründung, inhaltliche Ausgestaltung oder Änderung des Vertragsverhältnisses erforderlich sind (Spindler/Schuster/*Spindler/Nink* TMG § 15 Rn. 2; Hoeren/Sieber/Holznagel/*Schmitz* Teil 16.2 Rn. 200).

b) Prinzipien des Datenschutzes. Als Ausfluss des Grundsatzes des Systemdatenschutzes normiert § 3a BDSG das **Prinzip der Datenvermeidung und Datensparsamkeit.** Danach sollen bei der Gestaltung und Auswahl von Datenverarbeitungssystemen durch die Nutzung der Möglichkeiten der Anonymisierung und Pseudonymisierung von Daten, soweit dies wirtschaftlich angemessen ist und im Verhältnis zum verfolgten Schutzzweck steht, keine oder möglichst wenige personenbezogene Daten erhoben, verarbeitet oder genutzt werden (zum Grundsatz des Systemdatenschutzes vgl. auch *Roßnagel* DuD 1999, 253; *Engel-Flechsig/Maennel/Tettenborn* NJW 1997, 2981 [2987]). Eine weitere Ausprägung des Grundsatzes des Systemdatenschutzes findet sich in § 13 Abs. 6 TMG mit der Verpflichtung, die Nutzung von Telemedien und ihre Bezahlung in anonymer oder pseudonymer Form zu ermöglichen, soweit dies technisch möglich und zumutbar ist. Hierdurch soll von vornherein verhindert werden, dass personenbezogene Daten entstehen. Der Nutzer ist über diese Möglichkeit zu informieren (§ 13 Abs. 6 S. 2 TMG), damit er frei entscheiden kann, in welchem Umfang er von seinem Recht auf informationelle Selbstbestimmung Gebrauch macht. Eine Legaldefinition der **Anonymisierung** findet sich in § 3 Abs. 6 BDSG, nämlich das Verändern personenbezogener Daten derart, dass die Einzelangaben über persönliche oder sachliche Verhältnisse nicht mehr oder nur mit einem unverhältnismäßig großen Aufwand an Zeit, Kosten und Arbeitskraft einer bestimmten oder bestimmbaren natürlichen Person zugeordnet werden können. Der Begriff der **Pseudonymisierung** ist nunmehr datenschutzrechtlich übergreifend in § 3 Abs. 6a BDSG definiert als das Ersetzen des Namens und anderer Identifikationsmerkmale durch ein Kennzeichen zu dem Zweck, die Bestimmung des Betroffenen auszuschließen oder wesentlich zu erschweren. Im Ergebnis bleibt es den Diensteanbietern überlassen, technische Verfahren zur Umsetzung des Gebots der Datenvermeidung und der Datensparsamkeit entsprechend ihrer Größe und Leistungsfähigkeit zu wählen. Denkbar ist etwa, dass Nutzer Telemedien mit vorbezahlten Wertkarten oder Chipkarten in Anspruch nehmen (vgl. hierzu *Engel-Flechsig/Maennel/Tettenborn* NJW 1997, 2981 [2987]). Weitere Verfahren zur Pseudonymisierung sind etwa die Vergabe dynamischer IP-Adressen, frei gewählte Benutzer-ID oder die Vergabe von Pseudonymen durch Dritte, die allein über den Zuordnungsschlüssel verfügen, so dass neben dem Betroffenen nur der Dritte die Identität des Pseudonyms kennt. Es bleibt abzuwarten, welche Verfahren, die sich zum Teil noch in der Erprobungsphase befinden, Verbreitung finden werden. In diesem Zusammenhang kommt dem Internet-User eine maßgebliche Rolle zu, der durch Nachfrage nach anonymisierten oder pseudonymisierten Verfahren im Hinblick auf die technische Umsetzung der Prinzipien Datenvermeidung und -sparsamkeit einen erheblichen Beitrag leisten kann. Allerdings ist in der Praxis festzustellen, dass das Gebot der Datenvermeidung und Datensparsamkeit wenig Beachtung findet. Ganz im Gegenteil finden sich zahlreiche Geschäftsmodelle, die auf das Sammeln von Daten ihrer Nutzer abzielen, wie etwa im Zusammenhang von Kundenbindungsprogrammen (zB Payback, DeutschlandCard) oder Social Networks (zB Facebook, Xing) zu beobachten ist.

c) **Löschung und Sperrung von Daten.** Der Diensteanbieter hat weiterhin die Pflicht, bestimmte technische und organisatorische Vorkehrungen gegen Datenmissbrauch zu treffen. Diese umfassen neben der Möglichkeit des Nutzers, seine Verbindung jederzeit beenden zu können (§ 13 Abs. 4 S. 1 Nr. 1 TMG), die Datenlöschung und -sperrung gemäß § 13 Abs. 4 S. 1 Nr. 2 TMG. Neben der Verpflichtung, anfallende personenbezogene Daten über den Ablauf des Zugriffs oder der sonstigen Nutzung unmittelbar nach deren Beendigung zu löschen, ist auch die Möglichkeit der **Sperrung** dieser Daten vorgesehen (§ 13 Abs. 4 S. 1 Nr. 2 TMG). Damit kann besonderen Aufbewahrungsfristen, wie etwa der im Rahmen der kaufmännischen Buchführung nach § 257 HGB vorgesehenen 10- bzw. 6-jährigen Frist, Rechnung getragen werden. An die Stelle der Löschung tritt nämlich gem. § 13 Abs. 4 S. 2 TMG eine Sperrung, soweit einer Löschung gesetzliche, satzungsmäßige oder vertragliche Aufbewahrungsfristen entgegenstehen. Weiterhin ist § 13 Abs. 4 S. 1 Nr. 4 TMG zu beachten, wonach sicherzustellen ist, dass personenbezogene Daten über die Nutzung verschiedener Telemedien durch denselben Nutzer getrennt verwendet werden können (**Trennungsgebot**). Das in § 13 Abs. 4 S. 1 Nr. 5 und 6 TMG normierte **Zusammenführungsverbot** greift den Schutz vor Erstellung von Nutzerprofilen auf und verpflichtet den Diensteanbieter Vorkehrungen zu treffen, damit Daten nach § 15 Abs. 2 TMG nur für Abrechnungszwecke genutzt und Nutzungsprofile nach § 15 Abs. 3 TMG nicht mit Daten über den Träger des Pseudonyms zusammengeführt werden können. Somit hat der Diensteanbieter bereits im Vorfeld einer Speicherung technische und organisatorische Vorkehrungen zu treffen.

Der EuGH hat mit seinem Urteil zum sog. „**Recht zum Vergessenwerden**“ eine Verpflichtung von Suchmaschinen zur Löschung von personenbezogenen Daten deklariert (EuGH Urt. v. 13.5.2014 – C-131/12, GRUR 2014, 895 – Google Spain). Voraussetzung ist ein Antrag des Betroffenen sowie eine Abwägung der schutzwürdigen Interessen des Betroffenen mit dem Informationsinteresse der Öffentlichkeit an der Verbreitung der Information. Im Hinblick auf das hohe Niveau des Schutzes der Grundrechte und der Grundfreiheiten überwiegen nach Auffassung des EuGH im Allgemeinen die Rechte der betroffenen Person gegenüber dem Interesse der Internetnutzer (EuGH Urt. v. 13.5.2014 – C-131/12, GRUR 2014, 895 Rn. 81 – Google Spain).

d) **Unterrichtungsverpflichtung und Auskunft.** Als Ausfluss des **Transparenzgebotes** normiert § 13 Abs. 1 S. 1 TMG die Verpflichtung des Diensteanbieters, den Nutzer zu Beginn des Nutzungsvorgangs über Art, Umfang und Zwecke der Erhebung und Verwendung personenbezogener Daten sowie über die Verarbeitung seiner Daten in Staaten außerhalb des Anwendungsbereichs der RL 95/46 EG des Europäischen Parlaments und des Rates vom 24.10.1995 zum Schutz natürlicher Personen bei der Verarbeitung personenbezogener Daten und zum freien Datenverkehr (ABl. L 281, 31) in allgemein verständlicher Form zu unterrichten, sofern eine solche Unterrichtung nicht bereits erfolgt ist. Der Inhalt dieser allgemein als „Datenschutzerklärung" bezeichneten Unterrichtung muss für den Nutzer gem. § 13 Abs. 1 S. 3 TMG jederzeit abrufbar sein. Von der Datenschutzerklärung ist die Einwilligungserklärung nach § 13 Abs. 2 TMG zu unterscheiden. Sie ist nicht mit der Datenschutzerklärung identisch und ist zusätzlich erforderlich, soweit die Datenerhebung und –verwendung nicht ausdrücklich gesetzlich erlaubt sind. Um sein Recht auf informationelle Selbstbestimmung durchzusetzen, räumt § 13

Abs. 7 TMG dem Nutzer ein **Auskunftsrecht** dahingehend ein, dass er nach Maßgabe von § 34 BDSG auf Verlangen über die zu seiner Person oder zu seinem Pseudonym gespeicherten Daten zu unterrichten ist. Zur Erleichterung für Nutzer und Diensteanbieter kann die Auskunft gem. § 13 Abs. 7 S. 2 TMG auf Verlangen des Nutzers auch elektronisch erteilt werden. Um dem Auskunftsrecht des Nutzers und der datenschutzrechtlichen Kontrolle wirksam Geltung zu verschaffen, sieht § 13 Abs. 5 TMG die Pflicht des Diensteanbieters vor, die Weitervermittlung zu einem anderen Diensteanbieter dem Nutzer gegenüber anzuzeigen.

Um dem Datenschutz bei Telemedien Nachdruck zu verleihen, ist in § 16 TMG ein Bußgeldkatalog aufgenommen worden. Der Bußgeldrahmen beträgt bis zu 50.000 EUR (§ 16 Abs. 3 TMG). Damit soll der erhöhten Gefährdung von personenbezogenen Daten der Verbraucher in offenen Netzen Rechnung getragen werden.

4. Einzelnachweis. Im Grundsatz darf die Abrechnung über die Inanspruchnahme von Telemedien Anbieter, Zeitpunkt, Dauer, Art, Inhalt und Häufigkeit bestimmter von einem Nutzer in Anspruch genommener Telemedien nicht erkennen lassen. Dies gilt dann nicht, wenn der Nutzer einen Einzelnachweis verlangt (§ 15 Abs. 6 TMG). Abrechnungsdaten, die für die Erstellung von Einzelnachweisen auf Verlangen des Nutzers verarbeitet werden, darf der Diensteanbieter höchstens bis zum Ablauf des sechsten Monats nach Versendung der Rechnung speichern (§ 15 Abs. 7 S. 1 TMG). Für den Fall, dass gegen die Vergütung innerhalb dieser Frist Einwendungen erhoben oder diese trotz Zahlungsaufforderung nicht beglichen wird, erlaubt § 15 Abs. 7 S. 2 TMG die Aufbewahrung der Abrechnungsdaten, bis die Einwendungen abschließend geklärt sind oder die Entgeltforderung beglichen ist.

5. Einwilligung. a) Nutzungsprofile. Was die Erstellung von Nutzungsprofilen betrifft, ist zu unterscheiden, ob diese unter Verwendung von Pseudonymen oder – wie im Formular vorgesehen – ohne Verwendung von Pseudonymen erstellt werden. Dem Diensteanbieter ist es gemäß § 15 Abs. 3 S. 1 TMG erlaubt, für Zwecke der Werbung, der Marktforschung oder zur bedarfsgerechten Gestaltung der Telemedien Nutzungsprofile bei Verwendung von Pseudonymen zu erstellen, unter der Voraussetzung, dass der Nutzer dem nicht widerspricht. Auf sein Widerspruchsrecht ist der Nutzer im Rahmen der Unterrichtung nach § 13 Abs. 1 TMG hinzuweisen (§ 15 Abs. 3 S. 2 TMG). Diese Nutzungsprofile dürfen nach § 15 Abs. 3 S. 3 TMG nicht mit Daten über den Träger des Pseudonyms zusammengeführt werden. Dieses Verbot korreliert mit der in § 13 Abs. 4 S. 1 Nr. 6 TMG festgelegten Pflicht des Diensteanbieters, durch technische und organisatorische Vorkehrungen sicherzustellen, dass Nutzungsprofile nach § 15 Abs. 3 TMG nicht mit Daten über den Träger des Pseudonyms zusammengeführt werden können. Auch insoweit wird somit das Trennungsgebot niedergelegt.

Nutzungsprofile können mit **Einwilligung des Nutzers** erstellt werden. Die uneingeschränkte Pflicht zur Einholung der Einwilligung ergibt sich aus § 12 Abs. 1 und 2 TMG. Beabsichtigt daher – wie im Formular vorgesehen – ein Diensteanbieter Bestandsdaten auch zur Werbung, Marktforschung etc. zu verwenden, so bedarf es einer Einwilligung des Betroffenen.

b) Freiwilligkeit der Einwilligung. Nach § 4a Abs. 1 S. 1 BDSG ist die Einwilligung nur wirksam, wenn sie auf der freien Entscheidung des Betroffenen beruht. Pauschaleinwilligungen oder Blankoermächtigungen, welche die verschiedenen Phasen der Datenverarbeitung und die Zweckbindung der Datenverarbeitung nicht festlegen, sind unzulässig (*Auernhammer* BDSG § 4 Rn. 8). Eine Einwilligung kann grundsätzlich auch im Rahmen von Allgemeinen Geschäftsbedingungen wirksam erteilt werden (vgl. BGH Urt. v. 16.7.2008 – VIII ZR 348/06, MMR 2008, 731 [734] – Payback; BGH Urt. v. 11.11.2009 – VIII ZR 12/08, NJW 2010, 864 – Happy Digits; ebenso Simitis/Dammann/Geiger/Mallmann/Walz/*Dammann* BDSG § 4 Rn. 58; *Geis* RDV 2000, 208 [209]; aA *Wittig* hinsichtlich der Datenverarbeitung zur Anfertigung von Persönlichkeitsprofilen, RDV 2000, 59 [62]). Allerdings ist im Einzelfall zu prüfen, ob die entsprechende AGB-Klausel wirksam oder unwirksam ist. Letzteres ist der Fall, wenn die Klausel ungewöhnlich und damit für den Betroffenen überraschend ist (§ 305c BGB) oder wenn die Klausel den Betroffenen entgegen den Geboten von Treu und Glauben unangemessen benachteiligt (§ 307 BGB) (*Gola/Schomerus* BDSG § 4a Rn. 13). Um dem Erfordernis der Freiwilligkeit der Einwilligung Rechnung zu tragen, empfiehlt es sich – unbeschadet der weithin bestehenden Pflicht gem. § 4 Abs. 3 BDSG, die Angaben grds. bereits bei Erhebung der Daten beim Betroffenen zu machen, die Einwilligung unter Bezeichnung der vorgesehenen Datenverarbeitungsphasen (Speichern, Verändern, Übermitteln, Sperren und Löschen), der Art der erhobenen und verarbeiteten Daten, der Identität der verantwortlichen Stelle sowie den Zweck der Datenverarbeitung in einem separaten Formular hervorzuheben. Unter Umständen, insbesondere bei einem erhöhten Umfang oder einer besonderen Sensibilität der Daten, erscheint es erwägenswert, die erteilte Einwilligung dem Betroffenen nochmals zur Einsicht zu geben, damit dieser sein Einverständnis noch einmal „rückbestätigen" kann *(Moritz/Dreier/Wächter* D. Rn. 660).

c) **Schriftform.** Die Einwilligung bedarf gemäß § 4a Abs. 1 S. 3 BDSG grundsätzlich der **Schriftform**, wobei die in § 126a BGB geregelte elektronische Form nicht ausgeschlossen ist (§ 126 Abs. 3 BGB, *Gola/Schomerus* BDSG § 4a Rn. 29). Allerdings muss nach dieser Vorschrift das elektronische Dokument mit einer qualifizierten elektronischen Signatur nach dem Signaturgesetz versehen werden. Vor dem Hintergrund der hohen Anforderungen des Signaturgesetzes wird zum gegenwärtigen Zeitpunkt von einer solchen Signatur in der Praxis wenig Gebrauch gemacht. § 13 Abs. 2 TMG lässt jedoch unter bestimmten Voraussetzungen eine **elektronische Einwilligung** zu. Danach hat der Diensteanbieter sicherzustellen, dass der Nutzer seine Einwilligung bewusst und eindeutig erteilt hat, die Einwilligung protokolliert wird, der Nutzer den Inhalt der Einwilligung jederzeit abrufen kann und der Nutzer die Einwilligung jederzeit mit Wirkung für die Zukunft widerrufen kann (§ 13 Abs. 2 TMG).

d) **Werbung.** Im Zusammenhang mit elektronischer (und telefonischer) Werbung ist die Vorschrift des § 7 Abs. 2 UWG zu berücksichtigen. Danach ist Werbung ohne ausdrückliche vorherige Einwilligung unzumutbar und damit unzulässig. § 7 Abs. 2 UWG findet neben § 4a BDSG iVm § 13 Abs. 2 TMG Anwendung, weshalb die Voraussetzungen an die Einwilligungserklärung nach BDSG/TMG und UWG kumulativ erfüllt sein müssen (*Auer-Reinsdorff/Conrad/Conrad/Hausen* § 36 Rn. 141; *Kartheuser/Klar* ZD 2013, 500 [504]).

6. **Widerruf.** Der Nutzer ist nach § 13 Abs. 3 S. 1 TMG vor Erklärung seiner Einwilligung auf sein Recht auf jederzeitigen Widerruf mit Wirkung für die Zukunft hinzuweisen. Dieser Hinweis muss für den Nutzer jederzeit abrufbar sein (vgl. § 13 Abs. 3 S. 2 TMG iVm § 13 Abs. 1 S. 3 TMG).

7. **Koppelungsverbot.** Der Diensteanbieter durfte bis zum 31.8.2009 die Bereitstellung von Telemedien nicht von der Einwilligung des Nutzers in eine Verwendung seiner Daten für andere Zwecke abhängig machen, wenn dem Nutzer ein anderer Zugang zu diesen Telemedien nicht oder in nicht zumutbarer Weise möglich ist (vgl. § 12 Abs. 3 TMG aF). Diese Vorschrift wurde im Rahmen der BDSG Novelle von 2009 gestrichen, weil das Koppelungsverbot in praktisch gleicher Formulierung in § 28 Abs. 3b BDSG eingeführt wurde. Das festgeschriebene Koppelungsverbot ist somit nunmehr im Datenschutzrecht allgemein verankert. Es gilt daher weiterhin auch im Rahmen des TMG. Das Koppelungsverbot greift dann nicht, wenn ein Diensteanbieter für eine bestimmte Art von Telemedien keine Monopolstellung inne hat. Im Umkehrschluss kann daher ein Telemedienanbieter ohne Monopolstellung die Diensterbringung von einer Einwilligung seines Kunden abhängig machen. Begreift man Datenschutz allerdings auch als Marketing-

Instrument, so erscheint es zweckmäßig, wenn Telemedienanbieter, auch wenn ihnen eine Monopolstellung hinsichtlich der angebotenen Dienste nicht zukommt, einen klarstellenden Hinweis aufnehmen, dass die Leistungserbringung nicht von einer Erteilung der Einwilligung des Nutzers über die Verwendung seiner Daten zu Marktforschungszwecken etc abhängt.

2. Einwilligung in die Verwendung personenbezogener Daten bei Telemedien

Einwilligung in die Verwendung meiner personenbezogenen Daten[1]

1. Ich willige ein, dass die personenbezogenen Daten,[2] die von mir im Rahmen des Nutzungsverhältnisses von . . . . . (Firma, Anschrift) erhoben werden,[3] an . . . . . (Firma, Anschrift) weitergeleitet und auf den Servern der . . . . . (Firma, Anschrift) gespeichert werden. Ich willige ferner ein, dass . . . . . (Firma, Anschrift) diese Daten zur Begründung, Durchführung und Abwicklung meines Nutzungsverhältnisses mit . . . . . (Firma) verwendet. Zu diesem Zwecke willige ich auch in die Übermittlung meiner Daten zwischen folgenden Unternehmen ein: . . . . . (Firmen, Anschriften).[4]

2. Ich willige weiterhin ein, dass mein Name, mein Geburtsdatum, meine vollständige Anschrift (Basisdaten) und die freiwilligen Angaben (. . . . .) zu Zwecken der Marktforschung sowie zur individuellen Erstellung und Versendung ausgewählter Informationen per Post verwendet werden. Ferner willige ich ein, dass . . . . . (Firma, Anschrift) meine Basisdaten und freiwillige Angaben zu eigenen Zwecken der Marktforschung verwendet.

3. Diese Einwilligungserklärung kann ich jederzeit mit der Wirkung für die Zukunft gegenüber . . . . . (Firma, Anschrift) widerrufen.[5]

4. Ich weiß, dass die Leistungen von . . . . . (Firma) unabhängig davon erbracht werden, ob ich meine Einwilligung erkläre oder widerrufe.[6]

. . . . . .

(Ort, Datum)

. . . . . .

(Unterschrift)

Anmerkungen

1. Sachverhalt und Begriff „Telemedien". Ein Unternehmen, welches Telemedien erbringt, erbittet von seinem Kunden die Einwilligung zur Verarbeitung und Nutzung personenbezogener Daten, um diese zu Marktforschungs- und Werbungszwecken etc zu verwenden. Der Begriff der „Telemedien" wird nach § 1 Abs. 1 TMG negativ abgegrenzt. Telemedien sind alle elektronischen Informations- und Kommunikationsdienste, die nicht durch speziellere Regelungen, insbesondere im Telekommunikationsgesetz (TKG) und im Rundfunkstaatsvertrag (RStV) erfasst sind, wobei dies bezüglich der Telekommunikationsdienste nur der Fall ist, soweit sie ausschließlich § 3 Nr. 24 TKG unterfallen. Beispiele für Telemedien sind Onlineangebote von Waren/Dienstleistungen, mit unmittelbarer Bestellmöglichkeit (zB Angebot von Börsen-, Verkehrs- und Wetterdaten, elektronische Presse,

Chat-Rooms), Internet-Suchmaschinen, Werbe-E-Mails (vgl. Spindler/Schuster/*Ricke* TMG § 1 Rn. 11). Die Abgrenzung zwischen Telemedien und Telekommunikation/Telekommunikationsdiensten ist relevant, weil sich TMG und TKG insbesondere hinsichtlich der datenschutzrechtlichen Einwilligung unterscheiden.

In der Praxis bereitet insbesondere die Einordnung von sog. **Messenger**-Diensten, bei denen Textnachrichten, aber auch Sprach- und Videodateien versendet und ausgetauscht werden, Schwierigkeiten. Aufgrund der Verbreitung von internetfähigen Smartphones genießen Messenger-Dienste wie „WhatsApp", „Facebook Messenger" o. „Threema" zunehmende Popularität. Dabei handelt es sich um Dienste, die sowohl Merkmale von Telemedien- als auch von Telekommunikationsdiensten enthalten. Für solche gemischten Dienste bestimmt § 11 Abs. 3 TMG im Wesentlichen die Anwendung der datenschutzrechtlichen Bestimmungen des TKG, wobei der Gesetzgeber mit dieser Vorschrift insbesondere E-Mail- und Internet-Access-Provider erfassen wollte (vgl. BT-Drs. 16/3078, S. 25). Für Messenger-Dienste, sofern sie servergestützt sind, sollen nach § 11 Abs. 3 TMG die datenschutzrechtlichen Regeln der §§ 91 ff. TKG Anwendung finden, da sie mit E-Mail-Diensten vergleichbar sind (Spindler/Schuster/*Spindler/Nink* § 11 TMG Rn. 28; DAV, 55/2013, S. 6 f.; *Schneider* ZD 2014, 231 [234]). Demnach würde sich die Erhebung und Verarbeitung von Verkehrsdaten nach den strengen Regeln der §§ 96 ff. TKG richten. Dies hat unter anderem zur Folge, dass die Verkehrsdaten vom Messenger-Anbieter nach § 96 Abs. 1 S. 3 TKG unverzüglich nach Beendigung der jeweiligen Verbindung gelöscht werden müssen. Hinzu kommt, dass es im Gegensatz zu § 15 Abs. 3 TMG (→ Form. G. 1 Anm. 5) nicht möglich ist, Nutzungsprofile zur Verbesserung der Dienste zu erstellen; vielmehr bedarf es hierzu gem. § 96 Abs. 3 TKG einer ausdrücklichen Einwilligung des Nutzers. Ferner sind die weiter reichenden Bestimmungen zu technischen Schutzmaßnahmen (§ 109 TKG) und Datensicherheit (§ 109a TKG) zu beachten.

2-4., 5., 6. → Form. G. 1 Anm. 2–7.

3. Auftragsdatenverarbeitung gem. § 11 BDSG

Vertrag zur Auftragsdatenverarbeitung[1]	Agreement regarding Commissioned Data Processing[1]
Zwischen	Between
. . . . .	. . . . .
– nachstehend „Auftraggeber" genannt –	– hereinafter referred to as „Principal" –
und	and
. . . . .	. . . . .
– nachstehend „Auftragnehmer" genannt –	– hereinafter referred to as „Supplier" –
wird folgender Vertrag geschlossen:	the following agreement is concluded:
§ 1 Vertragsgegenstand	§ 1 Scope of this Agreement

Mit separater Vereinbarung v. . . . . . (nachf. als „LEISTUNGSVEREINBARUNG" bezeichnet) hat der Auftraggeber[2] den Auftragnehmer mit der Durchführung von Dienstleistungen eines Callcenters beauftragt. Gegenstand des vorliegenden Auftrags[3] ist die Einhaltung

By way of a separate agreement dated . . . . . (hereinafter referred to as „SERVICE AGREEMENT") the Principal[2] commissioned the Supplier to perform call center services. Scope of the present commission[3] is the Supplier's compliance with the tasks mentioned below regarding the handling

der nachfolgend genannten Aufgaben durch den Auftragnehmer betreffend des Datenumgangs im Zusammenhang mit der LEISTUNGSVEREINBARUNG.

of data in connection with the SERVICE AGREEMENT.

§ 2 Leistungen des Auftragnehmers[4]

§ 2 Services of the Supplier[4]

(1) Umfang, Art und Zweck der Erhebung, Verarbeitung und Nutzung personenbezogener Daten durch den Auftragnehmer für den Auftraggeber sind im Detail in der Anl. 1 zu diesem Vertrag festgelegt.

(1) Extent, type and purpose of the collection, processing and use of personal data by the Supplier for the Principal are set out in detail in Exhibit 1 of this agreement.

(2) Unter Berücksichtigung der in Anl. 1 dieses Vertrags festgelegten Details sind folgende Datenarten/-kategorien Gegenstand der Erhebung, Verarbeitung und Nutzung personenbezogener Daten:

(2) Considering the details set out in Exhibit 1 of this agreement the following types and categories of data are subject to the collection, processing and use of personal data:

• Personenstammdaten

• personal master data

• Kommunikationsdaten (zB Telefon, E-Mail)

• communications data (e.g. telephone, email)

• Vertragsstammdaten

• contract master data

• Vertragsabrechnungs- und Zahlungsdaten

• contract billing and payment data

• Kundenhistorie

• customer history

• Planungs- und Steuerungsdaten

• planning and control data

. . . . .

. . . . .

(3) Der Kreis der durch den Umgang mit den personenbezogenen Daten im Rahmen dieses Auftrags Betroffenen umfasst folgende Personenkategorien:

(3) The group of persons affected by the handling with personal data in relation to this commission includes the following categories of persons:

• Kunden

• customers

• Abonnenten

• subscribers

• Interessenten

• prospective customers

(4) Gebiet[5]

(4) Territory[5]

Die Erhebung, Verarbeitung und Nutzung der Daten findet ausschließlich im Gebiet der Bundesrepublik Deutschland, in einem Mitgliedstaat der Europäischen Union oder in einem anderen Vertragsstaat des Abkommens über den Europäischen Wirtschaftsraum statt. Jede Ver-

The collection, processing and use of the data shall only take place within the territory of the Federal Republic of Germany, a member state of the European Union or another signatory state of the Treaty on the European Economic Area. Any relocation in a third country shall require the

lagerung in ein Drittland bedarf der vorherigen schriftlichen Zustimmung des Auftraggebers und darf nur erfolgen, wenn die besonderen Voraussetzungen der §§ 4b, 4c BDSG erfüllt sind.

(5) Technisch-organisatorische Maßnahmen

Der Auftragnehmer hat die Umsetzung der im Vorfeld der Auftragsvergabe dargelegten technischen und organisatorischen Maßnahmen vor Beginn der Verarbeitung, insbesondere hinsichtlich der konkreten Auftragsdurchführung, zu dokumentieren und dem Auftraggeber zur Prüfung vorzulegen. Im Falle der Akzeptanz durch den Auftraggeber werden die dokumentierten Maßnahmen Grundlage des Auftrags. Soweit ein Audit des Auftraggebers einen Anpassungsbedarf hinsichtlich der technischen und/oder organisatorischen Maßnahmen ergibt, ist dieser einvernehmlich umzusetzen.

Die technischen und organisatorischen Maßnahmen unterliegen dem technischen Fortschritt und der Weiterentwicklung. Insoweit ist es dem Auftragnehmer gestattet, alternative adäquate Maßnahmen vorzuschlagen. Unter der Voraussetzung, dass das Sicherheitsniveau der festgelegten Maßnahmen nicht unterschritten wird, können diese alternativen Maßnahmen umgesetzt werden. Wesentliche Änderungen sind zu dokumentieren. Der Auftragnehmer hat dem Auftraggeber auf Anforderung die Angaben nach § 4g Abs. 2 S. 1 BDSG zur Verfügung zu stellen.

(6) Berichtigung, Löschung und Sperrung von Daten

Der Auftragnehmer hat nur nach Weisung des Auftraggebers die Daten, die im Auftrag verarbeitet werden, zu berichtigen, zu löschen oder zu sperren. Soweit ein Betroffener sich unmittelbar an den Auftragnehmer zwecks Berichtigung oder Löschung seiner Daten wenden sollte, wird der Auftragnehmer dieses Ersuchen unverzüglich an den Auftraggeber weiterleiten.

prior written consent of the Principal and shall only be given if the special conditions of secs. 4b, 4c BDSG (Federal Data Protection Act) are met.

(5) Technical and Organizational Measures

Before the start of the processing the Supplier shall arrange for documentation and submit such documentation to the Principal for the purpose of examination regarding the implementation of the technical and organizational measures which had been set forth before the commission was awarded, especially concerning its specific execution. In case of approval by the Principal the documented measures shall become basis of the commission. If an audit by the Principal should reveal any required adjustment concerning the technical and/or organizational measures, the parties agree that they will mutually implement such adjustment.

The technical and organizational measures are subject to technical progress and development. The Supplier may insofar propose alternative adequate measures. Such alternative measures can be implemented provided that the level of protection of the determined measures is not lowered. Substantial modifications must be documented. The Supplier shall provide the Principal upon request with the information pursuant to sec. 4g (2) sentence 1 BDSG.

(6) Correction, Erasure and Blocking of Data

The Supplier shall correct, erase or block data which are processed subject to this commission only as instructed by the Principal. If an affected person should directly contact the Supplier for the purpose of a correction or erasure of his data, the Supplier shall promptly forward such request to the Principal.

(7) Sonstige Pflichten

Zusätzlich zu der Einhaltung der Regelungen dieses Auftrags übernimmt der Auftragnehmer nach § 11 Abs. 4 BDSG folgende Pflichten:

(a) Schriftliche Bestellung – soweit gesetzlich vorgeschrieben – eines Datenschutzbeauftragten, der seine Tätigkeit gem. §§ 4f, 4g BDSG ausüben kann. Der Auftragnehmer wird dem Auftraggeber dessen Kontaktdaten zum Zweck der direkten Kontaktaufnahme mitteilen.

(b) Wahrung des Datengeheimnisses gem. § 5 BDSG. Alle Personen, die auftragsgemäß auf personenbezogene Daten des Auftraggebers zugreifen können, müssen auf das Datengeheimnis verpflichtet und über die sich aus diesem Auftrag ergebenden besonderen Datenschutzpflichten sowie die bestehende Weisungs- bzw. Zweckbindung belehrt werden.

(c) Umsetzung und Einhaltung aller für diesen Auftrag notwendigen technischen und organisatorischen Maßnahmen entsprechend § 9 BDSG und Anlage.

(d) Unverzügliche Information des Auftraggebers über Kontrollhandlungen und Maßnahmen der Aufsichtsbehörde nach § 38 BDSG. Dies gilt auch im Falle der Ermittlung einer zuständige Behörde nach §§ 43, 44 BDSG beim Auftragnehmer.

(e) Durchführung der Auftragskontrolle mittels regelmäßiger Prüfungen durch den Auftragnehmer im Hinblick auf die Vertragsausführung bzw. -erfüllung, insbesondere Einhaltung und ggf. notwendige Anpassung von Regelungen und Maßnahmen zur Durchführung des Auftrags.

(f) Nachweisbarkeit der getroffenen technischen und organisatorischen Maßnahmen gegenüber dem Auftraggeber.

(7) Other Obligations

In addition to the compliance with the provisions of this commission the Supplier assumes the following obligations pursuant to sec. 11 (4) BDSG:

Appointment in writing – as far as provided by law – of a data protection official who is able to carry out his duties in accordance with secs. 4f, 4g BDSG. The Supplier shall supply the official's contact details to the Principal in order to get in contact with him directly.

Maintaining the confidentiality obligation pursuant to sec. 5 BDSG. All persons who have access to the Principal's personal data under the terms of this commission must give an undertaking to maintain the data confidential and must be informed of any special data protection requirements arising from this commission, and the limitation of use to specific purposes as instructed.

Implementation and compliance of all technical and organizational measures required for this commission pursuant to sec. 9 BDSG and the annex thereto.

Immediate notification to the Principal of any monitoring activities and measures undertaken by the supervisory authority pursuant to sec. 38 BDSG. This also applies in case of an investigation in relation to the Supplier by a competent authority pursuant to secs. 43, 44 BDSG.

Monitoring of the commission by way of regular reviews by the Supplier in relation to the performance and fulfillment of the contract, particularly compliance with and necessary amendment to provisions and measures laid down to carry out the commission.

Evidence to be provided to the Principal of the technical and organizational measures undertaken. For this purpose the

Insoweit kann der Auftragnehmer auch aktuelle Testate oder Berichte unabhängiger Instanzen (zB Wirtschaftsprüfer, Revision, Datenschutzbeauftragter, IT-Sicherheitsabteilung) oder eine geeignete Zertifizierung durch IT-Sicherheits- oder Datenschutzaudit (zB nach BSI-Grundschutz) vorlegen.

(8) Keine Unterauftragsverhältnisse[6]

Dem Auftragnehmer ist es nicht gestattet, bei der Erhebung, Verarbeitung oder Nutzung personenbezogener Daten des Auftraggebers Unterauftragnehmer einzubeziehen.

§ 3 Kontrollrechte des Auftraggebers

(1) Der Auftraggeber hat das Recht, die in Nr. 6 der Anl. zu § 9 BDSG vorgesehene Auftragskontrolle im Benehmen mit dem Auftragnehmer durchzuführen oder durch im Einzelfall zu benennende Prüfer durchführen zu lassen. Er hat das Recht, sich durch Stichprobenkontrollen, die in der Regel rechtzeitig anzumelden sind, von der Einhaltung dieser Vereinbarung durch den Auftragnehmer in dessen Geschäftsbetrieb zu überzeugen. Der Auftragnehmer verpflichtet sich, dem Auftraggeber auf Anforderung die zur Wahrung seiner Verpflichtung zur Auftragskontrolle erforderlichen Auskünfte zu geben und die entsprechenden Nachweise verfügbar zu machen.

(2) Hinsichtlich der Kontrollverpflichtungen des Auftraggebers nach § 11 Abs. 2 S. 4 BDSG vor Beginn der Datenverarbeitung und während der Laufzeit des Auftrags stellt der Auftragnehmer sicher, dass sich der Auftraggeber von der Einhaltung der getroffenen technischen und organisatorischen Maßnahmen überzeugen kann. Hierzu weist der Auftragnehmer dem Auftraggeber auf Anfrage die Umsetzung der technischen und organisatorischen Maßnahmen gem. § 9 BDSG und der Anlage nach. Der Nachweis der Umsetzung solcher Maßnahmen, die nicht nur den konkreten Auftrag betreffen, kann auch durch Vorlage eines aktuellen Testats oder von

Supplier may submit up-to-date certificates or reports from independent bodies (e. g. external auditors, internal audit, the data protection official, the IT security department) or a suitable certification by way of a IT security or data protection audit (e.g. „IT basic security" as defined by the BSI – Federal Office for Information Security).

(8) No Subcontracting[6]

The Supplier must not involve subcontractors in relation to the collection, processing or use of the Principal's personal data.

§ 3 The Principal's Rights of Control

(1) In consultation with the Supplier the Principal is entitled to carry out the control of the commission as set out in no. 6 of the annex to sec. 9 BDSG. Alternatively such control may be carried out by an auditor nominated on a case-by-case basis. The Principal is entitled to verify Supplier's compliance with this agreement by random sampling in his business. As a general rule the Principal shall inform the Supplier duly in advance about such random sampling. The Supplier shall provide at the Principal's request the information required to comply with his obligation in relation to the commission control. Additionally the Supplier shall make available the respective verifications.

(2) With regard to the Principal's obligations pursuant to sec. 11 (2) sentence 4 BDSG to verify the compliance before the data processing begins and during the duration of the commission the Supplier shall ensure that the Principal is able to verify the compliance of the technical and organizational measures undertaken. To this purpose the Supplier shall at the Principal's request provide evidence of the implementation of the technical and organizational measures pursuant to sec. 9 BDSG and the annex thereto. Evidence of the implementation of such measures which do not only relate to this current commission may also be provided by sub-

Berichten unabhängiger Instanzen (zB Wirtschaftsprüfer, Revision, Datenschutzbeauftragter, IT-Sicherheitsabteilung) oder einer geeigneten Zertifizierung durch IT-Sicherheits- oder Datenschutzaudit (zB nach BSI-Grundschutz) erbracht werden.

mission of up-to-date certificates or reports from independent bodies (e.g. external auditors, internal audit, the data protection official, the IT security department) or a suitable certification by way of a IT security or data protection audit (e.g. „IT basic security" as defined by the BSI – Federal Office for Information Security).

§ 4 Mitteilung bei Verstößen des Auftragnehmers

§ 4 Notification in case of Violations by the Supplier

(1) Der Auftragnehmer wird in allen Fällen dem Auftraggeber eine Meldung erstatten, wenn durch ihn oder die bei ihm beschäftigten Personen Verstöße gegen Vorschriften zum Schutz personenbezogener Daten des Auftraggebers oder gegen die im Auftrag getroffenen Festlegungen vorgefallen sind.

(1) The Supplier shall report to the Principal in all cases if the Supplier or persons who work for him have caused a violation either against the provisions to protect the Principal's personal data or against the provisions set out in this commission.

(2) Dem Auftragnehmer ist bekannt, dass nach § 42a BDSG Informationspflichten im Falle des Abhandenkommens oder der unrechtmäßigen Übermittlung oder Kenntniserlangung von personenbezogenen Daten bestehen können. Deshalb sind solche Vorfälle ohne Ansehen der Verursachung unverzüglich dem Auftraggeber mitzuteilen. Dies gilt auch bei schwerwiegenden Störungen des Betriebsablaufs, bei Verdacht auf sonstige Verletzungen gegen Vorschriften zum Schutz personenbezogener Daten oder anderen Unregelmäßigkeiten beim Umgang mit personenbezogenen Daten des Auftraggebers. Der Auftragnehmer hat im Benehmen mit dem Auftraggeber angemessene Maßnahmen zur Sicherung der Daten sowie zur Minderung möglicher nachteiliger Folgen für Betroffene zu ergreifen. Soweit den Auftraggeber Pflichten nach § 42a BDSG treffen, hat der Auftragnehmer ihn hierbei zu unterstützen.

(2) The Supplier is aware of the obligations pursuant to sec. 42a BDSG to report if personal data have been lost or unlawfully transferred or unlawfully revealed to third parties. The Supplier must therefore notify the Principal about such events irrespective of their origin without delay. This shall also apply in case of serious disturbances in the business operations, suspicion of other violations against the provisions related to the protection of personal data or other irregularities concerning the handling of the Principal's personal data. In consultation with the Principal the Supplier must take adequate measures to protect the data as well as to minimize the possible harm for the persons concerned. As far as the Principal has duties to observe pursuant to sec. 42a BDSG, the Supplier shall assist herein.

§ 5 Weisungsbefugnis des Auftraggebers[7]

§ 5 Authority of the Principal[7]

(1) Es ist vereinbart, dass der Umgang mit den Daten ausschließlich im Rahmen der getroffenen Vereinbarungen und nach Weisung des Auftraggebers gem. § 11 Abs. 3 S. 1 BDSG erfolgt. Der Auftrag-

(1) It is agreed that the handling of the data shall occur exclusively in accordance with the specified terms and the Principal's instruction pursuant to sec. 11 (3) sentence 1 BDSG. Within the scope of the agreed

geber behält sich im Rahmen der in dieser Vereinbarung getroffenen Auftragsbeschreibung ein umfassendes Weisungsrecht über Art, Umfang und Verfahren der Datenverarbeitung vor, das er durch Einzelweisungen konkretisieren kann. Änderungen des Verarbeitungsgegenstandes und Verfahrensänderungen sind gemeinsam abzustimmen und zu dokumentieren. Auskünfte an Dritte oder den Betroffenen darf der Auftragnehmer nur nach vorheriger schriftlicher Zustimmung durch den Auftraggeber erteilen.

(2) Mündliche Weisungen wird der Auftraggeber unverzüglich schriftlich oder per E-Mail (in Textform) bestätigen. Der Auftragnehmer verwendet die Daten für keine anderen Zwecke und ist insbesondere nicht berechtigt, sie an Dritte weiterzugeben. Kopien und Duplikate werden ohne Wissen des Auftraggebers nicht erstellt. Hiervon ausgenommen sind Sicherheitskopien, soweit sie zur Gewährleistung einer ordnungsgemäßen Datenverarbeitung erforderlich sind, sowie Daten, die im Hinblick auf die Einhaltung gesetzlicher Aufbewahrungspflichten erforderlich sind.

(3) Der Auftragnehmer ist verpflichtet, den Auftraggeber unverzüglich gem. § 11 Abs. 3 S. 2 BDSG zu informieren, wenn er der Ansicht ist, eine Weisung des Auftraggebers verstoße gegen datenschutzrechtliche Vorschriften. Der Auftragnehmer ist berechtigt, die Durchführung der entsprechenden Weisung solange auszusetzen, bis sie durch den Verantwortlichen beim Auftraggeber bestätigt oder geändert wird.

§ 6 Rückgabe von Datenträgern und Löschung von Daten[8]

(1) Es besteht Einigkeit, dass nach Abschluss der vertraglichen Arbeiten oder früher nach Aufforderung durch den Auftraggeber – spätestens mit Beendigung der LEISTUNGSVEREINBARUNG – der Auftragnehmer sämtliche in seinen Besitz gelangte Unterlagen, erstellte Verarbeitungs- und Nutzungsergebnisse sowie Datenbestände, die im Zusammenhang mit dem Auftragsver-

commission description the Principal reserves a comprehensive right to give instructions in relation to type, extent and method of data processing which he can specify through individual instructions. Modifications of undergoing processing and of the method shall be coordinated with each other and shall be documented. The Supplier may only provide information to third parties or to persons concerned in case of prior written consent by the Principal.

(2) Oral instructions shall be confirmed by the Principal without delay in writing or by email (in text form). The Supplier shall use the data for no other purpose and shall especially not be entitled to share the data with any third party. Copies and duplicates shall not be made without the knowledge of the Principal. Backup copies shall be excluded therefrom as far as they are required to ensure a proper data processing. Also data shall be exempted which are required pursuant to statutory storage obligations.

(3) The Supplier shall notify the Principal without delay pursuant to sec. 11 (3) sentence 2 BDSG if he is of the opinion that an instruction of the Principal violates data protection provisions. The Supplier is entitled to suspend the execution of the respective instruction until it is confirmed or modified by the person responsible at the Principal.

§ 6 Return of Data Storage Media and Deletion of Data[7]

(1) It is agreed that once the contractual work is completed or prior to this at the Principal's request – at the latest when the SERVICE AGREEMENT terminates – the Supplier must return to the Principal all documents which have come into his possession and all data related to the commission, or delete them in compliance with data protection law with the prior written approval of the Principal. The

hältnis stehen, dem Auftraggeber auszuhändigen oder nach vorheriger schriftlicher Zustimmung datenschutzgerecht zu vernichten hat. Gleiches gilt für Test- und Ausschussmaterial. Das Protokoll der Löschung ist auf Anforderung dem Auftraggeber vorzulegen.

same applies to any test data and scrap material. The deletion log must be presented upon request of the Principal.

(2) Der Auftragnehmer ist berechtigt, Dokumentationen, die dem Nachweis der auftrags- und ordnungsgemäßen Datenverarbeitung dienen, entsprechend der jeweiligen Aufbewahrungsfristen über das Vertragsende hinaus aufzubewahren. Er kann sie zu seiner Entlastung bei Vertragsende dem Auftraggeber übergeben.

(2) The Supplier is entitled to keep documentation which is intended as proof of proper data processing beyond the end of the agreement in accordance with relevant retention periods. The Supplier may hand such documentation over to the Principal upon expiry of the agreement in order to discharge himself.

§ 7 Auftragsdauer, Kündigung[9]

§ 7 Term, Termination[9]

(1) Der Dauer dieses Auftrags entspricht der Dauer der LEISTUNGSVEREINBARUNG, sofern sich aus den Besonderheiten des vorliegenden Auftrags nichts anderes ergibt.

(1) The term of this commission corresponds with the term of the SERVICE AGREEMENT unless circumstances of this present commission should require otherwise.

(2) Unberührt bleibt das Recht jeder Vertragspartei, diesen Auftrag aus wichtigem Grund fristlos zu kündigen.

(2) The right of each party to terminate this commission for good cause without notice remains unaffected.

§ 8 Anwendbares Recht, Erfüllungsort, Gerichtsstand[10]

§ 8 Applicable Law, Place of Performance, Place of Jurisdiction[10]

(1) Auf vorliegenden Vertrag findet deutsches Recht Anwendung.

(1) This agreement shall be governed by German law.

(2) Erfüllungsort ist der Sitz des Auftragnehmers, dh . . . . .

(2) Place of performance shall be the premises of the Supplier, i.e. . . . . . .

(3) Für Streitigkeiten aus diesem Vertrag ist ausschließlicher Gerichtsstand . . . . .

(3) For disputes in connection with this agreement . . . . . shall be the exclusive place of jurisdiction.

§ 9 Sonstiges[11]

§ 9 Miscellaneous[11]

(1) Änderungen, Ergänzungen und Zusätze dieses Vertrags haben nur Gültigkeit, wenn sie zwischen den Vertragsparteien schriftlich vereinbart werden. Dies gilt auch für die Abänderung dieser Vertragsbestimmung.

(1) Any changes, amendments or additions to this agreement must be made in writing to be effective. This applies also to the amendment of this contractual provision.

(2) Sollte eine Bestimmung dieses Vertrags unwirksam sein oder werden, so berührt dies die Wirksamkeit des Vertrags im Übrigen nicht. Die unwirksame Bestimmung gilt als durch eine wirksame Regelung ersetzt, die dem wirtschaftlichen Zweck der unwirksamen Bestimmung am näch-

(2) Should any provision of this agreement be or become invalid, this shall not affect the validity of the remaining terms. The invalid provision shall be deemed replaced by a valid provision which comes closest to the commercial purpose of the

sten kommt. Entsprechendes gilt im Fall einer Vertragslücke.	invalid provision. The above shall apply accordingly in case of a contractual gap.
. . . . .	. . . . .
(Ort, Datum)	(Ort, Datum)
. . . . .	. . . . .
– Auftraggeber –	– Auftragnehmer –

Anmerkungen

1. Sachverhalt. Gegenstand des vorliegenden Formularvertrages ist die Verarbeitung personenbezogener Daten im Auftrag, etwa durch ein Callcenter, dessen Dienstleistungen im Rahmen einer separaten Vereinbarung (sog. Leistungsvereinbarung) von einem Unternehmen im Wege des Outsourcings in Anspruch genommen wird. Da das Callcenter hierbei Zugang zu personenbezogenen Daten des Auftraggebers erhält, sind datenschutzrechtliche Bestimmungen zu beachten, insbesondere die Regelung des § 11 BDSG. Weitere Anwendungsfälle des § 11 BDSG in der Praxis ist die Auslagerung von Tätigkeiten betreffend (Fern-)Wartung von IT-Verfahren, Rechenzentren, Aktenarchivierung oder Inkassodienste, die die Forderungen namens und im Auftrag des Auftraggebers geltend machen. All diesen Sachverhalten ist gemein, dass der Auftraggeber eine Datenerhebung, -verarbeitung oder -nutzung auf eine andere Stelle auslagert. Die Übertragung dieser Tätigkeiten ist nach § 11 BDSG gegenüber den allgemein gültigen datenschutzrechtlichen Regelungen privilegiert, wenn die entsprechenden Anforderungen an eine **Auftragsdatenverarbeitung** vorliegen. Dies setzt insbesondere voraus, dass der Auftragsverarbeiter bzw. das Service-Unternehmen (hier im Beispielsfall das Callcenter) die Daten lediglich **im Rahmen der Weisungen** des Auftraggebers erheben, verarbeiten oder nutzen darf (§ 11 Abs. 3 S. 1 BDSG). Der Auftraggeber behält also die volle Verfügungsgewalt über die personenbezogenen Daten; er allein hat das Bestimmungsrecht über die Erhebung, Verarbeitung oder Nutzung der Daten (*Gola/Schomerus* BDSG § 11 Rn. 3). Die Auftragsdatenverarbeitung nach § 11 BDSG ermöglicht somit die Auslagerung (**Outsourcing**) von Dienstleistungen im Zusammenhang mit der Weitergabe von personenbezogenen Daten in rechtlich zulässiger Weise. Typisches Beispiel für die Auftragsdatenverarbeitung ist die Einschaltung eines externen Rechenzentrums. Wird dieses aber lediglich teilweise oder ganz angemietet (sog. **Housing**), liegt keine Auftragsdatenverarbeitung vor, weil der anmietende Kunde weiterhin alleiniger und ausschließlicher Herr über die Datenverarbeitung bleibt (*Gola/Schomerus* BDSG § 11 Rn. 8; *Vogt* BB 2014, 245 [247]). Das sog. **Cloud Computing** (→ Form. G. 6), also die flexible und dynamische Bereitstellung von Hard- und Software im Rahmen von Serviceleistungen, stellt in der Regel eine Auftragsdatenverarbeitung dar (*Gola/Schomerus* BDSG § 11 Rn. 8; Spindler/Schuster/ *Spindler/Nink* BDSG § 11 Rn. 8).

Fehlt es an dem Merkmal der Weisungsgebundenheit, weil der Auftragnehmer über einen eigenständigen Entscheidungsspielraum hinsichtlich der Datenverarbeitung verfügt, so liegt keine Auftragsdatenverarbeitung nach § 11 BDSG, sondern eine sog. **Funktionsübertragung** vor, bei welcher die Weitergabe der Daten an den Auftragnehmer eine Übermittlung gem. § 3 Abs. 4 Nr. 3 BDSG darstellt (*Gola/Schomerus* BDSG § 11 Rn. 9; *Simitis/Petri* BDSG § 11 Rn. 22; aA *Taeger/Gabel* BDSG § 11 Rn. 15 f., wonach Auftragnehmer, die auch materielle vertragliche Leistungen erbringen, unter die Vorschrift des § 11 BDSG fallen sollen). Beispielsfälle für eine Funktionsübertragung sind die Übertragung einer eigenständigen Marktumfrage an ein Meinungsforschungsinstitut (*Gola/Schomerus*

BDSG § 11 Rn. 9; *Simitis/Petri* BDSG § 11 Rn. 23) und die Zentralisierung aller Vorgänge der Personalverwaltung eines Konzerns bei einer einzigen Konzerngesellschaft (*Simitis/Petri* BDSG § 11 Rn. 35; Spindler/Schuster/*Spindler/Nink* BDSG § 11 Rn. 13). Bei der Auslagerung von IT-Abteilungen auf rechtlich selbständige Gesellschaften kommt es darauf an, ob die Gesellschaft eigene Entscheidungs- und Ermessensspielräume im Rahmen der Datenerhebung, -verarbeitung oder -nutzung hat. Bejahendenfalls liegt eine Funktionsübertragung vor, anderenfalls ist eine Auftragsdatenverarbeitung anzunehmen (*Gola/Schomerus* BDSG § 11 Rn. 13). § 11 Abs. 5 BDSG stellt klar, dass auch Prüfungs- und Wartungsarbeiten den Anforderungen der Auftragsdatenverarbeitung genügen müssen, da solche Tätigkeiten regelmäßig die Gefahr beinhalten, Kenntnis von personenbezogenen Daten des Auftraggebers zu nehmen (vgl. Spindler/Schuster/*Spindler/Nink* BDSG § 11 Rn. 16). Für die Praxis kommt es darauf an zu erkennen, wenn bzw. ob bei Prüfungs- und Wartungsarbeiten personenbezogene Daten betroffen sein können, weil dann die Anforderungen des § 11 BDSG beachtet werden müssen. So ist etwa bei der Fernwartung von Mobiltelefonen davon auszugehen, dass personenbezogene Daten betroffen sind, so dass die entsprechenden Bestimmungen des § 11 BDSG einzuhalten sind (*Gola/Schomerus* BDSG § 11 Rn. 15).

Die Anforderungen des § 11 Abs. 5 BDSG sind allerdings nicht einzuhalten, wenn im Rahmen der Prüfungs- und Wartungsaufgaben ausschließlich auf anonymisierte Daten zugegriffen wird (*Simitis/Petri* BDSG § 11 Rn. 100).

2. Pflichten des Auftraggebers. Der Auftraggeber hat den Auftragnehmer sorgfältig auszuwählen (§ 11 Abs. 2 S. 1 BDSG). Zudem hat sich der Auftraggeber gem. § 11 Abs. 2 S. 4 BDSG bereits vor Beginn der Datenverarbeitung und sodann regelmäßig von der Einhaltung der beim Auftragnehmer getroffenen technischen und organisatorischen Maßnahmen zu überzeugen. Das Ergebnis der jeweiligen Kontrolle ist zu dokumentieren (§ 11 Abs. 2 S. 5 BDSG). Eine Pflicht zur persönlichen Kontrolle durch den Auftraggeber normiert das Gesetz nicht, so dass schriftliche Auskünfte des Auftragnehmers oder Testate von Sachverständigen ausreichend sein sollen (vgl. Spindler/Schuster/*Spindler/ Nink* BDSG § 11 Rn. 22). Es ist jedoch davon auszugehen, dass bei Vorliegen eines entsprechenden Gefährdungspotentials im Zusammenhang mit der Datenverarbeitung ein strengerer Maßstab anzulegen ist und somit eine persönliche Inaugenscheinnahme durch den Auftraggeber erfordern kann (*Simitis/Petri* BDSG § 11 Rn. 58; Spindler/Schuster/*Spindler/Nink* BDSG § 11 Rn. 22). Allerdings stößt in der Praxis eine persönliche Kontrolle des Auftraggebers vor Ort insbesondere im Massengeschäft auf praktische Grenzen, weshalb zum Teil die Vorlage von anerkannten **Zertifizierungen,** wie etwa ISO 27001, befürwortet wird (Spindler/Schuster/*Spindler/Nink* BDSG § 11 Rn. 22). Die ab dem 25.5.2018 geltende EU-Datenschutz-Grundverordnung (DS-GVO) enthält eine ausdrückliche gesetzliche Regelung zu Zertifizierungen (s. Art. 42 f. DS-GVO). Freilich entbindet eine Zertifizierung den Auftraggeber nicht davon, die Aktualität und den Inhalt von Zertifikaten zu prüfen. Die Vorschrift des § 11 BDSG enthält keine konkrete Angabe darüber, wie oft der Auftraggeber nach erteiltem Auftrag sich von der weiteren Einhaltung der Vorschriften überzeugen muss. Bei mittel- bis längerfristigen Aufträgen soll ein jährlicher Prüfzyklus genügen, der bei Vorliegen von sensiblen Daten unter Umständen kürzer ausfallen kann (so *Vander* K&R 2010, 292 [295 f.]; zust. Spindler/Schuster/ *Spindler/Nink* BDSG § 11 Rn. 23).

Für die Praxis ist von Bedeutung, dass nach § 43 Abs. 1 Nr. 2b BDSG iVm § 43 Abs. 3 S. 1 1. Alt. BDSG die nicht richtige, nicht vollständige oder nicht in vorgeschriebener Weise erfolgte Auftragserteilung mit einem Bußgeld bis zu 50.000 EUR geahndet werden kann. Gleiches gilt auch, wenn sich der Auftraggeber entgegen § 11 Abs. 2 S. 4 BDSG nicht im Rahmen einer Erstkontrolle vor Beginn der Datenverarbeitung über die Einhaltung der beim Auftragnehmer getroffenen technischen und organisatorischen Maßnahmen überzeugt.

3. Schriftform. Gem. § 11 Abs. 2 S. 2 BDSG muss die Datenverarbeitung im Auftrag unter Festlegung der geplanten Erhebungs-, Verarbeitungs- und Nutzungsvorgänge sowie der gewährleisteten technischen und organisatorischen Sicherheitsmaßnahmen **schriftlich vereinbart** werden. Die Einhaltung der Schriftform ist Wirksamkeitsvoraussetzung (vgl. § 125 BGB) der Auftragserteilung (*Gola/Schomerus* BDSG § 11 Rn. 17; aA *Roßnagel/ Hoeren*, Handbuch Datenschutzrecht, Ziff. 4.6 Rn. 108; *Vogt* BB 2014, 245 [248]). Die Schriftform kann durch die elektronische Form des § 126a BGB ersetzt werden, weil das Formerfordernis nicht in erster Linie der Warnung und Beratung der Vertragsparteien dient (Spindler/Schuster/*Spindler/Nink* BDSG § 11 Rn. 18). Die Schriftform soll den Nachweis führen, dass die an eine Auftragsvergabe zu stellenden inhaltlichen Anforderungen erfüllt sind und der Auftragnehmer tatsächlich weisungsgemäß gehandelt hat (*Gola/Schomerus* BDSG § 11 Rn. 17; Spindler/Schuster/*Spindler/Nink* BDSG § 11 Rn. 18).

4. Auftragsinhalt. Im Rahmen der BDSG Novelle von 2009 hat der Gesetzgeber in § 11 Abs. 2 S. 2 BDSG einen nicht abschließenden Katalog eingefügt, der bei der Auftragsvergabe als Mindestinhalt zwischen den Vertragsparteien zu regeln ist. Bei Unvollständigkeit ist die Auftragsdatenverarbeitung unwirksam. Der Katalog des 11 Abs. 2 S. 2 BDSG kann als Checkliste für die Vertragsgestaltung einer Auftragsdatenverarbeitung dienen. Zu beachten ist, dass bei Verstoß gegen die Vorgaben des § 11 Abs. 2 S. 2 BDSG ein Bußgeld gem. § 43 Abs. 1 Nr. 2b BDSG droht. Es wird jedoch angezweifelt, ob die Vorschrift mit dem Bestimmtheitsgebot des Art. 102 Abs. 2 GG vereinbar ist; die Zweifel haben aber bisher in der Praxis zu keinen Auswirkungen geführt (Spindler/Schuster/ *Spindler/Nink* BDSG § 11 Rn. 20; *Vander* K&R 2010, 292 [295]).

Das Vorliegen einer Auftragsdatenverarbeitung iSv § 11 BDSG setzt nicht voraus, dass die Parteien einen „Auftrag" iS eines Dienstvertrags gem. §§ 662 ff. BGB vereinbaren. Das Auftragsverhältnis ist an keine bestimmte Rechtsform gebunden, sondern kann anstatt eines Dienstvertrags iSv §§ 662 ff. BGB auch ein Geschäftsbesorgungs- oder Werkvertrag, aber auch ein öffentlich-rechtlicher Vertrag sein (*Simitis/Petri* BDSG § 11 Rn. 22). Soll im Rahmen eines **Konzerns** das Rechenzentrum eines Unternehmens die Datenverarbeitung für alle anderen konzernangehörigen Unternehmen übernehmen, so ist jeweils der Abschluss eines Auftragsdatenverarbeitungsvertrags trotz Konzernzugehörigkeit notwendig, weil jede Konzerngesellschaft datenschutzrechtlich als eigenständige verantwortliche Stelle zu beurteilen ist. Ein **Konzernprivileg** kennt das Datenschutzrecht nicht (*Simitis/Seifert* BDSG § 32 Rn. 116; Spindler/Schuster/*Spindler/Nink* BDSG § 11 Rn. 7).

5. Vertragsgebiet. Die Vorschrift des § 11 BDSG findet keine Anwendung auf die Auftragsdatenverarbeitung in Ländern außerhalb der EU oder des EWR (vgl. § 3 Abs. 8 S. 3 BDSG), weshalb das Vertragsmuster die räumliche Grenze der Datenverarbeitung enthält. Sofern eine Datenverarbeitung im Auftrag außerhalb der EU oder des EWR stattfindet, sind die allgemeinen Zulässigkeitsanforderungen der Übermittlung von Daten und weiterhin die Regelungen über die Datenweitergabe ins Ausland (§§ 4b, c BDSG) zu beachten (*Gola/Schomerus* BDSG § 11 Rn. 16; *Simitis/Petri* BDSG § 11 Rn. 8). Die EU-Kommission hat **Standardvertragsklauseln** für die Übermittlung personenbezogener Daten an Auftragsdatenverarbeiter in Drittländern erstellt, die als Rechtfertigung für das Auftragsdatenverarbeitungsverhältnis verwendet werden können und ein angemessenes Datenschutzniveau gewährleisten (→ Form. G. 5). Sofern im Rahmen von sog. **Cloud Computing** personenbezogene Daten weltweit erhoben, verarbeitet und abgelegt werden, sind die Anforderungen des BDSG an den Drittlandtransfer zu beachten (hierzu → Form. G. 6 Anm. 13).

6. Unterauftrag. Nach § 11 Abs. 2 S. 2 Nr. 6 BDSG ist der Auftragnehmer nur dann berechtigt, Unterauftragnehmer einzusetzen, wenn dies bereits im Auftrag vorgesehen ist. In der Praxis finden sich insoweit zwei Formulierungsvarianten: Nach der einen Variante wird dem Auftragnehmer ohne weitere Beschränkungen erlaubt, Subunternehmer einzusetzen. Nach der zweiten Möglichkeit bedarf der Einsatz von Unterauftragnehmern der vorherigen Zustimmung des Auftraggebers. In der zweiten Variante können sich die Parteien auf bestimmte Subunternehmer einigen und diese im Vertragstext namentlich benennen. Das Bestehen eines Unterauftrags ändert nichts an der Verantwortlichkeit des Auftraggebers. Er bleibt im Verhältnis zu dem Unterauftragnehmer die verantwortliche Stelle, weshalb sämtliche Kontroll- und Weisungsrechte bei der Vergabe des Unterauftrags festzuhalten sind (*Gola/Schomerus* BDSG § 11 Rn. 18e).

Im vorliegenden Vertragsmuster ist vorgesehen, dass dem Auftragnehmer nicht gestattet ist, Unterauftragnehmer einzusetzen.

7. Weisungsbefugnis des Auftraggebers. Die Vorschrift des § 11 Abs. 3 S. 1 BDSG bestimmt, dass der Auftragnehmer bei der Datenerhebung, -verarbeitung und -nutzung an die Weisungen des Auftraggebers gebunden ist. Auf mögliche Verstöße gegen das Datenschutzrecht hat er den Auftraggeber unverzüglich aufmerksam zu machen (§ 11 Abs. 3 S. 2 BDSG). Allerdings führt diese Hinweispflicht nicht dazu, dass der Auftragnehmer jeden Auftrag bzw. jede Weisung umfänglich auf die Rechtmäßigkeit hin zu überprüfen hat, denn die Verantwortung für die Rechtmäßigkeit der Datenverarbeitung liegt beim Auftraggeber (*Simitis/Petri* BDSG § 11 Rn. 91; *Taeger/Gabel* BDSG § 11 Rn. 57). Je sensibler die Daten, desto höher ist der Grad der vom Auftragnehmer verlangten Aufmerksamkeit (*Simitis/Petri* BDSG § 11 Rn. 91). Sofern der Auftragnehmer die Rechtswidrigkeit der Auftragsdatenverarbeitung feststellt, hat er die weitere Datenverarbeitung auszusetzen und die Rechtmäßigkeit mit dem Auftraggeber zu klären (*Simitis/Petri* BDSG § 11 Rn. 91 f.).

8. Rückgabe von Datenträgern und Löschung von Daten. Die Regelung trägt der Vorschrift des § 11 Abs. 2 S. 2 Nr. 10 BDSG Rechnung, wonach die Rückgabe überlassener Datenträger und die Löschung der beim Auftragnehmer gespeicherten Daten nach Beendigung des Auftrags festzulegen ist.

9. Auftragsdauer, Kündigung. Die Dauer des Auftrags (vgl. § 11 Abs. 2 S. 2 Nr. 1 BDSG) ist im vorliegenden Fall an die Dauer der dem Auftrag zugrunde liegenden Leistungsvereinbarung geknüpft. Das Recht zur fristlosen Kündigung aus wichtigem Grund kann nach deutschem Recht vertraglich nicht ausgeschlossen werden.

10. Anwendbares Recht. Die Parteien haben nach Art. 3 Rom I-VO die Möglichkeit, das anwendbare Recht grundsätzlich frei zu wählen. Sofern eine Dienstleistung im Bereich Cloud Computing (hierzu → Form. G. 6) mit internationalem Sachverhalt vorliegt, ist für die Ermittlung des auf den Cloud-Anbieter anwendbaren Datenschutzrechts zunächst die Vorfrage zu beantworten, ob der Cloud-Anbieter im Rahmen einer Auftragsdatenverarbeitung tätig ist. Maßgeblich für die Beantwortung dieser Vorfrage ist das Recht, das auf die Datenverarbeitung des Auftraggebers, dh des Cloud Nutzers anwendbar ist. Sofern diese dem deutschen Datenschutzrecht unterliegt, ist zu prüfen, ob eine wirksame Aufragsdatenverarbeitung nach dem BDSG vorliegt. Ist dies der Fall, unterliegt auch die Auftragsverarbeitung dem BDSG, und zwar unabhängig davon, in welchem Staat der Cloud-Anbieter seinen Sitz oder seine Niederlassung hat. Das maßgebliche Recht hinsichtlich der technischen und organisatorischen Maßnahmen ist hingegen durch eine eigenständige Anknüpfung zu ermitteln, sofern der Cloud-Anbieter seinen Sitz in einem EU- oder EWR-Staat hat. Hierdurch wird sichergestellt, dass der Aufragnehmer die Datenerhebung, -verarbeitung und -nutzung an einem Standort nach einheitlichen technischen und organisatorischen Anforderungen durchführen kann, selbst wenn er diese für Auftraggeber aus verschiedenen Mitgliedstaaten der EU oder des EWR vornimmt. Maßgeblich ist daher das Recht des Staates, in dem der Cloud-Anbieter seinen Sitz oder seine Niederlassung hat. In Fällen, in denen der Auftragnehmer keinen Sitz oder Niederlassung im EU- oder EWR-Bereich hat, erfolgt die Ermittlung des maßgeblichen Datenschutzrechts nach dem Ort der Datenverarbeitung (§ 1 Abs. 5 S. 2 BDSG).

11. Schriftformklausel. Zu beachten ist, dass trotz Schriftformerfordernisses jederzeit durch eine ausdrückliche mündliche Vereinbarung vom Vertrag abgewichen werden kann (vgl. Palandt/*Heinrichs* BGB § 125 Rn. 14). Für Allgemeine Geschäftsbedingungen folgt dies bereits aus § 305b BGB. Etwas anderes soll sich auch dann nicht ergeben, wenn – wie im vorliegenden Formularvertrag vorgesehen – die Abänderung der Schriftformklausel selbst der Schriftform bedarf (vgl. BGH Urt. v. 15.5.1986 – IX ZR 96/85, NJW 1986, 3131 [3132]).

4. Firewall-Vertrag

Firewall-Vertrag

Zwischen

. . . . . .

                        – nachstehend „Auftraggeber" genannt –

und

. . . . . .

                        – nachstehend „Auftragnehmer" genannt –

wird folgender Vertrag[1, 2] geschlossen:

§ 1 Vertragsgegenstand

Gegenstand dieses Vertrags ist die Erstellung und Betreuung einer Firewall zum Zweck der Absicherung des lokalen Netzes des Auftraggebers zum Internet.

§ 2 Leistungen des Auftragnehmers[3]

(1) Die zu erbringenden Aufgaben des Auftragnehmers sind im Detail in der Anlage 1 zu diesem Vertrag festgelegt.

(2) Unter Berücksichtigung der in Anlage 1 dieses Vertrags festgelegten Aufgaben wird der Auftragnehmer unter Ausnutzung des Stands der Wissenschaft und der Technik und unter Einsatz der neuesten Hard-/Software folgende Leistungen erbringen:

- Erstellung und Betreuung eines Firewall-Systems,
- Zugriffsbeschränkung auf das Netz für nicht autorisierte Mitarbeiter des Auftraggebers,
- Bereitschaftsdienst des Auftragnehmers für den Zeitraum von . . . . . . Stunden an . . . . . . Tagen pro Monat,
- Benachrichtigung des Auftraggebers im Fall von Angriffen aus dem Internet innerhalb von . . . . . . Stunden,
- Fehler- und Durchführungsmanagement bestehend aus
  - Monitoring der Router

– Monitoring des Firewall-Servers
– Behebung von logischen Fehlern in beteiligten Geräten
– bei Systemausfall Wiederherstellung des Firewall-Systems in der Zeit von . . . . . . zwischen . . . . . . Uhr innerhalb von . . . . . . Stunden, im übrigen Zeitraum innerhalb von . . . . . . Stunden.
Hält der Auftragnehmer die zur Fehlerbeseitigung vereinbarte Beseitigungsfrist nicht ein, hat der Auftraggeber Anspruch auf eine Vertragsstrafe in Höhe von EUR . . . . . . für jede weitere Stunde, wenn der Auftragnehmer keine funktionsfähige Ersatz- oder Umgehungslösung bereitgestellt hat. Weitergehende Rechte und Schadensersatzansprüche des Auftraggebers bleiben unberührt, jedoch wird die Vertragsstrafe auf Schadensersatzansprüche angerechnet.
• Konfigurations-Management bestehend aus
– notwendige Updates von Routing-Tabellen im Router
– notwendige Updates von Regeln im Firewall-Server.

(3) Der Auftragnehmer hat die volle Kompatibilität der eingesetzten Soft-/Hardware mit der beim Auftraggeber eingesetzten EDV-Anlage sicherzustellen.

(4) Der Auftragnehmer wird dem Auftraggeber regelmäßig aktualisierte Kenntnisse nach dem neuesten Stand von Wissenschaft und Technik zur Verfügung stellen und ihn über technische Entwicklungen zur Verbesserung von Firewall-Systemen informieren.

(5) Werden dem Auftragnehmer Sicherheitslücken der eingesetzten Firewall bekannt, wird er den Auftraggeber unverzüglich hierüber in Kenntnis setzen und Fehler beseitigen oder eine Ausweichlösung vornehmen.

(6) Soweit nicht anders vereinbart und technisch möglich, sind die in Ziff. 2 genannten Leistungen des Auftragnehmers in seinen Geschäftsräumen zu erbringen.

§ 3 Mitwirkung des Auftraggebers[4]

(1) Der Auftraggeber stellt dem Auftragnehmer die zur Durchführung der Leistungen erforderlichen Unterlagen und Informationen nur für die Zwecke des Vertrags zur Verfügung.

(2) Der Auftraggeber benennt namentlich eine fachlich kompetente und entscheidungsbefugte Person als Ansprechpartner für den Auftragnehmer.

(3) Eine unmittelbare Weisungsbefugnis des Auftraggebers oder seiner Mitarbeiter gegenüber dem Auftragnehmer oder dessen Mitarbeitern besteht nicht, auch soweit Auftragnehmer oder Mitarbeiter im Rahmen der Vertragsdurchführung im Betrieb des Auftraggebers tätig sind. Bei der Benutzung der Büroorganisation und der Geschäftsräume des Auftraggebers hat der Auftragnehmer sich an die allgemein üblichen Betriebsverhältnisse des Auftraggebers zu halten. Im Einzelfall kann ihm mit Zustimmung des Auftraggebers der Zugang zu den Betriebsräumen außerhalb dieser Zeit gewährt werden. Er untersteht in diesen Fällen dem Hausrecht und der Betriebsordnung des Auftraggebers.

Dementsprechend sind die Willenserklärungen und Anweisungen bezüglich des Auftrags, die der Auftraggeber in Durchführung und Ergänzung dieses Vertrags abzugeben hat, ausschließlich an den Auftragnehmer zu richten.

(4) Der Auftragnehmer hält die durchgeführten Arbeiten in einem Logbuch fest. Dieses hat die Art der ausgeführten Tätigkeit, Datum, Uhrzeit und den Namen des ausführenden Mitarbeiters des Auftragnehmers zu enthalten. Der Auftraggeber erhält am Ende jeden Monats einen entsprechenden Auszug aus dem Logbuch.

§ 4 Abnahme[5]

(1) Jede einzelne nach diesem Vertrag erbrachte Leistung – mit Ausnahme der in § 6 Ziff. 3 aufgeführten Leistungen – bestätigt der Auftraggeber dem Auftragnehmer durch Abzeichnung des vom Auftragnehmer vorgelegten Arbeitsnachweises. Er wird die erbrachte Leistung hiernach unverzüglich testen und die Abnahme erklären, wenn die Leistung einwandfrei erbracht wurde oder keine wesentlichen Mängel vorliegen. Festgestellte Mängel wird der Auftraggeber unverzüglich schriftlich rügen.

(2) Im Falle, dass der Auftraggeber die Abnahme binnen einer Frist . . . . . . Wochen nach Erbringung der jeweiligen Leistung noch nicht erklärt und auch keine Mängel geltend gemacht hat, gilt die Abnahme als erfolgt. Der Auftragnehmer weist den Auftraggeber auf die Bedeutung eines solchen Stillschweigens im Arbeitsnachweis hin.

§ 5 Vergütung und Auslagenersatz[6]

(1) Der Auftragnehmer erhält für seine Leistungen nach dem Vertrag eine Vergütung in Höhe von EUR . . . . . . pro Monat, die sich wie folgt zusammensetzt: . . . . . . Die Vergütung ist jeweils am Anfang eines Kalendermonats zur Zahlung fällig.

(2) Erbringt der Auftragnehmer im Einverständnis mit dem Auftraggeber Leistungen, die über den Umfang seiner vertraglichen Verpflichtungen hinausgehen, oder erbringt er Leistungen, die erst aufgrund von Pflicht- oder Obliegenheitsverletzungen des Auftraggebers erforderlich geworden sind, so erhält er hierfür eine zusätzliche Vergütung in Höhe von EUR . . . . . . pro Stunde.

(3) Alle Vergütungen verstehen sich zzgl. der gesetzlichen Mehrwertsteuer.

(4) Der Auftragnehmer hat Anspruch auf Ersatz nachfolgender Auslagen:

. . . . . .

§ 6 Gewährleistung und Haftung[7]

(1) Für Mängel in der Funktionsfähigkeit des Firewall-Systems und für sonstige technische Leistungen haftet der Auftragnehmer nach dem Stand der Technik grundsätzlich entsprechend den gesetzlichen Vorschriften des §§ 633 ff. BGB. Ferner haftet der Auftragnehmer dafür, dass die Firewall den vertraglichen Spezifikationen entspricht.

(2) Bei Mängeln in der Funktionsfähigkeit des Firewall-Systems und von sonstigen technischen Leistungen ist der Auftragnehmer zunächst zur Nacherfüllung berechtigt, welche durch Überlassung einer Ersatz- oder Umgehungslösung erfolgen kann. Bei Fehlschlagen der Nacherfüllung ist der Auftraggeber nach Setzung und Ablauf einer angemessenen Nachfrist berechtigt, die Vergütung zu mindern. Der Auftraggeber ist zur Kündigung des gesamten Vertrages berechtigt, wenn die fehlerhafte Leistung oder erfolglose Fehlerbeseitigung die Betriebsfähigkeit des Firewall-Systems vollständig oder wesentlich einschränkt.

(3) Die nachbenannten Leistungen unterliegen dem Dienstvertragsrecht, weshalb sich eine etwaige Haftung des Auftragnehmers nach der gesetzlichen Vorschrift des § 280 Abs. 1 BGB richtet:

. . . . . .

(4) Der Auftragnehmer haftet unbeschränkt für vorsätzlich oder grob fahrlässig durch den Auftragnehmer, seine gesetzlichen Vertreter oder leitenden Angestellten verursachte Schäden sowie für vorsätzlich verursachte Schäden sonstiger Erfüllungsgehilfen; für

grobes Verschulden sonstiger Erfüllungsgehilfen bestimmt sich die Haftung nach den in § 6 Ziff. 5 aufgeführten Regelungen für leichte Fahrlässigkeit.

(5) Im Fall einfacher Fahrlässigkeit haftet der Auftragnehmer nur bei Verletzung vertragswesentlicher Pflichten (Kardinalpflichten) durch den Auftragnehmer, seine gesetzlichen Vertreter oder Erfüllungsgehilfen. Kardinalpflichten sind die wesentlichen Pflichten, die die Grundlage des Vertrages bilden, die entscheidend für den Abschluss des Vertrags waren und auf deren Erfüllung der Auftraggeber vertrauen darf. Verletzt der Auftragnehmer diese Kardinalpflichten leicht fahrlässig, ist seine Haftung auf den Betrag begrenzt, der für den Auftraggeber zum Zeitpunkt der jeweiligen Leistung vorhersehbar war.

(6) Für den Verlust von Daten haftet der Auftragnehmer nur bis zu dem Betrag, der bei ordnungsgemäßer und regelmäßiger Sicherung der Daten zu deren Wiederherstellung angefallen wäre.

(7) Der Auftragnehmer haftet unbeschränkt für vorsätzlich oder fahrlässig verursachte Schäden aus der Verletzung des Lebens, des Körpers oder der Gesundheit durch den Auftragnehmer, seine gesetzlichen Vertreter oder Erfüllungsgehilfen.

§ 7 Geheimhaltung, Datenschutz und Datensicherung

(1) Um den Fernbetrieb der Firewall zu gewährleisten, erhält der Auftragnehmer den Fernzugang zu den Komponenten, die die Firewall definieren, jedoch nicht den Zugriff auf das interne Netz des Auftraggebers, das von der Firewall aus gesehen hinter dem Router beginnt, der vor das interne Netz des Auftraggebers geschaltet ist. Dem Auftragnehmer ist es nicht gestattet, auf das interne Netz des Auftraggebers zuzugreifen mit Ausnahme der in Anlage 1 dieses Vertrags konkret bezeichneten Backup-Server im Datennetz des Auftraggebers zur Ablage von Sicherheitskopien von Log- und Konfigurationsfiles.

(2) Sämtliche vom Auftragnehmer durchgeführten Arbeiten werden wie folgt protokolliert:

· · · · · ·

Der Auftraggeber hat jederzeit Zugriff auf diese Informationsquellen.

(3) Die im Rahmen des Betriebs der Firewall geschriebenen Logfiles wird der Auftragnehmer nur in verschlüsseltem Zustand übertragen und speichern sowie die Logfiles nur zum Zwecke des Erkennens von Angriffen und zum Erstellen von Reports auswerten und die Logfiles nicht an Dritte weitergeben. In Anlage 1 dieses Vertrags ist das verwendete Verschlüsselungsverfahren festgelegt, wobei der Auftraggeber dem Auftragnehmer bei Vertragsschluss die Schlüssel zur Verfügung stellen wird. Logfiles wird der Auftragnehmer für eine Dauer von maximal 20 Monaten aufbewahren. Bei Beendigung des Vertragsverhältnisses wird der Auftragnehmer die Logfiles vollständig löschen.

(4) Der Auftragnehmer wird Reports nur zum Zweck der Bedrohungsanalyse auswerten. Ihm ist nicht gestattet, Reports an Dritte weiterzugeben. Reports müssen einen Monat nach ihrer Erstellung beim Auftragnehmer gelöscht werden.

(5) Der Auftragnehmer ist verpflichtet, Daten des Auftragnehmers sowie die zum Entschlüsseln verwendeten Schlüssel vor unbefugtem Zugriff in angemessener Form zu sichern.

(6) Der Auftraggeber verpflichtet sich, die Bestimmungen des Datenschutzes und insbesondere den Schutz personenbezogener Daten zu wahren. Er wird alle Mitarbeiter, die

er bei der Leistungserbringung im Rahmen dieses Vertrags einsetzt, auf das Datengeheimnis nach § 5 BDSG verpflichten.

(7) Der Auftragnehmer verpflichtet sich, alle in diesem Vertragsverhältnis erhaltenen Informationen über den Auftraggeber unbefristet geheim zu halten.

Der Auftragnehmer wird oben genannte Regelungen auch sämtlichen Betriebsangehörigen sowie von ihm beauftragten Unterauftragnehmern, die er zur Leistungserbringung im Rahmen dieses Vertrags einsetzt, auferlegen.

§ 8 Vertragsdauer, Kündigung[8]

(1) Dieser Vertrag tritt am . . . . . . in Kraft und gilt zunächst für die Dauer von . . . . . . Wird er nicht mit einer Frist von drei Monaten vor seinem Ablauf von einem Vertragsteil schriftlich gekündigt, verlängert er sich jeweils um ein weiteres Jahr.

(2) Unberührt bleibt das Recht jeder Vertragspartei, den Vertrag aus wichtigem Grund fristlos zu kündigen.

§ 9 Anwendbares Recht, Erfüllungsort, Gerichtsstand[9]

(1) Auf vorliegenden Vertrag findet deutsches Recht Anwendung unter Ausschluss des UN-Kaufrechts.

(2) Erfüllungsort ist der Sitz des Auftragnehmers, dh . . . . . .

(3) Für Streitigkeiten aus diesem Vertrag ist ausschließlicher Gerichtsstand . . . . . .

§ 10 Sonstiges[10]

(1) Mündliche Nebenabreden sind nicht getroffen. Änderungen, Ergänzungen und Zusätze dieses Vertrags haben nur Gültigkeit, wenn sie zwischen den Vertragsparteien schriftlich vereinbart werden. Dies gilt auch für die Abänderung dieser Vertragsbestimmung.

(2) Sollte eine Bestimmung dieses Vertrags unwirksam sein oder werden, so berührt dies die Wirksamkeit des Vertrags im Übrigen nicht. Die unwirksame Bestimmung gilt als durch eine wirksame Regelung ersetzt, die dem wirtschaftlichen Zweck der unwirksamen Bestimmung am nächsten kommt. Entsprechendes gilt im Fall einer Vertragslücke.

. . . .

(Ort, Datum)   (Ort, Datum)

. . . .

– Auftraggeber –   – Auftragnehmer –

Anmerkungen

1. **Sachverhalt.** Der Auftraggeber, dessen Arbeitsplätze mit PC und Internetzugang ausgestattet sind, verfügt über ein internes Netz, das er vor unberechtigten Zugriffen von außen abschotten möchte. Der Auftragnehmer bietet die Einrichtung und Betreuung solcher Firewalls an.

Angesichts der fortschreitenden Digitalisierung und Vernetzung von IT-Systemen kommt den Maßnahmen zur Gewährleistung der **Netzsicherheit,** wie der Betrieb von **Firewalls** und **Intrusion-Detection-** sowie **Intrusion-Prevention-Systemen** eine erhebliche

Bedeutung zu. Als Schutzziele sind in diesem Zusammenhang die Vertraulichkeit (confidentiality), die Integrität (integrity) und die Verfügbarkeit (availability) zu nennen (vgl. Moritz/Dreier/*Federrath*/*Pfitzmann* F. Rn. 5 ff.). In Anbetracht der Verbreitung von Computer-Viren (nach aktueller Schätzung existieren derzeit ca. eine Milliarde PC-Viren), Cyberkriminalität oder Hackerangriffen ist die Installation von Firewalls zur Abschottung von sicherheitsempfindlichen Netzteilen für viele Unternehmen unerlässlich. Die Filterfunktionen von Firewalls werden grundsätzlich auf drei Ebenen der Kommunikationsprotokolle angesiedelt, nämlich im Rahmen von **Paketfiltern, Circuit Level Gateways** und **Application Level Gateways (Proxies).** Letztere implementieren die Schnittstelle des Nutzers (Client) sowie des Servers eines Dienstes (hierzu näher Moritz/Dreier/*Federrath*/*Pfitzmann* F. Rn. 54 ff.). Firewalls sind stets eine Kompromisslösung zwischen erwünschtem Datenschutz und den dafür notwendigen Kosten. Eine 100 %-ige Datensicherheit lässt sich – wenn überhaupt – nur unter hohem Kostenaufwand und auf Kosten der Leichtigkeit und Einfachheit der IT-Kommunikation in einem Unternehmen verwirklichen. Zudem setzen einige Schadprogramme bei ihrer Verbreitung auf sog. **Zero-Day-Exploits,** dh auf die Ausnutzung von Sicherheitslücken, die zum Zeitpunkt ihrer Ausnutzung noch nicht öffentlich bekannt sind und gegen die somit weder Hersteller der betroffenen Software noch Virenscanner Schutzmechanismen bereitstellen. Im Übrigen können Firewalls nicht vor Angriffen von innen schützen, insbesondere wenn Mitarbeiter eines Unternehmens Daten an der Firewall vorbeischleusen oder Betriebsgeheimnisse aus dem Intranet kopieren und unbefugterweise an Dritte weiterreichen. Ferner schützt eine Firewall nicht vor Trojanern, dh vor Rechnerprogrammen, die neben einer bekannten Funktion eine unerwünschte Schadensfunktion ausführen (vgl. hierzu auch Moritz/Dreier/*Federrath*/*Pfitzmann* F. Rn. 57). Es ist daher wichtig, dass in den Unternehmen ein geeignetes **Sicherheitsmanagement** betrieben wird, das für die Entwicklung einer IT-Sicherheitspolitik und eines IT-Sicherheitskonzeptes, für die Realisierung von IT-Sicherheitsmaßnahmen, die Schulung und Sensibilisierung der Mitarbeiter und die Erhaltung der IT-Sicherheit im laufenden Betrieb sorgt. Informationen zum IT-Grundschutz sowie aktuelle Warnungen zu Computer-Viren und allgemeine Informationen zur Netzsicherheit finden sich in den IT-Grundschutz Katalogen des **Bundesamtes für die Sicherheit in der Informationstechnik (BSI),** abrufbar auf dessen Webseite https://www.bsi.bund.de/DE/Themen/ITGrundschutz/ITGrundschutzKataloge/itgrundschutzkataloge_node.html.

2. Rechtsnatur. Der Vertrag zur Erstellung und Betreuung einer Firewall enthält sowohl werk- als auch dienstvertragliche Elemente. Maßgeblich ist, ob der jeweilige Leistungsgegenstand erfolgsorientiert (dann Werkvertrag) oder leistungsbezogen (dann Dienstvertrag) ist (Palandt/*Sprau* BGB Vorb. § 631 Rn. 8, 22). Die Erstellung der Firewall und die Beseitigungspflicht von etwaigen Fehlern sind werkvertraglich einzuordnen, während die Unterhaltung eines Bereitschaftsdienstes dienstvertraglich zu qualifizieren ist. Im vorliegenden Fall ist anzunehmen, dass der Vertrag nicht einseitig einem stark überwiegenden Vertragstyp zuzuordnen ist. Es bleiben die einzelnen Elemente nebeneinander stehen mit der Folge, dass sich im Fall einer Leistungsstörung die Rechtsfolgen nach demjenigen Vertragstyp richten, der einem bestimmten Leistungselement zuzuordnen ist, sofern sich aus dem konkret abgeschlossenen Vertrag nichts anderes ergibt (vgl. *Cichon* S. 206 Rn. 788 ff., insbes. Rn. 791 mit Fn. 755). Bei Vertragserstellung sind somit unter Berücksichtigung der jeweiligen Leistungskomponenten abgestimmte Gewährleistungsregelungen vorzusehen. Beim Dienstvertrag ist wesentlich, dass bei mangelnder Qualität keine Gewährleistungsrechte zur Verfügung stehen, sondern lediglich die Möglichkeit der außerordentlichen Kündigung besteht.

3. Leistungen des Auftragnehmers. Es empfiehlt sich, den Leistungskatalog des Auftragnehmers in einer separaten Anlage zu dem Vertragswerk aufzunehmen. Dort sollten neben der Beschreibung des Anforderungsprofils an die Firewall auch die

Mindestanforderungen des IT-Systems des Auftraggebers zu finden sein. Angesichts des rasanten Wachstums- und Entwicklungspotenzials in der EDV-Branche erscheint eine Öffnungsklausel dahingehend, dass weitere bzw. neue Geräte in die EDV-Anlage einbezogen werden sollen, empfehlenswert. Ferner bietet sich an, den Leistungsumfang im Vertragswerk selbst (vgl. § 2 Ziff. 2) nochmals in einer Übersicht herauszustellen (vgl. *Loewenheim/Koch* CD-ROM Teil 2 „Einrichtung eines Firewall-Systems"). Um die Wirksamkeit des Schutzwalls gegenüber dem Internet zu gewährleisten, kommt es dem Auftraggeber regelmäßig darauf an, eine hohe Verfügbarkeit des Systems sicherzustellen. Wichtig sind daher Regelungen über bestimmte Reaktions- und Beseitigungsfristen. Die Rechtsfolgen bei nicht eingehaltenen Beseitigungszeiten können unterschiedlich ausfallen.

Anstatt einer außerordentlichen Kündigung erscheint es interessengerecht, den Auftragnehmer zur Einhaltung seiner Leistungspflichten durch die Vereinbarung einer Vertragsstrafe anzuhalten. Gleichzeitig ermöglicht dies dem Auftraggeber, sich im Schadensfall ohne weiteres schadlos halten zu können. Alternativ dürfte es auch erwägenswert sein, anstelle der Vertragsstrafe einen pauschalierten Schadensersatz zu vereinbaren, wobei im Fall des Vorliegens von Allgemeinen Geschäftsbedingungen gegenüber Verbrauchern § 309 Nr. 5 BGB zu beachten ist, wonach die Höhe der Schadenspauschale angemessen sein muss und dem Schädiger ausdrücklich der Nachweis eines geringeren Schadens gestattet sein muss. Im kaufmännischen Geschäftsverkehr, der dem Formularvertrag zugrunde liegt, ist der Gedanke des § 309 Nr. 5 BGB nach §§ 307, 310 Abs. 1 BGB grundsätzlich anzuwenden, allerdings ist eine dem § 309 Nr. 5b BGB entsprechende ausdrückliche Regelung des Gegenbeweises nicht notwendig; stattdessen genügt, wenn der Gegenbeweis nicht ausgeschlossen wird (BGH Urt. v. 28.5.1984 – III ZR 231/82, NJW 1984, 2941; BGH Urt. v. 12.1.1994 – VIII ZR 165/92, NJW 1994, 1068).

Vor dem Hintergrund, dass die zur Errichtung und Betreuung des Firewall-Systems eingesetzte Hard-/Software nicht die vom Auftraggeber eingesetzte EDV-Anlage beeinträchtigen darf, sollte das Erfordernis der vollständigen Kompatibilität der eingesetzten Elemente ausdrücklich betont werden. Die in § 2 Ziff. 6 enthaltene Regelung der Fernbetreuung und Fernwartung trägt dem Umstand Rechnung, dass solche Leistungen nicht nur Kostenvorteile bieten, sondern auch regelmäßig eine schnellere Fehlerbeseitigung ermöglichen. Zu beachten sind die datenschutzrechtlichen Bestimmungen (§ 7 Ziff. 6 des Vertragsmusters), wonach die Verarbeitung von personenbezogenen Daten außer Haus der Zustimmung der betroffenen Personen bedarf (§ 4 BDSG). Es empfiehlt sich daher (insbesondere in sensiblen Bereichen wie bei Arzt- und Anwaltspraxen), Zugriffsbeschränkungen des Auftragnehmers auf diese Daten vorzusehen.

4. Mitwirkung des Auftraggebers. Mitwirkungspflichten des Auftraggebers sind im Grundsatz Obliegenheiten (BGHZ 11, 80; 50, 175; Palandt/*Sprau* BGB § 642 Rn. 2). Unterlässt der Auftraggeber seine Mitwirkungshandlung, ist ein Schuldnerverzug des Auftragnehmers ausgeschlossen (BGH Urt. v. 23.1.1996 – X ZR 105/93, NJW 1996, 1745). Zudem führt dies, wenn der Unternehmer seine Leistungsbereitschaft erklärt und den Auftraggeber zur Mitwirkung aufgefordert hat, zum Annahmeverzug nach §§ 293 ff. BGB mit der Folge, dass der Auftragnehmer eine angemessene Entschädigung verlangen kann (§ 642 BGB) und das Recht zur vorzeitigen Vertragsbeendigung hat (§ 643 BGB).

5. Abnahme. In der Praxis bereiten Fragen im Zusammenhang mit der Abnahme regelmäßig Schwierigkeiten. Dies liegt insbesondere daran, dass eine förmliche Abnahme selten durchgeführt wird, weshalb es hinsichtlich der Leistungen des Auftragnehmers zu Beweisschwierigkeiten kommen kann. Angesichts dieses Umstandes erscheint es sinnvoll und praktikabel, die Leistungen des Auftragnehmers durch Abzeichnen der Arbeitsnachweise vom Auftraggeber festzuhalten. Nach der hier vorgeschlagenen Klausel tritt eine Abnahmefiktion ein, wenn der Auftraggeber die Abnahme nicht erklärt und auch keine

Mängel innerhalb einer bestimmten Frist geltend macht. Eine solche Klausel berücksichtigt auch die bei Vorliegen von Allgemeinen Geschäftsbedingungen zu beachtende Vorgabe von § 308 Nr. 5 lit. b BGB, dessen Rechtsgedanke auch im unternehmerischen Verkehr grundsätzlich Anwendung findet (§§ 307, 310 Abs. 1 BGB). Hiernach sind in Allgemeinen Geschäftsbedingungen Bestimmungen unwirksam, wonach eine Erklärung des Vertragspartners und des Verwenders bei Vornahme oder Unterlassung einer bestimmten Handlung als von ihm abgegeben oder nicht abgegeben gilt, es sei denn, dass der Verwender sich verpflichtet, den Vertragspartner bei Beginn der Frist auf die vorgesehene Bedeutung seines Verhaltens besonders hinzuweisen (Palandt/*Grüneberg* BGB § 308 Rn. 25 f.).

6. Vergütung und Auslagenersatz. Die Höhe der Vergütung hängt vom Umfang der vertraglich geschuldeten Leistungen des Auftragnehmers ab. Da im vorliegenden Fall der Vertrag sowohl werk- als auch dienstvertragliche Elemente enthält, empfiehlt es sich, die Vergütung nach werk- und dienstvertraglichen Komponenten aufzuschlüsseln, um Unsicherheiten auf der Rechtsfolgenseite zu verhindern. Neben der Vereinbarung von Pauschalvergütungen sind auch Abrechnungen nach Stundenaufwand – gegebenenfalls in Kombination mit einer Grundgebühr zur Abgeltung eines definierten Mindestaufwandes – üblich.

7. Gewährleistung und Haftung. a) Gewährleistung. Hinsichtlich der werkvertraglichen Leistungspflichten orientiert sich die Vertragsklausel im Wesentlichen an den Gewährleistungsregeln des Werkvertragsrechts. Um den Besonderheiten im Bereich der Computertechnologie Rechnung zu tragen, wird dem Auftragnehmer die Möglichkeit eingeräumt, die Nachbesserung durch Überlassung einer Ersatz- oder Umgehungslösung vorzunehmen. Für den Fall, dass die fehlerhafte Leistung oder erfolglose Fehlerbeseitigung die Betriebsfähigkeit des Firewall-Systems vollständig oder wesentlich einschränkt, ist ein außerordentliches Kündigungsrecht zugunsten des Auftraggebers vorgesehen.

Hinsichtlich der dienstvertraglichen Leistungspflichten des Auftragnehmers, die aus Rechtssicherheitsgründen ausdrücklich in dem Vertrag namentlich aufgeführt werden sollten, ist für Fälle der Schlechterfüllung auf die Vorschrift des § 280 Abs. 1 BGB Bezug zu nehmen. Da das Dienstvertragsrecht der §§ 611 ff. BGB an sich kein besonderes Gewährleistungsrecht vorsieht, richtet sich eine etwaige Haftung wegen Schlechterfüllung nach dem in § 280 Abs. 1 BGB kodifizierten Tatbestand der positiven Vertragsverletzung (Palandt/*Heinrichs* BGB § 280 Rn. 16).

b) Haftung. Ein Ausschluss der Haftung für Vorsatz ist nach § 276 Abs. 3 BGB nicht zulässig. In Allgemeinen Geschäftsbedingungen kann die Haftung für grobe Fahrlässigkeit gem. § 309 Ziff. 7 lit. b BGB, der über §§ 310 Abs. 1, 307 BGB auch bei Verträgen zwischen Unternehmen anwendbar ist, nicht wirksam ausgeschlossen werden. Nach allgemeiner Auffassung gilt das Verbot der Freizeichnung für grobes Verschulden der gesetzlichen Vertreter und leitenden Angestellten (Palandt/*Grüneberg* BGB § 309 Rn. 48). Ob ein Ausschluss für grobes Verschulden einfacher Erfüllungsgehilfen wirksam möglich ist, ist noch nicht höchstrichterlich entschieden (vgl. BGH Urt. v. 15.9.2005 – I ZR 58/03, NJW-RR 2006, 267 [269]). Nach ständiger Rechtsprechung des BGH darf die Haftung für Kardinalpflichten gem. § 307 Abs. 2 Nr. 2 BGB auch für einfache Fahrlässigkeit nicht ausgeschlossen werden. Zu beachten ist ferner, dass in Allgemeinen Geschäftsbedingungen Haftungserleichterungen über eine summenmäßige Beschränkung nicht wirksam sind. Im Verkehr zwischen Unternehmen ist jedoch eine Haftungsbeschränkung auf den vertragstypischen, vorhersehbaren Schaden zulässig (BGH Urt. v. 15.9.2005 – I ZR 58/03, NJW-RR 2006, 267 [269]; Palandt/*Heinrichs* BGB § 307 Rn. 49 f.; Palandt/*Grüneberg* BGB § 309 Rn. 48 f.). Im Hinblick auf das Transparenzgebot des § 307 Abs. 1 S. 2 BGB sollte der Begriff der Kardinalpflichten im Vertragstext konkretisiert werden (vgl.

BGH Urt. v. 20.7.2005 – VIII ZR 121/04, NJW-RR 2005, 1496 [1505] – Honda; Palandt/*Heinrichs* BGB § 307 Rn. 53).

Nach § 307 Abs. 2 Nr. 2 BGB ist der vollständige Ausschluss der Haftung für einen Datenverlust nicht zulässig. Allerdings gilt dies nicht für den Ausschluss von Exzessrisiken, wie etwa einem Datenverlust, der durch eine verkehrsübliche Datensicherung hätte vermieden werden können (vgl. BGH Urt. v. 2.7.1996 – X ZR 64/94, NJW 1996, 2924 [2926]). Folglich kann die Haftung für einen Schaden ausgeschlossen werden, der über den Wiederherstellungsaufwand bei ordnungsgemäßer und regelmäßiger Datensicherung hinausgeht.

8. Vertragsdauer, Kündigung. Nach § 314 BGB kann ein Dauerschuldverhältnis aus wichtigem Grund fristlos gekündigt werden, wenn Tatsachen vorliegen, aufgrund derer dem kündigenden Teil unter Berücksichtigung aller Umstände des Einzelfalls bei Abwägung der Interessen beider Vertragsteile die Fortsetzung des Vertrages bis zu dessen vereinbarter Beendigung nach Treu und Glauben nicht mehr zugemutet werden kann. Zur Vermeidung von Unklarheiten können in den Vertrag mögliche Kündigungsgründe ausdrücklich aufgenommen werden, die nach Einschätzung der Vertragsparteien so erheblich sind, dass sie einen wichtigen Grund zur Kündigung darstellen. Bei der Kündigung von Dauerschuldverhältnissen aus wichtigem Grund ist gem. § 314 Abs. 2 S. 1 BGB im Falle einer Vertragspflichtverletzung eine vorherige Abmahnung oder, falls die Pflichtverletzung in einem Unterlassen besteht, eine Abhilfefristsetzung erforderlich.

Die Vertragsdauer unterliegt grundsätzlich der Privatautonomie der Parteien. Der Vertrag kann eine feste Mindestlaufzeit haben oder auf unbestimmte Dauer geschlossen werden. Das Recht zur sog. ordentlichen Kündigung, dh eine Vertragsbeendigung auch ohne einen Grund, ist für Dauerschuldverhältnisse im BGB nur speziell geregelt (vgl. etwa §§ 620 ff. BGB bzgl. Dienstverhältnisse und §§ 568 ff. BGB bzgl. Mietverhältnisse), weshalb sich empfiehlt, entsprechende Regeln über die Vertragsdauer und über die ordentliche Kündigung im Vertrag vorzusehen.

9. Anwendbares Recht. Die Parteien haben nach Art. 3 Rom I-VO die Möglichkeit, das anwendbare Recht grundsätzlich frei zu wählen.

Das UN-Kaufrecht oder auf Englisch „United Nations Convention on Contracts for the International Sale of Goods" (CISG) ist auf die Lieferung von Waren (Kaufverträge einschließlich Werklieferungsverträge) anwendbar. Dazu zählt nach hM auch die dauerhafte Überlassung von Standardsoftware, unabhängig davon, ob die Software auf Datenträger oder online übermittelt wird (MüKo/*Westermann* CISG Art. 1 Rn. 6). Hingegen fällt die zeitlich befristete Überlassung von Software nicht unter das CISG. Verneint man das Vorliegen eines Werklieferungsvertrags im vorliegenden Fall, hätte es eines ausdrücklichen Ausschlusses des UN-Kaufrechts nicht bedurft.

10. Schriftformklausel. Zu beachten ist, dass trotz Schriftformerfordernisses jederzeit durch eine ausdrückliche mündliche Vereinbarung vom Vertrag abgewichen werden kann (vgl. Palandt/*Heinrichs* BGB § 125 Rn. 14). Für Allgemeine Geschäftsbedingungen folgt dies bereits aus § 305b BGB. Etwas anderes soll sich auch dann nicht ergeben, wenn – wie im vorliegenden Formularvertrag vorgesehen – die Abänderung der Schriftformklausel selbst der Schriftform bedarf (vgl. BGH Urt. v. 15.5.1986 – IX ZR 96/85, NJW 1986, 3131 [3132]).

5. EU-Standardvertragsklauseln (Auftragsverarbeiter)

Standardvertragsklauseln (Auftragsverarbeiter) gemäß Art. 26 Abs. 2 der Richtlinie 95/46/EG für die Übermittlung personenbezogener Daten an Auftragsverarbeiter, die in Drittländern niedergelassen sind, in denen kein angemessenes Schutzniveau gewährleistet ist

Bezeichnung der Organisation (Datenexporteur) . . . . .

Anschrift: . . . . .

Tel.: . . . . .

Fax: . . . . .

E-Mail: . . . . .

Weitere Angaben zur Identifizierung der Organisation:

. . . . .

(„Datenexporteur")

und

Bezeichnung der Organisation (Datenimporteur):

Anschrift:

Tel.: . . . . .

Fax: . . . . .

E-Mail: . . . . .

Weitere Angaben zur Identifizierung der Organisation:

. . . . .

(„Datenimporteur")

(die „Partei", wenn eine dieser Organisationen gemeint ist, die „Parteien", wenn beide gemeint sind)

VEREINBAREN folgende Vertragsklauseln („Klauseln"), um angemessene Garantien hinsichtlich des Schutzes der Privatsphäre, der Grundrechte und der Grundfreiheiten von Personen bei der Übermittlung der in Anhang 1 zu diesen Vertragsklauseln spezifizierten personenbezogenen Daten vom Datenexporteur an den Datenimporteur zu bieten.

Klausel 1 – Begriffsbestimmungen[1, 2, 3, 4, 5]

Im Rahmen der Vertragsklauseln gelten folgende Begriffsbestimmungen:

a) die Ausdrücke „personenbezogene Daten", „besondere Kategorien personenbezogener Daten", „Verarbeitung", „für die Verarbeitung Verantwortlicher", „Auftragsverarbeiter", „betroffene Person" und „Kontrollstelle" entsprechen den Begriffsbestimmungen der Richtlinie 95/46/EG des Europäischen Parlaments und des Rates vom

24.10.1995 zum Schutz natürlicher Personen bei der Verarbeitung personenbezogener Daten und zum freien Datenverkehr[1];[6]

b) der „Datenexporteur" ist der für die Verarbeitung Verantwortliche, der die personenbezogenen Daten übermittelt;

c) der „Datenimporteur" ist der Auftragsverarbeiter, der sich bereit erklärt, vom Datenexporteur personenbezogene Daten entgegenzunehmen und sie nach der Übermittlung nach dessen Anweisungen und den Bestimmungen der Klauseln in dessen Auftrag zu verarbeiten und der nicht einem System eines Drittlandes unterliegt, das angemessenen Schutz im Sinne von Art. 25 Abs. 1 der Richtlinie 95/46/EG gewährleistet;

d) der „Unterauftragsverarbeiter" ist der Auftragsverarbeiter, der im Auftrag des Datenimporteurs oder eines anderen Unterauftragsverarbeiters des Datenimporteurs tätig ist und sich bereit erklärt, vom Datenimporteur oder von einem anderen Unterauftragsverarbeiter des Datenimporteurs personenbezogene Daten ausschließlich zu dem Zweck entgegenzunehmen, diese nach der Übermittlung im Auftrag des Datenexporteurs nach dessen Anweisungen, den Klauseln und den Bestimmungen des schriftlichen Unterauftrags zu verarbeiten;

e) der Begriff „anwendbares Datenschutzrecht" bezeichnet die Vorschriften zum Schutz der Grundrechte und Grundfreiheiten der Personen, insbesondere des Rechts auf Schutz der Privatsphäre bei der Verarbeitung personenbezogener Daten, die in dem Mitgliedstaat, in dem der Datenexporteur niedergelassen ist, auf den für die Verarbeitung Verantwortlichen anzuwenden sind;

f) die „technischen und organisatorischen Sicherheitsmaßnahmen" sind die Maßnahmen, die personenbezogene Daten vor der zufälligen oder unrechtmäßigen Zerstörung, dem zufälligen Verlust, der Änderung, der unberechtigten Weitergabe oder dem unberechtigten Zugang, insbesondere wenn die Verarbeitung die Übermittlung der Daten über ein Netzwerk umfasst, und vor jeder anderen Form der unrechtmäßigen Verarbeitung schützen sollen.

Klausel 2 – Einzelheiten der Übermittlung[7]

Die Einzelheiten der Übermittlung, insbesondere die besonderen Kategorien personenbezogener Daten, sofern vorhanden, werden in Anhang 1 erläutert, der Bestandteil dieser Klauseln ist.

Klausel 3 – Drittbegünstigtenklausel[8]

(1) Die betroffenen Personen können diese Klausel sowie Klausel 4 Buchst. b bis i, Klausel 5 Buchst. a bis e und g bis j, Klausel 6 Abs. 1 und 2, Klausel 7, Klausel 8 Abs. 2 sowie die Klauseln 9 bis 12 gegenüber dem Datenexporteur als Drittbegünstigte geltend machen.

(2) Die betroffene Person kann diese Klausel, Klausel 5 Buchst. a bis e und g, die Klauseln 6 und 7, Klausel 8 Abs. 2 sowie die Klauseln 9 bis 12 gegenüber dem Datenimporteur geltend machen, wenn das Unternehmen des Datenexporteurs faktisch oder rechtlich nicht mehr besteht, es sei denn, ein Rechtsnachfolger hat durch einen Vertrag oder kraft Gesetzes sämtliche rechtlichen Pflichten des Datenexporteurs übernommen; in letzterem Fall kann die betroffene Person die Klauseln gegenüber dem Rechtsnachfolger als Träger sämtlicher Rechte und Pflichten des Datenexporteurs geltend machen.

(3) Die betroffene Person kann diese Klausel, Klausel 5 Buchst. a bis e und g, die Klauseln 6 und 7, Klausel 8 Abs. 2 sowie die Klauseln 9 bis 12 gegenüber dem Unterauftragsver-

---

[1]   Die Parteien können die Begriffsbestimmungen der Richtlinie 95/46/EG in diese Klausel aufnehmen, wenn nach ihrem Dafürhalten der Vertrag für sich allein stehen sollte.

arbeiter geltend machen, wenn sowohl das Unternehmen des Datenexporteurs als auch das des Datenimporteurs faktisch oder rechtlich nicht mehr bestehen oder zahlungsunfähig sind, es sei denn, ein Rechtsnachfolger hat durch einen Vertrag oder kraft Gesetzes sämtliche rechtlichen Pflichten des Datenexporteurs übernommen; in letzterem Fall kann die betroffene Person die Klauseln gegenüber dem Rechtsnachfolger als Träger sämtlicher Rechte und Pflichten des Datenexporteurs geltend machen. Eine solche Haftpflicht des Unterauftragsverarbeiters ist auf dessen Verarbeitungstätigkeiten nach den Klauseln beschränkt.

(4) Die Parteien haben keine Einwände dagegen, dass die betroffene Person, sofern sie dies ausdrücklich wünscht und das nationale Recht dies zulässt, durch eine Vereinigung oder sonstige Einrichtung vertreten wird.

Klausel 4 – Pflichten des Datenexporteurs[9]

Der Datenexporteur erklärt sich bereit und garantiert, dass:

a) die Verarbeitung der personenbezogenen Daten einschließlich der Übermittlung entsprechend den einschlägigen Bestimmungen des anwendbaren Datenschutzrechts durchgeführt wurde und auch weiterhin so durchgeführt wird (und gegebenenfalls den zuständigen Behörden des Mitgliedstaats mitgeteilt wurde, in dem der Datenexporteur nieder gelassen ist) und nicht gegen die einschlägigen Vorschriften dieses Staates verstößt;

b) er den Datenimporteur angewiesen hat und während der gesamten Dauer der Datenverarbeitungsdienste anweisen wird, die übermittelten personenbezogenen Daten nur im Auftrag des Datenexporteurs und in Übereinstimmung mit dem anwendbaren Datenschutzrecht und den Klauseln zu verarbeiten;

c) der Datenimporteur hinreichende Garantien bietet in Bezug auf die in Anhang 2 zu diesem Vertrag beschriebenen technischen und organisatorischen Sicherheitsmaßnahmen;

d) die Sicherheitsmaßnahmen unter Berücksichtigung der Anforderungen des anwendbaren Datenschutzrechts, des Standes der Technik, der bei ihrer Durchführung entstehenden Kosten, der von der Verarbeitung ausgehenden Risiken und der Art der zu schützenden Daten hinreichend gewährleisten, dass personenbezogene Daten vor der zufälligen oder unrechtmäßigen Zerstörung, dem zufälligem Verlust, der Änderung, der unberechtigten Weitergabe oder dem unberechtigten Zugang, insbesondere wenn die Verarbeitung die Übermittlung der Daten über ein Netzwerk umfasst, und vor jeder anderen Form der unrechtmäßigen Verarbeitung geschützt sind;

e) er für die Einhaltung dieser Sicherheitsmaßnahmen sorgt;

f) die betroffene Person bei der Übermittlung besonderer Datenkategorien vor oder sobald wie möglich nach der Übermittlung davon in Kenntnis gesetzt worden ist oder gesetzt wird, dass ihre Daten in ein Drittland übermittelt werden könnten, das kein angemessenes Schutzniveau im Sinne der Richtlinie 95/46/EG bietet;

g) er die gemäß Klausel 5 Buchst. b sowie Klausel 8 Abs. 3 vom Datenimporteur oder von einem Unterauftragsverarbeiter erhaltene Mitteilung an die Kontrollstelle weiterleitet, wenn der Datenexporteur beschließt, die Übermittlung fortzusetzen oder die Aussetzung aufzuheben;

h) er den betroffenen Personen auf Anfrage eine Kopie der Klauseln mit Ausnahme von Anhang 2 sowie eine allgemeine Beschreibung der Sicherheitsmaßnahmen zur Verfügung stellt; außerdem stellt er ihnen gegebenenfalls die Kopie des Vertrags über Datenverarbeitungsdienste zur Verfügung, der gemäß den Klauseln an einen Unterauftragsverarbeiter vergeben wurde, es sei denn, die Klauseln oder der Vertrag enthalten Geschäftsinformationen; in diesem Fall können solche Geschäftsinformationen herausgenommen werden;

i) bei der Vergabe eines Verarbeitungsauftrags an einen Unterauftragsverarbeiter die Verarbeitung gemäß Klausel 11 erfolgt und die personenbezogenen Daten und die Rechte der betroffenen Person mindestens ebenso geschützt sind, wie vom Datenimporteur nach diesen Klauseln verlangt; und

j) er für die Einhaltung der Klausel 4 Buchst. a bis i sorgt.

Klausel 5 – Pflichten des Datenimporteurs[(1)10]

(1) Der Datenimporteur erklärt sich bereit und garantiert, dass:

a) er die personenbezogenen Daten nur im Auftrag des Datenexporteurs und in Übereinstimmung mit dessen Anweisungen und den vorliegenden Klauseln verarbeitet; dass er sich, falls er dies aus irgendwelchen Gründen nicht einhalten kann, bereit erklärt, den Datenexporteur unverzüglich davon in Kenntnis zu setzen, der unter diesen Umständen berechtigt ist, die Datenübermittlung auszusetzen und/oder vom Vertrag zurückzutreten;

b) er seines Wissens keinen Gesetzen unterliegt, die ihm die Befolgung der Anweisungen des Datenexporteurs und die Einhaltung seiner vertraglichen Pflichten unmöglich machen, und eine Gesetzesänderung, die sich voraussichtlich sehr nachteilig auf die Garantien und Pflichten auswirkt, die die Klauseln bieten sollen, dem Datenexporteur mitteilen wird, sobald er von einer solchen Änderung Kenntnis erhält; unter diesen Umständen ist der Datenexporteur berechtigt, die Datenübermittlung auszusetzen und/oder vom Vertrag zurückzutreten;

c) er vor der Verarbeitung der übermittelten personenbezogenen Daten die in Anhang 2 beschriebenen technischen und organisatorischen Sicherheitsmaßnahmen ergriffen hat;

d) er den Datenexporteur unverzüglich informiert über

(i) alle rechtlich bindenden Aufforderungen einer Vollstreckungsbehörde zur Weitergabe der personenbezogenen Daten, es sei denn, dies wäre anderweitig untersagt, beispielsweise durch ein strafrechtliches Verbot zur Wahrung des Untersuchungsgeheimnisses bei strafrechtlichen Ermittlungen;

(ii) jeden zufälligen oder unberechtigten Zugang und

(iii) alle Anfragen, die direkt von den betroffenen Personen an ihn gerichtet werden, ohne diese zu beantworten, es sei denn, er wäre anderweitig dazu berechtigt;

e) er alle Anfragen des Datenexporteurs im Zusammenhang mit der Verarbeitung der übermittelten personenbezogenen Daten durch den Datenexporteur unverzüglich und ordnungsgemäß bearbeitet und die Ratschläge der Kontrollstelle im Hinblick auf die Verarbeitung der übermittelten Daten befolgt;

f) er auf Verlangen des Datenexporteurs seine für die Verarbeitung erforderlichen Datenverarbeitungseinrichtungen zur Prüfung der unter die Klauseln fallenden Verarbeitungstätigkeiten zur Verfügung stellt. Die Prüfung kann vom Datenexporteur oder einem vom Datenexporteur ggf. in Absprache mit der Kontrollstelle ausgewählten Prüfgremium durch geführt werden, dessen Mitglieder unabhängig sind, über die erforderlichen Qualifikationen verfügen und zur Vertraulichkeit verpflichtet sind;

[(1)] Zwingende Erfordernisse des für den Datenimporteur geltenden innerstaatlichen Rechts, die nicht über das hinausgehen, was in einer demokratischen Gesellschaft für den Schutz eines der in Artikel 13 Absatz 1 der Richtlinie 95/46/EG aufgelisteten Interessen erforderlich ist, widersprechen nicht den Standardvertragsklauseln, wenn sie zur Gewährleistung der Sicherheit des Staates, der Landesverteidigung, der öffentlichen Sicherheit, der Verhütung, Ermittlung, Feststellung und Verfolgung von Straftaten oder Verstößen gegen die berufsständischen Regeln bei reglementierten Berufen, eines wichtigen wirtschaftlichen oder finanziellen Interesses eines Mitgliedstaats, des Schutzes der betroffenen Person und der Rechte und Freiheiten anderer Personen erforderlich sind. Beispiele für zwingende Erfordernisse, die nicht über das hinausgehen, was in einer demokratischen Gesellschaft erforderlich ist, sind international anerkannte Sanktionen, Erfordernisse der Steuerberichterstattung oder Anforderungen zur Bekämpfung der Geldwäsche.

g) er den betroffenen Personen auf Anfrage eine Kopie der Klauseln und gegebenenfalls einen bestehenden Vertrag über die Vergabe eines Verarbeitungsauftrags an einen Unterauftragsverarbeiter zur Verfügung stellt, es sei denn, die Klauseln oder der Vertrag enthalten Geschäftsinformationen; in diesem Fall können solche Geschäftsinformationen herausgenommen werden; Anhang 2 wird durch eine allgemeine Beschreibung der Sicherheitsmaßnahmen ersetzt, wenn die betroffene Person vom Datenexporteur keine solche Kopie erhalten kann;

h) er bei der Vergabe eines Verarbeitungsauftrags an einen Unterauftragsverarbeiter den Datenexporteur vorher benachrichtigt und seine vorherige schriftliche Einwilligung eingeholt hat;

i) der Unterauftragsverarbeiter die Datenverarbeitungsdienste in Übereinstimmung mit Klausel 11 erbringt;

j) er dem Datenexporteur unverzüglich eine Kopie des Unterauftrags über die Datenverarbeitung zuschickt, den er nach den Klauseln geschlossen hat.

Klausel 6 – Haftung

(1) Die Parteien vereinbaren, dass jede betroffene Person, die durch eine Verletzung der in Klausel 3 oder 11 genannten Pflichten durch eine Partei oder den Unterauftragsverarbeiter Schaden erlitten hat, berechtigt ist, vom Datenexporteur Schadenersatz für den erlittenen Schaden zu erlangen.

(2) Ist die betroffene Person nicht in der Lage, gemäß Abs. 1 gegenüber dem Datenexporteur wegen Verstoßes des Datenimporteurs oder seines Unterauftragsverarbeiters gegen in den Klauseln 3 und 11 genannte Pflichten Schadenersatzansprüche geltend zu machen, weil das Unternehmen des Datenexporteurs faktisch oder rechtlich nicht mehr besteht oder zahlungsunfähig ist, ist der Datenimporteur damit einverstanden, dass die betroffene Person Ansprüche gegenüber ihm statt gegenüber dem Datenexporteur geltend macht, es sei denn, ein Rechtsnachfolger hat durch Vertrag oder kraft Gesetzes sämtliche rechtlichen Pflichten des Datenexporteurs übernommen; in diesem Fall kann die betroffene Person ihr Ansprüche gegenüber dem Rechtsnachfolger geltend machen.

Der Datenimporteur kann sich seiner Haftung nicht entziehen, indem er sich auf die Verantwortung des Unterauftragsverarbeiters für einen Verstoß beruft.

(3) Ist die betroffene Person nicht in der Lage, gemäß den Abs. 1 und 2 gegenüber dem Datenexporteur oder dem Datenimporteur wegen Verstoßes des Unterauftragsverarbeiters gegen in den Klauseln 3 und 11 aufgeführte Pflichten Ansprüche geltend zu machen, weil sowohl das Unternehmen des Datenexporteurs als auch das des Datenimporteurs faktisch oder rechtlich nicht mehr bestehen oder zahlungsunfähig sind, ist der Unterauftragsverarbeiter damit einverstanden, dass die betroffene Person im Zusammenhang mit seinen Datenverarbeitungstätigkeiten aufgrund der Klauseln gegenüber ihm statt gegenüber dem Datenexporteur oder dem Datenimporteur einen Anspruch geltend machen kann, es sei denn, ein Rechtsnachfolger hat durch Vertrag oder kraft Gesetzes sämtliche rechtlichen Pflichten des Datenexporteurs oder des Datenimporteurs übernommen; in diesem Fall kann die betroffene Person ihre Ansprüche gegenüber dem Rechtsnachfolger geltend machen. Eine solche Haftung des Unterauftragsverarbeiters ist auf dessen Verarbeitungstätigkeiten nach diesen Klauseln beschränkt.

Klausel 7 – Schlichtungsverfahren und Gerichtsstand[11]

(1) Für den Fall, dass eine betroffene Person gegenüber dem Datenimporteur Rechte als Drittbegünstigte und/oder Schadenersatzansprüche aufgrund der Vertragsklauseln gel-

tend macht, erklärt sich der Datenimporteur bereit, die Entscheidung der betroffenen Person zu akzeptieren, und zwar entweder:

a) die Angelegenheit in einem Schlichtungsverfahren durch eine unabhängige Person oder gegebenenfalls durch die Kontrollstelle beizulegen oder

b) die Gerichte des Mitgliedstaats, in dem der Datenexporteur niedergelassen ist, mit dem Streitfall zu befassen.

(2) Die Parteien vereinbaren, dass die Entscheidung der betroffenen Person nicht die materiellen Rechte oder Verfahrensrechte dieser Person, nach anderen Bestimmungen des nationalen oder internationalen Rechts Rechtsbehelfe einzulegen, berührt.

Klausel 8 – Zusammenarbeit mit Kontrollstellen[12]

(1) Der Datenexporteur erklärt sich bereit, eine Kopie dieses Vertrags bei der Kontrollstelle zu hinterlegen, wenn diese es verlangt oder das anwendbare Datenschutzrecht es so vorsieht.

(2) Die Parteien vereinbaren, dass die Kontrollstelle befugt ist, den Datenimporteur und etwaige Unterauftragsverarbeiter im gleichen Maße und unter denselben Bedingungen einer Prüfung zu unterziehen, unter denen die Kontrollstelle gemäß dem anwendbaren Datenschutzrecht auch den Datenexporteur prüfen müsste.

(3) Der Datenimporteur setzt den Datenexporteur unverzüglich über Rechtsvorschriften in Kenntnis, die für ihn oder etwaige Unterauftragsverarbeiter gelten und eine Prüfung des Datenimporteurs oder von Unterauftragsverarbeitern gemäß Abs. 2 verhindern. In diesem Fall ist der Datenexporteur berechtigt, die in Klausel 5 Buchst. b vorgesehenen Maßnahmen zu ergreifen.

Klausel 9 – Anwendbares Recht[13]

Für diese Klauseln gilt das Recht des Mitgliedstaats, in dem der Datenexporteur niedergelassen ist, nämlich:

. . . . .

Klausel 10 – Änderung des Vertrags[14]

Die Parteien verpflichten sich, die Klauseln nicht zu verändern. Es steht den Parteien allerdings frei, erforderlichenfalls weitere, geschäftsbezogene Klauseln aufzunehmen, sofern diese nicht im Widerspruch zu der Klausel stehen.

Klausel 11 – Vergabe eines Unterauftrags[15]

(1) Der Datenimporteur darf ohne die vorherige schriftliche Einwilligung des Datenexporteurs keinen nach den Klauseln auszuführenden Verarbeitungsauftrag dieses Datenexporteurs an einen Unterauftragnehmer vergeben. Vergibt der Datenimporteur mit Einwilligung des Datenexporteurs Unteraufträge, die den Pflichten der Klauseln unterliegen, ist dies nur im Wege einer schriftlichen Vereinbarung mit dem Unterauftragsverarbeiter möglich, die diesem die gleichen Pflichten auferlegt, die auch der Datenimporteur nach den Klauseln erfüllen muss[(1)]. Sollte der Unterauftragsverarbeiter seinen Datenschutzpflichten nach der schriftlichen Vereinbarung nicht nachkommen, bleibt der Daten-

---

[(1)] Dies kann dadurch gewährleistet werden, dass der Unterauftragsverarbeiter den nach diesem Beschluss geschlossenen Vertrag zwischen dem Datenexporteur und dem Datenimporteur mitunterzeichnet.

importeur gegenüber dem Datenexporteur für die Erfüllung der Pflichten des Unterauftragsverarbeiters nach der Vereinbarung uneingeschränkt verantwortlich.

(2) Die vorherige schriftliche Vereinbarung zwischen dem Datenimporteur und dem Unterauftragsverarbeiter muss gemäß Klausel 3 auch eine Drittbegünstigtenklausel für Fälle enthalten, in denen die betroffene Person nicht in der Lage ist, einen Schadenersatzanspruch gemäß Klausel 6 Abs. 1 gegenüber dem Datenexporteur oder dem Datenimporteur geltend zu machen, weil diese faktisch oder rechtlich nicht mehr bestehen oder zahlungsunfähig sind und kein Rechtsnachfolger durch Vertrag oder kraft Gesetzes sämtliche rechtlichen Pflichten des Datenexporteurs oder des Datenimporteurs übernommen hat. Eine solche Haftpflicht des Unterauftragsverarbeiters ist auf dessen Verarbeitungstätigkeiten nach den Klauseln beschränkt.

(3) Für Datenschutzbestimmungen im Zusammenhang mit der Vergabe von Unteraufträgen über die Datenverarbeitung gemäß Abs. 1 gilt das Recht des Mitgliedstaats, in dem der Datenexporteur niedergelassen ist, nämlich:

. . . . .

(4) Der Datenexporteur führt ein mindestens einmal jährlich zu aktualisierendes Verzeichnis der mit Unterauftragsverarbeitern nach den Klauseln geschlossenen Vereinbarungen, die vom Datenimporteur nach Klausel 5 Buchst. j übermittelt wurden. Das Verzeichnis wird der Kontrollstelle des Datenexporteurs bereitgestellt.

Klausel 12 – Pflichten nach Beendigung der Datenverarbeitungsdienste

(1) Die Parteien vereinbaren, dass der Datenimporteur und der Unterauftragsverarbeiter bei Beendigung der Datenverarbeitungsdienste je nach Wunsch des Datenexporteurs alle übermittelten personenbezogenen Daten und deren Kopien an den Datenexporteur zurückschicken oder alle personenbezogenen Daten zerstören und dem Datenexporteur bescheinigen, dass dies erfolgt ist, sofern die Gesetzgebung, der der Datenimporteur unterliegt, diesem die Rückübermittlung oder Zerstörung sämtlicher oder Teile der übermittelten personenbezogenen Daten nicht untersagt. In diesem Fall garantiert der Datenimporteur, dass er die Vertraulichkeit der übermittelten personenbezogenen Daten gewährleistet und diese Daten nicht mehr aktiv weiterverarbeitet.

(2) Der Datenimporteur und der Unterauftragsverarbeiter garantieren, dass sie auf Verlangen des Datenexporteurs und/oder der Kontrollstelle ihre Datenverarbeitungseinrichtungen zur Prüfung der in Absatz 1 genannten Maßnahmen zur Verfügung stellen.

Für den Datenexporteur:

Name (ausgeschrieben): . . . . .

Funktion: . . . . .

Anschrift: . . . . .

Gegebenenfalls weitere Angaben, die den Vertrag verbindlich machen:

Unterschrift [16]. . . . .

(Stempel der Organisation)

Für den Datenimporteur:

Name (ausgeschrieben): . . . . .

Funktion: . . . . .

Anschrift: . . . . .

Gegebenenfalls weitere Angaben, die den Vertrag verbindlich machen:

Unterschrift[16]. . . . .

(Stempel der Organisation)

Anhang 1 zu den Standardvertragsklauseln

Dieser Anhang ist Bestandteil der Klauseln und muss von den Parteien ausgefüllt und unterzeichnet werden.

Die Mitgliedstaaten können entsprechend den nationalen Verfahren Zusatzangaben, die in diesem Anhang enthalten sein müssen, ergänzen.

Datenexporteur

Der Datenexporteur ist (bitte erläutern Sie kurz Ihre Tätigkeiten, die für die Übermittlung von Belang sind):

. . . . .

Datenimporteur

Der Datenimporteur ist (bitte erläutern Sie kurz die Tätigkeiten, die für die Übermittlung von Belang sind):

. . . . .

Betroffene Personen

Die übermittelten personenbezogenen Daten betreffen folgende Kategorien betroffener Personen (bitte genau angeben):

. . . . .

Kategorien von Daten

Die übermittelten personenbezogenen Daten gehören zu folgenden Datenkategorien (bitte genau angeben):

. . . . .

Besondere Datenkategorien (falls zutreffend)

Die übermittelten personenbezogenen Daten umfassen folgende besondere Datenkategorien (bitte genau angeben):

. . . . .

Verarbeitung

Die übermittelten personenbezogenen Daten werden folgenden grundlegenden Verarbeitungsmaßnahmen unterzogen (bitte genau angeben):

. . . . .

DATENEXPORTEUR

Name: . . . . .

Unterschrift des/der Bevollmächtigten: . . . . .

DATENIMPORTEUR

Name: . . . . .

Unterschrift des/der Bevollmächtigten: . . . . .

Anhang 2 – zu den Standardvertragsklauseln

Dieser Anhang ist Bestandteil der Klauseln und muss von den Parteien ausgefüllt und unterzeichnet werden

Beschreibung der technischen oder organisatorischen Sicherheitsmaßnahmen, die der Datenimporteur gemäß Klausel 4 Buchstabe d und Klausel 5 Buchstabe c eingeführt hat (oder Dokument/Rechtsvorschrift beigefügt):

. . . . .

BEISPIEL FÜR EINE ENTSCHÄDIGUNGSKLAUSEL (FAKULTATIV)[17]

Haftung

Die Parteien erklären sich damit einverstanden, dass, wenn eine Partei für einen Verstoß gegen die Klauseln haftbar gemacht wird, den die andere Partei begangen hat, die zweite Partei der ersten Partei alle Kosten, Schäden, Ausgaben und Verluste, die der ersten Partei entstanden sind, in dem Umfang ersetzt, in dem die zweite Partei haftbar ist.

Die Entschädigung ist abhängig davon, dass

a) der Datenexporteur den Datenimporteur unverzüglich von einem Schadenersatzanspruch in Kenntnis setzt und
b) der Datenimporteur die Möglichkeit hat, mit dem Datenexporteur bei der Verteidigung in der Schadenersatzsache bzw. der Einigung über die Höhe des Schadenersatzes zusammenzuarbeiten.

Anmerkungen

1. Das vorliegende Muster kommt hinsichtlich seiner **Regelungswirkung** dem Instrument der **Auftragsdatenverarbeitung nach § 11 BDSG** bzw. nach Art. 17 der Richtlinie 95/46/EG nahe. Unterschiede ergeben sich daraus, dass die Auftragsdatenverarbeitung letztlich die fortbestehende datenschutzrechtliche Verantwortlichkeit des Auftraggebers als verantwortliche Stelle regelt, wenn die Voraussetzungen des § 11 BDSG eingehalten werden. Eine Übermittlung an einen Auftragsverarbeiter ist nach § 3 Abs. 8 S. 3 BDSG keine Übermittlung an einen Dritten, wenn dieser die Daten im Inland, in einem anderen Mitgliedstaat der Europäischen Union oder in einem anderen Vertragsstaat des Abkommens über den Europäischen Wirtschaftsraum erhebt, verarbeitet oder nutzt. Ein Auftragsverarbeiter außerhalb von EU/EWR bleibt aber Dritter, so dass ein Datenexport auch eine Übermittlung darstellt, die zusätzlich durch eine Einwilligung oder durch eine gesetzliche Erlaubnisnorm (in der Praxis meist § 28 Abs. 1 S. 1 Nr. 2 BDSG wegen berechtigter Interessen des Datenexporteurs) gerechtfertigt sein muss (sogenanntes Zwei-Stufen-Modell; ebenso: Beschluss des Düsseldorfer Kreis „Datenübermittlung in Drittstaaten erfordert Prüfung in zwei Stufen" vom 11./12.9.2013). Eine der deutschen bzw. europäischen Auftragsdatenverarbeitung vergleichbare Fiktion der Nichtübermittlung können die Standardvertragsklauseln schon aus dem Grund nicht entfalten, da sich eine solche im Kern öffentlich-rechtliche Qualifikation der Verantwortlichkeit der empfangenden Stelle nach der jeweiligen für diese geltende Rechtsordnung richtet.

2. Vor den hier abgebildeten Standardvertragsklauseln für Auftragsverarbeiter vom 5.2.2010 hatte die Europäische Kommission bereits im **Jahr 2001 Standardvertragsklauseln für verantwortliche Stellen** durch entsprechenden Beschluss erlassen, die allerdings insbesondere wegen der Haftungsregelung kaum angewendet wurden. Daher wurden **im Jahr 2004 erstmalig Standardvertragsklauseln für Auftragsverarbeiter** erlassen. Das hier vorliegende Muster stellt die zweite derzeit aktuelle Fassung aus dem Jahr 2010 dar. Die Standardvertragsklauseln sind als Anhang Bestandteil des entsprechenden Kommissionsbeschlusses, nach dessen Art. 1 diese Klauseln als „angemessene Garantien hinsichtlich des Schutzes der Privatsphäre, der Grundrechte und der Grundfreiheiten von Personen" gelten. Sie enthalten im Vergleich zu den vorherigen Fassungen insbesondere eine abgemilderte Haftungsregelung und erstmalig eine Regelung zu Unterauftragsverhältnissen.

3. Standardvertragsklauseln bilden **ein zentrales Instrument der Legitimation von Datenexporten** aus Mitgliedstaaten der EU bzw. des EWR in andere Länder. Außer durch Standardvertragsklauseln können Datenexporte auf der zweiten Stufe (→ Anm. 1) durch verbindliche Unternehmensregeln (Binding Corporate Rules), durch ein angemessenes Datenschutzniveau im betreffenden Ausland (von der Kommission festgestellt für Argentinien, Andorra, Färöer Inseln, Israel, Uruguay, Neuseeland, Guernsey, Isle of Man, Kanada (zum Teil), Schweiz und Jersey), durch das Privacy-Shield-Abkommen, durch eine in § 4 Abs. 1 Nr. 1–6 BDSG definierte Ausnahme (zB eine Einwilligung des Betroffenen) oder durch eine behördliche Genehmigung nach § 4c Abs. 2 BDSG gerechtfertigt werden.

4. Für die wichtigen **Datenexporte in die USA** hat der EuGH durch Entscheidung vom 6.10.2015 (C-362/14 – Safe Harbor) die Legitimation auf Basis des Safe-Harbor-Abkommens für unwirksam erklärt. Der tragende Grund der Entscheidung war, dass die NSA durch auf Safe-Harbor gestützte Datenexporte Zugriff auf die Daten europäischer Bürger bekomme, was mit der Europäischen Verfassung unvereinbar sei. In der Folge der Safe-Harbor-Entscheidung hat die deutsche Datenschutzkonferenz der Datenschutzbeauftragten im Positionspapier vom 26.10.2015 beschlossen, auf Safe-Harbor gestützte Datenübermittlungen in die USA zu untersagen und in Aussicht gestellt, keine Genehmigungen mehr für Datenexporte zu erteilen, die auf alternative Instrumente wie Standardvertragsklauseln oder verbindliche Unternehmensregelungen gestützt sind. Die konkrete Formulierung wurde wohl bewusst vor dem Hintergrund gewählt, dass die unveränderte Verwendung der Standardvertragsklauseln keiner Genehmigung bedarf (→ Anm. 5). Standardvertragsklauseln werden auch weiterhin von den deutschen Datenschutzbehörden als Mittel der Legitimierung von Datenexporten akzeptiert. Durch den Durchführungsbeschl. 2016/2297 v. 16.12.2016 hat die Kommission nun die Rechtslage entsprechend der Vorgaben der Entscheidung C-362/14 angepasst (→ Anm. 12). Am 12.7.2016 ist das Nachfolgeabkommen, das so genannte Privacy-Shield-Abkommen in Kraft getreten. Die Artikel 29-Gruppe (die Datenschutzberater der Europäischen Kommission) hat auf Seite 57 der Stellungnahme zum Privacy-Shield-Abkommen festgestellt, dass auch dieses nicht die massenhafte Überwachung ausschließe. Rechtsklarheit könnte insoweit wohl nur ein neuerliches Urteil des EuGH bringen.

5. **Gesetzliche Grundlage** für Datenexporte aus Deutschland bilden **§§ 4b und 4c** BDSG, die neben rein nationalen Datenübermittlungen und Datenexporten an Mitgliedstaaten der EU bzw. des EWR auch zwischen Datenexporten in Länder mit und ohne angemessenes Schutzniveau unterscheiden. Durch das vorliegende Muster können dabei auch Datenexporte in Länder ohne angemessenes Schutzniveau gerechtfertigt werden. Gesetzliche Grundlage ist § 4c Abs. 2 BDSG, nach dem die zuständige Aufsichtsbehörde Übermittlungen genehmigen „kann", wenn die verantwortliche Stelle ausreichende

Garantien vorweist. Diese Garantien können sich dabei nach § 4c Abs. 2 , 2. Hs. „insbesondere aus Vertragsklauseln oder verbindlichen Unternehmensregelungen ergeben." Trotz der eindeutigen Ermessensregelung ist es allgemein anerkannt, dass im Falle der unveränderten Anwendung der vorliegenden Standardvertragsklauseln eine Ermessensreduktion auf Null stattfindet und insofern auch keine Genehmigung beantragt werden muss.

6. In dieser Klausel kann die Verweisung auf die Richtlinie 95/46/EG aufgelöst werden, damit die Vereinbarung in sich abschließend ist. Dies ist in einer Fußnote des Kommissionsbeschlusses vom 5.2.2010 bereits vorgesehen, so dass eine entsprechende Anpassung auch keine Genehmigungspflicht durch die Aufsichtsbehörde auslöst (→ Anm. 5).

7. Nach Auffassung einzelner Datenschutzbehörden sind im Falle eines Datenexports zum Zwecke der Auftragsdatenverarbeitung die **Anforderungen von § 11 BDSG** zusätzlich zu erfüllen, die entsprechend **anzureichern** seien. Diese Anforderungen kann zu einem Konflikt mit dem für die Ermessensreduktion auf Null (→ Anm. 5) bestehenden Erfordernis einer unveränderten Verwendung der Standardvertragsklauseln führen (kritisch dazu: *Scholz/Lutz* CR 2011, 424 [425]). Dies droht aber im Ergebnis nur, wenn die Änderungen innerhalb der Klauseln vorgenommen werden, und nicht, wenn die Anforderungen von § 11 BDSG durch entsprechendes Ausfüllen der in den Standardvertragsklauseln vorgesehenen Anhänge erfüllt werden können. Beim Ausfüllen der Anhänge zur Gewährleistung der Anforderungen von § 11 BDSG sind insbesondere die Hinweise der Arbeitsgruppe „Internationaler Datenverkehr" der deutschen Aufsichtsbehörden im nicht-öffentlichen Bereich hilfreich (abrufbar auf der Webseite des Bayerischen Landesamts für den Datenschutz: https://www.lda.bayern.de/media/abgleich_standardvertragsklauseln.pdf) Bei der Übermittlung von besonderen personenbezogenen Daten im Sinne von § 3 Nr. 9 BDSG sind zusätzlich zu den Anforderungen aus § 28 Abs. 1 S. 1 Nr. 2 BDSG (→ Anm. 1) die Anforderungen von § 28 Abs. 6 ff. BDSG zu beachten.

8. Drittbegünstigung und Haftung. Die Standardvertragsklauseln begünstigen den Betroffenen unmittelbar und gewähren ihm eigene Ansprüche aus dem Vertrag. Anders als noch die Standardvertragsklauseln von 2001, die in Klausel 6 Abs. 2 noch eine gesamtschuldnerische Haftung vorsahen, enthalten die Standardvertragsklauseln vom 5.2.2010 nur noch eine subsidiäre Außenhaftung des Datenimporteurs für den Fall, dass „der Datenexporteur faktisch oder rechtlich nicht mehr besteht". Eine entsprechende Subsidiarität besteht nach Klausel 6 Abs. 3 auch im Verhältnis zwischen Datenimporteur und Unterauftragsverarbeiter.

9. Pflichten des Datenexporteurs. Über die in Klausel 3 geregelte Drittbegünstigung bestehen die Pflichten des Datenexporteurs nach Klausel 4 lit. b bis lit. i auch gegenüber dem Betroffenen. Zugunsten des Betroffenen garantiert der Datenexporteur ua, dass der Datenimporteur hinreichende Garantien in Bezug auf die technischen und organisatorischen Maßnahmen bietet (lit. c) und dass er für die Einhaltung dieser Maßnahmen sorgt (lit. e). Eine § 11 Abs. 2 S. 4 BDSG entsprechende Pflicht zur Vorabkontrolle besteht aber nicht.

10. Pflichten des Datenimporteurs. Klausel 5 lit. a regelt analog zu § 11 Abs. 3 BDSG die Weisungsgebundenheit des Datenimporteurs. Der Datenimporteur garantiert ferner in lit. b, dass er seines Wissens keinen Gesetzen unterliegt, die ihm die Befolgung von Weisungen unmöglich machen. Nach der Fußnote des amtlichen Textes (Achtung: deutsche Übersetzung ist fehlerhaft!) widersprechen innerstaatliche Regelungen des Datenimporteurs den Standardvertragsklauseln ua dann nicht, wenn sie zur Gewährleistung der Sicherheit des Staates oder anderer aufgeführter Rechtsgüter erforderlich sind und nicht über das hinausgehen, was in einer demokratischen Gesellschaft für den Schutz eines der in Art. 13 Abs. 1 der Richtlinie 95/46/EG aufgelisteten Interessen erforderlich ist. In diesem Zusammenhang ist nun insbesondere auch die Entscheidung EuGH (C-362/14 – Safe-Harbor) zu beachten, nach der das durch Art. 7 der Charta gewährleistete Recht auf Achtung der Privatsphäre in seiner Tragweite völlig beraubt würde, wenn den Behörden gestattet würde, auf elektronische Kommunikation in beliebiger Weise, „ohne jede auf Erwägungen der nationalen Sicherheit oder der Verbrechensverhütung, die speziell mit den Betroffenen in Zusammenhang stünden, basierende objektive Rechtfertigung und ohne begleitende angemessene und nachprüfbare Schutzmechanismen zuzugreifen" (Rn. 171). Gegenüber dem Betroffenen ist aber für diese Garantie des Datenimporteurs gemäß Klausel 3 primär der Datenexporteur und der Datenimporteur nur subsidiär verantwortlich (→ Anm. 8).

11. Die Regelung über den **Gerichtsstand** betrifft nicht das Verhältnis der Vertragsparteien untereinander, sondern ausschließlich das Verhältnis des Betroffenen zu den Vertragsparteien. Der Gerichtsstand für Streitigkeiten zwischen den Parteien ist demnach den allgemeinen Regeln des internationalen Verfahrensrechts zu entnehmen. Nach Klausel 7 Abs. 1 akzeptiert der Datenimporteur die Entscheidung des Betroffenen, entweder ein **Schlichtungsverfahren** durch eine unabhängige Stelle durchführen zu lassen oder den Streitfall vor einem Gericht in dem Land auszutragen, in dem der Datenexporteur seinen Sitz hat. Nach Klausel 7 Abs. 2 soll der Betroffene wohl auch noch andere denkbare Rechtsbehelfe parallel einlegen können (kritisch zur ähnlichen Regelung vor dem Hintergrund einer möglichen doppelten Inanspruchnahme in den Standardvertragsklauseln vom 15.6.2001 schon *Räther/Seitz* MMR 2002, 520 ff.).

12. Zusammenarbeit mit Kontrollstellen. Kontrollstellen im Sinne der Standardvertragsklauseln, sind gemäß Artikel 1 iVm der Richtlinie 95/46/EG die zuständigen Aufsichtsbehörden. Bei diesen sind abgeschlossene Standardvertragsklauseln auf Antrag zu hinterlegen. Zudem werden den Aufsichtsbehörden unmittelbare Kontrollrechte beim Datenimporteur eingeräumt. Eine Untersagung von Datenübermittlungen sollte den Kontrollstellen aber nach Art. 4 sowie nach Erwägungsgrund 11 des Beschl. v. 5.2.2010 nach bisheriger bis zum 16.12.2016 geltenden Rechtslage nur dann möglich sein, wenn feststeht, dass sich eine Übermittlung wahrscheinlich sehr nachteilig auf die Garantien und Pflichten auswirkt, die den betroffenen Personen angemessenen Schutz bieten sollen. Durch den Durchführungsbeschl. 2016/2297 v. 16.12.2016 wurde Art. 4 des Beschl. v. 5.2.2010 nun aufgehoben und durch einen gesonderten Art. 4 ersetzt. Der neu gefasste Art. 4 enthält nun keine Beschränkungen mehr (hinsichtlich der nat. Aufsichtsbehörden. Durch diese Änderung trägt die Kommission den Anforderungen des EuGH v. 6.10.2015 in der Rechtssache C-362/14 Rechnung.

13. Anwendbares Recht ist das Recht des Staates, in dem der Datenexporteur niedergelassen ist. Mangels einer zwischen den Parteien geltenden Gerichtsstandsvereinbarung (→ Anm. 11) muss dieses unter Umständen vor einem ausländischen Gericht durchgesetzt werden.

14. Vertragsänderung. Die gegenseitige Verpflichtung, die Klauseln nicht zu verändern, wirkt für einen Vertrag befremdlich, da sich dies aus der vertraglichen Vereinbarung selbst ergibt. Die Klausel wendet sich insofern eher an die Mitgliedstaaten und ihre Aufsichtsbehörden dergestalt, dass geänderte Standardvertragsklauseln nicht zwingend als angemessene Garantien hinsichtlich des Schutzes der Privatsphäre zu qualifizieren sind, so dass eine Änderung der Klausel zumindest den Genehmigungsvorbehalt nach § 4c BDSG auslöst (→ Anm. 5).

15. **Unterauftragsverhältnisse.** Die Standardvertragsklauseln sehen nun erstmalig die Möglichkeit der Unterbeauftragung ausdrücklich vor. Voraussetzung ist die schriftliche Einwilligung des Datenexporteurs und die schriftliche Beauftragung des Unterauftragsverarbeiters, dem dieselben Pflichten auferlegt werden müssen, denen sich auch der Datenimporteur unterwerfen musste. In der Fußnote wird darauf hingewiesen, dass dies dadurch gewährleistet werden kann, dass der Unterbeauftragte die zwischen Datenexporteur und Datenimporteur abgeschlossenen Standardvertragsklauseln mitunterzeichnet. Im Falle einer nachträglichen Beauftragung des Unterauftragsverarbeiters sollte die Einwilligung des Datenexporteurs aber zusätzlich separat dokumentiert werden.

16. **Schriftform.** Ausweislich der unter den Standardvertragsklauseln befindlichen Unterschriftsfelder ist die Vereinbarung wohl schriftlich abzuschließen. Für diese Auslegung spricht auch, dass die Standardvertragsklauseln sowohl für die Unterbeauftragung als auch für die beim Datenexporteur einzuholende Einwilligung die Schriftform ausdrücklich vorsehen (→ Anm. 14).

17. Die **optionale Entschädigungsregel** knüpft den Innenausgleich zwischen Datenimporteur und Datenexporteur an zusätzliche Voraussetzungen. Der Datenexporteur kann die Entschädigung für Schäden, die ihm aufgrund einer Inanspruchnahme für Verstöße gegen die Standardvertragsklauseln durch den Datenimporteur entstehen, nur dann verlangen, wenn er den Datenimporteur unverzüglich „von einem Schadensersatzanspruch" informiert und er dem Datenimporteur Gelegenheit gibt, bei der Verteidigung der Inanspruchnahme des Datenexporteurs mitzuwirken. Von der Verwendung der Klausel ist abzuraten, da die Rechtsfolge eines Verfalls des Anspruchs im Falle nicht unverzüglicher Information unangemessen ist. Hat der Datenexporteur seinen Sitz in Deutschland, so verschlechtert die Klausel seine Rechtsposition im Vergleich zur ansonsten anwendbaren Gesetzeslage.

Cloud Computing

6. Software as a Service – Vertrag über Cloud Computing

Zwischen

......

– nachstehend „Provider" genannt –

und

......

– nachstehend „Kunde" genannt –

wird folgender Vertrag[1] geschlossen:

§ 1 Vertragsgegenstand[2]

(1) Der Provider erbringt für den Kunden SaaS-Dienstleistungen über das Medium Internet im Bereich betriebswirtschaftlicher Software.

(2) Vertragsgegenstand ist die

(a) Überlassung der Software „good access" (nachfolgend als „SOFTWARE" bezeichnet) des Providers zur Nutzung über das Internet und
(b) Einräumung von Speicherplatz auf den Servern des Providers.

(3) Dem Provider ist es gestattet, bei der Einräumung von Speicherplatz Nachunternehmer einzubeziehen. Der Einsatz von Nachunternehmern entbindet den Provider nicht von seiner alleinigen Verpflichtung gegenüber dem Kunden zur vollständigen Vertragserfüllung.

§ 2 Softwareüberlassung[3]

(1) Der Provider stellt dem Kunden für die Dauer dieses Vertrages die SOFTWARE in der jeweils aktuellen Version über das Internet entgeltlich zur Verfügung. Zu diesem Zweck richtet der Provider die SOFTWARE auf einem Server ein, der über das Internet für den Kunden erreichbar ist.

(2) Der jeweils aktuelle Funktionsumfang der SOFTWARE ergibt sich aus ihrer aktuellen Leistungsbeschreibung auf der Web-Site des Providers unter www.xyz.com.

(3) Der Provider beseitigt nach Maßgabe der technischen Möglichkeiten unverzüglich sämtliche Softwarefehler. Ein Fehler liegt dann vor, wenn die SOFTWARE die in der Leistungsbeschreibung angegebenen Funktionen nicht erfüllt, fehlerhafte Ergebnisse liefert oder in anderer Weise nicht funktionsgerecht arbeitet, so dass die Nutzung der SOFTWARE unmöglich oder eingeschränkt ist.

(4) Der Provider entwickelt die SOFTWARE laufend weiter und wird diese durch laufende Updates und Upgrades verbessern.

§ 3 Nutzungsrechte an der SOFTWARE[4]

(1) Der Provider räumt dem Kunden das nicht ausschließliche und nicht übertragbare Recht ein, die in diesem Vertrag bezeichnete SOFTWARE während der Dauer des Vertrages im Rahmen der SaaS-Dienste bestimmungsgemäß zu nutzen.

(2) Der Kunde darf die SOFTWARE nur bearbeiten, soweit dies durch die bestimmungsgemäße Benutzung der SOFTWARE laut jeweils aktueller Leistungsbeschreibung abgedeckt ist.

(3) Der Kunde darf die SOFTWARE nur vervielfältigen, soweit dies durch die bestimmungsgemäße Benutzung der Software laut jeweils aktueller Leistungsbeschreibung abgedeckt ist. Zur notwendigen Vervielfältigung zählt das Laden der SOFTWARE in den Arbeitsspeicher auf dem Server des Providers, nicht jedoch die auch nur vorübergehende Installation oder das Speichern der SOFTWARE auf Datenträgern (wie etwa Festplatten oÄ) der vom Kunden eingesetzten Hardware.

(4) Der Kunde ist nicht berechtigt, die SOFTWARE Dritten entgeltlich oder unentgeltlich zur Nutzung zur Verfügung zu stellen. Eine Weitervermietung der SOFTWARE wird dem Kunden somit ausdrücklich nicht gestattet.

§ 4 Einräumung von Speicherplatz[5]

(1) Der Provider überlässt dem Kunden einen definierten Speicherplatz auf einem Server zur Speicherung seiner Daten. Der Kunde kann auf diesem Server Inhalte bis zu einem Umfang von . . . . . . MB gemäß der technischen Spezifikation, die in Anlage 1 zu diesem Vertrag festgehalten ist, ablegen. Sofern der Speicherplatz zur Speicherung der Daten

nicht mehr ausreichen sollte, wird der Provider den Kunden hiervon verständigen. Der Kunde kann entsprechende Kontingente nachbestellen vorbehaltlich Verfügbarkeit beim Provider.

(2) Der Provider trägt dafür Sorge, dass die gespeicherten Daten über das Internet abrufbar sind.

(3) Der Kunde ist nicht berechtigt, diesen Speicherplatz einem Dritten teilweise oder vollständig, entgeltlich oder unentgeltlich zur Nutzung zu überlassen.

(4) Der Kunde verpflichtet sich, keine Inhalte auf dem Speicherplatz zu speichern, deren Bereitstellung, Veröffentlichung oder Nutzung gegen geltendes Recht oder Vereinbarungen mit Dritten verstößt.

(5) Der Provider ist verpflichtet, geeignete Vorkehrungen gegen Datenverlust und zur Verhinderung unbefugten Zugriffs Dritter auf die Daten des Kunden zu treffen. Zu diesem Zweck wird der Provider tägliche Backups vornehmen, die Daten des Kunden auf Viren überprüfen sowie nach dem Stand der Technik Firewalls installieren.[6]

(6) Der Kunde bleibt in jedem Fall Alleinberechtigter an den Daten und kann daher jederzeit die Herausgabe einzelner oder sämtlicher Daten verlangen..

(7) Mit Beendigung des Vertragsverhältnisses wird der Provider dem Kunden unverzüglich sämtliche Daten, die auf dem ihm zugewiesenen Speicherplatz abgelegt sind, herausgeben.

(8) Die Herausgabe der Daten erfolgt nach Wahl des Kunden entweder durch Übergabe von Datenträgern oder durch Übersendung über ein Datennetz. Der Kunde hat keinen Anspruch darauf, auch die zur Verwendung der Daten geeignete Software zu erhalten.

(9) Dem Provider stehen hinsichtlich der Daten des Kunden weder ein Zurückbehaltungsrecht noch das gesetzliche Vermieterpfandrecht (§ 562 BGB) zu.

§ 5 Support

(1) Der Umfang des Supports ergibt sich aus Anlage 2 zu diesem Vertrag.

(2) Der Provider wird Anfragen des Kunden zur Anwendung der vertragsgegenständlichen SOFTWARE und der weiteren SaaS-Dienste innerhalb der auf der Web-Site www.xyz.com veröffentlichten Geschäftszeiten nach Maßgabe der Support Policy des Providers, wie aus Anlage 2 ersichtlich, nach Eingang der jeweiligen Frage telefonisch oder in Textform beantworten.

§ 6 Unterbrechung/Beeinträchtigung der Erreichbarkeit[7]

(1) Anpassungen, Änderungen und Ergänzungen der vertragsgegenständlichen SaaS-Dienste sowie Maßnahmen, die der Feststellung und Behebung von Funktionsstörungen dienen, werden nur dann zu einer vorübergehenden Unterbrechung oder Beeinträchtigung der Erreichbarkeit führen, wenn dies aus technischen Gründen zwingend notwendig ist.

(2) Die Überwachung der Grundfunktionen der SaaS-Dienste erfolgt täglich. Die Wartung der SaaS-Dienste ist grundsätzlich von Montag bis Freitag 09:00 – 18:00 Uhr gewährleistet. Bei schweren Fehlern – die Nutzung der SaaS-Dienste ist nicht mehr möglich bzw. ernstlich eingeschränkt – erfolgt die Wartung binnen 3 Stunden ab Kenntnis oder Information durch den Kunden. Der Provider wird den Kunden von den Wartungsarbeiten umgehend verständigen und den technischen Bedingungen entsprechend in der möglichst kürzesten Zeit durchführen.

Sofern die Fehlerbehebung nicht innerhalb von 12 Stunden möglich sein sollte, wird der Provider den Kunden davon binnen 24 Stunden unter Angabe von Gründen sowie des Zeitraums, der für die Fehlerbeseitigung voraussichtlich zu veranschlagen ist, per E-Mail verständigen.

(3) Die Verfügbarkeit der jeweils vereinbarten Dienste nach § 1 (2) dieses Vertrags beträgt 98,5 % im Jahresdurchschnitt einschließlich Wartungsarbeiten, jedoch darf die Verfügbarkeit nicht länger als zwei Kalendertage in Folge beeinträchtigt oder unterbrochen sein.

§ 7 Pflichten des Kunden

(1) Der Kunde verpflichtet sich, auf dem zur Verfügung gestellten Speicherplatz keine rechtswidrigen, die Gesetze, behördlichen Auflagen oder Rechte Dritter verletzenden Inhalte abzulegen.[8]

(2) Der Kunde ist verpflichtet, den unbefugten Zugriff Dritter auf die geschützten Bereiche der SOFTWARE durch geeignete Vorkehrungen zu verhindern. Zu diesem Zwecke wird der Kunde, soweit erforderlich, seine Mitarbeiter auf die Einhaltung des Urheberrechts hinweisen.

(3) Unbeschadet der Verpflichtung des Providers zur Datensicherung ist der Kunde selbst für die Eingabe und Pflege seiner zur Nutzung der SaaS-Dienste erforderlichen Daten und Informationen verantwortlich.

(4) Der Kunde ist verpflichtet, seine Daten und Informationen vor der Eingabe auf Viren oder sonstige schädliche Komponenten zu prüfen und hierzu dem Stand der Technik entsprechende Virenschutzprogramme einzusetzen.

(5) Der Kunde wird für den Zugriff auf die Nutzung der SaaS-Dienste selbst eine „User ID" und ein Passwort generieren, die zur weiteren Nutzung der SaaS-Dienste erforderlich sind. Der Kunde ist verpflichtet, „User ID" und Passwort geheim zu halten und Dritten gegenüber nicht zugänglich zu machen.[9]

(6) Die von dem Kunden auf dem für ihn bestimmten Speicherplatz abgelegten Inhalte können urheber- und datenschutzrechtlich geschützt sein. Der Kunde räumt dem Provider hiermit das Recht ein, die auf dem Server abgelegten Inhalte dem Kunden bei dessen Abfragen über das Internet zugänglich machen zu dürfen und, insbesondere sie hierzu zu vervielfältigen und zu übermitteln sowie zum Zwecke der Datensicherung vervielfältigen zu können.

§ 8 Vergütung[10]

(1) Der Kunde verpflichtet sich, dem Provider für die Überlassung der SOFTWARE und die Einräumung des Speicherplatzes das vereinbarte monatliche Entgelt zzgl. gesetzlicher MwSt. zu bezahlen. Sofern nicht anders vereinbart, richtet sich die Vergütung nach der im Zeitpunkt des Vertragsschlusses gültigen Preisliste des Providers.

(2) Einwendungen gegen die Abrechnung der vom Provider erbrachten Leistungen hat der Kunde innerhalb einer Frist von acht Wochen nach Zugang der Rechnung schriftlich bei der auf der Rechnung angegebenen Stelle zu erheben. Nach Ablauf der vorgenannten Frist gilt die Abrechnung als vom Kunden genehmigt. Der Provider wird den Kunden mit Übersendung der Rechnung auf die Bedeutung seines Verhaltens besonders hinweisen.

§ 9 Mängelhaftung/Haftung[11]

(1) Der Provider garantiert die Funktions- und die Betriebsbereitschaft der SaaS-Dienste nach den Bestimmungen dieses Vertrages.

(2) Für den Fall, dass Leistungen des Providers von unberechtigten Dritten unter Verwendung der Zugangsdaten des Kunden in Anspruch genommen werden, haftet der Kunde für dadurch anfallende Entgelte im Rahmen der zivilrechtlichen Haftung bis zum Eingang des Kundenauftrages zur Änderung der Zugangsdaten oder der Meldung des Verlusts oder Diebstahls, sofern den Kunden am Zugriff des unberechtigten Dritten ein Verschulden trifft.

(3) Der Provider ist zur sofortigen Sperre des Speicherplatzes berechtigt, wenn der begründete Verdacht besteht, dass die gespeicherten Daten rechtswidrig sind und/oder Rechte Dritter verletzen. Ein begründeter Verdacht für eine Rechtswidrigkeit und/oder eine Rechtsverletzung liegt insbesondere dann vor, wenn Gerichte, Behörden und/oder sonstige Dritte den Provider davon in Kenntnis setzen. Der Provider hat den Kunden von der Sperre und dem Grund hierfür unverzüglich zu verständigen. Die Sperre ist aufzuheben, sobald der Verdacht entkräftet ist.

(4) Schadensersatzansprüche gegen den Provider sind unabhängig vom Rechtsgrund ausgeschlossen, es sei denn, der Provider, seine gesetzlichen Vertreter oder Erfüllungsgehilfen haben vorsätzlich oder grob fahrlässig gehandelt. Für leichte Fahrlässigkeit haftet der Provider nur, wenn eine der vertragswesentlichen Pflichten durch den Provider, seine gesetzlichen Vertreter oder leitende Angestellte oder Erfüllungsgehilfen verletzt wurde. Der Provider haftet dabei nur für vorhersehbare Schäden, mit deren Entstehung typischerweise gerechnet werden muss. Vertragswesentliche Pflichten sind solche Pflichten, die die Grundlage des Vertrags bilden, die entscheidend für den Abschluss des Vertrags waren und auf deren Erfüllung der Kunde vertrauen darf.

(5) Für den Verlust von Daten haftet der Provider insoweit nicht, als der Schaden darauf beruht, dass es der Kunde unterlassen hat, Datensicherungen durchzuführen und dadurch sicherzustellen, dass verloren gegangene Daten mit vertretbarem Aufwand wiederhergestellt werden können.

(6) Der Provider haftet unbeschränkt für vorsätzlich oder fahrlässig verursachte Schäden aus der Verletzung des Lebens, des Körpers oder der Gesundheit durch den Provider, seine gesetzlichen Vertreter oder Erfüllungsgehilfen.

§ 10 Laufzeit und Kündigung[12]

(1) Der Vertrag wird auf unbestimmte Zeit geschlossen. Das Vertragsverhältnis beginnt mit der Anmeldung und Registrierung durch den Kunden und kann von beiden Parteien nach Ablauf eines Jahres jederzeit schriftlich mit einer Frist von 30 Tagen zum Ende eines Monats beendet werden.

(2) Unberührt bleibt das Recht jeder Vertragspartei, den Vertrag aus wichtigem Grunde fristlos zu kündigen. Zur fristlosen Kündigung ist der Provider insbesondere berechtigt, wenn der Kunde fällige Zahlungen trotz Mahnung und Nachfristsetzung nicht leistet oder die vertraglichen Bestimmungen über die Nutzung der SaaS-Dienste verletzt. Eine fristlose Kündigung setzt in jedem Falle voraus, dass der andere Teil schriftlich abgemahnt und aufgefordert wird, den vermeintlichen Grund zur fristlosen Kündigung in angemessener Zeit zu beseitigen.

§ 11 Datenschutz/Geheimhaltung[13]

(1) Der Kunde ist selbst für die nach den Bestimmungen des Bundesdatenschutzgesetzes durch seine Kunden und seine Vertragspartner erforderlichen Zustimmungserklärungen verantwortlich.

(2) Der Provider verpflichtet sich, über alle ihm im Rahmen der Vorbereitung, Durchführung und Erfüllung dieses Vertrages zur Kenntnis gelangten vertraulichen Vorgänge, insbesondere Geschäfts- oder Betriebsgeheimnisse des Kunden, strengstes Stillschweigen zu bewahren und diese weder weiterzugeben noch auf sonstige Art zu verwerten. Dies gilt gegenüber jeglichen unbefugten Dritten, dh auch gegenüber unbefugten Mitarbeitern sowohl des Providers als auch des Kunden, sofern die Weitergabe von Informationen nicht zur ordnungsgemäßen Erfüllung der vertraglichen Verpflichtungen des Providers erforderlich ist. In Zweifelsfällen wird sich der Provider vom Kunden vor einer solchen Weitergabe eine Zustimmung erteilen lassen.

(3) Der Provider verpflichtet sich, mit allen von ihm im Zusammenhang mit der Vorbereitung, Durchführung und Erfüllung dieses Vertrages eingesetzten Mitarbeitern und Nachunternehmern eine mit vorstehendem Abs. 2 inhaltsgleiche Regelung zu vereinbaren.

§ 12 Anwendbares Recht, Gerichtsstand[14]

(1) Auf vorliegenden Vertrag findet deutsches Recht unter Ausschluss des UN-Kaufrechts Anwendung.

(2) Für Streitigkeiten aus diesem Vertrag ist ausschließlicher Gerichtsstand . . . . . .

§ 13 Sonstiges[15]

(1) Mündliche Nebenabreden sind nicht getroffen. Änderungen, Ergänzungen und Zusätze dieses Vertrages haben nur Gültigkeit, wenn sie zwischen den Vertragsparteien schriftlich vereinbart werden. Dies gilt auch für die Abänderung dieser Vertragsbestimmung.

(2) Sollte eine Bestimmung dieses Vertrages unwirksam sein oder werden, so berührt dies die Wirksamkeit des Vertrages im Übrigen nicht. Die unwirksame Bestimmung gilt als durch eine wirksame Regelung ersetzt, die dem wirtschaftlichen Zweck der unwirksamen Bestimmung am nächsten kommt. Entsprechendes gilt im Fall einer Vertragslücke.

(3) Anlagen, auf die in diesem Vertrag Bezug genommen wird, sind Vertragsbestandteil.

. . . .

(Ort, Datum)   (Ort, Datum)

. . . .

– Provider –   – Kunde –

Anmerkungen

1. Sachverhalt. Das Vertragsformular behandelt die Fallgestaltung, dass auf den Rechnern eines Providers dem Kunden zum einen Speicherplatz bereitgestellt und zum anderen eine Softwareanwendung (im Beispielsfall eine betriebswirtschaftliche Software, fiktiv „good access" genannt) zur Nutzung angeboten wird, die der Kunde über seinen Internet-Browser aufrufen kann. Das Angebot richtet sich im vorliegenden Fall nicht an Verbraucher, sondern an gewerbliche Kunden, die Teile ihrer IT-Infrastruktur auslagern wollen.

2. Vertragsgegenstand. Der Sachverhalt betrifft daher das sog. **Cloud Computing** (auch „Rechnerwolke"). Eine exakte Definition des Begriffs Cloud Computing gibt es nicht. Allgemein umschreibt es den Ansatz, abstrahierte IT-Infrastrukturen (zB Rechenkapazität,

Datenspeicher, Netzwerkkapazitäten oder auch fertige Software) dynamisch an den Bedarf des Nutzers oder dessen Kunden angepasst über ein Netzwerk (zB Internet) zur Verfügung zu stellen (für eine ausführliche Darstellung siehe *Schulz/Rosenkranz* ITRB 2009, 232 ff.; *Pohle/Amann* CR 2009, 273 ff.; *Schuster/Reichl* CR 2010, 38 ff.). Es bezeichnet somit eine Verlagerung von Infrastruktur und Anwendungen in die „Wolke" Internet (*Fickert* S. 420). Die Anwendungen und Daten befinden sich nicht mehr auf dem lokalen Rechner oder im jeweiligen Firmenrechenzentrum, sondern in der Wolke (engl. ‚cloud'). Der Anbieter des Cloud Computing hält die Anwendungen und Daten **zum Abruf bereit**, speichert sie aber nicht auf einem bestimmten Rechner, sondern verschiebt sie in Teilen oder als Ganzes je nach Auslastung der Gesamtheit seiner Server von einem Server auf den anderen. Dieses Verschieben geschieht zum Teil in kürzesten Zeiträumen. Cloud Computing ist technisch, wirtschaftlich und politisch nicht mehr wegdenkbar. Insbesondere die Einhaltung des Datenschutzes stellt die Beteiligten vor erhebliche Herausforderungen (zum Aspekt des Datenschutzes → Anm. 13). Auf EU-Ebene hat die **Art. 29-Datenschutzgruppe** in ihrer Stellungnahme 05/2012 zum Cloud Computing vom 1.7.2012 Empfehlungen zur Nutzung von Cloud Computing erteilt (01037/12/DE, WP196). Auf Bundesebene haben die Arbeitskreise Technik und Medien, der Konferenz der Datenschutzbeauftragten des Bundes und der Länder sowie der Arbeitsgruppe Internationaler Datenverkehr des Düsseldorfer Kreises am 9.10.2014 eine „**Orientierungshilfe – Cloud Computing**" publiziert (als PDF herunterladbar auf der Website des Bundesbeauftragten für Datenschutz http://www.bfdi.bund.de/ DE/Infothek/Orientierungshilfen/Artikel/OHCloudComputing.pdf?__blob=publicationFile &v=7). Cloud Computing kommt in verschiedenen Ausprägungen und Modellen zum Einsatz, die sich zum Teil überschneiden. Von praktischer Bedeutung sind insbesondere die folgenden Servicemodelle (vgl. *Schuster/Reichl* CR 2010, 38 [39]; *Niemann/Paul* K&R 2009, 444 [445]):

- **SaaS** – Software as a Service – Der Provider bietet Nutzungszugang von Software-Sammlungen und Anwendungsprogrammen, die auf seiner Infrastruktur laufen. SaaS wird daher auch als software on demand (‚Software bei Bedarf') bezeichnet. Die entsprechenden Programme kann der Nutzer über seinen Internet-Browser aufrufen.
- **PaaS** – Platform as a Service – Rechnerwolken bieten Nutzungszugang von Programmierungs- oder Laufzeitumgebungen mit flexiblen, dynamisch anpassbaren Rechen- und Datenkapazitäten. Der Nutzer entwickelt seine eigenen Software-Anwendungen oder lässt diese hier ausführen, und zwar innerhalb einer Softwareumgebung, die vom Provider bereitgestellt und unterhalten wird.
- **IaaS** – Infrastructure as a Service – Der Nutzer erhält Zugang zu virtualisierten Computerhardware Ressourcen, wie Rechnern, Netzwerken und Speichern. Der Nutzer gestaltet sich frei seine eigenen virtuellen Computer-Cluster und ist folglich für die Auswahl, die Installation, den Betrieb und das Funktionieren ihrer Software selbst verantwortlich.
- **CaaS** – Communication as a Service – Der Anbieter ermöglicht umfassende (Unternehmens-)Kommunikation, wie etwa durch E-Mails, Internettelefonie (VoIP), Instant Messaging, Audio- und Video-Conferencing. Pointiert formuliert: Die TK-Anlage wird in die Cloud ausgelagert.

Die **Vorteile** des Einsatzes von Cloud Computing liegen in den geringeren Kosten für die eigene lokale Infrastruktur und der Möglichkeit, auf professionelle und dem Stand der Technik entsprechende IT-Infrastruktur des Providers zugreifen zu können, ohne diese selbst aufbauen oder betreiben zu müssen (*Karger/Sarre* S. 428). Ferner können Anbindungen und Datendienste skaliert werden, was aufgrund der Entkoppelung von Nutzungs- und Infrastrukturbeschränkungen möglich ist. Anstatt ausreichend Kapazität vorzuhalten, um die Belastungsspitzen bedienen zu können, lässt sich mit Hilfe der Cloud-Dienste die genutzte Kapazität kurzfristig und variabel an den tatsächlichen Bedarf ausrichten. Insoweit haben insbesondere Internetfirmen wie Amazon und Google vor wenigen Jahren angefangen, Cloud Computing zu eigenen Zwecken anzuwenden, weil sie aufgrund der schnell wachsenden Nutzerbasis entsprechend wachsende Systeme vorhalten müssen, die auch zu Spitzenlastzeiten (für Anbieter wie Amazon wäre dies zB das Weihnachtsgeschäft oder während zeitlich befristeten Sonderverkaufsaktionen) ausreichende Kapazität bereitstellen können. Inzwischen haben Amazon und Google das Geschäftsmodell Cloud Computing erkannt und gehören selbst neben Microsoft, IBM, Hewlett-Packard, Salesforce und SAP zu den führenden Anbietern von Cloud-Dienstleistungen.

In rechtlicher Hinsicht ist zwischen „Private Cloud" und „Public Cloud" zu unterscheiden. Kennzeichnend für die **Private Cloud** ist, dass die Server eines Unternehmens standortübergreifend virtualisiert und miteinander vernetzt sind, so dass externe Dritte hierauf nicht zugreifen können. Die Daten bleiben daher in der unternehmensspezifischen Wolke und das Unternehmen behält vollständig Kontrolle über die Private Cloud (*Niemann/Paul* K&R 2009, 444 [445]).

Die **Public Cloud** wird hingegen von externen Dritten gegen Vergütung genutzt, die im Gegenzug auf die von dem Cloud Provider angebotene IT-Infrastruktur zurückgreifen können. Themen wie Datenschutz und IT-Sicherheit stellen sich eher bei der Public Cloud.

Von **Hybrid Cloud** wird gesprochen, wenn Private und Public Cloud miteinander kombiniert werden, dh wenn ein Unternehmen eine Private Cloud betreibt und zusätzlich zur Absicherung oder für Belastungsspitzen eine Public Cloud in Anspruch nimmt.

Das vorliegende Vertragsformular bezieht sich auf eine Public Cloud, in dessen Rahmen der Provider dem Kunden SaaS-Dienste (Software) und Speicherkapazität zur Verfügung stellt. Die **vertragstypologische Einordnung** von Cloud Computing hängt mangels eines einheitlich Vertragsleitbilds von den jeweils im **konkreten Einzelfall** vereinbarten Leistungen ab. Bei Cloud Computing handelt es sich in der Regel um einen typengemischten Vertrag (ausführlich *Borges/Meents* § 4 Rn. 4 ff.). Im Vordergrund steht die zeitweise Überlassung von Software- und Hardware-Ressourcen gegen Entgelt, weshalb im allgemeinen Mietvertragsrecht anwendbar ist (*Schulz/Rosenkranz* ITRB 2009, 232 [233]; *Pohle/Amann* CR 2009, 273 [275]). Allerdings ist denkbar, Cloud Computing im Einzelfall als Werkvertrag zu qualifizieren unter dem Aspekt, dass es dem Nutzer in erster Linie um die Erreichbarkeit der Software und des Speicherplatzes auf den Servern des Providers geht und die Speicherung lediglich technische Voraussetzung hierzu ist (vgl. BGH Urt. v. 4.3.2010 – III ZR 79/09, NJW 2010, 1449 [1451] Obiter dictum und OLG Düsseldorf Urt. v. 26.2.2003 – 18 U 192/02, CR 2003, 581 jeweils hinsichtlich eines Hosting-Vertrags). Im Rahmen von Cloud Computing kommen regelmäßig weitere Leistungen hinzu, wie etwa Datensicherung, Kundendienst, Support, Backups, etc, so dass je nach Ausgestaltung auch Dienstvertragsrecht einschlägig sein kann (*Schulz/Rosenkranz* ITRB 2009, 232 [234]; *Pohle/Amann* CR 2009, 273 [275]).

3. Softwareüberlassung und Aktualisierung. Sowohl für den Provider als auch für den Kunden ist es von wirtschaftlichem Vorteil, wenn der Provider seine Software vielen Kunden anbieten kann. Es liegt auf der Hand, dass der Preis der Software umso günstiger angeboten werden kann, je größer die Zahl der Kunden ist, die diese in Anspruch nehmen. Für den Cloud-Anbieter bedeutet das, dass er seine Leistung „Software" möglichst einheitlich anbieten muss. Um unterschiedliche Softwareversionen zu vermeiden und gleichzeitig dem Kunden die jeweils aktuelle Version der Software zur Verfügung zu stellen, sehen die Bestimmungen im Vertragsformular die Möglichkeit und zugleich die Verpflichtung des Providers vor, die zu überlassende Software zu aktualisieren.

4. Nutzungsrechte an der Software. Computerprogramme sind als „Sprachwerke" gemäß §§ 2 Nr. 1, 69a Abs. 1 UrhG urheberrechtlich geschützt. Software genießt urheberrechtlichen Schutz, wenn es ein individuelles Werk darstellt, das das Ergebnis einer eigenen geistigen Schöpfung ihres Urhebers ist. Bei der Beurteilung, ob diese Schutzfähigkeitsvoraussetzungen vorliegen, sind weitere Kriterien, insbesondere solche qualitativer oder ästhetischer Art, nicht anzuwenden (§ 69a Abs. 3 UrhG). Ein Minimum an Individualität ist ausreichend, was hinsichtlich der vertraglich vereinbarten Software angenommen wird.

Vor dem Hintergrund der urheberrechtlichen **Zweckübertragungstheorie** gemäß § 31 Abs. 5 UrhG ist der Umfang der eingeräumten Nutzungsrechte im Zweifel eng auszulegen. Es empfiehlt sich deshalb, eine ausdrückliche und möglichst umfassende Regelung der Nutzungsrechtseinräumung, damit spätere Meinungsverschiedenheiten über Inhalt und Umfang der Nutzungsrechte vermieden werden. Allerdings wird im Zusammenhang von Cloud Computing vertreten, dass anders als bei der Softwaremiete keine urheberrechtlich relevante Gebrauchsüberlassung erfolgt, weil dem Nutzer lediglich der **Zugang zu den Funktionen der Software** gewährt wird, was keine Vervielfältigungshandlung im Sinne von § 69c Nr. 1 UrhG darstellen soll (*Bierekoven* ITRB 2010, 42 [43]; *Schuster/Reichl* CR 2010, 38 [41]). Jedenfalls ist im Verhältnis zwischen Provider und dem Hersteller der Software festzuhalten, dass der Cloud-Anbieter die Software auf seinem Server installiert und sodann seinen Kunden zugänglich macht. Dieser Vorgang stellt eine urheberrechtliche Vervielfältigungshandlung und ein öffentliches Zugänglichmachen nach § 19a UrhG in Bezug auf die Software dar (*Pohle/Amann* CR 2009, 273 [276]; Wandtke/Bullinger/*Bullinger* UrhG § 19a Rn. 10, 12 und 23).

In logischer Denkkonsequenz ist es für den Cloud Provider, sofern er dem Kunden keine eigene Software-Anwendung anbietet, sondern diese von Dritten bezieht, wichtig sicherzustellen, dass er selbst über die erforderlichen Nutzungs- und Verwertungsrechte an der betroffenen Software verfügt. Im Rahmen von entsprechenden „Back-to-Back-Vereinbarungen" wird sich der Provider insbesondere das Vervielfältigungsrecht (§ 69c Nr. 1 UrhG) und das Recht der öffentlichen Zugänglichmachung (§ 19a UrhG) einzuräumen haben. Sollte der Cloud-Anbieter zudem die Software an die individuellen Wünsche seiner Kunden anpassen und diese damit ändern, ist auch das Bearbeitungsrecht nach § 69c Nr. 2 UrhG miteinzuschließen (*Niemann/Paul* K&R 2009, 444 [448]).

5. Einräumung von Speicherplatz. Die Leistungspflicht des Cloud-Anbieters umfasst zweierlei: Zum einen stellt der Provider dem Kunden Speicherplatz auf einem Server zur Verfügung, damit der Kunde dort Inhalte ablegen kann. Zum anderen hat der Provider diese Inhalte derart an das Internet anzubinden, dass der Kunde sie abrufen kann. Der Inhalt der auf dem Server abgelegten Daten richtet sich nach dessen technischen Eigenschaften. Diese sind in der technischen Spezifikation geregelt. Wie im Vertragsformular ist diese regelmäßig in einer separaten Anlage zum Vertrag enthalten.

6. Datensicherheit. Der Provider übernimmt die Pflicht, den Serverinhalt regelmäßig zu sichern. Es ist sinnvoll festzulegen, in welchen regelmäßigen Abständen die Datensicherung geschuldet ist. Ebenso sollte dem Anbieter auferlegt werden, geeignete Vorkehrungen gegen Datenverlust und unbefugten Zugriff durch Dritte zu treffen. Diese Maßnahmen liegen letztlich auch im Interesse des Providers, weil der Aspekt der Datensicherheit ein wichtiges Element seines Geschäftsmodells ausmacht. Die weitere erfolgreiche Verbreitung von Cloud Computing wird uU davon abhängen, ob die Cloud Provider den von den Nutzern erwarteten Standard in Bezug auf die Datensicherheit erfüllen können (zum Aspekt des Datenschutzes → Anm. 13). Hierzu gehören etwa ausreichende Zugangs- und Zugriffsabsicherungen sowie die Einrichtung von geeigneten **Firewalls**, die abhängig vom Schutzbedarf vom einfachen Paketfilter bis zur Application Layer Firewall/Gateway reichen können, einschließlich deren ständige Überwachung, die Implementierung von Schutzmaßnahmen gegen Hackerangriffe oder sonstige Eindringversuche (**Intrusion-Detection-Systeme** bzw. **Intrusion-Prevention-Systeme**) und die vollständige Dokumentation von sonstigen sicherheitsrelevanten Vorfällen (vgl. Borges/Meents/*Cahsor/Sorge* § 10 Rn. 21, 59 ff.).

In diesem Zusammenhang stellt sich für den Kunden die Frage, ob er sensible Daten, insbesondere, wenn diese das wertvolle Know-How des Unternehmens beinhalten, überhaupt einer Cloud-Anwendung anvertrauen darf. Das „Gesetz zur Kontrolle und Transparenz im Unternehmensbereich" (KonTraG) aus dem Jahr 1998 verpflichtet Vorstände von Aktiengesellschaften und die Geschäftsführer großer Kapitalgesellschaften zur Einrichtung einer IT-Sicherheitsarchitektur. § 91 Abs. 2 AktG trägt dem Vorstand einer Aktiengesellschaft auf, geeignete Maßnahmen zu treffen, insbesondere ein **Überwachungssystem einzurichten**, damit den Fortbestand der Gesellschaft gefährdende Entwicklungen früh erkannt werden. Hieraus lässt sich durchaus folgern, dass Unternehmen sensible Daten, selbst wenn es sich dabei nicht um personenbezogene Daten handelt (zum Aspekt des Datenschutzes → Anm. 13), nur dann in eine Cloud ablegen darf, wenn geeignete Technologien angewendet werden, die den Schutz der Daten vor dem unberechtigten Zugriff durch Dritte gewährleisten. Es ist daher angezeigt, sich über die technischen Vorkehrungen hinsichtlich der Datensicherheit beim Provider zu erkundigen und diese verbindlich zu vereinbaren. Gleichzeitig ist bei der **Auswahl des Providers** die erforderliche Sorgfalt anzuwenden, insbesondere wenn der Cloud Daten sensibler Natur anvertraut werden sollen, sofern sich man überhaupt entschieden hat, diese Daten einer Cloud-Anwendung zu unterwerfen.

Je nach Inhalt der Daten ist auch an die Anforderungen an **Buchhaltung und Buchführungspflichten** zu denken. Bücher und sonstige Aufzeichnungen sind nach § 146 Abs. 2 S. 1 AO im Inland zu führen und aufzubewahren. Davon kann die zuständige Finanzbehörde auf Antrag des Steuerpflichtigen gemäß § 146 Abs. 2a AO dahingehend eine Abweichung bewilligen, dass elektronische Bücher und sonstige erforderliche elektronische Aufzeichnungen in einem Mitgliedstaat der EU geführt und aufbewahrt werden. Weitergehende Erleichterungen, also zB eine Aufbewahrung in einer Cloud außerhalb der EU, können die Finanzbehörden nach § 148 AO bewilligen. Sofern eine solche Erlaubnis der Behörde vorliegt, ist die Führung und Aufbewahrung elektronischer Bücher mit entsprechender Bewilligung nur im Rahmen einer Cloud in der EU möglich (*Niemann/ Paul* K&R 2009, 444 [451]).

Angesichts des Umstands, dass mit der Sicherung der Daten insbesondere datenschutzrechtliche und urheberrechtliche Belange Dritter berührt werden können, enthält das Vertragsformular in § 7 Abs. 6 eine entsprechende Rechteklausel zugunsten des Providers. Auf diese Weise ist sichergestellt, dass der Provider berechtigt ist, die erforderlichen Vervielfältigungshandlungen vorzunehmen, zB im Hinblick auf die Datensicherung.

7. Unterbrechung/Beeinträchtigung der Erreichbarkeit. Für den Kunden ist die Verfügbarkeit der vereinbarten Dienste (hier Software und Speicherplatz) von zentraler Bedeutung. Allerdings ist eine ununterbrochene Verfügbarkeit der Dienste aufgrund der technischen Rahmenbedingungen nicht möglich. Wartungsarbeiten und nicht zu vermeidende technische Defekte führen zu Unterbrechungen der Leistungserbringung des Providers. Üblicherweise wird die Verfügbarkeit der Dienste mit einem Prozentsatz angegeben. Hierdurch wird die Leistungspflicht des Cloud-Anbieters definiert, der im Falle der unvermeidbaren Leistungsstörungen keinen Ansprüchen des Kunden ausgesetzt ist, solange er die vereinbarte Verfügbarkeitsquote einhält. Dem Kunden stehen dann trotz Störung der Leistungserbringung keine Nichtleistungs- oder Mängelhaftungsansprüche zu.

Die **Definition der Verfügbarkeit** sollte klar und verständlich sein. Ferner ist festzuhalten, an welchem Maßstab sich die Verfügbarkeit ausrichtet, also ob der Bezugszeitraum ein Tag, ein Monat oder ein Jahr ist. So macht es einen Unterschied, ob eine Verfügbarkeit von 98,5 % beispielsweise auf ein Monat oder, wie hier im Vertragsformular, auf ein Jahr bezogen ist. Es empfiehlt sich auch, dass zusätzlich geregelt wird, wie lange eine Unterbrechung maximal dauern darf („**Maximum Downtime**"). Da Wartungsarbeiten regelmäßig zur Unterbrechung oder Beeinträchtigung der Dienste führen können, ist klarzustellen, dass bei der Angabe der Verfügbarkeitsquote eine eventuelle Unterbrechung durch Wartungsarbeiten mitberücksichtigt ist. Ferner ist denkbar, dass dem Provider für den Fall, dass er gegen die Verfügbarkeitsregelung verstößt, eine Vertragsstrafe oder ein pauschalierter Schadenersatz auferlegt wird. Abgesehen davon, dass dadurch der Provider nachhaltig zur Erfüllung seiner Leistungspflicht angehalten werden soll, befreit eine solche Regelung den Kunden davor, den oftmals schwierigen Nachweis über den durch die Beeinträchtigung oder Unterbrechung der Dienste entstandenen Schaden zu führen. Schließlich ist in diesem Zusammenhang anzumerken, dass Cloud-Anbieter zum Teil mit einer Verfügbarkeitsgröße von 100 % werben, obwohl dies bereits technisch nicht einzuhalten ist. In diesen Fällen wird die Vertragsstrafe bzw. der pauschalierte Schadenersatz vom Provider bereits einkalkuliert und entsprechend im Angebot eingepreist.

8. **Zulässigkeit der Inhalte.** Sofern sich die Aufgabe des Cloud Providers nicht nur darauf beschränkt, dem Kunden eine „externe Festplatte" zur Verfügung zu stellen, ist er als Diensteanbieter gemäß § 2 S. 1 Nr. 1 TMG zu betrachten, weshalb sich seine Verantwortlichkeit nach den §§ 7–10 TMG richtet. Danach ist er nicht verpflichtet, die Zulässigkeit der von seinen Kunden auf dem Speicherplatz abgelegten Inhalte zu überprüfen (§ 7 Abs. 2 S. 1 TMG). Für den Host-Provider gilt nach § 10 TMG, dass sofern dieser keine Kenntnis von der rechtswidrigen Handlung oder Information hat oder sie unverzüglich nach Kenntnis sperrt oder entfernt, eine Verantwortlichkeit für das Speichern fremder Informationen ausscheidet. Der BGH geht davon aus, dass die Störerhaftung für Unterlassungsansprüche nicht durch die §§ 7 ff. TMG verdrängt wird (BGH Urt. v. 27.3.2007 – VI ZR 101/06, NJW 2007, 2558; BGH Urt. v. 19.4.2007 – I ZR 35/04, NJW 2007, 2636 – Internetversteigerung II; *Backu/Hertneck* ITRB 2008, 35 [36]). Die Haftung für Unterlassungsansprüche beurteilt sich laut höchstrichterlicher Rechtsprechung nach den **Grundsätzen der allgemeinen Störerhaftung**, weshalb die Haftungsprivilegien der §§ 7–10 TMG keine Anwendung finden (BGH NJW 2004, 3102 [3103 f.] – Rolex-ricardo.de/Internetversteigerung I; BGH NJW 2007, 2636 ff. – Internetversteigerung II; *Backu/Hertneck* ITRB 2008, 35 [36]). Die überwiegende Zahl der Entscheidungen zur Verantwortlichkeit von Diensteanbietern betreffen Host-Provider. Die Rechtsprechung geht davon aus, dass es dem Host-Provider grundsätzlich nicht zuzumuten ist, jedes Angebot vor der Veröffentlichung auf eine etwaige Rechtsverletzung zu untersuchen, weshalb eine Verantwortlichkeit des Portalbetreibers vor Erlangung der Kenntnis von der Rechtsverletzung ausgeschlossen ist (BGH Urt. v. 16.5.2013 – I ZR 216/11, GRUR 2013, 1229 Rn. 36 – Kinderhochstühle im Internet II; BGH Urt. v. 17.8.2011 – I ZR 57/09, GRUR 2011, 1038 Rn. 21 – Stiftparfüm; BGH Urt. v. 27.3.2012 – VI ZR 144/11, GRUR 2012, 751 Rn. 19 – RSS-Feeds; ebenso EuGH Urt. v. 24.11.2011 – C-70/10, GRUR 2012, 265 Rn. 47 ff. – Scarlet/SABAM; EuGH Urt. v. 16.2.2012 – C-360/10, GRUR 2012, 382 Rn. 33 – Netlog/SABAM). Wenn der Host-Provider auf eine klare Rechtsverletzung hingewiesen worden ist, muss er nicht nur das konkrete Angebot sperren, sondern auch Vorsorge dafür treffen, dass es möglichst nicht zu weiteren derartigen Schutzrechtverletzungen kommt (BGH Urt. v. 11.3.2004 – I ZR 304/01, GRUR 2004, 860 [864] – Internet-Versteigerung I; BGH Urt. v. 19.4.2007 – I ZR 35/04, GRUR 2007, 708 Rn. 45 – Internetversteigerung II; BGH Urt. v. 304.2008 – I ZR 73/05, GRUR 2008, 702 Rn. 51 – Internet-Versteigerung III; BGH Urt. v. 17.8.2011 – I ZR 57/09, GRUR 2011, 1038 Rn. 21 – Stiftparfüm). Eine allgemeine Überwachungspflicht für Internet-Provider besteht daher nicht (BGH Urt. v. 16.5.2013 – I ZR 216/11, GRUR 2013, 1229 Rn. 36 – Kinderhochstühle im Internet II; BGH Urt. v. 12.7.2012 – I ZR 18/11, GRUR 2013, 370 Rn. 28 – Alone in the Dark; BGH Urt. v 17.8.2011 – I ZR 57/09, GRUR 2011, 1038 Rn. 39 – Stiftparfüm). Die Entscheidung über die Haftung des Host-Providers hängt im Einzelfall davon ab, ob und in welchem Umfang dem Provider technisch eine Vorabkontrolle der Inhalte möglich ist, die automatisiert sein müsste, weil eine manuelle Kontrolle angesichts der Vielzahl der Informationen in der Regel nicht zumutbar wäre (BGH Urt. v. 22.7.2010 – I ZR 139/08, GRUR 2011, 152 Rn. 38 – Kinderhochstühle im Internet I; BGH Urt. v. 16.5.2013 – I ZR 216/11, GRUR 2013, 1229 Rn. 47 – Kinderhochstühle im Internet II). Inzwischen hat der EuGH jedenfalls klargestellt, dass Betreiber sozialer Netzwerke nicht verpflichtet sind, Filter zu integrieren zur Verfolgung von Urheberrechtsverstößen im Rahmen von Uploads ihrer Nutzer (EuGH Urt. v. 16.2.2012 – C-360/10, GRUR 2012, 382 Rn. 46 – Netlog/SABAM). Das Gericht hat seine Entscheidung u a damit begründet, dass die Kontrollmaßnahmen dem Provider wirtschaftlich nicht zuzumuten sind und dass einem solchen Filtereinsatz datenschutzrechtliche Bedenken entgegenstehen.

9. Zugang des Kunden. Der Provider hat dafür zu sorgen, dass der Kunde Zugang zu den abgelegten Inhalten und zu der Software erhält. Um die erforderliche Datensicherheit sicherzustellen, ist vorgesehen, dass der Kunde die entsprechenden Zugangcodes („User-ID" und Passwort) selbst generiert. Bereits im eigenen Interesse hat der Kunde diese Zugangcodes geheim zu halten und Dritten gegenüber nicht zugänglich zu machen.

10. Vergütung. In der Regel erfolgt die Vergütung nutzungsabhängig, dh bei IaaS und PaaS (→ Anm. 2) anhand des genutzten Speichervolumens und bei SaaS für die Nutzung der jeweiligen Software, gegebenenfalls, wie im vorliegenden Beispielsfall, in Kombination mit der Nutzung von Speicherplatz (vgl. *Bierekoven* ITRB 2010, 42 [43]).

11. Mängelhaftung. Im Zusammenhang mit der Mängelhaftung ist darauf abzustellen, dass der Cloud-Provider insbesondere folgende Leistungen erbringt, nämlich das Zurverfügungstellen von Speicherplatz und Software sowie das Anbinden des Servers an einen Übergabepunkt zum Internet. Es ist daher u a Miet- bzw. Werkvertragsrecht einschlägig (→ Anm. 2). Es handelt sich daher um einen typengemischten Vertrag, bei dem sich die Mängelhaftung danach bestimmt, welche der zu erbringenden Leistungen mangelbehaftet ist (vgl. Palandt/*Grüneberg* BGB Überbl. v. § 311 Rn. 21 ff.).
Haftung. → Form. G. 4 Anm. 7

12. Laufzeit/Kündigung. Es finden sich unterschiedliche Laufzeitenregelungen. Diese hängen von Inhalt und Umfang der vereinbarten Cloud-Dienste ab. Die Vertragsdauer unterliegt der Privatautonomie der Parteien. Der Vertrag kann eine feste Mindestlaufzeit haben oder auf unbestimmte Dauer geschlossen werden. Im vorliegenden Beispielsfall ist der Vertrag auf unbestimmte Zeit geschlossen und kann von beiden Parteien nach Ablauf eines Jahres jederzeit schriftlich mit einer Frist von 30 Tagen zum Ende eines Monats beendet werden. Es ist nicht außer Betracht zu lassen, dass der Kunde die Kostenersparnisse des Cloud Computing letztlich durch eine gesteigerte **Abhängigkeit** erkauft. Dies gilt insbesondere dann, wenn der Kunde seine IT-Infrastruktur vollständig zugunsten der Cloud-Anwendung aufgibt. Es empfiehlt sich daher dafür Sorge zu tragen, dass ein Wechsel des Anbieters ohne technische Probleme möglich bleibt. Anderenfalls läuft der Kunde Gefahr, im Hinblick auf etwaig hohe Wechselkosten oder wegen eines erheblichen technischen Aufwands beim Wechsel faktisch an den Provider gebunden zu bleiben, also unabhängig von den vereinbarten Kündigungsbestimmungen.
Das Recht zur fristlosen Kündigung aus wichtigem Grund kann nach deutschem Recht vertraglich nicht ausgeschlossen werden.

13. Datenschutz/Geheimhaltung. Die bedeutsamsten Rechtsfragen, die sich im Bereich des Cloud Computing stellen, sind die nach dem anwendbaren Datenschutzrecht und nach der Einhaltung der Bestimmungen des Datenschutzes. Diese Fragen sind relevant, wenn personenbezogene Daten Gegenstand des Cloud Computing Vertrags sind, dh wenn der Provider personenbezogene Daten speichert. Personenbezogene Daten sind Einzelangaben über persönliche oder sachliche Verhältnisse einer bestimmten oder bestimmbaren natürlichen Person (§ 3 Abs. 1 BDSG). Hintergrund ist dabei das charakteristische Element des Cloud Computing, nämlich die potentiell weltweite Datenverarbeitung.

Was das anwendbare Datenschutzrecht betrifft, so unterliegt ein Unternehmen, das in einem anderen EU- oder EWR-Staat belegen ist und das datenschutzrechtliche Handlungen in Deutschland innerhalb der EU bzw. des EWR vornimmt, nicht den Datenschutzbestimmungen des BDSG, es sei denn die Datenerhebung, -verarbeitung oder -nutzung erfolgt durch eine Niederlassung im Inland (vgl. § 1 Abs. 5 S. 1 BDSG). Ferner finden nach § 1 Abs. 5 S. 2 BDSG die Vorschriften des BDSG Anwendung, wenn der Provider, der außerhalb der EU oder des EWR niedergelassen ist, im Inland (dh in Deutschland) Daten erhebt, verarbeitet oder nutzt (sog. **Territorialprinzip**). Im Ergebnis ist daher bei weltweiten Cloud-Anwendungen, die durch in Deutschland ansässige Nutzer in Anspruch genommen werden, deutsches Datenschutzrecht zu beachten, sofern der Provider nicht im EU/EWR-Ausland ansässig ist und die Erhebung, Verarbeitung und Nutzung der Daten auch nicht durch eine deutsche Niederlassung des Providers erfolgt (vgl. *Jotzo* MMR 2009, 232 [236]).

Findet deutsches Datenschutzrecht Anwendung, ist zu prüfen, ob eine nach § 11 BDSG zulässige Auftragsdatenverarbeitung vorliegt (siehe hierzu auch den Vertrag zur Auftragsdatenverarbeitung → Form. G. 3). Diese setzt ua voraus, dass ein schriftlicher Auftrag zwischen Anbieter und Kunde mit den in § 11 Abs. 2 S. 2 BDSG genannten Vertragsinhalten geschlossen wird und der Kunde den Provider sorgfältig auswählt und überwacht (§ 11 Abs. 2 S. 1 und 4 BDSG). Die Anforderung nach § 11 Abs. 2 S. 4 BDSG betreffend der Kontrolle der Einhaltung der durch den Provider getroffenen technischen und organisatorischen Maßnahmen könnte erfüllt werden, indem der Cloud-Anbieter dem Nutzer regelmäßig Prüfberichte zur Verfügung stellt (*Schuster/Reichl* CR 2010, 38 [42]). Ferner muss der Nutzer „Herr der Daten" sein und für diese verantwortlich bleiben (§ 11 Abs. 3 S. 1 BDSG). Fraglich ist, ob diese Weisungsbefugnis gegenüber dem Provider besteht oder praktisch darstellbar ist angesichts der skalierbaren und auf eine Vielzahl von Servern basierte Cloud-Anwendung, über die der Nutzer regelmäßig keine Informationen hat. Darüber hinaus hat der Nutzer Art und Umfang der Datenverarbeitung sowie insbesondere Ort und Zeit zu kennen und zu beherrschen. Da der Nutzer von Cloud Computing regelmäßig ohne Kenntnis ist, wo seine Daten gespeichert werden bzw. zu einem bestimmten Zeitpunkt gespeichert sind, läuft er Gefahr, gegen die Bestimmungen des BDSG zu verstoßen, weil die Anforderungen des § 11 BDSG nicht erfüllt werden können. Für den Auftraggeber empfiehlt es sich, vertraglich ein **Prüfrecht** vor Ort durch einen sachverständigen Dritten, der zur Geheimhaltung verpflichtet ist, zu vereinbaren. § 11 BDSG scheidet daher regelmäßig als taugliche Rechtsgrundlage für die Datenverarbeitung in Public Clouds aus (so *Niemann/Paul* K&R 2009, 444 [449]). Weil die Einwilligung des Betroffenen (vgl. §§ 4 Abs. 1, 4a BDSG) als Erlaubnisgrundlage regelmäßig aus praktischen Gründen nicht herangezogen werden kann, wird auf die Bestimmung des § 28 Abs. 1 S. 1 Nr. 2 BDSG (Datenerhebung und -speicherung für eigene Zwecke) zurückgegriffen. Dies wird insbesondere unter Hinweis auf die Kostenersparnisse des Nutzers und sein Interesse an einer effektiven und wettbewerbsfähigen IT-Infrastruktur begründet. Auf dieser Grundlage soll eine Datenübermittlung zulässig sein, wenn es sich um einen verlässlich auftretenden Cloud Provider handelt und mit ihm klare Absprachen zum Datenschutz getroffen werden. Allerdings gilt dies nicht, wenn besondere Arten personenbezogener Daten nach § 3 Abs. 9 BDSG betroffen sind, also Angaben über die rassische und ethnische Herkunft, politische Meinungen, religiöse oder philosophische Überzeugungen, Gewerkschaftszugehörigkeit, Gesundheit oder Sexualleben (*Niemann/Paul* K&R 2009, 444 [449]).

Nach § 4b Abs. 2 S. 2 BDSG kann die Übermittlung von Daten an den Cloud-Anbieter in Drittstaaten zulässig sein, wenn in dessen Staat ein **angemessenes Datenschutzniveau** iSv § 4b Abs. 3 BDSG gewährleistet ist. Nach Art. 25 Abs. 6, 31 Abs. 2 EG-DatSchRL kann die EU-Kommission verbindlich feststellen, ob ein Drittland ein angemessenes Schutzniveau aufweist. Der aktuelle Stand der Feststellungen kann im Internet unter http://ec.europa.eu/justice/data-protection/international-transfers/adequacy/index_en.htm abgerufen werden.

Für Cloud-Provider, die außerhalb der EU oder des EWR ansässig sind, oder bei denen Datenverarbeitungsvorgänge innerhalb einer weltweiten Cloud erfolgen, ist die Bestimmung des angemessenen Schutzniveaus in der Praxis schwierig. Insoweit wird eine datenschutzrechtliche Zulässigkeit des Cloud Computing angestrebt unter Anwendung von verbindlichen Unternehmensregelungen (**Binding Corporate Rules**), die sich insbesondere bei Datentransfers innerhalb einer Unternehmensgruppe, also etwa einem multinationalen Konzern, anbietet (Auer-Reinsdorff/Conrad/*Grapentin* § 35 Rn. 51 ff.). Ferner kann die Verwendung von **Standardvertragsklauseln der EU-Kommission** (Standardvertragsklauseln für die Übermittlung personenbezogener Daten an Auftragsverarbeiter in Drittländern, idF v. 5.2.2010, abgedruckt als Anhang zu K(2010) 593, Abl. 2010 L 39, 5 v. 12.2.2010) (zu weiteren Details → Form. G. 5) ein angemessenes datenschutzrechtliches Niveau gewährleisten, wobei es sich empfiehlt, diese Standardvertragsklauseln durch die in § 11 Abs. 2 BDSG vorgesehenen Bestimmungen zu ergänzen (*Weber/Voigt* ZD 2011, 74 [78]; Borges/Meents/*Borges* § 9 Rn. 216). Bezüglich der Datenübermittlung in die USA, wo grundsätzlich kein angemessenes Datenschutzniveau besteht, sind in der Vergangenheit die **Safe Harbor-Principles** herangezogen worden (*Niemann/Paul* K&R 2009, 444 [449]). Nachdem der EuGH mit Urteil vom 6.10.2015 das „Safe Harbor"-Abkommen zwischen der EU und den USA für unwirksam erklärt hat (EuGH Urt. v. 6.10.2015 – C-362/14, RIW 2015, 736), können Übermittlungen personenbezogener Daten aus Europa an Unternehmen in den USA nicht mehr auf Safe Harbor gestützt werden. In Zukunft soll das **EU-US Privacy Shield-Abkommen** ein angemessenes Datenschutzniveau bei Datenempfängern in den USA sicherstellen.

Als Fazit empfiehlt es sich, im Zusammenhang mit personenbezogenen Daten nach Möglichkeit nur solche Cloud Provider zu wählen, die eine Datenverarbeitung ausschließlich innerhalb der EU bzw. des EWR anbieten. Alternativ sollten sie jedenfalls ein hohes datenschutzrechtliches Schutzniveau garantieren.

Eine weitere Möglichkeit, den datenschutzrechtlichen Anforderungen im Rahmen des Cloud Computing Rechnung zu tragen, ist der Einsatz von geeigneten kryptographischen Verfahren, wie **Verschlüsselung**, um ein unberechtigtes Lesen von Daten auszuschließen. Anlage zu § 9 S. 3 BDSG erwähnt ausdrücklich die Verwendung von dem Stand der Technik entsprechenden Verschlüsselungsverfahren als konkrete Schutzmaßnahme. Die Verschlüsselung sollte sowohl die Übertragungswege (**Transportverschlüsselung**) als auch, sofern möglich, die Datenspeicherung selbst betreffen. Die Transportverschlüsselung ist mit Standardprotokollen wie TLS (Transport Layer Security) ohne erhöhten Aufwand möglich. In der Praxis hat sich als Verschlüsselungsverfahren der **Advanced Encryption Standard** (**AES**) durchgesetzt (vgl. Borges/Meents/*Cahsor/Sorge* § 10 Rn. 29 ff.). Wenn verschlüsselte Daten für den Cloud-Anbieter nicht lesbar sind und dieser den Schlüssel auch nicht kennt, stellt sich die Frage, ob personenbezogene Daten iSv § 3 Abs. 1 BDSG vorliegen und damit, ob das BDSG überhaupt anwendbar ist. Diese Frage wird in der Literatur nicht einheitlich beantwortet (zum Meinungsstand siehe Borges/Meents/*Cahsor/Sorge* § 10 Rn. 32). Für den Rechtsanwender wird wohl darauf abzustellen sein, ob eine Entschlüsselung und somit die Herstellung eines Personenbezugs praktisch ausgeschlossen werden kann. Nur in einem solchen Fall dürfte das BDSG unanwendbar sein. Maßgeblich ist daher, ob die angewandte Verschlüsselungsmethode vollumfassend und qualitativ sicher ist oder nicht, wobei abstrakte und völlig fernliegende Angriffsmöglichkeiten außer Betracht bleiben können (zutreffend *Borges/Meents/ Cahsor/Sorge* § 10 Rn. 32).

Ein Cloud-Anbieter hat unter Umständen die (Datenschutz-)Bestimmungen des TKG bzw. TMG zu beachten. In der Regel ist Cloud-Anbieter **kein Diensteanbieter** im Sinne des Telekommunikationsgesetztes (**TKG**), weshalb ihn grundsätzlich keine telekommunikationsrechtlichen Datenschutz- oder Geheimhaltungspflichten treffen (vgl. *Schuster/ Reichl* CR 2010, 38 [43]). Abweichendes kann unter Umständen für den Anbieter von Communication-as-a-Service (CaaS) gelten, wenn er dem Nutzer eine Vermittlungsplattform zur Verfügung stellt, die als Telekommunikationsdienst iSd § 3 Nr. 24 TKG zu qualifizieren ist (ablehnend *Kremer/Völkl* CR 2015, 501 [505], es sei denn der Cloud-Anbieter ist zugleich Access Provider). Die Datenschutzvorschriften des TKG wären dann aber lediglich auf das Kommunikationselement anwendbar und nicht auf die gesamte Datenerhebung, -verarbeitung und -nutzung in der Cloud-Plattform (zutreffend *Boos/ Kroschwald/Wicker* ZD 2013, 205 [206]; Borges/Meents/*Nolte* § 11 Rn. 21.).

Ob Cloud Dienste dem Anwendungsbereich des **TMG** unterfallen, ist im Einzelfall zu prüfen. Angebote des **SaaS** und **PaaS** dürften regelmäßig als elektronisch bereitgestellte **Telemediendienste** iSv § 1 Abs. 1 S. 1 TMG einzustufen sein, zumal der Cloud-Anbieter fremde (personenbezogene) Daten speichert, die er dem Auftraggeber zugänglich macht (Borges/Meents/*Nolte* § 11 Rn. 28). Hingegen handelt es sich bei **IaaS**-Angeboten im Allgemeinen um keinen Telemediendienst, weil der Cloud-Anbieter keine Inhalte und somit auch keine personenbezogenen Daten, sondern stattdessen sein Datei- und Ressourcenmanagement bereitstellt (*Boos/Kroschwald/Wicker* ZD 2013, 205 [208]; Borges/ Meents/*Nolte* § 11 Rn. 29). Soweit das TMG Anwendung findet, verpflichtet § 13 Abs. 7 TMG Anbieter geschäftsmäßig angebotener Telemedien zu technischen und organisatorischen Schutzmaßnahmen, um insbesondere den unerlaubten Zugriff auf die Einrichtungen oder Störungen durch äußere Angriffe zu verhindern. Die Anwendung eines als sicher anerkannten Verschlüsselungsverfahrens wird ausdrücklich als eine solche Schutzmaßnahme bestimmt (§ 13 Abs. 7 S. 2 TMG). Freilich ist unklar, ob und inwieweit durch § 13 Abs. 7 TMG neue Pflichten für den Cloud-Anbieter normiert werden, da sich aus dem daneben anwendbaren § 9 BDSG bereits vergleichbare Pflichten ergeben.

14. Anwendbares Recht. Das Wesen des Cloud Computing kann kollisionsrechtliche Fragen aufwerfen, weil die Leistungserbringung des Cloud Providers unabhängig von einem konkreten Standort ist. Die Parteien können gemäß Art. 3 Abs. 1 Rom I-VO das anwendbare Vertragsrecht wählen. Sofern die Parteien eines Cloud Computing Vertrags insoweit keine Vereinbarung getroffen haben, richtet sich das anwendbare Recht nach dem Sitz des Cloud Providers, weil dieser die relevante vertragscharakteristische Leistung erbringt (Art. 4 Abs. 2 Rom I-VO, vgl. *Nordmeier* MMR 2010, 151 [152]). Für die Ermittlung des auf den Cloud-Anbieter anwendbaren Datenschutzrechts ist allerdings zunächst die Vorfrage zu beantworten, ob der Cloud-Anbieter im Rahmen einer Auftragsdatenverarbeitung tätig ist, wobei sich diese Vorfrage nach dem Recht richtet, das auf die Datenverarbeitung des Auftraggebers, dh des Cloud-Nutzers, anwendbar ist. Sofern diese dem deutschen Datenschutzrecht unterliegt, ist zu prüfen, ob eine wirksame Auftragsdatenverarbeitung nach dem BDSG vorliegt (zur Auftragsdatenverarbeitung → Form. G. 3). Ist dies der Fall, unterliegt auch die Auftragsdatenverarbeitung dem BDSG, und zwar unabhängig davon, in welchem Staat der Cloud-Anbieter seinen Sitz oder seine Niederlassung hat. Liegt hingegen keine (wirksame) Auftragsdatenverarbeitung vor, dann ist der Cloud-Anbieter verantwortliche Stelle und das maßgebliche Recht beim Cloud-Anbieter ist nach § 1 Abs. 5 BDSG zu ermitteln.

In Bezug auf **deliktische Ansprüche**, also wenn etwa in der Cloud gespeicherte Daten beschädigt oder zerstört werden, können die Parteien, sofern sie beide Unternehmer sind, nach Art. 14 Abs. 1 S. 1 lit. b Rom II-VO das anwendbare Deliktsrecht im Rahmen einer frei ausgehandelten Vereinbarung durch Rechtswahl bestimmen. Ohne eine (wirksame) Rechtswahl ergibt sich das anwendbare Recht im Ausgangspunkt nach dem Recht des Erfolgsortes, also des Orts, an dem der Schaden eingetreten ist (Art. 4 Abs. 1 Rom II-VO). Beim Cloud Computing werden die Daten häufig grenzüberschreitend und auf verschiedene Länder verteilt gespeichert. Der Provider speichert die Daten nicht auf einem bestimmten Rechner, sondern verschiebt sie in Teilen oder als Ganzes je nach Auslastung seiner Gesamtkapazitäten von einem Server auf einen anderen. Ein Erfolgsort lässt sich somit nicht immer klar bestimmen. Auch erscheint es aus Sicht des Geschädigten zufällig, an welchem Standort sich die Daten im Zeitpunkt des Schadenseintritts gerade befinden. Es wird daher vertreten, über die Ausweichklausel des Art. 4 Abs. 3 S. 1 Rom II-VO dasjenige Recht anzuwenden, welchem die vertragliche Beziehung der Parteien unterliegt, dh an den Sitz des Cloud-Providers anzuknüpfen (*Nordmeier* MMR 2010, 151 [155 f.]; Spindler/Schuster/*Weller/Nordmeier* Rom II Art. 4 Rn. 15, 18; aA *Nägele/Jacobs* ZUM 2010, 281 [283], die sich für eine konsequente Anwendung der Rechte aller Serverstandorte aussprechen).

15. **Schriftformklausel.** Zu beachten ist, dass trotz Schriftformerfordernisses jederzeit durch eine ausdrückliche mündliche Vereinbarung vom Vertrag abgewichen werden kann (vgl. Palandt/*Ellenberger* BGB § 125 Rn. 19). Für Allgemeine Geschäftsbedingungen folgt dies bereits aus § 305b BGB. Etwas anderes soll sich auch dann nicht ergeben, wenn – wie im vorliegenden Formularvertrag vorgesehen – die Abänderung der Schriftformklausel selbst der Schriftform bedarf (vgl. BGH Urt. v. 15.5.1986 – IX ZR 96/85, NJW 1986, 3131 [3132]).

H. Erwerb von Nutzungsrechten/Content-Einkauf

Bild

1. Bild-Online-Lizenzvertrag

Zwischen

......

— nachstehend „Rechteinhaber" genannt —

und

......

— nachstehend „Lizenznehmer" genannt —

wird folgender Vertrag[1] geschlossen:

§ 1 Vertragsgegenstand

(1) Der Lizenznehmer beabsichtigt, die Abbildung

...... [Titel/Beschreibung]

von ...... [Photograph/Künstler/Grafiker],

die in Anlage A dargestellt ist,

in einer Auflösung von mindestens ...... x ...... Pixeln bis zu maximal ...... x ...... Pixeln als statisches Bild an bis zu ...... Stellen in seine Website mit der URL/den URLs ...... einzubinden. Die hierfür erforderlichen Rechte sollen durch diesen Vertrag erworben werden.

(2) Die Parteien gehen davon aus, dass die vertragsgegenständliche Abbildung selbst oder der auf ihr dargestellte Gegenstand in Deutschland zugunsten des Rechteinhabers urheberrechtlich geschützt ist.[2]

§ 2 Rechtseinräumung[3]

(1) Zur Verwirklichung des in § 1 Abs. 1 genannten Zweckes räumt der Rechteinhaber dem Lizenznehmer hiermit folgende nicht ausschließliche Nutzungsrechte ein:[4]

(a) Das Recht zur Einspeicherung der Abbildung in der in § 1 Abs. 1 genannten Weise in die og Website des Lizenznehmers;[5]
(b) Das Recht, die vertragsgegenständliche Abbildung in der in § 1 Abs. 1 genannten Weise der Öffentlichkeit ganz oder teilweise zugänglich zu machen („Recht der Öffentlich-Zugänglichmachung");[6]
(c) Das Recht, die Abbildung in der in § 1 Abs. 1 genannten Weise auf Abruf von Besuchern der og Website hin vervielfältigen zu lassen.[7]
(d) Das Recht, die Abbildung in der in § 1 Abs. 1 genannten Weise in unerheblichem Umfang im Zusammenhang mit der og Gesamt-Website auch in anderen Medien

weiter zu verwerten,[8] etwa im Fernsehen,[9] auf CD-ROM, in Printversionen sowie auf alle anderen möglichen Verwertungsarten für Websites.[10]

Die Rechtseinräumung umfasst sämtliche Angebotsarten für Websites, insbes. das freie Internet, kostenpflichtige Websites, sonstige Online- und Offline-Dienste und interne Netze;[11] sie ist insbesondere nicht auf Nutzungen im freien Internet beschränkt.

Die Rechte sind nur dem Lizenznehmer als inhaltlich Verantwortlichem[12] für die Website eingeräumt und ohne Zustimmung des Rechteinhabers weder weiter übertragbar noch unterlizenzierbar.[13] Insbesondere sind sie nicht dem technischen Dienstleister, der die Website betreibt, eingeräumt, sofern dieser von dem Lizenznehmer verschieden ist.

Der Lizenznehmer verpflichtet sich, die vertragsgegenständliche Abbildung ausschließlich für die oben genannte Website zu verwenden.[14]

Der Vertrieb körperlicher Werkstücke oder andere als die in diesem § 2 dieses Vertrages genannten Verwertungsformen sind nach diesem Vertrag nicht zulässig. Hierzu bedarf es des Abschlusses eines eigenen, gesonderten Lizenzvertrages.

(2) Die Rechtseinräumung wird gem. § 158 Abs. 1 BGB erst wirksam, wenn der Lizenznehmer die gem. § 7 dieses Vertrages geschuldete Vergütung vollständig geleistet hat.[15] Der Rechteinhaber kann eine Benutzung der vertragsgegenständlichen Abbildung auch schon vor diesem Zeitpunkt vorläufig erlauben. Ein Übergang der Rechte nach diesem Paragraphen findet durch eine solche vorläufige Erlaubnis nicht statt.

(3) Die Rechtseinräumung ist territorial auf die Einbindung der vertragsgegenständlichen Abbildung in eine Website beschränkt, die erkennbar zum Abruf nur innerhalb der Europäischen Union[16] bestimmt ist.[17]

(4) Die Nutzungsrechtseinräumung umfasst alle derzeit bekannten und unbekannten Nutzungsarten, die zur Erreichung des Vertragszwecks erforderlich sind oder werden, auch wenn sie erst auf Grund neuer Gesetzeslage oder aus anderen Gründen nachträglich an der vertragsgegenständlichen Abbildung entstehen oder erst nachträglich bekannt werden.[18]

(5) Im Hinblick auf etwaig von dieser Nutzungsrechtseinräumung nicht erfasste Nutzungsarten im Zusammenhang mit Websites räumt der Rechteinhaber dem Lizenznehmer eine Option zu angemessenen Bedingungen ein.[19]

(6) Der Lizenznehmer ist berechtigt, die vertragsgegenständliche Abbildung auf seiner Website auch in Verbindung mit Werken anderer Rechteinhaber oder ausschnittsweise zu benutzen oder – in begrenztem Umfang – zu bearbeiten. Hinzufügungen und wesentliche Veränderungen der vertragsgegenständlichen Abbildung sind nicht zulässig.[20]

(7) Der Lizenznehmer ist berechtigt, im Zusammenhang mit der Durchführung dieses Vertrages – insbesondere zum Zwecke der Eigenwerbung und auf der vertragsgegenständlichen Website selbst – den Titel der vertragsgegenständlichen Abbildung sowie Namen/Kennzeichen/Logos/Abbildungen des Fotografen/Künstlers/Grafikers, soweit der Rechteinhaber über solche Rechte verfügen kann, und des Rechteinhabers unentgeltlich zu benutzen.[21]

(8) Sämtliche Namens-, Titel- und Kennzeichenrechte an der Website oder einzelnen ihrer Teile oder durch Benutzung auf der Website entstehende Namens-, Titel- und Kennzeichenrechte sind Sache des Lizenznehmers.

(9) Der Rechteinhaber hat Anspruch auf Nennung seines Namens als Urheber/Inhaber der Verwertungsrechte in Form eines – mit einem Zielpunkt seiner Wahl verlinkten –

Vermerks auf derjenigen Webseite, in die die vertragsgegenständliche Abbildung einge-bunden wird.[22]

§ 3 Mitwirkungspflichten und Kontrollrechte des Rechteinhabers

(1) Der Rechteinhaber verpflichtet sich, dem Lizenznehmer bis spätestens . . . . . . [Datum][23] ein Exemplar der vertragsgegenständlichen Abbildung in einer Auflösung von mindestens . . . . . . x . . . . . . Pixeln in elektronischer Form (Werkstück) zu liefern. Das Werkstück ist nach Ablauf von 2 Monaten an den Rechteinhaber zurückzugeben, sofern es in verkör-perter Form (zB auf CD, DVD) übergeben wurde. Eine Weitergabe des Werkstückes an Dritte oder die Erstellung von Kopien für Dritte außerhalb des Rahmens dieses Vertrages ist nicht gestattet, soweit nicht der Rechteinhaber einer Übertragung der vertragsgegen-ständlichen Lizenz an den Dritten zugestimmt hat.

(2) Der Rechteinhaber hat dem Lizenznehmer folgende Informationen in folgender Form zur Verfügung zu stellen:

(a) Informationen über sämtliche Miturheber an der vertragsgegenständlichen Abbil-dung:[24] schriftlich oder per E-Mail;
(b) Ggf. Beschränkungen seines Rechteumfangs bzw. der Art und Weise, auf die die vertragsgegenständliche Abbildung in die Website eingebunden werden darf: schrift-lich oder per E-Mail.

(3) Zur Kontrolle der Erfüllung dieses Vertrages gewährt der Lizenznehmer dem Rechte-inhaber während der Lizenzdauer jederzeit kostenlosen Zugang zu seiner Website sowie den kostenlosen Abruf der vertragsgegenständlichen Abbildung, sofern Zugang und Abruf nicht ohnehin unentgeltlich angeboten werden.[25]

(4) Der Lizenznehmer verpflichtet sich, dem Rechteinhaber auf Anforderung sämtliche vorhandenen Nutzungsdaten seiner Website zur Verfügung zu stellen, die mit dem Abruf der vertragsgegenständlichen Abbildung in Zusammenhang stehen.[26] Dies erstreckt sich auch auf die Weitergabe von unter Bezugnahme auf die vertragsgegenständliche Abbil-dung hinterlassenen E-Mail-Adressen unter Berücksichtigung der deutschen Datenschutz-bestimmungen (bei Einwilligung des betroffenen Nutzers).[27]

§ 4 Haftung

(1) Der Rechteinhaber versichert und steht dafür ein, dass er Inhaber der Online-Nutzungsrechte an der vertragsgegenständlichen Abbildung ist und in der vertragsgegen-ständlichen Form frei über sie verfügen kann.[28] Der Rechteinhaber garantiert ferner, dass die von ihm lizenzierten Inhalte frei von Rechten Dritter sind. Falls dem Rechteinhaber bekannt werden sollte, dass an irgendwelchen Bestandteilen der vertragsgegenständlichen Abbildung Rechte Dritter bestehen, so hat er den Lizenznehmer hierauf unverzüglich hinzuweisen. Der Rechteinhaber stellt den Lizenznehmer hiermit von jeglichen Ansprü-chen Dritter in diesem Zusammenhang frei und ersetzt ihm die Kosten der Rechtsver-teidigung.[29]

(2) Der Lizenznehmer garantiert, sämtliche neben der vertragsgegenständlichen Lizenz für die beabsichtigte Nutzung weiter erforderlichen Rechte selbst einzuholen, bzw. bereits eingeholt zu haben und stellt den Rechteinhaber in diesem Zusammenhang von jeglichen Ansprüchen Dritter frei.[30]

§ 5 Veröffentlichung

Der Rechteinhaber garantiert, dass die vertragsgegenständliche Abbildung bereits ver-öffentlicht ist.[31]

§ 6 Vertrags- und Lizenzdauer

(1) Dieser Vertrag beginnt mit beiderseitiger Unterzeichnung und läuft für die Dauer von . . . . . . (Vertragsdauer).[32] Mit Ablauf der Vertragsdauer enden sämtliche Pflichten aus diesem Vertrag mit Ausnahme solcher Regelungen, die ersichtlich auch nach Vertragsende gelten sollen.

(2) Die Rechtseinräumung nach diesem Vertrag (Lizenzdauer) beginnt gem. § 2 Abs. 2 mit der Zahlung der geschuldeten Lizenzgebühr und endet mit Ablauf der Vertragsdauer gem. § 6 Abs. 1.[33]

(3) Dieser Vertrag kann aus wichtigem Grund vorzeitig gekündigt werden, insbesondere wenn der Rechteinhaber seinen Mitwirkungspflichten gem. § 3 dieses Vertrags (insbesondere zur Lieferung eines Werkstücks gem. § 3 Abs. 1) nachhaltig nicht nachkommt, der Lizenznehmer fällige Zahlungen gem. § 7 dieses Vertrages trotz Mahnung und Nachfristsetzung nicht leistet oder die Kontrollrechte des Rechteinhabers gem. § 3 Abs. 3 dieses Vertrages nicht erfüllt.[34] Eine fristlose Kündigung setzt grundsätzlich voraus, dass der andere Teil zuvor schriftlich gemahnt und aufgefordert wird, den vermeintlichen Grund zur fristlosen Kündigung in angemessener Zeit zu beseitigen, es sei denn es liegen besondere Gründe iSv §§ 314 Abs. 2, 323 Abs. 2 BGB vor, die dem Kündigenden ein Festhalten an dem Vertrag auch ohne vorherige Mahnung oder Abmahnung unzumutbar machen.[35]

(4) Der Rechteinhaber behält sich das Recht vor, diese Lizenz jederzeit ohne Angabe von Gründen ganz oder teilweise gegen ex-nunc-Wegfall der Vergütungspflicht (pro rata temporis) zu widerrufen.[36] Übt der Rechteinhaber diesen Widerrufsvorbehalt der Lizenz aus, so hat er dem Lizenznehmer eine angemessene Frist zur Herausnahme der vertragsgegenständlichen Abbildung aus der Website – von in der Regel 3 Werktagen – einzuräumen.

§ 7 Vergütung

(1) Für die Rechtseinräumung nach diesem Vertrag erhält der Rechteinhaber eine Pauschallizenzgebühr in Höhe von . . . . . . [Betrag].[37]

(2) Die Lizenzgebühr ist vor dem Einspeichern der vertragsgegenständlichen Abbildung in die Website an den Rechteinhaber zu zahlen.[38] Der Lizenznehmer kann die Ausstellung einer Rechnung über den zu zahlenden Betrag verlangen. Rechnungsbeträge sind spätestens innerhalb von 10 Arbeitstagen nach Rechnungsstellung zur Zahlung fällig. Zahlungen sind auf das Konto IBAN . . . . . . bei der . . . . . . [Bank] in . . . . . . [Ort], BIC . . . . . . zu leisten.

Gerät der Lizenznehmer mit der Zahlung fälliger Forderungen in Verzug, so hat er Verzugszinsen in Höhe von . . . . . . % pro Jahr zu zahlen, sofern er nicht nachweist, dass der tatsächliche Schaden geringer ist.[39] Die Möglichkeit des Rechteinhabers zur Geltendmachung weitergehender Ansprüche aus dem Verzug bleibt unberührt.

(3) Alle Vergütungen verstehen sich zuzüglich der gesetzlichen Mehrwertsteuer, sofern der Rechteinhaber im Zahlungszeitpunkt der Umsatzsteuerpflicht unterliegt oder auf sie optiert hat und dies dem Lizenznehmer bekannt ist. Entsteht die Umsatzsteuerpflicht oder die Option auf sie nachträglich, so kann die Mehrwertsteuer bis zum Ende des laufenden Kalenderjahres unter Vorlage der Mehrwertsteuerpflicht-Bescheinigung des zuständigen Finanzamtes gegen Rechnungsstellung nachgefordert werden. Danach erlischt die Forderung auf Umsatzsteuer-Erstattung.

§ 8 Vertraulichkeit

Beide Parteien verpflichten sich, über die Bestimmungen dieses Vertrages sowie über alle ihnen im Rahmen dieses Vertrages bekannt gewordenen Informationen auch nach Ablauf der Lizenzdauer Stillschweigen zu bewahren.

§ 9 Herausgabe- und Löschungspflichten

Der Lizenznehmer verpflichtet sich, nach Beendigung der Lizenzdauer alle ihm einzeln in elektronischer Form vorliegenden vertragsgegenständlichen Informationen und Inhalte, insbesondere alle Kopien der vertragsgegenständlichen Abbildung, die nicht Bestandteil einer Gesamt-Archivierung seiner Website oder einzelner Webseiten sind, zu löschen. Informationen und Inhalte (auch Informationsmaterial uÄ), die in verkörperter Form vorliegen, sind an den Rechteinhaber zurückzugeben oder auf dessen Verlangen hin oder bei Nichtannahme zu vernichten.

§ 10 Exklusivität[40]

Der Rechteinhaber verpflichtet sich, für einen Zeitraum von . . . . . .[41] die vertragsgegenständliche Abbildung nicht an einen weiteren Lizenznehmer zur Online-Nutzung zu lizenzieren, wenn dieser mit dem Lizenznehmer in direktem Konkurrenzverhältnis steht oder dem Lizenznehmer durch die Zweitlizenzierung ein Imageschaden droht. Ein solches direktes Konkurrenzverhältnis ist bei Branchengleichheit stets gegeben.

§ 11 Schlussbestimmungen

(1) Dieser Vertrag unterliegt dem Recht der Bundesrepublik Deutschland.

(2) Mündliche Nebenabreden bestehen nicht. Änderungen oder Ergänzungen dieses Vertrages bedürfen zu ihrer Wirksamkeit der Schriftform, auf die auch nicht mündlich verzichtet werden kann.

(3) Sollten einzelne Bestimmungen dieses Vertrages unwirksam sein oder werden, so wird dadurch die Wirksamkeit der übrigen Bestimmungen nicht berührt. Statt der unwirksamen Bestimmung gilt dasjenige, was die Parteien nach dem ursprünglich angestrebten Zweck unter wirtschaftlicher Betrachtungsweise redlicherweise vereinbart hätten. Das Gleiche gilt im Falle des Vorliegens einer Vertragslücke.

(4) Ansprüche aus diesem Vertrag können weder abgetreten, noch verpfändet, noch mit dem Recht eines Dritten belastet werden, soweit der Schuldner dem nicht ausdrücklich zustimmt.

(5) Erfüllungsort ist . . . . . . Sofern beide Parteien Kaufleute im Sinne des HGB sind, ist Gerichtsstand für alle Streitigkeiten aus diesem Vertrag . . . . . .

. . . .

(Ort, Datum)   (Ort, Datum)

. . . .

– Lizenznehmer –   – Rechteinhaber –

Anmerkungen

1. Sachverhalt. Gegenstand des vorliegenden Formularvertrages ist die Einbindung einer Abbildung (Foto, Grafik) in eine Website, wodurch Urheber- oder Leistungsschutzrechte eines Fotografen, Grafikers oder bildenden Künstlers (zB Maler, Bildhauer oder Architekt) berührt sein können. Die Haftung des Website-Betreibers gegenüber dem Rechteinhaber für die ordnungsgemäße Rechteeinholung bei Nutzung urheberrechtlich geschützter Inhalte ist in Rechtsprechung und Literatur unbestritten, vgl. zB LG München I Urt. v. 18.9.2008 – 7 O 8506/07, MMR 2009, 137 mAnm *Kaufmann*. Der Betreiber der Website ist regelmäßig Anbieter des entsprechenden Inhalts als „eigene Information" iSv § 7 Abs. 1 TMG und haftet daher dem Rechteinhaber gegenüber für Urheberrechtsverletzungen durch die mit der Einbindung in die Website verbundene Vervielfältigung und Öffentlich-Zugänglichmachung eines urheberrechtlich geschützten Inhalts. Daher besteht ein Bedarf nach Abschluss entsprechender Lizenzverträge wie in den Formularen dieses Abschnitts (H.).

2. Betroffene Schutzrechte. Fotos können urheberrechtlich als Lichtbildwerke gem. § 2 Abs. 1 Nr. 5 UrhG geschützt sein, soweit sie die Individualität einer persönlichen geistigen Schöpfung erreichen. Andernfalls genießen sie jedenfalls gem. § 72 UrhG Leistungsschutz als Lichtbilder. Liegt ein bloßer Leistungsschutz nach § 72 UrhG vor, so entfällt insbesondere der urheberpersönlichkeitsrechtliche Entstellungsschutz (Schricker/Loewenheim/*Vogel* § 72 Rn. 31), nicht jedoch das (Verwertungs-) Recht zur Bearbeitung gem. § 23 UrhG. Im Übrigen gestalten sich die Verwertungsrechte des Leistungsschutzberechtigten fast genauso wie die des Urhebers eines Lichtbildwerkes, § 72 Abs. 1 UrhG. Das Formular kann daher auch zur Einholung der leistungsschutzrechtlichen Lizenz an einem lediglich leistungsschutzrechtlich geschützten Lichtbild verwendet werden, wenn an Stelle des Begriffes „Urheberrecht" jeweils die Bezeichnung „Leistungsschutzrecht" gesetzt wird.

Grafiken können urheberrechtlich als Werke der angewandten Kunst gem. § 2 Abs. 1 Nr. 4 UrhG geschützt sein, wenn und soweit sie die Individualität einer persönlichen geistigen Schöpfung erreichen. Dies gilt auch, wenn sie für einen bestimmten Zweck (beispielsweise zur Verwendung als Plakat oder Verpackung) geschaffen wurden (Schricker/Loewenheim/*Loewenheim* § 2 Rn. 144, 156; vgl. auch BGH Urt. v 13.11.2013 – I ZR 143/12, MMR 2014, 333 – Geburtstagszug).

Zu beachten ist, dass, zusätzlich zu den Urheber- und/oder Leistungsschutzrechten an der vertragsgegenständlichen Abbildung selbst, Abbildungen von Zeichnungen, Skizzen, Gemälden, Skulpturen oder Bauwerken als Vervielfältigungen eines Werkes des bildenden Kunst iSv § 2 Abs. 1 Nr. 4 UrhG grundsätzlich (dh vorbehaltlich des Eingreifens einer Urheberrechtsschranke) auch der Einwilligung des Urhebers oder des Inhabers des ausschließlichen Verwertungsrechtes an dem abgebildeten Werk bedürfen (Schricker/Loewenheim/*Loewenheim* § 16 Rn. 9).

Gleichermaßen ist bei der Abbildung von Personen auch deren „Recht am eigenen Bild" gem. §§ 22 ff. KUG zu beachten, das in der Regel ebenfalls mit einem Unterlassungsanspruch sowie einem Schadensersatzanspruch auf Zahlung einer angemessenen Lizenzgebühr bewehrt ist (außer in satirischer Auseinandersetzung mit dem Tagesgeschehen, vgl. BGH Urt. v. 26.10.2006 – I ZR 182/04, BGHZ 169, 340 = NJW 2007, 689 = GRUR 2007, 139 = ZUM 2007, 55 – „Rücktritt des Finanzministers").

Bild-Online-Lizenzverträge werden in der Regel mit den Urhebern bzw. Leistungsschutzberechtigten der betreffenden Abbildung abgeschlossen, da diese die Rechte zur Online-Nutzung in der Regel nicht exklusiv an einen Verwerter einräumen. Eine Ausnahme gilt bei Arbeitnehmer-Urhebern (zB angestellten Grafikern), hinsichtlich deren Werke im Regelfall der Arbeitgeber Inhaber der ausschließlichen Nutzungsrechte für all diejenigen Nutzungsarten wird, die er für seine betrieblichen Zwecke benötigt (Schricker/Loewenheim/*Rojahn* § 43 Rn. 37 ff.). Eine weitere Ausnahme gilt für solche Bildkünstler, die der Verwertungsgesellschaft Bild-Kunst (VG Bild-Kunst) die Reproduktionsrechte an ihren Werken oder Lichtbildern eingeräumt haben. In diesem Falle nimmt die VG Bild-Kunst auch die Rechte zur digitalen und Online-Verwertung gem. § 1 lit. r ihres Wahrnehmungsvertrages für den Künstler wahr, der sie sich allerdings im Einzelfall zur eigenen Wahrnehmung zurückübertragen lassen kann. Die bedeutet, dass die entsprechende Lizenz sowohl bei der VG Bild-Kunst als auch beim Künstler selbst eingeholt werden kann. Ein Verzeichnis derjenigen Künstler, die der VG Bild-Kunst die Reproduktionsrechte eingeräumt haben, ist bei der Verwertungsgesellschaft (VG Bild-Kunst, Weberstr. 61, 53113 Bonn) erhältlich.

3. Rechtseinräumung. Nach der urheberrechtlichen Zweckübertragungstheorie § 31 Abs. 5 UrhG, die analog auch für Leistungsschutzrechte gilt (Schricker/Loewenheim/ *Schricker* § 31 Rn. 79), ist der Umfang der eingeräumten Nutzungsrechte im Zweifel eng auszulegen (hierzu Schricker/Loewenheim/*Schricker* § 31 Rn. 74 ff.). Daher ist eine ausdrückliche und möglichst umfassende Nutzungsrechtseinräumung empfehlenswert, um spätere Meinungsverschiedenheiten über den Umfang der Nutzungsrechte des Lizenznehmers zu vermeiden.

4. Erforderliche Nutzungsrechte. Für die Benutzung von Abbildungen in Online-Medien sind rechtssystematisch folgende Nutzungsrechte erforderlich: Ein Vervielfältigungsrecht für die Einspeicherung in die Website gem. § 16 UrhG. Das Recht, den Zugang zu dem Werk zu eröffnen, welches als sogenanntes „Recht der öffentlichen Zugänglichmachung" in § 19a UrhG geregelt ist. Sowie das Recht zur weiteren Vervielfältigung der Abbildung durch Besucher der Website gem. § 16 UrhG, falls diese die Abbildung bei sich selbst wiederum abspeichern können.

5. Einspeicherung in eine Website. Die Einspeicherung einer Abbildung in eine Webseite ist eine (digitale) Vervielfältigung, da hierbei eine neue, selbstständig wahrnehmbare Kopie entsteht (OLG München Urt. v. 8.3.2001 – 29 U 3282/00 (nicht rechtskräftig), NJW 2001, 3553 = CR 2001, 333 = GRUR 2001, 499, 501 = WRP 2001, 578 = MMR 2001, 375, 377 – „Hitbit/AOL"; *Schack* § 13 Rn. 461; Möhring/Nicolini/ *Kroitzsch* § 16 Rn. 4; *Bechtold* ZUM 1997, 427 [429]).

6. Öffentlich-Zugänglichmachung. Das Verwertungsrecht, der Öffentlichkeit den Zugang zu der vertragsgegenständlichen Abbildung zu eröffnen, (Recht der Öffentlich-Zugänglichmachung) ist in § 19a UrhG geregelt.

Werden urheberrechtlich geschützte Werke auf einer Internetseite so eingebunden, dass sie von Dritten aufgerufen werden können, so sind sie im Sinne des § 19a UrhG öffentlich zugänglich gemacht (vgl. zB AG Hamburg Urt. v. 27.9.2010 – 36A C 375/09, GRUR-RR 2011, 162 = ZUM-RD 2011, 38 = CR 2011, 58; siehe auch BGH Urt. v. 9.7.2015 – I-ZR 46/12 – Framing).

7. Vervielfältigung durch Abruf von Besuchern der Website. Jeder Abruf durch einen Besucher der Website ist eine Vervielfältigung im urheberrechtlichen Sinne, weil dadurch zumindest eine Kopie im Arbeitsspeicher des abrufenden Computers entsteht (vgl. *Bechtold* GRUR 1998, 18 mwN; *Schack* § 13 Rn. 418 ff.). Vorübergehende Vervielfältigungshandlungen, die flüchtig oder begleitend sind, einen integralen und wesentlichen Teil eines technischen Verfahrens darstellen, keine eigenständige wirtschaftliche Bedeutung haben und entweder nur der Übertragung in einem Netz durch einen Vermittler oder die rechtmäßige Nutzung eines Werkes ermöglichen sollen, sind allerdings schon gem. § 44a UrhG vom urheberrechtlichen Zustimmungsvorbehalt ausgenommen. Dazu zählen in erster Linie die Vervielfältigungshandlungen, wie sie bei der digitalen Informationsübermittlung im WWW vorkommen, dh vor allem das Browsing und das Routing. Wenn allerdings der Nutzer die Möglichkeit hat, die Abbildung nach dem bloßen Browsing-Abruf seinerseits dauerhaft abzuspeichern, greift § 44a UrhG nicht mehr und ist hierfür ein weiteres Vervielfältigungsrecht gem. § 16 UrhG erforderlich.

Ein Problem ergibt sich hierbei aus der Frage, wem solche Vervielfältigungen durch Abspeichern von Website-Besuchern zuzurechnen sind. Rein mechanisch betrachtet, müsste dies der Besucher sein, was als private Vervielfältigung gem. § 53 UrhG zustimmungsfrei sein kann (vgl. *Flechsig* ZUM 2001, 656; *Cichon* K&R 1999, 547 [549 f.]; in anderem Zusammenhang – Online-Videorecorder – so auch BGH Urt. v. 22.4.2009 – I ZR 175/07, ZUM 2009, 765 und OLG Dresden Urt. v. 12.7.2011 – 14 U 801/07, MMR 2011, 610). Da der Website-Betreiber den Abrufvorgang jedoch veranlasst und wirtschaftlich beherrscht, ist ein nicht lizenzierter Vervielfältigungsvorgang durch einen Nutzer zumindest im Wege mittelbarer Störerhaftung auch dem Betreiber zuzurechnen.

8. Zweitverwertung. Die Ausweitung der (nicht exklusiven) Lizenz auf weitere Verwertungsarten im Zusammenhang mit der Website kann entfallen, wenn der Rechteinhaber zu einer so weitgehenden Lizenzierung nicht bereit ist. Wird die Zweitverwertungs-Lizenz erteilt, so ermöglicht sie dem Lizenznehmer die umfassende wirtschaftliche Ausbeutung der von ihm erstellten Website, ohne ihn zur Aussparung der Inhalte zu zwingen, die er selbst nur lizenziert hat.

9. Zweitverwertung im Fernsehen. ZB im Rahmen von Sendungen, die sich mit dem Internet beschäftigen, Websites vorstellen und dabei deren Inhalt wiedergeben (beispielsweise durch Vorführen der Website).

10. Zweitverwertung auf sonstige Art und Weise. Weitere Zweitverwertungsarten sind etwa die Umsetzung des „Look & Feel" der Website, ihres Konzepts oder bestimmter Gestaltungselemente in Film, Video oder Computerspiele.

11. Verwertungsumfang. Die Rechtseinräumung kann auch auf bestimmte Angebotsarten für Websites (zB das Internet oder geschlossene Netze) beschränkt werden. Dies hängt ganz von dem individuell mit der Lizenzierung verfolgten Zweck ab und von der Rolle, die die vertragsgegenständliche Abbildung im Gesamtangebot der Website spielen soll.

12. Inhaltsverantwortlicher. Der Betreiber der vertragsgegenständlichen Website ist gem. § 7 Abs. 1 TMG für selbst eingestellte Inhalte nach den allgemeinen Gesetzen vollumfänglich verantwortlich. Er ist daher für die Einholung der Lizenz zuständig.

13. Abtretungs- und Unterlizenzierungsverbot. Diese Regelung dient dem Schutz des Rechteinhabers davor, den Überblick darüber zu verlieren, wer zur Nutzung seiner Abbildung berechtigt ist und wer nicht. Der Lizenznehmer ist typischerweise einfacher Verwerter und nicht Teil der umfassenden Rechtauswertungsindustrie, so dass er der Möglichkeit, selbst Lizenzen zu erteilen oder seine Rechte zu übertragen, in der Regel nicht bedarf. Deshalb ist die Nichtübertragbarkeit bzw. Nicht-Unterlizenzierbarkeit auch der gesetzliche Regelfall, vgl. §§ 34, 35 UrhG. Auch schützt das Unterlizenzierungsverbot den Rechteinhaber vor einem Weiterbestehen von Unterlizenzen nach Wegfall der Hauptlizenz, siehe BGH in Sachen „M2Trade" (Urt. v. 19.7.2012 – I ZR 70/10, GRUR 2012, 916) und „Take Five" (Urt. v. 19.7.2012 – I ZR 24/11, GRUR 2012, 914).
Alternativ kann dem Lizenznehmer je nach Interessenlage auch die Weiterübertragung des lizenzierten Inhaltes erlaubt werden, etwa in folgender Form:

> **Alle Rechte sind durch den Lizenznehmer ganz oder teilweise weiter übertragbar/unterlizenzierbar.**

14. Beschränkung auf bestimmte Website. Diese Beschränkung kann je nach Interessenlage der Parteien entfallen.

15. Bedingung vollständiger Zahlung. Die Bedingung vollständiger Zahlung wirkt wie ein „Eigentumsvorbehalt" des Rechteinhabers, indem sie die dingliche Wirkung der

Nutzungsrechtseinräumung bis zur vollständigen Bezahlung der Vergütung aufschiebt. Im Falle eines Insolvenzverfahrens über das Vermögen des Lizenznehmers vor Zahlung der Vergütung schützt dieser Rechtevorbehalt den Rechteinhaber wie ein Eigentumsvorbehalt den Warenkreditgeber: Sie zwingt den Insolvenzverwalter, entweder die Zahlung der Lizenzgebühr als Masseschuld neu einzugehen oder auf die Nutzung des lizenzierten Inhalts zu verzichten.

Bei einer Lizenz, die gegen Zahlung wiederkehrender Beträge (zB jährliche Lizenzgebühr) eingeräumt wird, kann auch ein Rechterückfall bei künftiger Nichtzahlung vereinbart werden:

> **Ferner fallen die eingeräumten Rechte automatisch an den Rechteinhaber zurück, wenn der Lizenznehmer mit der Bezahlung einer gem. § 7 dieses Vertrages fälligen Vergütung trotz Mahnung und Nachfristsetzung länger als zwei Monate in Verzug bleibt.**

Diese Klausel sanktioniert den Zahlungsverzug des Lizenznehmers, indem sie die Nutzungsmöglichkeiten aus dem Vertrag de facto beendet, während der Vergütungsanspruch des Rechteinhabers (auch für die Zukunft) unberührt bleibt und somit zB im Insolvenzfall zur Verteilung nach der Quote angemeldet werden kann. Dies ist eine wirksame Sicherungsklausel des Vergütungsanspruches des Rechteinhabers gegenüber einem zahlungsunwilligen oder –unfähigen Lizenznehmer, auch beispielsweise in der Insolvenz des Lizenznehmers. Auch sie zwingt den Insolvenzverwalter, die Vergütung (bis auf im Beispiel maximal zwei Monatsvergütungen) entweder weiterzuzahlen oder auf die weitere Nutzung des lizenzierten Inhalts zu verzichten. Nach der Rechtsprechung des BGH (Urt. v. 17.11.2005 – IX ZR 162/04, NJW 2006, 915 = CR 2006, 151 = MMR 2006, 386) ist jedenfalls ein aufschiebend bedingter Rechtsübergang für den Fall der (Kündigung wegen) Nichterfüllung durch den Vertragspartner (bzw. dessen Insolvenzverwalter) insolvenzfest, so dass sich ein Rechteinhaber im Falle der Insolvenz des Lizenznehmers die eingeräumten Verwertungsrechte zurückholen kann. Die neue Rechtsprechung des BGH in Sachen „M2Trade" (Urt. v. 19.7.2012 – I ZR 70/10, GRUR 2012, 916) und „Take Five" (Urt. v. 19.7.2012 – I ZR 24/11, GRUR 2012, 914) zur „Insolvenzfestigkeit" von Unterlizenzen ändert an der Sinnhaftigkeit einer solchen Klausel nichts, denn eine Klarstellung des Schicksals von Hauptlizenzen im Insolvenzfall des Lizenzgebers steht nach wie vor aus.

16. Europäische Union. Innerhalb der Europäischen Union gebietet der Grundsatz der Waren- und Dienstleistungsfreiheit nach Auffassung der EU-Kommission grundsätzlich, keine Beschränkungen auf das Territorium eines bestimmten Mitgliedsstaates (zB nur Deutschland) vorzunehmen (vgl. Beanstandung der territorialen Beschränkungen in iTunes Music Stores durch die EU-Kommission = „iTunes-Case" sowie die „Empfehlung für die länderübergreifende kollektive Wahrnehmung von Urheberrechten und verwandten Schutzrechten, die für legale Online-Musikdienste benötigt werden" der EU-Kommission = „CISAC-Case". Siehe *Poll* MMR 2007, XXVII; *v. Einem* MMR 2006, 647).

17. Bestimmungslandprinzip. In Bezug auf das Internet ist letztlich nicht gesichert, inwieweit es überhaupt möglich ist, ein Angebot auf ein bestimmtes Territorium zu „beschränken". Eine Internet-Site kann theoretisch von überall auf der Welt aus abgerufen werden. Auch sogenannte Geotargeting-/Geoblocking-/Geolocation-Maßnahmen können IP-Adressen oder IPTC/XMP ihrer geografischen Herkunft nur mit begrenzter Sicherheit zuordnen. Die Reichweite eines Internet-Angebotes kann allerdings nach herrschender Meinung unter Bezugnahme auf die „erkennbare Bestimmtheit" der Website abgegrenzt werden. Zu vermuten sei dabei zwar grundsätzlich, dass eine Website für alle Territorien der Welt bestimmt sei. Jedoch könne diese Vermutung durch die erkennbare Begrenzung der Zielrichtung der Website oder effektive Ausgrenzung bestimmter Territorien widerlegt werden (vgl. LG Köln Urt. v. 20.4.2001 – 81 O 160/99, CR 2002, 58;

LG Hamburg Urt. v. 5.5.1999 – 315 O 271/98 (nicht rechtskräftig), CR 1999, 785 [786]; OLG Bremen Urt. v. 17.2.2000 – 2 U 139/99, CR 2000, 770 [771]). Hierfür reicht allerdings ein rein verbaler „Disclaimer" allein nicht aus, sondern müssen objektive Kriterien wie angebotene Sprachen, Beschränkung der Akzeptanz von Zahlungsmitteln auf solche, die in einem bestimmten Land ausgegeben werden, Geotargeting der IP-Adresse uÄ für die Beschränkung auf bestimmte Länder sprechen.

18. Unbekannte und noch nicht geschützte Nutzungsarten. Diese Regelung enthält die antizipierte Einräumung von Rechten an Nutzungsarten, die bislang noch nicht bekannt oder noch nicht geschützt sind.

Seit 1.1.2008 ist das früher in § 31 Abs. 4 UrhG enthaltene Verbot der Übertragung von Nutzungsrechten an unbekannten Nutzungsarten aufgehoben und die Übertragung von Nutzungsrechten an unbekannten Nutzungsarten in den §§ 31a und 32c UrhG geregelt. Danach ist eine Übertragung von Nutzungsrechten an unbekannten Nutzungsarten nunmehr in Schriftform möglich, dem Urheber verbleibt jedoch solange ein Recht zum Widerruf dieser Übertragung, bis er sich mit dem Verwerter auf eine Vergütung geeinigt oder während dreier Monate nicht auf eine Mitteilung der geplanten neuen Werknutzung reagiert hat. Diese Regelung dient der Ermöglichung einer umfassenden Verwertung vor allem aufwändig hergestellter (zB Filme, Computerspiele, Gemeinschaftswerke) oder vor langer Zeit geschaffener Werke, auch wenn bestimmte Nutzungsarten erst nachträglich entstehen.

Eine Rechtseinräumung an Nutzungsarten, die zum Zeitpunkt des Vertragsschlusses zwar schon bekannt, aber rechtlich noch nicht geschützt waren, war schon immer möglich und üblich (siehe Schricker/Loewenheim/*Schricker* § 31a Rn. 55 ff.) – allerdings in der Praxis bislang selten relevant.

Eine solche Regelung ist in der Praxis auch nur bei Verträgen mit einer langen Laufzeit relevant, da nur bei solchen eine realistische Möglichkeit besteht, dass während der Vertragslaufzeit neue Nutzungsarten bekannt oder geschützt werden könnten.

19. Option bezüglich nicht erfasster Nutzungsarten. Diese Regelung beinhaltet eine Verpflichtung beider Parteien zur Nachverhandlung über von der Rechtseinräumung etwaig nicht erfasste Nutzungsrechte, um dem Lizenznehmer die nötige Sicherheit zu geben, im Hinblick auf die spätere Nutzung seiner Website ausreichende Freiheit zu besitzen. Seit eine antizipierte Rechtseinräumung an noch nicht bekannten Nutzungsarten zulässig ist (→ Anm. 18), ist die Bedeutung dieser Klausel deutlich reduziert. Allerdings verbleibt ihr ein gewisser Restwert als nützlicher „Fallschirm" gegen eine allfällig unbeabsichtigte Nichterfassung einzelner Nutzungsarten.

20. Veränderungen. Dem Urheber steht gem. §§ 12 ff. UrhG ein umfassendes Persönlichkeitsrecht zu, das ihn insbesondere vor entstellenden Veränderungen des Werkes (zB durch zu starke Kompression/zu niedrige Auflösung) schützt. Ein Verbot von Bearbeitungen und sonstigen Umgestaltungen kann zudem auch auf das Verwertungsrecht gem. § 23 UrhG gestützt werden. Der Lizenzvertrag kann daher auch jede Bearbeitung und/oder ausschnittsweise Benutzung der Abbildung verbieten. Dabei ist jedoch auf die berechtigten Interessen des Lizenznehmers Rücksicht zu nehmen. Dies kann etwa in folgender Form bewerkstelligt werden:

> Ausgeschlossen ist das Recht, die vertragsgegenständliche Abbildung ausschnittsweise, in Teilen oder in bearbeiteter Form zu benutzen; für die Benutzung notwendige Änderungen (zB unerlässliche Größenveränderungen) sind jedoch gestattet.

21. Kennzeichen und Abbildungen. Dieser Abschnitt ist – je nach dem Umfang der Nutzung durch den Lizenznehmer und dem beiderseitigen Interesse an seiner Bezugnahme auf Urheber und Rechteinhaber – individuell zu gestalten. Insbesondere kann das

Recht des Lizenznehmers auf die Benutzung des Werktitels sowie des Urhebernamens beschränkt werden.

22. Namensnennung. Die Nennung des Urhebers ist schon gem. § 13 S. 2 UrhG kraft Gesetzes erforderlich. Für den Inhaber eines ausschließlichen Verwertungsrechts gibt es keinen solchen gesetzlichen Anspruch auf Namensnennung. Allerdings ist es – schon im Hinblick auf § 10 UrhG – häufig üblich, vertraglich zu vereinbaren, ihn in folgender oder ähnlicher Form zu nennen:

> Mit freundlicher Genehmigung von . . . . . . (Rechteinhaber).

23. Übergabe eines Werkstückes. Die rechtzeitige Lieferung eines Werkstückes ist insbesondere dann wesentlich, wenn die vertragsgegenständliche Abbildung noch nicht (oder noch nicht in digitaler Form) existiert, sondern erst auf Grund dieses Vertrages hergestellt werden soll. Versäumt der Rechteinhaber die Lieferfrist sowie eine weitere Nachfrist, so ist der Lizenznehmer gem. § 6 Abs. 2 dieses Vertrages zur Kündigung berechtigt und kann mit der frei gewordenen Kapazität einen anderen Inhalt lizenzieren.

24. Urheberinformationen. Diese Regelung dient dem Schutz des Lizenznehmers. Ihm soll dadurch ermöglicht werden, einerseits zu überprüfen, ob er alle zur Benutzung der vertragsgegenständlichen Abbildung erforderlichen Lizenzen eingeholt hat, und andererseits seinen Pflichten gegenüber allen Berechtigten in der erforderlichen Weise nachzukommen (zB der Namensnennungspflicht).

25. Kontrollabrufe. Vereinbaren die Parteien eine abrufmengenabhängige Vergütung, so sind Kontrollabrufe ausdrücklich von der Vergütungspflicht auszunehmen:

> Kontrollabrufe sind von der Vergütungszahlung befreit.

26. Nutzungsdaten. Diese Formulierung verpflichtet den Lizenznehmer nur zur Herausgabe von Daten, die bei ihm ohnehin erhoben werden. Die Klausel kann auch weitergehend formuliert werden, so dass sie den Lizenznehmer zur Erhebung von Nutzungsdaten, soweit technisch möglich und rechtlich zulässig, verpflichtet, zB mit folgender Formulierung:

> Der Lizenznehmer verpflichtet sich, dem Rechteinhaber Nutzungsdaten, die mit dem Abruf der vertragsgegenständlichen Abbildung in Zusammenhang stehen, zur Verfügung zu stellen, soweit dies technisch möglich und rechtlich zulässig ist.

27. E-Mail-Adressen. Die Weitergabeverpflichtung bezüglich Nutzungsdaten sollte auch hinterlassene E-Mail-Adressen von Interessenten umfassen, sofern diese mit der Weitergabe an den Rechteinhaber einverstanden sind. Bezüglich der datenschutzrechtlichen Implikationen vgl. das BDSG und das TMG.

28. Rechtegarantie des Rechteinhabers. Da bei Rechten kein gutgläubiger Erwerb möglich ist, ist diese Klausel nötig, um den Lizenznehmer vor wirtschaftlichen Schäden zu schützen, wenn der vermeintliche Rechteinhaber gar nicht verfügungsberechtigt ist.

29. Haftungsfreistellung. Da aus einer fehlenden Berechtigung des Rechteinhabers auch folgen kann, dass der Lizenznehmer eine vertragsgegenständliche Abbildung zwar gutgläubig, aber unberechtigt nutzt und er damit unabsichtlich selbst zum Rechtsverletzer wird, ist diese Freistellung nötig. Die ausdrückliche Erstreckung auf die eigenen Kosten der Rechtsverteidigung ist deshalb erforderlich, weil diese Kosten nicht auf Ansprüchen Dritter beruhen, sondern freiwillige Aufwendungen des Lizenznehmers darstellen, die daher von einer reinen Haftungsfreistellung nicht erfasst sind.

30. Garantie des Lizenznehmers. Ebenso hat der Lizenznehmer zu garantieren, dass seine Nutzung der vertragsgegenständlichen Abbildung den Rechteinhaber nicht in eine Beteiligten-Haftung verwickelt, indem hierdurch die Rechte anderer Schutzrechtsinhaber verletzt werden.

31. Veröffentlichung. Neben dem ausschließlichen Recht zur Vervielfältigung und Verbreitung hat ein Urheber auch das Recht, über die Veröffentlichung seines Werkes zu entscheiden, § 12 Abs. 1 UrhG. Daher ist grundsätzlich für jede Verwertung sicherzustellen, dass sie nicht am Veröffentlichungsrecht des Urhebers scheitert. Ist ein Werk bereits veröffentlicht, so ist das Veröffentlichungsrecht verbraucht und kann der Verwertung nicht mehr entgegenstehen. Wenn der Rechteinhaber eine Garantie dafür übernimmt, dass das Werk bereits veröffentlich ist, ist der Lizenznehmer somit ausreichend abgesichert.

32. Vertragsdauer. Die Vertragsdauer kann auch „auf unbestimmte Zeit" lauten. Dann kann die Lizenz allerdings, wie bei jedem unbefristeten Dauerschuldverhältnis, grundsätzlich jederzeit von beiden Seiten ordentlich gekündigt werden. Insofern ist ein befristeter Vertrag für beide Parteien besser planbar, da sie sich hierbei zumindest auf die ursprüngliche Vertragslaufzeit als Mindestlizenzdauer verlassen können.

33. Lizenzdauer. Die Lizenzdauer kann auch – unabhängig vom Vertragsende – für eine gewisse Dauer ab dem Zeitpunkt des Rechteübergangs gem. § 2 Abs. 2 S. 1 des Formulars berechnet werden. Allerdings könnte dann ein Lizenznehmer, dem nach Vertragsunterzeichnung noch einmal Bedenken kommen, die Lizenzdauer durch Zurückhaltung der Zahlung nach hinten verschieben. Durch das hier vorgesehene Ende der Lizenzdauer mit Vertragsablauf (unabhängig vom Zeitpunkt des Beginns/Rechtsübergangs) wird der Lizenznehmer hingegen dazu motiviert, die geschuldete Vergütung so schnell wie möglich zu bezahlen, um in den Genuss einer möglichst langen Lizenzdauer zu kommen: Vor Bezahlung des geschuldeten Vergütungsbetrags darf er die vertragsgegenständliche Abbildung nämlich gem. § 2 Abs. 2 S. 1 des Vertragsformulars nicht nutzen; das Ende seiner Nutzungsberechtigung richtet sich hingegen bei der hier vorgesehenen Regelung nach der Vertragslaufzeit, die bereits mit Vertragsunterzeichnung zu laufen beginnt.

34. Kündigung aus wichtigem Grund. Wie bei jedem Dauerschuldverhältnis ist auch beim Lizenzvertrag eine Kündigung aus wichtigem Grund stets möglich. Diese Klausel listet klarstellend einige Pflichtverletzungen auf, die nach Einschätzung der Parteien so erheblich sind, dass sie einen wichtigen Grund zur Kündigung darstellen. Die Aufzählung kann gekürzt oder um weitere erhebliche Pflichtverletzungen ergänzt werden.

35. Abmahnung. Gem. § 314 Abs. 2 S. 1 BGB ist grundsätzlich vor jeder fristlosen Kündigung eines Dauerschuldverhältnisses wegen der Verletzung von Vertragspflichten eine vorherige Abmahnung oder, falls die Pflichtverletzung in einem Unterlassen besteht, eine Abhilfefristsetzung erforderlich, es sei denn es liegen besondere Gründe iSv § 323 Abs. 2 BGB vor, die dem Kündigenden ein Festhalten an dem Vertrag auch ohne vorherige Mahnung oder Abmahnung unzumutbar machen.

36. Widerrufsvorbehalt. Diese Klausel entfaltet zugunsten besonders bindungsunwilliger Rechteinhaber die Wirkung eines jederzeitigen, begründungslosen Rücktrittsrechtes. Sie kann bei abweichender Interessenlage der Parteien entfallen.

37. Lizenzgebühr. Die Vergütungsform der Pauschallizenzgebühr ist für nicht oder nicht direkt Einkünfte produzierende Nutzungen die einfachste und angemessenste. Eine Beteiligung des Rechteinhabers am wirtschaftlichen Erfolg der Nutzung ist hier gar nicht oder nur schwer möglich.

38. **Periodische Zahlungen.** Eine Pauschallizenzgebühr kann allerdings auch in Form periodischer Zahlungen vereinbart werden. Dann ist allerdings sicherzustellen, dass der Übergang der Rechte gem. § 2 Abs. 2 S. 1 des Formulars bereits nach Zahlung der ersten Rate erfolgt, da der Lizenznehmer den Vertragsgegenstand sonst nicht nutzen darf. Die Fälligkeit der ersten Rate sollte wie folgt angepasst werden:

> Die erste Lizenzgebühr ist vor dem Einspeichern der vertragsgegenständlichen Abbildung in die Website an den Rechteinhaber zu zahlen. Die weiteren Raten iHv jeweils ...... sind jeweils zum ...... zu bezahlen. Der Lizenznehmer kann die Ausstellung einer Rechnung über jeden zu zahlenden Betrag verlangen.

Bei periodisch wiederkehrender Zahlungspflicht ist zudem eine Beschränkung auf die gesetzliche Schutzfrist in den Vertrag aufzunehmen:

> Wiederkehrende Lizenzgebühren müssen an den Rechteinhaber nur für die Dauer der gesetzlichen Schutzfrist bezahlt werden.

Sie stellt sicher, dass der Rechteinhaber, der auf Grund dieses Vertrages regelmäßige Zahlungen an den Rechteinhaber leistet, nach Wegfall des gesetzlichen Schutzes nicht – auf Grund des Vertrages – schlechter steht als jeder andere, der keine Vergütung für die nun freie Nutzung entrichten muss.

Wird ein solcher wiederkehrender Anspruch vereinbart, so kann man zum Schutz von dessen Erfüllung einen Rechterückfall für den Fall der Erfüllungsverweigerung durch den Lizenznehmer vereinbaren:

> Lehnt der Lizenznehmer oder sein rechtmäßiger Vertreter die weitere Erfüllung des Vertrages ab, so hat der Rechteinhaber ein außerordentliches fristloses Kündigungsrecht innerhalb von zwei Wochen ab Kenntnis von der Erfüllungsverweigerung. Mit dem Wirksamwerden der Kündigung wird der Rechteinhaber von sämtlichen Pflichten aus diesem Vertrag frei und fallen sämtliche dem Lizenznehmer eingeräumten Rechte an ihn zurück.

Diese Regelung zwingt zB einen Insolvenzverwalter, entweder die weitere Erfüllung des Vertrages zu erklären und damit die Vergütungspflicht als Masseschuld neu einzugehen oder die weitere Benutzung der vertragsgegenständlichen Abbildung einzustellen. Der Rechterückfall schützt den Rechteinhaber auf diese Weise in einem Insolvenzverfahren ähnlich wie ein Eigentumsvorbehalt den Warenkreditgeber, nachdem ein a priori Rechtevorbehalt nicht möglich ist, weil den Rechtsübergang benötigt, um die Benutzung aufnehmen zu können.

Erfolgt die Nutzung der vertragsgegenständlichen Abbildung im Rahmen direkt Einnahmen erzeugender kommerzieller Programme oder Angebote (zB pay-per-download), so ist hingegen eine Umsatzbeteiligung des Rechteinhabers üblich und angemessen. Sie kann etwa in folgender Form erfolgen (→ Form. H. 4):

> (1) Vergütung
> (a) Garantiesumme
> Für die Rechtseinräumung nach diesem Vertrag erhält der Rechteinhaber eine nicht rückzahlbare, jedoch voll und quer verrechenbare Garantiesumme als Vorauszahlung auf seine Umsatzbeteiligung gem. Unterabsatz (b) dieses Absatzes in Höhe von ......
> (b) Umsatzbeteiligung
> Von den Netto-Einnahmen (Gesamt-Einnahmen abzüglich gesetzlicher Mehrwertsteuer, jedoch ohne Abzug sonstiger Kosten), die der Lizenznehmer aus der Verwertung der mit diesem Vertrag lizenzierten Abbildung erzielt (zB Download-Preis, Subscription Fees, pay per download uÄ [Hierzu zählen auch Einnahmen, die nicht unmittelbar, sondern lediglich mittelbar aus der lizenzierten Abbildung erzielt werden, wie zB Werbeeinnahmen]), erhält der Rechteinhaber eine Beteiligung in Höhe von ...... % [10 – 50 %, je nach Höhe der sonstigen Kosten für den Lizenznehmer]. Diese Vergütung bezieht sich auf Abbildungen, an denen der Rechteinhaber alleiniger Rechtegeber ist. Müssen zur vertragsgemäßen Benutzung der vertragsgegenständlichen

Abbildung die Rechte weiterer Rechtegeber eingeholt werden, so verringert sich die Umsatzbeteiligung des Rechteinhabers auf den entsprechenden Bruchteil [Dies dient der Absicherung gegen doppelte Zahlungsverpflichtungen auf Grund von Rechten Dritter]. Von der Beteiligungspflicht ausgenommen sind Beträge, die vom Lizenznehmer zweckgebunden zu verwenden sind (durchlaufende Posten) oder die vom Lizenznehmer an Dritte zurückgezahlt werden müssen. Die Umsatzbeteiligung steht dem Rechteinhaber nur während der Dauer der gesetzlichen Schutzfrist zu.

(c) Abrechnung, Zahlung, Nachverhandlungspflicht

Die Umsatzbeteiligung wird jeweils halbjährlich, und zwar jeweils zum 30.6. und zum 31.12., abgerechnet und gezahlt.

Falls sich ein Bedürfnis zu weiteren oder präziseren Regelungen ergibt, verpflichten sich beide Teile, diese nach Treu und Glauben und im Rahmen des Üblichen nach zu verhandeln. Im Übrigen bleibt der Vertrag in Wirkung.

(d) Buchprüfung

Der Rechteinhaber ist berechtigt, Abrechnungen des Lizenznehmers in Bezug auf seine Vergütung auf eigene Kosten zu überprüfen oder von einem öffentlich vereidigten Buch- oder Wirtschaftsprüfer oder einem sonst zur Berufsverschwiegenheit verpflichteten Sachverständigen überprüfen zu lassen (Buchprüfung). Bis zur Feststellung von Unkorrektheiten in der Abrechnung ist diese für beide Seiten verbindlich. Ergibt eine Buchprüfung eine Differenz (von mehr als . . . . . %) zu Ungunsten des Rechteinhabers, so trägt der Lizenznehmer die angemessenen Kosten der Buchprüfung. (Nach Ablauf einer Einwendungsfrist von sechs Monaten nach Zugang der Abrechnung wird diese für beide Teile dieses Vertrages endgültig unanfechtbar). [Bestandteile in Klammern können entfallen].

Möglich ist auch eine Vergütung abhängig von der Zahl der Abrufe der Seite oder Datei, in die die vertragsgegenständliche Abbildung eingebunden wird. Dabei ist jedoch die Feststellung fehlerhafter Übermittlungen schwierig und muss idR mit einem fixen, geschätzten Prozentsatz eingepreist werden.

(1) Vergütung:

Für die Rechtseinräumung nach diesem Vertrag erhält der Rechteinhaber eine Lizenzgebühr in Höhe von . . . . . . pro Abruf der Datei mit der vertragsgegenständlichen Abbildung durch einen Kunden. Dabei ist als Abruf jede vollständige, fehlerfreie Übermittlung anzusehen, die vom Kunden des Lizenznehmers nicht erfolgreich gerügt wird. Der Lizenznehmer trägt die Beweislast dafür, dass eine Übermittlung vom Kunden gerügt wurde.

Die Vergütung wird monatlich jeweils zum Monatsende abgerechnet und gezahlt.

Der Rechteinhaber ist berechtigt, Abrechnungen des Lizenznehmers in Bezug auf seine Vergütung auf eigene Kosten zu überprüfen oder von einem öffentlich vereidigten Buch- oder Wirtschaftsprüfer oder einem sonst zur Berufsverschwiegenheit verpflichteten Sachverständigen überprüfen zu lassen (Buchprüfung). Bis zur Feststellung von Unkorrektheiten in der Abrechnung ist diese für beide Seiten verbindlich. Ergibt eine Buchprüfung eine Differenz (von mehr als . . . . . %) zu Ungunsten des Rechteinhabers, so trägt der Lizenznehmer die angemessenen Kosten der Buchprüfung. (Nach Ablauf einer Einwendungsfrist von sechs Monaten nach Zugang der Abrechnung wird die Abrechnung für beide Teile dieses Vertrages endgültig unanfechtbar). [Bestandteile in Klammern können entfallen].

Auf diese abrufmengenabhängige Lizenzgebühr kann auch eine vorab zu zahlende feste Garantiesumme als Vorauszahlung vereinbart werden:

„Auf diese Lizenzgebühr ist vom Lizenznehmer vor dem Einspeichern der vertragsgegenständlichen Abbildung vorab eine voll verrechenbare einmalige Garantiesumme in Höhe von . . . . . . an den Rechteinhaber zu bezahlen."

Oder es kann eine Grundgebühr vereinbart werden, die zusätzlich zu der abrufmengenabhängigen Vergütung vorab zu zahlen ist:

„Zusätzlich zu dieser abrufmengenabhängigen Lizenzgebühr ist vom Lizenznehmer vor dem Einspeichern der vertragsgegenständlichen Abbildung eine einmalige Gebühr in Höhe von . . . . . . an den Rechteinhaber zu bezahlen."

Falls das abrufmengenabhängige Vergütungsmodell gewählt wird, aber unentgeltliche oder vergünstigte Demonstrationsabrufe (zB Probeabrufe) ermöglicht werden sollen, empfiehlt sich folgende Formulierung:

> Abrufe, die vom Lizenznehmer in Deutschland nachweislich zu Vorführungs- oder Werbezwecken unentgeltlich gestattet wurden, sind vergütungsfrei/unterliegen folgendem – verminderten – Vergütungssatz:

Je nach Interessenlage der Parteien kann dabei die Beschränkung auf Abrufe „in Deutschland" auch entfallen.

39. Pauschalierter Verzugszins. Diese Regelung dient der Vereinbarung spezifischer Verzugszinsen als pauschaliertem Schadensersatz, falls ein möglicher Zinsschaden erwartbar höher liegt als der gesetzliche Zinssatz. Sie darf daher in Allgemeinen Geschäftsbedingungen gem. § 309 Nr. 5 BGB den zu erwartenden Schaden nicht übersteigen und den Nachweis eines tatsächlich geringeren Schadens nicht abschneiden. Dies gilt auch, wenn der Lizenznehmer ein Unternehmer ist (Palandt/*Heinrichs* BGB § 309 Rn. 32 mwN). Daher sollte der gesetzliche Verzugszinssatz nur überschritten werden, wenn der Lizenznehmer tatsächlich zu höheren Zinsen Kredit in Anspruch nimmt. Der zu erwartende Schaden kann sich aber auch unterhalb des gesetzlich fixierten Verzugszinssatzes bewegen. Dann sollte diese Regelung – zugunsten der Anwendbarkeit des gesetzlichen Verzugszinssatzes iHv 5 % (bei Verbrauchern) bzw. 8 % (bei Unternehmern) über dem Basiszinssatz (§§ 288 Abs. 1 und 2, 247 BGB) – entfallen.

40. Exklusivität. Eine exklusive Einräumung der Online-Verwertungsrechte von Abbildungen stellt für den Lizenznehmer für einen gewissen Zeitraum sicher, dass er der einzige ist, der die vertragsgegenständliche Abbildung zu dem vereinbarten Zweck online nutzt. Dies ist für ihn besonders dann wertvoll, wenn er ein investitionsintensives Webangebot betreibt, das einen hohen Aufmerksamkeitswert generieren soll, und hierfür der Widererkennungseffekt auch des verwendeten Bildmaterials von erheblicher Bedeutung ist.

41. Exklusivitätsdauer. In der Praxis beträgt die Dauer der Exklusivität selten mehr als ein paar Wochen. Bei besonderer Interessenlage kann der Zeitraum der Exklusivität jedoch auch „während der Lizenzdauer dieses Vertrages" oder zB „bis zu 30 Tage nach Beendigung dieses Vertrages" betragen.

2. Handy-Logo-Online-Lizenzvertrag

Zwischen

......

— nachstehend „Rechteinhaber" genannt —

und

......

— nachstehend „Lizenznehmer" genannt —

wird folgender Vertrag[1] geschlossen:

§ 1 Vertragsgegenstand

(1) Der Lizenznehmer beabsichtigt, das Logo

. . . . . . [Titel/Beschreibung]

von . . . . . . [Künstler/Grafiker],

das in Anlage A dargestellt ist,

in einer Auflösung von mindestens . . . . . . x . . . . . . Pixeln/höchstens . . . . . . x . . . . . Pixeln als Handy-Logo auf seiner Website mit der URL/den URLs . . . . . . an Endkunden zu vertreiben. Die hierfür erforderlichen Rechte sollen durch diesen Vertrag erworben werden.

(2) Die Parteien gehen davon aus, dass das vertragsgegenständliche Logo in Deutschland zugunsten des Rechteinhabers urheberrechtlich geschützt ist.[2]

§ 2 Rechtseinräumung[3]

(1) Zur Verwirklichung des in § 1 Abs. 1 genannten Zweckes räumt der Rechteinhaber dem Lizenznehmer hiermit folgende nicht ausschließliche Nutzungsrechte ein:[4]

(a) Das Recht zur Einspeicherung des Logos in der in § 1 Abs. 1 genannten Weise in die o.g. Website des Lizenznehmers;[5]

(b) Das Recht, das vertragsgegenständliche Logo in der in § 1 Abs. 1 genannten Weise der Öffentlichkeit zugänglich zu machen („Recht der Öffentlich-Zugänglichmachung");[6]

(c) Das Recht, das Logo in der in § 1 Abs. 1 genannten Weise auf Abruf von Besuchern der og Website hin vervielfältigen zu lassen.[7]

Die Rechtseinräumung umfasst nur das Angebot des vertragsgegenständlichen Logos über die og Website des Lizenznehmers im (allgemein frei zugänglichen) Internet.[8]

Die Rechte sind nur dem Lizenznehmer als inhaltlich Verantwortlichem[9] für die Website eingeräumt und ohne Zustimmung des Rechteinhabers weder weiter übertragbar noch unterlizenzierbar.[10] Insbesondere sind sie nicht dem technischen Dienstleister, der die Website betreibt, eingeräumt, sofern dieser von dem Lizenznehmer verschieden ist.

Der Lizenznehmer verpflichtet sich, das vertragsgegenständliche Logo ausschließlich für das Angebot auf oben genannter Website zu verwenden.[11]

Der Vertrieb körperlicher Werkstücke oder andere als die in diesem § 2 dieses Vertrages genannten Verwertungsformen sind nach diesem Vertrag nicht zulässig. Hierzu bedarf es des Abschlusses eines eigenen, gesonderten Lizenzvertrages.

(2) Die Rechtseinräumung wird gem. § 158 Abs. 1 BGB erst wirksam, wenn der Lizenznehmer die gem. § 7 dieses Vertrages geschuldete Vergütung vollständig geleistet hat.[12] Der Rechteinhaber kann eine Benutzung des vertragsgegenständlichen Logos auch schon vor diesem Zeitpunkt vorläufig erlauben. Ein Übergang der Rechte nach diesem Paragraphen findet durch eine solche vorläufige Erlaubnis nicht statt. Ferner kann der Rechteinhaber die Rechtseinräumung widerrufen, wenn der Lizenznehmer mit der Bezahlung einer gem. § 7 dieses Vertrages fälligen Vergütung trotz Mahnung und Nachfristsetzung länger als zwei Monate in Verzug bleibt.[13]

(3) Die Rechtseinräumung ist territorial auf die Einbindung des vertragsgegenständlichen Logos in eine Website beschränkt, die erkennbar zum Abruf nur innerhalb der Europäischen Union[14] bestimmt ist.[15]

(4) Die Nutzungsrechtseinräumung umfasst alle derzeit bekannten und unbekannten Nutzungsarten, die zur Erreichung des Vertragszwecks erforderlich sind oder werden, auch wenn sie erst auf Grund neuer Gesetzeslage oder aus anderen Gründen nachträglich an dem vertragsgegenständlichen Logo entstehen oder erst nachträglich bekannt werden.[16]

(5) Im Hinblick auf etwaig von dieser Nutzungsrechtseinräumung nicht erfasste Nutzungsarten im Zusammenhang mit Websites räumt der Rechteinhaber dem Lizenznehmer eine Option zu angemessenen Bedingungen ein.[17]

(6) Der Lizenznehmer ist nicht berechtigt, das vertragsgegenständliche Logo zu bearbeiten oder umzugestalten, wobei für die Benutzung notwendige Änderungen gestattet sind (zB Größenveränderung).[18]

(7) Der Lizenznehmer ist berechtigt, im Zusammenhang mit der Durchführung dieses Vertrages – insbesondere zum Zwecke der Eigenwerbung und auf der vertragsgegenständlichen Website – den Titel des vertragsgegenständlichen Logos sowie Namen/Kennzeichen/Abbildungen der dargestellten Charaktere/des Künstlers/Grafikers, soweit der Rechteinhaber über solche Rechte verfügen kann, und des Rechteinhabers unentgeltlich zu benutzen.[19]

(8) Sämtliche Namens-, Titel- und Kennzeichenrechte an der Website oder einzelnen ihrer Teile oder durch Benutzung auf der Website entstehende Namens-, Titel- und Kennzeichenrechte sind Sache des Lizenznehmers.

(9) Der Rechteinhaber hat Anspruch auf Nennung seines Namens als Urheber/Rechteinhaber in Form eines – mit einem Zielpunkt seiner Wahl verlinkten – Vermerks auf derjenigen Webseite, in das vertragsgegenständliche Logo eingebunden wird.[20]

§ 3 Mitwirkungspflichten und Kontrollrechte des Rechteinhabers

(1) Der Rechteinhaber verpflichtet sich, dem Lizenznehmer bis spätestens . . . . . . [Datum][21] ein Exemplar des vertragsgegenständlichen Logos in einer Auflösung von mindestens . . . . . . x . . . . . . Pixeln in elektronischer Form (Werkstück) zu liefern. Das Werkstück ist nach Ablauf von 2 Monaten an den Rechteinhaber zurückzugeben, sofern es in verkörperter Form (zB auf CD, DVD) übergeben wurde. Eine Weitergabe des Werkstückes an Dritte oder die Erstellung von Kopien für Dritte außerhalb des Rahmens dieses Vertrages ist nicht gestattet, soweit nicht der Rechteinhaber einer Übertragung der vertragsgegenständlichen Lizenz an den Dritten zugestimmt hat.

(2) Der Rechteinhaber hat dem Lizenznehmer folgende Informationen in folgender Form zur Verfügung zu stellen:

(a) Ggf. Informationen über sämtliche Miturheber an dem vertragsgegenständlichen Logo:[22] schriftlich oder per E-Mail;

(b) Ggf. Beschränkungen seines Rechteumfangs bzw. der Art und Weise, auf die das vertragsgegenständliche Logo in eine Website eingebunden oder online vertrieben werden darf: schriftlich oder per E-Mail.

(3) Zur Kontrolle der Erfüllung dieses Vertrages gewährt der Lizenznehmer dem Rechteinhaber während der Lizenzdauer jederzeit kostenlosen Zugang zu seiner Website sowie den kostenlosen Abruf des vertragsgegenständlichen Logos, sofern Zugang und Abruf nicht ohnehin unentgeltlich angeboten werden.

(4) Der Lizenznehmer verpflichtet sich, dem Rechteinhaber Nutzungsdaten, die mit dem Abruf des vertragsgegenständlichen Logos in Zusammenhang stehen, zur Verfügung zu stellen, soweit dies technisch möglich und rechtlich zulässig ist.[23] Dies erstreckt sich auch

auf die Weitergabe von unter Bezugnahme auf die vertragsgegenständliche Abbildung hinterlassenen E-Mail-Adressen unter Berücksichtigung der deutschen Datenschutzbestimmungen (bei Einwilligung des betroffenen Nutzers).[24]

§ 4 Haftung

(1) Der Rechteinhaber versichert und steht dafür ein, dass er Inhaber der Online-Nutzungsrechte an dem vertragsgegenständlichen Logo ist und in der vertragsgegenständlichen Form frei verfügen kann.[25] Der Rechteinhaber garantiert ferner, dass die von ihm lizenzierten Inhalte frei von Rechten Dritter sind. Falls dem Rechteinhaber bekannt werden sollte, dass an irgendwelchen Bestandteilen des vertragsgegenständlichen Logos Rechte Dritter bestehen, so hat er den Lizenznehmer hierauf unverzüglich hinzuweisen. Der Rechteinhaber stellt den Lizenznehmer hiermit von jeglichen Ansprüchen Dritter in diesem Zusammenhang frei und ersetzt ihm die Kosten der Rechtsverteidigung.[26]

(2) Der Lizenznehmer garantiert, sämtliche neben der vertragsgegenständlichen Lizenz für die beabsichtigte Nutzung weiter erforderlichen Rechte selbst einzuholen, bzw. bereits eingeholt zu haben und stellt den Rechteinhaber in diesem Zusammenhang von jeglichen Ansprüchen Dritter frei.[27]

§ 5 Veröffentlichung

Der Rechteinhaber garantiert, dass das vertragsgegenständliche Logo bereits veröffentlicht ist.[28]

§ 6 Vertrags- und Lizenzdauer

(1) Dieser Vertrag beginnt mit beiderseitiger Unterzeichnung und läuft zunächst für die Dauer von . . . . . . (Vertragsdauer).[29] Sofern er nicht von einer Partei bis spätestens . . . . . . (Zeitraum) vor Ablauf der Vertragsdauer gekündigt wird, verlängert er sich automatisch um jeweils weitere . . . . . . (Zeitraum). Mit Ablauf der Vertragsdauer enden sämtliche Pflichten aus diesem Vertrag mit Ausnahme solcher Regelungen, die ersichtlich auch nach Vertragsende gelten sollen.

(2) Die Rechtseinräumung nach diesem Vertrag (Lizenzdauer) beginnt gem. § 2 Abs. 2 mit der Zahlung der ersten geschuldeten Lizenzgebühr und endet mit Ablauf der Vertragsdauer gem. § 6 Abs. 1.[30]

(3) Dieser Vertrag kann aus wichtigem Grund vorzeitig gekündigt werden, insbesondere wenn der Rechteinhaber seinen Mitwirkungspflichten gem. § 3 dieses Vertrags (insbesondere zur Lieferung eines Werkstücks gem. § 3 Abs. 1) nachhaltig nicht nachkommt, der Lizenznehmer fällige Zahlungen gem. § 7 dieses Vertrages trotz Mahnung und Nachfristsetzung nicht leistet oder die Kontrollrechte des Rechteinhabers gem. § 3 Abs. 3 dieses Vertrages nicht erfüllt.[31] Eine fristlose Kündigung setzt grundsätzlich voraus, dass der andere Teil schriftlich gemahnt und aufgefordert wird, den vermeintlichen Grund zur fristlosen Kündigung in angemessener Zeit zu beseitigen, es sei denn es liegen besondere Gründe iSv §§ 314 Abs. 2, 323 Abs. 2 BGB vor, die dem Kündigenden ein Festhalten an dem Vertrag auch ohne vorherige Mahnung oder Abmahnung unzumutbar machen.[32]

§ 7 Vergütung, Abrechnung und Zahlung

(1) Vergütung[33]

(a) Garantiesumme
    Für die Rechtseinräumung nach diesem Vertrag erhält der Rechteinhaber eine nicht rückzahlbare, jedoch voll und quer verrechenbare Garantiesumme als Vorauszahlung

auf seine Umsatzbeteiligung gem. Unterabsatz (b) dieses Absatzes in Höhe von . . . . . .
[Betrag].

(b) Umsatzbeteiligung

Von den Netto-Einnahmen (Gesamt-Einnahmen abzüglich gesetzlicher Mehrwertsteuer, jedoch ohne Abzug sonstiger Kosten), die der Lizenznehmer aus der Verwertung des mit diesem Vertrag lizenzierten Logos erzielt (zB Download-Preis, Werbeeinnahmen, Subscription Fees, pay per view uÄ[34]), erhält der Rechteinhaber eine Beteiligung in Höhe von . . . . . . %.[35] Diese Vergütung bezieht sich auf Logos, an denen der Rechteinhaber alleiniger Rechtegeber ist. Müssen zur vertragsgemäßen Benutzung eines vertragsgegenständlichen Logos die Rechte weiterer Rechtegeber eingeholt werden, so verringert sich die Umsatzbeteiligung des Rechteinhabers auf den entsprechenden Bruchteil.[36] Von der Beteiligungspflicht ausgenommen sind Beträge, die vom Lizenznehmer zweckgebunden zu verwenden sind (durchlaufende Posten) oder die vom Lizenznehmer an Dritte zurückgezahlt werden müssen.

(c) Abrechnung, Zahlung, Nachverhandlungspflicht

Die Umsatzbeteiligung wird jeweils halbjährlich, und zwar jeweils zum 30.6. und zum 31.12., abgerechnet und gezahlt.

Falls sich ein Bedürfnis zu weiteren oder präziseren Regelungen ergibt, verpflichten sich beide Teile, diese nach Treu und Glauben und im Rahmen des Üblichen nach zu verhandeln. In seinen übrigen Teilen bleibt der Vertrag in Wirkung.

(2) Der Rechteinhaber ist berechtigt, Abrechnungen des Lizenznehmers in Bezug auf seine Vergütung auf eigene Kosten zu überprüfen oder von einem öffentlich vereidigten Buch- oder Wirtschaftsprüfer oder einem sonst zur Berufsverschwiegenheit verpflichteten Sachverständigen überprüfen zu lassen (Buchprüfung). Bis zur Feststellung von Unkorrektheiten in der Abrechnung ist diese für beide Seiten verbindlich. Ergibt eine Buchprüfung eine Differenz zuungunsten des Rechteinhabers, so trägt der Lizenznehmer die angemessenen Kosten der Buchprüfung.[37] Nach Ablauf einer Einwendungsfrist von sechs Monaten nach Zugang der Abrechnung wird die Abrechnung für beide Teile dieses Vertrages endgültig unanfechtbar.[38]

(3) Die Umsatzbeteiligung steht dem Rechteinhaber nur während der Dauer der gesetzlichen Schutzfrist zu.[39]

(4) Alle Vergütungen verstehen sich zuzüglich der gesetzlichen Mehrwertsteuer, sofern der Rechteinhaber im Zahlungszeitpunkt der Umsatzsteuerpflicht unterliegt oder auf sie optiert hat und dies dem Lizenznehmer bekannt ist. Entsteht die Umsatzsteuerpflicht oder die Option auf sie nachträglich, so kann die Mehrwertsteuer bis zum Ende des laufenden Kalenderjahres unter Vorlage der Mehrwertsteuerpflicht-Bescheinigung des zuständigen Finanzamtes gegen Rechnungsstellung nachgefordert werden. Danach erlischt die Forderung auf Umsatzsteuer-Erstattung.

(5) Rechnungsbeträge sind innerhalb von 10 Arbeitstagen zur Zahlung fällig. Zahlungen sind auf das Konto IBAN . . . . . . bei der . . . . . . [Bank] in . . . . . . [Ort], BIC . . . . . . zu leisten. Gerät der Lizenznehmer mit der Zahlung fälliger Forderungen in Verzug, so hat er Verzugszinsen in Höhe von . . . . . . % pro Jahr zu zahlen, sofern er nicht nachweist, dass der tatsächliche Schaden geringer ist.[40] Die Möglichkeit des Rechteinhabers zur Geltendmachung weitergehender Ansprüche aus dem Verzug bleibt unberührt.

§ 8 Vertraulichkeit

Beide Parteien verpflichten sich, über die Bestimmungen dieses Vertrages sowie über alle ihnen im Rahmen dieses Vertrages bekannt gewordenen Informationen auch nach Ablauf der Lizenzdauer Stillschweigen zu bewahren.

§ 9 Herausgabe- und Löschungspflichten

Der Lizenznehmer verpflichtet sich, nach Beendigung der Lizenzdauer alle ihm einzeln in elektronischer Form vorliegenden vertragsgegenständlichen Informationen und Inhalte, insbesondere alle Kopien des vertragsgegenständlichen Logos, die nicht Bestandteil einer Gesamt-Archivierung seiner Website oder einzelner Webseiten sind, zu löschen. Informationen und Inhalte (auch Informationsmaterial uÄ), die in verkörperter Form vorliegen, sind an den Rechteinhaber zurückzugeben oder auf dessen Verlangen hin oder bei Nichtannahme zu vernichten.

§ 10 Exklusivität[41]

Der Rechteinhaber verpflichtet sich, für einen Zeitraum von . . . . . .[42] das vertragsgegenständliche Logo nicht an einen weiteren Lizenznehmer zur Online-Nutzung zu lizenzieren, wenn dieser mit dem Lizenznehmer in direktem Konkurrenzverhältnis steht oder dem Lizenznehmer durch die Zweitlizenzierung ein Imageschaden droht. Ein solches direktes Konkurrenzverhältnis ist bei Branchengleichheit stets gegeben.

§ 11 Schlussbestimmungen

(1) Dieser Vertrag unterliegt dem Recht der Bundesrepublik Deutschland.

(2) Mündliche Nebenabreden bestehen nicht. Änderungen oder Ergänzungen dieses Vertrages bedürfen zu ihrer Wirksamkeit der Schriftform, auf die auch nicht mündlich verzichtet werden kann.

(3) Sollten einzelne Bestimmungen dieses Vertrages unwirksam sein oder werden, so wird dadurch die Wirksamkeit der übrigen Bestimmungen nicht berührt. Statt der unwirksamen Bestimmung gilt dasjenige, was die Parteien nach dem ursprünglich angestrebten Zweck unter wirtschaftlicher Betrachtungsweise redlicherweise vereinbart hätten. Das Gleiche gilt im Falle des Vorliegens einer Vertragslücke.

(4) Ansprüche aus diesem Vertrag können weder abgetreten, noch verpfändet, noch mit dem Recht eines Dritten belastet werden, soweit der Schuldner dem nicht ausdrücklich zustimmt.

(5) Erfüllungsort ist . . . . . . Sofern beide Parteien Kaufleute im Sinne des HGB sind, ist Gerichtsstand für alle Streitigkeiten aus diesem Vertrag . . . . . .

. . . . . .	. . . . . .
(Ort, Datum)	(Ort, Datum)
. . . . . .	. . . . . .
– Lizenznehmer –	– Rechteinhaber –

Anmerkungen

1. Sachverhalt. Gegenstand des vorliegenden Formularvertrages ist der digitale Vertrieb eines Handy-Logos an Endkunden über eine Website (URL) im Internet. Hierdurch können die Urheberrechte eines Grafikers berührt sein. Handy-Logo-Online-Lizenzverträge werden in der Regel direkt mit den Urhebern des betreffenden Logos bzw. mit deren Arbeitgebern als ausschließlichen Nutzungsrechtsinhabern gem. § 43 UrhG (vgl. Schricker/Loewenheim/*Rojahn* § 43 Rn. 37 ff.) abgeschlossen. Die Haftung des Website-Betreibers gegenüber dem Rechteinhaber für die ordnungsgemäße Rechteeinholung bei

Nutzung urheberrechtlich geschützter Inhalte ist in Rechtsprechung und Literatur unbestritten, vgl. zB LG München I Urt. v. 18.9.2008 – 7 O 8506/07, MMR 2009, 137 mAnm *Kaufmann*. Der Betreiber der Website ist regelmäßig Anbieter des entsprechenden Inhalts als „eigene Information" iSv § 7 Abs. 1 TMG und haftet daher dem Rechteinhaber gegenüber für Urheberrechtsverletzungen durch die mit der Einbindung in die Website verbundene Vervielfältigung und Öffentlich-Zugänglichmachung eines urheberrechtlich geschützten Inhalts. Daher besteht ein Bedarf nach Abschluss entsprechender Lizenzverträge wie in den Formularen dieses Abschnitts (H.).

2. Betroffene Schutzrechte. Logos können urheberrechtlich als Werke der angewandten Kunst gem. § 2 Abs. 1 Nr. 4 UrhG geschützt sein, soweit sie die Individualität einer persönlichen geistigen Schöpfung erreichen. Dies gilt auch, wenn sie für einen bestimmten Zweck (beispielsweise zur Verwendung als Handy-Logo) geschaffen wurden (Schricker/Loewenheim/*Loewenheim* § 2 Rn. 144, 156; vgl. auch BGH Urt. v. 13.11.2013 – I ZR 143/12, MMR 2014, 333 – Geburtstagszug).

3. Rechtseinräumung. Nach der urheberrechtlichen Zweckübertragungstheorie § 31 Abs. 5 UrhG, die analog auch für Leistungsschutzrechte gilt (Schricker/Loewenheim/*Schricker* § 31 Rn. 79), ist der Umfang der eingeräumten Nutzungsrechte im Zweifel eng auszulegen (hierzu Schricker/Loewenheim/*Schricker* § 31 Rn. 74 ff.). Daher ist eine ausdrückliche und möglichst umfassende Nutzungsrechtseinräumung empfehlenswert, um spätere Meinungsverschiedenheiten über den Umfang der Nutzungsrechte des Lizenznehmers zu vermeiden.

4. Erforderliche Nutzungsrechte. Für die Vertrieb von Logos über Online-Medien sind rechtssystematisch folgende Nutzungsrechte erforderlich: Ein Vervielfältigungsrecht für die Einspeicherung in die Website gem. § 16 UrhG. Das Recht, der Öffentlichkeit den Zugang zu dem Werk zu eröffnen, welches als sogenanntes „Recht der öffentlichen Zugänglichmachung" in § 19a UrhG geregelt ist. Sowie das Recht zur weiteren Vervielfältigung des Logos im Wege des Abrufs durch Besucher der Website gem. § 16 UrhG, falls diese es bei sich selbst wiederum abspeichern können.

5. Einspeicherung in eine Website. Die Einspeicherung eines Logos in eine Webseite ist eine (digitale) Vervielfältigung, da hierbei eine neue, selbstständig wahrnehmbare Kopie entsteht (OLG München Urt. v. 8.3.2001 – 29 U 3282/00 (nicht rechtskräftig), NJW 2001, 3553 = CR 2001, 333 = GRUR 2001, 499, 501 = WRP 2001, 578 = MMR 2001, 375 [377] – Hitbit/AOL; *Schack* § 13 Rn. 461; Möhring/Nicolini/*Kroitzsch* § 16 Rn. 4; *Bechtold* ZUM 1997, 427 [429]).

6. Öffentlich-Zugänglichmachung. Das Verwertungsrecht, der Öffentlichkeit den Zugang zu dem vertragsgegenständlichen Logo zu eröffnen, (Recht der Öffentlich-Zugänglichmachung) ist in § 19a UrhG geregelt.

Werden urheberrechtlich geschützte Werke auf einer Internetseite so eingebunden, dass sie von Dritten aufgerufen werden können, so sind sie im Sinne des § 19a UrhG öffentlich zugänglich gemacht (vgl. zB AG Hamburg Urt. v. 27.9.2010 – 36A C 375/09, GRUR-RR 2011, 162 = ZUM-RD 2011, 38 = CR 2011, 58; siehe auch BGH Urt. v. 9.7.2015 – I-ZR 46/12, GRUR-RS 2014, 11840 – Framing).

7. Vervielfältigung durch Abruf von Besuchern der Website. → Form. H. 1 Anm. 7

8. Verwertungsumfang. Die Rechtseinräumung kann auch auf das Angebot der vertragsgegenständlichen Website in proprietären Online-Diensten oder Portalen von Mobilfunkbetreibern erstreckt werden. Dies hängt ganz von dem individuell mit der Lizenzierung verfolgten Zweck ab und von der Ausgestaltung, wie das vertragsgegenständliche Logo insgesamt online vertrieben werden soll.

9. Inhaltsverantwortlicher. Der Betreiber der vertragsgegenständlichen Website ist gem. § 7 Abs. 1 TMG für selbst eingestellte Inhalte nach den allgemeinen Gesetzen vollumfänglich verantwortlich. Er ist daher für die Einholung der Lizenz zuständig.

10. Abtretungs- und Unterlizenzierungsverbot. → Form. H. 1 Anm. 13

11. Beschränkung auf bestimmte Website. Diese Beschränkung kann je nach Interessenlage der Parteien entfallen.

12. Bedingung vollständiger Zahlung. Die Bedingung vollständiger Zahlung wirkt wie ein „Eigentumsvorbehalt" des Rechteinhabers, indem sie die dingliche Wirkung der Nutzungsrechtseinräumung bis zur vollständigen Bezahlung der Vergütung aufschiebt. Im Falle eines Insolvenzverfahrens über das Vermögen des Lizenznehmers vor Zahlung der Vergütung schützt dieser Rechtevorbehalt den Rechteinhaber wie ein Eigentumsvorbehalt den Warenkreditgeber: Sie zwingt den Insolvenzverwalter, entweder die Zahlung der Lizenzgebühr als Masseschuld neu einzugehen oder auf die Nutzung des lizenzierten Inhalts zu verzichten.

13. Rechterückfall bei Nichtzahlung. Diese Klausel sanktioniert den Zahlungsverzug des Lizenznehmers, indem sie die Nutzungsmöglichkeiten aus dem Vertrag de facto beendet, während andererseits der Vergütungsanspruch des Rechteinhabers (auch für die Zukunft) unberührt bleibt und somit zB im Insolvenzfall zur Verteilung nach der Quote angemeldet werden kann. Dies ist eine wirksame Sicherungsklausel des Vergütungsanspruches des Rechteinhabers gegenüber einem zahlungsunwilligen oder -unfähigen Lizenznehmer, auch beispielsweise in der Insolvenz des Lizenznehmers. Auch sie zwingt den Insolvenzverwalter, die Vergütung (bis auf im Beispiel maximal zwei Monatsvergütungen) entweder weiterzuzahlen oder auf die weitere Nutzung des lizenzierten Inhalts zu verzichten. Nach der Rechtsprechung des BGH (Urt. v. 17.11.2005 – IX ZR 162/04 = NJW 2006, 915 = CR 2006, 151 = MMR 2006, 386) ist jedenfalls ein aufschiebend bedingter Rechtsübergang für den Fall der (Kündigung wegen) Nichterfüllung durch den Vertragspartner (bzw. dessen Insolvenzverwalter) insolvenzfest, so dass sich ein Rechteinhaber im Falle der Insolvenz des Lizenznehmers die eingeräumten Verwertungsrechte zurückholen kann. Die neue Rechtsprechung des BGH in Sachen „M2Trade" (Urt. v. 19.7.2012 – I ZR 70/10, GRUR 2012, 916) und „Take Five" (Urt. v. 19.7.2012 – I ZR 24/11, GRUR 2012, 914) zur „Insolvenzfestigkeit" von Unterlizenzen ändert an der Sinnhaftigkeit einer solchen Klausel nichts, denn eine Klarstellung des Schicksals von Hauptlizenzen im Insolvenzfall des Lizenzgebers steht nach wie vor aus.

14. Europäische Union. → Form. H. 1 Anm. 16

15. Bestimmungslandprinzip. → Form. H. 1 Anm. 17

16. Unbekannte und noch nicht geschützte Nutzungsarten. → Form. H. 1 Anm. 18

17. Option bezüglich nicht erfasster Nutzungsarten. → Form. H. 1 Anm. 19

18. Veränderungen. Dem Urheber steht gem. §§ 12 ff. UrhG ein umfassendes Persönlichkeitsrecht zu, das ihn insbesondere vor entstellenden Veränderungen des Werkes schützt. Das Verbot von Bearbeitungen und sonstigen Umgestaltungen kann aber auch auf das Verwertungsrecht gem. § 23 UrhG gestützt werden. Allerdings ist auf die berechtigten Interessen des Lizenznehmers an für den Vertragszweck notwendigen Anpassungen angemessene Rücksicht zu nehmen.

19. Kennzeichen und Abbildungen. Dieser Abschnitt ist – je nach dem Umfang der Nutzung durch den Lizenznehmer und dem beiderseitigen Interesse an seiner Bezugnahme auf Urheber und Rechteinhaber – individuell zu gestalten. Insbesondere kann das

Recht des Lizenznehmers auf die Benutzung des Werktitels sowie des Urhebernamens (sowie ggf. des Namens des Rechteinhabers, falls dieser ein anderer ist) beschränkt werden.

20. Namensnennung. Die Nennung des Urhebers ist schon gem. § 13 S. 2 UrhG kraft Gesetzes erforderlich. Für den Inhaber eines ausschließlichen Verwertungsrechts gibt es keinen solchen gesetzlichen Anspruch auf Namensnennung. Allerdings ist es – schon im Hinblick auf § 10 UrhG – häufig üblich, vertraglich zu vereinbaren, ihn in folgender oder ähnlicher Form zu nennen:

Mit freundlicher Genehmigung von . . . . . . (Rechteinhaber).

21. Übergabe eines Werkstückes. Die rechtzeitige Lieferung eines Werkstückes ist insbesondere dann wesentlich, wenn das vertragsgegenständliche Logo noch nicht existiert und erst auf Grund dieses Vertrages hergestellt werden soll. Versäumt der Rechteinhaber die Lieferfrist sowie eine weitere Nachfrist, so ist der Lizenznehmer gem. § 6 Abs. 2 dieses Vertrages zur Kündigung berechtigt und kann mit der frei gewordenen Kapazität einen anderen Inhalt lizenzieren.

22. Urheberinformationen. Diese Regelung dient dem Schutz des Lizenznehmers. Ihm soll dadurch ermöglicht werden, einerseits zu überprüfen, ob er alle zur Benutzung des vertragsgegenständlichen Logos erforderlichen Lizenzen eingeholt hat, und andererseits seinen Pflichten gegenüber allen Berechtigten in der erforderlichen Weise nachzukommen (zB der Namensnennungspflicht).

23. Nutzungsdaten. Diese Formulierung verpflichtet den Lizenznehmer zur Erhebung von Nutzungsdaten, soweit dies technisch möglich und rechtlich zulässig ist. Die Klausel kann auch weniger weitgehend formuliert werden, als sie den Lizenznehmer nur zur Herausgabe von Daten verpflichtet, die bei ihm ohnehin erhoben werden, zB mit folgender Formulierung:

Der Lizenznehmer verpflichtet sich, dem Rechteinhaber auf Anforderung sämtliche vorhandenen Nutzungsdaten seiner Website zur Verfügung zu stellen, die mit dem Abruf des vertragsgegenständlichen Logos in Zusammenhang stehen.

24. E-Mail-Adressen. Die Weitergabeverpflichtung bezüglich Nutzungsdaten sollte auch hinterlassene E-Mail-Adressen von Interessenten umfassen, sofern diese mit der Weitergabe an den Rechteinhaber einverstanden sind. Bezüglich der datenschutzrechtlichen Implikationen vgl. das BDSG und das TMG.

25. Rechtegarantie des Rechteinhabers. Da bei Rechten kein gutgläubiger Erwerb möglich ist, ist diese Klausel nötig, um den Lizenznehmer vor wirtschaftlichen Schäden zu schützen, wenn der vermeintliche Rechteinhaber gar nicht verfügungsberechtigt ist.

26. Haftungsfreistellung. Da aus einer fehlenden Berechtigung des Rechteinhabers auch folgen kann, dass der Lizenznehmer ein vertragsgegenständliches Logo zwar gutgläubig, aber unberechtigt nutzt und er damit unabsichtlich selbst zum Rechtsverletzer wird, ist diese Freistellung nötig. Die ausdrückliche Erstreckung auf die eigenen Kosten der Rechtsverteidigung ist deshalb erforderlich, weil diese Kosten nicht auf Ansprüchen Dritter beruhen, sondern freiwillige Aufwendungen des Lizenznehmers darstellen, die daher von einer reinen Haftungsfreistellung nicht erfasst sind.

27. Garantie des Lizenznehmers. Ebenso hat der Lizenznehmer zu garantieren, dass seine Nutzung des vertragsgegenständlichen Logos den Rechteinhaber nicht in eine

Beteiligten-Haftung verwickelt, indem hierdurch die Rechte anderer Schutzrechtsinhaber verletzt werden.

28. Veröffentlichung. Neben dem ausschließlichen Recht zur Vervielfältigung und Verbreitung hat ein Urheber auch das Recht, über die Veröffentlichung seines Werkes zu entscheiden, § 12 Abs. 1 UrhG. Daher ist grundsätzlich für jede Verwertung sicherzustellen, dass sie nicht am Veröffentlichungsrecht des Urhebers scheitert. Ist ein Werk bereits veröffentlicht, so ist das Veröffentlichungsrecht verbraucht und kann der Verwertung nicht mehr entgegenstehen. Wenn der Rechteinhaber eine Garantie dafür übernimmt, dass das Werk bereits veröffentlich ist, ist der Lizenznehmer somit ausreichend abgesichert.

29. Vertragsdauer. Die Vertragsdauer kann auch „auf unbestimmte Zeit" lauten. Dann kann die Lizenz allerdings, wie bei jedem unbefristeten Dauerschuldverhältnis, grundsätzlich jederzeit von beiden Seiten ordentlich gekündigt werden. Insofern ist ein befristeter Vertrag – gegebenenfalls mit automatischer Verlängerungsoption wie im hiesigen Formular vorgesehen – für beide Parteien besser planbar, da sie sich hierbei zumindest auf die Vertragslaufzeit als Mindestlizenzdauer verlassen können.

30. Lizenzdauer. Die Lizenzdauer kann auch – unabhängig vom Vertragsende – für eine gewisse Dauer ab dem Zeitpunkt des Rechteübergangs gem. § 2 Abs. 2 S. 1 des Formulars berechnet werden. Allerdings könnte dann ein Lizenznehmer, dem nach Vertragsunterzeichnung noch einmal Bedenken kommen, die Lizenzdauer durch Zurückhaltung der Zahlung nach hinten verschieben. Durch das hier vorgesehene Ende der Lizenzdauer mit Vertragsablauf (unabhängig vom Zeitpunkt des Beginns/Rechtsübergangs) wird der Lizenznehmer hingegen dazu motiviert, die geschuldete Vergütung so schnell wie möglich zu bezahlen, um in den Genuss einer möglichst langen Lizenzdauer zu kommen: Vor Bezahlung des ersten geschuldeten Vergütungsbetrags darf er das vertragsgegenständliche Logo nämlich gem. § 2 Abs. 2 S. 1 des Vertragsformulars nicht nutzen; das Ende seiner Nutzungsberechtigung richtet sich hingegen bei der hier vorgesehenen Regelung nach der Vertragslaufzeit, die bereits mit Vertragsunterzeichnung zu laufen beginnt.

31. Kündigung aus wichtigem Grund. Wie bei jedem Dauerschuldverhältnis ist auch beim Lizenzvertrag eine Kündigung aus wichtigem Grund stets möglich. Diese Klausel listet klarstellend einige Pflichtverletzungen auf, die nach Einschätzung der Parteien so erheblich sind, dass sie einen wichtigen Grund zur Kündigung darstellen. Die Aufzählung kann gekürzt oder um weitere erhebliche Pflichtverletzungen ergänzt werden.

32. Abmahnung. Gem. § 314 Abs. 2 S. 1 BGB ist grundsätzlich vor jeder fristlosen Kündigung eines Dauerschuldverhältnisses wegen der Verletzung von Vertragspflichten eine vorherige Abmahnung oder, falls die Pflichtverletzung in einem Unterlassen besteht, eine Abhilfefristsetzung erforderlich, es sei denn es liegen besondere Gründe iSv § 323 Abs. 2 BGB vor, die dem Kündigenden ein Festhalten an dem Vertrag auch ohne vorherige Mahnung oder Abmahnung unzumutbar machen.

33. Lizenzgebühr. Die Vergütungsform der Umsatzbeteiligung ist bei kommerziellen Nutzungen regelmäßig am genauesten und verteilt das wirtschaftliche Risiko am gerechtesten. Allerdings ist sie mit nicht unerheblichem Abrechnungsaufwand verbunden.

34. Einnahmen aus der Verwertung. Hierzu zählen auch Einnahmen, die nicht unmittelbar, sondern lediglich mittelbar aus dem lizenzierten Repertoire erzielt werden, wie zB Werbeeinnahmen.

35. Höhe der Umsatzbeteiligung. Üblich sind zwischen 10 % und 50 %, je nach Höhe der sonstigen Kosten für den Lizenznehmer.

36. Teilung bei mehreren Rechtegebern. Diese Klausel dient der Absicherung gegen doppelte Zahlungsverpflichtungen auf Grund von Rechten Dritter.

37. Kosten der Buchprüfung. Die Kostentragungspflicht wird in der Regel auf Fälle von einer gewissen Mindesthöhe an festgestellten Differenzen (zB mehr als 5 %) beschränkt.

38. Einwendungsfrist für Abrechnungsfehler. Wird keine Einwendungsfrist vereinbart, so bleiben Abrechnungen stets vollumfänglich überprüfbar und zeitlich unbegrenzt anfechtbar. Hinsichtlich Nachzahlungspflichten aus Differenzen gelten die allgemeinen Regeln der Verjährung, §§ 194 ff. BGB. Die Verjährung der Nachzahlungspflicht beginnt somit erst mit dem Schluss des Jahres in dem der Lizenzgeber von der Abrechnungsdifferenz Kenntnis erlangt, § 199 Abs. 1 BGB.

39. Beschränkung auf gesetzliche Schutzfrist. Diese Regelung stellt sicher, dass der Rechteinhaber nach Wegfall des gesetzlichen Schutzes nicht – auf Grund des Vertrages – schlechter steht als Dritte, die nach Ablauf der Schutzfrist für die nun freie Nutzung ebenfalls keine Vergütung entrichten müssen.

40. Pauschalierter Verzugszins. Diese Regelung dient der Vereinbarung spezifischer Verzugszinsen als pauschaliertem Schadensersatz, falls ein möglicher Zinsschaden erwartbar höher liegt als der gesetzliche Zinssatz. Sie darf daher in Allgemeinen Geschäftsbedingungen gem. § 309 Nr. 5 BGB den zu erwartenden Schaden nicht übersteigen und den Nachweis eines tatsächlich geringeren Schadens nicht abschneiden. Dies gilt auch, wenn der Lizenznehmer ein Unternehmer ist (Palandt/*Heinrichs* BGB § 309 Rn. 32 mwN). Daher sollte der gesetzliche Verzugszinssatz nur überschritten werden, wenn der Lizenznehmer tatsächlich zu höheren Zinsen Kredit in Anspruch nimmt. Der zu erwartende Schaden kann sich aber auch unterhalb des gesetzlich fixierten Verzugszinssatzes bewegen. Dann sollte diese Regelung – zugunsten der Anwendbarkeit des gesetzlichen Verzugszinssatzes iHv 5 % (bei Verbrauchern) bzw. 8 % (bei Unternehmern) über dem Basiszinssatz (§§ 288 Abs. 1 und 2, 247 BGB) – entfallen.

41. Exklusivität. Eine exklusive Einräumung der Online-Verwertungsrechte von Handy-Logos stellt für den Lizenznehmer für einen gewissen Zeitraum sicher, dass er der einzige ist, der das vertragsgegenständliche Logo zu dem vereinbarten Zweck online nutzt. Dies ist für ihn besonders dann wertvoll, wenn er ein investitionsintensive Werbung hierfür betreibt.

42. Exklusivitätsdauer. In der Praxis beträgt die Dauer der Exklusivität selten mehr als ein paar Wochen. Bei besonderer Interessenlage kann der Zeitraum der Exklusivität jedoch auch „während der Lizenzdauer dieses Vertrages" oder zB „bis zu 30 Tage nach Beendigung dieses Vertrages" betragen.

Musik/Hörbuch

3. Musik-Homepage-Lizenzvertrag

Zwischen

......

– nachstehend „Rechteinhaber" genannt –

und

......

– nachstehend „Lizenznehmer" genannt –

wird folgender Vertrag[1] geschlossen:

§ 1 Vertragsgegenstand

(1) Der Lizenznehmer beabsichtigt, auf seiner Website mit der URL/den URLs ...... das Musikstück:

...... [Titel]

von ...... [Künstler]

im Wege des Streaming-Verfahrens abrufbar zu machen. Die hierfür erforderlichen Rechte sollen durch diesen Vertrag erworben werden.

(2) Die Parteien gehen davon aus, dass die abrufbar zu machende Aufnahme des vertragsgegenständlichen Musikstücks (Titels) in Deutschland zugunsten des Rechteinhabers leistungsschutzrechtlich geschützt ist.[2]

§ 2 Rechtseinräumung[3]

(1) Zur Verwirklichung des in § 1 Abs. 1 genannten Zweckes räumt der Rechteinhaber dem Lizenznehmer hiermit folgende nicht ausschließliche Nutzungsrechte ein:[4]

(a) Das Recht zur Einspeicherung des Titels in die og Website des Lizenznehmers;[5]
(b) Das Recht, den vertragsgegenständlichen Titel der Öffentlichkeit im Streaming-Format ganz oder teilweise zugänglich zu machen („Recht der Öffentlich-Zugäng-lichmachung").[6]

Die Rechtseinräumung umfasst nur die Verwertung der Website im (allgemein frei zugänglichen) Internet.

Die Rechte sind nur dem Lizenznehmer als inhaltlich Verantwortlichem[7] für die Website eingeräumt und ohne Zustimmung des Rechteinhabers weder weiter übertragbar noch unterlizenzierbar.[8] Insbesondere sind sie nicht dem technischen Dienstleister, der die Website betreibt, eingeräumt, sofern dieser von dem Lizenznehmer verschieden ist.

Der Lizenznehmer verpflichtet sich, den vertragsgegenständlichen Titel ausschließlich für die oben genannte Website zu verwenden.

Der Vertrieb körperlicher Werkstücke oder andere als die in diesem § 2 dieses Vertrages genannten Verwertungsformen sind nach diesem Vertrag nicht zulässig. Hierzu bedarf es des Abschlusses eines eigenen, gesonderten Lizenzvertrages. Auch die Reproduktion von Text oder Notenbild des vertragsgegenständlichen Titels bedarf einer separaten Lizenz des zuständigen Musikverlages.[9]

(2) Die Rechtseinräumung wird gem. § 158 Abs. 1 BGB erst wirksam, wenn der Lizenznehmer die gem. § 7 dieses Vertrages geschuldete Vergütung vollständig geleistet hat.[10] Die Rechtseinräumung wird außerdem unwirksam (auflösende Bedingung), wenn der Lizenznehmer den vertragsgegenständlichen Titel auf seiner Website kommerziell verwertet (iE versucht, damit unmittelbar oder mittelbar Einkünfte zu erzielen).

(3) Die Rechtseinräumung ist territorial auf die Einbindung des vertragsgegenständlichen Titels in eine Website beschränkt, die erkennbar zum Abruf nur innerhalb der Europäischen Union[11] bestimmt ist.[12] Die Rechtseinräumung ist außerdem ausdrücklich auf solche Websites beschränkt, die für den Abruf durch Endverbraucher bestimmt sind.

(4) Die Nutzungsrechtseinräumung umfasst alle derzeit bekannten und unbekannten Nutzungsarten, die zur Erreichung des Vertragszwecks erforderlich sind oder werden, auch wenn sie erst auf Grund neuer Gesetzeslage oder aus anderen Gründen nachträglich an dem vertragsgegenständlichen Titel entstehen oder erst nachträglich bekannt werden.[13]

(5) Der Lizenznehmer ist berechtigt, den vertragsgegenständlichen Titel auf seiner Website auch in Verbindung mit Werken anderer Rechteinhaber oder ausschnittsweise zu benutzen oder sie zu bearbeiten (zB Soundsamples zu erstellen).[14] Dabei sind Veränderungen und Kürzungen nur zulässig, soweit sie nicht entstellend wirken. Ergänzungen oder eine Nachsynchronisation in anderer Sprache sind nicht zulässig.

(6) Die von den Verwertungsgesellschaften GEMA und GVL wahrgenommenen Rechte bleiben von diesem Vertrag unberührt.[15]

(7) Der Lizenznehmer ist berechtigt, die Bezeichnung des vertragsgegenständlichen Titels sowie den Namen des Rechteinhabers, des Komponisten, des Textdichters, des ausübenden Künstlers und evtl. gefeaturter Künstler im Rahmen des angemessenen Hinweises auf das Angebot (auch in Metatags) unentgeltlich zu benutzen.[16]

(8) Sämtliche Namens-, Titel- und Kennzeichenrechte an der Website oder einzelner ihrer Teile oder durch Benutzung auf der Website entstehende Namens-, Titel- und Kennzeichenrechte sind Sache des Lizenznehmers.

(9) Der Rechteinhaber hat Anspruch auf Nennung seines Namens als Leistungsschutzrechtsinhaber in Form eines – mit einem Zielpunkt seiner Wahl verlinkten – Vermerks auf derjenigen Webseite, auf welcher der jeweilige vertragsgegenständliche Titel eingebunden wird.[17]

(10) Der Rechteinhaber hat Anspruch darauf, dass der Lizenznehmer den von seiner Website aus abrufbaren vertragsgegenständlichen Titel auf Verlangen des Rechteinhabers nachträglich mit einem urheberrechtlichen Schutzmechanismus versieht, soweit dadurch die vertragsgemäße Benutzung nicht behindert wird und die Kosten der Maßnahme vom Rechteinhaber getragen werden.[18]

§ 3 Mitwirkungspflichten und Kontrollrechte des Rechteinhabers

(1) Der Rechteinhaber verpflichtet sich, dem Lizenznehmer auf Verlangen eine Verkörperung des vertragsgegenständlichen Titels (Werkstück) zur Herstellung der von ihm benötigten Kopien zu liefern. Das Werkstück ist nach Ablauf von 2 Monaten an den

Rechteinhaber zurückzugeben, sofern es in verkörperter Form (zB auf CD, Tape) übergeben wurde. Eine Weitergabe dieses Werkstückes an Dritte oder die Erstellung von Kopien für Dritte außerhalb des Rahmens dieses Vertrages ist nicht gestattet.

(2) Der Rechteinhaber hat dem Lizenznehmer folgende Informationen in folgender Form zur Verfügung zu stellen:

(a) Informationen über sämtliche Urheber und sämtliche Leistungsschutzberechtigten an dem vertragsgegenständlichen Titel:[19] schriftlich oder per E-Mail;
(b) Ggf. Beschränkungen seines Rechteumfangs bzw. der Art und Weise, auf die der vertragsgegenständliche Titel in die Website eingebunden werden darf: schriftlich oder per E-Mail.

(3) Zur Kontrolle der Erfüllung dieses Vertrages gewährt der Lizenznehmer dem Rechteinhaber während der Lizenzdauer jederzeit kostenlosen Zugang zu seiner Website.

(4) Der Lizenznehmer verpflichtet sich, dem Rechteinhaber auf Anforderung sämtliche vorhandenen Nutzungsdaten seiner Website zur Verfügung zu stellen, die mit dem Abruf des vertragsgegenständlichen Titels in Zusammenhang stehen.[20]

§ 4 Haftung

(1) Der Rechteinhaber versichert und steht dafür ein, dass er Inhaber der vertragsgegenständlichen Online-Nutzungsrechte an dem vertragsgegenständlichen Titel ist und dass er in der vertragsgegenständlichen Form frei über sie verfügen kann.[21] Der Rechteinhaber garantiert ferner, dass die von ihm lizenzierten Inhalte frei von Rechten Dritter sind. Falls dem Rechteinhaber bekannt werden sollte, dass an irgendwelchen Bestandteilen des vertragsgegenständlichen Titels Rechte Dritter bestehen (zB bei Verwendung von Samples), so hat er den Lizenznehmer hierauf unverzüglich hinzuweisen. Der Rechteinhaber stellt den Lizenznehmer hiermit von jeglichen Ansprüchen Dritter in diesem Zusammenhang frei und ersetzt ihm die Kosten der Rechtsverteidigung.[22]

(2) Der Lizenznehmer garantiert, sämtliche für die beabsichtigte Nutzung neben der vertragsgegenständlichen Lizenz weiter erforderlichen Rechte selbst einzuholen, bzw. bereits eingeholt zu haben und stellt den Rechteinhaber in diesem Zusammenhang von jeglichen Ansprüchen Dritter frei.[23]

§ 5 Veröffentlichung[24]

Der Rechteinhaber sichert zu, dass der vertragsgegenständliche Titel bereits veröffentlicht ist.

§ 6 Vertrags- und Lizenzdauer

(1) Dieser Vertrag beginnt mit beiderseitiger Unterzeichnung und läuft für die Dauer von . . . . . . (Vertragsdauer).[25] Mit Ablauf der Vertragsdauer enden sämtliche Pflichten aus diesem Vertrag mit Ausnahme solcher Regelungen, die ersichtlich auch nach Vertragsende gelten sollen

(2) Die Rechtseinräumung nach diesem Vertrag (Lizenzdauer) beginnt gem. § 2 Abs. 2 mit der Zahlung der Lizenzgebühr und endet mit Ablauf der Vertragsdauer gem. § 6 Abs. 1.[26]

(3) Dieser Vertrag kann aus wichtigem Grund vorzeitig gekündigt werden, insbesondere wenn der Rechteinhaber seinen Mitwirkungspflichten gem. § 3 dieses Vertrags nachhaltig nicht nachkommt oder wenn der Lizenznehmer fällige Zahlungen gem. § 7 dieses Vertrages trotz Mahnung und Nachfristsetzung nicht leistet.[27] Eine fristlose Kündigung setzt grundsätzlich voraus, dass der andere Teil schriftlich gemahnt und aufgefordert wird, den

vermeintlichen Grund zur fristlosen Kündigung in angemessener Zeit zu beseitigen, es sei denn es liegen besondere Gründe iSv §§ 314 Abs. 2, 323 Abs. 2 BGB vor, die dem Kündigenden ein Festhalten an dem Vertrag auch ohne vorherige Mahnung oder Abmahnung unzumutbar machen.[28]

(4) Der Rechteinhaber behält sich das Recht vor, diese Lizenz jederzeit ohne Angabe von Gründen ganz oder teilweise gegen ex-nunc-Wegfall der Vergütungspflicht (pro rata temporis) zu widerrufen.[29] Übt der Rechteinhaber diesen Widerrufvorbehalt der Lizenz aus, so hat er dem Lizenznehmer eine angemessene Frist zur Herausnahme des vertragsgegenständlichen Titels aus der Website – von in der Regel 3 Werktagen – einzuräumen.

§ 7 Vergütung

(1) Für die Rechtseinräumung nach diesem Vertrag erhält der Rechteinhaber eine Pauschallizenzgebühr in Höhe von . . . . . . [Betrag].[30]

(2) Die Lizenzgebühr ist vor dem Einspeichern des vertragsgegenständlichen Titels in die Website an den Rechteinhaber zu zahlen.[31] Der Lizenznehmer kann die Ausstellung einer Rechnung über den zu zahlenden Betrag verlangen. Zahlungen sind auf das Konto IBAN . . . . . . bei der . . . . . . [Bank] in . . . . . . [Ort], BIC . . . . . . zu leisten.

(3) Alle Vergütungen verstehen sich inklusive der gesetzlichen Mehrwertsteuer, sofern der Rechteinhaber im Zahlungszeitpunkt der Umsatzsteuerpflicht unterliegt oder auf sie optiert hat.

§ 8 Vertraulichkeit

Beide Parteien verpflichten sich, über die Bestimmungen dieses Vertrages sowie über alle ihnen im Rahmen dieses Vertrages bekannt gewordenen Informationen auch nach Ablauf der Lizenzdauer Stillschweigen zu bewahren.

§ 9 Herausgabe- und Löschungspflichten

Der Lizenznehmer verpflichtet sich, nach Beendigung der Lizenzdauer alle ihm einzeln in elektronischer Form vorliegenden Kopien des vertragsgegenständlichen Titels, die nicht Bestandteil einer Gesamt-Archivierung seiner Website oder einzelner Webseiten sind, zu löschen. Informationen und Inhalte, die in verkörperter Form vorliegen, sind an den Rechteinhaber zurückzugeben oder auf dessen Verlangen hin oder bei Nichtannahme zu vernichten.

§ 10 Schlussbestimmungen

(1) Dieser Vertrag unterliegt dem Recht der Bundesrepublik Deutschland.

(2) Mündliche Nebenabreden bestehen nicht. Änderungen oder Ergänzungen dieses Vertrages bedürfen zu ihrer Wirksamkeit der Schriftform, auf die auch nicht mündlich verzichtet werden kann.

(3) Sollten einzelne Bestimmungen dieses Vertrages unwirksam sein oder werden, so wird dadurch die Wirksamkeit der übrigen Bestimmungen nicht berührt. Statt der unwirksamen Bestimmung gilt dasjenige, was die Parteien nach dem ursprünglich angestrebten Zweck unter wirtschaftlicher Betrachtungsweise redlicherweise vereinbart hätten. Das Gleiche gilt im Falle des Vorliegens einer Vertragslücke.

(4) Ansprüche aus diesem Vertrag können weder abgetreten, noch verpfändet, noch mit dem Recht eines Dritten belastet werden, soweit der Schuldner dem nicht ausdrücklich zustimmt.

(5) Erfüllungsort ist . . . . . .

. . . .

(Ort, Datum)   (Ort, Datum)

. . . .

– Lizenznehmer –   – Rechteinhaber –

Anmerkungen

1. Sachverhalt. Das Formular behandelt die Lizenzierung von Musik zur Nutzung auf privaten Homepages. Dies kann sowohl in Form einer Einbindung als automatische Hintergrundmusik als auch durch Bereitstellen eines Soundfiles zum Abruf durch Anklicken geschehen. Die Haftung des Website-Betreibers gegenüber dem Rechteinhaber für die ordnungsgemäße Rechteeinholung bei Nutzung urheberechtlich geschützter Inhalte ist in Rechtsprechung und Literatur unbestritten, vgl. zB LG München I Urt. v. 18.9.2008 – 7 O 8506/07, MMR 2009, 137 mAnm *Kaufmann*. Der Betreiber der Website ist regelmäßig Anbieter des entsprechenden Inhalts als „eigene Information" iSv § 7 Abs. 1 TMG und haftet daher dem Rechteinhaber gegenüber für Urheberrechtsverletzungen durch die mit der Einbindung in die Website verbundene Vervielfältigung und Öffentlich-Zugänglichmachung eines urheberrechtlich geschützten Inhalts. Daher besteht ein Bedarf nach Abschluss entsprechender Lizenzverträge wie in den Formularen dieses Abschnitts (H.).

Dieses Formular sieht nur die Lizenzierung von Übertragungen im sogenannten „Streaming-Format" vor, vgl. § 2 Abs. 1 lit. c da bei diesem Format unter normalen Umständen eine Abspeicherung beim Besucher der Website nicht möglich ist und daher die Gefahr geminderter Tonträgerverkäufe durch massenhafte Weitervervielfältigung erheblich geringer ist. Der Betreiber einer privaten Homepage möchte in aller Regel auch nicht den Kontroll- und Abrechnungsaufwand betreiben, der mit dem viel nutzungsintensiveren Download von Musik meist einhergeht. Zur Wahrung seines Interesses an der Möglichkeit zur Einbindung von Musik in seine Homepage reicht eine Streaming-Lizenz normalerweise aus. Daher beschränkt sich das Vertragsmuster auf diese insoweit interessengerechte Lösung.

Durch die Einbindung einer von einem Tonträger übernommenen Musikdatei in eine Website werden sowohl das Urheberrecht von Komponist und Textdichter (§§ 1 ff. UrhG) als auch die Leistungsschutzrechte des ausübenden Künstlers (§§ 73 ff. UrhG) und des Tonträgerherstellers (§§ 85 f. UrhG) berührt.

Die erforderlichen **leistungsschutzrechtlichen** Lizenzen werden in der Regel bei den Plattenfirmen eingeholt, da diese nicht nur Inhaber des Leistungsschutzrechts des Tonträgerherstellers, sondern in aller Regel auch Inhaber sämtlicher ausschließlicher Nutzungsrechte an der leistungsschutzrechtlich geschützten Darbietung der bei ihnen unter Vertrag stehenden Künstler sind.

Anders ist dies nur bei vertragsfreien Künstlern („unsigned"), die ihre Leistungsschutzrechte selbst verwalten, und bei solchen Künstlern, deren Vertrag die Nutzungsart „Online-Nutzung" ausdrücklich ausnimmt oder noch nicht zum Gegenstand hat. Letzteres kann vor allem dann der Fall sein, wenn es sich um „Altverträge" handelt, die vor dem Zeitpunkt abgeschlossen wurden, ab dem Online-Nutzungen als neue Nutzungsart bekannt wurden. Nach der urheberrechtlichen Zweckübertragungstheorie, die analog auch für Leistungsschutzrechte gilt (Schricker/Loewenheim/*Schricker* § 31 Rn. 79), waren damals noch unbekannte Nutzungsarten von der Rechtsübertragung im Zweifel nicht erfasst. Bei solchen Verträgen erlaubt nunmehr aber § 137l UrhG einem Verwerter, dem der Urheber ursprünglich „alle wesentlichen Nutzungsrechte ausschließlich sowie räumlich und zeitlich unbegrenzt eingeräumt" hat, die Verwertung auf zum Zeitpunkt des Vertragsschlusses unbekannte Nutzungsarten, sofern der Urheber gegenüber dem Verwerter der Nutzung nicht bis spätestens 1.1.2009 (für bis 1.1.2008 bekannt gewordene Nutzungsarten) oder bis spätestens 3 Monate nach Mitteilung über die beabsichtigte Aufnahme der neuen Nutzungsart widerspricht. Aber auch bei Neuverträgen kann sich der ausübende Künstler das Recht zur Online-Nutzung ganz oder teilweise vorbehalten haben, was jedoch in der Praxis wohl nur bei Künstlern mit erheblicher Marktmacht vorkommt. In allen Fällen, bei denen das Recht zur Online-Nutzung der Darbietung nicht bei der Plattenfirma liegt, muss auch ein Musik-Homepage-Lizenzvertrag direkt mit dem Künstler bzw. demjenigen, an den der Künstler die entsprechenden Rechte übertragen hat, abgeschlossen werden.

Neben den leistungsschutzrechtlichen Lizenzen ist für die Einbindung von Musik in private Homepages natürlich auch das **urheberrechtliche** Nutzungsrecht zur Online-Nutzung des dargebotenen Musikwerkes einzuholen. Diese Rechte verwaltet in Deutschland in aller Regel die Gesellschaft für musikalische Aufführungs- und mechanische Vervielfältigungsrechte (GEMA) auf Grund von § 1 lit. g, h, i (1) ihres Wahrnehmungsvertrages. Da die vor 1996 abgeschlossenen Verträge zwischen der GEMA und ihren Mitgliedern keine ausdrückliche Nennung der Online-Nutzungsrechte enthielten, wurde den bestehenden Mitgliedern damals eine Klarstellungserklärung vorgelegt, welche beinhaltete, dass auch die Online-Nutzung von den der GEMA zur Wahrnehmung eingeräumten Nutzungsrechten der öffentlichen Wiedergabe mit umfasst ist. Die große Mehrheit der GEMA-Mitglieder hat diese Klarstellungserklärung unterzeichnet. Seit Juli 1996 enthalten außerdem alle neuen Wahrnehmungsverträge zwingend die ausdrückliche Nennung der Rechte zur Online-Nutzung. Hat sich ein Urheber, der damals schon GEMA-Mitglied war, die Rechte zur Online-Nutzung vorbehalten, so liegt das urheberrechtliche Nutzungsrecht zur Online-Nutzung weiterhin bei ihm bzw. bei einem Dritten, an den er es weiterlizenziert hat (zB einem Musikverlag) und muss dort eingeholt werden. Von der GEMA wird die urheberrechtliche Lizenz an Privatinteressenten in der Regel auf der Grundlage ihres entsprechenden Standard-Normalvertrags vergeben. Der jeweils aktuelle Standard-Normalvertrag kann bei der GEMA, Rosenheimerstr. 11, 81667 München, zur Einsichtnahme angefordert werden.

Der vorliegende Vertrag ist daher auf die Einholung der erforderlichen leistungsschutzrechtlichen Lizenzen beschränkt, also an der Darbietung des ausübenden Künstlers und – bei Verwendung von bereits bestehenden Tonaufnahmen – ggf. am Leistungsschutzrecht des Tonträgerherstellers. Er kann für die separate oder gemeinsame Rechtseinholung an beiden Leistungsschutzrechten verwendet werden.

Sollten die urheberrechtlichen Rechte an Komposition/Text wie oben erwähnt ausnahmsweise einmal nicht von der GEMA, sondern vom Künstler selbst oder seinem Musikverlag vergeben werden, so kann dieses Formular auch für die Einholung dieser Rechte verwendet werden, wenn an Stelle des Begriffes „Leistungsschutzrecht" jeweils die Bezeichnung „Urheberrecht" gesetzt wird. Unterschiede in der Ausgestaltung des Online-Nutzungsrechts sind jeweils im Text durch eine Fußnote und entsprechende Anmerkungen gekennzeichnet.

Entscheidet sich der Betreiber der Homepage dafür, die Musik nicht von einer bereits existierenden Aufnahme zu übernehmen, sondern selbst neu einzuspielen (zB im MIDI-Format), so bedarf er keiner leistungsschutzrechtlichen Lizenz, sondern muss nur die urheberrechtliche Lizenz einholen, idR also von der GEMA (s.o.). Lediglich wenn die GEMA die Online-Nutzungsrechte des betroffenen Urhebers im Einzelfall nicht verwaltet (s.o.), muss er sich diese Erlaubnis direkt beim Urheber oder dessen Lizenznehmer einholen. Hierfür kann wiederum dieses Formular verwendet werden, wenn an Stelle des Begriffes „Leistungsschutzrecht" die Bezeichnung „Urheberrecht" gesetzt wird.

2. Betroffene Schutzrechte. Für die Benutzung eines Musikstückes im Internet ist bei Übernahme der Musik von einer bereits bestehenden Aufnahme auf Tonträger die Einholung der Rechte der Leistungsschutzrechtsinhaber (ausübender Künstler und Tonträgerhersteller) erforderlich. Außerdem ist stets die Einholung einer urheberrechtlichen Lizenz, im Regelfall von der GEMA (→ Anm. 1), erforderlich.

3. Rechtseinräumung. Nach der urheberrechtlichen Zweckübertragungstheorie gem. § 31 Abs. 5 UrhG, die analog auch für Leistungsschutzrechte gilt (Schricker/Loewenheim/*Schricker* § 31 Rn. 79), ist der Umfang der eingeräumten Nutzungsrechte im Zweifel eng auszulegen (hierzu Schricker/Loewenheim/*Schricker* § 31 Rn. 74 ff.). Daher ist eine ausdrückliche und möglichst umfassende Nutzungsrechtseinräumung empfehlenswert, um spätere Meinungsverschiedenheiten über den Umfang der Nutzungsrechte des Lizenznehmers zu vermeiden.

4. Erforderliche Nutzungsrechte. Für die Einbindung von Musik in eine Website sind rechtssystematisch folgende Nutzungsrechte erforderlich: Ein Vervielfältigungsrecht für die Einspeicherung in die Website gem. §§ 16, 77, 85 Abs. 1 UrhG. Sowie das Recht, den Zugang zu dem Musikstück zu eröffnen, welches als so genanntes „Recht der öffentlichen Zugänglichmachung" in §§ 19a, 78 Abs. 1 Nr. 1, 85 Abs. 1 UrhG geregelt ist.

Ein Recht zur weiteren Vervielfältigung des Titels durch Besucher der Website gem. §§ 16, 77, 85 Abs. 1 UrhG ist nicht erforderlich, falls diese das Musikstück bei sich selbst unter normalen Umständen nicht wiederum abspeichern können. Zwar stellt jeder Abruf durch einen Besucher der Website eine Vervielfältigung im urheberrechtlichen Sinne dar, weil dadurch zumindest eine Kopie im Arbeitsspeicher des abrufenden Computers entsteht (vgl. *Bechtold* GRUR 1998, 18 mwN; *Schack* § 13 Rn. 418 ff.). Vorübergehende Vervielfältigungshandlungen, die flüchtig oder begleitend sind, einen integralen und wesentlichen Teil eines technischen Verfahrens darstellen, keine eigenständige wirtschaftliche Bedeutung haben und entweder nur der Übertragung in einem Netz durch einen Vermittler oder die rechtmäßige Nutzung eines Werkes ermöglichen sollen, sind allerdings schon gem. § 44a UrhG vom urheberrechtlichen Zustimmungsvorbehalt ausgenommen. Dazu zählen in erster Linie die Vervielfältigungshandlungen, wie sie bei der digitalen Informationsübermittlung im WWW vorkommen, dh vor allem die Vervielfältigungen im Arbeitsspeicher beim Browsing und beim Routing. Wenn der Nutzer das Musikstück sodann aufgrund von Manipulationen nach dem Browsing-Abruf des Streams seinerseits dauerhaft abspeichern kann, greift § 44a UrhG nicht mehr und ist hierfür an sich ein weiteres Vervielfältigungsrecht gem. § 16 UrhG erforderlich. Dieses Vervielfältigungsrecht muss allerdings nicht der Streaming-Anbieter (sondern der entsprechende Nutzer) einholen, wenn der Anbieter solche Manipulationen weder veranlasst, noch – zB durch entsprechenden Werbung – besonders ermutigt hat. Manipulationen des Nutzers, die der Anbieter weder veranlasst noch besonders gefördert hat, stellen nämlich keine Pflichtverletzung des Anbieters dar, so dass er für diese nicht als mittelbarer Störer haftet und daher für solche Handlungen auch keine Lizenz benötigt.

5. Einspeicherung in eine Website. Die Einspeicherung einer Datei in eine Webseite ist eine (digitale) Vervielfältigung, da hierbei eine neue, selbstständig wahrnehmbare Kopie entsteht (OLG München Urt. v. 8.3.2001 – 29 U 3282/00, NJW 2001, 3553 = CR 2001, 333 = GRUR 2001, 499 [501] = WRP 2001, 578 = MMR 2001, 375 [377] – Hitbit/AOL; *Schack* § 13 Rn. 461; Möhring/Nicolini/*Kroitzsch* § 16 Rn. 4; *Bechtold* ZUM 1997, 427 [429]).

6. Öffentlich-Zugänglichmachung. Das Verwertungsrecht des Urhebers, der Öffentlichkeit den Zugang zu seinem Werk zu eröffnen, (Recht der Öffentlich-Zugänglichmachung) ist in § 19a UrhG geregelt.

Werden urheberrechtlich geschützte Werke auf einer Internetseite so eingebunden, dass sie von Dritten aufgerufen werden können, so sind sie im Sinne des § 19a UrhG öffentlich zugänglich gemacht (vgl. zB AG Hamburg Urt. v. 27.9.2010 – 36A C 375/09, GRUR-RR 2011, 162 = ZUM-RD 2011, 38 = CR 2011, 58; siehe auch BGH Urt. v. 9.7.2015 – I-ZR 46/12, GRUR-RS 2014, 11840 – Framing).

Für Leistungsschutzrechtsinhaber, also der ausübenden Künstler und Tonträgerhersteller lauten die entsprechenden Vorschriften:

§ 78 Öffentliche Wiedergabe
(1) Der ausübende Künstler hat das ausschließliche Recht, seine Darbietung
1. öffentlich zugänglich zu machen (§ 19a), ...
§ 85 Verwertungsrechte
(1) Der Hersteller eines Tonträgers hat das ausschließliche Recht, den Tonträger zu vervielfältigen, zu verbreiten und öffentlich zugänglich zu machen.

7. Inhaltsverantwortlicher. Der Betreiber der vertragsgegenständlichen Website ist gem. § 7 Abs. 1 TMG für selbst eingestellte Inhalte nach den allgemeinen Gesetzen vollumfänglich verantwortlich. Er ist daher für die Einholung der Lizenz zuständig.

8. Abtretungs- und Unterlizenzierungsverbot. Diese Regelung dient dem Schutz des Rechteinhabers davor, den Überblick darüber zu verlieren, wer zur Nutzung seines Musikstücks berechtigt ist und wer nicht. Die Nichtübertragbarkeit bzw. Nicht-Unterlizenzierbarkeit ist deshalb auch der gesetzliche Regelfall, vgl. §§ 34, 35 UrhG. Auch schützt das Unterlizenzierungsverbot den Rechteinhaber vor einem Weiterbestehen von Unterlizenzen nach Wegfall der Hauptlizenz, siehe BGH in Sachen „M2Trade" (Urt. v. 19.7.2012 – I ZR 70/10, GRUR 2012, 916) und „Take Five" (Urt. v. 19.7.2012 – I ZR 24/11, GRUR 2012, 914).

9. Text- und Notenbild. Die Rechte an Text- und Notenbild werden gem. § 1 lit. h S. 5 des Wahrnehmungsvertrages der GEMA ausdrücklich nicht von dieser wahrgenommen und sind daher idR einem Musikverlag eingeräumt. Besteht kein Verlagsverhältnis, so sind die Rechte beim Urheber selbst einzuholen.

10. Bedingung vollständiger Zahlung. Die Bedingung vollständiger Zahlung wirkt wie ein „Eigentumsvorbehalt" des Rechteinhabers, indem sie die dingliche Wirkung der Nutzungsrechtseinräumung bis zur vollständigen Bezahlung der Vergütung aufschiebt. Im Falle eines Insolvenzverfahrens über das Vermögen des Lizenznehmers vor Zahlung der Vergütung schützt dieser Rechtevorbehalt den Rechteinhaber wie ein Eigentumsvorbehalt den Warenkreditgeber: Sie zwingt den Insolvenzverwalter, entweder die Zahlung der Lizenzgebühr als Masseschuld neu einzugehen oder auf die Nutzung des lizenzierten Inhalts zu verzichten.

Bei besonderen Umständen kann der Rechteinhaber ohne Aushebeln des „Eigentumsvorbehaltes" die Nutzung auch schon vor der Zahlung erlauben:

Der Rechteinhaber kann eine Benutzung des vertragsgegenständlichen Titels auch schon vor diesem Zeitpunkt vorläufig erlauben. Ein Übergang der Rechte nach diesem Paragraphen findet durch eine solche vorläufige Erlaubnis nicht statt.

Bei einer Lizenz, die gegen Zahlung wiederkehrender Beträge (zB jährliche Lizenzgebühr) eingeräumt wird, kann auch ein Rechterückfall bei künftiger Nichtzahlung vereinbart werden:

Ferner fallen die eingeräumten Rechte automatisch an den Rechteinhaber zurück, wenn der Lizenznehmer mit der Bezahlung einer gem. § 7 dieses Vertrages fälligen Vergütung trotz Mahnung und Nachfristsetzung länger als zwei Monate in Verzug bleibt.

Diese Klausel sanktioniert den Zahlungsverzug des Lizenznehmers, indem sie die Nutzungsmöglichkeiten aus dem Vertrag de facto beendet, während andererseits der Vergütungsanspruch des Rechteinhabers (auch für die Zukunft) unberührt bleibt und somit zB im Insolvenzfall zur Verteilung nach der Quote angemeldet werden kann. Dies ist eine wirksame Sicherungsklausel des Vergütungsanspruches des Rechteinhabers gegenüber einem zahlungsunwilligen oder -unfähigen Lizenznehmer, auch beispielsweise in der Insolvenz des Lizenznehmers. Auch sie zwingt den Insolvenzverwalter, die Vergütung (bis auf im Beispiel maximal zwei Monatsvergütungen) entweder weiterzuzahlen oder auf die weitere Nutzung des lizenzierten Inhalts zu verzichten. Nach der Rechtsprechung des BGH (Urt. v. 17.11.2005 – IX ZR 162/04, NJW 2006, 915 = CR 2006, 151 = MMR 2006, 386) ist jedenfalls ein aufschiebend bedingter Rechtsübergang für den Fall der (Kündigung wegen) Nichterfüllung durch den Vertragspartner (bzw. dessen Insolvenzverwalter) insolvenzfest, so dass sich ein Rechteinhaber im Falle der Insolvenz des Lizenznehmers die eingeräumten Verwertungsrechte zurückholen kann. Die neue Rechtsprechung des BGH in Sachen „M2Trade" (Urt. v. 19.7.2012 – I ZR 70/10, GRUR 2012, 916) und „Take Five" (Urt. v. 19.7.2012 – I ZR 24/11, GRUR 2012, 914) zur „Insolvenzfestigkeit" von Unterlizenzen ändert an der Sinnhaftigkeit einer solchen Klausel nichts, denn eine Klarstellung des Schicksals von Hauptlizenzen im Insolvenzfall des Lizenzgebers steht nach wie vor aus.

11. Europäische Union. → Form. H. 1 Anm. 16

12. Bestimmungslandprinzip. → Form. H. 1 Anm. 17

13. Unbekannte und noch nicht geschützte Nutzungsarten. → Form. H. 1 Anm. 18

14. Künstler- & Urheberpersönlichkeitsrechte. Ein umfassendes Persönlichkeitsrecht einschließlich des Rechts, über die Veröffentlichung des Musikstücks zu entscheiden, sowie des Rechts auf Namensnennung steht gem. §§ 12 ff. UrhG nur dem Urheber zu, nicht hingegen einem bloß Leistungsschutzberechtigten. Zugunsten ausübender Künstler gewährt § 83 UrhG allerdings ein abgeschwächtes „Künstlerpersönlichkeitsrecht" gegen Entstellung der Darbietung, das ebenso wie der urheberrechtliche Entstellungsschutz vor Veränderungen, Kürzungen, Nachbearbeitungen und sonstigen Integritätseingriffen schützt, es sei denn, dass sie Ruf oder Ansehen des Künstlers nicht schaden (Schricker/Loewenheim/*Vogel* § 75 Rn. 5, 8, 14 und 31).

Der Vertrag kann die ausschnittsweise Benutzung und Bearbeitung je nach Interessenlage der Parteien auch verbieten. Dabei ist jedoch auf die berechtigten Interessen des Lizenznehmers Rücksicht zu nehmen. Dies kann etwa in folgender Form bewerkstelligt werden:

> Ausgeschlossen ist das Recht, den vertragsgegenständlichen Titel ausschnittsweise, in Teilen oder in bearbeiteter Form zu benutzen; für die Benutzung unerlässliche Änderungen sind jedoch gestattet.

15. Verwertungsgesellschaften. Diese Regelung schützt zum einen den Rechteinhaber vor der Haftung für solche Rechte, die er bereits den Verwertungsgesellschaften zur ausschließlichen Wahrnehmung eingeräumt hat. Zum anderen stellt sie klar, dass der Lizenznehmer durch diesen Vertrag nicht von seiner Verpflichtung, sich die von den Verwertungsgesellschaften wahrgenommenen Rechte bei diesen selbst einzuholen, befreit wird.

16. Metatag-Schlagworte. Diese Regelung kann auch im Interesse des Rechteinhabers liegen, da sie es ermöglicht, die von ihm lizenzierte Nutzung des Musikstücks besser bekannt zu machen.

17. Namensnennung. Die Nennung des Urhebers ist schon gem. § 13 S. 2 UrhG kraft Gesetzes erforderlich. Beim bloßen Leistungsschutzrecht gibt es keinen solchen gesetzlichen Anspruch auf Namensnennung, der dem Urheberpersönlichkeitsrecht entstammt. Allerdings ist es im Zusammenhang mit Musikstücken üblich, zumindest den ausübenden Künstler und meist auch den Tonträgerhersteller bei der Verwertung zu nennen. Solche Nennungsrechte werden oft (wie hier) schuldrechtlich vereinbart. Gelegentlich erfolgt die Nennung auch ohne vertragliche Verpflichtung auf freiwilliger Basis. Beim Lizenzerwerb von Plattenfirmen ist folgende Formulierung üblich:

> Mit freundlicher Genehmigung von . . . . . . (Rechteinhaber).

18. Urheberrechtliche Schutzmechanismen. Diese Klausel behält dem Rechteinhaber die Möglichkeit vor, auch nach Vertragsabschluss noch Sicherungsmechanismen gegen unerlaubte Vervielfältigungen (zB Digital Rights Management Systeme) einzuführen. Diese Regelung ist umso relevanter, je länger die Vertragslaufzeit ist, da die Wahrscheinlichkeit der Einführung neuer Sicherungsmechanismen während der Vertragslaufzeit dann umso höher ist. Da der Lizenznehmer bei privaten Homepages das vertragsgegenständliche Musikstück nicht zur Erzielung von Einkünften nutzt, ist es angemessen, die Kosten für die „Nachrüstung" der Tondatei dem Rechteinhaber aufzuerlegen.

19. Urheber-/Leistungsschutzrechtsinformationen. Diese Regelung dient dem Schutz des Lizenznehmers. Ihm soll dadurch ermöglicht werden, einerseits zu überprüfen, ob er alle zur Benutzung des vertragsgegenständlichen Musikstücks erforderlichen Lizenzen eingeholt hat, und andererseits seinen Pflichten gegenüber allen Berechtigten in der erforderlichen Weise nachzukommen (zB der Namensnennungspflicht).

20. Nutzungsdaten. Diese Formulierung verpflichtet den Lizenznehmer nur zur Herausgabe von Daten, die bei ihm ohnehin erhoben werden. In der Regel dürfte der Aufwand für den Betreiber einer privaten Homepage bei einer Erhebungsverpflichtung zu groß werden.

21. Rechtegarantie des Rechteinhabers. Da bei Rechten kein gutgläubiger Erwerb möglich ist, ist diese Klausel nötig, um den Lizenznehmer vor wirtschaftlichen Schäden zu schützen, wenn der vermeintliche Rechteinhaber gar nicht verfügungsberechtigt ist.

22. Haftungsfreistellung. Da aus einer fehlenden Berechtigung des Rechteinhabers auch folgen kann, dass der Lizenznehmer ein vertragsgegenständliches Musikstück zwar gutgläubig, aber unberechtigt nutzt und er damit unabsichtlich selbst zum Rechtsverletzer wird, ist diese Freistellung nötig. Die ausdrückliche Erstreckung auf die eigenen Kosten der Rechtsverteidigung ist deshalb erforderlich, weil diese Kosten nicht auf Ansprüchen Dritter beruhen, sondern freiwillige Aufwendungen des Lizenznehmers darstellen, die daher von einer reinen Haftungsfreistellung nicht erfasst sind.

23. Garantie des Lizenznehmers. Ebenso hat der Lizenznehmer zu garantieren, dass seine Nutzung des vertragsgegenständlichen Musikstücks den Rechteinhaber nicht in eine Beteiligten-Haftung verwickelt, weil hierdurch die Rechte anderer Schutzrechtsinhaber verletzt werden.

24. Veröffentlichung. Neben dem ausschließlichen Recht zur Vervielfältigung und Verbreitung hat ein Urheber auch das Recht, über die Veröffentlichung seines Werkes zu entscheiden, § 12 Abs. 1 UrhG. Daher ist grundsätzlich für jede Verwertung sicherzustellen, dass sie nicht am Veröffentlichungsrecht des Urhebers scheitert. Ist ein Werk bereits veröffentlicht, so ist das Veröffentlichungsrecht verbraucht und kann der Verwertung nicht mehr entgegenstehen. Wenn der Rechteinhaber eine Garantie dafür übernimmt, dass das Werk bereits veröffentlich ist, ist der Lizenznehmer somit ausreichend abgesichert.

25. Vertragsdauer. Für die Nutzung von Musik auf privaten Homepages ist im Regelfall eine Lizenzdauer ab ca. 1 Jahr sinnvoll, da private Homepages nicht so häufig aktualisiert werden, und innerhalb kürzerer Zeit weit weniger Besucher auf eine solche Website kommen.

Die Vertragsdauer kann natürlich bei entsprechendem Parteiwillen auch „auf unbestimmte Zeit" lauten. Dann kann die Lizenz allerdings, wie bei jedem unbefristeten Dauerschuldverhältnis, grundsätzlich jederzeit von beiden Seiten ordentlich gekündigt werden. Insofern ist ein befristeter Vertrag für beide Parteien besser planbar, da sie sich hierbei zumindest auf die Vertragslaufzeit als Mindestlizenzdauer verlassen können.

26. Lizenzdauer. Die Lizenzdauer kann auch – unabhängig vom Vertragsende – für eine gewisse Dauer ab dem Zeitpunkt des Rechteübergangs gem. § 2 Abs. 2 S. 1 des Formulars berechnet werden. Allerdings könnte dann ein Lizenznehmer, dem nach Vertragsunterzeichnung noch einmal Bedenken kommen, die Lizenzdauer durch Zurückhaltung der Zahlung nach hinten verschieben. Durch das hier vorgesehene Ende der Lizenzdauer mit Vertragsablauf (unabhängig vom Zeitpunkt des Beginns/Rechtsübergangs) wird der Lizenznehmer hingegen dazu motiviert, die geschuldete Vergütung so schnell wie möglich zu bezahlen, um in den Genuss einer möglichst langen Lizenzdauer zu kommen: Vor Bezahlung des geschuldeten Vergütungsbetrags darf er das vertragsgegenständliche Musikstück nämlich gem. § 2 Abs. 2 S. 1 des Vertragsformulars nicht nutzen; das Ende seiner Nutzungsberechtigung richtet sich hingegen bei der hier vorgesehenen Regelung nach der Vertragslaufzeit, die bereits mit Vertragsunterzeichnung zu laufen beginnt.

27. Kündigung aus wichtigem Grund. Wie bei jedem Dauerschuldverhältnis ist auch beim Lizenzvertrag eine Kündigung aus wichtigem Grund stets möglich. Diese Klausel listet klarstellend einige Pflichtverletzungen auf, die nach Einschätzung der Parteien so erheblich sind, dass sie einen wichtigen Grund zur Kündigung darstellen. Die Aufzählung kann gekürzt oder um weitere erhebliche Pflichtverletzungen ergänzt werden.

28. Abmahnung. Gem. § 314 Abs. 2 S. 1 BGB ist grundsätzlich vor jeder fristlosen Kündigung eines Dauerschuldverhältnisses wegen der Verletzung von Vertragspflichten eine vorherige Abmahnung oder, falls die Pflichtverletzung in einem Unterlassen besteht, eine Abhilfefristsetzung erforderlich, es sei denn es liegen besondere Gründe iSv § 323 Abs. 2 BGB vor, die dem Kündigenden ein Festhalten an dem Vertrag auch ohne vorherige Mahnung oder Abmahnung unzumutbar machen.

29. Widerrufsvorbehalt. Diese Klausel entfaltet zugunsten besonders bindungsunwilliger Rechteinhaber die Wirkung eines jederzeitigen, begründungslosen Rücktrittsrechtes. Sie kann bei abweichender Interessenlage der Parteien entfallen.

30. Lizenzgebühr. Die Vergütungsform der Pauschallizenzgebühr ist für nicht direkt Einkünfte produzierende Nutzungen die einfachste und angemessenste. Eine von der Anzahl der Abrufe abhängige Vergütung ist für den nicht wirtschaftlich orientierten Betreiber einer privaten Homepage mit hohem administrativem Aufwand verbunden und auch kaum kalkulierbar.

31. Periodische Zahlungen. Eine Pauschallizenzgebühr kann allerdings auch in Form periodischer Zahlungen vereinbart werden. Dann ist allerdings sicherzustellen, dass der Übergang der Rechte gem. § 2 Abs. 2 S. 1 des Formulars bereits nach Zahlung der ersten Rate erfolgt, da der Lizenznehmer den Vertragsgegenstand sonst nicht nutzen darf. Die Fälligkeit der ersten Rate sollte wie folgt angepasst werden:

Die erste Lizenzgebühr ist vor dem Einspeichern des vertragsgegenständlichen Titels in die Website an den Rechteinhaber zu zahlen. Die weiteren Raten iHv jeweils . . . . . . sind jeweils zum . . . . . . zu bezahlen. Der Lizenznehmer kann die Ausstellung einer Rechnung über jeden zu zahlenden Betrag verlangen.

Bei periodisch wiederkehrender Zahlungspflicht ist zudem eine Beschränkung auf die gesetzliche Schutzfrist in den Vertrag aufzunehmen:

Wiederkehrende Lizenzgebühren müssen an den Rechteinhaber nur für die Dauer der gesetzlichen Schutzfrist bezahlt werden.

Sie stellt sicher, dass der Rechteinhaber, der auf Grund dieses Vertrages regelmäßige Zahlungen an den Rechteinhaber leistet, nach Wegfall des gesetzlichen Schutzes nicht – auf Grund des Vertrages – schlechter steht als jeder andere, der keine Vergütung für die nun freie Nutzung entrichten muss.

Wird ein solcher wiederkehrender Anspruch vereinbart, so kann man zum Schutz von dessen Erfüllung einen Rechterückfall für den Fall der Erfüllungsverweigerung durch den Lizenznehmer vereinbaren:

Lehnt der Lizenznehmer oder sein rechtmäßiger Vertreter die weitere Erfüllung des Vertrages ab, so hat der Rechteinhaber ein außerordentliches fristloses Kündigungsrecht innerhalb von zwei Wochen ab Kenntnis von der Erfüllungsverweigerung. Mit dem Wirksamwerden der Kündigung wird der Rechteinhaber von sämtlichen Pflichten aus diesem Vertrag frei und fallen sämtliche dem Lizenznehmer eingeräumten Rechte an ihn zurück.

Diese Regelung zwingt zB einen Insolvenzverwalter, entweder die weitere Erfüllung des Vertrages zu erklären und damit die Vergütungspflicht als Masseschuld neu einzugehen oder die weitere Benutzung des vertragsgegenständlichen Musikstücks einzustellen. Der Rechterückfall schützt den Rechteinhaber auf diese Weise in einem Insolvenzverfahren ähnlich wie ein Eigentumsvorbehalt den Warenkreditgeber, nachdem ein a priori Rechtevorbehalt nicht möglich ist, weil der Lizenznehmer den Rechtsübergang benötigt, um die Benutzung überhaupt aufnehmen zu können.

4. Musik-/Hörbuch-Download-Lizenzvertrag

Zwischen

. . . . . .

                     – nachstehend „Rechteinhaber" genannt –

und

. . . . . .

                     – nachstehend „Lizenznehmer" genannt –

wird folgender Vertrag[1] geschlossen:

§ 1 Vertragsgegenstand

(1) Der Lizenznehmer beabsichtigt, auf seiner Website mit der URL/den URLs . . . . . . das Musikstück/Hörbuch:

. . . . . . [Titel]

von . . . . . . [Künstler]

zum Herunterladen (Download) abrufbar zu machen. Die hierfür erforderlichen Rechte sollen durch diesen Vertrag erworben werden.

(2) Die Parteien gehen davon aus, dass die abrufbar zu machende Aufnahme des vertragsgegenständlichen Musikstücks/Hörbuches (Titels) in Deutschland zugunsten des Rechteinhabers leistungsschutzrechtlich geschützt ist.[2]

§ 2 Rechtseinräumung[3]

(1) Zur Verwirklichung des in § 1 Abs. 1 genannten Zweckes räumt der Rechteinhaber dem Lizenznehmer hiermit folgende nicht ausschließliche Nutzungsrechte ein:[4]

(a) Das Recht zur Einspeicherung des Titels in die og Website des Lizenznehmers[5] (jedoch nicht im MP3-Format);
(b) Das Recht, den vertragsgegenständlichen Titel der Öffentlichkeit ganz oder teilweise zugänglich zu machen („Recht der Öffentlich-Zugänglichmachung");[6]
(c) Das Recht, den Titel auf Abruf von Besuchern der og Website hin vervielfältigen zu lassen.[7]
(d) Das Recht, den Titel in unerheblichem Umfang im Zusammenhang mit der og Gesamt-Website auch in anderen Medien weiter zu verwerten,[8] etwa in Rundfunk und Fernsehen,[9] auf CD-ROM, in Printversionen sowie auf alle anderen möglichen Verwertungsarten für Websites.[10]

Die Rechtseinräumung umfasst sämtliche Angebotsarten für Websites, insbes. das freie Internet, kostenpflichtige Websites, sonstige Online- und Offline-Dienste und interne Netze;[11] sie ist insbesondere nicht auf Nutzungen im freien Internet beschränkt.

Die Rechte sind nur dem Lizenznehmer als inhaltlich Verantwortlichem[12] für die Website eingeräumt und ohne Zustimmung des Rechteinhabers weder weiter übertragbar noch unterlizenzierbar.[13] Insbesondere sind sie nicht dem technischen Dienstleister, der die Website betreibt, eingeräumt, sofern dieser von dem Lizenznehmer verschieden ist.

Der Lizenznehmer verpflichtet sich, den vertragsgegenständlichen Titel ausschließlich für die oben genannte Website zu verwenden.[14]

Der Vertrieb körperlicher Werkstücke oder andere als die in diesem § 2 dieses Vertrages genannten Verwertungsformen sind nach diesem Vertrag nicht zulässig. Hierzu bedarf es des Abschlusses eines eigenen, gesonderten Lizenzvertrages. Auch die Reproduktion von Text oder Notenbild des vertragsgegenständlichen Titels bedarf einer separaten Lizenz des zuständigen Musikverlages.[15]

(2) Die Rechtseinräumung wird gem. § 158 Abs. 1 BGB erst wirksam, wenn der Lizenznehmer die gem. § 8 dieses Vertrages geschuldete Garantiesumme vollständig geleistet hat.[16] Der Rechteinhaber kann eine Benutzung des vertragsgegenständlichen Titels auch schon vor diesem Zeitpunkt vorläufig erlauben. Ein Übergang der Rechte nach diesem Paragraphen findet durch eine solche vorläufige Erlaubnis nicht statt. Ferner kann der Rechteinhaber die Rechtseinräumung widerrufen, wenn der Lizenznehmer mit der Bezahlung einer gem. § 8 dieses Vertrages fälligen Vergütung trotz Mahnung und Nachfristsetzung länger als zwei Monate in Verzug bleibt.[17]

(3) Die Rechtseinräumung ist territorial auf die Einbindung des vertragsgegenständlichen Titels in eine Website beschränkt, die erkennbar zum Abruf nur innerhalb der Europäischen Union[18] bestimmt ist.[19] Die Rechtseinräumung ist außerdem ausdrücklich auf solche Websites beschränkt, die für den Abruf durch Endverbraucher bestimmt sind.[20]

(4) Die Nutzungsrechtseinräumung umfasst alle derzeit bekannten und unbekannten Nutzungsarten, die zur Erreichung des Vertragszwecks erforderlich sind oder werden, auch wenn sie erst auf Grund neuer Gesetzeslage oder aus anderen Gründen nachträglich an dem vertragsgegenständlichen Titel entstehen oder erst nachträglich bekannt werden.[21]

(5) Im Hinblick auf etwaig von dieser Nutzungsrechtseinräumung nicht erfasste Nutzungsarten im Zusammenhang mit Websites räumt der Rechteinhaber dem Lizenznehmer eine Option zu angemessenen Bedingungen ein.[22]

(6) Der Lizenznehmer ist berechtigt, den vertragsgegenständlichen Titel auf seiner Website auch in Verbindung mit Werken anderer Rechteinhaber oder ausschnittsweise zu benutzen oder zu bearbeiten.[23] Veränderungen und Kürzungen des vertragsgegenständlichen Titels sind jedoch nur zulässig, soweit sie nicht entstellend wirken. Eine Nachsynchronisation in anderer Sprache ist nicht zulässig.

(Optional, nur bei Musikdownloads:

(7) Die von den Verwertungsgesellschaften GEMA und GVL wahrgenommenen Rechte bleiben von diesem Vertrag unberührt.[24])

(8) Der Lizenznehmer ist berechtigt, im Zusammenhang mit der Durchführung dieses Vertrages – insbesondere zum Zwecke der Eigenwerbung und auf der vertragsgegenständlichen Website selbst – den Namen des vertragsgegenständlichen Titels sowie Namen/Kennzeichen/Logos/Abbildungen des Komponisten/Textdichters/ausübenden Künstlers und evtl. gefeaturter Künstler, soweit der Rechteinhaber über solche Rechte verfügen kann, sowie des Rechteinhabers unentgeltlich zu benutzen.

(9) Sämtliche Namens-, Titel- und Kennzeichenrechte an der Website oder einzelnen ihrer Teile oder durch Benutzung auf der Website entstehende Namens-, Titel- und Kennzeichenrechte sind Sache des Lizenznehmers.

(10) Der Rechteinhaber hat Anspruch auf Nennung seines Namens als Leistungsschutzrechtsinhaber in Form eines – mit einem Zielpunkt seiner Wahl verlinkten – Vermerks auf derjenigen Webseite, auf welcher der jeweilige vertragsgegenständliche Titel eingebunden wird.[25]

(11) Der Rechteinhaber hat Anspruch darauf, dass der Lizenznehmer den von seiner Website aus abrufbaren vertragsgegenständlichen Titel auf Verlangen des Rechteinhabers nachträglich mit einem urheberrechtlichen Schutzmechanismus versieht, soweit dadurch die vertragsgemäße Benutzung nicht behindert wird und die Maßnahme dem Lizenznehmer wirtschaftlich zumutbar ist.[26]

§ 3 Mitwirkungspflichten und Kontrollrechte des Rechteinhabers

(1) Der Rechteinhaber verpflichtet sich, dem Lizenznehmer auf Verlangen eine Verkörperung des vertragsgegenständlichen Titels (Werkstück) zur Herstellung der von ihm benötigten Kopien zu liefern.[27] Das Werkstück ist nach Ablauf von 2 Monaten an den Rechteinhaber zurückzugeben, sofern es in verkörperter Form (zB auf CD, Tape) übergeben wurde. Eine Weitergabe dieses Werkstückes an Dritte oder die Erstellung von Kopien für Dritte außerhalb des Rahmens dieses Vertrages ist nicht gestattet, soweit nicht der Rechteinhaber einer Übertragung der vertragsgegenständlichen Lizenz an den Dritten zugestimmt hat.

(2) Der Rechteinhaber hat dem Lizenznehmer folgende Informationen in folgender Form zur Verfügung zu stellen:

(a) Informationen über sämtliche Urheber und sämtliche Leistungsschutzberechtigten an dem vertragsgegenständlichen Titel:[28] schriftlich oder per E-Mail;

(b) Ggf. Beschränkungen seines Rechteumfangs bzw. der Art und Weise, auf die der vertragsgegenständliche Titel in die Website eingebunden werden darf: schriftlich oder per E-Mail.

(3) Zur Kontrolle der Erfüllung dieses Vertrages gewährt der Lizenznehmer dem Rechteinhaber während der Lizenzdauer jederzeit kostenlosen Zugang zu seiner Website sowie den kostenlosen Abruf jedes vertragsgegenständlichen Titels. Die Kontrollabrufe sind von der Vergütungszahlung befreit.

(4) Der Lizenznehmer verpflichtet sich, dem Rechteinhaber Nutzungsdaten im Zusammenhang mit dem Abruf des vertragsgegenständlichen Titels (insbesondere über die Anzahl der Abrufe) zur Verfügung zu stellen, soweit dies technisch möglich und rechtlich zulässig ist.[29] Dies erstreckt sich auch auf die Weitergabe von unter Bezugnahme auf die vertragsgegenständliche Abbildung hinterlassenen E-Mail-Adressen unter Berücksichtigung der deutschen Datenschutzbestimmungen (bei Einwilligung des betroffenen Nutzers).[30]

§ 4 Haftung

(1) Der Rechteinhaber versichert und steht dafür ein, dass er Inhaber der vertragsgegenständlichen Online-Nutzungsrechte an dem vertragsgegenständlichen Titel ist und dass er in der vertragsgegenständlichen Form frei über sie verfügen kann.[31] Der Rechteinhaber garantiert ferner, dass die von ihm lizenzierten Inhalte frei von Rechten Dritter sind. Falls dem Rechteinhaber bekannt werden sollte, dass an irgendwelchen Bestandteilen des vertragsgegenständlichen Titels Rechte Dritter bestehen (zB bei Verwendung von Samples), so hat er den Lizenznehmer hierauf unverzüglich hinzuweisen.

(2) Der Rechteinhaber stellt den Lizenznehmer hiermit von jeglichen Ansprüchen Dritter im Zusammenhang mit der Garantie nach Abs. 1 frei und ersetzt ihm die Kosten der Rechtsverteidigung.[32]

(3) Der Lizenznehmer garantiert, sämtliche für die beabsichtigte Nutzung neben der vertragsgegenständlichen Lizenz weiter erforderlichen Rechte selbst einzuholen, bzw. bereits eingeholt zu haben und stellt den Rechteinhaber in diesem Zusammenhang von jeglichen Ansprüchen Dritter frei.[33]

§ 5 Veröffentlichung[34]

Der Rechteinhaber garantiert hiermit, dass der vertragsgegenständliche Titel bereits veröffentlicht ist.

§ 6 Promotionmaßnahmen[35]

Der Rechteinhaber anerkennt die besondere Bedeutung seiner Mitwirkung an Werbe- und Promotionmaßnahmen im gemeinsamen Interesse. Er verpflichtet sich, solche Maßnahmen ohne gesonderte Vergütung aktiv zu unterstützen.

§ 7 Vertrags- und Lizenzdauer

(1) Dieser Vertrag beginnt mit beiderseitiger Unterzeichnung und läuft zunächst für die Dauer von . . . . . . (Vertragsdauer).[36] Sofern er nicht von einer Partei bis spätestens . . . . . . (Zeitraum) vor Ablauf der Vertragsdauer gekündigt wird, verlängert er sich automatisch um jeweils weitere . . . . . . (Zeitraum). Mit Ablauf der Vertragsdauer enden

sämtliche Pflichten aus diesem Vertrag mit Ausnahme solcher Regelungen, die ersichtlich auch nach Vertragsende gelten sollen.

(2) Die Rechtseinräumung nach diesem Vertrag (Lizenzdauer) beginnt gem. § 2 Abs. 2 mit der Zahlung der (ersten) geschuldeten Lizenzgebühr und endet mit Ablauf der Vertragsdauer gem. § 6 Abs. 1.[37] Mit dem Ende der Lizenzdauer enden sämtliche Pflichten aus diesem Vertrag mit Ausnahme solcher Regelungen, die ausdrücklich auch nach Vertragsende gelten sollen.

(3) Dieser Vertrag kann aus wichtigem Grund vorzeitig gekündigt werden, insbesondere wenn der Rechteinhaber seinen Mitwirkungspflichten gem. § 3 dieses Vertrags nachhaltig nicht nachkommt, wenn der Lizenznehmer fällige Zahlungen gem. § 8 dieses Vertrages trotz Mahnung und Nachfristsetzung nicht leistet, die Kontrollrechte des Rechteinhabers gem. § 3 Abs. 3 dieses Vertrages nicht erfüllt oder keine übersichtliche und genaue Buchhaltung führt.[38] Eine fristlose Kündigung setzt grundsätzlich voraus, dass der andere Teil schriftlich gemahnt und aufgefordert wird, den vermeintlichen Grund zur fristlosen Kündigung in angemessener Zeit zu beseitigen, es sei denn es liegen besondere Gründe iSv §§ 314 Abs. 2, 323 Abs. 2 BGB vor, die dem Kündigenden ein Festhalten an dem Vertrag auch ohne vorherige Mahnung oder Abmahnung unzumutbar machen.[39]

(4) Lehnt der Lizenznehmer oder sein rechtmäßiger Vertreter die weitere Erfüllung des Vertrages ab, so hat der Rechteinhaber ein außerordentliches fristloses Kündigungsrecht innerhalb von zwei Wochen ab Kenntnis von der Erfüllungsverweigerung. Mit dem Wirksamwerden der Kündigung wird der Lizenznehmer von sämtlichen Pflichten aus diesem Vertrag frei und fallen sämtliche dem Lizenznehmer eingeräumten Rechte an ihn zurück.[40]

(5) Der Rechteinhaber behält sich das Recht vor, diese Lizenz jederzeit ohne Angabe von Gründen ganz oder teilweise gegen ex-nunc-Wegfall der Vergütungspflicht (pro rata temporis) zu widerrufen.[41] Übt der Rechteinhaber diesen Widerrufsvorbehalt der Lizenz aus, so hat er dem Lizenznehmer eine angemessene Frist zur Herausnahme des vertragsgegenständlichen Titels aus dem Angebot der Website – von in der Regel 3 Werktagen – einzuräumen.

§ 8 Vergütung, Abrechnung und Zahlung

(1) Vergütung[42]

(a) Garantiesumme
Für die Rechtseinräumung nach diesem Vertrag erhält der Rechteinhaber eine nicht rückzahlbare, jedoch voll und quer verrechenbare Garantiesumme als Vorauszahlung auf seine Umsatzbeteiligung gem. Unterabsatz (b) dieses Absatzes in Höhe von . . . . . . [Betrag].

(b) Umsatzbeteiligung
Von den Netto-Einnahmen (Gesamt-Einnahmen abzüglich gesetzlicher Mehrwertsteuer, jedoch ohne Abzug sonstiger Kosten), die der Lizenznehmer aus der Verwertung des/der mit diesem Vertrag lizenzierten Titel erzielt (zB Download-Preis, Werbeeinnahmen, Subscription Fees, pay per view uÄ[43]), erhält der Rechteinhaber eine Beteiligung in Höhe von . . . . . . %.[44] Diese Vergütung bezieht sich auf Titel, an denen der Rechteinhaber [– abgesehen von der GEMA –][45] alleiniger Rechtegeber ist. Müssen zur vertragsgemäßen Benutzung eines vertragsgegenständlichen Titels die Rechte weiterer Rechtegeber eingeholt werden, so verringert sich die Umsatzbeteiligung des Rechteinhabers auf den entsprechenden Bruchteil.[46] Von der Beteiligungspflicht ausgenommen sind Beträge, die vom Lizenznehmer zweckgebunden zu verwenden sind (durchlaufende Posten) oder die vom Lizenznehmer an Dritte zurückgezahlt werden müssen.

(c) Abrechnung, Zahlung, Nachverhandlungspflicht
Die Umsatzbeteiligung wird jeweils halbjährlich, und zwar jeweils zum 30.6. und
zum 31.12., abgerechnet und gezahlt.
Falls sich ein Bedürfnis zu weiteren oder präziseren Regelungen ergibt, verpflichten
sich beide Teile, diese nach Treu und Glauben und im Rahmen des Üblichen nach zu
verhandeln. In seinen übrigen Teilen bleibt der Vertrag in Wirkung.

(2) Der Rechteinhaber ist berechtigt, Abrechnungen des Lizenznehmers in Bezug auf seine
Vergütung auf eigene Kosten zu überprüfen oder von einem öffentlich vereidigten Buch-
oder Wirtschaftsprüfer oder einem sonst zur Berufsverschwiegenheit verpflichteten Sachverständigen überprüfen zu lassen (Buchprüfung). Bis zur Feststellung von Unkorrektheiten in der Abrechnung ist diese für beide Seiten verbindlich. Ergibt eine Buchprüfung
eine Differenz zuungunsten des Rechteinhabers, so trägt der Lizenznehmer die angemessenen Kosten der Buchprüfung.[47] Nach Ablauf einer Einwendungsfrist von sechs Monaten nach Zugang der Abrechnung wird die Abrechnung für beide Teile dieses Vertrages
endgültig unanfechtbar.[48]

(3) Die Umsatzbeteiligung steht dem Rechteinhaber nur während der Dauer der gesetzlichen Schutzfrist zu.[49]

(4) Alle Vergütungen verstehen sich zuzüglich der gesetzlichen Mehrwertsteuer, sofern
der Rechteinhaber im Zahlungszeitpunkt der Umsatzsteuerpflicht unterliegt oder auf sie
optiert hat und dies dem Lizenznehmer bekannt ist. Entsteht die Umsatzsteuerpflicht oder
die Option auf sie nachträglich, so kann die Mehrwertsteuer bis zum Ende des laufenden
Kalenderjahres unter Vorlage der Mehrwertsteuerpflicht-Bescheinigung des zuständigen
Finanzamtes gegen Rechnungsstellung nachgefordert werden. Danach erlischt die Forderung auf Umsatzsteuer-Erstattung.

(5) Rechnungsbeträge sind innerhalb von 10 Arbeitstagen zur Zahlung fällig. Zahlungen
sind auf das Konto IBAN . . . . . bei der . . . . . [Bank] in . . . . . . [Ort], BIC . . . . . . zu
leisten. Gerät der Lizenznehmer mit der Zahlung fälliger Forderungen in Verzug, so hat
er Verzugszinsen in Höhe von . . . . . . % pro Jahr zu zahlen, sofern er nicht nachweist,
dass der tatsächliche Schaden geringer ist.[50] Die Möglichkeit des Rechteinhabers zur
Geltendmachung weitergehender Ansprüche aus dem Verzug bleibt unberührt.

§ 9 Vertraulichkeit

Beide Parteien verpflichten sich, über die Bestimmungen dieses Vertrages sowie über alle
ihnen im Rahmen dieses Vertrages bekannt gewordenen Informationen auch nach Ablauf
der Lizenzdauer Stillschweigen zu bewahren.

§ 10 Herausgabe- und Löschungspflichten

Der Lizenznehmer verpflichtet sich, nach Beendigung der Lizenzdauer alle ihm einzeln in
elektronischer Form vorliegenden vertragsgegenständlichen Informationen und Inhalte,
insbesondere alle Kopien des vertragsgegenständlichen Titels, die nicht Bestandteil einer
Gesamt-Archivierung seiner Website oder einzelner Webseiten sind, zu löschen. Informationen und Inhalte (auch Informationsmaterial uÄ), die in verkörperter Form vorliegen,
sind an den Rechteinhaber zurückzugeben oder auf dessen Verlangen hin oder bei
Nichtannahme zu vernichten.

§ 11 Exklusivität[51]

Der Rechteinhaber verpflichtet sich, für einen Zeitraum von . . . . . .[52] den vertragsgegenständlichen Titel nicht an einen weiteren Lizenznehmer zur Online-Nutzung zu lizenzie-

ren, wenn dieser mit dem Lizenznehmer in direktem Konkurrenzverhältnis steht oder dem Lizenznehmer durch die Zweitlizenzierung ein Imageschaden droht. Ein solches direktes Konkurrenzverhältnis ist bei Branchengleichheit stets gegeben.

§ 12 Schlussbestimmungen

(1) Dieser Vertrag unterliegt dem Recht der Bundesrepublik Deutschland.

(2) Mündliche Nebenabreden bestehen nicht. Änderungen oder Ergänzungen dieses Vertrages bedürfen zu ihrer Wirksamkeit der Schriftform, auf die auch nicht mündlich verzichtet werden kann.

(3) Sollten einzelne Bestimmungen dieses Vertrages unwirksam sein oder werden, so wird dadurch die Wirksamkeit der übrigen Bestimmungen nicht berührt. Statt der unwirksamen Bestimmung gilt dasjenige, was die Parteien nach dem ursprünglich angestrebten Zweck unter wirtschaftlicher Betrachtungsweise redlicherweise vereinbart hätten. Das Gleiche gilt im Falle des Vorliegens einer Vertragslücke.

(4) Ansprüche aus diesem Vertrag können weder abgetreten, noch verpfändet, noch mit dem Recht eines Dritten belastet werden, soweit der Schuldner dem nicht ausdrücklich zustimmt.

(5) Erfüllungsort ist . . . . . . Sofern beide Parteien Kaufleute im Sinne des HGB sind, ist Gerichtsstand für alle Streitigkeiten aus diesem Vertrag . . . . . .

. . . .

(Ort, Datum)   (Ort, Datum)

. . . .

– Lizenznehmer –   – Rechteinhaber –

Anmerkungen

1. Sachverhalt. Gegenstand des vorliegenden Formularvertrages ist das Bereitstellen von Musik oder Hörbüchern zum Download von Websites im Internet. Hierdurch wird in jedem Falle das Urheberrecht des Komponisten und des Textdichters des Musikstücks (§ 2 Abs. 1 Nr. 2 UrhG) bzw. des Autors des Hörbuches (§ 2 Abs. 1 Nr. 1 UrhG) berührt. Wenn die zum Herunterladen bereitgestellte Tondatei, wie in der Regel, von einer bereits existierenden Aufnahme einer Darbietung des Musikstückes bzw. Hörbuches auf Tonträger (etwa einer CD) übernommen wird, müssen überdies das Leistungsschutzrecht des ausübenden Künstlers (§§ 73 ff. UrhG) sowie das Leistungsschutzrecht des Tonträgerherstellers (§§ 85 f. UrhG) berücksichtigt werden.

Die Haftung des Website-Betreibers gegenüber dem Rechteinhaber für die ordnungsgemäße Rechteeinholung bei Nutzung urheberrechtlich geschützter Inhalte ist in Rechtsprechung und Literatur unbestritten, vgl. zB LG München Urt. v. 18.9.2008 – 70 8506/07, IMMR 2009, 137 mAnm *Kaufmann*. Der Betreiber der Website ist regelmäßig Anbieter des entsprechenden Inhalts als „eigene Information" iSv § 7 Abs. 1 TMG und haftet daher dem Rechteinhaber gegenüber für Urheberrechtsverletzungen durch die mit der Einbindung in die Website verbundene Vervielfältigung und Öffentlich-Zugänglichmachung eines urheberrechtlich geschützten Inhalts. Daher besteht ein Bedarf nach Abschluss entsprechender Lizenzverträge wie in den Formularen dieses Abschnitts (H.).

Die erforderlichen **leistungsschutzrechtlichen** Lizenzen für Musik-/Hörbuchdownloads werden in aller Regel bei den Plattenfirmen oder Verlagen der Künstler/Sprecher eingeholt, da diese nicht nur Inhaber des Leistungsschutzrechts des Tonträgerherstellers, sondern in aller Regel auch Inhaber sämtlicher ausschließlicher Nutzungsrechte an der leistungsschutzrechtlich geschützten Darbietung der von ihnen unter Vertrag genommenen Künstler/Sprecher sind. Anders ist dies nur bei vertragsfreien Künstlern („unsigned") oder Sprechern, die ihre Leistungsschutzrechte selbst verwalten, sowie bei solchen Künstlern/Sprechern, deren Vertrag die Nutzungsart „Online-Nutzung" ausdrücklich ausnimmt oder noch nicht zum Gegenstand hat. Letzteres kann vor allem dann der Fall sein, wenn es sich um „Altverträge" handelt, die vor dem Zeitpunkt abgeschlossen wurden, ab dem Online-Nutzungen als neue Nutzungsart bekannt wurden. Nach der urheberrechtlichen Zweckübertragungstheorie, die analog auch für Leistungsschutzrechte gilt (Schricker/Loewenheim/*Schricker* § 31 Rn. 79), waren damals noch unbekannte Nutzungsarten von der Rechtsübertragung im Zweifel nicht erfasst. Bei solchen Verträgen erlaubt nunmehr allerdings § 137l UrhG einem Verwerter, dem der Urheber/Leistungsschutzberechtigte ursprünglich „alle wesentlichen Nutzungsrechte ausschließlich sowie räumlich und zeitlich unbegrenzt eingeräumt" hat, die Verwertung auf zum Zeitpunkt des Vertragsschlusses unbekannte Nutzungsarten, sofern der Urheber gegenüber dem Verwerter der Nutzung nicht bis spätestens 1.1.2009 (für bis 1.1.2008 bekannt gewordene Nutzungsarten) oder bis spätestens 3 Monate nach Mitteilung über die beabsichtigte Aufnahme der neuen Nutzungsart widerspricht. Aber auch bei Neuverträgen kann sich der ausübende Künstler das Recht zur Online-Nutzung ganz oder teilweise vorbehalten haben, was jedoch in der Praxis wohl nur bei Künstlern/Sprechern mit erheblicher Marktmacht vorkommt. In allen Fällen, bei denen das Recht zur On-line-Nutzung der Darbietung nicht bei der Plattenfirma/dem Verlag liegt, muss der Musik-/Hörbuch-Download-Lizenzvertrag direkt mit dem Künstler/Sprecher bzw. demjenigen, an den der Künstler/Sprecher die entsprechenden Rechte übertragen hat, abgeschlossen werden.

Daneben ist für die Bereitstellung eines Musikstücks bzw. Hörbuches zum Herunterladen natürlich auch das **urheberrechtliche** Nutzungsrecht zur Online-Vervielfältigung und Öffentlich-Zugänglichmachung (Online-Nutzung) des betreffenden Werkes einzuholen. Im Falle von Musik verwaltet diese Rechte in Deutschland in aller Regel die Gesellschaft für musikalische Aufführungs- und mechanische Vervielfältigungsrechte (GEMA) auf Grund von § 1 lit. g, h, i (1) ihres Wahrnehmungsvertrages. Von der GEMA wird die urheberrechtliche Lizenz auf der Grundlage ihres entsprechenden Standard-Normalvertrags vergeben. Der betreffende Standard-Normalvertrag kann bei der GEMA, Rosenheimerstr. 11, 81667 München, zur Einsichtnahme angefordert werden. Da die vor 1996 abgeschlossenen Verträge zwischen der GEMA und ihren Mitgliedern keine ausdrückliche Nennung der Online-Nutzungsrechte enthielten, wurde den bestehenden Mitgliedern damals eine Klarstellungserklärung vorgelegt, welche beinhaltete, dass auch die Online-Nutzung von den der GEMA zur Wahrnehmung eingeräumten Nutzungsrechten der öffentlichen Wiedergabe mit umfasst ist. Die große Mehrheit der GEMA-Mitglieder hat diese Klarstellungserklärung unterzeichnet. Seit Juli 1996 enthalten außerdem alle neuen Wahrnehmungsverträge zwingend die ausdrückliche Nennung der Rechte zur Online-Nutzung. Hat sich ein Urheber, der damals schon GEMA-Mitglied war, die Rechte zur Online-Nutzung vorbehalten, so liegt das urheberrechtliche Nutzungsrecht zur Online-Nutzung weiterhin bei ihm bzw. bei einem Dritten, an den er es weiterlizenziert hat (zB einem Musikverlag) und muss dort eingeholt werden. Ebenso müssen die urheberrechtlichen Nutzungsrechte im Falle von Hörbüchern typischerweise stets direkt beim Autor oder Verleger eingeholt werden, da sie von keiner Verwertungsgesellschaft kollektiv wahrgenommen werden (insbesondere nicht von der VG Wort, → Form. C. 8).

Wegen der Dominanz der GEMA in der urheberrechtlichen Lizenzierung von Musik zum Download ist der vorliegende Vertrag auf die Einholung der erforderlichen leistungsschutzrechtlichen Lizenzen ausgerichtet, also an der Darbietung des ausübenden Künstlers und am Leistungsschutzrecht des Tonträgerherstellers. Sollten die urheberrechtlichen

Rechte an dem vertragsgegenständlichen Titel (Musikstück oder Hörbuch) gemäß obiger Darstellung nicht von der GEMA wahrgenommen werden, sondern vom Künstler/Autor oder seinem Musikverlag/Verlag selbst vergeben werden, so kann dieses Formular auch für die Einholung dieser Rechte verwendet werden, wenn an Stelle des Begriffes „Leistungsschutzrecht" die Bezeichnung „Urheberrecht" gesetzt wird. Unterschiede in der Ausgestaltung des Online-Nutzungsrechts bei Urheberrecht und Leistungsschutzrecht sind jeweils im Text durch eine Fußnote und entsprechende Anmerkungen gekennzeichnet.

2. Betroffene Schutzrechte. Für die Benutzung einer Musik-/Hörbuchaufnahme im Internet ist neben der Einholung der Rechte der Leistungsschutzrechtsinhaber (ausübender Künstler und Tonträgerhersteller) auch die Einholung einer urheberrechtlichen Lizenz erforderlich (→ Anm. 1). Die Berechtigung zur Vergabe dieser Lizenz liegt im Falle von Musikstücken idR bei der GEMA, im Falle von Hörbüchern idR beim Verlag (→ Anm. 1).

3. Rechtseinräumung. Nach der urheberrechtlichen Zweckübertragungstheorie gem. § 31 Abs. 5 UrhG, die analog auch für Leistungsschutzrechte gilt (Schricker/Loewenheim/*Schricker* § 31 Rn. 79), ist der Umfang der eingeräumten Nutzungsrechte im Zweifel eng auszulegen (hierzu Schricker/Loewenheim/*Schricker* § 31 Rn. 74 ff.). Daher ist eine ausdrückliche und möglichst umfassende Nutzungsrechtseinräumung empfehlenswert, um spätere Meinungsverschiedenheiten über den Umfang der Nutzungsrechte des Lizenznehmers zu vermeiden.

4. Erforderliche Nutzungsrechte. Für die Bereitstellung von Musik- bzw. Hörbuchfiles zum Download sind rechtssystematisch folgende Nutzungsrechte erforderlich: Ein Vervielfältigungsrecht für die Einspeicherung des Musikstücks bzw. Hörbuchs in die Website gem. §§ 16, 77, 85 Abs. 1 UrhG. Das Recht, den Zugang zu dem Musikstück bzw. Hörbuch zu eröffnen, welches als sogenanntes „Recht der öffentlichen Zugänglichmachung" in §§ 19a, 78 Abs. 1 Nr. 1, 85 Abs. 1 UrhG geregelt ist. Sowie das Recht zur weiteren Vervielfältigung des Musikstücks bzw. Hörbuchs durch Besucher der Website gem. §§ 16, 77, 85 Abs. 1 UrhG, falls diese das Musikstück bzw. Hörbuch bei sich selbst wiederum abspeichern können.

5. Einspeicherung in eine Website. Die Einspeicherung einer Datei in eine Webseite ist eine (digitale) Vervielfältigung, da hierbei eine neue, selbstständig wahrnehmbare Kopie entsteht (OLG München Urt. v. 8.3.2001 – 29 U 3282/00 (nicht rechtskräftig), NJW 2001, 3553 = CR 2001, 333 = GRUR 2001, 499 [501] = WRP 2001, 578 = MMR 2001, 375 [377] – Hitbit/AOL; *Schack* § 13 Rn. 461; *Möhring/Nicolini-Kroitzsch* § 16 Rn. 4; *Bechtold* ZUM 1997, 427 [429]).

6. Öffentlich-Zugänglichmachung. Das Verwertungsrecht des Urhebers, der Öffentlichkeit den Zugang zu seinem Werk zu eröffnen, (Recht der Öffentlich-Zugänglichmachung) ist in § 19a UrhG geregelt.

Werden urheberrechtlich geschützte Werke auf einer Internetseite so eingebunden, dass sie von Dritten aufgerufen werden können, so sind sie im Sinne des § 19a UrhG öffentlich zugänglich gemacht (vgl. zB AG Hamburg Urt. v. 27.9.2010 – 36A C 375/09, GRUR-RR 2011, 162 = ZUM-RD 2011, 38 = CR 2011, 58; siehe auch BGH Urt. v. 9.7.2015 – I-ZR 46/12, GRUR-RS 2014, 11840 – Framing).

Für Leistungsschutzrechtsinhaber, also der ausübenden Künstler und Tonträgerhersteller lauten die entsprechenden Vorschriften:

§ 78 Öffentliche Wiedergabe
(1) Der ausübende Künstler hat das ausschließliche Recht, seine Darbietung
1. öffentlich zugänglich zu machen (§ 19a), ...

§ 85 Verwertungsrechte
(1) Der Hersteller eines Tonträgers hat das ausschließliche Recht, den Tonträger zu vervielfältigen, zu verbreiten und öffentlich zugänglich zu machen.

7. Vervielfältigung durch Abruf von Besuchern der Website. → Form. H. 1 Anm. 7

8. Zweitverwertung. Die Ausweitung der (nicht exklusiven) Lizenz auf weitere Verwertungsarten im Zusammenhang mit der Website kann entfallen, wenn der Rechteinhaber zu einer so weitgehenden Lizenzierung nicht bereit ist. Wird die Zweitverwertungs-Lizenz erteilt, so ermöglicht sie dem Lizenznehmer die umfassende wirtschaftliche Ausbeutung der von ihm erstellten Website, ohne ihn zur Aussparung der Inhalte zu zwingen, die er selbst nur lizenziert hat.

9. Zweitverwertung in Rundfunk und Fernsehen. ZB im Rahmen von Sendungen, die sich mit dem Internet beschäftigen, Websites vorstellen und dabei deren Inhalt wiedergeben (im Radio etwa durch Anklicken der auf der Website enthaltenen Soundfiles, im Fernsehen durch Vorführen der Website).

10. Zweitverwertung auf sonstige Art und Weise. Weitere Zweitverwertungsarten sind etwa die Umsetzung des „Look & Feel" der Website, ihres Konzepts oder bestimmter Gestaltungselemente in Film, Video oder Computerspielen.

11. Verwertungsumfang. Die Rechtseinräumung kann auch auf bestimmte Angebotsarten für Websites (zB das Internet oder geschlossene Netze) beschränkt werden.

12. Inhaltsverantwortlicher. Der Betreiber der vertragsgegenständlichen Website ist gem. § 7 Abs. 1 TMG für selbst eingestellte Inhalte nach den allgemeinen Gesetzen vollumfänglich verantwortlich. Er ist daher für die Einholung der Lizenz zuständig.

13. Abtretungs- und Unterlizenzierungsverbot. → Form. H. 1 Anm. 13

14. Beschränkung auf bestimmte Website. Diese Beschränkung kann je nach Interessenlage der Parteien entfallen.

15. Text- und Notenbild. Die Rechte an Text- und Notenbild werden gem. § 1 lit. h S. 5 des Wahrnehmungsvertrages der GEMA ausdrücklich nicht von dieser wahrgenommen und sind daher, auch im Falle von Musik, idR einem Musikverlag bzw. Verlag eingeräumt. Besteht kein Verlagsverhältnis, so sind die Rechte beim Urheber selbst einzuholen.

16. Bedingung vollständiger Zahlung. Die Bedingung vollständiger Zahlung wirkt wie ein „Eigentumsvorbehalt" des Rechteinhabers, indem sie die dingliche Wirkung der Nutzungsrechtseinräumung bis zur vollständigen Bezahlung der Vergütung aufschiebt. Im Falle eines Insolvenzverfahrens über das Vermögen des Lizenznehmers vor Zahlung der Vergütung schützt dieser Rechtevorbehalt den Rechteinhaber wie ein Eigentumsvorbehalt den Warenkreditgeber: Sie zwingen den Insolvenzverwalter, entweder die Zahlung der Lizenzgebühr als Masseschuld neu einzugehen oder auf die Nutzung des lizenzierten Inhalts zu verzichten.

17. Rechterückfall bei Nichtzahlung. Diese Klausel sanktioniert den Zahlungsverzug des Lizenznehmers, indem sie die Nutzungsmöglichkeiten aus dem Vertrag de facto beendet, während der Vergütungsanspruch des Rechteinhabers (auch für die Zukunft) unberührt bleibt und somit zB im Insolvenzfall zur Verteilung nach der Quote angemeldet werden kann. Dies ist eine wirksame Sicherungsklausel des Vergütungsanspruches des Rechteinhabers gegenüber einem zahlungsunwilligen oder –unfähigen Lizenznehmer, auch beispielsweise in der Insolvenz des Lizenznehmers. Auch sie zwingt den Insolvenzverwalter, die Vergütung (bis auf im Beispiel maximal zwei Monatsvergütungen) entweder weiterzuzahlen oder auf die weitere Nutzung des lizenzierten Inhalts zu verzichten. Nach der Rechtsprechung des BGH (Urt. v. 17.11.2005 – IX ZR 162/04, NJW 2006, 915 = CR 2006, 151 = MMR 2006, 386) ist jedenfalls ein aufschiebend bedingter Rechtsübergang für den Fall der (Kündigung wegen) Nichterfüllung durch den Vertragspartner (bzw. dessen Insolvenzverwalter) insolvenzfest, so dass sich ein Rechteinhaber im Falle der Insolvenz des Lizenznehmers die eingeräumten Verwertungsrechte zurückholen kann. Die neue Rechtsprechung des BGH in Sachen „M2Trade" (Urt. v. 19.7.2012 – I ZR 70/10, GRUR 2012, 916) und „Take Five" (Urt. v. 19.7.2012 – I ZR 24/11, GRUR 2012, 914) zur „Insolvenzfestigkeit" von Unterlizenzen ändert an der Sinnhaftigkeit einer solchen Klausel nichts, denn eine Klarstellung des Schicksals von Hauptlizenzen im Insolvenzfall des Lizenzgebers steht nach wie vor aus.

18. Europäische Union. → Form. H. 1 Anm. 16

19. Bestimmungslandprinzip. → Form. H. 1 Anm. 17

20. Beschränkung auf B2C-Websites. Die Beschränkung auf an den Endverbraucher adressierte Websites kann je nach Interessenlage der Parteien auch entfallen.

21. Unbekannte und noch nicht geschützte Nutzungsarten. → Form. H. 1 Anm. 18

22. Option bezüglich nicht erfasster Nutzungsarten. Diese Regelung beinhaltet eine Verpflichtung beider Parteien zur Nachverhandlung über von der Rechtseinräumung etwaig nicht erfasste Nutzungsrechte, um dem Lizenznehmer die nötige Sicherheit zu geben, im Hinblick auf die spätere Nutzung seiner Website ausreichende Freiheit zu besitzen. Seit eine antizipierte Rechtseinräumung an noch nicht bekannten Nutzungsarten zulässig ist (→ Anm. 21), ist die Bedeutung dieser Klausel deutlich reduziert. Allerdings verbleibt ihr ein gewisser Restwert als nützlicher „Fallschirm" gegen eine allfällig unbeabsichtigte Nichterfassung einzelner Nutzungsarten.

23. Künstler- & Urheberpersönlichkeitsrechte. Ein umfassendes Persönlichkeitsrecht einschließlich des Rechts, über die Veröffentlichung des Musikstücks bzw. Hörbuchs zu entscheiden, sowie des Rechts auf Namensnennung steht gem. §§ 12 ff. UrhG nur dem Urheber zu, nicht hingegen einem bloß Leistungsschutzberechtigten. Zugunsten ausübender Künstler gewährt § 83 UrhG allerdings ein abgeschwächtes „Künstlerpersönlichkeitsrecht" gegen Entstellung der Darbietung, das ebenso wie der urheberrechtliche Entstellungsschutz vor Veränderungen, Kürzungen, Nachbearbeitungen und sonstigen Integritätseingriffen schützt, es sei denn, dass sie Ruf oder Ansehen des Künstlers nicht schaden (Schricker/Loewenheim/*Vogel* § 75 Rn. 5, 8, 14 und 31).
Der Vertrag kann die ausschnittsweise Benutzung und Bearbeitung je nach Interessenlage der Parteien auch verbieten. Dabei ist jedoch auf die berechtigten Interessen des Lizenznehmers an einer angemessenen Bewerbung seiner Website Rücksicht zu nehmen. Dies kann etwa in folgender Form bewerkstelligt werden:

> Ausgeschlossen ist das Recht, den vertragsgegenständlichen Titel ausschnittsweise, in Teilen oder in bearbeiteter Form zu benutzen; für die Benutzung unerlässliche Änderungen und die Verwendung von Ausschnitten für Werbezwecke sind jedoch gestattet.

24. Verwertungsgesellschaften. Diese Regelung schützt zum einen den Rechteinhaber vor der Haftung für solche Rechte, die er bereits den Verwertungsgesellschaften zur ausschließlichen Wahrnehmung eingeräumt hat. Zum anderen stellt sie klar, dass der Lizenznehmer durch diesen Vertrag nicht von seiner Verpflichtung, sich die von den Verwertungsgesellschaften wahrgenommenen Rechte bei diesen selbst einzuholen, befreit wird.

25. Namensnennung. Die Nennung des Urhebers ist schon gem. § 13 S. 2 UrhG kraft Gesetzes erforderlich. Beim bloßen Leistungsschutzrecht gibt es keinen solchen gesetzlichen Anspruch auf Namensnennung, der dem Urheberpersönlichkeitsrecht entstammt. Allerdings ist es im Zusammenhang mit Musikstücken und Hörbüchern üblich, zumindest den ausübenden Künstler und meist auch den Tonträgerhersteller bei der Verwertung zu nennen. Solche Nennungsrechte werden oft (wie hier) schuldrechtlich vereinbart. Gelegentlich erfolgt die Nennung auch ohne jede vertragliche Verpflichtung auf freiwilliger Basis. Beim Lizenzerwerb von Plattenfirmen ist folgende Formulierung üblich:

> Mit freundlicher Genehmigung von . . . . . . (Rechteinhaber).

26. Urheberrechtliche Schutzmechanismen. Diese Klausel behält dem Rechteinhaber die Möglichkeit vor, auch nach Vertragsabschluss noch Sicherungsmechanismen gegen unerlaubte Vervielfältigungen (zB Digital Rights Management Systeme) einzuführen. Diese Regelung ist umso relevanter, je kürzer die Vertragslaufzeit ist, da die Wahrscheinlichkeit der Einführung neuer Sicherungsmechanismen während der Vertragslaufzeit dann umso höher ist.

27. Übergabe eines Werkstückes. Die Zurverfügungstellung eines Werkstückes ist nur dann erforderlich, wenn der Lizenznehmer noch keine Aufnahme (zB CD, digitale Tondatei) des betreffenden Musikstücks bzw. Hörbuchs besitzt.

28. Urheber-/Leistungsschutzrechtsinformationen. Diese Regelung dient dem Schutz des Lizenznehmers. Ihm soll dadurch ermöglicht werden, einerseits zu überprüfen, ob er alle zur Benutzung des vertragsgegenständlichen Musikstücks bzw. Hörbuchs erforderlichen Lizenzen eingeholt hat, und andererseits seinen Pflichten gegenüber allen Berechtigten in der erforderlichen Weise nachzukommen (zB der Namensnennungspflicht).

29. Nutzungsdaten. Diese Formulierung verpflichtet den Lizenznehmer zur Erhebung von Nutzungsdaten, soweit dies technisch möglich und rechtlich zulässig ist. Die Klausel kann auch weniger weitgehend formuliert werden, so dass sie den Lizenznehmer nur zur Herausgabe von Daten verpflichtet, die bei ihm ohnehin erhoben werden, zB mit folgender Formulierung:

> Der Lizenznehmer verpflichtet sich, dem Rechteinhaber auf Anforderung sämtliche vorhandenen Nutzungsdaten seiner Website zur Verfügung zu stellen, die mit dem Abruf des vertragsgegenständlichen Titels in Zusammenhang stehen.

30. E-Mail-Adressen. Die Weitergabeverpflichtung bezüglich Nutzungsdaten sollte auch hinterlassene E-Mail-Adressen von Interessenten umfassen, sofern diese mit der Weitergabe an den Rechteinhaber einverstanden sind. Bezüglich der datenschutzrechtlichen Implikationen vgl. das BDSG und das TMG.

31. Rechtegarantie des Rechteinhabers. Da bei Rechten kein gutgläubiger Erwerb möglich ist, ist diese Klausel nötig, um den Lizenznehmer vor wirtschaftlichen Schäden zu schützen, wenn der vermeintliche Rechteinhaber gar nicht verfügungsberechtigt ist.

32. Haftungsfreistellung. Da aus einer fehlenden Berechtigung des Rechteinhabers auch folgen kann, dass der Lizenznehmer ein vertragsgegenständliches Musikstück oder Hörbuch zwar gutgläubig, aber unberechtigt nutzt und er damit unabsichtlich selbst zum Rechtsverletzer wird, ist diese Freistellung nötig. Die ausdrückliche Erstreckung auf die eigenen Kosten der Rechtsverteidigung ist deshalb erforderlich, weil diese Kosten nicht auf Ansprüchen Dritter beruhen, sondern freiwillige Aufwendungen des Lizenznehmers darstellen, die daher von einer reinen Haftungsfreistellung nicht erfasst sind.

33. Garantie des Lizenznehmers. Ebenso hat der Lizenznehmer zu garantieren, dass seine Nutzung des vertragsgegenständlichen Musikstücks oder Hörbuchs den Rechteinhaber nicht in eine Beteiligten-Haftung verwickelt, indem hierdurch die Rechte anderer Schutzrechtsinhaber verletzt werden.

34. Veröffentlichung. Neben dem ausschließlichen Recht zur Vervielfältigung und Verbreitung hat ein Urheber auch das Recht, über die Veröffentlichung seines Werkes zu entscheiden, § 12 Abs. 1 UrhG. Daher ist grundsätzlich für jede Verwertung sicherzustellen, dass sie nicht am Veröffentlichungsrecht des Urhebers scheitert. Ist ein Werk bereits veröffentlicht, so ist das Veröffentlichungsrecht verbraucht und kann der Verwertung nicht mehr entgegenstehen. Wenn der Rechteinhaber eine Garantie dafür übernimmt, dass das Werk bereits veröffentlich ist, ist der Lizenznehmer somit ausreichend abgesichert.

35. Promotionmaßnahmen. Diese Klausel ergibt nur Sinn, wenn der Rechteinhaber entweder selbst der ausübende Künstler ist oder auf diesen wesentlichen Einfluss hat und wenn er auf sonstige Weise vom Verkehr besonders mit dem/den vertragsgegenständlichen Titel/n identifiziert wird.

36. Vertragsdauer. Die Vertragsdauer kann auch „auf unbestimmte Zeit" lauten. Dann kann die Lizenz allerdings, wie bei jedem unbefristeten Dauerschuldverhältnis, grundsätzlich jederzeit von beiden Seiten ordentlich gekündigt werden. Insofern ist ein befristeter Vertrag – gegebenenfalls mit automatischer Verlängerungsoption wie im hiesigen Formular vorgesehen – für beide Parteien besser planbar, da sie sich hierbei zumindest auf die ursprüngliche Vertragslaufzeit als Mindestlizenzdauer verlassen können.

37. Lizenzdauer. Die Lizenzdauer kann auch – unabhängig vom Vertragsende – für eine gewisse Dauer ab dem Zeitpunkt des Rechteübergangs gem. § 2 Abs. 2 S. 1 des Formulars berechnet werden. Allerdings könnte dann ein Lizenznehmer, dem nach Vertragsunterzeichnung noch einmal Bedenken kommen, die Lizenzdauer durch Zurückhaltung der Zahlung nach hinten verschieben. Durch das hier vorgesehene Ende der Lizenzdauer mit Vertragsablauf (unabhängig vom Zeitpunkt des Beginns/Rechtsübergangs) wird der Lizenznehmer hingegen dazu motiviert, die geschuldete Vergütung so schnell wie möglich zu bezahlen, um in den Genuss einer möglichst langen Lizenzdauer zu kommen: Vor Bezahlung des ersten geschuldeten Vergütungsbetrags darf er das vertragsgegenständliche Musikstück bzw. Hörbuch nämlich gem. § 2 Abs. 2 S. 1 des Vertragsformulars nicht nutzen; das Ende seiner Nutzungsberechtigung richtet sich hingegen bei der hier vorgesehenen Regelung nach der Vertragslaufzeit, die bereits mit Vertragsunterzeichnung zu laufen beginnt.

38. Kündigung aus wichtigem Grund. Wie bei jedem Dauerschuldverhältnis ist auch beim Lizenzvertrag eine Kündigung aus wichtigem Grund stets möglich. Diese Klausel listet klarstellend einige Pflichtverletzungen auf, die nach Einschätzung der Parteien so erheblich sind, dass sie einen wichtigen Grund zur Kündigung darstellen. Die Aufzählung kann gekürzt oder um weitere erhebliche Pflichtverletzungen ergänzt werden.

39. Abmahnung. Gem. § 314 Abs. 2 S. 1 BGB ist grundsätzlich vor jeder fristlosen Kündigung eines Dauerschuldverhältnisses wegen der Verletzung von Vertragspflichten eine vorherige Abmahnung oder, falls die Pflichtverletzung in einem Unterlassen besteht, eine Abhilfefristsetzung erforderlich, es sei denn es liegen besondere Gründe iSv § 323 Abs. 2 BGB vor, die dem Kündigenden ein Festhalten an dem Vertrag auch ohne vorherige Mahnung oder Abmahnung unzumutbar machen.

40. Rechterückfall bei Erfüllungsverweigerung. Diese Regelung ist einzufügen, wenn der Rechteinhaber gegenüber dem Lizenznehmer zum Zeitpunkt der Nutzung noch offene Ansprüche hat (zB auf Umsatzbeteiligung). Sie zwingt zB einen Insolvenzverwalter, entweder die weitere Erfüllung des Vertrages zu erklären und damit die Vergütungspflicht als Masseschuld neu einzugehen oder die weitere Benutzung des vertragsgegenständlichen Musikstücks einzustellen. Der Rechterückfall schützt den Rechteinhaber auf diese Weise in einem Insolvenzverfahren ähnlich wie ein Eigentumsvorbehalt den Warenkreditgeber, nachdem ein a priori Rechtevorbehalt nicht möglich ist, weil der Lizenznehmer den Rechtsübergang benötigt, um die Benutzung überhaupt aufnehmen zu können.

Wenn der Rechteinhaber für die Einräumung der vertragsgegenständlichen Lizenz hingegen eine bereits vorab voll gezahlte Pauschale erhalten hat, besteht für die Klausel kein Bedürfnis mehr und ist sie demgemäß wegzulassen.

41. Widerrufsvorbehalt. Diese Klausel entfaltet zugunsten besonders bindungsunwilliger Rechteinhaber die Wirkung eines jederzeitigen, begründungslosen Rücktrittsrechtes. Sie kann bei abweichender Interessenlage der Parteien entfallen.

42. Lizenzgebühr. Die Vergütungsform der Umsatzbeteiligung ist bei kommerziellen Nutzungen regelmäßig am genauesten und verteilt das wirtschaftliche Risiko am gerechtesten. Allerdings ist sie mit nicht unerheblichem Abrechnungsaufwand verbunden. Daher kann bei geringer Anzahl erwarteter Abrufe zB auch eine Pauschallizenz vorzugswürdig sein (zB → Form. H. 3):

> Für die Rechtseinräumung nach diesem Vertrag erhält der Rechteinhaber eine einmalige/monatliche/jährliche Pauschallizenzgebühr in Höhe von . . . . . . (Betrag) pro Titel.

Möglich ist auch eine Vergütung abhängig von der Zahl der Abrufe. Dabei sind allerdings die Feststellung fehlerhafter Übermittlungen und die Unterscheidung bloßen Probehörens, das meist kostenlos ermöglicht werden soll, schwierig.

> (1) Vergütung:
> Für die Rechtseinräumung nach diesem Vertrag erhält der Rechteinhaber eine Lizenzgebühr in Höhe von . . . . . . pro Abruf der Tondatei mit dem der vertragsgegenständlichen Titel durch einen Kunden. Dabei ist als Abruf jede vollständige, fehlerfreie Übermittlung anzusehen, die vom Kunden des Lizenznehmers nicht erfolgreich gerügt wird. Der Lizenznehmer trägt die Beweislast dafür, dass eine Übermittlung vom Kunden gerügt wurde.
> Die Vergütung wird monatlich jeweils zum Monatsende abgerechnet und gezahlt.

Auf diese abrufmengenabhängige Lizenzgebühr kann ebenfalls eine vorab zu zahlende feste Garantiesumme als Vorauszahlung vereinbart werden:

> Auf diese Lizenzgebühr ist vom Lizenznehmer vor dem Einspeichern des vertragsgegenständlichen Titels vorab eine voll verrechenbare einmalige Garantiesumme in Höhe von . . . . . . an den Rechteinhaber zu bezahlen.

Oder es kann eine Grundgebühr vereinbart werden, die zusätzlich zu der abrufmengenabhängigen Vergütung vorab zu zahlen ist:

> Zusätzlich zu dieser abrufmengenabhängigen Lizenzgebühr ist vom Lizenznehmer vor dem Einspeichern des vertragsgegenständlichen Titels eine einmalige Gebühr in Höhe von . . . . . . an den Rechteinhaber zu bezahlen.

Falls das abrufmengenabhängige Vergütungsmodell gewählt wird, aber unentgeltliche oder vergünstigte Demonstrationsabrufe (zB Probehören) ermöglicht werden sollen, empfiehlt sich folgende Formulierung:

> Abrufe, die vom Lizenznehmer (in Deutschland) nachweislich zu Vorführungs- oder Werbezwecken unentgeltlich gestattet wurden, sind vergütungsfrei/unterliegen folgendem – verminderten – Vergütungssatz: . . . . . .

Die Tondateien dürfen eine Länge von jeweils 33 Sekunden nicht überschreiten und nur im Streaming-Verfahren angeboten werden.

Je nach Interessenlage der Parteien kann dabei die Beschränkung auf Abrufe „in Deutschland" oder aber auch die längenmäßige Beschränkung der Tondateien entfallen.

43. Einnahmen aus der Verwertung. Hierzu zählen auch Einnahmen, die nicht unmittelbar, sondern lediglich mittelbar aus dem lizenzierten Repertoire erzielt werden, wie zB Werbeeinnahmen.

44. Höhe der Umsatzbeteiligung. Üblich sind zwischen 10 % und 50 %, je nach Höhe der sonstigen Kosten für den Lizenznehmer.

45. GEMA-Musik vs. GEMA-freie Musik. Ist ein vertragsgegenständliches Musikstück GEMA-frei, so berücksichtigt die Vergütung in der Regel, dass keine weiteren Gebühren an die GEMA abgeführt werden müssen, und kann daher entsprechend höher ausfallen als bei GEMA-Musik.

46. Teilung bei mehreren Rechtegebern. Diese Klausel dient der Absicherung gegen doppelte Zahlungsverpflichtungen auf Grund von Rechten Dritter.

47. Kosten der Buchprüfung. Die Kostentragungspflicht wird in der Regel auf Fälle von einer gewissen Mindesthöhe an festgestellten Differenzen (zB mehr als 5 %) beschränkt.

48. Einwendungsfrist für Abrechnungsfehler. Wird keine Einwendungsfrist vereinbart, so bleiben Abrechnungen stets vollumfänglich überprüfbar und zeitlich unbegrenzt anfechtbar. Hinsichtlich Nachzahlungspflichten aus Differenzen gelten die allgemeinen Regeln der Verjährung, §§ 194 ff. BGB. Die Verjährung der Nachzahlungspflicht beginnt somit erst mit dem Schluss des Jahres in dem der Lizenzgeber von der Abrechnungsdifferenz Kenntnis erlangt, § 199 Abs. 1 BGB.

49. Beschränkung auf gesetzliche Schutzfrist. Diese Regelung stellt sicher, dass der Rechteinhaber nach Wegfall des gesetzlichen Schutzes nicht – auf Grund des Vertrages – schlechter steht als Dritte, die nach Ablauf der Schutzfrist für die nun freie Nutzung ebenfalls keine Vergütung entrichten müssen.

50. Pauschalierter Verzugszins. Diese Regelung dient der Vereinbarung spezifischer Verzugszinsen als pauschaliertem Schadensersatz, falls ein möglicher Zinsschaden erwartbar höher liegt als der gesetzliche Zinssatz. Sie darf daher in Allgemeinen Geschäftsbedingungen gem. § 309 Nr. 5 BGB den zu erwartenden Schaden nicht übersteigen und den Nachweis eines tatsächlich geringeren Schadens nicht abschneiden. Dies gilt auch, wenn der Lizenznehmer ein Unternehmer ist (Palandt/*Heinrichs* BGB § 309 Rn. 32 mwN). Daher sollte der gesetzliche Verzugszinssatz nur überschritten werden, wenn der Lizenznehmer tatsächlich zu höheren Zinsen Kredit in Anspruch nimmt. Der zu erwartende Schaden kann sich aber auch unterhalb des gesetzlich fixierten Verzugszinssatzes bewegen. Dann sollte diese Regelung – zugunsten der Anwendbarkeit des gesetzlichen Verzugszinssatzes iHv 5 % (bei Verbrauchern) bzw. 8 % (bei Unternehmern) über dem Basiszinssatz (§§ 288 Abs. 1 und 2, 247 BGB) – entfallen.

51. Exklusivität. Eine exklusive Einräumung der Online-Downloadrechte findet sich in der Praxis meist in Bezug auf speziell für die Download-Verwertung geschaffenes Sonderrepertoire.

52. Exklusivitätsdauer. In der Praxis beträgt die Dauer der Exklusivität selten mehr als 1–2 Monate. Der Zeitraum der Exklusivität kann jedoch auch „während der Lizenzdauer dieses Vertrages" oder zB „bis zu 30 Tage nach Beendigung dieses Vertrages" betragen.

5. Musik-Webcast-Vertrag

Zwischen

. . . . . .

– nachstehend „Rechteinhaber" genannt –

und

. . . . . .

– nachstehend „Lizenznehmer" genannt –

wird folgender Vertrag[1] geschlossen:

§ 1 Vertragsgegenstand

(1) Der Lizenznehmer beabsichtigt, auf seiner Website mit der URL/den URLs . . . . . .
eine Darbietung des Musikstücks:[2]

. . . . . . [Titel]

von . . . . . . [Künstler]

im Wege des Streaming-Verfahrens[3] zu vom Lizenznehmer festgelegten Zeitpunkten zu
übertragen. Die hierfür erforderlichen Rechte sollen durch diesen Vertrag erworben
werden.

(2) Die Parteien gehen davon aus, dass die zu übertragende Darbietung des vertragsgegenständlichen Musikstücks (Titels) in Deutschland zugunsten des Rechteinhabers
leistungsschutzrechtlich geschützt ist.[4]

§ 2 Rechtseinräumung[5]

(1) Zur Verwirklichung des in § 1 Abs. 1 genannten Zweckes räumt der Rechteinhaber
dem Lizenznehmer hiermit folgende nicht ausschließlichen Nutzungsrechte ein:[6]

(a) Das Recht den vertragsgegenständlichen Titel zum Zwecke der Einspeicherung in die
o. g. Website ganz oder teilweise – auf Film, Video, Datenträger, Bildtonträger,
Tonträger oder in sonstiger Form[7] – aufzuzeichnen.[8] Das Recht umfasst sämtliche
zur Aufzeichnung erforderlichen Rechte: Vervielfältigungsrecht,[9] Aufführungsrecht,
ggf. Verfilmungsrecht oder anderes Werkverbindungsrecht und alle sonst hierfür
erforderlichen Rechte;

(b) Das Recht zur Einspeicherung des Titels in die og Website des Lizenznehmers[10] (nicht
jedoch im MP3-Format);

(c) Das Recht, den vertragsgegenständlichen Titel ganz oder teilweise im Streaming-
Verfahren zeitgleich zur Darbietung[11] (live) und ungekürzt[12] über das Internet zu
übertragen (senden).[13]

Die Rechtseinräumung umfasst sämtliche Angebotsarten für Websites, insbes. das freie
Internet, kostenpflichtige Websites, sonstige Online- und Offline-Dienste und interne
Netze[14] sie ist insbesondere nicht auf Nutzungen im freien Internet beschränkt.

Die Rechte sind nur dem Lizenznehmer als inhaltlich Verantwortlichem[15] für die Website
eingeräumt und ohne Zustimmung des Rechteinhabers weder weiter übertragbar noch

unterlizenzierbar.[16] Insbesondere sind sie nicht dem technischen Dienstleister, der die Website betreibt, eingeräumt, sofern dieser von dem Lizenznehmer verschieden ist. Der Lizenznehmer verpflichtet sich, den vertragsgegenständlichen Titel ausschließlich für die oben genannte Website zu verwenden.[17]

Der Vertrieb körperlicher Werkstücke (insbesondere aus einer Aufnahme des vertragsgegenständlichen Titels zum Zwecke der Einspeicherung in die Website des Lizenznehmers) oder andere als die in diesem § 2 dieses Vertrages genannten Verwertungsformen sind nach diesem Vertrage nicht zulässig. Hierzu bedarf es des Abschlusses eines eigenen, gesonderten Lizenzvertrages. Auch die Reproduktion von Text oder Notenbild des vertragsgegenständlichen Titels bedarf einer separaten Lizenz des zuständigen Musikverlages.[18]

(2) Die Rechtseinräumung wird gem. § 158 Abs. 1 BGB erst wirksam, wenn der Lizenznehmer die gem. § 8 dieses Vertrages geschuldete Vergütung vollständig geleistet hat.[19] Der Rechteinhaber kann eine Benutzung des vertragsgegenständlichen Titels auch schon vor diesem Zeitpunkt vorläufig erlauben. Ein Übergang der Rechte nach diesem Paragraphen findet durch eine solche vorläufige Erlaubnis nicht statt.

(3) Die Rechtseinräumung ist territorial auf die Einbindung des vertragsgegenständlichen Titels in eine Website beschränkt, die erkennbar zum Abruf nur innerhalb der Europäischen Union[20] bestimmt ist.[21] Die Rechtseinräumung ist außerdem ausdrücklich auf solche Websites beschränkt, die für den Abruf durch Endverbraucher bestimmt sind.[22]

(4) Die Nutzungsrechtseinräumung umfasst alle derzeit bekannten und unbekannten Nutzungsarten, die zur Erreichung des Vertragszwecks erforderlich sind oder werden, auch wenn sie erst auf Grund neuer Gesetzeslage oder aus anderen Gründen nachträglich an dem vertragsgegenständlichen Titel entstehen oder erst nachträglich bekannt werden.[23]

(5) Im Hinblick auf etwaig von dieser Nutzungsrechtseinräumung nicht erfasste Nutzungsarten im Zusammenhang mit Websites räumt der Rechteinhaber dem Lizenznehmer eine Option zu angemessenen Bedingungen ein.[24]

(6) Der Lizenznehmer ist berechtigt, die vertragsgegenständliche Darbietung des vertragsgegenständlichen Titels auf seiner Website auch in Verbindung mit Werken anderer Rechteinhaber oder ausschnittsweise zu benutzen oder zu bearbeiten.[25] Veränderungen und Kürzungen des vertragsgegenständlichen Titels sind jedoch nur zulässig, soweit sie nicht entstellend wirken. Eine Nachsynchronisation in anderer Sprache ist nicht zulässig.

(7) Die von den Verwertungsgesellschaften GEMA und GVL wahrgenommenen Rechte bleiben von diesem Vertrag unberührt.[26]

(8) Der Lizenznehmer ist berechtigt, im Zusammenhang mit der Durchführung dieses Vertrages – insbesondere zum Zwecke der Eigenwerbung und auf der vertragsgegenständlichen Website selbst – den Namen des vertragsgegenständlichen Titels sowie Namen/Kennzeichen/Logos/Abbildungen des Komponisten/Textdichters/ausübenden Künstlers und evtl. gefeaturter Künstler, soweit der Rechteinhaber über solche Rechte verfügen kann, sowie des Rechteinhabers unentgeltlich zu benutzen.

(9) Sämtliche Namens-, Titel- und Kennzeichenrechte an der Website oder einzelnen ihrer Teile oder durch Benutzung auf der Website entstehende Namens-, Titel- und Kennzeichenrechte sind Sache des Lizenznehmers.[27]

(10) Der Rechteinhaber hat Anspruch auf Nennung seines Namens als Leistungsschutzrechtsinhaber in Form eines – mit einem Zielpunkt seiner Wahl verlinkten – Vermerks auf derjenigen Einzel-Website, auf welcher die vertragsgegenständliche Darbietung des vertragsgegenständlichen Titels eingebunden wird.[28]

(11) Der Rechteinhaber hat Anspruch darauf, dass der Lizenznehmer den von seiner Website aus abrufbaren vertragsgegenständlichen Titel auf Verlangen des Rechteinhabers nachträglich mit einem urheberrechtlichen Schutzmechanismus versieht, soweit dadurch die vertragsgemäße Benutzung nicht behindert wird und die Maßnahme dem Lizenznehmer wirtschaftlich zumutbar ist.[29]

(12) Sämtliche an der Aufzeichnung der vertragsgegenständlichen Darbietung gem. Abs. 1 lit. a entstehenden Rechte werden hiermit bereits im Voraus im Wege der Rechtsabtretung auf den Rechteinhaber übertragen.[30] Der Rechteinhaber hat Anspruch auf kostenlose Übergabe oder Übermittlung einer digitalen Kopie der Aufzeichnung auf Datenträger oder online, sofern gem. Abs. 1 Lit. a eine dauerhafte Aufzeichnung beim Lizenznehmer erfolgt. Der Rechteinhaber hat außerdem das Recht, die Streams des vertragsgegenständlichen Titels, die von der Website des Lizenznehmers aus abrufbar sind, auch direkt von jeder von ihm selbst angebotenen Website aus ebenfalls abrufbar zu machen, ohne auf den Lizenznehmer hinweisen zu müssen.[31] Solche Abrufe sind von der Vergütungspflicht nach § 8 dieses Vertrages befreit.

§ 3 Mitwirkungspflichten und Kontrollrechte des Rechteinhabers

(1) Der Rechteinhaber verpflichtet sich, dem Lizenznehmer auf Verlangen kostenlosen Zugang zu der vertragsgegenständlichen Darbietung zu verschaffen und die Benutzung aller für die Aufzeichnung gem. Abs. 1 lit. a erforderlichen technischen Geräte zu ermöglichen.[32] Eine Weitergabe der gem. Abs. 1 lit. a hergestellten Aufnahme an Dritte oder die Erstellung von Kopien für Dritte außerhalb des Rahmens dieses Vertrages ist nicht gestattet, soweit nicht der Rechteinhaber einer Übertragung der vertragsgegenständlichen Lizenz an den Dritten zugestimmt hat.

(2) Der Rechteinhaber hat dem Lizenznehmer folgende Informationen in folgender Form zur Verfügung zu stellen:

(a) Informationen über sämtliche Urheber und sämtliche Leistungsschutzberechtigten an dem vertragsgegenständlichen Titel:[33] schriftlich oder per E-Mail;

(b) Ggf. Beschränkungen seines Rechteumfangs bzw. der Art und Weise, auf die der vertragsgegenständliche Titel aufgenommen und/oder online verwertet werden darf: schriftlich oder per E-Mail.

(3) Zur Kontrolle der Erfüllung dieses Vertrages gewährt der Lizenznehmer dem Rechteinhaber während der Lizenzdauer jederzeit kostenlosen Zugang zu seiner Website sowie den kostenlosen Abruf des vertragsgegenständlichen Streams, sofern Zugang und Abruf nicht ohnehin unentgeltlich angeboten werden.[34]

(4) Der Lizenznehmer verpflichtet sich, dem Rechteinhaber auf Anforderung sämtliche vorhandenen Nutzungsdaten seiner Website zur Verfügung zu stellen, die mit dem Abruf des vertragsgegenständlichen Streams in Zusammenhang stehen.[35] Dies erstreckt sich auch auf die Weitergabe von unter Bezugnahme auf die vertragsgegenständliche Abbildung hinterlassenen E-Mail-Adressen unter Berücksichtigung der deutschen Datenschutzbestimmungen (bei Einwilligung des betroffenen Nutzers).[36]

§ 4 Haftung

(1) Der Rechteinhaber versichert und steht dafür ein, dass er Inhaber der vertragsgegenständlichen Online-Nutzungsrechte an dem vertragsgegenständlichen Titel ist und dass er in der vertragsgegenständlichen Form frei über sie verfügen kann.[37] Der Rechteinhaber garantiert ferner, dass die von ihm lizenzierten Inhalte frei von Rechten Dritter sind. Falls dem Rechteinhaber bekannt werden sollte, dass an irgendwelchen Bestandteilen des

vertragsgegenständlichen Titels Rechte Dritter bestehen (zB bei Verwendung von Samples), so hat er den Lizenznehmer hierauf unverzüglich hinzuweisen.

(2) Der Rechteinhaber stellt den Lizenznehmer hiermit von jeglichen Ansprüchen Dritter im Zusammenhang mit der Garantie nach Abs. 1 frei und ersetzt ihm die Kosten der Rechtsverteidigung.[38]

(3) Der Lizenznehmer garantiert, sämtliche für die beabsichtigte Nutzung neben der vertragsgegenständlichen Lizenz weiter erforderlichen Rechte selbst einzuholen, bzw. bereits eingeholt zu haben und stellt den Rechteinhaber in diesem Zusammenhang von jeglichen Ansprüchen Dritter frei.[39]

§ 5 Veröffentlichung[40]

Der Rechteinhaber garantiert hiermit, dass der vertragsgegenständliche Titel bereits veröffentlicht ist. Für den Fall, dass der vertragsgegenständliche Titel entgegen der Garantie in S. 1 noch nicht veröffentlicht sein sollte, erteilt der Rechteinhaber im Namen des Urhebers hiermit seine – in den Grenzen des Gesetzes unwiderrufliche – Zustimmung zur Veröffentlichung.[41]

§ 6 Promotionmaßnahmen[42]

Der Rechteinhaber anerkennt die besondere Bedeutung seiner Mitwirkung an Werbe- und Promotionmaßnahmen für die vertragsgegenständliche Darbietung im gemeinsamen Interesse. Er verpflichtet sich, solche Maßnahmen ohne gesonderte Vergütung aktiv zu unterstützen.

§ 7 Vertrags- und Lizenzdauer

(1) Dieser Vertrag beginnt mit beiderseitiger Unterzeichnung und läuft für die Dauer von . . . . . . (Vertragsdauer).[43] Mit Ablauf der Vertragsdauer enden sämtliche Pflichten aus diesem Vertrag mit Ausnahme solcher Regelungen, die ersichtlich auch nach Vertragsende gelten sollen.

(2) Die Rechteinräumung nach diesem Vertrag (Lizenzdauer) beginnt gem. § 2 Abs. 2 mit der Zahlung der geschuldeten Lizenzgebühr und endet mit Ablauf der Vertragsdauer gem. § 6 Abs. 1.[44]

(3) Dieser Vertrag kann aus wichtigem Grund vorzeitig gekündigt werden, insbesondere wenn der Rechteinhaber seinen Mitwirkungspflichten gem. § 3 dieses Vertrags nicht rechtzeitig nachkommt, wenn der Lizenznehmer fällige Zahlungen gem. § 8 dieses Vertrages trotz Mahnung und Nachfristsetzung nicht leistet oder die Kontrollrechte des Rechteinhabers gem. § 3 Abs. 3 dieses Vertrages nicht erfüllt.[45] Eine fristlose Kündigung setzt grundsätzlich voraus, dass der andere Teil schriftlich gemahnt und aufgefordert wird, den vermeintlichen Grund zur fristlosen Kündigung in angemessener Zeit zu beseitigen, es sei denn es liegen besondere Gründe i. S. v. §§ 314 Abs. 2, 323 Abs. 2 BGB vor, die dem Kündigenden ein Festhalten an dem Vertrag auch ohne vorherige Mahnung oder Abmahnung unzumutbar machen.[46]

(4) Lehnt der Lizenznehmer oder sein rechtmäßiger Vertreter die weitere Erfüllung dieses Vertrages ab, so hat der Rechteinhaber ein außerordentliches fristloses Kündigungsrecht innerhalb von zwei Wochen ab Kenntnis von der Erfüllungsverweigerung. Mit dem Wirksamwerden der Kündigung wird der Lizenznehmer von sämtlichen Pflichten aus diesem Vertrag frei und fallen sämtliche dem Lizenznehmer eingeräumten Rechte an ihn zurück.[47]

§ 8 Vergütung

(1) Für die Rechtseinräumung nach diesem Vertrag erhält der Rechteinhaber eine Pauschallizenzgebühr in Höhe von ......[48]

(2) Die Lizenzgebühr ist vor der ersten Übertragung eines vertragsgegenständlichen Streams an den Rechteinhaber zu zahlen.[49] Der Lizenznehmer kann die Ausstellung einer Rechnung über den zu zahlenden Betrag verlangen. Rechnungsbeträge sind spätestens innerhalb von 10 Arbeitstagen nach Rechnungsstellung zur Zahlung fällig. Zahlungen sind auf das Konto IBAN ...... bei der ...... in ......, BIC ...... zu leisten. Gerät der Lizenznehmer mit der Zahlung fälliger Forderungen in Verzug, so hat er Verzugszinsen in Höhe von ...... % pro Jahr zu zahlen, sofern er nicht nachweist, dass der tatsächliche Schaden geringer ist.[50] Die Möglichkeit des Rechteinhabers zur Geltendmachung weitergehender Ansprüche aus dem Verzug bleibt unberührt.

(3) Alle Vergütungen verstehen sich zuzüglich der gesetzlichen Mehrwertsteuer, sofern der Rechteinhaber im Zahlungszeitpunkt der Umsatzsteuerpflicht unterliegt oder auf sie optiert hat und dies dem Lizenznehmer bekannt ist. Entsteht die Umsatzsteuerpflicht oder die Option auf sie nachträglich, so kann die Mehrwertsteuer bis zum Ende des laufenden Kalenderjahres unter Vorlage der Mehrwertsteuerpflicht-Bescheinigung des zuständigen Finanzamtes gegen Rechnungsstellung nachgefordert werden. Danach erlischt die Forderung auf Umsatzsteuer-Erstattung.

§ 9 Vertraulichkeit

Beide Parteien verpflichten sich, über die Bestimmungen dieses Vertrages sowie über alle ihnen im Rahmen dieses Vertrages bekannt gewordenen Informationen auch nach Ablauf der Lizenzdauer Stillschweigen zu bewahren.[51]

§ 10 Herausgabe- und Löschungspflichten

Der Lizenznehmer verpflichtet sich, nach Beendigung der Lizenzdauer alle ihm einzeln in elektronischer Form vorliegenden vertragsgegenständlichen Informationen und Inhalte, insbesondere alle Kopien des vertragsgegenständlichen Titels, die nicht Bestandteil einer Gesamt-Archivierung seiner Website oder einzelner Webseiten sind, zu löschen. Informationen und Inhalte (auch Informationsmaterial uÄ), die in verkörperter Form vorliegen, sind an den Rechteinhaber zurückzugeben oder auf dessen Verlangen hin oder bei Nichtannahme zu vernichten.

§ 11 Exklusivität[52]

Der Rechteinhaber verpflichtet sich, für einen Zeitraum von ......[53] den vertragsgegenständlichen Titel nicht an einen weiteren Lizenznehmer zur Online-Nutzung zu lizenzieren, wenn dieser mit dem Lizenznehmer in direktem Konkurrenzverhältnis steht oder dem Lizenznehmer durch die Zweitlizenzierung ein Imageschaden droht. Ein solches direktes Konkurrenzverhältnis ist bei Branchengleichheit stets gegeben.

§ 12 Schlussbestimmungen

(1) Dieser Vertrag unterliegt dem Recht der Bundesrepublik Deutschland.

(2) Mündliche Nebenabreden bestehen nicht. Änderungen oder Ergänzungen dieses Vertrages bedürfen zu ihrer Wirksamkeit der Schriftform, auf die auch nicht mündlich verzichtet werden kann.

(3) Sollten einzelne Bestimmungen dieses Vertrages unwirksam sein oder werden, so wird dadurch die Wirksamkeit der übrigen Bestimmungen nicht berührt. Statt der unwirksamen Bestimmung gilt dasjenige, was die Parteien nach dem ursprünglich angestrebten Zweck unter wirtschaftlicher Betrachtungsweise redlicherweise vereinbart hätten. Das Gleiche gilt im Falle des Vorliegens einer Vertragslücke.

(4) Ansprüche aus diesem Vertrag können weder abgetreten, noch verpfändet, noch mit dem Recht eines Dritten belastet werden, soweit der Schuldner dem nicht ausdrücklich zustimmt.

(5) Erfüllungsort ist . . . . . . Sofern beide Parteien Kaufleute im Sinne des HGB sind, ist Gerichtsstand für alle Streitigkeiten aus diesem Vertrag . . . . . .

. . . .

(Ort, Datum)   (Ort, Datum)

. . . .

– Lizenznehmer –   – Rechteinhaber –

Anmerkungen

1. Sachverhalt. Unter einem „Webcast" versteht man die einer Sendung vergleichbare, d. h. zeitlich vorprogrammierte Übertragung eines bestimmten Inhalts im Internet. Dabei wird der betreffende Inhalt (ähnlich wie die Inhalte eines TV- oder Radioprogramms) zu einem vom Anbieter festgelegten Zeitpunkt im Internet übertragen. In der Regel wird der betreffende Inhalt zunächst aufgezeichnet und später diese Aufzeichnung übertragen/ gesendet. Ein Webcast kann aber auch zeitgleich mit der Darbietung des betreffende Inhaltes (= „live") erfolgen, wobei dann allenfalls vorübergehend flüchtige Vervielfältigungen technischer Art, ohne eigenständige wirtschaftliche Bedeutung (§ 44a UrhG) entstehen. Eine Webcast-Übertragung setzt voraus, dass der übertragene Inhalt von einer unbestimmten Vielzahl miteinander nicht persönlich verbundener Empfänger zur gleichen, vom Anbieter vorbestimmten Zeit empfangbar ist (*Schack* § 13 Rn. 464; Schricker/ Loewenheim/*v. Ungern-Sternberg* § 20 Rn. 8 ff.; Möhring/Nicolini/*Kroitzsch* § 20 Rn. 34). Dies ist nicht nur bei Live-Übertragungen (zB von Konzerten), sondern beispielsweise auch bei Internet-TV oder -Radio-Programmen mit Musikeinlage gegeben.

Ein Webcast kann auch mit der nachträglichen Abrufbarkeit einer Aufzeichnung des per Webcast übertragenen Inhalts zu jedem beliebigen vom Nutzer gewählten Zeitpunkt („on demand") kombiniert werden. Dabei kann der „on demand"-Abruf sowohl im Streaming-Format als auch im Download-Verfahren erfolgen. In beiden Fällen ist dann als zusätzliches Nutzungsrecht das Recht zur Öffentlich-Zugänglichmachung gem. § 19a UrhG erforderlich, im Falle der Download-Möglichkeit zudem das Vervielfältigungsrecht durch die Nutzer (→ Form. H. 4). Gegenstand des vorliegenden Formularvertrages ist allein der Webcast (einer Musikdarbietung), um das Formular nicht unnötig kompliziert auszugestalten. Soll in der Praxis ein kombinierter Webcast- und Abrufvertrag geschlossen werden, so sind die entsprechenden Formulare (→ Form. H. 4 und → Form. H. 5) zu kombinieren.

Durch einen Webcast wird sowohl das Urheberrecht des Komponisten und Textdichters (§ 2 Abs. 1 Nr. 2 UrhG) als auch das Leistungsschutzrecht des ausübenden Künstlers (§§ 73 ff. UrhG) berührt. Ist Gegenstand des Webcast nicht eine (zumindest unter anderem) eigens für die Zwecke des Webcasts vorgenommenen Darbietung, sondern wird Musik „aus der Konserve" (zB CD) verwendet, so muss überdies das Leistungsschutzrecht des Tonträgerherstellers (§§ 85 f. UrhG) berücksichtigt werden.

Die Haftung des Website-Betreibers gegenüber dem Rechteinhaber für die ordnungs-gemäße Rechteeinholung bei Nutzung urheberechtlich geschützter Inhalte ist in Rechtsprechung und Literatur unbestritten, vgl. zB LG München I Urt. v. 18.9.2008 – 7 O 8506/07, MMR 2009, 137 mAnm *Kaufmann*. Der Betreiber der Website ist regelmäßig Anbieter des entsprechenden Inhalts als „eigene Information" iSv § 7 Abs. 1 TMG und haftet daher dem Rechteinhaber gegenüber für Urheberrechtsverletzungen durch die mit der Einbindung in die Website verbundene Vervielfältigung und Öffentlich-Zugänglich-machung eines urheberrechtlich geschützten Inhalts. Daher besteht ein Bedarf nach Abschluss entsprechender Lizenzverträge wie in den Formularen dieses Abschnitts (H.).

Die erforderlichen **leistungsschutzrechtlichen** Lizenzen für einen Webcast werden in der Regel bei Plattenfirmen eingeholt, da diese in aller Regel auch Inhaber sämtlicher ausschließlicher Nutzungsrechte an der leistungsschutzrechtlich geschützten Darbietung der bei ihnen unter Vertrag stehenden Künstler sind. Anders ist dies nur bei vertragsfreien Künstlern („unsigned"), die ihre Leistungsschutzrechte selbst verwalten, und bei solchen Künstlern, deren Vertrag die Nutzungsart „Online-Nutzung" ausdrücklich ausnimmt oder noch nicht zum Gegenstand hat. Letzteres kann vor allem dann der Fall sein, wenn es sich um „Altverträge" handelt, die vor dem Zeitpunkt abgeschlossen wurden, ab dem Online-Nutzungen als neue Nutzungsart bekannt wurden. Nach der urheberrechtlichen Zweckübertragungstheorie, die analog auch für Leistungsschutzrechte gilt (Schricker/Loewenheim/*Schricker* § 31 Rn. 79), waren damals noch unbekannte Nutzungsarten von der Rechtsübertragung im Zweifel nicht erfasst. Bei solchen Verträgen erlaubt nunmehr allerdings § 137l UrhG einem Verwerter, dem der Urheber ursprünglich „alle wesentlichen Nutzungsrechte ausschließlich sowie räumlich und zeitlich unbegrenzt eingeräumt" hat, die Verwertung auf zum Zeitpunkt des Vertragsschlusses unbekannte Nutzungsarten, sofern der Urheber gegenüber dem Verwerter der Nutzung nicht bis spätestens 1.1.2009 (für bis 1.1.2008 bekannt gewordene Nutzungsarten) oder bis spätestens 3 Monate nach Mitteilung über die beabsichtigte Aufnahme der neuen Nutzungsart widerspricht. Aber auch bei Neuverträgen kann sich der ausübende Künstler das Recht zur Online-Nutzung ganz oder teilweise vorbehalten haben, was jedoch in der Praxis wohl nur bei Künstlern mit erheblicher Marktmacht vorkommt. In allen Fällen, bei denen das Recht zur Online-Nutzung der Darbietung nicht bei der Plattenfirma liegt, muss auch ein Musik-Webcast-Vertrag direkt mit dem Künstler bzw. demjenigen, an den der Künstler die entsprechenden Rechte übertragen hat, abgeschlossen werden.

Webcasts, die nicht live dargebotene Musik übertragen, sondern Musik von einem erschienenen Tonträger verwenden, benötigen auch die Webcast-Rechte an den entsprechenden Tonträgern, die in Deutschland gem. §§ 78 Abs. 1 Nr. 2, Abs. 2 Nr. 1 und 86 UrhG von der Gesellschaft zur Verwertung von Leistungsschutzrechten (GVL, Podbielskiallee 64, 14 195 Berlin) wahrgenommen werden (vgl. *Gerlach* ZUM 2000, 856 [857]). Aufgrund des Wahrnehmungsvertrages mit ihren Mitgliedern nimmt die GVL alle leistungsschutzrechtlichen Nutzungsrechte wahr, die für die Veranstaltung eines Webcasts erforderlich sind, D. h. der Webcast-Veranstalter kann alle leistungsschutzrechtlichen Lizenzen (des ausübenden Künstlers wie des Tonträgerherstellers; inkl. der hierfür ggf. erforderlichen Vervielfältigungsrechte, die sonst nicht von der GVL wahrgenommen werden) bei einer einzigen Stelle (der GVL) einholen.

In Fällen, bei denen die Webcast-Rechte weder bei einer Plattenfirma, noch bei der GVL liegen, muss der Webcastvertrag jedoch direkt mit dem Künstler abgeschlossen werden (bzw. mit demjenigen, an den er die entsprechenden Rechte ggf. sonst übertragen hat).

Daneben sind für einen Webcast natürlich auch die entsprechenden **urheberrechtlichen** Nutzungsrechte an dem dargebotenen Musikwerk einzuholen. Diese Rechte verwaltet in Deutschland in aller Regel die Gesellschaft für musikalische Aufführungs- und mechanische Vervielfältigungsrechte (GEMA) auf Grund von § 1 lit. g, h, i (1) ihres Wahrnehmungsvertrages. Da die vor 1996 abgeschlossenen Verträge zwischen der GEMA und ihren Mitgliedern keine ausdrückliche Nennung der Online-Nutzungsrechte enthielten, wurde den bestehenden Mitgliedern damals eine Klarstellungserklärung vorgelegt, welche beinhaltete, dass auch die Online-Nutzung von den der GEMA zur Wahrnehmung eingeräumten Nutzungsrechten der öffentlichen Wiedergabe mit umfasst ist. Die große Mehrheit der GEMA-Mitglieder hat diese Klarstellungserklärung unterzeichnet. Seit Juli 1996 enthalten außerdem alle neuen Wahrnehmungsverträge zwingend die ausdrückliche Nennung der Rechte zur Online-Nutzung. Hat sich allerdings ein Urheber, der damals schon GEMA-Mitglied war, die Rechte zur Online-Nutzung vorbehalten, so liegt das urheberrechtliche Nutzungsrecht zur Online-Nutzung weiterhin bei ihm bzw. bei dem Dritten, an den er es weiterlizenziert hat (zB einem Musikverlag) und muss dort eingeholt werden. Von der GEMA wird die urheberrechtliche Lizenz auf der Grundlage ihres entsprechenden Standard-Normalvertrags vergeben. Der betreffende Standard-Normalvertrag kann bei der GEMA, Rosenheimerstr. 11, 81 667 München, zur Einsichtnahme angefordert werden. Der vorliegende Vertrag ist daher auf die Einholung der entsprechenden leistungsschutzrechtlichen Lizenzen beschränkt.

Sollten die urheberrechtlichen Nutzungsrechte an der Komposition und dem Text ausnahmsweise nicht von der GEMA, sondern vom Künstler selbst oder seinem Musikverlag vergeben werden (zB bei „GEMA-freier Musik"), so kann dieses Formular in angepasster Version auch für die Einholung einer urheberrechtlichen Lizenz verwendet werden. Dabei ist an Stelle des Begriffs „Leistungsschutzrecht" jeweils die Bezeichnung „Urheberrecht" zu setzten. Unterschiede in der Ausgestaltung des Online-Nutzungsrechts sind jeweils im Text durch eine Fußnote und entsprechende Anmerkungen gekennzeichnet.

2. Titelauswahl. Alternativ ist die Lizenzierung des Webcasts eines bestimmten Ereignisses (zB eines ganzen Konzertes) möglich, bei dem die Auswahl der zu übertragenden Musikstücke erst vor Ort durch den Lizenzgeber, den Künstler oder in gegenseitigem Einvernehmen getroffen wird.

3. Streaming-Verfahren. Webcasts werden in der Praxis so gut wie stets im so genannten Streaming-Verfahren durchgeführt. Dabei versendet der Server einen kontinuierlichen Daten-Strom („Stream"), der auf dem Rechner des Nutzers zeitgleich mit der Übertragung abgespielt wird und unter normalen Umständen (d. h. ohne systemwidrige Manipulationen) vom Besucher der Website nicht abgespeichert werden kann.

Eine „gestreamte" Übertragung kann sowohl „on-demand", dh auf (jeden) individuellen Abruf des Nutzers hin, erfolgen als auch zu vom Anbieter festgelegten Zeiten („programmed streaming"). Im letzteren Falle (vorprogrammierte Ausstrahlungszeit) spricht man (in Anlehnung an den traditionellen Sendebegriff = „broadcast") von einem „webcast".

4. Betroffene Schutzrechte. Für die Online-Nutzung von Musik ist neben der Einholung der Rechte der Leistungsschutzrechtsinhaber (ausübender Künstler und – bei nicht live erfolgenden Webcasts – ggf. Tonträgerhersteller) stets zusätzlich die Einholung einer urheberrechtlichen Lizenz zur Nutzung des dargebotenen Musikwerks im Wege des Webcast erforderlich (Anm. 1). Die Berechtigung zur Vergabe dieser Lizenz liegt in Deutschland idR bei der GEMA, gelegentlich auch beim Musikverlag (Anm. 1). Sollte die urheberrechtliche Lizenz nicht von der GEMA vergeben werden, so kann dieses Formular – in modifizierter Form – auch für deren Einholung verwendet werden (Anm. 1).

5. Rechtseinräumung. Nach der urheberrechtlichen Zweckübertragungstheorie gem. § 31 Abs. 5 UrhG, die analog auch für Leistungsschutzrechte gilt (Schricker/Loewenheim/ *Schricker* § 31 Rn. 79), ist der Umfang der eingeräumten Nutzungsrechte im Zweifel eng auszulegen (hierzu Schricker/Loewenheim/*Schricker* § 31 Rn. 74 ff.). Daher ist eine ausdrückliche und möglichst umfassende Nutzungsrechtseinräumung empfehlenswert, um spätere Meinungsverschiedenheiten über den Umfang der Nutzungsrechte des Lizenznehmers zu vermeiden.

6. Erforderliche Nutzungsrechte. Für die Durchführung eines Webcasts sind rechtssystematisch folgende Nutzungsrechte erforderlich: Ein Vervielfältigungsrecht zur digitalen Aufnahme des zu streamenden Musikstücks gem. §§ 16, 77 UrhG. Ein Vervielfältigungsrecht für die Einspeicherung des Musikstücks in den streamingfähigen Webserver gem. §§ 16, 77 UrhG. geregelt ist. Sowie das Recht zur Sendung im Wege des Webcast gem. §§ 20, 78 Abs. 1 Nr. 2 UrhG.

Ein Recht zur weiteren Vervielfältigung des Musikstücks durch Besucher der Website gem. §§ 16/77 UrhG ist nicht erforderlich, falls diese das Musikstück bei sich selbst unter normalen Umständen nicht wiederum abspeichern können. Zwar stellt jeder Abruf durch einen Besucher der Website eine Vervielfältigung im urheberrechtlichen Sinne dar, weil dadurch zumindest eine Kopie im Arbeitsspeicher des abrufenden Computers entsteht (vgl. *Bechtold* GRUR 1998, 18 mwN; *Schack* § 13 Rn. 418 ff.). Vorübergehende Vervielfältigungshandlungen, die flüchtig oder begleitend sind, einen integralen und wesentlichen Teil eines technischen Verfahrens darstellen, keine eigenständige wirtschaftliche Bedeutung haben und entweder nur der Übertragung in einem Netz durch einen Vermittler oder die rechtmäßige Nutzung eines Werkes ermöglichen sollen, sind allerdings schon gem. § 44a UrhG vom urheberrechtlichen Zustimmungsvorbehalt ausgenommen. Dazu zählen in erster Linie die Vervielfältigungshandlungen, wie sie bei der digitalen Informationsübermittlung im WWW vorkommen, d h vor allem die Vervielfältigungen im Arbeitsspeicher beim Browsing und beim Routing. Wenn der Nutzer das Musikstück sodann aufgrund von Manipulationen nach dem Browsing-Abruf des Streams seinerseits dauerhaft abspeichern kann, greift § 44a UrhG nicht mehr und ist hierfür an sich ein weiteres Vervielfältigungsrecht gem. § 16 UrhG erforderlich. Dieses Vervielfältigungsrecht muss allerdings nicht der Streaming-Anbieter (sondern der entsprechende Nutzer) einholen, wenn der Anbieter solche Manipulationen weder veranlasst, noch – zB durch entsprechenden Werbung – besonders ermutigt hat. Manipulationen des Nutzers, die der Anbieter weder veranlasst noch besonders gefördert hat, stellen nämlich keine Pflichtverletzung des Anbieters dar, so dass er für diese nicht als mittelbarer Störer haftet und daher für solche Handlungen auch keine Lizenz benötigt.

7. Aufzeichnungsformat. Das erlaubte Aufzeichnungsformat kann durch Streichung einzelner hier aufgelisteter Optionen eingegrenzt werden.

8. Aufzeichnungsrecht. Die Einräumung eines Aufzeichnungsrechtes ist entbehrlich, falls bereits eine Aufzeichnung des zu streamenden Musikstücks vorhanden ist (zB bei Verwendung von Musik von erschienen Tonträgern).

9. Vervielfältigung durch Aufzeichnung. Auch die erstmalige Aufzeichnung eines Werkes ist Vervielfältigung im urheberrechtlichen Sinne (BGH Urt. v. 3.7.1981 – I ZR 106/79, GRUR 1982, 102 [104] – „Masterbänder"; BGH Urt. v. 6.2.1985 – I ZR 179/82, GRUR 1985, 529 – „Happening").

10. Einspeicherung in eine Website. Die Einspeicherung einer Datei in eine Webseite ist ebenfalls (digitale) Vervielfältigung, da hierbei eine neue, selbstständig wahrnehmbare Kopie entsteht (OLG München Urt. v. 8.3.2001 – 29 U 3282/00 (nicht rechtskräftig), NJW 2001, 3553 = GRUR 2001, 499 [501] = WRP 2001, 578 = MMR 2001, 375 [377] – „Hitbit/AOL"; *Schack* § 13 Rn. 461; *Möhring/Nicolini-Kroitzsch* § 16 Rn. 4; *Bechtold* ZUM 1997, 427 [429]).

11. Live-Übertragung. Die Beschränkung auf zeitgleich zur Darbietung des vertragsgegenständlichen Titels erfolgende Webcasts („Live-Webcasts") ist zu streichen, wenn zunächst eine Aufzeichnung der zu übertragenden Darbietung und erst später eine Übertragung im Webcast-Programm geplant ist.

12. Kürzungen. Die Beschränkung „und ungekürzt" ist zu streichen, wenn den Parteien Kürzungen zweckmäßig erscheinen.

13. Sendung. Bei vorprogrammierten Streams liegt in der Übertragung eine „Sendung" iSd Urheberrechts vor, da eine unbestimmte Vielzahl von Besuchern der Website den Stream gleichzeitig und ohne eigene Beeinflussungsmöglichkeit empfangen können (vgl. *Sasse/Waldhausen* ZUM 2000, 837 [842]; zum Sendebegriff bei Online-Nutzungen auch *Schack* § 13 Rn. 464). Dabei wird das Senderecht in Abgrenzung zum Recht auf Öffentlich-Zugänglichmachung gem. § 19a UrhG im Umkehrschluss zu dessen Voraussetzung „von Orten und zu Zeiten ihrer Wahl" definiert.

Das Verwertungsrecht des Urhebers, sein Werk zu senden, (Senderecht) ist in § 20 UrhG geregelt.

Für den ausübenden Künstler als Leistungsschutzrechtsinhaber lautet die entsprechende Vorschrift:

§ 78 Öffentliche Wiedergabe
(1) Der ausübenden Künstler hat das ausschließliche Recht, seine Darbietung
2. zu senden, (es sei denn, dass die Darbietung erlaubterweise auf Bild- oder Tonträger aufgenommen worden ist, die erschienen oder erlaubterweise öffentlich zugänglich gemacht worden sind)
Die Einräumung des Senderechtes des ausübenden Künstlers ist entbehrlich, falls ein bereits veröffentlichter Tonträger gestreamt werden soll, denn dann besteht gem. § 78 Abs. 2 Nr. 1 UrhG nur ein gesetzlicher Vergütungsanspruch, der an die GVL zu melden und zu zahlen ist, aber kein Zustimmungsvorbehalt.

14. Verwertungsumfang. Die Rechtseinräumung kann auch auf bestimmte Angebotsarten für Websites (zB das Internet oder geschlossene Netze) beschränkt werden. Dies hängt ganz von dem individuell mit der Lizenzierung verfolgten Zweck ab und von der Rolle, die das vertragsgegenständliche Musikstück im Gesamtangebot der Website spielen soll.

15. Inhaltsverantwortlicher. Der Betreiber der vertragsgegenständlichen Website ist gem. § 7 Abs. 1 TMG für selbst eingestellte Inhalte nach den allgemeinen Gesetzen vollumfänglich verantwortlich. Er ist daher für die Einholung der Lizenz zuständig.

16. Abtretungs- und Unterlizenzierungsverbot. → Form. H. 1 Anm. 13

17. Beschränkung auf bestimmte Website. Diese Beschränkung kann je nach Interessenlage der Parteien entfallen.

18. Text- und Notenbild. Die Rechte an Text- und Notenbild werden gem. § 1 lit. h S. 5 des Wahrnehmungsvertrages der GEMA ausdrücklich nicht von dieser wahrgenommen und sind daher idR einem Musikverlag eingeräumt. Besteht kein Verlagsverhältnis, so sind die Rechte beim Urheber selbst einzuholen.

19. Bedingung vollständiger Zahlung. Die Bedingung vollständiger Zahlung wirkt wie ein „Eigentumsvorbehalt" des Rechteinhabers, indem sie die dingliche Wirkung der Nutzungsrechtseinräumung bis zur vollständigen Bezahlung der Vergütung aufschiebt. Im Falle eines Insolvenzverfahrens über das Vermögen des Lizenznehmers vor Zahlung der Vergütung schützt dieser Rechtevorbehalt den Rechteinhaber wie ein Eigentumsvorbehalt den Warenkreditgeber: Sie zwingt den Insolvenzverwalter, entweder die Zahlung der Lizenzgebühr als Masseschuld neu einzugehen oder auf die Nutzung des lizenzierten Inhalts zu verzichten. Nach der Rechtsprechung des BGH (Urt. v. 17.11.2005 – IX ZR 162/04, NJW 2006, 915 = CR 2006, 151 = MMR 2006, 386) ist jedenfalls ein aufschiebend bedingter Rechtsübergang für den Fall der (Kündigung wegen) Nichterfüllung durch den Vertragspartner (bzw. dessen Insolvenzverwalter) insolvenzfest.

20. Europäische Union. → Form. H. 1 Anm. 16

21. Bestimmungslandprinzip. → Form. H. 1 Anm. 17

22. Beschränkung auf B2C-Websites. Die Beschränkung auf an den Endverbraucher adressierte Websites kann je nach Interessenlage der Parteien entfallen.

23. Unbekannte und noch nicht geschützte Nutzungsarten. → Form. H. 1 Anm. 18

24. Option bezüglich nicht erfasster Nutzungsarten. → Form. H. 1 Anm. 19

25. Künstler- & Urheberpersönlichkeitsrechte. Ein umfassendes Persönlichkeitsrecht einschließlich des Rechts, über die Veröffentlichung des Musikstücks zu entscheiden, sowie des Rechts auf Namensnennung steht gem. §§ 12 ff. UrhG nur dem Urheber zu, nicht hingegen einem bloß Leistungsschutzberechtigten. Zugunsten ausübender Künstler gewährt § 83 UrhG allerdings ein abgeschwächtes „Künstlerpersönlichkeitsrecht" gegen Entstellung der Darbietung, das ebenso wie der urheberrechtliche Entstellungsschutz vor Veränderungen, Kürzungen, Nachbearbeitungen und sonstigen Integritätseingriffen schützt, es sei denn dass sie Ruf oder Ansehen des Künstlers nicht schaden (Schricker/Loewenheim/*Vogel* § 75 Rn. 5, 8, 14 und 31).

Aufgrund des geringen zeitlichen Spielraumes sind Bearbeitungen (im Gegensatz zu Kürzungen oder Werkverbindungen) beim Live-Webcast idR nicht möglich.

Der Vertrag kann die ausschnittsweise Benutzung und Bearbeitung je nach Interessenlage der Parteien auch verbieten. Dabei ist jedoch auf die berechtigten Interessen des Lizenznehmers an einer angemessenen Bewerbung seiner Website Rücksicht zu nehmen. Dies kann etwa in folgender Form bewerkstelligt werden:

> Ausgeschlossen ist das Recht, den vertragsgegenständlichen Titel ausschnittsweise, in Teilen oder in bearbeiteter Form zu benutzen; für die Benutzung unerlässliche Änderungen und die Verwendung von Ausschnitten für Werbezwecke sind jedoch gestattet.

26. Verwertungsgesellschaften. Diese Regelung schützt zum einen den Rechteinhaber vor der Haftung für solche Rechte, die er bereits den Verwertungsgesellschaften zur ausschließlichen Wahrnehmung eingeräumt hat. Zum anderen stellt sie klar, dass der Lizenznehmer durch diesen Vertrag nicht von seiner Verpflichtung, sich die von den Verwertungsgesellschaften wahrgenommenen Rechte bei diesen selbst einzuholen, befreit wird.

27. Rechte an der Website. Diese Rechte dürfen nicht mit den Rechten an der gestreamten Darbietung verwechselt werden, die (wie in Abs. 12 vorgesehen) üblicherweise auf den Rechteinhaber übertragen werden.

28. Namensnennung. Die Nennung des Urhebers ist schon gem. § 13 S. 2 UrhG kraft Gesetzes erforderlich. Beim bloßen Leistungsschutzrecht gibt es keinen solchen gesetzlichen Anspruch auf Namensnennung, der dem Urheberpersönlichkeitsrecht entstammt. Allerdings ist es im Zusammenhang mit Musikstücken üblich, zumindest den ausübenden Künstler und meist auch den Tonträgerhersteller bei der Verwertung zu nennen. Solche Nennungsrechte werden oft (wie hier) schuldrechtlich vereinbart. Gelegentlich erfolgt die Nennung auch ohne vertragliche Verpflichtung auf freiwilliger Basis. Beim Lizenzerwerb von Plattenfirmen ist folgende Formulierung üblich:

> Mit freundlicher Genehmigung von . . . . . . (Rechteinhaber).

29. Urheberrechtliche Schutzmechanismen. Diese Klausel behält dem Rechteinhaber die Möglichkeit vor, auch nach Vertragsabschluss noch Sicherungsmechanismen gegen unerlaubte Vervielfältigungen (zB Digital Rights Management Systeme) einzuführen. Diese Regelung ist umso relevanter, je länger die Vertragslaufzeit ist, da die Wahrscheinlichkeit der Einführung neuer Sicherungsmechanismen während der Vertragslaufzeit dann umso höher ist.

30. Leistungsschutzrechte an der Webcast-Aufzeichnung. Hinsichtlich der ggf. erfolgenden Vorab-Aufzeichnung des zu übertragenden Inhalts ist eine weitgehende Rechtsübertragung auf den Rechteinhaber üblich: dh der Rechteinhaber kann die vom Lizenznehmer hergestellte Aufnahme selbst auswerten und erwirbt hieran das Leistungsschutzrecht des Tonträgerherstellers, so dass er nach Vertragsablauf zu ihrer weiteren Verwertung allein berechtigt ist. Je nach Interessenlage der Parteien kann dieser Absatz entfallen, so dass die Rechte an der von ihm hergestellten Aufzeichnung dem Lizenznehmer zustehen.

31. Übernahme von Streams. Das (einfache) Übernahmerecht des Rechteinhabers an den vom Lizenznehmer generierten Streams kann (je nach Werbeintensität und Zielgruppen) unter Umständen eine „Umlenkung" von Nutzern von der Website des Lizenznehmers zur Website des Rechteinhabers hin bewirken. Je nach Interessenlage der Parteien und Ausmaß an Exklusivität, das dem Lizenznehmer – zumindest für die vertragsgegenständliche Darbietung des Events – eingeräumt werden soll, kann diese Klausel entfallen.

32. Zugangsrecht und Recht zur Benutzung von Aufzeichnungsgeräten/Übergabe eines Werkstückes. Wenn der zu übertragende Inhalt erst (zumindest unter anderem) für die Zwecke des Webcasts live dargeboten oder aufgezeichnet wird (zB bei einem Konzert), muss der Rechteinhaber dem Lizenznehmer den Zugang zu der Darbietung und ggf. die Aufzeichnung ermöglichen. Da Live-Übertragungen und/oder Aufzeichnungen bei öffentlichen wie privaten Darbietungen (zB Konzerten) im Regelfall nicht allgemein erlaubt sind, sollte der Rechteinhaber ausdrücklich vertraglich verpflichtet werden, die Durchführbarkeit dieser für die Erfüllung des Vertrages wesentlichen Tätigkeiten auch gegenüber Dritten sicherzustellen.

Wenn das Musikstück für den vertragsgegenständlichen Webcast hingegen nicht eigens aufgezeichnet wird, sondern auf bereits bestehende Aufnahmen zurückgegriffen wird (zB beim Internet-TV), kann alternativ die Übergabe eines Werkstückes vereinbart werden:

> Der Rechteinhaber verpflichtet sich, dem Lizenznehmer auf Verlangen eine Verkörperung des vertragsgegenständlichen Titels (Werkstück) zur Herstellung der von ihm benötigten Kopien zu liefern. Das Werkstück ist nach Ablauf von 2 Monaten an den Rechteinhaber zurückzugeben, sofern es in verkörperter Form (zB auf CD, DVD) übergeben wurde. Eine Weitergabe dieses Werkstückes an Dritte oder die Erstellung von Kopien für Dritte außerhalb des Rahmens dieses Vertrages ist nicht gestattet, soweit nicht der Rechteinhaber einer Übertragung der vertragsgegenständlichen Lizenz an den Dritten zugestimmt hat.

33. Urheber-/Leistungsschutzrechtsinformationen. Diese Regelung dient dem Schutz des Lizenznehmers. Ihm soll dadurch ermöglicht werden, einerseits zu überprüfen, ob er alle zur Benutzung des vertragsgegenständlichen Musikstücks erforderlichen Lizenzen eingeholt hat, und andererseits seinen Pflichten gegenüber allen Berechtigten in der erforderlichen Weise nachzukommen (zB der Namensnennungspflicht).

34. Kontrollabrufe. Vereinbaren die Parteien eine abrufmengenabhängige Vergütung, so sind Kontrollabrufe ausdrücklich von der Vergütungspflicht auszunehmen:

> Kontrollabrufe sind von der Vergütungszahlung befreit.

35. Nutzungsdaten. Diese Formulierung verpflichtet den Lizenznehmer nur zur Herausgabe von Daten, die bei ihm ohnehin erhoben werden. Die Klausel kann auch weitergehend formuliert werden, so dass sie den Lizenznehmer zur Erhebung von Nutzungsdaten, soweit technisch möglich und rechtlich zulässig, verpflichtet, zB mit folgender Formulierung:

> Der Lizenznehmer verpflichtet sich, dem Rechteinhaber Nutzungsdaten, die mit dem Abruf des vertragsgegenständlichen Titels in Zusammenhang stehen, zur Verfügung zu stellen, soweit dies technisch möglich und rechtlich zulässig ist.

36. E-Mail-Adressen. Die Weitergabeverpflichtung bezüglich Nutzungsdaten sollte auch hinterlassene E-Mail-Adressen von Interessenten umfassen, sofern diese mit der Weitergabe an den Rechteinhaber einverstanden sind. Bezüglich der datenschutzrechtlichen Implikationen vgl. das BDSG und das TMG.

37. Rechtegarantie des Rechteinhabers. Da bei Rechten kein gutgläubiger Erwerb möglich ist, ist diese Klausel nötig, um den Lizenznehmer vor wirtschaftlichen Schäden zu schützen, wenn der vermeintliche Rechteinhaber gar nicht verfügungsberechtigt ist.

38. Haftungsfreistellung. Da aus einer fehlenden Berechtigung des Rechteinhabers auch folgen kann, dass der Lizenznehmer ein vertragsgegenständliches Musikstück zwar gutgläubig, aber unberechtigt nutzt und er damit unabsichtlich selbst zum Rechtsverletzer wird, ist diese Freistellung nötig. Die ausdrückliche Erstreckung auf die eigenen Kosten der Rechtsverteidigung ist deshalb erforderlich, weil diese Kosten nicht auf Ansprüchen Dritter beruhen, sondern freiwillige Aufwendungen des Lizenznehmers darstellen, die daher von einer reinen Haftungsfreistellung nicht erfasst sind.

39. Garantie des Lizenznehmers. Ebenso hat der Lizenznehmer zu garantieren, dass seine Nutzung des vertragsgegenständlichen Musikstücks den Rechteinhaber nicht in eine Beteiligten-Haftung verwickelt, indem hierdurch die Rechte anderer Schutzrechtsinhaber verletzt werden.

40. Veröffentlichung. Neben dem ausschließlichen Recht zur Vervielfältigung und Verbreitung hat ein Urheber auch das Recht, über die Veröffentlichung seines Werkes zu entscheiden, § 12 Abs. 1 UrhG. Daher ist grundsätzlich für jede Verwertung sicherzustellen, dass sie nicht am Veröffentlichungsrecht des Urhebers scheitert. Ist ein Werk bereits veröffentlicht, so ist das Veröffentlichungsrecht verbraucht und kann der Verwertung nicht mehr entgegenstehen. Wenn der Rechteinhaber eine Garantie dafür übernimmt, dass das Werk bereits veröffentlich ist, ist der Lizenznehmer somit ausreichend abgesichert.

41. Zustimmung zur Veröffentlichung. Wird mit diesem Vertrag (zumindest auch) eine urheberrechtliche Lizenz zur Nutzung des Musikstückes eingeholt, so kann hierin zur Sicherheit ersatzweise auch die Zustimmung des Urhebers zur Veröffentlichung seines Werkes erteilt werden.

42. Promotionmaßnahmen. Diese Klausel ist nur sinnvoll, wenn der Rechteinhaber entweder selbst der ausübende Künstler ist oder auf diesen wesentlichen Einfluss hat und wenn er auf sonstige Weise vom Verkehr besonders mit dem/den vertragsgegenständlichen Titel/n identifiziert wird.

43. Vertragsdauer. Für Webcasts von Musik dürfte derzeit lediglich eine kurze Lizenzdauer von einigen Wochen bis Monaten üblich sein.

44. Lizenzdauer. Die Lizenzdauer kann auch – unabhängig vom Vertragsende – für eine gewisse Dauer ab dem Zeitpunkt des Rechteübergangs gem. § 2 Abs. 2 S. 1 des

Formulars berechnet werden. Allerdings könnte dann ein Lizenznehmer, dem nach Vertragsunterzeichnung noch einmal Bedenken kommen, die Lizenzdauer durch Zurückhaltung der Zahlung nach hinten verschieben. Durch das hier vorgesehene Ende der Lizenzdauer mit Vertragsablauf (unabhängig vom Zeitpunkt des Beginns/Rechtsübergangs) wird der Lizenznehmer hingegen dazu motiviert, die geschuldete Vergütung so schnell wie möglich zu bezahlen, um in den Genuss einer möglichst langen Lizenzdauer zu kommen: Vor Bezahlung des geschuldeten Vergütungsbetrags darf er das vertragsgegenständliche Musikstück nämlich gem. § 2 Abs. 2 S. 1 des Vertragsformulars nicht nutzen; das Ende seiner Nutzungsberechtigung richtet sich hingegen bei der hier vorgesehenen Regelung nach der Vertragslaufzeit, die bereits mit Vertragsunterzeichnung zu laufen beginnt.

45. Kündigung aus wichtigem Grund. Wie bei jedem Dauerschuldverhältnis ist auch beim Lizenzvertrag eine Kündigung aus wichtigem Grund stets möglich. Diese Klausel listet klarstellend einige Pflichtverletzungen auf, die nach Einschätzung der Parteien so erheblich sind, dass sie einen wichtigen Grund zur Kündigung darstellen. Die Aufzählung kann gekürzt oder um weitere erhebliche Pflichtverletzungen ergänzt werden.

46. Abmahnung. Gem. § 314 Abs. 2 S. 1 BGB ist grundsätzlich vor jeder fristlosen Kündigung eines Dauerschuldverhältnisses wegen der Verletzung von Vertragspflichten eine vorherige Abmahnung oder, falls die Pflichtverletzung in einem Unterlassen besteht, eine Abhilfefristsetzung erforderlich, es sei denn es liegen besondere Gründe iSv § 323 Abs. 2 BGB vor, die dem Kündigenden ein Festhalten an dem Vertrag auch ohne vorherige Mahnung oder Abmahnung unzumutbar machen.

47. Rechterückfall bei Erfüllungsverweigerung. Diese Regelung ist einzufügen, wenn der Rechteinhaber gegenüber dem Lizenznehmer zum Zeitpunkt der Nutzung noch offene Ansprüche hat (zB auf Umsatzbeteiligung). Sie zwingt zB einen Insolvenzverwalter, entweder die weitere Erfüllung des Vertrages zu erklären und damit die Vergütungspflicht als Masseschuld neu einzugehen oder die weitere Benutzung des vertragsgegenständlichen Musikstücks einzustellen. Der Rechterückfall schützt den Rechteinhaber auf diese Weise in einem Insolvenzverfahren ähnlich wie ein Eigentumsvorbehalt den Warenkreditgeber, nachdem ein a priori Rechtevorbehalt nicht möglich ist, weil der Lizenznehmer den Rechtsübergang benötigt, um die Benutzung überhaupt aufnehmen zu können.

Wenn der Rechteinhaber für die Einräumung der vertragsgegenständlichen Lizenz hingegen eine bereits vorab voll gezahlte Pauschale erhalten hat, besteht für die Klausel kein Bedürfnis mehr und ist sie demgemäß wegzulassen.

48. Lizenzgebühr. Die Vergütungsform der Pauschallizenzgebühr ist insbesondere bei nicht direkt Einkünfte produzierenden Nutzungen angebracht, bei denen eine Beteiligung des Rechteinhabers am wirtschaftlichen Erfolg der Benutzung schwer möglich ist.

49. Periodische Zahlungen. Eine Pauschallizenzgebühr kann allerdings auch in Form periodischer Zahlungen vereinbart werden. Dann ist allerdings sicherzustellen, dass der Übergang der Rechte gem. § 2 Abs. 2 S. 1 des Formulars bereits nach Zahlung der ersten Rate erfolgt, da der Lizenznehmer den Vertragsgegenstand sonst nicht nutzen darf. Die Fälligkeit der ersten Rate sollte wie folgt angepasst werden:

> Die erste Lizenzgebühr ist vor dem Einspeichern des vertragsgegenständlichen Titels in die Website an den Rechteinhaber zu zahlen. Die weiteren Raten iHv jeweils . . . . . . sind jeweils zum . . . . . . zu bezahlen. Der Lizenznehmer kann die Ausstellung einer Rechnung über jeden zu zahlenden Betrag verlangen.

Bei periodisch wiederkehrender Zahlungspflicht ist zudem eine Beschränkung auf die gesetzliche Schutzfrist in den Vertrag aufzunehmen:

Wiederkehrende Lizenzgebühren müssen an den Rechteinhaber nur für die Dauer der gesetzlichen Schutzfrist bezahlt werden.

Sie stellt sicher, dass der Rechteinhaber, der auf Grund dieses Vertrages regelmäßige Zahlungen an den Rechteinhaber leistet, nach Wegfall des gesetzlichen Schutzes nicht – auf Grund des Vertrages – schlechter steht als jeder andere, der keine Vergütung für die nun freie Nutzung entrichten muss.

Wird ein solcher wiederkehrender Anspruch vereinbart, so kann man zum Schutz von dessen Erfüllung einen Rechterückfall für den Fall der Erfüllungsverweigerung durch den Lizenznehmer vereinbaren:

> Lehnt der Lizenznehmer oder sein rechtmäßiger Vertreter die weitere Erfüllung des Vertrages ab, so hat der Rechteinhaber ein außerordentliches fristloses Kündigungsrecht innerhalb von zwei Wochen ab Kenntnis von der Erfüllungsverweigerung. Mit dem Wirksamwerden der Kündigung wird der Rechteinhaber von sämtlichen Pflichten aus diesem Vertrag frei und fallen sämtliche dem Lizenznehmer eingeräumten Rechte an ihn zurück.

Diese Regelung zwingt zB einen Insolvenzverwalter, entweder die weitere Erfüllung des Vertrages zu erklären und damit die Vergütungspflicht als Masseschuld neu einzugehen oder die weitere Benutzung des vertragsgegenständlichen Musikstücks einzustellen. Der Rechterückfall schützt den Rechteinhaber auf diese Weise in einem Insolvenzverfahren ähnlich wie ein Eigentumsvorbehalt den Warenkreditgeber, nachdem ein a priori Rechtevorbehalt nicht möglich ist, weil der Lizenznehmer den Rechtsübergang benötigt, um die Benutzung überhaupt aufnehmen zu können.

50. Pauschalierter Verzugszins. Diese Regelung dient der Vereinbarung spezifischer Verzugszinsen als pauschaliertem Schadensersatz, falls ein möglicher Zinsschaden erwartbar höher liegt als der gesetzliche Zinssatz. Sie darf daher in Allgemeinen Geschäftsbedingungen gem. § 309 Nr. 5 BGB den zu erwartenden Schaden nicht übersteigen und den Nachweis eines tatsächlich geringeren Schadens nicht abschneiden. Dies gilt auch, wenn der Lizenznehmer ein Unternehmer ist (Palandt/*Heinrichs* BGB § 309 Rn. 32 mwN). Daher sollte der gesetzliche Verzugszinssatz nur überschritten werden, wenn der Lizenznehmer tatsächlich zu höheren Zinsen Kredit in Anspruch nimmt. Der zu erwartende Schaden kann sich aber auch unterhalb des gesetzlich fixierten Verzugszinssatzes bewegen. Dann sollte diese Regelung – zugunsten der Anwendbarkeit des gesetzlichen Verzugszinssatzes iHv 5 % (bei Verbrauchern) bzw. 8 % (bei Unternehmern) über dem Basiszinssatz (§§ 288 Abs. 1 und 2, 247 BGB) – entfallen.

51. Geheimhaltung von Titeln. Falls die zu webcastenden Musikstücke bis zum Zeitpunkt des Webcasts im Wettbewerb geheim gehalten werden sollen, kann an dieser Stelle ergänzend noch eingefügt werden:

> Der Lizenznehmer verpflichtet sich insbesondere, sicherzustellen, dass die vertragsgegenständlichen Titel geheim gehalten und konkurrierenden Unternehmen nicht eher als dem Publikum bekannt gegeben werden.

52. Exklusivität. Eine exklusive Einräumung der Webcastrechte an Musikstücken findet sich in der Praxis meist in Bezug auf speziell für den Webcast stattfindende Aufführungen.

53. Exklusivitätsdauer. In der Praxis beträgt die Dauer der Exklusivität selten mehr als 30 Tage. Der Zeitraum der Exklusivität kann jedoch auch „während der Lizenzdauer dieses Vertrages" oder zB „bis zu 30 Tage nach Beendigung dieses Vertrages" betragen.

Rich-Media

6. Video-/Film-Online-Lizenzvertrag

Zwischen

. . . . . .

– nachstehend „Rechteinhaber" genannt –

und

. . . . . .

– nachstehend „Lizenznehmer" genannt –

wird folgender Vertrag[1] geschlossen:

§ 1 Vertragsgegenstand

(1) Der Lizenznehmer beabsichtigt, auf seiner Website mit der URL/den URLs . . . . . . die Video-Sequenz/den Film

. . . . . . [Name oder Beschreibung]

des . . . . . . [Produzent/Regisseur]

wie in Anlage A dargestellt/beschrieben

im Wege des Streaming-Verfahrens/zum Herunterladen (Download) [Nichtzutreffendes streichen] abrufbar zu machen. Die hierfür erforderlichen Rechte sollen durch diesen Vertrag erworben werden.

(2) Die Parteien gehen davon aus, dass die abrufbar zu machende Video-Sequenz/der abrufbar zu machende Film (Sequenz) in Deutschland urheber- und leistungsschutzrechtlich geschützt ist und dem Rechteinhaber hieran die ausschließlichen Nutzungsrechte zustehen.[2]

§ 2 Rechtseinräumung[3]

(1) Zur Verwirklichung des in § 1 Abs. 1 genannten Zweckes räumt der Rechteinhaber dem Lizenznehmer hiermit folgende nicht ausschließliche Nutzungsrechte ein:[4]

(a) Das Recht zur Einspeicherung der Sequenz im . . . . . . -Format in die og Website des Lizenznehmers;[5]
(b) Das Recht, die vertragsgegenständliche Sequenz der Öffentlichkeit im Streaming-Format/zum Download ganz oder teilweise zugänglich zu machen („Recht der Öffentlich-Zugänglichmachung");[6]

(Nur bei Download:

(c) Das Recht die Sequenz auf Abruf von Besuchern der og Website vervielfältigen zu lassen;[7])

(d) Das Recht, die Sequenz in unerheblichem Umfang im Zusammenhang mit der og Gesamt-Website auch in Rundfunk und Fernsehen[8] mittelbar weiter zu verwerten.

Die Rechtseinräumung umfasst nur die Verwertung der Website im (allgemein frei zugänglichen) Internet, sowie ihre mittelbare Zweitverwertung über die in (d) genannten Wege.[9]

Die Rechte sind nur dem Lizenznehmer als inhaltlich Verantwortlichem[10] für die Website eingeräumt und ohne Zustimmung des Rechteinhabers weder weiter übertragbar noch unterlizenzierbar.[11] Insbesondere sind sie nicht dem technischen Dienstleister, der die Website betreibt, eingeräumt, sofern dieser von dem Lizenznehmer verschieden ist.

Der Lizenznehmer verpflichtet sich, die vertragsgegenständliche Sequenz ausschließlich für die oben genannte Website zu verwenden.[12]

Der Vertrieb körperlicher Werkstücke oder andere als die in diesem § 2 dieses Vertrages genannten Verwertungsformen sind nach diesem Vertrage nicht zulässig. Hierzu bedarf es des Abschlusses eines eigenen, gesonderten Lizenzvertrages.

(2) Die Rechtseinräumung wird gem. § 158 Abs. 1 BGB erst wirksam, wenn der Lizenznehmer die erste gem. § 7 dieses Vertrages geschuldete Vergütungszahlung vollständig geleistet hat.[13] Der Rechteinhaber kann eine Benutzung der vertragsgegenständlichen Sequenz auch schon vor diesem Zeitpunkt vorläufig erlauben. Ein Übergang der Rechte nach diesem Paragraphen findet durch eine solche vorläufige Erlaubnis nicht statt. Ferner kann der Rechteinhaber die Rechtseinräumung widerrufen, wenn der Lizenznehmer mit der Bezahlung einer gem. § 8 dieses Vertrages fälligen Vergütung trotz Mahnung und Nachfristsetzung länger als zwei Monate in Verzug bleibt.[14]

(3) Die Rechtseinräumung ist territorial auf die Einbindung der vertragsgegenständlichen Sequenz in eine Website beschränkt, die erkennbar zum Abruf nur innerhalb der Europäischen Union[15] bestimmt ist.[16] Die Rechtseinräumung ist außerdem ausdrücklich auf solche Websites beschränkt, die für den Abruf durch Endverbraucher bestimmt sind.[17]

(4) Die Nutzungsrechtseinräumung umfasst alle derzeit bekannten und unbekannten Nutzungsarten, die zur Erreichung des Vertragszwecks erforderlich sind oder werden, auch wenn sie erst auf Grund neuer Gesetzeslage oder aus anderen Gründen nachträglich an der vertragsgegenständlichen Sequenz entstehen oder erst nachträglich bekannt werden.[18]

(5) Im Hinblick auf etwaig von dieser Nutzungsrechtseinräumung nicht erfasste Nutzungsarten im Zusammenhang mit Websites räumt der Rechteinhaber dem Lizenznehmer eine Option zu angemessenen Bedingungen ein.[19]

(6) Der Lizenznehmer ist berechtigt, die vertragsgegenständliche Sequenz auf seiner Website auch in Verbindung mit Werken anderer Rechteinhaber oder ausschnittsweise zu benutzen oder sie zu bearbeiten (zB so genannte Teaser oder Trailer zu erstellen). Dabei sind Veränderungen und Kürzungen nur zulässig, soweit sie nicht entstellend wirken.[20] Ergänzungen oder eine Nachsynchronisation in anderer Sprache sind nicht zulässig.

(7) Der Lizenznehmer ist berechtigt, im Zusammenhang mit der Durchführung dieses Vertrages – insbesondere zum Zwecke der Eigenwerbung und auf der vertragsgegenständlichen Website selbst – den Titel der vertragsgegenständlichen Sequenz und Abbildungen hieraus, sowie Namen/Kennzeichen/Logos und Abbildungen des Regisseurs/ Drehbuchautors der Schauspieler und sonstigen Darsteller, soweit der Rechteinhaber

über solche Rechte verfügen kann, sowie des Rechteinhabers unentgeltlich zu benutzen, soweit der Rechteinhaber über solche Rechte verfügen kann.

(8) Sämtliche Namens-, Titel- und Kennzeichenrechte an der Website oder einzelnen ihrer Teile oder durch Benutzung auf der Website entstehende Namens-, Titel- und Kennzeichenrechte sind Sache des Lizenznehmers.[21]

(9) Der Rechteinhaber hat Anspruch auf Nennung des Namens des Filmurhebers sowie Nennung seines Namens als Leistungsschutzrechtsinhaber in Form eines – mit einem Zielpunkt seiner Wahl verlinkten – Vermerkes auf derjenigen Webseite, auf welcher die vertragsgegenständliche Sequenz eingebunden wird.[22]

(10) Der Rechteinhaber hat Anspruch darauf, dass der Lizenznehmer die von seiner Website aus abrufbare vertragsgegenständliche Sequenz auf Verlangen des Rechteinhabers nachträglich mit einem urheberrechtlichen Schutzmechanismus versieht, soweit dadurch die vertragsgemäße Benutzung nicht behindert wird und die Maßnahme dem Lizenznehmer wirtschaftlich zumutbar ist.[23]

(11) Der Rechteinhaber hat das Recht, die Streams der vertragsgegenständlichen Sequenz, die von der Website des Lizenznehmers aus abrufbar sind, auch direkt von jeder von ihm selbst angebotenen Website aus ebenfalls abrufbar zu machen, ohne auf den Lizenznehmer hinweisen zu müssen.[24] Solche Abrufe sind von der Vergütungspflicht nach § 7 dieses Vertrages befreit.

§ 3 Mitwirkungspflichten und Kontrollrechte des Rechteinhabers

(1) Der Rechteinhaber verpflichtet sich, dem Lizenznehmer auf Verlangen eine Verkörperung der vertragsgegenständlichen Sequenz (Werkstück) zur Herstellung der von ihm benötigten Kopien zu liefern. Das Werkstück ist nach Ablauf von 2 Monaten an den Rechteinhaber zurückzugeben, sofern es in verkörperter Form (zB auf CD, DVD) übergeben wurde. Eine Weitergabe dieses Werkstückes an Dritte oder die Erstellung von Kopien für Dritte außerhalb des Rahmens dieses Vertrages ist nicht gestattet, soweit nicht der Rechteinhaber einer Übertragung der vertragsgegenständlichen Lizenz an den Dritten zugestimmt hat.

(2) Der Rechteinhaber hat dem Lizenznehmer folgende Informationen in folgender Form zur Verfügung zu stellen:
(a) Informationen über sämtliche Urheber und sämtliche Leistungsschutzberechtigten an der vertragsgegenständlichen Sequenz:[25] schriftlich oder per E-Mail;
(b) Ggf. Beschränkungen seines Rechtsumfangs bzw. der Art und Weise, auf die die vertragsgegenständliche Sequenz in die Website eingebunden werden darf: schriftlich oder per E-Mail.

(3) Zur Kontrolle der Erfüllung dieses Vertrages gewährt der Lizenznehmer dem Rechteinhaber während der Lizenzdauer jederzeit kostenlosen Zugang zu seiner Website sowie den kostenlosen Abruf der vertragsgegenständlichen Sequenz, sofern Zugang und Abruf nicht ohnehin unentgeltlich angeboten werden.[26]

(4) Der Lizenznehmer verpflichtet sich, dem Rechteinhaber auf Anforderung sämtliche vorhandenen Nutzungsdaten seiner Website zur Verfügung zu stellen, die mit dem Abruf der vertragsgegenständlichen Sequenz in Zusammenhang stehen.[27] Dies erstreckt sich auch auf die Weitergabe von unter Bezugnahme auf die vertragsgegenständliche Abbildung hinterlassenen E-Mail-Adressen unter Berücksichtigung der deutschen Datenschutzbestimmungen (bei Einwilligung des betroffenen Nutzers).[28]

§ 4 Haftung

(1) Der Rechteinhaber versichert und steht dafür ein, dass er Inhaber der Online-Nutzungsrechte an der vertragsgegenständlichen Sequenz ist und dass er in der vertragsgegenständlichen Form frei über sie verfügen kann.[29] Der Rechteinhaber garantiert ferner, dass die von ihm lizenzierte Sequenz frei von Rechten Dritter ist. Falls dem Rechteinhaber bekannt werden sollte, dass an irgendwelchen Bestandteilen der vertragsgegenständlichen Sequenz Rechte Dritter bestehen, so hat er den Lizenznehmer hierauf unverzüglich hinzuweisen. Der Rechteinhaber stellt den Lizenznehmer hiermit von jeglichen Ansprüchen Dritter in diesem Zusammenhang frei und ersetzt ihm die Kosten der Rechtsverteidigung.[30]

(2) Der Lizenznehmer garantiert, sämtliche neben den vertragsgegenständlichen Lizenzen für die beabsichtigte Nutzung weiter erforderlichen Rechte selbst einzuholen, bzw. bereits eingeholt zu haben und stellt den Rechteinhaber in diesem Zusammenhang von jeglichen Ansprüchen Dritter frei.[31]

§ 5 Veröffentlichung[32]

Der Rechteinhaber garantiert hiermit, dass die vertragsgegenständliche Sequenz bereits veröffentlicht ist.

§ 6 Vertrags- und Lizenzdauer

(1) Dieser Vertrag beginnt mit beiderseitiger Unterzeichnung und läuft zunächst für die Dauer von . . . . . . (Vertragsdauer).[33] Sofern er nicht von einer Partei bis spätestens . . . . . . (Zeitraum) vor Ablauf der Vertragsdauer gekündigt wird, verlängert er sich automatisch um jeweils weitere . . . . . . (Zeitraum). Mit Ablauf der Vertragsdauer enden sämtliche Pflichten aus diesem Vertrag mit Ausnahme solcher Regelungen, die ersichtlich auch nach Vertragsende gelten sollen.

(2) Die Rechtseinräumung nach diesem Vertrag (Lizenzdauer) beginnt gem. § 2 Abs. 2 mit der Zahlung der ersten geschuldeten Lizenzgebühr und endet mit Ablauf der Vertragsdauer gem. § 6 Abs. 1.[34]

(3) Dieser Vertrag kann aus wichtigem Grund vorzeitig gekündigt werden, insbesondere wenn der Rechteinhaber seinen Mitwirkungspflichten gem. § 3 dieses Vertrags nachhaltig nicht nachkommt, wenn der Lizenznehmer fällige Zahlungen gem. § 7 dieses Vertrages trotz Mahnung und Nachfristsetzung nicht leistet oder die Kontrollrechte des Rechteinhabers gem. § 3 Abs. 3 dieses Vertrages nicht erfüllt.[35] Eine fristlose Kündigung setzt grundsätzlich voraus, dass der andere Teil schriftlich gemahnt und aufgefordert wird, den vermeintlichen Grund zur fristlosen Kündigung in angemessener Zeit zu beseitigen, es sei denn es liegen besondere Gründe iSv §§ 314 Abs. 2, 323 Abs. 2 BGB vor, die dem Kündigenden ein Festhalten an dem Vertrag auch ohne vorherige Mahnung oder Abmahnung unzumutbar machen.[36]

(4) Lehnt der Lizenznehmer oder sein rechtmäßiger Vertreter die weitere Erfüllung des Vertrages ab, so hat der Rechteinhaber ein außerordentliches fristloses Kündigungsrecht innerhalb von zwei Wochen ab Kenntnis von der Erfüllungsverweigerung. Mit dem Wirksamwerden der Kündigung wird der Lizenznehmer von sämtlichen Pflichten aus diesem Vertrag frei und fallen sämtliche dem Lizenznehmer eingeräumten Rechte an ihn zurück.[37]

(5) Der Rechteinhaber behält sich das Recht vor, diese Lizenz jederzeit ohne Angabe von Gründen ganz oder teilweise gegen ex-nunc-Wegfall der Vergütungspflicht (pro rata temporis) zu widerrufen.[38] Übt der Rechteinhaber diesen Widerrufsvorbehalt der Lizenz

aus, so hat er dem Lizenznehmer eine angemessene Frist zur Herausnahme der vertrags-gegenständlichen Sequenz aus der Website – von in der Regel 3 Werktagen – einzuräumen.

§ 7 Vergütung

(1) Für die Rechtseinräumung nach diesem Vertrag erhält der Rechteinhaber eine monatliche Pauschallizenzgebühr in Höhe von . . . . . . [Betrag],[39] solange der Lizenznehmer die vertragsgegenständliche Sequenz auf seiner Web-Site nutzt.

(2) Die monatliche Lizenzgebühr muss an den Rechteinhaber nur für die Dauer der gesetzlichen Schutzfrist bezahlt werden.[40]

(3) Die erste Lizenzgebühr ist vor dem Einspeichern der vertragsgegenständlichen Sequenz in die Website an den Rechteinhaber zu zahlen. Die weiteren Raten iHv jeweils . . . . . . sind jeweils zum . . . . . . zu bezahlen. Der Lizenznehmer kann die Ausstellung einer Rechnung über jeden zu zahlenden Betrag verlangen. Rechnungsbeträge sind spätestens innerhalb von 10 Arbeitstagen nach Rechnungsstellung zur Zahlung fällig. Zahlungen sind auf das Konto IBAN . . . . . . bei der . . . . . . [Bank] in . . . . . . [Ort], BIC . . . . . . zu leisten.

Gerät der Lizenznehmer mit der Zahlung fälliger Forderungen in Verzug, so hat er Verzugszinsen in Höhe von . . . . . . % pro Jahr zu zahlen, sofern er nicht nachweist, dass der tatsächliche Schaden geringer ist.[41] Die Möglichkeit des Rechteinhabers zur Geltendmachung weitergehender Ansprüche aus dem Verzug bleibt unberührt.

(4) Alle Vergütungen verstehen sich zuzüglich der gesetzlichen Mehrwertsteuer, sofern der Rechteinhaber im Zahlungszeitpunkt der Umsatzsteuerpflicht unterliegt oder auf sie optiert hat und dies dem Lizenznehmer bekannt ist. Entsteht die Umsatzsteuerpflicht oder die Option auf sie nachträglich, so kann die Mehrwertsteuer bis zum Ende des laufenden Kalenderjahres unter Vorlage der Mehrwertsteuerpflicht-Bescheinigung des zuständigen Finanzamtes gegen Rechnungsstellung nachgefordert werden. Danach erlischt die Forderung auf Umsatzsteuer-Erstattung.

§ 8 Vertraulichkeit

Beide Parteien verpflichten sich, über die Bestimmungen dieses Vertrages sowie über alle ihnen im Rahmen dieses Vertrages bekannt gewordenen Informationen auch nach Ablauf der Lizenzdauer Stillschweigen zu bewahren.

§ 9 Herausgabe- und Löschungspflichten

Der Lizenznehmer verpflichtet sich, nach Beendigung der Lizenzdauer alle ihm einzeln in elektronischer Form vorliegenden vertragsgegenständlichen Informationen und Inhalte, insbesondere alle Kopien der vertragsgegenständliche Sequenz, die nicht Bestandteil einer Gesamt-Archivierung seiner Website oder einzelner Webseiten sind, zu löschen. Informationen und Inhalte (auch Informationsmaterial uÄ), die in verkörperter Form vorliegen, sind an den Rechteinhaber zurückzugeben oder auf dessen Verlangen hin oder bei Nichtannahme zu vernichten.

§ 10 Exklusivität[42]

Der Rechteinhaber verpflichtet sich, während der Lizenzdauer dieses Vertrages[43] die vertragsgegenständliche Sequenz nicht an einen weiteren Lizenznehmer zur Online-Nutzung zu lizenzieren.

§ 11 Schlussbestimmungen

(1) Dieser Vertrag unterliegt dem Recht der Bundesrepublik Deutschland.

(2) Mündliche Nebenabreden bestehen nicht. Änderungen oder Ergänzungen dieses Vertrages bedürfen zu ihrer Wirksamkeit der Schriftform, auf die auch nicht mündlich verzichtet werden kann.

(3) Sollten einzelne Bestimmungen dieses Vertrages unwirksam sein oder werden, so wird dadurch die Wirksamkeit der übrigen Bestimmungen nicht berührt. Statt der unwirksamen Bestimmung gilt dasjenige, was die Parteien nach dem ursprünglich angestrebten Zweck unter wirtschaftlicher Betrachtungsweise redlicherweise vereinbart hätten. Das Gleiche gilt im Falle des Vorliegens einer Vertragslücke.

(4) Ansprüche aus diesem Vertrag können weder abgetreten, noch verpfändet, noch mit dem Recht eines Dritten belastet werden, soweit der Schuldner dem nicht ausdrücklich zustimmt.

(5) Erfüllungsort ist . . . . . . Sofern beide Parteien Kaufleute im Sinne des HGB sind, ist Gerichtsstand für alle Streitigkeiten aus diesem Vertrag . . . . . .

. . . .

(Ort, Datum)   (Ort, Datum)

. . . .

– Lizenznehmer –   – Rechteinhaber –

Anmerkungen

1. Sachverhalt. Das Formular behandelt die Lizenzierung von Videos oder Filmen zur Nutzung auf Websites. Videos und Filme sind idR urheberrechtlich als Filmwerke iSv §§ 2 Abs. 1 Nr. 6, 88 ff. UrhG einzuordnen, da auch bei Filmwerken bereits die so genannte „kleine Münze" urheberrechtlichen Werkschutz genießt (Schricker/Loewenheim/*Loewenheim* § 2 Rn. 188). Durch die Einbindung eines Videos/Films in eine Website werden daher sowohl das **Urheberrecht** des/der Filmschaffenden gem. §§ 1 ff., 88 ff. UrhG als auch das **Leistungsschutzrecht** des Filmherstellers (Filmproduzenten) gem. § 94 UrhG berührt. Erreicht eine Bildfolge ausnahmsweise nicht den für einen Urheberschutz erforderlichen Grad an Individualität im Sinne einer persönlich-geistige Schöpfung, so genießt sie jedenfalls gem. § 95 UrhG Leistungsschutz als Laufbild (→ Anm. 2). In aller Regel sammeln sich sämtliche Verwertungsrechte an Videos/Filmen – gleich ob sie urheber- oder leistungsschutzrechtlicher Natur sind – beim Produzenten, der auch im Falle von Videos „Filmhersteller" heißt (vgl. §§ 89, 94 UrhG).

Die Nutzungsrechte an so genannten „vorbestehenden Werken", also Werken, die zur Herstellung des Filmwerkes benutzt wurden, zu Zwecken der Filmnutzung liegen gem. § 88 UrhG in der Regel überwiegend ebenfalls beim Filmhersteller. Dies gilt jedoch meist nicht für vorbestehende Musik, die in Videos oder Filmen verwendet wird. Die Nutzungsrechte hieran, die für jede Vorführung, Ausstrahlung oder Übertragung des Videos/Films erforderlich sind, werden in Deutschland dann normalerweise von der GEMA wahrgenommen. Anders ist dies nur bei Musik von sog. „GEMA-freien" deutschen Autoren sowie bei spezifisch für den Film hergestellter Musik („Score Music") mancher ausländischer Komponisten (insbesondere aus den USA).

Die Haftung des Website-Betreibers gegenüber dem Rechteinhaber für die ordnungsgemäße Rechteeinholung bei Nutzung urheberrechtlich geschützter Inhalte ist in Rechtsprechung und Literatur unbestritten, vgl. zB LG München I Urt. v. 18.9.2008 – 7 O 8506/07, MMR 2009, 137 mAnm *Kaufmann*. Der Betreiber der Website ist regelmäßig Anbieter des entsprechenden Inhalts als „eigene Information" iSv § 7 Abs. 1 TMG und haftet daher dem Rechteinhaber gegenüber für Urheberrechtsverletzungen durch die mit der Einbindung in die Website verbundene Vervielfältigung und Öffentlich-Zugänglich-machung eines urheberrechtlich geschützten Inhalts. Daher besteht ein Bedarf nach Abschluss entsprechender Lizenzverträge wie in den Formularen dieses Abschnitts (H.).

In die Online-Lizenzierung der Videos/Filme selbst sind Verwertungsgesellschaften normalerweise nicht eingeschaltet (Ausnahme: GÜFA für erotische/pornographische Filme). Nur für die ggf. im Video/Film verwendete Musik ist, wie erläutert, meist die GEMA zuständig. Eine Lizenzierung durch Verwertungsgesellschaften würde für die Videos/Filme selbst auch wenig Sinn machen, da die verschiedenen Nutzungsarten solcher Werke traditionell einem strengen Zeitplan folgen, der von seinem individuellen Veröffentlichungsdatum geprägt ist, dessen individuelle Verwaltung und Überwachung eine Verwertungsgesellschaft administrativ überfordern würde.

Da Videos/Filme – meist in Form von „Videodateien" verschiedener Formate (Quick-time, MP3, Real Video, Windows Media) – zur Online-Nutzung entweder im Streaming-Format oder zu Download-Zwecken lizenziert werden, enthält dieses Vertragsmuster beide Alternativen, wobei die jeweils nicht zutreffende zu streichen ist. Sollen Videos/Filme zusätzlich oder allein zum Webcast (dh programmgebundenen Streaming) genutzt werden, so ist insoweit auf das entsprechende Formular für den Musik-Webcast (→ Form. H. 5) zurückzugreifen.

Video- bzw. Film-Online-Lizenzverträge werden in der Regel mit einem Rechteinhaber abgeschlossen, der die Rechte für die betreffende Region und Nutzungsart vom Produzenten erworben hat. Oft ist dieser also insoweit selbst Lizenznehmer. Wie erläutert (s. o.) liegen normalerweise sämtliche Rechte (außer bezüglich im Video/Film verwendeter Musik) für eine bestimmte Nutzungsart und Region bei einem einzigen Rechteinhaber, der sowohl die urheber- als auch die leistungsschutzrechtliche Komponente verwaltet. Der vorliegende Vertrag ist daher auf die gleichzeitige Einholung aller erforderlichen urheber- und leistungsschutzrechtlichen Nutzungsrechte ausgelegt.

2. Urheber- und Leistungsschutzrechte. Videos/Filme sind idR als Filmwerke iSv §§ 2 Abs. 1 Nr. 6, 88 ff. UrhG urheberrechtlich geschützt, da auch in Bezug auf Bildfolgen und Bild- und Tonfolgen bereits die sog. „kleine Münze" urheberrechtlichen Werkschutz genießt (Schricker/Loewenheim/*Loewenheim* § 2 Rn. 188; → Anm. 1). Erreicht eine Bild-folge jedoch nicht einmal den für die „kleine Münze" erforderlichen Grad an Indivi-dualität für eine persönlich-geistige Schöpfung iSd Urheberschutzes, so genießt sie jeden-falls gem. § 95 UrhG Leistungsschutz als Laufbild. Auch wenn ein bloßer Leistungsschutz nach § 95 UrhG vorliegt, gelten insbesondere die Verwertungsrechte und der Entstel-lungsschutz gem. § 94 Abs. 1 UrhG analog. Das Formular kann daher in entsprechend angepasster Form auch zur Einholung der leistungsschutzrechtlichen Lizenz an einem nur leistungsschutzrechtlich geschützten Laufbild verwendet werden, wenn an Stelle des Begriffes „Urheberrecht" jeweils die Bezeichnung „Leistungsschutzrecht" gesetzt wird.

Neben dem Urheberrecht an einem Filmwerk, das stets den wesentlichen Filmschaffen-den (u.a. Hauptregisseur, Kameramann ua) zusteht, bzw. dem Leistungsschutzrecht am Laufbild entsteht gem. § 94 UrhG stets zusätzlich auch ein Leistungsschutzrecht des „Filmherstellers", das dem wirtschaftlich und organisatorisch Verantwortlichen für die Aufnahme der Bildfolge (= Film-/Video-Produzenten) zuwächst (→ Anm. 1).

3. Rechtseinräumung. Nach der urheberrechtlichen Zweckübertragungstheorie gem. § 31 Abs. 5 UrhG, die analog auch für Leistungsschutzrechte gilt (Schricker/Loewenheim/*Schricker* § 31 Rn. 79), ist der Umfang der eingeräumten Nutzungsrechte im Zweifel eng auszulegen (hierzu Schricker/Loewenheim/*Schricker* § 31 Rn. 74 ff.). Daher ist eine ausdrückliche und möglichst umfassende Nutzungsrechtseinräumung empfehlenswert, um spätere Meinungsverschiedenheiten über den Umfang der Nutzungsrechte des Lizenznehmers zu vermeiden.

4. **Erforderliche Nutzungsrechte.** Für der Einbindung von Videos/Filmen in eine Website sind rechtssystematisch folgende Nutzungsrechte erforderlich: Ein Vervielfältigungsrecht für die Einspeicherung der Sequenz in die Website gem. § 16 UrhG. Das Recht, den Zugang zu der Sequenz zu eröffnen, welches als so genanntes „Recht der öffentlichen Zugänglichmachung", in § 19a UrhG geregelt ist. Sowie das Recht zur weiteren Vervielfältigung der Sequenz durch Besucher der Website gem. § 16 UrhG, falls diese die Sequenz bei sich selbst wiederum abspeichern können.

5. **Einspeicherung in eine Website.** Die Einspeicherung einer Datei in eine Webseite ist eine (digitale) Vervielfältigung, da hierbei eine neue, selbstständig wahrnehmbare Kopie entsteht (OLG München Urt. v. 8.3.2001 – 29 U 3282/00 (nicht rechtskärftig), NJW 2001, 3553 = CR 2001, 333 = GRUR 2001, 499 [501] = WRP 2001, 578 = MMR 2001, 375 [377] – Hitbit/AOL; *Schack* § 13 Rn. 461; *Möhring/Nicolini-Kroitzsch* § 16 Rn. 4; *Bechtold* ZUM 1997, 427 [429]).

6. **Öffentlich-Zugänglichmachung.** Das Verwertungsrecht, der Öffentlichkeit den Zugang zu der vertragsgegenständlichen Sequenz zu eröffnen, (Recht der Öffentlich-Zugänglichmachung) ist in § 19a UrhG geregelt.

Werden urheberrechtlich geschützte Werke auf einer Internetseite so eingebunden, dass sie von Dritten aufgerufen werden können, so sind sie im Sinne des § 19a UrhG öffentlich zugänglich gemacht (vgl. zB AG Hamburg Urt. v. 27.9.2010 – 36A C 375/09, GRUR-RR 2011, 162 = ZUM-RD 2011, 38 = CR 2011, 58; siehe auch BGH Urt. v. 9.7.2015 – I-ZR 46/12, GRUR-RS 2014, 11840 – Framing).

7. **Vervielfältigung durch Abruf von Besuchern der Website.** Jeder Abruf durch einen Besucher der Website ist eine Vervielfältigung im urheberrechtlichen Sinne, weil dadurch zumindest eine Kopie im Arbeitsspeicher des abrufenden Computers entsteht (vgl. *Bechtold* GRUR 1998, 18 mwN; *Schack* § 13 Rn. 418 ff.). Vorübergehende Vervielfältigungshandlungen, die flüchtig oder begleitend sind, einen integralen und wesentlichen Teil eines technischen Verfahrens darstellen, keine eigenständige wirschaftliche Bedeutung haben und entweder nur der Übertragung in einem Netz durch einen Vermittler oder die rechtmäßige Nutzung eines Werkes ermöglichen sollen, sind allerdings schon gem. § 44a UrhG vom urheberrechtlichen Zustimmungsvorbehalt ausgenommen. Dazu zählen in erster Linie die Vervielfältigungshandlungen, wie sie bei der digitalen Informationsübermittlung im WWW vorkommen, d h vor allem das Browsing und das Routing. Wenn allerdings der Nutzer die Möglichkeit hat, die Sequenz nach dem bloßen Browsing-Abruf seinerseits dauerhaft abzuspeichern, greift § 44a UrhG nicht mehr und ist hierfür ein weiteres Vervielfältigungsrecht gem. § 16 UrhG erforderlich.

Daher ist eine solche Rechtseinräumung zur weiteren Vervielfältigung der Sequenz durch Besucher der Website gem. §§ 16, 77, 85 Abs. 1 UrhG nur beim Download erforderlich, denn beim Streaming kann das Video/der Film unter normalen Umständen nicht wiederum abgespeichert werden. Speichert der Nutzer das Video/den Film aufgrund von Manipulationen nach dem Browsing-Abruf des Streams dauerhaft ab, so muss ein Anbieter, der solche Manipulationen weder veranlasst, noch (zB durch entsprechenden Werbung) besonders ermutigt, hierfür kein Vervielfältigungsrecht einholen: Solche Manipulationen des Nutzers stellen dann nämlich keine Pflichtverletzung des Anbieters (sondern nur des entsprechende Nutzers) dar, so dass der Anbieter für sie nicht als mittelbarer Störer haftet und daher für sie auch keine Lizenz benötigt.

Die beabsichtigten Vervielfältigungen beim Download hingegen sind dem Website-Betreiber – zumindest im Wege mittelbarer Störerhaftung – zuzurechnen, da er den Abrufvorgang veranlasst und wirtschaftlich beherrscht.

8. Zweitverwertung in Rundfunk und Fernsehen. ZB im Rahmen von Sendungen, die sich mit dem Internet beschäftigen, Websites vorstellen und dabei deren Inhalt wiedergeben (im Radio etwa durch Beschreibung und Abspielen der auf der Website enthaltenen Videofiles, im Fernsehen durch Vorführung der Website).

Diese Ausweitung der (nicht exklusiven) Lizenz auf weitere Verwertungsarten im Zusammenhang mit der Website kann entfallen, wenn der Rechteinhaber zu einer so weitgehenden Lizenzierung nicht bereit ist. Wird die Zweitverwertungs-Lizenz jedoch erteilt, so ermöglicht sie dem Lizenznehmer die Verwertung der von ihm zusammengestellten und konzipierten Website auch in Rundfunk und Fernsehen, ohne ihn zur Aussparung der Inhalte zu zwingen, die er selbst nur lizenziert hat.

9. Verwertungsumfang. Die Rechtseinräumung kann auch auf weitere Angebots- und Zweitverwertungsarten der Website erstreckt werden, zB auf die Verwertung in geschlossenen Netzen, Offline auf CD-Rom oder als Teil einer Umsetzung des „Look & Feel" der Website in Film, Video oder Computerspiel. Die optimale Reichweite der Lizenz hängt ganz von dem unmittelbaren Zweck der Lizenzierung der Video-Sequenz/des Filmes ab und von der Rolle, die sie im Gesamtangebot der Website spielen soll.

10. Inhaltsverantwortlicher. Der Betreiber der vertragsgegenständlichen Website ist gem. § 7 Abs. 1 TMG für selbst eingestellte Inhalte nach den allgemeinen Gesetzen vollumfänglich verantwortlich. Er ist daher für die Einholung der Lizenz zuständig.

11. Abtretungs- und Unterlizenzierungsverbot. Diese Regelung dient dem Schutz des Rechteinhabers davor, den Überblick darüber zu verlieren, wer zur Nutzung seines Videos/Films berechtigt ist und wer nicht. Deshalb ist die Nichtübertragbarkeit bzw. Nicht-Unterlizenzierbarkeit auch der gesetzliche Regelfall, vgl. §§ 34, 35 UrhG. Auch schützt das Unterlizenzierungsverbot den Rechteinhaber vor einem Weiterbestehen von Unterlizenzen nach Wegfall der Hauptlizenz, siehe BGH in Sachen „M2Trade" (Urt. v. 19.7.2012 – I ZR 70/10, GRUR 2012, 916) und „Take Five" (Urt. v. 19.7.2012 – I ZR 24/11, GRUR 2012, 914).

12. Beschränkung auf bestimmte Website. Diese Beschränkung kann je nach Interessenlage der Parteien entfallen.

13. Bedingung vollständiger Zahlung. Die Bedingung vollständiger Zahlung wirkt wie ein „Eigentumsvorbehalt" des Rechteinhabers, indem sie die dingliche Wirkung der Nutzungsrechtseinräumung bis zur vollständigen Bezahlung der Vergütung aufschiebt. Im Falle eines Insolvenzverfahrens über das Vermögen des Lizenznehmers vor Zahlung der Vergütung schützt dieser Rechtevorbehalt den Rechteinhaber wie ein Eigentumsvorbehalt den Warenkreditgeber: Sie zwingt den Insolvenzverwalter, entweder die Zahlung der Lizenzgebühr als Masseschuld neu einzugehen oder auf die Nutzung des lizenzierten Inhalts zu verzichten.

14. Rechterückfall bei Nichtzahlung. Diese Klausel sanktioniert den Zahlungsverzug des Lizenznehmers, indem sie die Nutzungsmöglichkeiten aus dem Vertrag de facto beendet, während andererseits der Vergütungsanspruch des Rechteinhabers (auch für die Zukunft) unberührt bleibt und somit zB im Insolvenzfall zur Verteilung nach der Quote angemeldet werden kann. Dies ist eine wirksame Sicherungsklausel des Vergütungsanspruches des Rechteinhabers gegenüber einem zahlungsunwilligen oder -unfähigen Lizenznehmer, auch beispielsweise in der Insolvenz des Lizenznehmers. Auch sie zwingt den Insolvenzverwalter, die Vergütung (bis auf im Beispiel maximal zwei Monatsvergütungen) entweder weiterzuzahlen oder auf die weitere Nutzung des lizenzierten Inhalts zu verzichten. Nach der Rechtsprechung des BGH (Urt. v. 17.11.2005 – IX ZR 162/04, NJW 2006, 915 = CR 2006, 151 = MMR 2006, 386) ist jedenfalls ein aufschiebend bedingter Rechtsübergang für den Fall der (Kündigung wegen) Nichterfüllung durch den Vertragspartner (bzw. dessen Insolvenzverwalter) insolvenzfest, so dass sich ein Rechteinhaber im Falle der Insolvenz des Lizenznehmers die eingeräumten Verwertungsrechte zurückholen kann. Die neue Rechtsprechung des BGH in Sachen „M2Trade" (Urt. v. 19.7.2012 – I ZR 70/10, GRUR 2012, 916) und „Take Five" (Urt. v. 19.7.2012 – I ZR 24/11, GRUR 2012, 914) zur „Insolvenzfestigkeit" von Unterlizenzen ändert an der Sinnhaftigkeit einer solchen Klausel nichts, denn eine Klarstellung des Schicksals von Hauptlizenzen im Insolvenzfall des Lizenzgebers steht nach wie vor aus.

15. Europäische Union. → Form. H. 1 Anm. 16

16. Bestimmungslandprinzip. → Form. H. 1 Anm. 17

17. Beschränkung auf B2C-Websites. Die Beschränkung auf an den Endverbraucher adressierte Websites kann je nach Interessenlage der Parteien auch entfallen.

18. Unbekannte und noch nicht geschützte Nutzungsarten. → Form. H. 1 Anm. 18

19. Option bezüglich nicht erfasster Nutzungsarten. → Form. H. 1 Anm. 19. Die Nachverhandlungspflicht beschränkt sich wegen des begrenzten Zwecks des Video-/Film-Online-Lizenzvertrages allerdings auf Verwertungsarten im Zusammenhang mit Websites.

20. Veränderungen. Ein umfassendes Persönlichkeitsrecht, das ihn insbesondere vor Entstellungen seines Werkes schützt, steht gem. §§ 12 ff. UrhG nur dem Urheber zu, nicht hingegen einem bloß Leistungsschutzberechtigten. Allerdings genießt der Filmhersteller spezifischen Entstellungsschutz gem. § 94 Abs. 1 S. 2 UrhG. Ein Verbot von Bearbeitungen und sonstigen Umgestaltungen kann außerdem auch auf das Verwertungsrecht des § 23 UrhG gestützt werden, das dem Filmhersteller gem. § 88 Abs. 1 Nr. 5 im Zweifel eingeräumt ist. Der Vertrag kann die ausschnittsweise Benutzung und Bearbeitung daher je nach Interessenlage der Parteien auch verbieten. Dabei ist jedoch auf die berechtigten Interessen des Lizenznehmers Rücksicht zu nehmen. Dies kann etwa in folgender Form bewerkstelligt werden:

> Ausgeschlossen ist das Recht, die vertragsgegenständliche Sequenz ausschnittsweise, in Teilen oder in bearbeiteter Form zu benutzen; für die Benutzung unerlässliche Änderungen sind jedoch gestattet.

21. Rechte an der Website. Diese Rechte dürfen nicht mit den Rechten an einem Stream der Sequenz verwechselt werden, die (wie in Abs. 11 vorgesehen) Gegenstand abweichender Vereinbarung sein kann.

22. Namensnennung. Die Nennung des Urhebers ist schon gem. § 13 S. 2 UrhG kraft Gesetzes erforderlich. Zugunsten des Inhabers der urheberrechtlichen Verwertungsrechte sowie der Leistungsschutzrechte an der Sequenz gibt es keinen solchen gesetzlichen Anspruch auf Namensnennung. Allerdings ist es – schon im Hinblick auf § 10 UrhG – im Zusammenhang mit Videos/Filmen üblich, sämtliche Rechteinhaber zu nennen. Solche Nennungsrechte werden oft wie hier schuldrechtlich vereinbart.

23. Urheberrechtliche Schutzmechanismen. Diese Klausel behält dem Rechteinhaber die Möglichkeit vor, auch nach Vertragsabschluss noch Sicherungsmechanismen gegen unerlaubte Vervielfältigungen (zB Digital Rights Management Systeme) einzuführen. Diese Regelung ist umso relevanter, je länger die Vertragslaufzeit ist, da die Wahrscheinlichkeit der Einführung neuer Sicherungsmechanismen während der Vertragslaufzeit dann umso höher ist.

Wenn der Lizenznehmer die vertragsgegenständliche Sequenz nicht zur Erzielung von Einkünften nutzt, ist es angemessen, die Kosten für die „Nachrüstung" der Videodatei dem Rechteinhaber aufzuerlegen:

> Der Rechteinhaber hat ferner Anspruch darauf, dass der Lizenznehmer die von seiner Website aus abrufbare vertragsgegenständliche Sequenz auf Verlangen des Rechteinhabers nachträglich mit einem urheberrechtlichen Schutzmechanismus versieht, soweit dadurch die vertragsgemäße Benutzung nicht behindert wird und die Kosten der Maßnahme vom Rechteinhaber getragen werden.

24. Übernahme von Streams. Diese Regelung stellt einen besonderen Vorteil für den Rechteinhaber dar, der die vom Lizenznehmer erzeugten Streams auch selbst nutzen darf und sich so den Aufwand zur Erzeugung eines eigenen Streams erspart. Da bei nicht live erzeugten Streams keine besondere Investition nötig ist, ist diese Vereinbarung nicht unbillig. Der Lizenznehmer stellt bei Streams, die aus vorbestehenden Aufnahmen erzeugt werden, auch keine eigene Aufzeichnung her und erwirbt daher auch kein Leistungsschutzrecht als Tonträger- oder Filmhersteller. Das (einfache) Übernahmerecht des Rechteinhabers an den vom Lizenznehmer generierten Streams kann jedoch (je nach Werbeintensität und jeweiligen Werbezielgruppen) unter Umständen eine „Umlenkung" von Nutzern von der Website des Lizenznehmers zur Website des Rechteinhabers hin bewirken. Je nach Interessenlage der Parteien und dem Ausmaß an Exklusivität, das dem Lizenznehmer für die vertragsgegenständliche Nutzungsart eingeräumt werden soll, kann diese Klausel daher auch entfallen.

25. Urheber-/Leistungsschutzrechtsinformationen. Diese Regelung dient dem Schutz des Lizenznehmers. Ihm soll dadurch ermöglicht werden, einerseits zu überprüfen, ob er alle zur Benutzung der vertragsgegenständlichen Sequenz erforderlichen Lizenzen eingeholt hat, und andererseits seinen Pflichten gegenüber allen Berechtigten in der erforderlichen Weise nachzukommen (zB der Namensnennungspflicht).

26. Kontrollabrufe. Vereinbaren die Parteien eine abrufmengenabhängige Vergütung, so sind Kontrollabrufe ausdrücklich von der Vergütungspflicht auszunehmen.

> Kontrollabrufe sind von der Vergütungszahlung befreit.

27. Nutzungsdaten. Diese Formulierung verpflichtet den Lizenznehmer nur zur Herausgabe von Daten, die bei ihm ohnehin erhoben werden. Die Klausel kann auch weitergehend formuliert werden, so dass sie den Lizenznehmer zur Erhebung von Nutzungsdaten, soweit technisch möglich und rechtlich zulässig, verpflichtet, zB mit folgender Formulierung:

> Der Lizenznehmer verpflichtet sich, dem Rechteinhaber Nutzungsdaten, die mit dem Abruf der vertragsgegenständlichen Sequenz in Zusammenhang stehen, zur Verfügung zu stellen, soweit dies technisch möglich und rechtlich zulässig ist.

28. E-Mail-Adressen. Die Weitergabeverpflichtung bezüglich Nutzungsdaten sollte auch hinterlassene E-Mail-Adressen von Interessenten umfassen, sofern diese mit der Weitergabe an den Rechteinhaber einverstanden sind. Bezüglich der datenschutzrechtlichen Implikationen vgl. das BDSG und das TMG.

29. Rechtegarantie des Rechteinhabers. Da bei Rechten kein gutgläubiger Erwerb möglich ist, ist diese Klausel nötig, um den Lizenznehmer vor wirtschaftlichen Schäden zu schützen, wenn der vermeintliche Rechteinhaber gar nicht verfügungsberechtigt ist.

30. Haftungsfreistellung. Da aus einer fehlenden Berechtigung des Rechteinhabers auch folgen kann, dass der Lizenznehmer eine vertragsgegenständliche Sequenz zwar gutgläubig, aber unberechtigt nutzt und er damit unabsichtlich selbst zum Rechtsverletzer wird, ist diese Freistellung nötig. Die ausdrückliche Erstreckung auf die eigenen Kosten der Rechtsverteidigung ist deshalb erforderlich, weil diese Kosten nicht auf Ansprüchen Dritter beruhen, sondern freiwillige Aufwendungen des Lizenznehmers darstellen, die daher von einer reinen Haftungsfreistellung nicht erfasst sind.

31. Garantie des Lizenznehmers. Ebenso hat der Lizenznehmer zu garantieren, dass seine Nutzung der vertragsgegenständlichen Sequenz den Rechteinhaber nicht in eine Beteiligten-Haftung verwickelt, indem hierdurch die Rechte anderer Schutzrechtsinhaber verletzt werden.

32. Veröffentlichung. Neben dem ausschließlichen Recht zur Vervielfältigung und Verbreitung hat ein Urheber auch das Recht, über die Veröffentlichung seines Werkes zu entscheiden, § 12 Abs. 1 UrhG. Daher ist grundsätzlich für jede Verwertung sicherzustellen, dass sie nicht am Veröffentlichungsrecht des Urhebers scheitert. Ist ein Werk bereits veröffentlicht, so ist das Veröffentlichungsrecht verbraucht und kann der Verwertung nicht mehr entgegenstehen. Wenn der Rechteinhaber eine Garantie dafür übernimmt, dass das Werk bereits veröffentlich ist, ist der Lizenznehmer somit ausreichend abgesichert.

33. Vertragsdauer. Die Vertragsdauer kann auch „auf unbestimmte Zeit" lauten. Dann kann die Lizenz allerdings, wie bei jedem unbefristeten Dauerschuldverhältnis, grundsätzlich von beiden Seiten jederzeit ordentlich gekündigt werden. Insofern ist ein befristeter Vertrag – gegebenenfalls mit automatischer Verlängerungsoption wie im hiesigen Formular vorgesehen – für beide Parteien besser planbar, da sie sich hierbei zumindest auf die ursprüngliche Vertragslaufzeit als Mindestlizenzdauer verlassen können.

34. Lizenzdauer. Die Lizenzdauer kann auch – unabhängig vom Vertragsende – für eine gewisse Dauer ab dem Zeitpunkt des Rechteübergangs gem. § 2 Abs. 2 S. 1 des Formulars berechnet werden. Allerdings könnte dann ein Lizenznehmer, dem nach Vertragsunterzeichnung noch einmal Bedenken kommen, die Lizenzdauer durch Zurückhaltung der Zahlung nach hinten verschieben. Durch das hier vorgesehene Ende der Lizenzdauer mit Vertragsablauf (unabhängig vom Zeitpunkt des Beginns/Rechtsübergangs) wird der Lizenznehmer hingegen dazu motiviert, die geschuldete Vergütung so schnell wie möglich zu bezahlen, um in den Genuss einer möglichst langen Lizenzdauer zu kommen: Vor Bezahlung des ersten geschuldeten Vergütungsbetrags darf er die vertragsgegenständliche Sequenz nämlich gem. § 2 Abs. 2 S. 1 des Vertragsformulars nicht nutzen; das Ende seiner Nutzungsberechtigung richtet sich hingegen bei der hier vorgesehenen Regelung nach der Vertragslaufzeit, die bereits mit Vertragsunterzeichnung zu laufen beginnt.

35. Kündigung aus wichtigem Grund. Wie bei jedem Dauerschuldverhältnis ist auch beim Lizenzvertrag eine Kündigung aus wichtigem Grund stets möglich. Diese Klausel listet klarstellend einige Pflichtverletzungen auf, die nach Einschätzung der Parteien so erheblich sind, dass sie einen wichtigen Grund zur Kündigung darstellen. Die Aufzählung kann gekürzt oder um weitere erhebliche Pflichtverletzungen ergänzt werden.

36. Abmahnung. Gem. § 314 Abs. 2 S. 1 BGB ist grundsätzlich vor jeder fristlosen Kündigung eines Dauerschuldverhältnisses wegen der Verletzung von Vertragspflichten eine vorherige Abmahnung oder, falls die Pflichtverletzung in einem Unterlassen besteht, eine Abhilfefristsetzung erforderlich, es sei denn es liegen besondere Gründe iSv § 323

Abs. 2 BGB vor, die dem Kündigenden ein Festhalten an dem Vertrag auch ohne vorherige Mahnung oder Abmahnung unzumutbar machen.

37. Rechterückfall bei Erfüllungsverweigerung. Diese Regelung ist einzufügen, wenn der Rechteinhaber gegenüber dem Lizenznehmer zum Zeitpunkt der Nutzung noch offene Ansprüche hat (zB periodische Lizenzgebühren). Sie zwingt zB einen Insolvenzverwalter, entweder die weitere Erfüllung des Vertrages zu erklären und damit die Vergütungspflicht als Masseschuld neu einzugehen oder die weitere Benutzung der vertragsgegenständlichen Sequenz einzustellen. Der Rechterückfall schützt den Rechteinhaber auf diese Weise in einem Insolvenzverfahren ähnlich wie ein Eigentumsvorbehalt den Warenkreditgeber, nachdem ein a priori Rechtevorbehalt nicht möglich ist, weil der Lizenznehmer den Rechtsübergang benötigt, um die Benutzung überhaupt aufnehmen zu können.

Wenn der Rechteinhaber für die Einräumung der vertragsgegenständlichen Lizenz hingegen eine bereits vorab voll gezahlte Pauschale erhalten hat, besteht für die Klausel kein Bedürfnis mehr und ist sie demgemäß wegzulassen.

38. Widerrufsvorbehalt. Diese Klausel entfaltet zugunsten besonders bindungsunwilliger Rechteinhaber die Wirkung eines jederzeitigen, begründungslosen Rücktrittsrechtes. Sie kann bei abweichender Interessenlage der Parteien entfallen.

39. Lizenzgebühr. Die Vergütungsform der Pauschallizenzgebühr ist für nicht oder nicht direkt Einkünfte produzierende Nutzungen die einfachste und angemessenste. Eine Beteiligung des Rechteinhabers am wirtschaftlichen Erfolg der Nutzung ist hier gar nicht oder nur schwer möglich. Eine Pauschallizenzgebühr in Form periodischer Zahlungen (wie hier vorgeschlagen) bietet sich besonders dann an, wenn die Nutzung über einen gewissen Zeitraum hinweg erfolgt und sich der wirtschaftliche Wert der Nutzung für den Lizenznehmer vorwiegend an der Dauer der Nutzungsmöglichkeit orientiert. Je nach Bedeutung der Lizenz kann aber auch eine einmalige Pauschallizenzgebühr angemessen sein.

Erfolgt die Nutzung der vertragsgegenständlichen Sequenz im Rahmen direkt Einnahmen erzeugender kommerzieller Programme oder Angebote (zB pay-per-download), so ist hingegen eine Umsatzbeteiligung des Rechteinhabers üblich und angemessen (vgl. *Frohne* ZUM 2000, 810 [815]). Sie kann etwa in folgender Form erfolgen (→ Form. H. 4):

(1) Vergütung

(a) Garantiesumme

Für die Rechtseinräumung nach diesem Vertrag erhält der Rechteinhaber eine nicht rückzahlbare, jedoch voll und quer verrechenbare Garantiesumme als Vorauszahlung auf seine Umsatzbeteiligung gem. Unterabsatz (b) dieses Absatzes in Höhe von . . . . . .

(b) Umsatzbeteiligung

Von den Netto-Einnahmen (Gesamt-Einnahmen abzüglich gesetzlicher Mehrwertsteuer, jedoch ohne Abzug sonstiger Kosten), die der Lizenznehmer aus der Verwertung der mit diesem Vertrag lizenzierten Sequenz erzielt (zB Download-Preis, Werbeeinnahmen, Subscription Fees, pay per view uÄ [Hierzu zählen auch Einnahmen, die nicht unmittelbar, sondern lediglich mittelbar aus dem lizenzierten Inhalt erzielt werden, wie zB Werbeeinnahmen]), erhält der Rechteinhaber eine Beteiligung in Höhe von . . . . . % [10–50 %, je nach Höhe der sonstigen Kosten für den Lizenznehmer]. Diese Vergütung bezieht sich auf Sequenzen, an denen der Rechteinhaber alleiniger Rechtegeber ist. Müssen zur vertragsgemäßen Benutzung der vertragsgegenständlichen Sequenz die Rechte weiterer Rechtegeber eingeholt werden, so verringert sich die Umsatzbeteiligung des Rechteinhabers auf den entsprechenden Bruchteil [Dies dient der Absicherung gegen doppelte Zahlungsverpflichtungen auf Grund von Rechten Dritter]. Von der Beteiligungspflicht ausgenommen sind Beträge, die vom Lizenznehmer zweckgebunden zu verwenden sind (durchlaufende Posten) oder die vom Lizenznehmer an Dritte zurückgezahlt werden müssen. Die Umsatzbeteiligung steht dem Rechteinhaber nur während der Dauer der gesetzlichen Schutzfrist zu.

(c) Abrechnung, Zahlung, Nachverhandlungspflicht
Die Umsatzbeteiligung wird jeweils halbjährlich, und zwar jeweils zum 30.6. und zum 31.12., abgerechnet und gezahlt.

Falls sich ein Bedürfnis zu weiteren oder präziseren Regelungen ergibt, verpflichten sich beide Teile, diese nach Treu und Glauben und im Rahmen des Üblichen nach zu verhandeln. Im Übrigen bleibt der Vertrag in Wirkung.

(d) Buchprüfung
Der Rechteinhaber ist berechtigt, Abrechnungen des Lizenznehmers in Bezug auf seine Vergütung auf eigene Kosten zu überprüfen oder von einem öffentlich vereidigten Buch- oder Wirtschaftsprüfer oder einem sonst zur Berufsverschwiegenheit verpflichteten Sachverständigen überprüfen zu lassen (Buchprüfung). Bis zur Feststellung von Unkorrektheiten in der Abrechnung ist diese für beide Seiten verbindlich. Ergibt eine Buchprüfung eine Differenz (von mehr als . . . . . %) zu Ungunsten des Rechteinhabers, so trägt der Lizenznehmer die angemessenen Kosten der Buchprüfung. (Nach Ablauf einer Einwendungsfrist von sechs Monaten nach Zugang der Abrechnung wird diese für beide Teile des Vertrages endgültig unanfechtbar.)
[Bestandteile in Klammern können auch entfallen.]

Möglich ist auch eine Vergütung abhängig von der Zahl der Abrufe. Dabei ist allerdings die Feststellung fehlerhafter Übermittlungen schwierig.

(1) Vergütung:
Für die Rechtseinräumung nach diesem Vertrag erhält der Rechteinhaber eine Lizenzgebühr in Höhe von . . . . . . pro Abruf der Video-Datei mit der vertragsgegenständlichen Sequenz durch einen Kunden. Dabei ist als Abruf jede vollständige, fehlerfreie Übermittlung anzusehen, die vom Kunden des Lizenznehmers nicht erfolgreich gerügt wird. Der Lizenznehmer trägt die Beweislast dafür, dass eine Übermittlung vom Kunden gerügt wurde.
Die Vergütung wird monatlich jeweils zum Monatsende abgerechnet und gezahlt.

Auf diese abrufmengenabhängige Lizenzgebühr kann auch eine vorab zu zahlende feste Garantiesumme als Vorauszahlung vereinbart werden:

Auf diese Lizenzgebühr ist vom Lizenznehmer vor dem Einspeichern der vertragsgegenständlichen Sequenz vorab eine voll verrechenbare einmalige Garantiesumme in Höhe von . . . . . . an den Rechteinhaber zu bezahlen.

Oder es kann eine Grundgebühr vereinbart werden, die zusätzlich zu einer abrufmengenabhängigen Vergütung oder Umsatzbeteiligung vorab zu zahlen ist:

Zusätzlich zu der abrufmengenabhängigen Lizenzgebühr/Umsatzbeteiligung ist vom Lizenznehmer vor dem Einspeichern der vertragsgegenständlichen Sequenz eine einmalige Gebühr in Höhe von . . . . . . an den Rechteinhaber zu bezahlen.

Falls das abrufmengenabhängige Vergütungsmodell gewählt wird, aber unentgeltliche oder vergünstigte Demonstrationsabrufe (zB Probeabrufe) ermöglicht werden sollen, empfiehlt sich folgende Formulierung:

Abrufe, die vom Lizenznehmer in Deutschland nachweislich zu Vorführungs- oder Werbezwecken unentgeltlich gestattet wurden, sind vergütungsfrei/unterliegen folgendem – vermindertem – Vergütungssatz: . . . . . .
Die für Demonstrationsabrufe vorgesehene Videodatei darf eine Länge von jeweils 33 Sekunden nicht überschreiten.
Der Rechteinhaber ist berechtigt, Abrechnungen des Lizenznehmers in Bezug auf seine Vergütung auf eigene Kosten zu überprüfen oder von einem öffentlich vereidigten Buch- oder Wirtschaftsprüfer oder einem sonst zur Berufsverschwiegenheit verpflichteten Sachverständigen überprüfen zu lassen (Buchprüfung). Bis zur Feststellung von Unkorrektheiten in der Abrechnung ist diese für beide Seiten verbindlich. Ergibt eine Buchprüfung eine Differenz (von mehr als . . . . . . %) zu Ungunsten des Rechteinhabers, so trägt der Lizenznehmer die angemessenen Kosten der Buchprüfung. Nach Ablauf einer Einwendungsfrist von sechs Monaten nach Zugang der Abrechnung wird die Abrechnung für beide Teile dieses Vertrages endgültig unanfechtbar. *[Bestandteile in Klammern können auch entfallen.]*

Je nach Interessenlage der Parteien kann dabei die Beschränkung auf Abrufe „in Deutschland" oder aber auch die längenmäßige Beschränkung der Videodatei entfallen.

40. Beschränkung auf gesetzliche Schutzfrist. Diese Regelung ist nur bei periodisch wiederkehrender Zahlungspflicht in den Vertrag aufzunehmen. Sie stellt sicher, dass der Rechteinhaber, der auf Grund dieses Vertrages regelmäßige Zahlungen an den Rechteinhaber leistet, nach Wegfall des gesetzlichen Schutzes nicht – auf Grund des Vertrages – schlechter steht als jeder andere, der keine Vergütung für die nun freie Nutzung entrichten muss.

41. Pauschalierter Verzugszins. Diese Regelung dient der Vereinbarung spezifischer Verzugszinsen als pauschaliertem Schadensersatz, falls ein möglicher Zinsschaden erwartbar höher liegt als der gesetzliche Zinssatz. Sie darf daher in Allgemeinen Geschäftsbedingungen gem. § 309 Nr. 5 BGB den zu erwartenden Schaden nicht übersteigen und den Nachweis eines tatsächlich geringeren Schadens nicht abschneiden. Dies gilt auch, wenn der Lizenznehmer ein Unternehmer ist (Palandt/*Heinrichs* BGB § 309 Rn. 32 mwN). Daher sollte der gesetzliche Verzugszinssatz nur überschritten werden, wenn der Lizenznehmer tatsächlich zu höheren Zinsen Kredit in Anspruch nimmt. Der zu erwartende Schaden kann sich aber auch unterhalb des gesetzlich fixierten Verzugszinssatzes bewegen. Dann sollte diese Regelung – zugunsten der Anwendbarkeit des gesetzlichen Verzugszinssatzes iHv 5 % (bei Verbrauchern) bzw. 8 % (bei Unternehmern) über dem Basiszinssatz (§§ 288 Abs. 1 und 2, 247 BGB) – entfallen.

42. Exklusivität. Im Falle von Videos/Filmen ist (außer bei Musikvideos) die Einräumung einer gewissen Exklusivitätsfrist durchaus nicht unüblich. Dies liegt zum einen daran, dass hier auch der Rechteinhaber in der Regel an einer kontrollierten und jeweils an bestimmte Exklusivpartner gebundenen Verwertung Interesse hat. Zum anderen ist die Investitionsleistung des Lizenznehmers sowohl in die technischen Voraussetzungen der Online-Nutzung, als auch häufig in Vorschüsse an den Rechteinhaber in der Regel weit größer, so dass eine Exklusivitätsforderung größere Rechtfertigung findet.

43. Exklusivitätsdauer. Die Exklusivitätsdauer kann auch auf einen bestimmten Zeitraum während der Vertragslaufzeit beschränkt oder auf einen gewissen Zeitraum nach Vertragsablauf erstreckt werden, etwa:

> „Der Rechteinhaber verpflichtet sich, bis zu 30 Tage nach Beendigung dieses Vertrages die vertragsgegenständliche Sequenz nicht an einen weiteren Lizenznehmer zur Online-Nutzung zu lizenzieren."

7. Animations-Online-Lizenzvertrag

Zwischen

......

– nachstehend „Rechteinhaber" genannt –

und

......

– nachstehend „Lizenznehmer" genannt –

wird folgender Vertrag[1] geschlossen:

§ 1 Vertragsgegenstand

(1) Der Lizenznehmer beabsichtigt, auf seiner Website mit der URL/den URLs . . . . . . die Animation

. . . . . . [Name oder Beschreibung]

des . . . . . . [Produzent]

einzubinden. Die hierfür erforderlichen Rechte sollen durch diesen Vertrag erworben werden.

(2) Die Parteien gehen davon aus, dass die abrufbar zu machende Animation in Deutschland urheber- und/oder leistungsschutzrechtlich geschützt ist und dem Rechteinhaber hieran die ausschließlichen Nutzungsrechte zustehen.[2]

§ 2 Rechtseinräumung[3]

(1) Zur Verwirklichung des in § 1 Abs. 1 genannten Zweckes räumt der Rechteinhaber dem Lizenznehmer hiermit folgende nicht ausschließliche Nutzungsrechte ein:[4]

(a) Das Recht zur Einspeicherung der Animation im . . . . . . -Format in die og Website des Lizenznehmers;[5]
(b) Das Recht, die Animation der Öffentlichkeit ganz oder teilweise zugänglich zu machen („Recht der Öffentlich-Zugänglichmachung");[6]
(c) Das Recht die Animation auf Abruf von Besuchern der og Website vervielfältigen zu lassen;[7]
(d) Das Recht, die Animation in unerheblichem Umfang im Zusammenhang mit der og Gesamt-Website auch in anderen Medien weiter zu verwerten,[8] etwa in Rundfunk und Fernsehen, auf CD-ROM, in Printversionen sowie auf alle anderen möglichen Verwertungsarten für Websites.

Die Rechtseinräumung umfasst sämtliche Angebotsarten für Websites, insbesondere das freie Internet, kostenpflichtige Websites, sonstige Online- und Offline-Dienste und interne Netze;[9] sie ist insbesondere nicht auf Nutzungen im freien Internet beschränkt.

Die Rechte sind nur dem Lizenznehmer als inhaltlich Verantwortlichem[10] für die Website eingeräumt und ohne Zustimmung des Rechteinhabers weder weiter übertragbar noch unterlizenzierbar.[11] Insbesondere sind sie nicht dem technischen Dienstleister, der die Website betreibt, eingeräumt, sofern dieser von dem Lizenznehmer verschieden ist.

Der Lizenznehmer verpflichtet sich, die vertragsgegenständliche Animation ausschließlich für die oben genannte Website zu verwenden.[12]

Der Vertrieb körperlicher Werkstücke oder andere als die in diesem § 2 dieses Vertrages genannten Verwertungsformen sind nach diesem Vertrage nicht zulässig. Hierzu bedarf es des Abschlusses eines eigenen, gesonderten Lizenzvertrages.

(2) Die Rechtseinräumung wird gem. § 158 Abs. 1 BGB erst wirksam, wenn der Lizenznehmer die erste gem. § 7 dieses Vertrages geschuldete Vergütungszahlung vollständig geleistet hat.[13] Der Rechteinhaber kann eine Benutzung der vertragsgegenständlichen Animation auch schon vor diesem Zeitpunkt vorläufig erlauben. Ein Übergang der Rechte nach diesem Paragraphen findet durch eine solche vorläufige Erlaubnis nicht statt. Ferner kann der Rechteinhaber die Rechtseinräumung widerrufen, wenn der Lizenznehmer mit der Bezahlung einer gem. § 8 dieses Vertrages fälligen Vergütung trotz Mahnung und Nachfristsetzung länger als zwei Monate in Verzug bleibt.[14]

(3) Die Rechtseinräumung ist territorial auf die Einbindung der vertragsgegenständlichen Animation in eine Website beschränkt, die erkennbar zum Abruf nur innerhalb der Europäischen Union[15] bestimmt ist.[16] Die Rechtseinräumung ist außerdem ausdrücklich auf solche Websites beschränkt, die für den Abruf durch Endverbraucher bestimmt sind.[17]

(4) Die Nutzungsrechtseinräumung umfasst alle derzeit bekannten und unbekannten Nutzungsarten, die zur Erreichung des Vertragszwecks erforderlich sind oder werden, auch wenn sie erst auf Grund neuer Gesetzeslage oder aus anderen Gründen nachträglich an der vertragsgegenständlichen Animation entstehen oder erst nachträglich bekannt werden.[18]

(5) Im Hinblick auf etwaig von dieser Nutzungsrechtseinräumung nicht erfasste Nutzungsarten im Zusammenhang mit Websites räumt der Rechteinhaber dem Lizenznehmer eine Option zu angemessenen Bedingungen ein.[19]

(6) Der Lizenznehmer ist berechtigt, die vertragsgegenständliche Animation auf seiner Website auch in Verbindung mit Werken anderer Rechteinhaber oder ausschnittsweise zu benutzen oder sie zu bearbeiten. Dabei sind Veränderungen und Kürzungen nur zulässig, soweit sie nicht entstellend wirken.[20] Ergänzungen sind nicht zulässig.

(7) Der Lizenznehmer ist berechtigt, im Zusammenhang mit der Durchführung dieses Vertrages – insbesondere zum Zwecke der Eigenwerbung und auf der vertragsgegenständlichen Website selbst – den Titel der vertragsgegenständlichen Animation und Abbildungen (Stills) hieraus, sowie Namen/Kennzeichen/Logos und Abbildungen des Rechteinhabers unentgeltlich zu benutzen.

(8) Sämtliche Namens-, Titel- und Kennzeichenrechte an der Website oder einzelnen ihrer Teile oder durch Benutzung auf der Website entstehende Namens-, Titel- und Kennzeichenrechte sind Sache des Lizenznehmers.[21]

(9) Der Rechteinhaber hat Anspruch auf Nennung des Namens des Urhebers/Herstellers der Animation sowie auf Nennung seines Namens als Rechteinhaber in Form eines – mit einem Zielpunkt seiner Wahl verlinkten – Vermerkes auf derjenigen Webseite, auf welcher die vertragsgegenständliche Animation eingebunden wird.[22]

(10) Der Rechteinhaber hat Anspruch darauf, dass der Lizenznehmer die von seiner Website aus abrufbare vertragsgegenständliche Animation auf Verlangen des Rechteinhabers nachträglich mit einem urheberrechtlichen Schutzmechanismus versieht, soweit dadurch die vertragsgemäße Benutzung nicht behindert wird und die Maßnahme dem Lizenznehmer wirtschaftlich zumutbar ist.[23]

§ 3 Mitwirkungspflichten und Kontrollrechte des Rechteinhabers

(1) Der Rechteinhaber verpflichtet sich, dem Lizenznehmer auf Verlangen eine Verkörperung der vertragsgegenständlichen Animation (Werkstück) zur Herstellung der von ihm benötigten Kopien zu liefern. Das Werkstück ist nach Ablauf von 2 Monaten an den Rechteinhaber zurückzugeben, sofern es in verkörperter Form (zB auf CD, DVD) übergeben wurde. Eine Weitergabe dieses Werkstückes an Dritte oder die Erstellung von Kopien für Dritte außerhalb des Rahmens dieses Vertrages ist nicht gestattet, soweit nicht der Rechteinhaber einer Übertragung der vertragsgegenständlichen Lizenz an den Dritten zugestimmt hat.

(2) Der Rechteinhaber hat dem Lizenznehmer folgende Informationen in folgender Form zur Verfügung zu stellen:

(a) Informationen über sämtliche Urheber und sämtliche Leistungsschutzberechtigten an der vertragsgegenständlichen Animation:[24] schriftlich oder per E-Mail;

(b) Ggf. Beschränkungen seines Rechteumfangs bzw. der Art und Weise, auf die die vertragsgegenständliche Animation in die Website eingebunden werden darf: schriftlich oder per E-Mail.

(3) Zur Kontrolle der Erfüllung dieses Vertrages gewährt der Lizenznehmer dem Rechteinhaber während der Lizenzdauer jederzeit kostenlosen Zugang zu seiner Website sowie den kostenlosen Abruf der vertragsgegenständlichen Animation, sofern Zugang und Abruf nicht ohnehin unentgeltlich angeboten werden.

(4) Der Lizenznehmer verpflichtet sich, dem Rechteinhaber auf Anforderung sämtliche vorhandenen Nutzungsdaten seiner Website zur Verfügung zu stellen, die mit dem Abruf der vertragsgegenständlichen Animation in Zusammenhang stehen.[25] Dies erstreckt sich auch auf die Weitergabe von unter Bezugnahme auf die vertragsgegenständliche Abbildung hinterlassenen E-Mail-Adressen unter Berücksichtigung der deutschen Datenschutzbestimmungen (bei Einwilligung des betroffenen Nutzers).[26]

§ 4 Haftung

(1) Der Rechteinhaber versichert und steht dafür ein, dass er Inhaber der Online-Nutzungsrechte an der vertragsgegenständlichen Animation ist und dass er in der vertragsgegenständlichen Form frei über sie verfügen kann.[27] Der Rechteinhaber garantiert ferner, dass die von ihm lizenzierte Animation frei von Rechten Dritter ist. Falls dem Rechteinhaber bekannt werden sollte, dass an irgendwelchen Bestandteilen der vertragsgegenständlichen Animation Rechte Dritter bestehen, so hat er den Lizenznehmer hierauf unverzüglich hinzuweisen. Der Rechteinhaber stellt den Lizenznehmer hiermit von jeglichen Ansprüchen Dritter in diesem Zusammenhang frei und ersetzt ihm die Kosten der Rechtsverteidigung.[28]

(2) Der Lizenznehmer garantiert, sämtliche neben den vertragsgegenständlichen Lizenzen für die beabsichtigte Nutzung weiter erforderlichen Rechte selbst einzuholen, bzw. bereits eingeholt zu haben und stellt den Rechteinhaber in diesem Zusammenhang von jeglichen Ansprüchen Dritter frei.[29]

§ 5 Veröffentlichung[30]

Der Rechteinhaber garantiert hiermit, dass die vertragsgegenständliche Animation bereits veröffentlicht ist.

§ 6 Vertrags- und Lizenzdauer

(1) Dieser Vertrag beginnt mit beiderseitiger Unterzeichnung und läuft zunächst für die Dauer von . . . . . . (Vertragsdauer).[31] Sofern er nicht von einer Partei bis spätestens . . . . . . (Zeitraum) vor Ablauf der Vertragsdauer gekündigt wird, verlängert er sich automatisch um jeweils weitere . . . . . . (Zeitraum). Mit Ablauf der Vertragsdauer enden sämtliche Pflichten aus diesem Vertrag mit Ausnahme solcher Regelungen, die ersichtlich auch nach Vertragsende gelten sollen.

(2) Die Rechtseinräumung nach diesem Vertrag (Lizenzdauer) beginnt gem. § 2 Abs. 2 mit der Zahlung der ersten geschuldeten Lizenzgebühr und endet mit Ablauf der Vertragsdauer gem. § 6 Abs. 1.[32]

(3) Dieser Vertrag kann aus wichtigem Grund vorzeitig gekündigt werden, insbesondere wenn der Rechteinhaber seinen Mitwirkungspflichten gem. § 3 dieses Vertrags nachhaltig nicht nachkommt, wenn der Lizenznehmer fällige Zahlungen gem. § 7 dieses Vertrages

trotz Mahnung und Nachfristsetzung nicht leistet oder die Kontrollrechte des Rechteinhabers gem. § 3 Abs. 3 dieses Vertrages nicht erfüllt.[33] Eine fristlose Kündigung setzt grundsätzlich voraus, dass der andere Teil schriftlich gemahnt und aufgefordert wird, den vermeintlichen Grund zur fristlosen Kündigung in angemessener Zeit zu beseitigen, es sei denn es liegen besondere Gründe iSv §§ 314 Abs. 2, 323 Abs. 2 BGB vor, die dem Kündigenden ein Festhalten an dem Vertrag auch ohne vorherige Mahnung oder Abmahnung unzumutbar machen.[34]

(4) Lehnt der Lizenznehmer oder sein rechtmäßiger Vertreter die weitere Erfüllung des Vertrages ab, so hat der Rechteinhaber ein außerordentliches fristloses Kündigungsrecht innerhalb von zwei Wochen ab Kenntnis von der Erfüllungsverweigerung. Mit dem Wirksamwerden der Kündigung wird der Lizenznehmer von sämtlichen Pflichten aus diesem Vertrag frei und fallen sämtliche dem Lizenznehmer eingeräumten Rechte an ihn zurück.[35]

(5) Der Rechteinhaber behält sich das Recht vor, diese Lizenz jederzeit ohne Angabe von Gründen ganz oder teilweise gegen ex-nunc-Wegfall der Vergütungspflicht (pro rata temporis) zu widerrufen.[36] Übt der Rechteinhaber diesen Widerrufsvorbehalt der Lizenz aus, so hat er dem Lizenznehmer eine angemessene Frist zur Herausnahme der vertragsgegenständlichen Animation aus der Website – von in der Regel 3 Werktagen – einzuräumen.

§ 7 Vergütung

(1) Für die Rechtseinräumung nach diesem Vertrag erhält der Rechteinhaber eine monatliche Pauschallizenzgebühr in Höhe von . . . . . . [Betrag][37] solange der Lizenznehmer die vertragsgegenständliche Animation auf seiner Web-Site nutzt.

(2) Die monatliche Lizenzgebühr muss an den Rechteinhaber nur für die Dauer der gesetzlichen Schutzfrist bezahlt werden.[38]

(3) Die erste Lizenzgebühr ist vor dem Einspeichern der vertragsgegenständlichen Animation in die Website an den Rechteinhaber zu zahlen. Die weiteren Raten iHv jeweils . . . . . . sind jeweils zum . . . . . . zu bezahlen. Der Lizenznehmer kann die Ausstellung einer Rechnung über jeden zu zahlenden Betrag verlangen. Rechnungsbeträge sind spätestens innerhalb von 10 Arbeitstagen nach Rechnungsstellung zur Zahlung fällig. Zahlungen sind auf das Konto IBAN . . . . . . bei der . . . . . . [Bank] in . . . . . . [Ort], BIC . . . . . . zu leisten.

Gerät der Lizenznehmer mit der Zahlung fälliger Forderungen in Verzug, so hat er Verzugszinsen in Höhe von . . . . . . % pro Jahr zu zahlen, sofern er nicht nachweist, dass der tatsächliche Schaden geringer ist.[39] Die Möglichkeit des Rechteinhabers zur Geltendmachung weitergehender Ansprüche aus dem Verzug bleibt unberührt.

(4) Alle Vergütungen verstehen sich zuzüglich der gesetzlichen Mehrwertsteuer, sofern der Rechteinhaber im Zahlungszeitpunkt der Umsatzsteuerpflicht unterliegt oder auf sie optiert hat und dies dem Lizenznehmer bekannt ist. Entsteht die Umsatzsteuerpflicht oder die Option auf sie nachträglich, so kann die Mehrwertsteuer bis zum Ende des laufenden Kalenderjahres unter Vorlage der Mehrwertsteuerpflicht-Bescheinigung des zuständigen Finanzamtes gegen Rechnungsstellung nachgefordert werden. Danach erlischt die Forderung auf Umsatzsteuer-Erstattung.

§ 8 Vertraulichkeit

Beide Parteien verpflichten sich, über die Bestimmungen dieses Vertrages sowie über alle ihnen im Rahmen dieses Vertrages bekannt gewordenen Informationen auch nach Ablauf der Lizenzdauer Stillschweigen zu bewahren.

§ 9 Herausgabe- und Löschungspflichten

Der Lizenznehmer verpflichtet sich, nach Beendigung der Lizenzdauer alle ihm einzeln in elektronischer Form vorliegenden vertragsgegenständlichen Informationen und Inhalte, insbesondere alle Kopien der vertragsgegenständliche Animation, die nicht Bestandteil einer Gesamt-Archivierung seiner Website oder einzelner Webseiten sind, zu löschen. Informationen und Inhalte (auch Informationsmaterial uÄ), die in verkörperter Form vorliegen, sind an den Rechteinhaber zurückzugeben oder auf dessen Verlangen hin oder bei Nichtannahme zu vernichten.

§ 10 Exklusivität[40]

Der Rechteinhaber verpflichtet sich, während der Lizenzdauer dieses Vertrages[41] die vertragsgegenständliche Animation nicht an einen weiteren Lizenznehmer zur Online-Nutzung zu lizenzieren.

§ 11 Schlussbestimmungen

(1) Dieser Vertrag unterliegt dem Recht der Bundesrepublik Deutschland.

(2) Mündliche Nebenabreden bestehen nicht. Änderungen oder Ergänzungen dieses Vertrages bedürfen zu ihrer Wirksamkeit der Schriftform, auf die auch nicht mündlich verzichtet werden kann.

(3) Sollten einzelne Bestimmungen dieses Vertrages unwirksam sein oder werden, so wird dadurch die Wirksamkeit der übrigen Bestimmungen nicht berührt. Statt der unwirksamen Bestimmung gilt dasjenige, was die Parteien nach dem ursprünglich angestrebten Zweck unter wirtschaftlicher Betrachtungsweise redlicherweise vereinbart hätten. Das Gleiche gilt im Falle des Vorliegens einer Vertragslücke.

(4) Ansprüche aus diesem Vertrag können weder abgetreten, noch verpfändet, noch mit dem Recht eines Dritten belastet werden, soweit der Schuldner dem nicht ausdrücklich zustimmt.

(5) Erfüllungsort ist . . . . . . Sofern beide Parteien Kaufleute im Sinne des HGB sind, ist Gerichtsstand für alle Streitigkeiten aus diesem Vertrag . . . . . .

. . . .

(Ort, Datum)   (Ort, Datum)

. . . .

– Lizenznehmer –   – Rechteinhaber –

Anmerkungen

1. Sachverhalt. Das Formular behandelt die Lizenzierung von Animationen zur Nutzung auf Websites. Animationen sind idR urheberrechtlich geschützte Filmwerke iSv §§ 2 Abs. 1 Nr. 6, 88 ff. UrhG, da auch bei Filmwerken bereits die sog. kleine Münze urheberrechtlichen Werkschutz genießt (Schricker/Loewenheim/*Loewenheim* § 2 Rn. 188). Durch die Einbindung einer Animation in eine Website werden somit sowohl das Urheberrecht des/der Schöpfers der Animation gem. §§ 1 ff., 88 ff. UrhG als auch das Leistungsschutzrecht des Herstellers (Produzenten) der Animation gem. § 94 UrhG berührt. Erreicht eine Bildfolge nicht den für einen Urheberschutz erforderlichen Grad an

Individualität im Sinne einer persönlich-geistige Schöpfung, so genießt sie jedenfalls gem. § 95 UrhG Leistungsschutz als Laufbild.

In aller Regel sammeln sich sämtliche Verwertungsrechte an Animationen – gleich ob sie urheber- oder leistungsschutzrechtlicher Natur sind – beim Produzenten (vgl. §§ 89, 94 UrhG). Etwas anderes gilt nur, falls die Animation vertont ist und darin Musik verwendet wird, welche von Komponisten/Textdichtern stammt, die von Verwertungsgesellschaften (in Deutschland der GEMA) vertreten werden.

Die Haftung des Website-Betreibers gegenüber dem Rechteinhaber für die ordnungsgemäße Rechteeinholung bei Nutzung urheberrechtlich geschützter Inhalte ist in Rechtsprechung und Literatur unbestritten, vgl. zB LG München I Urt. v. 18.9.2008 – 7 O 8506/07, MMR 2009, 137 mAnm *Kaufmann*. Der Betreiber der Website ist regelmäßig Anbieter des entsprechenden Inhalts als „eigene Information" iSv § 7 Abs. 1 TMG und haftet daher dem Rechteinhaber gegenüber für Urheberrechtsverletzungen durch die mit der Einbindung in die Website verbundene Vervielfältigung und Öffentlich-Zugänglichmachung eines urheberrechtlich geschützten Inhalts. Daher besteht ein Bedarf nach Abschluss entsprechender Lizenzverträge wie in den Formularen dieses Abschnitts (H.).

2. Urheber- und Leistungsschutzrechte. Animationen sind idR als Filmwerke iSv §§ 2 Abs. 1 Nr. 6, 88 ff. UrhG urheberrechtlich geschützt, da auch in Bezug auf ggf. reine Bildfolgen bereits die sog. kleine Münze urheberrechtlichen Werkschutz genießt (Schricker/Loewenheim/*Loewenheim* § 2 Rn. 188; → Anm. 1). Erreicht eine Bildfolge nicht einmal den für die „kleine Münze" erforderlichen Grad an Individualität für eine persönlich-geistige Schöpfung, so genießt sie jedenfalls gem. § 95 UrhG Leistungsschutz als Laufbild.

Neben dem Urheber- bzw. Leistungsschutzrecht, das stets den wesentlichen Schöpfern der Animation zusteht, entsteht gem. § 94 UrhG stets zusätzlich auch ein Leistungsschutzrecht des „Filmherstellers", das dem wirtschaftlich und organisatorisch Verantwortlichen für die Aufnahme der Bildfolge (= Produzenten der Animation) zuwächst.

3. Rechtseinräumung. Nach der urheberrechtlichen Zweckübertragungstheorie gem. § 31 Abs. 5 UrhG, die analog auch für Leistungsschutzrechte gilt (Schricker/Loewenheim/*Schricker* § 31 Rn. 79), ist der Umfang der eingeräumten Nutzungsrechte im Zweifel eng auszulegen (hierzu Schricker/Loewenheim/*Schricker* § 31 Rn. 74 ff.). Daher ist eine ausdrückliche und möglichst umfassende Nutzungsrechtseinräumung empfehlenswert, um spätere Meinungsverschiedenheiten über den Umfang der Nutzungsrechte des Lizenznehmers zu vermeiden.

4. Erforderliche Nutzungsrechte. Für der Einbindung von Animationen in eine Website sind rechtssystematisch folgende Nutzungsrechte erforderlich: Ein Vervielfältigungsrecht für die Einspeicherung der Animation in die Website gem. § 16 UrhG. Das Recht, den Zugang zu der Animation zu eröffnen, welches als so genanntes „Recht der öffentlichen Zugänglichmachung", in § 19a UrhG geregelt ist. Sowie das Recht zur weiteren Vervielfältigung der Animation durch Besucher der Website gem. § 16 UrhG, falls diese die Animation bei sich selbst wiederum abspeichern können.

5. Einspeicherung in eine Website. Die Einspeicherung einer Datei in eine Webseite ist eine (digitale) Vervielfältigung, da hierbei eine neue, selbstständig wahrnehmbare Kopie entsteht (OLG München Urt. v. 8.3.2001 – 29 U 3282/00 (nicht rechtskräftig), NJW 2001, 3553 = CR 2001, 333 = GRUR 2001, 499 [501] = WRP 2001, 578 = MMR 2001, 375 [377] – Hitbit/AOL; *Schack* § 13 Rn. 461; Möhring/Nicolini/*Kroitzsch* § 16 Rn. 4; *Bechtold* ZUM 1997, 427 [429]).

6. Öffentlich-Zugänglichmachung. Das Verwertungsrecht, der Öffentlichkeit den Zugang zu der vertragsgegenständlichen Animation zu eröffnen, (Recht der Öffentlich-Zugänglichmachung) ist in § 19a UrhG geregelt.

Werden urheberrechtlich geschützte Werke auf einer Internetseite so eingebunden, dass sie von Dritten aufgerufen werden können, so sind sie im Sinne des § 19a UrhG öffentlich zugänglich gemacht (vgl. zB AG Hamburg Urt. v. 27.9.2010 – 36A C 375/09, GRUR-RR 2011, 162 = ZUM-RD 2011, 38 = CR 2011, 58; siehe auch BGH Urt. v. 9.7.2015 – I-ZR 46/12, GRUR-RS 2014, 11840 – Framing).

7. Vervielfältigung durch Abruf von Besuchern der Website. Jeder Abruf durch einen Besucher der Website ist eine Vervielfältigung im urheberrechtlichen Sinne, weil dadurch zumindest eine Kopie im Arbeitsspeicher des abrufenden Computers entsteht (vgl. *Bechtold* GRUR 1998, 18 mwN; *Schack* § 13 Rn. 418 ff.). Vorübergehende Vervielfältigungshandlungen, die flüchtig oder begleitend sind, einen integralen und wesentlichen Teil eines technischen Verfahrens darstellen, keine eigenständige wirtschaftliche Bedeutung haben und entweder nur der Übertragung in einem Netz durch einen Vermittler oder die rechtmäßige Nutzung eines Werkes ermöglichen sollen, sind allerdings schon gem. § 44a UrhG vom urheberrechtlichen Zustimmungsvorbehalt ausgenommen. Dazu zählen in erster Linie die Vervielfältigungshandlungen, wie sie bei der digitalen Informationsübermittlung im WWW vorkommen, dh vor allem das Browsing und das Routing. Wenn allerdings der Nutzer die Möglichkeit hat, die Animation nach dem bloßen Browsing-Abruf seinerseits dauerhaft abzuspeichern, greift § 44a UrhG nicht mehr und ist hierfür ein weiteres Vervielfältigungsrecht gem. § 16 UrhG erforderlich.

Daher ist eine solche Rechtseinräumung zur weiteren Vervielfältigung der Animation durch Besucher der Website gem. §§ 16, 77, 85 Abs. 1 UrhG nur bei ihrer Zurverfügungstellung zum Download erforderlich, denn beim Streaming kann sie unter normalen Umständen nicht wiederum abgespeichert werden. Speichert der Nutzer die Animation aufgrund von Manipulationen nach dem Browsing-Abruf eines Streams dauerhaft ab, so muss ein Anbieter, der solche Manipulationen weder veranlasst, noch (zB durch entsprechenden Werbung) besonders ermutigt, hierfür kein Vervielfältigungsrecht einholen: Solche Manipulationen des Nutzers stellen dann nämlich keine Pflichtverletzung des Anbieters (sondern nur des entsprechende Nutzers) dar, so dass der Anbieter für sie nicht als mittelbarer Störer haftet und daher für sie auch keine Lizenz benötigt.

Die beabsichtigten Vervielfältigungen beim Download durch Abspeichern seitens Website-Besuchern sind dem Website-Betreiber hingegen – zumindest im Wege mittelbarer Störerhaftung – zuzurechnen, da er den Abrufvorgang veranlasst und wirtschaftlich beherrscht.

8. Zweitverwertung. Diese Ausweitung der (nicht exklusiven) Lizenz auf weitere Verwertungsarten im Zusammenhang mit der Website kann entfallen, wenn der Rechteinhaber zu einer so weitgehenden Lizenzierung nicht bereit ist. Wird die Zweitverwertungs-Lizenz jedoch erteilt, so ermöglicht sie dem Lizenznehmer die umfassende wirtschaftliche Ausbeutung der von ihm zusammengestellten und konzipierten Website, ohne ihn zur Aussparung der Inhalte zu zwingen, die er selbst nur lizenziert hat.

9. Verwertungsumfang. Die Rechtseinräumung kann auch auf bestimmte Angebotsarten für Websites (zB das Internet oder geschlossene Netze) beschränkt werden. Dies hängt ganz von dem individuell mit der Lizenzierung verfolgten Zweck ab und von der Rolle, die die vertragsgegenständliche Animation im Gesamtangebot der Website spielen soll.

10. Inhaltsverantwortlicher. Der Betreiber der vertragsgegenständlichen Website ist gem. § 7 Abs. 1 TMG für selbst eingestellte Inhalte nach den allgemeinen Gesetzen vollumfänglich verantwortlich. Er ist daher für die Einholung der Lizenz zuständig.

11. Abtretungs- und Unterlizenzierungsverbot. Diese Regelung dient dem Schutz des Rechteinhabers davor, den Überblick darüber zu verlieren, wer zur Nutzung seiner Animation berechtigt ist und wer nicht. Deshalb ist die Nichtübertragbarkeit bzw. Nicht-Unterlizenzierbarkeit auch der gesetzliche Regelfall, vgl. §§ 34, 35 UrhG. Auch schützt das Unterlizenzierungsverbot den Rechteinhaber vor einem Weiterbestehen von Unterlizenzen nach Wegfall der Hauptlizenz, siehe BGH in Sachen „M2Trade" (Urt. v. 19.7.2012 – I ZR 70/10, GRUR 2012, 916) und „Take Five" (Urt. v. 19.7.2012 – I ZR 24/11, GRUR 2012, 914).

12. Beschränkung auf bestimmte Website. Diese Beschränkung kann je nach Interessenlage der Parteien entfallen.

13. Bedingung vollständiger Zahlung. Die Bedingung vollständiger Zahlung wirkt wie ein „Eigentumsvorbehalt" des Rechteinhabers, indem sie die dingliche Wirkung der Nutzungsrechtseinräumung bis zur vollständigen Bezahlung der Vergütung aufschiebt. Im Falle eines Insolvenzverfahrens über das Vermögen des Lizenznehmers vor Zahlung der Vergütung schützt dieser Rechtevorbehalt den Rechteinhaber wie ein Eigentumsvorbehalt den Warenkreditgeber: Sie zwingt den Insolvenzverwalter, entweder die Zahlung der Lizenzgebühr als Masseschuld neu einzugehen oder auf die Nutzung des lizenzierten Inhalts zu verzichten.

14. Rechterückfall bei Nichtzahlung. Diese Klausel sanktioniert den Zahlungsverzug des Lizenznehmers, indem sie die Nutzungsmöglichkeiten aus dem Vertrag de facto beendet, während andererseits der Vergütungsanspruch des Rechteinhabers (auch für die Zukunft) unberührt bleibt und somit zB im Insolvenzfall zur Verteilung nach der Quote angemeldet werden kann. Dies ist eine wirksame Sicherungsklausel des Vergütungsanspruches des Rechteinhabers gegenüber einem zahlungsunwilligen oder -unfähigen Lizenznehmer, auch beispielsweise in der Insolvenz des Lizenznehmers. Auch sie zwingt den Insolvenzverwalter, die Vergütung (bis auf im Beispiel maximal zwei Monatsvergütungen) entweder weiterzuzahlen oder auf die weitere Nutzung des lizenzierten Inhalts zu verzichten. Nach der Rechtsprechung des BGH (Urt. v. 17.11.2005 – IX ZR 162/04, NJW 2006, 915 = CR 2006, 151 = MMR 2006, 386) ist jedenfalls ein aufschiebend bedingter Rechtsübergang für den Fall der Nichterfüllung durch den Vertragspartner (bzw. dessen Insolvenzverwalter) insolvenzfest, so dass sich ein Rechteinhaber im Falle der Insolvenz des Lizenznehmers die eingeräumten Verwertungsrechte zurückholen kann. Die neue Rechtsprechung des BGH in Sachen „M2Trade" (Urt. v. 19.7.2012 – I ZR 70/10, GRUR 2012, 916) und „Take Five" (Urt. v. 19.7.2012 – I ZR 24/11, GRUR 2012, 914) zur „Insolvenzfestigkeit" von Unterlizenzen ändert an der Sinnhaftigkeit einer solchen Klausel nichts, denn eine Klarstellung des Schicksals von Hauptlizenzen im Insolvenzfall des Lizenzgebers steht nach wie vor aus.

15. Europäische Union. → Form. H. 1 Anm. 16

16. Bestimmungslandprinzip. → Form. H. 1 Anm. 17

17. Beschränkung auf B2C-Websites. Die Beschränkung auf an den Endverbraucher adressierte Websites kann je nach Interessenlage der Parteien auch entfallen.

18. Unbekannte und noch nicht geschützte Nutzungsarten. → Form. H. 1 Anm. 18

19. Option bezüglich nicht erfasster Nutzungsarten. → Form. H. 1 Anm. 19. Die Nachverhandlungspflicht beschränkt sich wegen des begrenzten Zwecks des Animations-

Online-Lizenzvertrages allerdings auf Verwertungsarten im Zusammenhang mit Websites.

20. Veränderungen. Ein umfassendes Persönlichkeitsrecht, das ihn insbesondere vor Entstellungen seines Werkes schützt, steht gem. §§ 12 ff. UrhG nur dem Urheber zu, nicht hingegen einem bloß Leistungsschutzberechtigten. Allerdings genießt ein „Filmhersteller" spezifischen Entstellungsschutz gem. § 94 Abs. 1 S. 2 UrhG. Ein Verbot von Bearbeitungen und sonstigen Umgestaltungen kann außerdem auch auf das Verwertungsrecht des § 23 UrhG gestützt werden, das dem Filmhersteller gem. § 88 Abs. 1 Nr. 5 im Zweifel eingeräumt ist. Der Vertrag kann die ausschnittsweise Benutzung und Bearbeitung daher je nach Interessenlage der Parteien auch verbieten. Dabei ist jedoch auf die berechtigten Interessen des Lizenznehmers Rücksicht zu nehmen. Dies kann etwa in folgender Form bewerkstelligt werden:

> Ausgeschlossen ist das Recht, die vertragsgegenständliche Animation ausschnittsweise, in Teilen oder in bearbeiteter Form zu benutzen; für die Benutzung unerlässliche Änderungen sind jedoch gestattet.

21. Rechte an der Website. Diese Rechte dürfen nicht mit den Rechten an einem ggf. erzeugten Stream der Animation verwechselt werden.

22. Namensnennung. Die Nennung des Urhebers ist schon gem. § 13 S. 2 UrhG kraft Gesetzes erforderlich. Zugunsten eines Inhabers urheberrechtlicher Verwertungsrechte sowie von Leistungsschutzrechten an gibt es keinen solchen gesetzlichen Anspruch auf Namensnennung. Allerdings ist es – schon im Hinblick auf § 10 UrhG – häufig üblich, sämtliche Rechteinhaber zu nennen. Solche Nennungsrechte werden oft wie hier schuldrechtlich vereinbart.

23. Urheberrechtliche Schutzmechanismen. Diese Klausel behält dem Rechteinhaber die Möglichkeit vor, auch nach Vertragsabschluss noch Sicherungsmechanismen gegen unerlaubte Vervielfältigungen (zB Digital Rights Management Systeme) einzuführen. Diese Regelung ist umso relevanter, je länger die Vertragslaufzeit ist, da die Wahrscheinlichkeit der Einführung neuer Sicherungsmechanismen während der Vertragslaufzeit dann umso höher ist.

Wenn der Lizenznehmer die vertragsgegenständliche Animation nicht zur Erzielung von Einkünften nutzt, ist es angemessen, die Kosten für die „Nachrüstung" der Animationsdatei dem Rechteinhaber aufzuerlegen:

> Der Rechteinhaber hat ferner Anspruch darauf, dass der Lizenznehmer die von seiner Website aus abrufbare vertragsgegenständliche Animation auf Verlangen des Rechteinhabers nachträglich mit einem urheberrechtlichen Schutzmechanismus versieht, soweit dadurch die vertragsgemäße Benutzung nicht behindert wird und die Kosten der Maßnahme vom Rechteinhaber getragen werden.

24. Urheber-/Leistungsschutzrechtsinformationen. Diese Regelung dient dem Schutz des Lizenznehmers. Ihm soll dadurch ermöglicht werden, einerseits zu überprüfen, ob er alle zur Benutzung der vertragsgegenständlichen Animation erforderlichen Lizenzen eingeholt hat, und andererseits seinen Pflichten gegenüber allen Berechtigten in der erforderlichen Weise nachzukommen (zB der Namensnennungspflicht).

25. Nutzungsdaten. Diese Formulierung verpflichtet den Lizenznehmer nur zur Herausgabe von Daten, die bei ihm ohnehin erhoben werden. Die Klausel kann auch weitergehend formuliert werden, so dass sie den Lizenznehmer zur Erhebung von Nutzungsdaten, soweit technisch möglich und rechtlich zulässig, verpflichtet, zB mit folgender Formulierung:

Der Lizenznehmer verpflichtet sich, dem Rechteinhaber Nutzungsdaten, die mit dem Abruf der vertragsgegenständlichen Animation in Zusammenhang stehen, zur Verfügung zu stellen, soweit dies technisch möglich und rechtlich zulässig ist.

26. E-Mail-Adressen. Die Weitergabeverpflichtung bezüglich Nutzungsdaten sollte auch hinterlassene E-Mail-Adressen von Interessenten umfassen, sofern diese mit der Weitergabe an den Rechteinhaber einverstanden sind. Bezüglich der datenschutzrechtlichen Implikationen vgl. das BDSG und das TMG.

27. Rechtegarantie des Rechteinhabers. Da bei Rechten kein gutgläubiger Erwerb möglich ist, ist diese Klausel nötig, um den Lizenznehmer vor wirtschaftlichen Schäden zu schützen, wenn der vermeintliche Rechteinhaber gar nicht verfügungsberechtigt ist.

28. Haftungsfreistellung. Da aus einer fehlenden Berechtigung des Rechteinhabers auch folgen kann, dass der Lizenznehmer eine vertragsgegenständliche Animation zwar gutgläubig, aber unberechtigt nutzt und er damit unabsichtlich selbst zum Rechtsverletzer wird, ist diese Freistellung nötig. Die ausdrückliche Erstreckung auf die eigenen Kosten der Rechtsverteidigung ist deshalb erforderlich, weil diese Kosten nicht auf Ansprüchen Dritter beruhen, sondern freiwillige Aufwendungen des Lizenznehmers darstellen, die daher von einer reinen Haftungsfreistellung nicht erfasst sind.

29. Garantie des Lizenznehmers. Ebenso hat der Lizenznehmer zu garantieren, dass seine Nutzung der vertragsgegenständlichen Animation den Rechteinhaber nicht in eine Beteiligten-Haftung verwickelt, indem hierdurch die Rechte anderer Schutzrechtsinhaber verletzt werden.

30. Veröffentlichung. Neben dem ausschließlichen Recht zur Vervielfältigung und Verbreitung hat ein Urheber auch das Recht, über die Veröffentlichung seines Werkes zu entscheiden, § 12 Abs. 1 UrhG. Daher ist grundsätzlich für jede Verwertung sicherzustellen, dass sie nicht am Veröffentlichungsrecht des Urhebers scheitert. Ist ein Werk bereits veröffentlicht, so ist das Veröffentlichungsrecht verbraucht und kann der Verwertung nicht mehr entgegenstehen. Wenn der Rechteinhaber eine Garantie dafür übernimmt, dass das Werk bereits veröffentlicht ist, ist der Lizenznehmer somit ausreichend abgesichert.

31. Vertragsdauer. Die Vertragsdauer kann auch „auf unbestimmte Zeit" lauten. Dann kann die Lizenz allerdings, wie bei jedem unbefristeten Dauerschuldverhältnis, grundsätzlich von beiden Seiten jederzeit ordentlich gekündigt werden. Insofern ist ein befristeter Vertrag – gegebenenfalls mit automatischer Verlängerungsoption wie im hiesigen Formular vorgesehen – für beide Parteien besser planbar, da sie sich hierbei zumindest auf die Vertragslaufzeit als Mindestlizenzdauer verlassen können.

32. Lizenzdauer. Die Lizenzdauer kann auch – unabhängig vom Vertragsende – für eine gewisse Dauer ab dem Zeitpunkt des Rechteübergangs gem. § 2 Abs. 2 S. 1 des Formulars berechnet werden. Allerdings könnte dann ein Lizenznehmer, dem nach Vertragsunterzeichnung noch einmal Bedenken kommen, die Lizenzdauer durch Zurückhaltung der Zahlung nach hinten verschieben. Durch das hier vorgesehene Ende der Lizenzdauer mit Vertragsablauf (unabhängig vom Zeitpunkt des Beginns/Rechtsübergangs) wird der Lizenznehmer hingegen dazu motiviert, die geschuldete Vergütung so schnell wie möglich zu bezahlen, um in den Genuss einer möglichst langen Lizenzdauer zu kommen: Vor Bezahlung des ersten geschuldeten Vergütungsbetrags darf er die vertragsgegenständliche Animation nämlich gem. § 2 Abs. 2 S. 1 des Vertragsformulars nicht nutzen; das Ende seiner Nutzungsberechtigung richtet sich hingegen bei der hier vorgesehenen Regelung nach der Vertragslaufzeit, die bereits mit Vertragsunterzeichnung zu laufen beginnt.

33. Kündigung aus wichtigem Grund. Wie bei jedem Dauerschuldverhältnis ist auch beim Lizenzvertrag eine Kündigung aus wichtigem Grund stets möglich. Diese Klausel listet klarstellend einige Pflichtverletzungen auf, die nach Einschätzung der Parteien so erheblich sind, dass sie einen wichtigen Grund zur Kündigung darstellen. Die Aufzählung kann gekürzt oder um weitere erhebliche Pflichtverletzungen ergänzt werden.

34. Abmahnung. Gem. § 314 Abs. 2 S. 1 BGB ist grundsätzlich vor jeder fristlosen Kündigung eines Dauerschuldverhältnisses wegen der Verletzung von Vertragspflichten eine vorherige Abmahnung oder, falls die Pflichtverletzung in einem Unterlassen besteht, eine Abhilfefristsetzung erforderlich, es sei denn es liegen besondere Gründe iSv § 323 Abs. 2 BGB vor, die dem Kündigenden ein Festhalten an dem Vertrag auch ohne vorherige Mahnung oder Abmahnung unzumutbar machen.

35. Rechterückfall bei Erfüllungsverweigerung. Diese Regelung ist einzufügen, wenn der Rechteinhaber gegenüber dem Lizenznehmer zum Zeitpunkt der Nutzung noch offene Ansprüche hat (zB periodische Lizenzgebühren). Sie zwingt zB einen Insolvenzverwalter, entweder die weitere Erfüllung des Vertrages zu erklären und damit die Vergütungspflicht als Masseschuld neu einzugehen oder die weitere Benutzung der vertragsgegenständlichen Animation einzustellen. Der Rechterückfall schützt den Rechteinhaber auf diese Weise in einem Insolvenzverfahren ähnlich wie ein Eigentumsvorbehalt den Warenkreditgeber, nachdem ein a priori Rechtevorbehalt nicht möglich ist, weil der Lizenznehmer den Rechtsübergang benötigt, um die Benutzung überhaupt aufnehmen zu können.

Wenn der Rechteinhaber für die Einräumung der vertragsgegenständlichen Lizenz hingegen eine bereits vorab voll gezahlte Pauschale erhalten hat, besteht für die Klausel kein Bedürfnis mehr und ist sie demgemäß wegzulassen.

36. Widerrufsvorbehalt. Diese Klausel entfaltet zugunsten besonders bindungsunwilliger Rechteinhaber die Wirkung eines jederzeitigen, begründungslosen Rücktrittsrechtes. Sie kann bei abweichender Interessenlage der Parteien entfallen.

37. Lizenzgebühr. Die Vergütungsform der Pauschallizenzgebühr ist für nicht oder nicht direkt Einkünfte produzierende Nutzungen die einfachste und angemessenste. Eine Beteiligung des Rechteinhabers am wirtschaftlichen Erfolg der Nutzung ist hier gar nicht oder nur schwer möglich. Eine Pauschallizenzgebühr in Form periodischer Zahlungen (wie hier vorgeschlagen) bietet sich besonders dann an, wenn die Nutzung über einen gewissen Zeitraum hinweg erfolgt und sich der wirtschaftliche Wert der Nutzung für den Lizenznehmer vorwiegend an der Dauer der Nutzungsmöglichkeit orientiert. Je nach Bedeutung der Lizenz kann aber auch eine einmalige Pauschallizenzgebühr angemessen sein.

Erfolgt die Nutzung der vertragsgegenständlichen Animation im Rahmen direkt Einnahmen erzeugender kommerzieller Programme oder Angebote (zB pay-per-download), so ist hingegen eine Umsatzbeteiligung des Rechteinhabers üblich und angemessen (vgl. *Frohne* ZUM 2000, 810 [815]). Sie kann zum Beispiel in der in → Form. H. 4 (für Musikdownloads) vorgestellten Form erfolgen.

38. Beschränkung auf gesetzliche Schutzfrist. Diese Regelung ist nur bei periodisch wiederkehrender Zahlungspflicht in den Vertrag aufzunehmen. Sie stellt sicher, dass der Rechteinhaber, der auf Grund dieses Vertrages regelmäßige Zahlungen an den Rechteinhaber leistet, nach Wegfall des gesetzlichen Schutzes nicht – auf Grund des Vertrages – schlechter steht als jeder andere, der keine Vergütung für die nun freie Nutzung entrichten muss.

39. Pauschalierter Verzugszins. Diese Regelung dient der Vereinbarung spezifischer Verzugszinsen als pauschaliertem Schadensersatz, falls ein möglicher Zinsschaden erwartbar höher liegt als der gesetzliche Zinssatz. Sie darf daher in Allgemeinen Geschäftsbedingungen gem. § 309 Nr. 5 BGB den zu erwartenden Schaden nicht übersteigen und den Nachweis eines tatsächlich geringeren Schadens nicht abschneiden. Dies gilt auch, wenn der Lizenznehmer ein Unternehmer ist (Palandt/*Heinrichs* BGB § 309 Rn. 32 mwN). Daher sollte der gesetzliche Verzugszinssatz nur überschritten werden, wenn der Lizenznehmer tatsächlich zu höheren Zinsen Kredit in Anspruch nimmt. Der zu erwartende Schaden kann sich aber auch unterhalb des gesetzlich fixierten Verzugszinssatzes bewegen. Dann sollte diese Regelung – zugunsten der Anwendbarkeit des gesetzlichen Verzugszinssatzes iHv 5 % (bei Verbrauchern) bzw. 8 % (bei Unternehmern) über dem Basiszinssatz (§§ 288 Abs. 1 und 2, 247 BGB) – entfallen.

40. Exklusivität. Im Falle von Animationen ist die Einräumung einer gewissen Exklusivitätsfrist nicht ganz unüblich, insbesondere wenn die Animation extra für die Website des Lizenznehmers geschaffen wurde.

41. Exklusivitätsdauer. Die Exklusivitätsdauer kann auch auf einen bestimmten Zeitraum während der Vertragslaufzeit beschränkt oder auf einen gewissen Zeitraum nach Vertragsablauf erstreckt werden, etwa:

> Der Rechteinhaber verpflichtet sich, bis zu 30 Tage nach Beendigung dieses Vertrages die vertragsgegenständliche Animation nicht an einen weiteren Lizenznehmer zur Online-Nutzung zu lizenzieren.

Text

8. Text-Online-Lizenzvertrag

Zwischen

. . . . . .

– nachstehend „Rechteinhaber" genannt –

und

. . . . . .

– nachstehend „Lizenznehmer" genannt –

wird folgender Vertrag[1] geschlossen:

§ 1 Vertragsgegenstand

(1) Der Lizenznehmer beabsichtigt, den Text

. . . . . . [Titel/Beschreibung]

von . . . . . . [Autor]

in seine Website mit der URL/den URLs . . . . . . einzubinden. Die hierfür erforderlichen Rechte sollen durch diesen Vertrag erworben werden.

(2) Die Parteien gehen davon aus, dass der vertragsgegenständliche Text in Deutschland zugunsten des Rechteinhabers urheberrechtlich geschützt ist.

§ 2 Rechtseinräumung[2]

(1) Zur Verwirklichung des in § 1 Abs. 1 genannten Zweckes räumt der Rechteinhaber dem Lizenznehmer hiermit folgende nicht ausschließliche Nutzungsrechte ein:[3]

(a) Das Recht zur Einspeicherung des Textes in die og Website des Lizenznehmers;[4]

(b) Das Recht, den vertragsgegenständlichen Text der Öffentlichkeit ganz oder teilweise zugänglich zu machen („Recht der Öffentlich-Zugänglichmachung");[5]

(c) Das Recht, den Text auf Abruf von Besuchern der og Website hin vervielfältigen zu lassen.[6]

(d) Das Recht, den Text in unerheblichem Umfang im Zusammenhang mit der og Gesamt-Website auch in anderen Medien weiter zu verwerten,[7] etwa in Rundfunk und Fernsehen,[8] auf CD-ROM, in Printversionen sowie auf alle anderen möglichen Verwertungsarten für Websites.[9]

Die Rechtseinräumung umfasst sämtliche Angebotsarten für Websites, insbes. das freie Internet, kostenpflichtige Websites, sonstige Online und Offline-Dienste und interne Netze;[10] sie ist insbesondere nicht auf Nutzungen im freien Internet beschränkt.

Die Rechte sind nur dem Lizenznehmer als inhaltlich Verantwortlichem[11] für die Website eingeräumt und ohne Zustimmung des Rechteinhabers weder weiter übertragbar noch unterlizenzierbar.[12] Insbesondere sind sie nicht dem technischen Dienstleister, der die Website betreibt, eingeräumt, sofern dieser von dem Lizenznehmer verschieden ist.

Der Lizenznehmer verpflichtet sich, den vertragsgegenständlichen Text ausschließlich für die oben genannte Website zu verwenden.[13]

Der Vertrieb körperlicher Werkstücke oder andere als die in diesem § 2 dieses Vertrages genannten Verwertungsformen sind nach diesem Vertrage nicht zulässig. Hierzu bedarf es des Abschlusses eines eigenen, gesonderten Lizenzvertrages.

(2) Die Rechtseinräumung wird gem. § 158 Abs. 1 BGB erst wirksam, wenn der Lizenznehmer die gem. § 7 dieses Vertrages geschuldete Vergütung vollständig geleistet hat.[14] Der Rechteinhaber kann eine Benutzung des vertragsgegenständlichen Textes auch schon vor diesem Zeitpunkt vorläufig erlauben. Ein Übergang der Rechte nach diesem Paragraphen findet durch eine solche vorläufige Erlaubnis nicht statt.

(3) Die Rechtseinräumung ist territorial auf die Einbindung des vertragsgegenständlichen Textes in eine Website beschränkt, die erkennbar zum Abruf nur innerhalb der Europäischen Union[15] bestimmt ist.[16]

(4) Die Nutzungsrechtseinräumung umfasst alle derzeit bekannten und unbekannten Nutzungsarten, die zur Erreichung des Vertragszwecks erforderlich sind oder werden, auch wenn sie erst auf Grund neuer Gesetzeslage oder aus anderen Gründen nachträglich an dem vertragsgegenständlichen Text entstehen oder erst nachträglich bekannt werden.[17]

(5) Im Hinblick auf etwaig von dieser Nutzungsrechtseinräumung nicht erfasste Nutzungsarten im Zusammenhang mit Websites räumt der Rechteinhaber dem Lizenznehmer eine Option zu angemessenen Bedingungen ein.[18]

(6) Der Lizenznehmer ist berechtigt, den vertragsgegenständlichen Text auf seiner Website auch in Verbindung mit Werken anderer Rechteinhaber oder ausschnittsweise zu benutzen oder zu bearbeiten. Wesentliche Bearbeitungen oder Ergänzungen sowie Übersetzungen in andere Sprachen sind jedoch nicht zulässig. Im Übrigen sind Veränderungen und Kürzungen des vertragsgegenständlichen Textes nur zulässig, soweit sie nicht entstellend wirken.[19]

(7) Der Lizenznehmer ist berechtigt, im Zusammenhang mit der Durchführung dieses Vertrages – insbesondere zum Zwecke der Eigenwerbung und auf der vertragsgegenständlichen Website selbst – den Titel des vertragsgegenständlichen Textes sowie Namen/Kennzeichen/Logos/Abbildungen des Autors, soweit der Rechteinhaber über solche Rechte verfügen kann, und des Rechteinhabers unentgeltlich zu benutzen.[20]

(8) Sämtliche Namens-, Titel- und Kennzeichenrechte an der Website oder einzelnen ihrer Teile oder durch Benutzung auf der Website entstehende Namens-, Titel- und Kennzeichenrechte sind Sache des Lizenznehmers.

(9) Der Rechteinhaber hat Anspruch auf Nennung seines Namens als Urheber oder Inhaber der Verwertungsrechte in Form eines – mit einem Zielpunkt seiner Wahl verlinkten – Vermerks auf derjenigen Webseite, in die der vertragsgegenständliche Text integriert wird.[21]

§ 3 Mitwirkungspflichten und Kontrollrechte des Rechteinhabers

(1) Der Rechteinhaber verpflichtet sich, dem Lizenznehmer bis spätestens . . . . . . [Datum][22] ein Exemplar des vertragsgegenständlichen Textes in elektronischer Form (Werkstück) zu liefern. Das Werkstück ist nach Ablauf von 2 Monaten an den Rechteinhaber zurückzugeben, sofern es in verkörperter Form (zB auf CD, DVD) übergeben wurde. Eine Weitergabe des Werkstückes an Dritte oder die Erstellung von Kopien für Dritte außerhalb des Rahmens dieses Vertrages ist nicht gestattet, soweit nicht der Rechteinhaber einer Übertragung der vertragsgegenständlichen Lizenz an den Dritten zugestimmt hat.

(2) Der Rechteinhaber hat dem Lizenznehmer folgende Informationen in folgender Form zur Verfügung zu stellen:

(a) Informationen über sämtliche Miturheber an dem vertragsgegenständlichen Text:[23] schriftlich oder per E-Mail;
(b) Ggf. Beschränkungen seines Rechteumfangs bzw. der Art und Weise, auf die der vertragsgegenständliche Text in die Website eingebunden werden darf: schriftlich oder per E-Mail.

(3) Zur Kontrolle der Erfüllung dieses Vertrages gewährt der Lizenznehmer dem Rechteinhaber während der Lizenzdauer jederzeit kostenlosen Zugang zu seiner Website sowie den kostenlosen Abruf des vertragsgegenständlichen Textes, sofern Zugang und Abruf nicht ohnehin unentgeltlich angeboten werden.[24]

(4) Der Lizenznehmer verpflichtet sich, dem Rechteinhaber auf Anforderung sämtliche vorhandenen Nutzungsdaten seiner Website zur Verfügung zu stellen, die mit dem Abruf des vertragsgegenständlichen Textes in Zusammenhang stehen.[25]

Dies erstreckt sich auch auf die Weitergabe von unter Bezugnahme auf die vertragsgegenständliche Abbildung hinterlassenen E-Mail-Adressen unter Berücksichtigung der deutschen Datenschutzbestimmungen (bei Einwilligung des betroffenen Nutzers).[26]

§ 4 Haftung

(1) Der Rechteinhaber versichert und steht dafür ein, dass er Inhaber der Online-Nutzungsrechte an dem vertragsgegenständlichen Text ist und in der vertragsgegenständlichen Form frei über sie verfügen kann.[27] Der Rechteinhaber garantiert ferner, dass die von ihm lizenzierten Inhalte frei von Rechten Dritter sind. Falls dem Rechteinhaber bekannt werden sollte, dass an irgendwelchen Bestandteilen des vertragsgegenständlichen Textes Rechte Dritter bestehen, so hat er den Lizenznehmer hierauf unverzüglich hinzuweisen. Der Rechteinhaber stellt den Lizenznehmer hiermit von jeglichen

Ansprüchen Dritter in diesem Zusammenhang frei und ersetzt ihm die Kosten der Rechtsverteidigung.[28]

(2) Der Lizenznehmer garantiert, sämtliche neben der vertragsgegenständlichen Lizenz für die beabsichtigte Nutzung weiter erforderlichen Rechte selbst einzuholen, bzw. bereits eingeholt zu haben und stellt den Rechteinhaber in diesem Zusammenhang von jeglichen Ansprüchen Dritter frei.[29]

§ 5 Veröffentlichung[30]

Der Rechteinhaber garantiert hiermit, dass der vertragsgegenständliche Text bereits veröffentlicht ist. Für den Fall, dass der vertragsgegenständliche Titel entgegen der Garantie in S. 1 noch nicht veröffentlicht sein sollte, erteilt der Rechteinhaber hiermit seine – in den Grenzen des Gesetzes unwiderrufliche – Zustimmung zur Veröffentlichung.[31]

§ 6 Vertrags- und Lizenzdauer

(1) Dieser Vertrag beginnt mit beiderseitiger Unterzeichnung und läuft für die Dauer von . . . . . . (Vertragsdauer).[32] Mit Ablauf der Vertragsdauer enden sämtliche Pflichten aus diesem Vertrag mit Ausnahme solcher Regelungen, die ersichtlich auch nach Vertragsende gelten sollen.

(2) Die Rechtseinräumung nach diesem Vertrag (Lizenzdauer) beginnt gem. § 2 Abs. 2 mit der Zahlung der geschuldeten Lizenzgebühr und endet mit Ablauf der Vertragsdauer gem. § 6 Abs. 1.[33]

(3) Dieser Vertrag kann aus wichtigem Grund vorzeitig gekündigt werden, insbesondere wenn der Rechteinhaber seinen Mitwirkungspflichten gem. § 3 dieses Vertrags (insbesondere zur Lieferung eines Werkstücks gem. § 3 Abs. 1) nachhaltig nicht nachkommt, der Lizenznehmer fällige Zahlungen gem. § 7 dieses Vertrages trotz Mahnung und Nachfristsetzung nicht leistet oder die Kontrollrechte des Rechteinhabers gem. § 3 Abs. 3 dieses Vertrages nicht erfüllt.[34] Eine fristlose Kündigung setzt grundsätzlich voraus, dass der andere Teil schriftlich gemahnt und aufgefordert wird, den vermeintlichen Grund zur fristlosen Kündigung in angemessener Zeit zu beseitigen, es sei denn es liegen besondere Gründe iSv §§ 314 Abs. 2, 323 Abs. 2 BGB vor, die dem Kündigenden ein Festhalten an dem Vertrag auch ohne vorherige Mahnung oder Abmahnung unzumutbar machen.[35]

(4) Der Rechteinhaber behält sich das Recht vor, diese Lizenz jederzeit ohne Angabe von Gründen ganz oder teilweise gegen ex-nunc-Wegfall der Vergütungspflicht (pro rata temporis) zu widerrufen.[36] Übt der Rechteinhaber diesen Widerrufsvorbehalt der Lizenz aus, so hat er dem Lizenznehmer eine angemessene Frist zur Entfernung des vertragsgegenständlichen Textes aus der Website – von in der Regel 3 Werktagen – einzuräumen.

§ 7 Vergütung

(1) Für die Rechtseinräumung nach diesem Vertrag erhält der Rechteinhaber eine Pauschallizenzgebühr in Höhe von . . . . . .[37]

(2) Die Lizenzgebühr ist vor dem Einspeichern des vertragsgegenständlichen Textes in die Website an den Rechteinhaber zu zahlen.[38] Der Lizenznehmer kann die Ausstellung einer Rechnung über den zu zahlenden Betrag verlangen. Rechnungsbeträge sind spätestens innerhalb von 10 Arbeitstagen nach Rechnungsstellung zur Zahlung fällig. Zahlungen sind auf das Konto IBAN . . . . . . bei der . . . . . . in . . . . . ., BIC . . . . . . zu leisten.

Gerät der Lizenznehmer mit der Zahlung fälliger Forderungen in Verzug, so hat er Verzugszinsen in Höhe von . . . . . . % pro Jahr zu zahlen, sofern er nicht nachweist, dass der tatsächliche Schaden geringer ist.[39] Die Möglichkeit des Rechteinhabers zur Geltendmachung weitergehender Ansprüche aus dem Verzug bleibt unberührt.

(3) Alle Vergütungen verstehen sich zuzüglich der gesetzlichen Mehrwertsteuer, sofern der Rechteinhaber im Zahlungszeitpunkt der Umsatzsteuerpflicht unterliegt oder auf sie optiert hat und dies dem Lizenznehmer bekannt ist. Entsteht die Umsatzsteuerpflicht oder die Option auf sie nachträglich, so kann die Mehrwertsteuer bis zum Ende des laufenden Kalenderjahres unter Vorlage der Mehrwertsteuerpflicht-Bescheinigung des zuständigen Finanzamtes gegen Rechnungsstellung nachgefordert werden. Danach erlischt die Forderung auf Umsatzsteuer-Erstattung.

§ 8 Vertraulichkeit

Beide Parteien verpflichten sich, über die Bestimmungen dieses Vertrages sowie über alle ihnen im Rahmen dieses Vertrages bekannt gewordenen Informationen auch nach Ablauf der Lizenzdauer Stillschweigen zu bewahren.

§ 9 Herausgabe- und Löschungspflichten

Der Lizenznehmer verpflichtet sich, nach Beendigung der Lizenzdauer alle ihm einzeln in elektronischer Form vorliegenden vertragsgegenständlichen Informationen und Inhalte, insbesondere alle Kopien des vertragsgegenständlichen Textes, die nicht Bestandteil einer Gesamt-Archivierung seiner Website oder einzelner Webseiten sind, zu löschen. Informationen und Inhalte (auch Informationsmaterial uÄ), die in verkörperter Form vorliegen, sind an den Rechteinhaber herauszugeben oder auf dessen Verlangen hin oder bei Nichtannahme zu vernichten.

§ 10 Exklusivität[40]

Der Rechteinhaber verpflichtet sich, für einen Zeitraum von . . . . . .[41] den vertragsgegenständlichen Text nicht an einen weiteren Lizenznehmer zur Online-Nutzung zu lizenzieren, wenn dieser mit dem Lizenznehmer in direktem Konkurrenzverhältnis steht oder dem Lizenznehmer durch die Zweitlizenzierung ein Imageschaden droht. Ein solches direktes Konkurrenzverhältnis ist bei Branchengleichheit stets gegeben.

§ 11 Schlussbestimmungen

(1) Dieser Vertrag unterliegt dem Recht der Bundesrepublik Deutschland.

(2) Mündliche Nebenabreden bestehen nicht. Änderungen oder Ergänzungen dieses Vertrages bedürfen zu ihrer Wirksamkeit der Schriftform, auf die auch nicht mündlich verzichtet werden kann.

(3) Sollten einzelne Bestimmungen dieses Vertrages unwirksam sein oder werden, so wird dadurch die Wirksamkeit der übrigen Bestimmungen nicht berührt. Statt der unwirksamen Bestimmung gilt dasjenige, was die Parteien nach dem ursprünglich angestrebten Zweck unter wirtschaftlicher Betrachtungsweise redlicherweise vereinbart hätten. Das Gleiche gilt im Falle des Vorliegens einer Vertragslücke.

(4) Ansprüche aus diesem Vertrag können weder abgetreten, noch verpfändet, noch mit dem Recht eines Dritten belastet werden, soweit der Schuldner dem nicht ausdrücklich zustimmt.

(5) Erfüllungsort ist . . . . . . Sofern beide Parteien Kaufleute im Sinne des HGB sind, ist Gerichtsstand für alle Streitigkeiten aus diesem Vertrag . . . . . .

. . . .

(Ort, Datum)   (Ort, Datum)

. . . .

– Lizenznehmer –   – Rechteinhaber –

Anmerkungen

1. Sachverhalt. Gegenstand des vorliegenden Formularvertrages ist die Einbindung eines Textes in eine Website, wodurch das Urheberrecht des Autors bzw. die einem Verlag oder anderen Lizenznehmer ggf. eingeräumten ausschließlichen urheberrechtlichen Nutzungsrechte berührt werden. Die Einbindung von Texten in eine Website kann auf zweierlei Weise geschehen: entweder kann der Text direkt in die Webseite eingefügt werden oder als eigenständige Textdatei (beispielsweise im pdf-, rtf- oder Word-Format) per Link abrufbar gemacht werden. Letzteres kommt in der Regel bei längeren Texten vor, die in sich selbst eine Einheit bilden und mit dem sonstigen Inhalt der Website in keinem engen Zusammenhang stehen.

Die Haftung des Website-Betreibers gegenüber dem Rechteinhaber für die ordnungsgemäße Rechteeinholung bei Nutzung urheberrechtlich geschützter Inhalte ist in Rechtsprechung und Literatur unbestritten, vgl. zB LG München I Urt. v. 18.9.2008 – 7 O 8506/07, MMR 2009, 137 mAnm *Kaufmann*. Der Betreiber der Website ist regelmäßig Anbieter des entsprechenden Inhalts als „eigene Information" iSv § 7 Abs. 1 TMG und haftet daher dem Rechteinhaber gegenüber für Urheberrechtsverletzungen durch die mit der Einbindung in die Website verbundene Vervielfältigung und Öffentlich-Zugänglichmachung eines urheberrechtlich geschützten Inhalts. Daher besteht ein Bedarf nach Abschluss entsprechender Lizenzverträge wie in den Formularen dieses Abschnitts (H.).

Text-Online-Lizenzverträge werden in der Regel mit dem Autor selbst oder dem Inhaber des ausschließlichen Nutzungsrechts für Online-Nutzungen abgeschlossen. Letzteres ist insbesondere dann der Fall, wenn der Autor zB einem Verlag sämtliche Nutzungsrechte an seinem Sprachwerk, einschließlich der Online-Nutzungsrechte, eingeräumt hat.

Die Verwertungsgesellschaft Wort (VG Wort) nimmt nur in eng begrenztem Umfang Multimedia-Nutzungsrechte für Autoren wahr:

- Das Recht der EDV-Verwertung von Zeitungsartikeln und Rundfunkbeiträgen in elektronisch gestützten Datenbanken, Datenverarbeitungs- und Kommunikationssystemen (§ 1 Nr. 8 des Wahrnehmungsvertrages), das jederzeit rückrufbar ist und somit vom Autor oder Verleger auch individuell ausgeübt werden kann.
- Das Recht, erschienene Beiträge aus gedruckten Sammlungen, für die keine individuelle Rechtseinräumung durch den Rechteinhaber erfolgt ist, mit Zustimmung des Verlegers in digitalen Offline-Produkten (zB CD-ROM) zu verwerten (§ 1 Nr. 17 des Wahrnehmungsvertrages). Diese Einräumung betrifft vor allem das Rechtsverhältnis zwischen Autor und Verleger im Hinblick auf so genannte „Altrechte": dies sind die Nutzungsrechte für die erwähnte Nutzungsart an Werken, die vor Bekanntwerden der Nutzungsart in Verlag gegeben wurden, so dass die Rechte dem Verleger nicht zustehen.
- Das Recht, erschienene Beiträge aus gedruckten Sammlungen mit Zustimmung des Verlegers in Online-Angebote einzuspeichern und der Öffentlichkeit zugänglich zu machen (§ 1 Nr. 19 des Wahrnehmungsvertrages), sofern diese Nutzungsart bei Erscheinen unbekannt war (Altrechte) oder keine individuelle Rechtseinräumung durch den Rechteinhaber erfolgt ist (Vorbehalt individueller Ausübung).

• Das Recht, auf Ton- oder Bildtonträger aufgezeichnete Sprachwerke im Bezahl-Rundfunk zu senden sowie in On-Demand- und ähnlichen individuellen Abrufdiensten der Öffentlichkeit zugänglich zu machen. Von der Wahrnehmung sind die Rechte ausgenommen, die von Verlagen individuell wahrgenommen oder auf Grund von Tarifverträgen an Sendeunternehmen eingeräumt werden (§ 1 Nr. 18 des Wahrnehmungsvertrages). Alle diese Rechte beziehen sich lediglich auf Zeitungsartikel bzw. Rundfunkbeiträge, Beiträge aus gedruckten Sammlungen (zB Zeitschriften- und Buchbeiträge) und auf Ton- oder Bildtonträger aufgenommene Sprachwerke. Ist ein solches Werk Gegenstand des Vertrages, so ist im Einzelfall zu prüfen, ob eine individuelle Rechtseinräumung Vorrang vor der Wahrnehmung durch die VG Wort hat. – Für alle noch nicht erschienenen Texte und Texte, die auf andere Weise als in Zeitungen oder gedruckten Sammelwerken veröffentlicht wurden, verbleiben die Rechte in jedem Fall beim Autor oder dessen ausschließlichem Lizenznehmer. Sie sind dort direkt und individuell einzuholen, was mithilfe dieses Formulars geschehen kann.

2. Rechtseinräumung. Nach der urheberrechtlichen Zweckübertragungstheorie gem. § 31 Abs. 5 UrhG, die analog auch für Leistungsschutzrechte gilt (Schricker/Loewenheim/*Schricker* § 31 Rn. 79), ist der Umfang der eingeräumten Nutzungsrechte im Zweifel eng auszulegen (hierzu Schricker/Loewenheim/*Schricker* § 31 Rn. 74 ff.). Daher ist eine ausdrückliche und möglichst umfassende Nutzungsrechtseinräumung empfehlenswert, um spätere Meinungsverschiedenheiten über den Umfang der Nutzungsrechte des Lizenznehmers zu vermeiden.

Für die Frage nach der Schutzfähigkeit eines Sprachwerks kommt es auf dessen Art und Umfang an. Ist der Stoff eines Sprachwerkes frei erfunden, so erlangt es eher Urheberschutz als solche Texte, bei denen der Stoff durch organisatorische Zwecke oder wissenschaftliche und andere Themen vorgegeben ist, denn dort fehlt der Ausdrucksweise vielfach die für den Urheberschutz erforderliche eigenschöpferische Prägung (BGH Urt. v. 29.3.1984 – I ZR 32/82, GRUR 1984, 659 [661] – Ausschreibungsunterlagen). Allerdings ist stets auch die „kleine Münze", also Werke mit einem lediglich geringen Grad an eigenschöpferischer Prägung, geschützt. Bei bloßer Mitteilung vorgegebener Tatsachen bzw. Gebrauchsschriften gilt: je mehr sich die Texte auf die exakte und vollständige Wiedergabe von vorgegebenen Tatsachen beschränken, desto enger wird der Gestaltungsspielraum für einen individuell formulierten Text. Jedoch kann die erforderliche Individualität auch durch Auswahl und Anordnung sowie durch wechselseitige Aufgabenzuweisung von Text- und Bildinformationen oder auch durch Fallbeispiele oder einen leicht verständlicher Text erzielt werden (vgl. zB LG Köln Urt. v. 20.6.2007 – 28 O 798/04, MMR 2008, 64 = CR 2008, 61 = ZUM-RD 2008, 489).

3. Erforderliche Nutzungsrechte. Für die Benutzung von Texten in Online-Medien sind rechtssystematisch folgende Nutzungsrechte erforderlich: Ein Vervielfältigungsrecht für die Einspeicherung in die Website gem. § 16 UrhG. Das Recht, den Zugang zu dem Text zu eröffnen, welches als sogenanntes „Recht der öffentlichen Zugänglichmachung" in § 19a UrhG geregelt ist. Sowie das Recht zur weiteren Vervielfältigung des Textes durch Besucher der Website gem. § 16 UrhG, falls diese den Text bei sich selbst wiederum abspeichern können.

4. Einspeicherung in eine Website. Die Einspeicherung eines Textes in eine Webseite ist eine (digitale) Vervielfältigung, da hierbei eine neue, selbstständig wahrnehmbare Kopie entsteht (OLG München Urt. v. 8.3.2001 – 29 U 3282/00 (nicht rechtskräftig), NJW 2001, 3553 = CR 2001, 333 = GRUR 2001, 499 [501] = WRP 2001, 578 = MMR 2001, 375 [377] – Hitbit/AOL; *Schack* § 13 Rn. 461; Möhring/Nicolini/*Kroitzsch* § 16 Rn. 4; *Bechtold* ZUM 1997, 427 [429]).

5. Öffentlich-Zugänglichmachung. Das Verwertungsrecht, der Öffentlichkeit den Zugang zu dem vertragsgegenständlichen Text zu eröffnen, (Recht der Öffentlich-Zugänglichmachung) ist in § 19a UrhG geregelt. Werden urheberrechtlich geschützte Werke auf einer Internetseite so eingebunden, dass sie von Dritten aufgerufen werden können, so sind sie im Sinne des § 19a UrhG öffentlich zugänglich gemacht (vgl. zB AG Hamburg Urt. v. 27.9.2010 – 36A C 375/09, GRUR-RR 2011, 162 = ZUM-RD 2011, 38 = CR 2011, 58; siehe auch BGH Urt. v. 9.7.2015 – I-ZR 46/12, GRUR-RS 2014, 11840 – Framing).

6. Vervielfältigung durch Abruf von Besuchern der Website. → Form. H. 1 Anm. 7

7. Zweitverwertung. Die Ausweitung der (nicht exklusiven) Lizenz auf weitere Verwertungsarten im Zusammenhang mit der Website kann entfallen, wenn der Rechteinhaber zu einer so weitgehenden Lizenzierung nicht bereit ist. Wird die Zweitverwertungs-Lizenz erteilt, so ermöglicht sie dem Lizenznehmer die umfassende wirtschaftliche Ausbeutung der von ihm erstellten Website, ohne ihn zur Aussparung der Inhalte zu zwingen, die er selbst nur lizenziert hat.

8. Zweitverwertung in Rundfunk und Fernsehen. ZB im Rahmen von Sendungen, die sich mit dem Internet beschäftigen, Websites vorstellen und dabei deren Inhalt wiedergeben (im Radio etwa durch Vorlesen einzelner Passagen, im Fernsehen durch Vorführen der Website).

9. Zweitverwertung auf sonstige Art und Weise. Weitere Zweitverwertungsarten sind etwa die Umsetzung des „Look & Feel" der Website, ihres Konzepts oder bestimmter Gestaltungselemente in Film, Video oder Computerspiele.

10. Verwertungsumfang. Die Rechtseinräumung kann auch auf bestimmte Angebotsarten für Websites (zB das Internet oder geschlossene Netze) beschränkt werden. Dies hängt ganz von dem individuell mit der Lizenzierung verfolgten Zweck ab und von der Rolle, die der vertragsgegenständliche Text im Gesamtangebot der Website spielen soll.

11. Inhaltsverantwortlicher. Der Betreiber der vertragsgegenständlichen Website ist gem. § 7 Abs. 1 TMG für selbst eingestellte Inhalte nach den allgemeinen Gesetzen vollumfänglich verantwortlich. Er ist daher für die Einholung der Lizenz zuständig.

12. Abtretungs- und Unterlizenzierungsverbot. → Form. H. 1 Anm. 13

13. Beschränkung auf bestimmte Website. Diese Beschränkung kann je nach Interessenlage der Parteien entfallen.

14. Bedingung vollständiger Zahlung. Die Bedingung vollständiger Zahlung wirkt wie ein „Eigentumsvorbehalt" des Rechteinhabers, indem sie die dingliche Wirkung der Nutzungsrechtseinräumung bis zur vollständigen Bezahlung der Vergütung aufschiebt. Im Falle eines Insolvenzverfahrens über das Vermögen des Lizenznehmers vor Zahlung der Vergütung schützt dieser Rechtevorbehalt den Rechteinhaber wie ein Eigentumsvorbehalt den Warenkreditgeber: Sie zwingt den Insolvenzverwalter, entweder die Zahlung der Lizenzgebühr als Masseschuld neu einzugehen oder auf die Nutzung des lizenzierten Inhalts zu verzichten.
Bei einer Lizenz, die gegen Zahlung wiederkehrender Beträge (zB jährliche Lizenzgebühr) eingeräumt wird, kann auch ein Rechterückfall bei künftiger Nichtzahlung vereinbart werden:

> Ferner fallen die eingeräumten Rechte automatisch an den Rechteinhaber zurück, wenn der Lizenznehmer mit der Bezahlung einer gem. § 7 dieses Vertrages fälligen Vergütung trotz Mahnung und Nachfristsetzung länger als zwei Monate in Verzug bleibt.

Diese Klausel sanktioniert den Zahlungsverzug des Lizenznehmers, indem sie die Nutzungsmöglichkeiten aus dem Vertrag de facto beendet, während andererseits der Vergütungsanspruch des Rechteinhabers (auch für die Zukunft) unberührt bleibt und somit zB im Insolvenzfall zur Verteilung nach der Quote angemeldet werden kann. Dies ist eine wirksame Sicherungsklausel des Vergütungsanspruches des Rechteinhabers gegenüber einem zahlungsunwilligen oder –unfähigen Lizenznehmer, auch beispielsweise in der Insolvenz des Lizenznehmers. Auch sie zwingt den Insolvenzverwalter, die Vergütung (bis auf im Beispiel maximal zwei Monatsvergütungen) entweder weiterzuzahlen oder auf die weitere Nutzung des lizenzierten Inhalts zu verzichten. Nach der Rechtsprechung des BGH (Urt. v. 17.11.2005 – IX ZR 162/04, NJW 2006, 915 = CR 2006, 151 = MMR 2006, 386) ist jedenfalls ein aufschiebend bedingter Rechtsübergang für den Fall der (Kündigung wegen) Nichterfüllung durch den Vertragspartner (bzw. dessen Insolvenzverwalter) insolvenzfest, so dass sich ein Rechteinhaber im Falle der Insolvenz des Lizenznehmers die eingeräumten Verwertungsrechte zurückholen kann. Die neue Rechtsprechung des BGH in Sachen „M2Trade" (Urt. v. 19.7.2012 – I ZR 70/10, GRUR 2012, 916) und „Take Five" (Urt. v. 19.7.2012 – I ZR 24/11, GRUR 2012, 914) zur „Insolvenzfestigkeit" von Unterlizenzen ändert an der Sinnhaftigkeit einer solchen Klausel nichts, denn eine Klarstellung des Schicksals von Hauptlizenzen im Insolvenzfall des Lizenzgebers steht nach wie vor aus.

15. Europäische Union. → Form. H. 1 Anm. 16

16. Bestimmungslandprinzip. → Form. H. 1 Anm. 17

17. Unbekannte und noch nicht geschützte Nutzungsarten. → Form. H. 1 Anm. 18

18. Option bezüglich nicht erfasster Nutzungsarten. → Form. H. 1 Anm. 19

19. Veränderungen. Dem Autor steht als Urheber gem. §§ 12 ff. UrhG ein umfassendes Persönlichkeitsrecht zu, das ihn insbesondere vor entstellenden Veränderungen des Werkes schützt. Ein Verbot von Bearbeitungen und sonstigen Umgestaltungen kann aber auch auf das Verwertungsrecht gem. § 23 UrhG gestützt werden. Der Vertrag kann die ausschnittsweise Benutzung und Bearbeitung des Textes je nach Interessenlage der Parteien daher auch verbieten. Dabei ist jedoch auf die berechtigten Interessen des Lizenznehmers Rücksicht zu nehmen. Dies kann etwa in folgender Form bewerkstelligt werden:

> Ausgeschlossen ist das Recht, den vertragsgegenständlichen Text ausschnittsweise, in Teilen oder in bearbeiteter Form zu benutzen; für die Benutzung unerlässliche Änderungen und die Verwendung von Ausschnitten für Werbezwecke sind jedoch gestattet.

20. Kennzeichen und Abbildungen. Dieser Abschnitt ist – je nach dem Umfang der Nutzung durch den Lizenznehmer und dem beiderseitigen Interesse an seiner Bezugnahme auf Urheber und Rechteinhaber – individuell zu gestalten. Insbesondere kann das Recht des Lizenznehmers auf die Benutzung des Werktitels sowie des Urhebernamens (sowie ggf. des Namens des Rechteinhabers, falls dieser ein anderer ist) beschränkt werden.

21. Namensnennung. Die Nennung des Urhebers ist schon gem. § 13 S. 2 UrhG kraft Gesetzes erforderlich. Für den Inhaber eines ausschließlichen Verwertungsrechts gibt es keinen solchen gesetzlichen Anspruch auf Namensnennung. Allerdings ist es – schon im Hinblick auf § 10 UrhG – häufig üblich, vertraglich zu vereinbaren, ihn in folgender oder ähnlicher Form zu nennen:

> Mit freundlicher Genehmigung von . . . . . . (Rechteinhaber).

22. Übergabe eines Werkstückes. Die rechtzeitige Lieferung eines Werkstückes ist insbesondere dann wesentlich, wenn der vertragsgegenständliche Text noch nicht existiert, sondern erst auf Grund dieses Vertrages geschrieben werden soll. Versäumt der Rechteinhaber die Lieferfrist sowie eine weitere Nachfrist, so ist der Lizenznehmer gem. § 6 Abs. 2 dieses Vertrages zur Kündigung berechtigt und kann mit der freigewordenen Kapazität einen anderen Inhalt lizenzieren.

23. Urheberinformationen. Diese Regelung dient dem Schutz des Lizenznehmers. Ihm soll dadurch ermöglicht werden, einerseits zu überprüfen, ob er alle zur Benutzung des vertragsgegenständlichen Textes erforderlichen Lizenzen eingeholt hat, und andererseits seinen Pflichten gegenüber allen Berechtigten in der erforderlichen Weise nachzukommen (zB der Namensnennungspflicht).

24. Kontrollabrufe. Vereinbaren die Parteien eine abrufmengenabhängige Vergütung, so sind Kontrollabrufe ausdrücklich von der Vergütungspflicht auszunehmen:

> Kontrollabrufe sind von der Vergütungszahlung befreit.

25. Nutzungsdaten. Diese Formulierung verpflichtet den Lizenznehmer nur zur Herausgabe von Daten, die bei ihm ohnehin erhoben werden. Die Klausel kann auch weitergehend formuliert werden, so dass sie den Lizenznehmer zur Erhebung von Nutzungsdaten, soweit technisch möglich und rechtlich zulässig, verpflichtet, zB mit folgender Formulierung:

> Der Lizenznehmer verpflichtet sich, dem Rechteinhaber Nutzungsdaten, die mit dem Abruf des vertragsgegenständlichen Textes in Zusammenhang stehen, zur Verfügung zu stellen, soweit dies technisch möglich und rechtlich zulässig ist.

26. E-Mail-Adressen. Die Weitergabeverpflichtung bezüglich Nutzungsdaten sollte auch hinterlassene E-Mail-Adressen von Interessenten umfassen, sofern diese mit der Weitergabe an den Rechteinhaber einverstanden sind. Bezüglich der datenschutzrechtlichen Implikationen vgl. das BDSG und das TMG.

27. Rechtegarantie des Rechteinhabers. Da bei Rechten kein gutgläubiger Erwerb möglich ist, ist diese Klausel nötig, um den Lizenznehmer vor wirtschaftlichen Schäden zu schützen, wenn der vermeintliche Rechteinhaber gar nicht verfügungsberechtigt ist.

28. Haftungsfreistellung. Da aus einer fehlenden Berechtigung des Rechteinhabers auch folgen kann, dass der Lizenznehmer einen vertragsgegenständlichen Text zwar gutgläubig, aber unberechtigt nutzt und er damit unabsichtlich selbst zum Rechtsverletzer wird, ist diese Freistellung nötig. Die ausdrückliche Erstreckung auf die eigenen Kosten der Rechtsverteidigung ist deshalb erforderlich, weil diese Kosten nicht auf Ansprüchen Dritter beruhen, sondern freiwillige Aufwendungen des Lizenznehmers darstellen, die daher von einer reinen Haftungsfreistellung nicht erfasst sind.

29. Garantie des Lizenznehmers. Ebenso hat der Lizenznehmer zu garantieren, dass seine Nutzung des vertragsgegenständlichen Textes den Rechteinhaber nicht in eine Beteiligten-Haftung verwickelt, indem hierdurch die Rechte anderer Schutzrechtsinhaber verletzt werden.

30. Veröffentlichung. Neben dem ausschließlichen Recht zur Vervielfältigung und Verbreitung hat ein Urheber auch das Recht, über die Veröffentlichung seines Werkes zu entscheiden, § 12 Abs. 1 UrhG. Daher ist grundsätzlich für jede Verwertung sicherzustellen, dass sie nicht am Veröffentlichungsrecht des Urhebers scheitert. Ist ein Werk bereits veröffentlicht, so ist das Veröffentlichungsrecht verbraucht und kann der Verwertung nicht mehr entgegenstehen. Wenn der Rechteinhaber eine Garantie dafür übernimmt, dass das Werk bereits veröffentlich ist, ist der Lizenznehmer somit ausreichend abgesichert.

31. Zustimmung zur Veröffentlichung. Wird dieser Vertrag direkt mit dem Urheber abgeschlossen, so kann hierin zur Sicherheit ersatzweise auch die Zustimmung des Urhebers zur Veröffentlichung des Werkes eingeholt werden.

32. Vertragsdauer. Die Vertragsdauer kann auch „auf unbestimmte Zeit" lauten. Dann kann die Lizenz allerdings, wie bei jedem unbefristeten Dauerschuldverhältnis, grundsätzlich von beiden Seiten jederzeit ordentlich gekündigt werden. Insofern ist ein befristeter Vertrag für beide Parteien besser planbar, da sie sich hierbei zumindest auf die Vertragslaufzeit als Mindestlizenzdauer verlassen können.

33. Lizenzdauer. Die Lizenzdauer kann auch – unabhängig vom Vertragsende – für eine gewisse Dauer ab dem Zeitpunkt des Rechteübergangs gem. § 2 Abs. 2 S. 1 des Formulars berechnet werden. Allerdings könnte dann ein Lizenznehmer, dem nach Vertragsunterzeichnung noch einmal Bedenken kommen, die Lizenzdauer durch Zurückhaltung der Zahlung nach hinten verschieben. Durch das hier vorgesehene Ende der Lizenzdauer mit Vertragsablauf (unabhängig vom Zeitpunkt des Beginns/Rechtsübergangs) wird der Lizenznehmer hingegen dazu motiviert, die geschuldete Vergütung so schnell wie möglich zu bezahlen, um in den Genuss einer möglichst langen Lizenzdauer zu kommen: Vor Bezahlung des geschuldeten Vergütungsbetrags darf er den vertragsgegenständlichen Text nämlich gem. § 2 Abs. 2 S. 1 des Vertragsformulars nicht nutzen; das Ende seiner Nutzungsberechtigung richtet sich hingegen bei der hier vorgesehenen Regelung nach der Vertragslaufzeit, die bereits mit Vertragsunterzeichnung zu laufen beginnt.

34. Kündigung aus wichtigem Grund. Wie bei jedem Dauerschuldverhältnis ist auch beim Lizenzvertrag eine Kündigung aus wichtigem Grund stets möglich. Diese Klausel listet klarstellend einige Pflichtverletzungen auf, die nach Einschätzung der Parteien so erheblich sind, dass sie einen wichtigen Grund zur Kündigung darstellen. Die Aufzählung kann gekürzt oder um weitere erhebliche Pflichtverletzungen ergänzt werden.

35. Abmahnung. Gem. § 314 Abs. 2 S. 1 BGB ist grundsätzlich vor jeder fristlosen Kündigung eines Dauerschuldverhältnisses wegen der Verletzung von Vertragspflichten eine vorherige Abmahnung oder, falls die Pflichtverletzung in einem Unterlassen besteht, eine Abhilfefristsetzung erforderlich, es sei denn es liegen besondere Gründe iSv § 323 Abs. 2 BGB vor, die dem Kündigenden ein Festhalten an dem Vertrag auch ohne vorherige Mahnung oder Abmahnung unzumutbar machen.

36. Widerrufsvorbehalt. Diese Klausel entfaltet zugunsten besonders bindungsunwilliger Rechteinhaber die Wirkung eines jederzeitigen, begründungslosen Rücktrittsrechtes. Sie kann bei abweichender Interessenlage der Parteien entfallen.

37. Lizenzgebühr. Die Vergütungsform der Pauschallizenzgebühr ist für nicht oder nicht direkt Einkünfte produzierende Nutzungen die einfachste und angemessenste. Eine Beteiligung des Rechteinhabers am wirtschaftlichen Erfolg der Nutzung ist hier gar nicht oder nur schwer möglich.

38. Periodische Zahlungen. Eine Pauschallizenzgebühr kann allerdings auch in Form periodischer Zahlungen vereinbart werden. Dann ist allerdings sicherzustellen, dass der Übergang der Rechte gem. § 2 Abs. 2 S. 1 des Formulars bereits nach Zahlung der ersten Rate erfolgt, da der Lizenznehmer den Vertragsgegenstand sonst nicht nutzen darf. Die Fälligkeit der ersten Rate sollte wie folgt angepasst werden:

Die erste Lizenzgebühr ist vor dem Einspeichern des vertragsgegenständlichen Textes in die Website an den Rechteinhaber zu zahlen. Die weiteren Raten iHv jeweils . . . . . . sind jeweils zum . . . . . . zu bezahlen. Der Lizenznehmer kann die Ausstellung einer Rechnung über jeden zu zahlenden Betrag verlangen.

Bei periodisch wiederkehrender Zahlungspflicht ist zudem eine Beschränkung auf die gesetzliche Schutzfrist in den Vertrag aufzunehmen:

Wiederkehrende Lizenzgebühren müssen an den Rechteinhaber nur für die Dauer der gesetzlichen Schutzfrist bezahlt werden

Sie stellt sicher, dass der Rechteinhaber, der auf Grund dieses Vertrages regelmäßige Zahlungen an den Rechteinhaber leistet, nach Wegfall des gesetzlichen Schutzes nicht – auf Grund des Vertrages – schlechter steht als jeder andere, der keine Vergütung für die nun freie Nutzung entrichten muss.

Wird ein solcher wiederkehrender Anspruch vereinbart, so kann man zum Schutz von dessen Erfüllung einen Rechterückfall für den Fall der Erfüllungsverweigerung durch den Lizenznehmer vereinbaren:

Lehnt der Lizenznehmer oder sein rechtmäßiger Vertreter die weitere Erfüllung des Vertrages ab, so hat der Rechteinhaber ein außerordentliches fristloses Kündigungsrecht innerhalb von zwei Wochen ab Kenntnis von der Erfüllungsverweigerung. Mit dem Wirksamwerden der Kündigung wird der Lizenznehmer von sämtlichen Pflichten aus diesem Vertrag frei und fallen sämtliche dem Lizenznehmer eingeräumten Rechte an ihn zurück.

Diese Regelung zwingt zB einen Insolvenzverwalter, entweder die weitere Erfüllung des Vertrages zu erklären und damit die Vergütungspflicht als Masseschuld neu einzugehen oder die weitere Benutzung des vertragsgegenständlichen Textes einzustellen. Der Rechterückfall schützt den Rechteinhaber auf diese Weise in einem Insolvenzverfahren ähnlich wie ein Eigentumsvorbehalt den Warenkreditgeber, nachdem ein a priori Rechtevorbehalt nicht möglich ist, weil der Lizenznehmer den Rechtsübergang benötigt, um die Benutzung überhaupt aufnehmen zu können.

Erfolgt die Nutzung des vertragsgegenständlichen Textes im Rahmen direkt Einnahmen erzeugender kommerzieller Programme oder Angebote (zB pay-per-download), so ist hingegen eine Umsatzbeteiligung des Rechteinhabers üblich und angemessen. Sie kann etwa in folgender Form erfolgen (→ Form. H. 4):

(1) Vergütung
(a) Garantiesumme
Für die Rechtseinräumung nach diesem Vertrag erhält der Rechteinhaber eine nicht rückzahlbare, jedoch voll und quer verrechenbare Garantiesumme als Vorauszahlung auf seine Umsatzbeteiligung gem. Unterabsatz (b) dieses Absatzes in Höhe von . . . . . .
(b) Umsatzbeteiligung
Von den Netto-Einnahmen (Gesamt-Einnahmen abzüglich gesetzlicher Mehrwertsteuer, jedoch ohne Abzug sonstiger Kosten), die der Lizenznehmer aus der Verwertung des mit diesem Vertrag lizenzierten Textes erzielt (zB Download-Preis, Subscription Fees, pay per dowload uÄ [Hierzu zählen auch Einnahmen, die nicht unmittelbar, sondern lediglich mittelbar aus dem lizenzierten Text erzielt werden, wie zB Werbeeinnahmen]), erhält der Rechteinhaber eine Beteiligung in Höhe von . . . . . . % [10–50 %, je nach Höhe der sonstigen Kosten für den Lizenznehmer]. Diese Vergütung bezieht sich auf Texte, an denen der Rechteinhaber alleiniger Rechtegeber ist. Müssen zur vertragsgemäßen Benutzung des vertragsgegenständlichen Textes die Rechte weiterer Rechtegeber eingeholt werden, so verringert sich die Umsatzbeteiligung des Rechteinhabers auf den entsprechenden Bruchteil [Dies dient der Absicherung gegen doppelte Zahlungsverpflichtungen auf Grund von Rechten Dritter]. Von der Beteiligungspflicht ausgenommen sind Beträge, die vom Lizenznehmer zweckgebunden zu verwenden sind (durchlaufende Posten) oder die vom Lizenznehmer an Dritte zurückgezahlt werden müssen. Die Umsatzbeteiligung steht dem Rechteinhaber nur während der Dauer der gesetzlichen Schutzfrist zu.

(c) Abrechnung, Zahlung, Nachverhandlungspflicht

Die Umsatzbeteiligung wird jeweils halbjährlich, und zwar jeweils zum 30.6. und zum 31.12., abgerechnet und gezahlt.

Falls sich ein Bedürfnis zu weiteren oder präziseren Regelungen ergibt, verpflichten sich beide Teile, diese nach Treu und Glauben und im Rahmen des Üblichen nachzuverhandeln. Im Übrigen bleibt der Vertrag in Wirkung.

(d) Buchprüfung

Der Rechteinhaber ist berechtigt, Abrechnungen des Lizenznehmers in Bezug auf seine Vergütung auf eigene Kosten zu überprüfen oder von einem öffentlich vereidigten Buch- oder Wirtschaftsprüfer oder einem sonst zur Berufsverschwiegenheit verpflichteten Sachverständigen überprüfen zu lassen (Buchprüfung). Bis zur Feststellung von Unkorrektheiten in der Abrechnung ist diese für beide Seiten verbindlich. Ergibt eine Buchprüfung eine Differenz (von mehr als . . . . . . %) zu Ungunsten des Rechteinhabers, so trägt der Lizenznehmer die angemessenen Kosten der Buchprüfung. (Nach Ablauf einer Einwendungsfrist von sechs Monaten nach Zugang der Abrechnung wird diese für beide Teile dieses Vertrages endgültig unanfechtbar.) [*Bestandteile in Klammern können entfallen.*]

Möglich ist auch eine Vergütung abhängig von der Zahl der Abrufe der Seite oder Datei, in die der vertragsgegenständliche Text eingebunden wird. Dabei ist jedoch die Feststellung fehlerhafter Übermittlungen schwierig und muss idR mit einem fixen, geschätzten Prozentsatz eingepreist werden.

(1) Vergütung:

Für die Rechtseinräumung nach diesem Vertrag erhält der Rechteinhaber eine Lizenzgebühr in Höhe von . . . . . pro Abruf der Datei mit dem vertragsgegenständlichen Text durch einen Kunden. Dabei ist als Abruf jede vollständige, fehlerfreie Übermittlung anzusehen, die vom Kunden des Lizenznehmers nicht erfolgreich gerügt wird. Der Lizenznehmer trägt die Beweislast dafür, dass eine Übermittlung vom Kunden gerügt wurde.

Die Vergütung wird monatlich jeweils zum Monatsende abgerechnet und gezahlt.

Der Rechteinhaber ist berechtigt, Abrechnungen des Lizenznehmers in Bezug auf seine Vergütung auf eigene Kosten zu überprüfen oder von einem öffentlich vereidigten Buch- oder Wirtschaftsprüfer oder einem sonst zur Berufsverschwiegenheit verpflichteten Sachverständigen überprüfen zu lassen (Buchprüfung). Bis zur Feststellung von Unkorrektheiten in der Abrechnung ist diese für beide Seiten verbindlich. Ergibt eine Buchprüfung eine Differenz (von mehr als . . . . . . %) zu Ungunsten des Rechteinhabers, so trägt der Lizenznehmer die angemessenen Kosten der Buchprüfung. (Nach Ablauf einer Einwendungsfrist von sechs Monaten nach Zugang der Abrechnung wird diese für beide Teile dieses Vertrages endgültig unanfechtbar.) [*Bestandteile in Klammern können entfallen.*]

Auf diese abrufmengenabhängige Lizenzgebühr kann auch eine vorab zu zahlende feste Garantiesumme als Vorauszahlung vereinbart werden:

Auf diese Lizenzgebühr ist vom Lizenznehmer vor dem Einspeichern des vertragsgegenständlichen Textes vorab eine voll verrechenbare einmalige Garantiesumme in Höhe von . . . . . . an den Rechteinhaber zu bezahlen.

Oder es kann eine Grundgebühr vereinbart werden, die zusätzlich zu der abrufmengenabhängigen Vergütung vorab zu zahlen ist:

Zusätzlich zu dieser abrufmengenabhängigen Lizenzgebühr ist vom Lizenznehmer vor dem Einspeichern des vertragsgegenständlichen Textes eine einmalige Gebühr in Höhe von . . . . . . an den Rechteinhaber zu bezahlen.

Falls das abrufmengenabhängige Vergütungsmodell gewählt wird, aber unentgeltliche oder vergünstigte Demonstrationsabrufe (zB Probeabrufe) ermöglicht werden sollen, empfiehlt sich folgende Formulierung:

Abrufe, die vom Lizenznehmer in Deutschland nachweislich zu Vorführungs- oder Werbezwecken unentgeltlich gestattet wurden, sind vergütungsfrei/unterliegen folgendem – verminderten – Vergütungssatz:

Je nach Interessenlage der Parteien kann dabei die Beschränkung auf Abrufe „in Deutschland" auch entfallen.

39. Pauschalierter Verzugszins. Diese Regelung dient der Vereinbarung spezifischer Verzugszinsen als pauschaliertem Schadensersatz, falls ein möglicher Zinsschaden erwartbar höher liegt als der gesetzliche Zinssatz. Sie darf daher in Allgemeinen Geschäftsbedingungen gem. § 309 Nr. 5 BGB den zu erwartenden Schaden nicht übersteigen und den Nachweis eines tatsächlich geringeren Schadens nicht abschneiden. Dies gilt auch, wenn der Lizenznehmer ein Unternehmer ist (Palandt/*Heinrichs* BGB § 309 Rn. 32 mwN). Daher sollte der gesetzliche Verzugszinssatz nur überschritten werden, wenn der Lizenznehmer tatsächlich zu höheren Zinsen Kredit in Anspruch nimmt. Der zu erwartende Schaden kann sich aber auch unterhalb des gesetzlich fixierten Verzugszinssatzes bewegen. Dann sollte diese Regelung – zugunsten der Anwendbarkeit des gesetzlichen Verzugszinssatzes iHv 5 % (bei Verbrauchern) bzw. 8 % (bei Unternehmern) über dem Basiszinssatz (§§ 288 Abs. 1 und 2, 247 BGB) – entfallen.

40. Exklusivität. Eine exklusive Einräumung der Online-Verwertungsrechte (zB an den Printverlag) findet sich in Bezug auf Texte relativ häufig.

41. Exklusivitätsdauer. In der Praxis beträgt die Dauer der Exklusivität selten mehr als ein paar Wochen bis Monate. Bei besonderer Interessenlage kann der Zeitraum der Exklusivität jedoch auch „während der Lizenzdauer dieses Vertrages" oder zB „bis zu 30 Tage nach Beendigung dieses Vertrages" betragen.

Software

9. Software-Download-Lizenzvertrag

Zwischen

. . . . . .

– nachstehend „Rechteinhaber" genannt –

und

. . . . . .

– nachstehend „Lizenznehmer" genannt –

wird folgender Vertrag[1] geschlossen:

§ 1 Vertragsgegenstand

(1) Der Lizenznehmer beabsichtigt, die Software

. . . . . . [Titel/Beschreibung]

von . . . . . . [Rechteinhaber]

auf seiner Website mit der URL/den URLs . . . . . . zum Herunterladen (Download) abrufbar zu machen. Die hierfür erforderlichen Rechte sollen durch diesen Vertrag erworben werden.

(2) Die Parteien gehen davon aus, dass die Software in Deutschland zugunsten des Rechteinhabers urheberrechtlich geschützt ist.[2]

§ 2 Rechtseinräumung[3]

(1) Zur Verwirklichung des in § 1 Abs. 1 genannten Zweckes räumt der Rechteinhaber dem Lizenznehmer hiermit die nicht ausschließlichen Nutzungsrechte ein,[4] die Software auf der Website des Lizenznehmers zu vervielfältigen,[5] der Öffentlichkeit zugänglich[6] sowie zum Download verfügbar zu machen.[7] Die Rechtseinräumung umfasst sämtliche Angebotsarten für Websites, insbes. das freie Internet, kostenpflichtige Websites, sonstige Online- und Offline-Dienste und interne Netze; sie ist insbesondere nicht auf Nutzungen im freien Internet beschränkt.

Die Rechte sind nur dem Lizenznehmer als inhaltlich Verantwortlichem[8] für die Website eingeräumt und ohne Zustimmung des Rechteinhabers weder weiter übertragbar noch unterlizenzierbar.[9] Insbesondere sind sie nicht dem technischen Dienstleister, der die Website betreibt, eingeräumt, sofern dieser von dem Lizenznehmer verschieden ist. Der Lizenznehmer verpflichtet sich, die Software ausschließlich für die oben genannte Website zu verwenden.[10]

Der Vertrieb körperlicher Werkstücke oder andere als die in diesem § 2 dieses Vertrages genannten Verwertungsformen sind nach diesem Vertrage nicht zulässig. Hierzu bedarf es des Abschlusses eines eigenen, gesonderten Lizenzvertrages.

(2) Die Rechtseinräumung wird gem. § 158 Abs. 1 BGB erst wirksam, wenn der Lizenznehmer die gem. § 7 dieses Vertrages geschuldete Vergütung vollständig geleistet hat.[11] Der Rechteinhaber kann eine Benutzung der Software auch schon vor diesem Zeitpunkt vorläufig erlauben. Ein Übergang der Rechte nach diesem Paragraphen findet durch eine solche vorläufige Erlaubnis nicht statt.

(3) Die Rechtseinräumung ist territorial auf die Einbindung der vertragsgegenständlichen Software in eine Website beschränkt, die erkennbar zum Abruf nur innerhalb der Europäischen Union[12] bestimmt ist.[13]

(4) Die Nutzungsrechtseinräumung umfasst alle derzeit bekannten und unbekannten Nutzungsarten, die zur Erreichung des Vertragszwecks erforderlich sind oder werden, auch wenn sie erst auf Grund neuer Gesetzeslage oder aus anderen Gründen nachträglich an der vertragsgegenständlichen Software entstehen oder erst nachträglich bekannt werden.[14]

(5) Im Hinblick auf etwaig von dieser Nutzungsrechtseinräumung nicht erfasste Nutzungsarten im Zusammenhang mit Websites räumt der Rechteinhaber dem Lizenznehmer eine Option zu angemessenen Bedingungen ein.[15]

(6) Der Lizenznehmer ist nicht berechtigt, den Sourcecode der Software zu bearbeiten oder zu ergänzen.

(7) Der Lizenznehmer ist berechtigt, im Zusammenhang mit der Durchführung dieses Vertrages – insbesondere zum Zwecke der Eigenwerbung und auf der vertragsgegenständlichen Website selbst – den Titel der Software sowie Namen/Kennzeichen/Logos/Abbildungen des Rechteinhabers unentgeltlich zu benutzen.[16]

(8) Sämtliche Namens-, Titel- und Kennzeichenrechte an der Website oder einzelnen ihrer Teile oder durch Benutzung auf der Website entstehende Namens-, Titel- und Kennzeichenrechte sind Sache des Lizenznehmers.

(9) Der Rechteinhaber hat Anspruch auf Nennung seines Namens als Inhaber der Verwertungsrechte in Form eines – mit einem Zielpunkt seiner Wahl verlinkten – Vermerkes auf derjenigen Webseite, in die die Software eingebunden wird.[17]

§ 3 Mitwirkungspflichten und Kontrollrechte des Rechteinhabers

(1) Der Rechteinhaber verpflichtet sich, dem Lizenznehmer bis spätestens . . . . . . [Datum][18] ein Exemplar der vertragsgegenständlichen Software (Werkstück) in elektronischer Form (auf Datenträger oder per elektronischer Datenübermittlung) zu liefern. Das Werkstück ist nach Ablauf von 2 Monaten an den Rechteinhaber zurückzugeben, sofern es in verkörperter Form (zB auf CD, DVD) übergeben wurde. Eine Weitergabe des Werkstückes an Dritte oder die Erstellung von Kopien für Dritte außerhalb des Rahmens dieses Vertrages ist nicht gestattet, soweit nicht der Rechteinhaber einer Übertragung der vertragsgegenständlichen Lizenz an den Dritten zugestimmt hat.

(2) Der Rechteinhaber hat dem Lizenznehmer folgende Informationen zur Verfügung zu stellen:

(a) Informationen über sämtliche Verwertungsrechtsinhaber:[19] schriftlich oder per E-Mail;

(b) Ggf. Beschränkungen seines Rechteumfangs bzw. der Art und Weise, wie die vertragsgegenständliche Software in eine Website eingebunden werden darf: schriftlich oder per E-Mail.

(3) Zur Kontrolle der Erfüllung dieses Vertrages gewährt der Lizenznehmer dem Rechteinhaber während der Lizenzdauer jederzeit kostenlosen Zugang zu seiner Website sowie den kostenlosen Abruf der vertragsgegenständlichen Software, sofern Zugang und Abruf nicht ohnehin unentgeltlich angeboten werden.[20]

(4) Der Lizenznehmer verpflichtet sich, dem Rechteinhaber auf Anforderung sämtliche vorhandenen Nutzungsdaten seiner Website zur Verfügung zu stellen, die mit dem Abruf der vertragsgegenständlichen Software in Zusammenhang stehen.[21] Dies erstreckt sich auch auf die Weitergabe von unter Bezugnahme auf die vertragsgegenständliche Abbildung hinterlassenen E-Mail-Adressen unter Berücksichtigung der deutschen Datenschutzbestimmungen (bei Einwilligung des betroffenen Nutzers).[22]

§ 4 Haftung

(1) Der Rechteinhaber versichert und steht dafür ein, dass er Inhaber der Online-Nutzungsrechte an der Software ist und in der vertragsgegenständlichen Form frei über sie verfügen kann.[23] Der Rechteinhaber garantiert ferner, dass die von ihm lizenzierte Software frei von Rechten Dritter ist. Falls dem Rechteinhaber bekannt werden sollte, dass an irgendwelchen Bestandteilen der Software Rechte Dritter bestehen, so hat er den Lizenznehmer hierauf unverzüglich hinzuweisen. Der Rechteinhaber stellt den Lizenznehmer hiermit von jeglichen Ansprüchen Dritter in diesem Zusammenhang frei und ersetzt ihm die Kosten der Rechtsverteidigung.[24]

(2) Der Lizenznehmer garantiert, sämtliche neben der vertragsgegenständlichen Lizenz für die beabsichtigte Nutzung weiter erforderlichen Rechte selbst einzuholen, bzw. bereits eingeholt zu haben und stellt den Rechteinhaber in diesem Zusammenhang von jeglichen Ansprüchen Dritter frei.[25]

§ 5 Veröffentlichung

Der Rechteinhaber garantiert hiermit, dass die Software bereits veröffentlicht ist.[26]

§ 6 Vertrags- und Lizenzdauer

(1) Dieser Vertrag beginnt mit beiderseitiger Unterzeichnung und läuft für die Dauer von ...... (Vertragsdauer).[27] Mit Ablauf der Vertragsdauer enden sämtliche Pflichten aus diesem Vertrag mit Ausnahme solcher Regelungen, die ersichtlich auch nach Vertragsende gelten sollen.

(2) Die Rechtseinräumung nach diesem Vertrag (Lizenzdauer) beginnt gem. § 2 Abs. 2 mit der Zahlung der geschuldeten Lizenzgebühr und endet mit Ablauf der Vertragsdauer gem. § 6 Abs. 1.[28]

(3) Dieser Vertrag kann aus wichtigem Grund vorzeitig gekündigt werden, insbesondere wenn der Rechteinhaber seinen Mitwirkungspflichten gem. § 3 dieses Vertrags (insbesondere zur Lieferung eines Werkstücks gem. § 3 Abs. 1) nachhaltig nicht nachkommt, der Lizenznehmer fällige Zahlungen gem. § 7 dieses Vertrages trotz Mahnung und Nachfristsetzung nicht leistet oder die Kontrollrechte des Rechteinhabers gem. § 3 Abs. 3 dieses Vertrages nicht erfüllt.[29] Eine fristlose Kündigung setzt grundsätzlich voraus, dass der andere Teil schriftlich gemahnt und aufgefordert wird, den vermeintlichen Grund zur fristlosen Kündigung in angemessener Zeit zu beseitigen, es sei denn es liegen besondere Gründe iSv §§ 314 Abs. 2, 323 Abs. 2 BGB vor, die dem Kündigenden ein Festhalten an dem Vertrag auch ohne vorherige Mahnung oder Abmahnung unzumutbar machen.[30]

(4) Der Rechteinhaber behält sich das Recht vor, diese Lizenz jederzeit ohne Angabe von Gründen ganz oder teilweise gegen ex-nunc-Wegfall der Vergütungspflicht (pro rata temporis) zu widerrufen.[31] Übt der Rechteinhaber diesen Widerrufsvorbehalt der Lizenz aus, so hat er dem Lizenznehmer eine angemessene Frist zur Herausnahme der vertragsgegenständlichen Software aus dem Angebot der Website – von in der Regel 3 Werktagen – einzuräumen.

§ 7 Vergütung

(1) Für die Rechtseinräumung nach diesem Vertrag erhält der Rechteinhaber eine Pauschallizenzgebühr in Höhe von ......[32]

(2) Die Lizenzgebühr ist vor dem Einspeichern der vertragsgegenständlichen Software in die Website an den Rechteinhaber zu zahlen.[33] Der Lizenznehmer kann die Ausstellung einer Rechnung über den zu zahlenden Betrag verlangen. Rechnungsbeträge sind spätestens innerhalb von 10 Arbeitstagen nach Rechnungsstellung zur Zahlung fällig. Zahlungen sind auf das Konto IBAN ...... bei der ...... in ......, BIC ...... zu leisten. Gerät der Lizenznehmer mit der Zahlung fälliger Forderungen in Verzug, so hat er Verzugszinsen in Höhe von ...... % pro Jahr zu zahlen, sofern er nicht nachweist, dass der tatsächliche Schaden geringer ist.[34] Die Möglichkeit des Rechteinhabers zur Geltendmachung weitergehender Ansprüche aus dem Verzug bleibt unberührt.

(3) Alle Vergütungen verstehen sich zuzüglich der gesetzlichen Mehrwertsteuer, sofern der Rechteinhaber im Zahlungszeitpunkt der Umsatzsteuerpflicht unterliegt oder auf sie optiert hat und dies dem Lizenznehmer bekannt ist. Entsteht die Umsatzsteuerpflicht oder die Option auf sie nachträglich, so kann die Mehrwertsteuer bis zum Ende des laufenden Kalenderjahres unter Vorlage der Mehrwertsteuerpflicht-Bescheinigung des zuständigen Finanzamtes gegen Rechnungsstellung nachgefordert werden. Danach erlischt die Forderung auf Umsatzsteuer-Erstattung.

§ 8 Vertraulichkeit

Beide Parteien verpflichten sich, über die Bestimmungen dieses Vertrages sowie über alle ihnen im Rahmen dieses Vertrages bekannt gewordenen Informationen auch nach Ablauf der Lizenzdauer Stillschweigen zu bewahren.

§ 9 Herausgabe- und Löschungspflichten

Der Lizenznehmer verpflichtet sich, nach Beendigung der Lizenzdauer alle ihm einzeln in elektronischer Form vorliegenden vertragsgegenständlichen Informationen und Inhalte, insbesondere alle Kopien der vertragsgegenständlichen Software, die nicht Bestandteil einer Gesamt-Archivierung seiner Website oder einzelner Webseiten sind, zu löschen. Informationen und Inhalte (auch Informationsmaterial uÄ), die in verkörperter Form vorliegen, sind an den Rechteinhaber zurückzugeben oder auf dessen Verlangen hin oder bei Nichtannahme zu vernichten.

§ 10 Exklusivität[35]

Der Rechteinhaber verpflichtet sich, für einen Zeitraum von . . . . . . Tagen[36] die Software nicht an einen weiteren Lizenznehmer zur Online-Nutzung zu lizenzieren, wenn dieser mit dem Lizenznehmer in direktem Konkurrenzverhältnis steht oder dem Lizenznehmer durch die Zweitlizenzierung ein Imageschaden droht. Ein solches direktes Konkurrenzverhältnis ist bei Branchengleichheit stets gegeben.

§ 11 Schlussbestimmungen

(1) Dieser Vertrag unterliegt dem Recht der Bundesrepublik Deutschland.

(2) Mündliche Nebenabreden bestehen nicht. Änderungen oder Ergänzungen dieses Vertrages bedürfen zu ihrer Wirksamkeit der Schriftform, auf die auch nicht mündlich verzichtet werden kann.

(3) Sollten einzelne Bestimmungen dieses Vertrages unwirksam sein oder werden, so wird dadurch die Wirksamkeit der übrigen Bestimmungen nicht berührt. Statt der unwirksamen Bestimmung gilt dasjenige, was die Parteien nach dem ursprünglich angestrebten Zweck unter wirtschaftlicher Betrachtungsweise redlicherweise vereinbart hätten. Das Gleiche gilt im Falle des Vorliegens einer Vertragslücke.

(4) Ansprüche aus diesem Vertrag können weder abgetreten, noch verpfändet, noch mit dem Recht eines Dritten belastet werden, soweit der Schuldner dem nicht ausdrücklich zustimmt.

(5) Erfüllungsort ist . . . . . . Sofern beide Parteien Kaufleute im Sinne des HGB sind, ist Gerichtsstand für alle Streitigkeiten aus diesem Vertrag . . . . . .

. . . .

(Ort, Datum)   (Ort, Datum)

. . . .

– Lizenznehmer –   – Rechteinhaber –

Anmerkungen

1. Sachverhalt. Gegenstand des vorliegenden Formularvertrages ist die Einbindung von Software in eine Website, wodurch das Urheberrecht des Softwareherstellers (§§ 2

Nr. 1, 69a Abs. 1 UrhG) berührt wird. Die Einbindung kann auf zweierlei Weise geschehen: zum einen kann die Software direkt vom Server des Lizenznehmers aus abgerufen werden oder von dort aus per Link von der Website des Rechteinhabers abrufbar (öffentlich zugänglich) gemacht werden. Letzteres kommt in der Regel bei sehr umfangreicher Software vor.

Die Haftung des Website-Betreibers gegenüber dem Rechteinhaber für die ordnungsgemäße Rechteeinholung bei Nutzung urheberrechtlich geschützter Inhalte ist in Rechtsprechung und Literatur unbestritten, vgl. zB LG München I Urt. v. 18.9.2008 – 7 O 8506/07, MMR 2009, 137 mAnm *Kaufmann*. Der Betreiber der Website ist regelmäßig Anbieter des entsprechenden Inhalts als „eigene Information" iSv § 7 Abs. 1 TMG und haftet daher dem Rechteinhaber gegenüber für Urheberrechtsverletzungen durch die mit der Einbindung in die Website verbundene Vervielfältigung und Öffentlich-Zugänglichmachung eines urheberrechtlich geschützten Inhalts. Daher besteht ein Bedarf nach Abschluss entsprechender Lizenzverträge wie in den Formularen dieses Abschnitts (H.).

2. Software. Software ist der gängige Begriff für Computerprogramme aller Art. Computerprogramme sind als „Sprachwerke" gem. §§ 2 Nr. 1, 69a Abs. 1 UrhG urheberrechtlich geschützt, und zwar in jeder Gestalt, einschließlich des Entwurfsmaterials (§ 69a Abs. 1 UrhG). Um urheberrechtlichen Schutz zu genießen, muss Software ein individuelles Werk darstellen, das das Ergebnis einer eigenen geistigen Schöpfung ihres Urhebers ist. Bei Beurteilung dieser Schutzfähigkeitsanforderung sind keine anderen Kriterien, vor allem keine qualitativen oder ästhetischen, anzuwenden (§ 69a Abs. 3 UrhG). Ausreichend ist dabei ein Minimum an Individualität; auch die so genannte „kleine Münze" ist geschützt. Nur dem „völlig Banalen", also das, was jeder so machen würde, ist der Schutz zu versagen. ZB die mechanische und routinemäßige Zusammenstellung vorgegebener Daten (Schricker/Loewenheim/*Loewenheim* UrhG § 69a Rn. 19).

3. Rechtseinräumung. Nach der urheberrechtlichen Zweckübertragungstheorie gem. § 31 Abs. 5 UrhG, die analog auch für Leistungsschutzrechte gilt (Schricker/Loewenheim/ *Schricker* § 31 Rn. 79), ist der Umfang der eingeräumten Nutzungsrechte im Zweifel eng auszulegen (hierzu Schricker/Loewenheim/*Schricker* § 31 Rn. 74 ff.). Daher ist eine ausdrückliche und möglichst umfassende Nutzungsrechtseinräumung empfehlenswert, um spätere Meinungsverschiedenheiten über den Umfang der Nutzungsrechte des Lizenznehmers zu vermeiden.

4. Erforderliche Nutzungsrechte. Für die Benutzung von Software zum Download über eine Webseite sind rechtssystematisch folgende Nutzungsrechte erforderlich: Ein Vervielfältigungsrecht für die Einspeicherung in die Website gem. § 69c Nr. 1 UrhG, wenn die Software auf dem eigenen Server des Lizenznehmers bereitgestellt wird. Das Recht, den Zugang zu dem Werk zu eröffnen, welches als sogenanntes „Recht der öffentlichen Zugänglichmachung" in § 19a UrhG geregelt ist. Sowie das Recht zur weiteren Vervielfältigung der Software durch Besucher der Website gem. § 69c Nr. 1 UrhG, die diese wiederum bei sich selbst abspeichern.

Lange umstritten war in Rechtsprechung und Literatur die Frage, ob auch für den Online-„Weiterverkauf" gebrauchter Software die vorgenannten Rechte erforderlich sind oder ob sich der Zustimmungsvorbehalt des Urhebers auch bei einem Ersterwerb der Kopie im Wege eines mit Zustimmung des Rechtinhabers erfolgten Herunterladens iSv § 69c Nr. 3 S. 2 UrhG erschöpft und die gebrauchte Software dadurch gem. § 69d Abs. 1 UrhG auch ohne gesonderte (nochmalige) Zustimmung des Rechteinhabers weitergegeben – und zu diesem Zwecke auch nochmals vervielfältigt – werden darf (vgl. ua LG München I Urt. v. 15.3.2007 – 7 O 7061/06 (nicht rechtskräftig), CR 2007, 356 mAnm *Dieselhorst* = MMR 2007, 328; OLG München Urt. v. 3.8.2006 – 6 U 1818/06, OLGReport München 2006, 797 = CR 2006, 655 = MMR 2006, 748 mAnm *Stögmüller*;

LG Hamburg Urt. v. 29.6.2006 – 315 O 343/06 (nicht rechtskräftig), CR 2006, 812 mAnm *Grützmacher* = MMR 2006, 827 mAnm *Heydn/Schmiedl; Dieselhorst* CR 2007, 361 f.; *Dreier/Schulze-Dreier* § 69c Rn. 24; *Grützmacher* CR 2007, 549; *Huppertz* CR 2006, 145; *Koch* ITRB 2007, 140; *Rössel* ITRB 2007, 4; *Royla/Gramer* CR 2005, 154; *Schack* GRUR 2007, 639; Schricker/Loewenheim/*v. Ungern-Sternberg* § 19a Rn. 6; *Sosnitza* K&R 2006, 206; *Taeger* NJW 2007, 3326 [3327]; *Ulmer* ITRB 2007, 68; Wandtke/Bullinger/*Grützmacher* § 69c Rn. 36; *Wimmers/Schulz* ZUM 2007, 162). EUGH und BGH haben hierzu in Ihren „UsedSoft"-Entscheidungen inzwischen für Klarheit gesorgt (BGH Urt. v. 11.12.2014 – I ZR 8/13, CR 7/2015 – Used Soft III; BGH Urt. v. 17.7.2013 – I ZR 129/08, CR 2014, 168 ff. – Used Soft II; EuGH Urt. v. 3.7.2012 – C-128/11, CR 2012, 498 ff.): Stimmt der Rechteinhaber dem Herunterladen einer Kopie der Software aus dem Internet zu, so erschöpft sich sein Verbreitungsrecht nicht nur hinsichtlich der bei ihm heruntergeladenen Kopie(n), sondern auch hinsichtlich für eine Weitergabe/Weiternutzung notwendigerweise anzufertigender weiterer Kopien (BGH Urt. v. 11.12.2014 – I ZR 8/13, CR 7/2015 Rz. 31 – Used Soft III). Die Erschöpfungswirkung erstreckt sich damit auch auf die Vervielfältigung zur Herstellung etwaig abzuspaltender Kopien, die an den Zweiterwerber gehen (siehe *Schneider* CR-online.de Blog vom 23.6.2015, http://www.cr-online.de/blog/2015/06/23/bgh-in-usedsoft-iii-gebrauchtsoftwarehandel-oeffne-dich-oder-warum-volumenlizenzen-nun-aufgespalten-werden-duerfen/).

5. Einspeicherung in eine Website. Die Einspeicherung von Software in eine Webseite ist eine (digitale) Vervielfältigung, da hierbei eine neue, selbstständig wahrnehmbare Kopie entsteht (OLG München Urt. v. 8.3.2001 – 29 U 3282/00 (nicht rechtskräftig), NJW 2001, 3553 = CR 2001, 333 = GRUR 2001, 499, 501 = WRP 2001, 578 = MMR 2001, 375 [377] – Hitbit/AOL; *Schack* § 13 Rn. 461; *Möhring/Nicolini-Kroitzsch* § 16 Rn. 4; *Bechtold* ZUM 1997, 427 [429]).

6. Öffentlich-Zugänglichmachung. Das Verwertungsrecht, Nutzern den Zugang zur Software zu eröffnen (Recht der Öffentlich-Zugänglichmachung) ist in § 19a UrhG geregelt.

Werden urheberrechtlich geschützte Werke auf einer Internetseite so eingebunden, dass sie von Dritten aufgerufen werden können, so sind sie im Sinne des § 19a UrhG öffentlich zugänglich gemacht (vgl. zB AG Hamburg Urt. v. 27.9.2010 – 36A C 375/09, GRUR-RR 2011, 162 = ZUM-RD 2011, 38 = CR 2011, 58; siehe auch BGH Urt. v. 9.7.2015 – I-ZR 46/12, GRUR-RS 2014, 11840 – Framing).

7. Vervielfältigung durch Abruf von Besuchern der Website. → Form. H. 1 Anm. 7

8. Inhaltsverantwortlicher. Der Betreiber der vertragsgegenständlichen Website ist gem. § 7 Abs. 1 TMG für selbst eingestellte Inhalte nach den allgemeinen Gesetzen vollumfänglich verantwortlich. Er ist daher für die Einholung der Lizenz zuständig.

9. Abtretungs- und Unterlizenzierungsverbot. Diese Regelung dient dem Schutz des Rechteinhabers davor, den Überblick darüber zu verlieren, wer zur Nutzung seiner Software berechtigt ist und wer nicht. Deshalb ist die Nichtübertragbarkeit bzw. Nicht-Unterlizenzierbarkeit auch der gesetzliche Regelfall, vgl. §§ 34, 35 UrhG. Auch schützt das Unterlizenzierungsverbot den Rechteinhaber vor einem Weiterbestehen von Unterlizenzen nach Wegfall der Hauptlizenz, siehe BGH in Sachen „M2Trade" (Urt. v. 19.7.2012 – I ZR 70/10, GRUR 2012, 916) und „Take Five" (Urt. v. 19.7.2012 – I ZR 24/11, GRUR 2012, 914).

10. Beschränkung auf bestimmte Website. Diese Beschränkung kann je nach Interessenlage der Parteien entfallen.

11. **Bedingung vollständiger Zahlung.** Die Bedingung vollständiger Zahlung wirkt wie ein „Eigentumsvorbehalt" des Rechteinhabers, indem sie die dingliche Wirkung der Nutzungsrechtseinräumung bis zur vollständigen Bezahlung der Vergütung aufschiebt. Im Falle eines Insolvenzverfahrens über das Vermögen des Lizenznehmers vor Zahlung der Vergütung schützt dieser Rechtevorbehalt den Rechteinhaber wie ein Eigentumsvorbehalt den Warenkreditgeber: Sie zwingt den Insolvenzverwalter, entweder die Zahlung der Lizenzgebühr als Masseschuld neu einzugehen oder auf die Nutzung des lizenzierten Inhalts zu verzichten.

Bei einer Lizenz, die gegen Zahlung wiederkehrender Beträge (zB jährliche Lizenzgebühr) eingeräumt wird, kann auch ein Rechterückfall bei künftiger Nichtzahlung vereinbart werden:

> Ferner fallen die eingeräumten Rechte automatisch an den Rechteinhaber zurück, wenn der Lizenznehmer mit der Bezahlung einer gem. § 7 dieses Vertrages fälligen Vergütung trotz Mahnung und Nachfristsetzung länger als zwei Monate in Verzug bleibt.

Diese Klausel sanktioniert den Zahlungsverzug des Lizenznehmers, indem sie die Nutzungsmöglichkeiten aus dem Vertrag de facto beendet, während andererseits der Vergütungsanspruch des Rechteinhabers (auch für die Zukunft) unberührt bleibt und somit zB im Insolvenzfall zur Verteilung nach der Quote angemeldet werden kann. Dies ist eine wirksame Sicherungsklausel des Vergütungsanspruches des Rechteinhabers gegenüber einem zahlungsunwilligen oder –unfähigen Lizenznehmer, auch beispielsweise in der Insolvenz des Lizenznehmers. Auch sie zwingt den Insolvenzverwalter, die Vergütung (bis auf im Beispiel maximal zwei Monatsvergütungen) entweder weiterzuzahlen oder auf die weitere Nutzung des lizenzierten Inhalts zu verzichten. Nach der Rechtsprechung des BGH (Urt. v. 17.11.2005 – IX ZR 162/04, NJW 2006, 915 = CR 2006, 151 = MMR 2006, 386) ist jedenfalls ein aufschiebend bedingter Rechtsübergang für den Fall der (Kündigung wegen) Nichterfüllung durch den Vertragspartner (bzw. dessen Insolvenzverwalter) insolvenzfest, so dass sich ein Rechteinhaber im Falle der Insolvenz des Lizenznehmers die eingeräumten Verwertungsrechte zurückholen kann. Die neue Rechtsprechung des BGH in Sachen „M2Trade" (Urt. v. 19.7.2012 – I ZR 70/10, GRUR 2012, 916) und „Take Five" (Urt. v. 19.7.2012 – I ZR 24/11, GRUR 2012, 914) zur „Insolvenzfestigkeit" von Unterlizenzen ändert an der Sinnhaftigkeit einer solchen Klausel nichts, denn eine Klarstellung des Schicksals von Hauptlizenzen im Insolvenzfall des Lizenzgebers steht nach wie vor aus.

12. **Europäische Union.** → Form. H. 1 Anm. 16

13. **Bestimmungslandprinzip.** → Form. H. 1 Anm. 17

14. **Unbekannte und noch nicht geschützte Nutzungsarten.** → Form. H. 1 Anm. 18

15. **Option bezüglich nicht erfasster Nutzungsarten.** → Form. H. 1 Anm. 19

16. **Kennzeichen und Abbildungen.** Dieser Abschnitt ist – je nach dem Umfang der Nutzung durch den Lizenznehmer und dem beiderseitigen Interesse an seiner Bezugnahme auf den Rechteinhaber – individuell zu gestalten. Insbesondere kann das Recht des Lizenznehmers auf die Benutzung des Werktitels sowie des Namens des Rechteinhabers beschränkt werden.

17. **Namensnennung.** Die Nennung des Urhebers ist schon gem. § 13 S. 2 UrhG kraft Gesetzes erforderlich. Für den Inhaber eines ausschließlichen Verwertungsrechts gibt es keinen solchen gesetzlichen Anspruch auf Namensnennung. Allerdings ist es – schon im Hinblick auf § 10 UrhG – häufig üblich, vertraglich zu vereinbaren, ihn in folgender oder ähnlicher Form zu nennen:

> Rechteinhaber: ......

18. Übergabe eines Werkstückes. Die rechtzeitige Lieferung eines Werkstückes ist insbesondere dann wesentlich, wenn die Software noch nicht existiert, sondern erst auf Grund dieses Vertrages geschrieben werden soll. Versäumt der Rechteinhaber die Lieferfrist sowie eine weitere Nachfrist, so ist der Lizenznehmer gem. § 6 Abs. 2 dieses Vertrages zur Kündigung berechtigt und kann mit der freigewordenen Kapazität eine andere Software lizenzieren.

19. Urheberinformationen. Diese Regelung dient dem Schutz des Lizenznehmers. Ihm soll dadurch ermöglicht werden, einerseits zu überprüfen, ob er alle zur Benutzung der vertragsgegenständlichen Software erforderlichen Lizenzen eingeholt hat, und andererseits seinen Pflichten gegenüber allen Berechtigten in der erforderlichen Weise nachzukommen.

20. Kontrollabrufe. Vereinbaren die Parteien eine abrufmengenabhängige Vergütung, so sind Kontrollabrufe ausdrücklich von der Vergütungspflicht auszunehmen:

> **Kontrollabrufe sind von der Vergütungszahlung befreit.**

21. Nutzungsdaten. Diese Formulierung verpflichtet den Lizenznehmer nur zur Herausgabe von Daten, die bei ihm ohnehin erhoben werden. Die Klausel kann auch weitergehend formuliert werden, so dass sie den Lizenznehmer zur Erhebung von Nutzungsdaten, soweit technisch möglich und rechtlich zulässig verpflichtet, zB mit folgender Formulierung:

> **Der Lizenznehmer verpflichtet sich, dem Rechteinhaber Nutzungsdaten, die mit dem Abruf der vertragsgegenständlichen Software in Zusammenhang stehen, zur Verfügung zu stellen, soweit dies technisch möglich und rechtlich zulässig ist.**

22. E-Mail-Adressen. Die Weitergabeverpflichtung bezüglich Nutzungsdaten sollte auch hinterlassene E-Mail-Adressen von Interessenten umfassen, sofern diese mit der Weitergabe an den Rechteinhaber einverstanden sind. Bezüglich der datenschutzrechtlichen Implikationen vgl. das BDSG und das TMG.

23. Rechtegarantie des Rechteinhabers. Da bei Rechten kein gutgläubiger Erwerb möglich ist, ist diese Klausel nötig, um den Lizenznehmer vor wirtschaftlichen Schäden zu schützen, wenn der vermeintliche Rechteinhaber gar nicht verfügungsberechtigt ist.

24. Haftungsfreistellung. Da aus einer fehlenden Berechtigung des Rechteinhabers auch folgen kann, dass der Lizenznehmer eine vertragsgegenständliche Software zwar gutgläubig, aber unberechtigt nutzt und er damit unabsichtlich selbst zum Rechtsverletzer wird, ist diese Freistellung nötig. Die ausdrückliche Erstreckung auf die eigenen Kosten der Rechtsverteidigung ist deshalb erforderlich, weil diese Kosten nicht auf Ansprüchen Dritter beruhen, sondern freiwillige Aufwendungen des Lizenznehmers darstellen, die daher von einer reinen Haftungsfreistellung nicht erfasst sind.

25. Garantie des Lizenznehmers. Ebenso hat der Lizenznehmer zu garantieren, dass seine Nutzung der Software den Rechteinhaber nicht in eine Beteiligten-Haftung verwickelt, indem hierdurch die Rechte anderer Schutzrechtsinhaber verletzt werden.

26. Veröffentlichung. Neben dem ausschließlichen Recht zur Vervielfältigung und Verbreitung hat ein Urheber auch das Recht, über die Veröffentlichung seines Werkes zu entscheiden, § 12 Abs. 1 UrhG. Daher ist grundsätzlich für jede Verwertung sicherzustellen, dass sie nicht am Veröffentlichungsrecht des Urhebers scheitert. Ist ein Werk bereits veröffentlicht, so ist das Veröffentlichungsrecht verbraucht und kann der Verwertung nicht mehr entgegenstehen. Wenn der Rechteinhaber eine Garantie dafür übernimmt, dass das Werk bereits veröffentlich ist, ist der Lizenznehmer somit ausreichend abgesichert.

27. Vertragsdauer. Die Vertragsdauer kann auch „auf unbestimmte Zeit" lauten. Dann kann die Lizenz allerdings, wie bei jedem unbefristeten Dauerschuldverhältnis, grundsätzlich von beiden Seiten jederzeit ordentlich gekündigt werden. Insofern ist ein befristeter Vertrag für beide Parteien besser planbar, da sie sich hierbei zumindest auf die Vertragslaufzeit als Mindestlizenzdauer verlassen können.

28. Lizenzdauer. Die Lizenzdauer kann auch – unabhängig vom Vertragsende – für eine gewisse Dauer ab dem Zeitpunkt des Rechteübergangs gem. § 2 Abs. 2 S. 1 des Formulars berechnet werden. Allerdings könnte dann ein Lizenznehmer, dem nach Vertragsunterzeichnung noch einmal Bedenken kommen, die Lizenzdauer durch Zurückhaltung der Zahlung nach hinten verschieben. Durch das hier vorgesehene Ende der Lizenzdauer mit Vertragsablauf (unabhängig vom Zeitpunkt des Beginns/Rechtsübergangs) wird der Lizenznehmer hingegen dazu motiviert, die geschuldete Vergütung so schnell wie möglich zu bezahlen, um in den Genuss einer möglichst langen Lizenzdauer zu kommen: Vor Bezahlung des geschuldeten Vergütungsbetrags darf er die vertragsgegenständliche Software nämlich gem. § 2 Abs. 2 S. 1 des Vertragsformulars nicht nutzen; das Ende seiner Nutzungsberechtigung richtet sich hingegen bei der hier vorgesehenen Regelung nach der Vertragslaufzeit, die bereits mit Vertragsunterzeichnung zu laufen beginnt.

29. Kündigung aus wichtigem Grund. Wie bei jedem Dauerschuldverhältnis ist auch beim Lizenzvertrag eine Kündigung aus wichtigem Grund stets möglich. Diese Klausel listet klarstellend einige Pflichtverletzungen auf, die nach Einschätzung der Parteien so erheblich sind, dass sie einen wichtigen Grund zur Kündigung darstellen. Die Aufzählung kann gekürzt oder um weitere erhebliche Pflichtverletzungen ergänzt werden.

30. Abmahnung. Gem. § 314 Abs. 2 S. 1 BGB ist grundsätzlich vor jeder fristlosen Kündigung eines Dauerschuldverhältnisses wegen der Verletzung von Vertragspflichten eine vorherige Abmahnung oder, falls die Pflichtverletzung in einem Unterlassen besteht, eine Abhilfefristsetzung erforderlich, es sei denn es liegen besondere Gründe iSv § 323 Abs. 2 BGB vor, die dem Kündigenden ein Festhalten an dem Vertrag auch ohne vorherige Mahnung oder Abmahnung unzumutbar machen.

31. Widerrufsvorbehalt. Diese Klausel entfaltet zugunsten besonders bindungsunwilliger Rechteinhaber die Wirkung eines jederzeitigen, begründungslosen Rücktrittsrechtes. Sie kann bei abweichender Interessenlage der Parteien entfallen.

32. Lizenzgebühr. Die Vergütungsform der Pauschallizenzgebühr ist für nicht oder nicht direkt Einkünfte produzierende Nutzungen die einfachste und angemessenste. Eine Beteiligung des Rechteinhabers am wirtschaftlichen Erfolg der Nutzung ist hier gar nicht oder nur schwer möglich.

33. Periodische Zahlungen. Eine Pauschallizenzgebühr kann allerdings auch in Form periodischer Zahlungen vereinbart werden. Dann ist allerdings sicherzustellen, dass der Übergang der Rechte gem. § 2 Abs. 2 S. 1 des Formulars bereits nach Zahlung der ersten Rate erfolgt, da der Lizenznehmer den Vertragsgegenstand sonst nicht nutzen darf. Die Fälligkeit der ersten Rate sollte wie folgt angepasst werden:

> Die erste Lizenzgebühr ist vor dem Einspeichern der vertragsgegenständlichen Software in die Website an den Rechteinhaber zu zahlen. Die weiteren Raten iHv jeweils . . . . . . sind jeweils zum . . . . . . zu bezahlen. Der Lizenznehmer kann die Ausstellung einer Rechnung über jeden zu zahlenden Betrag verlangen.

Bei periodisch wiederkehrender Zahlungspflicht ist zudem eine Beschränkung auf die gesetzliche Schutzfrist in den Vertrag aufzunehmen:

Wiederkehrende Lizenzgebühren müssen an den Rechteinhaber nur für die Dauer der gesetzlichen Schutzfrist bezahlt werden.

Sie stellt sicher, dass der Rechteinhaber, der auf Grund dieses Vertrages regelmäßige Zahlungen an den Rechteinhaber leistet, nach Wegfall des gesetzlichen Schutzes nicht – auf Grund des Vertrages – schlechter steht als jeder andere, der keine Vergütung für die nun freie Nutzung entrichten muss.

Wird ein solcher wiederkehrender Anspruch vereinbart, so kann man zum Schutz von dessen Erfüllung einen Rechterückfall für den Fall der Erfüllungsverweigerung durch den Lizenznehmer vereinbaren:

Lehnt der Lizenznehmer oder sein rechtmäßiger Vertreter die weitere Erfüllung des Vertrags ab, so hat der Rechteinhaber ein außerordentliches fristloses Kündigungsrecht innerhalb von zwei Wochen ab Kenntnis von der Erfüllungsverweigerung. Mit dem Wirksamwerden der Kündigung wird der Lizenznehmer von sämtlichen Pflichten aus diesem Vertrag frei und fallen sämtliche dem Lizenznehmer eingeräumten Rechte an ihn zurück.

Diese Regelung zwingt zB einen Insolvenzverwalter, entweder die weitere Erfüllung des Vertrages zu erklären und damit die Vergütungspflicht als Masseschuld neu einzugehen oder die weitere Benutzung der vertragsgegenständlichen Software einzustellen. Der Rechterückfall schützt den Rechteinhaber auf diese Weise in einem Insolvenzverfahren ähnlich wie ein Eigentumsvorbehalt den Warenkreditgeber, nachdem ein a priori Rechtevorbehalt nicht möglich ist, weil der Lizenznehmer den Rechtsübergang benötigt, um die Benutzung überhaupt aufnehmen zu können.

Erfolgt die Nutzung der vertragsgegenständlichen Software hingegen im Rahmen direkt Einnahmen erzeugender kommerzieller Programme oder Angebote (zB pay-per-download), so ist eine Umsatzbeteiligung des Rechteinhabers üblich und angemessen. Sie kann zum Beispiel in der in → Form. H. 4 (für Musikdownloads) vorgestellten Form erfolgen.

34. Pauschalierter Verzugszins. Diese Regelung dient der Vereinbarung spezifischer Verzugszinsen als pauschaliertem Schadensersatz, falls ein möglicher Zinsschaden erwartbar höher liegt als der gesetzliche Zinssatz. Sie darf daher in Allgemeinen Geschäftsbedingungen gem. § 309 Nr. 5 BGB nF den zu erwartenden Schaden nicht übersteigen und den Nachweis eines tatsächlich geringeren Schadens nicht abschneiden. Dies gilt auch, wenn der Lizenznehmer ein Unternehmer ist (Palandt/*Heinrichs* BGB § 309 Rn. 32 mwN). Daher sollte der gesetzliche Verzugszinssatz nur überschritten werden, wenn der Lizenznehmer tatsächlich zu höheren Zinsen Kredit in Anspruch nimmt. Der zu erwartende Schaden kann sich aber auch unterhalb des gesetzlich fixierten Verzugszinssatzes bewegen. Dann sollte diese Regelung – zugunsten der Anwendbarkeit des gesetzlichen Verzugszinssatzes iHv 5 % (bei Verbrauchern) bzw. 8 % (bei Unternehmern) über dem Basiszinssatz (§§ 288 Abs. 1 und 2, 247 BGB) – entfallen.

35. Exklusivität. Eine exklusive Einräumung der Online-Verwertungsrechte von Software stellt zugunsten des Lizenznehmers für einen gewissen Zeitraum sicher, dass er der einzige ist, der die vertragsgegenständliche Software zu dem vereinbarten Zweck online nutzt. Dies ist für ihn besonders dann wertvoll, wenn er ein investitionsintensives Webangebot betreibt, das einen hohen Aufmerksamkeitswert generieren soll, und für das auch der Wiedererkennungseffekt der verwendeten (oder angebotenen) Software von erheblicher Bedeutung ist.

36. Exklusivitätsdauer. In der Praxis umfasst die Dauer der Exklusivität bei Software in der Regel längere Zeiträume (bis hin zu gelegentlich der gesamten Dauer der Schutzfrist). Der Zeitraum der Exklusivität kann jedoch auch „während der Lizenzdauer dieses Vertrages" oder zB „bis zu 30 Tage nach Beendigung dieses Vertrages" betragen.

Datenbanken

10. Datenbank-Online-Lizenzvertrag

Zwischen

......

– nachstehend „Rechteinhaber" genannt –

und

......

– nachstehend „Lizenznehmer" genannt –

wird folgender Vertrag[1] geschlossen:

§ 1 Vertragsgegenstand

(1) Der Lizenznehmer beabsichtigt, die Datenbank

...... [Titel/Beschreibung]

von ...... [Rechteinhaber]

in seine Website mit der URL/den URLs ...... einzubinden. Die hierfür erforderlichen Rechte sollen durch diesen Vertrag erworben werden.

(2) Die Parteien gehen davon aus, dass die Datenbank in Deutschland zugunsten des Rechteinhabers urheberrechtlich oder leistungsschutzrechtlich geschützt ist.[2]

§ 2 Rechtseinräumung[3]

(1) Zur Verwirklichung des in § 1 Abs. 1 genannten Zweckes räumt der Rechteinhaber dem Lizenznehmer hiermit folgende nicht ausschließliche Nutzungsrechte ein:[4]

(a) Das Recht zur Einspeicherung der Datenbank/Datenbankinhalte in die og Website des Lizenznehmers;

(b) Das Recht, die Datenbank/Datenbankinhalte der Öffentlichkeit[5] ganz oder teilweise zugänglich zu machen[6] („Recht der Öffentlich-Zugänglichmachung");

(c) Das Recht die Datenbankinhalte auf Abruf von Besuchern der og Website hin vervielfältigen zu lassen.[7]

Die Rechtseinräumung umfasst nur die Nutzung der Datenbank im Zusammenhang mit einer Website im (allgemein frei zugänglichen) Internet.

Die Rechte sind nur dem Lizenznehmer als inhaltlich Verantwortlichem[8] für die Website eingeräumt und ohne Zustimmung des Rechteinhabers weder weiterübertragbar noch unterlizenzierbar.[9] Insbesondere sind sie nicht dem technischen Dienstleister, der die Website betreibt, eingeräumt, sofern dieser von dem Lizenznehmer verschieden ist. Der

Lizenznehmer verpflichtet sich, die vertragsgegenständliche Datenbank ausschließlich für die oben genannte Website zu verwenden.[10]

Der Vertrieb körperlicher Werkstücke oder andere als die in diesem § 2 dieses Vertrages genannten Verwertungsformen sind nach diesem Vertrage nicht zulässig. Hierzu bedarf es des Abschlusses eines eigenen, gesonderten Lizenzvertrages.

(2) Die Rechtseinräumung wird gem. § 158 Abs. 1 BGB erst wirksam, wenn der Lizenznehmer die gem. § 7 dieses Vertrages geschuldete Vergütung vollständig geleistet hat.[11] Der Rechteinhaber kann eine Benutzung der vertragsgegenständlichen Datenbank auch schon vor diesem Zeitpunkt vorläufig erlauben. Ein Übergang der Rechte nach diesem Paragraphen findet durch eine solche vorläufige Erlaubnis nicht statt.

(3) Die Rechtseinräumung ist territorial auf die Einbindung der vertragsgegenständlichen Datenbank/Datenbankinhalte in eine Website beschränkt, die erkennbar zum Abruf nur innerhalb der Europäischen Union[12] bestimmt ist.[13]

(4) Die Nutzungsrechtseinräumung umfasst alle derzeit bekannten und unbekannten Nutzungsarten, die zur Erreichung des Vertragszwecks erforderlich sind oder werden, auch wenn sie erst auf Grund neuer Gesetzeslage oder aus anderen Gründen nachträglich entstehen oder erst nachträglich bekannt werden.[14]

(5) Im Hinblick auf etwaig von dieser Nutzungsrechtseinräumung nicht erfasste Nutzungsarten im Zusammenhang mit Websites räumt der Rechteinhaber dem Lizenznehmer eine Option zu angemessenen Bedingungen ein.[15]

(6) Der Lizenznehmer ist nicht berechtigt, die Inhalte der Datenbank zu bearbeiten oder zu ergänzen.

(7) Der Lizenznehmer ist berechtigt, im Zusammenhang mit der Durchführung dieses Vertrages – insbesondere zum Zwecke der Eigenwerbung und auf der vertragsgegenständlichen Website selbst – den Titel/Namen der vertragsgegenständlichen Datenbank sowie Namen/Kennzeichen/Logos/Abbildungen des Rechteinhabers unentgeltlich zu benutzen.[16]

(8) Sämtliche Namens-, Titel- und Kennzeichenrechte an der Website oder einzelnen ihrer Teile oder durch Benutzung auf der Website entstehende Namens-, Titel- und Kennzeichenrechte sind Sache des Lizenznehmers.

(9) Der Rechteinhaber hat Anspruch auf Nennung seines Namens als Inhaber der Verwertungsrechte in Form eines – mit einem Zielpunkt seiner Wahl verlinkten – Vermerkes auf derjenigen Webseite, in die die vertragsgegenständliche Datenbank eingebunden wird.[17]

§ 3 Mitwirkungspflichten und Kontrollrechte des Rechteinhabers

(1) Der Rechteinhaber verpflichtet sich, dem Lizenznehmer bis spätestens . . . . . . [Datum] [18] ein Exemplar der Datenbank in elektronischer Form (Werkstück) zu liefern. Das Werkstück ist nach Ablauf von 2 Monaten an den Rechteinhaber zurückzugeben, sofern es in verkörperter Form (zB auf CD, DVD) übergeben wurde. Eine Weitergabe des Werkstückes an Dritte oder die Erstellung von Kopien für Dritte außerhalb des Rahmens dieses Vertrages ist nicht gestattet, soweit nicht der Rechteinhaber einer Übertragung der Lizenz an den Dritten zugestimmt hat.

(2) Der Rechteinhaber hat dem Lizenznehmer folgende Informationen in folgender Form zur Verfügung zu stellen:

(a) Informationen über sämtliche Verwertungsrechtsinhaber:[19] schriftlich oder per E-Mail;

(b) Ggf. Beschränkungen seines Rechteumfangs bzw. der Art und Weise, auf die die vertragsgegenständliche Datenbank in die Website eingebunden werden darf: schriftlich oder per E-Mail.

(3) Zur Kontrolle der Erfüllung dieses Vertrages gewährt der Lizenznehmer dem Rechteinhaber während der Lizenzdauer jederzeit kostenlosen Zugang zu seiner Website sowie den kostenlosen Abruf der Datenbankinhalte, sofern Zugang und Abruf nicht ohnehin unentgeltlich angeboten werden.[20]

(4) Der Lizenznehmer verpflichtet sich, dem Rechteinhaber auf Anforderung sämtliche vorhandenen Nutzungsdaten seiner Website zur Verfügung zu stellen, die mit dem Abruf der Datenbank/Datenbankinhalte in Zusammenhang stehen.[21] Dies erstreckt sich auch auf die Weitergabe von unter Bezugnahme auf die vertragsgegenständliche Abbildung hinterlassenen E-Mail-Adressen unter Berücksichtigung der deutschen Datenschutzbestimmungen (bei Einwilligung des betroffenen Nutzers).[22]

§ 4 Haftung

(1) Der Rechteinhaber versichert und steht dafür ein, dass er Inhaber der Online-Nutzungsrechte an der vertragsgegenständlichen Datenbank ist und in der vertragsgegenständlichen Form frei über sie verfügen kann.[23] Der Rechteinhaber garantiert ferner, dass die von ihm lizenzierten Inhalte frei von Rechten Dritter sind. Falls dem Rechteinhaber bekannt werden sollte, dass an irgendwelchen Bestandteilen der vertragsgegenständlichen Datenbank/Datenbankinhalte Rechte Dritter bestehen, so hat er den Lizenznehmer hierauf unverzüglich hinzuweisen. Der Rechteinhaber stellt den Lizenznehmer hiermit von jeglichen Ansprüchen Dritter in diesem Zusammenhang frei und ersetzt ihm die Kosten der Rechtsverteidigung.[24]

(2) Der Lizenznehmer garantiert, sämtliche neben der vertragsgegenständlichen Lizenz für die beabsichtigte Nutzung weiter erforderlichen Rechte selbst einzuholen, bzw. bereits eingeholt zu haben und stellt den Rechteinhaber in diesem Zusammenhang von jeglichen Ansprüchen Dritter frei.[25]

§ 5 Veröffentlichung

Der Rechteinhaber garantiert hiermit, dass die Datenbank bereits veröffentlicht ist.[26]

§ 6 Vertrags- und Lizenzdauer

(1) Dieser Vertrag beginnt mit beiderseitiger Unterzeichnung und läuft für die Dauer von . . . . . . (Vertragsdauer).[27] Mit Ablauf der Vertragsdauer enden sämtliche Pflichten aus diesem Vertrag mit Ausnahme solcher Regelungen, die ersichtlich auch nach Vertragsende gelten sollen.

(2) Die Rechtseinräumung nach diesem Vertrag (Lizenzdauer) beginnt gem. § 2 Abs. 2 mit der Zahlung der geschuldeten Lizenzgebühr und endet mit Ablauf der Vertragsdauer gem. § 6 Abs. 1.[28]

(3) Dieser Vertrag kann aus wichtigem Grund vorzeitig gekündigt werden, insbesondere wenn der Rechteinhaber seinen Mitwirkungspflichten gem. § 3 dieses Vertrags (insbesondere zur Lieferung eines Werkstückes gem. § 3 Abs. 1) nachhaltig nicht nachkommt, der Lizenznehmer fällige Zahlungen gem. § 7 dieses Vertrages trotz Mahnung und Nachfristsetzung nicht leistet oder die Kontrollrechte des Rechteinhabers gem. § 3 Abs. 3 dieses Vertrages nicht erfüllt.[29] Eine fristlose Kündigung setzt grundsätzlich voraus, dass der

andere Teil schriftlich gemahnt und aufgefordert wird, den vermeintlichen Grund zur fristlosen Kündigung in angemessener Zeit zu beseitigen, es sei denn es liegen besondere Gründe iSv §§ 314 Abs. 2, 323 Abs. 2 BGB vor, die dem Kündigenden ein Festhalten an dem Vertrag auch ohne vorherige Mahnung oder Abmahnung unzumutbar machen.[30]

§ 7 Vergütung

(1) Für die Rechtseinräumung nach diesem Vertrag erhält der Rechteinhaber eine Pauschallizenzgebühr in Höhe von . . . . . .[31]

(2) Die Lizenzgebühr ist vor dem Einspeichern der vertragsgegenständlichen Datenbank in die Website des Lizenznehmers/vor der Zugänglichmachung der vertragsgegenständlichen Datenbank durch die Website des Lizenznehmers (zB durch Verlinkung) an den Rechteinhaber zu zahlen.[32] Der Lizenznehmer kann die Ausstellung einer Rechnung über den zu zahlenden Betrag verlangen. Rechnungsbeträge sind spätestens innerhalb von 10 Arbeitstagen nach Rechnungsstellung zur Zahlung fällig. Zahlungen sind auf das Konto IBAN . . . . . . bei der . . . . . . in . . . . . ., BIC . . . . . . zu leisten.

Gerät der Lizenznehmer mit der Zahlung fälliger Forderungen in Verzug, so hat er Verzugszinsen in Höhe von . . . . . . % pro Jahr zu zahlen, sofern er nicht nachweist, dass der tatsächliche Schaden geringer ist.[33] Die Möglichkeit des Rechteinhabers zur Geltendmachung weitergehender Ansprüche aus dem Verzug bleibt unberührt.

(3) Alle Vergütungen verstehen sich zuzüglich der gesetzlichen Mehrwertsteuer, sofern der Rechteinhaber im Zahlungszeitpunkt der Umsatzsteuerpflicht unterliegt oder auf sie optiert hat und dies dem Lizenznehmer bekannt ist. Entsteht die Umsatzsteuerpflicht oder die Option auf sie nachträglich, so kann die Mehrwertsteuer bis zum Ende des laufenden Kalenderjahres unter Vorlage der Mehrwertsteuerpflicht-Bescheinigung des zuständigen Finanzamtes gegen Rechnungsstellung nachgefordert werden. Danach erlischt die Forderung auf Umsatzsteuer-Erstattung.

§ 8 Vertraulichkeit

Beide Parteien verpflichten sich, über die Bestimmungen dieses Vertrages sowie über alle ihnen im Rahmen dieses Vertrages bekannt gewordenen Informationen auch nach Ablauf der Lizenzdauer Stillschweigen zu bewahren.

§ 9 Herausgabe- und Löschungspflichten

Der Lizenznehmer verpflichtet sich, nach Beendigung der Lizenzdauer alle ihm einzeln in elektronischer Form vorliegenden vertragsgegenständlichen Informationen und Inhalte, insbesondere alle Kopien der vertragsgegenständlichen Datenbank/Datenbankinhalte, die nicht Bestandteil einer Gesamt-Archivierung seiner Website oder einzelner Webseiten sind, zu löschen. Informationen und Inhalte (auch Informationsmaterial uÄ), die in verkörperter Form vorliegen, sind an den Rechteinhaber zurückzugeben oder auf dessen Verlangen hin oder bei Nichtannahme zu vernichten.

§ 10 Exklusivität[34]

Der Rechteinhaber verpflichtet sich, für einen Zeitraum von . . . . . .[35] die vertragsgegenständlichen Datenbank/Datenbankinhalte nicht an einen weiteren Lizenznehmer zur Online-Nutzung zu lizenzieren, wenn dieser mit dem Lizenznehmer in direktem Konkurrenzverhältnis steht oder dem Lizenznehmer durch die Zweitlizenzierung ein Imageschaden droht. Ein solches direktes Konkurrenzverhältnis ist bei Branchengleichheit stets gegeben.

§ 11 Schlussbestimmungen

(1) Dieser Vertrag unterliegt dem Recht der Bundesrepublik Deutschland.

(2) Mündliche Nebenabreden bestehen nicht. Änderungen oder Ergänzungen dieses Vertrages bedürfen zu ihrer Wirksamkeit der Schriftform, auf die auch nicht mündlich verzichtet werden kann.

(3) Sollten einzelne Bestimmungen dieses Vertrages unwirksam sein oder werden, so wird dadurch die Wirksamkeit der übrigen Bestimmungen nicht berührt. Statt der unwirksamen Bestimmung gilt dasjenige, was die Parteien nach dem ursprünglich angestrebten Zweck unter wirtschaftlicher Betrachtungsweise redlicherweise vereinbart hätten. Das Gleiche gilt im Falle des Vorliegens einer Vertragslücke.

(4) Ansprüche aus diesem Vertrag können weder abgetreten, noch verpfändet, noch mit dem Recht eines Dritten belastet werden, soweit der Schuldner dem nicht ausdrücklich zustimmt.

(5) Erfüllungsort ist . . . . . . Sofern beide Parteien Kaufleute im Sinne des HGB sind, ist Gerichtsstand für alle Streitigkeiten aus diesem Vertrag . . . . . .

. . . .

(Ort, Datum)   (Ort, Datum)

. . . .

– Lizenznehmer –   – Rechteinhaber –

Anmerkungen

1. Sachverhalt. Gegenstand des vorliegenden Formularvertrages ist die Einbindung einer elektronischen Datenbank in eine Website, wodurch das Urheberrecht des Datenbankautors (§ 4 Abs. 2 UrhG) bzw. das Leistungsschutzrecht des Datenbankherstellers (§ 87a ff. UrhG) berührt wird. Die Einbindung kann auf zweierlei Weise geschehen: zum einen kann die Datenbank direkt vom Server des Lizenznehmers aus abgerufen werden oder von dort aus per Link von der Website des Rechteinhabers abrufbar (öffentlich zugänglich) gemacht werden. Letzteres kommt in der Regel bei sehr umfangreichen Datenbanken vor.
Die Haftung des Website-Betreibers gegenüber dem Rechteinhaber für die ordnungsgemäße Rechteeinholung bei Nutzung urheberrechtlich geschützter Inhalte ist in Rechtsprechung und Literatur unbestritten, vgl. zB LG München I Urt. v. 18.9.2008 – 7 O 8506/07, MMR 2009, 137 mAnm *Kaufmann*. Der Betreiber der Website ist regelmäßig Anbieter des entsprechenden Inhalts als „eigene Information" iSv § 7 Abs. 1 TMG und haftet daher dem Rechteinhaber gegenüber für Urheberrechtsverletzungen durch die mit der Einbindung in die Website verbundene Vervielfältigung und Öffentlich-Zugänglichmachung eines urheberrechtlich geschützten Inhalts. Daher besteht ein Bedarf nach Abschluss entsprechender Lizenzverträge wie in den Formularen dieses Abschnitts (H.).

2. Datenbankwerke und Datenbanken. Es ist zu unterscheiden zwischen Datenbankwerken und einfachen Datenbanken. Datenbankwerke sind Sammelwerke, deren einzelne Elemente unabhängig oder methodisch angeordnet und einzeln mit Hilfe elektronischer Mittel zugänglich sind (§ 4 Abs. 2 UrhG). Die Auswahl oder Zusammenstellung dieser Elemente muss eine persönlich geistige Schöpfung darstellen (§ 4 Abs. 1 UrhG). Hierfür reicht es allerdings aus, dass die Sammlung in ihrer Struktur, die durch Auswahl oder

Anordnung des Inhalts der Datenbank geschaffen worden ist, einen individuellen Charakter hat (BGH Urt. v. 24.5.2007 – I ZR 130/04, NJW 2008, 755 – Gedichttitelliste I).

Einfache Datenbanken sind dagegen Sammlungen von Werken, Daten oder anderen unabhängigen Elementen, die systematisch oder methodisch angeordnet und mit Hilfe elektronischer Mittel zugänglich sind. Dabei muss die Beschaffung, Überprüfung oder Darstellung eine nach Art und Umfang wesentliche Investition erfordern (§ 87a Abs. 1 UrhG), vor allem Zeit, Arbeit und Energie (vgl. *Schuppert* ITRB 2005, 39; Schricker/ Loewenheim/*Vogel* § 87a Rn. 32). Diese Hürde scheint sehr niedrig zu liegen, denn die Rechtsprechung sieht zB schon eine Sammlung von Links, die auf einer Website bereitgehalten werden, als einfache Datenbank an (zB LG Köln Urt. v. 25.8.1999 – 28 O 527/ 98, ZUM-RD 2000, 304).

3. **Rechtseinräumung.** Nach der urheberrechtlichen Zweckübertragungstheorie gem. § 31 Abs. 5 UrhG, die analog auch für Leistungsschutzrechte gilt (Schricker/Loewenheim/ *Schricker* § 31 Rn. 79), ist der Umfang der eingeräumten Nutzungsrechte im Zweifel eng auszulegen (hierzu Schricker/Loewenheim/*Schricker* § 31 Rn. 74 ff.). Daher ist eine ausdrückliche und möglichst umfassende Nutzungsrechtseinräumung empfehlenswert, um spätere Meinungsverschiedenheiten über den Umfang der Nutzungsrechte des Lizenznehmers zu vermeiden.

4. **Erforderliche Nutzungsrechte.** Für die Benutzung von Datenbanken in Online-Medien sind rechtssystematisch folgende Nutzungsrechte erforderlich: Ein Vervielfältigungsrecht für die Einspeicherung der Datenbank in die Website gem. §§ 16, 87b UrhG, wenn die Datenbank auf dem eigenen Server des Lizenznehmers bereitgestellt wird. Das Recht, den Zugang zu der Datenbank zu eröffnen, welches als sogenanntes „Recht der Öffentlichen Zugänglichmachung" in §§ 19a, 87b UrhG geregelt ist. Sowie das Recht zur weiteren Vervielfältigung der Datenbankinhalte durch Besucher der Website gemäß §§ 16, 87b UrhG, falls diese die Datenbankinhalte bei sich selbst wiederum abspeichern können.

5. **Einspeicherung in eine Website.** Die Einspeicherung von Datenbankinhalten in eine Webseite ist eine (digitale) Vervielfältigung, da hierbei eine neue, selbstständig wahrnehmbare Kopie entsteht (OLG München Urt. v. 8.3.2001 – 29 U 3282/00 (nicht rechtskräftig), NJW 2001, 3553 = CR 2001, 333 = GRUR 2001, 499 [501] = WRP 2001, 578 = MMR 2001, 375 [377] – Hitbit/AOL; *Schack* § 13 Rn. 461; Möhring/ Nicolini/*Kroitzsch* § 16 Rn. 4; *Bechtold* ZUM 1997, 427 [429]).

6. **Öffentlich-Zugänglichmachung.** Das Verwertungsrecht, der Öffentlichkeit den Zugang zur vertragsgegenständlichen Datenbank zu eröffnen (Recht der Öffentlich-Zugänglichmachung) ist in § 19a UrhG geregelt.

Werden urheberrechtlich geschützte Werke auf einer Internetseite so eingebunden, dass sie von Dritten aufgerufen werden können, so sind sie im Sinne des § 19a UrhG öffentlich zugänglich gemacht (vgl. zB AG Hamburg Urt. v. 27.9.2010 – 36A C 375/09, GRUR-RR 2011, 162 = ZUM-RD 2011, 38 = CR 2011, 58; siehe auch BGH Urt. v. 9.7.2015 – I-ZR 46/12, GRUR-RS 2014, 11840 – Framing).

7. **Vervielfältigung durch Abruf von Besuchern der Website.** → Form. H. 1 Anm. 7

8. **Inhaltsverantwortlicher.** Der Betreiber der vertragsgegenständlichen Website ist gem. § 7 Abs. 1 TMG für selbst eingestellte Inhalte nach den allgemeinen Gesetzen vollumfänglich verantwortlich. Er ist daher für die Einholung der Lizenz zuständig.

9. **Abtretungs- und Unterlizenzierungsverbot.** Diese Regelung dient dem Schutz des Rechteinhabers davor, den Überblick darüber zu verlieren, wer zur Nutzung seiner Datenbank berechtigt ist und wer nicht. Deshalb ist die Nichtübertragbarkeit bzw.

Nicht-Unterlizenzierbarkeit auch der gesetzliche Regelfall, vgl. §§ 34, 35 UrhG. Auch schützt das Unterlizenzierungsverbot den Rechteinhaber vor einem Weiterbestehen von Unterlizenzen nach Wegfall der Hauptlizenz, siehe BGH in Sachen „M2Trade" (Urt. v. 19.7.2012 – I ZR 70/10, GRUR 2012, 916) und „Take Five" (Urt. v. 19.7.2012 – I ZR 24/11, GRUR 2012, 914).

10. **Beschränkung auf bestimmte Website.** Diese Beschränkung kann je nach Interessenlage der Parteien entfallen.

11. **Bedingung vollständiger Zahlung.** Die Bedingung vollständiger Zahlung wirkt wie ein „Eigentumsvorbehalt" des Rechteinhabers, indem sie die dingliche Wirkung der Nutzungsrechtseinräumung bis zur vollständigen Bezahlung der Vergütung aufschiebt. Im Falle eines Insolvenzverfahrens über das Vermögen des Lizenznehmers vor Zahlung der Vergütung schützt dieser Rechtevorbehalt den Rechteinhaber wie ein Eigentumsvorbehalt den Warenkreditgeber: Sie zwingt den Insolvenzverwalter, entweder die Zahlung der Lizenzgebühr als Masseschuld neu einzugehen oder auf die Nutzung des lizenzierten Inhalts zu verzichten.

Bei einer Lizenz, die gegen Zahlung wiederkehrender Beträge (zB jährliche Lizenzgebühr) eingeräumt wird, kann auch ein Rechterückfall bei künftiger Nichtzahlung vereinbart werden:

> Ferner fallen die eingeräumten Rechte automatisch an den Rechteinhaber zurück, wenn der Lizenznehmer mit der Bezahlung einer gem. § 7 dieses Vertrages fälligen Vergütung trotz Mahnung und Nachfristsetzung länger als zwei Monate in Verzug bleibt.

Diese Klausel sanktioniert den Zahlungsverzug des Lizenznehmers, indem sie die Nutzungsmöglichkeiten aus dem Vertrag de facto beendet, während andererseits der Vergütungsanspruch des Rechteinhabers (auch für die Zukunft) unberührt bleibt und somit zB im Insolvenzfall zur Verteilung nach der Quote angemeldet werden kann. Dies ist eine wirksame Sicherungsklausel des Vergütungsanspruches des Rechteinhabers gegenüber einem zahlungsunwilligen oder –unfähigen Lizenznehmer, auch beispielsweise in der Insolvenz des Lizenznehmers. Auch sie zwingt den Insolvenzverwalter, die Vergütung (bis auf im Beispiel maximal zwei Monatsvergütungen) entweder weiterzuzahlen oder auf die weitere Nutzung des lizenzierten Inhalts zu verzichten. Nach der Rechtsprechung des BGH (Urt. v. 17.11.2005 – IX ZR 162/04, NJW 2006, 915 = CR 2006, 151 = MMR 2006, 386) ist jedenfalls ein aufschiebend bedingter Rechtsübergang für den Fall der (Kündigung wegen) Nichterfüllung durch den Vertragspartner (bzw. dessen Insolvenzverwalter) insolvenzfest, so dass sich ein Rechteinhaber im Falle der Insolvenz des Lizenznehmers die eingeräumten Verwertungsrechte zurückholen kann. Die neue Rechtsprechung des BGH in Sachen „M2Trade" (Urt. v. 19.7.2012 – I ZR 70/10, GRUR 2012, 916) und „Take Five" (Urt. v. 19.7.2012 – I ZR 24/11, GRUR 2012, 914) zur „Insolvenzfestigkeit" von Unterlizenzen ändert an der Sinnhaftigkeit einer solchen Klausel nichts, denn eine Klarstellung des Schicksals von Hauptlizenzen im Insolvenzfall des Lizenzgebers steht nach wie vor aus.

12. **Europäische Union.** → Form. H. 1 Anm. 16

13. **Bestimmungslandprinzip.** → Form. H. 1 Anm. 17

14. **Unbekannte und noch nicht geschützte Nutzungsarten.** → Form. H. 1 Anm. 18

15. **Option bezüglich nicht erfasster Nutzungsarten.** → Form. H. 1 Anm. 19

16. **Kennzeichen und Abbildungen.** Dieser Abschnitt ist – je nach dem Umfang der Nutzung durch den Lizenznehmer und dem beiderseitigen Interesse an seiner Bezugnahme auf den Rechteinhaber – individuell zu gestalten. Insbesondere kann das Recht des

Lizenznehmers auf die Benutzung des Werktitels sowie des Namens des Rechteinhabers beschränkt werden.

17. Namensnennung. Die Nennung des Urhebers ist schon gem. § 13 S. 2 UrhG kraft Gesetzes erforderlich. Für den Inhaber eines ausschließlichen Verwertungsrechts gibt es keinen solchen gesetzlichen Anspruch auf Namensnennung. Allerdings ist es – schon im Hinblick auf § 10 UrhG – häufig üblich, vertraglich zu vereinbaren, ihn in folgender Form zu nennen:

> Mit freundlicher Genehmigung von . . . . . . (Rechteinhaber).

18. Übergabe eines Werkstückes. Versäumt der Rechteinhaber die Lieferfrist sowie eine weitere Nachfrist, so ist der Lizenznehmer gem. § 6 Abs. 2 dieses Vertrages zur Kündigung berechtigt und kann mit der freigewordenen Kapazität einen anderen Inhalt lizenzieren.

19. Urheberinformationen. Diese Regelung dient dem Schutz des Lizenznehmers. Ihm soll dadurch ermöglicht werden, einerseits zu überprüfen, ob er alle zur Benutzung der vertragsgegenständlichen Datenbank erforderlichen Lizenzen eingeholt hat, und andererseits seinen Pflichten gegenüber allen Berechtigten in der erforderlichen Weise nachzukommen.

20. Kontrollabrufe. Vereinbaren die Parteien eine abrufmengenabhängige Vergütung, so sind Kontrollabrufe ausdrücklich von der Vergütungspflicht auszunehmen:

> Kontrollabrufe sind von der Vergütungszahlung befreit.

21. Nutzungsdaten. Diese Formulierung verpflichtet den Lizenznehmer nur zur Herausgabe von Daten, die bei ihm ohnehin erhoben werden. Die Klausel kann insofern auch weitergehend formuliert werden, als sie den Lizenznehmer zur Erhebung von Nutzungsdaten, soweit technisch möglich und rechtlich zulässig, verpflichten kann:

> Der Lizenznehmer verpflichtet sich, dem Rechteinhaber Nutzungsdaten, die mit dem Abruf der vertragsgegenständlichen Datenbankinhalte in Zusammenhang stehen, zur Verfügung zu stellen, soweit dies technisch möglich und rechtlich zulässig ist.

22. E-Mail-Adressen. Die Weitergabeverpflichtung bezüglich Nutzungsdaten sollte auch hinterlassene E-Mail-Adressen von Interessenten umfassen, sofern diese mit der Weitergabe an den Rechteinhaber einverstanden sind. Bezüglich der datenschutzrechtlichen Implikationen vgl. das BDSG und das TMG.

23. Rechtegarantie des Rechteinhabers. Da bei Rechten kein gutgläubiger Erwerb möglich ist, ist diese Klausel nötig, um den Lizenznehmer vor wirtschaftlichen Schäden zu schützen, wenn der vermeintliche Rechteinhaber gar nicht verfügungsberechtigt ist.

24. Haftungsfreistellung. Da aus einer fehlenden Berechtigung des Rechteinhabers auch folgen kann, dass der Lizenznehmer einer vertragsgegenständlichen Datenbank zwar gutgläubig, aber unberechtigt nutzt und er damit unabsichtlich selbst zum Rechtsverletzer wird, ist diese Freistellung nötig. Die ausdrückliche Erstreckung auf die eigenen Kosten der Rechtsverteidigung ist deshalb erforderlich, weil diese Kosten nicht auf Ansprüchen Dritter beruhen, sondern freiwillige Aufwendungen des Lizenznehmers darstellen, die daher von einer reinen Haftungsfreistellung nicht erfasst sind.

25. Garantie des Lizenznehmers. Ebenso hat der Lizenznehmer zu garantieren, dass seine Nutzung der vertragsgegenständlichen Datenbank den Rechteinhaber nicht in eine Beteiligten-Haftung verwickelt, indem hierdurch die Rechte anderer Schutzrechtsinhaber verletzt werden.

26. Veröffentlichung. Neben dem ausschließlichen Recht zur Vervielfältigung und Verbreitung hat ein Urheber auch das Recht, über die Veröffentlichung seines Werkes zu entscheiden, § 12 Abs. 1 UrhG. Daher ist grundsätzlich für jede Verwertung sicherzustellen, dass sie nicht am Veröffentlichungsrecht des Urhebers scheitert. Ist ein Werk bereits veröffentlicht, so ist das Veröffentlichungsrecht verbraucht und kann der Verwertung nicht mehr entgegenstehen. Wenn der Rechteinhaber eine Garantie dafür übernimmt, dass das Werk bereits veröffentlich ist, ist der Lizenznehmer somit ausreichend abgesichert.

27. Vertragsdauer. Die Vertragsdauer kann auch „auf unbestimmte Zeit" lauten. Dann kann die Lizenz allerdings, wie bei jedem unbefristeten Dauerschuldverhältnis, grundsätzlich von beiden Seiten jederzeit ordentlich gekündigt werden. Insofern ist ein befristeter Vertrag für beide Parteien besser planbar, da sie sich hierbei zumindest auf die Vertragslaufzeit als Mindestlizenzdauer verlassen können.

28. Lizenzdauer. Die Lizenzdauer kann auch – unabhängig vom Vertragsende – für eine gewisse Dauer ab dem Zeitpunkt des Rechteübergangs gem. § 2 Abs. 2 S. 1 des Formulars berechnet werden. Allerdings könnte dann ein Lizenznehmer, dem nach Vertragsunterzeichnung noch einmal Bedenken kommen, die Lizenzdauer durch Zurückhaltung der Zahlung nach hinten verschieben. Durch das hier vorgesehene Ende der Lizenzdauer mit Vertragsablauf (unabhängig vom Zeitpunkt des Beginns/Rechtsübergangs) wird der Lizenznehmer hingegen dazu motiviert, die geschuldete Vergütung so schnell wie möglich zu bezahlen, um in den Genuss einer möglichst langen Lizenzdauer zu kommen: Vor Bezahlung des geschuldeten Vergütungsbetrags darf er die vertragsgegenständliche Datenbank nämlich gem. § 2 Abs. 2 S. 1 des Vertragsformulars nicht nutzen; das Ende seiner Nutzungsberechtigung richtet sich hingegen bei der hier vorgesehenen Regelung nach der Vertragslaufzeit, die bereits mit Vertragsunterzeichnung zu laufen beginnt.

29. Kündigung aus wichtigem Grund. Wie bei jedem Dauerschuldverhältnis ist auch beim Lizenzvertrag eine Kündigung aus wichtigem Grund stets möglich. Diese Klausel listet klarstellend einige Pflichtverletzungen auf, die nach Einschätzung der Parteien so erheblich sind, dass sie einen wichtigen Grund zur Kündigung darstellen. Die Aufzählung kann gekürzt oder um weitere erhebliche Pflichtverletzungen ergänzt werden.

30. Abmahnung. Gem. § 314 Abs. 2 S. 1 BGB ist grundsätzlich vor jeder fristlosen Kündigung eines Dauerschuldverhältnisses wegen der Verletzung von Vertragspflichten eine vorherige Abmahnung oder, falls die Pflichtverletzung in einem Unterlassen besteht, eine Abhilfefristsetzung erforderlich, es sei denn es liegen besondere Gründe iSv § 323 Abs. 2 BGB vor, die dem Kündigenden ein Festhalten an dem Vertrag auch ohne vorherige Mahnung oder Abmahnung unzumutbar machen.

31. Lizenzgebühr. Die Vergütungsform der Pauschallizenzgebühr ist für nicht oder nicht direkt Einkünfte produzierende Nutzungen die einfachste und angemessenste. Eine Beteiligung des Rechteinhabers am wirtschaftlichen Erfolg der Nutzung ist hier gar nicht oder nur schwer möglich.

32. Periodische Zahlungen. Eine Pauschallizenzgebühr kann allerdings auch in Form periodischer Zahlungen vereinbart werden. Dann ist allerdings sicherzustellen, dass der Übergang der Rechte gem. § 2 Abs. 2 S. 1 des Formulars bereits nach Zahlung der ersten Rate erfolgt, da der Lizenznehmer den Vertragsgegenstand sonst nicht nutzen darf. Die Fälligkeit der ersten Rate sollte wie folgt angepasst werden:

Die erste Lizenzgebühr ist vor dem Einspeichern der vertragsgegenständlichen Datenbank/Datenbankinhalte in die Website an den Rechteinhaber zu zahlen. Die weiteren Raten iHv jeweils . . . . . .

sind jeweils zum . . . . . . zu bezahlen. Der Lizenznehmer kann die Ausstellung einer Rechnung über jeden zu zahlenden Betrag verlangen.

Bei periodisch wiederkehrender Zahlungspflicht ist zudem eine Beschränkung auf die gesetzliche Schutzfrist in den Vertrag aufzunehmen:

> Wiederkehrende Lizenzgebühren müssen an den Rechteinhaber nur für die Dauer der gesetzlichen Schutzfrist bezahlt werden.

Sie stellt sicher, dass der Rechteinhaber, der auf Grund dieses Vertrages regelmäßige Zahlungen an den Rechteinhaber leistet, nach Wegfall des gesetzlichen Schutzes nicht – auf Grund des Vertrages – schlechter steht als jeder andere, der keine Vergütung für die nun freie Nutzung entrichten muss.

Wird ein solcher wiederkehrender Anspruch vereinbart, so kann man zum Schutz von dessen Erfüllung bei Insolvenz einen Rechterückfall für den Fall der Erfüllungsverweigerung durch den Lizenznehmer vereinbaren:

> Lehnt der Lizenznehmer oder sein rechtmäßiger Vertreter die weitere Erfüllung des Vertrages ab, so hat der Rechteinhaber ein außerordentliches fristloses Kündigungsrecht innerhalb von zwei Wochen ab Kenntnis von der Erfüllungsverweigerung. Mit dem Wirksamwerden der Kündigung wird der Lizenznehmer von sämtlichen Pflichten aus diesem Vertrag frei und fallen sämtliche dem Lizenznehmer eingeräumten Rechte an ihn zurück.

Diese Regelung zwingt zB einen Insolvenzverwalter, entweder die weitere Erfüllung des Vertrages zu erklären und damit die Vergütungspflicht als Masseschuld neu einzugehen oder die weitere Benutzung der vertragsgegenständlichen Datenbank/Datenbankinhalte einzustellen. Der Rechterückfall schützt den Rechteinhaber auf diese Weise in einem Insolvenzverfahren ähnlich wie ein Eigentumsvorbehalt den Warenkreditgeber, nachdem ein a priori Rechtevorbehalt nicht möglich ist, weil der Lizenznehmer den Rechtsübergang benötigt, um die Benutzung überhaupt aufnehmen zu können.

33. Pauschalierter Verzugszins. Diese Regelung dient der Vereinbarung spezifischer Verzugszinsen als pauschaliertem Schadensersatz, falls ein möglicher Zinsschaden erwartbar höher liegt als der gesetzliche Zinssatz. Sie darf daher in Allgemeinen Geschäftsbedingungen gem. § 309 Nr. 5 BGB den zu erwartenden Schaden nicht übersteigen und den Nachweis eines tatsächlich geringeren Schadens nicht abschneiden. Dies gilt auch, wenn der Lizenznehmer ein Unternehmer ist (Palandt/*Heinrichs* BGB § 309 Rn. 32 mwN). Daher sollte der gesetzliche Verzugszinssatz nur überschritten werden, wenn der Lizenznehmer tatsächlich zu höheren Zinsen Kredit in Anspruch nimmt. Der zu erwartende Schaden kann sich aber auch unterhalb des gesetzlich fixierten Verzugszinssatzes bewegen. Dann sollte diese Regelung – zugunsten der Anwendbarkeit des gesetzlichen Verzugszinssatzes iHv 5 % (bei Verbrauchern) bzw. 8 % (bei Unternehmern) über dem Basiszinssatz (§§ 288 Abs. 1 und 2, 247 BGB) – entfallen.

34. Exklusivität. Eine exklusive Einräumung der Online-Verwertungsrechte von Datenbanken stellt zugunsten des Lizenznehmers für einen gewissen Zeitraum sicher, dass er der einzige ist, der die vertragsgegenständlichen Datenbankinhalte zu dem vereinbarten Zweck online nutzt. Dies ist für ihn besonders dann wertvoll, wenn er ein investitionsintensives Webangebot betreibt, das einen hohen Aufmerksamkeitswert generieren soll, und hierfür auch der Widererkennungseffekt der verwendeten Datenbankinhalte von erheblicher Bedeutung ist.

35. Exklusivitätsdauer. In der Praxis beträgt die Dauer der Exklusivität selten mehr als ein paar Wochen. Bei besonderer Interessenlage kann der Zeitraum der Exklusivität jedoch auch „während der Lizenzdauer dieses Vertrages" oder zB „bis zu 30 Tage nach Beendigung dieses Vertrages" betragen.

I. Werbe- und Vermarktungsverträge

1. Werbebanner-Vertrag

Zwischen

. . . . . .

– nachstehend „Seitenbetreiber" genannt –

und

. . . . . .

– nachstehend „Kunde" genannt –

wird folgender Vertrag[1,2] geschlossen:

§ 1 Vertragsgegenstand

(1) Gegenstand dieses Vertrags ist die Aufnahme eines Werbebanners des Kunden auf der Website[3] des Seitenbetreibers http://. . . . . .

(2) Das Werbebanner[4] des Kunden wird auf der Seite . . . . . . an oberster Stelle platziert.

(3) Das Werbebanner wird ab . . . . . . [Datum] aufgenommen und vom Seitenbetreiber täglich 24 Stunden abrufbar gehalten.

(4) Das Werbebanner wird über einen Hyperlink mit folgender Internetseite des Kunden (Zielseite) verknüpft: http://. . . . . ., so dass die vorbezeichnete Internetseite aufgerufen wird, wenn das Werbebanner mit einem Mausklick aktiviert wird.

§ 2 Inhalt des Banners, technische Spezifikationen, Abnahme

(1) Der Inhalt des Werbebanners ist in Anlage 1 zu diesem Vertrag festgehalten.

(2) Es handelt sich um ein animiertes Banner im Dateiformat GIF.[5]

(3) Das Werbebanner hat eine Größe von 468 × 60 Pixel.[6]

(4) Der Kunde wird dem Seitenbetreiber das Werbebanner als Datei in der Größe von maximal 15 KB und spätestens am . . . . . . [Datum] per E-Mail an . . . . . . liefern.[7]

(5) Die Verlinkung gemäß § 1 Ziff. 4 dieses Vertrags erfolgt im gleichen Browser-Fenster.

(6) Es werden folgende weitere technische Spezifikationen vereinbart: . . . . . .

(7) Der Kunde wird die Website, auf der das Werbebanner platziert ist, unverzüglich nach der ersten Schaltung untersuchen und etwaige Mängel spätestens innerhalb von 1 Woche nach der ersten Schaltung rügen. Nach Ablauf dieser Zeit gilt die Werbung als genehmigt.[8]

§ 3 Mitwirkungspflichten des Kunden[9]

(1) Der Kunde wird während der gesamten Laufzeit dieses Vertrags die Zielseite gemäß § 1 Ziff. 4 dieses Vertrags abrufbar halten.

(2) Im Falle von Störungen bei der Verlinkung des Werbebanners zu der Zielseite gemäß § 1 Ziff. 4 dieses Vertrags wird der Kunde den Seitenbetreiber von diesen Störungen unverzüglich schriftlich in Kenntnis setzen.

(3) Bei der Gestaltung und Herstellung des Werbebanners wird der Kunde geltendes Recht beachten und dafür Sorge tragen, dass keine Rechte Dritter, gleich welcher Art, verletzt werden. Stellt der Kunde nachträglich fest, dass das Werbebanner geltendes Recht und/oder Rechte Dritter verletzt, so wird er den Seitenbetreiber hiervon unverzüglich schriftlich unterrichten.

(4) Der Kunde wird den Seitenbetreiber von Ansprüchen Dritter gleich welcher Art freistellen, die aus der Rechtswidrigkeit des Werbebanners und/oder der Verletzung von Rechten Dritter resultieren, und wird ihm die angemessenen Kosten der Rechtsverteidigung ersetzen.

§ 4 Nutzungsrechte[10]

Der Kunde räumt dem Seitenbetreiber sämtliche für die Nutzung und auftragsgemäße Schaltung des Banners erforderlichen Rechte ein, insbesondere das Recht zur Speicherung, Vervielfältigung, Veröffentlichung, Digitalisierung, öffentlichen Zugänglichmachung sowie das Recht zur Bearbeitung, soweit dies zur Durchführung des Vertrags notwendig ist. Dieses umfasst auch das Werberecht zum Zwecke der Eigenwerbung, wie etwa im Rahmen eines Referenzarchivs oder für Präsentationen.

§ 5 Unterbrechung der Bannerschaltung[11]

(1) Dem Seitenbetreiber ist es gestattet, die Schaltung des Werbebanners sofort zu unterbrechen, wenn Anhaltspunkte dafür vorliegen, dass es und/oder die Zielseite gemäß § 1 Ziff. 4 und/oder das Umfeld der Zielseite gemäß § 1 Ziff. 4 rechtswidrig ist und/oder Rechte Dritter verletzen. Anhaltspunkte für eine Rechtswidrigkeit und/oder Rechtsverletzung liegen insbesondere dann vor, wenn Behörden und/oder sonstige Dritte Maßnahmen, gleich welcher Art, gegen den Seitenbetreiber und/oder gegen den Kunden ergreifen und diese Maßnahmen auf den Vorwurf einer Rechtswidrigkeit und/oder Rechtsverletzung stützen. Die Unterbrechung der Schaltung ist aufzuheben, sobald der Verdacht der Rechtswidrigkeit bzw. der Rechtsverletzung ausgeräumt ist.

(2) Der Kunde ist über die Unterbrechung der Werbebannerschaltung unverzüglich zu unterrichten und unter Bestimmung einer Frist zur Ausräumung des Verdachts aufzufordern. Nach fruchtlosem Fristablauf steht dem Seitenbetreiber ein sofortiges Kündigungsrecht zu. Der Kunde ist berechtigt, innerhalb der Frist die Schaltung eines anderen Werbebanners und/oder die Verlinkung mit einer anderen Internet-Seite zu verlangen. Die hierdurch entstehenden Mehrkosten trägt der Kunde.

§ 6 Vergütung[12]

(1) Die Abrechnung der Vergütung erfolgt auf Tausendkontakter-Basis abhängig von der Anzahl der erzielten AdViews. Der Tausendkontakter-Preis beträgt . . . . . . EUR zuzüglich gesetzlicher Mehrwertsteuer.

(2) Der Seitenbetreiber verpflichtet sich, dem Kunden Auskunft über die Zahlen von „AdViews" und „AdClicks" sowie über die „AdClick"-Rate (Verhältnis von AdView und AdClick) zu geben. Im Hinblick auf die Form der Auskunft vereinbaren die Parteien die jeweils gültige Adreporting-Standardschnittstelle gemäß Empfehlung des BDZV, dmmv, VDZ, VPRT. Der Seitenbetreiber wird die Auskünfte im Wege des Online-Downloads als HTML-Datei übermitteln.

§ 7 Gewährleistung und Haftung[13]

(1) Die verschuldensunabhängige Haftung des Seitenbetreibers als Vermieter für bei Vertragsabschluss vorhandene Sachmängel seiner Website wird ausgeschlossen.

(2) Der Seitenbetreiber haftet nicht für die Funktionsfähigkeit der Verbindungsleitungen zu seinem Server oder bei Strom- oder Serverausfällen, die nicht in seinem Einflussbereich stehen.

(3) Der Seitenbetreiber haftet unbeschränkt für vorsätzlich oder grob fahrlässig durch den Seitenbetreiber, seine gesetzlichen Vertreter oder leitenden Angestellten verursachte Schäden sowie für vorsätzlich verursachte Schäden sonstiger Erfüllungsgehilfen; für grobes Verschulden sonstiger Erfüllungsgehilfen bestimmt sich die Haftung nach den in § 7 Ziffer 4 aufgeführten Regelungen für leichte Fahrlässigkeit.

(4) Der Seitenbetreiber haftet für leicht fahrlässig verursachte Schäden aus der Verletzung vertragswesentlicher Pflichten durch den Seitenbetreiber, seine gesetzlichen Vertreter oder Erfüllungsgehilfen. Vertragswesentliche Pflichten sind Pflichten, die die Grundlage des Vertrags bilden, die entscheidend für den Abschluss des Vertrags waren und auf deren Erfüllung der Kunde vertrauen darf. Insoweit ist die Haftung des Seitenbetreibers auf den Betrag begrenzt, der für den Kunden zum Zeitpunkt der jeweiligen Leistung vorhersehbar war.

(5) Der Seitenbetreiber haftet unbeschränkt für vorsätzlich oder fahrlässig verursachte Schäden aus der Verletzung des Lebens, des Körpers oder der Gesundheit durch den Seitenbetreiber, seine gesetzlichen Vertreter oder Erfüllungsgehilfen.

(6) Eine weitere Haftung des Seitenbetreibers ist dem Grunde nach ausgeschlossen.

§ 8 Vertragsdauer, Kündigung[14]

(1) Dieser Vertrag wird auf unbestimmte Zeit geschlossen und kann von beiden Parteien unter Einhaltung einer Frist von . . . . . . gekündigt werden. Die Kündigung bedarf der Schriftform.

(2) Das Recht zur Kündigung aus wichtigem Grunde bleibt unberührt. Ein wichtiger Grund zur Kündigung dieses Vertrags liegt für den Seitenbetreiber insbesondere dann vor, wenn der Kunde seine Verpflichtungen gemäß § 3 dieses Vertrags nachhaltig verletzt.

§ 9 Anwendbares Recht, Erfüllungsort, Gerichtsstand[15]

(1) Auf vorliegenden Vertrag findet deutsches Recht Anwendung.

(2) Erfüllungsort ist der jeweilige Sitz des Seitenbetreibers. Dieser ist zurzeit . . . . . .

(3) Für Streitigkeiten aus dem Vertrag ist Gerichtsstand . . . . . .

§ 10 Sonstiges

(1) Mündliche Nebenabreden sind nicht getroffen. Änderungen, Ergänzungen und Zusätze dieses Vertrags haben nur Gültigkeit, wenn sie zwischen den Parteien schriftlich vereinbart werden. Dies gilt auch für die Abänderung dieser Vertragsbestimmung.

(2) Sollte eine Bestimmung dieses Vertrags unwirksam sein oder werden, so berührt dies die Wirksamkeit des Vertrags im Übrigen nicht. Die unwirksame Bestimmung gilt als durch eine wirksame Regelung ersetzt, die dem wirtschaftlichen Zweck der unwirksamen Bestimmung am nächsten kommt. Entsprechendes gilt im Falle einer Vertragslücke.

······   ······

(Ort, Datum)   (Ort, Datum)

······   ······

– Seitenbetreiber –   – Kunde –

Anmerkungen

1. Sachverhalt. Die werbliche Kommunikation im Bereich des Internets nimmt einen hohen Stellenwert ein. Mögliche Werbemittel im Internet sind insbesondere die Domain, die Website selbst sowie das Versenden von E-Mails. Das nachfolgend erläuterte Vertragsmuster betrifft die Aufnahme eines Werbebanners gegen ein Entgelt. Hierbei verpflichtet sich ein Seitenbetreiber, ein konkret bestimmtes Werbebanner eines Kunden auf seine Website aufzunehmen.

2. Rechtsnatur. Der Werbebannervertrag ist kein im BGB kodifizierter Vertragstyp. Es handelt sich um einen sog. **zusammengesetzten Vertrag,** der werkvertragliche und miet-/pachtvertragliche Elemente enthält (Schuster/*Müller* VII Rn. 101). Darüber hinaus enthält er auch Charakteristika eines Dienstvertrags, dessen Recht im Zusammenhang von Kündigungsfristen herangezogen werden kann (zur Kündigung → Anm. 14). Der Seitenbetreiber schuldet regelmäßig den konkreten Erfolg der Werbeschaltung. Insoweit handelt es sich, ähnlich wie bei einem Anzeigenvertrag für Zeitungen (hierzu Palandt/*Sprau* BGB Vorb. § 631 Rn. 18), um einen Werkvertrag gemäß §§ 631 ff. BGB. Anders als im vorliegenden Vertragsmuster kann auch vereinbart werden, dass der Website-Betreiber das Werbebanner herstellt. Auch diesbezüglich findet Werkvertragsrecht Anwendung. Daneben ist für den Werbebannervertrag charakteristisch – insoweit ist er mit Verträgen über Banden- oder Plakatwerbung vergleichbar –, dass der Seitenbetreiber als Werbungsdurchführender auf seiner Website einen Platz von bezeichneter Größe und Platzierung seinem Kunden zur Nutzung für deren Werbung überlässt. Diese Zurverfügungstellung im Web enthält miet- oder pachtvertragliche Elemente. Bei der Bereithaltung des Werbebanners auf der Internetseite handelt es sich daher um ein Dauerschuldverhältnis (Schuster/*Müller* VII Rn. 101).

3. Die Website. Die Website, auch Homepage genannt, ist das Medium, mit welchem eine juristische oder natürliche Person im Internet ihren Auftritt hat. Bestandteil der Website ist die Hauptseite sowie regelmäßig einzelne weitere Seiten, die auf einem Rechner gehostet werden. Daneben ist es ebenso möglich, an unterschiedlichen Orten gespeicherte Seiten durch Links zu vernetzen. Die einzelnen Seiten werden durch HTML (Hyper Text Markup Language) strukturiert. Die technische Übertragung einer Website per Hyper Text Transfer Protocol (http://) bzw. Hyper Text Transfer Protocol Secure (https://) ermöglicht den weltweiten Datenaustausch. Der Browser (zB Mozilla Firefox, Google Chrome, Microsoft Internet Explorer oder Microsoft Edge) wandelt diese in Bilder und Töne um. Der Online-Werbemarkt wächst zunehmend. Laut Statistik des Online-Vermarkterkreis im Bundesverband Digitale Wirtschaft soll das Nettowerbevolumen für digitale Display-Werbung (Online und Mobile) in Deutschland im Jahr 2015 1,68 Mrd EUR ausgemacht haben. Damit hat sich die Internetwerbung als viertgrößtes Werbemedium nach Fernsehen, Tageszeitungen und Anzeigenblättern etabliert. Die Branche rechnet mit einer weiterhin stabilen Entwicklung.

4. Das Banner. Bei Werbebannern handelt es sich um grafisch gestaltete Werbeflächen, die auf Websites anderer Anbieter an möglichst prominenter Stelle platziert werden und als

Werbung aufgrund hinreichender Abgrenzung zum übrigen Inhalt der Website zu erkennen sind (*Leupold/Bräutigam/Pfeiffer* WRP 2000, 575 [579]). Seit jeher ist das Banner die dominierende Online-Werbeform. Während sich diese Werbeform früher in der Regel statisch und einfach konzipiert präsentierte, erscheint das Banner heutzutage unter Einsetzung der technischen Multimedia-Möglichkeiten in den verschiedensten Formen, um das Interesse des Internet-Users zu wecken. Beim **statischen Banner** resultiert die Aufmerksamkeitswirkung lediglich aus einem Bild. Da Werbebanner flächenmäßig regelmäßig nicht groß ausfallen, bieten statische Grafiken nur eingeschränkte Möglichkeiten, eine Werbebotschaft zu vermitteln. Die einzige Aktionsmöglichkeit ist dabei der Klick, der auf die verlinkte Seite des Werbetreibenden führt. Statische Banner waren die ersten Werbebanner, die entwickelt wurden. Im Gegensatz hierzu besteht beim **animierten Banner** die Möglichkeit, eine Werbebotschaft in einem kleinen Film mitzuteilen. Dem Werbetreibenden bietet sich hierdurch die Möglichkeit, eine verbesserte Werbewirkung zu erzielen. Dazu werden animierte GIFs verwendet, die eine Sequenz von hintereinander in einer Datei untergebrachten Einzelbildern in einer Endlosschleife anzeigen. Das animierte Banner stellt derzeitig die am häufigsten verwendete Werbeform dar. Grund ist hierfür, dass dieses Banner weder server- noch nutzerseitig besondere technische Voraussetzungen verlangt und bewegte Bilder eine erhöhte Werbeaufmerksamkeit versprechen. Daneben gibt es weitere Sonderformen von Bannern, auf welche im Folgenden kurz eingegangen werden soll. Ein **HTML-Banner** ist dadurch gekennzeichnet, dass es aus einer Reihe von HTML-Befehlen, die innerhalb des Quellcodes der Seite des Werbeträgers eingefügt werden, besteht. Hierdurch können interaktive Elemente aufgerufen werden. Beispielsweise kann der Nutzer ein bestimmtes Produkt innerhalb des Banners auswählen, zu dessen Informationsseiten er durch einen Klick gelangt. Des Weiteren können HTML-Banner in Kombination mit Java Script, einer im HTML-Quelltext integrierten Programmiersprache, weitere interaktive Konfigurationen bereithalten, wie etwa kleine Spiele. Das **Mouse-Move-Banner** bewegt sich synchron zu den individuellen Benutzerbewegungen der Maus. Auf dem Bildschirm erscheint mit dem Aufbau der Seite direkt neben der Maus ein Werbebanner, das auf die Position des Mauszeigers reagiert. Um die Werbungen nicht aufdringlich zu gestalten, verschwindet das Banner, wenn der Mauszeiger einige Sekunden ruht. **Nanosite-Banner** sind Mini-Websites in der Größe eines Banners. Sie werden auch als „Microsites" bezeichnet. Hierbei wird eine komplett funktionsfähige Website auf der Werbefläche eingeblendet, so dass beliebig viele und komplette Website-Bereiche verlinkt werden, wobei der neue Inhalt am selben Werbeplatz angezeigt werden kann. Dies ermöglicht es, Mini-Shops mit allen Funktionalitäten anzubieten, ohne dass der Nutzer die gewählte Website verlassen muss. Als „Website in der Website" ist der Nanosite-Banner in der technischen Programmierung verhältnismäßig aufwändig. Gleichermaßen komplexe Technologien erfordert das **Rich-Media-Banner**, welches ein multimedial aufgewertetes Banner darstellt. Hierdurch lassen sich die verschiedensten Multi-Media-Funktionen, wie etwa Animation, Interaktivität, Sound, etc, in das Banner integrieren. Ferner lässt das **Streaming-Banner** eine Integration von Audio- und Video-Stream zu.

Die **Platzierung** des Werbebanners kann unterschiedlich geregelt sein. Im Allgemeinen wird das Banner an einen fest definierten Platz auf der Website positioniert. Alternativ kann vereinbart werden, dass sich die Platzierung des Banners nach dem Inhalt der Website oder nach dem Verhalten des Nutzers richtet. Eine solche **dynamische Platzierung** findet zunehmend Verbreitung, weil sie dem Werbenden eine verbesserte Abstimmung seiner Werbebotschaft auf die jeweilige Zielgruppe verspricht. Allerdings ist die zielgerichtete Platzierung von Werbung in Abhängigkeit des Nutzungsverhaltens umstritten, da sie die technische Überwachung des Nutzers voraussetzt.

5. Das animierte Banner. Derzeit sind animierte Banner, die eine Sequenz von hintereinander liegenden Einzelbildern anzeigen und es dadurch ermöglichen, die Werbebotschaft in einem kleinen Film zu kommunizieren, am häufigsten anzutreffen. Das animierte Banner benötigt weder auf der Server- noch auf der Userseite besondere technische Voraussetzungen. Üblicherweise wird heutzutage das Grafikformat GIF eingesetzt. Beim statischen Banner wird regelmäßig auf das Dateiformat JPEG zurückgegriffen. Des Weiteren sind noch Formate wie HTML und Flash verbreitet. Letzteres lässt insbesondere komplexe Multi-Media-Anwendungen zu.

6. Größe des Banners. In der Praxis haben sich hinsichtlich der Größe von Werbebannern zum Teil standardisierte Formate durchgesetzt. Das Voll-Banner hat eine Größe von 468 x 60 Pixel, während das „Super Banner" 728 × 90 Pixel aufweist. Das „Rectangle Banner" besitzt Pixel-Maße von 180 × 150 und das „Medium Rectangle Banner" ist 300 x 250 Pixel groß. Der „Skyscraper" hat üblicherweise eine Größe von 120 × 600 Pixel, während der „Wide Skyscraper" eine Fläche von 160 x 600 Pixel besitzt. Kennzeichnend für die Kategorie dieser beiden hochformatigen Banner ist, dass sie am oberen Bildschirmrand auch dann erscheinen, wenn der Nutzer die Website nach unten scrollt.

7. Übermittlung des Banners. Die Größe der Datei wird regelmäßig in KByte bestimmt. Wichtiger Vertragspunkt ist ferner auch der Zeitpunkt der Anlieferung des Banners an den Seitenbetreiber. Die Bereitstellung des Werbemittels ist eine Mitwirkungshandlung des Werbungstreibenden (§§ 642 f. BGB). In der Praxis ist es üblich, das Banner als Attachment via E-Mail an den Seitenbetreiber zu übermitteln. Der Werbungstreibende kann auch verpflichtet werden, dem Seitenbetreiber eine Internet-Adresse (URL, Uniform Ressource Locator) mitzuteilen, an welcher die Grafikdatei abgespeichert ist. Verletzt der Kunde seine Mitwirkungspflicht, das Banner vertragsgemäß zu übermitteln, hat der Seitenbetreiber das Recht, Verzugsschaden gemäß § 642 BGB geltend zu machen sowie eine Nachfrist mit Kündigungsandrohung nach § 643 BGB zu setzen. Als Verzugsschaden kommt die entgangene Vergütung in Betracht, die dem Website-Betreiber mangels einer anderen zu schaltenden Banner-Werbung auf dem vorgesehenen Werbeplatz zusteht.

8. Abnahme. Für den Seitenbetreiber empfiehlt sich eine Regelung bezüglich der Abnahme, welche im Rahmen des Werkvertrags Voraussetzung für die Fälligkeit der Vergütung ist (§ 641 BGB). Vor dem Hintergrund, dass die Bannerschaltung auf eine bestimmte Dauer angelegt ist, sollte die Abnahmepflicht mit ihren Voraussetzungen ausdrücklich geregelt sein (Moritz/Dreier/*Jessen/Müller* B. Rn. 457).

9. Beachtung der einschlägigen Gesetze und Vorschriften. a) Allgemein. Der Seitenbetreiber wird regelmäßig darauf bedacht sein, dass der Kunde bei Herstellung und Gestaltung des Werbebanners die gesetzlichen Grenzen berücksichtigt. Hierbei sind zum einen die allgemeinen Grundsätze zu beachten, insbesondere die Vorschriften des Wettbewerbsrechts (vgl. §§ 3 bis 7 UWG), wie etwa das **Erkennbarkeits- und Trennungsgebot** nach § 4 Nr. 3 UWG (vgl. auch § 6 Abs. 1 Nr. 1 und 2 TMG), wonach das Werbebanner *deutlich vom redaktionellen Teil der Website zu trennen und eindeutig als Werbung zu erkennen oder jedenfalls in geeigneter Weise entsprechend zu bezeichnen ist* (*Leupold/Bräutigam/Pfeiffer* WRP 2000, 575 [588 f.]; *Köhler/Bornkamm* UWG § 4 Rn. 1.273 ff.). Freilich ist dem Internetnutzer inzwischen geläufig, dass es auf einer Website neben redaktionellen Inhalten auch Bannerwerbung gibt. Eine optisch deutlich erkennbare Trennung zwischen Banner und redaktionellem Teil einer Webseite genügt daher in der Regel, um dem Trennungsgebot zu genügen (vgl. KG Berlin Urt. v. 24.1.2012 – 5 W 10/12, MMR 2012, 316). Sofern eine Bannerwerbung aber nach ihrem Erscheinungsbild als solche nicht sofort erkennbar ist, muss sie als Werbung gekennzeichnet werden (OLG Köln Urt. v. 12.4.2013 – 6 U 132/12, MMR 2014, 51 [52]).

Nach § 7 Abs. 1 S. 2 UWG ist **Werbung, die den Marktteilnehmer in unzumutbarer Weise belästigt,** unzulässig. Nach allgemeiner Ansicht hat der Nutzer Bannerwerbung, Pop-Ups, Layer-Ads, Video-Ads und Interstitials hinzunehmen, weil Werbemittel als Informationsquelle dienen und die besuchte Website finanzieren. Die Schwelle zur unzumutbaren Belästigung ist jedenfalls dann nicht überschritten, wenn sich die Werbemittel ohne weiteres wegklicken lassen (vgl. KG Berlin Urt. v. 18.10.2013 – 5 U 138/12, MMR 2014, 44). Unzumutbar ist es allerdings, wenn sich die Werbung sofort nach dem Schließen erneut öffnet, wie das bei sog. **Exit-Pop-Ups** der Fall ist (vgl. LG Düsseldorf Urt. v. 26.3.2003 – 2a O 186/02, MMR 2003, 486), oder das Schließen des Browserfensters unmöglich machen oder erheblich erschweren. Ferner sind auch sog. Fake-Banner unzulässig, die zum Beispiel getarnt als angebliche Windows-Systemmeldung oder Eingabefehler auftauchen und beim Anklicken auf die werbenden Seiten eines Anbieters führen oder ein Werbemittel erscheinen lassen.

Zum anderen sind die wettbewerbsrechtlichen Nebengesetze zu berücksichtigen sowie die Internet-spezifischen Vorschriften und – soweit vorhanden – einschlägige Rechtsprechung. Ausgangspunkt für eine mögliche Haftung des Seitenbetreibers sind die einschlägigen Vorschriften des Telemediengesetzes (TMG) und des Staatsvertrages für Rundfunk und Telemedien (RStV). Die bisherige Abgrenzung zwischen Tele- und Mediendiensten ist nach Inkrafttreten des TMG und des RStV nicht entfallen, da die Telemedien vom Rundfunk gem. § 2 Abs. 1 S. 1 und 2 RStV abzugrenzen sind (*Rössel* ITRB 2007, 158 [159]). Zu den Telemediendiensten gehören insbesondere Internet-Suchmaschinen, Werbe-E-Mails und Onlineangebote mit unmittelbarer Bestellmöglichkeit (zB Angebot von Daten, Newsgroups, Chatrooms, elektronische Presse, Fernseh-/Radiotext, Teleshopping) (*Rössel* ITRB 2007, 158 [159]). Gemäß § 7 Abs. 1 TMG sind Diensteanbieter für eigene Informationen, die sie zur Nutzung bereithalten, nach den allgemeinen Gesetzen verantwortlich. Die geschalteten Werbebanner sind grundsätzlich „eigene Informationen" des Seitenbetreibers. Ausnahmen von diesem Grundsatz sind denkbar, wenn – entgegen dem Vertragsmuster zu Grunde liegenden Sachverhalt – das Werbematerial bei Seitenaufruf automatisch von einem Server des Kunden abgerufen wird (so Spindler/*Schuppert* IX Rn. 35). Bei der Schaltung von Werbung in den klassischen Medien (Anzeige, Plakat, Werbefilm) haftet der Werbetreibende für Verstöße gegen seine Pflicht, die Werbung auf grobe und eindeutige Wettbewerbsverstöße zu prüfen (vgl. BGH Urt. v. 15.10.1998 – I ZR 120/96, GRUR 1999, 418; BGH Urt. v. 26.4.1990 – I ZR 127/88, GRUR 1990, 1012 – Pressehaftung I; BGH Urt. v. 7.5.1992 – I ZR 119/90, GRUR 1992, 618 – Pressehaftung II). Eine vergleichbare Prüfungspflicht wird auch dem Website-Betreiber bei der Prüfung der Bannerwerbung hinsichtlich des Banners zuzumuten sein.

Dies gilt jedoch nur so weit, als dem Website-Betreiber das Banner übermittelt wurde; sofern ihm also lediglich – was durchaus üblich ist – eine URL mitgeteilt wurde, die in den HTML-Code der jeweiligen Website eingegeben wird, ist zu berücksichtigen, dass der Kunde die Bannergrafik jederzeit ändern kann, ohne dass der Seitenbetreiber hiervon Kenntnis erlangt. In diesem Fall erscheint es vertretbar, eine Prüfungspflicht des Werbedurchführenden zu verneinen, da ihm nicht zuzumuten ist, fortlaufend den Inhalt der geschalteten Bannergrafik zu überprüfen. Dies gilt insbesondere dann, wenn es der Betreiber der Website mit einer Vielzahl von Bannern seiner Kunden zu tun hat. Nach der Rechtsprechung kann das Schalten eines Banners auf einer Website zur Haftung des Betreibers dieser Internetseite führen, wenn der Betreiber dieser Website gegenüber dem Nutzer den Eindruck der Prüfung auf Rechtskonformität der mittels Werbebanner verlinkten Internetseite des Dritten vermittelt (vgl. OLG Hamburg Urt. v. 14.7.2004 – 5 U 160/03, MMR 2004, 822; OLG Hamburg Urt. v. 5.6.2002 – 5 U 74/01, CR 2003, 56).

b) Die Vorschriften des TMG. §§ 7 bis 10 TMG regeln nunmehr einheitlich die Verantwortlichkeit sämtlicher Telemedienanbieter. Dabei ist zwischen Content-Provider (§ 7 Abs. 1 TMG), Access-Provider (§ 8 TMG) und Host-Provider (§ 10 TMG) zu unterscheiden. § 7 Abs. 2 S. 1 TMG bestimmt, dass Diensteanbieter i S d §§ 8 bis 10 TMG nicht verpflichtet sind, die von ihnen übermittelten oder gespeicherten Informationen zu überwachen oder nach Umständen zu forschen, die auf eine rechtswidrige Tätigkeit hinweisen. § 8 TMG bestimmt hinsichtlich der Verantwortlichkeit des **Access-Providers**, dass dieser nicht für rechtswidrigen Inhalt haftbar ist, wenn er die Übermittlung der Informationen nicht veranlasst, den Adressaten der übermittelten Informationen nicht ausgewählt und auch die übermittelten Informationen weder ausgewählt noch verändert hat (§ 8 Abs. 1 S. 1 TMG). Entsprechendes gilt gemäß § 9 TMG für die Zwischenspeicherung (**Caching**). Die Verantwortlichkeit für das Speichern von Informationen (**Hosting**) ist in § 10 TMG geregelt. Wenn der Host-Provider keine Kenntnis von der rechtswidrigen Handlung oder Information hat oder sie unverzüglich nach Kenntnis sperrt oder entfernt, scheidet eine Verantwortlichkeit für das Speichern fremder Informationen aus.

c) **Rechtsprechung zur Verantwortlichkeit von Diensteanbietern.** Der BGH geht davon aus, dass die Störerhaftung für Unterlassungsansprüche nicht durch die §§ 7 ff. TMG verdrängt wird (BGH Urt. v. 27.3.2007 – VI ZR 101/06, NJW 2007, 2558; BGH Urt. v. 19.4.2007 – I ZR 35/04, NJW 2007, 2636 – Internetversteigerung II; *Backu/Hertneck* ITRB 2008, 35 [36]). Die Haftung für Unterlassungsansprüche beurteilt sich laut höchstrichterlicher Rechtsprechung nach den **Grundsätzen der allgemeinen Störerhaftung**, weshalb die Haftungsprivilegien der §§ 7 bis 10 TMG keine Anwendung finden (BGH Urt. v. 11.3.2004 – I ZR 304/01, NJW 2004, 3102 [3103 f.] – Rolex-ricardo.de/Internetversteigerung I; BGH Urt. v. 19.4.2007 – I ZR 35/04, NJW 2007, 2636 ff. – Internetversteigerung II; *Backu/Hertneck* ITRB 2008, 35 [36]). Die überwiegende Zahl der Entscheidungen zur Verantwortlichkeit von Diensteanbietern betreffen Host-Provider. Die Rechtsprechung geht davon aus, dass es dem Host-Provider grundsätzlich nicht zuzumuten ist, jedes Angebot vor der Veröffentlichung auf eine etwaige Rechtsverletzung zu untersuchen, weshalb eine Verantwortlichkeit des Portalbetreibers vor Erlangung der Kenntnis von der Rechtsverletzung ausgeschlossen ist (BGH Urt. v. 16.5.2013 – I ZR 216/11, GRUR 2013, 1229 Rn. 36 – Kinderhochstühle im Internet II; BGH Urt. v. 17.8.2011 – I ZR 57/09, GRUR 2011, 1038 Rn. 21 – Stiftparfüm; BGH Urt. v. 27.3.2012 – VI ZR 144/11, GRUR 2012, 751 Rn. 19 – RSS-Feeds; ebenso EuGH Urt. v. 24.11.2011 – C-70/10, GRUR 2012, 265 Rn. 47 ff. – Scarlet/SABAM; EuGH Urt. v. 16.2.2012 – C-360/10, GRUR 2012, 382 Rn. 33 – Netlog/SABAM). Wenn der Host-Provider auf eine klare Rechtsverletzung hingewiesen worden ist, muss er nicht nur das konkrete Angebot sperren, sondern auch Vorsorge dafür treffen, dass es möglichst nicht zu weiteren derartigen Schutzrechtverletzungen kommt (BGH Urt. v. 11.3.2004 – I ZR 304/01, GRUR 2004, 860 [864] – Internet-Versteigerung I; BGH Urt. v. 19.4.2007 – I ZR 35/04, GRUR 2007, 708 Rn. 45 – Internetversteigerung II; BGH Urt. v. 30.4.2008 – I ZR 73/05, GRUR 2008, 702 Rn. 51 – Internet-Versteigerung III; BGH Urt. v. 17.8.2011 – I ZR 57/09, GRUR 2011, 1038 Rn. 21 – Stiftparfüm). Eine allgemeine Überwachungspflicht für Internet-Provider besteht daher nicht (BGH Urt. v. 16.5.2013 – I ZR 216/11, GRUR 2013, 1229 Rn. 36 – Kinderhochstühle im Internet II; BGH Urt. v. 12.7.2012 – I ZR 18/11, GRUR 2013, 370 Rn. 28 – Alone in the Dark; BGH Urt. v. 17.8.2011 – I ZR 57/09, GRUR 2011, 1038 Rn. 39 – Stiftparfüm). Die Entscheidung über die Haftung des Host-Providers hängt im Einzelfall davon ab, ob und in welchem Umfang dem Provider technisch eine Vorabkontrolle der Inhalte möglich ist, die automatisiert sein müsste, weil eine manuelle Kontrolle angesichts der Vielzahl der Informationen in der Regel nicht zumutbar wäre (BGH Urt. v. 22.7.2010 – I ZR 139/08, GRUR 2011, 152 Rn. 38 – Kinderhochstühle im Internet I; BGH Urt. v. 16.5.2013 – I ZR 216/11, GRUR 2013, 1229 Rn. 47 – Kinderhochstühle im Internet II). Inzwischen hat der EuGH jedenfalls klargestellt, dass Betreiber sozialer Netzwerke nicht verpflichtet sind, Filter zu integrieren zur Verfolgung von Urheberrechtsverstößen im Rahmen von Uploads ihrer Nutzer (EuGH Urt. v. 16.2.2012 – C-360/10, GRUR 2012, 382 Rn. 46 – Netlog/SABAM). Das Gericht hat seine Entscheidung u a damit begründet, dass die Kontrollmaßnahmen dem

Provider wirtschaftlich nicht zuzumuten sind und dass einem solchen Filtereinsatz datenschutzrechtliche Bedenken entgegenstehen.

Access-Provider müssen keine Prüfungs- und Überwachungsmaßnahmen einführen, weil dies auf die Überwachung der gesamten elektronischen Kommunikation hinauslaufen würde (EuGH Urt. v. 24.11.2011 – C-70/10, GRUR 2012, 265 Rn. 48 ff. – Scarlet/SABAM). Das wäre auch nicht mit dem Fernmeldegeheimnis (Art. 10 Abs. 1 GG), dem Recht der Kunden des Providers auf den Schutz personenbezogener Daten sowie auf deren Recht eines freien Empfangs von Informationen zu vereinbaren. Nach der Rechtsprechung haftet ein Presseunternehmen nur im Falle grober, unschwer zu erkennender Verstöße für die Veröffentlichung wettbewerbswidriger Anzeigen (vgl. BGH Urt. v. 26.4.1990 – I ZR 127/88, GRUR 1990, 1012 – Pressehaftung I).

d) Spezialvorschriften. Ferner sind spezialgesetzliche Einschränkungen für bestimmte Produktgruppen (Tabak, Alkohol, Arznei- und Heilmittel) und Berufsgruppen (Rechtsanwälte – siehe hierzu instruktiv *Berger* NJW 2001, 1530 ff. –, Steuerberater, Wirtschaftsprüfer, Notare, Ärzte, Apotheker) zu beachten (vgl. hierzu Hoeren/Sieber/*Wolff* Kap. 11 Rn. 137 ff.). Schließlich sind die allgemeinen Vorschriften des Wettbewerbs- und Werberechts zu beachten. Werbeaktivitäten, die unlauter sind, sind unzulässig (§ 3 UWG). Dies ist im Einzelfall unter Beachtung aller Umstände zu ermitteln, wobei die Rechtsprechung und das Gesetz (vgl. § 4 UWG) Fallgruppen zur Konkretisierung entwickelt haben. Eine unlautere Werbung kommt insbesondere bei folgenden Konstellationen in Betracht: Zwang gegenüber Mitbewerbern und Boykottaufrufe; Behinderung von Konkurrenten; Werbung, die menschliche Gefühle, Schwächen oder Unerfahrenheit ausnützt; Werbung, die Einzelne oder die Allgemeinheit belästigt; Werbung, die einen Wettbewerbsvorsprung durch Rechtsbruch verschaffen soll; Nachahmung fremder Marken und Ausbeutung fremder Images (Hoeren/Sieber/*Wolff* Kap. 11 Rn. 30 ff.). Ferner verbietet § 5 UWG, Verbraucher durch Werbung in die Irre zu führen. Als Fallgruppen kommen etwa unrichtige Angaben über eigene oder fremde Waren oder Unternehmen und Verwendung irreführender Domains in Betracht (vgl. OLG Frankfurt aM CR 1996, 602 f.; Hoeren/Sieber/*Wolff* Kap. 11 Rn. 64).

Selbstregulierungen können den Parteien eine Orientierungshilfe bei der lauterkeitsrechtlichen Beurteilung von werblichen Auftritten geben und bei der Konkretisierung der wettbewerbsrechtlichen Generalklauseln helfen. Allerdings stellt ein Verstoß gegen Selbstregulierungen nicht automatisch einen Wettbewerbsverstoß dar. Auf internationaler Ebene ist der Consolidated ICC Code „Advertising and Marketing Communication Practice" von 2011 (herunterladbar in PDF-Format auf der Webseite http://www.iccwbo.org), eine Selbstregulierung der Werbewirtschaft, zu nennen. Zu den wesentlichen Grundsätzen des Codes gehört die Verpflichtung, die eigene Identität bekannt zu geben, wenn mit Nutzern kommuniziert wird, sowie keine Aussagen und Darstellungen zu verbreiten, die pornografische, rassistische oder sexistische Inhalte haben. Eine weitere Form der Selbstbeschränkung der Internet-Nutzer stellt die Netiquette dar, welche Empfehlungen über das Verhalten im Zusammenhang mit der Internet-Nutzung enthält (*Hoeren* S. 36). Ein einheitliches Regelwerk der Netiquette für das Internet besteht jedoch nicht. Es differiert je nach der Nationalität der User sowie den spezifischen Bereichen (E-Mail, Chat, etc). Für den E-Mail-Bereich gelten beispielsweise das Gebot der Kürze, das Gebot der korrekten Wiedergabe des Absenders und eine allgemeine Wahrheitspflicht (*Hoeren* S. 48 ff.). Ebenso wenig wie die ICC Guidelines lässt sich die Netiquette als verbindliche Regelung qualifizieren. Abgesehen von der fehlenden Gesetzgebungskompetenz gehören die Internet-User keiner einheitlichen Berufsgruppe an, weshalb die Verletzung der Netiquette wegen Nichteinhaltung der Standesregeln für sich genommen keinen Wettbewerbsverstoß darstellt (*Hoeren* S. 40 ff.).

Für den Fall, dass der Seitenbetreiber aufgrund der Rechtswidrigkeit des Werbebanners zum Rechtsverletzer wird, ist eine Haftungsfreistellung zu seinen Gunsten erforderlich.

Angesichts des Umstandes, dass Kosten der Rechtsverteidigung des Seitenbetreibers freiwillige Aufwendungen darstellen und somit von der Haftungsfreistellung nicht erfasst sind, sollte die Haftungsfreistellung ausdrücklich auch auf diese Kosten der Rechtsverteidigung erstreckt werden.

10. Einräumung von Rechten. Um seine Verpflichtungen gegenüber dem Kunden aus dem Bannervertrag erfüllen zu können, ist dem Seitenbetreiber das Recht zur erforderlichen Nutzung der Werbematerialien einzuräumen. Dies wird regelmäßig konkludent durch die Beauftragung zur Schaltung des Banners geschehen. Angesichts der urheberrechtlichen **Zweckübertragungstheorie** ist der Umfang der eingeräumten Nutzungsrechte im Zweifel eng auszulegen. Es empfiehlt sich daher, den Umfang der Rechtseinräumung ausdrücklich zu regeln, insbesondere sollten alle Nutzungsarten im Zusammenhang mit der Online-Werbung erfasst sein. Hierzu gehören neben dem Recht zur Vervielfältigung das Recht zur öffentlichen Zugänglichmachung, Speicherung, zur Digitalisierung sowie das Recht zur Verwendung des Materials auch in der Werbung. Gegebenenfalls ist zusätzlich das Bearbeitungsrecht, d h das Recht, die Werbung umzugestalten und auf sonstige Weise zu bearbeiten, einzuräumen. Dies gilt jedenfalls dann, wenn Anpassungen erforderlich sind, die der Seitenbetreiber durchführen soll.

In den Fällen, in welchen der Inhaber der Internet-Seite lediglich als Werbemittler oder -vermarkter und nicht selbst als Werbetreibender auftritt, wird er sich das Recht zur Erteilung von Unterlizenzen einräumen lassen müssen, damit der Dritte das Banner rechtmäßig im Internet vervielfältigen kann.

11. Haftung des Seitenbetreibers. Vor dem Hintergrund der derzeit noch bestehenden Unsicherheiten in der Rechtsprechung über die Haftung des Seitenbetreibers bei möglicher Rechtswidrigkeit des Banners selbst oder der Inhalte, auf die der Link verweist (hierzu → Anm. 9), ist es angezeigt, dem Seitenbetreiber das Recht einzuräumen, die Bannerschaltung zu unterbrechen. Dies ist durch die Elektronische-Geschäftsverkehr-VereinheitlichungsG vom 26.2.2007 eingeführte Fassung der Verantwortlichkeitsregeln in den §§ 7 ff. TMG erforderlich. Insbesondere § 7 Abs. 2 S. 2 TMG sieht nunmehr auch für den Fall der Nichtverantwortlichkeit des Diensteanbieters eine Verpflichtung zur Entfernung oder Sperrung der Nutzung von Informationen nach den allgemeinen Regeln vor. Mit der vorgeschlagenen Vertragsklausel dürfte der vorgenannten Gesetzesregelung hinreichend Rechnung getragen sein. Es bleibt abzuwarten, inwiefern die Rechtsprechung nach Maßgabe der Vorschrift die Störerhaftung der Provider fortentwickelt. Das Recht der Sperrung sollte im Interesse des Website-Betreibers bereits bei Anhaltspunkten für eine Rechtswidrigkeit bzw. eine Rechtsverletzung vorgesehen werden. Sobald der Verdacht entkräftet ist, kann die Unterbrechung wieder aufgehoben werden. Im hier vorgeschlagenen Vertragsmuster ist der Kunde berechtigt, innerhalb der vom Seitenbetreiber gesetzten Frist, auf Kosten des Kunden die bisherige Bannergrafik durch eine andere Bannerwerbung bzw. durch einen anderen Hyperlink zu ersetzen.

12. Vergütung. Bei der Vergütung kommen verschiedene Preisgestaltungsmöglichkeiten in Betracht. Neben einer monatlichen Pauschale für einen bestimmten Zeitraum, der nach Tagen, Kalenderwochen oder Monaten berechnet wird, kommt als Bemessungsgrundlage der aus den tradierten Werbeformen bekannte Tausender-Kontakt-Preis (TKP) in Betracht. Des Weiteren ist eine Kombination dieser beiden Vergütungsverfahren dergestalt möglich, dass bei einer festen Monatsmiete bestimmte Kontaktzahlen festgelegt werden, welche bei Nichterreichen dazu führen, dass die Werbezeit verlängert wird. Ferner kann die Vergütung auch auf Grundlage der mittels des Werbebanners erzielten Geschäftsabschlüsse oder nach erzieltem Umsatz vereinbart werden (sog. Cost per Order oder Pay per Sale).

Üblich ist – wie in dem vorliegenden Vertragsmuster vorgesehen – die Bemessungsgrundlage nach dem Tausender-Kontakt-Preis. Hier vermittelt der Inhaber der Website den geschäftlichen Kontakt zum Werbenden im Sinne von § 652 Abs. 1 S. 1, 2. Alt. BGB, weshalb die Vergütung als Vermittlungsgebühr betrachtet werden kann (Schuster/*Müller* VII Rn. 113). Die Definition des „Kontakts" kann unterschiedlich erfolgen. Es kann zum einen darauf abgestellt werden, wie oft die Seite, auf der das Banner geschaltet ist, aufgerufen wird. Insofern spricht man von „AdViews" (gebräuchlich sind auch Bezeichnungen wie „PageViews" oder „AdImpressions"). Zum anderen kann darauf abgestellt werden, wie oft die Nutzer das Banner angeklickt haben, um zur Zielseite des Kunden zu gelangen (sog. AdClicks, Cost per Click oder Pay per Click) oder wie lange die entsprechende Werbung während des Nutzungsvorgangs sichtbar war. In dem hier vorgeschlagenen Vertragsmuster verpflichtet sich der Seitenbetreiber, dem Kunden Auskunft sowohl hinsichtlich der „AdViews" als auch der „AdClicks" zu geben. Im Hinblick auf die Form der Auskunft kann auf die standardisierte Auswertungsgestaltung Bezug genommen werden, auf welche sich mehrere Verbände, nämlich der Deutsche Multimedia Verband (dmmv), der Bundesverband Deutscher Zeitungsverleger (BDZV), der Verband Deutscher Zeitschriftenverleger (VDZ) und der Verband Privater Rundfunk und Telekommunikation (VPRT) geeinigt haben (Spindler/*Schuppert* Teil IX Rn. 20).

Für den Fall, dass der Seitenbetreiber, anders als im vorliegenden Vertragsmuster vorgesehen, auch für die Herstellung des Banners zuständig ist, empfiehlt es sich, im Vertrag jeweils die Vergütung für die Herstellung des Banners und für dessen Schaltung getrennt aufzuführen. Hierdurch wird dem Umstand Rechnung getragen, dass Leistungsstörungen – abhängig von den Bereichen, die sie betreffen – unterschiedliche Rechtsfolgen nach sich ziehen können.

13. Gewährleistung und Haftung. a) Gewährleistung. Die Verpflichtung des Seitenbetreibers, die Werbeschaltung durchzuführen, führt zu einer werkvertraglichen Garantiehaftung. Der Unternehmer ist nämlich verpflichtet, das vereinbarte Werk mangelfrei herzustellen. Kommt er dieser Verpflichtung nicht nach, d h wird das Werbebanner nicht ordnungsgemäß geschaltet, kann der Kunde gemäß §§ 634 Nr. 1, 635 BGB Nacherfüllung verlangen. Der **Nacherfüllungsanspruch** lässt dem Website-Betreiber die Wahl, den Mangel zu beseitigen oder ein neues Werk herzustellen (Palandt/*Sprau* BGB § 635 Rn. 4). Die zum Zweck der Nacherfüllung erforderlichen Aufwendungen hat der Seiteninhaber zu tragen (§ 635 Abs. 2 BGB). Eine Fristsetzung zur Nacherfüllung ist nicht erforderlich *(Palandt/ Sprau* BGB § 635 Rn. 3). Als Voraussetzung für Rücktritt, Minderung und Schadenersatz muss der Kunde grundsätzlich eine angemessene Frist setzen (vgl. § 636 BGB). Eine Ablehnungsandrohung ist nicht erforderlich. Schlägt eine Nacherfüllung fehl, kann der Kunde den Rücktritt vom Vertrag erklären oder Minderung verlangen. Hinsichtlich des Rücktritts regelt § 636 BGB, dass neben den allgemeinen Vorschriften nach §§ 281 Abs. 2, 323 Abs. 2 BGB dann keine Fristsetzung erforderlich ist, wenn die Nacherfüllung wegen unverhältnismäßiger Kosten vom Unternehmer verweigert wird oder fehlgeschlagen oder für den Besteller unzumutbar ist. Anders als beim Rücktrittsrecht ist eine Herabsetzung der Vergütung im Rahmen der Minderung nach § 638 Abs. 1 S. 2 BGB auch bei unerheblichen Mängeln möglich (Palandt/*Sprau* BGB § 638 Rn. 2). In der Praxis wird der Seitenbetreiber ein Interesse haben, sich ein umfassendes Nacherfüllungsrecht innerhalb der gesetzlichen Möglichkeiten einräumen zu lassen. Sofern kein Individualvertrag, sondern Allgemeine Geschäftsbedingungen vorliegen, ist § 309 Nr. 8 BGB (vgl. § 11 Nr. 10 AGBG) zu beachten.

Treten Leistungsstörungen im Hinblick auf die Bereithaltung des Werbebanners auf, so sind insoweit die einschlägigen Vorschriften im Miet- bzw. Pachtrecht heranzuziehen. Kann beispielsweise auf das Werbebanner entgegen der vertraglichen Regelung nicht täglich 24 Stunden zugegriffen werden, hat der Kunde einen Anspruch auf Minderung der vereinbarten Vergütung. Sofern die mangelnde Abrufbarkeit des Werbebanners nicht von dem Seitenprovider zu vertreten ist, kann er seinem Kunden seine vertraglichen Gewährleistungsansprüche abtreten. Bei der Verwendung von Formularverträgen sind jedoch die Beschränkungen des § 309 Nr. 8b BGB (vgl. § 11 Nr. 10 a AGBG) zu beachten. Angesichts der weitreichenden verschuldensunabhängigen Haftung des Vermieters gemäß § 536 a BGB empfiehlt es sich für den Seitenbetreiber, insoweit einen Haftungsausschluss zu vereinbaren. Ein solcher kann auch wirksam in Allgemeinen Geschäftsbedingungen vereinbart werden (BGH NJW-RR 1993, 519 [520]).

In Fällen, in denen der Seitenbetreiber eine bestimmte Zahl von Kontaktzahlen garantiert, liegt eine Schlechtleistung vor, wenn diese Anzahl verfehlt wird (Spindler/*Schuppert* Teil IX Rn. 52). Auch hier steht dem Provider das Recht zur Nacherfüllung zu. Scheitert diese, kann der Kunde zwischen Minderung und Rücktritt wählen. Angesichts des Umstands, dass die Werbeschaltung erfolgte, ist die Rechtsfolge des Rücktritts vom Vertrag für den Seitenbetreiber eine ungünstige Rechtsfolge, weshalb es sich empfiehlt, eine Garantiezusage hinsichtlich der Kontaktzahlen mit der Verknüpfung zu erklären, dass bei Nichterreichen der garantierten Kontaktzahl eine Verlängerung der Werbeschaltung eintritt. Eine solche – im Muster nicht vorgesehene – Klausel dürfte, da sie eine im Werkvertragsrecht nicht vorgesehene Leistung beschreibt, nicht der Inhaltskontrolle gemäß §§ 307 ff. BGB unterliegen und somit auch in AGB wirksam sein (zutreffend Spindler/*Schuppert* Teil IX Rn. 52; a A Schuster/*Müller* Teil VII Rn. 122). Zu beachten ist, dass nunmehr in § 307 Abs. 1 S. 2 BGB das Transparenzgebot gesetzlich geregelt ist und auch bei preisbestimmenden, leistungsbeschreibenden und deklaratorischen Vertragsklauseln gilt.

Das vorgeschlagene Vertragsmuster stellt klar, dass der Seitenbetreiber nicht für Umstände haftet, die außerhalb seines Einflussbereichs liegen und welche die Schaltung der Werbung verzögern oder verhindern können. In diesen Fällen entfällt die Leistungspflicht des Seitenbetreibers gemäß § 275 BGB. Der Kunde ist zum Rücktritt vom Vertrag berechtigt, auch wenn der Seitenbetreiber die Unmöglichkeit nicht zu vertreten hat (§ 323 BGB analog i V m § 326 Abs. 5 BGB). Gemäß § 326 Abs. 1 S. 1 HS 1 BGB entfällt dann auch der Anspruch auf die Gegenleistung.

b) Haftung. Ein Ausschluss der Haftung für Vorsatz ist nach § 276 Abs. 3 BGB nicht zulässig. In Allgemeinen Geschäftsbedingungen kann die Haftung für grobe Fahrlässigkeit gem. § 309 Ziff. 7 lit. b BGB, der über §§ 310 Abs. 1, 307 BGB auch bei Verträgen zwischen Unternehmen anwendbar ist, nicht wirksam ausgeschlossen werden. Nach allgemeiner Auffassung gilt das Verbot der Freizeichnung für grobes Verschulden der gesetzlichen Vertreter und leitenden Angestellten (Palandt/*Grüneberg* BGB § 309 Rn. 48). Ob ein Ausschluss für grobes Verschulden einfacher Erfüllungsgehilfen wirksam möglich ist, ist noch nicht höchstrichterlich entschieden (vgl. BGH Urt. v. 15.9.2005 – I ZR 58/03, NJW-RR 2006, 267 [269]). Nach ständiger Rechtsprechung des BGH darf die Haftung für vertragswesentliche Pflichten gem. § 307 Abs. 2 Nr. 2 BGB auch für einfache Fahrlässigkeit nicht ausgeschlossen werden. Zu beachten ist ferner, dass in Allgemeinen Geschäftsbedingungen Haftungserleichterungen über eine summenmäßige Beschränkung nicht wirksam sind. Im Verkehr zwischen Unternehmen ist jedoch eine Haftungsbeschränkung auf den vertragstypischen, vorhersehbaren Schaden zulässig (BGH Urt. v. 15.9.2005 – I ZR 58/03, NJW-RR 2006, 267 [269]; Palandt/*Grüneberg* BGB § 309 Rn. 48 f.). Im Hinblick auf das Transparenzgebot des § 307 Abs. 1 S. 2 BGB sollte der Begriff der vertragswesentlichen Pflichten im Vertragstext konkretisiert werden (vgl. BGH Urt. v. 20.7.2005 – VIII ZR 121/04, NJW-RR 2005, 1496 [1505] – Honda; BGH NJW 2013, 291; Palandt/*Grüneberg* BGB § 309 Rn. 53).

14. Kündigung. Bei der Bereithaltung des Werbebanners auf der Internet-Seite des Seitenbetreibers handelt es sich um ein Dauerschuldverhältnis. Es kommen Kündigungsrechte beider Vertragsparteien in Betracht. Empfehlenswert ist hier eine flexible Regelung, da beide Seiten aufgrund unterschiedlicher Umstände eine Vertragsbeendigung wünschen können. Für den Seitenbetreiber gilt dies etwa in den Fällen, in welchen er für ihn einträglichere Werbebanner schalten möchte. Für den Kunden kommt eine Vertragskündigung insbesondere dann in Betracht, wenn er sich von der Platzierung seines Werbebanners nicht mehr viel verspricht oder das Werbebanner an einer anderen Stelle bzw. bei einem anderen Seitenbetreiber platzieren lassen möchte. Im Hinblick auf die Kündigung von Dauerschuldverhältnissen aus wichtigem Grund enthält § 314 BGB nunmehr eine ausdrückliche gesetzliche Regelung.

15. Maßgebliche Rechtsordnung. Da Werbung im Internet überall abgerufen werden kann, kann sie zur Verletzung verschiedener nationaler Wettbewerbsrechte führen. Für Rechtsanwendungsfragen in Bezug auf einzelne Formen von spezifischen Internet-Wettbewerbsverstößen siehe *Mankowski* GRUR Int. 1999, 995 ff.

Ausgangspunkt für die Frage, wann sich eine Werbung im Internet am deutschen Wettbewerbsrecht messen lassen muss, ist das deutsche Internationale Privatrecht. In diesem Zusammenhang ist insbesondere Art. 6 Abs. 1 ROM II-VO zu beachten, welcher das Marktortprinzip normiert. Nach ständiger Rechtsprechung des BGH ist der Anknüpfungspunkt für Verletzungen des Wettbewerbsrechts dort, wo die wettbewerblichen Interessen kollidieren, dh sich der Marktort befindet (vgl. BGH Urt. v. 12.11.1970 – VII ZR 34/69, NJW 1971, 373 – Tampax). Ferner ist notwendig, dass aufgrund der Zielrichtung der Werbung nach objektiver Betrachtung auf Deutschland als Marktort eingewirkt werden soll (vgl. BGH Urt. v. 15.11.1990 – I ZR 22/89, NJW 1991, 1054). Die subjektive Wettbewerbsabsicht ist mit Hilfe objektiver Kriterien zu prüfen. Hierzu kommen insbesondere folgende Umstände in Betracht: Sprache, Zahlungs- und Versandmodalitäten, Platzierung der Werbung, Lieferort der Ware (vgl. hierzu näher *Moritz/Dreier/Moritz/Hermann* D. Rn. 608). Hinweise auf Websites, dass das Angebot nur für bestimmte Märkte gelte oder für bestimmte Märkte nicht gelte (sog. **Disclaimer**), stellen ein mögliches Indiz dar, auf welchen Markt die Werbung gerichtet ist (*Mankowski* GRUR Int 1999, 909 [919]).

Die **Richtlinie zum elektronischen Geschäftsverkehr** (Richtlinie 2000/31/EG vom 8.6.2000 über bestimmte rechtliche Aspekte der Dienste der Informationsgesellschaft, insbesondere des elektronischen Geschäftsverkehrs, im Binnenmarkt, ABl. 2000 L 178, 1 ff.) hat für den Raum der Europäischen Union nunmehr das **Herkunftslandprinzip** in Abkehr zum Ziellandprinzip für maßgeblich erklärt (vgl. § 3 Abs. 1 und 2 TMG). Für den Anbieter heißt dies, dass er sich grundsätzlich mit der Rechtsordnung des Staates vertraut machen muss, in dem er niedergelassen ist. Das im ursprünglichen Entwurf des Elektronischen Geschäftsverkehr-Gesetzes vorgesehene Günstigkeitsprinzip konnte sich im Rahmen des Gesetzgebungsverfahrens nicht durchsetzen. Hiernach hätte das Recht Anwendung finden sollen, das jeweils den freien Dienstleistungsverkehr am wenigsten einschränkt. Ein Günstigkeitsvergleich, den gegebenenfalls im Streitfall die Gerichte anhand der Prüfung unterschiedlicher Rechtsordnungen hätten vornehmen müssen, findet somit nicht statt. Die Anwendbarkeit des Herkunftslandprinzips setzt voraus, dass ein Angebot von einem Diensteanbieter ausgeht und dieser Telemedien geschäftsmäßig anbietet. Gemäß § 2 Nr. 1 TMG sind Diensteanbieter natürliche oder juristische Personen, die eigene oder fremde Telemedien zur Nutzung bereithalten oder den Zugang zur Nutzung vermitteln. § 3 Abs. 4 TMG enthält einen Katalog von Bereichen, die nicht in den Anwendungsbereich des Herkunftslandprinzips fallen (für einen Überblick zu einzelnen Ausnahmetatbeständen siehe *Spindler/Schuster/Nordmeier* TMG § 3 Rn. 14 ff.). Hierzu gehören etwa nicht angeforderte kommerzielle Kommunikation durch elektronische Post (Nr. 3), Gewinnspiele mit einem einen Geldwert darstellenden Einsatz bei Glücksspielen, einschließlich Lotterien und Wetten (Nr. 4), elektronische Verteildienste (Nr. 5), das Urheberrecht, verwandte Schutzrechte, Topographien von Halbleitererzeugnissen, Datenbanken sowie gewerbliche

Schutzrechte (Nr. 6) und Vereinbarungen oder Verhaltensweisen, die dem Kartellrecht unterliegen (Nr. 8). Ferner wird das Herkunftslandprinzip gemäß § 3 Abs. 5 TMG durch das innerstaatliche Recht eingeschränkt, soweit dies zum Schutz der öffentlichen Ordnung, der öffentlichen Sicherheit, der öffentlichen Gesundheit oder der Interessen der Verbraucher vor Beeinträchtigungen oder ernsthaften und schwerwiegenden Gefahren dient und die innerstaatlichen Maßnahmen in einem angemessenen Verhältnis zu diesen Schutzzielen stehen.

Unter Berücksichtigung des Herkunftslandprinzips ist für die Beurteilung der Rechtmäßigkeit der Werbung diejenige Rechtsordnung maßgeblich, die am Niederlassungsort des Seitenbetreibers gilt. Als Niederlassung ist der Ort anzusehen, an dem der Anbieter eine tatsächliche wirtschaftliche Tätigkeit mittels einer festen Einrichtung auf unbestimmte Zeit ausübt. Liegen mehrere Niederlassungen vor, ist der Ort entscheidend, von welchem aus der betreffende Dienst erbracht wird (vgl. Erwägungsgrund 19 E-Commerce-Richtlinie). Entscheidend ist daher der Ort, an dem ein Unternehmen seine Wirtschaftstätigkeit ausübt. Bei Unternehmen, die Dienstleistungen über eine Website erbringen, ist somit nicht der Ort maßgeblich, an welchem die Website aufgerufen wird oder an welchem sich die technischen Mittel befinden, um die Website ins Netz zu stellen. Nach § 3 Abs. 1 S. 1 TMG gilt bundesdeutsches Recht auch dann, wenn die Telemedien von einem in der Bundesrepublik Deutschland niedergelassenen Diensteanbieter in einem anderen Mitgliedsstaat geschäftsmäßig angeboten oder erbracht wird, soweit das Internationale Privatrecht nicht zu einem anderen Ergebnis führt. Das Verhältnis dieser Anknüpfung nach dem Herkunftslandprinzip zum allgemeinen Internationalen Privatrecht für EU-Binnenmarktsachverhalte ist umstritten. Der Streit entzündet sich insbesondere aus dem Spannungsfeld zwischen § 1 Abs. 5 TMG, wonach das Gesetz keine Regelungen im Bereich des internationalen Privatrechts trifft, und der Regelungen in § 3 Abs. 1 und 2 TMG, die jedenfalls kollisionsrechtlichen Wirkungen des Herkunftslandsprinzips anordnen. Der EuGH hat sich gegen eine kollisionsrechtliche Auslegung des Herkunftslandsprinzips zugunsten einer materiell-rechtlichen Deutung desselben im Sinne eines sachrechtlichem Korrektiv ausgesprochen (EuGH Urt. v. 25.10.2011 – C-509/09 und C-161/10, NJW 2012, 137 [140 f.] – eDate Advertising). Danach müssen die Mitgliedstaaten sicherstellen, dass der Anbieter eines Dienstes des elektronischen Geschäftsverkehrs keinen strengeren Anforderungen unterliegt, als sie das im Sitzmitgliedstaat dieses Anbieters geltende Sachrecht vorsieht. § 3 TMG enthält somit ein sachrechtliches Beschränkungsverbot (BGH Urt. v. 8.5.2012 – VI ZR 217/08, NJW 2012, 2197 [2199], Tz. 30 mwN). § 3 Abs. 2 TMG bestimmt, dass der freie Dienstleistungsverkehr von Telemedien nicht eingeschränkt werden darf. Folglich verdrängt das Sachrecht des Herkunftsstaates das nach deutschem Kollisionsrecht anwendbare Recht, soweit Bestimmungen betroffen sind, die das grenzüberschreitende Erbringen der Telemedien behindern. Daher kommt das Herkunftslandprinzip in § 3 Abs. 2 TMG nur noch dann zum Tragen, wenn Rechtsunterschiede in den EU-Staaten den Diensteanbieter bei grenzüberschreitenden Online-Aktivitäten im Vergleich zu dessen Heimatrecht behindern. Zu beachten ist, dass § 3 Abs. 3 und 4 TMG zahlreiche Ausnahmen vom Herkunftslandprinzip enthält. So findet das Herkunftslandprinzip etwa gem. § 3 Abs. 4 Nr. 3 TMG keine Anwendung auf die Zulässigkeit nicht angeforderter kommerzieller Kommunikation durch elektronische Post („Spamming"). Die Empfänger in Deutschland können sich daher diesbezüglich auf das restriktive Wettbewerbsrecht nach § 7 UWG berufen (→ Anm. 9), gleich ob in einem anderen Mitgliedstaat eine weniger strenge Regelung gilt.

Von der Frage, nach welchem Recht die Rechtmäßigkeit der Internet-Werbung zu beurteilen ist, ist die Frage zu unterscheiden, welcher Rechtsordnung die Parteien den Werbebannervertrag unterstellen. Dies wird regelmäßig deutsches Recht sein, wenn – wie hier vorliegend – der Seitenbetreiber seine Dienste in der Bundesrepublik Deutschland anbietet.

2. Banneraustausch-Vertrag

Zwischen

. . . . . .

– nachstehend „Firma A" genannt –

und

. . . . . .

– nachstehend „Firma B" genannt –

wird folgender Vertrag[1, 2] geschlossen:

§ 1 Vertragsgegenstand

(1) Gegenstand dieses Vertrags ist die gegenseitige Schaltung eines Werbebanners der anderen Vertragspartei.

(2) Die Firma A wird ein Werbebanner der Firma B (nachfolgend: „Werbebanner B") auf der Website der Firma A http://. . . . ., auf der Seite . . . . ., an der obersten Stelle der Seite platzieren.

(3) Die Firma B wird ein Werbebanner der Firma A (nachfolgend: „Werbebanner A") auf der Website der Firma B http://. . . . ., auf der Seite . . . . ., an der obersten Stelle der Seite platzieren.

(4) Die Werbebanner A und B werden ab . . . . . . (Datum) aufgenommen und jeweils von beiden Parteien täglich 24 Stunden abrufbar gehalten.

(5) Das Werbebanner A wird über einen Hyperlink mit folgender Internetseite der Firma A (Zielseite A) verknüpft: http://. . . . . ., so dass die vorbezeichnete Internetseite aufgerufen wird, wenn das Werbebanner A mit einem Mausklick aktiviert wird.

(6) Das Werbebanner B wird über einen Hyperlink mit folgender Internetseite der Firma B (Zielseite B) verknüpft: http://. . . . . ., so dass die vorbezeichnete Internetseite aufgerufen wird, wenn das Werbebanner B mit einem Mausklick aktiviert wird.

§ 2 Inhalt des Banners, technische Spezifikationen

(1) Der Inhalt der Werbebanner A und B ist in Anlage 1 und 2 zu diesem Vertrag festgehalten.

(2) Es handelt sich jeweils um ein statisches Banner im Dateiformat JPEG.

(3) Das Werbebanner A hat eine Größe von . . . . . . Pixel. Das Werbebanner B hat eine Größe von . . . . . . Pixel.

(4) Die Firma B wird der Firma A das Werbebanner B als Datei in der Größe von maximal 15 KB und spätestens am . . . . . . [Datum] übergeben. Die Firma A wird der Firma B das Werbebanner A als Datei in der Größe von maximal 15 KB und spätestens am . . . . . . [Datum] übergeben.

(5) Die Verlinkung gemäß § 1 Ziff. 5 und 6 dieses Vertrags erfolgt jeweils im gleichen Browser-Fenster.

(6) Es werden folgende weitere technische Spezifikationen vereinbart: . . . . . .

§ 3 Pflichten der Parteien[3]

(1) Die Parteien werden während der gesamten Laufzeit dieses Vertrags die jeweilige Zielseite A und B gemäß § 1 Ziff. 5 und 6 dieses Vertrags abrufbar halten.

(2) Im Falle von Störungen bei der Verlinkung des Werbebanners A bzw. B zu der Zielseite B bzw. A gemäß § 1 Ziff. 5 und 6 dieses Vertrags werden sich die Parteien von diesen Störungen unverzüglich gegenseitig schriftlich in Kenntnis setzen.

(3) Bei der Gestaltung und Herstellung des Werbebanners A wird die Firma A geltendes Recht beachten und dafür Sorge tragen, dass keine Rechte Dritter, gleich welcher Art, verletzt werden. Stellt die Firma A nachträglich fest, dass das Werbebanner A geltendes Recht und/oder Rechte Dritter verletzt, so wird sie die Firma B hiervon unverzüglich schriftlich unterrichten.

(4) Bei der Gestaltung und Herstellung des Werbebanners B wird die Firma B geltendes Recht beachten und dafür Sorge tragen, dass keine Rechte Dritter, gleich welcher Art, verletzt werden. Stellt die Firma B nachträglich fest, dass der Werbebanner B geltendes Recht und/oder Rechte Dritter verletzt, so wird sie die Firma A hiervon unverzüglich schriftlich unterrichten.

(5) Die Firma B wird die Firma A von Ansprüchen Dritter gleich welcher Art freistellen, die aus der Rechtswidrigkeit des Werbebanners B und/oder der Verletzung von Rechten Dritter resultieren, und wird der Firma A die angemessenen Kosten der Rechtsverteidigung ersetzen.

(6) Die Firma A wird die Firma B von Ansprüchen Dritter gleich welcher Art freistellen, die aus der Rechtswidrigkeit des Werbebanners A und/oder der Verletzung von Rechten Dritter resultieren, und wird der Firma B die angemessenen Kosten der Rechtsverteidigung ersetzen.

§ 4 Nutzungsrechte

Die Parteien räumen sich gegenseitig sämtliche für Nutzung und auftragsgemäße Schaltung des jeweiligen Werbebanners erforderlichen Rechte ein, insbesondere das Recht zur Speicherung, Vervielfältigung, Veröffentlichung, Digitalisierung, öffentlichen Zugänglichmachung sowie das Recht zur Bearbeitung, soweit dies zur Durchführung des Vertrags notwendig ist. Dieses umfasst auch das Werberecht zum Zwecke der Eigenwerbung, wie etwa im Rahmen eines Referenzarchivs oder für Präsentationen.

§ 5 Entfernung[4]

(1) Der Firma B ist es gestattet, die Schaltung des Werbebanners A sofort zu unterbrechen, wenn Anhaltspunkte dafür vorliegen, dass das Werbebanner und/oder die Zielseite A gemäß § 1 Ziff. 5 dieses Vertrags und/oder das Umfeld der Zielseite A gemäß § 1 Ziff. 5 dieses Vertrags rechtswidrig ist und/oder Rechte Dritter verletzen. Anhaltspunkte für eine Rechtswidrigkeit und/oder Rechtsverletzung liegen insbesondere dann vor, wenn Behörden und/oder sonstige Dritte Maßnahmen, gleich welcher Art, wegen Werbebanner und/oder Zielseite A gegen die Firma B und/oder die Firma A ergreifen und diese Maßnahmen auf den Vorwurf einer Rechtswidrigkeit und/oder Rechtsverletzung stützen.

(2) Der Firma A ist es gestattet, das Werbebanner B sofort zu entfernen, wenn Anhaltspunkte dafür vorliegen, dass dieses Werbebanner und/oder die Zielseite B gemäß § 1 Ziff. 6 dieses Vertrags und/oder das Umfeld der Zielseite B gemäß § 1 Ziff. 6 dieses Vertrags rechtswidrig ist und/oder Rechte Dritter verletzen. Anhaltspunkte für eine Rechtswidrigkeit und/oder Rechtsverletzung liegen insbesondere dann vor, wenn Behör-

den und/oder sonstige Dritte Maßnahmen, gleich welcher Art, gegen die Firma A und/oder die Firma B ergreifen und diese Maßnahmen auf den Vorwurf einer Rechtswidrigkeit und/oder Rechtsverletzung stützen.

(3) Eine Unterbrechung der Schaltung ist aufzuheben, sobald der Verdacht der Rechtswidrigkeit bzw. der Rechtsverletzung ausgeräumt ist.

§ 6 Vergütung

Über die wechselseitige Schaltung des Werbebanners hinaus ist eine weitere Vergütung nicht geschuldet.

§ 7 Gewährleistung und Haftung

(1) Die Parteien haften nicht für die Funktionsfähigkeit der Verbindungsleitungen zu ihrem jeweiligen Server, bei Stromausfällen und bei Ausfällen von Servern, die nicht in ihrem Einflussbereich stehen.

(2) Die Parteien haften jeweils unbeschränkt für vorsätzlich oder grob fahrlässig durch die jeweilige Partei, ihre gesetzlichen Vertreter oder leitenden Angestellten verursachte Schäden sowie für vorsätzlich verursachte Schäden sonstiger Erfüllungsgehilfen; für grobes Verschulden sonstiger Erfüllungsgehilfen bestimmt sich die Haftung nach den in § 7 Ziffer 3 aufgeführten Regelungen für leichte Fahrlässigkeit.

(3) Die Parteien haften jeweils für leicht fahrlässig verursachte Schäden aus der Verletzung vertragswesentlicher Pflichten durch die jeweilige Partei, ihre gesetzlichen Vertreter oder Erfüllungsgehilfen. Vertragswesentliche Pflichten sind Pflichten, die die Grundlage des Vertrags bilden, die entscheidend für den Abschluss des Vertrags waren und auf deren Erfüllung die jeweils andere Partei vertrauen darf. Insoweit ist die Haftung der jeweiligen Partei auf den Betrag begrenzt, der für die andere Partei zum Zeitpunkt der jeweiligen Leistung vorhersehbar war.

(4) Die Parteien haften jeweils unbeschränkt für vorsätzlich oder fahrlässig verursachte Schäden aus der Verletzung des Lebens, des Körpers oder der Gesundheit durch die jeweilige Partei, ihre gesetzlichen Vertreter oder Erfüllungsgehilfen.

(5) Eine weitere Haftung von A und B ist dem Grunde nach ausgeschlossen.

§ 8 Vertragsdauer, Kündigung

(1) Dieser Vertrag wird auf unbestimmte Zeit geschlossen und kann von beiden Parteien unter Einhaltung einer Frist von . . . . . . gekündigt werden. Die Kündigung bedarf der Schriftform.

(2) Das Recht zur Kündigung aus wichtigem Grunde bleibt unberührt. Ein wichtiger Grund zur Kündigung dieses Vertrags liegt dann vor, wenn eine der Parteien ihre Verpflichtungen gemäß § 3 dieses Vertrags nachhaltig verletzt.

§ 9 Anwendbares Recht, Erfüllungsort, Gerichtsstand

(1) Auf vorliegenden Vertrag findet deutsches Recht Anwendung.

(2) Erfüllungsort ist . . . . . .

(3) Für Streitigkeiten aus dem Vertrag ist Gerichtsstand . . . . . .

§ 10 Sonstiges

(1) Mündliche Nebenabreden sind nicht getroffen. Änderungen, Ergänzungen und Zusätze dieses Vertrags haben nur Gültigkeit, wenn sie zwischen den Parteien schriftlich vereinbart werden. Dies gilt auch für die Abänderung dieser Vertragsbestimmung.

(2) Sollte eine Bestimmung dieses Vertrags unwirksam sein oder werden, so berührt dies die Wirksamkeit des Vertrags im Übrigen nicht. Die unwirksame Bestimmung gilt durch eine wirksame Regelung ersetzt, die dem wirtschaftlichen Zweck der unwirksamen Bestimmung am nächsten kommt. Entsprechendes gilt im Falle einer Vertragslücke.

· · · · · ·   · · · · · ·

(Ort, Datum)   (Ort, Datum)

· · · · · ·   · · · · · ·

– Firma A –   – Firma B –

Anmerkungen

1. Sachverhalt. Anstelle einer Vergütung, wie im Vertragsmuster zum entgeltlichen Bannervertrag vorgesehen (→ Form. I. 1), können die Parteien auch vereinbaren, dass die Gegenleistung die gegenseitige Schaltung eines Werbebanners ist. In einem Banneraustausch-Vertrag verpflichten sich zwei Parteien, jeweils Werbebanner für das andere Unternehmen zu schalten. Eine wechselseitige Bannerschaltung bietet sich ua für Start-up-Unternehmen an, die zum einen auf Werbe- und Marketingmaßnahmen nicht verzichten wollen, zum anderen aber nicht bereit oder in der Lage sind, hierfür Finanzmittel einzusetzen. Es ist sinnvoll, dass die beteiligten Unternehmen nicht in der gleichen oder in einer ähnlichen Branche tätig sind, um eine Konkurrenzsituation zu vermeiden.

2. Rechtsnatur. Kennzeichnend für den Banneraustausch-Vertrag ist, dass jede Vertragspartei Werbungsdurchführender und Werbender zugleich ist. Insoweit liegt ein Tausch-Vertrag vor. Die Vorschriften über den Kauf finden keine entsprechende Anwendung, da keine Sache verkauft wird. Es handelt sich daher um einen gegenseitigen Vertrag, der werk- und tauschvertragliche Elemente enthält. Insoweit kann weitestgehend auf die Anmerkungen zum Vertragsmuster über den entgeltlichen Bannervertrag (→ Form. I. 1) verwiesen werden.

3. Beachtung der einschlägigen Gesetze und Vorschriften. → Form. I. 1 Anm. 9 lit. a. b. c. und d) Spezialvorschriften. Ferner sind spezialgesetzliche Einschränkungen für bestimmte Produktgruppen (Tabak, Alkohol, Arznei- und Heilmittel) und Berufsgruppen (Rechtsanwälte – siehe hierzu instruktiv *Berger* NJW 2001, 1530 ff. –, Steuerberater, Wirtschaftsprüfer, Notare, Ärzte, Apotheker) zu beachten (vgl. hierzu Hoeren/Sieber/*Wolff* Kap. 11 Rn. 137 ff.). Schließlich sind die allgemeinen Vorschriften des Wettbewerbs- und Werberechts zu beachten. Werbeaktivitäten, die unlauter sind, sind unzulässig (§ 3 UWG). Dies ist im Einzelfall unter Beachtung aller Umstände zu ermitteln, wobei die Rechtsprechung und das Gesetz (vgl. § 4 UWG) Fallgruppen zur Konkretisierung entwickelt haben. Eine unlautere Werbung kommt insbesondere bei folgenden Konstellationen in Betracht: Zwang gegenüber Mitbewerbern und Boykottaufrufe; Behinderung von Konkurrenten; Werbung, die menschliche Gefühle, Schwächen oder Unerfahrenheit ausnützt; Werbung, die Einzelne oder die Allgemeinheit belästigt; Werbung, die einen Wettbewerbsvorsprung durch Rechtsbruch verschaffen soll; Nachahmung fremder Marken und Ausbeutung fremder Images (Hoeren/Sieber/*Wolff* Kap. 11

Rn. 30 ff.). Ferner verbietet § 5 UWG, Verbraucher durch Werbung in die Irre zu führen. Als Fallgruppen kommen etwa unrichtige Angaben über eigene oder fremde Waren oder Unternehmen und Verwendung irreführender Domains in Betracht (vgl. OLG Frankfurt a. M. CR 1996, 602 f.; Hoeren/Sieber/*Wolff* Kap. 11 Rn. 64).

4. Haftung des Seitenbetreibers. Vor dem Hintergrund der derzeit noch bestehenden Unsicherheiten in der Rechtsprechung über die Haftung des Seitenbetreibers bei möglicher Rechtswidrigkeit des Banners selbst oder der Inhalte, auf die der Link verweist (hierzu → Form. I. 1 Anm. 9), ist es angezeigt, dem Seitenbetreiber das Recht einzuräumen, die Bannerschaltung zu unterbrechen bzw. zu sperren. Dies ist durch die Elektronische-Geschäftsverkehr-VereinheitlichungsG vom 26.2.2007 eingeführte Fassung der Verantwortlichkeitsregeln in den §§ 7 ff. TMG erforderlich. Insbesondere § 7 Abs. 2 S. 2 TMG sieht nunmehr auch für den Fall der Nichtverantwortlichkeit des Diensteanbieters eine Verpflichtung zur Entfernung oder Sperrung der Nutzung von Informationen nach den allgemeinen Regeln vor. Mit der vorgeschlagenen Vertragsklausel dürfte der vorgenannten Gesetzesregelung hinreichend Rechnung getragen sein. Das Recht der Sperrung sollte im Interesse des Website-Betreibers bereits bei Anhaltspunkten für eine Rechtswidrigkeit bzw. eine Rechtsverletzung vorgesehen werden. Sobald der Verdacht entkräftet ist, kann die Unterbrechung wieder aufgehoben werden.

3. Button-Vertrag

Zwischen

. . . . . .

– nachstehend „Seitenbetreiber" genannt –

und

. . . . . .

– nachstehend „Kunde" genannt –

wird folgender Vertrag[1] geschlossen:

§ 1 Vertragsgegenstand[2]

(1) Gegenstand dieses Vertrags ist die Aufnahme eines Buttons des Kunden auf folgender Website des Seitenbetreibers: http://. . . . . .

(2) Der Button wird auf der Eingangsseite der in Ziff. 1 bezeichneten Website im oberen Bereich platziert.

(3) Der Button wird ab . . . . . . [Datum] aufgenommen und von dem Seitenbetreiber täglich von . . . . . . bis . . . . . . Uhr abrufbar gehalten.

(4) Der Button wird über einen Hyperlink mit folgender Internetseite des Kunden (Zielseite) verknüpft: http://. . . . . ., so dass die vorbezeichnete Internetseite aufgerufen wird, wenn der Button mit einem Mausklick aktiviert wird.

§ 2 Inhalt des Buttons, technische Spezifikationen

(1) Der Inhalt des Buttons ist in Anlage 1 zu diesem Vertrag festgehalten.

(2) Der Button hat eine Größe von . . . . . . Pixel.

(3) Der Kunde wird dem Seitenbetreiber den Button auf einem geeigneten Datenträger übergeben. Die Übergabe erfolgt spätestens am ...... [Datum].

(4) Es werden folgende weitere technische Spezifikationen vereinbart: ......

§ 3 Pflichten des Kunden[3]

(1) Der Kunde wird während der gesamten Laufzeit dieses Vertrags die Zielseite gemäß § 1 Ziff. 4 dieses Vertrags abrufbar halten.

(2) Im Falle von Störungen bei der Verlinkung des Buttons zu der Zielseite gemäß § 1 Ziff. 4 dieses Vertrags wird der Kunde den Seitenbetreiber von diesen Störungen unverzüglich schriftlich in Kenntnis setzen.

(3) Dem Kunden ist es jederzeit gestattet, eine andere Zielseite gemäß § 1 Ziff. 4 dieses Vertrags zu bestimmen und die Verknüpfung des Buttons mit einer anderen Internetseite festzulegen. Soweit für den Seitenbetreiber eine solche Änderung zumutbar ist, wird er die Verknüpfung gemäß § 1 Ziff. 4 dieses Vertrags unverzüglich ändern.

(4) Bei der Gestaltung und Herstellung des Buttons wird der Kunde geltendes Recht beachten und dafür Sorge tragen, dass keine Rechte Dritter, gleich welcher Art, verletzt werden. Stellt der Kunde nachträglich fest, dass der Button geltendes Recht und/oder Rechte Dritter verletzt, so wird er den Seitenbetreiber hiervon unverzüglich schriftlich unterrichten.

(5) Der Kunde wird den Seitenbetreiber von Ansprüchen Dritter gleich welcher Art freistellen, die aus der Rechtswidrigkeit des Buttons und/oder der Verletzung von Rechten Dritter resultieren, und wird ihm die angemessenen Kosten der Rechtsverteidigung ersetzen.

§ 4 Nutzungsrechte

Der Kunde räumt dem Seitenbetreiber sämtliche für die Nutzung und auftragsgemäße Aufnahme des Buttons erforderlichen Rechte ein, insbesondere das Recht zur Speicherung, Vervielfältigung, Veröffentlichung, Digitalisierung, öffentlichen Zugänglichmachung sowie das Recht zur Bearbeitung, soweit dies zur Durchführung des Vertrags notwendig ist. Dieses umfasst auch das Werberecht zum Zwecke der Eigenwerbung, wie etwa im Rahmen eines Referenzarchivs oder für Präsentationen.

§ 5 Entfernung[4]

Dem Seitenbetreiber ist es gestattet, den Button von der Website gemäß § 1 Ziff. 1 dieses Vertrags sofort zu entfernen, wenn Anhaltspunkte dafür vorliegen, dass er und/oder die Zielseite gemäß § 1 Ziff. 4 dieses Vertrags und/oder das Umfeld der Zielseite gemäß § 1 Ziff. 4 rechtswidrig ist und/oder Rechte Dritter verletzen. Anhaltspunkte für eine Rechtswidrigkeit und/oder Rechtsverletzung liegen insbesondere dann vor, wenn Behörden und/oder sonstige Dritte Maßnahmen, gleich welcher Art, gegen den Seitenbetreiber und/oder den Kunde ergreifen und diese Maßnahmen auf den Vorwurf einer Rechtswidrigkeit und/oder Rechtsverletzung stützen.

§ 6 Vergütung, Provision

(1) Der Kunde zahlt an den Seitenbetreiber für die Aufnahme des Buttons auf die Website gemäß § 1 Ziff. 1 dieses Vertrags eine monatliche Pauschalvergütung in Höhe von ...... EUR zuzüglich gesetzlicher Mehrwertsteuer.

(2) Der Kunde wird auf alle Umsätze, die er mit Dritten tätigt, welche die Website gemäß § 1 Ziff. 1 dieses Vertrags besuchen, eine Provision zahlen, wenn diese Dritten nachweisbar über den vertragsgegenständlichen Button auf die Website gelangt sind und dort Online-Bestellungen vorgenommen haben. Die Höhe der Provision beträgt ......% vom Nettoumsatz. Die Umsätze, die der Seitenbetreiber mit Dritten tätigt, die unmittelbar über den vertragsgegenständlichen Button auf die Website gemäß § 1 Ziff. 1 dieses Vertrags gelangt sind und dort Online-Bestellungen vorgenommen haben, werden von dem Seitenbetreiber statistisch erfasst. Der Kunde erhält mit der monatlichen Abrechnung gemäß § 6 Ziff. 2 dieses Vertrags eine entsprechende Statistik.

(3) Der Seitenbetreiber ist verpflichtet, dem Kunden monatlich eine Abrechnung über die vertraglich geschuldete Vergütung zu übermitteln. Die Zahlung erfolgt jeweils innerhalb von ...... Werktagen nach Übersendung der Abrechnung.

§ 7 Gewährleistung und Haftung

(1) Der Seitenbetreiber haftet nicht für die Funktionsfähigkeit der Verbindungsleitungen zu seinem Server oder bei Strom- und Serverausfällen, die nicht in seinem Einflussbereich stehen.

(2) Der Seitenbetreiber haftet unbeschränkt für vorsätzlich oder grob fahrlässig durch den Seitenbetreiber, seine gesetzlichen Vertreter oder leitenden Angestellten verursachte Schäden sowie für vorsätzlich verursachte Schäden sonstiger Erfüllungsgehilfen; für grobes Verschulden sonstiger Erfüllungsgehilfen bestimmt sich die Haftung nach den in § 7 Ziffer 3 aufgeführten Regelungen für leichte Fahrlässigkeit.

(3) Der Seitenbetreiber haftet für leicht fahrlässig verursachte Schäden aus der Verletzung vertragswesentlicher Pflichten durch den Seitenbetreiber, seine gesetzlichen Vertreter oder Erfüllungsgehilfen. Vertragswesentliche Pflichten sind Pflichten, die die Grundlage des Vertrags bilden, die entscheidend für den Abschluss des Vertrags waren und auf deren Erfüllung der Kunde vertrauen darf. Insoweit ist die Haftung des Seitenbetreibers auf den Betrag begrenzt, der für den Kunden zum Zeitpunkt der jeweiligen Leistung vorhersehbar war.

(4) Der Seitenbetreiber haftet unbeschränkt für vorsätzlich oder fahrlässig verursachte Schäden aus der Verletzung des Lebens, des Körpers oder der Gesundheit durch den Seitenbetreiber, seine gesetzlichen Vertreter oder Erfüllungsgehilfen.

(5) Eine weitere Haftung des Seitenbetreibers ist dem Grunde nach ausgeschlossen

§ 8 Vertragsdauer, Kündigung

(1) Dieser Vertrag wird auf unbestimmte Zeit geschlossen und kann von beiden Parteien durch schriftliche Erklärung gekündigt werden unter Einhaltung einer Frist von ......

(2) Das Recht zur Kündigung aus wichtigem Grunde bleibt unberührt. Ein wichtiger Grund zur Kündigung dieses Vertrags liegt für den Seitenbetreiber insbesondere dann vor, wenn der Kunde seine Verpflichtungen gemäß § 3 dieses Vertrags nachhaltig verletzt.

§ 9 Anwendbares Recht, Erfüllungsort, Gerichtsstand

(1) Auf vorliegenden Vertrag findet deutsches Recht Anwendung.

(2) Erfüllungsort ist der jeweilige Sitz des Seitenbetreibers. Dieser ist zurzeit ......

(3) Für Streitigkeiten aus dem Vertrag ist Gerichtsstand ......

§ 10 Sonstiges

(1) Mündliche Nebenabreden sind nicht getroffen. Änderungen, Ergänzungen und Zusätze dieses Vertrags haben nur Gültigkeit, wenn sie zwischen den Parteien schriftlich vereinbart werden. Dies gilt auch für die Abänderung dieser Vertragsbestimmung.

(2) Sollte eine Bestimmung dieses Vertrags unwirksam sein oder werden, so berührt dies die Wirksamkeit des Vertrags im Übrigen nicht. Die unwirksame Bestimmung gilt als durch eine wirksame Regelung ersetzt, die dem wirtschaftlichen Zweck der unwirksamen Bestimmung am nächsten kommt. Entsprechendes gilt im Falle einer Vertragslücke.

· · · · · ·   · · · · · ·

(Ort, Datum)   (Ort, Datum)

· · · · · ·   · · · · · ·

– Seitenbetreiber –   – Kunde –

Anmerkungen

1. Sachverhalt. Im Unterschied zum Banner, welches großformatige Werbeschaltungen auf einem HTML-Dokument im Internet darstellt, werden unter Buttons kleinformatige Werbeanzeigen verstanden. Ein Button kann als statische oder auch als animierte Grafik erstellt werden. Häufig gibt der Button das Logo der jeweiligen Marke bzw. des Unternehmens des Werbenden wieder. Die Größe des Buttons variiert. In der Regel beträgt sie 120 x 60 Pixel oder 120 x 90 Pixel. Daneben gibt es weitere Button-Formate, wie den „Square Button" (125 x 125 Pixel) und den „Micro-Button". Letzterer ist aufgrund seiner geringen Größe von 80 x 15 Pixel insbesondere in der Blog-Szene verbreitet, er wird aber zunehmend auch auf Websites und Foren geschaltet.

2. Rechtsnatur. Vor dem Hintergrund, dass Buttons als Miniatur-Banner verstanden werden, kann auf die Anmerkungen zum Vertragsmuster über den entgeltlichen Bannervertrag (→ Form. I. 1) verwiesen werden.

3. Beachtung der einschlägigen Gesetze und Vorschriften. → Form. I. 1 Anm. 9 lit a. b. c. und d) Spezialvorschriften. Ferner sind spezialgesetzliche Einschränkungen für bestimmte Produktgruppen (Tabak, Alkohol, Arznei- und Heilmittel) und Berufsgruppen (Rechtsanwälte – siehe hierzu instruktiv *Berger* NJW 2001, 1530 ff. –, Steuerberater, Wirtschaftsprüfer, Notare, Ärzte, Apotheker) zu beachten (vgl. hierzu Hoeren/Sieber/*Wolff* Kap. 11 Rn. 137 ff.). Schließlich sind die allgemeinen Vorschriften des Wettbewerbs- und Werberechts zu beachten. Werbeaktivitäten, die unlauter sind, sind unzulässig (§ 3 UWG). Dies ist im Einzelfall unter Beachtung aller Umstände zu ermitteln, wobei die Rechtsprechung und das Gesetz (vgl. § 4 UWG) Fallgruppen zur Konkretisierung entwickelt haben. Eine unlautere Werbung kommt insbesondere bei folgenden Konstellationen in Betracht: Zwang gegenüber Mitbewerbern und Boykottaufrufe; Behinderung von Konkurrenten; Werbung, die menschliche Gefühle, Schwächen oder Unerfahrenheit ausnützt; Werbung, die Einzelne oder die Allgemeinheit belästigt; Werbung, die einen Wettbewerbsvorsprung durch Rechtsbruch verschaffen soll; Nachahmung fremder Marken und Ausbeutung fremder Images (Hoeren/Sieber/*Wolff* Kap. 11 Rn. 30 ff.). Ferner verbietet § 5 UWG, Verbraucher durch Werbung in die Irre zu führen. Als Fallgruppen kommen etwa unrichtige Angaben über eigene oder fremde Waren oder Unternehmen und Verwendung irreführender Domains in Betracht (vgl. OLG Frankfurt aM Urt. v. 1.4.1996 – 6 U 49/95, CR 1996, 602 f.; Hoeren/Sieber/*Wolff* Kap. 11 Rn. 64).

4. Haftung des Seitenbetreibers. Vor dem Hintergrund der derzeit noch bestehenden Unsicherheiten in der Rechtsprechung über die Haftung des Seitenbetreibers bei möglicher Rechtswidrigkeit des Banners selbst oder der Inhalte, auf die der Link verweist (hierzu → Form. I. 1 Anm. 9), ist es angezeigt, dem Seitenbetreiber das Recht einzuräumen, die Bannerschaltung zu entfernen. Dies ist durch die Elektronische-Geschäftsverkehr-VereinheitlichungsG vom 26.2.2007 eingeführte Fassung der Verantwortlichkeitsregeln in den §§ 7 ff. TMG erforderlich. Insbesondere § 7 Abs. 2 S. 2 TMG sieht nunmehr auch für den Fall der Nichtverantwortlichkeit des Diensteanbieters eine Verpflichtung zur Entfernung oder Sperrung der Nutzung von Informationen nach den allgemeinen Regeln vor. Mit der vorgeschlagenen Vertragsklausel dürfte der vorgenannten Gesetzesregelung hinreichend Rechnung getragen sein. Das Recht zur Entfernung sollte im Interesse des Website-Betreibers bereits bei Anhaltspunkten für eine Rechtswidrigkeit bzw. eine Rechtsverletzung vorgesehen werden.

4. Vermarktungsvertrag

Zwischen

......

            – nachstehend „Unternehmen" genannt –

und

......

            – nachstehend „Agentur" genannt –

wird folgender Vertrag geschlossen:

Präambel[1, 2]

Das Unternehmen betreibt im Internet das Online-Angebot www. . . . . .de. Die Agentur vermarktet elektronische Publikationen in Online-Diensten und im Internet. Im Hinblick auf die Vermarktung des Werberaums auf den eigenen elektronischen Bildschirmseiten möchte sich das Unternehmen der Erfahrung und der Akquisitionstätigkeit der Agentur bedienen. Die Agentur möchte ihr Vermarktungs-Portfolio durch das Angebot des Unternehmens ergänzen.

Vor diesem Hintergrund schließen die Parteien folgende Vereinbarung:

§ 1 Vertragsgegenstand[3]

(1) Das Unternehmen beauftragt die Agentur mit der Vermarktung, der Vermittlung und dem Verkauf von Werberaum für alle Werbeformen auf den elektronischen Bildschirmseiten des Online-Angebots „www. . . . . .de".

Neben der Vermittlung und dem Verkauf von herkömmlichem Werberaum in Online-Medien, wie er sich durch Banner, Buttons, Pop-Ups, Interstitials, Superstitials, Sticky-Ads am Markt etabliert hat, sind Gegenstand der Vermarktung durch die Agentur in Absprache mit dem Unternehmen auch sämtlicher Sonderwerbeformen, wie Associate Programs, Sponsoring (Events und Specials), B2B-Features und ähnliche neue Werbeformen, wie beispielsweise Dauerwerbeangebote in Form von Electronic-Commerce-Plattformen nach Maßgabe der geltenden Werbe- und Sponsoring-Bestimmungen.

(2) Das Unternehmen ermächtigt und verpflichtet hiermit die Agentur zum Abschluss von Anzeigen-Verträgen mit Kunden des Unternehmens im Namen und für Rechnung des Unternehmens im Rahmen dieses Vertrags für die Domain www.xyz.de im Vertragsgebiet. Vertragsgebiet ist . . . . . .

(3) Einzelheiten der Werbung, die Grundsätze, nach denen die Werbung akquiriert wird und die Werbetarife werden vom Unternehmen auf Vorschlag und in Abstimmung mit der Agentur festgelegt.

(4) Das Unternehmen ist verpflichtet, für das vertragsgegenständliche Online-Angebot ihr angediente Werbeaufträge an die Agentur zur Bearbeitung weiterzuleiten.

§ 2 Leistungen der Agentur[4]

(1) Die Agentur wird bestehende Kundenkontakte nutzen, um den Aufbau und den Ausbau von Geschäftsbeziehungen des Unternehmens zu potenziellen Anzeigenkunden, Werbungsmittlern und anderen Vermarktungspartnern zu fördern.

(2) Die Agentur ist verpflichtet, die Interessen des Unternehmens mit der Sorgfalt eines ordentlichen Kaufmanns wahrzunehmen und die Weisungen des Unternehmens zu beachten. Die Agentur ist insbesondere zur genauen Beachtung aller vom Unternehmen bekannt gegebenen Geschäftsbedingungen sowie zur regelmäßigen Berichterstattung über Vertragsabschlüsse verpflichtet.

(3) Die Agentur verpflichtet sich, von ihren Werbekunden eine schriftliche Bestätigung dahingehend einzuholen, dass deren auf „www. . . . . .de" einzustellende Werbung nicht gegen geltendes Recht verstößt, nicht mit sexuellen oder pornografischen Darstellungen versehen ist oder im Zusammenhang mit sexuellen oder pornografischen Programmen steht, dass ferner keine Namen, Begriffe oder Bilder verwendet werden, die auf sexuelle oder pornografische Programme hindeuten sowie dass die beworbenen Programme nicht gegen die jeweils gültigen einschlägigen Vorschriften (wie zB § 184 StGB, §§ 1, 3, 6, 18, 21 GjS) verstoßen. Des Weiteren wird die Agentur eine Freistellungsklausel mit ihren Werbekunden dahingehend vereinbaren, dass das Unternehmen von etwaigen Ansprüchen Dritter gleich welcher Art freizustellen ist, die aus der Rechtswidrigkeit der Werbemaßnahmen und/oder der Verletzung von Rechten dieser Dritten resultieren.

(4) Die Agentur übernimmt ferner die Abwicklung und die Abrechnung der Werbeschaltungen. Insoweit ist die Agentur zur Rechnungslegung sowie zum Forderungseinzug berechtigt und wird das Inkasso übernehmen, sofern es nach der 2. Mahnung aus wirtschaftlicher Sicht gerechtfertigt ist. Sollte die Forderung nicht beizutreiben sein, so tragen die Parteien das jeweilige Ausfallrisiko in Höhe des ihnen zustehenden Umsatzanteils selbst.

§ 3 Aufgaben des Unternehmens[5]

(1) Das Unternehmen wird die Arbeit der Agentur unterstützen und ihr alle für den Anzeigenverkauf wichtigen Informationen (zB Werbemöglichkeiten, Marktforschungsdaten, Themenplanung), soweit jetzt oder zukünftig vorhanden, zur Verfügung stellen.

(2) Das Unternehmen wird eine direkte Anbindung ihres Online-Angebots an den Ad-Server der Agentur gestatten und technisch ermöglichen. Hierdurch ist es der Agentur möglich, Werbung direkt durch ihren Ad-Server in das Online-Angebot von www.xyz.de zu integrieren. Im Hinblick auf die technische Umsetzung und auf technische Spezifikation vereinbaren die Parteien was folgt: . . . . . .

(3) Die Agentur gewährleistet eine dauerhafte technische Verfügbarkeit ihres Ad-Servers, von der Abweichungen von ca . . . . . .% im Jahresmittel möglich sind. Ausgenommen hiervon sind Zeiten, in denen die Lieferung aufgrund von Störungen, die nicht im Einflussbereich der Agentur liegen (höhere Gewalt, Verschulden Dritter, etc), nicht durchführbar ist.

(4) Das Unternehmen gewährleistet eine dauerhafte technische Verfügbarkeit seines Internet-Angebots www. . . . . .de, von der Abweichungen von ca. . . . . . .% im Jahresmittel möglich sind. Ausgenommen hiervon sind Zeiten, in denen das Angebot aufgrund von Störungen, die nicht im Einflussbereich des Unternehmens liegen (höhere Gewalt, Verschulden Dritter, etc) nicht erreichbar ist.

(5) Werbe- und Arbeitsmittel einschließlich etwaiger Software, die der Agentur zur Verfügung gestellt werden, bleiben Eigentum des Unternehmens. Soweit es nicht zur Weitergabe an Kunden bestimmt ist oder verwendet wird, ist das Werbe- und Arbeitsmaterial bei Beendigung des Vertrags unaufgefordert von der Agentur zurückzugeben.

§ 4 Provisionspflichtige Geschäfte[6]

(1) Die Agentur erhält für die während der Vertragslaufzeit mit Anzeigenkunden abgeschlossenen Geschäfte eine Provision, mit der ihre gesamte Tätigkeit einschließlich aller entstehenden Aufwendungen abgegolten wird.

(2) Provisionspflichtiger Umsatz ist der Rechnungs-Nettobetrag, bei Aufträgen über Werbemittler der Agentur-Nettobetrag, wobei gegebenenfalls auch spätere Nachbelastungen oder Gutschriften zu berücksichtigen sind, und zwar jeweils ausschließlich der Umsatzsteuer. Im Falle von Sonderwerbeformen gilt als provisionspflichtiger Umsatz die jeweils im Einzelfall vereinbarte Vergütung für die Ausstrahlung der Sonderwerbung im Rahmen des Online-Dienstes.

§ 5 Provisionssatz[7]

(1) Der Provisionssatz für die Agentur beträgt grundsätzlich . . . . . .% des provisionspflichtigen Umsatzes. Bei aufgrund vom Unternehmen vermittelten Kunden beträgt die Beteiligung . . . . . .% des provisionspflichtigen Umsatzes.

(2) Bei außergewöhnlichen Preisveränderungen oder neuen Angebotsformen, die zusätzliche Umsatzpotenziale erschließen, sowie im Falle der Übertragung von neuen elektronischen Publikationen kann vom Zeitpunkt der Veränderung an der Provisionssatz entsprechend den neuen Gegebenheiten und unter Berücksichtigung aller Einflussfaktoren einvernehmlich neu festgesetzt werden.

§ 6 Entstehung des Provisionsanspruchs und Abrechnung

(1) Der Anspruch auf Provision entsteht erst mit Zahlung durch den Anzeigenkunden.

(2) Die Abrechnung der fakturierten Anzeigenumsätze erfolgt monatlich bis zum 10. des Folgemonats aufgeschlüsselt nach Auftraggeber, Auftragssumme und Erscheinungsdatum. Die Provision zuzüglich der gesetzlichen Umsatzsteuer ist mit Zahlungseingang fällig und wird durch die Agentur von den eingezogenen Anzeigenumsätzen einbehalten.

(3) Das Unternehmen wird die ihm übermittelten Abrechnungen umgehend prüfen. Soweit das Unternehmen innerhalb von 6 Wochen nach Zugang keine Einwendungen gegen die Abrechnungen erhebt, gelten diese als anerkannt.

(4) Sofern Anzeigenkunden ihre Rechnungen nach der 3. Mahnung nicht bezahlen, ist das Unternehmen in Abstimmung mit der Agentur berechtigt, Anzeigenkunden von der

Anzeigenschaltung auszuschließen. Dieser Ausschluss bedarf der schriftlichen Nachricht an die Agentur und wird von der Agentur entsprechend befolgt.

§ 7 Kundenschutz[8]

Dem Unternehmen ist es untersagt, während der Dauer dieses Vertrags gleichgeartete Vermarktungsverträge mit anderen Anbietern abzuschließen. Des Weiteren erhält die Agentur für solche Verträge, die binnen 3 Monaten nach Vertragsbeendigung mit solchen Neukunden geschlossen werden, die noch von der Agentur akquiriert wurden, einen Provisionssatz in Höhe von . . . . . .% zuzüglich gesetzlicher Mehrwertsteuer.

§ 8 Haftung[9]

(1) Die Parteien haften jeweils unbeschränkt für vorsätzlich oder grob fahrlässig durch die jeweilige Partei, ihre gesetzlichen Vertreter oder leitenden Angestellten verursachte Schäden sowie für vorsätzlich verursachte Schäden sonstiger Erfüllungsgehilfen; für grobes Verschulden sonstiger Erfüllungsgehilfen bestimmt sich die Haftung nach den in § 8 Ziffer 2 aufgeführten Regelungen für leichte Fahrlässigkeit.

(2) Die Parteien haften jeweils für leicht fahrlässig verursachte Schäden aus der Verletzung vertragswesentlicher Pflichten durch die jeweilige Partei, ihre gesetzlichen Vertreter oder Erfüllungsgehilfen. Vertragswesentliche Pflichten sind Pflichten, die die Grundlage des Vertrags bilden, die entscheidend für den Abschluss des Vertrags waren und auf deren Erfüllung die jeweils andere Partei vertrauen darf. Insoweit ist die Haftung der jeweiligen Partei auf den Betrag begrenzt, der für die andere Partei zum Zeitpunkt der jeweiligen Leistung vorhersehbar war.

(3) Die Parteien haften jeweils unbeschränkt für vorsätzlich oder fahrlässig verursachte Schäden aus der Verletzung des Lebens, des Körpers oder der Gesundheit durch die jeweilige Partei, ihre gesetzlichen Vertreter oder Erfüllungsgehilfen.

(4) Eine weitere Haftung der Parteien ist dem Grunde nach ausgeschlossen.

§ 9 Vertragsdauer, Kündigung[10]

(1) Dieser Vertrag tritt am . . . . . . in Kraft und wird auf unbestimmte Zeit geschlossen. Er kann von beiden Parteien durch Erklärung gekündigt werden unter Einhaltung einer Frist von . . . . . .

(2) Das Recht zur Kündigung aus wichtigem Grund bleibt unberührt.

(3) Die Kündigung bedarf der Schriftform.

§ 10 Pflichten bei Vertragsbeendigung, Geheimhaltung[11]

(1) Bei Beendigung des Vertrags ist die Agentur verpflichtet, dem Unternehmen alle geschäftlichen Unterlagen, auch die von ihr selbst geschaffenen EDV-Auswertungen und Datenbestände auszuhändigen, soweit sie die Vertretung des Unternehmens betreffen.

(2) Über alle Planungen, Geschäftsvorgänge und Geschäftsgeheimnisse, die das Unternehmen betreffen und die im Rahmen ihrer Tätigkeit bekannt werden, bewahrt die Agentur strengstes Stillschweigen. Die Agentur wird ihre Mitarbeiter, Untervertreter und Auftragnehmer entsprechend verpflichten. Diese Geheimhaltungspflicht gilt über die Dauer dieses Vertrags hinaus.

§ 11 Schlussbestimmungen

(1) Mündliche Nebenabreden sind nicht getroffen. Änderungen, Ergänzungen und Zusätze dieses Vertrags haben nur Gültigkeit, wenn sie zwischen den Parteien schriftlich vereinbart werden. Dies gilt auch für die Abänderung dieser Vertragsbestimmung.

(2) Sollte eine Bestimmung dieses Vertrags unwirksam sein oder werden, so berührt dies die Wirksamkeit des Vertrags im Übrigen nicht. Die unwirksame Bestimmung gilt als durch eine wirksame Regelung ersetzt, die dem wirtschaftlichen Zweck der unwirksamen Bestimmung am nächsten kommt. Entsprechendes gilt im Falle einer Vertragslücke.

(3) Für alle Ansprüche aus diesem Vertrag ist Gerichtsstand. . . . . . Es gilt deutsches Recht.[12]

. . . .

(Ort, Datum)   (Ort, Datum)

. . . .

– Unternehmen –   – Agentur –

Anmerkungen

1. **Sachverhalt.** Der Sachverhalt ergibt sich insbesondere aus der Präambel des Vertrags. Online-Angebote eines Unternehmens werden in der Praxis häufig von hierauf speziell ausgerichteten Agenturen vermarktet und betreut. Das vorliegende Formular enthält eine auf Dauer angelegte Vereinbarung zwischen einem Unternehmen und der Agentur, welche die Vermarktung, die Vermittlung und den Verkauf von Werberaum für alle Werbeformen auf den elektronischen Bildschirmseiten des Unternehmens übernimmt.

2. **Rechtsnatur.** Wie bei einem Werbeagenturvertrag über herkömmliche Werbeformen (TV, Radio, Presse, etc) handelt es sich bei dem Vermarktungsvertrag über das Online-Angebot eines Unternehmens um einen Geschäftsbesorgungsvertrag, bei welchem regelmäßig dienstvertragliche Elemente unter Berücksichtigung der Besonderheiten des Online-Rechts im Vordergrund stehen (§§ 611, 675 BGB). Darüber hinaus enthält der Vermarktungsvertrag Elemente des Kommissionsrechts. Als Kommissionär bezeichnet das Gesetz denjenigen, der es gewerbsmäßig übernimmt, Waren oder Wertpapiere für Rechnung eines anderen in eigenem Namen zu kaufen oder zu verkaufen (§ 383 HGB), wobei durch § 406 HGB der Anwendungsbereich der Kommissionsvorschriften auch auf Rechtsgeschäfte über sonstige Gegenstände ausgedehnt wird, wie etwa für Anzeigen (vgl. KG Berlin Urt. v. 18.10.1968 – Kart. B 1/67, BB 1969, 151).

3. **Auftragsumfang.** Der Aufgabenkreis der Agentur kann je nach Fallgestaltung stark variieren. Es ist denkbar, dass je nach Werbeform unterschiedliche Agenturen beauftragt werden oder der Auftragsumfang auf bestimmte Werbeformen beschränkt wird. Im vorliegenden Formular ist vorgesehen, dass die Agentur für alle Werbeformen auf den Online-Bildschirmseiten des Unternehmens zuständig ist. Zur Klarstellung sind die branchenüblichen Werbeformen genannt (vgl. hierzu auch www.werbeformen.de/). Neben Banner (→ Form. I. 1) und Button (→ Form. I. 3) finden sich etwa **Pop-Ups,** welche Werbefenster sind, die sich auf dem Bildschirm automatisch öffnen und durch einfachen Mausklick vom Bildschirm entfernen lassen. Bei **Interstitials** handelt es sich – wie auch bei Pop-Ups – um Unterbrecherwerbung. Hierbei wird dem Nutzer eine Werbeaussage auf seinem Bildschirm präsentiert, der den gesamten Bildschirm ausfüllen kann. Ein einheitliches Größenformat für Interstitials existiert nicht, da sich diese nicht dem Platzangebot einer bestehenden Seite anpassen müssen. Eine Beschränkung auf ihre Größe und ihren Inhalt ergibt sich allerdings mittelbar durch die Übertragungsraten des Internets. Bei **Superstitials** handelt es sich um Einblendungen, die mit Multimedia-Elementen (html, gif, jpeg, flash) kombiniert werden. Hierdurch kann die Werbeaussage im Rahmen von Flash-Animationen und integriertem Sound wirksam präsentiert werden, ohne dass der Nutzer mit langen Ladezeiten konfrontiert wird. Der Werbetreibende verspricht sich durch den Einsatz von Superstitials insbesondere einen besseren Transfer von emotionalen Werbebotschaften und Interaktionsanreizen. Da die Einblendung unabhängig von dem Verhalten des Nutzers geschieht, kann der Werbetreibende regelmäßig mit einer hohen Werbewahrnehmung rechnen. Dies gilt umso mehr, als Interstitials in bereits geöffnete Browserfenster eingeblendet werden, wo der Nutzer nach einem Link die nächste gewünschte html-Seite erwartet. Der Seitenbetreiber wird regelmäßig darauf bedacht sein, eine geeignete Dosierung von Interstitials zuzulassen, anderenfalls die Attraktivität seiner Website durch ständige Unterbrechung der Navigation durch sein Online-Angebot stark beeinträchtigt sein wird. **Sticky-Ads** (auch „Freeze Screenposition Banner" genannt) sind digitale Werbungen, die stets im Blickfeld des Users bleiben, auch wenn der Nutzer den Inhalt der Website nach unten scrollt. Voraussetzungen sind daher Websites, deren Content man scrollen kann. Während aus technischer Sicht alle Banner-Größen für diese Werbeform denkbar sind, eignen sich erfahrungsgemäß vor allem Banner, die im Hochformat angelegt sind.

Bei den sogenannten **„Associate Programs"**, auch unter dem Begriff **„Affiliate Marketing"** bekannt, handelt es sich um Kooperationsprogramme in Form von innovativen Abrechnungsmodellen für die Bereitstellung von Werbeflächen für Bannern (*Leupold/Bräutigam/Pfeiffer* WRP 2000, 575 [580]). Inhaltlich geht es dabei darum, Waren oder Dienstleistungen des Werbenden von einem anderen Dritten (Seitenbetreiber) zum Kauf empfohlen zu bekommen, wobei der Seitenbetreiber einen oder mehrere Buttons platziert, die einen Link zum Waren- oder Dienstleistungsanbieter herstellen. Der Nutzer kann je nach Ausgestaltung des Buttons entweder zunächst genauere Informationen über das Waren- oder Dienstleistungsangebot abfragen oder unmittelbar auf die Homepage des werbenden Anbieters gelangen. Als Gegenleistung erhält der Seitenbetreiber für jeden Umsatz, den der Waren- oder Dienstleistungsanbieter über seine Website erzielt, eine Provision. Der Seitenbetreiber erhält somit eine zusätzliche Einnahmequelle, welche regelmäßig nicht mit anderen Werbeformen kollidiert, während sich der Waren- oder Dienstleistungsanbieter neben einem Werbeeffekt höhere Umsatzpotenziale erschließt (siehe auch Affiliate-Vertrag → Form. I. 6).

Das *Sponsoring* im Internet (für einen Überblick siehe *Bräutigam/Leupold/Pfeiffer/Schrögel/Wolff* A. II. Rn. 240 ff.) erfreut sich stetiger Beliebtheit. Charakteristisch hierfür ist die finanzielle Unterstützung einer bestimmten Website durch einen anderen Anbieter, der im Netz Waren oder Dienstleistungen vertreibt (vgl. *Leupold/Bräutigam/Pfeiffer* WRP 2000, 575 [580]). Das Sponsoring im Internet kann in unterschiedlichen Ausprägungen auftreten. Das Sponsoring kann etwa durch die Integration eines bestimmten Links, Buttons, Banners und/oder Logos sowie dem Zusatz „sponsored by" oder „powered by" auf der Website des Sponsoring-Nehmers gekennzeichnet sein, der hierfür regelmäßig Geldleistungen erhält. Durch den angebrachten Zusatz teilt der Sponsor seine Unterstützung mit und bietet dem interessierten Nutzer durch eine entsprechende Verlinkung die Gelegenheit, Kontakt mit Sponsorunternehmen aufzunehmen. In erweiterter Form besteht das Web-Sponsoring darin, Content-Seiten des Sponsors in geeigneten Websites des Sponsoring-Nehmers zu integrieren. Während die gesponserte Website durch den nach Möglichkeit wertvollen Inhalt des Sponsors eine gesteigerte Attraktivität für den Nutzer erhält, besteht für den Sponsor Gelegenheit, sein positives Image zielgruppengerecht zu pflegen und seinen Bekanntheitsgrad zu steigern. Als Praxisbeispiel für ein weit verbreitetes Affiliate Program lässt sich das „Partnerprogramm" von Amazon aufführen.

In Fällen, in denen der Inhaber des Online-Angebots einen umfangreichen Vermarktungs- und Vermittlungsauftrag an eine Agentur vergibt, sollte er sich vorbehalten, maßgebliche Sachverhalte wie die Werbedetails, die Grundsätze der Kundenakquisition sowie die Werbetarife bestimmen zu können. Um gleichzeitig das entsprechende Know How der Agentur zu nutzen, sieht der Formulierungsvorschlag in § 1 (3) vor, dass diese Sachverhalte durch das Unternehmen, also den Online-Anbieter, auf Vorschlag und in Abstimmung mit der Agentur festgelegt werden.

4. Leistungen der Agentur. Um einen reibungslosen Ablauf der vertraglichen Beziehung zu gewährleisten, ist ein regelmäßiger Informationsfluss seitens der Agentur erforderlich. Die Agentur hat ferner die rechtlichen Rahmenbedingungen und Vorgaben (zB Allgemeine Geschäftsbedingungen) des Unternehmens zu beachten. Hierzu gehört auch, dass sich die Werbekunden vertraglich zur Einhaltung der einschlägigen Normen und Gesetze im Hinblick auf die einzustellende Werbung verpflichten und dass sie eine umfassende Freistellungserklärung in Bezug auf etwaige Ansprüche Dritter abgeben.

5. Aufgaben des Unternehmens. Aus technischer Sicht kann es sinnvoll sein, dass der Seitenbetreiber eine unmittelbare Anbindung seines Online-Angebots an den Ad-Server der Agentur ermöglicht. Auf diese Weise kann die Agentur Werbung direkt durch ihren Ad-Server in das entsprechende Online-Angebot des Unternehmens integrieren, was regelmäßig zu einer Zeit- und Kostenreduzierung führt.

6. Vergütungsregelung. Üblicherweise werden die Leistungen der Agentur durch eine Provision abgedeckt. Um etwaige Streitigkeiten von vornherein zu vermeiden, empfiehlt es sich, den Gegenstand der provisionspflichtigen Geschäfte genau zu bezeichnen und festzulegen, ob durch die Provision auch Aufwendungen der Agentur, die im Rahmen ihrer Tätigkeit entstehen, abgegolten werden. Was die Definition der maßgeblichen Umsatzgröße betrifft, sieht das vorliegende Vertragsmuster – wie in der Praxis üblich – vor, dass der provisionspflichtige Umsatz der Rechnungs-Nettobetrag ist. Ferner ist eine abweichende Honorierung von Sonderwerbeformen vorgesehen.

7. Provisionshöhe. Der Provisionssatz variiert je nach Umfang des Aufgabenkreises der Agentur. Er dürfte die übliche Vermittlungsprovision für Agenturleistungen in Höhe von 15 % in Fallgestaltungen, die dem vorliegenden Vertragsmuster entsprechen, übertreffen, dh darüber liegen. Auf der anderen Seite ist es interessengerecht, wenn die Beteiligung der Agentur an einem provisionspflichtigen Umsatz, der vom Unternehmen vermittelt wird, geringer ausfällt.

8. Kundenschutz. Im Interesse der Agentur empfiehlt es sich, eine Regelung dahingehend zu treffen, dass dem Unternehmen während der Vertragsdauer verboten wird, gleichgeartete Vermarktungsverträge mit anderen Agenturen abzuschließen. Dies ist interessengerecht, weil die Agentur erhöhte Aufwendungen im Rahmen ihrer Akquisitionstätigkeit hat, deren Amortisation sie durch Provisionseinnahmen sicherstellen möchte. Für den Online-Anbieter bringt diese Exklusivität, insbesondere wenn der Aufgabenkreis der Agentur – wie im Vertragsmuster vorgesehen – weit reicht, die Notwendigkeit mit sich, die Agentur im Vorfeld sorgfältig auf ihre Eignung zu überprüfen. Gemäß § 87 Abs. 1 S. 1 Alt. 2 HGB wird ein Provisionsanspruch auch dann gewährt, wenn ein Folgegeschäft mit einem vom Agenten (Agentur) geworbenen Kunden ursächlich noch auf dessen ursprünglich ausgeübte Vermittlungsbemühungen zurückzuführen ist. Im vorliegenden Vertragsmuster ist vorgesehen, dass die Agentur für solche Folgegeschäfte 3 Monate nach Vertragsbeendigung eine – möglicherweise reduzierte – Provision erhält. Die Kundenschutz-Provision kann vertraglich auch ausgeschlossen werden, so dass dann lediglich die Abschlusstätigkeit der Agentur während der Vertragslaufzeit zu vergüten wäre.

9. Haftung. Ein Ausschluss der Haftung für Vorsatz ist nach § 276 Abs. 3 BGB nicht zulässig. In Allgemeinen Geschäftsbedingungen kann die Haftung für grobe Fahrlässigkeit gem. § 309 Ziff. 7 lit. b BGB, der über §§ 310 Abs. 1, 307 BGB auch bei Verträgen zwischen Unternehmen anwendbar ist, nicht wirksam ausgeschlossen werden. Nach allgemeiner Auffassung gilt das Verbot der Freizeichnung für grobes Verschulden der gesetzlichen Vertreter und leitenden Angestellten (Palandt/*Grüneberg* BGB § 309 Rn. 48). Ob ein Ausschluss für grobes Verschulden einfacher Erfüllungsgehilfen wirksam möglich ist, ist noch nicht höchstrichterlich entschieden (vgl. BGH Urt. v. 15.9.2005 – I ZR 58/03, NJW-RR 2006, 267 [269]). Nach ständiger Rechtsprechung des BGH darf die Haftung für vertragswesentliche Pflichten gem. § 307 Abs. 2 Nr. 2 BGB auch für einfache Fahrlässigkeit nicht ausgeschlossen werden. Zu beachten ist ferner, dass in Allgemeinen Geschäftsbedingungen Haftungserleichterungen über eine summenmäßige Beschränkung nicht wirksam sind. Im Verkehr zwischen Unternehmen ist jedoch eine Haftungsbeschränkung auf den vertragstypischen, vorhersehbaren Schaden zulässig (BGH NJW-RR 2006, 267 [269]; Palandt/*Grüneberg* BGB § 309 Rn. 48 f.). Im Hinblick auf das Transparenzgebot des § 307 Abs. 1 S. 2 BGB sollte der Begriff der vertragswesentlichen Pflichten im Vertragstext konkretisiert werden (vgl. BGH Urt. v. 20.7.2005 – VIII ZR 121/04, NJW-RR 2005, 1496 [1505] – Honda; BGH Urt. v. 18.7.2012 – VIII ZR 337/ 11, NJW 2013, 291; Palandt/*Grüneberg* BGB § 309 Rn. 53).

10. Vertragsdauer, Kündigung. Auf den Vermarktungsvertrag, der im vorliegenden Fall als Geschäftsbesorgungsdienstvertrag einzustufen ist, finden über § 675 BGB die allgemeinen dienstvertraglichen Vorschriften der §§ 611 ff. BGB Anwendung. Der Vermarktungsvertrag kann befristet oder unbefristet sein. Die Parteien können die Dauer des Vertrages frei vereinbaren. Bei unbestimmter Vertragslaufzeit sollten entsprechende Fristen für eine ordentliche Kündigung grundsätzlich frei vereinbart werden, um zu vermeiden, etwaigen ungewollt kurzen Kündigungsfristen nach dem Gesetz ausgesetzt zu sein.

Nach ständiger Rechtsprechung kann ein Dauerschuldverhältnis aus wichtigem Grund fristlos gekündigt werden, wenn Tatsachen vorliegen, aufgrund derer dem kündigenden Teil unter Berücksichtigung aller Umstände des Einzelfalls bei Abwägung der Interessen beider Vertragsteile die Fortsetzung des Vertrages bis zu dessen vereinbarter Beendigung nach Treu und Glauben nicht mehr zugemutet werden kann (vgl. BGH Urt. v. 29.4.1997 – X ZR 127/95, GRUR 1997, 610 [611]) – Tinnitus-Masker). Insoweit findet sich nunmehr in § 314 Abs. 1 BGB eine ausdrückliche Regelung im Gesetz. Zur Vermeidung von Unklarheiten können in den Vertrag mögliche Kündigungsgründe ausdrücklich aufgenommen werden, die nach Einschätzung der Vertragsparteien so erheblich sind, dass sie einen wichtigen Grund zur Kündigung darstellen. Das hat den Vorteil, dass ein Streit über das Vorliegen von zur fristlosen Kündigung berechtigenden Gründen vermieden oder zumindest weitestgehend minimiert wird. Bei der Kündigung von Dauerschuldverhältnissen aus wichtigem Grund ist gem. § 314 Abs. 2 S. 1 BGB im Falle einer Vertragspflichtverletzung eine vorherige Abmahnung oder, falls die Pflichtverletzung in einem Unterlassen besteht, eine Abhilfefristsetzung erforderlich.

11. Geheimhaltung. Die Pflicht zur Geheimhaltung für die Agentur besteht jedenfalls für die Dauer des Vertrages. Die Vertraulichkeitsverpflichtung ist eine Kernpflicht. Ein Verstoß stellt idR einen schweren Vertrauensbruch dar, der zur außerordentlichen Kündigung aus wichtigem Grund berechtigt. Es erscheint zweckmäßig, die Geheimhaltungspflicht über die Vertragsdauer hinaus zu erstrecken.

12. Gerichtsstand und Rechtswahl. Eine Gerichtsstandsklausel ist im kaufmännischen Verkehr üblich und wirksam (vgl. § 38 Abs. 1 ZPO). Die Rechtswahlklausel zugunsten des deutschen Rechts ist unproblematisch zulässig. Die Wahl eines ausländischen Sachrechts ließe die Geltung zwingender Vorschriften des deutschen Rechts gem. Art. 9 Rom I-VO (für Verträge, die vor dem Inkrafttreten der Rom I-VO am 17.12.2009 geschlossen wurden, findet Art. 34 EGBGB Anwendung) unberührt. Bei Fehlen einer Rechtswahl bestimmt sich das anwendbare Recht nach der „charakteristischen Leistung" gem. Art. 4 Abs. 2 Rom I-VO (bzw. Art. 28 Abs. 2 EGBGB), im Falle einer in der Bundesrepublik Deutschland ansässigen Agentur somit nach deutschem Sachrecht, sofern sich aus den Umständen nichts anderes ergibt.

5. Kundenbindungsvertrag

Vertrag über die Teilnahme an dem . . . . . .-Bonusprogramm

Zwischen

. . . . . .

– nachstehend „Anbieter" genannt –

und

. . . . . .

– nachstehend „Kunde" genannt –

wird folgender Vertrag über die Teilnahme an dem . . . . . .-Bonusprogramm[1] geschlossen:[2]

§ 1 Vertragsgegenstand[3]

(1) Gegenstand dieses Vertrages ist die Teilnahme an dem . . . . . .-Bonusprogramm[4] (nachfolgend: „Bonusprogramm"). Die Teilnahme an dem Bonusprogramm gewährt dem Kunden die Möglichkeit, beim Bezug von Waren und Dienstleistungen Bonuspunkte zu sammeln, die nach Maßgabe von § 4 in Prämien eingelöst oder ausgezahlt werden können.[5]

(2) Betreiber des Bonusprogramms ist der Anbieter.

(3) Die Teilnahme an dem Bonusprogramm ist kostenlos. Teilnahmeberechtigt ist jede natürliche Person, die das 16. Lebensjahr vollendet hat. Der Anbieter kann die Teilnahme von Personen aus sachlichen Gründen ablehnen.[6]

§ 2 Bonuskarte

(1) Zur Abwicklung des Bonusprogramms und zu Zwecken der Legitimationsprüfung erhält der Kunde eine Bonuskarte mit einer individuellen Kundennummer und einer PIN. Die Karte ist von dem Kunden nach Erhalt auf der Rückseite zu unterschreiben. Sie besitzt keine Zahlungsfunktion.

Die Bonuskarte bleibt Eigentum des Anbieters. Sie ist nicht übertragbar und darf nur von dem Karteninhaber benutzt werden. Der Kunde hat allerdings die Möglichkeit, eine Zweitkarte mit derselben Kundennummer zu beantragen, die an andere Personen weitergegeben werden darf und die es ermöglicht, Bonuspunkte auf das Punktekonto des Hauptkarteninhabers zu sammeln. Die Zweitkarte wird auf den Inhaber der Hauptkarte ausgestellt. Nur ihm stehen die Rechte aus diesem Vertrag über die Teilnahme an dem Bonusprogramm, insbesondere das Einlösen von Bonuspunkten, zu.

Im Falle des Abhandenkommens der Bonuskarte durch Diebstahl, Verlust oder in sonstiger Weise ist der Kunde verpflichtet, dies unverzüglich dem Anbieter per E-Mail oder telefonisch unter (. . . . . .) mitzuteilen, um eine missbräuchliche Verwendung der Kundenkarte möglichst zu verhindern. Der Kunde kann bei Abhandenkommen der Bonuskarte eine Ersatzkarte beantragen. Ein Abhandenkommen der Bonuskarte hat keine Auswirkungen auf den vom Kunden bis dahin gesammelten Bonuspunktestand.

§ 3 Sammeln von Bonuspunkten

(1) Gegen Vorlage der Bonuskarte gewährt der Anbieter dem Kunden für den Bezug von gutschriftfähigen Waren und Dienstleistungen[7] in den teilnehmenden Geschäftslokalen des Anbieters Bonuspunkte.[8] Die teilnehmenden Geschäftslokale, die gutschriftfähigen Waren und Dienstleistungen sowie die Höhe der jeweils gewährten Bonuspunkte kann der Kunde der Internetseite des Anbieters unter www. . . . . . entnehmen oder telefonisch unter (. . . . .) erfragen.[9]

(2) Ein Bonuspunkt hat einen Gegenwert von 1 Cent.[10] Die Bonuspunkte werden auf einem individuellen Bonuspunktekonto des Kunden bei dem Anbieter gutgeschrieben. Der Kunde erhält regelmäßig, mindestens vierteljährlich, eine schriftliche Mitteilung über seinen aktuellen Bonuspunktestand. Der Kunde kann den Stand seines Bonuspunktekontos auch jederzeit unter Angabe seiner Kundennummer und der PIN auf der Internetseite des Anbieters unter www. . . . . . oder telefonisch unter (. . . . . .) abfragen.

(3) Einwendungen gegen die Richtigkeit oder Vollständigkeit der Bonuspunktegewährung muss der Kunde spätestens innerhalb von 1 Monat nach der jeweiligen schriftlichen Mitteilung gegenüber dem Anbieter schriftlich geltend machen; andernfalls gilt der mitgeteilte Bonuspunktestand als genehmigt.

(4) Stellt sich nachträglich heraus, dass die Voraussetzungen für die Gewährung von Bonuspunkten nicht vorlagen oder entfallen die Voraussetzungen nachträglich, etwa durch Rückgängigmachung des Vertrages über den Bezug gutschriftfähiger Waren oder Dienstleistungen, kann der Anbieter die Bonuspunktegutschrift stornieren.

(5) Es bleibt vorbehalten, die Gewährung von Bonuspunkten jederzeit zu ändern, einzuschränken oder auszuschließen, etwa im Rahmen von Sonderaktionen, bei Gewährung anderer Rabatte oder Vergünstigungen, etc.

§ 4 Einlösen von Bonuspunkten

(1) Der Kunde kann die Bonuspunkte bei dem Anbieter gegen Prämien einlösen, wenn er die für die jeweilige Prämie erforderliche Anzahl an Bonuspunkten besitzt. Die einlösbaren Prämien und die hierfür erforderliche Anzahl an Bonuspunkten kann der Kunde der Internetseite des Anbieters unter www. . . . . . entnehmen oder telefonisch unter (. . . . .) erfragen.[11] Es gelten die dabei mitgeteilten Bedingungen und zeitlichen sowie mengenmäßigen Beschränkungen.[12]

(2) Die Einlösung von Bonuspunkten gegen Prämien kann der Kunde in jedem teilnehmenden Geschäftslokal des Anbieters geltend machen. Soweit die Prämie in dem teilnehmenden Geschäftslokal nicht erhältlich ist, liefert der Anbieter dem Kunden die Prämie innerhalb Deutschlands frei Haus. Lieferungen erfolgen an die von dem Kunden mitgeteilte Anschrift.

(3) Alternativ kann der Kunde eine Auszahlung des Gegenwertes der Bonuspunkte verlangen. Eine Auszahlung ist erst ab einem Bonuspunkteguthaben von mindestens 10.000 (entspricht 10,00 EUR) möglich.

(4) Zuerst erworbene Bonuspunkte werden zuerst eingelöst bzw. ausgezahlt. Die Bonuspunkte haben eine Geltungsdauer von 36 Monaten und verfallen automatisch zum Schluss des Quartals, in dem dieser 36-Monatszeitraum endet.[13]

§ 5 Verwendung personenbezogener Daten[14]

(1) Der Anbieter erhebt und verwendet die Kundendaten (Name, Anschrift, Kundennummer) sowie die Bonusdaten (insbesondere erworbene Waren/Dienstleistungen, Preis, Bonusbetrag, Ort und Datum des Vorgangs) zur Durchführung des Vertrages und zur Abwicklung des Bonusprogramms.

(2) Der Anbieter verwendet Kunden- und Bonusdaten auch zur Pflege der Kundenbeziehung und für eigene Marketingzwecke. Listenmäßige Adressdaten nutzt und übermittelt der Anbieter gegebenenfalls für werbliche Ansprachen an dritte Unternehmen. Der Kunde kann der Verwendung personenbezogener Daten zu Werbe- und Marketingzwecken jederzeit durch eine formlose Mitteilung an den Anbieter widersprechen.

§ 6 Haftung[15]

(1) Der Anbieter haftet bei Vorsatz, Arglist und grober Fahrlässigkeit sowie im Fall von Personenschäden unbeschränkt.

(2) Der Anbieter haftet auf Schadensersatz im Falle einer leicht fahrlässigen Verletzung einer wesentlichen Vertragspflicht (Kardinalpflicht) begrenzt auf die Höhe des vertragstypischen, vorhersehbaren Schadens. In diesem Fall haftet der Anbieter nicht für entgangenen Gewinn, mittelbare Schäden, Mangelfolgeschäden und Ansprüche Dritter. Kardinalpflichten im Sinne dieser Regelung umfassen neben den vertraglichen Hauptleistungspflichten auch Verpflichtungen, deren Erfüllung die ordnungsgemäße Durchführung des Vertrages überhaupt erst ermöglichen und auf deren Einhaltung der Auftraggeber regelmäßig vertrauen darf.

(3) Im Übrigen ist jede Haftung des Anbieters ausgeschlossen.

§ 7 Änderungen und Einstellung des Bonusprogramms[16]

(1) Der Anbieter behält sich vor, die Teilnahmebedingungen an dem Bonusprogramm unter Wahrung der berechtigten Interessen des Kunden zu ändern. In diesem Fall finden die neuen Teilnahmebedingungen jedoch erst Anwendung, wenn (1) der Anbieter den Kunden von der Änderung schriftlich in Kenntnis gesetzt hat und (2) der Kunde nicht innerhalb eines Monats nach dem Zugang der Änderungsmitteilung gegenüber dem Anbieter Widerspruch erhebt. Der Anbieter wird den Kunden auf diese Rechtsfolge in der Änderungsmitteilung ausdrücklich hinweisen. Akzeptiert der Kunde die neuen Teilnahmebedingungen gemäß dem Vorstehenden nicht, gilt dies als Kündigung des Vertrages über die Teilnahme an dem Bonusprogramm durch den Kunden gemäß § 8.

(2) Der Anbieter behält sich außerdem vor, das Bonusprogramm unter Wahrung einer angemessenen Frist – außer bei Vorliegen eines wichtigen Grundes – und unter Wahrung der berechtigten Interessen des Kunden einzustellen. In diesem Fall ist der Kunde berechtigt, gesammelte Bonuspunkte noch innerhalb eines Zeitraumes von 1 Monat nach Wirksamwerden der Kündigung einzulösen, es sei denn, die Kündigung ist aus wichtigem Grund erfolgt. Danach verfallen die Bonuspunkte.

§ 8 Laufzeit und Kündigung

(1) Der Vertrag über die Teilnahme an dem Bonusprogramm wird auf unbestimmte Zeit geschlossen.

(2) Der Kunde kann den Vertrag jederzeit ohne Einhaltung einer Frist durch schriftliche Mitteilung an den Anbieter kündigen.

(4) Der Anbieter kann den Vertrag mit einer Frist von 4 Wochen zum Monatsende kündigen. Das Recht zur Kündigung aus wichtigem Grund bleibt unberührt. Ein wichtiger Grund zur Kündigung besteht insbesondere bei einer missbräuchlichen Nutzung der Bonuskarte.

(5) Der Kunde ist verpflichtet, die Bonuskarte mit Beendigung des Vertrages nach seiner Wahl unbrauchbar zu machen oder an den Anbieter zurückzugeben. Im Falle einer Kündigung durch den Anbieter ist der Kunde berechtigt, gesammelte Bonuspunkte noch innerhalb eines Zeitraumes von 3 Monaten nach Wirksamwerden der Kündigung einzulösen, es sei denn, die Kündigung ist aus wichtigem Grund erfolgt. Danach verfallen die Bonuspunkte des Kunden.[17]

§ 9 Schlussbestimmungen

(1) Dieser Vertrag unterliegt dem Recht der Bundesrepublik Deutschland unter Ausschluss des UN-Kaufrechts.

(2) Gerichtsstand für alle Streitigkeiten aus oder im Zusammenhang mit diesem Vertragsverhältnis ist der Sitz des Anbieters.

. . . .

(Ort, Datum)   (Ort, Datum)

. . . .

– Anbieter –   – Kunde –

Anmerkungen

1. **Zulässigkeit von Bonusprogrammen.** Seit der Aufhebung des Rabattgesetzes und der Zugabeverordnung sind im Dienstleistungsbereich mit Endkunden und im Einzelhandel Kundenbindungssysteme als Marketingmaßnahmen und Verkaufsförderaktionen immer beliebter geworden. Eine weit verbreitete Form von Kundenbindungssystemen sind Bonus- oder Kundenkarten-Programme. Solche Bonusprogramme werden typischerweise in zwei verschiedenen Ausgestaltungen angeboten (vgl. Unabhängiges Landeszentrum für Datenschutz Schleswig-Holstein – ULD, Kundenbindungssysteme und Datenschutz, 2003, S. 23). Zum einen bestehen „einfache" Kundenkarten, die von einem einzelnen Unternehmen ausschließlich an dessen eigene Kunden ausgegeben werden und die den Kunden auch nur Vergünstigungen bei dem Erwerb von Waren und Dienstleistungen des ausgebenden Unternehmens gewähren. Der Mustervertrag bildet ein solches Kundenbindungssystem im Zwei-Parteien-Verhältnis ab. Daneben bestehen auch so genannte „Mehrparteiensysteme", denen eine Vielzahl von Unternehmen angeschlossen sein kann. Als Marktführer im Bereich solcher Mehrparteiensysteme dürfte in Deutschland „Payback" gelten; es existieren aber auch andere Mehrparteiensysteme (etwa „DeutschlandCard" oder „Miles & More", das als Europas größtes Vielfliegerund Prämienprogramm gilt.).

Während es in Bezug auf die Bonusgewährung sowie die Verwaltung und Einlösung/Auszahlung der Bonuspunkte in beiden Systemen kaum Unterschiede zwischen Zwei- und Mehrparteiensystemen gibt, differiert vor allem der Umfang der Erhebung und Verwendung personenbezogener Daten, da sich bei den Mehrparteiensystemen aufgrund der Erfassung zahlreicher Unternehmen aus den verschiedensten Branchen oftmals ein sehr aussagekräftiges Einkaufsprofil des Kunden ergeben kann, und darüber hinaus zumeist eine Werbenutzung der Teilnehmerdaten durch alle angeschlossenen Unternehmen intendiert ist (zu den Datenschutzaspekten auch unten → Anm. 14).

2. Allgemeine Geschäftsbedingungen. Das Muster sieht einen Abschluss des Vertrages durch beiderseitige Unterzeichnung eines vorformulierten Vertrages vor; gesonderte Allgemeine Geschäftsbedingungen sind nicht vorgesehen. In der Praxis ist es aber durchaus auch üblich, nur ein Vertragsformular unterzeichnen zu lassen und wegen der weiteren Vertragsbedingungen auf separate AGB zu verweisen. Hierbei ist auf deren wirksame Einbeziehung zu achten. Eine wirksame Einbeziehung von AGB liegt nach der Judikatur des BGH nicht vor, wenn diese erst mit Erhalt der Bonuskarte an den Kunden versandt werden und diese eine Regelung enthalten, wonach die Anerkenntnis der AGB von der ersten Aktivität des Kunden, zB Punktesammeln, abhängt, da die Voraussetzungen von § 305 Abs. 2 BGB nicht erfüllt seien (BGH Urt. v. 11.11.2009 – VIII ZR 12/08, NJW 2010, 864 [867 f.]).

3. Vertragsgegenstand. Die primäre Zielsetzung der Kundenbindungsprogramme besteht, wie der Name schon sagt, darin, die Bindung des Kunden an das eigene Unternehmen zu stärken bzw. eine solche zu schaffen. Zu diesem Zweck werden den Teilnehmern an einem Bonusprogramm Vergünstigungen gegenüber Käufern ohne eine entsprechende Bonuskarte gewährt, die einen Kaufanreiz beim Anbieter schaffen sollen. Üblicherweise bestehen diese Vergünstigungen in bestimmten Sachprämien oder aber in Wertgutschriften.

4. Bezeichnung des Bonusprogramms. Bei der Auswahl der Bezeichnung des Bonusprogramms sind markenrechtliche Aspekte zu berücksichtigen. Insbesondere bei Bonusprogrammen, die einen lokalen oder regionalen Bezug haben sollen, erscheint es oftmals naheliegend, dies auch in der Bezeichnung des Bonusprogramms zum Ausdruck zu bringen, um eine Identifikation der Teilnehmer zu erreichen. Soll für die Bezeichnung des Bonusprogramms Markenschutz erworben werden, ist insbesondere darauf zu achten, dass die Bezeichnung gemäß § 8 Abs. 2 Nr. 1 MarkenG hinreichende Unterscheidungskraft besitzt. Nach einer aktuellen Entscheidung des BGH soll das beispielsweise nicht der Fall sein für die Bezeichnung „DeutschlandCard", da es sich um eine schlichte Beschreibung der Art der Ware (Card) und deren Einsatzgebiet (Deutschland) handele (BGH Beschl. v. 22.1.2009 – I ZB 52/08 (BPatG), GRUR 2009, 952; vgl. auch BGH Beschl. v. 16.12.2004 – I ZB 12/02 (BPatG), GRUR 2005, 417 zu der Bezeichnung „BerlinCard"). Auch die Bezeichnung „Speisecard" werde laut BPatG vom Verkehr nicht als betrieblicher Herkunftshinweis sondern nur als beschreibende Angabe verstanden, § 8 Abs. 2 Nr. 2 MarkenG (BPatG Beschl. v. 11.11.2008 – 33 W (pat) 134/06 – BeckRS 2008, 24979). Der Verkehr werde zwar die Anspielung der angemeldeten Marke „Speisecard" auf das deutsche Wort „Speisekarte" erkennen, entgegen der Ansicht des Anmelders könne dies jedoch nicht zu einer solchen Irritation oder einem solchen Nachdenken führen, dass der beschreibende Charakter der Anmeldemarke aufgehoben werde.

5. Sogwirkung. Auch wenn der ureigenste Zweck von Kundenbindungsprogrammen darin besteht, eine gewisse Sogwirkung zu entfalten, sind sie – jedenfalls nach Aufhebung des RabattG und der ZugabeVO – grundsätzlich wettbewerbsrechtlich zulässig (*Köhler/Bornkamm* § 3 Rn. 8.53 ff.; *Ohly/Sosnitza* UWG § 4a Rn. 88; *Vogt* NJW 2006, 2960 [2964 f.]; *Köhler* GRUR 2001, 1067 [1075]; OLG Köln Urt. v. 30.11.2001 – 6 U 103/01, GRUR-RR 2002, 115; überholt insoweit OLG Stuttgart Urt. v. 16.12.1994 – 2 U 216/94, NJW-RR 1995, 429). Das gilt jedenfalls für Kundenbindungsprogramme, bei denen – wie hier – Umsatzrabatte gewährt werden und bei denen für eine bestimmte Anzahl von Bonuspunkten, die beim Kauf gutgeschrieben werden, eine Prämie oder ein Geldbetrag versprochen werden, da der Durchschnittsverbraucher in diesen Fällen selbst abschätzen kann, welchen Nutzen er von dem Umsatzrabatt hat. Wettbewerbsrechtlich bedenklich könnten Kundenbindungsprogramme nur dann sein, wenn die Rationalität der Nachfrageentscheidung des Verbrauchers etwa durch Preisverschleierungen oder übertriebene Sogwirkung entfaltende Mindestumsätze beeinträchtigt ist (*Kügele* GRUR 2006, 105 [109]). So können insbesondere übermäßig hohe Prämienversprechen problematisch sein: das OLG Hamburg hat in einer Entscheidung zu Miles-and-More-Prämien entschieden, dass eine Auslobung von 10.000 Meilen für ein Zeitschriftenabonnement (im Falle der Laienwerbung) wegen Verstoßes gegen § 4 Nr. 1 UWG aF (§ 4a UWG nF) unlauter sei (OLG Hamburg Urt. v. 2.11.2005 – 5 U 44/05).

6. Adressaten des Bonusprogramms. Grundsätzlich kann die Teilnahme an Bonusprogrammen allen Personen offen stehen. Wettbewerbswidrig kann aber ein Bonussystem dann sein, wenn die Prämien nicht Endverbrauchern gewährt werden, sondern Angestellten des ihn beratenden Verkäufers – also etwa eines Reisebüros, eines Finanzberaters, etc. weil dadurch die Erwartung des Kunden eine sachliche und objektive Beratung zu erhalten, in unlauterer Weise beeinträchtigt sein kann. Nach einer Entscheidung des OLG Hamburg kann das z.B. bei einem Prämiensystem eines Autovermieters der Fall sein, mit dem Angestellten von Reisebüros für jede Buchung eines Mietwagens Punkte gutgeschrieben werden, die in Sachprämien und Bargeld eingetauscht werden können (OLG Hamburg Urt. v. 23.10.2003 – 5 U 17/03, GRUR-RR 2004, 117). Der Arbeitnehmer hat seinem Arbeitgeber die aus einem Vielfliegerprogramm erworbenen Bonusmeilen für dienstlich veranlasste und vom Arbeitgeber bezahlte Flüge entsprechend § 677 Alt. 2 BGB herauszugeben (BAG Urt. v. 11.4.2006 – 9 AZR 500/05, NJW 2006, 3803; vgl. auch die Entscheidungsbesprechung von *Gragert* NJW 2006, 3762).

7. Bereichsspezifische Werberegeln. Bei manchen Waren und Dienstleistungen sind bereichsspezifische Werberegelungen zu beachten, die besondere Anforderungen an die Ausgestaltung des Bonussystems stellen oder sogar zur Unzulässigkeit der Einbeziehung in ein Bonussystem führen können. Besonders relevant sind insoweit die Bestimmungen des Heilmittelwerbegesetzes (HWG). So ist es gemäß § 7 HWG grundsätzlich unzulässig, für Arzneimittel, Medizinprodukte und andere Heilmittel Zuwendungen und sonstige Werbeabgaben (Waren oder Leistungen) anzubieten, anzukündigen oder zu gewähren. Einbezogen in den Anwendungsbereich des HWG ist jedoch nur produktbezogene Werbung, nicht aber eine allgemeine Firmen-, Unternehmens- oder Imagewerbung (BGH Urt. v. 15.5.1997 – I ZR 10/95, GRUR 1997, 761). Diese Trennlinie ist aber insbesondere auf der Händlerebene im Einzelfall schwer zu ziehen. Dies zeigt sich auch an der Uneinheitlichkeit der Rechtsprechung zur Frage, ob bestimmte Bonus- und Rabattsysteme von Apotheken und Heilmittelherstellern gegen § 7 HWG verstoßen oder nicht (vgl. *Diekmann* APR 2008, 1). Wegen eines Verstoßes gegen § 7 Abs. 1 HWG soll danach vor allem die Gewährung von Geldrabatten für verschreibungspflichtige Medikamente unzulässig sein (OLG München Urt. v. 22.3.2007 – 29 U 5300/06, GRUR-RR 2007, 297; OLG Hamburg Urt. v. 26.7.2007 – 3 U 21/07, NJW-RR 2008, 61); demgegenüber hat das OLG Naumburg die Ausgabe eines Gutscheins im Wert von 5,– EUR durch eine Versandapotheke als Zugabe auch bei einer Rezepteinlösung weder als eine nach dem HWG verbotene Werbegabe noch als Verstoß gegen arzneimittelrechtlichen Preisbindungsvorschriften angesehen (OLG Naumburg Urt. v. 26.8.2005 – 10 U 16/05, WRP 2006, 132). Unzulässig ist nach der Rechtsprechung des BGH wiederum ein Prämiensystem, mit dem ein Hersteller Zahnlaboren für den Bezug von Dentalprodukten umsatzabhängig Prämienpunkte verspricht, die gegen Sachprämien eingelöst werden können. Es gebe keinen Grund, den vom Gesetzgeber im Bereich der Heilmittelwerbung als grundsätzlich unerwünscht angesehenen Anreiz einer Wertreklame gerade dann hinzunehmen, wenn diese Form der Wertreklame für eine besonders große Zahl von Arzneimitteln oder Medizinprodukten angewandt werde (BGH Urt. v. 26.3.2009 – I ZR 99/07, GRUR

2009, 1083 [1084]). Nach einem weiteren Urteil des BGH kann die Gewährung von Bonuspunkten für die Einlösung von Rezepten für jedes gekaufte rezeptpflichtige Medikament gegen § 78 Abs. 2 S. 2 und 3 und Abs. 3 S. 1 AMG und gegen § 1 Abs. 1 und Abs. 4 sowie § 3 AMPreisV verstoßen, wenn der Kunde bei Vorlage einer Karte mit zehn Bonuspunkten die von ihm entrichtete Praxisgebühren in Höhe von 10 EUR erstattet oder diesen Betrag auf den Kaufpreis für ein nicht verschreibungspflichtiges Produkt angerechnet bekommen kann (BGH Urt. v. 9.9.2010 – I ZR 98/08, GRUR 2010, 1133). Allerdings sei das beanstandete Verhalten nicht geeignet, den Wettbewerb zum Nachteil der Mitbewerber und sonstiger Marktteilnehmer iSd § 3 Abs. 1 UWG aF spürbar zu beeinträchtigen. Die Werbung wäre im Falle ihrer Produktbezogenheit nach § 7 Abs. 1 S. 1 Nr. 1 Fall 2 HWG zulässig, da es sich bei den Bonuspunkten im Wert von einem Euro um eine geringwertige Kleinigkeit iS des § 7 Abs. 1 S. 1 Nr. 1 Fall 2 HWG handele (BGH Urt. v. 9.9.2010 – I ZR 98/08, GRUR 2010, 1133 [1135]). Unbeanstandet gelassen hatte das OLG Rostock hingegen die Werbung eines Apothekers mit einem Bonussystem, durch das die Praxisgebühr zurückerstattet werden kann oder nicht rezeptpflichtige Waren erworben werden können (OLG Rostock Urt. v. 4.5.2005 – 2 U 54/04, GRUR-RR 2005, 391; dazu: *Vogt* NJW 2006, 2960 [2965]). Für die Gestaltung des Vertrages über die Teilnahme an dem Bonussystem in diesem Wirtschaftsbereich bedeutet dies, dass Bonuspunkte möglichst nicht produktbezogen zu gewähren sind und ggf. bestimmte Produkte (wie zB verschreibungspflichtige Medikamente) generell von dem Programm ausgenommen werden sollten (zu den datenschutzrechtlichen Problemen bei Apothekenkarten siehe Unabhängiges Landeszentrum für Datenschutz Schleswig-Holstein – ULD, Kundenbindungssysteme und Datenschutz, 2003, S. 84 ff.).

8. Gewährung von Bonuspunkten oder Rabatten. Die Gewährung von Bonuspunkten ist eine verbreitete Variante. Sofern keine Sachprämien ausgegeben werden sollen, besteht eine alternative Gestaltung darin, dem Kunden aufgrund der Teilnahme an dem Bonusprogramm unmittelbar bestimmte Rabatte auf den Warenbezugspreis einzuräumen; teilweise erfolgt hier in der Praxis auch eine Staffelung der Rabatte je nach Umsatzvolumen.

9. Ausnahmen. Je nach dem Sortiment des Anbieters sollten bestimmte Waren oder Dienstleistungen oder Umsätze aus bestimmten Geschäften insgesamt von der Bonusgewährung ausgenommen werden; üblich sind etwa Umsätze aus Getränkepfand bei Lebensmittelhändlern, Kautionen etc. sowie aus dem Verkauf solcher Waren, die nicht rabattiert werden dürfen (→ Anm. 7).

10. Angabe der Bedingungen. Auf Kundenbindungssysteme war bisher die Regelung in § 4 Nr. 4 UWG aF anwendbar. Mit der am 7.12.2015 in Kraft getretenen Novelle des UWG zur Anpassung an die Vorgaben der Richtlinie 2005/29/EG („UGP-Richtlinie") ist § 4 Nr. 4 UWG jedoch weggefallen. Den Regelungsgehalt von § 4 Nr. 4 UWG als bisheriges Regelbeispiel für eine unlautere geschäftliche Handlung hat der Gesetzgeber nun in den Tatbestand der irreführenden geschäftlichen Handlungen gemäß § 5 UWG übernommen. Gem. § 5 Abs. 1 S. 2 Nr. 2 und 7 UWG dürfen Kundenbindungssysteme auch zukünftig weder irreführende Angaben über das Vorhandensein eines besonderen Preisvorteils, wie zB den Wert von Bonuspunkten, noch über Rechte des Verbrauchers, wie zB die Gewinnausschüttung, enthalten. Darüber hinaus sind bei Verkaufsförderungsmaßnahmen wie Preisnachlässen, Zugaben oder Geschenken die Bedingungen für ihre Inanspruchnahme klar und eindeutig anzugeben. Daraus folgt auch, dass der Anbieter angeben muss, welchen Wert die Bonuspunkte haben, sofern die Möglichkeit besteht, die Bonuspunkte nicht nur in Sachprämien einzutauschen, sondern sich auch in Geld auszahlen zu lassen (*Köhler* GRUR-RR 2006, 113 [115]; *Böse* VuR 2014, 460 [462 f.]).

11. Bezeichnung der Prämien. Aus § 4 Nr. 4 UWG aF ergab sich außerdem, dass im Rahmen von Kundenbindungssystemen nicht auf irgendwelche, nicht näher beschriebenen Prämien verwiesen werden darf (*Köhler* GRUR 2001, 1067 [1073]). Der Anbieter kann sich insbesondere nicht mit Erfolg darauf berufen, dass er möglicherweise nach längerer Zeit nicht mehr in der Lage ist, die seinerzeit in Aussicht gestellte Prämie zu leisten. Diese Anforderungen gelten nach der neuen Regelung des § 5a Abs. 4 UWG iVm § 6 Abs. 1 Nr. 3 TMG fort. Um für den Anbieter gleichwohl die notwendige Flexibilität zu erhalten, ist in dem Mustervertrag vorgesehen, dass die Prämien nicht generell für die gesamte Laufzeit des Programms vorgegeben, sondern jeweils aktuell bekannt gemacht werden. Soweit dabei zeitliche Beschränkungen gelten sollen, sind auch diese konkret anzugeben.

12. Transparenzgebot. Bei der inhaltlichen Beschreibung des Bonusprogramms, insbesondere der Bedingungen, unter denen der Kunde seine Bonuspunkte einlösen kann, ist das Transparenzgebot zu beachten, das von nun an in § 5a Abs. 4 UWG iVm § 6 Abs. 1 Nr. 3 TMG statuiert ist. Die in der Vorschrift normierten Informationspflichten fordern, dass über alle wesentlichen Voraussetzungen für die Prämienerlangung und, soweit vorhanden, Einschränkungen, zu informieren ist (Harte-Bavendamm/Henning-Bodewig/ *Picht/Stuchel* UWG § 4a Rn. 85 f.). In jedem Fall erforderlich sind danach Angaben zum Geltungszeitraum (BGH Urt. v. 18.6.2009 – I ZR 224/06, GRUR 2010, 247; *Schröler* GRUR 2013, 564) und/oder zur verfügbaren Angebotsmenge bestimmter Sachprämien (BGH Urt. v. 17.9.2015 – I ZR 92/14, GRUR 2016, 395). Unverzichtbar sind zudem Angaben zu räumlichen und personenbezogenen Beschränkungen. Bei Letzteren sind die insoweit relevanten Kriterien anzugeben (*Köhler/Bornkamm* UWG § 5a Rn. 5.45). Speziell bei Kundenbindungsprogrammen sind ferner folgende Informationen zu nennen: Modalitäten der Prämienauskehrung und regelmäßige Mitteilungen über die zwischenzeitlich getätigten Umsätze und das Prämienguthaben, um die Prämien später in Anspruch nehmen zu können (*Heermann* WRP 2005, 141 [145]); vgl. dazu § 3 Abs. 2 des Mustervertrages. Liegt ein Verstoß gegen das Transparenzgebot vor, weil Informationen vorenthalten oder in unklarer, unverständlicher oder zweideutiger Weise oder nicht rechtzeitig bereitgestellt werden, gilt das Kundenbindungssystem unter den zusätzlichen Voraussetzungen von § 5a Abs. 2 UWG als unlauter (dazu *Köhler/Bornkamm* UWG § 5a Rn. 3.23 ff.). Dies ist regelmäßig dann der Fall, wenn dem Verbraucher wesentliche Informationen vorenthalten werden, die er benötigt um eine informierte geschäftliche Entscheidung zu treffen und die geeignet sind, ihn zu einer geschäftlichen Entscheidung zu veranlassen.

13. Einlösefristen. Wie bereits unter vorstehender → Anm. 12. dargelegt, gilt für Kundenbindungssysteme das wettbewerbsrechtliche Transparenzgebot, weshalb bei Verkaufsförderungsmaßnahmen wie Preisnachlässen, Zugaben oder Geschenken (*Köhler/ Bornkamm* UWG § 3 Rn. 8.3) die Bedingungen für ihre Inanspruchnahme klar und eindeutig anzugeben sind. Dies umfasst die Verpflichtung, auf etwaige Einlösefristen der Bonuspunkte ausdrücklich hinzuweisen (*Köhler* GRUR 2001, 1067 [1070]).

14. Datenschutz. Aus datenschutzrechtlicher Sicht ist bei Kundenkartensystemen zwischen den Verarbeitungszwecken „Bonusabwicklung" und „Werbung/Marketing" zu differenzieren (*Körffer* DuD 2004, 267). Soweit die Datenverarbeitung der Abwicklung des Vertrages über die Teilnahme an dem Bonusprogramm dient, ist sie über § 28 Abs. 1 S. 1 Nr. 1 BDSG legitimiert (LG Köln Urt. v. 9.5.2007 – 26 O 358/05, BeckRS 2007, 10750). Hiervon werden nicht nur die Kundenstammdaten (also Name, Adresse etc) erfasst, sondern auch die Bonusdaten wie etwa Informationen über Ort und Datum des Bonuskarteneinsatzes, den Preis der erworbenen Waren oder Dienstleistungen, die Höhe der Rabattgutschrift und die Informationen über die Einlösung der Bonuspunkte. Die Erhebung und Verwendung von Informationen über die Art der erworbenen Waren und Dienstleistungen stehen dabei unter der Bedingung der Erforderlichkeit: sie sind nur unter der Voraussetzung von § 28 Abs. 1 S. 1 Nr. 1 BDSG gedeckt, dass die Höhe der Bonusgutschrift nicht nur von dem Preis, sondern eben auch von der Art, der Ware abhängt. Andernfalls wäre eine entsprechende Einwilligung des Kunden erforderlich. Eine solche Einwilligung ist grundsätzlich wirksam möglich, auch wenn sie als Gegenleistung für die Gewährung von Vorteilen im Rahmen von Kundenbindungssystemen erteilt wird (Taeger/Gabel/*Taeger* BDSG § 28 Rn. 161). Auch der BGH hat anerkannt, dass ein Verbraucher bei der Entscheidung über den Beitritt zu einem Rabatt- und Kundenbindungssystem sowie beim Ausfüllen des Anmeldeformulars keinem rechtlichen, wirtschaftlichen oder faktischen Zwang unterliege, der eine Einwilligung generell unwirksam mache (BGH Urt. v. 11.11.2009 – VIII ZR 12/08, NJW 2010, 864 [866]).

Im Hinblick auf Mehrparteiensysteme wird von den Aufsichtsbehörden und teilweise auch der Literatur die Ansicht vertreten, dass eine Nutzung der Daten zu Werbezwecken generell nur zulässig sei, sofern eine ausdrückliche Einwilligung des Kunden vorliegt (vgl. Innenministerium Baden-Württemberg, 3. Tätigkeitsbericht (2005), S. 120 ff.; *Conrad* DuD 2006, 405). Bei einem Zweiparteiensystem wie hier dürfte die Werbenutzung der Daten allerdings bereits von § 28 Abs. 1 S. 1 Nr. 2 BDSG gedeckt sein (Unabhängiges Landeszentrum für Datenschutz Schleswig-Holstein – ULD, Kundenbindungssysteme und Datenschutz, 2003, S. 72; *Bull* NJW 2006, 1617 [1621]), so dass hier – jedenfalls für eine rein postalische Werbung – nur eine Widerspruchslösung, wie in § 28 Abs. 4 S. 1 BDSG verankert, vorzusehen war. Es ist freilich zu bedenken, dass danach grundsätzlich nur eine postalische Zusendung von Werbeschreiben zulässig ist. § 5 Abs. 2 S. 2 informiert darüber, dass Daten des Kunden auch unter Ausnutzung des so genannten „Listenprivilegs" gem. § 28 Abs. 3 Nr. 3 BDSG an Dritte übermittelt werden. Außerdem ist der Betroffene gem. § 28 Abs. 4 S. 2 BDSG – wie im Muster vorgesehen – bereits bei Abschluss des Vertrages und zusätzlich bei der Ansprache zum Zwecke der Werbung – also in dem Werbeschreiben – über das Widerspruchsrecht zu unterrichten. Eine etwaige Einwilligung ist, wie aus § 28 Abs. 3a S. 1 BDSG ersichtlich ist, auch nicht zwingend schriftlich einzuholen, sondern kann auch mündlich, telefonisch oder auf elektronischem Weg erklärt werden, wobei bei einem Kundenbindungsprogramm allenfalls die letzte Alternative in Betracht kommen wird. Der Inhalt der Einwilligung ist dem Betroffenen in den ersten beiden Fällen schriftlich zu bestätigen, § 28 Abs. 3a S. 1 BDSG. Wenn es sich um eine elektronische Einwilligung handelt, entfällt dieses Erfordernis zwar, es ist dann jedoch sicherzustellen, dass die Einwilligung protokolliert wird und der Betroffene deren Inhalt jederzeit abrufen und die Einwilligung jederzeit mit Wirkung für die Zukunft widerrufen kann (dazu auch Simitis/*Simitis* BDSG § 28 Rn. 222).

Für den Fall, dass auch andere Werbeformen aufgrund einer Einwilligung des Kunden gestattet sein sollen, ist die restriktive Rechtsprechung zur (Un-)Wirksamkeit AGB-mäßiger Einwilligungserklärungen in Werbung per E-Mail, Telefon und SMS zu beachten: So hat der BGH die in den AGB des Payback-Systems enthaltene Einwilligungsklausel insofern für unwirksam erklärt, als sie auch eine (formularmäßige) Einwilligung in Werbung per E-Mail und SMS enthielt, die im Wege des so genannten „Opt-Out" zu erteilen war, also durch Auskreuzen (BGH Urt. v. 16.7.2008 – VIII ZR 348/06, MMR 2008, 731). In einer Entscheidung zu der Einwilligungsklausel des Happy-Digits-Programms hat der BGH (BGH Urt. v. 11.11.2009 – VIII ZR 12/08, NJW 2010, 864; zu diesem Urteil auch *Moos* K&R 2009, 166 [171]; *Nord/Manzel* NJW 2010, 3756) eine Opt-Out-Klausel (zu erklären durch Streichen des Einwilligungstextes) für zulässig gehalten, soweit es um eine Einwilligung in rein postalische Werbung ging, und der gegenteiligen Auffassung der Berufungsinstanz eine Absage erteilt (OLG Köln NJOZ 2008, 2839; vgl. dazu auch Anm. *Maaßen* FD-GewRS 2008, 261087).

15. Haftung. Die Haftungsregelung orientiert sich an den von §§ 305 ff. BGB und der Judikatur im Rahmen von Allgemeinen Geschäftsbedingungen zugelassenen Haftungs-

beschränkungen (vgl. dazu im Einzelnen: *Intveen* ITRB 2007, 144), da die entsprechenden Verträge zwischen Anbieter und Kunden in der Regel keine Individualvereinbarungen darstellen. Danach besteht grundsätzlich keine Möglichkeit der Haftungsfreizeichnung für Personenschäden (§ 309 Nr. 7a BGB), für Vorsatz (§ 276 Abs. 3 BGB) und für
grobe Fahrlässigkeit (BGH MDR 1988, 579; BGH MDR 1996, 675; BGH MDR 1995,
260). Eine Haftungsbeschränkung für Kardinalpflichten ist nur möglich, soweit die
vertragstypischen, vorhersehbaren Schäden abgedeckt sind (BGH Urt. v. 11.11.1992 –
VIII ZR 238/91, NJW 1993, 335; BGH Urt. v. 27.9.2000 – VIII ZR 155/99, NJW 2001,
292). Aus Transparenzgründen ist außerdem eine abstrakte Erläuterung des Begriffs der
„Kardinalpflichten" erforderlich (BGH Urt. v. 20.7.2005 – VIII ZR 121/04, CR 2006,
228), wie hier in § 6 (2) S. 3 vorgesehen.

16. Programmänderungen und -einstellungen. Ein Kundenbindungsprogramm kann
als freiwillige Leistung prinzipiell jederzeit von dem Anbieter eingestellt werden (BGH
Urt. v. 28.1.2010 – Xa ZR 37/09, NJW 2010, 2046 [2047]). Klauseln, die den Verfall
von Bonuspunkten regeln oder die Einlösbarkeit der Bonuspunkte limitieren, unterliegen
als Einschränkungen eines vertraglichen Leistungsversprechens allerdings der Inhaltskontrolle (BGH Urt. v. 28.1.2010 – Xa ZR 37/09, NJW 2010, 2046 [2047]; Urt. v.
28.10.2014 – X ZR 79/13, NJW 2015, 687 [688 f.]). Eine Verkürzung der Verfallsfrist
auf einen Zeitraum von 3 Monaten, wie im Vertragsmuster in § 8 Abs. 5 vorgesehen,
lässt sich auch vor dem Hintergrund der Rechtsprechung des BGH durchaus vertreten.
Dieser hatte einen Fall zu entscheiden, in dem der Anbieter eines Bonusprogramms für
Flugreisende den Verfallszeitraum für die Bonuspunkte, der während der Durchführung
des Bonusprogramms 60 Monate betrug, im Vertrag auf 6 Monate festgelegt hatte, falls
eine von beiden Seiten den Vertrag ordentlich kündigt oder wenn das Bonusprogramm
beendet oder eingestellt wird. Nach Ansicht des BGH lag darin eine unangemessene
Benachteiligung der Kunden, § 307 Abs. 1 S. 1 BGB. Entscheidend für eine Abwägung
zugunsten des klagenden Bonusprogrammteilnehmers waren dabei mehrere Punkte. Dazu
gehörte vor allem das Fehlen einer Übertragbarkeit der Punkte und einer Barauszahlungsmöglichkeit, denn bei dem verfahrensgegenständlichen Programm seien die zur Einlösung
von Punkten gegen Prämienflüge erforderlichen Bonuspunkte für den typischen Kunden
(Urlaubsreisende) nur durch eine mehrfache Inanspruchnahme der Leistungen des Anbieters zu erzielen, weshalb es von vornherein auf einen längeren Zeitraum angelegt gewesen
sei (BGH Urt. v. 28.1.2010 – Xa ZR 37/09, NJW 2010, 2046).

Um eine unangemessene Benachteiligung der Bonusprogrammteilnehmer zu vermeiden,
enthält das Vertragsmuster die Möglichkeit der Barauszahlung (§ 4 Abs. 3). Die Möglichkeit der Einstellung des Bonusprogramms ist zwar vorbehalten, kann aber nur unter
Wahrung einer angemessenen Frist und unter Wahrung der berechtigten Interessen des
Kunden eingestellt werden, wenn nicht ein außerordentlicher Grund vorliegt (§ 7 Abs. 2).
Dadurch wird der Zeitraum, in dem die Bonuspunkte eingelöst werden können, entsprechend verlängert. Bei von vornherein auf lange Laufzeiten angelegten Kundenbindungsprogrammen mag es freilich angezeigt sein, den Verfallszeitraum dennoch länger zu
wählen als in dem Muster vorgesehen.

17. Kündigung. Für die Kündigungsfrist gilt das unter → Anm. 16. Gesagte: durch die
Barauszahlungsmöglichkeit in § 4 Abs. 3 wird eine unangemessene Benachteiligung der
Kunden vermieden.

6. Affiliate-Vertrag

Vertrag zwischen Netzwerkbetreiber und Advertiser

Zwischen

. . . . . .

– nachstehend „Netzwerkbetreiber" genannt –

und

. . . . . .

– nachstehend „Advertiser" genannt –

wird folgender Vertrag über die Teilnahme an dem Affiliate-Netzwerk . . . . . . geschlossen:[1]

§ 1 Vertragsgegenstand

(1) Gegenstand dieses Vertrages ist die Bereitstellung einer Online-Plattform durch den Netzwerkbetreiber unter der Internet-Domain . . . . . ., welche es dem Advertiser erlaubt, Online-Werbedienstleistungen (insbesondere die Schaltung von Hyperlinks) durch die dem Affiliate-Netzwerk angeschlossenen Personen („Publisher")[2] in Anspruch zu nehmen, einschließlich der Vermittlung entsprechender Werbedienstleistungsverträge[3] zwischen Advertiser und Publisher,[4] sowie die Unterstützung von Advertiser und Publisher bei der Abwicklung dieser Werbedienstleistungsverträge (insbesondere der Abrechnung).

(2) Die Bedingungen dieses Vertrages finden Anwendung auf alle, auch zukünftige von dem Advertiser angebotenen Affiliate-Programme im Sinne von § 3.[5]

§ 2 Registrierung/Anmeldung

(1) Die Inanspruchnahme von Leistungen des Affiliate-Netzwerks über die Plattform unter www. . . . . . ist für den Advertiser ausschließlich nach vorheriger Registrierung möglich.

(2) Die bei der Registrierung eingegebenen Daten müssen wahrheitsgemäß sein. Für den Fall, dass sich diese Angaben ändern, ist der Advertiser verpflichtet, die Einträge unverzüglich zu berichtigen. Werden durch den Advertiser bei der Registrierung unrichtige Angaben gemacht oder wird eine spätere Berichtigung unterlassen, so kann er durch den Netzwerkbetreiber von der weiteren Nutzung der Online-Plattform ausgeschlossen werden.[6]

(3) Mit Absendung der Registrierung gibt der Advertiser ein Angebot an den Netzwerkbetreiber auf Abschluss dieses Vertrages bezüglich der unter § 1 definierten Leistungen ab. Mit der Bestätigung der Registrierung durch den Netzwerkbetreiber wird dieses Angebot angenommen.

§ 3 Betrieb der Plattform

Der Netzwerkbetreiber betreibt die Plattform im Rahmen seiner technischen Möglichkeiten. Einen Anspruch auf eine jederzeite fehler- und unterbrechungsfreien Nutzung der Plattform des Affiliate-Netzwerkes oder eine bestimmte Verfügbarkeit besitzt der

Advertiser nicht.[7] Der Netzwerkbetreiber wird sich nach Kräften bemühen, im Falle eines Ausfalls des Systems die Nutzbarkeit möglichst schnell wieder herzustellen.

§ 4 Einrichtung und Vermittlung von Affiliate-Programmen

(1) Der Netzwerkbetreiber bietet dem Advertiser auf der Internet-Plattform die Möglichkeit, Affiliate-Programme hinsichtlich der von ihm nachgefragten Werbedienstleitungen einzurichten und den an das Affiliate-Netzwerk angeschlossenen Publishern zur Teilnahme anzubieten. Die Affiliate-Programme enthalten eine Konkretisierung der nachgefragten Leistung sowie eine Bestimmung der angebotenen Vergütung. Der Advertiser kann für jedes Affiliate-Programm ferner Werbemittel (Grafiken, Werbebanner, Hyperlinks, etc) sowie individuelle Teilnahmebedingungen hinterlegen, die den Publishern über die Online-Plattform zugänglich gemacht werden.[8] Die Werbemittel müssen den Vorgaben bzw. Beschränkungen des Netzwerkbetreibers hinsichtlich Format und Größe entsprechen.

(2) Den Publishern wird es ermöglicht, sich über die Plattform für die Teilnahme an diesen Affiliate-Programmen zu bewerben. Die Annahme der Bewerbung eines Publishers obliegt dem Advertiser. Es liegt in seiner Verantwortung zu prüfen, ob die Medien des Publishers rechtswidrige oder für den Advertiser nicht akzeptable Inhalte enthalten. Es steht dem Advertiser frei, die Bewerbung eines Publishers ohne Angabe von Gründen abzulehnen. Ebenso kann er später der weiteren Teilnahme eines Publishers an seinem Affiliate-Programm mit Wirkung für die Zukunft widersprechen. Durch die Annahme einer Bewerbung durch den Advertiser kommt ein Vertrag zwischen Advertiser und Publisher bezüglich der jeweiligen Werbedienstleistung zustande. Der Netzwerkbetreiber wird insoweit ausschließlich vermittelnd tätig.

(3) Der Netzwerkbetreiber behält sich das Recht vor, einzelne Publisher ohne Rücksprache mit dem Advertiser von der Nutzung der Plattform und damit der Teilnahme an Affiliate-Programmen auszuschließen. Dies gilt insbesondere bei Vertragsverstößen des Publishers oder dann, wenn Medien des Publishers gewalttätige, rassistische, diskriminierende oder sexuell eindeutige Inhalte oder solche, die gegen geltende Rechtsvorschriften verstoßen, aufweisen oder auf solche Inhalte verweisen.[9]

§ 5 Sonstige Leistungen des Netzwerkbetreibers

(1) Der Netzwerkbetreiber ermöglicht dem Advertiser und dem Publisher außerdem die Abwicklung des unter § 4 (1) genannten Vertrages über Werbedienstleistungen durch die Bereitstellung eines automatisierten Systems sowie zu verwendender Hyperlinks und URLs, welche die vergütungspflichtigen Werbedienstleistungen erfassen.

(2) Das System übernimmt die Protokollierung der durch den Publisher zugunsten des Advertisers generierten vergütungspflichtigen Erfolge im Sinne von § 6 (1) und übermittelt anhand dieser Daten eine Abrechnung auf Basis der im Affiliate-Programm festgelegten Vergütung an den Advertiser.

(3) Der Netzwerkbetreiber stellt dem Advertiser und dem Publisher zur Durchführung der Abrechnung Konten zur Verfügung. Der Advertiser hat sein Konto jeweils im Voraus mit einem Guthaben aufzuladen. Bei Neustart eines Affiliate-Programms beträgt die Mindestaufladung EUR . . . . . ., alle nachfolgenden Aufladungen sollen mindestens in der Höhe von EUR . . . . . . erfolgen. Ein Affiliate-Programm wird erst dann durch den Netzwerkbetreiber freigeschaltet, wenn die Mindestaufladung durch den Advertiser erfolgt ist. Ein Guthaben auf diesen Konten wird nicht verzinst.

(4) Dem Netzwerkbetreiber steht das Recht zu, seine Serviceumgebung fortlaufend technisch weiterzuentwickeln.

§ 6 Vergütung und Abrechnung der Werbedienstleistungen

(1) Die Vergütung der von dem Publisher übernommenen Werbedienstleistungen durch den Advertiser erfolgt erfolgsabhängig. Der Netzwerkbetreiber ermöglicht es dem Advertiser, die Art,und Höhe der erfolgsbasierten Vergütung zugunsten des Publishers für jedes Affiliate-Programm gesondert festzulegen. Derzeit werden folgende Vergütungsmodelle angeboten:

(a) Pay-per-click (Festbetrag pro Klick eines Nutzers auf den von dem Publisher vorgehaltenen Hyperlink zu der Webseite des Advertisers);
(b) Pay-per-sale (Prozentuale Beteiligung am Verkaufserlös mit einem Kunden, der durch einen Klick auf den von dem Publisher vorgehaltenen Hyperlink zu der Webseite des Advertisers gelangt ist);
(c) Pay-per-lead (Festbetrag pro Eintritt des in dem jeweiligen Affiliate-Programm definierten Erfolgs in Bezug auf einen Nutzer, der durch einen Klick auf den von dem Publisher vorgehaltenen Hyperlink zu der Webseite des Advertisers gelangt ist („Lead") oder
(d) eine Kombination der vorgenannten Vergütungsmodelle.[10]

(2) Nur freiwillig und bewusst durch den Internetnutzer getätigte Klicks auf den von dem Publisher vorgehaltenen Hyperlink auf die Webseite des Advertisers sind vergütungspflichtig. Klicks, welche unter Zuhilfenahme von Automatismen oder Software erzeugt oder durch Zwang, Täuschung oder Drohung veranlasst wurden, lösen keinen Anspruch auf Vergütung aus. Auch wiederholte oder in kurzer Zeit aufeinander folgende Klicks werden nicht als gültig gezählt.[11]

(3) Gemäß des gewählten Vergütungsmodells wird dem Publisher mit jedem protokollierten, vergütungspflichtigen Erfolgseintritt (click, sale oder lead) und nach Freigabe der Abrechnung durch den Advertiser, der vereinbarte Vergütungsbetrag gutgeschrieben und entsprechend das Konto des Advertisers belastet.

(4) Der Netzwerkbetreiber erstellt eine aktuelle Abrechnung auf täglicher und monatlicher Basis und ermöglicht dem Advertiser eine elektronische Einsichtnahme und Überprüfung durch Bereitstellung aller Abrechnungsdaten über die Plattform. Sofern der Advertiser keine Einwände gegen die Abrechnung hat, gibt er diese frei. Erhebt der Advertiser innerhalb eines Zeitraums von 60 Tagen keine Einwände gegen die Abrechnung, gilt eine Freigabe ebenfalls als erteilt. Die jeweilige Abrechnung enthält weder ein Anerkenntnis dahingehend, dass es sich ausschließlich um gültige Klicks handelt, noch dass es sich um alle vollständig erfassten gültigen Klicks handelt.

§ 7 Vergütung des Netzwerkbetreibers

(1) Der Netzwerkbetreiber erhält als Vergütung für seine Dienstleistungen gemäß § 1 (1) dieses Vertrages eine Provision in Höhe von 30 % der an den Publisher nach § 6 (1) zu zahlenden Vergütung. Diese Provision wird ebenfalls mit der Freigabe der Abrechnung vom Guthabenkonto des Advertisers abgebucht.

(2) Für die Zugangsgewährung zu dem Affiliate-Netzwerk zahlt der Advertiser eine einmalige Zugangsgebühr in Höhe von EUR . . . . . . Für die Einrichtung eines Affiliate-Programms erhält der Netzwerkbetreiber daneben eine Einmalvergütung in Höhe von EUR . . . . . Netzwerkbetreiber und Advertiser können im Einzelfall abweichende Vergütungsvereinbarungen treffen.[12]

§ 8 Unzulässige Nutzungen

(1) Die angebotenen Affiliate-Programme und alle in diesem Rahmen eingestellten Inhalte und Informationen, insbesondere Programmbeschreibungen, Grafiken, Banner, Hyperlinks etc., müssen mit den jeweils geltenden Rechtsvorschriften der Bundesrepublik Deutschland vereinbar sein. Unzulässig ist auch jede Einstellung von Inhalten oder Informationen, die geeignet sind, den Interessen des Netzwerkbetreibers oder dessen Ansehen in der Öffentlichkeit zu schaden. Danach ist insbesondere unzulässig:

(a) das Einstellen von Inhalten unter Verstoß gegen Vorschriften des Datenschutzrechts, Strafrechts, Urheberrechts, sowie gegen Vorschriften zum Schutz des Persönlichkeitsrechts und gewerblicher Schutzrechte;

(b) das Einstellen von beleidigenden, verleumderischen, verfassungsfeindlichen, rassistischen, sexistischen oder pornografischen Inhalten.

(2) Unzulässig ist außerdem jede Nutzung, die darauf gerichtet ist, die Sicherheit oder Verfügbarkeit des Online-Portals zu beeinträchtigen, sie funktionsuntauglich zu machen oder ihre Nutzung zu verhindern, zu erschweren oder zu verzögern.

(3) Sollte der Netzwerkbetreiber einen Verstoß gegen die vorstehenden Absätze (1) bis (2) feststellen, so darf er den Zugang des Advertisers zu dem Online-Portal unverzüglich sperren und den Advertiser von der weiteren Inanspruchnahme des Affiliate-Netzwerks ausschließen.[13]

§ 9 Auswahl und Überwachung der Publisher

(1) Der Netzwerkbetreiber steht nicht dafür ein, dass über die Plattform Umsätze auf Seiten des Advertisers generiert werden.

(2) Der Netzwerkbetreiber ist bemüht, nur zuverlässige und seriöse Publisher mit Webseiten zu seinem Affiliate-Netzwerk zuzulassen, die den geltenden Rechtsvorschriften entsprechen. Zu diesem Zweck verlangt der Netzwerkbetreiber von den Publishern bei deren Registrierung verschiedene Informationen und erlegt ihnen in den Vertragsbedingungen verschiedene Verpflichtungen auf. Der Netzwerkbetreiber nimmt jedoch keine Kontrolle oder Überwachung der Inhalte oder Medien der Publisher vor. Dem Advertiser ist bekannt, dass der Netzwerkbetreiber keinerlei Einfluss auf die aktuelle oder künftige Gestaltung oder Inhalte der Medien der Publisher besitzt. Der Netzwerkbetreiber übernimmt auch keine Gewähr für die Vollständigkeit und Richtigkeit der ihm gegenüber gemachten Angaben der Publisher. Der Advertiser hat aber die Möglichkeit, im Rahmen der Teilnahmebedingungen für seine Affiliate-Programme besondere Regelungen hinsichtlich der zugelassenen Werbeformen und sonstige Verpflichtungen der Publisher (zB etwaige Sanktionen bei Verstößen) selbst festzulegen.[14]

(3) Auf den Ersatz von Schäden, die durch die Einstellung eines Hyperlinks auf einem Medium des Publishers mit rechtswidrigem oder für den Advertiser nicht akzeptablen Inhalt entstehen, haftet der Netzwerkbetreiber ausschließlich nach Maßgabe von § 10.

§ 10 Haftung[15]

(1) Der Netzwerkbetreiber haftet bei Vorsatz, Arglist und grober Fahrlässigkeit sowie im Fall von Personenschäden unbeschränkt.

(2) Der Netzwerkbetreiber haftet auf Schadensersatz im Falle einer leicht fahrlässigen Verletzung einer wesentlichen Vertragspflicht (Kardinalpflicht) begrenzt auf die Höhe des vertragstypischen, vorhersehbaren Schadens. In diesem Fall haftet der Netzwerkbetreiber nicht für entgangenen Gewinn, mittelbare Schäden, Mangelfolgeschäden und Ansprüche

Dritter. Kardinalpflichten im Sinne dieser Regelung umfassen neben den vertraglichen Hauptleistungspflichten auch Verpflichtungen, deren Erfüllung die ordnungsgemäße Durchführung des Vertrages überhaupt erst ermöglichen und auf deren Einhaltung der Auftraggeber regelmäßig vertrauen darf.

(3) Eine Haftung für durch den Netzwerkbetreiber gespeicherte fremde Informationen gilt nur insoweit, als der Netzwerkbetreiber verpflichtet ist, diese ab Kenntniserlangung einer etwaigen Rechtsverletzung zu entfernen oder zu sperren. Eine Haftung vor Kenntniserlangung besteht ebenso wenig, wie eine Pflicht zur Überwachung der gespeicherten Informationen oder der gezielten Suche nach rechtswidrigen Tätigkeiten.

(4) Im Übrigen ist jede Haftung des Netzwerkbetreibers ausgeschlossen.

(5) Der Advertiser stellt den Netzwerkbetreiber von sämtlichen Ansprüchen Dritter, einschließlich Schadensersatzansprüchen und Haftungsansprüchen sowie den angemessenen Kosten frei, die auf sein schuldhaftes Verhalten zurückgehen. Dies schließt insbesondere Ansprüche gegen den Netzwerkbetreiber aufgrund unzulässiger Inhalte und Informationen des Advertisers im Sinne von § 8 ein.

§ 11 Datenschutz

(1) Der Netzwerkbetreiber verpflichtet sich, die geltenden Datenschutzvorschriften, insbesondere diejenigen des Bundesdatenschutzgesetzes (BDSG) und des Telemediengesetzes (TMG) zu beachten.[16]

(2) Der Netzwerkbetreiber wird personenbezogene Daten des Advertisers ausschließlich im Rahmen der Vertragszwecke erheben und verwenden und diese an die Publisher weitergeben, soweit dies zur Abwicklung von mit dem Advertiser geschlossenen Werbedienstleistungsverträgen notwendig ist.[17]

§ 12 Laufzeit/Kündigung

(1) Dieser Vertrag tritt mit Bestätigung der Registrierung gemäß § 2 (3) in Kraft und wird auf unbestimmte Zeit geschlossen.

(2) Die Vertragsparteien können diesen Vertrag einschließlich aller Affiliate-Programme oder nur einzelne Affiliate-Programme jederzeit kündigen. Sofern nur eine Kündigung einzelner Affiliate-Programme erfolgt, bleibt dieser Vertrag davon unberührt. Die Kündigung wird um 0:00 Uhr des auf den Tag des Eingangs der Kündigung beim Netzwerkbetreiber folgenden Werktages wirksam. In diesem Fall wird das Affiliate-Netzwerk die Publisher der betroffenen Affiliate-Programme über die Kündigung informieren. Bis zum Zeitpunkt der Kündigung erfolgte Klicks werden noch protokolliert und entsprechende Vergütungen sind noch zu entrichten.

(3) Die Kündigung kann schriftlich oder mittels der online bereitstehenden Kündigungsfunktionen erfolgen.

(4) Etwa noch im Zeitpunkt der Vertragsbeendigung bestehende Kontoguthaben im Sinne von § 5 (3) werden dem Advertiser erstattet.[18]

§ 13 Schlussbestimmungen

(1) Dieser Vertrag und die Verträge über die Durchführung einzelner Affiliate-Programme unterliegen dem Recht der Bundesrepublik Deutschland unter Ausschluss des UN-Kaufrechts.

(2) Ausschließlicher Gerichtsstand für alle Streitigkeiten aus oder im Zusammenhang mit diesem Vertragsverhältnis ist der Sitz des Netzwerkbetreibers.

· · · · · ·   · · · · · ·

(Ort, Datum)   (Ort, Datum)

· · · · · ·   · · · · · ·

– Netzwerkbetreiber –   – Advertiser –

Anmerkungen

1. **Affiliate-Marketing.** Das so genannte Affiliate-Marketing ist eine mittlerweile etablierte Form der elektronischen Werbung, insbesondere im Internet, aber auch per E-Mail. Hierbei binden die Werbeträger („Publisher") Hyperlinks zu dem Angebot des Werbetreibenden („Advertiser") in ihre Webseite bzw. ihre E-Mail ein (vgl. zu den verschiedenen Arten der Affiliate-Leistung: *Spieker* GRUR 2006, 903). Die Vermittlung zwischen Advertiser und Publisher erfolgt in der Regel über den Betreiber eines Online-Portals, in welchem die Advertiser die beabsichtigten Werbekampagnen („Affiliate-Programme") beschreiben, Angaben zu den Bedingungen machen und Werbematerialien (Werbebanner etc) zur Verfügung stellen und über das sich die Publisher für die Teilnahme an einem solchen Programm bewerben können. Am deutschen Markt haben sich derzeit ca. 5 große Betreiber solcher „Affiliate-Netzwerke" etabliert. Teilweise betreiben die Advertiser entsprechende Affiliate-Programme aber auch selbst (vgl. etwa den der Entscheidung des LG Hamburg MMR 2006, 120 zugrunde liegenden Sachverhalt). Diese von den Advertisern selbst betriebenen Partnerprogramme spielen im deutschen Markt jedoch (noch) eine untergeordnete Rolle.

Die besonderen Vorteile des Affiliate-Marketing sind dreierlei: zum einen wird durch die Nutzung der Affiliate-Netzwerke eine sehr hohe Verbreitung der Werbekampagnen erreicht. Einigen Affiliate-Netzwerken sind derzeit über 300.000 Publisher angeschlossen. Zum anderen ist die Vergütung der Publisher rein erfolgsorientiert. Die Verbreitung der Werbebanner „mit der Gießkanne" durch unzählige Publisher führt deshalb nicht zu unkalkulierbaren Kosten, denn die Schaltung der Werbebanner auf Websites mit geringem Traffic erzeugt per se keine Kosten. Die Affiliate-Technologie ermöglicht dabei eine zuverlässige Registrierung sämtlicher vergütungspflichtiger Transaktionen. Dies führt drittens dazu, dass die Marketingerfolge der einzelnen Publisher direkt messbar und steuerbar sind. Dies ermöglicht es dem Advertiser, zuverlässig zu erkennen, welche Publisher welchen Traffic oder Umsatz für sein Geschäft generieren. Er wird dadurch in die Lage versetzt, besonders erfolgreiche Publisher mit gesonderten Maßnahmen zu fördern und stärker an sein Unternehmen zu binden.

2. **Begrifflichkeiten.** Die Bezeichnungen für die verschiedenen am Affiliate-Marketing beteiligten Akteure variieren: Der Werbende als der kommerzielle Anbieter von Waren oder Dienstleistungen, der für seine Produkte über das Internet werben will, wird als „Advertiser", „Merchant" oder auch „Sponsor" bezeichnet. Die Werbeträger werden überwiegend „Affiliates", „Partner" oder „Publisher" genannt und bezeichnen die sich am Affiliate-Netzwerk beteiligenden Personen, die an den Partnerprogrammen teilnehmen und auf diesem Wege eine Werbedienstleistung, zB Bereitstellung von Platz für Werbebanner auf Websites oder in E-Mails, erbringen.

3. **Vertragsmodelle.** In der Praxis haben sich bezüglich der vertraglichen Konstruktion der Affiliate-Partnerschaften verschiedene Modelle etabliert. Überwiegend nimmt der Betreiber des Affiliate-Netzwerkes im Hinblick auf die konkreten Verträge über die

Erbringung von Werbedienstleistungen lediglich eine vermittelnde Rolle ein, so dass insoweit nur Publisher und Advertiser Vertragsparteien sind (sog. zweistufiges Affiliate-System). Der Netzwerkbetreiber seinerseits hat jeweils gesonderte Vertragsbeziehungen bezüglich der Zurverfügungstellung der Online-Plattform und der Unterstützung bei der Abwicklung der Werbedienstleistungsverträge zu den Advertisern einerseits und den Publishern andererseits. Diesem Modell folgt auch das Vertragsmuster. In diesem Modell tritt der Betreiber weder als Absender oder Anbieter der konkreten Werbung auf, noch wirkt er auf deren Ausgestaltung ein oder verantwortet diese in irgendeiner Weise (vgl. *Auer-Reinsdorff* ITRB 2008, 164 [165]). Daneben existieren auch Affiliate-Modelle, in denen der Netzwerkbetreiber selbst Vertragspartner des Advertisers bezüglich der Werbedienstleistungen wird (auch „einstufiges Affiliate-System" genannt) und in denen die dem Netzwerk angeschlossenen Publisher im Unterauftrag für ihn tätig werden. Dies hat für den Netzwerkbetreiber jedoch insbesondere haftungsrechtliche Nachteile, da er direkt in die Vertriebsstruktur eingebunden ist und deshalb etwaigen Ansprüchen wegen unzulässiger Werbemaßnahmen sowohl des Advertisers als auch eines etwaigen Dritten ausgesetzt sein kann, dessen Rechte durch die Werbung beeinträchtigt worden sind (→ Anm. 13).

4. Vertragstyp. Nach einem aktuelleren Urteil des Kammergerichts (KG Urt. v. 2.6.2015 – 5 U 108/14, GRUR-RR 2016, 126) ist das Vertragsverhältnis zwischen dem Anbieter eines Affiliate-Programms und dem Publisher in dem Fall, dass ein Internetnutzer, der über einen auf der Seite des Publishers vorgehaltenen Link auf die Seite des Anbieters des Affiliate-Programms gelangt und dort etwas kauft, ein Entgelt erhält („Pay-per-Sale"), ohne Weiteres als Nachweismaklervertrag zu qualifizieren (vgl. auch *Ernst* CR 2006, 66 [67]; *Schirmbacher/Ihmor*, CR 2009, 245 [247]).

5. Rahmenvertrag. Der Vertragsentwurf hat entsprechend den üblichen Gepflogenheiten bei der Abwicklung von Affiliate-Programmen den Charakter eines Rahmenvertrages. Er regelt die Grundsätze der Zusammenarbeit zwischen Netzwerkbetreiber und Advertiser. Konkrete Vermittlungs- und Administrationsleistungen übernimmt der Netzwerkbetreiber immer (nur) in Bezug auf einzelne Programme des Advertisers („Affiliate-Programme"), in denen der Advertiser spezifisch festlegt für welche Webseite/welches Angebot mit welchen Werbemitteln geworben werden soll (→ Anm. 7).

6. Virtuelles Hausrecht. Nach Rechtsprechung und Literatur (vgl. LG München Urt. v. 25.10.2006 – 30 O 11973/05, CR 2007, 265; OLG Köln Beschl. v. 25.8.2000 – 19 U 2/00, CR 2000, 843; LG Bonn Urt. v. 16.11.1999 – 10 O 457/99, CR 2000, 245; *Maume* MMR 2007, 620; *Conraths/Krüger*, MMR 2016, 310) steht dem Betreiber eines Online-Forums ein virtuelles Hausrecht zu, kraft dessen er Nutzer seines Internet-Angebotes grundsätzlich von der Nutzung seines Dienstes ausschließen kann. Ob dem Betreiber eines Internet-Forums – etwa im Falle einer Zuwiderhandlung gegen die Nutzungsbedingungen – aber tatsächlich ein außerordentliches Kündigungsrecht zusteht, ist nur anhand einer Abwägung der Interessen im jeweiligen Einzelfall auszumachen. Dieselben Erwägungen dürften auch für die Teilnahme an dem Online-Portal des Netzwerkbetreibers gelten. Soweit die Teilnahme deshalb – wie hier – von einem Vertragsschluss abhängig gemacht wird, sollte der Vertrag aus Gründen der Rechtssicherheit die Gründe für eine Kündigung bzw. einem Ausschluss von der weiteren Nutzung des Portals festlegen (vgl. dazu auch *Redeker* CR 2007, 267). Sind solche vertraglichen Regelungen nicht getroffen, könnte der Betreiber nur bei konkreten Rechtsverletzungen eingreifen.

7. Verfügbarkeit. Der Netzwerkbetreiber wird nicht eine ununterbrochene Verfügbarkeit der Online-Plattform versprechen wollen oder können. Aus diesem Grund ist es sinnvoll und geboten entsprechend einschränkende Formulierungen zu wählen, etwa in der Form bestimmter Verfügbarkeitsquoten oder – wie hier – in letztlich unverbindlicher

Form in Gestalt einer Bemühensklausel. In jedem Fall gilt es für den Betreiber die Vorgaben des BGH in seinem Urt. v. 12.12.2000 (BGH Urt. v. 12.12.2000 – XI ZR 138/00, NJW 2001, 751) zur AGB-Kontrolle solcher Klauseln zu beachten. In dieser Entscheidung hatte der BGH Klauseln in AGB von Kreditinstituten, nach denen das Institut bei aus technischen und betrieblichen Gründen erfolgten, zeitweiligen Beschränkungen und Unterbrechungen des Zugangs zum Online-Service auch bei grobem Verschulden nicht haftete, wegen Verstoßes gegen § 11 Nr. 7 AGBG (heute § 309 Nr. 7 BGB) für unwirksam erklärt. Bei der Formulierung derartiger Klauseln ist deshalb darauf zu achten die zu erbringende Leistung so genau wie möglich zu beschreiben und etwaige nachträgliche Beschränkungen dieser Verpflichtungen zu vermeiden, um eine Qualifikation als „verdeckte Haftungsbeschränkung" auszuschließen (*Struck* MMR 2007, 225 [228]). Anstelle des Hinweises auf eine zeitweise Leistungsbeschränkung „aus technischen und betrieblichen Gründen" (wie in der vom BGH beanstandeten Klausel) ist deshalb einer positiv formulierten und transparenten Leistungsbeschreibung der Vorzug zu geben (*Stögmüller* CR 2001, 183 [185]). Zu vermeiden ist es auch diese Regelung systematisch bei den Haftungsvorschriften einzugliedern.

8. **Inhalte der konkreten Affiliate-Programme.** Die Festlegungen in dem Affiliate-Programm bilden letztlich den Inhalt des Werbedienstleistungsvertrages zwischen dem Advertiser und dem Publisher. Neben der Festlegung der Hauptleistungspflichten (Beschreibung der angeforderten Werbedienstleistungen; Festlegung der Vergütung) sind die Programmbeschreibungen im zweistufigen Afffiliate-System deshalb der Ort, an dem auch alle weiteren, von dem Advertiser gewünschten Verpflichtungen des Publishers aufgenommen werden müssen. Teilweise sieht die Rechtsprechung den Advertiser sogar als verpflichtet an, den Publishern konkrete Vorgaben über zulässige und unzulässige Werbeformen zu machen (und diese ggf. sogar durch ein Vertragsstrafeversprechen in den Programmbedingungen abzusichern), um einer wettbewerbsrechtlichen Haftung wegen Verletzung einer Verkehrspflicht zu entgehen (OLG München Urt. v. 11.9.2008 – 29 U 3629/08, CR 2009, 111, das stattdessen das Beispiel eines Vertragsstrafeversprechens der Publisher zugunsten des Advertisers in deren Verträgen mit dem Netzwerkbetreiber anführt; vgl. noch zur Störerhaftung LG Berlin Magazindienst 2006, 530. Ist eine solche Einflussnahme nicht möglich, kann eine Kündigung des Vertrages mit dem Netzwerkbetreiber zumutbar sein, um die durch den Werbeauftrag an diesen Vermittler hervorgerufene Gefahr der wettbewerbswidrigen Werbung zu beseitigen (OLG München Urt. v. 11.9.2008 – 29 U 3629/08, CR 2009, 111)).

Derartige Verpflichtungen in den Programmbedingungen sind insbesondere dann erforderlich, wenn die für den Publisher geltenden Teilnahmebedingungen des Netzwerkbetreibers derartige Regelungen nicht oder nicht in ausreichendem Maße enthalten. In der Praxis enthalten diese Teilnahmebedingungen für Publisher jedenfalls bei den etablierten Anbietern zumeist allgemeine Vorgaben bzgl. zulässiger und unzulässiger Werbeformen, sowie teilweise auch Vertragsstrafeklauseln für den Fall der Zuwiderhandlung. Der Advertiser sollte sich gleichwohl vor der Freischaltung eines Affiliate-Programms Gewissheit darüber verschaffen, wie weitreichend diese Vorgaben bei dem jeweiligen Betreiber sind und ob und wenn ja, welche ergänzenden Verpflichtungen in die Programmbedingungen aufzunehmen sind (vgl. *Auer-Reinsdorff* ITRB 2008, 164 [165]); im Einzelnen → Anm. 13.

9. **Unzulässige Inhalte.** → Anm. 8.

10. **Vergütungsmodelle.** Bei den hier in das Vertragsmuster aufgenommenen Vergütungsmodellen (Pay per Klick, Pay per Sale und Pay per Lead) handelt es sich um die gebräuchlichsten Abrechnungsmodelle beim Affiliate-Marketing (vgl. auch *Schirmbacher/Ihmor* CR 2009 245 [245 f.] und *Spieker* GRUR 2006, 903 [904]). Die „Performance-Modelle" (Pay per Sale, Pay per Lead) beginnen sich gegenüber dem Pay per Click-

Modell durchzusetzen. Als „Lead" kann dabei jeder zählbare Erfolg definiert werden, zB die Registrierung eines Nutzers für einen Newsletter. Denkbar ist es auch, etwa für die Vermittlung eines Erstkäufers eine gesonderte Provision an den Publisher auszuzahlen.

Nach einem Urteil des Kammergerichts (KG Urt. v. 2.6.2015 – 5 U 108/14, GRUR-RR 2016, 126) handelt es sich bei der Vergütung, die der Anbieter eines Affiliate-Programms dem Publisher für den Nachweis der Gelegenheit zum Abschluss eines Vertrages zahlt, um Maklerlohn im Sinne von § 652 BGB Abs. 1 S. 1 BGB.

11. Missbrauchsfälle. Insbesondere das Pay per Click-Verfahren ist betrugsanfällig (vgl. *Ernst/Seichter* WRP 2006, 810 [815] sowie den Artikel „Betrüger entdecken Online-Werbung als neue Spielwiese", Wirtschaftswoche vom 11.10.2006). Die simpelste Variante des Klickbetrugs zielt auf die finanzielle Schädigung der Konkurrenz ab. Dazu klickt ein Mitbewerber meist manuell mehrfach auf den Sponsored Link seines Konkurrenten, da dieser letztlich auch für Klicks zahlen muss, die nicht von seiner Zielgruppe stammen; teilweise werden dafür sogar so genannte Robots oder Click-Bots eingesetzt. Ein Betrug kann aber auch zum Nachteil des Merchant geschehen. So hat das LG Berlin in einem einstweiligen Verfügungsverfahren entschieden, dass ein Betrug (§ 263 Abs. 1 StGB) gegeben sei, wenn der Publisher selbst seine vertretungsberechtigten Organe oder seine Mitarbeiter dazu veranlasst, im Rahmen eines Pay per Sale-Verfahrens provisionsauslösende Momente (hier Reisebuchungen) zu generieren, um so Provisionsansprüche geltend machen zu können (LG Berlin Urt. v. 23.10.2008 – 32 O 501/08, CR 2009, 262). Vor diesem Hintergrund dient diese Regelung dazu entsprechend missbräuchliche Klicks zu definieren und von der Vergütungspflicht auszunehmen.

12. Vermittlungsprovision. Standardmäßig verlangen die Netzwerkbetreiber für ihre Tätigkeit eine Vermittlungsprovision, die marktüblich – wie hier auch in dem Mustervertrag vorgesehen – ca. 30 % der jeweils an den Publisher auszuzahlenden Vergütung beträgt. Vor allem in Abhängigkeit von der Verhandlungsposition des Advertisers erheben Netzwerkbetreiber darüber hinaus teilweise weitere Gebühren, wie etwa die hier vorgesehene einmalige Set-Up-Gebühr für die Zulassung des Publishers zu dem Online-Portal oder auch für die Aufnahme der jeweils einzelnen Affiliate-Programme. Daneben ist es für den Netzwerkbetreiber denkbar, etwa auch eine feste monatliche Bereitstellungsgebühr zu verlangen.

13. Haftung des Netzwerkbetreibers. Mit der öffentlichen Zugänglichmachung der von dem Advertiser in das Online-Portal eingestellten Inhalte (insbesondere Programmbeschreibungen, Logos, Grafiken etc.), ergibt sich für den Netzwerkbetreiber die Gefahr einer Haftung gegenüber Dritten im Falle von Rechtsverletzungen. Entsprechende Unterlassungsansprüche gegenüber dem Betreiber können sich aus §§ 823, 1004 BGB wegen der Verletzung des Eigentumsrechts oder eigentumsähnlicher Rechte, wie z. B. Urheberrechten oder gewerblichen Schutzrechten, dem allgemeinen Persönlichkeitsrecht, etc. ergeben. Auf Unterlassungsansprüche finden die Haftungsprivilegierungen gemäß §§ 7 bis 11 TMG keine Anwendung (BGH NJW 2004, 3102). Es kann sich deshalb eine Verantwortlichkeit des Betreibers aus den allgemeinen Grundsätzen zur Störerhaftung ergeben (vgl. dazu *Leistner* GRUR 2006, 801; *Spindler/Leistner* GRUR-Int 2005, 773). Eine eigene Verantwortlichkeit des Betreibers entfällt auch nicht dadurch, dass ihm die Identität des Verletzers bekannt ist (BGH Urt. v. 27.3.2007 – VI ZR 101/06, MMR 2007, 518). Vor diesem Hintergrund hat der Netzwerkbetreiber ein berechtigtes Interesse, rechtsverletzende Inhalte nicht zum Upload auf das Portal zuzulassen und eine entsprechende Freistellung von diesbezüglichen Ansprüchen Dritter zu verlangen, wie in § 10 (5) des Mustervertrages vorgesehen.

14. Haftung des Advertisers. Der in der Praxis wohl heikelste Punkt bei der Inanspruchnahme von Publishern für die Schaltung von Werbelinks – der mittlerweile auch schon Gegenstand zahlreicher Gerichtsentscheidungen war – ist die Frage der Verantwortlichkeit des Advertisers für Rechtsverstöße der Publisher. Die von dem Publisher ergriffenen Werbemaßnahmen können Rechte Dritter verletzen. In Betracht kommen z. B. Unterlassungs- und Schadensersatzansprüche nach wettbewerbs-, marken- und urheberrechtlichen Vorschriften (*Auer-Reinsdorff* ITRB 2008, 164). Eine Verantwortlichkeit des Advertisers für solche Rechtsverletzungen kann im Wettbewerbsrecht insbesondere auf § 8 Abs. 2 UWG gestützt werden. Nach mittlerweile wohl überwiegender Ansicht in der Judikatur handelt es sich bei Publishern um Beauftragte des werbenden Unternehmens im Sinne von § 8 Abs. 2 UWG (LG Potsdam K&R 2008, 117; LG Berlin Urt. v. 16.8.2005 – 15 O 321/05, MMR 2006, 118; OLG Köln Urt. v. 24.5.2006 – 6 U 200/05, MMR 2006, 622; OLG Frankfurt Urt. v. 12.12.2002 – 6 U 130/02, MMR 2003, 794; *Spieker* GRUR 2006, 903 [907]) mit der Folge, dass das werbende Unternehmen ohne Entlastungsmöglichkeit für Rechtsverstöße des Publishers haftet. Der BGH hat Entsprechendes für die Parallelvorschrift § 14 Abs. 7 MarkenG im Markenrecht festgestellt, die allerdings die Beauftragtenhaftung auf Schadensersatzansprüche ausdehnt, während § 8 Abs. 2 UWG nur auf Unterlassungs- und Beseitigungsansprüche Anwendung findet (BGH Urt. v. 7.10.2009 – I ZR 109/06, GRUR 2009, 1167 [1170]). Da beide Vorschriften aber identisch auszulegen sind (BGH Urt. v. 7.10.2009 – I ZR 109/06, GRUR 2009, 1167 [1170]), wird auch im Wettbewerbsrecht der Publisher regelmäßig als Beauftragter anzusehen sein. Sähe man den Publisher nicht als Beauftragten an, kann sich im Wettbewerbsrecht eine Haftung insbesondere auch aus einer Verletzung wettbewerbsrechtlicher Verkehrspflichten ergeben, sei es im Wege der Täterschaft oder Beihilfe (vgl. BGH Urt. v. 22.7.2010 – I ZR 139/08, GRUR 2011, 152 [156]). Eine Störerhaftung für das bei Wettbewerbsverstößen typische Verhaltensunrecht kommt nach der Rechtsprechung des BGH nicht mehr in Betracht (BGH Urt. v. 22.7.2010 – I ZR 139/08, GRUR 2011, 152 [156]; *Gräbig* GRUR 2011, 504 [505]; *Spindler* GRUR 2011, 101 [102]). Auch das LG Stuttgart hat eine Störerhaftung mit der Begründung, der Advertiser könne weder unmittelbarer Störer noch mittelbarer Störer sein, und unter Verweis auf die Rechtsprechung des BGH ausgeschlossen (LG Stuttgart Urt. v. 29.5.2013 – 13 S 200/12, MMR 2013, 663). Anders ist es hingegen im Markenrecht, wo der BGH eine Störerhaftung nicht ausschließt (BGH Urt. v. 22.7.2010 – I ZR 139/08, GRUR 2011, 152 [156]). Da es jedoch im Rahmen des Affiliate Marketing um ein pflichtwidriges Unterlassen auf Seiten des Advertisers gehen wird, Rechtsverstöße der Publisher zu verhindern, sind die materiellen Voraussetzungen mit denen der Störerhaftung identisch, so dass sich typischerweise keine Unterschiede ergeben (vgl. BGH Urt. v. 22.7.2010 – I ZR 139/08, GRUR 2011, 152 [156]). Der BGH hat klargestellt, dass die Haftung des Auftraggebers (Advertiser) sich auf diejenigen geschäftlichen Handlungen des Beauftragten (Publisher) beschränkt, die dieser im Zusammenhang mit dem Geschäftsbereich vornimmt, der dem Auftragsverhältnis zu Grunde liegt, was jedenfalls dann gelte, wenn der Auftrag auf einen bestimmten Geschäftsbereich beschränkt ist und nicht damit gerechnet werden musste, dass der Publisher auch anderweitig tätig werde (BGH Urt. v. 7.10.2009 – I ZR 109/06, GRUR 2009, 1167 [1171]). Im vom BGH entschiedenen Fall war die Beauftragung auf eine bestimmte Domain beschränkt, so dass eine Haftung für die Werbetätigkeit unter einer anderen Domain ausschied (so auch schon *Schirmbacher/Ihmor* CR 2009, 245 [251]). Dem Advertiser ist deshalb anzuraten solche Beschränkungen möglichst in der Programmbeschreibung vorzusehen (dazu sogleich).

Nach der Ansicht des LG Berlin haftet der Advertiser auch dann als Beauftragter im Sinne von § 8 Abs. 2 UWG, wenn der Publisher von den vorgeschriebenen Werbemitteln entgegen den Anweisungen des Merchant eigenmächtig abweicht (LG Berlin Urt. v. 16.8.2005 – 15 O 321/05, MMR 2006, 118). Diese Auffassung ist jedoch in Literatur und Rechtsprechung umstritten (dagegen etwa *Ernst/Seichter* WRP 2006, 810 [813]). Eine strenge Auffassung vertritt auch das OLG München (OLG München Urt. v.

11.9.2008 – 29 U 3629/08, CR 2009, 111). Nach dessen Ansicht ist es Sache des Advertisers dafür zu sorgen, dass wettbewerbsrechtliche Vorgaben im Rahmen von Werbemaßnahmen, die der Advertiser veranlasst hat, eingehalten werden. Angeführt wird dafür eine gerechte Risikoverteilung: wer die Vorteile der verbesserten Streuwirkung durch Wahl dieses Werbemodells beanspruchen wolle, müsse auch das entsprechend größere Risiko von Wettbewerbsverstößen tragen, wobei unerheblich sei, ob die gebotene Einflussnahme überhaupt möglich sei (OLG München Urt. v. 11.9.2008 – 29 U 3629/08, CR 2009, 111 [113]). Zumutbar sei die Vereinbarung von Vertragsstrafen und gegebenenfalls auch eine Kündigung des Vertrages mit dem Netzwerkbetreiber (→ Anm. 8). In eine andere Richtung wies dagegen noch ein Urteil des LG Frankfurt, dass eine Störerhaftung des Advertisers wegen einer Markenverletzung verneinte, weil es dem Advertiser „im Rahmen des so genannten Affiliate-Marketing weder technisch möglich noch wirtschaftlich zumutbar sei, ohne konkrete Anhaltspunkte die Handlungen seiner Werbepartner vorab zu kontrollieren" (LG Frankfurt a. M. Urt. v. 15.12.2005 – 2/03 O 537/04, MMR 2006, 247).

Soweit eine Mitstörerhaftung als vermeidbar angesehen wurde, indem dem Publisher ausdrückliche vertragliche Vorgaben bzgl. zulässiger und unzulässiger Werbeformen gemacht werden (vgl. LG Hamburg Urt. v. 3.8.2005 – 315 O 296/05, MMR 2006, 120; LG Berlin Magazindienst 2006, 530, *Auer-Reinsdorff* ITRB 2008, 164 [165]; *Herrmann* MMR 2006; 119), ist dies nach dem Urteil des OLG München ohne weitere absichernde Maßnahmen nicht ausreichend (OLG München Urt. v. 11.9.2008 – 29 U 3629/08, CR 2009, 111 [113]; *Janal* CR 2009, 317 [318]). Der Advertiser sollte deshalb tunlichst vertragliche Vorkehrungen treffen, um einerseits ggf. eine eigenständige Haftung für Rechtsverletzungen der Publisher zu vermeiden oder jedenfalls vertragliche Regressansprüche gegen den Publisher bzw. den Netzwerkbetreiber zu begründen. Dabei bestehen grundsätzlich – im Rahmen des zweistufigen Affiliate-Systems – zweierlei Möglichkeiten der Umsetzung: nämlich entweder eine Inpflichtnahme des Netzwerkbetreibers entsprechende Vorgaben in den Verträgen mit den Publishern vorzusehen oder aber eine unmittelbare Verpflichtung der Publisher im Rahmen der von dem Advertiser formulierten Programmbeschreibung (→ Anm. 8 und OLG München Urt. v. 11.9.2008 – 29 U 3629/08, CR 2009, 111; LG Berlin Magazindienst 2006, 530 [532]). Das Vertragsmuster sieht hier – zugunsten des Netzwerkbetreibers – nur sehr eingeschränkte Vorgaben bzgl. der Tätigkeiten der Publisher vor. Im Interesse des Advertisers wäre deshalb ergänzend insbesondere an die Aufnahme der im Folgenden genannten weiteren Verpflichtungen zu denken.

Da der BGH hinsichtlich der Beauftragtenhaftung vor allem an die Reichweite des Auftragsverhältnisses anknüpft (BGH Urt. v. 7.10.2009 – I ZR 109/06, GRUR 2009, 1167 [1171]), ist es im Interesse des Advertisers den Netzwerkbetreiber dazu zu verpflichten die Domains unter denen geworben werden soll im Einzelnen mit den Publishern zu vereinbaren und dies zu dokumentieren. Angesichts der jüngeren Rechtsprechung des OLG München sollte der Netzwerkbetreiber außerdem verpflichtet werden, in die Verträge mit den Publishern Vertragsstrafeklauseln aufzunehmen (zu entsprechenden Formulierungsvorschlägen: *Auer-Reinsdorff* ITRB 2008, 164 [166]). Im Hinblick auf die Verwendung markenrechtsverletzender Metatags weist das LG Köln darauf hin, dass der Advertiser vertraglich u a sicherstellen muss, dass die Namen von Wettbewerbern nicht als Metatags genutzt werden. Ein allgemeiner Hinweis, dass die Markenrechte Dritter einzuhalten seien, soll dafür nicht ausreichen, der Hinweis bedürfe vielmehr einer Konkretisierung und Überwachung (LG Köln Urt. v. 6.10.2005 – 31 O 8/05, CR 2006, 64 [66]; ablehnend dazu: *Ernst* CR 2006, 67). Ergänzend kann im Interesse des Advertisers daran gedacht werden dem Publisher zu untersagen unzutreffende Keywords oder Webseitenbeschreibungen zu verwenden und andere als die durch den Advertiser zur Verfügung gestellten – unveränderten – Werbemittel zu verwenden (vgl. *Spieker* GRUR 2006, 903 [904]).

Gegenüber dem Netzwerkbetreiber könnte dem Advertiser darüber hinaus daran gelegen sein, ihm entsprechende Auswahl- und Überwachungspflichten in Bezug auf die Publisher aufzuerlegen, etwa in Bezug auf die Einhaltung gesetzlicher Mindestanforderungen (wie zB Anbieterkennzeichnung auf seiner Webseite), Überprüfung der Registrierungsprozesse, Identifizierung der Publisher, Auflisten der Domains des Publishers, Anfertigung von Profilen der Publisher; stichprobenartige Überprüfung der Publisher während der Vertragslaufzeit, etc (vgl. *Auer-Reinsdorff* ITRB 2008, 164 [165]). Schließlich sollte der Publisher in Erwägung ziehen, Auskunfts-, Herausgabe- und Unterstützungsverpflichtungen des Netzwerkbetreibers und/oder des Publishers für den Fall einer Inanspruchnahme durch Dritte vertraglich zu verankern (vgl. *Auer-Reinsdorff* ITRB 2008, 164 [167]).

Eine Haftung des Netzwerkbetreibers als Täter, Teilnehmer oder Störer scheidet regelmäßig aus, weil es entweder an der Beauftragtenstellung des Publishers im Verhältnis zu diesem oder an dem für einen wettbewerbsrechtlichen Unterlassungsanspruch erforderlichen Wettbewerbsverhältnis zwischen Konkurrenten des Advertisers und dem Netzwerkbetreiber bzw. an einem adäquat-kausalen Beitrag für eine (immaterialgüterrechtliche) Störerhaftung fehlen wird (*Schirmbacher/Ihmor* CR 2009, 245 [251]).

15. Haftung. Die Haftungsregelung orientiert sich an den nach den §§ 305 ff. BGB und der Judikatur im Rahmen von Allgemeinen Geschäftsbedingungen zugelassenen Haftungsbeschränkungen (vgl. dazu im Einzelnen: *Intveen* ITRB 2007, 144), da die entsprechenden Verträge zwischen Netzwerkbetreiber und Advertiser in der Regel keine Individualvereinbarungen darstellen. Danach besteht grundsätzlich keine Möglichkeit der Haftungsfreizeichnung für Personenschäden (§ 309 Nr. 7a BGB), für Vorsatz (§ 276 Abs. 3 BGB) und für grobe Fahrlässigkeit (BGH MDR 1988, 579; BGH MDR 1996, 675; BGH MDR 1995, 260). Eine Haftungsbeschränkung für Kardinalpflichten ist nur möglich, soweit die vertragstypischen, vorhersehbaren Schäden abgedeckt sind (BGH Urt. v. 11.11.1992 – VIII ZR 238/91, NJW 1993, 335; BGH Urt. v. 27.9.2000 – VIII ZR 155/99, NJW 2001, 292). Aus Transparenzgründen ist außerdem eine abstrakte Erläuterung des Begriffs der „Kardinalpflichten" erforderlich (BGH Urt. v. 20.7.2005 – VIII ZR 121/04, NJW-RR 2005, 1496), wie hier in § 10 (2) S. 3 vorgesehen.

16. Datenschutz. Im Hinblick auf die Datenverarbeitungen im Zusammenhang mit der Vermittlung und Abwicklung der Werbedienstleistungsverträge unterliegt der Netzwerkbetreiber den Vorschriften des BDSG. Aufgrund der Tatsache, dass er aber regelmäßig ein Online-Portal betreibt, bei dem sich Advertiser und Publisher registrieren und in welches der Advertiser insbesondere seine Programme einstellt, gelten insoweit ergänzend die Datenschutzregelungen der §§ 11 bis 16 TMG.

17. Zulässigkeit der Datenverwendungen. Nach dem Vertrag sind die Zwecke der Datenverwendung durch den Betreiber auf die Abwicklung des Vertrages beschränkt. Sofern weitergehende Datenverwendungen erfolgen sollen – etwa zu Werbezwecken – wäre die Regelung entsprechend zu ergänzen. Soweit davon Daten betroffen sind, die für die Bereitstellung von Telemedien erhoben worden sind, dürfen diese gemäß dem in § 12 Abs. 2 TMG normierten Zweckbindungsgrundsatz nur mit einer Einwilligung für solche Werbezwecke verwendet werden. Soweit eine Einwilligung hier zusammen mit anderen Erklärungen eingeholt werden soll (also im Rahmen des Vertrages), müsste die Klausel z. B. durch Fettdruck, Schriftgröße, Schrifttypus, Formatierung oder Umrandung gemäß § 4a Abs. 1 S. 4 BDSG besonders hervorgehoben werden, denn von einer wirksamen Willensbekundung des Betroffenen im Sinne von § 4 Abs. 1 BDSG kann regelmäßig nur ausgegangen werden, wenn die Formvorschriften des § 4a Abs. 1 S. 3 und 4 BDSG gewahrt sind (vgl. BGH Urt. v. 11.11.2009 – VIII ZR 12/08, NJW 2010, 864 [866 f.]; AG Elmshorn Urt. v. 25.4.2005 – 49 C 54/05, MMR 2005, 870 [871]). Diese Formvorschriften haben nämlich den Zweck eine bewusste Entscheidung des Betroffenen zu gewährleisten.

Um sicher zu stellen, dass eine entsprechende Einwilligung – wie es gesetzlich erforderlich ist – in Kenntnis aller Umstände der Datenverarbeitung erfolgt, ist nach der angeführten Entscheidung des AG Elmshorn (Urt. v. 25.4.2005 – 49 C 54/05, MMR 2005 870 [871]) bei der Verwendung vorgedruckter Einwilligungsklauseln die notwendige Schriftform nur gewahrt, wenn die Klausel in voller Länge auf der zu unterzeichnenden Urkunde abgedruckt ist und der Einwilligende die Klausel durch Namensunterschrift unterhalb dieses Abdrucks anerkennt. Wird lediglich eine Bezugnahme auf eine andernorts abgedruckte Einwilligungsklausel unterzeichnet, so genügt dies der Schriftform nur dann, wenn ein Abdruck der Einwilligungsklausel, auf die verwiesen wird, dem Betroffenen vorliegt und die Klausel so konkret in Bezug genommen wird, dass sie für den Betroffenen ohne weiteres auffindbar ist. Besonders wichtig sei in diesen Fällen der Inhalt der Bezugnahme. Dem Vertragspartner muss deutlich gemacht werden, dass er mit seiner Unterschrift in die Erhebung, Verarbeitung und Nutzung personenbezogener Daten einwilligt. Eine Einwilligung im Sinne des § 4 Abs. 1 BDSG liegt nicht vor, wenn nur allgemein die Einbeziehung von AGB vereinbart wird (vgl. *Gola/Schomerus* BDSG § 4a Rn. 13). Nach Ansicht des LG Hamburg gehen wegen der gebotenen kundenfeindlichen Auslegung Unwägbarkeiten bei der Auslegung zu Lasten des Verwenders der Einwilligungsklausel (LG Hamburg Urt. v. 7.8.2009 – 324 O 650/08, BeckRS 2009, 23812).

Eine Einwilligung in Schriftform (dh mit handschriftlicher Namensunterschrift) wird hier indes regelmäßig nicht in Betracht kommen, da der Vertrag „online" abgeschlossen wird. Gemäß § 13 Abs. 2 TMG kann die Einwilligung bei Telemedien unter den dort genannten Voraussetzungen auch elektronisch erklärt werden. Gleichwohl dürften die Transparenzanforderungen, die das AG Elmshorn aus dem Schriftformerfordernis hergeleitet hat, auch für eine elektronische Einwilligung im Internet entsprechend gelten. Daraus folgt, dass eine Bezugnahme auf eine andernorts abrufbare Einwilligungserklärung (wie hier in dem Affiliate-Vertrag) grundsätzlich ausreichend sein kann. Es muss allerdings gewährleistet sein, dass die Einwilligungsklausel konkret in Bezug genommen wird und für den Nutzer ohne weiteres auffindbar ist. Um diese Voraussetzungen zu erfüllen, müsste im Rahmen der Registrierung für das Online-Portal nicht nur pauschal auf diesen Vertrag, sondern konkret auf die „Datenschutz"-Klausel verwiesen werden und der entsprechende Text der Einwilligungserklärung unmittelbar über Hyperlink abrufbar sein (Taeger/Gabel/*Moos* TMG § 13 Rn. 15).

18. Verfallsklausel. Insbesondere Mobilfunkanbieter hatten in ihre AGB für Prepaid-Mobilfunkdienstleistungen regelmäßig Verfallsklauseln aufgenommen, nach denen ein Guthaben auf den eingerichteten Guthabenkonten nach einem bestimmten Zeitraum verfallen sollte. Verschiedene Gerichte haben jedoch solche Verfallsklauseln in AGB für unwirksam angesehen (OLG München Urt. v. 22.6.2006 – 29 U 2294/06, NJW 2006, 2416; LG Düsseldorf Urt. v. 23.8.2006 – 12 O 458/05, MMR 2007, 62). Vor diesem Hintergrund ist hier eine Rückzahlung des etwa bei Vertragsbeendigung noch nicht verbrauchten Guthabens des Advertisers vorgesehen.

7. Suchmaschinenmarketing – SEM

Vertrag über Suchmaschinenmarketing[1]

zwischen

. . . . . .

– nachstehend „Vermarkter" genannt –

und

. . . . . .

– nachstehend „Kunde" genannt –

Präambel

Der Kunde betreibt unter der URL . . . . . .de seine Webseite, auf der unternehmens- und produktspezifische Informationen für Internetnutzer zugänglich sind.

Der Vermarkter bietet Dienstleistungen im Bereich des Suchmaschinenmarketing an. Insbesondere unterstützt der Vermarkter den Kunden dabei, dass die Webseiten der Kunden in den gängigen Suchmaschinen bei kundenspezifischen Suchbegriffen unter den vorderen Suchergebnissen gelistet werden.

Der Kunde möchte die Aufmerksamkeit für seine Webseite steigern und hierfür auf das Know-how des Vermarkters zurückgreifen. Die Vertragspartner vereinbaren daher Folgendes:

§ 1 Vertragsgegenstand[2]

(1) Gegenstand dieses Vertrags ist die Suchmaschinenoptimierung von . . . . . .de mit dem Ziel, die Webseite bei der Suche mittels Einsatz der wichtigsten Suchmaschinen unter den vorderen Treffern erscheinen zu lassen sowie die Durchführung weiterer Maßnahmen zur Vermittlung von Besuchern und der Steigerung der Zugriffe auf die Webseite des Kunden (zusammen „Traffic").

(2) Zu den wichtigsten Suchmaschinen gehören insbesondere . . . . . . [Aufzählung der relevanten Anbieter].

§ 2 Leistungen des Vermarkters

(1) Der Vermarkter wird während der Vertragslaufzeit die Komponenten für die Indexierung der Webseite des Kunden durch Suchmaschinen wie Suchbegriffe aktiv durch Analyse des Marktumfeldes sowie der Webauftritte von Mitbewerbern des Kunden optimieren. Die Optimierung erfolgt durch Unterbreitung von Vorschlägen, wie mittels technischer und/oder inhaltlicher Gestaltung der Webseite eine Verbesserung der Positionierung der Webseite bei Suchmaschinen bei Suchanfragen zu den Themenbereichen . . . . . . [Aufzählung der Themenbereiche] erreicht werden kann. Der Vermarkter wird innerhalb von . . . . . . [Anzahl] Tagen/Wochen nach Beginn der Laufzeit dieses Vertrages Maßnahmen für eine Erstoptimierung der Webseite ermitteln und dem Kunden Vorschläge unterbreiten. Auf Anfrage des Kunden unterstützt der Vermarkter den Kunden bei der Umsetzung solcher Vorschläge.

(2) Ferner ist Gegenstand des Vertrags die Registrierung der Webseite des Kunden und die Buchung von Anzeigen zu den vom Kunden festgelegten bzw. gemeinsam bestimmten Suchbegriffen bei den Suchmaschinen . . . . . . [Aufzählung der relevanten Anbieter].

(3) Daneben ist der Vermarkter verpflichtet, die Verlinkung von Webseiten Dritter auf die Webseite des Kunden zu fördern. Linkmarketing umfasst Maßnahmen zur kontinuierlichen Steigerung der externen Verlinkung, insbesondere durch Erstellen von redaktionellen Inhalten zur Generierung von permanenten Links sowie der Entwicklung von Strategien, die Anreize für Dritte zu steigern, auf ihren Webseiten freiwillig auf die Webseite des Kunden zu verlinken (Steigerung der Domainpopularität). Bezüglich der Möglichkeiten über die Erstellung von redaktionellen Inhalten zur Generierung von Links sowie der Entwicklung von Strategien zur Steigerung der Domainpopularität unterbreitet der Vermarkter dem Kunden Vorschläge. Der Vermarkter hat dem Kunden regelmäßig aber mindestens alle . . . . . . [Anzahl] Wochen schriftlich Vorschläge für Maßnahmen zur Steigerung der Domainpopularität zu unterbereiten. Die für eine Verlinkung in Betracht kommenden Webseiten Dritter müssen wie die Webseite des Kunden die Themenbereichen . . . . . . [Aufzählung der Themenbereiche] betreffen. Bei der Entwicklung von Strategien unterstützt der Vermarkter den Kunden bei der Konzepterstellung und auf Anfrage auch bei dessen Umsetzung.

(4) Im Rahmen der vertraglichen Leistungen wird der Vermarkter die mit dem Kunden abgestimmten bzw. von diesem freigegebenen kostenpflichtigen Links auf die Webseite des Kunden bei Dritten zwecks Steigerung der Domainpopularität erwerben.

(5) Alle kostenpflichtigen Links prüft der Vermarkter in regelmäßigen Abständen auf Existenz, nofollow-Relationen und Indizierung durch die Suchmaschinenbetreiber. Stellt der Vermarkter einen Verstoß fest, verpflichtet sich der Vermarkter den Kunden schriftlich darauf hinzuweisen. Die Kosten für den Erwerb der Links übernimmt der Kunde.

(6) Der Vermarkter übermittelt dem Kunden monatlich eine kurze Zusammenfassung über die im Rahmen des Suchmaschinenmarketings durch den Vermarkter durchgeführten Maßnahmen. Neben der Auflistung der einzelnen Maßnahmen sind die für diese getätigten Aufwendungen darzustellen, sofern ihre Erbringung nicht bereits von der monatlichen Pauschalvergütung abgedeckt ist.

(7) Der Vermarkter erbringt die Leistungen nach dem zum Zeitpunkt der Leistungserbringung anerkannten Stand der Technik und in einer Weise, wie sie von einem professionellen Anbieter von IT-Leistungen zur Optimierung von Webseiten erwartet werden kann.

§ 3 Vergütung und Fälligkeit[3]

(1) Die Parteien vereinbaren für die vertragsgegenständlichen Leistungen eine monatliche Pauschalvergütung in Höhe von EUR . . . . . . zzgl. der gesetzlichen Mehrwertsteuer. Die Pauschalvergütung ist jeweils monatlich im Voraus zum . . . . . . eines Monats zu zahlen.

(2) Für den Erwerb von kostenpflichtigen Links im Rahmen des Linkmarketings stellt der Kunde während der Laufzeit dieses Vertrags EUR . . . . . . zzgl. Mehrwertsteuer im Monat zur Verfügung.

(3) Die in Absatz (1) vereinbarte Vergütung erhöht sich jeweils um eine variable erfolgsabhängige Vergütung. Dieser variable Vergütungsanteil bestimmt sich an der im jeweiligen Bemessungszeitraum erreichten Steigerung des Traffic. Je Zugriff auf die Webseite des Kunden über Links auf Webseiten Dritter, die der Vermarkter im Rahmen des Linkmarketings für den Kunden geworben hat, erhält der Vermarkter eine Zahlung von

EUR . . . . . . zzgl. Mehrwertsteuer. Die Vergütung nach Abs. 3 für Steigerungen des Traffic wird dem Kunden monatlich in Rechnung gestellt.

(4) Als Messverfahren für die Trafficsteigerung und die Ermittlung der erfolgsabhängige Vergütung nach Absatz 3 vereinbaren die Vertragspartner, dass hierfür die von der IVW e.V/AGOF e.V. ermittelten Werte herangezogen werden. Der Kunde wird die ihm übermittelten Berichte und Zahlungen umgehend prüfen. Soweit der Kunde gegen die Daten nicht innerhalb von . . . . . . Tagen schriftlich gegenüber dem Vermarkter Einwände erhebt, gilt die jeweilige Abrechnung als für die Bemessung der Vergütung nach Absatz 3 bindend.

(5) Sofern für die Messung des Traffic durch IVW e.V/AGOF e.V. Kosten anfallen, trägt diese der Kunde.

(6) Sofern der Kunde den Vermarkter mit der Unterstützung bei der Umsetzung von Vorschlägen und Konzepten beauftragt, stellt der Vermarkter dem Kunden den hierfür angefallenen Aufwand auf Grundlage eines Stunden-/Tagessatzes von EUR . . . . . . zzgl. Mehrwertsteuer in Rechnung. Eine Vergütungspflicht besteht jedoch nur, wenn der Kunden den Vermarkter mit der Erbringung der optionalen Leistungen schriftlich beauftragt hat.

§ 4 Leistungsstörungen[4]

Erbringt der Vermarkter die nach § 2 geschuldeten Leistungen nicht vertragsgemäß, ist der Vermarkter nach einer entsprechenden Rüge des Kunden verpflichtet, die nicht vertragsgemäßen Leistungen auf seine Kosten vertragsgemäß zu erbringen. Schlägt die Nachbesserung fehl, ist der Kunde berechtigt, die Vergütung anteilig zu reduzieren oder die Leistungen auf Kosten des Vermarkters von einem qualifizierten Dritten erbringen zu lassen. Weitergehende Rechte des Kunden nach den gesetzlichen Vorschriften bleiben unberührt.

§ 5 Mitwirkungsleistungen des Kunden[6]

(1) Ein wesentlicher Faktor für die Erbringung der Leistungen durch den Vermarkter ist die Mitwirkung des Kunden. Der Kunde wird den Vermarkter bei der Erbringung der vertraglichen Leistungen in angemessenem Umfang unterstützen. Der Kunde stellt dem Vermarkter insbesondere alle zur Suchmaschinenoptimierung notwendigen Daten und Unterlagen kostenfrei zur Verfügung.

(2) Bestehen die Leistungen des Vermarkters in der Erstellung von Konzepten oder Analysen bzw. der Unterstützung des Kunden bei deren Ausarbeitung, wird der Kunde die notwendige Mitwirkung leisten und Maßnahmen zur Umsetzung der Konzepte im Rahmen des wirtschaftlich Angemessenen vornehmen.

(3) Der Kunde wird die für die Berechnung des Traffic notwendigen Vorkehrungen treffen, insbesondere die für die Messung erforderlichen technischen Maßnahmen ergreifen.

(4) Kommt der Kunde seinen Mitwirkungspflichten nicht oder in nicht ausreichendem Maße nach, ist der Vermarkter für diesen Zeitraum von seinen Leistungsverpflichtungen entbunden, soweit die jeweiligen Leistungen wegen der nicht oder nur unzureichenden Erfüllung der Mitwirkungspflichten nicht oder nur mit unverhältnismäßigem Aufwand erbracht werden können.

(5) Zusätzlich zu der vereinbarten pauschalen Vergütung ist der Kunde verpflichtet, dem Vermarkter alle durch eine schuldhafte Verletzung der Mitwirkungspflichten entstande-

nen Mehraufwände auf der Grundlage der aktuellen Standardvergütungssätze des Vermarkters zu ersetzen. Weitergehende Rechte des Vermarkters bleiben unberührt.

§ 6 Übereinstimmung mit rechtlichen Vorgaben[5]

(1) Die rechtliche Verantwortung, insbesondere die telemedien- sowie presserechtliche und wettbewerbsrechtliche Verantwortung für den Inhalt der Webseite des Kunden, trägt ausschließlich der Kunde. Die inhaltliche Gestaltung des redaktionellen Teils der Webseite obliegt weiterhin ausschließlich dem Kunden. Der Kunde ist verpflichtet, sorgfältig zu überprüfen und sicherzustellen, dass die Inhalte nicht gegen gesetzliche Bestimmungen verstoßen.

(2) Der Vermarkter stellt sicher, dass von ihm im Rahmen des Linkmarketings geworbenen Webseiten Dritter, die auf die Webseite des Kunden verweisen, den gesetzlichen Bestimmungen, insbesondere telemedien- sowie presserechtlichen und wettbewerbsrechtlichen Vorschriften entsprechen.

(3) Der Kunde sichert zu, dass er Inhaber sämtlicher für die vertragliche Nutzung der Webseite erforderlichen Rechte ist, insbesondere, dass er über erforderliche Urheber-, Marken-, Leistungsschutz-, Persönlichkeits- und sonstige Rechte verfügt und sie zum Zwecke der Vertragserfüllung auf den Vermarkter übertragen kann, und zwar zeitlich, örtlich und inhaltlich, in dem für die Durchführung des Vertrages erforderlichen Umfang.

§ 7 Nutzungsrechte[7]

(1) Der Kunde räumt dem Vermarkter sämtliche für die vertragsgegenständliche Nutzung der Webseite erforderlichen Nutzungsrechte an Urheber-, sowie Leistungsschutzrechten und sonstigen gewerblichen Schutzrechten, insbesondere das Recht zur Vervielfältigung, Verbreitung, öffentlichen Zugänglichmachung sowie Bearbeitung, und zwar zeitlich, örtlich und inhaltlich, in dem für die Durchführung des Vertrages erforderlichen Umfang, ein. Die Rechteeinräumung umfasst auch das Recht, die vorgenannten Nutzungsrechte an zur Vertragserfüllung beauftragte Dritte zu übertragen bzw. unterzulizenzieren sowie zum Suchmaschinenmarketing erforderliche Rechte den Suchmaschinenbetreibern einzuräumen. Bei den dem Vermarkter einzuräumenden Nutzungsrechte handelt es sich um einfache Nutzungsrechte.

(2) Sämtliche Urheber-, Leistungsschutz- und sonstige Rechte an der vom Vermarkter und/oder von Dritten im Auftrag des Vermarkters erstellten und ggf. realisierten Analysen und Konzepten verbleiben bei dem Vermarkter. Der Vermarkter räumt dem Kunden an den Analysen und Konzepten sowie bei deren Umsetzung an den Arbeitsergebnissen jedoch das einfache/ausschließliche [Ausgestaltung des Nutzungsrechts], zeitlich und örtlich unbeschränkte Recht ein, diese in dem für die Suchmaschinenoptimierung seiner Webseite erforderlichen Umfang zu nutzen.

(3) Machen Dritte gegen den Vermarkter Ansprüche mit der Behauptung geltend, die Webseite des Kunden bzw. deren Nutzung durch Suchmaschinenbetreiber oder sonstige Nutzer verstoße gegen gesetzliche Bestimmungen und/oder die Webseite verletze ihre Rechte, wird der Kunde den Vermarkter von sämtlichen Ansprüchen Dritter auf erstes Anfordern freistellen und etwaige darüber hinausgehende Kosten und Schäden ersetzen, insbesondere den Vermarkter von den Kosten einer angemessenen Rechtsverteidigung freistellen. Dies gilt jedoch dann nicht, wenn der Kunden die Verletzung der Rechte Dritter bzw. gesetzlichen Bestimmungen nicht zu vertreten hat. Der Kunde ist verpflichtet, den Vermarkter im Rahmen des Zumutbaren durch Bereitstellung von Informationen und Unterlagen bei der Rechtsverteidigung gegenüber den Dritten zu unterstützen. Die Rege-

lungen dieses Absatzes gelten entsprechend, wenn Dritte wegen der Nichteinhaltung von Zusicherungen des Kunden nach § 6 Ansprüche gegen den Vermarkter geltend machen.

(4) Machen Dritte gegen den Kunden Ansprüche mit der Behauptung geltend, die vom Vermarkter im Rahmen des Linkmarketings geworbenen Webseiten Dritter, die auf die Webseite des Kunden verweisen, verstoßen gegen gesetzliche Bestimmungen und/oder die Webseiten verletzen ihre Rechte, wird der Vermarkter den Kunden von sämtlichen Ansprüchen Dritter auf erstes Anfordern freistellen und etwaige darüber hinausgehende Kosten und Schäden ersetzen, insbesondere den Kunden von den Kosten einer angemessenen Rechtsverteidigung freistellen. Dies gilt jedoch dann nicht, wenn die Verletzung der Rechte Dritter bzw. gesetzlichen Bestimmungen für den Vermarkter auch bei Anwendung der im Verkehr erforderlichen Sorgfalt nicht erkennbar gewesen wäre. Der Vermarkter ist verpflichtet, den Kunden im Rahmen des Zumutbaren durch Bereitstellung von Informationen und Unterlagen bei der Rechtsverteidigung gegenüber den Dritten zu unterstützen.

§ 8 Exklusivität[8]

Während der Vertragslaufzeit bietet der Vermarkter keine Marketingleistungen zur Optimierung des Suchmaschinenmarketings

a) für die folgenden Webseiten: . . . . . .

[Aufzählung der Webseiten von Mitbewerbern des Kunden]

b) für Webseiten Dritter in folgenden Themenbereichen: . . . . . . [Aufzählung der Themenbereiche]

an.

§ 9 Haftung[9]

(1) Die Vertragspartner haften einander unbeschränkt für vorsätzlich oder grob fahrlässig verursachte Schäden sowie vorsätzlich oder fahrlässig verursachte Schäden aus der Verletzung des Lebens, des Körpers oder der Gesundheit.

(2) Die Haftung für Produkthaftungsschäden bestimmt sich nach den Regelungen des Produkthaftungsgesetzes.

(3) Bei leicht fahrlässig verursachten Schäden haften die Vertragspartner nur bei der Verletzung von Kardinalpflichten. Kardinalpflichten sind die wesentlichen Pflichten, die die Grundlage des Vertrags bilden, die entscheidend für den Abschluss des Vertrags waren und auf deren Erfüllung der jeweilige Vertragspartner vertrauen darf. Die Haftung ist in diesem Fall auf den vorhersehbaren, vertragstypischen Schaden begrenzt.

(4) Die Haftung für mittelbare Schäden, wie zB entgangenem Gewinn, ist außer in den Fällen des Abs. 1, ausgeschlossen.

(5) Soweit die Haftung der Vertragspartner ausgeschlossen oder beschränkt ist, gilt dies auch für die persönliche Haftung der Angestellten, Arbeitnehmer, Mitarbeiter, Vertreter und Erfüllungsgehilfen der Vertragspartner.

§ 10 Vertragslaufzeit und Vertragsbeendigung

(1) Die Laufzeit des Vertrages beginnt am . . . . . .

(2) Der Vertrag wird zunächst für eine Grundlaufzeit von . . . . . . Monaten geschlossen. Danach verlängert sich der Vertrag automatisch um jeweils ein weiteres Jahr (Verlängerungs-

zeitraum), sofern er nicht von einem Vertragspartner mit einer Frist von drei Monaten zum Ablauf der Grundlaufzeit oder eines Verlängerungszeitraums schriftlich gekündigt wird.

(3) Das Recht der Vertragspartner zur Kündigung des Vertrages aus wichtigem Grund bleibt unberührt. Ein wichtiger Grund liegt für einen Vertragspartner insbesondere vor, wenn der andere Vertragspartner gegen wesentliche Bestimmungen dieses Vertrages verstößt und der Vertragsverstoß nicht innerhalb von zwei Wochen nach schriftlicher Aufforderung abgestellt wird, sofern eine solche Frist bzw. Aufforderung unter Berücksichtigung der Schwere der Pflichtverletzung oder der sonstigen Umstände nicht ausnahmsweise entbehrlich ist.

(4) Eine Kündigung muss schriftlich erfolgen.

§ 11 Schlussbestimmungen

(1) Änderungen und Ergänzungen des Vertrages bedürfen zu ihrer Wirksamkeit der Schriftform. Dies gilt auch für die Änderung oder Aufhebung der Schriftformklausel selbst. Die Übermittlung von Erklärungen per E-Mail genügt dem Schriftformerfordernis [nicht].[10] Mündliche Nebenabreden wurden nicht getroffen.

(2) Sämtliche Rechte und Pflichten aus diesem Vertrag dürfen ohne das Einverständnis des jeweils anderen Vertragspartners nicht an Dritte abgetreten oder in sonstiger Weise übertragen werden.

(3) Der Vermarkter ist berechtigt, Leistungen nach diesem Vertrag durch Subunternehmer erbringen zu lassen.

(4) Sollte eine Bestimmung dieses Vertrages oder ein Teil einer Bestimmung unwirksam sein oder werden oder sollte eine ausfüllungsbedürftige Regelungslücke auftreten, berührt dies nicht die Wirksamkeit der übrigen Bestimmungen dieses Vertrages. Die Vertragspartner verpflichten sich, eine etwaige unwirksame Bestimmung durch eine neue Bestimmung zu ersetzen, die dem rechtlichen und wirtschaftlichen Gehalt der unwirksamen Bestimmung am nächsten kommt. In gleicher Weise werden die Vertragspartner eine etwaig ausfüllungsbedürftige Regelungslücke schließen.

(5) Dieser Vertrag unterliegt ausschließlich deutschem Recht unter Ausschluss des UN-Kaufrechts.

(6) Für alle Streitigkeiten zwischen den Vertragspartner, gleich aus welchem Rechtsgrund, wird als ausschließlicher Gerichtsstand . . . . . . vereinbart.

. . . .

(Ort, Datum)   (Ort, Datum)

. . . .

– Vermarkter –   – Kunde –

Anmerkungen

   1. Sachverhalt. Gegenstand des Vertrages ist die Erbringung verschiedener Leistungen, mit denen die Bewertung/Platzierung der Webseite des Kunden in der Trefferliste von Suchmaschinen gesteigert bzw. durch Schaltung von kontextbezogenen Anzeigen bei Suchmaschinen die Aufmerksamkeit für die Webseite erhöht werden soll (englisch: „Search Engine Marketing", branchenüblich abgekürzt „SEM").

Aufgrund der Informationsflut im Internet sind Suchmaschinen, die dem Internetnutzer eine Selektion von Webseiten anhand von Suchbegriffen ermöglichen, mittlerweile das gebräuchlichste Mittel für Internetnutzer, das Internet am effektivsten zu durchforsten. Auf der anderen Seite sind Suchmaschinen für Webseitenbetreiber eine gute (zumeist kostenlose) Möglichkeit, durch Listung ihrer Webseiten bei bestimmten Suchbegriffen Aufmerksamkeit für ihre Seiten zu erhalten.

Die Auflistung der Webseite in den Trefferlisten kann auf unterschiedliche Art, und Weise erreicht und verbessert werden (siehe beispielhafte Aufzählung in Praxisleitfaden E-Commerce, BITKOM, Februar 2009). Zum einen kann abhängig von der von der jeweiligen Suchmaschine verwendeten Technik zur Auswertung von Webseiten, die eigene Webseite technisch so gestaltet werden, dass hierdurch eine verbesserte Auswertung der Seite durch die Suchmaschinen und damit ggf. eine bessere Positionierung in der Trefferliste erreicht wird. Grundsätzlich arbeiten Suchmaschinen mit Webcrawlern. Mittels dieser Softwareprogramme wird das Web in regelmäßigen Abständen durchsucht und besuchte Webseiten analysiert. Je nach Suchmaschine werden die aufgesuchten Webseiten bspw. mittels Indexierung ausgewertet und die Ergebnisse dann bei von den Suchmaschinenbetreibern gespeichert. Gängig ist derzeit die Nutzung der robots.txt Datei, um dem Webcrawler mitzuteilen, ob die Webseite aufgesucht und welche Seiten von der Indexierung erfasst werden sollen. Daneben kann über die Eingabe von Suchbegriffen als Meta-Tag in den HTLM-Header der Webseite versucht werden, dass die Webseite durch die Webcrawler in die gewünschten Indexe der Datenbanken der Suchmaschinen aufgenommen wird. Aufgrund der regelmäßigen Verbesserung der Auswertungstechnik und dem Einsatz neuer Such- und Auswertungstechniken durch die Suchmaschinenbetreiber sollten Webseitenbetreiber auch ihre Maßnahmen zur Optimierung des Suchmaschinenmarketings in regelmäßigen Abständen überprüfen und ggf. Anpassungen der Maßnahmen vornehmen. Unabhängig davon ist jedoch zunächst einmal die Lesbarkeit der Webseite durch die Suchmaschinen sicherzustellen.

Neben diesen technisch bei der Webseitengestaltung umzusetzenden Gestaltungsmitteln bieten die meisten Suchmaschinenbetreiber aber auch eigene Dienste zur Webseitenvermarktung an, die vom Webseitenbetreiber zusätzlich zur technischen Optimierung genutzt werden können. Beispielhaft genannt seien hier die Möglichkeiten zur Schaltung von suchbegriffabhängigen Anzeigen bei Google im Rahmen der Marketingprodukte Google AdWord und AdSense aber auch die bloße Anmeldung der Webseite bei den Suchmaschinen.

Schließlich ist die technische Gestaltung allein nicht ausreichend, sondern auch der Inhalt auf den Webseiten sowie die Verlinkung auf die Webseite von anderen Webseiten sind für ein gutes Ranking ausschlaggebend und daher bei der Optimierung zu beachten.

2. **Vertragsgegenstand.** Je nach geschäftlicher Ausrichtung des Kunden kann sein Internetauftritt Teil eines Marketingmixes sein, bei dem die Vermittlung von Aufmerksamkeit durch Optimierung seiner Webseite lediglich der Verbesserung der Außendarstellung dienen soll. Demgegenüber hat die Suchmaschinenoptimierung für die Unternehmen, die unmittelbar über ihren Webauftritt Geschäfte generieren, eine weitergehende Bedeutung. Beim Suchmaschinenmarketing für Webauftritte, die auf e-commerce Geschäfte ausgerichtet sind, kann eine Doppelstrategie bei den Vermarktungsmitteln in Form der technischen und contentbezogenen Optimierung der Webseite sinnvoll sein. Dementsprechend ist dann auch der Leistungskatalog des Vermarkters umfangreicher.

Abhängig von den Kundenwünschen kann das Aufgabenfeld des Vermarkters neben der permanenten technischen Optimierung der Webseite des Kunden bzw. der Unterstützung hierbei auch in der Durchführung von Maßnahmen bestehen, mit denen über die Vermarktung von Links auf die Webseite des Kunden und der Schaltung von Anzeigen bei den Suchmaschinen eine Steigerung der Attraktivität der Webseite unterstützt werden kann.

Die verschiedenen denkbaren Leistungen des Vermarkters im Rahmen der Suchmaschinenoptimierung, die auch wesentlich von den Entwicklung bei den Such- und Auswertungsalgorithmen der Suchmaschinenbetreiber beeinflusst werden, können daher dienstals auch werkvertraglichen Charakter haben. Insbesondere bei der Erstellung und Umsetzung von technischen Konzepten bei der Suchmaschinenoptimierung sind sowohl aus Kundensicht als auch Sicht des Vermarkters differenzierte vertragliche Regelungen zur Abnahme und Gewährleistung sinnvoll und der Vertrag entsprechend zu ergänzen.

3. Vergütung. Bei der Vergütung sind verschiedene Vergütungsmodelle denkbar. Die hier vorgesehene Kombination aus fixen und variablen Vergütungsbestandteilen kann für beide Vertragspartner reizvoll sein. So ist die erfolgsabhängige Komponente für den Vermarkter Ansporn, alle denkbaren Maßnahmen zu ergreifen bzw. vorzuschlagen, um die Webseite des Kunden optimal bei den Suchmaschinen positionieren zu können. Abhängig von der Bedeutung des eigenen Webauftritts hat es der Kunde dann selbst in der Hand, über die Ausgestaltung der Vergütungsbestandteile im Wesentlichen nur solche Leistungen des Vermarkters zu vergüten, die für ihn objektiv betrachtet (Steigerung von Traffic) von Wert sind.

Anhängig von den gewählten Marketingmaßnahmen kann man zur Messung von generiertem Traffic auf eine Webseite der Messdaten der Informationsgemeinschaft zur Feststellung der Verbreitung von Werbeträgern e.V. (IVW) bzw. Arbeitsgemeinschaft Online-Forschung e.V. (AGOF) nutzen.

4. Leistungsstörungen. Die vom Vermarkter zu erbringenden Leistungen im Rahmen einer Suchmaschinenoptimierung lassen nicht immer eine genaue Abgrenzung bzw. Zuordnung zum Werkvertragsrecht oder Dienstvertragsrecht zu. Auf den ersten Blick erscheinen Tätigkeiten über die technische Optimierung der Webseite eines Kunden eher erfolgsbezogen. Der Kunde erwartet vom Vermarkter einen Erfolg in Form der Erstellung einer für Suchmaschinen optimierten Webseite. Dennoch zeigt sich in der Rechtsprechung eine gewisse Tendenz, IT-Verträge, die Leistungen zur Suchmaschinenoptimierung beinhalten, als dienstvertraglich zu qualifizieren (OLG Köln Urt. v. 16.1.2014 – 19 U 149/13 MM 2014, 660; AG Ludwigslust Urt. v. 28.5.2014 – 5 C 31/13 NJW-RR 2014, 1206). Insoweit sollten die Parteien Regelungen mit Rechten und Pflichten der Vertragspartner für den Fall treffen, dass die vereinbarten Leistungen vom Vermarkter nicht vertragsgemäß erbracht werden.

5. Mitwirkungspflichten. Bei der Vereinbarung erfolgsabhängiger Vergütungsbestandteile kann es für den Vermarkter von Bedeutung sein, dass der Kunde an der Umsetzung von Vorschlägen zur Optimierung seiner Webseite mitwirkt und eine entsprechende Verbesserung der Positionierung der Webseite und damit die erfolgsabhängige Vergütung des Vermarkters nicht durch Untätigkeit sabotiert. Eine unzureichende bzw. unterbliebene Mitwirkung des Kunden kann häufig durch den Auftragnehmer nicht oder nur mit zusätzlichem Aufwand kompensiert werden. Unabhängig von der rechtlichen Einordnung der jeweiligen Leistung des Vermarkters zum Numerus Clausus der Vertragstypen des BGB, erweisen sich die wenigen gesetzlichen Regelungen wie §§ 642, 643 BGB jedoch oftmals als unzureichend. Neben der konkreten Vereinbarung von Mitwirkungs- und Beistellleistungen des Kunden wäre aus Sicht des Vermarkters auch die vertragliche Regelung von Folgen ihrer Nicht- bzw. Schlechterfüllung in Erwägung zu ziehen.

Aus Sicht des Vermarkters könnte im Zusammenhang mit der Umsetzung von Konzepten zur Verbesserung der Suchmaschinenauswertung zusätzlich geregelt werden, wie trotz fehlender bzw. unzureichender Mitwirkung des Kunden die erfolgsabhängige Vergütung fiktiv ermittelt werden kann, so dass der Vermarkter für seine Leistungen auch die vereinbarte Entlohnung erhält.

6. Übereinstimmung mit rechtlichen Vorgaben. Neben den im TMG geregelten Anforderungen müssen Webseitenbetreiber noch weitere vielfältige Verpflichtungen erfüllen, insbesondere gesetzliche Verbote beachten. Verstöße hiergegen betreffen zunächst einmal nur den Webseitenbetreiber selbst. Das betrifft zum einen Verstöße gegen das Markenrecht, wenn zwecks Suchmaschinenoptimierung unzulässig markenrechtlich geschützte Begriffe Dritter genutzt werden. So kann auch die Verwendung von Marken im HTML-Code und damit in dem für die Internetnutzer beim gewöhnlichen Abruf der Webseite nicht lesbaren Teil eine markenmäßige Benutzung darstellen und bei Vorliegen der weiteren Voraussetzungen der markenrechtlichen Unterlassungsansprüche unzulässig sein (vgl. BGH Urt. v. 4.2.2010 – I ZR 51/08 MMR 2010, 700). Und auch bei dem Versuch, die Darstellung der eigenen Webseite in den Trefferlisten der Suchmaschinen durch Nutzung von Keywords zu steigern, gilt es das Markenrecht im Auge zu behalten (vgl. BGH Urt. v. 13.1.2011 – I ZR 46/08 MMR 2001, 608; EuGH Urt. v. 23.3.2010 – C-236/08 bis C-238/08 – NJW 2010, 2029; EuGH Urt. v. 22.9.2011 – C-323/09 MMR 2011, 804) und die sich auf Grundlage der beginnenden Rechtsprechungslinie sich abzeichnenden Vorgaben zu beachten (Siehe Darstellung der Kernelemente der EuGH Rechtsprechung bei *Spindler/Prill* CR 2010, 303 ff.). Daneben muss der Webseitenbetreiber beim Einsatz von Optimierungsmaßnahmen wie der Nutzung von Keywords auch das aus § 6 TMG folgenden Trennungsgebote sowie die aus §§ 5, 6 UWG folgenden Grenzen irreführenden bzw. vergleichenden Werbung beachten.

Beim Suchmaschinenmarketing wird die Webseite jedoch auch durch Dritte wie den Suchmaschinenbetreiber und Webseitenbetreiber, bei denen der Vermarkter Links auf die Webseite des Kunden erwirbt, genutzt. Aufgrund der Rechtsprechung einiger Instanzgerichte besteht für diese Dritten dann die Gefahr, dass auch sie unter Umständen Unterlassungs- und ggf. Schadensersatzansprüchen ausgesetzt sind, obwohl die Rechtsverletzungen von der Webseite eines Dritten ausgehen, auf deren Inhalt sie keinen Einfluss haben (vgl. LG Hamburg Urt. v. 28.4.2006 – 324 O 993/05; OLG München MMR 2007, 659 ff.; des. MMR 2005, 768; zur Erleichterung der Haftung von Presseunternehmen siehe BGH Urt. v. 14.10.2010 – I ZR 191/08 MMR 2011, 391; mit weiteren Hinweisen zur Haftung für Inhalte auf verlinkten Webseiten siehe Erläuterungen bei Hoeren/Sieber/*Hoeren*, Handbuch Multimedia Recht).

7. Nutzungsrechte. Bereits die Wiedergabe von Ausschnitten von Webseiten kann eine urheberrechtlich relevante Nutzung der Webseite bzw. der auf ihr befindlichen Inhalte darstellen, für die die Suchmaschinenbetreiber entsprechende Nutzungsrechte benötigen (*Leistner/Stang* CR 2008, 499 ff.; *Ott* WRP 2008, 393 ff.; *Schuster* CR 2007, 443 ff.). Sofern der Vermarkter im Rahmen seiner Verpflichtungen auch die aktive Vermarktung der Webseite des Kunden über Anzeigenschaltung bei Suchmaschinen übernommen hat, muss der Vermarkter auch in der Lage sein, dem Suchmaschinenbetreiber entsprechende Nutzungsrechte einzuräumen. Erbringt der Vermarkter auch technischen Optimierungsmaßnahmen, mit denen eine urheberrechtlich relevante Nutzung einhergeht, wie beispielsweise Bearbeitungen des Quellcodes der Webseitenanwendung, müssen ihm auch für die vom Kunden entsprechende Nutzungsrechte eingeräumt werden.

Im Verhältnis zum Suchmaschinenbetreiber oder anderen Webseitenbetreibern, bei denen der Vermarkter Links auf die Webseite des Kunden erwirbt, wird der Vermarkter häufig dafür einstehen müssen, dass die Inhalte der Webseite des Kunden keine Rechte anderer und Gesetze verletzt. Eine ausdrückliche Freistellungsverpflichtung für den Fall, dass der Kunde seine vertraglichen Zusicherungen nicht erfüllt, und dadurch letztlich der Vermarkter in Anspruch genommen wird, sollte daher der Vermarkter vereinbaren.

8. Exklusivität. Mit einer Exklusivitätsregelung kann der Kunde versuchen sicherzustellen, dass er die durch die Vermarktung erlangten Vorteile bei der Vermarktung nicht gleich mit seinen unmittelbaren Wettbewerbern teilen muss, indem der Vermarkter die im Rahmen der Vertragsdurchführung erworbenen Branchenkenntnisse auch bei der Optimierung der Webauftritte der Konkurrenz des Kunden einsetzt. Inwiefern eine solche Regelung kartellrechtlich unbedenklich ist, hängt jedoch von den Umständen des Einzelfalles ab. So wird man eine solche Vereinbarung mangels Spürbarkeit als nicht wettbewerbsbeschränkend und daher unbedenklich einstufen können, wenn man mit der EU Kommission davon ausgeht, dass die Marktanteile der Vertragspartner auf den jeweils betroffenen Märkten 15 % nicht überschreiten (mwN Immenga/Mestmäcker/*Zimmer* GWB § 1 Rn. 381). In allen anderen Fällen wäre die Zulässigkeit und Notwendigkeit einer solchen Regelung genauer zu untersuchen.

9. Datenschutz. Abhängig von der jeweiligen Ausgestaltung des Aufgabenbereichs des Vermarkters kann dieser unter Umständen bei der Erbringung der vertraglich geschuldeten Leistungen Zugriff auf die IT-Systeme des Kunden und die dort verfügbaren personenbezogenen Daten haben. In einem solchen Fall wäre der Vertrag noch um datenschutzrechtliche Regelungen zu ergänzen, die den gesetzlichen Anforderungen insb. § 11 BDSG bzw. der Datenschutzgrundverordnung genügen.

10. Schriftform. Nach § 127 Abs. 2 S. 1 BGB kann im Zweifel auch die Übermittlung einer Erklärung per E-Mail der gewillkürten Schriftform genügen. Die Vertragspartner sollten insoweit im Vertrag klarstellen, inwiefern diese Norm auch auf ihr Vertragsverhältnis Anwendung finden soll, um Zweifel über die Anforderungen an die Form von vertraglich relevanten Erklärungen auszuschließen (BGH Urt. v. 27.4.2016 – VIII ZR 46/15, BeckRS 2016, 09506; OLG München Urt. v. 26.1.2012 – 23 U 3798/11, BeckRS 2012, 03202).

8. Onsite-Live-Chat

Vertrag über Onsite-Live-Chat

zwischen

X-GmbH, [Adresse]

– nachstehend „Auftraggeber" –

und

Y-GmbH, [Adresse]

– nachstehend „Auftragnehmer" –

§ 1 Vertragsgegenstand[1, 2]

(1) Der Auftragnehmer bietet Applikationen zum Live-Chat an, mit dessen Hilfe die Kunden des Auftraggebers in Echtzeit Unterstützung auf der Website des Auftraggebers erhalten. Der Live-Chat erfolgt zwischen den Kunden des Auftraggebers und in seinem Auftrag handelnden Chatpartnern (nachstehend: „Operatoren").

(2) Gegenstand dieses Vertrages sind die Rechte und Pflichten der Parteien im Zusammenhang mit der Bereitstellung und Nutzung der Applikation „Live-Chat" auf der Website des Auftraggebers nach Maßgabe dieses Vertrages.

(3) Die Leistung erfolgt zu Marketingzwecken des Auftraggebers.

§ 2 Leistungen des Auftragnehmers[2, 3]

(1) Der Auftragnehmer wird für den Auftraggeber eine Live-Chat-Software gemäß den Spezifikationen des Leistungsverzeichnisses in Anlage 1 konfigurieren (nachstehend „Live-Chat-System") und dem Auftraggeber innerhalb von . . . . . . Tagen ab Vertragsschluss durch Übergabe der Zugangsdaten (Benutzername(n), Passwort(wörter)) Zugang zu dem Live-Chat-System verschaffen sowie alle erforderlichen Maßnahmen ergreifen, damit der Auftraggeber das Live-Chat-System in seine Website einbinden kann. Ferner wird der Auftragnehmer das Live-Chat-System während der Vertragslaufzeit nach Maßgabe dieses Vertrages für den Auftraggeber betreiben.

(2) Der Auftragnehmer stellt das Live-Chat-System 24 Stunden am Tag und 365 Tage pro Jahr zur Nutzung zur Verfügung (nachfolgend „Systemlaufzeit"). Der Auftragnehmer garantiert eine Verfügbarkeit von 99 % im Jahresdurchschnitt (nachfolgend „Systemverfügbarkeit"). Über erforderliche Wartungsarbeiten und dadurch bedingte Ausfälle der vertragsgegenständlichen Leistungen wird der Auftragnehmer den Auftraggeber mindestens . . . . . . Stunden im Voraus informieren. Ausfallzeiten aufgrund von Wartungsarbeiten werden auf die Systemverfügbarkeit angerechnet. Ausfallzeiten aufgrund von netzbedingten oder sonstigen technischen Problemen, die nicht im Einflussbereich des Auftraggebers liegen, werden auf die Systemverfügbarkeit nicht angerechnet. Im Falle der Nichteinhaltung der vereinbarten Systemverfügbarkeit ist der Auftraggeber berechtigt, die Vergütung anteilig im Verhältnis zwischen vereinbarter und tatsächlicher Verfügbarkeit zu kürzen.

(3) Der Auftraggeber ist, insbesondere zur Verhinderung rechtswidriger Inhalte und zum Schutz der Operatoren berechtigt, Regeln für die Nutzung des Live-Chats aufzustellen und den Live-Chat mit Kunden, die gegen diese Regeln verstoßen, unverzüglich zu beenden. Der Auftragnehmer ist verpflichtet, sämtliche technischen Maßnahmen zu ergreifen, dass die Regeln für die Nutzung des Live-Chats im Live-Chat-System angezeigt werden und dass der Auftraggeber die Möglichkeit hat, Inhalte zu löschen und sowohl der Auftragnehmer, als auch seine Kunden die Möglichkeit haben, einen Live-Chat jederzeit zu beenden.[4]

(4) Der Auftragnehmer informiert den Auftraggeber unaufgefordert vorab sowie während der Vertragslaufzeit auf Anforderung über die technischen Voraussetzungen und alle weiteren Maßnahmen, die zur Implementierung und Nutzung der Technologie und des Live-Chat-Systems erforderlich sind.

§ 3 Nutzungsrechte[5]

(1) Dem Auftraggeber steht im Verhältnis zum Auftragnehmer das ausschließliche Recht an allen im Zusammenhang mit Implementierung und Betrieb des Live-Chats sowie den weiteren Angeboten des Auftragnehmers erhobenen und gespeicherten Daten einschließlich der personenbezogenen Daten der Teilnehmer des Live-Chats (Kunden und Operatoren) zu.

(2) Der Auftragnehmer räumt dem Auftraggeber für die Vertragslaufzeit unentgeltlich und weltweit das nicht exklusive, nicht übertragbare Recht ein, das Live-Chat-System des Auftragnehmers sowie etwaige vom Auftragnehmer zur Verfügung gestellte grafische bzw. textliche Gestaltungen sowie dessen Firmenlogo für die Zwecke des Vertrags sowie für Werbezwecke zu verwenden.

(3) Das Nutzungsrecht umfasst das Recht zur kommerziellen und nichtkommerziellen Nutzung einschließlich aller gegenwärtig unbekannten, aber zukünftig bekannten Formen der Nutzung. Der Auftraggeber soll in die Lage versetzt werden, das Live-Chat-System des Auftragnehmers sowie etwaige von ihm zur Durchführung des Live-Chats zur

Verfügung gestellte grafische oder textliche Gestaltungen für die Zwecke dieses Vertrags zu nutzen. Soweit für die Zwecke des Vertrags erforderlich, insbesondere für die technische Integration beim Auftragnehmer sowie den Betrieb des Live-Chats auf der Website des Auftraggebers, ist der Auftraggeber berechtigt, Dritten Unterlizenzen zu erteilen. Insbesondere umfasst von dem in § 3 (1) dieses Vertrages eingeräumten Recht ist das Recht zur Vervielfältigung, Verbreitung und Ausstellung, das Recht zur öffentlichen Wiedergabe, einschließlich des Vortrags-, Aufführungs- und Vorführungsrechts, des Rechts zur öffentlichen Zugänglichmachung, des Senderechts, des Rechts zur Wiedergabe durch Bild- oder Tonträger sowie das Recht zur öffentlichen Zugänglichmachung (insbesondere über das Internet) und Wiedergabe sowie alle Rechte des Datenbankherstellers gemäß § 87 b UrhG, einschließlich des Rechts zur Vervielfältigung, Verbreitung oder öffentlichen Wiedergabe und insbesondere des Rechts zur Aufnahme in Datenbankwerke. Soweit für die Zwecke des Vertrags, insbesondere zur technischen Einbindung und Darstellung auf der Website des Auftraggebers sowie für eine Darstellung in Suchmaschinen und Social Media erforderlich, ist von der Rechteinräumung außerdem das Recht zur Bearbeitung und Umgestaltung erfasst. Von der Rechteinräumung umfasst ist dabei insbesondere das unbegrenzte Recht, die zum Betrieb des Live-Chat vom Auftragnehmer entworfenen Grafiken und Texte,

a) zu vervielfältigen und zu verbreiten und zu senden;
b) auf der Website des Auftraggebers oder in Suchmaschinen sowie Social Media öffentlich zugänglich zu machen;
c) für Werbemaßnahmen jeglicher Art zu nutzen;
d) auf allen bekannten oder gegenwärtig unbekannten aber zukünftig bekannten Speichermedien (beispielsweise DVDs, Blue-Rays, andere HD-Speichermedien, Flash-Memory-Cards, Sticks oder andere Chips) zu kopieren und zu verbreiten.

§ 4 Vergütung; Zahlungsbedingungen[6]

(1) Der Auftragnehmer erhält für die erfolgreiche Konfiguration und Integration der zum Betrieb des Live-Chat-Systems erforderlichen Technologie einmalig eine pauschale Vergütung von EUR . . . . . . (in Worten: . . . . . . EUR) zzgl. gesetzlich geschuldeter Umsatzsteuer.

(2) Für den Betrieb des Live-Chat-Systems erhält der Auftragnehmer abhängig von der Anzahl der im Live-Chat in dem jeweiligen Monat tätigen Operatoren monatlich eine pauschale Vergütung wie folgt:

– Monat mit bis zu 10 Operatoren: EUR . . . . . . (in Worten: . . . . . . EUR) zzgl. gesetzlich geschuldeter Umsatzsteuer
– Monat mit bis zu 15 Operatoren: EUR . . . . . . (in Worten: . . . . . . EUR) zzgl. gesetzlich geschuldeter Umsatzsteuer
– Monat mit bis zu 20 Operatoren: EUR . . . . . . (in Worten: . . . . . . EUR) zzgl. gesetzlich geschuldeter Umsatzsteuer

(3) Die Vergütung ist binnen . . . . . . Tagen ab Rechnungszugang zur Zahlung fällig.

(4) Mit der Vergütung werden sämtliche Leistungen des Auftragnehmers nach diesem Vertrag abgegolten, insbesondere sind die Parteien sich darüber einig, dass in der vorstehend vereinbarten Vergütung zugleich eine angemessene Vergütung für die Einräumung der Nutzungsrechte gemäß § 3 dieser Vereinbarung enthalten ist. Ein gesonderter Anspruch auf Vergütung ist daher, soweit dem keine zwingenden gesetzlichen Vorschriften entgegenstehen, ausgeschlossen.

§ 5 Pflichten des Auftraggebers

(1) Der Auftraggeber wird den Auftragnehmer unverzüglich informieren, wenn es bei der Nutzung des Live-Chat-Systems zu Störungen kommt.

(2) Der Auftraggeber wird die ihm zur Verfügung gestellten Zugangsdaten gegenüber unbefugten Dritten geheim halten und den Auftragnehmer unverzüglich informieren, wenn ihm bekannt wird, dass unbefugte Dritte Kenntnis von den Zugangsdaten erlangt haben.

§ 6 Verantwortlichkeiten des Auftragnehmers, Gewährleistung[7, 8, 9]

(1) Der Auftragnehmer informiert den Auftraggeber vorab über die technischen Voraussetzungen und alle weiteren Maßnahmen, die zur Implementierung und Nutzung seiner Technologie und des Live-Chat-Systems erforderlich sind. Er stellt sicher, dass der Live-Chat zwischen Auftraggeber und seinen Kunden unbeeinflusst und frei von technischen Störungen verläuft.

(2) Der Auftragnehmer erhebt, verarbeitet und nutzt personenbezogene Daten ausschließlich nach den Bestimmungen des anwendbaren deutschen oder europäischen Datenschutzrechts. Der Auftragnehmer stellt sicher, dass personenbezogene Daten von ihm bzw. von etwaigen von ihm beauftragten Subunternehmern ausschließlich über Server in Deutschland, oder einem Mitgliedstaat der EU bzw. einem anderen Staat des EWR erhoben, verarbeitet und genutzt werden. Die Einzelheiten richten sich nach der als Anlage 2 beigefügten Vereinbarung über eine Auftragsdatenverarbeitung. Der Auftragnehmer ist nach vorheriger schriftlicher Zustimmung durch den Auftraggeber zur Erfüllung seiner vertraglichen Aufgaben berechtigt, einzelne Subunternehmer heranzuziehen. In diesem Fall stellt der Auftragnehmer sicher, dass seinen Subunternehmern die Pflichten gemäß dieser Vereinbarung sowie der Vereinbarung über die Auftragsdatenverarbeitung entsprechend aufgegeben und von ihnen eingehalten werden. Der Auftragnehmer sichert zu, nicht aufgrund gesetzlicher Bestimmungen oder sonstiger Regelungen, einschließlich solcher des US Patriot Act, zu einer Herausgabe von Daten an Behörden oder sonstige Dritte verpflichtet zu sein bzw. werden zu können, die geringeren Voraussetzungen oder für die Nutzer weitergehenden Rechtsfolgen unterliegt, als dies das anwendbare deutsche oder europäische Datenschutzrecht vorsieht.

(3) Der Auftragnehmer stellt sicher, dass durch das Live-Chat-System keine Rechte Dritter verletzt werden und nicht gegen gesetzliche Bestimmungen verstoßen wird. Insbesondere stellt er sicher, dass er berechtigt ist, die Nutzungsrechte gemäß dieser Vereinbarung einzuräumen und dass die vertragsgemäße Verwendung des Live-Chat-Systems rechtmäßig ist und hierdurch keine Rechte Dritter (zB Urheberrechte) verletzt werden.

(4) Der Auftragnehmer ergreift alle erforderlichen und zumutbaren Maßnahmen, damit Dritte weder das Browserfenster der Kunden des Auftraggebers einsehen, noch Zugriff auf die Chat-Inhalte oder den Datenfluss zwischen Auftraggeber und seinen Kunden haben können. Zudem ergreift der Auftragnehmer alle erforderlichen und zumutbaren Maßnahmen, dass ein etwaiges Co-Browsing ausschließlich eine auf die Chat-Dauer begrenzte Einsichtnahme des Operators in das Browserfenster des Kunden ermöglicht und darüber hinaus keinen Zugriff auf dessen Geräte oder Software erlaubt.

(5) Sollten Dritte wegen der Verwendung der Live-Chat-Technologie Ansprüche gegen den Auftraggeber wegen einer Verletzung ihrer Rechte geltend machen, die der Auftragnehmer zu vertreten hat, wird er den Auftraggeber hiervon freistellen. Die Freistellung umfasst auch die Kosten der Rechtsverteidigung. Im Übrigen bleiben die gesetzlichen Rechte des Auftraggebers unberührt.

§ 7 Geheimhaltung, Betriebsgeheimnisse

(1) Der Auftragnehmer wird über sämtliche Geschäfts- und Betriebsgeheimnisse sowie alle sonstigen vertraulichen Informationen im Zusammenhang mit dem Betrieb und/oder den Produkten des Auftraggebers während der Vertragslaufzeit und für die Dauer von mindestens drei (3) Jahren nach Beendigung dieses Vertrages Stillschweigen bewahren. Eine Weitergabe dieser Informationen an Dritte oder eine Nutzung zu einem anderen Zweck als im Zusammenhang mit dem Vertrag ist dem Auftragnehmer nur nach vorheriger schriftlicher Zustimmung des Auftraggebers gestattet.

(2) Die vorgenannten Pflichten gelten nicht für vertrauliche Informationen, (i) die allgemein bekannt sind oder werden, ohne dass der Auftragnehmer dabei gegen Pflichten verstoßen hat; (ii) die dem Auftragnehmer von Dritten, die zur Offenlegung befugt sind, bekannt gegeben wurden; (iii) die dem Auftragnehmer schon vor Offenbarung durch den Auftraggeber bekannt waren oder (iv) die der Auftragnehmer aufgrund einer Verpflichtung durch Gesetz oder Verordnung offenlegen muss, vorausgesetzt der Auftragnehmer informiert den Auftraggeber über eine solche Verpflichtung unverzüglich.

§ 8 Laufzeit, Beendigung[10]

(1) Der Vertrag tritt mit Unterzeichnung durch beide Parteien in Kraft und hat eine Laufzeit von . . . . . Monaten. Er verlängert sich jeweils automatisch um weitere . . . . . Monate, wenn er nicht mit einer Frist von drei (3) Monaten zum jeweiligen Vertragsende schriftlich gekündigt wird.

(2) Die Parteien können den Vertrag jederzeit aus wichtigem Grund kündigen. Als wichtiger Grund gilt insbesondere die Unterschreitung der Systemverfügbarkeit um . . . . . .% in . . . . . . aufeinander folgenden Monaten.

(3) Die Kündigung bedarf der Schriftform.

(4) Bei Beendigung dieses Vertrages wird der Auftragnehmer dem Auftraggeber alle im Zusammenhang mit den Live-Chats gespeicherten Daten, insbesondere etwa gespeicherte Chat-Protokolle, vollständig und unverzüglich über eine Datenschnittstelle zur Verfügung stellen und diese nach ausdrücklicher Freigabe der Löschung durch den Auftragnehmer vollständig löschen.

§ 9 Schlussbestimmungen[11]

(1) Der Vertrag unterliegt deutschem Recht unter Ausschluss des Übereinkommens der Vereinten Nationen über den internationalen Warenverkauf (UN-Kaufrecht/CISG).

(2) Der Geschäftssitz des Auftraggebers ist ausschließlicher Gerichtsstand. Der Auftraggeber bleibt zur gerichtlichen Rechtsverfolgung am allgemeinen Gerichtsstand des Auftragnehmers berechtigt.

(3) Sollten einzelne Bestimmungen dieser Vereinbarung ganz oder teilweise unwirksam oder undurchführbar sein oder werden, so wird die Wirksamkeit der übrigen Bestimmungen dadurch nicht berührt. Die Parteien verpflichten sich für diesen Fall, die unwirksame oder undurchführbare Bestimmung durch eine wirksame oder durchführbare Regelung zu ersetzen, die dem Sinn und Zweck des wirtschaftlich Gewollten gleich oder möglichst nah kommt. Gleiches gilt für etwaige Regelungslücken dieser Vereinbarung.

(4) Nebenabreden zu diesem Vertrag sind nicht getroffen. Änderungen oder Ergänzungen dieses Vertrages, einschließlich dieser Schriftformklausel, bedürfen zu ihrer Wirksamkeit der Schriftform.

(5) Erfüllungsort ist der Sitz des Auftraggebers.

· · · · ·   · · · · ·

(Ort, Datum)   (Ort, Datum)

· · · · ·   · · · · ·

Auftraggeber   Auftragnehmer

Anmerkungen

1. Marktumfeld. Ein gut funktionierender Kundendialog ist gerade im E-Commerce unverzichtbar. Er führt zu Kaufabschlüssen, festigt die Kundenbeziehungen und hilft die Anzahl der Retouren zu verringern, weil die Kunden schon während des Bestellvorgangs zusätzliche Produktinformationen erhalten können. Außerdem lässt er Rückschlüsse auf fehlende Informationen oder Mängel im Aufbau der Website zu (*Kollewe/Keukert*, Praxiswissen E-Commerce, 2014, S. 153). Dementsprechend werden für die Echtzeit-Internet-Kommunikation im Kundendialog große Zuwachsraten erwartet (*Keimer/Egle/ Hafner* BC 2015, 358 [359]). Die Kommunikation beim Onsite-Chat ist, anders als in offenen Chat-Foren nicht öffentlich oder für jedermann einsehbar, sondern findet im Zwei-Personen-Verhältnis zwischen Shop-Betreiber und Kunden statt (*Kollewe/Keukert*, Praxiswissen E-Commerce, S. 311). Der Live-Chat wird durch Operatoren des Shop-Betreibers bedient. Diese müssten daher während der wichtigsten Einkaufszeiten und jedenfalls während der auf der Website angekündigten Verfügbarkeitszeiten erreichbar sein (*Kollewe/Keukert*, Praxiswissen E-Commerce, 2014, S. 153). Der Chat kann je nach Systemeinstellung sowohl von den Kunden, die eine Frage stellen möchten, als auch pro-aktiv von dem Shop-Betreiber eröffnet werden. Wenn der Kunde das Chat-Symbol anklickt und eine Frage eingibt, wird sie auf dem Monitor des Shop-Betreibers angezeigt und er kann sie beantworten. Bei unternehmensseitig initiiertem Chat öffnet sich das Fenster auf dem Monitor des Kunden und der Operator fragt den Kunden, ob er helfen kann. Das Vertragsmuster berücksichtigt besonders die Interessen der Shop-Betreiber und dient daher als Gegenpol zu den überwiegend einseitig verfassten AGB der Anbieter.

In technischer Hinsicht wird der Kundendialog per Chat über die Einbindung des Chat-Moduls in die Produktdetail- bzw. Warenkorbseite ermöglicht. Der Onsite-Chat-Anbieter stellt für Shop-Systeme einen JavaScript-Code oder ggf. für zusätzliche Funktionalitäten, wie Co-Browsing-Optionen bzw. die Anbindung an das CRM-System des Auftraggebers, Plug-ins zur Verfügung, was dem Auftraggeber eine einfache Integration in den Online-Shop erlaubt. Die Informationen aus dem Chat-Dialog werden im Regelfall zu Auswertungszwecken gespeichert und ggf. innerhalb eines CRM-Systems des Auftraggebers zugeordnet, so dass bei Verträgen über den Onsite-Chat ua datenschutzrechtliche Fragen relevant sind. Anbieterseitige Angaben, wonach es schon über die Datenschutz-Einstellungen verhindert werden könne, dass personenbezogenen Daten erhoben werden, sollten daher stets hinterfragt werden. Das Vertragsmuster geht von einem Chat auf der Website des Shop-Betreibers aus. Einige Anbieter bieten über eine Integration der Messenger-Systeme der Sozialen Medien (WhatsApp, Facebook Messenger etc) auch Chat-Möglichkeiten auf mobilen Seiten an, wenngleich die Funktion nach den AGB vom geschuldeten Leistungsumfang wieder ausgenommen sein kann. Für eine Inanspruchnahme der Chat-Funktion auf mobilen Seiten wäre das Vertragsmuster entsprechend anzupassen (zum Datenschutzrecht → Anm. 8).

2. Vertragsgegenstand. Gegenstand des Vertrags ist die Nutzung des Onsite-Chat-Systems des Auftragnehmers durch den Auftraggeber. Dieser nutzt die Technologie des

Auftragnehmers, die in seine Website eingebunden wird, um über ein grafisches Fenster-element („Widget") Kontakt mit den Kunden aufzunehmen. Dies kann auf Anfrage des Kunden geschehen, der einen Button anklickt, mit dem er den Live-Chat startet. Je nach Systemeinstellungen kann der Chat auch durch den Operator initiiert werden, indem er sich aktiv an den Kunden wendet. Die Bereitstellung des Chat-Systems gegen Entgelt zählt zu den Hauptpflichten des Auftragnehmers. Dabei ist die Systemverfügbarkeit für den Auftraggeber entscheidend. Dies gilt erst recht, wenn, wie in diesem Vertragsmuster, eine Zeitvergütung vorgesehen ist. Allerdings ist die Bedeutung der Verfügbarkeit beim Angebot eines Live-Chats nicht von derart zentraler Bedeutung, wie zB bei der Bereit-stellung des Web-Shops selbst, denn der Kunde kann die Website auch ohne Live-Chat nutzen. End-to-End-Verfügbarkeiten liegen üblicherweise in einem Bereich zwischen 97,5 % und 99 % pro Kalendermonat, Hochverfügbarkeitslösungen bieten teilweise auch Verfügbarkeitszusagen von bis zu 99,90 %, wobei Wartungsfenster bei Berechnung der Verfügbarkeit, wie hier auch, häufig abgezogen werden. Sofern zum Leistungsinhalt auch Co-Browsing zählt, kann der Operator das aktuelle Browserfenster der Kunden einsehen, jedoch sollte ein Zugriff auf den PC oder den Datenfluss zwischen Unterneh-men und Kunden ausgeschlossen sein. Das Vertragsmuster sieht vor, dass der Auftrag-nehmer dafür Sorge tragen muss, dass die Einsichtnahme mit Beendigung des Chats endet, über das Co-Browsing hinaus kein Zugriff auf Hard- oder Software des Kunden erfolgt und Dritten der Zugriff auf den Datenfluss verwehrt ist.

3. Vertragstyp. Leistungsinhalt ist das Zur-Verfügung-Stellen der Software für Ein-bindung und Betrieb der Chatfunktion auf der Website des Auftraggebers sowie die Zugriffsmöglichkeit auf die im Chat generierten und vom Auftragnehmer gespeicherten Daten zu Zwecken der Auswertung durch den Auftraggeber. Weitere Leistungen, zB die Pflege von Kundenbeziehungen über soziale Netzwerke wie Facebook, sind nicht umfasst. Der Vertrag über den Onsite-Live-Chat zählt zu den IT-Verträgen. Der Anbieter erbringt die IT-Leistungen als Application Service Providing (ASP) bzw. Software as a Service (SaaS). Hierbei handelt es sich um atypische, nicht im Gesetz geregelte Verträge (→ Form. D. 4 Anm. 2 und → Form. G. 6 Anm. 2), so dass die vertraglichen Leistungen möglichst detailliert geregelt werden sollten. Das Vertragsmuster verweist daher auf ein Leistungsverzeichnis als Vertragsanlage.

Der Vertrag enthält aufgrund der Einräumung von Nutzungsrechten an der Technolo-gie lizenzvertragliche Elemente. Gleiches wäre denkbar, wenn im Einzelfall mit Blick auf ein vom Auftraggeber entwickeltes Design für das Chat-Fenster bzw. etwaige Textvor-schläge für die Operatoren Urheberrechtsschutz in Frage käme. Dann müsste aber hierfür mindestens die Gestaltungshöhe der „kleinen Münze" (vgl. hierzu Dreier/Schulze/*Schulze* UrhG § 2 Rn. 4) erreicht sein. Nach der hM sind IT-Verträge in der Ausgestaltung als ASP- bzw. SaaS-Verträge ihrem Schwerpunkt nach **grundsätzlich** dem **Mietvertragsrecht** unterworfen (→ Form. D. 4 Anm. 2 und → Form. G. 6 Anm. 2).

Soweit Nachrichten in Chats zum Abschluss von Fernabsatzverträgen ohne gleich-zeitige körperliche Anwesenheit der Vertragsparteien eingesetzt werden, kommen die Vorschriften über **Fernabsatzverträge** zur Anwendung (Spindler/Schuster/*Schirmbacher*, Recht der elektronischen Medien, BGB § 312c Rn. 5 f.). Bezogen auf das Vertrags-muster ist zwar Ziel des Chats der Abschluss eines Fernabsatzvertrags. Dieser wird indes nicht unmittelbar zwischen Operator und Kunde, sondern über die Bestellfunk-tion der Website geschlossen, so dass es sich trotz Einbindung des Chats in die Website, entsprechend dem Regelfall im Fernabsatz, um einen Vertragsschluss unter Abwesen-den handelt (Spindler/Schuster/*Spindler*, Recht der elektronischen Medien, BGB § 130 Rn. 3). Gleichzeitig findet die Vorschrift des § 312 i BGB ohne die Einschränkungen des § 312 i Abs. 2 BGB, die sich aus „ausschließlich durch individuelle Kommunikation geschlossenen Verträgen im elektronischen Geschäftsverkehr" ergeben, Anwendung (vgl. Spindler/Schuster/*Schirmbacher*, Recht der elektronischen Medien, BGB § 312i Rn. 18 ff.). Zu beachten ist schließlich, dass der Live-Chat nicht die einzige angebotene Kontaktmöglichkeit sein darf (§ 5 Abs. 1 Nr. 2 TMG, § 31i Abs. 3 BGB iVm § 312d BGB, Art. 246a § 1 Abs. 1 S. 1 Nr. 2 u. § 4 Abs. 1 EGBGB).

4. Chat-Regeln, Virtuelles Hausrecht. Aufgrund der vermittelten Anonymität kann es gerade im E-Commerce vorkommen, dass Angebote zum Kundendialog dazu missbraucht werden, rechtsverletzende oder anstößige Inhalte zu kommunizieren. Dem Shop-Betreiber stehen in einem solchen Fall gegenüber den Operatoren die üblichen arbeitsrechtlichen Mittel zur Verfügung. Ähnlich wie bei der telefonischen Kundenhotline, ist es empfehlenswert, die Operatoren zu schulen und sie auf die für den Kundendialog geltenden Richtlinien zu verpflichten.

Gegenüber den Kunden kann der Shop-Betreiber bei rechtswidriger Nutzung des Chat-Angebots sein virtuelles Hausrecht geltend machen und den Chat beenden (OLG Köln, MMR 2001, 52; LG München I, ZUM-RD 2007, 264, 266 f.; Auer-Reinsdorff/Conrad/ *Witte* § 7 Rn. 97; *Härting* Rn. 769; *Schwenke* K&R 2012, 305 ff.; *Maume* MMR 2007, 620 ff.; vgl. auch BSG Urt. v. 6.12.2012 – B 11 AL 25/11 R, MMR 2013, 675 f.). Allerdings kann der Shop-Betreiber Benutzer nicht nach Belieben von dem Chat ausschließen, wenn das Angebot grundsätzlich allen Besuchern der Website offensteht. Zur Ausübung des virtuellen Hausrechts ist der Hausrechtsinhaber vielmehr gehalten darzulegen, dass eine rechtswidrige Nutzung des Chat-Systems erfolgt ist (LG Bonn Urt. v. 16.11.1999 – 10 O 457/99, MMR 2000, 109). Der Shop-Betreiber sollte daher gegenüber den Kunden, auch zum Schutz seiner Operatoren, verbindliche Regeln für die Chat-Nutzung aufstellen, zB, dass der Chat allein produkt- und unternehmensbezogenen Fragen dient, dass Belästigungen, Beleidigungen, Herabsetzungen, widerrechtliche Drohungen, Schmähkritik, unwahre Tatsachenbehauptungen oder eine sonstige Verletzung der Rechte Dritter, ebenso wie der Austausch strafbarer, oder sonst rechtswidriger, diskriminierender, rassistischer, gewaltverherrlichender oder jugendgefährdender Inhalte verboten ist. Diese Regeln kann der Shop-Betreiber in die AGB aufnehmen. Um auch solche Website-Besucher zu erfassen, die den Regelungen zur Chat-Nutzung in den AGB nicht schon früher (zB anlässlich einer Kundenregistrierung) zugestimmt haben, müsste vor Beginn der Chat-Session ein Hinweis auf die Geltung der in den AGB enthaltenen Regeln für die Chat-Nutzung sichtbar werden, in dem ein Link zu den Chat-Regeln enthalten ist. Ein solcher Hinweis auf die AGB dürfte an dieser Stelle ausreichend sein; eines Opt-in über eine Click-Box bedarf es nicht zwingend. Gem. § 305 Abs. 2 Nr. 1 BGB ist ein allgemeiner Hinweis auf die einzubeziehenden AGB erforderlich; dabei reicht es aus, dass der Hinweis an einer auffälligen Stelle für einen Kunden mit durchschnittlicher Aufmerksamkeit jederzeit erkennbar und nicht zu übersehen ist (MüKoBGB/*Basedow* § 305, Rn. 55 ff.). Gem. § 305 Abs. 2 Nr. 2 BGB muss außerdem gewährleistet werden, dass der Kunde die AGB, zB durch eine Verlinkung, abrufen und diese bei Bedarf abspeichern kann. Schließlich ist gem. § 305 Abs. 2, 2. HS. BGB auch das Einverständnis des Kunden erforderlich. Dies ist jedoch weder schriftlich noch ausdrücklich zu erklären, sondern kann auch konkludent erfolgen. Das Verhalten des Kunden muss dann den Umständen nach als Einverständnis angesehen werden können (MüKoBGB/*Basedow* § 305, Rn. 87). Dies kann im Beginn des Chats gesehen werden, sodass auch hierfür ein Opt-in über eine Click-Box nicht zwingend erforderlich ist.

Neben den vertraglichen Ansprüchen sind bei einem kundenseitigen Missbrauch des Onsite-Chats außerdem gesetzliche Unterlassungsansprüche des Shop-Betreibers ua aus dem Recht am eingerichteten und ausgeübten Gewerbebetrieb sowie dem allgemeinen (Unternehmens-) Persönlichkeitsrecht denkbar.

5. Nutzungsrechte. Dem Auftraggeber werden die zum Betrieb erforderlichen einfachen Nutzungsrechte an der Software und vorsorglich an etwaigen grafischen oder textlichen Entwürfen zur Verwendung im Live-Chat eingeräumt. Außerdem stellt das Vertragsmuster klar, dass die Rechte an den erhobenen Daten im Verhältnis der Vertragsparteien ausschließlich dem Auftraggeber zustehen. Zu weiteren Einzelheiten der erforderlichen Nutzungsrechteeinräumung → Form. I. 10 Anm. 7.

6. Vergütung, Steuerfragen. In dem Vertragsmuster ist als Vergütung eine monatliche – von der Anzahl der Operatoren abhängige – Pauschale vorgesehen. Soweit Anbieter ihr Vergütungssystem hiervon abweichend an die Anzahl der geführten Live-Chats koppeln, ist es für den Auftraggeber wesentlich, einen Cap für die Vergütung zu verhandeln, weil er die Kosten anderenfalls nicht im Voraus kalkulieren kann.

Die vereinbarte Vergütung sollte – unter Berücksichtigung der eingeräumten urheberrechtlichen Nutzungsrechte – angemessen sein. Denn anderenfalls kann der Urheber von seinem Vertragspartner die Einwilligung in die Änderung des Vertrages verlangen, durch die dem Urheber die angemessene Vergütung gewährt wird, §§ 69a IV, 32 Abs. 1 S. 2 UrhG. Zu denken ist schließlich im Falle der Beauftragung eines Anbieters mit Sitz im Ausland wegen der Lizenzeinräumung zugunsten eines inländischen Auftraggebers auch an eine etwaige Quellensteuerpflicht. Bei Beauftragung eines ausländischen Anbieters sollte daher vorab wegen der Lizenzeinräumung auch eine mögliche Pflicht zur Abführung der Quellensteuer durch den inländischen Auftraggeber geklärt werden.

7. Wettbewerbsrecht. Bei der Ausgestaltung des Live-Chats muss der Shop-Betreiber die Vorgaben des UWG beachten, insbesondere darf es sich bei einer Kontaktaufnahme über den Live-Chat nicht um eine unzumutbare Belästigung handeln, § 7 UWG. Problemlos ausschließen lässt sich eine Belästigung bei der Kontaktaufnahme immer dann, wenn der Kunde den als Chat-Angebot erkennbaren Button selbst anklickt und den Chat so startet. Ob demgegenüber die Kunden von dem Shop-Betreiber während des Besuchs der Internetseite proaktiv per Chat kontaktiert werden können, ist bislang nicht verbindlich geklärt. Dies würde gemäß § 7 Abs. 2 Nr. 3 UWG voraussetzen, dass es sich bei dem Start des Chats nicht um Werbung unter Verwendung elektronischer Post ohne vorherige ausdrückliche Einwilligung des Adressaten handelte. Ob Internet-Chats unter den Begriff der elektronischen Post fallen, ist umstritten. Nach Art. 2 S. 2 lit. h der Datenschutz-Richtlinie für elektronische Kommunikation (Richtlinie 2002/58/EG) ist „elektronische Post" jede über ein öffentliches Kommunikationsnetz verschickte Text-, Sprach-, Ton- oder Bildnachricht, die im Netz oder im Endgerät des Empfängers gespeichert werden kann, bis sie von diesem abgerufen wird. Allerdings werden die Nachrichten beim Onsite-Live-Chat nicht in einem Endgerät des Empfängers oder einem ihm zugeordneten Postfach gespeichert und dann dort abgerufen. Dies spricht dagegen, im Onsite-Chat übermittelte Nachrichten als elektronische Post anzusehen (Spindler/Schuster/*Micklitz/Schirmbacher*, Recht der elektronischen Medien, § 7 Rn. 94; aA Harte-Bavendamm/Henning-Bodewig/*Keller* UWG § 2 Rn. 150). Auch erscheint das Ausmaß der „Störung" geringer, als im Falle einer Werbung über Postfächer oder eine andere Speicherung im Endgerät, weil der Kunde die Website des Shop-Betreibers selbst aufgesucht hat und in dem Moment der Kontaktaufnahme mit den Angeboten des Shop-Betreibers bereits konkret befasst ist. Die Kontaktaufnahme ähnelt daher eher derjenigen des Verkäufers im Ladengeschäft. Anders als zB bei der E-Mail-Werbung kann der Kunde der Kontaktaufnahme zudem durch Schließen des Kontaktfensters leicht entgehen. Schließlich ist auch eine Überlastung der Endgeräte (vgl. RL 2002/58/EG, Erwägungsgrund 40) nicht zu befürchten. Im Ergebnis sprechen daher die besseren Argumente gegen eine Subsumtion unter den Begriff der „elektronischen Post", die nur nach vorheriger ausdrücklicher Einwilligung (→ Form. I. 9 Anm. 6) zu Werbezwecken an Kunden versandt werden dürfte. In jedem Fall sollten Shop-Betreiber, die sich für eine aktive Kundenansprache mittels Chat entscheiden, sicherstellen, dass eine Kontaktaufnahme gegenüber Verbrauchern pro Session und Kunde jeweils nur einmal erfolgt und, wenn der Kunde das geöffnete Chat-Fenster geschlossen hat, in der laufenden Session nicht wiederaufgenommen wird. Denn anderenfalls besteht – von der Gefahr vermehrter Warenkorbabbrüche abgesehen – das rechtliche Risiko einer unzumutbaren Belästigung wegen Werbung unter Verwendung eines „sonstigen für den Fernabsatz geeigneten Mittels der kommerziellen Kommunikation, durch die ein Verbraucher hartnäckig angesprochen wird, obwohl er dies erkennbar nicht wünscht", § 7 Abs. 2 Nr. 1 UWG. Im Falle eines Verstoßes können Wettbewerber Ansprüche auf Unterlassung, Beseitigung, Auskunft und Schadenersatz geltend machen. Ansprüche auf Unterlassung und Beseitigung können außerdem von Verbraucherverbänden und den sonstigen in § 8 Abs. 3 Nr. 2 bis 4 UWG genannten Personen geltend gemacht werden.

8. Datenschutzrecht. Nachdem im Datenschutzrecht seit langem kontrovers diskutiert wurde, ob und unter welchen Voraussetzungen IP-Adressen als personenbezogene Daten anzusehen sind (vgl. *Gola/Schomerus* BDSG § 3 Rn. 10 f.), hat der Europäische Gerichtshof zwischenzeitlich klargestellt, dass dynamische IP-Adressen, die Anbieter von **Online-Mediendiensten** im Zusammenhang mit dem Zugriff auf ihre allgemein zugänglich gemachten Internetseiten speichern, für sie personenbezogene Daten sind, wenn die Online-Mediendienste über rechtliche Mittel verfügen, die es ihnen erlauben, die Besucher ihrer Website anhand von Zusatzinformationen, über die der **Internetzugangsanbieter** dieser Personen verfügt, bestimmen zu lassen. Dies wurde im konkreten Fall, bei dem als Zweck der Datenspeicherung die Abwehr von Cyber-Attacken in Rede stand, angenommen (EuGH, Urt. v. 19.10.2016, C-582-14 – Breyer/Bundesrepublik Deutschland). Außerdem sind IP-Adressen immer dann personenbezogene Daten, wenn der Speichernde selbst über ein bei ihm selbst vorhandenes Zusatzwissen den Personenbezug herstellen kann (EuGH Urt. v. 24.11.2011 – C-70/10, GRUR 2012, 265 [268] Rn. 51 – Scarlett Extended). Hiervon unabhängig können Operator und Website-Besucher im Live-Chat aktiv personenbezogene Daten eingeben, die mit den Chatprotokollen gespeichert werden. Dies können sowohl vom Operator abgefragte Daten, als auch unaufgefordert durch den Kunden eingegebene Daten, wie Vor- und Nachname, oder personifizierte E-Mail-Adressen sein. Über diese Daten können die Inhalte des Chats bestimmten Personen zugeordnet werden. Auch in diesem Fall sind die Chat-Inhalte und im Falle von Voice- oder Videochat auch Ton- und Bildaufnahmen nach den og Grundsätzen als **personenbezogene Daten** anzusehen.

Jedenfalls soweit die Daten – wie zB IP-Adressen – systemseitig erfasst werden oder der Operator sie beim Kunden erfragt, werden sie zielgerichtet beschafft und damit **erhoben** (zur Definition vgl. *Gola/Schomerus* BDSG § 3 Rn. 24). Außerdem werden diese Daten mit den Chat-Protokollen **gespeichert** und zwar von dem Anbieter des Chat-Systems und zusätzlich von dem Shop-Betreiber, wenn er zu Auswertungszwecken (Conversion-Tracking) Zugriff auf die Daten nimmt. Im letzteren Fall werden die Daten außerdem **genutzt** oder verknüpft, also **verändert** und damit gleichfalls verarbeitet iSv § 3 BDSG. Bezogen auf die Datenübertragung an den Anbieter des Chat-Systems handelt es sich außerdem grundsätzlich um eine **Datenübermittlung**. Über den Abschluss einer **Vereinbarung zur Auftragsdatenverarbeitung**, die den formellen und materiellen Anforderungen des § 11 BDSG genügt (→ Form. G. 2), lässt sich – wenngleich allein bezogen auf die Datenübertragung an den Auftragnehmer – sicherstellen, dass hierin keine Datenübermittlung an einen **Dritten** zu sehen ist, weil dieser lediglich als „verlängerter Arm" des Auftraggebers angesehen wird. Die datenschutzrechtlichen Verpflichtungen müssen in diesem Fall allerdings auch etwaigen Subunternehmern des Auftragnehmers (zB Cloud-Anbietern) auferlegt werden. Voraussetzung hierfür ist, dass die Daten auf Servern innerhalb des Anwendungsbereichs der Datenschutz-RL (45/46/EG), also innerhalb der EU bzw. des EWR gespeichert werden. Aus diesem Grund enthält das Vertragsmuster entsprechende Verpflichtungen des Auftragnehmers sowie einen Verweis auf eine Vereinbarung zur Auftragsdatenverarbeitung als Anlage zum Vertrag.

Komplizierter wird die Beurteilung, wenn für den Chat auf mobilen Seiten die Messenger-Systeme sozialer Medien (zB WhatsApp, Facebook Messenger) integriert werden sollen. Bei der Einbindung eines derartigen Angebots sollten unter Berücksichtigung der konkreten Datentransfers die für die Einbeziehung des Messenger-Systems geltenden AGB einer Einzelfallprüfung unterzogen werden. Festhalten lässt sich, dass mit dem Onsite-Livechat typischerweise **datenschutzrechtlich relevante Vorgänge** verbunden sind.

Nachdem sowohl Online-Angebote von Waren-/Dienstleistungen mit unmittelbarer Bestellmöglichkeit (Auer-Reinsdorff/*Conrad*/*Hausen* § 36 Rn. 26; Plath/*Hullen*/*Roggenkamp* TMG § 11 Rn. 6), als auch Chat-Rooms (vgl. Hoeren/Sieber/*Holznagel* Teil 3 Rn. 87; Plath/*Hullen*/*Roggenkamp* TMG § 11 Rn. 6) im Grundsatz zu den **Telemedien** zählen, könnten für den Onsite-Chat die datenschutzrechtlichen Regelungen des TMG einschlägig sein. Andererseits könnte der Chat als Form der individuellen Kommunikation auch den Vorschriften des TKG unterliegen. Eine klare Zuordnung zum Datenschutzrecht des TMG einerseits und des TKG andererseits fällt gerade bei den neueren Kommunikationsformen nicht leicht (Auer-Reinsdorff/*Conrad* § 36 Rn. 191 ff.). Nachdem es sich bei dem Onsite-Live-Chat um ein zusätzliches Angebot im Rahmen eines Telemedien-Angebots handelt, erscheint – wenngleich die Frage als offen bezeichnet werden muss – insoweit eine **Zuordnung zum TMG** inhaltlich näherliegend. Hierfür spricht auch, dass jedenfalls die Anwendungsebene von E-Mails, dh die Benutzeroberfläche zur inhaltlichen Aufbereitung, nicht dem Bereich der dem TKG unterliegenden „Signalübertragung", sondern dem TMG zugewiesen wird (so zB Plath/*Jenny* TKG § 91 Rn. 11.; Plath/*Hullen*/*Roggenkamp* TMG § 11 Rn. 12; *Schneider* ZD 2014, 231 [235]; *Schwarz*, Big Data im Marketing, 21.3.3, aA für die Messenger-Dienste der sozialen Medien: Plath/*Hullen*/*Roggenkamp* TMG § 11 Rn. 8; Auer-Reinsdorff/*Conrad* § 36 Rn. 192: TKG vorrangig für gemischte Dienste, wenngleich TMG und TKG grundsätzlich parallel Anwendung finden). Hiervon unabhängig ist zu beachten, dass Telemedienanbieter jedenfalls dann nicht dem **Fernmeldegeheimnis** unterworfen sind, wenn sie selbst Teilnehmer der Telekommunikation sind (Plath/*Jenny* TKG § 91 Rn. 10 f.; § 88 TKG Rn. 16). Dies ist beim Shop-Betreiber, der über einen in seiner Website integrierten Live-Chat mit seinen Kunden kommuniziert, der Fall.

Der Shop-Betreiber muss zunächst die **datenschutzrechtlichen Hinweispflichten** erfüllen, die sich nach der hier vertretenen Auffassung aus § 13 TMG ergeben. Hierzu muss er zu Beginn des Nutzungsvorgangs in allgemein verständlicher Form ua über Art, Umfang und Zweck der Erhebung und Verwendung personenbezogener Daten unterrichten und die Unterrichtung für den Nutzer jederzeit abrufbar bereithalten. Insbesondere muss er über die **konkreten Zwecke** der im Zusammenhang mit dem Live-Chat erfolgenden Datenerhebung, -speicherung, sowie der sonstigen Verwendung bzw. Nutzung sowie die **Dauer der Datenspeicherung** informieren (*Gola*/*Reif*, Kundendatenschutz, Kap. IX 1). Sofern zusätzlich eine Auswertung der Daten bzw. ihre Zuordnung der Daten zu einem CRM-System des Shop-Betreibers beabsichtigt ist, muss sich die Information konkret auch hierauf erstrecken.

Außerdem bedarf es für das (zielgerichtete) Erheben, das Speichern sowie die Verarbeitung oder anderweitige Nutzung personenbezogener Daten gemäß dem datenschutzrechtlichen Grundsatz des Verbots mit Erlaubnisvorbehalts (§ 12 Abs. 1 TMG) einer einschlägigen **gesetzlichen Ermächtigungsgrundlage** bzw. der **Einwilligung des Nutzers.**

Jedenfalls nach dem Wortlaut der §§ 14, 15 TMG kann auf diese Normen als datenschutzrechtliche Ermächtigungsgrundlage zwar nicht zurückgegriffen werden, weil es sich bei den Chat-Protokollen zumindest auch um Inhaltsdaten handelt und, hiervon abgesehen, das Speichern der Chat-Protokolle über die Dauer des Chats hinaus weder zur Begründung, inhaltlichen Ausgestaltung oder Änderung eines Vertragsverhältnisses mit dem Shop-Betreiber, noch zur Ermöglichung oder Abrechnung der Inanspruchnahme der Telemedien erforderlich ist. Dies gilt erst Recht, wenn die Live-Chat Technologie unmittelbar in das CRM-System des Auftraggebers eingebunden wird und die Chat-Protokolle den vorhandenen Kundendaten zugeordnet werden. Denn Nutzungsprofile zu den in § 15 Abs. 3 TMG genannten Zwecken darf ein Telemedienanbieter nach dem Wortlaut der Norm nur mittels pseudonymer Daten erstellen und auch nur solange der Nutzer, der zu Beginn des Nutzungsvorgangs auf sein Widerspruchsrecht hingewiesen wurde, dem nicht widerspricht. Nachdem der Europäische Gerichtshof allerdings zu § 15 Abs. 1 TMG klargestellt hat, dass es gegen Art. 7 f der Richtlinie 95/46 EG verstößt, durch eine gesetzliche Regelung die Verarbeitung bestimmter Kategorien personenbezogener Daten auszuschließen, ohne Raum für eine **Interessenabwägung im Einzelfall** zu lassen (EuGH Urt. v. 19.10.2016, C-582-14 – Breyer/Bundesrepublik Deutschland), kommen bei entsprechend teleologischer Korrektur § 14 TMG bzw. § 15 TMG ggf. gleichwohl als Ermächtigungsgrundlage in Frage. Aber auch dann bedürfte es gemäß Art. 7 f der Richtlinie 95/46 EG der „Verwirklichung des berechtigten Interesses, das von dem für die Verarbeitung Verantwortlichen oder von dem bzw. den Dritten wahrgenommen wird, denen die Daten übermittelt werden, sofern nicht das Interesse oder die Grundrechte und Grundfreiheiten der betroffenen Person, die gemäß Art. 1 Abs. 1 der Richtlinie geschützt sind, überwiegen". Ob das Speichern der im Onsite-Chat generierten Daten über die Session hinaus einem berechtigten Interesse des Shop-Betreibers entspricht, dem nicht überwiegende Interessen oder die Grundrechte des Betroffenen, insbesondere dessen Recht auf informationelle Selbstbestimmung, entgegenstehen, ist fraglich. Auch ist eine etwaige subsidiäre datenschutzrechtliche Rechtfertigung auf der Grundlage des BDSG (vgl. hierzu Plath/*Hullen*/*Roggenkamp* TMG § 15 Rn. 12; Taeger/Gabel/*Moos* TMG § 12 Rn. 20) nicht ersichtlich.

Als datenschutzrechtlich zulässig begründen lässt sich das Speichern der Chat-Protokolle über die Session hinaus zu Zwecken des Conversion-Tracking – jedenfalls jenseits von Profilen, die ausschließlich aus pseudonymen Nutzungsdaten gebildet werden und nicht mit Angaben zur Identifikation des Trägers des Pseudonyms zusammengeführt werden können –, oder eine Zuordnung der Daten innerhalb eines CRM-Systems des Shop-Betreibers daher im Zweifel nur dann, wenn zuvor eine **freiwillige, informierten Einwilligung** der Kunden in das Erheben, Speichern, Verarbeiten oder anderweitige Nutzen ihrer personenbezogenen Daten eingeholt wird. Die Einwilligung müsste den Anforderungen des § 13 TMG und – subsidiär – des § 4a BDSG genügen, weshalb die Formulierung, nicht zuletzt mit Blick auf die erforderliche Transparenz und Verständlichkeit, besonderer Sorgfalt bedarf (vgl. *Gola*/*Reif*, Kundendatenschutz, Rn. 283 ff. u. 294 ff.; *Schwarz*, Big Data im Marketing, Kap. 21.3.4). Um sich auf eine wirksame Einwilligung gemäß § 13 TMG berufen zu können, muss der Anbieter nicht nur sicherstellen, dass die Einwilligung freiwillig, ohne äußeren Druck erteilt wird, sondern darüber hinaus, dass die Einwilligung durch eine **bewusste und eindeutige** Handlung des Nutzers erteilt wird (1), die **Einwilligung protokolliert** wird (2), der Nutzer den **Inhalt der Einwilligung jederzeit abrufen** kann (3) und der Nutzer die Einwilligung jederzeit **für die Zukunft widerrufen** (4) kann und zu Beginn des Nutzungsvorgangs hierüber informiert wird. All dies muss der Anbieter zudem nachweisen können. Zu dem ersten Erfordernis (**„freiwillig, ohne äußeren Druck"**) hat der BGH entschieden, dass dieses auch durch eine Opt-out-Erklärung erfüllt werden kann (BGH Urt. v. 16.7.2008 – VIII ZR 348/06, MMR 2008, 731 [733] – Payback; BGH Urt. v. 11.11.2009 – VIII ZR 12/08, NJW 2010, 864 [865] – Happy Digits), die allerdings zusätzlich ausreichend hervorgehoben sein muss (vgl. *Gola*/*Schomerus* BDSG § 4 a Rn. 31). Diese Entscheidungen sind grundsätzlich auf elektronische Erklärungen (zB mittels Click-Box) übertragbar (Spindler/Schuster/*Spindler*/*Nink*, Recht der elektronischen Medien, § 13 TMG Rn. 13; *Hanloser* CR 2008, 713 [715]). Allerdings ist es **umstritten**, ob es dem weiteren Erfordernis einer **bewussten und eindeutigen Handlung** genügt, wenn der Anbieter eine **vorangekreuzte Click-Box** verwendet (bejahend Plath/*Hullen*/*Roggenkamp* § 13 Rn. 23; aA Spindler/Schuster/*Spindler*/

Nink, Recht der elektronischen Medien, TMG § 13 TMG Rn. 13). Jedenfalls wird den Anwendern auch von den Vertretern der großzügigeren Ansicht mit Blick auf die bislang fehlende richterliche Klärung zu einem **Opt-In-Verfahren geraten** (Plath/*Hullen/Roggenkamp* TMG § 13 Rn. 23).

Für den Fall, dass sich Shop-Betreiber im konkreten Fall trotz der beschriebenen Unklarheiten gegen die vergleichsweise sicherere Lösung einer Einwilligung per Opt-In-Verfahren entscheiden, sollte darauf geachtet werden, dass jedenfalls vor Beginn des Live-Chats zusammen mit dem Hinweis auf die AGB und dem Text, dass für den Live-Chat die Datenschutzerklärung des Anbieters gilt, ein Fenster mit den konkret verlinkten Bestimmungen zum Live-Chat in der Datenschutzerklärung eingeblendet wird. Außerdem ist es in diesem Fall ratsam, die Speicherzeiten der Chat-Inhalte auf ein Minimum zu beschränken. Wenn sich die Speicherung nicht auf den Arbeitsspeicher beschränken lässt, sollten die Chat-Protokolle daher jedenfalls nach möglichst kurzer Zeit, zB jeweils zum Ende des Tages, gelöscht werden und auf ein Conversion-Tracking oder eine Zuordnung im CRM-System des Shop-Betreibers verzichtet werden. Um auch den Anbieter der Live-Chat-Technologie entsprechend zur Löschung zu verpflichten, könnte folgende Klausel als § 2 (5) in den Vertrag eingefügt werden:

> Der Auftragnehmer löscht sämtliche Live-Chat-Protokolle und etwaige in diesem Zusammenhang gespeicherte Daten spätestens nach . . . . . . Stunden endgültig.

Außerdem muss der Shop-Betreiber darauf achten, dass er eine wirksame Einwilligung der Operatoren in die Nutzung ihrer personenbezogenen Daten einholt (zur datenschutzrechtlichen Einwilligung durch Beschäftigte vgl. Koreng/Lachenmann/*Bergt*, Formularhandbuch Datenschutzrecht, C. I.). Sofern der Shop-Betreiber ein Bild der Operatoren einbindet, ist auch die Verwendung der Bilddaten in die datenschutzrechtliche Einwilligung einzubeziehen.

9. Haftung. Der Auftragnehmer muss nach dem Vertragsmuster dafür einstehen, dass das Live-Chat-System frei von qualitativen und rechtlichen Mängeln ist, insbesondere der Chat funktionsfähig zur Verfügung steht und keine Rechte Dritter die Nutzungsmöglichkeiten einschränken. Für den Fall, dass durch das Live-Chat-System Rechte Dritter verletzt werden und der Auftragnehmer dies zu vertreten hat, hat der Auftragnehmer den Auftraggeber freizustellen.

Das Vertragsmuster sieht im Innenverhältnis keine Regelung zur Beschränkung der Haftung des Auftragnehmers vor. Es greift damit das gesetzliche (und auftraggeberfreundliche) Konzept einer der Höhe nach unbeschränkten Haftung. Das Bestreben des Auftragnehmers wird es demgegenüber sein, die Haftung, zum Beispiel betragsmäßig, zu beschränken. Sofern zu Gunsten des Verwenders des Vertragsmusters Haftungsbeschränkungen im Innenverhältnis aufgenommen werden, ist zu berücksichtigen, dass solche Regelungen ggf. als Allgemeine Geschäftsbedingungen einzuordnen sein dürften (vgl. zur Abgrenzung zwischen Allgemeinen Geschäftsbedingungen und Individualvereinbarung ua MüKoBGB/*Basedow* § 305 Rn. 13 ff.). In diesem Fall sind die Grenzen des § 307 BGB zu beachten.

Im Außenverhältnis zu den Kunden tritt allein der Auftraggeber in Erscheinung. Eine Verantwortung für die Inhalte der Chats trifft den Auftragnehmer insoweit nicht. Dies ist auch sachgerecht, da der Auftragnehmer auf den Gegenstand und Verlauf der Chats keinen Einfluss nehmen kann. Für das Verhalten der Operatoren gegenüber den Kunden muss der Auftraggeber, ggf. nach Maßgabe der Regelungen in seinen AGB, sofern diese einbezogen wurden, einstehen.

10. Laufzeit. Das Vertragsmuster sieht vor, dass die Kündigung des Vertrages der Schriftform unterliegt. Bei der Verwendung des Formulars ist zu beachten, dass ein solches Schriftformerfordernis gem. § 126 BGB in Allgemeinen Geschäftsbedingungen gem. § 307 Abs. 1 S. 1 BGB unangemessen ist, wenn die Kommunikation im Übrigen, insbesondere der Vertragsschluss, ausschließlich in elektronischer Form erfolgt (BGH Urt. v. 14.7.2016 – III ZR 387/15, NJW 2016, 2800). Der am 1.10.2016 in Kraft getretene § 309 Nr. 13 lit. b BGB, wonach ua für Anzeigen und Erklärungen, keine strengere Form als Textform verlangt werden darf, findet gem. § 310 Abs. 1 S. 1 BGB für B2B-AGB keine Anwendung.

11. Internationales Privatrecht. Für den Fall eines Auslandsbezugs der Vertragsbeziehung empfiehlt sich eine ausdrückliche Regelung zum anwendbaren Recht. In dem Formular ist für die vertraglichen Ansprüche einschließlich der Vertragsauslegung sowie einer etwaigen Leistungsstörung und deren Folgen daher vorsorglich die Anwendbarkeit deutschen materiellen Rechts vorgesehen. Außervertragliche Schuldverhältnisse, einschließlich solcher aus einer etwaigen deliktischen Haftung gegenüber Dritten, werden von der Rechtswahlklausel hingegen nicht erfasst. Insoweit bleibt es bei den gesetzlichen Regelungen des Internationalen Privatrechts (zu weiteren Einzelheiten vgl. → Form. I. 10 Anm. 13). Sofern das Internationale Privatrecht zur Anwendbarkeit inländischen Sachrechts führt, ist zu beachten, dass sich Unternehmen mit Sitz in einem anderen EU-Staat und ohne Niederlassung in Deutschland im Rahmen einer außervertraglichen Haftung gegenüber Dritten uU gleichwohl auf günstigere gesetzliche Regelungen ihres Sitzstaates berufen können, § 3 TMG (zu den Einzelheiten des Herkunftslandprinzips vgl. → Form. I. 10 Anm. 13). Dies gilt aber nicht für ausländische Unternehmen, die mittels ihrer auf den inländischen Markt ausgerichteten Website werben. Außerdem gilt dies nicht für die im Telemediengesetz geregelten Bereichsausnahmen. Relevant für den Live-Chat ist insofern insbesondere § 3 Abs. 3 Nr. 4 TMG (Datenschutzrecht) und ggf. § 3 Abs. 3 Nr. 6 TMG (Urheberrecht und gewerbliche Schutzrechte). Für diese Bereiche bleibt es bei der Anwendbarkeit der über das Internationale Privatrecht ermittelten (inländischen) sachrechtlichen Bestimmungen, wobei das im deutschen Datenschutzrecht grundsätzlich geltende Territorialitätsprinzip, das auf den Ort abstellt, an dem die Erhebung, Verarbeitung oder sonstige Nutzung personenbezogener Daten erfolgt, innerhalb der EU bzw. dem EWR durch das Sitzlandprinzip verdrängt wird. Nach dem Sitzlandprinzip richtet sich das anwendbare Datenschutzrecht grundsätzlich nach dem Sitz der verantwortlichen Stelle bzw. der datenverarbeitenden Niederlassung (Auer-Reinsdorff/Conrad/*Grapentin* 35 Rn. 20 ff.). Zu weiteren Einzelheiten des Internationalen Privatrechts vgl. → Form. I. 10 Anm. 13.

9. Bewertungsportale

Vertrag mit einem Kundenbewertungsportal

zwischen

X-GmbH, [Adresse]

– nachstehend „Auftraggeber" –

und

Y-GmbH, [Adresse]

– nachstehend „Auftragnehmer" –

§ 1 Vertragsgegenstand[1, 2]

(1) Der Auftraggeber betreibt ein unabhängiges, transaktionsbasiertes Bewertungssystem, über das Kunden des Auftraggebers (nachstehend: „Kunden") online Bewertungen über Produkte und Service des Auftraggebers (nachstehend „Kundenbewertung") abgeben und hierfür eine festgelegte Anzahl von Sternen verteilen können (nachstehend „Sternebewertung"). Basierend auf den Kunden- und Sternebewertungen vergibt der Auftragnehmer gemäß seinen in der Anlage 1 zu diesem Vertrag aufgeführten Vergabekriterien Qualitätskennzeichen, die entsprechend der Kunden- und Sternebewertungen fortlaufend aktualisiert werden (nachstehend „Gütesiegel"). Das jeweils aktuelle Gütesiegel wird über ein grafisches Fenstersystem (nachstehend „Widget") in Kombination mit einer Kunden- und Sternebewertung auf der Website des Auftraggebers angezeigt.

(2) Gegenstand dieses Vertrages sind die Rechte und Pflichten der Parteien im Zusammenhang mit der Bereitstellung und Nutzung eines Kundenbewertungssystems des Auftragnehmers für das Unternehmen und die Angebote des Auftraggebers.

(3) Die Leistung erfolgt zu Marketingzwecken des Auftraggebers.

§ 2 Leistungen des Auftragnehmers[2, 3]

(1) Der Auftragnehmer wird für den Auftraggeber innerhalb von . . . . . . Kalendertagen ab Vertragsschluss seine Social-Commerce Technologie zur Implementierung seines Kundenbewertungssystems bestehend aus einer Anbieter- und Produktbewertung gemäß den Spezifikationen in Anlage 1 (nachstehend „Kundenbewertungssystem") zur Verfügung stellen und alle erforderlichen Maßnahmen ergreifen, damit der Auftragnehmer Gütesiegel, Widget sowie die Kunden- und Sternebewertungen in seine Website einbinden kann. Ferner wird der Auftragnehmer das Kundenbewertungssystem während der Laufzeit dieses Vertrages betreiben.

(2) Der Auftragnehmer stellt mittels des Kundenbewertungssystems sicher, dass die Kunden spätestens binnen eines Zeitraumes von . . . . . . nach Zustellung der Waren bzw. Erbringung der Dienstleistung per E-Mail eine Aufforderung zur Kunden- und Sternebewertung (nachfolgend „Aufforderungsmail") erhalten.

(3) Der Auftragnehmer stellt das Kundenbewertungssystem 24 Stunden am Tag und 365 Tage pro Jahr zur Nutzung zur Verfügung (nachfolgend „Systemlaufzeit"). Der Auftragnehmer garantiert eine Verfügbarkeit von 99 % im Jahresdurchschnitt (nachfolgend „Systemverfügbarkeit"). Über erforderliche Wartungsarbeiten und dadurch bedingte Ausfälle der vertragsgegenständlichen Leistungen wird der Auftragnehmer den Auftraggeber mindestens . . . . . . Stunden im Voraus informieren. Ausfallzeiten aufgrund von Wartungsarbeiten werden auf die Systemverfügbarkeit angerechnet. Ausfallzeiten aufgrund von netzbedingten oder sonstigen technischen Problemen, die nicht im Einflussbereich des Auftraggebers liegen, werden auf die Systemverfügbarkeit nicht angerechnet. Im Falle der Nichteinhaltung der vereinbarten Systemverfügbarkeit ist der Auftraggeber berechtigt, die Vergütung anteilig im Verhältnis zwischen vereinbarter und tatsächlicher Verfügbarkeit zu kürzen.

(4) Der Auftragnehmer stellt sicher, dass der Auftraggeber die Kundenbewertungen ganz oder in Teilen sowie die Sternebewertungen auf seiner Website veröffentlichen kann.

(5) Auf Anforderung des Auftraggebers in Textform werden das Gütesiegel, die Sternebewertungen und/oder Kundenbewertungen mittels der Technologie des Auftragnehmers für Zwecke der Suchmaschinenoptimierung und des Suchmaschinenmarketings in Internetsuchmaschinen und/oder sozialen Medien zur Verfügung gestellt.

(6) Der Auftragnehmer wird sämtliche technischen und sonstigen Maßnahmen unternehmen, um einen Missbrauch des Kundenbewertungssystems zu unterbinden.

§ 3 Nutzungsrechte[4]

(1) Der Auftragnehmer räumt dem Auftraggeber für die Vertragslaufzeit unentgeltlich und weltweit das nicht exklusive, nicht übertragbare Recht ein, die Social-Commerce-Technologie des Auftragnehmers, das Gütesiegel und Widget sowie die abgegebenen Kundenbewertungen zu verwenden. Soweit für die Zwecke des Vertrags erforderlich, insbesondere für die technische Integration beim Auftragnehmer sowie die Weiterleitung von Gütesiegel und Kundenbewertungen an Suchmaschinenanbieter und Social Media zu Zwecken der Suchmaschinenoptimierung (SEO) und Suchmaschinenmarketing (SEM), ist der Auftragnehmer berechtigt, Dritten Unterlizenzen zu erteilen.

(2) Das Nutzungsrecht für Gütesiegel und Kundenbewertungen umfasst das Recht zu jedweder kommerziellen und nichtkommerziellen Nutzung einschließlich aller gegenwärtig unbekannten, aber zukünftig bekannten Formen der Nutzung. Der Auftraggeber soll in die Lage versetzt werden, die Kundenbewertungen ganz oder in Teilen und das Gütesiegel in jeglicher Weise, insbesondere zu Werbe- und Marketingzwecken in jeglicher Form zu nutzen. Insbesondere umfasst von dem in § 3 (1) dieses Vertrages eingeräumten Recht ist das Recht zur Vervielfältigung, Verbreitung und Ausstellung, das Recht zur öffentlichen Wiedergabe, einschließlich des Vortrags-, Aufführungs- und Vorführungsrechts, des Rechts zur öffentlichen Zugänglichmachung, des Senderechts, des Rechts zur Wiedergabe durch Bild- oder Tonträger sowie das Recht zur öffentlichen Zugänglichmachung (insbesondere über das Internet) und Wiedergabe sowie alle Rechte des Datenbankherstellers gemäß § 87b UrhG, einschließlich des Rechts zur Vervielfältigung, Verbreitung oder öffentlichen Wiedergabe sowie des Rechts zur Aufnahme in Datenbankwerke. Soweit für die Zwecke des Vertrags, insbesondere zur technischen Einbindung und Darstellung auf der Website des Auftraggebers sowie für die Darstellung in Suchmaschinen und Social Media erforderlich, ist von der Rechteinräumung außerdem das Recht zur Bearbeitung und Umgestaltung erfasst. Von der Rechteinräumung umfasst ist dabei insbesondere das unbegrenzte Recht, das Gütesiegel sowie die Kundenbewertungen, insbesondere die darin enthaltenen Grafiken und Texte,

a) zu vervielfältigen und zu verbreiten und zu senden;
b) auf der Website des Auftraggebers öffentlich zugänglich zu machen;
c) für Werbemaßnahmen jeglicher Art zu nutzen;
d) auf allen bekannten oder gegenwärtig unbekannten aber zukünftig bekannten Speichermedien (beispielsweise DVDs, Blu-Rays, andere HD-Speichermedien, Flash-Memory-Cards, Sticks oder andere Chips) zu kopieren und zu verbreiten.

(3) Darüber hinaus soll der Auftraggeber in die Lage versetzt werden, die Social-Commerce Technologie des Auftragnehmers einschließlich Widget für die Zwecke dieses Vertrags zu nutzen und hierüber insbesondere Gütesiegel und Kundenbewertungen auf seiner eigenen Website wiederzugeben.

(4) Der Auftragnehmer garantiert, dem Auftraggeber die vorstehend aufgeführten Nutzungsrechte einräumen zu können.

§ 4 Vergütung; Zahlungsbedingungen[5]

(1) Der Auftragnehmer erhält für die Konfiguration und Integration seiner zum Betrieb des Kundenbewertungssystems erforderlichen Technologie einmalig eine pauschale Vergütung von EUR . . . . . (in Worten: . . . . . EUR) zzgl. gesetzlich geschuldeter Umsatzsteuer.

(2) Hiernach erhält der Auftragnehmer für die Bereitstellung seiner Technologie sowie den Betrieb des Kundenbewertungssystems monatlich eine pauschale Vergütung von EUR . . . . . . (in Worten: . . . . . EUR) zzgl. gesetzlich geschuldeter Umsatzsteuer.

(3) Die Vergütung ist binnen . . . . . Tagen ab Rechnungszugang zur Zahlung fällig.

(4) Mit der Vergütung werden sämtliche Leistungen des Auftragnehmers nach diesem Vertrag abgegolten, insbesondere sind die Parteien sich darüber einig, dass in der vorstehend vereinbarten Vergütung zugleich eine angemessene Vergütung für die Einräumung der Nutzungsrechte gemäß § 3 dieser Vereinbarung enthalten ist. Ein gesonderter Anspruch auf Vergütung ist daher, soweit dem keine zwingenden gesetzlichen Vorschriften entgegenstehen, ausgeschlossen.

§ 5 Pflichten des Auftraggebers[6]

(1) Das von dem Auftraggeber auf seiner Website verwendete Gütesiegel muss der von dem Auftragnehmer über die Kundenbewertungen ermittelten durchschnittlichen Gesamtwertung (nachstehend „Bewertungsschnitt") entsprechen und darf vom Auftraggeber nicht verändert werden. Der Auftraggeber darf das Gütesiegel nur mit jeweils aktuellem Stand sowie unter Angabe des aktuellen Gültigkeitsdatums (zB „Stand: 1.7.2016") verwenden. Der Auftraggeber darf Produktbewertungen nur in unmittelbarem Zusammenhang mit diesem Produkt bzw. Anbieterbewertungen (zB bzgl. des Shops) nur in unmittelbarem Zusammenhang mit diesem Angebot verwenden. Insbesondere darf eine Anbieterbewertung nicht als Produktbewertung dargestellt werden und eine Produktbewertung nicht als Anbieterbewertung.

(2) Der Auftraggeber wird das Kundenbewertungssystem nicht für die Abgabe eigener Bewertungen nutzen. Insbesondere wird er keine Eigenbewertungen abgeben auch keine Bewertungen über Wettbewerber oder deren Produkte abgeben bzw. seinen Mitarbeitern oder Dritten in Auftrag geben. Auch wird der Auftraggeber abgegebene Kundenbewertungen in keiner Weise verändern. Zudem wird er keine Maßnahmen ergreifen, die auf die Beeinflussung von Kundenbewertungen abzielen. Auf Maßnahmen zur Verbesserung der Service- und Produktqualität findet der vorstehende Satz keine Anwendung.

(3) Sofern der Auftraggeber die Leistungen gemäß § 2 Abs. 5 in Anspruch nimmt, stellt er dem Auftragnehmer die hierfür erforderlichen Feedback- (Product-Feed) und sonstigen Daten zur Verfügung und nimmt die erforderlichen Mitwirkungshandlungen gegenüber den Suchmaschinen- und Social-Media-Anbietern vor. Außerdem wird der Auftraggeber die Richtlinien der Suchmaschinen- und Social Media-Anbieter akzeptieren und beachten.

(4) Der Auftraggeber stellt sicher, dass er die Einwilligung der Kunden in den Erhalt von Aufforderungsmails einholt.[7]

§ 6 Verantwortlichkeiten des Auftragnehmers, Gewährleistung[6, 8]

(1) Der Auftragnehmer informiert den Auftraggeber vorab über die technischen Voraussetzungen und alle weiteren Maßnahmen, die zur Implementierung und Nutzung seiner Technologie und des Bewertungssystems erforderlich sind.

(2) Der Auftragnehmer stellt sicher, dass durch die Aufforderungsmails keine Rechte der Kunden oder sonstiger Dritter verletzt werden und nicht gegen gesetzliche Bestimmungen verstoßen wird.[7]

(3) Der Auftragnehmer stellt sicher, dass die Kundenbewertungen keine Rechte Dritter verletzen und nicht gegen gesetzliche Bestimmungen verstoßen. Gegenstand der Kunden-

bewertungen dürfen keine Werbevergleiche mit Produkten oder Dienstleistungen anderer Anbieter sein.

(4) Der Auftragnehmer prüft die Kundenbewertungen sorgfältig und unverzüglich nach Erhalt und stellt sicher, dass keine Kundenbewertungen veröffentlich werden, die die nachfolgend aufgeführten Inhalte (nachfolgend „unzulässige Inhalte") haben:

a) unwahre Tataschenbehauptungen,
b) strafbare, oder sonst rechtswidrige, diskriminierende, rassistische, gewaltverherrlichende oder jugendgefährdende Inhalte,
c) Beleidigungen, Herabsetzungen, widerrechtliche Drohungen oder Schmähkritik,
d) Aussagen über eine therapeutische Wirkung oder Wirksamkeit von pharmazeutischen Präparaten, medizinischen Anwendungen oder Therapien,
e) Preisangaben und Angaben sonstiger Kosten (zB Versandkosten) in Zahlen (zB „10 EUR"),
f) personenbezogene Daten (zB Namen, Adressen, IP-Adressen, Kundennummern, Bestellnummern, Bank- bzw. Kreditkartendaten, Versicherungssummen, Alter, Geburtsdaten) oder Telekommunikationsangaben (Telefon-/Faxnummer, E-Mail-Adressen) einschließlich Firmendaten, die Rückschlüsse auf personenbezogene Daten zulassen,
g) Inhalte ohne Aussagegehalt, wie Zahlenfolgen, sinnlose Buchstabenfolgen oder Symbole,
h) Bewertungen, die nur in einem Verweis auf Bewertungen anderer bestehen,
i) Aussagen zu Produkten innerhalb der Unternehmensbewertung oder Aussagen zu Shops/Anbietern innerhalb der Produktbewertung.

(5) Der Auftragnehmer ersetzt unzulässige Inhalte durch drei Sterne (***). Die Sternebewertung selbst bleibt jedoch erhalten und alle von den Kunden abgegebenen Sternebewertungen bleiben für den Bewertungsschnitt des Unternehmens relevant. Dies gilt nicht für nachweislich unwahre Tatsachenbehauptungen oder für Kundenbewertungen, die offensichtlich fremde Angebote betreffen und daher falsch abgegeben wurden.

(6) Reine Produktbewertungen, die Kunden im Rahmen einer Anbieterbewertung abgegeben haben, überträgt der Auftragnehmer in die Anbieterbewertung und umgekehrt.

(7) Auf Verlangen des Auftraggebers ergreift der Auftragnehmer unverzüglich alle notwendigen Maßnahmen, damit unzulässige Inhalte auch aus etwaigen weiteren Internetseiten, auf denen sie sichtbar sind, entfernt werden.

(8) Der Auftragnehmer stellt sicher, dass die vertragsgemäße Verwendung von Widget, Gütesiegel und der Kundenbewertungen rechtmäßig ist und hierdurch keine Rechte Dritter (zB Urheberrechte, Datenschutzrecht) verletzt werden. Ua wird der Auftragnehmer dafür sorgen, dass Kundenbewertungen von Werbebeiträgen (einschließlich Werbelinks) abgegrenzt dargestellt werden.

(9) Sollten Dritte Ansprüche wegen einer Pflichtverletzung des Auftragnehmers gegen den Auftraggeber geltend machen, die der Auftragnehmer zu vertreten hat, wird er den Auftraggeber hiervon freistellen. Die Freistellung umfasst auch die Kosten der Rechtsverteidigung. Im Übrigen bleiben die gesetzlichen Rechte des Auftraggebers unberührt.

§ 7 Geheimhaltung, Betriebsgeheimnisse

(1) Der Auftragnehmer wird über sämtliche Geschäfts- und Betriebsgeheimnisse sowie alle sonstigen vertraulichen Informationen im Zusammenhang mit dem Betrieb und/oder den Produkten des Auftraggebers während der Vertragslaufzeit und für die Dauer von mindestens drei (3) Jahren nach Beendigung dieses Vertrages Stillschweigen bewahren. Eine Weitergabe dieser Informationen an Dritte oder eine Nutzung zu einem anderen

Zweck als im Zusammenhang mit dem Vertrag ist dem Auftragnehmer nur nach vorheriger schriftlicher Zustimmung des Auftraggebers gestattet.

(2) Die vorgenannten Pflichten gelten nicht für vertrauliche Informationen, (i) die allgemein bekannt sind oder werden, ohne dass der Auftragnehmer dabei gegen Pflichten verstoßen hat; (ii) die dem Auftragnehmer von Dritten, die zur Offenlegung befugt sind, bekannt gegeben wurden; (iii) die dem Auftragnehmer schon vor Offenbarung durch den Auftraggeber bekannt waren oder (iv) die der Auftragnehmer aufgrund einer Verpflichtung durch Gesetz oder Verordnung offenlegen muss, vorausgesetzt der Auftragnehmer informiert den Auftraggeber über eine solche Verpflichtung unverzüglich.

§ 8 Laufzeit, Kündigung[9]

(1) Der Vertrag tritt mit Unterzeichnung durch beide Parteien in Kraft und hat eine Laufzeit von . . . . . Monaten. Er verlängert sich jeweils automatisch um weitere . . . . . Monate, wenn er nicht mit einer Frist von drei (3) Monaten zum jeweiligen Vertragsende schriftlich gekündigt wird. Das Recht zur außerordentlichen Kündigung bleibt unberührt.

(2) Die Kündigung bedarf der Schriftform.

(3) Der Auftraggeber ist verpflichtet, die Kunden- und Sternebewertungen sowie das Widget und das Gütesiegel nach Beendigung des Vertrages unverzüglich von seiner Website zu entfernen.

§ 9 Schlussbestimmungen

(1) Der Vertrag unterliegt deutschem Recht unter Ausschluss des Übereinkommens der Vereinten Nationen über den internationalen Warenverkauf (UN-Kaufrecht/CISG).[10]

(2) Der Geschäftssitz des Auftraggebers ist ausschließlicher Gerichtsstand. Der Auftraggeber bleibt zur gerichtlichen Rechtsverfolgung am allgemeinen Gerichtsstand des Auftragnehmers berechtigt.

(3) Sollten einzelne Bestimmungen dieser Vereinbarung ganz oder teilweise unwirksam oder undurchführbar sein oder werden, so wird die Wirksamkeit der übrigen Bestimmungen dadurch nicht berührt. Die Parteien verpflichten sich für diesen Fall, die unwirksame oder undurchführbare Bestimmung durch eine wirksame oder durchführbare Regelung zu ersetzen, die dem Sinn und Zweck des wirtschaftlich Gewollten gleich oder möglichst nah kommt. Gleiches gilt für etwaige Regelungslücken dieser Vereinbarung.

(4) Nebenabreden zu diesem Vertrag sind nicht getroffen. Änderungen oder Ergänzungen dieses Vertrages, einschließlich dieser Schriftformklausel, bedürfen zu ihrer Wirksamkeit der Schriftform.

(5) Erfüllungsort ist der Sitz des Auftraggebers.

. . . .

(Ort, Datum)   (Ort, Datum)

. . . .

Auftraggeber   Auftragnehmer

Anmerkungen

1. Marktumfeld. Laut einer Studie des Branchenverbandes BITKOM liest jeder zweite Online-Käufer die Bewertungen anderer Kunden. Zugleich fließen die Bewertungen in hohem Maße in die eigene Kaufentscheidung ein (*Kollewe/Keukert*, Praxiswissen E-Commerce, 2014, 150). Außerdem bietet die gängige Sterne-Verteilung den Kunden eine schnelle Orientierungshilfe und die infolge guter Shop- oder Produktbewertungen vergebenen „Gütesiegel" lassen sich werbewirksam auf der Homepage der Anbieter integrieren. Schließlich können Produktbewertungen über die Einbindung von Mikrodatenformaten in die Ermittlung der organischen Suchmaschinen-Treffer einfließen (*Kollewe/ Keukert*, Praxiswissen E-Commerce, 2014, 151 [433 ff.]). Shop-Bewertungen sind daher bei den Online-Unternehmen eine wichtige Maßnahme des Empfehlungsmarketings. Eigene Produktbewertungssysteme der Anbieter sind allerdings eher selten. Diese Lücke schließen die Anbieter externer Bewertungsportale. Manche sehen eine vorherige Prüfung des Shops als Voraussetzung für die Teilnahme vor, andere nehmen Anbieter ohne vorherige Prüfung auf (*Kollewe/Keukert*, Praxiswissen E-Commerce, 2014, 441 u. 444). Teilweise wird auch die Abgabe der Produktbewertungen selbst als kommerzielle Dienstleistung angeboten (*Kollewe/Keukert*, Praxiswissen E-Commerce, 2014, 440). Hiervon ist allerdings ebenso abzuraten, wie von der Abgabe positiver Eigenbewertungen oder gesteuerten Negativbewertungen über Produkte von Wettbewerbern. Abgesehen davon, dass die rechtlichen Grenzen, insbesondere die des Wettbewerbsrechts, einzuhalten sind, weil sonst Rechtsstreitigkeiten mit Wettbewerbern oder Verbraucherverbänden drohen, können publik gewordene selbst inszenierte Bewertungen erhebliche Imageschäden für den Anbieter nach sich ziehen.

2. Vertragsgegenstand. Gegenstand des Vertrags ist die Nutzung des Bewertungssystems des Auftragnehmers durch den Auftraggeber. Dieser nutzt das mittels der Social-Commerce Technologie des Auftragnehmers sichtbar gemachte, tagaktuelle Gütesiegel, den Bewertungsschnitt und die Kundenbewertungen zu Marketingzwecken, indem er sie über das Widget, ein grafisches Fensterelement, auf der eigenen Website einbindet. Wenn der Besucher das Widget anklickt, wird er auf die Detailseite der Anbieter-Prüfung geleitet, wo er die Einzelbewertungen einsehen kann. Auch die Bewertungen einzelner Produkte können, je nach Anbieter, unmittelbar auf der Website des Auftraggebers angezeigt werden (*Kollewe/Keukert*, Praxiswissen E-Commerce, 2014, 444 f.). Im Allgemeinen hat der Auftraggeber die Wahl, ob er nur die Bewertung seines Unternehmens insgesamt, oder auch die Bewertung einzelner Produkte auf seiner Website wiedergeben möchte. Sofern das Bewertungsportal eine entsprechende Kooperation mit Suchmaschinen eingegangen ist, können die abgegebenen Kundenbewertungen zudem unmittelbar in Product Listing Ads (PLA), zB bei „Google Shopping", berücksichtigt werden. Das System zur Abgabe der Kundenbewertungen ist einfach: Kunden werden nach erfolgtem Kauf per E-Mail, die einen Bewertungslink zur Website der Bewertungsplattform enthält, aufgefordert, eine Bewertung über das Unternehmen/ein Produkt abzugeben, indem sie bis zu fünf Sterne vergeben und einen kurzen Text schreiben können. Zum Teil ist auch eine Eingabe unmittelbar über die Website des Bewertungsportals möglich. Um Missbrauch zu vermeiden, ist in diesem Fall darauf zu achten, dass unmittelbar eingegebene Bewertungen nur unter Angabe von Bestellnummer, Bestelldatum und E-Mail-Adresse des Bewertenden abgegeben werden können. Dies sollte der Auftragnehmer bereits systemseitig sicherstellen. Die Bereitstellung des Portals gegen Entgelt zählt zu den Hauptpflichten des Auftragnehmers. Die Systemverfügbarkeit ist einer der entscheidenden Aspekte für den Auftraggeber. Dies gilt erst recht, wenn, wie in diesem Formular, eine Zeitvergütung vorgesehen ist. End-to-End-Verfügbarkeiten liegen üblicherweise in einem Bereich zwischen 97,5 % und 99 % pro Kalendermonat, Hochverfügbarkeitslösungen bieten teilweise auch Verfügbarkeitszusagen von bis zu 99,90 %, wobei Wartungsfenster bei Berechnung der Verfügbarkeit, wie auch hier, häufig abgezogen werden.

3. Vertragstyp. Die geschuldeten Leistungen liegen einerseits in der Bereitstellung, Konfiguration und Integration der Software, die außerdem automatisierte Aufforderungsmails versendet, die Kundenbewertungen auswertet und veröffentlicht. Ferner kann das Unternehmen das Gütesiegel und das Widget nutzen. Verträge mit Bewertungsportalen haben mithin IT-Leistungen zum Gegenstand, die typischerweise in der Form des Application Service Providing (ASP) bzw. als Software as a Service (Saas) erbracht werden. Hierbei handelt es sich um atypische, nicht im Gesetz geregelte Verträge, so dass es für die Vertragsgestaltung von wesentlicher Bedeutung ist, die nach dem Vertrag zu erbringenden Leistungen möglichst detailliert zu regeln, zB in einem Leistungsverzeichnis, das als Anlage zum Vertrag genommen wird. Mit Blick auf die Einräumung von Nutzungsrechten an der Technologie, den Bewertungen und dem Gütesiegel enthält der Vertrag lizenzvertragliche Elemente. IT-Verträge in der Ausgestaltung als ASP- bzw. SaaS-Verträge werden nach hM ihrem Schwerpunkt nach grundsätzlich dem Mietvertragsrecht unterworfen (→ Form. D. 4 Anm. 2 und → Form. G. 6 Anm. 2). Wenn es dem Auftraggeber allerdings vorrangig um die Funktionsfähigkeit der Technologie geht, können diese Verträge im Ergebnis auch als Werkverträge anzusehen sein (→ Form. G. 6 Anm. 2). Auch hier hat der Auftragnehmer vorrangig ein Interesse an der Funktionsfähigkeit der Technologie. Außerdem ist es aus Sicht des Auftraggebers von erheblicher Bedeutung, dass der Auftragnehmer die von den Kunden abgegebenen Bewertungen einer Kontrolle gemäß den nach Inhalt und Umfang detailliert vereinbarten Maßstäben unterzieht. Dabei ist es typischerweise im Interesse des Auftraggebers, dass der Auftragnehmer nicht nur ein Bemühen schuldet, sondern einen konkreten Arbeitserfolg. Der Vertrag mit dem Bewertungsportal wird hier daher im Ergebnis im Wesentlichen dem Werkvertragsrecht gemäß §§ 631 ff. BGB unterliegen.

4. Nutzungsrechte. Dem Auftraggeber werden die zum Betrieb erforderlichen einfachen Nutzungsrechte an der Software des Auftragnehmers eingeräumt. Außerdem werden dem Auftraggeber einfache Nutzungsrechte zur Verwendung des Gütesiegels und der Kundenbewertungen zu Werbe- und Marketingzwecken eingeräumt. Zu weiteren Einzelheiten der erforderlichen Nutzungsrechteeinräumung → Form. I. 10 Anm. 7.

5. Vergütung, Steuerfragen. Es gibt Bewertungsportale, die feste monatliche Pauschalen berechnen, aber auch solche, die ihr Vergütungssystem an die Anzahl der Bewertungen pro Monat gekoppelt haben (*Kollewe/Keukert*, Praxiswissen E-Commerce, 2014, 444). Je nach konkretem Vergütungsmodell ist es für den Auftraggeber von Interesse, einen Cap für die Vergütung zu verhandeln, weil sich die Kosten für den Auftraggeber sonst nicht immer verlässlich im Voraus kalkulieren lassen. Dies gilt insbesondere, wenn bei Überschreiten einer bestimmten Anzahl von „Maximalbewertungen" automatisch eine höhere Anzahl von Bewertungen gebucht ist, weil hiermit nicht unerheblich höhere Kosten für den Auftragnehmer einhergehen können. Bei der Preisgestaltung zu beachten ist zudem, ob für die Übermittlung der Bewertungen an Google gesonderte Beträge anfallen (*Kollewe/Keukert*, Praxiswissen E-Commerce, 2014, 445).

Die vereinbarte Vergütung sollte – unter Berücksichtigung der eingeräumten urheberrechtlichen Nutzungsrechte – angemessen sein. Denn anderenfalls kann der Urheber von seinem Vertragspartner die Einwilligung in die Änderung des Vertrages verlangen, durch die dem Urheber die angemessene Vergütung gewährt wird, §§ 69a Abs. 4, 32 Abs. 1 S. 2 UrhG. Zu denken ist schließlich im Falle der Beauftragung eines Anbieters mit Sitz im Ausland wegen der Lizenzeinräumung zugunsten eines inländischen Auftraggebers auch an eine etwaige Quellensteuerpflicht. Bei Beauftragung eines ausländischen Anbieters sollte daher vorab wegen der Lizenzeinräumung auch eine mögliche Pflicht zur Abführung der Quellensteuer durch den inländischen Auftraggeber geklärt werden.

6. Wettbewerbsrecht. In Bewertungsportalen veröffentlichte Produkt- und Anbieterbewertungen fördern den freien Informationsaustausch und dienen dem transparenten Leistungsvergleich. Allerdings ist es wegen des erheblichen Interesses an einer positiven Darstellung eigener Angebote bei Unternehmen beliebt, Bewertungen selbst bzw. durch Mitarbeiter oder PR-Agenturen abgeben zu lassen („Astroturfing", vgl. *Lichtnecker* GRUR 2014, 523 [527]; *Krieg/Roggenkamp* K&R 2010, 589), oder Kunden bei der Abgabe von Bewertungen durch Rabatte oder Zugaben zu beeinflussen (*Lichtnecker* GRUR 2014, 523 [527]; *OLG Hamm* GRUR-RR 2011, 473). Außerdem kann es zu Bewertungen mit rechtsverletzenden, insbesondere beleidigenden Inhalten kommen. Die Grenze des Zulässigen zieht das Wettbewerbsrecht, insbesondere mit dem Verbot der Irreführung sowie dem Verbot der Anschwärzung bzw. Herabsetzung. Ergänzend kommen Ansprüche aus unerlaubter Handlung gemäß §§ 823 ff. BGB in Frage, zB im Falle einer Verletzung des Rechts am eingerichteten und ausgeübten Gewerbebetrieb oder des allgemeinen (Unternehmens-) Persönlichkeitsrechts (*Härting* Rn. 105 u. 108 f.).

Die Kunden des Auftraggebers werden zeitnah nach dem Kauf über eine Autoresponder-Funktion per E-Mail zur Abgabe einer Bewertung aufgefordert. Grundsätzlich ist es zulässig, den Kunden Feedback-Anfragen zu senden, sofern die Bestimmungen des § 7 UWG beachtet werden. Anderenfalls ist die Kontaktaufnahme als unzumutbare Belästigung („Spam") unzulässig. Der Auftraggeber muss unter Hinweis auf die jederzeitige Widerspruchsmöglichkeit vorsorglich die **gesonderte Einwilligung der Kunden** in den Erhalt von Aufforderungsmails einholen (§ 7 Abs. 2 UWG), weil auch die Aufforderungsmails letztlich dem Ziel der Absatzförderung dienen (MüKoUWG/*Leible* § 7 Rn. 147; Götting/Nordemann/*Menebröcker* UWG § 7 Rn. 98; *Lichtnecker* GRUR 2014, 523 [527]; Spindler/Schuster/*Micklitz/Schirmbacher*, Recht der elektronischen Medien, UWG § 7 Rn. 157 f.; LG Leipzig Urt. v. 13.11.2015 – 02 HK O 888/15, BeckRS 2016, 05121; *Schirmbacher/Schätzle* WRP 2014, 1143 [1144]; offen gelassen von *LG Coburg* MMR 2012, 608; ähnlich *Menke/Witte* K&R 2013, 25 f.). Seit dem 24.2.2016 können Datenschutzverstöße zudem zweifelsfrei zur Grundlage wettbewerbsrechtlicher Ansprüche zB von Verbraucherverbänden gemacht werden (§ 2 Abs. 2 Nr. 11 UKlaG) und auch aus datenschutzrechtlichen Gründen bedarf es einer Einwilligung der Kunden (→ Anm. 7). Die Einwilligung der Kunden muss ohne Zwang, für den konkreten Fall und in Kenntnis der Sachlage erfolgen.

Die Aufforderungsmails dürfen **keine Werbung für andere Produkte** des Unternehmens, oder Produkte anderer – auch verbundener – Unternehmen enthalten, wenn die Kunden nicht auch hierin vorher ausdrücklich eingewilligt haben. Denn die Verbotsausnahme für E-Mail-Werbung innerhalb bestehender Kundenbeziehungen (§ 7 Abs. 3 UWG) erstreckt sich nur auf eigene ähnliche Waren des Unternehmens. Dabei ist der Kreis ähnlicher Waren auf substituierbare Waren sowie (str) Ersatzteile und Zubehör beschränkt (Köhler/Bornkamm/*Köhler* UWG § 7 Rn. 205; Ohly/Sosnitzka/*Ohly* UWG § 7 Rn. 73). Da nur wenige Unternehmen ein derart spezielles Warenangebot haben und außerdem unklar ist, ob Feedback-Anfragen überhaupt unter § 7 Abs. 3 UWG fallen (offen gelassen von LG Leipzig Urt. v. 13.11.2015 – 02 HK O 888/15, BeckRS 2016, 05121), ist anzuraten, bei Einholung der Kundeneinwilligung sorgfältig vorzugehen. Das werbende Unternehmen muss dokumentieren können, dass und von wem es die Einwilligungserklärung erhalten hat, so dass eine möglichst sichere Nachweismöglichkeit empfehlenswert ist (zB durch Double-opt-in-Verfahren, vgl. hierzu BGH Urt. v. 10.2.2011 – I ZR 164/09, GRUR 2011, 936 [938] Rn. 30 ff.; Köhler/Bornkamm/*Köhler* UWG § 7 Rn. 154 ff.).

Zu beachten ist, dass Unternehmer selbst oder durch Mitarbeiter (ohne entsprechend deutliche Kenntlichmachung) **keine Bewertungen über eigene Angebote** abgeben und auch Dritten nicht in Auftrag geben dürfen. Kundenbewertungen dürfen auch nicht verändert werden. Denn derart getarnte Werbemaßnahmen sind, wenn sie gegenüber Verbrauchern erfolgen, unzulässig gemäß § 5a Abs. 6 UWG (Köhler/Bornkamm/*Köhler* UWG § 5a Rn 7.80; Ohly/Sosnitzka/*Sosnitzka* UWG § 4 Rn. 3/41; Götting/Nordemann/*Hasselblatt* UWG § 5a Rn. 311; *Lichtnecker* GRUR 2014, 523 [527]; *Ahrens/Richter* WRP 2011, 814 [815 f.]; *Heermann* WRP 2014, 509 [513 f.]; *Krieg/Roggenkamp* K&R 2010, 689 [691]; vgl. auch LG Hamburg Urt. v. 24.4.2012 – 312 O 715/11, GRUR-RR 2012, 400). Darüber hinaus können sie nach umstrittener Ansicht auch unzulässig gemäß § 5a Abs. 2 UWG bzw. § 5 Abs. 1 S. 1, S. 2 Nr 1 UWG sein (OLG Hamm Urt. v. 23.11.2010 – 4 U 136/10, GRUR-RR 2011, 473 – Erkauftes Lob; LG Berlin Beschl. v. 25.8.2011 – 16 O 418/11, MMR 2012, 683; *Ahrens/Richter* WRP 2011, 814 [817]; kritisch hierzu *Heermann* WRP 2014, 509 [514]). Ggf. kann, wenn die Bewertungen sich an Verbraucher richten, zudem der Blacklist-Tatbestand Nr. 23 des Anhangs zu § 3 Abs. 3 UWG erfüllt sein (*Ahrens/Richter* WRP 2011, 814 [816]; Götting/Nordemann/*Hasselblatt* UWG § 5a Rn. 311; aA Ohly/Sosnitzka/*Sosnitzka* UWG Anh. zu § 3 Rn. 64, *Krieg/Roggenkamp* K&R 2010, 689 [691]; *Heermann* WRP 2014, 509 [512], weil die UGP-RL insoweit nur den Schutz vor Irreführung über den gewerblichen Charakter eines Angebots bezwecke).

Unzulässig ist es auch, wenn ein Unternehmen, ohne dies kenntlich zu machen, seinen Kunden für die Abgabe positiver, vorformulierter Bewertungen Rabatte einräumt (OLG Hamm Urt. v. 23.11.2010 – 4 U 136/10, GRUR-RR 2011, 473 – Erkauftes Lob; Götting/Nordemann/*Nordemann* UWG § 5 Rn. 3.105; *Lichtnecker* GRUR 2014, 523 [527]). Denn dann werden die Verkehrsteilnehmer darüber getäuscht, dass die Bewertungen auf der Grundlage freier und unbeeinflusster Kundenmeinungen abgegeben worden sind. Schließlich darf durch das Bewertungssystem die **Gesamtbewertung nicht verfälscht** werden. Negative Bewertungen müssen gleichwertig Berücksichtigung finden. Auch dürfen schlechte oder neutrale Kundenbewertungen nicht prinzipiell verzögert online gestellt werden. Selbst im Falle beleidigender Inhalte genügt es zur Beseitigung einer Rechtsverletzung, wenn der beleidigende Inhalt entfernt wird. Die Sternebewertung muss auch in diesem Fall in die Gesamtbewertung einfließen (OLG Düsseldorf Urt. v. 19.2.2013 – I-20 U 55/12, MMR 2013, 595 [596]). Es darf auch keine hohe Platzierung in einem Beliebtheitsranking eines Bewertungsportals erkauft werden (LG Berlin Beschl. v. 25.8.2011 – 16 O 418/11, MMR 2012, 683).

Soweit Unternehmen überlegen, das mit der Beeinflussung von Kundenbewertungen verbundene rechtliche Risiko wegen der **Beweisschwierigkeiten Dritter** in Kauf zu nehmen (vgl. hierzu *Solmecke/Kocatepe*, Recht im Online-Marketing, 202), sollten sie neben der Möglichkeit der Gerichte, sich auf objektive Indizien zu stützen (vgl. LG Hamburg Urt. v. 24.4.2012 – 312 O 715/11, GRUR-RR 2012, 400; *Heermann* WRP 2014, 509 [514]), auch etwaige Hinweise aus dem Kreis der eigenen (ehemaligen) Mitarbeiter in Betracht ziehen. Vorab bedacht werden sollte auch, dass es typischerweise zu erheblichen **Vertrauensverlusten bei den Kunden** kommt, wenn publik wird, dass ein Unternehmen Kundenbewertungen gekauft oder anderweitig beeinflusst hat.

Ohne vorherige Aufforderung abgebebene Bewertungen im Rahmen öffentlicher Portale (zB Ärztebewertungen) sind häufig Gegenstand von Ansprüchen wegen unwahrer Tatsachenbehauptungen oder Schmähkritik (zu den Begrifflichkeiten und zur Abgrenzung zwischen Tatsachenbehauptungen und Werturteilen vgl. Ohly/Sosnitzka/*Ohly* UWG § 4.7 Rn. 7/17 ff mwN). Diese Ansprüche werden bei Beauftragung eines Bewertungsportals durch ein Unternehmen seltener relevant. Sofern jedoch über ein Bewertungsportal von einem Wettbewerber gezielt unwahre Tatsachen verbreitet oder negative Werturteile abgegeben oder in Auftrag gegeben werden, kommen auch insofern die

Tatbestände der Anschwärzung (§ 4 Nr. 8 UWG) bzw. der Herabsetzung (§ 4 Nr. 7 UWG) und ergänzend Ansprüche aus §§ 823 ff. BGB in Betracht.

Im Falle einer Rechtsverletzung besteht grundsätzlich ein Anspruch des Betroffenen auf Löschung der Aussagen (OLG Hamburg Urt. v. 18.1.2012 – 5 U 51/11, GRUR-RS 2012, 02275 Rn. 73; *Härting*, Internetrecht, 5. Aufl. 2014, Rn. 112). Daneben hat der Betreiber der Plattform ein „virtuelles Hausrecht" und kann die nach seinen Nutzungsbedingungen unerwünschten Benutzer vom Besuch der Website ausschließen (OLG Köln Beschl. v. 25.8.2000 – 19 U 2/00, MMR 2001, 52; LG München I Urt. v. 25.10.2006 – 30 O 11973/05, ZUM-RD 2007, 261 [266]; *Härting* Rn. 769). Das Formular sieht daher vor, dass der Auftragnehmer gegenüber dem Auftraggeber nach entsprechender Aufforderung zur Löschung unzulässiger Bewertungen verpflichtet ist.

7. Datenschutzrecht. Nachdem die für das Versenden der Aufforderungsmails erhobenen, verarbeiteten oder genutzten Daten (zB E-Mail-Adressen oder ggf. Kundennamen) personenbezogene Daten sind, müssen die einschlägigen datenschutzrechtlichen Bestimmungen beachtet werden. Nachdem das Versenden der Aufforderungsmals der Vertragsabwicklung zeitlich nachgelagert ist und der diesbezügliche Datenumgang auch zu anderen Zwecken als zur Vertragsabwicklung erfolgt, kann insoweit nicht auf § 28 Abs. 1 Nr. 1 BDSG als Ermächtigungsgrundlage zurückgegriffen werden. Da für die Zwecke des Versands der Aufforderungsmails ferner auch eine sonstige Rechtfertigung nicht ersichtlich ist, bedarf es – zusätzlich zu den wettbewerbsrechtlichen Anforderungen (→ Anm. 6) – auch aus datenschutzrechtlichen Gründen einer vorherigen **freiwilligen, informierten Einwilligung der Kunden** in die Erhebung, Verarbeitung bzw. anderweitigen Nutzung ihrer personenbezogenen Daten. Für die Einwilligung müssen die Regelung des § 13 TMG und – subsidiär – die des § 4 a BDSG beachtet werden. Für den Umgang mit den auf der Website des Bewertungsportals erscheinenden **personenbezogenen Daten der Bewerteten** kann hingegen, je nach Ergebnis der erforderlichen Interessenabwägung im Einzelfall, eine Rechtfertigung gemäß § 29 BDSG in Betracht kommen (vgl. BGH Urt. v. 23.6.2009 – VI ZR 196/08, NJW 2009, 2888 [2891] – Spickmich.de; BGH Urt. v. 23.9.2014 – VI ZR 358/13, GRUR 2014, 1228 [1229] – jameda.de).

8. Haftung. Die vertragliche Haftungsregelung betrifft das **Innenverhältnis** zwischen Unternehmen und Bewertungsportal. Der Auftragnehmer hat dafür Sorge zu tragen, dass das Bewertungssystem den gesetzlichen Bestimmungen, insbesondere den Anforderungen des Daten- und Wettbewerbsrechts genügt. Der Auftraggeber hat seinerseits dafür Sorge zu tragen, dass die datenschutzrechtliche Einwilligung der Kunden in den Erhalt der E-Mail mit dem Bewertungslink eingeholt wird. Das Formular sieht keine Haftungsbegrenzung im Innenverhältnis vor, dh der Auftragnehmer haftet bei schuldhafter Verletzung seiner Pflichten unbegrenzt für hieraus entstehende Schäden. In der Praxis werden die Anbieter daher in aller Regel die Haftung zumindest der Höhe nach beschränken wollen. Sofern zu Gunsten des Verwenders des Formulars Haftungsbeschränkungen im Innenverhältnis aufgenommen werden, ist zu berücksichtigen, dass die Vereinbarung mit dem Bewertungsportal ggf. als vom Auftraggeber gestellte Allgemeine Geschäftsbedingungen einzuordnen sein können (vgl. zur Abgrenzung zwischen Allgemeinen Geschäftsbedingungen und Individualvereinbarung ua MüKoBGB/*Basedow* § 305 Rn. 13 ff.). Die Grenzen von § 307 BGB sind in diesem Fall zu beachten.

Im Außenverhältnis kommt für den Fall einer Inanspruchnahme auf Schadensersatz wegen Rechtsverletzungen Dritter die für Telemedienanbieter geltende Privilegierung gemäß §§ 7 ff. TMG in Betracht. Der Auftragnehmer hält mit den Kundenbewertungen fremde Inhalte gemäß § 7 Abs. 2 TMG bereit. Diese macht er sich auch nicht zu eigen, weil er nicht nach außen erkennbar die inhaltliche Verantwortung für die veröffentlichten Inhalte übernimmt (BGH Urt. v. 23.9.2014 – VI ZR 358/13, GRUR 2016, 855 [856 f.] – www.jameda.de). Denn weder präsentiert der Betreiber die Bewertungen als eigene, noch erfolgt eine inhaltlich-redaktionelle Überprüfung der auf dem Portal eingestellten Nutzerbewertungen auf Vollständigkeit und Richtigkeit. Dies gilt selbst dann, wenn eine vor der Veröffentlichung erfolgende (teilweise automatische) Überprüfung der abgegebenen Bewertungen auf Unregelmäßigkeiten und die Ermittlung eines Durchschnittswertes aus den abgegebenen Einzelnoten erfolgt (BGH Urt. v. 23.9.2014 – VI ZR 358/13, GRUR 2016, 855 [857] – www.jameda.de; BGH Urt. v. 19.3.2015 – I ZR 94/13, GRUR 2015, 1129 Rn. 28 – Hotelbewertungsportal). Dies ändert sich auch nicht durch die gegenüber dem Auftraggeber übernommene Prüfpflicht, weil diese im Innenverhältnis übernommene Prüfpflicht sich nicht als Übernahme inhaltlicher Verantwortung gegenüber Dritten darstellt. Der Betreiber eines Bewertungsportals ist daher grundsätzlich nicht verpflichtet, die von den Nutzern ins Netz gestellten Beiträge vor der Veröffentlichung auf eventuelle Rechtsverletzungen zu überprüfen. Er ist aber verantwortlich, sobald er **Kenntnis** von den Rechtsverletzungen erlangt und seine hieraus resultierenden Prüfpflichten verletzt (BGH Urt. v. 23.9.2014 – VI ZR 358/13, GRUR 2016, 855 – www.jameda.de; *Krieg/Roggenkamp* K&R 2010, 589 [692]). Unter Berücksichtigung der gebotenen Zurückhaltung bei der Annahme einer Identifikation mit fremden Inhalten (BGH Urt. v. 27.3.2012 – VI ZR 144/11, GRUR 2012, 751 Rn. 11 – RSS-Feeds; BGH Urt. v. 30.6.2009 – VI ZR 210/08, GRUR 2009, 1093 Rn. 19 – Domainverpächter; BGH Urt. v. 19.3.2015 – I ZR 94/13, GRUR 2015, 1129 Rn. 25 – Hotelbewertungsportal) gilt dies auch für den Auftragnehmer, weil auch er sich die Kundenbewertungen nicht zu eigen macht, indem er sie auf seiner Website wiedergibt. Die vorgenannte Privilegierung gilt allerdings nach der Rechtsprechung des Bundesgerichtshofs nicht für **Unterlassungs- und Beseitigungsansprüche.** Diese richten sich vielmehr nach den allgemeinen Regeln (BGH Urt. v. 23.9.2014 – VI ZR 358/13, GRUR 2016, 855 [857] – www.jameda.de; Spindler/Schuster/*Hoffmann*, Recht der elektronischen Medien, TMG § 10 Rn. 3).

Unterlassungs- und Beseitigungsansprüche Dritter wegen etwaiger, vom Auftragnehmer verursachter Rechtsverletzungen können gemäß § 8 Abs. 2 UWG auch gegen den Auftraggeber geltend gemacht werden. Dafür spricht, dass dem Auftraggeber aufgrund der vertraglichen Regelung ein bestimmender und durchsetzbarer Einfluss auf die Veröffentlichung unzulässiger Inhalte eingeräumt wird. Außerdem ist § 8 Abs. 2 UWG weit auszulegen (Köhler/Bornkamm/*Köhler/Feddersen* UWG § 8 Rn. 2.34 u. Rn. 2.41). Vorsorglich sieht der Vertrag daher eine Freistellung zugunsten des Auftraggebers für eine Inanspruchnahme wegen vom Auftragnehmer zu vertretender Rechtsverletzungen vor. Aufgrund der verschuldensabhängigen Haftung des § 8 Abs. 2 UWG, die auch für das Handeln von Mitarbeitern gilt, ist es zur Reduzierung von Haftungsrisiken, die aus unbedachtem Mitarbeiterhandeln entstehen können, zudem empfehlenswert, den Mitarbeitern Vorgaben für eine etwaige Bewertung ihres Arbeitgebers zu machen. Insbesondere sollten sie keine Produkt-/Anbieterbewertung für ihren Arbeitgeber abgeben, ohne kenntlich zu machen, dass sie dem Unternehmen angehören. Dies betrifft neben den Geschäftsführern, für deren Handeln das Unternehmen gemäß §§ 31, 89 BGB haftet, in jedem Fall Mitarbeiter in leitender Funktion (*Lichtnecker* GRUR 2014, 523 [527]; *Krieg/Roggenkamp* K&R 2010, 689 [692]), kann aber auch für andere Mitarbeiter, insbesondere aus dem Marketingbereich, anzunehmen sein.

9. Laufzeit. Das Formular sieht vor, dass die Kündigung des Vertrages der Schriftform unterliegt. Bei der Verwendung des Formulars ist zu beachten, dass ein solches Schriftformerfordernis gem. § 126 BGB in Allgemeinen Geschäftsbedingungen gem. § 307 Abs. 1 S. 1 BGB unangemessen wäre, wenn die Kommunikation im Übrigen, insbesondere der Vertragsschluss, ausschließlich in elektronischer Form erfolgt (BGH Urt. v. 14.7.2016 – III ZR 387/15, NJW 2016, 2800).

Nach Beendigung des Vertrages entfällt das Recht des Auftraggebers zur Nutzung der Kundenbewertungen, des Gütesiegels und des Widgets. Der Auftraggeber muss mithin dafür Sorge tragen, die entsprechenden Inhalte von seiner Website zu entfernen. Es ist den Parteien indes unbenommen, abweichende vertragliche Vereinbarungen zu treffen und etwa für eine angemessene Übergangszeit weiter Kundenbewertungen, das Gütesiegel und das Widget anzeigen zu dürfen. Zur Vermeidung einer Irreführung ist es dann allerdings notwendig, den Stand der Bewertungen bzw. des Gütesiegels mit anzugeben.

10. Internationales Privatrecht. Die großen Anbieter von Bewertungsplattformen sind international tätig und bieten Bewertungen in zahlreichen Sprachen an. Wegen des denkbaren Auslandsbezugs empfiehlt sich eine ausdrückliche Regelung zum anwendbaren Recht. In dem Formular ist für die vertraglichen Ansprüche einschließlich der Vertragsauslegung sowie einer etwaigen Leistungsstörung und deren Folgen die Anwendbarkeit deutschen materiellen Rechts vorgesehen. Außervertragliche Schuldverhältnisse, insbesondere eine etwaige deliktische Haftung gegenüber Dritten wird von der Rechtswahlklausel hingegen nicht erfasst. Insoweit bleibt es bei den gesetzlichen Regelungen des Internationalen Privatrechts (zu Einzelheiten → Form. I. 10 Anm. 13). Sofern das Internationale Privatrecht zur Anwendbarkeit inländischen Sachrechts führt, ist zu beachten, dass sich Unternehmen mit Sitz in einem anderen EU-Staat und ohne Niederlassung in Deutschland im Rahmen der außervertraglichen Haftung gegenüber Dritten uU gleichwohl auf günstigere gesetzliche Regelungen ihres Sitzstaates berufen können, § 3 TMG (zu den Einzelheiten des Herkunftslandprinzips → Form. I. 10 Anm. 13). Dies gilt aber nicht für ausländische Unternehmen, die mittels ihrer auf den inländischen Markt ausgerichteten Website werben. Außerdem gilt dies nicht für die im Telemediengesetz geregelten Bereichsausnahmen. Relevant für Bewertungsportale sind insofern § 3 Abs. 3 Nr. 3 (Zulässigkeit von Werbemails), Nr. 4 TMG (Datenschutzrecht) und Nr. 6 TMG (Urheberrecht und gewerbliche Schutzrechte). Für diese Bereiche bleibt es bei der Anwendbarkeit der über das Internationale Privatrecht ermittelten (inländischen) sachrechtlichen Bestimmungen. Zu weiteren Einzelheiten des Internationalen Privatrechts und eine etwaige Privilegierung als Telemedienanbieter bei Online-Werbemaßnahmen → Form. I. 10 Anm. 13.

10. Online-Advertorials

Vertrag über Online-Advertorials

zwischen

X-GmbH, [Adresse]

– nachstehend „Auftraggeber" genannt –

und

[Name], [Adresse]

– nachstehend „Blogger" genannt –

§ 1 Vertragsgegenstand[1, 2, 3]

(1) Gegenstand dieses Vertrages ist das Erstellen der nachfolgend bezeichneten Beiträge durch den Blogger und das Liveschalten dieses Beitrages in dem Blog des Bloggers unter der URL [http://www. . . . . .] (nachstehend „Blog" genannt) und in den nachfolgend bezeichneten Medien zu den vereinbarten Leistungsterminen.

(2) Die Leistung erfolgt zu Marketingzwecken des Unternehmens.

§ 2 Leistungen des Bloggers, Auftragsabwicklung, Termine[4, 5, 6]

(1) Der Blogger wird einen Beitrag bestehend aus einer Fotostrecke und einem kommentierenden Text zu dem/den in der Anlage 1 zu diesem Vertrag aufgeführten Produkt/ Produkten des Auftraggebers (nachstehend „Produkte genannt") erstellen und diesen in seinem Blog online stellen (nachstehend „Blogpost" genannt).

(2) Der Blogger wird den Blogpost jeweils einmal in folgenden Social Media einstellen: . . . . . .

(3) Die Parteien vereinbaren als Fixtermin für die Liveschaltung der Beiträge: . . . . . . Überschreitet der Blogger den Fixtermin ist der Auftraggeber ohne Fristsetzung zum sofortigen Rücktritt vom Vertrag berechtigt.

(4) Der Blogger wird die Beiträge ausschließlich in Person leisten und ist nicht berechtigt, zur Erstellung und Liveschaltung der Beiträge Dritte einzuschalten.

(5) Der Auftraggeber übersendet dem Blogger auf eigene Kosten und eigenes Risiko die zur Erstellung des Blogposts erforderlichen Produkte.

(6) Der Blogger bringt dem Auftraggeber den Blogpost rechtzeitig vor Liveschaltung zur Kenntnis. Sofern der Auftraggeber der Liveschaltung nicht binnen . . . . . Werktagen nach Zugang widerspricht, stellt der Blogger den Blogpost zu dem vereinbarten Leistungstermin in seinem Blog live und stellt ihn in den vereinbarten Social Media ein.

(7) Der Auftraggeber ist berechtigt, der Liveschaltung wegen inhaltlicher Fehler oder anderer berechtigter Interessen (zB drohendem Imageschaden) zu widersprechen. In diesem Fall wird der Blogger die Fehler unverzüglich beseitigen und dem Auftraggeber den geänderten Blogpost vor Liveschaltung erneut zur Kenntnis bringen.

(8) Nach Erscheinen des Blogposts sendet der Blogger die Produkte auf eigene Kosten und Gefahr unverzüglich vollständig und in einwandfreiem Zustand zurück. Der Blogger wird die überlassenen Produkte zu keinem anderen Zweck nutzen als zur Erstellung der Blogposts. Dies gilt nicht, wenn vereinbart ist, dass die Produkte nach Erstellen des Blogs bei dem Blogger verbleiben.

§ 3 Nutzungsrechte, Bildrechte Dritter[7]

(1) Der Blogger räumt dem Auftraggeber hiermit jeweils mit dem Zeitpunkt der Erstellung zeitlich und räumlich unbegrenzt das alleinige Nutzungsrecht an den im Rahmen oder anlässlich dieses Vertrages erstellten Blogpost einschließlich der darin enthaltenen urheberrechtsschutzfähigen Werke und Leistungen, wie zB Fotos, Grafiken, Filmen und Texten ein. Neben dem Auftraggeber bleibt der Blogger zur Nutzung berechtigt. Der Blogger wird die Nutzung des Blogs, sei es ganz oder in Teilen, auf das nach dem Vertragszweck Erforderliche beschränken und keine Nutzungshandlungen vornehmen, die der erkennbaren Interessenlage des Auftraggebers widersprechen. In Zweifelsfällen wird er sich zuvor mit dem Auftraggeber über eine Nutzung außerhalb des Blogs abstimmen.

(2) Das Nutzungsrecht ist räumlich, zeitlich und inhaltlich unbegrenzt, insbesondere unwiderruflich und unkündbar sowie unterlizenzierbar und umfasst das Recht zu jedweder kommerzieller und nicht-kommerzieller Nutzung einschließlich aller gegenwärtig unbekannten, aber zukünftig bekannten Formen der Nutzung. Der Auftraggeber soll in die Lage versetzt werden, den Blogpost und Teile hieraus in jeglicher Weise, insbesondere zu Werbe- und Marketingzwecken in jeglicher Digital- oder Printform zu nutzen. Der

Blogger wird die hierfür etwaig erforderlichen Mitwirkungshandlungen nach Aufforderung durch den Auftraggeber unverzüglich vornehmen.

(3) Insbesondere umfasst von dem in § 3 (1) dieses Vertrages eingeräumten Recht ist das Recht zur Vervielfältigung, Verbreitung und Ausstellung, das Recht zur öffentlichen Wiedergabe, einschließlich des Vortrags-, Aufführungs- und Vorführungsrechts, des Rechts zur öffentlichen Zugänglichmachung, des Senderechts, des Rechts zur Wiedergabe durch Bild- und Tonträger sowie des Rechts der Wiedergabe von Funksendungen, außerdem das Recht zur öffentlichen Zugänglichmachung (insbesondere über das Internet), das Recht zur Bearbeitung und Umgestaltung sowie alle Rechte des Datenbankherstellers, einschließlich des Rechts zur Vervielfältigung, Verbreitung oder öffentlichen Wiedergabe und insbesondere des Recht zur Aufnahme in Datenbankwerke. Von der Rechteeinräumung umfasst ist dabei insbesondere das unbegrenzte Recht, die Blogposts oder Teile hiervon, insbesondere die darin enthaltenen Fotos, Videos, Grafiken oder Texte,

a) auf der Website des Auftraggebers öffentlich zugänglich und verfügbar zu machen, zu vervielfältigen und zu verbreiten;
b) im Rahmen von Public Relation Maßnahmen bzw. des Prozesses der Veröffentlichung von Medien an Dritte weiterzugeben,
c) bei Ausstellungen und Events jeder Art vorzuführen, gleich ob digital oder analog;
d) auf allen bekannten oder gegenwärtig unbekannten aber zukünftig bekannten Speichermedien zu kopieren und zu verbreiten (beispielsweise DVDs, Blu-Rays, andere HD-Speichermedien, Flash-Memory-Cards, Sticks oder andere Chips);
e) für Bücher oder andere Dokumente, Werbemaßnahmen, Anzeigenwerbung (einschließlich Plakatwerbung), Broschüren oder Kataloge zu nutzen;

(4) Der Blogger versichert, keine Fotos und Filme zu machen bzw. zu verwenden, bei denen die aufgenommenen Personen, nicht zuvor darin eingewilligt haben, dass Bilder von ihnen gemacht und in unveränderter oder bearbeiteter Form von dem Blogger oder dem Auftraggeber in dem in diesem Vertrag vorgesehenen Umfang genutzt werden können.

(5) Der Auftraggeber ist berechtigt, zu Werbezwecken den Namen des Bloggers zu verwenden.

§ 4 Vergütung[8]

(1) Der Blogger erhält nach vertragsgemäßer Liveschaltung der Blogposts einmalig eine pauschale Vergütung von EUR . . . . . (in Worten: . . . . . EUR) zzgl. gesetzlich geschuldeter Umsatzsteuer.

(2) Die Vergütung ist binnen . . . . . Tagen ab Rechnungszugang zur Zahlung fällig.

(3) Die Parteien sind sich einig, dass die Vergütung angemessen ist und mit der Vergütung sämtliche Leistungen des Bloggers nach diesem Vertrag abgegolten sind, insbesondere sind die Parteien sich darüber einig, dass in der vorstehend vereinbarten Vergütung zugleich eine angemessene Vergütung für die Einräumung der Nutzungsrechte und die Verwendung des Namens zu Werbezwecken gemäß § 3 dieser Vereinbarung enthält. Ein gesonderter Anspruch auf Vergütung ist daher, soweit dem keine zwingenden gesetzlichen Vorschriften entgegenstehen, ausgeschlossen.

§ 5 Pflichten des Bloggers, Verantwortlichkeiten[9, 10, 11]

(1) Der Blogger wird in dem Blogpost keine vergleichbaren Waren anderer Hersteller oder Händler zeigen oder erwähnen, insbesondere nicht solche, die zu den Produkten austausch-

bar sind. Die übrigen in dem Blogpost gezeigten oder erwähnten Waren dürfen nicht durch Markenzeichen oÄ den Hersteller oder Händler erkennen lassen. Gegenstand des Blogposts dürfen in keinem Fall Werbevergleiche mit Produkten anderer Hersteller oder Händler sein.

(2) Soweit der Auftraggeber dem Blogger zur Erstellung des Blogposts Produkte überlässt, stellt der Auftraggeber sicher, dass diese den gesetzlichen Anforderungen genügen. Im Übrigen erstellt der Blogger die Beiträge eigenverantwortlich. Der Auftraggeber sichtet die Beiträge nur auf grobe inhaltliche Fehler bzw. drohende grobe Imageschäden. Dies beinhaltet keine rechtliche Prüfung der Beiträge durch den Auftraggeber und entlässt den Auftragnehmer nicht aus seiner Verantwortung für den Blogpost.

(3) Der Blogger wird durch die Beiträge keine Rechte Dritter (zB Urheber-, Bildrechte) verletzen sowie die gesetzlichen Bestimmungen, insbesondere das Gesetz gegen den unlauteren Wettbewerb (UWG) einhalten. U. a. wird der Blogger dafür sorgen, dass die Beiträge von redaktionellen Beiträgen abgegrenzt und klar als Werbung erkennbar/ gekennzeichnet sind und keine versteckten Werblinks setzen. Sollten Dritte wegen der Beiträge oder deren Darstellung in dem Blog Ansprüche gegen den Auftraggeber wegen einer Verletzung ihrer Rechte geltend machen, die der Blogger zu vertreten hat, wird der Blogger den Auftraggeber hiervon freistellen. Die Freistellung umfasst auch die Kosten der Rechtsverteidigung. Im Übrigen bleiben die gesetzlichen Rechte des Auftraggebers unberührt.

(4) Auf Verlangen des Auftraggebers wird der Blogger die Beiträge unverzüglich aus dem Blog und den Social Media entfernen. Außerdem wird er alle erforderlichen Maßnahmen vornehmen, damit die Beiträge aus weiteren Internetseiten, auf denen sie ggf. sichtbar sind, entfernt werden. Hierzu ist auch der Auftraggeber berechtigt.

(5) Wenn der Blogger Anhaltspunkte dafür hat, dass der Blogpost rechtswidrige Inhalte hat oder die Rechte Dritter verletzt, wird er dem Auftraggeber unverzüglich Mitteilung machen und den Blogpost in Abstimmung mit dem Auftraggeber unverzüglich aus dem Blog entfernen. Außerdem wird er alle erforderlichen Maßnahmen vornehmen, damit die Beiträge aus weiteren Internetseiten, auf denen sie ggf. sichtbar sind, entfernt werden. Hierzu ist auch der Auftraggeber berechtigt. Sollte sich der Verdacht eines rechtswidrigen Inhalts des Blogposts oder der Verletzung Rechte Dritter nicht bestätigen, wird der Blogger den Blogpost wieder live schalten.

(6) Der Blogger wird sich während der Laufzeit dieses Vertrages sowie eines Zeitraumes von . . . . . Kalendermonaten nach Veröffentlichung des Blogposts öffentlich nicht negativ über den Auftraggeber oder dessen Produkte oder Dienstleistungen äußern. Er wird keine Handlungen oder Unterlassungen vornehmen, die einen negativen Einfluss auf den Ruf und die Geschäftsinteressen des Auftraggebers haben können. Ferner wird der Blogger keine Handlungen oder Unterlassungen vornehmen, die negativen Einfluss auf ihn selbst, auf seinen Ruf oder den seines Blogs haben können. Dies gilt insbesondere auch für Beiträge in Social Media wie Facebook, Twitter, Instagram oÄ sowie dem Blog und etwaigen weiteren Blogs. Der Auftraggeber ist ohne Fristsetzung berechtigt, vom Vertrag zurückzutreten, wenn der Blogger gegen die vorgenannten Pflichten verstößt.

§ 6 Exklusivität[12]

Der Blogger wird zeitgleich mit den vertragsgegenständlichen Blogposts und in einem Zeitraum von . . . . . Kalenderwochen vor und nach dessen Liveschaltung keine Blogposts für Produkte von Wettbewerbern des Auftraggebers erstellen oder live schalten.

§ 7 Geheimhaltung, Betriebsgeheimnisse

(1) Der Blogger wird über sämtliche Geschäfts- und Betriebsgeheimnisse sowie alle sonstigen vertraulichen Informationen im Zusammenhang mit dem Betrieb und/oder den Produkten des Auftraggebers während der Vertragslaufzeit und für die Dauer von mindestens drei (3) Jahren nach Liveschaltung des Blogposts Stillschweigen bewahren. Eine Weitergabe dieser Informationen an Dritte oder eine Nutzung zu einem anderen Zweck als im Zusammenhang mit dem Vertrag ist dem Blogger nur nach vorheriger schriftlicher Zustimmung des Auftraggebers gestattet.

(2) Die vorgenannten Pflichten gelten nicht für vertrauliche Informationen, (i) die allgemein bekannt sind oder werden, ohne dass der Blogger dabei gegen Pflichten verstoßen hat; (ii) die dem Blogger von Dritten, die zur Offenlegung befugt sind, bekannt gegeben wurden; (iii) die dem Blogger schon vor Offenbarung durch den Auftraggeber bekannt waren oder (iv) die der Blogger aufgrund einer Verpflichtung durch Gesetz oder Verordnung offenlegen muss, vorausgesetzt der Blogger informiert den Auftraggeber über eine solche Verpflichtung unverzüglich.

§ 8 Schlussbestimmungen

(1) Der Vertrag tritt mit Unterzeichnung durch beide Parteien in Kraft.

(2) Der Vertrag unterliegt deutschem Recht unter Ausschluss des Übereinkommens der Vereinten Nationen über den internationalen Warenverkauf (UN-Kaufrecht/CISG).[13]

(3) Sofern der Blogger Kaufmann, juristische Person des öffentlichen Rechts oder öffentlich-rechtliches Sondervermögen ist, ist der Geschäftssitz des Auftraggebers ausschließlicher Gerichtsstand. Der Auftraggeber bleibt zur gerichtlichen Rechtsverfolgung am allgemeinen Gerichtsstand des Bloggers berechtigt. Im Verhältnis zu Nichtkaufleuten ist der Geschäftssitz des Auftraggebers Gerichtsstand, soweit der Blogger nach Vertragsschluss seinen Wohnsitz oder gewöhnlichen Aufenthalt ins Ausland verlegt oder sein Wohnsitz oder gewöhnlicher Aufenthaltsort im Zeitpunkt der gerichtlichen Geltendmachung unserer Ansprüche nicht bekannt ist.[14]

(4) Sollten einzelne Bestimmungen dieser Vereinbarung ganz oder teilweise unwirksam oder undurchführbar sein oder werden, so wird die Wirksamkeit der übrigen Bestimmungen dadurch nicht berührt. Die Parteien verpflichten sich für diesen Fall, die unwirksame oder undurchführbare Bestimmung durch eine wirksame oder durchführbare Regelung zu ersetzen, die dem Sinn und Zweck des wirtschaftlich Gewollten gleich oder möglichst nah kommt. Gleiches gilt für etwaige Regelungslücken dieser Vereinbarung.

(5) Nebenabreden zu diesem Vertrag sind nicht getroffen. Änderungen oder Ergänzungen dieses Vertrages, einschließlich dieser Schriftformklausel, bedürfen zu ihrer Wirksamkeit der Schriftform.

(6) Erfüllungsort ist der Sitz des Auftraggebers.

. . . .

(Ort, Datum)   (Ort, Datum)

. . . .

Auftraggeber   Blogger

Anmerkungen

1. Marktumfeld. Die Online-Werbung gehört schon heute zu den umsatzstärksten Werbebranchen. Neben den bekannten Werbeformen (Displaywerbung, Suchtreffermarketing) etablieren sich im Online-Marketing immer wieder neue Werbeformen. Die kreativen Ideen der Branche bieten den Unternehmen wirksame Möglichkeiten der Kundenansprache. Spiegelbildlich hierzu sieht sich der Internetnutzer immer neuen Werbemaßnahmen ausgesetzt, die für ihn nicht in jedem Fall unmittelbar als solche erkennbar sind. Die Grenzen der Zulässigkeit neuer Formen der Online-Werbung stecken ua das Gesetz gegen den Unlauteren Wettbewerb (UWG) und das Telemediengesetz (TMG) ab. Häufig sind den werbenden Unternehmen diese Grenzen allerdings nicht bewusst. Um unliebsamen Überraschungen vorzubeugen, ist es empfehlenswert, sich vor der Anwendung neuer Online-Werbeformen mit den Grenzen der rechtlichen Zulässigkeit zu befassen und mit den Vertragspartnern detaillierte vertragliche Regelungen zu treffen.

2. Vertragsgegenstand. Gegenstand des Vertrags ist das Verfassen von Werbung für den Werbekunden in redaktioneller Aufmachung („Sponsored Article"). Begrifflich besteht das „Advertorial" aus einer Mischung der englischen Wörter „advertisement" (Werbung) und editorial (Leitartikel). Das Advertorial gehört zu den werblichen Kommunikationsinstrumenten, die nicht eindeutig der Werbung einerseits bzw. der Öffentlichkeitsarbeit andererseits zugeordnet werden. Seine Beliebtheit als Werbeform resultiert daraus, dass der Leser, wenn er Inhalte innerhalb eines redaktionellen Umfelds erfährt, deutlich aufnahmebereiter ist, als für eindeutig als Werbebotschaften erkennbare Inhalte (*Kollewe/Keukert*, Praxiswissen E-Commerce, 2014, 332. Denn eine redaktionelle Tarnung wertet Werbung aufgrund der Wertschätzung des Lesers für journalistische Beiträge erheblich auf (BGH Urt. v. 3.2.1994 – I ZR 321/91, GRUR 1994, 441 [442] – Kosmetikstudio; BGH **Urt. v. 23.10.1997 – I ZR 123/95**, GRUR 1998, 481 [482] – Auto 94; OLG Hamburg Urt. v. 8.5.2003 – 5 U 175/02, GRUR-RR 2004, 46 – Rexona; OLG Hamm Urt. v. 30.11.1978 – 4 U 105/78, GRUR 1979, 168 [169] – Modeberichte; *Köhler/Bornkamm* UWG § 4 Rn. 3.20 mwN). **Advertorials können sowohl in Printmedien sowie online, zB in Blogs und/oder sozialen Medien erscheinen.** Zum Teil werden Blog-Beiträge zwar nicht als Advertorial, sondern als hiervon abzugrenzende Form des Content-Marketing angesehen (*Wiebe/Kreutz* WRP 2015, 1053 [1056]). Die Differenzierung überzeugt indes nicht. Auch ein Blog ist ein „Sponsored Article" und auf beide Online-Werbeformen sind dieselben rechtlichen Grundsätze anwendbar. Unabhängig von einer definitorischen Abgrenzung gilt, dass alle Werbeformen kritisch sind, die Züge von Schleichwerbung annehmen. Schleichwerbung verstößt gegen das Wettbewerbsrecht und kann Ansprüche auf Unterlassung, Beseitigung, Auskunft und Schadensersatz sowie Kostenerstattung begründen. Wettbewerbsrechtliche Angriffe können sowohl von Wettbewerbern, als auch den in § 8 UWG genannten Verbänden und Vereinigungen drohen. Gegenstand des kommentierten Vertragsmusters ist ein an einen freien Blogger vergebener Auftrag. Mit entsprechenden Anpassungen kann das Muster auch als Grundlage für andere Formen des Content-Marketing (zB gesponserte Beiträge von Youtubern) bzw. das Native-Advertising (vgl. hierzu *Wiebe/Kreutz* WRP 2015, 1053 ff. u. 1179 ff.) verwendet werden.

3. Vertragstyp. Verträge über das Erstellen von Blogbeiträgen gehören zu den Werbeverträgen und sind typengemischte Verträge. Die geschuldete Leistung ist die Erstellung und Veröffentlichung eines Werbebeitrages, typischerweise also nicht nur ein Bemühen, sondern ein konkreter Arbeitserfolg. Dies gilt auch dann, wenn dem Blogger, wie in der Praxis üblich, möglichst freie Hand gelassen wird, um die erstrebte Authentizität des

Beitrags zu gewährleisten. Denn auch dann verpflichtet sich der Blogger nicht nur zu einem Bemühen, sondern zu einem Arbeitserfolg. Aus diesem Grund liegt der Schwerpunkt des Vertrags in der Regel im Werkvertragsrecht, §§ 631 ff BGB. Anders kann dies zu sehen sein, wenn der Blogger fortlaufend damit betraut ist, für das Unternehmen zu schreiben. Denn dann treten die Einzelmaßnahmen in ihrer rechtlichen Bedeutung zurück und der Schwerpunkt des Vertrags liegt im Dienstvertragsrecht (MüKoBGB/*Busche*, 6. Aufl. 2012, § 631 Rn. 285). Daneben enthält der Vertrag mit Blick auf die leihweise zur Verfügung gestellten und damit vom Auftraggeber beistellten Produkte Züge der Leihe (§§ 598 ff. BGB) und, bezogen auf die Einräumung von Nutzungsrechten an urheberrechtsschutzfähigen Werken, lizenzvertragliche Elemente.

4. Leistungsinhalt. Typischerweise kommt es dem Auftraggeber bei der Beauftragung von Online-Advertorials gerade auf die Person des Werbenden an. Aus Sicht des Auftraggebers ist es daher wesentlich, die Verpflichtung zur Leistung in Person aufzunehmen. Darüber hinaus lässt der Auftraggeber dem Blogger indes in der Regel freie Hand und macht keine inhaltlichen Vorgaben, um den Charakter eines journalistischen Beitrages zu bewahren. Gleichwohl sollte konkret festgelegt werden, über welche Artikel ein Beitrag zu erstellen ist, welchen Umfang der Beitrag haben soll, in welcher Form (zB Text, Fotos, Video) dieser erstellt und in welchen Medien der Beitrag geschaltet werden soll.

5. Leistungstermin. Der Leistungstermin ist als Fixtermin im Sinne von § 323 Abs. 2 Nr. 2 BGB ausgestaltet mit der Folge eines nachfristlosen Rücktrittsrechts. Die Rechtzeitigkeit der Leistung kann für den Auftraggeber in vielen Branchen von entscheidender Bedeutung sein, zB wenn der Beitrag zum Zeitpunkt der Markteinführung eines neuen Produkts erscheinen soll oder zu Beginn einer neuen Saison. Bei der Ausgestaltung ist darauf zu achten, dass der Fixtermin nicht überraschend ist, da die Fixklausel in Allgemeinen Geschäftsbedingungen ansonsten als überraschende Klausel nach § 305c Abs. 1 BGB unwirksam sein kann. Ferner sind bei Allgemeinen Geschäftsbedingungen die Interessen des Bloggers zu berücksichtigen, um eine Unwirksamkeit wegen unangemessener Benachteiligung nach § 307 BGB zu vermeiden (BGH Urt. v. 17.1.1990 – VIII ZR 292/88, NJW 1990, 2065; MüKoBGB/*Ernst* § 323 Rn. 119). Im Falle einer unwirksamen Fixklausel wäre vor Erklärung des Rücktritts gemäß § 323 Abs. 1 BGB eine Nachfrist zu setzen.

6. Überlassene Produkte. Der Auftraggeber übernimmt mit der Überlassung der Produkte eine Mitwirkungspflicht. Sofern der Blogger die für die Erstellung des Beitrages genutzten Produkte nicht als Vergütung oder Teil der Vergütung behalten darf, werden die Produkte, wie im Werkrecht für sog. Beistellungen üblich, leihweise vom Auftraggeber überlassen. Sie verbleiben im Eigentum des Auftraggebers und sind nach Erstellung des Beitrages zurückzugeben. Ggf. besteht auch kein Interesse an der Rückgabe; dies ist regelmäßig der Fall, wenn eine weitere Verwertung des Produkts nicht in Betracht kommt (zB Kosmetik, Nahrungsmittel). Je nach Wert der Produkte kann es empfehlenswert sein, den Blogger zu verpflichten, die Gegenstände für Dritte sichtbar als Eigentum des Auftraggebers zu kennzeichnen, diese zu versichern und gegen Eingriffe Dritter zu schützen.

Das Vertragsmuster sieht vor, dass der Auftraggeber die für den Beitrag zu nutzenden Produkte vorgibt. Es gibt indes auch Gestaltungsformen des Online-Advertorials in denen der Blogger die Produkte aus dem Sortiment des Auftraggebers auswählen darf.

7. Nutzungsrechte. Der Auftraggeber kann ein Interesse daran haben, den Blogpost für weitere Werbe- und Marketingzwecke zu verwenden. Um dies zu ermöglichen, werden dem Auftraggeber vertraglich die alleinigen Nutzungsrechte eingeräumt, so dass neben dem Blogger nur der Auftraggeber zur Nutzung berechtigt ist. Sofern die Nutzungsrechte eingeräumt werden sollen, um die weitere Verwendung des Blogposts durch den Auftraggeber zu ermöglichen, müsste die Vergütung einen angemessenen Anteil für die Nutzungsrechteeinräumung enthalten (→ Anm. 8). Mit Blick auf die in § 31 Abs. 5 UrhG geregelte Zweckübertragungslehre ist der Umfang der Rechteeinräumung detailliert zu regeln. Denn ohne Benennung der einzelnen Nutzungsarten werden im Interesse einer möglichst weitgehenden Beteiligung des Urhebers an den Erträgen aus der wirtschaftlichen Verwertung des Werks keine weitergehenden Nutzungsrechte eingeräumt, als es der Zweck des Vertrages erfordert. Da die Nutzung digitalisierter Werke zahlreiche Speichervorgänge mit sich zieht, die urheberrechtlich relevante Vervielfältigungen beinhalten (*Wandtke/Bullinger* UrhR § 16 Rn. 19), werden in der Klausel ua das Recht zur Bearbeitung sowie zur Erteilung von Unterlizenzen ausdrücklich benannt. Hierdurch soll sichergestellt werden, dass der Auftraggeber den Blog in die eigene Website einstellen, grafische Anpassungen oder sonstige Bearbeitungen vornehmen sowie auch Dritte mit diesen Maßnahmen beauftragen kann. Das Recht zur Namensverwendung des Bloggers durch den Auftraggeber entspricht dem Recht des Bloggers auf Urheberbezeichnung, § 13 Abs. 2 UrhG. Sofern ein Blogger mit Sitz im Ausland beauftragt wird, sollte aufgrund der vertraglichen Lizenzeinräumung eine etwaige Pflicht zur Abführung von Quellensteuer geklärt werden.

8. Vergütung. Die vereinbarte Vergütung sollte einen angemessenen Anteil für die Einräumung der Nutzungsrechte enthalten. Ist die Vergütung für die Nutzungsrechteinräumung nicht angemessen, kann der Urheber die Einwilligung in die Änderung des Vertrages verlangen, durch die dem Urheber die angemessene Vergütung gewährt wird, § 32 Abs. 1 S. 3 UrhG. Für den Vergütungsanspruch kommt es auf eine tatsächliche Werknutzung nicht an. Diese Regelung ist zwingend und kann nicht durch vertragliche Gestaltungen abbedungen oder umgangen werden, § 32 Abs. 3 UrhG. Die Vergütung für die Einräumung von Nutzungsrechten ist gemäß § 32 Abs. 2 S. 2 UrhG angemessen, wenn sie im Zeitpunkt des Vertragsschlusses dem im Geschäftsverkehr nach Art und Umfang der eingeräumten Nutzungsmöglichkeit Üblichen entspricht. Maßgeblich sind etwaige Umsätze des Nutzungsberechtigten, die Vertragsdauer und eine redliche Branchenübung (*Spindler/Schuster* UrhG § 32 Rn. 11). Falls die Vergütung zwar im Zeitpunkt des Vertragsschlusses angemessen ist, sich aber nachträglich die Unangemessenheit ergibt, kommt zusätzlich § 32a UrhG zur Anwendung, wonach dem Urheber ein gesonderter Anspruch auf Vertragsanpassung zusteht. § 32a UrhG greift ein, wenn der Erfolg des Werkes die Erwartungen wesentlich übertrifft. Dies kann sich insbesondere ergeben, wenn ein Urheber dem Verwerter aus wirtschaftlicher Not oder Unerfahrenheit Nutzungsrechte an dem Werk gegen ein geringes Entgelt überlassen hat, dieser die Werke aber wirtschaftlich äußerst erfolgreich verwertet (*Spindler/Schuster* UrhG § 32a Rn. 1).

Alternativ zur Zahlung einer Vergütung für die Erbringung des Blogbeitrages kommt in Betracht, dem Blogger die zur Erstellung des Blogbeitrages zur Verfügung gestellten Produkte zu überlassen. Für den Fall der unbezahlten Kooperation kann folgender Alternativtext verwendet werden:

> Als Gegenleistung für die Beiträge des Bloggers ist der Blogger berechtigt, die zur Erstellung des Blogspots überlassenen Produkte zu behalten. Der Auftraggeber überträgt dem Blogger das Eigentum an den Produkten aufschiebend bedingt durch die fristgerechte und mangelfreie Leistungserbringung gemäß Ziffer 1 dieser Vereinbarung. Eine Vergütung in Geld ist wechselseitig nicht geschuldet. Die Parteien gehen davon aus, dass die gegenseitigen Leistungen ausgeglichen sind und jeweils einen Wert von EUR [. . . . . .] haben. Sie werden diesen Wert einander gegenseitig zuzüglich gesetzlich geschuldeter Umsatzsteuer in Rechnung stellen und miteinander verrechnen. Ein Zahlungsfluss findet nicht statt.

Auch insoweit müsste die Überlassung der Produkte – gemessen an ihrem Wert – eine
übliche Vergütung für die Einräumung der Nutzungsrechte enthalten. Aus umsatzsteuer-
lichen Gründen ist es für den Auftraggeber außerdem von Bedeutung, dass eine Überlassung der Produkte nicht als unentgeltliche Wertabgabe erfolgt, sondern die Leistungen
wertmäßig in Rechnung gestellt und miteinander verrechnet werden.

9. Trennungsgebot. Für redaktionelle Werbung gilt das Gebot der Trennung von
redaktionellem Inhalt und Werbung. Der Werbecharakter geschäftlicher Handlungen
darf nicht verschleiert werden, anderenfalls wird ein Verstoß gegen das Verbot der
Irreführung durch Unterlassen begründet, § 5a Abs. 6 UWG. Einer besonderen Kennzeichnung als Werbung bedarf es immer dann, wenn sich nicht schon aus der Darstellung
ergibt, dass es sich um Werbung im Kontext eines redaktionellen Beitrags handelt (OLG
München Urt. v. 27.3.2014 – 6 U 3183/13, WRP 2014, 1077 f.). Selbst wenn der
Verkehr in Online-Medien grundsätzlich an Werbeanzeigen gewöhnt ist, so dass hier
ggf. eine etwas großzügigere Betrachtung geboten sein kann (so LG Berlin Urt. v.
26.7.2005 – 16 O 132/05, MMR 2005, 778 [779]; aA *Wiebe/Kreutz* WRP 2015, 1179
[1181] mwN), ist das Trennungsgebot im Bereich der Online-Werbung gleichfalls zu
beachten. Dies schließt den mobilen Anwendungsbereich (Smartphones, Tablets) sowie
auch die neueren Formen der Online-Werbung, wie zB Native Ads und virales Marketing, ein (*Solmecke/Kocatepe*, Recht im Online-Marketing, 2016, 384 ff.). Das Trennungsgebot ist auch bei Links (insbesondere In-Text-Links) und Frames innerhalb redaktioneller Beiträge zu beachten. Ein Link, der aus einem redaktionellen Zusammenhang
auf eine Werbeseite führt, muss so gestaltet sein, dass dem Nutzer erkennbar ist, dass auf
eine Werbeseite verwiesen wird (KG Urt. v. 30.6.2006 – 5 U 127/05, NJW-RR 2006,
1633 – Getarnte Link-Werbung; *Schirmbacher*, Online-Marketing und Recht, Ziff. 3.3.
S. 97; LG Berlin Urt. v. 26.7.2005 – 16 O 132/05, MMR 2005, 778 [779]).

Nach dem Grundsatz der Trennung von Werbung und redaktionellem Teil muss der
werbende Charakter einer Angabe bereits **auf den ersten Blick erkennbar** sein, **nicht erst
nach der analysierenden Lektüre** des entsprechenden Beitrags (BGH Urt. v. 31.10.2012 –
I ZR 205/11, GRUR 2013, 644 [647] Rn. 21 – Preisrätselgewinnauslobung V; BGH
Urt. v. 6.2.2014 – I ZR 2/11, GRUR 2014, 879 [883] Rn. 30 – Good News II; LG
München I Urt. v. 18.3.2015 – 37 O 19570/14, MMR 2016, 257; LG Berlin Beschl. v.
24.1.2012 – 5 W 10/12, MMR 2012, 316; Gloy/Loschelder/Erdmann/*Bruhn*, Handbuch
des Wettbewerbsrechts, 4. Aufl. 2010, § 50 Rn. 4). Je eher der Leser aus Inhalt und
Aufmachung des Textes den Eindruck haben muss, es handele sich um einen redaktionellen Beitrag, desto deutlicher muss die Kennzeichnung als Werbung sein. Zwar ist
die Kennzeichnung von Werbung – auch im Internet – dann nicht ausdrücklich mit dem
Wort „Anzeige" oder „Werbung" erforderlich, wenn auf andere Weise für eine ausreichende Erkennbarkeit gesorgt ist und der Werbecharakter der Veröffentlichung hinreichend deutlich wird (OLG München Urt. v. 27.3.2014 – 6 U 3183/13, WRP 2014,
1074 [1077 f.]). Ob allein eine Kennzeichnung mit „Advertorial" ausreicht, wenn der
Leser diese Bezeichnung mit Beginn des Lesens deutlich wahrnehmen kann (so *Spindler/
Schuster*, 3. Aufl. 2015, UWG § 4 Rn. 105) ist allerdings zweifelhaft, wenn der Begriff,
wovon derzeit auszugehen sein wird, außerhalb weniger Fachkreise kaum bekannt ist
und sich das Advertorial an Verbraucher richtet. Der Hinweis „Premium-Partner" stellt
ebenfalls keine ausreichende Erkennbarkeit der Werbung sicher (LG München I Urt. v.
18.3.2015 – 37 O 19570/14, MMR 2016, 257). Erläuterungen mittels „Mouseover"-
Technik sind zur Aufklärung jedenfalls dann ungeeignet, wenn eine Website keinen
konkreten Anlass dazu gibt, mit dem Cursor über den zu erläuternden Begriff zu fahren,
weil dann die Wahrnehmung dem Zufall überlassen bleibt (vgl. OLG Frankfurt aM
Beschl. v. 23.2.2011, K & R 2011, 414; LG München I Urt. v. 18.3.2015 – 37 O 19570/
14, MMR 2016, 257). Eine Kennzeichnung mit „Sponsored by" hat der BGH – im

Printbereich – bereits für unzureichend erachtet (BGH Urt. v. 6.2.2014 – I ZR 2/11, GRUR 2014, 879 [883] Rn. 30 – Good News II). Nach den vorstehend dargelegten Grundsätzen besteht auch im Bereich der Online-Werbung ein nicht unerhebliches Risiko, dass die Bezeichnung „Sponsored by" für nicht ausreichend erachtet würde.

Parallel hierzu bestimmt § 6 Abs. 1 Nr. 1 TMG für Websites, die zumindest auch einen redaktionellen Teil haben, dass kommerzielle Kommunikation als solche erkennbar sein muss. Für Werbebeiträge darf nicht der Eindruck entstehen, es handele sich um eine unabhängige objektive Berichterstattung. Von der Norm erfasst werden zunächst Online-Zeitungen und Zeitschriften sowie Beiträge unabhängiger Blogger (*Schirmbacher*, Online-Marketing und Recht, Ziff. 3.3. S. 97). Ein Verstoß gegen § 6 Abs. 1 Nr. 1 TMG bewirkt einen „Vorsprung durch Rechtsbruch" und beinhaltet einen Verstoß gegen 3a UWG (LG Berlin Urt. v. 26.7.2005 – 16 O 132/05, MMR 2005, 778; *Spindler/Schuster* TMG § 6 Rn. 114).

Bei nicht klar gekennzeichneter redaktioneller Werbung gegenüber Verbrauchern ist zudem das „Per-se-Verbot" der als Information getarnten Werbung erfüllt (**Anhang Nr. 11 zu § 3 Abs. 3 UWG**). Stets unzulässig ist danach der von dem Unternehmer finanzierte Einsatz redaktioneller Inhalte zu Zwecken der Verkaufsförderung, wenn sich dieser Zusammenhang nicht aus dem Inhalt oder aus der Art der optischen oder akustischen Darstellung eindeutig ergibt. Erfasst sind auch Beiträge in Telemedien und Internet, soweit sie einen „redaktionellen" Teil aufweisen, also eine Berichterstattung und Auseinandersetzung über Themen von allgemeinem Interesse durch eine unabhängige und neutrale Redaktion als Beitrag zur Unterrichtung und Meinungsbildung (*Köhler/Bornkamm* UWG Anh. zu § 3 Abs. 3 Rn. 11.2). Ein Beitrag hat einen redaktionellen Inhalt, wenn er seiner Gestaltung nach aus Sicht des durchschnittlich informierten, situationsadäquat aufmerksamen und verständigen Verbrauchers als objektive neutrale Berichterstattung durch das Medienunternehmen selbst erscheint (BGH Urt. v. 6.2.2014 – I ZR 2/11, GRUR 2014, 879 [882], Rn. 24 – Good News II; OLG Hamburg Beschl. v. 19.6.2012 – 5 W 58/12, WRP 2012, 1287 Rn. 5). Die Werbung in dem redaktionellen Beitrag kann sich auch in Gestalt einer lobenden Berichterstattung zeigen (*Köhler/Bornkamm*, UWG Anh. zu § 3 Rn. 11.2). Diese Kriterien sind bei Online-Advertorials, deren Zweck es ist, die Werbewirkung redaktioneller Beiträge zu nutzen, regelmäßig erfüllt, wenn die angesprochene Zielgruppe Verbraucher sind. Sofern ein Nachweis der Finanzierung des Beitrags durch das werbende Unternehmen ausbleibt, verbleibt es bei dem Auffangtatbestand des § 5a Abs. 6 UWG (*Köhler/Bornkamm*, UWG Anh. zu § 3 Rn. 11.9).

10. Haftung. Die vertragliche Haftungsregelung betrifft das **Innenverhältnis** zwischen Auftraggeber und Blogger. Der Blogger darf grundsätzlich davon ausgehen, dass ihm vom Auftraggeber etwa überlassene Werbemittel als solche den gesetzlichen Anforderungen genügen. Insofern trifft ihn gegenüber dem Unternehmen keine gesetzliche Pflicht zur Prüfung auf Rechtsverletzungen (*Schirmbacher*, Online-Marketing und Recht, Ziff. 3.3, S. 98). Etwas anders gilt allerdings für die von dem Blogger zu verantwortende Darstellung, wie eigene Bilder und Texte, sowie die Einbindung seines Beitrags in den Kontext des Blogs. Hier trifft den Blogger gegenüber dem werbenden Unternehmen die Verantwortung für die rechtlich zulässige Darstellung einschließlich der Wahrung des Gebots einer Trennung redaktioneller Beiträge von Werbung. Diese Aufteilung der Verantwortlichkeiten nimmt das Vertragsmuster auf. Das Vertragsmuster sieht keine Haftungsbegrenzung im Innenverhältnis vor.

Sofern zu Gunsten des Verwenders des Vertragsmusters Haftungsbeschränkungen im Innenverhältnis aufgenommen werden, ist zu berücksichtigen, dass die Online-Advertorial Vereinbarung vielfach als vom Auftraggeber gestellte Allgemeine Geschäftsbedingungen einzuordnen sein dürfte (vgl. zur Abgrenzung zwischen Allgemeinen Geschäftsbedingungen und Individualvereinbarung ua MüKoBGB/*Basedow* § 305 Rn. 13 ff.). Die Grenzen von § 307 BGB sind in diesem Fall zu beachten.

Unabhängig von der Haftung im Innenverhältnis gegenüber dem Auftraggeber haftet der Blogger für durch den Inhalt des Blogs verursachte **Rechtsverletzungen gegenüber Dritten** als unmittelbar Handelnder. Eine Privilegierung als Telemedienanbieter gemäß § 7 Abs. 2 TMG kommt nicht in Betracht, weil der Blogger eigene Informationen zur Nutzung bereithält und daher nach den allgemeinen Gesetzen verantwortlich ist, § 7 Abs. 1 TMG. Ob daneben auch der Auftraggeber für die von dem Blogger verursachten Rechtsverletzungen gegenüber Dritten gemäß § 8 Abs. 2 UWG auf Unterlassung haftet, weil der Blogger als „Beauftragter" im Sinne dieser Vorschrift zu gelten hat, ist offen. Dagegen spricht, dass der Blogger in der Erstellung seines Beitrags grundsätzlich frei und damit dem Auftraggeber kein „bestimmender und durchsetzbarer Einfluss auf die beanstandete Tätigkeit eingeräumt ist" (vgl. zu diesem Kriterium *Köhler/Bornkamm* UWG § 8 Rn. 2.41). Nachdem allerdings Werbeagenturen als Beauftragte im Sinne von § 8 Abs. 2 UWG angesehen werden können (BGH Urt. v. 25.11.1993 – I ZR 259/91, GRUR 1994, 219 [220] – Warnhinweis; *Köhler/Bornkamm* UWG § 8 Rn. 2.45 mwN) und sich der Auftraggeber zumindest eine Kontrolle auf „Imageschäden und Fehler" vorbehält, kann eine Haftung des Auftraggebers gemäß § 8 Abs. 2 UWG gegenüber Dritten bei der gebotenen weiten Auslegung (*Köhler/Bornkamm* UWG § 8 Rn. 2.34 mwN) nicht ausgeschlossen werden. Sofern der Auftraggeber den Blogpost in die eigene Website integriert und aus diesem Grunde wegen etwaiger durch den Inhalt des Blogposts verursachte Rechtsverletzungen in Anspruch genommen wird, kommt eine Privilegierung als Telemedienanbieter für den Auftraggeber gleichfalls nicht in Frage, weil er sich die Inhalte des Bloggers „zu eigen macht". Denn auch die „zu eigen gemachten" Informationen Dritter zählen zu den „eigenen" Informationen im Sinne von § 7 Abs. 1 TMG, für die sich die Haftung nach den allgemeinen Grundsätzen richtet. Ein Zu-Eigen-Machen wird angenommen, wenn der Anbieter fremde Informationen übernimmt, sich mit den Inhalten identifiziert oder sie zumindest billigt und wie eigene behandelt (*Hoeren/Sieber/Holznagel* Rn. 30 f.) Daran, dass sich der Auftraggeber, die Inhalte eines Blogposts, die er in die eigene Website einstellt oder anderweitig für sich zu Werbezwecken nutzt, nach den vorstehenden Grundsätzen zu eigen macht und daher auch in dieser Konstellation im Falle einer Rechtsverletzung gegenüber Dritten haftet, besteht kein Zweifel. Aus diesem Grunde sieht der Vertrag eine Freistellung zugunsten des Auftraggebers vor.

11. Imagewahrung. Das Gebot der Imagewahrung des Auftraggebers auch über die Erfüllung des Vertrages hinaus ergibt sich als vertragliche Nebenpflicht aus § 241 Abs. 2 BGB. Aus dem Schuldverhältnis ergeben sich Schutzpflichten gegenüber dem Vertragspartner, die auch über den Zeitpunkt der Erfüllung der Hauptleistung fortdauern können. Unter anderem die Verbreitung falscher ehrenrühriger Tatsachen verletzt die nachvertraglichen Schutzpflichten (MüKoBGB/*Bachmann* § 241 Rn. 107).

12. Exklusivität. Die Pflicht des Bloggers, die vertragsgegenständlichen Leistungen nur an den Auftraggeber zu erbringen, stellt zwar eine wettbewerbsbeschränkende Vereinbarung dar. Es ist allerdings schon fraglich, ob diese überhaupt die für einen Kartellverstoß geforderte Spürbarkeit (BeckOK InfoMedienR/*Paal* AEUV Art. 101 Rn. 29) aufweist. Im Übrigen sind solche Exklusivitätsvereinbarungen gemäß § 2 Abs. 2 GWB iVm Art. 1 Abs. 1, Art. 2 Abs. 1 der Verordnung (EU) Nr. 330/2010 (Vertikal-Gruppenfreistellungsverordnung) freigestellt, sofern der Anteil des Bloggers an dem relevanten Markt, auf dem er die vertragsgegenständlichen Blogger-Leistungen anbietet, und der Anteil des Auftraggebers auf dem relevanten Markt, auf dem er die vertragsgegenständlichen Leistungen einkauft, jeweils nicht mehr als 30 % beträgt.

13. **Internationales Privatrecht.** Durch die Rechtswahlklausel vereinbaren die Parteien die Anwendbarkeit deutschen materiellen Rechts. Eine Rechtswahlvereinbarung ist zu empfehlen, wenn der Vertrag internationale Bezüge aufweist, zB bei Beauftragung eines Bloggers mit (Wohn-) Sitz im Ausland. Die Rechtswahlvereinbarung betrifft alle vertraglichen Ansprüche zwischen den Parteien einschließlich der Vertragsauslegung sowie einer etwaigen Leistungsstörung und deren Folgen (Schulze ua/*Staudinger* Rom I-VO Art. 12 Rn. 3 ff.). Außervertragliche Schuldverhältnisse, insbesondere eine etwaige deliktische Haftung gegenüber Dritten wird von der Rechtswahlklausel hingegen nicht erfasst. Insoweit bleibt es bei den gesetzlichen Regelungen des Internationalen Privatrechts. Gemäß Art. 6 Abs. 1 Rom-II-VO bestimmt sich das auf außervertragliche Schuldverhältnisse anwendbare Lauterkeitsrecht nach dem Ort der wettbewerblichen Interessenkollision, an dem die Werbemaßnahme einwirkt und die Abnehmer umworben werden. Dies wird von der Rechtsprechung angenommen, wenn sich die Online-Werbung bestimmungsgemäß (auch) an ausländische Verkehrskreise richtet (BGH Urt. v. 30.3.2006 – I ZR 24/03, GRUR 2006, 513 Rn. 25 – Arzneimittelwerbung im Internet; BGH Urt. v. 5.10.2006 – I ZR 7/04, GRUR 2007, 245 Rn. 13). Um festzustellen, auf welche Verkehrskreise eine Werbekampagne im Internet abzielt, sind alle Umstände des Einzelfalls einzubeziehen, ua die Top-Level-Domain, die Sprache, die Angabe einer Währung und ein etwaiger Disclaimer, aber auch eine (gleichwohl) bestehende Möglichkeit von Bestellungen aus dem Ausland etc (*Hoeren*, Internetrecht, S. 232 f.; BGH Urt. v. 30.3.2006 – I ZR 24/03, GRUR 2006, 513 – Arzneimittelwerbung im Internet; BGH Urt. v. 13.10.2004 – I ZR 163/02, GRUR 2005, 431 – Hotel Maritim). Eine eindeutige Bestimmung des Marktortes von Online-Marketing-Maßnahmen wird allerdings nicht immer möglich sein. Mithin müssen sich Blogger und Auftraggeber bei Auslandsbezug der Werbemaßnahme grundsätzlich auch auf die Anwendbarkeit ausländischer (delikts-) rechtlicher Bestimmungen einstellen (vgl. hierzu *Hoeren*, Internetrecht, S. 232 f. mwN).

Sofern das Kollisionsrecht zur Anwendbarkeit inländischen Rechts führt, kann sich ein Blogger mit (Wohn-)Sitz in einem anderen EU-Staat, der keine Niederlassung in Deutschland hat, aufgrund des in § 3 TMG umgesetzten **Herkunftslandprinzips der E-Commerce-Richtlinie** uU gleichwohl für ihn günstigere, sachrechtliche Regelungen in seinem Sitzstaat berufen. Das Herkunftslandprinzip dient dem Zweck, dass sich Telemedienanbieter mit Sitz innerhalb der EU auch bei grenzüberschreitender Tätigkeit nicht auf unterschiedliche Bestimmungen im jeweiligen Abrufstaat, sondern nur auf die innerstaatlichen Vorschriften ihres Sitzstaates einstellen müssen. Hierdurch sollen die Grundfreiheiten des EU-Vertrags, insbesondere die grenzüberschreitenden Dienste der Informationsgesellschaft gewährleistet werden (vgl. *Spindler/Schuster*, 3. Aufl. 2015, TMG § 3 Rn. 1; *Hoeren*, Internetrecht, 233). Streitig ist, ob das Herkunftslandprinzip auch für den umgekehrten Fall gilt, dass ein Telemedienanbieter mit Sitz in Deutschland sich auf ein für ihn günstigeres Recht eines anderen Abrufstaats innerhalb der EU berufen kann (so *Spindler/Schuster*, 3. Aufl. 2015, TMG § 3 Rn. 8; *Sack* WRP 2002, 271 [275]; WRP 2013, 1545 [1551] Rn. 51; aA LG Hamburg Urt. v. 23.5.2013 – 312 O 390/11, MMR 2013, 725; *Hoeren*, Internetrecht, 234; *Mankowski* IPRax 2002, 257 ff.). Jedenfalls wird das im Telemedienbereich normierte Herkunftslandprinzip durch die zahlreichen Ausnahmen in § 3 TMG wieder eingeschränkt. Für Online-Advertorials interessant sind insofern in erster Linie die Bereichsausnahmen für das Urheberrecht und die gewerblichen Schutzrechte gemäß § 3 Abs. 4 Nr. 6 TMG. Für diese Bereiche bleibt es bei der Anwendbarkeit der über die Rom II-VO ermittelten Bestimmungen. Im Wettbewerbsrecht hat das Herkunftslandprinzip hingegen echte Auswirkungen, weil die Werbung im Grundsatz schon dann rechtmäßig ist, wenn sie den Anforderungen des (ausländischen) Niederlassungsrechts des Telemedienanbieters genügt (*Spindler/Schuster*, 3. Aufl. 2015, TMG § 3 Rn. 13; MüKoBGB/*Martiny* TMG § 3 Rn. 54). Allerdings kann im konkreten Einzelfall ggf. die Geltung wettbewerbsrechtlicher Beschränkungen mit verbraucherschützender

Zielsetzung als angemessene Beschränkungen des Herkunftslandprinzips im Sinne von § 3 Abs. 5 TMG angesehen werden. Für möglich gehalten wird dies ua für das wettbewerbsrechtliche Verbot irreführender Werbung (*Spindler/Schuster* TMG § 3 Rn. 13; *Sack* WRP 2002, 271 [281]), so dass die Einzelfallkontrolle des § 3 Abs. 5 TMG zB bei Verletzung des Trennungsgebots durchaus relevant werden kann. Im Ergebnis ist es daher trotz der grundsätzlichen Geltung des Herkunftslandprinzips im Wettbewerbsrecht nicht sicher, dass sich Anbieter von Online-Werbemaßnahmen im konkreten Fall auf etwaige günstigere wettbewerbsrechtliche Bestimmungen ihres EU-Herkunftslands berufen können.

14. Gerichtsstand. Gemäß § 38 Abs. 1 ZPO kann ein an sich unzuständiges Gericht des ersten Rechtszuges wird durch ausdrückliche oder stillschweigende Vereinbarung der Parteien zuständig werden, wenn die Vertragsparteien Kaufleute, juristische Personen des öffentlichen Rechts oder öffentlich-rechtliche Sondervermögen sind. Gemäß § 38 Abs. 2 ZPO kann die Zuständigkeit eines Gerichts des ersten Rechtszuges ferner vereinbart werden, wenn mindestens eine der Vertragsparteien keinen allgemeinen Gerichtsstand im Inland hat. Hat eine der Parteien einen inländischen allgemeinen Gerichtsstand, so kann für das Inland nur ein Gericht gewählt werden, bei dem diese Partei ihren allgemeinen Gerichtsstand hat oder ein besonderer Gerichtsstand begründet ist. Da die Blogger häufig keine Kaufleute sind, scheidet die Vereinbarung eines Gerichtsstands häufig aus, sofern der Blogger nicht im Ausland sitzt.

J. Fernabsatz von Waren und Dienstleistungen

Allgemeiner Teil

1. Allgemeine Geschäftsbedingungen gegenüber Verbrauchern (B2C) – Online-Shop/Terms and Conditions vis-à-vis Consumer (B2C) – Online Shop

§ 1 Geltungsbereich,[1, 2] Vertragssprache

(1) Die vorliegenden Geschäftsbedingungen (AGB)[3, 4, 5, 6] finden Anwendung auf die zwischen Ihnen und uns, der Firma . . . . . (Anschrift, HRB-Nummer, Umsatzsteuer-ID-Nummer) vertreten durch . . . . . (Klick: Impressum)[7] über diesen Online-Shop geschlossene Verträge.

(2) Die für den Vertragsschluss zur Verfügung stehende Sprache ist ausschließlich Deutsch.[8] Übersetzungen dieser Geschäftsbedingungen in andere Sprachen dienen lediglich zu Ihrer Information. Bei etwaigen Unterschieden zwischen den Sprachfassungen hat der deutsche Text Vorrang.

§ 2 Anwendbares Recht, zwingende Verbraucherschutzvorschriften[9]

Es gilt das Recht der Bundesrepublik Deutschland unter Ausschluss des UN-Kaufrechts, wenn

(a) Sie Ihren gewöhnlichen Aufenthalt in Deutschland haben, oder
(b) Ihr gewöhnlicher Aufenthalt in einem Staat ist, der nicht Mitglied der Europäischen Union ist.

Für den Fall, dass Sie Ihren gewöhnlichen Aufenthalt in cinem Mitgliedsland der Europäischen Union haben, gilt ebenfalls die Anwendbarkeit des deutschen Rechts, wobei zwingende Bestimmungen des Staates, in dem Sie Ihren gewöhnlichen Aufenthalt haben, unberührt bleiben.

Sec. 1 Applicability,[1, 2] Contract Language

(1) The following general Terms and Conditions (GTC) apply to all contracts concluded between you and us, the company (Address, Commercial Register Number, VAT-number) via this online shop.

(2) The exclusive language available for the conclusion of the contract shall be German. Translations of these GTC to other languages are for information only. In the event of contradictions between the German text and the translations, the German text shall prevail.

§ 2 Applicable Law, Mandatory Consumer Protection Regulations

The law of the Federal Republic of Germany shall apply excluding the United Nations Convention on Contracts for the International Sale of Goods (CISG), if

(a) your abode is in Germany, or

(b) your abode is situated in a state not being member of the European Union.

In the event that your abode is in a member state of the European Union, German law applies provided this stipulation is not in conflict with mandatory rules of the state in which your abode is situated. Such rules shall remain unaffected.

§ 3 Vertragsschluss[10]

(1) Die Darstellung der Waren und Dienstleistungen in unserem Online-Shop stellt kein rechtlich bindendes Angebot, sondern eine Aufforderung zur Bestellung (invitatio ad offerendum) dar.

(2) Durch Anklicken des „Zahlungspflichtig bestellen"-Buttons im letzten Schritt des Bestellprozesses geben Sie ein verbindliches Angebot zum Kauf bzw. der Buchung der in der Bestellübersicht angezeigten Waren und/oder Dienstleistungen ab. Unmittelbar nach Absenden der Bestellung erhalten Sie eine Bestellbestätigung, die jedoch noch keine Annahme Ihres Vertragsangebots darstellt. Ein Vertrag zwischen Ihnen und uns kommt zustande, sobald wir Ihre Bestellung und/oder Buchung durch eine gesonderte E-Mail annehmen bzw. die Ware in den Versand geben. Bitte prüfen Sie regelmäßig den SPAM-Ordner Ihres E-Mail-Postfachs.

(3) Sie können in unserem Onlineshop Waren zum Kauf und/oder Dienstleistungen zur Buchung auswählen, indem Sie diese durch Klick auf den entsprechenden Button in einen Warenkorb legen. Wenn Sie die Bestellung abschließen wollen, gehen Sie zum Warenkorb, wo Sie durch den weiteren Bestellprozess geleitet werden. Nach der Artikelauswahl im Warenkorb und der Angabe aller erforderlichen Bestell- und Adressdaten im nachfolgenden Schritt öffnet sich durch Betätigen des Buttons „Weiter" eine Seite, in welcher die wesentlichen Artikelangaben einschließlich anfallender Kosten nochmals zusammengefasst sind. Bis zu diesem Zeitpunkt können Sie Ihre Eingaben korrigieren bzw. von der Vertragserklärung Abstand nehmen. Erst durch anschließendes Betätigen des Buttons „Zahlungspflichtig bestellen" wird ein verbindliches Angebot im Sinne von Absatz 2 abgegeben.

§ 3 Conclusion of contract

(1) The presentation of the products and services in our online shop does not constitute a legally binding offer, but merely an invitation to place orders (invitatio ad offerendum).

(2) By clicking „Order with obligation to pay" in the last step of the order process, you submit a binding offer for purchase of the goods displayed in the order overview and/or for booking of the services listed in the order overview. Immediately after submitting the order, you will receive an order confirmation, which however does not yet constitute the acceptance of your contract offer. A contract comes into existence between you and us as soon as we accept your order and/or booking by means of a separate email or dispatch the goods. Please regularly check the spam folder of your mailbox.

(3) In our online shop, you can select products for purchase and/or services for booking by placing them in the shopping cart via a click on the respective button. To finish the order, go to the shopping cart, from where you will be guided through the remaining part of the order process. Following the product selection in the shopping cart and the specification of all required order and address data in the subsequent step, you can click „Next" to access a page that summarises the most important product details including the costs that will be incurred. Until this stage, you can correct your input or decide not to enter the contract. Only by subsequently clicking the „Order with obligation to pay" to button, you place a binding order in the meaning of subsection (2).

§ 4 Berichtigungshinweis[11]

Im Rahmen des Bestellprozesses legen Sie zunächst die gewünschten Waren oder Dienstleistungen in den Warenkorb. Dort können Sie jederzeit die gewünschte Stückzahl ändern oder ausgewählte Waren oder Dienstleistungen ganz entfernen. Sofern Sie Waren oder Dienstleistungen dort hinterlegt haben, gelangen Sie jeweils durch Klicks auf die „Weiter"-Buttons zunächst auf eine Seite, auf der Sie Ihre Daten eingeben und anschließend die Versand- und Bezahlart auswählen können. Schließlich öffnet sich eine Übersichtsseite, auf der Sie Ihre Angaben überprüfen können. Ihre Eingabefehler (zB bzgl. Bezahlart, Daten oder der gewünschten Stückzahl) können Sie korrigieren, indem Sie bei dem jeweiligen Feld auf „Bearbeiten" klicken. Falls Sie den Bestellprozess komplett abbrechen möchten, können Sie auch einfach Ihr Browser-Fenster schließen. Ansonsten wird nach Anklicken des Bestätigungs-Buttons „Zahlungspflichtig bestellen" Ihre Erklärung verbindlich iSd § 3 Abs. 2 dieser AGB.

§ 5 Speicherung des Vertragstextes[12]

Die Vertragsbestimmungen mit Angaben zu den bestellten Waren und/oder gebuchten Dienstleistungen einschließlich dieser Allgemeinen Geschäftsbedingungen und der Widerrufsbelehrung werden Ihnen per E-Mail mit Annahme des Vertragsangebotes bzw. mit der Benachrichtigung hierüber zugesandt. Eine Speicherung der Vertragsbestimmungen durch uns erfolgt nicht.

§ 6 Erhebung, Speicherung und Verarbeitung Ihrer personenbezogenen Daten[13]

(1) Sie können in unserem Online-Shop Waren oder Dienstleistungen als Gast oder als angemeldeter Benutzer bestellen. Als angemeldeter Benutzer müssen Sie nicht jedes Mal Ihre persönlichen Daten angeben, sondern Sie können sich vor oder im Rahmen einer Bestellung einfach mit Ihrer E-Mail-Adresse und dem von Ihnen bei Registrierung frei gewählten

§ 4 Information on Adjustments

To place an order, start by placing the desired goods and/or services in the shopping cart. There you may modify at any time the desired quantity or delete goods and services completely. If you have placed goods and services in the shopping cart, by clicking on the buttons „Next" you will get first to a website where you may enter your data and then you may choose the shipping and payment method. You can review your input on the overview page that will open up. To correct input errors (e.g. with respect to the payment method, data or quantity), click „Edit" next to the respective field. To cancel the order process, you can simply close your browser window. By clicking the confirmation button „Order with obligation to pay", your declaration becomes binding in the meaning of section 3 (2) of these GTC.

§ 5 Storage of the contract text

You will receive the contractual provisions together with information on the goods ordered and/or services booked including these GTC and the information on the right of withdrawal by email upon acceptance of the contract offer or together with the notification thereof. We do not store the contractual provisions for you.

§ 6 Collecting, saving and processsing of your personal data

(1) In our online shop you may order goods or services as a guest or after opening a customer account. With a customer account you must not enter your personal data every time you use our online shop but you may log on to your customer account with your e-mail address and your password before or during the order process.

Passwort in Ihrem Kundenkonto anmelden.

(2) Zur Durchführung und Abwicklung einer Bestellung benötigen wir von Ihnen die folgenden Daten:
– Vor- und Nachname
– E-Mail-Adresse
– Postanschrift

(2) In order to process your order we need the following data:

– your first and family name
– your email address
– your postal address

(3) Wenn Sie ein Kundenkonto anlegen möchten, benötigen wir von Ihnen die in Abs. 2 genannten Daten sowie ein von Ihnen frei gewähltes Passwort.

(3) To open a customer account you have to provide us with the data mentioned in subsection (2) as well as a password chosen by you.

(4) Die von Ihnen mitgeteilten Daten verwenden wir ohne Ihre gesonderte Einwilligung ausschließlich zur Erfüllung und Abwicklung Ihrer Bestellung(en), etwa zur Zustellung von Waren an die von Ihnen angegebene Adresse. Bei der Bezahlung per Überweisung verwenden wir auch Ihre Bankverbindungsdaten zur Zahlungsabwicklung. Eine darüber hinausgehende Nutzung Ihrer personenbezogenen Daten für Zwecke der Werbung, der Marktforschung oder zur bedarfsgerechten Gestaltung unserer Angebote bedarf Ihrer ausdrücklichen Einwilligung. Sie haben die Möglichkeit, diese Einwilligung vor Erklärung Ihrer Bestellung zu erteilen. Diese Einwilligungserklärung erfolgt völlig freiwillig und kann auf unserer Website abgerufen sowie von Ihnen jederzeit widerrufen werden.

(4) Without your further consent, we will use your personal data only in order to process your orders, e.g. for delivery to your address. If you pay by bank transfer, we also use your banking data in order to carry out your payment. A use of your personal data for advertising, market research or for the purpose of a needs-based design of our offers, requires your explicit consent. You have the possibility to give this consent before placing your order. This declaration of consent is given completely voluntarily and can be accessed and revoked any time by you on our website.

(5) Die von Ihnen mitgeteilten Daten bleiben in Ihrem Kundenkonto so lange gespeichert, bis Sie dieses selbst löschen. Darüber hinaus bzw. in dem Fall, in dem Sie nur als Gast bestellen bzw. buchen, ohne ein Kundenkonto anzulegen, speichern wir Ihre Daten nur im Rahmen unserer steuer- und handelsrechtlichen Pflichten.

(5) Your data will be stored in your customer account until you delete it by yourself. In addition, or if you order as a guest (without opening a customer account), we save your data according to our obligations under commercial and tax law.

(6) Soweit sich Ihre persönlichen Angaben ändern, sind Sie selbst für deren Aktualisierung verantwortlich. Alle Änderungen können online nach Anmeldung unter „Mein Konto" vorgenommen werden.

(6) If your personal information shall change, you yourself are responsible for its update. All amendments can be made online under „My account" after the log in.

§ 7 Zahlungsbedingungen[14]

Der Kaufpreis wird sofort mit Bestellung fällig. Die Zahlung der Ware erfolgt mit Kreditkarte (wir benutzen das Übertragungsverfahren „SSL" zur Verschlüsselung Ihrer persönlichen Daten), mittels Banküberweisung oder über unseren Zahlungsdienstleister. Unsere Bankverbindung lautet: . . . . . .

Sec. 7 Payment Conditions

The purchase price is due immediately after placing the order. The payment of the goods can be made via credit card (we use the transmission method „SSL" to encrypt your personal data), via bank transfer or via our payment provider. Our bank details are . . . . . .

§ 8 Eigentumsvorbehalt[15]

Die Ware bleibt bis zur vollständigen Bezahlung unser Eigentum. Geraten Sie mit der Zahlung länger als 10 Tage in Verzug, haben wir das Recht, vom Vertrag zurückzutreten und die Ware zurückzufordern.

Sec. 8 Retention of Title

The goods shall remain our property until full payment. If you fall behind with your payment more than 10 days after due date, we reserve the right to withdraw from the contract and to reclaim the goods.

§ 9 Lieferbedingungen[16]

Wir liefern die Ware gemäß den mit Ihnen getroffenen Vereinbarungen. Anfallende Versandkosten sind jeweils bei der Produktbeschreibung aufgeführt und werden von uns gesondert auf der Rechnung ausgewiesen.

Sec. 9 Delivery Conditions

We deliver the goods pursuant to the agreements made. Arising shipping costs are listed in the product description and are billed separately.

§ 10 Widerrufsrecht[17]

Als Verbraucher steht Ihnen nach Maßgabe der der im Anhang aufgeführten Belehrung ein Widerrufsrecht zu. Verbraucher ist jede natürliche Person, die ein Rechtsgeschäft zu Zwecken abschließt, die überwiegend weder ihrer gewerblichen noch ihrer selbständigen beruflichen Tätigkeit zugerechnet werden können.

Sec. 10 Right of Withdrawal

As a consumer you have in accordance with the rules described in the attachment below a right of withdrawal. A consumer means every natural person who enters into a legal transaction for purposes that predominantly are outside his trade, business or profession.

§ 11 Gewährleistung bei Warenkäufen[18]

(1) Soweit die in unserem Online-Shop gekaufte und gelieferte Ware mangelhaft ist, sind Sie im Rahmen der gesetzlichen Bestimmungen berechtigt, Nacherfüllung zu verlangen, von dem Vertrag zurückzutreten oder den Kaufpreis zu mindern.

Sec. 11 Warranty in case of purchasing goods

(1) If the delivered goods purchased in our online shop are defective, you are entitled, within the scope of legal provisions, to request rectification, to withdraw from the contract or to reduce the purchase price.

(2) Die Verjährungsfrist von Gewährleistungsansprüchen für die gelieferte Ware beträgt zwei Jahre ab Erhalt der Ware. Ansprüche wegen Mängeln, die wir arglistig verschwiegen haben, verjähren innerhalb der regelmäßigen Verjährungsfrist.

(2) The limitation period of warranty claims for the delivered goods is two years of receipt of the goods. Any claims due to defects maliciously concealed by us will expire after the normal limitation period.

(3) Rechte wegen Mängeln stehen Ihnen darüber hinaus auch im Rahmen einer Beschaffenheits- und/oder Haltbarkeitsgarantie zu, sofern wir eine solche bezüglich des verkauften Gegenstands im Einzelfall ausdrücklich abgegeben haben.

§ 12 Haftungsbeschränkung[19]

(1) Wir haften für Vorsatz und grobe Fahrlässigkeit. Ferner haften wir für die fahrlässige Verletzung von Pflichten, deren Erfüllung die ordnungsgemäße Durchführung des Vertrages überhaupt erst ermöglicht, deren Verletzung die Erreichung des Vertragszwecks gefährdet und auf deren Einhaltung Sie als Kunde regelmäßig vertrauen dürfen. Im letztgenannten Fall haften wir jedoch nur für den vorhersehbaren, vertragstypischen Schaden. Wir haften nicht für die leicht fahrlässige Verletzung anderer als der in den vorstehenden Sätzen genannten Pflichten.

Die vorstehenden Haftungsausschlüsse gelten nicht bei Verletzung von Leben, Körper und Gesundheit. Die Haftung nach dem Produkthaftungsgesetz bleibt unberührt.

(2) Die Datenkommunikation über das Internet kann nach dem derzeitigen Stand der Technik nicht fehlerfrei und/oder jederzeit verfügbar gewährleistet werden. Wir haften insoweit nicht für die ständige und ununterbrochene Verfügbarkeit unseres Online-Handelssystems.

§ 13 Schlussbestimmungen

(1) Die hier verfassten Geschäftsbedingungen sind vollständig und abschließend. Änderungen und Ergänzungen dieser Geschäftsbedingungen sollten, um Unklarheiten oder Streit zwischen den Parteien über den jeweils vereinbarten Vertragsinhalt zu vermeiden, schriftlich gefasst werden.[20]

(2) Soweit Sie bei Abschluss des Vertrages Ihren Wohnsitz oder gewöhnlichen Aufenthalt in Deutschland hatten und entweder zum Zeitpunkt der Klageerhebung durch uns aus Deutschland verlegt haben oder Ihr Wohnsitz oder Ihr gewöhnlicher Aufenthaltsort zu diesem Zeitpunkt unbekannt ist, ist Gerichtsstand für alle Streitigkeiten der Sitz unseres Unternehmens in . . . . .[21]

(3) Moreover, you shall also have rights for defects within the scope of guaranteed properties and/or durability, provided that we expressly guaranteed such in the individual case with respect to the item sold.

Sec. 12 Limitation of Liability

(1) We are liable for intent and gross negligence. Further, we are liable for the negligent breach of obligations, whose fulfillment is essential to enable the ordinary implementation of the contract, whose breach jeopardizes the achievement of the purpose of the contract and on whose compliance you as a customer may rely on regularly. In the last-mentioned case, we are only liable for the foreseeable, typical contractual damage. We are not liable for slight negligent breach of other obligations than those mentioned in the above sentences.

The abovementioned exclusions of liability do not apply in case of damage of life, body and health. The liability pursuant to the product liability law remains unaffected.

(2) Based on the current state of art, data communication via internet cannot be guaranteed to be error-free and/or available at any time. We are not liable for constant and continuous availability of our online trading system.

Sec. 13 Final Provisions

The terms and conditions stipulated herein are complete and final. Amendments and changes of these GTC shall be made in writing in avoidance of any doubt or dispute between the parties regarding the content of the agreement.

(2) If, on conclusion of this contract, you had your place of residence or habitual place of abode in Germany and you relocated it to a location outside Germany at the time of commencement of proceedings by us or if your place of residence or habitual place of abode is unknown at this time, the jurisdiction for all disputes shall be the seat of our company in . . . . . .

(3) Wir weisen Sie darauf hin, dass Sie neben dem ordentlichen Rechtsweg auch die Möglichkeit einer außergerichtlichen Beilegung von Streitigkeiten gemäß Verordnung (EU) Nr. 524/2013 haben. Einzelheiten dazu finden sich in Verordnung (EU) Nr. 524/2013 und unter der Internetadresse: http://ec.europa.eu/consumers/odr Unsere E-Mail-Adresse lautet: . . . . . . Wir weisen nach § 36 VSBG darauf hin, dass wir nicht verpflichtet sind, an einem außergerichtlichen Streitbeilegungsverfahren vor einer Verbraucherschlichtungsstelle teilzunehmen.

(3) We would like to point out that, besides the legal recourse, there also exists the possibility of an extrajudicial resolution pursuant to regulation (EU) no. 524/2013. For details, please see regulation (EU) no. 524/2013 and website http://ec.europa.eu/consumers/odr. Our e-mail address is: _____. We inform you according to § 36 German VSBG that we are not under obligation to take part in an extrajudicial resolution proceeding pursuant to the VSBG.

(4) Sollten einzelne Bestimmungen dieses Vertrages unwirksam sein, so wird hierdurch der Vertrag im Übrigen nicht berührt.[22]

(4) Should individual provisions of this contract be invalid, this shall not affect the validity of this contract as a whole.

Anhang

Annex

Verbraucherinformationen und Widerrufsbelehrung[17, 23, 24]

Consumer information and instruction on withdrawal.

Soweit Sie beim Besuch in unserem Online Shop Waren bestellen, möchten wir Sie auf Folgendes hinweisen:

If you order goods in our online shop, we want to draw your attention to the following:

(1) Die für den Vertragsabschluss zur Verfügung stehende Sprache ist ausschließlich Deutsch. Übersetzungen in andere Sprachen dienen lediglich der Information. Im Falle von Widersprüchen hat der deutsche Text Vorrang.

(1) The exclusive language available for the conclusion of the contract shall be German. Translations of information and legal texts to other languages are for information only. In the event of contradictions between the German text and the translations, the German text shall prevail.

(2) Die wesentlichen Merkmale der von uns angebotenen Waren und Dienstleistungen sowie die Gültigkeitsdauer befristeter Angebote entnehmen Sie bitte den einzelnen Produktbeschreibungen im Rahmen unseres Internetangebotes.

(2) You will find the essential characteristics of the goods and services offered by us as well as the validity of limited offers in the individual product specifications within the scope of our internet offering.

(3) Die Präsentation unserer Waren stellt kein bindendes Angebot unsererseits dar. Erst die Bestellung einer Ware durch Sie ist ein bindendes Angebot nach § 145 BGB. Im Falle der Annahme dieses Angebotes versenden wir an Sie eine Auftragsbestätigung per E-Mail bzw. geben die Ware in den Versand. Damit kommt der Kaufvertrag zwischen Ihnen und uns zustande.

(3) The presentation of our goods does not represent a binding offer on our side. Only your order of the goods is regarded as a binding offer pursuant to Sec. 145 BGB. In case of the acceptance of such an order, we will send you an order confirmation via email or we dispatch the good. This way, a purchasing contract between you and us comes into existence.

(4) Etwaige Eingabefehler bei Abgabe Ihrer Bestellung können Sie bei der abschließenden Bestätigung vor der Kasse erkennen

(4) Any input errors when ordering can be seen in the confirmation before the checkout and with the delete- and change

und mit Hilfe der Lösch- und Änderungs-
funktion vor Absendung der Bestellung
jederzeit korrigieren.

(5) Sollte die von Ihnen bestellte Ware
nicht verfügbar sein, behalten wir uns
vor, die Leistung nicht zu erbringen, wobei wir Sie hierüber vor dem Vertragsschluss[10] unverzüglich informieren.

(6) Die von uns angegebenen Preise verstehen sich als Endpreise inklusive Steuern.
Die Versandkosten werden bei den jeweiligen Produkten sowie bei der Bestellübersicht gesondert ausgewiesen.

(7) Der Kaufpreis wird sofort mit Bestellung fällig. Die Zahlung der Ware erfolgt
nach Ihrer Wahl per Kreditkarte (wir benutzen das Übertragungsverfahren „SSL"
zur Verschlüsselung Ihrer persönlichen
Daten), mittels Banküberweisung oder
über unseren Zahlungsdienstleister. Unsere Bankverbindung lautet . . . . .

(8) Wir weisen Sie darauf hin, dass Sie
neben dem ordentlichen Rechtsweg auch
die Möglichkeit einer außergerichtlichen
Beilegung von Streitigkeiten gemäß Verordnung (EU) Nr. 524/2013 haben. Einzelheiten dazu finden sich in Verordnung (EU)
Nr. 524/2013 und unter der Internetadresse: http://ec.europa.eu/consumers/odr
Unsere E-Mail-Adresse lautet: . . . . . . Wir
weisen nach § 36 VSBG darauf hin, dass
wir nicht verpflichtet sind, an einem außergerichtlichen Streitbeilegungsverfahren vor
einer Verbraucherschlichtungsstelle teilzunehmen.

(9) Die für die Abwicklung des Vertrages
zwischen Ihnen und uns benötigten Daten
werden von uns gespeichert und sind für
Sie jederzeit zugänglich. Insoweit verweisen wir auf die Regelung des Datenschutzes in unseren AGB.

(10) Im Übrigen verweisen wir auf unsere
Allgemeinen Geschäftsbedingungen.

. . . . . GmbH,
(HRB . . . . . Amtsgericht),
. . . . . Straße in . . . . . (PLZ) . . . . .,
vertreten durch den Geschäftsführer
. . . . ..

function you can correct your order at any
time before sending it.

(5) If the goods ordered by you are not
available, we reserve the right not to render the service. We will inform you about
that before the conclusion of the contract
without delay.

(6) The prices indicated by us are to be
understood including taxes. The shipment
costs are listed separately in the product
description and in the order overview.

(7) The purchase price is due immediately
after placing the order. The payment of
the goods can be made via credit card(we
use the transmission method „SSL" to
encrypt your personal data), via bank
transfer or via our payment provider.
Our bank details are . . . . . .

(8) We would like to point out that, besides the legal recourse, there also exists
the possibility of an extrajudicial resolution pursuant to regulation (EU) no. 524/
2013. For details, please see regulation
(EU) no. 524/2013 and website http://ec.
europa.eu/consumers/odr.
Our e-mail address is: _____. We
inform you according to § 36 German
VSBG that we are not under obligation
to take part in an extrajudicial resolution
proceeding pursuant to the VSBG.

(9) Any information and data needed for
servicing the contract concluded with you,
will be stored by us with permanent access
for you. We refer to our GTC and the
stipulations regarding data protection
therein.

(10) In addition we refer to our GTC.

. . . . . name of company,
number and company registrar's office
. . . . .,
postal address . . . . .,
name(s) of the legal representative(s)
. . . . ..

(11) Als Verbraucher haben Sie ein Widerrufsrecht gemäß der nachstehenden Belehrung:[17]

WIDERRUFSBELEHRUNG

WIDERRUFSRECHT

Sie haben das Recht, binnen vierzehn Tagen ohne Angabe von Gründen diesen Vertrag zu widerrufen.
Die Widerrufsfrist beträgt vierzehn Tage ab dem Tag, an dem Sie oder ein von Ihnen benannter Dritter, der nicht der Beförderer ist, die Waren in Besitz genommen haben bzw. hat. [1]
Um Ihr Widerrufsrecht auszuüben, müssen Sie uns. . . . .[2] mittels einer eindeutigen Erklärung (zB ein mit der Post versandter Brief, Telefax oder E-Mail) über Ihren Entschluss, diesen Vertrag zu widerrufen, informieren. Sie können dafür das beigefügte Muster-Widerrufsformular verwenden, das jedoch nicht vorgeschrieben ist.[3]
Zur Wahrung der Widerrufsfrist reicht es aus, dass Sie die Mitteilung über die Ausübung des Widerrufsrechts vor Ablauf der Widerrufsfrist absenden.

FOLGEN DES WIDERRUFS

Wenn Sie diesen Vertrag widerrufen, haben wir Ihnen alle Zahlungen, die wir von Ihnen erhalten haben, einschließlich der Lieferkosten (mit Ausnahme der zusätzlichen Kosten, die sich daraus ergeben, dass Sie eine andere Art der Lieferung als die von uns angebotene, günstigste Standardlieferung gewählt haben), unverzüglich und spätestens binnen vierzehn Tagen ab dem Tag zurückzuzahlen, an dem die Mitteilung über Ihren Widerruf dieses Vertrags bei uns eingegangen ist. Für diese Rückzahlung verwenden wir dasselbe Zahlungsmittel, das Sie bei der ursprünglichen Transaktion eingesetzt haben, es sei denn, mit Ihnen wurde ausdrücklich etwas anderes vereinbart; in keinem Fall werden Ihnen wegen dieser Rückzahlung Entgelte berechnet. [4] [5] [6]

(11) You have a right of withdrawal according to the following information:

INFORMATION ON THE RIGHT OF WITHDRAWAL

RIGHT OF WITHDRAWAL

You have the right to withdraw from this contract within 14 days without giving any reason.
The withdrawal period will expire after 14 days from the day on which you acquire, or a third party other than the carrier and indicated by you acquires, physical possession of the goods. [1]
To exercise the right of withdrawal, you must inform us. . . . .[2] of your decision to withdraw from this contract by an unequivocal statement (e.g. a letter sent by post, fax or email). You may use the attached model withdrawal form, but it is not obligatory. [3]

To meet the withdrawal deadline, it is sufficient for you to sent your communication concerning your exercise of the right of withdrawal before the withdrawal period has expired.

EFFECTS OF WITHDRAWAL

If you withdraw from this contract, we shall reimburse to you all payments received from you, including the costs of delivery (with the exception of the supplementary costs resulting from your choice of a type of delivery other than the least expensive type of standard delivery offered by us) without undue delay and in any event not later than 14 days from the day on which we are informed about your decision to withdraw from this contract. We will carry out such reimbursement using the same means of payment as you used for the initial transaction, unless you have expressly agreed otherwise; in any event, you will not incur any fees as a result of such reimbursement. [4] [5] [6]

ZUSÄTZLICHE HINWEISE	ADDITIONAL INSTRUCTIONS

Für den Fall, dass Sie die Waren an uns zurücksenden, bitten wir Sie, die Originalverpackung zu verwenden, soweit noch vorhanden.

Please use the original packing material in the event of sending back the goods, if the original packing material is still at hand.

Gestaltungshinweise:

Instructions for completion

[1] (Bitte ergänzen Sie die für die jeweilige Vertragssituation passende Alternative, wie kursiv geschrieben.)

[1] (Insert one of the following text set in italics.)

(a) In vorstehender Widerrufsbelehrung haben wir schon die Variante vorgesehen, dass es sich um einen Kaufvertrag handelt. Für den Fall, dass es sich um einen Dienstleistungsvertrag oder einen Vertrag über die Lieferung von Wasser, Gas oder Strom, wenn nicht in einem begrenzten Volumen oder in einer bestimmten Menge zum Verkauf angeboten, von Fernwärme oder von digitalen Inhalten, die nicht auf einem körperlichen Datenträger geliefert werden, handelt, ist zu formulieren: *„Die Widerrufsfrist beträgt 14 Tage ab dem Tag des Vertragsabschlusses"*.

(a) The above information concerning the exercise of the right of withdrawal is formulated under the condition that it is a sales contract. In the case of a service contract or a contract for the supply of water, gas or electricity, where they are not put up for sale in a limited volume or set quantity, of district heating or of digital content which is not supplied on a tangible medium, it has to be worded: *„The withdrawal period will expire after 14 days from the day of the conclusion of the contract"*.

(b) Im Falle eines Vertrages über mehrere Waren, die der Verbraucher im Rahmen einer einheitlichen Bestellung bestellt hat und die getrennt geliefert werden, ist zu formulieren: (Die Widerrufsfrist beginnt an dem Tag, ...) *„an dem Sie oder ein von Ihnen benannter Dritter, der nicht der Beförderer ist, die letzte Ware in Besitz genommen haben bzw. hat"*.

(b) In the case of a contract relating to multiple goods ordered by you in one order and delivered separately: (The withdrawal period will begin on the day . . . . .) *„on which you acquire, or a third party other than the carrier and indicated by you acquires, physical possession of the last good"*.

(c) Im Falle eines Vertrages über die Lieferung einer Ware in mehreren Teilsendungen oder Stücken muss es lauten: (Die Widerrufsfrist beginnt an dem Tag, ...) *„an dem Sie oder ein von Ihnen benannter Dritter, der nicht der Beförderer ist, die letzte Teilsendung oder das letzte Stück in Besitz genommen haben bzw. hat"*.

(c) In the case of a contract relating to delivery of a good consisting of multiple lots or pieces: (The withdrawal period will begin on the day . . . . .) *„on which you acquire, or a third party other than the carrier and indicated by you acquires, physical possession of the last lot or piece"*.

(d) Im Falle eines Vertrags zur regelmäßigen Lieferung von Waren über einen festgelegten Zeitraum hinweg ist zu formulieren:
(Die Widerrufsfrist beginnt an dem Tag, ...)
„an dem Sie oder ein von Ihnen benannter Dritter, der nicht der Beförderer ist, die erste Ware in Besitz genommen haben bzw. hat“.

(d) In the case of a contract for regular delivery of goods during a defined period of time:
(The withdrawal period will begin on the day . . . . . .)
„on which you acquire, or a third party other than the carrier and indicated by you acquires, physical possession of the first good“.

[2]
Hier sind Name, Anschrift und, soweit verfügbar, Telefonnummer, Telefaxnummer und E-Mailadresse Ihrer Firma einzufügen.

[2]
Insert the name, postal address and, where available, your telephone number, fax number and e-mail address.

[3]
Wenn Sie dem Verbraucher die Wahl einräumen, die Information über seinen Widerruf des Vertrages auf Ihrer Website elektronisch auszufüllen und zu übermitteln, fügen Sie Folgendes ein:
„Sie können das Muster-Widerrufsformular oder eine andere eindeutige Erklärung auch auf unserer Website [Internet-Adresse einfügen] elektronisch ausfüllen und übermitteln. Machen Sie von dieser Möglichkeit Gebrauch, so werden wir Ihnen unverzüglich (zB per E-Mail) eine Bestätigung über den Eingang eines solchen Widerrufs übermitteln“.

[3]
If you give the option to the consumer to electronically fill in and submit information about his withdrawal from the contract on your website, insert the following:
„You can also electronically fill in and submit the model withdrawal form or any other unequivocal statement on our website [insert internet address]. If you use this option, we will communicate to you an acknowledgement of receipt of such withdrawal on a durable medium (e.g. by e-mail) without delay“.

[4]
Im Falle von Kaufverträgen, in denen Sie nicht angeboten haben, im Falle des Widerrufs die Waren selbst abzuholen, fügen Sie Folgendes ein:
„Wir können die Rückzahlung verweigern, bis wir die Waren wieder zurückerhalten haben oder bis Sie den Nachweis erbracht haben, dass Sie die Waren zurückgesandt haben, je nachdem, welches der frühere Zeitpunkt ist“.

[4]
In the case of purchase contracts in which you have not offered to collect the goods in the event of withdrawal, insert the following:
„We may withhold reimbursement until we have received the goods back or you have supplied evidence of having sent back the goods, whichever is the earlier“.

[5]
Wenn der Verbraucher Waren im Zusammenhang mit dem Vertrag erhalten hat:

[5]
If the consumer has received goods in connection with the contract:

(a) Fügen Sie ein:
- „Wir holen die Waren ab;" oder
- „Sie haben die Waren unverzüglich und in jedem Fall spätestens binnen 14 Tagen ab dem Tag, an dem Sie uns über den Widerruf dieses Vertrags unterrichten, an . . . . . uns oder an [hier sind ggf. der Name und die Anschrift der von Ihnen zur Entgegennahme der Waren ermächtigten Person einzufügen] zurückzusenden oder zurückzugeben. Die Frist ist gewahrt, wenn Sie die Waren vor Ablauf der Frist von 14 Tagen absenden."

(b) Fügen Sie ein:
- „Wir tragen die Kosten der Rücksendung der Waren;" oder
- „Sie tragen die unmittelbaren Kosten der Rücksendung der Waren;"
- Wenn Sie bei einem Fernabsatzvertrag nicht anbieten, die Kosten der Rücksendung der Waren zu tragen, und die Waren aufgrund ihrer Beschaffenheit nicht normal mit der Post zurückgesandt werden können: „Sie tragen die unmittelbaren Kosten der Rücksendung der Waren in Höhe von . . . . . EUR [Betrag einfügen]"; oder wenn die Kosten vernünftigerweise nicht im Voraus berechnet werden können: „Sie tragen die unmittelbaren Kosten bei Rücksendung der Waren. Die Kosten werden auf höchstens etwa . . . . . EUR [Betrag einfügen] geschätzt;" oder
- Wenn die Waren bei außerhalb von Geschäftsräumen geschlossenem Vertrag aufgrund ihrer Beschaffenheit nicht normal mit der Post zurückgesandt werden können und zum Zeitpunkt des Vertragsschlusses zur Wohnung des Verbrauchers geliefert worden sind: „Wir holen die Waren auf unsere Kosten ab;" und

(a) Insert:
- „We will collect the goods;" or
- „You shall send back the goods or hand them over to us . . . . . [insert the name and the address, where applicable, of the person authorized by you to receive the goods], without undue delay and in any event not later than 14 days from the day on which you communicate your withdrawal from the contract to us. The deadline will be met if you send back the goods before the period of 14 days has expired."

(b) Insert:
- „We will bear the costs of returning the goods;" or
- „You will have to bear the direct costs of returning the goods;"
- If, in a distance contract, you do not offer to bear the costs for returning the goods, and the goods, by their nature, cannot normally be returned by post: „You will have to bear the direct costs of returning the goods [insert the amount in the appropriate currency]"; or if the costs of returning the goods cannot reasonably be calculated in advance: „You will have to bear the direct costs of returning the goods. The costs are estimated at a maximum of approximately . . . . . [insert the amount in appropriate currency];" or

- If, in an off-premises-contract, the goods, by their nature, cannot normally be returned by post and have been delivered to the consumer's home at the time of the conclusion of the contract: „We will collect the goods at our own expense;" and

(c) Fügen Sie ein:

* „Sie müssen für einen etwaigen Wertverlust der Waren nur aufkommen, wenn dieser Wertverlust auf einen zur Prüfung der Beschaffenheit, Eigenschaften und Funktionsweise der Waren nicht notwendigen Umgang mit ihnen zurückzuführen ist."

(c) Insert:

* „You are only liable for any diminished value of the goods resulting from the handling other than what is necessary to establish the nature, characteristic and functioning of the goods."

[6]

Im Falle eines Vertrags zur Erbringung von Dienstleistungen oder Lieferungen von Wasser, Gas oder Strom, wenn sie nicht in einem begrenzten Volumen oder in einer bestimmten Menge zum Verkauf angeboten werden, oder von Fernwärme, fügen Sie Folgendes ein:
„Haben Sie verlangt, dass die Dienstleistung oder Lieferung von Wasser/Gas/Strom/Fernwärme [Unzutreffendes streichen] während der Widerrufsfrist beginnen soll, so haben Sie uns einen angemessenen Betrag zu zahlen, der den Anteil der bis zum Zeitpunkt, an dem Sie uns von der Ausübung Ihres Widerrufsrechts hinsichtlich dieses Vertrages unterrichten, bereits erbrachten Dienstleistungen im Vergleich zum Gesamtumfang der im Vertrag vorgesehenen Dienstleistungen entspricht".

[6]

In the case of a contract for the provision of services or supply of water, gas or electricity, where they are not put up for sale in limited volume or set quantity, or of district heating, insert the following:

„If you requested to begin with the performance of services or the supply of water/gas/electricity/district heating [delete where inapplicable] during the withdrawal period, you should pay us an amount which is in proportion to what has been provided until you have communicated us your withdrawal from the contract, in comparison with the full coverage of the contract".

Muster für das Widerrufsformular gemäß

Anlage 2 zu Artikel 246a § 1 Abs. 2 S. 1 Nr. 1 und § 2 Abs. 2 Nr. 2 EGBGB

(Wenn Sie den Vertrag widerrufen wollen, dann füllen Sie bitte dieses Formular aus und senden Sie es zurück)

* An [hier ist der Name, die Anschrift, ggf. die Telefaxnummer und E-Mailadresse des Unternehmens durch den Unternehmer einzufügen]:

Model withdrawal form according to

Annex 1 B to Directive 2011/83/EU

(Complete and return this form only if you wish to withdraw from the contract

* To [here the trader's name, postal address, and, where applicable, his fax number and e-mail address have to be inserted by the trader]:

- Hiermit widerrufe(n) ich/wir (*) den von mir/uns (*) abgeschlossenen Vertrag über den Kauf der folgenden Waren (detaillierte Beschreibung, damit eindeutig festgestellt werden kann, auf welche Waren sich der Widerruf bezieht), die Erbringung der folgenden Dienstleistungen (detaillierte Beschreibung, damit eindeutig festgestellt werden kann, auf welche Waren sich der Widerruf bezieht) (*)

- I/we (*) hereby give notice that I/we (*) withdraw from my/our (*) contract of sale of the following goods (*)/for the provision of the following service (*); Please describe goods/services precisely so it is possible to identify to which goods or services withdrawal refers.

- bestellt am: (*). . . . ./erhalten am (*) . . . . .;
- Name des/der Verbraucher(s);
- Anschrift des/der Verbraucher(s);
- Unterschrift des/der Verbraucher(s);
- (nur bei Mitteilung auf Papier);

- ordered on (*). . . . ./received on (*). . . . .;
- name of consumer(s);
- address of consumer(s);
- signature of consumer(s);
- (only if this form is notified on paper);

Datum

date

(*) Unzutreffendes streichen

(*) complete as appropriate

Anmerkungen

1. Vorbemerkung. Die vorgelegten Muster sind unter Zugrundelegung der letzten größeren Änderung von Verbraucherschutzvorschriften durch den Bundesgesetzgeber vom 20.9.2013, in Kraft ab 13.6.2014, BGBl. 2014 I 3642 erarbeitet. Der Gesetzgeber hat mit dem Gesetz zur Umsetzung der Verbraucherrechterichtlinie und zur Änderung des Gesetzes zur Regelung der Wohnungsvermittlung (VerbrRRL-UG) die vom Europäischen Parlament unter 2011/83/EU vom 25.10.2011 über die Rechte der Verbraucher etc., ABl. EU L 304, 64 verabschiedete Richtlinie zum Verbraucherschutz umgesetzt. Bedingt durch die Vielzahl der unterschiedlichen Vertragsgegenstände sind die Hinweise des Gesetzgebers, wie vorstehend dargestellt, komplex und daher ist genaue Arbeit bei der Umsetzung in die Vertragsmuster des Unternehmens zwingend erforderlich. Diese Regelungen sind als AGB anzusehen und daher gehen nach § 305c Abs. 2 BGB etwaige Unklarheiten zu Lasten des Unternehmers. Von großer Bedeutung ist: Für den Fall nicht ordnungsgemäß erfolgter Belehrung über das Widerrufsrecht, kann der Verbraucher für eine Frist von 12 Monaten plus 14 Tagen, gerechnet ab Zugang der Ware, das Widerrufsrecht ausüben (§ 356 Abs. 3 S. 2 BGB). Nicht ordnungsgemäße Belehrung mit Folge der verlängerten Frist kann schon dann vorliegen, wenn die Textvorgaben der Belehrung nicht eins zu eins dem vom Gesetzgeber vorgegebenen Muster folgen oder Ergänzungen oder eine andere Wortwahl zum Einsatz kommen (vgl. OLG Hamm Urt. v. 17.6.2015 – 20 U 56/14, NJW 2015, 3109). Grundsätzlich trägt der Unternehmer die Transportkosten bei Rücksendung der Ware im Rahmen des Widerrufsrechtes, er kann diese aber auch auf den Verbraucher überwälzen, soweit er dies vorher deutlich und klar dem Verbraucher erkennbar macht (vgl. § 312i iVm § 312d Abs. 1 BGB und Art. 246a § 1 Abs. 1 Nr. 4 EGBGB). Eine wesentliche Änderung zu den vorher geltenden Bestimmungen ist auch, dass der Widerruf nicht mehr durch „kommentarlose" Rücksendung der Ware erfolgen kann (Palandt/*Grüneberg* BGB § 355 Rn. 5).

Die hier im ständigen Fluss befindliche Entwicklung des kodifizierten Rechtes und der Rechtsprechung dazu und der VerbrRRL-UG zwingt zu dem Hinweis, neben der Nutzung der hier vorgestellten Formulare auch Nachschau nach den sich bspw. aus der Europäischen Verbraucherrichtlinie ergebenden Rechtsänderungen zu halten, um den Unternehmer richtig zu beraten und ihn vor Schäden, aber auch vor Abmahnungen seiner Wettbewerber, zu bewahren.

2. Sachverhalt. a) Gegenstand des Vertragsmusters. Das Vertragsmuster regelt eine sog. B2C-E-Commerce-Transaktion. Als E-Commerce bezeichnet man über das Internet abgewickelte Transaktionen, von der Angebotserstellung bis hin zur Bezahlung und bei digitalen Gütern auch die Warenübergabe. Differenziert wird dabei zwischen den Varianten **business to business (B2B), business to consumer (B2C)** und **consumer to consumer (C2C).** Als B2B-E-Commerce bezeichnet man Transaktionen wenn beide Parteien Unternehmer im Sinne des § 14 BGB sind. Nach dieser Vorschrift ist Unternehmer, wer bei Abschluss eines Rechtsgeschäftes in Ausübung seiner gewerblichen oder selbstständigen beruflichen Tätigkeit handelt. Eine sog. B2B-Transaktion liegt daher vor, wenn das Rechtsgeschäft für beide Seiten eine geschäftsbezogene Handlung darstellt. Als B2C-E-Commerce bezeichnet man Transaktionen zwischen einem Unternehmer im Sinne des § 14 BGB und einem Verbraucher im Sinne des § 13 BGB. Hiernach ist Verbraucher, wer das Rechtsgeschäft zu einem Zweck abschließt, der weder einer gewerblichen noch einer selbstständigen beruflichen Tätigkeit zugeordnet werden kann. Als C2C-E-Commerce bezeichnet man Transaktionen zwischen zwei nicht-gewerblichen Parteien, also zwischen zwei Verbrauchern. Das vorliegende Muster geht von einem B2C-Verkauf aus. Deshalb kommen vorliegend sämtliche Verbraucherschutzvorschriften zur Anwendung. Im Bereich B2C sind mehrere Verkaufsvarianten denkbar, in unserem Beispiel verkauft ein Händler seine Waren (seien es eigene Produkte oder die eines anderen Herstellers) über seinen eigenen Webshop. Hingegen muss das Formular angepasst werden, wenn zB der Händler seine Waren über einen Marktplatz (wie beispielsweise eBay, Amazon) oder in fremdem Namen anbietet. Es sei daher darauf hingewiesen, dass vorliegendes Formular lediglich einen Anhaltspunkt für die Formulierung von Allgemeinen Geschäftsbedingungen darstellen kann. Für den konkreten Einzelfall der Verwendung des Formulars sind zusätzliche und/oder abweichende Regelungen empfehlenswert und erforderlich.

Das vorliegende Muster geht von einem B2C Verkauf aus. Deshalb kommen vorliegend sämtliche Verbraucherschutzvorschriften zur Anwendung. Im Bereich B2C sind drei Verkaufsvarianten denkbar: (1.) Der Betreiber eines E-Commerce-Angebots bietet auf einem Marktplatz Waren Dritter an. Ein Kaufvertrag kommt jedoch nicht mit dem Marktplatzbetreiber, sondern mit dem Dritten zustande. Aus Sicht des Betreibers wird fremde Ware in fremdem Namen angeboten. (2.) Der Betreiber eines E-Commerce-Angebots bietet auf seinem Marktplatz Waren Dritter in deren Namen als Vertreter an. Hierbei wird der eigentliche Vertragspartner für den Verbraucher oftmals nicht offen erkennbar sein. (3.) Der Betreiber eines E-Commerce-Angebots bietet ausschließlich eigene Waren im eigenen Namen an. Das vorliegende Vertragsformular geht von dieser Variante 3 aus. Es sei darauf hingewiesen, dass vorliegendes Formular lediglich einen Anhaltspunkt für die Formulierung von Allgemeinen Geschäftsbedingungen darstellen kann. Für den konkreten Einzelfall der Verwendung des Formulars sind zusätzliche und/oder abweichende Regelungen empfehlenswert und erforderlich.

b) Technische Umsetzung. Für den Nutzer des Angebotes muss auf der Website klar erkennbar sein, ob sich das Angebot nur an Geschäftskunden oder an Endverbraucher richtet. Die Einordnung als B2B- oder B2C-E-Commerce hat unterschiedliche rechtliche Konsequenzen, beispielsweise hinsichtlich der Einbeziehung von Allgemeinen Geschäftsbedingungen, der Geltung der Regelungen über Allgemeine Geschäftsbedingungen gemäß §§ 305 ff. BGB oder der Anwendbarkeit der Regelungen über Fernabsatzverträge gemäß §§ 312c ff. BGB. Werden B2B- und B2C-Angebote in einem Shop angeboten, so kann es zwar eine gemeinsame Homepage geben, auf dieser muss aber der Nutzer in den für ihn richtigen Bereich weitergeleitet werden. Auf dem Einstiegsscreen sollte daher deutlich zwischen Privat- und Geschäftskunden unterschieden werden. Der Nutzer sollte sich aktiv für einen Bereich entscheiden müssen, um an das Online-Angebot zu kommen. Andernfalls muss man sich immer an die strengen Regelungen gegenüber Verbrauchern halten und in den Rechtstexten deutlich darauf hinweisen, für wen welche Regelungen gelten (siehe zB auch AG Cloppenburg Urt. v. 2.10.2012 – 21 C 193/12, CR 2013, 127: Die Verwendung einer Widerrufsbelehrung ohne Beschränkung dem Wortlaut nach auf Verbraucher, kann zu einem vertraglich eingeräumten Rücktrittsrecht gegenüber Unternehmern führen).

Die meisten der hier erläuterten Anforderungen gelten auch, wenn der Online-Shop als mobiles Angebot ausgestaltet ist, zB als mobil optimierte Website oder als mobile App. Hier sind die Informationspflichten aber teilweise erleichtert, siehe zB Art. 246a § 3 EGBGB.

3. Begriff der Allgemeinen Geschäftsbedingungen („AGB"). Nach § 305 BGB sind AGB alle für eine Vielzahl von Verträgen vorformulierten Vertragsbedingungen, die eine Vertragspartei der anderen Vertragspartei bei Abschluss des Vertrages stellt. Der Begriff „Stellen" setzt nach § 305 Abs. 1 S. 3 BGB voraus, dass die Vertragsbedingungen zwischen den Vertragsparteien im Einzelnen nicht ausgehandelt wurden. Bei Verbraucherverträgen wie dem vorliegenden findet sich in § 310 Abs. 3 Nr. 1 BGB insoweit eine Sonderregelung, wonach allgemeine Geschäftsbedingungen als vom Unternehmer gestellt gelten, es sei denn, dass sie durch den Verbraucher in den Vertrag eingeführt wurden. Dazu im Detail: BGH Urt. v. 20.2.2014 – IX ZR 137/13, NJW-RR 2014, 937. Nach § 310 Abs. 3 Nr. 2 BGB genügt bei Verbraucherverträgen zudem bereits eine einmalige Verwendung der Bedingungen, soweit der Verbraucher auf Grund der Vorformulierung auf deren Inhalt keinen Einfluss nehmen kann. Zur Vereinfachung des Geschäftsverkehrs ist die Verwendung vorformulierter Klauseln im E-Commerce ebenso üblich wie im herkömmlichen Geschäftsverkehr. Die vom Unternehmer verwendeten Vertragsbedingungen im E-Commerce fallen damit regelmäßig, wie auch die vorliegenden Geschäftsbedingungen, unter den Anwendungsbereich der §§ 305 ff. BGB und sind insoweit gerichtlich überprüfbar. Ausgenommen davon sind rein faktische oder als Gefälligkeit zu wertende Erklärungen des Unternehmers, denen keine Verbindlichkeit beizumessen ist (vgl. BGH Urt. v. 9.4.2014 – VIII ZR 404/12, NJW 2014, 2269).

4. Inhaltskontrolle von AGB. In AGB enthaltene Vertragsbedingungen unterliegen einer gerichtlichen Inhaltskontrolle nach den §§ 307 bis 309 BGB. § 307 BGB enthält eine Generalklausel, wonach Bestimmungen in AGB unwirksam sind, wenn sie den Vertragspartner des Verwenders entgegen den Geboten von Treu und Glauben unangemessen benachteiligen. Darüber hinaus sind AGB unwirksam, wenn sie gegen in V §§ 308 und 309 BGB aufgeführten Klauselverbote verstoßen. In den Fällen des § 308 BGB kommt dem jeweiligen Gericht eine Wertungsmöglichkeit zu. Rechtsfolge der Unwirksamkeit einer Klausel ist nach § 306 Abs. 2 BGB, dass sich der Inhalt des Vertrages insoweit nach den gesetzlichen Vorschriften richtet. § 306 Abs. 1 BGB regelt, dass im Falle der Unwirksamkeit von AGB der Vertrag im Übrigen wirksam bleibt. Der Vertrag ist nur dann insgesamt unwirksam, wenn das Festhalten an ihm eine unzumutbare Härte für eine Vertragspartei darstellen würde (§ 306 Abs. 3 BGB). Bei der Gestaltung von AGB sind neben den in den §§ 308 und 309 BGB enthaltenen Klauselverboten die Verbote sogenannter überraschender Klauseln (§ 305c Abs. 1 BGB), das Prinzip der kundenfreundlichsten Auslegung (§ 305c Abs. 2 BGB) und ebenso das Transparenzgebot (§ 307 Abs. 1 S. 2 BGB) zu beachten.

5. Behördliche Genehmigung. AGB im elektronischen Geschäftsverkehr sind grundsätzlich nicht genehmigungspflichtig. Eine Ausnahme besteht etwa im Bereich der Telekommunikation, wo nach § 23 Telekommunikationsgesetz ein Kontroll- und Widerspruchsrecht der Bundesnetzagentur besteht.

6. Einbeziehung der AGB. AGB werden nach § 305 Abs. 2 BGB nur dann Bestandteil eines Vertrages, wenn der Verwender bei Vertragsschluss die andere Vertragspartei ausdrücklich oder durch deutlich sichtbaren Aushang am Ort des Vertragsschlusses auf sie hinweist und der anderen Vertragspartei die Möglichkeit verschafft, in zumutbarer Weise von ihrem Inhalt Kenntnis zu nehmen und die andere Vertragspartei mit ihrer Geltung einverstanden ist. Diese Voraussetzungen müssen bei jedem einzelnen Vertragsabschluss erfüllt sein. Regelmäßig entfalten AGB keine Geltung für Folgeverträge (vgl. BGH Urt. v. 12.2.1992 – VIII ZR 84/91, NJW 1992, 1232). Eine Ausnahme ist dann gegeben, wenn zwischen den Parteien gesondert vereinbart, zB durch Rahmenvertrag (vgl. *Graf von Westphalen* NJW 2015, 2223 [2224 r.Sp.] – Kontraktionswirkung).

a) **Ausdrücklicher Hinweis.** Der Verwender von AGB hat ausdrücklich darauf hinzuweisen, dass der Vertrag unter Einbeziehung seiner AGB gelten soll. Nachdem im Internet ein „deutlich sichtbarer Aushang am Ort des Vertragsschlusses" nicht umsetzbar ist, ist der Verbraucher im Online-Shop schon vor Vertragsschluss ausdrücklich auf die Geltung der AGB hinzuweisen.

b) **Möglichkeit der Kenntnisnahme.** Der Verwender von AGB muss dem Verbraucher die Möglichkeit verschaffen, in zumutbarer Weise von ihrem Inhalt Kenntnis zu nehmen. Zu diesem Zweck müssen die AGB im Online-Verkehr übersichtlich sein und über einen vertretbaren **Umfang** verfügen. Soweit der Unternehmer die E-Commerce-Richtlinie 2000/31/EG iVm § 312 BGB beachtet, ist zu seinen Gunsten zu berücksichtigen, dass eine zumutbare Möglichkeit der Kenntnisnahme nicht an umfangreichen AGBs scheitern kann, soweit diese Online-Vertragsbedingungen heruntergeladen, offline gelesen und ausgedruckt werden können. Die Grenze wird man hierbei zu ziehen haben, wenn die ausdruckbaren AGB einen solchen Umfang erreicht haben, dass auch im herkömmlichen Rechtsverkehr eine zumutbare Kenntnisnahme bzw. ein Verstoß gegen das Transparenzgebot festzustellen wäre.

Bei der Möglichkeit der Kenntnisnahme ist ferner entscheidend, an welcher Stelle und in welcher Weise innerhalb des Produktangebotes auf der Website die AGB zu **positionieren** sind, um den Anforderungen des § 305 Abs. 2 BGB zu genügen. Anerkannt ist, dass es nicht unbedingt erforderlich ist, an der jeweils für die Einbeziehung der AGB gebotenen Stelle tatsächlich deren vollständigen Text anzuzeigen. Nach dem Gesetzeswortlaut genügt die Möglichkeit der Kenntnisnahme. Die Kenntnisnahme selbst wird zur Einbeziehung nicht vorausgesetzt. Aus diesem Grund reicht ein deutlich gestalteter Hinweis mit einem **Hyperlink** auf eine vollständige Textversion der AGB aus. Hingegen genügt ein bloßer Hinweis auf die AGB, welcher ohne Link gestaltet ist, den Anforderungen des § 305 Abs. 2 BGB nicht. Bei der Gestaltung von Websites ist es üblich geworden, in der Leiste der verschiedenen Sparten auf der Eingangsseite der Homepage unter „Home" einen Link zu den AGB aufzunehmen. Eine zumutbare Möglichkeit zur Kenntnisnahme bei Vertragsschluss stellt dies jedoch nicht dar. Ein Kunde wird nicht als erste Handlung den Link zu den AGB des Unternehmens öffnen. Vielmehr wird er zunächst das Produktangebot prüfen. Soweit er dann auf dem Weg zur Online-Ladenkasse keine erneute Möglichkeit der Kenntnisnahme erhält, kann er zu keinem Zeitpunkt während der Vertragsanbahnung die AGB lesen und eine wirksame Einbeziehung der AGB wäre abzulehnen. Zu empfehlen ist, dass der Verbraucher unmittelbar vor Abgabe seiner Bestellung, also auf der Bestellübersichtsseite nochmals ausdrücklich auf die (mit einem Hyperlink zum Volltext versehenen) AGB verwiesen wird, zumal ein Teil der nach Art. 246a § 1 Abs. 1 S. 1 EGBGB notwendigen Informationen dem Verbraucher nach § 312j Abs. 2 BGB unmittelbar bevor er seine Bestellung abgibt, klar und verständlich in hervorgehobener Weise zur Verfügung gestellt werden muss.

Schließlich müssen die AGB, auf die regelmäßig mit einem Hyperlink verwiesen wird, für den Nutzer **lesbar** sein. Dies wird regelmäßig dann nicht der Fall sein, wenn der Nutzer zusätzliche Software benötigt, um die AGB öffnen und lesen zu können. Daher ist die einfache Textdarstellung der AGB in gutem Kontrast und angemessener Schriftgröße auf der Internetseite zu empfehlen. In diesem Zusammenhang könnte fraglich sein, ob die Verwendung einer pdf-Datei den Erfordernissen einer zumutbaren Kenntnisnahme genügt. Dafür spricht, dass von einer hinreichenden Verbreitung des Acrobat-Reader ausgegangen werden kann. Zu empfehlen ist die verbreitete Praxis, dass bei Verwendung einer pdf-Datei regelmäßig gleichzeitig der Download einer kostenlosen Reader-Software angeboten wird. Zur zumutbaren Möglichkeit der Kenntnisnahme von Online-AGB gehört nach der Regelung des § 312i Abs. 1 Nr. 4 BGB zudem, dass der Nutzer die AGB (sowie auch die übrigen Vertragsbestimmungen) abrufen und in wiedergabefähiger Form speichern kann. Für die Einbeziehung der AGB ist damit nicht ausreichend, wenn der Nutzer die AGB über einen Hyperlink zwar öffnen, aber lediglich am Bildschirm lesen kann. Üblich und ausreichend ist die Zusendung der Vertragsbestimmungen, AGB (samt Widerrufsbelehrung) per E-Mail an die bei der Bestellung angegebene E-Mail-Adresse. Nicht ausreichend ist hingegen der Hinweis, der Kunde könne die AGB jederzeit von der Website des Online-Shops ausdrucken, da für den Kunden die bei Vertragsschluss aktuellen Texte maßgeblich sind und nicht ggf. geänderte Texte, die der Kunde in der Zukunft auf der Website findet. Ein **Ausdruck** der AGB muss allerdings möglich sein (BGH Urt. v. 14.6.2006 – I ZR 75/03, MMR 2006, 737).

Zur Möglichkeit der zumutbaren Kenntnisnahme gehört schließlich, dass die AGB von dem Nutzer **sprachlich** problemlos verstanden werden können. Dies ist problematisch bei der Verwendung von Fachtermini und von Fremdsprachen. Zur Vermeidung von Unklarheiten, die nach § 305c Abs. 2 BGB und § 307 Abs. 1 S. 2 BGB zu Lasten des Verwenders der AGB gehen, hat der Verwender zunächst wie im herkömmlichen Geschäftsverkehr Verweisungen auf Gesetzesbestimmungen und vermeidbare Fachtermini zu unterlassen. Problematischer ist auf Grund der Internationalität des Internets die Verwendung von Fremdsprachen. Nach der Rechtsprechung des BGH (Urt. v. 10.3.1983 – VII ZR 302/82, NJW 1983, 1489) ist beim Rechtsverkehr mit Ausländern die gewählte Verhandlungssprache ausschlaggebend. Soweit die deutsche Sprache als Verhandlungssprache gewählt wird, muss der ausländische Geschäftspartner grundsätzlich den gesamten deutschsprachigen Vertragsinhalt einschließlich der zugrunde gelegten AGB gegen sich gelten lassen. Übertragen auf Online-Rechtsgeschäfte bedeutet dies, dass die Sprache des jeweiligen Angebotes im Internet die Verhandlungssprache vorgibt. Soweit auf einer Website, welche unter einer „.de"-Domain abrufbar ist, das Online-Angebot auf Deutsch gestaltet ist, wird Verhandlungssprache Deutsch sein und die Kenntnisnahme von deutschsprachigen AGB zumutbar sein. Dagegen wird auf einer Website, welche unter einer „.com"-Domain abrufbar ist und lediglich über ein Angebot in englischer Sprache verfügt, auch die Kenntnisnahme von englischen AGB zumutbar sein, die damit in den im Übrigen wirksamen Vertrag einbezogen werden können. Diese Fragen sind jedoch noch weitgehend ungeklärt. Eine Plattform (hier der Messengerdienst WhatsApp), die ihre Kunden auf der Website auf Deutsch anspricht, muss ihre AGB (und Datenschutzerklärung) auch auf Deutsch vorhalten (KG Berlin Urt. v. 8.4.2016 – 5 U 156/14, MMR 2016, 601). Andernfalls führt dies zur Ungültigkeit der fremdsprachigen AGB. Es empfiehlt sich also, bei Angebotsseiten, die in einer Sprache geführt werden, dass auch die AGB dem Kunden in derselben Sprache zur Verfügung gestellt werden. Dem Kunden muss außerdem nach § 312i Abs. 1 S. 1 Nr. 2 BGB iVm Art. 246c Nr. 4 EGBGB rechtzeitig vor Abgabe seiner Bestellung klar und verständlich mitgeteilt werden, welche Sprachen für den Vertragsschluss zur Verfügung stehen. So formuliert in § 1 Abs. 2 des Musters und auch im Anhang in Ziff. (1). Die Einbeziehung von AGB bei einem auf elektronischem Wege geschlossenen Kaufvertrag ist auch per „click wrapping" möglich und wirksam, und so auch eine Gerichtsstandsvereinbarung, wenn beim Kunden eine dauerhafte Aufzeichnung, ein Speichern sowie Ausdrucken des AGB-Textes möglich ist (vgl. EuGH Urt. 21.5.2015 – C-322/14, NJW 2015, 2171). „Click wrapping" bezeichnet den Vorgang, dass nach Anklicken eines Feldes zur Akzeptanz der AGB diese nicht sofort auf dem Bildschirm erscheinen, sondern erst nach Anklicken eines weiteren zu diesem Zweck vorgesehenen Hyperlinks (vgl. EuGH Urt. 21.5.2015 – C-322/14, NJW 2015, 2171).

c) **Einverständnis.** Schließlich muss der Nutzer mit den AGB des Verwenders einverstanden sein. Dieses Einverständnis kann er auch schlüssig erklären, wobei dies regelmäßig anzunehmen ist, wenn der Kunde auf die AGB hingewiesen wurde und die Möglichkeit der Kenntnisnahme hatte. Nicht zwingend ist es, eine Checkbox zu verwenden, die der Kunde anklicken muss, es reicht, wenn der Kunden vor Abgabe von dessen Vertragserklärung klar und deutlich darauf hingewiesen wird, dass die AGB in den Vertrag mit einbezogen werden (siehe oben zur Verlinkung – click wrapping). So ließ der BGH für die Kenntnisverschaffung der AGB einen gut sichtbaren Link ausreichen, der von der Bestellseite auf die AGB führte und diese auch ausgedruckt werden konnten (BGH Urt. v. 14.6.2006 – I ZR 75/03, NJW 2006, 2976). Wenn eine Checkbox verwendet wird, darf ein Häkchen nicht voreingestellt sein. Außerdem darf folgender, leider oft anzutreffender Satz nicht verwendet werden: „Ich habe die AGB gelesen". Dies stellt eine unzulässige Beweislastumkehr zu Lasten des Kunden und damit einen Verstoß gegen § 309 Nr. 12 lit. b BGB dar (das LG Hamburg Urt. v. 26.3.2013 – 312 O 170/12, MMR 2013, 377, hat beispielsweise einen Verstoß gegen diese Norm in der Formulierung „Ich erteile den Auftrag gemäß der gültigen Preisliste und den Allgemeinen Geschäftsbedingungen A Privatkundenprodukte, die diesem Auftrag beigefügt sind (. . . . . .)" gesehen). Zulässig und ausreichend sollte etwa folgender, vom Besteller aktiv noch anzuklickender, Icon sein:

Es gelten die AGB des Verkäufers (zu deren Abruf und Kenntnisnahme klicken Sie bitte hier).

d) **Wirksamer Vertrag.** Schließlich sei darauf hingewiesen, dass AGB nur einbezogen sein können, wenn tatsächlich ein wirksamer Vertrag zustande kommt. Die Einbeziehung von AGB setzt einen Vertragsschluss voraus und kann ihn nicht fingieren. Ein Zustandekommen des Vertrages wird regelmäßig verhindert, wenn über die Einbeziehung der AGB ein Dissens zwischen den Parteien vorliegt.

e) **Hinterlegte AGB.** Als Ausnahme zu dem Erfordernis des Hinweises und der Möglichkeit der Kenntnisnahme der AGB in § 305 Abs. 2 Nr. 1 und 2 BGB sei noch auf § 305a BGB hingewiesen, wonach AGB auch dann als einbezogen gelten, wenn sie im Amtsblatt der Regulierungsbehörde für Telekommunikation und Post veröffentlicht und in den Geschäftsstellen des Verwenders bereitgestellt werden. Dies gilt jedoch nur bei Beförderungsverträgen und Verträgen über Telekommunikations-, Informations- und andere Dienstleistungen, die unmittelbar durch Einsatz von Fernkommunikationsmitteln und gleichzeitig während der Erbringung einer Telekommunikationsdienstleistung erbracht werden, wenn die AGB der anderen Vertragspartei nur unter unverhältnismäßigen Schwierigkeiten vor dem Vertragsschluss zugänglich gemacht werden können. Hiervon ist in der vorliegenden Fallgestaltung eines B2C-Kaufvertrages nicht auszugehen.

f) **Nachträgliche Einbeziehung von AGB.** Nach § 305 Abs. 1 BGB müssen AGB „bei" Abschluss eines Vertrages gestellt werden. Soweit der Verwender die AGB erst zu einem späteren Zeitpunkt einbringt, werden diese grundsätzlich nicht mehr Vertragsbestandteil. Dies gilt insbesondere für AGB, welche **nach** Vertragsschluss zB erst mit dem Lieferschein dem Kunden übergeben werden oder – wie es häufig bei Software vorkommt – die dem Kunden erst beim Download oder bei Installation der Software, aber nach Klick auf den „Zahlungspflichtig bestellen"-Button angezeigt werden (sog. clickwrap agreements).

In diesen Fällen erscheint häufig erst zu diesem Zeitpunkt eine anzuklickende Einverständniserklärung hinsichtlich der AGB (oftmals „Nutzungsbedingungen", „Lizenz" oder „EULA", dh „End User License Agreement" genannt) der lizenzierenden Softwarefirma. Zur Fortsetzung von Download oder Installation ist es erforderlich, diese Einverständniserklärung zu bestätigen. Für die Wirksamkeit der Einbeziehung der AGB ist hierbei auf die vorgenannten Grundsätze zurückzugreifen: Sofern der Vertrag über die dauerhafte Überlassung von Software o.ä. vor Überlassung bzw. Download des Produktes geschlossen wurde und erst zu diesem Zeitpunkt, also **nach** Vertragsschluss auf die AGB verwiesen wird, ist eine Einbeziehung **ausgeschlossen.** Der Hinweis **vor** Vertragsschluss ist nach § 305 Abs. 1 BGB zwingend. Möglich wäre einzig die nachträgliche ausdrückliche Zustimmung zu **einer Vertragsänderung,** namentlich der nachträglichen Einbeziehung der AGB. Der „Bestätigungsklick" wird aber regelmäßig nicht eine solche Erklärung zur nachträglichen Einbeziehung darstellen können. So hat die Rechtsprechung (KG Urt. v. 12.5.1981 – 4 U 3014/80, MDR 1981, 933; LG Gießen Urt. v. 24.1.1996 – 1 S 394/95, NJW-RR 1996, 630) festgestellt, dass auch die Unterzeichnung der nachträglich übersandten AGB durch den Kunden nicht in jedem Fall eine stillschweigende Einbeziehungsvereinbarung darstellt. In Anbetracht dessen stellte das Gericht fest, dass der Vertrag unter den ursprünglichen Bedingungen bereits vollzogen und es aus Sicht des Kunden zu spät sei, sich gegen die neuen AGB zu wehren. Übertragen auf die clickwrap agreements würde dies bedeuten, dass der Kunde bei Download (nach Erwerb) bzw. Einleiten der Installation der Software den Eindruck hat, dass es zu spät ist, sich gegen die Einbeziehung zu wehren, und somit den Download oder die Installation nicht mehr abbrechen wird. Einer solchen Handlung des Kunden kann damit kein rechtsverbindlicher Charakter zukommen. Gleiches gilt übrigens bei Software, die auf einem Datenträger überlassen wird. Auch hier kann weder einem Klick auf einen Bestätigungsbutton bei Installation noch dem Aufreißen der Schutzhülle (sog. shrink wrap agreement) rechtsverbindlicher Charakter zukommen, wenn der Kunde bei Vertragsschluss den Inhalt der AGB nicht kannte.

7. **Anbieterkennzeichnung.** Häufig ist im Internet unklar, wer als Verkäufer bzw. Anbieter der Waren auftritt. Wesentliche Voraussetzung für den Vertragsschluss („essentialia negotii") ist unter anderem die Bestimmtheit der Parteien. Ist der Anbieter der im Online-Shop offerierten Ware unklar, fehlt es grundsätzlich an einer wesentlichen Voraussetzung für den Vertragsschluss. Nicht zuletzt deswegen besteht ein gesetzlicher Mindeststandard der Anbietertransparenz bei Online-Shops. Notwendige Informationen finden sich vor allem in Art. 246a § 1 Abs. 1 Nr. 1 bis 4 EGBGB. Daneben bestimmt § 5 TMG, dass Diensteanbieter für ihre geschäftsmäßigen Angebote unter anderem Namen und ladungsfähige Anschrift sowie bei juristischen Personen zusätzlich den Vertretungsberechtigen und weitere Daten anzugeben haben. Dieses gesetzliche Erfordernis wird bezeichnet als **Anbieterkennzeichnung.** Letztere gibt Aufschluss unter anderem über die Frage, wer Vertragspartei ist, wer für die Inhalte in dem Online-Shop (auch wenn dieser auf einer Drittanbieter-Plattform, zB einem Online-Marktplatz angeboten wird) verantwortlich ist und an wen Ansprüche zu richten sind. Im Einzelnen zu den Angaben nach § 5 TMG → Form. F. 3.

8. **Vertragssprache.** Wie bereits bei → Anm. 6 lit. b erläutert, ist nach § 312i Abs. 1 S. 1 Nr. 2 BGB iVm Art. 246c Nr. 4 EGBGB anzugeben, welche Sprachen für den Vertragsschluss zur Verfügung stehen. Daneben verlangt auch § 312d Abs. 2 BGB iVm Art. 246a § 1 Abs. 1 Nr. 17 EGBGB, dass die Sprachen, in welchen die Vertragsbedingungen und die in dieser Vorschrift genannten Vorabinformationen mitgeteilt werden, sowie die Sprachen, in welchen sich der Unternehmer verpflichtet, mit Zustimmung des Verbrauchers die Kommunikation während der Laufzeit des Vertrages zu führen, dem Verbraucher rechtzeitig vor Abgabe von dessen Vertragserklärung klar und verständlich und unter Angabe des geschäftlichen Zwecks, bei Fernabsatzverträgen in einer dem benutzten Fernkommunikationsmittel angepassten Weise, zur Verfügung gestellt werden.

9. Rechtswahl und UN-Kaufrecht. Die Website des Betreibers ist auf Grund der technischen Gegebenheiten des Internet weltweit abrufbar. Selbst bei einsprachigen Internetauftritten ist daher ein grenzüberschreitender Bezug möglich. Aus diesem Grund sollte auch eine Wahl des anzuwendenden Rechts erfolgen.

UN-Kaufrecht: Gemäß Art. 3 Abs. 2 S. 1 EGBGB gehen Regelungen in völkerrechtlichen Vereinbarungen, soweit sie unmittelbar anwendbares innerstaatliches Recht geworden sind, den Vorschriften der deutschen Kollisionsvorschriften vor. Zu diesen völkerrechtlichen Regelungen gehört auch das UN-Kaufrecht (Wiener Übereinkommen über Verträge über den Internationalen Warenverkehr, BGBl. II S. 588), welches seit dem 1.1.1991 nationales Recht darstellt. Bei dem hier vorliegenden Sachverhalt eines Kaufvertrages mit Endverbrauchern wird das UN-Kaufrecht – anders als bei einem Kaufvertrag mit einem Unternehmer – regelmäßig keine Anwendung finden. Nach Art. 2 lit. a CISG findet das UN-Kaufrecht keine Anwendung auf den Kauf von Waren für den persönlichen Gebrauch oder für den Gebrauch in der Familie oder im Haushalt, es sei denn, dass der Verkäufer vor oder bei Vertragsschluss weder wusste noch wissen musste, dass die Ware für einen solchen Zweck gekauft wurde. Da vorliegend die AGB explizit auf den Endverbraucher abgestellt sind, hat der Verkäufer Kenntnis von dem persönlichen Gebrauch der angebotenen Ware. Eine Anwendbarkeit des UN-Kaufrechts wäre deshalb nicht gegeben. Dennoch wurde zur Klarstellung das UN-Kaufrecht ausdrücklich abbedungen. Allein die Wahl des deutschen Rechtes hätte hierfür nicht ausgereicht, da sie das UN-Kaufrecht einschließt, das, wie ausgeführt, seit dem 1.1.1991 deutsches Recht darstellt. Hier wurde die Anwendung des UN-Kaufrechts ausdrücklich ausgeschlossen. Da die CISG-Regelungen für verschiedene transnationale Vertragsabschlüsse, insbesondere zwischen Unternehmern, Vorteile, nämlich größere Gestaltungsfreiheit, bieten, wird dringend empfohlen, dass der Verwender zwischen den Vorteilen und Nachteilen im Einzelnen abwägt (vgl. *Brödermann/Hauffe u.a*, BRAK-Mitt. 2016, 165 [169]).

Rechtswahl: Seit 17.12.2009 gilt die Rom I-VO (EG 593/2008) und zwar für alle Verträge, die nach diesem Datum abgeschlossen wurden (Art. 28 Rom I-VO). Für ältere Verträge gelten weiter Art. 27 bis 37 EGBGB. Die Rom I-VO gilt nicht generell. Eine Reihe von Anwendungsbereichen sind ausgenommen (Art. 1 Rom I-VO). Es herrscht bezüglich des anzuwendenden Rechts grundsätzlich Wahlfreiheit (Art. 3 Rom I-VO) und die Rechtswahl kann auch in AGB erfolgen. Gegenüber Verbrauchern ist die Einschränkung zu beachten, die sich aus Art. 6 Abs. 2 Rom I-VO ergibt, wonach bei erfolgter Rechtswahl diese nicht dazu führen darf, dass dem Verbraucher Schutz entzogen wird, der ihm durch diejenigen Bestimmungen gewährt wird, von denen nach dem Recht am Ort seines gewöhnlichen Aufenthaltes nicht durch Vereinbarung abgewichen werden darf. Der EuGH (Urt. v. 28.7.2016 – C-191/15, DB 2016, 1869) hat daher jüngst entschieden, dass eine in den AGB des Unternehmers enthaltene Klausel, nach der auf einen auf elektronischem Weg mit einem Verbraucher geschlossenen Vertrag das Recht des Mitgliedstaates anzuwenden ist, in dem der Unternehmer seinen Sitz hat, missbräuchlich ist, wenn dem Verbraucher gegenüber nicht klargestellt wird, dass er nach Art. 6 Abs. 2 der Rom I-VO auch den Schutz der zwingenden Bestimmungen des Rechtes genießt, das ohne diese Rechtswahlklausel anzuwenden wäre. Der vorgeschlagene Formulierungsvorschlag versucht, dieser Entscheidung gerecht zu werden. Die beschriebene Regel-Ausnahme-Beziehung gilt jedoch zB nicht, wenn Vertragsgegenstand sind: Dienstleistungen in Drittstaaten; Beförderungsverträge, außer im Fall von Pauschalreisen; Immobilien (Kauf, Miete, Pacht – ausgenommen Time-Sharing); bestimmte Finanzinstrumente, auch wenn dies in einem multilateralen System folgt. Der Ausnahmekatalog ist für die einzelnen Vertragstypen in Art. 6 ff. Rom I-VO näher bestimmt.

Fehlende Rechtswahl: Ist keine Rechtswahl erfolgt, so richtet sich die Bestimmung des anzuwendenden Rechts primär nach dem Ort des gewöhnlichen Aufenthaltes des Verbrauchers, insbesondere dann, wenn der Verkäufer seine gewerbliche Tätigkeit ebenfalls in diesem Land ausübt bzw. seine Tätigkeit auf diesen oder andere Staaten einschließlich des fraglichen Staates ausgerichtet hat. Eine in deutscher Sprache gehaltene Website dürfte ausreichen, damit deutsches Recht zur Anwendung kommen kann, wenn der Verbraucher (und Vertragspartner) in Deutschland wohnt. Hinsichtlich der Vertragstypen gilt das vorstehend zu den Ausnahmen Geschriebene ebenfalls.

10. Vertragsabschluss. a) Allgemeines. Ein Vertragsabschluss im Internet erfolgt grundsätzlich unter denselben Voraussetzungen wie im herkömmlichen Rechtsverkehr. Es müssen daher hierfür zwei übereinstimmende Willenserklärungen über die wesentlichen Bestandteile eines Vertrages vorliegen. Dies wird in § 312c Abs. 1 BGB im Rahmen der Definition von Fernabsatzverträgen vorausgesetzt, wonach Verträge auch unter Verwendung von Fernkommunikationsmitteln abgeschlossen werden können. Solche Fernkommunikationsmittel sind nach der Legaldefinition des § 312c Abs. 2 BGB Kommunikationsmittel, die zur Anbahnung oder zum Abschluss eines Vertrages zwischen einem Verbraucher und einem Unternehmer ohne gleichzeitige körperliche Anwesenheit der Vertragsparteien eingesetzt werden können, insbesondere Briefe, Kataloge, Telefonanrufe, Telekopien, E-Mails sowie Rundfunk, Tele- und Mediendienste. Darüber hinaus kann ein Antrag nach § 147 Abs. 1 S. 2 BGB auch mittels „einer sonstigen technischen Einrichtung" erklärt werden. Erklärungen, welche im Wege der elektronischen Datenverarbeitung hergestellt und versandt werden, haben damit rechtlich die Qualität von echten Willenserklärungen. Dies ist wohl allgemeine Meinung. Dogmatisch unterschieden wird hierbei zwischen elektronischen und automatisierten Willenserklärungen sowie Computererklärungen (siehe weiterführend Hoeren/Sieber/*Mehrings* Kap. 13.1.). Zu beachten ist, dass die vom Unternehmen geschuldete Empfangsbestätigung nach Erhalt des Angebotes, wenn nicht deutlich formuliert, schon als Angebotsannahme mit entsprechender Vertragserklärung gesehen werden kann. OLG Düsseldorf Urt. v. 19.5.2016, NJW-RR 2016, 1073 – für autom. Auftragsbestätigung.

b) Warenkorb. Der Warenkorb ist kein rechtlicher Begriff und im Rahmen des BGB nicht einzuordnen. Es ist jedoch ein Mittel, um dem Käufer eine Übersicht über die geplanten Einkäufe zu geben. Rechtlichen Niederschlag hat dies über Art. 11 Abs. 2 der E-Commerce Richtlinie 2000/31/EG in § 312i Abs. 1 S. 2 Nr. 1 BGB gefunden, wonach dem Kunden angemessene, wirksame und zugängliche technische Mittel zur Verfügung zu stellen sind, mit deren Hilfe der Kunde Eingabefehler vor Abgabe seiner Bestellung erkennen und berichtigen kann. Dem Warenkorb kommt damit als vorgezogener Teil der E-Commerce-Bestellung eine zentrale Bedeutung zu. Er hat Übersichts- und Auswahlfunktion und verfolgt den Zweck, wesentliche Vertragsdaten wie Preis und Anzahl der gekauften Produkte aufzuschlüsseln. Zudem gibt er dem Kunden, da noch kein rechtlich bindender Vertrag zustande gekommen ist, die Möglichkeit, Entscheidungen zu berichtigen. Der Warenkorb ist eigentlich nur Vorbereitungshandlung und kein selbstständiges Rechtsinstitut, dennoch muss in diesem vorvertraglichen Stadium alles getan werden, um Missverständnisse oder Irrtümer zu vermeiden. Die rechtliche Besonderheit beim Warenkorb liegt darin, dass der Kunde mit einem einzigen Bestellvorgang mehrere Waren, welche sich im Warenkorb befinden, gleichzeitig kaufen kann. Vor Abschluss des Bestellvorganges sind dem Kunden die von ihm gewünschten Waren oder Dienstleistungen samt Anzahl und Preisen, der zu zahlende Gesamtpreis sowie die von ihm eingegebenen Daten, einschließlich gewählte Zahlungs- und Versandart noch mal anzuzeigen und ihm die Möglichkeit der Korrektur zu geben, bevor auf den Bestell-Button (siehe unter d) zu dessen Beschriftung) klickt. Dies ergibt sich aus § 312j Abs. 2 BGB.

c) Angebot auf Websites. Die Präsentation einer Ware auf einer Website, zB über einen elektronischen Produktkatalog, stellt grundsätzlich kein rechtlich bindendes Angebot des Verkäufers, sondern im Zweifel eine sogenannte Aufforderung zum Vertragsangebot („invitatio ad offerendum") an den Nutzer, dh den Onlinekunden dar (Palandt/*Grüneberg* BGB § 312i Rn. 2). Insoweit ist das Web-Angebot mit der Auslage eines Schaufensters oder

der elektronischen Form eines Versandhauskataloges vergleichbar. Grund hierfür ist, dass der Verkäufer bei einer Ausschreibung an einen unbestimmten und unbekannten Personenkreis die Möglichkeit haben soll, seine Liefermöglichkeiten sowie die Bonität der Kunden zu prüfen. Dabei ist aber zu beachten, dass sich der Verkäufer keine unangemessen lange oder nicht hinreichend bestimmte Frist für die Annahme oder Ablehnung des Angebotes vorbehalten darf, § 308 Nr. 1 BGB. Da seitens des Verkäufers mit dem Ausschreiben der Ware noch kein verbindliches Angebot vorliegt, erwirbt der Käufer mit seiner Bestellung noch keinen Lieferanspruch. Etwas anderes gilt nur, wenn die Auslegung der Ausschreibung auf der jeweiligen Website ergibt, dass sich der Verkäufer im Sinne des § 145 BGB binden wollte (zB weil der Online-Marktplatz, auf dem der Verkäufer tätig ist, entsprechende Vorgaben in seinen Nutzungsbedingungen macht, wie dies zB bei eBay teilweise der Fall ist). Dann ist diese Ausschreibung unter Auslegung nach dem objektiven Empfängerhorizont als bindendes Angebot zu verstehen. Ein solches Verständnis wurde im Rahmen des vorliegenden Formulares ausdrücklich ausgeschlossen.

d) **Wirksamkeit der Willenserklärungen.** Voraussetzung der Wirksamkeit einer Willenserklärung ist deren Abgabe und Zugang. Abgegeben ist eine Willenserklärung, wenn der Erklärende seinen rechtsgeschäftlichen Willen erkennbar so geäußert hat, dass an der Endgültigkeit der Äußerung kein Zweifel möglich ist (Palandt/*Ellenberger* BGB § 130 Rn. 4). Eine Willenserklärung via E-Mail ist bei Versenden der E-Mail abgegeben. Problematischer ist, wann und unter welchen Voraussetzungen eine elektronische Willenserklärung zugeht. Bei der Abgabe von Willenserklärungen im Internet sind die Geschäftspartner oftmals nicht gleichzeitig online. Eine von „Person zu Person" abgegebene Willenserklärung im Sinne des § 147 Abs. 1 S. 2 BGB liegt daher meist nicht vor. Aus diesem Grund ist eine elektronische Willenserklärung via E-Mail grundsätzlich als Willenserklärung unter Abwesenden zu qualifizieren. Dies hat zur Folge, dass die Zugangsvoraussetzungen des § 130 BGB erfüllt sein müssen. Eine Willenserklärung ist hiernach erst zugegangen, wenn sie so in den Bereich des Empfängers gelangt ist, dass dieser unter normalen Verhältnissen die Möglichkeit hat, vom Inhalt der Erklärung Kenntnis zu nehmen. In den Bereich des Empfängers gehören auch die von ihm zur Entgegennahme von Erklärungen bereit gehaltenen Einrichtungen, wie beispielsweise ein Briefkasten (Palandt/*Ellenberger* BGB § 130 Rn. 5). Im elektronischen Rechtsverkehr ist als Gegenstück zum herkömmlichen Briefkasten die Mailbox anzusehen. Damit geht eine elektronische Willenserklärung mit Eingang in der Mailbox zu. Der Zugang ist vollendet, wenn die Kenntnisnahme durch den Empfänger möglich und nach der Verkehrsanschauung zu erwarten ist. Dies wird in § 312i Abs. 1 S. 2 BGB ausdrücklich für den elektronischen Geschäftsverkehr bestätigt. Hiernach gelten Bestellung und Empfangsbestätigung als zugegangen, wenn die Parteien, für die sie bestimmt sind, sie unter gewöhnlichen Umständen abrufen können.

Eine Ausnahme macht das Gesetz für Willenserklärungen, die mit Klick auf einen Button abgegeben werden, der nicht eine die Anforderungen des § 312j Abs. 3 BGB erfüllende Beschriftung enthält. Ist die Beschriftung unzureichend, kommt der Vertrag nach § 312j Abs. 4 BGB nicht zustande. Unklar ist noch, welche Alternativen der Beschriftung zulässig sind. Nach Ansicht des AG Köln (Urt. v. 28.4.2014 – 142 C 354/13, MMR 2014, 736) ist die Beschriftung mit „Bestellen und Kaufen" jedenfalls für einen Abonnement-Vertrag unzureichend.

e) **Fehlerhafte Willenserklärung, Anfechtung.** Nachdem die elektronische Datenübertragung einer Willenserklärung gleichzusetzen ist, finden die §§ 119 ff. BGB Anwendung. Am ehesten relevant sind schlichte Eingabefehler durch den Kunden bzw. versehentlich abgegebene Willenserklärungen. Hier kommt ein Erklärungsirrtum nach § 119 Abs. 1 Alt. 2 BGB in Betracht, da in diesem Fall die äußere Erklärungshandlung von dem inneren Willen abweicht. Regelmäßig wird der Kunde jedoch Schwierigkeiten haben, das Vorliegen eines Eingabefehlers zu beweisen. Zum Schutz des Kunden muss der Diensteanbieter daher gemäß § 312i Abs. 1 Nr. 1 BGB (in Umsetzung von Art. 10 der E-

Commerce-Richtlinie 2000/31/EG vom 8.6.2000) angemessene, wirksame und zugängliche technische Mittel zur Verfügung stellen, mit deren Hilfe der Kunde Eingabefehler vor Abgabe seiner Bestellung erkennen und berichtigen kann.

f) Beweiswert. Wie dargestellt, kommen im Internet bereits durch einen Mausklick, welcher den Versand einer E-Mail auslöst, rechtlich erhebliche Willenserklärungen zustande. Problematisch ist in diesem Zusammenhang die Frage der Beweisbarkeit dieser Erklärungen. Auszugehen ist von dem Grundsatz, dass jede Partei die Beweislast für die Erfüllung der ihr günstigen Tatbestandsmerkmale trägt. Behauptet der Diensteanbieter das Zustandekommen eines Vertrages, hat er somit die Abgabe der Willenserklärung durch den Verbraucher zu beweisen. Nach § 416 ZPO begründen Privaturkunden nur Beweiskraft hinsichtlich der in ihnen enthaltenen Erklärungen, sofern sie von den Ausstellern unterschrieben sind. Einem E-Mail-Ausdruck kommt daher mangels Körperlichkeit und fehlender Unterzeichnung keinerlei Beweiswert zu. Nach dem Urteil des LG Bonn vom 7.8.2001 (Urt. v. 7.8.2001 – 2 O 450/00, CR 2002, 293 ff.) ändert sich die Beweislast auch nicht, wenn der Verbraucher erst mit Eingabe eines auf ihn zugelassenen Passworts an dem Handelssystem teilnehmen kann. Allein aus der Tatsache, dass eine Erklärung von einer Person abgegeben wird, die das Passwort des zugelassenen Nutzers kennt, folgt nach Auffassung des LG Bonn in der vorgenannten Entscheidung kein Anscheinsbeweis zu Lasten des Nutzers. Das LG Bonn (Urt. v. 7.8.2001 – 2 O 450/00, CR 2002, 294) stellt fest: „Im Hinblick auf den derzeitigen Sicherheitsstandard der im Internet verwendeten Passwörter als solche und auf die Art ihrer Verwendung kann nicht der Schluss gezogen werden, dass der Verwender eines Passwortes nach der Lebenserfahrung auch derjenige ist, auf den dieses Passwort ursprünglich ausgestellt wurde oder zumindest jemand, dem er die Kenntnis dieses Passwortes ermöglicht hat." Allerdings kann ein Gericht unter Berücksichtigung des § 286 ZPO – nach seinem freien Ermessen – einer E-Mail Beweiswert zuerkennen.

Die Beweislage kann nur mit Verwendung einer **digitalen Signatur** zu Gunsten des Diensteanbieters verbessert werden. Nach § 126a BGB kann die gesetzlich vorgeschriebene schriftliche Form durch elektronische Form ersetzt werden, soweit der Aussteller der Erklärung dieser seinen Namen hinzufügt und das elektronische Dokument mit einer qualifizierten elektronischen Signatur nach dem Signaturgesetz versieht. Auf Dokumente, die mit einer qualifizierten elektronischen Signatur versehen sind, finden gemäß § 371a ZPO die Regelungen über die Beweiskraft privater Urkunden entsprechende Anwendung.

Beschränkt Geschäftsfähige. Der Anbieter kann auf Grund der Anonymität des elektronischen Geschäftsverkehrs regelmäßig nicht erkennen, ob der Nutzer geschäftsfähig ist bzw. ob seine diesbezüglichen Angaben zutreffend sind. Rechtsgeschäfte mit Minderjährigen sind schwebend unwirksam und von der Genehmigung der gesetzlichen Vertreter abhängig bzw. müssen „bewirkt" werden (§ 110 BGB „Taschengeldparagraph"). Ansonsten sind die Verträge nichtig und müssen rückabgewickelt werden. Es ist möglich, aber in der Praxis bei Online-Shops, deren Waren und Dienstleistungen sich nicht ausschließlich an Erwachsene richten, eher unüblich, schon bei Anlegen eines Kundenkontos zu verlangen, dass sich nur lediglich unbeschränkt geschäftsfähige Personen als Nutzer registrieren lassen. Auf Grund der Anonymität des elektronischen Rechtsverkehrs ist dies für den Anbieter nicht ohne weiteres überprüfbar. Er wird einen beschränkt Geschäftsfähigen, soweit dieser sein Alter unrichtig angibt, nicht erkennen. Der Anbieter kann nicht wirksam vereinbaren, dass jeder Nutzer mit der Anmeldung als unbeschränkt Geschäftsfähiger behandelt wird. Die Vorschriften über die Geschäftsfähigkeit sind nicht dispositiv. Aus diesem Grund gibt es keinen guten Glauben hinsichtlich der Geschäftsfähigkeit. Die damit verbundene Gefahr für den Rechtsverkehr, gerade für den elektronischen, wird zum Schutz der beschränkt Geschäftsfähigen hingenommen. Gleiches gilt im Übrigen für Geschäftsunfähige (hierzu Palandt/*Ellenberger* BGB Überblick Titel 1 vor § 104 Rn. 3). Ferner könnte eine solche Vereinbarung der Geschäftsfähigkeit im Rahmen von AGB nicht wirksam einbezogen werden, da hierfür ebenfalls die Geschäftsfähigkeit des Nutzers erforderlich ist. Die Bestätigung der Geschäftsfähigkeit würde überdies auf Grund der Regelung des § 309 Nr. 12 lit. b BGB unwirksam sein. Hiernach ist eine Bestimmung, durch die der Verwender die Beweislast zum Nachteil des anderen Vertragsteils ändert, insbesondere indem er den anderen Vertragsteil bestimmte Tatsachen bestätigen lässt, unwirksam. Der Anbieter kann sich lediglich schützen, indem er die Registrierung erst nach Zusendung und Prüfung einer Kopie des Ausweises freischaltet. In jedem Fall muss er aber den Jugendschutz wahren (zB bei alkoholischen Getränken oder FSK 18-Produkten). FSK steht für freiwillige Selbstkontrolle und dient dem Jugendschutz im Film- und Medienbereich. Dies kann auch sichergestellt werden, indem bei Lieferung der Ware diese nur vom Besteller persönlich unter Vorlage eines von einer Behörde ausgestellten Ausweises mit Foto entgegengenommen werden kann und eine Aushändigung an einen Bevollmächtigten oder eine Lieferung an eine sog. Packstation nicht möglich ist.

11. **Berichtigungshinweis.** Die Regelung in § 4 wirkt auf den ersten Blick wie eine Wiederholung der Beschreibung des Vertragsschlusses in § 3 des Formulars, erfüllt aber im Detail die Anforderungen der in § 312i Abs. 1 S. 1 Nr. 2 BGB iVm Art. 246c Nr. 1 und 3 EGBGB festgelegten Informationspflichten.

12. **Speicherung des Vertragstextes.** Diese Regelungen erfolgt in Erfüllung der Informationspflichten nach § 312i Abs. 1 S. 1 Nr. 2 BGB iVm Art. 246c Nr. 2 EGBGB.

13. **Datenschutz. a) Allgemeines.** Grundsätzliche Rechtsquelle des Datenschutzes für personenbezogene Daten ist das Bundesdatenschutzgesetz („BDSG"). Am 27.4.2016 wurde die EU-Datenschutzgrundverordnung (DS-GVO) von EU-Parlament und Ministerrat verabschiedet, verkündet und am 4.5.2016 im Amtsblatt der EU veröffentlicht. Sie trägt die Nummer (EU) 2016/679. Gleichzeitig wurde damit die Richtlinie 95/46 EG aufgehoben. Die Verordnung beschäftigt sich mit personenbezogenen Daten und umfasst 99 Artikel und 173 Erwägungsgründe und räumt den nationalen Gesetzgebern in Teilbereichen eigene Gestaltungsmöglichkeiten ein. Die Verordnung wird zum 25.5.2018 wirksam. Sie erfasst auch Datenverarbeiter außerhalb der EU, wenn die von der Datenverarbeitung betroffenen Personen „sich in der Union befinden" (Art. 3 Abs. 2 DSGVO). Es wird daher darauf ankommen, die neuen Bestimmungen in der laufenden Übergangszeit umzusetzen und die Entwicklung der nationalen Gesetzgebung zu beachten. Somit werden die Auswirkungen, insbesondere die Abänderung und Verdrängung der jetzt geltenden Bestimmungen des BDSG spätestens Mitte des Jahres 2018 erfolgt sein und wirksam. Es wird empfohlen, diese Entwicklung genau zu beachten, da die Bußgelder von derzeit maximal EUR 400.000,00 nach BDSG auf bis zu EUR 20 Mio. oder 4 % des weltweiten Jahresumsatzes, je nachdem, welche Bußgeldsumme dann höher ist, anwachsen. Die nachstehenden Erläuterungen stützen sich trotzdem auf die derzeit aktuelle Rechtslage nach BSDG. Als Spezialregelung für Telemedien hat der Gesetzgeber mit dem Gesetz zur Vereinheitlichung von Vorschriften über bestimmte elektronische Informations- und Kommunikationsdienste (EIGVG) das Telemediengesetz (TMG) eingeführt. Telemedien werden nach § 1 Abs. 1 TMG abgegrenzt von Telekommunikationsdiensten und Rundfunk. Darüber hinaus können sich inhaltliche Anforderungen aus dem Rundfunkstaatsvertrag ergeben, § 1 Abs. 4 TMG. Das TMG trat am 1.3.2007 in Kraft und fasste die bis dahin geltenden Regelungen zu Telediensten (TDG, TDDSG) und Mediendiensten zusammen (MDStV). **Diensteanbieter** ist nach TMG jede natürliche oder juristische Person, die eigene oder fremde Telemedien zur Nutzung bereithält oder den Zugang zur Nutzung vermittelt. Hierunter fällt insbesondere das Angebot von fremden und eigenen Waren im Internet im Rahmen eines Online-Shops. Das TMG findet folglich Anwendung. Diese Regelungen dienen zur Umsetzung der Richtlinie 2000/31 EG des Europäischen Parlaments und des Rats vom 8.6.2000 über bestimmte rechtliche Aspekte der Dienste der Informationsgesellschaft, insbesondere des elektronischen Geschäftsverkehrs, im Binnenmarkt (ABl. EG L 178, 1). Sie stellen spezielle Regelungen zum Bundesdatenschutzgesetz dar. Nach § 12 Abs. 1 TMG dürfen personenbezogene Daten vom Diensteanbieter zur Durchführung von Telemedien nur erhoben, verarbeitet und genutzt werden, soweit dies das TMG oder andere Rechtsvorschriften erlauben oder der Betroffene eingewilligt hat. Der Begriff der personenbezogenen Daten wird im TMG nicht näher definiert. Auf Grund des Verweises in § 12 Abs. 4 TMG ist hierbei die Definition in § 3 Abs. 1 BDSG heranzuziehen. Hiernach sind personenbezogene Daten Einzelangaben über persönliche oder sachliche Verhältnisse einer bestimmten oder bestimmbaren natürlichen Person. Verstöße gegen diese Vorschriften stellen nach § 16 TMG und § 43 BDSG Ordnungswidrigkeiten, im Falle des § 44 BDSG sogar eine Straftat dar. Wettbewerbsrechtlich wird ein Verstoß gegen datenschutzrechtliche Vorschriften in Verbindung mit § 1 UWG relevant. Das Datenschutzrecht als Ausfluss des Persönlichkeitsrechtes stellt ein wichtiges Gemeinschaftsgut dar, so dass ein Verstoß hiergegen regelmäßig als wettbewerbswidrig angesehen wird (s. hierzu OLG Koblenz Beschl. v. 1.12.1998 – 4 U 1196/98, MMR 1999, 427; LG Stuttgart Urt. v. 4.6.1996 – 17 O 34/96, CR 1997, 83). Bedeutung hat dies für die Aktivlegitimation von Verbraucherschutzverbänden (LG München I Urt. v. 1.2.2001 – 12 O 13009/00, MMR 2001, 466 ff.). Im Konflikt zu diesen datenschutzrechtlichen Regelungen steht oftmals das wirtschaftliche Bestreben der Anbieter, personenbezogene Daten der Internetnutzer zu Marketingzwecken und zur Erstellung von Nutzerprofilen zu verarbeiten.

b) Unterrichtung über Datenerhebung oder Einwilligungserfordernis. Nicht für jede Datenerhebung, -verarbeitung oder -nutzung ist eine Einwilligung des Betroffenen nötig. Nach § 4 Abs. 1 BDSG ist die Erhebung, Verarbeitung und Nutzung personenbezogener Daten vielmehr auch dann zulässig, soweit dies nach BDSG oder einer anderen Rechtsvorschrift erlaubt oder angeordnet ist. Beim Vertragsschluss über Online-Shops kommt als Erlaubnistatbestand § 28 Abs. 1 BDSG in Betracht. Das Muster sieht vor, dass nur Daten angegeben werden müssen, die für die Begründung, Durchführung oder Beendigung der über den Online-Shop geschlossenen Verträge notwendig sind. Will der Unternehmer darüber hinaus Daten erheben, zB das Geburtsdatum oder eine Telefonnummer, ist für diese Daten gesondert zu prüfen, ob deren Erhebung im Einzelfall unter einen gesetzlichen Erlaubnistatbestand fallen oder ob ggf. doch eine Einwilligung des Nutzers notwendig ist. Letzteres ist insbesondere der Fall, wenn die eingegebenen Daten auch zu Werbezwecken, zumindest per E-Mail oder Telefon, verwendet werden sollen (die Zulässigkeit richtet sich nach § 7 UWG; zur Form der Einwilligung siehe sogleich unter c). Der Diensteanbieter hat den Nutzer außerdem nach § 13 Abs. 1 TMG über Art, Umfang und Zweck der Erhebung, Verarbeitung und Nutzung personenbezogener Daten sowie nach § 13 Abs. 3 TMG über sein Recht auf jederzeitigen Widerruf einer etwaigen Einwilligung für die Zukunft hinzuweisen. Dies bedeutet, dass die Information über die Datenerhebung und -nutzung – auch wenn diese nach § 28 BDSG zulässig ist – gegenüber dem Nutzer zu erfolgen hat, bevor er personenbezogene Daten, die er im Rahmen des Bestellprozesses im Online-Shop eingibt, an den Betreiber des Shops übermittelt. Das Versäumnis dieser Information kann als Wettbewerbsverstoß abgemahnt werden (OLG Hamburg Urt. v. 27.6.2013 – 3 U 26/12, GRUR-RR 2013, 482).

c) Form der Einwilligung. In § 13 Abs. 2 TMG wird im Gegensatz zu §§ 4, 4a BDSG **keine Schriftform** für die Einwilligungserklärung gefordert. Der Diensteanbieter hat nach § 13 Abs. 2 TMG sicherzustellen, dass die elektronische Einwilligung nur durch eine eindeutige und bewusste Handlung des Nutzers erfolgen kann, die Einwilligung protokolliert wird und der Inhalt der Einwilligung jederzeit vom Nutzer abgerufen werden kann. Ferner hat der Diensteanbieter nach § 13 Abs. 3 TMG den Nutzer vor der Erklärung seiner Einwilligung auf sein Recht auf jederzeitigen Widerruf mit Wirkung für die Zukunft hinzuweisen. Der Inhalt dieser Unterrichtung muss für den Nutzer jederzeit abrufbar sein. Dies ist der Fall, wenn der Nutzer hierauf rund um die Uhr über das Internet zugreifen kann. Soweit das TMG nicht anwendbar ist, gilt subsidiär die Regelung der §§ 4, 4a BDSG. Dies ist insbesondere bei der „Offline"-Bearbeitung der im Rahmen des Telemediendienstes erhobenen Daten der Fall. Für die Einwilligung nach § 13 Abs. 2 TMG oder § 4a BDSG ist die freie Entscheidung des Betroffenen Voraussetzung. Er ist auf den vorgesehenen Zweck der Erhebung, Verarbeitung oder Nutzung sowie, soweit nach den Umständen des Einzelfalles erforderlich oder auf Verlangen, auf die Folgen der Verweigerung der Einwilligung hinzuweisen. Nach § 4a BDSG bedarf die Einwilligung der Schriftform, soweit nicht wegen besonderer Umstände eine andere Form angemessen ist. Soll die Einwilligung zusammen mit anderen Erklärungen schriftlich erteilt werden, ist sie besonders hervorzuheben.

Das Erfordernis der Schriftlichkeit kann mit der elektronischen Form gemäß § 126a BGB erfüllt werden. Jedoch muss nach dieser Vorschrift das elektronische Dokument mit einer **qualifizierten elektronischen Signatur** nach dem Signaturgesetz versehen werden. Die häufig in AGB zu findende „fingierte Einwilligung" (etwa „Die Nutzung unserer Website gilt als Zustimmung zur Nutzung Ihrer Daten") ist nach § 307 Abs. 1, Abs. 2 Nr. 1 BGB unzulässig, da sie mit den wesentlichen Grundgedanken der Regelungen des § 13 Abs. 2 Nr. 1 TMG und §§ 4, 4a BDSG nicht zu vereinbaren ist.

Der Nutzer hat die Einwilligung **ausdrücklich** zu erklären. Dies ist umzusetzen, indem der Nutzer vor bzw. bei der Bestellung einen Button findet, in dem er auf die Datenschutzrichtlinie/AGB verwiesen wird und in diesem Zusammenhang seine Einwilligung bzw. seinen Widerruf nach § 13 Abs. 2 TMG erklären kann. Soweit der Nutzer darüber hinaus in die Verwendung seiner Bestandsdaten einwilligen soll, ist der Verwendungszweck konkret anzugeben.

d) **Koppelungsverbot.** Schließlich ist das sogenannte Koppelungsverbot zu beachten. Nach § 12 Abs. 3 TMG darf ein Diensteanbieter die Erbringung von Telemedien nicht von der Einwilligung des Nutzers in eine Verarbeitung oder Nutzung seiner Daten für andere Zwecke abhängig machen, wenn dem Nutzer ein anderer Zugang zu diesen Telemedien nicht oder nicht in zumutbarer Weise möglich ist. Das Koppelungsverbot bei Telemedien besteht daher nur, wenn der Diensteanbieter mit der Koppelung eine Monopolstellung missbrauchen würde. Dies ist bei einem Warenverkauf über das Internet an Endverbraucher nicht anzunehmen, da in diesen Fällen regelmäßig keine Monopolstellung besteht. Dem Koppelungsverbot kommt somit kaum Bedeutung zu (siehe OLG Brandenburg Urt. v. 11.1.2006 – 7 U 52/05, MMR 2006, 405).

e) **Bestands- und Nutzungsdaten.** Soweit keine gesetzlichen Ausnahmen gemäß § 12 TMG vorliegen, bedarf jede Verwendung von personenbezogenen Daten der Einwilligung des Betroffenen. §§ 14, 15 TMG regeln Ausnahmen zu diesem grundsätzlichen Erfordernis der Einwilligung des Betroffenen. Hierbei zu unterscheiden sind **Bestandsdaten** im Sinne des § 14 TMG und **Nutzungsdaten** im Sinne des § 15 TMG, welche der Diensteanbieter ohne Einwilligung des Nutzers erheben, verarbeiten und nutzen darf. Bestandsdaten sind nach § 14 TMG Daten, die für die Begründung, inhaltliche Ausgestaltung oder Änderung eines Vertragsverhältnisses mit dem Betroffenen über die Nutzung von Telemedien erforderlich sind. Nutzungsdaten sind nach § 15 TMG Daten, die erforderlich sind, um die Inanspruchnahme von Telemedien zu ermöglichen und abzurechnen, insbesondere Merkmale zur Identifikation des Nutzers, Angaben über Beginn und Ende sowie über den Umfang der jeweiligen Nutzung und Angaben über die vom Nutzer in Anspruch genommenen Telemedien. Darüber hinaus darf der Diensteanbieter nach § 15 Abs. 3 TMG für Zwecke der Werbung, Marktforschung oder zur bedarfsgerechten Gestaltung der Telemedien die Nutzungsdaten zur Erstellung von Nutzungsprofilen bei Verwendung von Pseudonymen verwenden, sofern der Nutzer dem nicht widerspricht. Über die Regelungen der §§ 14, 15 TMG hinaus bedarf jede Erhebung oder Verarbeitung von personenbezogenen Daten der Einwilligung des Betroffenen. Hierunter fällt insbesondere die Verwendung der Bestandsdaten von Telemedien für Zwecke der Werbung, Marktforschung und bedarfsgerechten Gestaltung der Dienste. Im Vertragsformular wird auf die Erhebung von Bestands- und Nutzungsdaten nicht eingegangen, sondern lediglich auf die für die Durchführung der Online-Bestellung notwendigen Daten, für deren Erhebung nach § 28 BDSG und § 13 TMG nur eine Unterrichtungspflicht besteht. Werden Nutzungsdaten erhoben, sollte die Information hierüber in eine gesonderte Datenschutzerklärung (→ Form. H. 2) aufgenommen werden, um zum einen die AGB nicht zu überfrachten. Zum anderen gilt die Erhebung von Nutzungsdaten oft nicht nur für solche Websitenbesucher, die Bestellungen in dem Online-Shop tätigen, sondern für alle Besucher. Daher muss für diese – für die die AGB insofern also nicht relevant werden – ein deutlicher Hinweis auf eine Datenschutzerklärung erfolgen, die über die Erhebung solcher Nutzungsdaten und die hierfür eingesetzten Tools (siehe zB sogleich f) Cookies) informiert.

f) Sonderfall Cookies. Internetverbindungen sind grundsätzlich anonym. Ein Server kann den Zusammenhang zwischen mehreren Transaktionen nicht herstellen. Der Diensteanbieter kann weder die Identität noch das Verhalten des Nutzers auf seiner Website erkennen. Solche Feststellungen können jedoch mit sog. Cookies getroffen werden. Hierbei handelt es sich um einen Datensatz, der, von einem Web-Server erzeugt, zusammen mit anderen Daten – namentlich dem Inhalt der Website – durch das Internet gesendet und mit Hilfe des Browserprogramms des Nutzers auf dessen Rechner abgelegt wird. Dies geschieht regelmäßig – sofern der Nutzer seinen Browser nicht anders eingestellt hat – ohne Kenntnis des Nutzers. Die Cookie-Dateien geben bei einem neuerlichen Aufruf des Web-Servers Daten ab, welche von dem Web-Server ausgewertet werden können. Auf diese Weise erhält der Betreiber der Website die Möglichkeit, ein Benutzerprofil zum Zwecke der Marktforschung oder Werbung zu erstellen (siehe ausführlich zur Erläuterung von Cookies, deren Verwendung und Risiken *Wichert* DuD 1998, 273 ff.). Anzumerken ist, dass die gebräuchlichsten Browserprogramme in ihren Grundeinstellungen Cookies immer zulassen. Datenschutzrechtlich erlangen die Daten der Cookies vor allem dann Bedeutung, wenn sie personenbezogen im Sinne des TMG bzw. BDSG sind. Ob ein solcher Personenbezug gegeben ist, wenn in dem Cookie nur die IP-Adresse des Nutzers ablegt ist und der Website-Betreiber über keinerlei weitere Informationen verfügt, wird unterschiedlich beurteilt. Der EuGH hat die Frage so beantwortet, dass auch die dynamische IP-Adresse dann, wenn durch Zusatzinformationen eine bestimmte Person ermittelt werden kann, ein personenbezogenes Datum darstellt. Es reicht, wenn wenn ein Dritter über die Informationen verfügt und es rechtliche Mittel gibt, an diese Informationen zu kommen (EuGH Urt. v. 19.1.2016 – C582/14, NJW 2016, 3579). Die Zuordnung einer IP-Adresse zu einem individualisierten Nutzer ist aber jedenfalls möglich, wenn der Nutzer dem Web-Server über ein Anmeldeformular oder eine einfache E-Mail personenbezogene Angaben gemacht hat und diese mit dem Cookie zusammengeführt werden. Dann sind Cookie-Daten jedenfalls personenbezogen. In einem solchen Fall stellt das Setzen eines Cookies zudem eine Erhebung, Verarbeitung und Nutzung von Daten dar (hierzu *Bizer* DuD 1998, 277 ff.; *Ihde* CR 2000, 413 ff.) und verstößt damit ohne vorherige Einwilligung des Nutzers gegen das TMG bzw. BDSG. Unklar war bisher, ob für das Setzen von Cookies generell eine vorherige Einwilligung der Websitebesucher einzuholen ist. Der Wortlaut des § 13 Abs. 1 TMG steht dem eigentlich entgegen, da er nur von einer Unterrichtung spricht. Jedenfalls für die Cookies, die technisch nicht notwendig sind, verlangt aber die sog. Cookie-Richtlinie (Richtlinie 2009/136/EG) in Art. 2 Nr. 5 immer eine Einwilligung des Nutzers vor dessen Speicherung. Das OLG Frankfurt a. M. (Urt. v. 17.12.2015 – 6 U 30/15, GRUR-RR 2016, 252) hat daher den § 13 Abs. 1 TMG im Lichte dieser Norm ausgelegt und die grundsätzliche Notwendigkeit einer vorherigen Einwilligung in das Setzen von Cookies bejaht, lässt aber ein sog. Opt-out-Verfahren zu.

g) Umsetzung. Datenschutzrechtliche Aspekte werden an verschiedenen Stellen auf der Website bzw. im Rahmen des Bestellvorgangs relevant, zB bei der Kunden-/Nutzerregistrierung, beim Online-Vertragsschluss, bei Online-Marketing etc. Auf Grund dieser Unübersichtlichkeit sollten Datenschutzhinweise zentral und zusammenhängend auf einer eigenen Unterseite innerhalb der Webpräsenz abgelegt sein. Das Problem ist jedoch hier die Einbeziehung in die AGB **bei** Vertragsabschluss. Daher sollten die Hinweise auf die datenschutzrechtlichen Bestimmungen jedenfalls in den AGB und eventuell zusätzlich noch unter einer eigenen Rubrik „*Datenschutz*" mit ausführlichen Erläuterungen aufgenommen werden (→ Form. G. 2).

Wichtig für Online-Shop-Betreiber ist insbesondere der seit dem 1.8.2015 geltende § 13 Abs. 7 TMG, der dem Betreiber auch technische und organisatorische Sicherheitsvorkehrungen auferlegt. Bei Verstoß gegen die Einhaltung dieser Anforderungen drohen (neben Abmahnungen) teilweise Bußgelder bis zu 50.000 EUR, § 16 Abs. 2 Nr. 3 TMG.

14. Zahlung. a) Zahlungsarten. Übliche Zahlungsmöglichkeiten im Internet sind die Zahlung per Kreditkarte, per Nachnahme sowie die Zahlung nach Rechnungsstellung. Neben diesen klassischen Zahlungsmethoden gibt es auch internetspezifische Zahlungsarten wie zB die Zahlung über einen Intermediär (Paypal, Netteller ua), Internet-Guthabenkarten (Paysafecard, Micromoney) oder über die Verbindung mit dem Mobiltelefon (M-Payment), wodurch die Zahlung letztlich mit der Begleichung der Mobilfunkrechnung erfolgt. Daneben bieten noch Treuhänder (wie zB iloxx) ihre Dienste an, die insbesondere bei größeren Summen in Betracht gezogen werden sollten.

b) Risiken im Internet. Das besondere Problem bei allen Distanzgeschäften liegt darin, dass die Übergabe der Ware und die Zahlung der Kaufpreissumme zeitlich auseinanderfallen. Daher muss entweder der Käufer oder der Verkäufer das Risiko tragen, ob sich der Vertragspartner nach der eigenen Vorleistung noch an die vertragliche Vereinbarung hält. Den größten Risikoausgleich schafft wohl die Zahlung per Nachnahme, doch ist diese Zahlungsvariante in Deutschland nicht weit verbreitet. Hinzu kommt eine (scheinbare) Anonymität der Vertragspartner.

Der Verkäufer kennt im Fernabsatz die Identität des Käufers nicht mit Sicherheit; dies gilt besonders angesichts der leichten Fälschbarkeit von E-Mail-Adressen. Bestreitet der vermeintliche Vertragspartner des Verkäufers, am Vertragsabschluss beteiligt zu sein, hat der Verkäufer die Ware auf seine Kosten zurückzunehmen. Das Risiko des Käufers bei Zahlung etwa per Kreditkarte besteht darin, Ware zu bezahlen, die er nicht erhält. Besonders problematisch ist dies, wenn der Käufer den Sitz des Anbieters nicht kennt. Nach den Verpflichtungen der §§ 312a,ff. BGB, Art. 246 EGBGB und § 5 TMG hinsichtlich der Anbieterkennzeichnung (→ Anm. 7) sollten diese Risiken soweit möglich behoben sein. Es verbleibt jedoch das Prozess- und Vollstreckungsrisiko. Hinzu kommt für den Käufer bei der Zahlung per Kreditkarte das Risiko, dass diese Daten durch einen Dritten abgefangen werden. Anbieter sind nach § 13 Abs. 4 Nr. 3 und Abs. 7 TMG verpflichtet, die Daten des Nutzers vor Kenntnisnahme Dritter zu schützen. Daher sollte inzwischen eine Verschlüsselung über die Technik des „Secure Socket Layer" (SSL)-Verfahrens Standard bei Abfrage solch sensibler Daten sein. Dieses Verfahren hat im Vergleich zu dem früher verwendeten „Secure Electronic Transaction"-Verfahren (SET) den Vorteil, dass der Kunde keine zusätzliche Software benötigt. Diese Verschlüsselung schützt den Kunden jedoch lediglich gegen das Ausspähen seiner Kreditkartendaten im Internet. Regelmäßig ist der Kreditkartenaussteller verpflichtet, die unter Einsatz der Kreditkarte begründeten Verbindlichkeiten des Karteninhabers bei den Vertragsunternehmen zu tilgen. Diese Zahlung begründet einen Aufwendungsersatzanspruch (§§ 675, 670 BGB) des Kreditkartenunternehmens gegen den Kunden. Dieser Anspruch besteht aber nur, wenn die Zahlungsverpflichtung vom Kunden eingegangen wurde. Diese Verpflichtung ist vom Anbieter und damit auch vom Kreditkartenunternehmen nur zu beweisen, wenn der Kunde den Vertrag schriftlich, d.h. in signierter Form gemäß § 126a BGB abgeschlossen hat. Der Vertragshändler bzw. der Kreditkartenaussteller haben den

Vertragsschluss zu beweisen. Somit tragen der Anbieter und das Kreditkartenunternehmen im Verhältnis zum Kunden das Missbrauchsrisiko der Kreditkarte. Der Anbieter und das Kreditkartenunternehmen haben nach der Rechtsprechung (BGH Urt. v. 2.5.1990 – VIII ZR 139/89, NJW 1990, 2880) keinen Garantievertrag und auch kein Schuldversprechen, sondern nur einen Forderungskauf abgeschlossen. Die Akzeptanz einer Karte ohne Vorlage oder Belegunterzeichnung über das Internet – ebenso wie am Telefon – geschieht daher letztlich auf alleiniges Risiko des Vertragshändlers. Der Anbieter verfügt in einem solchen Fall weder über einen Zahlungsanspruch gegen den Kunden noch einen Anspruch gegen das Kreditkartenunternehmen, wenn er beweisfällig bleibt.

c) **E-Geld-Institute.** Die Europäische Union setzt zudem weitere Impulse im Hinblick auf die Entwicklung von e-Geld-Instituten. Am 16.9.2009 ist die Richtlinie 2009/110/EG des Europäischen Parlaments und des Rates vom 16.9.2009 über die Aufnahme, Ausübung und Beaufsichtigung der Tätigkeit von e-Geld-Instituten in Kraft getreten. Gemäß Art. 2 Abs. 2 dieser Richtlinie stellt elektronisches Geld einen Geldwert in Form einer Forderung gegen die ausgebende Stelle dar, der auf einem Datenträger gespeichert ist, gegen Entgegennahme eines Geldbetrages ausgegeben wird und von anderen Unternehmen als der ausgebenden Stelle als Zahlungsmittel akzeptiert wird. In technischer Hinsicht unterscheiden sich die Zahlungssysteme nach Art, des Speichermediums in hardware- und softwaregestützte Systeme (weiterführend *Hladjk* MMR 2001, 731). Nach Art. 6 der Richtlinie sind die e-Geld-Institute berechtigt zur Erbringung von Zahlungsdienstleistungen, Gewährung von Krediten, den Betrieb von Zahlungssystemen und anderen Geschäftstätigkeiten, soweit diese e-Geld-Institute die vorgesehene Zulassung, gleich der Zulassung von Kreditinstituten, erhalten haben.

15. Eigentumsvorbehalt. Der Eigentumsvorbehalt ist ein Sicherungsmittel des Verkäufers, mit dem er sich das Eigentum an den Kaufsachen bis zur vollständigen Bezahlung des Kaufpreises vorbehält. § 449 Abs. 1 BGB enthält eine Auslegungsregel, wonach ein Eigentumsvorbehalt im Zweifel als aufschiebend bedingte Übereignung zu verstehen ist. Der Verkäufer kann die Sache auf Grund des Eigentumsvorbehaltes herausverlangen, wenn er vom Kaufvertrag zurückgetreten ist (§ 449 Abs. 2 BGB). Der Rücktritt erfolgt nach den allgemeinen Voraussetzungen des § 323 BGB.

16. Lieferbedingungen. Information. Nach § 312i BGB iVm Art. 246 § 1 Abs. 1 S. 1 Nr. 7 EGBGB hat der Unternehmer den Verbraucher über die Zahlungs-, Liefer- und Leistungsbedingungen sowie den Termin, bis zu dem der Unternehmer die Waren liefern oder die Dienstleistung erbringen muss, zu informieren. Nicht mehr zulässig sind damit in den AGB des Unternehmers Klauseln, die Liefertermine für unverbindlich erklären. Zweck der Information über den Termin ist, dass der Verbraucher weiß, ab wann der Unternehmer in Verzug gerät. Unzulässig sind daher auch Angaben beim Liefertermin wie „in der Regel", da der Verbraucher nicht wissen kann, was beim Unternehmer die Regel ist. Für zulässig befunden wurde von der Rechtsprechung hingegen die Angabe „ca. 2 bis 4 Werktage", da sich hieraus der Termin ergebe, bis zu dem der Unternehmer liefern muss, nämlich spätestens nach vier Werktagen (so OLG München Beschl. v. 8.10.2014 – 29 W 1935/14, CR 2015, 199). Die Hinweise zur Lieferzeit sollten sich daher bei der jeweiligen Angebotsbeschreibung finden. Auch der Hinweis auf ggf. hinzukommende Versandkosten muss sich deutlich schon aus der Angebotsgestaltung im Online-Shop ergeben.

17. Widerrufsrecht. a) Allgemeines. Durch das Gesetz zur Umsetzung der Verbraucherrechterichtlinie und zur Änderung des Gesetzes zur Regelung der Wohnungsvermittlung (VerbrRRL-UG) vom 20.9.2013, in Kraft seit 13.6.2014, wurde die Europäische Verbraucherrechterichtlinie RL 2011/83/EU vom 25.10.2011 umgesetzt. Dadurch wurde das BGB in seinen Bestimmungen in § 312 bis § 510 neu strukturiert, so dass sämtliche

Muster für Widerspruchsrechte und Widerspruchsfolgen, die vor Juni 2014 gestaltet wurden, grundsätzlich nicht mehr dem jetzt geltenden Recht entsprechen. Dies betrifft ua Fernabsatzverträge, insbesondere solche, die online über Internet abgeschlossen werden. Wesentliche Regelungen sind die §§ 312d, 355, 356 und 357 BGB iVm Art. 246a EGBGB. Der Schutz des Verbrauchers bei Fernabsatzverträgen soll mit zwei Grundinstrumenten gewährleistet werden: Zum einen Informationspflichten des Anbieters/Verkäufers und zum anderen Widerrufsrechte des Verbrauchers/Käufers. Der Verbraucher soll damit so viele Informationen wie möglich und notwendig über den Vertragspartner und die angebotene Ware einschließlich Preis und Kosten für Nebenleistungen erhalten und daneben auch die Möglichkeit haben, eventuell übereilte Geschäftsabschlüsse rückgängig zu machen.

b) **Anwendbarkeit.** Nach der Legaldefinition des § 312c Abs. 1 BGB sind Fernabsatzverträge Verträge über die Lieferung von Waren oder über die Erbringung von Dienstleistungen (einschließlich Finanzdienstleistungen), die zwischen einem Unternehmer und einem Verbraucher unter ausschließlicher Verwendung von Fernkommunikationsmitteln abgeschlossen werden. Fernkommunikationsmittel sind nach § 312c Abs. 2 BGB Kommunikationsmittel, die zur Anbahnung oder zum Abschluss eines Vertrages zwischen einem Verbraucher und einem Unternehmer ohne gleichzeitige körperliche Anwesenheit der Vertragsparteien eingesetzt werden können, insbesondere Briefe, Kataloge, Telefonanrufe, Telekopien, E-Mails sowie Rundfunk, Tele- und Mediendienste.

c) **Informationspflichten.** Der Unternehmer hat nach **§ 312d Abs. 1 BGB** den Verbraucher rechtzeitig **vor Abschluss** eines Fernabsatzvertrages klar und verständlich gemäß den Bestimmungen des § 312d BGB iVm Art. 246a EGBGB zu informieren und diese genannten Informationen **spätestens bis zur vollständigen Erfüllung** des Vertrages auf einem dauerhaften Datenträger mitzuteilen, § 312f Abs. 2 BGB. Werden in Bezug auf die Belehrung die Anforderungen des Art. 246a § 1 Abs. 2 S. 1 Nr. 1 (oder des Art. 246b § 2 Abs. 1) EGBGB nicht eingehalten, so gilt eine Widerrufsfrist von 12 Monaten und 14 Tagen (§ 356 Abs. 3 BGB). Bei der Lieferung von Waren bietet sich an, nach Vertragsschluss zu erteilende Informationen der Lieferung beizulegen. Gleichzeitig ist darauf hinzuweisen, dass der Unternehmer nach § 312i Abs. 1 Nr. 3 und § 312f Abs. 2 BGB verpflichtet ist, dem Verbraucher den Erhalt der Bestellung zu bestätigen.

d) **Widerrufsrecht.** Dem Verbraucher steht gemäß § 355 BGB ein Widerrufsrecht zu, wobei in § 312g Abs. 2 BGB eine Reihe von Vertragstypen beschrieben ist, für die kein Widerrufsrecht gesetzlich vorgesehen ist, so beispielsweise Verträge über individuelle Dienstleistungen. Der Widerruf bedarf keiner Begründung. Er muss den Vertrag so bezeichnen, dass dieser identifiziert werden kann. Das Wort „widerrufen" braucht nicht verwandt zu werden. Es genügt eine Äußerung, aus der sich ergibt, dass der Verbraucher den Vertrag nicht mehr gegen sich gelten lassen will. Ein Widerruf ist nach neuer Rechtslage auch telefonisch möglich, die bloße Rücksendung der Sache reicht hingegen nicht mehr, sondern es ist eine eindeutige Erklärung nötig, § 355 Abs. 1 S. 2 und 3 BGB. Die Widerrufsfrist beträgt in der Regel 14 Tage. Wird der Verbraucher jedoch erst nach Vertragsschluss über sein Widerrufsrecht belehrt, so beträgt die Widerrufsfrist 12 Monate und 14 Tage (§ 356 Abs. 3 S. 2 BGB). Der vom Gesetzgeber vorgegebene Wortlaut der Widerrufsbelehrung nebst den amtlichen Gestaltungshinweisen ist oben im Anhang zum Formular komplett wiedergegeben. Da hier durch den Gesetzgeber schnell Änderungen vorgenommen werden können, empfiehlt sich bei neu zu erstellenden, aber auch bei bestehenden Vertragstexten regelmäßige Nachschau nach etwaigen Änderungen der Belehrungsvorgaben. Der Fristlauf ist gemäß § 355 Abs. 2 BGB gekoppelt an den Vertragsschluss, soweit nichts anderes bestimmt ist. Der **Beginn der Widerrufsfrist** hängt neben der Lieferung der Ware darüber hinaus nicht nur von einer ordnungsgemäßen Belehrung, sondern auch von der Erfüllung anderer Informationspflichten ab (s. § 356 BGB). Die Widerrufsfrist beginnt also erst dann zu laufen, wenn diese Pflichten erfüllt wurden. Bei Warenlieferungen beginnt die Frist zudem nicht vor dem Tag der Lieferung an den Empfänger. Die Widerrufsfrist beträgt regelmäßig 14 Tage nach Erhalt der Ware, bei Bestellung mehrerer Waren beginnt die Frist, sobald der Verbraucher die letzte Ware erhalten hat. Ebenso bei Teilsendungen beginnt die Widerrufsfrist erst, wenn der Verbraucher die letzte Teilsendung erhalten hat.

Wann das Widerrufsrecht bei Fernabsatzverträgen spätestens **endet**, bestimmt § 356 Abs. 3, 4 und 5 BGB. Der Unternehmer trägt nach § 355 Abs. 3 S. 3 BGB die Beweislast hinsichtlich des Fristbeginns, somit für alle Tatsachen, aus denen er die Nichteinhaltung der Widerrufsfrist herleiten will, insbesondere für die Belehrung, ihre Ordnungsmäßigkeit, ihren Zeitpunkt und ihre Zurverfügungstellung. Der Verbraucher hat dagegen Inhalt, Absendung und Zugang des Widerrufs zu beweisen, wobei der Unternehmer nach § 356 Abs. 1 S. 2 BGB den Erhalt des Widerrufs bestätigen muss, wenn der Verbraucher die Möglichkeit hat, den Widerruf dadurch zu erklären, dass er ein hierfür auf der Website des Unternehmers vorgesehenes Formular ausfüllt und (online) übermittelt.

e) Kein Widerrufsrecht. Bei bestimmten Verträgen besteht, soweit die Parteien nichts anderes vereinbart haben, kein Widerrufsrecht, so bei Lieferung von Waren, die individuell für den Verbraucher hergestellt wurden und auf seine persönlichen Bedürfnisse zugeschnitten sind, bei schnell verderblichen Waren, bei versiegelten Waren, die aus Gründen des Gesundheitsschutzes oder der Hygiene nicht zur Rückgabe geeignet sind, wenn die Versiegelung geöffnet ist, bei Lieferung von Waren, wenn diese aufgrund ihrer Beschaffenheit untrennbar mit anderen Gütern vermischt wurden, und anderen (vgl. § 312g Abs. 2 BGB). Diese Ausschlusstatbestände hat der Gesetzgeber wörtlich aus der VerbrRRL der EU übernommen. Allerdings ist zu beachten, dass dann, wenn Streit besteht, ob die jeweiligen Voraussetzungen eines Ausschlusstatbestandes vorliegen, der Unternehmer die Beweislast trägt. Bei Beantwortung der Frage, ob ein Widerrufsrecht gewährt werden muss oder nicht, ist eine detaillierte, einzelfallorientierte Prüfung nötig.

f) Rechtsfolgen des Widerrufs. § 312 BGB ist eine abschließende Regelung und direkte Umsetzung der VerbrRRL für außerhalb von Geschäftsräumen geschlossene Verträge und Fernabsatzverträge, ausgenommen über Finanzdienstleistungen, und beschreibt die Ansprüche und Pflichten der Parteien abschließend (s. § 361 BGB). Bei dem Rückabwicklungsverhältnis, das auf den Widerruf hin eintritt, ist zu beachten, dass die empfangenen Leistungen spätestens 14 Tage nach Widerruf zurückzugewähren sind, wobei der Verbraucher grundsätzlich vorleistungspflichtig ist (§ 357 Abs. 4 BGB). Die Rückgewährpflicht erfasst auch die Kosten der Lieferung, außer der Verbraucher hätte nicht die vom Unternehmer angebotene günstigste Standardlieferung gewählt. Für die Rückzahlung muss der Unternehmer dasselbe Zahlungsmittel verwenden, das der Verbraucher bei der Zahlung verwendet hat, es sei denn, die Parteien hätten etwas anderes vereinbart und dem Verbraucher würden dadurch keine Zusatzkosten entstehen. Bei einem Verbrauchsgüterkauf kann der Unternehmer die Rückzahlung verweigern, bis er die Waren zurückerhalten hat oder der Verbraucher nachweist, dass die Absendung erfolgt ist. Davon ausgenommen ist der Fall, dass der Unternehmer die Abholung der Waren angeboten hat.

Die Kosten der Rücksendung trägt der Verbraucher, wenn er durch den Unternehmer nach Art. 246a § 1 Abs. 2 S. 1 Nr. 2 EGBGB von der Kostentragungspflicht unterrichtet wurde. Nach § 357 Abs. 6 BGB sind allerdings Sonderfälle zu beachten, so, wenn der Unternehmer die Tragung der Kosten zugesagt hat oder auch, im Falle eines außerhalb von Geschäftsräumen geschlossenen Vertrages, bei denen die waren zum Zeitpunkt des Vertragsschlusses zur Wohnung des Verbrauchers geliefert werden sind, wenn die gelieferten Waren so beschaffen sind, dass sie nicht per Post zurückgesandt werden können. Hier muss der Unternehmer die Waren auf seine Kosten abholen.

Der Verbraucher hat Wertersatz für einen Wertverlust der Ware zu leisten, wenn der Wertverlust auf einen Umgang mit den Waren zurückzuführen ist, der nicht notwendig war zur Prüfung der Beschaffenheit, der Eigenschaften und der Funktionsweise der Waren. Dies jedoch auch nur dann, wenn der Unternehmer den Verbraucher nach Art. 246 im Falle von außerhalb von Geschäftsräumen geschlossenen Vertrages, bei denen die Waren zum Zeitpunkt des Vertragsschlusses zur Wohnung des Verbrauchers geliefert worden sind – § 1 Abs. 2 S. 1 Nr. 1 EGBGB über sein Widerrufsrecht unterrichtet hat.

In bestimmten Fällen, beispielsweise der Erbringung von Dienstleistungen oder der Lieferung von Wasser, Gas oder Strom, gelten Sonderregeln (s. § 357 Abs. 8 BGB).

Hinzuweisen ist auf die Regelung des § 357 Abs. 9 BGB, wonach gilt, dass der Verbraucher, der einen Vertrag über die Lieferung von nicht auf einem körperlichen Datenträger befindlichen digitalen Inhalten widerruft, keinen Wertersatz zu leisten hat. Allerdings kann nach § 312 f Abs. 3 BGB im Rahmen des Vertrages festgehalten werden, dass der Verbraucher vor Ausführung des Vertrages ausdrücklich zustimmt, dass der Unternehmer mit der Ausführung des Vertrages vor Ablauf der Widerrufsfrist beginnt und ebenso seine Kenntnis davon bestätigt, dass durch seine Zustimmung mit Beginn der Ausführung des Vertrages sein Widerrufsrecht verloren geht bzw. erlischt gemäß § 356 Abs. 5 BGB.

Zu beachten ist auch, dass trotz der Rückgewährpflicht des Verbrauchers der Gesetzgeber in § 355 Abs. 3 S. 4 BGB angeordnet hat, dass der Unternehmer bei Widerruf die Gefahr der Rücksendung der Waren trägt, dh der Verbraucher wird auch bei Untergang oder Verschlechterung der Sache von seiner Rückgewährpflicht frei. Dies macht bei hochwertigen Waren sinnvoll, dass der Unternehmer Abholung anbietet und vornimmt.

18. Mängelgewährleistung. a) Gewährleistung. Der Unternehmer als Verkäufer ist nach § 433 Abs. 1 S. 2 BGB verpflichtet, dem Käufer die Sache frei von Sach- und Rechtsmängeln zu verkaufen. § 434 BGB definiert aufbauend auf dem subjektiven Fehlerbegriff den Sachmangel als Abweichung von der vereinbarten Beschaffenheit. Eine Sache ist dementsprechend nach § 434 Abs. 1 S. 1 BGB frei von Sachmängeln, wenn sie bei Gefahrübergang die vereinbarte Beschaffenheit hat. S. 2 regelt den Fall der fehlenden Beschaffenheitsvereinbarung. Eine Sache ist hiernach frei von Sachmängeln, wenn sie sich für die nach dem Vertrag vorausgesetzte Verwendung eignet, sonst, wenn sie sich für die gewöhnliche Verwendung eignet und eine Beschaffenheit aufweist, die bei Sachen der gleichen Art üblich ist und die der Käufer nach der Art der Sache erwarten kann. Zu dieser Beschaffenheit gehören nach § 434 Abs. 1 S. 3 BGB auch Eigenschaften, die der Käufer nach den öffentlichen Äußerungen des Verkäufers, Herstellers oder seines Gehilfen insbesondere in der Werbung oder bei der Kennzeichnung über bestimmte Eigenschaften der Sache erwarten kann.

Die Rechtsfolgen bei Vorliegen eines Sachmangels werden in § 437 BGB aufgeführt. Hiernach kann der Käufer bei Mangelhaftigkeit der Sache Nacherfüllung verlangen, vom Vertrag zurücktreten oder den Kaufpreis mindern und Schadensersatz oder Ersatz vergeblicher Aufwendungen verlangen. Der Anspruch auf Nacherfüllung nach § 439 BGB kann auf Nachbesserung oder Neulieferung einer mangelfreien Sache gerichtet sein. Die Wahl zwischen diesen Formen der Nacherfüllung steht dem Käufer zu. Bei rechtsmissbräuchlichem oder unverhältnismäßigem Verlangen des Käufers kann sich der Verkäufer auf den Schutz in § 439 Abs. 3 BGB berufen. Hiernach kann der Verkäufer die vom Käufer gewählte Art der Nacherfüllung verweigern, wenn sie nur mit unverhältnismäßigen Kosten möglich ist. Mit dem Verweis auf § 275 Abs. 2 und 3 BGB wird klargestellt, dass das Recht des Käufers auf Nachbesserung auch ausscheidet, wenn diese unmöglich ist. Das in § 437 BGB angeführte Recht des Käufers, vom Kaufvertrag zurückzutreten oder Schadensersatz zu verlangen, richtet sich grundsätzlich nach den allgemeinen Vorschriften der §§ 323 Abs. 1 BGB (Rücktritt) und 281 Abs. 1 BGB (Schadensersatz), die durch § 440 BGB für das Kaufrecht ergänzt werden. Die §§ 323 Abs. 1 BGB sowie 281 Abs. 1 BGB sehen vor, dass der Käufer dem Verkäufer eine Frist zur Nacherfüllung setzen muss. Dieses Erfordernis der Fristsetzung entfällt lediglich in Ausnahmefällen, welche in §§ 323 und 281 BGB katalogartig aufgeführt sind. Dies ist der Fall, wenn der Schuldner die Leistung endgültig verweigert oder wenn besondere Umstände vorliegen, die unter Abwägung der beiderseitigen Interessen die sofortige Geltendmachung des Schadensersatzanspruches bzw. Erklärung des Rücktrittes rechtfertigen. In § 440 BGB wird dieser Katalog noch für den Fall ergänzt, dass die dem Käufer zustehende Nacherfüllung fehlgeschlagen oder für ihn unzumutbar ist. Als fehlgeschlagen gilt die Nachbesserung nach dem erfolglosen zweiten Versuch. § 441 BGB regelt den Anspruch des Käufers auf Minderung. Der Käufer ist hierzu berechtigt „statt zurückzutreten". Dies bedeutet, dass das Minderungsrecht des Käufers unter den Voraussetzungen des Rücktrittsrechtes steht. Folge hiervon ist, dass der Käufer auch vor dem Minderungsverlangen gegenüber dem Verkäufer die Nacherfüllung unter Fristsetzung fordern muss. Für die Ausnahmen von der Notwendigkeit einer Fristsetzung gelten die §§ 323 und 440 BGB entsprechend. In § 441 Abs. 3 BGB wird die Berechnung der Minderung geregelt. Hiernach ist bei der Minderung der Kaufpreis in dem Verhältnis herabzusetzen, in welchem zurzeit des Vertragsschlusses der Wert der Sache in mangelfreiem Zustand zu dem wirklichen Wert gestanden haben würde. Die Minderung ist, soweit erforderlich, durch Schätzung zu ermitteln (§ 441 Abs. 3 S. 2 BGB).

b) **Beschränkung und Ausschluss der Gewährleistungsrechte.** Die Regelungen des §§ 474 ff. BGB ergänzen die kaufrechtlichen Vorschriften der §§ 433 ff. BGB speziell für den Verbrauchsgüterkauf. Ein Verbrauchsgüterkauf liegt nach der Legaldefinition des § 474 Abs. 1 BGB vor, wenn ein Verbraucher (§ 13 BGB) von einem Unternehmer (§ 14 BGB) eine bewegliche Sache kauft. Nach § 475 BGB sind grundsätzlich alle dem Verbraucher zustehenden Gewährleistungsrechte nicht zu seinem Nachteil abdingbar. Eine Ausnahme von diesem zwingenden Charakter der Gewährleistungsrechte sieht § 475 Abs. 3 BGB für den Schadensersatzanspruch vor. Dieser kann unbeschadet der §§ 307 bis 309 BGB beschränkt bzw. ausgeschlossen werden (vgl. Palandt/*Weidenkaff* BGB § 475 Rn. 1).

c) **Verjährung.** Die Verjährung der in § 437 BGB Nr. 1 und 3 BGB genannten Ansprüche auf Nacherfüllung, Schadensersatz und Ersatz vergeblicher Aufwendungen wird in § 438 BGB geregelt. Die Verjährung der in § 437 Nr. 2 BGB genannten Rücktritts- und Minderungsrechte im Fall der Verjährung des vorher notwendigerweise geltend zu machenden Nacherfüllungsanspruches richtet sich nach §§ 438 Abs. 4 und 5 iVm 218 BGB. Da mit dem vorgestellten Geschäftsmodell weder dingliche Rechte noch Bauwerke veräußert werden, findet die in § 438 Abs. 1 Nr. 3 BGB aufgeführte Verjährungsfrist von zwei Jahren Anwendung. Eine Verkürzung dieser Verjährungsfrist ist beim Verbrauchsgüterkauf nur eingeschränkt möglich. Nach § 475 BGB sind grundsätzlich die Gewährleistungsrechte des Käufers nicht zu seinen Lasten abdingbar. Lediglich beim Verbrauchsgüterkauf von gebrauchten Sachen ist eine Verkürzung der Verjährungsfrist auf ein Jahr zulässig (§ 475 Abs. 2 BGB). Die Verjährung beginnt nach § 438 Abs. 2 BGB mit der Ablieferung der Sache.

Garantien. Für Garantieerklärungen sind beim Verbrauchsgüterkauf die Anforderungen des § 477 BGB einzuhalten. Der Verbraucher muss die genauen Bedingungen für die Anwendung und die Inanspruchnahme einer Garantie kennen. Es reicht nicht, dem Verbraucher diese Informationen nachvertraglich zukommen zu lassen, sondern sie gehören zu den vorvertraglichen Informationspflichten, § 312d Abs. 1 iVm Art. 246a § 1 Abs. 1 S. 1 Nr. 9 iVm § 4 Abs. 1 EGBGB. Nicht zulässig ist zB der bloße Hinweis „5 Jahre Garantie", wenn dies bei einem Angebot erfolgt, welches bereits als rechtsverbindliche Willenserklärung anzusehen ist, wie dies zB bei der Plattform eBay teilweise der Fall ist. Dann ist in der Aussage bereits eine Garantieerklärung (und keine Werbung) zu sehen, die den Anforderungen des § 477 BGB genügen muss (OLG Hamm Urt. v. 14.2.2013 – 4 U 182/12, GRUR-RR 2013, 293).

19. a) **Haftung. Haftungsausschluss.** Es gelten insbesondere die Beschränkungen nach den Regelungen über die Inhaltskontrolle von AGB (§§ 307 bis 309 BGB). Unzulässig sind nach § 309 Nr. 7 BGB undifferenzierte Haftungsausschlüsse und Haftungsbeschränkungen, insbesondere Beschränkungen der Höhe des Anspruches oder der Ausschluss bestimmter Schäden, etwa mittelbarer, indirekter oder nicht vorhersehbarer Schäden. Im Einzelnen folgt aus § 309 Nr. 7 BGB, dass der Ausschluss oder die Begrenzung der Haftung für einen Schaden, der auf einer vorsätzlichen oder grob fahrlässigen Vertragsverletzung des Verkäufers beruht, nichtig ist. Nicht beanstandet werden nach dieser Vorschrift Haftungsbeschränkungsklauseln, die sich auf Schadensersatzrisiken beziehen, die nicht von vornherein vorhersehbar und untypisch sind (BGH Urt. v. 11.11.1992 – VIII ZR 238/91, ZIP 1993, 46). Aus der Regelung in § 307 Abs. 2 Nr. 2 BGB folgt, dass Haftungsfreizeichnungen im Bereich der leichten Fahrlässigkeit unwirksam sind, wenn sie sich auf die Verletzung einer vertragswesentlichen Pflicht beziehen (stRspr seit BGH Urt. v. 19.4.1978 – VIII ZR 39/77, BB 1978, 827). Die Haftung kann insoweit nur auf den vertragstypischen vorhersehbaren Schaden begrenzt werden (BGH Urt. v. 20.3.2003 – I ZR 225/00, NJW-RR 2003, 1056 [1060]). Des Weiteren ist nach neuerer Rechtsprechung des BGH der für Nichtjuristen unverständliche pauschale Begriff „Kardinalpflichten" zu vermeiden und vielmehr eine ausführliche Definition der wesentlichen Vertragspflichten zu verwenden (BGH Beschl. v. 13.7.2004 – 1 BvR 1298/94 ua, NJW 2005, 46). Bei einer Verletzung des Lebens, Körpers oder der Gesundheit kann die Haftung gemäß § 309 Nr. 7 BGB auch für Fälle fahrlässiger Pflichtverletzungen nicht ausgeschlossen oder beschränkt werden. Die Haftung nach dem Produkthaftungsgesetz kann gemäß § 14 ProdHaftG weder ausgeschlossen noch beschränkt werden.

(b) Systemausfall. Ein Sonderproblem stellt die Haftung bei einem eventuellen Systemausfall des Servers des Unternehmens oder auch des Internets (Stromausfall, Leitungsschaden) dar. In diesem Zusammenhang ist zu unterscheiden, auf welcher Ursache der Systemausfall oder die bloße Nichterreichbarkeit des Systems beruht. Die fehlende Erreichbarkeit des Systems kann beispielsweise externe Gründe wie Störungen oder Überlastungen der Telekommunikationsnetze, über welche das Online-Geschäft abgewickelt wird, oder von zwischengeschalteten Routern haben. Soweit den Anbieter keine Verantwortung für den Systemfehler trifft, kann er für etwaige Schäden nicht haften. Etwas anderes gilt nur, wenn der Systemfehler in der Sphäre des Anbieters liegt. In diesem Zusammenhang hat der BGH (Urt. v. 12.12.2000 – XI ZR 138/00, MMR 2001, 225) festgestellt, dass Klauseln in AGB von Kreditinstituten, die einen Haftungsausschluss bei zeitweiligen Beschränkungen und Unterbrechungen des Zugangs zum Online-Service auch im Fall groben Verschuldens vorsehen, der AGB-Kontrolle nicht standhalten. Begründet wurde dies mit der fehlenden Differenzierung zwischen Zugangsbeschränkungen, welche auf höherer Gewalt beruhen, und solchen, die auf dem Verschulden des Kreditinstitutes beruhen.

20. Schriftform. Nach herrschender Rechtsprechung und Literatur (vgl. statt aller: MüKoBGB § 305b Rn. 11 bis 16) führt der anerkannte Vorrang der Individualabrede gegenüber den AGB, auch wenn nur mündlich vereinbart, dazu, jede Schriftformklausel unwirksam werden zu lassen, unabhängig davon, ob es sich um eine einfache Schriftformklausel oder um eine qualifizierte Schriftformklausel handelt. Nach § 307 BGB sind aber Vollständigkeitsklauseln, so wie hier in § 13 Abs. 1 vorgeschlagen, zulässig. Zusätzlich erscheint uns sinnvoll, dass die Parteien ihre mündlichen Vereinbarungen schriftlich festhalten, nicht als Bedingung für deren Wirksamkeit, sondern aus Zweckmäßigkeitsüberlegungen heraus. Hinzuweisen ist natürlich darauf, dass derjenige, der sich auf mündliche Zusatzabsprachen berufen will, grundsätzlich und insbesondere dann, wenn sie in Widerspruch oder Abweichung zu den schriftlich vereinbarten Vertragsbedingungen stehen, die Beweislast dafür trägt.

21. Gerichtsstandsvereinbarung. Eine Gerichtsstandsvereinbarung setzt grundsätzlich voraus, dass die Parteien Kaufleute sind gemäß § 38 Abs. 1 ZPO. Die vorliegende Gerichtsstandsvereinbarung beruht auf § 38 Abs. 3 Nr. 2 ZPO.

22. Salvatorische Klausel. Oftmals wird auch in AGB gegenüber Verbrauchern eine Klausel verwendet, nach der im Falle der Unwirksamkeit einer AGB-Bestimmung nicht das Gesetz, sondern eine Regelung gelten soll, deren wirtschaftlicher Erfolg dem der unwirksamen Klausel soweit wie möglich entspricht. Diese Regelung ist wegen Verstoßes gegen das Transparenzgebot (§ 307 Abs. 1 S. 2 BGB) zumindest im B2C-Bereich nach ständiger Rechtsprechung nichtig. Denn soweit AGB-Klauseln unwirksam sind, tritt an deren Stelle die einschlägige gesetzliche Bestimmung nach § 306 Abs. 2 BGB. Allerdings können salvatorische Klauseln durchaus vorsehen, dass dann, wenn das dispositive Recht keine Lösung bietet, die nicht zu untragbaren Ergebnissen führen würde, eine einvernehmliche Auslegung nach §§ 133, 157 BGB erfolgen soll (*Graf von Westphalen,* Vertragsrecht und AGB-Klauselwerke, Rn. 40).

23. Informationspflichten. Informationspflichten bei Fernabsatzverträgen. Im § 312d Abs. 1 BGB wird auf Art. 246a EGBGB verwiesen. Danach hat der Unternehmer den Verbraucher rechtzeitig vor Abschluss eines Fernabsatzvertrages in einer dem eingesetzten Fernkommunikationsmittel entsprechenden Weise klar und verständlich über die Einzelheiten des Vertrages und den geschäftlichen Zweck des Vertrages zu informieren. Hinsichtlich der aufzunehmenden Einzelheiten des Vertrages gilt Art. 246a EGBGB. Art. 246a Abs. 2 S. 2 EGBGB verweist für die Belehrungen zum Widerrufsrecht auf das Muster in der Anlage 1 zum EGBGB. Nach den Erfahrungen im Hinblick auf die Musterbelehrungen, wie sie der Gesetzgeber im Zusammenhang mit der BGB-InfoV veröffentlicht hatte, die von Gerichten teilweise als unwirksam angesehen wurden (vgl. LG Halle Urt. v. 13.5.2005 – 1 S 28/05, CR 2006, 709; LG Koblenz Urt. v. 20.12.2006 – 12 S 128/06, ZIP 2007, 638 f.; anders LG Münster Urt. v. 15.4.2016 – 014-361/15, K&R 2006, 418) kann nicht ausgeschlossen werden, dass die hier vorgestellten Belehrungsmuster aus 2014 einer gerichtlichen Prüfung nicht standhalten. Insoweit wird vor Formularverwendung dringend empfohlen, den jeweils aktuellen Stand der Rechtsprechung zu berücksichtigen. Des Weiteren sind Sonderregelungen insbesondere etwa für Finanzdienstleistungen oder finanzierte Geschäfte sowie weitere Sonderfälle bei der Gestaltung der Widerrufsbelehrung zu beachten. § 312d Abs. 1 BGB beschreibt die Informationspflichten des Unternehmers **vor Vertragsschluss.** Im Einzelnen betrifft dies die in Art. 246a §§ 1 bis 4 EGBGB bei Fernabsatzverträgen angeführten Informationen. Im Vertragsformular wurden diese Informationen im Anhang aufgenommen. § 312f Abs. 2 BGB verpflichtet den Unternehmer ergänzend, die nach Art. 246a EGBGB bestimmten Informationen in dem dort bestimmten Umfang und der dort bestimmten Art und Weise innerhalb einer angemessenen Frist nach Vertragsschluss, spätestens jedoch bei der Lieferung der Ware oder bevor mit der Ausführung der Dienstleistung begonnen wird, auf einem dauerhaften Datenträger zur Verfügung zu stellen. Der Begriff dauerhafter Datenträger ist in § 126 b S. 2 BGB legal definiert. Beispiele für in Textform abgegebene Erklärungen sind durch Post, per Fax, per CD-ROM oder per E-Mail übermittelte Texte.

Transparenz bei Zusatzkosten. § 312a BGB enthält eine Reihe von Beschränkungen des Unternehmers dem Verbraucher im Rahmen des Vertragsschlusses versteckte Kosten aufzuerlegen und erweitert insoweit die Informationspflichten des Unternehmers. Zur Verletzung von Informationspflichten, sa § 312e BGB.

Technische Gestaltung des Online-Shops. Abgesehen von den Informationspflichten, die natürlich auch erheblichen Einfluss auf die Gestaltung von Online-Shops haben, finden sich weitere Vorschriften in Bezug auf die technische Gestaltung von Online-Shops in §§ 312i und j BGB, wobei § 312i BGB nicht nur im Verhältnis zu Verbrauchern, sondern generell Anwendung bei Vertragsschlüssen im elektronischen Rechtsverkehr findet.

Informationspflichten nach § 5 TMG. Nach § 5 TMG haben Diensteanbieter für geschäftsmäßige Telemedien bestimmte Informationen leicht erkennbar, unmittelbar erreichbar und ständig verfügbar zu halten. Diese Informationen beziehen sich auf die Anbieterkennzeichnung (→ Form. D. 5). Für den Fall, dass Telemedien Vertragsgegenstand sind, wird auf die Pflichten nach TMG und auf die Informationspflichten nach dem IT-Sicherheitsgesetz (DSIG) vom 17.7.2015 hingewiesen, insbesondere den neuen § 13 Abs. 7 TMG).

Informationspflichten nach VO (EU) 524/2013 – ODR-Verordnung: Am 9.1.2016 ist genannte Verordnung in Kraft getreten, mit der für den Online-Handel eine Plattform zur außergerichtlichen Streitbeilegung etabliert wird. Nach Art. 14 der Verordnung sind die in der EU niedergelassenen Unternehmer verpflichtet, die Verbraucher auf diese Einrichtung und den offiziellen Link hinzuweisen. Diesen Hinweis haben wir in Ziff. (8) der Hinweise an die Verbraucher integriert. Wird dieser Hinweis vergessen, kann dies Ansprüche nach § 3 Anhang 3 UWG auf Unterlassung auslösen (vgl. Landgericht Bochum Urt. v. 31.3.2016 – 14 O 21/16). Der Link muss für den Verbraucher leicht zugänglich sein (Art. 14 der VO). Es empfiehlt sich daher auch, den Link im Impressum zu integrieren mit dem Hinweis: Möglichkeit außergerichtlicher Streitbeilegung gemäß ODR-VO. Nach einer Entscheidung des OLG München (Urt. v. 22.9.2016 – 29 U 2498/16) muss der Link anklickbar sein. Weiterhin muss die E-Mail-Adresse des Unternehmers angegeben werden. Ab dem 1.2.2017 kommen weitere Informationspflichten nach dem Verbraucherstreitbeilegungsgesetz (VSBG) auf Unternehmer zu (siehe zB §§ 36, 37 VSBG). Da es derzeit noch an den Verbraucherschlichtungsstellen mangelt, wird im Formular nur der Hinweispflicht genügt, dass der Unternehmer nicht verpflichtet ist, an einem Streitbeilegungsverfahren vor einer Verbraucherschlichtungsstelle teilzunehmen. Will der Unternehmer sich dazu verpflichten oder sollte er auf Grund anderer Vorschriften dazu verpflichtet sein, muss er dann auch noch Namen, Anschrift und Webadresse der zuständigen Verbraucherschlichtungsstelle(n) nennen.

24. Umsetzung. Um den Informations-Anforderungen der §§ 312d ff. BGB und des Art. 246a EGBGB zu genügen, ist es nach der Rechtsprechung des BGH entgegen älterer Rechtsprechung nicht mehr zwingend erforderlich, dass die Informationen auf der Startseite bereitgehalten werden oder im Laufe eines Bestellvorgangs zwangsläufig aufgerufen werden müssen (BGH Urt. v. 20.7.2006 – I ZR 228/03, NJW 2006, 3633 ff.). Der Verbraucher sollte die Möglichkeit haben, eine Seite mit sämtlichen Pflichtangaben über einen nicht zu übersehenden, unmissverständlichen Link, welcher unmittelbar vor Vertragsschluss exponiert platziert ist, aufzurufen. Selbst wenn der BGH so entschieden hat, empfiehlt sich, unter dem Gesichtspunkt des Verbraucherschutzes und der Vermeidung von Streitpotential, das oben unter → Anm. 6 lit. a und b geschilderte Vorgehen bei Strukturierung der Website dahingehend, dass der Verbraucher von Haupt- und auch den Unterseiten durch Hyperlinks auf die AGB und die Informationen über das Widerrufsrecht und die Widerrufsfolgen leicht und unkompliziert zugreifen ("klicken") kann.

2. Allgemeine Geschäftsbedingungen gegenüber Unternehmern (B2B) – Online-Shop/Terms and Conditions vis-à-vis Entrepreneurs (B2B) – Online Shop

§ 1 Geltungsbereich[1]

(1) Die vorliegenden Geschäftsbedingungen[2, 3, 4] finden Anwendung auf die zwischen Ihnen und uns, der Firma . . . . . (Anschrift, HRB Nummer, UST-ID Nr) vertreten durch . . . . . (Klick: Impressum)[5] über diesen Online-Shop geschlossenen Verträge, soweit nicht durch schriftliche

Sec. 1 Applicability[1]

(1) The present general terms and conditions (GTC) apply to all contracts concluded between you and us, the company (Address, Commercial Register Number, VAT-number) represented by (Click: Imprint) via this online shop, unless nothing else has been expressly agreed in

Vereinbarungen zwischen Ihnen und uns ausdrücklich etwas anderes vereinbart wurde. Abweichende oder entgegenstehende Bedingungen werden von uns nicht anerkannt, sofern wir diesen nicht ausdrücklich zugestimmt haben.[6]

writing. We do not accept deviating or conflicting conditions insofar as we have not expressly agreed to them in writing.

(2) Änderungen dieser Geschäftsbedingungen werden Ihnen schriftlich, per Telefax oder per E-Mail mitgeteilt. Widersprechen Sie einer Änderung nicht innerhalb von vier Wochen nach Zugang der Mitteilung, gelten die Änderungen als durch Sie anerkannt. Auf das Widerspruchsrecht und die Rechtsfolgen des Schweigens werden Sie im Falle der Änderung der Geschäftsbedingungen noch gesondert hingewiesen.[7]

(2) You will be notified of amendments of these GTC in writing, per telefax or via email. If you do not object an amendment within four weeks after receipt of notification, the amendments shall be deemed as accepted by you. You will be separately made aware of the right of objection and the legal consequences of the reticence in the case of an amendment of the GTC.

§ 2 Registrierung als Nutzer[8]

Sec. 2 Registration as User

(1) Ihre Registrierung zu unserem Handelssystem erfolgt kostenlos. Ein Anspruch auf Zulassung zu unserem Handelssystem besteht nicht. Teilnahmeberechtigt sind ausschließlich unbeschränkt geschäftsfähige Personen. Auf unser Verlangen haben Sie uns eine Kopie Ihres Personalausweises zuzusenden bzw. Ihre UST-ID-Nr. zu benennen und Ihre registerrechtliche Eintragung zu dokumentieren. Zur Zulassung füllen Sie elektronisch das auf unserer Website vorhandene Anmeldeformular aus und mailen uns dieses zu. Die für die Anmeldung erforderlichen Daten sind von Ihnen vollständig und wahrheitsgemäß anzugeben. Mit der Anmeldung wählen Sie einen persönlichen Nutzernamen und ein Passwort. Der Nutzername darf weder gegen Rechte Dritter noch gegen sonstige Namens- und Markenrechte oder die guten Sitten verstoßen. Sie sind verpflichtet, das Passwort geheim zu halten und dieses Dritten keinesfalls mitzuteilen.

(1) Your registration for our trading system will be made free of charge. A claim for an admission to our trading system does not exist. Only natural persons of full legal capacity shall be eligible. You must send us a copy of your identity card or your VAT-ID-registration number and provide us with documentation of your registration with the appropriate company's registry on our request. For admittance you must electronically fill out the application form on our website and send it to us. The information required for application shall be given by you complete and truthful. With your application, you choose a personal user name and a password. The user name shall not violate any third party rights or other trademark or rights to safeguard a name or public morals. You are obliged to keep the password secret and not to disclose it to third parties.

(2) Abgesehen von der Erklärung Ihres Einverständnisses mit der Geltung dieser Allgemeinen Geschäftsbedingungen ist Ihre Registrierung mit keinerlei Verpflichtungen verbunden. Sie können Ihren Eintrag jederzeit wieder unter „Mein Konto" löschen. Allein mit der Eintragung bei uns besteht keinerlei Kaufverpflichtung hinsichtlich der von uns angebotenen Waren.

(2) Apart from your declaration of consent with the applicability of these terms and conditions, your registration is not linked to any other obligations. You can delete your registration under „My account" at all times. You will not be obliged to buy any of the goods offered by us only due to your registration.

(3) Soweit sich Ihre persönlichen Angaben ändern, sind Sie selbst für deren Aktualisierung verantwortlich. Alle Änderungen können online nach Anmeldung unter „Mein Konto" vorgenommen werden.

§ 3 Datenschutz[9]

(1) Sämtliche von Ihnen mitgeteilten personenbezogenen Daten (Anrede, Name, Anschrift, Geburtsdatum, E-Mail-Adresse, Telefonnummer, Telefaxnummer, Bankverbindung, Kreditkartennummer) werden wir ausschließlich gemäß den Bestimmungen des deutschen Datenschutzrechtes verwerten.

(2) Ihre personenbezogenen Daten, soweit diese für die Begründung, Durchführung und Beendigung des Vertragsverhältnisses erforderlich sind, werden ausschließlich zur Abwicklung der zwischen Ihnen und uns abgeschlossenen Kaufverträge verwendet, etwa zur Zustellung von Waren an die von Ihnen angegebene Adresse. Eine darüber hinausgehende Nutzung Ihrer personenbezogenen Daten für Zwecke der Werbung, der Marktforschung oder zur bedarfsgerechten Gestaltung unserer Angebote bedarf Ihrer ausdrücklichen Einwilligung. Sie haben die Möglichkeit, diese Einwilligung vor Erklärung Ihrer Bestellung zu erteilen. Diese Einwilligungserklärung erfolgt völlig freiwillig und kann auf unserer Website abgerufen sowie von Ihnen jederzeit widerrufen werden.

(3) Wir verwenden außerdem Nutzungsdaten, dh Daten, die sowohl Merkmale zur Ihrer Identifikation, die Angaben über Beginn und Ende sowie Umfang der jeweiligen Nutzung als auch Angaben über die von Ihnen in Anspruch genommenen Telemedien beinhalten können, für Zwecke der Werbung, der Marktforschung oder zur bedarfsgerechten Gestaltung unserer Telemedien zur Erstellung von Nutzungsprofilen unter Verwendung von Pseudonymen. Sie sind berechtigt und haben die Möglichkeit, dieser Nutzung Ihrer Nutzungsdaten unter „Mein Konto" zu widersprechen. Unter keinen Umständen werden Nutzungsprofile mit den entsprechenden Daten zusammengeführt.

(3) If your personal information shall change, you yourself are responsible for its update. All amendments can be made online under „My account" after the log in.

Sec. 3 Data Protection

(1) All personal data given by you (Title, name, address, date of birth, email-address, telephone number, telefax number, bank details, credit card details) will only be collected, processed and stored by us pursuant to the German data protection law.

(2) Your personal data, insofar required to create, carry out or terminate the contractual relationship, shall only be used for the implementation of concluded purchasing contracts between you and us, e. g. for delivering the goods to the address indicated by you. A use of your personal data for advertising, market research or for the purpose of a needs-based design of our offers requires your explicit consent. You have the possibility to give this consent before placing your order. This declaration of consent is given completely voluntarily and can be accessed and revoked any time by you on our website.

(3) We will also use usage data, i.e. data which may contain characteristics that identify you, details of the start and end as well as the scope of the respective usage and details of the telemedia used by you, for advertising, market research or for the purpose of a needs-based design of our telemedia to create user profiles by using pseudonyms. You are entitled and have the option to object to the use of your usage data under „My account". User profiles are not combined with the corresponding data under any circumstances.

(4) Soweit Sie weitere Informationen wünschen oder die von Ihnen ausdrücklich erteilte Einwilligung zur Verwendung Ihrer Bestandsdaten abrufen oder widerrufen wollen bzw. der Verwendung Ihrer Nutzungsdaten widersprechen wollen, steht Ihnen zusätzlich unser Support unter der E-Mail-Adresse service@. . . . .de oder telefonisch unter . . . . . zur Verfügung.

§ 4 Vertragsschluss, Vertragssprache[10]

(1) Die Darstellung der Waren und Dienstleistungen in unserem Online-Shop stellt kein rechtlich bindendes Angebot, sondern eine Aufforderung zur Bestellung (invitatio ad offerendum) dar.

(2) Durch Anklicken des „Zahlungspflichtig bestellen"-Buttons im letzten Schritt des Bestellprozesses geben Sie ein verbindliches Angebot zum Kauf bzw. der Buchung der in der Bestellübersicht angezeigten Waren und/oder Dienstleistungen ab. Unmittelbar nach Absenden der Bestellung erhalten Sie eine Bestellbestätigung, die jedoch noch keine Annahme Ihres Vertragsangebotes darstellt. Ein Vertrag zwischen Ihnen und uns kommt zustande, sobald wir Ihre Bestellung und/oder Buchung durch eine gesonderte E-Mail annehmen bzw. die Ware in den Versand geben. Bitte prüfen Sie regelmäßig den SPAM-Ordner Ihres E-Mail-Postfaches.

(3) Sie können in unserem Onlineshop Waren zum Kauf und/oder Dienstleistungen zur Buchung auswählen, indem Sie diese durch Klick auf den entsprechenden Button in einen Warenkorb legen. Wenn Sie die Bestellung abschließen wollen, gehen Sie zum Warenkorb, wo Sie durch den weiteren Bestellprozess geleitet werden. Nach der Artikelauswahl im Warenkorb und der Angabe aller erforderlichen Bestell- und Adressdaten im nachfolgenden Schritt öffnet sich durch Betätigen des Buttons „Weiter" eine Seite, in welcher die wesentlichen Artikelangaben einschließlich anfallender Kosten nochmals zusammengefasst sind. Bis zu diesem Zeitpunkt können Sie Ihre Eingaben korrigieren bzw. von der Vertragserklärung Ab-

(4) If you require more information or if you want to recall or revoke the consent for the use of your inventory data expressly given by you and/or if you want to revoke the use of your usage data, our support under the email-address service@. . . . .de or by telephone under the number . . . . . . is at your disposal.

Sec. 4 Conclusion of Contract, Contract Language

(1) The presentation of the products and services in our online shop does not constitute a legally binding offer, but merely an invitation to place orders (invitatio ad offerendum).

(2) By clicking „Order with obligation to pay" in the last step of the order process, you submit a binding offer for purchase of the goods displayed in the order overview and/or for booking of the services listed in the order overview. Immediately after submitting the order, you will receive an order confirmation, which however does not yet constitute the acceptance of your contract offer. A contract comes into existence between you and us as soon as we accept your order and/or booking by means of a separate email or dispatch the goods. Please regularly check the spam folder of your mailbox.

(3) In our online shop, you can select products for purchase and/or services for booking by placing them in the shopping cart via a click on the respective button. To finish the order, go to the shopping cart, from where you will be guided through the remaining part of the order process. Following the product selection in the shopping cart and the specification of all required order and address data in the subsequent step, you can click „Next" to access a page that summarises the most important product details including the costs that will be incurred. Until this stage, you can correct your input or decide not to enter the contract. Only by subsequently clicking the „Order with obligation to

stand nehmen. Erst durch anschließendes Betätigen des Buttons „Zahlungspflichtig bestellen" wird ein verbindliches Angebot im Sinne von Abs. 2 abgegeben.

pay" button, you place a binding order in the meaning of subsection (2).

(4) Die für den Vertragsabschluss zur Verfügung gestellte Sprache ist ausschließlich Deutsch. Übersetzungen in andere Sprachen dienen lediglich Ihrer Information. Bei Widersprüchen zwischen dem deutschen Text und der Übersetzung hat der deutsche Text Vorrang.

(4) The exclusive language available for the conclusion of the contract shall be German. Translations of these GTC into other languages are for information only. In the event of contradictions between the German text and the translations, the German text shall prevail.

§ 5 Berichtigungshinweis[11]

§ 5 Information on Adjustments

Im Rahmen des Bestellprozesses legen Sie zunächst die gewünschten Waren oder Dienstleistungen in den Warenkorb. Dort können Sie jederzeit die gewünschte Stückzahl ändern oder ausgewählte Waren oder Dienstleistungen ganz entfernen. Sofern Sie Waren oder Dienstleistungen dort hinterlegt haben, gelangen Sie jeweils durch Klicks auf die „Weiter"-Buttons zunächst auf eine Seite, auf der Sie Ihre Daten eingeben und anschließend die Versand- und Bezahlart auswählen können. Schließlich öffnet sich eine Übersichtsseite, auf der Sie Ihre Angaben überprüfen können. Ihre Eingabefehler (zB bzgl. Bezahlart, Daten oder der gewünschten Stückzahl) können Sie korrigieren, indem Sie bei dem jeweiligen Feld auf „Bearbeiten" klicken. Falls Sie den Bestellprozess komplett abbrechen möchten, können Sie auch einfach Ihr Browser-Fenster schließen. Ansonsten wird nach Anklicken des Bestätigungs-Buttons „Zahlungspflichtig bestellen" Ihre Erklärung verbindlich iSd § 4 Abs. 2 dieser AGB.

To place an order, start by placing the desired goods and/or services in the shopping cart. There you may modify at all time the desired quantity or delete goods and services completely. If you have placed goods and services in the shopping cart, by clicking on the buttons „Next" you will get first to a website where you may enter your data and then you may choose the shipping and payment method. You can review your input on the overview page that will open up. To correct input errors (e.g. with respect to the payment method, data or quantity), click „Edit" next to the respective field. To cancel the order process, you can simply close your browser window. By clicking the confirmation button „Order with obligation to pay", your declaration becomes binding in the meaning of section 4 (2) of these GTC.

§ 6 Speicherung des Vertragstextes[12]

§ 6 Storage of the contract text

Die Vertragsbestimmungen mit Angaben zu den bestellten Waren und/oder gebuchten Dienstleistungen einschließlich dieser Allgemeinen Geschäftsbedingungen und der Widerrufsbelehrung werden Ihnen per E-Mail mit Annahme des Vertragsangebotes bzw. mit der Benachrichtigung hierüber zugesandt. Eine Speicherung der Vertragsbestimmungen durch uns erfolgt nicht.

You will receive the contractual provisions together with information on the goods ordered and/or services booked including these GTC and the information on the right of revocation by e-mail upon acceptance of the contract offer together or together with the notification thereof this. We do not store the contractual provisions for you.

§ 7 Zahlungsbedingungen[13]

§ 7 Payment Conditions

Der Kaufpreis wird sofort mit Bestellung fällig. Die Zahlung der Ware erfolgt mit

The purchase price is due immediately after placing the order. The payment of

Kreditkarte (wir benutzen das Übertragungsverfahren „SSL" zur Verschlüsselung Ihrer persönlichen Daten), mittels Banküberweisung oder über unseren Zahlungsdienstleister. Unsere Bankverbindung lautet: . . . . . .

the goods can be made via credit card (we use the transmission method „SSL" to encrypt your personal data), via bank transfer or via our payment provider. Our bank details are . . . . . .

§ 8 Eigentumsvorbehalt[14]

(1) Die Ware bleibt bis zur vollständigen Bezahlung unser Eigentum. Geraten Sie mit der Zahlung länger als 10 Tage in Verzug, haben wir das Recht, vom Vertrag zurückzutreten und die Ware zurückzufordern.

(2) Sie sind zur Weiterveräußerung der unter Eigentumsvorbehalt stehenden Ware im gewöhnlichen Geschäftsverkehr berechtigt. In diesem Falle treten Sie jedoch in Höhe des Rechnungswertes unserer Forderung bereits jetzt alle Forderungen aus einer solchen Weiterveräußerung, gleich ob diese vor oder nach einer evtl. Verarbeitung der unter Eigentumsvorbehalt gelieferten Ware erfolgt, an uns ab. Unbesehen unserer Befugnis, die Forderung selbst einzuziehen, bleiben Sie auch nach der Abtretung zum Einzug der Forderung ermächtigt. In diesem Zusammenhang verpflichten wir uns, die Forderung nicht selbst einzuziehen, solange und soweit Sie Ihren Zahlungsverpflichtungen nachkommen, kein Antrag auf Eröffnung eines Insolvenz- oder ähnlichen Verfahrens über Ihr Vermögen gestellt ist und keine Zahlungseinstellung vorliegt. Insoweit die oben genannten Sicherheiten die zu sichernden Forderungen um mehr als 10 % übersteigen, sind wir verpflichtet, die Sicherheiten nach unserer Auswahl auf Ihr Verlangen freizugeben.

Sec. 8 Retention of Title

(1) The goods shall remain our property until full payment. If you fall behind with your payment more than 10 days after due date, we reserve the right to withdraw from the contract and to reclaim the goods.

(2) You are entitled to resell the goods under retention of title. In this case, you already transfer all claims resulting from this resale to us in the amount of the invoice value, regardless if this resale takes place before or after a possible processing of the goods delivered under retention of title. Notwithstanding our authority to collect the claim ourselves, you remain entitled to collect the claim even after the transfer. In this context, we undertake not to collect the claim ourselves as long and if you are not in default in payments, no filing for insolvency proceedings or other proceedings against your assets exists and if no cessation of payments is given. If the abovementioned securities exceed the claims to be secured by more than 10 %, we are obliged to release the securities on your request at our discretion.

§ 9 Lieferbedingungen[15]

(1) Wir liefern die Ware gemäß den mit Ihnen getroffenen Vereinbarungen. Anfallende Versandkosten sind jeweils bei der Produktbeschreibung aufgeführt und werden von uns gesondert auf der Rechnung ausgewiesen. Liefertermine und Lieferfristen sind nur verbindlich, wenn sie von uns schriftlich bestätigt wurden.

Sec. 9 Delivery Conditions

(1) We deliver the goods pursuant to the agreements made. Arising shipping costs are listed in the product description and are billed separately. Delivery dates and delivery periods are only binding if they have been confirmed by us in writing.

(2) Soweit wir die Lieferung der Ware nicht oder nicht vertragsgemäß erbringen, so müssen Sie uns zur Bewirkung der Leis-

(2) If we do not deliver the goods at all or not according to the contract, you have to set a grace period of 2 weeks. Otherwise

tung eine Nachfrist von 2 Wochen setzen. Ansonsten sind Sie nicht berechtigt, vom Vertrag zurückzutreten.[16]

§ 10 Gewährleistung bei Warenkäufen[17]

(1) Soweit die gelieferte Ware mangelhaft ist, sind Sie im Rahmen der gesetzlichen Bestimmungen berechtigt, Nacherfüllung in Form der Mangelbeseitigung oder Lieferung einer mangelfreien Sache zu verlangen. Das Wahlrecht über die Art der Nacherfüllung steht uns zu. Bei Fehlschlagen der Nacherfüllung sind Sie berechtigt, den Kaufpreis zu mindern oder bei Vorliegen der gesetzlichen Voraussetzungen vom Vertrag zurückzutreten. Voraussetzung für jegliche Gewährleistungsrechte ist, dass Sie alle nach § 377 HGB geschuldeten Untersuchungs- und Rügeobliegenheiten ordnungsgemäß erfüllen.

(2) Die Verjährungsfrist von Gewährleistungsansprüchen für die gelieferte Ware beträgt – außer im Fall von Schadensersatzansprüchen – zwölf Monate ab Erhalt der Ware.

§ 11 Haftungsbeschränkung[18]

(1) Wir haften für Vorsatz und grobe Fahrlässigkeit. Ferner haften wir für die fahrlässige Verletzung von Pflichten, deren Erfüllung die ordnungsgemäße Durchführung des Vertrages überhaupt erst ermöglicht, deren Verletzung die Erreichung des Vertragszweckes gefährdet und auf deren Einhaltung Sie als Kunde regelmäßig vertrauen dürfen. Im letztgenannten Fall haften wir jedoch nur für den vorhersehbaren, vertragstypischen Schaden. Wir haften nicht für die leicht fahrlässige Verletzung anderer als der in den vorstehenden Sätzen genannten Pflichten.

Die vorstehenden Haftungsausschlüsse gelten nicht bei Verletzung von Leben, Körper und Gesundheit. Die Haftung nach Produkthaftungsgesetz bleibt unberührt.

(2) Die Datenkommunikation über das Internet kann nach dem derzeitigen Stand der Technik nicht fehlerfrei und/oder jederzeit verfügbar gewährleistet werden.

you are not entitled to withdraw from the contract.

Sec. 10 Warranty in case of purchasing goods

(1) If the goods delivered are defective, you are entitled, within the scope of statutory provisions, to demand supplementary performance in the form of removal of defects or delivery of a defect-free item. We are entitled to choose the form of supplementary performance. If the supplementary performance fails, you have the right to reduce the purchase price or to withdraw from the contract. Precondition for any warranty claim is that you fulfill all obligations to inspect and to reprimand owed pursuant to Sec. 377 HGB.

(2) The limitation period of warranty claims for the goods delivered is twelve months from receipt of the goods, except in cases of claims for damages.

Sec. 11 Limitation of Liability

(1) We are liable for intent and gross negligence. Further, we are liable for the negligent breach of obligations, whose fulfillment is essential to enable the ordinary implementation of the contract, whose breach jeopardizes the achievement of the purpose of the contract and on whose compliance you as a customer may rely on regularly. In the last-mentioned case, we are only liable for the foreseeable, typical contractual damage. We are not liable for slight negligent breach of other obligations than those mentioned in the above sentences.

The abovementioned exclusions of liability do not apply in case of damage of life, body and health. The liability pursuant to the product liability law remains unaffected.

(2) Based on the current state of art, data communication via internet cannot be guaranteed to be error-free and/or available at any time. We are not liable for

Wir haften insoweit nicht für die ständige und ununterbrochene Verfügbarkeit unseres Online-Handelssystems.

constant and continuous availability of our online trading system.

§ 12 Schlussbestimmungen

Sec. 12 Final Provisions

(1) Änderungen oder Ergänzungen dieser Geschäftsbedingungen bedürfen der Schriftform. Dies gilt auch für die Aufhebung dieses Schriftformerfordernisses.

(1) Amendments or supplements of these terms and conditions require the written form to be binding. This also applies to the annulment of this written form requirement.

(2) Es gilt das Recht der Bundesrepublik Deutschland unter Ausschluss des UN-Kaufrechts.[19]

(2) The law of the Federal Republic of Germany shall apply, excluding the United Nations Convention on Contracts for the International Sale of Goods (CISG).

(3) Erfüllungsort sowie ausschließlicher Gerichtsstand für alle Streitigkeiten aus oder im Zusammenhang mit diesem Vertrag ist . . . . .[20]

(3) Venue of performance is . . . . . The courts of . . . . . shall have exclusive jurisdiction for dispute, in connection with this contract.

(4) Sollten einzelne Bestimmungen dieses dieser Geschäftsbedingungen unwirksam sein, so wird hierdurch die Geltung der anderen Bestimmungen im Übrigen nicht berührt. Die unwirksame Bestimmung wird von den Vertragsparteien einvernehmlich durch eine rechtswirksame Bestimmung ersetzt, welche dem wirtschaftlichen Sinn und Zweck der unwirksamen Bestimmung am nächsten kommt. Die vorstehende Regelung gilt entsprechend bei Regelungslücken.

(4) If individual provisions of these terms and conditions are ineffective, statutory laws, the terms and conditions as a whole remain unaffected. The contractual parties shall amicably decide to replace the ineffective provision by a legally effective provision, which comes closest to the commercial purpose of the ineffective one. The aforementioned provision shall accordingly apply in case of gaps.

Anmerkungen

1. **Verwendung gegenüber Unternehmern.** Bei der Verwendung von AGB gegenüber Unternehmern (zum Begriff → Form. J. 1 Anm. 2) ergeben sich Unterschiede im Vergleich zur Verwendung gegenüber Verbrauchern, insbesondere hinsichtlich der Regelungen zum verlängerten Eigentumsvorbehalt, Gewährleistungsrechten und -fristen, der Wahl des anwendbaren Rechtes und des Gerichtsstandes. Insbesondere besteht für den Unternehmer als Käufer kein Widerrufsrecht. Unternehmer, die ihren Online-Shop nur auf Gewerbetreibende ausrichten und von daher auch die Regelungen zum Verbraucherschutz umgehen wollen, trifft die Pflicht dies transparent und so deutlich zu machen, dass es nicht übersehen oder missverstanden werden kann (OLG Hamm Urt. v. 16.11.2016 – 12 U 52/16) und durch geeignete Kontrollmaßnahmen sicherzustellen, dass wirklich ausschließlich gewerbliche Abnehmer die Waren oder Dienstleistungen in Anspruch nehmen können. Versäumt der Unternehmer die Durchführung solcher Kontrollmaßnahmen, ist es unbeachtlich, an wen sich sein Angebot eigentlich richten soll oder dass er den Willen hat, keine Verträge mit Letztverbrauchern zu schließen. Ebenso wenig genügt der bloße Hinweis, wonach keine Verkäufe an Verbraucher erfolgen (OLG Hamm Urt. v. 20.9.2011 – I-4 U 73/11, MMR 2012, 596; BGH Urt. v. 29.4.2010 – I ZR 99/08,

GRUR 2011, 82). § 2 Abs. 1 des Vertragsmusters sieht daher entsprechende Nachweispflichten des Kunden vor. Wichtig ist dies auch für die im Online-Shop vorzunehmenden Preisangaben (siehe zB § 1 PAngV).

Es wird darauf hingewiesen, dass vorliegendes Formular lediglich einen Anhaltspunkt für die Formulierung von Allgemeinen Geschäftsbedingungen darstellen kann. Für den konkreten Einzelfall der Verwendung des Formulares sind zusätzliche und/oder abweichende Regelungen empfehlenswert und erforderlich. Das gilt vor allem vor dem Hintergrund, dass der BGH unter Berufung auf die Indizwirkung der §§ 308, 309 BGB diese auch auf B2B-Verträge eine Anwendung begründen (*Maier-Reiner* NJW 2017, 2). Es sind auch die Leerfelder einzelfallbezogen passend auszufüllen.

2.–4. Zum Sachverhalt, Inhalt und Einbeziehung von AGB → Form. J. 1 Anm. 2–6 entsprechend.

5. **Impressum** → Form. F. 3 entsprechend.

6. **Abwehrklausel.** Die sogenannte Abwehrklausel sorgt für den Fall vor, dass sich der Käufer seinerseits auf seine Allgemeinen Geschäftsbedingungen bezieht. Sie hat zur Folge, dass übereinstimmende Bedingungen im vollen Umfang Inhalt des Vertrages werden und an die Stelle von widersprechenden Bedingungen die gesetzlichen Bestimmungen treten (BGH Urt. v. 20.3.1985 – VIII ZR 327/83, NJW 1985, 1838 [1839 f.]; Palandt/*Heinrichs* BGB § 305 Rn. 55). Für eine Durchsetzung der eigenen AGB ist daher eine entsprechende (Verzichts-)Erklärung der anderen Parteien nötig.

7. **Änderung der Geschäftsbedingungen.** Neufassungen von AGB können Vertragsinhalt werden, wenn die Voraussetzungen des § 305 BGB eingehalten werden. Dies bedeutet, dass der Anbieter und Verwender der AGB dem Kunden die Neufassung der AGB unter drucktechnischer Hervorhebung der Änderungen übermitteln muss. Bei Fortsetzung des Vertragsverhältnisses ohne Widerspruch liegt regelmäßig eine konkludente Zustimmung vor. In den Grenzen des § 308 Nr. 5 BGB ist ebenfalls eine fingierte Zustimmung zu der Neufassung der AGB zulässig. Hiernach muss dem Nutzer eine angemessene Frist zur Abgabe einer ausdrücklichen Erklärung, dh zur Zustimmung oder Ablehnung der Neufassung der AGB, eingeräumt werden und der Anbieter bzw. Verwender der AGB muss den Vertragspartner bei Beginn der Frist unmissverständlich auf die Bedeutung seines Verhaltens besonders hinweisen.

8. **Registrierung als Nutzer.** Anders als im Vertragsmuster → Form. J. 1 wird hier davon ausgegangen, dass die Registrierung die Regel ist, zumal der Unternehmer so auch seinen unter → Anm. 1 erwähnten Kontrollpflichten dahingehend nachkommen kann, dass über seinen Online-Shop nur Unternehmer bestellen können. Möglich wäre aber auch die Formulierung in § 6 des Vertragsmusters → Form. J. 1 zu verwenden und um die notwendigen Nachweise zu ergänzen.

9. **Datenschutz.** Die in § 3 des Vertragsmusters formulierten Regelungen werden üblicherweise in die Datenschutzerklärung und nicht in die AGB aufgenommen. Möglich ist zwar auch die Aufnahme in die AGB, da im Online-Shop allerdings in der Regel weitere Datenerhebungen stattfinden werden (zB als Newsletter-Abo-Angebot, durch Datenerhebungen per Kontaktformular oder durch Einsatz von Webanalyse-Tools), über die auch diejenigen Besucher informiert werden müssen, die letztlich nichts kaufen und damit auch nicht in die AGB schauen werden. Es sollten aber die Informationen über Datenerhebungen gebündelt in einer Datenschutzerklärung zusammengefasst werden, auf die freilich die Kunden, ebenso wie auf AGB (und bei Verbrauchern Widerrufsbelehrung), gesondert hingewiesen werden sollten. Die Pflicht zum Hinweis auf Datenerhebungen hat unterschiedliche Rechtsgrundlagen. In Bezug auf Daten, die für die Begründung, Durchführung oder Beendigung des Vertragsverhältnisses erforderlich sind, rührt die Pflicht zur

Information über deren Erhebung und Speicherung zB aus § 13 Abs. 1 S. 1 TMG. Für die Erstellung von Nutzungsprofilen, die in der Regel durch Webanalyse-Tools ebenfalls von allen Websitenbesuchern erstellt werden, nicht nur von solchen, die in dem Online-Shop Waren oder Dienstleistungen bestellen, rührt die Informationspflicht aus § 15 Abs. 3 TMG. Die Informationspflicht beim Einsatz von Cookies rührt aus § 13 Abs. 1 S. 2 TMG, → Form. J. 1 Anm. 13).

10. Vertragsabschluss. Die Informationspflichten nach § 312i BGB und Art. 246c EGBGB gelten uneingeschränkt auch gegenüber Unternehmern, da § 312i BGB nicht auf die Anwendung gegenüber Verbrauchern beschränkt ist. Im Einzelnen → Form. J. 1 Anm. 10.

11. Berichtigungsklausel: → Form. J. 1 Anm. 11.

12. Speicherung des Vertragstextes → Form. J. 1 Anm. 12.

13. Zahlungsarten → Form. J. 1 Anm. 14.

14. Eigentumsvorbehalt. Zum einfachen Eigentumsvorbehalt → Form. J. 1 Anm. 15 entsprechend. Letzterer setzt sich auch bei kollidierenden AGB durch, soweit er in den Verkaufs-AGB enthalten ist und der Kunde davon Kenntnis hatte (BGH Urt. v. 20.3.1985 – VIII ZR 327/83, Palandt/*Heinrichs* BGB § 305 Rn. 55).

Anders als gegenüber Verbrauchern kann im kaufmännischen Verkehr grundsätzlich auch ein verlängerter Eigentumsvorbehalt vorgesehen werden (BGH Urt. v. 20.3.1985 – VIII ZR 342/83, NJW 1985, 1839). Letzterer kommt jedoch im Fall kollidierender AGB nicht wirksam zustande (BGH Urt. v. 20.3.1985 – VIII ZR 342/83, NJW 1985, 1839).

15. Lieferbedingungen. Diese sind gegenüber Unternehmern frei vereinbar, sollten aber klar beschrieben werden.

16. Rücktritt vom Vertrag, Schadensersatz. Nach § 323 Abs. 1 BGB kann der Gläubiger vom Vertrag zurücktreten, wenn der Schuldner bei einem gegenseitigen Vertrag eine fällige Leistung nicht oder nicht vertragsgemäß erbringt und er dem Schuldner eine angemessene Frist zur Leistung oder Nacherfüllung bestimmt hat. § 323 Abs. 1 BGB erfasst als Rücktrittsgrund nicht jede Pflichtverletzung, sondern geht von der Leistungsverzögerung und der Schlechtleistung aus. Die geschuldete Leistung muss fällig und noch nicht bzw. nicht vertragsgemäß erbracht worden sein. Der Gläubiger muss dem Schuldner eine Frist zur Leistung oder Nacherfüllung setzen. Die Nachfrist muss angemessen sein, da sie dem Schuldner die letzte Gelegenheit zur Vertragserfüllung eröffnen soll. In dem vorgeschlagenen Vertragsformular wird eine Nachfrist von 2 Wochen bestimmt. Die Dauer der Nachfrist ist natürlich an den Bedarf anzupassen. Eine zu kurze Frist jedoch ist unbeachtlich. Es wird dann eine angemessene Frist als gesetzt unterstellt. Erst nach ergebnislosem Ablauf der gesetzten Nachfrist ist der Gläubiger dann berechtigt, von dem Vertrag zurückzutreten. Der Gläubiger kann nach ergebnislosem Ablauf der gesetzten Frist immer noch Erfüllung verlangen. Erst mit der Erklärung des Rücktrittes erlischt der Anspruch auf Erfüllung. Der Gläubiger kann gemäß § 325 BGB auch Schadensersatzansprüche geltend machen, wenn er vom Vertrag zurückgetreten ist. Er kann also vom Vertrag zurücktreten und etwa die Mehrkosten aus einem Deckungsgeschäft verlangen.

17. Mängelgewährleistung. Gewährleistung: → Form. J. 1 Anm. 18. Gegenüber einem Unternehmer kann vereinbart werden, dass das Wahlrecht über die Art der Nacherfüllung dem Verkäufer zusteht.

Untersuchungs- und Rügepflicht: Gemäß § 377 HGB besteht für den Käufer beim Handelskauf eine Untersuchungs- und Rügepflicht. Danach muss der Käufer die Ware unverzüglich nach der Ablieferung, soweit dies nach ordnungsgemäßen Geschäftsgang tunlich ist, untersuchen und wenn sich ein Mangel zeigt, dem Verkäufer unverzüglich Anzeige machen.

Verjährung: Die vorgesehene Regelung entspricht den Vorgaben des § 309 Ziff. 8 lit. b ff) BGB, die über § 310 Abs. 1 BGB grundsätzlich auch bei Verträgen zwischen Unternehmern zu beachten sind (BGH Urt. v. 20.4.1993 – X ZR 67/92, BGHZ 122, 241 [245]). In Bezug auf Schadensersatzansprüche ist eine Verkürzung der Verjährung aber nicht zulässig, da letztere nach der Rspr. (BGH Urt. v. 15.11.2006 – VIII ZR 3/06, NJW 2007, 674) eine Beschränkung von Schadensersatzansprüchen darstellen würde.

18. **Haftung. Haftungsausschluss:** Vgl. grundsätzlich → Form. J. 1 Anm. 19 lit. a. Ein Ausschluss der sich auf die schuldhafte Verletzung einer wesentlichen Vertragspflicht oder einer Kardinalpflicht bezieht, ist auch im kaufmännischen Verkehr gemäß § 307 Abs. 2 Nr. 1 BGB unwirksam (BGH Urt. v. 11.10.2001 – VII ZR 475/00, NJW 2002, 749).

Systemausfall: → Form. J. 1 Anm. 19 lit. b.

19. **Rechtswahl** → Form. J. 1 Anm. 20.

20. **Gerichtsstandsvereinbarung.** Gemäß § 38 Abs. 1 ZPO kann durch ausdrückliche Vereinbarung der Gerichtsstand bestimmt werden, wenn die Vertragsparteien Kaufleute sind.

3. Allgemeine Geschäftsbedingungen für die Nutzung eines B2B-Marktplatzes

Allgemeine Geschäftsbedingungen[1, 2, 3, 4]

§ 1 Allgemeine Regelungen[5]

(1) Das Unternehmen . . . . . [Anschrift, HRB Nummer] (nachfolgend „A" oder „Plattformbetreiber"), vertreten durch . . . . ., bietet Kaufleuten im Sinne des Handelsgesetzbuchs und juristischen Personen des öffentlichen Rechts (nachfolgend „Nutzer") im Rahmen eines Dienstvertrages die Möglichkeit, unser Business-to-Business Handelssystem auf dem von uns betriebenen online-Marktplatz (nachfolgend: „Marktplatz") gemäß den Vorgaben dieser Nutzungsbedingungen[6, 7] dauerhaft zu nutzen.

(2) Diese Nutzungsbedingungen enthalten abschließend die zwischen A und dem Nutzer geltenden Bedingungen für die von A im Rahmen dieses Dienstvertrages angebotenen Leistungen. Von diesen Nutzungsbedingungen abweichende Regelungen gelten nur dann, wenn diese von A schriftlich bestätigt werden. Mit der Zulassung gem. § 3 erkennt der Nutzer diese Nutzungsbedingungen als maßgeblich an.

(3) Änderungen dieser Nutzungsbedingungen werden dem Nutzer von A schrift-

General Terms and Conditions[1, 2, 3, 4]

Sec. 1 General Provisions[5]

(1) . . . . . [address, HRB number] (hereinafter „A" or „Platform Operator"), represented by . . . . ., offers merchants (as defined by the German Commercial Code) and governmental entities (hereinafter „Users") the opportunity to use our business-to-business trading system on a permanent basis pursuant to a service agreement, on the online marketplace operated by us (hereinafter „Marketplace") pursuant to the rules set out in these terms and conditions of use.[6, 7]

(2) These terms and conditions contain the entirety of the terms applicable between A and the User in respect of the services being offered by A under this service agreement. Terms departing from these Terms and Conditions shall only apply if confirmed in writing by A. With effect as from the date of the User's admission pursuant to sec. 3 hereof, the User is deemed to acknowledge these Terms and Conditions as governing.

(3) A shall notify the User of any changes to the Terms and Conditions in writing,

lich, per Telefax oder per E-Mail mitgeteilt. Widerspricht der Nutzer solchen Änderungen nicht innerhalb von sechs Wochen nach Zugang der Mitteilung, gelten die Änderungen als vereinbart. Auf das Widerspruchsrecht und die Rechtsfolgen des Schweigens wird der Nutzer im Falle der Änderung der Nutzungsbedingungen gesondert hingewiesen.[8]

§ 2 Leistungen des Plattformbetreibers[9]

(1) Der Marktplatz ist eine Plattform für Einkäufer und Anbieter für den Handel mit Gütern und Dienstleistungen. Der Marktplatz verfügt über ein integriertes, automatisiertes Nachrichtensystem zwecks Vereinfachung der Kommunikation zwischen Einkäufer und Lieferant wie auch über umfangreiche Funktionalitäten zur Verwaltung und Überwachung aller laufenden Geschäftstransaktionen.

(2) Die Leistungen des Plattformbetreibers bestehen ua in:

(a) Bereithaltung der Nutzungsmöglichkeiten des Marktplatzes nach Zulassung des Nutzers gem. § 3;

(b) Ermöglichung von Verhandlungen und Vertragsabschlüssen auf dem Marktplatz durch vom Einkäufer initiierte Ausschreibungen und Auktionen gem. § 4;

(c) Schaffung von Informations- und Kommunikationsmöglichkeiten unter den Nutzern bzw. Vertragsparteien;

(d) Beratungs- und Unterstützungsleistungen für die Nutzer nach gesonderter Vereinbarung mit A.

§ 3 Zulassung und Zugang zum Marktplatz[10]

(1) Voraussetzung für die Nutzung des Marktplatzes ist die Zulassung durch A. Der Marktplatz steht nur Kaufleuten im Sinne des HGB und juristischen Personen des öffentlichen Rechts zur Verfügung. Ein Anspruch auf Zulassung oder Nutzung des Marktplatzes besteht nicht.

(2) Der Nutzer hat im Zulassungsantrag seine Unternehmensdaten, Rechnungsdaten und einen Ansprechpartner zu be-

by facsimile or email. Where the User does not object to such changes within six weeks from the date of receipt of the notice, the changes are deemed to have been consented to. In the event of any amendment to these Terms and Conditions, the User's attention is specially drawn to his right of objection and to the legal consequences of silence.[8]

Sec. 2 Services of Platform Operator[9]

(1) The Marketplace is a platform for buyers and sellers for trading in goods and services. The Marketplace has an integrated automated information system to simplify communications between buyer and supplier as well as extensive functionalities permitting management and monitoring of all ongoing business transactions.

(2) The Platform Operator's services consist inter alia of:

(a) Permission to use the Marketplace following admission of the User pursuant to sec. 3;

(b) Facilitation of negotiations and conclusion of an agreement on the Marketplace by invitations and auctions to tender pursuant to sec. 4;

(c) Procurement of options for information and communication amongst Users/ contracting parties;

(d) Consulting and support services for Users by separate agreement with A.

Sec. 3 Admission and Access to the Marketplace[10]

(1) The prerequisite to the User's use of the Marketplace is admission by A. The Marketplace is only available to merchants (as defined by the German Commercial Code) and to legal entities under public law. No party has any claim of right to admission or use of the Marketplace.

(2) In its application for admission, the User shall specify its corporate information, invoice data and organizational con-

nennen sowie anzugeben, ob er den Marktplatz für den Verkauf und/oder Einkauf nutzen möchte. Die Annahme des Zulassungsantrags erfolgt durch Zulassungsbestätigung per E-Mail oder per Telefax. Durch die Zulassung kommt ein kostenpflichtiger Dienstvertrag auf unbestimmte Zeit zwischen A und dem jeweiligen Nutzer nach diesen Nutzungsbedingungen zustande. Die vom Nutzer zu zahlende Vergütung richtet sich nach den aktuellen Preiskonditionen, welche auf dem Marktplatz einsehbar sind.[11]

(3) Die jeweils anfallenden Vergütungen werden – sofern nicht anders vereinbart – jährlich im Voraus abgerechnet und unmittelbar nach Rechnungsstellung ohne Abzug, jedoch zzgl. Mehrwertstellung, zum jeweils geltenden Steuersatz fällig. Mit der Speicherung der Abrechnungsdaten zu Beweiszwecken und/oder im Rahmen der gesetzlichen Aufbewahrungspflichten ist der Nutzer einverstanden.

(4) Über das in der Zulassungsbestätigung übermittelte Master-Login hat der Nutzer die Möglichkeit, den Mitarbeitern in seinem Unternehmen eine eigene Zugangsberechtigung einzuräumen und nach seinen Wünschen zu konfigurieren, um diesen eine optimale Arbeit auf dem Marktplatz zu ermöglichen.

(5) Der Nutzer steht dafür ein, dass die von ihm, insbesondere im Rahmen seines Antrages auf Zulassung gem. Abs. 2 gegenüber A und anderen Nutzern gemachten Angaben wahr und vollständig sind. Er verpflichtet sich, A alle künftigen Änderungen der gemachten Angaben unverzüglich mitzuteilen. Gleiches gilt auch für alle Angaben, die vom Nutzer bei der Einrichtung von Mitarbeiter-Logins gemacht werden.

(6) A ist berechtigt, einem Nutzer die Zulassung zu entziehen oder den Zugang zum Marktplatz zu sperren, falls ein hinreichender Verdacht besteht, dass er gegen diese Nutzungsbedingungen verstoßen hat. Der Nutzer kann diese Maßnahmen abwenden, wenn er den Verdacht durch Vorlage geeigneter Nachweise auf eigene Kosten ausräumt.

tact and shall indicate whether it wishes to use the Marketplace for selling and/or buying. The acceptance of the application for admission is made by an email or facsimile confirming admission. By notice of admission, a service agreement under these Terms and Conditions is deemed formed for an unlimited time between A and the User in question, which shall give rise to charges. The remuneration payable by the User is governed by A's current pricing terms, which may be reviewed on the Marketplace.[11]

(3) The remuneration payable in each case shall be invoiced (unless otherwise agreed) on an annual basis in advance and is immediately due as of the date of the invoice, strictly net, but with the addition of VAT at the applicable legal rate. The User is deemed to consent to storage of invoice data for evidentiary purposes and/or in connection with A's statutory record keeping duties.

(4) Via the master login forwarded to the User together with the confirmation of admission, the User has the ability to grant its employees their own access authority and to configure such access in line with its own needs in order to facilitate optimum work on the Marketplace.

(5) The User warrants that the details furnished by it to A and to other Users, in particular in connection with its application for admission under sub-para. 2 hereof, are true and complete. The User undertakes that it shall notify A promptly of all future changes to the details given. The same shall apply with respect to all details the User furnishes when setting up employee logins.

(6) A is authorized to cancel a User's admission or to block its access to the Marketplace where there are grounds to suspect that the User has breached these Terms and Conditions. The User may avert such measures if the User submits appropriate proof at its own expense.

(7) Alle Logins sind individualisiert und dürfen nur vom jeweils berechtigten Nutzer verwendet werden. Der Nutzer ist verpflichtet, Login und Passwort geheim zu halten und vor dem unberechtigten Zugriff Dritter zu schützen. Der Nutzer ist auch für die Geheimhaltung der Mitarbeiter-Logins verantwortlich und wird seine Mitarbeiter entsprechend anweisen. Bei Verdacht des Missbrauchs durch einen Dritten wird der Nutzer A hierüber unverzüglich informieren. Sobald A von der unberechtigten Nutzung Kenntnis erlangt, wird A den Zugang des unberechtigten Nutzers sperren. A behält sich das Recht vor, Login und Passwort eines Nutzers zu ändern; in einem solchen Fall wird A den Nutzer hierüber unverzüglich informieren.

§ 4 Abschluss von Verträgen auf dem Marktplatz[12, 13]

(1) Einkäufer haben die Möglichkeit, Ausschreibungen und Auktionen zu eröffnen und dazu nach individuellen Kriterien ausgewählte Lieferanten einzuladen, verbindliche Angebote abzugeben. Ausschreibungen und Auktionen können nur von Einkäufern eröffnet werden und beinhalten kein rechtlich verbindliches Angebot im Sinne des § 145 BGB, sondern stellen nur eine Aufforderung zu Abgabe von Angeboten („invitatio ad offerendum") dar. Einkäufern ist es auf keinen Fall erlaubt, an einer von ihnen eröffneten Auktion oder Ausschreibung als Lieferant teilzunehmen. Ebenso wenig dürfen Einkäufer durch in ihrem Auftrag handelnde Dritte an einer von ihnen eröffneten Auktion oder Ausschreibung als Lieferant teilnehmen.

(2) Lieferanten haben die Möglichkeit, nach individuellen Kriterien Einkäufer auszuwählen und für deren Auktionen und Ausschreibungen verbindliche Angebote abzugeben. Die Angebote eines Lieferanten sind bindende und unwiderrufliche Erklärungen zum Abschluss des vom Einkäufer ausgeschriebenen Vertrages. Soweit zwischen einem Einkäufer und Lieferanten nichts anderes vereinbart ist, ist

(7) All logins are individualized and may only be used by the authorized User in question. The User must keep its login and password secret and protect them against unauthorized access by third parties. The User is also responsible for keeping staff logins confidential and shall instruct its staff accordingly. In the event of any suspicion of misuse by a third party, the User shall promptly notify A thereof. As soon as A learns of such unauthorized use, A shall block access by the unauthorized User. A reserves the right to change the login and password of any User; in such case, A shall promptly inform the User thereof.

Sec. 4 Conclusion of Contracts on the Marketplace[12, 13]

(1) Buyers shall have the option of opening invitations to tender and auctions and to invite selected suppliers to tender binding proposals or bids in line with individual criteria. Invitations to tender and auctions may only be opened by buyers and shall not constitute any legally binding offers within the meaning of sec. 145 of the German Civil Code [German acronym: BGB], but rather merely constitute an invitation to tender bids („invitatio ad offerendum"). In no case shall buyers be permitted to participate as suppliers in any auction or invitation to tender opened by them. Similarly, buyers may not participate as suppliers in any auction or invitation to tender opened by them through third parties acting on their behalf.

(2) Suppliers shall have the option of selecting buyers in line with individual criteria and submitting binding bids for their auctions and invitations to tender. The bids of a supplier shall be deemed binding and irrevocable declarations of intent to conclude the contract being advertised by the buyer. Unless otherwise agreed between a buyer and a supplier, a supplier shall be bound by its bid for a further 30

ein Lieferant ab dem Ende der vom Einkäufer bestimmten und gegebenenfalls verlängerten Dauer der Ausschreibung oder Auktion weitere 30 Tage an sein Angebot gebunden. § 156 BGB wird ausdrücklich ausgeschlossen. Lieferanten haben keinen Anspruch darauf, zur Teilnahme an Ausschreibungen oder Auktionen eingeladen zu werden.

(3) Ein Einkäufer ist frei in der Wahl, ob und welches der eingegangenen Angebote er annehmen möchte. Sofern Einkäufer und Lieferant keine abweichende Vereinbarung treffen, kommt ein Vertrag zustande, wenn ein Einkäufer das Angebot eines Lieferanten durch Abschicken einer Einzel- oder Rahmenvertragsbestellung annimmt.

(4) Handlungen unter Verwendung des jeweiligen Logins eines Nutzers sind dem Nutzer grundsätzlich zuzurechnen. Nutzer sind für alle selbst auf der Plattform abgegebenen Willenserklärungen verantwortlich. Für von Dritten unter dem Mitgliedskonto des Nutzers abgegebene Erklärungen haften sie in vorhersehbarem Umfang nach den Grundsätzen eines Vertrages mit Schutzwirkung für Dritte.[14]

(5) Für alle Transaktionen auf dem Marktplatz gilt ausschließlich die auf der Plattform des jeweiligen Marktplatzes maßgebliche Systemuhrzeit. Nur innerhalb der vom Einkäufer vorgegebenen Laufzeit von Ausschreibungen und Auktionen können Gebote abgegeben werden.

(6) A behält sich das Recht vor, Inhalt und Struktur der Plattform sowie die dazugehörigen Benutzeroberflächen zu ändern oder zu erweitern, wenn hierdurch die Zweckerfüllung des mit dem Nutzer geschlossenen Vertrages nicht oder nicht erheblich beeinträchtigt wird. A wird die Nutzer des Marktplatzes über die Änderungen entsprechend informieren.

§ 5 Pflichten der Nutzer[15]

(1) Die Eröffnung von Ausschreibungen und Auktionen oder ein Angebot darf nicht erfolgen, wenn

days beyond the end of the term of the invitation to tender or auction specified by the buyer or, in certain circumstances, extended by the buyer. The parties hereby expressly derogate from sec. 156 BGB. Supplier shall have no entitlement to being invited to participate in invitations to tender or auctions.

(3) A buyer shall be free to select whether to accept bids, and which of the bids received it wishes to accept. Where the buyer and the supplier have not made any agreement to the contrary, a contract shall be deemed formed at such time as a buyer accepts the bid of a supplier by forwarding an individual order or an order under a master agreement.

(4) Users shall bear responsibility for all declarations of intent made by them on the platform. For other activities under their members' account, they shall bear liability to the extent foreseeable in line with the principles of contracts with protective effect to the benefit of third parties.[14]

(5) With respect to all transactions on the Marketplace, the system time applicable on the platform of the Marketplace in question shall govern exclusively. Goods may only be placed within the periods indicated by the buyer for invitations to tender and auctions.

(6) A reserves the right to modify or extend the content and structure of the platform and the related User interfaces provided that this does not impact or does not substantially adversely impact the successful performance of the contract made with the User. A shall inform the User of the Marketplace accordingly of any changes.

Sec. 5 Duties of Users[15]

(1) Users may not open any invitations to tender or auctions or offers if

(a) die Angaben so unvollständig sind, dass sich Gegenstand und Preis nicht bestimmen lassen;

(b) die Eröffnung oder Durchführung der Ausschreibung, Auktion oder des Verkaufs nach der jeweils für den intendierten Vertrag maßgeblichen Rechtsordnung gegen gesetzliche Vorschriften, behördliche Anordnungen oder gegen die guten Sitten verstoßen würde. Es dürfen insbesondere keine Gegenstände angeboten werden, deren Angebot oder Verkauf gegen Rechte Dritter verstoßen; gleiches gilt für pornographische oder jugendgefährdende Artikel, Waffen, Drogen, Propagandamaterial verfassungsfeindlicher Organisationen und Parteien, lebende Tiere, etc. A ist berechtigt, eine solche Ausschreibung, Auktion oder ein solches Angebot unverzüglich vom Marktplatz zu entfernen.

(2) Güter oder Dienstleistungen, die nur gegen einen gesetzlich vorgeschriebenen Nachweis angeboten werden dürfen, dürfen auf dem Marktplatz nur angeboten und nachgefragt werden, wenn der Nachweis in die Beschreibung der Güter oder Dienstleistungen aufgenommen wurde und die Ware oder Dienstleistung nur gegen den gesetzlich vorgeschriebenen Nachweis abgegeben wird.

§ 6 Abwicklung der auf dem Marktplatz geschlossenen Verträge[16]

(1) Die Abwicklung von auf dem Marktplatz geschlossenen Verträgen ist alleinige Angelegenheit der jeweiligen Nutzer. A übernimmt für die auf den Marktplätzen geschlossenen Verträge weder eine Garantie für die Erfüllung der auf den Marktplätzen zwischen den Nutzern geschlossenen Verträge noch eine Haftung für Sach- oder Rechtsmängel der gehandelten Güter und Dienstleistungen. A trifft keinerlei Pflicht, für die Erfüllung der zwischen den Nutzern zustande gekommenen Verträge zu sorgen.

(2) A kann keine Gewähr für die wahre Identität und die Verfügungsbefugnis der Nutzer übernehmen. Bei Zweifeln sind beide Vertragspartner gehalten, sich in

(a) the details given are so incomplete that the subject-matter and price cannot be determined;

(b) the opening or performance of the invitation to tender, auction or the sales under the legal system governing the intended contract in each case would violate provisions of law, regulatory directives or public policy. In particular, no items may be offered where their offer or sale would infringe on third party rights; the same shall apply with respect to pornographic articles or articles posing a risk to young people, weapons, drugs, propaganda materials of anti-constitutional organizations and parties, live animals etc. A is entitled to promptly remove any such invitation to tender auction or any such bid from the Marketplace.

(2) Goods or services which may only be offered following submission of legally required proof may only be offered and solicited on the Marketplace if that proof has been incorporated into the description of the goods and services and if the goods and/or services are only exchanged on the basis of the legally prescribed proof.

Sec. 6 Performance of Contracts Concluded on the Marketplace[16]

(1) The performance of contracts made on the Marketplace is a matter lying within the sole responsibility of the respective User. With respect to contracts made on the Marketplace, A neither assumes any warranty for performance of contracts made between Users on the Marketplace nor any liability for substantive defects or defects of title of the goods and services traded thereon. A shall bear no duty whatsoever to ensure performance of the contracts which have been formed between Users.

(2) A is unable to assume any warranty with respect to the true identity and authority of Users to dispose over items. In the event of any doubts, both contracting

geeigneter Weise über die wahre Identität sowie die Verfügungsbefugnis des anderen Vertragspartners zu informieren.

parties are advised to take appropriate steps to inform themselves of the other contracting party's true identity and authority to dispose over the item in question.

§ 7 Haftung des Plattformbetreibers[17]

(1) A haftet für Vorsatz und grobe Fahrlässigkeit uneingeschränkt, für leichte Fahrlässigkeit jedoch nur bei der Verletzung vertragswesentlicher Pflichten. Als vertragswesentliche Pflichten gelten. . . . . Die Haftung bei Verletzung einer solchen vertragswesentlichen Pflicht ist auf den vertragstypischen Schaden begrenzt, mit dessen Entstehen A bei Vertragsabschluss aufgrund der zu diesem Zeitpunkt bekannten Umstände rechnen musste.

(2) Für von A nicht verschuldete Störungen innerhalb des Leitungsnetzes übernimmt A keine Haftung.

(3) Für den Verlust von Daten haftet A nach Maßgabe der vorstehenden Absätze nur dann, wenn ein solcher Verlust durch angemessene Datensicherungsmaßnahmen seitens des Nutzers nicht vermeidbar gewesen wäre.

(4) Die Haftung erstreckt sich nicht auf Beeinträchtigungen des vertragsgemäßen Gebrauchs der von A auf dem Marktplatz erbrachten Leistungen, die durch eine unsachgemäße oder fehlerhafte Inanspruchnahme durch den Nutzer verursacht worden sind.

(5) Die vorstehenden Haftungsbeschränkungen gelten sinngemäß auch zugunsten der Erfüllungsgehilfen von A.

(6) Soweit über den Marktplatz eine Möglichkeit der Weiterleitung auf Datenbanken, Websites, Dienste etc. Dritter, zB durch die Einstellung von Links oder Hyperlinks gegeben ist, haftet A weder für Zugänglichkeit, Bestand oder Sicherheit dieser Datenbanken oder Dienste, noch für den Inhalt derselben. Insbesondere haftet A nicht für deren Rechtmäßigkeit, inhaltliche Richtigkeit, Vollständigkeit, Aktualität, etc.

Sec. 7 Liability of Platform Operator[17]

(1) A shall bear unlimited liability for intentional acts and gross negligence, but shall only bear liability in cases of slight negligence where it has breached duties which are material to the contract. As material duties are considered . . . . . Liability in the case of breach of any such material duties shall be limited to losses which are typical for the contract and which A must have anticipated at the time of contracting based on the circumstances known to it at that time.

(2) A assumes no liability for any faults or disruptions within its network for which it does not bear fault.

(3) A shall only bear liability for losses of data in line with the subsections above where such a loss would have been unavoidable even if appropriate backup measures had been taken by the User.

(4) A's liability does not extend to any impairments of the use of the services rendered by A on the Marketplace in line with the contract which result from the User's improper or incorrect utilization.

(5) The above limitations on liability shall apply *mutatis mutandis* in favor of A's vicarious agents, as well.

(6) To the extent that there is any possibility that Users may be redirected to databases, websites, services etc. of third parties via the Marketplace, e.g. as a result of the inclusion of links or hyperlinks, A shall not be liable either for the accessibility, existence or security of such databases or services or for the contents thereof. In particular, A shall bear no liability for the legal propriety, substantive correctness, completeness, timeliness, etc. thereof.

§ 8 Fremde Inhalte[18]

(1) Den Nutzern ist es untersagt, Inhalte (zB durch Links oder Frames) auf dem Marktplatz einzustellen, die gegen gesetzliche Vorschriften, behördliche Anordnungen oder gegen die guten Sitten verstoßen. Ferner ist es ihnen untersagt, Inhalte einzustellen, die Rechte, insbesondere Urheber- oder Markenrechte Dritter verletzen.

(2) A macht sich fremde Inhalte unter keinen Umständen zu Eigen. Der Nutzer garantiert dem Plattformbetreiber und den übrigen Nutzern der Plattform, dass die von ihm in Ausschreibungen und Auktionen angebotenen Waren und Dienstleistungen keine Urheberrechte, Marken, Patente andere Schutzrechte oder Betriebsgeheimnisse verletzen.

(3) A behält sich vor, fremde Inhalte zu sperren, wenn diese nach den geltenden Gesetzen strafbar sind oder erkennbar zur Vorbereitung strafbarer Handlungen dienen.

(4) Der Nutzer wird A von sämtlichen Ansprüchen freistellen, die Dritte gegen A wegen der Verletzung ihrer Rechte oder wegen Rechtsverstößen aufgrund der vom Nutzer eingestellten Angebote und/oder Inhalte geltend machen, sofern der Nutzer diese zu vertreten hat. Der Nutzer übernimmt diesbezüglich auch die Kosten der Rechtsverteidigung von A einschließlich sämtlicher Gerichts- und Anwaltskosten.

§ 9 Sonstige Pflichten des Nutzers

(1) Der Nutzer ist verpflichtet,

(a) die erforderlichen Datensicherungsvorkehrungen während der gesamten Vertragslaufzeit einzurichten und aufrechtzuerhalten. Dies bezieht sich im Wesentlichen auf den sorgfältigen und gewissenhaften Umgang mit Logins und Passwörtern;

(b) in seinem Bereich eintretende technische Änderungen A umgehend mitzuteilen, wenn sie geeignet sind, die Leistungserbringung oder die Sicherheit des Marktplatzes von A zu beeinträchtigen;

Sec. 8 Third Party Content[18]

(1) Users are prohibited from placing content (e.g. links or frames) onto the Marketplace that violates provisions of law, regulatory requirements or public policy. Furthermore, Users are prohibited from uploading any content that infringes on third party rights, in particular any copyrights or trademark rights of third parties.

(2) A shall not be deemed to adopt any third party content as its own under any circumstances. The User hereby guarantees to the Platform Operator and to other Users of the platform that the goods and services offered by it in the context of invitations to tenders and auctions do not infringe on any copyrights, trademarks, patents or other intellectual property rights or trade secrets.

(3) A reserves the right to block third party content where such content is deemed an offense under applicable law or is discernably intended to assist in preparation for criminal acts.

(4) The User shall indemnify and hold A harmless against all claims made by third parties against A based on infringements of their rights or based on violations of law arising due to offers and/or content uploaded by Users insofar the user is responsible for. The User shall also assume the costs of A's legal defense in this respect, including all court fees and lawyers' fees.

Sec. 9 Other duties of User

(1) The User has a duty

(a) to set up and maintain the necessary data security measures throughout the entire term of the contract. The foregoing refers primarily to careful and conscientious handling of logins and passwords;

(b) to immediately notify A of any technical changes occurring within its sphere where such changes are apt to adversely impact A's provision of its services or the security of its Marketplace;

(c) bei der Aufklärung von Angriffen Dritter auf den Marktplatz mitzuwirken, soweit diese Mitwirkung durch den Nutzer erforderlich ist;

(d) Geschäfte auf dem Marktplatz ausschließlich im Rahmen des kaufmännischen Geschäftsbetriebs zu gewerblichen Zwecken zu tätigen

(2) Der Nutzer verpflichtet sich, alle Maßnahmen zu unterlassen, welche die Funktionsweise des Marktplatzes gefährden oder stören, sowie nicht auf Daten zuzugreifen, zu deren Zugang er nicht berechtigt ist. Weiterhin muss er dafür Sorge tragen, dass seine über den Marktplatz übertragenen Informationen und eingestellten Daten nicht mit Viren, Würmern oder Trojanischen Pferden behaftet sind. Der Nutzer verpflichtet sich, A alle Schäden zu ersetzen, die aus der von ihm zu vertretenden Nichtbeachtung dieser Pflichten entstehen und darüber hinaus A von allen Ansprüchen Dritter, einschließlich der Anwalts- und Gerichtskosten, freizustellen, die diese aufgrund der Nichtbeachtung dieser Pflichten durch den Nutzer gegen A geltend machen.

§ 10 Datensicherheit und Datenschutzerklärung[19]

(1) Die Server von A sind dem Stand der Technik entsprechend, insbesondere durch Firewalls, gesichert; dem Nutzer ist jedoch bekannt, dass für alle Teilnehmer die Gefahr besteht, dass übermittelte Daten im Übertragungsweg ausgelesen werden können. Dies gilt nicht nur für den Austausch von Informationen über E-Mail, die das System verlassen, sondern auch für das integrierte Nachrichtensystem sowie für alle sonstigen Übertragungen von Daten. Die Vertraulichkeit der im Rahmen der Nutzung des Marktplatzes übermittelten Daten kann daher nicht gewährleistet werden.

(2) Der Nutzer willigt darin ein, dass A Informationen und Daten über den Verlauf von Ausschreibungen und Auktionen sowie das Verhalten von Einkäufern bzw. Lieferanten bei der Durchführung dieser

(c) to assist in investigating attacks by third parties on the Marketplace, to the extent such assistance by the User is required;

(d) only to carry out transactions on the Marketplace in connection with their business operations for commercial purposes.

(2) The User hereby undertakes that it shall refrain from any acts which would put the functionality of the Marketplace at risk or disrupt its functionality, and that it shall not access any data it is not authorized to access. In addition, the User must ensure that the information it communicates via the Marketplace and the data it uploads to the Marketplace do not contain any viruses, worms or Trojan horses. The User hereby undertakes to compensate A for all losses arising out of any non-compliance with these duties, insofar he is responsible for and, in addition, to hold A harmless against all claims of third parties, including the costs of legal counsel and court costs, incurred by A due to the User's failure to comply with these duties.

Sec. 10 Data Security and Data Protection Notice[19]

(1) A's servers are secured in line with the current technological state of the art, in particular, they are secured by firewalls; however, the User is aware that there is a risk to all Users that data transmitted through public networks may be intercepted. The foregoing applies not only to the exchange of information by email leaving the system, but also for integrated information systems and all other transmission of data. A is thus unable to warrant the confidentiality of the data transmitted in connection with the User's use of the Marketplace.

(2) The User hereby consents to A's storage of information and data on the course of invitations to tender and auctions as well as the actions of buyers/suppliers in performing such transactions in

Transaktionen, in anonymisierter Form speichert und ausschließlich in dieser anonymisierten Form für Marketingzwecke, zB für die Erstellung von Statistiken und Präsentationen, nutzen darf.

(3) A ist berechtigt, während der Laufzeit dieses Vertrages die im Zusammenhang mit der Geschäftsbeziehung vom Nutzer erhaltenen Daten unter Beachtung der Vorgaben der anwendbaren Datenschutzbestimmungen zu bearbeiten und zu speichern. Im Einzelnen willigt der Nutzer darin ein, dass A:

(a) die vom Nutzer im Rahmen des Zulassungsantrags gemachten Angaben zu Unternehmensdaten, Rechnungsdaten und Ansprechpartnern des Nutzers sowie entsprechende vom Nutzer mitgeteilte Aktualisierungen speichert und bearbeitet;

(b) die vom Nutzer im Zusammenhang mit der von ihm gewünschten Firmenpräsentation im Handelsbereich unter Verwaltung selbstständig in den Marktplatz eingepflegten Daten speichert und im öffentlichen und geschlossenen Bereich des Marktplatzes für andere registrierte und nicht registrierte Nutzer zum Abruf bereit hält;

(c) die im Verlauf der Transaktionen gegebenenfalls verwendeten personenbezogenen Daten speichert und diese an andere Nutzer weiterleitet und – soweit der betroffene Nutzer dies durch die Auswahl einer öffentlichen Transaktion wünscht – im öffentlichen Bereich des Marktplatzes für andere registrierte und nicht registrierte Nutzer zum Abruf bereit hält;

(d) nicht personenbezogene Daten über den Inhalt der Transaktionen speichert und an andere Nutzer weiterleitet und – soweit der betroffene Nutzer dies durch die Auswahl einer öffentlichen Transaktion wünscht – im öffentlichen Bereich des Marktplatzes für andere registrierte und nicht registrierte Nutzer zum Abruf bereit hält.

(4) Die über die zuvor genannte Verwendung hinausgehende weitere Verwendung personenbezogener Daten bedarf der ge-

anonymized format, and that A is permitted to use such data exclusively in such anonymized format for its marketing purposes, e.g. to prepare statistics and presentations.

(3) A is authorized throughout the term of this Agreement to process and store the data received from the User in connection with this business relationship, taking account of the rules under the applicable data protection laws. Specifically, the User hereby grants consent as follows:

(a) A may store and process the Company data, invoice data and User contacts provided in the course of the application for admission and relevant updates communicated by the User in respect thereof;

(b) A may store the data uploaded itself by the User in connection with the Company presentation desired by the User in the administered trading area, and to maintain the foregoing for downloading in the public and secured zones of the Marketplace for other registered and non-registered Users;

(c) A may store the personal data which may be used in the course of the transaction and forward the same to other Users and, to the extent the User in question requests this by selecting a public transaction – maintains such information for downloading by other registered and non-registered Users;

(d) A may store non-personal data regarding the substance of the transactions and forward it to other Users and – where the User in question requests this by selecting a public transaction – keep the information available for downloading by other registered and non-registered Users with the public areas of the marketplace.

(4) The further use of personal data going beyond the use referenced above shall require the separate consent of the User.

sonderten Einwilligung des Nutzers. Der Nutzer ist berechtigt, seine gem. Abs. 3 erteilte Einwilligung jederzeit zu widerrufen, soweit er hiermit in die Verwendung personenbezogener Daten eingewilligt hat.

(5) A wird im Übrigen alle den Nutzer betreffenden Daten, die von diesem als vertraulich gekennzeichnet werden, vertraulich behandeln und nur nach Maßgabe dieser Nutzungsbedingungen verwenden. A behält sich vor, hiervon abzuweichen, wenn A aufgrund gesetzlicher oder behördlicher Anordnungen Daten des Nutzers offen legen muss.

(6) Mit der Zulassung gem. § 3 übernimmt der Nutzer gegenüber A und allen anderen Nutzern die Gewähr, dass bezüglich der von ihm übertragenen Daten die datenschutzrechtlichen Erfordernisse durch den Nutzer eingehalten worden und stellt A von jeglichen Ansprüchen, auch öffentlich-rechtlicher Natur, frei. Insbesondere hat der Nutzer selbst dafür Sorge zu tragen, dass die gegebenenfalls notwendige Einwilligung von Mitarbeitern eingeholt wird, bevor personenbezogene Daten von Mitarbeitern im Rahmen der Einrichtung von Mitarbeiter-Logins oder auf sonstige Weise in die Plattform eingestellt werden.

§ 11 Abtretung und Aufrechnung

(1) Eine teilweise oder vollständige Übertragung der Rechte des Nutzers aus dem Vertrag mit A auf Dritte ist ausgeschlossen.

(2) Zur Aufrechnung gegenüber A ist der Nutzer nur mit unbestrittenen oder rechtskräftigen Gegenforderungen berechtigt.

§ 12 Vertragsdauer

(1) Der diesen Nutzungsbedingungen zugrundeliegende Vertrag wird auf unbestimmte Zeit abgeschlossen. Er beginnt mit der Zulassung durch A gem. § 3.

The User is entitled to revoke its consent granted in line with sub-para. 3 hereof at any time to the extent the User has consented to the use of its personal data.

(5) In all further and other respects, A shall treat all data relating to the User which the User has designated as confidential in confidentiality and shall only use such data in line with these Terms and Conditions. A reserves the right to depart from this rule if, on the basis of legal or regulatory requirements, A is required to disclose User data.

(6) At the time of admission under sec. 3 the User is deemed to warrant to A and all other Users that, with respect to the data transmitted by it, it has complied with the requirements of data protection law, and it shall indemnify A and hold it harmless against all claims, including claims of a public administrative law nature. In particular, the User shall itself ensure that any consent of employees which may be necessary has been obtained before the personal data of employees is uploaded to the platform in connection with setting up employee logins or in any other way.

Sec. 11 Assignment and Setoff

(1) No assignment of the rights of the User under the contract with A to third parties is permitted, whether in whole or in part.

(2) The User shall only be entitled to exercise a right of setoff against A on the basis of counterclaims which are undisputed or have been adjudicated with *res judicata* effect.

Sec. 12 Term of Contract

(1) The contract based on these Terms and Conditions is made for an unlimited term. It shall begin to run from the date of A's admission pursuant to sec. 3.

(2) Der Vertrag kann von beiden Parteien mit einer Frist von drei Monaten zum Monatsende gekündigt werden.

(3) Jede Partei hat das Recht, den Vertrag aus wichtigem Grund ohne Einhaltung einer Kündigungsfrist zu kündigen. Ein wichtiger Grund ist für A insbesondere:

(a) der Verstoß eines Nutzers gegen die Bestimmungen dieser Nutzungsbedingungen, der auch nach Fristsetzung nicht beseitigt wird;

(b) die deliktische Handlung eines Nutzers oder der Versuch einer solchen, zB Betrug;

(c) der Verzug des Nutzers mit der Zahlungspflicht gemäß der vom Nutzer gem. § 3 Abs. 2 und 3 zu leistenden Zahlung um mehr als sechs Wochen.

(d) andauernde Betriebsstörungen infolge von höherer Gewalt, die außerhalb der Kontrolle von A liegen, wie zB Naturkatastrophen, Brand, unverschuldeter Zusammenbruch von Leitungsnetzen.

(4) Jede Kündigung muss schriftlich erfolgen. Kündigungen per Fax oder E-Mail wahren die Schriftform.

§ 13 Schlussbestimmungen

(1) Es gilt das Recht der Bundesrepublik Deutschland unter Ausschluss des UN-Kaufrechts. Gerichtsstand für alle Rechtsstreitigkeiten ist . . . . . A ist daneben berechtigt, auch am allgemeinen Gerichtsstand des Nutzers zu klagen.[20]

(2) Sollten einzelne Bestimmungen dieser Nutzungsbedingungen unwirksam sein oder werden und/oder den gesetzlichen Regelungen widersprechen, so wird hierdurch die Wirksamkeit der Nutzungsbedingungen im Übrigen nicht berührt. Die unwirksame Bestimmung wird von den Vertragsparteien einvernehmlich durch eine solche Bestimmung ersetzt,

(2) This contract may be terminated by either party upon three months' notice to the end of any month.

(3) Each party shall have the right to terminate this contract for good cause without the need to adhere to a notice period. Good cause for A shall, in particular, include the following:

(a) breach by a User of the terms of these Terms and Conditions, which the User fails to cure even after a deadline has been set;

(b) the tortious act by a User or the attempt of any such act, e.g. fraud;

(c) default by any User in its payment obligations in respect of the payments to be made by the User under sec. 3 (2) and (3), where such default exceeds more than six weeks.

(d) ongoing operational disruptions due to *force majeure* lying outside the control of A, such as natural catastrophes, fire, breakdown of networks through no fault of A.

(4) All notices of termination must be given in writing. Termination notice by facsimile or email is deemed to comport with the written form requirement.

Sec. 13 Final Provisions

(1) The parties' relations shall be governed by the law of the Federal Republic of Germany, but excluding application of the UN Convention on Contracts for the International Sale of Goods. Jurisdiction and venue for all legal disputes shall lie with the courts of . . . . . In addition, A shall be entitled to file suit at the User's place of general jurisdiction.[20]

(2) In the event that individual terms of these Terms and Conditions should be or become invalid or should be in conflict with requirements of law, the validity of these terms and conditions shall not otherwise be affected thereby. The parties shall by mutual agreement replace the invalid term by such valid term as comes the closest in a legally valid manner to the

welche dem wirtschaftlichen Zweck der unwirksamen Bestimmung in rechtswirksamer Weise am nächsten kommt. Die vorstehende Regelung gilt entsprechend bei Regelungslücken.

economic intend of the invalid term. The foregoing provision shall apply *mutatis mutandis* in the case of contractual gaps.

Anmerkungen

1. Regelungsgegenstand. Das Formular enthält die Nutzungsbedingungen des Betreibers einer B2B (Business to Business)-Internetplattform. Der Zusatz B2B bezeichnet die Nutzung des Internets für den elektronischen Handel von Unternehmen und schließt den Handel mit Endverbrauchern (B2C) aus. Der Betreiber der Plattform stellt den jeweiligen Nutzern dabei einen virtuellen Marktplatz im World Wide Web zur Verfügung, auf dem diese als Einkäufer und Lieferanten, oftmals im Wege von Ausschreibungen und Auktionen, miteinander handeln können. Das Muster macht Vorschläge für die Gestaltung eines Vertrages, der Nutzern den Zugang zum Marktplatz eröffnet, die wechselseitigen Rechte und Pflichten von Plattformbetreiber und Nutzern sowie die Ordnung des Marktplatzes regelt. Die Vorteile des ausschließlich mittels der Ressourcen des Internets zustande gekommenen Vertrages sind seit jeher vielfältig: Sie liegen in der Verfügbarkeit des Mediums rund um die Uhr, der schonungslosen Vergleichbarkeit der Angebote, der Realisierung von Transaktionskosteneinsparungen, der Verbesserung der Markposition, der Gewinnung von Marktinformationen sowie in Prozesskosteneinsparungen. Daher werden inzwischen Milliardenbeträge über Websites und Marktplätze umgesetzt. Die Prognosen stellen weiterhin einen Anstieg der Umsätze in Aussicht (*EEC Köln*, Kurzstudie B2B Marktplätze 2016, S. 3). Eine Erscheinungsform von B2B-Plattformen stellen kleine geschlossene Netzwerke zwischen einem Abnehmer und seinem Lieferantenkreis, sog. „electronic procurement" dar. Hier bindet der Abnehmer einen oder mehrere Lieferanten in seine unternehmensinterne Kommunikation ein (Extranet). Der strukturelle Schwerpunkt dieser Vernetzung liegt nicht in der Anbahnung von Rechtsgeschäften sondern in der Durchführung und Organisation existierender Geschäftsbeziehungen, die häufig weit über die Lieferung von Waren hinaus gehen und sich auf zusätzliche Elemente, wie Entwicklung und Qualitätssicherung erstrecken. Da diese Erscheinungsform von B2B-Plattformen ihren Schwerpunkt im Bereich der Unternehmensorganisation und -kommunikation hat, ist sie nicht Gegenstand der weiteren Darstellung. Wettbewerb und Innovationsdruck bewegen die Marktplatzbetreiber häufig zur Einführung weitere Leistungen wie „e-sourcing", also die Analyse der Ausgaben eines Unternehmens mit der anschließenden Neugestaltung der Lieferantenbeziehungen, sowie die Einrichtung und Betreuung solcher privater Marktplätze anzubieten. Die Anmerkungen zu den Kategorien von Marktplätzen enthalten diesbezüglich weitere Hinweise.

Die Tätigkeit von Plattformen ist in den Fokus der Europäischen Kommission gerückt. Sie initiierte eine Konsultation zur Rolle der Plattformen in der Online-Wirtschaft. Anlass zu einer solchen Befragung gaben die grundlegenden Veränderungen der digitalen Märkte, Infrastruktur und Nutzergewohnheiten in den letzten Jahren. Neben der Tatsache, dass einige große Unternehmen dominante Marktpositionen in ihrem Bereich aufbauen und festigen konnten, verändern innovative Geschäftsmodelle über Jahrzehnte gewachsene Strukturen und üben Druck auf diese aus. Auch wenn die Konsultation daher vornehmlich Plattformen wie Suchmaschinen, soziale Medien und App-Stores in den Blick nimmt, könnte eine umfassende Überarbeitung der europäischen Vorschriften zur Haftung von Intermediären, also insbesondere der E-Commerce-Richtlinie 2000/31/EG, in Angriff genommen werden. Aus rechtspolitischen Gründen wird sich dies als schwieriges Unterfangen erweisen. Es bleibt daher abzuwarten, (1) wie die überarbeiteten Vorgaben den Spagat zwischen nationaler Prägung und europäischer Vereinheitlichung meistern, (2) ob ein übergreifender Reformansatz gewählt wird oder ob bereichsspezifische Vorschriften erlassen werden und (3) in welchem Verhältnis kodifiziertes Recht und Richterrecht stehen werden (vgl. *Ohly* ZUM 2015, 308 [313 ff.]).

2. Kategorien von Marktplätzen. Bei Online-Handelsbeziehungen lassen sich zunächst zwei Wege unterscheiden: Zum einen offene Marktplätze, in der Regel für eine bestimmte Branche, und zum anderen sogenannte geschlossene (oder private) Marktplätze, über die Hersteller vorwiegend die eigenen Lieferanten anbinden.

Als ein weiteres Unterscheidungskriterium von B2B-Marktplätzen kann die organisatorische Ausrichtung der Handelsfunktionen herangezogen werden. Eine klare Zuordnung kann zuweilen schwierig sein, da Überschneidungen häufig sind, doch sind insbesondere folgende Typen zu differenzieren: Fachhändlerportale, Auktionsportale und Ausschreibungsportale.

Fachhändlerportale (One to Many) dienen meist einem Anbieter der Anbindung einer Vielzahl von nach gelagerten Vertriebseinheiten (zB Händler). Die meist branchenspezifischen Auktionsportale (auch Trading Hubs) sind vorrangig darauf ausgerichtet, einer Vielzahl von Käufern und Verkäufern den gemeinsamen Handel zu ermöglichen (Many to Many). Die Art und Weise der Transaktionsabläufe kann sich zuweilen unterscheiden. Wichtige Formen sind: Auktionen (zur Preisfindung werden von potentiellen Käufern Gebote abgegeben), umgekehrte Auktionen (zumeist gibt der potentielle Käufer einen Maximalpreis vor, auf den interessierte Verkäufer Gebote abgeben, die allerdings nur unterhalb des vom Käufer gesetzten Maximalpreises liegen dürfen), Echtzeithandel (Handel zu zeitpunktbezogenen Festpreisen) und Angebots- und Nachfrage Aggregation (Akkumulation von Angebot oder Nachfrage zur Sicherung besserer Konditionen bei der Marktgegenseite).

Neben der Zusammenführung von Angebot und Nachfrage steht fast immer eine Vielzahl weiterer Funktionen. Zu den gebräuchlichsten Nebenfunktionen zählen die Integration der Zulieferer in Entwicklungsprozesse und gemeinsame Maßnahmen der Qualitätskontrolle und -sicherung sowie Kooperation in den Bereichen Logistik und Transaktionsabwicklung.

Marktplätze lassen sich ferner anhand einer Vielzahl weiterer Merkmale kennzeichnen: Nach Produktkategorien (direkt – indirekt), nach Betreibermodellen (anbieter- bzw. nachfragebetriebener Marktplatz oder Kooperation neutraler Betreiber) sowie – und vielleicht am wichtigsten – nach Handelsdimensionen in vertikale und horizontale Marktplätze. Vertikale Marktplätze bieten umfassende Leistungen für eine vor- oder nachgelagerte Marktstufe eines bestimmten Marktes und richten sich somit nicht an marktfremde Unternehmen. Horizontale Marktplätze führen im Gegensatz dazu marktübergreifend Einkäufer und Zulieferer hinsichtlich bestimmter Produkt- und Leistungsarten zusammen.

3. Kartellrechtliche Problemfelder von B2B-Marktplätzen. Die Gründung und der Betrieb eines elektronischen Marktplatzes können kartellrechtliche Fragen aufwerfen. Das gilt in besonderem Maße dann, wenn die Internethandelsplattform von mehreren Unternehmen gegründet und betrieben wird, welche auf derselben Wirtschaftsstufe stehen. Wegen der erforderlichen Investitionen werden Internetmarktplätze häufig als rechtlich selbstständige Gemeinschaftsunternehmen von Wettbewerbern (→ Anm. 2) errichtet und mit den notwendigen Mitteln ausgestattet. Motiviert werden Unternehmen zur Gründung von elektronischen Marktplätzen durch eine Vielzahl von einzelwirtschaftlichen Potentialen, insbesondere hinsichtlich drastischer Kostensenkungen. Solche Kostensenkungen können sich zum einen aus der Verringerung von Transaktionskosten aufgrund einer höheren Markttransparenz und einer Bündelung von Marktmacht, zum anderen aus der Einsparung von Prozesskosten infolge optimierter Beschaffungsprozesse ergeben. Zudem lassen sich durch die Auswertung der über den Marktplatz abgewickelten Transaktionen wichtige Marktinformationen für die Nutzer generieren.

Aus der Nutzung von Internethandelsplätzen ergeben sich in wettbewerblicher Hinsicht nicht unerhebliche Verbesserungen. So wird die Transparenz der Märkte der auf den Plattformen gehandelten Güter und Dienstleistungen durch die Möglichkeit eines einfachen Preisvergleichs und Vertragspartnerwechsels unbestreitbar erhöht. Ebenso ermöglicht das Internet kleinen Unternehmen einen erleichterten Marktzutritt infolge der breiten Vertriebsmöglichkeiten und der Erreichbarkeit eines potentiell großen Kundenkreises.

Elektronische Marktplätze können aber auch negative Auswirkungen auf den Wettbewerb unter den beteiligten Unternehmen haben. Spezifische Wettbewerbsbeschränkungen können sich bei B2B-Plattformen insbesondere aus der Weitergabe von Marktinformationen zwischen den beteiligten Unternehmen, aus der Bildung von Verkaufs- oder Einkaufsgemeinschaften, aus Restriktionen des freien Zugangs zu der Plattform sowie aus Ausschließlichkeitsbindungen ergeben (vgl. auch Auer-Reinsdorff/Conrad/*Conrad* § 39 Rn. 419).

Im Zusammenhang mit B2B-Plattformen sind dabei zunächst zwei unterschiedliche Produktmärkte zu unterscheiden: der Markt für die auf der Plattform gehandelten Güter und Dienstleistungen sowie der Markt für B2B-Plattformen.

a) Markt für Güter und Dienstleistungen. Für die kartellrechtliche Bewertung ist es zunächst erforderlich, jeweils im Einzelnen den sachlich und räumlich relevanten Markt zu bestimmen. In sachlicher Hinsicht richtet sich die Marktabgrenzung nach der Sicht der Marktgegenseite und fragt, welche Güter und Leistungen aus deren Sicht austauschbar sind (sog. Bedarfsmarktkonzept). Hinsichtlich des Marktes für die auf der Plattform gehandelten Produkte gilt, dass sich die sachliche Marktabgrenzung durch die Einschaltung des Transaktionsmediums B2B-Plattform grundsätzlich nicht ändert, da die Eigenschaften der gehandelten Produkte und Dienstleistungen gleichbleiben. Eine Veränderung des Produktmarktes kann allerdings dann erfolgen, wenn B2B-Plattformen Zusatzleistungen als Ergänzung zu den Produkten ermöglichen, so dass insoweit ein eigener Markt entsteht. In räumlicher Hinsicht erstreckt sich der relevante Markt auf das Gebiet, in dem die betroffenen Unternehmen als Wettbewerber auftreten, in dem die Wettbewerbsbedingungen hinreichend homogen sind und sich von denjenigen benachbarter Gebiete deutlich unterscheiden (vgl. Art. 9 Abs. 7 FKVO). Für den Produktmarkt ergibt sich durch die erhöhte Transparenz und die verbesserten Kommunikationsbeziehungen eine geografische Erweiterung des Marktes im Vergleich zum Handel über traditionelle Vertriebswege.

Abgesehen von Preisabsprachen der handelnden Unternehmen kommen auf dem Produktmarkt spezifische, kartellrechtlich problematische Verhaltensweisen der Marktteilnehmer vor. Zunächst kann die Verfügbarkeit von Informationen, die sich aus der Nutzung von elektronischen Marktplätzen ergibt und die einen der wesentlichen Vorzüge des Internets darstellt, auch missbraucht werden. Denn die handelnden Unternehmen können versucht sein, das Marktverhalten ihrer Wettbewerber bis ins Detail zu beobachten und ihre eigenen Geschäftsbedingungen und -praktiken dementsprechend anzupassen. Kartellrechtlich unzulässig ist ein Austausch von Marktinformationen, bei dem die Entfaltung von Wettbewerbsreserven verhindert wird. Dazu gehören jedenfalls in oligopolistischen Märkten Marktinformationssysteme, bei denen die beteiligten Unternehmen in wettbewerbsbeschränkender Weise Informationen austauschen (Immenga/Mestmäcker/*Zimmer* AUEV Art. 101 Rn. 265 ff.). Dem kann aber durch technische Vorkehrungen für eine abgeschottete Datenhaltung wie Firewalls oder Verschlüsselungs- und Identifizierungsmechanismen oder durch vertragliche Geheimhaltungspflichten vorgebeugt werden.

Auch die Bündelung von Verkaufs- oder Einkaufsmacht auf Internet-Marktplätzen kann unter kartellrechtlichen Gesichtspunkten problematisch sein. Unzulässig sind danach Kooperationsvereinbarungen über den gemeinsamen Vertrieb von Waren oder Dienstleistungen auf der Internetplattform immer dann, wenn sie die Abstimmung des Preisverhaltens von konkurrierenden Herstellern bezwecken. Allein die Möglichkeit zur Verwendung zu wettbewerbswidrigen Zwecken reicht hierfür nicht aus. In diesen Fällen muss nach der Rechtsprechung von EuGH und EuG eine Bestimmung der konkreten wettbewerbswidrigen Auswirkungen des Systems erfolgen (Immenga/Mestmäcker/*Zimmer* AUEV Art. 101 Rn. 268). Unzulässig sind auch Einkaufskooperationen, die ein Mittel zur Verschleierung eines Kartells darstellen, um Preisfestsetzungen, Produktionsbeschränkungen oder Zuteilungen von Märkten durchzusetzen, oder die eine spürbare Einschränkung des Nachfragewettbewerbs zur Folge haben. Letzteres kann normalerweise nicht angenommen werden, wenn der Marktanteil der beteiligten Unternehmen nicht mehr als 15 % beträgt (Immenga/Mestmäcker/*Fuchs* GWB § 2 Rn. 173).

Hinsichtlich der Zugangsverweigerung für Mitbewerber gilt zwar im Grundsatz, dass die Gründerunternehmen nicht verpflichtet sind, die Wettbewerbsvorteile, die aus den Investitionen in den Aufbau des elektronischen Marktplatzes resultieren, mit ihren außenstehenden Konkurrenten zu teilen. Etwas anderes gilt aber dann, wenn die Verweigerung des Zugangs zugleich den Missbrauch einer marktbeherrschenden Stellung im Sinne von Art. 102 AEUV bzw. § 19 GWB darstellt. Das deutsche nationale Recht verstärkt den Schutz von kleinen und mittleren Konkurrenzunternehmen noch durch § 20 Abs. 2 und 3 GWB.

b) Markt für B2B-Plattformen. Die Abgrenzung des Marktes für B2B-Plattformen hängt vom Integrationsgrad der vom Marktplatz angebotenen Funktionalitäten ab (→ Anm. 2). Je umfangreicher und integraler die vom Marktplatzbetreiber angebotenen Dienstleistungen für die Nutzer sind, desto eher wird man von einem eigenständigen Markt für B2B-Plattformen im Unterschied zu traditionellen Transaktionsmedien ausgehen können. Denn die Substitutionsneigung der Nutzer wird in diesem Fall abnehmen, so dass diese nur noch B2B-Plattformen miteinander vergleichen. Eine Substituierbarkeit ist beispielsweise nicht mehr gegeben, wenn ein Plattformwechsel unlösbare technische Umstellungsprobleme für den Nutzer mit sich bringt (Auer-Reinsdorff/Conrad/*Conrad* § 39 Rn. 422). Die räumliche Abgrenzung des Marktes für B2B-Plattformen hängt ebenfalls stark von der jeweiligen Ausgestaltung des elektronischen Marktplatzes ab, insbesondere von der Herkunft und der Stellung der angesprochenen Nutzer sowie von der Art der handelbaren Produkte.

Aus Ausschließlichkeitsbindungen für die Nutzer der Plattformen kann sich schließlich eine Beschränkung des Wettbewerbs auf dem Markt für Transaktionsdienstleistungen ergeben, so dass darin ebenfalls ein Verstoß gegen das Kartellverbot nach Art. 101 AEUV, § 1 GWB liegt.

4. Gewerberechtliche Zulässigkeit. Die Frage nach der Anwendbarkeit von § 34b GewO sowie der Versteigererverordnung (VerstV) auf Online-Auktionen wurde lange Zeit intensiv diskutiert und wird von Gerichten unterschiedlich beantwortet (dagegen: OLG Frankfurt a.M. Urt. v. 1.3.2001 – 6 U 64/00, NJW 2001, 1434; dafür: LG Hamburg Urt. v. 14.4.1999 – 315 O 144/99, MMR 1999, 678; zum Ganzen: *Köhler/Fetzer*, Recht des Internet, Rn 315 ff.; BeckOK GewO/*Martini* § 34b Rn. 21 ff.). Nach § 34b GewO bedarf die gewerbsmäßige Veranstaltung von Versteigerungen fremder Sachen einer behördlichen Erlaubnis. Die Durchführung von Versteigerungen unterliegt zudem nach der VerstV einer Reihe von Bestimmungen, die für Online-Auktionen zum Teil nicht passen und daher in der Praxis erhebliche Schwierigkeiten bereiten würden. Die gesamte Problematik ist jedoch weitgehend auf Internetauktionen im B2C-Bereich beschränkt. Denn auch wenn B2B-Plattformen ihren Nutzern in der Regel die Möglichkeit bieten, Waren und Dienstleistungen im Wege der Online-Auktion zu handeln, müssen

§ 34b GewO und die VerstV dabei nicht beachtet werden. Das hängt damit zusammen, dass die Rolle des Plattformbetreibers auf die Bereitstellung der technischen und organisatorischen Voraussetzungen des Marktplatzes beschränkt ist. Er kann daher im Unterschied zu Auktionshäusern im B2C-Bereich nicht als Versteigerer angesehen werden. Aber selbst wenn der Plattformbetreiber als Versteigerer zu qualifizieren wäre, fänden die Vorschriften der GewO und der VerstV gem. § 34b Abs. 10 Nr. 3 GewO keine Anwendung. Die Nutzer selbst unterliegen den gewerberechtlichen Vorschriften nicht, weil sie keine fremden Sachen versteigern.

5. Allgemeine Pflichten im elektronischen Rechtsverkehr. § 312i BGB regelt allgemeine Verhaltens- und Informationspflichten im elektronischen Geschäftsverkehr. Die Grundaussagen enthält das BGB, Details zu den Informationspflichten ergeben sich aus Art. 246c EGBGB. Der Anwendungsbereich des § 312i BGB ist eröffnet, wenn sich ein Unternehmer zum Abschluss eines Vertrages gewerbsmäßig der Telemedien bedient.

Die Definition des Begriffs der Telemedien ergibt sich aus § 1 Abs. 1 TMG und umfasst grundsätzlich alle elektronischen Informations- und Kommunikationsdienste. Darunter fällt auch der Betrieb einer Internethandelsplattform als Dienstleistung gegenüber einzelnen Nutzern, welche diesen die Möglichkeit eröffnet, Verträge über Waren und Dienstleistungen anzubahnen und abzuschließen.

§ 312i BGB ist gem. Abs. 2 hingegen dann nicht anwendbar, wenn der Vertrag durch ausschließlich individuelle Kommunikation geschlossen wird bzw. bei abweichender (Individual- oder Rahmen-)Vereinbarung mit dem Kunden. Folgende Verhaltenspflichten bestehen: Ermöglicht der Plattformbetreiber Nutzern die Abgabe eines elektronischen Angebots auf Abschluss des Nutzungsvertrages (→ Anm. 10), muss er im Voraus geeignete technische Mittel zum Erkennen und zur Berichtigung von Eingabefehlern zur Verfügung stellen (Nr. 1), Informationspflichten erfüllen (Nr. 2 iVm Art. 246c EGBGB) sowie eine unverzügliche elektronische Bestätigung des Zugangs des Angebots versenden (Nr. 3). Der Plattformbetreiber kann diese besonderen Verhaltenspflichten allerdings gem. § 312i Abs. 2 S. 2 BGB durch Vereinbarung mit dem Nutzer abbedingen. Nicht abdingbar ist jedoch, dass der Nutzer die Möglichkeit haben muss, die Vertragsbestimmungen abzurufen und zu speichern (Nr. 4).

Des Weiteren ist der Plattformbetreiber als Dienstanbieter gem. § 2 Abs. 1 S. 1 Nr. 1 TMG zu qualifizieren und unterliegt damit den allgemeinen Informationspflichten nach § 5 TMG. So muss er ua folgende Angaben leicht erkennbar, unmittelbar erreichbar und ständig verfügbar halten: Namen, Anschrift, den Vertretungsberechtigten, Handelsregister(nummer) sowie Angaben, die eine schnelle elektronische Kontaktaufnahme und unmittelbare Kommunikation mit ihm ermöglichen.

Im Verhältnisses zwischen Dienstanbieter und Nutzer bestehen für den Plattformbetreiber nach den §§ 11 bis 15 TMG eine Anzahl von Verhaltens- und Informationspflichten. Verstöße können unter den Voraussetzungen des § 16 TMG mit einer Geldbuße von 50.000,00 EUR geahndet werden.

6. Nutzungsbedingungen. Die vorstehenden Nutzungsbedingungen sind als Allgemeine Geschäftsbedingungen im Sinne von § 305 Abs. 1 BGB zu qualifizieren. Sie werden vom Betreiber des elektronischen Marktplatzes als Verwender den einzelnen Nutzern gegenüber gestellt. Da die Nutzer eines B2B-Marktplatzes per definitionem Unternehmen sind, d.h. im Sinne von § 14 BGB in Ausübung ihrer gewerblichen oder selbstständigen beruflichen Tätigkeit handeln, finden die speziellen Vorschriften über die Einbeziehung von Allgemeinen Geschäftsbedingungen (§ 305 Abs. 2 BGB) sowie über die Inhaltskontrolle (§§ 308 Nr. 1, 2 bis 8 und 309 BGB) gem. § 310 Abs. 1 BGB keine Anwendung. Dagegen findet eine Inhaltskontrolle nach der Generalklausel des § 307 BGB auch bei gegenüber Unternehmen gestellten AGB statt. Danach sind formularmäßige Klauseln der Nutzungsbedingungen unwirksam, wenn sie den Vertragspartner des

Verwenders unangemessen benachteiligen. Dies ist der Fall, wenn der Verwender missbräuchlich eigene Interessen auf Kosten des Vertragspartners durchzusetzen versucht, ohne von vornherein dessen Belange zu berücksichtigen. Es ist dabei nicht auf die Schutzbedürftigkeit des Vertragspartners im Einzelfall, sondern auf eine überindividuelle, generalisierende Betrachtung abzustellen. Der Maßstab für eine unangemessene Benachteiligung im Verkehr zwischen Unternehmen kann dabei höher liegen als gegenüber Verbrauchern. Die Klauselverbote nach §§ 308 und 309 BGB sind – wie bereits erwähnt – bei der Verwendung gegenüber Unternehmen zwar als solche weitestgehend unanwendbar, aber sie können Indizien für eine unangemessene Benachteiligung im Sinne von § 307 BGB bilden.

Die Nutzungsbedingungen entfalten im Unternehmensverkehr trotz der Nichtanwendbarkeit von § 305 Abs. 2 BGB ihre Wirkung aber überhaupt nur dann, wenn sie Bestandteil des Vertrages zwischen Plattformbetreiber und dem jeweiligen Nutzer (Nutzungsvertrag) geworden sind. Ob dies der Fall ist, muss durch Auslegung gem. §§ 133, 157 BGB und § 346 HGB ermittelt werden (Palandt/*Grüneberg* BGB § 305 Rn. 49 ff.). In aller Regel macht der Plattformbetreiber die Zulassung eines Nutzers zum Marktplatz davon abhängig, dass dieser sich registrieren lässt und die Nutzungsbedingungen mittels einer per Mausklick abgeschickten vorformulierten Erklärung akzeptiert. Kann sich der Nutzer dabei in zumutbarer Weise Kenntnis vom Inhalt der Nutzungsbedingungen verschaffen, bestehen an einer Einbeziehung in den Nutzungsvertrag grundsätzlich keine Zweifel (Transparenzgebot).

Die Einbeziehung vorformulierter Vertragsklauseln ist allgemein jedoch problematisch, wenn beide Parteien auf die Geltung ihrer, sich widersprechenden AGB verweisen. Nach der geltenden Rechtsprechung werden dann nur solche Klauseln beider Seiten Vertragsbestandteil, die übereinstimmen (BGH Urt. v. 26.9.1973 – VIII ZR 106/72, BGHZ 61, 282; BGH Urt. v. 20.3.1985 – VIII ZR 327/83, NJW 1985, 1839; Urt. v. 23.1.1991 – VIII ZR 122/90, NJW 1991, 1606). Hinsichtlich der sich widersprechenden AGB liegt grundsätzlich ein Dissens gem. §§ 154, 155 BGB vor, der gem. § 306 Abs. 2 BGB die Wirksamkeit des Vertrages insgesamt nicht beeinträchtigt, wenn dieser durchgeführt wird (Palandt/*Grüneberg* BGB § 305 Rn. 54). In der Praxis werden Nutzer allerdings selten über Allgemeine Geschäftsbedingungen verfügen, die für die Nutzung eines Marktplatzes konzipiert sind. Die Einbeziehung solcher AGB macht für sie jedenfalls mehr Schwierigkeiten, weil sie sich für die Marktplatznutzung in der Regel mittels vom Plattformbetreiber vorformulierter Formulare anmelden und diesem noch die Möglichkeit zur Kenntnisnahme der eigenen AGB verschaffen müssten. Letztendlich könnte der Plattformtreiber dem Nutzer die Zulassung zum Marktplatz auch versagen, wenn er mit der Einbeziehung dessen AGB nicht einverstanden ist. Die Problematik sich widersprechender AGB stellt sich hingegen häufiger bei den zwischen Nutzern auf dem elektronischen Marktplatz geschlossenen Verträgen.

7. Marktordnung. Kennzeichnend für die Nutzungsbedingungen eines Plattformbetreibers ist, dass sie nicht nur Regelungen für das Nutzungsverhältnis zwischen dem Plattformbetreiber und dem jeweiligen Nutzer enthalten, sondern auch solche, die das Zustandekommen und den Inhalt von zwischen zwei Nutzern über den Marktplatz geschlossener Verträge (Marktverhältnis) betreffen. Dazu gehören umfangreiche Regelungen zu Fragen des Vertragsschlusses, der Erfüllung, Gewährleistung und Haftung im Verhältnis der Nutzer untereinander. Insofern werden sie auch als Marktordnung bezeichnet (Spindler/Wiebe/*Wiebe*, Internet-Auktionen Kap. 4 Rn. 119; *Wiebe* MMR 2000, 323 [325]; *Rüfner* MMR 2000, 597 ff.).

Im Hinblick auf ihre Bedeutung für das Marktverhältnis muss beachtet werden, dass die Nutzungsbedingungen unmittelbar nur in den Nutzungsvertrag mit dem Plattformbetreiber einbezogen werden. Dagegen werden sie nicht als Allgemeine Geschäftsbedingungen in die auf den Marktplätzen geschlossenen Verträge einbezogen, weil grundsätzlich keine der dort agierenden Parteien als Verwender der Nutzungsbedingungen angesehen werden kann (BGH Urt. v. 7.11.2001 – VIII ZR 13/01, NJW 2002, 363 [365]; *Rüfner* MMR 2000, 597 [600]). Eine für B2B-Plattformen möglicherweise relevante Ausnahme gilt nach Rüfner dann, wenn ein Nutzerunternehmen enge vertragliche oder faktische Beziehungen zum Plattformbetreiber hat und dieser die Nutzungsbedingungen in dessen Interesse in die Nutzungsverträge einführt (Beispiel: Der Plattformbetreiber ist ein Tochterunternehmen eines Nutzers). Ansonsten werden die Nutzungsbedingungen mangels Verwendereigenschaft einer Partei nicht unmittelbarer Bestandteil der auf den Marktplätzen geschlossenen Verträge. Da aber jeder Nutzer, der auf dem elektronischen Marktplatz Vertragsverhandlungen führt sowie Verträge abschließt und abwickelt, die Nutzungsbedingungen des Plattformbetreibers anerkennt, erstreckt sich ihre Wirkung auch auf das Marktverhältnis. Insoweit sind Willenserklärungen im Rahmen eines auf der Plattform geschlossenen oder angebahnten Geschäfts unter Einbeziehung der AGB des Plattformbetreibers auszulegen (BGH Urt. v. 10.12.2014 – VIII ZR 90/14, NJW 2015, 1009 Rn. 19: BGH Urt. v. 8.1.2014 – VIII ZR 63/13, NJW 2014, 1292; BGH Urt. v. 17.3.2011 – C-484/09, NJW 2011, 2634; vgl. bereits OLG Hamm Urt. v. 14.12.2000 – 2 U 58/00, MMR 2001, 105 ff.; *Rüfner* MMR 2000, 597 [598]). Hinweise, die der Plattformbetreiber beispielsweise auf seine Website bereithält, können für die Auslegung von nicht eindeutigen Klauseln Bedeutung erlangen. Jeder Teilnehmer muss und darf nach dieser Auslegungslösung aus der maßgeblichen Sicht des objektiven Empfängerhorizontes davon ausgehen, dass den abgegebenen Erklärungen der in den Nutzungsbedingungen beigemessene Erklärungswert zukommt. Im Nutzungsvertrag wird zwar auch eine Inhaltskontrolle hinsichtlich solcher Klauseln durchgeführt, die das Marktverhältnis betreffen (→ Anm. 6). Weil die Nutzungsbedingungen nach diesem Ansatz aber nur das faktische Verständnis der Nutzer beeinflussen, hat eine Inhaltskontrolle prinzipiell keine Reflexwirkungen auf das Marktverhältnis (*Rüfner* MMR 2000, 597 [598]). Daher finden auch einen Nutzer benachteiligende Vertragsklauseln Eingang in das Marktverhältnis. Allerdings kommt für den infolge solcher benachteiligender Klauseln geschädigten Nutzer ein Rückgriff gegen den Plattformbetreiber aus schuldhafter Vertragsverletzung in Betracht. Diese Frage wurde bisher von der Rechtsprechung allerdings nicht abschließend beantwortet, sodass diesbezüglich noch immer eine gewisse Rechtsunsicherheit besteht (Spindler/Schuster/*Schuster* BGB § 305 Rn. 39). Problematisch erscheint unter anderem, dass die Grenzen zwischen Einbeziehung und Auslegung verwischt werden. Eine Auslegung von Willenserklärungen anhand von AGB ist aus dogmatischen Gesichtspunkten nicht ohne weiteres möglich ist (*Kreße* NJW 2015,448 [452]). Da außerdem durch die Auslegungslösung eine Abweichung von ausdrücklichen Angaben des Anbieters nicht schlüssig begründet werden kann, kann kein anbieterübergreifender, einheitlicher Standard der vertraglichen Bedingungen gewährleistet werden (Hoeren/Sieber/Holznagel/*Neubauer/Steinmetz* MMR-HdB Teil 14 Rn. 25 f.).

Die Nutzer, die sich zum Abschluss eines Vertrages über den elektronischen Marktplatz zusammenfinden, können versucht sein, eigene Allgemeine Geschäftsbedingungen in den Marktvertrag einzubeziehen. Wenn damit der von der Marktordnung vorgegebene Rahmen lediglich ausgefüllt wird, genügt für die Einbeziehung ein Hinweis auf der Präsentations- oder Kommunikationsseite des Marktplatzes. Anders verhält es sich dann, wenn der Nutzer von der Marktordnung des Nutzungsvertrages abweichende Klauseln einführen will. Dies ist gerade hinsichtlich der Gewährleistung naheliegend. Solche Klauseln werden nur insoweit einbezogen, als sie vom Vertragspartner ausdrücklich gebilligt werden. Hinsichtlich anderer Klauseln greift § 305c BGB, weil das Vorverständnis der Parteien maßgeblich durch die im Nutzungsvertrag enthaltene Marktordnung bestimmt ist.

8. Änderungen der Nutzungsbedingungen. Änderungen der Nutzungsbedingungen werden dann wirksam, wenn sich der Nutzer damit einverstanden erklärt. Das Einverständnis ist anzunehmen, wenn der Plattformbetreiber dem Nutzer die neue Fassung unter drucktechnischer Hervorhebung der Änderungen übermittelt hat und dieser das Vertragsverhältnis daraufhin ohne Widerspruch fortsetzt. Dabei erleichtert die Verwendung einer Erklärungsfiktion die Einbeziehung der geänderten Bedingungen, sofern die Voraussetzungen von § 308 Nr. 5 BGB eingehalten sind.

9. Leistungen des Plattformbetreibers nach dem Nutzungsvertrag. Das Nutzungsverhältnis betrifft die vertraglichen Beziehungen zwischen dem Plattformbetreiber und dem jeweiligen Nutzer. Der Plattformbetreiber verpflichtet sich gegenüber beiden Nutzergruppen dazu, eine funktionsfähige Internethandelsplattform samt der versprochenen Dienste und Funktionalitäten zur Verfügung zu stellen, diese zu warten, zu pflegen und zu aktualisieren sowie potentiellen Vertragspartnern den Zugang zu ermöglichen. Die Nutzer schulden dem Plattformbetreiber als Gegenleistung die vereinbarte Vergütung – unabhängig davon, ob sie den elektronischen Marktplatz als Anbieter oder als Nachfrager von Waren und Dienstleistungen nutzen. Möglich ist auch, dass ein Nutzer sowohl als Anbieter wie auch als Einkäufer von der Plattform Gebrauch macht.

Der Nutzungsvertrag, der maßgeblich durch die Nutzungsbedingungen bestimmt wird, ist insgesamt als Dienstvertrag im Sinne von §§ 611 ff. BGB zu qualifizieren. Im Vergleich zu reinen Versteigerungsverträgen treten dabei maklervertragliche Elemente in den Hintergrund. Der Schwerpunkt der Tätigkeit des Plattformbetreibers liegt nicht darin, für einen Nachweis der Gelegenheit zum Abschluss eines Vertrags oder für die Vermittlung eines Vertrages zu sorgen, sondern – auf einer vorgelagerten Stufe – die technischen und organisatorischen Voraussetzungen für die Vertrags- und Vertragspartnersuche durch die Nutzer selbst zu schaffen. Der Plattformbetreiber bemüht sich nicht konkret um den einzelnen Geschäftsabschluss. Die Einordnung des Nutzungsvertrages als Dienstvertrag zeigt sich auch daran, dass die Vergütung des Plattformbetreibers in der Regel nicht von erfolgreichen Vertragsabschlüssen der Nutzer abhängig ist. Eine erfolgsunabhängige Vergütungsregelung kann aufgrund der Qualifizierung als Dienstvertrag auch in Allgemeinen Geschäftsbedingungen vorgesehen werden. Bei Makler- oder Maklerdienstverträgen könnte hingegen wegen § 307 iVm § 652 Abs. 2 BGB eine erfolgsunabhängige Provision und pauschaler Aufwendungsersatz jedenfalls kaum über einen mäßigen Höchstbetrag hinaus verlangt werden (Spindler/Wiebe/*Wiebe*, Internet-Auktionen, Kap. 4 Rn. 10).

Zum Teil enthält der Nutzungsvertrag auch werk- und mietvertragliche Elemente. Teilweise werden auch Geschäftsbesorgungselemente des Kaufvertrags anerkannt (KG Urt. v. 5.8.2005 – 13 U 4/05, NJW-RR 2005, 1630; Hoeren/Sieber/Holznagel/*Neubauer/Steinmetz* MMR-HdB, Teil 14 Rn. 5). Das werkvertragliche Element kann darin gesehen werden, dass der Betreiber die Weiterleitung von Willenserklärungen sowie von ein- und ausgehenden Nachrichten mindestens bis zur nächsten Schnittstelle schuldet. Bei Versand von Nachrichten im World Wide Web kann der Plattformbetreiber nicht den Zugang der elektronischen Erklärung garantieren. Die miet- bzw. pachtvertraglichen Elemente können in der Bereitstellung von Benutzeroberfläche, Eingabemasken und Nachrichten-Account sowie von Speicherplatz auf dem Marktplatz-System gesehen werden, wobei diese starke Zersplitterung künstlich anmutet.

Deshalb geht das vorliegende Muster insgesamt von einem Dienstvertrag aus. Die Dienstleistungen des Plattformbetreibers prägen auch in Anbetracht der vielfältigen Leistungen den Vertrag. Im Vordergrund steht die Verpflichtung, dauerhaft eine funktionsfähige Internethandelsplattform samt der versprochenen Dienste und Funktionalitäten zur Verfügung zu stellen.

Nutzer von B2B-Plattformen können oftmals zwischen Vertragspaketen mit unterschiedlichen Nutzungsmodalitäten wählen. Diese Wahlmöglichkeiten beziehen sich insbesondere auf die Laufzeit des Vertrages (zB „Testpaket") und den Umfang der angebotenen Leistungen. So erstreckt sich das Angebot neben den technischen Leistungen auch auf Beratungsleistungen hinsichtlich der über den Marktplatz vermittelten Waren oder Dienstleistungen. In Betracht kommt insbesondere die Durchführung von sog. Consulted Transactions, bei denen Mitarbeiter des Betreibers den Einkäufer bei Ausschreibungen und Auktionen betreuen und unterstützen. Weiter können Leistungen wie zB die Auswahl der Lieferanten, Optimierung der Einkaufsprozesse, Datenaustausch (EDI), die das Leistungsspektrum des Anbieters in Richtung des e-sourcing (→ Anm. 1) entwickeln, vereinbart werden.

10. Zulassung und Zugang zum Marktplatz. Der Nutzungsvertrag kommt durch die Zulassung des jeweiligen Nutzers durch den Plattformbetreiber zustande. Bei einem Betreiber mehrerer unterschiedlicher Plattformen erfolgt die Zulassung in der Regel nicht generell, sondern bezogen auf einen einzelnen Marktplatz. Das Angebot für den Abschluss des Nutzungsvertrages geht damit vom Nutzer aus, der ein Antragsformular ausfüllt und an den Plattformbetreiber sendet. Der Plattformbetreiber verlangt dabei vom Nutzer eine Reihe von Angaben wie Unternehmens-, Produkt- und Rechnungsdaten, die Benennung eines Ansprechpartners sowie fakultativ aktuelle oder potentielle Vertragspartner, die ebenfalls registriert werden sollen. Die Zulassung des Nutzers zu dem gewünschten Marktplatz stellt sodann die Annahme des Angebots dar. Die Annahmeerklärung muss dem betreffenden Nutzer grundsätzlich zugehen, was in der Praxis in Form einer Zulassungsbestätigung per E-Mail geschieht. Die Wirksamkeit der Annahmeerklärung kann dabei zusätzlich daran geknüpft werden, dass der betreffende Nutzer bei seinem ersten Login-Vorgang die Nutzungsbedingungen des Plattformbetreibers akzeptiert.

Ein Anspruch auf Zulassung zu den elektronischen Marktplätzen besteht für interessierte Nutzer grundsätzlich nicht. Sofern das Plattformunternehmen eine marktbeherrschende Stellung innehat und die Ablehnung des Vertragsschlusses gegen das Diskriminierungsverbot der §§ 19, 20 GWB verstoßen würde, ist der Plattformbetreiber zur Zulassung des betreffenden Nutzers verpflichtet (→ Anm. 3). Eine anders lautende Klausel in den Nutzungsbedingungen (§ 3 Abs. 1 S. 3) entfaltet in diesem Fall keine Wirkung.

11. Vergütung. Für die Vergütung der Leistungen des Plattformbetreibers kommen unterschiedliche Preismodelle in Betracht: Pauschales oder nach (geschätztem) Transaktionsvolumen bemessenes Nutzungsentgelt oder erfolgsabhängige Provision. Letzteres sollte nur vereinbart werden, wenn für den Plattformbetreiber das Zustandekommen des einzelnen Geschäfts nachvollziehbar ist, beispielsweise durch eine sanktionsbewehrte Auskunfts- oder Meldepflicht des Nutzers. Das Formular sieht solche Verpflichtungen nicht vor, da es auf ein pauschales Nutzungsentgelt ausgelegt ist.

12. Nutzung und Funktionsweise des Marktplatzes. Mit der Zulassungsbestätigung werden dem Nutzer in der Regel Logininformationen, dh eine Nutzerkennung und ein Zugangscode, übermittelt. Auf diese Weise soll sichergestellt werden, dass nur zugelassene Nutzer Zugang zu den Diensten und Funktionalitäten des elektronischen Marktplatzes erhalten. Bestimmte Teile der Handelsplattformen können aber auch öffentlich zugänglich sein, so dass für den Aufruf solcher Websites die Eingabe einer Nutzerkennung und eines Passwortes nicht erforderlich ist.

Häufig bietet der Plattformbetreiber zugelassenen Nutzern die Möglichkeit, mit Hilfe eines Systems zum Rechtemanagement über das zentrale Login einzelnen Mitarbeitern eigene Unter-Logins (Mitarbeiter-Logins) einzurichten. Damit lassen sich für die Unternehmen interne Einkaufs- oder Vertriebsprozesse optimieren. Die Mitarbeiter-Logins können dabei nach dem Aufgaben- und Verantwortungsbereich des jeweiligen Mitarbeiters gestaltet werden. Die Befugnisse des Mitarbeiters im Zusammenhang mit Transaktionsvorgängen auf dem elektronischen Marktplatz sind dann auf seinen Verantwortungsbereich beschränkt.

Zugelassenen Nutzern stehen auf elektronischen Marktplätzen abhängig vom Integrationsgrad der Plattform verschiedene Funktionalitäten zur Verfügung. Gemeinsam ist allen Arten von B2B-Handelsplattformen die Möglichkeit, Verträge über Produkte und Dienstleistungen, die in ihrem Inhalt von der Zielsetzung des Marktplatzes abhängen, abzuschließen. Unterschiede zwischen Plattformen können allerdings schon darin bestehen, ob sie dieselben Funktionalitäten für Einkäufer und Verkäufer anbieten oder ob sie ihre Dienste im Wesentlichen auf eine Vertragsseite, im Regelfall auf die Einkäufer (sog. Einkaufsplattformen) ausrichten. In diesem Fall kann die Initiative für konkrete Verhandlungen nur von Einkäufern ausgehen, was allerdings nicht ausschließt, dass Lieferanten sich über das System des Marktplatzes potentiellen Käufern vorstellen und anbieten können.

Üblicherweise bieten die Plattformen Nutzern zunächst die Möglichkeit, andere zugelassene Nutzer des Marktplatzes nach ihrer Güte und Eignung als potentielle Vertragspartner in bestimmte Güteklassen einzuordnen. Vor der Aufnahme konkreter Vertragsverhandlungen muss sich der Nutzer sodann in der Regel für bestimmte Verhandlungs- und Vertragskategorien entscheiden. Hinsichtlich der Vertragskategorie muss der Nutzer häufig wählen, ob die Vertragsverhandlungen auf den Abschluss eines Einzel- oder Dauervertrags, bei dem eine bestimmte Leistungsmenge über einen vereinbarten Zeitraum hinweg wiederholt erbracht werden soll, zielen soll. Als Verhandlungsmodi stehen Nutzern mitunter Ausschreibungen oder Auktionen zur Verfügung. Anders als bei Ausschreibungen stehen bei Auktionen die einzelnen Vertragsmodalitäten fest, so dass die interessierten anderen Nutzer nur Preisgebote abgeben. Bei den Ausschreibungen kann auch noch danach differenziert werden, ob ein einzelner Vertragspartner die gesamte Leistungsmenge liefern soll (sog. multi positions to single supplier- (kurz: m2s-) RFQ) oder ob diese von mehreren Lieferanten erbracht werden kann (sog. multi positions to multi supplier- (kurz: m2m-)RFQ). RFQ steht für „Request for Quote" und stellt die Ausschreibung dar.

Unabhängig vom gewählten Verhandlungsmodus definiert der Nutzer, der eine Ausschreibung oder Auktion eröffnet, die Bedingungen des Verhandlungsgegenstandes und -ablaufs (zB Beginn und Ende der Verhandlungen, allgemeine Bedingungen, einzelne Positionen, Währung, Liefertermin und -ort). Sodann kann der Kreis der angesprochenen potentiellen Vertragspartner mit Hilfe einer Firmenfilterfunktion eingegrenzt werden. Sofern der Initiator der Vertragsverhandlungen diese nicht allen anderen Nutzern der Plattform zugänglich machen will, werden nur die ausgewählten Unternehmen zur Teilnahme zugelassen und können nur sie den Ablauf einsehen. Nicht berücksichtigte Unternehmen haben grundsätzlich keinen Anspruch darauf, zur Teilnahme an bestimmten Vertragsverhandlungen zugelassen zu werden.

Etwas anderes kann jedoch dann gelten, wenn eine entsprechende vertragliche Vereinbarung mit dem Initiatorunternehmen besteht oder wenn sich der Ausschluss eines Unternehmens als Missbrauch einer marktbeherrschenden Stellung nach Art. 102 AEUV oder §§ 19, 20 GWB darstellt. Nach der Eröffnung der Ausschreibung oder Auktion kann sich das Initiatorunternehmen jederzeit einen Überblick über die eingegangenen Gebote verschaffen.

13. Abschluss von Verträgen auf dem Marktplatz. Mit dem Ende der Vertragsverhandlungen kann es zum Abschluss eines Vertrages kommen. Die Art und der Inhalt solcher Verträge kann erheblich variieren und wird in seinem Rahmen häufig von der Zielsetzung des Marktplatzes bestimmt (zB Hilfs- und Betriebsprodukte bei einer sog. Maintenance, Repair and Operations- (kurz: MRO-Plattform).

Die Nutzer treten dabei selbst als Akteure auf den Marktplätzen auf und sind die Parteien der auf den Marktplätzen geschlossenen Verträge. Dagegen ist der Plattformbetreiber im B2B-Bereich üblicherweise weder als Partei (Kommissionär) noch als Stellvertreter einer Nutzerseite in dieses Vertragsverhältnis involviert.

Die Eröffnung der Vertragsverhandlungen durch das Initiatorunternehmen stellt noch keine auf den Vertragsabschluss gerichtete rechtsverbindliche Willenserklärung, sondern bloß eine sog. invitatio ad offerendum dar. Das bedeutet, dass die potentiellen Vertragspartner eingeladen werden, ihrerseits Angebote zum Vertragsabschluss auf der Grundlage der vom Initiator festgelegten Bedingungen abzugeben. Der Initiator der Verhandlungen kann sich daraufhin entscheiden, ob und welches der eingegangenen Vertragsangebote er annimmt. In diesem Punkt unterscheiden sich Vertragsverhandlungen – seien sie in der Form von Ausschreibungen oder von Auktionen – von Internetauktionen im B2C-Bereich. Hier sehen die Plattform-AGB häufig vor, dass der Einlieferer mit der Eröffnung der Auktion bereits ein Vertragsangebot bzw. eine antizipierte Annahmeerklärung hinsichtlich des innerhalb eines bestimmten Zeitraums eingegangenen höchsten Gebots abgibt. Aufgrund dieser Konstellation geht das verbindliche Vertragsangebot bei solchen Internetauktionen vom Einlieferer, also vom Initiator der Versteigerung, aus und wird durch das Gebot des Höchstbietenden mit Ende des festgelegten Auktionszeitraums angenommen (BGH Urt. v. 7.11.2001 – VIII ZR 13/01, NJW 2002, 363; MüKoBGB/ *Busche* § 145 Rn. 14). Im B2B-Bereich ist es für das den Vertragsrahmen definierende und die Verhandlungen eröffnende Unternehmen aber von besonderer Bedeutung, die eingegangenen Gebote sowie die Bieter, va im Hinblick auf ihre Zuverlässigkeit und Zahlungsmoral, vor einer Vertragsbindung zu prüfen. Bei Ausschreibungen kommt hinzu, dass die Bieter nicht nur einen Preis angeben, sondern einzelne Vertragsbedingungen festlegen oder modifizieren können, auf die sich der Initiator noch einlassen muss. Insofern erfolgt also der Vertragsschluss durch ein Vertragsangebot eines Bieterunternehmens und durch die darauf folgende Annahmeerklärung des Initiators.

Die Nutzungsbedingungen des Plattformbetreibers sehen – im Gegensatz zu herkömmlichen Auktionsunternehmen im B2C-Bereich – im Grundsatz keine andere Regelung vor. Dabei wird zunächst klargestellt, dass die dispositive Sonderregelung für den Vertragsschluss bei Versteigerungen nicht anwendbar ist. Unter den unterschiedlichen Verhandlungstypen könnten sowieso nur Auktionen Versteigerungen im Sinne des § 156 BGB darstellen, nicht jedoch Ausschreibungen, bei denen jeder einzelne Bieter neben dem Preis auch andere Vertragsparameter unterschiedlich bestimmen kann. Die Regelung findet aber bei Online-Auktionen nach Ansicht der Rechtsprechung und der herrschenden Literatur keine Anwendung, weil auch bei Auktionen kein Zuschlag durch einen Versteigerer erteilt wird, sondern ein im Voraus festgelegter Verhandlungszeitraum abläuft, innerhalb dessen Gebote abgegeben werden können (BGH Urt. v. 3.11.2004 – VIII ZR 375/03, NJW 2005, 53; MüKoBGB/*Busche* § 156 Rn. 3; aA bsp. *Kreße* NJW 2015, 448). Vor allem soll der Initiator von Verhandlungen auf B2B-Plattformen unter den eingegangenen Geboten das für ihn unter allen Gesichtspunkten günstigste auswählen können, ohne das einzelne wegen erfolgter Übergebote bereits im Rechtssinne erloschen sind.

Neben dieser Klarstellung erfolgen auch Abweichungen vom dispositiven Gesetzesrecht. Unterschiede zu den Vorschriften der §§ 145 ff. BGB liegen in der Unwiderruflichkeit des Vertragsangebot des Bieters sowie in der Bestimmung einer Annahmefrist von 30 Tagen, gerechnet vom Ablauf des Verhandlungszeitraums an. Der ein Vertragsangebot abgebende Bieter soll danach also die Bindungswirkung seines Angebots nicht durch eine Freiklausel einseitig ausschließen können. Die Annahmefrist von 30 Tagen soll dem Initiator der Verhandlungen die Möglichkeit geben, alle eingegangenen Gebote zu sondieren und gegeneinander abzuwägen, ohne dass einzelne Bieter ihre Gebote zurückziehen können.

Eine Inhaltskontrolle der Nutzungsbedingungen (→ Anm. 6) stößt in diesen Punkten nicht auf Bedenken, da sie keine unangemessene Benachteiligung für die Bieter bedeuten. Der Vertragsschlussmechanismus entspricht im Prinzip dem Gesetzesrecht der §§ 145 ff. BGB. Die Festlegung der Bindungswirkung der Bieter auf Dauer von 30 Tagen benachteiligt die Bieter im Vergleich zur gesetzlichen Regelung zwar. Diese Benachteiligung ist aber aufgrund der Konstellation einer B2B-Plattform, bei der es um komplexe Geschäfte gehen kann, die nach Eingang des Angebots einer sorgfältigen Prüfung durch den Initiator bedürfen, nicht unangemessen.

14. Unbefugter Gebrauch des Logins. Trotz der Identifikation der Nutzer mit Hilfe des aus Benutzerkennung und Passwort bestehenden Logins, ist nicht gänzlich auszuschließen, dass Unbefugte sich unter der Kennung eines Nutzers Zugang zum verschaffen und Verträge über den elektronischen Marktplatz abschließen. Dabei kann es sich um innerhalb des Unternehmens unzuständige Personen oder aber um Externe handeln. Daraus resultieren Gefahren für die Funktionsfähigkeit der Plattform und das Vertrauen der Nutzer.

Die Abgabe von Willenserklärungen unter Nutzung eines fremden Mitgliedskontos, stellt nach den gesetzlichen Vorgaben ein Handeln unter fremden Namen dar. Damit können die Regeln der Stellvertretung einschließlich der Anscheins- und Duldungsvollmacht auf solche Sachverhalte angewendet werden (BGH Urt. v. 11.5.2011 – VIII ZR 289/09, NJW 2011, 2421; *Köhler/Fetzer*, Recht des Internet, Rn. 327 f.) Aus Sicht der betroffenen anderen Nutzer ist insbesondere von einer Vertretungsmacht wegen Anscheinsvollmacht auszugehen. Denn in vielen Fällen wird für den vertretenen Nutzer das Handeln des Scheinvertreters bei pflichtgemäßer Sorgfalt zu erkennen und zu verhindern sein. Darüber hinaus muss der Vertragspartner allerdings eine gewisse Häufigkeit und Dauer der unbefugten Verwendung nachweisen. Ein einmaliger Verstoß reicht nicht aus, um einen Vertrauenstatbestand zu begründen (BGH Urt. v. 11.5.2011 – VIII ZR 289/09, NJW 2011, 2421 Rn. 18). Das wird für einen Außenstehenden jedoch in vielen Fällen nicht problemlos möglich sein. Damit besteht in der Praxis häufig kein Anspruch gegen den Inhaber des Mitgliedskontos selbst.

Eine Haftungsverpflichtung des Kontoinhabers könnte für Plattformbetreiber und – teilnehmer eine Lösung sein, die zu Rechtssicherheit führt. Diese Verpflichtung geht – zumindest wenn sie unbegrenzt ist und gegenüber beliebig vielen Auktionsteilnehmern gilt – weit über die Grundsätze der Rechtsscheinhaftung hinaus und verstößt damit gegen die AGB-Inhaltskontrolle (BGH Urt. v. 11.5.2011 – VIII ZR 289/09, NJW 2011, 2421 Rn. 21). Daher legen die Nutzungsbedingungen dem Nutzer das Risiko des Fremdhandelns auch ohne Sorgfaltspflichtverletzung auf, begrenzen es aber auf die vorhersehbaren Verstöße. Auch dies könnte einer Inhaltskontrolle allerdings möglicherweise nicht standhalten. Abseits des rechtsgeschäftlichen Bereichs muss sich ein Nutzer, unter dessen Konto Schutzrechtsverletzungen und Wettbewerbsverstöße begangen werden so behandeln lassen als habe er selbst gehandelt, wenn dies auf eine unzulängliche Sicherung des Logins zurückzuführen ist (BGH Urt. v. 11.3.2009 – I ZR 114/06, GRUR 2009, 597). Er haftet also nicht nur als Störer, sondern als Täter der Schutzgutverletzung. Die Rechtsprechung hat in der Literatur Kritik erfahren. Die Entscheidung stehe im Widerspruch zu den Vorgaben für den rechtsgeschäftlichen Bereich (*Köhler/Fetzer*, Recht des Internet, Rn. 330) und ihre Begründung sei von dem Willen getrieben, keine Schutzlücke entstehen zu lassen. Eine so weitgehende Haftung sei dem Inhaber des Nutzungskontos aber nicht ohne weiteres zuzumuten (Spindler/Schuster/*Spindler*/*Volkmann* BGB § 1004 Rn. 14).

Um den Missbrauch des Zugangs zum elektronischen Marktplatz auch im eigenen Interesse zu vermeiden, obliegt den Nutzern die Pflicht, die Logindaten geheim zu halten und vor unbefugtem Zugriff zu schützen. Gleiches gilt auch für die Mitarbeiter-Logins, die potentiell eine Erhöhung des Missbrauchsrisikos darstellen. Bei Verdacht eines Missbrauchs des eigenen Logins hat der betreffende Nutzer den Plattformbetreiber unverzüglich zu informieren, damit dieser Abwehrmaßnahmen nach § 3 Abs. 6 der Nutzungsbedingungen vornehmen kann. Dazu gehört die Änderung von Login und Passwort eines Nutzers sowie die vorübergehende Sperrung seines Zugangs zu den Marktplätzen und nach Abmahnung sogar der generelle Entzug der Nutzungsbefugnis.

15. Pflichten der Nutzer bei den Vertragsverhandlungen. Die Nutzer müssen nach § 5 der Nutzungsbedingungen Vertragsverhandlungen auf dem elektronischen Marktplatz so vorbereiten und präsentieren, dass sich Vertragsgegenstand und Preis für potentielle Vertragspartner bestimmen lassen. Anderenfalls dürfen Ausschreibungen oder Auktionen nicht erfolgen. Gleiches gilt dann, wenn das Angebot von oder die Nachfrage nach bestimmten Gegenständen gegen gesetzliche oder behördliche Verbote, gegen die guten Sitten oder gegen Rechte Dritter verstoßen würde. Geschieht dies doch, ist der Plattformbetreiber berechtigt, die Verhandlungen zu annullieren und vom Marktplatz zu nehmen. Ein dennoch geschlossener Vertrag kann nach §§ 134, 138 BGB nichtig sein und erzeugt keine Erfüllungsansprüche.

16. Abwicklung der auf dem Marktplatz geschlossenen Verträge. a) Erfüllung der Verträge und Mängelgewährleistung. Die auf dem elektronischen Marktplatz zwischen zwei Nutzern geschlossenen Verträge werden unter diesen abgewickelt. Das bedeutet am Beispiel eines Warenkaufs, dass der Lieferant die verkauften Waren nach den vereinbarten Bedingungen an den Einkäufer liefern muss. Dieser schuldet dem Verkäufer seinerseits die Abnahme der Ware sowie die Zahlung des Kaufpreises, auf den sich die Parteien geeinigt haben. Wenn die Vertragsparteien die ihnen obliegenden Leistungen ordnungsgemäß erbringen, erlischt das zwischen ihnen bestehende Schuldverhältnis durch Erfüllung (§ 362 Abs. 1 BGB).

Im Fall von Leistungsstörungen in diesem Vertragsverhältnis entstehen Gegenrechte und Sekundärleistungsansprüche unter den Vertragsparteien. Der Schuldner haftet nach § 280 Abs. 1 BGB wegen jeder Verletzung einer im Programm des konkreten Vertrages enthaltenen Pflicht. Betroffen sein kann gleichermaßen die Hauptleistungspflicht (der Vertragsgegenstand wird nicht geliefert) wie eine Nebenleistungs- oder Schutzpflicht (zB eine erforderliche Bedienungsanleitung fehlt oder die Kaufsache enthält einen Mangel, wodurch andere Gegenstände des Käufers beschädigt werden). Der Gläubiger kann nach § 280 Abs. 1 BGB Schadensersatz neben der Leistung verlangen, wenn die Pflichtverletzung vom Schuldner zu vertreten ist. Nach § 276 BGB hat der Schuldner Vorsatz und Fahrlässigkeit zu vertreten, es sei denn, dass sich ein strengerer oder milderer Verschuldensmaßstab aus einer Vereinbarung oder aus dem sonstigen Inhalt des Schuldverhältnisses ergibt. Nach der Formulierung des § 280 Abs. 1 S. 2 BGB muss der Schuldner beweisen, dass er die Pflichtverletzung nicht zu vertreten hat. Schadensersatz statt der Leistung kann der Gläubiger nur unter den zusätzlichen Voraussetzungen des § 281 BGB verlangen. Diese bestehen im Wesentlichen im erfolglosen Ablauf einer angemessenen Frist, die der Gläubiger dem Schuldner zur Leistung oder Nacherfüllung gesetzt hat. Gleiches gilt prinzipiell dann, wenn der Gläubiger nicht Schadensersatz verlangen, sondern sich durch Rücktritt gem. § 323 BGB vom Vertrag lösen will. Bei einer bloßen Leistungsverzögerung ist Schadensersatz nur zu leisten, wenn sich der Schuldner gem. § 286 BGB im Verzug befindet. Handelt es sich bei dem auf dem Marktplatz geschlossenen Vertrag um einen Kaufvertrag, so gelten wenn die Kaufsache mangelhaft übergeben wurde, die Spezialvorschriften des Sachmangelgewährleistungsrechts. Da die Vertragsparteien bei einem Kauf über eine B2B-Handelsplattform notwendigerweise Kaufleute sind, finden zudem die Vorschriften des HGB Anwendung. Daher stehen dem Käufer Gewährleistungsrechte grundsätzlich nur zu, wenn er die Ware im Einklang mit § 377 HGB unverzüglich nach der Ablieferung untersucht und den Mangel gegenüber dem Verkäufer rügt. Primärer Rechtsbehelf ist dann die Nacherfüllung gem. § 439 BGB, wobei der Käufer zwischen Beseitigung des Mangels (Nachbesserung) und Lieferung einer mangelfreien Sache wählen kann. Schadensersatz statt der Leistung und Rücktritt oder Minderung des Kaufpreises ist grundsätzlich nur nach erfolgloser Fristsetzung möglich. Nach § 440 BGB ist eine solche Fristsetzung allerdings entbehrlich, wenn die Nacherfüllung verweigert wird, fehlschlägt oder dem Käufer unzumutbar ist. Weitere Ausnahmen enthalten die §§ 280 Abs. 2, 323 Abs. 2 BGB.

b) Haftung des Plattformbetreibers. Der Betreiber einer B2B-Plattform ist in der Regel weder selbst Partei noch Abschlussvertreter einer Partei von auf dem Marktplatz geschlossenen Verträgen. Denn seine Leistungen gegenüber den Nutzern beschränken sich auf die Bereitstellung der technischen und organisatorischen Voraussetzungen der Plattform. Er nimmt keine aktive Rolle in den Vertragsverhandlungen der Nutzer auf dem Marktplatz wahr. Insofern treffen den Plattformbetreiber keine Gewährleistungspflichten hinsichtlich der zwischen den Nutzern geschlossenen Verträge. Vielmehr ist er an der Vertragsabwicklung schlicht unbeteiligt. Um etwaiges Vertrauen der Nutzer in einen zusätzlichen, möglicherweise liquiden Schuldner gar nicht erst aufkommen zu lassen, empfiehlt sich ein entsprechender Hinweis in den Nutzungsbedingungen wie in § 6 Abs. 1. Im Einzelnen ist der Plattformbetreiber nicht dazu verpflichtet, die bei ihm registrierten Nutzer zur ordnungsgemäßen Erfüllung der auf den Marktplätzen geschlossenen Verträge anzuhalten.

Erhebliche Risiken für die Vertragsabwicklung entstehen, wenn sich die Identität eines Nutzers nach einem Vertragsschluss als unzutreffend herausstellt. Zwar verringert das Erfordernis der Registrierung jedes einzelnen Nutzers mit Unternehmensangaben die Missbrauchsgefahr; auszuschließen ist diese dennoch nicht. Insofern würde eine Prüfung der Identität der zugelassenen Nutzer durch den Plattformbetreiber für mehr Sicherheit sorgen. Eine dahingehende Pflicht aus dem Nutzungsvertrag besteht jedoch trotz der Bedeutung für die Nutzer nicht, sofern sich der Pflichtenkatalog des Plattformbetreibers auf die Bereitstellung der technischen Funktionen des Marktplatzes beschränkt (Spindler/Wiebe/*Spindler*, Internet-Auktionen Kap. 5 Rn. 91). Zudem ist gewerblichen Geschäftspartnern anders als Verbrauchern im B2C-Bereich eine eigenverantwortliche Informationsbeschaffung über die Identität der Vertragspartner ohne weiteres zuzumuten. Ein klarstellender Hinweis in den Nutzungsbedingungen in diesem Sinne ist zweckdienlich.

Ebenso wenig ist der Plattformbetreiber einer B2B-Plattform verpflichtet, andere Informationen über die vertragsschließenden Nutzer (zB ihre Bonität) einzuholen und den potentiellen Vertragspartner darüber aufzuklären. Ein gesonderter Hinweis des Plattformbetreibers ist nicht erforderlich.

17. Haftung des Plattformbetreibers für die Verletzung des Benutzungsvertrages. Einer anderen Beurteilung unterliegt die Haftung des Plattformbetreibers für Verletzungen von Pflichten aus dem Nutzungsvertrag, der bei der Zulassung mit jedem einzelnen Nutzer geschlossen wird (→ Anm. 8, 9). Wie bereits dargelegt, ist der Nutzungsvertrag zwischen Plattformbetreiber und dem einzelnen Nutzer insgesamt als Dienstvertrag einzuordnen. Dem Plattformbetreiber obliegt die Erfüllung verschiedener Pflichten. Im Vordergrund steht dabei die Bereitstellung des Plattformsystems und der einzelnen Funktionen, die für den B2B-Handel erforderlich sind bzw. die der Plattformbetreiber zur Verfügung zu stellen verspricht. Im Einzelnen gehört dazu die Übermittlung des Login an die zugelassenen Nutzer, die Erreichbarkeit der Plattform, die Gewährleistung des ordnungsgemäßen Funktionierens der angebotenen Fazilitäten des Marktplatzes sowie die Wartung und bis zu einem gewissen Grad die Aktualisierung des Systems. Die zentrale Funktion eines elektronischen Marktplatzes ist die Verarbeitung und Publizierung der von den einzelnen Nutzern eingegebenen Daten zum Zwecke von Vertragsverhandlungen. Darüber hinaus muss der Plattformbetreiber sicherstellen, dass der Ablauf von Vertragsverhandlungen nicht verfälscht wird. Und schließlich hat er das Risiko einer missbräuchlichen Benutzung des Plattformsystems durch Dritte oder von Angriffen durch Hacker auszuschließen bzw. zu minimieren. Grundsätzlich haftet der Betreiber für alle schuldhaften Verletzungen dieser Pflichten. Individualvertraglich kann er seine Haftung – außer für vorsätzliche Pflichtverletzungen – im Voraus ausschließen. Die Beschränkung der Haftung durch Allgemeine Geschäftsbedingungen ist gem. § 307 BGB hingegen nur in wesentlich engeren Grenzen möglich. Danach kann die Haftung für Vorsatz und grobe Fahrlässigkeit formularmäßig gar nicht, für leichte Fahrlässigkeit lediglich hinsichtlich der Verletzung nicht wesentlicher Vertragspflichten ausgeschlossen werden. Nach der Rechtsprechung des BGH muss der Begriff der vertragswesentlichen Pflicht konkretisiert werden (vgl. BGH Urt. v. 20.7.2005 – VIII ZR 121/04, NJW-RR 2005, 1496 [1505 f.]). Das Formular überlässt dies dem Verwender, sodass die konkreten Umstände des Einzelfalls berücksichtigt werden können. Die Begrenzung von Ersatzansprüchen der Nutzer auf den vertragstypischen Schaden ist zulässig (vgl. MüKoBGB/*Wurmnest* § 309 Rn. 37 f.). Damit entscheidet sich das Muster für eine allgemeine Haftungsklausel, um auch unvorhersehbare Haftungsrisiken unter Berücksichtigung konkret auftretender Leistungsstörungen angemessen verteilen zu können.

a) **Ausfall des Systems.** Bei einer Betrachtung des Leistungsstörungsrechts sowie der Möglichkeiten eines formularmäßigen Haftungsausschlusses muss wegen ihrer Vielgestaltigkeit also nach den einzelnen Pflichten unterschieden werden. Zunächst stellt sich die Frage, ob der Plattformbetreiber für die ständige Funktionsfähigkeit seines Systems einstehen muss. Dies ist im Prinzip eindeutig zu bejahen, sofern der Plattformbetreiber den Ausfall des Systems zu vertreten hat. Die Funktionsfähigkeit des Systems ist von essentieller Bedeutung für die Nutzer und stellt daher eine Hauptleistungs- oder Kardinalpflicht dar. Dies gilt ungeachtet des dienstvertraglichen Charakters des Nutzungsvertrages. Denn der Ausfall des Systems würde den Ausfall der aus dem Vertrag insgesamt geschuldeten Dienste bedeuten. Dem Plattformbetreiber ist es auch möglich, den Gefahren eines Systemausfalls durch sog. redundante Sicherungsvorkehrungen vorzubeugen. Geschieht dies nicht, verlieren die Nutzer uU die Möglichkeit, an zeitlich begrenzten Vertragsverhandlungen in ihrer Endphase teilzunehmen, was Auswirkungen auf den erzielten Preis und die Person des Vertragspartners haben kann. Zum Beispiel könnte einem Bieter die Chance entgehen, ein Gebot abzugeben und damit einen gewinnbringenden Vertragsabschluss zu erzielen. Gerade im unternehmerischen Verkehr ist die ständige Erreichbarkeit und kurze Reaktionszeit maßgeblich für eine effiziente Durchführung der Geschäfte, was durch einen B2B-Marktplatz gerade ermöglicht werden soll.

Als Rechtsbehelf kommt dann ein Schadensersatzanspruch für den geschädigten Nutzer nach § 280 Abs. 1 BGB in Betracht. Dabei muss er den Nachweis des Verschuldens des Plattformbetreibers gem. § 280 Abs. 1 S. 2 BGB nicht führen. Dieser muss vielmehr selbst darlegen, dass er den Ausfall seines Systems nicht zu vertreten hat. Dabei ist es nicht entscheidend, ob er die Plattform auf eigenen Rechnern selbst betreibt oder ob er sich des Systems eines fremden Anbieters bedient. Denn ein solcher würde dann als Erfüllungsgehilfe im Sinne von § 278 BGB fungieren und sein Verschulden würde dem Plattformbetreiber zugerechnet. Nach § 276 Abs. 1 BGB ist neben dem Pflichtenprogramm des Vertrages auch der Verschuldensmaßstab nicht pauschal festgelegt, sondern vielmehr aus der individuellen Vertragsgestaltung zu entnehmen. So ist jeweils festzustellen, ob sich ein schärferer oder milderer Verschuldensmaßstab aus dem Inhalt des Schuldverhältnisses ergibt. Wegen der Bedeutung des ungestörten Systembetriebs für die Nutzer ist zu fragen, ob der Plattformbetreiber diesbezüglich einer noch über Fahrlässigkeit hinausgehenden Haftung, unterliegt, namentlich weil er eine Garantie dafür übernimmt. Das ist der Fall, wenn ein Schuldner durch seine zum Vertragsinhalt gewordene Erklärung gegenüber dem Gläubiger unabhängig vom Vertretenmüssen für den Bestand der garantierten Eigenschaft und die Folgen ihres Fehlens einstehen will (BGH Urt. v. 29.11.2006 – VIII ZR 92/06, NJW 2007, 1346 Rn. 20). Eine entsprechende Übernahme kann konkludent erfolgen. Ihre Reichweite ist durch Auslegung zu ermitteln. Daneben kann der Schuldner auch ein Beschaffungsrisiko übernehmen. Die Übernahme einer Beschaffungsverpflichtung beinhaltet dies regelmäßig (Palandt/*Grünberger* BGB § 276 Rn. 30 ff.). Damit ergibt sich eine Garantieübernahme nicht allein aus der objektiven Natur des Vertrages. Somit ist das Leitbild für den Verschuldensmaßstab das von Vorsatz und Fahrlässigkeit. Insofern haftet der Plattformbetreiber trotz der erheblichen Bedeutung für die Nutzer nicht verschuldensunabhängig, sondern nur bei vorsätzlichem oder fahrlässigem Verhalten für Ausfälle seines Systems. Hingegen ist der Rechtsbehelf des Rücktritts nach § 323 BGB unabhängig vom Verschulden des Plattformbetreibers. Ein Rücktritt vom Vertrag scheidet bei einem bloß vorübergehenden Systemausfall jedoch aus, was sich aus dem Erfordernis des fruchtlosen Ablaufs einer in angemessener Weise bestimmten Frist gem. § 323 Abs. 1 BGB sowie aus § 616 BGB ergibt.

Relevant ist deswegen bei Systemausfällen vor allem der Schadensersatzanspruch, § 280 BGB. Problematisch ist in der Praxis dabei der Nachweis eines Schadens, den der Nutzer zu führen hat. Er muss darlegen, dass ohne den Systemausfall ein günstigeres Angebot abgegeben worden wäre bzw. – wenn es sich um einen Bieter handelt – er mit an Sicherheit grenzender Wahrscheinlichkeit den Zuschlag im Rahmen der Vertragsverhandlungen erhalten hätte.

Weil es sich dabei um eine Kardinalpflicht handelt, kann der Plattformbetreiber seine Haftung infolge eines Ausfalls des Plattformsystems nicht durch eine Klausel in den Nutzungsbedingungen wirksam ausschließen. Eine solche Bestimmung hält einer richterlichen Inhaltskontrolle nicht stand, da sie eine unangemessene Benachteiligung nach § 307 Abs. 2 Nr. 2 BGB darstellt. Das gilt auch für eine formularmäßige Klausel, die den Verschuldensmaßstab des Plattformbetreibers reduziert, da die von ihm angebotene Leistung mit der Verfügbarkeit des Systems steht und fällt. Hingegen ist nicht zu beanstanden, wenn der Plattformbetreiber mit Hilfe der Nutzungsbedingungen darauf hinweist, dass er eine schärfere Haftung als für Fahrlässigkeit nicht übernimmt. Anders wäre dies dann, wenn er einem Nutzer gegenüber individualvertraglich eine weitergehende Haftung zugesichert hat, weil er zB eine Garantie im Falle von Systemausfällen übernommen hat.

Vom Ausfall des Plattformsystems ist die Nichterreichbarkeit für die Nutzer infolge von Netzstörungen zu unterscheiden. Die fehlende Erreichbarkeit des Systems – trotz an sich gegebener Funktionsfähigkeit des Systems – kann auf Ursachen beruhen, die nicht in den Verantwortungsbereich des Plattformbetreibers fallen, zB Störungen oder Überlastungen des Netzes. Nach dem Inhalt des Nutzungsvertrages gehört die Aufrechterhaltung des allgemeinen Leitungsnetzes nicht zu den Leistungen des Plattformbetreibers. Wie bei anderen Vertragsformen, bei denen sich die Abwicklung über das Internet vollzieht, wird die ungestörte Funktionsfähigkeit der allgemeinen Leitungsnetze vorausgesetzt, ohne dass eine Partei dafür einstehen soll. Eine Klarstellung seitens des Plattformbetreibers in den Nutzungsbedingungen ist daher ohne weiteres als zulässig anzusehen.

b) Ausfall einzelner Funktionen. Für den Ausfall einzelner Funktionen und Dienste des Internetmarktplatzes gilt das unter a) für den Ausfall des gesamten Systems Gesagte, sofern es sich bei der Bereithaltung der jeweiligen Funktion um eine vertragswesentliche Pflicht des Plattformbetreibers handelt. Zu den vertragswesentlichen Funktionen einer B2B-Handelsplattform zählt die ordnungsgemäße Eröffnung von Vertragsverhandlungen auf Wunsch eines zugelassenen Nutzers durch Entgegennahme der dafür angegebenen Daten und durch ihre Publizierung gegenüber den für die konkreten Vertragsverhandlungen angesprochenen Unternehmen. In deren Interesse muss der Plattformbetreiber das Einstellen von Geboten im Rahmen der Vertragsverhandlungen ermöglichen. Des Weiteren muss das System die vom Initiatorunternehmen bestimmte Dauer der Vertragsverhandlungen berücksichtigen und die Teilnahme nach Ablauf der Frist unmöglich machen.

Eine Haftung für die Verletzung dieser Kardinalpflichten kann der Plattformbetreiber nicht mittels der Nutzungsbedingungen wirksam einschränken oder gar gänzlich ausschließen. Eine entsprechende Klausel würde an § 307 BGB scheitern.

c) Verfälschung von Vertragsverhandlungen. Die Funktionsweise eines Internetmarktplatzes wird beeinträchtigt, wenn Unbefugte an Vertragsverhandlungen teilnehmen, um eine künstliche Vertragsgestaltung oder Preisbildung herbeizuführen. Dabei ist insbesondere an das Unternehmen zu denken, das Vertragsverhandlungen eröffnet.

Im Interesse der unwissenden Nutzer obliegt dem Plattformbetreiber die Pflicht, solchen Manipulationen der Vertragsverhandlungen vorzubeugen bzw. sie zu unterbinden. Diese Pflicht gehört nicht zu den Hauptleistungs-, sondern zu den Nebenpflichten des Plattformbetreibers. Dabei hat der Schutz vor Verfälschungen für die an Vertragsverhandlungen teilnehmenden Nutzer erhebliche Bedeutung. Es ist aber zu berücksichtigen, dass der Plattformbetreiber nicht mit absoluter Sicherheit Missbräuche dieser Art verhindern kann. Seiner Pflicht genügt der Plattformbetreiber insofern, als er die Teilnahme an Verhandlungen nur mit Hilfe des individuellen Login samt Passworts zulässt. Ansonsten hat er konkreten Anhaltspunkten für Verfälschungen nachzugehen und sie zu unterbinden.

Dass ein Hinweis in den Nutzungsbedingungen auf die Unzulässigkeit von Manipulationen durch die Nutzer keinen Bedenken begegnet, versteht sich nach dem Gesagten von selbst. Für dennoch vorkommende Missbräuche kann sich der Plattformbetreiber weitestgehend bis zur Grenze der groben Fahrlässigkeit freizeichnen, wenn er auf seine eingeschränkte Kontrollmöglichkeit deutlich und unmissverständlich aufmerksam macht. Ein derartiger Haftungsausschluss für leichte Fahrlässigkeit ist deswegen mit § 307 BGB vereinbar, weil der Plattformbetreiber nur das technische System des Marktplatzes bereitstellt und an den Vertragsverhandlungen gänzlich unbeteiligt ist.

d) Systemsicherheit vor Eingriffen Dritter. Schließlich muss der Plattformbetreiber auch für den Schutz des Systems insgesamt gegenüber Eingriffen von außen, zB durch Hacker, sorgen. Auch hierbei handelt es sich um eine Nebenpflicht aus dem Nutzungsvertrag, die für die Nutzer von erheblicher Bedeutung ist, weil andernfalls Vertragsverhandlungen verfälscht werden können. Hinzu kommt, dass es den Nutzern nicht möglich ist, sich selbst gegenüber Eingriffen von außen auf die Plattform zu schützen. Demnach handelt es sich um eine wesentliche Vertragspflicht des Plattformbetreibers. Einen Haftungsausschluss selbst für leichte Fahrlässigkeit in den Nutzungsbedingungen würde eine unangemessene Benachteiligung des jeweiligen Nutzers bedeuten und wäre daher gem. § 307 BGB unwirksam.

e) Produkthaftung. Eine Haftung des Plattformbetreibers nach den Grundsätzen der Produzentenhaftung bzw. nach dem Produkthaftungsgesetz wird selten in Betracht kommen. Die angebotenen Dienstleistungen des Plattformbetreibers stellen kein Produkt im Sinne dieser Haftungstatbestände dar. Und hinsichtlich der über den elektronischen Marktplatz gehandelten Waren, die den genannten Produkthaftungsnormen unterfallen können, ist der Plattformbetreiber weder Hersteller noch Lieferant, da er zu keinem Zeitpunkt die Verfügungsgewalt darüber hat und typischerweise auch nicht haben sollte. Deswegen muss der Plattformbetreiber keine diesbezügliche Vertragsklausel vorsehen.

18. **Haftung des Plattformbetreibers gegenüber Dritten.** Werden auf dem Marktplatz von Nutzern rechtswidrige Inhalte eingestellt und verbreitet, kann auch der Plattformbetreiber uU einer Haftung gegenüber den geschädigten Dritten ausgesetzt sein. Denkbar sind in diesem Zusammenhang im Prinzip alle internetspezifischen Delikte wie die Verbreitung rechtswidriger Äußerungen, Produkthaftungsfälle oder Immaterialgüter- und Persönlichkeitsverletzungen.

Eine Haftung des Plattformbetreibers nach den jeweils einschlägigen Tatbeständen scheidet jedoch von vornherein aus, sofern ihm die weitgehenden Haftungsprivilegierungen, die für Dienstanbieter gelten, zugutekommen. Die Regelungen über die Verantwortlichkeit von Dienstanbietern nach §§ 7 ff. TMG sind auf Plattformbetreiber anwendbar, da sie ein Telemedium anbieten (Spindler/Schuster/*Ricke* TMG § 2 Rn. 2). Relevanz kommt dabei der Frage zu, ob es sich bei den rechtswidrigen Inhalten um eigene Informationen, die vom Dienstanbieter nur zur Nutzung bereitgehalten werden, oder um Informationen fremden Ursprungs handelt. Denn die Haftung für fremde Inhalte ist durch die §§ 8 ff. TMG privilegiert (Spindler/Schuster/*Hoffmann* TMG § 8 Rn. 7).

Für eigene Inhalte, die der Plattformbetreiber selber verfasst hat oder die in seinem Auftrag von Dritten verfasst wurden, haftet der Plattformbetreiber nach den allgemeinen Gesetzen (insb. Ansprüche aus dem allgemeinen Zivilrecht, Polizei- und Ordnungsrecht, Immaterialgüterrecht, allgemeines Strafrecht sowie strafrechtliche Nebengebiete). Eigenen Inhalten gleichgestellt sind solche Inhalte fremden Ursprungs, die sich der Dienstanbieter aber zu Eigen gemacht hat. Das ist der Fall, wenn der Dienstanbieter aus objektiver Nutzersicht die Verantwortung für die Information tragen will (OLG Hamburg ZUM 2009, 642; Spindler/Schuster/*Hoffmann* TMG § 7 Rn. 18). Zumindest für Äußerungen bedarf es nach Ansicht des BGH hierfür einer Identifikation mit dem Inhalt, der diesen als eigenen erscheinen lässt (BGH Urt. v. 30.6.2009 – VI ZR 210/08, NJW-RR 2009, 1413 Rn. 19).

Aus Sicht des Plattformbetreibers stellen sich die von den Nutzern im Rahmen von Aktionen im Marktplatzsystem eingestellten Informationen als fremd dar, solange er sich diese nicht bewusst zu eigen macht bzw. in das eigene Angebot integriert. Denn für jeden zugelassenen Nutzer ist klar ersichtlich, dass Vertragsangebote, andere eingestellte Informationen wie auch Links und Frames von einem anderen Nutzer stammen und sich nicht vom Plattformbetreiber „zu eigen" gemacht werden. Erbringt der Plattformbetreiber seine Dienstleistung in neutraler Weise im Wege der rein technischen automatischen Verarbeitung der von seinen Kunden angegebenen Daten, macht er sich die Angebote nicht zu eigen (BGH Urt. v. 17.8.2011 – I ZR 57/09, GRUR 2011, 1038 Rn. 22; Spindler/Schuster/*Hoffmann* TMG § 7 Rn. 19). Handelt es sich also um fremde Informationen, trifft den Plattformbetreiber gem. § 7 Abs. 2 TMG grundsätzlich keine Pflicht, die von ihnen gespeicherten oder übermittelten Informationen zu überwachen oder nach Umständen zu forschen, die auf eine rechtswidrige Tätigkeit hinweisen. Von den einzelnen Privilegierungstatbeständen gilt für Plattformbetreiber § 10 TMG, da die von den Nutzern eingegebenen Daten auf seinen Rechnern gespeichert werden. Danach ist die Haftung ausgeschlossen, wenn der Plattformbetreiber keine Kenntnis von der rechtswidrigen Handlung oder der Information hat und ihm auch keine Umstände bekannt sind, die die Begehung von rechtswidrigen Handlungen bzw. das Vorhandensein rechtswidriger Inhalte nahelegen. Allgemeine Anhaltspunkte für rechtswidrige Inhalte auf dem Marktplatzsystem eines Plattformbetreibers begründen noch keine Kenntnis solcher Umstände, wohl aber, wenn sie auf bestimmte Produkte und Nutzer bezogen sind (*Spindler* MMR 2001, 737 [741]). Hinweise müssen so konkret gefasst sein, dass der Adressat den Rechtsverstoß unschwer feststellen kann (BGH Urt. v. 17.8.2011 – I ZR 57/09, GRUR 2011, 1038). Weitere Voraussetzung der Haftungsbeschränkung ist gem. § 10 TMG die unverzügliche Zugangsverhinderung nach Kenntniserlangung oder die Entfernung der Inhalte. Allerdings muss der Plattformbetreiber vor einer Haftung überhaupt die Möglichkeit haben, die Informationen unverzüglich, dh ohne schuldhaftes Zögern (§ 121 Abs. 1 S. 1 BGB) zu entfernen (zB durch Löschung eingestellter Informationen, Errichtung von Zugangssperren, Deaktivierung von Nutzerprofilen etc). Wird dem Plattformbetreiber eine Verletzungshandlung bekannt, ist er nicht nur dazu verpflichtet, das konkrete Angebot unverzüglich zu sperren, sondern muss darüber hinaus auch technisch mögliche und zumutbare Maßnahmen ergreifen, um Vorsorge dafür zu treffen, dass es nicht zu weiteren entsprechenden Verletzungen kommt (BGH Urt. v. 11.3.2004 – I ZR 304/01, NJW 2004, 3102; BGH Urt. v. 17.8.2011 – I ZR 57/09, GRUR 2011, 1038 Rn. 21). Vor diesem Hintergrund ist die Klausel in den Nutzungsbedingungen zu verstehen, dass der Plattformbetreiber sich das Recht vorbehält, fremde rechtswidrige Inhalte zu sperren. Falls der Plattformbetreiber aber doch von einem Dritten wegen rechtswidriger Inhalte im Marktplatzsystem in Anspruch genommen wird, so steht ihm nach § 8 Abs. 4 der Nutzungsbedingungen ein Rückgriff gegen den verantwortlichen Nutzer zu. Dieser hat ihn von sämtlichen Ansprüchen des geschädigten Dritten freizustellen.

Die Privilegierungstatbestände der §§ 8–10 TMG finden keine Anwendung auf Beseitigungs- und Unterlassungsansprüche (BGH Urt. v. 19.4.2007 – I ZR 35/04, NJW 2007, 2636; *Lerach* GRUR-Prax 2013, 531 [533]). Damit genießt auch eine Störerhaftung des Plattformbetreibers keine bevorzugte Behandlung, sodass dieser verschuldensunabhängig haftet, soweit er willentlich irgendeinen adäquat-kausalen Beitrag zur Verletzungshandlung liefert und dabei eine zumutbare Verhaltenspflicht verletzt hat (BGH Urt. v. 17.8.2011 – I ZR 57/09, GRUR 2011, 1038 Rn. 20). Der Umfang der Prüfungspflicht richtet sich nach den jeweiligen Umständen des Einzelfalls unter Berücksichtigung der Funktion und Aufgabenstellung des Anspruchsgegners und berücksichtigt dabei auch die Eigenverantwortung des Täters (BGH Urt. v. 17.5.2001 – I ZR 251/99, NJW 2001, 3265). Eine Störerhaftung kommt beispielsweise in Betracht, wenn der Plattformbetreiber im Internet Anzeigen schaltet, in denen er auf Angebotslisten verweist, die rechtswidrige Angebote enthalten (BGH Urt. v. 5.2.2015 – I ZR 240/12, GRUR 2015, 485).

19. Datensicherheit und Datenschutz. Unternehmen, die sich dem E-Commerce verschrieben haben, müssen in der Regel eine Vielzahl datenschutzrechtlicher Regelungen beachten. Neben den allgemeinen Bestimmungen des Bundesdatenschutzgesetzes (BDSG) enthält insbesondere das TMG datenschutzrechtliche Regelungen, die sich speziell an Telemedien richten. Das nationale Datenschutzrecht ist in seiner geltenden Fassung stark europarechtlich geprägt. Dabei arbeitete der europäische Gesetzgeber vor allem mit Richtlinien. In naher Zukunft stehen große Veränderungen ins Haus. Im Mai 2018 wird die lange diskutierte Datenschutzgrundverordnung 2016/679 (EU-DSGVO) geltendes Recht. Dies wird umfassende Überarbeitungen des BDSG erforderlich machen (vgl. *Schantz* NJW 2016, 1841 [1847]; *Kühling/Martini* EuZW 2016, 448). Der nationale Gesetzgeber muss insbesondere darüber entscheiden, inwieweit er von den europarechtlichen Öffnungsklauseln Gebrauch macht. Zudem müssen Richtlinienvorgaben (zB Datenschutzrichtlinie für Polizei und Strafjustiz 2016/680) umgesetzt (Auer-Reinsdorff/Conrad/*Conrad* § 34 Rn. 77 f.) und Ergänzungen der EU-DSGVO abseits deren Anwendungsbereichs verabschiedet werden. Da die konkreten Ergebnisse noch weitestgehend im Unklaren sind, behandelt der folgende Abschnitt die geltende Rechtslage.

a) Personenbezogene Daten. Vom Anwendungsbereich der verschiedenen Datenschutzgesetze werden grundsätzlich nur die personenbezogenen Daten natürlicher Personen erfasst. Das bedeutet, dass die Erhebung, Verarbeitung und Nutzung von Daten juristischer Personen und sonstiger Personenvereinigungen nicht an den differenzierten Anforderungen der Datenschutzgesetze zu messen sind. Eine Ausnahme von diesem Grundsatz gilt dann, wenn bei den Daten juristischer Personen ein Bezug zu einer natürlichen Person erkennbar ist. Die Betreiber von Internethandelsplattformen müssen aber auch im B2B-Bereich davon ausgehen, dass nicht nur juristische Personen oder Personenvereinigungen am Zugang zu den Marktplätzen interessiert sind. So mag es auch für das mittelständische Einzelunternehmen lohnend oder gar erforderlich sein, den Einkauf oder Vertrieb von Produkten oder Dienstleistungen über elektronische Medien durchzuführen. In diesem Fall werden dann bei der Anmeldung und bei der Nutzung der Internetmarktplätze auch personenbezogene Daten erhoben, verarbeitet und genutzt. Beispiele für personenbezogene Daten, die von Plattformbetreibern erhoben werden, sind nach nicht unumstrittener Ansicht IP-Adressen (vgl. BGH Beschl. v. 28.10.2014 – VI ZR 135/13, GRUR 2015, 192; GA *Sánchez-Bordona* BeckRS 2016, 81027 EuGH Urt. v. 19.10.2006 – C-582/14, NJW 2016, 3579 – Breyer/Deutschland; Forgó/Helfrich/Schneider/*Heidrich/Moos*, Betrieblicher Datenschutz, Teil VII. Kap. 1 Rn. 7 ff.), E-Mail-Adressen, Telekommunikationsanschlüsse, Kundennummern, Daten zum Geschäftsbereich und zur Produktpalette, Nutzungsprofile etc erfasst. Deswegen ist jedem Betreiber von Internethandelsplattformen auch im B2B-Bereich eine eigenständige „Datenschutz-Policy" mit entsprechenden Vertragsklauseln zu empfehlen. Durch eine transparente und nutzerfreundliche Gestaltung kann das Unternehmen seine Akzeptanz bei den Nutzern verbessern und auf diese Weise Datenschutz als Wettbewerbsfaktor einsetzen. Demgegenüber sieht sich der Plattformbetreiber keinem Anspruch auf Unterlassung oder Beseitigung im Wege der Verbandsklage nach § 2 Abs. 2 S. 1 Nr. 11 UKlaG ausgesetzt, da sich die Plattform nur an Unternehmen wendet und er insofern keine Verbraucherdaten erhebt (vgl. *Spindler* ZD 2016, 114 [116 f.]).

b) Geltungsbereich des deutschen Datenschutzrechts. Bei Beteiligung von Unternehmen aus unterschiedlichen Staaten stellt sich die Frage nach dem anwendbaren Datenschutzrecht. Das BDSG geht gem. § 1 Abs. 5 BDSG im Grundsatz vom Sitzprinzip aus. Im Gegensatz zum Territorialprinzip richtet sich das anzuwendende Recht nicht nach dem Ort der Verarbeitung von Daten, sondern nach dem Sitz der verarbeitenden Stelle. Ausnahmsweise ist jedoch der Ort der Verarbeitung relevant, wenn eine verantwortliche Stelle aus einem Mitgliedsstaat der Europäischen Union eine Niederlassung in dem Mitgliedsstaat unterhält, in dem die Verarbeitung stattfindet. Eine solche Niederlassung kann auch lediglich eine Zweigniederlassung oder Tochtergesellschaft zum Zwecke der Verkaufsförderung sein, deren Tätigkeit auf die Einwohner des Staats ausgerichtet ist (EuGH Urt. v. 13.5.2014 – C-131/12, NJW 2014, 2257 – Recht auf Vergessenwerden). Die Geltung des deutschen Datenschutzrechts kann nicht durch vertragliche Rechtswahlklauseln derogiert werden, da es sich um zwingende Regelungen handelt. Demgegenüber gilt im TMG, das den Datenschutz spezialgesetzlich regelt, das Herkunftslandprinzip. Ist ein Telemedium in Deutschland nach § 2a TMG niedergelassen, unterliegt seine Tätigkeit grundsätzlich den Anforderungen des deutschen Rechts, auch wenn die Telemedien in einem anderen Staat der EU angeboten oder erbracht werden, § 3 TMG. Umgekehrt unterliegen Telemedien, die im Hoheitsgebiet eines anderen Mitgliedsstaats niedergelassen sind dem TMG nicht. Der Grundsatz wird in Abs. 3 und 4 durch abstrakt-generelle Ausnahmen und in Abs. 5 durch Ausnahmen nach Abwägung im Einzelfall beschränkt. Die Norm dient der Umsetzung von Art. 3 E-Commerce-Richtlinie 2000/31/EG und ist im Einklang mit der Norm auszulegen (BGH Urt. v. 8.5.2012 – VI ZR 217/08, NJW 2012, 2197 Rn. 25).

c) Sachliche Anwendbarkeit des TMG. Soweit es um die Erhebung personenbezogener Daten, also Daten natürlicher Personen geht, ist fraglich, ob sich die datenschutzrechtlichen Anforderungen, die an Betreiber von Internethandelsplattformen gestellt werden, nach dem bereichsspezifischen Datenschutzrecht für Telemedien nach dem TMG oder nach dem allgemeinen Datenschutzrecht des BDSG richten. Als Spezialgesetz ist das TMG vorrangig anzuwenden, soweit sein Anwendungsbereich eröffnet ist (Forgó/Helfrich/Schneider/*Heidrich*/*Moos* Teil VII. Kap. 1 Rn. 25). Eine Internethandelsplattform stellt ein Telemedium im Sinne des § 1 Abs. 1 TMG dar, sodass der Anwendungsbereich des Gesetzes eröffnet ist (Spindler/Schuster/*Ricke* TMG § 1 Rn. 11). Fraglich ist, ob die Datenverarbeitung auf Internethandelsplattformen vom Anwendungsbereich des TMG ausgenommen ist. Das TMG setzt ein Anbieter-Nutzer-Verhältnis voraus und findet keine Anwendung auf die Erhebung, Verarbeitung und Nutzung personenbezogener Daten innerhalb von oder zwischen Unternehmen, soweit die Nutzung der Telemediendienste zur ausschließlichen Steuerung von Arbeits- oder Geschäftsprozessen erfolgt, § 11 TMG. Kennzeichnend für die Ausnahmen vom Anwendungsbereich des TMG ist jeweils die Nutzung eines Telemediendienstes innerhalb geschlossener und häufig zweidimensionaler Strukturen (zB Arbeitgeber-Arbeitnehmer bei der Telearbeit, Einkäufer-Lieferant bei der Online-Beschaffung). Beim Betrieb einer Internethandelsplattform, durch die der Betreiber untereinander bekannte und unbekannte Nutzer auf Marktplätzen zusammenführen will, verhält es sich jedoch anders: Im Verhältnis zum Plattformbetreiber handelt es sich nicht um eine geschlossene Struktur und kein schlichtes Nutzer-Nutzer-Verhältnis. Der Plattformbetreiber ist als Anbieter des Telemediendienstes nicht unmittelbar an der unternehmensübergreifenden „Steuerung von Geschäftsprozessen" beteiligt, so dass die Erhebung, Verarbeitung und Nutzung personenbezogener Daten durch den Plattformbetreiber grundsätzlich am TMG zu messen ist.

d) Grundsätzliches Verbot der Datenverarbeitung. Ausgangspunkt des europäischen Datenschutzrechts ist das Verbot mit Erlaubnisvorbehalt. Das Datenschutzrecht verbietet grundsätzlich das Erheben, Verarbeiten (dh Speichern, Verändern und Übermitteln) und sonstige Nutzen von personenbezogenen Daten. Zulässig sind diese Vorgänge (nur) dann, wenn dies gesetzlich ausdrücklich erlaubt ist oder der Betroffene eingewilligt hat (§ 3 Abs. 1 BDSG, § 12 Abs. 1 TMG). In diesen Fällen ist dann der Grundsatz der Zweckbindung der Datenverarbeitung zu beachten: Personenbezogene Daten dürfen nur für den konkreten Zweck verarbeitet und genutzt werden, für den sie zulässigerweise erhoben worden sind.

e) Gesetzliche Erlaubnistatbestände. aa) Bestandsdaten. Der Betreiber einer Internetplattform darf gem. § 14 TMG personenbezogene Daten eines Nutzers erheben, verarbeiten und nutzen, soweit sie für die Begründung, inhaltliche Ausgestaltung oder Änderung eines Vertragsverhältnisses zwischen dem Diensteanbieter und dem Nutzer über die Nutzung von Telemedien erforderlich sind (Bestandsdaten). Daher ist die Erhebung personenbezogener Bestandsdaten durch den Plattformbetreiber gem. § 14 TMG zulässig, wenn es um den Abschluss des Nutzungsvertrages geht. In der Regel sind dazu aber nur diejenigen Informationen erforderlich, die für die zweifelsfreie Identifikation des Nutzers (zB Loginkennung, Passwort) sowie für die Kommunikation mit dem Nutzer benötigt werden (zB E-Mail-Adresse, Telefonnummer, Anschrift). Die Verarbeitung unterliegt aber dem strengen Grundsatz der Zweckbindung (Spindler/Schuster/*Spindler/Nink* TMG § 14 Rn. 3). Fraglich ist im Blick auf Internetplattformen, ob damit auch die Vielzahl von Angaben erfasst ist, die der Nutzer als Einkäufer oder Lieferant macht, um damit den Abschluss oder die Abwicklung über die Marktplätze zu ermöglichen. Solche Daten werden entweder vom Plattformbetreiber erhoben oder zwar vom Nutzer eigenständig offen gelegt, aber vom Plattformbetreiber jedenfalls gespeichert und auf den Marktplätzen für andere Nutzer zum Abruf bereit gehalten. Da es bei diesen Daten um den Inhalt der konkreten Nutzung, hier also um die Nutzung der Internet-Marktplätze, geht, werden sie auch als Inhaltsdaten bezeichnet. Einigkeit besteht darüber, dass die Erhebung, Verarbeitung und Nutzung von Inhaltsdaten nicht von einer der Befugnisnormen des TMG erfasst wird. Nach einer Ansicht (Hoeren/Sieber/Holznagel/*Schmitz* 16.2 Rn. 260) finden die Vorschriften des TMG grundsätzlich Anwendung, da das Fehlen spezieller Befugnisnormen nichts über die Geltung der allgemeinen Regelungen für Inhaltsdaten besage. Zudem sei die datenschutzrechtliche Aufspaltung eines prinzipiell einheitlichen Geschäftsvorgangs nicht sachgerecht. Nach der wohl überwiegenden Gegenansicht ist der Maßstab für solche personenbezogenen Daten nicht dem TMG, sondern allein den §§ 12 ff. BDSG bzw. §§ 27 ff. BDSG zu entnehmen (Spindler/Schuster/*Spindler/Nink* TMG § 15 Rn. 3). Für eine solche Sichtweise spricht, dass der Gesetzgeber grundsätzlich von einem Nebeneinander von bereichsspezifischem und allgemeinem Datenschutzrecht ausging. Das TMG regelt die telemediendienstspezifischen, nicht aber die inhaltsspezifischen Anforderungen an die Datenverarbeitung der Diensteanbieter. Keine Bedenken in Bezug auf die Anwendbarkeit des TMG ergeben sich nach der hier vertretenen Ansicht auch aus § 11 Abs. 1 Nr. 2 TMG, da es sich nicht um ein geschlossenes System zwischen zwei Nutzern handelt, sofern der Plattformbetreiber die Inhaltsdaten erhebt, bearbeitet und nutzt. In der Konsequenz gilt für die Erhebung, Verarbeitung und Nutzung von Inhaltsdaten durch den Plattformbetreiber § 28 Abs. 1

Nr. 1 BDSG als Befugnisnorm. Unterschiede zum TMG ergeben sich daraus, dass gem.
§ 28 Abs. 2 BDSG eine Übermittlung und Nutzung von Daten auch zu anderen Zwecken
zulässig ist, soweit die datenverarbeitende Stelle daran ein berechtigtes Interesse hat und
keine überwiegenden schutzwürdigen Interessen des Betroffenen entgegenstehen. Damit
ist im Einzelfall ein Spielraum zur anderweitigen Verwendung von Daten eröffnet, der
nach dem strikten Zweckbindungsgebot nach § 12 Abs. 2 TMG prinzipiell ausgeschlossen ist (Spindler/Schuster/*Spindler*/*Nink* TMG § 12 Rn. 7).

bb) Nutzungsdaten. Der Betreiber einer Internethandelsplattform darf personenbezogene Daten eines Nutzers gem. § 15 TMG erheben und verwenden, soweit dies erforderlich ist, um die Inanspruchnahme von Telemedien zu ermöglichen und abzurechnen
(Nutzungsdaten). Dazu gehören insbesondere Merkmale zur Identifikation des Nutzers
(§ 15 Abs. 1 Nr. 1 TMG), Angaben über Beginn und Ende sowie des Umfangs der
jeweiligen Nutzung (§ 15 Abs. 1 Nr. 2 TMG) und Angaben über die vom Nutzer in
Anspruch genommenen Telemedien (§ 15 Abs. 1 Nr. 3 TMG). Der Plattformbetreiber
darf solche Nutzungsdaten über das Ende des Nutzungsvorgangs hinaus verarbeiten und
nutzen, soweit sie für Zwecke der Abrechnung mit dem Nutzer erforderlich sind
(Abrechnungsdaten). Sobald diese Daten für Abrechnungszwecke nicht mehr benötigt
werden, sind sie zu löschen. Dies ist grundsätzlich dann der Fall, wenn die erhobenen
Daten nicht mehr zur Abrechnung erforderlich sind. Prinzipiell also dann, wenn die
durch die Nutzung begründeten Forderungen des Plattformbetreibers erfüllt sind und
kein anderweitiger Erlaubnistatbestand eingreift (Spindler/Schuster/*Spindler*/*Nink* TMG
§ 15 Rn. 16). Damit sich E-Business-Unternehmen bei der Abrechnung auch Dritter
bedienen können, gestattet § 15 Abs. 5 TMG zu diesem Zweck die Übermittlung der
erforderlichen Abrechnungsdaten. Der Plattformbetreiber darf auch Nutzungsprofile (in
pseudonymisierter Form) für Zwecke der Werbung, der Marktforschung oder zur
bedarfsgerechten Gestaltung der Plattform erstellen, sofern der Nutzer dem nicht widerspricht. Auf das Widerspruchsrecht hat der Plattformbetreiber den Nutzer hinzuweisen
und dafür zu sorgen, dass das Nutzungsprofil nicht mit den Daten über den Träger des
Pseudonyms zusammengeführt wird.

f) Einwilligung des Nutzers. Jede anderweitige Erhebung, Verarbeitung oder Nutzung
personenbezogener Daten durch den Plattformbetreiber ist nur dann zulässig, wenn sie mit
Einwilligung des Betroffenen, dh mit seiner vorherigen Zustimmung, erfolgt. Um Schwierigkeiten bei der Auslegung der Datenschutzgesetze vorzubeugen und um der eigenen
Datenschutz-Policy Ausdruck zu verleihen, holen E-Commerce-Unternehmen häufig für
jede vorzunehmende Erhebung, Verarbeitung und Nutzung von Daten unabhängig von der
gesetzlichen Befugnis eine Einwilligung des Nutzers ein. Gem. § 13 Abs. 1, 2 TMG ist der
Diensteanbieter verpflichtet, dem Nutzer auf Verlangen einen umfassenden Überblick über
die Erhebung, Verarbeitung und Nutzung seiner personenbezogenen Daten, also über Art,
Umfang, Ort und Zweck der Verarbeitung, zu verschaffen. Bei einer vorgesehenen Übermittlung an Dritte ist dem Betroffenen auch der Adressatenkreis möglichst präzise mitzuteilen. Darüber hinaus muss der Plattformbetreiber den Nutzer ausdrücklich auf sein
Widerrufsrecht hinweisen. In formaler Hinsicht stellen das TMG wie das BDSG unterschiedliche Anforderungen an die Wirksamkeit der Einwilligung des Betroffenen. Nach
allgemeinem Datenschutzrecht (§ 4a BDSG) ist eine Einwilligung grundsätzlich nur dann
wirksam, wenn sie schriftlich erfolgt. Zwar kann bereits die Nutzung im E-Commerce
einen besonderen Umstand darstellen, der eine Ausnahme vom Schriftformerfordernis
rechtfertigt (Spindler/Schuster/*Spindler*/*Nink* BDSG § 4a Rn. 11). Da durch die Vorschrift
im Grundsatz aber auch nach der Einführung der elektronischen Signatur Einwilligungen
auf elektronischem Wege erheblich erschwert, lässt das TMG gem. § 13 Abs. 2 unter
gewissen Voraussetzungen auch eine elektronische Einwilligung zu. Der Plattformbetreiber
hat dann aber sicherzustellen, dass eine solche Einwilligung nur durch eine eindeutige und
bewusste Handlung des Nutzers erfolgen kann, sie protokolliert wird und ihr Inhalt

jederzeit vom Nutzer abgerufen werden kann. Vor Abgabe seiner Einwilligung muss der Nutzer auf sein Recht auf jederzeitigen Widerruf mit Wirkung für die Zukunft hingewiesen werden. Eine Umgehung, etwa durch einen ausdrücklich erklärten Verzicht auf die Widerrufsmöglichkeit ist nicht zulässig. Nach diesen Voraussetzungen liegt eine wirksame Einwilligung beispielsweise auch vor, wenn der Nutzer ein Formularfenster, das über Art, Umfang und Zweck der Erhebung, Verarbeitung und Nutzung der personenbezogenen Daten informiert, mit einer Checkbox versieht, die der Nutzer als Bestätigung der Kenntnisnahme vom Formularinhalt mit einem Mausklick aktivieren muss (vgl. OLG Brandenburg Urt. v. 11.1.2006 – 7 U 52/05, MMR 2006, 405 [406]). Wesentlich ist jedoch, dass ein aktives Handeln erforderlich ist. Ein Formular, dessen Checkbox per Voreinstellung aktiviert ist und lediglich durch einen Mausklick deaktiviert werden kann, genügt den Anforderungen an ein aktives Handeln nicht. Der inhaltlichen Ausgestaltung von Einwilligungserklärungen ist aufgrund der strengen Wirksamkeitsvoraussetzungen höchste Aufmerksamkeit zu schenken. Nach überwiegender Ansicht kann der Plattformbetreiber die Einwilligung des Nutzers auch im Rahmen von Allgemeinen Geschäftsbedingungen vorsehen. Eine vom Plattformbetreiber vorbereitete Erklärung muss sich möglichst konkret auf den beabsichtigten Datenverarbeitungsvorgang beziehen. Im Einzelnen muss sie die vorgesehenen Datenverarbeitungsphasen, die Art der erhobenen und verarbeiteten Daten, die Identität der verarbeitenden Stelle sowie dem Zweck der Datenverarbeitung enthalten. Um Beweisschwierigkeiten bei elektronischen Einwilligungen, deren Abgabe gem. § 12 Abs. 2 TMG erleichtert ist, zu vermeiden, ist es empfehlenswert, den Erklärenden von der Tatsache einer von ihm zugegangenen Einwilligungserklärung und deren Umfang gesondert zu unterrichten, sofern noch keine digitale Signatur verwendet wurde.

g) Weitere Pflichten des Plattformbetreibers. Der Plattformbetreiber hat den einzelnen Nutzer gem. § 13 Abs. 1 TMG zu Beginn des Nutzungsvorgangs über Art, Umfang und Zwecke der Datenverarbeitung sowie über eine etwa geplante Übermittlung an Empfänger außerhalb der Europäischen Union zu unterrichten. Der Inhalt der Unterrichtung muss für den Nutzer jederzeit abrufbar sein. Der Plattformbetreiber sollte daher bereits auf der Startseite einen gut wahrnehmbaren Link auf die Datenschutzhinweise anbringen. Weiterhin muss der Plattformbetreiber durch geeignete technische und organisatorische Vorkehrungen sicherstellen, dass der Nutzer seine Verbindung mit dem Plattformbetreiber jederzeit abbrechen kann und personenbezogene Daten gelöscht werden, sobald sie für den zulässigerweise erhobenen Zweck nicht mehr erforderlich sind. Grundsätzlich ist die Funktionsweise der Internetplattform so zu gestalten, dass möglichst wenige personenbezogene Daten anfallen. Konkret hat der Betreiber die Nutzung der Plattform und ihre Bezahlung mindestens unter Pseudonym zu ermöglichen, soweit dies technisch möglich und zumutbar ist. Solche Daten – mit Ausnahme von Abrechnungsdaten zum Zwecke der Abrechnung – dürfen nicht mit Daten über den Träger des Pseudonyms zusammengeführt werden. Durch das IT-Sicherheitsgesetz wurde der neue § 13 Abs. 7 TMG eingeführt. Hiernach sind Diensteanbieter in ihrem Verantwortlichkeitsbereich im Rahmen des technisch Möglichen und wirtschaftlich Zumutbaren dazu verpflichtet, Maßnahmen gegen unerlaubten Zugriff, zum Schutz personenbezogener Daten und zum Schutz gegen äußere Störungen durchzuführen.

Schließlich unterliegt der Plattformbetreiber Auskunftspflichten gegenüber dem einzelnen Nutzer über die zu seiner Person gespeicherten Daten.

20. Rechtswahl und Gerichtsstand. Die Rechtswahlklausel zugunsten des deutschen Rechts ist unproblematisch zulässig. Die Wahl eines ausländischen Sachrechts ließe die Geltung zwingender Vorschriften des deutschen Rechts gem. Art. 9 Rom I-VO unberührt. Der Ausschluss des UN-Kaufrechts dient der Klarstellung. Der Marktplatzvertrag weist keine kaufvertraglichen Elemente auf, sodass der Anwendungsbereich des UN-Kaufrechts nicht eröffnet ist. Die Regelung wird also nicht etwa durch die verbreiteten Unsicherhei-

ten über Regelungsgehalt und Auslegung des CISG begründet. Bei Fehlen einer Rechtswahl bestimmt sich das anwendbare Recht nach der „charakteristischen Leistung" gem.
Art. 4 Abs. 2 Rom I-VO, im Falle eines in Deutschland ansässigen Markplatzbetreibers
nach deutschem Sachrecht.

Die Gerichtsstandsklausel ist im kaufmännischen Verkehr üblich und wirksam. Auch
die Vereinbarung eines zusätzlichen, alternativen Gerichtsstandes zugunsten des Markt-
platzbetreibers am Sitz des Nutzers begegnet keinen Bedenken.

Spezielle Vertriebsformen

4. Portalvertrag

Portalvertrag[1, 2]

zwischen dem

Portal-Inhaber

– Betreiber der Domain www.portal-mall.de –

......

– nachstehend „Portal-Inhaber" genannt –

und dem

Shop-Inhaber

– Betreiber der Domain www.shop-inhaber.de –

......

– nachstehend „Shop-Inhaber" genannt –

Präambel

Der Portal-Inhaber betreibt unter der Domain www.portal-mall.de ein Portal.[3] www.
portal-mall.de ist eine (regionale) Plattform und ein virtueller Marktplatz für (die Region)
und für alle, die an der (Region) interessiert sind. Ziel des Portal-Inhabers ist es,
Informationen, Dienstleistungen und Waren aus allen Lebensbereichen zur Verfügung
zu stellen.

Der Shop-Inhaber betreibt unter seiner eigenen Domain www.Shop-Inhaber.de einen
Shop. Der Portal-Inhaber bietet dem Shop-Inhaber an,[4] durch Verknüpfung der URL
des Shop-Inhabers mit der des Portal-Inhabers am Portal teilzunehmen, damit der Shop-
Inhaber den Vertrieb seiner Produkte über das Internet erweitern kann.

§ 1 Leistungen des Portal-Inhabers[5]

Der Portal-Inhaber verpflichtet sich auf Grundlage der zwischen dem Shop-Inhaber und
dem Portal-Inhaber vereinbarten Absprachen zu folgenden Leistungen:

(1) Betrieb und Betreuung des Portals unter der URL www.portal-mall.de. Der Portal-
Inhaber darf die Domain ändern, wenn er dies dem Shop-Inhaber mit einer Frist[6] von
einem Monat zuvor schriftlich ankündigt. Der Shop-Inhaber kann in diesem Fall den

Vertrag spätestens zwei Wochen nach Empfang der Änderungsmitteilung durch schriftliche Mitteilung gegenüber dem Portal-Inhaber zum Zeitpunkt des Eintritts der Änderung kündigen. Der Vertrag endet dann mit dem letzten Tag des Betriebes der Domain www.portal-mall.de. Sollte es dem Portal-Inhaber aus rechtlichen Gründen nicht möglich sein, die Domain weiter zu betreiben, kann er die URL fristlos ändern.[7]

(2) Verknüpfung des Logos. Der Portal-Inhaber listet das Logo des Shop-Inhabers auf der Startseite[8] und verknüpft es mit der URL des Shop-Inhabers. Er bindet den Shop des Shop-Inhabers in das Portal ein und generiert die Umsätze für den Shop-Inhaber.[9]

Optional (qualifizierte Variante):

(3) Inkasso. Der Portal-Inhaber verpflichtet sich, das Inkasso sowie die gerichtliche Beitreibung der Forderungen gegen die Endkunden selbst zu betreiben. Der Portal-Inhaber haftet jedoch nicht für die über seinen Internetauftritt entstandenen geschäftlichen Verbindungen und daraus entstehende Ansprüche. Der Portal-Inhaber leitet die eingezogenen Rechnungsbeträge der Endkunden nach Eingang an den Shop-Inhaber weiter.

(4) Technische Merkmale. Die Parteien sind sich darüber einig, dass die Website des Portal-Inhabers den Spezifikationen von Mozilla Firefox der Generation . . . . . und Microsoft Internet Explorer . . . . . sowie einer Bildschirmauflösung von . . . . .[Pixel eingeben] ensprechen soll.[10]

(5) Änderungsvorbehalt. Der Portal-Inhaber behält sich vor, das Portal jederzeit zu ändern, zu erweitern oder einzustellen, sowie bestimmte Endkunden, Gruppen von Endkunden oder Shop-Inhaber von der Nutzung des Portals auszuschließen.

(6) Verfügbarkeit. Der Portal-Inhaber verpflichtet sich, das Portal für die vereinbarten Dienste im Jahresdurchschnitt zu 98,5 % verfügbar zu halten. Dies beinhaltet bereits die erforderlichen Wartungsarbeiten. Die Verfügbarkeit darf nicht länger als 48 Stunden am Stück unterbrochen sein.

§ 2 Leistungen des Shop-Inhabers

Der Shop-Inhaber verpflichtet sich auf Grundlage der zwischen dem Shop-Inhaber und dem Portal-Inhaber vereinbarten Absprachen zu folgenden Leistungen:

(1) Nutzung. Der Shop-Inhaber verpflichtet sich, die Domain www.portal-mall.de nur für den festgelegten Zweck des Portals zu nutzen. Er verpflichtet sich, die zum Vertragsabschluss erforderlichen Daten sorgfältig und nach bestem Wissen anzugeben und keine irreführenden Angaben zu machen, sowie den Dienst nicht durch missbräuchliche Inanspruchnahme zu überlasten. Der Shop-Inhaber verpflichtet sich, bei der Einstellung seiner Website in das Portal des Portal-Inhabers keine Software oder anderen Daten zu verwenden, die zu Veränderungen an der physikalischen oder logischen Struktur des Netzes, der Software und/oder des Betriebssystems führen könnten. Der Shop-Inhaber wird es unterlassen, den unberechtigten Zugriff auf Daten Dritter zu versuchen. Darüber hinaus verpflichtet sich der Shop-Inhaber, jegliche Passwörtcr und/oder Registrierungsdaten, die ihm vom Portal-Inhaber zur Registrierung zur Verfügung gestellt werden, geheim zu halten und nur solchen Personen zugänglich zu machen, die von ihm hierzu wirksam bevollmächtigt wurden. Der Shop-Inhaber hat dem Portal-Inhaber unverzüglich jegliche Änderung seiner Daten (insbesondere aber nicht ausschließlich: Adresse, Name, Telefonnummer, E-Mail, Sitz, Konten) schriftlich mitzuteilen.

(2) Lieferung der Inhalte. Der Shop-Inhaber verpflichtet sich, die für die Verknüpfung erforderliche Website termingerecht zu Beginn dieses Vertrages zur Verfügung zu stellen.

Dem Shop-Inhaber ist bewusst, dass Verzögerungen in der Mitwirkung zu zeitlichen Verschiebungen führen können. Der Shop-Inhaber verpflichtet sich darüber hinaus zur fortlaufenden Aufrechterhaltung und Pflege seines Internet-Shops, dh seines eigenen Datenbestandes.

(3) Anforderungen an eingestellte Inhalte.[11] Der Shop-Inhaber ist verpflichtet, die von ihm eingestellten Angebote rechtmäßig zu gestalten. Insbesondere, aber nicht ausschließlich, hat der Shop-Inhaber dafür Sorge zu tragen, dass die Inhalte nicht die religiösen und kulturellen Belange anderer Shop-Inhaber und/oder Endkunden verletzen, die Angebote keinen verleumderischen, verletzenden, beleidigenden, bedrohenden, obszönen, pornographischen, jugendgefährdenden oder in sonstiger Weise gesetzeswidrigen oder gegen die guten Sitten verstoßenden Inhalt zeigen. Der Shop-Inhaber gewährleistet, dass auch die Inhalte, die ggf. über im eigenen Angebot angebrachte Verknüpfungen zugänglich gemacht werden, diesen Anforderungen entsprechen. Der Shop-Inhaber verpflichtet sich, weder sog. Spam- noch Junkmails zu versenden. Der Shop-Inhaber verpflichtet sich, weder Inhalte noch Technologien zu verbreiten, die auf den Technologien von L. Ron Hubbard beruhen. Ferner verpflichtet sich der Shop-Inhaber, die für seinen Geschäftsbetrieb geltenden Allgemeinen Geschäftsbedingungen in das Angebot und an gut sichtbarer Stelle den Anforderungen des Gesetzes entsprechend einzustellen.

(4) Lieferung des Logos. Der Shop-Inhaber verpflichtet sich, dem Portal-Inhaber zur genauen Einbindung in www.portal-mall.de das Logo[12] seines Unternehmens in einer Breite von maximal . . . . . Pixel, in einer Höhe von maximal . . . . . Pixel und in einer Dateigröße von maximal . . . . . kB als jpeg- oder gif-Datei zuzusenden. Animierte Grafiken kann der Portal-Inhaber nicht berücksichtigen. Der Shop-Inhaber stimmt zu, dass der Portal-Inhaber das Logo auf der Seite www.portal-mall.de und in damit zusammenhängenden Veröffentlichungen und Werbung verwenden darf. Der Shop-Inhaber verpflichtet sich, das Logo spätestens 14 Tage vor Vertragsbeginn dem Portal-Inhaber zuzusenden, spätestens jedoch einen Monat nach Unterzeichnung dieses Vertrages.

(5) Impressumspflicht.[13] Der Shop-Inhaber ist aufgrund § 5 TMG verpflichtet, sein Angebot mit Impressum zu versehen. Hierzu zählen insbesondere, aber nicht ausschließlich Name/Firma, Vertretungsberechtigter, Anschrift.[14] Der Shop-Inhaber verpflichtet sich gegenüber dem Portal-Inhaber, sämtlichen Pflichten aus dem Betrieb des Shops nachzukommen, und hält bei Verstoß gegen eine oder mehrere der Pflichten den Portal-Inhaber von jeglichen Ansprüchen Dritter frei.

(6) Vertragspartner. Der Shop-Inhaber wird ausschließlicher Vertragspartner seiner Kunden. Der Portal-Inhaber ist lediglich Vermittler. Jegliche Rechte und Pflichten aus dem Vertragsverhältnis zwischen dem Shop-Inhaber und seinen Kunden bestehen ausschließlich zwischen diesen Parteien. Der Shop-Inhaber hat den Portal-Inhaber von Forderungen des Kunden des Shop-Inhabers freizustellen.

(7) Optional (einfache Variante):

Inkasso. Der Shop-Inhaber verpflichtet sich, das Inkasso sowie die gerichtliche Beitreibung der Forderungen gegen die Käufer selbst zu betreiben. Der Portal-Inhaber haftet nicht für die über seinen Internetauftritt entstandenen geschäftlichen Verbindungen und daraus entstehende Ansprüche.

§ 3 Workflow

Sollten Änderungen an der Domain, dem Logo oder Adressdaten entstehen, informieren die Parteien sich unverzüglich gegenseitig. Als entscheidungsbefugte Ansprechpartner im Rahmen der Durchführung dieses Vertrages benennt

- Shop-Inhaber . . . . .
  und
- Portal-Inhaber . . . . .

Von anderen Personen abgegebene Erklärungen erlangen keine Rechtswirksamkeit.

§ 4 Vergütung[15, 16]

(Alternative 1:

(1) Pauschale

Der Shop-Inhaber zahlt für die Verknüpfung seiner URL an den Portal-Inhaber monatlich im Voraus eine Pauschale in Höhe von 123,45 EUR. Die Zahlung ist fällig bis spätestens zum 3. Werktag eines jeden Monats.)

(Alternative 2:

(1) Pauschale, Provision

Der Shop-Inhaber zahlt für die Verknüpfung seiner URL an den Portal-Inhaber monatlich im Voraus eine Pauschale in Höhe von 123,45 EUR. Die Zahlung ist fällig bis spätestens zum 3. Werktag eines jeden Monats.[17] Darüber hinaus zahlt der Shop-Inhaber monatlich für jeden Click, der über die URL des Portal-Inhabers generiert wird, einen Betrag in Höhe von 0,123 EUR. Der Shop-Inhaber verpflichtet sich, monatlich im Nachhinein bis zum 10. eines jeden Monats dem Portal-Inhaber eine Abrechnung über die generierten Clicks des Vormonats vorzulegen.[18])

Option (qualifizierte Variante):

Darüber hinaus zahlt der Shop-Inhaber monatlich für jede Transaktion, die über die URL des Portal-Inhabers generiert wird, eine Provision in Höhe . . . . . % auf den Netto-Preis der Transaktionsvergütung.

Abrechnung. Der Portal-Inhaber rechnet die monatlich über seine URL getätigten Transaktionen ab und stellt dem Shop-Inhaber die hierauf entfallende Provision in Rechnung. Dabei berücksichtigt der Portal-Inhaber eine Rücklaufquote von . . . . . %, die die Parteien als jährlich im Durchschnitt anfallend festgelegt haben.

(Für beide Alternativen und die Option:)

(2) Umsatzsteuer. Zusätzlich zu den vorgenannten Vergütungen hat der Portal-Inhaber Anspruch auf Zahlung der hierauf entfallenden gesetzlichen Umsatzsteuer.[19]

(3) Verzug. Der Shop-Inhaber kommt ohne weitere Mahnung in Verzug, falls die Zahlungen nicht zu den vereinbarten Terminen dem Konto des Portal-Inhabers gutgeschrieben sind.[20] Es gelten die gesetzlichen Verzugsfolgen.

(4) Zahlung

Der Shop-Inhaber stimmt dem Lastschriftverfahren zu.[21]

(5) Zurückbehaltung und Aufrechnung. Hinsichtlich aller Zahlungsansprüche wird das Recht des Shop-Inhabers zur Zurückbehaltung oder Aufrechnung ausgeschlossen, soweit die Gegenansprüche des Shop-Inhabers nicht unbestritten oder rechtskräftig festgestellt sind.

Optional (qualifizierte Variante):

(6) Der Portal-Inhaber kann die Rechnungsbeträge mit den eingezogenen Beträgen der Endkunden verrechnen.[22]

§ 5 Exklusivität[23]

Während der Laufzeit dieses Vertrages wird der Shop-Inhaber andere Portal-Inhaber für die vertragsgegenständlichen Leistungsbereiche nur mit Zustimmung des Portal-Inhabers beauftragen.

§ 6 Außendarstellung

(1) Werbung.[24] Der Portal-Inhaber verpflichtet sich, das Portal in angemessenem Umfang entgeltlich zu bewerben. Die Parteien legen die Merkmale der Werbung gemeinsam fest, soweit im Rahmen der Werbung der Shop-Inhaber besonders herausgestellt werden soll. Sofern die Werbung für alle Shop-Inhaber des Portals gleichermaßen gelten soll, wird der Portal-Inhaber versuchen, eine Genehmigung der Shop-Inhaber einzuholen. Allerdings bleibt dem Portal-Inhaber das alleinige Bestimmungsrecht vorbehalten, sollte eine einheitliche Meinung unter den Shop-Inhabern nicht zu erzielen sein.[25] Die Parteien legen jedes Jahr im gegenseitigen Einvernehmen fest, welches Budget für die Werbung zur Verfügung stehen soll. Der Shop-Inhaber verpflichtet sich, den entsprechenden Beitrag an den Portal-Inhaber zu zahlen.

(2) Rechte und Pflichten des Shop-Inhabers. Der Shop-Inhaber erhält für die Dauer des Vertrages das Recht, mit der Teilnahme am Portal des Portal-Inhabers zu werben. Der Shop-Inhaber ist nicht befugt, hierfür Texte, Marken oder andere Kennzeichen des Portal-Inhabers zu nutzen, es sei denn, er holt zuvor eine schriftliche Genehmigung des Portal-Inhabers ein. Offizielle und unter den Shop-Inhabern und dem Portal-Inhaber abgestimmte Werbemittel des Portals sind von diesem Verbot ausgenommen.

(3) Rechte des Portal-Inhabers. Der Portal-Inhaber erhält für die Dauer des Vertrages das Recht, mit der Teilnahme des Shop-Inhabers am Portal des Portal-Inhabers zu werben.

(4) Pressemitteilungen. Die Parteien werden Pressemitteilungen, die über die übliche Werbung hinausgehen, zuvor miteinander abstimmen. Können sich die Parteien nicht einigen, behält der Portal-Inhaber das Recht, die letzte Entscheidung über eine Pressemitteilung zu treffen.

(5) Vertragsverletzung. Für den Fall, dass der Shop-Inhaber eine seiner vorstehend benannten Pflichten verletzten sollte, zahlt er eine Vertragsstrafe in Höhe von . . . . . EUR an den Portal-Inhaber, die sofort und ohne Abzüge fällig ist. Etwaige Schadenersatzansprüche bleiben hiervon unberührt.

§ 7 Geheimhaltung und Kundenschutz[26]

(1) Stillschweigen. Die Parteien verpflichten sich wechselseitig, gegenüber Dritten über alle ihnen im Rahmen der Zusammenarbeit zur Kenntnis gelangenden geschäftlichen Vorgänge, insbesondere über Geschäfts- und Betriebsgeheimnisse, absolutes Stillschweigen zu bewahren. Die Geheimhaltungsverpflichtung besteht auch nach Beendigung des Vertrages fort.[27]

(2) Geschäftsunterlagen. Sämtliche wechselseitig ausgetauschten Geschäftsunterlagen sind sorgfältig in den eigenen Geschäftsräumen zu verwahren und vor Einsichtnahme Unbefugter zu schützen.

(3) Abwerbung. Die Parteien verpflichten sich, es zu unterlassen, Mitarbeiter der anderen Partei abzuwerben.[28]

§ 8 Haftung[29, 30]

(1) Haftungsausschluss. Eine Haftung[31] des Portal-Inhabers – gleich aus welchem Rechtsgrund – tritt nur ein, wenn der Schaden

a) durch schuldhafte Verletzung einer der Kardinalpflichten oder wesentlichen Nebenpflichten in einer das Erreichen des Vertragszwecks gefährdenden Weise verursacht
worden ist[32] oder

b) auf grobe Fahrlässigkeit oder Vorsatz des Portal-Inhabers zurückzuführen ist.[33]

(2) Haftungsbegrenzung. Haftet der Portal-Inhaber gemäß § 8 Nr. 1 lit. a für die Verletzung einer wesentlichen Vertragspflicht, ohne dass grobe Fahrlässigkeit oder Vorsatz
vorliegen, so ist die Haftung auf denjenigen Schadensumfang begrenzt, mit dessen
Entstehen der Portal-Inhaber bei Vertragsschluss aufgrund der ihm zu diesem Zeitpunkt
bekannten Umstände typischerweise rechnen musste.[34] Dies gilt in gleicher Weise für
Schäden, die aufgrund von grober Fahrlässigkeit oder Vorsatz von Mitarbeitern der
Beauftragten des Portal-Inhabers verursacht werden, welche nicht zu dessen Geschäftsführern oder leitenden Angestellten gehören. Die Haftung für Folgeschäden, insbesondere
auf entgangenen Gewinn oder auf Ersatz von Schäden Dritter, wird ausgeschlossen, es sei
denn, es fallen dem Portal-Inhaber Vorsatz oder grobe Fahrlässigkeit zur Last.

(3) Kein Ausschluss. Schadenersatzansprüche nach dem Produkthaftungsgesetz und für
Schäden aus der Verletzung des Lebens, des Körpers oder der Gesundheit bleiben durch
die vorstehenden Haftungsbeschränkungen unberührt.

(4) Haftung für Produkte des Shop-Inhabers. Der Portal-Inhaber hat im Verhältnis zum
Shop-Inhaber gegenüber dem Kunden lediglich eine Vermittlerrolle und übernimmt daher
keinerlei Gewährleistung für Produkte oder Dienstleistungen des Shop-Inhabers.

(5) Datenverlust. Für den Verlust von Daten und Programmen und deren Wiederherstellung haftet der Portal-Inhaber in dem aus § 8 ersichtlichen Rahmen und auch nur
insoweit, als dieser Verlust nicht durch angemessene Vorsorgemaßnahmen, insbesondere
die tägliche Anfertigung von Sicherheitskopien aller Daten und Programme, vermeidbar
gewesen wäre.

(6) Betrieb und Erreichbarkeit. Der Portal-Inhaber gewährleistet den Betrieb und eine
Erreichbarkeit des Portals von . . . . . %. Der Betrieb und die Erreichbarkeit berechnen
sich auf einer monatlichen Basis. Eine Haftung für eine darüber hinausgehende Erreichbarkeit übernimmt der Portal-Inhaber nicht. Nicht in die Berechnung der Quote fällt
angekündigte Wartungszeit.

(7) Dritte. Die vorstehenden Haftungsbeschränkungen gelten auch zugunsten von eventuell eingebundenen gesetzlichen Vertretern und Erfüllungsgehilfen des Portal-Inhabers.

(8) Eingriff. Jegliche Haftungsansprüche entfallen, wenn der Shop-Inhaber von sich aus in
die Sphäre des Portal-Inhabers eingreift, sie wie auch immer modifiziert, unabhängig
davon, in welchem Umfang solche Modifikationen stattfinden oder stattgefunden haben.

(9) Haftung für die Shop-Inhalte.[35] Der Portal-Inhaber haftet nicht für die vom Shop-
Inhaber eingestellten Inhalte, die mindestens den Anforderungen gemäß § 2 Abs. 3 entsprechen müssen.[36] Der Portal-Inhaber haftet nicht für die im Inhalt enthaltenen Behaup-
tungen über Produkte und/oder Leistungen des Shop-Inhabers. Mögliche wettbewerbsrechtliche, urheberrechtliche, markenrechtliche, datenschutzrechtliche oder sonstige
Rechtsverstöße von Maßnahmen liegen in der Verantwortung des Shop-Inhabers.[37] Der
Portal-Inhaber wird gegenüber dem Endkunden im Portal durch Allgemeine Geschäftsbedingungen und Haftungsausschlüsse entsprechend auf diese Regelung hinweisen.[38]

(10) Freihaltung. Der Shop-Inhaber hält den Portal-Inhaber von jeglichen Ansprüchen
Dritter frei. Die Freistellung ist hinsichtlich der Kosten der Verteidigung beschränkt auf
die gesetzlichen Anwalts- und Gerichtsgebühren. Ein etwaiger Vergleich zwischen dem

Portal-Inhaber und dem Anspruchsteller unterliegt dem Zustimmungsvorbehalt des Shop-Inhabers. Der Shop-Inhaber wird den Anspruchsteller hierüber in Kenntnis setzen.

(11) Kenntnis des Portal-Inhabers. Sofern der Portal-Inhaber Kenntnis von rechtswidrigen Inhalten des Shops erlangt, ist er berechtigt, die Verknüpfung zu den beanstandeten Seiten unverzüglich zu unterbinden.

§ 9 Datensicherung

Der Portal-Inhaber führt keine Datensicherung der vom Shop-Inhaber eingestellten Inhalte und der vom Shop-Inhaber empfangenen E-Mails durch, der Shop-Inhaber ist für etwaige Datensicherung selbst verantwortlich.[39]

§ 10 Datenschutz

(1) Speicherung durch den Portal-Inhaber. Der Portal-Inhaber speichert und verarbeitet die personenbezogenen Daten des Shop-Inhabers unter Beachtung der geltenden gesetzlichen Bestimmungen ausschließlich zur Erfüllung dieses Vertrages. Die vom Shop-Inhaber erhaltenen Daten (wie beispielsweise Anrede, Name, Adresse, Geburtsdatum, E-Mail-Adresse, Telefonnummer) werden ausschließlich beim Shop-Inhaber erhoben, auf dem Server des Portal-Inhabers verarbeitet und genutzt, soweit dies für die Begründung, Ausführung, Änderung oder Beendigung dieses Vertrages erforderlich ist. Der Portal-Inhaber ist berechtigt, die Daten an von ihm beauftragte Dritte zu übermitteln, soweit dies notwendig ist, damit der Portal-Inhaber seinen Verpflichtungen aus diesem Vertrag nachkommen kann. Der Shop-Inhaber kann die hier erteilte Zustimmung jederzeit mit Wirkung für die Zukunft widerrufen.

(2) Speicherung durch den Shop-Inhaber. Der Shop-Inhaber verpflichtet sich, bei der Teilnahme am Portal die gesetzlichen Datenschutzbestimmungen zu berücksichtigen.

§ 11 Laufzeit und Kündigung

(1) Vertragsdauer. Die Vereinbarung beginnt am . . . . .[40] und läuft zunächst für zwei Jahre.[41] Der Vertrag verlängert sich stillschweigend um ein weiteres Jahr, wenn nicht eine Vertragspartei den Vertrag mit einer Frist von 3 Monaten zum Ende der Vertragslaufzeit oder eines Verlängerungsjahres kündigt.

(2) Außerordentliche Kündigung. Das Recht zur fristlosen Kündigung aus wichtigem Grund bleibt hiervon unberührt.

(3) Wichtiger Grund. Als wichtiger Grund gelten insbesondere, aber nicht ausschließlich:
- das Verwenden von rechtsverletzenden Inhalten des Shop-Inhabers gemäß § 2 Abs. 3 (Inhalte),
- der Verzug des Shop-Inhabers mit mehr als durchschnittlich zwei Monatsbeiträgen,[42]
- die fristlose Änderung der URL durch den Portal-Inhaber.

(4) Form. Die Kündigung erfolgt schriftlich.

§ 12 Rechtsnachfolge

Der Portal-Inhaber ist berechtigt, die sich aus diesem Vertrag ergebenden Rechte und Pflichten auf einen Dritten zu übertragen. Er wird die Übertragung dem Shop-Inhaber schriftlich zur Kenntnis bringen. Im Falle einer Übertragung durch den Portal-Inhaber steht dem Shop-Inhaber ein außerordentliches Kündigungsrecht zu. Die Kündigung muss binnen 14 Tagen nach Eingang der Übertragungsmitteilung beim Shop-Inhaber schriftlich beim Portal-Inhaber eingehen. Sie wird wirksam zum Zeitpunkt der Übertragung.

§ 13 Schlussbestimmungen

(1) AGB. Allgemeine Geschäftsbedingungen des Shop-Inhabers finden keine Anwendung, auch wenn der Einbeziehung nicht ausdrücklich widersprochen wurde.

(2) Schriftform. Änderungen, Ergänzungen und Kündigungen dieses Vertrages bedürfen der Schriftform.[43] Auch eine Aufhebung dieses Vertrages oder eine Änderung dieser Schriftformklausel bedürfen der schriftlichen Form. Nebenabreden wurden nicht getroffen.

(3) Rechtswahl.[44] Es gilt das Recht der Bundesrepublik Deutschland unter Ausschluss des Internationalen Privatrechts sowie des UN-Kaufrechts.[45]

(4) Erfüllungsort. Erfüllungsort ist der Sitz des Portal-Inhabers, sofern der Shop-Inhaber Unternehmer[46] ist.

(5) Gerichtsstand. Gerichtsstand ist der Sitz des Portal-Inhabers, sofern der Shop-Inhaber Unternehmer[47] ist.

(6) Salvatorische Klausel. Sollte eine Bestimmung dieses Vertrages unwirksam sein oder werden, so berührt dies die Gültigkeit des Vertrages im Übrigen nicht. Anstelle der unwirksamen Bestimmung soll eine Regelung gelten, die im Rahmen des Möglichen dem am nächsten kommt, was die Parteien unter Berücksichtigung wirtschaftlicher Gesichtspunkte gewollt haben. Das Gleiche gilt für den Fall, dass eventuelle Vereinbarungsergänzungen notwendig werden. § 139 BGB findet keine Anwendung.[48]

. . . .

(Ort, Datum)   (Ort, Datum)

. . . .

– Portal-Inhaber –   – Shop-Inhaber –

Anmerkungen

1. Arten. Im Internet finden sich zahlreiche Portale, die Interessenten die Möglichkeit bieten, eigene Angebote im Internet an ein bestimmtes Portal anzuschließen. Portale werden auch die Marktplätze des Internets genannt. Dabei gibt es offene Marktplätze mit verschiedensten Angeboten von Waren, Dienstleistungen und Informationen, die die üblichen Anbieter von freien E-Mail-Diensten auf ihren Startseiten darbieten (beispielsweise web.de, hotmail.de oder t-online.de), Portale mit themenspezifischen Angeboten (beispielsweise solarserver.de zum Thema Solarenergie), einer Region oder Kommune (beispielsweise esslingen.de oder hamburg.de), mit themenspezifischen Angeboten zu bestimmten Produkten oder Dienstleistungen, beispielsweise handwerk.de, den Stahlmarkt (eSteel.com), oder den Chemiemarkt (omnexus.com) sowie geschlossene Portale, für deren Nutzung man sich zunächst registrieren lassen muss. Es gibt Portale auf zwei Ebenen, bei denen sowohl Portal-Inhaber als auch Shop-Inhaber zwei völlig unabhängige Unternehmer sind. Ferner finden sich kooperative Portale oder auch Joint-Venture-Plattformen.

Portale entstehen vor allen Dingen aus wirtschaftlichen Gründen: Das eigene Angebot lässt sich auf diese Weise gemeinsam effektiver und kostengünstiger bewerben. Auch können einige Aufgaben auf den Portal-Inhaber übertragen werden, wenn dies erforderlich ist, wie etwa die Fakturierung.

Es gibt verschiedene Möglichkeiten der Einbindung: Am weitesten verbreitet ist die Einbindung der eigenen URL („Uniform Resource Locator" – Standardadressierung eines

Dokuments im Internet) des Shop-Inhabers durch die Hinterlegung der URL in einem Hyperlink im Portal des Portal-Inhabers. Möglich ist jedoch auch die Nutzung der URL des Portal-Inhabers mit Erstellung des Angebotes auf dessen Internetseiten. Nach den unterschiedlichen Modellen muss auch die Vergütung unterschieden werden. Hier wird der einfache Portalvertrag gleichzeitig mit einer qualifizierten Variante dargestellt. Der einfache Portalvertrag zeichnet sich durch die schlichte Verknüpfung von Portal und Shop aus, die qualifizierte Variante hat eine Einbindung zur Grundlage. Das Angebot des Shop-Inhabers kann nämlich optisch auch in das Portal des Portal-Inhabers integriert werden, so dass der Endkunde im Zweifel nicht einmal die Einbindung bemerkt, würde er nicht ausdrücklich darauf hingewiesen. Insofern ist eine umfassendere Leistungsbeschreibung erforderlich. Gleichzeitig bedarf es auf Seiten des Portal-Inhabers besonderer Hinweispflichten an den Endkunden, um sich keiner weitergehenden Haftung auszusetzen (→ Anm. 4). Hier ist zudem eine Transaktionspflicht für den Portal-Inhaber einbezogen.

2. Standard. In Deutschland hat sich bislang noch kein Standard für Portalverträge herauskristallisiert. Die meisten Portal-Inhaber stellen die Bedingungen für den Abschluss von Portalverträgen in Form von Allgemeinen Bedingungen ins Netz und bieten sodann dem Shop-Inhaber die Möglichkeit, über ein Online-Formular den Abschluss des Vertrages zu erklären. Da sich der Portal-Inhaber in den Allgemeinen Bedingungen zumeist eine Prüfung des Shop-Inhabers vorbehält, handelt es sich bei den Online-Formularen tatsächlich um eine Möglichkeit des Shop-Inhabers, ein Angebot an den Portal-Inhaber abzugeben. Tatsächlich handelt es sich bei dem Online-Formular also um eine invitatio ad offerendum.

Mangels gesetzlicher Regelungen bedarf es der Einhaltung von Formvorschriften nicht, so dass es einer Diskussion zur digitalen Signatur an dieser Stelle nicht bedarf. Es wird im Rahmen der Erläuterungen zu den Schlussvorschriften hierauf näher eingegangen werden.

Es ist davon auszugehen, dass die meisten Shop-Inhaber, die an die Portale angebunden sind, selbst Unternehmer sind. Folglich müssen die Bedingungen nach Maßgabe des § 310 Abs. 1 BGB verfasst werden und diesen Anforderungen genügen. Sollten auch Verbraucher bzw. Privatleute in das Portal eingebunden werden, müssen die vorformulierten Vertragsbedingungen den gesamten Regelungen der §§ 305 ff. BGB entsprechen.

3. Spezifizierung. Hier sollte eine genauere Spezifizierung erfolgen, um welche Art von Portal es sich handelt, also etwa ein Einkaufsportal, ein Informationsportal zur Hundezucht etc.

4. Kartellrecht. Das Internet ist bekanntlich auch in wettbewerbsrechtlicher Hinsicht kein rechtsfreier Raum; vielmehr finden die allgemeinen kartellrechtlichen Regelungen Anwendung. Bereits hier ist daher auf kartellrechtliche Einflüsse auf den Vertrieb im Internet einzugehen. Ob ein Verstoß gegen das Kartellrecht vorliegt, hängt von der Beurteilung der verschiedenen Merkmale des Portals ab. Kartellrechtlich problematisch können je nach Inhalt beispielsweise schon erste Vertragsverhandlungen sein *(Geis* S. 115 ff.). Es besteht die Gefahr der Abstimmung von Verhaltensweisen der Marktteilnehmer, insbesondere wenn es sich um kooperative Portale oder Joint-Venture-Portale handelt. Die bloße Koordination von Geschäftsabläufen aber kann genügen, eine kartellrechtlich relevante Beschränkung zu initiieren. Es ist nicht nur das deutsche Kartellrecht zu beachten, sondern es gelten darüber hinaus auch die Bestimmungen des Unionsrechts, § 21 Abs. 2, § 1 GWB iVm insbesondere Art. 101 ff. AEUV. Es kann bei Beurteilung der einzelnen Merkmale eine Anmeldung des Portals beim Bundeskartellamt oder bei der Europäischen Kommission erforderlich werden. Dies sollte im Einzelfall von einem Rechtsanwalt überprüft werden.

5. Alternative Leistungsbeschreibungen. Aufgrund der verschiedenen Modelle wird hier im Rahmen des einfachen Portalvertrages die erste Alternative für den Leistungsumfang vorgestellt. Als Option findet sich dann die Darstellung des qualifizierten Portalvertrages.

6. Leistungsfrist. Hier sollte eine genaue Frist bestimmt werden, damit der Shop-Inhaber die Möglichkeit erhält, selbst Folgen aus der Änderungsankündigung zu ziehen. Die Länge der Frist ist jeweils angemessen an den zu erwartenden Aufwand anzupassen. Es sollte daher nicht nur die Schnelligkeit des Mediums Kriterium für die Bemessung der Frist sein, sondern auch die sorgfältige Prüfungsmöglichkeit des Shop-Inhabers berücksichtigt werden.

7. URL-Änderung. Dies ist insbesondere für den Fall gedacht, dass der Portal-Inhaber aufgrund der gewählten Domain unter markenrechtlichen Gesichtspunkten angegriffen wird, etwa eine Einstweilige Verfügung zugestellt bekommt, nach der er die Domain nicht weiter verwenden darf.

8. Staffelung. An dieser Stelle kann eine Staffelung für die Shop-Inhaber erfolgen, die auch mit einer unterschiedlichen Vergütung verknüpft werden kann. Beispielsweise:
Erscheinen auf der Startseite mit Logo – Erscheinen auf der Startseite ohne Logo
Erscheinen auf der Startseite mehrerer Rubriken mit Logo – Erscheinen auf der Startseite mehrerer Rubriken ohne Logo
Erscheinen auf der Startseite einer Rubrik mit Logo – Erscheinen auf der Startseite einer Rubrik ohne Logo
Erscheinen in mehreren Rubriken mit Logo – Erscheinen in mehreren Rubriken ohne Logo
Ferner ist eine Staffelung der Vergütung nach der Menge des in Anspruch genommenen Speicherplatzes möglich.

9. Geschäftsdurchführung. Der Portal-Inhaber führt die Transaktion im Namen des Shop-Inhabers durch, wird also nicht selbst Vertragspartner des Endkunden. Dies muss einerseits im Portalvertrag deutlich geregelt werden, andererseits muss der Portal-Inhaber dafür Sorge tragen, dass im Portal auf diese Art des Geschäftsabschlusses hingewiesen wird. Dem Endkunden muss unmissverständlich deutlich werden, dass sein Vertragspartner der Shop-Inhaber wird, da dies vor allem im Hinblick auf die Mängelgewährleistung von großer Bedeutung ist. Auch die sich aus dem Fernabsatz ergebenden Pflichten der Information im Rahmen der Transaktion verbleiben beim Shop-Inhaber. Der Portal-Inhaber ist hiernach lediglich zur Durchführung des Inkasso verpflichtet.

10. Technische Merkmale. Zur Vermeidung späterer Missverständnisse empfiehlt sich eine genaue Definition der technischen Merkmale der Website des Portal-Inhabers. Es kann so vermieden werden, dass etwa ein Logo nicht oder nur verzerrt abbildbar ist.

11. Hinweismöglichkeit. Der Portal-Inhaber ist zwar nicht verpflichtet, den Shop-Inhaber über den korrekten Betrieb von dessen Website aufzuklären. Da er aber auf die Website des Shop-Inhabers direkt verlinkt und sich damit das Angebot des Shop-Inhabers ggf. zu eigen macht, ist es in seinem eigenen Interesse, hier eine juristisch vorbildliche Website zu initiieren. Verstöße können sich durch die Verlinkung bekanntlich auch auf den Portal-Inhaber auswirken. Er sollte daher dem Shop-Inhaber einige unerlässliche Hinweise bezüglich der Impressumspflicht und anderer relevanter Vorschriften mit auf den Weg geben. So kann er sich bei einem Verstoß gegen die relevante Vorschrift vorbehalten, die Verknüpfung mit der Plattform bis zur Abhilfe zu sperren oder den Vertrag nach erfolgloser, angemessener Nachfrist fristlos kündigen.

12. Logo. Der Portal-Inhaber sollte eine oberflächliche Prüfung vornehmen, ob das zur Verfügung gestellte Logo unter wettbewerbsrechtlichen Aspekten gefahrlos zu verwenden ist. Hierbei ist insbesondere zu prüfen, ob das Logo eventuell irreführend ist oder ob auffällt, dass das Logo ein anderes Logo verletzt. In diesem Fall sollte der Portal-Inhaber den Shop-Inhaber auf die vermutete Rechtswidrigkeit des Logos aufmerksam machen, den Shop-Inhaber zur Prüfung des Logos auffordern und bis zur endgültigen Klärung eine Wiedergabe des Logos vermeiden, etwa indem lediglich durch den Namen des Shop-Inhabers auf den Shop hingewiesen wird und dieser Hinweis mit der Website des Shop-Inhabers verlinkt wird.

13. Link-Haftung. Sinn des Impressums ist es, die Verantwortlichkeit für die Inhalte der Website deutlich herauszustellen. Daher ist der Inhaber der Website gemäß § 5 TMG verpflichtet, die Website entsprechend zu kennzeichnen. Eine ausdrückliche Regelung zur Haftung ist hier erforderlich, da der Portal-Inhaber nach der bisherigen Rechtsprechung damit rechnen muss, für die Inhalte des Shop-Inhabers verantwortlich gemacht zu werden. Der Portal-Inhaber muss sich daher den Regress gegenüber dem Shop-Inhaber offen halten (→ Anm. 28, 34). Die Inanspruchnahme des Shop-Inhabers vereinfacht sich noch durch die genaue Regelung der Pflichten des Shop-Inhabers und durch die Verknüpfung der Sekundäransprüche mit den Pflichtverletzungen.

14. Postfach. Der BGH hat am 25.1.2012 entschieden, dass hierbei die Angabe eines Postfachs genügt (BGH Urt. v. 25.1.2012 – VIII ZR 95/11, MMR 2012, 302).

15. Vergütung. Abhängig von der Gestaltung des Portals bieten sich zwei Modelle zur Vergütung der generellen Teilnahme am Portal an:
- *Alternative 1:* Der Portal-Inhaber stellt die Verknüpfung zu seinem Portal gegen einen höheren Pauschalbetrag zur Verfügung. Etwaige weitere Abrechnungsmodi entfallen somit.
- *Alternative 2:* Der Portal-Inhaber verknüpft die Website des Shop-Inhabers gegen einen geringeren Pauschalbetrag und erhält für die über das Portal zustande gekommenen Clicks eine Provision.
- *Alternative 3:* Darüber hinaus ist auch die Vergütung mit einem Pauschalbetrag zuzüglich einer Transaktionsprovision denkbar. Auf den Pauschalbetrag sollte seitens des Portalbetreibers nicht verzichtet werden, da eine Vergütung ausschließlich auf Transaktionsprovisionsbasis auch dazu führen kann, dass keinerlei Vergütung fällig wird.

16. Abrechnung der Transaktionsprovision. Die Abrechnung der Transaktionsprovision bedarf der weitergehenden Regelung, insbesondere die Abrechnungsmodi zur Feststellung der Vergütung. Es muss festgelegt werden, nach welchen weiteren Kriterien die Abrechnung erfolgen soll. Insbesondere wer
- für welche Geschäfte
- für welchen Zeitraum
- wann abrechnet und
- welcher Nachweis für die korrekte Abrechnung erbracht werden muss.

Da insbesondere durch die zeitlich stark erweiterte Mängelhaftung des Shop-Inhabers eine tatsächliche Abrechnung wesentlich erschwert wird, erscheint es ratsam, die Rücklaufquote anhand der Erfahrungen pauschal festzulegen und von der Transaktionsprovision bereits abzuziehen. Beide Parteien haben die Möglichkeit, diese Regelung von Zeit zu Zeit anzupassen, indem sie sich des Change-Request-Verfahrens bedienen, wenn sie in der Praxis feststellen, dass die Rücklaufquote wesentlich abweicht.

17. Fälligkeit. Die Pauschalvergütung sollte in Anlehnung an Mietverträge am Anfang eines Nutzungszeitraums fällig werden.

18. Abrechnung. Im Fall der Vergütung nach Clicks muss zusätzlich zur Abrechnung der Pauschale festgelegt werden, nach welchen weiteren Kriterien die Abrechnung erfolgen soll. Insbesondere wer
- für welchen Zeitraum
- wann abrechnet und
- welcher Nachweis für die korrekte Abrechnung erbracht werden muss.

19. Umsatzsteuer. Bei der kostenpflichtigen Gewährung der Verknüpfung sowie dem Vertrieb von Waren und/oder Dienstleistungen über die Plattform handelt es sich um gewerbliche Vorgänge, die der jeweilige Betreiber im Rahmen seines Unternehmens erbringt. Daher ist zusätzlich zur Vergütung die Umsatzsteuer in Rechnung zu stellen. Dies sollte der Eindeutigkeit halber formuliert werden.

Für Rechnungen kann die elektronische Form gem. § 126a Abs. 1 BGB gewählt werden. Die Rechnung muss also mit einer qualifizierten elektronischen Signatur versehen werden, damit sie anerkannt wird. Daraus folgend hat sie gemäß § 371a ZPO den Anschein der Echtheit. Ferner ist die Angabe der Steuernummer des Rechnungsausstellers gemäß § 14 Abs. 1 lit. a UStG zwingend erforderlich.

20. Verzug. Es ist erforderlich, den Verzugsbeginn genau zu bestimmen, damit der Portal-Inhaber die gesetzlichen Verzugsfolgen für sich in Anspruch nehmen kann und dies dem Shop-Inhaber durch eine konkrete Regelung bewusst gemacht wird.

21. Lastschriftverfahren. Zur reibungslosen Durchführung wird empfohlen, dass der Portal-Inhaber vom Shop-Inhaber die Zustimmung zur Teilnahme am Lastschriftverfahren verlangt. Im Rahmen des E-Commerce sind sich die Geschäftspartner oft nicht mehr sicher, inwieweit ihre Geschäftspartner überlebensfähig sind. Um im Falle einer drohenden Beendigung der Geschäftsbeziehung nicht einen zu hohen Forderungsausfall verzeichnen zu müssen, bietet sich das Lastschriftverfahren an. In diesem Fall besteht nach einer Frist von sechs Wochen Gewissheit, dass die Vergütung gezahlt wurde, ohne ein umständliches Mahnverfahren einleiten zu müssen. Dem Portal-Inhaber wird auf diese Weise auch ermöglicht, eine bessere Kontrolle über die Zahlungseingänge auszuüben und aus offenen Forderungen schneller Konsequenzen zu ziehen. Das Lastschriftverfahren sollte jedoch nur dann vereinbart werden, wenn die Alternative 1 der Vergütungsregelung gewählt wurde, da andernfalls die Lastschrift von der vorangehenden Abrechnung des Shop-Inhabers abhängig ist, mit dem Lastschriftverfahren also nichts gewonnen wird.

22. Verrechnung. Die Verrechnung sollte aufgenommen werden, um die Abrechnungen möglichst praxisnah zu gestalten.

23. Exklusivität. Grundsätzlich wird von der Vereinbarung von Exklusivitätsklauseln abgeraten. Für manche Portal-Inhaber und Shop-Inhaber stellt sich unter Umständen dennoch die Frage nach der Ausschließlichkeit der Geschäftsbeziehung und somit die Frage nach der Vereinbarung eines Wettbewerbsverbotes. Hier bleibt nur der Hinweis auf mögliche Verstöße gegen das Kartellrecht, die im Einzelfall sorgfältig zu prüfen sind und die bereits bei Verhandlungen über Exklusivitätsklauseln gegeben sein können. Neben den deutschen Regelungen im Kartellgesetz muss dringend auch die Einhaltung europäischer Normen im Kartellrecht bedacht werden. Dies gilt insbesondere dann, wenn es sich um eine B2B-Plattform handelt (vgl. hierzu: *Gassner* MMR 2001, 140 ff.)

24. Werbung. Das Portal soll natürlich beworben werden. Um adäquaten Traffic zu generieren, sollte dieser Passus in den Leistungsumfang aufgenommen werden und sich der Portal-Inhaber die Werbung für das Portal mitfinanzieren lassen. Es ist daher eine Regelung über den Beitrag des Shop-Inhabers zur Finanzierung des Werbebudgets zu treffen. Um Missverständnissen über die Art und den Umfang der Werbemaßnahmen vorzubeugen, sollte bereits bei Abschluss des Portalvertrages eine Einigung über die Methoden und die Art getroffen werden, soweit dies möglich ist. Es ist zu berücksichtigen, dass der Portal-Inhaber natürlich mit allen Shop-Inhabern am Portal eine solche Vereinbarung treffen muss. Insoweit dürfte der Verhandlungsspielraum des Shop-Inhabers naturgemäß beschränkt sein. Deshalb sollte dem Portal-Inhaber auch das Recht vorbehalten sein, die letzte Entscheidung über die Werbung zu treffen. Lediglich bei kleineren Portalen kann eine gemeinsame Abstimmung der Werbung empfohlen werden

(→ Anm. 11). Bei größeren Portalen kann eine vernünftige Steuerung der Werbung nur erfolgen, wenn der Portal-Inhaber allein entscheidungsbefugt ist.

25. Letzte Entscheidung. Es besteht die Möglichkeit, diese Entscheidung dem Portal-Inhaber vorzubehalten. Allerdings kann der Portal-Inhaber auf diese Weise erreichen, dass die Shop-Inhaber sich verpflichten, einen bestimmten Beitrag für die Werbung zu entrichten. Das letzte Ermessen sollte beim Portal-Inhaber verbleiben, um unterschiedliche Einschätzungen in dieser Hinsicht zu glätten.

26. Geheimhaltung. Zwar ergibt sich die Geheimhaltungsverpflichtung der Parteien ohnehin aus dem Treueverhältnis. Allerdings dient die ausdrückliche Formulierung dieser Verpflichtung der Verdeutlichung.

27. Dauer. Die Parteien können für die Dauer des nachvertraglichen Geheimhaltungs-schutzes eine bestimmte Frist festlegen, etwa „ein Jahr nach Vertragsbeendigung“.

28. Abwerbung. Angesichts der Tatsache, dass Spezialisten der IT-Branche in Teilen noch immer nur schwer zu finden sind, sollten die Parteien diesen Passus aufnehmen. Für den Fall, dass ein Mitarbeiter abgeworben werden sollte, wird dies zwar nur schwer nachzuweisen sein. Allerdings hat die Erfahrung der Praxis gezeigt, dass allein die Aufnahme des Abwerbeverbotes zu einer Sensibilisierung der Vertragsparteien führt, die zumindest eine abschreckende Wirkung nicht verfehlt.

29. Mängelhaftung. Wichtig ist, zwischen den verschiedenen Geschäftsbeziehungen zu unterscheiden. Portal-Inhaber und Shop-Inhaber stehen in einem Vertragsverhältnis, Shop-Inhaber und Endkunde stehen in einem weiteren Vertragsverhältnis. Darüber hinaus können auch Portal-Inhaber und Endkunde in einem Vertragsverhältnis stehen, welches hier jedoch nicht näher von Interesse ist. Für die Waren und/oder Dienstleistungen des Shop-Inhabers kann und muss der Portal-Inhaber also keine Gewährleistung übernehmen. Diese Haftung muss er dem Endkunden gegenüber deutlich ausschließen.

Der Portal-Inhaber kann dem Shop-Inhaber lediglich die Erreichbarkeit gewährleisten, die ihm sein eigener Provider zusichert. Etwaige Ansprüche, die daraus resultieren, dass diese Zusicherung seitens des Providers nicht eingehalten wurde, sollte der Portal-Inhaber notfalls dem Shop-Inhaber abtreten, sodass eine direkte Abwicklung von Schadenersatz-ansprüchen möglich wird. Die Erreichbarkeit ist hier nicht spezifisch aufgenommen worden, weil die Erreichbarkeiten bei den einzelnen Providern erheblich voneinander abweichen. In § 1 ist lediglich ein Vorschlag zur generellen durchschnittlichen Erreich-barkeit aufgenommen worden.

30. Haftung. Der Inhaber einer Website, in diesem Fall der Portal-Inhaber, haftet allerdings auch für die Inhalte fremder Websites, wenn er seine Website mit Websites von Dritten verlinkt und sich die Inhalte dieser Website zu eigen macht. Insofern sollten einerseits auf der Portalseite selbst Maßnahmen ergriffen werden, die dem Endkunde transparent machen, dass ein Zu-eigen-machen nicht erfolgen soll. Ferner kann der Portal-Inhaber die Haftung für die Inhalte jedoch weitestgehend ausschließen, einerseits gegenüber dem Benutzer der Website, indem er im Zusammenhang mit dem Link darauf hinweist, dass die Inhalte des Links von Dritten generiert werden und er darauf keinen Einfluss hat, somit keine Haftung übernimmt. Andererseits kann auch eine Haftungsver-einbarung mit demjenigen geschlossen werden, der die Website betreibt, auf die der Portal-Inhaber verlinkt. Das Risiko, für fremde Inhalte verantwortlich gemacht zu werden, kann auf diese Weise durch eine Vereinbarung zwischen den Inhabern der verlinkten Websites erheblich reduziert werden *(Geis* S. 108).

31. Vertragliche Haftung. Es kann nur die vertragliche Haftung in Teilen ausgeschlos-sen werden, für deliktische Haftung ist dies nicht möglich.

32. Freizeichnung. Die vollständige Freizeichnung für leichte Fahrlässigkeit ist – in Formularverträgen – unzulässig, sofern eine sog. Kardinalpflicht oder wesentliche Nebenpflicht verletzt wird, durch den Portal-Inhaber ein besonderes Vertrauen in Anspruch genommen wird oder der Portal-Inhaber eine kraft seines Berufes qualifizierte Vertrauensstellung einnimmt. Sie darf aber der Höhe nach beschränkt werden. Bei welchen Pflichten es sich um wesentliche Vertragspflichten handelt, muss hier durch den Verwender konkretisiert und transparent gemacht werden, § 307 Abs. 1 BGB. Dies kann beispielsweise durch die Aufzählung der wesentlichen Pflichten erfolgen, soll die Haftung für diese Pflichten wirksam beschränkt werden; denn der Kunde kann nicht wissen, bei welchen Pflichten es sich um solche wesentlichen Pflichten handelt. Für die Haftung für leichte Fahrlässigkeit von Nebenpflichten erfolgt demnach ein vollständiger Haftungsausschluss.

33. Grobe Fahrlässigkeit. In Formularverträgen kann die Haftung für grobe Fahrlässigkeit oder Vorsatz gemäß § 309 Ziff. 7 lit. b BGB nicht wirksam ausgeschlossen werden.

34. Haftungsbegrenzung. Im Rahmen der Regelung zur Haftung ist es für den Portal-Inhaber unbedingt erforderlich, die Haftung für den dauerhaften Betrieb des Portals weitestgehend auszuschließen. Dies gilt gerade dann, wenn die Aufrechterhaltung des Betriebes nicht allein in den Händen des Portal-Inhabers liegt, sondern dieser von einem Dritten (Provider) in der technischen Unterhaltung des Portals abhängig ist, die Fortführung also aus seinem Machtbereich herausfällt.

Nicht möglich ist es dem Portal-Inhaber jedoch, formularmäßig jegliche Haftung für den Betrieb des Portals auszuschließen, da die Bereitstellung des Portals gegen Entgelt zu den sog. Kardinalpflichten zählt. Aus diesem Grunde ist lediglich eine Begrenzung der Haftung auf eine bestimmte Höhe zulässig. Die Beschränkung auf nicht vorhersehbare Schäden bei vermögensrechtlichen Geschäften ist in der Rechtsprechung ausdrücklich zugelassen (vgl. statt aller Palandt/*Heinrichs* BGB § 307 Rn. 50). Dieser Argumentation liegt das UN-Kaufrecht zugrunde. Ferner sollte die Präsenz des Portals je Monat mit einer bestimmten Quote festgelegt werden. Wartungszeiten sollten genau festgelegt und ggf. aus der Berechnung der Quote heraus gerechnet werden.

35. Rechtsverletzungen. Die Parteien müssen eine Vereinbarung dahingehend treffen, dass etwaige Rechtsverletzungen oder darauf gerichtete Ansprüche, die dem Portal-Inhaber zuzurechnen sind, von diesem reguliert werden, während solche Rechtsverletzungen, die dem Shop-Inhaber zuzurechnen sind, von diesem abgewandt werden. Hierbei kann es sich beispielsweise um wettbewerbsrechtliche oder urheberrechtliche Rechtsverstöße handeln.

Das bedeutet, dass etwaige Rechtsverletzungen auf Seiten des Shop-Inhabers allein von diesem zu verantworten sind. Werden Ansprüche fälschlicherweise gegen den Portal-Inhaber geltend gemacht, muss der Shop-Inhaber den Portal-Inhaber von diesen Ansprüchen freistellen sowie jegliche Unterstützung bei der Abwendung von Ansprüchen gewähren. Die Unterstützung sollte hinsichtlich der Kosten jedoch beschränkt sein auf die gesetzlichen Anwaltshonorare, damit einer unüberschaubaren Ausuferung des Schadens vorgebeugt wird. Etwaige Vergleiche zwischen dem Portal-Inhaber und dem Anspruchsteller sollten dem Zustimmungsvorbehalt des Shop-Inhabers unterliegen. Hält sich der Portal-Inhaber nicht an diese Regelung, muss ihm die alleinige Verantwortung für den Schaden aufgebürdet werden.

Bei alledem darf nicht vergessen werden, dass der Portal-Inhaber bei Kenntnis von rechtswidrigen Inhalten in seinem Portal die beanstandeten Seiten oder die Verknüpfung zu diesen Seiten unterbinden muss, damit er selbst nicht schadensersatzpflichtig wird.

36. Haftung. Die Anwendbarkeit des TMG ist gegeben, da im Portal über Waren und Dienstleistungen informiert wird und somit die Website als Teledienst einzustufen ist, § 2 Ziffer 1 TMG. Die Verantwortlichkeit für die eigenen Inhalte ist gem. § 7(1) TMG uneingeschränkt gegeben. Dies liegt an der Möglichkeit der Kontrolle des Diensteanbieters. Die Verantwortlichkeit für Inhalte Dritter, deren Zugang durch Links ermöglicht wird, sollte daher ausgeschlossen werden, weil die Kontrolle der Inhalte Dritter durch den Diensteanbieter nur schwerlich möglich ist. Dies muss insbesondere Ausdruck in den Allgemeinen Geschäftsbedingungen des Portal-Inhabers gegenüber dem Endkunden finden. Die Klarstellung der Zurechnung der Haftung sollte jedoch auch im Portalvertrag nicht fehlen. Denn das TMG regelt die Verantwortlichkeit für Inhalte Dritter dahingehend, dass die Haftung dann eintritt, wenn der Diensteanbieter Kenntnis von den rechtlich problematischen Inhalten hat und ihm die Beseitigung technisch und wirtschaftlich zumutbar ist. Kenntnis wird bereits bei grob fahrlässiger Unkenntnis angenommen (LG München I Urt. v. 30.3.2000 – 7 O 3625/98, MMR 2000, 431).

37. Vorbeugung. Der Europäische Gerichtshof hat in seiner viel beachteten Entscheidung L'Oreal ./. Ebay entschieden, dass die nationalen Gerichte den Internetportalbetreibern Maßnahmen auferlegen können, die die Verletzung von Marken nicht nur beenden, sondern auch weiteren Verletzungen vorbeugen (L'Oréal ua/eBay MMR 2011, 596).

38. Haftungsausschluss gegenüber Dritten. Es ist dringend zu empfehlen, auch im Verhältnis des Portal-Inhabers zum Endkunden die Haftung weitestgehend auszuschließen, da er für die Qualität der Waren, Dienste etc. des Shop-Inhabers nicht einzustehen vermag. Insoweit sollten auch für die Nutzung des Portals durch den Endkunden Allgemeine Nutzungsbedingungen an gut sichtbarer Stelle angebracht werden, § 305 BGB („Möglichkeit der Kenntnisnahme"). Wichtig ist die übersichtliche und klare Gliederung der Allgemeinen Geschäftsbedingungen. In den Allgemeinen Geschäftsbedingungen sollte zunächst darauf hingewiesen werden, dass die einzelnen Shops in dem Portal von vom Portal-Inhaber rechtlich selbstständigen Unternehmen betrieben werden. Infolgedessen gelten für die in diesem Rahmen abgeschlossen Geschäftsvorfälle die Allgemeinen Geschäftsbedingungen der Shop-Inhaber. Rechtsgeschäfte kommen nur zwischen dem Shop-Inhaber und dem Endkunden zustande. Auch hierauf muss in Allgemeinen Geschäftsbedingungen für Endkunden deutlich hingewiesen werden, damit die Haftung des Portal-Inhabers für den Shop-Inhaber wirksam ausgeschlossen wird.

39. Datensicherung. Diese ausdrückliche Regelung ist zur Vermeidung von Missverständnissen erforderlich.

40. Vertragsbeginn. Die Bestimmung des Vertragsbeginns ist erforderlich, da mit diesem Beginn die Mitwirkungspflichten des Shop-Inhabers zu laufen beginnen.

41. Vertragslaufzeit. Gemäß § 309 Nr. 9 BGB ist in vorformulierten Verträgen gegenüber Verbrauchern eine längere Grundlaufzeit als zwei Jahre nicht zulässig. Ebenso ist in diesen Fällen die stillschweigende Verlängerung von mehr als einem Jahr nicht zulässig. Für Unternehmer können hier auch längere Zeiträume gewählt werden.

42. Zahlungsverzug. Sollte der Shop-Inhaber – ggf. trotz Lastschriftverfahren – in Zahlungsverzug geraten, muss dem Portal-Inhaber die sofortige Sperrung der Verknüpfung möglich sein. Um eine aufwändige Nachfristsetzung mit Ablehnungsandrohung zu umgehen, muss die Folge des Zahlungsverzuges bereits im Vertrag eindeutig geregelt sein. Dies lässt auch in der Praxis eine weitgehende Automatisierung des buchhalterischen Verfahrens samt Folgen zu. Ferner muss es sowohl dem Portal-Inhaber als auch dem Shop-Inhaber möglich sein, das Vertragsverhältnis unter bestimmten Voraussetzungen fristlos zu kündigen. In Anlehnung an die mietrechtlichen Regelungen hat sich in der

Praxis die Regelung durchgesetzt, dass insgesamt ein Rückstand von zwei Monats-Rechnungsbeträgen überfällig sein muss. Da die Rechnungsbeträge aufgrund von Einzelabrechnungen nach dem Click-Abrechnungsverfahren unterschiedlich ausfallen können, orientiert man sich in diesem Fall in der Regel am Mittel der vorangegangenen sechs Monate.

43. Form. Da es für den Portalvertrag keine gesetzlichen Formvorschriften gibt, muss die gewünschte Form ausdrücklich bestimmt werden. Es ist (vom Verwender dieser vorformulierten Vertragsbedingungen) zu bewerten, welche Art von Form gewählt wird. Vorliegend wurde die Schriftform aus Gründen der Dokumentation gewählt, auch wenn dies dem Wunsch des E-Commerce, schnell und ohne von den Postlaufzeiten abhängig zu sein, Geschäfte betreiben zu können, entgegen läuft. Die digitale Signatur – die vom Gesetzgeber vorgegebene Form einer qualifizierten elektronischen Signatur – schafft hier Abhilfe, ist zur Zeit jedoch noch immer nicht bedeutend weit verbreitet. Andere elektronische Signaturen erreichen derzeit nicht die Beweisqualität der digitalen Signatur. Sie können somit nicht empfohlen werden, da dem Gericht im Streitfalle die freie Beweiswürdigung bleibt. Eine Einschätzung zu diesem Zeitpunkt, wie sich die Rechtsprechung hierzu entwickeln wird, vermag nicht abgegeben zu werden. Problematisch zum jetzigen Zeitpunkt erscheint ebenfalls die Frage, wie deutsche Gerichte ausländische Signaturen einschätzen werden. Wird die digitale Signatur verwandt, haben die so erstellten Urkunden gemäß § 371a ZPO den Anschein der Echtheit.

44. Rechtswahl. Es sollte eine Rechtswahl getroffen werden, da im Bereich des E-Commerce eine grenzüberschreitende Verwirklichung von Geschäftsbeziehungen immer öfter vorkommt.

45. UN-Kaufrecht. Auch wenn derzeit diskutiert wird, dass seit Inkrafttreten des Schuldrechtsmodernisierungsgesetzes dieser Ausschluss nicht mehr erforderlich erscheint, da das deutsche Schuldrecht ohnehin dem UN-Kaufrecht angepasst sei *(Hoeren* ZGS 2002, 68 [71]), kann dennoch das UN-Kaufrecht abbedungen werden, um die Anwendbarkeit des deutschen nationalen Schuldrechts sicherzustellen.

46. Erfüllungsort. Handelt es sich beim Shop-Inhaber nicht um einen Unternehmer im Sinne von § 29 Abs. 2 ZPO, so ist eine Wahl des Erfüllungsortes durch den Portal-Inhaber an seinem Geschäftssitz nicht möglich.

47. Gerichtsstand. Handelt es sich beim Shop-Inhaber nicht um einen Unternehmer im Sinne von § 38 Abs. 1 ZPO, so ist eine Gerichtsstandwahl des Portal-Inhabers an seinem Geschäftssitz nicht möglich.

48. Nichtigkeit. Der Ausschluss von § 139 BGB verhindert, dass das gesamte Rechtsgeschäft ungültig wird.

K. Electronic Banking und Online Banking

1. Allgemeine Geschäftsbedingungen
Online Bezahlsysteme – Virtuelles Konto

AGB für Online-Bezahlsysteme

zwischen

. . . . . .

– nachstehend „Systemanbieter" genannt –

und

. . . . . .

– nachstehend „Nutzer"genannt –

Die Nutzung des Online Bezahlsystems[1, 2] der . . . . . . (nachfolgend „Systemanbieter")
unterliegt diesen Allgemeinen Geschäftsbedingungen. Sie regeln das Vertragsverhältnis
zwischen dem Systemanbieter und dem Nutzer als Inhaber des virtuellen Kontos. Nutzer
können dabei sowohl Käufer als auch Verkäufer sein. Ferner betreffen diese AGB die
Nutzung der Internetseite . . . . . . sowie aller zu dieser Domain gehörenden Subdomains.
Diese AGB finden auch dann Anwendung, wenn der Nutzer das Bezahlsystem oder
Bereiche davon von anderen Internetseiten aus nutzt und diese durch entsprechende
Links mit der Seite des Systemanbieters verbunden sind.

Der Systemanbieter führt seine Dienstleistungen unter einer in . . . . . . erteilten
Genehmigung zur Ausgabe von E-Geld aus, die von der . . . . . . (Aufsichtsbehörde) erteilt
wurde und deren Aufsicht der Systemanbieter unterliegt. Der Systemanbieter ist berechtigt seine Dienstleistungen aufgrund der Regelungen zum EU-Pass grenzüberschreitend in
Deutschland anzubieten.[3]

§ 1 Allgemeines

(1) Der Systemanbieter ermöglicht das Nutzen eines elektronischen Zahlungssystems und
damit das Senden und Empfangen von Zahlungen. Der Systemanbieter protokolliert die
Kontobewegungen und ermöglicht es dem Nutzer, seinen Kontostand abzufragen. Der
Systemanbieter ist ein unabhängiger Dienstleister. Er hat keine Kontrolle über Waren und
Dienstleistungen, die mit Hilfe des Zahlungssystems bezahlt werden. Bei dem Erwerb der
Ware oder Dienstleistung handelt es sich um einen eigenständigen Vertrag mit dem
Anbieter der Ware oder Dienstleistung. Der Systemanbieter ist nicht für den erfolgreichen
Abschluss des Geschäftsvorgangs verantwortlich. Für alle Informationen in Bezug auf die
Produkte, für die Produkte selbst und für deren Lieferung an den erwerbenden Nutzer
sind ausschließlich die Anbieter oder anbietenden Nutzer verantwortlich.

(2) Die Möglichkeit des Zugangs zum Nutzerkonto über das Internet besteht nur im
Rahmen des Standes der Technik. Eine jederzeitige Verfügbarkeit des Nutzerkontos ist
nicht geschuldet. Der Systemanbieter behält sich vor, den Zugang für Wartungsarbeiten
vorübergehend abzuschalten, soweit der ordnungsgemäße Betrieb des Systems dies
erfordert. Störungen der Technik können, unabhängig davon, ob sie vom Systemanbieter

zu vertreten sind, nicht ausgeschlossen werden. Der Nutzer muss insbesondere außerhalb des Einflussbereiches des Systemanbieters mit Einschränkungen der Verfügbarkeit beispielsweise wegen Störungen der Datenübermittlung in den beteiligten Teilnetzen des Internets rechnen.

§ 2 Anmeldung/Registrierung

(1) Die Nutzung des Zahlungsdienstes setzt eine vorherige Anmeldung des Nutzers voraus. Über die Zulassung der Anmeldung entscheidet der Systemanbieter nach eigenem Ermessen. Ein Zugangsanspruch besteht nicht. Die Zulassung ist keine Erklärung über die Identität oder Bonität.

(2) Anmeldeberechtigt sind unbeschränkt geschäftsfähige natürliche Personen und juristische Personen, deren Anmeldung durch ihre Organe in vertretungsberechtigter Anzahl unter Angabe der Handelsregisterdaten der Gesellschaft erfolgen muss. Teilrechtsfähige Personenvereinigungen (GbR, OHG und KG) können sich in gleicher Weise durch ihre Gesellschafter in vertretungsberechtigter Anzahl anmelden.

(3) Die Anmeldung erfolgt durch Einrichtung des virtuellen Zahlungskontos. Dabei hat der Nutzer auf die Richtigkeit der Angaben zu achten. Er darf keine falschen, ungenauen oder irreführenden Angaben machen oder Informationen oder Daten verwenden, zu deren Nutzung er nicht befugt ist. Sofern sich die Angaben, die bei der Registrierung gemacht wurden, ändern, ist der Nutzer verpflichtet, den Systemanbieter darüber unverzüglich zu informieren. Der Systemanbieter behält sich vor, jederzeit weitere Informationen zu der Person des Nutzers zu verlangen, sofern dies zur Durchführung des Zahlungsdienstes erforderlich scheint. Die Verweigerung oder fälschliche Angabe von Informationen kann zu Nutzungsbeschränkungen oder einer Sperrung des Kontos führen.

(4) Sobald die vom Nutzer zu zahlende einmalige Grundgebühr[4] auf dem Konto des Nutzers gutgeschrieben ist, erhält der Nutzer eine Nutzerkennung[5] und ein Passwort für sein Mitgliedskonto, über das er Zugang zu dem Zahlungsdienst erhält. Diese Daten dürfen nicht an Dritte, auch nicht an Ehepartner, Lebenspartner, Verwandte, Freunde etc. weitergegeben werden. Die Daten sind vor dem Zugriff Dritter geschützt zu verwahren. Soweit Anlass besteht, unverzüglich eine Kenntnisnahme durch Dritte zu vermuten, müssen die Zugangsdaten unverzüglich geändert und der mögliche Missbrauch unverzüglich dem Systemanbieter gemeldet werden.[6]

(5) Der Nutzer haftet grundsätzlich für sämtliche Aktivitäten, die unter Verwendung seines Mitgliedskontos vorgenommen werden, wenn er vorsätzlich oder grob fahrlässig gehandelt hat.[7]

(6) Der Systemanbieter kann zusätzliche Informationen zur Verifizierung des Nutzers fordern, um Geldwäschevorschriften zu erfüllen. Zum Beispiel kann der Systemanbieter den Nutzer bitten, per Fax, E-Mail oder durch Hochladen dem Systemanbieter eine Kopie eines amtlichen Ausweises zur Verfügung zu stellen.[8]

§ 3 Nutzung des Zahlungsdienstes

(1) Der Systemanbieter ermöglicht es dem Nutzer, über das Konto elektronische Zahlungen zu senden und zu empfangen, um Produkte, Dienstleistungen oder weitere Inhalte von dritten Anbietern zu erwerben.

(2) Der Zahlungsvorgang kann von dem Nutzerkonto aus eingeleitet werden. Der Nutzer loggt sich dazu mit seinen Zugangsdaten in sein Konto ein und betätigt den Button: „Bezahlen". Er wird daraufhin zur Eingabe des Geldbetrags und der Empfängerdaten

aufgefordert. Nach Bestätigung der Angaben transferiert der Systemanbieter den Geldbetrag unter den Voraussetzungen des § 4 Abs. 4 auf das Empfängerkonto. Die Nutzung ist auch unmittelbar über die Webseite des Empfängers möglich. Aktiviert der Nutzer auf der Webseite des Empfängers den Link „Bezahlen" des Systemanbieters, wird der Nutzer auf eine Seite des Systemanbieters umgeleitet, auf der er sich einloggen kann. Der Nutzer muss dann die eingegebenen Empfängerdaten bestätigen.

(3) Der Nutzer ist allein für die Richtigkeit der bei der Zahlung gemachten Angaben verantwortlich. Der Systemanbieter verpflichtet sich zur Durchführung der Zahlungsanweisungen nach den vom Nutzer gemachten Angaben. Die Zahlungsanweisung wird nicht auf Fehler des Nutzers überprüft.

(4) Der Nutzer darf nicht mit Form, Inhalt oder verfolgtem Zweck gegen gesetzliche Vorschriften oder gute Sitten verstoßen. Dies gilt insbesondere für die Einbindung des Systemanbieters in die geschäftliche Internetpräsenz. Im Falle eines Verstoßes ist der Systemanbieter berechtigt, den Zugang unter den Voraussetzungen des § 7 zu sperren.

§ 4 Zahlungsverfahren[9]

(1) Wenn der Nutzer eine Zahlung sendet, erteilt er damit dem Systemanbieter einen Zahlungsauftrag. Für die Ausführung von Zahlungsaufträgen nach Maßgabe dieser Vereinbarung gilt eine Frist von einem Geschäftstag als vereinbart. Innerhalb dieser Frist wird der Systemanbieter einen Zahlungsauftrag über das Konto des Nutzers ausführen, indem er den angewiesenen Betrag von dem Konto des Nutzers abbucht und dem Nutzerkonto des Empfängers oder bei Fehlen eines solchen Kontos dem Zahlungsdienstleister des Empfängers gutschreibt. Die Frist beginnt an dem Tag zu laufen, der auf den Tag folgt, an dem der Nutzer dem Systemanbieter einen gültigen Zahlungsauftrag erteilt und der Nutzungsempfänger diesen erhalten hat.

Für die Ausführung eines Zahlungsauftrags gelten folgende Voraussetzungen:

a) Der Nutzer erteilt einen Zahlungsauftrag vor 16 Uhr an einem Geschäftstag. Wenn der Zahlungsauftrag nach 16 Uhr oder an einem bundesweiten Feiertag erteilt wird, gilt der Zahlungsauftrag als am nächsten Geschäftstag erteilt.
b) Der Nutzer hat bei der Erteilung des Zahlungsauftrags eine korrekte Nutzerkennung angegeben oder eine andere gültige Information zum Zahlungsempfänger gegeben.
c) Der Nutzer hat alle durch * gekennzeichneten Pflichtfelder beim Bestellvorgang ausgefüllt.
d) Der Nutzer hat alle notwendigen Angaben zur Zahlungsquelle gemacht, die jeweils eine ausreichende Deckung ausweisen.
e) Der Nutzer hat den Systemanbieter wirksam zur Ausführung des Zahlungsauftrags ermächtigt, indem er
entweder nach korrekter Eingabe der Anmeldedaten sich in das Nutzerkonto eingeloggt und den Zahlungsbutton aktiviert hat,
oder der Nutzer den Systemanbieter auf einem anderen Weg beauftragt hat, nachdem der Systemanbieter den Nutzer über diese Möglichkeit informiert hat.

(2) Alle Abbuchungen von dem Nutzerkonto werden in Euro vorgenommen. Wenn der Nutzer Waren oder Dienstleistungen in einer anderen Währung bezahlt, wird der geschuldete Betrag zu dem im Zeitpunkt der Transaktion geltenden Wechselkurs (einsehbar auf der Webseite des Systemanbieters) umgerechnet, welcher dem Nutzer auch bei der Durchführung der Transaktion angezeigt wird.

(3) Einen Zahlungsauftrag kann der Nutzer nicht widerrufen, nachdem er bei dem Systemanbieter eingegangen ist.[10] Dies gilt nicht, wenn der Nutzer eine Einzugsermächti-

gung für wiederkehrende Zahlungen erteilt hat. Eine solche kann der Nutzer jeweils bis zum Ende des Geschäftstages, bevor die nächste Zahlung ausgeführt werden soll, widerrufen.

(4) Im Falle der ausgehenden Zahlungen von einem Konto ist der Systemanbieter nicht verpflichtet, Zahlungsaufträge auszuführen, wenn von dem abzubuchenden Nutzerkonto weder ausreichendes Guthaben noch eine ausreichend gedeckte Zahlungsquelle vorgewiesen werden kann. Der Systemanbieter ist berechtigt, einen Zahlungsauftrag solange nicht auszuführen, bis er Geld von dem Nutzer erhalten hat.

(5) Durch Zahlung mit dem Nutzerkonto oder Aufladung des Kontos ermächtigt der Nutzer den Systemanbieter Geld von einer bei der Registrierung angegebenen Zahlungsquelle zu verwenden. Der Systemanbieter gibt daraufhin das E-Geld zum gleichen Betrag aus und schreibt es entsprechend der Anweisung des Nutzers auf dem Nutzerkonto des Zahlungsempfängers oder dessen Zahlungsdienstleister gut. Der Nutzer kann folgende Zahlungsquellen zur Aufladung seines Kontos nutzen:

1. Lastschrift,[11]
2. Kreditkarte,[12]
3. giropay[13] oder
4. Banküberweisung.[14]

Der Systemanbieter bucht stets zuerst von dem Nutzerkonto ab, bevor ein Zahlungsauftrag ausgeführt wird. Sollte das Nutzerkonto kein oder nicht ausreichend Guthaben ausweisen, so bucht der Systemanbieter von den Zahlungssystemen ab. Der Systemanbieter zeigt dem Nutzer bei jeder Nutzung an, welche Zahlungsquelle genutzt wird. Im Falle der Kreditkartenzahlung wird die angewiesene Summe unmittelbar auf das Nutzerkonto überwiesen. Mindestbetrag für die Aufladung ist . . . .

(6) Der Systemanbieter kann im Rahmen seines Risikomanagements bestimmte Zahlungsquellen für ausgewählte Transaktionen ausschließen. Im Falle der Schließung einer Zahlungsquelle wird der Systemanbieter den Nutzer darauf sowie auf die ersatzweise genutzte Zahlungsquelle, sofern eine solche verfügbar war, hinweisen.

§ 5 Zahlungseingänge

Der Systemanbieter bietet die Möglichkeit, Zahlungseingänge auf dem Nutzerkonto zu empfangen. Das eingegangene Guthaben wird zum Nennwert des Guthabens ausgezahlt, wenn der Nutzer sich in das Konto einloggt und den Button „Auszahlen" betätigt. Der Mindestauszahlungsbetrag beträgt . . . .

Es besteht auch die Möglichkeit, das Guthaben monatlich auf die angegebene Bankverbindung überweisen zu lassen.

§ 6 Unzulässige Nutzung

Der Nutzer ist nicht dazu berechtigt, das Konto oder den Service in einer der folgenden Weisen zu nutzen:

(a) Nutzung in betrügerischer Weise oder in einer Weise, die eine Straftat darstellt (zB Geldwäsche);
(b) Nutzung in einer Weise, die im Widerspruch zu geltendem Recht steht oder gegen Lizenzen verstößt oder die Rechte Dritter verletzt;
(c) Weiterverkauf oder Versuch des Weiterverkaufs des Dienstes oder eines Teils des Dienstes an Dritte;
(d) Nutzung in einer Weise, die diesen AGB oder einer an den Nutzer gerichteten begründeten Anweisung des Systemanbieters widerspricht;

(e) Nutzung für unzulässige Manipulationen („Hackerangriffe"), Modifikationen oder Beeinträchtigungen der Sicherheit oder Funktionalität des Dienstes oder dieser oder anderer Webseiten;

(f) Nutzung für Lotterien, Wett- oder Glücksspieldienste, die nicht über alle notwendigen Lizenzen und Genehmigungen verfügen, um in den für den Nutzer und den Systemanbieter geltenden Rechtsordnungen angeboten zu werden.

§ 7 Sperrung eines Zugangs

(1) Der Systemanbieter behält sich das Recht vor, bei dem begründeten Verdacht eines Missbrauchs oder sonstiger erheblicher Unregelmäßigkeiten hinsichtlich der Nutzung der Webseite oder des Dienstes durch den Nutzer (zB unvollständige oder nicht wahrheitsgemäße Eingabe von Daten wie Angabe falscher Kontaktdaten oder einer falschen oder ungültigen E-Mail-Adresse; Störung der Funktionsfähigkeit der Plattform; Verletzung gesetzlicher Vorschriften; Verstoß gegen sonstige berechtigte Interessen, insbesondere zum Schutz anderer Nutzer oder Empfänger vor betrügerischen Aktivitäten), die die berechtigten Interessen des Systemanbieters oder Dritter berühren können, das Nutzerkonto vorläufig oder endgültig zu sperren.[15]

(2) Der Systemanbieter wird den Nutzer über jegliche ihn betreffende Nutzungsbeschränkung oder Kontosperrung informieren, es sei denn, es ist ihm gesetzlich untersagt.

§ 8 Kündigung

(1) Der Nutzer kann den Vertrag jederzeit mit einer Frist von 14 Tagen zum Monatsende schriftlich kündigen. Unberührt bleibt das Recht beider Parteien zur fristlosen Kündigung aus wichtigem Grund. Ein wichtiger Grund liegt für den Systemanbieter insbesondere dann vor, wenn

(a) ein Verstoß eines kommerziellen Nutzers gegen gesetzliche Verbote, insbesondere die Verletzung strafrechtlicher, urheberrechtlicher, wettbewerbsrechtlicher, markenrechtlicher, namensrechtlicher oder datenschutzrechtlicher Bestimmungen, oder gegen die guten Sitten vorliegt,

(b) der Nutzer sich im Zahlungsverzug befindet, der länger als zwei Wochen andauert, oder

(c) oder eine grundlegende Änderung der rechtlichen und technischen Standards im Internet dazu führt, dass es für den Systemanbieter unzumutbar wird, seine Leistungen ganz oder teilweise weiter zu erbringen.

(2) Die Abwicklungen von Zahlungsanweisungen, die vor Zugang der Kündigung der Kündigungsfrist zulässigerweise eingeleitet wurden, bleiben unberührt. Für diese Zahlungen gelten die bei ihrer Einleitung gültigen Bestimmungen fort.

(3) Die Auszahlung jeglichen gespeicherten Guthabens nach der Kündigung erfolgt an das vom Nutzer mitgeteilte Bankkonto, das Nutzerkonto hinterlegt ist. Falls diese Angaben falsch sind und der Systemanbieter den Zahlungsvorgang nicht abschließen kann, verjährt der Auszahlungsanspruch 3 Jahre nach Kündigung des Kontos. Die Frist beginnt mit Ende des Jahres der Kontoauflösung.[16]

§ 9 Entgelte und Zinsen[17]

(1) Für ausgehende Zahlungen entsteht keine Gebührenpflicht. Bei eingehenden Zahlungen erhebt der Systemanbieter ein Entgelt entsprechend der Gebührentabelle.

(2) Eine Verzinsung des Kontos erfolgt nicht.

§ 10 Inkasso

Verfügt das Nutzerkonto nicht über ausreichendes Guthaben, um fällige Forderungen zu begleichen, kann der Systemanbieter nach erfolgloser Mahnung die Einziehung dieser Forderung an ein externes Inkassobüro übergeben. In diesem Fall ist das externe Inkassobüro gebührenpflichtig und es fallen Verzugszinsen nach den gesetzlichen Bestimmungen an. Der Systemanbieter ist berechtigt, das Konto gemäß § 7 zu sperren oder unter den Voraussetzungen des § 8 das Vertragsverhältnis zu kündigen.

§ 11 Lizenzen

Der Systemanbieter gewährt dem Nutzer eine beschränkte Lizenz für den Zugriff auf die Webseite des Systemanbieters sowie den Download und die Installation der nötigen Software zur Integration des Zahlungssystems auf der Webseite eines Nutzers, der auch Inhalte anbietet. Für den Fall des Downloads der Software muss der Nutzer die in der Dokumentation des Systemanbieters enthaltenen Nutzungs- und Integrationsanforderungen einhalten, ebenso wie Anweisungen, die der Nutzer hinsichtlich Dienstleistungen von dem Systemanbieter erhält. Dies gilt zum Beispiel auch für Nutzungs- oder Integrationsanforderungen, die aufgrund rechtlicher Bestimmungen oder der Regeln der Kreditkartengesellschaften bestehen. Sämtliche Rechte an der Software, dem Dienst und der Webseite sowie das geistige Eigentum an den Marken stehen dem Systemanbieter zu. Softwareanwendungen Dritter, die der Nutzer auf der Seite des Systemanbieters benutzt, unterliegen der jeweiligen Lizenzvereinbarung, die er mit dem Dritten geschlossen hat, der dem Nutzer die Software zur Verfügung gestellt hat.

§ 12 Datenschutz[18]

(1) Der Nutzer darf keine personenbezogenen Daten von anderen Nutzern, des Systemanbieters oder sonstige Daten für andere Zwecke als die nach diesen Bedingungen geregelten vertraglichen und vertragskommunikativen Zwecke nutzen. Insbesondere ist es dem Nutzer untersagt, solche Daten an Dritte weiterzugeben oder für sonstige Zwecke (zB Werbung) zu nutzen. Die Mitarbeiter des Systemanbieters sind zur Verschwiegenheit verpflichtet.[19]

(2) Sämtliche gegenüber dem Systemanbieter bekanntgegebenen Daten werden vertraulich behandelt. Eine Herausgabe der Daten an Behörden erfolgt nur nach sorgfältiger Abwägung der berechtigten Interessen. Der Nutzer erklärt sich damit einverstanden, dass seine Daten für Verwaltungszwecke sowie für die in § 1 Abs. 2 festgelegten Protokollzwecke elektronisch gespeichert werden. Ferner findet eine Datenweitergabe statt, soweit dies zur Durchführung erforderlich ist. Eine Übermittlung von Kontodaten an den Zahlungsempfänger erfolgt nicht.

(3) Der Nutzer kann seine Daten nur über die Seite . . . . . . eingeben. Der Systemanbieter wird den Nutzer niemals per Telefon oder E-Mail nach seinen Daten fragen.

(4) Verlässt der Nutzer die Seite des Systemanbieters, zB durch Anklicken eines Banners, so ist es möglich, dass die Zielseiten sogenannte Cookies setzen. Für diese ist der Systemanbieter nicht verantwortlich. Zur Benutzung solcher Cookies wird der Nutzer auf die AGB und Datenschutzbestimmungen der Werbepartner verwiesen.

§ 13 Systemintegrität

Der Nutzer ist nicht berechtigt, Programme, Algorithmen oder sonstige Software in Verbindung mit der Nutzung des Dienstes des Systemanbieters zu verwenden, die das Funktionieren des Services und der Webseite stören können. Er darf insbesondere keine

Maßnahmen ergreifen, die eine unzumutbare oder übermäßige Belastung der Infrastruktur der Webseite oder des Dienstes zur Folge haben können oder störend in die Webseite oder den Service eingreifen können.

§ 14 Haftungsbeschränkung

(1) Bei Vorsatz, Arglist oder grober Fahrlässigkeit sowie bei Fehlen einer garantierten Eigenschaft oder im Fall einer gesetzlichen verschuldensunabhängigen Haftung sowie im Fall der Verletzung des Lebens, des Körpers oder der Gesundheit steht der Systemanbieter unbeschränkt für aus der Pflichtverletzung entstandene Schäden ein.

(2) Für leichte Fahrlässigkeit haftet der Systemanbieter nur bei Verletzung einer wesentlichen Vertragspflicht. Vertragswesentliche Pflichten sind solche Pflichten, die der Systemanbieter nach Inhalt und Zweck dieses Vertrages und seiner Ergänzungen zu erbringen hat, deren Erfüllung die ordnungsgemäße Durchführung dieses Vertrages erst ermöglicht und auf deren Einhaltung der Nutzer regelmäßig vertraut und vertrauen darf. Zu den vertragswesentlichen Pflichten dieses Vertrages gehört danach insbesondere die Ermöglichung onlinebasierte Bezahlungen abzuwickeln. Nicht zu den vertragswesentlichen Pflichten dieses Vertrages gehört insbesondere die Haftung für die ununterbrochene technische Verfügbarkeit des Dienstes. Diese Haftungsbeschränkung gilt auch zugunsten der gesetzlichen Vertreter und Erfüllungsgehilfen des Systemanbieters.

(3) Gegenüber Unternehmern ist die Haftung, außer im Fall der Verletzung von Leben, Körper oder Gesundheit oder der Verletzung wesentlicher Vertragspflichten, auf den typischerweise vorhersehbaren Schaden begrenzt.

§ 15 Freistellung

Der Nutzer stellt den Systemanbieter und seine Mitarbeiter sowie die mit ihm verbundenen Unternehmen und deren Mitarbeiter von sämtlichen Ansprüchen frei, die Dritte aufgrund einer Verletzung dieser AGB, aufgrund einer Rechtsverletzung oder aufgrund der Nutzung der Dienstleistungen des Systemanbieters durch den Nutzer oder dessen Mitarbeiter oder Vertreter geltend machen. Der Nutzer übernimmt hierbei auch die Kosten der notwendigen Rechtsverteidigung des Systemanbieters einschließlich sämtlicher Gerichts- und Anwaltskosten. S. 1 und 2 gelten nicht, soweit die Rechtsverletzung von dem Nutzer nicht zu vertreten ist.

§ 16 Änderungen dieser AGB

Der Systemanbieter behält sich das Recht vor, diese AGB, damit verbundene Leistungsbeschreibungen und Preise jederzeit und ohne Angabe von Gründen zu ändern. Diese neuen AGB werden rechtzeitig, mindestens jedoch zwei Monate vor dem Zeitpunkt, zu dem sie in Kraft treten sollen, schriftlich bekanntgegeben. Hat der Systemanbieter mit dem Nutzer einen elektronischen Kommunikationsweg vereinbart, können die Änderungen auch auf diesem Weg übermittelt werden, wenn die Art der Übermittlung es dem Nutzer erlaubt, die Änderungen in lesbarer Form zu speichern oder auszudrucken. Widerspricht der Nutzer Änderungen nicht spätestens vor dem vorgeschlagenen Zeitpunkt des Wirksamwerdens schriftlich oder auf dem vereinbarten elektronischen Weg, gelten die Änderungen als angenommen.[20] Der Systemanbieter wird den Nutzer in dem Mitteilungsschreiben auf die Bedeutung seines Schweigens und den Zeitpunkt des beabsichtigten Wirksamwerdens der Änderungen sowie auf das Recht zur kostenfreien und fristlosen Kündigung hinweisen. Widerspricht der Nutzer, gelten die bisherigen Bedingungen fort.

§ 17 Sonstiges

(1) Sofern eine Bestimmung dieser AGB ganz oder teilweise unwirksam ist oder wird, bleiben die übrigen Bestimmungen davon unberührt. Die unwirksame Bestimmung gilt als durch eine solche ersetzt, die dem Sinn und Zweck der unwirksamen Bestimmung in rechtswirksamer Weise wirtschaftlich am nächsten kommt. Gleiches gilt für eventuelle Regelungslücken. Im Übrigen gelten, soweit nicht anders vereinbart ist, die gesetzlichen Bestimmungen.

(2) Der Vertrag und diese AGB unterliegen dem Recht der Bundesrepublik Deutschland unter Ausschluss des UN-Kaufrechts und derjenigen Regelungen des internationalen Privatrechts, die zur Anwendung des Rechts eines anderen Staates führen würden.[21] . . . . . ist Erfüllungsort. Handelt es sich bei dem Nutzer um einen Kaufmann im Sinne des Handelsgesetzbuchs, ist . . . . . . als Gerichtsstand für alle aus diesem Vertragsverhältnis entstehenden Streitigkeiten vereinbart.[22]

Anmerkungen

1. Gegenstand dieses Formularvertrages ist die Eröffnung eines Kontos bei einem onlinebasierten Bezahlsystem. Technisch und rechtlich ist zwischen dem System eines virtuellen Kontos und dem Abrechnungs- oder auch Billingsystem zu unterscheiden. Bei dem virtuellen Kontosytem handelt es sich nicht um eine virtuelle Währung, vielmehr vollzieht der Systemanbieter Zahlungsflüsse durch Gutschriften und Belastungen virtueller Konten (*Heckmann* Kap. 4.2, Rn. 7). Der Nutzer muss im Rahmen des Aufladevorgangs Bar- oder Buchgeld aufwenden, um einen bestimmten Betrag auf seinem Konto gutzuschreiben. Voraussetzung ist eine vorherige einmalige Anmeldung bei dem Systemanbieter (*Hoenike/Szodruch* MMR 2006, 519 [520]). Dieser Aufladevorgang ist sowohl zeitlich vor der Inanspruchnahme des Kontos (prepaid) als auch zeitgleich (pay-now) möglich. Prominentestes Beispiel eines solchen Systems ist PayPal. Im Jahr 2016 nutzten 188 Millionen aktive Accounts Paypal (www.statista.com/statistics/218493/pay-pals-total-active-registered-accounts-from-2010) (Stand August 2016) PayPal berichtet allein für den Bereich der mobilen Bezahlungen nach eigenen Angaben für das Jahr 2015 einen Umsatz von 66 Milliarden Dollar und damit ein massives weiteres Wachstum (http://www.statista.com/statistics/277819/paypals-annual-mobile-payment-volume/). Der Erfolg von PayPal liegt neben der Integration bei eBay auch in der einfachen und verständlichen Nutzung des Kontos. Das virtuelle Konto ist dabei wie ein Girokonto aufgebaut (*Jonetzki* S. 53). Mit Apple Wallet und Samsung Pay sind mittlerweile signifikante weitere Marktteilnehmer in dieses Segment eingestiegen.
Eine weitere Möglichkeit der Ausgestaltung eines Onlinebezahlsystems sind Abbuchungs- oder Billingsysteme. Dort werden die angefallenen Beträge protokolliert und dem Nutzer monatlich in Rechnung gestellt. Sie bieten sich vor allem für Bezahlungen iRd sogenannten Micropayments an (*Heckmann* Kap. 4.2, Rn. 9). Der Systemanbieter fungiert in diesen Systemen lediglich als Bote, welcher der Bank oder dem Kreditkarteninstitut des Nutzers den entsprechenden Auftrag übermittelt (*Hoenike/Szodruch* MMR 2006, 519 [520]). Nachdem der frühere Marktführer dieses Systems, Click&Buy, ebenfalls auch dazu übergegangen ist, das Verfahren über virtuelle Konten abzuwickeln, wird lediglich das erstgenannte Model dargestellt.

2. Die Rechtsbeziehung Nutzer – Inhaltsanbieter ist nicht Gegenstand dieses Vertrages. Innerhalb dieses Rechtsverhältnisses finden die kaufrechtlichen Vorschriften Anwendung (*Hoenike/Szodruch* MMR 2006, 519 [520]). In dem Rechtsverhältnis Systemanbieter–Nutzer ist ersterer zur Führung des (virtuellen) Kontos verpflichtet, sodass diese Vertragsbeziehung richtigerweise als Girovertrag iSd § 675f BGB zu qualifizieren ist (*Hoenike/Szodruch* MMR 2006, 519 [520]; *Krügel* C.I. 22). Gemäß § 675c BGB sind die Regelungen über den Girovertrag ausdrücklich auch auf elektronisches Geld anzuwenden. Kennzeichnend für den Girovertrag ist die Pflicht zur Einrichtung und Führung eines Kontos. Zur Kontoführung gehören die Gutschrift eingehender Zahlungen sowie die Ausführung von Überweisungsaufträgen und die damit verbundene Belastung des Kontos. Andere lehnen die Einordnung als Girokonto mangels der Möglichkeit von dem Konto unmittelbar Zahlungen an andere Girokonten zu leisten oder Zahlungen von diesen zu empfangen ab und qualifizieren den Vertrag als Geschäftsbesorgungsvertrag gemäß § 675 BGB (*Jonetzki* S. 94, 95). Die rechtliche Einordnung des Verhältnisses Zahlungsempfänger und Systemanbieter hängt von der Ausgestaltung der Pflichten des Systemanbieters ab. Es handelt sich auch in diesem Rechtsverhältnis um ein Girovertrag iSd § 675f iVm § 675c BGB, wenn der Inhalteanbieter einerseits Gutschriften empfangen kann, andererseits das Guthaben aber auch für andere Zwecke verwenden kann (*Hoenike/Szodruch* MMR 2006, 519 [522]; *Krügel* C.I.22). Wenn das Konto jedoch keinem Kontokorrent unterstellt ist, besteht die Pflicht des Systemanbieters in der regelmäßigen Überweisung eines Buchgeldes an den Inhalteanbieter, also in der Protokollierung der Transaktionen und deren Auszahlung. In diesen Fällen handelt es sich um einen Geschäftsbesorgungsvertrag gemäß § 675 BGB (*Hoenike/Szodruch* MMR 2006, 519 [522]).

3. Gemäß § 32 KWG ist die Erbringung von Bank- oder Finanzdienstleistungen erlaubnispflichtig. Der Systemanbieter unterfällt der Erlaubnispflicht, wenn er eines der in § 1 KWG aufgezählten Bank- oder Finanzgeschäfte betreibt. Dabei fallen die Systemanbieter, die ein virtuelles Konto zur Verfügung stellen, unter das Girogeschäft gemäß § 1 Abs. 1 S. 2 Nr. 9 KWG (*Hoenike/Szodruch* MMR 2006, 519 [523]). Ob die Online-Bezahlsysteme unter den Begriff E-Geld-Geschäft gemäß § 1 Abs. 1 Nr. 11 KWG zu subsumieren sind, wird nicht einheitlich beurteilt. Dieser Begriff umfasst Netzgeld und Kartengeld. Unter Netzgeld versteht man vorausbezahlte elektronische Zahlungseinheiten, die von einer Bank oder Nichtbank emittiert und als Zahlungsmittel anstelle von Bar- oder Buchgeld verwendet werden können. Das Netzgeld wird dabei vom Benutzer auf PC-Festplatte gespeichert und zwischen verschiedenen Rechnern verwendet (Boos/Fischer/Schulte-Mattler/*Schäfer* KWG § 1 Rn. 114). Zum Teil wird vertreten, dass es sich mangels der Speicherung von Werteinheiten bei diesen Zahlungssystemen nicht um E-Geld im Sinne dieser Vorschrift handelt (Leible/Sosnitza/*Freitag* Rn. 441; *Hoenike/Szodruch* MMR 2006, 519 [524]; *Meder/Grabe* BKR 2005, 467 [471] jeweils zu § 1 Abs. 14 S. 1 KWG aF) Zumindest die Regulierungsbehörden BaFin und FSA haben jedoch entsprechende Zahlungssysteme ihrer Regulierung unterstellt und sich damit für eine Genehmigungspflicht ausgesprochen (*Jonetzki* S. 237 f.).

Das Zahlungsdienste-Aufsichtsgesetz (ZAG) regelt die Erlaubnispflicht für gewerbsmäßig erbrachte Zahlungsdienste. Nach Definition der E-Geld-Richtlinie (RL 2009/110/EG) handelt es sich bei E-Geld um einen monetären Wert in Form einer Forderung gegen die ausgebende Stelle, dessen Wert nicht geringer ist als der ausgegebene monetäre Wert und der von anderen ausgebenden Stellen als Zahlungsmittel akzeptiert wird. Neben kartengestütztem Geld (zB Geldkarte) sind auch softwarebasierte Zahlungssysteme (sog. Netzgeld wie zB PayPal) umfasst (Schulze/*Schulte-Nöltken* BGB § 675c Rn. 3). Angesichts der Angleichungen im ZAG und KWG von virtuellem und „echtem“ Geld gilt auch der Anbieter eines Online-Bezahlsystems als Zahlungsdienstleister mit den entsprechenden Pflichten. Dies gilt für alle Zahlungsdienstleister, die nicht selbst Waren anbieten (LG Köln Urt. v. 2909.2011 – 81 O 91/11, MMR 2011, 815 [816]). Online-Bezahlsysteme sind damit regulierungspflichtig. Allerdings ist es dank des europäische Passes (§ 53b Abs. 1 S. 2 KWG) auch E-Geld-Instituten möglich, ohne eine Erlaubnis der BaFin in Deutschland tätig zu werden. Voraussetzung ist, dass der Systemanbieter bereits in einem anderen EU-Mitgliedstaat als E-Geld-Institut zugelassen ist. PayPal Europe beispielsweise ist in Luxemburg zugelassen.

4. Einige Anbieter, wie zB PayPal, verzichten auf eine Grundgebühr. Stattdessen erhebt PayPal Gebühren auf den Empfang von Zahlungen, so dass die Nutzung für Privatkunden im Verhältnis zu PayPal in der Regel gebührenfrei erfolgt.

5. Als Nutzerkennung kann auch, wie zB bei PayPal, das E-Mail-Konto dienen.

6. Um eine missbräuchliche Verwendung des Zahlungssystems zu verhindern, ist es erforderlich, dass auch der Nutzer gewisse Sorgfaltspflichten übernimmt. Der Nutzer haftet nach Rechtsscheingesichtspunkten in den Fällen, in denen er seine Legitimationsdaten wissentlich an einen Dritten weitergegeben hat oder aber trotz Kenntnis oder fahrlässiger Unkenntnis des Missbrauchs nicht eingeschritten ist. Eine verschuldensunabhängige Haftung des Nutzers für das Abhandenkommen seiner Zugangsdaten oder aufgrund der technischen Überwindung der Schutzvorkehrungen besteht dagegen nicht (KG Urt. v. 29.11.2010 – 26 U 159/09, MMR 2011, 338 [339]). Diese lässt sich weder nach Risikosphärentheorien noch nach Rechtsscheingesichtspunkten begründen (*Brückner* S. 100). Gemäß § 675u BGB hat der Zahlungsdienstleister keinen Anspruch gegen den Nutzer bei unautorisierter Nutzung. Eine Ausnahme gilt gemäß § 675v Abs. 2 BGB bei Vorsatz und grober Fahrlässigkeit. Ferner besteht keine Nutzerhaftung für Zahlungen, die erst nach erfolgter Anzeige des Missbrauchs entstehen (*Scheibengruber* NJOZ 2010, 1366 [1366]). Die vertragliche Verpflichtung zur Benachrichtigung bei Verdacht auf missbräuchlichen Kontozugriff ist zulässig (*Langenbucher* S. 261; *Recknagel* S. 193). Der Kunde hat nach § 254 BGB die Pflicht, rechtzeitig schadensbegrenzende Maßnahmen zu ergreifen (vgl. Schimansky/Bunte/Lwowski/*Bunte* § 8 Rn 32). Da bei dem Verfahren kein Gegenstand, sondern lediglich ein Sicherheitsverfahren angewendet wird, findet die Haftung nach § 675v Abs. 1 BGB keine Anwendung (*Scheibengruber* NJOZ 2010, 1366 [1369]).

7. Da es sich bei den vorliegend dargestellten Zahlungssystemen um mit Girokonten vergleichbare handelt, können die Grundsätze des Online-Bankings herangezogen werden. Eine vollständige Abwälzung des Missbrauchsrisikos auf den Nutzer ist unangemessen und nach § 307 BGB unwirksam. Erforderlich ist demnach eine Zurechnung nach den in Ziffer 6 genannten Gesichtspunkten.

8. Der Zahlungsdienstleister ist nach den §§ 2, 1 Abs. 1, 4 Abs. 4 S. 1 Nr. 1 GwG verpflichtet, die Identität des Nutzers festzuhalten und zu überprüfen. Zur Dokumentation ist eine verkörperte oder digitale Kopie des Ausweises aufzubewahren, § 8 Abs. 1 und 2 GwG. Dem steht der Wille des Gesetzgebers gegenüber, dass (neue) Personalausweise nicht mehr durch automatisierten Abruf kopiert werden dürfen, wozu auch das Scannen und das Kopieren gehören sollen (vgl. Gesetzesbegründung zu § 20 Abs. 2 und 3 PAuswG, BT-Drs. 16/10489, S. 42). Vorsätzliche Verstöße gegen dieses Verbot können mit einem Bußgeld bis zu dreihunderttausend Euro sanktioniert werden, § 32 Abs. 1 Nr. 7, Abs. 3 PAuswG. Eine praxistaugliche, wenngleich formal nicht mit dem PAuswG vereinbare Lösung des Konflikts zwischen Dokumentierung und Kopierverbot wurde für die Freistellung eines De-Mail-Kontos gefunden: Nach § 3 Abs. 3 S. 2 und 3 des De-Mail-Gesetzes darf der Dienstanbieter den Personalausweis kopieren, muss die Kopie jedoch unverzüglich nach erfolgter Identifizierung vernichten. Im Hinblick auf den Grundsatz „Lex poterior derogat legi priori." („Das jüngere Gesetz geht dem älteren Gesetz vor.") ist fraglich, ob das später in Kragt getretene De-Mail-Gesetz dem PAuswG vorgeht, da beide zuletzt durch das Gesetz zur Optimierung der Gelwäscheprävention vom 22.12.2011 (BGBl. 2011 I 2959) geändert wurden. Jedenfalls darf es nicht auf dem Rücken von Finanzdienstleistern ausgetragen werden, dass es der Gesetzgeber versäumt hat, eine § 3 De-Mail-Gesetz vergleichbare Vorschrift in das GwG aufzunehmen oder Ausnahmen im PAuswG vorzusehen. Die Durchsetzung des Kopierverbots mit Mitteln der Strafverfolgung dürfte in den hier behandelten Fällen nicht mit den Art. 12 Abs. 1, 103 Abs. 2 GG vereinbar sein: Führt der Finanzdienstleister die nach Maßgabe des GwG erlaubte Tätigkeit aus, begeht er zwangläufig eine Ordnungswidrigkeit nach § 17 Abs. 1 Nr. 5 und 6 oder nach § 32 Abs. 1 Nr. 7 PAuswG.

9. Insbesondere im Hinblick auf die Nutzersicherheit bieten fast alle Anbieter das Prepaid-Verfahren an. Zudem sind das Verfahren pay-now sowie das nachträgliche Abbuchungsverfahren möglich. Bei dem Pay-now-Verfahren wird zeitgleich zu der On-line-Bezahlung der entsprechende Betrag von dem angegebenen (Kreditkarten-) Konto des Nutzers abgezogen. Bei Abrechnungssystemen stellt der Systemanbieter dem Nutzer nach Ablauf eines bestimmten Zeitraums den abgebuchten Betrag in Rechnung und bucht diesen von dem angegebenen Konto ab.

10. Klassifiziert man das Vertragsverhältnis als Girovertrag, gilt § 675p BGB, der einen Widerruf außer beim Lastschriftverfahren ausschließt. Aber auch unter Annahme eines Geschäftsbesorgungsvertrages verstößt diese Norm nicht gegen § 307 BGB, da der Systemanbieter als neutraler Zahlungsvermittler eingeordnet wird und es deshalb nicht angemessen wäre, dem Systemanbieter das Widerrufsrisiko aufzuerlegen (*Jonetzki* S. 164).

11. Nach Abschnitt 1 Nr. 1 lit. a des Lastschriftabkommens wird der Betrag nur nach schriftlicher Einwilligung eingezogen. Allerdings handelt es sich bei der Formvorschrift um keine gesetzliche Form. Da gemäß § 127 Abs. 2 BGB die elektronische Form der (gewillkürten) Schriftform gleichzusetzen ist, ist die Anwendung der telekommunikativen Form zulässig (*Hoeren/Sieber* Teil 13.5 Rn. 30; *Jonetzki* S. 141). Der Systemanbieter muss sicherstellen, dass die Zahlungsdienstleister des Nutzers auch am beleglosen Last-schriftverkehr teilnehmen.

12. Das Kreditkarteninstitut ist Zahlstelle des Nutzers.

13. Nicht alle Banken bieten dieses Verfahren an. Teilnehmer an diesem System sind ua die Postbanken, Volksbanken und Sparkassen (Übersicht der teilnehmenden Banken unter: http://www.giropay.de/index.php?id=banken_check). Das Verfahren gilt nur für deren Nutzer. Bei einer giropay-Bezahlung werden die Bankkonten des Nutzers sofort belastet und dem Konto des Zahlungsempfängers unmittelbar gutgeschrieben (*Jonetzki* S. 57). Bei der Zahlung mit giropay wird der Nutzer auf die Seite des zahlenden Bank-instituts geleitet. Dort betätigt er die Zahlungsanweisung unter Eingabe der PIN und TAN, woraufhin der Systemanbieter eine Zahlungsgarantie erhält. Der Systemanbieter schreibt das Guthaben sofort dem Empfängerkonto gut und nimmt die ausgebende Bank in Regress (*Jonetzki* S. 58).

14. Während bei den übrigen Zahlungsmethoden die Zahlung grundsätzlich sofort abgeschlossen ist, kommt es bei der Banküberweisung zu einer zeitlichen Verzögerung von einigen Tagen (*Jonetzki* S. 58).

15. Die Sperrung eines Onlinekontos ist ohne weiteres nicht möglich, da dies einer außerordentlichen Kündigung gleich kommt. Erlaubt ist eine Sperrung zur Verhinderung von Missbrauch und aus Gründen des Kundenschutzes (BGH Urt. v. 12.12.2000 – XI ZR 138/00, NJW 2001, 751).

16. Der Anspruch des Nutzers verjährt gemäß § 199 Abs. 1 Nr. 1 BGB nach der regelmäßigen Verjährungsfrist von drei Jahren, beginnend am Ende des Jahres, in dem das Konto gekündigt worden ist (für Sparbücher: OLG Frankfurt aM OLGR 2005, 312; *Palandt/Heinrichs* BGB § 199 Rn. 4).

17. Im Rahmen der Entgelte gibt es sehr unterschiedliche Ansätze. Teilweise wird ein Entgelt nur für Geschäftskunden mit monatlicher Grundgebühr sowie einmaliger Einrichtungsgebühr erhoben (zB 1&1 ipayment); andere erheben für jede eingegangene Zahlung eine Provision, während der Service für den Zahlenden unentgeltlich ist (zB PayPal, sa Ziffer 4).

18. Die Anbieter von Onlinebezahldiensten werben gerade mit der Datensicherheit ihrer Systeme. Insbesondere sollen die Nutzer damit überzeugt werden, dass für Bestellungen nicht mehr die Eingabe der Kreditkarteninformationen notwendig ist, sondern eine einmalige Hinterlegung bei dem Systemanbieter eine sichere Onlinebestellung möglich macht. Offen bleibt die Frage der datenschutzrechtlichen Grundlage. Zerlegt man die Zahlungssysteme in ihre technischen Einzelteile, so wäre das TKG zumindest teilweise anwendbar. Allerdings liegt der Schwerpunkt hier nicht in der bloßen Übermittlung von Daten, sondern vielmehr in der Protokollierung und Abrechnung der anfallenden Beträge (*Hoenike/Szodruch* MMR 2006, 519 [526]). Danach handelt es sich um Telemediendienste. Für diese gelten die §§ 13 ff. TMG. Telemedien sind gemäß § 1 Abs. 1 S. 1 TMG alle elektronischen Informations- und Kommunikationsdienste, die nicht ausschließlich der Telekommunikation dienen. Da die Systemanbieter in der Regel keine Bestandsdaten an die Anbieter weiterleiten, genügen sie dem Grundsatz der Datensparsamkeit gemäß § 12 Abs. 3 TMG iVm § 3a BDSG. Im Falle ausländischer Anbieter legt § 3 TMG das Herkunftslandprinzip fest. Allerdings bestimmt § 1 Abs. 5 TMG, dass Kollisionsrecht nicht durch das TMG geregelt wird. Daher wird zur Bestimmung des anwendbaren Rechts § 1 Abs. 5 BDSG herangezogen (*Jotzo* MMR 2009, 232 [234]). Damit ist das deutsche Datenschutzrecht anwendbar. Die Weiterleitung der Verkehrsdaten ist von § 97 Abs. 1 S. 2 TKG gedeckt. Die Weitergabe der Daten im Falle der Nichteinbringbarkeit der Forderung dürfte in aller Regel erforderlich sein.

19. Die Bank ist zur Verschwiegenheit über alle kundenbezogenen Tatsachen und Wertungen verpflichtet, von denen sie aufgrund, aus Anlass oder im Rahmen der Geschäftsbeziehung zum Kunden Kenntnis erlangt (Bankgeheimnis; vgl. BGH Urt. v. 24.1.2006 – XI ZR 384/03, Leitsatz b, BB 2006, 682). Informationen über den Nutzer darf die Bank nur weitergeben, wenn gesetzliche Bestimmungen dies gebieten oder der Nutzer eingewilligt hat oder die Bank zur Erteilung einer Bankauskunft befugt ist (mit lediglich deklaratorischer Wirkung: § 2 AGB Banken). Die Bank schuldet die Geheimhaltung von Kontobewegungen aufgrund des Bankgeheimnisses aus Gewohnheitsrecht (Baumbach/Hopt 2. Teil V A Rn. 9). Das BDSG entfaltet neben dem Bankgeheimnis auffangende Wirkung (BGH Urt. v. 27.2.2007 – XI ZR 195/05, DNotZ 2007, 739 [742 f.]). Die Mitarbeiter sind als Erfüllungsgehilfen auch zum Bankgeheimnis sowohl nach außen als auch nach innen verpflichtet. Das heißt, dass ein gesamter Informationspool, von allen Mitarbeitern einsehbar, nicht geschaffen werden darf (Schimansky/Bunte/Lwowski/*Krepold* § 39 Rn. 21–23). Selbst wenn man hier mit *Jonetzki* den Charakter als Girovertrag ablehnen sollte, führt dies wegen § 5 BDSG zu keinem anderen Ergebnis. Die Bankmitarbeiter sind auf das Daten- bzw. Bankgeheimnis entsprechend zu verpflichten. Die Verschwiegenheitspflicht gilt grundsätzlich auch gegenüber Behörden (Baumbach/ Hopt 2. Teil. V. A Rn. 9; Schimansky/Bunte/Lwowski/*Krepold* § 39 Rn. 21). Bei Auskunftsersuchen ist immer eine sorgfältige Interessenabwägung durchzuführen (*Baumbach/Hopt* 2. Teil V A Rn. 10). So ist der Datentransfer zur Aufdeckung von Straftaten wie zB Korruption zulässig.

20. Gemäß § 675g BGB sind beabsichtigte Änderungen zwei Monate vor Wirksamwerden dem Zahlungsdienstnutzer verständlich und in Textform mitzuteilen. § 675g Abs. 2 regelt die Zustimmungsfiktion bei Schweigen des Kunden. Vorausgesetzt ist eine entsprechende Belehrung des Nutzers.

21. Die Rechtswahl in AGB ist ohne weiteres zulässig (BGH Urt. v. 26.10.1993 – XI ZR 42/93, BGHZ 123, 380 [383]) und bei Online-Bezahlsystemen üblich. Gemäß Art. 29 Abs. 1 Nr. 1 EGBGB sind diese AGB-Klauseln Verbrauchern gegenüber dennoch an den §§ 305 ff. BGB zu messen. Die Klausel ist nach § 305c BGB überraschend, wenn, wie bei reinen Inlandsverträgen, abgesehen von der Rechtswahlklausel jede weitere Auslandsbeziehung von nur unwesentlicher Bedeutung ist und außerdem der jeweils überraschende Charakter der Rechtswahlklausel nicht durch konkrete Umstände ausgeräumt wird (Ulmer/Brandner/Hansen/*Schmidt* Anh. 310 Rn. 654 f.). Handelt es sich um ein ausländisches Unternehmen, wird die erforderliche Auslandsbeziehung anzunehmen sein. Allerdings darf die Rechtswahlklausel gemäß Art. 29 Abs. 1 EGBGB dem Verbraucher nicht den Schutz entziehen, den ihm zwingende Bestimmungen der Rechtsordnung seines Heimatortes gewähren (Staudinger/*Magnus* EGBGB Art. 29 Rn. 100).

22. Eine Gerichtsstandsvereinbarung gegenüber einem Verbraucher, die einen ausländischen Gerichtsstand begründet, verstößt gegen Art. 17 EuGVO und ist gemäß Art. 23 Abs. 5 EuGVO unwirksam. Innerhalb Deutschlands setzt eine Gerichtsstandvereinbarung gemäß § 38 Abs. 1 ZPO die Kaufmannseigenschaft des Adressaten voraus. Eine vorherige Gerichtsstandsvereinbarung gegenüber Verbrauchern ist nicht möglich.

2. SEPA-Basislastschriftverfahren

SEPA-Basis-Lastschriftmandat[1, 2]

Ich ermächtige Sie Zahlungen/eine Zahlung von meinem Konto mittels Lastschrift einzuziehen. Zugleich weise ich mein Kreditinstitut an, die von Ihnen auf mein Konto gezogenen Lastschriften einzulösen.[3]

Hinweis: Ich kann innerhalb von acht Wochen, beginnend mit dem Belastungsdatum, die Erstattung des belasteten Betrages verlangen.[4] Es gelten dabei die mit meinem Kreditinstitut vereinbarten Bedingungen.

Vorname und Name (Kontoinhaber) . . . . . .

Adresse . . . . . .

Kreditinstitut (Name und BIC) . . . . . .

IBAN . . . . . .

Ort, Datum . . . . . .

(ggf. Unterschrift)[5]

Anmerkungen

1. Allgemeines. Trotz zahlreicher im Internet gebräuchlicher Zahlungsmethoden (Paypal, paydirekt, Direktüberweisung, SOFORT Überweisung) ist die Lastschrift weiterhin im E-Commerce von erheblicher Bedeutung, ist sie doch seit Jahrzehnten in Deutschland etabliert. Bis zum 31.1.2014 bestanden nebeneinander vier Lastschriftverfahren, das Einziehungsermächtigungs-, das Abbuchungsauftrags-, das SEPA-Basislastschrift- und das SEPA-Firmenlastschriftverfahren. Unter Berücksichtigung unterschiedlicher Übergangsvorschriften sind spätestens seit dem 1.2.2016 (Art. 6 der VO (EU) Nr. 260/2012 des Europäischen Parlaments und des Rates vom 14.3.2012 zur Festlegung der technischen Vorschriften und der Geschäftsanforderungen für Überweisungen und Lastschriften in Euro und zur Änderung der VO (EG) Nr. 924/2009 und § 7c Abs. 1 Zahlungsdiensteaufsichtsgesetz) ausschließlich die einheitlichen europäischen SEPA (Single Euro Payments Area)-Formate zu verwenden.

Hierzu gehört das SEPA-Lastschriftverfahren, das auf der Basis des SEPA Direct Debit Scheme Rulebook des European Payment Council (EPC) entwickelt wurde. Unterschieden wird zwischen dem Basis-Lastschriftverfahren (SEPA Core Direct Debit) und dem Firmenlastschriftverfahren (SEPA Business to Business Direct Debit), wobei sich Letzteres durch seine ausschließliche Bestimmung für Nicht-Verbraucher und die fehlende Rückgabemöglichkeit auszeichnet und daher für den E-Commerce mit einem Verbraucher nicht in Betracht kommt.

Der Zahlungsempfänger benötigt vor Einzug das vom Zahlungspflichtigen erteilte Lastschrift-Mandat, dessen Erteilung in den „Bedingungen für den Lastschrifteinzug" bzw. den „Bedingungen für Zahlungen mittels Lastschrift im Einzugsermächtigungsverfahren" der Kreditwirtschaft für die SEPA-Basislastschrift verlangt wird.

2. SEPA-Basis-Lastschriftverfahren. Beim SEPA Basis-Lastschriftverfahren enthält die Lastschriftabrede zwischen Zahlungspflichtigem und Zahlungsempfänger das sogenannte „Lastschriftmandat".

Ungeachtet der Tatsache, dass der Zahlungspflichtige mit dem Mandat seine Zustimmung zur Kontobelastung erteilt hat, steht diesem nach § 675x Abs. 2 iVm Abs. 4 BGB ein auf acht Wochen nach der Belastungsbuchung befristetes Erstattungsrecht ohne weitere Begründungserfordernisse zu. Weiteres Merkmal der SEPA Lastschrift, ist die Einführung eines Fälligkeitsdatums. Dieses Datum ist der Tag, an dem das Konto des Zahlungspflichtigen belastet werden soll und das für die Berechnung der weiteren Fristen, insbesondere der Berechnung der Erstattungsfrist.

Vor dem Lastschrifteinzug ist der Zahlungspflichtige daher vom Zahlungsempfänger im Wege der Vorabinformation über den beabsichtigten Einzug zu informieren. Dies kann auch durch Vertrag oder Rechnung erfolgen. Die Vorabinformation hat zwei Wochen vor Belastung des Kontos des Zahlungspflichtigen zu erfolgen, sofern nichts Abweichendes vereinbart wurde. Sofern es sich um eine einmalige oder die erste Lastschrift handelt, muss diese 5 Tage vor Belastung des Zahlungspflichtigen bei dem Kreditinstitut des Zahlungsempfängers eingereicht werden. Bei wiederkehrenden Lastschriften genügt eine Einreichung zwei Tage vor Belastung, wobei wiederkehrende Lastschriften als solche zu kennzeichnen sind.

3. Lastschriftmandat. Das vom Zahlungspflichtigen gegenüber dem Zahlungsempfänger erteilte Lastschriftmandat enthält neben der Ermächtigung des Zahlungsempfängers zum Lastschrifteinzug auch eine an die Bank des Zahlungspflichtigen gerichtete Weisung, das Schuldnerkonto zu belasten. Diese „Doppelweisung" (*Schimansky/Bunte/Lwowski* § 57 Rn. 45) beinhaltet damit auch die Zustimmung der Kontobelastung durch die Bank des Zahlungspflichtigen gemäß § 675j Abs. 1 S. 2 Alt. 1 BGB.

4. Anspruch auf Erstattung. Der Zahlungspflichtige kann binnen acht Wochen nach der Belastungsbuchung ohne Angabe von Gründen nach § 675x Abs. 2 iVm Abs. 4 BGB die Erstattung des zu Lasten seines Kontos gebuchten Betrages verlangen. Im Rahmen dieser Frist spielt es keine Rolle, ob der Lastschrifteinzug durch den Zahlungsempfänger berechtigt erfolgte oder nicht. Der Zahlungsempfänger erlangt also erst acht Wochen nach der Belastungsbuchung eine gesicherte Rechtsposition (BGH Urt. v. 20.7.2010 – XI ZR 236/07, BGHZ 186, 269). Dabei bleiben die Forderungen aus dem Valutaverhältnis zwischen Zahlungsempfänger und Zahlungspflichtigen unberührt. Sofern die Kontobelastung zu Unrecht erfolgt, weil dem Zahlungsempfänger kein Lastschriftmandat erteilt wurde oder das Mandat vor Einreichung der Lastschrift widerrufen wurde, kann der Belastung binnen eines Zeitraums von 13 Monaten widersprochen werden, § 676b Abs. 2 BGB.

5. Wirksame Erteilung des Lastschriftmandats. Die Frage, ob ein Basis-Lastschriftmandat auch per Internet, dh ohne Unterschrift, erteilt werden kann, wird – entsprechend der ohnehin vorherrschenden Praxis – allg. bejaht (so der Deutsche SEPA-Rat; die Bundesregierung in BT-Drs. 17/14757, 4 f.; sa *Werne*r WM 2014, 243 (249)). Ebenso ist die Weiterverwendung von Einzugsermächtigungen für wiederkehrende Zahlungen des zuvor weit verbreiteten Einzugsermächtigungsverfahrens nach den „Bedingungen für den Lastschrifteinzug" und subsidiär in Art. 7 Abs. 1 der VO (EU) Nr. 260/2012 vorgesehen.

3. Allgemeine Geschäftsbedingungen einer Handelsplattform für Anteile an geschlossenen Fonds

Allgemeine Geschäftsbedingungen

zwischen

. . . . . .

– nachstehend „Handelsplattform" genannt –

und

. . . . . .

– nachstehend „Auftraggeber"genannt –

Die Nutzung der Handelsplattform der . . . . . . (nachfolgend kurz „Auftragnehmer") unterliegt diesen Allgemeinen Geschäftsbedingungen.[1] Sie regeln das Vertragsverhältnis zwischen . . . . . . als Makler am Zweitmarkt für Beteiligungen[2] und dem Auftraggeber. Ferner betreffen sie die Nutzung der Internetseite . . . . . . sowie aller zu dieser Domain gehörenden Subdomains (nachfolgend insgesamt „Handelsplattform").

Diese AGB finden auch dann Anwendung, wenn Sie die Handelsplattform oder Bereiche davon von anderen Internetseiten aus nutzen, die den Zugang zur Handelsplattform vollständig oder ausschnittsweise ermöglichen.

§ 1 Nutzung der Handelsplattform, Kauf- und Übertragungsvertrag

(1) Die Nutzung der Funktionen der Handelsplattform zum Verkauf oder Kauf von Beteiligungen setzt den Abschluss eines separaten Maklervertrages mit dem Auftragnehmer voraus, dessen Inhalt Sie auf der Handelsplattform im Downloadbereich einsehen können. Mit Abschluss des Vertrages werden die AGB Bestandteil des mit dem Auftraggeber geschlossenen Vertrages.

(2) Der Auftraggeber beauftragt den Auftragnehmer, für eine von ihm benannte Beteiligung an einer Fondsgesellschaft (nachfolgend auch „Beteiligung" oder „Fondsanteil") einen Käufer oder Verkäufer nachzuweisen oder zu vermitteln.

(3) Durch den Maklervertrag erhält der Auftraggeber die Möglichkeit, Beteiligungen an geschlossenen Fonds über die Handelsplattform zu verkaufen und/oder zu kaufen. Dem Maklervertrag und dem beigefügten bzw. ebenfalls im Downloadbereich verfügbaren

Muster des Kauf- und Übertragungsvertrages sind die Einzelheiten des konkreten Biet-verfahrens sowie insbesondere die Regelungen zum Vertragsschluss über diese Handels-plattform zu entnehmen.

(4) Der Abschluss sämtlicher Verträge mit dem Auftragnehmer erfolgt ausschließlich auf Grundlage dieser Bedingungen. Gegenbestätigungen unter Hinweis auf eigene Geschäfts-bedingungen wird hiermit widersprochen.

(5) Ihnen steht im Zusammenhang mit dem Abschluss des Maklervertrages ein Wider-rufsrecht zu, sofern Sie den Vertrag als Verbraucher gem. § 13 BGB geschlossen haben. Die Einzelheiten sind dem Auftraggeber bei Abschluss des Vertrages bekannt gemacht worden.[3]

§ 2 Leistung des Auftragnehmers/Nutzung der Plattform

(1) Durch die Nutzung der Handelsplattform des Auftragnehmers erhält der Auftrag-geber die Möglichkeit, Interessenten zu finden, an die er Beteiligungen an geschlossenen Fonds verkaufen oder von denen er Beteiligungen kaufen kann. Als Käufer hat der Auftraggeber umgekehrt die Möglichkeit, einen Verkäufer für ihn interessierende Betei-ligungen zu suchen und in der Folge gegebenenfalls einen Kaufvertrag abzuschließen.

(2) Die Leistung des Auftragnehmers nach diesem Vertrag ist es daher, ohne Übernahme einer Erfolgspflicht, Kauf- und Verkaufsinteressenten zusammenzuführen. Insoweit ist der Auftragnehmer als Nachweismakler für die Vermittlung einer Beteiligung auf Grund-lage dieser AGB im Rahmen einer Doppelfunktion für den Verkäufer als auch für den Käufer der jeweiligen Beteiligung, also den Auftraggeber, tätig.[4] Der Auftraggeber erteilt hierzu ausdrücklich seine Zustimmung.

(3) Der Auftragnehmer stellt selbst keine Beteiligungen zum Verkauf in die Plattform ein, wird nicht an Bietverfahren teilnehmen und wird nicht Vertragspartner der später ausschließlich zwischen den Kunden des Auftragnehmers geschlossenen Kauf- und Üb-ertragungsverträge. Auch die Erfüllung der zwischen den Vertragspartnern geschlossenen Verträge über den An-/Verkauf einer Beteiligung erfolgt ausschließlich zwischen den jeweiligen Kunden des Auftragnehmers als Vertragspartner des Bietverfahrens.[5] Der Auftragnehmer weist ferner darauf hin, dass es sich bei geschlossenen Fonds um eine Geldanlage mit Risiken handelt, da die Entwicklung eines Fonds von nicht absehbaren künftigen Ereignissen abhängig ist. Bei einer Kauf- bzw. Verkaufsentscheidung sind unter anderem wirtschaftliche und steuerrechtliche Rahmenbedingungen zu berücksichtigen. Der Auftragnehmer führt keine Anlage-, Rechts[6]– oder Steuerberatung durch und übernimmt daher keine Gewähr für die Erreichung der von dem Auftraggeber verfolgten wirtschaftlichen und steuerlichen Ziele. Im Zweifelsfall kann daher die Einholung von rechtlichem und steuerlichem Rat erforderlich sein.

(4) Die Möglichkeit des Zugangs zur Plattform über das Internet besteht nur im Rahmen des Stands der Technik. Eine jederzeitige Verfügbarkeit der Plattform ist nicht geschuldet. Störungen der Technik können, unabhängig davon, ob sie vom Auftragnehmer zu vertreten sind, nicht ausgeschlossen werden. Sie müssen insbesondere außerhalb des Einflussbereiches des Auftragnehmers mit Einschränkungen der Verfügbarkeit wegen Störungen der Datenübermittlung in den beteiligten Teilnetzen des Internets rechnen.[7]

§ 3 Anmeldung/Registrierung

(1) Die Nutzung der Plattform setzt eine vorherige Anmeldung des Auftraggebers voraus. Über die Zulassung der Anmeldung entscheidet der Auftragnehmer nach eigenem Ermes-

sen. Ein Anspruch auf Zulassung besteht nicht. Die Zulassung beinhaltet dem Kunden gegenüber keine Erklärung über die Identität oder Bonität anderer Auftragnehmer.

(2) Anmeldeberechtigt sind unbeschränkt geschäftsfähige natürliche Personen und juristische Personen, deren Anmeldung durch ihre Organe in vertretungsberechtigter Anzahl unter Angabe der Handelsregisterdaten der Gesellschaft erfolgen muss. Teilrechtsfähige Personenvereinigungen (GbR, OHG und KG) können sich in gleicher Weise durch ihre Gesellschafter in vertretungsberechtigter Zahl anmelden.

(3) Sobald die vom Kunden zu zahlende einmalige Grundgebühr auf dem Konto des Auftragnehmers gutgeschrieben ist, erhält der Kunde eine Auftragnehmerkennung und ein Passwort für sein Kundenkonto, über das er Zugang zu der Plattform erhält. Diese Daten dürfen nicht an Dritte, auch nicht an Lebenspartner, Verwandte, Freunde etc, weitergegeben werden. Die Daten sind vor dem Zugriff Dritter geschützt zu verwahren. Soweit Anlass besteht, eine Kenntnisnahme durch Dritte zu vermuten, müssen die Zugangsdaten unverzüglich geändert werden. Der Auftragnehmer haftet nicht für Schäden, die durch eine missbräuchliche Benutzung dieser Daten entstehen.

(4) Der Auftragnehmer wird Kunden nicht, insbesondere nicht per E-Mail oder Telefon, nach ihren Passwörtern fragen. Änderungen der Registrierungsdaten sind dem Auftragnehmer umgehend mitzuteilen.

(5) Jeder Kunde darf nur ein Kundenkonto eröffnen. Die aus einem Kundenkonto folgende Berechtigung zur Nutzung der Plattform ist nicht auf Dritte übertragbar. Das Kundenkonto darf auch keiner anderen Person zur Verfügung gestellt oder für eine andere Person in deren Namen oder unter deren Namen genutzt werden. Kunden haften grundsätzlich für sämtliche Aktivitäten, die unter Verwendung ihres Kundenkontos vorgenommen werden. Hat der Kunde den Missbrauch seines Kundenkontos nicht zu vertreten, weil eine Verletzung der bestehenden Sorgfaltspflichten nicht vorliegt, so haftet der Kunde nicht.

§ 4 Bietverfahren[8]

(1) Nach erfolgreichem Abschluss der Registrierung und Übermittlung der Zugangsdaten wird das Auftraggeberkonto freigeschaltet und der Kunde kann am Bietverfahren teilnehmen.

(2) Das Bietverfahren dient allein dazu, die Interessenten an einer Kauftransaktion zusammenzuführen.[9] Ein bindender Vertrag kommt durch das Bietverfahren nicht zustande. Insofern umschreiben die in diesen Bedingungen verwandten Bezeichnungen „Bietverfahren", „Verkäufer", „Käufer", „Bieter", „Angebot" und „Gebot" lediglich die Art und Weise der Zusammenführung der Interessenten an einem nachfolgenden Vertragsschluss. Eine rechtliche Bindung der Interessenten wird nicht begründet, insbesondere wird kein Vorvertrag geschlossen oder eine irgendwie auf eine rechtliche Bindung gerichtete Erklärung abgegeben.[10]

(3) Die Einstellung einer Beteiligung in ein Bietverfahren zum Verkauf wird technisch ausschließlich durch den Auftragnehmer vorgenommen. Soll eine Beteiligung in ein Bietverfahren eingestellt werden, informiert der Verkäufer den Auftragnehmer über den gewünschten Beginn des Bietverfahrens, die Laufzeit des Bietverfahrens, den festzusetzenden Mindestpreis sowie über die sonstigen für das Bietverfahren notwendigen Angaben. Liegen keine Umstände vor, die den Auftragnehmer berechtigen, das Bietverfahren nicht durchzuführen, wird die Beteiligung des Auftragnehmers in das Bietverfahren gestellt und freigeschaltet. Ab diesem Zeitpunkt ist das Angebot des Verkäufers zur Veräußerung für Erwerber erkennbar und richtet sich an die teilnehmenden Bieter.

(4) Mit der Freischaltung des Verkäufer-Angebots durch den Auftragnehmer nach § 4.1 gibt der Kunde lediglich eine unverbindliche Erklärung über seine Bereitschaft zum Abschluss eines Kaufvertrages über die eingestellte Beteiligung zu den dort genannten Bedingungen ab. Der Kunde bestimmt dabei insbesondere einen Startpreis und nach Wunsch ein Mindestgebot sowie eine Frist, binnen derer das Angebot durch Gebot aufgegriffen werden kann.

(5) Als registrierter Auftraggeber kann der Kunde als Käufer (Bieter) in jedem Bietverfahren mitbieten. Das Bieten ist nur auf elektronischem Wege über die Benutzung des Bietagenten in Schritten von jeweils mindestens . . . . . . EUR möglich. Zudem kann über einen automatischen Bietagenten geboten werden. Die Bietverfahren finden grundsätzlich in Euro statt. Sofern ein Fonds in einer anderen Währung aufgelegt wurde, kann ein Bietverfahren auch in der jeweiligen Fondswährung durchgeführt werden.

(6) Als Bieter erklärt der Kunde unverbindlich seine Bereitschaft, die Beteiligung zu dem abgegebenen Gebot, maximal bis zur Höhe des zuvor festgelegten Höchstbetrages (Preislimit), erwerben zu wollen. Sofern ein Auftrag aufgrund der Marktlage nicht vollständig ausgeführt werden kann, findet in Ermangelung einer anderslautenden Weisung des Auftraggebers eine Teilausführung statt. Das Gebot erlischt, wenn ein anderer Bieter während der Laufzeit des Bietverfahrens ein höheres Gebot abgibt. Bei Geboten gleicher Höhe hat das frühere den Vorrang. Maßgeblich für die Messung der Laufzeit des Bietverfahrens und den Eingang von Geboten ist die Zeitrechnung des Auftragnehmers auf der Internetseite.

(7) Der Auftraggeber als Verkäufer bestätigt, erforderliche Einlagen vollständig geleistet zu haben, Inhaber der zu verkaufenden Beteiligung und unbeschränkt von Rechten Dritter verfügungsberechtigt zu sein. Sollte der Auftraggeber als Verkäufer nicht Inhaber und nicht unbeschränkt von Rechten Dritter verfügungsberechtigt sein (beispielsweise durch Aufnahme in ein Depot, Belastung oder Sicherheitsübertragung), so legt er dies bei Abschluss des Maklervertrages gegenüber dem Auftragnehmer offen und übersendet mit dem unterzeichneten Maklervertrag das schriftliche unbedingte und unbefristete Einverständnis des insoweit Verfügungsberechtigten mit dem Verkauf und der Übertragung der Beteiligung.

(8) Dem Verkäufer ist es untersagt, durch die Abgabe von Geboten oder durch die gezielte Einschaltung eines Dritten das Bietverfahren zu manipulieren.

(9) Die Bietverfahren werden anonymisiert durchgeführt. Vor Abschluss des Bieterverfahrens haben die Kunden aufgrund dieser Bedingungen keinen Anspruch auf Aufhebung der Anonymität der übrigen Beteiligten. Nach Abschluss des Bietverfahrens wird der Auftragnehmer Verkäufer und Käufer die jeweiligen Identitäten mitteilen. Der Auftraggeber ermächtigt den Auftragnehmer, nach erfolgreichem Ablauf des Bietverfahrens seine persönlichen und weiteren für den Kauf/Verkauf notwendigen Daten der anderen Partei des Bietverfahrens mitzuteilen.

(10) Die Preisfindung[11] erfolgt durch Angebot und Nachfrage. Soweit Käufer oder Verkäufer keine anders lautende Weisung erteilen, sammelt der Auftragnehmer Kauf und Verkaufsaufträge und stellt geschäftäglich ab 14:00 Uhr für jede Beteiligung, zu der ausführbare Aufträge vorliegen, einen Preis fest. Der Preis ist so festzusetzen, dass der größtmögliche Umsatz zustande kommt. Zur Ausführung gelangen Kaufaufträge mit dem höchsten beziehungsweise Verkaufsaufträge mit den geringsten Preislimit (Preispriorität). Mehrere Aufträge mit demselben Limit sind nach der Reihenfolge des Eingangs auszuführen (Zeitpriorität).

Liegt nur ein ausführbarer Auftrag auf der Käuferseite vor, bestimmt sich der Preis nach dem Mittel aus dem Kauf- und dem Verkaufsauftrag mit dem ausführbaren Preislimit. Genügen die vorstehenden Grundsätze nicht dem Meistausführungsprinzip, ist der Preis unter Berücksichtigung der Interessen der Parteien festzusetzen. Weichen die Limite der zu vermittelnden Aufträge erheblich voneinander ab, so hat der Auftragnehmer vor der Preisfestsetzung den Auftraggebern eine Taxe bekanntzugeben und die Möglichkeit einzuräumen, das Limit in der aufgegebenen Order zu ändern. Das Mittel wird jeweils auf die nächsthöhere Preisstufe gerundet.

(11) Der Auftragnehmer behält sich das Recht vor, die Art und Weise der Durchführung der Bietverfahren zu ändern.[12]

§ 5 Information

(1) Der Auftraggeber als Verkäufer weist seinen jeweiligen Treuhänder an, sämtliche im Rahmen der Emission der Beteiligung bereits veröffentlichten und ihm zugänglichen Informationen zu den Beteiligungen (Verkaufsprospekt, Protokolle der Gesellschafterversammlung, etc) und Unterlagen wie auch weitere für die Anzeige des Verkaufsinteresses nützliche Informationen und Unterlagen dem Auftragnehmer zur Verfügung zu stellen. Der Auftragnehmer stellt, ohne Verpflichtung hierzu, diese Informationen und Unterlagen in die Plattform ein. Der Auftraggeber als Käufer verpflichtet sich, diese Informationen vor Abschluss eines Kaufvertrages über eine Beteiligung vollständig einzusehen und bei verbleibenden Fragen und Unklarheiten fachlichen Rat einzuholen. Die Bereitstellung dieser Informationen entbindet den Käufer nicht von seiner Obliegenheit, gegebenenfalls weitere Informationen einzuholen.

(2) Der Verkäufer wird durch diese Leistung des Auftragnehmers nicht davon entbunden, seinen aus der Vertragsanbahnung eventuell bestehenden Unterrichtungs- und Informationspflichten gegenüber den Bietern und dem Erwerber, insbesondere gesetzlichen Unterrichtungs- und Informationspflichten, gegenüber nachzukommen.[13]

(3) Der Auftragnehmer überprüft nicht die Vollständigkeit der dem Auftragnehmer zur Verfügung gestellten Unterlagen. Die Bereitstellung der vorgenannten Inhalte erfolgt als unentgeltliche Nebenleistung.

§ 6 Abschluss der Kauf- und Übertragungsverträge

(1) Der Auftragnehmer informiert die Vertragsparteien über das Zustandekommen eines Handels, übersendet an die Parteien die für die Übertragung erforderlichen Unterlagen und fordert den Käufer zur Zahlung des Kaufpreises sowie zu tragender Entgelte gem. § 8 auf.

(2) Auf Wunsch beider Parteien erstellt der Auftragnehmer für die Parteien einen Vertragsentwurf über den Kauf der jeweiligen Beteiligung, den er den Parteien zur Unterzeichnung zusendet.[14]

(3) Die Abrechnung und Zahlung des Kaufpreises erfolgt in der jeweiligen Fondswährung, auch wenn diese nicht auf Euro lautet. Die Zahlung des Kaufpreises sowie der vom Auftraggeber zu entrichten Entgelte erfolgt auf ein im Kauf- und Übertragungsvertrag genanntes Treuhandkonto des Auftragnehmers. Guthaben auf dem Treuhandkonto werden nicht verzinst. Der Auftraggeber hält den Auftragnehmer von Kosten, die die jeweiligen Fonds- oder Treuhandgesellschaften für die Abwicklung des Kauf- und Übertragungsvertrages gelten machen, frei. Unverzüglich nach Eingang des Kaufpreises auf dem Treuhandkonto sendet der Auftragnehmer den Kauf- und Übertragungsvertrag an die Fondsgesellschaft bzw. den Treuhänder zur Umschreibung der Beteiligung. Sobald

dem Auftragnehmer die Umschreibung der Beteiligung angezeigt wird, zahlt Sie den Kaufpreis abzüglich der zu zahlenden Entgelte nach § 8 sowie sonstiger vereinbarter Kosten und Einbehalte an den Verkäufer aus. Beide Vertragsparteien erhalten eine Kopie des Kauf- und Übertragungsvertrages. Damit ist der Auftrag ausgeführt.

(4) Der Käufer einer Beteiligung wird die eventuell erforderlichen Handelsregisteranmeldungen gemeinsam mit der Fondsgesellschaft beziehungsweise dem Treuhänder herbeiführen.

§ 7 Sperrung eines Zugangs/Kündigung

(1) Der Auftragnehmer behält sich das Recht vor, bei dem begründeten Verdacht eines Missbrauchs oder sonstiger erheblicher Unregelmäßigkeiten hinsichtlich der Nutzung der Plattform durch den Kunden (z.B. unvollständige, nicht wahrheitsgemäße Eingabe von Daten wie Angabe falscher Kontaktdaten oder einer falschen oder ungültigen E-Mail-Adresse; Störung der Funktionsfähigkeit der Plattform; Verletzung gesetzlicher Vorschriften, sonstiges berechtigtes Interesse, insbesondere zum Schutz anderer Auftraggeber vor betrügerischen Aktivitäten), die die berechtigten Interessen des Auftragnehmers oder Dritter berühren können,

(a) das Kundenkonto vorläufig oder endgültig zu sperren, sowie
(b) eingestellte Beteiligungen oder Gebote oder sonstige Inhalte zu löschen.

(2) Der Auftragnehmer kann den Maklervertrag jederzeit mit einer Frist von 14 Tagen zum Monatsende schriftlich kündigen. Die Rechte des Auftragnehmers wegen einer missbräuchlichen Nutzung der Plattform bleiben unberührt. Nach Zugang der Kündigung darf sich der Kunde nicht mehr an neuen Bietverfahren beteiligen. Die Abwicklungen von Bietverfahren, die vor Zugang der Kündigung der Kündigungsfrist zulässigerweise eingeleitet wurden, bleiben unberührt. Für diese Bietverfahren gelten die bei ihrer Einleitung gültigen Bestimmungen fort.

(3) Der Maklervertrag kann vom Auftraggeber jederzeit, ohne Einhaltung einer Kündigungsfrist, per E-Mail, Telefax oder Post gekündigt werden.

§ 8 Entgelte

(1) Für die Nutzung der Internetseite und die Inanspruchnahme der Maklertätigkeit erhebt der Auftragnehmer eine Maklerprovision.

(2) Für das Bietverfahren entstehen dem Kunden keine weiteren Kosten.

(3) Bei dem Abschluss eines Kaufvertrages einer über diese Plattform gehandelten Beteiligung wird zusätzlich eine von dem Verkäufer und dem Käufer zu zahlende Maklerprovision iHv je . . . . . .% des Brutto-Kaufpreises inkl. USt. zur Zahlung an den Auftragnehmer fällig. Diese Provision ist seitens des Auftragnehmers mit dem Nachweis eines Kaufvertrages verdient. Der Auftraggeber ist verpflichtet, dem Auftragnehmer den Abschluss eines Kaufvertrages unverzüglich anzuzeigen und diesem sämtliche für die Berechnung der Maklerprovision relevanten Informationen unter Beifügung von Kopien der maßgeblichen Verträge zu übermitteln. Der Auftragnehmer ist auch berechtigt, die Information über die Übertragung der Beteiligung von der Beteiligungsgesellschaft oder einer ihrer Gesellschafterinnen abzurufen, je nachdem, wem die Übertragung der Beteiligung im konkreten Fall nach den Vereinbarungen mit dem Verkäufer anzuzeigen ist.

(4) Bei Beteiligungen, die nicht auf EUR lauten, wird zusätzlich zu der unter Ziffer 3 genannten Provision ein Bearbeitungsentgelt, dessen Höhe sich aus dem Makler- und Geschäftsbesorgungsauftrag ergibt, erhoben. Sofern der Auftraggeber nach Vermittlung

und vor Abschluss eines Kauf- und Übertragungsvertrages eine Änderung seines Auftrages beabsichtigt, kann der Auftragnehmer den ihm hierdurch entstandenen Mehraufwand dem Auftraggeber in Rechnung stellen.

(5) Der Anspruch des Auftraggebers auf die Maklerprovision sowie das Bearbeitungsentgelt bei Beteiligungen, die nicht auf Euro lauten, entsteht mit Abschluss des Kauf- und Übertragungsvertrages über eine Beteiligung durch Käufer und Verkäufer. Die Maklerprovision und das Bearbeitungsentgelt nach Ziffer 3 werden mit Rechnungsstellung durch den Auftragnehmer zur Zahlung fällig. Eine nachträgliche Minderung des Kaufpreises berührt den vollen Provisionsanspruch bzw. das Bearbeitungsentgelt nach Ziffer 3 nicht.

(6) Endet der Makler- und Geschäftsbesorgungsvertrag nach Zusammenführung von Angebot und Nachfrage (Handel) ohne Verschulden des Auftragnehmers ohne Abschluss eines Kauf- und Übertragungsvertrages, so kann der Auftragnehmer vom zurücktretenden Auftraggeber die Zahlung eines Pauschalbetrages in Höhe von . . . . . . EUR verlangen. Die Geltendmachung eines darüber hinausgehenden Aufwendungsersatzes bleibt dem Auftragnehmer gegen Nachweis vorbehalten.

(7) Der Auftragnehmer wird, soweit die Zahlungsabwicklung über ein Treuhandkonto des Auftragnehmers erfolgt, die zu zahlenden Provisionen mit den ein- und ausgehenden Zahlungen verrechnen. Der Auftragnehmer wird eine Auszahlung des Kaufpreises an den Verkäufer nicht vornehmen, bevor nicht der Käufer die von ihm zu leistende Maklerprovision an den Auftragnehmer gezahlt hat.

(8) Der Kunde ist damit einverstanden, dass die Fondsgesellschaft, deren Beteiligung von dem Bietverfahren betroffen war, auf Anfrage des Auftragnehmers diesem mitteilt, ob die Beteiligung, die Gegenstand des Bietverfahrens war, vom Verkäufer an den Käufer übertragen wurde. Der Auftragnehmer darf hierzu der Fondsgesellschaft Name und Anschrift des Kunden sowie Beteiligung mitteilen, die Gegenstand des Bietverfahrens war. Eine Übermittlung des gefundenen Kaufpreises erfolgt nicht.

§ 9 Daten, Datenschutz

(1) Der Kunde darf keine personenbezogenen Daten von anderen Kunden, des Auftragnehmers oder sonstige Daten für andere Zwecke als die nach diesen Bedingungen geregelten vertraglichen und vertragskommunikativen nutzen. Insbesondere ist es dem Kunden untersagt, solche Daten an Dritte weiterzugeben oder für sonstige Zwecke (zB Werbung) zu nutzen.

(2) Sämtliche gegenüber dem Auftragnehmer bekannt gegebene Daten werden vertraulich behandelt. Der Kunde erklärt sich damit einverstanden, dass seine Daten für Verwaltungszwecke elektronisch gespeichert werden. Ferner findet eine Datenweitergabe zum Zweck der Durchführung dieses Makler- und Geschäftsbesorgungsauftrags, der Vermittlung eines Kauf- und Übertragungsvertrags sowie der Abwicklung des Kauf- und Übertragungsvertrags statt, wobei die Daten der Fondsgesellschaft, der Treuhandgesellschaft, dem Kaufvertragspartner sowie Dritten, die Rechte (auch Vorkaufsrechte) an der Fondsbeteiligung geltend machen, übermittelt werden dürfen. Außerdem erfolgt eine Datenweitergabe im Rahmen der Verwaltungstätigkeit und gesetzlicher oder behördlicher Auflagen an die jeweilige Fondsgesellschaft, den zuständigen Treuhänder und die zuständigen öffentlichen und technischen Stellen (Finanzamt, Handelsregister, Content Provider; Bundesanstalt für Finanzdienstleistungsaufsicht etc). Eine Erhebung, Verarbeitung und Nutzung erfolgt nur soweit, als dies für die genannten Zwecke erforderlich und interessengerecht ist.

§ 10 Systemintegrität

Der Auftraggeber ist nicht berechtigt, Mechanismen, Software oder sonstige Scripts in Verbindung mit der Nutzung der Handelsplattform zu verwenden, die das Funktionieren der Handelsplattform stören könnten. Er darf insbesondere keine Maßnahmen ergreifen, die eine unzumutbare oder übermäßige Belastung der Infrastruktur der Handelsplattform zur Folge haben könnten oder störend in die Handelsplattform eingreifen.

§ 11 Haftungsbeschränkung

(1) Bei Vorsatz oder grober Fahrlässigkeit sowie bei Fehlen einer garantierten Eigenschaft oder im Falle einer gesetzlichen verschuldensunabhängigen Haftung sowie im Fall der Verletzung des Lebens, des Körpers oder der Gesundheit steht der Auftragnehmer unbeschränkt für aus der Pflichtverletzung entstandene Schäden ein. Die Haftung nach § 536 a Abs. 1 Fall 1 BGB wegen eines Mangels, der bereits bei Überlassung der Plattform, von Software oÄ zur Nutzung vorhanden war, ist jedoch ausgeschlossen, soweit der Mangel nicht von dem Auftragnehmer zu vertreten ist.

(2) Für leichte Fahrlässigkeit haftet der Auftragnehmer nur bei Verletzung einer wesentlichen Vertragspflicht. Vertragswesentliche Pflichten sind solche Pflichten, die der Auftragnehmer nach Inhalt und Zweck dieses Vertrages und seiner Ergänzungen gerade zu erbringen hat, deren Erfüllung die ordnungsgemäße Durchführung dieses Vertrages erst ermöglicht und auf deren Einhaltung der Kunde regelmäßig vertraut und vertrauen darf. Zu den vertragswesentlichen Pflichten dieses Vertrages gehört danach insbesondere, jedoch nicht allein: Die Ermöglichung, Beteiligungen über die online basierte Plattform zu vermitteln und insoweit verkaufsbereiten Anlegern einen potentiellen Käufer nachzuweisen. Nicht zu den vertragswesentlichen Pflichten dieses Vertrages gehört die technische ununterbrochene Verfügbarkeit der Plattform. Der Auftragnehmer haftet nicht für Inhalte eingestellter Wertgutachten. Diese Haftungsbeschränkungen gelten auch zugunsten der gesetzlichen Vertreter und Erfüllungsgehilfen des Auftragnehmers.

(3) Gegenüber Unternehmern ist die Haftung, außer im Fall der Verletzung von Leben, Körper oder Gesundheit oder der Verletzung wesentlicher Vertragspflichten, auf den typischerweise vorhersehbaren Schaden begrenzt.

(4) Der Auftragnehmer übernimmt keine Haftung für die richtige, vollständige und rechtzeitige Erfüllung evtl. bestehender Informations- und Belehrungspflichten eines Auftraggebers. Sofern sich der Auftragnehmer dennoch im Einzelfall bereit erklärt, auf Weisung eines Auftraggebers inhaltlich und/oder graphisch vom Auftraggeber gestaltete Informationen und/oder Belehrungen an andere Auftraggeber oder sonstige Personen zu übermitteln, übernimmt der Auftragnehmer keinerlei Haftung für die Richtigkeit, Vollständigkeit und Rechtzeitigkeit der übermittelten Informationen und/oder Belehrungen sowie für den Eintritt der damit verfolgten Zwecke und Ziele.

(5) Die vorgenannten Haftungsausschlüsse und Beschränkungen gelten nicht im Falle der Übernahme ausdrücklicher Garantien durch den Auftragnehmer und im Fall zwingender gesetzlicher Regelungen.

§ 12 Freistellung

Der Auftraggeber stellt den Auftragnehmer von sämtlichen Ansprüchen frei, die andere Auftraggeber oder sonstige Personen gegenüber dem Auftragnehmer geltend machen, sei es wegen Verletzung ihrer Rechte durch auf Veranlassung des Auftraggebers in die Handelsplattform eingestellter Gebote, Beteiligungen oder sonstiger Inhalte im Zusammenhang mit der Nutzung der Handelsplattform. Der Auftraggeber übernimmt hierbei auch die Kosten der notwendigen Rechtsverteidigung des Auftragnehmers einschließlich sämtlicher Gerichts- und Anwaltskosten. Dies gilt nicht, soweit die Rechtsverletzung von dem Auftraggeber nicht zu vertreten ist.

§ 13 Vorkaufsrecht der persönlich haftenden Gesellschafterin

(1) Oftmals werden der jeweiligen persönlich haftenden Gesellschafterin in Gesellschaftsverträgen im Falle der Veräußerung einer Beteiligung ein Vorkaufsrecht zuerkannt. Die Auftragnehmer werden auf das mögliche Bestehen eines solchen etwaigen Vorkaufsrechts hingewiesen. Näheres hierzu ist in den jeweiligen Gesellschaftsverträgen geregelt.[15]

(2) Ferner ist zur Wirksamkeit der Übertragung einer Beteiligung regelmäßig die Erteilung einer Handelsregistervollmacht durch den Erwerber erforderlich. Die Gesellschafts- und Treuhandverträge können weitere Voraussetzungen vorsehen.

§ 14 Änderungen dieser AGB

Der Auftragnehmer behält sich das Recht vor, diese AGB, damit verbundene Leistungsbeschreibungen und Preise jederzeit und ohne Angabe von Gründen zu ändern. Diese neuen AGB werden rechtzeitig, mindestens jedoch 6 Wochen vor dem Zeitpunkt, zu dem sie in Kraft treten sollen, schriftlich bekanntgegeben. Hat der Auftraggeber mit dem Auftragnehmer einen elektronischen Kommunikationsweg vereinbart, können die Änderungen auch auf diesem Wege übermittelt werden, wenn die Art, der Übermittlung es dem Auftraggeber erlaubt, die Änderungen in lesbarer Form zu speichern oder auszudrucken. Widerspricht der Kunde Änderungen nicht spätestens vier Wochen nach Zugang der Änderungsmitteilung schriftlich oder auf dem vereinbarten elektronischen Weg, gelten diese als angenommen. Sie gelten als genehmigt, wenn der Auftraggeber nicht schriftlich oder auf dem vereinbarten elektronischen Weg innerhalb von sechs Wochen nach Bekanntgabe der Änderungen Widerspruch erhebt. Der Auftragnehmer wird den Kunden in dem Mitteilungsschreiben auf die Bedeutung seines Schweigens und den Zeitpunkt des beabsichtigten Wirksamwerdens der Änderungen hinweisen. Widerspricht der Kunde, gelten die bisherigen Bedingungen fort.

§ 15 Sonstiges

(1) Änderungen des Maklervertrages, -ergänzungen und Nebenabreden bedürfen der Schriftform. Gleiches gilt für die Aufhebung des Schriftformerfordernisses.

(2) Sofern eine Bestimmung dieser AGB ganz oder teilweise unwirksam ist oder wird, bleiben die übrigen Bestimmungen davon unberührt. Die unwirksame Bestimmung gilt als durch eine solche ersetzt, die dem Sinn und Zweck der unwirksamen Bestimmung in rechtswirksamer Weise wirtschaftlich am nächsten kommt. Gleiches gilt für eventuelle Regelungslücken. Im Übrigen gelten, soweit nichts anderes vereinbart ist, die gesetzlichen Bestimmungen.

(3) Der Maklervertrag und diese AGB unterliegen dem Recht der Bundesrepublik Deutschland unter Ausschluss des UN-Kaufrechts und derjenigen Regelungen des internationalen Privatrechts, die zur Anwendung des Rechts eines anderen Staates führen würden . . . . . ist Erfüllungsort. Handelt es sich bei dem Auftraggeber um einen Kaufmann im Sinne des Handelsgesetzbuchs, ist . . . . . . als Gerichtsstand für alle aus dem Maklerverhältnis und diesen AGB entstehenden Streitigkeiten vereinbart.

Anmerkungen

1. Handelsplattformen für den Zweitmarkt. Das Internet ermöglicht es ohne größeren technischen Aufwand, Beteiligungen an geschlossenen Fonds zu vermitteln. Mittlerweile bieten eine ganze Reihe von Anbietern Handelsplattformen an. Diese ermöglichen es Anlegern, über Festpreis- oder Bieterverfahren Fondsanteile zu verkaufen oder zu kaufen, die aufgrund ihrer fehlenden Fungibilität nicht an der Börse gehandelt werden können. Dadurch konnte ein effektiver und transparenter Markt für gebrauchte Anteile etabliert werden, der für Anleger zunehmend an Attraktivität gewinnt.

Geschlossene Fonds werden in Deutschland zumeist als Publikumskommanditgesellschaft nach deutschem Recht strukturiert, an der sich der Anleger als Kommanditist beteiligt (vgl. dazu umfassend *Lüdicke/Arndt* S. 6 ff.). Die wesentlichen Merkmale einer Publikumsgesellschaft sind nach der Rechtsprechung des BGH darin zu sehen, dass sie auf die Beteiligung einer unbestimmten Vielzahl erst noch zu werbender Gesellschafter angelegt ist, die sich nur kapitalistisch an ihr beteiligen und mehr oder weniger zufällig zusammengeführt werden (vgl. BGH Urt. v. 21.3.1988 – II ZR 135/87, BGHZ 104, 50 = NJW 1988, 1903). Vor Einführung der Handelsplattformen war es nur schwer möglich, Anteile an geschlossenen Fonds vor Laufzeitende zu verkaufen. Anleger hatten nur zwei Optionen: Sie konnten sich entweder selbst um einen Käufer bemühen oder handelten ihren Anteil mithilfe des Initiators, der den Kaufpreis bestimmte. In beiden Fällen stand dem Verkäufer regelmäßig nur ein Käufer gegenüber. Eine effektive Preisfindung fand nicht statt. Dieses Szenario gibt es seit der Etablierung zweitmarktbezogener Handelsplattformen nicht mehr.

Handelsplattformen unterfallen nicht dem Anwendungsbereich des Börsengesetzes (BörsG) und sind entsprechend auch nicht börsenrechtlich reguliert. § 2 Abs. 1 bis Abs. 3 BörsG erfasst nicht solche Handelsplätze, an denen der Handel rein privatrechtlich organisiert ist und an denen, wie bei Kommanditgesellschaften, lediglich Gesellschaftsanteile gehandelt werden. Damit entfallen das Erfordernis einer Genehmigung und die staatliche Kontrolle über den Zweitmarkt nach dem BörsG. In der Vergangenheit unterfielen Instrumente des „Grauen Kapitalmarkts" überhaupt keiner staatlichen Regulierung und Aufsicht (*Heisterhagen/Kleinert* DStR 2004, 507 [509]; *Spindler* WM 2002, 1325 [1331 ff.]). Am 12.12.2011 wurde das Gesetz zur Novellierung des Finanzanlagenvermittler- und Vermögensanlagerechts verkündet, das in wesentlichen Bereichen zum 1.6.2012 sowie zum Teil am 1.1.2013 (Neuregelungen in der Gewerbeordnung und in der Finanzanlagenvermittlerverordnung) in Kraft trat. Die Produkte des „Grauen Kapitalmarkts" wurden durch eine Übertragung in die Normen für bislang regulierte Produkte einer höheren Regulierung unterworfen. Der Gesetzgeber hat diese erhöhte Regulierung dadurch erreicht, dass er Vermögensanlagen, zu denen auch geschlossene Fonds zählen, in den Geltungsbereich des Wertpapierhandelsgesetztes und des Kreditwesengesetzes einbezog (vgl. *Jäger/Maas/Renz*, Compliance bei geschlossenen Fonds – Ein Überblick, CCZ 2014, 63). Geschlossene Fonds werden seitdem als Finanzinstrumente behandelt. Auch bei Kommanditanteilen handelt es sich um Finanzinstrumente nach § 1 Abs. 11 Nr. 5 Kreditwesengesetz („KWG"), § 2 Abs. 2b WpHG. iVm § 1 KAGB, bei denen ein Betrieb eines multilateralen Handelssystems iSd § 1 Abs. 1a S. 2 Nr. 1b KWG grundsätzlich zulassungspflichtig sein kann (vgl. BaFin, Merkblatt – Tatbestand des Betriebs eines multilateralen Handelssystems Stand: Dezember 2009). Wer Anteile an geschlossenen Fonds in Form einer Kommanditgesellschaft oder den Abschluss von Verträgen über den Erwerb solcher Finanzanlagen vermitteln will (Finanzanlagenvermittler), bedarf (§ 34f Abs. 1 GewO, BGBl. I S. 2481 ff.) einer gewerbeamtlichen Erlaubnis. Außerdem gelten in diesen Fällen die anlegerschützenden Vorschriften des WpHG, wie besondere Informations-, Beratungs- und Dokumentationspflichten. Bisher nicht völlig geklärt ist, ob Handelsplattformen innerhalb der Finanzdienstleistungen im Sinne des § 1 Abs. 1a S. 2 KWG den Tatbestand der Anlagevermittlung (Nr. 1) oder jenen des Betreibens eines multilateralen Handelssystems (Nr. 1b) erfüllen. Da Anteile an geschlossenen Fonds als Finanzinstrumente gem. § 1 Abs. 11 S. 1 Nr. 5 KWG gelten, ist davon auszugehen, dass der Betrieb von Handelsplattformen als Finanzdienstleistung zu sehen ist und – im Falle eines gewerbsmäßigen oder in kaufmännischer Weise eingerichteten Geschäftsbetriebs im Inland – der schriftlichen Erlaubnis der BaFin gem. § 32 Abs. 1 KWG bedarf, sofern kein Ausnahmetatbestand greift. Handelsplattformen können nämlich auch unter die Bereichsausnahme nach § 2 Abs. 6 S. 1 Nr. 16 KWG fallen und deshalb erlaubnisfrei sein. So gelten Betreiber organisierter Märkte, die neben dem Betrieb eines multilateralen Handelssystems keine anderen Finanzdienstleistungen im Sinne des § 1 Abs. 1a S. 2 KWG erbringen, nicht als Finanzdienstleistungsinstitute. Auf die zivilrechtliche Wirksamkeit der über infolge von Bieterverfahren auf Handelsplattform abgeschlossenen Kaufverträge hat diese Frage keinen Einfluss, wenn und soweit diese selbst nicht gegen ein gesetzliches Verbot verstoßen (§ 134 BGB). Die Frage der Wirksamkeit von Rechtsgeschäften, die ohne Erlaubnis getätigt wurden, ist im KWG nicht geregelt. Zum Schutz der Vertragspartner der zulassungsbedürftigen Unternehmung wird von der Rspr. (vgl. BGH Urt. v. 5.10.1989 – III ZR 34/88, NJW 1990, 1356) die Anwendung des § 134 BGB mit der Folge der Nichtigkeit zu Lasten des Vertragspartners verneint. Ein Verstoß gegen § 32 Abs. 1 KWG kann allerdings möglicherweise einen Schadensersatzanspruch nach § 823 Abs. 2 BGB begründen, da die Vorschrift im Verhältnis zu Kunden ein Schutzgesetz darstellen kann (vgl. BGH VU v. 21.4.2005 – III ZR 238/03, NJW 2005, 2703; Urt. v. 11.7.2006 – VI ZR 339/04, DStR 2006, 1847; vgl. zu diesem Fragenkomplex Erbs/Kohlhaas/*Häberle* KWG § 32 Rn. 10).

2. Beteiligung. Geschlossene Fonds finden sich regelmäßig in Gestalt von Kommanditgesellschaften unterschiedlicher Gestaltung oder auch in Form der stillen Gesellschaft (nach Inkrafttreten des KAGB unzulässig, es besteht aber zeitlich unbeschränkter Bestandsschutz für Altgesellschaften, die vor dem 22.7.2013 gegründet wurden und nach dem 21.7.2013 keine zusätzlichen Anlagen tätigen (Henssler/Strohn/*Servatius*, Gesellschaftsrecht, 3. Aufl. 2016, Rn. 170). Ist die Rechtsform der Kommanditgesellschaft gewählt, besteht regelmäßig eine Gesellschaft in Form der GmbH & Co. KG, zu deren Gesellschaftern, neben der persönlich haftenden Gesellschafterin, eine GmbH als Kommanditistin zählt. Diese Kommanditistin vereinnahmt als Treuhänderin das Geld, mit dem sich die Anleger an dem Fonds beteiligen wollen, stellt dieses Vermögen als Einlage der KG zur Verfügung und nimmt über ihre Gesellschafterstellung in der Kommanditgesellschaft die Interessen der Anleger wahr. Daneben besteht die Variante, dass sich die Anleger unmittelbar als Kommanditisten beteiligen. Bei einer Beteiligung in Form einer stillen Gesellschaft wird zwischen dem Anleger und der den Vermögensgegenstand des Fonds haltenden Gesellschaft eine Innengesellschaft begründet. Daneben existieren besondere Beteiligungsformen des Investors, auf die hier aus Platzgründen nicht eingegangen werden soll (Überblick bei *Lüdicke/Arndt* S. 19 ff.).

Während die unmittelbare Beteiligung als Kommanditist gesellschaftsrechtlich nach Maßgabe der §§ 161 ff. HGB geprägt ist, stellt die Beteiligung über einen Treuhänder eine lediglich mittelbare, schuldrechtlich ausgestaltete Teilhabe an der Gesellschaft dar.

3. Widerrufsbelehrung. Dieser Hinweis ist nur als deklaratorischer wirksam. Wurden die Einzelheiten nicht bekannt gemacht, wäre dieser Passus als Fiktion nach § 309 Nr. 12 BGB unwirksam. Bei Fernabsatzverträgen kann der Auftraggeber seine Vertragserklärung innerhalb von 14 Tagen ohne Angabe von Gründen in Textform (zB Brief, Fax, E-Mail) widerrufen. Die Frist beginnt nach Erhalt der den Anforderungen des § 360 Abs. 1 BGB entsprechenden Belehrung über das Widerrufsrecht in Textform, jedoch nicht vor Vertragsschluss und auch nicht vor Erfüllung der Informationspflichten gem. Art. 246 § 2 in

Verbindung mit § 1 Abs. 1 und 2 EGBGB. Im Falle eines wirksamen Widerrufs sind die beiderseits empfangenen Leistungen zurückzugewähren und ggf. gezogene Nutzungen (zB Zinsen) herauszugeben.

4. Maklervertrag. Richtigerweise wird im Verhältnis zu den Teilnehmern von der Einordnung als Maklervertrag auszugehen sein (vgl. *Spindler/Wiebe* Kap. 5 Rn. 12 ff.). Der Maklervertrag kommt durch Anmeldung des Interessenten zur Teilnahme an der Handelsplattform zustande. Bei der Gestaltung der Teilnahmebedingungen ist darauf zu achten, dass bei einem Tätigwerden als Doppelmakler die strikte Neutralität gegenüber beiden Vertragspartnern gewahrt wird.

5. Fernabsatz. Für den Verkäufer ist zu beachten, dass er dann, wenn er als Unternehmer nach § 14 BGB anzusehen ist, verpflichtet ist, die Vorschriften über den Fernabsatz zu beachten. Diese Verpflichtung besteht jedoch nur, wenn der Vertrag nach § 312b Abs. 1 S. 1 BGB unter ausschließlicher Verwendung von Fernkommunikationsmitteln zustande kommt. Das ist hier nicht der Fall, weil der Vertrag nachfolgend separat zwischen den Beteiligten geschlossen wird.

6. Rechtsberatung. Der Bundesgerichtshof hat in einer Entscheidung aus dem Jahr 1974 festgestellt, dass ein Makler, der mit der Vermittlung eines Vertrages beauftragt ist, nicht gegen das Rechtsberatungsgesetz verstößt, wenn er im Rahmen dieser Vermittlungstätigkeit den an dem Vertragsschluss interessierten Personen von ihm selbst ausgearbeitete Vertragsentwürfe zur Verfügung stellt (BGH Urt. v. 19.4.1974 – I ZR 100/73, NJW 1974, 1328). Der Vermittlungsmakler verdient sein Honorar nur dann, wenn der Vertragsabschluss auf seiner Vermittlungstätigkeit beruht. Dementsprechend darf er auf die Interessenten einwirken, einen Vertrag zu schließen. Dann ist aber nach Auffassung des Bundesgerichtshofs die Erstellung eines Vertragsentwurfs durch den Makler kein Verstoß gegen das Rechtsberatungsgesetzes. Sie steht in unmittelbarem Zusammenhang mit der Vermittlungstätigkeit (BGH Urt. v. 19.4.1974 – I ZR 100/73, NJW 1974, 1328, 1329). Das RDG hat hieran nichts geändert.

7. Verfügbarkeit. Die Regelung der Verfügbarkeit einer Internet-Plattform ist in AGB problematisch, weil sie entweder mit dem Makel der Intransparenz behaftet ist oder als Beschränkung der Haftung verstanden werden kann. Die hier verwendete Klausel sieht von einer prozentualen Bestimmung der Verfügbarkeit ab und beschränkt sich auf die Beschreibung der allgemeinen Rahmenbedingungen.

8. Art des Verfahrens. Handelsplattformen bieten neben Bietverfahren auch Festpreisverfahren an. Das hier vorliegende Muster betrifft Bietverfahren.

9. Keine Versteigerung. § 156 BGB greift hier nicht. Es handelt sich gerade nicht um eine Versteigerung, sondern um den Austausch von Angebot und Annahme gemäß §§ 145 ff. BGB, der letztendlich zum Vertragsschluss führt.

10. Keine Bindung der Teilnehmer. Lediglich klarstellend wird hervorgehoben, dass eine rechtliche Bindung von Bieter und Auftragnehmer nicht gewollt ist. Wegen der nur zwischen den Parteien der AGB wirkenden Bindung ist es jedoch eine Frage des Einzelfalls, wie das Verhalten der Teilnehmer an dem Bietverfahren aus Sicht der Empfänger zu werten ist. Die hier behandelten Bedingungen sollten jedoch bei der Auslegung berücksichtigt werden, wobei auch hier wiederum das Ergebnis von den Umständen des Einzelfalls abhängig ist (s. *Spindler/Wiebe* Kap. 4 Rn. 126 f.; für eine Relevanz der AGB bei der Auslegung OLG Hamm Urt. v. 14.12.2000 – 2 U 58/00, NJW 2001, 1142 [1143]; OLG Karlsruhe Urt. v. 25.1.2007 – 8 U 123/06, MMR 2007, 794 [795]).

11. Preissetzungsverfahren. Es sind, je nach Geschäftsmodell des Plattformbetreibers, unterschiedliche Preissetzungsverfahren denkbar. Das hier dargestellte Preissetzungsverfahren ist an jenes der führenden Handelsplattform zweitmarkt.de angelehnt.

12. Leistungsänderung. Leistungsänderungsrechte können wegen § 308 Nr. 4 BGB problematisch sein. Im Einzelfall sollten die absehbaren Änderungen in den AGB bezeichnet und die Änderung unter den Vorbehalt der vom Gesetz geforderten Zumutbarkeit gestellt werden.

13. Prospektpflicht. Es besteht grundsätzlich die Problematik, ob und inwieweit Verkäufer von Beteiligungen zum Zweiterwerb einer Prospektpflicht unterliegen. § 268 KAGB sieht für die Emission die Erstellung eines Verkaufsprospektes und von wesentlichen Anlegerinformationen vor. Nach § 6 VermAnlG müssen Anbieter, die im Inland Vermögensanlagen anbieten, nur dann einen Prospekt veröffentlichen, wenn ein Prospekt nicht bereits veröffentlicht ist. Der Verkaufsprospekt ist auch nicht zu aktualisieren, da sich der Begriff des Angebots im Rahmen des § 11 VermAnlG nur auf das Angebot im Erstmarkt bezieht (*Lüdicke/Arndt* S. 140, auch zu Angeboten, die im Erstmarkt vor dem 1.7.2005 platziert wurden). Letztlich wäre es Aufgabe des Auftragnehmers, die vorgeschriebenen Informationen bereitzustellen, wobei jedoch eine Nebenpflicht des Plattformbetreibers, hierauf hinzuweisen, nicht fernliegend ist. Das Formular geht davon aus, dass für den Zweitmarkt keine Prospektpflicht besteht, soweit jedenfalls bei der Erst-Emission die Pflicht erfüllt wurde. Zur Reduzierung der dennoch bestehenden Rechtsunsicherheit bietet der Plattformbetreiber alle ihm zugänglichen Informationen vorsorglich für die Beteiligten zur Kenntnisnahme an.

14. Übertragung der Gesellschaftsanteile Die Kommanditistenstellung kann auf einem Zweitmarkt nur nach den gesellschaftsrechtlichen Vorgaben übertragen werden, wozu regelmäßig die Zustimmung der Mitgesellschafter und die – haftungsbefreiende – Eintragung in das Handelsregister gehört (dazu im Einzelnen *Lüdicke/Arndt* S. 44). Die schuldrechtliche Beteiligung im Rahmen eines Treuhandmodells ist als vertragliche Position regelmäßig nur durch Vereinbarung mit den Vertragspartnern, dh des Treuhänders, des Veräußerers, des Erwerbers und gegebenenfalls – je nach vertraglicher Gestaltung – auch der Trägergesellschaft möglich. Das hat Bedeutung für die Wirksamkeit der Übertragung über eine Plattform für den Fall, dass die Zustimmung des Treuhänders und der Trägergesellschaft nicht von vornherein gegeben ist. Bedürfen, wie üblich, Änderungen und Ergänzungen des Treuhand- oder Gesellschaftsvertrages und damit auch die Änderung der Vertragspartner (Palandt/*Grüneberg* BGB § 398 Rn. 39) der rechtsgeschäftlich begründeten Schriftform, stellt sich ein weiteres Problem für elektronische Plattformen, jedenfalls dann, wenn auch die Übertragung der Beteiligung elektronisch erfolgen soll. Zwar wäre das Formerfordernis durch eine qualifizierte elektronische Signatur zu wahren, mangels Verbreitung dieser Signatur würde sich jedoch ein erhebliches Handelshindernis ergeben. Eine Auslegung des Schriftformerfordernisses kann jedoch ergeben, dass die Schriftformklausel auf Übertragungsvorgänge keine Anwendung findet. Der BGH hat zu der Frage, ob der Beitritt zu einer Publikums-KG der im Vertrag vorgesehenen Schriftform bedarf, entschieden, dass nach Sinn und Zweck der in dem konkreten Fall vorhandenen Schriftformklausel Individualvereinbarungen mit einem einzelnen Kapitalanleger, um die es bei dem in der Entscheidung infrage stehenden Beitrittsvertrag und seine Änderungen gehen, nicht erfasst werden (BGH Urt. v. 6.12.1982 – II ZR 70/82, NJW 1983, 1117 [1118]). Diese Wertung lässt sich sowohl auf den Beitritt von Treugebern wie auf die Übertragung der Rechtsposition eines Treugebers oder Kommanditisten übertragen. Zu berücksichtigen ist allerdings, dass sich die Auslegung nicht verallgemeinern lässt, es damit wie stets auf den Einzelfall ankommt.

15. Vorkaufsrechte. Mit vertraglichen Vorkaufsrechten versuchen einzelne Initiatoren, Übertragungshürden zu errichten. Das Bestehen eines Vorkaufsrechts steht zwar nicht dem Abschluss eines Kaufvertrages, wohl aber dessen Erfüllung entgegen. Es muss dann, wenn der Vertragsschluss anders als hier unmittelbar über die Plattform erfolgen soll, sichergestellt sein, dass die Teilnehmer über die Risiken der Erfüllung des geschlossenen Vertrages informiert werden. Den Betreiber der Plattform trifft insoweit möglicherweise eine Nebenpflicht bei Kenntnis des Vorkaufsrechts. Zu beachten ist, dass Anleger grundsätzlich frei über ihre Anteile an geschlossenen Fonds verfügen dürfen (OLG Bremen Urt. v. 7.6.2007 – 2 U 1/07).

L. Arbeitsrecht

1. Betriebsvereinbarung über die Nutzung von E–Mail, Intranet und Internet

Zwischen

der . . . . . . AG, vertreten durch den Vorstand . . . . . .

– im folgenden „Unternehmen" –

und

dem Betriebsrat der . . . . . . AG, vertreten durch den Betriebsratsvorsitzenden . . . . . .

– im folgenden „Betriebsrat" –

wird folgende Betriebsvereinbarung[1, 2] geschlossen:

§ 1 Zweck und Gegenstand[3]

(1) Die elektronischen Kommunikations- und Informationssysteme Inter- und Intranet, insbesondere E-Mail (im folgenden „Kommunikationssysteme") sollen der schnelleren, umfassenden und zeitgemäßen Kommunikation und Information der Mitarbeiter des Unternehmens (im folgenden „Mitarbeiter") untereinander sowie zu den Geschäftspartnern des Unternehmens dienen.

(2) Gegenstand dieser Betriebsvereinbarung ist die Nutzung der Kommunikationssysteme durch die Mitarbeiter.

§ 2 Geltungsbereich[4]

Diese Betriebsvereinbarung gilt in

- räumlicher Hinsicht für die Betriebe in . . . . . . und . . . . . .Sie gilt bei Reisetätigkeit und Außendiensteinsätzen auch außerhalb des Betriebsgeländes.
- sachlicher Hinsicht für die Nutzung von Internet, Intranet und E-Mail.
- persönlicher Hinsicht für alle Mitarbeiter unabhängig von Art und Umfang ihrer Beschäftigung, insbesondere auch für Mitarbeiter auf Zeit, mit Ausnahme der leitenden Angestellten iSv § 5 Abs. 3 BetrVG.

§ 3 Nutzungsbedingungen[5]

(1) Die Nutzung der Kommunikationssysteme (E-Mail/Internet/Intranet) durch die Mitarbeiter hat grundsätzlich zu dienstlichen Zwecken, dh Kommunikation mit Geschäftspartnern und Abruf nützlicher Geschäftsinformationen zu erfolgen. Die Nutzung zu privaten Zwecken ist lediglich im Rahmen der Regelung in Abs. 2 gestattet. Die Gestattung der privaten Nutzung der betrieblichen Kommunikationssysteme nach den Vorgaben dieser Betriebsvereinbarung erfolgt ausschließlich gegenüber denjenigen Mitarbeitern, die zuvor gegenüber dem Unternehmen eine Einwilligung gemäß Anl. 1 abgegeben haben. Die Beschäftigten sind frei in ihrer Entscheidung, ob sie eine solche Einwilligung abgeben wollen. Die Einwilligung ist jederzeit mit Wirkung für die Zukunft widerruflich.

Soweit die Einwilligung nicht erteilt wird oder widerrufen wurde, ist nur eine betriebliche Nutzung zulässig.

(2) Die Kommunikationssysteme können privat in geringem Umfang genutzt werden, soweit

a) die Dringlichkeit einer Angelegenheit keinen Aufschub in die Freizeit gestattet
und

b) der zeitliche Aufwand gegenüber der betrieblichen Nutzung deutlich von untergeordneter Bedeutung ist. Der Zeitaufwand darf eine Stunde pro Woche nicht überschreiten
und

c) die Erfüllung von dienstlichen Pflichten, andere Personen und betriebliche Belange nicht beeinträchtigt werden.

Hierunter fallen namentlich das Abrufen von Aktienkursen, Wetterbericht oder sonstigen Kurzinformationen sowie kurze E-Mails. Die Speicher- und Leistungskapazität der Betriebsmittel darf durch die private Nutzung nicht beeinträchtigt werden. Die durch die private Nutzung entstehenden Kosten kann das Unternehmen von dem Mitarbeiter erstattet verlangen.[6]

Die Gewährung der privaten Nutzung der Kommunikationssysteme (E-Mail/Internet/Intranet) erfolgt freiwillig. Die Gewährung steht im freien Ermessen des Arbeitgebers. Auch bei wiederholter vorbehaltloser Gewährung der Privatnutzung entsteht kein Rechtsanspruch auf Gewährung für die Zukunft.[7]

(3) Unzulässig ist jede Nutzung der Kommunikationssysteme, die

a) gegen datenschutzrechtliche, persönlichkeitsrechtliche, lizenz- und urheberrechtliche oder strafrechtliche Bestimmungen verstößt und damit die Sicherheit des Unternehmensnetzes beeinträchtigt
oder

b) für die Interessen und das Ansehen des Unternehmens und dessen Belegschaft geschäftsschädigende oder in sonstiger Weise beleidigende, verleumderische, verfassungsfeindliche, gewaltverherrlichende, rassistische, fremdenfeindliche, sexistische oder pornographische Inhalte aufweist,
oder

c) weltanschauliche, parteipolitische, sittenwidrige oder kommerzielle Themen, zB Werbung zum Inhalt hat
oder

d) die den Abruf von für das Unternehmen kostenpflichtiger Internetseiten beinhaltet.

(3) Zum Schutz der Kommunikationssysteme vor Viren, Trojanern und ähnlichen Bedrohungen, ist es den Mitarbeitern untersagt, aus privaten Gründen eigenmächtig Software zu installieren oder Programme, Filme, Musik oder ähnliches aus dem Internet herunterzuladen.

(4) Alle Mitarbeiter, die die Kommunikationssysteme des Unternehmens nutzen, haben sich wahrheitsgemäß, präzise und vollständig zu identifizieren.

(5) Benutzerkennungen und Passwörter stellen eine nutzerbezogene Zuordnung des Ressourcenverbrauchs sicher. Jeder Mitarbeiter, der eine Zugangskennung für den Zugriff auf das Internet erhalten hat, muss diese Information geheim halten und vertraulich behandeln. Die Nutzung einer Kennung durch mehrere Personen ist untersagt. Eine Weitergabe der Zugangsdaten an Mitarbeiter des Unternehmens ist in Ausnahmefällen zulässig, wenn dies für die Erledigung der übertragenen Tätigkeit unerlässlich ist.

(6) Die Arbeitnehmer haben sowohl bei der dienstlichen als auch bei der privaten Nutzung die allgemeinen Sicherheitsstandards zu beachten. Sie dürfen insbesondere nur auf sicheren Seiten surfen sowie E-Mails und Daten unbekannter Herkunft nicht öffnen und sind verpflichtet, im Zweifel Rücksprache mit dem IT-Verantwortlichen des Unternehmens zu nehmen. Die Mitarbeiter sind verpflichtet, Sicherheitsprobleme, Fehler – oder Warnmeldungen unverzüglich an den IT-Verantwortlichen des Unternehmens weiter zu melden.

§ 4 Nutzung durch den Betriebsrat[8]

(1) Der Arbeitgeber stellt dem Betriebsrat zur ausschließlichen Erfüllung seiner gesetzlichen Aufgaben eine eigene nicht personalisierte E-Mail-Adresse zur Verfügung. Der Arbeitgeber ist nicht befugt, dieses E-Mail-Postfach zu kontrollieren und auszuwerten.

(2) Der Arbeitgeber gewährt dem Betriebsrat ausschließlich zur Erfüllung seiner gesetzlichen Aufgaben die Möglichkeit, das Intranet zu nutzen, insbesondere eine eigene Homepage hierfür zu installieren. Der Betriebsrat hat die Einrichtung einer solchen Homepage beim Arbeitgeber anzumelden.

(3) Der Arbeitgeber gewährt dem Betriebsrat ausschließlich zur Erfüllung seiner gesetzlichen Aufgaben die Möglichkeit, das Internet zu nutzen, insbesondere um Informationen abzurufen. Der Betriebsrat ist jedoch nicht berechtigt, eine Homepage im Internet zu installieren.

(4) Eine weitere Nutzung der Kommunikationssysteme ist vorbehaltlich der ausdrücklichen schriftlichen Zustimmung des Arbeitgebers ausgeschlossen.

§ 5 Datenerfassung und –protokollierung[9]

(1) Das Unternehmen protokolliert alle Zugriffe auf die Kommunikationssysteme. Insbesondere führt das Unternehmen ein elektronisches Posteingangsbuch. Dabei werden alle von außen eingehenden E-Mails an funktionsbezogene Adressen mit Absender, Empfänger, E-Mail-ID, Datum und Uhrzeit in einer Log-Datei gespeichert.

(2) Die bei der Nutzung der Kommunikationssysteme anfallenden personenbezogenen Daten werden grundsätzlich nur für eine Verhaltenskontrolle im Rahmen dieser Betriebsvereinbarung verwendet. Personenbezogene Daten, die zur Sicherstellung eines ordnungsgemäßen Betriebs der E-Mail/Internet/Intranet-Dienste erhoben und gespeichert werden, unterliegen der besonderen Zweckbestimmung nach § 31 Bundesdatenschutzgesetz. Die erfassten Protokoll- und Verbindungsdaten werden ausschließlich zum Zweck der Abrechnung der Internet-Nutzung, der Gewährleistung der Systemsicherheit, der Steuerung der Lastverteilung im Netz und Optimierung des Netzes, der Analyse und Korrektur von technischen Fehlern und Störungen, der Missbrauchskontrolle und bei Verdacht auf Straftaten verwendet. Die gespeicherten personenbezogenen Daten werden gemäß den gesetzlichen Bestimmungen gelöscht.

(3) Personal, das Zugang zu Protokollinformationen hat, wird besonders auf die Sensibilität dieser Daten hingewiesen und auf die Einhaltung des Datenschutzes verpflichtet. Bei der Auswahl des Personals ist dies als Eignungsvoraussetzung zu berücksichtigen. Dafür wird (zB durch vertragliche Vereinbarung) Sorge getragen, wenn und soweit es sich nicht um eigenes Personal handelt.

(4) E-Mail-Postfächer und sonstige Nutzung der Kommunikationssysteme von Personen, die einer besonderen Vertraulichkeit unterliegen, sind von Kontrollen und Datenerfassungen nach dieser Vereinbarung ausgeschlossen. Zu diesen Personen gehören insbesondere der Betriebsrat, der Betriebsarzt und der Datenschutzbeauftragte.

§ 6 Missbrauchskontrolle[10]

(1) Alle Mitarbeiter haben das Recht, den vermuteten oder tatsächlichen Missbrauch und Missbrauchsversuche des Kommunikationssystems durch Mitarbeiter dem Unternehmen und/oder dem Betriebsrat mitzuteilen. Das Beschwerderecht der Mitarbeiter gem. der §§ 84 und 85 BetrVG bleibt hiervon unberührt.

(2) Eine personenbezogene Kontrolle der Nutzung der Kommunikationssysteme findet nur beim konkreten Verdacht eines Verstoßes gegen diese Bestimmungen, insbesondere gegen § 3 Ziff. 3 dieser Betriebsvereinbarung statt. Das Unternehmen ist insofern berechtigt, zur Klärung des Verdachts eine personenbezogene Kontrolle und Auswertung vorzunehmen, dh insbesondere Einsicht in abgespeicherte Daten zu nehmen, den Inhalt offen zu legen und zu sichern.

Die anfallenden Protokolldaten werden nur zur Klärung des konkreten Verdachts ausgewertet.

Der Betriebsrat ist zu beteiligen. Das Ergebnis der Auswertung wird dem Betriebsrat mitgeteilt.

(3) Bei Feststellungen eines Missbrauchs der Kommunikationssysteme durch einen Mitarbeiter ist das Unternehmen berechtigt,

a) Zugriffe auf offensichtlich nicht dienstliche und/oder sicherheitsgefährdende Inhalte zu sperren,

b) dem betreffenden Mitarbeiter die Nutzungsberechtigung zu entziehen bzw. diese einzuschränken,

c) arbeitsrechtliche Konsequenzen unter Einbeziehung der Stellungnahme des Betriebsrats nach dem Betriebsverfassungsgesetz zu prüfen und durchzusetzen.[11]
Darüber hinaus kann ein Verstoß (zB bei Nutzung kostenpflichtiger Dienste) zivilrechtliche Schadensersatzansprüche auslösen. Das Unternehmen behält sich vor, bei Missbrauch der Kommunikationssysteme auch strafrechtliche Konsequenzen zu prüfen.

§ 7 Spamfilter und Virenschutz

(1) Durch eine zentrale Spamfilterung können Spam-E-Mails erkannt werden, indem auf eingehende E-Mails zugegriffen wird. Derartige E-Mails werden sodann mit dem Wort „Spam" im Betreff markiert und an den Empfänger weitergeleitet. Diesem obliegt es, den Inhalt sorgfältig zu prüfen und bei tatsächlichem Vorliegen, die Nachricht unverzüglich zu löschen.

(2) Bei Vorliegen von konkreten Anhaltspunkten, dass eine E-Mail einen schädlichen Anhang enthält, wird diese Nachricht automatisch herausgefiltert und entsprechend untersucht. Bestätigt sich der Verdacht, wird die E-Mail erst nach Entfernung jeglicher Gefährdungspotentiale an den Empfänger weitergeleitet.

§ 8 Schulungen der Mitarbeiter

Die Mitarbeiter werden in regelmäßig stattfindenden Schulungen mit den technischen Möglichkeiten und einer datenschutzgerechten Anwendung der eingesetzten Verfahren vertraut gemacht. Gleichzeitig werden sie über Art und Umfang der Erhebung und Verwendung ihrer personenbezogenen Daten informiert.

§ 9 Änderungen und Erweiterungen

Geplante Änderungen und Erweiterungen an den Kommunikationssystemen werden dem Betriebsrat und dem betrieblichen Datenschutzbeauftragten rechtzeitig mitgeteilt. Es wird dann geprüft, ob und inwieweit sie sich auf die Regelungen dieser Vereinbarung auswirken. Notwendige Änderungen oder Erweiterungen zu dieser Vereinbarung können im Einvernehmen in einer ergänzenden Regelung vorgenommen werden.

§ 10 Widerrufsvorbehalt[12]

Die Erlaubnis zur privaten Nutzung der Kommunikationssysteme kann vom Unternehmen jederzeit widerrufen oder weiter eingeschränkt werden, ohne dass es hierzu einer Änderung dieser Betriebsvereinbarung oder der Zustimmung des Betriebsrats oder der betroffenen Mitarbeiter bedarf.

§ 11 Inkrafttreten, Dauer, Nachwirkung[13]

(1) Diese Betriebsvereinbarung tritt mit ihrer Unterzeichnung in Kraft. Sie kann mit einer Frist von drei Monaten zum Ende eines Kalenderjahres gekündigt werden. Bis zum Abschluss einer neuen Betriebsvereinbarung gilt die vorliegende Vereinbarung weiter.

(2) Die Unwirksamkeit einzelner Bestimmungen dieser Vereinbarung führt nicht zur Unwirksamkeit der übrigen Regelungen. Im Falle der Unwirksamkeit einzelner Regelungen werden Betriebsrat und Unternehmen unverzüglich Verhandlungen über eine Neuregelung des jeweiligen Sachverhalts aufnehmen.

Anl.:

Einwilligungserklärung des Arbeitnehmers zur privaten Nutzung der betrieblichen Kommunikationssysteme

1. Das Unternehmen hat in der „Betriebsvereinbarung über die Nutzung von E-Mail, Internet und Intranet" die dienstliche Nutzung der Kommunikationssysteme geregelt. Das Unternehmen hat sich dabei bereit erklärt, auch eine private Nutzung der Kommunikationssysteme widerruflich zu gestatten, aber nur gegenüber solchen Mitarbeitern, die vorher eine entsprechende Nutzungsvereinbarung abgeschlossen und eine Einwilligungserklärun,g abgegeben haben.

2. Durch Unterzeichnung und Rückgabe des vorliegenden Dokuments

• schließen Sie mit dem Unternehmen eine Nutzungsvereinbarung ab, die für beide Seiten vertraglich verbindliche Regeln für die private Nutzung der Kommunikationssysteme begründet und
• willigen Sie in die Erhebung, Verarbeitung und Nutzung von personenbezogenen Daten im Zusammenhang mit der privaten Nutzung der Kommunikationssysteme im Rahmen der Betriebsvereinbarung ein.

3. Die Nutzungsvereinbarung wird von dem Unternehmen stillschweigend angenommen, sobald Sie dieses Dokument unterschrieben zurückgegeben haben, dh eine Gegenzeichnung durch das Unternehmen erfolgt nicht.

4. Die Gestattung der privaten Nutzung der Kommunikationssysteme endet automatisch und Sie dürfen dementsprechend die Kommunikationssysteme nicht mehr privat nutzen, wenn:

• Ihre Beschäftigung für das Unternehmen endet,
• das Unternehmen die Möglichkeit der privaten Nutzung beendet,
• dieses Dokument und die in der Betriebsvereinbarung enthaltenen Vereinbarungen und Erklärungen aus rechtlichen oder tatsächlichen Gründen wegfallen, zB weil sie widerrufen, gekündigt oder angefochten wird.

5. Jede Seite darf diese Nutzungsvereinbarung jederzeit mit sofortiger Wirkung für die Zukunft ohne Angaben von Gründen durch eine entsprechende Erklärung in schriftlicher Form gegenüber der anderen Seite kündigen bzw. widerrufen.

(weiterführende Hinweise: Orientierungshilfe der Datenschutzaufsichtsbehörden zur datenschutzgerechten Nutzung von E-Mail und anderen Internetdiensten am Arbeitsplatz, Stand 1/2016, https://www.lda.bayern.de/media/oh_email_internet.pdf)

Anmerkungen

1. Sachverhalt. Die Nutzung von E-Mail, Internet und Intranet hat inzwischen in allen Unternehmensbereichen, insbesondere auch in der sogenannten „old-economy" Einzug gehalten. Diese Kommunikationssysteme sind wesentliche Bestandteile eines modernen Arbeitsplatzes. Dies stellt das Arbeitsrecht immer wieder vor Probleme. Häufiges Thema ist die private Nutzung dieser Kommunikationssysteme. Nach einer älteren Studie von FAST Corporate Services aus dem Jahr 2001, einem Verband, der sich hauptsächlich dem Kampf gegen illegale Verbreitung von Software widmet, verursacht die private Nutzung des Internets am Arbeitsplatz in der britischen Industrie Ausfälle von 500 Millionen Dollar pro Jahr. Laut dieser Studie nutzten nur zehn Prozent der Befragten das Internet ausschließlich für dienstliche Zwecke. Die meisten gaben dagegen an, etwa ein Drittel ihrer Online-Zeit allein für private Zwecke aufzuwenden. Bei einer früheren Umfrage des Softwarehauses SurfControl bei mehr als 1200 Unternehmen im Herbst 2001 ergab sich ebenfalls, dass mehr als 90 % der Mitarbeiter an ihrem Arbeitsplatz auch privat surfen und mailen. Diese Zahlen schwanken von Jahr zu Jahr. In einem Interview mit dem Magazin Forbes aus dem Jahr 2012 erläuterte der damalige CEO Russ Warner des Software-Unternehmens ContentWatch.inc, welches Programme zur Überprüfung und Kontrolle von Internetinhalten herstellt, dass mind. 64 % der Arbeitnehmer jeden Tag Internetinhalte aufrufen würden, die nicht für die Arbeit relevant wären. Bei Arbeitnehmern der Altersgruppe zwischen 18 und 35 Jahren lag der Anteil sogar bei 73 % (http://www.forbes.com/sites/cherylsnappconner/2012/07/17/employees-really-do-waste-time-at-work/#24829d082412).
Laut einem Bericht des Unternehmens salary.com aus dem Jahr 2014 stieg die Zahl erneut auf 89 % an. Ein Drittel der Befragten nutzten das Internet am Arbeitsplatz für private Zwecke täglich für mindestens 30 Minuten (http://www.salary.com/2014-wasting-time-at-work/).
Aus diesem Grund ist auch weiterhin dringend zu empfehlen, eine Nutzungsordnung zu begründen. In diesem Formular wurde vom Bestehen eines Betriebsrats ausgegangen und die Form einer Betriebsvereinbarung gewählt. Besteht kein Betriebsrat, können die grundlegenden Regelungen auch im Rahmen einer Zusatzvereinbarung zum Arbeitsvertrag (→ Form. L. 2) oder in einer allgemeinen Arbeitsordnung geregelt werden.

2. Betriebsvereinbarung. Bei Vereinbarungen zwischen Arbeitgeber und Betriebsrat unterscheidet man hinsichtlich der Betriebsvereinbarungen zwischen freiwilligen und erzwingbaren Betriebsvereinbarungen. Daneben sind noch Regelungsabreden denkbar, welchen nur schuldrechtliche Wirkung zukommt. Zum Abschluss freiwilliger Betriebsvereinbarungen kann der Arbeitgeber vom Betriebsrat nicht gezwungen werden. Erzwingbare Betriebsvereinbarungen betreffen im BetrVG erwähnte mitbestimmungspflichtige Regelungssachverhalte; ihren Abschluss kann der Betriebsrat über den Spruch einer Einigungsstelle erzwingen:
- Gem. § 87 Abs. 1 Nr. 6 BetrVG hat der Betriebsrat bei der Einführung und Anwendung von technischen Einrichtungen, die dazu bestimmt sind, das Verhalten oder die Leistung der Arbeitnehmer zu überwachen, mitzubestimmen. Hierunter fällt nach der Rechtsprechung des BAG (Beschl. v. 6.12.1983 – 1 ABR 43/81, DB 1984, 775) auch

die Benutzung von Datenverarbeitungssystemen und die Einrichtung von Bildschirmarbeitsplätzen. Dementsprechend ist auch die Einführung eines Systems, das dem Arbeitgeber erlaubt, die Nutzung der Kommunikationsmittel Internet, Intranet und E-Mail zu kontrollieren, mitbestimmungspflichtig.

- Ferner sind nach § 87 Abs. 1 Nr. 1 BetrVG mitbestimmungspflichtig Fragen der Ordnung des Betriebs und des Verhaltens der Arbeitnehmer im Betrieb. Ein Beratungsrecht und hierauf aufbauend eine Mitbestimmungspflicht kann sich daneben aus den §§ 96 ff. BetrVG, insbesondere § 97 Abs. 2 BetrVG ergeben, da die Nutzung der Kommunikationsmittel ein Bedürfnis der Schulung der Mitarbeiter begründen kann. Hinsichtlich der Durchführung von Maßnahmen der betrieblichen Bildung sieht das BetrVG in § 98 ein Mitbestimmungsrecht vor. Nach § 97 Abs. 2 BetrVG hat der Betriebsrat zudem bei der Einführung von Maßnahmen der betrieblichen Berufsbildung mitzubestimmen.
- Die Regelung der Modalitäten der dienstlichen und privaten Nutzung von E-Mail, Internet und Intranet unterfällt zumindest teilweise diesen betriebsverfassungsrechtlichen Regelungen und ist somit mitbestimmungspflichtig, so dass als zweckmäßige Regelung eine Betriebsvereinbarung zu treffen ist (*Hartmann/Pröpper* BB 2009, 1300) Mitbestimmungsfrei ist dagegen die Frage, ob der Arbeitgeber überhaupt diese Kommunikationsmittel zur Verfügung stellt und ob eine private Nutzung durch die Arbeitnehmer erlaubt ist (vgl. LAG Hamm Beschl. v. 7.4.2006 – 10 TaBV 1/06 , NZA 2007, 168; ArbG Hamburg Beschl. v. 7.11.2012 – 27 BVGa 3/12, BeckRS 2013, 68964). Denn der Arbeitnehmer hat grundsätzlich mangels besonderer Rechtsgrundlage keinen Anspruch auf private Nutzung der Betriebsmittel. Ein Mitbestimmungsrecht des Betriebsrats besteht jedenfalls dann nicht, wenn die Privatnutzung gänzlich untersagt ist. Wird jedoch die Nutzung von E-Mail, Internet und Intranet für private Zwecke gestattet, steht dem Betriebsrat zwingend ein Mitbestimmungsrecht nach § 87 Abs. 1 Nr. 1 BetrVG zu. Die vorliegende Betriebsvereinbarung stellt somit eine sog. teilmitbestimmungspflichtige Betriebsvereinbarung dar.

3. Zweck. Der Zweck der Betriebsvereinbarung liegt in der Regelung der Art und des Umfangs der Nutzung von E-Mail, Internet- und Intranet durch die Arbeitnehmer, aber auch durch den Betriebsrat.

4. Geltungsbereich. Räumlich erstreckt sich der Geltungsbereich einer Betriebsvereinbarung auf den Betrieb, für den diese abgeschlossen wurde. In persönlicher Hinsicht erstreckt sich die Betriebsvereinbarung grundsätzlich auf alle Arbeitnehmer des Betriebes im Sinne des § 5 Abs. 1 BetrVG. Auf eine Gewerkschaftszugehörigkeit kommt es nicht an. Generell nicht in den persönlichen Geltungsbereich einer Betriebsvereinbarung einbezogen sind Pensionäre und leitende Angestellte (s. hierzu Küttner/*Kreitner,* „Betriebsvereinbarung", Rn. 4 ff.).

5. Umfang der Nutzung. Allgemein gültige Regelungen der Nutzung von Internet, Intranet oder E-Mail am Arbeitsplatz gibt es nicht. Soweit der Arbeitgeber daher nicht die private Nutzung diese Kommunikationssysteme gestattet, stellt diese Nutzung grundsätzlich eine arbeitsvertragliche (Hauptleistungs-)Pflichtverletzung dar (vgl. BAG Urt. v. 27.4.2006 – 2 AZR 386/05, DB 2006, 1849). Zur Vermeidung von Rechtsunsicherheiten ist anzuraten, eine ausdrückliche Regelung zu finden.

Der Arbeitgeber, der auf seinen Arbeitsgeräten einen Zugang zum Internet, Intranet oder E-Mail zur Verfügung stellt, kann im Rahmen seiner Dispositionsbefugnis über die Arbeitsmittel frei darüber entscheiden, ob und in welchem Umfang seinen Arbeitnehmern Zugang zu diesen Kommunikationsmitteln gewährt wird. Bei der Entscheidung, in welchem Umfang die Kommunikationssyteme vom Arbeitnehmer genutzt werden dürfen, bietet sich zum einen eine rein dienstliche und zum anderen eine dienstliche und (beschränkte) private Nutzung an.

Die ausschließlich dienstliche Nutzung hat den Vorzug, dass sie aus rechtlicher Sicht die einfachste und sicherste Möglichkeit ist, Komplikationen aus dem Weg zu gehen. Einigkeit besteht darüber, dass der Arbeitgeber den privaten Gebrauch von E-Mails gänzlich untersagen und somit die erlaubte Nutzung ausschließlich auf dienstliche Zwecke beschränken darf. Ein Mitbestimmungsrecht des Betriebsrats gibt es hier nicht (vgl. LAG Hamm Beschl. v. 7.4.2006 – 10 TaBV 1/06, NZA 2007, 168). Eine solche Regelung könnte wie folgt lauten:

> **Die Nutzung der Kommunikationssysteme hat ausschließlich zu dienstlichen Zwecken, dh Kommunikation mit Geschäftspartnern und Abruf nützlicher Geschäftsinformation zu erfolgen.**

Eine dienstliche Nutzung liegt vor, soweit ein Bezug zu den dienstlichen Aufgaben besteht, diese also durch das Tun des Arbeitnehmers gefördert werden. Auf die Zweckmäßigkeit der Handlung kommt es zur Qualifizierung des dienstlichen Bezugs nicht an. Es reicht die Absicht, die Arbeit voranzubringen. Ferner werden zur dienstlichen Nutzung auch Sachverhalte aus „dienstlichem Anlass" und solche, die der Mitarbeiter im Interesse des Unternehmens erledigt, gehören. Hierzu zählen insbesondere Kontakte mit Ärzten und Krankenhäusern bei plötzlichen Erkrankungen oder für die Vereinbarung von Behandlungsterminen sowie die Information der Familie oder der nächsten Angehörigen in Notfällen, bei plötzlicher Erkrankung oder bei unvorhergesehener notwendig gewordener Mehrarbeit bzw. kurzfristigem Antritt einer Dienstreise (vgl. hierzu *Blösinger* BB 2007, 2177; *Besgen/Prinz*, Handbuch Internet.Arbeitsrecht, 3. Aufl. 2012, § 1 Rn. 4).

Im Rahmen des vorliegenden Formulars wird von der grundsätzlich dienstlichen und darüber hinaus beschränkten Zulässigkeit der privaten Nutzung ausgegangen. Diese Regelung entspricht dem Bild eines verantwortungsbewussten Arbeitnehmers. Zudem ist ein striktes Verbot der privaten Nutzung in der Praxis oftmals aus motivationstechnischen Gründen nicht erwünscht. Gewährt der Arbeitgeber – auch nur eine gelegentliche – Privatnutzung, so ist die Festlegung diesbezüglicher Verhaltensregelungen gem. § 87 Abs. 1 Ziff. 1 BetrVG mitbestimmungspflichtig. Zu regeln ist, in welchem Umfang der Mitarbeiter die Kommunikationssysteme privat nutzen darf, um einen Missbrauch der Gestattung zu verhindern (zeitlicher Umfang, Verhaltensregeln etc). Damit im Falle einer Verletzung der Nutzungsrechte auch die entsprechenden arbeitsrechtlichen Maßnahmen ergriffen werden können, wird in dem Formular der Umfang der privaten Nutzung soweit wie möglich konkretisiert. Mit Festlegung von zeitlichen Grenzen oder inhaltlichen Einschränkungen ist eine Verletzung der Arbeitspflicht feststellbar(er). Gesondert geregelt werden kann eine Erstattungspflicht, wenn die private Nutzung der Kommunikationsmittel Kosten verursacht. Um die Kontrollbefugnisse des Arbeitgebers auch zu vereinbaren, empfiehlt sich neben der Betriebsvereinbarung eine schriftliche Einwilligungserklärung des Mitarbeiters. Sofern die Mitarbeiter diese Bedingungen nicht akzeptieren wollen, können sie ihre Einwilligung ohne arbeitsrechtliche Nachteile verweigern bzw. auch später widerrufen, allerdings mit der Folge, dass für sie nur die betriebliche Nutzung der Kommunikationssysteme gestattet ist.

6. **Steuerliche Auswirkungen.** § 3 Nr. 45 EStG stellt einen Ausnahmetatbestand dar, in dem gesetzlich klargestellt wird, dass die Vorteile des Arbeitnehmers aus der privaten Nutzung von betrieblichen Personalcomputern und Telekommunikationsgeräten, somit auch E-Mail, Internet und Intranet nicht steuerpflichtig sind.

7. **Betriebliche Übung.** In seiner Entsch. v. 7.7.2005 (veröffentlicht in NZA 2006 98 ff.; sa LAG Berlin-Brandenburg Urt. v. 14.1.2016 – 5 Sa 657/15, BB 2016, 891) stellt das BAG klar, dass bei einer fehlenden ausdrücklichen Gestattung oder Duldung des Arbeitgebers eine private Nutzung des Internet grundsätzlich nicht gestattet sei. Soweit der Arbeitgeber von einem von der Nutzungsordnung abweichenden Nutzungsverhalten der Mitarbeiter Kenntnis erlangt und dies ausdrücklich duldet, kann auf Grund betrieblicher Übung dieses tatsächliche Nutzungsverhalten zum Inhalt des Arbeitsvertrages werden, wenn der Arbeitnehmer darauf vertrauen konnte, dass es auch in Zukunft bei diesem Zustand bleibt. Zur Begründung einer solchen betrieblichen Übung soll ein Zeitraum zwischen sechs Monaten und einem Jahr genügen (vgl. hierzu *Barton* NZA 2006, 460 ff. mwN). Im Falle eines Kündigungsschutzprozesses auf Grund einer verhaltensbedingten Kündigung durch den Arbeitgeber, die auf einem Verstoß gegen die festgelegte Nutzungsordnung beruht, wird sich der Arbeitnehmer regelmäßig auf eine hiervon abweichende betriebliche Übung berufen. In diesem Zusammenhang stellt sich die Frage, ob und inwiefern die Einhaltung der aufgestellten Grundsätze der Nutzung vom Arbeitgeber überwacht wurde. Es reicht damit nicht aus, eine Nutzungsordnung aufzustellen. Deren Einhaltung ist vom Arbeitgeber auch zu überwachen und zu verfolgen. Die Vermeidung einer der Nutzungsordnung widersprechenden betrieblichen Übung kann wie folgt vermieden werden: Bei Einschalten des Computers der Mitarbeiter mit Internetzugang erscheint automatisch auf dem Bildschirm eine Standardanzeige, die nochmals die grundsätzlichen Nutzungsregeln aufzeigt. Der Vorteil dieser Anzeige besteht darin, dass der Mitarbeiter jedes Mal vor dem Gebrauch auf den erlaubten Umfang der Nutzung von E-Mail, Intranet und Internet hingewiesen wird und sich demnach nicht auf „Nichtkenntnis" der Nutzungsregelungen berufen kann. Der Arbeitgeber macht hiermit auch ausdrücklich deutlich, dass er eine private Nutzung nur in festgelegten Grenzen (insbesondere durch Verweis auf die Betriebsvereinbarung) duldet. Die Berufung der Mitarbeiter auf eine von der Nutzungsordnung abweichende betriebliche Übung sollte damit abgeschnitten sein (vgl. hierzu auch LAG Hamm Beschl. v. 7.4.2007 – 10 TaBV 1/06, NZA 2007, 168; *Fülbier/Splittgerber* NJW 2012, 1995).

8. Arbeitsmittel des Betriebsrats. Nach § 40 Abs. 2 BetrVG hat der Arbeitgeber dem Betriebsrat in erforderlichem Umfang Räume, sachliche Mittel, Büropersonal, aber auch Informations- und Kommunikationstechnik zur Verfügung zu stellen. Aus dieser Regelung folgt nicht zwingend, dass der Betriebsrat Anspruch auf Zugang zum Intranet, Einrichtung einer Homepage im Intranet oder Nutzung des E-Mail-Systems hat. Ein Anspruch auf Nutzung dieser modernen Kommunikationsmittel hängt davon ab, ob und inwieweit dem Betriebsrat andere ausreichende Kommunikationsmittel, etwa Schwarzes Brett oder Rundschreiben, zur Verfügung stehen. Es ist grundsätzlich Sache des Arbeitgebers zu entscheiden, welche von mehreren sachgerechten Mitteln oder Möglichkeiten zur Information er in erforderlichem Umfang zur Verfügung stellt. So besteht nach einer Entsch. des BAG (Beschl. v. 23.8.2006 – 7 ABR 55/05, NZA 2007, 337) grundsätzlich keine Pflicht des Arbeitgebers dem Betriebsrat durch einen Internetanschluss Zugang zu tagesaktuellen Datenbanken mit Gesetzestexten zu verschaffen (sa *Kramer* ArbRAktuell 2010, 362). Die Möglichkeit der zeitnahen Beschaffung der Gesetzestexte sei genügend. Der Arbeitgeber müsse dem Betriebsrat nicht die Sachmittel zur Verfügung stellen, die er selbst benutzt (vgl. BAG Beschl. v. 23.8.2006 – 7 ABR 55/05, NZA 2007, 337). Der Betriebsrat muss daher darlegen, welche konkreten betriebsverfassungsrechtlichen Aufgaben bzw. welcher Abruf von Informationen eine Nutzung des Internets für ihn erforderlich machen. Ein noch darüberhinausgehender Anspruch des Betriebsrates gem. § 40 Abs. 2 BetrVG auf Einrichtung einer eigenen Homepage im Internet ist ohnehin nicht gegeben (*Besgen* NZA 2006, 959; *Kramer* ArbRAktuell 2010, 362). Es gehört nicht zu den dem Betriebsrat nach dem Betriebsverfassungsgesetz obliegenden Aufgaben, von sich aus die außerbetriebliche Öffentlichkeit über allgemein interessierende Vorgänge des Betriebs zu informieren (ArbG Paderborn Beschl. v. 29.1.1998 – 1 BV 35/97, DB 1998, 678; LAG Köln Beschl. v. 27.9.2001 – 10 TaBV 38/01, NZA-RR 2002, 251). Aufgrund der technischen Möglichkeiten hat das Intranet mittlerweile das Schwarze Brett abgelöst. Sofern der Arbeitgeber das unternehmenseigene

Intranet auch für die Information der Mitarbeiter nutzt, hat der Betriebsrat jedoch ebenfalls Anspruch auf Veröffentlichung seiner Informationen im Intranet (vgl. BAG Beschl. v. 1.12.2004 – 7 ABR 18/04, NZA 2005, 1016; LAG Hessen Beschl. v. 5.11.2009 – 9 TaBV 241/08, BeckRS 2011, 70870). Weiter hat das BAG einen Anspruch des Betriebsrats auf Bereitstellung eines Internetanschlusses jedenfalls dann bejaht, wenn der Betriebsrat bereits über einen PC verfügt, die Freischaltung des Internets keine zusätzlichen Kosten verursacht und dem Internetnutzung keine sonstigen berechtigten Belange des Arbeitgebers entgegenstehen (BAG Beschl. v. 20.1.2010 – 7 ABR 79/08, NZA 2010, 709; Beschl. v. 17.2.2010 – 7 ABR 81/09, NZA-RR 2010, 413; LAG Baden-Württemberg Beschl. v. 23.1.2013 – 13 TaBV 8/12, MMR 2013, 336). Diesem Anspruch stehe auch grundsätzlich nicht die abstrakte Gefahr des Missbrauchs durch den Betriebsrat oder die Gefahr von Störungen durch Viren oder Hackerangriffen entgegen (BAG Beschl. v. 17.2.2010 – 7 ABR 81/09, NZA-RR 2010, 413). Im Übrigen gilt der Einrichtungsanspruch nicht nur für den Betriebsrat insgesamt, sondern auch für die einzelnen Mitglieder des Gremiums (BAG Beschl. v. 17.7.2010 – 7 ABR 80/08, BeckRS 2010, 74408). Hinsichtlich der Bereitstellung einer betrieblichen E-Mail hat nun das LAG Schleswig-Holstein in einer neueren Entscheidung festgelegt, dass der Betriebsrat, sofern berechtigte Interessen des Arbeitgebers nicht entgegenstehen, von diesem die Einrichtung eines eigenen elektronischen Funktionspostfaches verlangen kann, wenn dies zur ordnungsgemäßen Wahrnehmung der ihm nach dem Gesetz obliegenden Aufgaben erforderlich ist (Beschl. v. 8.10.2015 – 5 TaBV 23/15, NZA 2016, 568). Da es sich bei Betriebsräten um „Geheimnisträger" handelt, sollte jegliche Möglichkeit der Kenntnisnahme des Arbeitgebers von Verkehrsdaten ausgeschlossen sein. Daher empfiehlt es sich, ein nicht personalisiertes Funktionspostfach (zB Betriebsrat@Unternehmensname.de) einzurichten. Eine Kontrolle dieses Postfaches ist auf jeden Fall zu unterlassen. Da auch die Belange der Arbeitnehmer schutzwürdig sind, die mit dem Betriebsrat in Kontakt treten, sollte auch in diesen Fällen die Kommunikation dem Arbeitgeber nicht zur Kenntnis gelangen. Für Arbeitnehmer wäre daher ua zu empfehlen, nicht die betriebliche E-Mail zu nutzen.

9. Datenschutz. Das Datenschutzrecht gilt nicht nur für Internet-Diensteanbieter, sondern für alle Unternehmen, die einen Internetzugang vorhalten. Diese sind verantwortlich für die Einhaltung der gesetzlichen Bestimmungen. Hierbei sind eine Vielzahl von gesetzlichen Vorschriften zu beachten, insbesondere das Bundesdatenschutzgesetz (BDSG), das Telekommunikationsgesetz (TKG), sowie die EU-Datenschutzrichtlinie 96/9/EG. Im Nachfolgenden soll im Wesentlichen nur auf das BDSG, das TKG und das TMG eingegangen werden:

a) BDSG. Nach der aktuellen Rechtslage ist gem. § 4 BDSG die Verarbeitung und Nutzung von personenbezogenen Daten nur zulässig, wenn das BDSG selbst oder eine andere Rechtsvorschrift sie erlaubt oder soweit der Betroffene eingewilligt hat. Personenbezogene Daten sind gem. § 3 Abs. 1 BDSG Einzelangaben über persönliche und sachliche Verhältnisse einer bestimmten oder bestimmbaren natürlichen Person. Hierunter fallen sowohl Nutzungs- (äußere Daten) als auch Inhaltsdaten. Für das Beschäftigungsverhältnis gilt gem. § 32 BDSG, dass personenbezogene Daten eines Beschäftigten für Zwecke des Beschäftigungsverhältnisses erhoben, verarbeitet oder genutzt werden dürfen, wenn dies für die Entscheidung über die Begründung eines Beschäftigungsverhältnisses oder nach Begründung eines Beschäftigungsverhältnisses für dessen Durchführung oder Beendigung erforderlich ist.

Mit einem Referentenentwurf v. 28.5.2010 und einem Regierungsentwurf vom 15.12.2010 beschloss die Bundesregierung umfassende Regelungen zur Änderung des BDSG (vgl. BT-Drs. 17/4230). Durch das Beschäftigtendatenschutzgesetz soll in den neuen §§ 32–32l die Datenerhebung, -verarbeitung und -nutzung im Beschäftigungsverhältnis geregelt werden. Insbesondere sollte es nach dem § 32l Abs. 5 ausgeschlossen sein, durch Betriebsvereinbarungen von den §§ 32 ff. zu Ungunsten des Arbeitnehmers abzuweichen. Die Entwürfe der Bundesregierung wurden jedoch sowohl von Arbeitnehmer- als auch von Arbeitgeberseite stark kritisiert. Infolgedessen brachte die Bundesregierung im September 2011 Formulierungsvorschläge in den Ausschuss ein, wonach unter anderem abweichende Betriebsvereinbarungen – entsprechend der aktuellen Rechtslage – weiterhin zulässig sein sollen. Eine Einigung in Bezug auf das Beschäftigtendatenschutz- gesetz ist in absehbarer Zeit wohl nicht zu erwarten, sodass es derzeit beim aktuellen Stand des BDSG bleibt (*Straube/Klagges* ArbRAktuell 2012, 81).

b) **TMG.** Besondere datenschutzrechtliche Regelungen ergeben sich für den Anbieter und Nutzer von Telediensten nach dem Telemediengesetz (TMG), welches seit dem 1.3.2007 weitgehend inhaltsgleich das TDG, das TDDSG und den MDStV abgelöst und vereint hat. Das TMG gilt nach § 1 Abs. 1 TMG für alle elektronischen Informations- und Kommunikationsdienste, soweit sie nicht Telekommunikationsdienste nach § 3 Nr. 24 des Telekommunikationsgesetzes, die ganz in der Übertragung von Signalen über Telekommunikationsnetze bestehen, telekommunikationsgestützte Dienste nach § 3 Nr. 25 des Telekommunikationsgesetzes oder Rundfunk nach § 2 des Rundfunkstaats- vertrages sind (Telemedien). Die datenschutzrechtlichen Gesichtspunkte werden in den §§ 11 bis 15 TMG geregelt. In § 11 Abs. 1 Nr. 1 TMG wurde aufgenommen, dass die datenschutzrechtlichen Vorschriften des TMG nicht gelten im Dienst- und Arbeitsver- hältnis, soweit die Nutzung der Telemedien zu ausschließlich beruflichen oder dienst- lichen Zwecken erfolgt. Die nachfolgenden Ausführungen gelten daher nur für Arbeits- verhältnisse, in denen die private Nutzung von E-Mail und Internet in irgendeiner Form erlaubt ist. Dieser Klarstellung hätte es nach der bisherigen Rechtslage jedoch nicht bedurft: In §§ 12 ff. TMG werden die datenschutzrechtlichen Pflichten des Diensteanbie- ters dargestellt. Ein „Diensteanbieter" ist nach § 2 Nr. 1 TMG eine natürliche oder juristische Person, die eigene oder fremde Telemedien zur Nutzung bereithält oder den Zugang zur Nutzung vermittelt. Gem. § 2 Nr. 2 TMG sind „Nutzer" natürliche oder juristische Personen, die Telemedien nachfragen. Die Begriffe des Diensteanbieters und Nutzers korrespondieren. Ein Anbieter-Nutzerverhältnis nach dem TMG kann nur entstehen, wenn der Arbeitgeber dem Arbeitnehmer die Nutzung eines Telemediums anbietet, welches dieser ablehnen kann. Dies ist nur dann der Fall, wenn der Arbeitgeber die Nutzung der Telemedien auch für private Zwecke anbietet. Andernfalls stellt der Arbeitgeber die Kommunikationsmittel nur für eigene Zwecke zur Verfügung, was der Arbeitnehmer nicht ablehnen kann. Hinsichtlich der Anwendbarkeit des TMG ist damit unbedingt zwischen privater und dienstlicher Nutzung zu differenzieren. Soweit der Arbeitnehmer die Telemedien allein für betriebliche Zwecke nutzen kann, besteht kein Nutzungsverhältnis iSd TMG. Nutzer ist in diesem Fall allein der Arbeitgeber als Inhaber des Internet- bzw. E-Mail Anschlusses. Sämtliche im Geschäftsverkehr anfallenden Daten (Nutzungsdaten und Inhalt empfangener und versendeter E-Mails) stehen als Teil der Unternehmenskommunikation dem Unternehmen zu. Der Arbeitgeber kann sie – nach den betrieblichen Erfordernissen - aufzeichnen, protokollieren und speichern. Für den Umgang mit den bei der betrieblichen Nutzung anfallenden personenbezogenen Daten der Mitarbeiter gelten das BDSG sowie die arbeitsrechtlichen Bestimmungen (bspw. Betriebsvereinbarungen), nicht aber das TMG. Kann der Arbeitnehmer Internet bzw. E- Mail hingegen auch für private Zwecke nutzen, wird er zum Nutzer iSd TMG, da er unabhängig vom Arbeitsverhältnis das Angebot zur Nutzung der Telemedien annehmen oder ablehnen kann. Der Arbeitgeber ist dementsprechend als Diensteanbieter anzusehen. Hinsichtlich der Erhebung und Auswertung der im Rahmen einer privaten Internet- Nutzung anfallenden personenbezogenen Daten treffen ihn daher über die Pflichten des BDSG hinaus die Einschränkungen des TMG.

c) **TKG.** Daneben kann der Arbeitgeber auf Grund der anfallenden Telekommunikati- onsdaten dem Fernmeldegeheimnis nach § 88 TKG unterliegen. Das TMG und das TKG schließen sich vom Anwendungsbereich nicht aus. Das TKG regelt die Telekommunikationswege, das TMG die Nutzung der Kommunikationsinhalte (*Kieper* DuD 1998, 584). Nach § 88 Abs. 2 TKG ist zur Wahrung des Fernmeldegeheimnisses verpflichtet, wer Telekommunikationsdienste „geschäftsmäßig" für Dritte erbringt oder hieran mitwirkt. Nach der Legaldefinition in § 3 Nr. 6 und Nr. 10 TKG ist „geschäftsmäßiges Erbringen von Telekommunikationsdiensten" das nachhaltige Angebot von Telekommunikation für Dritte mit oder ohne Gewinnerzielungsabsicht. Dritte sind nach dem Schutzzweck des TKG die Personen, für die der Dienst technisch erbracht wird, somit auch Arbeitnehmer. Nach den Gesetzesmaterialien soll dies aber nur gelten, soweit der Arbeitgeber als Anbieter dem Arbeitnehmer die private Nutzung der Telekommunikationsmittel genehmigt hat (vgl. BT-Drs. 13/3609 v. 30.1.1996, S. 53 und BT-Drs. 17/4230 v. 15.12.2010; für diese Auslegung auch *Post-Ortmann* RDV 1999, 103, mit guten Argumenten gegen diese Auslegung ua *Schimmelpfennig/Wenning* DB 2006, 2290 ff.). Der Arbeitnehmer ist nur in diesem Fall als Dritter anzusehen, da er die Telekommunikationsdienste außerhalb seiner arbeitsvertraglichen Pflichten, nämlich zu eigenen Zwecken benutzt. Bei Bereitstellung und Erlaubnis zur Nutzung von Kommunikationsmitteln wie Internet und E-Mail hat der Arbeitgeber somit dafür zu sorgen, dass das Fernmeldegeheimnis des § 88 Abs. 3 TKG gewahrt wird. Auch die Reichweite des Fernmeldegeheimnisses ist anhand der Entscheidungen des Bundesverfassungsgerichts zu berücksichtigen. Das Bundesverfassungsgericht weist in seiner Entscheidung zu E-Mailprovidern ausdrücklich darauf hin, dass Kommunikationsteilnehmer keine technische Möglichkeit haben, die Weitergabe der E-Mails durch den Provider zu verhindern, weshalb dieser technisch bedingte Mangel an Beherrschbarkeit die besondere Schutzbedürftigkeit durch das Fernmeldegeheimnis begründe. Dies gelte unabhängig davon, ob eine E-Mail auf dem Mailserver des Providers zwischen- oder endgespeichert wird (BVerfG Beschl. v. 16.6.2009 – 2 BvR 902/06, DÖV 2009, 770). Übertragen auf den Arbeitgeber als Telekommunikationsanbieter bedeutet dies, dass das Fernmeldegeheimnis auch im Rahmen der Speicherung von Privatmails anwendbar bleibt, sofern der Arbeitgeber in die weitere Verwaltung der E-Mails auf einem Mailserver involviert ist. Technisch muss bei gestatteter E-Mail-Privatnutzung also zwischen „Internet Message Access Protocol" (IMAP) und „Post Office Protocol" (POP) unterschieden werden. Denn während bei Nutzung von IMAP der Arbeitgeber aufgrund der Speicherung auf separaten Systemen weiterhin beherrschenden Einfluss hat und damit das Fernmeldegeheimnis zur Anwendung kommt, werden E-Mails bei der Anwendung von POP ausschließlich auf dem Client-PC des Arbeitnehmers gespeichert und unterliegen seiner Sphäre, weshalb er dann nicht mehr schutzwürdig ist. Das ist auch gerechtfertigt, da der Arbeitgeber letztlich nichts anderes als Providerleistungen erbringt und ihn nicht an der Vereinbarung entsprechender Nutzungsvereinbarungen hindert.

d) Auf Grund der Systematik des TMG und TKG empfiehlt es sich für den Arbeitgeber, die dienstliche und private Nutzung durch die Mitarbeiter trennen zu lassen. Dies kann zB durch getrennte private und geschäftliche E-Mail-Adressen ermöglicht werden oder durch die Verpflichtung, private E-Mails als privat zu kennzeichnen.

10. Zulässigkeit von Kontrollen. a) Grundsätzlich unterliegen die Einführung von Kontrollsystemen sowie die Durchführung von Kontrollen bezüglich des Internetzugangs oder der E-Mail-Nutzung dem Mitbestimmungsrecht des Betriebsrates (§ 87 Abs. 1 Ziff. 6 BetrVG). Dieses Mitbestimmungsrecht wird regelmäßig durch den Abschluss einer Betriebsvereinbarung ausgeübt. Die inhaltliche Gestaltungsfreiheit von Arbeitgebern und Betriebsräten beim Abschluss einer Betriebsvereinbarung über die Zulässigkeit und den Umfang von Kontrollen wird durch § 75 Abs. 2 BetrVG eingeschränkt. Nach dieser Vorschrift haben Arbeitgeber und Betriebsräte „die freie Entfaltung der Persönlichkeit der im Betrieb beschäftigten Arbeitnehmer zu schützen und zu fördern".

b) das allgemeine Persönlichkeitsrecht. Die Regelungsbefugnis zur Kontrolle der Nutzung der Kommunikationsmittel wird ferner durch das in Art. 1 und 2 GG geschützte allgemeine Persönlichkeitsrecht des Arbeitnehmers begrenzt. Die Einschränkung der Regelungsbefugnis ergibt sich aus dem vom BVerfG festgestellten „Grundrecht auf Datenschutz" (Urt. v. 27.6.1991 – 2 BvR 1493/89, NJW 1991, 2129). Das allgemeine Persönlichkeitsrecht umfasst nach der ständigen Rechtsprechung des BVerfG neben dem Schutz des gesprochenen Wortes auch das Recht auf informelle Selbstbestimmung, dh in diesem Fall das Recht des Arbeitnehmers auf Schutz aller persönlicher Daten (BVerfG Urt. v. 15.12.1983 – 1 BvR 209/83, NJW 1984, 419). Im Beschl. v. 19.12.1991 (1 BvR 382/85, BB 1992, 708) stellt das BVerfG hinsichtlich eines Telefonüberwachungssystems, durch welches der Arbeitgeber alle dienstlichen und privaten Telefongespräche abhören konnte, fest, dass dieses unabhängig von der Kenntnis der Arbeitnehmer unzulässig sei. Eine Rechtfertigung des einem Telefonüberwachungssystem immanenten Eingriffs in das allgemeine Persönlichkeitsrecht sei denkbar, wenn private Verbindungen, die der Arbeitnehmer als solche gekennzeichnet hat, teilweise registriert würden (BVerfG BB 1992, 708; BAG Beschl. v. 27.5.1986 – 1 ABR 48/84 – DB 1986, 2080). Überträgt man diese Rechtsprechung auf die Einrichtung von Internet- und E-Mail-Nutzungskontrollen, so folgt hieraus, dass Kontrollmaßnahmen dann zulässig sind, wenn sie verhältnismäßig, dh geeignet, notwendig und erforderlich sind (so auch *Müller* RDV 1998, 207). Als berechtigte Interessen des Arbeitgebers kommen in Betracht unter anderem der Schutz von Geschäftsgeheimnissen, der Schutz vor Computerviren, die Vermeidung einer Überlastung der Systeme, Maßnahmen zur Störungsbehebung und die Vermeidung von erheblichen zusätzlichen Kosten. Somit muss zu diesen legitimen Interessen auch gehören, dass der Arbeitgeber bei Verdacht der missbräuchlichen Nutzung seiner Arbeitsmittel einschreiten und kontrollieren darf.

c) **Datenschutz:** Die Frage der Zulässigkeit von Kontrollen der Nutzung von Internet und E-Mail ist ferner abhängig von den in → Anm. 10) bereits dargestellten Datenschutzbestimmungen. Dementsprechend richtet sich der Umfang des Datenschutzes danach, welche Nutzungsregelung vereinbart wurde. Nach den oben dargestellten Grundsätzen ist bei ausschließlicher dienstlicher E-Mail-Nutzung nur das BDSG anwendbar, bei auch privater Nutzung dagegen ferner das TKG und TMG. Im Einzelnen bedeutet dies folgendes:

Zunächst ergibt sich die Zulässigkeit der Datenverarbeitung nach § 4 BDSG dann, wenn dies eine andere Rechtsvorschrift erlaubt. Nach einem Urt. des BAG vom 25.9.2013 (10 AZR 270/12, NZA 2014, 41), ist die Verarbeitung von personenbezogenen Daten der Arbeitnehmer schon dann zulässig, wenn sie durch eine Betriebsvereinbarung erlaubt wird. Nach dieser Rechtsprechung ist der Begriff der „anderen Rechtsvorschriften" iSd § 4 Abs. 1 BDSG denkbar weit. Es bedarf keiner Rechtsvorschrift, die von staatlicher Stelle beschlossen oder erlassen worden ist. Die Betriebspartner haben lediglich nach § 75 Abs. 2 BetrVG die freie Entfaltung der Persönlichkeit der im Betrieb Beschäftigten zu fördern und zu schützen. Überträgt man diese Rechtsprechung zur Telefondatenerfassung auf die Kommunikationssysteme Internet und E-Mail, bedeutet dies, dass eine Betriebsvereinbarung eine „andere Rechtsvorschrift" iSd § 4 Abs. 1 BDSG darstellt. Das BDSG bestimmt zudem in § 28 Abs. 1 Nr. 1 BDSG, dass das Speichern, Verändern oder Übermitteln personenbezogener Daten oder ihre Nutzung als Mittel für die Erfüllung eigener Geschäftszwecke im Rahmen der Zweckbestimmung eines Vertragsverhältnisses mit dem Betroffenen zulässig ist. Ein Arbeitsverhältnis ist ein solches Vertragsverhältnis. Jedoch darf hierdurch in Anwendung der oben genannten Grundsätze kein unverhältnismäßiger Eingriff in das Persönlichkeitsrecht des Arbeitnehmers erfolgen. Nach § 28 Abs. 1 Nr. 2 BDSG ist ferner die Datenverarbeitung zulässig, soweit es zur Wahrung berechtigter Interessen der speichernden Stelle erforderlich ist und kein Grund zur Annahme besteht, dass das schutzwürdige Interesse des Betroffenen an dem Ausschluss der Verarbeitung oder Nutzung überwiegt. Hingewiesen wird schließlich auf die besondere Zweckbindung (§ 31 BDSG), wonach die personenbezogenen Daten, die „ausschließlich zu Zwecken der Datenschutzkontrolle, der Datensicherung oder Sicherstellung eines ordnungsgemäßen Betriebes einer Datenverarbeitungsanlage gespeichert werden", nur für diese Zwecke verwendet werden dürfen.

Nach § 12 Abs. 1 TMG dürfen personenbezogene Daten zur Durchführung der Telemedien nur erhoben, verarbeitet und genutzt werden, soweit es das TMG oder eine andere Rechtsvorschrift erlaubt oder der Nutzer eingewilligt hat. Gleiches gilt, wenn der Diensteanbieter die für die Durchführung von Telemedien erhobenen Daten für andere Zwecke verwenden will. In Anlehnung an das BDSG muss als „andere Rechtsvorschrift" wiederum auch eine Betriebsvereinbarung verstanden werden, freilich wiederum unter Berücksichtigung des allgemeinen Persönlichkeitsrechts des Arbeitnehmers. Nach § 15 Abs. 1 TMG ist die Erhebung, Verarbeitung und Nutzung von Daten ferner nur zulässig, soweit dies erforderlich ist, um dem Nutzer die Inanspruchnahme von Telediensten zu ermöglichen und die Nutzung von Telediensten abzurechnen. Der Diensteanbieter hat nach § 15 Abs. 8 TMG diese Nutzungs- und Abrechnungsdaten frühestmöglich zu löschen. Eine Mißbrauchskontrolle wird im Rahmen des TMG nicht geregelt. Insoweit wird ein Rückgriff auf die Grundsätze des BDSG zulässig sein.

§ 88 Abs. 3 TKG untersagt dem Erbringer von Telekommunikationsdiensten, sich über das für die geschäftsmäßige Erbringung der Telekommunikationsdienste erforderliche Maß hinaus Kenntnis vom Inhalt oder den näheren Umständen der Telekommunikation zu beschaffen. Im Falle der Erlangung von Kenntnissen über Umstände, die dem Fernmeldegeheimnis unterliegen, dürfen diese nach § 88 Abs. 3 S. 2 TKG nur innerhalb der in S. 1 beschriebenen Zweckbindung verwendet werden. Zum Zweck der geschäftsmäßigen Erbringung von Telekommunikationsdiensten muss für den Arbeitgeber die Datenerfassung zur Gebührenermittlung und –zuordnung, sowie die Datenüberprüfung zum Zweck der Feststellung der missbräuchlichen Benutzung gehören (so auch TKG-Komm/*Bock* § 88 Rn. 27). Eine Ausnahme von der Zweckbindung sieht § 88 Abs. 3 S. 3 TKG nur vor, soweit das TKG oder eine andere gesetzliche Vorschrift dies vorsieht. Eine Betriebsvereinbarung unterfällt dieser Ausnahmevorschrift nicht.

d) Interessenabwägung. Nach allem ist die Frage nach der Zulässigkeit von Kontrollen letztlich nur im Einzelfall unter Berücksichtigung der Zielrichtung und der geschützten Interessenlage zu beurteilen. Zu unterscheiden ist danach, welche Nutzung der Arbeitgeber erlaubt hat. Bei nur dienstlicher Nutzung bestehen unbeschadet der Rechte des Betriebsrats grundsätzlich keine Bedenken gegen die Erfassung von Nutzungsdaten, zB die Aufzeichnung über den Tag und die Uhrzeit der Internet-Nutzung, den Beginn und die Dauer der Nutzung, die angefallenen Gebühreneinheiten, den Absender und die Zieladresse, wenn diese nicht zur Überwachung und Kontrolle von Verhalten und Leistung der Benutzer, also der Arbeitnehmer, herangezogen werden, sondern zu den oben unter lit. b genannten Zwecken verwendet werden. Gestattet der Arbeitgeber auch eine private Nutzung, ist die Zieladressenspeicherung nur in verkürzter Form möglich. Eine generelle inhaltliche Kontrolle ist nicht zulässig. Im Einzelfall ist die inhaltliche Kontrolle dem Arbeitgeber nur gestattet, wenn der begründete Verdacht einer Straftat oder einer schweren Vertragsverletzung vorliegt, zB der Verrat von Geschäftsgeheimnissen, Mobbing, unautorisierte Nutzung, unerlaubte private Nutzung des Internets, sexuelle Belästigung von Mitarbeiterinnen und Mitarbeitern durch den Versand von E-Mails uÄ.

Auf Grund des Vorbehalts in § 4 BDSG und § 12 TMG empfiehlt es sich dringend, bei Bestehen eines Betriebsrats eine Betriebsvereinbarung abzuschließen.

11. Verhaltensbedingte Kündigung, Beweisverwertungsverbot. a) Ausschließlich betrieblich Nutzung. Sofern der Arbeitgeber ausschließlich die betriebliche Nutzung von Internet und E-Mail gestattet, stellt die private Nutzung eine Verletzung der arbeitsvertraglichen (Hauptleistungs-)pflicht dar (vgl. BAG Urt. v. 27.4.2006 – 2 AZR 386/05, DB 2006, 1849). Das BAG hat in dieser Entscheidung festgestellt, dass die private Nutzung des Internets die Erbringung der arbeitsvertraglich geschuldeten Leistung nicht erheblich beeinträchtigen darf. Die Pflichtverletzung würde umso schwerer wiegen, je mehr der Arbeitnehmer bei der privaten Nutzung des Internets seine Arbeitspflicht in zeitlicher und inhaltlicher Hinsicht verletzt (vgl. BAG DB 2006, 1849; BAG Urt. v. 31.5.2007 – 2 AZR 200/06, NJW 2007, 2653; LAG Berlin-Brandenburg Urt. v. 14.1.2016 – 5 Sa 657/15, BB 2016, S. 891). Der Arbeitgeber hat in dem der Entscheidung zugrunde liegendem Fall ein ausdrückliches Verbot der privaten Internetnutzung ausgesprochen und im Rahmen einer Überprüfung der Internetnutzung festgestellt, dass der Arbeitnehmer während der Arbeitszeit das Internet monatelang zum Betrachten von Pornoseiten genutzt hat.

b) Beschränkte Zulässigkeit der privaten Nutzung. Im Fall der eingeschränkten Erlaubnis bzw. Duldung der privaten Nutzung wird die Überschreitung dieser Nutzungserlaubnis nach den oben genannten Grundsätzen ebenfalls eine Verletzung der arbeitsvertraglichen Hauptleistungspflicht darstellen. Eine solche Verletzung der arbeitsvertraglichen Pflichten ist grundsätzlich geeignet, eine verhaltensbedingte Kündigung zu rechtfertigen. Jedoch ist auch bei Störungen im Vertrauensbereich nach der Grundsatzentscheidung des BAG (Urt. v. 4.6.1997 – 2 AZR 526/96, NZA 1997, 1281) das Abmahnungserfordernis stets zu prüfen und eine Abmahnung jedenfalls dann erforderlich, wenn es um ein steuerbares Verhalten des Arbeitnehmers geht und eine Wiederherstellung des Vertrauens erwartet werden kann. Aus diesem Grund wird gerade bei einer beschränkten Zulässigkeit der privaten Nutzung eine Abmahnung immer erforderlich sein, wenn der Arbeitnehmer mit nachvollziehbaren Gründen annehmen konnte, sein Verhalten sei nicht vertragswidrig oder vom Arbeitgeber zumindest nicht als erhebliche Pflichtverletzung anerkannt. Im Gegensatz dazu ist eine Abmahnung unter besonderen Umständen entbehrlich, wenn es sich um eine so schwere Pflichtverletzung handelt, dass die Hinnahme durch den Arbeitgeber offensichtlich – für den Arbeitnehmer erkennbar – ausgeschlossen ist (BAG Urt. v. 25.10.2012 – 2 AZR 495/11, NZA 2013, 319). Nach einer Entscheidung des BAG (Urt. v. 7.7.2005 – 2 AZR 581/04, NZA 2006, 98) ist lediglich die „ausschweifende" oder „exzessive" Nutzung des Internets während der Arbeitszeit, selbst bei grundsätzlicher Gestattung der privaten Internetnutzung, nicht mehr vertretbar und damit nicht mehr abmahnungsbedürftig. In diesem Fall hat das BAG eine „ausschweifende" Nutzung bei ununterbrochenem Surfen von 87 bzw. 134 Minuten in einer 12-Stunden-Schicht bejaht (vgl. hierzu zur „exzessiven" Nutzung auch BAG vom 31.5.2007 – 2 AZR 200/66, NJW 2007, 2653; LAG Niedersachsen Urt. v. 31.5.2010 – 12 Sa 875/09, NZA-RR 2010, 406). In Anlehnung an die Bundesarbeitsgerichtliche Rechtsprechung hat das LAG Niedersachsen eine exzessive Privatnutzung bejaht, weil dem Arbeitnehmer innerhalb eines Zeitraums von 7 Wochen jedenfalls an drei Tagen keinerlei Zeit mehr für die Bearbeitung seiner Dienstaufgaben verblieben ist. Der Arbeitnehmer hatte an diesen Tagen jeweils zwischen 140 und 180 private E-Mails erhalten. Für das Lesen und Beantworten einer E-Mail legte das Landesarbeitsgericht dabei nur 3 Minuten zugrunde. Ebenfalls nicht abmahnungsbedürftig sind Privatnutzungen, die die Sicherheit und Verfügbarkeit des betrieblichen Datennetzes gefährden oder gegen Strafvorschriften verstoßen. Schwierigkeiten für die rechtliche Einordnung einer festgestellten Pflichtverletzung als (fristlosen) Kündigungsgrund schafft die von den Gerichten eingeforderte Interessenabwägung im Einzelfall. Hier sollen als abwägungsrelevante Umstände zu Gunsten des Arbeitnehmers zu beachten sein das Alter, die Betriebszugehörigkeit, bestehende Unterhaltspflichten, das Risiko dauerhafter Arbeitslosigkeit, die Möglichkeit des Arbeitgebers Firewalls, URL-Filter etc. zu installieren oder auch, wenn der Arbeitnehmer „zwanghaft" auf Dateien pornographischen Inhalts zugreifen muss, der Krankheitswert seines Verhaltens (vgl. zu Letzterem Entscheidung des LAG München v. 14.4.2005 – 4 Sa 1203/04, BeckRS 2009, 68264).

c) Beweisverwertung. Ein weiteres Problem stellt die Verwertbarkeit der aus der Internet-Nutzung gewonnenen Erkenntnisse dar. So ist anerkannt, dass aus der Nutzung von

Telekommunikationseinrichtungen gewonnene Erkenntnisse einem Beweisverwertungsverbot unterfallen können. Den betreffenden Entscheidungen lag aber der Fall zugrunde, dass der Arbeitgeber den Übertragungsvorgang in unzulässiger Weise abgehört hatte (vgl. LAG Bremen v. 25.2.1994 – 4 Sa 13/93 – DB 1994, 2630; LAG Hamm v. 1.9.1995 – 10 Sa 1909/94 – BeckRS 1995, 30900405). In der Entscheidung des ArbG Hannover (Urt. v. 1.12.2000 – 1 Ca 504/00, NZA 2001, 1022) hatte der Arbeitnehmer während der Arbeitszeit pornographisches Bildmaterial in erheblichem Umfang aus dem Internet heruntergeladen und auf Datenträgern des Arbeitgebers gespeichert. Ein Beweisverwertungsverbot hinsichtlich der festgestellten Daten war nach dem Arbeitsgericht Hannover nicht gegeben, da diese zum einen auf einem Datenträger des Arbeitgebers gespeichert waren, es damit nicht einmal einer Beschlagnahme nach § 94 StPO bedurft hätte, und der Arbeitnehmer zudem seine Datenbestände nicht als privat gekennzeichnet hatte. In der Entscheidung des LAG Hamm v. 4.2.2004 (9 Sa 502/03, BeckRS 2009, 68115) wurde entschieden, dass die vorgeschriebene Verwendung eines vom Arbeitnehmer selbst bestimmten Passwortes nicht ohne weiteres zur Folge hat, dass die auf der Festplatte des Arbeitnehmers abgespeicherten Dateien „privaten" Charakter annehmen würden. Sofern nur eine betriebliche Nutzung erlaubt sei, bestünde keinesfalls ein Beweisverwertungsverbot, so das LAG Hamm. Qualifiziert man die Daten auf einem passwortgeschützten PC für den Arbeitgeber nicht als „fremde" Daten iSd § 202a StGB, sollte insofern auch eine Strafbarkeit des Arbeitgebers bei zugelassener Privatnutzung ausscheiden, sofern ein konkreter Verdacht für einen Missbrauch vorliegt. Es ist immer noch abzuwarten, wie sich das Bundesarbeits- bzw. Bundesverfassungsgericht zu diesen Fragen stellen wird. Im Ergebnis muss es für den Arbeitgeber möglich sein, das Verhalten des Arbeitnehmers anhand von Serverprotokollen und vom Arbeitnehmer auf Datenträgern des Arbeitgebers gespeicherten Daten zu belegen. Eine neuere Entscheidung des LAG Berlin-Brandenburg (Urt. v. 14.1.2016, 5 Sa 657/15, ArbRAktuell 2016, 172) zeigt nun, dass es bei grundsätzlicher möglicher privater Internetnutzung Grenzen gibt, die Anlass zur Beendigung des Arbeitsverhältnisses geben kann, wenn eine erhebliche Privatnutzung des Dienstcomputers vorliegt. Hinsichtlich des Browserverlaufs liege kein Beweisverwertungsverbot zu Lasten des Arbeitgebers vor. Zwar handele es sich um personenbezogene Daten, in deren Kontrolle der Arbeitnehmer nicht eingewilligt habe. Eine Verwertung der Daten sei jedoch statthaft, weil das Bundesdatenschutzgesetz eine Speicherung und Auswertung des Browserverlaufs zur Missbrauchskontrolle auch ohne eine derartige Einwilligung erlaube. Ein Beweisverwertungsverbot sei jedenfalls dann nicht anzunehmen, wenn dem Arbeitgeber kein milderes Mittel zur Verfügung stehe, um einem Verdacht nachzugehen, und wenn zusätzlich konkrete Hinweise auf eine erhebliche private Missbrauchsnutzung bestünden.

12. Widerrufsvorbehalt. Ferner empfiehlt es sich, den (beschränkten) privaten Zugang zum Internet unter einen Widerrufs- bzw. Freiwilligkeitsvorbehalt zu stellen. Wird der Zugang zu Internet und E-Mail für die private Nutzung dem Arbeitnehmer ausdrücklich als freiwillige Leistung gewährt, kann der Entzug bzw. die Einschränkung der privaten Nutzung nach arbeitsvertraglichen Grundsätzen auch in „Ausübung billigen Ermessens" gem. § 315 BGB erfolgen. Dies ist anhand der konkreten Umständen des Einzelfalls (wirtschaftliche Lage des Unternehmens; Kostenbelastung durch Zurverfügungstellung der Kommunikationsmittel) unter Abwägung der beidseitigen Interessenlage zu beurteilen. Hinsichtlich eines Freiwilligkeitsvorbehalts in einer individualrechtlichen Zusage ist auf die Entsch. des BAG v. 25.4.2007 (5 AZR 627/06, NZA 2007, 853; sa LAG Hamm Urt. v. 14.1.2016 – 18 Sa 1279/15, BeckRS 2016, 68305) zu verweisen, wonach Freiwilligkeitsvorbehalte in vorformulierten Arbeitsverträgen bei Entgelt im engeren Sinne für unvereinbar mit dem Rechtsgrundsatz „pacta sunt servanda" und damit für unwirksam angesehen wurden (sa BAG Urt. v. 14.9.2011 – 10 AZR 526/10, NZA 2012, 81).

13. Inkrafttreten, Dauer, Nachwirkung. a) Kündigung. Nach § 77 Abs. 5 BetrVG sind Betriebsvereinbarungen mit einer Frist von drei Monaten kündbar. Einer Begründung bedarf die Kündigung einer Betriebsvereinbarung nicht (BAG Urt. v. 26.4.1990 – 6 AZR 278/88, DB 1990, 1871). Eine außerordentliche Kündigung ist möglich bei Vorliegen besonders schwerwiegender Gründe.

b) Nachwirkung. Die Wirkung von Betriebsvereinbarungen über den Zeitraum der vereinbarten Geltungsdauer hinaus beantwortet sich unterschiedlich bei freiwilligen und bei erzwingbaren Betriebsvereinbarungen. Gem. § 77 Abs. 6 BetrVG entfalten erzwingbare Betriebsvereinbarungen Nachwirkung. Freiwillige Betriebsvereinbarungen verlieren mit Beendigung ihre Wirkung. Vorliegend handelt es sich um eine teilmitbestimmungspflichtige Betriebsvereinbarung. Hierbei entfällt ebenfalls die Nachwirkung (BAG Beschl. v. 21.8.1990 – 1 ABR 73/89, DB 1991, 232; BAG Beschl. v. 5.10.2010 – 1 ABR 20/09, NZA 2011, 598). In einer freiwilligen bzw. teilmitbestimmungspflichtigen Betriebsvereinbarung kann allerdings die Nachwirkung ausdrücklich vereinbart werden (BAG v. 28.4.1998 – 1 ABR 43/97, NZA 1998, 1348; LAG Köln Beschl. v. 13.8.2015 – 8 TaBV 4/15, BeckRS 2015, 72913). Hiervon wurde im vorliegenden Formular Gebrauch gemacht, um Rechtsunsicherheiten zu vermeiden.

2. Arbeitsvertragliche Regelung der ausschließlich dienstlichen Nutzung von E-Mail, Internet und Intranet am Arbeitsplatz

An

Frau/Herrn . . . . . .

im Haus

Nutzung von E-Mail und Internet am Arbeitsplatz[1]

Sehr geehrte(r) Frau/Herr,

in Ergänzung zum Arbeitsvertrag vom . . . . . . wird hinsichtlich der Nutzung der von uns zur Verfügung gestellten Kommunikationssysteme (E-Mail, Internet und Intranet) folgendes festgelegt:

(1) Die Nutzung der Kommunikationssysteme hat ausschließlich zu dienstlichen Zwecken, d h zur Kommunikation mit Geschäftspartnern und zum Abruf nützlicher Geschäftsinformation zu erfolgen.[2]

(2) Das Abrufen, Anbieten oder Verbreiten von rechtswidrigen Inhalten, insbesondere solchen, die gegen strafrechtliche, datenschutzrechtliche, persönlichkeitsrechtliche, lizenz- oder urheberrechtliche Bestimmungen verstoßen, sowie von politischen, diskriminierenden, diffamierenden oder verfassungsfeindlichen Inhalten ist unzulässig.

(3) Wir weisen darauf hin, dass die Einhaltung dieser Grundsätze durch Einsatz elektronischer Abfragen überprüft wird. Verstöße gegen die vorstehenden Regeln werden rechtlich verfolgt.[3, 4]

. . . . . .

– Arbeitgeber –   Einverstanden:

                                                   . . . . . .

                                                   – Arbeitnehmer –

Anmerkungen

1. Sachverhalt. Soweit in dem Unternehmen kein Betriebsrat besteht, kann die Nutzungsordnung der Kommunikationsmittel E-Mail und Internet durch eine Ergänzung des Arbeitsvertrages erfolgen. Diese Ergänzung wurde vorliegend als Anschreiben konzipiert.

2. Umfang der Nutzung. In diesem Formular wird der Umfang der Nutzung auf ausschließlich betriebliche Nutzung begrenzt. Die ausschließlich dienstliche Nutzung hat den Vorzug, dass sie aus rechtlicher Sicht die einfachste und sicherste Möglichkeit ist, Komplikationen aus dem Weg zu gehen. Erlaubt der Arbeitgeber ausschließlich eine dienstliche Nutzung, stellt die private Nutzung eine Verletzung der arbeitsvertraglichen Pflichten dar.

3. Kontrolle. Nach den Ausführungen unter → Form. L. 1 Anm. 10 ist bei der Zulässigkeit der rein dienstlichen Nutzung das TKG und das TMG nicht anwendbar, da der Arbeitgeber nicht als „Dienstanbieter" im Sinne dieser Vorschriften auftritt (*Beckschulze* DB 2007, 1526). Es sind daher bei der Kontrolle des Arbeitnehmers lediglich die Grundsätze des BDSG, die arbeitsrechtlichen Bestimmungen und das allgemeine Persönlichkeitsrecht des Arbeitnehmers zu beachten (*Mengel* BB 2004, 2014). Eine stichprobenhafte Überprüfung des Nutzungsverhaltens ist damit zulässig, soweit berechtigte Interessen des Arbeitgebers vorliegen. Als solche kommen unter anderem in Betracht wie unter → Form. L. 1 Anm. 11 dargestellt, der Schutz von Geschäftsgeheimnissen, Schutz vor Computerviren, aber auch die Einhaltung der Nutzungsordnung.

4. Missbrauch und verhaltensbedingte Kündigung: → Form. L. 1 Anm. 12

3. Social Media Guidelines

Social Media Guidelines der . . . . .[1]

Social Media sind moderne Kommunikationsformen im Internet. Hierzu gehören Blogs, Microblogs, Wikis, Soziale Plattformen und Netzwerke, wie etwa Facebook, Twitter, Instagram, Pinterest, Tumblr, Clever, Studivz und Meinvz, Google+ und Xing, sowie Foren und sonstige Plattformen wie YouTube. Social Media sind für . . . . . von großer Bedeutung, weil sie der Kontaktpflege und Kundenbindung dienen. Für . . . . . besteht hierbei die Möglichkeit, mit unseren Kunden und mit der Öffentlichkeit unmittelbar zu kommunizieren und insoweit in einen direkten Dialog und Austausch zu treten. Wo Chancen bestehen, gibt es aber auch Risiken. Die Social Media Guidelines geben Ihnen einige hilfreiche Verhaltensrichtlinien für die Kommunikation im Web 2.0 an die Hand. Soweit Sie sich über Ihre Arbeit oder über . . . . . im Web 2.0 äußern, sind die nachfolgenden Social Media Guidelines bindend.[2]

1. Verantwortung[3]

Beachten Sie, dass Sie für die Inhalte, die Sie im Web 2.0 verbreiten, selbst verantwortlich sind. In Ihrem eigenen Interesse und das von . . . . . sollen Inhalte fachlich richtig, sachlich und objektiv sein. Im Internet veröffentlichte Inhalte sind unter Umständen dauerhaft abrufbar. Vor der Veröffentlichung sind daher Inhalte und Äußerungen sorgfältig zu prüfen und abzuwägen.

2. Transparenz[4]

Der Nutzen von Social Media beruht auf Offenheit und Authentizität. Wenn Sie als Mitarbeiter von . . . . . im Web 2.0 handeln, dann melden Sie sich bitte mit vollständigem Namen und geben Sie sich als Mitarbeiter von . . . . . zu erkennen.

3. Persönliche Meinung[5]

Wenn Sie sich ohne einen dienstlichen Auftrag in Social Media zu einem Thema äußern, machen Sie bitte deutlich, dass Sie hier Ihre persönliche Meinung vertreten und nicht für . . . . . sprechen. Verwenden Sie daher in solchen Fällen stets die Formulierung „ich" statt „wir".

4. Vertraulichkeit[6]

Achten Sie darauf, dass Sie keine Vertraulichkeiten oder Interna von . . . . . nach außen geben, also insbesondere Betriebsgeheimnisse, Wissen über andere Mitarbeiter oder Angelegenheiten, die . . . . . schaden oder sein Ansehen verletzen könnten. Wahren Sie die in Ihrem Arbeitsvertrag geregelten Pflichten zur Verschwiegenheit und zum Datenschutz. Im Zweifelsfall wenden Sie sich an Ihren Vorgesetzten.

5. Einhaltung von Recht und Gesetz[7]

Das Internet ist kein rechtsfreier Raum. Verbreiten Sie keine verleumderischen, beleidigenden oder sonst rechtswidrigen Inhalte. Beachten Sie, dass das Urheberrecht nicht erlaubt, Inhalte von Dritten zu kopieren und zu verbreiten. Fremde Inhalte müssen als solche gekennzeichnet werden. Respektieren Sie auch das Recht am eigenen Bild. Bilder oder Videos dürfen nur hochgeladen werden, wenn Sie über die entsprechende Zustimmung der Fotografen oder der Filmemacher und der abgebildeten Personen verfügen.

6. Betriebliche und private Nutzung[8]

Die betriebliche Nutzung von Social Media ist Ihnen während der Arbeitszeit gestattet. Bitte achten Sie jedoch darauf, dass Sie die Nutzung von Social Media nicht von Ihrer Arbeit ablenkt. Eine private Nutzung von Social Media bleibt auf den Zeitraum außerhalb Ihrer Arbeitszeit beschränkt.

7. Besonnenheit[9]

Lassen Sie sich nicht zu Äußerungen hinreißen, die Sie später bereuen. Bleiben Sie auch bei hitzigen Debatten besonnen und antworten Sie nicht im Affekt.

8. Fehler und Irrtümer[10]

Nobody is perfect. Wenn Ihnen ein Fehler oder ein Irrtum unterlaufen sollte, dann geben Sie das zu. Korrigieren Sie den Fehler oder Irrtum zeitnah. Auf diese Weise vermeiden Sie Missverständnisse oder Irritationen und bewahren gleichzeitig Ihre eigene Glaubwürdigkeit.

9. Relevanz[11]

Qualität geht vor Quantität. Bevor Sie einen Beitrag im Web einstellen, fragen Sie sich, ob er relevant ist und dem Leser einen Mehrwert bietet. Unterstreichen Sie Ihre eigene Kompetenz, indem Sie auf die Qualität Ihres Beitrags achten.

10. Konsequenzen bei Verstössen[12]

Verstöße gegen diese Social Media Guidelines können zu arbeitsrechtlichen Konsequenzen führen und im Einzelfall eine Abmahnung oder sogar eine Kündigung zur Folge haben. Dies gilt insbesondere bei einer privaten Nutzung von Social Media während der Arbeitszeit sowie für den Umgang mit vertraulichen unternehmens- und personenbezogenen Daten.

Bitte beachten Sie, dass Ihre Beiträge im Rahmen von etwaigen Rechtsstreitigkeiten als Beweismaterial herangezogen werden können. In einem solchen Fall dürfen Sie Daten auf Ihrem Account nicht mehr selbständig löschen oder verändern.

11. Offizielle Unternehmenskommunikation[13]

Beachten Sie, dass für die offizielle Unternehmenskommunikation der Vorstand und die Pressestelle der . . . . . zuständig sind. Etwaige Anfragen von Journalisten und anderen Berufsgruppen, die die Öffentlichkeit vertreten, sind an die Pressestelle der . . . . . weiterzuleiten.

12. Ihr Ansprechpartner bei Fragen oder Anregungen[14]

Bei Fragen aller Art im Zusammenhang mit der Nutzung von Social Media stehen Ihnen jederzeit die Social Media-Verantwortlichen von . . . . . als Ansprechpartner zur Verfügung. An diese können Sie sich auch mit Ihren Anregungen oder Wünschen wenden.

Stand: . . . . . .

. . . . .

(Datum)[15]

Anmerkungen

1. Sachverhalt. Der gestiegenen Bedeutung der Kommunikation im Web tragen die Unternehmen zunehmend Rechnung, indem sie ihren Mitarbeitern in Bezug auf die Kommunikation in den verschiedenen sozialen Netzwerken sogenannte „Social Media Guidelines" Regeln und Empfehlungen an die Hand geben. Charakteristisch für die sozialen Netzwerke wie etwa Facebook, Twitter, Instagram, Pinterest, Tumblr, Google+ und Xing und sonstige Plattformen wie YouTube ist der Umstand, dass zum einen die **Grenzen zwischen privat und geschäftlich verschwimmen**, zum anderen dass Unternehmen (und auch Behörden) soziale Netzwerke gezielt für ihre Belange einsetzen. Das Phänomen, dass Arbeit und Freizeit vermischt werden, ist inzwischen nicht mehr neu, lässt aber auch ein gewandeltes Rollenverständnis des einzelnen Arbeitnehmers zu, das Einfluss auf den Umgang mit den neuen Kommunikationstechnologien nimmt (für einen allg. Überblick über die Daten- und Sprachnetze im Unternehmen *Köhler*, Netzwerk-Konsolidierung, S. 18 ff. und S. 51 ff.). Während es in jüngster Vergangenheit dem Arbeitgeber in der Regel nicht darauf ankam, ob und wie sich sein Arbeitnehmer im Rahmen seiner Freizeit im Netz artikulierte, ist zu beobachten, dass inzwischen ein gesteigertes Bedürfnis für den Arbeitgeber besteht, insoweit seinem Personal im Rahmen des Möglichen Hinweise zu erteilen. Dies ist insbesondere dann der Fall, wenn das jeweilige Unternehmen die einschlägigen sozialen Netzwerke oder Blogs für eigene Zwecke nutzt, etwa um mit Hilfe dieser modernen Kommunikationsformen die Präsenz des Unternehmens im Internet zu steigern, Kundenbindung und Kundenkontakte zu pflegen,

Aufmerksamkeit im Web zu generieren, aber auch um Trends zu erkennen und diese gegebenenfalls mitzugestalten.

Es empfiehlt sich, dass das Unternehmen eine **klare Positionierung** zur Frage einnimmt, ob es die Nutzung von Social Media durch seine Mitarbeiter im Prinzip befürwortet oder nicht, also entweder im Sinne einer vorgeschriebenen Nutzung, einer einfachen Erlaubnis oder eines strikten Verbots. Anderenfalls besteht die Gefahr, dass der Gebrauch von Social Media seitens der Mitarbeiter als vom Arbeitgeber geduldet gilt, was regelmäßig eine ungeregelte private Nutzung der Social Media darstellt, die nach einem längeren Zeitraum zu einer Erlaubnis der privaten Nutzung von Social Media durch betriebliche Übung führt. Insoweit finden die Grundsätze zur Privatnutzung des Internets am Arbeitsplatz entsprechende Anwendung (→ Form. L. 1). Im vorliegenden Beispiel hat das Unternehmen . . . . . „Social Media Guidelines" für seine Beschäftigten erstellt, weil es dem gesteigerten privaten Gebrauch der sozialen Netzwerke und Plattformen Rechnung tragen möchte, und weil es als Unternehmen ... diese Kommunikationsplattformen im Rahmen ihrer eigenen Marketingstrategie gezielt einsetzt. Soweit im Unternehmen ... ein Betriebsrat besteht, ist gegebenenfalls dessen Mitbestimmungsrecht bei der Erstellung der „Social Media Guidelines" zu beachten (zB gem. §§ 87 Abs. 1 Nr. 1 und 6 bzw. §§ 96 ff. BetrVG).

Inhaltlich empfiehlt es sich, „Social Media Guidelines" **kurz und prägnant** zu verfassen und **übersichtlich zu strukturieren**. Ziel ist es, dem Arbeitnehmer klare Hinweise und Verhaltensregeln an die Hand zu geben, die einprägsam und verständlich sind, um seine **Verantwortlichkeit** klar zu machen (zu einem Überblick über den Einsatz von „Social Media Guidelines" instruktiv *Determann* BB 2013, 181 ff. sowie die Untersuchung von AUSSCHNITT Medienbeobachtung, Social Media Guidelines, Leitplanken für die digitale Kommunikation, 2. Aufl. 2012 (abrufbar unter www.ausschnitt.de/sites/default/files/emct.). Die Richtlinien sollten die jeweiligen sozialen Netzwerken und Plattformen ausdrücklich bezeichnen, um den Anwendungsbereich der „Guidelines" zu erfassen. Im vorliegenden Beispielsfall sind die derzeit wichtigsten einschlägigen Netzwerke und Plattformen genannt. Freilich ist es aber auch denkbar, dass sich je nach Fallgestaltung die Richtlinien nur auf bestimmte Netzwerke oder Plattformen beschränken und somit anwendbar sein sollen. Ferner kann es unter unternehmensspezifischen Anforderungen angezeigt sein, die „Guidelines" nur auf ganz bestimmte Unternehmensbereiche zu beschränken, wie etwa PR/Öffentlichkeitsarbeit, Personal- oder IT-Abteilung.

2. Rechtsnatur. Der Begriff „Social Media Guidelines" ist nicht klar definiert. Soweit ersichtlich hat er seinen Ursprung aus dem Bereich von international tätigen Unternehmen und Konzernen, die als Erste anfingen, allgemeine Richtlinien für ihr weltweit tätiges Personal betreffend der Kommunikation im Web zu entwerfen. Anstatt „Social Media Guidelines" finden sich auch Begriffe wie „Leitfaden Social Media", „Social Media Richtlinien" oder „Richtlinien für Soziale Netzwerke". Welcher Begriff letztlich gewählt wird, ist zweitrangig, weil es in der Regel auf den Inhalt der „Guidelines" ankommt. Dem Unternehmen bleibt es unbenommen, unverbindliche Richtlinien aufzustellen, die für die Mitarbeiter im Falle eines Verstoßes ohne Konsequenzen bleiben, oder aber, wie hier im Beispielsfall, die „Social Media Guidelines" für verbindlich zu erklären, soweit sich der Mitarbeiter über seine Arbeit oder über das Unternehmen im Web äußert, mit anderen Worten, wenn also Äußerungen einen betrieblichen Bezug haben. Ein Verstoß gegen verbindliche Regeln durch den Arbeitnehmer kann zu Abmahnung bzw. Kündigung führen. In der Praxis kann der in den „Guidelines" festgelegte allgemeine Verhaltensmaßstab auch das jeweilige Gesamtbild der Corporate Identity des betreffenden Unternehmens widerspiegeln.

3. Verantwortung. Soziale Netzwerke und Plattformen im Web lassen Arbeitnehmer zu **Botschaftern des eigenen Unternehmens** werden. Dies gilt insbesondere dann, wenn das Unternehmen die Kommunikationsformen der „Social Media" gezielt für eigene Zwecke einsetzt, wie etwa um Aufmerksamkeit zu generieren und die eigene Präsenz oder die der eigenen Dienstleistungen und Produkte im Internet zu steigern. Für das Unternehmen ist es daher wichtig, den Mitarbeiter an seine zivilrechtliche und strafrechtliche Verantwortlichkeit zu erinnern, die ihn davon abhalten soll, rechtswidrige Inhalte oder Äußerungen ins Internet zu stellen. Diese Haftungsfrage ergibt sich sowohl bei privatem wie dienstlichem Handeln. Die vorliegenden Social Media Guidelines erwähnen den Grundsatz der **Verantwortlichkeit**, der ja eine Selbstverständlichkeit betrifft, als Merkposten. Die zivilrechtliche Haftung ergibt sich insbesondere aus den Vorschriften der unerlaubten Handlung gem. §§ 823 ff. BGB. Als Rechtsfolgen kommen Schadenersatz, aber auch Unterlassungs- und Beseitigungsansprüche nach § 1004 BGB in Betracht. Zu beachten ist, dass Ansprüche aus § 1004 BGB **verschuldensunabhängig** sind und **kein Bewusstsein der Rechtswidrigkeit** erfordern (Palandt/*Bassenge* BGB § 1004 Rn. 13).

Sofern es zu einer Inanspruchnahme des Mitarbeiters aufgrund eines Verhaltens kommt, die vom Arbeitgeber veranlasst war, weil bspw. der Arbeitnehmer im Auftrag des Unternehmens einen Blog führt, um die Internetpräsenz des Unternehmens zu steigern und die Kundenbindung zu pflegen, stellt sich die Frage, ob zugunsten des Beschäftigten eine **Haftungsmilderung** nach den **Grundsätzen des innerbetrieblichen Schadensausgleichs** (für einen Überblick siehe Küttner/*Griese*, Stichwort Arbeitnehmerhaftung, Rn. 10 ff.) in Betracht kommt. Unter Berücksichtigung von Sinn und Zweck dieser Grundsätze, die den Arbeitnehmer angesichts der Gesamtumstände, insbesondere vor dem Hintergrund der fehlenden Äquivalenz zwischen Verdienst und Haftungsrisiko, vor einer unbilligen Härte bewahren möchte, wird eine Haftungserleichterung nach diesen Grundsätzen befürwortet. Danach würde den Beschäftigten bei leichtester Fahrlässigkeit keine Haftung und bei mittlerer Fahrlässigkeit eine anteilige Haftung treffen, während im Fall von grober Fahrlässigkeit und Vorsatz in der Regel die volle Haftung bestehen würde. Da sich der Arbeitnehmer im Außenverhältnis gegenüber Dritten nicht auf diese Haftungsprivilegierung berufen kann, wird diese im Ergebnis dadurch erreicht, dass dem Mitarbeiter gegen seinen Arbeitgeber ein Freistellungsanspruch zusteht, soweit er im Innerverhältnis zum Arbeitgeber nach den Grundsätzen des innerbetrieblichen Schadenausgleichs nicht haften würde (Küttner/*Griese*, Stichwort Arbeitnehmerhaftung, Rn. 20).

In Bezug auf die strafrechtliche Haftung sind die jeweiligen Vorschr. des StGB zu beachten, wie etwa insbesondere die Straftatbestände der Beleidigung (§ 185 StGB), Üble Nachrede (§ 186 StGB) und Verleumdung (§ 187 StGB), aber ebenso die verschiedenen in anderen Gesetzen enthaltenen Strafbestimmungen. Beispielhaft seien hier die Vorschr. des Urheber- (§§ 106 ff. UrhG) und Markenrechts (§§ 143 ff. MarkenG) erwähnt (→ Anm. 7).

4. Transparenz. Im Hinblick darauf, dass das Unternehmen . . . . . die sozialen Netzwerke und Plattformen zur eigenen Außendarstellung und zu Marketingzwecken nutzt, hat es ein Interesse, dass sich seine Beschäftigten, sofern sie als solche im Netz auftreten, mit vollständigem Namen melden und sich als Mitarbeiter des Unternehmens . . . . . zu erkennen geben. Offenheit und Ehrlichkeit stellen nämlich in diesem Zusammenhang positive Attribute dar, die auch für eine entsprechend positive Wahrnehmung des Unternehmens sorgen sollen.

5. Persönliche Meinung. Jeder hat das Recht, seine Meinung frei zu äußern. Das Recht auf freie Meinungsäußerung ist im Grundgesetz verankert (Art. 5 Abs. 1 S. 1 GG) und stellt ein grundlegendes Element unserer freiheitlichen Grundordnung dar. Vor dem Hintergrund, dass das Unternehmen . . . . . Social Media Plattformen zu eigenen betrieblichen Zwecken nutzt, ist es sinnvoll, zwischen persönlicher Meinungsäußerung des Mitarbeiters privater Natur und ohne dienstlichen Auftrag einerseits und einer Meinungsäußerung im Rahmen eines betrieblich bedingten Auftretens im Web andererseits zu unterscheiden. Folglich enthalten die Social Media Guidelines eine Bestimmung, wonach der Arbeitnehmer seine private Meinung als solche deutlich machen soll, um zu vermeiden, dass eine privat geäußerte Meinung des Beschäftigten dem Unternehmen zugerechnet wird.

6. Vertraulichkeit. Der Schutz und die Wahrung von Geschäfts- und Betriebsgeheimnissen sind für jedes Unternehmen von erheblicher Bedeutung. Nicht selten nehmen Nutzer die sozialen Netzwerke und Plattformen als eine vertraute Umgebung wahr. Insoweit läuft der Mitarbeiter Gefahr, aus Unachtsamkeit oder aus Leichtfertigkeit betriebliche, nicht für die Öffentlichkeit bestimmte Angelegenheiten oder Informationen mitzuteilen. Dies gilt auch deshalb, weil der Nutzer von Social Media in der Regel in Form des Chattens mit Dritten kommuniziert, was dazu verleiten kann, eine offene und formlose Atmosphäre zu erleben. Hinzu kommt, dass unter Umständen Wettbewerber versuchen könnten, mit Beschäftigten eines Konkurrenzunternehmens gezielt über soziale Netzwerke in Kontakt zu treten, um von diesen, offensichtlich ohne ihre eigene Identität preiszugeben, wertvolle Informationen auszuspähen. Dem Arbeitnehmer sollte daher der **Grundsatz „Internes bleibt intern"** nochmals klar vor Auge geführt werden. Ebenso ist er auf seine Pflichten zur Verschwiegenheit und zum Datenschutz, die regelmäßig im Arbeitsvertrag festgehalten sind, hinzuweisen.

7. Einhaltung von Recht und Gesetz. Es versteht sich von selbst, dass der Nutzer von Social Media sich an Recht und Gesetz halten muss. Dies ergibt sich bereits aus dem Grundsatz, dass jeder für sein eigenes Tun verantwortlich ist ($\rightarrow$ Anm. 3). Zum Zwecke der Verdeutlichung sind hier beispielhaft die Straftatbestände der Verleumdung (§ 187 StGB) und Beleidigung (§ 185 StGB) genannt. Des Weiteren wird auch auf die **Beachtung des Urheberrechts** hingewiesen. Das Recht zur Vervielfältigung steht ausschließlich dem Urheber zu (§ 16 UrhG). Es ist anerkannt, dass die Speicherung auf einem digitalen Datenträger wie der Festplatte eines Computers, Diskette, DVD oder Memory-Stick eine Vervielfältigung darstellt (BGH Urt. v. 10.12.1998 – I ZR 100/96, GRUR 1999, 325 [327] – Elektronische Pressearchive; Dreier/Schulze/*Schulze* UrhG § 16 Rn. 13; Schricker/ *Loewenheim* UrhG § 16 Rn. 17). Ferner ist dem Urheber sowohl das Recht zur Verbreitung (§ 17 UrhG) als auch das Recht zur Untersagung zugewiesen. Im digitalen Zeitalter ist überdies das in § 19a UrhG normierte **Recht der öffentlichen Zugänglichmachung** (eingeführt durch das Gesetz zur Regelung des Urheberrechts in der Informationsgesellschaft v. 10.9.2003, BGBl. 2003 I 1774) von praktischer Bedeutung. Auf Fotografien angewendet besagt es, dass es allein dem Fotografen zusteht, seine Bilder öffentlich zugänglich zu machen und dies anderen zu untersagen. Maßgebliche Verwertungshandlung ist bereits das Zugänglichmachung des Werks zum interaktiven Abruf (*Schack* Urheber- und Urhebervertragsrecht Rn. 416), also das Einstellen von Bildern im Internet. Sofern das ohne die Zustimmung des Fotografen geschieht, kann er dagegen vorgehen. Darauf, ob das jeweilige Bild von anderen Nutzern tatsächlich abgerufen wird, kommt es nicht an. Schließlich ist auch das **Recht am eigenen Bild** zu erwähnen, das in §§ 22 ff. KunstUrhG geregelt ist und eine Ausprägung des allgemeinen Persönlichkeitsrechts darstellt (BGH Urt. v. 14.10.1986 – VI ZR 10/86, NJW-RR 1987, 231 – NENA). Danach darf grundsätzlich jeder selbst entscheiden, ob und in welchem Zusammenhang Bilder von ihm veröffentlich werden. Die Grundregel nach § 22 Abs. 1 KunstUrhG lautet, dass Bildnisse **nur mit Einwilligung** des Abgebildeten verbreitet und öffentlich zur Schau gestellt werden dürfen. Als öffentliches Zurschaustellen im Sinne von § 22 Abs. 1 KunstUrhG ist jegliche Schaffung der Möglichkeit, ein Bild wahrzunehmen, zu verstehen (Schricker/*Götting* KUG § 60/§ 22 Rn. 37). Hierzu gehört somit auch das Hochladen von Bildern im Internet. Einschränkungen der Grundregel, wonach Bildnisse nicht ohne Einwilligung des Abgebildeten verbreitet und zur Schau gestellt werden dürfen, ergeben sich aus §§ 23 und 24 KunstUrhG. Hierzu gehören insbesondere Bildnisse aus dem

Bereich der Zeitgeschichte (§ 23 Abs. 1 Nr. 1 KunstUrhG), Bilder einer Landschaft oder Örtlichkeit mit Personen als Beiwerk (§ 23 Abs. 1 Nr. 2 KunstUrhG) oder Bilder von Versammlungen, Aufzügen und ähnlichen Vorgängen (§ 23 Abs. 1 Nr. 3 KunstUrhG).

8. Betriebliche und private Nutzung. In der Arbeitswelt von heute ist der Einsatz von Internet und E-Mail die Regel. Für den Arbeitgeber stellt sich die Frage, ob er seinen Beschäftigten die Nutzung des Internets neben der dienstlichen Verwendung auch zu privaten Zwecken gestattet oder nicht. Eine dienstliche Nutzung wird angenommen, wenn die Nutzung des Internets im Schwerpunkt oder zum überwiegenden Teil im Zusammenhang mit der vertraglichen Tätigkeit des Mitarbeiters bzw. seinen Aufgaben steht, durch diese veranlasst ist oder ihrer Unterstützung dient (*Bloesinger* BB 2007, 2177). In diesem Zusammenhang ist festzuhalten, dass **allein der Arbeitgeber entscheidet**, ob und inwieweit er seinen Beschäftigten die Nutzung des Internets und damit den Zugang zu den Social Media während der Arbeitszeit eröffnet oder nicht. Der Mitarbeiter hat grundsätzlich **keinen Anspruch auf die private Nutzung des Internets** (Küttner/ *Kreitner* Stichwort Internet-/Telefonnutzung Rn. 4 ff.). Wenn es im Unternehmen einen Betriebsrat gibt, ist bei der Einführung und Nutzung von Internet und E-Mail an das Mitbestimmungsrecht gem. § 87 Abs. 1 Nr. 6 BetrVG (Einführung und Anwendung von technischen Überwachungseinrichtungen) zu denken (*Besgen/Prinz* § 2 Rn. 3). Allerdings steht dem Betriebsrat im Zusammenhang mit der Anordnung des Arbeitgebers, die private Nutzung des Internets zu verbieten, kein Mitbestimmungsrechts zu, weil es sich hierbei um die Zulässigkeit der Verwendung von Betriebsmitteln handelt, nicht aber um die Ordnung des Betriebs iSv § 87 Abs. 1 Nr. 1 BetrVG (vgl. LAG Hamm Beschl. v. 7.4.2006 – 10 TaBV 1/06, MMR 2006, 700).

Bei einem **vollständigen Verbot der Privatnutzung** kann der Arbeitgeber, wie bei jeder anderen Geschäftskorrespondenz auch, die Internetnutzung des einzelnen Mitarbeiters uneingeschränkt einsehen und die Einhaltung der Nutzungsregeln stichprobenartig überprüfen. Der Arbeitgeber ist daher befugt, die im Zusammenhang mit der Internetnutzung anfallenden äußeren Verbindungsdaten umfassend zu kontrollieren. Hierzu gehören die Erfassung der IP-Adresse des benutzten Computers, sämtliche Daten hinsichtlich der Art des benutzten Dienstes, der Umfang des Datenverkehrs und die zeitlichen Eckdaten der Verbindungsaufnahme (vgl. Besgen/Prinz/*Busse* § 10 Rn. 45 ff.). Die Zulässigkeit der Kontrollmaßnahmen richtet sich nach überwiegender Meinung ausschließlich nach dem BDSG (Besgen/Prinz/*Busse* § 10 Rn. 26 ff.). Die Sondervorschriften des TKG finden keine Anwendung, weil der Arbeitgeber bei der dienstlichen Nutzung kein Telekommunikationsdiensteanbieter nach § 3 Nr. 6 und 10 TKG ist (*Mengel* BB 2004, 2016). § 32 Abs. 1 BDSG bestimmt, dass personenbezogene Daten eines Beschäftigten für Zwecke des Beschäftigungsverhältnisses erhoben, verarbeitet oder genutzt werden dürfen, wenn dies für die Entscheidung über die Begründung eines Beschäftigungsverhältnisses oder nach Begründung des Beschäftigungsverhältnisses für dessen Durchführung oder Beendigung erforderlich ist. Zur Aufdeckung von Straftaten dürfen personenbezogene Daten eines Beschäftigten nur dann erhoben, verarbeitet oder genutzt werden, wenn zu dokumentierende tatsächliche Anhaltspunkte den Verdacht begründen, dass der Betroffene im Beschäftigungsverhältnis eine Straftat begangen hat, die Erhebung, Verarbeitung oder Nutzung zur Aufdeckung erforderlich ist und das schutzwürdige Interesse des Beschäftigten an dem Ausschluss der Erhebung, Verarbeitung oder Nutzung nicht überwiegt, insbesondere Art und Ausmaß im Hinblick auf den Anlass nicht unverhältnismäßig sind. Der RegE der Bundesregierung v. 25.8.2010 („Entwurf eines Gesetzes zur Regelung des **Beschäftigtendatenschutzes**", BT-Drs. 17/ 4230; hierzu auch *Beckschulze/Natzel* BB 2010, 2368 ff.) soll eine umfassende und allgemeingültige Regelung für den Datenschutz am Arbeitsplatz schaffen. Der Entwurf wird kontrovers diskutiert und ist deshalb auch bisher nicht verabschiedet worden.

Während die Arbeitgeberseite den Entwurf als unpraktikabel und arbeitnehmerfreundlich bemängelte, sah die Arbeitnehmerseite im Entwurf nicht hinnehmbare Einschränkungen der Persönlichkeitsrechte der Arbeitnehmer.

Sofern der Arbeitgeber die **Privatnutzung erlaubt**, ist der Betriebsrat, sofern ein solcher im Unternehmen besteht, zwingend gem. § 87 Abs. 1 Nr. 1 BetrVG zu beteiligen (LAG Hamm NZA-RR 2007, 20). Üblicherweise wird in diesen Fällen die Gestattung der Privatnutzung im Rahmen von Betriebsvereinbarungen erteilt, weil diese unmittelbar und zwingend für alle Arbeitnehmer des Betriebs gelten (§ 77 Abs. 4 BetrVG). Es kommen aber auch Vereinbarungen im Arbeitsvertrag, Hinweise im Intranet, Aushänge oder eine E-Mail an alle Arbeitnehmer in Betracht (*Beckschulze* DB 2003, 2777).

In der Praxis stellt sich die Frage, ob die **Kontrollbefugnisse** des Arbeitgebers der Einwilligung des Beschäftigten bedürfen oder ob sie auf die Betriebsvereinbarung gestützt werden können. Anders als im Falle der verbotenen Privatnutzung finden die Vorschriften des BDSG grundsätzlich keine Anwendung (Besgen/Prinz/*Busse* § 10 Rn. 74; *Heins* FA 2009, 34 [342]; *Mengel* BB 2004, 2014 [2020]; *Tinnefeld/Petri/Brink* MMR 2010, 727 [733]). Bei einer gestatteten Privatnutzung des Internets ist der Arbeitgeber nach überwiegender Auffassung als Anbieter einer Telekommunikationsdienstleistung dem Fernsprechgeheimnis des § 88 TKG unterworfen (Besgen/Prinz/*Busse* § 10 Rn. 74; *Heins* FA 2009, 341 [342]; *Mengel* BB 2004, 2014 [2020]; ErfK/*Wank* BDSG § 32 Rn. 24 mwN). Danach ist es ihm gem. § 88 Abs. 3 S. 1 TKG untersagt, sich über das für die Erbringung der Telekommunikationsdienste erforderliche Maß hinaus Kenntnis vom Inhalt oder den näheren Umständen der Telekommunikation zu verschaffen. Kenntnisse über Tatsachen, die nach § 88 Abs. 1 TKG dem Fernmeldegeheimnis unterliegen, dürfen gemäß § 88 Abs. 3 S. 2 TKG nur für die Erbringung der Telekommunikation, also für die technisch-organisatorische Abwicklung des Kommunikationsvorganges, verwendet werden. Eine Datenverarbeitung ist nach § 88 Abs. 3 S. 3 TKG nur zulässig, soweit das TKG oder eine andere gesetzliche Vorschrift dies vorsieht und sich dabei ausdrücklich auf Telekommunikationsvorgänge bezieht. Betriebsvereinbarungen stellen keine „gesetzliche Vorschrift" in diesem Sinne dar. Aus diesem Grund bedarf es einer entsprechenden gesonderten **Einwilligung von jedem Arbeitnehmer** (*Gola* RDV 2002, 109 [116]; Besgen/Prinz/*Busse* § 10 Rn. 81 ff., 110; *Mengel* BB 2004, 2014 [2021]; a A *Beckschulze* DB 2003, 2777 [2785]). Die Einwilligung ist nur wirksam, wenn sie auf der freien Entscheidung des Beschäftigten beruht und dieser darüber informiert wurde, für welchen Zweck und in welcher Form die Daten erhoben und verwendet werden (vgl. § 4a Abs. 1 S. 1 und S. 2 BDSG).

Im vorliegenden Beispielsfall hat das Unternehmen . . . . . ein vollständiges Verbot der Privatnutzung ausgesprochen und somit die private Nutzung von Social Media während der Arbeitszeit untersagt. Konsequenterweise bleibt die dienstliche Nutzung von Social Media während der Arbeitszeit zulässig.

9. Besonnenheit. Die durch die Dialogform gekennzeichnete Kommunikation im Rahmen von sozialen Netzwerken und Plattformen bringt es mit sich, dass sich die Beteiligten über unterschiedliche Ansichten äußern. Dabei kann es zu hitzigen Debatten kommen, die den einen oder anderen unsachlichen oder unangemessenen Beitrag hervorbringen, insbesondere wenn der Nutzer aus dem **Impuls** oder aus dem **Affekt** heraus reagiert. Es ist daher zu empfehlen, die Mitarbeiter zur Besonnenheit anzuhalten, auch und gerade bei kontrovers geführten Debatten, um sie **vor unbedachten Äußerungen zu bewahren**, die sie bei späterer Betrachtung nicht gemacht hätten und die sie daher reuen, geschweige denn ihnen später Schwierigkeiten bereiten, weil sie zB ehrverletzend sind. Der Appell, sich besonnen zu verhalten, soll auch sicherstellen, dass der Arbeitnehmer stets respektvoll mit Personen, die eine andere Auffassung vertreten, umgeht. Angesichts des Umstandes, dass sich im Web getätigte Äußerungen nur schwer rückgängig machen lassen („das Netz vergisst nichts"), kommt dem Aspekt, Besonnenheit zu wahren, erhebliche praktische Bedeutung zu.

10. Fehler und Irrtümer. Irren ist menschlich. Fehler und Irrtümer können nicht ausgeschlossen werden. Wichtig ist daher, welche Verhaltensmaßgabe dem Beschäftigten in diesem Zusammenhang an die Hand gegeben wird. Erfahrungsgemäß kommt es im Rahmen von sozialen Netzwerken und Plattformen besser an, zu Fehler und Irrtümern zu stehen und diese zeitnah zu verbessern. Die Nutzer neigen dazu, diese Form der Offenheit und Authentizität positiv zu bewerten, weil sie für **Glaubwürdigkeit** steht. Dies ist für das Unternehmen . . . . . ., das Social Media auch für eigene Zwecke einsetzt, Anlass genug, entsprechende Hinweise in seine Social Media Guidelines aufzunehmen. Soweit dem Mitarbeiter im Web Fehler oder Irrtümer unterlaufen, die nicht mit seiner Arbeit oder seinem Arbeitgeber zu tun haben, sind diese Hinweise in den Richtlinien als unverbindliche Empfehlungen zu verstehen.

11. Relevanz. Vor dem Hintergrund, dass das Web eine Fülle von Informationen und Inhalten enthält, ist es für das Unternehmen . . . . . von Bedeutung, dass die Beiträge des Unternehmens und die der eigenen Mitarbeiter in den Social Media gegenüber anderen Inhalten hervorstechen oder zumindest nicht unbeachtet bleiben. In der Regel erreicht man dies eher, wenn die Beiträge so gestaltet sind, dass sie von einer gewissen **Qualität und Bedeutung** sind, wodurch sich langfristig eine positive Aufmerksamkeit und Anerkennung sicherstellen lässt, die sich im Zweifel förderlich auf das Image des Unternehmens XYZ auswirken. Die Beschäftigten werden daher dazu aufgerufen, mit ihrem jeweiligen Beitrag ihre Kompetenz zu unterstreichen und dem Leser einen Mehrwert zu bieten.

12. Konsequenzen bei Verstößen. Verbindliche Richtlinien führen zu arbeitsrechtlichen Konsequenzen, wenn gegen sie verstoßen wird. Das kann eine Abmahnung oder eine Kündigung sein, je nach Schwere des Fehlverhaltens und der Umstände des Einzelfalles. In diesem Zusammenhang enthalten die Richtlinien zusätzlich Hinweise zur Verwertung von Profildaten zu Beweiszwecken im Rahmen von Rechtsstreitigkeiten (vgl. *Determann* BB 2013, 181 [187]). Unabhängig von arbeitsrechtlichen Konsequenzen hat der betreffende Mitarbeiter je nach Rechtsverstoß neben Unterlassungs- und Schadenersatzansprüchen uU auch mit strafrechtlichen Konsequenzen zu rechnen, etwa im Fall einer Verleumdung, Beleidigung oder bei Verstoss gegen das Urheberrecht.

13. Offizielle Unternehmenskommunikation. Der Mitarbeiter wird daran erinnert, dass für die offizielle Unternehmenskommunikation der Vorstand und die Pressestelle des Unternehmens . . . . . zuständig sind. Dies ist insbesondere wichtig, um eine einheitliche Unternehmenskommunikation zu gewährleisten und um zu verhindern, dass der Beschäftigte ungewollt zum Unternehmenssprecher wird. Journalisten nutzen bei ihren Recherchen verstärkt Social Media. Der Arbeitnehmer wird daher angehalten, etwaige Anfragen von Journalisten und anderen Berufsgruppen, die die Öffentlichkeit vertreten, an die Pressestelle von . . . . . weiterzuleiten.

14. Ansprechpartner bei Fragen oder Anregungen. Für den Mitarbeiter ist es hilfreich, wenn er weiß, an wen er sich im Unternehmen bei Ungewissheiten oder Fragen in Bezug auf Social Media wenden kann. Zugleich wird sichergestellt, dass Aspekte im Zusammenhang mit Social Media im Unternehmen einheitlich behandelt werden, weil die Zuständigkeit im Unternehmen insoweit klar geregelt ist. Die Social Media-Verantwortlichen sind auch sinnvollerweise der zutreffende Ansprechpartner, wenn Mitarbeiter ihre Wünsche, Anregungen oder sonstiges Feedback äußern. Vor dem Hintergrund, dass sich Social Media Netzwerke und Plattformen fortlaufend ändern, empfiehlt es sich, den Beschäftigten Gelegenheit zu geben, intern Anregungen und Beobachtungen im Zusammenhang mit Social Media Netzwerken und Plattformen anzubringen. Dies fördert zudem regelmäßig die Akzeptanz und die Einhaltung der Social Media Guidelines.

15. Stand. Angesichts des Umstands, dass sich Inhalt, Verwendung und Bedeutung von Social Media Netzwerken und Plattformen fortlaufend ändern, sollten Social Media Guidelines **regelmäßig überprüft** und gegebenenfalls überarbeitet werden. Ein Anpassungsbedarf ergibt sich insbesondere aus dem Umstand, dass zum einen **neue Technologien** im Rahmen der Sozialen Netzwerke Eingang finden, die das Nutzerverhalten beeinflussen können, und zum anderen neue Plattformen oder neue Netzwerke entstehen oder bestehende Einrichtungen eine veränderte Verbreitung finden. In diesem Zusammenhang ist es sinnvoll, das jeweilige Datum der letzten Überarbeitung und somit den jeweiligen Stand der Social Media Richtlinien festzuhalten.

4. Rahmenbetriebsvereinbarung zum Arbeitnehmerdatenschutz

Rahmenbetriebsvereinbarung

zwischen der Firma . . . . .

– Im Folgenden: Arbeitgeberin –

und

dem Betriebsrat der Firma . . . . .

– Im Folgenden: Betriebsrat –

zum Arbeitnehmerdatenschutz beim Einsatz von DV-/IT-Systemen.

Präambel[1]

Die Betriebspartner sind sich einig, dass elektronische Datenverarbeitungs- und Kommunikationssysteme für die Erfüllung dienstlicher und betrieblicher Aufgaben unerlässlich sind. Beim Einsatz solcher Systeme können aber Persönlichkeitsrechte der Mitarbeiter betroffen sein. Ziel dieser Betriebsvereinbarung ist es daher, die Persönlichkeitsrechte der Mitarbeiter unter Beachtung aller maßgeblichen gesetzlichen Bestimmungen zu sichern und dennoch den Einsatz technischer Einrichtungen zu ermöglichen. Es werden deshalb folgende Rahmenbedingungen zum Datenschutz beim Einsatz von Datenverarbeitungs- und IT-Systemen (DV-/IT-Systemen) im Betrieb festgelegt. Soweit erforderlich, werden die Betriebsparteien bei der Einführung neuer Systeme eine auf das jeweilige System angepasste, diese Rahmenvereinbarung ergänzende Einzelbetriebsvereinbarung abschließen.

§ 1 Anwendungsbereich[2]

(1) Diese Rahmenbetriebsvereinbarung gilt sachlich für die Verarbeitung von personenbezogenen und/oder personenbeziehbaren Daten unabhängig davon, in welchen Systemen diese Daten gespeichert sind und ob die Verarbeitung in standardisierter oder individueller Form erfolgt.

(2) Sie findet in persönlicher Hinsicht auf Mitarbeiter und Mitarbeiterinnen der Firma Anwendung, mit Ausnahme der leitenden Angestellten iSd § 5 Abs. 3 BetrVG. Soweit im Folgenden nur auf „Mitarbeiter" oder „Arbeitnehmer" abgestellt wird, erfolgt dies aus Vereinfachungsgründen und bezieht sich sowohl auf Mitarbeiter als auch Mitarbeiterinnen.

§ 2 Definitionen

(1) Personenbezogene und/oder personenbeziehbare Daten sind Einzelangaben über persönliche oder sachliche Verhältnisse einer bestimmten oder bestimmbaren Person.

(2) Das Verarbeiten von Daten ist das Speichern, Verändern, Übermitteln, Sperren und Löschen personenbezogener und/oder personenbeziehbarer Daten.

(3) Informations- und Techniksysteme (IT-Systeme) bezeichnet Hard- und Software, einschließlich sämtlicher Peripheriegeräte, digitale Nebenstellenanlagen, Netze oder webbasierter Systeme.

(4) Im Übrigen gelten die Begriffsbestimmungen des BDSG und der Europäischen Datenschutzgrundverordnung (DS-GVO).

§ 3 Grundsätze

(1) Die Betriebsparteien sind sich einig, dass beim Einsatz datenverarbeitender Techniken, insbesondere beim Einsatz von DV-/IT-Systeme, die Persönlichkeits- und Datenschutzrechte der Mitarbeiter zu beachten sind. Datenverarbeitungen dürfen daher nur unter Berücksichtigung der gesetzlichen Bestimmungen, insbesondere des BDSG und der DS-GVO in der jeweils gültigen Fassung, erfolgen.

(2) Das Erheben, Verarbeiten und Auswerten (Nutzen) personenbezogener Daten durch DV-/IT-Systeme erfolgen nur, soweit dies zur Begründung, Durchführung, Abwicklung und Dokumentation von Arbeitsverhältnissen sowie zur Erfüllung von durch Rechtsvorschriften begründeten Verpflichtungen oder zum Erstellen von anonymisierten Auswertungen erforderlich ist. Unzulässig gespeicherte Daten dürfen ohne Zustimmung des Betriebsrates weder weiterverarbeitet noch ausgewertet werden und sind sofort zu löschen.

(3) Die automatisierte Verarbeitung personenbezogener Daten ist nur im Rahmen der jeweiligen Zweckbestimmung zulässig. Die Verarbeitung persönlicher Arbeitnehmerdaten ist auf ein sparsames Ausmaß zu begrenzen und darf nur hinsichtlich solcher Daten erfolgen, die zum Erreichen der jeweiligen Verarbeitungszwecke zwingend erforderlich sind. Systeme, die Personaldaten verarbeiten, dürfen nicht zu dem Zweck eingesetzt werden, personenbezogene Daten auf Vorrat, demnach für einen noch nicht bestimmten oder bestimmbaren Zweck zu erheben oder zu verarbeiten.

(4) Eine automatisierte Verarbeitung von Daten zur Leistungs- und/oder Verhaltenskontrolle von Mitarbeiterinnen und Mitarbeitern ist generell unzulässig. Sie kann nur im Ausnahmefall mit Zustimmung des Betriebsrates zulässig sein. DV-/IT-Systeme dürfen daher nicht als ausschließliches Mittel für die Kontrolle von Mitarbeitern und als Grundlage für disziplinarische Maßnahmen (wie zB Abmahnungen, Kündigungen, Versetzungen, Abgruppierungen) genutzt werden. Verstößt eine Datenverarbeitung gegen dieses Verbot, dürfen die mit ihr gewonnenen Erkenntnisse nicht zum Nachteil der Mitarbeiter verwendet werden. Dies schließt auch eine mittelbare Verwendung, zB über Zeugen, aus.

§ 4 Betriebliche Datenschutzregeln

(1) Beim Einsatz von DV-/IT-System ist der Zweck der jeweiligen Datenverarbeitung zu dokumentieren. Den mit der Datenverarbeitung betrauten Mitarbeitern ist es untersagt, personenbezogene Daten zu einem anderen als dem zur jeweiligen Aufgabenerfüllung erforderlichen und dokumentierten Zweck zu verarbeiten, bekannt zu geben oder in sonstiger Weise zu nutzen.

(2) Jede Verarbeitung von schutzwürdigen personenbezogenen oder personenbeziehbaren Daten, auch der unberechtigte Zugriff, wird revisionssicher protokolliert. Personenbezogene Daten, für die ein Speicherzweck nicht mehr besteht, werden – vorbehaltlich etwaiger gesetzlicher Aufbewahrungsfristen – sofort physikalisch gelöscht. Personaldaten, die nur für statistische Zwecke benötigt werden, sind unverzüglich zu anonymisieren. Protokolldaten sind spätestens nach 6 Monaten zu löschen.[3]

(3) Die Arbeitgeberin stellt durch organisatorische und technische Vorkehrungen sicher, dass nur befugte Personen im Rahmen ihrer betrieblichen Aufgabenstellung und unter Beachtung dieser Betriebsvereinbarung auf personenbezogene Daten der Beschäftigten zugreifen können. Derartige Zugriffe sind durch gesonderten Passwortschutz zu sichern und zu dokumentieren. Die mit personenbezogenen Daten betrauten Personen erhalten daher zur Gewährleistung des ordnungsgemäßen Betriebes und der Systemsicherheit eine Zugriffsberechtigung zum für ihre Tätigkeit jeweils erforderlichen DV-/IT-System (Passwort). Die Passwörter bestehen aus mindestens sechs Zeichen (inkl. mindestens einem Sonderzeichen). Die Weitergabe von Passwörtern ist untersagt.

(4) Alle mit Datenverarbeitungen betrauten Mitarbeiter erhalten vor Aufnahme ihrer Tätigkeit eine besondere Einweisung in die Grundsätze des Datenschutzes. Sie sind auf das Datengeheimnis zu verpflichten und werden hierzu eine gesonderte Datenschutzerklärung unterzeichnen, welche zur Personalakte zu nehmen ist. Systemadministratoren haben eine gesonderte, erweiterte Verpflichtungserklärung zum Datenschutz zu unterzeichnen, welche ebenfalls in der Personalakte abgelegt wird.

(5) Der betriebliche Datenschutzbeauftragte erstellt eine Datenschutzkonzeption, in der die technischen und organisatorischen Maßnahmen zum Schutz der personenbezogenen oder personenbeziehbaren Daten berücksichtigt und aufgeführt sind. Der Betriebsrat ist über diese Datenschutzkonzeption ausführlich zu unterrichten.

(6) Dateien mit personenbezogenen Beschäftigtendaten dürfen nicht auf externe Datenträger (Disketten, tragbare Rechner, externe Festplatten etc) übertragen werden, es sei denn die Arbeitgeberin und der Betriebsrat erteilen hierfür im Einzelfall ihre Zustimmung. Es werden von der Arbeitgeberin nur die Systeme und Systemfunktionen eingesetzt, die dem Betriebsrat zuvor benannt wurden und bei deren Einführung die Mitbestimmungsrechte des Betriebsrates eingehalten worden sind.

§ 5 Rechte des Betriebsrates[4]

(1) Die Betriebsparteien sind sich darüber einig, dass der Einsatz aller Systeme, welche zur Verarbeitung und Auswertung personenbezogener und/oder personenbeziehbarer Daten geeignet sind, insbesondere die Einführung neuer DV-/IT-Systemen oder die Erstellung von Schnittstellen zu im Unternehmen bestehenden DV-/IT-Systemen, dem Mitbestimmungsrecht des Betriebsrates unterliegen. Dies gilt ebenfalls für die Änderung bestehender IT-/DV-Systeme, wenn personenbezogene und/oder personenbeziehbare Daten hinzukommen oder neue Auswertungen auf vorhandene personenbezogene und/oder personenbeziehbare Datenfelder vorgenommen werden. Die Arbeitgeberin wird deshalb den Betriebsrat rechtzeitig unterrichten und mit ihm beraten, wenn er derartige Maßnahmen plant. Die Unterrichtung bezieht sich insbesondere auf die Anwendungszwecke des Systems, die geplanten Einführungsmodalitäten, die organisatorischen und personellen Auswirkungen der Systeme, die vorgesehenen Schritte zum Datenschutz und zur Datensicherheit, die vorgesehenen Systemkomponenten und die Programmunterlagen.

(2) Zum Zwecke der Unterrichtung wird die Arbeitgeberin dem Betriebsrat bei geplanten Maßnahmen iSd Abs. (1) insbesondere folgende Unterlagen zur Verfügung stellen:

Verzeichnis der eingesetzten Softwareprodukte mit Funktionsbeschreibung, Verzeichnis der Schnittstellen mit vorhandenen Anwendungsprogrammen und der darüber ausgetauschten Daten, Liste der mit dem System verarbeiteten und gespeicherten personenbezogenen Daten, Verzeichnis der Zugriffsberechtigten und Systemverwalter.

(3) Unabhängig von Mitbestimmungsrechten im Einzelfall, hat der Betriebsrat jederzeit das Recht, die Einhaltung dieser Betriebsvereinbarung und der Datenschutzrechte der Mitarbeiter zu kontrollieren und zu überprüfen. Hierzu erhält er Zugriff auf alle bestehenden Systemfunktionen. Er hat in Begleitung eines Beschäftigten der zuständigen Abteilung Zugang zu den jeweiligen technischen Einrichtungen. Die Systemadministration ist dem Betriebsrat gegenüber zu Auskünften über Systeminhalte und deren Anwendungen verpflichtet. Vorhandene Datenprotokolle können vom Betriebsrat eingesehen werden und sind ihm bei Bedarf zu erläutern.

(4) Der Betriebsrat hat im Rahmen seines Mitbestimmungs- und Kontrollrechts auch das Recht, wenn erforderlich sich durch externe Sachverständige (insbes. Rechtsanwälte, EDV-Fachleute) beraten zu lassen. Der Betriebsrat informiert darüber vorher die Geschäftsleitung. Die erforderlichen Kosten werden durch das Unternehmen getragen. Lehnt das Unternehmen innerhalb von zwei Wochen nach Antragstellung die Kostenübernahme nicht schriftlich gegenüber dem Betriebsrat ab, so gilt der Antrag als genehmigt.

§ 6 Rechte der Mitarbeiter[5]

(1) Die Mitarbeiter werden über den Inhalt dieser Rahmenbetriebsvereinbarung informiert. Sie wird im Intranet veröffentlicht.

(2) Jeder Mitarbeiter kann nach Maßgabe des BDSG und der DS-GVO Auskunft über die zu seiner Person gespeicherten Daten, deren Übermittlung sowie den Zweck der Speicherung verlangen. Auf Wunsch erhält jeder Mitarbeiter einen Ausdruck hinsichtlich aller über ihn gespeicherten relevanten Daten. Kosten werden hierfür nicht erhoben.

(3) Unrichtige Daten sind auf Antrag des Betroffenen zu löschen. IÜ gelten zugunsten der Mitarbeiter die im BDSG und der DS-GVO geregelten „Betroffenenrechte" in der jeweils gültigen Fassung. Über diese werden die Arbeitnehmer mit gesondertem Informationsschreiben im Detail unterreichtet.

§ 7 Schlussbestimmungen

(1) Diese Rahmenbetriebsvereinbarung tritt am . . . . . in Kraft und kann von beiden Parteien mit einer Frist von drei Monaten zum Ende eines Kalendermonates gekündigt werden.

(2) Im Falle einer Kündigung entfaltet die Vereinbarung keine Nachwirkung.

. . . . .

(Ort, Datum)

. . . .

Für die Geschäftsleitung   Für den Betriebsrat

Anmerkungen

1. Sachverhalt. Das Muster regelt allgemeine Vorgaben für die Einführung datenverarbeitender Systeme in Unternehmen und soll damit Datenschutzrechte der Beschäftigten schützen. Nach § 4 BDSG ist die Verarbeitung und Nutzung personenbezogener Daten zulässig, wenn das BDSG selbst oder eine andere Rechtsvorschrift sie erlaubt oder der Betroffene in sie einwilligt. Die Zulässigkeit einer Datenverarbeitung kann sich daher zum einen aus § 28 BDSG ergeben. § 32 BDSG regelt darüber hinaus eine Generalklausel für Datenverarbeitungen in einem Arbeitsverhältnis. Nach § 32 Abs. 1 S. 1 BDSG dürfen personenbezogene Daten eines Beschäftigten generell für Zwecke des Beschäftigungsverhältnisses erhoben, verarbeitet oder genutzt werden, wenn dies für die Entscheidung über die Begründung eines Beschäftigungsverhältnisses oder nach Begründung des Beschäftigungsverhältnisses für dessen Durchführung oder Beendigung erforderlich ist. Im Rahmen des Arbeitnehmerdatenschutzes ist neben dem BDSG zukünftig insbesondere die Europäische Datenschutzgrundverordnung (DS-GVO) zu beachten, welche voraussichtlich ab 2018 ein einheitliches Datenschutzrecht in der EU gewährleisten soll. Die DS-GVO ist am 14.4.2016 verabschiedet worden und soll zwei Jahre und 20 Tage später in Kraft treten (vgl. zu den Auswirkungen der EU-GVO auf den Beschäftigtendatenschutz zB *Wybitul* ZD 2016, 203; *Sörup/Markquardt* ArbRAktuell 2016, 103). Die Regelungen der DS-GVO ähneln dabei sehr den Vorschriften und der Dogmatik des BDSG (vgl. *Sörup/Markquardt* ArbRAktuell 2016, 103). Die DS-GVO sieht indes vor allem besondere Informationsrechte nach Art. 12–14 DS-GVO sowie Betroffenenrechte gemäß Art. 15–21 DS-GVO vor, welche bei jeder Verarbeitung von Beschäftigtendaten zu berücksichtigen sein werden (vgl. hierzu zB *Sörup/Markquardt* ArbRAktuell 2016, 103; *Sörup* ArbRAktuell 2016, 207).

2. Betriebsvereinbarung. Mit dem Muster wird eine allgemeine Rahmenbetriebsvereinbarung getroffen, welche Datenschutzrechte von Arbeitnehmern bei der Einführung und Durchführung datenverarbeitender Anlagen sicherstellen soll. Gem. § 4 BDSG sind Datenverarbeitungen auch zulässig, wenn eine andere Rechtsvorschrift als das BDSG sie erlaubt. Eine solche Vorschrift kann auch eine Betriebsvereinbarung sein (BAG Beschl. v. 27.5.1986 – 1 ABR 48/84, NJW 1987, 674). Bei der Verarbeitung von Arbeitnehmerdaten werden Betriebsvereinbarungen auch zukünftig wichtig bleiben. Art. 88 Abs. 1 DS-GVO sieht ausdrücklich vor, dass Betriebsvereinbarungen nach wie vor Regelungen zur Gewährleistung des Arbeitnehmerdatenschutzes vorsehen können (vgl. auch *Wybitul* ZD 2016, 203 [206]). Zwar erfolgen nach geltender Praxis Datenverarbeitungen im Arbeitsverhältnis häufig auf Basis vorformulierter schriftlicher Einwilligungserklärungen der Arbeitnehmer. Der Einsatz von Einwilligungserklärungen ist auch im Arbeitsverhältnis grundsätzlich zulässig und möglich (vgl. BAG Urt. v. 11.12.2014 – 8 AZR 1010/13, NZA 2015, 604). Eine Betriebsvereinbarung kann dem Arbeitgeber indes eine kollektive Rechtfertigung der Datenverarbeitung ermöglichen. Zudem ist eine Einwilligung jederzeit widerruflich (vgl. Art. 7 Abs. 1 DS-GVO). Dies kann eine erhebliche Rechtsunsicherheit für den Arbeitgeber mit sich bringen, weshalb sich regelmäßig eine datenschutzrechtliche Betriebsvereinbarung empfehlen wird.

Eine Betriebsvereinbarung ist unabhängig davon bei der Einführung von DV-/IT-Systemen regelmäßig auch deshalb erforderlich, weil in aller Regel ein Mitbestimmungsrecht nach § 87 Abs. 1 Nr. 6 BetrVG vorliegen wird. Ein solches dürfte zwar nicht hinsichtlich der allgemeinen Regelungen der vorliegenden Rahmenvereinbarung gegeben sein. Es ist aber spätestens zu bejahen, wenn einzelne DV-/IT-Systeme, für welche die Rahmenvereinbarung grundsätzliche Vorgaben trifft, tatsächlich eingeführt werden. DV-/IT-Systeme sind Gegenstand der Mitbestimmung, wenn sie Daten verarbeiten, die einen

Rückschluss auf ein bestimmtes, vom Willen des Arbeitnehmers gesteuertes Tun oder Unterlassen ermöglichen (Richardi/*Richardi* BetrVG § 87 Rn. 495). Ein Mitbestimmungsrecht ist daher zu bejahen, wenn ein solches System Leistungs- oder Verhaltensdaten, demnach Informationen, die einen Rückschluss auf ein bestimmtes Verhalten oder die Leistung des Arbeitnehmers zulassen, verarbeitet. Dabei ist es unerheblich, ob der Arbeitgeber die Daten tatsächlich zum Zwecke einer Kontrolle auszuwerten beabsichtigt (zB BAG Beschl. v. 6.12.1983 – 1 ABR 43/81, NJW 1984, 1476). Liegen die Voraussetzungen eines Mitbestimmungsrechts nach § 87 Abs. 1 Nr. 6 BetrVG vor, ist die Beteiligung des Betriebsrates zwingend. Fehlt die Zustimmung des Betriebsrates zu einer Datenspeicherung, ist diese unzulässig (vgl. BAG Urt. v. 22.10.1986 – 5 AZR 660/85, NJW 1987, 2459).

Fraglich ist, ob die Betriebsparteien in einer Betriebsvereinbarung auch von den Vorgaben des BDSG abweichen können. Es ist umstritten, ob diese Regelungen einen Mindeststandard für den Inhalt von Betriebsvereinbarungen darstellen. Von der Rechtsprechung und herrschender Literatur wird dies zu Recht abgelehnt (Vgl. zB BAG Beschl. v. 27.5.1986 – 1 ABR 48/84, NZA 1986, 643; ErfK/*Kania* BetrVG § 87 Rn. 61; aA *Kort* RdA 1992, 378 [385]). Dafür spricht die Regelung des § 4 Abs. 1 BDSG, nach der die Verarbeitung personenbezogener Daten auch zulässig ist, wenn eine andere Rechtsvorschrift sie erlaubt. Allerdings ist zu berücksichtigen, dass es sich bei diesem Meinungsstreit eher um eine theoretische Frage handeln dürfte. Eine Betriebsvereinbarung darf jedenfalls nicht gegen höherrangiges Recht verstoßen, insbesondere ist § 75 Abs. 2 BetrVG einzuhalten. In der Praxis sind daher kaum Fälle denkbar, die vom Mindeststandard der §§ 32, 28 BDSG abweichen. Richtigerweise ist das Ziel einer Betriebsvereinbarung nicht die Absenkung von Mindeststandards, sondern klare und praxisgerechte Regelungen, an denen sich die Betriebsangehörigen beim Datenschutz orientieren können (*Wybitul* NZA 2014, 225 [227]).

3. Löschung von Arbeitnehmerdaten. Über Beschäftigte gespeicherte Personaldaten sind zum einen zu löschen, wenn ihre Speicherung an sich unzulässig ist (§ 35 Abs. 2 S. 2 Nr. 1 BDSG). Dies ist insbesondere der Fall, wenn die Daten bereits unzulässig erhoben worden sind, zB wenn der Arbeitgeber im Bewerbungsverfahren sein Fragerecht überschritten hat oder die Sammlung von Informationen ohne eine nach § 94 BetrVG erforderliche Beteiligung des Betriebsrates erfolgte. Allgemein sind Beschäftigtendaten zudem gem. § 35 Abs. 2 S. 2 Nr. 3 BDSG zu löschen, wenn ihre Zweckbestimmung weggefallen ist. Eine Löschungspflicht besteht demnach, wenn die Kenntnis der Daten für die Erfüllung des Zwecks der Speicherung nicht mehr notwendig ist. Dies kann aber nicht gelten, wenn gesetzliche, satzungsgemäße oder vertragliche Aufbewahrungspflichten noch bestehen oder wenn die Löschung wegen der besonderen Art der Speicherung nicht oder nur mit unverhältnismäßigem Aufwand möglich ist (§ 35 Abs. 3 Nr. 1 bzw. 3 BDSG). Darüber hinaus sieht Art. 17 DS-GVO ein umfangreiches Recht auf Löschung personenbezogener Daten vor, welches insbesondere besteht, wenn die personenbezogene Daten für die Zwecke, für die sie erhoben und verarbeitet wurden, nicht länger erforderlich sind.

4. Kontrollrechte des Betriebsrates. In dem Muster ist der generelle Ablauf der Mitbestimmung des Betriebsrates bei der Einführung neuer DV-/IT-Systeme geregelt. Es kann sich empfehlen, insoweit bereits in einer Rahmenvereinbarung klarzustellen, welche Informationen der Betriebsrat hierbei erhalten soll. Nach § 80 Abs. 1 BetrVG hat der Betriebsrat allgemein ein Informationsrecht, um die Einhaltung von Rechtsnormen im Betrieb zu überwachen und auch prüfen zu können, ob ein Mitbestimmungsrecht in Betracht kommt. Deshalb ist er auch darüber zu unterrichten, welche personenbezogenen Daten über Arbeitnehmer im Betrieb gespeichert werden (vgl. BAG Beschl. v. 17.3.1987 – 1 ABR 59/85, NZA 1987, 747). Dabei ist es auch generell unerheblich, ob die personaldatenverarbeitenden Maßnahmen des Arbeitgebers für sich genommen mitbestimmungspflichtig sind. Der Betriebsrat muss generell in die Lage versetzt werden, selbst prüfen zu können, ob sich für ihn Aufgaben ergeben und er zu deren Wahrnehmung tätig werden soll (vgl. BAG Beschl. v. 28.1.1992 – 1 ABR 41/91, NZA 1992, 707). Demnach muss der Arbeitgeber den Betriebsrat bei geplanten Personaldatenverarbeitungsmaßnahmen bereits in der Planungsphase rechtzeitig informieren, so dass der Betriebsrat überprüfen kann, ob sich Mitbestimmungsrechte oder Überwachungspflichten ergeben. Die Information ist so vollständig und verständlich zu erteilen, wie es zur Aufgabenerfüllung des Betriebsrates notwendig ist. Der Betriebsrat ist insbesondere über die Art und Gegenstand der verarbeiteten Daten, die Datenverarbeitungsprogramme mit Verknüpfungsmöglichkeiten, den Verarbeitungszweck sowie über zugriffsberechtigte Personen und Sicherungsvorkehrungen zu informieren (vgl. MHdB ArbR/*Reichold* § 88 Rn. 89). Die vorgeschlagene Klausel benennt einzelne Dokumente, die regelmäßig für eine ordnungsgemäße Unterrichtung des Betriebsrates notwendig sind.

Der Betriebsrat kann bei technisch schwer nachvollziehbaren Maßnahmen oder generell beim Abschluss einer Betriebsvereinbarung Sachverständige gem. § 80 Abs. 3 S. 1 BetrVG heranziehen. Die Heranziehung muss aber erforderlich sein. Dem Betriebsrat muss für die Angelegenheit die notwendige Sachkunde fehlen, welche er sich auch nicht auf sonstige zumutbare Weise (zB durch Schulungen, andere sachkundige Arbeitnehmer) einholen kann (BAG NZA Beschl. v. 26.2.1992 – 7 ABR 51/90, NZA 1993, 86).

5. Rechte der Arbeitnehmer. Das BDSG gewährt betroffenen Beschäftigten mehrere Informations- und Korrekturrechte. Diese sind in §§ 33 ff. BDSG geregelt und sollen gewährleisten, dass die Arbeitnehmer selbst auf die Einhaltung des Datenschutzes beim Umgang mit ihren personenbezogenen Daten durch den Arbeitgeber einwirken können. Hierzu haben Arbeitgeber die betroffenen Arbeitnehmer von der erstmaligen Speicherung, der Art der personenbezogenen Daten, der Zweckbestimmung der Verarbeitung und der Identität der verantwortlichen Stelle zu benachrichtigen (§ 33 Abs. 1 S. 1 BDSG). Dieser Benachrichtigungsanspruch ist in der Praxis aber wenig relevant, weil er nach § 33 Abs. 2 Nr. 1 BDSG ausgeschlossen ist, wenn der Betroffene auf andere Weise Kenntnis von der Speicherung oder Übermittlung sowie der Art der Daten erlangt hat. Die Personaldatenverarbeitung wird einem Bewerber oder Arbeitnehmer in der Regel schon bei dem erstmaligen Ausfüllen eines Personalfragebogens bewusst (vgl. auch Gola/*Schomerus* BDSG § 33 Rn. 30). Darüber hinaus hat der Arbeitnehmer aber auch einen allgemeinen Auskunftsanspruch hinsichtlich der zu seiner Person im Unternehmen gespeicherten Daten gemäß § 34 Abs. 1 BDSG. Der Arbeitgeber ist demnach bei Verlangen des Arbeitnehmers zur Auskunft über die gespeicherten Daten verpflichtet. Die Auskunft ist regelmäßig schriftlich und unentgeltlich zu erteilen. Neben den Rechten auf Information sichert das BDSG zudem Rechte der Arbeitnehmer auf Berichtigung, Löschung, Sperrung und Widerspruch zu. Auf diese Rechte kann der Arbeitnehmer generell nicht verzichten (§ 6 Abs. 1 BDSG).

Auch die DS-GVO schreibt umfassende Betroffenenrechte vor, namentlich ein Auskunftsrecht (Art. 15 DS-GVO), ein Recht auf Berichtigung (Art. 16 DS-GVO), ein Recht auf Löschung („Vergessenwerden", Art. 17 DS-GVO), ein Recht auf Einschränkung der Verarbeitung (Art. 18 DS-GVO), Mitteilungspflichten (Art. 19 DS-GVI), ein Recht auf Datenübertragbarkeit (Art. 20 DS-GVO) sowie ein Widerspruchsrecht (Art. 21 DS-GVO). Über diese Rechte sind Beschäftigte durch den Arbeitgeber nach den Art. 12–14 DS-GVO vollumfänglich zu informieren. Eine solche Information könnte generell auch in einer Betriebsvereinbarung erfolgen. Da es sich hierbei aber um eine sehr umfangreiche Unterrichtung handelt, dürfte es sich empfehlen, die Information in einem separaten Anschreiben an die Arbeitnehmer zu tätigen und dieses den Mitarbeitern zB bei Vertragsbeginn auszuhändigen (vgl. zu einem Formulierungsvorschlag für die nach Art. 12–14 DS-GVO notwendige Unterrichtung *Sörup* ArbRAktuell 2016, 207).

5. Vereinbarung „Bring Your Own Device" (BYOD)

Vereinbarung über BYOD[1, 2]

zwischen der Firma . . . . .

– nachstehend „Arbeitgeber" genannt –

und

Herrn/Frau . . . . .

– nachstehend „Arbeitnehmer" genannt –

§ 1 Nutzung privater Endgeräte

(1) Dem Arbeitnehmer wird ab Abschluss dieser Vereinbarung gestattet, zur betriebsinternen, aber auch zur externen Kommunikation eigene private Endgeräte wie Laptop, Smartphone, Tablet-Computer etc (im Folgenden: „Private Endgeräte") einzusetzen und zu nutzen.

(2) Den Parteien ist es dabei bewusst, dass der Arbeitgeber die verantwortliche Stelle im Sinne des Datenschutzrechts bleibt, wenn bei der Nutzung der privaten Endgeräte personenbezogene Daten, die im Zusammenhang mit der Arbeitsaufgabe oder allgemein dem Arbeitsverhältnis stehen, auf den privaten Geräten verarbeitet werden. Der Arbeitgeber hat deshalb die Möglichkeit, gewisse Mindestanforderungen an Hardware, Betriebssystem und Schutzeinrichtungen zu stellen, um das Funktionieren von Systemen und Anwendungen auch auf Unternehmensseite zu gewährleisten.

§ 2 Vertragsdurchführung, Sicherungsmaßnahmen

(1) Zwischen privaten und geschäftlichen Daten ist grundsätzlich auf dem zu dienstlichen Tätigkeiten genutzten privaten Endgerät zu trennen.[3] Dazu sind auf den privaten Endgeräten betriebsbezogene Daten in einem separaten Speicher abzulegen, der über einen Datencontainer geschützt wird. Die Ablage von beruflichen Daten im privaten Account ist dem Arbeitnehmer untersagt. Der Arbeitgeber wird dem Arbeitnehmer auf Unternehmenskosten ein besonderes Containersystem („Container-App") zur Verfügung stellen, das vom Arbeitnehmer zu installieren und zu nutzen ist. Die Nutzung des privaten Endgerätes zu dienstlichen Zwecken ist ohne die Installation der vom Arbeitgeber zur Verfügung gestellten Container-App nicht gestattet. Der Arbeitnehmer hat den Arbeitgeber von allen Schäden freizustellen, die dadurch entstehen, dass der Arbeitnehmer nicht vom Arbeitgeber bereitgestellte Apps zu dienstlichen Zwecken einsetzt. Der Datencontainer muss mit einem Passwort, welches mindestens acht Buchstaben oder Zahlen sowie mindestens zwei Sonderzeichen beinhalten muss und alle . . . . . Monate zu aktualisieren ist, geschützt werden. Das Passwort ist in der Personalabteilung bei Frau/Herrn . . . . . zu hinterlegen. Eine Weitergabe des Passwortes an Dritte ist strikt untersagt.

(2) Eine Festplatte auf dem privaten Endgerät ist gemäß den Vorgaben der IT-Abteilung vollständig zu verschlüsseln.[4] Vor der Verschlüsselung darf die Festplatte nicht für dienstliche Zwecke verwendet werden. Der Arbeitnehmer darf die Verschlüsselung nicht aufheben oder das Verschlüsselungspasswort Unberechtigten zugänglich machen. Die seitens der IT-Abteilung vorgegebenen Schutzmaßnahmen, insbesondere Firewall und Virenschutz, dürfen nicht deaktiviert oder auf sonstige Weise außer Betrieb gesetzt oder umgangen werden. Zur

Verfügung gestellte Aktualisierungen (vor allem Sicherheitsupdates und Virensignaturen) müssen von dem nutzenden Arbeitnehmer unverzüglich installiert werden.

(3) Der Arbeitnehmer verpflichtet sich, sein privates Gerät Dritten (insbesondere auch Mitbewohnern, Familienangehörigen, Kindern) nicht zur Verfügung zu stellen. Außerdem verpflichtet sich der Arbeitnehmer, betriebsbezogene Daten auf seinem privaten Endgerät umgehend zu löschen, wenn sie nicht mehr benötigt werden.

(4) Geht das private Endgerät dem Arbeitnehmer verloren, hat der Arbeitnehmer unverzüglich nach Kenntnisnahme von dem Geräteverlust die IT-Abteilung zu informieren. Für den Fall des Verlustes oder des Diebstahls eines privaten Endgeräts wird die Möglichkeit einer Fernlöschung geschaffen. Dabei hat der Arbeitnehmer allerdings für die Sicherung seiner privaten Daten generell eigenverantwortlich Sorge zu tragen. Kommt es zum Verlust privater Daten steht dem Arbeitnehmer gegenüber dem Arbeitgeber kein Ersatzanspruch zu.

(5) Das von dem Arbeitnehmer genutzte private Endgerät muss dem Anforderungskatalog der IT-Abteilung in der zum Beschaffungszeitpunkt gültigen Fassung entsprechen. Die Erfüllung der Mindestanforderungen an Hardware, Betriebssystem und Schutzeinrichtungen ist unumgänglich, um das Funktionieren von Systemen und Anwendungen auch auf Unternehmensseite zu gewährleisten. Bestehen Zweifel an der Eignung eines privaten Endgerätes, hat der Arbeitnehmer vor dem Einsatz des Gerätes dessen Eignung mit der IT-Abteilung zu klären.

(6) Beschafft sich der Arbeitnehmer ein neues privates Endgerät, hat er der IT-Abteilung unverzüglich Hersteller, Gerätetyp, Ausstattungsmerkmale und Seriennummer zu melden. Der Arbeitnehmer hat dabei hinsichtlich des alten genutzten privaten Endgerätes sicherzustellen, dass darauf enthaltene Daten datenschutzkonform gelöscht sind. Hierzu ist die Festplatte vor der Rückgabe, Veräußerung oder Entsorgung des Geräts mehrfach vollständig zu überschreiben. Die erfolgte Löschung hat der Arbeitnehmer zu dokumentieren. Das von der Löschsoftware erzeugte Löschprotokoll hat der Arbeitnehmer auszudrucken, zu unterzeichnen und der IT-Abteilung zu Dokumentationszwecken zur Verfügung zu stellen.

(7) Im Fall der Wartung oder Reparatur des privaten Endgerätes hat der Arbeitnehmer sicherzustellen, dass Daten des Unternehmens nicht von Unberechtigten zur Kenntnis genommen oder kopiert werden können. Im Zweifel hat er sich zum erforderlichen Vorgehen mit der IT-Abteilung abzustimmen.

(8) Wird das Arbeitsverhältnis beendet, verpflichtet sich der Arbeitnehmer, dem Arbeitgeber alle betriebsbezogenen Daten zur Verfügung zu stellen und diese sodann auf dem privaten Endgerät zu löschen.

§ 3 Arbeitszeit[5]

Der Arbeitnehmer ist außerhalb seiner vertraglich vereinbarten Arbeitszeit nicht verpflichtet, dienstliche Gespräche auf seinem privaten Gerät anzunehmen oder dienstliche E-Mails abzurufen und zu lesen. Grundsätzlich sollen am Wochenende keine dienstlichen Arbeiten über das private Endgerät erledigt werden. Gleiches gilt für Feiertage und die Dauer des Urlaubs. In Zweifelsfällen, ob dienstliche Tätigkeiten außerhalb der regulären Arbeitszeiten durchzuführen sind, hat der Arbeitnehmer eine Abstimmung mit seinem unmittelbaren Vorgesetzten herbeizuführen.

§ 4 Kosten

Die Anschaffungskosten und die laufenden Kosten für das private Endgerät trägt der Arbeitnehmer. Der Arbeitgeber beteiligt sich daran mit einer Pauschale in Höhe von . . . . . EUR, mit der auch die Kosten für einen eventuellen Verlust oder eine Beschädigung in Ausübung der betrieblichen Tätigkeit abgegolten sind. Um die Kosten möglichst gering zu halten, sollte ein Mobilfunkvertrag mit einer Flatrate ins Internet und in alle deutschen Netze vereinbart werden. Ebenso werden im Fall von Auslandsdienstreisen der Arbeitnehmer Auslandsflats vereinbart.

§ 5 Zugriffsregelung, Kontrollrechte[6]

IT-Abteilung und Datenschutzbeauftragter sind berechtigt, die Einhaltung dieser Vereinbarung zu kontrollieren. Hierzu können sie installierte Programme, Dateiverzeichnisse und Protokolldaten einsehen.

§ 6 Laufzeit, Kündigung

Diese Vereinbarung beginnt am . . . . . und läuft auf unbestimmte Zeit. Sie kann von jeder Vertragspartei mit einer Frist von . . . . . Monaten zum Ende eines Kalendermonates gekündigt werden.

§ 7 Salvatorische Klausel

Sollten einzelne Bestimmungen dieser Vereinbarung unwirksam sein oder werden, so wird hierdurch die Gültigkeit der übrigen Bestimmungen dieser Vereinbarung nicht berührt.

. . . . .

(Ort, Datum)

. . . .

– Arbeitgeber –   – Arbeitnehmer –

Anmerkungen

1. BYOD-Programm. Viele Arbeitnehmer wünschen sich mittlerweile bei ihrer beruflichen Tätigkeit größtmögliche Flexibilität und beabsichtigen dafür, ihre privaten elektronischen Geräte, wie Smartphones, Tablets etc, auch für ihre (mobile) Arbeit nutzen zu können. Dieses Phänomen wird unter „Bring Your Own Device" gefasst (vgl. hierzu allg. zB *Arning/Moos* DB 2013, 2607; *Pollert* NZA-Beilage 2014, 152; *Wisskirchen/Schiller* DB 2015, 1163). Die Ausgangskonstellation ist dabei, dass das Arbeitsgerät von vornherein im Eigentum des Arbeitnehmers steht und von ihm auch privat (mit) genutzt wird. Der Arbeitgeber gewährt über das Gerät wiederum Zugriff auf dienstliche Daten und die IT-Infrastruktur des Unternehmens. Die Einführung eines BYOD-Programms kann Vorteile für Arbeitgeber und Arbeitnehmer, aber auch Risiken mit sich bringen. Ein Vorteil kann sein, dass die Mitarbeiter beispielsweise nur noch ein Handy oder einen Laptop mit sich führen müssen und das Medium privat wie auch beruflich parallel nutzen können. Aus Arbeitgebersicht kann ein „BYOD-Programm" einen positiven Kosteneffekt haben, der etwa in der Einsparung von Anschaffungskosten von Hardware zu sehen ist. BYOD kann zudem ein mobileres und damit flexibleres sowie effizienteres Arbeiten ermöglichen und zB zu reduzierten Fahrzeiten oder Einsparung von Büroarbeitsplätzen führen (vgl.

auch *Pollert* NZA-Beilage 2014, 152). Dadurch kann nicht zuletzt eine höhere Mitarbeiterzufriedenheit erreicht werden.

Auf der anderen Seite können Mitarbeiter eine ständige Erreichbarkeit für den Arbeitgeber über ihre privaten Endgeräte befürchten. Arbeitgeber wiederum können vor dem betrieblichen Einsatz privater IT ihrer Mitarbeiter zurückschrecken, weil sie die Sorge haben, die Kontrolle über dienstliche Daten sowie die dazu eingesetzte IT zu verlieren. Unternehmer müssen deshalb vor allem sicherstellen, dass personenbezogene Daten mit dienstlichem Bezug weiterhin rechtmäßig verarbeitet und verwendet werden, obwohl sie nicht mehr über im Eigentum des Unternehmens stehende IT-Kommunikationsmittel gespeichert werden. Hierzu bedarf es einer Vereinbarung, welche dem Arbeitnehmer eine weitreichende Flexibilität sichert, dem Arbeitgeber indes eine hinreichende Datensicherung garantiert. Das Muster soll diesen widerstreitenden Interessen Rechnung tragen.

2. Einzelvertragliche Regelung. Das Muster sieht eine einzelvertragliche Vereinbarung zwischen Arbeitgeber und Arbeitnehmer vor. Eine solche Vereinbarung wird regelmäßig erforderlich sein, um BYOD in den Betrieben einführen zu können. Hingegen ist es nicht zulässig, Arbeitnehmer einseitig zu einer BYOD-Lösung zu verpflichten (zB *Wisskirchen/ Schiller* DB 2015, 1163 [1165 f.]). Generell muss der Arbeitgeber die zu erbringende Dienstleistung erforderlichen Mittel dem Arbeitnehmer zur Verfügung stellen. Zu diesen Arbeitsmitteln gehören auch technische Geräte, die dienstlich genutzt werden, wie Laptops oder Smartphones. Demnach wäre eine Weisung, dass der Arbeitnehmer selbst für die Beschaffung privater Mittel für seine Arbeitstätigkeit zu sorgen hat, nicht mit dem Direktionsrecht des Arbeitgebers vereinbar (*Wisskirchen/Schiller* DB 2015, 1163 [1166]).

Zu beachten ist, dass in Betrieben mit Betriebsräten dieser gem. § 87 Abs. 1 Nr. 6 BetrVG bei der Einführung und Anwendung von BYOD-Programmen mitzubestimmen hat. Beruflich verwendete Endgeräte sind technische Einrichtungen, die objektiv zur Überwachung von Verhalten und Leistung der Arbeitnehmer geeignet sind und deshalb dem Mitbestimmungsrecht des Betriebsrates unterliegen (vgl. zB *Pollert* NZA-Beilage 2014, 152 [1549]. Demnach hat der Arbeitgeber mit dem Betriebsrat eine Betriebsvereinbarung zur Einführung von BYOD-Programmen abzuschließen. Dabei ist davon auszugehen, dass der Arbeitgeber seine Mitarbeiter auch nicht durch eine Betriebsvereinbarung zur selbständigen Beschaffung von Arbeitsmitteln verpflichten kann (so auch *Pollert* NZA-Beilage 2014, 152 [153]; aA wohl *Wisskirchen/Schiller* DB 2015, 1163 [1166]). Da dem Arbeitnehmer bei der Nutzung seiner privaten Endgeräten zu dienstlichen Zwecken regelmäßig zusätzliche Pflichten durch das jeweilige BYOD-Programm entstehen, kann ein solcher Einsatz der Privatgeräte nur auf freiwilliger Basis erfolgen (vgl. auch *Göpfert/Wilke* NZA 2012, 765 [770]). In einer Betriebsvereinbarung zu BYOD sollte neben den allgemeinen Regelungen, die auch dieses Muster beinhaltet, ebenso eine Regelung zum Kreis der berechtigten Mitarbeiter vereinbart werden (vgl. *Raif/Nann* GWR 2016, 221 [222]).

3. Trennung von privaten und dienstlichen Daten. Der Arbeitgeber hat im Rahmen der Einführung von BYOD-Programmen insbesondere datenschutzrechtliche Aspekte zu beachten. Er ist verpflichtet, technische und organisatorische Maßnahmen zu ergreifen, um den Anforderungen des BDSG gerecht zu werden (§ 9 BDSG). Die Anl. zu § 9 BDSG beinhaltet hierzu konkretere Angaben, indem sie vor allem eine Zutritts-, Zugangs-, Zugriffs-, Weitergabe-, Eingabe- und Auftragskontrolle vorschreibt. Demnach treffen den Unternehmer datenschutzrechtliche Pflichten, denen er durch die vertragliche und technische Gestaltung der Vereinbarung mit dem Arbeitnehmer nachkommen muss. In technischer Hinsicht empfiehlt sich vor allem die Nutzung sog. Container-Apps. Diese Programme trennen private und dienstliche Inhalte auf dem Endgerät, indem sie zwei voneinander getrennte Arbeits- und Datenbereiche schaffen. Damit kann der Arbeitgeber sicherstellen, dass er dienstliche Daten ausreichend schützt und seinen datenschutzrechtlichen Kontroll- und Schutzpflichten nachkommt. Es ist dem Unternehmen zu empfehlen, die für die dienstliche Nutzung erforderlichen Apps selbst bereit zu stellen, um so eine ordnungsgemäße Lizenzierung sicherzustellen. Haftungsrechtlich sollte in der Vereinbarung mit dem Mitarbeiter geregelt werden, dass dieser verpflichtet ist, ausschließlich vom Arbeitgeber zur Verfügung gestellte (lizenzierte) Apps einzusetzen und im Falle der Verletzung dieser Verpflichtung das Unternehmen von einer Haftung freizustellen (*Arning/Moos* DB 2015, 2607 [2613]).

4. Sicherungsmaßnahmen. Als weitere Datenschutzmaßnahmen bieten sich insbesondere Verschlüsselungssysteme an. Wichtig ist dabei, dass die Mitarbeiter für die IT-Sicherheit sensibilisiert werden, etwa durch entsprechende Schulungen oder Sicherheitsunterweisungen. Da besonders nachlässiges Verhalten von Mitarbeitern im Datenumgang für Schäden der Unternehmen, zB durch Viren oder Wirtschaftsspionage, verantwortlich sein kann, sollten die am BYOD-Programm teilnehmenden Arbeitnehmer mit den Handlungsmöglichkeiten zum Datenschutz, wie Verschlüsslung, Umgang mit Passwörtern und deren fortlaufenden Aktualisierung vertraut gemacht werden (*Pollert* NZA-Beilage 2014, 152 [153]).

5. Arbeitszeit. Das Arbeiten mit privaten Arbeitsgeräten kann dazu führen, dass Arbeitnehmer dienstliche Aufgaben auf ihrem Privatgerät außerhalb der üblichen Arbeitszeiten erledigen, zB durch das Lesen oder Beantworten dienstlicher Emails auf dem eigenen Smartphone zuhause. Problematisch ist, ob durch diese Tätigkeiten außerhalb der regulären Arbeitszeit gegen das ArbZG verstoßen wird. § 3 ArbZG schreibt als Grundsatz den Acht-Stunden-Tag vor, wobei die werktägliche Arbeit um zwei bis maximal zehn Stunden verlängert werden kann, wenn ein Ausgleich innerhalb von sechs Kalendermonaten bzw. 24 Wochen gewährleistet ist. Zudem muss die Ruhezeit zwischen zwei Arbeitseinsätzen mindestens elf Stunden betragen (§ 5 Abs. 1 ArbZG). An Sonn- und Feiertagen dürfen Arbeitnehmer gem. § 9 Abs. 1 ArbZG ohne eine behördliche Genehmigung generell überhaupt nicht beschäftigt werden, es sei denn, es handelt sich um eine in § 10 Abs. 1 ArbZG bezeichnete Beschäftigungsform oder Tätigkeit (zB Not- und Rettungsdienste, Pflegeleistungen in Krankenhäusern, Gaststättengewerbe). Vertreten wird, dass „nicht nennenswerte Arbeitsleistungen" außerhalb der üblichen Arbeitszeit mit dem ArbZG konform sind, insbesondere nicht zu einer neuen Ruhezeit führen müssen (vgl. zB *Wisskirchen/Schiller* DB 2015, 1163 [1167]; *Bissels/Meyer-Michaelis* DB 2015, 2331 [2333]). Dagegen dürfte aber sprechen, dass eine Grenzziehung zwischen erheblicher und unerheblicher Arbeitsleistung kaum handhabbar und willkürlich erscheint, weshalb jede dienstliche Tätigkeit mit dem privaten Endgerät generell Arbeitszeit im Sinne des ArbZG darstellt und damit nach aktueller Rechtslage jede noch so geringfügige Tätigkeit außerhalb der regulären Arbeitszeit auf dem Privatgerät zu einer neuen Ruhezeit von 11 Stunden führen muss (so auch *Buschmann/Ulber* ArbZG § 5 Rn. 2; vgl. bereits *Raif/Nann* GWR 2016, 221 [223]). Deshalb ist es ebenfalls ratsam, in die BYOD-Vereinbarung eine Regelung aufzunehmen, dass der sein privates Endgerät für berufliche Tätigkeiten nutzende Mitarbeiter angehalten wird, die gesetzlichen und betrieblichen Arbeitszeitregelungen auch bei Nutzung seines Privatgerätes einzuhalten. Für Zweifelsfälle sollte er verpflichtet werden, eine Abstimmung mit seinem unmittelbaren Vorgesetzten herbeizuführen, zu welchen Arbeitszeiten das private Endgerät für dienstliche Aufgaben benutzt werden soll.

6. Kontrollrechte. Da bei Verwendung von Container-Apps dem dienstlichen Bereich zuzuordnender Datenverkehr ausschließlich dienstlicher Natur sein darf, hat der Arbeitgeber Kontrollrechte, die es ihm ermöglichen, den Dienstbereich des Endgerätes einzusehen und bearbeiten zu können. So kann er auch im Falle des Geräteverlustes den dienstlichen Bereich des Gerätes per Fernzugriff sperren oder löschen lassen (*Wisskirchen/ Schiller* DB 2015, 1163 [1164]).

6. Arbeitsvertrag über alternierende Telearbeit

Arbeitsvertrag über alternierende Telearbeit[1]

zwischen der Firma . . . . .

– im folgenden „Arbeitgeber" genannt –

und

Herrn/Frau . . . . .

– im folgenden „Arbeitnehmer" genannt –

§ 1 Vertragsbeginn und anwendbare Vorschriften

(1) Gegenstand dieses Arbeitsvertrages[2] ist ein Arbeitsverhältnis im Rahmen einer alternierenden Telearbeit. Für den Arbeitnehmer wird ein Telearbeitsplatz eingerichtet. Die zu erbringende Arbeitsleistung wird teilweise im häuslichen Bereich des Arbeitnehmers und teilweise im Betrieb des Arbeitgebers erbracht. Der Arbeitnehmer nimmt die alternierende Telearbeit am . . . . . auf. Das Telearbeitsverhältnis wird auf unbestimmte Zeit geschlossen.

(2) Auf dieses Arbeitsverhältnis findet ergänzend der zwischen Arbeitgeber und Arbeitnehmer abgeschlossene Arbeitsvertrag vom . . . . . Anwendung, sofern nachstehend keine andere Regelung getroffen worden ist.

§ 2 Aufgabenbeschreibung

(1) Der Arbeitnehmer wird folgende Tätigkeiten für den Arbeitgeber erbringen: . . . . .

(2) Der Arbeitgeber ist berechtigt, dem Arbeitnehmer vorübergehend oder auf Dauer – auch an einem anderen Ort – andere Tätigkeiten zu zuweisen, die diesem nach seiner Kenntnissen und Fähigkeiten, Ausbildung und Eignung zugemutet werden können. Der Anspruch auf die vertraglich vereinbarte Vergütung bleibt hiervon unberührt.

§ 3 Arbeitsort, Büroraum

(1) Arbeitsorte sind alternierend die betriebliche und die häusliche Arbeitsstätte.

(2) Bei den im Betrieb zu leistenden Arbeitszeiten wird dem Arbeitnehmer ein für die Aufgabenerledigung geeigneter Arbeitsplatz zur Verfügung gestellt. Ein Anspruch auf einen persönlichen Arbeitsplatz besteht nicht.

(3) Für seine Tätigkeit in der außerbetrieblichen Arbeitsstätte wird der Arbeitnehmer einen abschließbaren Büroraum und das notwendige Mobiliar des Büroraumes zur Verfügung stellen. Der Arbeitnehmer wird dafür Sorge tragen, dass nach Beendigung der außerbetrieblichen Tätigkeit der Büroraum jeweils wieder verschlossen wird.

(4) Bei der häuslichen Arbeitsstätte muss es sich um eine geeignete Räumlichkeit, die für den dauernden Aufenthalt zugelassen und vorgesehen ist (kein Keller, keine Garage), handeln. Der Raum muss Tageslicht sowie eine Grundfläche von mindestens 8 qm bei

einer lichten Höhe von 2,5 m aufweisen und für die Erbringung der Arbeitsleistung unter Berücksichtigung der allgemeinen Arbeitsplatzanforderungen (Unfallverhütung, Arbeitssicherheit, Arbeitsstättenverordnung, Bildschirmarbeitsplatzverordnung etc) geeignet sein.

§ 4 Arbeitszeit[3]

(1) Der Arbeitnehmer wird seine Arbeitsleistung von . . . . . bis . . . . . in der Betriebsstätte des Arbeitgebers erbringen. In der Zeit von . . . . . bis . . . . . wird er seine Arbeitsleistung an seinem häuslichen Telearbeitsplatz erbringen. Der Arbeitgeber ist nach freiem Ermessen berechtigt, sowohl die Lage der betriebsbestimmten Arbeitszeit als auch das Verhältnis der betriebsbestimmten zur selbstbestimmten Arbeitszeit jederzeit abweichend festzulegen.

(2) Der Arbeitnehmer hat auch bei seiner Tätigkeit außerhalb des Betriebes die Bestimmungen des Arbeitszeitgesetzes zu beachten. Die werktägliche Arbeitszeit darf acht Stunden nicht überschreiten. Wird sie auf zehn Stunden verlängert, darf sie innerhalb von sechs Kalendermonaten im Durchschnitt acht Stunden werktäglich nicht überschreiten. Bei einer Arbeitszeit von mehr als sechs Stunden muss eine Ruhepause von mindestens 30 Minuten eingelegt werden, bei einer Arbeitszeit von mehr als neun Stunden muss die Ruhepause mindestens 45 Minuten betragen. Nach Beendigung der täglichen Arbeitszeit ist eine ununterbrochene Ruhezeit von mindestens elf Stunden einzuhalten.

(3) Im Rahmen seiner häuslichen Telearbeit verpflichtet sich der Arbeitnehmer, in der Zeit von . . . . . bis . . . . . für den Arbeitgeber erreichbar zu sein.

(4) Sämtliche geleisteten Arbeitszeiten sowie Urlaubs-, Krankheits- und sonstige Arbeitsfreistellungszeiten sind vom Arbeitnehmer in einem Arbeitszeittagebuch, das der Arbeitgeber spätestens zu Beginn des Telearbeitsverhältnisses zur Verfügung stellt, monatlich zu dokumentieren. Der Arbeitnehmer verpflichtet sich, das Arbeitszeittagebuch nach Ablauf eines Kalendermonates dem Arbeitgeber und auf Verlangen jederzeit den Aufsichtsbehörden vorzulegen.

(5) Fahrten zwischen betrieblicher und häuslicher Arbeitsstätte sind keine Arbeitszeit. Fahrtkosten zwischen betrieblicher und außerbetrieblicher Arbeitsstätte werden daher nicht erstattet.

§ 5 Arbeitsmittel[4]

(1) Der Arbeitgeber wird die notwendige technische Ausrüstung, insbesondere eine EDV-Anlage und die notwendigen Anschlüsse zur Verfügung stellen. Hierzu gehören folgende Arbeitsmittel: . . . . . .

(2) Die vom Arbeitgeber zur Verfügung gestellten Arbeitsmittel dürfen nur zu dienstlichen Zwecken genutzt werden. Der Arbeitnehmer wird die ihm überlassene Hardware pfleglich behandeln. Er darf nur das vom Arbeitgeber freigegebene Betriebssystem und die zur Verfügung gestellte Anwendersoftware nutzen. Es ist ihm nicht gestattet, fremde Dateien oder Programme zu benutzen oder zu kopieren; insbesondere darf er keine fremden E-Mails und angehängte Dateien öffnen.

(3) Eine Überlassung der Arbeitsmittel an Dritte ist dem Arbeitnehmer nicht gestattet. Dies gilt auch für Familienmitglieder. Der Arbeitnehmer hat dafür Sorge zu tragen, dass die Arbeitsmittel vor dem Zugriff durch Dritte geschützt sind. Der Zugang zum Arbeitsrechner des Arbeitnehmers ist durch ein gesondertes Passwort, das mindestens 8 Zeichen (davon mind. 2 Sonderzeichen) lang sein muss, zu schützen.

§ 6 Zugang zur häuslichen Arbeitsstätte[5]

(1) Vertreter des Arbeitgebers und Datenschutzbeauftragte des Unternehmens haben nach vorheriger Abstimmung mit dem Arbeitnehmer Zugang zur häuslichen Arbeitsstätte.

(2) Der Arbeitnehmer gewährt deshalb nach vorheriger Absprache dem Arbeitgeber, vom Arbeitgeber beauftragten Vertretern oder dem Datenschutzbeauftragten sowie Personen, deren Zugangsrecht auf einer gesetzlichen Verpflichtung beruht, Zugang zur häuslichen Arbeitsstätte, soweit Gründe vorliegen, die einen Zugang erforderlich machen. Dies gilt insbesondere zur Kontrolle des gesetzlich normierten Arbeitsschutzes in der häuslichen Arbeitsstätte oder zur Kontrolle der datenschutzrechtlichen Vorschriften durch den Datenschutzbeauftragten.

(3) Der Arbeitnehmer sichert zu, dass auch die mit ihm in häuslicher Gemeinschaft lebenden Personen mit dieser Regelung einverstanden sind.

§ 7 Aufwendungsersatz

Der Arbeitgeber zahlt an den Arbeitnehmer monatlich einen Pauschalbetrag in Höhe von . . . . . EUR als Aufwendungsersatz für die Miet-, Betriebs- und Heizkosten des Telearbeitsplatzes. Mit dieser Kostenpauschale sind sämtliche beim Arbeitnehmer durch den außerbetrieblichen Arbeitsplatz anfallenden Kosten abgegolten.

§ 8 Haftung[6]

(1) Der Arbeitnehmer haftet für eine Schädigung an allen vom Arbeitgeber zur Verfügung gestellten Arbeitsmitteln und Installationen sowie an allem anderen Eigentum des Arbeitgebers (zB bei Datenverlust) im Rahmen seiner Telearbeit bei grober Fahrlässigkeit und Vorsatz in vollem Umfang, bei mittlerer Fahrlässigkeit erfolgt eine Schadensteilung. In Fällen leichter Fahrlässigkeit entfällt eine Haftung des Arbeitnehmers. Die Haftung ist bei grober Fahrlässigkeit auf drei Bruttomonatsgehälter, bei mittlerer Fahrlässigkeit auf ein Bruttomonatsgehalt beschränkt.

(2) Die in Abs. 1 bezeichneten Grundsätze gelten auch für Schädigungen durch im Haushalt des Arbeitnehmers lebende Familienangehörige, falls die Schädigung im Zusammenhang mit der Ausübung der Tätigkeit des Arbeitnehmers erfolgt und keine Haftpflichtversicherung für den Schaden aufkommt.

(3) Der Arbeitnehmer ist verpflichtet, Beschädigungen, Verlust oder sonstige Funktionsbeeinträchtigungen der Arbeitsmittel unverzüglich dem Arbeitgeber oder einer von diesem beauftragten Person anzuzeigen und das weitere Vorgehen mit ihm abzustimmen. Der Arbeitnehmer gestattet dem Arbeitgeber bzw. einer von diesem beauftragten Person den Zutritt zur außerbetrieblichen Arbeitsstätte, um den Schaden zu begutachten und ggf. vor Ort zu beheben.

(4) Führt die Störung dazu, dass die Arbeitsleistung nicht an der häuslichen Arbeitsstätte erbracht werden kann, muss die Arbeitsleistung auf Verlangen des Arbeitgebers an der betrieblichen Arbeitsstätte erbracht werden.

§ 9 Verschwiegenheitspflicht und Datenschutz[7]

(1) Der Arbeitnehmer ist zur Verschwiegenheit über alle betrieblichen und geschäftlichen Daten des Arbeitgebers und der Kunden des Arbeitgebers verpflichtet. Der Arbeitnehmer wird sicherstellen, dass die vorgenannten Daten auch durch die zum Haushalt des Arbeitnehmers gehörenden Familienangehörigen nicht eingesehen oder weitergegeben

werden. Eine Übermittelung von Daten in den Betrieb des Arbeitgebers ist nur unter Verwendung eines Verschlüsselungsprogrammes zulässig.

(2) Zur Ausführung des Datenschutzes und der Datensicherheit gelten die gesetzlichen und unternehmensinternen Datenschutzbestimmungen. Über die Regelungen zur Umsetzung des Datenschutzes und der Datensicherheit an der außerbetrieblichen Arbeitsstätte wird der Arbeitnehmer in geeigneter Weise durch den Arbeitgeber informiert.

(3) Der Arbeitnehmer ist verpflichtet, diese Regelungen zu beachten und anzuwenden. Insbesondere hat er auf den Schutz von Daten und Informationen gegenüber Dritten in der außerbetrieblichen Arbeitsstätte zu achten. Daten, Informationen, Passwörter etc. sind vom Arbeitnehmer so zu schützen, dass Dritte keine Einsicht und/oder keinen Zugriff nehmen können. Sie dürfen vom Arbeitnehmer nicht außerhalb der ihm zur Verfügung gestellten Arbeitsmittel gespeichert oder in sonstiger Weise schriftlich festgehalten werden.

(4) Der Arbeitnehmer wird alle für seine Tätigkeit nicht mehr erforderlichen Informationen wie Unternehmensdaten, Lieferantenliste, Fehldrucke, Disketten etc. umgehend löschen. Sollte der Arbeitnehmer nicht über eine sichere Vernichtungsmöglichkeit (wie zB einen Aktenvernichter) verfügen, sind derartige Unterlagen umgehend im Betrieb des Arbeitgebers abzugeben.

§ 10 Beendigung der alternierenden Telearbeit

(1) Die Telearbeit kann sowohl vom Arbeitgeber als auch vom Arbeitnehmer mit einer Ankündigungsfrist von . . . . . Monaten zum Monatsende ohne Angabe von Gründen aufgegeben werden. Kündigt der Vermieter das Mietverhältnis über die Räumlichkeiten, in denen sich die außerbetriebliche Arbeitsstätte befindet, verkürzt sich die Ankündigungsfrist ggf. entsprechend der Kündigungsfrist des Mietverhältnisses. Die Ankündigung zur Aufgabe der alternierenden Telearbeit hat schriftlich zu erfolgen

(2) Die Vereinbarung endet ohne weiteres mit der Beendigung des Arbeitsverhältnisses, bei Aufgabe/Kündigung der Wohnung, in der die häusliche Arbeitsstätte eingerichtet ist, oder mit einem Stellenwechsel des Arbeitnehmers. Die Aufgabe oder die Kündigung der Wohnung hat der Arbeitnehmer dem Arbeitgeber unverzüglich anzuzeigen.

. . . . .

(Ort, Datum)

. . . .

(Unterschrift des Arbeitgebers)   (Unterschrift des Arbeitnehmers)

Anmerkungen

1. Sachverhalt. Die Beschäftigung von Telearbeitnehmern nimmt weiterhin zu. Nach einschlägigen Studien erbrachten bereits 2013 ein Drittel aller Berufstätigen ihre Arbeitsleistung (auch) im „Home Office". Diese Anzahl wird angesichts der Anforderungen einer Arbeit 4.0 nicht weniger werden. Vielen Mitarbeitern reicht der klassische Büroarbeitsplatz nicht mehr aus. Sie wollen vielmehr durch häusliches Arbeiten ihre eigene zeitliche und vor allem familiäre Flexibilität steigern. Zwar besteht kein Anspruch des Arbeitnehmers auf Einrichtung eines häuslichen Arbeitsplatzes (LAG RhPf Urt. v. 18.12.2014 – 5 Sa 378/14, ArbRAktuell 2015, 158 mAnm *Meyer-Michaelis/ Falter*). Die Unterstützung der Mitarbeiterflexibilität schafft aber ebenso für die Unternehmen selbst Vorteile, speziell durch eine wachsende Zufriedenheit der Arbeitnehmer (vgl. bereits *Raif/Nann* ArbRAktuell 2016, 221). Das Angebot von Telearbeitsplätzen und entsprechender Vereinbarungen an die Arbeitnehmer kann sich daher auch für den Arbeitgeber lohnen.

Telearbeit betrifft dabei alle Arbeitsverhältnisse, die vom Arbeitnehmer (teilweise) unter Verwendung von Informationstechnologien räumlich entfernt von der eigentlichen Betriebsstätte ausgeführt werden. Kennzeichnend für Telearbeit ist, dass Tätigkeiten mit Hilfe programmgesteuerter Arbeitsmittel zwar außerhalb der Betriebsstätte des Arbeitgebers erbracht werden, aber gleichwohl eine telekommunikative Anbindung an den Betrieb besteht. Sie ist daher zu definieren als Arbeitsleistung außerhalb der Betriebsstätte mit Hilfe von Geräten bzw. Einrichtungen der dezentralen Informationsverarbeitungs- und Kommunikationstechnik unter telekommunikationstechnischer Anbindung an den Betrieb des Arbeitgebers (vgl. zB *Boemke* BB 2000, 147; *Schmechel* NZA 2004, 237). Möglich ist eine Tätigkeit im Rahmen häuslicher Telearbeit oder in Satelliten- oder Nachbarschaftsbüros. Praktisch relevant ist darüber hinaus die mobile Telearbeit, bei der die Tätigkeit an verschiedenen Orten (zB in Betrieben von Kunden oder Lieferanten) geleistet wird, oder die alternierende Telearbeit, bei welcher die Arbeit zeitweise in der Betriebsstätte des Arbeitgebers, zeitweise zu Hause ausgeübt wird. Das Muster regelt eine solche alternierende Telearbeit. Sie kommt insbesondere bei Arbeiten im Bereich der allgemeinen Verwaltung, der EDV, Vertriebstätigkeiten, Marketing- und Controllingaufgaben, Schreibarbeiten oder selbständigen Stabs- und Verwaltungstätigkeiten in Betracht (*Boemke* BB 2000, 147).

2. Vertragstypus. Das Muster regelt einen Arbeitsvertrag mit dem Telemitarbeiter. Ein solcher kann nicht nur als Arbeitnehmer, sondern auch als freier Mitarbeiter tätig werden. Die Abgrenzung zwischen einem freien Mitarbeiterverhältnis und einem Arbeitsverhältnis richtet sich dabei nach den allgemeinen Grundsätzen. Es ist zu prüfen, ob der Mitarbeiter (noch) dem Weisungsrecht des Arbeitgebers unterliegt. Der Telemitarbeiter ist deshalb Arbeitnehmer, wenn er in die betriebliche Organisation des Arbeitgebers eingebunden ist. Dies ist jedenfalls dann zu bejahen, wenn zwischen dem Telearbeiter und seinem Auftraggeber eine ständige Online-Verbindung besteht (zB *Albrecht* NZA 1996, 1240 [1241]; *Wiese* RdA 2009, 344 [345]). Eine Online-Verbindung ist aber für ein Arbeitsverhältnis nicht zwingend. Ein solches wird vor allem auch bei einer eindeutig festgelegten Arbeitszeit vorliegen, welche eine ständige Ausübung des Weisungsrechts und eine jedenfalls begrenzte Aufsicht über den Telearbeitnehmer ermöglicht (vgl. *Wank* NZA 1996, 225 [231 ff.]). Indizien für ein Arbeitsverhältnis können auch sein, dass dem Telearbeitnehmer Arbeitsmittel vom Arbeitgeber zur Verfügung gestellt werden oder die vertragliche Verpflichtung die Zusammenarbeit mit anderen Mitarbeitern des Arbeitgebers voraussetzt (*Wedde* Rn. 177 ff.; *Wiese* RdA 2009, 344 [345]).

Das vorliegende Muster ist als Zusatzvereinbarung zum Arbeitsvertrag gestaltet. Möchte der Arbeitgeber Telearbeit einführen, empfiehlt es sich, eine zusätzliche Vereinbarung zum Arbeitsvertrag zu entwerfen, die lediglich die erforderlichen Änderungen hinsichtlich der neuen Modalitäten des Arbeitsverhältnisses regelt (insbes. gängige Telearbeitsklauseln zur Arbeitszeit, Ausstattung des Telearbeitsplatzes, Aufwandsentschädigungen, Zugang zu häuslichen Arbeitsstätten und zum Datenschutz). Allerdings ist zu berücksichtigen, dass bei Bestehen eines Betriebsrates dieser ein Mitbestimmungsrecht nach § 87 Abs. 1 Nr. 1 und 6 BetrVG hat (vgl. hierzu *Schulze/Ratzesberger* ArbRAktuell 2016, 109). Demnach müssen die grundsätzlichen Regelungen zur Telearbeit in Betrieben mit einem Betriebsrat durch eine Betriebsvereinbarung geregelt werden. In einer solchen Betriebsvereinbarung sollte insbesondere auch klargestellt werden, ob ein Anspruch auf Telearbeit – unter bestimmten Voraussetzungen – bestehen oder ob diese nur für einen bestimmten Teilnehmerkreis in Betracht kommen soll.

3. Arbeitszeit. Da der Arbeitnehmer bei alternierender Telearbeit abwechselnd im Betrieb und am Telearbeitsplatz tätig wird, ist es ratsam, die wechselnden Arbeitszeiten klar zu regeln. Zudem ist zu berücksichtigen, dass auch bei Telearbeit die Vorgaben des ArbZG einzuhalten sind (zB *Boemke* BB 2000, 147 (150)). Deshalb sollte der Telearbeitnehmer auf die gesetzlichen Rahmenbestimmungen des ArbZG hingewiesen werden, insbesondere empfiehlt es sich, im Telearbeitsvertrag die Höchstarbeitszeiten, Ruhepausen und Mindestruhezeiten explizit zu nennen und dem Telearbeitnehmer zu ihrer Beachtung zu verpflichten. Die Regelung sieht zudem vor, dass der Arbeitnehmer seine Arbeitszeit in ein Arbeitsbuch einzutragen hat. Soweit dies technisch möglich ist, kann eine solche Zeiterfassung durch den Arbeitnehmer auch online über ein Zeiterfassungstool erfolgen (vgl. *Kamann* ArbRAktuell 2016, 75 (77)).

4. Büroraum/Arbeitsmittel. Der häusliche Arbeitsplatz muss den einschlägigen Vorschriften hinsichtlich der Unfallverhütung, Arbeitssicherheit und Gesundheitsschutz entsprechen (vgl. allgemein zu arbeitsschutzrechtlichen Bestimmungen bei Telearbeit *Aligbe* ArbRAktuell 2016, 132). Deshalb sind insbesondere die Bestimmungen der Unfallverhütungsvorschriften der Unfallversicherungsträger sowie die einschlägigen Vorschriften der Arbeitsstätten- sowie der Bildschirmarbeitsverordnung zu beachten.

Hinsichtlich der Arbeitsmittel ist zu beachten, dass es sich bei dem Telearbeitsplatz um einen „ausgelagerten Arbeitsplatz" handelt, so dass der Arbeitgeber die Kosten für die Einrichtung des Arbeitsplatzes zu tragen hat (*Boemke* BB 2000, 147 (150)). Soll die Telearbeit auch in der Wohnung des Arbeitnehmers erfolgen, hat er einen Aufwendungsersatzanspruch gegenüber dem Arbeitgeber, der sich auch auf die anteiligen Nebenkosten (Energie- und Heizungskosten) bezieht (*Boemke/Kaufmann* unter I. 3e, aa). Der Arbeitgeber ist zum Ersatz der Kosten verpflichtet, welche dem Anteil der Kosten des Arbeitsplatzes hinsichtlich der Raummiete sowie der Energie- und Heizkosten entspricht. Zur Vermeidung von Auseinandersetzungen empfiehlt es sich, dass Arbeitgeber und Arbeitnehmer deshalb einen pauschalisierten Aufwendungsersatz zu diesen Kosten vereinbaren.

5. Zugangsrecht. Der Arbeitgeber ist regelmäßig daran interessiert, den Telearbeitsplatz (turnusmäßig) überprüfen zu können. Dies ist insbesondere schon deshalb erforderlich, weil er weiterhin zur Gewährleistung des Datenschutzes sowie der Einhaltung arbeitsschutzrechtlicher Bestimmungen verpflichtet ist, auch wenn der Arbeitnehmer teilweise in seiner häuslichen Arbeitsstätte tätig wird. Für den Arbeitgeber ist es deshalb ratsam, ein Zugangsrecht zum Telearbeitsplatz zu vereinbaren. Eine ausdrückliche Vereinbarung zwischen Arbeitgeber und Arbeitnehmer im Telearbeitsvertrag ist bereits deshalb erforderlich, weil ein allgemeines Zutrittsrecht wegen der gem. Art. 13 Abs. 1 GG verfassungsrechtlich garantierten Unverletzlichkeit der Wohnung des Telearbeiters ausscheidet (vgl. zB *Kamann* ArbRAktuell 2016, 75 [78]). Die Vereinbarung eines unbegrenzten und jederzeitigen Zugangsrechts des Arbeitgebers muss allerdings unzulässig sein. Zulässig ist hingegen eine Vereinbarung, nach der betriebliche Vertreter bei Vorliegen besonderer Erfordernisse im Einzelfall nach vorheriger Abstimmung mit dem Telearbeiter oder in Notfällen die Wohnung betreten darf (vgl. *Collardin* S. 72).

6. Haftung. Verursacht der Telearbeitnehmer einen Schaden an den ihm zur Verfügung gestellten Arbeitsmitteln, kommt ein Schadenersatzanspruch gem. §§ 280 Abs. 1, 823 BGB in Betracht. Dabei sind jedoch die allgemeinen Regelungen über den innerbetrieblichen Schadensausgleich zu berücksichtigen, so dass der Arbeitnehmer nur bei Vorsatz oder grober Fahrlässigkeit in voller Höhe haften, während bei leichter Fahrlässigkeit er nicht zur Verantwortung gezogen werden kann (vgl. zB BAG Beschl. v. 12.6.1992 – GS 1/92, NJW 1993, 1732). Problematisch ist, ob diese allgemeinen arbeitsrechtlichen Haftungsbeschränkungen auch dann zur Anwendung kommen, wenn Dritte, wie insbesondere Familienangehörige oder Mitbewohner, den Schaden verursacht haben. Die wohl herrschende Auffassung geht dabei davon aus, dass die Haftungsbeschränkung auch zugunsten dieser Personen gelten müsse. Ansonsten könne der Dritte vom Arbeitnehmer entgegen den Grundsätzen zur Haftungsbegrenzung einen Ausgleich in voller Höhe nach §§ 426, 840 BGB verlangen (vgl. zB *Boemke* BB 2000, 147 [153]; *Albrecht* NZA 1996, 1240 [1241]). Es empfiehlt sich eine klare Regelung. Das Muster geht insoweit davon aus, dass die zugunsten des Telearbeitnehmers bestehenden Haftungsvergünstigungen auch auf Dritte wie Familienangehörige zu erstrecken sind.

7. Datenschutz. Bei der Beschäftigung von Telearbeitnehmern hat der Arbeitgeber besonderes Augenmerk auf die Einhaltung von Datenschutz, Datensicherheit und Geheimnisschutz zu richten. Dies sind zentrale Problemfälle der Telearbeit. Ein erhöhtes Sicherheitsrisiko besteht schon deshalb, weil ein vermehrter Austausch von Daten über Kommunikationsnetze stattfindet, wenn Arbeiten dezentral erbracht werden. Zudem besteht die Gefahr, dass Dritte (Familienangehörige, Besucher oder sonstige Unbefugte) sensible Daten wie Kundeninformationen wahrnehmen und missbräuchlich verwenden könnten. Der Arbeitgeber hat daher Vorsichtsmaßnahmen zu treffen, um Geschäfts- und Kundendaten hinreichend zu schützen.

Eine Verpflichtung zum Datenschutz ergibt sich für den Arbeitgeber schon aus § 9 BDSG. Nach dieser Vorschrift haben öffentliche und nicht-öffentliche Stellen, die selbst oder im Auftrag personenbezogene Daten erheben, verarbeiten oder nutzen, die technischen und organisatorischen Maßnahmen zu treffen, die erforderlich sind, um die Ausführung der Vorschriften des Gesetzes und seiner Anforderungen zu gewährleisten. Deshalb ist es anzuraten, dass im Telearbeitsvertrag festgelegt wird, dass die häusliche Telearbeit nur in einem abschließbaren Raum ausgeübt wird und dieser Raum nach Beendigung der Tätigkeit auch abzuschließen ist. Es muss sichergestellt werden, dass beim Verlassen des Arbeitsplatzes vom Telearbeiter betriebsinterne Informationen vor unberechtigter Kenntnisnahme, Nutzung und Verarbeitung durch Dritte gesichert werden, indem zB Datenträger auch in verschließbaren Vorrichtungen aufzubewahren sind. Ratsam ist zudem eine gewisse räumliche Abtrennung des Telearbeitsplatzes innerhalb der Wohnung des Arbeitnehmers, wie es zB durch ein separates Arbeitszimmer gewährleistet werden kann (vgl. *Boemke/Ankersen* BB 2000, 1570 [1571]). Unterlagen, Dokumente und Schriftstücke, die Zugang zum Datensystem und den entsprechenden Daten ermöglichen, sind sicher zu verwahren. Deshalb sollte im Arbeitsvertrag bereits geregelt werden, dass ein PIN oder Passwörter nicht schriftlich fixiert oder Dritten gegenüber zugänglich gemacht werden dürfen. Wichtig ist zudem, dass die Arbeitnehmer durch den Vertrag noch einmal ausdrücklich zur Einhaltung datenschutzrechtlicher Bestimmungen sowie zur Verschwiegenheit verpflichtet werden (*Boemke/Ankersen* BB 2000, 1570 [1571]). Der Telearbeitsvertrag sollte deshalb eine umfassende Regelung zum Datenschutz und Geheimhaltungspflichten beinhalten. Hierzu zählt auch, dass die Telearbeitnehmer verpflichtet werden, für ihre Tätigkeit nicht mehr notwendige Informationen (inklusive Fehldrucke oder Daten-CDs) im Betrieb des Arbeitgebers abzugeben, wenn sie selbst nicht über sichere Vernichtungsmöglichkeiten (wie zB durch einen Aktenvernichter) verfügen.

7. Vertrag über Freie Mitarbeit

Vertrag über Freie Mitarbeit[1, 2, 3, 4, 5]

zwischen

......

– nachstehend „Auftraggeber" genannt –

und

......

– nachstehend „Freier Mitarbeiter"[6] genannt –

Präambel

Der Auftraggeber ist[7] vom Endkunden beauftragt[8] worden, ein Projekt durchzuführen und nimmt für das Erbringen der Leistung die Unterstützung Dritter in Anspruch. Der Freie Mitarbeiter bietet dem Auftraggeber Unterstützungsleistungen[9] im Rahmen einer Freien Mitarbeit für das Projekt an. Die Auftraggeber möchte diese angebotene Leistung (nachf. „Projektauftrag" genannt) in Anspruch nehmen. Diese Vereinbarung soll die wesentlichen Vertragsbedingungen für die Freie Mitarbeit definieren. Dies vorausgeschickt vereinbaren die Vertragspartner Folgendes:[10]

§ 1 Vertragsgegenstand[11]

Der Freie Mitarbeiter arbeitet im Projekt „Endkundenprojekt" beim Endkunden[12] „Endkunde" des Auftraggebers im Rahmen einer Freien Mitarbeit mit. Er erbringt dabei die folgenden Leistungen:[13]

Beratung bei ......

Unterstützung bei ......

Die Freie Mitarbeit hat einen Umfang von voraussichtlich ..... Beratungstagen. Der Auftraggeber ist nicht verpflichtet, die Beratungstage im vollen Umfang abzunehmen. Diese Schätzung ist als Obergrenze zu verstehen.

Der Freie Mitarbeiter erhält ein Honorar in Höhe von 123,45 EUR (in Worten: ..... EUR) zzgl. der jeweils gesetzlichen Umsatzsteuer je Beratungstag. Auslagen, Spesen und sonstige Nebenkosten sind im Honorar enthalten.

[alternativ: Auslagen, Spesen oder sonstige Nebenkosten werden gesondert vertragsgemäß vergütet.]

Einzelheiten regelt § 4.

Leistungsort sind die Geschäftsräume des Endkunden in „Leistungsort".[14]

Die Vertragsparteien vereinbaren eine Vertragslaufzeit[15] vom ...... bis zum ...... Die weiteren Einzelheiten regeln §§ 3 und 6.

Der Freie Mitarbeiter verpflichtet sich, die folgenden Nebenleistungen zu erbringen:

• Mitbringen eines bestimmten Tools

- Zurverfügungstellen eines Pkw
- . . . . .

Diese Nebenleistungen sind im vereinbarten Honorar enthalten.

§ 2 Vertragsinhalt

(1) Art der Leistungserbringung

Der Freie Mitarbeiter verpflichtet sich gegenüber dem Auftraggeber, die von ihm zu erbringende Leistung selbstständig, unabhängig und eigenverantwortlich nach den Grundsätzen ordnungsgemäßer Berufsausübung im Rahmen der getroffenen Vereinbarung zu erbringen. Er hat die technischen und fachlichen Vorgaben, die sich aus dem Projekt ergeben, zu beachten.

Den erteilten Auftrag führt der Freie Mitarbeiter mit der Sorgfalt eines ordentlichen Kaufmannes in eigenunternehmerischer Verantwortung aus. Der Freie Mitarbeiter ist dabei gegenüber dem Auftraggeber nicht weisungsgebunden.[16, 17]

(optional:

Der Auftragnehmer ist nicht verpflichtet, den Auftrag höchstpersönlich auszuführen. Er kann sich hierzu auch zuverlässiger, mit der erforderlichen fachlichen Qualifikation ausgestatteter Erfüllungsgehilfen bedienen.[18])

(2) Vorgaben und Standards

Der Freie Mitarbeiter steht für die Vollständigkeit und sachliche Richtigkeit aller seiner Arbeitsergebnisse ein. Diese entsprechen mindestens dem zur vereinbarten Leistungszeit anerkannten Stand der Technik sowie den bekannten, im Hause des Auftraggebers und beim Endkunden geltenden EDV-Standards. Ferner sichert der Freie Mitarbeiter zu, dass für seine Leistungserbringung nur Verfahren, Methoden / Prozesse und Werkzeuge angewendet bzw. eingesetzt werden, die mit dem Auftraggeber abgestimmt sind.

Mit Unterzeichnung dieses Vertrages erkennt der Freie Mitarbeiter alle ihm offen gelegten Anforderungen und Ziele des zugrunde liegenden Projektvertrages mit dem Endkunden, einschließlich der Abnahmebedingungen,[19] als für sich verbindlich an.

(3) Dokumentation

Der Freie Mitarbeiter ist verpflichtet, eine in Bezug auf die Projektanforderungen angemessene und geeignete Dokumentation zu erstellen. Er hat sich dabei an die Anforderungen zu halten, die ihm der Auftraggeber zu Beginn des Projektes vorgibt. In inhaltlicher und formaler Hinsicht muss die Dokumentation so gestaltet sein, dass sie allgemein gültigen Dokumentationsstandards entspricht und bei Bedarf dem Endkunden übergeben werden kann.

(4) Verhältnis zum Auftraggeber und zum Endkunden

Der Freie Mitarbeiter ist nicht berechtigt, den Auftraggeber ohne gesonderte Bevollmächtigung nach außen zu vertreten. Deshalb stellt er sicher, dass er gegenüber dem Endkunden keine weiteren Rechte oder Verpflichtungen irgendwelcher Art begründet, die im Zusammenhang mit der Erfüllung dieses Vertrages stehen.

Im Rahmen des Projektes obliegen dem Auftraggeber vertragliche Verpflichtungen gegenüber dem Endkunden. Aufgrund der Vereinbarungen mit dem Endkunden muss der Auftraggeber bei Beauftragung Dritter diese vertraglichen Verpflichtungen unverzüglich in gleicher Weise an den Freien Mitarbeiter weitergeben. Der Freie Mitarbeiter tut alles in seiner Macht

Stehende, um der Verpflichtung nachzukommen. Sollte er die Verpflichtung nicht erfüllen können, wird der Freie Mitarbeiter dies dem Auftraggeber unverzüglich mitteilen.

Der Freie Mitarbeiter ist auch während der Dauer dieser Vereinbarung berechtigt, für zusätzliche Auftraggeber national und international tätig zu sein und am Markt aufzutreten.

(5) Änderungsbegehren zur Leistungsvereinbarung

Falls der Endkunde während der Laufzeit des Auftrages Änderungen der vereinbarten Leistungen verlangt, deren Erbringung der Freie Mitarbeiter übernommen hat, wird ihn der Auftraggeber hierüber unverzüglich unterrichten. Die Vertragsparteien werden eine entsprechende Anpassungsvereinbarung treffen, es sei denn, es ist dem Freien Mitarbeiter unmöglich, die verlangten Änderungen der vereinbarten Leistungen zu erbringen; in diesem Fall unterrichtet er unverzüglich den Auftraggeber, spätestens jedoch innerhalb von fünf Werktagen.

Im Übrigen sind beide Vertragsparteien berechtigt, der anderen Vertragspartei schriftlich Änderungen zu diesem Vertrag vorzuschlagen. Die andere Vertragspartei hat ihre Zustimmung oder Ablehnung des Änderungsvorschlages unverzüglich mitzuteilen, spätestens jedoch zwei Wochen nach Zugang. Im Fall der Ablehnung gelten die vertraglichen Vereinbarungen unverändert fort.

Stellt der Freie Mitarbeiter fest, dass die Leistungsbeschreibungen aus dem Vertrag oder ein Änderungsvorschlag des Endkunden fehlerhaft, unvollständig, nicht eindeutig definiert oder objektiv nicht erfüllbar sind oder dass aufgrund des Fortgangs der Arbeiten eine Anpassung der Leistungsbeschreibung notwendig ist, hat er dies und die ihm erkennbaren Folgen dem Auftraggeber unverzüglich in schriftlicher und nachvollziehbarer Form mitzuteilen. Der Auftraggeber wird diese Bedenken mit dem Endkunden besprechen und den Freien Mitarbeiter über das Ergebnis, insbesondere über entsprechende Änderungen des Projektvertrages oder des Endkundenvorschlages unterrichten. Der Freie Mitarbeiter wird eine Anpassungsvereinbarung mit dem Auftraggeber treffen, die diese Änderungen berücksichtigen.

(6) Projektorganisation und Ausführungsbedingungen

Der Auftraggeber wird den Freien Mitarbeiter über Form und Inhalt der Projektorganisation und über die Ausführungsbedingungen für diesen Vertrag unterrichten. Der Freie Mitarbeiter ist verpflichtet, bei Unklarheiten, Unvollständigkeiten oder Unstimmigkeiten von sich aus durch Nachfrage beim Auftraggeber eine Klärung herbeizuführen. Im Fall von Unklarheiten oder Unstimmigkeiten steht der Auftraggeber für Nachfragen nach Absprache in angemessenem Umfang zur Verfügung. Der Freie Mitarbeiter sichert zu, dass er die Auftragsdurchführung an der vorgegebenen Projektorganisation und an den Ausführungsbedingungen ausrichten wird.

Der Freie Mitarbeiter ist allein verantwortlich für ein vertragsgerechtes Projekt-, Ressourcen- und Dispositionsmanagement, die Weiterleitung von Informationen, die Vermittlung der erforderlichen Kontakte sowie das Treffen oder Herbeiführen von Entscheidungen.

(7) Termine

Die Leistungserbringung erfolgt während des Auftrages zu den vom Kunden bestimmten Terminen, die auch für den Freien Mitarbeiter verbindlich sind. Der Freie Mitarbeiter ist verpflichtet, seine Leistung fristgerecht in Übereinstimmung mit den Zeit- und Projektplänen des Projektvertrages zu erbringen. Ist erkennbar, dass Termine ganz oder teilweise nicht eingehalten werden können, wird er den Auftraggeber unter Angabe von Gründen unverzüglich schriftlich benachrichtigen und die voraussehbare Zeitverzögerung mitteilen. Der Freie Mitarbeiter informiert den Auftraggeber unverzüglich schriftlich über alle Behinderungen bei der Projektdurchführung und über alle Abweichungen von der vertraglich vereinbarten Leistung.

Sollte der Freie Mitarbeiter durch eine Verzögerung, Behinderung oder Abweichung den Erfolg eines Projektes gefährden, ist der Auftraggeber berechtigt, den Projekterfolg durch den Einsatz eigener Mittel oder durch Beauftragung Dritter zu gewährleisten. In diesem Fall steht dem Freien Mitarbeiter die vertraglich vereinbarte Vergütung nur anteilig im Verhältnis zur Erfüllung seiner vertraglichen Pflichten zu. Die Geltendmachung eines darüber hinausgehenden Schadensersatzanspruches bleibt dem Auftraggeber vorbehalten.

(8) Ansprechpartner

Folgende Ansprechpartner/innen sind für den Freien Mitarbeiter für dieses Projekt vorgesehen:[20]

	Name	Vorname	Telefon	Email	Mobilnummer
Ansprechpartner/in					
Vertreter/in					
Projektverantwortliche/r					
Vertreter/in					

§ 3 Vertragslaufzeit

Der Projektauftrag endet mit dem Ablauf der vereinbarten Laufzeit gem. § 1, ohne dass es einer Kündigung bedarf.

Der Auftraggeber behält sich die Option zur Verlängerung dieser Vereinbarung zu den in diesem Vertrag festgehaltenen Bedingungen vor. Die Vertragspartner werden sich darüber in Form einer schriftlichen Verlängerungsvereinbarung rechtzeitig verständigen.

§ 4 Vergütung

(1) Honorar

Ist eine Vergütung nach Tagespauschale gem. § 1 vereinbart, gelten durchschnittlich acht Arbeitsstunden am Tag als ein Beratungstag. Mehrstunden werden nicht zusätzlich vergütet. Beratungstage, die nicht in diesem Umfang erbracht werden, werden anteilig auf Stundenbasis abgerechnet. Es wird ausschließlich effektiv geleistete Beratungszeit vergütet, also nicht freie Tage, Sonn- und Feiertage sowie Urlaubs- oder Krankheitszeiten.[21]

(2) Reisekosten

Ist in § 1 die Erstattung von Reisekosten vereinbart, werden nur die unmittelbar für die Durchführung des Projektvertrages entstehenden Aufwendungen in folgender Höhe aufgrund vorgelegter Belege erstattet:

- Kilometerpauschale für Fahrten mit einem privaten PKW in Höhe von 0,30 EUR je km
- Bahnfahrten bis zur Höhe der Bahnfahrt 1. Klasse nach günstigstem Tarif
- Flugreisen bis zur Höhe der Economy Flugtarife innerhalb Deutschlands
- Hotelübernachtungen bis zu einer Höhe von 90 EUR pro Übernachtung
- Taxifahrten bis zu einer Höhe von 100 EUR pro Monat

Der Freie Mitarbeiter hat stets die kostengünstigste Reisemöglichkeit zu wählen.

(3) Abrechnung

Soweit nichts anderes vereinbart ist, erfolgt die Rechnungsstellung jeweils zum Monatsende. Die Rechnungen müssen eine Aufstellung des Zeitaufwandes[22] enthalten und den Vorschriften der §§ 14 und 14a UStG entsprechen.

Die Umsatzsteuer wird mit dem zur Zeit der Leistung geltenden Umsatzsteuersatz in Rechnung gestellt. Mit Ausnahme der Umsatzsteuer werden die übrigen Steuern und Abgaben vom Freien Mitarbeiter getragen. Er ist verpflichtet, für die ordnungsgemäße Anmeldung, Erklärung und Abführung von Umsatzsteuer sowie Einkommensteuer selbst Sorge zu tragen.

Die Zahlungsfrist beträgt 30 Tage netto.[23] Maßgeblich für die Wahrung der Zahlungsfrist ist das Datum, an dem der Auftraggeber den Überweisungsauftrag erteilt.

(Optional:

(4) Besondere Vereinbarung zu Zeiterfassungssystemen[24]

Zum Nachweis des Umfangs der erbrachten Leistungen sowie zur Fakturierung der Projekte an den jeweiligen Endkunden durch den Auftraggeber muss die vom Freien Mitarbeiter im jeweiligen Projekt täglich aufgewendete Zeit sowie der Inhalt und der Stand der Leistungen vollständig erfasst werden. Sofern der Auftraggeber oder der Endkunde hierfür ein eigenes Zeiterfassungssystem bereitstellen, müssen die Zeiten nicht nur in den Zeiterfassungssystemen des Endkunden, sondern zusätzlich auch im Zeiterfassungssystem des Auftraggebers eingetragen und vom Projektverantwortlichen des Auftraggebers jeweils nachträglich wöchentlich genehmigt werden. Die erbrachten Leistungen sind jeweils regelmäßig zum Ende der Woche zu erfassen. Die wöchentliche Aufwandserfassung ist notwendig, um die Verrechnung an den Endkunden anstoßen zu können und ist Voraussetzung für die Rechnungsstellung des Freien Mitarbeiters an den Auftraggeber. Der Freie Mitarbeiter erklärt sich damit einverstanden, dass die erfassten Daten ggf. auch an den Endkunden übermittelt werden dürfen.

Die notwendigen Zugangsinformationen werden dem jeweiligen Erfüllungsgehilfen direkt vom Projektteam zur Verfügung gestellt. Diese Zugangsdaten sind vertraulich zu behandeln und dürfen nicht an Dritte weitergegeben werden. Seitens des Freien Mitarbeiters ist im Zeiterfassungssystem des Auftraggebers in Abstimmung mit dem Projektleiter ein Vertreter anzugeben, damit erbrachte Leistungen bei eventueller Abwesenheit stellvertretend erfasst werden können.)

§ 5 Nachweispflichten[25]

(1) Zu weiteren Auftraggebern

Der Freie Mitarbeiter sichert dem Auftraggeber hiermit zu, dass er über weitere Auftraggeber verfügt und für diese für einen wesentlichen Anteil seines Jahresnettoumsatzes tätig ist. Sollte er Existenzgründer sein, sichert er dem Auftraggeber zu, dass seine Planung auf die Gewinnung weiterer Auftraggeber ausgerichtet ist und er am Markt mit einem darauf basierenden Konzept auftritt.

Der Freie Mitarbeiter zeigt dem Auftraggeber unverzüglich und unaufgefordert schriftlich an, wenn keine weiteren Auftragsverhältnisse mehr mit anderen Auftraggebern im erforderlichen Umfang bestehen oder seine Platzierung am Markt als Existenzgründer innerhalb des ersten Jahres nicht zur Akquisition weiterer Auftraggeber geführt hat.[26]

(2) Zur Altersvorsorge und Krankenversicherung

Der Freie Mitarbeiter bestätigt dem Auftraggeber mit Unterzeichnung dieses Vertrages, dass er zur Absicherung bei Alter und Invalidität über eine Vorsorge verfügt, die in der Höhe dem Mindestbeitrag zur gesetzlichen Rentenversicherung entspricht und wiederkehrende Leistungen ab dem Rentenalter beinhaltet. Zudem bestätigt er, dass er krankenversichert ist. Darüber hinaus verpflichtet er sich, im Falle der Durchführung einer Prüfung durch die Träger der Renten- und Krankenversicherung alle weiteren erforderlichen Unterlagen und Belege auf Anforderung durch den Auftraggeber unverzüglich zur Verfügung zu stellen.

§ 6 Beendigung des Vertrages

Der Auftraggeber kann diesen Vertrag ohne Angabe von Gründen mit einer Frist von vier Wochen kündigen. Für den Fall, dass dies ein erstmaliger Einsatz für einen für den Freien Mitarbeiter neuen Endkunden des Auftraggebers ist, kann dieser Vertrag bis zum 14. Tag der Projektarbeit jederzeit mit einer Frist von sieben Kalendertagen gekündigt werden.

Das Recht zur fristlosen Kündigung aus wichtigem Grund bleibt unberührt. Der Auftraggeber ist insbesondere aus folgenden Gründen zu einer Kündigung mit sofortiger Wirkung berechtigt:

- Schwerwiegende Vertragsverletzungen
  Der Freie Mitarbeiter verletzt diesen Vertrag oder Nebenvereinbarungen und beseitigt diese Pflichtverletzung nicht innerhalb von sieben Kalendertagen nach Zugang einer schriftlichen Aufforderung.
- Fehlender Endkundenvertrag[27]
  Der Endkunde erteilt dem Auftraggeber den Zuschlag für den Beratungsauftrag nicht oder nicht in der aktuell geplanten Höhe oder nicht mit dem geplanten Inhalt.
- Geänderter oder gekündigter Endkundenvertrag
  Der Endkunde ändert wesentliche Vertragsbedingungen oder kündigt den Beratungsauftrag gegenüber dem Auftraggeber.
- Persönliche Gründe[28]
  Während der Bearbeitung des Projektauftrages treten in der Person des Freien Mitarbeiters Umstände ein, die die Abwicklung des Projektauftrages wesentlich erschweren oder verzögern oder dazu führen, dass der Endkunde die Beendigung seiner Tätigkeit wünscht.
- Verstoß gegen Vertragspflichten[29]
  Eine der in §§ 5 oder 11 vereinbarten Vertragspflichten wird verletzt.

Im Falle einer Kündigung werden lediglich die bereits erbrachten Leistungen vergütet; weitergehende Vergütungsansprüche des Freien Mitarbeiters sind ausgeschlossen. Der Auftraggeber behält sich vor, einen darüber hinausgehenden Schadensersatzanspruch geltend zu machen.

Die Kündigung kann in Textform erfolgen.

§ 7 Datenschutz

(1) Daten, Unterlagen und Materialien

Alle im Rahmen der Freien Mitarbeit zur Verfügung gestellten Geschäfts- und Betriebsunterlagen sowie alle den Auftraggeber oder den Projektauftrag betreffenden Daten und Materialien sind vom Freien Mitarbeiter ordnungsgemäß aufzubewahren. Er stellt sicher, dass diese unter Verschluss gehalten werden und Dritte keine Einsicht nehmen können. Spätestens mit Beendigung dieser Vereinbarung hat er dem Auftraggeber sämtliche Daten, Unterlagen und Materialien unaufgefordert herauszugeben.

(2) Persönliche Daten[30]

Persönlichen Daten werden nur im Rahmen des durch die vertragliche Zusammenarbeit definierten Zwecks sowie für interne statistische Zwecke gespeichert, verarbeitet und genutzt. Eine Weitergabe an Dritte außerhalb des Endkunden erfolgt nicht. Der Speicherung, Nutzung und Verarbeitung der Daten iSd Datenschutzregelungen stimmt der Freie Mitarbeiter mit der Unterzeichnung dieses Vertrages zu.

(3) Datengeheimnis[31]

Der Freie Mitarbeiter ist verpflichtet, das Datengeheimnis zu wahren. Er wird darüber hinaus auf das Datengeheimnis gemäß §§ 5, 9 BDSG verpflichtet.[32]

Er verpflichtet sich außerdem, erhaltene oder zur Kenntnis genommene Daten nur im Rahmen der gültigen datenschutzrechtlichen Bestimmungen zu verarbeiten und zu nutzen, und dabei insbesondere die nach der Anlage zu § 9 BDSG erforderlichen Maßnahmen zu ergreifen.

Bietet der Freie Mitarbeiter seine Dienstleistungen auch anderen Unternehmen an, muss er durch geeignete technische und organisatorische Maßnahmen sicherstellen, dass die Vertraulichkeit der vom Endkunden und dem Auftraggeber zur Verfügung gestellten Daten und Informationen auch gegenüber diesen Unternehmen gewahrt bleibt. Kundendaten sind zu löschen, sobald sie zur Vertragserfüllung nicht mehr erforderlich sind. Die Rekonstruktion muss ausgeschlossen sein.

Der Freie Mitarbeiter ist zur Wahrung des Bankgeheimnisses verpflichtet. Erhält er Kenntnis von bzw. hat er den Verdacht auf Verletzung des Bankgeheimnisses, hat er den Auftraggeber unverzüglich zu informieren und in Abstimmung mit dem Auftraggeber alle erforderlichen Schritte zur Aufklärung des Sachverhaltes einzuleiten, um weitere Sicherheitsverletzungen zu verhindern.

Dem Freien Mitarbeiter ist bekannt, dass eine Verletzung des Datengeheimnisses unter anderem gemäß § 43 BDSG strafbar ist.

(4) Erklärungen gegenüber dem Endkunden

Der Freie Mitarbeiter verpflichtet sich für den Fall, dass der Endkunde eine gesonderte Erklärung zum Datenschutz einfordert, die Erklärung gegenüber dem Endkunden abzugeben.

§ 8 IT-Sicherheitsstandards für externe Auftragnehmer

Sofern der Freie Mitarbeiter Zugriff auf die IT-Systeme des Auftraggebers erhält oder vertrauliche Informationen oder Daten auf Rechnern bzw. mit Diensten, die sich nicht im Verantwortungsbereich oder Besitz des Auftraggebers befinden, verarbeitet oder genutzt werden, ist er zur Einhaltung der IT-Sicherheitsstandards für externe Auftragnehmer verpflichtet.[33]

§ 9 Rechte an Leistungsergebnissen

Arbeitsergebnisse im Sinne dieses Vertrages sind alle Werk- bzw. Dienstleistungen oder Teile davon, die für den Auftraggeber oder den Endkunden erstellt werden (zB alle Informationen, Dokumente, Auswertungen, Planungsunterlagen, im Rahmen der Auftragserfüllung erworbenes Know-how, Berichte, Zeichnungen, Materialien, Pflichtenhefte, Programmentwürfe, (elektronische) Dateien, Datensammlungen, Individualsoftware einschließlich dazugehöriger Dokumentation, Handbücher und IT-Systeme in Form von

Quellcodes oder in sonstiger Form). Solange Arbeitsergebnisse nicht fertig gestellt sind, gelten die entsprechenden Teilergebnisse als Arbeitsergebnisse im Sinne dieses Vertrages.

Der Freie Mitarbeiter überträgt dem Auftraggeber an allen Arbeitsergebnissen das zeitlich unbegrenzte, weltweite, vollständige und ausschließliche Nutzungsrecht.[34] Dieses Nutzungsrecht umfasst insbesondere das Recht der Veränderung, Bearbeitung, Umgestaltung, Vervielfältigung, Veröffentlichung, Verbreitung, Versendung, Vermarktung, Wiedergabe und Vorführung der Arbeitsergebnisse sowie das Recht, diese mit anderen Programmen oder Materialien zu verbinden.[35] Der Freie Mitarbeiter ist nicht berechtigt, die Arbeitsergebnisse in irgendeiner Art selbst zu nutzen oder durch Dritte nutzen zu lassen.[36]

Er verzichtet sowohl gegenüber dem Auftraggeber als auch gegenüber dem Endkunden auf die Nennung als Autor.[37] Dies gilt auch für die Zeit nach Beendigung des Vertrages über die Freie Mitarbeit.

Mit der Zahlung der vertraglich vereinbarten Vergütung ist die Übertragung sämtlicher Nutzungsrechte vollständig abgegolten. Daher stehen dem Freien Mitarbeiter für die Nutzung und Verwertung der Arbeitsergebnisse keine darüber hinausgehenden Vergütungsansprüche zu.[38] Dieses gilt auch für erbrachte Teilleistungen.

Spätestens mit Beendigung dieser Vereinbarung, bei Bedarf auf Aufforderung des Auftraggebers während der Laufzeit des Vertrages, sind sämtliche Arbeitsergebnisse, Unterlagen, Materialien und Daten unaufgefordert an den Auftraggeber herauszugeben.

§ 10 Schutzrechte Dritter

Der Freie Mitarbeiter gewährleistet, dass seine vertraglichen Leistungen und die Arbeitsergebnisse frei von Schutzrechten Dritter sind. Er stellt den Auftraggeber insoweit von jeglicher Inanspruchnahme frei. Werden Verletzungen von Schutzrechten geltend gemacht und werden die dem Empfänger der Leistung (Auftraggeber oder Endkunde) zustehenden Rechte beeinträchtigt oder untersagt, so wird der Freie Mitarbeiter entweder die vertragliche Leistung so ändern, dass sie aus dem Schutzbereich heraus fällt, jedoch den vertraglichen Regelungen entspricht, oder die Befugnis erwirken, dass die vertraglichen Leistungen uneingeschränkt und ohne zusätzliche Kosten für den Auftraggeber bzw. den Endkunden von dem Empfänger der Leistung vertragsgemäß genutzt werden können.

§ 11 Besondere Vertragspflichten

(1) Geheimhaltung

Der Freie Mitarbeiter verpflichtet sich, über alle vertraulichen Angelegenheiten und Vorgänge, die ihm im Rahmen und bei Gelegenheit der Leistungserbringung zur Kenntnis gelangen, während und auch nach Beendigung des Vertrages Stillschweigen zu bewahren. Dies gilt insbesondere für Betriebs- und Geschäftsgeheimnisse des Endkunden und des Auftraggebers sowie der mit dem Endkunden verbundenen Unternehmen und Gesellschaften hinsichtlich aller Daten und Informationen. Der Freie Mitarbeiter stellt sicher, dass auch sämtliche von ihm eingesetzte dritte Personen, Firmen und Erfüllungsgehilfen diese Verschwiegenheitspflicht beachten. Für den Fall, dass der Endkunde eine gesonderte Verpflichtung zur Geheimhaltung abfordert, wird der Freie Mitarbeiter diese Erklärung gegenüber dem Endkunden abgeben.

(2) Wettbewerbsverbot

Der Freie Mitarbeiter verpflichtet sich, für die Dauer dieses Vertrages und innerhalb von 24[39] Monaten nach dessen Beendigung nicht bei dem Endkunden für eigene Rechnung oder Rechnung Dritter tätig zu werden, für den er in Erfüllung dieses Vertrages tätig ist oder war. Er sichert insbesondere zu, dass er diesbezüglich bei dem Endkunden nicht selbst akquisitorisch tätig wird. Falls jedoch der Kunde an ihn mit dem Begehren herantritt, mit dem Freien Mitarbeiter einen entsprechenden Leistungsvertrag abschließen zu wollen, wird er den Auftraggeber hierüber und über den Inhalt der angeforderten Leistung unverzüglich unterrichten und das Einverständnis des Auftraggebers für den Vertragsabschluss einholen. Der Auftraggeber sagt zu, dass dem Freien Mitarbeiter die Zustimmung nur aus wichtigem Grund versagt wird, etwa sofern eigene Geschäftsinteressen des Auftraggebers beeinträchtigt werden.

(3) Abwerbungsverbot

Der Freie Mitarbeiter wird es unterlassen, Mitarbeiter des Auftraggebers[40] selbst abzuwerben oder durch Dritte abwerben zu lassen. Ebenso wird er es unterlassen, ehemalige Mitarbeiter des Auftraggebers zu beschäftigen. Dieses Abwerbungsverbot gilt über das Ende der Vertragslaufzeit hinaus für weitere 24 Monate.

(4) Vertragsstrafe

Der Freie Mitarbeiter verpflichtet sich, für jeden Fall der Zuwiderhandlung gegen diese in § 11 übernommenen Verpflichtungen eine sofort fällige Vertragsstrafe in Höhe von 10.000 EUR (in Worten: zehntausend EUR)[41] für jeden einzelnen Verstoß an den Auftraggeber zu zahlen. Bei einem dauerhaften Verstoß wird die Vertragsstrafe mit jedem Monat, den der Verstoß ohne Unterbrechung besteht, neu verwirkt. Hierdurch werden Ansprüche des Auftraggebers auf Erfüllung und/oder Schadensersatz nicht berührt.

§ 12 Schlussbestimmungen

(1) Schriftform

Änderungen und Ergänzungen dieser Vereinbarung bedürfen der Schriftform und müssen mit einem ausdrücklichen Hinweis auf diesen Vertrag erfolgen. Das Schriftformerfordernis gilt auch für Änderungen dieses Erfordernisses selbst. Nebenabreden bestehen nicht.

(2) Aufrechnung und Zurückbehaltungsrecht

Die Aufrechnung und die Ausübung eines Zurückbehaltungsrechtes sind ausgeschlossen, sofern die Forderung des Freien Mitarbeiters nicht unbestritten, rechtskräftig festgestellt oder entscheidungsreif ist.

(3) Übertragung von Rechten und Pflichten[42]

Dieser Vertrag oder einzelne Rechte und Pflichten hieraus dürfen nur nach vorheriger schriftlicher Zustimmung des Auftraggebers vom Freien Mitarbeiter auf Dritte übertragen werden. Der Auftraggeber wird die Zustimmung nicht unbillig verweigern.

(4) Anwendbares Recht und Gerichtsstand

Dieser Vertrag unterliegt dem Recht der Bundesrepublik Deutschland. Gerichtsstand für alle Streitigkeiten im Zusammenhang mit dieser Vereinbarung ist der Sitz des Auftraggebers.[43]

(5) Salvatorische Klausel

Sollte eine Bestimmung dieses Vertrages ganz oder teilweise nichtig oder anfechtbar oder aus einem sonstigen Grunde unwirksam sein oder werden, so bleibt der übrige Vertrag dennoch wirksam.

Es wird hiermit ausdrücklich vereinbart, dass eine ganz oder teilweise unwirksame und undurchführbare Bestimmung als dahin abgeändert gilt, dass sie im größtmöglichen zeitlichen und sachlichen Umfang erhalten wird, der nach dem anwendbaren Recht zulässig ist. § 139 BGB findet keine Anwendung.[44]

· · · · · ·   · · · · · ·

(Ort, Datum)   (Ort, Datum)

· · · · · ·   · · · · · ·

(Auftraggeber)   (Freier Mitarbeiter)[45]

Anmerkungen

1. **IT-Dienstleistung.** Der hier vorliegende Vertrag über Freie Mitarbeit bezieht sich auf die Erbringung von IT-Dienstleistungen. Für die Erbringung anderer Dienstleistungen sind andere Vorlagen zu verwenden. Für den Fall, dass mit einem Freien Mitarbeiter Werkleistungen vereinbart werden sollen, sind die werkvertragsspezifischen Regelungen wie beispielsweise Abnahme- und Mängelhaftungsregelungen zu ergänzen.

2. **Freie Mitarbeit.** Unter Freier Mitarbeit wird das selbstständige unternehmerische Tätigwerden einer natürlichen Person für einen fremden Auftraggeber bezeichnet. Mit der Bezeichnung „freie Mitarbeit" wird regelmäßig zum Ausdruck gebracht, dass zwischen den Vertragsparteien kein Beschäftigungsverhältnis und kein Arbeitsverhältnis, sondern ein Werkvertrag oder ein selbständiger Dienstvertrag (hier: Dienstvertrag) abgeschlossen wird. Gleichzusetzen sind die Begriffe Freelancer oder Honorarkraft.

3. **Vorteil Auftraggeber.** Ein Vertrag über Freie Mitarbeit hat für den Auftraggeber Vorteile: Der Auftraggeber kann den Freien Mitarbeiter punktuell nach Bedarf einsetzen, etwa wenn er besondere Skills benötigt oder Belastungsspitzen seiner Mitarbeiter vorübergehend abfedern will. Der Auftragnehmer hat keine Arbeitgeber-Anteile zur Sozialversicherung zu zahlen, er hat keine Regelungen zum Kündigungsschutz zu beachten, die vertraglichen Kündigungsfristen sind in der Regel kürzer als bei Arbeitsverhältnissen, es entfällt die Lohnfortzahlung im Krankheitsfall, das Vertragsverhältnis unterliegt keiner Tarifbindung und keinen Mitbestimmungsrechten, es entstehen dem Auftraggeber geringere Büro- und Buchhaltungskosten. Der Vertrag über Freie Mitarbeit birgt aber auch Nachteile in sich: Es besteht je nach der Ausgestaltung des Vertrages und der tatsächlichen Umsetzung das Risiko der Scheinselbständigkeit des Freien Mitarbeiters, sodass in der Folge eine Nachzahlung von Sozialversicherungsabgaben und evtl. eine Haftung für nicht entrichtete Lohnsteuer auftreten könnten. Die falsche Behandlung von Freier Mitarbeit ist insoweit auch bußgeldbewehrt und ggf. strafrechtlich relevant.

4. **Vorteil Freier Mitarbeiter.** Ebenso gibt es für den Freien Mitarbeiter Vorteile: Er führt eine eigenbestimmte Tätigkeit bei freier Wahl des Leistungsortes und freier Zeiteinteilung aus; er ist vertraglich nicht nur an einen Auftraggeber gebunden und hat dadurch ggf. größere wirtschaftliche und persönliche Entfaltungsmöglichkeiten. Er unterliegt ferner nicht der Zwangsabgabe zur Sozialversicherung. Aber auch für den Freien Mitarbeiter zeigen sich Nachteile: Weder hat er einen Anspruch auf bezahlten Urlaub, noch besteht eine Entgeltfortzahlung im Krankheitsfall. Es besteht für ihn kein Kündigungsschutz und er genießt auch nicht Vorteile im Rahmen von Schwangerschaft, Mutterschutz und Elternzeit.

5. **Abgrenzung.** Bei der Vertragsgestaltung muss auf Grund der Statusfrage (freier Mitarbeiter oder Arbeitnehmer) grundsätzlich Folgendes beachtet werden: Gewährleistung der freien Gestaltungsmöglichkeit zur Aufgabenbewältigung für den Mitarbeiter,

Inhaltliche Beschränkung der vertraglichen Bindung, Garantie der freien Bestimmung des Arbeitsortes, keine Vorgaben zur Arbeitszeit, Vermeidung laufender oder leistungsbegleitender Erfolgskontrollen, keine Einbindung in die betriebliche Ablauforganisation, keine Überlassung wesentlicher Arbeitsmittel an den Mitarbeiter. Die vertraglichen Regelungen müssen vor allem auch **tatsächlich umgesetzt** werden.

6. Ansprache. Die männliche Form wird der einfacheren Lesbarkeit halber verwendet, es sind gleichermaßen Damen und Herren angesprochen.

7. Dienstleistungen. Das vorliegende Vertragsmuster geht davon aus, dass der Freie Mitarbeiter im Projekt des Endkunden Dienstleistungen erbringt, nicht etwa für eigene Projekte des Auftraggebers. Es entsteht damit also ein Kettenverhältnis. Der Auftraggeber steht damit zwischen dem Endkunden und dem Freien Mitarbeiter. Es kann sich dabei eine Konstellation ergeben, in der der Auftraggeber einige eigene Mitarbeiter im Einsatz hat und punktuell durch Dritte unterstützt wird. Es kann aber auch sein, dass ein Auftraggeber nur die Leistungen Dritter durchreicht – ggf. im Team –, ohne eigene Mitarbeiter im Einsatz zu haben.

8. Endkundenauftrag. In diesem Vertragsmuster liegt der Auftrag des Endkunden beim Auftraggeber bereits vor. Sollte der Auftraggeber einen Freien Mitarbeiter rein vorsorglich für den Fall an sich binden wollen, in der Hoffnung, dass er den Endkundenauftrag noch erhält, so ist entweder dieses Vertragsangebot unter die aufschiebende Bedingung zu stellen, dass der Endkunde seinen Auftrag erteilt, oder es ist eine Vorvereinbarung zu schließen, die die wesentlichen Vertragsmerkmale bereits beinhaltet, und den Abschluss des Endkundenvertrages zur Bedingung macht.

9. Unterstützung. Hier ist auf die Erbringung von Unterstützungsleistungen abgestellt worden. Es ist natürlich denkbar, dass der Freie Mitarbeiter auch eigene Werke als Teilwerke des Gesamtwerkes gegenüber dem Endkunden erbringt. In diesem Fall wären auch die aus dem werkvertraglichen Charakter resultierenden Folgen wie beispielsweise der Mängelhaftung zu berücksichtigen.

10. Form. Die Vereinbarung der Freien Mitarbeit unterliegt keinem Formerfordernis. Dennoch ist es ratsam, eine solche Vereinbarung schriftlich zu fixieren. Dies dient einerseits wechselseitig der Beweisführung („Was wurde vereinbart?"), es dient aber auch der Vorlage bei Trägern der Sozialversicherung, wenn diese den Einsatz des Freien Mitarbeiters unter dem Gesichtspunkt der Sozialversicherungspflicht bewerten. Der Auftraggeber als Arbeitgeber Dritter ist zudem verpflichtet, dem Betriebsrat auf Verlangen Verträge mit freien Mitarbeitern vorzulegen, die im Betrieb eingesetzt werden sollen (§ 80 Abs. 2 S. 2 BetrVG).

11. Tabelle. Die Leistungsbeschreibung ist hier – klassisch – im Fließtext aufgenommen. Es wird angeregt, diesen Teil tabellarisch und/oder im Anhang darzustellen, um eine übersichtliche Vereinbarung zu schaffen. Das bietet sich insbesondere dann an, wenn mehrere Freie Mitarbeiter im Einsatz sind und die Leistungsbeschreibungen nur wenig voneinander abweichen. Folgender Vorschlag wird angeregt:

Leistungsbeschreibung	Unterstützung bei . . . . .
Geschätzter Aufwand	[Anzahl] Beratungstage
Leistungsbeginn	Voraussichtlich . . . . .[tt.mm.jjjj]
Leistungsende	Voraussichtlich . . . . .[tt.mm.jjjj]
Vergütung	123,45 EUR/Beratungsstunde zzgl. USt.

Für den Auftraggeber muss hier abgewogen werden: Ist er gegenüber dem Endkunden zu bestimmten Terminen verpflichtet, so muss er diese – ggf. mit einem Puffer – an den Freien Mitarbeiter weitergeben. Weichmacher wie „Voraussichtlich" sollten in diesem Fall nicht verwendet werden. Es muss über die Vereinbarung einer Vertragsstrafe bei Verzug nachgedacht werden. Diese ist dann angemessen an den Tagessatz zu koppeln und mit einer Obergrenze in Bezug zur Gesamtvergütung zu versehen (Bei AGB-mäßiger Verwendung dieses Vertragsmusters, s. BGH). Ansonsten dienen die Begriffe wie „voraussichtlich" und „geschätzt" der Tatsache, dass zum Zeitpunkt des Vertragsschlusses evtl. noch nicht harte Fakten vorhanden sind. Der Vertrag soll aber natürlich schon verhandelt und endabgestimmt werden. Die Verwendung der „Weichmacher" verhindert dann, dass bei Verschiebung von Terminen und geringeren Verschiebungen beim Aufwand ein neuer Vertrag oder eine Zusatzvereinbarung geschlossen werden müssen.

12. Ausgleich. Ziel des vorliegenden Vertragsmusters ist es, einen Ausgleich zu schaffen. Einerseits ist der Auftraggeber gegenüber dem Endkunden in der Pflicht, andererseits dem Freien Mitarbeiter gegenüber. In dieser „Sandwich-Position" sollte nicht nur von oben und unten gedrückt werden, der Auftraggeber muss ein wenig Luft, also Spielraum behalten.

13. Anlage. Die Aufgabenstellung kann auch als Anlage zum Vertrag genommen werden. Gerade bei IT-Beratung kann es im Laufe der Vertragsdauer dazu kommen, dass der Focus der Leistungserbringung sich verschiebt. Dann ist es einfacher, die Anlage zum Vertrag auszutauschen und nicht den gesamten Vertrag beenden zu müssen, um einen neuen mit ganz ähnlichen Parametern wieder aufzusetzen.

14. Leistungsort. Der Freie Mitarbeiter ist in der Wahl seines Leistungsortes grundsätzlich frei, dies ist ja gerade Ausdruck des Freien Mitarbeiterverhältnisses, dass er nicht in Organisationsstrukturen des Auftraggebers eingegliedert werden soll. Die Vereinbarung eines Leistungsortes hier trägt allerdings zu einer Klarstellung hinsichtlich der Nebenkosten bei. Für den vereinbarten Leistungsort gilt die vereinbarte Nebenkostenregelung. Werden ggf. einmal Reisen erforderlich, die zu einem anderen Leistungsort führen, hat der Freie Mitarbeiter so die Möglichkeit, weitere Nebenkosten/Reisekosten geltend zu machen. Dies sollte im Hinblick auf die geplante Projektumsetzung mit Augenmaß verwendet werden. Ist die Wahrscheinlichkeit weiterer Reisen nahezu ausgeschlossen, kann diese Klausel auch unterbleiben,

15. Vertragslaufzeit. Wichtig ist die Vereinbarung einer Vertragslaufzeit. Die Vereinbarung einer unbestimmten Laufzeit rückt den Vertrag über Freie Mitarbeit zu sehr in die Nähe eines normalen Angestelltenvertrages. Die Abgrenzung verdeutlicht daher auch, dass ein Arbeitsverhältnis nicht vereinbart werden soll.

16. Weisung. Die Freiheit von der Weisungsgebundenheit macht die Freie Mitarbeit erst aus. Es ist von erheblicher Bedeutung, dies vertraglich festzulegen und dies dann entsprechend umzusetzen.

17. Arbeitszeit. Es dürfen mit dem Freien Mitarbeiter insbesondere keine Vereinbarungen hinsichtlich der Arbeitszeit getroffen werden. Es ist zu vermeiden, dass hierdurch der Eindruck eines arbeitnehmerähnlichen Dienstverhältnisses entsteht, welches durch den Freien Mitarbeiter oder aber auch sozialversicherungsrechtliche Träger zu einer Beurteilung als Arbeitsverhältnis veranlassen könnte. Gleichwohl ist es aber möglich, den Freien Mitarbeiter darauf zu verpflichten, dass er sich – je nach Tätigkeit – an die Regelungen beim Endkunden hält. Wenn es beispielsweis für die Durchführung der Tätigkeit des Freien Mitarbeiters erforderlich ist, in den Räumlichkeiten des Endkunden tätig zu werden, dann muss er sich natürlich an die dortigen Möglichkeiten des Zutritts halten. Außerdem kann der Freie Mitarbeiter darauf verpflichtet werden, dass er an bestimmten projektbedingten Terminen teilnimmt. Diese sollten wechselseitig vereinbart werden, können ihm aber auch vorgegeben werden. Das gilt insbesondere auch für projektbedingte Fertigstellungstermine.

18. Erfüllungsgehilfen. Diese Regelung ist optional zu verstehen. Prüfen Sie auch, ob im Rahmen des Einsatzes über Freie Mitarbeit der Freie Mitarbeiter seinerseits Erfüllungsgehilfen einsetzen können soll. Das sollte dann ebenfalls hier vereinbart werden bzw. ggf. auch ausgeschlossen werden. Dies hängt maßgeblich an den Vereinbarungen im Vertrag mit dem Endkunden. Es ist zu prüfen, inwieweit Kettenvertragsverhältnisse offen gelegt werden müssen. Es ist – überwiegend bei Endkunden im öffentlich-rechtlichen Bereich – darauf zu achten, ob bestimmte Zusagen hinsichtlich der Behandlung von Nachunternehmern eingegangen werden. Wenn dem Freien Mitarbeiter der Einsatz weiterer Erfüllungsgehilfen gestattet wird, dann müssen ggf. besondere Verpflichtungen ebenfalls durchgereicht werden.

19. Back-to-back. Die Anforderungen aus dem Endkundenvertrag müssen durchgereicht werden.

20. Kontakt. Es ist üblich, hier die aktuellen Kontaktdaten der Ansprechpartner auf der Seite des Auftraggebers festzuhalten und ggf. auch eine Person für den Vertretungsfall zu benennen. Dies vermeidet während der Projektdurchführung Irritationen hinsichtlich der Verbindlichkeit von Aussagen bzw. Zusagen der Projektmitarbeiter des Auftraggebers.

21. Effektive Beratungszeit. Dies sollte selbstverständlich sein, wirkt jedoch im Hinblick auf die Vermeidung von Scheinselbstständigkeit als weiteres Indiz dahingehend, dass der Freie Mitarbeiter nicht wie ein Angestellter behandelt werden soll. Es ist in der Praxis auf eine entsprechende Umsetzung zu achten.

22. Zeitaufwand. Siehe hierzu auch die optionale Regelung in § 4.4.

23. Zahlungsfrist. Zur Zahlungsfrist sind verschiedene Modelle denkbar. Hier ist stets auch eine Abwägung zu treffen, wie die Zahlungsziele beim Endkunden definiert sind und inwieweit der Freie Mitarbeiter daran beteiligt werden kann. Es ist beispielsweise darauf zu achten, dass der Freie Mitarbeiter nicht auf eine Fälligkeit nach Abnahme verwiesen werden kann, wenn er keine abnahmerelevanten Tätigkeiten erbringt. Setzt man an Stelle einzelner Freier Mitarbeiter wirtschaftsstarke Subunternehmer ein, kann in Erwägung gezogen werden, die Zahlung von der Zahlung des Endkunden abhängig zu machen.

24. Zeiterfassung. Diese Klausel ist nicht erforderlich, wenn weder beim Auftraggeber noch beim Endkunden Zeiterfassungssysteme im Einsatz sind.

25. Nachweispflicht. Ein Risiko beim Einsatz Freier Mitarbeiter besteht stets darin, dass diese durch die Ausübung ihrer Tätigkeit faktisch als Arbeitnehmer zu werten sind. Es ist neben der Ausführung in der Praxis daher schon in den Verträgen darauf zu achten, dass Indizien verankert werden, die eine wirkliche Freie Mitarbeit belegen. Sowohl BAG und BSG gehen in ihrer ständigen Rechtsprechung von einer Gesamtschau aller Umstände aus. Die Aufnahme der Nachweispflichten dient daher dazu, diese Indizien zu erfassen und damit eine Scheinselbstständigkeit des Freien Mitarbeiters zu verhindern. Folge der Scheinselbstständigkeit wäre, dass der Auftraggeber die Sozialversicherungsbeiträge auf die Vergütung des Freien Mitarbeiters nachentrichten müsste. Unter Umständen kann dies auch mit einem Bußgeldverfahren gegen den Auftraggeber einhergehen.

26. Statusfeststellungsverfahren. Im Falle eines längeren Einsatzes des Freien Mitarbeiters kann der Auftraggeber verlangen, dass der Freie Mitarbeiter eine Überprüfung im Rahmen des Statusfeststellungsverfahrens gemäß § 7a SGB IV vornimmt und ihn über das Ergebnis informiert. Dies ist bei kürzeren Einsätzen nicht erforderlich. Für das Statusfeststellungsverfahren ist die Schriftform vorgesehen. Gegen die Entscheidung sind Widerspruch und Klage zulässig.

27. Endkundenvertrag. Der Auftraggeber soll nicht an seine vertraglichen Pflichten gegenüber dem Freien Mitarbeiter gebunden werden können, wenn der Endkunde ihn andererseits aus diesen Pflichten entlassen hat.

28. Fehlverhalten. Die persönlichen Gründe können in einem bestimmten Fehlverhalten des Freien Mitarbeiters liegen, das nicht originär den Vertragspflichten zuzuordnen ist. Da der Auftraggeber sich hierbei auch mit der Zufriedenheit des Endkunden auseinandersetzen muss, kann er notfalls kündigen, wenn sich der Freie Mitarbeiter beispielsweise nicht in ein beim Endkunden arbeitendes Team von Beratern, Endkundenmitarbeitern und evtl. weiteren Freien Mitarbeitern einordnen kann.

29. Verstoß gegen Vertragspflichten. Stellt sich heraus, dass der Freie Mitarbeiter gegen seine Nachweispflichten in § 5 oder gegen eine der Pflichten aus § 11 verstößt, muss es dem Auftraggeber möglich sein, sich von dem Vertragsverhältnis zu lösen.

30. Daten. Mit dieser Regelung behält sich der Auftraggeber vor, die Daten des Freien Mitarbeiters verwenden zu dürfen. Dies ist insbesondere für den Abrechnungsprozess erforderlich.

31. Datenauftragsverarbeitung. Es ist zu prüfen, ob neben der Vereinbarung des Datenschutzes auch eine Vereinbarung zur Datenauftragsverarbeitung nach § 11 BDSG bzw. Art. 28 ff. EU-DSGVO abzuschließen ist.

32. Datenschutzverpflichtung. Die Verpflichtungen aus den einschlägigen Datenschutzgesetzen gelten zwar ohnehin, allerdings hat es sich in der Praxis erwiesen, dass ein erneuter Hinweis und eine Verpflichtung auf den Datenschutz die Sensibilisierung dieser Pflichten vertiefen.

33. IT-Sicherheitsstandards. Die IT-Sicherheitsstandards sollten in einer Anlage dem Vertrag beigefügt und damit zum Vertragsbestandteil gemacht werden.

34. Nutzungsrechte back-to-back. Bei der Vereinbarung der Nutzungsrechte ist ein Abgleich mit der Rechtevereinbarung mit dem Endkunden erforderlich. Es genügt nicht, wenn der Auftraggeber dem Endkunden ein ausschließliches Nutzungsrecht überträgt und vom Freien Mitarbeiter nur ein einfaches Nutzungsrecht übertragen bekommt. Es entsteht damit eine Lücke, die der Auftraggeber im Nachhinein schließen muss. Das könnte im schlimmsten Fall unmöglich werden. Bei diesem Formulierungsvorschlag ist von einer weitest möglichen Rechteübertragung ausgegangen worden.

35. Nutzungsrechte. Die Aufzählung verdeutlicht den Satz 1 insbesondere im Hinblick darauf, dass der Verwender des Mustervertrages ggf. ein größeres Fachwissen in Bezug auf Nutzungsrechte mitbringt als der Freie Mitarbeiter. Insofern soll die Aufzählung vermeiden, dass hinsichtlich der Ausgestaltung Missverständnisse aufkommen. Fragen hierzu können somit bei der Verhandlung des Vertrages bereits geklärt werden.

36. Selbstnutzungsvorbehalt. Dies könnte im Einzelfall abweichend vereinbart werden und hängt wiederum vom Vertrag mit dem Endkunden ab.

37. Autorennennung. Grundsätzlich hat der Urheber eines Werkes nach § 13 UrhG das Recht auf Anerkennung seiner Urheberschaft. Häufig wollen Endkunden im Rahmen von IT-Verträgen, dass der IT-Dienstleister – hier der Auftraggeber – auf dieses Recht verzichtet. Für den Fall, dass der Freie Mitarbeiter urheberrechtsfähige Werke erstellt, müsste dieser Verzicht durchgereicht werden.

38. Nutzungsrechtsvergütung. Auch für die Vergütungsregelung ist es hilfreich, dass sämtliche denkbare Nutzungsmöglichkeiten aufgeführt werden, damit nicht zu einem späteren Zeitpunkt Streit über etwaige Nutzungsgebühren entstehen kann. Diese Art der Formulierung birgt natürlich die Gefahr, dass eine Nutzungsmöglichkeit und damit Übertragung dieses Rechts übersehen wird. Es ist daher besonderes Augenmerk hierauf zu legen.

39. Wettbewerbsverbot. Die Dauer des nachvertraglichen Wettbewerbsverbotes ist anhand des geplanten Einsatzes des Freien Mitarbeiters zu bestimmen. Für einen Einsatz von zwei Wochen ist ein nachvertragliches Wettbewerbsverbot von 24 Monaten unverhältnismäßig. Es gilt, dass der Freie Mitarbeiter in seiner wirtschaftlichen Handlungsfreiheit nicht erheblich eingeschränkt werden darf. Es ist ferner entschieden worden, dass dem Freien Mitarbeiter eine Karenzentschädigung zu zahlen ist, wenn er durch ein nachvertragliches Wettbewerbsverbot in wirtschaftliche Abhängigkeit gerät.

40. Abwerbungsverbot. Beim Abwerbungsverbot sind ggf. auch verbundene Unternehmen nach §§ 15 ff. AktG einzubeziehen.

41. Vertragsstrafe. Auch die Höhe der Vertragsstrafe muss verhältnismäßig sein und ist damit im Zusammenhang mit dem Umfang des beauftragten Einsatzes des Freien Mitarbeiters zu bestimmen.

42. Rechteübertragung. Hier ist ein Vorbehalt einzubauen, da vor dem Einsatz weiterer Dritter zunächst geklärt werden muss, ob der Vertrag mit dem Endkunden dies überhaupt zulässt.

43. Gerichtsstand. Eine Gerichtsstandvereinbarung ist nach § 38 ZPO nur wirksam mit Unternehmern. Beim Einsatz Freier Mitarbeiter könnte dieses Kriterium ggf. nicht gegeben sein. Dies ist zu prüfen. Andernfalls ist anzuraten, den gesetzlichen Gerichtsstand zu wählen. Es bedarf in diesem Fall keiner ausdrücklichen Vereinbarung.

44. Teilnichtigkeit. Die Aufnahme dieser Regelung verhindert, dass bei Teilnichtigkeit des Vertrages, also einzelner Klauseln, der gesamte Vertrag nichtig ist.

45. Haftung. In diesem Vertragsmuster findet sich keine Regelung zur Haftungsbegrenzung. Das bedeutet, dass das Gesetz gilt. Demnach ist die Haftung unbeschränkt. Wenn die Haftung beschränkt werden soll, dann ist ebenfalls darauf zu achten, dass der Freie Mitarbeiter die Haftung nicht weiter zu seinen Gunsten beschränkt, als der Auftraggeber dazu gegenüber dem Endkunden in der Lage ist, damit keine Haftungslücke entsteht.

Sachverzeichnis

Die **fett** gesetzten Großbuchstaben und arabischen Zahlen beziehen sich auf die Systematik des Formularbuchs, die nachfolgenden mageren Zahlen auf die betreffende Anmerkung.